U0745077

中華人民共和國國務院批准的重大文化出版工程

國家文化發展規劃綱要的重點出版工程項目

新聞出版總署列爲「十一五」國家重大工程出版規劃之首

國家出版基金重點支持項目

中華大典

數學典

山東出版傳媒股份有限公司
山東教育出版社

圖書在版編目（CIP）數據

中華大典. 數學典. 數學家與數學典籍分典 /《中華大典》工作委員會,《中華大典》編纂委員會. 一濟南：山東教育出版社，2018
ISBN 978-7-5701-0156-6

Ⅰ.①中… Ⅱ.①中… ②中… Ⅲ.①百科全書一中國 ②數學一中國 Ⅳ.①Z227②01

中國版本圖書館CIP數據核字（2018）第042573號

中華大典·數學典·數學家與數學典籍分典

編　　纂：《中華大典》工作委員會
　　　　　《中華大典》編纂委員會
主管單位：山東出版傳媒股份有限公司
出版發行：山東教育出版社
　　　　　地址：濟南市緯一路321號　郵編：250001
　　　　　電話：（0531）82092664　網址：www.sjs.com.cn
排　　版：南京展望文化發展有限公司
印　　刷：山東臨沂新華印刷物流集團有限責任公司
版　　次：2018年5月第1版
印　　次：2018年5月第1次印刷
開　　本：787毫米×1092毫米　1/16
印　　張：49.5
字　　數：1540千
印　　數：1—1000

定價：460.00圓

《中華大典》工作委員會

主　任：柳斌傑
　　　　金人慶
副主任：李　彦　于永湛　鄔書林　張少春　李衛紅
　　　　周和平　陳金泉　李静海
委　員：張小影　伍　傑　朱新均　吴尚之　孫　明
　　　　王家新　徐維凡　劉小琴　毛群安　遲　計
　　　　曹清堯　彭常新　王志勇　潘教峰　姜文明
　　　　王　正　石立英　安平秋　陳祖武　詹福瑞
　　　　戴龍基　宋焕起　孫　顒　陳　昕　魏同賢
　　　　王建輝　朱建綱　高紀言　莫世行　段志洪
　　　　李　維　何學惠　甄樹聲　馮俊科　譚　躍
　　　　羅小衛　王兆成

《中華大典》辦公室

主　　任：于永湛

副 主 任：伍　傑

　　　　　姜學中

編　　審：趙含坤

　　　　　崔望雲

　　　　　馮寶志

　　　　　宋志英

　　　　　谷笑鵬

封面裝幀設計：章耀達

《中華大典》編纂委員會

總主編：任繼愈

副主編：席澤宗　程千帆　戴　逸　吳文俊　柯　俊
傅熹年

編　委：卞孝萱　任繼愈　李明富　余瀛鰲　林仲湘
郁賢皓　馬繼興　袁世碩　席澤宗　陳美東
黃永年　章培恒　張永言　張晉藩　葛劍雄
董治安　程千帆　傅世垣　曾棗莊　龐　樸
趙振鐸　劉家和　潘吉星　錢伯城　戴　逸
楊寄林　穆祥桐　吳文俊　金正耀　戴念祖
柯　俊　金維諾　白化文　汪子春　周少川
孫培青　朱祖延　傅熹年　李　申　郭書春
熊月之　柴劍虹　吳子勇　寧　可　江曉原
鄭國光　吳征鎰　尹偉倫　魏明孔

《中華大典》前言

《中華大典》是運用我國歷代漢文古籍編纂的一部大型工具書。其目的是爲學術界及願意瞭解中國古代珍貴文化典籍的人士提供準確詳實、便於檢索的漢文古籍分類資料。

中國是世界文明古國之一，幾千年來纂寫和聚集的文化典籍浩如烟海。我國歷代都有編纂類書的優良傳統，具有代表性的《永樂大典》等大多已佚失，現存《古今圖書集成》編就距今也已數百年。爲了適應今天和以後研究和檢索的需要，一九八八年海内外三百多位專家學者和各古籍出版社同仁倡議，在已有類書的基礎上，用現代科學方法編纂一部新的類書《中華大典》。

國務院在關於編纂《中華大典》問題的批覆中指出，編纂《中華大典》「是我國建國以來最大的一項文化出版工程」。本書所收漢文古籍上起先秦，下迄清末，約三萬種，達七億多字，分爲二十四個典，近百個分典，内容廣博，規模宏大，前所未有。

《中華大典》的編纂工作堅持科學態度和百花齊放、百家争鳴方針。儘量採用古精校精刻本，優先採用我國建國後文獻學和考古學的優秀成果。對傳統文化中重要的不同學派的資料，兼收并蓄。運用現代圖書分類的方法，對收集到的資料，精選、精編，力求便於檢索、準確可信。

這項工作從開始起就受到中共中央、國務院和有關部門的重視和支持。國家主席江澤民、國務院總理李鵬分别爲《中華大典》題詞。江澤民的題詞是「同心同德群策群力認真編好中華大典爲建設有中國特色的社會主義服務」。李鵬的題詞是「繼承和弘揚民族優秀傳統文化」。全國政協主席李瑞環、國務委員李鐵映也作了重要指示，要求抓緊辦理。一九九〇年五月，國務院批准《中華大典》爲國家重點古籍整理項目。一九九二年九月，正式成立了《中華大典》工作委員會和《中華大典》編纂委員會，召開了《中華大典》工作、編纂會議。自此，《中華大典》的編纂工作由試點轉入正式啓動，逐步鋪開。

編纂《中華大典》，學術性很强，工作量很大，工程十分艱巨，全賴廣大專家學者和全國各有關高等院校、科研院所、圖書館、出版單位的鼎力支持與積極參與。大家本着弘揚中華民族優秀文化的心願，發揚奉獻精神，克服各種困難，團結協作，給這部巨大類書的出版提供了根本保證。在此謹表示誠摯的謝意。

對本書的批評與建議，我們將十分歡迎。

《中華大典》編纂委員會

一九九七年四月

二〇〇六年十一月修訂

《中華大典》編纂通則

一、性質：《中華大典》（以下簡稱《大典》）是對漢文古籍（含已翻譯成漢文的少數民族古籍）進行全面的、系統的、科學的分類整理和彙編總結的新型類書，是在繼承歷代類書優良傳統、考慮漢文古籍固有特點的基礎上，借鑒和參照近代編纂百科全書的經驗和方法編纂而成。編纂《大典》的目的，是爲學術界及願意瞭解中國古代珍貴文化典籍的人士提供各種分門别類的、準確詳細的古代漢文專題資料。

二、規模和體例：《大典》所收古籍的時限，上自先秦，下迄辛亥革命。全書共收各類漢文古籍三萬餘種，七億多字。全書體例，着重汲取清代《古今圖書集成》所採用的經目和緯目相交織這一統一框架結構的模式，同時參照現代科學的學科、目録分類方法，並根據各類學科内容的實際情況，一般將每一大類學科輯爲一典，也有將幾個相關學科共輯爲一典的。對各典名稱，均以現代學科命名，對於所收入的各種古籍資料，亦儘可能納入現代科學分類體系之中。

三、經目：大典共分二十四個典，即哲學典、宗教典、政治典、軍事典、經濟典、法律典、教育典、語言文字典、文學典、藝術典、歷史典、地理典、民俗典、數學典、物理化學典、天文典、地學典、生物學典、醫藥衛生典、農業典、林業典、工業典、交通運輸典、文獻目録典。典以下以分典、總部、部、分部分級，分部之下的標目根據各學科特點由各典自行擬定。

四、緯目：共設置九項緯目，用以包容各級經目的具體内容：

（一）題解：對有關學科的名稱、概念、含義、特點等作總體介紹的資料。

（二）論説：有關理論部分的資料。

（三）綜述：有關學科或事物的系統性資料，凡有關學科或事物的性狀、制度、範疇、特點及學科地位、發展情況等具體内容均編入此緯目中。

（四）傳記：有關人物的傳記資料。

（五）紀事：有關學科或事物的具體活動或事例的資料。

（六）著録：重要人物或文獻的有關著作資料，如專集介紹、序跋、藏書題記，以及有關著作的成書經過、版本源流等。

（七）藝文：有關屬於文學欣賞性的散文或韵文。

（八）雜録：凡未收入以上各緯目，而又有較高參考價值的資料，均入雜録。

（九）圖表：根據有關經目的内容需要，圖與表附於相關專題之下，或集中彙總於某級經目之後。

《大典》以内容分類安排各級緯目，各級緯目的正文，一般以原書爲單位，按時代順序排列。每一條資料前標明出處，包括書名或作者名、篇名或卷次，以利讀者核對原書。

五、書目：每分典後附有該分典所收書之書目，書目包括書名、作者、時（年）代、版本等内容。時代以成書時代爲準，成書時代不詳者，以作者主要活動時代爲準，並遵從歷史習慣。

六、版本：《大典》在選用版本時儘量採用古人的精校精刻本，亦採用學術界通用的近、現代整理圈點本及現代學者校點整理本。

七、校點：爲儘可能保存古籍原貌，《大典》衹對底本中明顯的脱、訛、衍、倒進行勘正。古本中的避諱字一般不作改動，衹對缺筆字補足筆劃。後人刻書時避當朝人諱而改動的字，據古本改回。《大典》採用新式標點法。

一九九六年八月

二〇〇六年十一月修訂

《中華大典·數學典》編纂委員會

名譽主編：吴文俊

主　　編：郭書春

副 主 編：郭世榮　馮立昇

編　　委：（按姓氏拼音爲序）

鄧　亮　鄧可卉　董　傑　段耀勇　馮立昇
付　佳　高　峰　郭金海　郭世榮　郭書春
李民芬　劉　飛　劉建軍　劉芹英　吕興焕
潘澍原　宋　華　宋建昃　特古斯　童慶鈞
王雪迎　徐　君　徐澤林　楊　楠　姚　芳
張　祺　張　昇　張俊峰　趙栓林　鄭振初
鄒大海

《中華大典·數學典》項目領導小組

項目負責人：劉東傑　陸　炎

項目聯絡人：陸　炎　韓義華

項目組成員：（按姓氏拼音爲序）

白漢坤　陳　霞　韓義華　胡明濤

劉　純　陸　炎　孟旭虹　齊　飛

石　靜　孫金棟　吴江楠

《中華大典·數學典》序

數學是中國古代最爲發達的基礎科學學科之一。《中華大典·數學典》在保留中國古代數學的特色基礎上，運用現代數學的觀念和方法，對遠古到清末（一九一一年十二月三十一日）以前在中國疆域范圍内産生的漢文數學典籍以及文史典籍、出土文物等中，有關數學概論、數學成就、數學家、數學教育及規章制度、數學與社會經濟及思想的關係等等的資料，進行系統的整理、分類、彙編，以期爲中國科學史和文化史、數學和數學史的研究者、愛好者提供準確、全面、可信的學科資料。

由於中國古代數學的形態及術語、表達方式與人們現在學習的數學迥然不同，爲了便於讀者閱讀，在此有必要簡要介紹一下中國古代數學的發展概況、典籍、成就、特點、弱點及其在世界文明史、科學史和數學史上的地位。

數、算、算數、筭術、算學、數術和數學

數學在先秦通常稱爲「數」。《周髀筭經》中周公稱精通數學的商高「善數」。「數」在西周初年被列爲貴族子弟受教育的「六藝」即六門科目之一。它有九個分支，稱爲「九數」，表明數學在當時已經初步形成爲一門學科。不過當時「九數」的内容尚不清楚。數學需要計算，自然被稱爲「算」（筭）。三國魏劉徽稱編纂《九章筭術》的張蒼、耿壽昌「善筭」。計算當然是「數」的運算，數學又稱爲「筭數」。《世本》云「隸首作筭數」，一作「隸首作數」。唐之前通常將數學方法稱爲「術」，秦漢時期也有作「术」「述」者。《周髀筭經》中陳子荅榮方問中有「筭數之術」和「筭術」，後者實際上是前者的簡稱。東漢許慎《説文解字》云：「筭，長六寸，計歷數者。從竹，從弄，言常弄乃不誤也。」清段玉裁云：「此謂筭籌，與算數字各用……古書多不别。」「筭」有一個同音字「算」。許慎《説文》云：「算，數也，從竹，從具，讀若筭。」就是説，許慎和段玉裁都認爲「筭」主要指算籌，而「算」指計算。然而古代數學著作中訓計算者亦多用「筭」字，鮮有用「算」者。清代

以降，才多用「算」字，鮮有用「筭」者。自然，數學又稱爲「筭學」或「算學」，隋唐國子監設算學館。西漢之後又有「數術」之名，成帝「詔咸校數術」，劉歆《七略》之數術略包括天文、曆譜、五行、蓍龜、雜占、形法六類圖書，算術書《許商筭術》等列入曆譜類。南宋數學家秦九韶將「數術之書」分爲外算、內算兩類，外算指現今之數學書，內算指象數書。「數術」有一同義語「數學」，大約起源於北宋，既指象數學，如邵雍便以研究數學聞名，《宣和遺事》云：陳摶「精於數學，預知未來之事」，也指象數學。秦九韶自述「嘗從隱君子受數學」，這裏的「數學」大約包括象數學和現今數學兩種內容。而著名數學家榮棨在南宋初年說《九章筭術》「凡善數學者人人服膺而重之」，元大數學家朱世傑被譽爲「數學名家」，這裏的「數學」當然是現今所說的數學。此後「算學」「數學」一直並用。一九三九年六月，中國數學會決定廢止術語「算學」，只用「數學」。

不言而喻，古代的術語算術、算學等對應于英文的mathematics而不是arithmetic。在初等範圍之內，它包括今天數學教科書的算術、代數、幾何、三角等方面的內容。即使是微積分等高等數學傳入中國之後，也被納入算學的範疇。

十進位值制記數法和算籌、籌算、珠算

中國古代數學一直使用十進位值制記數法，它比十進非位值制簡潔，比其他進位制的位值制方便，是當時世界上最優越的記數制度。十進位值制記數法什麼時候完成的，已不可考。《墨經·經說下》：「一少於二而多於五，說在建位。」其《經說下》：「五有一焉，一有五焉，十二焉。」反映了墨家對十進位值制記數法中同一數字在不同的位置上表示不同數值的認識。經文是說：一在個位上表示一，故小於二，而在十位上表示十，則比五多。經說是說：從個位看一，五中包含有一，從十位看一，有兩個五，可見一中包含有五。這表明最晚在春秋時代，十進位值制記數法已經相當完善，它的產生當在西周。事實上，殷墟甲骨文數字和金文數字都是十進制，並有了位值制萌芽。

宋元之前的主要計算工具是算籌，又稱爲算、籌、策、算子等。它通常用竹或木製作，也有用象牙或骨製造的。《漢書·律曆志》云：「其算法用竹，徑一分，長六寸。」徑約合今〇．二三釐米，長約一三．八釐米。在長期使用過程中，算籌逐步由長變短，截面由圓變方。算籌是甚麼時候產生的，亦不可考。《老子》說「善數者不用籌策」。《左傳·襄公三十年》（公元前五四三年）記載一個字謎：「史趙曰：亥有二首六身，下二如身，是其日數也。士文伯曰：然則二萬六千六百有六旬也。」亥

字拆開來爲‖⊤⊥⊤，即二六六六〇日。這都説明，算籌最遲在春秋時期已經普遍使用。上世紀以來在戰國秦漢墓葬發現的算籌很多，其形制與《漢書·律曆志》的記載基本一致。

現存資料中，算籌數字的記數法則最先出現在《孫子筭經》卷上，而《夏侯陽筭經》更爲完整：「一從十橫，百立千僵，千十相望，萬百相當。滿六以上，五在上方。六不積算，五不單張。」可見，算籌數字分縱橫兩式，縱式表示個位數、百位數、萬位數……横式表示十位數、千位數、十萬位數……一至九的算籌數字與阿拉伯數字對應如下：

數字	1	2	3	4	5	6	7	8	9
縱式	𝍠	𝍡	𝍢	𝍣	𝍤	𝍥	𝍦	𝍧	𝍨
橫式	𝍩	𝍪	𝍫	𝍬	𝍭	𝍮	𝍯	𝍰	𝍱

用這種縱橫相間的算籌，加上用空位表示〇，可以表示任何自然數、分數、小數、負數，以及多項式、一元方程、綫性方程組與多元高次方程組。這種記法十分便於進行加減乘除四則運算、開方及方程組消元等其他運算。加之漢語中的數字都是單音節，容易編成口訣，促進籌算的乘除捷算法向口訣的轉化，並導致珠算最遲在南宋產生。

珠算和珠算盤在明代之後對中國和東亞各民族的生產生活發生了極大的影響，至今爲人們所使用。而在計算機普及的今天，人們更加重視珠算的教育及開發人類智力的功能。二〇一三年十二月四日聯合國教科文組織政府間委員會第八次會議審議通過：將「中國珠算——運用算盤進行數學計算的知識與實踐」列入人類非物質文化遺產代表作名錄。其決議指出：「珠算不僅是一種計算工具，而且是『一直適用於日常生活的許多領域，具有多重的社會文化功能，爲世界提供了另一種知識體系』。」

數學典籍

歷代數學家的數學著述是數學進步的腳印，是數學成就的載體。中國古代的數學著述通常稱爲「某某筭術」，唐初李淳風等整理漢唐十部算書，大約爲了提高數學的地位，並與列入國子監其他館的儒家經典相匹配，統統改爲「筭經」。清中葉開辦《四庫全書》館，戴震整理漢唐算書，遂改爲「算經」，有的改爲「算術」。清末以前出現過多少數學著作，不得而知。有學者估計，自漢至清末所存者有二千餘種。由於清代翻刻著作很多，而翻刻時又常改名，同書異名者很多，精確統計的難度很大，不過説現存千種左右，還是可信的。

先秦數學著作在西漢末年前已全部失傳，《漢書·藝文志》已不見先秦數學著作的記載。所幸二十世紀八十年代起，有幾批先秦、秦漢數學簡牘出土或被收藏，填補了西漢初年以前數學著作的空白。漢簡《筭數書》等是從幾部著作中摘抄而成的，説明先秦出現了不止一部數學著作。二十四史《藝文志》《經籍志》所著録的西漢至明末的算經亦大多亡佚，目前僅存不足四十種。因此，對明末以前的中國古代數學而言，目前祇能瞭解幾個片斷或幾個點。上面所述千種著作，大多數産生於明末之後，尤其是清中葉之後。

中國古代數學著作有很大的差異。

首先它們的體例不同。二十世紀許多著述將《九章筭術》等中國古代數學著作統統稱之爲應用問題集，甚至説都是「一題、一答、一術，概莫能外」，術都是應用問題的具體解法。然而只要打開《九章筭術》，就會發現這種看法並不符合事實，因而是錯誤的。實際上，《九章筭術》的主體部分或先列出一個或幾個問題，然後給出抽象、嚴謹、普適性的術文，或先給出抽象、嚴謹、普適性的術文，再列出若干應用題。顯然，這裏以術文爲中心，採取了術文統率例題的形式。應當指出，這種形式在秦漢數學簡牘佔有相當大的比重。但是，確實有一部分著作，如《孫子筭經》等，採用應用問題集的形式，不僅是「一題、一答、一術」，而且術文都是應用問題的具體解法。

其次，它們的內容高深程度不同。《周髀筭經》《九章筭術》《海島筭經》《緝古筭經》《黄帝九章筭經細草》《數書九章》《測圓海鏡》《詳解九章筭法》《筭學啓蒙》《四元玉鑒》等是具有高深內容的著作，《孫子筭經》《張丘建筭經》《五曹筭經》《夏侯陽筭經》《楊輝筭法》《九章筭法比類大全》《筭法統宗》等都是淺顯的或普及性的著作。

第三，抽象程度不同。抽象性是數學的重要特點。前已指出，《九章筭術》主體部分的術文大都是抽象性非常高的公式、算法，劉徽《九章筭術注》、賈憲《黄帝九章筭經細草》等進一步抽象了《九章筭術》抽象程度不高的術文。《測圓海鏡》卷一展示了全書所需的基本理論，其「圓城圖式」用漢字記點，是個創舉；其「識别雜記」提出六百餘條抽象命題，集中國句股容圓知識之大成；卷二在「洞淵九容」基礎上以非常抽象的形式表示了句股形與圓的十種基本關係。許多著作中也都有不同程度的抽象命題。而《九章筭術》的一少部分，以及《孫子筭經》《五曹筭經》《夏侯陽筭經》《九章算法比類大全》《筭法統宗》等的術文大都是具體問題的演算細草。

第四，嚴謹性不同。嚴謹性也是數學的一大特點，是數學著作的生命綫。《九章筭術》《海島筭經》《孫子筭經》《張丘建筭經》《緝古筭經》《夏侯陽筭經》《黄帝九章筭經細草》《數書九章》《測圓海鏡》《詳解九章筭法》《楊輝筭法》《筭學啓蒙》《四元玉鑒》《筭學寶鑑》《句股算術》《測圓海鏡分類釋術》《弧矢算術》《測圓算術》，以及明末至清末許多著作等的算法都很嚴謹，而《五曹筭經》《算法全能集》《詳明算法》《九章算法比類大全》等的錯誤比較多，甚至重複某些已被前人糾正了的錯誤。

此外，在是不是有數學推理和證明上，當然更是不同的。

中國古代數學的分期

數學史的分期應以數學內部的發展爲主要依據，同時考慮相應時期的社會經濟、政治的變革和思想、文化背景。自遠古到西周是中國古代數學的萌芽階段，完成了十進位值制記數法，創造了算籌，創造了畫圓的工具規和畫方的工具矩。規矩不僅是數學作圖的工具，而且成爲表示中華民族禮法和道德規範的習慣用語。當時還掌握了簡單的測望技術及對句股定理的初步認識。

《九章筭術》在西漢由張蒼、耿壽昌刪補成書，奠定了中國傳統數學的基本框架，在分數四則運算、比例和比例分配算法、盈不足算法、開方法、綫性方程組解法、正負數加減法則、解句股形和句股數組等方面走在了世界的前面。根據劉徽《九章筭術注·序》「九數之流，《九章》是矣」的提示和《九章筭術》所提供的物價等資料的分析，《九章筭術》的主體部分與「九數」暗合，表明它在春秋戰國時期已經完成了。因此，中國傳統數學的第一個高潮出現在春秋戰國，西漢完成《九章筭術》等著作的編纂，是這個高潮的總結。秦漢數學簡牘雖然不是《九章筭術》的前身，卻爲上述看法提供了佐證。因此，春秋戰國秦漢是奠定中國數學基本框架的階段。

魏景元四年（公元二六三年）劉徽撰《九章筭術注》，「析理以辭，解體用圖」，提出了許多嚴格的數學定義，並以演繹邏輯爲主要方法全面證明了《九章筭術》的算法，奠定了中國傳統數學的理論基礎。他在世界數學史上首次將極限思想和無窮小分割方法引入數學證明。祖冲之父子《綴術》的數學水平不會低於劉徽，遺憾的是，由於隋唐算學館的學官對其「莫能究其深奥，是故廢而不理」，導致其失傳，我們只知道祖冲之將圓周率精確到八位有效數字等隻鱗片爪。此外，汉末《數術記遺》，南北朝《孫子筭經》《張丘建筭經》，唐初《緝古筭經》等，在計算工具的改進、不定方程解法、三次方程上有貢獻。唐初李淳風等整理漢唐十部算經，是中國數學框架確立和理論奠基時期著作的總結。總之，自東漢末至唐中葉是中國古代數學完成其理論體系的階段。

自唐中葉起，人們簡化乘除運算，創造各種口訣，導致珠算最遲在宋代誕生。另一方面，北宋賈憲撰《黄帝九章筭經細草》、南宋秦九韶撰《數書九章》，楊輝撰《詳解九章筭法》《楊輝筭法》，元李冶撰《測圓海鏡》《益古演段》，朱世傑撰《筭學啓蒙》《四元玉鑒》等，在高次方程解法（增乘開方法和正負開方術）、設未知數列方程（天元術）、高次方程組解法（四元術）、一次同餘方程組解法（大衍總數術）、垛積術和招差術等高深數學的許多分支，取得了超前其他文化傳統的成果。這就是人們常説的宋元籌算高潮的階段。

元中葉到明末，人們繼續改進籌算、珠算技術，珠算得到普及，並最遲在明中葉之後完全取代籌算，完成了中國計算工具的改革。數學家的興趣在爲人們日常生産生活提出的問題服務上。因此，中國傳統的高深數學急劇衰落，明代數學家没有一個能看懂宋元時期的重大數學貢獻，漢唐宋元數學著作也瀕於失傳。中國數學在東漢、隋唐都出現過衰微，但三五百年後便重新繁榮。即使是衰微的時候，其水平也不低於當時其他文化傳統的數學。而元中葉和明代的這次衰微卻使中國數學失去了在世界上領先的地位，並且長達六七百年。

正當中國明代數學衰微的時候，西方卻經歷着文藝復興，發達的古希臘數學被重新發掘出來，同時引進東方的數學方法，創造了若干新的數學分支和方法，超過了中國。明末利瑪竇等傳教士將《幾何原本》等西方初等數學傳入中國，隨後傳教士又傳入三角函數和對數，給中國數學注入了新的血液，中國從此邁入了中西數學融會貫通的新階段，徐光啓、李之藻、梅文鼎等都做出了貢獻。一七二三年，雍正帝將傳教士除在欽天監供職者外悉數趕到澳門，西方數學知識的傳入中斷，中國數學家一方面繼續消化前此傳入的西方數學知識，一方面致力於傳統數學著作的發掘、整理和研究，《九章筭術》《數書九章》《測圓海鏡》《筭學啓蒙》《四元玉鑒》等漢唐宋元許多著作重新面世，並取得了一些新的研究成果。李善蘭的尖錐術則踏到了微積分的門檻。西方列强通過鴉片戰争轟開了清帝國的大門，微積分等近代數學傳入中國，中國數學開始跨入變量數學。

有清一代，官方對數學教育之重視，知識份子對數學認識之高，數學家對數學研究之執着，出版數學著作之多，涉及的數學分支之廣泛，遠遠超過歷代任何一個王朝，其數學水平也超過了宋元，但是與世界數學先進水平的差距卻越來越大。不過，近代數學知識的廣泛傳播，人們對數學認識的提高，爲中國數學在二十世紀完全融入世界統一的數學準備了必要的條件。

中國古代數學的特點

中國傳統數學有自己明顯的特點。

首先，與古希臘將數學看成思辨的產物、鄙視實際應用不同，中國傳統數學注重數學理論密切聯繫實際。《周易·繫辭下》云：庖羲氏作八卦，「以通神明之德，以類萬物之情」，劉徽將其寫入《九章筭術注·序》，遂成爲中國古代對數學作用的代表性論述。但是宋元之前的數學家幾乎都不關心「通神明」，而專注於「類萬物」，正如南宋數學家秦九韶所說「數術之傳，以實爲體」。因此，人們認爲數學是艱深的學問，但又認爲不是不可以研究的，正如金元數學家李冶所說：「謂數爲難窮，斯可。謂數爲不可窮，斯不可。」

其次，中國傳統數學以計算爲中心。所有的問題，包括現今所謂幾何内容都是計算面積、體積、句股測望等問題的長度的公式、解法。劉徽說數學「其能窮纖入微，探測無方。至於以法相傳，亦猶規矩度量可得而共」，道出了中國傳統數學中數與形相結合，幾何問題都要化成算術、代數問題求解的特點。宋元時期，數學家發明了天元術，將幾何問題通過天元多項式，化爲一元方程求解。後來又創造了二元術、三元術、四元術，即二元、三元、四元高次方程組。這就是幾何學代數化。

還有，位值制在中國傳統數學中有特殊的作用。位值制的思想不僅體現在記數與數學運算中，而且貫穿於求解過程中。這大大方便了計算。

更重要的是，正如吴文俊先生所指出的，構造性與機械化是中國古代數學的兩大特色，貫穿其始終。所謂構造性數學是指從某些初始條件出發，通過明確規定的操作展開的數學理論。所謂機械化，就是刻板化和規格化。中國古代的分數四則運算法則、盈不足術、方程術即綫性方程組解法、劉徽求圓周率的程序、開方術和求高次方程正根的增乘開方法、設未知數列方程的天元術、求解多元高次方程組的四元術、大衍總數術即一次同餘方程組解法等，都是典型的構造性和機械化方法。吳文俊受中國傳統數學的構造性和機械化特點的啟發，開創了數學機械化理論。

中國古代數學的弱點和理論研究

對數學理論研究不够重視，是中國古代數學的突出弱點。一個明顯的事實是，大多數數學著作的本文沒有數學定義、推理，更沒有數學證明，一部分著作是「一題、一答、一術」的應用問題集，甚至没有抽象性、普適性的術文，還有個別錯誤解法長期流傳，得不到糾正。其次，二千餘年間，許多著作沿襲「九數」框架，有的按應用，有的按數學方法，分類標準不同一。但是，國內外數學界和學術界，包括對中國古代數學成就十分推崇的某些學者在內，也多認爲中國古代數學的所謂成就都是經驗的積累，沒有數學理論，則是不完全符合事實，因而是不正確的。

所謂數學理論，最主要的有兩個方面：首先是具有普適性的抽象性的嚴謹算法。其次是關於這些算法的推理和論證，以及數學定義，並且其推理和論證主要是演繹的。前已指出，許多著作中存在大量抽象性術文，它們正如先秦數學家陳子所概括的具有「言約而用博」的特點。這當然是數學理論。

另一方面，李冶的《測圓海鏡》《益古演段》，楊輝的《詳解九章筭法》《楊輝筭法》，王文素的《筭學寶鑒》等都有不同程度的定義、推理和論證。而最妙的推理與證明往往在後人給筭經的注解中，如趙爽《周髀筭經注》的句股圓方圖注、劉徽的《九章筭術注》。因爲是注解，往往被人忽視。只要認真考察劉徽的《九章筭術注》就會發現，現今形式邏輯教程中關於演繹推理的幾種主要形式，如三段論、關係推理、假言推理、選言推理、聯言推理、二難推理等演繹邏輯的最重要的推理形式，以及數學歸納法的雛形，劉徽都嫻熟地使用過，而且沒有任何循環推理。有人説中國古代數學中沒有形式邏輯，尤其沒有演繹邏輯，「在從實踐到純知識領域的飛躍中，中國數學是未曾參與過的」，顯然是不符合事實的。

由此可見，中國古代實際上存在着純數學研究。就實際應用而言，《九章筭術》和許多數學著作提出的公式、算法，只要能夠無數次的應用，並且在應用中表明它們正確就夠了，不證明之，並不影響它們的應用。劉徽對《九章筭術》的公式、算法進行了全面而且基本上是嚴謹的證明，顯然是純數學的活動。同時，對計算中精確度的追求，比如，劉徽對開方不盡時提出求

「微數」的思想，以十進分數逼近無理根，劉徽、祖冲之將圓周率精確到三位，五位，甚至八位有效數字，都不是人們的實際需要，而是純數學活動，是數學發展的需要。

中國古代數學在世界數學史上的地位

人類進入文明社會以來，世界數學研究的重心發生了幾次大的變化。先是約公元前三十一世紀開始的尼羅河流域數學和約公元前二十四世紀開始的兩河流域數學。公元前七世紀起希臘地區取代了上述地區，數學非常發達。約公元前三世紀至公元十四世紀初，中國取代古希臘，成爲世界數學研究的重心；後來印度、阿拉伯地區的數學也發展起來。十六、十七世紀，歐洲數學伴隨着文藝復興，度過了中世紀的黑暗，進入變量數學時代。從此，歐洲以及二十世紀的蘇聯、美國一直佔據着世界數學研究的重心位置。另一方面，在歷史長河中，數學機械化算法體系與數學公理化演繹體系曾多次反復互爲消長，交替成爲數學發展中的主流。可見，從公元前三世紀至十四世紀初，中國數學屬於世界數學的主流。正是以中國數學爲其源頭和重要組成部分的東方數學傳到歐洲，與發掘出來的古希臘數學相結合，導致西方數學模式和數學家的數學觀的改變，重視數學計算，走向幾何問題的代數化，從而開闢了文藝復興後歐洲數學的繁榮，並開闢了通向解析幾何和微積分的道路。

《數學典》的編纂

我們在《數學典》的編纂中力圖做到內容全面而沒有重大脱漏，分類科學而基本上沒有交叉重複，取材精當而防止揀小失大，版本精善而擯棄粗製濫造，校點得當而避免錯校誤改，使資料的選編體現全面性、科學性、系統性和實用性。

所謂全面性就是要覆蓋清末以前整個中國數學發展的各個時代，各個分支，各個方面，力求不漏收主要的典籍、重要的數學家與成就。對不同學術流派、觀點和論見要兼收並蓄，不應以編纂者的主觀意見決定其取捨。

所謂科學性就是資料的選編要科學準確地體現中國古代數學的思想、方法、成就、典籍、數學家及各分支的發展情況。所用資料盡可能使用善本。凡是所用典籍有原本者，一般不用後世類書的引文。採集的文字一般自成段落，不割裂文句或斷章取義，不隨意删節古文，意義不大或不屬於本緯目論題的必須要删節者則在删節處綴「【略】」字樣，不將不同段落的內容連綴成一段。

所謂系統性就是要通過所選編的資料系統反映中國古代數學思想、數學方法的真實情況，傳統數學各個分支的發展史，中西數學會通時期各分支的引進、發展、研究的歷史，既展現中國古代數學的整體情況，又使讀者由此可系統瞭解中國數學各分支的發展情況。

所謂實用性就是便於讀者使用。

《數學典》分爲四個分典：

數學概論分典　彙集中國古代在數學著作的序跋、數學典籍的注疏、二十四史的《律曆志》及其他文史典籍中對數學的起源、內容、意義和功用，對數學教育、中外交流，對數學與其他學科的關係等的論述。

中國傳統算法分典　彙集秦漢數學簡牘、漢至清末中國數學著作在分數與率、籌算捷算法和珠算、盈不足術、面積、體積、開方術、句股測望、方程術、天元術和四元術、垛積招差、不定問題、極限思想與無窮小分割方法、數學與天文曆法等方面的主要成就。

會通中西算法分典　彙集明末至清末在算術、代數、數論、幾何和畫法幾何、圓錐曲綫、三角學、對數、冪級數、微積分等方面融會中西算法的成就。由於這一時期傳世的數學著作多，我們對資料進行了精選，而不是有聞必錄。

數學家與數學典籍分典　數學家的傳記是數學史研究的重要方面，然而二十四史中沒有爲數學家立傳（祖冲之、李冶分別以文學、名臣而不是以數學家的身份入二十四史）。數學典籍是數學思想、數學方法和數學成就的主要載體。本分典按漢至唐數學家和著作、宋元數學家和著作、明代數學家和著作、明末至清前期數學家和著作、清中期數學家和著作、清後期數學家和著作彙集歷代典籍中數學家的傳記資料，以及對數學典籍的記述和論述。

每個分典又按專題或數學分支分成若干總部，每個總部之下設若干部，必要時在部下設若干分部，甚至在分部設若干小標題，以使讀者掌握各個專題、分支的原始文獻，並由此瞭解清末以前數學的概貌。

由吳文俊、任繼愈、席澤宗三位大師推薦，我主持《中華大典·數學典》的編纂，勉爲其難。好在有郭世榮、馮立昇和各位同仁的鼎力相助，在《數學典》立項第十年之時，完成了編纂。在《數學典》即將付梓之時，我們特別懷念李儼、錢寶琮、任繼愈、嚴敦傑、席澤宗、李迪等先生。李儼、錢寶琮是中國數學史學科的奠基人，他們開闢草萊，篳路襤褸的著述使我們能够從横觀上把握中國數學史的發展歷程。李儼的中算藏書，海内外獨步，去世時贈中國科學院中國自然科學史研究室（今自然科學史研究所）圖書館，爲我們的編纂提供了得天獨厚的條件。嚴敦傑、李迪是中國數學史事業的主要繼承者，李儼的藏書主要是嚴敦傑帮助採購的，李迪桃李滿天下，《數學典》的大半編纂者是李迪門下或再傳弟子。著名學者、《中華大典》總主编任繼愈、副主編席澤宗生前不斷親自指導《數學典》的編纂，經常耳提面命。特别要感謝當代中國數學泰斗、《中華大典》副主編、《數學典》名譽主編吴文俊先生，他四十年來一直倡導支持中國數學史研究，十年來一直關心《數學典》的編纂。感謝中國科學院基礎局、規劃局和自然科學史研究所、内蒙古師範大學、清華大學等高等院校及其圖書館、國家圖書館，它們爲《數學典》的編纂提供了良好的工作條件和豐富的數學典籍。感謝數學史界同仁，他們近四十餘年在數學史園地的辛勤耕耘，使「文革」前研究基礎最爲堅實的中國數學史學科度過了因「文革」十年和中國數學史已成爲「貧礦」的迷信而造成的低潮，焕發出青春，在先秦和秦漢數學簡牘、《九章筭術》及其劉徽注、宋元數學、明清數學、中日中韓數學交流等領域取得了豐碩成果，爲《數學典》的編纂打下了良好的基礎。感謝國家出版基金委和中國科學院提供了必要的經費，感謝中華大典工作委員會及其辦公室的領導，感謝山東教育出版社，他們爲《數學典》的編纂出版盡心竭力，保證了《數學典》編纂工作的順利進行。當然，更要感謝參加編纂工作的各位先生，他們都具有碩士、博士學位，都是中國數學史學科的科研骨干或學術帶頭人，並承担繁重的科研和教學任務，有的還是教學和科研單位的領導或有的單位的領導幹部，在繁重的科研、教學和日常工作之暇，妥善安排，圓滿完成了編纂工作。

由於清末以前的數學典籍卷帙浩繁，有許多著作，尤其是某些明清典籍，尚未深入、系統研究，加之我們自己的水平有限，儘管廢寢忘食，全力以赴，仍不免有缺憾和不足，懇請方家和廣大讀者不吝指正，則不勝感激之至。

郭書春

乙未　羊年春節　於北京華嚴北里寓所

《中華大典·數學典》總目

中華大典·數學典

數學家與數學典籍分典

主編　郭世榮

《數學典·數學家與數學典籍分典》編纂委員會

主　編：郭世榮

編　委：（按姓氏拼音爲序）

鄧　亮　鄧可卉　董　傑　馮立昇

高　峰　郭世榮　郭書春　李民芬

宋　華　魏雪剛

《數學典·數學家與數學典籍分典》編纂説明

《數學家與數學典籍分典》是《中華大典·數學典》四個分典之一。該分典收録中國古代數學家的生平傳記資料，以及部分存世的中國傳統數學著作資料，力圖反映中國歷代數學家和數學著作的情況。

一、中國歷代數學家的傳記資料

關於中國早期的數學家，史料極少，有一些數學傳説的零散文字。例如重、黎、羲、和司事天文曆法，伏羲與女媧發明規、矩、准、繩，伏羲畫八卦，隸首作數等等傳説，都極爲簡略，僅隻言片語而已，有些記述還相互矛盾。先秦文獻鮮少談及數學家的活動，即使有所涉及也均語焉不詳。

至漢代纔開始出現關於數學家或數學活動的較爲詳細的記述，這些記述一般出現在數學著作或天文學著作中。秦漢文獻中有兩個例子，講述了完整的數學活動。這兩個例子即從古流傳至今的《周髀》和新近發現的北大秦簡數學著作《筭書》。儘管這兩個例子也許是早期最完整的關於數學活動的記述，但是依然僅涉及數學活動本身，從中無法瞭解參與這些活動的數學家的情況。爲説明問題，先簡略介紹此二文獻如下：

《周髀》是中國古代一部講述天文理論的著作，大約成書於西漢。古代天文曆法與數學關係緊密。因此，唐代國家數學教育機構國子監算學館選編教科書時，將《周髀》列在《十部筭經》之首，並在書名中加入「筭經」二字。儘管《周髀》的主要内容是蓋天説宇宙模型與曆法計算的基本理論，但其作者把它設計成關於數學的討論和教學過程，將天文曆法作爲數學的應用，以數學的面目呈現全書。

《周髀》由「周公與商高問答」「榮方與陳子問答」以及陳子給榮方講課的内容構成。周公向數學家商高提問：「竊聞乎大夫善數也，請問古者包犧立周天曆度。夫天不可階而升，地不可將尺寸而度，請問數安從出？」商高的回答中闡述了「數之法出於圓方」的理論，引申出「積矩」之理，並總結道：「故禹之所以治天下者，此數之所生也。」周公聽了商高的講述後以「大哉言數」四个字高度讚揚之，並順勢又提問：「請問用矩之道？」商高的回答先講數學測望理論，然後纔結合「天圓地方，方數爲典，以方出圓，笠以寫天」，把天文曆法視爲用矩之一例。矩是數學工具，積矩之理是數學原理和方法。其結論是：「夫矩之於數，其裁制萬物，唯所爲耳。」將「曆」作爲「數」的應用來研究和處理。對此，周公再次感歎道：「善哉！」

這個記述以對話體講述了周公與商高討論數學與天文學的細節，包括周公所關心的問題、商高的數學理論與思想。就這場數學活動來説，可以説記録較爲完整。但是並没有提供數學家商高本人的任何其他信息。

接着，《周髀》介紹了榮方向陳子求教天文曆法與數學的過程與内容，也是對話體：「昔者榮方問於陳子曰：今者，竊聞夫子之道，知日之高大，光之所照，一日所行，遠近之數，人所望見，四極之窮，列星之宿，天地之廣袤，夫子之道皆能知之。其信有之乎？」榮方聽説陳子的學問能夠解釋太陽的運行、光照遠近、二十八宿度數、天地之廣袤等天文問題，問陳子有没有此事。得到陳子肯定的答覆後，他又提出：自己雖然不是很聰明，但是確實願意學習相關的理論與知識，不知道能不能得到陳子的指導？陳子指出：「此皆算術之所及。」即這些問題都可以用數學方法去理解與解釋。但他没有具體講解，而是説：「子之於算，足以知此矣。若誠累思之。」首先肯定榮方的數學能力已經達到了學習理解這些知識的水準，然後讓他自己認真思考，反復研究。於是榮方自己回去思考研究，但没有達到應有的深度，不能深入進去，再次去請教陳子。這一次，陳子指出，榮方「思之未熟」，並進一步提示榮方，天文曆法問題的核心在於：「此亦望遠起高之術」，即將「望遠起高」的數學方法用於天文曆法即可。還指出：阻礙榮方進步的結症在於：「子之於數未能通類」且「子之智類單」，並告訴他研習數學的方法：「夫道術所以難通者，既學矣，患其不博，既博矣，患其不習，既習矣，患其不能知。故同術相學，同事相觀，此列士之愚智、賢不肖之所分。是故能類以合類，此賢者業精習智之質也。夫學同業而不能入神者，此不肖無智而業不能精習，是故算不能精習。」其中，「類以合類」是對當時已經存在的數學的總結，也規範了後來中國數學著作的風格。然后，让他「固復熟思之」。榮方復歸，思之數日，不能得。復見陳子，曰：「方思之以精熟矣，智有所不及，而神有所窮，知不能得。願終請説之。」陳子曰：「復坐，吾語汝。」於是向榮方講述了《周髀》一書後面的内容。

陳子回答榮方提問和指導他的過程，體現了其數學教育理念和數學教授方法，也體現了其研究數學和天文曆法的思想。但是，這個三問三答的故事也僅是關於這場教學過程的記述，而未包括陳子與榮方的其他信息。

前幾年發現的北大秦簡中，有一篇《魯久次問數於陳起》，也以問答形式討論數學問題，全文由三段對話組成。魯久次提出的三個問題是：「『讀語』與『計數』何物爲急？」『天下之物，孰不用數？』」『臨官蒞政，立度興事，何數爲急？』」陳起對三個問題給予詳細的回答。這三個問題相互關聯，其重點在闡述數學的重要性和廣泛應用性。韓巍等：北大秦簡《魯久次問數於陳起》今譯、圖版和專家筆談，《自然科學史研究》2015年第2期。這個關於魯久次請教陳起的文獻，也是僅有問答本身，而無相關數學家的情況。因此，關於先秦數學家的情況，至目前爲止，學者知之甚少。

在秦漢兩代做官的張蒼（？—前152），既是官員也是一位數學家。司馬遷《史記》專設「張丞相列傳」，爲張蒼書寫傳記。張蒼是數學家在正史中列傳的第一人。但是張蒼進入正史，是因爲他在秦漢兩代擔任朝廷高官，在秦爲御史，漢封北平侯，官至丞相，而非因爲他是一位數學家，在《清史稿》之前，沒有哪個人因爲是專門的數學家而被列入正史之中。

中國史籍浩繁，但關於數學家活動與傳記的資料卻極爲稀缺。雖然古代都強調數學的重要性，但是數學畢竟離正統學問經學、儒學等距離較遠，傳統社會視數學爲「可以兼習而不可專業」的學問，不像天文曆法那樣與政治關係緊密。數學家的活動未得到應有的關注，因而，傳統文獻中很少涉及數學家的活動與生平傳記。但如果一位數學家同時又是天文學家，則有可能享有在正史中列傳的待遇。在明代以前，如果在古代文獻中可以找到某個數學家的傳記，那也是因爲他在其他方面另有成就或貢獻，或者擔任過高級官員，如前面提到的張蒼，又如南朝的祖冲之（429—500），元代的李冶，明代的顧應祥（1483—1565）、唐順之（1507—1560）等。歷史上一些著名的數學家，卻根本沒有傳記資料留下來，如三國時代的趙爽和劉徽，宋元時代的賈憲、楊輝和朱世傑，明代的吴敬、王文素等，連生卒年都不詳。某些數學家因爲一些特殊情況，也有一些相關資料流傳下來，如南宋秦九韶，雖然做官不是很大，但是他與某些高級官員關係密切，且爲人頗有争議，有人寫了一些批評、漫罵他的文字，當然也有保護他的文字，這些資料勾勒出其傳記的某些部分。

進入清代以後，數學家的傳記大量出現，所以民國編纂的《清史稿》中也爲數學家列傳。嘉慶初，出現了專門爲數學家和天文學家撰寫傳記的著作，嘉慶四年（1799），學者阮元（1764—1849）組織數學家李鋭（1769—1817）和周治平編寫了《疇人傳》四十二卷，這是中國第一部有關歷代天文學家、數學家及其學術貢獻的傳記體專著，共收入二百七十五位清嘉慶以前的中國天算學家，又附録四十一位西方科技人物，其中，二十四位是西方十八世紀以前的天算學家，十七位是在傳播西方天文曆算方面有貢獻的傳教士。四十年之後，道光二十年（1840），數學家羅士琳（1789—1853）編輯了《疇人傳續編》六卷，在《疇人傳》基础上，補遺宋元七人，清代九人，新增嘉道間二十七人，共四十四人的傳記。光緒十二年（1886），諸可寶（1845—1903）編輯了《疇人傳三編》七卷，補録清初至道光間天算學者五十二人，新收録道光至光緒初的中國天算學者五十八人，附録十五位西方天算學者。光緒二十四年（1898），黄鍾駿父子編輯的《疇人傳四編》共收録了二百八十三位中國學者，一百五十七位外國天文學家和數學家，是各編中收録人物最多的。此前，華世芳（1854—1905）於光緒十年（1884）撰《近代疇人著述記》，收録天算學家二十八人，附見五人，共三十三人。光緒三十三年（1907），赤松發表了《道咸以來疇人合贊》。《國粹學報》1907年第3卷第27期，民國以來，類似的著述時有出現。例如，李儼《中國數學大綱》與《中國古代數學史料》、錢寶琮《浙江疇人著述記》、《國風月刊》1936 年第 9 第 10 期合刊。又《文瀾學報》1937 年第 3 卷第 1 期。嚴敦傑《蜀中疇人傳》，《真理雜誌》1944 年第 1 卷第 1 期。李承祚《續蜀中疇人傳》、《新蜀報》（渝版）1945 年蜀雅 20—21 期。孫延釗《浙江疇人別記》《浙江省通志館館刊》1945 年第 1 卷第 1 至第 4 期。等。馮立昇、鄧亮：《疇人傳合編校注》，導言。

《疇人傳》及其各續編的編纂體例，與今天的傳記體完全不同。阮元手訂「凡例」中稱：「凡所敘録姓名爵里、生卒年月而外，其議論行事，但采其有關步算者，自餘事實俱不冗贅。」事實上，一般來說，《疇人傳》中姓名爵里是明確的，而在多數情況下生卒年卻不詳，傳主的行事記録也往往語焉不詳。《疇人傳》的重點在傳主的著述與其中反映出來的學術觀點，但是在這方面也同樣不是很詳細，基本是通過引録傳主所撰著作的序言，來說明傳主的學術。阮元等作者的評論以「論曰」的形式附於本傳末。因此，依據《疇人傳》只能瞭解數學家的大概情況，其生平資料依然不夠詳細。儘管如此，《疇人傳》及其各續編是清末以前爲中國數學家撰寫傳記的僅有著作，其價值不言而喻。

數學家的完整傳記資料較爲缺乏是事實，不過，零散傳記資料還是頗有一些的。在各種方志、小說、筆記、詩詞、書信、數學著作、墓碑、墓誌、行述中包括了數量較多的數學家活動的資料。其中，數學著作中有時會用三言兩語寫到數學家個人的活動。例如，明程大位在《算法統宗》中提到他參加縣丈量田地、製作「丈量步車」的活動，清汪萊的《衡齋算學》記述他與焦循之間研討數學問題的過程，等等。數學著作的序跋中往往包括一些數學家撰寫該書的緣起、背景、過程、思想以及與師友討論的過程等內容。有的著作還包括一些紀念性文字。例如，漢趙爽在《周髀算經序》中寫道：「爽以暗蔽，才學淺昧。鄰高山之仰止，慕景行之軌轍。負薪餘日，聊觀《周髀》。」提示了其平民身份。三國魏劉徽在《九章算術序》中提到：「徽幼習《九章》，長再詳覽。觀陰陽之割裂，總算術之根源，探賾之暇，遂悟其意。是以敢竭頑魯，采其所見，爲之作注。」提示了他一生反復研習《九章》並爲之作注的信息，他又寫道：「徽以今之史籍且略舉天地之物，考論厥數，載之於志，以闡世術之美，輒造《重差》，并爲注解，以究古人之意，綴於《句股》之下。」由此，我們知道他在《九章》句股章後補寫《海島算經》的情況。多人分別給《算法統宗》撰寫的序跋加在一起共同勾勒出程一生的大致生平。郭世榮：《〈算法統宗〉導讀》，山東教育出版社，2000 年，25—35 頁。再如，清丁取忠等人在《粟布演草》的多個序跋中，共同給出晚清一批數學家共同研討同一問題，不斷修改、補充、完善一部數學著作的圖景。數學家的書信，不僅其本身就是數學家活動的組成部分，而且往往會提到數學家各種各樣的活動與思想交流，清代這方面的例子很多。例如，梅文鼎《續學堂文集》中的大量書信，結合他的曆算著作，提供了他學術活動的大量資料。再如，焦循與李銳間的書信對於分析李銳的學術頗有意義。郭世榮：清代中期數學家焦循與李銳之間的幾封信，《數學史研究文集》第一集，呼和浩特：

内蒙古大學出版社，臺北：九章出版社，1990年。洪萬生，焦循給李鋭的一封信，《談天三友》，明文書局，141—148頁。數學家的詩詞同樣也包括大量信息。例如，明王文素在《算學寶鑑》前面列出其「集算詩」八首，其中就包括他學習數學的體會、過程、感受以及他對數學的認識等内容。再如，清梅文鼎的《績學堂詩鈔》内容十分豐富，清焦循的「記得一首哭汪孝嬰」回顧了他與汪萊一生的交往。

總之，二十世紀以前中國數學家的傳記資料的整體特點是既缺乏又豐富。所謂缺乏，是指完整的傳記資料不多，多數傳記所記述數學家的活動還不夠全面。所謂豐富，是指明末之後各種零散資料相當多，但這些資料往往祇是提到數學家活動的某個片斷。搜集這些資料，並從中集成數學家活動的整體圖像並不是一件容易的事情，工作量很大。

二、中國傳統數學著作的著録

從秦漢至清末，中國約有數學著作兩千種以上。流傳下來的數學古籍以《周髀筭經》和《九章筭術》爲最早，二書均最終成書於漢代。據《漢書》記載，漢代還有《許商筭術》和《杜忠筭術》，但都已失傳。唐李淳風等人整理了《周髀筭經》《九章筭術》《海島筭經》《孫子筭經》《張丘建筭經》《五曹筭經》《五經筭術》《綴術》《緝古筭經》《夏侯陽筭經》等十部算經（後稱《算經十書》），作爲國子監算學館的教科書，用作輔助讀物的還有徐岳的《數術記遺》和董泉的《三等數》。到宋代，《算經十書》中的《綴術》已無傳本，所傳《夏侯陽筭經》也不是原書。漢至唐的數學著作當然遠不止這些，流傳下來的僅千百之什一而已。宋元以後數學著作漸多起來，明末清初之後的數學著作流傳至今的數量很大。近些年來，新出土和發現了一些戰國至漢代的數學簡牘，比如張家山漢簡包括一部《筭數書》，嶽麓書院秦簡有《數書》，清華戰國簡有《算表》，北大秦簡有《魯久次問數於陳起》及其他算書，里耶秦簡也有大量數學内容，等等。這些竹簡的發現，爲中國古代數學增加了新文獻。

自班固《漢書》設《藝文志》，中國正史一直有著録書目的傳統。《隋書》和《舊唐書》爲《經籍志》，《新唐書》《宋史》《明史》和《清史稿》爲《藝文志》，其中均著録有數學書目，列在「曆數類」，有時在「天文類」中也有個別數學書。《漢書》僅録《許商筭術》和《杜忠筭術》二種，《隋書·經籍志》《舊唐書·經籍志》《新唐書·藝文志》《宋史·藝文志》分別收録數學書三十、二十二、三十五和四十八種，引録互有重複。《明史·藝文志》天文類和曆數類均有數學著作，但祇有傳教士的譯著，而未收中算家的著作。

歷代藏書目録中著録數學著作的也不少。官修的如宋王堯臣（1003—1058）等《崇文總目》、明楊士奇（1366—1444）《文淵閣書目》，清嵇璜(1711—1794)《續通志》、永瑢(1743—1790)《四庫全書總目》、劉錦藻(1862—1934)《清續文獻通考》等，私修的如宋陳振孫《直齋書録解題》，明高儒《百川書志》、趙琦美(1563—1624)《脈望館書目》、祁承㸁(1563—1628)《澹生堂藏書目》，清錢曾(1629—1701)《錢遵王述古堂藏書目録》、錢謙益(1582—1664)《絳雲樓書目》、黄虞稷(1629—1691)《千頃堂書目》、周中孚(1768—1831)《鄭堂讀書記》、范邦甸(1778—1816)《天一閣書目》、阮元《文選樓藏書記》和《四庫未收書提要》、陸心源(1834—1894)《皕宋樓藏書志》、張之洞(1837—1909)《書目答問》、丁仁(1879—1949)《八千卷樓書目》，等等。這些著作中都收録有數學書目，也從另一個方面反映出古算書流傳與收藏的情況。

在一些數學著作中也有著録數學書目的，如《永樂大典》在「筭」目下就收集有數學著作的序言，後來被單獨輯出並命名爲《諸家算法及序記》，明程大位《筭法統宗》卷一七《筭經源流》記録數學書五十一種，並有作者、年代及簡介等事項。明周述學《曆宗筭會》卷一四有「筭會聖賢姓氏」，著録數學家及其著作。清梅瑴成的《增删算法統宗》中在程大位《筭經源流》基礎上進一步補充書目，編成《古今算法書目》。

清代數學家梅文鼎整理自己的天算著述，編成《勿庵曆算書目》，敘述自著八十八種著作的情況，包括撰著緣起、背景、過程、與同行的相關討論、著作的主要内容、學術思想等内容。不僅是研究梅氏個人學術與生平的重要文獻，而且對於研究康熙年間數學家與天文家的活動、事件、學術等等，均極富參考價值。清代還出現幾部專門著録與介紹數學著作的書籍，如馮徵《算學考初編》、劉鐸《若水齋古今算學書録》、丁福保《算學書目提要》等。

二十世紀以來研究古算著作目録的作品也不少。鄧衍林 1936 年出版了《北平各圖書館所藏中國算學聯合目録》。李儼著有《明代算學書志》和《近代中算著述記》(均載《中算史論叢》第二集，1954)，著録豐富，考證詳細。他的《中國數學大綱》與《中國數學史料》雖不是目録專書，但對於古代數學著作頗多考證。丁福保和周雲青合作出版了《四部總録算法編》(1957)。李迪在李儼等前人工作的基礎上，花幾十年時間收集古算書目，在查永平協助下整理成《中國古算書目彙編》，作爲《中國數學史大係》副卷二出版，收録了自《算數書》以來至民國初年止兩千多年間的中國傳統數學書目録二千六百多條，每條目録包括書名、作者、版本、現存算書的藏書地及失傳書的文獻出處等多項内容。這是對中國傳統數學書目的一次全面整理。郭書春《中國科學技術典籍通彙·數學卷》也有附「未收書目録」。郭世榮在《中國數學典籍在朝鮮半島的流傳與影響》一書中附録了韓國收藏中國數學著作目録。最近徐澤林、馮立昇與郭世榮聯合整理了《日本、韓國現存中國傳統天文曆算古籍目録彙編》，即將由上海交通大學出版社出版。

三、《數學家與數學典籍分典》的編纂

本分典按時代順序分爲漢至唐、宋元、明代、明末至清前期、清中期和清後期六個總部，每個總部下分爲人物部和著作部。在編纂《數學典》之初，還設計了先秦總部，並請對先秦數學史頗有研究的中國科學院自然科學史研究所鄒大海研究員負責，但是在實際收集資料過程中，發現編纂先秦總部是不可能的，不僅資料極少，既使有些相關的文字，也基本上是隻言片語，難以利用，最終只好取消掉這個總部。而將這部分内容併入《數學概論分典》的「算法起源與發展總部」。從漢至唐是中國古代數學的奠基時期，跨越的年代也很長，但是相關的資料不夠豐富，因此放在一個總部中，宋元與明代雖資料不算很多，但是各設總部，這樣前三個總部最終的容量大致相當。明末，西學東漸，數學家大批湧現出來。有清一代，數學家輩出，數學著述如雨後春筍般大量出現。因此，將明末至清末分爲三個總部。

與中國數學家和數學著作相關的文獻，時間越久遠佚失越多，越晚近保存越多，而且晚近的著述也比古昔多得多。考慮到資料的豐富程度，本分典在選取資料時，堅持一個原則，即早期的資料儘量多選，争取有文必收，晚近的資料則要篩選，特别是清代的文獻數量較大，不可能全部收録，儘量選用有代表性的。

本分典中，關於數學家的資料，按傳記、紀事、藝文、雜録等緯目分類編排。其中「傳記」收録歷史上的數學家傳記資料，如《疇人傳》及其以後各編中的「傳記」，儘管有的非常簡略，嚴格地説夠不成傳記，如《疇人傳四編》卷六丁巨傳只有十三個字：「丁巨，至正時人。著《丁巨算法》一卷。」又如《疇人傳四編》卷二陳熾傳也只二十一個字。但是歷史文獻中稱其爲「傳」，所以放在緯目「傳記」中。而不以傳記名義出現的傳記資料則放在「紀事」下，如明清一些數學家的墓誌銘等資料，本質上應該屬於傳記，但是畢竟不是傳記本身，也無傳記名義。「藝文」主要收録數學家本人關於自己活動的敘述，或數學家關於學術思想等的自述文字，或數學家的信函等内容。「雜録」收録與本數學家活動有關的其他資料。

關於數學著作的資料，按著録、序跋、藝文、雜録等緯目編排。「著録」收録數學著作被列入各種目録的情況，也包括關於該著作的提要和目録等。「序跋」收録數學著作的序跋。「雜録」收録與該數學著作相關的其他文字。對於新近發現的竹簡數學資料，在歷史上未有任何記録，按本分典的結構和體例，無法收録相關的内容，而補入《數學概論分典》的相關部分中。

數學家和數學著作大致上按年代先後排列，但是不能完全做到按年代順序，有的數學家生卒年代不詳，只能按估計的年

代排列。同一位數學家有多部數學著作的，均排列在一起，基本上按該數學家第一部著作的時間排列，或者以該數學家最具代表性的著作時間爲主排列。有的著作有兩個著作名，如清江永《翼梅》又叫《數學》，又如清徐有壬《務民義齋算學》又稱《徐莊渻公算書》，清屈曾發《九數通考》又名《數學精詳》。本分典在經目中只列其一，而在緯目中則按原文排列。數學叢書，先列叢書，後列子目，子目單列經目，緊接於叢書後編排。

本分典是集體完成的，《數學典》編委會多次開會就相關問題、資料取捨與安排等進行反復討論，特別是郭書春、馮立昇、郭世榮反復研究協調本分典與《數學典》的其他分典的交叉取捨問題。各總部的主編與編纂人員如下：未列編纂人員的由主編完成整個總部。

漢至唐數學家與數學著作總部：主編郭書春；

宋元數學家與數學著作總部：主編鄧可卉、郭書春；

明代數學家與數學著作總部：主編郭世榮；

明末清前期數學家與數學著作總部：主編董傑；

清中期數學家與數學著作總部：主編郭世榮，編纂人員有郭世榮和李民芬，高峰協助整理了《觀我生室彙稿》的主要資料，宋華和魏雪剛協助整理了部分資料；

清後期數學家與數學著作總部：人物部主編馮立昇、鄧亮，著作部主編鄧亮、馮立昇，兩部由馮立昇、鄧亮完成初稿，由郭世榮補充資料，整理定稿。

本分典由郭世榮最後統稿。高峰整理了引用書目。

作爲本分典主編，筆者感謝全體編纂人員數年來的積極努力、積極協作和辛苦勞動。筆者深知，雖然編纂者試圖努力把本分典編得更好，但是一定存在不少問題，敬請讀者批評指正。

郭世榮

二〇一六年三月

《數學典·數學家與數學典籍分典》簡目

明末清前期總部

清中期總部

人物部

著作部

清後期總部

引用書目

漢至唐總部

主編　郭書春

人物部

漢張蒼

傳記

漢・司馬遷《史記》卷九六《張丞相列傳》 張丞相蒼者，陽武人也。好書律曆。秦時爲御史，主柱下方書。有罪，亡歸。及沛公略地過陽武，蒼以客從攻南陽。【略】遂從西入武關，至咸陽。沛公立爲漢王。【略】漢乃以張蒼爲常山守。從淮陰侯擊趙，蒼得陳餘。趙地已平，漢王以蒼爲代相，備邊寇。已而徙爲趙相，相趙王耳。【略】復徙相代王。燕王臧荼反，高祖往擊之，蒼以代相從攻臧荼有功，以六年中封爲北平侯，食邑千二百户。遷爲計相。一月，更以列侯爲主計四歲。是時蕭何爲相國，而張蒼乃自秦時爲柱下史，明習天下圖書計籍。蒼又善用算律曆，故令蒼以列侯居相府，領主郡國上計者。黥布反亡，漢立皇子長爲淮南王，而張蒼相之。十四年，遷爲御史大夫。【略】高后崩，與大臣共誅吕禄等。免，以淮南相張蒼爲御史大夫。蒼與絳侯等尊立代王爲孝文皇帝。四年，丞相灌嬰卒，張蒼爲丞相。

自漢興至孝文二十餘年，會天下初定，將相公卿皆軍吏。張蒼爲計相時，緒正律曆。以高祖十月始至霸上，因故秦時本以十月爲歲首，弗革。推五德之運，以爲漢當水德之時，尚黑如故。吹律調樂，入之音聲，及以比定律令。若百工，天下作程品。至於爲丞相，卒就之，故漢家言律曆者，本之張蒼。蒼本好書，無所不觀，無所不通，而尤善律曆。【略】

蒼爲丞相十餘年，魯人公孫臣上書，言漢土德時，其符有黄龍當見。詔下其議張蒼，張蒼以爲非是，罷之。其後黄龍見成紀，於是文帝召公孫臣以爲博士，草土德之曆制度，更元年。張丞相由此自絀，謝病稱老。【略】蒼爲丞相十五歲而免。孝景前五年，蒼卒，謚爲文侯。【略】蒼年百有餘歲而卒。

紀事

漢・班固《漢書》卷一六《高惠高后文功臣表》 號謚姓名：北平文侯張蒼。侯狀户數：以客從起武陽，至霸上，爲常山守，得陳餘，爲代相，徙趙相，以代相侯。爲計相四歲，淮南相十四歲。千二百户。唐・如淳曰：「計相，官名，但知計會。」始封：八月丁丑封，五十年薨。位次：六十五。

又 卷一九下《百官公卿表》 孝文四年【略】正月甲午，御史大夫張蒼爲丞相。【略】後元二年八月戊戌，丞相(倉)[蒼]免。

又 卷二一《律曆志上》 漢興，北平侯張蒼首律曆事。

又 漢興，方綱紀大基，庶事草創，襲秦正朔。以北平侯張蒼言，用《顓頊曆》，比於六曆，疏闊中最爲微近。

又 卷三〇《藝文志》 《張蒼》十六篇。丞相，北平侯。

又 卷四二《張蒼傳》 張蒼【略】著書十八篇，言陰陽律曆事。

晉・司馬彪《後漢書》志第一《律曆上》 漢興，北平侯張蒼首治律曆。

雜録

三國魏・劉徽《九章筭術注序》 按：周公制禮而有九數，九數之流，則《九章》是矣。往者暴秦焚書，經術散壞。自時厥後，漢北平侯張蒼、大司農中丞耿壽昌皆以善(算)[筭]命世。蒼等因舊文之遺殘，各稱删補。故校其目則與古或異，而所論者多近語也。

唐・王孝通《上緝古算經表》 竊尋九數即《九章》是也。其理幽而微，其形祕而約。重句聊用測海，寸木可以量天。非宇宙之至精，其孰能與於此者？漢代張蒼删補殘缺，校其條目，頗與古術不同。

宋・李昉《太平御覽》卷七五〇《工藝部七》 《漢書・律曆志》【略】又曰：張蒼明習天下圖書計籍，又善算律曆。故令蒼以列侯居相府，領主郡國上計者。

宋・王欽若等《册府元龜》卷八六九《總録部》 漢張蒼明習天下圖書計籍，

又善算律曆，故令蒼以列侯居相府，主領郡國上計者。

宋・秦九韶《數書九章・自序》　漢去古未遠，有張蒼、許商、杜忠、乘馬延年、耿壽昌、鄭玄、張衡、劉洪之倫，或明天道而法傳於後，或計功策而效驗於時。

清・阮元等《疇人傳》卷二《張蒼》　論曰：《漢志》云：「漢興，庶事草創，襲秦正朔，以蒼言用《顓頊(術)[曆]》。」其術今已失傳。《續漢志》云：「《顓頊》元用乙卯。」蔡邕《命論》曰：「《顓頊(術)[曆]》曰大元，正月己巳朔旦立春，俱以日月起於天廟營室五度。」祖沖之曰：「古之六(術)[曆]」，竝同《四分》。六術謂《黃帝》《顓頊》《夏》《殷》《周》《魯》。然則《顓頊》章蔀紀元之數，竝與《四分》同也。」《開元占經》曰：「《顓頊(術)[曆]》上元乙卯，至今開元二年甲寅，二百七十六萬一千一十九算外。然則《顓頊》上元乙卯，至漢元年乙未，二百七十六萬一百算外也。《顓頊》之術，其大略如此。」劉徽序《九章》云：「北平侯張蒼、大司農中丞耿壽昌，各稱刪補。其目與古或異。」蓋蒼本秦人，其所傳者必羲、和、周公之遺，施行當世，爲後來步算家所宗，豈不宜哉？

漢耿壽昌

紀事

漢・班固《漢書》卷二四《食貨志上》　宣帝即位，用吏多選賢良，百姓安土，歲數豐穰，穀至石五錢，農人少利。時大司農中丞耿壽昌，以善爲算，能商功利，得幸於上。五鳳中奏言：「故事，歲漕關東穀四百萬斛以給京師，用卒六萬人。宜糴三輔、弘農、河東、上黨、太原郡穀足供京師，可以省關東漕卒過半。」又白增海租三倍，天子皆從其計。御史大夫蕭望之奏言：「【略】壽昌习於商功分銖之事，其深計遠慮，誠未足任，宜且如故。」上不聽。漕事果便，壽昌遂白令邊郡皆築倉，以穀賤時增其賈而糴，以利農，穀貴時減賈而糶，名曰常平倉，民便之。上乃下詔，賜壽昌爵關内侯。

又　卷六九《趙充國辛慶忌傳》　神爵元年【略】耿中丞糴二百萬斛穀，羌人不敢動矣。

又　卷七〇《陳湯傳》　初，湯與將作大匠解萬年相善。萬年與湯議，【略】「大司農中丞耿壽昌造杜陵，賜爵關内侯。」

雜録

晉・司馬彪《後漢書》志第二《律曆中》　甘露二年，大司農中丞耿壽昌奏，以圖儀度日月行，考驗天運狀，日月行至牽牛、東井，日過[一]度，月行十五度，至婁、角，日行一度，月行十三度，赤道使然，此前世所共知也。

漢・班固《漢書》卷三〇《藝文志》　耿[壽]昌《月行帛圖》二百三十二卷。耿[壽]昌《月行度》二卷。

宋・李昉《太平御覽》卷七五〇《工藝部七》　《漢書・律曆志》【略】又曰：宣帝時，大司農中丞耿壽昌以善算爲算工，得幸於上。

宋・王欽若等《册府元龜》卷八六九《總録部》　耿壽昌，宣帝時爲大司農中丞，以善算爲算工，得幸於帝。

漢許商

紀事

漢・班固《漢書》卷一九下《百官公卿表》　永始三年，詹事許商爲少府，二年爲光禄大夫。

又　綏和元年，侍中光禄大夫許商爲大司農，數月遷。十一月【略】大司農許商爲光禄勳，四月遷。

又　卷二七中之上　孝武時，夏侯始昌通《五經》，善推《五行傳》，以傳族子夏侯勝，下及許商，皆以教所賢弟子。

又　**卷二九《溝洫志》**　成帝初，【略】事下丞相、御史，白博士許商治《尚書》，善爲算，能度功用。遣行視，以爲屯氏河盈溢所爲，方用度不足，可且勿浚。

又　河平元年【略】，後二歲，河復決平原，流入濟南、千乘，【略】杜欽説大將軍王鳳，以爲「前河決，丞相史楊焉言延世受焉術以塞之。【略】宜遣焉及將作大匠許商、諫大夫乘馬延年雜作。延世與焉必相破壞，深論便宜，以相難極。商、延年皆明計算，能商功利，足以分別是非，擇其善而從之，必有成功」。鳳如欽言，白遣焉等作治，六月乃成。【略】後九歲，【略】勃海、清河、信都河水湓溢，灌縣邑三十一，敗官亭民舍四萬餘所。河隄都尉許商與丞相史孫禁共行視，圖方略。【略】許商以爲「古説九河之名，有徒駭、胡蘇、鬲津，今見在成平、東光、鬲界中。自鬲以北至徒駭間，相去二百餘里。今河雖數移徙，不離此域。孫禁所欲開者，在九河南篤馬河，失水之迹，處勢平夷，旱則淤絕，水則爲敗，不可許」。公卿皆從商言。

又　**卷一〇〇《敘傳》**　永始三年，【略】是時許商爲少府，師丹爲光祿勳，上於是引商、丹入爲光祿大夫，伯遷水衡都尉，與兩師並侍中，皆秩中二千石。每朝東宮，常從。及有大政，俱使諭指於公卿。

雜録

漢・班固《漢書》卷三〇《藝文志》　許商《五行傳記》一篇。【略】《許商算術》二十六卷。

宋・李昉《太平御覽》卷七五〇《工藝部七》　《漢書・律曆志》【略】又曰：許商善爲算，著《五行論》、《算術》二十六卷。

宋・王欽若等《册府元龜》卷八六九《總録部》　許商爲博士，治《尚書》，爲算，能度功用。嘗著《五行論曆》。《藝文志》有《許商算術》三十六卷，《杜忠算術》十六卷。

宋・陳彭年等《廣韻》卷四《筭》　《九章》術，漢許商、杜忠，吳陳熾，魏王粲并善之。

宋・王存等《元豐九域志》　滴水因都尉許商而得名。

又　滴河縣在棣州西南八十里。注云：漢都尉許商鑿此河通海，故以商爲名。後人加水焉。

漢劉歆

傳記

漢・班固《漢書》卷三六《楚元王傳》　劉向【略】少子歆，最知名。歆字子駿。少以通《詩》《書》能屬文召見成帝，待詔宦者署，爲黃門郎。河平中，受詔與父向領校祕書，講六藝傳記，諸子、詩賦、數術、方技，無所不究。向死後，歆復爲中壘校尉。哀帝初即位，大司馬王莽舉歆宗室有材行，爲侍中太中大夫，遷騎都尉、奉車光祿大夫，貴幸。復領《五經》，卒父前業。歆乃集六藝羣書，種別爲《七略》。【略】及歆親近，欲建立《左氏春秋》及《毛詩》《逸禮》《古文尚書》皆列於學官。【略】歆由是忤執政大臣，爲衆儒所訕，懼誅，求出補吏，爲河内太守。【略】復爲安定屬國都尉。會哀帝崩，王莽持政，【略】歆爲右曹太中大夫，遷中壘校尉、羲和、京兆尹，使治明堂辟雍，封紅休侯。典儒林史蔔之官，考定律曆，著《三統曆譜》。【略】及王莽篡位，歆爲國師。

紀事

漢・班固《漢書》卷九九《王莽傳中》　始建國元年正月朔【略】輔臣皆封拜。以【略】少阿、羲和、京兆尹、紅休侯劉歆爲國師，嘉新公。【略】是爲四輔，位上公。【略】更始元年【略】劉歆、王涉皆自杀。

雜録

三國魏・劉徽《九章算術注》卷一《方田》　晉武庫中漢時王莽作銅斛。

又　**卷五《商功》**　晉武庫中有漢時王莽所作銅斛。

唐・李籍《九章算術音義》　其斛銘曰：「律嘉量斛，方尺而圓外，庣旁九釐五毫，冪百六十二寸，深一尺，積一千六百二十寸，容十斗。」祖沖之以圓率考之，此斛當徑一尺四寸三分六釐一毫九秒二忽，庣旁一分九毫有奇。劉歆庣旁少一釐四毫有奇，歆數術不精之所致也。

漢馬續

傳記

南朝宋・范曄《後漢書》卷二四《馬援列傳》 馬援字文淵，扶風茂陵人也。【略】援三兄況、余、員，並有才能，王莽時皆爲二千石。唐・李賢等注：余，中壘校尉。【略】嚴，字威卿。父余，王莽時爲揚州牧。嚴七子，唯續、融知名。續，字季則，七歲能通《論語》，十三明《尚書》，十六治《詩》，博觀羣籍，善《九章筭術》。順帝時爲護羌校尉，遷度遼將軍，所在有威恩稱。

紀事

南朝宋・范曄《後漢書》卷六《孝順帝紀》 陽嘉【略】三年【略】秋七月庚戌，鍾羌寇隴西、漢陽。冬十月，護羌校尉馬續擊破之。【略】永和【略】五年【略】五月，度遼將軍馬續討吾斯、車紐，破之，使匈奴中郎將陳龜迫殺南單于。

又　卷八九《南匈奴列傳》 永和元年，暉病徵，以護羌校尉馬續代爲度遼將軍。【略】五年夏，【略】馬續與中郎將梁並、烏桓校尉王元發緣邊兵及烏桓、鮮卑、羌胡合二萬餘人，掩擊破之。【略】大將軍梁商以羌胡新反，黨衆初合，難以兵服，宜用招降，乃上表曰：「【略】竊見度遼將軍馬續素有謀謨，且典邊日久，深曉兵要，每得續書，與臣策合。宜令續深溝高壁，以恩信招降，宣示購賞，明其期約。【略】」帝從之，乃詔續招降畔虜。商又移書續等。續及諸郡並各遵行。於是右賢王部抑鞮等萬三千口詣續降。【略】吾斯猶率其部曲與烏桓寇鈔。六年春，馬續率鮮卑五千騎到穀城擊之，斬首數百級。【略】夏，馬續復免。

又　卷八四《列女傳・班昭傳》 時《漢書》始出，多未能通者，同郡馬融伏於閣下，從昭受讀。後又詔融兄續繼昭成之。

唐・房玄齡等《晉書》卷一一《天文上》 及班固敘漢史，馬續述《天文》，而蔡邕、譙周各有撰録，司馬彪採之，以繼前志。

雜録

晉・司馬彪《後漢書》志第一〇《天文志上》 孝明帝使班固敘《漢書》，而馬續述《天文志》。

漢張衡

傳記

南朝宋・范曄《後漢書》卷五九《張衡列傳》 張衡字平子，南陽西鄂人也。世爲著姓。【略】時天下承平日久，自王侯以下，莫不逾侈。衡乃擬班固《兩都》作《二京賦》，因以諷諫。【略】衡善機巧，尤致思於天文、陰陽、曆筭。【略】安帝雅聞衡善術學，公車特徵拜郎中，再遷爲太史令。遂乃研覈陰陽，妙盡琁機之正，作渾天儀，著《靈憲》《筭罔論》，言甚詳明。

又 陽嘉元年，復造候風地動儀。【略】如有地動，尊則振龍機發吐丸，而蟾蜍銜之。

雜録

南朝宋・祖沖之《大明曆議》 至若立圓舊誤，張衡述而弗改。

漢劉洪

紀事

晉·司馬彪《後漢書》志第二《律曆中》 注引《袁山松書》曰：「劉洪字元卓，泰山蒙陰人也。魯王之宗室也。延熹中，以校尉應太史徵，拜郎中，遷常山長史，以父憂去官。後爲上計掾，拜郎中，檢東觀著作《律曆記》，遷謁者，穀城門候，會稽東部都尉。徵還，未至，領山陽太守，卒官。洪善筭，當世無偶，作《七曜術》。及在東觀，與蔡邕共述《律曆記》，考驗天官。及造《乾象術》，十餘年，考驗日月與象相應，皆傳于世。」《博物記》曰：「洪篤信好學，觀乎六藝羣書意，以爲天文數術，探賾索隱，鉤深致遠，遂專心鋭思。爲曲城侯相，政教清均，吏民畏而愛之，爲州郡之所禮異。」

雜録

漢·蔡邕《蔡中郎集》 郎中劉洪密於用算。

漢·徐幹《中論》卷下 至靈帝，《四分曆》猶復後天半日，於是會稽都尉劉洪更造《乾象曆》，以追日月星辰之行，考之天文，於今爲密。

漢·徐岳《數術記遺》 余【略】乃於太山見劉會稽，博識多聞，偏於數術，余因受業，頗染所由。

晉·司馬彪《後漢書》志第二《律曆中》 光和二年，【略】尚書召穀城門候劉洪。

北周·甄鸞《數術記遺注》 按：《曆志》稱：靈帝光和中，穀城中門候太山劉洪造《乾象曆》，又制月行遲疾陰陽曆，自洪始也。方於《太初》《四分》，轉精密矣。洪後爲會稽太守。

唐·房玄齡等《晉書》卷一七《律曆中》 漢靈帝時，會稽東部尉劉洪，考史官自古迄今曆注，原其進退之行，察其出入之驗，視其往來，度其終始，始悟《四分》於天疏闊，皆斗分太多故也。作《乾象法》。【略】獻帝建安元年，鄭玄受其法，以爲窮幽極微，又加注釋焉。

又 徐岳議：「劉洪以曆後天，潛精内思二十餘載，參校漢家《太初》《三統》《四分》曆術，課弦望於兩儀郭間。【略】事御之後如洪言，海内試真，莫不聞見，劉歆以來，未有洪比。」

又 洪術爲後代推步之師表。

唐·慧琳《大藏經音義》卷六 劉洪有《九(京)[章]算術》。

漢鄭玄

傳記

南朝宋·范曄《後漢書》卷三五《鄭玄》 鄭玄字康成，北海高密人也。【略】遂造太學受業，師事京兆第五元先，始通《京氏易》《公羊春秋》《三統曆》《九章算術》。又從東郡張恭祖受《周官》《禮記》《左氏春秋》《韓詩》《古文尚書》。以山東無足問者，乃西入關，因涿郡盧植，事扶風馬融。

南朝梁·劉孝標《世説新語》卷上之下《文學》引《高士傳》 玄少學書數，八九歲能下算乘除。年二十一博極羣書，兼精算術。

紀事

宋·李昉《太平御覽》卷七五〇《工藝部》 《語林》曰：鄭玄，馬融門下，三年不得見，令高足弟子傳授而已。融嘗算渾天不合，召玄令算，一轉便決，衆咸駭服。

宋·王欽若等《册府元龜》卷八六九《總録部》 鄭玄造太學受業，師事京兆第五元先，始通《春秋》《三統曆》《九章算術》。《三統曆》，劉歆所撰。《九章算術》，周公作，凡有九篇：方田一、粟布二、差分三、少廣四、均輸五、方程六、旁要七、盈不足八、鈎股九。又因盧植事馬融。融素貴，玄在門下三年不得見。會融集諸生考論圖緯，聞玄善算，乃召見。玄因質諸疑義。後徵大司農，不起。

雜録

清・阮元等《疇人傳》卷四《鄭玄》 論曰：康成括囊大典，網羅衆家，爲千古儒宗，于天文數術，尤究極微眇。如箋《毛詩》，据《九章》粟米之率；注《易緯》，用《乾象》斗分之數。蓋其學有本，東京諸儒，皆不逮也。康成在馬融門下三年不得見。融聞其善算，乃召見樓上，因從質諸疑義。然則治經之士，固不可不知數學矣。

漢徐岳

雜録

漢・徐岳《數術記遺》 余以天門金虎，呼吸精泉，羽檄星馳，郊多走馬，遂負帙遊山，躡迹志道，備歷丘嶽，林壑必過。乃於太山，見劉會稽博識多聞，偏於數術。余因受業，頗染所由。

三國魏・王朗《塞勢》李昉《太平御覽》卷七五四 余所與游處，惟東萊徐先生素習《九章》，能爲計數。

北周・甄鸞《數術記遺注》 徐氏名岳，東萊人。蓋以漢室板蕩，又譎詭見於天，將訪名山，自求多福也。

又 劉洪付《乾象曆》於東萊徐岳，又授吴中書令闞澤，澤甚重焉，爲注解。

漢趙爽

雜録

漢・趙爽《周髀筭經序》 爽以暗蔽，才學淺昧。鄰高山之仰止，慕景行之軌轍。負薪餘日，聊觀《周髀》，其旨約而遠，其言曲或作典。而中。將恐廢替，濡滯不通，使談天者無所取則，輒依經爲圖，誠冀頽毁重仞之墻，披露堂室之奥。庶博物君子時迴思焉。

唐・李籍《周髀筭經音義》 趙君卿撰：【略】君卿，趙爽字也。不詳何代人。

清・阮元等《疇人傳》卷五《趙爽》 論曰：句股方圓圖注，五百餘言耳，而後人數千言所不能詳者，皆包蘊無遺，精深簡括，誠筭氏之最也。李籍《周髀音義》謂爽不知何代人，今本《周髀算經》題云漢趙君卿注，故系于漢代云。

三國魏劉徽

紀事

三國魏・劉徽《九章筭術注序》 徽幼習《九章》，長再詳覽。觀陰陽之割裂，總（算）[筭]術之根源，探賾之暇，遂悟其意。是以敢竭頑魯，采其所見，爲之作注。

唐・房玄齡等《晉書》卷一六《律曆上》 魏景元四年，劉徽注《九章》【略】。

唐・魏徵等《隋書》卷一六《律曆志上》 魏陳留王景元四年，劉徽注《九章》云【略】。

又 魏陳留王景元四年，劉徽注《九章・商功》曰【略】。

雜録

唐・王孝通《上緝古筭經表》　魏朝劉徽篤好斯言，博綜纖隱，更爲之注。徽思極毫芒，觸類增長，乃造重差之法，列於終篇。雖即未爲司南，亦一時獨步。

元・李冶《益古演段・自序》　其撰著成書者，無慮百家，然皆以《九章》爲祖，而劉徽、李淳風又加注釋，而此道益明。

清・焦循《加減乘除釋》卷一　劉氏徽之注《九章算術》，猶許氏慎之撰《説文解字》。士生千百年後，欲知古人仰觀俯察之旨，舍許氏之書不可，欲知古人參天兩地之原，舍劉氏之書亦不可。嘉定錢溉亭先生塘謂《説文》一部之中，聲無統紀，因取許氏書，離析合并，重立部首，系之以聲。其書雖未成，迄今講《説文》者，頗宗其意以著書。循謂古人之學，期於實用，以乂百工，察萬品，而作書契，分别其事物之所在，俾學者案形而得聲。若夫聲音之間，義藴精微，未可人人使悟其旨趣，此所以主形而不主聲也。惟算亦然，既有少廣、句股，又必指而别之，曰方田，曰商功。既有衰分、盈不足、方程，又必明以示之，曰粟米，曰均輸，亦指其事物之所在，而使學者人人可以案名以知術也。然名起於立法之後，理存於立法之先。理者何？加減乘除四者之錯綜變化也。而四者之雜於《九章》，則不啻六書之聲雜於各部。故同一今有之術，用於衰分，復用於粟米。同一齊同之術，用於方田，復用於均輸。同一弦矢之術，用於句股，復用於少廣。而立方之上，不詳三乘以上之方，四表之測，未盡三率相求之例。踵其後者，又截粟米爲貴賤衰分，移均輸爲疊借互徵，名目既緐，本原益晦。蓋《九章》不能盡加減乘除之用，而加減乘除可以通《九章》之窮，《孫子》《張邱建》兩書似得此意，乃説之不詳，亦無由得其會通。不揆淺陋，本劉氏之書，以加減乘除爲綱，以《九章》分注而辨明之。【略】授徒村中，無酬應之煩，取舊稾細爲增損，得八卷。竊比於溉亭之於《説文》，庶幾與劉氏相表裏焉。倘有缺誤，願識者補而正之，幸甚。

又　卷三　劉氏注方田術「相乘得積步」云：「此積謂田冪，凡廣從相乘謂之冪。」李淳風以冪是方面單布之名，積乃衆數聚居之稱，斥注爲乖。循謂廣從相乘爲冪，而經不言冪，言積。故注云：「此積謂田冪。」「謂之」云，不專於是之稱也。劉氏未嘗以積訓冪，李斥之，非矣。

又　卷八　劉氏《九章算術・方田》注云：「子有所乘，故母當報除。」此爲「方田」之乘分而言。循謂算法之精妙，無踰此兩言也。

清・黄承吉《加減乘除釋序》　理堂則以精貫之旨推之於平易，以爲理本自然，取劉徽注《九章算術》之意，著《加減乘除釋》八卷。【略】里堂之書殆《周髀》以來諸書之統紀，不獨劉氏之功臣也。

清・陳萬策《中西算法異同論》　古今之爲算學者，自隸首、商高而後，若劉徽、祖沖之、趙友欽、郭守敬之徒，皆精詣其術。

清・阮元等《疇人傳》卷五《劉徽》　論曰：徽稱《九章》爲九數之流，然則九數與《九章》自别。賈公彦釋鄭氏《周禮注》云：「今有重差、夕桀、句股也者，此漢法增之。」非也。蓋方田、粟米、差分、少廣、商功、均輸、方程、贏不足、旁要，今有，重差、夕桀、句股者，九數之篇名。方田、粟米、衰分、少廣、商功、均輸、贏不足、方程、句股者，九章之目。今有别爲一術，不得以今爲指謂漢時也。周三徑一，于率尚粗。徽刱以六觚之面，割之又割，以求周徑相與之率。厥後祖沖之更開密法，仍是割之又割耳，未能于徽法之外，别立新術也。江都焦里堂循謂劉徽注《九章》，與許叔重《説文解字》同有功于六藝，是豈尊崇之過當乎？

三國吴闞澤

傳記

晉・陳壽《三國志》卷五三《吴書・闞澤傳》　闞澤字德潤，會稽山陰人也。家世農夫，至澤好學。居貧無資，常爲人傭書，以供紙筆，所寫既畢，誦讀亦遍。追師論講，究覽羣籍，兼通曆數，由是顯明。察孝廉，除錢塘長，遷郴令。孫權爲驃騎將軍，辟補西曹掾，及稱尊號，以澤爲尚書。嘉禾中，爲中書令，加侍中。赤烏五年，拜太子太傅，領中書如故。【略】著《乾象曆注》，以正時日。【略】以儒學勤勞，封都鄉侯。【略】六年冬卒。

雜録

南朝宋・裴松之《三國志・吴書・闞澤傳注》《吴録》曰：「闞子儒術德行，亦今之仲舒也。」

唐・房玄齡等《晉書》卷一七《律曆中》 吴中書令闞澤受劉洪《乾象法》於東萊徐岳，又加解注。中常侍王蕃以洪術精妙，用推渾天之理，以制儀象及論，故孫氏用《乾象曆》，至吴亡。

唐・徐堅《初學記・器物部》 闞澤《九章》曰：「粟飯五十，糲飯七十，粺飯五十，糳飯四十八，御飯四十二。」

三國吴王蕃

傳記

晉・陳壽《三國志》卷六五《吴書・王蕃傳》 王蕃字永元，廬江人也。博覽多聞，兼通術藝。始爲尚書郎，去官。孫休即位，與賀邵、薛瑩、虞汜俱爲散騎中常侍，皆加駙馬都尉。【略】爲夏口監軍。孫皓初，復入爲常侍。【略】甘露二年，【略】皓大會羣臣，蕃沈醉頓伏，【略】皓【略】斬之。【略】丞相陸凱上疏曰：「常侍王蕃黄中通理，知天知物，處朝忠蹇，斯社稷之重鎮，大吴之龍逢也。【略】而陛下忿其苦辭，惡其直對，梟之殿堂，尸骸暴棄，郡内傷心，有識悲悼。」其痛蕃如此。蕃死時年三十九。

雜録

唐・房玄齡等《晉書》卷一一《天文志上》 陸績亦造渾象。至吴時，中常侍

廬江王蕃善數術，傳劉洪《乾象曆》，依其法而制渾儀，立論考度曰：「【略】三光之行，不必有常，術家以算求之，各有同異，故諸家曆法參差不齊。《洛書甄曜度》《春秋考異郵》皆云：『周天一百七萬一千里，一度爲二千九百三十二里七十一步二尺七寸四分四百八十七分分之三百六十二。』陸績云：『天東西南北徑三十五萬七千里。』此言周三徑一也。考之徑一不啻周三，率：周百四十二，而徑四十五。則天徑三十(二)[三]萬九千四百一里一百二十二步二尺二寸一分七十一分分之十。《周禮》：『日至之景尺有五寸，謂之地中。』鄭衆説：『土圭之長尺有五寸，以夏至之日立八尺之表，其景與土圭等，謂之地中，今潁川陽城地也。』鄭玄云：『凡日景於地，千里而差一寸。景尺有五寸者，南戴日下萬五千里也。』以此推之，日當去其下地八萬里矣。日邪射陽城，則天徑之半也。天體員如彈丸，地處天之半，而陽城爲中，則日春秋冬夏，昏明晝夜，去陽城皆等，無盈縮矣。故知從日邪射陽城爲天徑之半也。以句股法言之，旁萬五千里，句也。立八萬里，股也。從日邪射陽城，弦也。以句股求弦法入之，得八萬一千三百九十四里三十步五尺三寸六分，天徑之半而地上去天之數也。倍之，得十六萬二千七百八十八里六十一步四尺七寸二分，天徑之數也。以周率乘之，徑率約之，得五十一萬三千六百八十七里六十八步一尺八寸二分，周天之數也。減《甄耀度》《考異郵》五十五萬七千三百一十二里有奇，一度凡千四百六里百二十四步六寸四分十萬七千五百六十五分分之萬九千四十九，減舊度千五百二十五里二百五十六步三尺三寸二十一萬五千一百三十分分之十六萬七百三十。」

清・阮元等《疇人傳》卷五《王蕃》 論曰：蕃以周百四十二，而徑四十五，以徑一丈率之，周得三丈一尺五寸五分五釐五豪五秒五忽九分忽之五，較徽率爲强。其立論攷度，通達平正，可爲言天家之圭臬矣。

晉裴秀

傳記

唐・房玄齡等《晉書》卷三五《裴秀》 裴秀字季彦，河東聞喜人也。祖茂，漢

尚書令。父潛，魏尚書令。秀少好學，有風操，八歲能屬文。【略】時人爲之語曰：「後進領袖有裴秀。」渡遼將軍毌丘儉嘗薦秀於大將軍曹爽，曰：「生而岐嶷，長蹈自然，玄靜守真，性入道奥；博學强記，無文不該；孝友著於鄉黨，高聲聞於遠近。誠宜弼佐謨明，助和鼎味，毗贊大府，光昭盛化。非徒子奇、甘羅之儔，兼包顔、冉、游、夏之美。」爽乃辟爲掾，襲父爵清陽亭侯，遷黄門侍郎。爽誅，以故吏免。頃之，爲廷尉正，歷文帝安東及衛將軍司馬，軍國之政，多見信納。遷散騎常侍。

帝之討諸葛誕也，秀與尚書僕射陳泰、黄門侍郎鍾會以行臺從，豫參謀略。及誕平，轉尚書，進封魯陽鄉侯，增邑千户。常道鄉公立，以豫議定策，進爵縣侯，增邑七百户，遷尚書僕射。魏咸熙初，釐革憲司。時荀顗定禮儀，賈充正法律，而秀改官制焉。秀議五等之爵，自騎督已上六百余人皆封。於是秀封濟川侯，地方六十里，邑千四百户，以高苑縣濟川墟爲侯國。【略】武帝既即王位，拜尚書令、右光禄大夫，與御史大夫王沈、衛將軍賈充俱開府，加給事中。及帝受禪，加左光禄大夫，封鉅鹿郡公，邑三千户。【略】

秀儒學洽聞，且留心政事，當禪代之際，總納言之要，其所裁當，禮無違者。又以職在地官，以《禹貢》山川地名，從來久遠，多有變易。後世説者或强牽引，漸以闇昧。於是甄摘舊文，疑者則闕，古有名而今無者，皆隨事注列，作《禹貢地域圖》十八篇，奏之，藏於祕府。其序曰：「【略】漢氏《輿地》及《括地》諸雜圖，各不設分率，又不考正準望，【略】不合事實，於義無取。【略】製圖之體有六焉。一曰分率，所以辨廣輪之度也。二曰準望，所以正彼此之體也。三曰道里，所以定所由之數也。四曰高下，五曰方邪，六曰迂直，此三者各因地而制宜，所以校夷險之異也。有圖像而無分率，則無以審遠近之差。有分率而無準望，雖得之於一隅，必失之於他方。有準望而無道里，則施於山海絶隔之地，不能以相通。有道里而無高下、方邪、迂直之校，則徑路之數必與遠近之實相違，失準望之正矣。故以此六者參而考之。然遠近之實定於分率，彼此之實定於道里，度數之實定於高下、方邪、迂直之算。故雖有峻山鉅海之隔，絶域殊方之迥，登降詭曲之因，皆可得舉而定者。準望之法既正，則曲直遠近無所隱其形也。」【略】泰始七年薨，時年四十八。【略】謚曰元。【略】咸甯初，與石苞等並爲王公，配享廟庭。

雜録

清・黄鍾駿《疇人傳四編》卷三《裴秀》 論曰：測繪地圖者，不知計里開方之法，則圖與地不能密合。故測量天地之高深，推度山川之廣遠者，不外乎精於制器，巧於用法而已。秀爲地圖制體有六法，雖未甚周密，而規模已略具其中。其言分率者，繪圖之法也；準望者，測經緯度也；道里者，測地面之大勢也；高下、方邪、迂直者，測地之子目也。後之人，器精法巧，特推廣其術而用之焉耳。

南朝宋何承天

傳記

南朝梁・沈約《宋書》卷六四《何承天》 何承天，東海郯人也。【略】承天五歲失父，母徐氏，廣之姊也，聰明博學，故承天幼漸訓義，儒史百家，莫不該覽。【略】宋臺建，召爲尚書祠部郎，與傅亮共撰朝儀。永初末，補南臺治書侍御史。【略】元嘉【略】十六年，除著作佐郎，撰國史。【略】尋轉太子率更令，著作如故。【略】十九年，立國子學，以本官領國子博士。皇太子講《孝經》，承天與中庶子顔延之同爲執經。頃之，遷御史中丞。【略】二十四年，承天遷廷尉，未拜，卒於家，年七十八。先是，《礼論》有八百卷，承天删減并合，以類相從，凡三百卷，并《前傳》《雜語》《纂文》論並傳於世。又改定《元嘉曆》。

雜録

南朝梁・沈約《宋書》卷一二《律曆志中》 宋太祖頗好曆數，太子率更令何承天私撰新法。元嘉二十年上表曰：「臣授性頑惰，少所關解。自昔幼年，頗好曆數，耽情注意，迄於白首。臣亡舅故祕書監徐廣素善其事，有既往《七曜曆》，每記其得失。自太和至太元之末，四十許年。臣因比歲考校，至今又四十載。故其疏密差會，皆可知也。【略】是故臣更建《元嘉曆》。【略】伏願以臣所上《元嘉法》下史官考其疏密，若謬有可採，庶或補正闕謬，以備萬分。」詔曰：「何承天所陳，殊有理據，可付外詳之。」【略】有司奏：「治曆改憲，經國盛典，爰及漢、魏，屢有變革。良由術無常是，取協當時。方今皇猷載暉，舊域光被，誠應綜覈晷度，以播維新。承天曆術，合可施用。宋二十二年，普用《元嘉曆》。」詔可。

唐・魏徵等《隋書》卷一七《律曆志中》 ［毛］爽因稽諸故實，以著於篇，名曰《律譜》。其略云：「【略】臣先人栖誠學算於祖暅［之］，問律於何承天。」

又 卷一九《天文志上》 宋何承天論渾天象體曰：「【略】周天三百六十五度三百四分之七十五。天常西轉，一日一夜過周一度。南北二極，相去一百一十六度三百四分度之六十五强，即天(經)［徑］也。」

又 宋何承天以月蝕所在，當日之衡，考驗日宿，知移舊六度。冬至之日，其影極長，測量晷度，知冬至移舊四日。前代諸漏，春分晝長，秋分晝短，差過半刻。皆由氣日不正，所以而然。遂議造漏法。春秋二分昏旦晝夜漏各五十五刻。齊及梁初，因循不改。

元・脱脱等《宋史》卷七四《律曆志七》 明天曆

調日法：【略】後漢劉洪考驗《四分》，於天不合，乃減朔餘，苟合時用。自是已降，率意加減，以造日法。宋世何承天更以四十九分之二十六爲强率，十七分之九爲弱率，於强弱之際以求日法。承天日法七百五十二，得一十五强，一弱。自後治曆者，莫不因承天法，累强弱之數。

清・阮元等《疇人傳》卷七《何承天》 論曰：《漢書・郎顗傳》稱：孔子，曰漢三百載，斗(術)［曆］改憲。三百四歲爲一德，五德千五百二十歲。五行更用《易緯乾鑿度》至德之數，先立金、木、水、火、土，凡各三百四歲，五德運行。《元嘉》度法三百四，蓋即一德之數也。承天術勝於前者三事：欲用定朔，一也；攷正冬至日度，二也；春秋分晷影無長短之差，三也。至其刱立强弱二率，以調日法，由唐迄宋，演撰家皆墨守其説，而不敢變易，可謂卓然名家者矣。

南朝宋祖冲之

傳記

唐・李延壽《南史》卷七二《文學・祖冲之》 祖冲之字文遠，范陽遒人也。曾祖台之，晉侍中。祖昌，宋大匠卿。父朔之，奉朝請。冲之稽古，有機思。宋孝武使直華林學省，賜宅宇車服，解褐南徐州從事、公府參軍。始元嘉中，用何承天所製曆，比古十一家爲密。冲之以爲尚疏，乃更造新法。上表言之。孝武令朝士善曆者難之，不能屈。會帝崩不施行。

歷位爲婁縣令，謁者僕射。初，宋武平關中，得姚興指南車，有外形而無機杼，每行，使人於内轉之。昇明中，齊高帝輔政，使冲之追修古法。冲之改造銅機，圓轉不窮，而司方如一，馬鈞以來未之有也。時有北人索馭驎者，亦云能造指南車，高帝使與冲之各造，使於樂游苑對共校試，而頗有差僻，乃毁而焚之。晉時杜預有巧思，造欹器，三改不成。永明中，竟陵王子良好古，冲之造欹器獻之，與周廟不異。文惠太子在東宫，見冲之曆法，啓武帝施行。文惠尋薨，又寢。

轉長水校尉，領本職。冲之造《安邊論》，欲開屯田，廣農殖。建武中，明帝欲使冲之巡行四方，興造大業，可以利百姓者，會連有軍事，事竟不行。

冲之解鍾律博塞，當時獨絶，莫能對者。以諸葛亮有木牛流馬，乃造一器，不因風水，施機自運，不勞人力。又造千里船，於新亭江試之，日行百餘里。於樂游苑造水碓磨，武帝親自臨視。又特善算。永元二年卒，年七十二。著《易老莊義》，釋《論語》《孝經》，注《九章》，造《綴述》數十篇。子暅之。

雜録

南朝梁・沈約《宋書》卷一三《律曆志下》 冲之隨法興所難，辯折之曰：臣少鋭愚，尚專功數術，搜練古今，博采沈奥，唐篇夏典，莫不揆量，周正漢朔，咸加該驗。罄策籌之思，究疏密之辨。至若立圓舊誤，張衡述而弗改。漢時斛銘，劉歆詭謬其數，此則算氏之劇疵也。《乾象》之弦望定數，《景初》之交度周日，匪謂測候不精，遂乃乘除翻謬，斯又曆家之甚失也。及鄭玄、闞澤、王蕃、劉徽，並綜數藝，而每多疏舛。臣昔以暇日，撰正衆謬，理據炳然，易可詳密，此臣以俯信偏識，不虛推古人者也。按何承天曆，二至先天，閏移一月，五星見伏，或違四旬，列差妄設，當益反損，皆前術之乖遠，臣曆所改定也。既沿波以討其源，刪滯以暢其要，能使躔次上通，晷管下合，反以譏詆，不其惜乎！尋法興所議六條，並不造理難之關楗。謹陳其目。

其一，日度歲差，前法所略，臣據經史辨正此數，而法興設難，徵引《詩》《書》，三事皆謬。其二，臣校晷景，改舊章法，法興立難，不能有詰，直云「恐非淺慮，所可穿鑿」。其三，次改方移，臣無此法，求術意誤，橫生嫌貶。其四，曆上元年甲子，術體明整，則苟合可疑。其五，臣其曆七曜咸始上元，無隙可乘，復云「非凡夫所測」。其六，遲疾陰陽，法興所未解，誤謂兩率日數宜同。凡此衆條，或援謬目譏，或空加抑絶，未聞折正之談，厭心之論也。謹隨詰洗釋，依源徵對。仰照天暉，敢罄管穴。

法興議曰：「夫二至發斂，南北之極，日有恒度，而宿無改位。故古曆冬至，皆在建星。」沖之曰：周、漢之際，疇人喪業，曲技競設，圖緯實繁，或借號帝王以崇其大，或假名聖賢以神其說。是以讖記多虛，桓譚知其矯妄。古曆舛雜，杜預疑其非直。按《五紀論》，《黃帝曆》有四法，《顓頊》《夏》《周》並有二術，詭異紛然，則孰識其正。此古曆可疑之據一也。《夏曆》七曜西行，特違衆法，劉向以爲後人所造，此可疑之據二也。《殷曆》日法九百四十，而《乾鑿度》云《殷曆》以八十一爲日法。若《易緯》非差，《殷曆》必妄，此可疑之據三也。《顓頊》曆元，歲在乙卯，而《命曆序》云「此術設元，歲在甲寅」。此可疑之據四也。《春秋》書食有日朔者凡二十六，其所據曆，非《周》則《魯》。以《周曆》考之，檢其朔日，失二十五，《魯曆》校之，又失十三。二曆並乖，則必有一僞。此可疑之據五也。古之六術，並同《四分》。《四分》之法，久則後天。以食檢之，經三百年輒差一日。古曆課今，其甚疏者，朔後天過二日有餘。以此推之，古術之作，皆在漢初周末，理不得遠。且却校《春秋》，朔並先天，此則非三代以前之明徵矣。此可疑之據六也。尋《律曆志》，前漢冬至日在斗牛之際，度在建星，其勢相隣，自非帝者有造，則儀漏或闕，豈能窮密盡微，纖毫不失。建星之說，未足證矣。

法興議曰：「戰國橫鶩，史官喪紀，爰及漢初，格候莫審，後雜覘知在南斗二十一度。《元和》所用，即與古曆相符也。逮至《景初》，終無毫忒。」沖之曰：古術訛雜，其詳闕聞。乙卯之曆，秦代所用，必有效於當時，故其言可徵也。漢武改創，檢課詳備，正儀審漏，事在前史，測星辨度，理無乖遠。今議者所是不實見，所非徒爲虛妄，辨彼駭此，既非通談，運今背古，所誣誠多，偏據一說，未若兼今之爲長也。《景初》之法，實錯五緯，今則在衝口，至曩已移日。蓋略治朔望，無事檢候，是以晷漏昏明，並即《元和》，二分異景，尚不知革，日度微差，宜其謬矣。

法興議曰：「《書》云『日短星昴，以正仲冬』。直以月推四仲，則中宿常在衛陽，義、和所以正時，取其萬代不易也。沖之以爲唐代冬至日在今宿之左五十許度，遂虛加度分，空撤天路。」沖之曰：《書》以四星昏中審分至者，據人君南面而言也。且南北之正，其詳易准，流見之勢，中天爲極。先儒注述，其義僉同，而法興以爲《書》說四星，皆在衛陽之位，自在巳地，進失向方，退非始見，迂迴經文，以就所執，違訓詭情，此則甚矣。捨午稱巳，午上非無星也。必據中宿，餘宿豈復不足以正時。若謂舉中語兼七列者，觜參尚隱，則不得言，昴星雖見，當云伏矣。奎婁已見，復不得言，伏見□□不得以爲辭，則名將何附？若中宿之通非允，當實謹檢經旨，直云星昴，不自衛陽，衛陽無自顯之義，此談何因而立？苟理無所依，則可愚辭成說，曾泉、桑野皆爲明證。分至之辯，竟在何日？循復再三，竊深歎息。

法興議曰：「其置法所在，近違半次，則四十五年九月率移一度。」沖之曰：《元和》日度，法興所是。唯徵古曆在建星，以今考之，臣法冬至亦在此宿，斗二十一了無顯證，而虛貶臣曆乖差半次，此愚情之所駭也。又年數之餘有十一月，而議云九月，涉數每乖，皆此類也。月盈則食，必在日衝，以檢日則宿度可辨，請據效以課疏密。按太史註記，元嘉十三年十二月十六日甲夜月蝕盡，在鬼四度，以衡計之，日當在牛六，依法興議曰：「在女七。」又十四年五月十五日丁夜月蝕盡，在斗二十六度，以衡計之，日當在井三十。依法興議曰：「日在柳二。」又二十八年八月十五日丁夜月蝕，在奎十一度，以衡計之，日當在角二。依法興議曰：「日在角十二。」又大明三年九月十五日乙夜月蝕盡，在胃宿之末，以衡計之，日當在氐十二。依法興議曰：「日在心二。」凡此四蝕，皆與臣法符同，纖毫不爽，而法興所據，頓差十度，違衡移宿，顯然易覩。故知天數漸差，則當式遵以爲典，事驗昭晳，豈得信古而疑今。

法興議曰：「在《詩》『七月流火』，此夏正建申之時也。『定之方中』，又小雪之節也。若冬至審差，則豳公火流，晷長一尺五寸，楚宮之作，晝漏五十三刻，此詭之甚也。」沖之曰：臣按此議三條皆謬。《詩》稱流火，蓋略舉西移之中，以爲驚寒之候。流之爲言，非始動之辭也。就如始説，冬至日度在斗二十(二)[一]，則火星之中，當在大暑之前，豈鄰建申之限？此專自攻糾，非謂矯失。《夏小正》「五月昏，大火中」，此復在衛陽之地乎？又謂臣所立法，楚宮之作，在九月初。案《詩》傳箋皆謂定之方中者，室辟昏中，形四方也。然則中天之正，當在室之八度。臣曆推之，元年立冬後四日，此度昏中乃自十月之初，又非寒露之日也。議者之意，蓋誤以周世爲堯時，度差五十，故致此謬。小雪之節，自信之談，非有明文可據也。

法興議曰：「仲尼曰：『丘聞之，火伏而後蟄者畢。今火猶西流，司曆過也。』就如沖之所誤，則星無定次，卦有差方。名號之正，古今必殊。典誥之音，時不通軌。堯之開、閉，今成建、除。今之壽星，乃周之鶉尾也。即時東壁已非玄武，軫星頓屬蒼龍。誣天背經，乃至於此。」沖之曰：臣以爲辰極居中，而列曜貞觀，羣像殊體，而陰陽區別，故羽介咸陳，則水火有位，蒼素齊設，則東西可準，非以日之所在，定其名號也。何以明之？夫陽爻初九，氣始正北，玄武七列，虚當子位。若圓儀辨方，以日爲主，冬至所舍，當在玄枵。而今之南極，乃處東維，違體失中，其義何附？若南北以冬夏稟稱，則卯酉以生殺定號，豈得春躔義方，秋麗仁域？名舛理乖，若此之反哉！因兹以言，固知天以列宿分方，而不在於四時，景緯環序，日不獨守故轍矣。至于中星見伏，記籍每以審時者，蓋以曆數難詳，而天驗易顯，各據一代所合，以爲簡易之政也。亦猶夏禮未通商典，《濩》容豈襲《韶》節，誠天人之道同差，則蓺之興，因代而推移矣。月位稱建，諒以氣之所本，名隨實著，非謂斗杓所指。近校漢時，已差半次。審斗節時，其校安在？或義非經訓，依以成説，將緯候多詭，僞辭間設乎？次隨方名，義合宿體。分至雖遷，而厥位不改，豈謂龍火貿處，金水亂列？名號乖殊之譏，抑未詳究。至如壁非玄武，軫屬蒼龍，瞻度察晷，實效咸然。《元嘉曆》法，壽星之初，亦在翼限，參校晉注，顯驗甚衆。天數差移，百有餘載。議者誠能馳辭騁辯，令南極非冬至，望不在衝，則此談乃可守耳。若使日遷次留，則無事屢嫌，乃臣曆之良證，非難者所宜列也。尋臣所執，必據經史，遠考唐典，近徵漢籍，讖記碎言，不敢依述，竊謂循經之論也。月蝕檢日度，事驗昭著，史注詳論，文存禁閣，斯又稽天之説也。《堯典》四星，並在衛陽，今之日度，遠準《元和》，誣背之誚，實此之謂。

法興議曰：「夫日有緩急，故斗有闊狹。古人制章，立爲中格，年積十九，常有七閏，晷或盈虚，此不可革。沖之削閏壞章，倍減餘數，則一百三十九年二月，於四分之科，頓少一日。七千四百二十九年，輒失一閏。夫日少則先時，閏失則事悖。竊聞時以作事，事以厚生，此乃生民之所本，曆數之所先。愚恐非沖之淺慮，妄可穿鑿。」沖之曰：按《後漢書》及《乾象》説，《四分曆》法，雖分章設蔀，創自元和，而晷儀衆數定於熹平三年。《四分志》立冬中影長一丈，立春中影九尺六寸。尋冬至南極，日晷最長，二氣去至，日數既同，則中影應等，而前長後短，頓差四寸，此曆景冬至後天之驗也。二氣中影，日差九分半弱，進退均調，略無盈縮。以率計之，二氣各退二日十二刻，則晷景之數，立冬更短，立春更長，並差二寸，二氣中影俱長九尺八寸矣，即立冬、立春之正日也。以此推之，曆置冬至，後天亦二日十二刻也。熹平三年，時曆丁丑冬至，加時正在日中。以二日十二刻減之，天定以乙亥冬至，加時在夜半後三十八刻。又臣測景歷紀，躬辨分寸，銅表堅剛，暴潤不動，光晷明潔，纖豪濜然。據大明五年十月十日，影一丈七寸七分半，十一月二十五日，一丈八寸一分太，二十六日，一丈七寸五分强，折取其中，則中天冬至應在十一月三日。求其蚤晚，令後二日影相減，則一日差率也。倍之爲法，前二日減，以百刻乘之爲實，以法除實，得冬至加時在夜半後三十一刻，在《元嘉曆》後一日，天數之正也。量檢竟年，則數減均同。異歲相課，則遠近應率。臣因此驗，考正章法。今以臣曆推之，刻如前。竊謂至密，永爲定式。尋古曆法並同《四分》。《四分》之數，久則後天。經三百年，朔差一日，是以漢載四百，食率在晦。魏代已來，遂革斯法，世莫之非者，誠有效於天也。章歲十九，其疏尤甚，同出前術，非見經典。而議云此法自古，數不可移。若古法雖疏，永當循用，謬論誠立，則法興復欲施《四分》於當今矣，理容然乎？臣所未譬也。若謂今所革創，違舛失衷者，未聞顯據有以矯奪臣法也。《元嘉曆》術，減閏餘二，直以襲舊分粗，故進退未合。至於棄盈求正，非爲乖理。就如議意，率不可易，則分無增損，承天置法，復爲違謬。節氣蚤晚，當循《景初》，二至差三日，曾不覺其非，横謂臣曆爲失，知日少之先時，未悟增月之甚惑也。誠未覩天驗，豈測曆數之要，生民之本，諒非率意所斷矣。又法興始云窮識晷變，可以刊舊革今，復謂晷數盈虚，不可爲准，互自違伐，罔識所依。若推步不得准，天功絶於心目，未詳(歷)[曆]紀何因而立。案春秋以來千有餘載，以食檢朔，曾無差失，此則日行有恒之明徵也。且臣考影彌年，窮察毫微，課驗以前，合若符契。孟子以爲千歲之日至，可坐而知，斯言實矣。日有緩急，未見其證，浮辭虛貶，竊非所懼。

法興議曰：「沖之既云冬至歲差，又謂虛爲北中，捨形責影，未足爲迷。何者？凡在天非日不明，居地以斗而辨，借令冬至在虛，則黄道彌遠，東北當爲黄鍾之宫，室壁應屬玄枵之位，虛宿豈得復爲北中乎？曲使分至屢遷，而星次不改，招摇易繩，而律吕仍往，則七政不以璣衡致齊，建時亦非攝提所紀，不知五行何居，六屬安託？」沖之曰：此條所嫌，前牒已詳。次改方移，虛非中位，繁辭廣證，自搆紛惑，皆議者所謬誤，非臣法之違設也。七政致齊，實謂天儀，鄭、王唱述，厥訓明允，雖有異説，蓋非實義。

法興議曰：「夫置元設紀，各有所尚，或據文於圖讖，或取効於當時。沖之云羣氏糾紛，莫審其會。昔《黄帝》辛卯，日月不過。《顓頊》乙卯，四時不忒。《景初》壬辰，晦無差光。《元嘉》庚辰，朔無錯景，豈非承天者乎？沖之苟存甲子，可謂爲合以求天也。」沖之曰：夫曆存効密，不容殊尚，合讖乖説，訓義非所取，雖驗當時，不能通遠，又臣所未安也。元值始名，體明理正，未詳辛卯之説何依。古術詭謬，事在前牒，溺名喪實，殆非索隱之謂也。若以曆合一時，理無久用，元在所會，非有定歲者，今以効明之。夏、殷以前，載籍淪逸，《春秋》、漢史，咸書日蝕，正朔詳審，顯然可徵。以臣(歷)[曆]檢之，數皆協同，誠無虛設，循密而至，千載無殊，則雖遠可知矣。備閲曩法，疏越實多，或朔差三日，氣移七晨，未聞可以下通於今者也。元在乙丑，前説以爲非正，今值甲子，議者復疑其苟合。無名之歲，自昔無之，則推先者，將何從乎？(歷)[曆]紀之作，幾何息矣。夫爲合必有不合，願聞顯據，以覈理實。

法興曰：「夫交會之元，則蝕既可求，遲疾之際，非凡夫所測。昔賈逵略見其差，劉洪粗著其術，至於疏密之數，莫究其極。且五緯所居，有時盈縮，即如歲星在軫，見超七辰，術家既追算以會今，則往之與來，斷可知矣。《景初》所以紀首置差，《元嘉》兼又各設後元者，其並省功於實用，不虛推以爲煩也。沖之既違天於改易，又設法以遂情，愚謂此治曆之大過也。」沖之曰：遲疾之率，非出神怪，有形可檢，有數可推。劉、賈能述，則可累功以求密矣。議又云：「五緯所居，有時盈縮。」「歲星在軫，見超七辰。」謂應年移一辰也。案歲星之運，年恒過次，行天七帀，輒超一位。代以求之，曆凡十法，並合一時，此數咸同。史注所記，天驗又符。此則盈次之行，自其定准，非爲衍度濫徙，頓過其衝也。若審由盈縮，豈得常疾無遲？夫甄耀測象者，必料分析度，考往驗來，准以實見，據以經史。曲辨碎説，類多浮詭，甘、石之書，互爲矛楯。今以一句之經，誣一字之謬，堅執偏論，以罔正理，此愚情之所未厭也。算自近始，衆法可同，但《景初》之二差，承天之後元，實以奇偶不協，故數無盡同，爲遺前設後，以從省易。夫建言倡論，豈尚矯異？蓋令實以文顯，言勢可極也。稽元曩歲，羣數咸始，斯誠術體，理不可容譏。而議者以爲過，謬之大者。然則《元嘉》置元，雖七率舛陳，而猶紀協甲子，氣朔俱終，此又過謬之小者也。必當虛立上元，假稱曆始，歲違名初，日避辰首，閏餘朔分，月緯七率，並不得有盡，乃爲允衷之製乎？設法情實，謂意之所安，改易違天，未覩理之譏者也。

法興曰：「日有八行，合成一道，月有一道，離爲九行，左交右疾，倍半相違，其一終之理，日數宜同。沖之通周與會周相覺九千四十，其陰陽七十九周有奇，遲疾不及一帀，此則當縮反盈，應損更益。」沖之曰：此議雖游漫無據，然言迹可檢。按以日八行譬月九道，此爲月行之軌，當循一轍，環帀於天，理無差動也。然則交會之際，當有定所，豈容或斗或牛，同麗一度。去極應等，安得南北無常。若日月非例，則八行之説是衍文邪。左交右疾，語甚未分，爲交與疾對。爲舍交即疾。若舍交即疾，即交在平率入曆七日及二十一日是也。值交蝕既當在盈縮之極，豈得損益，或多或少。若交與疾對，則在交之衝，當爲遲疾之始，豈得入曆或深或淺，倍半相違，新故所同，復摽此句，欲以何明。臣覽曆書，古今略備，至如此説，所未前聞，遠乖舊準，近背天數，求之愚情，竊所深惑。尋遲疾陰陽不相生，故交會加時，進退無常，昔術著之久矣，前儒言之詳矣。而法興云日數同。竊謂議者未曉此意，乖謬自著，無假驟辯。既云盈縮失衷，復不備記其數，或自嫌所執，故汎略其説乎？又以全爲率，當互因其分，法興所列二數皆誤，或以八十爲七十九，當縮反盈，應損更益，此條之謂矣。總檢其議，豈但臣曆不密，又謂何承天法乖謬彌甚。若臣曆宜棄，則承天術益不可用。法興所見既審，則應革創。至非景極，望非日衝。凡諸新説，必有妙辯乎？

時法興爲世祖所寵，天下畏其權，既立異議，論者皆附之，唯中書舍人巢尚之是沖之之術，執據宜用。上愛奇慕古，欲用沖之新法，時大明八年也。故須明年改元，因此改曆。會帝崩，不施未及施用，而宫車晏駕也。

唐・魏徵等《隋書》卷一七《律曆志中》 宋氏元嘉，何承天造曆，迄于齊末，相仍用之。梁武初興，因循齊舊。天監中年，方改行宋祖沖之《甲子元曆》。陳武受禪，亦無改創。

宋・王欽若等《册府元龜》卷八六九《總録部》 祖沖之爲長水校尉，又時善算。注《九章》，造《綴術》數十篇。

清・阮元等《疇人傳》卷八《祖冲之》　論曰：冲之減去閏分，增立歲差，毅然不顧世俗之驚，著爲成法，非頻年測候、深有得於心者不能也。法興依寵藉勢，泥古强辯，抑其術使不行，豈不惜哉！冲之圓率徑一百一十三，周三百五十五，趙緣督謂爲最密，迄今猶用之。其所著《綴術》，唐立於學官，限習四歲，視《五曹》《孫子》等經，限歲最久，其爲祕奥不易研究可知。自宋以來，數學衰歇，是書遂亡。造微之術，終于不傳，又重可惜已。

南朝梁祖暅之

傳記

唐・李延壽《南史》卷七二《文學・祖暅之》　暅之字景爍。少傳家業，究極精微，亦有巧思。入神之妙，般、倕無以過也。當其詣微之時，雷霆不能入。嘗行遇僕射徐勉，以頭觸之，勉呼乃悟。父所改何承天曆時尚未行，梁天監初，暅之更修之，於是始行焉。位至太(舟)[府]卿。

暅之子皓，志節慷慨，有文武才略。少傳家業，善算(歷)[曆]。大同中爲江都令，後拜廣陵太守。侯景陷臺城，皓在城中，將見害，乃逃歸江西。【略】城陷，皓見執，被縛射之，箭遍體，然後車裂以徇。

雜録

北齊・顔之推《顔氏家訓》卷七《雜藝》　算術亦是六藝要事，自古儒士論天道定律曆者皆學通之。然可以兼明，不可以專業。江南此學殊少，唯范陽祖暅精之，位至南康太守。河北多曉此學。暅，音亘。

唐・魏徵等《隋書》卷一七《律曆志中》　梁初因齊，用宋《元嘉曆》。天監三年下詔定曆。員外散騎侍郎祖暅奏曰：「臣先在晉已來，世居此職。仰尋黄帝至今十二代，曆元不同，周天斗分疎密亦異，當代用之，各垂一法。宋大明中，臣先人考古法，以爲正曆，垂之於後，事皆符驗，不可改張。」八年，暅又上疏論之。詔使太史令將匠道秀等，候新舊二曆氣朔、交會及七曜行度，起八年十一月，訖九年七月，新曆密，舊曆疎。暅乃奏稱：「史官今所用何承天曆，稍與天乖，緯緒參差，不可承案。被詔付靈臺，與新曆對課疎密。前期百日，并又再申。始自去冬，終於今朔。得失之効，並已月别啓聞。夫七曜運行，理數深妙，一失其源，則歲積彌爽。所上脱可施用，宜在來正。」至九年正月，用祖冲之所造《甲子元曆》頒朔。【略】陳氏因梁，亦用祖冲之曆，更無所創改。

又　卷一九《天文志上》　至天監六年，武帝以晝夜百刻分配十二辰，辰得八刻，仍有餘分，乃以晝夜爲九十六刻，一辰有全刻八焉。至大同十年，又改用一百八刻，依《尚書考靈曜》晝夜三十六頃之數，因而三之。冬至晝漏四十八刻，夜漏六十刻。夏至晝漏七十刻，夜漏三十八刻。春秋二分，晝漏六十刻，夜漏四十八刻。昏旦之數各三刻。先令祖暅爲《漏經》，皆依渾天黄道日行去極遠近，爲用箭日率。

又　梁奉朝請祖暅曰：「自古論天者多矣，而羣氏糾紛，至相非毁。竊覽同異，稽之典經，仰觀辰極，傍矚四維，覩日月之升降，察五星之見伏，校之以儀象，覆之以晷漏，則渾天之理，信而有徵。輒遺衆説，附渾儀云。《考靈曜》先儒求得天地相去十七萬八千五百里，以晷影驗之，失於過多。既不顯求之術，而虚設其數，蓋夸誕之辭，宜非聖人之旨也。學者多固其説而未之革，豈不知尋其理歟，抑未能求其數故也？王蕃所考，校之前説，不啻減半。雖非揆格所知，而求之以理，誠未能遥趣其實，蓋近密乎？輒因王蕃天高數，以求冬至、春分日高及南戴日下去地中數法：令表高八尺，與冬至影長一丈三尺，各自乘，并而開方除之爲法。天高乘表高爲實，實如法，得四萬二千六百五十八里有奇，即冬至日高也。以天高乘冬至影長爲實，實如法，得六萬九千三百二十里有奇，即冬至南戴日下去地中數也。求春秋分數法：令表高及春秋分影長五尺三寸九分，各自乘，并而開方除之爲法。因冬至日高實，而以法除之，得六萬七千五百二里有奇，即春秋分日高也。以天高乘春秋分影長實，實如法而一，得四萬五千四百七十九里有奇，即春秋分南戴日下去地中數也。南戴日下，所謂丹穴也。推北極里數，法：夜於地中表南，傅地遥望北辰紐星之末，令與表端參合，以人目去表數及表高，各自乘，并而開方除之爲法，天高乘表高數爲實，實如法而一，即北辰紐星高地數也。天高乘人目去表爲實，實如法，即去北戴極下數也。」

又　祖暅錯綜經注，以推地中。其法曰：「先驗昏旦，定刻漏，分辰次。乃立儀表於準平之地，名曰南表。漏刻上水，居日之中，更立一表於南表影末，名曰中表。夜依中表，以望北極樞，而立北表，令參相直。三表皆以懸準定，乃觀。三表直者，其立表之地，即當子午之正。三表曲者，地偏僻。每觀中表，以知所偏。中表在西，則立表處在地中之西，當更向東求地中。若中表在東，則立表處在地中之東也，當更向西求地中。取三表直者，爲地中之正。又以春秋二分之日，旦始出東方半體，乃立表於中表之東，名曰東表。令東表與日及中表參相直。（是）［視］日之夕，日入西方半體，又立表於中表之西，名曰西表。亦從中表西望西表及日，參相直。乃觀三表直者，即地南北之中也。若中表差近南，則所測之地在卯酉之南。中表差在北，則所測之地在卯酉之北。進退南北，求三表直正東西者，則其地處中，居卯酉之正也。」

又　梁天監中，祖暅造八尺銅表，其下與圭相連。圭上爲溝，置水，以取平正。揆測日晷，求其盈縮。

又　卷二〇《天文志中》　梁奉朝請祖暅天監中受詔集古天官及圖緯舊説，撰《天文録》三十卷。

又　卷三四《經籍志三》　《天文録》三十卷，梁奉朝請祖暅撰。

清・阮元等《疇人傳》卷九《祖暅之》　論曰：暅之造圭表，測景驗氣，求日高地中於重差之術，用力深矣。晞望北極，知紐星去極有一度餘，此乃先儒所未詳，暅之之創獲也。

北魏信都芳

傳記

唐・李延壽《北史》卷八九《藝術上・信都芳》　信都芳字玉琳，河間人也。少明算術，兼有巧思，每精心研究，或墜坑坎。常語人云：「算（歷）［曆］玄妙，機巧精微，我每一沈思，不聞雷霆之聲也。」其用心如此。後爲安豐王延明召入賓館。有江南人祖暅者，先於邊境被獲，在延明家，舊明算（歷）［曆］，而不爲王所待。芳諫王禮遇之。暅後還，留諸法授芳，由是彌復精密。延明家有羣書，欲抄集《五經》算事爲《五經宗》，及古今樂事爲《樂書》，又聚渾天、欹器、地動、銅烏、漏刻、候風諸巧事，并圖畫爲《器準》，並令芳算之。會延明南奔，芳乃自撰注。【略】又著《樂書》《遁甲經》《四術周髀宗》。【略】又私撰曆書，名曰《靈憲曆》，算月頻大頻小，食必以朔，證據甚甄明。

北齊・魏收《魏書》卷九一《術藝・信都芳》　芳性清儉質樸，不與物和。紹宗給其驟馬，不肯乘騎。夜遣婢侍以試之，芳忿呼毆擊，不聽近己。狷介自守，無求於物。後亦注《重差》《勾股》，復撰《史宗》，仍自注之，合數十卷。武定中卒。

雜録

北齊・魏收《魏書》卷一〇七下《律曆志下》　孝静世，《壬子曆》氣朔稍遠，【略】興和元年十月，齊獻武王入鄴，復命李業興，令其改正，立《甲子元曆》。【略】詔以新曆示齊獻武王田曹參軍信都芳。芳關通曆術，駁業興。

宋・王欽若等《册府元龜》卷八六九《總録部》　信都芳，河間人。少明算術，爲州里所稱。每精研究，忘寢與食，或墜坑坎。嘗語人云：「算之妙機巧精微，我每一沈思，不聞雷霆之聲也。」其用心如此。初爲魏安豐王延明所館。延明家有羣書，欲抄集《五經》算事爲《五經宗》，及古今樂事爲《樂書》，又聚渾天、欹器、地動、銅烏、候風諸圖爲《器準》，並令芳算之。會延明南奔，芳乃自撰注。芳注《重差》《句股》，撰《史宗》，仍自注之，合數十卷。

北周甄鸞

雜録

唐・魏徵等《隋書》卷一六《律曆志上》　《甄鸞算術》云：「周朝市尺，得玉尺九分二釐。」

又 卷一八《律曆志下》 武帝時，甄鸞造《天和曆》。

唐・佚名《夏侯陽筭經》卷上《言斛法不同》 梁大同元年甄鸞校之，用二尺九寸二分。

宋・鮑澣之《數術記遺敘》 甄鸞宇文周時人，嘗造《太和曆》者。筭家諸書其銜，以爲「漢中郡守，前司隸」。時代官稱，皆承誤也。

清・阮元等《疇人傳》卷一一《甄鸞》 論曰：《天和(術)[曆]》以三百九十一爲章歲，一百四十四爲章閏，其率與祖沖之正同。蓋當時南北術家，南以何承天爲宗，北以趙敺、祖沖之爲據，故即寫沖之數也。鸞好學精思，富於論撰，誠數學之大家矣。

隋劉祐

傳記

唐・魏徵等《隋書》卷七八《藝術・劉祐》 劉祐，滎陽人也。開皇初爲大都督，封索盧縣公。其所占候，合如符契，高祖甚親之。初與張賓、劉暉、馬顯定曆。後奉詔撰兵書十卷，名曰《金韜》，上善之。復著《隱策》二十卷，《觀臺飛候》六卷，《玄象要記》五卷，《律曆術文》一卷，《婚姻志》三卷，《産乳志》二卷，《式經》四卷，《四時立成法》一卷，《安曆志》十二卷，《歸正易》十卷，並行於世。

雜録

唐・魏徵等《隋書》卷一七《律曆志中》 時高祖作輔【略】及受禪之初，擢賓爲華州刺史，使與儀同劉暉、驃騎將軍董琳、索盧縣公劉祐【略】兼算學博士張乾敘【略】議造新曆。

隋劉焯

傳記

唐・魏徵等《隋書》卷七五《儒林・劉焯》 劉焯字士元，信都昌亭人也。【略】焯犀額龜背，望高視遠，聰敏沈深，弱不好弄。少與河間劉炫結盟爲友。【略】劉智海家素多墳籍，焯與炫就之讀書，向經十載，雖衣食不繼，晏如也。遂以儒學知名，爲州博士，【略】舉秀才，射策甲科。與著作郎王劭同修國史，兼參議律曆，仍直門下省，以待顧問。【略】每升座，論難鋒起，皆不能屈，楊素等莫不服其精博。【略】後因國子釋奠，與炫二人論義，深挫諸儒，咸懷妬恨，遂爲飛章所謗，除名爲民。於是優遊鄉里，專以教授著述爲務，孜孜不倦。【略】《九章算術》《周髀》《七曜曆書》十餘部，推步日月之經，量度山海之術，莫不覈其根本，窮其祕奧，著《稽極》十卷，《曆書》十卷，《五經述義》，並行於世。【略】煬帝即位，遷太學博士。【略】因上所著《曆書》，與太史令张胄玄多不同，被駁不用。大業六年卒，時年六十七。

雜録

唐・魏徵等《隋書》卷一八《律曆志下》 開皇二十年，袁充奏日長影短，高祖因以曆事付皇太子，遣更研詳，著日長之候。太子徵天下曆算之士，咸集于東宮。劉焯以太子新立，復增修其書，名曰《皇極曆》，駮正胄玄之短。太子頗嘉之，未獲考驗。焯爲太學博士，負其精博，志解胄玄之印，官不滿意，又稱疾罷歸。至仁壽四年，焯言胄玄之誤於皇太子。

又 焯又造曆家同異，名曰《稽極》。大業元年，著作郎王劭、諸葛穎二人因入侍宴，言劉焯善曆，推步精審，證引陽明。帝曰：「知之久矣。」仍下其書與胄玄參校。【略】互相駁難，是非不決，焯又罷歸。四年，駕幸汾陽宮，太史奏曰「日食無效」，帝召焯，欲行其曆。袁充方幸於帝，左右冑玄，共排焯曆。又會焯死，曆竟不行。

又 卷一九《天文志上》 仁壽四年，河間劉焯造《皇極曆》，上啓於東宮。論渾天云：「璿璣玉衡，正天之器，帝王欽若，世傳其象。【略】焯今立術，改正舊渾。又以二至之影，定去極晷漏，并天地高遠，星辰運周，所宗有本，皆有其率。【略】又云：「《周官》夏至日影尺有五寸。張衡、鄭玄、王蕃、陸績先儒等，皆以爲影千里差一寸，言南戴日下萬五千里，表影正同，天高乃異。考之算法，必爲不可。寸差千里，亦無典説，明爲意斷，事不可依。今交、愛之州，表北無影，計無萬里，南過戴日。是千里一寸，非其實差。焯今説渾，以道爲率，道里不定，得差乃審。既大聖之年，升平之日，釐改羣謬，斯正其時。請一水工，并解算術士，取河南北平地之所，可量數百里，南北使正。審時以漏，平地以繩，隨氣至分，同日度影。得其差率，里即可知。則天地無所匿其形，辰象無所逃其數，超前顯聖，効象除疑。請勿以人廢言。」不用。至大業三年，勑諸郡測影，而焯尋卒，事遂寢廢。

清・阮元等《疇人傳》卷一二《劉焯》 論曰：焯術推遲疾朒朓黄道月道損益，日月食多少及所在所起，並密于前術。唐《麟德》《大衍》號稱名術，而皆寫《皇極》舊法，以爲能究術算之微變。蓋自何承天、祖冲之以來，未有能過之者也。

隋劉孝孫

雜録

唐・魏徵等《隋書》卷一七《律曆志中》 齊後主武平七年，【略】又有廣平人劉孝孫、張孟賓二人同知曆事。孟賓受業於張子信，並棄舊事，更制新法。【略】劉孝孫以六百一十九爲章，八千四百四十七爲紀，一千九百六十六爲歲餘，甲子爲上元，命日度起虛中。

又 開皇四年，【略】張賓所創之曆既行，劉孝孫與冀州秀才劉焯並稱其失，言學無師法，刻食不中。所駁凡有六條。【略】於時新曆初頒，賓有寵於高祖，劉暉附會之，被升爲太史令。二人協議，共短孝孫，言其非毁天曆，率意迂怪，焯又妄相扶證，惑亂時人。孝孫、焯等竟以他事斥罷。後賓死，孝孫爲掖縣丞，委官入京，又上，前後爲劉暉所詰，事寢不行。仍留孝孫直太史，累年不調，寓宿觀臺。乃抱其書，弟子輿櫬來詣闕下，伏而慟哭。執法拘以奏之，高祖異焉，以問國子祭酒何妥。妥言其善，即日擢授大都督，遣與賓曆比校短長。於是信都人張冑玄與孝孫共短賓曆，異論鋒起，久之不定。至十四年七月，上令參問日食事，楊素等奏：「太史凡奏日食二十有五，唯一晦三朔，依刻而食，尚不得其時，又不知所起，他皆無驗。冑玄所刻，前後妙衷，時起分數，合如符契。孝孫所剋，驗亦過半。」於是高祖引孝孫、冑玄等，親自勞徠。孝孫因請先斬劉暉，乃可定曆。高祖不懌，又罷之。俄而，孝孫卒。【略】劉焯聞冑玄進用，又增損孝孫曆法，更名《七曜新術》，以奏之。與冑玄之法頗相乖爽。

清・阮元等《疇人傳》卷一二《劉孝孫》 論曰：孝孫更制新法在武平間，而與張賓爭論(術)[曆]法則在開皇時。處齊事少，處隋事多，故繫於隋云。今《張邱建算經》有唐算學博士劉孝孫撰《細草》，據《隋志》，則孝孫卒於隋，不應入唐，未審即此孝孫否也。又《新唐書》有劉孝孫，荆州人，大業末爲王世充弟杞王辯行臺郎中，貞觀六年，遷著作佐郎，吴王友歷諮議參軍，遷太子洗馬，未拜卒。此則別是一人，名姓偶同，非此孝孫矣。

唐王孝通

傳記

清・阮元等《疇人傳》卷一三《王孝通》 王孝通，武德九年爲算術博士，校傳仁均《戊寅(術)[曆]》，語見《傅仁均傳》。後爲通直郎，太史丞。著《緝古算經》一卷，並自爲之注。

又 《緝古》以本朝書得列於學官，而限習又三歲之久，其爲深妙可知矣。元和李尚之鋭言，算書以《緝古》爲最深。太史造仰觀臺，以下十九術問數奇殘，入算繁賾，學之未易通曉，惟以立天元術御之，則其中條理秩然，無可疑惑。尚之於立天元術，用心甚專，著有《緝古算經衍》。蓋算數之理，愈推愈密。孝通

《緝古》，實後來立天元術之所本也。

雜録

唐・王孝通《上緝古筭經表》　臣長自閭閻，少小學筭，鐫磨愚鈍，迄將皓首，鑽尋祕奥，曲盡無遺，代乏知音，終成寡和。伏蒙聖朝收拾，用臣爲太史丞。比年已來，奉敕校勘傅仁均(術)[曆]，凡駁正術錯三十餘道，即付太史施行。

元・脱脱等《宋史》卷二五《曆志一》　高祖受禪【略】詔仁均與儉等參議，合受命歲名爲《戊寅元曆》。【略】三年正月望及二月、八月朔，當蝕，比不効。六年，詔吏部郎中祖孝孫考其得失。孝孫使算曆博士王孝通以《甲辰曆》法詰之。

清・焦循《加減乘除釋》卷三　王孝通《上緝古算經表》云：【略】臣晝思夜想，臨書浩歎，於平地之餘，續狹斜之法。請訪能算之人，考論得失，如排其一字，臣欲謝以千金。循按：商功以邊求積，王氏此書以積求邊，如少廣、方田適相表裡，誠爲善於得間矣。然其法仍不外商功之理。劉氏之注，極精至巧，會而通之，已足括孕此書。且以其義核王氏之術，可排者正不止一字。推而窮之，雖不敢遽攫其金，亦庶幾少申其義也。

又　王氏創爲此法，實大益後人之神智。【略】而所以然則出於劉氏《九章注》之用三品赤黑棊法。【略】變化無端，立算之妙，莫精於是。王氏謂其末爲司南，而自詡曲盡無遺，尚非至論。循服膺於劉氏，而甚慕王氏之善悟。

唐李淳風

傳記

五代・劉昫等《舊唐書》卷七九《李淳風》　李淳風，岐州雍人也。【略】淳風幼俊爽，博涉羣書，尤明天文曆算陰陽之學。貞觀初，以駁傅仁均曆議，多所折衷，授將仕郎，直太史局。尋又上言曰：「今靈臺候儀，是魏代遺範，官其制度，疏漏實多。【略】黄道渾儀之闕，至今千餘載矣。」太宗異其説，因令造之，至貞觀七年造成。【略】時稱其妙。又論前代渾儀得失之差，著書七卷，名爲《法象志》以奏之。太宗稱善，置其儀於凝暉閣，加授承務郎。十五年，除太常博士。尋轉太史丞，預撰《晉書》及《五代史》，其《天文》《律曆》《五行志》皆淳風所作也。又預撰《文思博要》。二十二年，遷太史令。【略】顯慶元年，復以修國史功封昌樂縣男。先是，太史監侯王思辯表稱《五曹》《孫子》十部算經理多踳駁。淳風復與國子監算學博士梁述、太學助教王真儒等受詔注《五曹》《孫子》十部算經。書成，高宗令國學行用。龍朔二年，改授祕閣郎中。時《戊寅曆》法漸差，淳風又增損劉焯《皇極曆》，改撰《麟德曆》奏之，術者稱其精密。咸亨初，官名復舊，還爲太史令。年六十九卒。所撰《典章文物志》《乙巳占》《祕閣録》，并演《齊民要術》等凡十餘部，多傳於代。

雜録

宋・王欽若等《册府元龜》卷八六九《總録部》　李淳風爲太史令，猶明天文曆算陰陽之學。與算學博士梁述、太學助教王真儒等注釋《五曹》《孫子》等十部算經，分二十卷。顯慶元年，左僕射于志寧等奏之，付國學行用。

宋・歐陽修等《新唐書》卷二六《曆志二》　高宗時，《戊寅曆》益疎，淳風作《甲子元曆》以獻。詔太史起麟德二年頒用，謂之《麟德曆》。古曆有章、蔀，有元、紀，有日分、度分，參差不齊，淳風爲總法千三百四十以一之。損益中晷術以考日至，爲木渾圖以測黄道，餘因劉焯《皇極曆》法，增損所宜。當時以爲密，與太史令瞿曇羅所上《經緯曆》參行。

又　卷三一《天文志一》　貞觀初，淳風上言：「舜在璿璣玉衡，以齊七政，則渾天儀也。《周禮》土圭正日景，以求地中，有以見日行黄道之驗也。暨于周末，此器乃亡。漢落下閎作渾儀，其後賈逵、張衡等亦各有之。而推驗七曜，並循赤道。案冬至極南，夏至極北，而赤道常定於中，國無南北之異。蓋渾儀無黄道久矣。」太宗異其説，因詔爲之。至七年儀成。表裏三重，下據準基，狀如十字，末樹鼇足，以張四表。一曰六合儀，有天經雙規、金渾緯規、金常規，相結於四極之內。列二十八宿、十日、十二辰，經緯三百六十五度。二曰三辰儀，圓徑八尺，有璿璣規、月遊規，列宿距度，七曜所行，轉於六合之内。三曰四游儀，玄樞爲軸，以連結玉衡游筩，而貫約矩規。又玄（極）［樞］北樹北辰，南矩地軸，傍轉於内。玉衡在玄樞之間，而南北游，仰以觀天之辰宿，下以識器之晷度。皆用銅。帝稱善，置於凝暉閣，用之測候。

清·阮元等《疇人傳》卷一三《李淳風》 論曰：《麟德（術）［曆］》大旨本於《皇極》舊法，而氣朔轉交通一爲道，則淳風所刱爲也。總法爲一日之積分，朞實爲一歲之積分，朔實爲一月之積分。以朔實除朞實，得一歲之月。以總法除朔實，得一月之日。以古法言之，則朔實即古之章歲，又即古之月法也。朞實即古之章月，又即古之紀日也。總法即古之日法，又即古之紀法也。蓋會通其理，固與古不殊，而運算省約，則此爲最善。術家遵用，沿及宋元。而《三統》《四分》以來，章、蔀、紀、元之法，於是盡廢。斯其立法巧捷，勝於古人之一大端也。惟以南斗十二爲冬至，常星終古無差，此則知者千慮之失，由《大衍》以迄於今，更無有從其説者矣。

唐僧一行

傳記

五代·劉昫等《舊唐書》卷一九一《方伎·僧一行》 僧一行，姓張氏，先名遂，魏州昌樂人。一行少聰敏，博覽經史，尤精曆象、陰陽、五行之學。時道士尹崇博學先達，素多墳籍。一行詣崇，借揚雄《太玄經》，將歸讀之。數日，復詣崇，還其書。崇曰：「此書意指稍深，吾尋之積年，尚不能曉，吾子試更研求，何遽見還也？」一行曰：「究其義矣。」因出所撰《大衍玄圖》及《義決》一卷以示崇。崇大驚，因與一行談其奧賾，甚嗟伏之，謂人曰：「此後生顏子也。」一行由是大知名。武三思【略】請與結交，一行逃匿以避之。尋出家爲僧，隱於嵩山。【略】開元五年，玄宗【略】强起之，一行至京。【略】一行尤明著述，撰《大衍論》三卷，《攝調伏藏》十卷，《天一太一經》及《太一局遁甲經》《釋氏系録》各一卷。時《麟德曆經》推步漸（疏）［踈］，敕一行考前代諸家曆法，改撰新曆。又令率府長史梁令瓚等於工人創造黄道游儀，以考七曜行度，互相證明。於是一行推《周易》大衍之數，立衍以應之，改撰《開元大衍曆經》。至十五年卒，年四十五，賜謚曰大慧禪師。初，一行從祖東臺舍人太素撰《後魏書》一百卷，其《天文志》未成，一行續而成之。

雜録

宋·歐陽修等《新唐書》卷二七上《曆志三上》 開元九年，《麟德曆》署日食比不效，詔僧一行作新曆。推大衍數立術以應之，較經史所書氣朔、日名、宿度可考者皆合。十五年草成，而一行卒，詔特進張説與曆官陳玄景等次爲《曆術》七篇、《略例》一篇、《曆議》十篇。玄宗顧訪者則稱制旨。明年，説表上之。起十七年頒於有司。時善算瞿曇譔者，怨不得預改曆事，二十一年，與玄景奏：「《大衍》寫《九執曆》，其術未盡。」太子右司禦率南宫説亦非之。詔侍御史李麟、太史令桓執圭較靈臺候簿，《大衍》十得七八，《麟德》纔三四，《九執》一二焉。乃罪説等，而是否決。

自《太初》至《麟德》，曆有二十三家，與天雖近而未密也。至一行，密矣。其倚數立法，固無以易也。後世雖有改作者，皆依倣而已，故詳録之。《略例》，所以明述作本旨也。《曆議》，所以考古今得失也。其説皆足以爲將來折衷。

清·阮元等《疇人傳》卷一六《一行下》 論曰：推步之法，至《大衍》備矣。術議略例，援据經傳，旁采諸家，以證爲術之善。其學博，其詞辨，後來算造者未能及也。然推本易象，終爲傅合，昔人謂一行竄入於《易》以眩衆，是乃千古定論也。

唐邊岡

雜録

宋·歐陽修等《新唐書》卷三〇下《曆志六下》 昭宗時，《宣明曆》施行已久，數亦漸差，詔太子少詹事邊岡與司天少監胡秀林、均州司馬王墀改治新曆，然術已出於岡。岡用算巧，能馳騁反覆於乘除間。由是簡捷、超徑、等接之術興，而經制、遠大、衰序之法廢矣。雖籌策便宜，然皆冥於本原。其上元七曜，起赤道虛四度。景福元年，曆成，賜名《崇玄》。

又 立先相減後相乘之法，令衰殺有倫。

宋・歐陽修《新五代史》卷五八《司天考第一》 世宗即位，外伐僭叛，内修法度。端明殿學士王朴通於曆數。乃詔朴撰定。歲餘，朴奏曰：【略】臣考前世，無食神首尾之文。近自司天卜祝小術，不能舉其大體，遂爲等接之法。蓋從假用，以求徑捷，於是乎交有逆行之數。

清・阮元等《疇人傳》卷一七《邊岡》 論曰：相減相乘，與入限自乘，其加減皆如平方。後世造術，如求黃道宿度、晷漏消息，及日食東西南北差數，皆以此法入之。即《授時》平、立、定三差，亦由是加精。然則岡之爲術善矣。劉羲叟乃詆爲超徑等捷冥于本原，是豈眞知推步者哉？

其他善算者

雜録

漢桑弘羊

漢・班固《漢書》卷二四《食貨志下》 弘羊，洛陽賈人之子，以心计，唐・顏師古注：不用籌算。年十三，爲侍中。

又 桑弘羊爲大司農中丞，管諸會計事，稍稍置均輸以通貨物。

又 管氏之輕重，李悝之平糴，弘羊均輸，壽昌常平，亦有從徠。

宋・王欽若等《册府元龜》卷八六九《總録部》 桑弘羊，武帝時以計算幸，年十三爲侍中。

漢乘馬延年

清・阮元等《疇人傳》卷二《乘馬延年》 乘馬延年，建始時諫大夫也。明計算。

漢尹咸

漢・班固《漢書》卷三〇《藝文志》 太史令尹咸校數術。

清・阮元等《疇人傳》卷二《尹咸》 尹咸，成帝時太史令也。時以書頗散亡，使謁者陳農求遺書於天下。詔咸校數術，凡百九家，二千五百二十八卷。其《曆譜》十八家，六百六卷，曰：《黃帝五家曆》三十三卷，《顓頊曆》二十一卷，《顓頊五星曆》十四卷，《日月宿曆》十三卷，《夏殷魯周曆》十四卷，《天曆大曆》十八卷，《漢元殷周諜曆》十七卷，《耿昌月行帛圖》二百三十二卷，《耿昌月行圖》二卷，《傳周五星行度》三十九卷，《律曆數法》三卷，《自古五星宿紀》三十卷，《太歲謀日晷》二十九卷，《帝王諸侯世譜》二十卷，《古來帝王年譜》五卷，《日晷書》三十四卷，《許商算術》二十六卷，《杜忠算術》十六卷。

論曰：《(術)[曆]譜》十八家，今皆亡佚不傳。唐《開元占經》載《黃帝》《顓頊》《夏》《殷》《周》《魯》六(術)[曆]，積年章率，未審即咸所校否也。《續漢志》稱「耿壽昌奏，以圖儀度日月行，考驗天運狀」，蓋耿昌即耿壽昌矣。漢以前數學之書，梗概略具於此。然則咸校録之功，亦安可没哉！

漢馮勤

南朝宋・范曄《後漢書》卷二八《馮勤》 馮勤字偉伯，魏郡繁陽人也。【略】長八尺三寸。八歲善計。唐・李賢注：計，算術也。初爲太守銚期功曹，有高能稱。期【略】薦於光武，【略】除爲郎中，給事尚書。以圖議軍糧，在事精勤，遂見親識。每引進，帝輒顧謂左右曰：「佳乎吏也！」由是使典諸侯封事。勤差量功次輕重，國土遠近，地執豐薄，不相踰越，莫不厭服焉。自是封爵之制，非勤不定。帝益以爲能。【略】拜勤尚書僕射。執事十五年，以勤勞賜關内侯。遷尚書令，拜大司農，三歲遷司徒。【略】中元元年，薨。

宋・王欽若等《册府元龜》卷八六九《總録部》　後漢(馬)[馮]勤爲司徒，八歲善計。計，算術也。

三國魏王粲

晉・陳壽《三國志・魏書》卷二一《王粲》　王粲字仲宣，山陽高平人也。【略】左中郎將蔡邕見而奇之。【略】聞粲在門，倒屣迎之。粲致，年既幼弱，容狀短小，一坐盡驚。邕曰：「此王公孫也，有異才，吾不如也。」【略】年十七，司徒辟詔除黄門侍郎，【略】不就。乃之荆州，依劉表。【略】表卒，粲勸表子琮，令歸太祖。太祖辟爲丞相掾，賜爵關内侯。【略】後遷軍謀祭酒。魏國既建，拜侍中。博物多識，問無不對。【略】觀人圍棋，局壞，粲爲覆之。【略】其彊記默識如此。性善算，作算術，略盡其理。善屬文，舉筆便成，無所改定，時人常以爲宿構。然正復精意覃思，亦不能加也。著詩賦論議垂六十篇。建安二十一年從征吴，二十二年春，道病卒，時年四十一歲。

宋・王欽若等《册府元龜》卷八六九《總録部》　魏王粲字仲宣，爲侍中。性善算，作《算術》，略盡其理。

三國吴陳熾

清・黄鍾駿《疇人傳四編》卷二《陳熾》　陳熾，吴人也。善《九章算術》，與漢許商、杜忠、魏王粲並稱。

三國吴顧譚

晉・陳壽《三國志・吴書》卷五二《顧雍孫顧譚》　顧雍字元歎，吴郡吴人也。【略】長子邵【略】卒官，子譚、承云。譚，字子默，【略】赤烏中，代恪爲左節度。每省簿書，未嘗下籌，徒屈指心計，盡發疑謬，下吏以此服之。

三國吴趙達

晉・陳壽《三國志・吴書》卷六三《趙達》　趙達，河南人也。【略】治九宫一算之術，究其微旨，是以能應機立成，對問若神，至計飛蝗，射隱伏，無不中效。【略】達使其人取小豆數斗，播之席上，立處其數，驗覆果信。

晉王戎

宋・李昉《太平御覽》卷七五〇《工藝部七》　王隱《晉書》曰：王戎爲司徒，好治生。公嫗二人，嘗以象牙籌晝夜算計家財。

晉董泉

清・黄鍾駿《疇人傳四編》卷三《董泉》　董泉，不詳何許人。著《三等數》一卷。論曰：曲阜孔户部繼涵曰：隋唐史志有董泉《三等數》，甄鸞注之。唐明算科於《算經十書》外，兼習《記遺》《三等數》，即此書也。

南朝宋關康之

唐・李延壽《南史》卷七五《隱逸上・關康之》　關康之字伯愉，河東楊人也。世居京口，寓屬南平昌。少而篤學，姿狀豐偉。【略】晉陵顧悦之難王弼《易》義四十餘條，康之申王難顧，遠有情理。又爲《毛詩》義，经籍疑滯，多所論釋。嘗就沙門支僧納學算，妙盡其能。徵辟一無所就，棄絶人事，守志閑居。

【略】康之性清約，獨處一室，希與妻子相見，不通賓客。弟子以業傳受，尤善《左氏春秋》。【略】又造《禮論》十卷，高帝絶愛賞之。

宋・王欽若等《册府元龜》卷八六九《總録部》 宋關康之字伯愉，河東陽人。世居京口，寓居南平昌。少而篤學算術。妙盡其能。太宗詔徵，不起。

北朝北魏高允

唐・李延壽《北史》卷三一《高允》 高允字伯恭，勃海蓨人也。【略】性好文學，擔笈負書，千里就業。通經史天文術數。【略】拜中書博士，遷侍郎。【略】復以本官領祕書監，解太常卿，進爵梁城侯。【略】又遷中書監，【略】進爵咸陽公。【略】太和【略】十一年正月卒，年九十八。【略】允所製詩賦詠頌箴論表讚誄，《左氏釋》《公羊釋》《毛詩拾遺》《雜解》《議何鄭膏肓事》凡百餘篇，別有集，行於世。允尤明算法，爲《算術》三卷。

宋・王欽若等《册府元龜》卷八六九《總録部》 高允爲太賞，明算法，爲《算術》三卷。

北朝北魏元延明

北齊・魏收《魏書》卷二〇《文成五王列傳・安豐王》 安豐王猛字季烈。【略】子延明，襲。世宗時授太中大夫。【略】至肅宗初，爲豫州刺史，甚有政績，累遷給事黄門侍郎。延明博極羣書，兼有文藻，鳩集圖籍萬有餘卷。性清儉，不營産業。與中山王熙及弟臨淮王彧等並以才學令望有名於世。雖風流造次不及熙彧，而稽古淳篤過之。【略】莊帝時，兼尚書令、大司馬。及元顥入洛，延明受顥委寄，率衆守河橋。顥敗，遂將妻子奔蕭衍，死於江南。【略】所著詩賦讚頌銘誄三百餘篇。又撰《五經宗略》《詩禮別義》，注《帝王世紀》及《列仙傳》。又以河間人信都芳工算術，引之在館。共撰《古今樂事》《九章》《十二圖》，又集《器準》九篇，芳別爲之注，皆行於世。

宋・王欽若等《册府元龜》卷八六九《總録部》 後魏安豐王猛子延明爲尚書右僕射，以河間人信都芳工算術，引之在館，共撰《古今樂事》《九章》《十二圖》。

北朝北魏殷紹附成公興　釋曇影　法穆

北齊・魏收《魏書》卷九一《術藝・殷紹》 殷紹，長樂人也。少聰敏，好陰陽術數，游學諸方，達《九章》《七曜》。世祖時爲算生博士，給事東宫西曹，以藝術爲恭宗所知。太安四年夏上《四序堪輿表》，曰：「臣以姚氏之時，行學伊川，遇游遁大儒成公興，從求《九章》要術。興，字廣明，自云膠東人也。山居隱跡，希在人間。興時將臣南到陽翟九崖巖沙門釋曇影間，興即北還。臣獨留住，依止影所，求請《九章》。影復將臣向長廣東山見道人法穆。法穆時共影爲臣開述《九章》數家雜要，披釋章次意況大旨。又演隱審五藏六府心髓血脈，變化玄象，土圭《周髀》，練精鋭思，蘊習四年，從穆所聞，粗皆髣髴。」

北朝北齊許遵

宋・王欽若等《册府元龜》卷八六九《總録部》 北齊許遵明易善算，高祖引爲館客。

南朝梁庾詵

唐・姚思廉《梁書》卷五一《處士列傳・庾詵》 庾詵字彦寶，新野人也。幼聰警篤學，經史百家無不該綜，緯候書射，棊筭機巧，並一時之絶。而性託夷簡，特愛林泉。【略】子曼倩字世華，亦早有令譽。世祖在荆州，辟爲主簿，遷中録事。【略】後轉諮議參軍。所著《喪服儀》《文字體例》《莊老義疏》，注《算經》及《七曜曆術》，并所製文章，凡九十五卷。

南朝梁顧越

唐・李延壽《南史》卷七一《儒林・顧越》　顧越字允南，吴郡鹽官人也。【略】家傳儒學，並專門教授。越幼明慧，有口辯，勵精學業，不捨晝夜。弱冠遊學都下，通儒碩學，必造門質疑，討論無倦。至於微言玄旨，《九章》七曜，音律圖緯，咸盡精其微。【略】初爲南平元襄王偉國右常侍，【略】轉行參軍，【略】除安西湘東王府參軍。越徧該經藝，深明《毛詩》，傍通異義。特善《莊》《老》，尤長論難。【略】擢爲中軍宣城王記室參軍，尋除《五經》博士，仍令侍宣城王講。大同八年，轉安西武陵王府内中録事參軍，尋遷府諮議。【略】承聖二年，詔授宣惠晉安王府諮議參軍，領國子博士。【略】太建元年，卒於家，年七十七。

南朝梁張纘

唐・李延壽《南史》卷五六《張纘傳》　張弘策字真簡，范陽方城人。【略】子緬【略】緬弟纘。張纘字伯緒，出繼從伯。【略】纘年十一，尚武帝第四女富陽公主，拜駙馬都尉，封利亭侯。召補國子生，起家祕書郎。【略】纘性好學，兄緬有書萬卷，晝夜披讀，殆不輟手。【略】纘固求不徙，欲遍觀閣内書籍。嘗執四部書目曰：「若讀此畢，可言優士矣。」如此三載，方遷太子舍人。【略】累遷尚書吏部郎，俄而長兼侍中，時人以爲早達。【略】大同二年，徵爲吏部尚書。【略】太清二年，徙授領軍，俄改雍州刺史。【略】纘著《鴻寶》一百卷，《文集》二十卷。

唐・魏徵等《隋書》卷三四《經籍志》　《算經異義》一卷，張纘撰。

南朝梁朱異

唐・姚思廉《梁書》卷三八《朱異》　朱異字彦和，吴郡錢唐人也。【略】遍治五經，尤明《禮》《易》，涉獵文史，兼通雜藝，博弈書算，皆其所長。

隋蕭吉

宋・王欽若等《册府元龜》卷八六九《總録部》　隋蕭吉字文休爲上儀同，博學多通，猶精陰陽算術。

隋劉炫

唐・魏徵等《隋書》卷七五《儒林列傳・劉炫》　劉炫字光伯，河間景城人也。少以聰敏見稱，與信都劉焯閉户讀書，十年不出。【略】俄直門下省，以待顧問。又與諸術者修天文律曆。【略】納言楊達舉炫博學有文章，射策高第，除太學博士。【略】凍餒而死，時年六十八。著《論語述義》十卷【略】《算術》一卷，並行於世。

宋・王欽若等《册府元龜》卷八六九《總録部》　劉炫爲旅騎尉，撰《算術》一卷，行於世。

唐傅仁均

宋・王欽若等《册府元龜》卷八六九《總録部》　唐傅仁均爲太史令，善曆算。

唐韓延

清・黄鍾駿《疇人傳四編》卷四《韓延》　韓延，注《夏侯陽算經》一卷。

又　論曰：休寧戴庶常震曰：「《新唐書》：甄鸞《夏侯陽算經》一卷，又韓延《夏侯陽算經》一卷，則《夏侯陽算經》有甄鸞、韓延兩本。今所存者，爲韓延所傳無注本，宋元豐時京監所刊者。書稱宋元嘉二年徐壽重鑄銅斛，及辨度量、課租庸調，各章有據。《隋志》言之者，則是韓延傳其學，而以己説纂入之。序亦當爲延所作也。」

唐龍受益

清・黄鍾駿《疇人傳四編》卷四《龍受益》　龍受益，亦作龍受。著有《算法》二卷，又《求一算術化零歌》一卷、《新易一法算範九例要訣》一卷。

論曰：《宋史・藝文志》有龍受益《求一算術化零歌》，而其書不傳，疑即大衍求一術。然據《楊輝算法》及沈括《筆談》所稱，求一乘除術與秦九韶不同。受益之書與諸書相合與否，俱未可知，當以俟之博物君子。

唐陳從運

清・黄鍾駿《疇人傳四編》卷四《陳從運》　陳從運，亦作陳運，試右千牛衛胄曹參軍。著《得一算經》七卷。其術以因折而成，取損益之道，且變而通之，皆合於數。

唐江本

清・黄鍾駿《疇人傳四編》卷四《江本》　江本，撰《三位乘除一位算法》二卷。又以一位因折進退，作《一位算術》九篇，頗爲簡約。

五代宋延美

清・黄鍾駿《疇人傳四編》卷四《宋延美》　宋延美，不詳其籍。明宗天成五年，明算科及第。是年明算五人，而延美爲之首。

論曰：曲阜孔體生户部繼涵曰：「唐以明算科取士，限以年。《九章》《海島》共三歲；《周髀》《五經算》共一歲；《孫子》《五曹算》共一歲；《張邱建》《夏侯陽》各一歲；《綴術》四歲；《輯古》三歲；《記遺》《三等數》皆兼習之。試之日，《九章》三條，《海島》七部各一條，十通六，《記遺》《三等數》帖讀十得九，爲第；《綴術》七條，《緝古》三條，十通六，《記遺》《三等數》帖讀十得九，爲第。落經者，雖通六不第。五季仳離，其科乃廢。」竊以是年攷之，及第姓氏尚有可據，則後唐之世猶未廢也。宋因唐制，亦設曆算科，以算學生隸太史局。元明以來，天文星曆與陰陽卜筮並試，始視爲方伎之學，而科遂中廢。是算學科，唐宋古制，固與進士諸科並重矣。國朝於國子監設算學館助教、掌分教算學生，並派大臣兼管。聖祖仁皇帝親策各省算學，得人爲盛，一時耆儒碩學，咸膺特荐。方今講求富強，研精格致，書院學堂，歲科鄉試，兼試算學，永垂定例。頒新政，實復舊制也。絶學振興，疇人輩出，豈僅曰邁越前古哉？

五代聶文進

清・黄鍾駿《疇人傳四編》卷四《聶文進》　聶文進，並州人。少爲軍卒，善書算。給事漢高祖帳下，高祖以爲押官。高祖即位，拜領軍屯衛將軍，樞密院承旨，遷右領軍大將軍。

十國南漢薛崇譽

清・黄鍾駿《疇人傳四編》卷四《薛崇譽》　薛崇譽，韶州曲江人。善《孫子》《五曹算》。事中宗，爲内門使兼太倉使，時國用日蹙，離宮巡幸，遊歷之費，歲耗不貲。崇譽握算持籌，較量出納，頗盡心力。後主嗣位，遷中尉，進開府儀同三司，簽書點檢司事。

《算經十書》部

漢《周髀算經》三卷

著録

唐・魏徵等《隋書》卷三四《經籍志》　《周髀》一卷，趙嬰注。《周髀》一卷，甄鸞重述。《周髀圖》一卷。

唐・房玄齡等《晉書》卷一一《天文上》　蔡邕所謂《周髀》者，即蓋天之説也。其本包犧氏立周天曆度，其所傳則周公受於殷高，周人志之，故曰《周髀》。髀，股也。股者，表也。

又　每衡周徑里數，各依算術，用句股重差推晷影極游，以爲遠近之數，皆得於表股者也。故曰《周髀》。

五代・劉昫等《舊唐書》卷四七《經籍志》　《周髀》一卷，趙嬰注。又一卷，甄鸞注。又二卷，李淳風撰。

宋・歐陽修等《新唐書》卷五九《藝文志》　趙嬰注《周髀》一卷。甄鸞注《周髀》一卷。【略】李淳風釋《周髀》二卷。

宋・陳振孫《直齋書録解題》卷一二《曆象類》　《周髀算經》二卷、《音義》一卷。題趙君卿注，甄鸞重述，李淳風等注釋。周髀者，蓋天之書也。稱周公受之商高而以句股爲術，故曰《周髀》。《唐志》有趙嬰、甄鸞注各一卷，李淳風釋二卷。今曰：君卿者，豈嬰之字耶？《中興書目》又云「君卿，名爽」，蓋本《崇文總目》，然皆莫詳時代。甄鸞者，後周司隸也。《音義》者，假承務郎李籍撰。

元・脱脱等《宋史》卷二〇七《藝文志》　趙君卿《周髀算經》二卷。【略】李籍《周髀算經音義》一卷。

明・楊士奇《文淵閣書目》卷三　《周髀算經》一部一册。

清・四庫館臣《周髀算經提要》　臣等謹案：《隋書・經籍志》天文類首列《周髀》一卷，趙嬰注。又一卷，甄鸞重述。《唐書・藝文志》李淳風釋《周髀》二卷，與趙嬰、甄鸞之注列之天文類，而復列李淳風注《周髀算經》二卷於曆算類。蓋一書重出也。是書首章記周公問於商高而得句股互求之術，故稱《周髀》。髀者，股也。立八尺之表以爲股，其影爲句。書内以璇璣名黄道之極，一晝夜環繞北極一周而過一度。冬至夜半，璇璣起北極下子位，春分夜半起北極左卯位，夏至夜半起北極上午位，秋分夜半起北極右酉位，是爲璇璣四遊所極，終古不變。以七衡六間測日躔發斂，冬至日在外衡，夏至日在内衡，春秋分在中衡。當其衡爲中氣，當其間爲節氣，亦終古不變。古蓋天之學，此其遺法。蓋渾天如毬，寫星象於外，人自天外觀天。蓋天如笠，寫星象於内，人自天内觀天。笠形半圓，有如張蓋故稱蓋天。合地上地下兩半圓體即天體之渾圓矣。其法失傳已久，故自漢以迄元明，皆主渾天。明萬曆中歐邏巴人入中國，始别立新法，號爲精密。然其言地圓，即《周髀》所謂地法覆槃，滂沱四隤而下也。其言南北里差，即《周髀》所謂北極左右，夏有不釋之冰，物有朝生暮穫。中衡左右，冬有不死之草，五穀一歲再熟。是爲寒暑推移，隨南北不同之故。及所謂春分至秋分，極下常有日光。秋分至春分，極下常無日光。是爲晝夜永短，隨南北不同之故也。其言東西里差，即《周髀》所謂東方日中，西方夜半。西方日中，東方夜半。晝夜易處，如四時相反。是爲節氣合朔如時，早晚隨東西不同之故也。又西人製渾蓋通憲展晝短規，使大於赤道規一同？《周髀》之展外衡使大於中衡。其《新法曆書》述第谷以前西法三百六十五日四分日之一，每四歲之小餘成一日，亦即《周髀》所謂三百六十五日者三，三百六十六日者一也。西法出於《周髀》，此皆顯證。特後來測驗增修，愈推愈密耳。

此書刻本脱誤，多不可通，今據《永樂大典》内所載，詳加校訂，補脱文一百四十七字，改譌舛者一百十三字，删其衍複者十八字。舊本相承題云「漢趙君卿注」，其自序稱「爽以暗蔽」，注内屢稱「爽」，或疑焉。「爽」未之前聞，則君卿當即名爽。隋唐志之趙嬰殆趙爽之譌歟？注引《靈憲》《乾象》，則其人在張衡、劉洪後也。舊有李籍《音義》，别自爲卷，今仍其舊。書内凡爲圖者五而失傳者三，訛舛者一。謹據正文及注爲之補訂。古者九數惟有《九章》《周髀》二書流傳最古，訛誤亦特甚，然溯委窮源，得其端緒，固術數家之鴻寶也。乾隆四十□年□月恭校上。

宋・王堯臣著　清・錢侗輯釋《崇文總目輯釋》卷三　《周髀算經》二卷，趙君卿注，甄鸞重述，李淳風注釋。

侗按：《書録解題》云《唐志》有趙嬰、甄鸞注各一卷，李淳風釋二卷。今曰君卿者，豈嬰之字耶？《中興書目》又云：君卿名爽。蓋本《崇文總目》，然皆莫詳時代。

清・劉鐸《古今算學書録》 象數第三

《周髀算經》上下卷，《音義》一卷。漢趙君卿注，周甄鸞述，唐李淳風釋，宋李籍音義。明趙開美刊本，明胡震亨等編《祕册彙函》本，《學津討原》刊明唐寅校本，《曆象彙編・曆象典》本，聚珍本，杭州本，福州本，《算經十書》本，《津逮祕書》本，朱記榮《槐廬叢書》二編光緒年刊本。

《周髀算經圖解》一卷，明朱載堉《嘉量算經》本。

《周髀算經補注》一卷，梅文鼎。

《周髀算經圖注》一卷，吳烺，乾隆戊子刊本。

《周髀矩數圖注周髀用矩述言》，程瑶田《通藝録數度小記》本。

《周髀算經述》一卷，馮經《嶺南遺書》本。

又 象數第三　附録

《周髀算經考證》，鄒伯奇《學計一得》《鄒徵君遺書》本。

《周髀算經校勘記》一卷，顧觀光《武陵山人遺書》本、《槐廬叢書》重刊本。

清・丁福保《算學書目提要》卷上《中算類一》《疇隱廬叢書》之三 《周髀算經》二卷，《音義》一卷，不著撰人名氏，漢趙君卿注，周甄鸞重述，唐李淳風注釋，宋李籍音義。案：是書爲中算最古之書，梅定九、戴東原、錢竹汀諸先生皆極力表彰之。而明徐文定則謂榮方問於陳子以下，爲千古大愚。顧尚之《周髀經校勘記・書後》稱其至巧。疇人家聚訟至今，迄無定議。余獨取烏程陳静菴先生之説。其言曰：「《周髀》始言天地形體，佳在不雜占驗一語耳，謬誤特甚。算法佳在創言句股之始耳，麤略亦甚。頗不足觀。」是數語最爲平允。如存之以爲攷古之用，則顧氏《校勘記》洵空前絶後之作也。

序跋

漢・趙爽《周髀筭經序》 夫高而大者莫大於天，厚而廣者莫廣於地。體恢洪而廓落，形脩廣而幽清。可以玄象課其進退，然而宏遠不可指掌也。可以晷儀驗其長短，然其巨闊不可度量也。雖窮神知化不能極其妙，探賾索隱不能盡其微。是以詭異之説出，則兩端之理生，遂有渾天、蓋天兼而並之。故能彌綸天地之道，有以見天地之賾。則渾天有《靈憲》之文，蓋天有《周髀》之法。累代存之，官司是掌。所以欽若昊天，恭授民時。

宋・鮑澣之《周髀筭經後序》 《周髀筭經》二卷，古蓋天之學也。以句股之法度天地之高厚，推日月之運行，而得其度數。其書出於商周之間，自周公受之於商高，周人志之，謂之《周髀》，其所從來遠矣。《隋書・經籍志》有《周髀》一卷，趙嬰注。《周髀》一卷，甄鸞重述。而唐之《藝文志》天文類有趙嬰注《周髀》一卷，甄鸞注《周髀》一卷。其曆算類仍有李淳風注《周髀筭經》二卷。本此一書耳。至於本朝《崇文總目》與夫《中興館閣書目》皆有《周髀筭經》二卷，云「趙君卿注、甄鸞重述、李淳風等注釋」。趙君卿，名爽，君卿，其字也。如是則在唐以前則有趙嬰之注，而本朝以來則是趙爽之本。所記不同意者，趙嬰、趙爽止是一人，豈其字文相類，轉寫之誤耶？然亦當以隋唐之書爲正，可也。又《崇文總目》及李籍《周髀音義》皆云「趙君卿，不詳何代人」。今以序文考之，有曰渾天有《靈憲》之文，蓋天有《周髀》之法。《靈憲》乃張衡之所作，實後漢安順之世。而甄鸞之重述者，乃是解釋君卿之所注，出於宇文周之時。以此推之，則君卿者，其亦魏晉之間人乎？若夫乘句股、朱、黄之實，立倍差減并之術，以盡開方之妙，百世之下，莫之可易。則君卿者，誠筭學之宗師也。嘉定六年癸酉十一月一日丁卯冬至，承議郎、權知汀州軍州兼管内勸農事、主管坑冶，括蒼鮑澣之仲祺謹書。

明・沈士龍《題周髀算經》 始讀《周髀》，輒駭其艱怪，及一再尋討，不過乘方員參兩以生句股，遂至於算數所不可及。蓋亦因天地自然之數耳。故其書稱榮方學於陳子，至畢思驚神，卒無所用其智，乃知謂天蓋高，固可坐而定者，不誣也。然《周髀》率以表影，一寸度爲千里。按李淳風所引宋元嘉十九年測影於交州，夏至日影在表南三寸二分，共得一尺八寸二分，洛去交一萬一千里，是不及六百里一寸也。觀此，則「日(經)[徑]千二百五十里，去地八萬[里]」之説，又有不可盡據者。故蔡邕謂《周髀》術數具存，驗天多所違失。又云《周髀》者，即蓋天之説也，是以王仲任據蓋天之説以駁渾(夫)[儀]，爲桓君山所屈，則《周髀》之術可睹矣。又淳風别引《宋書・曆志》二十四表影，與今《宋書》相較，則互有不同。近刻《宋書》，爲友人姚叔祥所校，稱善本，因舉此段問之。叔祥云：「於時正以不得《周髀》，故貽足下今日之問耳。」並識於此，以竢刻定。繡水沈士龍題。

明・胡震亨《周髀算經題辭》 《周髀》以周人志之，乃稱《周髀》。而虞喜則謂天之體轉四方，地體卑不動，天周其上，故云周。其解周字，又一義也。然《周髀》之説，奪於渾天。如(楊)[揚]子雲八難，卒無有能破之者。惟梁武帝於長春殿講義，別擬天體，全同《周髀》，以排渾天之論。其後遂不復顯。凡以世乏善算，遂令真祕湮屈。余讀《魏書》，有仙人成公興，傭賃於寇謙之家，爲其開舍南辣田。謙之坐樹下算，興時來看。後謙之算七曜，有所不了，惘然自失。興曰：「先生何爲不(憚)[懌]？」謙之曰：「我學算累年，而近算《周髀》不合，以此自愧，且非汝所知，何勞問也。」興曰：「先生試隨[興]語布之。」俄然便決。謙之歎伏，不測[興之淺深]，請師事之。興後入嵩山，尸解。乃知《周髀》非仙真有道，算難遽合。彼桓、鄭、蔡、陸者，恐未易以聲附子雲也。武原胡震亨題。

明・毛晉《周髀算經跋》 蔡邕云：言天體者有三家：一曰《周髀》，二曰宣夜，三曰渾天。惟渾天者，近得其情狀。故耿壽昌、錢樂輩各鑄銅爲之象。而鄭玄、陸績、吳時王蕃、晉世姜岌、張衡、葛洪諸家論説甚詳，至今猶存其制。若宣夜者，僅見虞喜云：宣，明也。夜，幽也。幽明之數，共術兼之，故曰宣夜。惜乎，絶無師説，莫得其傳。惟《周髀算經》二卷尚未湮滅。但命名之義，或云周公受之商高，周人志之，故曰「周」。或云髀者，股也。伸圓之周而爲勾，展方之周而爲股，故曰「周髀」。或云天行健，地體不動，而天周其上，故曰「周」。其説不倫，余未能較正。所謂天文不到，徒窮星漢之高也，偶因靈官殘本，補而傳焉。尚有疑團，一一擬擅孝轅、叔祥二翁而析之。虞山毛晉識。

清・朱記榮《周髀算經跋》 《周髀》爲算書之祖，讀者每苦不得其解。自梅定九、戴東原、錢竹汀諸大儒，皆深究算理，而於《周髀》尤極力表章。然考其論説，互有異同，究不能衷於一是。金山顧尚之先生有見於西人渾、蓋、通憲，外衡大於中衡，而切線定緯度，内密而外疏，乃悟《周髀》内中外衡，皆爲借象而所舉周徑里數，亦爲繪圖而設。按之實測，若合符節。於是數千年來未洩之祕，至此而涣然盡釋，不誠讀《周髀》者之快事與！余既據學津本重校《周髀》，并刊顧先生校勘記，以便讀者。至校記第一條「既方之外」，校云「之」字當作「其」。而學津本正作「其」。蓋先生所據乃武英殿聚珍本，故與此有違異。今各存其真，不復强爲牽合，以讀者自當知之也。光緒丙子孟冬，吳縣朱記榮識。

雜録

宋・秘書省刊《周髀算經》 趙君卿注，甄鸞重述，唐朝議大夫行太史令上輕車都尉臣李淳風等奉勑注釋。

又 秘書省 《周髀算經》一部，上、下共二册。

元豐七年九月　日，校定降授宣德郎秘書省校書郎臣葉祖洽上進。校定承議郎行秘書省校書郎臣王仲脩　校定朝奉郎行秘書省校書郎臣錢長卿　奉議郎守秘書丞臣韓宗古　朝請郎試秘書少監臣孫覺　降授朝散郎試秘書監臣趙彥若。

清・《四庫全書・子部・天文算法類》 推步之屬

《周髀算經》文津閣本。詳校官欽天監靈臺郎臣倪廷梅、臣紀昀覆勘、謄録監生臣陳祁。

清・阮元等《疇人傳》卷一《榮方陳子》 論曰：以句股量天，始見於《周髀》。後人踵事增修，愈推愈密，而乃嗤古率爲觕疏，毋乃既成大輅而棄椎輪耶？歐邏巴測天專恃三角八綫。所謂三角，即古之句股也。伏讀聖祖仁皇帝《御製三角形論》曰：「論者謂今法、古法不同，殊不知原自中國，流傳西土，毋庸歧視。」大哉王言！非星翁術士所能與知也。

又 《趙爽》 論曰：句股方圓圖注，五百餘言耳，而後人數千言所不能詳者，皆包藴無遺，精深簡括，誠算氏之最也。李籍《周髀音義》，謂爽不知何代人，今本《周髀算經》題云漢趙君卿注，故係於漢代云。

漢《九章算術》九卷

著録

唐・魏徵等《隋書》卷三四《經籍志》 《九章術義序》一卷，《九章算術》十卷，劉徽撰。《九章算術》二卷，徐岳、甄鸞重述。《九章算術》一卷，李遵義疏。《九九算術》二卷，楊淑撰。《九章別術》二卷，《九章算經》二十九卷，徐岳、甄鸞等撰。《九章算經》二卷，徐岳注。《九章六曹算經》一卷，《九章重差圖》一卷，劉徽撰。《九章推圖經法》一卷，張峻撰。

五代・劉昫等《舊唐書》卷四七《經籍志》　《九章算經》一卷，徐岳撰。【略】《九章算經》九卷，甄鸞撰。《九章雜算文》二卷，劉祐撰。《九章術疏》九卷，宋泉之撰。

宋・歐陽修等《新唐書》卷五九《藝文志》　徐岳《九章算術》，九卷。【略】甄鸞《九章算經》，九卷。宋泉之《九經術疏》，九卷。劉祐《九章雜算文》，二卷。【略】李淳風【略】又注《九章算術》九卷，注《九章算經要略》一卷。

宋・鄭樵《通志》卷六八《藝文》　《九章筭術》十卷，劉徽撰。《九章筭術》二卷，徐岳、甄鸞重述，又九卷，李淳風撰。《九九筭術》二卷，楊淑撰。《九章別術》二卷，《九章筭經》二十九卷，徐岳、甄鸞等撰，又二卷，徐岳撰。《九章六曹筭經》一卷，《九章重差》一卷，刘(向)[徽]撰。《九章重差圖》一卷，劉徽撰。《九章推圖經法》一卷，張峻撰。【略】《海島筭經》一卷，劉徽撰，又一卷，李淳風撰。《九章雜筭文》二卷，劉佑撰。《九章筭經要訣》一卷，李淳風撰。《九章筭經音義》一卷，李籍撰。《九章細草》九卷，賈憲撰。【略】《筭學通弦九章》一卷，青陽中山子撰。

宋・王應麟《玉海》卷四四《周九數》　劉徽《九章筭術義序》一卷，《九章筭術》十卷。徐岳、甄鸞重述二卷，李遵義疏一卷。楊淑《九九筭術》，二卷。【略】劉徽《九章六曹筭經》一卷，《重差圖》一卷。

元・脱脱等《宋史・藝文志》　注《九章算經》九卷，魏劉徽、唐李淳風等注。【略】李籍《九章算經音義》一卷。【略】李淳風注釋《九章經要略》一卷。【略】劉徽《九章算田草》，九卷。【略】注《九章算經》九卷，魏劉徽、唐李淳風注。

明・楊士奇《文淵閣書目》卷三　《九章算經》一部四册。

清・四庫館臣《九章算術提要》　臣等謹案：《九章算術》九卷，蓋《周禮・保氏》之遺法，不知何人所傳。《永樂大典》引《古今事通》曰「王孝通言，周公制禮有《九章》之名。其理幽而微，其形祕而約。張蒼刪補殘缺，校其條目頗與本術不同」云云。今考書内有長安、上林之名。上林苑在武帝時，蒼在漢初，何緣預載？知述是書者，在西漢中葉後矣。舊本有注，題曰「劉徽」所作。考《晉書》稱「魏景元四年劉徽注《九章》」。然注中所引有「晉武庫銅斛」，則徽入晉之後，又有增損矣。又有注釋，題曰「李淳風」所作，考《唐書》稱：淳風等奉詔注《九章算術》，爲《算經十書》之首。國子監置算學生三十人，習《九章》及《海島算經》共限三歲，蓋即是時作也。北宋以來，其術罕傳，自沈括《夢溪筆談》以外，士大夫少留意者，書遂幾於散佚。至南宋慶元中，鮑澣之始得其本於楊忠輔家，因傳寫以入祕閣，然流傳不廣。迨明又亡。故二、三百年來，算數之家均未嘗得睹其全。惟分載於《永樂大典》者，依類裒輯，尚九篇具在。考鮑澣之《後序》稱：唐以來所傳舊圖，至宋已亡；又稱：盈不足、方程之篇咸缺淳風注文。今校其所言，一一悉合，知即慶元之舊本。蓋顯於唐，晦於宋，亡於明，而幸逢聖代表章之盛，復完於今。其隱其見，若有數默存於其間，非偶然矣。謹排纂成編，併考訂訛異，各附案語於下方。其注中指狀表目，如朱實、青實、黃實之類，皆就圖中所列而言。圖既不存，則其注猝不易曉。今推尋注意，爲之補圖，以成完帙。唐李籍《音義》一卷亦併附焉。算術莫古於「九數」，「九數」莫古於是書。雖新法屢更，愈推愈密，而窮源探本，要百變不離其宗，録而傳之，固古今算學之弁冕矣。乾隆四十年四月恭校上。

宋・王堯臣著　清・錢侗輯釋《崇文總目輯釋》卷三　《九章算術》九卷。

原釋：闕。見天一閣鈔本。

侗按：諸家書目「術」並作「經」，《遂初堂書目》作法，《讀書後志》云未詳撰者姓名，或曰周公，《宋志》劉徽撰，李淳風注。考徽非撰者，亦注之耳。

清・周中孚《鄭堂讀書記》卷四五《子部六之下》　《九章算術》九卷、《音義》一卷，晉劉徽注，唐李淳風注釋。其《音義》則宋李籍撰也。《四庫全書》著録。《隋志》作十卷，云「劉徽撰」。撰，即注也。新、舊《唐志》載：李淳風注，九卷。蓋合劉注言之，故別無劉注之本。《崇文總目》《讀書志・雜藝術》《通考》《宋志》俱同。《宋志》又載李籍《音義》一卷。而《隋志》，新、舊《唐志》又別載劉徽《九章重差圖》一卷。徽序有云：「徽尋九數有『重差』之名，凡望極高，測絶深，而兼知其遠者必用重差。」「輒造《重差》，并爲注解，以(完)[究]古人之意，綴于『句股』之下。」據此則徽之《九章重差圖》但附於是書之下，故《隋志》作十卷，而又別無單行。故隋、唐諸志別著於録，其書即《海島算經》。後人據卷首望海島語而改之也。嘗考隋、唐諸志，注《九章》者，自劉、李外，尚有徐岳、甄鸞、李遵[義]、楊淑、張[峻]、劉祐諸家。自宋以後，諸家注盡亡，即劉、李注本，傳世日希，至明又佚，僅存《永樂大典》中。今館臣裒集得九篇，篇各一卷，《音義》一卷，又補以數圖，加之案語，遂成完帙。卷首冠以高宗純皇帝御題詩及提要，并劉徽原序。

按：《九章》即《周官》保氏之遺。一曰方田，以御田疇界域；二曰粟米，以御交質變易；三曰(衰)[衰]分，以御貴賤稟稅；四曰少廣，以御積冪方圓；五曰商功，以御功程積實；六曰均輸，以御遠近勞費；七曰盈不足，以御隱雜互見；八曰方程，以御錯糅正負；九曰句股，以御高深廣遠。鄭君注九數，即以此九章釋之，綴曰：「今有重差、夕桀，句股也。」錢竹汀以爲「夕桀」乃「互乘」之脱誤，良然。蓋《九章》句股篇末有望遠、度高、測深七術，或析之名曰《九章》《重差》。「互乘」即方程術所謂「維乘」是也。「句股」即「旁要」。賈氏疏所云：「今《九章》以『句股』替『旁要』」。「旁要」云者，不必實有是形，可自旁要假設，以要取之，祖沖之謂之「綴術」。疏又引馬氏融注「今有重差、夕桀」。馬氏不連及「句股」者，替「旁要」，故不重舉。徽序云：漢張蒼、耿壽昌「因舊文之遺殘，各稱删補。故校其目則與古或異，而所論多近語也」。所謂「與古或異」者，則「句股」替「旁要」是也。舊術求圓以周三徑一爲率，徽以爲疏，剏以六弧之面割之又割，以求周徑相與之率。厥後祖沖之更開密法，仍是割之又割耳，未能於徽法之外別立新術也。淳風所釋，足以發明劉氏。而盈不足、方程二篇，咸闕淳風注。據慶元庚申鮑仲祺澣[之]後序，則南宋時已然也。籍之《音義》，併原序俱爲之音義，猶《周髀音義》之例。孔體生刊《算經十書》，《九章》居其次。所有補圖皆附列《九章》每篇之末，則與聚珍版本稍異爾。

清·劉鐸《古今算學書録》 象數第三

《九章算術》九卷，《音義》一卷，魏劉徽注，唐李淯風釋，宋李籍《音義》，聚珍本、福州本、《算經十書》本，戴震補圖附每卷後。乾隆丙申屈曾發刊戴校本，無圖。

清·丁仁《八千卷樓書目》卷一一《天文算法類》 算書之屬

《九章算術》九卷。不著撰人名氏。晉劉徽、唐李淳風註。聚珍板本、微波榭本、閩刊本。

《九章筭術》目録

卷一 方田以御田疇界域
卷二 粟米以御交質變易
卷三 衰分以御貴賤稟稅
卷四 少廣以御積冪方圓
卷五 商功以御功程積實
卷六 均輸以御遠近勞費
卷七 盈不足以御隱雜互見
卷八 方程以御錯糅正負
卷九 句股以御高深廣遠

序跋

魏·劉徽《九章筭術注序》 昔在包犧氏始畫八卦，以通神明之德，以類萬物之情，作九九之術，以合六爻之變。暨(于)[於]黃帝神而化之，引而伸之，於是建(歷)[曆]紀，(協)[協]律吕，用稽道原，然後兩儀四象精微之氣可得而效焉。記稱「隸首作數」，其詳未之聞也。按周公制禮而有九數，九數之流，則《九章》是矣。往者暴秦焚書，經術散壞。自時厥後，漢北平侯張蒼、大司農中丞耿壽昌皆以善(算)[筭]命世。蒼等因舊文之遺殘，各稱删補。故校其目則與古或異，而所論者多近語也。

徽幼習《九章》，長再詳覽。觀陰陽之割裂，總(算)[筭]術之根源，探賾之暇，遂悟其意。是以敢竭頑魯，采其所見，爲之作注。事類相推，各有攸歸，故枝條雖分而同本(者)知，發其一端而已。又所析理以辭，解體用圖，庶亦約而能周，通而不黷，覽之者思過半矣。且(算)[筭]在六藝，古者以賓興賢能，教習國子。雖曰九數，其能窮纖入微，探測無方。至於以法相傳，亦猶規矩度量可得而共，非特難爲也。當今好之者寡，故世雖多通才達學，而未必能綜於此耳。

《周官·大司徒》職，夏至日中立八尺之表。其景尺有五寸，謂之地中。説云，南戴日下萬五千里。夫云爾者，以術推之。按《九章》立四表望遠及因木望山之術，皆端旁互見，無有超邈若斯之類。然則蒼等爲術猶未足以博盡羣數也。徽尋九數有重差之名，原其指趣乃所以施於此也。凡望極高、測絶深而兼知其遠者必用重差、句股，則必以重差爲率，故曰重差也。立兩表於洛陽之城，令高八尺。南北各盡平地，同日度其正中之時，以景差爲法，表高乘表間爲實，[實]如法而一。所得加表高，即日去地也。以南表之景乘表間爲實，實如法而一，即從南表至南戴日下也。以南戴日下及日去地爲句、股，爲之求弦，即日去人也。以徑寸之筩南望日，日滿筩空，則定筩之長短以爲股率，以筩徑爲句率，日去人之數爲大股，大股之句即日徑也。雖夫圓穹之象猶曰可度，又況泰山之高與江海之廣哉。徽以今之史籍且略舉天地之物，考論厥數，載之於志，以闡世術之美，輒造《重差》，并爲注解，以究古人之意，綴於《句股》之下。度高者重表，測深者累矩，孤離者三望，離而又旁求者四望。觸類而長之，則雖幽遐詭伏，靡所不入。博物君子，詳而覽焉。

宋・榮棨《黄帝九章序》 夫（算）〔筭〕者，數也。數之所生，生於道。《老子》曰「道生一」是也。數之所成，成於九。《列子》曰「九者，究」是也。爰昔黄帝推天地之道，究萬物之始，錯綜其數，列爲《九章》，立術二百四十有六，始之以「方田」，終之以「（勾）〔句〕股」，其爲用也，大矣。若施之於圭表，則穹隆之天可考：推日月之晦明，步五星之盈縮，驗晨昏晝夜不移，行氣候寒暑無忒。若施之於（勾）〔句〕股，則磅礴之地可度：望山嶽之高低，測江海之深淺，籌道里廣遠之積，方田疇形體之羃。若施之於諸術，則萬物之情可察：經緯天地之間，籠絡覆載之内。凡言數之見者，又焉得逃於此乎？變交質之息耗，衰貴賤之等差，均役輸遠近之勞，商功徒輕重之力，盈朒明隱互之形，方程正錯綜之失，至於物物不齊，亹亹無盡，該貫總攝，區分派别，廣大纖微，莫不悉舉，可謂包括三才，旁通萬有之術也。是以國家嘗設（算）〔筭〕科取士，選《九章》以爲（算）〔筭〕經之首，蓋猶儒者之六經，醫家之《難》《素》，兵法之《孫子》歟。後之學者，有倚其門牆，瞻其步趨，或得一二者，以能自成一家之書，顯名於世矣。比嘗較其數，譬若大海汲水，人力有盡而海水無窮，又若盤之走圓，横斜萬轉，終其能出於盤哉？由是自古迄今，歷數千餘載，聲教所被，舟車所及，凡善數學者，人人服膺而重之。

奈何自靖康以來，罕有舊本，間有存者，狃於末習，不循本意。或隱問荅以欺衆，或添歌象以衒己，乖萬世益人之心，爲一時射利之具，以至真術淹廢，僞本滋興，學者泥於見聞，倀倀然入於迷望，可勝記邪！居仁由義之士，每不平之。愚向獲善本，不敢私藏，而今而後，聖人之法，暗而復明，僕而復起，學之者得睹其全經，悟之者必達微旨矣，不亦善乎？謹命工鏤板，庶廣其傳，四方君子，得以鑒焉。時聖宋紹興十八年戊辰歲八月旦丙戌日，寓臨安府汴陽學（算）〔筭〕榮棨序。

宋・鮑澣之《九章筭經後序》 《九章筭經》九卷，周公之遺書，而漢丞相張蒼之所删補也。筭數之書凡數十家，獨以《九章》爲經之首，以其九數之法無所不備。諸家立術雖有變通，推其本意，皆自此出，而且知後人無以易周、漢之舊也。

自唐有國，用之以取士；本朝崇寧亦立於學官。故前世筭數之學相望有人。自衣冠南（度）〔渡〕以來，此學既廢，非獨好之者寡，而《九章》正經亦幾泯没無傳矣。近世民間之本，題之曰《黄帝九章》，豈以其爲隸首之所作歟？名已不當，雖有細草，類皆簡捷殘闕，懵於本原，無有劉徽、李淳風之舊注者。古人之意不復可見，每爲慨嘆。

慶元庚申之夏，余在都城，與太史局同知筭造楊忠輔德之論（歷）〔曆〕，因從其家得古本《九章》，乃汴都之故書，今祕館所定著亦從此本寫以送官者也。謹案：《晉志》劉徽所注《九章》，實魏之景元四年。觀其序文，以謂「析理以辭，解體用圖」；又造重差於句股之下。辭乃今之注文；其圖至唐猶在，今則亡矣；重差之法，今之《海島筭經》是也。又李淳風之注見於《唐志》，凡九卷。而今之盈不足、方程之篇咸闕淳風注文。意者，此書歲久傳録，不無錯漏，猶幸有此存者。今此乃是合劉、李二注而爲一書云。其年六月一日乙酉迪功郎新隆興府靖安縣主簿括蒼鮑澣之仲祺謹書。

清・朱彝尊《九章算經跋》 《九章》即《周官》之九數，保氏以教國子者也。方田一、粟米二、差分三、少廣四、商功五、均輸六、方程七、盈不足八、旁要九，皆周公所作。漢易「差分」曰「重差」，去「旁要」，而易以「勾股」；又「夕桀」一篇，其義無聞。蓋周公既問數於商高，定此九數，算術之古，莫尚於此矣。於是劉徽注之、序之，徐岳、甄鸞等述之，李遵義疏之。遠而日、月、周天行度之數，近而田疇、米廩、積羃、隱雜、廣斜、正負之幽微，靡不著焉。斯秦火之未燔，而唐明算科取士之第一書，僅存於今者，可寶也。

清・愛新覺羅・弘曆《御製題九章算術》 是書雖爲晉劉徽注，而其名則始見於《唐書》。蓋自李淳風注釋，義遂大顯。北宋時，人罕習者，漸以湮晦。南宋慶元中，鮑澣〔之〕得其本寫入祕閣，世亦莫得而見。明初編列《永樂大典》，然依韻分排，閲者鮮能究其端委，則雖存猶亡也。兹以校勘《四庫全書》，詞臣於斷簡零篇中裒輯得九篇，悉符鮑澣〔之〕之舊。顧鮑本無圖，今諸臣按注意補爲之，雖未能必其盡合，皆可因注推演而知，則亦未嘗或紊，視澣〔之〕所傳，殆有過之無不及矣。

算法自皇祖表章以來，可謂大備。是書至今始出，或亦顯晦有時，固有莫知其然而然者乎？夫《九章》昉於《周官》六藝，教於洙泗，余雖未習其事，要不得謂非學者所當肄業及之者也，系詩題識如左。

算術由來非所學，不知難強以爲知。大成廣集欽皇祖，皇祖講明算法，欽定《數理精蘊》《儀象考成》等書，寔足爲萬世算學標準。六藝曾論愧仲尼。分韻笑他割裂者，補圖欣此粹完之。時爲顯晦晦今顯，是用摛毫作弁辭。

清·屈曾發《合刻〈九章算術〉〈海島算經〉序》　《隋書·經籍志》：「《九章算術》十卷，劉徽注。」《唐書·藝文志》別有劉徽《海島算經》一卷，及李淳風注《九章算術》九卷，《海島算經》一卷。唐之選舉，立明算科，《九章》《海島》共限習三年，試《九章》三條，《海島》一條。《九章》即《周官·大司徒》保氏所教之九數。漢初北平侯張蒼、大司農中丞耿壽昌傳其學。劉徽取而注之，顧不題曰「經」，而徽所自爲書，乃稱之「經」，殆非古也。據徽序《九章》有云：「徽尋九數有重差之名。凡望極高、測絶深，而兼知其遠者必用重差。」又云：「輒造《重差》，綴於句股之下。度高者重表，測深者累矩，孤離者三望，離而又旁求者四望。」然則徽所撰者《重差》，即次之《九章》，後《隋志》合爲十卷是也。《唐志》列劉向《九章重差》一卷，而隋、唐皆有劉徽《九章重差圖》一卷，劉向審爲劉徽之訛無疑。其改《重差》曰《海島》者，篇首以望海島設問故也。予既得東原氏定本，《九章》有李藉《音義》，共十卷，《海島》自爲一卷，以應唐人《算經十書》之二，合鐫之，用廣其傳。徽，魏晉間人。《晉書》兩稱「魏景元四年劉徽注《九章》」，宋元豐本亦題魏劉徽，而注乃及晉武庫中王莽銅斛，書蓋成於晉初矣。常熟屈曾發。

清·戴震《九章算術跋》　古者六藝之教：禮、樂殘闕失傳；射、御則絶無師說；書者治經之本，廑廑賴許叔重《説文解字》，畧見梗概；而所謂九數即《九章》，世罕有其書，近時以算名者，如王寅旭、謝野臣、梅定九諸子，咸未之見。

予訪求二十餘年不可得，擬《永樂大典》或嘗録入，書在翰林院中。丁亥歲因吾鄉曹編修往一觀，則離散錯出，思綴集之，未之能也。出都後，恒寤寐乎是。及癸巳夏，奉召入京師，與修《四庫全書》。躬逢國家盛典，乃得盡心纂次，訂其訛舛，審知劉徽所注舊有圖而今闕者，補之。書既進，聖天子命即刊行，又御製詩篇，冠之於首。古書之隱顯，蓋有時焉，誠甚幸也。

吾友屈君魯傳亦好是學，願得《九章》刊之，從予録一本。今秋之仲，曲阜孔君體生，訪求得算書若干卷，係毛氏扆影摹宋刻者。扆識其後有云：「從太倉王氏得《孫子》《五曹》《張丘建》《夏侯陽》四種；從章丘李氏得《周髀》《緝古》二種；後從黄俞邰又得《九章》，皆元豐七年祕書省刊版。每卷有祕書省官銜姓名一幅，又一幅宰輔大臣自司馬相公而下，俱列名於後。」予急假之孔君，獨《九章》卷六已後闕，因更校改數字，以寄屈君，而記其得是書之不易如此。休甯戴震。

清·孔繼涵《九章算術跋》　《九章》之術乃算術之鼻祖，囊括後賢，胥不能度越範圍焉，猶六經之臨百氏也。《周官》保氏「九數」，鄭君以《九章》之「方田、粟米、衰分、少廣、商功、均輸、方程、贏不足、旁要」釋之，綴曰「今有重差、夕桀、句股也」。錢曉徵學士以爲「夕桀」乃「互桀」之脱誤，良然。蓋《九章》「句股」篇末有望遠、度高、測深七術，或析之名曰《九章》《重差》。「互桀」即方程術所謂「維桀」是也。「句股」即「旁要」，《疏》所云「今《九章》以句股替旁要」。「旁要」云者，不必實有是形，可自旁假設，以要取之，祖冲之謂之《綴術》。《疏》又引馬氏融注：「今有重差、夕桀。」馬氏不連及句股者，以句股替旁要故，不重舉。劉徽序云，漢張蒼、耿壽昌因舊文遺殘，各稱删補，故校其目與古或異，而所論多近語。所謂目與古異者，則句股替旁要是也。至唐王孝通云「校其條目頗與古術不合」，則妄而敢矣。大古今豈有異術哉？劉徽因其有望遠諸術，遂造《重差》，綴於「句股」之下，即今《海島算》。引而申之，觸類而長之，事之宜也。舊有圖，今缺。余友休甯東原戴先生補之，今分附諸篇之末，亦猶劉徽之綴《重差》於句股焉。乾隆癸巳，闕里孔繼涵識於京師壽云簃之敏事齋。

雜録

漢·鄭玄《周禮注》卷一〇《地官司徒上》　數，九數之計。

又　卷一四《地官司徒下》　鄭司農云：【略】九數：方田、粟米、差分、少廣、商功、均輸、方程、贏不足、旁要。今有重差、夕桀、唐·陆德明《经典释文》：此二字非鄭注。句股也。

唐·賈公彦《周禮疏》卷一〇《地官司徒上》　九數者，先鄭云方田、粟米、差分、少廣、商功、均輸、方程、贏不足、旁要。此《九章》之術是也。彼注又云「今有重差、夕桀、句股」。

又　卷一四《地官司徒下》　云「九數」者，方田已下皆以《九章筭術》而言。云「今有重差、夕桀、句股也」者，此漢法增之。馬氏注以爲「今有重差、夕桀」，夕桀亦是筭術之名，與鄭異。案：今《九章》以句股替旁要，則旁要，句股之類也。

唐·孔穎達《禮記疏》卷三五《少儀》　九數：方田、粟米、差分、少廣、商功、均輸、方程、贏不足、旁要。今有重差、句股。【略】但「九數」之名，書本多誤。儒者所解方田一、粟米二、差分三、少廣四、商功五、均輸六、方程七、贏不足八、旁要九。云「今有重差、句股」者，鄭司農指漢時。云今世於九數之內有重差、句股二篇。其重差即與舊數差分一也。去舊數旁要，而以句股替之，爲漢之九數，即今之《九章》也。先師馬融、干寶等更云「今有夕桀」，各爲(二)[一]篇，未知所出。今依司農所注《周禮》之數，餘並不(敢)[取]。

宋・秘書省刊《九章筭術》　魏劉徽注，唐朝議大夫行太史令上輕車都尉臣李淳風等奉勑注釋。

唐・王孝通《緝古筭術》　第一問注

今按：《九章》均輸篇有犬追兔術，與此相似。彼問：犬走一百步，兔走七十步。令兔先走七十五步，犬始追之，問幾何步追及。

荅曰：二百五十步追及。

彼術曰：以兔走減犬走，餘者爲法。又以犬走乘兔先走爲實。實如法而一，即得追及步數。

唐・歐陽詢等《藝文類聚》卷九二《鳥部》　燕，《九章筭術》曰：「五雀六鷰，飛集衡，衡適平。」

唐・魏徵等《隋書》卷一六《律曆志上》　夫所謂率者，有九流焉：一曰方田，以御田疇界域。二曰粟米，以御交質變易。三曰衰分，以御貴賤稟税。四曰少廣，以御積冪方圓。五曰商功，以御功程積實。六曰均輸，以御遠近勞費。七曰盈朒，以御隱雜互見。八曰方程，以御錯糅正負。九曰句股，以御高深廣遠。

唐・李賢注《後漢書・鄭玄傳》　九章筭術，周公作也，凡有九篇：方田一，粟米二，差分三，少廣四，均輸五，方程六，旁要七，盈不足八，鉤股九。

唐・房玄齡等《晉書》卷一七《律曆中》　《乾象曆》【略】强正弱負，强弱相并，同名相從，異名相消。其相減也，同名相消，異名相從。無對互之。

唐・徐堅《初學記・器物部》　闞澤《九章》曰：粟飯五十，糲飯七十，粺飯五十，糳飯四十八，御飯四十二。

唐・李籍《九章筭術音義》

序

九九之術　食律切。術者，有所述也。《前漢・梅福傳》：「臣聞齊桓之時，有以九九見者。桓公不逆，欲以致大也。」師古曰：「九九(算)[筭]術，若今《九章》《五曹》之輩。」《隋書・經籍志》：「《九九(算)[筭]術》二卷，楊淑撰。」

隸首　郎計切。《世本》曰：「黃帝時，隸首作數。」

九數　色具切。即九章是也。以(算)[筭]言之，故曰九數；以篇言之，故曰九章。《周官》保氏：「教國子以六藝：一曰禮，二曰樂，三曰射，四曰馭，五曰書，六曰數。」鄭康成注：「九數：方田、粟米、差分、少廣、商功、均輸、方程、贏不足、旁要，今有重差、夕桀、句股。」《隋書・律(歷)[曆]志》云：「一曰方田，以御田疇界域；二曰粟米，以御交質變易；三曰衰分，以御貴賤稟税；四曰少廣，以御積冪方圓；五曰商功，以御功程積實；六曰均輸，以御遠近勞費；七曰盈朒，以御隱雜互見；八曰方程，以御錯糅正負；九曰句股，以御高深廣遠。」

探賾　上，吐南切；下，士革切。賾者，含蓄。含蓄者，探之可及。故《易》曰「探賾」。

索隱　上，色白切；下，於謹切。隱者，隱匿。隱匿者，索之可得。故《易》曰「索隱」。

重差　上，直容切；下，楚佳切。重，復也；差，不齊也；重差，句股名也。

率　所律切。數相與也。又，音律，約數也。

可度　徒各切。揆也。

考論　廬敦切。

孤離　呂支切。

九章第一

方田　徒年切。田者，圍周之以爲疆，横從之以爲理，平夷著見，興作利養之地也；方田者，田之正也。諸田不等，以方爲正，故曰方田。

以御　牛倨切。理也。

田疇　直留切。耕治之田也。

界域　雨逼切。疆也。

廣　如字。闊也。

從　即容切。長也。

幾何　上，居豈切；下如字。幾何，數之疑也。

相乘　食陵切。登也。登之使其數多。《隋書》曰：「乘以散之。」

淳風　竝如字。李淳風，岐州雍人。幼爽秀，通羣書，明步天(歷)[曆](算)[筭]。(正)[貞]觀初，與傅仁均爭(歷)[曆]法，議者多附淳風，故以將士郎直太史局。制渾天儀，詆摭前世得失，著《法象書》七篇，上之。擢承務郎，遷太常博士，改太史丞；與諸儒脩書，遷爲令。於占候吉凶若節契然，當世術家意有鬼神相之，非學習可致，終不能測也。以勞封昌樂縣男。奉詔與(算)[筭]學博士梁述、助教王真儒等是正《五曹》《孫子》等書，刊定注解，立於學官，《九章》即其一也。

畝法　莫厚切。《司馬法》：「六尺爲步，步百爲畝。秦孝公之制，二百四十步爲一畝。」

除之　直魚切。去也，去之使其少。《隋書》曰：「除以聚之。」

一傾　去潁切。百畝也。

約分　於畧切。約者，欲其不煩。分之爲數，煩則難用。設有言四分之二者，煩而言之，則可爲八分之四；約而言之，則二分之一也。雖則異辭，至於爲數，亦同歸耳。

副置　上，敷救切，別也。下，陟吏切，設也。別設(算)[筭]位，有所分也。

合分　古沓切。合分者，欲其不離。數非一端，分無定準。分子雜互，羣母參差。麤細既殊，理難從一。故齊其衆分，同其羣母，分可相并，故曰合分。

參差　上，楚金切；下，楚宜切。不齊也。三相參爲參，兩相差爲差。

觿　音攜，所以解結。《詩》曰：「童子佩觿。」

減分　古斬切。減，損也。減分者，欲知其餘。諸分子、母數各不同，以少減多，欲知餘幾，以餘爲實，故曰減分。

課分　苦卧切。校也。欲知其相多。分各異名，理不齊一，校其相多之數，故曰課分。

平分　符兵切。均也。平分者，欲減多增少，而至於均。諸分參差，欲令齊等，減彼之多，增此之少，故曰平分。

副并　畀政切。兼也。別兼(算)[筭]位，有所合也。

經分　如字。《釋名》曰：「經者，徑也。」經分者，欲徑求一人而至於徑。自合分已下，皆於諸分相齊。此乃徑求一人之分，以人數分所分，故曰經分。下經率同。

乘分　如字。乘分者，欲知其所積。分母相乘爲法，子相乘爲積，故曰乘分。自合分已下，獨乘言田，而皆列於方田者，欲其學數者不可後也。故説(算)[筭]者以謂「爲術者先治諸分」。能治諸分，則數學之能事盡矣。

大廣田　竝如字。初術有全步而無餘分，次術有餘分而無全步，此術先見全步，復有餘分，可以廣兼三術，故曰大廣田。

圭田　古攜切。圭田者，其形上鋭有如圭然。《白虎通》曰：「圭者，上鋭象物，皆生見於上也。」

箕田　居之切。箕田者，有舌有踵，其形哆侈，有如箕然。《詩》曰：「哆兮侈兮，成是南箕。」

圓田　王權切。圓田之率有三：一曰古率，「周三徑一」是也；二曰徽率，「周一百五十七、徑五十」是也；三曰密率，「周二十二、徑七是也」。爲(算)[筭]之術有四：一曰「半周半徑相乘得積步」，二曰「周徑相乘，四而一」，三曰「徑自相乘，三之，四而一」，四曰「周自相乘，十二而一」。

徽術　許歸切。徽術：「以五十乘周，一百五十七而一，即徑；以一百五十七乘徑，五十而一，即周。」此率本於劉徽，故曰徽術。

密率　美畢切。密率：「以七乘周，二十二而一，即徑；以二十二乘徑，七而一，即周」。此率本於宋南徐州從事史祖冲之。冲之以圓徑一億爲一丈，圓周盈數三丈一尺四寸一分五九毫二秒七忽，朒數三丈一尺四寸一分五九毫二秒六忽，正數在盈、朒二限之間。密率：圓徑一百一十三，圓周三百五十五；約率：圓徑七，周二十二。此乃率之最密也。

秒忽　上，亡沼切；下，呼骨切。忽者，數之始也。一蠶所吐謂之忽。《孫子(算)[筭]術》云：「蠶所生吐絲爲忽，十忽爲秒，十秒爲毫，十毫爲釐，十釐爲分。」

億　於力切。十萬曰億。萬者，物數也。以人之意數爲足以勝物數故也。或曰：萬萬曰億。黄帝爲法，數有十等，及其用也，乃有三焉。十等者，謂億、兆、京、垓、秭、壤、溝、澗、正、載也。三等者，謂上、中、下之數也。下數者，十十變之，若言：十萬曰億，十億曰兆，十兆曰京【略】中數者，萬萬變之，若言：萬萬曰億，萬萬億曰兆，萬萬兆曰京【略】上數者，數窮則變，若言：萬萬曰億，億億曰兆，兆兆曰京【略】《詩》云：「不稼不穡，胡取禾三百億兮？」毛氏曰：「萬萬曰億」。鄭氏曰：「十萬曰億。」據如此言，則鄭用下數，毛用中數也。

嘉量　音亮。《周禮·考工記》：㮚氏爲量，「鬴深尺，內方尺而圓其外，其實一鬴；其臀一寸，其實一豆；其耳三寸，其實一升，重一鈞。其聲中黄鐘，槩而不税。其銘曰：時文思索，允臻其極，嘉量既成，以觀四國，永啓厥後，茲器維則。」《春秋左氏傳》曰：「齊舊四量：豆、區、鬴、鍾。四升曰豆，各自其四，以登於黼，六斗四升也。黼十則鍾。六十四斗也。」鄭康成以爲方尺積千寸，比《九章》粟米法少二升八十一分升之二十二。祖冲之以(算)[筭]術考之，積凡一千五百六十二寸半，方尺而圓其外，減旁一釐八毫，其徑一尺四寸一分四(釐)[毫]七秒二忽有奇，而深尺，即古斛之制也。王莽作銅斛，名曰律嘉量，其意蓋本於此。銅斛之法：方尺而圓其外，旁有庣焉，其上爲斛，其下爲斗，左耳爲升，右耳爲合、龠，其狀似爵，以縻爵禄；上三下二，參天兩地；圓而函方，左一右二，陰陽之象也。圓象規，其重二鈞，備氣物之數，各萬有一千五百二十也。聲中黄鍾，始於黄鍾而反覆焉。其斛銘曰：「律嘉量斛，方尺而圓外，庣旁九釐五毫，冥百六十二寸，深一尺，積一千六百二十寸，容十斗。」祖冲之以圓率考之，此斛當徑一尺四寸三分六釐一毫九秒二忽，庣旁一分九毫有奇。劉歆庣旁少一釐四毫有奇，歆數術不精之所致也。魏陳留王景元四年劉徽注《九章・商功》曰：「當今大司農斛圓徑一尺三寸五分五釐，深一尺，積一千四百四十一寸十分寸之三。王莽銅斛於今尺爲深九寸五分五釐，徑一尺三寸六分八釐七毫，以術計之，於今斛爲容九斗七升四合有奇。」此魏斛大而尺長，王莽斛小而尺短也。

庣　吐雕切。不滿之貌也。

奇　居宜切。餘數也。

攈摭　上，居運切；下，之石切。攈摭，取拾也。攈，或作捃。

晥　晥，當作宛，字之誤也。宛田者，中央隆高。《爾雅》曰：「宛中宛(邱)[丘]。」又曰：「(邱)[丘]上有(邱)[丘]焉。宛(邱)[丘]，皆中央隆高之義也。」

弧田　户吴切。弧田者，有弧有矢，如弧之形。

環田　户關切。環田者，有肉有好，如環之形。《爾雅》曰：「肉好若一，謂之環。」或作「鐶」。

九章第二

粟米　上，相玉切；下，莫禮切。粟者，禾之未舂；米者，實之無殼。粟者，米之率也。諸米不等，以粟率之，故曰粟米。

交質　陟利切。又，如字。

變易　羊益切。

糲米　盧達切。麤也。凡粟五斗，得糲米三斗，故粟率五十而糲率三十。

粺米　傍卦切。精於糲也。凡粟五斗得粺米二斗七升，故粟率五十而粺率二十七。《詩》曰：「彼疏斯粺。」鄭康成注云：「米之率：糲十，粺九，鑿八，侍御七。」

鑿米　音作。精於粺也。凡粟五斗，得鑿米二斗四升，故粟率[五十而鑿率]二十四。《春秋左氏傳》曰：「粢食不鑿。」俗作鑿。

御米　牛倨切。精於鑿也。供王膳之米也。蔡邕《獨斷》曰：「所進曰御。御者，進也。凡衣服加於身，飲食入於口，皆曰御。」

小䵂大䵂　音敵，麥屑也。細曰小䵂，麤曰大䵂。

菽　音叔。大豆也。

荅　都合切。小豆也。

豉　是義切。鹽豉也。《廣雅》：「苦李作豉。」

飧　音孫。《説文》曰：「餔也。」

糵　魚列切。麴糵也。《説文》曰：「米牙。」

瓴甓　上，音靈；下，扶歷切。甎也。

箇　古賀切。數也。數竹曰箇。

縑　古甜切。《説文》曰：「并絲，繒也。」

鈞　居勻切。三十斤也。

銖　音殊。八銖曰錙。二十四銖爲兩。

猴　音侯。《説文》曰：「羽本也。」數羽稱其本，猶數草木稱其根株也。

榦　古按切。榦，莖也。一本作簳。

九章第三

衰分　楚宜切。衰：差也。以差而平分，故曰衰分。

稟　筆錦切。供穀曰稟。或曰廩，非是。

大夫　上，如字；下，甫無切。爵名也。夫：以智率人者也。大夫：則以智率人之大者也。

不更　古衡切。爵名也。次大夫，取其不與成更。

簪褭　上，側吟切；下，奴了切。爵名。次不更，取其纓冠乘馬。

上造　音皂。爵名也。次簪褭，取其爲造士而居上。

公士　並如字。爵名也。次上造，取其爲士而在公。

爵數　色具切。爵數者，謂大夫五、不更四、簪褭三、上造二、公士一也。《墨子・號令篇》以爵級爲賜，然則戰國之初有此名也。

償之　市羊切。還也。

北鄉(算)[筭]　蘇貫切。(算)[筭]者，計口出錢。漢律：人出一(算)[筭]。一(算)[筭]，百二十錢。賈人與奴婢倍(算)[筭]。

徭　音遥。役也。

秏　呼到切。减也。

乾　古寒切。燥也。

保　音寶。傭也，如所謂酒家保。

貸　吐代切。以物假人也。

九章第四

少廣　上，書沼切。不多也。下，古莽切，闊也。廣少，從多。截從之多，益廣之少，故曰少廣。

積冪　上，資昔切；下，莫狄切。積者，聚也，衆數聚居之稱。冪者，覆也，方面單布之名。積、冪之義，不同如此。

半　博漫切。物中分也。凡言半者，以二爲分母；言太半、少半者，以三爲分母。

約省　所景切。

折法　旨熱切。折者，屈而有降意。折法，即退位也。

內子　如字。入也。既以分母通之，必入其分子，故曰內子，所謂齊同以通之也。又音納。

中行　户剛切。列也。下行同。

丸徑　故官切。丸：即立圓也。

牟合　上，莫浮切；下，胡閤切。

㮚氏　力質切。㮚氏：鑄量之官也。一本作栗。

爲渾　胡昆切。

祖暅之　古鄧切。之，字景鑠，冲之之子也。少傳家業，究極精微。亦有巧思，入神之妙，般、倕無以過也。當其詣微之時，雷霆不能入。嘗行遇僕射徐勉，以頭觸之，勉呼乃悟。父所改何承天(歴)[曆]，時尚未行。梁天監初，暅之更修之，於是始行焉。位至大舟卿。

昭晣　音哲。明也。

咍哂　上，呼開切。下，式忍切。笑也。

九章第五

商功　式羊切。商，度也。以度其功庸，故曰商功。

穿地　昌緣切。掘地也。凡穿地四尺，爲壤五尺，爲堅三尺。

壤　如兩切。壤謂息土。《書》曰：「厥土惟白壤。」

堅　古賢切。堅謂築土。《詩》曰：「築之登登。」

墟　苦虚切。墟謂穿坑。

垣　音園。墉也。

隄　都奚切。防也。俗作堤。

溝　古侯切。《釋名》曰：「田間之水曰溝。」溝：搆也，縱横相交搆。

塹　七豔切。長於溝也。水之繞城者。

渠　強如切。長於塹也。水之通運者。

袤　莫侯切。袤，長也。

礫　郎擊切。《釋名》曰：「小石曰礫。」

堢壔　上音寶。小城也。下音島。以土擁木也。

方亭　特丁切。《釋名》曰：「亭：停也。人所停集也。」方亭者，其積之形如亭之方者。圓亭亦然。

方錐　職誰切。方錐者，其積之形如錐之方者。圓錐亦然。

塹堵　當古切。塹堵，「塹上疊也」。以立方一，邪解得二塹堵。其積居立方二分之一。將一塹堵邪解得一陽馬、一鼈臑。求塹堵之積，以廣、長相乘，又以高乘之，二而一。

陽馬　莫下切。「陽馬之形，方錐一隅也。今以四柱屋隅爲陽馬」。以立方一邪解，得三陽馬。其積居立方三分之一。將一陽馬邪解，得二鼈臑。求陽馬之積，以廣、長相乘，又以高乘之，三而一。

鼈臑　那到切。「臂節也」。鼈臑之積，「半陽馬，其形有似鼈肘，故以名云」。以立方一邪解，得六鼈臑，其積居立方六分之一。求鼈臑之積，以廣、長相乘，又以高乘之，六而一。臑：或作腝，非是。

羨除　上，以淺切；下，直魚切。羨，延也；除，道也。「羨除乃隧道也。其所穿地，上平下邪，似兩鼈臑夾一塹堵，即羨除之形」。求其積，并三廣，以深乘之，又以長乘之，六而一。

芻甍　上，測隅切。刈草也，俗作蒭。下，莫耕切。(屈)[屋]棟也。甍之形似屋蓋上苫也。求其積，倍下長，上長從之，又以廣乘之，又以高乘之，六而一。

「正解方亭兩邊，合之即其形也」。

芻童　徒紅切。如倒置研石。求其積，倍上長，并入下長，以上廣乘之；又倍下長，并入上長，以下廣乘之；并二位，以高乘之，六而一。曲池、盤池、冥谷皆同術。

曲池　(邱)[丘]玉切。

盤池　薄官切。

冥谷　莫經切。冥谷之形，如正置研石。

棚　薄耕切。

踟躕　上，直離切。下，直誅切。行不進也。

載輸　上，作代切。下，式朱切。

一籠　力董切。

委粟　於詭切。積也。

程粟　直城切。課也。程粟一斛，積二千七百寸；米一斛，積一千六百二十寸；菽、荅、麻、麥一斛，積二千四百三十寸。此據精麤爲率，使價齊而不等其器之積寸也。以米斛爲正，則同於《漢志》。《孫子(算)[筭]術》曰：「六粟爲圭，十圭爲抄，十抄爲撮，十撮爲勺，十勺爲合。」應劭曰：「圭者，自然之形，陰陽之始。四圭爲撮。」孟康曰：「六十四黍爲圭。」《漢志》曰：「量者，龠、合、升、斗、斛也，所以量多少也。本起於黄鍾之龠，用度數審其容，以子穀秬中者千有二百實其龠。以井水準其槩。十龠爲合，十合爲升，十升爲斗，十斗爲斛，而五量嘉矣。」

圓囷　去倫切。倉圓曰囷。

九章第六

均輸　式朱切。均：平也。輸：委也。以均平其輸委，故曰均輸。

勞費　芳未切。耗也。

乘　繩證切。數車曰乘。一本作量。

衰出　楚危切。次也，不齊等也。《管子》曰：「相地衰征。」

薄塞　上，補各切。迫也。下，先代切。邊也。薄：或作博，非是。

輩之　補妹切。配也。俗作軰。

僦　即就切。賃也。

傭　餘封切。賃也。

重車　直隴切。輕對也。

舂　書容切。《世本》曰：「雍父作舂。」《吕氏春秋》曰：「赤冀作舂。」

程傳　張戀切。傳：郵。

絡　盧各切。

惡　烏各切。不善也。

金箠　之累切。策也。

四間　古閑切。中間也。

錐行　户剛切。錐行衰者，下多上少，如立錐之形。

鳧　防無切。野鴨也。

牝瓦　毗忍切。

牡瓦　莫厚切。

矯矢　居夭切。《説文》曰：「揉箭，箝也。」俗作撟。

假田　古雅切。借也。

發　方伐切。伐也。《詩》曰：「駿發爾私。」

耕　古莖切。犁也。《詩》曰：「亦服爾耕。」

耰種　音憂。覆種也。《孟子》曰：「播種而耰之。」

九章第七

盈不足　以成切。盈者，滿也。不足者，虚也。滿、虚相推，以求其適，故曰盈不足。

朒　女六切。不足也。或作朏，非是。

璡　將鄰切。美石次玉曰璡。一本作準。

適足　施隻切。恰也。

桶　他孔切。

瓠　胡誤切。瓜屬也。

蔓　無販切。瓜蔓也。

醇酒　常倫切。厚酒也。

行酒　胡剛切。市酒也。

和漆　如字。又胡卧切。

易油　羊益切。交易也。

惡田　烏各切。不善也。

駑馬　音奴。《字林》曰：「駘也。」
之蜀賈　音古。商賈。一本作價。
返　府遠切。還也。

九章第八

方程　直成切。方者，左右也。程者，課率也。左右課率，總統羣物，故曰方程。
錯糅　女救切。雜也。
正負　上，之盛切；下，房久切。本數爲正；非本數爲負。正與正同名，負與負同名。同名相除，則異名者相益；異名相除，則同名者相益。一正一負相反而相爲，用術之至也。
秉　兵永切。一禾爲秉。
稱　昌孕切。正斤兩也。俗作秤。
課　苦卧切。程也。
衡　户庚切。權衡也。
武馬　莫下切。武馬，戎馬也。戎馬言武馬者，猶《曲禮》謂戎車爲武車也。取其健猛而善行。
阪　府遠切。不平也。俗作坂。
借　資者切。從人假物也。
引　余忍切。引，重也。《易》曰：「引重致遠。」
綆　古杏切。汲水索。
令　力正切。官名也。
從者　疾用切。隨也。
庖　薄交切。
恢演　上，苦回切。大也。下，以淺切。廣也。

九章第九

句股　上，古侯切；下，公户切。句，短面也；股，長面也。短、長相推，以求其弦，故曰句股。
圍之　(兩)[雨]非切。周也。
纏　持碾切。纏：繞物也。俗作纒。
葛長　直良切。
葭　古牙切。《説文》曰：「葦之未秀者。」
閫　苦本切。門限也。
折　常列切。斷也。
抵　都禮切。
磨邑　莫禾切。
參　倉含切。俗作叅。
横　户盲切。從横也。

清・《四庫全書・子部・天文算法類》　算書之屬

《九章算術》文津閣本。詳校官欽天監靈臺郎臣倪廷梅，臣紀昀覆堪，總校官舉人臣章維桓，校对官庶吉士臣潘紹觀，謄録監生臣吴熙春。

清・微波榭本《九章算術》　大清乾隆三十八年癸巳秋闕里孔氏依汲古閣影宋刻本重雕祕書省《九章算術》一部共九册。

元豐七年九月　日，校定　降授宣德郎祕書省校書郎臣葉祖洽上進。校定承議郎行祕書省校書郎臣王仲脩　校定朝奉郎行秘書省校書郎臣錢長卿　奉議郎守祕書丞臣韓宗古　朝請郎試祕書少監臣趙彦若

元豐七年九月二十八日，進呈奉御寶批宜依已校定鏤板。朝奉郎祕書丞上騎都尉賜緋魚袋臣韓治　朝散郎試秘書少監上騎都尉賜緋魚袋臣顧臨

朝議大夫守祕書少監上護軍賜紫金魚袋臣劉攽

中大夫守尚書右丞護軍東平郡開國侯食邑貳千叁百户賜紫金魚袋臣吕大防　通議大夫守尚書左丞上柱國平原郡開國公食邑貳千捌百户食實封伍佰户臣李清臣　正議大夫守中書侍郎上柱國馮翊郡開國公食貳千叁百户食實封伍佰户臣張璪　正議大夫守門下侍郎上柱國南陽郡開國公食邑貳千壹百户食實封壹仟户臣韓維　金紫光禄大夫守尚書右僕射兼中書侍郎上柱國東平郡開國公食邑六千二百户食實封壹仟玖佰户臣吕公著　正議大夫守尚書左僕射兼門下侍郎上柱國河内郡開國公食邑四千一百户食實封四千一百户食實封壹仟伍佰户臣司馬光

清・阮元等《疇人傳》卷五《劉徽》　論曰：徽稱《九章》爲九數之流，然則九數與《九章》自別。賈公彦釋鄭氏《周禮注》云：「今有重差、夕桀、句股也者，此漢法增之。」非也。蓋方田、粟米、差分、少廣、商功、均輸、方程、贏不足、旁要，今有、重差、夕桀，句股者，九數之篇名。方田、粟米、衰分、少廣、商功、均輸、贏不

足，方程，句股者，九章之目。今有別爲一術，不得以今爲指謂漢時也。周三徑一，於率尚牿。徽刱以六觚之面，割之又割，以求周徑相與之率。厥後祖冲之更開密法，仍是割之又割耳，未能于徽法之外，別立新術也。」江都焦里堂循謂劉徽注《九章》，與許叔重《説文解字》，同有功于六藝，是豈尊崇之過當乎？

又 卷六《張邱建》 論曰：詳觀邱建之書，蓋出入乎《九章》而得其精微者。序稱「不患乘除之爲難，而患通分之爲難」，諒哉斯言。之分之術明，則《九章》之要一以貫之矣。

又 卷二〇《沈括》 （積隙）［隙積］、會圓二術，補《九章》所未及。

清·羅士琳《比例滙通》卷一 九章解：自河圖洛書出而隸首作竿，商高著經，算數於是興焉。《周禮·地官》保氏教國子以九數。九數者，《九章》也。一曰方田，方，界域也，田，田疇也。以廣輪而求方直，以周徑而求圓、環，即今之丈量法也。二曰粟布，粟，穀也，布，錢也。以嘉量而求糧之多寡，以尋尺而求帛之短長，以銖兩而求物之輕重，即今之量倉簽税及求斤求兩法也。三曰差分，差，等也，物之淆者等而分之。以貨物多寡求出税，以人户等第求徭役，以價直貴賤求良楛，即西洋之借衰互徵法也。四曰少廣，廣，横也，截縱之多，益横之少。以方法除積冪而求方，以圓法除方實而求圓，即今之開平方、立方法也。五曰商功，商，量也。以堅壤之率求穿地之實，以廣寬崇深求城塹溝渠之積，以車步往來求程途負載之功，即今之士方堆垛法也。六曰均輸，均，平也，輸，送也。以道里遠近而求舟車，以粟數高下而求僦直，以錢數幾何而求傭錢，即今之津貼水脚法也。七曰贏朒，贏，有餘也，朒，不足也。設有餘不足者，以求隱雜之實數。隱雜者，不見之數。顯者，可見之數。故以顯者推隱雜者，則雖隱雜者驟然難考，而就有餘不足顯然之數求之，則人數物價之隱雜者犁然可定，即西洋之比例法也。八曰方程，方，比方也，程，法程也。程，課也。數有難知者，據見在之數比方而程課之，則不可知者可知矣。因設數齊其分，以比方之定爲已成之式。法雖有三種四種以至多種，不過累乘累減以歸於一法一實而已，即西洋之互乘減併法也。九曰勾股，積潤爲勾，直長爲股，兩隅斜去爲弦。以勾股求弦之斜，以勾弦求股之長，以股弦求勾之潤，以勾股中容方、容圓求山水之高深，城塗之廣遠，樹表引矩一望而知，即西洋之三角法也。夫勾股必藉開方，方田已包勾股，且同一法也，可以雜見於《九章》，而《九章》不能各自爲法，故比例通而《九章》無不通。此《九章》之名可擯廢而比例之法宜加詳也審矣。況西人另有借根方之法，以假借根數方數而求實數。無論《九章》三角割圜皆可統御，益可徵《九章》實比例，而比例之可以滙通《九章》者，即在是矣。

漢徐岳《數術記遺》一卷

著録

五代·劉昫等《舊唐書》卷四七《經籍志》 《數術記遺》一卷，徐岳撰，甄鸞注。

宋·歐陽修等《新唐書》卷五九《藝文志》 《數術記遺》一卷，甄鸞注。

元·脱脱等《宋史》卷二〇七《藝文志》 徐岳《數術記遺》一卷。

清·四庫館臣《數術記遺提要》 臣等謹案：《數術記遺》一卷，舊題「漢徐岳撰，北周甄鸞注」。岳，東萊人。《晉書·律曆志》所稱「吳中書令闞澤受劉洪《乾象法》於東萊徐岳」者，是也。《隋書·經籍志》具列岳及甄鸞所撰《九章算經》《七曜術算》等目，而獨無此書之名，至《唐·藝文志》始著（於）録［於］書中。稱「於泰山見劉會稽，博識多聞，偏於術數。余因受業。時問曰：「數有窮乎？」」會稽曰：「吾曾游天目山中，見有隱者」云云，大抵言其傳授之神祕然。案：《後漢·志》註引袁山松書曰：劉洪，泰山蒙陰人。延熹中以校尉應太史徵，拜郎中。後爲會稽東部都尉，徵還未至，領丹陽太守，卒於官。是洪官會稽後，未嘗家居，不得言於泰山見之。且洪在會稽乃官都尉，其爲太守，實在丹陽。而注以爲官會稽太守，錯互殊甚。又舊本皆題「漢徐岳撰」，據《晉書》所載，岳當魏黄初中與太史丞韓詡論難日月食五事，則岳已仕於魏，不得繫之於漢 。考古尤爲踈謬。書中列黄帝三等數，及積算、太一算之類，皆絶無義蘊。其天門、金虎等語乃道家詭誕之説，甚爲隱僻不經。注所言算式數位，按之正文，多不相蒙，殆出一手所撰。唐代選舉之制，算學《九章》《五曹》之外，兼習此書。此必當時購求古算好事者因依託爲之，而嫁名於岳耳。然流傳既久，學者或以古本爲疑，故仍録存之，而詳斥其僞，以袪後人之惑焉。乾隆四十□年□月恭校上。

清·劉鐸《古今筭學書録》 象數第三

《數術記遺》一卷，漢徐岳。《説郛弓百零九》本、《祕册彙函》本、《津逮祕書》本、《學津討原》本、《筭經十書》本、《槐廬叢書》重刊《學津》本。

清・丁仁《八千卷樓書目》卷一一《天文算法類》　算書之屬

《術數記遺》一卷。漢徐岳撰，北周甄鸞註。微波榭本。

清・丁福保《筭學書目提要》卷上《中筭類一》《疇隱廬叢書》之三　《數術記遺》一卷，漢徐岳撰，北周甄鸞注。案：是書稱在太山受筭於劉會稽，會稽因述天目先生之語。大抵言其傳授之神祕。首列天門、金虎等語，皆道家隱詭之説，於筭術無所發明。《隋志》不著録，其序中姓名、時代，又與史傳牴牾，爲後人僞託無疑。

序跋

宋・鮑澣之《數術記遺敘》　唐以明筭取士，其立於學官者曰《九章》《海島》《孫子》《五曹》《張丘建》《夏侯陽》《周髀》《五經筭》《綴術》《緝古》凡十經，而《記遺》《三等數》皆兼習之，若儒家六籍之於《論》《孟》也。自五季紛亂之後，筭學之書類多散逸，所是《綴術》《三等數》已亡失而不傳。國家文治熠興，經籍道備，徐岳《數術記遺》猶在《崇文總目》之數。及至中興，館閣收拾遺書，乃不復見。民間藏書之家亦無其本，則是筭學所闕者三書矣。余官中都，丐外得請暇日，因至七寶山三茅寧壽觀，閲《道藏》中書目，乃見有《數術記遺》者，亟懇道士啓其函而快讀之。其書篇首，言「余以天門金虎呼吸精泉」，諒因此二語類道家之説，遂以見收。不然，則亦無傳矣。即就録之，以補筭經之闕。謹按：徐岳，東萊人，生於漢末，受曆學於劉洪。見於《後漢書》及《晉書》之《曆志》，皆同。而王文忠公敘録《崇文》之書，乃云「不詳何代人」，其亦未之記憶耶。其書甄鸞所注。甄鸞，宇文周時人，嘗造《太和曆》者。筭家諸書，皆書其銜，以爲「漢中郡守、前司隸」。時代官稱，皆承誤也。今不欲改，因書於卷末云。嘉定五年壬申七月一日乙巳立秋，奉議郎、守大理正、新差知汀州鮑澣之仲祺謹書。

清・朱記榮《數術記遺跋》　甄鸞注《數術記遺》一卷載《唐書・藝文志》。唐時選舉之法，算學别爲一科。自《九章》《五曹》之外，兼令學者肄習此書。今按：其書所稱天目先生云云，既涉虚渺，又所謂太乙、兩儀等術徒鶩詭奇，難施實用，甚不解當時何以尊奉若此。《四庫全書提要》頗糾其謬，謂即唐人僞託，信然。然自唐迄今千百年相傳不替。則亦古籍也。舊刻於《津逮祕書》《學津討原》暨《微波榭叢書》者，皆不易覓。兹據學津本重校付梓，讀此亦可以見一時風會所尚云。光緒丙子仲冬，吴縣朱記榮識。

宋・祕書省刊《數術記遺》　徐岳撰，漢中郡守前司隸臣甄鸞撰。

三國魏劉徽《海島筭經》一卷

著録

五代・劉昫等《舊唐書》卷四七《經籍志》　《九章重差》一卷，劉〔向〕〔徽〕撰。《九章重差圖》一卷，劉徽撰。【略】《海島算經》一卷，劉徽撰。

宋・歐陽修等《新唐書》卷五九《藝文志》　劉〔向〕〔徽〕《九章重差》一卷。劉徽《海島算經》一卷，又《九章重差圖》一卷。【略】李淳風【略】注《海島算經》一卷。

元・脱脱等《宋史》卷二〇七《藝文志》　甄鸞【略】《海島算術》一卷。【略】夏翰一作「翱」《新重演議海島算經》一卷。

宋・王堯臣著　清・錢侗輯釋《崇文總目輯釋》卷三　《海島算經》一卷。原釋：劉徽撰，云海島者，取其首篇所言之，見《玉海》藝文類。陳詩庭云《舊唐志》：劉徽作劉徵，誤。

明・楊士奇《文淵閣書目》卷三　《海島算經》一部一册。

清・劉鐸《古今算學書録》　象數第三

《海島算經》一卷，魏劉徽，附《九章算術》後。《海島算經》一名《九章重差》。

又　附录《九章重差》一卷，即《海島算經》，魏劉徽撰并注。

清・丁仁《八千卷樓書目》卷一一《天文算法類》　算書之屬

《海島算經》一卷。晉劉徽撰，唐李淳風註。聚珍板本、杭刊本、閩刊本、微波榭本。

清・四庫館臣《海島算經提要》　臣等謹案：《海島算經》一卷，晉劉徽撰，唐李淳風等奉詔注。據劉徽《序九章算術》有云：「徽尋九數有重差之名，凡望極高，測絶深，而兼知其遠者，必用重差，」「輒造重差并爲注解，以究古人之意，綴于句股之下。度高者重表，測深者累矩，孤離者三望，離而又旁求者四望。」據此則徽之書本名《重差》，初無《海島》之目，亦但附于句股之下，不別爲書，故《隋志》《九章算術》增爲十卷，下云「劉徽撰」。蓋以《九章》九卷合此而十也。而《隋志》《唐志》又皆有劉徽《九章重差圖》一卷，蓋其書亦另本單行，故別著于録，一書兩出。至《唐志》兼列劉向《九章重差》一卷，則徽之《重差》既自爲卷，因遂訛劉徽爲劉向，而一書三出耳。今詳爲攷證，定爲劉徽之書。至《海島》之名，雖古無所見，不過後人因卷首以海島立表設問，而改斯名。然《唐・選舉志》稱算學生《九章》《海島》共限習三年，試《九章》三條，《海島》一條，則改題《海島》，自唐初已然矣。其書世無傳本，惟散見《永樂大典》中，今裒而輯之，仍爲一卷。篇帙無多，而古法具在，固宜與《九章算術》同爲表章，以見算數家源流之所自焉。乾隆四十年四月恭校上。

序跋

宋・鮑澣之《海島筭經序》 《海島筭經》者，魏劉徽之所作也。劉徽既註《九章》，以謂《周禮》九數有「旁要」之名，故立《重差》，著於勾股之下，以闡世術之美焉。夫度高測深，非勾股之法則無自而可知，故重表、累矩、三望、四望之術用以旁求而審察之。是以松山高下、方邑大小，其重表也。岸望谷深、山望津廣，其累矩也。登望樓高、遥望波口，非三望之術乎？清淵白石、登山臨邑，非四望之術乎？海島去表爲之篇首，因以名書，實《九章・勾股》之遺法，其爲徽之書，明矣！且著於唐之《藝文志》與夫《崇文總目》尤爲顯然。粤自近年，數學既廢，民間所傳之本及中興館閣所録者，乃題以爲甄鸞撰。劉徽魏人，甄鸞在宇文周時，嘗造《天和曆》者，相去蓋三百餘年。劉徽註《九章》之時，已立此重差之法，不應俟甄鸞而後爲書也。其爲謬妄可知矣。今改從其撰疏，於卷首曰「魏劉徽撰」，以正其名焉。謹按：唐之明筭以《九章》《海島》同爲所習，則二書當相爲表裏也。《志》曆筭類劉徽《海島筭經》一卷，又李淳風註《海島筭經》一卷，本此一書。今合而附於《九章》之末。慶元六年庚申六月一日乙酉，廸功郎、新隆興府靖安縣主簿、括蒼鮑澣之仲祺序。

雜録

宋・秘書省刊《海島筭經》 魏劉徽撰，唐朝議大夫行太史令上輕車都尉臣李淳風等奉勑注釋。

清・《四庫全書・子部・天文算法類》 算書之屬《海島算經》，文津閣本。詳校官欽天監靈臺郎臣倪廷梅，臣紀昀覆勘，總校官進士臣程嘉謨，校对官學録臣翁樹棠，謄録監生臣沈甡。

《孫子筭經》三卷

著録

唐・魏徵等《隋書》卷三四《經籍志》 《孫子算經》二卷。

五代・劉昫等《舊唐書》卷四七《經籍志》 《孫子算經》三卷，甄鸞撰注。

宋・歐陽修等《新唐書》卷五九《藝文志》 李淳風【略】注甄鸞《孫子算經》三卷。

元・脱脱等《宋史》卷二〇七《藝文志》 李淳風【略】又注釋《孫子算經》三卷。【略】《孫子算經》三卷，不知名。

明・楊士奇《文淵閣書目》卷三 《孫子算法》一部一册。

清・四庫館臣《孫子筭經提要》 臣等謹案：《隋・經籍志》有《孫子算經》二卷，不著其名，亦不著其時代。《唐・藝文志》稱「李淳風注《甄鸞孫子算經》三卷」，於《孫子》上冠以「甄鸞」，蓋如淳風之注《周髀算經》，因鸞所注更加辨論也。《隋書》論審度引《孫子筭術》：「蠶所生吐絲爲忽，十忽爲秒，十秒爲毫，十毫爲氂，十氂爲分。」本書乃作「十忽爲一絲，十絲爲一毫」。又論嘉量引《孫子算術》：「六粟爲圭，十圭爲抄，十抄爲撮，十撮爲勺，十勺爲合。」本書乃作「十圭爲一撮，十撮爲一抄，十抄爲一勺」。攷之《夏侯陽算經》引田曹、倉曹，亦如本書。而《隋書》中所引與史傳往往多合，蓋古書傳本不一，校訂之儒各有據證，無妨參差互見也。唐之選舉筭學凡十書，《孫子》《五曹》共限一歲習肄，于後來諸筭術中特爲近古，第不知孫子何許人。《朱彝尊集・五曹算經跋》云，相傳其法出于孫武。然孫子別有算經，攷古者存其說可爾。又有《孫子算經跋》云，首言度量所起合乎《兵法》「地生度，度生量，量生數」之文，次言乘除之法設爲之數，《十三篇》中所云廓地、分利、委積、遠輸、貴賣、兵役分數，比之《九章》方田、粟米、差分、商功、均輸、盈不足之目往往相符，而要在得筭多，多筭勝，以是知此編非僞託也。彝尊之意蓋以爲確出于孫武。今攷書内設問有云「長安洛陽相去九百里」，又云「佛書二十九章，章六十三字」，則後漢明帝以後人語。孫武春秋末人，安有是語乎？舊本久佚，今從《永樂大典》所載裒集編次，仍爲三卷，冠以原序。其甄、李二家之注則不可復攷。是則姚廣孝等割裂刊削之過矣。乾隆四十一年二月恭校上。

宋・王堯臣著　清・錢侗輯釋《崇文總目輯釋》卷三　《孫子算經》一卷，李淳風注。

侗按：諸家書目及今本並三卷。《宋志》：孫子不知名。

清・劉鐸《古今算學書録》　象數第三

《孫子算經》三卷，北周甄鸞注，唐李淳風釋。聚珍本，杭州本，福州本，江西本，《算經十書》本，《知不足齋叢書》景宋鈔本。

又　附録　《孫子算經》上、中、下卷，周甄鸞注，唐李淳風釋。

清・丁仁《八千卷樓書目》卷一一《天文算法類》　算書之屬

《孫子算經》三卷。不著撰人名氏。聚珍板本、知不足齋本、微波榭本、閩刊本。

清・丁福保《算學書目提要》卷上《中算類一》《疇隱廬叢書》之三　《孫子算經》三卷，不著撰人名氏。序首但稱「孫子曰」三字，唐李淳風注。案：朱彝尊《曝書亭集》「《五曹算經》跋」「《孫子算經》跋」皆言是書「出於孫武，決非僞託」。今攷卷下有佛書凡二十九章、長安洛陽相去九百里二題，是皆漢以後語。又有孕婦未知所生一題詞甚荒謬。如以是書爲眞出於孫武，此三題必後人竄入。如以是書爲僞託於孫武，則大抵爲漢、魏人筆墨矣。然此皆攷據家語，不必深究。惟物不知數一題，立術頗爲深窔。後之大衍求一法，實脱胎於此。

序跋

佚名《孫子筭經序》　孫子曰：夫筭者，天地之經緯，羣生之元首。五常之本末，陰陽之父母。星辰之建號，三光之表裏。五行之準平，四時之終始。萬物之祖宗，六藝之綱紀。稽羣倫之聚散，考二氣之降升。推寒暑之迭運，步遠近之殊同。觀天道精微之兆基，察地理從横之長短。采神祇之所在，極成敗之符驗。窮道德之理，究性命之情。立規矩，準方圓，謹法度，約尺丈，立權衡，平重輕，剖毫釐，析黍絫。歷億載而不朽，施八極而無疆。散之不可勝究，斂之不盈掌握。嚮之者富有餘，背之者貧且窶。心開者幼沖而即悟，意閉者皓首而難精。夫欲學之者必務量能揆己，志在所專。如是則焉有不成者哉。

雜録

唐・魏徵等《隋書》卷一六《律曆志上》　《孫子算術》云：「蚕所生吐丝爲忽，十忽爲秒，十秒爲毫，十毫爲氂，十氂爲分。」

又　《孫子算術》曰：「六粟爲圭，十圭爲秒，十秒爲撮，十撮爲勺，十勺爲合。」

唐・慧琳《一切經音義》卷二五《涅槃經》引《孫子筭經》　凡稱之所起，始於黍，十黍爲一絫，十絫爲一銖，六銖爲一錙。錙即分也。音汾問反。四分爲一兩，十六兩爲一斤。

又　量之所起，初起於粟，六粟爲一圭，六十粟爲一撮，六百粟爲一抄，六千粟爲一勺，六萬粟爲一合，六十萬粟爲一升，六百萬粟爲一門，六千萬粟爲一斛。

宋・秘書省刊《孫子筭經》　《孫子筭經》一部上、中、下共三册。

元豐七年九月　日　校定　降授宣德郎祕書省校書郎臣葉祖洽上進　校定承議郎行祕書省校書郎臣王仲脩　校定朝奉郎行祕書省校書郎臣錢長卿　奉議郎守祕書丞臣韓宗古　朝請郎試祕書少監臣孫覺　降授朝散郎試祕書監臣朝彦若。

清·《四庫全書·子部·天文算法類》 算書之屬

《五經算術》，文津閣本。詳校官欽天監靈臺郎臣倪廷梅，臣紀昀覆勘，總校官舉人臣章維桓，校对官編修臣汪學金，謄録監生臣陳裕昆。

北魏張丘建《張丘建筭經》三卷

著録

唐·魏徵等《隋書》卷三四《經籍志》 《張丘建算經》一卷。

五代·劉昫等《舊唐書》卷四七《經籍志》 《張丘建算經》一卷，甄鸞撰。

宋·歐陽修等《新唐書》卷五九《藝文志》 《張丘建算經》一卷，甄鸞注。

元·脱脱等《宋史》卷二〇七《藝文志》 《張丘建算經》三卷。

【略】李淳風【略】注《張丘建算經》三卷。

清·四庫館臣《張邱建算經提要》 臣等謹案：《張邱建算經》三卷，原本不題撰人時代。今據邱建自序署曰「清河」，而序中引及《夏侯陽》《孫子》之術，則當爲隋初人也。《隋志》載此書二卷，《唐志》一卷，甄鸞注，而別有李淳風注《張邱建算經》三卷。鄭樵《通志·藝文略》「《張邱建算經》二卷，又三卷李淳風注」。《宋·藝文志》《中興書目》俱作三卷。此本乃毛(晉)[扆]汲古閣影抄宋槧，云得之太倉王氏。首題漢中郡守、前司隸甄鸞注經，朝議大夫、行太史令、上輕車都尉李淳風等奉勑注釋，算學博士劉孝孫撰細草，蓋猶北宋時祕書監趙彦若等校定刊行之本。其中稱「術曰」者乃鸞所注，「草曰」者孝孫所增。其細字夾注稱「臣淳風等謹案」者不過數十處，蓋有疑則釋，非節節爲之注也。其書體例皆設爲問答，以參校而申明之，凡一百條，簡奧古質，頗類《九章》，與近術不同。而條理精密，實能深究古人之意。故唐代頒之算學，以爲顓業。今詳加校勘，其上卷起自乘除之數，至第十二問爲勾股測望，十三問爲勾股和較，十四問爲重勾股顛倒測望，十五問爲卧勾股左右進退測望，此四問皆藉圖以明，舊本所無，今特依義補入。自十六問以下，皆取差分和較，均輸參雜爲目，間附以方圓冪積。至中卷之六問，乃入商功。後復及貴賤差分，倍半衰，方田諸分術。惟弧矢一問，原本不完，未可以他術增補，姑仍其缺。下卷首問失題，又細草下亦脱落二十餘字，以有後文可據，謹爲補足。其鹿垣倉三條，亦各爲之圖，系諸原文之左，俾學者得以考見其端委焉。乾隆四十九年八月恭校上。

宋·王堯臣著 清·錢侗輯釋《崇文總目輯釋》卷三 《張邱建算經》三卷。

侗按：《宋志》：邱建作丘建，誤。《隋志》《通志略》並二卷。《舊唐志》一卷。《書録解題》云：今本稱甄鸞注，李淳風等注釋，劉孝孫細草。

清·劉鐸《古今算學書録》 象數第三

《張邱建算經》三卷，北周甄鸞注，唐李湻風釋，劉孝孫細草，《算經十書》本，《知不足齋叢書》景宋本。

又 附录 《張邱建算經》上、中、下卷，周甄鸞注，唐李淳風釋，劉孝孫細草。

清·丁仁《八千卷樓書目》卷一一《天文算法類》 算書之屬

《張邱建算經》三卷。舊本題張邱建撰。微波榭本、知不足齋本。

清·丁福保《算學書目提要》卷上《中算類一》《疇隱廬叢書》之三 《張邱建算經》三卷，原本不題撰人時代，北周甄鸞注，唐李湻風釋，劉孝孫撰細草。案：是書上卷一題至十一題分數乘除，十二題至十五題句股，十六題以下皆差分、均輸、方圓、冪積之類。中卷七題以後，又間以商功、方田諸題。下卷首二頁已佚，所載之題，其類不一，與前二卷相似。惟雞翁母雛一題，立術簡奥。甄、李兩注及劉氏細草皆未達其立術之源，全憑心計而得。故嘉定時曰醕著《百雞術衍》以發明之，於古書可爲功臣矣。然此種題如以代數無定式演之，答數界限一望而知，豈不甚便？

序跋

北魏·張丘建《張丘建筭經·序》 夫學筭者不患乘除之爲難，而患通分之爲難。是以序列諸分之本元，宣明約通之要法。上實有餘爲分子，下法從而爲分母，可約者約以命之，不可約者因以名之。凡約法，高者下之，耦者半之，奇者商之。副置其子及其母，以少減多，求等數而用之。乃若其通分之法，先以其母乘其全，然後内子。母不同者母互乘子，母亦相乘爲一母，諸子共之約之。通分而母入者，出之則定。其《夏侯陽》之「方倉」，《孫子》之「蕩杯」，此等之術皆未得其妙。故更造新術，推盡其理，附之於此。余爲後生好學有無由以至者，故舉其大槩而爲之。法不復煩重，庶其易曉云耳。清河張丘建謹序。總校官臣陸費墀。

雜録

宋・秘書省刊《張丘建算經》 漢中郡守前司隸臣甄鸞注經，唐朝議大夫行太史令上輕車都尉臣李淳風等奉敕注釋，唐筭學博士臣劉孝孫撰細草。

清・《四庫全書・子部・天文算法類》 算書之屬

《張邱建算經》 文津閣本。詳校官欽天監靈臺郎臣倪廷梅，臣紀昀覆勘，總校官進士臣程嘉謨，校对官五官靈臺郎臣陳際新，謄録監生臣漆炳文。

《五曹算經》五卷

著録

五代・劉昫等《舊唐書》卷四七《經籍志》 《五曹算經》五卷，甄鸞撰。【略】《五曹算經》三卷，甄鸞撰。

宋・歐陽修等《新唐書》卷五九《藝文志》 甄鸞【略】又《五曹算經》，五卷。【略】韓延【略】又《五曹算經》，五卷。

元・脱脱等《宋史》卷二〇七《藝文志》 甄鸞《五曹算術》，二卷。【略】李淳風【略】注甄鸞《五曹算法》，二卷。【略】程柔《五曹算經求一法》，三卷。魯靖《五曹時要算術》，三卷。《五曹乘除見一捷例算法》一卷。【略】《五曹算經》五卷，李淳風等注。

明・楊士奇《文淵閣書目》卷三 《五曹算法》一部一册。

清・四庫館臣《五曹算經提要》 臣等謹案：《五曹算經》五卷。《隋書・經籍志》有《九章六曹算經》一卷，而無《五曹》之目。其《六曹》篇題亦不傳，《唐書・藝文志》始有甄鸞《五曹算經》五卷，韓延《五曹算經》五卷，李淳風注《五曹》《孫子》等算經二十卷，魯(續)[靖]《新集五曹時要術》三卷。甄、韓二家皆注是書者也，其作者則不知爲誰。考《漢書・梅福傳》，福上書言臣聞齊桓之時有以九九見者，顏師古注云：《九九算術》，若今《九章》《五曹》之輩。蓋算學雖多，不出乘除二者。而乘除不出自一至九因而九之之數，故舉九九爲言。而師古即以其時所有《九章》《五曹》等書實之，非梅福時有是書也。朱彝尊《曝書亭集》有《五曹算經跋》，云相傳其法出于孫武。然彝尊第曰「相傳」，無所考證，蓋不足據。觀《唐書・選舉志》稱「《孫子》《五曹》共限一歲」。既曰「共限」，則《五曹》不出《孫子》，明矣。姑斷以甄鸞之注，則其書確在北齊前耳。自元明以來，久無刻本，藏書家傳寫訛舛，殆不可通。今散見《永樂大典》内者，甄鸞、韓延、李淳風之注雖亦散佚，而經文則逐條完善。今參互攷校，俾還舊觀，遂爲絶無僅有之善本。考《夏侯陽算經》引田曹、倉曹者二，引金曹者一，而此書皆無其文。然此書首尾完具，脈絡通貫，不似有所亡佚。疑《隋志》之《九章六曹》，其目不同。陽所引田曹、倉曹、金曹等名，乃彼書之文，故不敢據以補入，以溷其眞焉。乾隆四十一年六月恭校上。

宋・王堯臣著 清・錢侗輯釋《崇文總目輯釋》卷三 《五曹算經》一卷，甄鸞注。

侗按：《宋志》：經作術，二卷。《舊唐志》三卷，《唐志》《通志略》並五卷。今本亦五卷。不著撰人。

清・瞿鏞《鐵琴銅劍樓藏書目録》卷一五《子部三》 《五曹算經》五卷，影鈔宋本。

題唐朝議大夫行太史令上輕車都尉臣李淳風等奉敕注釋。案：《唐書・藝文志》有李淳風注《五曹》《孫子》等算經，故秀水朱氏跋云：相傳其法出於孫武也。此書傳本絶稀，《四庫》著録本鈔自《永樂大典》，此猶出自宋槧，卷末有「祕書省」三字一行，又一行云《五曹算經》一部，共一册，又三行列校勘呈進諸臣，云：元豐七年九月□日 校定：降授宣德郎祕書省校書郎臣葉祖洽上進 校定：承議郎行祕書省校書郎臣王仲脩 校定：朝奉郎行祕書省校書郎臣錢長卿。又末葉三行列督刊諸臣，云：奉議郎守祕書丞臣韓宗古、朝請郎試祕書少監臣孫覺、降授朝散郎試祕書監臣趙彦若。每半葉九行，行十八字。

清・劉鐸《古今算學書録》 象數第三

附録 《五曹算經》五卷，周甄鸞注。

清・丁仁《八千卷樓書目》卷一一《天文算法類》 算書之屬

《五曹算經》五卷。不著撰人名氏。聚珍板本、知不足齋本、閩刊本、微波榭本。

清・丁福保《算學書目提要》卷上《中算類一》《疇隱廬叢書》之三　《五曹算經》五卷，不著撰人名氏，唐李淳風注。案：是書卷一田曹，卷二兵曹，卷三集曹，卷四倉曹，卷五金曹，攷《唐志》有甄鸞注。鸞係北周人，知此書當在北周以前。田曹中有腰鼓田及鼓田二題，立術皆誤，得數亦譌，戴氏東原已訂正之。

雜録

《五曹筭經》目録

卷一　田曹　卷二　兵曹　卷三　集曹　卷四　倉曹　卷五　金曹

宋・秘書省刊《五曹筭經》　唐朝議大夫行太史令上輕車都尉臣李淳風等奉勑注釋。

又　秘書省　唐朝議大夫行太史令上輕車都尉臣李淳風等奉勑注釋。

清・《四庫全書・子部・天文算法類》　算書之屬

《五曹算經》，文津閣本。詳校官欽天監靈臺郎臣倪廷梅，臣紀昀覆勘，總校官進士臣程嘉謨，校对官待詔臣胡士震，謄録監生臣沈甡。

《五經算術》二卷

著録

宋・歐陽修等《新唐書》卷五九《藝文志》　李淳風【略】注《五經算術》二卷。

《五經算術録遺》一卷。《五經算術》一卷。

李淳風【略】注王孝通《五經算法》一卷。

明・楊士奇《文淵閣書目》卷三　《五經算術》一部一册。

清・四庫館臣《五經算術提要》　臣等謹案：《五經算術》二卷，北周甄鸞撰，唐李淳風爲之注。鸞長于步筭，仕北周爲司隸校尉、漢中郡守，嘗撰周《天和年曆》及注《九章》《五曹》《孫子》《周髀》等筭經，不聞其有是書。而《隋書・經籍志》有《五經算術》一卷，《五經算術録遺》一卷，皆不著撰人姓名。《唐・藝文志》則有李淳風注《五經算術》二卷，亦不言其書爲誰撰。今攷是書舉《尚書》《孝經》《詩》《易》《論語》《三禮》《春秋》之待筭乃明者列之，而推筭之術悉加「甄鸞按」三字于上，則是書當即鸞所撰。又攷淳風當貞觀初奉詔與筭學博士梁述、助教王眞儒等刊定筭經，立于學官。《唐・選舉志》及《百官志》竝列《五經筭》爲《筭經十書》之一，與《周髀》共限一年習肄，及試士各舉一條爲問，此書注端悉有「臣淳風等謹按」字，然則唐明筭科之《五經筭》即是書矣。是書世無傳本，惟散見于《永樂大典》中。雖割裂失次，尚屬完書。據淳風注于《尚書》推定閏條自言其解釋之例，則知發端于此。又如《論語》千乘之國，《周官》蓋弓宇曲竝用。開方之術詳于前而略于後。循其義例，以各經之敘推之，其舊第尚可以攷見。謹依《唐・藝文志》所載之數，釐爲上、下二卷。其中採摭經史多唐以前舊本。如引司馬彪《志序》論十二律各統一月當月者各自爲宮，今本《後漢・志》「統」訛作「終」，「月」訛作「日」。「革木之聲」，今《志》訛作「草木」。「陽下生陰，陰上生陽，始于黄鍾，終于中吕」，今《志》脱「始于黄鍾」四字。「律爲寸于準爲尺，律爲分于準爲寸。下文承準寸言不盈者十之，所得爲分」，今《志》脱「律爲分，于準爲寸」二句。《禮記義疏》引志脱誤亦然。又兩引「上生不得過黄鍾之濁，下生不得不及黄鍾之清。申之曰：是則上生不得過九寸，下生不得減四寸五分。與蔡邕《月令章句》謂黄鍾少宮管長四寸五分者合，且足證中央土律中黄鍾之宮乃黄鍾清律，不得溷同。于仲冬月律中黄鍾爲最長之濁律，《吕氏春秋》先製黄鍾之宮，次製十有二筩，亦黄鍾有清律之證」，今《志》作「上生不得過黄鍾之清濁，下生不得及黄鍾之數實」，因「清」字訛衍在上，後人改竄其下。揆諸律法，遂不可通。蓋是書不特爲筭家所不廢，實足以發明經史，覈訂疑義，于攷證之學尤爲有功焉。乾隆三十九年十月恭校上。

宋・王堯臣著　清・錢侗輯釋《崇文總目輯釋》卷三　《五經算術》二卷。李淳風注。

侗按：《通志略》：一卷，甄鸞。《宋志》亦一卷，王孝通撰。今本五卷。

清・丁仁《八千卷樓書目》卷一一《天文算法類》　算書之屬

《五經算術》二卷。北周甄鸞撰、李唐淳風註。微波榭本、杭刊本、閩刊本、刊本。

清・丁福保《算學書目提要》卷上《中算類一》《疇隱廬叢書》之三　《五經算術》二卷，北周甄鸞撰，唐李淳風注。案：是書舉《易》《書》《詩》《三禮》《春秋》《孝經》《論語》中非算不明者列之，名爲五經，實則有九經焉。所採經語，多唐以前舊本。算學家固不能廢，經學家尤足以資攷證。

《五經算術》目録

雜録

清・微波榭本《五經算術》　漢中郡守前司隸臣甄鸞撰，唐朝議大夫行太史令上輕車都尉臣李淳風等奉敕注釋。

清・《四庫全書・子部・天文算法類》　算書之屬

《五經算術》，文津閣本。詳校官欽天監靈臺郎臣倪廷梅，臣紀昀覆勘，總校官進士臣程嘉謨，校对官中書臣宋枋遠，謄録監生臣朱上林。

清・劉嶽雲《五經算術疏義》卷上　《尚書》《孝經》「兆民注數越次法」，案：此題法字殊欠分曉，書中各題多如此，不知是甄所定否也。【略】嶽雲按：是書體例皆先録經文，次及經注，後加「甄鸞案」云云。此條首録「天子曰兆民，諸侯曰萬民」，文出《左氏・閔元年傳》，當是釋《左氏傳》文，而有脱漏。題不知誰何所加，疑非甄氏原本也。【略】又按：戴震考證云：甄鸞按：「《尚書》無此注，故從《孝經》注釋之。」案：今《孝經》亦無此注，考鄭康成注「内則」降德於衆兆民云。【略】今案：二語不類甄鸞自言，疑原有李淳風注，後脱去，但存此二語，未可知也。甄引《尚書》以閏月條例之，係孔氏注。今本「吕刑」下雖無此文，而「五子之歌」予臨兆民傳、《周官》綏厥兆民傳並作「十億曰兆」，不應一人兩説。或今本爲僞《孔傳》，而甄時所見尚是眞《孔傳》與甄説兆、萬字義甚精，而疏家罕見采用，何也？「黄帝爲法，數有十等」云云，見徐岳《算數記遺》。而「内則」疏云「萬億曰兆」者，依如算法，億之數有大、小二法。其小數以十爲等，十萬爲億，十億爲兆也。其大數以萬爲等，萬至萬是萬萬，爲億。又從億，而數至萬億曰兆，億億曰秭，僅有中、下二數，而其文又與甄異。《孫子算經》：「萬萬曰億，萬萬億曰兆，」正用中數。其他經注多依十億曰兆之文。如《御覽》引《風俗通・孝經注》、《國語》周語注、鄭語注、《漢・百官公卿表》注，並與「内則」疏小數同。惟「内則」注、《左氏・成二年傳》注、《昭二十年傳》注與「内則」疏大數同。而「億萬曰兆」僅見甄鸞所引《楚辭》注，又作「百萬曰兆」。竊謂「十億曰兆」爲古今通用之數，「萬萬億曰兆」「億億曰兆」雖有其數，用之甚少。故轉述多有歧誤。「萬億曰兆」「億萬曰兆」皆誤文耳。

又 附录 《五經算術》上、下卷，附考證，周甄鸞傳本，唐李淳風注，戴震考證。

南朝宋祖冲之《綴術》

著録

唐・魏徵等《隋書》卷三四《經籍志》 《綴術》六卷。

五代・劉昫等《舊唐書》卷四七《經籍志》 《綴術》五卷，祖冲之撰，李淳風注。

宋・歐陽修等《新唐書》卷五九《藝文志》 李淳風【略】釋祖冲之《綴術》五卷。

清・劉鐸《古今算學書録》 象數第三

附录 《綴術》，齊祖冲之撰，唐李淳風注。原闕。

雜録

唐・魏徵等《隋書》卷一六《律曆志》 古之九數，圓周率三，圓徑率一，其術疏舛。自劉歆、張衡、劉徽、王蕃、皮延宗之徒，各設新率，未臻折衷。宋末，南徐州從事史祖冲之更開密法，以圓徑一億爲一丈，圓周盈數三丈一尺四寸一分五釐九毫二秒七忽，朒數三丈一尺四寸一分五釐九毫二秒六忽，正數在盈朒二限之間。密率：圓徑一百一十三，圓周三百五十五。約率：圓徑七，周二十二。又設開差冪，開差立，兼以正(圓)[負]參之。指要精密，算氏之最也。所著之書名爲《綴術》，學官莫能究其深奥，是故廢而不理。

唐王孝通《緝古筭經》一卷

唐・王孝通《上緝古筭經表》 其祖暅之《綴術》，時人稱之精妙。曾不覺方邑進行之術全錯不通，芻亭、方亭之問於理未盡。

著録

五代・劉昫等《舊唐書》卷四七《經籍志》 《緝古算術》四卷，王孝通撰，李淳風注。《算經表序》一卷。

宋・歐陽修等《新唐書》卷五九《藝文志》 王孝通《緝古算術》四卷，太史丞李淳風注。《算經表序》一卷。

元・脱脱等《宋史》卷二〇七《藝文志》 王孝通《緝古筭經》一卷。

清・四庫館臣《緝古算經提要》　臣等謹案：《緝古算經》一卷，唐王孝通撰。其結銜稱「通直郎、太史丞」，其始末未詳。惟《舊唐・律曆志》戊寅曆條下有「武德九年校曆人算曆博士臣王孝通題」，蓋即其人也。是書一名《緝古算術》，《唐書・藝文志》《崇文總目》俱稱李淳風注。今案：此本卷首實題「孝通撰并注」，則《唐志》及《總目》爲誤。又，《宋志》作一卷，《唐志》、鄭樵《藝文略》俱作四卷，王應麟《玉海》謂「今亡其三」。案：孝通原表稱「二十術」，檢勘書内條目相同，並無缺佚，不知應麟何所據而云然也。書中大旨以《九章》商功篇有平地役功受袤之術，其於上寬下狹，前高後卑，缺而不論，世人多不達其理，因於平地明其法，中間每以人户、道里、大小、遠近及材物之輕重，工作之時日，乘除進退枲伍，以得其法，頗不以深淺爲次第。故讀者或不能驟通而卒篇，以後由源竟委端緒，足尋洵爲思極毫芒，曲盡事理。唐代明算立學，習此書者以三年爲限，亦知其術之精妙，非旦夕所克竟其義矣。其書世罕流播。此乃宋元豐七年祕書監趙彦若等校定刊行舊本，常熟毛扆得之，章丘李氏而影鈔傳之者。今詳加勘正，其文間有脱略，不敢妄補，謹撮取其義，別加圖説，附諸本文之左，以便覩覽云。乾隆四十九年八月恭校上。

宋・王堯臣著　清・錢侗輯釋《崇文總目輯釋》卷三　《緝古算經》一卷，王孝通。原釋：李淳風注，見《玉海》藝文類。

侗按：《玉海》引《崇文目》同諸家書目，經並作術，四卷。

清・瞿鏞《鐵琴銅劍樓藏書目録》卷一五《子部三》　《緝古算經》一卷，影鈔宋本。

題唐通直郎太史丞王孝通撰并注。其推算分二十術，析及毫芒，讀者不能遽通，故唐代立算學，習此書者以三年爲限。其書與《五曹算經》同時刻者，卷末校定上進督刊諸人結銜姓氏皆同，此即毛斧季氏得之章邱李氏，影鈔以傳者也。

清・劉鐸《古今算學書録》　象數第三

《緝古算經》一卷，唐王孝通撰並注。《算經十書》本，《知不足齋叢書》刊汲古閣景宋鈔本，《函海》本，《益雅堂叢書》本作二卷，光緒八年鍾登甲重刊本。

清・丁仁《八千卷樓書目》卷一一《天文算法類》　算書之屬

《緝古算經》一卷。唐王孝通撰。微波榭本、函海本、知不足齋本。

清・丁福保《算學書目提要》卷上《中算類一》《疇隱廬叢書》之三　《緝古算經》一卷，唐王孝通撰。案：是書共二十術，卷帙甚簡。而天元一術，已露端倪。在古算書中最爲深邃。故當時之習此書者限以三年。作者自上表云：「如有排其一字，臣請謝以千金。」想其當日之自負絶學，良不誣也。

序跋

唐・王孝通《上緝古筭經表》　臣孝通言：臣聞九疇載敘，紀法著於彝倫；六藝成功，數術參於造化。夫爲君上者，司牧黔首，布神道而設教，采能事而經綸，盡性窮源，莫重于筭。昔周公制禮有九數之名。竊尋九數即《九章》是也。其理幽而微，其形祕而約。重句聊用測海，寸木可以量天。非宇宙之至精，其孰能與於此者？漢代張蒼刪補殘缺，校其條目，頗與古術不同。魏朝劉徽篤好斯言，博綜纖隱，更爲之注。徽思極毫芒，觸類增長，乃造重差之法，列於終篇。雖即未爲司南，然亦一時獨步。自茲厥後，不繼前蹤。賀循、徐岳之徒，王彪、甄鸞之輩，會通之數，無聞焉耳。但舊經殘駁，尚有闕漏。自劉已下，更不足言。其祖暅之《綴術》，時人稱之精妙。曾不覺方邑進行之術全錯不通，芻亭、方亭之問於理未盡。臣今更作新術，於此附伸。臣長自閭閻，少小學筭，鐫磨愚鈍，迄將皓首，鑽尋祕奥，曲盡無遺，代乏知音，終成寡和。伏蒙聖朝收拾，用臣爲太史丞。比年已來，奉敕校勘傅仁均曆，凡駁正術錯三十餘道，即付太史施行。伏尋《九章》商功篇有平地役功受袤之術，至于上寬下狹，前高後卑，正經之內闕而不論。致使今代之人不達深理，就平正之間同欹邪之用。斯乃圓孔方枘，如何可安？臣晝思夜想，臨書浩歎，恐一旦瞑目，將來莫覩。遂於平地之餘，(續)[靖]狹斜之法，凡二十術，名曰《緝古》。請訪能筭之人，考論得失，如有排其一字，臣欲謝以千金。輕用陳聞，伏深戰悚，謹言。

雜録

宋・秘書省刊《緝古筭經》　《緝古筭經》一卷一册。

又　秘書省　元豐七年九月□日，校定　降授宣德郎祕書省校書郎臣葉祖洽上進。

校定　承議郎祕書省校書郎臣王仲脩　校定　朝奉郎行祕書省校書郎臣錢長卿。奉議郎守祕書丞臣韓宗古　朝請郎試祕書少監臣孫覺　降授朝散郎試祕書監臣朝彦若

元豐七年九月二十八日，進呈奉御寶批宜依已校定鏤板。朝奉郎秘書丞上騎都尉賜緋魚袋臣韓治　朝散郎試秘書少監上騎都尉賜緋魚袋臣顧臨　朝議大夫守秘書少監上護軍賜紫金魚袋臣劉中大夫守尚書右丞護軍東平郡開國侯食邑二千三百户賜紫金魚袋臣吕大防　通議大夫守尚書左丞上柱國平原郡開國公食邑二千八百户食實封伍佰户臣李清臣，正議大夫守中書侍郎上柱國馮翊郡開國公食二千三百户食實封伍佰户臣張璪　正議大夫守門下侍郎上柱國南陽郡開國公食邑二千一百户食實封壹仟户臣韓維　金紫光禄大夫守尚書右僕射兼中書侍郎上柱國東平郡開國公食邑六千二百户食實封壹仟玖佰户臣吕公著　正議大夫守尚書左僕射兼門下侍郎上柱國河内郡開國公食邑四千一百户食實封四千一百户食實封壹仟伍佰户臣司馬光

清・《四庫全書・子部・天文算法類》　算書之屬

《緝古算經》，文津閣本。詳校官欽天監靈臺郎臣倪廷梅，臣紀昀覆勘，總校官候補知府臣葉佩蓀，校对官五官靈臺郎臣陳際新，謄録監生臣黄桂。

清・阮元等《疇人傳》卷一三《王孝通》　《緝古》以本朝書得列于學官，而限習又三歲之久，其爲深妙可知矣。元和李尚之鋭言，算書以《緝古》爲最深。太史造仰觀臺以下十九術問數奇殘，入算繁賾，學之未易通曉，惟以立天元術御之，則其中條理秩然，無可疑惑。

唐佚名《夏侯陽筭經》三卷

著録

唐・魏徵等《隋書》卷三四《經籍志》　《夏侯陽算經》二卷。

五代・劉昫等《舊唐書》卷四七《經籍志》　《夏侯陽算經》三卷，甄鸞注。

宋・歐陽修等《新唐書》卷五九《藝文志》　《夏侯陽算經》一卷，甄鸞注。

【略】韓延《夏侯陽算經》，一卷。

元・脱脱等《宋史》卷二〇七《藝文志》　《夏侯陽算經》三卷。

明・楊士奇《文淵閣書目》卷三　《夏侯陽算經》一部一册。

清・四庫館臣《夏侯陽算經提要》　臣等謹案：《隋・經籍志》有《夏侯陽算經》二卷，《唐・藝文志》列《夏侯陽算經》一卷，甄鸞注。又韓延《夏侯陽算經》一卷。韓延似作注者姓名。而《直齋書録解題》載元豐京監本，乃云三卷，無注。蓋傳寫互有分合，故卷帙各異也。然皆不言陽爲何代人。攷陽自序有云「《五曹》《孫子》述作滋多，甄鸞、劉徽爲之詳釋」，則其人在甄鸞後。《唐書》「甄鸞注」三字，殆因序文而誤歟？書内又稱宋元嘉二年徐受重鑄銅斛，「至梁大同元年甄鸞校之」，則陽疑隋初人，去梁稍遠，故目梁時斗尺爲古所用。其《辨度量衡》云「在京諸司及諸州各給稱尺，并五尺度，斗、升、合等様，皆銅爲之。倉庫令諸量函所在官造。大者五斛，中者三斛，小者一斛，以鐵爲緣，勘平印書，然後給用」，及《課租庸調章》稱賦役令，《論步數不等章》稱雜令、田令之屬，皆據隋制言之，則陽爲隋人，蓋無可疑。《唐書・選舉志》所列算書十種，此居其一。蓋當時本懸之令甲肄習攷課。今傳本久佚，惟《永樂大典》内有之，然逐條割裂，分附《九章算術》各類之下，幾于治絲而棼猝，不得其端緒。幸尚載原序、原目，猶可以尋繹編次，條貫其文。今裒輯排比，仍依元豐監本釐爲三卷。其十有二門，亦從原目。其書務切實用，雖《九章》古法，非官曹民事所必需者，亦略而不載，于諸算經中最爲簡要，且于古今制度異同，多資攷證，尤足寶重云。乾隆四十一年二月恭校上。

宋・王堯臣著　清・錢侗輯釋《崇文總目輯釋》卷三　《夏侯陽算經》，三卷。

侗按：《隋志》：二卷。《唐志》《通志略》《通考》並一卷，《舊唐志》作甄鸞注。

清・劉鐸《古今算學書録》　象數第三

《夏侯陽算經》三卷。隋韓延傳本。《算經十書》本、聚珍本、杭州本、福州本。

清・丁仁《八千卷樓書目》卷一一《天文算法類》　算書之屬

《夏侯陽算經》三卷。舊本題夏侯陽撰，北周甄鸞註。微波榭本，翻聚珍板本，閩刊本。

清・丁福保《算學書目提要》卷上《中算類一》《疇隱廬叢書》之三　《夏侯陽算經》三卷，晉夏侯陽撰。案：是書卷上明乘除法、辨度量衡、言斛法不同、課租庸

調、論步數不等、變米穀，卷中求地税、分禄料、計給糧、定脚價、稱輕重，卷下説諸分。其題皆切於日用，於官曹典故，其説尤詳，洵足爲攷古之助。夏侯陽不詳何代人，今從《疇人傳》及戴震跋語，定爲晉人。

序跋

《夏侯陽算經》目録

卷上　明乘除法　辨度量衡　言斛法不同　課租庸調　論步數不同　辨米穀

卷中　求地税　分禄料　計給糧　定脚價　稱輕重

卷下　説諸分

唐·佚名《夏侯陽筭經序》　夫博通九經爲儒門之首，學該六藝爲伎術之宗，若非材性通明，孰能與於此也。然筭數起自伏犧，而黄帝定三數爲十等，隸首因以著《九章》。逮乎有虞，乃同律度量衡。孔子曰：「謹權量，審法度。」漢備五數，「紀於一，協於十，長於百，大於千，衍於萬」。「度長短者不失毫釐，量多少者不失抄撮，權輕重者不失黍絫」。《五曹》《孫子》述作滋多，甄鸞、劉徽爲之詳釋。稽之往古，妙绝其能，儲校今時，少有聞見。余以總角，志好其文，略尋古今，備覽差互。其如明數造術，詎曉端倪，尋考遺言，頗知梗概。且計課租庸調，無術可憑。步數奇殘，若爲銷盡。求變米穀，經旨未贍。正秏共升，何由剖析。三分五分取一，法理爲明焉。況今令式與古數不同，奚能則定。代相沿革，互議短長，經術尤深，難可意測。是以跋涉川陸，參會宗流，纂定研精，刊繁就省，祛蕩疑惑，括諸古法，燭盡毫芒。【略】

清·戴震《夏侯陽算經跋》　《隋·經籍志》有《夏侯陽算經》二卷。《舊唐書·經籍志》有《夏侯陽算經》三卷，甄鸞注，《新唐書·藝文志》列《夏侯陽算經》一卷，甄鸞注，又韓延《夏侯陽算經》一卷。韓延乃作注者姓名，亦猶《新唐志》中稱李淳風注甄鸞《孫子》也。而《直齋書録解題》載元豐京監本云「三卷」，無注。蓋甄鸞、韓延兩本易混淆，乃加姓名以别之，而傳寫又各有并析，故卷帙互異歟？且《唐志》載李淳風注明算科「十書」，獨不及《夏侯陽算經》，蓋李注者甄鸞之本，當宋時已佚與？然皆不言陽爲何代人。序有云「《五曹》《孫子》，述作滋多，甄鸞、劉徽爲之詳釋」，則其人當在甄鸞後。而《宋史·禮志》載算學祀典有云封「魏劉徽淄(川)[鄉]男，晉姜岌成紀男，張(邱)[丘]建信成男，夏侯陽平陸男，後周甄鸞無極男」，又《張邱建算經序》云「夏侯陽之方倉」，則陽爲晉人，在甄鸞前，明矣。書内又稱宋元嘉二年，徐受重鑄銅斛，「至梁大同元年甄鸞校之」，則係隋初人，去梁稍遠，故目梁時斗尺，爲古所用。其《辨度量衡》云：「在京諸司及諸州各給稱尺，并五尺度，斗、升、合等樣，皆銅爲之。倉庫令諸量函所在官造，大者五斛，中者三斛，小者一斛，以鐵爲緣，勘平印書，然後給用」，及課租庸調章稱賦役令、論步數不等章稱雜令、田令之屬，皆據隋制言之，則是韓延傳其學，而以己説纂入之。《序》亦當爲延所作，故李淳風取甄鸞本而舍是志，亦以韓延《夏侯陽算經》别之也。韓延爲隋人，蓋無可疑。其書務切實用，雖《九章》古法，非官曹民事所必需者，亦畧而不載，於諸算經中最爲簡要。且於古今制度異同，多資攷證，尤足寶重云。今此本即韓延所傳無注本，宋元豐京監所刊者也。昔毛氏斧季得之太倉王氏，余今假之孔君體生，因題其後。休寧戴震。

雜録

宋·秘書省刊《夏侯陽筭經》　《夏侯陽筭經》一部上、中、下共三册。

元豐七年九月□日，校定降授宣德郎秘書省校書郎臣葉祖洽上進。

校定　承議郎行秘書省校書郎臣王仲脩　校定　朝奉郎行秘書省校書郎臣錢長卿，奉議郎守秘書丞臣韓宗古　朝請郎試秘書少監臣孫覺　降授朝散郎試秘書監臣朝彦若

元豐七年九月二十八日，進呈奉御寶批宜依已校定鏤板。

朝奉郎秘書丞上騎都尉賜緋魚袋臣韓治　朝散郎試秘書少監上騎都尉賜緋魚袋臣顧臨　朝議大夫守秘書少監上護軍賜紫金魚袋臣劉攽　中大夫守尚書右丞護軍東平郡開國侯食邑二千三百户賜紫金魚袋臣吕大防　通議大夫守尚書左丞上柱國平原郡開國公食邑二千八百户食實封伍佰户臣李清臣　正議大夫守中書侍郎上柱國馮翊郡開國公食二千三百户食實封伍佰户臣張璪　正

議大夫守門下侍郎上柱國南陽郡開國公食邑二千一百户食實封壹仟户臣韓維
金紫光禄大夫守尚書右僕射兼中書侍郎上柱國東平郡開國公食邑六千二百户食實封壹仟玖佰户臣吕公著　正議大夫守尚書左僕射兼門下侍郎上柱國河内郡開國公食邑四千一百户食實封壹仟伍佰户臣司馬光

清・《四庫全書・子部・天文學法類》　算書之屬

《夏侯陽算經》，文津閣本。詳校官欽天監靈臺郎臣倪廷梅，臣紀昀覆堪，總校官舉人臣章維桓，校对官編修臣錢樾，謄録監生臣周以熹。

《算經十書》

著録

宋・歐陽修等《新唐書》卷五九《藝文志》　李淳風【略】注《五曹》《孫子》等算經二十卷。

明・程大位《筭法統宗》卷一七《筭經源流》　宋元豐七年刊十書入秘書省，(人)[又]刻于汀州學校：《黄帝九章》《周髀筭經》《五經筭法》《海島筭法》《孫子筭法》《張丘建筭法》《五曹筭法》《緝古筭法》《夏侯陽筭法》《筭術(恰)[拾]遺》。

清・劉鐸《古今算學書録》　象數第三

附录　《算經十書》，戴震校，孔繼涵編刊。孔氏《微波榭叢書》本，南昌梅啓照重刊本，後附紀奎《筆算便覽》五卷。光緒年上海重刊孔本。

又　古今人著述合刻叢書目

《算經十書》：

《周髀算經》上、下卷。漢趙君卿注，周甄鸞重述，唐李湻風釋。

《周髀音義》一卷。宋李藉。

《九章算術》九卷。魏劉徽注，唐李湻風釋。

《九章算術補圖》。戴震，坿九章每篇後。

《九章音義》一卷。宋李藉。

《策算》一卷。戴震。坿《音義》後。

《海島算經》一卷。魏劉徽撰并注。

《孫子算經》上、中、下卷。周甄鸞注，唐李湻風釋。

《五曹算經》五卷。周甄鸞注。

《夏侯陽算經》上、中、下卷。隋韓延傳本。

《張邱建算經》上、中、下卷。周甄鸞注，唐李湻風釋，劉孝孫細草。

《五經算術》上、下卷。坿攷證。周甄鸞傳本，唐李湻風注，戴震攷證。

《綴術》。齊祖沖之撰，唐李湻風注。原闕。

《緝古算經》一卷。唐王孝通撰并注。

《數術記遺》一卷。漢徐岳、周甄鸞注。

《句股割圜記》上、中、下卷。戴震。

曲阜孔繼涵編輯。案《文獻通考》，唐以明算科取士，試《九章》《海島》《孫子》《五曹》《張邱建》《夏侯陽》《周髀》《五經》《綴術》《緝古》，此算經十書之名所由起也。至國朝曲阜孔氏始爲編刊，除《周髀》《九章》音義外，共十四種。舊坿者一，《記遺》是也。今坿者三，戴氏書是也。戴氏從《永樂大典》録出者二，《海島》《五經》是也。其餘七種，皆毛氏汲古閣舊本，而十書備其九矣。中土古算書，略具於此，攷古者必不可闕。

序跋

清・毛扆《汲古閣本十部算經識》　按：《唐書・選舉志》制科之目，明筭居一。其定制云：「凡筭學，《孫子》《五曹》共限一歲，《九章》《海島》共三歲，《张丘建》《夏侯陽》各一歲，《周髀》《五經筭》共一歲，《綴術》四歲，《緝古》三歲，《記遺》《三等數》皆兼習之。」竊惟數學爲六藝之一，唐以取士，共十經。《周髀》，家塾曾刊行之，餘則世有不能舉其名者。扆半生求之，從太倉王氏得《孫子》《五曹》《张丘建》《夏侯陽》四種，從章丘李氏得《周髀》《緝古》二種，後從黄俞邰又得《九章》，皆元豐七年秘書省刊板。字畫端楷，雕鏤精工，真稀世之寶也。每卷後有秘書省官銜、姓名一幅，又一幅宰輔大臣自司馬相公而下俱列名於後，用見當時鄭重若此。因求善書者刻畫影摹，不爽豪末，什襲而藏之。但爲得《海島》《五經筭》《綴術》三種，竟成完璧，并得好事者刊刻流布，俾數學不絕於世，所深願也。康熙甲子仲秋，汲古後人毛扆謹識。

清・顧廣圻《南宋殘本〈九章算經〉五卷等跋》 右南宋槧本算經，據《季滄葦書目》云「算經四本者」即此也。以圖記驗之，第一本爲《張丘建》，第二本爲《孫子》，第三本爲《九章》一至三，第四本爲《九章》四五。於是知《九章》不全，當日已如此矣。今爲陽城張古餘先生所藏，嘉慶乙丑屬加審定，因記之。原裝改易，觀者詳焉。元和顧廣圻。

雜録

宋・王欽若等《冊府元龜》卷八六九《總録部》 顯慶元年，左僕射于志寧等奏，以十部算經付國學行用。

《唐會要》卷六六《廣文館》 顯慶元年十二月十九日，尚書左僕射于志寧奏置，令習李淳風等注釋《五曹》《孫子》等十部算經，分爲二十卷行用。

宋・歐陽修等《新唐書》卷四四《選舉志》 凡學六，皆隸於國子監：【略】算學，生三十人，以八品以下子及庶人通其學者爲之。【略】凡博士、助教，分經授諸生。【略】凡算學，《孫子》《五曹》共限一歲，《九章》《海島》共三歲，《張丘建》《夏侯陽》各一歲，《周髀》《五經算》共一歲，《綴術》四歲，《緝古》三歲，《記遺》《三等數》皆兼習之。

又 凡算學，録大義本條爲問答，明數造術，詳明術理，然後爲通。試《九章》三條，《海島》《孫子》《五曹》《張丘建》《夏侯陽》《周髀》《五經算》各一條，十通六，《記遺》《三等數》帖讀十得九，爲第。落經者，雖通六，不第。

又 卷二〇四《方技・李淳風》 李淳風【略】奉詔與算博士梁述、助教王真儒等是正《五曹》《孫子》等書，刊定注解，立於學官。

清・阮元等《疇人傳》四二《戴震》 震在四庫館分校天文算法書甚夥，其《海島算經》《五經算術》二種，則震從《永樂大典》中掇拾殘賸集合而成者。曲阜孔公繼涵以震所校《周髀算經》《周髀音義》《九章算術》《九章音義》《海島算經》《孫子算經》《五曹算經》《夏侯陽算經》《張邱建算經》《五經算術》《緝古算經》《數術記遺》，并震所撰《九章算術補圖》《策算》《句股割圜記》合而刻之，即今世所傳《算經十書》也。

漢唐其他算經

著録

漢・班固《漢書》卷三〇《藝文志》 《許商算術》二十六卷。《杜忠算術》十六卷。

唐・魏徵等《隋書》卷三四《經籍志》 《趙歐算經》一卷。【略】《算經異義》一卷，張纘撰。《張去斤算疏》一卷。《算法》一卷。《黄鍾算法》三十八卷。《算律吕法》一卷。《衆家算陰陽法》一卷。《婆羅門算法》三卷。《婆羅門陰陽算曆》一卷。《婆羅門算經》三卷。

五代・劉昫等《舊唐書》卷四七《經籍志》 《三等數》一卷，董泉撰，甄鸞注。《算經要用百法》一卷，徐岳撰。【略】《七經算術通義》七卷，陰景愉撰。

宋・歐陽修等《新唐書》卷五九《藝文志三》 董泉《三等數》一卷，甄鸞注。【略】陰景愉《七經算術通義》七卷。【略】《黄鍾算法》四十卷。【略】江本《一位算法》二卷。陳從運《得一算經》七卷。【略】《心機算術括》一卷，黄栖巖注。

元・脱脱等《宋史》卷二〇七《藝文志六》 李紹穀《求一指蒙算術玄要》一卷。【略】甄鸞注《徐岳大衍算術法》一卷。【略】僧一行《心機算術括》一作「格」。一卷，僧棲巖注。【略】程柔《五曹算經求一法》三卷。魯靖《五曹時要算術》三卷，《五曹乘除見一捷例算法》一卷。夏翰一作「翱」。《新重演議海島筭經》一卷。【略】陳從運《得一算經》七卷，《三問田算術》一卷。龍受益《算法》二卷，又《求一算術化零歌》一卷，《新易一法算範九例要訣》一卷。【略】《求一算法》一卷。【略】江本《一位算法》二卷。

宋元總部

主編　鄧可卉　郭書春

人物部

宋楚衍

傳記

元・脱脱等《宋史》卷四六二《方技下・楚衍》　楚衍，開封胙城人。少通四聲字母，里人柳曜師事衍，里中以先生目之。衍於《九章》《緝古》《綴術》《海島》諸算經尤得其妙。明相法及《聿斯經》，善推步、陰陽、星曆之數，間語休咎無不中。自陳試《宣明曆》，補司天監學生，遷保章正。天聖初，造新曆，衆推衍明曆數，授靈臺郎，與掌曆官宋行古等九人製《崇天曆》。進司天監丞，入隸翰林天文。皇祐中，同造《司晨星漏曆》十二卷。久之，與周琮同管勾司天監。卒，無子，有女亦善算術。

雜録

宋・王洙《王氏談録》　近世司天算，楚衍爲首。既老昏，有弟子賈憲、朱吉著名。憲今为左班殿直，吉隸太史。憲运算亦妙，有書傳於世，而吉駁憲棄去餘分，於法未盡。

宋賈憲　朱吉

傳記

清・黄鍾駿《疇人傳四編》卷五《賈憲　朱吉》　賈憲、朱吉，皆楚衍之弟子也。宋世司天算者，以衍爲首，既老且昏，有弟子二人賈憲、朱吉著名。憲爲右班殿值，吉隸太史。憲運算亦妙，有《黄帝九章細草》九卷、《算法斅古集》二卷，傳於世。而吉駁憲棄去餘分，於法未善。鄭樵《通志》《宋史・藝文志》《王氏談録》。

雜録

清・黄鍾駿《疇人傳四編》卷五《賈憲　朱吉》　論曰：宋自靖康以來，《黄帝九章》罕有舊本。紹興中，算士榮棨獲其善本，乃李淳風等注釋，而憲爲之細草者也。其立「成」釋鎖平方、立方二法最善。《楊輝算書》並宗之。

宋周琮

雜録

元・脱脱等《宋史》卷七四《律曆志七・明天曆》　英宗即位，命殿中丞、判司天監周琮及司天冬官正王炳、丞王棟，主簿周應祥、周安世、馬傑，靈臺郎楊得言作新曆，三年而成。【略】遂賜名《明天曆》，詔翰林學士王珪序之，而琮亦爲「義略」冠其首。【略】

調日法：造曆之法，必先立元，元正然後定日法，法定然後度周天，以定分、至，三者有程，則曆可成矣。日者，積餘成之；度者，積分成之。蓋日月始離，初行生分，積分成日。自《四分曆》洎古之六曆，皆以九百四十爲日法。率由日行一度，經三百六十五日四分之一，是爲周天。月行十三度十九分之七，經二十九日有餘，與日相會，是爲朔策。史官當會集日月之行，以求合朔。自漢太初至於今，冬至差十日，如劉歆《三統》復强於古，故先儒謂之最疎。後漢劉洪考驗《四分》，於天不合，乃減朔餘，苟合時用。自是已降，率意加減，以造日法。宋世何承天更以四十九分之二十六爲强率，十七分之九爲弱率，於强弱之際以求日法。

承天日法七百五十二，得一十五强一弱。自後治曆者莫不因承天法，累强弱之數，皆不悟日月有自然合會之數。今稍悟其失，定新曆以三萬九千爲日法，六百二十四萬爲度母，九千五百爲斗分，二萬六百九十三爲朔餘，可以上稽於古，下驗於今，反覆推求，若應繩準。又以二百三十萬一千爲月行之餘，以一百六十萬四百四十七爲日行之餘，乃會日月之行，以盈不足平之，并盈不足，是爲一朔之法。今乃以大月乘不足之數，以小月乘盈行之分，平而并之，是爲一朔之實。以法約實，得日月相會之數，皆以等數約之，悉得今有之數。又二法相乘爲本母，各母互乘，以減周天，餘則歲差生焉，亦以等數約之，即得歲差、度母、周天實用之數。此之一法，理極幽眇，所謂反覆相求，潛遁相通，數有冥符，法有偶會，古曆家皆所未達。

清・阮元等《疇人傳》卷一九《周琮》 論曰：李淳風《麟德曆》推步七政，以總法爲母，自後術家皆效之。琮術日度、交度、轉度，各有其母，而不以日法爲母。其求交初度及食甚、小餘、四正、食差之等，亦與諸術互異，蓋小變其例矣。「義略」元元本本，可以攷算造家以强弱方程推積年日法之故。

宋沈括

傳記

元・脱脱等《宋史》卷三三一《沈括》 沈括字存中，以父任爲沭陽主簿。【略】擢進士第，編校昭文書籍，爲館閣校勘。【略】遷太子中允，檢正中書刑房，提舉司天監，日官皆市井庸販，法象圖器，大抵漫不知。括始置渾儀、景表、五壺浮漏，招衛朴造新曆，募天下上太史占書，雜用士人，分方技科爲五，後皆施用。加史館檢討。【略】遼蕭禧來理河東黄嵬地，【略】帝遣括往聘。括詣樞密院閱故牘，得頃歲所議疆地書，指古長城爲境。【略】命以圖示禧，禧議始屈。【略】至契丹庭，契丹相楊益戒來就議。【略】益戒無以應。【略】凡六會，契丹知不可奪，遂舍黄嵬而以天池請。括乃還，在道圖其山川險易迂直，風俗之純龐，人情之向背，爲《使契丹圖抄》上之。拜翰林學士、權三司使。【略】括以夏人襲綏德，先往救之，不能救永樂，坐謫均州團練副使。元祐初，徙秀州，繼以光禄少卿分司，居潤八年卒，年六十五。

括博學善文，於天文、方志、律曆、音樂、醫藥、卜算，無所不通，皆有所論著。又紀平日與賓客言者爲《筆談》，多載朝廷故實，耆舊出處，傳於世。

雜録

清・阮元等《疇人傳》卷二〇《沈括》 論曰：括於步算之學，深造自得，【略】（積）隙［積］、會圓二術，補《九章》所未及。《授時曆草》以三乘方取矢度，即寫會圓術也。惟以閏月爲贅疣，欲以立春爲孟春一日，驚蟄爲仲春一日，與羲和置閏之舊，顯相違戾，徒騁臆知，而不合經義，蓋未免賢者之過矣。

宋韓公廉

雜録

宋・蘇頌《新儀象法要》 韓公廉，吏部守當官也。通《九章算術》，常以鉤股法，推考天度。會蘇頌請制渾儀，公廉因撰《九章鉤股測驗渾天書》一卷，並造木樣機輪一坐。頌爲奏乞置局創造。又奏差太史局夏官正周日嚴、秋官正于太古、冬官正張仲宣等，與公廉同充制度官。局生袁惟幾、苗景、張端，節級劉仲景，學生侯永和、于湯臣，測驗晷景刻漏等。造成，詔置集英殿。

元・脱脱等《宋史》卷三四〇《蘇頌》 頌以吏部令史韓公廉曉算術，有巧思，奏用之。

清・阮元等《疇人傳》卷二〇《蘇頌》 頌以吏部令史韓公廉曉算術，有巧思，奏用之。授以古法，爲新儀象。上之。作《新儀象法要》三卷。

金蔣周

傳記

清・羅士琳《疇人傳續編》卷四七《蔣周》 蔣周，平陽人。著《益古》書，刊於元豐、紹興、淳熙間，是周當爲宋元時人。説詳李冶，謂可與劉徽、李淳風相頡頏，猶嫌其閟匿而不盡發。《益古演段》《四元玉鑑》。

雜録

元・李冶《益古演段・序》 近世有某者，以方圓移補成編，號《益古集》，眞可與劉、李相頡頏。

元・祖頤《松庭先生四元玉鑑後序》 《黄帝九章》以降，算經多矣，不可枚舉。唐宋設明算科，立法取士。【略】厥後平陽蔣周撰《益古》。

清・羅士琳《疇人傳續編》卷四七《蔣周》 論曰：李仁卿自序《益古演段》云：近代有某者，以方圓移補成編，號《益古集》。今元和李尚之秀才鋭因見《楊輝算法》中有所謂《益古算法》，遂以某者指楊輝言也。士琳於《四元玉鑑》後序中見其所載宋元諸算經，始知《益古》乃蔣氏之書，亟爲表章云。

宋劉益

傳記

清・黄鍾駿《疇人傳四編》卷五《劉益》 劉益，中山人也。撰《議古根源》，演段鎖積，有超古入神之妙。錢塘楊輝以其有裨後學，爲之發揚。遂[作]《田畝算法》，通前共刻爲四集。《摘奇算法》

雜録

宋・楊輝《田畝比類乘除捷法・序》 中山劉先生作《議古根源》。

又 卷下 中山劉先生序謂算之術，入則諸門，出則直田，《議古根源》故立演段百問，蓋欲演算之片段也。知片段則能窮根源，既知根源而於心無懞昧矣。今姑摘數問，詳注圖草，以明後學，其餘自可引而伸之，觸類而長，不待盡述也。

又楊輝《續古摘奇算法・序》 及見中山劉先生益譔《議古根源》，演段鎖積，有超古入神之妙，其可不爲發揚，以稗後學。

金李文一　石信道　劉汝諧　元裕　李德載　劉大鑑

雜録

元・祖頤《松庭先生四元玉鑑後序》 《黄帝九章》以降，算經多矣，不可枚舉。唐宋設明算科，立法取士。厥後平陽蔣周撰《益古》，博陸李文一撰《照膽》，鹿泉石信道撰《鈐經》，平水劉汝諧撰《如積釋鎖》，絳人元裕細草之，後人始知有天元也。平陽李德載因撰《兩儀羣英集臻》，兼有地元。霍山邢先生頌不高弟劉大鑑潤夫撰《乾坤括囊》，末僅有人元二問。

清・羅士琳《疇人傳續編》卷四七《蔣周》 又序中歷稱博陸李文一撰《照膽》，鹿泉石信道撰《鈐經》，平水劉汝諧撰《如積釋鎖》，絳人元裕之撰《細草》，後人始知有天元。平陽李德載撰《兩儀羣英集臻》，兼有地元。霍山邢先生頌不高弟劉大鑑潤夫撰《乾坤括囊》，末有人元二門。今各書雖不傳，亦可見宋元時從事於斯者不少。《測圓海鏡》有「《鈐經》載此法，以弦差冪減丙行差冪，復以丙行乘之爲實，以差率冪爲法」之語，所謂《鈐經》者，當即石信道之所撰歟？

清・黄鍾駿《疇人傳四編》卷五《李文一等》　李文一，博陸人，撰《照膽集》。石(通)[信]道，鹿泉人，撰《鈐經》。劉汝諧，平水人，撰《如積釋鎖》。李德載，平陽人，撰《兩儀群英集臻》。劉大鑑字潤夫，霍山邢頌不高弟也，撰《乾坤括囊》。《四元玉鑑後序》。

論曰：疇人家凡有撰述，書雖不傳，不得謂無功於算學也。諸書立天元、地元、人元之法，實開四元之先。羅氏《疇人傳續編》，列蔣周傳於元初，而附論諸人於後，不爲立傳。然《鈐經》一書，曾與《益古》同刊於宋元豐以後，則信道與周，當爲宋人。而諸人亦必生於宋元之間，用《前編》孫子之例，附宋金末，以志闕疑。

宋楊忠輔

雜録

宋・鮑澣之《九章筭經後序》　慶元庚申之夏，余在都城，與太史局同知筭造楊忠輔德之論曆，因從其家得古本《九章》，乃汴都之故書，今秘館所定著亦從此本寫以送官者也。

清・阮元等《疇人傳》卷二二《楊忠輔》　楊忠輔字德之，官成忠郎。

論曰：唐宋諸家，皆用積年日法。郭刑臺《授時》獨刊而去之，當時號爲最密。而以《統天》之法較之，乃往往相合。《授時》截用辛巳爲元，《統天》則上攷下求，並以距甲寅立算，是亦用截元也。《授時》歲實三百六十五萬二千四百二十五，《統元》歲分以策法除之，亦得三百六十五日二千四百二十五分，是歲實與《授時》同，亦可以萬分爲日法也。《統天》之氣閏諸差即《授時》之諸應，《統天》之斗分差即《授時》之百年消長一分，知《授時》即寫《統天(術)[曆]》，而《統天》亦不用積年日法矣。顧猶婉而出之，仍虛立上元策法之數者，蓋積習相沿，不欲驟更以駭俗耳。鮑澣之譏其無復强弱之法，(虛)[盡]廢方程之舊。澣之所執，固何承天以來相傳之師法，而忠輔創立新率，獨有心得，又何可以成法限之乎？梅徵君文鼎謂宋術莫善于《紀元》，尤莫善于《統天》，諒哉。

宋鮑澣之

雜録

宋・鮑澣之《九章筭經後序》　慶元庚申之夏，余在都城，與太史局同知(算)[筭]造楊忠輔德之論(歷)[曆]，因從其家得古本《九章》，乃汴都之故書，今秘館所定著亦從此本寫以送官者也。【略】其年六月一日乙酉迪功郎、新隆興府靖安縣主簿、括蒼鮑澣之仲祺謹書。

又《數術記遺敍》　余官中都，丐外得請暇日，因至七寶山三茅寧壽觀，閱《道藏》中書目，乃見有《數術記遺》者，亟懇道士啓其函而快讀之。其書篇首，言「余以天門金虎呼吸精泉」，諒因此二語類道家之説，遂以見收。不然，則亦無傳矣。即就録之，以補筭經之闕。【略】嘉定五年壬申七月一日乙巳立秋奉議郎、守大理正、新差知汀州鮑澣之仲祺謹書。

又《周髀筭經後序》　嘉定六年癸酉十一月一日丁卯冬至承議郎、權知汀州軍州兼管内勸農事、主管坑冶、括蒼鮑澣之仲祺謹書。

清・阮元等《疇人傳》卷二二《鮑澣之》　鮑澣之字仲祺，處州人也。官大理評事。

金楊雲翼

傳記

元・脱脱等《金史》卷一一〇《楊雲翼》　楊雲翼字之美。其先贊皇檀山人，六代祖忠，客平定之樂平縣，遂家焉。曾祖青、祖郁、考恒，皆贈官于朝。雲翼天資穎悟，初學語輒畫地作字，日誦數千言。登明昌五年進士第一，詞賦亦中乙科，特授承務郎、應奉翰林文字。承安四年，出爲陝西東路兵馬都總管判官。泰和元年，召爲太學博士，遷太常寺丞，兼翰林修撰。七年，簽上京、東京等路按察司事，因召見，章宗諮以當世之務，稱旨。大安元年，翰林承旨張行簡薦其材，且精術數，召授提點司天臺，兼翰林修撰，俄兼禮部郎中。【略】興定元年六月，遷翰林侍講學士，兼修國史，知集賢院事，兼前職。【略】二年，拜禮部尚書，兼職如故。三年，築京師子城，役兵民數萬，夏秋之交病者相籍，雲翼提舉醫藥，躬自調護，多所全濟。四年，改吏部尚書。【略】哀宗即位，首命雲翼攝太常卿，尋拜翰林學士。正大二年二月，復爲禮部尚書，兼侍讀。【略】明年，設益政院，雲翼爲選首。【略】五年卒，年五十有九，謚文獻。雲翼天性雅重，自律甚嚴，其待人則寬，與人交分一定，死生禍福不少變。其於國家之事，知無不言。【略】司天有以《太乙新曆》上進者，尚書省檄雲翼參訂，摘其不合者二十餘條，曆家稱焉。所著文集若干卷，校《大金禮儀》若干卷，《續通鑑》若干卷，《周禮辨》一篇，《左氏》《莊》《列賦》各一篇，《五星聚井辨》一篇，《緜象賦》一篇，《勾股機要》《象數雜説》等著藏於家。

元李冶

傳記

元・王惲《中堂事記下》王惲《秋澗先生大全文集》卷八二　辛酉年【略】七月廿七日丁亥，【略】是日有詔，照會立翰林國史院道與翰林承旨王鶚據保奏翰林院官修國史事，准奏。收拾者在這裏底先與職名者外，未到人員候來時定奪。今開坐元保人數并已除翰林院官職名如后。

已除：翰林學士承旨兼修國史王鶚，翰林侍讀學士郝經差充國信使，翰林侍講學士李昶兼同議東平路軍民事，翰林學士知制誥同修國史李冶，翰林修撰同知制誥兼充國史院編修官雷膺、王惲。

未除見收拾：王磐直學士，徒單公履待制，孟攀鱗待制，宋思誠修撰，胡祗遹應奉。

右仰照會收拾者准此。【略】

又　八月【略】十一日辛丑，徵君李冶，字仁卿，欒城人，前進士。初公徵至，詢以時事，但以真定木場抽分官錢修蓋文廟而已。道號敬齋。授翰林學士，制詞曰：「某官秀擢巍科，力窮聖學，據縱横之大筆，足潤色於皇猷，況當青史之編，宜與玉堂之選，可特授某官知制誥，庶得腹心之助，以光綸綍之司。」

元・蘇天爵《國朝名臣事略》卷一三《内翰李文正公》　公名冶字仁卿，真定欒城人。金正大末登進士第。壬辰北渡，居太原，藩府交辟皆不就。至元二年，召拜翰林學士。明年以疾辭歸，居元氏之封龍山。十六年卒，年八十八。

公幼讀書，手不釋卷。性穎悟，有成人之風。既長，與河中李欽叔、龍山冀京甫、平晉李長源爲同年友。屏山李先生令代作墓銘數篇，一夕而就，屏山大加賞異。正大七年，登詞賦進士第，調高陵簿。未上，從大臣辟推知鈞州事。時調度方殷，公掌出納，無圭撮之誤。壬辰正月，城潰，微服北渡，流落忻、崞間，人所不能堪，公處之自若也。《事蹟》。

先生才大而雅，識遠而明，閎於中而肆於外，蓋將以斯文明斯道者也。在河南時，文聲已大振。及壬辰北渡，隱於崞山之桐川，聚書環堵中，閉關卻埽，以涵泳先王之道爲樂，雖饑寒不能自存，亦不卹也。是後由崞山而之太原，之平定，之元氏，流離頓挫，亦未嘗一日廢其業，手不停披，口不絶誦，如是者幾五十年。先生之于學，其勤至矣。人品既高，真積之力斯久，所以優柔饜飫，深造自得，兼衆人之所獨。經爲通儒，文爲名家。其名德雅望，又爲一時衣冠之龍門也。退然自以爲不足，嘗曰：「名爲吾學中之累。」蓋先生性喜退密，恥於近名，所學所行，切於爲己，而非以爲人也。門生集賢：焦公撰《文集序》。

世祖方居潛邸，歲丁巳五月，遣阿爾特默兒、董文用馳來召，且曰：「素聞仁卿學贍才優，潛德不耀。久欲一見之，切毋他辭。」既至，帝問：「汝在河南，居官者誰最佳？」公對曰：「百餘年間，人才未易數。在今日論之，其險夷一節，則完顔仲德甚可嘉尚。」又問：「仲德讀書否？」對曰：「仲德策論進士，觀其以國忘家，以忠忘身，實自讀書中來。」又問：「完顔合答及蒲瓦何如？」對曰：「二人將畧俱短少，帝任之不疑，此金所以亡也。」又問：「魏徵、曹彬何如？」對曰：「徵忠言讜論，知無不言，實爲唐朝名臣第一。彬伐江南，未嘗妄殺一人，當在方叔、召虎之列。韓、白、衛、霍，在所不論。」又問：「今居官之人，有如魏徵者否？」對曰：「今之人，側媚成風，欲比魏徵，實多愧矣。」又問人材，對曰：「天下未嘗乏材，求則得之，舍則失之，理勢然耳。且今之儒生，如魏璠、王鶚、李獻卿、蘭光庭、趙復、郝經、王博文輩，皆可用之材，又皆吾王之所素知，已嘗聘問者也。舉而用之，何所不可，但恐用之不盡耳。夫四海之內，曷止此數子哉？誠能廣延於外，將見雲集輻輳于朝廷也。」又問：「回鶻人可用否？」對曰：「漢人中有君子小人，回鶻人亦有君子小人。但其貪財嗜利，廉謹者少，在國家擇而用之耳。」又問：「天下當何如而治？」對曰：「夫治天下，欲難則難於登天，欲易則易於反掌。蓋有法度則治，按名責實則治，進君子退小人則治。如是而治天下，豈不易於反掌乎？無法度則亂，有名無實則亂，進小人退君子則亂。如是而治天下，豈不難於登天乎？且爲治之道，不過立法度、正紀綱而已。紀綱者，上下相維持。法度者，賞罰示懲勸。今則大官小吏，下至編民，皆自縱恣，以私害公，是無法度也。有功者未必得賞，有罪者未必被罰，甚至有功者或反受辱，有罪者或反獲寵，是無賞罰也。法度隳，紀綱壞，天下不變亂，已爲幸矣。」又問：「昨者地震何如？」對曰：「天裂爲陽不足，地動爲陰有餘。地道，陰也。陰太盛，則變生矣。今之震動，或姦邪在側，或女謁盛行，或讒慝弘多，或刑獄失中，或征伐驟舉。五者必有一於此矣。然天之愛君，如愛其子，故出此以警之。苟能辨姦邪，去女謁，屏讒慝，減刑獄，止征伐，上當天心，下合人意，則可變咎證爲休徵矣。」《王庭問對》。

先生平生愛山嗜書，餘無所好。晚家元氏，買田封龍山下，以供饘粥，學者稍稍從之。歲久，從游者日益多，所居不能容。鄉人相與言曰：封龍山中有李相昉讀書堂故基，兵革以來，荆棘湮廢不治。若芟而葺之，令先生時憩杖履而栖生徒，豈不爲吾鄉之盛事哉。以告先生，先生欣然從之。則相與聚材鳩工，日增月積，講堂齋舍，以次成就。舊有大成殿，敝漏傾欹，又重新之。未幾，朝廷聞先生賢，安車聘之。既至，奏對稱旨。欲處以清要，先生謝曰：「老病非所堪也。」懇求還山，朝廷知不可留，遂其意。後四年，詔立翰林院於燕京，再以學士召，仍勑真定宣慰司驛騎賫遣先生起，就職纔期月，又以老病尋醫去。王文忠公撰《書院記》。

又　初，聶侯珪以土豪歸國，帥平定者最久，雅親文儒，聞敬齋李公之名而(説)[賢]之。延至郡舍，會遺山元公還太原過之，爲數日留。因追憶閑閑、文獻二老，作詩云：「百年喬木欝蒼蒼，耆舊風流趙與楊。爲向榆關使君道，郡中合有二賢堂。」聶侯起謝曰：「此珪志也。」方經始而聶侯卒。至元二年，劉侯天禄繼守是州，爲屋數楹。置趙、楊、元、李四公像其中以事之。惟閑閑、文獻以道德文章爲一代宗師，昔在禮部翰林對持文柄，時號「楊趙」。遺山、敬齋皆二公門下，自南都時，才[名]已相埒，北渡以後，[常]往來西(川)[州]，寓志于文字間，賡唱迭和，世亦謂之「元李」。海内之人，識與不識，往往詠其詩，讀其書，敬仰其人。蓋所謂聞而不得見，見而不得親者，獨是一郡閑閑之桐鄉，文獻之梓里也。人歌清静之政，家服孝友之化，而又接見遺山、敬齋，凡(長)[僚]吏士庶，每語及中州耆儒，必以四賢爲稱首。堂而祠之宜矣。太常徐公撰《四賢堂記》。

又　公著述有《文集》四十卷，《壁書叢削》十二卷，《泛説》四十卷，《古今黈》四十卷，《測圓海鏡》十二卷，《益古(衍疑)[演段]》三(十)卷，其他雜書又十餘卷。

明·宋濂等《元史》卷一六〇《李冶》　李冶字仁卿，真定欒城人。登金進士第，調高陵簿，未上，辟知鈞州事。歲壬辰，城潰，冶微服北渡，流落忻、崞間，聚書環堵，人所不堪，冶處之裕如也。【略】

冶晚家元氏，買田封龍山下，學徒益衆。及世祖即位，復聘之，欲處以清要，冶以老病，懇求還山。至元二年，再以學士召，就職期月，復以老病辭去。卒於家，年八十八。所著有《敬齋文集》四十卷，《壁書藂削》十二卷，《泛説》四十卷，《古今(難)[黈]》四十卷，《測圓(鏡海)[海鏡]》十二卷，《益古(衍疑)[演段]》三(十)卷。

紀事

金·元好問《遺山集》卷一七《寄庵先生墓碑》　寄庵先生墓碑　壬寅乃馬真后稱制元年。

道陵承安中，賊臣胡沙虎尹大興。先生爲府推官。虎方諂事中貴，竊弄威柄。內則以姦佞固主恩，外則鼓動聲勢，以刼制天下。同列有一事不相叶，一語不相入者，不陷之死地，則排諸遠方，故時人視之猶蛇虎鬼魅，疾走遠避之不暇。先生直前徑行，初不爲死生禍福計。每以公事相可否，至絲髮不少貸。又摘其陰事數十條，將發之。私謂所親言：「此人口無所不能言，手無所不能爲，政恐寧我負人，終成噬主之狗。」虎，纂者也，平居頤指氣使，無不如意，乃今爲一書生所軒輊。積不能平，乃先以非罪誣染之，凡可以中傷者無不至。先生守之益堅，抗之者愈力。如是二年，既無可撼摇，乃奏之上前，謂先生於種人有奴視之傲。賴上雅見知，譖爲不得行。蓋自承安迄至寧之弑，前後二十年，朝臣非無剛稜疾惡，不畏强禦之士，然敢與此賊角者，唯先生與尚書左丞張公行中二人而已。

先生諱某，字平父，姓李氏，系出唐明皇帝。歷五季、宋末之亂，譜牒散失，無可攷案。靖康初，先生之祖玘自濟南齊河避亂鎮州，僑寓一名醫家，遂傳其學。生子拯，徙居欒城，仍食先業。【略】後用先生貴，贈奉訓大夫。先生即奉訓君之第二子也。年十五，奉訓君仍以家學授之。學既成，一日診一病者，而心有所疑，乃悔曰：「吾寧當以人命試吾術！」即於是改讀律，已而又以法家少恩，與前療病無異也，即盡棄故學，一意讀六經，學爲文章。二十得解，住府庠，移籍太學。試補河北東路提刑司書史。登明昌二年詞賦進士第，釋褐稾城丞。【略】授大興府推官，轉河北東路轉運司都句判官。不一歲，遷遼東路塩使。【略】至寧元年春，遷同知静難軍節度使事。【略】秋八月，改山東西路兵馬副都總管、東平府治中。制下三日，賊虎弑逆，自署太師、尚書令、澤王，專制除拜。先生即日以疾告，徑歸陽翟。築屋潁水之上，名之曰「寄庵」，因以爲號。【略】某歲某月日，春秋六十有七，終於隱所。【略】子男三人：澈，方山抽分窯治官，劉出也；次曰治，自幼有文章重名，正大中收世科徵事郎、長陵主簿，王出也；次曰滋，崔出也。【略】

壬寅某月，孤子治自陽翟護先生之柩，歸葬於欒城某原之先塋。葬有日，再拜涕泗謂門下士元某言：「先人諸孤，唯治僅存。兵革流離，不得以時歸祔。獲罪神明，無所於死。唯先人不大用於世，故事業無聞。若夫才德之懿、問學之博、志節之堅、鑒裁之公，則不可不白見於後。今表墓有石，吾子盍以所聞見者爲我書之？」某竊自念言：自南渡以來，登先生之門者十年。先生不鄙其愚幼不肖，與之考論文藝，商略古昔人物之流品、世務之終至，問無不言，言無不盡。開示期許，皆非愚幼不肖所當得者。今得屬辭比事，以相兹役，顧以不獲爲恨，其何敢辭！唯是駑劣老矣無聞，其何以究闡精微，信示久遠？雖義不可辭，而又有不敢不辭者，因起拜，謝不敢當。治重以大誼要責，以爲：「得先人所知者多矣，孰若吾子之深？與先人相從者多矣，孰與吾子之厚？治不謀，若實治之尤；謀之或違，尤將誰在？」於是不得終辭，謹論次其事如右。

元·袁桷《清容居士集》卷一八《封龍山書院重脩記》 世祖皇帝以盛德深仁，正位纂圖，越二年，始立翰林院。真定李文正公首以碩德耆壽，後召爲翰林學士。未幾，告老以歸，隱于封龍山。封龍在恒山之陽，公幼侍東平府君受業焉。地舊有書院，兵革蹂躪，公拮据盡力以成之。故其居朝廷也，食息不忘兹山。天子察憫其志，俾食致政之禄以終老。於是公作新斯文，遠近之士咸秀出。暨公下世，踰二十年，其從公而顯者，曰史忠武公諸子曰杠、曰□、曰杞、曰煇，廉訪使荆幼紀、集賢學士焦養直、廉訪僉事張翼、宣撫崔某，其餘贊成均授鄉里，名不能悉數。而真定之學者，升公之堂，拜公之像，未嘗不肅容以增遠想也。

皇慶二年，其曾孫慎言，爲翰林屬。仁宗有詔省掾用儒士，擢入佐左司院中選都事僉曰：「李文正公爲翰林肇端，其曾孫宜以居。」未幾，拜監察御史。而於封龍也，惓惓悉如公之志。歲久，蕪漶不治，徃至治元年，爲司農屬時，請于司農符下其道廉訪，丹漆木甓，悉撤以新。御史有言曰：「繼述志事，子孫所謹。我先公之爲兹也，實將以佐國家之盛。願子記之。」桷曰：致太平經濟之道，章句佔畢，不能以盡也。文正公恬於進取，率躬以化其鄉，耄至而辭禄德之本也，導掖其秀民，仁之至也。其徒卒昌於時，孰不曰文正公所作成也。今遺書具存於書院者，宜究其委源，考三代之所以長，秦漢之所以失，反躬以思平治之道，如指諸掌，將反覆以陳於上。李氏世守家法，則書院永永代有嘉譽。其繕修也，益廣於今日矣。本末具前記，不再書。

明·宋濂等《元史》卷八一《選舉志》 世祖中統間，【略】又詔征金人進士李治，授翰林學士。

又 卷一五九《商挺》 商挺【略】至元元年，入拜參知政事。建議史事，附修遼、金二史，宜令王鶚、李治、徐世隆、高鳴、胡祗遹、周砥等爲之，甚合帝意。

又 卷一六〇《王鶚》 学庚申，世祖即位，【略】【王鶚】上奏【略】：「唐太宗始定天下，置弘文館學士十八人，宋太宗承太祖開創之後，設内外學士院，史册爛然，號稱文治。堂堂國朝，豈無英才如唐、宋者乎！」皆從之，始立翰林學士院，鶚遂薦李冶、李昶、王磐、徐世隆、高鳴爲學士。

又 卷一六三《張德輝》 世祖【略】又訪中國人材，德輝舉魏璠、元裕、李冶等二十餘人。

又 德輝【略】與元裕、李冶游封龍山，時人號爲龍山三老云。

藝文

元·李冶《滹南遺老集引》王若虛《滹南遺老王先生文集》 黄鳥止於邱阿，流丸止於甌臾，羣言止於公是。夫言生於人心，心既不同，言亦各異。其在彼也，一是非；其在此也，一是非。左右佩劍，其誰能正之？必有大人者出，獨立當世，吐辭立論，掃流俗之所徇，取古今天下之所共與者與諸人，有以塞其口而厭其心，而後呶呶之説息矣。自秦火以來，漢武帝表章六經，不謂無功于聖人，然諸儒曲學，往往反爲所汨陵遲。至於唐宋，人自爲説，雖其推明隱奥爲多，其間踳駁淆混，詿誤後生，蓋亦不少。顧六經且如是，況百家乎？子長實録也，劉子元黜其煩。孟堅鉅筆也，劉貢父刊其誤。子京俊才也，劉器之病其略。顧史氏且如是，況雜述乎？然則有人于此，品藻其是非，覼縷其得失，使惑者有所釋，鬱者有所申，學者有所適從，則其澤天下也，不既厚矣乎！今百餘年，鴻生碩儒前後踵相接，考其撰著，訇礚彪炳，今文古文，無代無之，惟于議論之學殆爲闕如，豈其時物文理相與爲汙隆耶？其磊落之才，閎大之器，深識英眄，爲世樹表者，不常有耶？抑亦有其人，遭世多故，不幸而無以振發之也？滹南先生，學博而要，才大而雅，識明而遠，所謂雖無文王猶興者也。以爲傳注六經之蠹也，以之作六經，辨論孟聖賢之志也。以之作論孟，辨史所以信萬世。文所以飾治具，詩所以道情性，皆不可後也。各以之爲辨，而又辨歷代君臣之事迹，條分區别，美惡著見如粉墨。然非夫獨立當世，取古今天下之所共與者與諸人，能然乎哉？嗚呼，道之不明也久矣。凡以羣言揜之也，故卑者以陷，而高者以行，怪拙者以惛，而巧者以徇。欲傳者如是，受之者又如是。尖纖之逞，而浮誕之夸，吾將見天下之人一趨于壞而已耳。如先生之學，誠處之王公之貴，賴以範世填俗，其庶乎道復明于今日也。先生今已矣，後百年千年得一人焉，食先生之餘，廣先生之心，能使斯文之不墜，則雖百年千年，吾知其爲一日也。欒城李冶引。

又李冶《元遺山集序》 唐開、天間，李邕、李白皆以文章鳴世。邕之所至，阡陌聚觀，以爲異人，衣冠尋訪，門巷填溢；白則王公趨風，列岳結軌，羣賢翕習，如鳥歸鳳。是豈懸市相夸，沽聲索價而後得之哉！要必有以漸漬其骨髓，動盪其血氣，藻皀其襟靈，故天下之人爲之咨嗟淫液，鼓舞踴躍，景附響合，而不能自已也。吾友元君遺山，其二李後身乎？始齔能詩，甫冠時，名已大振。尋登進士上第。興定、正大中，殆與楊、趙齊驅。壬辰北還，老手渾成，又脱去前日畦畛矣。君嘗言：人品實居才學氣識之上。吾因君言，亦嘗謂天下之事皆有品，繪事、圍棊，技之末也，或一筆之奇，一著之妙，固有終身北面而不能寸進者，彼非志之不篤，習之不專也，直其品不同耳。如君之品，今代幾人？方希刷羽天池，揚光紫微，不幸遘疾而殁。其遺文數百千篇，藏於家，雖有副墨，而洛誦者，率不過得什一二，其所謂大全者，曾莫見焉。是以天下之大夫、士，歎焉若懷宿負而未之償也。東平嚴侯弟忠傑，有文如《淇澳》，好善如《干旄》，獨能求得其全編，將鋟之梓，且西走書數百里，命予序引。予謂遺山之文之名，有目爭睹，有耳咸聳，庸何序爲？惟君有蓋棺之恨，此其可言者，得以論述之。主上龍居藩邸，挹君盛譽，一見遽以處之太史氏。不數歲，神聖御天，文治蝟興，稽古建官，百度修舉。其於玉堂，東觀，金華、延閣之選，尤所注意者，曷嘗不設燎以待之，而側席以求之哉？向使遺山不死，則登鑾坡、掌綸誥，稱内相久矣。奈何遇千載而心違，際昌辰而身往！此非君遺恨也邪？尚賴柳如京之賢，有慰韓吏部之志。文工命拙，雖抱憾於九原，人亡書存，足騰芳於百世。顧餘樸學，未暇顯評，言念舊遊，聊爲揚搉云爾。中統三年陽月，封龍山人李治序。

元·李冶《敬齋古今黈》卷三 兼山郭先生説：「乾之策二百一十有六，六之則三十六，又四之則九也。坤之策百四十有四，六之則二十四，又四之則六也。故曰『九六乾坤之策』。」此其言六者，卦别六爻也，所得則每爻之正策也。言四者，策以四揲也，所得則老陽、老陰之正數也。義固然矣。然兼山先言大數，而次言六之、四之者，皆非也。正當云：「乾之策二百一十有六，如卦别六爻而一，則得三十六。又以四揲而一，則得九，是謂老陽。坤之策百四十有四，如卦别六爻而一，則得二十四，又以四揲而一，則得六，是謂老陰。」如此則爲相應耳。蓋算術凡言幾之者，皆爲相乘，非相除也。

又 《國語·楚》觀射父爲昭王言「祭祀」云：「祀加於舉。」且曰：「百姓、千品、萬官、億醜、兆民、經入、畡數，以奉之。」又鄭史伯爲桓公説「和實生物，同則不繼」云：「合十數以訓百體，出千品，具萬方，計億事，材兆物，收經入，行姟極。」韋昭注云：「計，算也。材，裁也。賈、唐説皆以「萬萬爲億」。後鄭司農云：「十萬曰億，十億曰兆，從古數也。經，常也。姟，備也。數極于姟，萬萬兆曰姟。自十等至千品萬方，轉相生，故有億事兆物。王收其常入，舉九垓之數也。」李子曰：以定名論數，宜從古率。以攷數論數，宜從今率。蓋億萬之數，今率必盈萬萬，而古率祇以十之而已。十之者，一進位也。是其循前後之名則順，而其爲數則局促而易窮。謂盈萬萬者所進之位，又有二等。一則萬之後，億之前，四進位而一改名。一則凡億之後，須八進位而一改名。是其於前後之名，或若參差不齊，而其爲數則廣大，而爲用則不可以遽窮焉。蓋數有通率，有進率、退率，不可一概論也。自一、二、三、四而至十，此數之通率也。自一、十、百、千而至於萬，此數之進率也。自分、釐、毫、絲而至於忽，此數之退率也。其進數無窮，而退數亦無窮。今且以進數言之，自一至十爲通率，固不必論。自十至百，自千至萬之類，爲十進亦可，爲一進亦可。夫一與十，不曰始終之極歟，不曰相懸之甚歟？然得爲一進，而又得以爲十進者，爲有進率而又有通率也。然通率猶子，而進率則猶父焉。父統子業，故取一進位，而不取夫十進位也。自十至百，猶不拘於通率，而況自萬以上乎？故自萬以前，每進改名，自萬以後，雖用進率，而其名或改或不改，是以有古今之别也。自萬至億，一進而改名者，古率也。四進而改名者，今率也。自億至兆以上，又與此不同矣。自億以上，依古率則一進而改名，依今率則至八進位然後得改名也。故今之算數，自一至億，凡八進位，自億至兆亦八進位，等而上之，至於京、垓、秭、壤、溝、澗、正、載，皆若是而已矣。韋昭注前已著賈、唐之説，後雖復引鄭司農古數之語，而卒言「萬萬兆曰姟」，則昭之意實用賈、唐説耳。史伯論數云十、百、千、萬、億、兆、經、姟，觀射父論數云百、千、萬、億、兆、經、晐。姟、晐，古字通用，今作垓，亦作陔，皆同。經，亦數也。今算術大數曰億、兆、經、垓。邵堯夫皇極數於億、兆之後，即繼之爲京。求之音義，經正爲京耳。而韋昭注云「經，常也」，經固訓常，而非史伯、觀射父之意也。詳《國語》本旨，自十、百而上，皆進一位以命數。昭不及此，而遺經誤解，已爲背戾。乃復云「萬萬兆曰姟」，則是於古今之數兩俱不得其説也。爲韋注者奚自而宜？宜云：「萬萬兆曰經，萬萬經曰姟。」則得其正矣。

又　卷五　文章兩字之學，兩字之體，變變不已，遂至於無窮。然用沈存中括棊局法求之，亦自可盡。沈謂棊局之多，非世間名數可紀，但連書萬字五十二，即是局之大率。彼局路止於三百六十一，而其變動已無名數可紀，況數字之多乎！今謂其數可盡者，世間字書，固有限量，其變雖多，亦不容以無盡也。當試以一二字約之，其數遂無所逃。一二字既已得之，則雖多至百千萬，皆可以得之矣。且以一字爲主，而欲括盡世間多言之變者，以一字乘舉世所有之字而倍之，復虚減元數羃一是也。所以盡乘字數而倍者，既立一字爲主，别得一字，則主客之中一正一倒也。所以虚減元數羃者，正倒之外，又有所重也。

又　卷九　穿方者，穿土爲方也。《黄帝九章》「五曰商功，以御功程積實」，其術皆以立方定率。穿土爲方，則穿空作立方以程功也。

又　卷一二　《筆談》云：「算術多門，如求一、上驅、搭因、重因之類，皆不離於乘除。惟增乘一法稍異，其術都不用乘除，但補虧就盈而已。假如(除)欲九[除]者，增一便是。八除者，增二便是。但一位一因之。」予因存中此説，乃悟算術無窮。存中去今未遠，特著此術於《筆談》中。是必前未有，以爲新奇而纂之耳。然今之算家，自以此法爲九訣，而不以爲增乘也。若增乘者，尋常不用，惟求如積則用之。其法：左右上下各宜位，以相繼乘耳，與九歸絶不相類。

元・李冶《敬齋古今黈》卷一　《晉書・天文志・儀象》云：「《洛書甄曜度》《春秋考異郵》皆言：『周天一百七萬一千里。【略】』陸續云：『天東南西北徑三十五萬七千里。』此言周三徑一也。攷之徑一不啻周三，率周百四十二而徑四十五，則天徑三十二萬九千四百一里一百二十二步二尺二寸一分七十一分分之十。」又引《周禮》地中之説，以土圭句股法入之，得天徑十六萬二千七百八十八里六十一步四尺七寸二分。以減于《甄曜度》《考異郵》之數，餘一十六萬六千六百一十(三)[七]里有奇。或以問李子曰：「以土圭法校之《甄曜度》《考異郵》，其數曾不及半，是何二説相懸如是之賖邪？」曰：「此蓋《甄曜度》《考異郵》之數自天之極際言之，土圭之數自黄道言之。天包地外，地處天中，日月又居天地兩間，故其數當半天徑也。而猶有不合者，不容不合，特算家大率言之。《易》曰：『日月麗乎天，百穀草木麗乎土。』説者謂麗爲附。然日月之麗乎天，非若百穀草木之麗乎土也，亦本乎天者親上云耳。故邵康節解『離麗』之『麗』，不取舊説，但謂文彩著見之義。」

又　劉歆説《三統曆》術，配合《易》與《春秋》。此所謂言及於數，吾無取焉。夫《易》載天地萬物之變，以明著吉凶悔吝之象。《春秋》褒善貶惡，代天子賞罰，以垂法於後世。至於章蔀發斂之術，則羲和氏實掌之。而歆乃一一相偶，是亦好異者矣。且《易》有卦有爻，其二篇之策，當期之日，猶得以强論之。夫所謂

《春秋》者，屬辭比事之書，與數學了不相干，而亦胡爲妄取曆算一一而偶之哉？班固不明此理，不敢削去，千古而下，又無爲辨之者，深可恨也。

又　卷五　周天十二次二十八宿，有以兩宿爲一次者，有以三宿爲一次者。或者謂四正之位，其所據不得不大，故占三宿。其餘各居一偏，故止二焉。此果有定論否？前律《曆志》云：東方七十五度，北方九十八度，西方八十度，南方一百一十二度。東方七宿至少較南方少三十七度。又逐宿較之，觜宿不及井宿者三十二度。雖其測望之時遠近疏密之不同，上下旁側之有異，亦不應相懸如是之甚也。《月令》：仲春之月，日在奎，昏弧中，旦建星中。按《天文志》：弧星在輿鬼南，建星在斗上。今不取鬼、斗，而取弧、建者。孔穎達云：弧星近井，建星近斗，以井、斗度多，其星體廣，不可的指昏星之中，故舉弧、建定爲中也。審如孔說，則星有相近於正中者，皆得與於四七之列也。夫古先聖哲以天體本無可驗，於是但視諸星運轉，即謂之天。凡十二舍二十八宿三百六十五度、及九道之類，率皆强名之，故謂其術爲綴術。所謂綴者，非實有物，但以數强綴緝之，使相聯絡可以求得其處所而已。

又　《月令》：「日在營室。」疏：「周天三百六十五度四分度之一，辰有三十度，總三百六十度，餘有五度四分度之一。度別爲九十六分，總五度有四百八十分。又四分度之一，爲二十四分。并之爲五百四分。十二辰分之，辰各得四十二分，則是每辰有三十度九十六分度之四十二。計之日月實行，一會惟二十九分過半，若通均一歲會數，則每會有三十度九十六分度之四十二。」李子曰：度不別爲一百分而別爲九十六者，取分下之全數耳。若以一度爲一百分，則五度四分度之一，通分內得五百二十五。卻以十二辰分之，則辰各得四十三分七釐五毫，亦爲四十三分四分分之三也。曆法雖有小分小杪，然此四分度之一，本以零數難計，故分割之時，欲得全分。今於分下又帶零數，則無再分。必欲再分，則其數轉煩。所以度別爲九十六分，而於除之時，每辰之下，各得其全數也。

又　卷一〇　古今曆法所以參差不齊，且不能以行遠者，無他，蓋由布算之時，不論分杪之多寡，悉剪棄之。定位之時不察入宮之淺深，遽强命之。積微成著，所以寖久而寖舛耳。前軌既差，後車復繼，而曾不知悟也。乃更過求小巧以取捷，七政何由而齊乎。

元・李冶《敬齋古今黈》卷五　五星聚，非吉祥，乃兵象。故高祖入關，五星聚於東井，則爲秦亡之應。攷之書傳，五星之聚，不獨漢世有之，在唐世爲尤多。武德元年七月，鎮星、太白、辰星聚於東井。二年三月復然。是年，關中分裂。天寶九載八月，五星聚於箕尾。燕，分也。占曰：「無德則殃。」至德二載四月，歲星、熒惑、太白、辰星聚於鶉首。元和十年六月，四星復合於東井。皆占：「中外相連以兵。」乾元元年四月，熒惑、鎮星、太白聚於營室。太史南宮沛奏其地戰不勝。營室，衛地。大曆三年七月壬申，五星並出東方。占曰：「中國利。」「中國利」則四夷被兵也。貞元四年五月，歲星、熒惑、鎮星聚於營室。占曰：「其國亡。」地在衛分。元和十一年十二月，鎮星、太白、辰星聚於危。危，齊分。又十四年八月，歲星、太白、辰星聚於軫。軫，楚分。占曰：「兵喪。」開成四年正月，熒惑、太白、辰星聚於南斗。推曆度在燕分。占曰：「內外兵喪，改立王公。」咸通中，熒惑、鎮星、太白、辰星聚於畢、昴。在趙、魏之分。詔鎮州王景崇被袞冕，軍府稱臣以厭之。文德元年八月，歲星、鎮星、太白聚於張。張，周分。占曰：「內外有兵。爲河內、河東地。」大約星聚少則其用兵少，星聚多則其用兵多，天變人事有若符契焉。或曰：「星變偶然耳，隨變隨應，未必然也。」或者之言非也。姑以唐事驗之，其大者有徵，則其餘槩可見矣。太宗貞觀年中，天下太平，不聞有星聚之異。天寶九年，五星聚燕。後數歲，安史煽禍，中國塗炭，至累世不息。是何得爲偶然？

元・李冶《敬齋古今黈》卷二　養生家有胎息之說。息，氣也。息之爲義大矣哉。脈訣以一呼一吸謂之一息者，出入之義也。俗以音問相通謂之消息者，往來之義也。以稱貸取贏謂之利息者，增羨之義也。以舍勞從逸謂之止息者，停憩之義也。人有嗣續謂之子息者，生滋之義也。人而物故謂之休息者，了絕之義也。息既得謂之生，而又得謂之死，則息之爲義，不既大矣乎。濂溪《通書》稱：「無極而太極。」晦菴云：「無極而太極，衹是艮卦而已。」晦菴以艮卦當太極者，政以終萬物，始萬物，莫盛乎艮者也。艮，止也。止，息也。止息之地，萬物之所終也。誰知色色而形形者，盡於止息中來乎。且艮之爲卦也，位則處丑、寅之閒，時則當十二月正月之交，此非萬物終始而何？晦菴因之復論云：「息便是百穀之實。」初聞此語，慁不能省，徐徐以思，乃大朗徹。實既爲種，種復成實，種實相仍，種種無窮。則云乎息者，非百穀之種而何？觀穀實之新新，究萬物之芸芸，吾然後知胎息之不妄也。夫息之爲文，從鼻從心。説者又謂自心爲息。胎息之驗，觀文又可見矣。自昔老子發谷神之機，莊周啓踵息之鑰，玉匱則敷陳上假，黄庭則演説琴心，是皆奪造化之權，而抉天地之祕者也。道大事重，悠悠莫知。世之高亮之士，雖有能言之者，或隱之太深，或衍之太漫。誇張詭怪，無從致詰。惟晁承旨明遠、（强）［張］太保安道、蘇端明子瞻、黄太史魯直此四君子，遂能曲盡要妙，明著其説。晁則立合和之論，張則出清微之語，蘇則談隨住之訣，黄則述蓮燭之頌。晁公之言曰：「心息相依，息調心静，静調久久，可成勝定。神氣相合，氣和神清，清和久久，可致長生。」張公之言曰：「身如蓮華及虚空，中有習習清微風。緜緜若存道乃通，一來一往終無窮。來無轍跡去無蹤，散入八萬四千毛竅中。」蘇公之言曰：「數息數百，此心寂然，此身兀然，與虚空等。又有一法，其名曰隨，與息俱出，復與俱入，隨之不已。一息自往，或覺此息從毛竅中雲蒸霧散，病除瘴滅，自然明悟。」黄公之言曰：「蓮華合裏燭一寸，牝馬海中燒百川。糞掃堆頭親拾得，道人云是玄中玄。」此四君子之言，亦可謂知言之選者也。予少小多疾，故常求所以攝養之方。雖不得升堂嚌胾，亦麤得近其藩籬。鼂寓崞山之同川，嘗與李鼎之和論及于此。之和邃於性命者也，似有印可意。予因贈之以詩云：「立牝機關不死根，自消自息自氤氲。暖于餤餤九微火，輕似飄飄三素雲。白玉池心流曉潤，紫金鑪口裏餘熏。未知與道相應否，試作新詩一問君。」之和拊掌大笑曰：「子得之矣。不可以語非其人。」

又　卷四　法華經説五欲，曰淫慾，曰睡眠，曰飲食，曰自恣，曰貪欲。由此五欲遂生一切煩惱，故維摩詰云：「汝等已發道意，有法樂可以自娱，不應復樂五欲。」此言五欲可厭，正法可樂。雖則云然，終不能免愛著之病。故佛説世間五欲樂，或復諸天樂，比之愛盡樂，萬分不及一。一切愛盡，雖復正法，亦不足樂。況諸天樂乎，況世間五欲樂乎？

又　卷六　《素問》説精食氣，則謂精從氣中來。道家言精生氣，則謂氣從精中來。究竟論之，精氣自是一物。正因變化不常，遂復判而爲二。有能練是二者，復歸於一本，非古真人而何？

道家三一説，上一、中一、下一，是謂三丹田。達道者能使三復爲一，一復爲三。蓋三丹田，精氣神之舍也。曰下丹田關元精之舍，中丹田絳宫神之舍，則上丹田泥丸爲氣之舍也。而上丹田果非氣之舍也？曰下丹田爲氣海，可爲氣之舍，則精之舍安在哉？以精舍諸中丹田固不可，若以舍諸上丹田尤不可者也，乃知下丹田雖名氣海，實精舍也。況下丹田不專在氣海，蓋在脾臍與兩腎之閒。以臍腎爲人受命之始，則下丹田爲精之舍可無疑也。又氣海有二。舊説氣海在臍下，《素問》則謂膻中氣海也，直兩乳間。準《素問》所言，則中丹田爲氣之舍可無疑也，精舍諸下丹田矣，氣舍諸中丹田矣。神不舍諸上丹田，將安所寓乎？此三一之正處也。道家雖以三丹田爲精氣神之舍，而不著所處，故爲别白之。

又　卷九　經史意一而體二。經可言命，而史自不可言之。史雖不可言命，至于家人相與之際，一嚬一笑，小或係于女氏之貴賤，大或係于邦國之盛衰，是必有數存乎其閒，未能遽以人事斷也。如薄姬一遇而得子，元后之享國六十餘年，得非天歟？《史記・外戚世家序》及《西漢・外戚傳序》論夫妃匹之合，俱以爲在命，則此誠爲得。自餘皆不可以言命。蓋作史之體，務使聞之者知所勸戒，而有以聳動之。故前世謂史官權與宰相等，苟一切以聽之命，則褒貶之權輕。褒貶之權輕，則聳動之具去矣。又安用夫史筆爲哉？

又　卷一〇　静生于動。而復歸于動。則所謂静者，特須臾之静耳。惟動亦然。昧者不知。作力以止動。刻意以求静，然後是非相繆，動静兩失。甚者或喪其心，或亡其身。【略】但老子于動静中，知其所以來，又知其所以去。時動時静，莫不在我，故能觀萬物之復。

又　逸文二　聖人之心如日，賢人之心如燭，又其次，煨燼中微明耳。日中照天下，片雲翳之，曖然以昏。椽燭煌煌，盲風滅之，離婁無所睹焉。爲日而曖然以昏，爲燭而無所睹，其日與燭之罪歟？有物以賊之。雖有六龍之駕，十圍之炬，顧不如煨燼之中之微明也。蘊微明於煨燼之中，似有而若無也，似無而若有也。是固無所取者，有能推而廣之，或可以燎原，或可以亘天。此莊生所謂滑疑之曜，聖人之所圖者也。聖人則知所以圖之，衆人則惟有任之而已。任之之久，必將以堅白之昧，終吾如微明焉，何哉。

又　大抵人不能常動，亦不能常静。常動則膠於陽而有以失於陰，常静則膠於陰而有以失於陽，陰陽偏勝則傷之者至矣。流俗蚩蚩，乃欲制動以求静。静者未至，而動者先與吾敵，則其病又豈止於偏勝也耶？吾將見百骸之不理，四體之不舉也。吾能持一静於萬動之中，寓萬動於一静之中，是終日動而未嘗動，終日静而未嘗静也，而又何病焉？司馬子微有言曰：「東心太急，令人發狂。」東坡題静勝軒亦云：「鳥囚不忘飛，馬縶不忘馳。静若不自勝，不如聽所之。」皆所以斥偏勝之患也。然束心太急，則所謂揠苗者也。聽其所之，則所謂不耘苗者也。若夫交相爲養，則所謂與時偕行者矣。至其終日動静而未嘗動静，則又非時之所能囿也，其乾道變化者乎，其鼓之舞之以盡神乎。

元・李冶《敬齋古今黈》卷一　東坡謂：梁昭明不取淵明《閑情賦》，以爲小兒强解事。《閑情》一賦，雖可以見淵明所寓，然昭明不取，亦未足以損淵明之高致。東坡以昭明爲强解事，予以東坡爲强生事。

又　卷九　《中庸》：「君子之道費而隱。」鄭云：「言可隱之節也。費猶佹也。道不費則仕。」釋文云：「費，本又作拂，同扶拂反，猶佹也。佹，九委反。」鄭以費爲佹。佹即違拂之意，謂世道相違，則君子隱而不仕。《過庭録》説費即顯也，讀如惠而不費之費，出而被乎外之名。此所以爲闇然而日章，意謂雖隱而能顯云爾。康成則全屬上文，故獨明隱操而改其字。《過庭》則兩屬上下，故推廣隱德而倒其語。費實費用，今改讀拂音，而訓之爲佹。《中庸》本無此義。「君子之道費而隱」，不言隱而費，又何以爲闇然而日章乎？二説俱不得其當。晦菴謂：費，用之廣也。隱，體之微也。以首下章而爲之説。曰：君子之道，近自夫婦居室之閒，遠而至於聖人天地之所不能盡。其大無外，其小無内，可謂費矣。然其理之所以然，則隱而莫之見也。若晦菴之説，是真得子思之旨者也。《易》曰：神無方而易無體。一陰一陽之謂道。繼之者善也，成之者信也。仁者見之謂之仁，智者見之謂之智。百姓日用而不知，故君子之道鮮矣。理蓋與此同之。

又　《中庸》：「素隱行怪，後世有述焉，吾弗爲之矣。」鄭氏謂：素讀如「攻城攻其所傃」之「傃」，傃猶鄉也，言方鄉辟害隱身，而行佹譎，以作後世名也。班孟堅《藝文志》作「索隱行怪」。顔師古注云：「求索隱暗之事。」石林先生以班、孟俱爲臆決，云「素」當作「素王」之「素」，謂無所爲而行怪也。李子曰：夫有所爲而行怪，則固姦人也，無所爲而行怪，則直下愚耳，安能使後世有述乎？此「素」當同「不素餐兮」之「素」。孔子曰：「隱居求之，未見其人，舉逸民，天下歸心。」又曰：「逸民：伯夷、叔齊、虞仲、夷逸、朱張、柳下惠、少連。」則隱逸者初非孔子之所擯也。然而孔子之所與者非庸庸者也，必也身有其德而退藏于密，始得謂之隱者也。彼無一德之可取，而徒窮蹙于寒鄉凍谷之中，是則素隱者耳。素隱而行怪僻之事，庶乎後世之有傳焉，宜吾夫子之弗爲也。行怪者不主于佹譎誕幻之屬。凡怪僻崖異，有不近于人情者，皆得以言之。

又　《敬齋古今黈》附録《泛説》　翰林視草，惟天子命之。史館秉筆，以宰相監之，特書佐之流，有司之事耳，非作者所敢自專，而非非是也。今者猶以翰林史館爲高選，是工諛譽而善緣飾者爲高選也，我恐識者羞之。

元・蘇天爵《國朝名臣事略》卷一三《内翰李文正公》　按：公與翰院諸公書云：「諸公以英才駿足，絶出之學，高躡紫清，黼黻元化，固自其所。而某也，孱資瑣質，誤恩偶及，亦復與吹竽之部，律以廉耻，爲幾不韙耶。諸公愍我耄昏，教我不逮，肯容我竄名玉堂之署，日夕相與，刺經講古，訂辨文字，不即叱出，覆露之德，寧敢少忘哉。但翰林非病叟所處，寵禄非庸夫所食，官謗可畏，幸而得请投跡，故山木石與居，麋鹿與游，斯亦老朽無用者之所便也。

元・李冶《敬齋古今黈》卷九　《晦菴語録》：「或問《大學》知止便是知至否？曰：知止，則知事之所當止。知至，則心之知識無不盡。」李子曰：知止，則所謂知止而后有定。知至，則所謂物格而后知至。兩者意不得以相通。不惟意不相通，其語亦不相類。蓋知止者，謂知其所止也。若知至，則吾之所當知者自至耳。且知止云者，猶治國、齊家、修身、正心、誠意、格物之辭也。知至云者，猶物格、意誠、心正、身修、家齊、國治之辭也。此其語又安得以一類推之？大抵晦菴之論，佳處極多，然窒礙處亦不可以毛舉也。學者正當反覆與奪之。若乾卦之知至，則又别矣。

元・李冶《敬齋古今黈》卷一　楊誠齋詩，句句入理。予尤愛其送子一聯云：「好官難得忙不得，好人難做須著力。」著力處政是聖賢階級。若夫淺丈夫少有異于人，必責十百之效于外。一不我應，悻悻然以舉世爲不知己。方扼腕之不暇，顧肯著力于仁矣乎？故終身不能爲好人。

又　卷四　黄霸爲潁川太守，宣布詔令，令民咸知上意，使郵亭鄉官皆畜雞豚，以贍鰥寡貧窮者，然後爲條教。置父老師師佐長，班行之於民閒，勸以爲善防姦之意。及務耕桑，節用殖材，種樹畜養，去食穀馬，米鹽靡密。初若煩碎，然霸精力能推行之，聰明識事，吏民不知所出，咸稱神明。姦人去入他郡，盜賊日少。霸力行教化而後誅罰，務在成就全安長吏，治爲天下第一。前後八年，郡中愈治，鳳皇神爵數集郡國，潁川尤多。天子下詔稱揚，以爲田者讓畔，道不拾遺，吏民嚮於教化，興于行誼，可謂賢人君子矣。其賜爵關内侯，黄金百斤。及代丙吉爲丞相，總綱紀，功名損於治郡。時張敞舍鶡雀飛集丞相府，霸以爲神爵，議欲以聞。敞奏霸，以爲挾詐干名。霸又薦史高可太尉，天子使尚書召問，且令受丞相對。霸自是後不敢復有所請。李子曰：聖賢不能違時而能順時，苟非其時而强爲之，不仆必顛。觀霸之始爲潁川也，其用志亦遠矣。既爲丞相，蓋將使天下之廣爲一潁川之治也，而宣帝之心則有異于是焉。宣帝爲政，務欲使天下之人，雖一毫髪之細，蔑敢有欺于我。生殺予奪，惟我所欲。是則宣帝之心也。霸乃欲班布教化，一如潁川時，則所謂東南兕而西北矢也，庸烏得而合乎？若張敞之刻峭，則真與宣帝同之，故出一言以劾霸，而霸不復振，亦理勢之常也。敞舍鶡雀飛集丞相府，霸以爲神爵，欲以聞。而敞遽奏之，帝遽信之，而霸以是疏，何帝之不諦如是甚耶？夫霸之神鶡雀也，此亦微瑕細纇。初不足咎，况欲以聞之而實未以聞乎？帝乃以此罪霸。至召上計吏，使侍中臨飭，如敞指意，則宣帝之于大臣，恩亦薄矣。蓋宣帝之心與霸本殊，雖以一時之譽而相之，其論議大事，必多有以忤意，特無以爲名誚之耳。一聞敞言，則謂霸之所爲，皆無事實。張皇布濩，衹以虚名撼我。今又以鶡雀自爲治政美應，則其佹儒欺君，其來審矣。可不黜之乎？此所以疏霸而無疑也。噫，常人之情，與己少同則親，與己少異則疏。自古及今，其孰不然？何獨漢宣帝一人而已哉。吾姑借霸行事，以明夫人情同異之别云。

世之勸人以學者，動必誘之以道德之精微。此可爲上性言之，非所以語中下者也。上性者常少，中下者常多。其誘之也非其所，則彼之昧者日愈惑，頑者日愈媮。是其所以益之者，乃所以損之也。大抵今之學非古之學也，今之學不過爲利而勤爲名而修爾，因其所爲去聲而引之，則吾之勸之者易以入，而聽之者易以進也。求之前賢，蓋得二説焉。齊顔之推《家訓》云：「自荒亂以來，諸見俘虜，雖百世小人，知讀《論語》《孝經》者，尚爲人師。雖千載冠冕，不曉書記者，莫不耕田養馬。以此觀之，安可不自勉耶？若能常保數百卷書，終不爲小人也。」諺曰：積財千萬，不如薄技在身。則今人所謂良田千頃，不如薄藝隨身者也。」韓退之爲其姪符作《讀書城南》詩云：「金璧雖重寶，費用難貯儲。學問藏之身，身在即有餘。」則今世俗所謂一字直千金者也。古今勸學者多矣，是二説者，最得其要。爲人父兄者，蓋不可以不知也。

元·李冶《敬齋古今黈》附録《泛説》 我聞文章有不當爲者五：苟作，一也；徇物，二也；欺心，三也；蠹俗，四也；不可以示子孫，五也。今之作者異乎我所聞矣，不以爲所不當者之爲患，惟無是五者之爲患。

又 或問學，李子曰：學有三，積之之多，不若取之之精，取之之精，不若得之之深。【略】

又 李子年二十以來，知作爲文章之可樂，以爲外是無樂也。三十以來，知搴取聲華之可樂，以爲外是無樂也。四十以來，知究竟名理之可樂，以爲外是無樂也。今五十矣，覆取二十以前所讀《論》《孟》《六經》等書讀之，乃知曩諸所樂，曾夏蟲之不若焉。尚未卜自今以往，又有樂於此也以否？

元·李冶《觀主人植槐》蘇天爵《國朝文類》卷三 主人有佳樹，移植庭之隅。繁柯雖剪去，不敢觸根株。朝溉復夕灌，乳井幾成枯。諷誦角弓詩，古人能起予。愛樹尚如此，愛士當何如？

又 《楊白花》蘇天爵《國朝文類》卷四 帝家迷樓春晝長，紫笙吹破百花香。葡萄凝碧琥珀光，燕語鶯啼空斷腸。枕帷紅淚灑瀟湘，玉鏡臺前添午粧。茜羅緩帶雙鴛鴦，蝴蝶趁雪上釵梁。千里萬里雲茫茫。

又 《瀟湘夜雨》蘇天爵《國朝文類》卷四 遠寺孤舟墮渺茫，雨聲一夜滿瀟湘。黄陵渡口風波暗，多少征人説故鄉。

又李冶《墨海棠》 漢宫愁絶冷臙脂，一醮劉郎兩鬢絲。甲帳夜寒錦燭短，六銖雲帔獨來時。

又李冶《姑蘇臺》曹學佺《石倉歷代詩選》卷二七九 《元詩四九》

吴王宴罷歌臺晚，斜日清江映欄檻。臺上西施醉捧心，江邊東越愁嘗膽。鴟夷裹尸去不還，麋鹿散迹遊其間。秋深明月照高樹，鷩烏啼落丹楓寒。功名獨羡陶朱子，一葉扁舟弄雲水。

附 金·元好問《遺山集》卷九《和仁卿演太白詩意二首》

蕭蕭窗竹動秋聲，紫極深居稱野情。静坐且留觀衆妙，還丹無用説長生。風流五鳳樓前客，寂寞千秋身後名。鮮道田家酒應熟，詩中只合愛淵明。

蕭蕭窗竹動秋聲，簷間白雲澹以成。白雲朝飛本無意，白雲暮歸如有情。淵明太白醉復醉，季主唐生鳴自鳴。四十九年堪一笑，昨非今是可憐生。

雜録

元·王惲《開府儀同三司中書左丞相忠武史公家傳》王惲《秋澗先生大全文集》卷四八　北渡後，名士多流寓失所，知公好賢樂善，偕來遊依，若王滹南、元遺山、李敬齋、白樞判、曹南湖、劉房山、段繼昌、徒單顒軒，爲料其生理，賓禮甚厚。暇則與之講究經史，推明治道。

清·阮元等《疇人傳》卷二四《李冶》　論曰：立天元術，算氏至精之詣也。明季數學名家，乃不省爲何語，而其術幾亡矣。梅文穆公瑴成供奉内廷，我聖祖仁皇帝授以西洋借根方法，始知西洋借根方即古之立天元術，于是其學復明於世。冶所撰《測圓海鏡》《益古演段》並著録《欽定四庫全書》，元視學浙江，從文淵閣抄讀，屬元和縣學生李鋭覆校算式，貽歙縣學生鮑廷博刊入《知不足齋叢書》，以廣其傳。江都貢生焦循又作《天元一釋》，闡其奥義，洞淵遺法，庶幾千古永存矣。

清·施國祁《敬齋古今黈跋》施國祁《禮耕堂叢説》　《永樂大典》一書，顛倒篇章，割裂文句，誠淺夫之所作也。然其時舊本已亡，搜采殊富，故今人多從此伐山而拾瀋焉，梓而傳之。率世所罕覯者，即如金儒李仁卿《敬齋古今黈》一書，聚珍版刻凡八卷。先時讀之，驚其上下千古，博極群書，欣所未見。而《名臣事略》不詳卷目。比在吴門張訒庵家得見元書。系舊鈔足本，凡十(一)[二]卷，前後序跋皆無，爲明萬曆庚子武林書室蔣德盛梓行者。核其目，計四百五十八則。取聚珍版校之，僅得十之六，尚遺其四。至所引文中，前後顛亂，遺脱不少。其脱前者三則，三卷馬援上，又約輕上，五卷通鑑文上。脱後者十一則，一卷三百下，又國風下；二卷灌夫下，又石林下，又中原下；三卷齊梁下，又大宛下；五卷草可下；七卷淵明下，又延年下；□卷鄰韻下。中脱者一則，六卷法帖條。前後俱脱者三則，一卷長發條，三卷秘監條，四卷臣工條。間脱者三則，一卷嘤嘤條，四卷應劭條，七卷典論條。大不同者一則，三卷黄霸條。其誤皆自《大典》，非聚珍之過。因勸訒庵將足本校而刻之，終以仁卿生於間代，衹見諸元遺山《桐川太白》等詩，其行事罕詳，爲告之曰：元人蘇天爵《名臣事略》所引碑文記序，載李文正事甚備。且考其名而重有慨焉。仁卿生於大定庚子，至正大庚寅登收世科，同榜自詞賦李瑭、經義孟德淵外，有劉從禹虞卿、孟攀麟駕之、任亨甫嘉言、龐漢茂宏。已五十有一歲。授高陵主簿，辟推鈞州。金亡，北渡講學著書，祕演算術，獨能以道德文章，確然自守，至老不衰。即其中統召拜後與翰林諸公書云云，其本意大可見。蓋在金則爲收科之後勁，在元則占改曆之先幾。生則與王滹南、李莊靖同爲一代遺民，没則與楊文獻、趙閑閑並列四賢祠祀。嗚呼，其學術如是，其操履又如是，何後人不察，謬改其名，呼治爲冶。乃與形雌意蕩之女道士李季蘭相溷。吁，可悲已。今其言具在，其名亦正。倘能付諸剞劂，傳示當世，庶使抱殘守缺者得見全璧，豈非大惠後學哉？

清·黄廷鑒《書敬齋古今黈》　武英殿本《敬齋古今黈》八卷，輯自《永樂大典》者，爲世間未見之書。道光甲申，張月霄復購得士禮居所藏舊鈔李氏原書十二卷，首尾俱完，惟十一卷後即接十二卷終。而誌刊刻年月姓氏二行。疑此二卷兩有殘闕，一失其尾，一失其首，遂誤連爲一卷耳。是書今歸嫏嬛仙館。夏月假讀，從殿本逐條對勘一過，始知《永樂大典》中亦據此本收入者也。考是編，《史》本傳著有四十卷，想系先時未定之目，迨後定本則爲十二卷。又鈔帙僅存，至萬曆間始一刊刻，仍流傳未廣，故自來藏書家皆未著録。今按：殿本八卷，計二百九十二條，見於原本者計二百二十四條。殿本外增多二百五十五條，其殿本有而原本闕者六十九條。使全書果爲四十卷，則《大典》中零篇彙輯，不應於此十二卷中已得十之八，而於三十卷中僅得十之一二。以此證之，則《大典》所收即此十二卷之本無疑。其殿本多出之條，即爲此本十一、十二卷之闕葉，數適符合也。竊念是書自明以來久無傳本，幸際右文之代，睿藻褒題，海内學者始獲睹李氏之書。然猶惜其僅存五之一而不無所歉。何幸一旦原本復出，雖少有殘闕，得《大典》本補之，遂成完書，並知此書之卷帙止有此數，而不必致慨於四十卷之亡佚過半也。蓋沈晦幾五百年，至昭代而全書復顯於世，夫豈偶然？不可謂非藝林中增一快事也。緣衰年目昏手鈍，艱於繕寫，衹取殿本所闕者，按卷録爲二册，復即原書篇次，輯爲總目附後，俾異日可合殿本依目重録，以還舊規。或謹依四庫例分類成續編，附殿本之末。願以俟後之君子讀是書者。道光丁亥閏月下澣，海虞後學黄廷鑒書。

清·繆荃孫《敬齋古今黈跋》　元儒李仁卿治《敬齋古今黈》一書，館臣從《永樂大典》輯成八卷，編入《四庫》。又交武英殿以聚珍版印行，久已風行海内。後見《愛日精盧藏書志》有此書十一卷足本，心焉慕之。戊子冬日，在滬肆收得仁和勞季言手鈔黄琴六本，爲明萬曆庚子武林書室蔣德盛梓行者，前後無序跋。核其目，計四百五十八則。乙未，在武昌刻入叢書，而輯聚珍所存原書所缺爲補遺二卷。己亥，又獲愛日精廬所藏明鈔本，即黄本所自出。細心讐校，聚珍版之誤，施北研跋詳言之。【略】此書蘇天爵《名臣事略》作四十卷，《元史》因之。黄琴六以十二卷爲足本。以《大典》所收在此本外者，疑爲十一卷之尾，十二卷之首脱文之中。然此書每卷止十四五葉，十一、十二並卷亦十四葉，補遺兩卷共二十八葉，似非兩半卷所能容。荃孫疑四十爲十四之誤，則多寡相稱。明刻缺後兩卷，又無序跋，似非完本。傳鈔時又誤合十一、十二卷爲一耳。施北研跋以爲李治非李冶。荃孫考元王惲《中堂紀事》卷三，徵君李治授翰林學士，知制誥，同修國史。注：李仁卿，欒城人，前進士。金少中大夫程震碑，欒城李治題額，石本作「治」，爲北研得兩佳證，可訂諸書傳寫之失。光緒壬寅上元後一日，江陰繆荃孫跋。

又案：《元遺山集·寄庵碑》：先生子男三人：長曰澈，方山抽分窯冶官。次曰治，正大中收世科，徵仕郎，高陵主簿。次曰滋。兄澈弟滋，偏旁皆从水，則仁卿名治，更無可疑者。癸卯春三，荃孫再跋。

元·李治《真定府元氏縣重修廟學記》至元十九年七月十五日 泰和中，胡沙虎知大興府事，蔑棄王法，虐殺不辜。我先人東平府君，列職推幕，不忍庶戮之横，日争曲直。虎積鬬怒，欲陷先人死地，誣以借向漢人。先人亦慮苕折卵破，盡遣幼弱還里閭。當時治垂髫兒，因挾書從師元氏縣學中，常顧覘其禮殿巍如，兩廡翔如，論堂邃如，齋房縝如，門楣閎如，垣墉環如，園圃縟如，豐碑矗如，高樹蓊如然，目擊其盛美，而童心懵其所以爲美也。爾後之河（間）［東］，之遼東，載之燕，之關中，之京洛，川途逾萬里，日月逾兩紀，曉然悉其所以爲盛美者。奈之何干戈之鬨，而斯文之昧昧也。俗專以健鬬爲雄，官切以武功命爵，視痒序之有無，不足以與吾事，是宜巍者庳，翔者鎩，邃者豁，縝者剥，閎者夷，環者圮，縟者榛，矗者仆，蓊者髡，萬方一槩，未始有别也。壬辰北渡，寓跡太原，竊謂彬蔚之風，没齒不復見，而詔旨丁寧，令之鬬學館、復儒户者無曠歲。意忽大快，以爲橋門冠帶，匪朝伊夕，及閒遇山東故人，問元氏廟學，乃猶在一槩之例，反更戚焉不樂。雖然，私心眷眷於舊游之地，擬之以爲菟裘計者，未嘗須臾忘之。塵鞅掣人，歲辛亥，僅獲宿昔之願，首謁宣聖祠，則其所見，乃與所聞大不同。凡鄉之所謂盛美者，莫不横陳乎其前。惟是翔如、邃如者，少變於曩時焉。即所見而憶所聞，深疑説者之誕。周爰咨諏，乃知既壞而復者，實在於己酉、庚戌之交，大府都祭酒張德輝倡率之，教官王昱平天瑞，鄉耆張誠輩作新之，彼説者之不同，特未覩其巨麗耳。胷中之疑，固已涣然冰釋矣。少變於曩時者，猶之爲甚病。歲乙卯，彦明輩復與邑丞鄭圃董輔君謀之。無幾何，鎩者翔而剥者邃矣。已而，都察酒喜厥功之克就，即會諸君落之，孔偕孔嘉。客有擧大白屬治者曰：「聖人恢張文治，陶鑄士類，有經緯兩儀之德，兹不可以無述，一也；作者振起墜緒，撲斲梓材，有扶持素教之勞，兹不可以無述，二也；子童也，書於斯讀，子老也，居於斯卜，中廢攬懷，今興溢目，兹不可以無述，三也。合是三者，子盍以文揭示後之賢令長，泉邑中之儒衣冠，與夫樂於爲善，而勇於爲義者，使時時而踵修之，以逆蠲其庳豁剥夷圮榛仆髡赭之患，不其偉歟。而治不敢以不敏辭。於是次其所見所聞，而復作歌以系之曰：

屹彼西山，薈兮雲行。靈雨其零，草木怒生。皇帝御極，顯猷允塞。璧度奎躔，維民之則。載新辟雍，泮水攸同。曰儒不徵，風動萬邦。邑槐之陽，廟學自昔。既闔孰章，既傾孰葺。張子是經，昱、瑞是營。誠也是攻，董子演成。有客有客，嘻能事畢。亟伐聖珉，騰兹茂實。天地三綱，古今五常。豈獨齊魯，擅禮義之鄉。道不遠人，可離非道。金石有聲，聲在擊考。宫從則諧，否則謔乖。式告來哲，尚其嗣哉。

宋秦九韶

傳記

清·錢大昕《十駕齋養新録》卷一四《數學九章》 然則九韶先世蓋魯人而家於蜀者也。《李梅亭集》有《回秦縣尉九韶謝差校正啓》云：「善繼人志，當爲黄素之校讎。肯從吾遊，小試丹鉛之點勘。」秦少遊元祐中嘗校對黄本書籍，九韶豈其苗裔耶？李梅亭嘗爲成都漕，九韶差校正，當在其時。其任何縣尉，則無可考矣。嘉熙以後，蜀士陷没，寄居東南，故得與直齋往還也。予又考《景定建康志》得二事。其一「通判題名」有秦九韶。淳祐四年八月，以通直郎到任。十一月，丁母憂解官離任。其一「制幕題名」，寶祐間，九韶爲沿江制置司參議官。又《癸辛雜識》稱：九韶，秦鳳間人，與吴履齋交尤稔，嘗知瓊州，數月罷歸。晚竄梅州以卒。合此數書觀之，九韶生平仕宦蹤跡，略可見矣。

清・阮元等《疇人傳》卷二二《秦九韶》　秦九韶字道古，秦鳳間人也。寓居湖州。少爲縣尉。淳祐四年，以通直郎通判建康府。寶祐間爲沿江制置司參議官。或以術學薦於朝，得對。後知瓊州，又知梅州。卒於梅。著《數學九章》九卷。

紀事

宋・陳騤《南宋館閣續録》卷七　秘書省，提舉編修國朝會要。【略】少監。【略】嘉定以後二十人：【略】秦季槱。字宏父，普州安岳人。紹熙四年，陳亮榜同進士出身。治《春秋》。十七年九月除。寶慶元年六月，除直顯謨閣，知潼川府。

又　卷九　國史院編修官【略】寶慶以後十一人：秦季槱。元年正月，以秘書少監兼。

又　實録院檢討官【略】寶慶以後十一人：秦季槱。元年正月，以秘書少監兼。

宋・周應合《［景定］建康志》卷二四《建康府通判題名・通判廳・東廳壁記》　秦九韶，通直郎。淳祐四年八月到任，十一月丁母憂，解任。

宋・秦九韶《數書九章・序》　九韶愚陋，不閑於藝。然早歲侍親中都，因得訪習於太史，又嘗從隱君子受數學。際時狄患歷歲遥塞，不自意全於矢石間，嘗險罹憂，荏苒十祀，心槁氣落，信知夫物莫不有數也。乃肆意其間，旁諏方能，探索杳渺，粗若有得焉。

明・《鄞縣誌》卷八　紹定二年十月，秦九韶擢縣尉。

清・姚觀光　錢保塘《涪州石魚文字所見録・瑞鱗古跡》　郡守李瑀公玉、新潼川守秦季槱宏父、郡糾曹椽何昌宗季文、季槱之子九韶道古、瑀之子澤民志可同來遊。石魚閲八年不出，今方了然，大爲豐年之祥，此不可不書。寶慶二年正月十二日。涪州太守。

雜録

宋・喬行簡《孔山文集・拾粹・恭賀秦季槱得子》　探春到，岷儒聽鶯報，玉燕來早。堯舜德之韶，明月弄清曉。夜塵不浸銀河水，金盆供新澡。鎮帷犀，護緊風螽，秀藏芝草。星斗燦懷抱。【略】戊辰四月乙卯。

宋・李劉《四六標準》卷三六《回秦縣尉謝差校正九韶啓》　善繼人志，當爲黄素之校讎；肯從吾遊，小試丹鉛之點勘。表微愧甚，嘗巧可乎？恭維某官，心夷而志崇，齒新而意宿。試劍馳馬，早欲范王良之軀；遊刃解牛，今將進庖丁之道。綵棒行施於北部，青氈會憶與西崑。今開萬卷餘，義理在文辭之表；端能正幾字，始終有條理之科。所望遠來之朋，共成相勸之善。卿自用卿法，在良弓之子，必學爲箕；人患爲人師，然他山之石，可以攻玉。

宋・陳振孫《直齋書録解題・曆象類》卷一二　《崇天曆》一卷。司天夏官正、權判監宋行古等撰。天聖二年上，學士晏殊序。國初有建隆《應天曆》，次有《乾元曆》《儀天曆》，詳見三朝史志。太祖建隆《應天》，太宗太平興國《乾元》，真宗咸平《儀天》，仁宗天聖《崇天》。《紀元曆》三卷、《立成》一卷，姚舜輔撰，崇甯五年成。自《崇天》之後，有《明天曆》，熙寧《奉元曆》，元祐《觀天曆》，至崇寧三年，舜輔造新曆曰：占天未幾，蔡京又令舜輔更造，用帝受命之年即位之日元起，庚辰日名巳卯，上親制序，頒之天下，賜名《紀元》。本朝承平，諸曆略具，正史志不見全書。此二曆近得之蜀人秦九韶道古，故存之。英宗治平《明天》，熙甯元年復《崇天》，熙寧七年《奉元》，哲宗元祐《觀天》，徽宗崇甯《紀元》。

宋・王埜《寶祐續題名記》《沿江制置司題名》卷二五　國朝之制，凡州縣吏一命以上，非堂授則銓注，不可以自選也。可自選而辟召者，惟二三閫寄，此大幕府所以號小朝廷也。然命於上者，其賢不肖人不一，不能盡滿人意。諺曰：非我致也。選於下者，必氣類之相感，才德之相若。苟非其人，則將諉諸誰乎？韓子所謂「知其客可以知其主，知其主可以知其客」，顧不甚重也！

淳祐十有二年春，今叨恩分閫金陵，望輕責重，凜然懼不克濟，東僚羅士皇皇如不及。蓋不徒取虚名，必求其實用，不徒取其婉畫，必資其忠規；不徒取其苟同，必盡其異見。閲歲再期羅而致者，寖廣智足以造謀，材足以立吏，忠足以勤上，惠足以存下，而又侈之以詩書六藝之學，其眂湖南之賓客殆無愧焉。故雖才品或殊、職守有異而相觀爲善者，莫不粹然一出於正，是亦一時之盛也。

幕府舊有題名，間亦斷續。偶得正石，乃斷。自餘始至第其姓氏，大書刻之。後之來者，隨考而系其下。諸君求余言，余諗之曰：人才之在天下，用而後見，久而後知。知於今者，必有以驗於後；觀其始者，必有以要其終。余之與諸君游於此也，豈特爲一府之用哉！蓋將聚天下之才，爲天下之用，諸君益養其器業之成，勿畔其所守，而志其遠者、大者，繇是而流聲實於天朝。人曰：此沿江之賓客也，則豈惟諸君之榮，抑亦予之榮懋之哉！遂刻其語于石云。時寶祐二年六月既望，金華王埜記。

【略】寶祐【略】秦九韶。

宋・李曾伯《可齋續稿後卷》卷六《回宣諭兵糧奏》　寶祐【略】六年【略】六月，【略】臣今月二十六日承閣長鄧克中六月十一日聖旨，宣諭兵糧二事【略】臣所准聖諭，秦九韶者，臣本與之素昧。今年正月初，忽至長沙，持淮閫書相囑，令位置之。臣是時即諭以此行入廣，恐無可相處，即送之以禮。九韶乃欲索回淮閫之書，謂數千里攜家而來，不可徒還。臣重於違淮閫之意，卻之而去，慮其以言語相誤，實亦能深知其人也。未幾徑來廣中，適瓊莞闕守，應飛亦加從臾，遂令暫權。所以未敢奏申，乞與爲真，亦疑之也。今恭奉聖旨，臣即已作書，且喚之回幕。目前擇守亦難其人，只得輟幕中之士，令參議官陳夢炎俾往權管，旦夕即便啓發。俟九韶到此，臣當後遣以遣其出境。如夢炎儒雅而曉暢，必能保海濱之安。

又　臣六月二十八日遣遞具奏甫畢，隨領當月十三日遞承苑使劉竴六月十二日午時恭奉聖旨【略】瓊欽宜缺守瓊，已差陳夢炎往替秦九韶。

又　七月，【略】臣今月有一二事，正欲具奏。午時收初三日遞承閣長關德亭付下，恭奉聖旨宣諭文字二件【略】又准聖諭，以臣昨奏柳州闕守，乞除陳夢炎。仰蒙聖慈特賜矜從，頒下成命，臣已祗領訖。但近因恭奉聖旨，喚回權瓊州秦九韶，臣以一時艱於擇代，已委夢炎往權瓊莞，既而正以前奏未報，尚令少留，卻權委知南寧軍，曾先暫管瓊州，替秦九韶回司。

宋・劉克莊《後村先生大全集》卷八一《掖垣駁繳・繳秦九韶知臨江軍奏狀》　准中書門下省送到録黄一道，爲秦九韶差知臨江軍令。臣等書行書讀，須至奏聞者。

右臣等竊見九韶除目初下，輿論沸騰。臣等即欲駁論，而録黄旬日始至，後省則聞九韶已爲台臣所劾罷郡。臣等若可以已，又恐妨同除諸人。龜勉書黄未發，間訪外議，皆謂罪罰未當罪。蓋其人不孝、不義、不仁、不廉之事，具載丹書，臣等不復縷數，姑以後省舊牘考之：去秋有江東議幙之除，首遭駁論。其冬又除農丞，前去平江，措置米餫，後省再駁，其命遂寢。奉祠猶未一年，以郡起家。若使其真有材能，固不可以一眚廢。今通國皆謂其人暴如虎狼，毒如蛇蠍，奮爪牙以搏筮，鼓唇吻以中傷，非復人類。其未出蜀也，潰卒之變，前帥藏匿某所，九韶指示其處，使凶徒得以甘心。人死我活，有愧戴覆。倅蘄妄作，幾激軍變；守和販鹺，抑賣於民。寓居霅之關外，凡側近漁業之舟，每日抑令之錢有差，否則生事誣陷，大爲閭裏患苦李曾伯帥廣，委攝瓊管，則九韶至瓊僅百許日，郡人莫不厭苦其貪暴，作卒哭歌，以快其去。其見於鄉行、見於官業如此。親莫親於父子。九韶有子得罪於父，知九韶欲殺之也，逃生甚密。九韶百計搜求，得之，折其兩脛。其見於家行者又如此。而不自循省，不知斂退。得郡未厭，方且移書修門，雅意本朝，其所以譸張無忌憚至此者，以其所居密邇行都，小舟易服，鑽刺窺伺，無所不用其智巧。後省雖曾駁論，去歲兩疏，反成薦書，彼將何所懲創而不覆出爲惡乎？臣等欲望聖斷，將九韶更加鐫黜，屏之遠郡，以懲凶頑，以快公論。庶使今後被台諫論列給舍繳駁得罪未久之人，不敢妄有幹請，稍存朝廷紀綱，亦可以清中書之務，不勝幸甚！所有前項録黄，臣雖書名而未發，謹録奏聞。

貼黄：臣等今繳奏，止是秦九韶。於内同黄魏近思等欲乞別項給黄，令臣等書行書讀，謹粘連隨狀繳奏。

宋・周密《癸辛雜識》續集卷下《秦九韶》　秦九韶字道古，秦鳳閒人。年十八，在鄉里爲義兵首。豪宕不羈。嘗隨其父守郡，父方宴客，忽有彈丸出父後，衆賓駭愕，莫知其由。頃加物色，乃九韶與一妓狎，時亦抵筵。此彈之所以來也。

既出東南，多交豪富。性極機巧：星象、音律、算術，以至營造等事，無不精究；邇嘗從李梅亭學駢儷詩詞；遊戲、毬、馬、弓、劍，莫不能知。性喜奢好大，嗜進謀身。或以曆學薦於朝，得對，有奏藁及所述《數學大略》。與吴履齋交尤稔。吴有地在湖州西門外，地名曾上，正當苕水所經，入城面勢浩蕩。乃以術攫取之。遂建堂其上，極其宏敞。堂中一間横亘七丈。求海桟之奇材，爲前楣，位置皆自出心匠。凡屋脊、兩翬、搏風皆以塼爲之。堂成七間，後爲列屋，以處秀姬，管絃、製樂、度曲皆極精妙，用度無算。

將持缽於諸大閫，會其所養兄之子與其所生親子妾通，事泄，即幽其妾，絶其飲食而死。又使一隸偕此子以行，授以毒藥及一劍，曰：「導之無人之境，先使仰藥。不可，則令自裁。又不可，則擠之於水中。」其隸僞許，而送之所生兄之寓鄂渚者，歸告事畢。已而寖聞其實，隸懼而逃。秦并購之，於是罄其所蓄自行，且求其子及隸，將甘心焉。

語人曰：「我且齎十萬錢如揚，維秋壑所以處我。」既至，遍謁臺幕。洪恕齋勳爲憲起而賀曰：「比傳令嗣不得其死，今君訪求之，是傳者妄也。可不賀乎！」秦不爲意。久之，賈爲宛轉，得瓊州。行未至，怒迓者之不如期，取馭卒戮之。至郡數月，罷歸，所攜甚富。己未透渡，秦喜色洋洋然。既未有省者，則又曰：「生活皆爲人攬了也。」時吴履齋在鄞，亟往投之。吴時將入相，使之先行，曰：「當思所處。」秦復追隨之。吴旋得謫，賈當國，徐摭秦事，竄之梅州。在梅治政不輟，竟殂於梅。其始謫梅，離家之日，大堂前大楣中斷，人謂不祥。

秦亡後，其養子復歸，與其弟共處焉。余嘗聞楊守齋云：往守霅川日，秦方居家，暑夕與其姬好合於月下，適有僕汲水庭下，意謂其窺己也。翌日，遂加以盜名，解之郡中，且自至白郡，就欲黥之。楊公頗知其事，以其罪不至此，遂從杖罪斷遣。秦大不平，然匿怨相交如故。楊知其怨己，每瞰其亡而往謁焉，直至替滿而往別之，遂延入曲室，堅欲苛留，楊力辭之，遂薦湯一盃，皆如墨色。楊恐甚，不飲而歸。蓋秦向在廣中，多蓄毒藥。如所不喜者，必遭其毒手。其險可知也。陳聖觀云。

清・焦循《里堂學算記・天元一釋》卷下 或謂李冶之説天元一爲演秦九韶之法。蓋以秦爲宋人，李爲元人，元宜在宋後也。循按：《元史》冶以至元二年卒於家，年八十八，是爲宋度宗咸淳元年，上溯生年，爲金世宗大定十九年，當宋孝宗淳熙六年。冶卒後十六年，元世祖始并宋。又按：秦九韶之名不著《宋史》，惟周密《癸辛雜識・續集》言九韶，字道古，秦鳳間人。《〈數學九章〉敘》自稱其籍爲魯郡。近盧氏補《宋史・藝文志》，因以九韶爲魯郡人，蓋失考核。年十八，在鄉里爲義兵首。既出東南，多交豪富。性極機巧，星象、音律、算術，以至營造等事，無不精究；從李梅亭學駢儷詩詞；花菴《中興絶妙詞選》云：李公甫，名劉，號梅亭。遊戲、毬、馬、弓、劍，莫不能知。性喜侈好大，嗜進謀身。或以曆學薦於朝，得對，有奏稿及所述《數學大略》。淳祐四年，韓祥請召山林布衣造曆，從之。薦九韶宜在此時。《數學大略》即《數學九章》。與吴履齋交尤稔。履齋即吴潛。吴有地在湖州西門外，地名曾上，正當苕水所經，入城面勢浩蕩。乃以術攫取之。「以術攫取」説亦荒渺。果如是，則忤履齋矣。何得又有從履齋事？建堂其上，位置皆自出心匠。齎錢如揚，遍謁臺幕。賈秋壑宛轉，得瓊州。至郡數月，罷歸。又言吴履齋在鄞，亟往投之。吴時入相，使之先行，曰：「當思所處。」秦復追隨之。吴旋得謫，賈當國，徐摭秦事，竄之梅州。在梅治政不輟，竟殂於梅。《癸辛雜識》所記甚詳，今撮其略。考賈鎮淮揚時，在理宗淳祐十年，當元憲宗時，履齋之謫，在景定初年。其殂梅之時，與冶之卒相先後，年齒未必大於李，況李居河北，秦處浙西，同時異國，不得謂李演秦説也。九韶爲秦鳳間人。若以秦鳳路言之，建炎間已入于金。九韶爲義兵首，年已十八，則年百餘歲矣。然秦鳳路所屬之階、成、岷、鳳四州，終金之世，未嘗去宋。九韶蓋此四州人。周密本舊時地名稱之耳。但爲義兵首，不知在何年，其年齒遂無可考。

又 九韶《數學九章・敘》標「淳祐七年」，是年歲次丁未，比戊申止前一年，冶書之不本於秦，明矣。郭守敬授時術用天元一算句股弧矢容圓。郭卒於仁宗三年，年八十六。上溯欒城敘書之年，相距七十載，邢臺時才十六歲。方冶學洞淵九容之説，蓋猶未生。邢臺之學，實欒城啓之。乃世祖至元十三年召修授時術，而冶已前卒。故一代製作，遂首推邢臺，無復知有欒城矣。學者稱秦在李前，或敘郭於李上，均非實也。

又 秦九韶爲周密所醜詆，至於不堪。而其書亦晦而復顯。密以填詞小説之才，實學非其所知。即所稱與吴履齋交稔，爲賈相竄於梅州，力政不輟，則秦之爲人，亦瑰奇有用之才也。密又述楊守齋之言，稱斷事不平，薦湯如墨，恐遭其毒手。此亦影響之言。又言以劍命隸殺所養子。又言聞透渡而色喜。密自標聞於陳聖觀，又惡知聖觀之非謗耶？乃九韶之履歷，頗賴此以傳，則謗之正所以著之耳。

清・郁松年《數書九章跋》 秦道古，《宋史》無傳。其出處始末僅載於《癸辛雜志》，而詞多詆毁，或失其平近者。江都焦孝廉循力辨其誣，洵足爲覆盆之照。故兼録於卷末，以俟知人論世之君子。道光二十有二年壬寅二月既望上海郁松年泰峰氏譔。

清・陸心源《儀顧堂題跋》卷八《原本數書九章跋》 題曰「魯郡」，著舊望也。案：韶，字道古，秦鳳間人。年十八，爲義兵首。後寓湖州，累官知瓊州。與吴履齋契合，爲賈似道所陷，謫梅州而卒。周密《癸辛雜識》敘其事甚詳，毁之者亦甚至。焦里堂力辨其誣。愚謂九韶既爲履齋所重，爲似道所惡，必非無恥之徒。能於舉世不談算法之時，講求絶學，不可謂非豪傑之士。父季槱，寶慶中官潼川守，九韶隨侍。見四川石魚題字。其人乃貴公子，非土豪武夫。其爲義兵首也，當以故家世族爲衆所推。自序云：「際時狄患曆歲遥塞，不自意全於矢石間」者，當在紹興十二年蒙古破興元時。至淳祐七年，卻近十年。故曰「(苒荏)[荏苒]十祀」也。焦里堂謂爲義兵首不知何年，殆未細考耳。密以詞曲賞鑒游賈似道之門，乃姜特立、廖瑩中、史達祖一流人物。其所著書謗正人，而於侂胄、似道多恕詞，是非顛倒可知。觀九韶所作十「系」，洞達事機，言之成理。其於經世之學，實有所得。惜宋季競尚空談，不能用其長耳。

清・查燕緒《重刻〈疇人傳〉後跋》 借根方之法出自宋秦九韶、元李冶天元一術。西法雖微，究其原，皆我中土開之。

清・陳崧《秦九韶〈數學九章〉書後》 自保氏失職，疇人分散，由漢唐而及宋代，此學遂微，即謂數術隸於六藝，而士大夫皆視爲鄙事，罕究厥旨。道古生當宋季，以倜儻不羈之士，處戎馬紛爭之秋，獨能習人所不習之事，傳人所不傳之術，可不謂別有嗜好者乎！

又 攷《疇人傳》云：道古曾知梅州而卒於梅。崧即梅人也。緬想遺徽，殊深景仰，故讀其書尤不敢爲之忽略云。

宋楊輝

傳記

清・阮元等《疇人傳》卷二二《楊輝》 楊輝，著《續古摘奇算法》，言古今算書，元豐七年刊入秘書省，又刻于汀州學校者十書，曰《黃帝九章》《周髀算經》《五經算法》《海島算經》《孫子算法》《張邱建算法》《五曹算法》《緝古算法》《夏侯算法》《算術記遺》。元豐、紹興、淳熙以來刊刻者，有《議古根(厚)[源]》《益古算法》《證古算法》《明古算法》《辨古算法》《明源算法》《金科算法》《指南算法》《應用算法》《曹唐算法》《賈憲九章》《通微集》《通機集》《盤珠集》《走盤集》《三元化零歌》《鈐經》《鈐釋》十八種。嘉定、咸淳、德祐等年所刊，又有《詳解黃帝九章》《詳解日用算法》《乘除通變本末》及《摘奇》四種。

清・阮元等《補疇人傳・楊輝》 楊輝字謙光，錢塘人。著《算法》六卷，其目曰《田畝比類乘除捷法》上，曰《田畝比類乘除捷法》下，曰《算法通變本末》，曰《乘除通變算寶》，曰《法算取用本末》，曰《續古摘奇算法》。(《楊輝算法》)

雜録

宋・陳幾先《日用算法跋》 錢塘楊輝以廉飭己，以儒飾吏，吐胷中之靈機，續前賢之奧旨，從奇而耦，由晦而彰，內可以知外，表可以識裏，其用心豈但爲運牙籌計金穀設而已哉？

明・程大位《算法統宗・算經源流》 《詳解黃帝九章》《詳解日用算法》《乘除通變本末》《續古摘奇算法》。已上俱出楊輝《摘奇》內。

清・阮元等《疇人傳》卷二二《楊輝》 論曰：輝所稱算書，十書而外，今無一存者。李冶《益古演段》序謂：「近代有某以方圓移補成編，號《益古集》，當即輝所謂《益古算法》也。」《測圓海鏡》有「《鈐經》載此法，以弦差率冪減丙行差冪，復以丙行乘之爲實，以差率冪爲法」之語。蓋敬齋時諸書皆尚存也。

清・羅士琳《續疇人傳》卷四七《楊輝》 論曰：輝所著書，載於《文淵閣書目》及《算法統宗》。云元豐、紹興、淳熙以來，刊刻十八種，又云嘉定、咸淳、德祐等年四種。其時算書甚多，今皆不傳。阮相國訪之三十年，通人學士俱未之見。嘉慶庚午，相國以少詹事在文穎館總閱《全唐文》，於《永樂大典》中鈔得楊輝《摘奇》及《議古》等百餘番。嗣督漕淮安，屬江上舍鄭堂藩排比整齊之，然掇拾殘賸之餘，究非全帙也。後聞蘇州黃蕘圃主事丕烈得宋刊《楊輝算法》，屬何君夢華元錫假録其副，知輝於此學未云深造。《田畝比類》重修《議古》截田諸問皆天元如積之術，其開方步法從橫布算之式，與秦道古《數書》同，此即出於中山劉君者也。《通變》卷內有代乘、代除各三百題，今市井俗人所謂「飛歸」者，正復相似。考《夏侯陽算經》已有「以幾添之身外減幾」之語，蓋此種超徑等接之術，已濫觴於唐以前矣。書中所稱《應用算法》《詳解算法》《指南算法》《九章纂類》《議古根源》《辨古通源》，及《統宗》所載各書，今皆未見，不審海內尚有流傳之本否也？序署「德祐乙亥」，爲宋瀛國公元年。又《法算取用本末》下有「史仲榮」名，未審何人，俟考。因《疇人傳》于楊輝未詳，蓋撰傳在得書之前，故爲補敘。

元趙友欽

傳記

元·陳致虛《上陽子金丹大要列仙誌·緣督真人》 姓趙，諱友欽，字緣督，饒郡人也。爲趙宗子，幼遭劫火，蚤有山林之趣。極聰敏，天文經緯、地理術數，莫不精通。及得紫瓊師授以金丹大道，乃搜羣書經傳，作三教一家之文，名之曰《仙佛同源》。又作《金丹難問》等書行於世。己巳之秋，寓衡陽，以金丹妙道悉付上陽子。六月十八日生。

清·阮元等《疇人傳》卷二八《趙友欽》 趙友欽，一曰名敬，一曰名友某字子恭，一曰字子公，一曰字敬夫，鄱陽人，一曰饒之德興人，弗能詳也。世稱緣督先生，宋宗(宗)[室]之子。著《革象新書》五卷。

又有《天文圖説》一篇，文不具。

友欽卒，葬於龍游之雞鳴山。龍游朱暉字德明，從友欽游，受《革象新書》。暉殁，其門人章濬徵宋濂序而刻之。

紀事

明·宋濂《革象新書序》 《革象新書》者，趙緣督先生之所著也。先生鄱陽人，隱遁自晦不知其名若字，或曰名敬字子恭，或曰友欽，其名弗能詳也，故世因其自號稱之爲緣督先生。先生宋宗室之子，習天官、遁甲、鈐式諸書，欲以事功自奮。一日，坐芝山酒肆中，逢丈夫修□方瞳，索酒酣飲，先生異而即之相與談者頗久。且曰：汝來何遲也。於是出囊中《九還七返丹書》遺之，臨別，先生問其姓名，曰：我扶風石得之也。得之蓋世傳杏林仙人云。先生自是視世事若漠然不經意間，往東海上獨居十年，注《周易》數萬言。時人無有知者，唯傳文懿公立極敬畏之，以爲發前人所未言。先生復悉棄去，乘青騾從以小蒼頭往來衢婺山水間，人不見其有所齎旅中之費，未嘗有乏絶，竟不知爲何術。倦遊而休泊，然而亡，遂葬于衢之龍游鷄鳴山。原有朱暉德明者，龍游人也，久從先生游，得其星曆之學，因獲受是書，而暉亦以占天名家，暉既没，其門人同里章濬深懼泯滅無傳，亟正其舛訛，刻於文梓而來徵濂爲之序。

雜録

清·阮元等《疇人傳》卷二八《趙友欽》 論曰：步算之書，苦於難讀。友欽罕譬曲喻，出以平易，其津逮來學之心至矣。小(隙)[罅]光景，乾象周髀諸篇，尤有深得。惟以「地平不當天半，地上天多，地下天少」，此則友欽之新説，於理不然也。

元王恂

傳記

明·宋濂等《元史》卷一六四《王恂》 王恂字敬甫，中山唐縣人。【略】六歲就學，十三學九數，輒造其極。歲己酉，太保劉秉忠北上，途經中山，見而奇之，及南還，從秉忠學於磁之紫金山。

癸丑，秉忠薦之世祖，召見於六盤山，命輔導裕宗，爲太子伴讀。中統二年，擢太子贊善，時年二十八。三年，裕宗封燕王，守中書令，兼判樞密院事，敕兩府大臣：凡有諮稟，必令王恂與聞。初，中書左丞許衡，集唐、虞以來嘉言善政，爲書以進。世祖嘗令恂講解，且命太子受業焉。又詔恂于太子起居飲食，慎爲調護，非所宜接之人，勿令得侍左右。恂言：「太子，天下本，付託至重，當延名德與之居處。況兼領中書、樞密之政。詔條所當遍覽，庶務亦當屢省，官吏以罪免者毋使更進，軍官害人，改用之際，尤不可非其人。民至愚而神，變亂之餘，吾不之疑，則反覆化爲忠厚。」帝深然之。

恂早以算術名，裕宗嘗問焉。恂曰：「算數，六藝之一，定國家，安人民，乃大事也。」每侍左右，必發明三綱五常，爲學之道，及歷代治忽興亡之所以然。【略】覆命恂領國子祭酒。國學之制，實始於此。

帝以國朝承用金《大明曆》，歲久浸疏，欲厘正之，知恂精於算術，遂以命之。恂薦許衡能明曆之理，詔驛召赴闕，命領改曆事，官屬悉聽恂辟置。恂與衡及楊恭懿、郭守敬等，遍考曆書四十餘家，晝夜測驗，創立新法，參以古制，推算極爲精密，詳在《守敬傳》。十六年，授嘉議大夫、太史令。十七年，曆成，賜名《授時曆》，以其年冬頒行天下。

十八年，居父喪，哀毁，日飲勺水。帝遣内侍慰諭之。未幾，卒，年四十七。初，恂病，裕宗屢遣醫診治，及葬，賻鈔二千貫。後帝思定曆之功，以鈔五千貫賜其家。延祐二年，贈推忠守正功臣、光禄大夫、司徒、上柱國，定國公，謚文肅。

元郭榮　郭守敬

傳記

明・宋濂等《元史》卷一六四《郭守敬》　郭守敬字若思，順德邢臺人。生有異操，不爲嬉戲事。大父榮，通五經，精於算數、水利。時劉秉忠、張文謙、張易、王恂同學於州西紫金山，榮使守敬從秉忠學。

中統三年，文謙薦守敬習水利，巧思絶人。世祖召見，面陳水利六事。【略】至元【略】二年，授都水少監。【略】初，秉忠以《大明曆》自遼、金承用二百餘年，浸以後天，議欲修正而卒。十三年，江左既平，帝思用其言，遂以守敬與王恂率南北日官，分掌測驗推步於下，而命文謙與樞密張易爲之主領裁奏于上，左丞許衡參預其事。守敬首言：「曆之本在於測驗，而測驗之器莫先儀表。今司天渾儀，宋皇祐中汴京所造，不與此處天度相符，比量南北二極，約差四度；表石年深，亦復欹側。」守敬乃盡考其失而移置之。既又别圖高爽地，以木爲重棚，創作簡儀、高表，用相比覆。又以爲天樞附極而動，昔人嘗展管望之，未得其的，作候極儀。極辰既位，天體斯正，作渾天象。象雖形似，莫適所用，作玲瓏儀。以表之矩方，測天之正圜，莫若以圜求圜，作仰儀。古有經緯，結而不動，守敬易之，作立運儀。日有中道，月有九行，守敬一之，作證理儀。表高景虚，罔象非真，作景符。月雖有明，察景則難，作闚几。曆法之驗，在於交會，作日月食儀。天有赤道，輪以當之，兩極低昂，標以指之，作星晷定時儀。又作正方案、丸表、懸正儀、座正儀，爲四方行測者所用。又作《仰規覆矩圖》《異方渾蓋圖》《日出入永短圖》，與上諸儀互相參考。

十六年，改局爲太史院，以恂爲太史令，守敬爲同知太史院事，給印章，立官府。及奏進儀表式，守敬當帝前指陳理致，至於日晏，帝不爲倦。守敬因奏：「唐一行開元間令南宫説天下測景，書中見者凡十三處。今疆宇比唐尤大，若不遠方測驗，日月交食分數時刻不同，晝夜長短不同，日月星辰去天高下不同，即目測驗人少，可先南北立表，取直測景。」帝可其奏。遂設監候官一十四員，分道而出，東至高麗，西極滇池，南踰朱崖，北盡鐵勒，四海測驗，凡二十七所。

十七年，新曆告成，守敬與諸臣同上奏曰：「【略】所創法凡五事：一曰太陽盈縮。用四正定氣立爲升降限，依立招差求得每日行分初末極差積度，比古爲密。二曰月行遲疾。古曆皆用二十八限，今以萬分日之八百二十分爲一限，凡析爲三百三十六限，依垛疊招差求得轉分進退，其遲疾度數逐時不同，蓋前所未有。三曰黄赤道差。舊法以一百一度相減相乘，今依算術句股弧矢方圜斜直所容，求到度率積差，差率與天道實脗合。四曰黄赤道内外度。據累年實測，内外極度二十三度九十分，以圜容方直矢接句股爲法，求每日去極，與所測相符。五曰白道交周。舊法黄道變推白道以斜求斜，今用立渾比量，得月與赤道正交，距春秋二正黄赤道正交一十四度六十六分，擬以爲法。推逐月每交二十八宿度分，於理爲盡。」

十九年，恂卒。時曆雖頒，然其推步之式與夫立成之數，尚皆未有定藁。守敬於是比次篇類，整齊分杪，裁爲《推步》七卷，《立成》二卷，《曆議擬藁》三卷，《轉神選擇》二卷，《上中下三曆注式》十二卷。

二十三年，繼爲太史令，遂上表奏進。又有《時候箋注》二卷，《修改源流》一卷。其測驗書，有《儀象法式》二卷，《二至晷景考》二十卷，《五星細行考》五十卷，《古今交食考》一卷，《新測二十八舍雜坐諸星入宿去極》一卷，《新測無名諸星》一卷，《月離考》一卷，並藏之官。【略】先是，通州至大都，陸運官糧，歲若干萬石，方秋霖雨，驢畜死者不可勝計，至是皆罷之。

三十年，帝還自上都，過積水潭，見舳艫蔽水，大悦，名曰通惠河，賜守敬鈔萬二千五百貫，仍以舊職兼提調通惠河漕運事。守敬又言：於澄清牐稍東，引水與北霸河接，且立牐麗正門西，令舟楫得環城往來。志不就而罷。

三十一年，拜昭文館大學士、知太史院事。

大德二年，召守敬至上都，議開鐵幡竿渠，守敬奏：「山水頻年暴下，非大爲渠堰，廣五七十步不可。」執政吝於工費，以其言爲過，縮其廣三之一。明年大雨，山水注下，渠不能容，漂没人畜廬帳，幾犯行殿。成宗謂宰臣曰：「郭太史神人也，惜其言不用耳。」七年，詔内外官年及七十，並聽致仕，獨守敬不許其請。自是翰林太史司天官不致仕，定著爲令。延祐三年卒，年八十六。

雜録

清・阮元等《疇人傳》卷二五《郭守敬》 論曰：推步之要，測與算二者而已。簡儀、仰儀、景符、闚几之製，前此言測候者未之及也。垜疊、招差、句股、弧矢之法，前此言算造者弗能用也。先之以精測，繼之以密算，上攷下求，若應準繩，施行於世垂四百年，可謂集古法之大成，爲將來之典要者矣。自《三統》以來，爲術者七十餘家，莫之倫比也。

清・黄鍾駿《疇人傳四編》卷六《郭榮》 郭榮，守敬大父也。通五經，精於算術、水利。【略】

論曰：治水者必精測量，故水利與算術並舉。郭守敬開惠通、通惠二河，測量地平，分殺河勢，蓋得之家學也。

元朱世傑

紀事

元・莫若《四元玉鑑前序》 燕山松庭朱先生以數學名家周游湖海二十餘年矣，四方之來學者日衆。先生遂發明《九章》之妙，以淑後學，爲書三卷，分門二十有四，立問二百八十有八，名曰《四元玉鑑》。【略】方今尊崇算學，科目漸興，先生是書，行將大用於世。有能執此以往，則古人格物致知之學，治國平天下之道，其在是矣。有志於學者，可不服膺此書云。

元・祖頤《四元玉鑒後序》 吾友燕山朱漢卿先生演數有年，探三才之賾，索《九章》之隱，按天地人物立成四元。【略】漢卿名世傑，松庭，其自號也。周（流）〔遊〕四方，復遊廣陵，踵門而學者雲集。大德己亥編集《算學啓蒙》，趙元鎮已與之版而行矣。元鎮者，博雅之士也。惠然又備己財，鳩工繡梓，俾之並行於世，前成始而今成終也，好事之德，奚可量哉！

清・阮元《籌人傳補遺・朱世傑》 朱世傑字漢卿，號松庭，寓居燕山，不知何許人。著《四元玉鑑》三卷，總二十四門，凡二百八十八問。【略】

雜録

清・阮元《籌人傳補遺・朱世傑》 論曰：漢卿於《九章》既孰，而於天元一術、正負開方之法又神而明之，是誠算學中一大家也。其茭草形段、如像招數、果積疊藏各問，爲自來算書所未及。郭太史平立定三差，所謂垜積招差者，蓋通於此。惟二百八十八問，但有開方、實、方、廉、隅之數，而不具細草，故唐荆川、梅文穆諸公皆以術士秘其機緘訾之，然通其學者自能知其意。余擬將每術補撰一草，付諸剞劂，以津逮來學，則漢卿之書不難人人通曉矣。又，漢卿嘗游廣陵，學者雲集，斯亦吾鄉故事，所當攗入郡乘者也。

清・羅士琳《續疇人傳》卷四七《朱世傑》 論曰：漢卿在宋元間，與秦道古、李仁卿可稱鼎足而三。道古正負開方，仁卿天元如積，皆足上下千古。漢卿又兼包衆有，充類盡量，神而明之，尤超越乎秦、李兩家之上。其茭草形段、如像招數、果垜疊藏各問，爲自來算書所未及。郭太史《授時草》平、立、定三差所謂垜積招差者，殆通乎此。祖氏序謂二書相爲表裏，不其韙歟？蓋當時競言天元之學，推其源實出於衰分，雖同爲假借之算，而衰分所借者爲今有之見數，天元所借者爲所求之問數，見數實而問數虚，故衰分較易。若天元者，既爲問數，祇可互爲隱伏，不容交相雜廁，故必立之於太極見數下，使其有所區別，以求同數之兩式，尤必使兩式之正負各異，庶於錯綜參伍中消成一段，俾隱伏之問數立見。所謂如積求之者，凡數之相乘或自乘，皆謂之積。凡題必有兩見數，或如題用定率得積，或如題用加減乘除得積，以兩見數各演一式，其正負自必不同。譬之題有三四兩數，以八乘三，同於以六乘四，均得二十四是已。故同一弦冪也，有以和冪內減倍直積爲式，有以較冪內加倍直積爲式，兩式雖同，兩式之爲和較，爲正負則互異其法。又有類於盈不足術，假令令之兩式，惟假令令之兩式消後一行僅得實法兩層，天元兩式消後一行不盡，爲實法兩層，其階級重重，率由屢乘所得，故又假借爲實方廉隅諸數，而以開諸乘方法御之。地元則於天元所假借之一算外，復別假一算。此一算既不可使之與太極天元相混，故旁立於太極之左，其兩式相消後，尚有綴附者，交羼於其側，不成一行，不可爲開方之段，必更尋一同數之式以相消，使三式化爲兩式，兩式終歸一行。譬之三、四相乘，倍之亦得二十四。句股二冪相併，亦爲弦冪是已。此兩式因一由題中今有數所成，故曰今式；一由云數所成，故曰云式。用以作記耳。至於三元、四元，不過多一元則多一假借之算，亦多一元則多一同數之式，凡二元二式、三元三式、四元四式，悉如方程之二色、三色、四色，互通齊同，相當直除，其或上下左右。不能升降進退者，則又剔而自乘，務使或升或進，齊同相當。所謂剔而自乘者，譬之三、四相乘爲一十二，若三自乘爲九，四自乘爲一十六，以九與一十六相乘，初不異夫一十二自乘之爲一百四十四。此中之變化莫測，自然而然，可謂別具神奇，曲盡妙理，是誠算學中最上乘也。惜唐荊川、梅文穆諸公，未經深究，錯會厥旨，漫以術士秘其機緘訾之，致二書并佚。阮相國在浙時，獲大德本《四元玉鑑》，而以未見《啓蒙》爲憾。近士琳又訪獲朝鮮重刊本《算學啓蒙》，因仿《論語》皇侃疏、《七經孟子考文》傳自日本例，校刻行世，并《玉鑑》一書，亦爲補撰《細草》刊布。將見漢卿之書不難人人通曉，士琳亦不憚以平易之語，反覆詳明，引申取譬，導其先路，實欲斯文未墜，絕學復昌，是所望也。

元趙城

傳記

清·羅士琳《疇人傳續编》卷四七《趙城》 趙城字元鎮，維揚人。爵位無攷。當元大德時，曾從朱世傑學算，并先後爲代刊《算學啓蒙》《四元玉鑑》二書。其序刻算學啓蒙【略】，序成於大德三年己亥七月既望。

雜録

清·羅士琳《疇人傳續编》卷四七《趙城》 論曰：吾鄉之通算學者，陳泗源先生以前，則罕得其人。元鎮之學，雖無由得窺深淺，然觀祖氏所稱爲「博雅之士，成始成終，好事之德，奚可限量」一語，是其人已可概見。又漢卿嘗游廣陵，學者雲集，元鎮亦自稱學算，斯亦吾鄉故事，所當摭入郡乘者焉。

元沙克什

傳記

明·宋濂等《明史》卷一九〇《儒學·贍思》 贍思字得之，其先大食國人。國既內附，大父魯坤乃東遷豐州。太宗時，以材授真定、濟南等路監榷課稅使，因家真定。【略】贍思生九歲，日記古經傳至千言。【略】由是博極羣籍，汪洋茂衍，見諸踐履，皆篤實之學，故其年雖少，已爲鄉邦所推重。延祐初，詔以科第取士，有勸其就試者，贍思笑而不應。【略】泰定三年，詔以遺逸徵至上都，見帝於龍虎臺，眷遇優渥。【略】天曆三年，召入爲應奉翰林文字，賜對奎章閣。【略】詔預修《經世大典》，以議論不合求去。【略】至順四年，除國子博士，丁內艱，不赴。後至元二年，拜陝西行臺監察御史，即上封事十條，【略】皆一時羣臣所不敢言者。【略】贍思歷官臺憲，所至以理冤澤物爲己任，平反大辟之獄，先後甚重，然未嘗故出人罪，以市私恩。【略】至正四年，除江東肅政廉訪副使。十年，召爲秘書少監，議治河事，皆辭疾不赴。十一年，卒于家年七十有四。【略】謚曰文考。

贍思邃於經，而《易》學尤深，至於天文、地理、鍾律、算數、水利，旁及外國之書，皆究極之。家貧，饘粥或不繼，其考訂經傳，常自樂也。所著述有《四書闕疑》《五經思問》《奇偶陰陽消息圖》《老莊精詣》《鎮陽風土記》《續東陽志》《重訂河防通議》《西國圖經》《西域異人傳》《金哀宗記》《正大諸臣列傳》《審聽要訣》，及《文集》三十卷，藏于家。

元丁巨

傳記

清・黄鍾駿《疇人傳四編》卷六《丁巨》 丁巨，至正時人。著《丁巨算法》一卷。

元賈亨

傳記

清・阮元等《疇人傳》卷二八《賈亨》 賈亨字季通，長沙人也。著《算法全能集》二卷。《算法全能集》

雜録

清・阮元等《疇人傳》卷二八《賈亨》 論曰：《也是園藏書目》載：亨是書作六卷，余所藏止二卷。書中有珠算歌訣，則其人當在元以後矣。未審其詳，故附於此。

元安止齋　何平子

傳記

清・黄鍾駿《疇人傳四編》卷六《安止(齊)[齋]　何(孑)平[子]》 安止(齊)[齋]、何(孑)平[子]，皆元儒也。同撰有《詳明算法》，有乘除而無九章。《算法統宗》

其他善算者

雜録

宋徐仁美

元・脱脱等《宋史》卷六八《律曆志》 復有徐仁美者，作《增成玄一法》。設九十三問，以立新術，大則測於天地，細則極於微妙，雖粗述其事，亦適用於時。

清・黄鍾駿《疇人傳四編》卷五《徐仁美》 論曰：(元)[玄]一算，莫詳其術。沈括謂爲增成一法，不用乘除，但補虧就盈，疑立天元一權輿於此焉。

宋王中正

元・脱脱等《宋史》卷四六七《宦者・王中正》 王中正字希烈，開封人。

因父任補入內黄門，遷赴延福宫，學詩書、曆算。仁宗嘉其才，命置左右。【略】遷東頭供奉官，歷幹當御藥院。【略】神宗將復熙河，命之規度。【略】以功遷作坊使，嘉州團練使，擢内侍押班。【略】紹聖初，復嘉州團練使。卒，年七十一。

宋曹唐

清・黄鍾駿《疇人傳四編》卷五《曹唐》 曹唐，著《算法》。與賈憲書同時刊。或曰唐末進士，賦游仙詩。《北夢瑣言》《摘奇算法》。

宋中山子

清・黄鍾駿《疇人傳四編》卷五《中山子》 中山子，青陽人。著《算學通元九章》一卷。鄭樵《通志》。

金僕散忠義

元・脱脱等《金史》卷八七《僕散忠義》 僕散忠義，本名烏者，上京拔盧古河人。宣獻皇后姪，元妃之兄也。【略】忠義魁偉，長髯，喜談兵，有大略。【略】皇統四年，除博州防禦使，公餘學女(直)[真]字，及古算法。閲月，盡能通之。【略】八年，改同知真定尹，兼河北西路兵馬都總管，遷西北路招討使，入爲兵部尚書。【略】世宗立，海陵死揚州，罷兵，入朝京師，拜尚書右丞。【略】拜平章政事，兼右副元帥，封榮國公。【略】大定六年【略】二月薨，【略】忠義動由禮義，謙以接下，敬儒士，與人極和易。

宋榮棨

宋・榮棨《黄帝九章序》 聖宋紹興十八年戊辰歲八月旦丙戌日，寓臨安府汴陽學(算)[筭]榮棨序。

清・黄鍾駿《疇人傳四編》卷五《榮棨》 榮棨，汴陽人。紹興中算士也。

元齊履謙

明・宋濂等《元史》卷一七二《齊履謙》 齊履謙字伯恒，父義，善算術。履謙生六歲，從父至京師。七歲讀書，一過即能記憶。年十一，教以推步星曆，盡曉其法。【略】至元十六年，初立太史局，改治新曆，履謙補星曆生。同輩皆司天臺官子，太史王恂問以算數莫能對，履謙獨隨問隨答，恂大奇之。新曆既成，復預修《曆經》《曆議》。二十九歲，授星曆教授。【略】天曆二年九月卒。履謙篤學勤苦，家貧無書。及爲星曆生，在太史局，會秘書監輦亡宋故書，留置本院，因晝夜諷誦，深究自得，故其學博洽精通。【略】至順三年五月，贈翰林學士、資善大夫、上護軍，追封汝南郡公，謚文懿。

元楊湜

明・宋濂等《元史》卷一七〇《楊湜》 楊湜字彦卿，真定藁城人。習章程，學工書算，始以府吏遷檢法。中統元年，辟爲中書掾。【略】至元二年，除河南大名諸處行中書省都事。三年，立制國用司，總天下錢穀，以湜爲員外郎，佩金符。改宣徽院參議。湜計帑立籍，具其出入之算，每月終上之，遂定爲令。【略】七年，【略】拜户部侍郎，仍兼交鈔提舉。【略】湜心計精析，時論經費者，咸推其能焉。

清・黃鍾駿《疇人傳四編》卷六《楊湜》 論曰：《史記》張蒼好書算律曆，定章程。注曰：章者，曆數之章術。程者，權衡斗桶丈尺之法式。湜習章程，學工書算，亦張蒼之流亞與？

元蕭㪺

明・宋濂等《元史》卷一八九《儒學・蕭㪺》 蕭㪺字惟斗，其先北海人，父仕秦中，遂爲奉元人。㪺性至孝，自爲兒時，翹楚不凡。稍出爲府史，上官語不合，即引退。讀書南山者三十年【略】，於是博極羣書，天文、地理、律曆、算數，靡不研究。【略】世祖分藩在秦，辟㪺與楊恭懿、韓擇侍秦邸，㪺以疾辭。授陝西儒學提舉，不赴。【略】後累授集賢直學士、國子司業，改集賢侍讀學士，皆不赴。大德十一年，拜太子右諭德，扶病至京師。【略】俄除集賢學士、國子祭酒，依前右諭德，疾作，固辭而歸。卒年七十八。賜謚貞敏。

元丁好禮

明・宋濂等《元史》卷一九六《忠義・丁好禮》 丁好禮字敬可，眞定蠡州人也。精律算。初試吏於户部，辟中書掾，授户部主事，擢江南行臺監察御史，【略】除户部尚書，時國家多故，財用空乏，好禮能樽節浮費，國家用度，賴之以給。【略】至正二十年，遂拜中書參知政事。【略】以集賢大學士致仕，給全俸家居。【略】二十七年，復起爲中書平章政事，尋以論議不合，謝政去，特封趙國公。大明兵入京城，【略】後數日，大將召好禮，不肯行，舁至齊化門，抗辭不屈而死，年七十五。

元陳尚德

清・黃鍾駿《疇人傳四編》卷六《陳尚德》 陳尚德，著《石塘算書》若干卷。《元史補藝文志》。

元彭絲

清・黃鍾駿《疇人傳四編》卷六《彭絲》 彭絲，著《算經圖釋》九卷。《文獻通考》。

著作部

宋謝察微《謝察微算經》

著録

宋・歐陽修等《新唐書》卷五九《藝文志三》 《謝察微算經》三卷。

元・脱脱等《宋史》卷二〇七《藝文志六》 《謝察微算經》三卷。【略】謝察微《發蒙算經》，三卷。

宋・王堯臣著　清・錢侗輯釋《崇文總目輯釋》卷三 《謝察微算經》，三卷。原釋：闕。見天一閣鈔本。

侗按：《通志略》作謝察，無微字，誤。《宋志》又有《發微算經》，亦三卷。

清・劉鐸《古今算學書録》 象數第三

《謝察微算經》，宋謝察微，《説郛》弓八本、《唐宋叢書》本、《曆法典》本。

按：《説郛》及《唐宋叢書》二書目録俱作「《周髀算經》，唐趙蕤注」，不知因何致誤。鄭樵《通志》載《謝察微算經》三卷，宋《藝文志》作《發蒙算經》三卷，今存者不足一卷，非全書也。

宋賈憲《黄帝九章算經細草》九卷

著録

元・脱脱等《宋史》卷二〇七《藝文志六》 賈憲《黄帝九章算經細草》九卷。

明・程大位《算法統宗》卷一七《算經源流》 元豐、紹興、淳熙以來刊刻者多且以見聞者著之：《賈憲九章》。

《黄帝九章算經細草》目録

卷一　方田細草　卷二　粟米細草　卷三　衰分細草

卷四　少廣細草　卷五　商功細草　卷六　均輸細草

卷七　盈不足細草　卷八　方程細草　卷九　句股細草

雜録

宋・榮棨《黄帝九章序》 愚向獲善本，不敢私藏，而今而後，聖人之法，暗而復明，僕而復起，學之者得睹其全經，悟之者必達微旨矣，不亦善乎？謹命工鏤板，庶廣其傳，四方君子，得以鑒焉。時聖宋紹興十八年戊辰歲八月旦丙戌日，寓臨安府汴陽學(算)[筭]榮棨序。

宋・楊輝《詳解九章算法・纂類・序》 向獲善本，得其全經，復起(于)[於]學，以魏景元元年劉徽等、唐朝(義)[議]大夫行太史令上輕車都尉李淳風等註釋，聖宋右班[殿]直賈憲譔草。

宋劉益《議古根源》

著録

明・程大位《算法統宗》卷一七《算經源流》 元豐、紹興、淳熙以來刊刻者多且以見聞者著之：《議古根源》。

雜録

宋・楊輝《田畝比類乘除捷法》卷上 直田長濶相乘與萬象同。中山劉先生益《議古根源》序曰：「入則諸門，出則直田。」

宋秦九韶《數書九章》十八卷

著録

宋・陳振孫《直齋書録解題》卷一二《曆象類》 《數術大略》九卷，魯郡秦九韶道古撰。前世算術，自《漢志》皆屬曆譜家。要之，數居六藝之一，故今「解題」列之雜藝類，惟《周髀經》爲蓋天遺書，以爲「曆象」之冠。此書本名《數術》，而前二卷「大衍」、「天時」二類於治曆、測天爲詳，故亦置之於此。秦博學多能，尤邃曆法。凡近世諸曆，皆傳於秦所言，得失亦悉著其語云。

明・楊士奇《文淵閣書目》卷三 《數學九章》一部三册。

清・四庫館臣《數學九章提要》 臣等謹案：《數學九章》十八卷，宋秦九韶撰。九韶始末未詳。惟據原序自稱其籍曰魯郡。然序題「淳祐七年」，魯郡已久入於元。九韶蓋述其祖貫，未詳實爲何許人也。是書分爲九類：一曰「大衍」，以奇零求總數，爲九類之綱。二曰「天時」，以步氣朔晷影，及五星伏見。三曰「田域」，以推方圓積冪。四曰「測望」，以推高深廣遠。五曰「賦役」，以均租税力役。六曰「錢穀」，以權輕重出入。七曰「營建」，以度土功。八曰「軍旅」，以定行陣。九曰「市易」，以治交易。雖以九章爲名，而與古《九章》門目迥别。蓋古法設其術，九韶則别其用耳。宋代諸儒尚虚談而薄實用，數雖聖門六藝之一，亦鄙之不言。即有談數學者，亦不過推演河洛之奇偶，於人事無關。故樂屢爭而不決，曆亦每變而愈舛，豈非算術不明，惟憑臆斷之故歟？數百年中惟沈括究心是事，而自《夢溪筆談》以外，未有成書。九韶當宋末造，獨崛起而明絶學。其中如大衍類「蓍卦發微」，欲以新術改《周易》揲蓍之法，殊乖古義。「古曆會積」題數既誤，且謂設問，以明大衍之理，初不計前後多少之曆過，尤非實據。天時類「綴術推星」本非方程法而術曰「方程」，復於草中多設一數，以合方程行列，更爲牽合。所載皆平氣、平朔。凡晷影長短，五星遲疾，皆設數加減，不過得其大概，較今之定氣、定朔，用三角形推算者，亦爲未密。然自秦漢以來，成法相傳，未有言其立法之意者。惟此書大衍術中所載立天元一法，能舉立法之意而言之。其用雖僅一端，而以零數推總數，足以盡奇偶和較之變，至爲精妙。苟得其意而用之，凡諸法所不能得者，皆隨所用而無不通。後元郭守敬用之於弧矢，李冶用之于勾股方圓。歐邏巴新法易其名，曰借根方，用之于九章、八線，其源實開自九韶，亦可云有功於算術者矣。至於田域、測望、賦役、錢穀、營建、軍旅、市易七類，皆擴充古法。取事命題，雖條目紛紜曲折往復，不免瑕瑜互見，而其精確者居多。今即《永樂大典》所載，於其誤者正之，疏者辨之，顛倒者次序制之，各加案語於下，庶得失不掩，俾算家有所稽考焉。乾隆四十九年十月恭校上。

清・周中孚《鄭堂讀書記》卷四五《數學九章記》 文淵閣傳鈔，宋秦九韶撰。九韶字道古，秦鳳間人，定居湖州。少爲縣尉，淳祐四年以通直郎通判建康府，寶祐間爲沿江制置司參議官。後歷知瓊州、梅州。《四庫全書》著録。《書録解題》、焦氏《經籍》、倪氏《宋志補》小學類俱載之。陳氏作《數術大略》，《癸辛雜識》又作《數學大略》，蓋即一書而異其名耳。前有淳祐丁未自序。其書自出新意，不循古《九章》之舊，别取八十一題，釐爲九類：一曰大衍，其術以元（問）[問]數連環求等，約爲定母。二曰天時，亦大衍及古少廣法也。三曰田域，古少廣及方田、勾股法也。四曰測望，古少廣、重差、夕桀也。五曰賦役，古衰分、粟米互易法也。六曰錢穀，古方田，均輸，粟米换易法也。七曰營建，古商功、均輸法也。八曰軍旅，古少廣、商功、均輸及盈朒法也。九曰市易，古盈朒、方程法也。諸術所載開方圖，於正負、加減、益積、翻法，説之尤祥。凡開平、開立及開三乘以上方，通一爲道，有移胎、换骨、玲瓏、連枝諸目。其法雖不盡精密，而立天元一法，爲李仁卿、郭若思所本。西人之（解）[借]根法，亦從出此也。是以阮芸臺師《疇人傳》二十二論曰：「自元郭守敬授時術，截用當時爲元，迄今五百年來，疇官術士無複有知演紀之法者。獨《數學九章》猶存其術。嗜古之徒得以考見古人推演積年日法之故，蓋猶告朔之餼羊矣。明顧應祥《測圓海鏡分類釋術》詳衍開方諸法，然加減混淆，學者昧其原本。讀九韶書，而後知昔人開方除法固有一以貫之者。留情九數之士所宜孰讀而研究之也。」然其書久佚，今館臣即《永樂大典》所載，正其誤，辨其疏，而次序其顛倒者，纂爲定本，録入七閣。是本即從文淵閣本寫出，冠以《提要》一篇。

清・瞿鏞《鐵琴銅劍樓藏書目録》卷一五《子部三》 《數書九章》十八卷。舊鈔本。

宋秦九韶撰并序。其書分九類，以明實用，故曰九章。非舊所謂九章也。

第一大衍術中詳言立天元一法，推明數術之原，所謂即形上之義，以通形下之數。李氏《測圓海鏡》所言即本之，其實西法亦出於此，至國朝梅氏而始宣其藴，則是書爲算家最精微之作。《四庫》著録本，從《永樂大典》録出，此本卷末有趙清常跋云：《數書九章》十八卷，宋淳祐間魯郡秦九韶撰，會稽王應遴堇父借閲鈔本而録也。子轉假録之，原無目，子爲增入之，時萬曆十五年新正五日，清常道人趙琦美記。

清・嵇璜《續通志》卷一六一《藝文略》 《數學九章》十八卷，宋秦九韶撰。

清・張之洞《書目答問・子部》 天文算法第七

《數書九章》十八卷，宋秦九韶。附《札記》，宋景昌。《宜稼堂叢書》本。

清・丁仁《八千卷樓書目》卷一一《天文算法類》 算書之屬

《數學九章》十八卷。宋秦九韶撰。宜稼堂本。

清・丁福保《算學書目提要》卷上《中算類一》《疇隱廬叢書》之三 《數學九章》十八卷宋秦九韶撰。案：是書共九類：一曰大衍，二曰天時，三曰田域，四曰測望，五曰賦役，六曰錢穀，七曰營造，八曰軍旅，九曰市易。雖名《九章》，而與古《九章》迥別，蓋古法僅有數學，而是書則已立天元。古《九章》之題，語簡而術易。是書之題，字冗而數繁，不僅分章之子目有異也。是書大衍求一術，實爲九類之綱。而天元之名亦始於此。元李冶所著書内亦以天元立算。前人多以元後於宋，遂謂李演秦説，李氏之益積，固即秦氏之投胎也。李氏之翻法，固即秦氏之换骨也。然李氏之天元一，所求之未知數也。秦氏之天元一，記衍數之一次也。其立術之原，已有不同。又攷《元史》，李以至正二年卒於家，時年八十八。其《測圓海鏡》成於戊申，見自序。即宋淳祐八年。李年當七十一。秦氏之書成於淳祐七年，其年齒固無可攷。李先秦後，亦未可知。至於秦爲宋人，李爲元人者，蓋以秦處於南，國猶稱宋。李處於北，地已入元也。豈可執此遂謂李演秦説乎。

《數書九章》目録

大衍類

第一卷

蓍卦發微　古(歷)[曆]會積　推計土功　推庫額錢

第二卷

分糴推原　程行計地　程行相及　積尺尋源　餘米推數

天時類

第三卷

推氣治(歷)[曆]　治(歷)[曆]推閏　治(歷)[曆]演紀　綴術推星

第四卷

揆日究微　天池測雨　圓罌測雨　峻積驗雪　竹器驗雪

田域類

第五卷

尖田求積　三斜求積　斜蕩求積　計地容民　蕉田求積　均分梯田

第六卷

漂田推積　環田三積　圍田先計

測望類

第七卷

望山高遠　臨臺測水　陡岸測水

第八卷

表望方城　遥度圓城　望敵圓營　望敵遠近　古池推元　表望浮圖

賦役類

第九卷

復邑修賦

第十卷

圍田租畝　築埂均勞　寛減屯租　户田均寛　均科綿税　户税移割　移運均勞　均定勸分

錢穀類

第十一卷

折解輕賫　算回運費　課糴貴賤

第十二卷

囤積量容　積倉知數　推知糴數　分定綱解　累收庫本

序跋

宋·秦九韶《數書九章·序》　周教六藝，數實成之，學士大夫所從來尚矣。其用本太虛生一而周流無窮，大則可以通神明，順性命，小則可以經世務，類萬物，詎容以淺近窺哉！若昔推策以迎日，定律而知氣，髀矩濬川，土圭度晷，天地之大囿焉而不能外，況其間總總者乎？爰自河圖洛書，闓發祕奥，八卦九疇，錯綜精微，極而至於大衍皇極之用，而人事之變無不該，鬼神之情莫能隱矣。聖人神之，言而遺其麤。常人昧之，由而莫之覺。要其歸，則數與道非二本也。漢去古未遠，有張倉、許商、乘馬延年、耿壽昌、鄭玄、張衡、劉洪之倫，或明天道而法傳於後，或計功策而效驗於時。後世學者自高，鄙不之講，此學殆絶。惟治曆疇人能爲乘除而弗通於開方衍變。若官府會事，則府史一二糸之，算家位置，素所不識，上之人亦委而聽焉。持算者惟若人，則鄙之也宜矣。嗚呼，樂有制氏，僅記鏗鏘，而謂與天地同和者止於是，可乎？今數術之書尚三十餘家，天象曆度，謂之綴術。太乙壬甲，謂之三式，皆曰内算，言其祕也。《九章》所載，即《周官》九數。繫於方圓者，爲叀術，皆曰外算，對内而言也。其用相通，不可歧二。獨大衍法不載《九章》，未有能推之者，曆家演法頗用之。以爲方程者，誤也。且天下之事多矣，古之人先事而計，計定而行，仰觀俯察，人謀鬼謀，無所不用其謹，是以不愆於成，載籍章章可覆也。後世興事造始，鮮能考度，浸浸乎天紀人事之殽矣，可不求其故哉！九韶愚陋，不閑於藝。然早歲侍親中都，因得訪習於太史，又嘗從隱君子受數學。際時狄患歷歲遥塞，不自意全於矢石間，嘗險罹憂，荏苒十祺，心槁氣落，信知夫物莫不有數也。乃肆意其間，旁諏方能，探索杳眇，麤若有得焉。所謂通神明，順性命，固膚末於見，若其小者，竊嘗設爲問荅以擬於用。積多而惜其弃，因取八十一題，釐爲九類，立術具草，間以圖發之，恐或可備博學多識君子之餘觀。曲藝可遂也，願進之於道。儻曰藝成而下，是惟疇人府史流也，烏足盡天下之用，亦無懵焉。時淳祐七年九月魯郡秦九韶敘。

且系之曰：

昆崙旁礴，道本虚一。聖有大衍，微寓於《易》。奇餘取策，羣數皆捐。衍而究之，探隱知原。數術之傳，以實爲體。其書《九章》，唯兹弗紀。曆家雖用，用而不知。小試經世，姑推所爲。述大衍第一。

七精回穹，人事之紀。追綴而求，宵星晝晷。曆久則疎，性智能革。不尋天道，模襲何益？三農務穡，厥施自天。以滋以生，雨膏雪零。司牧閔焉，尺寸驗之。積以器移，憂喜皆非。述天時第二。

魁隗粒民，甄度四海。蒼姬井之，仁政攸在。代遠庶蕃，墾菑日廣。步度庀賦，版圖是掌。方圓異狀，衺窳殊形。叀術精微，孰究厥真。差之毫氂，謬乃千百。公私共弊，盍謹其籍。述田域第三。

莫高匪山，莫濬匪川。神禹奠之，積矩攸傳。智拗巧述，重差、夕桀。求之既詳，揆之罔越。崇深廣遠，度則靡容。形格勢禁，寇壘仇墉。欲知其數，先望以表。因差施術，坐悉微渺。述測望第四。

邦國之賦，以待百事。畡田經入，取之有度。未免力役，先商厥功。以衰以率，勞逸乃同。漢猶近古，税租以算。調均錢穀，河菑之扞。惟仁隱民，猶己溺飢。賦役不均，寧得勿思。述賦役第五。

物等斂賦，式時府庾。粒粟寸絲，褐夫紅女。商征邊糴，後世多端。吏緣爲欺，上下俱殫。我聞理財，如智治水。澄源濬流，維其深矣。彼昧弗察，慘急煩刑。去理益遠，吁嗟不仁。述錢穀第六。

斯城斯池，乃棟乃宇。宅生寄命，以保以聚。鴻功雉制，竹箇木章。匪究匪度，財蠹力傷。圍蔡而栽，如子西素。匠計靈台，俾漢文懼。惟武圖功，惟儉昭德。有國有家，玆焉取則。述營建第七。

天生五材，兵去未可。不教而戰，維上之過。堂堂之陣，鵞鸛爲行。營應規矩，其將莫當。師中之吉，惟智仁勇。夜算軍書，先計攸重。我聞在昔，輕則寡謀。殄民以幸，亦孔之憂。述軍旅第八。

日中而市，萬民所資。賈貿墆鬻，利析錙銖。蹛財役貧，封君低首。逐末兼併，非國之厚。述市易第九。

明・趙琦美《數書九章序》 《數書》十卷，係贅九章「序」東魯秦九韶所作，而書不著作者姓名，豈即九韶所著耶？淳祐七年，宋理宗年號。此書原閣鈔本，會稽王雲來應遴録得。予借録一過。冊元止名《數書》，「九章」二字乃王添入。王有志經濟，上書修《大明一統志》，已得旨，而禮曹不爲一覆。今王已私修，俟覆開局也。豈非志士乎！萬曆四十四年丙辰孟秋晦日，清常道人琦美記。

又 《數書九章跋》 《數書九章》十八卷，宋淳祐間魯郡秦九韶譔。會稽王應遴堇父借閣鈔本而録也。予轉假録之。原無目録，予爲增入。時萬曆四十五年新正五日，清常道人趙琦美記。

清・宋景昌《數書九章札記》 原本每葉二十行，每行二十字。

《數書九章》，館本「數書」作「數學」。案：趙琦美記云，冊元止名《數書》，「九章」二字乃王應遴添入。今館本係《永樂大典》中鈔出，已有「九章」二字，則「九章」之名不始於應遴也。

又《大典》本謂之《數學》，則《數書》二字亦非原名。

清・陸心源《儀顧堂題跋》卷八《原本數書九章跋》 《數書九章》十八卷，題曰「魯郡秦九韶舊抄本」。《宋史・藝文志》不列其名，明《文淵閣書目》始著於録。以《永樂大典》本參校，分卷不同，編次亦異，皆館臣所更定。《提要》所謂「疏者辨之，誤者正之，顛倒者次第之」是也。此則猶原本耳。【略】《大典》本題作《數學九章》，明《文淵閣目》同。此本作《數書九章》，豈明以後人所改歟？

清・顧廣圻《數書九章序》 敦夫太史校其家道古《數書》開雕，屬文燾爲之覆算。其題問與術、草不相應，或術與草乖甚，且算數有誤，則當日書成後未經親自覆勘耳。

清・陳崧《秦九韶〈數學九章〉書後》 右《數學九章》九章十八卷，數分九類，類各九問，似取九九之義。其書名雖名爲九章，絶不沿周官九數之例。曰大衍，則深言卦揲。曰天時，則高談推步。曰測望，則窮乎高深廣遠。其餘田域、賦役、錢穀、營建、軍旅、市易諸篇，凡古之所謂九章者，又各雜布其中，網羅諸術，自成一家。雖蓍掛發微之乖於古義，綴術推星之牽合方程，不免爲欽定《四庫提要》之所譏。然其探賾索隱，鉤深致遠，皆苦心孤詣之所爲，信乎不可廢之書矣。此書雖經先輩校算，亦嘗指摘其舛誤，然亦不害其大體也。第惜乎立法而不言其理，每務爲迂曲繁難以自矜，其隱奥而又喜爲新異之名。如周禮注夕桀，是互乘之訛，道古不攷其字誤，即以句股容圓爲夕桀之術，此則好奇之過也。【略】今於扎記之外，舉管窺所及，於此書有所發明者，聊記數則於後。

雜録

清・錢大昕《十駕齋養新録》卷一四《數學九章》 秦九韶《數學九章》十八卷。其目曰大衍，曰天時，曰田域，曰測望，曰賦役，曰錢穀，曰營(處)[建]，曰軍旅，曰市易。蓋自出新意，不循古《九章》之舊，有淳祐七年九月自序。考《直齋書録》有「《數術大略》九卷，魯郡秦九韶道古撰」，「前二卷大衍、天時二類，於制曆、測天爲詳」。《癸辛雜識》又作《數學大略》，蓋即此書而異其名耳。直齋所録《崇天》《紀元》二曆云：「近得之蜀人秦九韶道古。」

清・阮元等《疇人傳》卷二二《秦九韶》 秦九韶【略】著《數學九章》九卷。一曰「大衍」，其術以元問數連環求等，約爲定母。先以諸定相乘爲衍母，互乘爲衍數。又以定母去衍數，餘爲奇數。以大衍求一術入之，得乘率，以乘衍數爲用數。各與元問餘數相乘，併之，爲總數。滿衍母去之，不滿爲所求數。其大衍求一術，則置寄於右上，定於右下，立天元一於左上。先以右上除右下，所得商數與左上一相生，入左下。然後乃以右行上下，以少除多，遞互除之，所得商數，隨即遞互累乘，歸左行上下，須使右上末後寄一而止。乃驗左上所得，以爲乘率。凡九題，皆以此術御之。二曰「天時」，亦大衍及古少廣法也。其推氣、推閏、演紀、推星、揆日諸術，皆當時司天舊法。「演紀」一條，尤爲獨得。其説謂今人相乘演積年，其術如調日法求朔餘、朔率，立斗分、歲餘，求氣骨、朔骨、閏骨，乃衍等數、約率、因率、蔀率，求入元歲歲閏、入閏、元率、元閏。已上皆同此術。但其所以求朔積年之術，乃以閏骨減入閏餘，謂之閏贏，卻與閏縮、朔率列號甲、乙、丙、丁四位，除、乘、消減，謂之方程。乃求得元數，以乘元率，所得謂之積年。加入元歲，共爲演紀歲積年。所謂方程，正是大衍術。非特置算繁多，初無定法可傳，甚是惑誤後學，易失古人之術意。故今術不言閏贏，而曰入閏差者，蓋本將來可用入元歲，便爲積年之意。故今止將元閏、朔率二項，以大衍先求等數、因數、蔀數者，乃放前求入元歲之術理，假閏骨如氣骨，以等數爲約數，及求乘數、蔀數，以等約閏縮得因乘數。滿蔀去之，不滿在限下，以乘元率，便爲朔積年。亦加入元歲，共爲演紀積年。此術非惟止用乘除省便，又且於自然中取見積年，不惑不差矣。新術敢不用閏贏而求者，實知閏贏已存乎入閏之中，但求朔積年之寄分與閏縮等，則自與入閏相合，必滿朔率所去故也。「數理精微，不宜窺識。窮年致志，感於夢寐，幸而得知，今不敢隱」。三曰「田域」，古少廣及方田、勾股法也。其環田三積術以徑冪進一位爲周冪，其率爲徑一百，週三百一十六寄，與古率、徽率、密率不同。四曰「測望」，古少廣、重差、夕桀法也。其遥度圓城術以開九乘方得數，運算尤爲繁賾。五曰「賦役」，古衰分、粟米互易法也。復邑修復術，答數至一百七十五條，爲自來算書所未有。六曰「錢穀」，古方田、均輸、粟米换易法也。七曰「營建」，古商功、均輸法也。八曰「軍旅」，古少廣、商功、均輸及盈朒法也。九曰「市易」，古盈朒、方程法也。諸術所載開方圖，於正負加減、益積、翻法，説之尤詳。凡開平、開立及開三乘以上方，通一爲道，有投胎、换骨、玲瓏、連枝諸目。

論曰：自元郭守敬授時術截用當時爲元，迄今五百年來，疇官術士無復有知演紀之法者。獨《數學九章》猶存其術。嗜古之士得以考見古人推演積年日法之故，蓋猶告朔之餼羊矣。明顧應祥《測圓海鏡分類釋術》詳演開方諸法，然加減混淆，學者昧其原本。讀九韶書，而後知昔人開方除法，固有一以貫之者。留情九數之士所宜孰復而研究之也。

又　卷四二《錢塘》　余攷秦九韶《數學九章》環田三積術，其求周以徑冪進位爲實，開方爲圓周，求積以徑冪乘周冪，十六約之爲實，開方爲圓積，是九韶亦以三一六爲圓率，與溉亭所捌率正同。蓋精思所到，闇合古人也。

清・羅士琳《續疇人傳》卷五〇《李鋭》　又從同里顧千里處得秦九韶《數學九章》，見其亦有天元一之名，而其術則置奇於右上，定於右下，立天元一於左上。先以右上除右下，所得商數與左上相生，入於左下，依次上下相生，至右上末後奇一而止，乃驗左上所得以爲乘率。與李書立天元一於太極上，如積求之，得寄左數，與同數相消之法不同。因知秦書乃大衍求一中之又一天元。秦與李雖同時，而宋與元則南北隔絶，兩家之術，無緣流通，蓋各有所授也。

又　《汪萊》　與郡人巴樹穀最友善，客江淮間，又與焦孝廉循、江上舍藩、李秀才鋭辯論宋秦九韶、元李冶立天元一及正負開方諸法。天性敏絶，極能攻堅，不肯苟於著述。凡所言，皆人所未言，與夫人所不能言。

又　卷五一《焦循》　循又嘗與吴中李尚之鋭、歙汪孝嬰萊討論宋秦九韶《數學九章》及元李冶《測圓海鏡》《益古演段》諸書，因知立天元一爲算家至精之術。秦書雖亦有立天元一名，而術與李殊。尚之所校《海鏡》《演段》二書，專主辯天元借根之殊，故但指其大概之所近，其於盈朒和較之理，究未析其微芒之所分。乃復貫通其理，舉而明之，撰《天元一釋》二卷、《開方通釋》一卷，以述兩家之學。

又　卷五二《張敦仁》　又因讀秦氏《數學九章》，知大衍求一術與立天元一術皆爲曆算家至精之詣。天元一幸得宣城梅氏辨明，又有《測圜海鏡》《益古演段》諸刻本行世，獨大衍求一術載在秦書，而秦書又無刊本，鮮有知者，于是復撰《求一算術》上、中、下三卷。自序云：「算數之學，自《九章》而後，述作滋多。其最善者，則有二術：一曰立天元一，一曰求一。盡方圓之變，莫善於立天元一；窮奇偶之情，莫善於求一。求一之術，出于《孫子算經》物不知數之問。《宋史・藝文志》有龍受益《求一算術化零歌》，當即此術，而其書不傳。推步家謂之方程，周琮《明天術》義略所謂「以方程約而齊之」，鮑澣之論《統天術》所謂「虚廢方程之算者」，是也。然其布算行列迥與方程不同。

又　獨求一術廑見於宋秦九韶道古《數學九章》中，學者罕見其書，知之者鮮。余宦遊江右，上交學使李雲門先生，借録所藏秦、李諸書，乃得窺尋立天元一、求一之妙。

又　至於宋金諸史不爲秦九韶立傳，而所爲大衍求一演紀上元，幾使前賢精詣，湮没無聞。

又　《陳潮》　宋秦九韶《數學九章》序云：「七精迴穹，人事之紀，追綴而求，宵星晝晷。」又天時章第四問有綴術推星一題，《夢溪筆談》云：「求星辰之行，步氣朔消長，謂之綴術，不可以形察，但以算數綴之而已。北齊祖暅之有《綴術》二卷。」

清・諸可寶《疇人傳三編》卷三《沈欽裴》　宋秦九韶之《數書九章》、元朱松亭之《四元玉鑑》、李冶之《測圓海鏡》，世所謂絶學，皆能通之。

又　卷六《張文虎》　夕桀則惟秦九韶《數書九章》第四篇望敵圓營術有其名，云：「以句股求之，夕桀入之，亦即句股容圓術也。重差者，重疊測望而知其差也。」

清・黄鍾駿《疇人傳四編》卷四《龍受益》　論曰：《宋史・藝文志》有龍受益《求一算術化零歌》，而其書不傳，疑即大衍求一術。然據《楊輝算法》及沈括《筆談》所稱，求一乘除術與秦九韶不同。受益之書與諸書相合與否，俱未可知，當以俟之博物君子。

元李冶《測圓海鏡》

著録

明・楊士奇《文淵閣書目》卷三　李冶《測圓海鏡》一部五册。

清・嵇璜《續通志》卷一六一《藝文略》　《測圓海鏡》十二卷，元李冶撰。

清・劉鐸《古今算學書録》　象數第三

《測圓海鏡細草》十二卷，李鋭。《知不足齋叢書》本、《白芙堂叢書》本、譯署同文館本。

清・丁仁《八千卷樓書目》卷一一《天文算法類》　算書之屬

《測圓海鏡》十二卷。元李冶撰。知不足齋本、白芙堂本。

清・丁福保《算學書目提要》卷上《中算類一》《疇隱廬叢書》之三　《測圓海鏡》十二卷，元李冶撰。案：是書首列圓城圖式，以明句股容圓之自圓心、圓外縱横取之，成十五種句股形也。次總率名號，以釋十五種句股形之名目也。次今問正數，以明十五種句股形及和較皆整數也。次識别雜記數百條，以窮其理也。次設問一百七十，以盡其用也。俱以天元立術，錯綜變化，最爲深奧。李氏一生精力，盡萃於是。降及明代，如積之學，不絶如綫。所以顧箬溪輩以爲無下手處。至昭代梅文穆公供奉内廷，聖祖仁皇帝授以西法之借根方。文穆遂悟天元之術，使已絶之學，復明於世。由是李氏尚之作《開方説》，以演秦法。又作《海鏡》《句股》二草，以述李學。焦氏理堂撰《天元一釋》二卷、《開方通釋》二卷，以融會兩家之説，洵秦、李之功臣也。咸同之閒，算氏之精天元者頗多。大衍之學，由是浸微。今則代數盛行，天元一術，棄若土苴。李氏之《細草》雖精，亦絶尠問津者矣。

《測圓海鏡》目録《知不足齋叢書》

序跋

元・李冶《測圓海鏡・序》 數本難窮，吾欲以力強窮之，彼其數不惟不能得其凡，而吾之力且憊矣。然則數果不可以窮耶？既已名之數矣，則又何爲而不可窮也。故謂數爲難窮，斯可。謂數爲不可窮，斯不可。何則？彼其冥冥之中，固有昭昭者存。夫昭昭者，其自然之數也。非自然之數，其自然之理也。數一出於自然，吾欲以力強窮之，使隸首復生，亦末如之何也已。苟能推自然之理，以明自然之數，則雖遠而乾端坤倪，幽而神情鬼狀，未有不合者矣。余自幼喜算數，恆病夫考圓之術，例出於牽強，殊乖於自然，如古率、徽率、密率之不同，截弧、截矢、截背之互見，内外諸角，析剖支條，莫不各自名家。與世作法，及反覆研究，卒無以當吾心焉。老大以來，得洞淵九容之説，日夕玩繹，而鄉之病我者，使爆然落去而無遺餘。山中多暇，客有從余求其説者，於是乎又爲衍之，遂累一百七十問。既成編，客復目之《測圓海鏡》，蓋取夫天臨海鏡之義也。昔半山老人集《唐百家詩選》，自謂廢日力於此，良可惜。明道先生以上蔡謝君記誦，爲玩物喪志。夫文史尚矣，猶之爲不足貴，況九九賤技能乎？嗜好酸鹹，平生每痛自戒敕，竟莫能已。類有物憑之者，吾亦不知其然而然也。故嘗私爲之解曰：由技兼於事者言之，夷之禮，夔之樂，亦不免爲一技。由技進乎道者言之，石之斤，扁之輪，非聖人之所與乎！覽吾之編，察吾苦心，其憫我者當百數，其笑我者當千數。乃若吾之所得，則自得焉耳，寧復爲人憫笑計哉？戊申秋九月晦日，欒城李冶序。

元・王德淵《敬齋先生測圓海鏡後序》 敬齋先生病且革，語其子克脩曰：「吾平生著述，死後可盡燔去。獨《測圓海鏡》一書，雖九九小數，吾常精思致力焉，後世必有知者，庶可布廣垂永乎！」先生於六藝百家，靡不串貫，文集近數百卷，常謙謙不自伐。惟於此書，不忘稱異於易簀之閒，想有玄妙内得於心者。予以先生與先人同牓之故，素常兄事克脩。克脩兄命予重爲序之，予不敢詭論黼藻，刻畫無鹽，唐突西子。直以所聞語意，載之於後。至元二十四年春三月朔，翰林修撰承直郎廣平王德淵後序。

清・李銳《測圓海鏡跋》 天元如積之學，盛於元，亡於明，而復顯於本朝。梅文穆公《赤水遺珍》天元一即借根方解，發三百年來算家之蒙，可謂有功矣。惟立天元術相消與借根方兩邊加減，實有不同，文穆於此似猶未達其旨。蓋相消之法，大略與方程直除相似，但以右行對減左行，或以左行對減右行，故曰相消，西人易爲加減。雖得數不殊，究不如古法之簡且易也。浙江學使阮閣學芸臺先生學貫天人，振興絶業，以言立天元者，莫詳於《海鏡》，惜其流傳未廣，將重付剞劂，出所藏舊鈔本寄示，命爲校勘。爰依術布算，訂其算式，閒有轉寫脱漏，設數偶合處，輒因管見所及，是正其譌，凡若干條。極知固陋，無補古人，質之閣學，幸垂誨焉。嘉慶二年三月十九日，元和李銳跋。

清・阮元《重刻測圓海鏡細草序》 《測圓海鏡》何爲而作也？所以發揮立天元一之術也。算數之書，《九章》尚已。少廣著開方之法，方程别正負之用。立天元一者，融會少廣、方程而加精焉者也。李敬齋《自序》稱：「老大以來，得洞淵九容之説，日夕玩繹，而鄉之病我者使爆然落去而無遺餘。」蓋其精心孤詣，積累數十年，而後能神明變化無不如志若此。洎乎明代，算學衰歇，顧箬溪應祥作《測圓海鏡分類釋術》《測圓算術》等書，以立天元一無下手之處，每章輒删去細草，而但演開帶從諸乘方法，舍其本而求其末，不知妄作之罪，應祥實無可辭焉。國朝梅文穆公肄業蒙養齋，親受聖祖仁皇帝指示算法，始悟西人所譯借根方，即古立天元一之術流入彼中者。於所著《赤水遺珍》中，論之甚悉。於是立天元術又得章明，文穆之功斯爲鉅矣。其爲術也廣大精微無所不包，大之而躔離度數，小之而米鹽淩雜，凡它術所能御者，立天元皆能御之。它術所不能御者，立天元獨能御之。自古天文家若元郭太史守敬所造《授時術》中法號爲最密，而其求周天弧度，以三乘方取矢，亦用立天元術，載在《授時術草》者可覆而按，則其爲用亦神矣哉！以元論之，又非獨如是已也。今歐邏巴本輪、均輪、撱圓、地動諸法，其密合無以加矣，原其推步之密由於測驗。測驗既精濟，以算術則有弧三角法。所以算弧三角者，則有八線表。所以立八線表者，則先求六等邊、四等邊以至十八、十四等邊。其求十八等邊、十四等邊二法，則用益實、減實、歸除。所謂益實、減實、歸除者，究其實，即借根方。借根方即立天元一。然則西法之精符天象，獨冠古今，亦立天元術有以資之也。試以是書所列一百七十問反覆研究考之，於二千年以來相傳之《五曹》《孫子》諸經，蓋無以逾其精深。又證之以數萬里而外譯譔之《同文算指》諸編，實不足擬其神妙，而後知立天元者，自古算家之祕術，而《海鏡》者，中土數學之寶書也。惜流傳之本不可多得。元視學浙江，從文瀾閣《四庫全書》中鈔得一本。寧波教授丁君小雅杰又以所藏舊本見贈，但通之者鮮，細草多譌，因屬元和李君尚之鋭算校一過。其文字隱奥難曉及立術於率不通者，李君又雜記數十條於書之上下方。蓋敬齋此書爲數百年絕學，元知學友中惟尚之獨能明之。其精通妙悟即今之敬齋也。且其所以發明古人之術，闡繹聖祖之言者，爲功亦鉅矣哉。歙縣鮑君以文廷博請以是書刊入《知不足齋叢書》第二十集，即以畀之。及其刻成而爲序之如此。嘉慶三年正月乙酉，内閣學士兼禮部侍郎、文淵閣直閣事儀徵阮元序。

元李冶《益古演段》三卷

著録

清·四庫館臣《益古演段提要》 臣等謹案：《益古演段》三卷，元李冶撰。據至元壬午硯堅序稱：冶《測圓海鏡》既已刻梓，其親舊省掾李師徵復命其弟師珪請冶是編，刊行是書在《測圓海鏡》之後矣。其曰《益古演段》者，蓋當時某氏算書清四庫館臣案：冶序但稱近世有某，是冶已不知作者名氏。以方圓周徑冪積和較相求，定爲諸法，名《益古集》。以爲其藴猶匿而未發，因爲之移補條目，釐定圖式，演爲六十四題，以闡明奧義，故踵其原名。其中有草，有條段，有圖，有義。草即古立天元一法，條段即方田少廣等法，圖則繪其加減開方之理，義則隨圖解之。蓋《測圓海鏡》以立天元一法爲根，此書即設爲問荅，爲初學明是法之意也。所列諸法，文皆淺顯。蓋此法雖爲諸法之根，然神明變化不可端倪，學者驟欲通之，茫無門徑之可入。惟因方圓冪積以明之，其理猶屬易見，故冶於方圓相求各題下皆以此法步之爲草，俾學者得以易入。其誤者正之，疎者辨之，顛倒者次序之，各加案語於下，庶得失不掩，俾算家有所稽考焉。乾隆五十一年四月恭校上。

清·嵇璜《續通志》卷一六一《藝文略》 《益古演段》三卷，元李冶撰。

清·劉鐸《古今算學書録》 象數第三

《益古演段》上、中、下卷，元李冶[撰]，李鋭校。《知不足齋叢書》本、《白芙堂叢書》本。

《益古演段開方補》，焦廷琥，未刊。

清·丁仁《八千卷樓書目》卷一一《天文算法類》 算書之屬

《益古演段》三卷。元李冶撰。知不足齋本、白芙堂本。

清·丁福保《算學書目提要》卷上《中算類一》《疇隱廬叢書》之三 《益古演段》，三卷。元李冶撰。案：平陽蔣周以方圓周徑冪和較相求，定爲諸法，名《益古集》。冶以其立術之原隱而未露，故作是書以闢其扃。所謂演者，演天元一草也。所謂段者，求條段之理也。攷其自序，知是書之成，後於《海鏡》十一載。時年八十有二矣。數理與年俱進，雖欲極力求淺，恐麤知十百者，終難邃入其室也。

《益古演段》目録知不足齋叢書

序跋

元・李冶《益古演段・自序》 術數雖居六藝之末，而施之人事，則最爲切務。故古之博雅君子馬、鄭之流，未有不研精於此者也。其撰著成書者，無慮百家，然皆以《九章》爲祖，而劉徽、李淳風又加注釋，而此道益明。今之爲算者，未必有劉、李之工，而褊心跼見，不肎曉然示人，惟務隱互錯糅，故爲溟涬黯黮，惟恐學者得窺其彷彿也。不然，則又以淺近觕俗無足觀者，致使軒轅隸首之術，三五錯綜之妙，盡墮於市井沾沾之兒，及夫荒邨下里蚩蚩之民，殊可憫悼。近世有某者，以方圓移補成編，號《益古集》，眞可與劉、李相頡頏，余猶恨其閟匿而不盡發，遂再爲移補條段，細繙圖式，使粗知十百者便得入室啗其文，顧不快哉！客有訂愚曰：「子所述果能盡軒隸之祕乎？」余應之曰：「吾所述雖不敢追配作者，誠令後生輩優而柔之，則安知軒隸之祕不於是乎？」始客退，因書以爲自序。時大元己未夏六月二十有四日，欒城李冶自序。

元・硯堅《益古演段序》 算數之學，由來尚矣。率自《九章》支分派委，劉徽、李淳風又爲之注，後之學者咸祖其法。敬齋先生天資明敏，世間書凡所經見，靡不洞究。至於薄物細故，亦不遺焉。近代有移補方圓，自成一家，號《益古集》者，大小七十問。清四庫館臣案：書中六十四問。清李鋭案：此舉成數言之。下稱《海鏡》二百問亦同。先生一寓目，見其用心之勤，惜其祕而未盡剖露。繙圖式，繹條段，可移則移之，可補則補之。祥四庫館臣案：祥字有脱誤，應作「説之詳」。非若溟涬黯黮之不可曉。析之明，非若淺近觕俗之無足觀。釐爲三卷，目曰《益古演段》。頗曉十百，披而覽之，如登坦途，前無滯礙，旁蹊曲逕，自可縱横而通，嘉惠後來。爲視隱互雜糅，惟恐人窺其彷彿者，相去大有逕庭矣。先生又盡攄己見，輯爲《測圓海鏡》一編，二百問，四庫館臣案：今本一百七十問。同出一源。緻密纖悉，備而不繁，參考互見，眞學者之指南也。《海鏡》既命工刻梓，省掾李師徵，其親舊也，囑弟師珪請是編，刊而行之，將與衆共。推善及人，良可尚也(巳)[已]。數學在六藝爲末，求之人最爲切要。邇來精其能者殊鮮，自非先生學有餘力，誠能搜剔軒轅、隸首之奧，有不暇矣。雖然是特大烹之一臠耳。若夫先生胸中渾涵停蓄，測之愈深，挹之不窮，時發於翰墨，昭不可掩者，則大全集在。當嗣此出，願肅衽以觀。至元壬午仲秋二十六日，鄭城硯堅序。

清・李鋭《益古演段跋》 是書所稱某氏《益古集》今已亡佚不傳。楊輝《摘奇》載元豐、紹興、淳熙以來刊刻算書，有《益古算法》一種，當即此書也。某書以方田、圓田爲問，於徑圍方斜相與之率能反復變化，而爲術之意猶引而未發。敬齋先生恐學者難曉，于是有《演段》之作。所謂演者，演立天元。段者，以條段求之也。蓋敬齋晚年得洞淵九容之説，日夕玩繹，所得甚深，故所著《海鏡》《演段》二書，竝以立天元術爲根本。鋭受業嘉定錢少詹之門，究心數學十年，於今於天元如積之術，尤所篤好，以爲斯術者，算家至精之詣。縱使隸首、商高復生今日，亦當無以過之者也。唐王孝通《(輯)[緝]古算經》世稱難讀。太史造仰觀臺以下十九問，術文隱祕，未易鑽尋。而以立天元一御之，則其中條理固自秩然，無可疑惑，由是愈歎立天元術之妙。嘗倣《演段》之例，爲《(輯)[緝]古算經》衍一書，急欲刊以問世，匆匆猶未暇也。知不足齋主人刻《海鏡》既成，復以《演段》介錢唐何君夢華元錫屬鋭算校而梓之，其表揚古人之心，眞足尚巳。校畢，因書此于簡末，以見是書之可寶。願當代明算君子毋忽視焉。嘉慶二年歲次丁巳冬十一月廿二日，元和李鋭跋。

清・丁取忠《刻益古演段記》 《測圓海鏡》《益古演段》二書並以天元一立術，元和李尚之氏稱爲算家至精之詣，雖隸首、商高復生今日，亦當無以過之。鮑以文氏曾收入《知不足齋叢書》，而外間未有單行本。寒畯每苦難得，茲特梓之，以廣其傳。李尚之氏校本甚精，茲刻悉依所校。其中有筆誤一二處，已爲改正。惟《演段》第五十九問草中以 〇元／丨≐‖≣ 爲如積一段，寄左。以眞數 ‖⊥╥= 爲同數，與左相消，應消入太位，得 ‖⊥‖キ／〇／丨≐‖≣ 爲開方式。平方開之，得一十二步，爲等數也。而原書誤以眞數 ‖⊥╥= 消入元位，得 ‖⊥╥キ／丨≐‖≣ 爲除式，實無其理。後又遷就，以所除得數再行開方，乃偶合數也。第六十問以 ||||≡〇=／〇／丨〇≢ 開方式消成 ||||≡〇=／丨〇≢ 爲除式，

其誤亦同。尚之氏不爲糾正，反加注，以飾其非，則誤之誤者也。茲刻已照原書刻成，故附記於此。至舊書中傳寫之譌，已經尚之氏改正者，其案語悉不載。同治十三年春莫，長沙丁取忠記。

清·左潛《益古演段識》 借根方、天元一術異理同，故梅文穆公因彼悟此，允爲千古卓識。李氏尚之謂借根不可釋天元。不知正負相消，兩行必消爲一行，多少加減，兩邊必消歸一邊，故天元之正負可互易，借根之多少亦可互易，無不同也。凡兩邊相等數，左邊加減至於無數，則右邊正負各數即等於左邊之〇，而成開方式。右邊加減至於無數，則左邊正負各數即等於右邊之〇，而成開方式。此兩式者，正負必相反，而開方所得之數必相同，蓋即天元可以左消右，亦可以右消左之理。李氏以正負互易爲言，故附辯於此，且因習代數者必習借根，尤須先明此理，不可忽也。同治十三年清和月，湘陰左潛識。

宋楊輝《詳解九章筭法》十二卷

著録

明·程大位《筭法統宗》卷一七《筭經源流》 嘉定、咸淳、德祐等年又刊各書：【略】《詳解黄帝九章》。

清·張之洞《書目答問·子部》 天文算法第七

《詳解九章算法》，附《纂類》，無卷數。附《札記》。

清·劉鐸《古今算學書録》 象數第三

《詳解九章算法》《九章算法纂類》，附《札記》一卷，宋楊輝。附卷，宋景昌。《宜稼堂叢書》本。

清·丁仁《八千卷樓書目》卷一一《天文算法類》 算書之屬

《詳解九章算法》一卷、《纂類》一卷、《札記》一卷。宋楊輝撰。宜稼堂本。

清·丁福保《算學書目提要》卷上《中算類一》《疇隱廬叢書》之三 《詳解九章算法》一卷，坿類纂一卷，宋楊輝撰。案：唐以算學取士，最爲盛行，趙宋崇甯亦立學宮。追衣冠南渡，此學遂微。惟楊謙光先生捜輯叢殘，詳加解法，以成是書，在當時誠可貴也。其間所有錯誤，江陰宋勉之詳加校勘。及秦氏《數學九章》，皆有札記，刻入《宜稼堂叢書》。然刊時校讎不精，脱誤尤多。吾邑鄒敬甫先生另有校本，頗爲精密。然此皆攷古之資，無裨新學，譚西算者，或將土苴視之矣。

《詳解九章算法》目録《宜稼堂叢書》

盈不足　以御隱雜互見

[方程　以御錯糅正負]

[句股　以御高深廣遠]

[商功　以御功程積實]

[均輸　以御遠近勞費]

詳解九章算法纂類

楊輝《詳解九章算法·纂類·序》

《九章》互見目録

序跋

宋·楊輝《詳解九章算法·序》 夫習(算)[筭]者，以乘法爲主。凡布置法者，欲其得宜；定位呼數，欲其不錯。除不盡者，以法爲分母，實爲分子，繁者約之，復通分而還源，此乘除之規繩也。題有分者，隨母通之；母不同者，齊子併之；田不匠者，折併直之；數皆求者，互乘换之；差等除實，别而衰之；疊壘積者，以形測之；數隱互者，維乘併之；[錯糅]爲問，正負入之；句股旁要，開方求之；節題匿積，演段取之；此(算)[筭]法之盡理也。《黄帝九章》備全奥妙，包括羣情，謂非聖賢之書不可也。

靖康以來，古本浸失，後人補續，不得其真，致有題重法闕，使學者難入其門，好者不得其旨。輝雖慕此書，未能貫理，妄以淺也，聊爲編述，擇八十題以爲矜式，自餘一百六十六問，無出前意，不敢廢先賢之文，删留題次，習者可以聞一知十。恐問隱而添題解，見法隱而續釋註，刊大小字，以明法、草；僭比類題，以通俗務；凡題、法解白不明者，别圖而驗之；編乘除諸術，以便入門；纂法問類次，見之章末，總十有二卷。雖不足補前賢之萬一，恐亦可備故來之觀覽云爾。

景定二年辛酉歲正月十七己卯日，錢塘楊輝謹序。

又楊輝《詳解九章筭法・纂類・序》 《黄帝九章》古序云：「國家嘗設(算)[筭]科取士，選《九章》以爲(算)[筭]經之首，蓋猶儒者之六經，醫家之《難》《素》，兵法之《孫子》歟？」昔聖宋紹興戊辰(算)[筭]士榮棨謂：「靖康以來，罕有舊本。間有存者，狃於末習。」向獲善本，得其全經，復起(于)[於]學，以魏景元元年劉徽等、唐朝(義)[議]大夫行太史令上輕車都尉李淳風等註釋，聖宋右班[殿]直賈憲譔草。輝嘗聞學者謂《九章》題問頗隱，法理難明，不得其門而入，於是以答參問，用草考法，因法推類，然後知斯文非古之全經也。將後賢補贅之文，修前代已廢之法，删立題術，又纂法問，詳著於後，儻得賢者改而正諸，是所願也。

又《纂類・九章互見目録・序》 楊輝竊見《九章》舊本，作(立)題[立]法遺闕。古序云：「靖康以來，罕有舊本，間有存者，狃於末習，不循本意。』以至真術淹廢，僞本滋興。」此説固然，殊不知所傳之本亦不得其真矣。如粟米章之互换，少廣章之求(由)[田]開方，皆重疊無謂，而作者題問不歸章次亦有之。今作纂類互見目録，以辯其訛，後之明者更爲詳釋，不亦善乎！

清・郁松年《詳解九章算法跋》《宜稼堂叢書》 《詳解九章算法》者，宋錢塘楊謙光取古《九章》「商功」以下五章，録經、注原文於前，而以其所譔題解、釋注、比類、圖説分附各條之後者也。末附以《九章纂類》，則以當時俗傳算法爲綱，而分析《九章》題問以類相從焉。據自序詳解八十題，今乃九十七題。總十二卷，今不分卷，蓋非原書。故其中鈔録經、注亦多不循舊次。而世無傳本，無從校核。儀徵阮相國收藏算書最富，而正、續《疇人傳》俱云未見，餘可知矣。

余案：《九章》爲算經之首，諸家立術，皆自此出，而世傳《永樂大典》及孔氏微波榭二本均不免脱誤。鍾祥李尚書《細草圖説》多所改正，方可卒讀，而往往與此書暗合。則此書誠可貴也。且其《纂類》中所列名目亦足與宋人算書互資考證，因屬宋君勉之取孔、李二本，校其譌脱，别爲《札記》，而此書之長於孔刻者，亦附見焉。

是書爲毛君生甫家藏本，每葉俱有「石研齋鈔本」五字，卷末有「石研齋秦氏印」，未知秦氏爲何許人也。道光壬寅孟夏之月，上海郁松年泰峰氏譔。

宋楊輝《日用筭法》三卷

著録

明・程大位《筭法統宗》卷一七《筭經源流》 嘉定、咸淳、德祐等年又刊各書：【略】《詳解日用筭法》。

序跋

宋・楊輝《日用筭法・序》 夫《黄帝九章》，乃法筭之總經也。輝見其機深法簡，嘗爲詳註。有客諭曰，謂無啓蒙日用，爲初學者病之。今首以乘除加減爲法，稱斗尺田爲問，編詩括十有三首，立圖草六十六問。用法必載源流，命題須責實有，分上、下、卷首，少補日用之萬一，亦助啓蒙之觀覽云耳。景定壬戌季夏，錢塘楊輝謹序。

宋・陳幾先《日用筭法跋》 萬物莫逃乎數。是數也，先天地而已存，後天地而已立。蓋一而二，二而一者也，自非桼錯妙用，隳括衆微米易窮此。錢塘楊輝以廉飭己，以儒飾吏，吐胷中之靈機，續前賢之奥旨，從奇而耦，由晦而彰，内可以知外，表可以識裏，其用心豈但爲運牙籌計金穀設而已哉？國學前庋永嘉陳幾先跋。

宋楊輝《乘除通變本末》三卷

著録

《乘除通變本末》目録

卷上　筭法通變本末

習筭綱目

乘除加減用法　　因乘損三法則一

乘除加減定法

相乘六法

單因重用　　重因總疋問尺、總兩問銖

身前因斤價三十一，斤價四百十　　相乘銀價問總

重乘代五位乘　　損乘求頭子錢

商除二法

實多法少價求物　　實少法多物求價

卷中　乘除通變筭寶

加術五法

加一位足錢展零，加六代除　　加二位求頭子錢

重加不係省錢　　加隔位稏地問直

連身加銅砣問斤

減術四法

減一位頭子錢求元　　減二位三斗七升因減

重減加二位作重減　　減隔位耗絲求净

求一乘法

五六七八九可倍求頭子錢，支米求總　　五六七八九不倍兩價問總，支粟問總

二三須折半總畝問步　　二三不可折半收粟問總

遇四兩折紐總匹問尺　　遇四不可折紐總匹問尺

求一除法

五六七八九可倍頭子錢求元，物數求人　　五六七八九不倍以價求物，以粟給人

二三須折半積步問畝　　二三不可折半收粟求元

遇四兩折紐積尺問匹　　遇四不可折紐積尺問匹

九歸新舊題括

八十二歸足斛展省　　六十九歸以田長求濶

筭無定法

以括換數二十三、四十六、三七五爲法者不用相乘，並以括代之

無濶換數九十七爲法不用相乘，以虧數爲法求之

定位捷徑

卷下　法筭取用本末

代乘成術一至三百　　代除成術一至三百

洪武戊午冬至勤德書堂新刊

序跋

宋・楊輝《通變筭法・序》　夫筭之數起於九九，制筭之法出自乘除。法首從一者，則爲加爲減。題或無一者，則乃折乃倍。以上加名九歸，以下損名下乘，並列乘除，羽翼筭家之妙。學者惟知有加減歸損之術，而不知伸引變通之用，金科賦曰「知非難，而用爲難」，言不誣矣。今將諸術衍益取用，標註圖草，目之曰《乘除筭寶》，雖未盡前賢之閫奧，亦可爲後學之梯階，敬鋟梓以遠其傳。咸淳甲戌夏至，錢塘楊輝序。

宋楊輝《田畝比類乘除捷法》二卷

著録

《田畝比類乘除捷法》目録

序跋

宋・楊輝《田畝比類乘除捷法・序》 爲田畝筭法者，蓋萬物之體變段終歸於田勢，諸題用術變折皆歸於乘除。中山劉先生作《議古根源》，序曰「入則諸門，出則直田」，蓋此義也。撰成直田演段百問，信知田體變化無窮，引用帶從開方正負損益之法，前古之所未聞也。作術逾遠，罔究本源，非探賾索隱而莫能知之。輝擇可作關鍵題問者，重爲詳悉著述，推廣劉君垂訓之意。《五曹筭法》題術有未竊當者，僭爲删改，以便後學君子。目之曰《田畝比類乘除捷法》，庶少裨汲引之梯徑云爾。旹歲在乙亥德祐改元小暑節，錢塘楊輝謹序。

宋楊輝《續古摘奇筭法》二卷

著録

明・楊士奇《文淵閣書目》卷三 《摘奇算法》，一部一册。

清・張之洞《書目答問・子部》 天文算法第七

《續古摘奇算法》，一卷。宋楊輝。【略】知不足齋本。

清・丁仁《八千卷樓書目》卷一一《天文算法類》 算書之屬

《續古摘奇算法》，一卷。宋楊輝撰。知不足齋本。

《續古摘奇筭法》目録

方圓論
　方圓總論　開方不盡法
句股
　海島題解
　度影量竿乘除　以表望木三問勾股　隔水望木海島

序跋

宋·楊輝《續古摘奇筭法·序》 夫六藝之設，數學居其一焉。昔黄帝時大夫隸首創此藝，繼得周公著《九章》。戰國則有魏劉徽撰《海島》，至漢甄鸞註《周髀》《五經》，唐李淳風校正諸家筭法。自昔歷代名賢皆以此藝爲重，迄於我宋設科取士，亦以《九章》爲筭經之首。輝所以尊尚此書，留意詳解。或者有云，無啓蒙之術，初學病之，又以乘除加[減]爲法，秤斗尺田爲問，目之曰《日用筭法》。而學者粗知加減歸倍之法，而不知變通之用，遂易代乘代除之術，增續新條，目曰《乘除通變本末》。及見中山劉先生益撰《議古根源》，演段鎖積，有超古入神之妙，其可不爲發揚，以稗後學？遂集爲《田畝筭法》。通前共刊四集，自謂斯願滿矣。一日，忽有劉碧澗、丘虚谷携諸家筭法奇題及舊刊遺忘之文，求成爲集，願助工板刊行，遂添摭諸家奇題，與夫繕本及可以續古法草，總爲一集，目之曰《續古摘奇筭法》，與好事者共之，觀者幸勿罪其僭。旹德祐改元冬至壬辰日，錢塘楊輝謹識。

宋楊輝《楊輝筭法》七卷

著録

明·程大位《筭法統宗》卷一七《筭經源流》 嘉定、咸淳、德祐等年又刊各書：【略】《乘除通變本末》《續古摘奇筭法》。以上俱出楊輝《摘奇》内。

清·陸心源《皕宋樓藏書志》卷四八《子部》 《田畝比類乘除捷法》二卷、《算法通變本末》一卷、《乘除通變算寶》一卷、《算法取用本末》一卷、《續古摘奇算法》一卷。汲古閣影元本。

元錢唐楊輝集《算法取用本末》，錢唐楊輝、史仲榮編集。楊輝序。

《揅經室外集》：《楊氏算法》三卷，宋楊輝撰。輝錢塘人。是書成於德祐間，於古算經若《五曹》《張邱建》諸家多疏通而證明之，如《張邱建》云「不患乘除爲難，而患分子母爲難」，則云分子母有二，本不爲難，較其多寡者，則用課分，均不齊之數者，則用平分。斤連銖兩，匹帶尺寸，非乘分除分不能治之。又於《五曹算經》亦多正其誤答之處。與秦九韶《數學九章》並爲習算術者之所宜究心也。案：是書每葉二十二行，行二十五字，卷中有毛晉私印，子晉、汲古主人朱文三方印。仲雍故國人家、子孫寶之朱文二方印。「趙文敏公書卷末云：吾家業儒，辛勤置書，以遺子孫，其志何如，後人不讀，將至于鬻，穨其家聲，不如禽犢，若歸他室，當念斯言。取非其有，无舍旃。」五十六字朱文大方印，毛房之印、斧季朱文二方印，毛晉二字連珠方印。《汲古秘本書目》所謂「精抄之書，每本有費四兩之外者」，此是也。

清·張之洞《書目答問·子部》 天文算法第七

《楊輝算法》六種七卷，宋楊輝、[清]宋景昌校。《宜稼堂叢書》本。目列後：《田畝乘除捷法》二卷、《算法通變本末》一卷、《乘除通變算寶》一卷、《算法取用本末》一卷、《續古摘奇演算法》一卷，附《札記》。

清·劉鐸《古今算學書録》 象數第三

《乘除捷法》上下卷、《算法變通本末》上卷、《乘除通變算寶》中卷、《算法取用本末》下卷、《續古摘奇算法》一卷，附《札記》一卷，宋揚輝，附卷宋景昌。郁松年《宜稼堂叢書》道光年刊本。《知不足齋叢書》《續古摘奇算法》一卷。

《楊輝算法》目録《宜稼堂叢書》

《田畝比類乘除捷法》　卷上
《田畝比類乘除捷法》　卷下
《算法通變本末》　卷上
《乘除通變筭寶》　卷中
《法筭取用本末》　卷下

《續古摘奇筭法》

札記附

序跋

[朝] 朴彧《楊輝筭法跋》 夫筭数之法，切於世用，而居於六藝之一，不可不學也。有宋《楊輝筭法》数卷，集諸家而折衷，真数學之閫奥。加減歸損之術，伸引變通之用，無不詳悉而明備，可爲學之龜範也。

今觀察使臣辛引孫敬奉内旨，囑府尹臣金乙辛判官李好信，命工鋟梓，凡其供億之需，監司隨宜備辨，不閲月而功訖。恭惟我聖上萬幾之暇，拳拳及此，以惠學者。而監司仰承睿鑑，不日集功，以壽其傳，是不可不誌也。前通善郎寧海都護府儒學教授官朴彧拜手稽首敬跋。

宣德八年癸丑五月□日，慶州府板刊。

辛崈　記官方敬　等三十二人

李成穆　金自和　僉自義池求□

前署丞李從生　學生金厚　李太伯

智仪　洪惠　儀淡　信敦　信明

敬頓　頓修　信實　戒善　實敬

海心　信海　志脩　洪隱　智悟

刻手大禪師洪照禪師洪惠，宗月，都邑安逸尹長正朝金抨，校正成均生員崔震，監督中訓大夫、慶州儒学教授官崔汭，判官承訓郎兼勸農兵馬團練判官李好信，府尹嘉善大夫兼農兵馬節制使金乙辛，經歷所都事通善郎工曹正郎朴根，觀察黜陟使通通政太夫工曹右參儀辛引孫。

清・李鋭《楊輝算法跋》 向聞錢景開言，曾有《楊輝算法》售與一浙人。三十年來，博訪通人，皆未之見。歲庚午，應順天試，留京師，在李雲門侍郎寓邸見雜鈔算書約百餘番，乃阮芸臺中丞提調文穎館時，從《永樂大典》中摭録者。中有楊輝《摘奇》數條，始得畧覩梗概，究未見全書也。今年夏復翁夫子於同郡故家得此書，皆散葉，且顛倒錯亂殊甚。暇日招余至百宋一廛，相與驗其文義，排比整齊，得書六卷，首尾、序目無缺失。亟命工裝，成一巨册，櫝而藏之。由是識與不識咸知爲希世寶矣。《田畝比類》重修《議古》截田諸問，皆天元如積之術。其開方步法從横布算之式，與秦道古《數書》正同。《通變》卷内有代乘代除各三百題，此即今人所謂飛歸法。攷《夏侯陽算經》已有以幾添之、身外減幾之語，蓋超徑算接之術，濫觴於唐以前矣。書中所稱《九章》《海島》《孫子》《五曹》《張丘建》等，今皆刊本通行。其《應用算法》《詳解算法》《指南算法》《九章纂類》《議古根源》《辯古通源》各書則未知尚有流傳不也。楊輝字謙光，錢塘人。序作於德祐乙亥瀛國公元年也。《法算取用本末》有史仲榮名，未審何人，當攷。嘉慶甲戌重陽日，元和李鋭跋。

清・宋景昌《楊輝算法札記・序》 是書誤文頗少，而闕文脱文甚多。《續古摘奇算法》句股之下直田之前竟脱去一葉，其餘板口上方多闕一角，蓋原書由散葉排比而成，破損在所不免。影鈔者依樣謄寫故也。今據算術逐條校算，可補者補之，疑者闕之，以俟君子。道光庚子中元後兩日，江陰宋景昌識。

雜録

《楊輝算法》刊記 洪武戊午冬至勤德書堂新刊，古杭余氏勤德書堂刊行。

[日] 關孝和抄本署 寬文辛丑仲夏下浣日訂寫訖，關孝和。

元朱世傑《筭學啓蒙》三卷

著録

清・丁福保《算學書目提要》卷上《中算類一》《疇隱廬叢書》之三 《算學啓蒙》三卷，元朱世傑撰。案：是書與《四元玉鑑》相爲表裏，似淺實深，決非啓蒙之書，近人徐鳳誥之通釋頗明晰，於天元一術尤爲詳備。

清・劉鐸《古今算學書録》 象數第三

《算學啓蒙》三卷，元朱世傑，羅士琳校。高麗本，《觀我生室彙稿》刊，今版存淮南書局，重刊通行本。

《算學啓蒙述義》上、中、下卷，王鑒，崇文書局刊本。

《算學啓蒙通釋》三卷，徐鳳誥，光緒十三年刊本。

清·丁仁《八千卷樓書目》卷一一《天文算法類》 算書之屬

《算學啓蒙》三卷。元朱世傑撰。刊本。

《筭學啓蒙》目録

《筭學啓蒙》序

《筭學啓蒙》序

阮元《筭學啓蒙序》

重刊《筭學啓蒙序》

《筭學啓蒙》目録

計三卷，共二十門，凡二百五十九問。

上卷八門一百一十三問

縱横因法門八問　　身外加法門十一問

留頭乘法門二十一問　　身外減法門十一問

九歸除法門二十九問　　異乘同除門八問

庫務解税門十一問　　折變互差門十五問

中卷七門七十一問

田畝形段門十六問　　倉囤積粟門九問

雙據互換門六問　　求差分和門九問

差分均配門十問　　商功修築門十三問

貴賤反率門八問

下卷五門七十五問

之分齊同門九問　　堆積還源門十四問

盈不足術門九問　　方程正負門九問

開方釋鎖門三十四問

《筭學啓蒙》識誤

《筭學啓蒙》後記

序跋

元·趙城元鎮《筭學啓蒙序》 嘗觀水一也，散則千流萬派。木一也，散則千條萬枝。數一也，散則千變萬化。老子曰：「數者，一也。」「道之所生，生於一。數之所成，成於九。」昔者，黄帝氏定三數爲十等，《九章》之名立焉。周公制禮作爲九數，九數之流，《九章》是已。夫筭乃六藝之一，周之賓賢能，教國子，此九數也，歷代沿襲，設科取士。魏唐間筭學尤專，如劉徽之注《九章》，續撰《重差》。淯風之解十經，發明補問，博綜精微，一時獨步。自時厥後，科目既廢，筭法罕傳，信如是也。則計租庸調，何術可憑？步數畸殘，若爲銷豁，米穀正耗，何由剖析？是猶捨重句而欲測海，去寸木而欲量天，多見其不知量也。燕山松庭朱君篤學《九章》，旁通諸術，於寥寥絶響之餘，出意編撰筭書三卷，分二十門，立二百五十九問，細草備辭，置圖折體，訓爲《筭學啓蒙》。其於會計租庸、田疇經界、盈朒隱互、正負方程、開方之類，已足以貫通古今，發明後學。卷末一門，立天元一筭，包羅筞數，靡有孑遺。明天地之變，通演陰陽之消長，能窮未明之明，克盡不解之解，索數隱微，莫過乎此。是書一出，允爲筭法之標準，四方之學者歸焉，將見拔茅連茹，以備清朝之選云。大德己亥七月既望，惟揚學筭趙城元鎮序。

[朝]金始振《重刊筭學啓蒙序》 余少也嘗留意筭學，而東國所傳不過《詳明》等書淺近之法。如《九章》六觚微妙之術，鮮有解者，無可質問。歲丁酉，居憂抱病無外事，適得抄本《楊輝筭書》於今金溝縣令鄭君瀁，又得國初印本《筭學啓蒙》於地部。會士慶善徵較其同異，究其源流，則《楊輝》非但字多豕亥，術亦舍易趨難，不便初學。《啓蒙》簡而且備，實是筭家之摠要。第其末端二紙，漫槳過半，殆不可辨。今大興縣監任君濬於術無所不通，一見而解之，手圖而補其缺。其後偶得一抄本，讎之果不差毫氂，於是乎遂爲成書。而布之不廣，慮益久而絶其傳，叓以《楊輝》望海島一章添入卷尾，刊梓而壽之，以遺後之游秇君子云。順治十七年庚子七月，下浣通政大夫、守南道觀察使兼兵馬水軍節度使、巡察使、州府尹金始振識。

清·阮元《筭學啓蒙序》 祖頤序《四元玉鑑》偁朱氏嘗游廣陵，學者雲集，編集《筭學啓蒙》，趙元鎮先後付梓，謂二書相爲表裏。元昔撫浙時獲得《玉鑑》舊鈔本，儗演細艸未果。甘泉羅君茗香得其寫本，補全細艸刊布，而以未見《啓蒙》爲憾。近年羅君又從都中人于琉璃廠書肆中得朝鮮重刊本，計三卷。因思《論語》皇侃疏、《七經》《孟子》攷文傳自日本，皆收録入《四庫全書》，中國刊行已久。今得此書，亦可依例刊行。案：此書總二十門，凡二百五十九問。其名術義例洵多與《玉鑑》相表裏，羅君爲之互斠。其證得七：《玉鑑》首列和較纍積諸圖，始于天元，終于四元，義主精邃，所得甚深。攷大德癸卯莫若序，計後此書四年。此書首列乘除布筭諸例，始于超徑等接之術，終于天元如積開方，由淺近以至通變，循序而進，其理易見，名曰《啓蒙》，實則爲《玉鑑》立術之根，此一證也。《玉鑑》原本十行，行十九字，「今有」氐一格，「術曰」又氐二格，與此書同式，此二證也。《玉鑑》斗斛之斗別用「斗」，此假借字，本《漢書·平帝紀》及《管子·乘馬篇》，尚雜見于唐以前之《孫子》《五曹》《張邱建》諸筭經。其鈞石之「石」，《說文》本作「祏」，《玉鑑》作「碩」，「碩」與「石」古雖互通，然假「碩」爲鈞石之「石」，則厪見于《毛詩》甫田疏引《漢書·食貨志》，而筭書罕見。又若《玉鑑》「畹」田之畹雖見于李籍《九章音義》，而字書所無，此書并同。此三證也。《玉鑑》雖亦三卷，而門則爲二十四，問則爲二百八十八，較多于此書四門二十九問。然以四字分類，其體裁彼此無異。且如商功修築、方程正負之屬，則又二書互見。此四證也。《玉鑑·如意混和》弟一問，據數知一秤爲十五斤，適合此書之斤秤起率。此五證也。《玉鑑·鎖套吞容》弟九問，方五斜七八角田。《左右逢元》弟六、弟十三、弟二十諸問有小平、小長皆向無其術，此書卷首明乘除段即載平除長爲小長，長除平爲小平之例。其《田畞形段》弟十五問復載方五斜七八角田求積通術。此六證也。他如《玉鑑·或問歌彖》弟四問與此書《盈不足術》弟七問，又《玉鑑·果垛疊藏》弟十四問與此書《堆積還源》弟十四問，又《玉鑑·方程正負》弟四問與此書《方程正負》弟五問，其問題約略相同。此七證也。是此書眞朱氏原書，佚而復出，可憙之至矣。同郡中學人請鳩工，以朝鮮原刻本縮版影刊，并其末所載《楊輝》海島筭法一番，亦爲坿列。閒有魚豕，悉仍其舊，但各標△于誤字旁，別記刊誤于卷末，示不誣也。羅君又以爲此書七證之外，兼有四奇，昔盛德璋太僕儀譔《嘉靖惟揚志》及此書原序結尾署「惟揚學筭趙城元鎮」，「惟揚」二字相同。或疑元至正二十二年壬寅始改揚州爲維揚府，在此書大德三年後，其時不應有惟揚之偁，且惟與維字又各異，不知宋《寶祐志》已據《禹貢》「淮海惟揚州」作「惟揚」矣。見《嘉靖志》注至「惟」「維」，皆助語辭，古本，通用。《韻會》謂《毛詩》助辭多用「維」。《書》及《論語》則用「惟」，是趙爲吾鄉人無疑，當元大德時曾爲朱氏刻梓二書。今吾鄉揚州從事于斯者，正復「雲集」，遺澤未湮。二書又先後爲吾鄉人所校覈刊行，其奇者一也。趙序謂「將見拔茅連茹，以備清朝之選」，在大德時不過尋常頌語而竟爲我天朝預兆，其奇者二也。此書成于大德己亥七月既望，乃歷今五百四十年。計都中寄此書到揚州年月日悉符，其奇者三也。元于嘉慶之初得《玉鑑》，今于道光十九年予告歸惟揚，又見《啓蒙》，且目見羅君等筭斠刊刻，樂觀厥成，其奇者四也。至于《庫務解税》《折變互差》二門有中統、至元時市廛日用及市舶司之税價，尤足以資元初交易之攷證焉。大清道光十九年己亥九月，揚州，予告大學士、太子太保在籍食俸阮元序。

清·羅士琳《算學啓蒙後記》 是書與《四元玉鑑》同爲元大德時朱松庭先生所譔，二書久佚。《玉鑑》之名猶見於梅文穆公《赤水遺珍》中，是《玉鑑》尚有流傳之本，而是書竟絶無知者。嚮爲《玉鑑》補艸時，知是書與《玉鑑》相表裏，深以未見爲憾。近聞朝鮮以是書爲筭科試士，因郵浼都中士，訪獲是書，爲朝鮮重刊本。卷首有朝鮮通政大夫、守全南道觀察使兼兵馬水師節度使、巡察使、全州府尹金始振序，又元大德惟揚學筭趙城元鎮原序各一首。竊惟唐時選舉有明筭科，自《周髀》以迄王孝通之《緝古》，號爲「十經」，分限年歲。趙序「湣風之解十經」，即此謂耳。厥後科目雖廢，去古未遠，文獻可徵，故言筭要當以宋元時秦、李、朱三家爲大備。秦氏箸《數學九章》而古正負開方術顯，李氏箸《測圜海鏡》《益古演段》二書而古立天元一術傳，朱氏集秦、李之大成而兼而有之，又推廣以至四元，于是實事求是，無隱不見，無微不彰矣。案：秦書自序「淳祐七年」，是歲丁未爲元定宗二年，李氏二書《海鏡》在《演段》之先，自序戊申當爲元定宗三年，計秦、李兩家書先後厪差一年，秦、李同時不待言矣。是書成于大德己亥，上距淳祐丁未五十三年。朱與秦之逮見不逮見未可知。攷硯堅序《演段》在至元壬午，先己亥才十七年。莫若序《玉鑑》謂朱氏周游湖海二十餘年，似朱與李猶得相及。又案：楊輝字謙光，錢塘人，箸《筭法》六卷。阮相國文選樓亦有鈔本。一曰《田畮比類乘除捷法》上，二曰《田畝比類乘除捷法》下，三曰《筭法通變本末》，四曰《乘除通變筭寶》，五曰《法筭取用本末》，六曰《續古摘奇筭法》。其書淺陋不足觀，金序謂舍易趨難，斯言韙矣。楊自序德祐乙亥，爲宋瀛國公元年亦即元至元十二年，在《海鏡》後《演段》前。計先是書二十四年，楊與李當爲同時，朱與楊或亦可逮見。綜覈諸家，先後相距未踰六十年。以時攷之，彼時筭名最箸如李受益、郭邢臺諸公亦適值其間，所以曆法大明。又如楊序所偁中山劉先生及史仲榮，《玉鑑》祖序所偁平陽蔣周等，雖其書不傳，其人莫攷，而其一時人才之盛，聰明精鋭已可概見，宜乎筭之超越今古也。降及明季，以空談爲僾，筭學寖失，書亦湮亡，致顧箬溪輩妄删天元細艸，遂成絶學。今「十經」惟綴術失傳，餘與秦、李諸書次弟復出，皆收入《四庫全書》。而《玉鑑》亦經吾鄉阮相國續獲鈔録，斯學因得復昌。是書在元時爲趙氏所刊，趙爲惟揚人，乃惟揚轉不可復得，不知何時流入彼中。足見遠人嚮學，知重是書，重爲刊梓，歷五百餘歲而得以復歸故土，豈非朱氏與吾鄉有緣，抑斯文未墜，冥冥中有嘿爲呵護者邪？是書匪特與《玉鑑》堪爲表裏，且可與宋已前諸古筭書互相參覈，以斠今法之異同，似淺實深。昔梅徵君謂歸除歌括始于前明吴信民《九章比類》，是書九歸除法，惟一歸如一進，五歸添一倍，九歸隨身下三句與今文小異，餘悉相同，證以楊氏《乘除通變筭寶》卷中所載九歸新括，案：楊書九歸新括下云，以古句、人注兩存之，其大字古句，在上云歸數求成十，歸餘自上加，半而爲五計，定位退無差。其每句下小字雙行注云「九歸見一下一，見四五作五，遇九成十。其八歸見一下二，見四作五，遇八成十。其七歸見一下三，見三五作五，遇七成十諸語」。雖文句不同，而信非始于吴信民也可知。徵君又謂古筭用籌，一至五皆從列，六至九皆横一于上，以當五，是書明從横訣「一從十横，百立千僵」凡十二句，與《孫子筭經》《夏侯陽筭經》約略并同，證以《乾鑿度》卧筭爲年，立筭爲日，要皆詳明筭位，固不厪爲用籌言之也。若夫古人行文，有與今法不同者，如今之所謂弦和較即句較和，亦即股較較，古則單言和較者，乃句股和較之省文，已詳釋于《玉鑑細艸》之校演後記矣。又如明程大位《筭法統宗・衰分章》載有四六差分、二八差分諸術，雖本楊書所引，《指南筭法》遞取幾分之幾爲率，固亦古法之遺。然是書《差分均配》弟七、弟八兩問亦有四六、二八諸差分，皆以下一字折差，與弟十問二八折、三七折同例。證以秦氏《數學九章》卷五《賦役下》弟二問均科縣税下二等比中等六四折，差科率求之，而用四折者，亦合。又東原戴氏初從《永樂大典》中得劉徽所注之《九章》因正負術有「正無人負之」、「負無人正之」，注謂「無人爲無對也」句未分曉，誤以「人」字爲傳寫之譌，悉改作「入」字。是書「明正負術」下小字雙行案引《九章注》謂「人作入，非」，是妄改不始于戴氏，在元時已然。鄭注《周禮》有「重差、夕桀」，錢曉徵詹事疑「夕桀」爲「互乘」之譌，見《養新録》。不知重差、夕桀二名已雜出秦書卷四測望章，此古名之厪見者。是書求一、穿韜、雙據、互换等名洎貴賤、反率、假令率亦皆近今罕傳。案：假令率本劉徽所注之《九章・盈不足章》，其貴賤反率亦《九章・粟米章》謂爲其率、反其率，是已求一，與秦書所載不同。楊輝《筭法通變》有求一代乘除，又有求一除等術，是已穿韜者代乘代除也。楊書各設三百題，謂之穿除，證以《夏侯陽筭經》亦有身外添幾、減幾并同。此法蓋今之飛歸，實穿韜之一種，互换之名并見楊書《續古摘奇》及秦書卷六錢穀章，或名互换，或名互易。其中有所謂雁翅乘，與是書盈不足術維乘大略相似。維乘之名，《九章》秦書互見，大氐諸率皆濫觴于宋元以前。然則古法之班班可攷，尚賴是書復顯而爲之佐證焉。特朝鮮依元大德時趙氏原槧本重雕，其《田畞形段》弟十四問，梭田形圖騎版心，割去上方魚尾，與《玉鑑》首列四元自乘演段及五和、五較三圖同病。蓋宋元時凡書之有圖者多爲蝴蝶裝，如今之册頁，作兩翼相合對形，故雖占中縫，于圖無礙。非若今時書線裝反折，致一圖而分陰陽面各半。然是書之所重不在圖，姑仍其舊。惟朝鮮本之版扇視近刻《玉鑑細艸》本較廣。今但勘爲縮狹影刊，庶朱氏二書通爲一律。至款式一依朝鮮原刻。其當時俗寫字，如那作邦，臺作臺，假或作假。又厘畝之類，不可枚舉，亦不校改，俾存原本之真，慎之至也。至于是書「睆田」之「睆」并見《玉鑑》。或疑字書所無。案：劉徽所注之《九章》本亦作「睆」。李籍《音義》謂當作「宛」，字之誤也。蓋取《爾雅》「宛中宛邱」注「中央隆高之義」。今刻從李所改。《楊輝筭法》作「睆」。攷《説文》「睆」下注：「田三十晦也」，與「中央隆高義」迥別。《夏侯陽筭經》丸田注：「形如覆(半)[斗]」。彈丸術曰：「徑乘周，四而一。」與此合。丸、睆音近，畹、睆形近似睆，雖不見千字書，殆如明邢雲路《古今律曆攷》「冪積」之「冪」別作「幂」，同爲筭書習用字。且《鶡冠子・天權篇》「軥蜚垂軟」之「軥」字、「軟」字亦字書所無，無可疑義。又是書「遆減」「遆因」之「遆」字凡數見。「遆」在《集韻》十二「齊」下注：「田黎切，姓也。」訓與術文不協。據術義，當爲「遞」。《集韻》「遞」或作「递」。想因遞、遆字形相似而譌。抑遞、遆亦筭書省筆，假借字無有確據，未敢以臆見率改，致後之學者滋惑。金序謂叜以楊輝望海島一章添入卷尾。案：「《楊輝筭法》卷末所載海島題解，蓋本諸劉徽《海島筭經》。彼中未見劉書，不知所本，遂以爲出自《楊輝》。其前題今有望海島，立二表，各五丈。下小字雙行注云：「『丈』當作『步』」。」此亦彼中所校。據楊書及劉徽本經并云「高三丈」。蓋彼中鈔本誤「三」爲「五」，因不合數，轉疑不誤之「丈」字爲誤耳。又楊書及劉徽本經并于術曰「爲法，除之」下有「所得加表高」五字。今朝鮮重刊本無此句，而于案内云「必須叜加表高，方准此」。又彼中鈔本奪落之故，其後題則楊本《九章》以表望山術而變通諸數也。外此凡字誤、數誤，洎夫圖與式諸誤，悉各鐵出別記于後。閒有術義隱晦莫揭其恉，亦各疑詮并坿後次。祖序《玉鑑》謂朱氏「復游廣陵，踵門而學者雲集」。夫既曰「雲集」，當不止一二人。曾幾何時，而學者姓氏莫知誰何，一無可攷。茲吾鄉從事朱氏學者又復雲集，惧後之無可攷亦如今。用是臚列其究心游蓺，同治四元則有江都沈，與九齡田季華普實、天長岑紹周建功暨其從子秋舲淦、全茮金禹谷望欣。天長乃唐割江都六合高郵地所置，初爲千秋縣，尋改今名，本吾郡屬邑全茮，則在隋即屬江都郡。當朱氏游廣陵，其時二邑尚同隸揚州路，故岑與金均得偁吾郡人。其督工校讐則有儀徵陳樸生輅、畢蘊齋光琦。而此書之得以復歸吾郡者，爲甘泉汪孟慈喜孫倡其始，皆有功于朱氏者焉。校畢，因書此于簡末，以見是書之可實，兼知源流云。道光己亥七月既望，惟揚後學羅士琳茗香識。

清・王鑒《筭學啓蒙述義・自序》 朱松庭先生兼秦、李之所長，成一家之著作，世所傳者，惟《四元玉鑑》及《筭學啓蒙》二書。《玉鑑細草》已軼，甘泉羅氏起而補之。歲更一紀，始獲脱稿，四元之學於是暢明。《啓蒙》久經放失，賴朝鮮重刊本以復行於世。此本亦羅氏所得，復爲之作識誤，以證其譌。爲之作附釋，以洩其秘，則羅氏始終爲先生功臣，殆有天焉。夫羅氏吾鄉人也，昔先生游吾郡而爲是書。付梓者，則有趙元鎮。元鎮亦吾鄉人也。今余又解先生之書，則先生之於吾鄉人士千載而下謦欬相接，誠如羅氏所謂有緣者，又得謂非天耶？顧是書命以《啓蒙》，似無待於解。然統觀三卷，其淺者不過通功易事之細屠沽市儈類能爲之，及其變化錯綜，探賾索隱，極而至於天地之情變，日月之交會，皆可以其理通之。恐學者習其術而未易窺其立法之原，知其著而無以得其引伸之故。余數年以來，究心於此，凡中西之學悉以得力，於是書者證之，莫不左右逢原，渙然冰釋。此中甘苦皆所躬歷，爰舉先生引而未發之處，詳爲詮說，附注其下。其言一以淺近爲歸，亦猶先生《啓蒙》之志云爾。光緒十年甲申八月，下澣儀徵王鑒識。

清・徐鳳誥《筭學啓蒙通釋・序》 余幼年失怙，弱冠避亂海隅，嘗留心學筭，絶少師承。吾鄉自羅茗香先生後肄筭者甚尠，茗香先生所刊朝鮮本朱氏松庭《筭學啓蒙》三卷，其中識誤坿釋詮發極精，嘉惠後學至深且遠。不揆庸虚，逐問註釋，集録成帙，藏之篋，衍已逾十稔。就正朋好，輒蒙許可。從事於筭者，若孫君溎卿、阮君拾珊、胡君鏡堂、劉君謙甫、王君翕庭、鄭君菊人、桂君蔚臣、姚君石泉、姚君晏如，皆以此帙爲入門之助。輾轉傳抄，不無亥豕，爰付棗梨，以代繕録。時在光緒十二年八月既望，後學甘泉徐鳳誥香谷識。

元朱世傑《四元玉鑒》四卷

著録

清・羅士琳《四庫未收書提要・四元玉鑒》 元朱世傑撰。按：世傑字漢卿，號松庭，寓居燕山，不知何處人。其書未載前人著録。總二十四門，凡二百八十八問，具開方、實、方、廉、隅之數。漢卿於《九章》既熟，於天元一術、正負開方之法，又神而明之，是誠算學一大家也。其茭艸形段、如像招數、果積疊藏各問爲自來算書所未及。

此從舊鈔本影寫，前有大德癸卯臨川前進士莫若序，卷末又有大德登科二月甲子溥納心齋祖頤季賢父序。稱世傑嘗游廣陵，學者雲集，編集《算學啓蒙》，與此先後付刊，並行於世。今《啓蒙》一書，不可復見矣。

嘉慶閒，吾鄉阮芸臺節相撫浙時曾購得，《四庫未收古書》進呈內府。每進一書，必仿《四庫提要》之式，奏進《提要》一篇。十數年久，進書一百七十四種。諸《提要》亦裒然成册，爰彙刊於《揅經室集》中，別而題之曰《外集》。今從集內録出，弁諸首。又節相曾譔有《朱世傑傳》，已見於《疇人傳・補遺》暨何刻《四元玉鑑》原書，茲不複贅。甘泉羅士琳識。

清・劉鐸《古今算學書録》 象數第三

《白芙堂叢書》羅士琳校本，無細草及附卷，附增卷。

清・丁仁《八千卷樓書目》卷一一《天文算法類》 算書之屬

《四元玉鑑》五卷。元朱世傑撰。刊本。

清・丁福保《算學書目提要》卷上《中算類一》《疇隱廬叢書》之三 案：是書原本僅三卷，元朱世傑撰。其演草頗簡略，初學閱之，不能遽曉。蓋朱氏當日，如積之學，久已盛行。故原草但云「如積求之」而已，「開方」而已。至於所以求如積之法、開方之法，則毋煩贅述也。【略】秦氏獨詳於正負開方，李氏獨詳於天元一術。朱氏生秦、李之後，集兩家之大成。而更推尋所未至，故四元之術，義尤精邃，所得甚深，與秦李二家堪稱鼎足而三矣。

雖原草開方式往往有多幾乘者，或縱廉隅全行不合者。此乃偶然疏忽，不足爲朱氏病。羅氏於此書研究一紀，敝精耗神，致疽發於背者兩次，以成全草，其用心亦良苦矣。

近人因其演草甚難，最易混淆，故喜演代數，而畏習四元。然四元爲中算最精之術，既已習算，亦宜略知一二。余謂習代數者苟費旬日之力以習四元，其効必倍速於前人，因述其習四元之捷法如下：

是書卷首特設四題，各演一草，以發其凡。以下諸題終不能出此範圍，是習此已可概全書矣。其第一題立天元，曰一氣混元，即代數之立獨元也。第二題立天、地二元，曰兩儀化元，即代數之立二元也。第三題立天、地、人三元，曰三才運元，即代數之立三元也。第四題立天、地、人、物四元，曰四象會元，即代數之立四元也。如以此四題，先以代數演爲詳草，與羅草互勘，其相消剔分之理無不迎刃而解，豈非愉快事哉！此四題代數草已見《筭學啓蒙通釋》所坿之中西通術，惟開正負諸乘方，代數不如天元之便。然李氏雖有《開方説》，易氏雖有《開方釋例》，其定商均無公法。蓋超步之例，遇益積翻積而已窮也。吾師若汀先生因創爲數根開方，又用倒開之法，以變通舊術，洵爲空前絕後之作。學者既通數根開方，則一切講開方之書，皆可廢矣。求數根之法，如實數在十萬以内，可檢對數闡微表，在《數理精蘊》内最爲便捷。實數在十萬以外，其求法亦無捷術，自演代數細草與四元互勘。及學習數根開方，旬日之閒，已可了然。較之古人，事半功倍。斯亦繼起者之易爲功耳，非前人拙而後人巧也。混積問元第八題，羅氏補草非通法。吾鄉蔣君留春因演一草以正之，已刻入《思棗室算稾》。

《四元玉鑒》目録

序跋

元・莫若《四元玉鑒前序》 數一而已。一者，萬物之所從始，故《易》：一，太極也。一而二，二而四，四而八，生生不窮者，豈非自然而然之數邪？河洛、圖書泄其秘，《黄帝九章》著之書。其章有九而其術則二百四十有六，始方田，終句股，包括三才，旁通萬有。凡言數者，皆莫得而逃焉。如《易》之大衍，《書》之曆象，《詩》之萬億及秭，《禮記》之三千三百，《周官》之三百六十。數之見於經者，蓋不特《黄帝九章》爲然也。自後世明算之科不設，而此學寖失其傳，由是曆法之進退畸盈，農田之方圓曲直，以至斗升勺合豪氂絲忽，往往皆不能盡其法者，又豈非古學之無傳，而學者莫知所依據邪！

燕山松庭朱先生以數學名家周游湖海二十餘年矣，四方之來學者日衆。先生遂發明《九章》之妙，以淑後學。爲書三卷，分門二十有四，立問二百八十有八，名曰《四元玉鑑》。其法以元氣居中，立天元一於下，地元一於左，人元一於右，物元一於上。陰陽升降，進退左右，互通變化，錯綜無窮。其於盈朒隱互、正負方程、演段開方之術，精妙玄絶。其學能發先賢未盡之旨，會萬理而朝元，統三才而歸極，棄除加減，鉤深致遠，自成一家之書也。方今尊崇算學，科目漸興，先生是書行將大用於世。有能執此以往，則古人格物致知之學，治國平天下之道，其在是矣。有志於學者，可不服膺此書云。大德癸卯上元日，臨川前進士莫若序。

元・祖頤《松庭先生四元玉鑑後序》　《黄帝九章》以降，算經多矣，不可枚舉。唐宋設明算科，立法取士，不出《九章》《周髀》《海島》《孫子》《張(邱)[丘]建》《夏侯陽》《五曹》《五經算》《緝古》《綴術》數家而已。然天、地、人、物四元，罔有云及一者。厥後平陽蔣周撰《益古》，博陸李文一撰《照膽》，鹿泉石信道撰《鈐經》，平水劉汝諧撰《如積釋鎖》，絳人元裕細草之，後人始知有天元也。平陽李德載因撰《兩儀羣英集臻》，兼有地元。霍山邢先生頌不高弟劉大鑑潤夫撰《乾坤括囊》，末僅有人元二問。吾友燕山朱漢卿先生演數有年，探三才之賾，索《九章》之隱，按天、地、人、物立成四元，以元氣居中，立天句，地股，人弦，物黄方，考圖明之。上升下降，左右進退，互通變化，乘除往來，用假象眞，以虚問實，錯綜正負，分成四式。必以寄之，剔之，餘籌易位，横衝直撞，精而不雜，自然而然，消而和會，以成開方之式也。書成，名曰《四元玉鑑》，釐爲三卷，以象三才，四元以象其時，分門二十有四，以象其氣，立問二百八十有八，假象周天之數。玉者，比漢卿之德術，動則其聲清越以長，靜則孚尹旁達而不有隱翳，鑑者照四元之形象，收則其緼昭徹而明，開則縱横發揮而曲盡妙理矣。漢卿名世傑，松庭，其自號也。周流四方，復遊廣陵，踵門而學者雲集。大德己亥編集《筭學啓蒙》。趙元鎮已與之版而行矣。元鎮者，博雅之士也，惠然又備己財鳩工繡梓，俾之並行於世，前成始而今成終也。好事之德，奚可量哉？二書相爲表裏，不其韙歟？屬余爲引，余詳觀之，有素所未嘗接於耳目者。不用而用以之通，非數而數以之成，由是而知有數皆從無數中來，高邁於前賢，能盡其妙矣。明算君子，據余言試爲細草，然後知誠而不妄也，於是乎書。大德癸卯二月甲子，滹納心齋祖頤季賢父序。

清・阮元《四元玉鑒序》　向序《測圜海鏡》，謂少廣著開方之法，方程别正負之用，立天元一者，融會少廣、方程而加精焉者也。若四元者，是又寓方程於天元一術焉者也。其理較天元一則無殊，其法視天元一尤精進。蓋天元一之所假借，惟一求數耳，非據今有數，蔑由盡其妙。四元則元各一數，其所假借者，不厘爲所求之數。惟其不厘爲所求之數，故無論有無見數，悉可探賾窮微。凡天元一所能御者，四元固能御之。即天元一所不能御者，四元亦能御之。其神明變化，初非自來算家所可跂及。祖序謂用假象眞，以虚問實。又謂不用而用以之通，非數而數以之成，亶其然乎！顧隱奧艱深，通之者鮮。以梅文穆公之淹雅，能悟西人所譯借根方，即古天元一術，尚不能於朱書無疑詞。甚矣，解人之難也！元知天元一術外更有四元，世罕其書。撫浙時，訪獲朱氏原本，擬演細艸，未果。吾鄉羅君茗香，績學之士也。精思神解，先得我心。研究一紀，補成全艸。間有原術於率不通，及布算傳寫之譌，亦悉爲標出。同里易君蓉湖，更爲坿增「釋例」二卷，詮次明晰，使學者易於入手。並録元《揅經室外集・四元玉鑑提要》弁諸首，洵足嘉惠藝林，發皇絶業矣。朝鮮人在京師書肆買得《揅經室集》，讀至《四元玉鑑提要》，知中華未見朱氏《算學啓蒙》一書，而朝鮮有之，遂刻之。亦足見遠人嚮學之殷，而全書顯晦有時歟。阮元序。

清・丁取忠《四元玉鑒後記》　謹案：是書卷首特設四題，從一元以至四元，各演一草，以發其凡。其各卷草中但云「如積求之」，是欲以四題準全書之例也。然猶病四草之略而不詳也。在當時習之者多，人人皆知，其理原可不詳。厥後，習者少而其理不傳，其法遂廢。至有明一代絶無知者，如唐荆川、顧箬溪且不解所謂「如積」云云者，無論其他？取忠有鑑於此，故校刊是書。其體例悉依原本，其中譌字參用羅茗香氏校本，然羅本細草亦有遷就處，因囑黄君玉屏即卷首四題詳爲補正，務使理歸一貫，法無異同。學者茍能熟此四草，以馭全書無難矣。光緒二年丙子孟春月，長沙丁取忠記。

元沙克什《河防通議・算法》

著録

清・四庫館臣《河防通議提要》　臣等謹案：《河防通議》二卷，元沙克什撰。案：沙克什原本作贍思，今改正。沙克什，色目人。官至秘書少監。事迹具《元史》本傳。是書具論治河之法，以宋沈立汴本及金都水監本彙合成編。本傳所稱《重訂河防通議》是也。沙克什系出西域，邃於經學、天文、地理、鍾律、算數，無不通曉。至元中，嘗召議河事，蓋於水利亦素所究心，故其爲是書。分門者門，門各有目。凡物料、功程、丁夫、輸運以及安樁下絡、疊埽修堤之法，條列品式，粲然咸備，足補列代史志之闕。昔歐陽元嘗謂司馬遷、班固記河渠溝洫，僅載治水之道，不言其方，使後世任斯事者無所考。是編所載雖皆前代令格，其間地形改易，人事遷移，未必一一可行於後世。而準今酌古，矩矱終存，固亦講河務者所宜參考而變通矣。乾隆四十六年三月恭校上。

《河防通議・算法》目録

算法第六

雜説　積垛　竹索積寸　捲埽　開河

序跋

元・沙克什《河防通議・序》　水功有書尚矣，《禹貢》垂統於上，而《河渠書》《溝洫志》纘緒於下，後世間亦有述。逮宋金而河徙加數，爲害尤劇，故設備益盛而立法愈密。其疏導則踐禹迹而未臻，其壅塞則擬宣房而過之矣。金時都水監有書，詳載其事，目曰《河防通議》，凡十五門。其體制類今簿領之書，不著作者名氏，殆胥史之紀録也，今都水監亦存而用之。愚少嘗學算數於真定，壕寨官張祥瑞之授以是書，且曰：此監本也，得之於太史若思。後十五年復得汴本，其中全列宋丞司點檢周俊《河事集》，視監本爲小異。雖無門類，而援引經史措辭稍文，論事畧備，其條目纖悉則弗若之矣。署云「朝奉郎尚書屯田員外郎騎都尉沈立撰」。愚患二本之得失互見，其叢雜紛糾，難於討尋。因暇日摘而合之爲一，削去冗長，考訂舛訛，省其門，析其類，使粗有條貫，以便觀覽，而資於實用云。至治初元歲在辛酉四月吉日，真定沙克什序。

元・和元昇《河防通議後序》　六府三事允治，禹功莫大焉。猶幸其書之存而可考也。僉憲贍公得之，講求脩齊治平之暇，取金、宋《河防通議》一書，合而訂正之，可謂有用之實學。僕貳郡真定，嘗得而推行之。茲來嘉禾，鋟梓於學，以廣其傳，三吳水利能取則焉，則是編又豈止於防河而已哉！至元四年戊寅八月望日，亞中大夫、嘉興路總管兼管内勸農事和元昇跋。

元佚名《透簾細草》一卷

著録

清・周中孚《鄭堂讀書記》卷四五《子部六之下》　《透簾細草》一卷。《知不足齋叢書》本，不著撰人名氏。亦仿古算書而作，凡問答術草俱備，併綾絹絲麻繒直亦算及之，故于算術至爲淺陋，然能廣前人所未及，亦可備市井閭閻之用，所以不著姓氏者，殆以是歟。鮑淥飲刊列宋人前，今以其詞旨亦極淺近，必近代人所爲，故退廁明人之末。其曰「透簾」者，蓋用道書光透簾帷語云。

清・張之洞《書目答問・子部》　天文算法第七

《透簾細草》一卷。闕名。【略】知不足齋本。

清・劉鐸《古今算學書録》　象數第三

《透簾細草》一卷，不箸撰人。《知不足齋叢書》本。

清・丁仁《八千卷樓書目》卷一一《天文算法類》　算書之屬

《透簾細草》一卷。不著撰人名氏。知不足齋本。

元丁巨《丁巨筭法》一卷

著録

清・張之洞《書目答問・子部》 天文算法第七

《丁巨筭法》一卷，元丁巨。【略】知不足齋本。

清・劉鐸《古今算學書録》 象數第三

《丁巨算法》一卷，元丁巨。《知不足齋叢書》本。

清・丁仁《八千卷樓書目》卷一一《天文算法類》 算書之屬

《丁巨算法》一卷。元丁巨撰。知不足齋本。

序跋

元・丁巨《丁巨筭法・記》 稽古河圖五十有五，一二三四五爲七八九六，大衍之數五十。隸首作筭數，羲和以閏月定四時成歲，舜在璿璣玉衡，以齊七政，禹别九州五十而貢，殷人七十而助其有法術。《周禮・大司徒》始列九數：一曰方田，以御田疇界域，二曰粟布，以御交質變易，三曰衰分，以御貴賤禀税，四曰少廣，以御積冪方圓，五曰商功，以御功程積實，六曰均輸，以御道里遠近，七曰盈朒，以御隱雜互見，八曰方程，以御錯糅正負，九曰勾股，以御高深廣遠，備矣。漢建《九章》之學，《夏侯陽》《孫子》方倉、蕩杯，謂未盡微分、新術、徽術、密率。復古曰盈不足，損有餘。差分衰分、方程之屬，注疏又爲今法。曰唐及宋皆有專門。自後時尚浮辭，動言大綱，不計名物。其有通者不過胥史，士類以科舉，故未暇篤實。獨余幼賤，不伍時流，經籍之餘，事法物度軌，則間嘗用心。因於算術，上自《九章》，下至小法，數十百家，摘取要略，述《筭法》八卷，以今俗稱寓之古法。其曰田畝，雖不啻百里當百二十一里，百畝當百四十六畝之步，亦方田之屬。粟布交質變易，差分法衰分，倉窖堆垜法少廣，修築營運以見商功，双頭交易、抽分答價以見均輸，折變相和、異乘同除以知隱雜，諸分之通爲方程，可以通朞閏，海島望筭爲勾股，可以通廣輪。凡綱乘以聚之，除以散之，通乘除已，斯可爲法。乘之積爲加，除之散爲減，加減爲乘除之變，故以乘加減曰法爲之首。爲數始於一，終於十，積於一一，成於九九，大爲十、百、千、萬、(千)[十]萬、百萬、千萬、萬萬、億、兆、京、垓、秭、穰、溝、澗、正、載，極小則分、釐、毫、絲、忽、微、纖、沙、塵、埃、渺、漠、幽、虚、空、清、浄、無，爲盡。一十百千萬互爲消長，由是而(之)[天]高地厚，日月往來，律呂聲[音]，陰陽幽顯。因此測彼精入鬼神，伊游於藝，玩物喪志。至正十有五年青龍左乙未八月，甲寅朔丁巨記。

雜録

清《知不足齋叢書》 桐鄉馬以長算校。

元賈亨《筭法全能集》二卷

著録

明・楊士奇《文淵閣書目》卷三 《筭法全能集》一部一册。

《筭法全能集》總目

筭法上

總説五項

錢　粮　端匹　斤秤　田畝

常用法二十項

因法　加法　乘法　減法即定身除

歸除　求一　商除　異乘同除千斤百里附

歸法	就物抽分			

算法下

差分	和合差分	端匹	斤秤	堆垛
盤量倉窖	丈量田畞	修築	約分	開平方

元安止齋　何平子《詳明算法》二卷

著録

明・楊士奇《文淵閣書目》卷三　《詳明算法》一部一冊。

明・程大位《算法統宗》卷一七《算經源流》　《詳明算法》。元儒安止齋、何平子作，有乘除而無九章，不備。

《詳明算法》目録

卷上

九章名數	大小名數	九九合數
斗斛丈尺	斤秤田畝	口訣
乘除見揔	因法	加法
乘法	歸法	減法即定身除
歸除	求一	商除
約分		

卷下

異乘同除	就物抽分	差分
和合差分	端疋	斤秤
堆垛	盤量倉窖	丈量田畝
田畝紐粮	修築	

序跋

元・安止齋《詳明算法・序》　隸首作算法，張蒼定章程，人習知之而未考。其原皆本於黄鍾也。黄鐘之長九寸，空圍九分，聲中黄鐘之律。陽聲之始，陽氣之動也。九者，陽之成也。加一寸成十，曰尺，是尺寸之始也。其空容黍米千二百粒，爲勺，是斗斛之始也。其重十二銖，是斤稱之始也。大畧若此，數之理顯。小學易明，故居六藝之末。然非專心致志，亦莫極其妙。請試言之，夫學者初習因歸，則口授心會，互於撞歸起一，時有差謬。既貫通諸法，或設問一數於乘除，莫知所錯，辨而析之，是明布筭之方矣。而數之錯綜者，又須明立法之道以布筭，是乃用筭之術也。深究其理，可會於心，乃師説所不能盡，但自熟之，其理悉見，非若經學之難明，理學之難窮也。舊本極爲詳明，訪求之，久不復可得。今市肆所售皆隱其訣，存一亡十，徒以誷人苟利，殊失古人之初心。敢以所聞，如舊法，分上、下二卷，盡其説，壽諸梓，以廣其傳，庶初學之一助云爾。安止齋謹述。

元舒天民《六執綱目》卷下《九數》

著録

清・四庫館臣《六執綱目提要》　《六執綱目》，二卷。元舒天民撰。天民，字執風，鄞縣人。是書取《周禮・保氏》六執之文，因鄭康成之注，標爲條目。【略】至其「九數」一門，以密術推鄭注，頗爲詳至，以之補正賈疏，以考《禮》之一助也。

序跋

元・舒天民《六埶綱目・題辭》 九數之計，人生日用。疇能或廢，聖遠經殘。

又 卷上 六曰九數：方田、栗米、衰分、少廣、商功、均輸、盈朒、方程，終於句股。栗俗作粟。衰，倉回切。朒，如六反，俗作朏，非。句，音鉤。

元・張翥《六埶綱目序》 按古禮以參今禮，而知其數度損益之宜。按古樂以證今樂，而知律吕旋生之妙。按古書以校今書，而知聲形訓詁之文。射雖禁而弧矢有其方，御雖廢而驂駕有其法，亦所當知也。數則古今一爾，果善乎此，豈非博物之通儒哉。

宋元其他算書

著録

元・脱脱等《宋史》卷二〇七《藝文志六》 《求一算法》一卷，【略】張祚注《法算三平化零歌》一卷，龍受益法。王守忠《求一術歌》一卷、《算範要訣》二卷、《明算指掌》三卷。【略】任弘濟《一位算法問答》一卷。楊鍇《明微算經》一卷、《法算機要賦》一卷、《法算口訣》一卷、《算法秘訣》一卷、《算術玄要》一卷。

明・程大位《筭法統宗》卷一七《筭經源流》 元豐、紹興、淳熙以來刊刻者多且以見聞者著之：【略】《益古筭法》《证古筭法》《明古筭法》《辨古筭法》《明源筭法》《金科筭法》《指南筭法》《應用筭法》《曹唐筭法》【略】《通微集》《通機集》《盤珠集》《走盤集》《三元化零歌》《鈐經》《鈐釋》。

明代總部

主編　郭世榮

人物部

嚴恭

傳記

清・錢謙益《列朝詩集小傳》嚴恭　恭字景安，吴之練川人。累世仕宦，才性雅淡，築室海上，號「惜寸陰齋」，日以琴書自適。

雜録

明・張其淦撰　祁正注《元八百遺民詩詠》卷四　嚴景安恭

有齋乃名惜寸陰，練川人見嚴恭心。百城南面亦可樂，况有靖節無絃琴。偶和西湖竹枝詞，于一擊節來槐陰。鐵厓元圃豈不佳，陽春白雪賡雅音。續貂況有陸長卿，湖隄載酒閒相尋。家風不墜好典籍，滿堂不寶玉與金。誰人築室西泠橋，廣居常作西湖吟。張劉孤山探梅至，有酒亦復同酌斟。自德齋文共欣賞，梅花片片縈衣襟。

嚴恭，吴之練川人。累世仕宦，才性雅澹。築室海上，號「惜寸陰齋」。日以琴書自適，有《和楊鐵厓西湖竹枝詞》，南昌王猷定于一稱賞之。

明・張昶《吴中人物志》卷九《嚴恭》　嚴恭字景安，嘉定人。累世宦達，恭獨志尚雅淡，不樂仕進。甞築室海上，號「惜寸陰齋」，日以游戲翰墨爲事。

吴敬

雜録

明・程大位《算法統宗・算經源流》　吴信民，錢塘人。景泰庚午作《九章比類算法》，共八本，有乘除，分九章。其書繁而難記，差訛頗多。

明・吴敬《九章比類算法大全》卷前

吴敬畫像

明・張寧像贊吴敬《九章比類算法大全》卷前　言行好古，鄉黨樂成，因數察理，其心孔明。賜進士中憲大夫、福建汀州知府、前禮科都給事中、賜一品服、吴興張寧贊。

明・孫暲《吴先生肖像贊》吴敬《九章比類算法大全》卷前　其貎温温然，其行肅肅焉。無顯奕之念，有幽隐之賢。數窮乎大衍，玅契乎先天。運一九于掌握，演千萬于心田。嘲弄風月，嘯傲林泉。芝蘭挺秀，瓜瓞綿延。是宜啓膺繁，祉令終高年。噫影參耆，惟能寫其外之巧，而亦莫能摹其中之玄也。大中大夫、山東布政使司右参政、同郡孫暲書。

王文素

藝文

明・王文素《集算詩》王文素《算學寶鑑》

其一

六藝科中筭數尊，三才萬物總經綸。乘除陞降千般用，量度權衡五品分。天下錢糧憑是掌，世間交易頼斯均。若無先聖傳流此，自古模糊直到今。

其二

市鬻諸家俗算篇，数差法拙字訛刊。魯魚豕亥三爲二，焉馬乎乎十作千。滯處疎通繁處剪，亂時整理闕時添。而今歷歷皆更正，莫與尋常一樣看。

其三

身似飄蓬近六旬，留心學筭已年深。苦思善致精神耿，久視能令眼目昏。鉄硯磨穿三両箇，毛錐乏盡幾千根。如風掃退天邊露，顯出中秋月一輪。

其四

諸家筭籍甚差訛，暮玩朝叅已證磨。有意刊傳財力寡，無人成就恨嗟多。魯麟直得逢尼父，楚璧湏還遇卞和。良馬若非遭伯樂，塩車困死告誰何。

其五

莫言筭學理難明，旦夕磋磨可致通。廣聚細流成巨海，久封抔土積高陵。肯加百倍功夫滿，自曉千般法術精。憶昔曾參傳聖道，亦由勉進得其宗。

其六

暖衣飽食際雍熈，筭數林中論是非。半間陋室尋妙理，靈臺一點悟玄機。猶如月到天心處，活似風来水面時。料此一般清意味，世間能有幾人知。

其七

其中奥理寔難叅，仰益高□鑽益堅。百法源流當細審，四家周徑莫輕談。懸空定位無踪影，帶蹤開方有正飜。人道筭如隔張紙，我言如隔萬重山。

其八

総爲諸家筭未周，故忘鄙陋又重修。吹開毛孔尋疵病，使碎心機覓本流。下海探珠非易得，登山採玉寔難求。譬将昏鏡磨明也，寄語英賢韞匵扙。

楊廉

傳記

明・過庭訓《本朝分省人物考》卷五七《楊廉》　楊廉字方震，號月湖，豐城人。自幼穎悟過人，學以六經爲正宗，四書爲嫡傳，周、程、張、朱爲正派，而飭躬砥行，不落塵紛。

成化丁酉，中鄉試第一，丁未會試第三，選翰林庶吉士，移疾家居。庚戌，改授南京戸科給事中，益留心世務，經史之外，凡民生休戚，財計盈歉，邊務利害，悉研究顛末，思以自效。丙子，丁内艱。服闋，補刑科給事中。戊午，以便養請改南京兵科，因地震，劾奏用事大臣，首薦張元禎、吴寛、李東陽、王鏊、劉戩宜備日講，講書宜用《大學衍義》，時論韙之。吏部尚書王恕被譏，力言公卿不可無恕，所宜優禮，請斥遠讒邪，無爲所惑。楊茂元、盛應期因事獲譴，奏乞敘復。他所論薦，如周瑛、周孟中、劉大夏、謝鐸、林俊等，皆有時名，屢上時政便宜凡十數事。又兩因邊鎮有警，陳言備禦數事，朝廷采用幾盡。又嘗論宋儒周、程、張、朱從祀之位，宜右漢唐諸儒。又因闕里重新請更立木主，以革夷教，偶未及用，識者惜之。庚申，陞南京光禄寺少卿，淹抑閒居幾三考。惟潛心著述，取濂洛遺言奥境，多所闡發。嘗入賀千秋節，陳言輔導元良，其説尤備。丁卯，陞南京太僕寺少卿，時同務多暇，環滁諸生，多執經其門，偏舉先儒異論，分剖是非，娓娓無倦容，尤謹其矩度，崇廉恥。外艱服滿，陞南京通政司右通政。前此軍民投狀，或寢不行，廉以政主於通，不宜任情行止，悉分送所司，仍存其底備考。壬申冬，陞順天府尹，以文學飾吏事，不茹柔剛，以省繁苛，爲務市征賦，皆酌其平，豪猾不得爲輕重，屬醜虜犯邊，命將出師者，再所須車輛約費銀數千兩，兼以水旱連年，根本宜慮，力言於兵部，移大興遞運所餘銀以給之，仍奏免夏税一萬七千餘石。又令農民改撥者，量入貲爲賑濟備，民甚賴之。慮各屬巧取民財，每歲辨創作底簿，具載其都數，使上下通曉，無能爲弊。凡徵税則例，鄉飲酒儀節，悉加裁定，遇鄉會二試，所需悉從官給，盡革和買借辦之擾。舊號舍用葦，則易以木，爲經久計。立法簡而有數。昌平縣以歲辦不前，奏准陞州，請轄密雲、順義、懷柔三縣。復奏州貧不堪重役，均車輛十之六於三縣，使州無偏重。釐各官馬夫銀於均徭，使不得多取。定陵户貧富撥補之法，使不得影射，皆著爲令。乙亥春，陞南京禮部右侍郎，疏論交修，論廟禮，論廵幸，語皆切，至駕臨舊都，即奏言：臣僚冠服當如朝儀。又請謁太廟，皆得俞旨。世廟登極，用廷薦陞尚書，首進《大學衍義節略》，有旨褒答。前後凡八疏乞休。癸未春，求去益力，特允所請。歸里中，則杜門卻掃，縉紳益歸重焉。乙酉，以疾終，年七十有四。上嗟悼，贈太子少保，謚文恪。平生所著有《文集》六十二卷、《劄記》三卷、《奏議》四卷、《家規》一卷，所述有《伊洛淵源録》《新增先天後天圖學考證》《太極圖纂要分類》《程氏遺書》《二程年表》《西銘旁通》《皇極經世啓鑰》《象山語類》《洪範纂要》《禮樂書》《皇明名臣言行録》《皇明理學名臣録選註》《風雅源流》《唐詩詠史絶句》《月湖詩稾》《白沙定山詩》《星略算學》《發明綴算舉例》《醫學舉要》《名醫録》，凡二十餘種。

紀事

明・孫存《南京禮部尚書贈太子少保謚文恪楊公廉行狀》焦竑《國朝獻徵録》卷三六

公諱廉字方震，姓楊氏號月湖，一號畏軒。世家豫章之豐城。曾祖諱德義。祖諱行素，累贈南京禮部尚書。父諱崇號復菴，仕終永州知府，累贈南京禮部尚書。母劉氏，累贈夫人。

公幼穎悟絶倫，書過目即了大義。復菴公嘗學於康齋先生之高弟彭九韶，其在桂林，攜公就學，不令作無益詩文與見異端書，每令熟讀小學、《大學》《論》《孟》《中庸》，故公之學得於性理者，自家庭始。長游邑庠，人咸器之。成化丁酉，舉鄉試第一。戊戌下第，築室城南，授徒講學，復菴大書「時習」二字，題其堂，以示警。丙午，修縣志，成。丁未，魁會試進士，改翰林院庶吉士，謝病家居。庚戌，除南京户科給事中，奏行後湖查冊法，與部參伍，籍究根源，弊盡革。辛亥秋，地震，劾用事大臣，薦張元禎、吴寛、李東陽、王鏊、劉戩日講《大學衍義》，時論韙之。兵部議洪武、永樂年間黄冊，公奏彼年黄冊不全，暴之天下，吏緣爲奸，但實查軍匠根源，冊之祖也，乞添造冊庫，使稀架薄堆，以便揭查曬晾。制曰：可。壬子秋，上六事。一經筵停罷，時月令講官更直，以俟召問。二詔用言事謫官，不當限科道，拘年月。三治蘇浙水患，停織造。四取恬退林下之人曾經薦舉者。五刪法司條例。六灾異策免大臣。末總言，凡大政宜召大臣面議，科道官隨入駁正。癸丑夏，論吏部尚書王恕被誣，朝廷宜斥遠讒邪，優禮大臣，且言公卿中不可無恕。冬，丁劉夫人憂。丙辰，復除刑科，冬，上章請祠祀文清公薛瑄，及取《讀書録》貯國學，以教諸生，刊布天下。有旨准行。丁巳春，上章論經筵，日講爲格心之學，宜以一暴十寒爲戒。戊午春，改南京兵科，便迎養，復菴公不欲往，乃移禄歸養。冬，兩上章論黜陟，謂布政使周瑛、按察使周孟、中僉事王鴻儒、知府張吉、知州王雲鳳，俱政績有聲，宜照天順例，賜楮幣宴，禮部破格陞擢，以收才望。己未春，應詔陳四事，其一事申明日講行義，刪正條例前議。其三均節力役，謂濟寧、沛縣之間，宜增立夫廠。四申明祀典，謂宋儒周、程、張、朱從祀之位，宜居漢唐諸人之上。夏，上章論獄事，乞敘復楊茂元、盛應期。秋，西北有警，陳言邊務三事。冬，闕里灾，上章謂宜趁廟宇一新，更立木主，以革夷教，及「大成」二字譬喻之語，於謚法不合。庚申夏，上章乞畨用周瑛、劉元、劉大夏、謝鐸、林俊、曹璘。秋，大同有警，陳言六事，尋陞南京光禄寺少卿，書「張天祺監司竹監舉家不食筍」十二字於屏。辛酉秋，入賀千秋節，陳言輔導元良，謂皇太子講讀，須先《大學》，次《論》《孟》，而後及《中庸》《尚書》，屬對作文，非帝王之學，其於格致誠正之功有妨，乞於翰林宮僚選其年齒最少，性行端謹者二三人，日與皇太子遊處，爲傳德保身之助。甲子秋，主浙江鄉試，得人最多。丙寅，再乞休，未允。丁卯春，陞南京太僕少卿。己巳春，復菴君卒，赴京領勘合，乞致仕，吏部以學行奏留。辛未秋，釋服，陞南京通政司右通政。冬，陞順天府尹。嘗書公移簿曰：爾當時每病州縣取民無制，不恤民隱，每羨周恂如、韓永熙立法之善，今當局請看如何。又書晉陶侃、唐劉宴事於壁，扁公署後堂曰希包，爲文記之。癸酉，咸寧侯仇鉞、太監張永、都督白玉相繼奉命出征，車輛銀動以數千兩，公以水旱蝗灾，不派於民，止借大興遞運所餘銀供之，仍奏免派補緩急以濟，而民莫知爲之者。又奏免夏税一萬七千餘石，令農民改撥者，納銀備賑，請託亦因以已。凡值鄉會二試，革舖戶和買之害，免器皿借辦之擾，皆官給之。凡徵税則例，鄉飲儀節，悉加裁定，工部題準天下吏農所納銀兩，類解本部補作。正德八年，原派物料，公速解補之，後清寧宫灾，遂變初議，盡取前銀，以給營造，惟順天得免。本府收開例等銀一十二萬兩，舊復秤過轉解，公立法，銀非五十兩之外不得作二錠，類解之時，但積算見數而已。甲戌春，應詔極言主上當一於主敬，以修人事，以弭天變，奏入，留中。各屬歲辦無定額，公作底簿，弊無所容。昌平縣歲辦不前，奏欲陞州，轄密雲、順義、懷柔三縣。三縣復奏不堪，事下公議，乃均車輛十分之四於三縣，使不致偏重，釐各官馬夫之銀於均徭，使不得多取。定陵户貧富撥補之法，使不得影射，俱著於令。乙亥春，畫太極圖於府庠北壁，且著《太極圖記》，以迪諸生。陞南京禮部右侍郎。秋，地震，上章言上下交修之道，又論太廟祭祀。己卯春，上章諭巡幸，署南京工部，事繁雜，著《令官舉要》一卷。冬，聖駕幸南京，有旨百官並戎服，公奏諸臣僚冠服宜如朝儀，更請謁太廟，俱從之。自亥至巳，凡五乞休，俱奉温旨勉留。今上登極，用廷臣薦，陞南京禮部尚書，進《大學衍義節略》，上以忠愛答之，是歲再乞休，雖優旨未允，眷注方隆，而公引年益力，上曰：卿才行老成，譽望素著，新政之初，方膺委任，累疏乞休，情辭懇切，特允所請。寫勑給驛還鄉，有司月給米三石，歲撥人夫四名應用，茲歸其頤神保和，以茂膺壽考，著書樂道，以潤色太平。公感激泣下，歸乃扁其廳曰頤保堂，杜門謝事，惟讀書教子而已。居官及懸車，終日手不釋卷，嘗聞胸菴劉公語人曰：「在仕途肯讀書究理，惟楊方震、蔡介夫耳。」見素林公薦公堪以輔導東宫，舉人劉君教謂公在諫垣，章奏剴切，南科年來重如九鼎大吕，以有公也。林希元謂：公之學，門户自程、朱，淵源自六經，權衡百氏，低昂漢唐。介溪嚴公謂：公眞積實踐而不事文具，潛心當世之務而不爲空言。高吾陳公謂：公天分極高，雖於書無所不讀，然居敬窮理，精思力踐，則惟程朱之學爲準，故發於詩文，閎肆辯博，充然有餘，莊嚴簡勁，確乎不忒，河東之後，惟先生焉。間齋汪公謂：公爲伊洛之學，居敬窮理，老而弗懈，爲文章必根於六經，而多所自得，於天下事靡不究心，生民利害之源，吏治得失之故，制禮作樂之要，律曆算數之賾，具有本末。東山劉公謂：公詩文非但筆力追古，作而議論，皆有本源，有關名教，自當名家。皆確論也。公天性孝友，事親以養志爲孝，待弟姪如手足，於伯兄寬齋，友愛尤篤，家居終日萃聚坐話，多至夜分，祁寒盛暑不輟也。雅尚恬静，不逐時好，位陞八座，淡朴如韋布時，素不嗜酒，對客亦微醺而罷。自處雖剛肅，望之凛然，及至接人，則從容和氣，無少長皆使可親就，人在患難中者，尤加閔恤。癸丑，大札有舉子旅白下者，數病，公朝夕往視，及不藥，具衣棺，殯斂如禮，其子姓世講不忘。與人講學，旁引曲證，務令得聖賢指歸。初爲詩文，出入古名家，久之自成機軸。鄉舉後，四書五經之外，雖諸子百家，無不折衷其説，而一意程朱之書，晝誦夜思，至忘寢食，少未安，反復根求，必至於是而後已。大要以敬爲主，直欲體之身心而見之行事焉。迨尹京兆，災傷洊至，民不聊生，人咸爲公難之，公左提右挈，纖悉畢舉，其所罷行，不獨可以濟畿内一時之急，實可以布之久遠焉者。癸酉冬，存北上，陽明王先生附書抵公，稱爲君子有用之學者以此。平生著述，有《月湖稿》七卷，《奏議》《劄記》《家規》《新增伊洛淵源録》《先天後天圖學考證》《太極圖纂要分類》《程氏遺書外書》《二程年表》《西銘旁通》《皇極經世啓鑰》《象山語類》《洪範纂要》《深衣纂要》，《大學衍義節略》一卷，類有發明於志道者。《皇明名臣言行録》《皇明理學名臣言行録》各一部，皆有補於據德者。《禮樂書選註》《風雅源流》《唐詩詠史絶句》《白沙定山詩》《星略算學》《發明綴算舉例》《醫學舉要》《明醫録》各一卷，皆有裨於游藝者。嘉靖甲申九月，存自贛奔先人雙泉君喪，謁公表墓，時已病，猶力爲之，其表曰：有本有末，政教兼舉。又曰：惟知正己，不爲詭隨。其所許者，皆所自得者也。亦徵其雖病而神定矣。明年乙酉春正月，存復有所請，公答之剌末，自謂病作甚，不能作書，至「(亮)［諒］之」二字，則若筆敗，然此殆絶筆也，存得之，悲公且不作矣。三月，公疾劇，寬齋亦病，猶問慰不輟，迨寬齋卒，公不食不言者已五日，公冢子畋等不令知之，忽有聞，遂淚下痛呼，諸子亟往治其喪禮，謂吾尚無恙也。越十有三日，畋等泣請後事，乃徐言曰：汝輩讀書修行，毋玷前人。没後，恤典自有聖制公論在，行狀託孫性甫，銘表請於羅整菴、費鵝湖也。言訖而逝，距生景泰八年八月十一日，享年七十有四。是日黄霧四塞，人異之。高吾公方巡撫江西，與御史秦公鉞具以訃聞。上悼痛，遣工部司務范廷儀營葬，命江西布政司右參政馮公訓諭祭二壇，贈太子少保，謚文恪。

顧應祥

傳記

明・林之盛《皇明应謚名臣備考録》卷七《顧應祥》 尚書顧應祥字維賢，直隸長洲人。弱冠舉弘治乙丑進士，授饒州府推官。治獄明允，吏民懾服。會姚源洞寇起，據樂平，執縣令汪和，衆洶洶，無所出。祥挾一老卒，御羸馬詣賊營，賊大驚出迎，祥因爲譬曉，語以利害，賊感動，釋其令而遁。以臺諫徵入，緣年少不應格，遷錦衣衛經歷，爲權幸錢寧屬。寧故剛愎，獨折節焉。寧當上自免疏，祥爲屬草，故爲峻語風之。寧謝曰：顧君愛我深耳，此白簡語也。御史施儒與貴人抗，被逮，有謀祥賄寧脱之者，祥責而却之，然陰爲居(簡)［間］，竟脱御史獄。亡何，遷廣東按察僉事。汀漳山寇起，受督撫王守仁檄，剿以兵，［擒］鹵酋雷振温等級千四百餘，移兵逐海寇金璋、韓亞颯等，覆其穴，又移兵芟郴桂寇，獲級千餘，威望頗振。尋以江西寧事起，擢按察副使，分巡南昌道，及往已捕得反者。時荼毒既廣，訐訟蝟興，祥力爲經理，振刷久之。歷陞右副都御史，巡撫雲南，所規畫二十餘事。其大者，更定永昌府衛、騰越州鳳梧所諸衛署，築騰甸等府城隍，增永昌等府縣學師儒，申明射禮，寬軍職襲替，滇人稱便。無何，以母喪不候代奔還，法當罷。當塗者，數爲請，得致仕。居家十五年，再起，撫雲南。時元江悖不就逮，衆方議用兵，應祥曰：那鑑棄衆滅親，直孤獸耳，緩之，則就縛矣。會遷南京兵部侍郎，逮者急之，卒敗，没失一布政。尋召爲刑部尚書，覽爰書，有所不盡絜者，屬郎吴維嶽等取前後絜令，增損之，著爲例會，奏決囚，比得報，已踰冬至二日，應祥竟論決爲御史所論，調南京刑部侍郎，立朝僅百日耳。又踰二年，得請致仕，卒年八十三，贈太子少保。祥嗜書，無所不覽，少從陽明、增城遊，而獨於致良知之説，常心否之，曰：性命非空懸無寄者，吾日愧於倫物而談性命，得無爲跖者笑耶？其所持衛足破世學之的。平生最喜者，九章勾股法，謂能以人法窮天巧。時唐順之長于勾股，亦取則之。有《惜陰録》《人氏紀》《尚書纂言》《歸田詩選》等書十餘種，著于世。

清・阮元等《疇人傳》卷三〇《顧應祥》 顧應祥號箬溪道人，湖州長興人也。嘉靖間，巡撫雲南，遷刑部尚書。

著《測圓海鏡分類釋術》十卷。其序曰：天地之所以神變化而生萬物者，陰陽而已。一陰一陽，交互錯綜，而變化無窮焉。聖人因其交互錯綜之不齊，而置爲數術以測之，於是乎天地之高深，日月之出没，鬼神之幽秘，皆可得而知之矣。然數之爲術，雖千變萬化之不同，而其要不過一開闔而(巳)［已］。開者，除也。闔者，乘也。而又有以形求積、以積求形之異。古之爲數者有九，九者其用也。是故用之以貿易，則爲粟米；用之以分別差等，較量遠近，則爲差分，爲均輸；因其末而欲知其本，爲盈朒；彼此互見，則爲方程。若夫以形求積，則方田、商功之類是也；以積求形，則少廣、句股之類是也。以形求積者，先得其形，而後求其積，故其爲術也易；以積求形者，則先得其積，而後求其長短、廣狹、斜正之形，有非乘除所能盡者，故必以商除之，然而商除亦不能盡也，而又立正、負、廉、隅之法，以增損附益之，故其爲術也難。余自幼好習數學，晚得荊川唐太史所録《測圓海鏡》一書，乃元翰林學士欒城李公治所著，雖專主于求容圓求方一術，然其中間如平方、立方、三乘方、帶縱、減縱、益廉、減廉、正隅、負隅諸法，凡所謂以積求形者，皆盡之矣。但其每條下細草，雖徑立天元一，反覆合之，而無下手之術，使後學之士茫然無門路之可入。輒不自揆，每章去其細草，立一算術，又以其所立通句邊股之屬，各以類分之，語義稍繁者，略加芟損，名曰《測圓海鏡分類釋術》。非敢僭改前賢著述，惟以便下學云爾。今夫世之論數者，俱視爲末藝，故高明者不屑爲之，而執泥者遂以爲占驗之法，雖欒城公自序，亦以寫九九賤伎。殊不知君子之學，自性命道德之外，皆藝也。與其徒費精神於佔畢之間，又不若留情於此，不惟可以取樂，亦足以爲養心之助焉。後之有同此好者，當以余言爲然否耶？

又著《測圓算術》四卷。序曰：句股求容圓之徑，古有其法，未有若元翰林學士欒城李先生之精且密者也。其所著《測圓海鏡》設爲天地日月山川、東西南北、乾坤艮巽名號，而以通句股、邊句股、底句股等，錯綜而求之，極爲明備。但每條細草，止以天元一立算，而漫無下手之處，應詳已爲之類釋。既而思之，猶有未當於心者。蓋圓之内外，其横者爲句，其直者爲股，一横一直，或兩横兩直相夾，或一横一斜、一直一斜，自有天然對待之妙，比而合之，皆可推類而知者。於是别出己見，復爲編次，其難曉者，附以布算之法。名號雖仍舊，而詞則務簡而明，庶使學者一覽而可得其要領焉耳。若諸和、諸較雜揉之分，似涉繁冗，故俱不録，非略之也，測圓之法，止於是足矣。

其《句股求容方圓論説》曰：句股求容方，其法雖取則於整方，而實與整方不同。整方者，譬如句五股五，則方積二十有五。從兩角斜分爲二，以求其斜中之所容之方，則以句股和十爲法，除之，其容方之徑，恰得方徑之半，容方之積，恰得方積四分之一。若句股容方，則句短而股長，以句乘股，乃一長方積。以句除之，得股，是以廣而求縱也。以股除之，得句，是以縱而求廣也。以句股和爲法，以求容方徑，是廣縱相併爲股以求句也。長方積内原無一句之數，於是截其横之一邊以補之，而所得容方之徑，大率止在半句已上，而容方之積則隨其句股之長短以爲多寡，不可以四分之一例之矣。然長方積乃兩句股相並，一正一倒，以一句股求容方積與虚句股所容直方之積，則隨其長短闊狹而未嘗不同也。譬如句六尺，股十二尺，其積七十有二，以句股和一十八除之，得容方徑四尺，其積十六。虚句股内所容之直積，長八尺，闊二尺，亦十六也。又如句四尺，股六尺，其積二十四，以句股和除之，容方徑二尺四寸，積五尺七寸六分。虚句股内所容直積，長三尺六寸，闊一尺六寸，亦是五尺七寸六分。故曰未嘗不同也。若夫句股容圓，則又與句股容方不同。圓之形，依弦而爲大小，而其徑與弦和較同數，故立法以句股相乘，倍之爲實，以弦和和爲法除之，得弦和較。弦和較即圓徑也。若以弦和較爲法除之，即得弦和和矣。倍其積者，何也？蓋句股和共爲一長股，弦爲一短股，所求之弦和較，猶夫句也。以兩直除一積，以求一横，故不得不倍其實也。若如算梯田之法，以兩直相併，折半以爲法，則亦不必倍積，尤爲簡易。此又前人未發之論也。大抵方五斜七、圍三徑一之説，止是論其大較。其實方五則斜七有奇，徑一則圍三有奇，故測圓者不能以方爲圓，而以句股測之。至於句股容方不藉於弦，句股容圓必待弦數定而後可也。學者不可不知。

又著《句股算術》一卷。序曰：九數之中，惟句股一法，幽深(元)[玄]遠，近世習算之士，得其肯綮者絶少。應祥自幼性好數學，然無師傳，每得諸家算書，輒中夜思索，至于不寐。久之，若有神告之者，遂盡得其術。既而，又得《周髀》及《四元玉鑑》諸書，於是所謂句股弦和較黄中之説，開闔折變，悉得古人立法之旨，求之於心，無不脗合。蓋有不假於思索者。恐其久而忘也，政務之暇，手録其詳節，各爲問答二章附之，名曰《句股算術》。俾後之學算者，因此求之，庶有以得其要領云。

其《句股論説》曰：句股之法，横曰句，直曰股，斜之爲弦。句股相減，其差曰較。句股相併曰和。股弦之差，曰股弦較。句弦之差，曰句弦較。併句股與弦相減之差，則曰弦和較。弦與句股之差相減，其差曰弦較較。股弦相併，則曰股弦和。句弦相併，曰句弦和。句股之差併弦，則曰弦較和。句股弦併，曰弦和和。句股各自乘，併爲弦實，平方開之，得弦。句弦各自乘，相減，餘爲股實，平方開之，得股。股弦各自乘，相減，餘爲句實，平方開之，得句。倍弦實，減句股和自乘，開其餘，得句股較。減句股較自乘，開其餘，得句股和。併句弦以除股實，得句弦較。句股之差，除股實，得句弦和。併股弦以除句實，得股弦較。股弦之差，除句實，得股弦和。句股和自乘，減弦實，弦較較除之，得弦較和。弦較和除之，得弦較較。句股之差自乘，以減弦實，弦和和除之，得弦和較。弦和較除之，得弦和和。以句乘股爲實，併句股爲法，實如法而一，句股之容方也。以句乘股，倍之爲實，句股與弦，併之爲法，實如法而一，句股容圓之徑也。容圓之徑，即弦和較也。若錯綜爲用，句加股弦較，即弦較較。減股弦較，即弦和較。加弦較和，即股弦和。股加句弦較，即弦較和。減句弦較，即弦和較。加弦較較，即句弦和。句股較加股弦較，即句弦較。減股弦和，即句弦和。句股和加股弦較，即句弦和。減股弦和，即句弦較。句股較加句股和，半之爲股。減句股和，半之爲句。股弦較加股弦和，半之爲弦。減股弦和，半之爲股。句弦較加句弦和，半之爲弦。減句弦和，半之爲句。弦和較加弦和和，半之爲和。減弦和和，半之爲弦。弦較較加弦較和，半之爲弦。減弦較和，半之爲較。變而通之，神而明之，存乎其人焉。

又著《弧矢算術》一卷。序曰：弧矢一術，古今算法所載者絶少。錢唐吴信民《九章算法》止載一條，《四元玉鑑》所載數條，皆不言其所以然之故。沈存中《夢溪筆談》有割圓之法，雖自謂造微，然止於徑矢求弦，而於弧背求矢、截積求矢諸法，俱未備。予每病之。南曹訟牒頗暇，乃取諸家算書，間附己意，各立一法，名曰《弧矢算術》，藏諸篋笥，俟高明之士取正焉，未敢謂盡得其閫奥也。

其《弧矢論説》曰：弧矢者，割圓之法也。割平圓之旁，狀若弧矢，故謂之弧矢。其背曲曰弧背，其弦直曰弧弦，其中衡曰矢，而皆取法于徑。徑也者，平圓中心之徑也。背有曲直，弦有修短，係於圓之大小。圓大則徑長，圓小則徑短。非徑無以定之，故曰取則於徑，而其法不出於句股開方之術。以矢求弦，則以半徑爲弦，半徑減矢爲股，股弦各自乘，相減，餘爲實，平方開之，得句。句即半截弦也。以弦求矢，亦以半徑爲弦，半截弦爲句，句弦各自乘，相減，餘爲實，平方開之，得股。股乃半徑減矢之餘也。以減半徑即矢，或以矢減全徑爲句股和，以矢爲句股較，乘之亦得句冪，即半截弦冪也。矢自乘圓徑，除之，得半背弦差，倍以加弦即弧背。

以半背弦差除矢冪，亦得圓徑。半截弦自乘爲實，以矢除之，得矢徑差，加矢即圓徑。以矢加弦，以矢乘而半之，即所截之積也。倍截積，以矢除之，減矢即弦。倍截積，以弦爲從方開之，即矢。惟弧背與徑求矢截積，與徑求矢開方，不能盡用三乘方法開之。弧背求矢，以半弧背冪與徑冪相乘爲實，徑乘徑冪爲從方，徑冪爲上廉，全背與徑相乘爲下廉，約矢乘上廉以減從方，以矢自乘，以減下廉，又以矢乘餘下廉，與減餘從方爲法，除實得矢。曷爲以矢乘上廉減從方也？蓋從方乃徑與徑冪相乘，其中多一矢乘徑冪之數，故減之。曷爲又以矢自乘以減下廉也？下廉乃背徑相乘，其中多一矢自乘之數，故亦減之。減之，則法與實相合矣。以截積求矢，則倍積自乘爲實，四因積爲上廉，四因徑爲下廉，五爲負隅，約矢以隅因之，以減下廉，又以矢一度乘上廉，兩度乘下廉，併而爲法。矢減下廉者，何也？矢本減徑而得，故減徑以求之。五爲負隅者，何也？凡以方爲圓，每一寸得虛隅二分五釐，四其虛隅與四其矢合而爲五也。四其廉者，何也？倍積則乘出之數，爲積者四，故亦四其廉以就之，升法以就實也。若以截弦與截餘外周求矢，則以弦冪半弦冪相乘，四而三之爲實，併弦及餘周爲益方，半弦乘弦加弦冪爲從上廉，併廉及餘周爲下廉，以約出之，矢乘上廉，又以矢自乘，再乘爲隅法，併上廉以減益方，矢自之以乘下廉，併減餘從方爲法，除實得矢。

其《方圓論說》曰：世之習算者，咸以方五斜七、圍三徑一爲準，殊不知方五則斜七有奇，徑一則圍三有奇。故古人立法，有句三股四弦五之論，而不能使方斜爲一定之法；有割圓矢弦之論，而不能使方圓爲一定之法。試以句股法求之。句股各自乘，併爲弦實，平方開之。此施之於長直方則可，若一整方，句五股五各自乘，併得五十，平方開之得七，而又多一算矣。割圓之法，求矢求弦固是，至於求弧背，則恐未盡也。何以知之？試以平圓徑十寸者例之。中心剖開，矢闊五寸，自乘得二十五寸，以徑除之，得二寸五分，爲半背弦差。倍之得五寸，以加弦，得一十五寸。與圍三徑一之論正合。然徑一則圍三有奇，奇數則不能盡矣。以是知弧背之說，猶未盡也。不特是也，凡平圓一十二，立圓三十六，皆不過取其大較耳。或曰密率徑七，則圍二十二，徽率徑五十，則圍一百五十七，何不取二術酌之，以立一定之法？曰二術以圓爲方，以方爲圓，非不可，但其還原與原數不合，數多則散漫難收，故算曆者止用徑一圍三，亦勢之不得已也。曰曆家以徑一圍三立法，則其數似猶未精，然郭守敬之曆至今行之無弊，何也？曰曆家以萬分爲度，秒以下皆不録，縱有小差，不出於一度之中，況所謂黃赤道弧背度乃測驗而得，止以徑一圍三定其平差、立差耳。雖然，行之日久，安保其不差也？竊嘗思之，天地之道，陰陽而已。方圓，天地也。方象法地，静而有質，故可以象數求之；圓象法天，動而無形，故不可以象數求之。方體本静，而中斜者乃動而生陽者也；圓體本動，而中心之徑乃静而根陰者也。天外陽而內陰，地外陰而內陽，陰陽交錯，而萬物化生，其機正在於奇零不齊之處，上智不能測、巧曆不能盡者也。向使天地之道，俱可以限量求之，則化機有盡而不能生萬物矣。余因論方圓之法，而并著其理如此。

又著《授時曆法撮要》。序曰：自劉歆作《三統曆》，始立積年曆法，以爲推步之準。後世因之，歷唐而宋，更元改法者無慮數十家，率皆行之不久即改，惟前元王恂、郭守敬所著《授時曆》，專以測驗爲主，較之諸家所撰曆書，特爲精密。我國家因之，行之二百餘年，至今無弊。應祥少好數學，嘗取曆代史所載曆志，比而觀之，未有過于此者。近者或以交食稍有前後，輕議改作，可謂不知量矣。政務之暇，取其節略大較，録爲一册，藏之篋笥，以爲游藝之一助云爾。

紀事

明・徐中行《資善大夫南京刑部尚書贈太子少保箬溪顧公應祥行狀》焦竑《國朝獻徵録》卷四八

顧公，諱應祥字惟賢號箬溪，其先蘇郡長洲人也。高祖壽一，生伯通，伯通生克升，世居長洲滸墅鎮，然皆隱約弗著。

自公考恬静翁，成化間，挾扁倉術行遊，悦長興山水，遂占籍焉。娶烏程名家楊茂公女，即公母楊淑人也。自克升及恬静翁，俱以公貴，贈南京兵部右侍郎。恬静翁名泉，爲人修潔周慎，所至焚香讀書，即闇室無惰容，而性復愛人，喜施，即診治輒起又輒謝，不責報。以故雖在布衣，閭閈誦義長者。公居長興數歲，楊淑人夢有龍首而麢身者降其室，神指曰：「麟也！」乃産公。翁奇之，名曰應祥，蓋成化十九年九月二十五日也。

及髫而嗜學，絶不好弄。翁愈益奇之，乃躬爲傳。而楊淑人相翁督課尤嚴，以故其成獨蚤，而瓌偉特異。弘治十七年，公甫弱冠，就計偕，明年乙丑登進士。丙寅，毅皇帝即位，詔充輶軒使者，纂孝廟實録于南畿。明年戊辰，事竣，授江西饒州府推官。饒故劇郡，會守及屬邑令多乏，竝攝於公。衆方以少年少公，及公視事，迎刃而解，即老吏吐舌驚服，謂弗如也。亡何，姚源洞寇毒螫數百里，虜樂平令汪和，勢甚洶洶，計無所出，公據老卒御羸馬，叩賊營壘，賊大驚出迎。公爲緩頰數語，汪立脱，而賊亦解去，自是聲名大起。

辛未，以臺諫徵至京師，以年少不應格，補錦衣衛經歷。當是時，錢寧爲衛尉，方貴，幸睢盱朝著間，而公益以禮法自嚴，鉤染之不得。寧嘗屬公具疏草自免，公故爲峻語風之，寧心動，感公曰：顧公愛我矣。屬吏部進公大理卿，公力辭，乃得廣東僉事，得嶺東道。汀漳山寇起，毒螫三省。中丞王公伯安討之，公以奇兵挫其鋒，擒鹵首雷振温、火燒等千四百餘級。王公奏聞，命下勘報，而公故讓功他省不報。亡何，金璋、韓亞颯等寇海上，公既督樓船横海，覆其巢。而湖廣郴桂寇又繼起，公又移兵芟薙之，前後獲寇級千餘，僅遷俸二級。半歲間三捷，嶺東晏然，於是公武略遠振，咸謂：伏波再生矣。

己卯，入賀萬壽，至京，而江西寧庶人事起，乃擢公江西副使，分巡南昌道。公馳傳往，則罪人已得，然亂後諸務廢弛，庶役不平，瘡痍未起，訟牒蝟集。公乃夙夜經畫，内則綜理簿領，外則均平徭役，招集流亡，民始慶更生。然公一意拊循，不爲傅會希合，兩臺史嗛之，摭他事論公，吏部廉知狀，竟格不下，然坐是不調者六載。丙戌，始量移陝西苑馬寺卿。明年事明，遂遷山東右參政，連擢按察使、右布政使。爲按察時，疏慎讁戍、戒酷刑、杜株累，嚴軍政四事，上悦其言，著之令甲。尋超拜都察院右副都御史，巡撫雲南，公極意經略，疏凡二十餘章。其大者，如更定永昌府騰越州鳳梧所諸衛署，築尋甸等府城垣，添設永昌等府縣師儒，頒王氏鄉約，申明射禮，寬軍職襲替例，宦貧不能自還及旅櫬與子孫流寓者，立傳送之，華夷無不感悦。

亡何，以母楊淑人喪，不候代奔還，觸新禁，當罷。既服除，與尚書蔣公瑤、劉清惠公麟及諸名公結社菰城峴山，蓋十有五年，已有終焉之志。吏部都察院數爲上言：故都御史應祥，銜命萬里外，乃以母喪，殞越徑歸，於法非宜。然先朝舊臣，若以一眚棄之，似非朝廷教孝録舊之誼。報可，乃就公家起，再撫雲南。諸父老嘗以壯時及事公者，故思公，而時又苦旱，公輿與雨俱至，父老愈益喜。時元江悖不就逮，衆方議用兵，公持不可，曰：那鑑棄衆滅親，直孤獸耳。緩之，則即就縛矣。會公遷南京兵部侍郎去，而代者急功，卒至敗没，失一布政，故中外咸服公先見云。

明年庚戌，陞刑部尚書。公覽刑書，輒推案歎曰：律未盡而定之以例，凡以平法防濫云爾，如以意爲獄，而當時爲是，三尺安在哉？乃屬郎精經□□□者吳君維嶽、陸君穩更定，上請永著爲例。時李攀龍、王世貞竝陸沉署中，鮮所推與公，一見其文，心異之，過謂中行曰：海内操觚家人人能矣，乃若正始之音，殆在兹乎？公爲尚書非久，而給事中有論及公者。蓋公自内入時，同年分宜公持國秉，凡自外入者，悉歸恩政府，而執禮卑卑，甚于門生。公自以同年耆舊，不爲加禮，亦絶不與黨，分宜公嗛之，乃以其旨授給事中。給事中固分宜公里人也，然摭公過不得，乃謂鼻癭不宜禁近，調南刑部，立朝僅百日耳，然公未嘗少望。明年壬子，引年，上復勉留，癸丑十二月，以三載滿，得請致仕。

爲人隆準廣顙，厚重宏深，魁然廊廟之器也。然天性廉約戇直，不爲安禄養交，坐是忤俗蒙□而中實坦蕩無他腸。至經術、吏事、武略，竝斤斤精至，故賢士大夫翕然推重，蹶而復起，竟致高位。公爲兒時，即能以禮自防，不爲利疚，自筮仕至蓋棺，公門無私言。顧獨好讀書，無故未嘗一日釋卷。以故九流百家無所不窺，然必博證精解，務當於心而後已。其平生最喜者，九章勾股法，自謂窮極造化，得前代秘傳，而延陵唐中丞順之、同郡沈司封桐，竝就學焉。其著作，雖不刻意求工，然亦皆有矩矱。社中嘗評其詩文似白少傅，奏表似蘇文忠，筆札似趙文敏。而公顧夷然，不欲以才藝自居。公少嘗從陽明、增城二先生游，然公能自得，師務在篤行實踐，不欲空談性命，嘵嘵駕説，卒至畔去也。余嘗驗公長者行三事。往嘗江西三佐省試，號知人得士，而貴溪公實公所舉士，及貴溪通顯至相，終不言。公爲錦衣時，同郡施御史儒爲中璫搆擊詔獄，禍且不測，御史弟及所厚欲屬公賂衛尉求解，公怒曰：施公以守正嬰禍，若以賄生之，豈施公意哉？竟叱去。然陰爲排解者備至，施竟得出，身名俱完，後以胡端敏公薦，再起，僉憲嶺南，然不令施知也。新安汪太宰，嘗與公同官廣東，督兵捕寇，而汪無功，公輒推功讓汪，汪竟蒙顯擢，徵入至太宰，然公未嘗德色焉。其偉度長德，又若此，豈可與陽舜陰蹠，襲名揚己者同日語哉？公既還山，杜門謝外事，益以著述自娛。春秋良日，則與同邑劉清惠公暨、少參韋公商臣、監丞李公丙，重修社事，巖居川觀，歌詠太平，相樂也。蓋今歲乙丑九月七日以瘧卒於家，距其生春秋八十有三。公所著有《人代紀》《惜陰録》《明文集要》《唐詩類抄》《尚書纂言》《歸田詩選》《備查摘録》《授時曆法》《測圓海鏡》《弧矢筭術》《僧窻讀易愚得》，藏其家。

明・王世貞《明故資政大夫南京刑部尚書贈太子少保箬溪顧公墓誌銘》王世貞《弇州山人四部稾》卷八六　余少則聞諸長老言，國家鴻豫龐碩之化，至孝宗朝極矣。而上神聖，既益習天下事，思與賢者共之。歲乙丑策士，蓋籲天禁中云，而是歲所舉士至貴近臣，毋慮數十百人，其最賢者爲宋莊靖公、聞莊簡公、張文定公、魏恭簡公、崔文敏公、太常穆公、大理黄公、吏部郎鄭公、博士徐公及刑部尚書長興顧公。顧公視諸公年最少，最晚達。蓋成進士二十七載而始以中丞撫滇，中廢又十五載而以故官起，歷兩京大司寇，以年至歸箬溪山中，又十餘年，海内士大夫無論識不識咸指目顧公，如清鏞大敦，冀以想見昭代之象望，以爲喬嶽巨川，庶幾能復爲雲雨，而今亦不可作矣。

公之薨，天子命吏部議贈，贈公太子少保。禮部議祭，祭凡二壇。工部議葬，諸窀穸自有司出。而公孫嗣衍，顧獨以某嘗及事公，爲屬吏，奉友人徐大夫中行之狀，來請志與銘，曰公志也。某安敢以賤且少辭？

按狀：顧公諱應祥，字惟賢。其先吴之長洲人，高祖壽一生伯通，伯通生克升，克升生公父恬静翁，挾扁倉術行遊江湖間，悦長興山水，家焉。娶烏程名家女楊氏，即公母楊淑人也。自克升及恬静翁，俱以公貴，贈南京兵部右侍郎。始楊淑人娠公，而夢若麟入室者，寤生公，遂名之曰夢麟。

公少而警敏，善屬文，踰冠與計偕，連舉進士，授饒州府推官。饒故訟地，其人吏猥意少顧公。公始至於治，務精得其情，所讞具獄吏視之，即廷尉牘弗如，於是咸大恐，惴惴來聽，約束重足，無所受私，公乃時有所縱舍，以示寬貸。連攝大縣令，令稱平，府闕守，則又攝守。而會姚源洞大寇起，鹵樂平縣令汪和，衆洶洶無所出。公挾一老卒，御羸馬，叩賊壘，曰司理來，賊大驚，争出迎，曰：非我顧府君耶？乃肯辱臨我。公爲緩頰數語利害，賊立釋令去，曰府君活我，不復反矣。諸台使者咸内愧稱公，以台諫征至，則年不應格，遷錦衣衛經歷。時緹帥錢寧幸用事，公其屬也，獨折節願交公，公巽謝不爲動，寧當上自免疏，屬公草，公故爲峻語風之，寧謝曰：「顧君憂我深耳，此白簡語也。」屬吏部欲超公爲廷尉，公固辭，乃得廣東按察僉事以去。僉事治嶺東道，汀漳山寇起，嘬三省，中丞王公伯安討之，公以兵挫其鍔，鹵酋首雷振温等級千四百餘，功上未報。公又移兵逐海寇金璋、韓亞颯等，覆其穴，焚餘皇三。公又移兵芟郴桂冠級千餘，始報遷禄一級。公之治嶺東，道不拾遺，其用師再越省，一越郡，威望赫然。尋入賀萬壽，至京，而江西寧事起，擢公按察副使，分巡南昌道。公馳傳往，則已捕得反者。殘民困誅賦，敲棰皸瘃，訐訟蝟起，公力爲經理振刷之，民稍稍有生望，而公竟以爲民中持故，不能無鬭畧於上，兩台摭他事中公，吏部廉知狀，格不下，然公亦坐尼不遷者六載，始量移陝西苑馬寺卿。

明年，事大白，遂遷山東右參政，連爲按察使、右布政使。公之爲按察，嘗上疏「慎讁戍、戒酷刑、杜株累、嚴軍政」四事，下有司著之甲令。尋超拜都察院右副都御史，巡撫雲南。公所規畫上事凡二十餘，其大者，如更定永昌府衛、騰越州鳳梧所諸御署，築騰甸等府城隍，頒王氏鄉約，增永昌府縣學師儒，申明射禮，寬軍職襲替例，宦不能自歸鄉，於官或寓喪者，官爲傳送之，滇人事事稱便。無何，以楊淑人喪，不候代奔還，法當罷。既服除，徜徉菰城、昆山間，與尚書蔣公瑶、劉清惠公麟結詩社，有終焉之志。吏部都察院數爲上言：故都御史應祥聞母喪，越在萬里之外，匍匐徑歸，誠觸忤大典，第其人材足使，卒棄之，無以明國家觀過之哲，弘教厚之道。報可，公起家，再撫雲南。南中諸父老，多及以壯事公，思公如一日，而會公至，旱而雨，民益大悦。元江酋那鑒悖不受法，衆方議用兵，公持不可，曰：此困獸，可緩而縛也。會公遷南京兵部侍郎，去後，至者不勝功，迫之，果失一布政使以敗。

公當之南京，未上，召爲刑部尚書。公時覽爰書，有所不懌，曰：後至所是爲例固耳，吾安能效趙少府，孳孳窺人意行三尺也？乃屬郎稱精平者吴君維岳、陸君穩，悉取前後絜令增損之，著爲例。時郎李攀龍文高寡推與公，得其一篇讀之，輒歎曰：少年樹頤頦操觚翰，吾不知其若而人即正始，舍是生奚屬哉。公之爲尚書三月，御史有及公者，始公入，其同年柄相某雅自負推轂恩，公故爲不知者，而待之無加禮，相某恚以指授御史，御史其鄉人也，疏上，乃陽驚曰：顧公舊德亦爾爾，毋乃憎其鼻耶。蓋謂公鼻瘿也。遂調南京刑部，公忻然曰：南北皆上恩，吾不知所從德，又複誰怨。公爲南刑部，益任職無害，然自顧且老，而象魏日益新，居二載，竟得請致仕。

社中諸老人劉清惠公迎，謂公吾曹即行者不愧居，居者不愧初，恨不令山吏部暮年見之。公所爲吟詠於社中，每一篇出，人輒爲傳寫，評者謂其詩似白少傅，書劄似趙吴興，乃公夷然不屑也。公嗜書，書無所不窺，即不以寢食廢，手一卷，時時至丙夜，家人笑謂：公豈復就試耶？公亦笑乃已。公少則嘗從陽明、增城二先生游，然不甚傅依其説，大指以孔子豈自愛，其聖者，必晚而後施之曾氏，吾驟然而語，人以天德之知，彼曉曉然而以天德之知自命，而卒未離聞見知也。且性命非空懸而無寄者，吾日愧於倫物而談性命，得無爲蹠者笑耶。公所持衡，足破世學之的，而不爲門户，及教授諸生，以故無傳者，語散見《惜陰録》中。公於學，不名一家，諸六籍九流百氏，言人人殊，公汫析而衷裁之。其最自喜者，九章勾股法，謂能以人法窮天巧，推宇原宙，得無師之聖。時有唐中丞、沈司封者，嘗從受學焉。所著有《惜陰録》《人代紀》《尚書纂言》《歸田詩選》《備查摘録》《授時曆法》《測圓海鏡》《弧矢筭術》《讀易愚得》《唐詩類抄》《明文集要》，行於世。

公以乙丑九月七日病瘧卒，距其生春秋八十有三。配張氏，封淑人。子一，思純，爲縣諸生，娶嚴氏。女二，長適福建布政理問吴征，次適新喻丞潘銑。孫女一，適太學生朱鳴皋。思純十九而夭，無子，公乃以族孫即嗣衍後之，蔭補太學生，娶青州守施峻女。公卒之明年，嗣衍卜以十二月十六日葬於靈山之麓，禮也。徐大夫曰：顧公人所望其貌以爲長者，不佞得其隱德三焉。正德中，施御史儒與中貴人抗，被逮，有謀公以賄緹帥寧脱者，公怒曰：「御史即死，死職耳。令以賄生御史，豈御史意哉？」然公陰爲居間萬方，脱御史獄，意不自言也。汪太宰鋐爲廣東時，捕寇無功，公推功，汪得驟遷至太宰。人或以問公，公謝亡有也。貴溪相公所舉士也，當執政十餘年，公里居訊問不相及，亦不復爲人言。嗚呼，此不亦斤斤篤至，有孝宗朝士大夫風耶？

雜録

清·阮元等《疇人傳》卷三〇《顧應祥》　論曰：略涉九九者，遇三乘方，便望洋驚歎。應祥於廉隅加減之故，反覆推之，而無不合，其用功亦勤矣。然不解立天元術，故於正負開方論説，都不明曉。明代算學陵替，習之者鮮，雖好學深思如應祥，其所造終未能深入奧室。删去《海鏡細草》一節，遂貽千古不知而作之譏，惜哉！

唐順之

傳記

明·李開先《荆川唐都御史傳》焦竑《国朝獻徵録》卷六三　武進之有唐氏遷徙爰自淮南，振起始於伯誠。伯誠以子貴，封評事。評事子復由進士歷陞知府，有政蹟，載在《一統志》。知府子衍，又以子貴，封給事中。衍子名貴，號曾可，第進士會試第三名，仕爲户科給事中，以清謹長厚，殁而祀於鄉。貴子瑶，字國秀，因父母俱亡，晚號有懷，以鄉舉授知州，遷員外郎、郎中，官止永州府知府。娶宜興任儼女，生子順之，字應德，號荆川。幼而父母教之，弱冠師長成之，而友朋助之，誦書不成熟，寫字不端楷，父即撻之，或外嬉晚歸，或内言使氣，母必厲色曰：「汝尚有童心乎？將爲宕子乎？」唐子由是勤勵，書寫得其父心，出入得其母心矣。

業師乃包庵葉林，而惠友則方山薛應旂也。經義本其祖傳，而舉業可繼王文恪。戊子鄉試第六名，己丑會試第一名，廷試二甲第一名。御批其策：「條論精詳。」海内傳以爲榮。會試卷，見者以爲前後無比，氣平理明，而氣附乎理；意深辭雅，而意包乎辭。學者，無長幼遠近，悉宗其體，如圓不能加於規，方不能加矩矣。

選庶吉士，一二大臣不相能，遂即罷之。主者猶以二甲前三名制策曾經御覽，欲各授以檢討，唐子力請同罷，一事而有去留非體，始進即能恬退。如此，試政吏部，選除兵部主事，未久，因病告歸，繼丁母憂。母隨父之任信陽，路出天津，卒於舟中。後唐子每對人痛哭曰：「吾母相夫三十年，不及享其封，教子二十年，不得食其報。其病也，方藥委諸塗人，而不暇擇其良。其卒也，棺斂辦諸本次，而不克盡其心。人生有涯，此恨無涯。」吕涇野聞而解之，曰：「吴自季札、言游之後，雖世有聞人，然皆未有能並其盛者，君篤學好古，即能升札、游之堂，以光顯其母，不爲優乎？」後王遵巖序其集，亦以此爲説，或踵習之耶？抑偶合之耶？其請銘於涇野也。值雨雪連綿，泥途凍濘，自僦輿僕，力或稍卻，則徒步行來，不惟見其孝心，且知不藉官勢矣。

服闋，改補吏部考功司主事。不隨衆作傲態，而接人得大體。掌管二考，科查考給，由吏人簿籍，各編字號，豈但易爲力，而且難作弊也？往時翰林皆由進士上甲與庶吉士兩途，聖上以爲此不足以盡人，遂更其制，選取十一人，咸自科道部屬入焉。而唐子則由吏部十一人者陳束尤相厚，入則陪侍講筵，出則校讐東觀，暇則盃酒歡宴，或窮日夜不休。

素愛崆峒詩文，篇篇成誦，且一一倣效之。及遇王遵巖，告以自有正法妙意，何必雄豪亢硬焉？唐子已有將變之機，聞此，如決江河，沛然莫之能禦矣。

故癸巳以後之作，別是一機軸，有高出今人者，有可比古人者，未嘗不多，遵巖之功也。

居官尚節槩，厲廉隅，兼且議論英發，人雖有忌之者，然而頗服其才，稱其公，不至不能容。其羅峯張國老，雖會試舉主，惡其不相親近，有慶賀事，遠投拜簡，躍馬徑過其門，因其上疏養病，則稟一旨意云：「唐順之方改史職，又見校對訓録，乃輒告病，着以原職致仕去，不許起用。」報出，士夫駭之，而唐子曾無愠色。父在浙，泛聞有事，不知其何事，及得致仕消息，喜謂所知曰：「此有甚事？原以秀才得官，今還其官矣，固無損於秀才也。」議者以羅峯險毒，而唐子高亢。後羅峯有悔心，家居日嘗言：倘蒙宣召，務薦用之，了此一事，仍復還山。嗣是爲相者，寧復有此意哉？

唐子既抵墟里，雞犬柴門，依依桑梓，謝却業緣，便有終焉之計矣。詩文更進一格，以其侍從慶成朝堂雍容之作而爲村樵漁父歌詠太平之詞。又以其暇日精究天文而問數學於顧箬溪，久之乃有獨得處。以古曆惟大衍爲精，被僧一行藏却金針，世徒傳其鴛鴦譜耳。郭守敬別有一法，曰弧矢圜筭，弧矢有横立，赤黄白道變轉，最爲活法，三道有畸零可齊，而氣朔之差可定。知曆理又知曆數，此其異於儒生。知死數又知活數，此又其異於曆官者也。所著《弧矢論》《勾股測望論》乃千古不傳之秘，而曆家作曆之本也。嘗至廬州，時蔡克廉以府同署印，將約之同遊境内山川，蔡辭以有筭糧事相妨，唐子乃討善筭者十餘人，人各與一數，筭訖，記其槩，只數字，凡三四易，自撥盤珠，每一數亦只記數字，不移時，而一府錢糧數目清矣。老書筭咸驚嘆天下未有若是其神速者也。往費一月之力工食紙筆，催辦騷擾，臨時猶有不得眞數者。至於擊劍騎射之法，無不各臻其妙。從之遊者甚多，雖談説應舉藝文，未嘗不本之身心道德。經學雖主宋儒，然猶參之漢注，如十三經疏者，無不究覽，而《三禮》《春秋》尤所留心，著有《春秋論禮》，則以王、鄭之説不可偏棄。

會起廢兼補東宮，員缺十餘人，而唐子不與焉。東井左鎰言之内閣，失唐殊不慊衆望。已而内旨不允。再推，因而及之，得爲右春坊右司諫。其實乃予言之東井，而東井言之内閣也。至京，則向所交遊者多半凋散，世所指八才子者，獨少二人，仍相與繹舊業，正新知，與諸友俱有益。而其戒予不當着棊，止予不出醮銀，及稱予覆疏的確，迄今何可忘也？俸薄而用不足，官閑而樂有餘，不但辭受不輕，雖一拜往返之細，亦斟酌可否而後行之。名既高而心愈下，年漸長而操更嚴。同羅念庵、趙浚谷上封章，請朝東宮，因以激上之怒，以爲意在刺朕閣臣，又有身首異處不足償責揭帖，事勢似不可測矣。予爲之多方求救，如崔京山等，不遺餘力。因召見，言及之，聖心本無他，章留二十餘日，始批下，俱奪職爲民。

再還鄉而窮愈甚，父子兩宦多年，止增田百畝。人窮返本，所謂霜降水涸，天根乃見也。用是參透世情，節忍嗜欲，以培養性源。久之，此心凝靜，百物皆通。今人未免苦窮，未免粘帶，未免捧引。苦窮則靡所不爲，粘帶之根固於中，牽引之勢摇於外，處則躁熱，仕則貪婪，無一可者矣。嘗欲得一民一社自效其能，而竟未之遂。閑居每以民隱爲憂，其論均徭不欲舉行新法，十年一役雖極重，百姓無不甘心，一年一役雖極輕，百姓無不怒目。蓋零碎苦楚難受也。以至大户之詭寄，官户之濫免，其説甚悉。而尤長於計筭糧數，區處災傷，主計者之蠲災，率十裁而爲七，牧民者之上災，率七溢而蠲十。水旱不可不存恤，而免運又不可減免。於是有輕齎之法，以米折銀，民止須一石之輸，而國不失一石之入。蓋此法於不可減免之中而寓可以通融之意，不必制其正賦之盈縮，而但制其脚價之有無，不必裁之以豐凶之斂散，而但裁之以本折之低昂，一無損於國，萬有利於民。武進一邑歲該儹運五萬四千有奇，此入於國之正額，本色、正耗、水脚，平米七萬九千有奇，折色銀九千有奇，此費於民之羡數，漕運百萬石有輕齎四十萬，以待四方之水旱來告者。江南米賤而京貴，若取銀江南而散給北軍，則南無遠輸之費而北無賤糴之困矣。此甚有益地方，因詳書之。

性好遊，好靜，常避人，居宜興陽羡山中，有得於心，静居亦遊也，遊亦靜居也。過邑亭遇盜，竄身於江，生平不善浮水，然得不死，亦奇怪甚矣。遍歷諸名山，其在武夷，則爲與遵巖撰乃翁行狀，非浪遊也。嘗言：人用之，不敢以隱，不用，不敢以求。其爲兵部主事也，予以書讓之，曰：此一起官，頗紛物議，出非其時，托非其人，若能了得一兩事，急急歸山，心跡庶可少白於天下。不然，將舉平日所守而盡喪之矣。唐子得書，不以爲忤，第言行止非人所能聽其自至而已。兩次復書，終是媿護其意，必以爲年且長矣。不際此一出後恐無時，又佛肸欲往之意也，豈知其終是不可哉？

已而，由主事歷陞職方司郎中，朝議以薊鎮邊垣東自石門塞，西至鎮邊城，延袤二千餘里，又京都陵寢關係非輕，鎮兵缺少，欲行招募選補，分區設將，操練禦防，題奏允行久矣。每遇防秋，輒稱兵寡且弱多，調邊軍糜費，司農告急，議將降敕，遣一部屬前去經理，行令總督王忬督同鎮巡等官歐陽安、馬珮責成總副条遊守備提調把總等官揀選精鋭，分别奇正，一切方略，詳細具奏定奪。衆以唐子留心邊務，堪以差委，遂領敕書關防，星馳至地方，會同山海關巡關御史王漸，從石塘嶺起，東至古北口、墻子嶺、馬蘭谷，又東過灤河，至於太平寨、燕河營而止，凡爲區者七。又會同居庸關巡關御史蕭九峯，從黄花鎮起，西至居庸關、鎮邊城，而凡爲區者三。總兩關十區之兵，原額九萬三千八百九十五名，見在五萬九千六十二名，逃亡三萬四千七百六十二名。此外更有天津、河間等衛，春秋兩班官軍二萬二千一百八十二員名，又有大水谷、白羊口、曹家寨遊兵九千名。夫兵之缺額，其故易見，兵之不練，其實難尋。救弊之策，補兵獨易，而練兵則難，專倚邊兵，不練土兵，誠有如聖諭者：十年來謂在練兵不在增兵者，惟有總督楊博一疏而已。漢光武以漁陽突騎定天下，唐之藩鎮專兵，而盧龍一道常虎視河北，古所謂其人慷慨勇悍而沉鷙者也。今乃瑣愞綿緩，靡靡然有暮氣之頹惰，而無朝氣之精神。就而閲之，疲卒朽戈，十常七八，力士健馬，十纔二三，其於五陣分合之變、五兵長短之殊，不復講習久矣。老羸未汰，紀律又疏，守猶不足，戰何以堪？其間伉壯可用者，惟洛關塞夜不收千餘人，及三屯建昌兩營、古北燕河兩區巡撫標下民兵射手數百人。薊在畿服之内，百餘年來止有熟夷小警，至庚戌以後，北虜諸酋合謀入寇，其禍始烈矣，於是條爲九事上之。定區帥以分練，明賞罰以勵士，雜邊兵以同枝，而選鋒夫、練火器則九事中之尤緊要者也，而通水運便轉漕亦因時言及之。奏入，多見施行。

浙江舟山地方，久被倭奴，殘孽負險盤據，咎在人玩兵疲，不曾大振兵威，恊力督勦，雖節被當事諸臣殄蕩，但方屏息於此，旋復馳騖於彼，禍本已深，急難撲滅。況又水陸兵將不肯同心，文武庶寮亦無決志，海防地利設險未周，歲久日多，人情滋玩，兼以民窮則匱，供億維艱。本兵題請宜特差部官一員速去經畧，以爲安攘之圖。查有本部郎中唐某，生長江南，久知夷性，且又素曉兵機，近查閲薊州兵馬兩關，振飭即收堵截大虜之功，相應復遣，仍給敕前去浙直等處，會同督撫等官，督責大小將領并兵備有司，遵奉嚴旨，先將舟山見屯餘孽設策削平，中間有兵將司府仍前怠慢，不共濟時艱者，即行參奏，以憑處治，及將緊關海防處所，或選士掄才，或增兵易將，羣策羣力，並集兼收，凡百戰守，機宜周詳，具奏以備上裁。未久，即陞右通政，同尚書胡宗憲經畫兵務，已，又陞僉都御史巡撫，仍管前事。未及來歲春汛之防預，爲經久可行之計，其所條諸事，似尤精切。

禦海洋而固海岓，圖海外而别人才，定軍制而足軍需，復舊規而鼓軍氣。至於早定廟謨，則其説愈是，而其見獨長。二十年前，並無倭患，今忽有之，須求其故。古云：兵久則變生。近日吴淞、定海之間，水卒呼糧，扶官縛吏，則民變之漸矣。況憑倭導倭，自爲倭蘇人素怯，今亦燒官寺劫獄囚，鬨然一逞，則兵變之漸矣。惟願大小臣工畢上其議，仰求祖宗以來招懷撫諭之由、背叛殺絶者可勝計耶。如何可以永斷其路，如何可以潛消其萌。苟可以利國，不必爲序家顧慮，苟可以便今，不必以成説拘牽。是在聖明從中獨斷，毅然行之。不然，則雖百戰百勝，猶不勝也，況未必勝耶。至其分别來船去船功次，則更爲確論。水中首級一顆以十五兩行賞，不知打來船之難，十倍於打去船也。去船殺人刼財已滿，其欲殺一賊止是一賊。若殺來賊一人，卻全活數命。若題破得來船眞倭首級者，雖不同之陸地首級三十兩，量增銀五七兩，則争打來船者衆，而賊之登岓者少矣。其《奉使集》中所言，多奇謀偉畫，未得盡展，而天遽奪之速矣。

嘉靖庚申四月一日，以蠱脹舊疾，卒於揚州。距生正德丁卯十月五日，至是年五十四。柜山田頊嘗恐其不過四十，相士有謂其四十六且死者，以其數則過矣，以其德而宜壽，則未也。本以天性剛方，而又問學充養，使壽至耄耋，事業寧止於此？

有問其爲文者，則應以始尊秦漢，繼好宋唐，必須完養神明以深其本源，浸涵經傳以博其旨趣。獨存本質，盡洗鉛華，透徹光明，委曲詳盡，雖從筆紙寫成，却自胷中流出，如説家常話而作家庭書，所謂見理明而用功深者，乃始得之也。有問其爲學者，則應以必先不爲習氣纏繞，不使欲障起滅，好是懿德，好仁無尚，眞消息也。終日如愚，終日忘食，實功用也。已將舊時伎倆見解一切抹摋，清明中稍見標影，原是靈明混成者，以爲有物，則何思何慮不覩不聞，以爲無物，則參前倚衡瞻前忽後，三代人才皆從心性上磨煉，故其參贊經綸之業不出户庭而得之後世，反躬自得之學不傳而攻辭雜禪之徒紛出矣。唐子以此爲文爲學，宜乎有用於世，而亦有名於世云。

嗚乎！人徒知唐子之進道匪懈，不知由其父教之而後有以成其學也；知唐子之遁世無悶，不知由其父安之而後有以樂其天也；知唐子之應用無窮，不知由其父作之而後有以善其政也。非是父不能生是子，非是子不能承是父，唐氏世冑其永昌矣！子一，鶴徵，庠生，能讀書，肖其父。所著《荆川集》十二卷，所輯《名賢策論》及《左編》等數百卷，俱行於世。同時數子，惟唐子爲大中丞，稍得行其志。殁，有論祭葬。予自良朋之喪，文行進寸退尺，而唐子今爲枉尺直尋矣。鶴以行狀求洪芳洲，以墓誌求趙大洲，傳則羅念庵，而表則予。予以少洲之意，亦惟作傳，其三文俱未之見，而念庵近亦作古人矣，予當又爲之一傳也。

清・張廷玉等《明史》卷二〇五《列傳九三・唐順之》 唐順之字應德，武進人。祖貴，户科給事中。父寶，永州知府。順之生有異稟。稍長，洽貫羣籍。年二十三，舉嘉靖八年會試第一，改庶吉士。座主張璁疾翰林，出諸吉士爲他曹，獨欲留順之。固辭，乃調兵部主事。引疾歸。久之，除吏部。

十二年秋，詔選朝官爲翰林，乃改順之編修，校累朝實録。事將竣，復以疾告，璁持其疏不下。有言順之欲遠璁者，璁發怒，擬旨以吏部主事罷歸，永不復敘。至十八年選宫僚，乃起故官兼春坊右司諫。與羅洪先、趙時春請朝太子，復削籍歸。卜築陽羨山中，讀書十餘年。中外論薦，並報寢。

倭躪江南北。趙文華出視師，疏薦順之。起南京兵部主事。父憂未終，不果出。免喪，召爲職方員外郎，進郎中。出覈薊鎮兵籍，還奏缺伍三萬有奇，見兵亦不任戰，因條上便宜九事。總督王忬以下俱貶秩。

尋命往南畿、浙江視師，與胡宗憲協謀討賊。順之以禦賊上策，當截之海外，縱使登陸，則内地咸受禍。乃躬泛海，自江陰抵蛟門大洋，一晝夜行六七百里。從者咸驚嘔，順之意氣自如。倭泊崇明三沙，督舟師邀之海外。斬馘一百二十，沉其舟十三。擢太僕少卿。宗憲言順之權輕，乃加右通政。順之聞賊犯江北，急令總兵官盧鏜拒三沙，自率副總兵劉顯馳援，與鳳陽巡撫李遂大破之姚家蕩。賊窘，退巢廟灣。順之薄之，殺傷相當。遂欲列圍困賊，順之以爲非計，麾兵薄其營，以火礮攻之，不能克。三沙又屢告急，順之乃復援三沙，督鏜、顯進擊，再失利。順之憤，親躍馬布陣。賊搆高樓望官軍，見順之軍整，堅壁不出。顯請退師，順之不可，持刀直前，去賊營百餘步。鏜、顯懼失利，固要順之還。時盛暑，居海舟兩月，遂得疾，返太倉。李遂改官南京，即擢順之右僉都御史，代遂巡撫。順之疾甚，以兵事棘，不敢辭。渡江，賊已爲遂等所滅。淮、揚適大饑，條上海防善後九事。

三十九年春，汛期至。力疾泛海，度焦山，至通州卒，年五十四。訃聞，予祭葬。故事，四品但賜祭，順之以勞得賜葬云。

順之於學無所不窺。自天文、樂律、地理、兵法、弧矢、勾股、壬奇、禽乙，莫不究極原委。盡取古今載籍，剖裂補綴，區分部居，爲《左》《右》《文》《武》《儒》《稗》六《編》傳於世，學者不能測其奧也。爲古文，洸洋紆折有大家風。生平苦節自厲，輟扉爲牀，不飾裀褥。又聞良知説於王畿，閉户兀坐，匝月忘寢，多所自得。晚由文華薦，商出處於羅洪先。洪先曰：「向已隸名仕籍，此身非我有，安得侔處士。」順之遂出，然聞望頗由此損。崇禎中，追謚襄文。

子鶴徵，隆慶五年進士。歷官太常卿。亦以博學聞。

清・阮元等《疇人傳》卷三〇《唐順之》 唐順之字應德號荆川，武進人也。嘉靖八年會試第一，官至右都御史。通知《回回(術)[曆]》法，精於弧矢割圜之術。嘗著《句股測望論》，其略云：句股，所謂矩也。古人執數寸之矩，而日月之運行，朓朒遲速之變，山谿之高深廣遠，凡目力所及，無不可知，蓋不能逃於數也。句股之[法]：横爲句，縱爲股，斜爲弦。蓋一弦實，藏一句、一股之(數)[實]；一句、一股之(數)[實]，併得一弦(數)[實]也。數非兩不可行。因句、股而得弦，因股、弦而得句，因句、弦而得股。三者之中，其兩者顯而可知，其一者藏而不可知。因兩以得三，此句股法之可通者也。三者缺其二，數不可起，而句股之法窮矣。於是有立表之法，蓋以小句股求大句股也。句、股、弦三者，有一可知，則立表之法可得而用。若句、股、弦三者無一可知，而立表之法又窮矣。於是有重表之法，蓋立表者以通句股之窮也。重表者以通一表之窮也。其實，重表一表也，一表句股也，無二法也。

又有《句股容方圓論》，略云：凡奇零不齊之數，凖之於齊；圓凖之於方，不齊之圓，凖於齊之圓；不齊之方，凖於齊之方；句股容圓，凖於句股容方。如均齊無較之句股，其容方適得句之一半。若長短不齊之句股，則容方以漸而闊，不止於半句矣。須變長爲闊，以取容方之數。取容圓之徑，則用句股相乘，而倍其數，以句、股、弦并爲法而得數也。

又《弧矢論》略云：凡弧矢算法，凖之於矢，而參之於徑。背徑求矢之法，先求之背弦差，而半背弦差藏之矢冪與徑相除之中，倍矢冪與徑相除，則全背弦差也。半法簡捷，故用其半。無論背徑求矢，矢背求徑，消息管於是矣。夫積也，矢也，徑也，弦也，背也，殘周也，差也，凡七者轉相爲法，而轉相求，共得三百二十六法，而後盡。渾然一圓圈，而中會錯綜變化乃至於此。嗚呼，豈非所謂至妙至妙者哉？

又論差分方程、盈縮、粟米，總是一分法也。差分、方程者，因物之參伍，而推出價之貴賤，有定式而不可亂也。差分、方程之所不能盡，於是有盈縮。盈縮因其外露畸零可見之數，而推知其中藏隱雜不可見之數，以據末而窺全錐也。

蓋差分以價權物，露價而混物，故以物相轄；方程以物權價，露物而混價，故以物相參，而盈縮通乎其間矣。至於物以多而易寡，價有以貴而易賤，於是有粟米。則乘除互換之間，而多遂與寡相當，賤遂與貴相當，而其數齊矣。又謂數有繁而從簡，亦有以少而合多，而數之有分者不可以常法約，於是有約分之法，有合分、課分之法。觀其所總，而聚散著矣。觀其所餘，而多寡著矣。算經曰：學者不患乘除之爲難，而患分法之爲難，必精於無分之乘除，而後能通於有分之乘除，非二致也，法有淺深而已矣。

三十九年卒，年五十四。崇禎中，追謚襄文。

藝文

明・唐順之《與顧箬溪[書]》唐順之《荊川先生文集》卷七　與顧箬溪

奉違忽忽三年，辱遣使致手教又復兩年，而音問久疎於門下，時抱耿耿。伏惟明公山林高卧之日長而道義之樂益真，聲利喧囂之境遠而塵俗之緣盡解。邇來胸次可想而知，但不知充閒之兆今更何如耳。

某閒居多暇，亦時留意於數藝。將向所聞之左右者，時爲紬繹。其於古人象數之精意，雖或有齟齬難通處，亦多有欣然意會處。其意會處，既恨不得即與明公相印證；其齟齬處，又恨不得就明公而爲發蒙解縛也。竊以六藝之學，皆先王所以寓精神心術之妙，非特以資實用而已。《傳》曰：其數可陳也，其義難知也。顧得其數而昧於其義，則九九之技小道泥於致遠，是曲藝之所以藝成而下也。即其數而窮其義，則參伍錯綜之用，可以成變化而行鬼神，是儒者之所以游於藝也。游於藝則藝也者，即所謂德成而上也。顧先王六藝之教既寢，而算書之傳於世往往出於曲藝之士之所爲，是以其數存而其義隱矣。而藝士之著書者，又往往以秘其機爲奇。所謂立天元如一云爾，積求之云爾者，漫不省爲何語。其意蓋惟恐緘縢之不密，而金針之或洩也。是以其數雖存，而數之所以爲數者亦隱矣。伏惟明公以當世耆儒玩心神明之學，而出其緒餘於藝数間，明公之於數蓋古所謂進乎技而入於道，以神遇而不以器求者也。且小子辱不勸之教久矣，是以敢更有請焉，謹具如別紙。

又二

《易》云：形而上者謂之道，形而下者謂之器。聖人雖是爲性命真機，發此兩語，其實百氏技術，理數諸家之學，精微緊要處，悉在此矣。竊觀明公演出《測圓海鏡》書，自非明公細心絶識，洞極神明之奥，則不能剖破此混沌也。敬服，敬服！然鄙見竊以爲：此書形下之數太詳，而形上之義或略，使觀之者尚不免有數可陳而義難知，及示人以鴛鴦枕而不度與人以金針之疑。僕意欲明公於緊要處提掇一二作法源頭出來，使後世爲數學者，識其人者得其義，識其小者得其數，則此書尤更覺精采耳。何如，何如？承以序文見屬，僕於數學稍有一二窺測，皆是明公指授，此委豈敢以不文爲辭？但因久病早衰，近年稍從事於槁形灰心究意道家之説，是以文墨之事，久成廢閣，雖然，明公之託，不論遲早，終當有以相復也。郭太史曆數冠絶古今，然其作法孔竅亦只有兩事，其步日躔源頭，在截矢求弦一法。僕既作爲《弧矢論》，以請於明公，而明公亦既演之爲書矣。其步月離源頭，則在容弧直濶一法，今亦偶然會意而得之，并書其説以請蓋三百餘年絶學洞然明白，即使郭太史復生，亦自無躲閃處，可爲古今一快。僕豈敢謂有神解，惟明公指授之力爲多也。幸更覽而教之。

雜録

明・萬士和《祭荊川唐先生文》焦竑《国朝獻徵録》卷六三　惟宇宙之靈氣，實造物之所秘，非時與地與人之相值，則或歷數千年而不一寄。嗟儒者之寂寥，而正學之蕪廢，豈元氣之漸漓，抑醞釀之未至。若吾師之有生得精靈之所會，固天縱之聰明，發天光於智慧。蓋乾坤之翕聚者至是一開，而吴地上下數千年間，於此盡收其粹。世之分門立户、登壇説法者，既非性之所安，而規矩準繩謹守格套者，又病其爲忠信廉潔之似。不靠傍以隨人，揭真心以從事。修飾遮蓋，吁，其齷齪兮，寧痛癢之自知，而冷煖之自試。震雷過而不驚，泰山撼而不躓。持空拳禦萬馬而不摇，蹈水火入金石而不貳。爲必要其所成，力必如其所志。夏不扇而冬不爐，日忘食而夕忘寐，惟良工之苦心，造種種之奥邃。觀萬物之備於一身，信精神之通乎天地。故先生之一嘆一唾，莫非寶藏之所存，而人之得其一枝一葉者，猶足以垂名而耀世。其博物也，天文、地理、經書、子史、醫藥、算數之説，靡不貫串其微，然一經揀擇，則如李光弼入朔方軍而精采頓異。其取益也，佛氏之禪定，老氏之虛静，養生家之竅窾，靡不悉得其玄，然一親經歷，則如身坐相輪之上而曲直不蔽。學以操鍊爲主，則經歲不食肉，廿年不洗足，野人所不堪，而先生持之益勵。性以奢侈爲戒，則身不輕置一衣，屋不輕易一椽，廉士以爲難，而先生行之自遂。時凝然以深思，或淵然而默識。苟一得之未融，歷數歲而不置。忽豹變以龍騰，肆泉流而火熾。功久熟於仰鑽，悟直參乎道器。涉傳註之浩繁，厭支離之破碎。既淘沙而得金，彼糠粃之盡棄。及恍然兮有聞，乃豁然兮無累。收奇功於一源，會萬象於同致。自博而約，由粗而細，如莊生之所謂承蜩、解牛、斲輪、累丸之技，要皆道之所寓。至其得意忘言，點頭一笑，亦何讓乎曾之唯而顔之喟。蓋雖查滓未化，較聖學於毫釐，而至大至剛，斷乎其接孟氏之裔。惟根茂而資深，時漏洩於文字。捐早歲之蹊蹤，失向來之鑪鞲。雖其首尾接續，變態倔奇，取諸班、馬、韓、歐之精華，至於識見獨出，則一掃陳言之蕪翳。莫測者機，極壯者勢。近作出塞新篇，遂奔放豪邁而不可制。既見惡而如讐，亦見善而如嗜。即一能一長者，雖庸人賤役，或駕舟千里以相尋。若泛來泛往者，雖公卿貴客，至扣門竟日而深避。以是而獨立不阿，亦以是而招尤速毁。苟余心之不愆，何謗訕之足計。比所得之益多，猶欿然其自視。嘗欲一人不接，一床不置，坐草根於空山，求面目之所自。宿習盡銷，靈根始著，假三年之不雜，將一得而永契，嗟此志之難陳。值倭夷之爲祟，此已屠戮之難堪，彼方斫人以爲戲，凡有人心者，能不一動其念慮？而況萬物一體之仁，夫孰非冠之當纓，孰为户之可閉？且蒼生之望方殷，廟堂之薦相繼，乃翻然而改圖，奉詔旨以從仕。始委之以巡督，終托之以撫治。於是勞形殫神，鞠躬盡瘁，以隻身接兇寇之鋒鏑，以六月居東海之瘴癘。號令嚴明，威行將帥。方張之封豕既摧，已聚之長鯨盡殪。三吴、淮揚至今帖然者，實先生之所遺。病既亟以彌留，志之死而愈矢，誓不安於衽席，乃巡方以警示。屬天鼓之鳴舟，遂端坐而就斃。嗚呼！先生之處也，草衣木食，若將終身，未嘗享人間一日之富貴。其出也，履危蹈險，傾家貲以助師，未嘗享有官者一日之禄費。即其出中事業，雖公相何足爲軒輊。然而剖破藩籬，去彼取此者，誠不忍下孤四海之心，而上負天之所畀。胡正學未明而議論喧豗，素同者或以爲疑，素異者則以爲忌。一時共事者，既憤其激切之難勝，至泥於形跡者，又遂倡言而力詆。迺先生之始終，豈改其一介不取之義？彼且千駟萬鐘不顧，而何有於蟻羶之垢膩？昔伊尹之元聖，尚不免好事者之議，矧先生之志，伊則亦何解乎譊譊者之喙？和自蚤歲，即蒙教誨，薰陶琢磨，靡不周備。喜其心之稍淳，慮其質之柔脆。以整襟危坐爲外馳，以遍身無病爲藏穢。裁也，驕心之未降，揚也，古人之可冀。其驅而之善也，若策駑馬於長途而不息鞭箠。其防其墮落也，若以一髮引千鈞之石，臨萬仞之淵而將至於墜。山巔水涯，花前月際，或扁舟相從，或徒步隨侍，任爭席於樵夫，借跏坐於僧寺。嘘之以冰壑之風，飲之以上池之味。時不言以傳心，視針眼之相對。凡和之蠡測豹窺，夫孰非先生之所賜。丁巳一别，四載違背，蒙寄手書，言及進退。和適宦沅，聞之浣慰。惟先覺與先知，豈自私而自利。信果哉之無難，納溝壑其誰罪。以是復於先生，而先生謂之曰智。方謂宇宙之大，擔當有人，詎意龍蛇之辰，適逢其季。訃音遠來，五内煎沸。如可贖兮，恨不即逝，乞身不報，官如肘繫。及今撫棺，歲已再藝，入室曖然，魂飛魄悸。乘化返眞，先生何意，木壞山頹，其柰我輩。昔等交於朱蔡，以弱息配先生之嗣，托同心於骨肉，庶黽勉以相濟。嗚呼，詞短意長，孰知我懟。就几筵以布懷，仰青天白日而涕淚。聞至人兮不死，庶英靈之不昧。鑒一念之微忱，其爲我歆而抑爲我噫！

明・張萱《西園聞見録》卷三三 唐中丞順之嘗欲得一民一社，自效其能，而竟未之遂。閑居尤以民隱爲憂，其論均徭，不欲舉行新法，十年一役雖極重，百姓無不甘心；一年一役雖極輕，百姓無不怒目。蓋零碎苦楚難受也。以至大户之詭計，官户之濫免，其説甚悉。而尤長於計算糧數，區處災傷，主計者之蠲災，率十裁而爲七。收民者之上災，率七溢而爲十。水旱不可不存恤，而兑運又不可減免。於是有輕齎之法，以銀折米，民止須一石之輸，而國不失一石之入。蓋此法於不可減免之中，而寓可以通融之意，不必制其正賦之盈縮，而但制其脚價之有無，不必裁之以豐凶之斂散，而但裁之以本折之低昂，一無損於國，萬有利于民。武進一邑，歲該攢運五萬四千有奇，此入于國之正額，本邑正耗水脚平米七萬九千有奇，此費于民之羨數。漕運百萬石，有輕齎四十萬，以待四方之水旱來告者。江南米賤而京費，若取銀江南而散給北軍，則南無遠輸之費，而北無賤糴之困矣。

又 卷七四 唐中丞順之，以吏部致仕歸。歲甲寅，倭奴起釁，流血東南，先生目擊其變，至不能寢食。適居有懷公喪，而趙公兩江以上命視師海上，來訪。先生與陳機略，且言非專任梅林胡公不能平此寇。趙歸朝，首薦先生，以南部車駕主事起之。先生不應，陞北部職方員外，又堅卧不起。及巡按提學，二御史奉旨從行，先生不得已赴京師，即陞本司郎中。陞見後，即奉命查勘邊務。繼而視師浙直，先生奮然曰，一月賊不平，請拏將官，三月賊不平，請拿郎中。十二月先生將至浙，賊聞風遁去。先生計平賊上策，當禦之海外，而海道不可不熟。

乃自江陰自嘉興兩次下海泛大洋，至鮫門而還。未幾，春汛急，登海船，督諸將泊崇明沙，沉賊船十三隻，斬賊首百二十級，餘賊走三沙。陞太僕少卿。胡公奏留同事，及陞右通政。於是江北巡撫李克齊告急，胡總制檄總兵盧鏜往援，先生以江北陵寢重地，乃以三沙賊檄鏜堅守，身往江北，與李公首尾擊賊，敗之于姚家蕩，又敗之于廟灣場。度其勢無能爲，復自江北往攻三沙，居海中二月，竟以鹽鹵[之]故，腹疾增劇，方回太倉，調遣狼兵，而賊乘風雨夜登江北岸矣。先生每以此自咎，其斷馘功皆遜不居，而胡公竟上之三，有白金文綺之賜。及巡撫淮揚時，病已甚，而先生治軍務不少休。三月二十一日登焦山，望三江，歎曰：吾第一梟將，使吾病而不能展其(時)[能]，奈何？然使一病都堂能居海中，則諸將無敢不下海。諸將下海，則敵人自奪氣也。欲從太倉取道常居海中，行至通州而疾不起矣。

明·過庭訓《國朝分省人物考》卷二七《唐順之》　唐順之字應德，武進人。文行爲學者所宗，稱爲荆川先生。嘉靖己丑，中禮部試第一。及廷試，邃菴內閣使鄉人索試策，欲首擢之，而順之以年少筮仕，守己當嚴，竟不與通。置二甲首，其榜首則江西羅洪先也。一見知其人品甚高，因定爲石交。授武選主事，以幼時嘗竭精神於舉業，幾成瘵疾，而學問文章未成，恐碌碌仕途，無以爲終身自立之地。庚寅春，疏病得歸，值母艱，服闋，改稽勳主事，調考功。居家時，素知有司其某賢，後取至京，以不通關節，留滯不得用，即密白其賢，擢用西臺，竟不使其人知之。羅峰相改各屬官爲翰林，部中首舉順之，拜編修，校對累朝實録。於時王遵巖、陳後岡、高蘇門皆以詩文名當世，一見其作，心服之，而未敢以爲然也。至其戒行雖苦，終少自得之趣。時王龍溪以陽明高弟寓京師，盡叩陽明之說，始得聖賢中庸之道矣。校對完，例當陞賞，卻不欲受。又以羅峰愛己將遠其嫌，遂告歸。張緣是怒，以吏部原職致仕。居家三十年，不役官府一人，不受坊價一緡。會皇太子立，妙選宮僚，起爲春坊司諫，竟以請朝東宮落職，歸。自是御布袍，嘗居宜興山中，與諸生講學。宦於其地者，欲一見之，無從也。居恒喜靜坐，樂與方外之士遊。曰：方外之學，雖與吾儒不同，而其苦行堅守，洗浄心緣，知自求之身者，固賢於今之儒也。居恒於書無所不讀，無不精究其玅，而於曆算尤精。然嘗曰：文與詩不過應酬之作，更看山中静坐十年後，文字更何如耳。其與人言，罄竭底蘊，若無所不盡。事關機要，則深沈隱默，際不可窺於瑣屑之事，若不甚通曉。至于籌畫世故，則辨悉毫芒。貌不踰中人而福天下，勢之所至，若萬鈞之壓卵，處之晏然。舉天下之所不敢爲不能爲者，獨毅然當之。嘗自謂當今少一寧武子之愚，蓋自況也。甲寅，倭奴起釁，流血東南，趙文華以上命視師海上，順之與陳機略。趙歸，薦於朝，以南部車駕主事起之，尋陞北部職方員外，陞本司郎中。陞見後，即奉命查勘邊務。繼而視師浙直，計平賊上策，當禦之海外，而海道不可不熟。乃自江陰與嘉興兩次下海泛大洋，至鮫門而還。未幾，春汛急，自登海船，督諸將泊崇明沙，沈賊船十三隻，斬賊首百二十級餘，賊走三沙。陞太僕少卿，又陞右通政。於時江北巡撫李遂告急，胡總制檄總兵盧鏜往援。順之以江北陵寢重地，乃以三沙賊檄鏜堅守，身往江北，與李首尾擊賊，敗之於姚家蕩，又敗之於廟灣場。度其勢無能爲，復自江北往攻三沙，居海中二(日)[月]，竟以鹽鹵之故，腹疾增劇，方回太倉，調遣狼兵，而賊乘風雨夜登江北岸矣，每以此自愧。其斬馘功皆遜不居，而胡公竟上之三，有白金文綺之賜。每與胡公論國家事，未嘗不泣下沾襟，誓以身許國。曰：胡公計事，先我一着。至忠義一念，則甚相符合。未幾，陞僉都，撫淮揚，因積勞，病甚，不能行。然以淮揚重地，朝方倚任，十一月勉强赴官。值歲歉，請於朝，得餘鹽銀二萬兩，以賑。又自捐俸金，令有司以次捐俸易米，散各鎮爲粥，以食饑民。又以淮揚所轄，天下要道，即有變於内，倭寇乘之，貽患不細，故於賑濟獨勞心焉。時病已甚，治軍旅不少休，三月登焦山，望三江，歎曰：吾第一梟將，使吾病而不能展其能，奈何？然使一病都堂海中，則諸將無敢不下海，諸將能下海，則敵人自奪氣也。欲從太倉取道常居海中，行至通州而病不起矣。將革，猶以爲人與學問未成，未了十年工夫自恨。時天晴皎，聞天鼓鳴於舟上者三而氣絕。

清·阮元等《疇人傳》卷三〇《唐順之》　論曰：順之習回回法而不知最高，讀《測圓海鏡》而不知立天元術。凡所論述，亦祇得其淺焉者耳。然明季士大夫，率以空疏相尚，順之以句股、弧矢表率後賢，一線之傳，終于不墜，其功固有足多者矣。

周述學

傳記

明·徐階《山陰雲淵周子述學傳》焦竑《國朝獻徵録》卷七九　雲淵子，越山陰里人。先世汝南，從南渡族於越，代有聞人。子生，其父郡博士名之曰述學字繼志，蓋祝以述道學繼聖志云。後別號雲淵子。

子資睿才宏，素負經濟，尤邃於易曆。居嘗歎曰：易，天道也，曆之元也，知曆斯知天，知天斯知易，而曆法乃寥寥莫傳哉。爰南遊吴，北遊燕，徧諏業天官氏之術。聞郭太史弧矢法以圓求圓，循弦宛轉，極與天肖，視諸古名人用方規圓法爲最善，名曰《弧矢經》。時荆川唐太史博研古算，箬溪顧司馬精演例法，欲求《弧矢經》而不可得見，子竭其心思撰補《弧矢》，又續《中經》，纂《曆議》，集《曆草》，而曆法遂爲完書。然此特經法也，可以測交蝕，未可以測凌犯。國初天竺貢馬哈麻緯法以步五星，第中西異術，經緯難通。子則曰：天一也，法惡得二？乃以中國之算法測西占之凌犯，經緯分而可合，郭馬異而可同，前無古往，後無今來矣。先儒讚堯夫差法冠絕古今，余於雲淵曆亦云，有欲欽天授時，舍是法奚適焉？

吁嘻，雲淵！世豈無子雲哉？子知天又知易矣。故其生平著述，闡圖書，較理論，以彰易之体，極爻象，著易義，以達易之用。集京邵之文，諧元韻之聲，用占經世，象告吉凶，而易一天，周子心一易矣。其他輯會占而參以命法，纂通志而徵以世紀，準晷極而定度里之數，本山河而序流峙之支。水陸遠近有程，以備行兵迂直，都省區域有界，以表守國形勝。星命、砂水、太乙、六壬、遁甲、演禽、風角、鳥占、兵符、陣法，靡不洞其玄微，闡其秘旨，作有成書。是皆易之緒餘，而足以資經濟，詎曰占算云乎哉？合所纂撰凡千餘卷，總而題曰《神道大編》。夫編，曷爲神也？余聞周子之於道，星變談之，關帥遁甲，授之以仙經，疑起於元靈，附耳曆訣，悟牖風，展書事，亦詢神矣。編宜以神題。予又聞周子薊鎮著布伏之奇功，柯梅效火攻之偉績。天長決勝，飛蘭擒叛。冒砒毒，遭横兵，罹颶風，迫倭刃，俱幸無恙，而其得於神助者多甚。子蓋貫天人，徹幽明，而學有實際者乎。乃生不逢年，會我國家熙洽，有志莫售，抱道自怡，布衣泉石，逍遥湖海，所謂隱君子者，非邪？豈用不在一時，而在異日歟？抑神畀之，闡易開來，以翊聖明之設教歟？

賜進士及第、特進、光禄大夫、柱國少師、兼太子太師、吏部尚書、建極殿大學士、知制誥、知經筵事、國史揔裁致仕華亭徐階撰。

清·黄宗羲《周雲淵先生傳》黄宗羲《南雷文定前集》卷一〇　周述學字繼志，別號雲淵，越之山陰人。好深湛之思，凡經濟之學，必探源極委，尤邃於易曆。古之言曆者，以郭守敬爲最，而守敬所作《曆經》，載于《元史》者，言理而不傳其法。其法之傳於曆者，有《通軌》《通經》諸書，則死數也。顧其作法根本，所謂弧矢割圓，歷官棄而不理，亦無傳之外人者。當是時，毘陵唐順之、吴興顧應祥皆留心歷學，求其書而不可得。述學竭其心思，遂通弧矢之術。從來曆家所步者二曜交蝕、五星順逆而已。自西域經緯曆入中國，始聞經緯淩犯之説。然其立法度數與中曆不合，名度亦異，順之慨然欲創緯法，以會通中西，卒官不果。述學乃撰《中經》，用中國之算測西域之占，以畢順之之志。日行黄道，月行九道，而古來無所謂星道者，述學推究五緯細行，爲《星道圖》，於是七曜皆有道可求。與順之論曆，取歷代史志之議，正其訛舛，删其緐蕪，然於西域之理未能通也。又撰《大統、萬年二曆通議》，以補歷代之所未備。自曆以外，圖書、皇極、律吕、山經、水志、分野、算法、太乙、壬遁、演禽、風角、鳥占、兵符、陣法、卦影、禄命、建除、埋術、五運六氣、海道針經，莫不各有成書，發前人所未發，凡千餘卷，總名曰《神道大編》。蓋博而能精，上下千餘年，唯述學一人而已。

嘉靖間，錦衣陸炳訪士於沈錬，錬以述學言，禮聘至京，炳服其英偉，薦之於趙司馬。司馬就訪邊事，述學曰：今歲主有邊兵，應在乾、艮。艮爲青州、遼東，乾爲宣、大二鎮，京師可無虞也。已如其言。司馬將具題大用，會總兵仇鸞聞其名，欲致之。述學識其必敗，先幾還越。總督胡宗憲征倭，私述學於幕中，諮以秘計，述學亦不憚出入於狂濤毒矢之間，卒成海上之功。武林兵變，述學諭以國運安平，不可妄動，動則奇禍立至。其魁亦信述學之言多驗，謀遂寢。述學在南北兵間多所擘畫，其功歸之主者，未嘗引爲己有，故人亦莫得而知也。

庚午，余在南中，閩人陳元齡以所著《思問初編》相示，其言太乙六壬，多本於雲淵。斯時亦未知雲淵之爲何如人也。甲戌，余邂逅其諸孫周仲，訪之於木運巷。架上堆雲淵《神道大編》數十册，其册皆方廣二尺餘。仲言：遺書散失，此不能十之一二也。又見其《地理圖》，縱八尺，廣二丈，畫方以界遠近，每方百里，唐吕温所序，未必能過也。余欲盡抄其所有，會仲游楚，不果。丙戌亂後，於故書舖中得《中經》《測圖》《地理》數種。丙午，見其《曆宗通議》，而後知邢雲路《律曆考》所載，皆云述學之説，掩之爲己有也。庚戌九月，坐證人書院，有帥其弟子四五人，升階再拜者，門狀爲周允華，問之，則仲之諸子也。問以遺書，所存唯算學耳。

余讀嘉靖間諸老先生文集，鮮有及述學者。唯湯顯祖有「與周雲長者書」，謂卦圖乃是渾儀，曆書止是算法。必欲極神明之用，亦須達虚無之氣。觀其言，要非能知述學者。唐順之與之同學，其與人論曆，皆得之述學，而亦未嘗言其所自得。豈身任絶學，不欲使人參之耶？天下承平久矣，士人以科名禄位相高，多不説學，述學以布衣遊公卿間，宜其卜祝戲弄，爲所輕也。雖然，學如述學，固千年若旦暮，奚藉乎一日之知哉。

清・張廷玉等《明史》卷二九九《周述學》 周述學字繼志，山陰人。讀書好深湛之思，尤邃於曆學，撰《中經》。用中國之算，測西域之占。又推究五緯細行，爲《星道五圖》，於是七曜皆有道可求。與武進唐順之論曆，取歷代史志之議，正其訛舛，删其繁蕪。又撰《大統、萬年二曆通議》，以補歷代之所未及。自曆以外，圖書、皇極、律吕、山經、水志、分野、輿地、算法、太乙、壬遁、演禽、風角、鳥占、兵符、陣法、卦影、禄命、建除、葬術、五運六氣、海道鍼經，莫不各有成書，凡一千餘卷，統名曰《神道大編》。

嘉靖中，錦衣陸炳訪士於經歷沈鍊，鍊舉述學。炳禮聘至京，服其英偉，薦之兵部尚書趙錦。錦就訪邊事，述學曰：「今歲主有邊兵，應在乾艮。艮爲遼東，乾則宣、大二鎮，京師可無虞也。」已而果然。錦將薦諸朝，會仇鸞聞其名欲致之，述學識其必敗，乃還里。總督胡宗憲征倭，招至幕中，亦不能薦，以布衣終。

清・阮元等《疇人傳》卷三〇《周述學》 周述學字繼志號雲淵子，山陰人也。聞郭太史弧矢法，以圓求圓，循弦宛轉，極與天肖，名曰《弧矢經》時武進唐順之博研古算，長興顧應祥精演例法，欲求弧矢不可得，述學竭其心思，撰《補弧矢》。又西域《回回經緯(術)[曆]》，有經緯淩犯之説，其立法度數與中法不合，名度亦異，順之慨然，欲創緯法以會通中西，會其卒不果。述學乃撰《中經》，用中國之算，測西域之占。又推究五緯細行，爲《星道五圖》，令七曜皆有道可求，以畢順之之意。又與順之詳論歷代史志曆議，正其訛舛，删其繁蕪，撰《大統、萬年二(術)[曆]通議》，即《神道大編》中《曆宗通議》也。先是有詹希元者，以水漏至嚴寒冰凍輒不能行，乃以沙代水，然沙行太疾，未協天運，又於斗輪之外，復加四輪，輪皆三十六齒，述學病其竅太小而沙易堙，更制爲六輪，其五輪三十齒，而微裕其竅，由是運行始與晷協。述學以布衣終。

雜録

清・阮元等《疇人傳》卷三〇《周述學》 論曰：唐荆川論《回回(術)[曆]》言，要求盈縮，何故減那最高行，只爲歲差積久，年年欠下盈縮分數，以此補之。而述學則以每日日中晷景爲最高，梅徵君斥爲臆説，是也。蓋述學于曆法本無所得，故所爲《中經》《通議》，亦第抄撮舊文，以矜淹博而已，實未見所長也。

明・張岱《明越人三不朽圖贊》

周雲淵公像

李鴻

傳記

明・黄汝亨《上饒令李君墓誌銘》黄汝亨《寓林集》卷一四 上饒令爲谿李君，中萬曆戊子順天鄉試，七年而成進士，明年授江西上饒令，又六年落職爲民，又五年卒，又九年葬鄧尉山下。又四年其子繩芳介其舅父申太僕兄弟來乞銘。予自君孝廉時定交，又同官西江，君文章志業磊落非今人，予所最知也，詎忍辭？

君諱鴻字漸卿，一字儀羽，通籍後有味乎知雄守雌之旨，別號爲谿云。李氏系出平江，元季諱茂實者遷吴葑門，四傳而爲玉山訓導鏞，再傳爲吴溪公庭樟，與太常卿謚恭簡魏莊渠先生爲從昆弟，則君之曾祖。恭簡少依姨母，從其夫姓，曰魏庭樟，生燦。燦生坦，號氷谷，邑諸生，以君貴，贈文林郎，君父也，娶趙氏，生君。

君生而雋潁，童子時從袁生某受書，三四過即成誦，必百遍爲率，不滿不休，終身不復忘。稍長，習博士家言，務爲奇，不襲人一語。尤嗜古文史詩賦，旁及卜筭醫藥星曜之書。既而就試有司不利，君志不少挫。而氷谷翁故與少師申文定公共爲諸生，同研席，相善也，因約爲婚姻，君生十七年，迫氷谷翁命，就婚京邸。而會趙孺人病歿，君痛毁甚，奔喪有禮，服闋，復迫氷谷翁命如京，以宗人涿州籍補諸生，遂游成均，與文定公二子太僕兄弟同學相切劘。所師友，皆天下名士。師故晉江李文節公及梁溪顧涇陽太常，而尤嚴事鄉貢進士方生某，與檇李今内閣朱公某、中丞黄公某、兵憲項公某文秇相頡頏，咸推轂君。

已而，所師友悉先後取高第去，君獨偃蹇抑鬱，徙倚文定邸，又念其翁千里外也，文定公爲迎翁就養，朝罷相與道故舊，笑樂以紓君之懷，而翁忽以痰疾殁。君痛毁，扶喪歸，合趙孺人葬之興福山。復如京。君既邑邑不得志，申孺人復相對泣，益發憤，窮日夜力，覆巵不食酒者三年。丁亥，申孺人又病殁，君悲悼不自勝，扶以歸，亡何申所遺男又殤，君不得已，復娶徐孺人，即治裝北上，而乃始登戊子賢書第十一人，君年三十矣。當是時，人方賀君逢年而嘆其晚，而座師爲葵陽黄公。有忌之者，因嗾禮部郎中高某攻君，以文定公壻及解首王文肅公子衡甚力，謂考官學士黄某阿政府意，子若壻得濫選，文定公與文肅連章請下禮部覆試，仍委高郎中監督，自辰至午，高郎中輒再更其題，凡四義，君援筆立就，高媿悔甚，覆奏，有旨明年試春官，君不應，竟拂衣歸。壬辰，復上公車，已竣第一場，而御史綦某復摭前事疏論，君弗竟試，顧其卷已爲復所楊公所首拔，相傳都門忌者爲之奪氣。其年六月，得旨再覆試午門。時炎曦如炙，君蒲伏疾書，語氣激烈，文益奇，諸公見治河疏淮策，稱不容口，明日疏上，復得旨如前，而君名益大振，群喙遂息。君馳歸，忽病流火，夢授神方，服之良已。甲午冬，復上公車，乙未豫章洪陽張公典試事，遂識拔君，釋褐成進士，時高郎中猶在事，遣人通意，君辭曰，若通謁者，誰爲先施，不妨公堂一相見。聞者稱君正而不激。已，從大司馬請，得輪鏹高平，差事竣，歸里門，上祖壠拜兩尊人墓，隨謁文定公，過檇李謁葵陽黄公，至玉峰拜恭簡公祠下，因贖其旁丙舍之質外姓者，祖塋在貞義里者，復飭治其封樹俎豆，與諸親知握手談往昔，稍稍展其偃蹇抑鬱之氣。丙申，謁選人授爲令，乃得江西之上饒。

邑當閩浙衝，依山險多，盜吏舞文，民健訟難治。君至，則榜二語于庭曰：三尺矢諸天地，方寸留與子孫。諸老吏未信也，其尤黠者，輒以事嘗君，知不可，乃摇手相戒。先是，差役虎而冠，其吏胥匿訟諜，以與訟者市，君命悉書所勾之符，一付之里屬，且聽息，訟以衰少。俗好誣人命，被誣者比得白，産盡矣。君趣駕立時驗其真僞。旁郡邑有大獄，必移君訊，訊立决，决立報，諸老吏無所上下，彌年不得衣食費，或叩頭求罷，君喻以若輩幸遇我文無害，不久當得官食禄矣，又人人喜自寬。豪鄭氏武斷横里中，君取置重法，罰令築埭駕梁，以利涉者，豪請權要居間者百計，終不許，豪窘。或以豪賫緣走吴中，得文定公書宖解。君料豪必出此，先期報大吏，檄旋下，不可改矣。豪抱書哭，不敢上。君才智操持吏民，皆此類也。民苦盜，盜耕牛者尤黠，不可制。一日，呼求盜伍伯，私與語，探袖中劄記，謬批指謂曰盜賊所在竊發，吾密使廉問，盡得其主名，而若輩利其委輸，不以時擒治，積取日多，適足以葬矣。吾且貸若，其自爲計。于是部中錐埋銖兩之奸，一時皆就縛，鄉民以安。至比徵有法，絲毫不得欺，民樂輸恐後。日課諸生秇文，又手自選擇唐宋而上以及秦漢子史五經正文，令之通今學古，士彬彬興起焉。君爲令，凡兩上計，未嘗餉京貴。

庚子，以秩滿奏最被璽書，貤封其父母及妻。君既廉直，慷慨任事，愛民嫉惡，一時大吏皆重君，君亦安其職，益發舒不自嫌，以爲自此可鳴琴卧治，無他慮。而是時，先皇帝以朔方樂浪相繼用師，栢梁災，建章且興，少府金錢不給，諸貂璫啣命遍天下，略倣古筭緡榷酤之意。而御馬監少監潘相當西江一路，奸徒陸泰等助其攫噬，君奮袂抵几曰，吾不忍豪猾吏書魚肉吾民，矧此曹子乎。雖然，君命也，吾一人不能抗。于是力言之大吏，謂縣地産少，行賈錐刀之末甚細，不足税，願多方補輳廉其額，委官類解，不以煩璫。璫及奸徒計窮，上言開採，指出土青銀礦處，輒行錐鑿。又請自備資本器具，不費官帑等語，以熒惑璫，璫聽之。君奉令姑不與争，一切蓬廠祭旅牢具，惴惴不敢後。第令諸原報人，照所自認備工本，指引鑛處，任其冶鍊包煎如額，諸奸徒實得不償失，不便也，以故形格勢禁，自爲解散。自雲霧山至砂鉢潭，凡格其所欲開者六。而銅塘者，地連閩浙三省之阻，其中不知幾百里，多豫章楩柟銅鐵之饒，流民易嘯聚爲亂，自宣德以來，幾二百年禁不得窺足，而泰等慫慂璫，必欲違禁例開入，諸道府狐疑相仗，莫敢先發。君獨昌言不可狀，謂必欲違禁者，必三省撫按詳議會題，每省添兵萬人，以隄防不測，設有變，地方官不獨任其責，璫意不能無動，遷延不至者累月，而終以諸奸相扇，稱奉有新旨，會同撫按不可罷。君乃請瑺勿遽先按行，其瑺自會城行縣時，予令進賢與之抗禮，瑺大不懌，他縣令有望塵拜者，至饒，君亦長揖，與敵禮，瑺語未半，拂衣起，君弗顧也。及會議，道府躬自祭山閲視，君密令人偵山之童者，路險陋不可輿者，先飽食而攜瑺步行，瑺素驕恣不任勞，行數里，憊不能前，且餒甚，坐地求返，君好語曰，貴監不信，令疑此山多異材，故行縣至此，令未嘗阻撓一語，不深入，令無以自白，貴監勉之。瑺又不得已，起行，行數十步，蹣跚不能進，思飲又不得，固乞歸，忿甚慚，其從官至爲泣下，遂踉蹌奔景德鎮，封禁採木之議遂寢，自是欲甘心矣。而陸泰等尚群聚不散，日恣其窆掘虜掠淫占之毒，人人無不思傳刃其腹。壬寅四月，有旨停税，四境驩呼如雷，君舉手曰，天賜也。時不可失，遂擒泰等三十餘人，悉寘獄，且有立斃杖下者，而急大索其寓，得諸凶器反具，及招集亡命約劑傾有司奏揭十餘通，逐研審獄，具報督撫夏公，夏公且喜且愕，念瑺必以阻撓誣奏，激上怒，且不測，乃急條上陸泰等擅開歷代封禁山召變地方狀，及君先計發摘保安功，君恬不介意，第輯封禁山本末，與一切文移招案，束以待訊而已。幸上憐察，即入瑺言，僅奪君俸六月，君自是益感憤，矢捐糜以報，瑺亦閉口不敢復言銅塘，而中所恨君未已也。已過建昌，值諸儒生聚試行道上，赤棒卒輒提擊，且及爵宗，諸儒生噪而起，爵宗從之逐瑺，瑺窘遁去，而私自喜，我乃得嫁禍報李令矣。遂上疏誣君，嗾鄰郡狂生辱近侍，且致亡賴攘刦税榷等語，當事者與臺省諸公，交章申救，明其不然，而天子惑瑺言，震怒，有旨落君職爲庶人。君即日解印綬就道，一時諸縉紳父老子弟絡繹攀卧，至江滸，亡不低回泣下者。君既歸，文定公迎之門，相勞苦，握手曰：若爲令不足爲我重，爲庶人不媿老夫壻矣。君亦自笑曰，三徑未荒，猶不廢我嘯歌，因顔其齋曰間情館，蓋以彭澤自況云。

君素喜讀書，研摩史編，晚更留神數學，精勾股法，至針經脉法，星學卜筮，亡不通曉。性豁達，往往面折人過，恥纖趨者，與亢爽廓落之士相莫逆，日暢飲高論爲快，逢後輩負才者，獎許不去口，語及宦遊事，掉頭弗應也。人謂以君識略，僅僅樹德一邑，異日者宊大見擢用，展匡世之業，享有上壽。而丙午忽病痰，及丁未而甚，竟不起。距其生某年月日，得年五十耳。

天之報君如何哉！嗟乎，禍福相倚，得喪相乘除，又何可勝道也。夫以書生起隴畝爲名進士，幸矣，而以壻政府故來讒口，一再試闕下，及爲天子命，吏綰墨綬，裁割劇邑，未爲不幸，而以礦税忤貴瑺，幾罹不測，卒以廢免，何也？然君以一再試，才名益震動，而以一官易饒民百千之命于虎狼血牙鋸齒之間，垂澤無窮，視庸庸無所短長充大位者何似，君可謂剛毅近仁者矣。自君之亡，饒民既祠君比桐鄉，而君孝弟敦睦，慷慨義施，在里族者甚備，學官弟子上其事，督學御史，得從恭簡公後，春秋祀于鄉，君不朽有餘，又何憾焉。予不暇具論，論其學問出處之大者誌。

君所著書有《寶笏堂集》□卷，《病中間間語》一卷，《禹貢互釋》一卷，《尺牘》二卷，所輯《九章筭法》□卷，《脉法指要》一卷，《子平玄理》一卷，《講義會編》□卷，《賦苑》□卷，《本草纂要》四卷，《嗜蔗編》□卷，《國憲識略》四卷。

始娶申孺人，生女一，適某，丈夫子二。繼室徐孺人，出繩芳，娶同年韞所沈公女毓芳，即娶舅氏申某公女孺人，其寺少卿古石公女也。法當並書，以某年月日啓申孺人兆合葬鄧尉山之麓，而系以銘。銘曰：惟馬之駿歷九折，惟器之利别錯節，惟人之傑試磨涅。題玉爲石讒夫舌，剖珍闕庭氣彌烈。權瑺㷋休吮民血，挺身摧鋒禍永滅，敝屣一官名巀嶭。爲桐鄉朱西門鄰，何必三公與九列，宦績鄉賢祀勿絶，千秋百歲視茲碣。

雜録

明·陸應陽《樵史》卷二 萬曆間，中使入豫章，咆哮礦税，首及信州，遣官吏八人至郡，巨猾從者三十餘，横甚，諸大夫莫可誰何，而上饒令李鴻獨捋纓起曰，衝疲之地，膏血幾許？而堪此狼餐乎？立捕八人者，斃之杖下，巨猾皆鼠竄去，中使怒髮上指，露章疾馳，衆皆危上饒禍叵測，撫臣夏某慮波及已也，業將具劾上饒，時李觀察開芳在坐，亢聲曰，果爾，則海内視老先生爲何如人，撫公内慚而退。

程大位

傳記

清·阮元等《疇人傳》卷三一《程大位》 程大位字汝思號賓渠，新安人也。

著《算法統宗》十四卷。以古《九章》爲目，後以難題附之。

雜録

清・阮元等《疇人傳》卷三一《程大位》 論曰：大位算學未能深造，故其爲術類多舛錯。然雜采諸家，往往有宋元以來相傳舊法，如仙人換影之等，非所能造也。卷末《算經源流》一篇，明代算家略具，今列如左，覽者得以考焉。

明・龔顯《賓渠小像》程大位《算法統宗》

明・吴宗儒《賓渠小像贊》程大位《算法統宗》

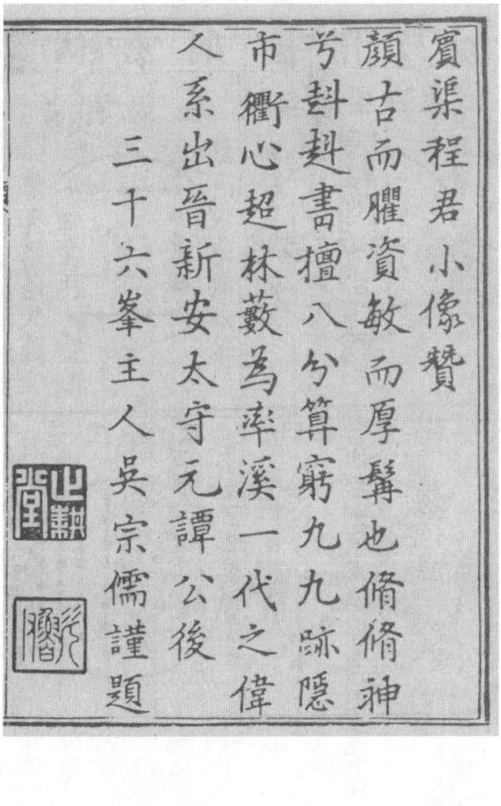
賓渠程君小像贊
顏古而臞資敏而厚髯也脩脩神
兮斟趣書擅八分算窮九九跡隱
市衢心超林藪爲率溪一代之偉
人系出晉新安太守元譚公後
三十六峯主人吴宗儒謹題

明・汪少廉題程大位画像程大位《筭法統宗》卷一三首

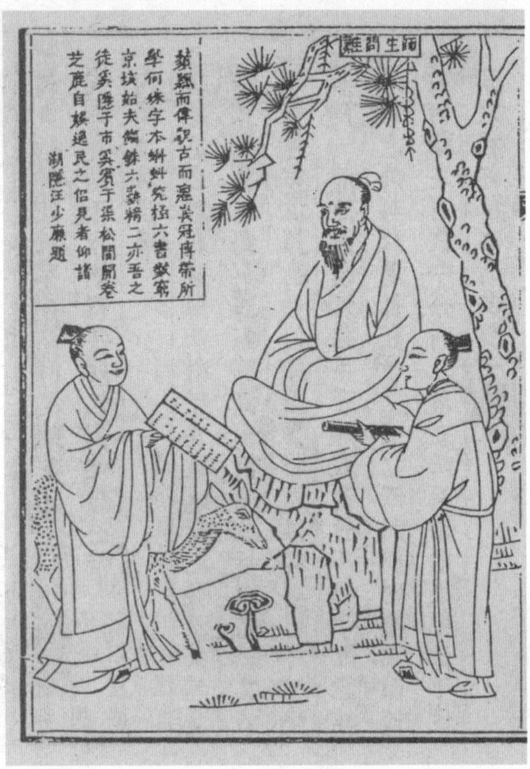

柯尚遷

雜録

清・永瑢《四庫全書總目》卷一九《經部一九》　《周禮全經釋原》十四卷，安徽巡撫採進本。明柯尚遷撰。尚遷字喬可，長樂人，自號陽石山人。嘉靖中，由貢生官邢臺縣縣丞。其書自天官至冬官，凡十二卷，又附以《周禮通論》《周禮通今續論》各一卷，前列序二篇，源流序論一篇，六官目問四篇，全經綱領十二條，釋原凡例七條。書中訓解，其稱釋者，皆採輯古注，其曰原者，則尚遷推闡作經本意也。《周禮》本闕冬官，尚遷宗俞庭椿之説，稍爲變易，取遂人以下地官之事，分爲冬官，自遂人至旅下士正六十人，以符六官各六十之數。故曰全經較庭椿之紛更割裂，差爲稍勝，故唐順之、姜寶皆深是之，然仍不出宋人錯簡之曲説，且改經文「安擾邦國」，爲「富邦國」，又以吴澄所補，惟「王建國」以下四十字，冠於冬官之首，則猶之乎竄亂古經矣。以其訓詁經義，尚條暢分明，有所闡發，故與王應電書皆節取，以備一家。朱彝尊《經義考》所載，與此本卷數相同，而注云内「源流敘論」一卷，「通論」一卷，今此本「通論」之外尚有「續論」，而「源流敘論」乃在卷首，不列十四卷之中，與彝尊所注不合，或彝尊未及細檢，亦如王應電書歟？

朱載堉

傳記

清・張廷玉等《明史》卷卷一一九《列傳七・諸王四》　世子載堉篤學有至性，痛父非罪見繫，築土室宫門外，席藁獨處者十九年。厚烷還邸，始入宫。萬曆十九年，厚烷薨。載堉曰：「鄭宗之序，盟津爲長。前王見濍，既錫謚復爵矣，爵宜歸盟津。」後累疏懇辭。禮臣言：「載堉雖深執讓節，然嗣鄭王已三世，無中更理，宜以載堉子翊錫嗣。」載堉執奏如初，乃以祐檡之孫載壐嗣，而令載堉及翊錫以世子、世孫禄終其身，子孫仍封東垣王。二十二年正月，載堉上疏，請宗室皆得儒服就試，毋論中外職，中式者視才品器使。詔允行。明年又上曆算歲差之法，及所著《樂律書》，考辨詳確，識者稱之。卒謚端清。崇禎中，載壐子翊鍾以罪賜死，國除。

清・阮元等《疇人傳》卷三一《朱載堉》　朱載堉，鄭恭王世子也。神宗「萬曆」十九年，恭王薨，載堉累疏懇讓王爵，乃令以世子、世孫禄終其身。南京右都御史武陟何瑭字粹夫，載堉舅氏也，明曉天文算術。載堉從之游，遂精其學。

二十三年進《聖壽萬年曆》《律曆融通》二書。疏略曰：「高皇帝革命時，元曆未久，氣朔未差，故不改作，但討論潤色而已。積年既久，氣朔漸差。《後漢志》言：『三百年斗曆改憲。』今以萬「曆」爲元，而九年辛巳歲適當『斗曆改憲』之期。又協『乾元用九』之義，曆元正在是矣。臣嘗取《大統》與《授時》二(術)「曆」較之，考古則氣差三日，推今則時差九刻。夫差雖九刻，處夜半之際，所差便隔一日。節氣差天一日，則置閏差一月。閏差一月，則時差一季。時差一季，則歲差一年。其失豈小小哉？蓋因《授時》減分太峻，失之先天；《大統》不減，失之後天。因和會兩家，(折)[酌]取中數，立爲新率，編撰成書。大旨出於許衡，而與衡(術)[曆]不同。黃(鍾)[鐘]乃律曆本原，而舊(術)[曆]罕言之，新法則以步律呂爻象爲首。堯時冬至日躔宿次，何承天推在須女十度左右，一行推在女、虛間，元人曆議亦云在女、虛之交。而《授時(術)[曆]》考之，乃在牛宿二度，《大統(術)[曆]》考之，乃在危宿一度，相差二十六度，皆不與《堯典》合。新法上考堯元年甲辰歲，夏至午中日在柳宿十二度左右，冬至午中日在女宿十度左右，心昴昏中，各去午正不逾半次，與承天、一行二家之説合。此皆與舊(術)[曆]不同之大者，其餘詳見《曆議》。望敕大臣名儒參訂採用。」

其《聖壽萬年曆》法：一曰步發斂。以嘉靖甲寅歲爲[曆]元，元紀四千五百六十，期實千四百六十一，律應[即氣應]五十五日六十刻八十九分。以曆元所距年積算爲汎距，來加往減元紀爲定距。期實乘之，四而一爲汎積。定距自相乘，七之八而一爲節氣。歲差用減汎積爲定積，以所求定積與次年定積相減，餘如十二而一爲律策，半之爲氣策。二曰步朔閏。朔弦望策與《授時》同，閏應十九日三十六刻十九分。三曰步日躔。日平行一度，躔周[即天周]三百六十五度二十五分。赤道歲差一分五十秒，黃道歲差一分三十八秒。盈縮初末限與《授時》同。周應二百三十八度二十一分三十九秒。以赤道歲差折半加躔周爲曆率，以曆率去積度，餘命起角初算外，得冬至加時赤道度分。四曰步晷漏。北極出地度分，冬、夏至中晷恆數，晝夜刻數以京師爲準，參以岳臺之數。五曰步月離。月平行、轉周、轉中與《授時》同，離周[即遲疾限]三百三十六限十六分六十秒，轉差一日九十七刻六十分，轉應七日五十刻三十四分。六曰步交道。正交、中交與《授時》同，距交十四度六十六分六十六刻，交周、交中、交差與《授時》同，交應二十日四十七刻三十四分。七曰步交食。日食交外限六度，定法六十一，交內限八度，定法八十一。月食限定法與《授時》同。八曰步五緯。合應：土星二百六十二日三千二十六分，木星三百一十日一千八百三十七分，火星三百四十三日五千一百七十六分，金星二百三日八千三百四十七分，水星九十一日七千六百二十八分。曆應：土星八千六百四日五千三百三十八分，木星四千一十八日六千七十三分，火星三百一十四日四十九分，金星六十日一千九百七十五分，水星二百五十三日七千四百九十七分。周率、度率及晨疾伏見並與《授時》同。

其《律曆融通・黃(鍾)[鐘]曆》法：以萬曆九年爲元，以曆元所距積年爲汎距，來加往減曆限三百爲定距，以曆數十二乘之爲積月，以積月乘曆率三十爲積日，以積月乘日餘六百九十九如千六百而一，併入積日爲歲汎積，以定距自相乘七之八而一，所得滿曆母百爲分。是名所求歲差，來減往加，汎積爲定積。餘與《萬年(術)[曆]》同。其諸應亦以《萬年(術)[曆]》之率推之。

其《曆議》歲餘篇言：《授時(術)[曆]》謂「上考往古，每百年於歲實加一分，下求將來，減亦如之。」竊以爲此言過矣。夫陰陽消長之理，以漸而積者也，未有不從秒起便至分者。《授時(術)[曆]》于百年之際，頓加一分，考古冬至，雖或偶中，揆之於理，實有未然。假如《春秋》隱公三年辛酉歲，下距至元辛巳二千年，以《授時》本法算之，於歲實當加二十分，得庚午日六刻，爲其年天正冬至。凡冬至距來年冬至，該三百六十五日四分日之一。今以《授時》之法，考其次年壬戌歲，下距至元辛巳千九百九十九年，當加十九分，得乙亥日五十刻四十四分，爲其年天正冬至。置乙亥日五十刻四十四分，減去庚午日六刻，加所去旬周三百六十，得三百六十五日四十四刻四十四分，則是三百六十五日九分日之四，非四分日之一也。法之謬莫甚於此。新法以其差率不均，稍訂正之。設若每年增損二秒，推而上之，則失昭公己丑。假如每年增損一秒至一秒半，則失僖公辛亥。酌取中數，每年增損一秒太，則僖公辛亥、昭公己丑皆得矣。若周天餘分，則不必增損。《授時(術)[曆]》有周天歲餘損益相補之法，今革去不用。

其日躔篇言：古(術)[曆]緒餘，見於經典，灼然可考，莫如日躔及中星焉。而推步家鮮有達者，益由不知夏時之與周正異也。大抵《夏(術)[曆]》紀中星，察發斂，皆以節氣爲主。《周(術)[曆]》則以中氣爲主。何承天更以正月甲子夜半合朔雨水爲上元，進乖夏朔，退非周正。故近代推《月令》《小正》者，皆不與古合。嘗以新法歲差，上考《堯典》中星，則所謂四仲月，蓋自節氣之始至于中氣之終，三十日之內中星耳。後世執著於二分二至中星，是亦誤矣。

其天周篇言：諸(術)[曆]天周餘分，古(術)[曆]爲三百六十五度二千五百分，《大衍(術)[曆]》爲二千五百六十五分，《紀元(術)[曆]》爲二千五百七十二分，《授時(術)[曆]》爲二千五百七十五分，皆以漸而增，豈天實有所增哉？特人爲附會之耳。新法削去後人所增之分，以復古(術)[曆]之舊，周天三百六十五度四分度之一，上考下推，無所增損。

其候極篇言：自漢至齊、梁，先儒談天者，皆謂紐星即不動處。惟祖暅之以儀測，知不動處猶去紐星一度有餘。自唐至宋，又測紐星不動處三度有餘。南宋在臨安測紐星去極約有四度半。《元志》但從三度之説。蓋紐星去極，尚未有定説也。唐開元間測浚儀岳臺，北極出地三十四度八分，《宋志》《元志》皆云三十五度，或云三十五度弱。大都北極出地四十度太强，太半少强弱，約略爲説。《唐志》云，北極去地大率三百五十餘里而差一度，蓋候極之法亦未有定也。今擬新法，宜于正方案上，周天度內，權以一度爲北極，自此度外右旋，數至六十七度四十一分爲夏至日躔所在，復數至百一十五度二十一分爲冬至日躔所在。[左]旋，數亦如之。距二處經中心交實界線，再中心共五處，各插一針，于二至日午中，向(東)[南]立案驗景，使三針景合而爲一。如不合，則揹起一頭，務使相合。然後懸繩界取中線，而又取方十字界之，横界上距極若干度，即極出地度及分也。

其晷景篇言：自漢太初至于劉宋元嘉，上下數百年間，冬至皆後天三日。何承天立表測景，始知其誤。《授時(術)[曆]》亦憑晷景爲本，而於《曆經》不載推(術)[律]步晷之術，是爲闕略。唐一行曰，日行有南北，晷漏有長短，二十四氣晷差徐疾不同者，句股使然也。今用北極出地度數，弧矢、句股二術以求之，庶盡其原，又隨地形高下，立差以盡其變，前此所未有也。

其漏刻篇言：日月帶食出入，五星晨昏伏見，悉因晷漏爲準。而晷漏則隨地勢，南北辰極高下爲異。元人都燕，其《授時(術)[曆]》七政出没之早晏，四時晝夜之永短，皆準大都晷漏算定。國初都金陵，故《大統(術)[曆]》改從南京晷漏，冬至、夏至相差三刻有奇。今推交食分秒、南北東西等差及五星伏見，皆因元人舊法，而獨改其漏刻，互相舛誤，是以不合也。故新法晷漏從元(術)[曆]所推。

其日食篇言：日道與月道相交處有二，若正會於交則食既，若但在交前後相近者，亦食而不既。天之交限，此大率也。又有人之交限，假令中國食既，戴日之下，所虧纔半，化外反觀，則交而不食。何則？日如大赤丸，月如小黑丸，共懸一索。日上而月下，即其下正望之，黑丸必掩赤丸，似食之既；及旁觀有遠近之差，則食數有多寡矣。春分已後，日行赤道北畔，交外偏多，交內偏少。秋分已後，日行赤道南畔，交外偏少，交內偏多。是故有南北差。冬至已後，日行黄道東畔，午前偏多，午後偏少。夏至已後，日行黄道西畔，午前偏少，午後偏多。是故有東西差。日中仰視則高，旦莫平視則低，是故有距午差。食於中前見早，食於中後見遲，是故有時差。凡此諸差，惟日食有之，月食則無也。故推交食，惟日最難。欲推九服之變，則各據其處晷景之短長，辰極之高下，增損其法而後準也。

《曆經》推定之數，徒以中國所見者言之耳。舊云，月行內道，在黄道之北，食多有驗；月行內道，在黄道之內，雖遇正交，無由掩映，食多不驗。又云，天之交限，雖係內道，若在人之交限之外，類同外道，日亦不食。此説似矣，而未盡也。假若夏至前後，日食於寅卯酉戌之間，人向東北、西北而觀之，則外道食分反多於內道矣。此前賢所未發，而舊(術)[曆]亦略不及此。欲創新法以補其所未備，揆之於理，似密于前，但未遇其期以親驗之耳。始發其端，後人或因此説而悟其理，亦易于修改也。日體大於月，月不能盡掩之，或遇食既，而日光四溢形如金環，故日無食十分之理。雖既，亦止九分有奇而已。《授時(術)[曆]》謂日食，陽[曆]限六度，定法六十，陰[曆]限八度，定法八十。各置限度，如其定法而一，皆得十分。今於其定法下各加一數，以除限度，則得九分八十餘秒，此其與舊異也。

其月食篇言：暗虚者，景也。景之蔽月，無早晚高卑之易，亦無四時九服之殊。譬如懸一黑丸于暗室中，其左燃一燭，其右懸一白丸，若燈光爲黑丸所蔽，則白丸不受其光矣。人在四旁視之，所見無不同也，故月食無時差之説。惟《紀元(術)[曆]》妄立時差，元儒爲其所惑，《授時(術)[曆]》月食求時差，誤矣。新法月食不用時差，直以定望加時，便爲食甚時刻。

其五緯篇言：古法惟知常數，未知有變數之加減。北齊張子信知五緯有盈縮之變，當加減常數，以求其逐日之躔。蓋五緯不由黄道，亦不由月所行道，而出入黄道內外，各自有其道。視日遠近爲遲疾，如里路之徑直斜曲。前世修曆多祇增損舊術，未曾實考天度。其法須測驗每夜昏曉夜半，月及五星所在度秒，置簿録之。滿五年，其間剔去雲陰及晝見日數外，可得三年實行，然後可以算術綴之。古之所謂綴術者，此也。

書上，禮部尚書范謙奏：「歲差之法，自虞喜以來，代有差法之議，竟無畫一之規。所以求之者，大約有三：考《月令》之中星，測二至之日景，驗交食之分秒。考以衡管，測以臬表，驗以漏刻，斯亦佹得之矣。(術)[曆]家以周天三百六十五度四分度之一，紀七政之行，又析度爲百分，分爲百秒，可謂密矣。然渾象之體，徑僅數尺，布周天度，每度不及指許，安所置分秒哉？至于臬圭之樹不過數尺，刻漏之籌不越數寸。以天之高且廣也，而以尺寸之物求之，欲其纖微不爽，不亦難乎？故方其差在分秒之間，無可驗者，至踰一度，乃可以管窺耳。此所以窮古今之智巧，不能盡其變與？即如世子言，以《大統》《授時》二(術)[曆]相較，考古則氣差三日，推今則時差九刻。夫時差九刻，在亥子之間則移一日，在晦朔之交則移一月，此可驗之於近也。設移而前，則生明在二日昏；設移而後，則生明在四日之夕矣。今似未至此也。其書應發欽天監參訂測驗，世子留心(術)[曆]學，博通今古，宜賜敕獎諭。」從之。由是《萬年(術)[曆]》遂不行。後載堉卒，謚端清。

清・王士俊《朱載堉傳》王士俊《[雍正]河南通志》卷五八　朱載堉，鄭藩恭王長子。恭王先世曰東垣王，與盟津王俱簡王庶子，嫡系絶，以次當屬盟津。先是，盟津以誣陷革爵，次及恭王。尋盟津王曾孫載璽已直盟津寃，詔旌其墓。恭王薨，載堉以世及之序讓載璽，疏凡七上，乃得報。載堉兒時，即悟先天學，稍長，無師授，輒能累黍定黃鐘，演爲《象法算經》，審律制器，音叶節和，妙有神解，晚節益務著書，比薨，謚端清世子，詔建讓國高風坊。所著有《天文樂律全書》《象學新説》《律吕正論》《嘉量算經》《韻學新説》《切韻指南》《先天圖正誤》等書行世。生時以秘篋貽子孫，云：俟有急難啓視。甲申闖寇遣僞制將軍劉方亮陷郡城，五世孫開篋視，有「借問將軍誰姓劉」之句，蓋前知云。

雜録

清・阮元等《疇人傳》卷三一《朱載堉》　論曰：歲實之有消長，創於楊德之，而郭若思因之。然加減之差，猶爲平率。載堉易爲相減相乘之術，令差積有倫，視楊、郭兩家尤爲詳密矣。《律(術)[曆]融通》以律吕爻象爲推步之本原，其説固出傅會，而(術)[曆]議諸篇援引贍博，持論明辨，於《授時》立法疎密之故，一一抉發無遺，方之趙緣督《革象新書》，實有過之無不及也。當事憚於改作，抑而不行，斯其積習固然，又何足深責耶。

著作部

嚴恭《通原筭法》二卷

著録

明・楊士奇《文淵閣書目》卷三　《通原筭法》一部一册。

清・黄虞稷《千頃堂書目》卷三　《通原筭法》二卷。

序跋

明・趙瑀《通原筭法序》佚名《諸家算法及序記》　天下之理一，散之則爲萬殊。有是理則有是數。數由理而出，故亦原於一，推之而後有十百千萬，以至於無窮者焉。上古結繩而治，何有於數？伏羲畫八卦，造書契，而數始形。至軒轅氏，九章之數出，而乘除加減之法於是乎備。後世又有所謂《張丘建》《夏侯陽》《緝古》《五曹》《五經》《周髀》《海島》《數術（繼）[記]遺》者，謂之九經，并《九章》爲十經，唐李淳風注釋而編輯之，以爲一家之書，以通天下之變，以傳後世而訓掌士。古人之於數，其用心精且博如此哉。姑蘇嚴君，名恭，幼讀之，以明其理，長試吏術，其緒餘乃及於數學，而益致其精。一日袖書一卷示予，名曰《通原筭法》，自言以兵亂失故傳，此特其默集者爾，欲鋟諸（椊）[梓]，以廣其術，屬予引其端。予惟周禮六藝之教，終之九數。人生八歲，入小學，則誦其文，比其長也，習其法，以濟諸用。故孔子爲委吏，曰會計當而已。無嚴君穎悟之資，何由一本萬殊之理，達之於通原之法？其視天下事物，若金穀之出納，田土之度量，户口之增減，大而山堆土積，小而毫分縷析，如庖丁解牛，迎節中窾，恢恢乎有餘刃，而無全牛矣。方今分教設科，一循古制，數之所係尤爲不輕，俾通原之法得行於時，豈曰小補之哉。洪武壬子迎夏日，朝列大夫潮州府趙瑀序。

解縉等輯《永樂大典・筭》

著録

《永樂大典・筭》目録

卷之一萬六千三百三十　筭　筭法一　目録　起源
卷之一萬六千三百三十一　筭　筭法二　乘法
卷之一萬六千三百三十二　筭　筭法三　因法
卷之一萬六千三百三十三　筭　筭法四　除法
卷之一萬六千三百三十四　筭　筭法五　歸法
卷之一萬六千三百三十五　筭　筭法六　加法　減法
卷之一萬六千三百三十六　筭　筭法七　九章總録
卷之一萬六千三百三十七　筭　筭法八　方田
卷之一萬六千三百三十八　筭　筭法九　方田
卷之一萬六千三百三十九　筭　筭法十　方田
卷之一萬六千三百四十　筭　筭法十一　粟米
卷之一六萬千三百四十一　筭　筭法十二　衰分
卷之一萬六千三百四十二　筭　筭法十三　衰分
卷之一萬六千三百四十三　筭　筭法十四　異乘同除
卷之一萬六千三百四十四　筭　筭法十五　少廣
卷之一萬六千三百四十五　筭　筭法十六　少廣
卷之一萬六千三百四十六　筭　筭法十七　少廣
卷之一萬六千三百四十七　筭　筭法十八　少廣
卷之一萬六千三百四十八　筭　筭法十九　商功
卷之一萬六千三百四十九　筭　筭法二十　商功
卷之一萬六千三百五十　筭　筭法二十一　委粟
卷之一萬六千三百五十一　筭　筭法二十二　均輸

卷之一萬六千三百五十二　筭　筭法二十三　均輸
卷之一萬六千三百五十三　筭　筭法二十四　均輸
卷之一萬六千三百五十四　筭　筭法二十五　盈不足
卷之一萬六千三百五十五　筭　筭法二十六　勾股
卷之一萬六千三百五十六　筭　筭法二十七　勾股
卷之一萬六千三百五十七　筭　筭法二十八　勾股
卷之一萬六千三百五十八　筭　筭法二十九　音義
卷之一萬六千三百五十九　筭　筭法三十　九章纂類
卷之一萬六千三百六十　筭　筭法三十一　端疋
卷之一萬六千三百六十一　筭　筭法三十二　斤稱
卷之一萬六千三百六十二　筭　筭法三十三　雜法
卷之一萬六千三百六十三　筭　筭法三十四　雜法
卷之一萬六千三百六十四　筭　筭法三十五　雜法　算　竿

劉仕隆《九章通明筭法》

著録

明·程大位《筭法統宗》卷一七《筭經源流》《九章通明筭法》，永樂二十二年臨江劉仕隆作，九章而無乘除等法，後作難題三十三款。

夏源澤《指明筭法》

著録

明·程大位《筭法統宗》卷一七《筭經源流》《指明筭法》，正統巳[己]未江寧夏源澤作，而九章不全。

明·高儒《百川書志》卷一一　《指明筭法》二卷。不知作者，二十四則。

吴敬《九章比類算法大全》十卷

著録

明·程大位《筭法統宗》卷一七《筭經源流》《九章比類筭法》，景泰庚午錢塘吴氏作，共八本。有乘除，分九章，每章後有難題。其書章類繁亂，差訛者亦多。

明·趙琦美《脈望館書目》《九章算法比類大全》，八本。

清·黄虞稷《千頃堂書目》卷三《九章詳注比類筭法》。

清·錢謙益《絳雲樓書目》卷二《九章算法比類大全》。

清·范邦甸《天一閣書目》卷三之一《子部》《算法大全》十卷。刊本，明吴敬編集。

清·錢曾《錢遵王述古堂藏書目録》卷三　吴信民《九章算法比類大全》十卷八本。

《九章詳註比類算法大全》目録

乘除開方起例計一百九十四問

九章名數	習筭之法	先賢格言
九九演數一	大數	小數
量度衡畝	因乘加法起例	歸除減法起例啓義
乘除字釋	相因乘	定位
因法八	乘法三	九歸歌法一
撞歸法一	歸除	定位
歸法八	歸除法三	加法四
定位	減法三	定位

商除法　求一乘法二　求一除法三
袖中錦定位訣數二　河圖書數　積數一
因法一　乘法一　歸法一
歸除法一　加法一　減法一
寫筭　因法一　乘法三
加法一　歸法一　歸除法二
減法一　乘除易會筭訣　乘法一
歸除法一　約分二　乘分四
除分四　開平方法一　代開平方一百面成數
開立方法一　代開立方一百面成数　田畝四
積步爲畝法　起畝見步法　端疋四
斤秤八十三　兩求斤法　斤秤兩銖等法
異乘同除三　就物抽分二　差分二
貴賤差分二　孕推男女一　占病法一
盤量倉窖八　堆垜四　修築六

方田卷第一 計二百一十四問

古問四十一問
直田二　里田二　圭田二　斜田二　箕田二　圓田三
畹田一　弧田二　環田二　約分三　合分二　課分五
平分二　乘分六　除分二

比類一百一十五問
直田十　方田三　里田一　勾股田三　梭田一
半梭田一　梯田四　半梯田一　二梯田一　圭田三
半圭田四　圓田四　環田三　二不等田一　四不等田一
八不等田一　箭筈田一　箭翎田一　丘田一　盆田一
覆月田一　錢田六　火塘田一　三廣田一　抹角田一
眉田一　牛角田一　船田一　三角田一　六角田一
八角田一　幞頭田一　磬田一　曲尺田一　鞋底田一
苽田一　簫田一　蛇田一　牆田一　鼓田一
杖鼓田五　錠田四　錠腰田六　欖核田五　碗田一
凹田一　勾月田一　車輞田一　約分三　合分六
課分四　平分三　乘分三　除分三

截田一十二問
圭田二　斜田二　圓田二　環田二　梯田二　直田二

詞詩四十六問
西江月十一　鳳棲梧二　雙搗練一　七言八句一
七言六句四　七言四句廿一　六言六句二　六言四句二
五言六句一　五言四句一

粟米卷第二 計二百一十二問

古問四十六問
粟求各米十九　各米求粟五　糲求各米二　糲飰求飧一
菽求熟菽一　菽求豉一　麥求小麯一　麥求大麯一
錢買布漆等物歸除法六　買絲失羽貴賤率九

比類一百三問
乘法八　除法二　歸除法十四　異乘同除十二
貴賤率九　就物抽分二　互換乘除十三　買物各停五
買物二色九　買物三色六　買物四色一　買物五色一
買物六色三　借寬還窄四　金銅鐵錫煉鎔四

詞詩六十三問
西江月十九　鳳棲梧三　折桂令二　寄生草一
南鄉子一　水仙子一　鷓鴣天五　玉樓春二
江兒水一　七言八句一　七言六句一　七言四句十九
六言八句一　六言四句三　五言八句一　五言四句一

衰分卷第三 計一百六十七問

古問二十問
五爵均鹿　五爵均粟　三畜均粟　女子善織
五人均廪　三人税錢　三鄉發徭　五爵出錢
三人分米　錢買絲　絲賣錢　縑賣錢
布賣錢　買素問疋　絲爲縑　絲問耗數
乾絲問生　問田收粟　保錢問日　貸錢問息

比類八十八問

合率差分卄四　各分差分十　折半差分二　互和減半三
四六差分三　三七差分二　二八差分一　多石六分一
多五差分一　多七五分一　分母子分八　貴賤差分一
異乘同除十二　因乘歸除五　物不知總八　借本還利五
詞詩五十九問
西江月十六　鳳棲梧三　寄生草一　折桂令一
玉樓春一　水仙子二　鷓鴣天五　七言八句二
七言六句三　七言四句十八　六言四句一　五言六句二
五言四句四
少廣卷第四計一百五問
古問二十四問
田廣問縱十一　開平方五　開平圓二　開立方四
開立圓一　開三乘方一
比類六十六問
直田十一　方田十一　梯田六　圭田七
圓田二　環田六　錢田三　斜田二
畹田一　弧田一　杖鼓田九　平圓問徑一
塔尖寶珠一　官兵築柵一　官兵問隊一　二不知數一
三不知數一　四不知數一
詞詩一十五問
西江月五　七言四句六　六言四句一　五言四句一
四言四句二
商功卷第五計一百三十五問
古問二十八問
穿地求積一　城垣堤溝塹渠方圓垛壔求積八　圓囤問周一
方圓亭臺方圓錐求積四　倉廣問高一　平地聚粟一
委菽府垣一　倚垣四角一　塹堵問積一　陽馬問積一
鼈臑求積一　芻童求積一　曲池盤池冥谷芻甍羨除求積五
穿地爲垣一
比類九十五問
築墻二　築方臺四　築圓臺五　築方錐二
築圓錐三　築城三　築臺四　築堤二
築堰二　開河一　開穿渠三　長倉四
方倉三　圓倉三　方窖四　圓窖四
平地尖堆四　倚壁尖堆三　倚壁外角三　倚壁內角三
長酒棧一　方酒棧一　方箭一　圓箭一
方垛一　果子垛二　三角垛一　酒瓶罈垛二
屋蓋垛一　平尖草垛一　瓦垛一　磚垛一
金銀銅鉛三　金方三　金圓二　金印厘一
銀方二　銀塔珠一　銀盒一　玉圓一
銅方一　銅塔珠一　鐵墩方一　鉛面闊一
石礫方一
詞詩一十二問
西江月五　七言四句五　六言四句二
均輸卷第六計一百一十六問
古問二十八問
五縣均賦一　四縣輸粟一　五縣均率一　二車載粟一
六縣均粟一　鳧鴈飛程一　造花素瓦一　造箭篳箬一
田三求米一　□□□一　□□□一　甲乙行程一
粟求各米一　五人均錢一　雇夫負鹽一　負籠重返一
青絲求絡一　各米求粟一　米菽準粟一　隱差行一
明差筆一　來去馬一　善拙行步一　疾步追遲一
犬追兎一　差稅金一　差稅米一　稅金貼錢一
比類四十一問
輸運粮米二　折納米麥三　徵納限期二　織造各物四
合稅物價三　顧舡載鹽二　顧車行道四　遲疾行程五
互換用工十　支給絹布二　官兵劄寨一　官兵築柵一
狐鳥頭尾一
詞詩五十問
西江月十　一剪梅一　折桂令一　玉樓春三

鷓鴣天二　七言八句六　七言四句廿六　六言四句一

盈不足卷第七計六十四問

古問二十問

買物盈不足三　重率買牛一　買金雙盈一　買羊兩不足一
不足適足一　買豕盈適足一　二馬行程一　蒲莞問長一
兩鼠穿垣一　瓜瓠蔓逢一　玉石分重一　醇行酒數一
善惡田一　金銀較重一　新故米一　錢問本利一
漆易油一　大小器容米一

比類一十五問

盈不足六　兩盈四　兩不足二　盈適足一
不足適足一　經營得利一

詞詩二十九問

西江月六　浪淘沙一　鷓鴣天一　七言八句二
六言八句一　五言八句二　七言四句十五　五言四句一

方程卷第八計四十三問

古問一十八問

三禾求實一　牛羊直金一　三禾借束一　雀燕較重一
三馬借力一　四禾借步一　令吏食雞一　四畜求價一
五穀求價一　牛馬損益一　甲乙持錢一　二禾損益一
三畜正負一　二禾添實一　三禾較重一　二禾損實二
借綆問井深一

比類一十六問

三帛問價一　三錦問價一　三客分絲一　三等輸米一
齋僧支襯一　絹布較價一　硃漆較價一　賣紗買段一
羊豕問價一　綾絹問價一　三色較價一　旗軍支米一
壯弱載米一　三則田絲二　四色問價一

詞詩九問

西江月三　鳳棲梧一　醉太平二　七言八句三

句股卷第九計一百一問

古問二十四問

勾股求弦一　葛纏木長一　弦勾求股一　圓材問闊一
股弦求勾一　池葭出水一　開門問廣一　立木垂索一
欹木求本一　圓材問徑一　竹高折梢一　勾股容圓一
戶求高廣一　望木邑方二　甲乙相會二　戶問高廣一
勾股容方一　立表望木一　邑方見木二　立木量井一
望木量山一

比類二十九問

田問勾股十一　問勾股弦五　臺問下方一　勾中容方一
勾股容圓一　餘勾望木一　日影量塔二　矩望深谷一
遙望波口一　登山望邑一　遙望海島一　隔水望竿二
立表望松一

詞詩四十八問

西江月十二　鳳棲梧一　叨叨令一　折桂令一
七言八句一　七言六句三　七言四句二十四　六言四句一
五言四句三

各色開方卷第十計九十四問

開三乘方一　開四乘方一　開五乘方一　帶從平方十四
帶減從開平方三　帶減積開平方二
帶從負隅減從開平方四　廉從減積除實開平方一
廉法從方減積開平方四　從方益隅添實開平方二
帶從減積開平方一　廉從乘減積開平方一
帶從減實開平方一　減從翻法開平方一
負隅減從翻法開平方一　帶從廉開平方一
益隅開平方一　帶從隅益積開平方一
帶從方廉開平方一　減積隅筭益從添實開平方一
帶從方廉開立方廿　帶益從方廉隅筭開立方一四
帶從廉開立方二　帶益從方廉開立方一
帶益從廉添積開三乘方一　方田三叚收米開鎖方一
金銀銅三色開鎖方一　常和三色酒共買鈔開鎖方一
方田圓田直田環田梯田共五事開鎖方一

方田三段直田二段圓田一段共六事開鎖方一
圓田直田各一段内有方直池開鎖方一
直田二段池古開鎖方一　大小立方三段開鎖方一
開方立方立圓開鎖方二　大小立方平方開鎖方一
方圓垜　立方大小平方立圓共六事開鎖方一
立方平方立圓陽馬鱉臑共十一事開鎖方一

序跋

明・聶大年《九章算法比類大全序》　《周禮・大司徒》以鄉三物教萬民，三曰六藝，而數居其一。蓋藝者，至理所寓，日用資焉。而數之爲藝，大而一十百千萬，小而釐毫絲忽杪，以至天之高也，星辰之遠也，滄海之深，城郭宫室之大也，舉不能逃置籌布算之中。雖然，其數易知，而微妙無窮，不有精於是法者注書以爲筌蹄，則初學之士將何由而得其藴奥哉。算學自大撓以来，古今凡六十六家，而十書今已無傳，惟《九章》之法僅存，而能通其説者亦尠矣。

錢唐吴君信民，精於算學者，病算法無成書，乃取《九章》十書與諸家之説，分類註釋，會粹成編，而名曰《大全》，既刻之，徵序其首簡。君之用心，可謂勤矣。顧余於算數未暇學，然方今聖人在上，治教休明，興學育材，以圖致治，必有任師道之重者，如宋之安定胡先生，以算數置齋教士，藝成而賔興其賢者、能者於朝，人才之盛，可以比隆唐虞三代，則吴氏之書大顯於時，其於治道豈曰小補云乎哉？景泰元年歲次庚午秋七月壬子，杭州府仁和縣儒學教諭臨川聶大年序。

明・吴敬《九章算法比類大全・序》　有理而後有象，有象而後有形。昔黄帝使隷首作算數，而其法遂傳於世。圖書出於河洛，大衍五十有五之數，聖人以之成變化而行鬼神；黄鐘之管九寸，空圍九分之數，以之制禮作樂，平度量，審權衡；周天三百六十五度四分度之一之數，以之測盈虚，候时令，苟知其故，則千歲之日至可坐而致也。然其學弘博，其理微妙，殆非學者斷敢輕議，故算數之家止称《九章算法》爲宗，世傳其書出於周公，然世既罕傳，亦無習而貫通者。予以草茅末學，留心算術蓋亦有年，歷訪《九章》全書，久未之見。一旦幸獲寫本，其目二百四十有六，内方田、粟米、衰分，不過乘除互换，人皆易晓，若少廣之截多益少、開平方圓，商功之脩築堆積，均输之遠近勞費，其法頗難，至於盈朒、方程、勾股，題問深隱，法理難明，古註混淆，布算簡畧，初學無所发明，由是通其術者鮮矣。輒不自揆，採辑舊聞，分章詳註，補其遺闕，芟其紕繆，粲然明白，如指諸掌。前增乘除開方起例之法，中添詳註比類歌詩之術，後續鎖積演段還源之方，增千二百題，通古舊題緫千四百餘問，數十萬言，釐爲十卷，題曰《九章算法比類大全》。積功十年，纔克脱槀，而年老目昏，乃請頖宫儁士何均自警書録成帙，自便檢閲。金壽王均士傑見而重之，恐久遂湮没，爰雲集好雅君子【原缺】等命工鋟梓，以廣其传。若夫聖人徑天緯地之算，則固非區區之所敢聞也。時景泰元年歲在庚午孟秋吉旦，錢唐吴敬信民識。

明・項麒《九章算法比類大全序》　天一地二，天三地四，天五地六，天七地八，天九地十，此天地生成萬類大数之元會也。爰從伏羲氏之王天下也，神會乎上下，神祇肇發其閟，而傳歷乎百千萬世，以至于无紀極而咸有頼焉，神聖之主開物成務之功大矣哉。孟軻氏曰，天之高也，星辰之遠也，苟求其故，則千歲之日至，可坐而致也。蓋天地之中，有理斯有像也，有像斯有數也，有數斯有據也，是以千歲之日至，固寥邈而難知也，聖賢儔侶丹衷澄朗，據其數而推致之，亦有可知之道焉。孟子之言豈欺我哉？

杭郡仁和之邑，有良士吴氏主一翁者，天資顥達，而博通乎算數。凡吾浙藩，田疇之饒衍，糧税之滋多，與夫户口之浩繁，載諸版籍之間者，皆於翁乎是資，則无遺而无爽焉。一時藩臬重臣，皆禮遇而信託之者，有由然矣。翁嘗編纂其《九章算法比類大全》通九卷，以刻於梓，以開導其後進之士，何其厚也。未幾，板毁于隣烶，而十存其六焉。翁之長嗣怡庵處士歎惜彌深，輒命其季子，名訥，字仲敏，而號循善者，重加編校而印行之，以上繼其父祖之素志，又何其厚也。然則披閲斯集，而攻乎算藝者，可不深念夫吴氏諸良，更涉三世，而其立心制行，一歸于忠厚，有如是焉，而必圖所以參究而融會之耶。若夫我聖儒堯夫邵先生默觀乎梧桐之樹，片葉初飄，而即知夫一歲豐歉之徵，賞玩乎牡丹之本，衆蕚方揚，而遽見夫諸賢用舍之兆，是又真悟其像外之玄機、環中之妙造矣。然究其所以爲妙造者，又豈出於天一地二以至於天九地十大数之元會也耶？余不佞，因是而鑒知我仲敏之子若孫誠能保愛斯集，而罔有間息焉，則斷斷然傳播於將来者，寧有已耶。於是乎序。弘治元年歲次戊申仲春丙子，奉議大夫脩正庶尹南京刑部郎中同邑項麒書。

劉洪《筭學通衍》

著録

明·程大位《筭法統宗》卷一七《筭經源流》《筭學通衍》，成化壬辰，京兆劉洪作。

許荣《九章詳註筭法》

著録

明·高儒《百川書志》卷一一《九章算法詳註》九卷，金陵許榮孟仁重編。

明·程大位《筭法統宗》卷一七《筭經源流》《九章詳註筭法》，成化戊戌，金陵許荣作，采取吴氏之法。

余進《九章詳通筭法》

著録

明·程大位《筭法統宗》卷一七《筭經源流》《九章詳通筭法》，成化癸卯，鄱陽余進作，采取《詳明》《通明》法。

馮好學《縱横指南筭法》

雜録

明·王文素《新集通證古今算學寶鑑》卷二九　嘗見寫本，名曰《縱横指南筭法》四帙。序云馮好學所著。

李濂《句股筭術圖解》

序跋

明·李濂《句股筭術圖解·序》李濂《嵩渚文集》卷五六　句股列九數之末，所以御高深廣遠之法也。或曰句股者，蓋《周髀》之遺術，筭學之極致，云在昔魏劉徽撰《海島筭術》，用句股之法，後周甄鸞、唐李淳風、宋楊輝輩，咸有註釋，顧詞義簡奧，未易通明。嘉靖癸未，余承乏晉臺，仕學之餘，頗究心于九數。竊念筭學極于句股，而句股達乎天運，固非方田、粟布諸顯著者可擬也。乃不揆膚陋，輒蒐輯古法，綴以一得，日久成帙，命之曰《句股筭術圖解》，旨趣分明，粲如指掌，則凡天之高、星辰之遠、清淵白石之深、名城巨宮之廣，皆可坐而致也。其爲用不既大乎。書成，藏之便笥，時自檢閱，乃知天地萬物之數，皆自然而然，忻然有會于吾心，信游藝之可樂云爾。若曰自附于胡安定、許文正，以筭數教士之義，則余豈敢哉。

王文素《算學寶鑑》四十二卷

著録

《算學寶鑑圖録》目録

河圖　洛書圖
六觚圖　方圓圖
度圖　量圖
衡圖　五辰圖
五音相生圖　律呂相生圖
洛書均數圖　花十六圖
求等圖　輻輳圖
方勝圖　王字圖
古珞錢圖　連環圖
瓔珞圖　三同六異圖

《新集通證古今算學寶》目録

子本

第一卷
九章名一訣　大數名二
小數名三　度名四
量名五　衡名六
田畝名七　九九合數八
乘法起例九　除法起例十
認乘除十三，一訣　乘除變數十四，一訣
六術十五，一訣　學算總要十六，一訣
釋字十七　啓義十八
先賢格言十九，一訣　盤中定數二十，四訣，七問

第二卷
掌中定位數二十一，四訣，十六問　懸空定位數二十二，五訣，十五問

第三卷
因法二十三，一訣，十問　乘法二十四，一訣，六問
加法二十五，一訣，十五問　歸法二十六，二訣，九問
歸除二十七，二訣，六問　商除二十八，一訣，一問
減法二十九，一訣　斤(拜)[秤]三十，三訣，十四問
端疋三十一，六問，一訣

丑本

第四卷
求一代乘三十二，一訣，二問　求一代除三十三，一訣，三問
身前加三十四，一訣，二問　身前乘三十五，一訣，三問
因代繁乘三十六，一訣，一問　損乘三十七，一訣，一問
連身加三十八，一訣，二問　重因重歸三十九，一訣，二問
重加重減四十，一訣，一問　相乘四十一，一訣，二問
寔位相同四十二，一訣，二問　截法乘四十三，一訣，一問
犯畝法四十四，一訣，四問　犯斤秤四十五，一訣，六問
犯合數四十六，一訣，四問　因總損零四十七，一訣，二問
歸總還零四十八，一訣，一問

第五卷
互乘活法四十九，一訣，十六問　单因代乘五十，一訣，十九問
商因代除五十一，一訣，二問　衆九相乘五十二，一訣，四問
衆九爲乘五十三，一訣，二問　衆九爲除五十四，一訣，二問
二位歸法五十五，七訣，二問

第六卷
乘法通變五十六，二十六問　除法通變五十七，二十問

寅本

第七卷
方田五十八　諸田求積五十九，十七訣，三十八問

第八卷
平圓求積六十,五問　弧田論積六十一,十五問
第九卷
里里相乘六十二,一訣,十問　積田求里六十三,二訣,十一問
諸田分子六十四,三訣,十一問　忘長失門六十五,一訣,四問
田求長活六十六,五訣,十問
第十卷
求田捷徑六十七,三訣,三十九問
卯本
第十一卷
粟米六十八,一訣,二十六問　雙頭六草六十九,一訣,六問
重據損七十,一訣,十一問
第十二卷
通分七十一,一訣,七問　同分七十二,一訣,五問
約分七十三,一訣,二問　合分七十四,一訣,四問
課分七十五,一訣,七問　平分七十六,一訣,四問
乘法分子七十七,二訣,六問　論除盡否七十八,二訣,六問
第十三卷
衰分七十九,二訣,十六問　多出差分八十,一訣,二問
合分入據換八十一,一訣,八問
第十四卷
貴賤分身八十二,六訣,七問　合和差分八十三,一訣,九問
異乘同除八十四,一訣,十七問　同乘異除八十五,一訣,四問
辰本
第十五卷
少廣八十六,一訣,三十一問
第十六卷
平方八十七,五訣,五問　平方分子八十八,一訣,二問
截長益廣八十九,一訣,二問　分停開方九十,一訣,二問
帶從平方九十一,二訣,二問　差步求和九十二,四訣,五問
和步求濶九十三,二訣,四問　衆和求長濶九十四,一訣,二問
第十七卷
圭田求長濶九十五,二訣,四問　梯田求長濶九十六,六訣,八問
環田求周徑九十七,一訣,四問　長濶求衆廣九十八,一訣,六問
井田求方九十九,五訣,五問　中角田求長濶一百,二訣,一問
弧田求矢一百一,一訣,二問　三角田求面一百二,一訣,一問,平方還源
六角[田]求面一百三,一訣,一問
第十八卷
梭田截積一百四,一訣,二問　圭田截積一百五,二訣,三問
勾股田截積百六,一訣,四問　梯田截積百七,三訣,四問
繁廣田截積百八,一訣,三問　方田截積百九,一訣,一問
六角田截積一百十,一訣,一問
巳本
第十九卷
商功一百一十一,二訣,十四問　方圓臺一百十二,一訣,八問
長亭臺百十三,一訣,九問　高廣不同堤百十四,二訣,五問
衆廣不同堤一百十五,二訣,七問
第二十卷
盤粮倉窖一百十六,一訣,十五問　盤草垜一百十七,一訣,三問
立圓求積一百十八,五訣,二問　金石評重一百十九,三訣,十七問
第二十一卷
堆垜一百二十,六訣,十一問　算箭一百二十一,三訣,十二問
分子求立積一百二十二,十二問
午本
第二十二卷
均輸一百二十三,一訣,四問　輪流均數一百二十四,一訣,三問
遲疾行程一百二十五,一訣,十七問　剪管一百二十六,三訣,十一問
第二十三卷
鼠尾差分一百二十七,六訣,二十三問　雙鼠尾差分一百二十八,二訣,四問
第二十四卷

就物抽分一百二十九，二十三問　悮和差分一百三十，一訣，六問
匿積分身一百三十一，一訣，十一問　攢納差分一百三十二，一訣，四問
收納課税一百三十三，一訣，七問　短長同會一百三十四，一訣，五問

未本

第二十五卷

盈不足一百三十五，二訣，九問　互換盈不足一百三十六，一訣，三問
盈朒求原一百三十七，一訣，二問　遞支盈不足一百三十八，二訣，八問
匿積盈不足一百三十九，一訣，六問　互益求原一百四十，一訣，五問
折絹求木一百四十一，一訣，四問

第二十六卷

方程一百四十二，一訣，五問　正負方程一百四十三，一訣，四問

第二十七卷

互借求原一百四十四，一訣，五問　金破求原三訣，五問附
衆率分身一百四十五，一訣，十問　犯同一訣，二問附

申本

第二十八卷

勾股一百四十六，一訣，八問　勾股較一百四十七，一訣，十四問
勾股和一百四十八，二訣，三問　勾股率一百四十九，二訣，十六問
方程入勾股一百五十，二訣，十問　方求斜一百五十一，一訣，三問

第二十九卷

勾股容方一百五十二，二訣，十三問　勾股容圓一百五十三，一訣，二問
圭田容圓一百五十四，一訣　梭田容圓一百五十五，一訣，二問
圓容方一百五十六，三問，一訣　圓套三圓一百五十七，一訣，三問
圓容三角一百五十八，一訣，四問　圓容直一百五十九，一訣，二問
徑弦求矢一百六十，三訣，四問　滚圓求周一百六十一，一訣，三問

第三十卷

勾股容直一百六十二，一訣，五問　度影量竿一訣，四問附
平地望竿一百六十三，一訣，三問　隔水望竿一百六十四，一訣，七問
隔河望水一百六十五，一訣，五問　登高望城一百六十六，一訣，一問

酉本

第三十一卷

平圓開積一百六十七，一訣，一問　環田求周徑一百六十八，三訣，三問
環田截積一百六十九，四訣，三問　錢田内方一百七十，一訣，五問
大塘田求内圓一百七十一，一訣，四問

第三十二卷

直内容圓一百七十二　積物求周徑一百七十三，四訣，八問
平方積物求周一百七十四，五訣，七問　三角積物求周一百七十五，四訣，八問
方圓箭求周一百七十六，一訣，四問

第三十三卷

共積開平方一百七十七，一訣，二十三問

第三十四卷

和乘長濶一百七十八，一訣，十一問　平積添和一百七十九，一訣，八問
課分子開平方一百八十，一訣，三問

戌本

第三十五卷

開立方積一百八十一，三訣，四問　開分子(粒)[立]方一百八十二，一訣，二問
立方帶從一百八十三，二訣，三問　開立圓積一百八十四，四訣，一問
方套方一百八十五，一訣，二問　圓套圓一百八十六，一訣，一問
方套圓一百八十七，一訣，一問　圓套方一百八十八，一訣，一問

第三十六卷

開修築積一百八十九，一訣，十五問　共積開立方一百九十，一訣，六問
田積乘長濶一百九十一，一訣，五問

第三十七卷

立方截積一百九十五，一訣，十七問　牙税求原一百九十六，一訣，九問

亥本

第三十八卷

三乘以上方一百九十七　三乘以上圓一百九十八，二問

第三十九卷

三乘以上帶從一百九十九，一訣　鎖積開立方二百，三訣，四問
圓田截弧矢二百一，一訣，三問

第四十卷

乘積開方二百二，一訣，十一問

第四十一卷

約面開方二百三，一訣，十二問

詩詞

上本

第一卷

清江引四問　水仙子四問　山破羊四問　沉醉東風四問

西江月四問　水仙子四問

第二卷

落梅風四問　水仙子四問　寄生草四問　西江月四問

水仙子四問　清江引八問

第三卷

水仙子四問　醉太平四問　沽美酒四問　西江月四問

水仙子四問　滿庭(房)[芳]四問　清江引四問

鴈兒落一問

第四卷

水仙子四問　西江月　紅繡鞋四問　平曲四問

朝天子四問

中本

第五卷

水仙子四問　西江月四問　平曲四　(膽)[蟾]宮曲四問

水仙子四問　西江月　鷓鴣天四問

第六卷

七言八句三問　五言八句一問　[西]江月四問　七言八句四問

傍粧臺四問

七言八句四問

第七卷

西江月四句　江兒水四問　七言四句四問　水仙子四問

西江月四問　七言四句四問　西江月四問　梧葉兒二問

沉醉東風二問　水仙子二問　普天樂一問　鴈兒落一問

滿庭芳一問　皂羅袍一問　鎖南枝一問　西江月二問

第八卷

七言四句

下本

第九卷

黃(鍾)[鐘]　醉花陰　喜迁鶯　水仙子二問

亂地風　四門子一問　古水仙子　水仙子

普天樂四問　出隊子四問　沽美酒

第十卷

鴈兒落　水仙子　清江引四

沉醉東風四　西江月　皂羅袍五

第十一卷

水仙子四　(水)[出]隊子四　水仙子二　寄生草二

西江月　鴈兒落一　朝天曲一　駐馬聽二

鎖南枝四　小(果)[梁]州脫布衫帶小梁二

第十二卷

西江月四　沉醉東風一　駐雲飛五　七言八句

清江引二　水仙子五

序跋

明·寶朝珍《算學寶鑑序》　自結繩之政遠，而後代之書契立，自書契立而後總之以數算，是數學爲用於世大矣。蓋肇自黄帝命隸首分爲《九章》始傳於世。上自天文，下及地理，中於人事，大而國家之興廢，小而人事之得失，於凡萬物之幽深玄遠，出入潛没，罔不有數存焉。但窮其本、測其原而知其要者，世之不多見也。饒川王君，諱文素字尚彬，其先山西汾州人。成化間，從父林商於真定之饒陽，遂定居焉。自幼穎悟，涉獵書史，諸子百家，無不知者。尤長於算法，留心通證，蓋有年矣。吾邑杜君諱瑾字良玉者，亦長於是。因公出會於清河旅邸之間，各伸所長，獨尚彬公超出人表。良玉喜曰：「誠吾輩之弗如也。所謂數算中之純粹而精者乎。」先生又出平日所改正數書十帙，分爲三十餘卷，名曰《通證古今算學寶鑑》。良玉檢之，深加賞歎，乃曰：「竊覩宋楊輝及我朝金陵杜文高、江寧夏源澤、金臺金来朋等諸公算法，固謂善矣。但藏頭露尾，露尾藏頭，俱以逢巧之法而算之，不通活變，以致後學之難悟。今公以通玄活變之術，斷成詩歌講義，誠可變而通之，使民宜之者乎。良玉願損資繡梓，以廣其傳。」謁余以序事。余謂世人之有寸長者，惟獨善而恐人知，既知而恐人得，若王公善用心而不吝其有，杜公善於知人而不没其善，二公長於數算而媲美者，鮮其人乎。余故不揣鄙陋，遂簡諸首，以紀歲月云爾。正德八年歲次癸酉仲春之吉，武邑庠生賓朝琢序。

明・王文素《算學寶鑑・序》 竊聞曩古，黄帝命隸首作算數，其目有九，曰：方田、粟米、衰分、少廣、商功、均輸、盈朒、方程、勾股。又立度、量、權、衡之名，九九乘除之法。是乃普天之下公私之間，不可一日而闕者也。故《内則》載之而訓穉，《周禮》用之而教民，宜矣。夫上古聖賢猶且重之，況今之常人豈可以爲六藝之末而忽之乎！愚是以留心算學，手不釋卷三十餘年，頗諳乘除之路。嘗取諸家筭書讀之，其間辭失旨者有之，問答不合者有之，歌訣包束不盡、定數不明，舍本逐末、棄源攻流、乘機就巧、法理不通，學者莫可適從，正猶迷人而指迷人也。又兼版簡模糊，謄書舛誤（呼），愚者不能分别，智者弗與辨理，理者不肯盡心，以致算學廢弛，所以世人罕得精通，良可歎也。我朝景泰間，金臺金来朋有志改正，緫論數題，即有二病，不足稱也。愚故不揣鄙陋，敢以醯雞井蛙之見，歷将諸籍所載題術逐一□深探遠，細論研推，其所當者（迷）〔述〕之，誤者改之，繁者删之，闕者補之，亂者理之，斷者續之。復增乘除圖草、定位式樣、開方演段，捷徑成術，編爲拙歌，註以俗觧，凡二百條，三百十七訣，千二百六十七問，分爲四十二卷，號《通證古今筭學寶鑑》。於嘉靖改元，訓蒙西城，暇中又韻詩詞三百餘問，分十二卷，以續於後。固得僭罪如丘山，庶補筭學（有）〔於〕毫末。既成，憾其聞見之不廣，採輯之不多，而又愧詞句之不工，音韻之不叶，淺見薄識，不無欠當。待明筭者改正，幸甚。欲刻於版，奈乏工貲，不獲遂願。倘有賢公仗義損財，刻木廣傳，而與尚筭君子共之，愚泯九泉之下，亦不忘也。不爾，徒爲腐塵而已矣。噫！嘉靖三年，歲次甲申秋八月癸巳朔，汾陽王文素述於鐃川西城之舘。

鄭高昇《啓蒙發明算法》

著録

明・程大位《算法統宗》卷一七《筭經源流》 《啓蒙發明算法》，嘉靖丙戌，福山鄭高昇作。

馬傑《馬傑改正算法》

著録

明・程大位《筭法統宗》卷一七《筭經源流》 《馬傑改正筭法》，河間吴橋人，嘉靖戊戌作，而無乘除，只改錢塘吴信民法，反正爲邪數欸。今予辨明，圖釋參校，免悮後學。

張爵《九章正明算法》

著録

明・程大位《算法統宗》卷一七《筭經源流》 《正明筭法》，嘉靖己亥，金臺張爵作。

《九章正明算法》卷四　計難題條目

竿上安箍　啞子買肉　老人問甲　鋪金問積　書生習記　大小均賠
行程減等　浮屠增級　八子分錦　九兒問甲　依等算鈔　竹筒容米　二果
問價　均舟載鹽　筆帽取齊　金問積　鼇山燈盞　以碗知僧　河上蕩杯
書生分卷　僧分饅頭　舡缸均載　金兩問方　系羊問索　粒米求程　排魚
求數　行程問日　推車問里　遲疾求平　雞兔同籠　頭背分形　系馬問繩
葛木問長

以上三十三條出劉氏《九章通明》內，其餘八十一條出吴氏《九章比類》等內。

序跋

明·張爵《九章正明算法》卷四　後識

夫難題先於永樂四年，臨江劉仁隆□□□法，訪入内閣，預修《大典》，□□□□，退公之暇，編成難題，附於《九章通明》之後，並錢塘吴氏《九章比類》內及諸家算法中，詩歌括口號，總集名曰難題。難者難也。然似難而實非難。惟其詞語巧揑，使其算者一時迷惑不能措手。殊不知難法皆不離於《九章》，非出《九章》之外。其難題惟在乎立法，立法既明則迎刃而破，又何難之有哉。今分列九章，立法明辯，附集於《正明》之後，以爲好事者共覽云。

陳必智《筭理明解》

著録

明·程大位《筭法統宗》卷一七《筭經源流》　《筭理明解》，嘉靖庚子，江西寧都陳必智作。

林高《訂正筭法》

著録

明·程大位《筭法統宗》卷一七《筭經源流》　《訂正筭法》，嘉靖庚子，浙東會稽林高作，詳解定位。

顧應祥《勾股筭術》一卷

著録

明·程大位《筭法統宗》卷一七《筭經源流》　《勾股筭術》，嘉靖癸巳，吴興尚書箬溪顧應祥公作，無乘除。

清·錢曾《錢遵王述古堂藏書目録》卷三　《勾股筭術》一卷一本。抄。

清·劉鐸《若水齋古今算學書録》　象數第三

《勾股算術》一卷。明顧應祥。

序跋

明·顧應祥《勾股筭術·序》　九數之中，惟勾股一法幽深玄遠，近世習筭之士得其肯綮者絶少。應祥自幼性好數學，然無師傳，每得諸家筭書，輒中夜思索，至於不寐，久之，若有神告之者，遂盡得其術。既而又得《周髀》及《四元玉鑑》諸書，於是所謂勾股弦和較黄中之説，開闔折變悉得，古人立法之旨，求之於心，無不脗合，蓋有不假於思索者。恐其久而忘也，政務之暇，手録其詳節，各爲問答一二章附之，名曰《勾股筭術》，俾後之學筭者，因此求之，庶有以得其要領云。旹嘉靖癸巳夏四月朔，吴興箬溪道人顧應祥書于滇南巡撫行臺。

顧應祥《測圓海鏡分類釋術》十卷

著録

明・祁承㸁《澹生堂藏書目》清宋氏漫堂鈔本　《測圓鏡海》十二册，元李冶撰，明顧祥釋。

清・黄虞稷《千頃堂書目》卷三　顧應祥釋《測圓海鏡》十卷。

清・錢謙益《絳雲樓書目》卷二　《測海圓鏡分類釋術》。

清・錢曾《錢遵王述古堂藏書目録》卷三　《測圓海鏡分類釋術》十卷二本。抄。

清・四庫舘臣《測圓海鏡分類釋術提要》　臣等謹案：《測圓海鏡分類釋術》十卷，明顧應祥撰。應祥有《人代紀要》，已著録，李冶《測圓海鏡》所設一百七十問中，皆有草有法，按：前數十題中甚易者，或無草，後皆有草。草用立天元一爲虚數合問數，推之法專用問數推之，皆歸於帶縱諸乘方而止。應祥得(治)[冶]書于唐順之，於立天元一語互相推求，不得其解，遂去其細草，專演算法，改爲是書。自謂便於下學。殊不知立天元一之妙，能使諸法不能求者可以得其法，若無其草即冶已有不能得其法者，而徒沾沾於加减開方之數，可謂循枝葉而失本。故唐順之與應祥書云：「此書形下之數太詳，而形上之義或畧，使觀之者尚不免其數可陳而義難知，有與人以鴛鴦枕而不度人以金鍼之疑。僕意欲明公於緊要處提掇一二作法源頭出來，使後世爲數學者識其大者得其義，識其小者得其數。則此書尤更覺精采耳。」其不足於應祥誠是。第作法源頭，即立天元一一語，應祥既去之，又將何以爲提掇乎？然九章之中，惟少廣諸乘方之數爲甚繁，故立方帶縱之法古已不見有和較者，冶所用有至三乘方四乘方及五乘方者，且兼加减諸乘方廉隅，不爲之詳其算式初學誠有難於取數者，冶雖專爲發明立天元一術，得應祥所演諸乘方之式，亦可爲求立天元一法者之一助云。乾隆四十六年十月恭校上。

清・陸心源《皕宋樓藏書志》卷四八《子部》　《測圓海鏡分釋術》十卷，明刊本，明顧應祥撰。自序嘉靖庚戌。

清・周中孚《鄭堂讀書記》卷四五《子部六之下》　《測圓海鏡分類釋術》十卷。舊寫本，明顧應祥撰。應祥字惟賢號箬溪，長興人。弘治乙丑進士，官至南京刑部尚書。《四庫全書》著録。箬溪以李氏書每條細草，雖經立天元一反復合之，而無下手之術，使後學之士茫然無門路之可入。因每章去其細草，立一算術，又以其所立通句邊股之屬，各以類分之，語義稍繁者，略加芟損，輯成是編，以便下學。既而自以爲未當於心，於是别出己見，復爲編次，其難曉者附以布算之法，作《測圓算術》四卷，名雖仍舊，詞益務簡，學者要更無從得其要領矣。是以阮雲台師《疇人傳》論曰：略涉九九者，遇三乘方便望洋驚歎，應祥於廉隅加减之故，反復推之，而無不合，其用功亦勤矣。然不解立天元術，故於正負開方論説，都不明曉。明代算學陵替，習之者鮮，雖好學深思如應祥，其所造終未能深入奧室，删去《海鏡》細草一節，遂貽千古不知而作之譏。惜哉！按：箬溪著書最勤，又有《句股算術》《弧矢算術》《授時曆法撮要》三書，而終不解立天元一法。此吾師所以深惜之也。是書前有嘉靖庚戌自序，古濠沐朝弼見而愛之，刻之雲南，更爲之序。

清・嵇璜《續通志》卷一六一《藝文略》　《測圓海鏡分類釋術》十卷，明顧應祥撰。

清・劉鐸《若水齋古今算學書録》　象數第三　《測圓海鏡分類釋術》十卷，元李冶，明顧應祥釋。明刊本、文瀾閣傳鈔本。

清・丁仁《八千卷樓書目》卷一一《子部・天文算法類》　算書之屬　《測圓海鏡分類釋術》十卷，明顧應祥撰。抄本。

序跋

明・沐朝弼《測圓海鏡分類釋術序》　《測圓海鏡》一書，乃元學士欒城李冶所著也，專以明筭學勾股之法，最爲深密，世既失其傳，而亦罕見其書。茲大司馬箬溪顧公取而類分之，且爲之釋其詳，名曰《測圓海鏡分類釋術》。愚承嗣滇鎮，得從公後日炙，公之教爲多。一日，出此書以示，且曰：古者教小學之士，首以六藝，其九數者六藝之一也。九数起於方田，而終於勾股，盖極其奧且難矣。孟子曰：天之高也，星辰之遠也，苟求其故，千歲之日至，可坐而致也。跡其所以求天與星辰之高遠，非勾股何以御之。而周官土圭測景之術，所以窮地之块圠無垠，若指諸掌，亦此術也。豈得以爲古奥而棄之不講乎？此公語愚分釋此書之盛心也。因請於公，録一帙而刻之梓，播之四方，傳之後世，以見公之經濟，不獨惠我滇雲，而推明朕兆，根極領要，以繼絶學，俟後賢者尚有考於斯焉。嘉靖庚戌夏五月朔日，鎮守雲南總兵官征南将軍右軍都督府都督僉事古濠沭朝弼謹序。

顧應祥《弧矢筭術》一卷

著録

明・程大位《筭法統宗》卷一七《筭經源流》　《弧矢弦術》，嘉靖壬子，顧箬溪作，無乘除。

清・黄虞稷《千頃堂書目》卷三　又《弧矢筭術》一卷。

清・錢謙益《絳雲樓書目》卷二　《弧矢算術》。

清・錢曾《錢遵王述古堂藏書目録》卷三　《弧矢算術》一卷一本。抄。

清・永瑢《四庫全書總目》卷一〇七《子部一七》　《弧矢算術》一卷，浙江范懋柱家天一閣藏本。明顧應祥撰。弧矢之法，始於元郭守敬《授時曆草》，其有弧背求矢草，「立天元一爲矢」云云，反覆求之，至得三乘方積數及廉隅縱數而止，不載開方算式，大抵開諸乘方法尚爲當時疇人所習，故不贅言。抑或别有專書，故不復演歟？其弧矢相求及弧容直闊諸法，皆以句股法御之，明唐順之謂爲步日躔月離源頭，作《弧矢論》以示顧應祥。應祥遂演爲是書，名其編曰《弧矢算術》。應祥未明立天元一法，故置之不論，惟補其開帶縱三乘方之式，竝詳各弧矢相求之法，與《測圓海鏡分類釋術》之作略同，其可資初學之講肄者，畧相等也。

清・阮元《文選樓藏書記》卷四　《弧矢籌術》一册，明顧應祥著。吴興人。刊本。是書因弧矢一法失其真傳，取諸家算書，泰坿己意，補輯成編。

清・陸心源《皕宋樓藏書志》卷四八《子部》　《弧矢算術》一卷。明刊本。明顧應祥撰。自序。

清・嵇璜《續通志》卷一六一《藝文略》　《弧矢算術》一卷，明顧應祥撰。

清・劉鐸《若水齋古今算學書録》　象數第三　《弧矢算術》一卷，明顧應祥。明嘉靖刊本、南學藏文瀾閣傳鈔本，陸心源據明本校。

清・丁仁《八千卷樓書目》卷一一《子部・天文算法類》　算書之屬　《弧矢算術》一卷，明顧應祥撰。抄本。

序跋

明・顧應祥《弧矢筭術・序》　弧矢一術，古今筭法所載者絶少。錢唐吴信民《九章筭法》止載一條。《四元玉鑑》所載數條，皆不言其所以然之故。沈存中《夢溪筆談》有割圓之法，雖自謂造微，然止於徑矢求弦，而於弧背求矢、截積求矢諸法，俱未備。予每病之。南曹訟牒頗暇，乃取諸家筭書，間附己意，各立一法，名曰《弧矢筭術》，藏諸篋笥，俟高明之士取正焉，未敢謂盡得其閫奥也。嘉靖壬子春三月吉，吴興顧應祥識。

顧應祥《測圓筭術》二卷

著録

清・黄虞稷《千頃堂書目》卷三　顧應祥《測圓筭術》四卷。

清・錢謙益《絳雲樓書目》卷二　《測圓算術》。

清・錢曾《錢遵王述古堂藏書目録》卷三　《測圓筭術》四卷一本。抄。

清・劉鐸《若水齋古今算學書録》 象數第三

《測圓算術》四卷，明顧應祥。

清・丁仁《八千卷樓書目》卷一一《子部・天文算法類》 算書之屬

《測圓算術》二卷，明顧應祥撰。明刊本。

清・丁丙《善本書室藏書志》卷一七《天文算法類》 算書之屬

《測圓算術》四卷。明刊本。吴興顧應祥著。

嘉靖癸丑自序云：「元翰林學士欒城李先生所著《測圓海鏡》，極爲明備，已爲釋，既思猶有未當於心者，蓋圓之内外，其横者爲句，縱者爲股，一横一縱，或兩横兩縱相夾，或一横一斜，一縱一斜，自有天然對待之妙，比而合之，皆可類推而知，於是别出己見，復爲編次，名號雖因其舊，詞則務簡而明。」後有癸丑龐嵩序云：箬溪顧翁出《句股算術》《測圓海鏡類釋》二書示，嵩性質庸昧，多所未了，又越日，翁復示《測圓算術》一編，益躍然如蔀之有牖，瞽之有相，將取照而適途也不難矣。按《讀書敏求記》《皕宋樓藏書目》所載《測圓海鏡分釋術》十卷，其自序年月爲嘉靖庚戌，與此相距蓋四年也。

序跋

明・顧應祥《測圓算術・敘》 句股求容圓之徑，古有其法，未有若元翰林學士欒城李先生之精且密者也。其所著《測圓海鏡》，設爲天、地、日、月、山、川、東、西、南、北、乾、坤、艮、巽名號，而以通句股、邊句股、底句股等錯綜而求之，極爲明備。但每條細草，止以天元一互筭，而漫無下手之處。應祥已爲之類釋，既而思之，猶有未當於心者。蓋圓之内外，其横者爲句，其直者爲股，一横一直，或兩横兩直相夾，或一横一斜，一直一斜，自有天然對待之妙。比而合之，皆可推類而知者。於是别出己見，復爲編次，其難曉者附以布筭之法，名號雖因其舊，而詞則務簡而明，庶使學者一覽而可得其要領焉耳。若諸和諸較雜揉之分，似涉繁冗，故俱不録，非略之也，測圓之法止於是足矣。或曰，知者無不知也，當務之爲急。數，一藝耳，無乃非所當務者乎？曰：非也。人有是心，未嘗無思，今夫世之人，日夕皇皇以經營於念慮之間者，果皆當務者乎？是未可知也。《傳》曰：安而後能慮。孫思邈曰：膽欲大而心欲小。學而至於心細，則何事不可爲者？數雖末藝，然非粗心浮氣者所能入，況亦假此以適吾之適，亦何傷哉？嘉靖癸丑夏四月望，吴興顧應祥志。

明・龐嵩《測圓算術後序》 天地者，數之原也。奇偶列而數彰矣，參兩倚而數行矣，方圓斜正縱横交錯而數之變不可勝窮矣。故大用之則大，小用之則小，粗用之則粗，精用之則精，其術不可不講也。嵩始髫年，先大夫命受筭學，然僅得其歸因乘除加減之槩，既仕應天，董會計，履税畝，執盤窖之役，出其舊粕，較銖兩，程分勺，輒沾沾爾喜，謂胥史不敢欺。比晉秋曹，得事大司寇箬溪顧翁，間出《句股筭術》《測圓海鏡類釋》二書示嵩，敬奉而卒業焉，則泚然背汗，覺前日之學，眞未探萬分之一也。俛焉循習，若有端緒，然性質庸昧，多所未了。又越月，翁復示《測圓筭術》一編，詳説反約，洞發肯綮，即近可以知遠，觀要可以盡博，天地之高深，日月星辰之躔度，元會歲曆之終始，莫之能違也。嵩益躍然，如蔀之有牖，瞽之有相，將取照而適途也，不難矣。竊謂：古之聖人，竭耳目心思之力，繼之法政，至今賴之，翁以夙睿覃思數十餘年，至是編愈精愈約，公之天下不其可耶？乃請於翁，壽諸梓，與來學永永共焉。雖然，能與人規矩，不能與之巧，則得心應手之妙，存乎其人爾。旹嘉靖癸丑夏六月望前二日，屬下郎中龐嵩頓首謹□。

李鴻《勾股書》十二卷

序跋

明・唐時升《勾股書序》唐時升《三易集》卷九序 今世猶知九數之法者，其書曰《測圓海鏡》，而學士大夫莫置意焉。吴興顧司寇應祥獨好其術，精思既久，若神告之，而其所述以勾股名者，蓋於九(童)[章]中最爲玄要也。毘陵唐太史順之論勾股測望、容方圓及弧矢分法，則數之錯綜變化盡出，而復自笑，以爲屠龍之技，無所用之。夫五禮六樂，六書九數，古之人莫不童習焉。聖人豈以無用者令人虚引日月哉？吴郡李漸卿通敏明悟殊絶於人，而好深沉之思，因讀毘陵諸論，必欲窮究其義。乃購顧氏之書，與善爲筭者講求之，則勾股之法於是明備。又合九章之法，及前賢之通數學者所著述，凡爲書十二卷，曰《勾股書》。新城王君見而欲傳之人間。自言往歲嘗奉命覈沔上之田實，以勾股從事，故法簡而不繁，吏逸而不勞，姦人無所置手，乃知藝之可以從政也。兹者，榷税滸墅，遂以漸卿之書付之梓人，而屬余敘之。夫天地之間，所以成變化而行鬼神者，莫非數也，而人事由焉，蓋自一至十者河洩之，自一至九者洛洩之，聖人因以作經。豈惟聖人哉，伶倫造律吕，隸首造筭數，皆所以裁成天地之道，輔相天地之宜者也。是故樂之亾久矣，而時有妙達音律者，如萬寶常、裴知古、曹紹夔之倫，皆神會寘合，獨契作者之意。何者？天地自然之聲，不可終泯没，故託之斯人，以復見於世也。今夫横而爲勾，縱而爲股，斜而爲弦，皆出於自然也，相併而爲和，相減而爲較，人力所不及而爲之表以測之，一表所不及而爲之重表以引而伸之，皆出於不得不然也。天地自然之數終不可泯没，則此書之成，實有相之者矣。且漸卿以名進士出宰大邑，治行爲天下最，旦暮且入朝班，乃以摧抑中人爲萬民請命，遂蒙嚴譴以歸，世方爲漸卿不平，而不知造物者固假之數年之便，以成經世之大業，可以考之前王，俟之後聖也。漢之蘇況、蔡邕、張衡，皆以儒宗参互天文，共定曆元，而勝國時郭守敬於曆象最精，以爲曆家知曆法而不知曆理，請以大儒許衡總之。今之曆，歲差既久，即驗之日月之食，漸不相協，論者謂宜加比覈，異日者以漸卿之材之望，而通曠世之術，居清華之班，兼領太史事，以定一代之曆，而垂之無窮，則勾股之書於是顯矣。

周述學《神道大編曆宗算會》十五卷

著録

清・丁仁《八千卷樓書目》卷一一《子部・天文算法類》　算書之屬

《神道大編曆宗算會》十五卷，明周述學撰。明抄本。

《神道大編曆宗算會》目録

卷一　入筭

名數　釋義　總法　因法

乘法　歸法　歸除法　撞歸法

商除法　異乘同除法　加法　減法

求一乘法　求一除法　度法　量法

權法　定位法　圖書筭法　寫筭法

連環筭法

卷二　子母分法

命分

差分命餘　開平方命餘　開立方命餘

益分

開平方益分　開立方益分

約分

子母數偶可半者　子母數奇不可半者　約等數繁用歸除者

合分

子分二等求合　子分三等求合　子分四等求合

有母子分三等求合

課分

無母子分相較　有母子分相較　母子分三等相較

母子分三等加減相較

平分

子分三等求平　子分四等求平

乘分

相乘俱子分　母帶子分乘子分　母帶子分乘母分

相乘俱母帶子分　母子分乘母帶重分　相乘俱母帶重分

連乘俱母帶子分

除分

相除俱子分　全母除母帶子分　母子分除全母

相除同母俱帶子分　相除異母俱帶子分　母子分除母帶重分

相除俱母帶重分　母帶各等子分除母　連除俱母帶子分

母除以最下分母求合分法

卷三　勾股

勾股求弦　勾弦求股
股弦求勾　勾與股弦和求股弦
股與勾弦和求勾弦　弦與勾股和求勾股
勾與弦和求股弦　股與弦和求勾弦
勾與弦較和求股弦　股與弦較和求勾弦
勾與股弦較求股弦　股與股弦較求股弦
股與勾弦較求勾弦　弦與勾股較求勾股
勾與弦和較求股弦　股與弦和較求勾弦
勾與弦較較求股弦　股與弦較較求勾弦
股弦和與勾弦和求弦和和得勾股弦
勾弦較與股弦較求弦和較得勾股弦　勾股直積與勾股和求勾
勾弦直積與勾弦和求勾　股弦直積與股弦和求股
勾股直積與勾股較求勾　勾弦直積與勾弦較求勾
股弦直積與股弦較求股　勾股積與弦求勾股
勾股積與勾股較求勾
勾股直積與勾股和求勾股較得勾股弦
勾股直積與勾股較求勾股和得勾股弦　勾股求容圓
勾股求容方　容方與餘勾求餘股
勾弦求股帶平方　股弦求勾帶立方
勾股求弦帶平圓　圓內容圓勾股求容圓徑
六觚內勾股求容圓徑　大小圓徑與股求餘股
单表小勾股求大股　单表小勾股求大勾股
重表小勾股求大股大勾　兩表橫矩小勾股求廣
重矩小勾股求深　累矩立勾股與橫勾求廣縱
勾與股差法求股　股與勾差法求勾
勾弦和率股率與勾求勾股弦　勾弦和率股與容方求勾股弦
勾弦和與股弦和取分數共積求勾股弦

卷四　開方

平方

開平方法　帶從開平方
帶減積開平方　帶減從開平方
帶從負隅益隅開平方　帶從負隅減從開平方
帶從負隅減從翻法開平方　帶從減積開平方
減積帶從負隅併從開平方　隅筭開平方
帶從隅益積開平方　帶從負隅減從開平方
減積帶從隅益積開平方　帶從負隅減從益實開平方
帶從廉開平方　帶從廉負隅開平方
帶從方廉開平方　帶從廉負隅乘從減實開平方

卷五

立方

開立方法　帶從廉開立方
帶從方廉開立方　帶從方廉隅筭開立方
帶益從方從廉開立方　開三乘方法
帶益從廉添積開三乘方　帶從廉減積開三乘方
帶從廉益隅開三乘方　帶從減廉開三乘方
開四乘方法　開五乘方法

卷六

平圓

圓求容方　圓周求徑　圓徑求周　圓徑求積　圓積求徑
圓周求積　圓積求周

立圓

圓積求徑　圓徑求積　圓徑求周　圓周求徑　圓積求周
圓周求積

截方

直積截縱　直積截濶　圭截上尖　梯截上廣　圭截下濶
梯截下廣　梯截左畔　箭筈截左畔　直截內直　方臺截高
長臺截高　立方截周

卷七　弧矢經補上

徑矢求弦　積矢求弦　徑積求弦

六觚平垛　四方平垛　三角平垛　三角立尖垛
上尖方垛　上平方垛　上尖長垛　上平長垛
屋蓋長垛
鎔積
鎔方求重　鎔方上下方與高求重
鎔長上下長濶與厚求重　各物方等和方求各重
各物方等和重求各方　各物方不等和方求各重
鎔方高廣縱帶分求重　各物和方和重以約分求各重
鎔方匾厚求重　鎔圓立徑求重
立方中空外方與厚求重　立圓中空外周與厚求重
立圓中空外周與厚積重求徑　平頂立圓中空外周與厚求重
煉積求圓重　五金各色和重求和色
卷十五　歌訣

藝文

明・周述學《筭會聖賢姓氏》周述學《神道大編曆宗算會》卷一四

筭會聖賢姓氏

伏羲　黃帝《九章》　隸首作算數
商・商高《周髀》　周・周公著《九章》　戰國魏・劉徽撰《海島經》及圓幕之法
漢・張倉刪補定《章程》　唐都　洛下閎
周・甄鸞註《周髀》《五經》　趙爽註《勾股》　宋・祖冲之
賈憲《九章》　唐・李淳風重註《周髀》，校正諸家算法
邊岡　張丘建作《五曹筭法》
劉恭造通圓　宋・楊輝詳觧重編海島小圖，作《通變》《摘奇》
李冶《測圓海鏡》　松庭《四元玉鑑》
元・郭守敬通弧矢　何子平编《詳明筭法》
明・吴敬詳註《九章》　顧箬溪《九章》《海鏡分類釋術》《弧矢》
唐荆川《弧矢論》

楊溥《筭林拔萃》

著録

明・程大位《筭法統宗》卷一七《筭經源流》　《筭林拔萃》，隆慶壬申，宛陵太邑楊溥作。

柯尚遷《數學通軌》

著録

《曲禮外集補學禮六藝附録數學通軌》目録

第一學算須知
數原　初定算盤圖式　九九上進下退瀍語圖式　九因九歸總歌重演瀍語圖式
第二歸除詮要
因乘歸除義　加瀍減瀍金蟬瀍義　九歸分數　九因瀍總數　定身除瀍　加瀍　歸除瀍分數　乘瀍
第三九章釋例
一曰方田註釋　丈量田畝瀍例
二曰粟米古今註釋　異乘同除粟米瀍例
三曰差分古今註釋　二等貴賤差分　三等四等差分瀍例
四曰少廣古今註釋　方圓倚壁求積瀍　斛瀍　量船裝載多少瀍
五曰商功古今註釋　量土方數瀍　工人脚價瀍　諸葛賞軍瀍
六曰均輸古註釋　異乘同除瀍法例六條

七曰盈朒古今註唐氏釋　異乘同除　同乘同除灋例

八曰方程古註法唐氏釋　除灋例　乘灋例　物求銀灋

九曰勾股古今註釋唐氏勾股測望論　度影量高灋　量門容圓徑三條　勾股容方圓圖并説

第四九章總義

箬溪顧尚書《測圓海鏡序論》　荆川唐太史六分論　荆川唐太史答顧尚書書

序跋

明・柯尚遷《數學通軌・敘》　《數學通軌敘》，後學長樂柯尚遷喬可譔。

天地之始，一氣而已。氣之運動而自然者爲理，有氣而後有象，有象而後有數，故數亦理之形見者。數以齊乎氣，不外乎陰陽一闔一闢之變而已。闔則爲聚，闢則爲散，數之用聚散分合而已。分則爲除，散則爲乘，一乘一除，數之所以妙乎造化也。九爲數之歸，八爲數之象，聖人以九九之灋而立數之原，以八八之灋而立卦之象，故易以道陰陽，故一而二之，二而四之，四而八[之]，重八而六十四，易道立矣。數以理三才，故一而三之，三而九之，重九而八十一，運於歸除，則天之高，星辰之遠，地之大、高、深、廣、狹，皆不能逃乎數矣，亦與易道相須不離者也，豈易言哉。

然數之妙用，雖可以窮天地，悉萬物，其要務則切於人生日用，而不可須臾舍也。《曲禮・内則》之教小兒，八歲即教之數與方名，十年出就外傅，學書計。計者，數也。故《曲禮》必補學禮六藝又補書數二藝於末。蓋庠序之中，豈惟作成人才之始，凡人生世，不論貴賤，皆須二藝之要以立身也。

九數之名，出於周禮，三代相傳，始於方田，終於勾股。顧氏謂方田以下以形求積，即形而計以數，人皆可學。惟勾股以積求形，必先得其積，而後求其長短廣狹斜正之形，非達神明之奥者，莫能及也。況九九之數，自始學至終身不能離乎。惟因乘歸除之灋，所以計天下大小不齊之事者，能精之，始可爲一能之士，或托其藝以終身也。九數之目，古灋必詳，至漢張蒼始補算經，唐李淳風、宋楊輝註，然皆不真。若少廣之截縱步以益廣，大違本旨，商功、均輸、盈朒、方程，

題問深隱，灋理難明。而勾股一灋，深微莫究。通九章者鮮矣。

我明顧箬溪尚書有《勾股筭術》《測圓海鏡》之釋，而荆川唐太史有《分灋論》《六分論》，則粟米、差分、方程、盈朒之釋頗詳，而少廣、均輸、商功未及論著。至於勾股，則步日躔源頭在截矢求弦一灋，有弧矢論。其步月離源頭則在容弦直潤一灋，有勾股容方圓論。自謂三百年絶學洞然羽白，則勾股深妙，何以逃於二先生哉？近有青陽盧氏《算灋解》，發明諸灋，近而易知，愚以數原、九九歸除灋語(圓)[圖]式，著之於前，名曰《學算須知》，爲教數首務。乃以歸除乘因分合灋，例舉其要，略令習者易知，名曰《歸除詮要》。然後分九章之目，列古今註釋，略表法例數條，以及九章總義。至於顧、唐二先生之勾股全書，不列於此，學者攷焉。總名《數學通軌》，與《書學通軌》共成二集，附《曲禮》之後。思愚迷於二藝實未能通，朱子欲補而未及，然於教灋世用至切，不可一日闕，故補其畧，以引其端，俟賢哲再著而成之耳。旹萬曆六年夏五端陽日書。

余楷《新刻一鴻簡捷便覽算法》四卷

著録

明・程大位《算法統宗》卷一七《筭經源流》　《一鴻筭法》，萬曆甲申，銀邑余楷作。

《一鴻算法》目录

卷一

上法初學用【闕字】　加法　除法

九九合數乘除加減皆用　九歸歌　定位歌

分法實歌　認物位歌　因法歌　乘法歌

隔位乘法　歸法歌　隔位減法　隔位歸除

商除歌　通分歌　衰分歌　總論歌

卷二　度之章度者丈尺名也

丈量田地歌　制繩　制車　丈田總歌
方類歌訣　異形同法　方類雜法　圓田類訣
員類彎歌　錠減員空　開平方認商歌
量分釐基用法次序歌　抽路分基歌　抽曲折路法
對換基法歌　圭田截積歌　環田截積歌
卷三
開平圓方歌　立方認商歌　求測高深即勾股法
求測高遠歌　盈不足　方程　垛積
獅子滾球法　還原　金蟬脱殻　斷人生死歌
算孕婦生男女法
卷四
斤兩數以銀一錢爲則計每斤得銀若干　以銀一兩爲則計每斤得銀若干　升斗數以銀三錢得物若干　亦升斗數以物一石該銀若干

藝文

明・余楷《新刻一鴻簡捷便覽算法》卷二　是時，有司命楷以簡易算法教衆。予觀田中之十字，編圖訣粘同縣示云：仰通縣農佃，即將所種田地，每坵以繩比埢，盡兩頭折半處，各釘牌樁一，寫土名四至。先將業主、佃名，餘樁候寫正丈畝數及復丈並官復，三年不拔。遲違者拘究。各役臨田，十目所視，偏誤者更正。以車、繩對樁牽量，填入樁册。

佚名《新鐫九龍易訣算法》

序跋

明・佚名《新鐫九龍易訣算法・序》　夫算法者，伏羲始畫八卦，周公述九章，至於玄元益古，知精細章，其旨淵異，難可尋繹，初學者無可措手，其加減因折乘除之法，所以上揆星纏，下營地理，巨無不攬，細無不規，其間穀帛買賣，賦物均輸，罔弗備具。至於修築、積垛、淺深、廣遠、高厚、長短，於縱橫之間，举一至萬，如示諸掌。苟能通此，其求驅法、飛歸之法，自解之矣，算者詳之。

朱元濟《庸章算法》

著録

明・程大位《算法統宗》卷一七《算經源流》　《庸章算法》，萬曆戊子，新安朱元濟刊。

程大位《算法統宗》十七卷

著録

清・嵇璜《續通志》卷一六一《藝文略》　《算法統宗》十七卷，明程大位撰。

清・永瑢《四庫全書總目》卷一〇七《子部十七》　《算法統宗》十七卷，内府藏本，明程大位撰。大位字汝思，徽州人。珠算之名，始見甄鸞《周髀注》，則北齊已有之，然所説與今頗異。梅文鼎謂起於元末明初，不知宋人「三珠」戲語已有算盤珠之説，則是法盛行于宋矣。此書專爲珠算而作，其法皆適於民用，故世俗通行，惟拙於屬文，詞多支蔓，未免榛楛勿翦之譏。

清・丁仁《八千卷樓書目》卷一一《子部・天文算法類》　算書之屬

《算法統宗》十七卷，明程大位撰。刊本。

《新編直指算法統宗》目録

分田截積圖十一，十八問　圭田截積圖二，四問　梯田截積圖二，二問
環田截積圖二，二問　圓田截積圖一，二問　弧矢圖三，十一問

卷之八

商功五章

堅河渠濠四問　築臺五問　築墻五問
築方錐三問　築方圖臺三問　築堤一問
開渠一問雜問七　堆垛圖二十問　挑土論方一問
量木捆三問

卷之九

均輸六章

問答二十七

卷之十

盈朒七章

盈不足六問　兩盈兩不足四問　盈適足不足適足六問
取錢買物歌三五問

卷之十一

方程八章

二色歌二問　三色歌五問　四色歌二問

卷之十二

勾股九章

勾股形圖一　勾股名義一十三
求勾求股求弦容方容圓等圖一十三，二十九問
海島題解　求高求遠共圖五七問

難題目録

卷之十三

方田七問
歌五　鳳棲梧一　雙搗練一
粟布一十三問
歌八　西江月三　梅氣清一　水仙子一

卷之十四

衰分二十九問
歌二十四　西江月三　鷓鴣天一　水仙子一

卷之十五

少廣一十五問
歌八　西江月六　駐馬聽一
商功三問
歌二　西江月一
均輸一十四問
歌十　西江月二　鳳棲梧一　鷓鴣天一

卷之十六

盈朒一十三問
歌九　西江月二　浪淘沙一　鷓鴣天一
方程四問
歌一　西江月三
勾股十問
歌四　西江月六

卷之十七

附雜法二十六
金蟬脱殼　二字筭訣
寫筭即舖地錦　因乘圖一　歸除圖二　舊法九位圖
一筆錦垜積合總，因歸乘除式四　洛書縱横圖
縱横定位分別九圖　一掌金　花十六圖陽數一　陰數一
五五圖　六六圖　七七圖
八八圖　九九圖　百子圖
聚五圖　聚六圖　聚八圖
攢九圖　八陣圖　連環圖
黄鍾五音相生圖　律吕相生圖
统紀曆年　袖中定位掌圖因乘一問　歸除二問

孕推男女法　　筭經源流

序跋

明・程時用《刻直指算法統宗序》　昔齊威公時，有以九九見者，威公不逆，當時大之，豈非以九九末技非世主之所屑越者乎？不知數雖出於算師掌故之手，而其理則原自鴻濛，紀於易範，肇創於軒后之世，其爲用，起沙塵秒忽，以迄秭億無量，凡日月運行脁朒遲速之變，天地山川之高深廣縱，律曆、戎賦、度量權衡之輕重多寡，莫不取裁焉。先儒謂數盡天下之物，則又謂天地萬物具於指掌，數距不重哉？自隸首定數以率其羨要其會，而後之布算者莫之有易。漢魏以來，代設專官，以掌其事，一時藝能之列，心計之臣，類能講試。今觀其書，起張蒼以迄今日，無類十數百家，詳矣，顧質有明昏，見有偏全，或有九章而無乘除，或有乘除而無定位，各照隅隙，鮮窺衢道，矜察秋毫，卒忘眉睫，若是者蓋大氏然矣。國朝雖不設算學，而超奇絶倫之彦，無論山林遺逸，即一代宗公。若尚書箬溪顧公，中丞荆川唐公，後先闡繹勾股、弧矢二術，精詣神解，有巧曆不能得，而二公得之一察者，可不谓算學之金鍼哉。第其法精微幼眇，可與通識道，難與中庸言。

余族子賔渠程大位氏，幼負潁敏，綜紗墳籍，躭科斗籀頡古文，而尤長于算學，凡客游湖海，遇古奇字文及算數諸書，輙購而玩之，齋心一志，至忘寢食，曠歲積力，一旦恍然神識，試之握算，得心應手，若庖丁之於牛，手之所解，肩之所倚，足之所履，膝之所踦，無不中理解也者。歲壬辰，年躋六秩，喟然與嘆曰：昔痀偻丈人之承蜩，處身若厥株，拘執臂若枯木，雖天地之大，萬物之多，而唯蜩翼之知，不以異物他好易慮。位之窮年矻矻於數癖，無類是乎。顧不以時序，次成書，藏之名山，傳之其人，通都大邑，寧獨無以盡管蠡之見？即天地之秘藏，萬彙之變態，將何由洩，而亦何以著成法於天下後世？於是參會諸家，攄以獨見，畫以形象，綴以訓釋，別爲九章，釐爲一十七卷，題曰《直指算法統宗》。既成，問序於余，余閲之卒業，見其標倫揭目，開闢啓鑰，鈎玄抉隱，删繁舉要，苴罅補隙，正訛黜謬。其啓瞑振瞶也，若發蔀；其別同較異也，若懸鑑；其苞會統舉，揔百端之畧，而集之成也，若派別區分，而統宗於一。以是規天準地，揆序萬物，豈惟囿徑方斜、縱横直曲、盈朒凹突，開闔折變，物得其度，即隔海望山，揆影測表，六合之外，八蠙之遠，皆可數計而得，非夫推本隸首之宗旨，以逖遡易範餘緒，祖顧、唐二公畧意，而成一代算學之宗者乎。異日者，天子坐明堂考正律曆，經理方輿，博延天下經緯通明之士，大位氏持是編以徃，當必首應詔令，若漢唐都、洛下閎諸人，以布衣起家，以闡明數法於天下，距但爲成學習九九者要領已哉。萬曆玄黓執徐歲三月既望，新都學海程時用際明父著。

明・吴繼綬《算學統宗序》　夫算非小技也，有熊氏命隸首創焉，周官則置保氏教國子以六藝，而數居其一，唯是數以侯夫算，算以成夫數，固二而一者也。籍令算爲小技，何古先哲王用意勤篤如是哉？廼今隸首遠矣，保氏之職廢，精其理者代不數人。程汝思氏悵然有恫於衷，爰輯《筭學統宗》十七卷。汝思少游吴楚，歷大澤名山，老甜丘園，舉平生師友之所講求咨詢之所獨得者，提綱絜要，縷析支分，著是編而廸来學。儻其中有先進言之未俻，俻矣，而或未精者，汝思悉爲闡明之。汝思謂余曰：大位悦孫武子兵家言，而感其通於事理也，曰多算勝，少算不勝，而況于無算乎？迄今疇爲隸首而吾幾其徒耶，疇爲保氏而吾幾其副耶。匪汝思自任，亦汝思之自得者耳。汝思之書具在，一寓目而於古所謂方田以下旁要以上九數云者，靡不了了於臆間，始知汝思之稱説不迂矣。余謂汝思，不佞於此道，未見一斑，第嘗讀漢記，至安定嵩真、玄菟元理，一能自算其年壽，一能爲友人算囷米，舉所食節十餘轉不差圭合，其術後相授受，得其分數而失玄紗焉。不佞未嘗不欣慕而抱願見之思，今觀汝思駸駸乎跂玄紗之歸，無讓嵩真、元理，當吾世而獲覩其人，一何快哉！萬曆壬辰初夏七日，漸江上吴繼綬著。

明・程涓《筭法統宗序》　古先哲王以六藝教天下，而數要其成，所從来久矣。其後有熊氏創之，隸首而周公受之(高商)[商高]，於是筭学大興。九章之經立，而保氏寔司之，世代相沿，若筭博士等官並屬之太史令，漢唐时樊英、單颺、劉徽、李淳風、甄鸞、夏侯陽之流，訂攷註釋，皆卓然名家。當是時，有專官而亡廢職，降及叔季，六藝之教既寢，而筭數之学儒者絶不能舉其槩，官府會計第委之掾史輩，而其書之行於世者，曲藝之士或能通一二等，豈獨其官廢哉，即業其事者，有循習而無精詣，余是以深慨古今之不相及矣。

宗人汝思，幼而慧学，爲儒業，既通，不復出试吏，而爲儒不廢，躭墳籍科斗文字，而尤長於筭數。年既壯，周遊吴楚之墟，遇方田、(米粟)[粟米]、差分、少廣、商功、均輸、盈不足、方程、勾股诸書，輒厚購得之，而聞有聞人耆宿通數學者，輒造請問難，孳孳不倦，久之，而齟齬者俱假而通，會心者印證而信。而汝思年六十，且倦遊矣，家居賈勇，特出其無師之知，以人法窮天巧，以諸家摅獨得，直指而統宗之，著成書焉。友人吳泰墟、族人程際明序之矣，而汝思意不但已，復屬余論列之。不慧持籌未能，何知算數？顧夫技藝之學，六數卒業，其聖人所以寄其精意於無窮者也，其用之大，至於窺天測海，推宇原宙，秭億岻京不可窮，小之極於分毫秒忽微塵圭撮而無所間，博物君子奈何以小道視之。《传》曰：其數可陳也，其義難知也。熟其數而闇其義，則九九之技泥於致遠，藝成而下者等耳，得其數而又得其所以數，則叅伍錯綜之用，可以成變化而行鬼神。遊藝之功，固易範之奥旨，吾儒之實用也，恶可以須臾廢哉。國家二百餘年薰陶醞釀之化，鍾爲人物，三仁四科，代不乏賢，而筭數之學，寥寥無特出者。嘉靖中，大司寇顧公以握算高一代，唐中丞、沈司封受學等，其著述具在，乃儒者所罕聞，而曲藝所不敢望，庶乎稱專職精詣者。汝思折衷而裁取之，信謂得其大全也已。嗚呼，乘除積分，離合進退，皆數之自然，即巧曆不能窮者，一神之所爲也，引伸觸類，以畢孤事，匪化裁之難，其人難矣。語有之行年六十而化，汝思舞象而習數，及耆而著書，棲托神明，遊心象數之表，将化日之日也夫，将化境之境也夫，古所謂進乎技，以入於道，以神遇而不以器求者，皆是物耳。汝思其当勉旃而恶知老之将至也欤哉。萬曆壬辰夏四月，新都程涓巨源著。

明·程大位《書直指算法統宗後》 數居六藝之一，其来尚矣。蓋自虙戲宰世，龍馬負图，而數肇端，軒后纪曆，隸首作筭，而法始衍。故聖人繼天立極，所以齊度量而益民信者，不外黄鐘九寸之管，所以定四时而成歲功者，不外周天三百六十五度之數，以至遠而天地之高廣，近而山川之浩衍，大而朝廷軍國之需，小而民生日用之費，皆豈能外，數詎不重已哉。

予幼躭習是學，弱冠商游吴楚，徧訪明師，繹其文義，審其成法，歸而覃思於率水之上餘二十年。一旦恍然若有所得，遂於是乎叅會諸家之法，附以一得之愚，纂集成編。諸凡前法之未發者明之，未偹者補之，繁蕪者删之，疎畧者詳之，而又爲之訂其訛謬，别其序次，清其句讀，俾上智见解於筌蹄之外，而成學亦可緣是以獲魚兎，豈敢曰立我明一代筭數之宗，聊以啓後學之成式尔已。雖然，圖以列陣，而以圖陳者不尽兵之法，書以傳御，而以書御者不盡馬之情。則今日筭數之編，亦圖陳書御等要，要以緣尺度而求竅，繫得神理，而亦數象，則必有比類旁通，如孫武之兵，王良、造父之御在，不然，累寸者至尺必著，積銖者至兩必謬，即一一按之成法，其何能周天下無窮之變，而亦豈吾鋟梓以傳之意也哉。周漆園吏有言，迹，履之所出，而迹豈履哉。吾於是法亦云。萬曆壬辰夏五甲子，新安後學程大位識。

又程大位《新編直指算法統宗難題附集雜法序》 夫難題，昉於永樂四年，臨江劉仕隆公偕内閣諸君，預修大典，退公之暇，編成難法，附於《九章通明》之後，及錢塘吴信民《九章比類》與諸家筭法中，詩詞歌括，口號總集，名曰難題。難者，難也。然似難而實非難，惟其詞語巧捏，使筭師一時迷惑，莫知措手，不知難法皆不離於九章，非九章之外。其難題，惟在乎立法，立法既明，則迎刃而破，又何難之有哉。今分列九章，立法明辯，附集雜法於統宗之後，俾好事者共覽云。

清·程世綏《重刻直指算法統宗序》 《算法統宗》，余族祖汝思大位公之所作也。公幼而潁異，酷嗜筭數，不惜重貲以購求遺書。比長，遨遊吴楚間，博訪聞人達士，相與剖析毫芒，既乃心解神悟，於凡乘除積分離合進退之數，無不一一窮極杳渺而會通指歸，一時名震遠邇，無智愚，咸以神算目之。公乃惧夫久而或失其傳也，於是綜集古今来成書，畧焉而未偹，偹焉而未精者删其繁雜，正其謬妄，抒以獨見，叅之訓解，作爲是編，風行寓内，近今蓋已百有數十餘年。海内握算持籌之士，莫不家藏一編，若業制舉者之於四子書五經義，翕然奉以爲宗。

余久心焉識之，徒以從事制舉，未之習也。比来京師，属天子留心律曆，開置館局，修明筭法，四方經緯通達之彦，雲集輻輳。予甞以暇過從諸公遊，亟爲余稱道，以謂此書寔集算學大成，極爲今上所許可，而名公鉅卿輩亦各争相購，致以爲重。余因退而縱觀，見其爬羅剔抉，窮幽極渺，九章之經，乘除之法，無不昭昭焉，條分而縷析，註詳而辯明，極叅伍錯綜之變，盡神化宜民之用，信有以發前賢之橐籥，乘後學之津梁。自非賦質之敏，用力之專且久，固不能研精其術，以至於此也。蓋公殫思竭慮者歷二十餘年，始克通其奥，以成是編。嗚呼，公誠可謂神於算者矣。然甞恨夫坊刻既多，舛誤不少，矧於數學差之毫釐謬以千里，每思欲一釐正之，而苦於術之未習，不敢妄有所更易。今年夏，公之曾孫佩章、洪聲两君子出其家藏善本，将以公諸海内，問序於余。余深喜其善承先志，而尤樂其實獲我心也。刻既成，遂書以爲序。康熙丙申仲秋既望，族孙世綏再拜謹序。

清·程光紳《重刊算法統宗序》 高祖賓渠府君手輯是編，當時風行海内，坊間刻本無慮數十，然傳刻既多，舛謬日甚。余家舊有藏版，頗足辨証訛僞，緣經兵燹，十亡其七。比者，國家嚮用文學，研究律曆，於是搢紳之士持籌握筭，考論源流，益知崇信府君之書，而故家所藏善本，乃稍稍間出矣。

光紳幼從友人借録一帙，謀刻未果，去年道過虞山，購得家藏元本，因與從弟鈁重加釐訂，付諸剞氏，用廣嘉惠後學之志。

嗚呼，是書之作也，蓋非偶然矣。先府君穎悟過人，詩文篆法，脩極工妙，然皆無意出之，獨研窮筭學，自少至老，不少倦怠，以謂痀僂承蜩尚不以萬物易其所好，矧專精一業思，信今而傳後，顧可鹵莽爲之。凡吾之孳孳不釋，良以是也。光紳不敏，不足以遠紹薪傳，竊願有志斯道者，由府君之言上讀府君之書，而志府君之志，庶幾如痀僂丈人之不反不側，其進乎技也不難矣。旹康熙五十五年歲次丙申，魯孫光紳謹識。

清·凌廷堪《書程賓渠算法統宗後》凌廷堪《校禮堂文集》卷三二 漢徐岳《數術記遺》有「珠算：控帶四時，經緯三才」之文，珠算之名其來已久。然考其制，「刻板爲三分，位各五珠，上珠與下四珠色別」等語，似亦與今珠算不同。明程大位《算法統宗》則耑言珠算者也，其書卷末載「算法書目」，有《盤珠集》《走盤集》，云是「元豐紹興淳熙以來刻者」，然則今之珠算蓋始於宋。梅氏《古算衍略》謂珠盤之法始於明初郭伯玉者，恐非也。今世俗所傳「歸除歌括」，亦始見於《統宗》，但不知創自何人。《古算衍略》云吴信民《九章比類》所載句長而澀，蓋即是時所創，理或然歟？

案：古法合散數而總之謂之乘，剖總數而散之謂之除，無所謂歸除也。歸除之名，即始於造歌括者。其歌括，一句之中，有法、有實、有得數、有餘實，可稱簡便。然獨置除數於不言，遂使習之者無由得其本原，而「實如法而一」之理不明矣。夫得數，由除數而生者也，故必先知除數，而後知得數。今既有法、有實、有得數，而不言所除之數，試問：何由而知得數乎？考《九章算經》，以法除實曰「實如法而一」，此謂除法也。何謂「實如法而一」？試以七爲法論之，即珠算所謂七歸也。凡遇實中滿七數者，則除之而得一數；滿十四者，則除之而得二數；滿二十一者，則除之而得三數；滿二十八者，則除之而得四數；滿三十五者，則除之而得五數；滿四十二者，則除之而得六數；滿四十九者，則除之而得七數；滿五十六者，則除之而得八數；滿六十三者，則除之而得九數。若不盡者，則謂之餘實。言實如法之數，則得一也，與乘法之爲用正相反。如「七歸」之歌括曰：「七一下加三」。「七」，法也；「一」，實也，即借爲得數；「下加三」，餘實也。而其所以得一餘三之故，作之者不言也，習之者不知也。蓋七爲法，一十爲實，除實之七，則得數一，仍餘實數三也。「七二下加六」者，七爲法，二十爲實，除實之十四，則得數二，仍餘實數六也。「七三四十二」者，七爲法，三十爲實，除實之二十八，則得數四，仍餘實數二也。「七四五十五」者，七爲法，四十爲實，除實之三十五，則得數五，仍餘實數五也。「七五七十一」者，七爲法，五十爲實，除實之四十九，則得數七，仍餘實數一也。「七六八十四」者，七爲法，六十爲實，除實之五十六，則得數八，仍餘實數四也。今但言得數，而置所除之數於不言，則所以得數之理不明。故學者讀古算經，而不知所用，習世俗之法，而不能通之於古書，皆此歌括因陋就簡誤之也。

然所謂歸者，指法之單位而言耳。若法有多位，則亦不能耑用歸，又必兼除用之，尤爲混雜。如七五爲法，三爲實，實如法而一。七五者，法也，則除七五得數一，除一五得數二，除二二五得數三，除三則得數四也。其理顯然，若以歸除歌括算之，則曰：「七三四十二」，復以得數四與法之次位五相呼，曰「五四除二十」，亦是得數四，而算理不明矣。嗚呼，自篆變而爲楷，而六書之義晦，自籌變而爲珠而九數之義亦晦，是亦學術之大升降也。

前明人精力敝於講學，九數之書散佚略盡，雖好學深思者，無由得見古本也。今國家稽古右文，所謂《算經十書》，唐人以之取士者，僅佚祖冲之《綴術》一種，餘悉從《永樂大典》中録出。學者狃於歌括，讀之多不得其解，而博通古今之儒，則又窮極中西兩術，而探索其精微之奥，以爲歸除歌括人所共習，存其法而不暇言其義也。故梅文穆雖增删《算法統宗》而重刻之，然於歸除歌括與古算經相通之故，亦未論及。是《統宗》一書，終屬胥史商賈之書，與古算經閡而爲二，初學何自而啓其扃鑰乎？聊釋其大旨，書諸簡尾，俾後之好古者，有所從入焉爾。

程大位《筭法纂要》四卷

著録

《新編直指筭法纂要》目録

賓渠小像　贊　龍馬負圖

卷之一

先賢格言　筭法提綱　筭學節要　數名釋義

乘除用字釋　數附暗馬式　大數　小數

度丈尺　量斗斛　衡斤兩　畝田地

諸物輕重數　定筭盤位次　實左法右論

九九便蒙即九九八十一　九因歌即九九合數

九歸歌　因乘論　九歸歸除論　加法論

減法論　商除論　定法實訣歸除法實假如

總訣　九歸釋義

卷之二

初學盤式　九歸八問　九因八問　歸除十四問

乘法十四問　加法二問　減法一問　商除二問

異乘同除六問　約分二問　通分三問　差分七問

貴賤差分一問　就物抽分一問　傾煎論色六問　衡法斤秤歌十一問

挑土計方一問　堆磚一問　物不知總即暗點兵三問

方圓三稜束法歌三問　盤量倉窖九問

各處鹽塲散堆量筭引法　堆垛三問

卷之三

丈量田地歌　新制步車圖式　方圓定則九圖　各形用法十五問

各形截変四十圖　直指發明註解　勾股圭梯斜形十二圖

方直歸除截積三問　休寧縣科則　畝法論

古今雜法折步法

卷之四

一筆錦　一掌金　袖中定位　孕推男女

僧分饅頭　周天問里

附歷代帝王源流年數

開平、開立方，九章全問等法，尽載《統宗》。

序跋

明・程際明《刻直指筭法纂要小序》　族子汝思編刻《筭法統宗》，余業爲序諸首矣。茲復有《纂要》之刻者何？纂筭法之要也。筭數肇自隸首，而成於張倉、樊英、單颺、劉徽、李淳風諸人之闡繹。自騶儈以逮天官，何人可廢，即朦瞽弗釋已；自舞象以及白首，何時可廢，即食息弗釋已，顧其中有要焉。要領之弗知，而博綜泛涉之爲騖，將有始於津筏，中於濫觴，終於茫洋浩若，而誕登之無自。矧坊間翻刻諸本，訛舛相乘，豕魚莫辨，併其津筏而亦失之耶。族子汝思深爲此慮，遂於化日之暇，將《統宗筭法》中刪其繁蕪，揭其要領，直指其乘除損益，區明其奇嬴積分，起聖賢格言，終周天問里，凡六十四則，釐爲四卷，題曰《筭法纂要》。舉先賢之要言，後學之要式，與夫數家之要竅，靡不臚列而縷指焉。今觀其書，提綱挈領，去繁就要，約而該，簡而盡，明白而易曉，使智者一寓目，固能睹指識歸，極數通變神化於迹象之中。即不然，而循途襲迹，持籌握計，亦能參於便指而不闇沕於象數。其爲後學補，豈鮮淺乎哉。昔尼父鈎河擿洛，神理設教，而置數六藝之末，猶曰吾之於道求之度數五年而未得。豈以天縱之多能而難小夫之淺智哉。無亦恐人舍道而求數，又求數之汗漫而寡要，故致警悟之意如此耳。知尼父之警悟，則知數之不可無要。而汝思是編，所以提綱挈領，去繁就要，爲數家之根苑者，信不容已。遂付剞劂氏，鋟梓以行。萬曆戊戌夏五，天放畸人程時用際明父譔。

明・程大位《筭法纂要・後識》　先是，萬曆壬辰，余編《統宗》筭法金木水火土五本，後改爲元亨利貞。四本，有乘除，分九章。每章後有難題，註解詳備。明年癸巳，書坊射利，將板翻刻，圖像字義俱訛，致悞後學。買者湏認本舖壬辰原板，方不差謬。又萬曆丁酉，編刻七人均濟會，十一人平濟會，有一年、半年、三月者，至均，至平，先後一例無分，不致偏勝。買者亦須認本舖原板，毋使魚目混珍。新安休邑率口賔渠子程大位識。今寓屯溪發行。

明・吴繼綬《筭法纂要序》 汝思業已輯《筭學統宗》矣，該而博，辨而彰，猶思承學之艱於竟也，復輯此《纂要》焉。《纂要》者非删其繁蕪，抑亦播夫簡明者耳。譬之入鮫人之室，璣琅粲爛，在在美觀，而明月一珠，遂足以兼衆美乎。彼其較錙銖，數圭撮，孳孳不懈於吏者，此庸流末作皆然，何足筭也。乃今南倭北虜充斥於邊陲，若何而將將將兵，若何而行師轉餉，折衝決勝，焉能無筭？編户齊民，征徭逋負，當工役繁興，司農輒爲告匱，若何而取之緩之，不病國不病民，焉能無筭？肉食者遍嚴廊，要以謀國而見功，何堇堇也？若何而旁招薦引，務在精白以承休，焉能無筭？凡此皆今日之不容緩者，舍籌度計，筭曷繇哉？惜乎汝思之逸在布衣，未獲一授其技，徒以益積分托之乎空言也。昔孟堅《藝文志》載「許商、杜忠筭術各如干卷」，二書今不可考見，而杜忠事跡無聞，獨許商以其術試之於治河堙水，當時已有成效。則是編也，夫亦二書之遺意耶。洵能紬繹而會通之，亦奚疑其無大用哉。萬曆戊戌初秋三日，具茨山人吴繼綬亦綦父著。

黃龍吟《筭法指南》

著録

《筭法指南》目録

上卷

上法總念　退法總念　因法總念　九歸總念
乘法歌诀　歸除歌诀　九九上法　九九退法
九歸式　九因式　歸除式　乘法式
九歸分法　歸除分法　隔位歸除法　二色乘法
隔位乘法　三色乘法　四色乘法　折成色法
筭物價法　肉求銀法　绵纱求布法　借銀筭利法
色銀傾纹法

下卷

斤求両法　筭両數法　斤両相求歌　变斤求両法
变両求斤法　截法不須用歸除　一掌金手訣　金蝉退殻法
筭垛物法　田中估稻法　筭員束木法　筭方束木法
度影量木法　丈量田地法　畆步科則　筭倉積米法
筭舡裝載法　賽歸除法　難法　筭孕婦男女法
筭病死生訣　六壬課數　馬前課數
後附田地山塘麥米活法不須動筭盤立時見麥米
科田麦法　科田米法　麥上出米法

序跋

明・汪一棟《筭法指南引》 自軒轅氏命隷首作筭數而其法肇，暨周公九章之作而其法詳，其来尚矣。蓋其爲數固云小也，然而邦國會計，商賈出入，靡不籍之，矧歲輪大造，閭閻黜納，税局推收，在書筭家尤爲亟用，苟造次蒼黄，筭一有誤，其失匪尠淺已。輓近書肆繡梓，雖更僕疊出，九九乘除之數，非不明，第罣一漏二，畧而未悉未諳，筭數者多病之，吾深慨焉。有友人黄嘘雲，爰輯舊聞，併續增繡兹編。凡関于日用者，靡不悉備，即桑弘羊氏復出，筭入秋毫，莫或過之。且一披閲，具在目前，罔一譌繆，若爲一成式也，誠哉便覽。書成求刻首於余，余故畧爲之引。旹萬曆歲在季春月吉，京闈進士文林郎星源貞吾汪一棟書。

朱載堉《筭學新説》一卷

著録

清・永瑢《四庫全書總目》卷三八《經部三八》 《樂律全書》四十二

卷。浙江巡撫採進本。明朱載堉撰。載堉，鄭恭王厚烷世子也。是書萬曆間嘗進於朝，《明史·藝文志》作四十卷，今考此本所載，凡書十一種，惟《律吕精義》内外篇各十卷、《律學新説》四卷、《鄉飲詩樂譜》六卷，皆有卷數，其《樂學新説》《算學新説》《操縵古樂譜》《六代小舞譜》《八佾綴兆圖》《靈星小舞譜》《旋宫合樂譜》七種，則皆不分卷，與《藝文志》所載不符，疑史誤也。載堉究心律數，積畢生之力以成。是書卷帙頗爲浩博，而大旨則盡於《律吕精義》一書。【略】

清·周中孚《鄭堂讀書記》卷七《經部四》 《算學新説》一卷，《樂律全書》本。明朱載堉撰。即《樂律全書》之第五種也。首爲初學凡例一篇，次設十二問答，以明十二律尺寸，實積、面冪、通長、内外周徑諸法，推算頗極入微。前有「小引」稱，算學之有書，其亦舊矣，謂之新説何也？且如周徑冪積相求之類，舊則疏而新則密；平方不用商除，立方不顯廉法之類，舊則繁而新則簡；舊以句股爲末，專明九章，新以句股爲首，專明律曆。此其異也。是則伯勤自疏新説之意，以明其獨得耳。

序跋

明·朱載堉《算學新説·序》朱載堉《樂律全書》卷二六《算學新説》 臣所撰《新説》，凡四種，一曰律學，二曰樂學，三曰算學，四曰韻學。前二者，其書之本原，後二者，其書之支派，所以羽翼其書者也。夫算學之有書，其亦舊矣。謂之「新説」何也？且如周徑冪積相求之類，舊則疎而新則密；平方不用商除，立方不顯廉法之類，舊則繁而新則簡；舊以句股爲末，專明九章，新以句股爲首，專明律曆。此其異也。餘則文雖小異，要亦殊途同歸者也。

朱載堉《嘉量筭經》三卷

著録

明·祁承㸁《澹生堂藏書目》 《嘉量算經》三卷，三册。

清·查慎行《人海記》卷下《鄭世子》 《嘉量算經》三卷、《律吕正論》六卷，明鄭世子載堉著。其書推原造曆之本，大約謂：古人以度定量，以量定權，必參相得，而後黄鐘之律可求。律與度、量、衡相須爲用，非度、量、衡生於律也。因將累黍推定三器，並歷代沿革、損益，著之於篇。此書不多有，於御府曾見之。按：鄭世子，父恭王被誣，禁高墻，世子不敢居内寢，築一室王門外，席藁以居，與王居高墻之年等。後恭王薨，世子遁之山中，讓爵於盟津王之子見濍。有子臧、季札之風。

清·官修《天禄琳琅書目》卷七 《樂律全書》六函三十六册。

清·黄虞稷《千頃堂書目》卷三 鄭世子載堉，《嘉量筭經》三卷。

清·阮元《嘉量算經》三卷提要阮元《四庫未收書提要》卷一 明朱載堉撰。載堉，鄭恭王厚烷世子，所著《樂律全書》及《聖壽萬年書》等已著録。其《律吕精義》内有據「栗氏爲量：内方尺而圜其外」之文，謂圜徑即方斜，命黄鐘正律爲尺，而用句股法相求。此書蓋即其意而推衍之。其所異者，正論則主縱黍，《算經》則主横黍。其實亦互相發明也。首載《算經答問》；上卷先著圖説，次乃推明周、徑、容積相求之理；中卷由開方以及十二律通長、面冪、容積、周、徑；下卷則因旋宫而兼識琴調，大旨謂聲生於器，而以度定量，以量定權，必參相得，而後黄鐘之律可求。數學之妙，出於天地自然，非由人力所能杜撰也。載堉學問已詳於《樂律全書提要》之内，此則成於庚戌，在載堉二十三年進律書之後，成書較晚，足與前書相輔而行。兹本卷數與《明史·藝文志》及《千頃堂書目》所載相同，猶是原本，其設術皆得諸心解，固非空言無徵者所能及也。

《嘉量筭經》目録

仰覆二釜圖説
方圓二率圖説
黍尺三種圓説已上係凡例故附目録後
上卷明律之理
釜乃八斗第一古文作鬴通俗作釜
釜之徑爲徑率第二
釜之周爲周率第三
周徑相乘得面冪平圓積第四
以深一尺乘面冪得積實第五
斗之積數第六
升之積數第七
合之積數第八
龠之積數第九
黄鍾面冪周徑真數第十
黄鍾面冪周徑密率第十一
臀之面冪周徑第十二
耳之面冪周徑第十三
釜區豆升四量之積實第十四
釜豆升互相求得黄鍾第十五
釜臀耳内外周徑面冪積實容受銅數第十六與下二篇作一事看
嘉量一器分作五件筭之第十七
内外周徑面冪積實相求第十八
鑄銅方寸較定積數第十九
鑄量以煉銅爲至要第二十
中卷明律之數
初學開平方例第一
周禮㮚氏爲量第二
子午卯酉相生第三
初學開立方例第四
亥子循環相生第五
應鍾爲諸率母第六
求十二律通長第七
求十二律面冪第八
求十二律積實第九
求十二律容黍第十
求十二律内周第十一
求十二律内徑第十二
求十二律外周第十三
求十二律外徑第十四
下卷明律之音

又 凡例律之得失，以琴證之，則昭昭然矣。琴須先學操縵，凡吹律一聲極長。琴彈三十二聲，名爲全操縵，琴彈一十六聲，名爲半操縵。

建子月黄鍾爲均主，俗名正調之平者。
旋宫第一調屬水。
旋宫第二調屬火。
旋宫第三調屬木。
旋宫第四調屬金。
旋宫第五調屬土。
建丑月大吕爲均主，俗名正調之高者。
旋宫第六調屬水。
旋宫第七調屬火。
旋宫第八調屬木。
旋宫第九調屬金。
旋宫第十調屬土。
建寅月太蔟爲均主，俗名縵宫調之平者。
旋宫第十一調屬水。
旋宫第十二調屬火。
旋宫第十三調屬木。
旋宫第十四調屬金。

旋宮第十五調屬土。

建卯月夾鍾爲均主，俗名縵宮調之高者。

旋宮第十六調屬水。

旋宮第十七調屬火。

旋宮第十八調屬木。

旋宮第十九調屬金。

旋宮第二十調屬土。

建辰月姑洗爲均主，俗名緊羽調之下者。

旋宮第二十一調屬水。

旋宮第二十二調屬火。

旋宮第二十三調屬木。

旋宮第二十四調屬金。

旋宮第二十五調屬土。

建巳月仲吕爲均主，俗名緊羽調之平者。

旋宮第二十六調屬水。

旋宮第二十七調屬火。

旋宮第二十八調屬木。

旋宮第二十九調屬金。

旋宮第三十調屬土。

建午月蕤賓爲均主，俗名緊羽調之高者。

旋宮第三十一調屬水。

旋宮第三十二調屬火。

旋宮第三十三調屬木。

旋宮第三十四調屬金。

旋宮第三十五調屬土。

建未月林鍾爲均主，俗名縵角調之平者。

旋宮第三十六調屬水。

旋宮第三十七調屬火。

旋宮第三十八調屬木。

旋宮第三十九調屬金。

旋宮第四十調屬土。

建申月夷則爲均主，俗名縵角調之高者。

旋宮第四十一調屬水。

旋宮第四十二調屬火。

旋宮第四十三調屬木。

旋宮第四十四調屬金。

旋宮第四十五調屬土。

建酉月南吕爲均主，俗名清商調之下者。

旋宮第四十六調屬水。

旋宮第四十七調屬火。

旋宮第四十八調屬木。

旋宮第四十九調屬金。

旋宮第五十調屬土。

建戌月無射爲均主，俗名清商調之平者。

旋宮第五十一調屬水。

旋宮第五十二調屬火。

旋宮第五十三調屬木。

旋宮第五十四調屬金。

旋宮第五十五調屬土。

建亥月應鍾爲均主，俗名清商調之高者。

旋宮第五十六調屬水。

旋宮第五十七調屬火。

旋宮第五十八調屬木。

旋宮第五十九調屬金。

旋宮第六十調屬土。

《嘉量筭經問答》目錄

周求面冪第五
釜之冪積第六
鬴之冪積第七
鬴之內徑第八
鬴之內周第九
耳之冪積周徑第十
筭黃鍾三種律第十一
筭大呂三種律第十二
筭太蔟三種律第十三
筭夾鍾三種律第十四
筭姑洗三種律第十五
筭仲呂三種律第十六
筭蕤賓三種律第十七
筭林鍾三種律第十八
筭夷則三種律第十九
筭南呂三種律第二十
筭無射三種律第二十一
筭應鍾三種律第二十二
問三種律同異第二十三
考周徑積實第二十四
考外周外徑第二十五
管內必須漆第二十六
南北竹所長第二十七

序跋

明·朱載堉《嘉量筭經·序》 或問於余曰：昔周公作嘉量，何爲而作也？曰：余聞諸先儒曰聲無形，而樂有器。古之作樂者，知器之必有敝，而聲不可以言傳，懼器失而聲遂亡也，乃多爲之法以著之。故始求聲者以律，而造律者以

黍。自一黍之廣，積而爲分寸；一黍之多，積而爲龠合；一黍之重，積而爲銖兩。此造律之本也。故爲長短之法，而著於度；爲多少之法，而著於量；爲輕重之法，而著於權衡。是三物者，亦必有時而敝。則又總其法，而著於數，使其分寸、龠合、銖兩，皆起於黄鐘，然後律、度、量、衡，相用爲表裏，使得律者可以制度、量、衡，因度、量、衡亦可以制律。不幸而皆亡，則推其法數，而制之，乃其長短、多少、輕重以相參考，四者既同，而聲必至，聲至而後樂可作矣。夫物，用於有形而必敝，聲藏於無形而不竭。以有數之法，求無形之聲，其法具存。無作則已，苟有作者，雖去聖人於千萬歲後，無不得焉。此古之君子，知物之終始，而憂世之慮深，其多爲之法，而丁寧纖悉，可謂至矣。夫物莫不有制，制莫不有則，規、矩、準、繩、度、量、權、衡，皆制物之定則也。蓋規以取其圓，矩以成其方，準以揆其平，繩以就其正，度以度其長短，量以測其多寡，權以審其輕重，衡以定其低昂，合是數者，然後謂之有制。知者創物，巧者述之，未有舍是而能自爲之制者。如《孟子》所謂「不以規矩，不能成方圓」。又曰：「權，然後知輕重。度，然後知長短。」《禮記》所謂：「衡誠縣，不可欺以輕重。繩墨誠陳，不可欺以曲直。規矩誠設，不可欺以方圓。」皆此之謂也。《通歷》曰：「少昊用度量作樂器。」《舜典》曰：「同律度量衡。」古人以度定量，以量定權，必參相得，而後黄鐘之律可求。然則律與度量衡相須爲用，非度量衡生於律也。自近世之論起，求律於無憑據之元聲，候管於無證驗之灰氣，其視度量衡，以爲末節之務，不暇較其是非。殊不思度量衡，實與律相爲始終，經緯、表裏者也。《論語》言：爲政之術，先之以謹權量。以道寓器，以器明道，天下得以因器會道，由是四方之政行矣。聖人於粗迹，皆有精義存焉。蓋世俗之情，恒喜大秤大斗，用以掊剋聚斂，高下其手，亂之始也。故謹之亦在於始，所謂探賾索隱、鉤深致遠者，是物也。晉陳勰掘地得古尺，（尚）［上］書奏宜改今尺，以古爲正。潘岳以爲不宜改。摯虞駁曰：今尺長於古尺，幾於半寸。樂府用之，律呂不合，史官用之，曆象失占，醫局用之，孔穴乖錯，宜如所奏。元康中，裴頠以爲醫方人命之急，而稱兩不與古同，爲害特重。宜因此改治權衡，不見省。夫晉尺長於古尺，纔四分有奇，而虞、頠尚以爲不便，況今尺長於古尺多矣，寧無害事乎？醫家有仲景《肘後》《千金》《外臺》諸方，所用皆古斗秤尺，其云每服一升，今升豈能服盡一升？故知古升耳。又針灸穴道，皆是古尺分寸，若用尺非宜，則關係人之生命，豈細務耶？此亦好古之士，所當詳究者也。今將累黍推定三器，並歷代沿革損益，著之於篇，使夫學者

有以考其得失云耳。

或難曰：同律度，謹權量，乃聖人之事。子何人也，而敢及此，得非僭乎？曰：不然也。先儒有言，宇宙内事，己分内事也。故君子所以堯舜其君，堯舜其民者，無不在吾分内。達則兼善天下，窮則獨善一身。其理一也。格物致知者，獨善之術也，治國平天下者，兼善之道也。今儒者，以匹夫之身，而言平天下，不絶於口，人不以爲僭者，分所固有也。予此書，不過格物致知之一端耳。飽食終日，無所用心，以觚翰代博弈，編屬舊文，敷陳新義，以俟後之君子。所謂何傷乎，亦各言其志也而已。若夫同律度，謹權量，此則聖人兼善之事，吾何與焉？雖然，吾書亦未易讀。荀子曰：人莫不好言其所善，而君子尤甚。予爲人無所長，惟筭術是好，因其所好而益窮之，以求至乎其極。用力既久，豁然貫通，故有得先儒所未得，發先儒所未發者存焉。憫鍾律之失傳，竭平生之心力，而爲此書。以淺近之辭，發揮高深之理，以幽微之數，研究迂闊之學，得其精而忘其粗。全同相馬，有其巧而無其用，殆似屠龍，一以自喜，一以自笑，安知來世讀吾書者，不喜吾之所喜，而笑吾之所笑哉。問者亦哂而退。余以所問所答，冠其篇云。後學載堉序。

又《嘉量筭經》卷上序　已上經文，言之詳矣。獨於㮚氏條下，詳載鑄金之狀，而餘條所無者，何也？蓋因量之一物，深淺合度，分釐要明；輕重合權，斤兩要準；聲音合律，宫商要協。此所以爲難也。特著煉銅鑄法於量條下，使鑄者慎之耳。嘗依横黍尺，造銅方寸，天平稱重四兩已上，此乃煉之得法，火候到也。不佳，則不足四兩，此乃煉之不熟，火候不到也。火候不到，則内中發虚，是故分兩少也。嗚呼，斯乃要中之要，故特著於卷末，以示同志者耳。余所以至老好之者，正爲屢鑄不成，幸而既成，自得其趣，喜不自勝，言不盡意。是故《大學》以格物致知爲首，而致知在格物，此可見其一端。《論語》所謂游於藝者，非數術之謂歟。余喜嘉量書成，紀歲月於篇末。時萬曆庚戌閏三月初十日，載堉自序。

又《嘉量筭經》卷中序　載堉曰：余玩數學之妙，出於天地自然，非由人力所杜撰也。嘉量一器，固黄鍾所自出，設若周徑冪積，交互相求，而不能合，則非妙矣。嘗一一試之，各置其長，以其面冪乘之，得其積實，四因面冪，以周除之，得徑，以徑除之，得周。此係正法。又法：鬴之内徑一尺四寸一分四釐二毫一絲三忽五微六纖，命作弦率，冪之内周三尺一寸四分二釐六毫九絲六忽八微，命作周率，冪之内徑一尺，命作徑率，徑求周者，置所求徑在位，周率乘之，徑率除之，得周；周求徑者，置所求周在位，徑率乘之，周率除之，得徑。各置内周、内徑，在位，弦率乘之，徑率除之，得其外周外徑。此係捷法。如帝網之融攝，重重無盡，非俗眼所識也。嗚呼妙哉！

又《嘉量筭經》卷下序　余著《樂律全書》，八音備矣。此篇惟用一人吹律，一人彈琴，一人擊缶而歌，余亦自歌，互相倡和，而樂在其中矣。語曰：子與人歌而善，必使反之，而後和之，此之謂也。子於是日哭，則不歌。其非哭之日，蓋無日不歌，歌之義大矣哉。夫八音備而近於奢，以其用人多也。曷若一琴、一缶、一吹、一歌，足以自樂。嗚呼，此趣惟達者能知之。

朱載堉《圓方句股圖解》

序跋

明・朱載堉《圓方句股圖解・序》　圓方句股之説，出於古《周髀筭經》者，周公之遺書也。舊有圖解若干，趙君卿所撰也。新增圖解若干，余所撰也。夫新增者，何爲而作耶？余觀諸家筭術，最疎謬者，莫如圓田之屬。蓋彼尊信圍三徑一舊率，而執守之，不肯運一規於壁間，以尺量之，較其是否。儒者之學，以格物窮理爲先務。數居六藝之一，規矩方圓之至，此最易察者，而尚莫能辨，何況理之玄奧者乎？無待運規，不拘何等圓器，但周徑分明者，皆可較耳。用紙一條，圍器一周，均作三折，以較其徑，顯然不相合矣。是知圍三徑一之説，姑舉大槩而言，非密率也。古《周髀筭經》首章載周公與商高相問荅，此理甚明。後人續以圍三徑一之術，蓋傳訛也。商高所謂圓出於方，方出於矩，矩出於九九八十一。又曰：環矩以爲圓，合矩以爲方。方屬地，圓屬天，天圓地方，方數爲典，以方出圓。今詳其意，謂畫方形若棋盤紋，每行九寸，九行共有八十一寸，却於四隅之外，運規爲圓，與四隅適相投，較量四面方外餘圓各長一尺，則其一周共有四尺，是謂出於矩耳。傳曰：不以規矩，不能成方圓，此之謂也。今之學者，小九九尚不熟，何況以語其圓率之疎密也哉？即有通筭者，亦以爲丈量田地，不過得其大略，摠差一二步，何妨也？殊不知聖人設此術，豈專爲圓田耶？大而璇璣玉衡，小而黄鍾玉琯，凡爲圓器，必求周徑，豈容一秒一忽而有錯誤？寧於求圓之謬，而竟不之察乎？今編此書，雖採古人成説，而獨詳於求圓一事，蓋欲微顯闡幽，補其闕略而已。

又《句股圖解・跋》 辟如行遠，必自邇，辟如登高，必自卑，蓋名言哉。句股筭術，本非難曉，人多以爲難曉，何也？學之躐等，而非循序故也。愚按：《九章筭術》所載句股，備矣，然於初學，無所利益，惟古《周髀筭經》所謂句爲青實，股爲黄實，弦爲朱實者，名義有可取。蓋青者，象天也，黄者，象地也，朱者，象人也，取名初無別義，聊以識別三實耳。或有不曉者，而問於余，余以筭書所稱甲、乙、丙、丁四人喻之，遂悟曰：恐是以色界畫，故曰青實等耳。余以爲然，乃用三色紙，而奇中尤奇，庶幾便於初學也。嗚呼，句股一術，雖在九章之末，實爲筭術之本。以方測圓，而弧矢之妙在是矣。初學由此漸入佳境，不可以其淺近而忽之也。是故列於弧矢眞理之前，爲弧矢之發軔也歟。句曲山人跋。

雜録

《圓方圖解》凡例

一，蓋天之學，固疎於渾天，然而中間以方測圓一節，實是玄妙，不可以其所短棄其所長也。況一切筭書，泥於圍三徑一疎舛之率。雖劉徽、王蕃、祖沖之輩，素號知筭，創制密率，名密實疎，不如《周髀》所載實乃古法，以其深奧，世莫能曉，雖趙君卿、李淳風等，尚未究其根柢，沖之輩豈能識之歟。今擇圓方筭率一段，而表章之，以爲圓方密率之本源也。

一，君卿舊註，煩者删之，斷者續之，不必盡依舊註。

一，除圓内容方筭率外，凡係天文曆法，今並不述。

一，舊有圖若干，新添圖若干，各隨經文次序列之。

明末清前期總部

主编 董傑

人物部

明徐光啓

傳記

清・張廷玉等《明史》卷二五一《徐光啓》　徐光啓字子先，上海人。萬曆二十五年舉鄉試第一，又七年成進士，由庶吉士歷贊善。從西洋人利瑪竇學天文、曆算、火器，盡其術，遂徧習兵機、屯田、鹽筴、水利諸書。楊鎬四路喪師，京師大震，累疏請練兵自効，神宗壯之，超擢少詹事兼河南道御史，練兵通州，列上十議。時遼事方急，不能如所請。光啓疏争，乃稍給以民兵戎械。未幾，熹宗即位，光啓志不得展，請裁去，不聽。既而以疾歸，遼陽破，召起之。還朝，力請多鑄西洋大砲，以資城守，帝善其言。方議用，而光啓與兵部尚書崔景榮議不合，御史邱兆麟劾之，復移疾歸。天啓三年起故官，旋擢禮部右侍郎。五年，魏忠賢黨智鋋劾之，落職閒住。崇禎元年召還，復申練兵之説。未幾，以左侍郎理部事。帝憂國用不足，敕廷臣獻屯鹽善策，光啓言屯政在乎墾荒，鹽政在嚴禁私販，帝褒納之，擢本部尚書。時帝以日食失驗，欲罪臺官，光啓言：「臺官測候本郭守敬法，元時嘗當食不食，守敬且爾，無怪臺官之失占。臣聞曆久必差，宜及時修正。」帝從其言，詔西洋人龍華民、鄧玉函、羅雅谷等推算曆法，光啓爲監督。四年春正月，光啓進《日躔曆指》一卷，《測天約説》二卷，《大測》二卷，《日躔表》二卷，《割圓八線表》六卷，《黄道升度》七卷，《黄赤距度表》一卷，《通率表》一卷。是冬十月辛丑朔日食，復上測候四説，其辯時差、里差之法，最爲詳密。五年五月，以本官兼東閣大學士入參機務，與鄭以偉並命。尋加太子太保，進文淵閣。光啓雅負經濟才，有志用世；及柄用，年已老，值周延儒、温體仁專政，不能能所建白。明年十月，卒，贈少保。御史言：光啓以偉相繼没，蓋棺之日囊無餘貲，請優卹以媿貪墨者。帝納之，乃謚光啓文定，以偉文恪。久之，帝念光啓博學强識，索其家遺書，子驥入謝，進《農政全書》六十卷，詔令有司刊布，加贈太保，録其孫爲中書舍人。

清・徐驥《文定公行實》　嗚呼！痛昔先文定之盡瘁於官也！不孝孤三千里外，奔訃幾隕厥軀，强勉視息，扶柩南旋，日月居諸，星霜再易，若猶是湮墜厥績，忽克邀大仁人長者一言，揭石墓門，罪實滋甚。抆淚而言曰：

先文定諱光啓字子先別號玄扈。先世自南渡抵中州，分支海上，因家焉。曾祖淳隱公以役累中落，耕於野。祖西溪公倜儻負氣，去爲賈。雖游于賈乎，所交必行義卓絶者，廉賈五之，竟以是饒。先大父懷西公，配錢太夫人。今自曾祖淳隱公以下，俱贈太子太保；高祖妣陳氏，曾祖妣尹氏，祖妣錢太夫人，俱贈一品夫人。始先大父六歲而孤，遺貲從親故貸去略不問，至鬻田宅以給，伺得鬻輒復貸，終不問也。亡何寇至，從尹太夫人踉蹌避難。公府推擇大户，給軍輿，置爲祭酒，出入危城，能識别名將奇士，指授戰守方略，出人意表。兼以勤學好問，博覽强記，然以亂離，故不竟學。專以修身事天，常訓先文定云：「開花時思結果，急流中宜勇退。」其意遠矣。錢太夫人少經亂離，事勤苦，聞里中有以言事被黜者，嗟吁言曰：「吾兒若貴，庶爲彼之爲乎？」不孝孤嘗見先文定致通家《王少宰書》云：「先慈嘗保幼年，豫見躍冶之氣，秋闈不利，每爲色喜。今者復得全身遠害，明發之懷，更爲欣邑。」則淵源所致，蓋有自矣。

先文定既早聞家學，膽智過人。弱冠補諸生高等，食餼學宫，便以天下爲己任。爲文鈎深抉奇，意必自暢，嘗曰：「文宜得氣之先，造理之極，方足炳輝千古。」以食貧，故教授里中子弟。知公者相延入粤，荒煙苦雨，崇山峻嶺間，文日益奇益富，得入籍成均。萬曆丁酉，試順天，卷落孫山外。是年大司成漪園焦公典試，放榜前二日，猶以不得第一人爲恨，從落卷中獲先文定卷，擊節賞嘆，閲至三場，復拍案嘆曰：「此名世大儒無疑也，」拔置第一。名噪南北，猶布衣徒步，陋巷不改。惟閉户讀書，仍以教授爲業。尤鋭意當世，不專事經生言，徧閲古今政治得失之林。甲辰，成進士，改翰林院庶吉士，試《安邊禦寇疏》，慷慨陳列，云藿食之臣，久欲效其區區，適與時會，不容嘿嘿。累累數千百言，雖塞上老將吏勿及。館師唐公極口稱讚，嘆云：「行文學蘇長公，諸封事擘畫處，鑿鑿中窾，」遂以柱石相期，舉朝大奇之。又試《漕河議》，廣至八千餘言，大旨謂：舉南北新舊諸河，從源達委，皆能知其積高積下之數；一河之中，分别測量，又能知其遞高遞下之數。地形水勢如指諸掌，從而錯綜之，參伍之，則其病受之處，必可知也。即旱而某處任其涸，即潦而某處任其決，又必可知也。又列引祖宗來赴南都支領月糧，及伍軍操備旂軍擺堡，運糧宣府獨石口外懷來等故事，爲漕河萬世利。館師楊公盱衡而前曰：「全河全漕，了然胸中，條分縷析，悉有考據。所持議皆裨廟謨，留心經濟，足覘異日大業矣！」

丁未，授檢討，即迎先大父於京邸，備極孝養，惟恐少拂先大父意。是年即遭先大父喪，奔走哀號，匍匐歸葬，哀痛慘怛，三年如一日也。大喪禮畢，遵制起補前職，教習内書堂。癸丑，分試禮闈，先文定公故習《葩經》，是役承乏《麟經》，得十有四人，俱名下士。源流展轉相接，皆當代異等。是秋以病歸，丙辰復除前官，丁巳晉左春坊左贊善。奉命册立慶王。往例概有餽遺，王具二百金并弊儀等物追送至潼關，先文定謝箋有云：「若儀物之過豐，例無冒受；惟隆情之下逮，即衷切鐫銜。」等語，遂委婉謝辭。生平取予不苟，往往類此。復以病歸，田於津門。

戊午，東事急，陷撫順清河白家衝三岔河會安堡，起楊鎬爲經略，用兵十三萬，四路進戰，京師大震。先文定慨然上疏曰：「兵家肯綮之論，無如管仲之言八無敵，晁錯之言四予敵。近日遼東之戰，我有一可勝敵者乎？杜松、劉綎、潘宗顔皆偏師獨前，豈非無紀律乎？兵與敵衆寡相等，而分爲四路，彼以四攻一，我以一攻四，豈非不知分合乎？戰車、火器我之長技，撫順臨河不濟，開鐵寬奠皆離隔不屬，豈非無改教乎？出關四十里，遇水不能渡，遇險不能過，入伏不能如，豈非不知地利，哨探無法乎？如是而求幸勝，必不得之數也。今日用兵之要，全在選練，但練須實練，選須實選。」又疏言：兵非選練，決難戰守等事，條對詳確。疏中并有亟造都城萬年臺，及亟遣使臣監護朝鮮。奉神宗特旨，以文定曉暢兵事，不宜遠去，即令訓練新兵，防禦都城，陞詹事府少詹事兼河南道監察御史，管理練兵。因條上事宜，如欽命也，駐劄也，副貳也，將領也；又如待士、揀選、軍資、近募、徵求、勸義等項，指陳明晰，當世稱爲碩畫云。尋因邊警稍緩，人情狃于晏安，當事者復多掣肘，至使士卒露宿空拳。特以忠義血誠感激人心，於是有指揮胡楫、中書楊之驊捐助四千金，河南領兵官丁呂試陶堯臣捐百金，置嵩縣槍棍等項，招選教師演習，諸法壁壘遂一新矣。尋遭孝端皇后、神宗皇帝、光宗皇帝喪，山陵襄事，練習之工僅約四月，而瓜期已届。先文定乃除簡汰老弱三千餘外，存已練者四千六百，諭以忠義，帥以恩威，驅之出關，勇氣百倍。數年後尚有言關門諸事，惟徐詹事練習一隊，足當一面。講者謂以先文定當促襟露肘之餘，小試萬一，已堪若此，況出其全力，何難復全遼也！嗣是以還，人心益怠，先文定亦引嫌告避矣。

辛酉天啓改元，遼瀋繼陷，舉朝震驚，吏部復奏起先文定，遂奉旨回京，因上疏曰：「此事必須盡用臣言，然後可濟。昔年諸疏不幸而言中矣，及今圖之，猶爲未晚。」因得旨，着該部會同議行前條議練兵事宜，另行具奏。先文定乃上疏申奏明初意，尋得旨「所奏練兵除器甚悉，仍着議委任，以畢其用」。先文定又疏言：往年朝鮮之行，聽臣所指，亦足牽其内顧。至於今日，又可連島夷，接礦民爲恢復計，臣自講行，不敢避難，而某某疏沮，遂辭疾歸。然而忠勤惻怛之至誠，社稷封疆之大計，在人耳目間者，不能澌滅。癸亥即家拜禮部右侍郎兼翰林院侍讀學士協理詹事府事纂修《神宗實録》副總裁。而先文定以逆焰方張，落落無出山志，遂招黨魏諸人之忌，諷台臣智鋌論劾閒住。

戊辰今上即位，詔起原官，侍日講，補經筵講官。先文定以日講舊例，無益於治，宜節省繁文，凡所誦説，必稱引二帝三王，以爲聖明補助。又欲於講論之餘，商榷章奏諸事，咨考軍國利弊，更增置講官數員，更悉入直，遇有重難事情，必須援古證今，按據國朝典故，如此則天下要事，略如指掌矣。疏上，閣擬韙之。十二月以日講敘勞，加太子賓客，充纂修《熹宗實録》副總裁。是年插酋虎墩兔犯宣大。己巳，先文定復上疏曰：「方今急務莫若先事强兵，兵强則戰必勝，守必固，而費又可省。臣十一年條陳諸疏，具在御前，若見諸施行，猶然可以保勝，可以節財。倘蒙聖鑒，先與臣精兵五千或三千，一切所須，毋容牽沮，再加訓練，擇封疆急切處，惟皇上所使，必立微功以報命。既有成驗，然後增兵，大張撻伐。」即今録進條陳東事諸疏，得旨：「覽前後章奏，具見留心兵事。今封疆所在，戒備緩急何先？督撫專責外，作何專任？」兵部覆奏：以督撫專責外，别無事任，欲留置先文定於左右，以備顧問。四月改左。十一月邊報破撫順，長驅而入，京師震恐，奉旨會議。先文定言：「臣自通籍以來，一切籌策，言之數矣，所言者已成既往。今日之事，惟有待援於遼而已。内地之兵不可以勝，職所能知也；東來之兵必可以勝，非職所能知也，速爲都城守禦之備，弗以張皇爲諱。今太倉無宿儲，凍糧在河干，即發兵防守，能禦寇乎？不若速運近各城者，即貯各城，更近者運入都。自車牛馬騾而外，可用董搏霄人運之法，不然無待攻圍，只須坐食，而我困矣。」其守禦最急者莫如火器，時大司寇請用先文定，奉旨協同工部尚書張鳳翔料理物件。初四日，上御平臺，召對内閣兵部諸臣，先文定奏：

「臣於今年正月曾疏陳兵事，此時若拮據措辦，得如臣奏，有精兵三五千，今日臣請自願領兵擊賊無難矣。」上曰：「曾有此奏。」先文定復奏：「敵人精騎止萬人，今之人衆，大都掠我良民，其中豈無脱身欲歸者？佃官兵遇之，必殺以報功，是絶其歸正之路，所以彼衆日繁，仰祈皇上敕諭招徠，亦解散一策也。」即令先文定屬稿，中有「貪官污弁，尅減成風，虚占軍丁，實充囊橐。又因遼事方殷，月餉稽發，譁而得罪，誠非得已。但爾等生長中華，豈無父母妻子親戚鄉井之戀？彼暫相羈誘，終被屠僇，前此受害者，爾等亦聞之矣；今特赦爾等前罪，許爾維新，解甲投戈，棄敵來歸者，計功加賞，轉滅族之禍爲傳世之榮，在此一舉」。諭到，展轉相傳，一日夜間，棄敵來歸者絡繹不絶。尋議守城及城外劄營事，總協獨主劄營，先文定奏：「守城全賴火器，非素練不能；若營卒出城，則城夫皆屬平民，未經練習，不知火器。昔遼陽之變，臣再遺書諸當事，云城外列營，萬分不可；只憑城用砲，自足盡賊，不聽。大兵出城，望賊潰散。寧遠之捷，憑城用砲，殲敵萬衆。二者較較可知已。」上起立，復問二説何從？總協二臣奏訖，先文定復奏：「古時無火器，非戰不勝；今大砲既能殺賊於城外，是坐而戰勝也。若驅未練習之民於城外，勝負難期，不如守城爲穩。」上曰：「既如此，定於守城。」乃令安民廠造西洋砲三位，一面教練，晝夜在城，飢渴俱忘，風雨不避，手面瘴瘃，提點軍士。二十三日於德勝門外三發大砲，殲敵甚衆。奈當事者展轉齟齬，不踰月而京城之外申甫滿桂兵連遭挫折，至是而文定所言城内守禦，城外列營，於茲益驗矣。時涿州護送西洋大砲至，先文定又疏云：「神器既見，宜盡其用。東事以來，克敵制勝，獨有神威大砲，一見於寧遠之殲，再見於京都之守，三見於涿州之守，既享其利矣，可見空返乎？」時工部尚書南居益疏請一切軍器，皆宜歸併兩廠，先文定於是遂謝其事。然而皇上鑒先文定忠勤城守，敘勞頒賚，寔有加焉。

上又命户部清理屯鹽二事，先文定疏云：「臣雖東南腐儒，於此二事抱杞憂之日久矣，蓋嘗游學奉使，咨詢十直省，朝考夕思，揣摩四十年。竊有二策於此，其理確然而不易，其事甚易而無難，其着數則捨此而外，別無措意之處，其效驗則漸次而成。要之數年之後，則財計而民生士風邊防，皆倍勝於今日。惟在皇上斷然必行，與中外羣工努力奉行而已。」二疏條例款要約二萬餘言，上慨然嘉納之。各項俱源委詳明，鑿鑿有據，最得屯鹽要理。兩疏具在，未遑備載。時因言事者議論不協，先文定再疏乞休，而上復有慰留修曆之命。先文定既懇辭不得，因嘆曰：「欽若昊天，王者重事。況歲差之法，歷代皆有修改，煌煌天朝，大典廢缺，生平肆習，其敢愬焉！」於是始精意事天之學矣。

先是萬曆四十年十一月朔日食，欽天監推算不合，兵部員外范守己累疏駁正。四十一年正月十五日月食，又不合，部科請修改，咸薦先文定，不果。崇禎二年五月初一日日食，上傳諭欽天監推算日食刻數，不對。大學士韓公奏言：「救護之日，先文定先推算本日食止二分有餘，不及五刻，」驗之果合。於是上命修正，給敕書關防。先文定上疏大略：天行有恒數，無齊數，終歲之間無一相似。歲法如此，他法皆然。又陳急要事宜四款，得旨，修議曆法，立論簡確，列法明備。開局未幾，以儆暫停，敵退復理曆事。庚午六月，陞禮部尚書兼翰林院學士協理詹事府事，時以曆事正殷，刻分杪末，推算浩繁，繼晷焚膏，不遺餘力。十二月，以《神宗實録》成，加俸一級。辛未三月充廷試讀卷官，六月充考庶吉士讀卷官。八月，邊報攻圍大凌河，援兵大敗，城陷，降我將士。先文定上疏云：「臣言兵十三年，章疏十上，謹隳括上塵御覽。」旋蒙聖鑒，令再詳明條奏。先文定又上疏，言選練事甚悉。疏中陳列雖未獲盡數舉行，然議論丰采，朝野倚重，忠清素望，注卜實殷。時值陵工告成，頒賜銀三十兩。

壬申五月初四日，旋奉旨以禮部尚書兼東閣大學士，入内閣辦事。先文定再疏懇辭，兩承温旨，着即入直辦事，以副傒佇。先是枚卜之典，必由會推，皇上加意考慎，見先文定勤劬積久，官舍之内，門清如水，謂可屬以大事，故有是命。遂以禮部尚書兼東閣大學士，入内閣參預機務，纂修《熹宗實録》總裁，玉牒提調。時先文定以孑立之踪，忝居重地，雖生平餽遺請託，必絶必嚴，至是則通候常札，亦必對使焚械，婉詞謝却。而又以聖恩特達，捐軀難報，每夜必殫焚香告帝之虔，每日入直，目不停披，手不停揮，百爾焦勞，雖有以食少事繁之意微詞婉諷者，先文定弗顧也。八月同知經筵事，十二月以皇三子命名，頒賜銀十五兩。癸酉元旦頒賜銀三十兩。時先文定雖叨陪密勿之中，時切疆埸之念，而皇上亦有以宰臣行邊之意，屬意先文定。一日夜分退朝，喜形於色，初不以叨居輔弼之司，遂忘鎖鑰北門之寄，而綢繆户牖之防，腸蓋一日九迴也。本年七月二品考滿，上隆禮眷顧，謂先文定協贊忠誠，勞績茂著，加太子太保文淵閣大學士，尚書如故，蔭一子中書舍人，追贈先高祖而下，俱贈太子太保。尋遣中使賜鈔二千貫，羊一牽，酒一瓶。八月初九日，以脾疾乞假，奉旨：「卿偶恙未能入直，閣務殷繁，暫調一二日，即出佐理，不必請假。」經月不愈，屢遣中使慰問，賜猪羊酒米醬瓜茄，奏謝，奉旨：「慎加調攝，稍痊即出佐理，以慰倚注。」病中以閣臣恭視寫篆進封貴妃册印，頒賜銀二十兩，賜紵絲一表裏。奏謝，奉旨：「加意調攝，即入直佐理，以副延佇。」又一月病益甚，上疏乞休。奉旨：「卿輔政忠勤，積勞偶恙，殊切朕念，暫調即可痊復，何乃輒有引請，着加意慎攝，稍愈即入直佐理，以副眷倚。」時先文定力疾倚榻，猶矻矻捉管了《曆書》。良由平生勞勩，習與性成，不自覺病體之莫可支也。是日以册封貴妃，禮成，頒賜銀二十兩，紵絲一表裏，鈔二千貫。奏謝。明日又遣中使王忠賜猪羊酒米醬瓜茄，忠入卧所，面宣上意。先文定就床叩頭奏謝。自念：感聖恩之如天，悲報國之無日，不覺慟哭失聲，中使爲之感動。幸值曆事將竣，先文定度不能起，乃於二十九日疏明：已進《曆書》七十四卷，已完而未進者六十卷，即薦山東參政李天經以畢其事。又奏：明年二月十五日月食。以皇四子命名頒賜銀十五兩。時病勢益甚，尚語孫爾爵曰：「疾深矣！倘得乞休，歸里門，明農訓後人，耕鑿歌帝力耳！」又草《農書》數卷，至十月初七日而長逝矣！嗟乎痛哉！內閣具奏，訃聞，上輟朝一日，深加憫惻，着禮部從優議卹。生之日特達霑恩；殁之日五典備禮，不知先文定何以得此於皇上也！無論不孝孤，即百世之下，聞之猶慨焉失涕者，國事方殷，主恩未報，文定誠未可以死也。

文定爲人寬仁愿確，樸誠淡漠，於物無所好，惟好學，惟好經濟。考古證今，廣諮博訊，遇一人輒問，至一地輒問，問則隨聞隨筆，一事一物，必講究精研，不窮其極不已。故學問皆有根本，議論皆有實見，卓識沉機，通達大體。如曆法、算法、火攻、水法之類，皆探兩儀之奥，資兵農之用，爲永世利。居恒敬天法天之學，皆得之功深積久之餘，故當機應務，萬變不窮，而一皆根極理要。凡所動作，有一事不可對人，有一念不可對天者，不敢出也。至若應變解忿，他人遲回斟酌而未即得者，文定當前立決，絶無惘疑。如在通州，通天下援遼兵俱道經，請衣請食者無數，四川石柱司土官秦氏率兵三千至，與兵部請餉，兵部給之曰：「餉俱在通州徐少詹處。」秦氏來謁，先文定曰：「我正苦無餉。」川兵忿無所告，適浙兵亦從天津至，求餉，忿激格鬥，總兵畢應武使兵捕之，見殺，文定使人諭之，遂解散。延綏遊擊盛以彰率兵三千至，糧盡，以彰入京，兵欲譁爲亂，文定躬自拮据，人給二鐶而止。恩信威義，所在感孚，大率類此。時孝瑞皇后崩，文定入哭，鑑湖孫公遣使訃告天下，徑與牒以行矣，文定謂孫公曰：「禮宜請頒哀詔。」孫公亟悟，追還使者，而御史左光斗遂論劾孫公矣。八月，神宗皇帝晏駕，長安洶洶，先文定從通州星夜馳至，備不虞。初議大行皇帝廟號「顯宗恭皇帝」。文定與大學士方公言：「皇上垂拱四十年，深居而天下治，豈非神明默運乎？」因更定今謚。光宗皇帝即位，一月而崩，美政畢舉，羣臣哀慕，爲改元稱號，先文定知其非禮而言之不得也。是非之際，斷然不欺；利害之交，凛然不苟。當練兵通州時，部議廩劄諸費，視巡撫例辭十分之一，迨事竣而所餘廩給，若操賞，若捐助，暨皇賞共一萬六千餘兩，悉奏還各庫，無染指；反以延綏兵故行糧乏而譁，文定自捐俸金四百餘兩犒之。而前後所造銃式，及屢造車式臺式共數百金，開局條歷寔備，又日周其不給，不下數百金，而捐己奉公又如此！他年兵部庫中有部院緘封銀一篋，後進有司不知也，召經久胥徒而問之，始知爲先文定通州繳還原物。生平懿跡，每事不求人知又如此！居官自迎養，先大父殁後，不欲以家室相隨，官舍蕭然，臨殁之時，適內外孫二人爲應試至，獲視含殮，視笥中惟敝衣幾襲，銀一兩而已。故事詞林之遷轉差遣，一循資敘，萬曆戊午宜典幾試，大學士方公屢屢不出；宜典武試，辭；宜充日講官，辭；宜充經筵講官，辭；册封之使初定蜀府，有以慶府易則易之；後宜管理誥封，亦辭；宜充纂修官，亦辭。至臨大事慷慨奮發，不知有毁譽禍福，每誦唐人詩：「一人計不用，萬里空蕭條。」有擊碎玉壺之意。都城戒嚴，奉旨協理城守，日苦調度不給，甚至朽木寸鐵，皆爲珍惜。臨没了了，祇以疆圉多故爲念，一語不及於私。古人連呼渡河之氣，文定有焉。不孝孤當年嘗見先文定覆友人一札云：「東方之事，異常寃慘，假使不佞當之，豈令決裂至此！惟有澄江冷月，差甚語此，興言至是，豈勝邑邑！」嗟呼！文定利於己者無一不讓諸人，利於國者無一不任之己。世方樹籬立户，互相標榜，文定不隨波附和，亦不立異以爲高，與物無競，物亦不得而親，終身惕厲，惟知上有朝廷，四十年如一日也。一材一技必折節收之，不惟不待其求，亦不令其知。有枉抑不平者，輒代爲暴白，人或知而引謝，曰：「我自公耳，何謝焉？」人困阨，有求不忍辭，必曲爲捐助，然未嘗一一與家人言。雖博綜最富，著述最多，皆爾雅道健，然未嘗逞懸河以炫長，或遇人即言，其非人則木如也。又性喜屬意字學，筆筆正鋒，而亦不欲以藝顯。待人温温，笑語竟日，無惰容倨色。然不可干以私，門無雜賓，居家絶跡公府，地方利弊，不惜百口。如建閘蓄水，濬吴淞江，復禹舊跡，及民輸布運等役，不斷筆舌。通籍四十年，室廬不改，惟務本業，得開物成務之遺。每有志興西北水利，買田天津，辟草萊而耕之，人遂有倣而行之者。慶弔燕會，不隨俗浮靡，力返於樸，服食檢約，不殊寒士，終身不蓄妾媵。教戒子孫下至臧獲皆有法焉，鄉黨澆薄爲之一變。是則先文定居朝居鄉之大略也。惜乎富强之略，不見之施設，僅見於紙墨之流傳；魚水之歡，不得之盛年，而得之桑榆之迅景。假使先文定慷慨上書之日，無所牴牾，必將大有建樹，何至身都富貴，終身若抑鬱而誰語者哉！不孝孤所以仰天椎心而泣血也。

文定生於嘉靖壬戌三月二十一日，卒於崇禎癸酉十月初七日，享年七十有二。配吳氏，累封淑人，今封一品夫人。子一，即不肖孤驥也，郡庠生，今廕官生。娶太學生顧公昌祚女。孫男五人：爾覺邑庠生，今廕中書科舍人，娶甲子科舉人俞公廷鍔女；爾爵邑庠生，今廕中書科中書舍人，先娶禮部主事喬公煒女，繼娶廩膳生李公延兹女；爾斗邑庠生，娶登萊巡撫孫公元化女；爾默邑庠生，娶南京應天府經歷黃公兆蘭女；爾路邑庠生，娶工部主事潘公雲龍女。曾孫男六人，俱未聘。

所著有《曆書》一百三十二卷，《清臺奏草》《兵事疏》《幾何原本》《測量》《勾股》《水法》《簡平儀》《農遺雜疏》《毛詩六帖》《百字訣》行於世。《文集》數十卷，《南宮奏草》《端闈奏草》《經闈講義》《通漕類編》《讀書算》《平渾》《日晷》《九章算法》《農書》《醫方》藏於家。

惟是本年月日卜吉而藏，泣血拊心，名公大人狀之則事且無徵，恭惟老先生門下，文蔽班揚，道高管鮑，隻字單詞，允爲信史，敢徼福先靈，叩閽以請。泣念先文定溫室之言不泄，闇室之積難窺，謹按疏草憲令，私居遺跡，摭什一于千百，布之司籍，伏乞憐而鑒之，俯賜如椽，以爲先文定公重。詎惟不孝孤寔世世子孫式靈無既矣！驥無任瀝血哀懇之至。不孝孤驥泣血謹述。

清·阮元等《疇人》卷三二《徐光啓》 徐光啓字子先，上海人也。神宗二十五年舉鄉試第一，又七年成進士，由庶吉士歷贊善。從西洋人利瑪竇學天文推步，盡得其術，爲譯《幾何原本》《測量法義》等書。言：「《幾何原本》者，度數之宗，所以窮方圓平直之情，盡規矩準繩之用也。利先生從少年時留意藝學，其師丁氏又絕代名家，以故極精其説。而與不佞遊久，講譚餘晷，時時及之。因請其象數諸書，更以華文。獨謂此書未譯，則他書俱不可得論。遂共譯其要約六卷，既卒業而復之，由顯入微，從疑得信。蓋不用爲用，衆用所基，眞可謂萬象之形囿，百家之學海矣。是書以當百家之用，猶其小者；有大用於此，將以習人之[靈]才，令細而確也。」又言：「西泰子之譯測量諸法也十年矣。法而系之義，自歲丁未始。曷待乎？于時《幾何原本》始卒業，至是而後得博其義也。是法也，與《周髀》《九章》之句股測望不異。何貴焉？亦貴其義也。」光啓又引伸《測量法義》，作《句股義》一卷，言：「句股遺言見于《九章》中，凡數十法，不出余所撰正法十五條。元李治廣之作《測圓海鏡》，近顧司寇應祥爲之分類釋術，余欲爲説其義，未遑也。其造端第一論，則此篇亦略具矣。《周髀》爲算術中古文第一，故爲采摭要語，弁諸篇端。至於商高問答之後，所謂榮方問于陳子者，言日月天地之數，則千古大愚也。」

天啓三年，擢禮部右侍郎。崇禎二年五月乙酉朔日食，光啓依西法預推，順天府見食二分有奇，瓊州食既，大寧以北不食。《大統》推算三分有奇，《回回》推算五分有奇。已而光啓法驗，餘皆疏。帝切責監官。時五官夏官正戈豐年等言：「《大統》乃國初監臣元統所定，即元太史郭守敬《授時(術)[曆]》也。二百六十年來，按法推步，一毫未嘗增損。《授時》之法，古今稱爲極密。然依其本法，尚不能無差。守敬以至元十八年成(術)[曆]，越十八年爲大德三年八月，已推當食不食，六年六月又食而失推，時守敬方知太史院事，亦付之無可奈何。彼立法者尚然，況斤斤守法者哉？今欲循守舊法，向後不能無差。欲行修改，更非淺陋所及。」於是禮部奏請開局修改，乃以光啓督修新法。敕曰：「西法不妨於兼收，諸家務取而參合，用人必求其當，製象必覈其精，責有攸歸，爾其慎之。」

光啓乃上修曆法十事：其一，議歲差每年東行漸長漸短，以正古來百年、五十年、六十年等多寡互異之説。其二，議歲實小餘昔多今少，漸次改易及日景長短歲歲不同之因，以定冬至，以正氣朔。其三，每日測驗日行經度，以定盈縮加減眞率，東西南北高下之差，以步日躔。其四，夜測月行經緯度數，以定交轉遲疾眞率，東西南北高下之差，以步月離。其五，密測列宿經緯諸度，以定七政盈縮、遲疾、順逆、違離、遠近之數。其六，密測五星經緯行度，以定小輪行度、遲疾、留逆、伏見之數，東西南北高下之差，以推步凌犯。其七，推變黃、赤道廣狹度數，密測二至距度，及月五星各道與黃道相距之度，以定交轉。其八，議日月去交遠近及眞會、似會之因，以定距午時差之眞率，以正交食。其九，測日行，考知二極出入地度數，以定周天緯度，以齊七政。因考月食，知東西相距地輪經度，以定交食時刻。其十，依唐、元法，隨地測驗二極出入地度數，地輪經緯，以定晝夜晨昏永短，以正交食有無、多寡、先後之數。

又修曆用人三事：其一，臣部所舉南冏臣李之藻已蒙録用外，果有嵓門名家，亦宜兼收簡用。其二，西洋天學臣利瑪竇等，曾經部覆推舉，今其同伴鄧玉函、龍華民現居賜宇，必得其書、其法，方可較正增補。若以《大統》法與之會通歸一，則事半而功倍矣。其三，合用人員外，有訪求招致者，聽臣部類齊考試，各取所長，不致濫收糜費。

又修曆急用儀器十事：一、造七政象限大儀六座。二、造列宿紀限大儀三座。三、造平渾懸儀三架。四、造交食儀一具。五、造列宿經緯天球儀一架。六、造萬國經緯地球儀一架。七、造節氣時刻平面日晷三具。八、造節氣時刻轉盤星晷三具。九、造候時鐘三架。十、裝修測候七政交食遠鏡三架。奏可。

九月癸卯開局。又徵西洋人湯若望、羅雅谷等譯書演算。是月，光啓進本部尚書十月十七日測驗月食，臺官用器不同，測時互異，有旨較勘畫一。光啓因言：「臣等竊照定時之法，當議者五事：其一，壺漏等器規制甚多，今所用者水漏也。然水有新舊滑澀，則遲疾異。漏管有時而塞，有時而磷，則緩急異。定漏之初，必於午正初刻，此刻一誤，無所不誤，雖調品如法，終無益也。故壺漏者，特以濟晨昏陰雨[晷]儀表[臬]所不及，而非定時之本。所謂本者，必準於天行，則用儀表以測日星是已。其二，指南鍼者，今術恆用以定南北，辨方正位，皆取則焉。然所得子午非眞。今以法考之，實各處不同，在京師則偏東五度四十分。若憑以造晷，則冬至正午先天一刻四十四分有奇。今觀象臺日晷一座，及正方案，以法考之，正方案偏東二度，日晷先天半刻。據此以候交食時刻，其失不盡在推步也。今但用表臬或儀器，以求子午眞線，與舊晷較勘，差數立見矣。其三，臬表者，即《周禮》匠人置槷之法，識日出入之景，參之日中之景，以正方位。今法置小表於地平，午正然後累測日景，以求相等之兩長景，即爲東西。因得中間最短之景，即爲眞子午也。其四，本臺原有立運儀，以測驗七政高度。臣等即用以定子午，於午前累測日高度分，因最高之度，得最短之影，此午正時南北眞線也。其五，造成平面日晷，依前儀器、表臬、南針三法，參互考合，務得子午卯酉眞線，因以分佈時刻，加入節氣諸線，即成平面日晷。若今所用圓石欹晷，是爲赤道晷，亦用所得子午線較定。此二晷者，皆可得天正時刻，所謂晝測日也。若測星用重盤星晷，上盤書時刻，下盤書節氣，展轉相加，依近極二星，用時指垂權測，知天正時刻，所謂夜測星也。惟表、惟儀、惟晷，悉本天行，私智謬巧，無客其間，故可爲候時造曆之準式也。今若準儀、準表、準針任用一事，以造日星二晷，又因二晷以較定壺漏，令遲疾如意，則天正時刻，人人通知，在在畫一矣。如此而交食尚有先後，則失在推步也。然而推步之學，其中事理有須申明奏聞者。《授時》之法，三百五十年略無修正，近蒙聖主加意釐正，而諸臣見臣等著述稍繁，似有畏難之意，不知其中有理、有義、有法、有數。理不明不能立法，義不辨不能著數。明理辨義，推究頗難；法立數著，遵循甚易。所謂明理辨義者，在今日則能者從之，在他日則傳之其人，令可據爲修改地耳。如舊用測圓術求距度一率，即須展轉乘除，窮日之力，而臣等翻譯原文二萬一千六百率，又改從《大統》，加減演算爲三萬六千率，用之推步，展卷即得。其他諸(術)[法]，亦多類此。此則今之愈繁，乃後之愈簡。以臣等之甚難，開諸臣之甚易也。」

光啓進《曆書總目》一卷，《日躔(術)[曆]指》一卷，《測天約説》二卷，《大測》二卷，《日躔表》二卷，《割圓八線表》六卷，《黄道升度表》七卷，《黄赤道距度表》一卷，《通率表》二卷。言：「邇來諸臣頗有不安舊學、志求改正者，故萬曆四十年有修(術)[曆]譯書、分曹治事之議。夫使分曹各治，事畢而止，《大統》既不能自異於前，西法又未能必爲我用，亦猶二百年來分科推步而已。臣等愚心以爲欲求超勝，必須會通，會通之前，必須翻譯。蓋《大統》書籍絶少，而西法至爲詳備，且又近今數十年間所定，其青于藍、寒于水者，十倍前人，又皆隨地異測，隨時異用，故可爲目前必驗之法，又可爲二三百年不易之法，又可爲二三百年後測審差數因而更改之法，又可令後之人循習曉暢，因而求進，當復更勝於今也。翻譯既有端緒，然後令甄明《大統》、深知法意者，參詳考定，鎔彼方之材質，入《大統》之型模。臣惟茲事義理奥賾，法數盈繁，述敍既多，宜循節次，事緒尤紛，宜先基本。今擬分節次六目：一曰日躔(術)[曆]；二曰恆星(術)[曆]；三曰月離(術)[曆]；四曰日月交會(術)[曆]；五曰五緯星(術)[曆]；六曰五星交會(術)[曆]。基本五目：一曰法原，二曰法數，三曰法算，四曰法器，五曰會通。一切翻譯撰著，區分類别，以次屬焉。」

夏四月戊午夜望月食，光啓預推分秒時刻方位，奏言：「日食隨地不同，則用地緯度算其食分多少，用地經度算其加時早晏。月食分秒，海内並同，止用地經度推求先後時刻。臣從輿地圖約略推步，開載各布政司月食初虧度分，(若)[蓋]食分多少既天下皆同，則餘率可類推，不若日食之經緯各殊，必須詳備也。又月體一十五分，則盡入闇虚亦十五分止耳。今推二十六分六十秒者，蓋闇虚體大于月。若食時去交稍遠，即月體不能全入闇虚，止從月體(記)[論]其分數。是夕之食，極近于交，故月入闇虚十五分方爲食既，更進一十一分有奇乃得生光，故爲二十六分有奇。如《回回(術)[曆]》推十八分四十七秒略，同此法也。」

八月，又進《測量全義》十卷，《恆星曆指》三卷，《恆星曆表》四卷，《恆星總圖》一摺,《恆星圖像》一卷,《揆日解訂訛》一卷,《比例規解》一卷。冬十月辛丑朔日食,新法預推順天見食二分有奇,河南、陝西、山東俱見食一分,南京以南不食,大漠以北食既。例,京師見食不及三分,不救護。光啓言:「月食在夜,加時早晚,苦無定據。惟日食明白易曉,按晷定時,無可遷就。故(術)[曆]法疏密,獨此最爲的證。況臣等翻譯纂輯,漸次就緒,而向後交食爲期尚遠,此時不一指實,與該監臣明白共見,即曆成之後,無憑取驗。非獨此也,是日之必當測候有四説焉。按日食有時差,舊法用距午爲限,中前宜減,中後宜加,若日在正中則不用加減,故臺官相傳,日食時差多在早晚,日中必合,獨今此食既在日中,而加時則舊術在後,新術在前,當差三刻以上。所以然者,七政運行皆依黄道,不由赤道。舊法所謂中,乃赤道之午中,而不知所謂中者,黄道之正中也。黄、赤二道之中,獨冬、夏二至乃得同度,餘日漸次相離。今十月朔去冬至度數尚遠,兩中之差二十三度有奇,豈可乃因食限近午不加不減乎?若食在二至果可無差,即食于他時而不在日午,即差之原尚多難辨。適際此食,又值此時,是可驗時差之正術。一也。交食之法既無差誤,及至臨期實候,其加時又或少有後先,此則不因天度而因地度。本方之地經度,未得眞率,則加時難定,必從交食時測驗數次,乃可較勘畫一。今此食依新術測候,其加時刻分,或先後未合,當取從前所記地經度,斟酌改定,此可以求里差之眞率。二也。時差一法,但知中無加減,而不知中分黄(道)[赤]。今一經目見,一經口授,人人知加時之因黄道,一時發覆,蹊徑了然。此足以明學習之甚易。三也。監臣之所最苦者,詆爲擅改,不知即欲改不能。如時差等術,必因千百年之測候而後立法,即守敬不能驟得之,況諸臣乎?此足以明疏失之非辜。四也。」帝是其言。至期,光啓與欽天監秋官正周允、五官司書劉有慶、漏刻博士劉承志,天文生周士昌、薛文燦,西洋人羅雅谷、湯若望等,預點定日晷,調定壺漏,以測高儀器推定日晷高度。又於密室中斜開一隙,置窺筩、眼鏡以測虧復,畫日體分數圖板以定食分。其食甚時刻高度密合,而分數未及二分,於是光啓言:「今食甚之度分密合,則經度里差似已的確,無煩改更。獨食分未及原推者,蓋因日光閃爍,惟食及四五分以上者乃得與原推相合,故食一分内外者與不見食同,則二分有奇者所見宜不及二分也。」

五年四月,光啓又進《月離曆指》四卷、《月離曆表》六卷、《交食曆指》四卷、《交食曆》二卷、《南北高弧表》十二卷、《諸方半晝分表》一卷、《諸方晨昏分表》一卷。五月,光啓以本官兼東閣大學士。九月十四日己酉月食,監推初虧在卯初一刻,光啓等推在卯初三刻,回回科推在辰初初刻,三法互異。有旨詰問。至期,雲氣隱蔽,無憑測驗。光啓因具陳三法不同之故,言:「交食之法,先求平朔望。平朔望之算,起于曆元。今法本用《授時(術)[曆]》,以至元辛巳爲曆元,當時所立四應稍有未合。臣等新法以崇禎元年戊辰爲曆元,兩者相推,已推得舊法後六十五分爲半刻有奇矣。既得平朔望,以求定朔望。定朔望即日月食之食甚定分也。法以日躔盈縮、月轉遲疾推其各差,又以兩差之較爲加減時差,用以加減于平數,得定數焉。時九月十四日夜望,則太陽在縮限,而《授時》法縮限起夏至,不知日有最高、有夏至兩行異法,縮限宜從最高起也。惟宋紹興年間兩行同度,郭守敬後此百年,去離僅一度有奇,故未及覺。今最高一行已在夏至後六日有奇,以推縮差,則舊法後天一十八分有奇也。是日太陰在疾限。遲疾之法,《授時》止論一轉周,新法謂之自行輪,月自行之外又有兩次輪,以次密推,則舊法疾限先天二度有奇。以推疾差,又後天四十分也。次以縮疾兩差相較,變爲時而求定望,宜用減法。舊法則一推而得四十八刻九十分,新法再推先得四十一刻一十三分有奇,次得四十四刻八分。兩得相較,又差三刻弱。故舊法之食甚定分得二十八刻弱,新法得三十刻弱。以推初虧,則舊法在子正後二十二刻二十二分,爲卯初一刻,新法在子正後二十二刻五十九分,爲卯初三刻。此舊法與新法異同之因也。若回回(術)[曆]又異二法者,臣等實未能盡曉其故,僅知彼曆元爲阿剌必年,與隋開皇相值,去今一千三十餘載矣,年遠數殊,意其平朔望亦未必合也。即以減分論,則是太陽縮限在四宮一度,依彼法得縮差一度四十一分,新法得一度四十三分,其差二分。太陰疾限在十宮十七度,依彼法得疾差二度一十九分半,新法得三度六分,其差一十三分半。兩差相併,得十五分半,變爲時約,彼法在新法後四刻。今差五刻者,意其緣正在曆元四應,否則創法之處距西一萬餘里,或里差又未合也。三家所報,各依其本法,欲辨其疏密,則在臨食之時實測實驗而已。今已往之事無復可論,將來準法似須商求。其所求者,蓋有二端:其一曰食分多寡。按交食法中不惟推步爲難,併較驗亦復未易。臣前疏嘗言,日食時陽晶晃耀,每先食而後見,月食時游氣紛侵,每先見而後食,蓋食者二體相交之謂也。日食既交,因其光大,人目未見,必至一分以上乃得見之。月食未交,闇虚之旁先有黑影侵入于月,及其體交,反無界限,故推步無舛謬,而較驗多任目任意揣摩影響,不能灼見分數以證原推,得失亦無繇知。如宋臣周琮所定『差天一分以下爲親,二分以下爲近,三分以下爲遠』,非苟自恕，蓋其術止此而已。今欲灼見食分，有近造窺筩新法。日食時，用於密室中，取其光影映照尺素之上，自初虧至復圓，所見分數界限眞確，畫然不爽。月食不能定其分秒之限，然二體離合之際，鄞鄂著明，中間色象亦與目測迥異。此定分法也。其一曰加時早晚。定時之術，相傳有壺漏爲古法，近有輪鐘爲簡法。然而調品皆繇人力，遷就可憑人意，故不如求端于日星。晝則用日，夜則任用一星，皆以儀器測取經緯度數，推算得之，是爲本法。其驗之則，測日有平晷新法，測星有立晷新法，皆礱石範銅，鑴畫數度、節氣、時刻，一一分明。以之較論交食，皆于本晷之上，某時某刻先期注定，至時徵驗，是合是離，灼然易見。此定時法也。二法既立，一遇交食，凡古今諸術得失疏密，如明鏡高懸，妍媸莫遁矣。月食諸史不載，所載日食，自漢至隋凡二百九十三，而食于晦日者七十七，晦前一日者三，初二日者三，其疏如此。唐至五代，凡一百一十，而食于晦日者一，初二日者一，初三日者一，稍密矣。宋凡一百四十八，則無晦日，更密，猶有推食而不食者十三。元凡四十五，亦無晦食，猶有推食而不食者一，食而失推者一，夜食而書晝者一。至加時先後至四五刻，當其時已然，至今遵用，安能免？此乃守敬之法，三百年來，世共歸推，以爲度越前代。何也？高遠無窮之事，必積世累時，乃稍見端倪。故漢至今千五百歲，立法者僅十有三家。蓋于數十百年間一較工拙，非一人之心思智力所能黽勉者也。守敬集前古之大成，加以精思廣測，故所差僅四五刻，比于前代洵爲密矣。若使守敬復生今世，欲更求精密，計非苦心極力，假以數年，恐未易得。何可責於沿襲舊法如諸臺臣者乎？」

六年十月，光啓以病辭局務，薦李天經以竣其事。逾月，光啓卒，贈少保，謚文定，後加贈太保。

先是，三年，巡按四川御史馬如蛟薦資縣諸生冷守忠執有成書，言論娓娓，抄録原書送局。光啓力駁其謬，言：「曆法一家，本于《周禮》馮相氏會天位、辨四時之敘，于他學無與也。從古用《大衍》，用樂律，牽合傅會，盡屬贅疣。今用《皇極》《經世》，亦猶二家之意也。此則無關工拙，可置勿論。惟是(術)[曆]之始事，先定氣朔，(術)[曆]之終事，必驗交食。今崇禎四年辛未歲前冬至，《大統(術)[曆]》推在庚午十一月十八日亥正一刻，本部從前推步，臨期測驗，定在十九日丑初一刻五分四十一秒，則于《大統(術)[曆]》已是先天一十二刻有奇，而于來(術)[曆]所推在酉初四刻，又先《大統》一十六刻，則比于本部新法，其先二十八刻有奇。燕越蒼素不啻遠矣。然而此事奧賾難宣，逝駒莫挽，彼此是非，孰從定之，亦姑未論。獨辛未年日月交食，此可預推，尤難掩覆，合離疏密，此不可以口舌爭也。考是年四月十五日月食，新法所推食限二十六分六十秒。四川成都府初虧在子正初刻九十一分一十三秒，食既在丑初一刻二十六分六十七秒，食甚在丑正初刻七十零分六十三秒，生光在寅初初刻二十六分四十零秒，復圓在寅正初刻五十分七十三秒。復圓之時，月輪尚在地平上一十五度有奇。來(術)[曆]云加時在晝，則相左之甚，而明自易見。時日既在指顧，事理又若列眉。令本生至期候驗，如果加時在晝，則其法复絶千古，當盱衡俟之；若或在夜，則尚宜虛心習學，以成先志。」已而四川報守忠所推月食實差二時，而新法密合。

四年，魏文魁進所著《曆元》《曆測》于朝，通政司送局考驗。光啓作二議、七論詰之。一議交食，言：據單開崇禎四年四月十五日夜望月食，今考驗食分則爲密合，加時後天一刻，亦爲親近。獨二年五月朔日食，臨期實候，得食止二分，初虧巳正四刻，與本部所據新法密合。此修改之議所從起也。今《曆測》稱「三分九秒，初虧巳初三刻，則食多一分，時先五刻」，《曆元》稱「日食一分二十一秒，初虧午初初刻，則食少一分，加時密合」，而兩書自相違異。食差將及二分，加時不啻五刻，此宜再加研察，方可議定成法，以垂永久。至今年十月朔日食，本局新法推食二分有奇，初虧午正一刻，而單開食止九十七秒，初虧未初二刻，則食少一分有奇，加時後天五刻。此法異同，不須爭論，宜待臨時候驗，疏密自見。一議冬至，言：據《曆測》，不用《授時(術)[曆]》加減歲實，亦不用《大統》定用歲實，而用金重修《大明(術)[曆]》小餘二十四刻三十六分，則各年冬至宜遞加二十四刻三十六分，方合古來成法。今查《曆元》稱「崇禎元年戊辰測(已)[己]巳歲天正冬至，得癸未日午正二刻，崇禎三年庚午測辛未歲天正冬至，得甲午日子正初刻，兩年之間，實差四十九刻，平分之得二十四刻五十分，亦爲密近。」但天啓七年丁卯測戊辰歲天正冬至，得戊寅日卯初二刻，而前推己巳歲天正冬至得午正二刻，則差二十九刻，與小餘不合者四刻六十四分。兩測兩推，必居一誤矣。所宜再加研究，以求必合。其七論言：歲實自漢以來，代有減差，至《授時》減爲二十四分二十五秒。依郭法百年消一，今當爲二十一分有奇。而《曆元》用楊級、趙知微之三十六秒，翻復驟加，與郭法懸殊矣。今詳郭法寖次減率，考古驗今，實非妄作，決宜遵用。而《曆元》所用，又(以)[似]實測得之，是以確然自信，仍非臆說。二義參差，將何決定，根尋究竟，則皆是也，又皆非也。其中義据，巧曆茫然。所宜極論者一。句股弧矢，曆學之斧斤繩尺也。每測皆尋弧背，每算求弦矢，而今《曆測》中猶用圍三徑一開方求矢之法。此之半徑，則六十度八十七分五十秒之通弦耳。此而可用，則六十度八十七分五十秒之弧，與其通弦等乎？半之，則三十度四十三分七十五秒之弧，又與其正弦等乎？是術一誤，何所不誤！所宜極論者二。冬至、夏至不爲盈縮之定限。今考日躔，春分迄夏至，夏至迄秋分，此兩限中日時刻不等。又立春迄立夏，立秋迄立冬，此兩限中日時刻不等。此皆測量易見、推算易明之事。則太陽盈縮之實限，宜在冬、夏二至之後，而各有時日刻分，代有長消加減。所宜極論者三。舊(術)[曆]言太陰最高得疾，最低得遲，且以圭表測而得之，非也。太陰遲疾是入轉内事，表測高下是入交内事，若云交即是轉，緣何交終、轉終兩率互異？既是二法，豈容混推，以交道之高下爲轉終之遲疾也。交、轉既是二行，而月行轉周之上，又復左旋，所以最高向西行則極遲，最低向東行乃極疾，正與舊法相反。五星高下遲疾，亦皆準此。所宜極論者四。日食法謂在午正則無時差，非也。時差言距，非距赤道之午中，乃距黄道限東西各九十度之正中也。而黄道限之正中，在午中前後有差至二十餘度者，若依午正加減，烏能必合？所宜極論者五。交食限定陰限距交八度、陽限距交六度，亦非也。本局考定陰限當十七度，陽限當八度，月食則定限南北各十二度。所當極論者六。《曆測》云「宋文帝元嘉六年十一月己丑朔，日食不盡如鈎，晝星見。今以郭氏《授時(術)[曆]》推之，止食六分九十六秒，郭(術)[曆]舛矣。」不知所謂舛者何也？若郭(術)[曆]果推得不盡如鈎、晝星見，則眞舛耳。今云六分九十六秒，乃是密合，非舛也。夫月食天下皆同，日食九服各異，前史類能言之。南宋都于金陵，郭(術)[曆]造于燕中，相去三千里，北極出地差八度，日食分度宜有異同矣。其云不盡如鈎，當在九分左右，而極差八度，時在十一月，則食差當得二分弱，郭(術)[曆]推得七分弱，非密合而何？本局今定日食分數，首言交，次言地，次言時，一不可闕。所宜極論者七。

文魁不服，作《答問》以難光啓，語見《文魁傳》。光啓于是復爲《答客難》曉之，言：崇禎二年五月朔日食，據云刻書者誤也。然原稿末误者云食一分三十九秒，亦恐未確。蓋日食一分以下，非人目所能見，是日果食一分三十九秒，則所見極微矣，而通都共覩，實不止一分三十九秒也。今年十月朔，密室所候將及二分，而外間所見止一分以上，此足下所目覩，非其明效邪？又言歲實小餘三十六分，據云此趙知微重修《大明(術)[曆]》四餘所用，《授時》《大統》皆仍之，處士亦仍之。則三十六分特用之四餘，不用之氣朔邪？豈四餘、氣朔當有兩歲實邪？不知五星之歲實，又與氣朔、四餘同邪？異邪？處士自云所用歲實「不假思索，皆從天得」，此疑實測所定果亦近之，然何不少費思索，并定一五星四餘晝一不爽之歲實，乃猶仍金、元諸人之舊也。又言歲實加減小餘，自漢《四分(術)[曆]》定爲二十五分，《乾象(術)[曆]》減爲二四六一八，南宋《大明(術)[曆]》又減爲二四二八一四，宋《統天》、元《授時(術)[曆]》又減爲二四二五，其間七十餘家，互有加損。總計之，則自漢至今，皆以漸減也。彼皆實測實算，以爲當然，烏得謂元以後遂不應復減者邪？郭云百年減一分，三百五十年來應減三分五十秒，當爲二十一分五十秒，而該局所考正今之定用歲實，乃是二十分四十八秒六十微，即又不及百年而減一分。明理著數，亦猶行古之道也。此則不知者聞之，將大笑且駭，以爲該局所推冬至時刻必且先天若干，亦先《大統》若干。而又不然。如今歲推壬申年天正冬至，《大統》得在十一月三十日己亥寅正一刻，而局推在辰初一刻一十八分，乃後于《大統》一十二刻，用儀器測驗，確與天合，並無乖爽。此爲何故？平歲實非本年冬至可定，眞冬至時刻非歲實可推也。此説甚長，更僕未罄。姑就所明通之處士，亦知冬至時刻終古無定率乎。果有定率，則處士所定二十七分，歲歲加增足矣，何爲每測必差？即《曆元》所測定，二三年間便成參錯。此其間得無誘之於儀表未精、測候未確，不知果精果確，乃眞見其無定率矣。蓋正歲年與步月離相似，冬至無定率，與定朔、定望無定率一也。朔望無定率，宜以平朔望加減之；冬至無定率，宜以平年加減之，若郭太史所增減之歲實平年也。故新法之平冬至或在《大統》前，或在後，其定冬至恒在《大統》後也。又言句股三乘術非誤也，特徑一圍三不合耳。既稱作者宜自爲清源，奈何沿前人之濁流邪？弧與弦終古無相等之率，無論古率、徽率、密率、太一率，即多分之至萬萬億，猶是弦也，否則外周之切線也。且弧弦之術，舉手即須，每推一法，當數四用之，即以古率推演，已覺太繁，况徽、密已上乎？必若此者，(術)[曆]將卒世而不就矣。該局既已言之，安得無見，又安得無書？第所傳之書，有論説，有立成，有通率，都爲一十六卷八十餘萬言，以入《曆元》，得毋本末不相稱邪？此書爲用甚大，故名《大測》。自當孤行于世，待知者用之。又言舊法冬、夏二至爲盈縮之定限，今云否者。古名(術)[曆]家精詳測候，見春分至立夏行四十五度有奇，立秋至秋分亦行四十五度有奇，其度等，而中間所歷時日不等，又時日多寡世世不等，因知日行最高度，上古在夏至前，今世在夏至後六度，則夏至後六日，乃眞盈縮之限，此即眞冬至所自出矣。又言太陰遲疾用圭表得之。夫太陽用二至前後表景推算，在二日內，或亦近之，若遠，則所得者定非眞率，何況太陰？但太陰之遲疾，不在去地高卑。高卑者，交道也。九年再測者，亦非測太陰，測月孛也。月交東鶩，月轉西馳，兩道違行，是生月孛。孛者，悖也。月轉至是，則違天行，故最遲也。九年以內，孛實行天一周，四年半在高，四年半在卑。其測高、測卑之月日太陰，必與孛同度。既得同度，必是最遲，豈因圭表去地高下爲其遲疾耶？且孛則九年而一周，月則二十七日有奇而一轉，若洞悉交、轉之義，即月月自有其遲疾，日日可得其高下，何必九年哉？必九年乃得者，則歲星須十二年，填星須二十九年，歲差須二萬五千餘年，誰能待之？又言日食距午時差，舊法以爲論時則定朔小餘五十刻是也，本局以爲論度則黄道九十度限是也。時與度有離合，食在午中，或近午左右，而推算時刻，乃不合天者，其度限去午左右稍遠故也。又言日食距交限，該局定爲陰限十七度，陽限八度，而云不然，何不考今年十月朔日食甚距交幾度耶？按是日食甚在未初一刻內五十一分，本月十五日夜望月食食甚在辰初一刻內一十三分，兩食中積爲十四日七十三刻，月食甚時過正交入陰限一度，依法推得日食甚時，月未至中交十四度强而食及二分，則初入食限豈非十七度乎？至宋神宗天聖二年甲子歲五月丁亥朔，曆官推當食，不食，司天奏日食不應，中書奏表稱賀。乃諸(術)[曆]推算皆云當食，以《授時》推之亦然。夫于法則實當食，而于時則實不食，此事遂爲千古不決之疑，今當何以解之？按西(術)[曆]日食有變差一法，是日在陰限距交一度强，于法當食。而獨此食，此地之南北差變爲東西差，故論天行，地心與日月兩心俱參直，實不失食。而從人目所見，則日月相距，近變爲遠，實不得食。顧獨汴京爲然。若從汴以東數千里，漸見食，至東北一萬數千里，則全見食也。此術于日食法中最爲深賾，論(術)[曆]至此，果所謂得未會有也。又言據答末後一條，語意難明。如云河北千里、朝鮮虧時等，不知何物。若本部原咨，則有二説。一謂南北里差，《元史》稱四海測驗二十七所，大都北極出地四十度太强，揚州三十三度，今測得金陵三十二度半，較差八度少，如《唐書》每度三百五十里，則二千九百餘里，謬也。如近法每度二百五十里，則二千餘里爲其南北徑線，加行路紆曲，豈非三千里乎？有里差則有食分差，安可謂日食時南北之分秒等耶？一謂東西里差，盡大地人皆以日出處爲東，日入處爲西，皆以日出時爲卯，日入時爲酉也。有定東西，無定卯酉也。南北里差，論北極出地若干里，而高下差一度；東西里差，論七政出入亦若干里，而遲疾差一度，不易之定論。驗之交食，最易見矣。今反抹去此差，而欲議交食乎？按漢安帝元和三年三月二日日食，史官不見，遼東以聞；五年八月朔日食，史官不見，張掖以聞，豈非食在早獨見于遼東，食在晚獨見于張掖乎？據稱西域之巳時，即中國之未時，則日月有食，西域之見食爲巳，中國之見時爲未，極易曉。何者？地有兩時，天無二食也。推之西域以西，中國以東，何獨不然？安得謂南北異、東西同哉？

光啓等所修《崇禎曆書》凡一百二十六卷：《曆書總目》一卷，《日躔曆指》四卷，《日躔表》二卷，《恒星曆指》三卷，《恒星圖》一卷，《恒星圖(系)[像]》一卷，《恒星曆表》四卷，《恒星經緯表》二卷，《恒星出没表》二卷，《月離曆指》四卷，《月離表》六卷，《交食曆指》七卷，《交食表》七卷，《五緯曆指》九卷，《五緯表》十卷，《測天約説》二卷，《大測》二卷，《割圓八線表》六卷，《黄道升度表》七卷，《黄赤道距度表》一卷，《通率表》二卷，《元史揆日訂誤》一卷，《通率立成表》一卷，《散表》一卷，《割圓八線立成長表》四卷，《黄道升度立成中表》四卷，《曆指》一卷，《測量全義》十卷，《比例規解》一卷，《南北高弧表》十二卷，《諸方半晝分表》一卷，《諸方晨昏分表》一卷，《曆學小辨》一卷，《曆學日辨》五卷。

論曰：自利氏東來，得其天文數學之傳者，光啓爲最深。洎乎督修新法，殫其心思才力，驗之垂象，譯爲圖説，洋洋乎數千萬言，反覆引伸，務使其理其法足以人人通曉而後已。以視術士之秘其機械者，不可同日語矣。迄今言甄明西學者，必稱光啓，蓋精于幾何，得之有本，其識見造詣，非文魁守忠輩所能幾及也。

紀事

清・李杕《徐文定公集序》 聖教昉行一國，率有聖哲挺生，以非常之才，立德功言三者，彪炳一世。或又行起死肉骨，不藥療病等異，耀人目，警人心，風動四民，於是所言必信，有感斯孚，過化存神，教澤深遠，父傳之子，子傳之孫，雖遇艱難困厄，而信志堅貞，歷千百年不變，如班有聖雅各而俗美，法有聖勒米而化行，印度有聖方濟而崇正，皆明證也。我中國聖教盛行，猶在元代，其時有和德理者，亦聖賢中一人，宣訓燕京，都士向慕，後以遄返西邦，未獲卒業，論者惜之。明季利子瑪竇航海來華，上海徐文定公與之友善，聞其教，首先崇奉。用其不世之才，力爲推廣，撰論説，譯經書，陳奏朝廷，闡揚大義，教之所以行，文定之功居多。迄今垂三百載，傳二十餘省，溯厥源流，詎容忘本？然延至今日，知公者其誰？每一念及，良用喟然。丙申春，高司鐸鎬鼎以法文著《傳教誌》，録文定事頗詳，皆宗古西人函牘。蒙讀而悦之，擬譯華語，爰請文定公哲裔，出家乘諸本，又涉獵教中書暨《明史》《疇人傳》等摭其要，合於西士所載，都爲一編。惜公之德百不知一，而公之文散遺殆盡，僅得《像讚》三，《原道》一，《行述》四，《序》與《書》各二，外有奏稿如干，多論火器、曆法，於以見西學東來，自教士始也。嗚呼，公誠偉人哉！文名蓋當世，功業留簡編，尤能信奉真教，簪笏立朝，絶不隱諱；若今之稍識之無，從事帖括，輒詆毁我教刺刺不休者，何其不自量歟！蒙一介庸流，行無足算，曷敢與文士抗衡；惟願其一去成見，細審真教原委而見善力行，則彼之福，即蒙之望也。光緒丙申秋南沙問漁李杕識。

又李杕《增訂徐文定公集序》 徐文定公明季名臣也。秉浩蕩剛大之氣，抱凝粹雄傑之資，其爲文閎博奇瑋，峥嶸磅礴；其爲學網羅中外，闚究天人；其立身處世，沉浸乎道德之府，痛絶乎門户之心。稽其生平著作：有奏草，有經義，有詩藝，有《徐氏庖言》，有《四書參同》，有《通憲圖説》，有《兵事或問》，有《西法曆書》，有《農政全書》，屈指二百餘部，亦云富矣。惜哉！兵燹頻仍，輾轉散佚，迄今所存十不一二。光緒丙申余輯《文定公集》，惟得像讚、原道、書序、奏稿各如干，讀者興歎闕如，不見全豹。戊申春，公十一世孫允希司鐸，搜其家藏抄本，又得《屯鹽》《練兵》等疏各數萬言，忠義之忱，躍躍於言表，誠以公臣於明，不得不忠於明也。脱令公生今日，其忠於我朝更何如乎？公之時有李太常之藻，亦我教中名人，其文雄勁，大抵遺亡，允希君搜得十餘篇，以附於公集，所以遂其追慕之意，亦以饗同人快覩之心也。光緒戊申十二月李杕又識。

清·徐允希《增訂先文定公集敘略》 我先祖文定公事功炳一世，才略聞八埏，歿後疊遭兵燹，其文散失過半。即刊而亡者亦十八九。光緒丙申李問漁司鐸始編公《行實》，訂《文集》，以行世。時允希旅客金陵，讀之，喟然曰：「我先祖遺澤入人深矣，然其文閟三百年而始出，豈有待耶？」是年復得公墨蹟，識者珍之。癸卯付石，以公同好。既而披家乘，又得章奏及屯鹽疏數萬言。無何，有友自泰西來，言奥國額克薩頓藏華籍甚富，或有文定公遺書存焉。允希聞之，喜甚，致書西友，果得舊刻《聖教規箴》一卷，《治曆疏稿》數十篇。噫！我祖遺編流海外，以免浩劫，豈偶然哉！去年秋，原集告罄，重爲編訂，分五卷：曰《文稿》，曰《屯鹽疏稿》，曰《練兵疏稿》，曰《治曆疏稿》，曰《章疏雜稿》。末附李太常之藻文數篇。夫公之傳於不朽固不賴斯編，然其信道之篤，經濟之洪，愛國憂民之切，學問藝術之精，亦於斯可見一斑，則此編之傳，爲不可少也已。宣統元年歲次己酉仲夏中旬第十一世孫允希敬敘。

清·馬良《明故少保加贈太保禮部尚書兼文淵閣大學士徐文定公墓前十字記》 嗚呼！聖沙勿略之來賓而薨於粵島也，誰不哭望三洲，奚我獨後？詎知大聖禱祈，早格維皇，即於是年嘉靖壬子，利瑪竇生。壬戌，則文定公生。

初訪利氏之會友於韶州，繼訪利氏於白下。考道數年，至癸卯，乃始深信不疑而受洗。嗣是，無日不推闡所深信之道，口之手之，公諸遐邇。時雖廷臣水火，魏、客煽處，致不能一展其猷，公泊如也。遇中傷教士，則必抗疏以諍之。公孫爾覺，刻其疏於上海南門外耶穌會之墓道。公云：「臣嘗與諸陪臣講究道理，書多刊刻，則信向之者，臣也。又嘗與之考求曆法，前後疏章，具在御前，則與之言星官者，亦臣也。因與講究考求，知此諸臣，最真最確，所傳事天之學，真可以補益王化，左右儒術，救正佛法者也。臣心有一毫未信，又安敢妄加稱許，爲之游説哉？」觀此，知公信道之誠，不啻口出。

高山在望，尤貴景行。今歲癸卯，距公受洗三百周，江南教衆輸資，建十字石於肇嘉濱北原之故阡，取潘國光書旌納壙之文，演以爲頌曰：

經云信德有耳聞，有傳有習相須殷。惟明碩輔徐上海，揭信光兮掃羣氛。

耶穌會士載拜言，公真震旦之朝暾。共豎墓前十字石，石弗欄兮矢弗諼。

清·佚名《徐光啓遺像題詞》 徐光啓字子先號元扈。先世由河南遷蘇州後，自高祖秉鐸上海，遂家焉。以嘉靖壬戌三月生。生三十六年，始中萬曆丁酉舉首。甲辰成進士，丁未授檢討。丁外艱，一再赴嶴門講習聖教禮規。服闋，回翰林院，旋請病假，至丁巳始遷左春坊左贊善，復請病假，萬曆末年，邊警迭告。乙未，除詹事府少詹，兼管通昌等處練軍事務，以巡撫體統行事，遂奏多造銃臺銃器，尋以乏餉徹兵，又一再請病假。其請病假也，輒至津門，興水利，講農學，爲京師根本至計。天啓癸亥，特旨陞禮部右侍郎。乙丑，爲魏璫所構，著冠帶閒住。崇禎元年戊辰，復特旨起用，加太子賓客。己巳，轉本部左侍郎，奉勅修正曆法，並巡視城中火器，乃徵龍華民等修曆，又從西士新法造大礮。是年十一月，於德勝門外三發大礮，戕敵甚衆。十二月，奏造鳥銃二三千，又奏陳訓練造銃各策。庚午二月，奏陳造銃教演，須徵用西洋人，並奏派龍華民、畢方濟赴嶴，招勸捐助火器。應徵者有教士陸若漢與教紳公沙的，皆屢獲勝仗。六月，陞尚書。壬申，兼東閣大學士。癸酉七月，加太子太保，兼文淵閣大學士。自陞授卿貳以來，每力辭，皆不獲。自是，又屢上疏乞休，卒以十月初七日薨於位。上聞震悼，賜祭賜謚，謚曰「文定」，並賜水衡錢治葬事，一切蔭贈皆如例。當文定未第時，常游學粵東，過韶州天主堂，遇教士郭仰鳳，談道頗契。庚子，訪利瑪竇於白門，益知萬事萬理舍萬物真原無着落處。癸卯，復至白門，而利氏已北，遇羅如望，令恭默思道八日，恍然天下之天無二天，天主之教亦無二教，因遂受洗禮。入教後，公車北上，與利氏談聖經之暇，講西學，故屢有譯書之請。而沈漼等因附魏璫，屢害教士，文定亦屢上疏爭之，所薦之畢方濟，後亦上疏云：「臣又蒿目時艱，思所以恢復封疆，裨益國家者，一曰：明曆法以昭大統。一曰：辨礦脈以裕軍需。一曰：通西商以官海利。一曰：造西銃以資戰守。」云云，皆忠讜至論，惜皆爲食古不化，與放利而行者所廢阻，不獲行其所志。然宫掖之間奉教者已五百餘人，士大夫數百人，以少京兆楊廷筠、太僕卿李之藻、大學士葉益蕃、左參議瞿汝説，其子式耜後謚忠宣者等以爲最著。

明繪徐光啓坐像

藝文

明・徐光啓《刻幾何原本・序》 唐虞之世，自羲和治曆暨司空、后稷、工虞、典樂五官者，非度數不爲功。《周官》六藝，數與居一焉，而五藝者不以度數從事，亦不得工也。襄曠之於音，般墨之於械，豈有他謬巧哉？精於用法爾已。故嘗謂三代而上爲此業者盛，有元元本本師傳曹習之學，而畢喪於祖龍之燄。漢以來多任意揣摩，如盲人射的，虚發無效，或依儗形似，如持螢燭象，得首失尾，至於今而此道盡廢，有不得不廢者矣。《幾何原本》者度數之宗，所以窮方圓平直之情，盡規矩準繩之用也。利先生從少年時，論道之暇，留意藝學。且此業在彼中所謂師傳曹習者，其師丁氏，又絶代名家也，以故極精其説。而與不佞游久，講譚餘晷，時時及之，因請其象數諸書，更以華文。獨謂此書未譯，則他書俱不可得論，遂共翻其要。約六卷，既卒業而復之，由顯入微，從疑得信，蓋不用爲用，衆用所基，真可謂萬象之形囿，百家之學海，雖實未竟，然以當他書，既可得而論矣。私心自謂：不意古學廢絶二千年後，頓獲補綴唐虞三代之闕典遺義，其裨益當世，定復不小，因偕二三同志刻而傳之。先生曰：「是書也，以當百家之用，庶幾有羲和般墨其人乎？猶其小者；有大用於此，將以習人之靈才，令細而確也。」余以爲小用大用，實在其人，如鄧林伐材，棟梁榱桷，恣所取之耳。顧惟先生之學，略有三種：大者修身事天，小者格物窮理；物理之一端别爲象數，一一皆精實典要，洞無可疑，共分解擘析，亦能使人無疑。而余乃亟傳其小者，趨欲先其易信，使人繹其文，想見其意理，而知先生之學，可信不疑，大概如是，則是書之爲用更大矣。他所説幾何諸家藉此爲用，略具其自叙中，不備論。吴淞徐光啓書。

又徐光啓《幾何原本・雜議》 下學工夫，有理有事。此書爲益，能令學理者祛其浮氣，練其精心；學事者資其定法，發其巧思，故舉世無一人不當學。聞西國古有大學，師門生常數百千人，來學者先問能通此書，乃聽入。何故？欲其心思細密而已。其門下所出名士極多。

能精此書者，無一事不可精；好學此書者，無一事不可學。

凡他事，能作者能言之，不能作者亦能言之；獨此書爲用，能言者即能作者，若不能作，自是不能言。何故？言時一毫未了，向後不能措一語，何由得妄言之。以故精心此學，不無知言之助。

凡人學問，有解得一半者，有解得十九或十一者，獨幾何之學，通即全通，蔽即全蔽，更無高下分數可論。

人具上資而意理疎莽，即上資無用；人具中材而心思縝密，即中材有用。能通幾何之學，縝密甚矣！故率天下之人而歸於實用者，是或其所由之道也。

此書有四不必：不必疑，不必揣，不必試，不必改。有四不可得：欲脱之不可得，欲駁之不可得，欲減之不可得，欲前後更置之不可得。有三至、三能：似至晦實至明，故能以其明明他物之至晦；似至繁實至簡，故能以其簡簡他物之至繁；似至難實至易，故能以易易他物之至難。易生於簡，簡生於明，綜其妙在明而已。

此書爲用至廣，在此時尤所急須，余譯竟，隨偕同好者梓傳之。利先生作敘，亦最喜其亟傳也，意皆欲公諸人人，令當世亟習焉。而習者蓋寡，竊意百年之後必人人習之，即又以爲習之晚也。而謬謂余先識，余何先識之有？

有初覽此書者，疑奥深難通，仍謂余當顯其文句。余對之：度數之理，本無隱奥，至於文句，則爾日推敲再四，顯明極矣。倘未及留意，望之似奥深焉，譬行重山中，四望無路，及行到彼，蹊徑歷然。請假旬日之功，一究其旨，即知諸篇自首迄尾，悉皆顯明文句。

幾何之學，深有益於致知。明此，知向所揣摩造作，而自詭爲工巧者皆非也。一也。明此，知吾所已知之不若吾所未知之多，而不可算計也。二也。明此，知向所想像之理，多虚浮而不可挼也。三也。明此，知向所立言之可得而遷徙移易也。

此書有五不可學：躁心人不可學，麤心人不可學，滿心人不可學，妬心人不可學，傲心人不可學。故學此者不止增才，亦德基也。

昔人云：「鴛鴦繡出從君看，不把金針度與人。」吾輩言幾何之學，政與此異。因反其語曰：「金針度去從君用，未把鴛鴦繡與人。」若此書者，又非止金針度與而已，直是教人開丱冶鐵，抽線造針；又是教人植桑飼蠶，湅絲染縷。有能此者，其繡出鴛鴦，直是等閑細事。然則何故不與繡出鴛鴦？曰：能造金針者能繡鴛鴦，方便得鴛鴦者誰肯造金針？又恐不解造金針者，菟絲刺刺，聊且作鴛鴦也！其要欲使人人真能自繡鴛鴦而已。

明·徐光啓《題幾何原本再校本》 是書刻於丁未歲，板留京師。戊申春，利先生以校正本見寄，令南方有好事者重刻之，累年來竟無有，校本留寘家塾。暨庚戌北上，先生没矣。遺書中得一本，其別後所自業者，校訂皆手跡。追惟篝燈函丈時，不勝人琴之感。其友龐熊兩先生遂以見遺，庋置久之。辛亥夏季，積雨無聊，屬都下方爭論曆法事，余念牙絃一輟，行復五年，恐遂遺忘，因偕二先生重閲一過，有所增定，比於前刻，差無遺憾矣。續成大業，未知何日，未知何人，書以竢焉。吴淞徐光啓。

明李之藻

傳記

清·阮元等《疇人傳》卷三二《李之藻》 李之藻字振之號涼庵，仁和人也。神宗戊戌進士，官南京工部員外郎。時《大統法》浸疏，禮部因奏：「請精通曆法如邢雲路、范守己爲時所推，請改授京卿，共理曆事，翰林院檢討徐光啓、南京工部員外郎李之藻，亦皆精心曆理，可與西洋人龐迪莪、熊三拔等，同譯西洋法，俾雲路等參訂。」疏入，留中。未幾，雲路、之藻皆召至京師，參預曆事。雲路據其所學，之藻則以西法爲宗。四十一年，之藻已改銜南京太僕少卿，上言：「迪莪、三拔及龍化民、陽瑪諾等諸人，俱以穎異之資，洞知曆算之學，攜有彼國書籍極多，久漸聲教，曉習華音。其言天文(術)[曆]數，有我中國昔賢所未及道者：一曰天包地外，地在天中，其體皆圜，皆以三百六十度算之。二曰地面南北，北極出地高低度分不等。三曰各處地方所見黄道，各有高低斜直之異，故其晝夜長短亦各不同。四曰七政行度各爲一重天，層層包裹。五曰列宿在天，另有行度，二萬七千餘歲一周。六曰五星之天，各有小輪，原俱平行，特爲小輪旋轉於大輪之上下，故人從地面測之，覺有順逆遲疾之異。七曰歲差分秒多寡各有定算，其差極微，從古不覺。八曰七政諸天之中心，各與地心不同處所，人從地面望之，覺有盈縮之差。九曰太陰小輪，不但算得遲疾，又且測得高下、遠近、大小之異，交食多寡，非此不確。十曰日月交食，隨其出入高低之度，看法不同。十一曰日月交食，人從地面望之，東方先見，西方後見。凡地面差三十度，則時差八刻二十分，而以南北相距二百五十里差一度，東西則視所離赤道，以爲減差。十二曰日食與合朔不同。凡出地入地之時，近於地平，其差多至八刻，漸近於午，則其差時漸少。十三曰日月食所在之宮每次不同，皆有捷法定理，可以用器轉測。十四曰節氣當求太陽眞度，如春秋分日，乃太陽正當黄、赤二道相交之處，不當計日均分。凡此十四事者，臣竊觀前此天文曆志諸書，皆未論及，惟是諸臣能備論之。觀其所製窺天、窺日之器，種種精絶。昔年利瑪竇最稱博覽超悟，其學未傳，溘先朝露，士論至今惜之。今迪莪等鬚髮已白，年齡向衰，失今不圖，政恐後無人解。伏乞敕下禮部，亟開館局，首將陪臣迪莪等所有曆法，照依原文譯出成書，其於鼓吹休明，觀文成化，不無裨補也。」

崇禎二年七月，詔與大學士徐光啓同修新法。之藻先從利瑪竇游，盡得其學，著《渾蓋通憲[圖説]》二卷，言：「渾蓋舊論紛紜，推步匪異。爰有通憲，範銅爲質，平測渾天。截出，下窺遥遠之星，所用固僅倚蓋，是爲渾度蓋模，通而爲一。面爲俯視圓象，背則璇璣玉衡，中樞兼有南北二極，系以窺筩，及定時衡尺，其上弁以提紐，用則懸之。儀之陽有數層，上爲天盤，其下皆爲地盤，各俱(中)[三]規，(三)[中]規爲赤道，内外二規爲南至北至之限，而黄道絡於内外二規之間。天盤渾似天體，用黄道以紀太陽周天之度，度分三百六十，剖爲十二宮二十四氣。其度斜刻，緊切地盤，以便觀覽。錯以經星，星不具載，載其最明鉅者，各以針芒所指爲準。地盤隨地更换，各視所用地方北極出地之度爲率。其盤分地上、地下二限，最下一曲線爲晨昏界，稍升一曲線爲出地、入地之界，自此以上，度數以漸平升，直至天頂，匀爲九十度，以觀太陽列宿。漸升漸降，所到其中央一直線，則當子午之中。其過頂一曲線，結於赤道卯、酉之交者，則爲正東西界。其餘方向，皆有曲線定之。近北窄而近南寬，蓋若置身天外斜望者然。其晨昏界下諸曲線，分爲五停。又爲夜漏之節云。儀之陰中分十字界，其衡界以分入地、出地之限，其最上近紐處，爲天中外規，周分三百六十度，自地上至天頂，左右俱鐫九十度。中央運以睍筩，筩立兩表，各有大、小二竅，以受太陽列宿之影，以觀其影離地而上得幾何度。其三百六十度，每三十度作一宮，内次層則分三百六十五度四分之一，以具歲周全數，備刻節氣列宿，以與外盤相準爲用，皆以窺筩審定，此爲太陽行[天]實度也。中央上截另爲分時小軌，下截方儀，以句股測遠近高深。各法詳具圖説，凡十有八篇，總見大圜之體，環中無窮，規繩曲中，不可思議。」

又著《同文算指前編》二卷，《通編》八卷，《圓容較義》一卷，皆譯西人利瑪竇之書也。其《同文算指》序略曰：西儒利瑪竇先生，精言天道，旁及算指。其術不假操觚，第資毛穎。又曰：薈輯所聞，釐爲三種。《前編》舉要，則思已過半。《通編》稍演其例，以通俚俗，間取《九章》補綴，而卒不出原書之範圍。《别編》則測圓諸術存之。世行《天學初函》，之藻所彙刻也。崇禎四年，卒於官。《明史》本傳、曆志，《明史稾·曆志》《明史紀事本末》《渾蓋通憲圖説》《圓容較義》《同文算指》。

論曰：西人書器之行於中土也，之藻薦之於前，徐光啓、李天經譯之於後。是三家者，皆習於西人，亟欲明其術而惟恐失之者也。當是時，《大統》之疏闊甚矣，數君子起而共正其失，其有功於授時布化之道，豈淺小哉。

紀事

清·谷應泰《明史紀事本末》卷七三《修明曆法》

四十一年，癸丑，一六一三。南京太僕寺少卿李之藻上西洋曆法，略言：「邇年臺諫失職，推算日月交食，時刻虧分，往往差謬，交食既差，定朔定氣，由是皆舛。伏見大西洋國歸化陪臣龐迪我、龍華民、熊三拔、陽瑪諾等諸人，慕義遠來，讀書談道，俱以穎異之資，洞知曆算之學，攜有彼國書籍極多。久漸聲教，曉習華音。其言天文曆數，有我中國昔賢所未及道者。一曰天包地外，地在天中，其體皆圓，皆以三百六十度算之。地經各有測法，從地窺天，其自地心測算，與自地面測算者，都有不同。二曰地面西北，其北極出地高低度分不等，其赤道所離天頂，亦因而異，以辨地方風氣寒暑之節。三曰各處地方所見黄道，各有高低斜直之異，故其晝夜長短，亦各不同。所得日景有表北景表南景，亦有周圍圓景。四曰七政行度不同，各爲一重天，層層包裹。推算周經，各有其法。五曰列宿在天另行度，以二萬七千餘歲一周。此古今中星所以不同之故，不當指列宿之天，爲晝夜一周之天。六曰五星之天，各有小輪，原俱平行，特爲小輪旋轉於大輪之上下，故人從地面測之，覺有順逆遲疾之異。七曰歲差分秒多寡，古今不同。蓋列宿天外，别有兩重之天，動運不同。其一東西差，出入二度二十四分；其一南北差，出入一十四分，各有定算。其差極微，從古不覺。八曰七政諸天之中心，各與地心不同處所，春分至秋分多九日，秋分至春分少九日。此由太陽天心與地心不同處所，人從地面望之，覺有盈縮之差，其本行初無盈縮。九曰太陰小輪，不但算得遲疾，又且測得高下遠近大小之異，交食多寡非此不確。十曰日月交食，隨其出地高低之度，看法不同。而人從所居地面南北望之，又皆不同。兼此二者，食分乃審。十一曰日月交食，人從地面望之，東方先見，西方後見。凡地面差三十度，則時差八刻二十分。而以南北相距三百五十里作一度，東西則視所離赤道以爲減差。十二曰日食與合朔不同。日食在午前，則先食後合；在午後，則先合後食。凡出地入地之時，近於地平，其差多至八刻。漸近於午，則其差時漸少。十三曰日月食所在之宮，每次不同，皆有捷法定理，可以用器轉測。十四曰節氣當求太陽真度，如春秋分日，乃太陽正當黄赤二道相交之處，不當計日勻分。凡此十四事者，臣觀前此天文曆志諸書，皆未能及。或有依稀揣度，頗與相近，然亦初無一定之見，惟是諸臣能備論之。不徒論其度數而已，又能論其所以然之理。蓋緣彼國不以天文曆學爲禁，五千年來通國之俊，曹聚而講究之。窺測既核，研究亦審。與中國數百年來始得一人，無師無友，自悟自是，此豈可以疎密較者哉！觀其所製窺天窺日之器，種種精絶。即使郭守敬諸人而在，未或測其皮膚。又況現在臺諫諸臣，刻漏塵封，星臺迹斷者，寧可與之同日而論也！昔年利瑪竇最稱博覽超悟，其學未傳，溘先朝露，士論至今惜之。今龐迪我等鬚髮已白，年齡向衰，失今不圖，政恐後無人解。伏乞敕下禮部，亟開館局，首將陪臣龐迪我等所有曆法，照依原文，譯出成書，其於鼓吹休明，觀文成化，不無裨補也。」

雜録

明・《萬曆二十六年進士履歷便覽》 李之藻。曾祖榮，聽選官。祖子堂，知事。父師錫。我存。易四房。辛未九月二十五生，仁和人。甲午四十，會十二甲五。禮部政授工部主事。己亥，管節慎庫。癸卯，付建主考。本年，升郎中，濟甯管河。乙巳，京察。戊申，補開州知州。庚(辰)[戌]，升南工部員外。本年，升郎中。(庚□)[乙卯]，補屯田司郎中。本年，調都水司郎中，管南河。辛酉，升廣東參政；廷推留用，改光録少卿，管理軍需。壬戌，升太僕少卿。癸亥，拾遺。己巳，起原任。庚午，卒。

明李天經

傳記

清・阮元等《疇人傳》卷三三《李天經》 李天經字長德，趙州人也。神宗癸丑進士，歷任河南、陝西藩臬。崇禎六年，以山東右參政代徐光啓督修新法。七年七月，進《五緯總論》一卷，《日躔增》一卷，《五星圖》一卷，《日躔表》一卷，《火木土二百恒年表並歲周時刻表》共三卷，《交食曆指》三卷，《交食諸表用法》二卷，《交食表》四卷，《黄平象限表》七卷，《木土加減表》二卷，《交食簡法表》二卷，《方根表》二卷，恒星屏障一具，俱徐光啓督率西人所作也。八月，天經預報五星淩犯會合行度，言：「閏八月二十四日，木犯積尸氣。九月初四昏初，火土同度。初七卯正，金土同度。十一日昏初，金火同度。」至期測驗果合。舊法推火土同度，在初七，後天三日；金火同度，在初三，先天八日。時東局魏文魁言：「天經所報，木星犯積尸不合。」天經又言：「臣於閏八月二十五夜及九月初一夜，同部監諸臣在局，仰見木星在鬼宿之中，距積尸僅半度。因木星光大，氣體不顯，舍窺管別無可測。臣是以獨用此管，令人人各自窺視，使明見積尸爲數十小星團聚，則其爲犯爲不誤。禮臣陳六(韋今)所謂恍見木星之側有數小星結聚，云係鬼宿中積氣者是也。而文魁指爲未犯，但據臆算，未經實測。據稱初二木星已在柳初，則前此越鬼宿而東，度分愈近，豈得不犯而能飛渡乎？且臣報閏八月二十四日，而文魁所算在九月初二，相距九日，度分已移，乃執爲不犯之證據，殊屬舛錯矣。然木星之於積尸氣，匪直此日之犯已也，後此出鬼宿退行時尚一犯焉，既而順行時又一犯焉。臺官泥於成法，以衆目共見之象，指爲原不必有之事，宜乎以測爲未測，顛倒是非，必欲實己之言而後已耳。」而天經所推木星退行、順行度分晷刻皆驗。

十二月，又進《五緯曆指》八卷，《五緯用法》一卷，《日躔考》二卷，《夜中測時》一卷，《交食蒙求》一卷，《古今交食考》一卷，《恒星出没表》二卷，《高弧表》五卷，《五緯諸表》九卷，《甲戌乙亥日躔細行》二卷。八年四月，又上《乙亥丙子七政行度》四册，參訂新法，條議二十六則。

[其七政公説之議七：]一曰，諸曜之應宜改。日月五星各有本行，其行有平有視，而平行起算之根則爲應，應者乃某曜某日某時躔某宮次之數。今新法改定諸應，悉從崇禎元年戊辰年前冬至後己卯日第一子正爲始。二曰，測諸曜行度，用赤道儀尚不足，應用黄道儀。太陽繇黄道中線行，月、五星各有本道，亦皆出入黄道内外，而不行赤道。若用赤道儀測之，則所得經緯度分，須通以黄赤通率表乃可，否則所測經度宿次，非本曜天上所在之宮次，蓋器與天行不類也。三曰，諸方七政行度，隨地推算不等。日月東西見食，其時各有先後，既無庸疑矣。則太陽之躔二十四節氣，月、五星之掩食凌犯，安得不與交食同一理乎？故新法立成諸表，雖順天府爲主，而推算諸方行度亦皆各有本法。四曰，諸曜損益加減分，用平、立、定三差法，尚不足。加減一法，乃(術)[曆]家之要務。蓋以其數加減，於平行得視行。第天實圜體，與平[行]異類。舊所用三差法，俱從句股平行定者，似[與]天未合。即各盈縮損益之數，未得其眞。今新法加減諸表，乃以圜齊圜，(差)[始]可合天。又各曜盈縮損益大差，累經測驗，俱與舊法不同，今悉改正。五曰，隨時隨地，可求諸曜之經度。舊法欲得某日某曜經度，必先推各曜冬至日所行宮度宿次，乃以各段日度比算乃得。今法不拘時日方所，只簡本表一推步即是。六曰，徑一圍三，非弧矢眞法。[蓋]古(術)[曆]家以直線測圓形，名曰弧矢法，而算用徑一圍三，謬也。今立割圓八線表，其用簡而大。弧矢等線但乘除一次，便能得之，非若向之轉展商求，累時方成一率者可比。七曰，球上三角三弧形，非句股可盡。古法測天以句股爲本，然句股弦乃三腰之形，句與股交必爲直角，遇斜角則句股窮矣。且天爲圜球，其面上與諸道相割生多三弧形，因以測諸星經緯度分二者，一句股不足以盡之。

[恒星之議四：]八曰，恒星本行，即所謂歲差，從黄道極起算。各星距赤極度分，古今不同。其赤道内外也，亦古今不同。而其距黄極，或距黄道内外，則皆終古如一。所以日、月、五星俱依黄道行。其恒星本行，應從黄極起算，以爲歲差之率。九曰，古今各宿度不同。恒星以黄道極爲極，故各宿距星行度，與赤道極時近時遠。蓋行漸近極，則赤道所出過距星線漸密，其本宿赤道弧則較小。漸遠極，則過距星線漸疎，其本宿赤道弧則較大。此緣二道二極不同故，非距星有異行，亦非距星有易位也。如觜宿距星，古測距參二度，或一度、半度，或五分。今測之，不啻無分，且侵入參宿二十四分，此非可證之一端乎？十曰，夜中測星定時。太陽依赤道左行，每十五度爲一小時，三度四十五分爲一刻。今任指一星測之，必較其本星經行與太陽經行，得相距若干度分，又得其距子午圈前後若干度分，則以加減推太陽距本圈若干，因以變爲眞時刻。十一曰，宋時所定十二宮次，在某宿度，今不能定於某宿度。此因恒星有本行，宿度已右移故。

[太陽之議四：]十二曰，太陽盈縮之限，非冬、夏二至。此限亦漸有移動。舊法以冬、夏二至爲太陽盈縮初末之限，即新法之所謂最高及最高衝者。蓋因測冬至至春分，又測春分至夏至，日數不等，覺冬至太陽行疾而盈，夏至太陽行遲而縮焉。今新法亦測得自冬而夏，自夏而冬，或自春而夏，自夏而秋，兩測中積非一，算得此限不在二至，已過六度有奇，且年年行動，初無一定之數。十三曰，以圭表測冬、夏二至，非法之善。二至前後，太陽南北之行甚微，則表影長短之差亦微。如冬、夏至前後三日，太陽一日南北行爲天度六十分之一，設表長一丈，冬至兩日之影約差一分三十秒。夫一分三十秒爲一日之差，則測差一秒，計刻當爲六刻零七分。圭上一秒之差，人目能保不誤乎？且景符之光線，闊亦不止數秒，一秒得六刻有奇，若測差二三秒，算幾差二十刻，又安所得準乎？今法獨用春、秋二分，蓋以此時太陽一日南北行二十四分，計一日景差一寸二分，即測差一二秒，算不滿一刻，其差甚微，較二至爲最密。十四曰，日出入分，應從順天府起算。舊法仍依應天府。諸方北極出地不同，晨昏時刻亦因以異。《大統》仍依應天府推算，是以晝夜長短未能合天，甚至日月東西帶食，所推未如所算，多緣於此。今悉依順天府改定。十五曰，平節氣非天上眞節氣。舊法氣策爲一十五萬二一八四三七五，此乃歲周二十四分之一。然太陽之行有盈有縮，不得平分。如以平數定春、秋分，則春分後天二日，秋分先天二日矣。今悉改定，庶幾測算脗與天合。

[太陰之議四：]十六曰，太陰朔望之外，別有損益分，一加減不足盡之。舊法定太陰平行一日爲十三度有奇，算朔望別有加法、減法，大數(率)爲五度有奇，然兩弦時多寡不一，此加減法不足以齊之。即《授時》亦言月朔望時一日平行十三度有奇，朔望外平行數不足(定)，已明其理，未著其法。今於加減外，再用一加減，名爲二三均數，理明而數亦盡。十七曰，緯度不能定於五度。時多時寡，緯度難定五度。古今(術)[曆]家俱言之，以交食分數及交泛等，測定黄白二道相距約五度。然朔望外兩道距度，有損有益，大距計五度三分度之一。若一月有兩食，其弦時用儀求距黄道度五度，未能合天。十八曰，交行有損益分。羅睺、計都即正交、中交行度。古定交行一日，逆行三分，千百年俱爲平行。今細測之，月有時在交上，以平求之，必不合算。因設一加減，爲交行均數。十九曰，

天行無紫炁。舊謂紫炁生於閏餘，又曰紫炁爲木之餘氣。今細考諸曜，此種行度，無從而得，無象可明，欲推算無數可定，欲論述又無理可據，展轉商求，則知作者爲妄增，後來爲傅會，鄙俚不經，無庸置辨。

［交食之議四：］二十曰，交食日月景徑分恒不一。日月有時行最高，有時行最卑，因高卑遂相距有遠近。蓋近則見大，遠則見小。又因遠近，得太陰過景有時厚，或有時薄，所以徑分不能爲一。二十一曰，日食午正非中限，乃以黄道九十度限爲中限。南北東西差皆以視度與實度相較而得，則日月之實度俱以黄道，而（視度）［時差］安得不從黄道論其初末以求中限乎？且黄道出地平上，兩象限自有其高也，亦自有其中也。此理未明，則有宜多而少，宜少而多，或宜加反減，宜減反加者，凡日食加時不得合天，皆緣於此。二十二曰，日食初虧、復圓時刻多寡恒不一，非二時折半之説。視差能變實行爲視行，則以視差較食甚前後，鮮有不參差者。夫視差既食甚前後不一，又安能令視行前後一乎？今以視行推變時刻，則初虧、復圓，其不能恒爲一也明矣。二十三曰，諸方各以地經推算時刻及日食分。地面上見日月出没與在中，各有前後不同，即所得時刻亦不同。故見食雖一而時刻異，此日月食皆一理。若（月）［日］食則因視差隨地不一，即太陰視距不一，所以見食分數亦因之異焉。

［五緯之議三：］二十四曰，五星應用太陽視行，以段目定之不得。五星皆以太陽爲主，其與太陽合伏也，則疾行；其與太陽衝也，則退行。且太陽之行有遲有疾，而五星亦各有本行。太陽遲疾，則合伏日數時多時寡，自不可以段目定其度分。二十五曰，五星應加緯行。月有白道，半在黄道内，半在黄道外，而五星亦然，則各於黄道有定距度。又土、木、火三星衝太陽緯大，合伏太陽緯小。金、水二星順伏緯小，逆伏緯大。不可不詳攷之也。二十六曰，測五星宜用恒星爲準則。測星用黄道儀外，或用弧矢等儀。將所測緯星視距二恒星若干度分，依法布算，得本星眞經緯度分。又，繪圖亦可免算。

是時新法書器俱完，屢測交食淩犯俱密合，但魏文魁多方撓阻，内官又左右之，帝意不能決，諭天經同監局虚心詳究，務祈畫一。是年，天經所推火、木、金、水等星見伏行度，皆與《大統》不同，而新法爲合。九年正月十五日辛酉，曉望月食，天經及《大統》《回回》、東局，各預推虧、復［圓］、食甚時刻分秒。天經恐至期雲陰不見，乃奏遣監局官儒潘國祥、黄（宏）［弘］憲前往河南曆局，供事官陳應登、天文生朱光大前往山西測驗。其日，天經督率羅雅谷、湯若望、大理評事王應遴及本局生儒鄔明著等，同禮部主客司員外郭之奇、祠祭司主事李焻、欽天監監正張守登、另局魏文魁，赴觀象臺測驗，惟天經所推獨合。已而，河南所報盡合原推，山西則食時雲掩，無從考驗。帝以月食新法爲近，但以十三日爲雨水，與舊法不同，令奏明。天經奏言：「丙子年新舊七政，《大統》推本年正月十五日辛酉子正二刻雨水，新法推十三日己未卯初二刻零八分雨水，兩法相較，幾差二日。蓋論節氣有二法，一爲平節氣，一爲定節氣。平節氣者，以三百六十五日二四二五爲歲實，而以二十四平分之，計日定率，每得一十五日有奇，爲一節氣。故從歲前冬至起算，必越六十日八十七刻有奇而始歷雨水。舊法所推十五日者是也，日度之節氣也。定節氣者，以三百六十爲周天度，而亦以二十四平分之，因天立差，每得一十五度爲一節氣。故從歲前冬至起算，考定太陽所躔宿次，止須五十九日二十刻有奇，而已滿六十度。新法所推十三日者此也，天度之節氣也。何也？太陽之行，有盈有縮。冬至後行盈，盈則其行疾，一日行天一度有奇；夏至後行縮，縮則其行遲，一日所行不及一度。此非用法加減之，必不合天，顧可拘泥氣策以平分歲實乎？請以春、秋分證之。舊法推本年二月十六日巳正四刻春分，新法則十四日卯正二刻零五分，而舊法亦於本月十四日下，注晝五十刻、夜五十刻矣。舊法又推本年八月二十三日丑初三刻秋分，新法則推二十五日丑初初刻十分，而舊法隨本月二十五日下，注晝五十刻、夜五十刻矣。顧名思義，分者，黄、赤二道相交之點。太陽行至此點，晝夜之時刻各等，過此則分内外，而晝夜遂有長短也。乃晝夜平分在二月十四日與八月二十五日，而春、秋分顧推十六日與二十三日乎？請又以儀器驗之。京師北極高三十九度五十五分，赤道高應五十度零五分。試用儀器於本節前後日午正累測，必至二月十四日、八月二十五日，太陽高度始與此數密合，至十六日與二十三日，而太陽各高一度弱矣。是年，天經陞山東按察使，尋加光禄寺卿，仍督修新法。十年正月辛丑朔日食，天經等預推京師見食一分十秒，應天及各省分秒各殊，惟雲南、太原則不見食，其初虧、食甚、復圓時刻亦各異。《大統》推食一分六十三秒，《回回》推食三分七十秒，東局所推止游氣侵光三十餘秒而已。食時推驗，惟天經爲密。時將廢《大統》，用新法，而管理另局、代州知州郭正中言：「中法必不可盡廢，西法必不可專行。四法各有短長，當參合諸家，兼收西法。」十一年正月，乃詔仍行《大統（術）［曆］》，如交食經緯，晦朔弦望，因年遠有差者，旁求參攷新法與回回科並存。十四年十二月，天經言：「置閏之法，首論合朔先後，次論月無中氣。茲臣恭進十五年新書，而十月與十二月中氣，適交次月合朔時刻之前，所以兩月間雖無中氣，而不該有閏。蓋新法置閏，專以合朔爲主。若中氣適在合朔時刻前者，是中氣尚屬前月之晦，則無閏；若在合朔日時後者，則前月當有閏。臣等預察崇禎十六年正月後有閏，因正月後止有驚蟄一節，而春分中氣在次月合朔之後，是十六年當閏正月無疑矣。」時帝已深知西法之密。迨十六年三月乙丑朔日食，測又獨驗。八月，詔西法果密，即改爲《大統(術)[曆]》法，通行天下。會國變，竟未施行。

論曰：天經之學，亞於光啓。其在西局，謹守成法，畢前人未畢之緒，十年如一日。光啓薦以自代，可謂知人矣。

明王應遴

傳記

清・阮元等《疇人傳》卷三三《王應遴》 王應遴，預修《新法算書》，著《乾象圖説》一卷，《中星圖》一卷。

雜録

明・徐光啓《治曆已有成模懇祈恩敘疏》 原任大理寺評事，今帶銜光禄寺禄事王應遴，武英殿辦事中書陳應登督率官生，參訂訛正。武舉魏邦綸測算明曉，堪備策使。三臣著聲勤慎，所當同行優敘者也。

明王英明

傳記

清・阮元等《疇人傳》卷三三《王英明》 王英明字子晦，開州人也。神宗丙午舉人。著《曆體略》三卷。上卷六篇，曰天體地形，曰二曜，曰五緯，曰辰次，曰刻漏極度，曰雜説。中卷三篇，曰極宫，曰象位，曰天漢，皆自古談天成説也。下卷七篇，則取西人之説，曰天體地度，曰度里之差，曰緯曜，曰經宿，曰黄道宫界，曰赤道緯躔，曰氣候刻漏。附《日月交食》一篇。言：「近有歐羅巴人，挾其(術)[曆]自大西洋來，所論天地七政，歷歷示諸掌，創聞者不能無駭且疑，徐繹之，悉至理也。夫禮失而求之野，擇其善者而從之，不猶愈於野乎？」國朝順治間，東吴翁漢麐更爲訂正，又加五圖以弁卷首。

明許胥臣

傳記

清・阮元等《疇人傳》卷三三《許胥臣》 許胥臣，錢塘人也。著《蓋載圖憲》一卷。天圖爲蓋，地圖爲載，凡爲圖十有七：曰全儀，曰日出日入遠近，曰紫微垣見界諸星，曰黄赤道見界諸星，曰二十八宿占度，曰赤道北見界諸星，曰黄道南見界諸星，擬《堯典》四仲中星，附神宗時四仲中星，餘皆案垣次爲圖，而以《步天歌》綴于其下。其《地輿全圖》，亦以周天宫度計之。

明陳藎謨

傳記

清・阮元等《疇人傳》卷三三《陳藎謨》 陳藎謨字獻可號礵菴。嘉興人也。著《度測》三卷。上卷首列《周髀》本文，以己意解之，曰詮經；次曰詮理，曰詮器，則西人之矩度也；曰詮法，曰詮算，則西人三率法也；曰詮原，則句股弦互求之術也。中、下二卷，則以平句以正繩，偃矩以望高，覆矩以測深，弦矩以見廣，卧矩以知遠，環矩以爲圓，合矩以爲方，列爲七目，各以測算之法系之。末附《開方説》一卷，言開平、立方之法；《度算解》一卷，言西人比例規之用。其自序略曰：「謨案《九章》參伍錯綜，周無窮之變，而句股尤奇奥。其法肇見《周髀》，周公受之商高，以度天地，推日月，且曰禹之所以治天下者，此數之所以生也。唐設算學博士，督課試舉，而《周髀》算有程。國初制科尚試算數，後寢厭薄焉。握算不知縱横，必歸儒，奚問句股哉。泰西來賓，斯學始備，大方家多傳之。徐元扈先生有《測量法義》《句股義》，是《周髀》者句股之經，法義者句股之疏傳也。然《周髀》篇首，包舉道法，趙注不能盡其微，次段推測，後世解經疎大，難以合於用。泰西以干支名號爲圖爲文，亦既詳顯，而不耐讀者，心以目迷，掩卷庋閣，以故通斯學者仍尠焉。謨爰撰兹篇，首詮算經，次臚諸法，合今古而淺言之，出以己意，發凡繪圖，庶幾《周髀》大彰，法義彌著，以便有志經濟之習之者。」其序《度算解》曰：「西人有籌算一則，載在《崇禎(術)[曆]書》，已極數學之簡捷。又有比例規者，簡捷更倍焉，但限長徑尺，讖、忽、秒、芒不能畢備，與籌算、珠算互有低昂。因輯是編，拓其精微，删其晦澀，存十線之略，廣未及之藴，使學人知以度算者自此始。其它運規布尺，悉具篇中。」

論曰：蓋謨生當有明末，造西人初入中國，能舉其矩度、比例規之法，反覆引申，而傅合古義，是亦歐邏之功臣矣。至其論圓率創立太極周徑術，謂當以周天三百六十五度二十五分七十五秒，外加太極一十微，以三十一萬五千二百五除之，得徑一百一十五度八十七分九十三秒五十微，餘四微八三二五。乘還得三百六十五度二十五分七十五秒，餘五微一六七五。合二餘，得太極一十微，乃爲不内不外之數。斯則出於肊造，不合算理，未可以爲法也。

清李長茂

傳記

清・阮元等《疇人傳》卷三六《李長茂》 李長茂，著《算海説詳》，梅文鼎謂爲「亦有發明，而不能具《九章》」。

清徐發

傳記

清・阮元等《疇人傳》卷三六《徐發》 徐發字圃臣，嘉興人也。著《天元曆理》十一卷。首曰原理，論天道日月五星所以運行之故，博引羣書，以證己説。辨滎方問陳子之言非《周髀》本文，張衡闇虚之説仍不脱地形障隔，發以爲所論實非也。謂太陰之體，形如彈丸，半明半魄。月之于日，猶臣之于君，不敢敵體，故轉而避之耳，所以有晦朔弦望之名。交食之理亦然。轉避幾分，則食幾分，無足異也。次曰考古，據《竹書紀年》甲子，證班固《曆志》之非，言漢人三正之誤，非古之三正，因著爲《圖説》以明之。自云其時浪跡都門，偶得異人指授，即此圖也。又云行夏之時，宋人誤註行夏之建，遂令三千年天象不合，殊非細故，因復解斗綱三合之義，以駁前人之謬，并以歷朝曆法推考，己法獨爲密合。三曰定法，取《大統》法，稍變歲實，以上合天元四甲子朔旦冬至爲曆元。

清薛鳳祚

傳記

清・阮元等《疇人傳》卷三六《薛鳳祚》 薛鳳祚字儀甫，淄川人也。少從魏文魁游，主持舊法。順治中，與西洋人穆尼閣談算，始改從西學，盡傳其術，因著《天學會通》十餘種。其曰對數比例者，即西洋之假數也。曰中法四線者，以西法六十分爲度不便于算，改從古法以百分爲度，表所列止正弦、餘弦、正切、餘切，故曰四線。其推步諸書，曰《太陽太陰諸行法原》，曰《木火土三星經行法原》，曰《交食法原》，曰《歷年甲子》，曰《求歲實》，曰《五星高行》，曰《交食表》，曰

《經星中星》、曰《西域回回術》、曰《西域表》、曰《今西法選要》、曰《今法表》，皆會中西以立法，以順治十二年乙未天正冬至爲元，諸應皆從此起算，以三百六十五日二十三刻三分五十七秒五微爲歲實，黃、赤道交度有加減，恆星歲行五十二秒，與《天步眞(元)[原]》法同。梅文鼎謂其書詳於法，而無快論以發其趣。蓋其時新法初行，中西文字輾轉相通，故詞旨未能盡暢也。

論曰：國初算學名家，南王北薛並稱，然王非薛之所能及也。曉庵貫通中西之術，而又頻年實測，得之目驗，故于湯、羅新法諸書，能取其精華，而去其糟粕。儀甫謹守穆尼閣成法，依數推衍，隨人步趨而(巳)[已]，未能有深得也。

紀事

清・錢林《文獻徵存録》卷三 薛鳳祚字儀甫，山東淄川人。少師定興鹿善繼、容城孫奇逢，既從魏文魁學天文，主持舊法。乃譯穆尼閣説爲《天步真原》《天學會通》。鳳祚言曆算推步，依西法假數，立對數比例，又立中法四綫，以西法六十分爲度不便測較，依古法百分爲度。表所列只正弦、餘弦、正切、餘切，故曰四綫。又以順治十二年乙未天正冬至爲元，以三百六十五日二十三刻三分五十七秒五微爲歲實，以黃、赤道交度有加減，恒(景)[星]歲行五十二秒，通中西之説。梅文鼎天算書記所謂青州之學也。所著天文書，曰《太陽太陰諸行法原》、曰《木火土三星經行法原》、曰《交食法原》、曰《歷年甲子》、曰《求歲實》、曰《五星高行》、曰《交食表》、曰《經星中星》、曰《西域回之術》、曰《西域表》、曰《今西法選要》、曰《今法表》，名《天學會通》。又記歷代治黃河、運河法及南北河湖泉水職官夫役道理，以類相從，號曰《兩河清彙》，凡八卷。亦取明邱濬説，別爲《海運》一篇。又有《聖學心傳》一卷，則暢善繼、奇逢之旨也。

雜録

清・梅文鼎《天學會通訂注》 穆先生久居白門，吾友六合湯聖弘濩與之善，言其喜與人言曆，而不強人入教，君子人也。儀甫初從魏玉山文魁，主張舊法，後複折節穆公，受新西法，盡傳其術，亦未嘗入耶蘇會中，當其刻書南都，鼎方林守窮山，不相聞知。歲乙卯晤馬德稱諸君，始知之，則其歸已久，至庚申汪發若先生燦作宰淄川，托致一書，而薛先生方病革，遂未奉其回示。甚矣，僻處之難爲學，而深自悔其因循也。

清・梅文鼎《績學堂詩鈔》卷二 《寄懷青州薛儀甫先生》四首

聖教日以遠，六藝同榛蕪。今惟九數存，斯民日用需。流俗溺佔畢，實學翻爲迂。豈知參與兩，恒爲萬事樞。仰俯欽至教，禮樂生苞符。所以古人言，三才通爲儒。自非精探索，何以藥虛無。君子任名教，而無章句拘。著撰極高深，事理兼陳敷。當世有同方，千里良非孤。引領青齊間，渺渺瞻長途。

大地一黍米，包舉至圓中。積候成精測，寧殊西與東。三角御弧度，八綫量虛空。竊觀歐羅言，度數爲專功。思之廢寢食，奥義心神通。簡平及渾蓋，臆製亦能工。唯恨棲深山，奇書實罕逢。我欲往從之，所學殊難同。詎忍棄儒先，翻然西説攻。或欲暫學曆，論交患不忠。立身天地内，誰能異初終。晚始得君書，昭昭如發蒙。曾不事耶穌，而能彼術窮。乃知問郯者，不墜古人風。安得相追隨，而命開其矇。

西曆譯先代，傍通稱十事。爰及殺青時，未見彰斯義。將毋靳廣傳，私之以爲秘。乃若兵家謀，亦復資巧思。我讀守圉書，重下徐公淚。神威及曠遠，良哉攻守器。當時卒用公，封疆豈輕棄？執轡果何人？歷險失騏驥。國論歸黨同，嘉謨阻深忌。會通及師學，要眇益人智。法制殊不悉，知君有深意。趵突自重淵，玅理參天地。運轉如督任，徵奇于焉至。用玆爲灌溉，農畝將蒙利。何亦不盡言，悠然窮擬議。願君發藏笈，慷慨憐同志。臨風實跂予，莫惜微言寄。

《通考》述占驗，未及曆家言。亦有續文獻，闕略不足存。邢公考律曆，將決《授時》藩。古法語不詳，安能探本根？豈知法沿革，踵事有淵源。西術肇《九執》，札馬顯前元。《回曆》自洪武，凌犯實專門。分科兼肄習，年年陳至尊。利氏術加密，轉爲疑者喧。以玆重發憤，搜羅不憚煩。中西數十家，一一爲討論。一葉泛長河，乃欲窮崑崙。問途豈不遥，賴君爲張騫。合并果何時，悠悠勞夢魂。

又梅文鼎《績學堂文鈔》卷五《錫山友人曆算書跋》 餘嘗謂曆學至今日大著，而其能知西法複自成家者，獨北海薛儀甫、嘉禾王寅旭二家爲盛。薛書受於西師穆尼閣，王書則於《曆書》悟入得於精思，似爲勝之。

清黄宗羲

傳記

清・阮元等《疇人傳》卷三六《黄宗羲》 黄宗羲字太沖號梨洲，餘姚人也。博覽羣書，兼通步算。論長水註《楞嚴》「流變三疊」及徐岳太乙、兩儀算曰：「案：岳所云，算器也；長水所云，算法也。雖横竪之言相同，其義不相干涉。今之算器，横不列道，其數分于珠。徐岳之算器，珠一而已，其數分于道。太乙横爲九道，其珠自下而上，歷一道爲一算。兩儀算横爲五道，自下而上者，一道爲一算。自上而下者，始于五，終于九。黄青二珠，交相代也。算九則窮，又移一柱，與今器迴别。長水之算，只用今器。其所謂横竪者，分别算位。本位是竪，進一位即是横；本位是横，進一位即是竪。非如徐岳之實有横竪也。《乾坤鑿度》曰：『卧算爲年，立算爲日。』卧算者，長水之所謂横也；立算者，長水之所謂竪也。」

又論孔子生卒曰：「《左氏》哀公十有六年夏四月己丑孔（邱）［丘］卒，此出于門弟子所書，歲月無復可疑矣。由是而上推至襄公二十二年庚戌，爲七十三歲。孔子之年七十三，不特見於《史記》，杜預《左註》《孔子家譜》《祖庭記》無不皆然。則孔子之生年在庚戌，亦無可疑也。至于生之月日，《左傳》無文，穀梁氏則書『冬十月庚子，孔子生』，公羊氏則書『十有一年庚子，孔子生』。陸德明釋《公羊》云：『庚子孔子生，傳文上有「十月庚辰」，此亦十月也。一本作「十一月庚子」，又本無此句。』蓋經文庚辰朔，則庚子在二十一日。若十一月則己酉朔，其距庚子五十有二日。十一月無庚子，則知有此句者之爲誤本也。某以曆法推之，襄二十一年中積六十六萬九千一百二十七日五十五刻，冬至四十七日五千二十四，閏餘二十五日七千三百四十六，其年有閏，故子月甲寅朔，丑月甲申朔，寅月癸丑朔，卯月癸未朔，辰月壬子朔，巳月壬午朔，午月辛亥朔，未月辛巳朔，申月庚戌朔，酉月庚辰朔，戌月己酉朔，亥月己卯朔。襄二十二年，中積六十六萬八千七百六十二日三十一刻，冬至五十二日七四四九，閏餘七日七一，子月己酉朔，丑月戊寅朔，寅月戊申朔，卯月丁丑朔，辰月丁未朔，巳月丙子朔，午月丙午朔，未月乙亥朔，申月乙巳朔，酉月甲戌朔，戌月甲辰朔，亥月癸酉朔。若不從《公》《穀》，以《家語》《史記》爲準，則孔子之生在二十二年酉月，自甲戌推至庚子爲二十七日，故羅泌以爲八月二十七日，是也。」

又論衛朴推驗《春秋》日食曰：「沈存中云：『衛朴精於曆術，《春秋》日食三十六，密者不過得二十六七，一行得二十七，朴乃得三十五。唯莊公十八年一食，古今算皆不入食法，疑前史誤耳。』愚案：襄二十一年秋九月庚戌朔，日有食之。冬十月庚辰朔，日有食之。又二十四年七月八月，兩書日食。曆家如姜岌、一行皆言無比月頻食之理。《授時》亦言二十一年己酉中積六十六萬九千一百二十七日五十五刻，步至九月定朔四十六日六十五刻，庚戌日申時合朔，交泛一十四日三十六刻，入食限，是也。步至十月庚辰朔，交泛一十六日六十七刻，已過交限，故姜岌、一行之説爲是。西曆則言日食之後，越五月，越六月，皆能再食，是一年兩食者有之，比月而食者更無是也。襄二十一年己酉九月朔，交周初宫九度五一二八，入食限；十月朔，一宫一十度三一四二，不入食限矣。二十四年壬子七月朔，交周初宫三度一九三五，入食限；八月朔，交周一宫三度五九四九，不入食限矣。乃知衛朴得三十五者，欺人也。其言『莊十八年一食，自來不入食法』，案：是年（己）［乙］巳歲二月有閏，至三月實會四十九日一十三時，合朔癸丑未初初刻，交周一十一宫二十八度三四三七，正合食限。朴蓋不知有閏，故算不能合耳。朴於其不入食限者，自謂得之，於其入食限者，反謂不得，不知何説也。」

所著有《大統曆法辨》四卷、《時憲書法解新推交食法》一卷、《圜解》一卷、《割圓八線解》一卷、《授時曆法假如》一卷、《西洋曆法假如》一卷、《回回曆法假如》一卷。康熙十八年，都御史徐元文薦於朝，以老病辭，乃詔取所著書宣付史館。年八十六卒。子百家。

清・邵廷采《遺獻黄文孝先生傳》 先生諱宗羲字太沖號梨洲，忠端公尊素長子也。忠端公五子，仲宗炎字晦木，叔宗會字澤望，並有情才著述，東林前輩交稱之。而先生最晚没，學問淵海，名冠海内，發明蕺山劉子誠意慎獨之説，東海學者推爲劉門董常、黄榦。少補仁和學諸生。而忠端公以劾魏忠賢、客氏死詔獄，莊烈皇帝登極，誅忠賢，收捕奄黨。先生年十九，袖長錐草疏，入京頌冤，得賜葬祭，贈官録後，再疏請誅曹欽程、李實，蓋二人受忠賢指論公，而爲大理拷問公者，許顯純也。五月會審，顯純自訴孝定皇后外甥，律有議親。先生對簿，顯純與魏忠賢謀反，引高煦、宸濠親王戮社例，以錐錐顯純，血流被體，卒論立決，妻子流三千里。又與夏之令子光山夏承、周宗建子吴江周廷祚，共極所頭牢子。葉咨、顔文仲，登時斃。六月，會審李實、李永貞、劉若愚三奄中府，實辨原疏不自己出，忠賢取空本令永貞填寫，故墨在硃上，屬先生所親行賄三千金。先生疏首執對，墨在硃上賄成也，復用錐錐實。當是時，先生義男勃發，自分一死，衝仇人胸，賴天子仁明，念忠臣遺孤子，不加罪，會審之日，觀者無不裂眦變容。當是時，姚江黄孝子之名震天下。事定還里，四方名士無不停舟黄竹浦，願交孝子者。

弘光朝阮大鋮起，欲用盡殺天下清流，先生幾及于禍。浙河監國，授兵部職方司主事，陞御史、左副都御史。事敗，遺民亡命者多赴先生，先生瞿然曰：「有老母在，且先人不可無後，乃以俠名江湖耶？」遂奉太夫人姚避居山中，大啓蕺山書，深研默究，以爲世知蕺山之忠清節義而已，未知其學也，其學則集有宋以後諸儒大成，聖人復起，莫之易也。于是作《劉子行狀》，要其指歸之精微有四。一曰：靜存之外無動察。木之培必于其本，省察，即存養中切實工夫。今專以存養屬靜，安得不流而爲禪？省察屬動，安得不流而爲僞？又于二者之間，方動未動之際，求其所爲幾者而謹之，安得不流而爲雜？一曰：意爲心之所存，非所發。《傳》曰：「如惡惡臭，如好好色。」指所存言也。知意爲心所發，孰爲其所存者乎？豈有所發先所存者乎？心無體，以意爲體；意無體，以知爲體；知無體，以物爲體。物無用，以知爲用；知無用，以意爲用。工夫結在主意中，離卻意根，更無格致可言。一曰：已發未發，以内外對待言，不以前後際言。喜怒哀樂，即仁義禮智四德，非七情七。一心耳，而氣機流行之際，自其盎然而起，謂之喜，仁也，元也，春也；油然而暢，謂之樂，禮也，亨也，夏也；肅然而斂，謂之怒，義也，利也，秋也；愀然岑寂而止，謂之哀，智也，貞也，冬也。是四氣所以循環不窮者，賴有中氣存乎其間，而發之爲太和元氣，是以謂之中和，性之德也。人有無七情之時，未有無四德之時，存發止是一機，中和渾是一性。一曰：太極爲萬物之總名。易畫一奇，太極之象，因而偶之，陰陽之象。太極即在兩儀四象八卦中，理因形氣而立，其要歸之慎獨。人心徑寸間，空中四達，是爲太虛，虛故生靈，靈生覺，覺有主，是曰意。寂然不動之處，唯此不慮而知之靈體，故舉而名之曰獨。少間見聞，情識紛起，雜而非獨，慎之無及矣，可知獨即意，意非念也，氣即理，非理生氣也，謂理生氣，與佛者有物先天地之説，何別也？武進惲日初仲升氏編《劉子節要》，握先生手曰：「今日窺先師堂室者，唯吾與子，議論不可以不一，但于意非所發，宜稍融之。」先生不答。

其爲學不名一家，苦身焦思，自謂以魯得。年二十二，讀《二十一史》，日限丹鉛一本，家仇黨禍、舟車茅店之内，手不去編，寒夜抄書，必達雞唱，暑則穴帳通光，以避蚊蚋。早受先公命，就贄蕺山，然竟崇禎世一十七載，詩文盟會，交遊聲氣，去其半。及蕺山夢奠，擔簦避寇，匿影憂讒，海澨山陬，饑寒顛踣，而後乃一意于師門之學，然碑版記述，天官星曆，句股壬遁，夙所精兼，未能棄也。自言生平所不作者，祝嘏諛柩之文，人亦莫敢强。康熙丁未，復舉郡城證人書院講會，戊申，臯比鄞城，謂學問必以《六經》根底，于是甬上遂有講經會。先後主海寧、紹興講席，而所就經術湛深，士以甬上爲最，雖時文淺説，亦知崇本蕺山。先生倡明之功大焉，己未、庚申，累以博學宏詞，特舉遺獻薦，固辭老病，有司承詔，取所論著，資裨《明史》者繕寫，宣付史館。是時，先生年八十矣。

歲戊辰，自爲生壙，于是公墓畔，諭以死後次日，舁致石牀，一褥一被，不用棺椁，不作佛事七七，諸鼓吹、巫覡、銘旌、紙錢、紙幡槩去不用，作《梨洲末命》一篇，子百家私與宗叔道傳謀曰：「諸命皆可遵，獨不用棺椁一事，奈何？」先生聞之曰：「噫，以父之身不能得之子耶？」作《葬制或問》，或問：「送死者，棺周于身，椁周于棺，古今通義也。今子易棺以石牀，易椁以石穴，可乎？」曰：「何爲其不可也！余覽《西京雜記》，所發之塚，多不用棺，石牀之上，藉以雲母。趙岐敕其子曰：『吾死之日，墓中聚沙爲牀，布簟，白衣，散髮，其上覆以單被，即日便下，下訖便掩。』陳希夷令門人鑿張超谷，置屍于中，人入視，其顱骨重于常人，尚有異香，古之人行此者多矣。」問者曰：「爲其子者，從之與？」曰：「奚爲其不從也！孝子者，于親平日之言無有不從。至于屬纊之後，世俗謂之遺囑，禮家謂之顧命。親之所言，從此不得聞矣。無論馬醫夏畦之子，不敢不奉以終身，不必孝子。于此而有不從，則平日之爲逆子無疑矣。楊王孫裸葬而子從之，古今未有議其子之不孝者，是從之爲是也。」問者曰：「子以從親爲孝，則古今無諍子矣。」曰：「聖人之爲棺椁，以槩天下之人。其有不欲槩者，自創爲法，亦聖人之所不禁也。必以去棺椁爲非禮，則趙岐之《孟注》，不當列于諸經，希夷之《圖書》，不當傳于後世矣。使爲子者而欲諍之，則是自賢以蓋父也。」問者曰：「諍之不可。父死之後，陰行古制，使其父不背于聖人，不亦可乎？」曰：「惡！是何言也。孝子之居喪，必誠必信，誠信貫于幽明，故來格來享。欺僞雜于其間，精誠隔絶，宗廟之饋食，松楸之霜露，其爲無祀之鬼矣。孟子之禮匡章，以其不欺死父也。父有不善，尚不敢欺，父之不循流俗，何不善之有？顧使其形骸不能自主，則棺椁同于敝蓋，人亦何樂乎有子也！」百家遵末命，葬化安山，用鄭寒邨先生文立石，捧土塞壙門焉。其卒以康熙三十四年七月，年八十六。所著《孟子師説》《明儒學案》《明文案事案》《明文海》《南雷文定》《吾悔集》《蜀山集》《南雷詩歷》《待訪録》《宋史補遺》《冬青引》《西臺慟哭記注》《行朝録》《海外慟哭記》《汰存録》《思舊録》《今水經》《四明山志》《台宕記遊》《匡廬行脚録》《姚江文略》《姚江遺詩》《姚江瑣事》《黄氏家譜》《喪服制》《春秋日食曆》《授時曆故》《大統曆假如》《回回曆假如》《西洋新法假如》《律吕新義》《氣運算法》《納甲納音》等皆有成書，不下百種，約置壙中石几上，門人流傳鈔録，徧行京國，私謚文孝先生。

先是，忠端蒙難，封太僕卿，鯤溟公在堂，先生承養祖父，具給鮮旨，後敦匠事，冒暑重研道諸暨，購美櫝歸，直二百金。四弟幼孤，身自育教，迄于成立。崇禎庚辰，充解南糧，連歲奇祲，家人環向而泣，走黄巖告糴，值遏禁嚴，謀于王峨雲、倪鴻寶、祁世培三君子，其事得集。順治庚寅，晦木以連染被執，將罹大辟，先生赤足行冰雪中，十指皆血，求救于馮君道濟，得胡珠百顆，獻之大帥，乃得釋。丙申，墓祭戴家山，闔門爲山寇所縛，又求救于沈、李二君，乃得放歸。凡所遭逢，皆人所不能堪者。叔葆素子木正亦敦志節，潛居注《易》。終身冠髮不改，一門羣從，能行古人之道，浙東黄氏，他姓罕比焉。

論曰：余同里親炙黄先生，見其貌古而口微吃，不能出辭。及夫意思泉湧，若決河東注，頃刻累百千言續屬不絶。著述文章，大者羽翼經傳，細逮九流百氏，靡不通貫。嘗示余乾坤鑿度象數等書，望而不敢即。蓋弘覽博物，多得之黄漳海，而理學宗蕺山，以故雜而不越。其爲人有奇氣，所交遊勇俠劍客，遭運貞元，未伸幽憤，始終無忘先公詔獄之痛，大肆其力于典墳，洎乎髦年，而智益明，神益强，累際辟徵，迄不爲名所累，屹然一代學者宗師！所謂不得于彼，必有得于此者與。至全歸，不用棺椁，雖非聖人中制，然灑然超俗，何必同方？而議者謂其毁滅喪紀，過矣！故具載其《或問》一篇，附楊王孫書之後焉。

清・翁洲老民《黄宗羲》　黄宗羲字太沖號梨洲，餘姚人，忠端公尊素子。爲諸生，受業劉宗周，學行醇備，家禍國難，備嘗艱苦。北兵入浙，孫嘉績、熊汝霖等以一旅之師畫江而守，宗羲亦合子弟數百人，隨諸軍於江上，人呼之曰世忠營。授職方主事，改御史。總兵陳梧自嘉興之乍浦，浮海至餘姚，大掠。職方主事王正中署縣事，集民兵擊殺之，亂兵大噪。有欲罷正中以安諸營者，宗羲曰：「借喪亂以濟其私，致干衆怒，是賊也。正中守土，即當爲國保民，何罪之有！」尋以宗羲所作《監國魯元年大統曆》頒之浙東。馬士英在方國安營，欲入朝，朝臣皆言其當殺。熊汝霖曰：「此非殺士英時也。」宗羲曰：「諸臣力不能殺耳，春秋之孔子，豈能加於陳恒？但不得謂其不當殺也。」汝霖謝焉。又謂諸將曰：「諸公何不乘機決戰，由赭山直趨浙西，而日於江上放船鳴鼓，攻其有備，蓋意在自守也。然蕞爾三府，以供十萬之衆，一年之後，恐不能支。」聞者皆是之，而不能用。張國柱之浮海至也，諸營大震，廷議欲以伯爵餌之。宗羲曰：「若是，則獎亂也，何以待後？」乃署爲勝虜將軍，始去。與太僕陳潛夫、尚寶朱大定、主事吴乃武、查繼佐及正中等謀會師，由海寧以取海鹽，因入太湖，以招吴中豪傑，而江上師潰，乃入四明山結寨自固。己丑，聞王在海上，乃與都御史方端士赴之，擢右僉都御史，進左副都。時方發使拜山寨諸營官爵，宗羲言：「諸營之强，莫如王翊，其乃心王室，亦莫如翊，諸營文臣輒自稱都御史、侍郎，武臣自稱都督。其不自張大亦莫如翊，宜優其爵，使之總臨諸營，以捍海上。」遂拜翊右僉都御史。而是時諸帥之悍，甚於方、王。宗羲既失兵，日與尚書吴鍾巒坐船中，講學而已。是冬，命澄波將軍阮美使日本，以兵部右侍郎馮京第及宗羲監其軍以行。至長崎島，不得要領而還。久之，以母老乞歸。

清・温睿臨《黄宗羲》　黄宗羲字太沖，餘姚人，忠端公尊素長子也。尊素以劾魏忠賢死詔獄。烈皇帝立，忠賢伏誅，宗羲時年十九，入京草疏頌冤，得賜祭葬，贈官録後，再疏請誅曹欽程、李實二人，受忠賢指論尊素而爲大理考問者，許顯純也。及廷鞫，宗羲袖長錐與對簿，顯純訴孝定皇后外甥，律有議親。宗羲曰：「顯純與忠賢謀纂，宜顯戮，高煦、宸濠，親王尚不免，何況外戚。」以錐錐顯純，血流被體。卒誅顯純，流其妻子。又與同難諸子椎殺獄卒葉咨、顏文仲。李實辨原疏不自己出，忠賢取空本填寫耳，故墨在硃上，屬所親行賄三千金，宗羲首陳所賄，大聲曰：「墨在硃上，賄成也。」復用錐錐實。當是時，宗羲志氣憤發，不惜一死報仇，觀者皆裂眥變容，賴天子仁聖，憐忠臣遺孤，成其志，由是孝義之名震天下，四方皆願交焉。南部阮大鋮用事，將起黨獄，宗羲幾得禍。魯王監國，授兵部職方司主事，遷御史，累陞左副都御史。及師潰，奉其母夫人姚避居萬山中，絶口興復事，曰：「有老母在，敢以俠名累吾母耶？」宗羲少好學，自謂以魯，得年二十二，讀《二十一史》，日限丹鉛一本。後逢難流離，舟車茅店之內，手不去編，寒夜抄書，必達雞唱，暑則穴帷通光，以避蚊蚋。受忠端命，執贄劉蕺山。然竟崇禎世，詩文盟會交游聲氣去其半，至是避地山居，乃大啓蕺山書，深研默究，以爲其學，集有宋以後諸儒之大成。作《劉子行狀》，要其指歸之精微，由是言劉氏學者皆宗之。又工文詞，泛濫諸子百家，及名賢古文詩歌，無不鋭然欲與之並。四方碑版、志傳、記序，求文者，自遠方來。旁及天官、星曆、勾股、壬遁，無不兼精，東南文士，翕然附從，皆稱黄門弟子。丁未，舉證人書院講會于郡城。戊申，移席寧波，甬上遂有講經會。先後主海寧、紹興講席，所造就士湛深經術，其最著者，陳紫芝、陳錫嘏、鄭梁、范光陽等，皆登甲第，顯仕于朝，及布衣萬斯大、斯同，昌明師學，廷臣慕其名，皆願其出。己未，以博學鴻詞徵，庚申，以特舉遺獻薦，皆以老病辭。有司承詔取所撰述關《明史》者，繕寫以進，宣付史館。是時宗羲年幾八十矣，自爲生壙於先公墓旁，設石床一，石几一，諭以死之次日，舁至石牀，藉褥覆衾，不用棺槨，不作佛事，諸鼓吹、巫覡、銘旌帛，紙錢，紙幡概不用，以生平所著書櫝置石几上，又恐子孫不從，作《梨洲末命》一篇，歲乙亥七月卒，年八十六。百家遵末命葬化安山，門人鄭梁誌墓，銘塞壙門，立石覈土焉。其講明儒學，有《孟子師説》《明儒學案》《吾悔集》《喪服制》，在仕也，有《行朝録》《汰存録》《思舊録》《海外慟哭記》《舟山紀聞》《西臺慟哭記注》。其山居有《四明山志》《台蕩記游》《匡廬行脚録》《今水經》，其星曆有《春秋日食曆》《授時曆》《故大統曆假如》《回回曆假如》《西洋新法假如》《律吕新義》《氣運算法》《納甲結音》，其選輯有《明文案》《文海》《明夷待訪録》《宋史補遺》《姚江文略》《姚江逸詩》《姚江瑣事》《黄氏家譜》《冬青引》，其文集有《南雷文定》《蜀山集》《南雷詩歷》，皆有成書，不下百種。友人私謚文孝先生。

先是忠端被難，封翁太僕鯤溟公在堂，宗羲事祖盡孝，撫四弟於幼孤，咸成立。仲宗炎晦木、季宗會澤望，並有才名。庚寅，晦木以告變拘，將罹大辟，宗羲行冰雪中，十指皆血，求救于馮君道濟，得明珠百顆獻大帥，得釋。其敦行如此。叔葆素子木正，亦志節士，隱居注《易》，終身冠髮不改，一門羣從，自承家學，他姓罕比焉。

清・秦瀛《黄宗羲》 黄宗羲字太沖號梨洲，浙江餘姚人，前明御史、謚忠端尊素之子。著有《易學象數論》六卷，《深衣考》一卷，《孟子師説》二卷，《明儒學案》六十二卷，《今水經》一卷，《四明山志》九卷，《歷代甲子考》一卷，《二程學案》二卷，《南雷文定》十一卷，《文約》四卷，《明文海》四百八十二卷，《明文案》二百卷，《待訪録》一卷，《曆法》十卷，《匡廬遊録》二卷。

是書宗羲自序云：《易》廣大無所不備，自九流百家借之以行其説，而《易》之本義反晦。世儒過視象數以爲絶學，故爲所欺。今一一疏通之，知其於《易》了無干涉，而後反求程傳，亦廓清之一端。又稱王輔嗣注簡當而無浮義，而病朱子添入康節先天之學，爲添一障。蓋《易》至京房、焦延壽而流爲方術，至陳摶而岐入道家，學者失其初旨，彌推衍而轇轕彌增。羲病其末派之支離，先糾其本原之依託。前三卷論《河圖》《洛書》，先天、方位、納甲、納音、月建、卦氣、卦變、互卦、筮法、占法，而附以所著之原象爲内篇，皆象也。後三卷論太元、乾鑿度、元包、潛虛、洞極、洪範數、皇極數，以及六壬、太乙、遁甲爲外篇，皆數也。大旨謂聖人以象示人，有八卦之象、六爻之象、象形之象、爻位之象、反對之象、方位之象、互體之象，七者備而象窮矣。後儒之爲譌象者，納甲也、動爻也、卦變也、先天也，四者雜而七者晦矣。故是編崇七象而斥四象。而七者之中，又必求其合於古，以辨象學之譌。又《遁甲》《太乙》《六壬》三書，世謂之三式，皆主九宫，以參詳人事。是編以鄭康成之太乙行九宫法證《太乙》，以《吴越春秋》之占法、《國語》泠州鳩之對證《六壬》，而云後世皆失其傳，以訂數學之失。其持論皆有依據。蓋宗羲究心象數，故一一能洞曉其始末，因而盡得其瑕疵。非但據理空談，不中窾要者比也。惟本宋薛季宣之説，以《河圖》爲即後世圖經，《洛書》爲即後世地志，顧命之《河圖》即今之黄册，則未免主持太過。至於矯往過直，轉使傳陳摶之學者得據經典而反脣，是其一失。然宏綱巨目，辨論精詳，與胡渭《易圖明辨》均可謂有功《易》道者矣。節録《四庫書目》《易學象數論提要》。

是編以其師劉宗周於《論語》有學案，於《大學》有統義，於《中庸》有慎獨義，獨於《孟子》無成書，乃述其平日所聞，著爲是書，以補所未備。其曰《師説》者，仿趙汸述黄澤《春秋》之學，題曰《春秋師説》例也。宗周之學，雖標慎獨爲宗，而大旨淵源，究以姚江爲本，故宗羲所述，仍多闡發良知之旨。然於《滕文公爲世子章》，力闢沈作喆語辨無善無惡之非；於《居下位章》，力闢王畿語辨性亦空寂隨物善惡之説，則亦不盡主姚江矣。其他議論，大都案諸實際，推究事理，不爲空疏無用之談。節録《四庫書目》《孟子師説提要》。

國朝黄宗羲撰，其子百家續成之。宗羲有《易學象數論》，已著録。是編以二程造道各殊，因輯二程語録及先儒議論二程者，各爲一卷。百家又以己意附論各條之下。然黄氏之學出王守仁，雖盛談伊洛，姚江之根柢終在也。節録《四庫書目》《二程學案提要》。

明代文章，自何、李盛行，天下相率爲沿襲剽竊之學，逮嘉隆以後，其弊益甚。宗羲之意，在於掃除摹擬，空所倚傍，以情至爲宗。又欲使一代典章人物，俱藉以考見大凡，故雖游戲小説家言，亦爲兼收並採，不免失之乏濫。然其蒐羅極富，所閲明人集幾至二千餘家，如桑悦《北都》《南都》二賦，朱彝尊著《日下舊聞》時，搜討未見，而宗羲得之，以冠兹選。其他散失零落，賴此以傳者，尚復不少，亦可謂一代文章之淵藪。考明人著作者，當必以是編爲極備矣。節録《四庫書目》《明文海提要》。

四明山舊稱名勝，而巖壑幽邃，文士罕能周歷，故紀載多疏。宗羲家於北七十峯之下，嘗捫蘿越險，尋覽匝月，得以考求古蹟，訂正譌傳，乃博采諸書，輯爲此志，凡九門。宗羲記誦淹通，序述亦特詳贍，惟所收詩文過博，併以友朋倡和之作牽連附入，猶不出地志之習。又既列名勝，復以皮陸九《題丹山圖》《詠石田山房》，别出三門。其諸門之内，既附詩於各條下，又别出詩括、文括二門，爲例亦未免不純也。節録《四庫書目》《四明山志提要》。

黄宗羲字太沖，餘姚人。父尊素，明御史，死詔獄。宗羲年十九，袖疏入京訟冤。歸而受業劉宗周，聞誠意慎獨之學，寧波績學之士數十人，連袂稱弟子。康熙十八年，都御史徐元文薦於朝，以老病辭，乃詔取所著書，宣付史館。二十九年，上以海内遺獻問尚書徐乾學，舉宗羲，但言其衰老，乃止。宗羲上下古今，穿穴羣言，自天官、地志、九流、百氏之教，無不精研。學者稱爲梨洲先生。年八十有六卒。《浙江通志》。

公上疏爲忠端訟冤，會逆奄已磔，即請誅曹欽程、李實，并袖錐錐許顯純，毆崔應元，拔其鬚，思陵歎曰：「忠臣孤子。」弟宗炎、宗會，公教之，皆大有聲，於是士林稱爲浙東三黄。陽羡欲薦之，力辭。甲申難作，阮大鋮驟起南中，欲盡殺復社諸名士，公名挂彈事，大兵至，得免。無何，浙東孫公嘉績、熊公汝霖畫江而守，公以布衣參軍，授職方，改監察御史，已又歸監國海上，歷拜右副都御史，旋辭歸，變姓名，杜門匿景，累瀕于危，得不死。康熙戊午，詔徵博學鴻儒，葉公方藹先以詩慫恿，公卒以老病辭。魏公象樞曰：「吾生平願見而不得見者三人，夏峰、梨洲、二曲也。」庚午，上訪及遺獻，徐公乾學以公對，終不能致。公雖不赴徵書，而史局大案，必資于公。節録《鮚埼亭集》《神道碑》。

太沖父忠端公，死奄禍。太沖上書訟冤，聲振國門。年踰六十一，尚嗜學不止，每寒夜，身擁緼被，以雙足置土爐上，餘膏熒熒，執一卷危坐，暑月則以麻帷蔽體，置小燈帷外，翻書隔光，常至丙夜。所學上本《五經》，旁羅百氏，俱能採精獵微，得其本末。《今世説》。

瀛按：先生在魯王時，曾授副都御史，我朝訪求遺獻，硜硜卒守其志。平生學問，由蕺山以上溯姚江，間亦不無同異，與先燈巖公作書往復，論尊德、性道、問學之旨，見《南雷文定》。其族諸孫徵肅屬題先生像，晬乎其容，猶想見先生志事。戊午鴻博之舉，葉訒菴嘗貽詩慫恿，先生卒以老病辭，固未嘗舉也。《鶴徵録》誤入之患病行催不到之列，姑從之，附記於此。

瀛又按：魏庸齋與許海昌書云：「黄先生學貫天人，諸公物色之者頗衆，聞其所高，未敢輕動。」泉石李鄴園亦欲舉先生，因渠母老而止。先生既不就舉，命子百家至京，與修《明史》，百家字主一。

清・江藩《黄宗羲》　黄宗羲字太沖，餘姚人，忠端公尊素之長子也。生而岐嶷，垂髫讀書，不事舉業，年十四，補博士弟子員。時魏忠賢弄國柄，戕害清流，忠端遭羅織，死詔獄，有覆巢毁卵之虞。宗羲奉養王父及母，以孝聞，讀書畢，夜分伏枕嗚嗚哭，不敢令堂上知也。思宗即位，攜鐵錐，草疏，入京訟冤。至則逆奄已死，有詔卹死奄難者，贈官三品，予祭葬，蔭一子。乃詣闕謝恩，疏請誅曹欽程、李實，蓋忠端削籍，乃欽程奉奄旨論劾，而李實則成丙寅黨禍之首者也。得旨，刑部作速究問。崇禎元年五月，會訊許顯純、崔應元，對簿時，出所袖錐錐顯純，流血滿體。顯純自訴爲孝定皇后外甥，律有議親之條，請從末減。宗羲：謂「顯純與逆奄搆難，忠良盡死其手，幾覆宗社，當與謀逆同科。以謀逆論，雖如親王高煦，尚不免誅，況后之外親乎？」卒論二人斬。時欽程已入逆案，而李實辨原疏非實所作，乃逆奄取其印信空本填寫，故墨在硃上，又陰致宗羲三千金，求勿質。宗羲即奏稱：「李實今日猶能公行賄賂，其辨詞豈足信哉！」於對簿時，亦以錐錐之。然丙寅之禍，實由空本填寫，得減死。獄成，偕同難子弟，設祭於詔獄中門，哭聲如雷，聞於禁中，思宗歎曰：「忠臣孤子，朕心爲之惻然。」宗羲與吴江周延祚、光山夏承錐牢子葉咨、顔文仲，應時而斃，二人乃斃諸君子於獄中者。思宗憫其忠孝，不之罪也。宗羲在京師，毆應元胸，拔其鬚歸，焚而祭之忠端木主前，乃治葬事。

父冤既白之後，日夕讀書，《十三經》《二十一史》及百家、九流、天文、曆算、道藏、佛藏，靡不究心焉。忠端遺命，以蕺山劉忠正公宗周爲師，乃從之游。又約吳越中髦學者六十餘人，共侍講席，力排陶奭齡援儒入釋之邪説。弟宗炎，字晦木，宗會，字澤望，並負異才，宗羲親教之，皆成儒者。

崇禎中，復用涓人，逆黨咸冀録用，而在廷諸臣，或薦霍維華、吕純如，或請復涿州冠帶。至陽羨出山，特起馬士英爲鳳督，士英以阮大鋮爲援，奄黨又熾。即東林中如錢謙益，以退閒日久，亦相附和矣。獨南都太學諸生，仍持清議，乃以大鋮覬望南中，必生他變，作《南都防亂揭文》，宜興陳貞慧、寧國沈壽民、貴池吳應箕、蕪湖沈士柱共議署名，東林子弟首推無錫顧文端公之孫杲，被難諸家推宗羲，縉紳則推周儀部鑣，大鋮銜之。壬午入京，陽羨欲薦宗羲爲中書舍人，力辭不就，遂南歸。甲申之難，赧王立國，大鋮驟起，遂按揭一百四十人，欲盡殺之。時宗羲憂國勢難支，之南都，上書而禍作，同邑有奄黨者，糾劉忠正公及三弟子。三弟子者，都御史祁彪佳，給事中章正宸與宗羲也。遂與杲並逮，駕帖未出，而大兵至，得免。南都歸命，踉蹌回浙東。

時忠正已死節，魯王監國，孫嘉績、熊汝霖以一旅之師，畫江而守。宗羲糾黄竹浦子弟數百人，隨諸軍，江上人呼之曰世忠營。黄竹浦者，宗羲所居之鄉也。宗羲請如唐李泌故事，以布衣參軍，不許，授職方司員外，尋以柯夏卿孫嘉績等交章論薦，改監察御史，仍兼職方司事。總兵陳梧，自嘉興之乍浦，浮海至餘姚，縱兵大掠。王職方正中行縣事，集兵民擊殺之。梧兵大噪，有欲罷正中官，以安諸營者。宗羲曰：「乘亂以濟私，致干衆怒，是賊也！正中守土，爲國保民，何罪之有？」監國從之。是年，作《監國魯元年大統曆》，頒之浙東。馬士英南中脱走，在方國安營，欲入朝，朝臣皆言宜誅之。熊汝霖恐其挾國安爲患，曰：「非殺士英時也，使其立功自贖。」宗羲曰：「公力不能殺耳，春秋之孔子，豈能加兵於陳恒？但不得謂其不當殺也。」汝霖大慚，謝過焉。遺書總兵王之仁曰：「諸公何不沈舟決戰，由赭山直趨浙西，而日於江中放船伐鼓，意在自守也。蕞爾三府，以供十萬之衆，豈能久守乎？」總兵張國柱之浮海至也，諸軍大驚，廷意欲封以伯，宗羲言於嘉績曰：「若封以伯，則國柱益横，且何以待後來有功者，請署爲將軍。」從其請。又力請西進之策，孫嘉績以所部卒盡付之，與王正中合軍，得三千人。正中，之仁從子也，以忠義自奮，宗羲深結之，使之仁不以私意撓軍事，故諸軍與之仁有隙，皆不能支餉，而宗羲軍獨不乏食。查職方繼佐軍亂，披髮夜走，投宗羲，拜於牀下，宗羲出，撫其衆。遂同繼佐西行，渡海，駐潭山，烽火遍浙西，太僕寺卿陳潛夫以軍同行，尚寶司卿朱大定、兵部主事吳乃武皆來會師，議由海寧以取海鹽，因入太湖，招吳中豪傑，百里之内，牛酒日至。直抵乍浦，約崇德孫奭爲内應，會大兵已戒嚴，不得前。復議再舉，而王正中軍潰於江上。宗羲走入四明，結山寨自固，殘兵從至者五百餘人，駐軍杖錫寺，微服潛出，欲訪監國消息，爲扈從計，戒部下無妄動，部下不遵節制，擾山中民，民潛焚其寨，部將茅翰、汪涵死之。己丑，聞監國在海上，乃與都御史方端士赴之，晉左僉都御史，再晉左副都御史。時方發使拜山寨諸營官，宗羲言「諸營之强，莫如王翊，乃心王室者，亦莫如翊，宜優其爵，使之總諸營，捍海上。」朝臣皆以爲然。俄而大兵圍健跳，城中危甚，會蕩湖救至，得免。時熊汝霖、劉中藻、錢肅樂皆死，宗羲失兵無援，與尚書吳鍾巒坐船中講學，推算歐羅巴曆法而已。

宗羲之從亡也，母氏尚居故里，章皇帝下詔，凡前明遺孽，不順命者，録其家口以聞。宗羲聞之，恐母氏罹罪，陳情監國，得請，變姓名歸。鍾巒棹三板船，送三十里外，哭别於波濤中。是年，監國由健跳至翁州，復召宗羲，副馮京第乞師日本，之長埼島，不得請。宗羲賦《式微》之章，以感將士。乃回甬上。是時，大帥治浙東，凡得名籍與海上有涉者，即行翦除。宗羲雖杜門息景，然位在列卿，而江湖俠士，多來投止。馮侍郎京第結寨杜嶴，即宗羲舊部，大帥習聞其事，宗羲名與馮侍郎並懸通衢。有上變於大帥者，首列宗羲名，捕者益急。宗羲竄匿草莽，東徙西遷，屢瀕於危，然猶挾帛書，招婺中鎮將，遣使入海告警，令爲之備，而不克。弟宗炎與京第交通有狀，被獲，刑有日矣，宗羲潛至鄞，以計脱之。慈水寨主沈爾緒難作，牽連宗羲，大帥遣人四出搜捕，乃挈眷屬，伏處海隅草間苟活。

迨海氛靖後，聖祖仁皇帝如天之仁，不復根追勝國從亡諸人，宗羲始奉母返里門，復舉蕺山證人書院之會，從之請學者數百人。嘗謂「明人講學，襲《語録》之糟粕，不以《六經》爲根柢，束書不讀，但從事於游談，學者必先窮經，經術所以經世，乃不爲迂儒」。又謂「讀書不多，無以證斯理之變，讀書多，而不求於心，則又爲僞儒矣」。故受其教者，不墮講學之弊，不爲障霧之言，其學盛行於東南。當時有南姚江、西二曲之稱。二曲者，李中孚也。康熙戊午，詔徵博學鴻儒，掌院學士葉方藹，先以詩寄宗羲，慫恿之。宗羲次韻答以不出之意，方藹商於宗羲門人陳庶常錫嘏，對曰：「是將迫先生爲謝疊山矣！」其事遂寢。未幾，有詔命葉方藹與同院學士徐元文監修《明史》，宗羲爲世家子弟，家有十三朝《實録》，復嫻於掌故，方藹與元文又薦宗羲，乃與前大理寺評事興化李清同徵，詔督撫以禮敦遣，宗羲以母老及老病辭。方藹知不可致，乃請詔下浙江巡撫，就家鈔所著書有關史事者，付史館。元文又延宗羲子百家及鄞處士萬斯同參訂史事。斯同，宗羲之弟子。宗羲戲答元文書曰：「昔聞首陽山二老託孤於尚父，遂得三年食薇，顔色不壞。今吾遣子從公，可以置我矣。」

宗羲之學，出於蕺山，雖姚江之派，然以慎獨爲宗，實踐爲主，不恣言心性，墮入禪門，乃姚江之諍子也。又以南宋以後，講學家空談性命，不論訓詁，教學者説經，則宗漢儒，立身則宗宋學。又謂「昔賢闢佛，不檢佛書，但肆謾罵，譬如用兵，不深入其險，不能勦絶鯨鯢也」。乃閲佛藏，深明其説，所以力排佛氏，皆能中其窾要。國難時，遺老以衣鉢晦迹者，久之或嗣法上堂，宗羲曰：「是不甘爲異姓之臣，反爲異氏之子。」弟宗會，晚年好佛，爲之反覆辨論，極言其不可。蓋於異端之説，雖有託而逃者，亦不容少寬假焉。宗羲性耿直，於友朋中多不少可，周囊雲一人之外，皆有微辭。在南都時，見歸德侯朝宗每宴以妓侑酒，宗羲曰：「朝宗之尊人尚在獄中，而放誕如此乎！吾輩不言，是損友也。」或曰：「侯生性不耐寂寞。」曰：「夫人而不耐寂寞，則亦何所不至耶。」時人皆歎爲至論。及選明文，或謂當黜方域文，宗羲曰：「姚孝錫嘗仕金，元遺山終置之南冠之列，不以爲金人者，原其心也。夫朝宗亦若是矣。」乃知其論人嚴，亦未嘗不恕也。

平生勤於著述，年逾八十，尚矻矻不休。所著有《明儒學案》六十二卷，《宋儒學案》《元儒學案》，《易學象數論》六卷，辨《河洛》方位圖説之非。《授書隨筆》一卷，則閻若璩問《尚書》而答之者。《春秋日食曆》一卷，《律吕新義》二卷，少時取餘姚竹管肉孔勺者，截爲管而吹之，知十二律之四清聲，乃著是書。《孟子師説》四卷，因蕺山有《論語》《大學》《中庸》諸解，獨無《孟子》，以舊聞於蕺山之説，集爲一書，故名《師説》。《明史案》二百四十四卷，《弘光紀年》一卷，《隆武紀年》一卷，《永曆紀年》一卷，《魯紀年》一卷，《贛州失事紀》一卷，《紹武事紀》一卷，《四明山寨紀》一卷，《海外痛哭紀》一卷，《日本乞師記》一卷，《舟山興廢》一卷，《沙定州記亂》一卷，《賜姓本末》一卷。《汰存録》一卷，糾夏考功《幸存録》也。《授時曆故》一卷，《大統曆推》一卷，《授時曆假如》一卷，《西曆假如》一卷，《回曆假如》一卷，《氣運算法》《勾股圖説》《開方命算》《測圓要義》諸書。又有《今水經》《四明山志》《台巖紀游》《匡廬遊録》《病榻隨筆》。《明文海》四百八十二卷，與十五朝國史可互相參正。續《宋文鑑》《元文抄》，以補吕蘇二家之缺。《思舊録》《姚江瑣事》《姚江文略》《姚江逸詩》《自著年譜》，《明夷待訪録》二卷，《南雷文案》十卷，《外集》一卷，《吾悔集》四卷，《撰杖集》四卷，《蜀山集》四卷，《詩歷》四卷，又分爲《南雷文定》《南雷文約》，合之得四十卷。《明夷留書》一卷，言王佐之略，崑山顧絳見而歎曰：「三代之治，可復也！」又欲修《宋史》而未成，僅存《叢目補遺》三卷。宗羲以古文自命，有志於《明史》，雖未預修史，而史局遇有大事、疑事，必咨之。其論古文曰：「唐以前句短，唐以後句長；唐以前字華，唐以後字質；唐以前如高山深谷，唐以後如平原曠野。自唐以後，爲文之一大變，然而文章之美惡不與焉。其所變者詞而已，所不可變者，雖千古如一日也。」此論足以掃近世規模字句之陋習矣。晚年，愛謝皋羽《晞髮集》。注《冬青樹引》《西臺慟哭記》，蓋悲皋羽之身世蒼涼，亦以自傷歟。

康熙戊辰冬，營生壙於忠端墓側，中置石牀，不用棺槨，子弟疑之，作《葬制或問》一篇，援趙邠卿之例，毋得違命。自以身遭國難，期於速朽，不欲顯言也。卒之日，遺命一被一褥，即以所服角巾深衣斂，遂不棺而葬。卒年八十有六。門生私謚曰文孝，學者稱爲南雷先生云。

清・唐鑑《餘姚黄先生》 先生諱宗羲，字太沖，號梨洲。畢力著述，以《六經》爲根柢，又謂「讀書不多，無以證理之變化，多而不求於心，則爲俗學」。故上下古今，穿穴羣言，自天官、地志、九流、百家之説，無不精研。所著《易學象數論》六卷，謂聖人以象示人者七，有八卦之象，有六爻之象，象形之象，爻位之象，反對之象，方位之象，互體之象。後儒之爲僞象者四，納甲也，動爻也，卦變也，先天也，乃崇七象而斥四象。又著《深衣考》一卷，《今水經》一卷，《四明山志》九卷，《歷代甲子考》一卷，《二程學案》二卷，又《大統法辨》四卷，《時憲書法解》、《新推交食法》一卷，《圜解》一卷，《割圜八綫解》一卷，《授時(法)[曆]假如》一卷，《西洋(法)[曆]假如》一卷，《回回(法)[曆]假如》一卷，又輯《宋史叢目補遺》三卷，《明史案》二百四十四卷，《明文海》四百八十二卷。其文集則《南雷文定》十一卷，《文約》四卷。又輯有《宋儒學案》《元儒學案》《明儒學案》，數百年來，醇者、駁者、是者、非者、正者、偏者，合并於此三編中。學者喜其采之廣而言之辨，以爲天下之虚無怪誕，無非是學而不知千古學術之統紀，由是而亂後世人心之害陷，由是而益深也。孔子曰：「攻乎異端斯害也已。」孟子曰：「生於其心，害於其事，發於其事，害於其政，是言豈欺我哉。」夫横浦、象山參究於宗杲、德光者也，而與紫陽並列；新會、姚江首率爲陽儒陰釋者也，而與河津、餘干並稱，則是墨、晏可以比於尼山，莊、列可以齊於鄒國。先生亦學道者也，曾不一爲之思乎？且自顔曾思孟而後，博文約禮，明善誠身，出則致君三代，處則垂教《六經》，同揆於先聖而端範於後賢，朱子一人而已，亂朱子之道，即亂孔子之道者也。當湖陸先生曰：「董子云，不在六藝之科、孔子之術者，絶其道，勿使並進。」今亦曰：「不在朱子之術者，絶勿使進。」崑山顧先生曰：「陽明所輯《朱子晚年定論》，今之學者多信之，不知當時羅文莊已與之書而辯之矣。」又曰：「昔范武子論王弼、何晏二人之罪深於桀紂，以爲一世之患輕，歷代之害重，自喪之惡小，迷衆之罪大。而蘇子瞻謂李斯亂天下，至於焚書坑儒，皆出於其師荀卿高談異論而不顧者也。困知之記，學蔀之編，固今日中流之砥柱矣！」先生卒年八十六。弟宗炎、宗會，子百家。宗炎，字晦木，著有《周易象辭》二十一卷、《尋門餘論》二卷、《圖書辨惑》一卷，其説力闢陳摶之學，故其解釋爻象，一以義理爲主。百家傳其家學，又從梅先生問推步法，著《勾股矩測解原》二卷。

清·徐鼒《黃宗羲》 黃宗羲字太沖，海内稱爲梨洲先生，餘姚人。年十四，補諸生，隨父尊素任京邸，盡知朝局清濁之分。尊素死詔獄，宗羲養王父，以孝聞。崇禎帝即位，年十九，袖長錐，草疏入京訟冤。至則逆奄已磔，有詔，死奄難者贈官三品，予諡，予祭葬。祖父如所贈官，蔭子，尊素諡忠端。宗羲既謝恩，既疏請誅曹欽程、李實，蓋其父之削籍，初由欽程奉奄旨論劾，李實則成丙寅之禍者也。對簿時，出所袖錐錐許顯純，流血蔽體，又毆崔應元胸，拔其鬚。歸而設祭，與先時同難諸子弟共錐獄卒二人，應時斃。時欽程歸入逆案，李實辨原疏不自己出，忠賢取印信空本令李永貞填之，故墨在硃上。陰致金三千，求宗羲弗質。宗羲立奏之，謂：「實今日猶能賄賂公行，其所辨豈足信？」於對簿時，復以錐錐之。獄竟，偕諸家子弟設祭詔獄門，哭聲如雷，達禁中。崇禎帝聞而歎曰：「忠臣孤子，甚惻朕懷。」

洎歸治葬，事畢，肆力於學，自經史及九流、百家，無不窺。既盡，發家藏書讀之，不足，則鈔之諸藏書家。窮年搜鬻故書，一童肩負而返，乘夜丹鉛，次日復出，率爲常。時山陰劉宗周倡道蕺山，而越中承海門周氏之緒，援儒入釋，石梁陶奭齡爲之魁，宗周憂之，未有以爲計。宗羲約吴、越高才六十餘人，共侍講席，力排其説，故蕺山弟子如祁、章諸子，皆以名德重，而禦侮之助莫如宗羲。蕺山之學，專言心性，漳浦黄道周則兼及象數，當時擬之程、邵兩家。因出己所治律曆諸説相疏證，多不謀合。弟宗炎字晦木，宗會字澤望，並負異才，皆自教之，不數年，皆大有聲，儒林中有東浙三黄之目。

壬午入京，周延儒欲薦爲中書，力辭不就。一日，聞市中鐸聲，曰：「此非吉聲也。」遽南下，已而大清兵果入口。初，南都作《防亂揭》攻阮大鋮，東林子弟推無錫顧杲居首，天啓被難諸家推宗羲居首，大鋮恨之刺骨。南都立，大鋮驟起，按揭中百四十人姓名，欲盡殺之。時方上書闕下，而禍作，與杲並逮。同里奄黨某首糾劉宗周三大弟子祁彪佳、章正宸皆列名仕籍，宗羲徒以人望掛彈章，聞者駭之。母姚氏歎曰：「章妻滂母，乃萃吾一身邪！」駕帖未出，而南都亡，踉蹌還浙東。會孫嘉績、熊汝霖起兵，因糾合黄竹浦宗族子弟數百人，隨軍江上，共呼之爲世忠營。魯監國授職方主事，尋以嘉績及柯夏卿等交薦，改監察御史，兼舊官。總兵陳梧敗於嘉興，浮海至餘姚，大掠，職方主事王正中方行縣事，集兵擊殺之，亂兵大譟。有欲罷正中以安諸營者，宗羲曰：「梧借喪亂，以濟其私，致干衆怒，是賊也。正中爲國保民，保罪之有！」監國是之。已進所作《監國魯元年大統曆》，命頒之浙東。馬士英在方國安營，欲入朝，朝臣言當殺，熊汝霖恐其挾國安爲患，好言曰：「此非殺士英時，宜使立功自贖。」宗羲曰：「諸臣力不能殺耳。春秋之孔子，豈能加於陳恒？但不得謂其不當殺。」又遺書王之仁曰：「諸公何不沈舟決戰，由赭山直趨浙西，若日於江上鳴鼓放船，攻其有備，蓋意在自守也。蕞爾三府，以供十萬之衆，北兵即不發一矢，一年之後，亦不能支。」又言：「崇明爲江、海門户，曷以兵擾之，分江上之勢。」時不能用。尋張國柱浮海至，諸營大震，廷議欲爵以伯，曰：「如此則益横已，且何以待後？請署將軍足矣。」從之。已力陳西渡策，與王正中合軍，得三千人。正中爲之仁從子，能以忠義自奮，深結之，使之仁不以私意相撓，故熊、錢諸督師皆不得餉，而正中與世忠二營獨不乏食。海寧職方查繼佐軍亂，披髮走入營，跪牀下，乃呼其兵，責之，亂以定。偕繼佐渡海劄潭山，太僕卿朱大定、兵部主事吴乃武等來會，議由海寧取海鹽，入太湖，直抵乍浦，約崇德義士孫奭等爲内應。會大兵纂嚴，不得前。方議再舉，而江上已潰，因結寨四明山，餘兵願從者尚五百餘人，微服潛出，訪監國消息。部下不能遵節制，山民焚其寨，部將茅翰、汪涵死之，乃走剡中。己丑，聞監國在海上，與都御史方端士赴之，晉左僉都御史，再晉左副都御史。時方發使拜山寨諸營官爵，宗羲言：「乃心王室者，莫如王翊，不自張大，亦莫如翊，宜優其爵，使總臨諸營，以捍海上。」朝論以爲然，定西侯張名振弗善也。宗羲既失志，日與尚書吴鍾巒坐船中，正襟講學，暇則注《授時》《泰西》《回回》三曆。當從亡也，母氏尚居故里，而我朝以遺臣不順者，録其家口。宗羲聞之，歎曰：「方寸既亂，吾不能爲姜伯約矣。」亟陳情監國，得請，鍾戀掉三板船，送之數十里，變姓名，間行歸家。適弟宗炎以交通馮京第被縛，刑已有日，潛至鄞，計脱之。宗羲雖杜門匿影，而與海上通消息，屢遭名捕，幸不死。

其後海氛澌滅，無復有望，乃奉母返里門。自是始畢力著述，四方請業之士亦漸至。嘗自謂受業蕺山時，頗喜爲志節斬斬一流，所得尚淺，患難之餘，胸中窒礙爲之盡釋，而追恨爲過時之學。蓋不以少年之功自足也。丁未，復舉證人書院之會於越中，以申蕺山餘緒，大江南北，從者駢集，守令亦或與會。已而大府請之開講，不得已，應之。康熙戊午，詔徵博學鴻儒，再辭以免。未幾，詔督撫以禮聘修《明史》，亦以老病辭。乃敕下浙撫，抄其所著書關史事者，送入京，當事又延宗羲子百家及門人萬斯同等參局事。自後屢蒙我聖祖存問，歎爲得人之難。所著書千數百卷，其大者：《易學象數論》六卷，力辨河、洛方位圖説之非。《授書隨筆》一卷，則淮安閻若璩問《尚書》而告之者。《春秋日食曆》一卷，辨衛樸所言之謬。少時，嘗取餘杭竹管肉好停匀者斷之，爲十二律，與四清聲試之，廣其説《律吕新義》二卷。又以蕺山有《論語學庸解》，獨少《孟子》，爲《孟子師説》二卷。又《明儒學案》六十卷，《明史案》二百四十四卷，《行朝録》六卷。於曆學少有神悟，嘗言：「勾股之術，乃周以、商高之遺，而後人失之，使西人得以竊其傳。」爲《授時曆故》一卷，《大統曆推法》一卷，《授時曆假如》一卷，《西曆［假如］》《回曆假如》各一卷。外有《氣運算法》《勾股圖説》《開方命算》《測圓要義》諸書共若干卷。晚年自定文集，爲《南雷文約》四十卷，又《明夷待訪録》二卷，《留書》一卷，他著述不具録。崑山顧炎武見《明夷待訪録》而歎曰：「三代之治可復也。」湯斌亦曰：「黄先生論學，如大禹導水導山，脈絡分明，吾黨之斗杓也。」

戊辰冬，自營生壙於忠端墓旁，中置石牀，不具棺槨，作《葬制或問》一篇，援趙邠卿、陳希夷例，戒子弟無違。乙亥秋，卒，遺命以所服角巾、深衣殮，年八十有六。門人私謚曰文孝先生。

紀事

清·萬斯大《梨洲先生世譜》 姚江黄氏，漢潁川之後。靖康之亂，遷於婺源，有仕爲慶元通判者，金人破慶元，不屈死之。子三人，分地避兵，一居定海，東發之始祖。一居慈谿吴嶴，一居鳳凰山竹墩。居竹墩者，諱萬河，字時通，號鶴山，居三十年，又徙餘姚之竹橋，《柳道傳詩》「連延黄竹浦」是也。則梨洲先生之始祖也。當是時，離亂之餘，力田給食，不遑詩書之業，故以下四世，皆失名諱。第七世：文茂字茂卿，始登泰定甲子進士第，授餘姚州判，從學吴草廬，歸而主教於鄉，每令學者静坐數日，然後得親函丈。子三人：德彰，至順庚午進士，任浙江宣司；德順，以制舉授鄞縣教諭；德澤，武舉，以都元帥鎮定海。又一世：均保號菊源，洪武庚午貢士，北平道御史；墀與同邑陳子方當遜國之難，賦詩：「爲臣真欲效全忠，豈料翻成與叛同，北狩緣藏青史筆，南還猶是白頭公。」赴水死，失其世次。第十世：韶字九成，成化己丑進士，仕至江西提學僉事；翊字九霄，書畫皆入能品，而菊花尤傳於世。九成，有《道南八景詩》，其和者華亭張東海、常熟桑民懌也。伯川字德洪號蜇庵，舉天順壬午，除建寧府教授，主考陝西，有《竹橋十詠》，同邑倪小野稱其蕭散閒遠，超於塵外。珣字廷璽，成化辛卯鄉試榜首，登辛丑進士第二，歷官南冢宰，逆瑾勒令致仕，卒謚文僖。第十一世：堂字勉敬號南浦，弘治壬戌進士，擬第一甲，未傳臚而卒，鄉人至今稱爲探花也；嘉愛字懋仁號鶴溪，正德戊辰進士，從王文成講學，卒官欽州；嘉會字懋禮號履齋，舉弘治辛酉，知金溪縣；嘉仁號半山，其詩清新，不加雕繪，有自然之色。第十二世：夔字子韶，嘉靖乙卯貢元，從文成於稽山書院。第十三世：尚質號醒泉，舉嘉靖己酉，守景州，致仕，詩與山人楊珂齊名。第十五世：琜字鳳署，萬曆庚戌進士。譜繁不能盡書，書其著者。梨洲之世，自州判叔父世堂，而名諱始可得詳。世堂生文貴，文貴生子尹，子尹生安祥，安祥生廷杲。廷杲生璽字廷璽，兄伯震出商於外，踰十年不歸，璽往求之，裂紙數百張，繕寫兄之年貌籍貫爲零丁，榜之寺觀街市，經行萬里，卒無所遇，不懈益虔，流轉襄漢間。至道州，入厠，置傘路旁，伯震適過之，見傘而心動，曰：「此吾鄉之傘也。」循其柄而視之，有字一行，曰：「姚江黄小雷記。」小雷者，璽之别號，伯震方疑駭，璽出而相視若夢寐，慟哭失聲，道路觀者，亦嘆息泣下，遂奉兄而歸。廷璽生諒，號素菴，舉義倉之法於里中，年八十。素庵生稔，號東河，娶章氏，撫其孤子，孤子入城市，必向其所之而立，待其歸始食，未嘗先一飯也，守節數十年。東河生大綬，號對川，爲人精敏，十五歲，官役爲庫子，老吏不能欺之，知其孫忠端公必貴，嘗問之曰：「孫之推封其祖父，何品及之？」對曰：「三品。」忠端公以七品死節，故老言其不驗，未幾，贈官三品，追封對川爲太僕寺卿。對川生曰中，號鯤溟，以《易》爲大師，諸生應試，以文先定其次第，無不奇中，《五經》《左氏内外傳》《國策》《莊》《騷》，隨舉一句，應口誦其全文，與人言亦必原本經傳。忠端公之喪，蔣令弔之於途，公曰：「此郊弔也，明府以《春秋》起家，豈宜有此？」一邑利害，他人不敢言者，公獨言之，有伍伯倚令勢，魚肉小民，公投以治生帖，伍百叩頭請死，吏亦從此不敢近伍伯。［鄞邑］之逆案，尚書某使其僮客越境追人，公呼僮客杖之，曰：「吾非杖汝，聊以此寄汝主耳。」其疾惡如此。鯤溟生忠端公，諱尊素字真長號白安，天啓間官御史，劾魏忠賢、客氏，削籍，三吴訛言翻局，以公爲主，逆奄忌而害之，贈官賜祭葬，謚忠端。梨洲先生名宗羲字太沖號梨洲，忠端公之長子也。忠端公五子，著者三人，宗炎字晦木，宗會字澤望。自鶴山至先生，爲世凡十七云。南雷里，唐謝遺塵之故居在焉，距竹橋數里而近，先生因以名集。大述黄氏世譜，冠於集端，倣胡助述宋氏世譜，以冠《灊溪集》之例也。門人萬斯大述。

清·黃百家《先遺獻文孝公梨洲府君行略》 府君生於有明萬曆三十八年八月初八日戌時，考終於康熙三十四年七月初三日卯時，享年八十有六。不孝家謹遵末命，於次日舁至化安山，不用棺椁，安卧壙中石牀，前設石几，置所著述圖書其上，即塞壙門。其壙前片石，平時嘗命求寒邨鄭先生文勒之。先生於府君之交，不特生平忠孝大節學問文章，即府君荼苦衷曲不敢告人者，雅知甚深。奚俟不孝家荒迷蕪筆，覼縷備陳。聊述先代世譜，略討生平學術事爲之萬一，並膝下所窺朝夕瑣細之一二，敢泣血稽顙以請。

姚江黃氏，漢潁川之後，靖康之亂，遷於婺源。有仕爲慶元通判者，金人破慶元，不屈死之。子三人，分地避兵，一居定海，爲東發始祖，一居慈谿之吴嶴，一居鳳凰山竹墩。居竹墩者，諱萬河，字時通，號鶴山，已徙餘姚之竹橋，此吾族之始祖也。當是時，離亂之餘，力田給食，不遑詩書之業，以故亞、從、曾、辛四世失其名，僅存行次。至第六世祖，字世堂諱堂者，而名字始得詳。七世爲文貴府君貴，八世子尹府君尹，九世安之府君安祥，十世廷杲府君杲。十一世廷璽，號小雷，兄伯震商於外，踰十年不返，祖往求之，裂紙寫兄之年貌籍貫，爲零丁，牓之寺觀街衢，經行萬里，至道州，奉兄而歸。十二世素菴府君諒，舉義倉法於里中。十三世東河府君稔，生先高祖對川府君而早世，祖妣章太孺人，身寡子孤，高祖入城市，必向所之而立，待歸始食，守節數十年。高祖諱大綬，號對川，爲人精敏，知先生父忠端公必貴，嘗問：「孫之得推封其祖，官何品？」對曰：「三品。」高祖曰：「吾當及之。」王父以七品死節，或言其不驗，未幾，果追贈太僕寺卿。先曾祖諱曰中，字鯤溟，以《易》爲大師，諸生以應試文來質，預定其高下次第，無不奇中。《五經》(左史《)［《左氏］内外傳》《國策》《莊》《騷》，隨舉一句，應口誦其全文，與人言必原本經傳。王父之喪，蔣令弔之途，曾祖曰：「此郊弔也，明府以《春秋》起家，豈宜有此？」一邑利害，他人所不敢言者，獨慷慨言之。有伍伯倚令勢作奸，曾祖投以治生帖，伍伯叩頭請死。鄞邑之逆案，尚書某使僮客越境追人，曾祖杖之曰：「吾非杖汝，聊以寄汝主耳！」其疾惡如此。累封太僕寺卿。先王父諱尊素，字真長號白安，萬曆丙辰進士，天啓間，官御史，以劾奄媪魏忠賢、客氏，忠死。崇禎時，贈太僕寺卿，賜祭葬，後追贈兵部左侍郎，謚忠端。

府君諱宗羲，字太沖號梨洲，行第一。祖母姚太夫人將分娩，王父欲推禄命年月庚戌乙酉，得日時庚辰丙戌，配合極佳，然須聞金鼓之聲乃驗。適當是日是時，有里優鳴鉦撾鼓，而府君生，日者謂與先聖生物只差一字。見《孔子生卒歲月辨》。於時高祖贈太僕公，高祖母章太淑人猶在堂，曾祖行四人，祖行十六人，一門親屬三十四人皆同爨，而府君爲宗子。天啓癸亥，年十四，補仁和學博士弟子員。十六，娶先母葉淑人。外祖爲廣西按察司僉事諱憲祖六桐先生。丙寅，王父被逮，與楊、左諸公同死詔獄。莊烈帝登極，是時府君年十九，乃袖長錐，草奏疏，入京頌冤。先是，王父凡三疏劾奄，第一疏在楊疏二十四大罪之先，第二疏繼楊而上，第三疏則萬忠節杖死後。逆奄髮指，嗾曹欽程論之削籍。後訛言繁興，謂三吴諸君子謀翻局，王父用織造奄李實，爲張永授以祕計。逆奄大懼，使人譙訶李實，於是以講學興大獄，而王父被禍。府君至都門，已得賜祭葬，贈官録後，一疏謝恩，一疏請誅曹欽程、李實。得旨，刑部作速究問。五月，會審許顯純、崔應元，府君對簿，袖錐以錐顯純，流血被體。顯純自訴爲孝定皇后外甥，律有議親之條。府君謂：「顯純與魏忠賢謀反，謀反則以親王高煦、宸濠猶不免於戮，況皇后之外親乎？」卒得論顯純、應元決不待時，妻子流三千里。又與光山夏承、吴江周廷祚，共箠所頭葉咨、顔文仲，立時而斃。蓋顯純爲大理，王父被其拷問，而二人則乙丙被難諸公，皆其手害者，北地牢子名所頭。承則夏公之令子，廷祚周公宗建子也。六月，會審李實、李永貞、劉若愚三奄於中府，李實辨原疏不自己出，魏忠賢修怨於諸公，取其印信空本，命李永貞填寫之，故其墨在硃上。又恐府君執對，使舉人袁某行賄三千金，府君即疏言其事，謂：「李實當取空本之時，何以不言？諸公被逮之日，又何以不言？汝即畏死，以七君子之命代汝幺麽一死，今尚欲求生死？況以實之賄賂，何求不得，兹現可據矣，則墨在硃上之本，焉知不出今日所爲乎！」復用錐錐實等，蓋府君義勇，勃鬱久，自拚一死，以衡仇人之胸。賴天子仁明，念忠死孤兒而不顧也。

弘光南渡，阮大鋮尋《防亂揭》之怨，次第欲盡殺揭中人，而府君尤所注意，目爲黨魁者也。初逆案既定，大鋮百計謀翻不遂，崇禎十二年，攜重賄，挾新聲，招摇白下，躁進之徒，受其籠索，爲卷土重來之計。一輩知名士，共出《留都防亂揭》逐之，其揭首顧子方杲，次則府君，次左碩人國柱、左子直棅、沈眉生壽民、沈崑銅士柱、魏子一學濂等，而從中慫恿則周仲馭鑣也。至是大鋮以定策功，欲先殺仲馭而無名，曰：「彼動云逆案，我當以順案誅之。」乃牽引周介生鍾之從賊而逮仲馭，嗣是希大鋮意者，交章劾其所嫉。子直一門變姓名而逃，眉生亡命金華山中，而府君初爲同邑之逆黨某，與劉蕺山、祁世培、章羽侯三先生同劾，後爲徐大化之姪署丞某，特疏所劾，下三法司逮同。值大兵南下，其事得解，不則王父既死於逆奄，府君又且死於其乾兒矣。

浙河之役，鼎革初逢，彈丸一隅，未測聖朝高厚，尚有乃孚於巳日而用牛革之鞏者，即府君亦嘗腰絚虞淵，暍同夸父，零丁有歎，不悔空坑，然而張儉、魏齊，遂倚箭山爲複壁，文成、五利，共指竹浦爲蓬萊。府君乃幡然曰：「我乃以俠名江湖耶？」遂奉王母避之山中，大發篋衍，默體偏勘，始悟師門之學，爲集儒先之大成。府君垂髫讀書，即不瑣守章句，好窺羣籍。年十四，隨王父京邸，王父自課以制義。府君完課之餘，潛購《三國衍義》《列國傳》、東漢殘唐諸小説，藏之帳底，夜則發而觀之。一日，王母以告王父，曰：「亦足開其智慧。」自後王父每私視府君書，觀所乙處，而府君轉不之知。年二十二，發憤讀《二十一史》，日限一本，丹鉛矻矻，不畢不寢。蓋府君自少遭多難，家仇黨禍，南北往來，未嘗廢學。顧是時心力旁溢，既業制舉，後騁詩文。就試南都，凡一時四方知名之士無不交，遠近時文詩賦之會無不赴，選文統於東浙，就盟會於三吳。故雖得子劉子以爲之師，嘗自謂先師夢奠以前，痛掌血痕，不沾牛革，及是潦水瀾枯，百途心折，而蕺山慎獨之宗旨，得府君而大顯焉。初子劉子嘗與高忠憲、鄒忠介、馮恭定三公講學於東林、首善兩書院，三公繼歿，乃始與陶石梁舉越城證人之會。然東浙之學自新建啓途，一傳而爲龍谿，再傳而爲海門、石簣，湛然澄之禪入之，三傳而爲石梁，輔之以姚江之沈國模、管宗聖、史孝咸，密雲悟之禪又入之。蕺山主慎獨，慎則敬，敬則誠，消息動静，步步實歷而見。石梁宗解悟，云識得本體，不用功夫，求之心行路絶之間，故雖與同事，而論多齟齬。已分會於白馬山，石梁所説皆因果，至言一名臣轉身爲馬，引老嫗證之。府君曰：「是何言也。」因約吴越士四十餘人，連袂而稱弟子於蕺山，門人益進。然丁改革之際，其高第者，如金伯玉、吴磊齋、祁世培、章羽侯、葉潤山、鼓期生、王玄趾、祝開美諸先生，既身殉國難，其餘或時文之塊礧未消，蔥嶺之蜾蠃易化。間有自任知師門之學者，則昆陵之仲昇惲之由，此其選也。己酉東來，握手謂府君曰：「今日知師門之學者，惟吾與子，議論不可以不一，但於師門言意所在，當爲渾融。」府君不答，蓋以師門超越前儒者，全在於此，此未發者，大端有四。一曰静存之外無動察。樹木栽培，必於根本，枝葉之上，無可用力。知乎此，則省察即存養中切實工夫。今專以存養屬静，安得不流而爲禪？省察屬動，安得不流而爲僞？又於二者之間，方動未動之際，求其所爲幾者而謹之，安得不流而爲雜？一曰意爲心之所存，非所發。《傳》曰：「如惡惡臭，如好好色。」言自中之好惡，一於善而不二於惡，正指其所存而言也。如意爲心之所發，孰爲其所存者乎？是所發先於所存，豈《大學》之本旨乎？蓋心體以意爲體，意無體，以知爲體；知無體，以物爲體。物無用，以知爲用；知無用，以意爲用。工夫結在主意中，離却意根一步，更無格致可言。一曰已發未發，以表裏對待言，不以前後際言。夫喜怒哀樂，非以七情言也，一心耳。而氣機流行之際，自其盎然而起，謂之喜，仁之德也；自其油然而暢，謂之樂，禮之德也；自其肅然而斂，謂之怒，義之德也；自其愀然岑寂而止，謂之哀，智之德也。乃四時之氣，所以循環而不窮者，獨賴有中氣存乎其間，而發之即爲太和元氣，是以謂之中，謂之和，性之德也。故人有無七情之時，而無無四德之時。自其存諸中言，謂之中，即天道之元亨利貞運于於穆者是也。陽以動也，自其發於外言謂之和，即天道之元亨利貞呈於化育者是也。陰之静也，存發總是一機，中和渾是一性。一曰太極爲萬物之總名。易畫之一奇，即太極之象，因而偶之，即陰陽之象。兩儀立，太極即隱於陰陽之中，故不另存太極之象。於是縱言之，道理皆因形氣而立，離形無所爲道，離氣無所爲理，離心無所爲性，而其安則歸之慎獨。從來以慎獨爲宗旨者多矣，或認識本體而墮於恍惚，或倚傍獨知而力於動念，皆非真獨體也。人心徑寸間耳，空中四達，有太虚之象，虚故生靈，靈生覺，覺有主，是曰意。意者心之主宰，以其寂然不動之處，惟有此不慮而知之靈體，故舉而名之曰獨。少間攙以見聞才識之能，情感利害之使，便不得謂之獨，此時慎之無及矣。可知獨即意也，意非念也。是故渾念於意，以爲心之所發而誠之，是舍其本源而從事於焦芽絶港也。謂理生氣，是與佛者有物先天地之説何别也，此千古未決之疑，一旦使人冰融霧釋，真有宋以來所未有，然向非府君冥心妙悟，摧陷而廓清之，則子劉子已收之鏡，已得之珠，幾何而不復墜乎。海昌陳簡齋先生曰：「學在天地間，有宗有翼，余躡齊蕺山、漳浦兩夫子之堂。兩夫子之學，莫不淵源考亭，追遡濂溪、二程以達於孔孟，而一時未見有董常、黄榦之儔者。梨洲黄子，於蕺山門爲晚出，獨能疏通其微言，證明其大義，推離還源，以合於先聖不傳之旨，然後蕺山之學，如日中天，黄子所謂魯國而儒者一人歟。」先生與府君同門素心，故知之深，言之切也。康熙丁未，定菴姜先生請府君復證人書院之講會，先生亦故與府君同及蕺山之門者也。自首陽正命，講席中絶者三十六年，至是而復舉之。戊申，鄞城亦請府君主講席，一會於廣濟橋，再會於延慶寺，自是甬上傑出之君子二十餘人，咸來執贄。府君謂學問必以《六經》爲根柢，空腹游談，終無撈摸。於是甬上遂有講經會，嗣後海寧令許公三禮請主講於北寺，越倅許公虬請主講郡城，郡守李公鐸請主講於府學明倫堂，府君雖勉强應之，或非皆本意也。己未，葉訒菴先生以博學鴻儒薦，府君寓書陳庶常介眉，謂與君相知有素，胡不爲力止，此魏野所謂斷送老頭皮也。庚申，立齋徐先生以特舉遺獻事，薦府君與李映碧先生兩人。奉旨：着該督撫敦請。府君寓書李公之芳、李公本晟，使代以老病疏辭。己又奉特旨：凡黄某所有論著，及所見聞，有資《明史》者，令該地方官抄録來京。藩司李公士禎，因招不孝家入署較勘如干册，使胥史數十人繕寫進呈，宣付史館。庚午二月哉生明，皇上問健菴徐先生：「海内博學洽聞、文章爾雅，可備顧問者何人？」先生對：「以臣所知，止有浙江黄某，學問淵博，行年八十，猶不釋卷，曾經臣弟元文奏薦。」上曰：「可召來，朕不任以事，如欲回家，當即遣官送之。」先生對：「前業以老病辭，恐不能就道也。」皇上因歎人才之難如此。

歲戊辰，自爲生壙於王父壠畔，諭吾死後，即於次日舁至壙中，斂以時服，一被一褥，安放石牀，不用棺槨，不作佛事，不做七七，凡鼓吹巫覡銘旌紙錢紙旛，一槩不用。是時，不孝家以代役《明史》在都，得諭，皇遽告辭，監修許以在家纂輯，攜書亟歸。癸、甲冬秋，兩兄繼歿，又書《梨洲末命》一篇，不孝家私與宗叔道傳師謀曰：「諸命皆可遵，獨不用棺槨一事，奈何？」府君聞之曰：「以父之身，父不能得之子耶？」作《葬制或問》：「或問：『送死者，棺周於身，槨周於棺，古今之通義也。今子易棺以石牀，易槨以石穴，可乎？』曰：『何爲其不可也。余覽《西京雜記》，所發之冢，多不用棺，石牀之上，藉以雲母。趙岐敕其子曰：「吾死之日，墓中聚沙爲牀，布簟，白衣，散髮，其上覆以單被，即日便下，下訖便掩。」陳希夷令門人鑿張超谷，置屍於中，人入視，其顱骨重於常人，尚有異香，古之人行此者多矣。』問者曰：『爲其子者，從之與否？』曰：『奚爲其不從也！孝子者，於親平日之言無有不從，至於屬纊之後，世俗謂之遺囑，禮家謂之顧命。親之所言，從此不得聞矣。無論馬醫、夏畦之子，不敢不奉以終身，不必孝子。於此而有不從，則平日之爲逆子無疑矣。楊王孫裸葬而子從之，古今未有議其子之不孝者，是從之爲是也。』問者曰：『子以從親爲孝，則古今無諍子矣。』曰：『聖人之爲棺槨，以槩天下之人，其有不欲槩者，自創爲法，亦聖人之所不禁也。必以去棺槨爲非禮，則趙岐之《孟注》，不當列於諸經；希夷之《圖書》，不當傳之於後世矣。使爲子者而欲諍之，則是自賢以蓋父也。』問者曰：『諍之不可。父死之後，陰行古制，使其父不背於聖人，不亦可乎？』曰：『惡！是何言也？孝子之居喪，必誠必信，誠信貫於幽明，故來格來享。欺僞雜於其間，精誠隔絶，宗廟之饋食，松楸之霜露，其爲無祀之鬼矣。孟子之禮匡章，以其不欺死父也。父有不善，尚不敢欺，父之不循流俗，何不善之有？顧其形骸不能自主，則棺槨同於敝蓋，人亦何樂乎有子也。』」又示不孝家詩二首：「築墓經今已八年，夢魂落此亦欣然。墓教輪與鳶蟻笑，一把枯骸不自專。」『年來賴汝苦支撑，鷄骨支牀得暫寧。若使松聲翻惡浪，萬端瓦裂喪平生。」嗚呼，嚴命如此，不孝家敢不遵乎？

監國時，授兵部職方司主事，已陟御史，再陟左副都御史。先母葉氏，爲先外祖所鍾愛，奩裝頗具，而惟以儉質自處，自王父兩葬建祠諸費，皆先母簪珥之直也。桑海之交，疊經播徙，晝夜常懷剃刀，以防不測。王父殉難時，留《家訓》一章，中有「汝婦賢孝，古有用婦言而亡，亦有不用婦言而亡」之語。先府君逝世三十年。府君《庭誥》謂「賢孝二字是汝母生而得忠端之謚」也，後人即不信今人之文章，其有不信忠端公之言者乎？例封淑人。子三。百藥，官生，娶李氏，繼柳氏。正誼，太學生，娶孫司馬延齡之女，其花燭則監國所賜，繼虞氏。不孝百家，太學生，原名百學，聘王司馬篤菴女，司馬正命，女爲劉弁所得，時年十三，奪弁劍自刎，《通志》所載王烈女也；娶孫氏，女三，長適大理府知府朱雅淳子、諸生朱林，次適官生劉茂林，即蕺山子劉子宗周冢孫，次適諸生朱沆。孫男七，千傾、千子、千秋、千門、千儀、千刃、千人。孫女四，諸生諸孔侃、范承勳、太學生沈兆祥其埍也，一幼。

府君之學，原本蕺山，而深造必由乎自得。言性，則以爲陰陽五行一也，賦於人物則有萬殊。有情無情，各有其性，故曰各正性命，以言乎非一性也。程子言「惡亦不可不謂之性」是也。狼貪虎暴，獨非性乎？然不可以此言人。人則性有不忍人之心，純粹至善，如薑辛荼苦，賦時各別，故善言性者，莫如神農之《本草》。惻隱羞惡辭讓是非，心也，仁義禮智，指此心之即性也，非先有仁義禮智，而後發之惻隱羞惡辭讓是非之心也。見孺子入井而怵惕，嘑蹴而不屑，此性之見乎動者也。即當其静，而性之爲怵惕不屑者未嘗不在，猶之未發而喜怒哀樂未嘗不在也。凡動静者，皆心之所爲也。是故性者心之性，舍明覺自然自有條理之心，而别求所謂性，亦猶舍屈伸往來之氣，而别求所謂理矣。大化流行，不舍晝夜，無有止息，此自其變者而觀之，氣也。消息盈虚，春之後，必夏，秋之後，必冬。人不轉而爲物，物不轉而爲人，草不移而爲木，木不移而爲草，萬古如斯。此自其不變者而觀之，理也。在人亦然，其變者，喜怒哀樂、已發未發、一動一静，循環無端者，心也；其不變者，惻隱羞惡、辭讓是非、牿之反覆、萌櫱發見者，性也。儒者之道，從至變之中，以得其不變，而後心與理一。一氣而含陰陽五行，不能無過不及，而有愆陽伏陰，豈可謂氣之不善乎？其一時雖有過不及，而萬古之中氣自如也。人之氣禀雖有清濁强弱之不同，而滿腔惻隱之心，觸之發露者，則人之所同也，此所謂性即在清濁强弱之中，豈可謂不善乎？人生墮地，分父母以爲氣質，從氣質而有義理，則義理之發源在於父母。陽明言以此純乎天理之心，發之事父便是孝，不知天理從父母而發便是仁也。嚴父配天，非崇高之也，吾之於天，曠遠難屬，藉嚴父在天之靈，通其陟降。而先儒疑於郊鯀，以功德言不以感召言，非也。世儒謂天理爲天下所公共，虚靈知覺爲一己所獨得，故必推極其虚靈知覺之知，以貫徹無間乎天下公共之理，斯爲儒者之學。若單守其虚靈知覺之知，而不窮夫天下公共之理，則入於佛氏之窠臼矣。不知天之生人，舍虚靈知覺之外，更無别物。虚靈知覺之恰好處，便是天理。此理通天下萬物而無間，故曰萬物皆備於我。以其己所自有，無待假借，謂之獨得可也。以其人所同具，更無差别，謂之公共可也。乃一以爲公共，一以爲獨得，析而爲二乎？佛氏正惟認理在天地萬物，非吾之所得有，故以理爲障而去之。其謂山河大地爲心者，不見有山河大地，山河大地無疑於其所爲空，則山河大地爲妙明心中物矣。故世儒之求理與釋氏之不求理，學術雖殊，其視理在天地萬物則一也。

楊、墨之道，至今不熄。夫無所爲而爲之，爲仁義。佛氏從生死起念，即楊氏之自爲也；發願度衆生，即墨氏之爲人也，任彼説玄説妙，究不出此二途。其所謂如來禪者，單守一點精魂，豈不是自爲？其所謂祖師禪者，純任作用，豈不是爲人？故佛氏者，楊、墨而深焉者也，何曾離得楊、墨窠臼。豈惟佛氏，自科舉之學興，儒門何一事不是自爲爲人？仁義之道，所以滅盡。自古至今，止有楊、墨之害，更無他害。《易》言一陰一陽之爲道，此一陽已括一百九十二爻之奇，一陰已括一百九十二爻之偶，以三百八十四畫爲兩儀，非以兩畫爲兩儀也。若以第一爻而言，則一陰一陽之所生者，各止三十二爻，而初爻以上之奇偶，又待此三十二爻以生。陰陽者氣也，爻者質也，一落於爻，已有定位，安能以此位生彼位哉？四象亦統六十四卦之純陽純陰之乾坤。陽卦多陰之震坎艮，陰卦多陽之巽離兑。而言四象之分佈於各卦者，即爲八卦，八卦即六十四卦。八卦定吉凶，如以爲三畫之卦，何以定吉凶乎？觀包犧氏始作八卦，下引乾坤夬益諸卦可見矣。兩儀四象八卦，生則俱生，無有次第，太虚絪緼相感，止有一氣，無所謂天氣也，無所謂地氣也。自其清通而不可見則謂之天，自其凝滯而有迹象則謂之地。故曰資始資生，又曰天施地生，言天唱而不和，地和而不唱也。今謂一三五天之生數，六八十地之成數，二四地之生數，七九天之成數，是天唱而復和，地和而復唱，真若太虚之中，兩氣並行，天氣地氣，其爲物貳矣。是故一氣之流行，無時而息。當其和也爲春，是水之行；和之至而温爲夏，是火之行；温之殺而涼爲秋，是金之行；涼之至而寒爲冬，是水之行，寒之殺又和。木火金水之化生萬物，其凝之之性即土。蓋木火金水土，目雖有五而氣則一，皆天也，其成形而爲萬物，皆地也。若以水木土天之所生，火金地之所生，則春冬屬天，夏秋屬地。五行各有分屬，一氣循環，忽截而爲天，忽截而爲地，恐無此法象矣。河出圖，洛出書，聖人則之，所謂俯察於地也。謂之圖者，山川險易，南北高深，如後世之圖經是也。謂之書者，風土剛柔，户口盛衰，如夏之《禹貢》，周之《職方》是也。謂之《河》《洛》者，河、洛爲天下之中，凡四方所上圖書，故以河、洛繫其名也。如此種種，不可殫紀，則又多蕺山之所未發者。至於博極羣言，上下今古，著述文章，翼補經史，以逮天官、地理、九流、百氏之學，無不精，野乘稗官之説，靡不究，如此遵源崑崙，過龍門，歷底柱，而遂至望洋浩瀚也。所著書《孟子師説》，以蕺山有《大學統義》《中庸慎獨義》《論語學案》，師其意以補未備也。《易學象數論》六卷，以《易》之象數，久爲異説所淹，如焦、京之徒，以及《太玄》《洞極》《潛虚》《壬遁》

之流，紛紜錯雜，論其依附於《易》，似是而非者爲内編，論其顯背於《易》，而自擬於《易》者爲外編。《明儒學案》六十二卷，此有明一代學術所關也。《明文案》二百一十七卷，《明文海》四百八十二卷，此有明一代之文章也。《南雷文案》十一卷，《吾悔集》四卷，《撰杖集》四卷，《蜀山集》四卷，後增删爲《南雷文定》共若干卷。《南雷詩歷》四卷。南雷，昔晉謝遺塵所居之地，去余家數里，府君取以自號也。《待訪録》一卷，此弼帝匡王之略也。《宋詩補遺》三卷，冬青引註一卷，《西臺慟哭記註》一卷，《行朝録》三卷，《海外慟哭記》一卷。《汰存録》一卷，汰夏彝仲之《幸存録》也。念昔日之交遊而追憶之，則作《思舊録》。以水道變遷，非桑、酈時舊，作《今水經》。壬午，同二、三叔父游四明山，攀蘿附葛，篠竹窮搜，作《四明山志》。告羅黄巖，以其暇游天台、雁宕，作《台宕紀游》。庚子，游匡廬，作《匡廬行脚録》。讀書所至，關涉本邑者，另分摘之爲《姚江文略》《姚江逸詩》《姚江瑣事》。宗支日衍，一本追思，作《黄氏家譜》。玄冠不弔，勞心棘人，作《黄氏喪服制》。其曆律、算數諸學，則有《春秋日食曆》《授時曆故》《大統曆推法》《授時曆假如》《回回曆假如》《西洋新曆假如》《律吕新義》《玄珠蜜語》《氣運算法》《勾股圖説》《開方命算》《測圜要義》，以至納甲納音太乙壬遁等，皆有成書。其未成者《宋元儒學案》《宋元文案》，已有稿本，未經編輯，遺命不孝家成之，嗟乎，此豈不孝家所任哉！怦怦恐恐，大懼弗勝，誓從此勵，稍希進步，力不成之也。

嗚呼，人生境遇，勞逸之判，逾於霄壤。府君少丁家難，母寡弟幼，覆巢之下，僅存完卵，兼之禍患頻仍，内外百凡，隻身肩距。曾王父病革，匠事未敦，府君步行四百里，冒暑至諸暨，購歸美櫝，計直二百金。曾王父力疾出視，摩挲久之，喜曰：「汝後日即封贈及我，亦是虛名，今日之孝乃實事耳。」先王父喪歸，卜葬隱鶴橋，鄉人之在逆案者甚妒，天子有表章忠義之事，出而爲難，府君禦之。已建王父祠於西石山，又出爲難，府君號於當事，蕺山助之曰：「不佞，白安先生之未亡友也，請以螳臂當之。」卒得御史蕭公奕輔助金，推官陳公子龍作祠堂碑銘，檄縣立石，又邀兩馮公留仙、鄴仙暨陸文虎、萬履安、劉瑞當凡數十先生，會祭祠下，大鳴攻鼓，而逆黨始消沮。丙子，王父遷葬化安山，明年二月，分守台紹道謝公雲虬奉命諭祭，府縣各官紳士皆來，饌者數千人，府君應之，不露寒儉之態。叔父輩四人，王父被難時，四叔父司輿、五叔孝先更幼，讀書任之外傅。二叔父晦本年十一，三叔父澤望年九，府君身自教之，講書發明大意，將心意性命仁義禮智融會貫通，一章明則章章皆明，不與邨學究講貫逐節生解。初作制義，必令揣摩先輩，有一篇不似者則訶之，久之又令縱横議論，才氣爲主，若拘守先輩者訶之，如是而兩叔父學成矣。爲娶二叔父徐、馮兩叔母，三叔父劉、梁兩叔母，四、五叔父宋、姚兩叔母，建正氣堂分居之。庚辰，點解南糧，充是役者，家無不覆，又值歲連大祲，叔祖輩皆相向而泣。府君告羅黄巖，一身竭蹶，又值遏禁甚嚴，馳驅台、越間，謀於王峨雲、倪鴻寶、祁世培先生，而其事得集。庚寅，二叔父以連染被執，將罹大辟，府君赤足行冰雪中，十指皆血，求教於馮君道濟，得胡珠百顆，獻之大帥，而叔父得釋。丙申，墓祭戴家山，闔門爲山賊所縛，府君求救於沈、李二君，二、三、五叔父乃得放歸。西石山祠爲屯兵殘毀，移建之黄竹浦口，旋爲水漂，又遷之南城一隅，而不孝輩之婚嫁不與也，事亦賾矣。況夫雲壓睢城，風顛崖海，刊章急至，棊忽殘於貫星，飄瓦頻來，琴欲破於日影，以至擔簦避寇，攜老幼於海澨山陬，匿影憂讒，埋姓名於城限市角，此真宇宙間之勞人也。而府君乃復肆厥黄墳，開來繼往，大而能博如此，豈天故擇一至苦之境，以困府君，而府君即不憚自苦其心志，殫厥劬勞，力與天抗與？府君抄書，寒夜必達雞鳴，暑則拆帳作孔，就火通光，伏枕攤編，以避蚊嘬，算曆未符，力索窮搜，心火上炎，頭目爲腫而不輟。嗟乎，好逸惡勞，人情等耳，府君豈獨遠於人情乎？亦惟是時存一王父之痛於意中，無時不心王父之心，事王父之事，必不欲使倫物之間，立身之際，稍有不盡，以貽王父憾，故不惜竭一身一心神膏血，一一以赴之，是皆至性之發皇有然耳。府君之生，王母夢有麟瑞，故乳名以之。生而岐嶷，壯能舉鼎，額旁髮際有紅黑痣如錢，左右各一，或曰此日月痣也，或曰此肉角相也。歲庚午，姚江胡氏産麟，府君作《獲麟解》，謂是大水之兆，而旁議者以爲府君掩面道窮之徵焉。蓋府君之身，茹苦一生，晚年困乏，或至不能舉火，亦云窮矣。然而神異禎祥之事實不一二數。當十三四時，考赴越城，適同姓者有岑樓五間，空無人居，府君過之，聞笑語棊弈聲，登樓睇視，見五六人倉惶即避。府君逐間追躡，樓窮而人不見，牲五通神之像設在焉，此時府君以孤身童子，凝視弗怖也。嘗登四明山，至柿嶺失道，暑氣爍蒸，悶絶於地，則有黄衣童子護守立前，甦猶見之，良久乃滅。至於曠閣讀書，靈芝生於階畔；空山布算，甘露降於青松。昔王父在詔獄，老人見夢曰：「諸公後，惟公後最吉。」孰謂是偶然者乎？府君作《蕺山傳》，五星聚奎；濂洛關閩出焉，五星聚室；陽明子之説昌，五星聚張。子劉子之道通，豈非天哉，豈非天哉！府君於丙辰歲著《明儒學案》成，而五星聚牛女，不孝家竊謂亦豈非天哉，豈非天哉！

清・全祖望《梨洲先生神道碑文》 康熙三十四年，歲在乙亥，七月初三日，姚江黄公卒。其子百家爲之《行略》，以求埏道之文於門生鄭高州梁，而不果作，既又屬之朱檢討彝尊，亦未就，迄今四十餘年無墓碑。然予讀《行略》，中固嗛嗛多未盡者，蓋當時尚不免有所嫌諱也。公之理學文章，聖祖仁皇帝知之，固當炳炳百世，特是公生平事實甚繁，世之稱之者，不過曰始爲黨錮，後爲遺逸，而中間陵谷崎嶇、起軍、乞師、從亡諸大案，有爲史氏所不詳者。今已再易世，又幸逢聖天子蕩然盡除文字之忌，使不亟爲表章，且日就湮晦。乃因公孫千人之請，捃摭公遺書，參以《行略》，爲文一通，使歸勒之麗牲之石，并以爲上史局之張平。公之卒也，及門私謚之曰文孝。予謂私謚非古，乃温公所不欲加之横渠者，恐非公意，故弗稱。而公所歷殘明之官，則不必隱。近觀《明史》，於乙酉後諸臣，未嘗不援炎興之例大書也。

公諱宗羲字太沖，海内稱爲梨洲先生。浙江紹興府餘姚縣黄竹浦人也。忠端公尊素長子。太夫人姚氏。其王父以上世系，詳見《忠端公墓銘》中。公垂髫讀書，即不瑣守章句，年十四，補諸生，隨學京邸，忠端公課以舉業，公弗甚留意也。每夜分，秉燭觀書，不及經藝。忠端公爲楊、左同志，逆奄勢日張，諸公昕夕過從，屏左右，論時事，或密封急至，獨公侍側，益得盡知朝局清流濁流之分。忠端公死詔獄，門户䫉颩，而公奉養王父以孝聞，夜讀書畢，嗚嗚然哭，顧不令太夫人知也。莊烈即位，公年十九，袖長錐，草疏入京頌冤。至則逆奄已磔，有詔死奄難者，贈官三品，予祭葬，祖父如所贈官，蔭子。公既謝恩，即疏請誅曹欽程、李實。忠端之削籍，由欽程奉奄旨論劾，李實則成丙寅之禍者也。得旨，刑部作速究問。五月，會訊許顯純、崔應元，公對簿，出所袖錐錐顯純，流血蔽體。顯純自訴爲孝定皇后外甥，律有議親之條。公謂：「顯純與奄搆難，忠良盡死其手，當與謀逆同科。夫謀逆，則以親王高煦尚不免誅，況皇后之外親？」卒論二人斬，《行略》誤以爲論二人決不待時，今據《逆案》。妻子流徙。公又毆應元胸，拔其鬚，歸而祭之忠端公神主前。又與吴江周廷祚、光山夏承，共錐牢子葉咨、顔文仲，應時而斃。時欽程已入逆案，六月，李實辨原疏不自己出，忠賢取其印信空本，令李永貞填之，故墨在硃上。又陰致三千金於公，求弗質。公即奏之，謂實當今日猶能賄賂公行，其所辨豈足信？復於對簿時，以錐錐之。然丙寅之禍，確由永貞填寫空本，故永貞論死，而實末減。獄竟，偕同難諸子弟，設祭於詔獄中門，哭聲如雷，聞於禁中。莊烈知而歎曰：「忠臣孤子，甚惻朕懷。」

既歸，治忠端公葬事畢，肆力於學。忠端公之被逮也，謂公曰：「學者不可不通知史事，可讀《獻徵録》。」公遂自明十三朝《實録》，上溯《二十一史》，靡不究心，而歸宿於諸經。既治經，則旁求之九流百家，於書無所不窺者。憤科舉之學錮人生平，思所以變之。既盡發家藏書，讀之不足，則抄之同里世學樓鈕氏、澹生堂祁氏，南中則千頃齋黄氏，吴中則絳雲樓錢氏，窮年搜討。游屐所至，遍歷通衢委巷，搜鬻故書，薄暮，一童肩負而返，乘夜丹鉛，次日復出，率以爲常。是時，山陰劉忠介公倡道蕺山，忠端公遺命，令公從之游。而越中承海門周氏之緒餘，援儒入釋，石梁陶氏奭齡爲之魁，傳其學者沈國模、管宗聖、史孝咸、王朝式輩，鼓動狂瀾，翕然從之，姚江之緒，至是大壞。忠介憂之，未有以爲計也。公之及門，年尚少，奮然起曰：「是何言與！」乃約吴、越中高材生六十餘人，共侍講席，力摧其說，惡言不及於耳。故蕺山弟子，如祁、章諸公，皆以名德重，而四友禦侮之助，莫如公者。蕺山之學，專言心性，而漳浦黄忠烈公兼及象數，當是時，擬之程、邵兩家。公曰：「是開物成務之學也。」乃出其所窮律曆諸家相疏證，亦多不謀而合。一時老宿聞公名者，競延致之，相折衷，經學則何太僕天玉，史學則錢侍郎謙益，莫不傾筐倒庋而返。因建續抄堂於南雷，思承東發之緒。閣學文文肅公嘗見公行卷，曰：「是當以大著作名世者！」都御史方公孩未亦曰：「是真古文種子也。」有弟宗炎字晦木，宗會字澤望，並負異才，公自教之，不數年，皆大有聲，於是儒林有東浙三黄之目。

方奄黨之錮也，東林桴鼓復盛，慈谿馮都御史元颺兄弟，浙東領袖也。月旦之評，待公而定。而踰時中官復用事，於是逆案中人，彈冠共冀然灰，在廷諸臣，或薦霍維華，或薦吕純如，或請復涿州冠帶。陽羨出山，已特起馬士英爲鳳督，以爲援阮大鋮之漸，即東林中人，如常熟亦以退閑日久，思相附和。獨南中太學諸生，居然以東都清議自持，出而厄之。乃以大鋮觀望南中，作《南都防亂揭》。宜興陳公子貞慧、寧國沈徵君壽民、貴池吴秀才應箕、蕪湖沈上舍士柱共議，以東林子弟推無錫顧端文公之孫杲居首，天啓被難諸家推公居首，其餘以次列名，大鋮恨之刺骨，戊寅秋七月事也。薦紳則金壇周儀部鑣實主之。說者謂莊烈帝十七年中善政，莫大於堅持逆案之定力，而太學清議亦足以寒奸人之膽，使人主聞之，其防閑愈固，則是揭之功不爲不鉅。壬午入京，陽羨欲薦公以爲中書舍人，力辭不就。一日，遊市中，聞鐸聲，曰：「非吉聲也。」遽南下，已而，大兵果入口。甲申難作，大鋮驟起南中，遂案揭中一百四十人姓氏，欲盡殺之。時公方之南中，上書闕下而禍作。公里中有奄黨首糾劉忠介公并及其三大弟子，則祁都御史彪佳、章給事正宸與公也。祁、章尚列名仕籍，而公以朝不坐燕不與之身，挂於彈事，聞者駭之。繼而里中奄黨徐大化姪、官光禄丞者復疏糾，遂與杲並逮。太夫人歎曰：「章妻滂母，乃萃吾一身耶！」貞慧亦逮至，鑣論死，壽民、應箕、士柱亡命，而桐城左氏兄弟入寧南軍。晉陽之甲，雖良玉自爲避流賊計，然大鋮以爲揭中人所爲也。公等惴惴不保，駕帖尚未出，而大兵至，得免。

南中歸命，公踉蹌歸浙東，則劉公已死節，門弟子多殉之者。而孫公嘉績、熊公汝霖，以一旅之師，畫江而守，公糾合黃竹浦子弟數百人，隨諸軍於江上，江上人呼之曰世忠營。公請援李泌客從之義，以布衣參軍，不許，授職方，尋以柯公夏卿與孫公等交舉薦，改監察御史，仍兼職方。方、王跋扈，諸亂兵因之。總兵陳梧自嘉興之乍浦，浮海至餘姚，大掠。王職方正中方行縣事，集民兵擊殺之，亂兵大噪。有欲罷正中以安諸營者，公曰：「借喪亂以濟其私，致干衆怒，是賊也。正中守土，即當爲國保民，何罪之有！」監國是之。尋以公所作《監國魯元年大統曆》，頒之浙東。馬士英在方國安營，欲入朝，朝臣皆言其當殺，熊公汝霖恐其挾國安以爲患也，好言曰：「此非殺士英時也，宜使其立功自贖耳。」公曰：「諸臣力不能殺耳，春秋之孔子，豈能加於陳恒，但不得謂其不當殺也。」熊公謝焉。又遺書王之仁曰：「諸公何不沉舟決戰，由赭山直趨浙西，而日於江上放船鳴鼓，攻其有備，蓋意在自守也。蕞爾三府，以供十萬之衆，北兵即不發一矢，一年之後，恐不能支，何守之爲？」又曰：「崇明，江海之門户，曷以兵擾之，亦足分江上之勢。」聞者皆是公言而不能用。張國柱之浮海至也，諸營大震，廷議欲封以伯，公言於孫公嘉績曰：「如此則益横矣，何以待後？請署爲將軍。」從之。公當搶攘之際，持議嶽嶽，悍帥亦懾於義，不敢有加。自公力陳西渡之策，惟熊公嘗再以所部西行，攻下海鹽，軍弱不能前進而返。至是孫公嘉績以所部火攻營卒，盡付公，公與王正中合軍得三千人。正中者，之仁從子也。其人以忠義自奮，公深結之，使之仁不以私意撓軍事，故孫、熊、錢、沈諸督師皆不能支餉，而正中與公二營獨不乏食。查職方繼佐軍亂，披髮走公營，巽於牀下，公呼其兵，責而定之，因爲繼佐治舟，使同西行，遂渡海，劄潭山，烽火遍浙西。太僕寺卿陳潛夫以軍同行，而尚寶司卿朱大定、兵部主事吴乃武等皆來會師，議由海寧以取海鹽，因入太湖招吴中豪傑。百里之内，牛酒日至，軍容甚整，直抵乍浦。公約崇德義士孫奭等爲内應，會大兵已纂嚴，不得前，於是復議再舉，而江上已潰。按是役也，正中實以敗歸，公爲正中《墓表》，不無溢美，予考正之，不敢失其實也。公遽歸，入四明山，結寨自固，餘兵願從者尚五百餘人。公駐軍杖錫寺，微服潛出，欲訪監國消息，爲扈從計，戒部下善與山民相結。部下不能盡遵節制，山民畏禍，潛焚其寨，部將茅翰、汪涵死之，公無所歸，於是姚江跡捕之檄累下，公以子弟走入剡中。己丑，聞監國在海上，乃與都御史方端士赴之，晉左僉都御史，再晉左副都御史。時方發使拜山寨諸營官爵，公言：「諸營之强，莫如王翊，其乃心王室，亦莫如翊，諸營文臣輒自稱都御史、侍郎，武臣自稱都督，其不自張大，亦莫如翊，宜優其爵，使之總臨諸營，以捍海上。」朝臣皆以爲然，定西侯張名振弗善也。俄而大兵圍健跳，城中危甚，置靴刀以待命，蕩湖救至得免。時諸帥之悍，甚於方、王，文臣稍異同其間，立致禍，如熊公汝霖以非命死，劉公中藻以失援死，錢公肅樂以憂死。公既失兵，日與尚書吴公鍾巒坐船中，正襟講學，暇則注《授時》《泰西》《回回》三曆而已。公之從亡也，太夫人尚居故里，而中朝詔下，以勝國遺臣不順命者，録其家口以聞，公聞而歎曰：「主上以忠臣之後仗我，我所以棲棲不忍去也，今方寸亂矣，吾不能爲姜伯約矣。」乃陳情監國，得請，變姓名，間行歸家。公之歸也，吴公掉三板船送之二十里外，嗚咽濤中。是年，監國由健跳至翁洲，復召公副馮公京第乞師日本，抵長埼，不得請，公爲賦《式微》之章，以感將士。是馮公第二次乞師事。

公既自桑海中來，杜門匿景，東遷西徙，靡有寧居。而是時大帥治浙東，凡得名籍與海上有連者，即行翦除。公於海上，位在列卿，江湖俠客多來投止，而馮侍郎京第等結寨杜嶴，即公舊部，風波震撼，齮齕日至。當事以馮、王二侍郎與公名並懸象魏，又有上變於大帥者，以公爲首，而公猶挾帛書，欲招婺中鎮將以南援。時方搜勦沿海諸寨之竄伏，與海上相首尾者，山寨諸公相繼死。公弟宗炎，首以馮侍郎交通有狀，被縛，刑有日矣，公潛至鄞，以計脱之。辛卯夏秋之交，公遣間使入海告警，令爲之備而不克。甲午，定西侯間使至，被執于天台，又連捕公。丙申，慈水寨主沈爾緒禍作，亦以公爲首。其得以不死者，皆有天幸，而公不爲之懾也。熊公汝霖夫人將逮入燕，公爲調護而脱之。

其後，海氛澌滅，公無復望，乃奉太夫人返里門，于是始畢力於著述，而四方請業之士漸至矣。公嘗自謂：「受業蕺山時，頗喜爲氣節斬斬一流，又不免牽纏科舉之習，所得尚淺。患難之餘，始多深造，於是胸中窒礙爲之盡釋，而追恨爲過時之學。」蓋公不以少年之功自足也。問學者既多，丁未，復舉證人書院之會於越中，以申蕺山之緒，已而東之鄞，西之海寧，皆請主講，大江南北，從者駢集，守令亦或與會，已而撫軍張公以下，皆請公開講，公不得已應之，而非其志也。公謂：「明人講學，襲語録之糟粕，不以《六經》爲根柢，束書而從事於遊談。故受業者必先窮經，經術所以經世，方不爲迂儒之學，故兼令讀史。」又謂：「讀書不多，無以證斯理之變化，多而不求於心，則爲俗學。」故凡受公之教者，不墮講學之流弊。公以濂、洛之統，綜會諸家，橫渠之禮教，康節之數學，東萊之文獻，艮齋、止齋之經制，水心之文章，莫不旁推交通，連珠合璧，自來儒林所未有也。

康熙戊午，詔徵博學鴻儒，掌院學士葉公方藹先以詩寄公，從臾就道，公次其韻，勉其承莊渠魏氏之絶學，而告以不出之意。葉公商於公門人陳庶常錫嘏，曰：「是將使先生爲疊山、九靈之殺身也！」而葉公已面奏御前，錫嘏聞之大驚，再往辭，葉公乃止。未幾，又有詔以葉公與同院學士徐公元文監修《明史》，徐公以爲公非能召使就試者，然或可聘之修史，乃與前大理評事興化李公清同徵，詔督撫以禮敦遣。公以母既耄期，已亦老病爲辭。葉公知必不可致，因請詔下浙中督撫，抄公所著書關史事者，送入京。徐公延公子百家參史局，又徵鄞萬處士斯同、萬明經言同修，皆公門人也。公以書答徐公，戲之曰：「昔聞首陽山二老，托孤於尚父，遂得三年食薇，顔色不壞，今吾遣子從公，可以置我矣。」是時，聖祖仁皇帝純心正學，表章儒術，不遺餘力，大臣亦多躬行君子，廟堂之上，鐘呂相宣，顧皆以不能致公爲恨。左都御史魏公象樞曰：「吾生平願見而不得者三人，夏峯、梨洲、二曲也。」工部尚書湯公斌曰：「黄先生論學，如大禹導水導山，脈絡分明，吾黨之斗杓也。」邢部侍郎鄭公重曰：「今南望有姚江，西望有二曲，足以昭道術之盛。」兵部侍郎許公三禮，前知海寧，從受《三易洞璣》，及官京師，尚歲貽書問學。庚午，刑部尚書徐公乾學因侍直，上訪及遺獻，復以公對，且言曾經臣弟元文奏薦，老不能來，此外更無其倫。上曰：「可召之京，朕不授以事，如欲歸，當遣官送之。」徐公對以篤老，恐無來意，上因歎得人之難如此。嗚呼，公爲勝國遺臣，蓋瀕九死之餘，乃卒以大儒耆年，受知當寧，又終保完節，不可謂非貞元之運護之矣。

公於戊辰冬，已自營生壙於忠端墓旁，中置石牀，不用棺槨，子弟疑之。公作《葬制或問》一篇，援趙邠卿、陳希夷例，戒身後無得違命。公自以身遭國家之變，期於速朽，而不欲顯言其故也。公雖年逾八十，著書不輟。乙亥之秋，寢疾數日而殁。遺命一被一褥，即以所服角巾深衣殮。得年八十有六。遂不棺而葬。妻葉氏，封淑人，廣西按察使憲祖女也。三子。長百藥，娶李氏，繼娶柳氏。次正誼，娶孫氏，閣部忠襄公嘉績孫女、户部尚書延齡女，繼虞氏。次百家，聘王氏，侍郎翊女，未笄殉節，娶孫氏。百藥、正誼，皆先公卒。女三。長適朱朴，次適劉忠介公孫茂林，忠端被逮，忠介送之，豫訂爲姻者也。次適朱沅。孫男六，千人其季也。孫女四。

公所著有《明儒學案》六十二卷，有明三百年儒林之藪也。經術則《易學象數論》六卷，力辨《河洛》方位圖説之非，而遍及諸家，以其依附於《易》似是而非者爲内編，以其顯背於《易》而擬作者爲外編。《授書隨筆》一卷，則淮安閻徵君若璩問《尚書》而告之者。《春秋日食曆》一卷，辨衛樸所言之謬。《律吕新義》二卷，公少時，嘗取餘杭竹管肉好停匀者，斷之爲十二律，與四清聲試之，因廣其説者也。又以蕺山有《論語》《大學》《中庸》諸解，獨少《孟子》，乃疏爲《孟子師説》四卷。史學則公嘗欲重修《宋史》而未就，僅存《叢目補遺》三卷。輯《明史案》二百四十四卷。有《贛州失事》一卷，《紹武争立紀》一卷，《四明山寨紀》一卷，《海外慟哭紀》一卷，《日本乞師紀》一卷，《舟山興廢》一卷，《沙定洲紀亂》一卷，《賜姓本末》一卷，又有《汰存録》一卷，糾夏考功《幸存録》者也。曆學則公少有神悟，及在海島，古松流水，布算簌簌，嘗言「勾股之術，乃周公商高之遺，而後人失之，使西人得以竊其傳」。有《授時曆故》一卷，《大統曆推法》一卷，《授時曆假如》一卷，《西曆》《回曆假如》各一卷，外尚有《氣運算法》《勾股圖説》《開方命算》《測圜要義》諸書，共若干卷。《行略》尚有《元珠密語》，其實非公所作。其後梅徵君文鼎，本《周髀》言曆，世驚以爲不傳之秘，而不知公實開之。文集則《南雷文案》十卷，《外集》一卷，《吾悔集》四卷，《撰杖集》四卷，《蜀山集》四卷，《子劉子行狀》二卷，《詩歷》四卷，《忠端祠中神絃曲》一卷。後又分爲《南雷文定》，凡五集。晚年又定爲《南雷文約》，今合之得四十卷。《明夷待訪録》二卷，《留書》一卷，則佐王之略，崑山顧先生炎武見而歎曰：「三代之治可復也！」《思舊録》二卷，追溯山陽舊侣，而其中多庀史之文。公又選明三百年之文，爲《明文案》，其後，廣之爲《明文海》共四百八十二卷，自言多與十朝國史多彈駁參正者，而別屬李隱君鄴嗣爲《明詩案》，隱君之書，未成而卒。晚年於《明儒學案》外，又輯《宋儒學案》《元儒學案》，以志七百年來儒苑門户，於《明文案》外，又輯《續宋文鑑》《元文抄》，以補吕、蘇二家之闕，尚未成編而卒。又以蔡正甫之書不傳，作《今水經》。其餘《四明山誌》《台宕紀游》《匡廬游録》《姚江逸詩》《姚江文略》《姚江瑣事》《補唐詩人傳》《病榻隨筆》《黄氏宗譜》《黄氏喪制》及《自著年譜》諸書，共若干卷。

公之論文，以爲「唐以前句短，唐以後句長；唐以前字華，唐以後字質；唐以前如高山深谷，唐以後如平原曠野。故自唐以後爲一大變，然而文之美惡不與焉，其所變者詞而已，其所不可變者，雖千古如一日也」。此足以埽盡近人規模字句之陋。故公之文不名一家。晚年忽愛謝臯羽之文，以其所處之地同也。公雖不赴徵書，而史局大案，必咨於公，《本紀》則削去誠意伯撤座之説，以太祖實奉韓氏者也。《曆志》出於吴檢討任臣之手，總裁千里貽書，乞公審正而後定。其論《宋史》别立《道學傳》爲元儒之陋，《明史》不當仍其例，時朱檢討彝尊方有此議，湯公斌出公書以示衆，遂去之。其於講學諸公，辨康齋無與弟訟田之事，白沙無張蓋出都之事，一洗昔人之誣。黨禍則謂鄭鄤杖母之非真，寇禍則謂洪承疇殺賊之多誕。至於死忠之籍，尤多確核，如奄難則丁乾學以牖死，甲申則陳純德以俘戮死，南中之難，則張捷、楊維坦以逃竄死，史局依之，資筆削焉。《地志》亦多取公《今水經》爲考証。蓋自漢、唐以來大儒，惟劉向著述，强半登於班史，如《三統曆》入《曆志》、《鴻範傳》入《五行志》、《七略》入《藝文志》，其所續《史記》，散入諸傳，《列女傳》雖未録，亦爲范史所祖述。而公于二千年後，起而繼之。

公多碑版之文，其於國難諸公，表章尤力，至遺老之以軍持自晦者，久之或嗣法上堂，公曰：「是不甘爲異姓之臣者，反甘爲異姓之子也。」故其所許者，衹吾鄉周囊雲一人。公弟宗會，晚年亦好佛，公爲之反覆言其不可，蓋公於異端之學，雖其有託而逃者，猶不肯少寬焉。初在南京社會，歸德侯朝宗每食必以妓侑，公曰：「朝宗之尊人尚書尚在獄中，而燕樂至此乎！吾輩不言，是損友也。」或曰：「朝宗賦性，不耐寂寞。」公曰：「夫人而不耐寂寞，則亦何所不至矣。」時皆歎爲名言。及選時文，或謂朝宗不當復豫其中，公曰：「姚孝錫嘗仕金，遺山終置之南冠之例，不以爲金人者，原其心也。夫朝宗亦若是矣。」乃知公之論人嚴，而未嘗不恕也。紹興知府李鐸以鄉飲大賓請，公曰：「吾辭聖天子之召，以老病也，貪其養而爲賓，可哉？」卒辭之。公晚年益好聚書，所抄自鄞之天一閣范氏、歙之叢桂堂鄭氏、禾中倦圃曹氏，最後則吴之傳是樓徐氏。然嘗戒學者曰：「當以書明心，無玩物喪志也。」當事之豫於聽講者，則曰：「諸公愛民盡職，即時習之學也。」身後故廬，一水一火，遺書蕩然，諸孫僅以耕讀自給。乾隆丙辰，千人來京師，語及先澤，爲悵然久之。今大理寺卿休寧汪公漋，鄭高州門生也，督學浙中，爲置祀田以守其墓。高州之子性，又立祠於家，春秋仲丁，祭以少牢，而葺其遺書於祠中，因屬予曰：「先人既没，知黄氏之學者，吾子而已。」予乃爲之銘曰：

魯國而儒者一人，矧其爲甘陵之黨籍，厓海之孤臣，寒芒熠熠，南雷之村，更億萬年，吾銘不泯。

公有《日本乞師紀》，但載馮侍郎奉使始末，而于己無豫。諸家亦未有言公曾東行者。乃《避地賦》則有曰：「歷長埼與薩斯瑪兮，方粉飾夫隆平。招商人以書舶兮，七昱緣於東京。予既惡其汰侈兮，日者亦言帝殺夫青龍。返旆而西行兮，胡爲乎泥中。」則是公嘗偕馮以行而後諱之，顧略見其事於賦，予以問公孫千人，亦愕然不知也。事經百年，始考得之。

清・李元度《黄梨洲先生事略》 黄梨洲先生宗羲，字太沖，浙江餘姚人。明御史忠端公尊素長子。忠端爲楊、左同志，以劾魏閹，死詔獄。莊烈帝即位，先生年十九，袖長錐，入都訟冤。至則逆閹已磔，即具疏請誅曹欽程李實，會庭鞫許顯純崔應元，先生對簿，出所袖錐錐顯純，流血被體。又毆應元，拔其鬚，歸祭忠端神主前。又錐殺牢卒葉咨顏文仲，蓋忠端絶命二卒手也。時欽程已入逆案，實訴辨原疏非己出，陰致三千金賄先生，求勿質，先生發其事，復於對簿時錐之。獄竟，偕諸忠子弟，設祭獄門，哭聲達禁中。莊烈帝歎曰：「忠義孤兒，可念也。」

先生歸，益肆力於學，經史百家，無所不窺，憤科舉之學錮人，思所以變之。既盡發家藏書，讀之不足，則鈔之同里世學樓鈕氏、澹生堂祁氏，南中則千頃齋黄氏、絳雲樓錢氏，且建續鈔堂於南雷，以承東發之緒，山陰劉忠正公倡道蕺山，奉忠端遺命從之遊。而是時越中承海門周氏之緒餘，援儒入釋，石梁陶氏奭齡爲之魁，姚江之緒大壞。先生約吴越中高材生，力摧其説，故蕺山弟子如祁忠敏公彪佳、章給事正宸，皆以名德重，而四友禦侮之助，必首先生。蕺山之學，專言心性，而漳浦黄忠端公，兼及象數，人比之程、邵兩家，先生曰：「是開物成務之學也。」乃出所學律曆諸書相質證。弟宗炎宗會並負異才，先生自教之，有東浙三黄之目。

及周延儒再召，謀翻逆案，起馬士英督鳳陽，爲阮大鋮地，於是南太學諸生，作《留都防亂公揭》，斥大鋮，陳公子貞慧、沈徵君壽民、吴秀才應箕、沈上舍士柱共議，東林子弟推無錫顧杲居首，璫禍諸家，推先生爲首，餘以次列名，戊寅秋七月事也。壬午，先生入都，延儒欲薦爲中書舍人，力辭免。偶遊市中，聞鐸聲，曰：「非吉聲也。」遂南下。已而大清兵果入塞，甲申難作，大鋮驟起南中，案揭中姓氏，得百四十人，將盡殺之。先生同里有閹黨，首劾劉忠正公及其三大弟子，則祁章二公暨先生也，先生與杲並逮，太夫人嘆曰：「章妻滂母，乃萃吾一身耶！」會大兵下南都，先生得免，踉蹌歸浙東。

時忠正公已死節，弟子多殉之，而孫公嘉績、熊公汝霖，以一旅之師，畫江而守。先生糾里中子弟數百人從之，號世忠營。請以布衣參軍事，不許，授職方郎，尋改御史，作《監國魯元年大統曆》，頒之浙東。馬士英奔方國安營，欲入朝，衆言其當誅，熊公恐其挾國安爲患也，好言慰之，先生曰：「諸臣力不能殺耳，春秋之孔子，豈能加於陳桓？但不謂其不當誅也。」熊公謝焉。又遺書王之仁曰：「諸公何不沈舟決戰，由赭山直趨浙西，而日於江上鳴鼓，攻其有備，蓋意在自守也。蕞爾三府，以供十萬之衆，必不支，何守之能爲？」聞者皆韙其言，而不能用。惟熊公嘗再以所部西行，下海鹽，至是孫公以火攻營卒付先生，與王正中合軍，得三千人。正中者，之仁從子也，以忠義自奮，先生深結之，使之仁不得撓軍事，職方郎查繼佐軍亂，先生定之，挈以西，遂渡海劄潭山，陳太僕潛夫以軍同行，議由海道入太湖，招吴中豪傑，抵乍浦，約崇德義士孫奭等內應，會大兵纂嚴，不得前，而江上已潰。公歸入四明山，結寨自固，餘兵尚五百人，先生駐兵杖錫寺，微服出訪監國，戒部下善與山民結，部下不盡遵節制，山民畏禍，潛爇其寨，部將茅翰、汪涵死之。先生無所歸，捕檄累下，攜子弟入剡中。己丑，聞監國在海上，乃與都御史方端士赴之，授左副都御史。亡何，大兵圍健跳，城中危急，置靴刀待命，會蕩湖伯阮駿救至，得免。時諸帥之悍，甚於方、王，文臣稍異同其間，立致禍，熊公以非命死，劉公中藻以失援死，錢公肅樂以憂死，先生既失兵，日與吴尚書鍾巒坐舟中，正襟講學，暇則注《授時》《泰西》《回回》三曆而已。先生之從亡也，太夫人尚居故里，當事録其家口，先生曰：「方寸亂矣，吾不能爲姜伯約也。」乃陳情，變姓名，間行歸家。是年監國自健跳至翁洲，復召先生，副馮侍郎京第，乞師日本，抵長埼，不得請。自是東遷西徙，無寧居，而浙中當事，得名籍與海上有連者，即行獮薙。先生於故國位在列卿，江湖俠客多來投，而馮侍郎等結寨杜嶴，即先生舊部，風波鎮撼無虛日，先生猶挾帛書，欲招婺中鎮將南援。時方捕諸寨之通海者，山寨諸公相繼死，弟宗炎坐與馮侍郎交通，刑有日矣，先生以計脱之。辛卯，遣間使入海告警，令爲之備。甲午，定西侯張名振間使至，被執，又名捕先生。丙申，慈水寨主沈爾緒禍作，亦以先生爲首，其得不死，皆有天幸，先生氣不懾也。

其後海上傾覆，先生無復望，乃奉太夫人返里門，畢力著述，而四方請業之士漸至矣。自言受學蕺山，時頗喜爲氣節斬斬一流，患難後，始多深造，而追恨爲過時之學。丁未，復舉證人書院，申蕺山之緒，已而之鄞，之海寧，巡撫張公以下，皆請開講，先生不得已應之。先生謂「明人講學，襲《語録》之糟粕，不以《六經》爲根柢，教學者必先窮經，而求事實於諸史」。又謂「讀書不多，無以證斯理之變化，多而不求諸心，則爲俗學」。蓋先生以濂洛之統，綜會諸家，横渠之禮教，康節之象數，東萊之文獻，艮齋、止齋之經術，水心之文章，莫不旁推交通，自來儒林所未有也。康熙戊午，詔徵博學鴻儒，葉學士方藹擬疏薦，陳庶常錫嘏曰：「是將使先生爲疊山、九靈之殺身也！」力止之。會修《明史》，徐學士元文謂先生非可召試者，然或可聘之修史，乃與興化李公清同徵，詔督撫以禮敦遣，先生固辭，朝廷知不可致，特詔浙中督撫，抄先生著述關史事者，送京師。徐公延先生子百家，及萬處士斯同、萬明經言任纂修，皆先生門人也。先生以書報徐公，且諧之曰：「昔聞首陽山二老，託孤於尚父，遂得三年食薇，顔色不壞，今吾遣子從公，可以置我矣。」當是時，聖祖表章儒術，大臣多鉅人長德，顧皆以不能致先生爲恨，魏公象樞曰：「生平願見不得者三人，夏峯、梨洲、二曲也。」湯公斌曰：「黄先生論學，如大禹導水導山，脈絡分明，吾黨之斗杓也！」庚午，徐尚書乾學侍直，上訪及遺獻，復以先生對，且言曾經臣弟元文疏薦，老不能來。上曰：「可召至京，朕不授以事，即欲歸，當遣官送之。」徐公對以篤老無來意，上嘆息不置。

先生卒於康熙乙亥秋，年八十有六。初營生壙於忠端墓旁，中置石牀，無棺槨，作《葬制或問》，援趙邠卿、陳希夷例，戒身後無得違命，蓋自以遭家國之變，期於速朽，而不欲顯言其故也。所著有《明儒學案》六十二卷，三百年儒林之藪也。《易學象數論》六卷，力辨河洛方位圖象之非。《授書隨筆》一卷，則閻徵君若璩問尚書而告之者。《春秋日食曆》一卷，辨衛璞所言之謬。《律吕新義》二卷，則嘗取餘杭竹管肉好停匀者，斷之爲十二律及四清聲試之，因廣其説者也。又以蕺山有《論語大學中庸》解，獨闕《孟子》，乃疏爲《孟子師説》四卷。嘗欲重修《宋史》，未就，存《叢目補遺》三卷。輯《明史案》二百四十四卷，《贛州失事》一卷，《紹武争立紀》一卷，《四明山寨紀》一卷，《海外痛哭紀》一卷，《日本乞師紀》一卷,《舟山興廢》一卷,《沙定洲紀亂》一卷,《賜姓本末》一卷,又《汰存録》一卷,糾夏考功《幸存録》者也。曆學則少有神悟,及在海島,古松流水,布算簌簌,嘗言「勾股之法,乃周公商高之遺,而後人失之,使西人得以竊其傳」。有《授時曆注》一卷,《大統曆推法》一卷,《授時曆假如》一卷,《西曆[假如]》《回曆假如》各一卷外,尚有《氣運算法》《勾股圖説》《開方命算》《測圓要義》共若干卷。其後梅徵君文鼎,本《周髀》言曆,世驚爲絶學,實先生開之。《南雷文案》十卷,《外集》一卷,《吾悔集》四卷,《撰杖集》四卷,《蜀山集》四卷,《子劉子行狀》二卷,《詩歴》四卷,《忠端祠神弦曲》一卷。後分爲《南雷文定》,凡五集。晚年又定爲《南雷文約》,合之得四十卷。《明夷待訪録》二卷,《留書》一卷,則佐王之略,顧先生炎武見而嘆曰:「三代之治可復也。」《思舊録》二卷,中多庀史之文。又選《明文案》,廣之爲《明文海》,共四百八十二卷,閲明人文集二千餘家,自言與十朝國史相首尾,而別屬李徵君鄴嗣爲《明詩案》,未成而李卒。又輯《宋元儒學案》,以志七百年儒苑門户。又嘗續《宋文鑑》《元文抄》,以補蘇吕二家之闕,未成編,卒。又以蔡正甫之書不傳,作《今水經》。其餘《四明山志》《台宕紀游》《匡廬游録》《姚江文略》《姚江瑣事》《補唐詩人傳》《病榻隨筆》《黄氏宗譜》《黄氏喪制》及《自著年譜》共若干卷。

先生文不名一家,晚年忽愛謝皋羽,所處之境同也。雖不赴徵車,而史局大議,必咨先生,《曆志》出吴檢討任臣之手,總裁千里遺書,乞審正而後定。嘗論《宋史》別立《道學傳》,爲元儒之陋,《明史》不當仍其例,朱檢討彝尊適有此議,湯公斌出先生書示衆,遂去之。於國難諸公,表彰尤力,至遺老之以軍持自晦者,久之或嗣法開堂,先生曰:「是不甘爲異姓之臣者,反甘爲異姓之子也。」故所許止四明周囊雲一人。弟宗會,晚年好佛,爲反覆言其不可,於二氏之學,雖其有託而逃者,猶不少寬焉。晚年益好聚書,所抄自鄞之天一閣范氏、歙之叢桂堂鄭氏、禾中倦圃曹氏,最後則吴中傳是樓徐氏,然嘗戒學者,當以書明心,無玩物喪志也。子百家,字主一,能世其學,又從梅定九問推步法,著《勾股矩測解源》二卷。

清王錫闡

傳記

清·阮元等《疇人傳》卷三四《王錫闡》 王錫闡字寅旭號曉庵,又號餘不,又號天同一生,吴江人也。兼通中西之學,自立新法,用以測日月食,不爽秒忽。每遇天色晴霽,輒登屋卧鴟吻間,仰察星象,竟夕不寐。著《曉庵新法》六卷,序曰:「炎帝八節,曆之始也,而其書不傳。《黄帝》《顓頊》《虞》《夏》《殷》《周》《魯》七曆,先儒謂其僞作。今七曆具存,大指與漢曆相似,而章蔀氣朔,未睹其真,爲漢人所托無疑。《太初》《三統》法雖疏遠,而創始之功不可泯也。劉洪、姜岌次第闡明,何、祖專力表圭,益稱精切。自此南北曆家,率能好學深思,多所推論,皆非淺近所及。唐曆《大衍》稍親,然開元甲子當食不食,一行乃爲諛詞以自解,何如因差以求合乎?至宋而曆分兩途,有儒家之曆,有曆家之曆。儒者不知曆數,而援虚理以立説;術士不知曆理,而爲定法以驗天。天經、地緯、躔離、違合之原,概未有得也。國初元統造《大統曆》,因郭守敬遺法,增損不及百一,豈以守敬之術果能度越前人乎?守敬治曆,首重測日,余嘗取其表景,反覆布算,前後抵牾,餘所創改,多非密率,在當日已有失食、失推之咎,況乎遺籍散亡,法意無徵,兼之年遠數盈,違天漸遠,安可因循不變耶?元氏藝不逮郭,在廷諸臣又不逮元,卒使昭代大典踵陋襲(僞)[謬],雖有李德芳争之,然德芳不能推理,而株守陳言,無以相勝,誠可嘆也。近代端清世子、鄭善夫、邢雲路、魏文魁,皆有論述,要亦不越守敬範圍。至如陳壤摭拾《九執》之餘津,冷逢震墨守元會之畸見,又何足以言曆乎?萬曆季年,西人利氏來歸,頗工曆算。崇禎初,命禮臣徐光啓譯其書,有《曆指》爲法原,《曆表》爲法數,書百餘卷,數年而成,遂盛行於世,言曆者莫不奉爲俎豆。吾謂西曆善矣,然以爲測候精詳,可也;以爲深知法意,未可也。循其理而求通,可也;安其誤而不辨,不可也。姑舉其概:

二分者,春秋平氣之中;二正者,日道南北之中也。《大統》以平氣授人時,以盈縮定日躔,法非謬也。西人既用定氣,則分、正爲一,因譏中曆節氣差至二日。夫中曆歲差數强，盈縮過多，惡得無差？然二日之異，乃分、正殊科，非不知日行之朓朒而致誤也。《曆指》直以佛己而譏之。不知法意一也。諸家造曆，必有積年日法，多寡任意，牽合由人。守敬去積年而起自辛巳，屏日法而斷以萬分，識誠卓也。西曆命日之時以二十四，命時之分以六十，通計一日爲分一千四百四十，是復用日法矣。至於刻法，彼所無也，近始每時四分之，爲一日之刻九十六。彼先求度而後日，尚未覺其繁，施之中曆則窒矣。反謂中曆百刻不適於用，何也？且日食時差法之九十有六，與日刻之九十六何與乎？而援以爲據。不知法意二也。天體渾淪，初無度分可指，昔人因一日日躔命爲一度。日有疾徐，斷以平行，數本順天，不可損益。西人去周天五度有奇，斂爲三百六十，不過取便割圜，豈真天道固然？而黨同伐異，必曰日度爲非，詎知三百六十尚非弧弦之捷徑乎？不知法意三也。上古寘閏，恒於歲終，蓋曆術疏闊，計歲以寘閏也。中古法日趨密，始計月以寘閏，而閏於積終，故舉中氣以定月，而月無中氣者即爲閏。《大統》專用平氣，置閏必得其月。新法改用定氣，致一月有兩中氣之時，一歲有兩可閏之月。若辛丑西曆者，不亦盭乎！夫月無平中氣者，乃爲積餘之終，無定中氣者，非其月也。不能虛衷深考，而以鹵莽之習，侈支離之學。是以歸餘之後，氣尚在晦；季冬中氣，已入仲冬；首春中氣，將歸臘杪。不得已而退朔一日，以塞人望，亦見其技之窮矣。不知法意四也。天正日躔，本起子半，後因歲差，自丑及寅。若夫合神之説，乃星命家猥言，明理者所不道。西人自命曆宗，何至反爲所惑，而天正日躔定起丑初乎？況十二次舍命名，悉依星象，如隨節氣遞遷，雖子午不妨(異)[易]地，而(元)[玄]枵、鳥咮亦無定位耶？不知法意，五也。

歲實消長，昉於《統天》。郭氏用之，而未知所以當用；元氏去之，而未知所以當去。西人知以日行最高求之，而未知以二道遠近求之，得其一而遺其一。當辨者一也。歲差不齊，必緣天運緩促。今欲歸之偶差，豈前此諸家皆妄作乎？黄白異距，生交行之進退；黄赤異距，生歲差之屈伸，其理一也。《曆指》已明於月，何蔽於日？當辨者二也。日躔盈縮，最高斡運，古今不同，揆之臆見，必有定數。不惟日躔，月星亦應同理，但行遲差微，非畢生歲月所可測度。西人每詡數千年傳人不乏，何以亦無定論？當辨者三也。日月去人時分遠近，視徑因分大小，則遠近、大小宜爲相似之比例。西法日則遠近差多，而視徑差少，月則遠近差少，而視徑差多。因數求理，難可相通。當辨者四也。日食變差，機在交分，日軌交分與月高交分不同，月高交於本道與交於黄道者又不同。《曆指》不詳其理，《曆表》不著其數，豈黄道一術足窮日食之變乎？當辨者五也。中限左右，日月視差時或一東一西；交、廣以南，日月視差時或一南一北。此爲視差異向，與視差同向者加減迥别。《曆指》豈以非所常遇，故置不講耶？萬一遇之，則學者何從立算？當辨者六也。日光射物，必有虛景。虛景者，光徑與實徑之所生也。闇虛恒縮，理不出此。西人不知日有光徑，僅以實徑求闇虛，及至推步不符天驗，復酌損徑分，以希偶合。當辨者七也。月食定望，惟食甚爲然，虧復四限，距望有差。日食稍離中限，即食甚已非定朔。至於虧復，相去尤遠。西曆乃言交食必在朔、望，不用朓朒次差，過矣。當辨者八也。歲、填、熒惑以本天爲全數，日行規爲歲輪；太白、辰星以日行規爲全數，本天爲歲輪。故測其遲速留退，而知其去地遠近。考於《曆指》，數不盡合。當辨者九也。熒惑用日行高卑變歲輪大小，理未悖也；用自行高卑變歲輪大小，則悖矣。太白交周不過二百餘日，辰星交周不過八十餘日，《曆指》皆與歲周相近，法雖巧，非也。當辨者十也。

語云：『步曆甚難，辨曆甚易。』蓋言象緯森羅，得失無所遁也。據彼所述，亦未嘗自信無差。五星經度或失二十餘分，躔離表驗或失數分。交食值此，當失以刻計；淩犯值此，當失以日計矣。故立法不久，違錯頗多。余於《曆説》已辨一二。乃癸卯七月望食，當既不既，與夫失食、失推者何異乎？且譯書之初，本言『取西曆之材質，歸《大統》之型範』，不謂盡墮成憲，而專用西法如今日者也。余故兼采中西，去其疵纇，參以己意，著《曆法》六篇，會通若干事，考正若干事，表明若干事，增葺若干事，立法若干事。舊法雖舛而未[可]遽廢者，兩存之；理雖可知，而非上下千年不得其數者，闕之；雖得其數，而遠引古測未經目信者，別見補遺，而正文仍襲其故。爲(日一)[目]百幾十有幾，爲文萬有千言，非敢妄云窺其堂奧，庶幾初學之津梁也。」

其法：度法百分，日法百刻，周天三百六十五度二十五分六十五秒五十九微三十二纖，内外準分三十九分九十一秒四十九微，次準九十一分六十八秒八十六微，黄道歲差一分四十三秒七十三微二十六纖。

列宿經緯：角一十度七十三分七十九秒，南二度一分二十三秒；亢一十度八十二分二十四秒，北三度一分一秒；氐一十八度一十六分一十四秒，北四十三分九十六秒；房四度八十三分六十三秒，南五度四十六分一十九秒；心七度六十六分二秒，南三度九十七分三十八秒；尾一十五度八十二分七十八秒，南一十五度二十一分九十秒；箕九度四十六分九十六秒，南六度五十九分四十九秒；南斗二十四度一十九分八十二秒，南三度八十八分九十三秒；牽牛七度七十九分五十五秒，北四度七十五分一十七秒；婺女一十一度八十二分二秒，北八度二十[八]分五十九秒；虛一十度一十二分九十一秒，北八度八十二分七十秒；危二十度四十一分四秒，北一十度八十五分六十二秒；營室一十五度九十(二)[一]分二十三秒，北一十[九]度七十一分七十一秒；東壁一十一度六十八分四十八秒，北一十二度七十六分七十二秒；奎一十三度四十二分六十六秒，北一十八度五分；婁一十三度一十八分九十八秒，北八度六十分七十二秒；胃一十三度二十分六十七秒，北一十一度四十三分一十二秒；昴八度六十分七十二秒，北四度五分八十四秒；畢一十五度一十一分七十六秒，南三度四分三十八秒；觜觿一十一分八十四秒，南一十三度八十六分六十三秒；參一十二度二分三十秒，南二十四度九十二分五十四秒；東井三十度八十六分八秒，南八十九分六十二秒；輿鬼四度六十六分七十二秒，南八十一分一十七秒；柳一十七度二十四分八十二秒，南一十二度六十三分一十八秒；七星八度五十分五十七秒，南二十[二]度七十二分七十一秒；張一十八度三十三分五秒，南二十六度五十八分二十六秒；翼一十七度二十四分八十二秒，南二十三度一分四十六秒；軫一十三度二十四分五秒，南一十四度六十二分七十(三)[二]秒。

歲周三百六十五日二十四刻二十一分八十六秒六微，曆周三百六十五日二十五刻四十八分六十八秒八微，朓朒準度三度，準分八十九秒六十微。月周二十九日五十三刻五分九十一秒九十七微，朓朒外準一分[一分，《曉庵新法》作[二爻]。]三十一秒二十微。轉周二十七日五十五刻四十六分一十三秒七十七微，朓朒準度五度五十九分，準分一分三十二秒三微，交周二十七日二十一刻二十二分二十二秒三微，交緯準分八分六十七秒二十五微，中緯準分八分九十四秒七十微，交行朓朒準分三分六秒八十微。歲星合周三百九十八日八十八刻三十一分七十九秒，朓朒中準一十九分二十九秒四十八微，轉周四千三百三十三日三十七刻九分六十九秒，朓朒準度三度，準分二分三十八秒五十微，交周四千三百三十一日二十四刻七十八分一十七秒，中緯準分二分五十二秒八十微。熒惑合周七百七十九日九十三刻五十一分二十八秒，朓朒中準六十五分四十九秒五十微，轉周六百八十七日五十二分八十四秒，朓朒準度三度，準分四分六十三秒七十五微，交周六百八十六日九十八刻三十二分六十八秒，中緯準分三分一十九秒九十微。填星合周三百七十八日九刻二十二分八十四秒，朓朒中準一十分四十二秒八十微，轉周一萬七百六十七日五十六分八十五秒，朓朒準度三度，準分二分九十秒七十微，交周一萬七百五十六日八十六刻九分一秒，中緯準分四分三十九秒。太白合周五百八十三日九十一刻九十九分一十二秒，朓朒後準七十二分二十四秒八十五微，轉周三百六十五日二十六刻五十五分七十秒，朓朒準度三度，準分八十秒二十微，交周二百二十四日七十刻四十分六十八秒四十二微，中緯準分四分三十九秒。辰星合周一百一十五日八十七刻七十二分二十四秒，朓朒後準三十八分五十秒，轉周三百六十五日二十七刻一十九分五十五秒，朓朒準度五度，準分一分一十三秒七十微，交周八十七日九十七刻一十三秒一十一微，中緯準分三分八十一秒一十一微。

遠近中準：日、太白、辰一千一百四十二度，月五十六度七十二分，歲五千九百一十(九)[八]度六十九分，熒惑一千七百四十三度六十四分，填一萬九百五十三度三十九分。

視徑中準：日中準八十八秒六十八微，光徑準度一十二度四十分，月中準九十三秒七微，歲八秒，熒惑四秒六十九微，填五秒三十一微，太白九秒四十五微，辰六秒五十二微，昏明準分三十九分十秒一十七微。

伏見中準：月一十七分八十八秒四十微，歲一十八分三十三秒，熒惑二十二分四十三秒四十微，填二十分二十六秒，太白八分八十五秒八十微，辰二十分三十七秒八十微。

北極高下，全差二萬二千五百里。

以崇禎元年著雍執徐爲曆元，南京應天爲里差之元。宿應箕四度三十四分六十秒。辰應三百一十度四十八分六十八秒。日躔氣應三百七十四日一十刻二十分七十八秒。曆應三百五十九日一十六刻七十五分一十七秒。月離閏應一十三日九十四刻九十七分六十七秒，轉應一日六刻七十一分三十秒，交應一十日五十二刻五十三分四十四秒。歲星合應一十二日四十一刻九十九分，轉應三千七百五十刻五十九分，交應四千一百一十日六十八刻六十一分。熒惑合應四百四十五日六十八刻八十八分，轉應一百八十日八十七刻九十六分，交應三百七十五日八十刻九十八分。填星合應九十六日五十一刻七十二分，轉應二千七百一十九日二十八刻三分，交應七千三百九十三日七十一刻一分。太白合應一十三日九十四刻四十五分，轉應三百六十五日，交應一十五日一十八刻九十六分二十八秒。辰星合應三十七日七十刻一十九分，轉應二百一十一日三十二刻八分，交應三十五日五十三刻四十一分四十五秒。北極應三十二度四十分。在應天實測。

又　卷三五《王錫闡》

先是，《曉庵新法》未成，作《曆説》六篇、《曆策》一篇。其説精核，與《曉庵新法》序互有詳略。又隱括中西步術，作《大統西曆啓蒙》。丁未歲，因推步《大統》法，作《丁未曆稿》。辛酉八月朔日食，以中西法及己法豫定時刻分秒，至期，與徐發等以五家法同測，己法獨合，作《推步交朔》《測日小記》。西法謂五星皆右旋，錫闡以爲土、木、火實左旋，當改歲輪爲不同心圈，則理數畫一，作《五星行度解》。術家言日、月右旋，儒者乃云左旋，二説不同，作《日月左右旋問答》。治曆首重割圓，作《圜解》。測天當據儀晷，造三辰晷，兼測日月星，因作《三辰晷志》。錫闡論撰，俱能究術數之微奥，補西人所不逮，文多不能悉具，采其精要者著於篇。

《曆説》一曰：「夫治曆者不能以天求天，而必以人驗天，則其不合者固多矣。雖幸而合，久必乖焉。何也？天地始終之故，七政運行之本，非上智莫窮其理，然亦祇能言其大要而已，欲求精密，則必以數推之。數非理也，而因理生數，即因數可以悟理。自漢以後，曆家之疏密，吾知之矣。大約因前人之差，稍爲進退於積年日法之間，即自命作者。此於曆數尚有所未盡，況曆理乎？至郭守敬始悉去其弊，而返而求之測景，漸近自然。然其法上考數千年冬至交食，十得六七；而下驗二十年間，或當食不食，或食而失推，則何也？今取守敬所測至日之景，即以其法求之，其自相抵牾者不止一事，以此知當時創法不免傅會，故未久而差，非實測之失也。且守敬所立三差法，於割圜之學猶非密率，此其失又在數而不在理矣。元統修《大統曆》，雖録守敬舊章，然覺其未密，故去消長不用，而又别寫《土盤》經緯曆法，分科互測，以爲改憲之端。惜乎！疇人子弟習常肄舊，無有能會通而修正之者。近代西洋新法，大抵與《土盤曆》同原，而書器尤備，測候加精。崇禎二年五月朔食，《大統》《土盤》二法俱不合，徐文定公以新法推之，頗近，於是有曆局之設。而文定以爲欲求超勝必須會通，會通之前先須翻譯，翻譯有緒，然後令甄明《大統》、深知法意者參詳考定。其意原欲因西法而求進，非盡更成憲也。乃文定既逝，而繼其事者僅能終翻譯之緒，未遑及會通之法，至矜其師説，齮齕異己，廷議紛紛。有爲之解者曰：『交食、節氣用新，神煞、月令用舊。』不知此於理數何關輕重耶？今西法且盛行，向之異議者亦詘而不復争矣。然以西法爲有驗於今，可也，如謂不易之法，無事求進，不可也。夫曆理一也，而曆數則有中與西之異。西人能言數中之理，不能言理之所以同，儒者每稱理外之數，不能明數之所以異。此兩者所以畢世而不相通耳。余究心此事略已有年，謬以曆法至今已密，然不能必後日之不疏，而過宫節氣之改、天經地緯之差，苟不能畫一，以求至當，將見天下後世必有起而議之者，又安在其久而無弊哉？故略舉數事，粗明理數之本。至於測驗乖合，則非口舌所能争勝，亦曰以天求天而已。」

二曰：「漢劉洪造《乾象曆》，覺冬至後天，始減歲餘。韓翊疑其損分太過，後必先天。自今觀之，《乾象》斗分猶失之强，況如韓翊所言乎？故後世屢差屢改，亦屢損歲實，至《統天》《授時》二曆，而損分極矣。《大統曆》歲餘因舊，不用消長，以《授時》法律之，冬至漸宜後天，而三百年來反漸先天，故有議增歲實者。但冬至雖合，而夏至乃後天三十餘刻，損益兩窮。而西人平歲、定歲之法，獨操其勝矣。其言曰，論平歲則消實之説近，論定歲則加實之説近。然西曆以歲實求平歲，以均數求定歲，則所主者，消實之説也。所消小餘，視郭曆爲更促，不知億萬年後，將漸消至盡，抑消極復長耶？又言經星東行，故節歲之外别有星歲。經星常爲平行，星歲亦無消長。以中法通之，星行者即古之歲差，星歲者即古之周天，異名同理，無關疏密。唯古以歲差繇赤道，今以歲行繇黄道，則新法爲善耳。所可疑者，節歲與星歲之較，即經星東行之率，必節歲與星歲俱無消長，［或消長］數同則歲差始可平行。今星歲有定，而歲實漸消，則兩行之較，將來愈多，豈得以五十一秒永爲定法乎？黄赤距度，古遠今近；最高運移，古疾今徐；不同心差，古多今少。中曆積久因循，新法特爲剖析，但既知其故，亦宜立法加減，方可上考下驗。用幾何之術，凡有三測，皆可推全周。西史所載，不止三測，而迄無成法，豈以舊測未足盡據耶？倘古測既爲今日所疑，近測又非後人所信，畫一之法何時可立？不如及今求其定率，即有微差，他日測驗修改亦易爲力矣。其論經星云，赤道經度有變，黄道經度不變，故斷棄赤道，專用黄道。寧不知經星黄緯亦有變遷乎？緯度有變，必自有本道本極，不直行黄道也。經星本極未定，但從黄極分經，歲久漸差，詎可復用？餘如太陰、五星本道本極，已有定距，而新曆測算悉用黄道，反不若舊曆尚有推變白道一術也。歲實消長，其説不一，謂繇日輪之轂漸近地心，其數浸消者，非也。日輪漸近，則兩心差及所生均數亦異，以論定歲，誠有損益。若平歲歲實尚未及均數，其消長之源於兩心差何與乎？識者欲以黃赤極相距遠近求歲差朓朒，與星歲相較，爲積歲消長、終始循環之法。夫距度既殊，則分、至諸限亦宜隨易，用求差數，其理始全。然必有平行之歲差，而後有朓朒之歲差；有一定之歲實，而後有消長之歲實。以有定者紀其常，以無定者通其變，迺可垂久而無戾矣。請以質之知曆者。」

三曰：「中曆主日，日均則度有長短；西曆主度，度平則日有多寡。雖非疏密所係，然實敬授之首務，不可不辨也。考之西法，紀日以日、月、七曜，紀度以白羊諸宮，率四年而閏一日，無干支、氣候、閏月之法也。今以西之宮度爲中之中氣，折半爲節氣，一以天度爲本，而日辰則隨時損益，因譏舊法平氣不免違天，或以時計，或以月計，至二分則先後二日，獨不思二分與二正原不同日乎？二日之差，迺分、正之異，非立法疏也。又如各氣雖皆平分，而盈縮一法自具日躔，不察其故，而概指爲謬，豈通論乎？或曰，四時寒燠皆本日行，則節氣亦宜以西法爲正。曰四時寒燠，因日行之南北，不因日行之東西。而西法唯主經度，經度者，東西度也。以經度求黃赤距差，絶非平行。二分左右經度之一距差，幾及其半；二至左右經度之一距差，僅以秒計。故但主日辰，則平氣已足。若主天度，則須兼論距緯。如四立爲分至之中，中西皆然。今以距至四十五度爲立春定氣，此時日距赤道尚十六度有奇，則所謂中者，經度之中，非距緯之中也。距緯之中，在距至五十九度以上。設止用經度，亦祇可謂天度之平氣，於日行南北未有當也。周天宮界，曆家所設，以步躔離。古謂歲有歲差，故宮界常定；今謂星有本行，故宮界漸移。二者似無失得。然新法定以冬至起丑，於義何居？夫宮界之分，本用堯時冬至日躔在虛，定爲子半。四千祀間，歷丑至寅，安在冬至當起丑初也？況星紀、(元)[玄]枵諸次，本乎星名，今古無異。若隨節氣遞遷，則鳥咮可爲(元)[玄]枵，而虛危可爲鶉首，有是理哉？故從天周分宮，則冬至今當在寅。即從節氣分宮，則冬至亦當起子。若因宋時冬至偶值丑初，而强襲其名，則亦進退無據之甚矣。新法以本月之內，太陽不及交宮，因無中氣，遂置爲閏。以中氣爲過宮，雖與舊異，以無中氣之月置閏，仍與舊同。其不同者，舊用平氣，新用定氣，故前後或差至(二)[三]月。平氣兩策，必三十日有奇，無一月三氣之法。定氣兩策，多且三十餘日，少至二十九日有奇。冬月大盡者，一月之內可容三氣。設兩中氣在晦朔之間，節氣在望，必前後有二月俱無中氣，此歲之閏將安置乎？使置閏在前，則歸餘非終；置閏在後，則履端非始。既不可置閏於兩中氣之月，又不可一年再閏。若少爲遷就，又非不易之法，不知何術可以變通？大略西之宮閏實難與中法并行，而會通兩家又非目前諸人所及，故不勝齟齬之病也。」

四曰：「交食至西曆亦略盡矣。以交緯定入交之淺深，以兩經定食分之多寡，以實行定虧復之遲速，以升度定方位之偏[正，以黃道中限定日食之時差，以北極高卑定視距之遠]近，以地度東西定加時之早晚，皆前此曆家所未喻也。乃所推戊戌仲夏朔食，浙西見食差天半分，復明先天一刻。己亥季春望食，帶食分秒所失尤多。古以差天一刻爲親，則今日所推尚未疏遠。然差數已著，則致差之故，豈宜不講？太陰唯定朔、定望在小輪最近，外此即有次均加減，亦猶五星於衝合之外即有歲行加減也。凡推五星凌犯，不能舍歲行，而交食諸論獨廢次均，豈以五星凌犯宿座不必衝合太陽，日月自相掩食必在定朔、定望也耶？不知唯月食食甚，實在定望，止用入轉，可得密合。初虧、復明距望久者不下數刻，用求倍離得二度有奇，兩均之較亦且數分，參差之故，宜所不免。至若日食，不唯虧、復二限不在定朔，即食甚之時亦非真會。晨近初升，夕近將降，東西差分或過一度，倍離亦過二度。(正)[止]論食甚，已不能以入轉均數求其必合，況晨食之初虧、晚食之復明距度尤遠者哉？今皆置不復論，不可謂非法之疏也。中曆月食一十五分，其求既內定用，《授時曆》以一十五分爲既內用分，與句股術合。《大統曆》則以十五分爲既內用分，分數既加，則定用必多，與實測則稍近。使非本於天驗，何以得此？然以句股之理究之，則不合矣。西法食分，隨引數爲多少，食既之數多至十九分强，足洗從前之謬。今研察其理，亦有可疑者。其説曰：月在最卑，視徑大，故食分小；月在最高，視徑小，故食分大。余以爲視徑大小僅從人目，食分大小當據實徑。太陰實徑不因高卑有殊，地景實徑實因遠近損益。最卑之地景大，月入景深，食分不得反小；最高之地景小，月入景淺，食分不得反大。此與幾何公論自相矛盾，倘亦致差之一端乎？《五緯曆》言，星近地心者緯度多，遠地心[者]緯度少。竊謂星誠有之，月亦宜然。不知交道有變差，徒以視徑定食分，非曆理也。推步之難，莫過交食，新法於此特爲加詳，有功曆學甚鉅。然究極(元)[玄]微，不能無漏。在今已見差端，將來詎可致詰？是望窮理之士商求精密，非一人之智所能盡也。」

五曰：「《天問》曰：『圜則九重，孰營度之？』則七政異天之説，古必有之。近代既亡其書，西説遂爲創論。余審日月之視差，察五星之順逆，見其實然，益知西説原本中學，非臆撰也。請舉其概。《五緯曆指》謂『日月本天以地心爲心，五星本天以太陽爲心』，斯言是矣。唯謂『星天或包日天之外，諸圜能相割相入』，則未敢以爲信也。蓋日爲列曜之宗，本天亦應最大，五星諸圜悉在其内，隨之斡旋。太陽則居本天之心而繞地環行，五星各麗本圜之周而繞日環行。二法不同也。知日天與星天異法，則知日行一規，本非天周，亦無實體，諸圜不必相割相入矣。新法既云『星天以太陽爲心』，則本天之行即爲歲行，迺復設本天，仍似以地心爲心，法既不定，安所取衷乎？余考木、火、土三星之行，與金、水二星不同，金、水二星於本圜右旋，木、火、土三星於本圜左旋，皆爲日天所挈而東，猶日天爲宗動所挈而西也。左旋之數，土最疾，木次之，火又次之。自右旋論，則疾者反遲，遲者反疾。故合日在最高者，法應遲，而視行爲疾；衝日在最卑者，法應疾，而視行爲遲爲退。蓋本圜之遲疾爲左旋，而視行之遲疾則右旋也。此理甚明，何莫之察耶？近見湯氏所推，又有異者，五星唯金、水有順、逆二合。順合者，星在日後，而追及於日。逆合者，星在日前，而退與日遇。此曆家所習聞也。乃所推戊戌歲四月戊辰、七月丙午、十一月丁巳，水星皆先過日，又歷數時，而後順合。五月己丑，水星先在日後，亦歷數時，而後退合。若言握算偶誤，則創法之初當倍詳慎，必無屢誤。若言無誤，吾又未得其説。夫星在日前，順行益遠；星在日後，退行益離，安得再合？天行有漸差，而無僭差，豈容一日之内驟進驟退，曾無定率如是乎？又據《曆指》，萬曆乙酉，測定金星最高在夏至前四十五度，歲移一分半强，水星最高在冬至前二十九度半，歲移一分大强，距今戊戌七十三年，金星過最高當在五月戊午，而彼在辛丑，水星過最高當在十月壬辰，而彼在癸巳。癸巳、壬辰僅差一日，或用新測推改，我不敢知。辛丑、戊午相距半月已上，即使舊測疏遠，亦恐未必至此。再考金星正交在最高前十六度，湯氏所用正與此近，豈即入交日耶？入交者，南北緯度所生。高卑者，盈縮均數所生。使入交可名高卑，將盈縮亦可名南北乎？五星各有交行，各有最高，唯水星同行同度，金星兩行雖同，度限迥别，驗之近測，此術未爲戾天。即欲合二爲一，必有灼見至論。然察其法，又似實未嘗改，不知何故？參用交行，十餘年來無不如是也。中法用表圭測月孛，西曆譏之。今以高卑命交行，得無復爲將來所譏。此於曆術非爲細，故明理之家必有辨其得失者矣。」

《曆策》曰：「古之善言曆者有二：《易・大傳》曰：『革，君子以治曆明時。』子輿氏曰：『苟求其故，千歲之日至，可坐而致。』曆之道主革，故無數百年不改之曆。然不明其故，則亦無以爲改憲之端。太初以來，治曆者七十餘家，莫不有所修明，當時亦各自謂度越前人，而行之未久，差天已遠，往往廢不復用。何也？是在創法之人不能深推理數，而附合於蓍卦、鐘律以爲奇，增損於積年日法以爲定，或陰用前法而稍易其名，或偶悟一事而自足其知，欲其永久無弊，豈可得哉？執事以新法既非，舊法未必無誤，而博訪於草澤也。此正愚所樂得而縷陳者也。欲知新法之誠非，須核其非之實；欲使舊法之無誤，宜釐其誤之繇。然後天官家言，在今可以盡革其弊，將來可以益明其故矣。舊法之屈於西學也，非法之不若也，以甄明法意者之無其人也。今者西曆所矜勝者，不過數端，疇人子弟駭於創聞，學士大夫喜其瑰異，互相夸耀，以爲古所未有。孰知此數端者，悉具舊法之中，而非彼所獨得乎？一曰平氣、定氣以步中節也，舊法不有分至以授人時、四正以定日躔乎？一曰最高、最卑以步朓朒也，舊法不有盈縮遲疾乎？一曰真會、視會以步交食也，舊法不有朔望加減、食甚定時乎？一曰小輪、歲輪以步五星也，舊法不有平合定合、晨夕伏見、疾遲留退乎？一曰南北地度以步北極之高下、東西地度以步加時之先後也，舊法不有里差之術乎？大約古人立一法，必有一理，詳於法而不著其理，理具法中，好學深思者自能力索而得之也。西人竊取其意，豈能越其範圍？就彼所命創始者，事不過如此，此其大略可睹矣。至於日刻之改，天度之殊，則習於師説而不能變通，反以伐能争勝，齮齕異己，不知果何關於疏密乎？且新法布算悉用曆表，日行惟一，而日躔表與五緯表差至五十五秒；月轉惟一，而月離表與交食表差至二十三分；日差惟一，而日躔與月離各具一表，則躔離安得合天，加時安得畫一乎？是以辛丑臘月晦辰，新法非朔而謂朔；癸卯七月望食，新法當既而不既。其爲譌謬，昭然共見，不可掩也。夫新法之戾於舊法者，其不善如此。其稍善者，又悉本於舊法如彼。然則當專用舊法乎？而又非也。元氏之後，載祀三百，未經修改，法雖盡善，安能無弊？故年遠數盈，則曆元四應或弗密也；朓朒過强，則朔望(如)[加]時或弗協也；交限失真，則薄食分秒未可定也；緯度不紀，則凌犯有無難預期也。至如五星段目，昔人止録舊章；黄道辰宿，迄今猶用辛巳，何可以爲定法乎？若是，則何從而可？從乎天而已。古人有言『當順天以求合，不當爲合以驗天』，法所以差，固必有致差之故；法所吻合，猶恐有偶合之緣。測愈久，則數愈密；思愈精，則理愈出。以古法爲型範，而取才於天行。考晷漏，審圭表，慎擇人，詳著法，則異同之見漸可盡泯，成憲一定，不難媲美羲和，高出近代矣。」

《推步交朔》敘言曰：「漢《律曆志》曰『曆本之驗在於天』，斯言得之矣。然漢人之驗天者安在哉？兩漢之世，日食多在晦，晦前朔後間亦有之，不知當日廢尤疏遠者十七家，其疏遠又何如乎？晦朔弦望，太初最密。最密者何事乎？上林清臺與十一家雜候，候盡五年六年，皆太初第一。且何所候乎？自晉、唐以迄昭代，代有作者，而法日趨於密矣。但步食或不盡驗，食時或失辰刻，則其爲術或者[猶]可商求。苟能虛衷殫思，未必不復更勝。奈何一行、守敬之徒，乃有惟德動天之諛，日度失行之解，使近世疇人、草澤咸以二語蔀其明，域其進耶？果爾，則天自天，而曆自曆，合不足爲是，失不足爲非，叛官俶擾可以無誅，安用鳳鳥氏爲也？每見天文家言日月亂行當有何事應，五星違次當主何庶徵，余竊笑之。此皆步推之外，而即傅以徵應，則殃慶禎異，唯曆師之所爲矣。是故驗於天而法猶未善，數猶未真，理猶未闡者，吾見之矣。無驗於天，而謂法之已善、數之已真、理之已闡者，吾未之見也。某業非專家，資復遲鈍，雖涉獵有年，曾未睹其藩落，況於堂奧？然既習其事，又不敢自棄，每遇交會，必以所步、所測課較疏密，疾病寒暑無間，變周改應增損經緯遲疾諸率，於茲三十年所，而食分求合於秒，加時求合於分，戛戛乎其難之。年齒漸邁，氣血早衰，聰明不及於前時，而黽黽孳孳，幾有一得，不自知其智力之不逮也。乃仲秋辛巳朔，日月交於鶉尾之次，於《大統》成憲當食八分有奇，加時自辰至午；《崇禎曆書》食在巽、巳之間，虧蝕不及二分。余用己法推之，食分視曆書祇贏數秒，虧、甚、復三限大約先一刻有奇，而視成憲則殆有燕越緇素之殊。其合其違，雖可預信，而分秒遠近之細，必驗天而後可知。備陳三法如左，以俟實測。合則審其偶合與確合，違則求其理違與數違，不敢苟焉以自欺而已。」

《測日小記》敘曰：「說者曰『推步而得之，不如仰觀之易也』，此殆有爲言之而耳。食者以爲信然，幾乎不爲陳言所誤耶。余謂步曆固難，驗曆亦不易。何也？天學一家，有理而後有數，有數而後有法。然唯創法之人，必通於數之變，而窮於理之奧。至於法成數具，而理藴於中，似乎三尺童子可以運籌而得。然達人穎士猶或畏之，則以專術之賾，糾繆千端，不可以一髮躁心浮氣乘於其間，所以塗本坦夷而却步者嘗多也。若夫驗曆，則垂象昭然，有目所共睹，密者不可誣以爲疏，疏者不可誣以爲密，雖謂之易也可，然語其大概，則亦或得之矣。其如薄食之分秒、加時之刻分之不可決之於目，斷之以意乎？故非其人不能知也，無其器不能測也。人明於理而不習於測，猶未之明也；器精於製而不善於用，猶未之精也。人習矣，器精矣，一器而使兩人測之，所見必殊，則其心目不能一也。一人而用兩器測之，所見必殊，則其工巧不能齊也。心目一矣，工巧齊矣，而所見猶殊，則以所測之時瞬息必有遲早也。數者之難，誠莫能免其一也。即不然，而食分分餘之秒，果可以尺度量乎？辰刻刻餘之分，果可以儀晷計乎？古人之課食時也，較疏密於數刻之間，而余之課食分也，較疏密於半分之內。夫差以刻計、以分計，何難知之？而半刻、半分之差，要非躁率之人、粗疏之器所可得也。倘唯仰觀是信，何時不自矜，何時不自欺以爲密合乎？故曰驗曆亦不易也。重光作噩仲秋辛巳朔食，法具五種，算宗三家，或行於前代，或用於當今，或修於朝宁，或潛於草澤，莫不自謂脗合天行，及至實測，雖疏近不同，而求其纖微無爽者，卒未之睹也。於此見天運淵(元)[玄]，人智淺末，學之愈久而愈知其不及，入之彌深而彌知其難窮。縱使確能度越前人，猶未足以言知天也，況乎智出前人之下，因前人之法而附益者乎？平情而論，創法爲難，測天次之，步曆又次之。若僅能握觚，而即以創法自命，師心任目，撰爲鹵莽之術以測天，約略一合，而傲然自足，胸無古人，其庸妄不學，未嘗艱苦可知矣。」

《日月左右旋問答》曰：「令望、錫綸侍於曉(闇)[庵]先生，縱言至於天行。先生曰：『曆家言日月右旋於天，而儒者乃云隨天左旋，二子何執？』令望曰：『以弟子觀之，則右旋也。』先生曰：『先儒曰，天無體，以二十八宿爲體，行日一周而過一度，日行日一周不及天行一度，月又不及日行十二度有奇。觀其出入卯、酉，則左旋可知。今子以爲右旋，右旋誠是也，然亦有説乎？』令望曰：『謂天無體，以二十八宿爲體，不知二十八宿有所麗乎？無所麗乎？列宿至衆，既不能共爲一體，安得指爲天體？況又無所係屬，若鳥飛空而魚游於淵，必將前後左右，參錯紛挐。然而自古至今，垂象若一，不得謂之無所麗也。既有所麗，則所麗即天，不得謂天無體也。』錫綸曰：『列宿麗天，故垂象有常，是信然矣。日月經緯於天，遠近無定，此不麗天而與天并行、互爲離合之徵也。先儒之言，殆亦未可棄乎。』令望曰：『日月經星各麗一天，而各天之行又皆循於左旋之天，是皆可以管窺表測，知其高卑上下，不容誣也。』錫綸曰：『窺測之法，學(之)[諸]夫子矣。今所欲辨者，日月右旋之實耳。』令望曰：『望嘗於初昏見月在某星之西，候之未久，而月星同度，頃復候之，而月過而東。此右旋之實可仰觀而得，不煩籌策也。』先生曰：『先儒固言日月隨天西行，比天差緩，經星附著于天，故逐及于月，而更出其前，非月行就星而過其東也。』令望曰：『日食初虧于西，月東進而掩日也。復明于東，月更進而離日也。月食初虧于東，月東進而受侵于闇虛也。復明于西，月更進而東出于闇虛也。若使左旋，則日月初虧、復明皆當東西易位矣。』先生曰：『先儒又言日遲于天而疾于月，闇虛在日之衝，遲疾與日正等，日行逐及于月而受掩，故初虧于西。闇虛逐及于月而侵月，故初虧于東。日西行而過月，故復明于東。闇虛離月而西去，故復明于西。是猶月行越星與星行越月之見耳，未足爲右旋之左券也。』令望曰：『日月常爲平行，而自人視之，則有朓朒。朓者，日月在卑，近人，而視行大于實行。朒者，日月在高，遠人，而視行小于實行。若云左旋，則朒反爲朓，朓反爲朒矣。』錫綸曰：『日月乘氣而行，行有緩急，非由高卑。近年西人始有是説，豈可信乎？』令望曰：『夫乘氣而行者，緩急不倫，不可以率度而求。日月雖有朓朒，而朓朒未嘗無敘，當必有所以朓朒之故，不可以虛理臆斷也。日月高卑，通其術者能以咫尺之器測量而知。曆術固多古人所未覺而後人始明者，又何疑于西説乎？況乎日月徑體時大時小，高遠見小，卑近見大，尤易知也。今試以數求之，朓朒之差與高卑之差爲相似之比例，高卑之差與大小之差亦爲相似之比例，此三差者皆相因而生，故知平行爲日月之自行，朓朒爲人目之視行也。』錫綸曰：『進而見贏者，退亦見贏；進而見縮者，退亦見縮。然則進行之度可因高卑以爲增損，豈獨不及天行之度，不可因高卑以爲增損乎？』先生曰：『朓朒分于一周，故一周之中，一高一卑者有朓朒，不高不卑者無朓朒也。夫日之高卑，一歲而復；月之高卑，終轉而更。右旋之法，日周于歲，月周于轉，左旋之法，一日一周，知一日之無殊乎高卑，則知左旋之無當乎朓朒矣。』錫綸曰：『以高卑求朓朒，以朓朒證右旋，似矣。然黃、赤二道，日行一周，而朓朒四變，斯何故歟？』先生曰：『子無疑于日行黃道，「即無疑于日月右旋矣。赤道當二極之中，而黃道斜絡于赤道，」故赤道之行惟東西，而黃道之行兼南北。假令日誠左旋，將出于東南而没于西北，出于東北而没于西南。今冬日出辰入申，夏日出寅入戌者，何也？蓋由日躔從黃道而右旋，是以有漸南漸北之行；天牽之而左旋，則但與赤道平衡而行東升西降也。』錫綸曰：『竊更思之，日躔不由黃道而爲螺旋，冬至之後漸旋以北，夏至之後漸旋以南，實皆隨天左轉，非右旋也。』先生曰：『螺旋之論，思致甚微。然當合黃、赤二道右旋、左旋而議其故，不可斷棄黃道專爲左旋也。夫螺旋之勢，末鋭而中寬，汝言不由黃道，則無所循依，勢必起于赤道而盡于二極，即不底二極而出入赤道，不能南北相若，即出入相若，而距緯不爲均數，必有僭差。古云日行出入赤道二十四度，驗之實測，雖今不及古，然南北大距，度分略同，自二分以及二至，緯度衰降，永無僭差。故知實有循依，無徒爲螺旋之理也。』錫綸曰：『距緯若爲均數，勢必盡于二極；距緯若有僭差，必不南北相若。綸嘗細察日躔二分一日之距緯，幾數十倍于二至一日之距緯，蓋二分爲螺旋之始，故距緯差多，以次漸少。至于二至，勢盡而復，豈得有僭差？豈得越二十四度而底于二極乎？雖無所循依，而自爲左旋，亦安所不可乎？』先生曰：『螺旋者，無法之形也。雖或衰降有準，然以割圜弧矢求之，必不盡合。今置黃、赤二道，以右旋經度求南北緯度，于割圜弧矢之數，不容以毫髮爽也。握策而推，轉儀而測，合親疏遠「近」，昭然人目，又何疑乎？』錫綸曰：『月離出入黃道，猶日躔出入赤道也。黃赤大距定于二十四度，黃白大距少或不過五度有奇，多或至于五度半弱。綸又嘗以《大統曆》法推算月緯，法當在南而實測或在北，法當在北而實測或在南，何也？』先生曰：『人知赤道有南北二極，不知黃白二道各有南北二樞，白道之樞又有游有定，此亦得之實測，古來曆家所未喻者也。黃樞左旋于赤極之旁，古遠今近，約二萬八千餘年而一周。所云二十四度，亦自近古言之，未知古今之異耳。白道定樞左旋于黃樞之旁，八年三百餘日而一周，無遠近。白道游樞右旋于定樞之旁，半月而一周，亦無遠近。然自黃樞以視游樞，則遠近進退隨時而異，朔望最近不過五度有奇，二弦最遠至于五度半弱。朔望前後，游樞循定樞之內而順，二弦前後，游樞循定樞之外而逆，是以黃、白交道月緯南北皆因之而變。《大統》本無其術，其不合天也固宜。』令望曰：『日月右旋，敬聞命矣。黃赤朓朒，一周四變，其故可得聞歟？』先生曰：『天體渾圓，從南北二極以割綫分赤道諸度，形如(割)[剖]瓜，遠赤道則度分狹，近赤道則度分廣。黃道交于赤道，度無廣狹，而以斜直爲廣狹。冬夏距遠勢直，故黃道經度加于赤道十分之一；春秋距近勢斜，故黃道經度減于赤道十分之一。一歲再遠再近，故爲朓朒之變者四，此與經緯二行可互求而見。考諸圜術，觀諸儀象，無不吻合，因明螺旋之形亦由黃道右旋而生也。』錫綸曰：『千古之所聚訟，一旦若發蒙矣。雖然，願有進。日月以高卑論視行，五星亦宜同理。五星行高則疾，卑則爲遲爲留爲退，與日月相反，何也？』先生曰：『五星各有本行之規，皆以日爲心。歲、填、熒惑左旋，爲日行所牽而東，猶夫日行爲天所牽而西，故合日在高，宜遲反疾，衝日在卑，宜疾反退。太白、辰星本行規小，不能包地，人目自地視之，惟見左右于日，而不與日衝。合日在上，視行雖小，而益之以日行，故疾。合日在下，星雖右旋，而視行反逆，又大于日行，故退。五星復有本規之行度高卑朓朒，與日月同理，無煩贅説矣。』令望避席而起曰：『日月右旋，已無疑義。五星則左旋之中有右旋，右旋之中有左旋，提命雖切，未易晰也。日晏矣，不敢重煩長者。』先生乃以《五星行度解》授二子，二子受書而退。」錫闡年五十五卒。《欽定四庫全書總目》《曉庵新法》《王寅旭先生遺書》《道古堂文集》。

論曰：錫闡考正古法之誤而存其是，擇取西説之長而去其短，據依圭表，改立法數，雖私家撰述，未見施行，而爲術深妙，凡在識者莫不慨然稱善也。梅徵君文鼎《勿庵書目》曰：「從來言交食只有食甚分數，未及其邊，惟王寅旭則以日月圓體分爲三百六十度，而論其食甚時所虧之邊凡幾何度，今爲推演其法，頗爲精確。」然則《考成》所采文鼎以上下左右算交食方向法，實本于錫闡矣。方今梅氏之學盛行，而王氏之學尚微，蓋錫闡無子，傳其業者無人。又其遺書皆寫本，得之甚難，故知之者少。持平而論，王氏精而核，梅氏博而大，各造其極，難可軒輊也。乾隆三十七年，詔開四庫全書館，録錫闡《曉庵新法》六卷，入子部天文算法類。草澤之書，得以上備天禄石渠之藏，此真藝林之異數，學士之殊榮。錫闡自是不朽矣。

《〔同治〕蘇州府志》卷一〇六　王錫闡字寅旭，震澤鎮人，葵南先生雲之曾孫。生而穎異多深湛之思。詩文峭勁，有奇氣。博覽群書，尤精曆象之學。明代用《大統曆》，惟疇人子弟習之，儒生已罕有知者。至西曆，尤深奥，非專門授受莫能通。錫闡聰悟絶倫，西人書輒能明其法數並所以立法之故，久而洞徹源底，謂中曆、西曆互有短長。乃自創新法，用以候日月食，頗密於前人。所著《曆法》《曆説》《大統曆啓蒙》《圜解》《三辰儀晷》諸書，通曆術者以爲專家所不逮也。爲人孤介寡合，獨行踽踽，不用時世錢。年五十五卒。無子。

清・《震澤鎮志》卷九　儒林

王錫闡字寅旭，一字兆敏號曉庵，又號天同一生。父培真，有隱德。錫闡爲從父培恒後。生而穎異，成童即能搦管爲文，有奇思，培恒深器之。甲申之變，發憤欲死者再，父母強持之，得不死。其學淹貫經史，尤以濂洛關閩爲己任。嘗與顧炎武書，攻擊白沙、姚江不遺餘力。性狷介，不與俗諧。著古衣冠，獨往獨來。不用時世錢。以篆體作楷書，人多不能識。有譏其詭僻者，弗顧也。尤邃於曆學，明代用《大統曆》，儒生已罕有知者；西人曆，非專門授受莫能通。錫闡敏悟超絶，一覽輒明其法數並所以立法之故，後更洞徹源底，謂中西曆互有短長。乃自創新法，用以候日月食，頗密於前人。諸割圓、勾股測量之法，衆所目眩心迷者，錫闡手畫口講，了了如也。每言坐卧嘗若有渾天在前，日月五星錯行其上。其精專如是。所著有《新法》《曆説》《大統曆啓蒙》及《圜解》《三辰儀晷》《日月左右旋問答》諸書。年五十五卒。無子。從弟錫綸字言如，有志尚，亦明曆學。錫闡嘗稱之。

清・徐鼒《小腆紀傳》卷五四　王錫闡字寅旭號曉庵，吴江人。少友張履祥。講學以濂、洛爲宗，精究推步，兼通中西曆學。崇禎中，尚書徐光啓等修新法時，聚訟盈庭，錫闡獨閉户著書，潛心測算。遇天色晴霽，輒登屋卧鴟吻間，仰察星象，竟夕不寐，務求精符天象，不屑於門户之分。性耿介拔俗，詩才清妙。國變後卒，年五十五。著有《大統曆啓蒙》《西曆啓蒙》《丁未曆稿》《推步交食》《測日小記》《三辰晷志》《圜解》《曉庵新法》《曆説》《曆測》《左右旋問答》諸書。顧炎武云：「學究天人，確乎不拔，吾不如王寅旭。」梅文鼎曰「從來言交食者，只有食甚分數，未及其邊。惟王寅旭則以日月圓體分爲三百六十度，而論其食甚時所虧之邊凡幾何度。今推衍其法，頗精確」云。迨康熙中禦定《曆象考成》，所采文鼎以上下左右算交食方向法，蓋實本於錫闡矣。

紀事

清・潘耒《遂初堂集・曉庵遺書序》　吾邑有耿介特立之士，曰：王寅旭。生而英敏絶倫，不屑爲幹禄之學。枕經籍史，綜貫百家。心思鋭入，凡象數聲律之學，他人苦其艱深紛賾，望崖而返者，君獨殫精研窮，必得其肯綮而後已。尤邃於曆學，兼通中西之學，非徒習其法，而能心知其意；非徒知其長，而能抉摘其短。自立新法，用以測日月食，不爽秒忽。神解默悟，不由師傳，蓋古落下閎、張平子、僧一行之儔也。性狷介，不與俗諧。著古衣冠，獨來獨往。用篆體作楷書，人多不能識。有譏其詭僻者，然實坦夷粹白，內行潔修，砥節固窮，有古人之操。與亡兄力田最善，館餘家者數年。晚客語溪，與張考夫、錢雲啓、吕石門，講濂洛之學，德望益尊，門人日進。而疾病纏綿，以中壽没，曆學竟無傳人，籲，可悼也！

余少時，君以爲才而弟畜之，講論常窮日夜。勸余學曆，初有端倪，以事散去，不能竟學。余遠遊及入仕，君數遺書，以古誼相規，深感其意。比餘歸裏，而君已逝，且無子，爲拜其墓而哭之。從其家求遺書，大半亡佚。得詩文二帙，著書數種，有曰《大統曆法啓蒙》者，隱括中西曆書，簡而不遺。曰《丁未曆稿》者，君每歲推大統曆，此則挈餘布算者也。曰《推步交朔》，曰《測日小記》者，辛醜八月朔，當日食，君以中西法預定時刻分秒，至期，與徐圃臣輩以五家法同測，而己法最密，故志之也。曰《三辰晷志》者，君創造一晷可兼測日、月、星，自爲之說，自爲之解，其文仿《考工》，絶古雅。曰《圜解》者，解勾股割圜之法，繪圖立說，詳言其所以然，乃治曆之本源也。而《曆法》六卷最爲完善，會同中西，定著一法，法數備具，可用造曆；序中言西曆之於中曆，有不知法意者五事，當辨者十事，非甚深於曆，莫能曉也。其詩沉鬱深刻，文簡質，以理勝。而《曆說》《曆策》《左右旋問答》《答萬充宗、徐圃臣》諸書，言曆學者，尤精核可傳。憶亡兄修史書，君分任十表，索其稿，無有矣。

嗚呼，天之生才，將以濟世也。曆術之不明，遂使曆官失其職，而以殊方異域之人充之。中國何無人？甚哉，幸有聰穎絶世，學貫天人，能治器立法如王君者，而生世不逢，埋光晦跡，其學不見用於時，而亦無有能傳之者。天之生君，果何爲邪？幸其書猶存，其理至當，烏知異日不有表章推重，見諸施行者？是君亡而不亡也。謹録而藏之，稍有餘力，則當鏤版以廣其傳。宣城梅定九，亦精曆術，最服膺君著述，亟訪求之。不待千載而有知子雲之人君，亦可以無憾矣。

雜録

明・顧炎武《顧亭林詩文集》卷六《廣師》 學究天人，確乎不拔，吾不如王寅旭。

清・梅文鼎《勿庵曆算書目》 王寅旭書補注

近世曆學以吴江王爲最，識解在青州薛以上，惜乎不能早知其人，與之極論此事，稼堂屢相期訂，欲盡致王書，囑餘爲之圖注，以發其義類，而皆成虚約，生平之一憾事也。

清・梅文鼎《績學堂文鈔》卷五《錫山友人曆算書跋》 余嘗謂曆學至今日大著，而其能知西法複自成家者，獨北海薛儀甫、嘉禾王寅旭二家爲盛。薛書受於西師穆尼閣，王書則於曆書悟入得於精思，似爲勝之。

清潘聖樟

傳記

清・阮元等《疇人傳》卷三五《潘聖樟》 潘聖樟，一曰名樫字力田，吴江人也。與王錫闡友善。錫闡嘗館其家，講論算法，常窮日夜。聖樟著《辛丑曆辨》曰：「昔堯命羲和曰：『以閏月定四時成歲。』蓋曆法首重置閏。而《春秋傳》曰：『先王之正時也，履端於始，舉正於中，歸餘於終。』所謂始者，取氣朔分齊爲曆元也。所謂中者，月以中氣爲定，無中氣者則爲閏也。所謂終者，積氣盈朔虚之數而閏生焉也。自漢以降，曆術雖屢變，未有能易此者。唯西域諸曆則不然，其法有閏年，有閏日，而無閏月，蓋中曆主日，而西曆主度，不可強同也。今之爲西曆者，乃以日躔求定氣，［以定氣］求閏月，不惟盡廢中國之成憲，而亦自悖西域之本法矣。故十餘年來，宫度既紊，氣序亦訛。如戊子之閏三月也，而置在四月；庚寅之閏十一月也，而置在明年之二月；癸巳之閏七月也，而置在六月；己亥之閏正月也，而置在三月。其爲舛誤，何可勝言，然非深於曆者未易指摘。若以平氣，則是年小雪在十月晦，冬至在十一月朔，而閏在兩月之間，所謂閏前之月中氣在晦，閏後之月中氣在朔者也。今以定氣，則秋分居九月朔，故預於七月(朔)置閏，然後秋分仍在八月，而霜降、小雪各歸其月。無如大寒定氣，乃在十一月朔，而十二月又無中氣，既不可再置一閏，則是同一無中氣之月，而或閏或否。彼所云太陽不及交宫即置爲閏者，何獨於此而自背其法乎？蓋孟秋非歸餘之終，故天正不能履端於始，地正不能舉正於中也。如此則四時不定，歲功不成，而閏法又安用之？且壬寅正月定朔，舊法在丙子丑初，即彼法亦在丙子子正，則辛丑之季冬當爲大盡，而明年正月中氣復移於今歲之杪，彼亦自覺其未安，故進歲朔於乙亥，而季冬爲小盡之月，皆所謂欲蓋彌彰者耳。即辛丑歲朔，以彼法推，當會於亥正，而今在戌正，差至六刻。其他牴牾，更難枚舉。噫！作法如是，而猶自以爲盡善，可乎？蓋其説以日行盈縮爲節氣短長，每遇日行最盈，則一月可置(一)[三]氣，是古有氣盈朔虛，而今更有氣虛朔盈矣。然或晦朔兩節氣，而中氣介其間。如丙戌仲冬去閏稍遠，猶可不論。獨辛丑仲冬冬至、大寒俱在晦朔，去閏最近，進退無據，苟且遷就，有不勝其弊者。夫閏法之主平氣，行之已數千年矣。今一變其術，未久而輒窮，至於無可如何，則又安取紛更爲也。」

雜録

清·梅文鼎《績學堂文鈔》卷一《與潘稼堂書》 三月杪，竹垞南歸，舟過津門，枉存信宿。一函附候，不審已達記室否？自午夏奉手教及賜序文，即欲作書奉謝，忽忽遲至兩年，嬾惰可笑。然感激嚮往，積於中心，無日不神依左右也。又承惠寄《方程論》近爲安溪公介弟安卿孝廉攜刻閩中，藉光於皇甫之言大矣。又承惠寄《曐闓曆㝵》，雖片羽不足以盡吉光。然其測食之金，誠有出於舊術之外，即此已足垂諸千古。某嘗思今之爲《授時》法者，輒疑西説。而尊西術者，往往欲抹摋古人。良由各守師説，不復詳攷羣書。彼此既不相通，遂尠持平之論。惟徐文定下語，猶有斟酌。至開局數年之後，推重郭法，乃甚於前。豈非以討論漸深，能窺立術之意乎？治西法而仍尊中理者，北有薛南有王，著述並自成家，可以專行。然北海之書，詳於法而無快論以發其趣，刓劂又多草率，人不易讀。王書用法精簡，而好立新名，與《曆書》互異，亦難卒讀。某嘗擬於鄙著《曆法通考》外，别爲專本，於薛則訂其誤脱，於王則通其異同，皆附之以註，而爲之論次，庶令學者得以措意，當亦兩先生所許乎？北海未刻書，頗於潁州劉行人處鈔得藁本。王書自承惠寄所鈔外，惟於亡友徐敬可行笈，獲見《圜解》一帙，及《曆論》八篇而已。《圜解》似是隨手寫成，業已稍爲訂補。《曆論》頗有精語。敬可曰：「首一篇，乃潘力田筆也。」意者令兄先生。仍他有著撰乎？已，又丁友人所見小帙，是約西法入《授時》，甚簡而妙，然未著撰人之目。竊以鄙意斷之，以爲非王先生不能作也。其書大體純擬《元史·曆經》而實用西術，然亦微有差别。所立諸名，多與西異，以此知之。然則當亦有自立諸表，及測驗改憲之説。伏承來論，欲共爲表章，某何敢自謂其人？然盛意則何敢忘也？惟未見全書，終爲憾事。祈以藏本見借，俾得卒業幸甚。昔北齊張子信，測候二十餘年，爲曆學名家，而史傳弗詳其事。得《大衍曆》議始著。因思古人之書，不傳者甚多，故當及時爲之也。家兄不次，貴邑廣文，倘慮道遠，原本郵寄爲難，不妨屬家兄録副以寄書之有關係者，使天地間多存副本，當亦大君子所樂爲也。

又《奉答潘稼堂檢討兼送歸吴江》二首

《曆譜》源經史，學者忽知遺。㓣心事良難，逢世非所資。逖矣西儒術，耳食尤深疑。苟未明實理，其肯去町畦。元本著《幾何》，引仲析豪釐。三角總萬形，要眇稱難知。夫君述作雄，而復能精思。廼識才人心，善入無幽奇。余亦耽癖嗜，一卷恒自怡。音稀人尠聽，碎琴徒爾爲。區區二紀勤，今日逢鍾期。

卑棲依故山，耳目域偏蔽。所恃思慮通，書册苦難備。金嶺有耆宿，薛儀甫先生居青州金嶺驛。道遠不可至。一械疏所疑，聊質平生意。雙魚既以達，溘焉聞厭世。溯洄空欲從，兹意終安寄。誰知槃澗寬，近在吴淞澨。吴江王寅旭先生頗精曆算。投薛亦有書，深問徵十事。已矣今復徂，遺篋雅奇字。浩歌觀古今，能傳曾幾氏？寧無人與書，寂寞荒江涘。藏弆得君子，手澤無遺棄。還蘄共表章，鄭重貽同志。

清楊光先

傳記

清·阮元等《疇人傳》卷三六《楊光先》 楊光先字長公，徽州府歙縣人也。恩蔭新安衛官生。以西人耶穌會非中土聖人之教，且湯若望算造《時憲書》面不當用上傳「依西洋新法」五字，於順治十七年具呈禮科，不准，又於康熙三年狀告禮部。奉旨下部，會吏部同審，湯若望等由是罷黜。四年，特授欽天監右監副，旋授監正。光先以但知推步之理，不知推步之數，叩閽辭職。疏凡五上，不准辭。輯前後所上書、狀、論、疏爲上下卷，名曰《不得已》。其日食天象驗篇曰：「湯若望之曆法，件件悖理，件件舛謬，乃詫於人曰：『我西洋之新法，算日月交食有準。』彼以此自奇，而人亦以此奇之，竟弗考對天象之合與不合。何其信耳而廢目哉？已往之交食，姑不具論，請以康熙三年甲辰歲十二月初一戊午朔之日食驗之，人人共見，人人有目，難盡掩也。其準與不準，將誰欺乎？而世方以其不合天象之交食爲準而附和之。是以西洋邪教爲我國必不可無之人，而欲招徠之，援引之，［以］自貽伊戚也。毋論其交食不準之甚，即使準矣，而大清國卧榻之内，豈慣謀奪人國之西洋人鼾睡地也耶？從古至今，有不奉彼國差來朝貢，而可越渡我疆界者否？有入貢陪臣不還本國，呼朋引類，散布天下，而煽惑我人民者否？江統《徙戎論》，蓋蚤炳於幾先，以爲毛羽既豐，不至破壞人之天下不已。茲敢著書顯言，東西萬國及我伏羲與中國之初人，盡是邪教之子孫。其辱我天下人至不可言喻。而人直受之而弗恥，異日者脱有蠢動，還是子弟拒父兄乎，還是子弟衛父兄乎？衛之，于義不可；拒之，力又不能。請問天下人何居焉。光先之愚見，寧可使中夏無好曆法，不可使中夏有西洋人。無好曆法，不過如漢家不知合朔之法，日食多在晦日，而猶享四百年之國祚。有西洋人，吾懼其揮金以收拾我天下之人心，如厝火於積薪之下，而禍發之無日也，況其交食甚舛乎？故圖戊午朔食之天象，與二家報食之原圖，刊布國門，徧告天下，以辨舊法、新法之孰得孰失，以解耳食者之惑云。」

康熙三年十二月初一戊午朔，合朔未正三刻二分。西洋湯若望推算日食八分九十二秒，初虧，申（正）［初］一刻強，正（西）［東］；食甚，申初二刻半，正南；復圓，酉初三刻，正（東）［西］，日入地平，未復光七分六十六秒；食甚，日躔黄道丑宫斗宿二十一度二十一分。與天象全不合。舊法（何）［河］雒書推算日食八分五十六秒，初虧，未正三刻，正（西）［東］偏北；食甚，申正一刻，正北；復圓，酉初三刻，正（東）［西］偏北，日入地平，未復光三分七十二秒；食甚，日躔黄道丑宫斗宿二十二度一分四十秒。此與天象有八分合。

光先在監三年，謂戊申歲當閏十二月，尋覺其非，自行檢舉，時來年《時憲書》已頒行，乃下詔停止閏月。尋事敗，論大辟。

論曰：錢少詹大昕曰，吾友戴東原嘗言歐邏巴人以重價購《不得已》而焚燬之，蓋深惡之也。光先于步天之學，本不甚深，其不旋踵而敗，宜哉。然摘謬十論，譏西法一月有三節氣之新，移寅宫箕三度入丑宫之新，則固明于推步者所不能廢也。元所藏《不得已》卷末，有雜記數條，不署撰人名氏。中一條云「歙人言光先南歸，至山東暴卒，蓋爲西人毒死」，而《池北偶談》則稱論大辟，其實光先蓋論大辟，免死歸卒者也。

清 何文鼐

傳記

清・黄鍾駿《疇人傳四編》卷七《何文鼐》 何文鼐字景昭，湖南桂陽州人。性孝友。明亡，不欲應試，嫡母周語之曰：「新令敦促不往，人疑忌，母子不安矣。」垂涕出試，遂爲州生員，自此遂不復赴試。布衣窮巷，饘粥不充，晏如也。雅好博覽，雖窮老，殷殷以著述爲志。要其所長，經義文詞、曆法占候、醫卜時日，皆有所通解。自西法入中國，推步精密，尤不喜古列宿次舍分野，因先試改曆法。文鼐深非之，作《時憲曆裁改宫度議》，其意大要非湯若望以中氣時刻爲過宫定法，立十四秒之差，已四十年不見差法，千五百年必移一宫，萬四千年而子午易位，欲增損十二宫，使闊狹相均，仍立差。

又作《曆法辯》曰：「客有問：『通微教師 改曆易法，果盡當乎？』余曰：『愚草莽臣，學疎識謭，安敢非之？而又安敢一意是之也？』客問故。余曰：『自黄帝命容成作曆，唐帝咨義和置閏，歷代屢更，不一法。及元郭守敬曆爲最善，且新改未久，故明初因之，未敢遽革也。若久而漸差，烏乎不改？』客曰：『若是，則今之改法是耶？』余曰：『否。周天三百六十五度四分度之一。天何嘗有度數之分？天行疾，以日行每日一周天，所不及之餘之廣，遂立爲一度，歷三百六十五日四分日之一而退舍一周，故有是各數。天體渾渾，初非有盡額也。猶地之里分，自門外起，則必至二里之中爲一里也。然天必三百六十五度四分度之一，乃能與日合算，而永爲信曆。今通微之法，另改周天全體爲三百六十全度，而無五度一分之名。度可改，日不可改。以三百六十全度合之於三百六十五日三時，是每日一度而有零差也。古人於八十三年差一度，而前後屢更差法爲六十六年，以求其合，尚悼其難。今每日有零，是三百六十五日三時之中，日日有差法也，瑣屑不可勝籌矣。烏可久哉？古人未立差法，遂經數百年，亦可以相去不遠，謂有毫釐之或差則可。而通微謂明經三百年已差四度，不言其或差，不亦謬乎？元郭守敬之分節氣，每一十五日二時五刻而遷交，非不知地氣有高下早晚之不同也，但立中道以示人爲易從也。通微之法，則以冬至後，陽生，其氣速，每節漸推而過前；夏至後，陰生，其氣遲，每節漸退而縮後。且使十二次俱因中氣隨遷，此固所轄日時長短之不同，而躔次亦亂也。每月下立總節，又別横圖，以分各省節氣之早晚，似詳密矣。然月節與横圖兩殊，不亦自相刺戾乎？且各省異節固然，各府、各州縣、各鄉都亦皆有地氣高下早晚之不同，若欲分之，愈不可勝分。至於倒觜於參宿之後，蓋觜星無度，坐參之内以爲度，而漸近於東，故移觜於後也。獨不思日下參觜可移，而日、月、木、火、水、金、土之定序，終不可移乎？舊法每日百刻，刻分六十分，每日十二時，每時八刻，已賅全刻九十六。其餘四刻，每一刻分佈於三時之中。故前初初刻十分，後正初刻十分，合爲一全刻也。今法分一日爲九十六刻，每刻作十五分算，每時爲八全刻，無餘分，乃晝夜之長短，用爲定例。由是節氣之遷交，太陽之出入，存初初、正初之名而異其實，藏初四、正四之實而革其名，三三異次，前後不齊，詎不朽哉？近發策問曆法，盛符升對言：通微之法在今日者無一不應，然無有百年而不變者曆也。故推算之法，合於(巳)[已]往者易，合於將來者難。又曰：蔡氏曰，造曆之家，當使天運應差之數，逆算之於造曆之時，則有以差數爲正數者，其法密而無弊。後世之學者，因正差數以定算，因始終之算以定法，此語又非也。曆法以人合天，而星辰進退遊移，致度數之廣狹前後，古今屢驗不一。如觜四度之一宿，《晉書》云，魏，益州：廣漢入觜四度，越嶲入觜三度。是觜在晉尚有四度。又後漸狹而爲一度、爲半度、爲二十四分、爲無度，甚至借參之初度，爲觜之一度、半度與二十五分也。今觜居參度，自占二十五分之數，是參之借度也，猶兒童坐於大人之身，坐位者大人也，非童子也。夫星度以紀日月五星之行，次設行次於觜度之三四，古有之，而今無之，則無三四度爲可紀也。烏有差而可豫算者？宋儒之言，胡可引用？古人隨時改驗脩改，以與天合，良有以也。』侯亞公曰：『湯若望曆法，各省節氣時刻，依地經度列之者，今吾子乃謂以陰陽遲速之氣不同，豈不失彼立法之原乎？』余曰：『吾固見新立之法矣，謂各省日出入及晝夜長短時刻，悉依北極高度定緯，所列各省節氣時刻，悉依地之經度。所列地之經度，非晝揆之以日，夜揆之以星，而後定也。節氣之遲速，不在陰陽之氣，而在日影星光中，此明賢所謂奸也。次舍之分在天，別有明界，非以地理爲則。今通微之法，太陽過宫一以順天每月中氣時刻爲準，則是天之十二宫界以燕土每月中氣時刻爲次舍之分也。以爲尊敬京師，則得之矣。謂十二次舍之分舍，茫茫大地，而一準於燕土，爲宇宙之通理乎？且地支中巳屬火，辰屬土，不可紊。如吾郡入軫六度，舊例在(己)[巳]宫，爲楚之分野，今裁爲辰宫，爲鄭之分野。向之屬火者，今屬土度矣。雖歷代之所分次舍各殊，未有若是之甚者。況天漸差而東，歲漸差而西，代有明驗。今每歲一以每月中氣之時刻爲太陽過宫之時刻，將所謂每歲差十四秒者何在？七十年將差退一度。今每年以中氣爲準，如新法大寒中氣日在丑斗一度，今以每年此日度爲入子宫(元)[玄]枵之次，二千年後大寒之期必差退在寅箕度，漸及丑宫，而亦曰大寒後日躔(元)[玄]枵之次，是以丑寅宫爲子宫也。此必不可宗者也。』或者曰：『新法立差十四秒，每歲節氣漸差，而後以與日合，子未暇深算也。』余曰：『然則節氣日遲而陰陽之氣又差，二千年後未冬至而已日北旋，未夏至而已日南轉。大寒中氣，必差遲在寅月之中，當名曰雨水；正月中氣，而以此寅月雨水中立，爲丑月大寒矣。此必日自日，節氣自節氣，各分推算，然後可。故曰，通微新法，未敢一意是之也。』」

文應作論後二年，果改用舊法，時人以文應爲知言。然西法候日，實不候氣，特假舊名讐其術而(巳)[已]。所著又有《新續步天歌》一卷、《中星應極圖》一卷。

論曰：何茂才爲楚南耆儒生，與楊光先同時，持論亦多與楊同，而學識過之。楊以攻訐賈禍，茂才則明哲保身，不爲危言激論。至其議辯西法，不無偏見者，亦篤守古法之太過耳。

清孫蘭

傳記

清・黃鍾駿《疇人傳四編》卷七《孫蘭》 孫蘭字滋九一名禦寇，自號柳庭晚年又號聽翁。居揚州府甘泉縣之北湖。明季爲諸生，屢困於場屋，乃棄去。於書無所不窺，尤精九章、六書之學。順治初，西洋人湯若望以太常少卿爲欽天監監正，蘭從之受曆法，遂盡通泰西推步諸術，尤精《幾何原本》之學。著書八卷，曰《理氣象數辨疑糾謬》。蓋其學有師承，星官曆翁，不能與校得失。又以中國土地在大圈中才八十一分之一，不推極之，則狃於習聞習見，而無以盡其變，於是作格理、推事、外方、考證四論，以窮極夫天地之所以始終，山川之所以流峙，人所以生，國所以建，古今所以遞沿革，人物所以治亂，成《古今凡》三十二篇，共四卷，名曰《輿地隅説》。又推三光之變，謂：「象懸於天，無與人事，而彗孛盈縮出見皆有常度，水旱地震亦有常經。」其説《孟子》圭田云：「或以圭訓潔，非也。《九章》方田有圭田求廣縱法，有直田截圭田法，有圭田截小截大法，凡零星不成井田之田，一以圭法量之。圭者，合二句股之形，井田之外有圭田，明繫零星不井者也。」作《山河大地圖説》一以赤道爲心，一以北京天頂爲心，明地之旨，謂東西無定，南北亦無定，北極、南極之下皆寒而無熱，同爲冰海幽都，［中］國寒熱和平之交，故出聖人、賢人。五印度、西洋諸地亦然。天地之内，動極而如静者，北極也；進退而循環者，日光也；動静［不定游移］而遠近者，人迹也。由天之度準地之里，以天之三百六十知地之九萬里；圍三徑一，知地之厚三萬里；折半，知地心之一萬五千里。人目高卑在地之面，以面準心，知目高於地心一萬五千里。以地之二百五十里準天之一度，知北極在天移一度，人移在地二百五十里；日南一度，知地寒氣進二百五十里；日北一度，知地熱氣進二百五十里。遞進遞退至熱極寒極，知地面寒熱進退之里。以［餘寒］餘熱相較，知地面中和之里。以兩極皆寒，知地面寒極偏勝之里。以日出日入，知地面東西遠近之里。以天文水法交成，而總不出於算。禹治洪水，乃句股所由生。郭守敬精算數，測量地平，分殺河勢，開惠通、通惠二河，至今賴之。

所著又有《禹排淮泗注江解》。論史之書則有《柳庭人紀》，凡四十卷。惟天文常度之説，同時席帽山人史炤嘗作論以破之。今不可復見。豈因史氏之言而去之不傳耶？年九十餘，壽終於家。

論曰：孫茂才篤信西法，親受業於湯氏，得泰西之正傳，復能出其精思推極之，以盡其變，卓然成一家之言。與他人之謹守師説，依法推衍者不同。「洞乎其有源，淵乎其不可測」，王氏心湛之言，信非虚譽。其造詣當與徐光啓、李之藻並駕齊驅，而出薛鳳祚之上。乃著述之止於此，而書且不傳也。惜哉！

清李子金

傳記

清・鄭廉《李之鉉傳》 李子金名之鉉，以字行，朱郡鹿邑人。世業農，至子金兄弟始以文學鳴于時。

子金幼聰穎，五歲能通四子書，九歲涉筆，文筆粲然。甫冠而天下亂矣，明社既屋嵩洛鼎沸者十餘年，而學使者始檄兩河文人試于輝縣縣北蘇門山，晉人孫公長嘯處也，名曰嘯臺。一時待試者，其推潁川劉于襄、睢州唐峻甫爲盟主，征召名流于其處，爲蘇門大社。社時七八十人，皆負雕龍綉虎之目，而揎袖揮毫而洋洋自得，莫不欲先登奪幟而擅場。于時而旁觀者駢列如堵，咸嘖嘖睢舌不能下。忽主盟者使奴客揶揄之曰：諸君伏壁上甚勞苦爲也，倘有能以乘一障自許乎？請弢筆如社。觀者皆慚恚逡巡而去，子金獨攬衣昇階，援毫就座，社中人相顧錯愕，群君耳目之，猶以爲客何爲者，其中未必有也。俄頃脱毫，則清思奥義泉涌雲流，雖苦心推敲者不及也。諸文人皆傳觀失色，乃延入上座，極歡而散。子金於是名重兩河焉。

是年，入庠充柘城縣博士弟子。子金雖工于文，而不喜科舉之習，其生平爲學，研經鑽史，穿穴傳注，要以適於用者爲極。常念聖人之學貴有用，必開物成務，如邵康節，「吾師乎！吾師乎！」夫子五十學易而無大過，亦猶是也。不然，雕繢滿眼而不適於用，雖談天炙輠輠，亦不過菟園滑稽之雄耳。奚以儒爲故，年（財）［才］四十許，遂謝去諸生籍，專情汲古，凡艱澀敖牙，人所不能句讀之書，必冥心孤詣，務求其所以然之故。至其欣然有得，則條分縷析，鑿鑿然，可見諸施行。自以爲聖人復起不能易也。其所著《隱山鄙事》，曰《律吕心法》，曰《書學慎餘》，曰《算法通義》，曰《天弧象限表》，曰《幾何易簡集》，曰《曆範》，曰《閒居五操》，曰《傳聲譜》，曰《解環譜》，曰《周易後天圖説》，曰《狂夫之言》、曰《蟄鳴録》，凡十二種三十餘萬言。嘗曰能知吾書者，當世唯丁雪如、杜端甫兩人。

子金貌魁梧，白皙多鬚髯，望之温温，不見其岸岸，清才善辯，而不言人過，夫士無賢不肖一無所忤。嘗有素不相識者無介紹，不通刺，突然登堂而問字。子金款款詳説，終日無倦容，究亦不問其姓名。世以此服其和而笑其疏也。子金聞之笑而不言。年八十矣，猶欲收拾秦漢以來儀文度數以續三禮，未及脱稿而卒。

野史氏曰：子金辯才也，爲人閑曠恬夷，與人交一以學相引重。所與游者，率一時及俊。早年好神仙之術，久之無所得，乃一軌於正途如也。平生酷嗜文墨，而不爲制舉業，其所研究經籍之餘，如吹竹、彈絲、弈棋、象戲，無所不好，即無所不工。其友田簣山嘗譏其玩溺志，子金略不介意也。意者其托於多能而逃焉，而不欲自明者與？餘嘗與端父私論，子金所著書自可孤行，倘能虚心削踢，鏤除偏峰，即可適於時，而不必遥遥求知音于後世之桓譚矣。獨惜其必不能也。一曰：餘與子金其卧言及之，子金笑曰：「公言是也。雖然吾固曰『狂夫』之言矣。苟易一語，則豈五書本來面目乎？世有聖人擇焉可也。奚以改爲？」子金所見如此，其爲人坦坦油油而任天自適，殆漆園、柳下之徒歟？吾不能窺其涯矣也。

清・阮元等《疇人傳》卷三六《李子金》 李子金字子金號隱山，柘城人也，諸生。嘗與儕輩聚飲，鄰有高樓，子金以小尺就地上縱横量之，使一人縋上，垂繘於地試之，不爽銖黍。又嘗渡河，睨視水面，即能知水深淺。與王錫闡、梅文鼎、游藝、揭暄輩並以算術相高。著《隱山鄙事》四卷，以發明《幾何原本》《幾何法要》之理。

清・《柘城縣誌》卷四《人物誌》 李子金，原名之鉉，以字行。清才雋思，童年即駕其曹。明末李自成盡破河南郡縣，督學使者不敢渡河，集諸郡士子於輝縣而校之，至者數千人，有號於衆曰：懷抱磊砢，文筆英敏者會蘇門。人多自屏，弗敢前。子金以一寒酸少年，歷階直上，衆皆目攝之。已而文出，沉雄華暢。一日之間聲動兩河，學使拔置柘城諸生籍中。兄之鉢亦有文名，裏中目爲李氏聯璧。子金清羸，然負壯士。慕崔浩民、李泌之爲人。論古今成敗，如指諸掌，性和易温篤，憐才最摯，微長薄技，稱之不容口。聞有言人過者，則愀然色爲之變，或拂衣竟去。平生與物無忤，而辯論則堅執其説，不可破，即説出大賢以下，苟不當其意，不能强而從焉。於參同、律吕、曆數、聲韵，學之絶不傳者，多著有成説，發明之。善勾股、嘉量之術，嘗與儕輩聚飲，鄰有高樓，衆謂子金能算此樓尋丈乎？子金曰：諾。即用小尺，就地上縱横量之良久。自卧地睨視又久之，躍起曰：得之矣。使一人縋上，垂「繘」於地試之，不爽銖黍。又嘗渡河，睨視水面，即能知水淺深。其能事蓋天授也。

紀事

清・佚名《皇清文學子金李公墓誌銘》 子金，樂易人，平居油油，不見喜愠之色，與人處略無崖岸，雖屠沽傭保，咸知敬而慕之。然而，持身甚嚴，不可以非禮動，可謂介然有守者。晚歲村居，怡然自樂。所與往來，率當時耆舊，或往往白鶴青騾，捫華嶽而窺緱嶺。然終不以溺志，年八十以壽終。生於前天啓二年二月二十二日子時，卒於康熙四十年六月初十子時。

雜録

清・王士禎《池北偶談》卷二六 李子金，歸德人，諸生。善鈎股、嘉量之術。嘗與儕輩聚飲，鄰有高樓，衆謂子金能算此樓尋丈乎？子金曰：諾。即用小尺就地上，縱横量之，良久，自卧地睨視，又久之，躍起曰：得之矣。使一人縋上，垂「繘」於地，試之不爽銖黍。又嘗渡河，睨視水面，即能知水淺深。

清杜知耕

傳記

清・阮元等《疇人傳》卷三六《杜知耕》 杜知耕字端甫號伯瞿，柘城舉人也。以利瑪竇、徐光啓所譯《幾何原本》復加删削，作《幾何論約》七卷，後附十條則知耕所作也。言其法似爲本書所無，其理實函各題之内，非能于本書之外別生新義也。稱後附者以別于丁氏、利氏之增題也。又雜取諸家算法，參以西人之説，依古九章爲目，作《數學鑰》六卷，言數非圖不明，圖非手指不明。圖用

「甲」、「乙」等字作誌者，代指也。故其書于圖解尤詳。梅文鼎謂其「圖註九章，頗中肯綮。」

清·《柘城縣誌》卷四《人物誌》 杜知耕字端甫，舉人。父行恕歿，知耕年十二，孝性天成，哀毁骨立，苫塊三年，祭葬盡禮。弟知棪、知耩皆年幼，耕率兩弟勤攻苦。越數年，嫡母病，躬侍湯藥，禱天願以身代母卒。淚盡繼血，生養死葬，無憾。分田舍聽兩弟自擇，兩弟亦各退遜，人皆義之。知耕好讀書，尤精數學，著述詳書籍志。

紀事

清·梅文鼎《績學堂文鈔》卷一《寄杜端甫孝廉書》 辛年一別，遂踰十載。著撰知益多。其有關曆算者，望不吝賜示，或付小兒録副亦可。行笈中有林宗新撰之書，亦望借鈔，即同晤聚一堂矣。此學甚孤，我輩數人，落落在天地間，所期相與共明此理，舍現在之不圖，而望異代之知，漆園所謂萬世遇之如旦暮者，固已迂遠而闊于事情。某近年頗多雜稾，往往得之養痾之餘。而所辨多在幾微之際，非從事于此最深，不能相爲質雖。思我同心，無日去懷。有小札寄林宗，亦可同覽也。

清楊定三

傳記

清·黄鍾駿《疇人傳四編》卷七《楊定三》 楊定三，錫山人，作枚之祖也。作枚所作《(學)〔錫〕山曆算書》即以成定三之志。

清梅文鼎

傳記

清·毛際可《傳》 曩者歲在戊辰，余與梅定九先生晤於西湖，遂傾蓋定交。日載酒賦詩，余爲題其《飲酒讀書圖》而别。今已卯冬，先生自閩中北歸，停檝湖墅，復枉道訪余西湖邸舍。忽忽十餘年，兩人鬚鬢盡白，幾不能辨識矣！問無恙外，盡出所著曆學、算學書相示，且屬爲傳，曰：「某覃精於此四十年矣！自謂足以闚古人之精思，衷曆家之定論。而足跡經南北，求其人以繼此學，尚未得也。庶幾藉先生大文以傳，俾當世學者知有此事，而相與求之乎。」余惟古人生不立傳，然後此恐相見無期，已如隔世，而先生之學，不可不使人知之，遂不辭而爲之傳。先生姓梅氏名文鼎，字定九別號勿菴，江南宣城人也。宣城梅氏，自宋以來多聞人。先生之父曰纖䀒處士，改革後，棄諸生服，嘗以六十四卦爻與春秋二百四十年行事相比附，著書一編，謂之《周易麟解》。經史而外，多所該洽，務求實用，尤精象數。先生兒時，侍父及塾師羅王賓，仰觀星氣，輒了然於次舍運旋大意。年二十七，師事前代逸民竹冠道士倪觀湖，受麻孟璿所藏《臺官交食法》，即爲訂補註釋成《曆學駢枝》四卷。竹冠歎服，以爲智過於師云。纖䀒故多藏書，益以已所購致，凡數萬卷。中年喪妻，更不復娶，枕籍簡帙，以自愉快。而特好曆算，凡推步諸書，人不能句讀者，先生讀之輒解。遇所疑處，輒廢寢食思之，必通貫乃已，蓋其性然，似有夙蕙也。凡測算之圖與器，一見即得要領，如古者六合、三辰、四遊之儀，以意約爲小製，稱具體焉。西洋簡平渾蓋、比例規尺諸儀器，書不盡言，以意推廣爲之，皆中規矩。又自製月道儀、揆日測高諸器，皆自出新意。嘗登觀象臺流覽新製六儀及元郭守敬簡儀、明初渾球，指數其中利病，皆如素習。而孳孳蒐討，至老不倦。殘編散帙，必手抄之，一字異同，亦不敢忽。尤虚懷善下，聞有能是者，輒喜，雖在遠道，不憚褰裳相從。若舊臺官疇人子弟及西域官生，皆折節造訪。人有問者，亦詳告之無隱。故所得藏本益多，而聞見益博。至京師日，纂修《明史》，諸公以曆志屬詳定。蓋謂晉隋兩《天文志》實出淳風。《唐書・曆志》《五代司天攷》皆出劉羲叟。從來此事，必屬專家也。先生曰：「説者知尊郭太史《授時》，而隨聲詆《大統》，不知《大統》即《授時》也。但曆經既成之後，閏應、轉應、交應三數，俱有改定。又，太陽盈縮，太陰遲疾及晝夜永短，皆有立成之表。而黄赤二道相求，弧矢割圓諸法，及平差、立差、定差立法之源，《元史》並皆缺載，不可不補。補之則今其時矣。」乃出《曆草》及《日月五星通軌》詳爲詮次，以發明王恂、郭守敬不傳之秘。《授時》《大統》始爲完書。史局服其精核，於是輦下諸公，皆欲見先生，或遣子弟從學，而書説亦稍稍流傳禁中。臺官甚畏忌之，然先生素性恬退，不欲自炫其長，以與人競。會天子欲講明方圓圜徑，劉徽古率與西法之得失，失有應召往者，而先生襆被出都久矣。先生嘗病中西兩家之曆聚訟紛紜，與其弟文鼐、文鼏盡發什一史所載曆法七十餘家及西學諸書，參訂攷究，各求其立法根本與改憲源流，務得其久而不得不改之端，與夫不久亦不能改之故，及中西名異實同，即因爲創。有雖屢改而終難盡改之理一一爲之撰定，爲《古今曆法通攷》，以補馬氏《文獻通考》之缺，及邢氏《律曆考》之所未備。稟存篋笥，歲時增改，而論撰益富。凡著曆學書五十餘種，算學書二十餘種。其言曰：「曆以敬授人時，何論中西？吾取其合天者從之而已。天不變，道亦不變。故自羲和至今數千年，不過共治一事，以終古聖人未竟之緒。雖新法種種，能出《堯典》範圍乎？若其測算之法，踵事而增，如西人八線三角及五星緯度，適足以佐古法所不及。至分宫置閏，尚宜酌定。又其書非出一手，不無矛盾，瑕瑜亦不掩也。且《周髀算經》言：北極之下，朝耕暮穫，以春分至秋分爲晝，秋分至春分爲夜。《大戴禮》曾子告單居離，謂地非正方，漢人言月食，格於地影。此皆西説權輿，見於古書者矣。彼驟聞西術而駭，與尊西太過而蔑視古法，皆坐不讀書耳。」又曰：「吾爲此學，與年俱進，皆歷最艱苦之途，而後得簡易。有從吾遊者，坐進此道，而吾一生勤苦，皆爲若用矣。吾惟求此理大顯，使古人絶學不致無傳，則死且無憾，不必身擅其名也」。安溪李大中丞見其書，歎曰：「梅先生曆學，趙緣督、陳壤、周述學、魏文魁諸人，皆不逮也。」爲刻其《曆學疑問》於大名。其弟安卿刻《方程論》於泉州。前此蔡璣先刻《籌算》於白門。然餘未刻書，未什一也。蓋自元郭守敬以後，一人而已。先生他著撰詩文，皆質直，自言其意，處事惟敬，兹不具論，論其學之大者如此。嘻，可以傳矣！子以燕，登癸酉賢書，能世其學。

遂安毛際可曰：「《堯典》首重授時，而數爲六(義)[藝]之一，固儒者要務也。而世之學者，竟置高閣，何也？」梅先生致力四十年，而始有成書。後之善讀先生書者，不過歲月而已，得其梗槩矣。則能梓行全書，以公諸海内，其津梁後學之功，可勝道哉！余翹首俟之。

清・梅庚《梅先生傳識》　是傳已卯冬作也，時先生久已名騰海内，所著書且流傳。禁中顧毛子猶以未獲親承。顧問，發抒畢生所獨得，深致惋惜。越乙酉夏，召見於德水舟次者三，從容奏對，賜坐移時，宸翰珍饈，錫賚稠疊。臨辭又賜「績學參微」四字，顔其堂。嗚呼！本朝開國以來，以韋布受特達之知，未有如先生者也。先是壬午冬，今相國清溪李公巡撫順天時，曾以《曆學疑問》三卷呈御覽，蒙獎許備至，故引見。出，復謂清溪曰：「此學今鮮知者，當世僅見也。其人亦佳士，惜乎老矣。」殷勤眷注之隆如此，此皆毛子傳未及述者也。謹臚識於簡末，俾後世知聖明道數淵微，不遺微細。元輔之進賢得士，克副主知。而先生之閉户獨精，不求聞達，受知於吾。

清・李光地《恭紀》　乙酉歲二月，南巡狩，臣地以撫臣扈從。上問曰：「汝前道宣城處士梅文鼎者，今焉在？」臣地以「尚留臣署」對。上曰：「朕歸時，汝與偕來，朕將面見。」蓋前歲西巡，荷問隱淪之士，臣地曾列關中李顒、河南張沐及文鼎三人名，而上亦素知顒及文鼎。及駕駐西安，顒以老不能赴召，賜匾額示寵焉。後訪沐，沐已死，故文鼎於是蒙憶及。閏四月十九日，臣地與文鼎伏迎河干。越晨，俱召對御舟中，從容垂問，至於移時，如是者凡三日。上謂臣地曰：「曆象算法，朕最留心。此學今鮮知者，如文鼎，真僅見也。其人亦雅士，惜乎老矣。」於是連日賜御書扇幅，頒賚珍饌再三。臨辭，特賜四大顔字，曰：「績學參微。」則是月二十八日也。臣地謹考歷代山林之士，荷蒙三接，賜坐講論，而且恩錫便蕃，以奬其歸者，蓋不多見也。在宋初，惟王昭素講《易》殿上，而陳摶、種放，被遇太宗。真宗之朝，延問道術，禮數優渥。遂其初衣諸子，皆以深於易象天道，取重當時，非尋常以文藝材略受知者比。是以奕世傳之，以爲僅事。文鼎湛心經術，旁通諸家，不特以隸首商高之業進，故上以儒者待之，盼睞殊異，於古有加焉。後之覽是蹟者，無徒夸知遇之不世，以爲布衣盛節，必也仰窺建極協用之深心，然後知華袞之賁，鄭重不苟，而其人其事，皆足以依附天章，而與世長流也。臣地身睹其事，故敢恭紀其後。文淵閣大學士兼吏部尚書臣李光地恭紀。

清・阮元等《疇人傳》卷三七《梅文鼎》　梅文鼎字定九號勿庵，宣城人也。兒時侍父士昌及塾師羅王賓，仰觀星氣，輒了然于次舍運轉大意。年二十七，師事竹冠道士倪觀湖，受麻孟璇所藏臺官交食法，與弟文鼐、文鼏共習之。稍稍發明其所以立法之故，補其遺缺，著《曆學駢枝》二卷，後增爲四卷，倪爲首肯，自此遂有學曆之志。值書之難讀者，必欲求得其説，往往至廢寢忘食，殘編散帖，手自抄集，一字異同，不敢忽過。疇人弟子及西域官生，皆折節造訪，人有問者，亦詳告之無隱，期與斯世共明之。所著曆算之書，凡八十餘種。

讀《元史》授時曆經，歎其法之善，作《元史曆經補註》二卷。又以《授時》集古法大成，然剏法五端外，大率多因古(術)[曆]，因參校古(術)[曆]七十餘家，著《古今曆法通考》五十八卷，後增至七十餘卷。《授時》以六(術)[曆]考古今冬至，取魯獻公冬至證《統天(術)[曆]》之疏，然依其本法步算，與《授時》所得正同，作《春秋以來冬至考》一卷。《元史》「西征庚午元術[曆]」，西征者，謂太祖庚辰也。庚午元者，上元起算之端也。《曆志》訛太祖庚辰爲太宗，不知太宗無庚辰也，又訛上元爲庚子，則于積年不合也。考而正之，作《庚午元曆考》一卷。《授時》非諸古(術)[曆]所能方，郭守敬所著《曆草》，乃《曆經》立法之根，拈其義之精微者，爲《郭太史曆草補注》二卷。《立成》傳寫魯魚，不得其説，不敢妄用，作《大統立成注》二卷。《授時(術)[曆]》於日躔盈縮、月離遲疾並以垜積招差立算，而《九章》諸書無此術，從未有能言其故者，因世得孝廉之疑，作《平立定三差詳説》一卷，此發明古法者也。唐《九執(術)[曆]》爲西法之權輿，其後有婆羅門十一曜經及都聿利斯經，皆《九執》之屬，在元則有札馬魯丁《西域萬年(術)[曆]》，在明則馬沙亦黑、馬哈麻之《回回(術)[曆]》《西域天文書》，天順時貝琳所刻《天文實用》，即本此書，作《回回曆補注》三卷、《西域天文書補注》二卷、《三十雜星考》一卷。表景生于日軌之高下，日軌又因于里差而變移，作《四省表景立成》一卷。《周髀》所言里差之法，即西人之説所自出，作《周髀算經補注》一卷。渾蓋之器，最便行測，作《渾蓋通憲圖説訂補》一卷。西國日月，以太陽行黄道三十度爲一月，作《西國日月考》一卷。西(術)[曆]中有細草，猶《授時》之有通軌也，以曆指大意櫽括而注之，作《七政細草補注》三卷。新法有《交食蒙求》《七政蒙引》二書，並逸，作《交食蒙求訂補》二卷、《交食蒙求附説》二卷。監正楊光先《不得已》日食圖，以金環與食甚時分爲二圖，而各具時刻，其誤非小，作《交食作圖法訂誤》一卷。新法以黄道求赤道，《交食細草》用《儀象志》表，不如弧三角之親切，作《求赤道宿度法》一卷。謂中西兩家之法，求交食起復方位，皆以東西南北爲言。然東西南北，惟日月行至午規而又近天頂，則四方各正其位矣。自非然者，則黄道有斜正之殊，而自虧至復，經歷時刻，展轉遷移，弧度之勢，頃刻易向。且北極有高下，而隨處所見，必皆不同，勢難施諸測驗。今別立新法，不用東西南北之號，惟人所見日月圓體，分爲八向，以正對天頂處命之曰上，對地平處命之曰下，上下聯爲直線，作十字横線，命之曰左曰右，此四正向也，曰上左上右，曰下左下右，則四隅向也。乃以定其受蝕之所在，則舉目可見，作《交食管見》一卷。太陽之有日差，猶月離交食之有加減時，因表説含糊有誤，作《日差原理》一卷。火星最爲難算，至地谷而始密，解其立法之根，作《火緯本法圖説》一卷。訂火緯表記，因及七政，作《七政前均簡法》一卷。金水歲輪繞日，其度右移，上三星軌迹，其度左轉，若歲輪則仍右移，作《上三星軌迹成繞日圓象》一卷。《天問略》取黄緯不真，而列表從之誤，作《黄赤距緯圖辨》一卷。西人謂日月高度等，其表景有長短，以證日遠月近，其説非是，作《太陰表影辨》一卷。新法帝星句陳經緯，刊本互異，作《帝星句陳經緯考異》一卷。測帝星、句陳二星，爲定夜時之簡法，作《星晷真度》一卷。以上皆以發明新法算書，或正其誤，或補其闕也。

康熙癸丑，宣城施副使閏章總裁郡邑之志，以分野一門相屬，作《寧國府志分野稿》一卷、《宣城縣志分野稿》一卷，刻入郡邑志中。明年，制府于成龍檄修通志，亦以分野相屬，力疾成《江南通志分野擬稿》一卷，而制局易人，存於家。歲己未，《明史》開局，曆志爲錢塘吳檢討任臣分修，總裁者睢州湯中丞斌也，繼以崑山徐司寇乾學，經嘉禾徐善、北平劉獻廷、毗陵楊文言，各有增定，最後以屬餘姚黄聘君宗，又以屬鼎，摘其訛舛五十餘處，以《曆草》《通軌》補之，作《明史志擬稿》三卷。雖爲《大統》而作，實以闡明《授時》之奧，補《元史》之闕略也。其總目凡三：曰法原，曰立成，曰推步。而法原之目七：曰句股測望，曰弧矢割圓，曰黄赤道差，曰黄赤道内外度，曰白道交周，曰日月五星平立定三差，曰里差刻漏。立成之目凡四：曰太陽盈縮，曰太陰遲疾，曰晝夜刻，曰五星盈縮。推步之目凡六：曰氣朔，曰日躔，曰月離，曰中星，曰交食，曰五星。

又作《曆志贅言》一卷，大意言：「明用《大統》，實即《授時》，宜於《元史》闕載之事詳之，以補其未備。又《回回曆》承用三百年，法宜備書。又鄭世子曆學已經進呈，亦宜詳述。他如袁黄之《曆法新書》，唐順之、周述學之會通回曆，以《庚午元曆》之例例之，皆得附録。其西洋曆方今現行，然崇禎朝徐、李諸公測驗改憲之功，不可没也，亦宜備載緣起。」

歲己巳，至京師，謁李文貞公光地于邸第，謂曰：「曆法至本朝大備矣，經生家猶若望洋者，無快論以發其意也。宜略倣元趙友欽《革象新書》體例，作爲簡要之書，俾人人得其門户，則從事者多，此學庶將大顯。」因作《曆學疑問》三卷。俄光地視學大名，遂以原稿雕板。壬午十月，光地扈駕南巡，駐蹕德州，有旨取所刻書籍回奏。光地因匆遽未及攜帶，遂以所訂刻《曆學疑問》謹呈，求聖誨。奉旨：「朕留心曆算多年，此事朕能決其是非，將書留覽再發。」二日後，召見光地。上云：「昨所呈書甚細心，且議論亦公平，此人用力深矣。朕帶回宮中，仔細看閱。」光地因求皇上親加御筆批駁改定，上肯之。明年癸未春，駕復南巡，於行在發回原書，面諭光地：「朕已細細看過。」中間圈點塗抹及簽貼批語，皆上手筆也。光地復請此書疵繆所在，上云：「無疵繆，但算法未備。」蓋梅書原未完成，聖諭遂及之。後光地以書歸之文鼎，俾寶藏焉。未幾，聖祖西巡，荷問隱淪之士，光地以關中李永、河南張沐及文鼎三人對。上亦素知永及文鼎。乙酉二月，南巡狩，光地以撫臣扈從，上問：「宣城處士梅文鼎者今焉在？」光地以「尚在臣署」對。上曰：「朕歸時，汝與偕來，朕將面見。」四月十九日，光地與文鼎伏迎河干，越晨，俱召對御舟中，從容垂問，至于移時，如是者凡三日。上謂光地曰：「曆象算法，朕最留心，此學今鮮知者，如文鼎眞僅見也。其人亦雅士，惜乎老矣！」連日賜御書扇幅，頒賚珍饌。臨辭，特賜「績學參微」四大字。越明年，又命其孫瑴成内廷學習。五十三年十二月二十三日，瑴成欽奉上諭：「汝祖留心律曆多年，可將《律吕正義》寄一部去令看，或有錯處，指出甚好。夫古帝王有『都俞吁咈』四字，後來遂止有『都俞』，即朋友之間亦不喜人規勸，此皆是私意。汝等要須極力克去，則學問自然長進。可併將此意寫與汝祖知道。欽此。」恩寵爲千古所未有。

文鼎圖注各省直及蒙古各地南北東西之差，爲書一卷，名《分天度里》。地既渾圓，則所云二百五十里一度者，緯度則然，若經度離赤道遠，則里數漸狹，然惟其路正東西行，與距等圈合，自有一定算法。路或斜行，則其法不可用爲立法。若兩地各有北極高度，又有相距之經度，而無相距里數，是有兩邊一角，而求餘一邊，即可以知斜距之里。若先有斜距之里數而求經度，是爲三邊求角，亦可以知相距之經度。其法並用斜弧三角形立算，可與月食求經度之法相參，而且簡易的確。作《陸海鍼經》一卷，又謂之《里差捷法》。

文鼎於測算之圖與器，一見即得要領。古六合、三辰、四遊之儀，以意約爲小製，皆合。又自製月道儀，揆日測高諸器，皆自出新意。嘗登觀象臺，流覽新製六儀及元郭守敬簡儀、明初渾球，指數其中利病，皆如素習。其書有《測器考》二卷，又《自鳴鐘説》一卷，《壺漏考》一卷，《日晷備考》三卷。其説曰：「吾郡日晷依赤道斜安，實爲唐製，則日晷非始西人也。西製有平晷、立晷、碗晷、十字晷諸式，廣之不啻百十餘種。余所見，自《曆書》《渾天儀説》《比例規解》外，別有日晷耑書三種，互爲完闕。而其中作法，亦有似是而非之處，則以所學有淺深，抑倣而爲者，以臆參和，厥理遂晦。」《赤道提晷説》一卷，亦日晷之一，其説《備考》中所無也。《勿庵揆日器》一卷，其説曰：「取里差以定高度，黍珠進退，準乎節序，用二至爲端，器溢于寸，表止于分，而黄赤之理備焉。」《諸方節氣加時日軌高度表》一卷，其説曰：「《曆書》目有諸方晝夜晨昏論及其分表，今軼不傳。交食高弧表，非節氣度，今依弧三角法算定，爲揆日之用。」《揆日淺説》一卷，其説曰：「日晷之書詳于法，法之理多未及也。倣作多差，不亦宜乎？故擇其尤難解者疏之，所説多渾天大意，故別爲卷。」《測景捷法》一卷，其説曰：「精于測景之法，可以知南北之里差。既知里差，則隨地隨時，可以預定其景之分寸。約而言之，惟切線一法而已。切線者句股相求也。表如半徑，直表之景如餘切，横表之景如正切，並以極高度取之。」《璇璣尺解》一卷，其説曰：「尺有二，皆同樞。樞即北極。尺即以堅楮爲之，銅亦可。其一具周歲節氣，所以測日也。其一載大星十數，所以測星也。並以赤道緯度定之，晝測日景，得其高度，即可查節氣以知時刻；夜測星，得其高度，亦可查星距太陽經度，以知時刻。善用者即此已足，蓋渾蓋天盤之法，略具其中矣。」《測星定時簡法》一卷，其説曰：「有日之時，有星之時，法用星之緯度，於簡平儀上，查其星距子午規若干時刻，再查此星距太陽若干時刻，以相加減，即得眞時。此法不拘何星可用，故曰簡法。」《勿庵側望儀式》一卷，其説曰：「簡平儀耑論日景，故以二至爲限。此製於二至外仍具緯度，北至極，南至地平，如置身六合之外，以望天體，故曰側望。」《勿庵仰觀儀式》一卷，其説曰：「圖星垣者，以北極居中，見界爲邊，或分兩極居中，赤道爲邊。此即經緯無差，必所居之地，以極爲天頂，則所見然耳。其各地天頂之星，與地平環上之星，不可以擬諸形容也。此式各依本方極高之地，以規地平，而安天頂於中央，依距緯以安北極，再從北極出弧綫以定赤道，又自北極依法作多圈以擬赤緯，則某星在天頂，某星在某方高若干度，某星在地平環，二十四向可以周知。又依分至節氣各爲一圖，則天盤經緯與地盤經緯相加之處，可指而數，毫無疑似，雖從未知星者，可以案圖而得矣。」《勿庵渾蓋新式》一卷，其説曰：「渾蓋舊製，以赤道外二十三度半爲限，止於晝短規，今於短規外再展八度，則太白所居南緯，可以查其所加。占測之用，於是而全。」《勿庵月道儀式》一卷，其説曰：「月道出入于黄道，猶黄道之出入于赤道也，自古及今，未有爲之儀器者。今依渾蓋北密南疎之度，以黄極爲樞，而月道半在其内，半出其外，則月緯大小之理，及正交、中交、交前、交後之法，可以衆著。儀以銅爲之，略如渾蓋，其上盤爲月道，亦如渾蓋天盤之黄道圈，其下盤黄道，經緯分宫分度，並以黄極爲心，而儘邊以黄緯九十五度少半爲限，出黄道南五度少半，月道所到也。」自言：「吾爲此學，皆歷最艱苦之後，而後得簡易。有從吾遊者，坐進此道，而吾一生勤苦，皆爲若用矣。吾惟求此理大顯，使古絶學不致無傳，則死且無憾，不必身擅其名也。」

禮部郎中豫章李焕斗嘗從文鼎問曆法，作《答李祠部問曆》一卷。滄州老儒劉介錫同客天津，屢有所問，並據曆法正理告之，作《答劉文學問天象》一卷。又言生平於難讀之書，不敢置也，每手疏而攜諸篋衍，以待明者問之，於曆算尤多，作《思問編》一卷。緯度以測日高，因知北極高，爲用甚博，古用二至二分，今則逐日可測，承友人之命，作《七十二候太陽緯度》一卷。潘天成從文鼎學曆，而苦於布算，作《寫算步曆式》一卷授之。又《授時步交食式》一卷，文鼎季弟文鼏之藁也。《步五星式》六卷，文鼎與其仲弟文鼐共成之者也。同時西洋穆尼閣作《天步眞原》，青州薛鳳祚本《天步眞原》而作《會通》，吴江王錫闡著《曆書》及《圜解》《三辰儀晷》，廣昌揭暄著《寫天新語》，文鼎每得一書，皆爲正其訛闕，指其得失，有《天步眞原訂註》《天學會通訂註》《王寅旭書補註》《寫天新語鈔存》一卷。又《古曆列星距度考》一卷，從殘壞之本，尋其普天星宿入宿去極度分，中闕二星，又從閩中林侗寫本補完之，而斷以爲《授時》之法。以上曆學之書，凡六十二種。

萬曆中，利瑪竇入中國，始倡幾何之學，以點、綫、面、體爲測量之資，製器作圖，頗爲精密。然其書率資翻譯，篇目既多，而取徑紆迴，波瀾闊遠，枝葉扶疎，讀者頗難卒業。學者張皇過甚，無暇深考乎中算之源流，輒以世傳淺術，謂古《九章》盡此，於是薄古法爲不足觀；而或者株守舊聞，遽斥西人爲異學。兩家之説，遂成隔礙。文鼎集其書而爲之説，用籌、用筆、用尺，稍稍變從我法。若三角、比例等，原非中法可該，特爲表出。古法方程，亦非西法所有，則專著論，以明古人之精意，不可湮没。又具爲《九數存古》，以著其概。書凡九種，總曰《中西算學通》，序例一卷。一，《勿庵籌算》七卷。籌算之法，蓋起於作曆書時，術本直籌橫寫，易之以橫籌直寫，所以適中土筆墨之宜。二，《勿庵筆算》五卷。亦用直寫，以便文人之用，而定位一端，視舊法亦捷。三，《勿庵度算》二卷。西人尺算，即《比例規解》所述也。其書原無算例，文鼎弟文鼏補之，而參以嘉禾陳藎謨《尺算用法》。陳書只平分一線，文鼏書諸線皆備。又有矩算，則文鼎所創。西人用三角，故兩其尺，今用句股，故衹用一尺一方板，其理無二。尺算、矩算皆度算也。四，《比例數解》四卷。比例數表者，西算之別傳，其法自一至萬，並設有他數相當，謂之對數，不用乘除，惟憑加減，前此無知者。本朝順治間，西士穆尼閣以授薛鳳祚，始有譯本。穆、薛所著《天步眞原》《天學會通》並依此立算。不知此，則二書不可得而讀，因稍爲詮次爲書。五，《三角法舉要》五卷。西法用三角，猶古法之用句股，而三角能通句股之窮，要其理不出於句股，故鋭角形分則二句股也，鈍角形以虚補實，亦句股也，鈍角形補其虚角，則成半實半虚之句股形，又成一虚句股形，而所設鈍角形，又即爲兩句股相較之餘形，皆句股法也。不明三角，則《曆書》佳處必不能知，其有闕處亦不能正矣。其目有五：曰測量名義，曰算例，曰内容外切，曰或問，曰測量。李文貞公爲刻於保定。歲乙酉，南巡，蒙召對，以是進呈。六，《方程論》六卷。算法之有方程，猶量法之有句股，皆其最精之事，因作論明之。安溪李鼎徵爲刻於泉州。七，《幾何摘要》三卷。《幾何原本》爲西算之根本，其法以點、綫、面、體疏三角測量之理，以比例、大小、分合疏算法異乘同除之理，由淺入深，善於曉譬。但取徑縈紆，行文古奥峭險，學者多不能終卷。稍爲芟繁補遺而爲是書。八，《句股測量》二卷。測量必用句股，立少以觀多，即近以見遠，故立矩可以測高，覆矩可以測深，偃矩可以測遠。然而方可測，圓不可測，於是而割圓之法立；平可測，險不可測，於是而重差之術生。古書雖不盡傳，然《周髀》開方之圖，《海島》量山之算，猶存什一於千百，具録其要，以存古意。九，《九數存古》十卷。九數即九章，隸首之法僅存者，《九章》之目耳。後有作者，莫能出其範圍。以上爲初編。

外有書二十七種，並爲續編。一，《少廣拾遺》一卷。古有一乘方至九乘方相生之圖，而莫詳所用。《同文算指》演之，具七乘方，亦非了義。《西鏡録》增有廉積立成，然譌亂不可讀。楊時可、丁令調寄問四乘方、十乘方法。諸乘方中，惟此二者不可以借用他法，摘此爲問，蓋亦留心學問人也。因爲推演至十二乘方，有條不紊。二，《方田通法》一卷。算家有捷田二十三法，稍廣之爲百二十有四。三，《幾何補編》四卷。《幾何原本》止於測面，七卷以後未經譯出，取《測量全義》

量體諸率，實考其作法根源，以補原書之未備。而原書二十等面體之算，向固疑其有誤者，今乃得其實數。又《原本》理分中末綫，但有求作之法，而莫知所用。今依法求得十二等面及二十等面之體積，因得其各體中稜綫及輳心對角諸綫之比例。又兩體互相容及兩體與立方、立圓諸體相容各比例，並以理分中末綫爲法，乃知此綫不爲徒設。則西人之術，固了不異人意也。四，《西鏡録訂注》一卷。《西鏡録》不知誰作，其書當在《天學初函》之後。知者，《同文算指》未有定位之法，而此書有之，其爲踵事加精可見。所立金法、雙法，亦即借衰互徵、疊借互徵之用，較《同文（指算）〔算指〕》尤覺簡明。五，《權度通幾》一卷。重學爲西術一種，然載於《比例規解》者，譌誤尤甚，今以南勳卿《儀象志》互相訂補，其數始眞。六，《奇器補詮》二卷。關中王公徵《奇器圖説》所述引重、轉木諸製，並有裨於民生日用，而又本諸西人重學，以明其意。嘗以書史所傳，如漢杜詩作水鞴以便民，及王氏《農書》諸水器之類，睹記所及，如劉繼莊詩集載筒車灌田法，稍爲輯録，以補其所遺，而圖與説不相應者，爲之是正，其以西字爲識者易之。七，《正弦簡法補》一卷。《大測》諸書言作八綫表之法詳矣。讀薛鳳祚書，有用矢線求度法，爲之作圖，以發其意。因得兩法，在六宗率、三要法之外，而爲用加捷。兩法者，一曰正弦，方冪倍而退位，得倍弧之矢；一曰正矢，進位折半，得半弧正弦上方冪。八，《弧三角舉要》五卷，全部《曆書》皆三角法也。內分二支，一曰平三角，一曰弧三角。凡曆法所測，皆弧度也。弧綫與直綫不能爲比例，則推測窮理。弧三角者，剖析渾圓之體，而各於弧線中得其相當直綫，即於無句股中尋出句股。此法之最奇最確，聖人復起，不能易也。弧三角之用法雖多，而其最著明者，爲黄赤交變一圖。反覆推論，瞭如列眉，熟此一端，則其餘不難推及矣。《測量全義》第七、第八、第九卷專明此理，而舉例不全，且多錯謬。其散見諸曆指者，僅存用數，無從得其端倪。《天學會通》圈線三角法，作圖草率，往往不與法相應，一以正弧三角爲綱，仍用渾儀解之。正弧三角之理，盡歸句股。參伍其變，斜弧三角之算，亦歸句股矣。其目：曰弧三角體式，曰正弧句股，曰求餘角法，曰弧角比例，曰垂弧，曰次形，曰垂弧捷法，曰八綫相當。九，《環中黍尺》五卷。《舉要》中弧度之法已詳，然更有簡妙之用，不可不知。《測量全義》原有斜弧用兩矢較之例，所立圖姑爲斜望之形，而無實度可言。今一以平儀正形爲主，凡可以算得者，即可以器量。渾儀眞像，呈諸片楮，而經緯歷然，無絲毫隱伏假借。至於加減代乘除之用，曆書僅舉其名，不詳其説，疑之數十年，而後得其條貫，即初數、次數、甲數、乙數諸法，並砉然以解。其目：曰總論，曰先數後數，曰平儀論，曰三極通幾，曰初數次數，曰加減法，曰甲數乙數，曰加減捷法，曰加減又法，曰加減通法。十，《塹堵測量》二卷。塹堵測量者，借土方之法以量天度也。其術以平圓御渾圓，以方體測圓體，以虛形準實形，故托其名於塹堵也。古法斜剖立方，成兩塹堵，塹堵又剖爲二，成立三角，立三角爲量體所必需，然此義中西皆未發。今以渾儀黄赤道之割切二線，成立三角形，立三角本實形，今諸線相遇，成虚形，與實形等，而四面皆句股，即弧度可相求，不須用角，西法通於古法矣。又於餘弧取赤道及大距弧之割切綫，成句股方錐形，亦四面皆句股，即弧度可相求，亦不言角，古法通於西法矣。二者並可用堅楮爲儀，以寫其狀，則弧度中八綫相爲比例之理，瞭如掌紋。而郭守敬圓容方直、矢接句股之法，不煩言説而解。其目：曰總論，曰立三角摘録，曰渾圓内容立三角，曰句股錐，曰句股方錐，曰方塹堵容圓塹堵，曰圓容方直儀簡法，曰郭太史本法，曰角即弧解。十一，《用句股解〈幾何原本〉之根》一卷。《幾何》不言句股，然其理並句股也。故其最難通者，以句股釋之則明，惟理分中末綫，似與句股異源。今爲游心於立法之初，而仍出於句股，信古《九章》之義包舉無方。徐光啓譯《大測表》，名之曰《割圓句股八線表》，其知之矣。十二，《幾何增解數則》。其目有四：曰以方斜較求斜方，曰切線角與圓内角交互相應，曰量無法四邊形捷法，曰取平行線簡法，並就《幾何》各題而增，不入補編，附前條共卷。十三，《仰觀覆矩》二卷。一查地平經度爲日出入方位，一查赤道經度爲日出入時刻，並依里差，用弧三角立算，與《曆書》法微别。十四，《方圓冪積》二卷。《曆書》周徑率至二十位，然其入算，仍用古率十一與十四之比例，豈非以乘除之際難用多位歟？今以表列之，取數殊易，乃爲之約法，則徑與周之比例即方、圓二冪之比例，亦即爲立方、立圓之比例，殊爲簡易直捷。十五，《麗澤珠璣》一卷。友朋之益，取其關於算學者。十六，《算器考》一卷。今有筆算，遂以珠盤爲古，不知古用籌策，故曰持籌。其用珠盤，蓋起元末明初，制度簡妙，天下習用之，而遂忘古法，故爲之考。十七，《數學星槎》一卷。減并乘除，三日可了。初學莫易於筆算，然除法定位轉易，乘法定位稍難，兹以本數、大數、小數三者别焉，雖童子可知矣。至於句股開方，非圖不解。《周髀算經》有古圖，簡質可玩，《曆書》本《幾何》立説，亦足引人思致，今稍廣之，爲圖者六。

文鼎爲學甚勤，劉輝祖嘗與同舍館，告桐城方苞曰：「吾每寐覺漏鼓四五下，梅君猶篝燈夜誦，昧爽則已興矣，乃今知吾之玩日而愒時也。」居京師時，裕親王以禮延致朱邸，稱梅先生而不名。李文貞公命子鍾倫從學，介弟鼎徵及羣從皆執弟子之禮。宿遷徐用錫、晉江陳萬策、景州魏廷珍、河間王之鋭、交河王蘭生皆以得與參校爲榮。家多藏書，頻年遊歷，手鈔雜帙，不下數萬卷。歲在辛丑卒，年八十有九。上聞，特命有地治者經紀其喪，士論榮之。以孫瑴成貴，贈左都御史。

又　卷三八《梅文鼎》

文鼎《曆學疑問》曾恭呈御覽，後又引申其說，作《曆學疑問補》二卷，皆平正通達，可爲步算家準則。今録其要者數篇。

論中西二法之同曰：「問者曰：『天道以久而明，曆法以修而密。今新曆入，而盡變其法以從之，則前此之積候，舉不足用乎？』曰：『今之用新曆也，乃兼用其長，以補舊法之未備，非盡廢古法而從新術也。夫西曆之同乎中法者，不止一端。其言日五星之最高加減也，即中法之盈縮曆也，在太陰則遲疾曆也；其言五星之歲輪也，即中法之段目也；其言恒星東行也，即中法之歲差也；其言節氣之以日躔過宮也，即中法之定氣也；其言各省直節氣不同也，即中法之里差也。但中法言盈縮遲疾，而西說以最高最庳明其故；中法言段目，而西說以歲輪明其故；中法言歲差，而西說以恒星東行明其故。是則中曆所著者當然之運，而西曆所推者其所以然之源，此其可取者也。若夫定氣、里差，中曆原有其法，但不以註曆耳，非古無而今始有也。西曆始有者，則五星之緯度是也。中曆言緯度，惟太陽、太陰有之，而五星則未有及之者。今西曆之五星，有交點，有緯行，亦如太陽、太陰之詳明。是則中曆闕陷之大端，得西法以補其未備矣。夫於中法之同者，既有以明其所以然之故，而於中法之未備，又有以補其闕。於是吾之積候者，得彼說而益信；而彼說之若難信者，亦因吾之積候而有以知其不誣。雖聖人復起，亦在所兼收而亟取矣。』」

論地圓可信曰：「問：『西人言水、地合一圓球，而四面居人，其地度經緯正對者，兩處之人以足版相抵而立，其說可信與？』曰：『以渾天之理徵之，則地之正圓無疑也。是故南行二百五十里，則南星多見一度，而北極低一度；北行二百五十里，則北極高一度，而南星少見一度。若(非地)〔地非〕正圓，何以能然？至於水之爲物，其性就下。四面皆天，則地居中央爲最下，水以海爲壑，而海以地爲根，水之附地，又何疑焉？所疑者，地既渾圓，則人居地上，不能平立也。然吾以近事徵之，江南北極高三十二度，浙江高三十度，相去二度，則其所戴之天頂即差二度，各以所居之方爲正，則遥看異地，皆成斜立。又況京師極高四十度，瓊海極高二十度，若自京師而觀瓊海，其人立處皆當傾跌。而今不然，豈非首戴皆天，足履皆地，初無欹側，不憂環立歟？然則南行而過赤道之表，北遊而至戴極之下，亦若是已矣。是故《大戴禮》則有曾子之說，《內經》則有岐伯之說，宋則有邵子之說、程子之說。地(圖)〔圓〕之說，固不自歐邏西域始也。』」

論恒星東移有據曰：「問：『古以恒星即一日一周之天，而七曜行其上，今則以恒星與七曜同法，而別立宗動。是一日一周者與恒星又分兩重，求之古曆，亦可通與？』曰：『天一日一周，自東而西，七曜在天，遲速不同，皆自西而東，此中西所同也。然西法謂恒星東行，比於七曜，今考其度，蓋即古曆歲差之法耳。歲差法昉於虞喜，而暢於何承天、祖冲之、劉焯、唐一行，歷代因之，講求加密。然皆謂恒星不動，而黄道西移，故曰天漸差而東，歲漸差而西。所謂天，即恒星；所謂歲，即黄道分至也。西法則以黄道終古不動，而恒星東行。假如至元十八年冬至在箕十度，至康熙辛未，歷四百十一年，而冬至在箕三度半。在古法謂是冬至之度，自箕十度西移六度半，而箕宿如故也；在西法則是箕星十度東行，過冬至限六度半，而冬至如故也。其差數本同，所以致差者則不同耳，然則何以知其必爲星行乎？』曰：『西法以經緯度候恒星，則普天星度，俱有歲差，不止冬至一處，此蓋得之實測，非臆斷也。然則普天之星度差，古之測星者，何以皆不知耶？』曰：『亦嘗求之於古矣，蓋有三事可以相證。其一，唐一行以銅渾儀候二十八舍，其去極之度皆與舊經異。今以歲差考之，一行銅儀成於開元七年，其時冬至在斗十度，而自牽牛至東井十四宿，去極之度皆小於舊經，是在冬至以後，歷春分而夏至之半周，其星自南而北，南緯增則北緯減，故去北極之度漸差而少也。自輿鬼至南斗十四宿，去極之度皆大於舊經，是在夏至以後，歷秋分而冬至之半周，其星自北而南，南緯減則北緯增，故去極之度漸差而多也。嚮使非恒星移動，何以在冬至後者漸北，在夏至後者漸南乎？其一，古測極星，即不動處，齊、梁間測得離不動處一度強，至宋熙寧測得離三度強，至元世祖至元中測得離三度有半，嚮使恒星不動，則極星何以離次乎？其一，二十八宿之距度，古今六測不同，故郭太史疑其動移。此蓋星既循黄道東行，而古測皆依赤道。黄赤斜交，句弦異視，所以度有伸縮，正由距有横斜耳。不則，豈其前人所測皆不足憑哉？故僅以冬至言差，則中西之理本同，而合普天之星以求經緯，則恒星之東移有據。何以言之？近兩至處，恒星之差在經度，故可言星東移者，亦可言歲西遷；

近二分處，恒星之差竟在緯度，故惟星實東移始得有差。若只兩至西移，諸星經緯不應有變也。如此，則恒星之東移信矣。恒星既東移，不得不與七曜同法矣。恒星東移既與七曜同法，即不得不更有天挈之西行，此宗動所由立也。』」

論周天十二宮並以星象得名不可移動曰：「問：『天上十二宮，亦人所名，今隨中氣而移，亦何不可之有？』曰：『十二宮名，雖人所爲，然其來久矣。今考宮名，皆依天上星宿而定，非漫設者。如南方七宿爲朱鳥之象，故名其宮曰鶉首，鶉火，鶉尾；東方七宿爲蒼龍，故其宮曰壽星，曰大火，曰析木；北方七宿爲(元)[玄]武，其宮曰星紀，曰(元)[玄]枵，曰娵訾；西方七宿爲白虎，其宮曰降婁，曰大梁，曰實沈。由是以觀，十二宮名皆依星象而取，非漫設也。《堯典》「日中星鳥」，以其時春分昏刻，朱鳥七宿正在南方午地也；「日永星火」，以其時夏至初昏，大火宮正在午也；「宵中星虛」，以其時秋分昏中者，(元)[玄]枵宮也，即虛危也；「日短星昴」，以其時冬至昏中者，昴宿也，即大梁宮也。曆家以歲差考之，堯甲辰至今已四千餘歲，歲差之度已及二宮，然而天上二十八舍之星宿未嘗變動，故其十二宮亦終古不變也。若夫二十四節氣、太陽躔度，盡依歲差之度而移，則歲歲不同，七十年即差一度，安得以十二中氣即過宮乎？試以近事徵之。元世祖至元十七年辛巳，冬至在箕十度，至今康熙五十八年己亥，冬至在箕三度，其差蓋已將七度。而即以箕三度交星紀宮，則是至元辛巳之冬至宿，已改爲星紀宮之七度。再一二百年，則今己亥之冬至宿，爲星紀宮之初度者，又即爲星紀宮之第三度，而尾宿且浸入星紀矣。積而久之，必將析木之宮盡變爲星紀，大火之宮盡變爲析木，而十二宮之星宿皆差一宮，即十二宮之名與其宿一一相左，又安用此名乎？再積而久之，至數千年後，東宮蒼龍七宿悉變(元)[玄]武，南宮朱鳥七宿反爲蒼龍，西宮白虎七宿反爲朱鳥，北宮(元)[玄]武七宿反爲白虎。國家頒曆授時，以欽若昊天，而使天上宿度、宮名顛倒錯亂如此，其可以不亟爲釐定乎？又試以西術之十二宮言之。夫西洋分黃道上星爲十二象，雖與羲和之舊不同，然亦皆依星象而名，非漫設者。如彼以積尸氣爲巨蟹第一星，蓋因鬼宿四星，而中央白氣有似蠏筐也；所云天蝎者，則以尾宿九星卷而曲，其末二星相並，如蠍尾之有歧也；所云人馬者，謂其所圖星象，類人騎馬上之形也；其餘如寶瓶，如雙魚，如白羊，如金牛，如陰陽，如師子，如雙女，如天秤，以彼之星圖觀之，皆依稀彷彿有相似之象，故因象立名。今若因節氣而每歲移其宮度，積而久之，宮名與星象相離，俱非其舊，而名實盡淆矣。又案：西法言歲差，謂是黃道東行，未嘗不是。如今日鬼宿已全入大暑日躔之東，在中法歲差則是大暑日躔退回鬼宿之西也，在西法則是鬼宿隨黃道東行，而行過大暑日躔之東，其理原非有二。尾宿之行入小雪日躔東亦然。夫既鬼宿已行過大暑東，而猶以大暑日交鶉火之次，則不得復爲巨蠏之星，而變爲師子矣。尾宿已行過小雪後，而猶以小雪日交析木之次，則尾宿不得爲天蝎，而變爲人馬宮星矣。即詢之西來知曆之人，有不啞然失笑者乎。』」

論恒氣、定氣曰：「問：『舊法節氣之日數皆平分，今則有長短，何也？』曰：『節氣日數平分者，古法謂之恒氣。其日數有多寡者，古法謂之定氣。二者之算，古曆皆有之，然各有所用。唐一行《大衍曆議》曰：「以恒氣注曆，以定氣算日月交食。」是則舊法原知有定氣，但不以之註曆耳。譯西法者未加詳考，輒謂舊法春、秋二分並差兩日，則厚誣古人矣。夫《授時曆》所註二分日各距二至九十一日奇，乃恒氣也。其所註晝夜各五十刻者，必在春分前兩日奇及秋分後兩日奇，則定氣也。定氣二分與恒氣二分原相差兩日，《授時》既遵《大衍曆議》，以恒氣二分註曆，不得復用定氣，故但於晝夜平分之日紀其刻數，則定氣可以互見，非不知也。且《授時》果不知有定氣平分之日，又何以能知其日之爲晝夜平分乎？夫不知定氣，是不知太陽之有盈縮也，又何以能算交食，何以能算定朔乎？夫西法以最高卑疏盈縮，其理原精，初不必爲此過當之言。良由譯書者並從西法入手，遂無暇參稽古曆之源流，而其時亦未有能知《授時》立法之意者，爲之援据古義以相與虛公論定，故遂有此等偏說，以來後人之疑議，不可不知也。』」

再論恒氣、定氣曰：「問：『《授時》既知有定氣，何爲不以註曆？』曰：『古者註曆，只用恒氣爲置閏地也。《春秋傳》曰：「先王之正時也，履端於始，舉正於中，歸邪於終。履端於始，序則不愆；舉正於中，民則不惑；歸邪於終，事則不悖。」蓋謂推步者，必以十一月朔日冬至爲起算之端，故曰「履端於始，而序不愆」也。又十二月之中氣，必在其月。如月內有冬至，斯爲仲冬十一月；月內有雨水，斯爲孟春正月；月內有春分，斯爲仲春二月。餘月並同，皆以本月之中氣正在本月三十日之中，而後可名之爲此月，故曰「舉正於中，民則不惑」也。若一月之內，只有一節氣而無中氣，則不能名之爲何月，斯則餘分之所積而爲閏月矣。閏即餘也，前此餘分累積，歸於此月而成閏月。有此閏月，以爲餘分之所歸，則不致春之月入於夏，且不致今冬之月入於明春，故曰「歸邪於終，事則不悖」也。然惟以恒氣註曆，則置閏之理易明，何則？恒氣之日數皆平分，故其每月之内各有一節氣、一中氣，此兩氣策之日合之，共三十日四十三刻奇，以較每月常數三十日，多四十三刻奇，謂之氣盈。又太陰自合朔至第二合朔，實止二十九日五十三刻奇，以較每月三十日，又少四十六刻奇，謂之朔虛。合氣盈、朔虛計之，共餘九十刻奇，謂之月閏，乃每月朔策與兩氣策相較之差。積此月閏，至三十三个月間，其餘分必滿月策而生閏月矣。閏月之法，其前月中氣必在其晦，後月中氣必在其朔，則閏月只有一節氣而無中氣，然後名之爲閏月。斯乃自然而然，天造地設，無可疑惑者也。一年十二个月俱有兩節氣，惟此一个月只一節氣，望而知其爲閏月。今以定氣註曆，則節氣之日數多寡不齊，故遂有一月内三節氣之時，又或有原非閏月，而一月内反只有一中氣之時。其所置閏月，雖亦以餘分所積，而置閏之理不明，民乃惑矣。然非西法之咎，乃譯書者之疎略耳。何則？西法原只有閏日而無閏月，其仍用閏月者，遵舊法也。亦徐文定公所謂「鎔西洋之巧算，入《大統》之型模」也。案：《堯典》云「以閏月定四時成歲」，乃帝堯所以命羲和，萬世不刊之典也。今既遵《堯典》而用閏月，即當遵用其置閏之法。而乃不用恒氣用定氣，以滋人惑，亦昧於先王正時之理矣。是故測算雖精，而有當酌改者，此亦一端也。今但依古法，以恒氣註曆，亦仍用西法最高卑之差，以分晝夜長短進退之序，而分註於定氣日之下，即置閏之理昭然衆著，而定氣之用亦並存而不廢矣。又案：恒氣在西法爲太陽本天之平行，定氣在西法爲黃道上視行，平行度與視行度之積差有二度半弱。西法與古法略同，所異者最高衝有行分耳。古法恒氣注曆，即是用太陽本天平行度數分節氣。』」

文鼎又嘗作《學曆説》以曉世，論尤精確。其説曰：「古之爲曆也疏，久而漸密，其勢然也。唯其疏也，曆所步或多不效，於是乎求其説焉不得，而占家得以附會於其間，是故日月之遇交則食，以實會視會斷有常度也。而古曆未精，於是有當食不食、不當食而食之占。日之食必於朔也，而古用平朔，於是有食在晦二之占。月之行有遲疾，日之行有盈縮，皆有一定之數，故可以小輪爲法也。而古惟平度，於是占家曰『晦而月見西方，謂之朓，朓則侯王其舒』；朔而月見東方，謂之仄慝，[仄慝]則侯王其肅』。月之行陰陽曆，以不足廿年而周。其交也，則於黃道；其交之半也，則出入於黃道之南北五度有奇，皆有常也。而古曆未知，於是占家曰『天有三門，猶房四表，中央曰天街，南間曰陽環，北間曰陰環。月由天街，則天下和平，由陽道則主喪，由陰道則主水』。夫黃道且有歲差，而況月道出入于黃道，時時不同，而欲定之于房中央，不已謬乎？月出入黃道，既有南北，而其與黃道同升也，又有正升斜降、斜升正降之不同。唯其然也，故月之始生，有平有偃。而古曆未知也，則爲之占曰『月始生，正(而)[西]仰，天下有兵』。又曰『月初生而偃，有兵兵罷，無兵兵起』。月於黃道有南北，一因也；正升斜降，二因也；盈縮遲疾，三因也；人所居南北有里差，則見月有早晚，四因也。是故月之初見，有在二日、三日之殊，極其變則有[在]朔日、四日之異。而古曆未知，則爲之占曰『當見不見，是失舍也』，又曰『不當見而見，魄質成蚤也』。食日者，月也，不關雲氣，而占者之説曰『未食之前數日，日已有謫』。日大月小，日高月卑，卑則近，高則遠，遠者見小，近者見大，故人所見之日月大小略等者，乃其遠近爲之，而非其本形也。然日月之行，各有最高卑，而影徑爲之異。故有時月正掩日，而四面露光如金環，此皆有可考之數，而占者則以金環食爲陽德盛。五星有遲疾留逆，而古法惟知順行，於是占者以逆行爲災，而又爲之例，曰未當居而居、當去不去、當居不居、未當去而去，皆變行也，以占其國之災福。五星之出入黃道亦如日月，故所犯星座可以預求也。而古法無緯度，於是占者以爲失行，而爲之例，曰陵，曰犯，曰鬬，曰食，曰掩，曰合，曰句已，曰圍繞。夫句已、陵、犯，占可也，以爲失行，非也。五星離黃道不過八度，則中宮紫微及外宮距遠之星，必無犯理，而占書皆有之。近世有著《賢相通占》者，删去古占黃道極遠之星，亦既知其非是矣。至於恒星有定數，亦有定距，終古不變，而世之占者既無儀器以知其度，又不知星座之出入地平有濛氣之差，或以横斜之勢而目視偶乖，遂妄謂其移動，於是爲占曰『王良策馬，車騎滿野，天鉤直則地維坼，泰階平，人主有福』。中州以北去北極度近，則老人星遠，而近濁不常見也，於是古占者曰『老人星見，王者多壽』。以二分日候之，若江以南，則老人星甚高，三時盡見。而疇人子弟猶歲以二分占老人星密疎貢諛，此其仍訛習欺，尤大彰明者矣。」

文鼎所著書，柏鄉魏荔彤兼濟堂纂刻者凡二十九種：《平三角舉要》五卷，《句股闡微》四卷，《弧三角舉要》五卷，《環中黍尺》五卷，《塹堵測量》五卷，《方圓冪積》一卷，《幾何補編》五卷，《解割圓之根》一卷，《曆學疑問》三卷，《曆學疑問補》二卷，《交食管見》一卷，《交食蒙求》三卷，《揆日候星紀要》一卷，《歲周地度合考》一卷，《冬至考》一卷，《諸方日軌高度表》一卷，《五星紀要》一卷，《火星本法》一卷，《七政細草補註》一卷，《二[儀]銘補註》一卷，《曆學駢枝》四卷，《平立定三差解》一卷，《曆學答問》一卷，《古算演略》一卷，《筆算》五卷，《籌算》七卷，《度算釋例》二卷，《方程論》六卷，《少廣拾遺》一卷。後穀成以算學起家，謂兼濟堂所刻校讎編次不善，又《解割圓之根》及《句股闡微》第一卷係楊學山所撰，因削去楊書，另爲編次，更名《梅氏叢書輯要》，總六十二卷：《筆算》五卷，附《方田通法》《古算器考》，《籌算》二卷，《度算釋例》二卷，《少廣拾遺》一卷，《方程論》六卷，《句股舉隅》一卷，《幾何通解》一卷，《平三角舉要》五卷，《方圓冪積》一卷，《幾何補編》四卷，《弧三角舉要》五卷，《環中黍尺》五卷，《塹堵測量》二卷，《曆學駢枝》五卷，《曆學疑問》三卷，《疑問補》二卷，《交食》四卷（一日食蒙求，二日食蒙求附説，三月食蒙求，四交食管見），《七政》二卷（一細草補註，二火星本法圖説，七政前均簡法，上三星軌迹成繞日圓象），《五星管見》一卷，《揆日紀要》一卷，《恒星紀要》一卷，《曆學答問》一卷，《雜著》一卷，附録二卷，則瑴成所著《赤水遺珍》《操縵巵言》也。今《欽定四庫全書》著録者，用魏荔彤所刻本，瑴成所刻則列之存目焉。乾隆四五十年間，嘉定錢少詹大昕主講鍾山書院，梅氏子孫多從受業，訪文鼎未刻諸書，則無一存者矣。《欽定四庫全書總目》《梅氏全書》《梅氏叢書輯要》《勿庵「曆算」書目》《道古堂文集》《錢少詹説》。

論曰：徵君年二十七，即有志步算之學，距其卒且六十年，積畢生之精力，從事一藝，既專且久，是以所造能究極精微，而無所不備。其學由《授時》以溯《三統》《四分》以來諸家之術，博攷《九執》《回回》而歸於新法，一一洞見本原，深澈底藴，而又神明變化於三角、八綫、句股、方程諸算事，故著書滿家，皆獨抒心得，如創爲三角、方直等儀，求弧度而不言角，以上下左右論交食方向，而不云東西南北，尤足以見中西之會通，而補古今之闕略者也。其論算之文，務在顯明，不辭勞拙，往往以平易之語解極難之法，淺近之言達至深之理，使讀其書者不待詳求而義可曉然。誠以絶業難傳，冀欲與斯世共明之，故不憚反覆再三，以導學者先路，此其用心之善也。卒以李文貞公薦，受聖祖皇帝特達之知，茍非積學淵深，安能膺茲榮遇哉？自徵君以來，通數學者後先輩出，而師師相傳，要皆本於梅氏。錢少詹大昕目爲國朝算學第一，夫何愧焉。

紀事

清・方苞《梅徵君墓表》 徵君，姓梅氏諱文鼎字定九，江南宣城人也。康熙辛未，余再至京師，時諸公方以收召後學爲名，天下士負時譽者，皆聚於京師。而君與四明萬季野亦至。季野，浙之隱君子也。君亦不事科舉有年矣。余詫焉，皆曰：「吾懼獨學無友，而蔑以成所業也。」季野承念臺劉公之學，自少以《明史》自任，而兼辨古禮儀節。士之欲以學古自鳴，及爲科舉之學者皆輳焉。旬講月會，從者數十百人。而君所抱曆算之説，好者甚稀。惟安溪李文貞及其徒三數人從問焉。若常閉户殫思，與吾友崑繩北固遊時偕來就余。而余亦數相過，乃知君博覽羣書，於天文地理莫不究切，得其所以云之意。所爲記序書論，亦有異於人人。北固嘗與同舍館，告余曰：「吾每寐覺，漏鼓四五下，梅君猶篝燈夜誦，味爽則已興矣。吾乃今知吾之玩目而愒時也。」其後李文貞以君曆算書進呈，聖祖仁皇帝南巡，召見於德州行在所，命坐賜食，三接皆彌日，御書「績學[參]微」以賜。於時公卿大夫羣士皆延跂願交，而君亟告歸。營祠廟、定宗禁。又數年，壬辰，詔開蒙養齋，修樂律曆算書，下江南制府，徵其孫瑴成入侍。《律吕正義》成，驛致命校勘。辛丑夏，曆算書成，瑴成請假歸省。逾月而君卒，時年八十有九。上聞，特命有地治者紀其喪，爲營窀穸。由是世士皆榮君之遇，而歎季野獨任《明史》而蔑由上聞。丙子之秋，余與季野别於京師即，預以誌銘屬余。及余北徙，而季野卒於浙東，過時乃聞其喪。爲文將以歸其子姓，即之鄉人，莫有知者。而瑴成與余供事蒙養齋，爲昵好。自徵君之歿，閱月逾時，相見必以銘幽之文爲言，而衰疲目以底滯，既不逮事，乃略敘以列外碑。梅氏自北宋家宛陵，徵君之先，與聖俞同祖别支，世有聞人。自徵君爲族長，梅氏無公庭獄訟幾三十年，族屬數千人，無敢博戲者。或侮其父兄，辟宗祠扑擊之甚痛。君歿，赴弔哭失聲。父士昌，隱居治《易》《春秋》，母胡氏。子以燕，癸酉舉人。君及妻陳氏，以瑴成貴。誥贈如其官階。所著《曆算叢書》八十六種。《勿庵詩文集》若干卷，筆記若干卷。惟《曆學疑問》《曆學駢枝》《交食蒙求》《三角法舉要》《弧三角舉要》《環中黍尺》《塹堵測量》《筆算》《方程論》九種，李文貞鋟版行於世。乾隆三年夏六月，桐城方苞表。

藝文

清・梅文鼎《復錫山秦二南書》 某頓首，二南足下：遠承華翰，執禮過謙。在足下自待之高，固已進于古人之義。顧某弗堪，又未能親承緒論，相爲質難，以酬下問之殷，殊增顏厚。夫曆學固儒者所當知，而無關進取，習之者希。某向者有志于此，而請益無從。又山居株守，聞見固陋。若薛儀甫鋟板白下，王寅旭近在吳江，皆同時之人，而不相聞知。及讀遺編，常用爲恨。以此知足下之意出于中誠也。古之人學有所獲，亟欲傳之其人。若李挺之之于康節，問不拘拘于來學往教之禮。某雖不敢以此相方，然亦亟思同志者，共相講明。每求其人而未得，今既有實心問學，其人又有貴同學數輩，麗澤相資，聞之不禁狂喜。即擬溯洄相從，亦出中誠，非泛泛酬應語也。屬有保定之行，往返約有數月，扁舟乘興，其在籬菊嶺梅之候乎？某所撰亦非一種，率皆稾本，攜之行笈，時時有所增定，以故不能録副。即《疑問》已經授梓，亦尚有宜補之國，未備之篇也。《對數表》以加減代乘除，別是一種。惟穆尼閣、薛儀甫書，非得此不可讀。某有一本，正擬校刊，以備九種之一，嗣容請正也。承貴同學賜問小册，童子收書，誤入他書中，不可得查。頗憶其中論月離均數，此事惟王寅旭曾駁論之。餘人學西法，惟知用表，不復求根。今能議及于此，可謂好學深思。至于所改之法，俟查原稾續報。大抵《曆書》成于衆手，西士各有師承，學有淺深，語有工拙，故表論與表，多有不符，非止月離也。惟于弧三角之理，精研透徹，始有以斷其是非耳。匆匆理裝，不盡所懷，附具《方程論》一部，拙作詩文各三小帙請正，并質之燕翼、學山兩先生。倘天假之便，相聚快譚，必當有日也。

又《復沈超遠書》　舟中一別，彼此依依。豫翁至，得讀手教，殷殷垂注。又承于拙著《方程》，潛心紬繹，有所論撰，能核諸書之誤，此學爲不孤矣。某此書既成之後，能寓目者，不過數人，然未有發其藴者，茲何幸而得此于知己耶！此書尚有凡例數條，乃係續刻，或不妨于豫菴借鈔之。緣板尚在閩，不能有以復贈耳。向承作《九問》，擬將其中最要者，如矩算之製及尺算用法，一一疏明，以答尊意。別來兩年，鹿鹿未有以報。疎嬾成性，可勝歉仄。然兩年中，亦未嘗敢廢書卷，而所亟欲自明者，尚有弧三角精微之理，往往積思所通。有數十年之疑，無復書卷可証，亦無友朋可問，而忽觸他端，渙然冰釋，亦且連類旁通。或乘夜秉燭，亟起書之。或一夕枕上之所得，而累數日書之不盡，引伸不已。遂更時日，觀《方程論》可見矣。方程書似稍繁，然細求之，則每設一例，皆有一義。初無重複，具眼者自知之。某于此學，矢願以其一得，與天下人共知之，庶不致古人精意爲俗傳所掩。安得同志如足下者數輩，相聚一室，共暢斯懷，即老病相尋，戀戀于幾卷殘書，不能復爲遠遊，惟是聖湖煙景，時繫夢思。倘稍稍強健，尚能復來，亦未可知。所居僻陋，亦時有佳客儼臨，但媿山中無以娱賓。或邀玉趾，翩然我來，則生平之幸矣！然不敢請也。某向有欲見數人，以不能鼓勇溯洄，而俄分今古。如蒙不棄，或亦及其未死圖之乎！幅短心長，可勝神往。

又《與秦二南書》　未春獲奉手教，比正理櫂北行。匆匆奉復，未盡所懷，續于保定。復承華札，垂念殷殷。兼讀貴同學楊君大著，深爲服膺。蓋曆算之學，至今日可謂大備。然實能講究者，亦復指難多屈，則精算者希也。夫所謂精算之士，非謂其能如法布算而已，必將洞悉其所以立法之根，乃可以定其得失。舊曆多種，僅存法數。惟《崇禎曆書》圜説詳明，然而全部所譯，皆弧三角之法。不深知弧三角之法，《曆書》佳處，必不能通。其有缺誤，亦無從攷正。雖終日讀《曆書》猶未讀也。今貴同學乃能從事于此，故得書而喜倍尋常，真不啻空谷之聞足音矣。即欲詳爲論次，以請大誨，而時方久病，不能捉筆。至今耿耿，茲因舍親毛心易之便，附候近履。拙刻五種，謹呈請正。書板在北，不能多致，祈與貴同學一共覽之。中有可商，即望賜教。蓋道理本白無窮，以徐文定公之淹洽，薛儀甫之精專，而《測量全義》《天學會通》二書内，所譯弧三角法，尚多未盡，而有待于今日，則某又何敢自以爲得耶？此言出自肺腑，非泛泛也。聞楊君之尊大父深諳此學，幸亦以此達之。羈保定數年，半在藥裹中度日，還山已及一朞，尚未平復。倘來春稍健，庶得拏舟奉訪，一觀新著，則生平之幸矣。

又《七夕後兩日試算法限二十四韻》　理數昭河洛，匪同書器湮。顯晦或因時，亦如昏與晨。至教存目擊，道弘良在人。天地恒貞觀，推測久斯親。自非先典傳，混茫安問津。偏説矜私智，偶中自稱神。寧知昔賢哲，積候成艱辛。許郭精弧矢，都哉踵事新。三角闡歐邏，思理入纖塵。迂拙抱微尚，耽斯忘病貧。同時有王薛，道遠阻爲鄰。獨學慚孤陋，屹屹徒冬春。夫君天所挺，運會肩一身。恭承欽若旨，授受奇文真。頓令草埜回，琬琰中秘臻。諏度及芻蕘，采擷兼蘩蘋。圭表羅几案，咫尺窮蒼旻。問辨集羣彦，歡然洽主賓。牙籤鄴架編，折角林宗巾。談諧裨實用，匡狀裕蹇屯。庶茲風草意，益俾儒術振。經史溯淵源，儀極析渾淪。梁棟儲梗楠，苞茂堅心筠。良會乘秋霽，古義聊復申。

又《雨坐山窻得程偕柳書寄到吳東巖詩箑依韻畣之》　司徒三物臚九數，宋唐科目兼明算。先典難稽厄祖龍，洛下權輿起西漢。乾象幽微久乃著，踵事生新斯理燦。溯其根本在羲和，敬授親承堯與舜。洊經三季事頻更，疇人失職遐荒竄。試觀西説類《周髀》，蓋天古術存遺翰。聖神天縱紹唐虞，觀天幾暇明星爛。論成三角典謨垂，今古中西皆一貫。《御製三角形》論言「西學實源中法」，大哉王言！著撰家皆所未及。枯朽餘生何所知？聊從月令辨昏旦。幸邀顧問遵明訓，疑義胸中茲釋半。御札乘除迅若飛，定位開方辭莫贊。庶勤榆景畣殊恩，望洋學海期登岸。却憶司成接對年，阿季多才精剖判。胥巘奉司成命，從余學曆算。握別余臺十四秋，山齋舊稾徒堆案。安得斯人共欣賞，討論鈎校窮宵旰。一得自憐知者希，抱書高望懷英俊。邗上歡逢君竹林，歸颿話舊通遥訊。風雨中來千里書，凶問忽承驚且歎。頻年存殁增悲慟，六月問，歸自上谷，晤劒宜、綺園于蕪城，詢知胥巘屬有微疾，不意竟以去世。安溪李生世得訃音，得之邗上。兒以燕去秋溘逝，到家始知。迴看歲月多泄氄。絶學其興應者誰，佳什長唫呼鶡鳴。

又梅文鼎《績學堂文鈔》卷六

算盤　交深則食，留極乃逆。當其動，可以數得。數窮萬一，弗窮；寂不動，籌策安從？

又　後位十，當前位一，一有十也。下位五，當上位一，一有五也。後之上位二，當前之下位一，一有二也。是故上位二，二各有五也。下位五，五各有二也。二者氣也，五者行也。二五交，萬化出也。一者太極也。二者，二其一。五者，五其一。十者，十其一。通于一，萬事畢也。上位二，而用者一也。下位五，而用者四也。數有十，而用者九也。一常不用，惟不用，故常用也。

又　嗚呼！天地莫違者，數也，而況於人乎？

尺　累表致遠，覆矩鉤深。不爾自度，物安從正？

等秤　千鈞之衡，至萬鈞而失，則見大難也。銖兩之制，至累黍而窮，則取精難也。

斛　盈於量，人則槩之。虚可受，人則益之。

斗　愚聞之師：斗者，天之號令，惟其信，所以神與。《虞典》曰「同」，《魯論》曰「謹」。同非一家一鄉之所能知也，而敢弗謹？與十升之器，不知於故府之法何如也。雖然，此余受之高、曾，可以自信者，其可寶孰甚。

方倉　平方積百，立方容千。忽微差謬，廉隅不全。

又　觀察偶詢曆法爲作測算之圖古詩四章以當圖説

古道竊深慕，升降難具論。《尚書》肇帝典，敬授有遺言。永短稽日影，虚昴辨初昏。至今求歲差，援爲推步根。羲和命叔仲，南朔判寒温。賓餞宅東西，里差亦可原。猗歟帝垂衣，庶務簡不繁。幸兹欽若意，千秋聊復存。寧徒象數該，伊維道義門。其敢稱縫掖，仰俯昧乾坤。

至圜生萬有，先天觀太無。杳冥恍惚中，變化成須臾。乾健日西運，列曜紛東徂。錯行旋左右，遲速各有途。在昔先知者，積厚遺書圖。六曆褋真贋，可稽唯《太初》。自兹代改憲，七十家有餘。天道故遼遠，千載迴盈虚。微差近難睹，世久乃見渝。所以今巧曆，恒覺古人疎。能忘創始勞，萬事有權輿。

九重孰營度，屈子昔言之。歐羅析渾圜，五緯異崇卑。層層儗剥葱，晶瑩如玻瓈。西士實斯術，守之不復疑。徐公加密測，後出乃稱奇。遠鏡督長庚，弦望亦有時。如輪圍太陽，五星具可知。列曜居其天，行變各有差。互入復相容，天能非所思。數得理亦諧，玅合真吾師。

星輪有大小，逆順歸自然。舊率頗荒畧，占經傅會傳。九土分星埜，粤自始封年。封建既無稽，南北多所遷。國名代有更，疆域寧久沿。而據甘與石，珍彼得魚筌。今以七曜理，展轉推大圜。大塊成黍珠，中處了無偏。精氣互灌輸，光景交迴旋。藐躬洵微塵，戴履亦相連。尚守大易訓，終日以乾乾。

又　《寄懷桐城方泰北》四首　撰述承先澤，名山業在君。踰垣逃薦辟，避地托耕芸。世德三朝著，遺書四海聞。況多羣從美，丙夜一燈分。

花盉岡前路，逢君金粟庵。高懷欣邂逅，奇賞愜幽探。江閣陪舒歗，鐙船快合簪。聯床還累夕，襆被過城南。時魏叔子在自門，素北與余皆相就語。

良書開百代，能決古今疑。夾漈何多讓，鄱陽未足奇。流通高義見，嘉惠後賢思。《曆譜》吾曾學，憑誰助棗梨。素北著《古今決疑》，姑孰太守楊公爲捐俸投梓。

君别長干後，荆同伯子班。遥傳皇甫敘，一破隱侯顔。别後晤田伯于秦淮，因附訊位白。無何，以《中西算學敘》郵至，余方病，爲之霍然。秋水東西屋，晴江大小山。稻花清絶處，許我游柴關。素北，羣從，各有隱居，與稻花相望。

又　《題矩算》　南燭有高枚，鳴蟬咽脩林。户牖何軒豁，苦茗時自斟。端居清衆慮，庭蕉生緑陰。奇器嘿無言，萬象亦以森。微風來西南，冷然開我襟。

雜録

清·張必剛《績學堂文鈔序》　曆象自《尚書·堯典》發其端，嗣是而秦之《月令》，漢唐之《太初》《大衍》，元之《授時》，皆遞有作述。至明末造，西洋利瑪竇始入中國，肆譚天文。中西人各守其師傳，不能相通，惟宣城梅勿菴徵君，實通厥故，凡理數之學，河洛圖書之外，《九章》算術，尤其大綱。剛少時，嘗於金陵得古本《周髀算經》，攜歸而深究之。苦未易悉也。後於友人處得徵君所言《測量大意》，纔十數紙，窮日夜鈔習，益以自幸。今年夏復來金陵，而君之家孫御史大夫公實致仕家居，於是剛於大夫公有舊也，公遂以徵君之全集，屬剛較輯，且命爲序。剛嘗讀宋胡子之言，曰：學欲博不欲雜，守欲約不欲陋。又，胡安定教授湖州，既設經義齋矣，必兼設治事齋，使凡農田、水利、兵防、算數，人各擇一事治之。夫天地生人，巧拙敏鈍，稟賦不同，嗜好習尚各異。工於辭章者，或不能學古通經。瘁力專家者，或不屑鉤章棘句。精粗巨細，遠攬旁搜。自匪聖賢，鮮有兼貫。故議者謂國家取士之法，當於制萟之外，別設奇才異能一科，以收天下距弛環瑰非常之士。天下非常之士，往往出於窮鄉僻邑，山阿水涯，寂寞之區。方其閉户兀坐，苦心孤詣，豈將遺俗自娱其意，亦欲學成行修，乘時會建功名，表見於世。顧以朝廷網羅所未及，薦舉所不加，命與時乖淪棄終身，莫克振拔。恭惟聖祖仁皇帝臨御六十一年，至德覆冒涵濡，陶冶多士。盈廷侍從之中，股肱之列，爰有安溪李文貞公輔相其際，明良相遇，千載希覯。而勿菴先生，適以名儒碩學，遊歷京師，遂爲相國所知，薦之當寧。聖祖即時召見，温旨慰勞，與言奥義。一時學士大夫，莫不問風想慕其盛，爭相傳誦，紀爲美談。昔漢桓榮專治《尚書》，年既衰老，值建武永平間，發舒經學，尊爲帝師。遭際優寵，實與徵君前古後今，踪跡相望。而考其行藏，榮則大陳車馬，誇示里閈。徵君始終野服，逍遥自如，卷舒屈伸，較之古人，更爲超絶。夫顯於朝者貴不蹇於遇，而傳於後者端有賴於人。徵君平生學問，詣極淵微。其餘精力所及，詩文雜著，隨事考訂，皆有發明。手澤所存，大夫公以歸田餘暇，日事收拾，行遠垂世，何待予言！矧剛鈍拙，《周髀》諸書，雖嘗留意，竟廢半途，豈復能闡揚一二。顧深伏念，聖祖仁皇帝如天之德，安溪李相國好賢之心，以及徵君所以嗜古績學，顯名當代，事實本末，神遊其際。踴躍鼓舞，不能自制，頓忘固陋，僭爲弁言，以承公命。時乾隆二十二年七月六日，後學潛山張必剛謹撰。

清·張自超《績學堂文鈔》 先儒有言：文以載道，道著於兩間。人非仰觀俯察，近取諸身，遠取諸物，以求得乎所以然之故，不足以知道。則非裕乎不竭之藏，通乎無窮之變，抉其幾微，會其條貫，以證於古而皆同，傳於時而可用，傳於人而不惑，不可以言文。故六經皆文，而自秦漢以下，代有作者，皆欲以明道，而有合有違焉。宣城文獻之邦，邇來古文家，余見吴晴巖先生《街南集》二十卷，今又得梅定九先生《勿菴集》讀之。街南嘗論有明之文：歸熙甫純而不古，徐文長古而不純，蓋自以兼兩家之長矣。勿菴即事言理，因文見意，無佶屈支離軟媚猥瑣之習，而雄深雅健，自發其積厚欲流之光，固未嘗不古，固未嘗不純也。顧兩先生之文所以若此者，根茂而實遂，其道裕也。街南纘程朱之緒，講學授徒，以明誠爲宗。勿菴爲星曆之學，則探微測奥，根究天人理數之極。夫古之聖人，欽若昊天，以授人時，在璿璣玉衡，以齊七政。《周禮》土圭之法，正日景以求地中，故天地以合，四時以交，風雨以會，陰陽以和，而百物阜安。其所以不忒不息，無始無終者，或街南有未喻，而勿菴遊神采真，則已無不冥契其理。《記》曰：「思知，人不可以不知天。」又曰：「天地之道，一言而盡。」蓋莫難於知天。不知天，則天不可得而言。知天，而又能言之，則天之下，地之上，人與物之可知可言者，莫不知之而能言之。故凡所爲文，皆載道而出，而非不足而强言者，比也。其所著《曆學疑問》一編，受鑑於聖主，南巡召見，勿菴敷奏甚悉，特蒙嘉歎。昔漢文帝受釐宣室，夜半前席，問賈誼鬼神事。後世惜其主臣之間，徒爲祭祀虚無杳渺之説，而於陰陽動静闔闢之機，緘有未及也。勿菴之學，視誼過之，聖天子亦遠邁漢文矣。街南以先代遺民，隱居學道，不求聞達。勿菴以處士見，即以處士歸，皭然不滓，與街南同一歸潔其身。宜其文之高卓非，凡近所及。若但於體格辭句間求之，非知勿菴者矣。已丑秋，仲高淳後學張自超序。

清·沈起元《績學堂詩鈔序》 於舉世數百年所莫爲之學爲之，而其端至微至密，其事至實，不可以豪釐差，不可以意匠營度，而獨孜孜焉。自少至老，竭智慮以窮其術，而非有所慕利於其間，斯其志趣，若逃空虚者之乎廣，莫遊寥廓者極於青冥。其視世之呫嗶歌吟，以弋瑣瑣之名者，豈直蛙聲蚓竅而已哉，宜無復有所置意。今夫天地古今之所以爲天地古今者，氣與數而已。數肇於氣，而即以定氣。故數也者，古帝王以之明天察地，紀物賾而覈事變，三代之實學在是。後浸失傳，流海外爲西人得，轉以踸踔乎中國，可歎也！余昔年入京師，聞宣城梅先生精數學，以安溪相國薦，聖祖仁皇帝召見，蒙殊寵然，未聞以詩鳴也。今先生之孫御史大夫循齋先生，以先生所著，勿庵詩集見示，屬余擇其尤以壽諸梓，且命題其後。余伏而讀之，矍然起曰：「此固先生之餘事也，何乃復進於古若爾耶？」昔之論詩者曰：有詩人之詩，有才人之詩，有學人之詩。余謂才人以氣雄，學人以材富，詩人以韻格標勝，然律以古之作詩者，則皆無是也。古之作詩者，要唯言其所不得已，與言其所自得而已。非是二者，詩不作可也。若先生之詩，則言其所自得矣。雅其自得，故絶無規橅之迹，而自進於古，其才氣格韻，雖韓、白，無以加。以是知善詩者，不徒求之詩也。蓋先生之學，幾於道矣！窺秘於圖書，溯源於黄帝、堯、舜？參稽於四時，日月星辰極變於方圓高下，斯其神之所凝，心之所遊，翛然於塵垢之外。居寂寞而玩高明，適其趣者山水，寫其樂者兄弟友朋，以是而爲詩。詩，心聲也，宜若幽谿邃壑之臯，瀉之萬仞而上，其清也若空，其甘也若醴，其奏也如金玉之鏘，而挾之以天籟乎！余讀先生詩集，更念先生之治數學也。不足以炫世，世亦莫問。告焉而莫喻者，而當所與往來酬酢者，猶有穆尼閣、方素北、方位白、陳獻可、章穎叔、李安卿、薛儀甫諸人。同聲相應於千里之外，斯亦奇矣！何至今日而遂寂寂耶？以是歎前賢之用心，敻乎遠矣！此余讀先生之集，而更爲之罣然耳。時乾隆歲次壬申三月，婁東後學沈起元撰。

清·施閏章《績學堂詩鈔序》 吾宛陵梅氏，自聖俞先生以來，世以詩名。往敘述之衆矣，最後得梅子定九詩。定九有志於君子之道，目之爲詩人，則瞿然謝不敏，余蓋心異之。夫日月星辰，天之文也。山川艸木，地之文也。天官五行曆律度數，則所以經緯天地，而妙其推測者也。吾處天地之間，俯仰上下，心迷目眩，漫無闕度。比於蟄蟲寒鳥，徒自號曰文人詩人也，亦奚益哉？定九砥礪學行，探本知類。於象緯曆算之學，殆由性成。數計心通，能自製器以準象，間取西洋之學，發揮討論。南中言西學者數家，質疑送難，皆難遲以爲莫及。嘗手列其所見曆學諸書，凡數十種，多人所未見。猶欲廣搜秘本，以資參互，屬余網羅，可謂好學深思者也。昔房玄齡等重撰《晉書》，《天文》《曆律》《五行》三志，專屬李淳風焉，能深明星曆，故可觀采。今國家方纂修《明史》，使得定九參與其中，修《天文》《曆律》諸志，即未知視淳風何若，當有可觀，惜乎其不獲與也。平生既罕徵逐，中年早鰥，遂不復娶，日夜枕籍詩書以自娱。暢其溢而爲文，振筆風發，校藝則冠其曹。又溢而爲詩，清真静遠，稱心爲言，無時人餖飣裘馬之習。《易》傳有之，「君子以言有物而行有恒」。夫詩不足以盡定九，而其詩已卓犖有出於人，是可以知定九矣。康熙己未陽月，中浣同里弟施閏章拜撰。

清·梅庚《續學堂文鈔原序》 江以南家世稱詩庶幾人，人有集宜莫先余梅氏矣。余蚤孤趨庭，無所承誨。然少嘗致力於是，長而行四方，與學士大夫相劘切，即未敢謂有當於古人，抑且嚚嚚然，不肯苟同於俗下。從叔定九嘗謂余曰：「通三才爲儒，極子之才，毋徒流連光景，比切聲律已也。」顧余性簡脱於儒先之書，未能覃精力索，以通其意。或授以陰陽算數，初不甚了，亦旋復失之。定九博覽多通，少善舉子文。戊午鄉試於南中，得泰西曆象書，盈尺窮日，夜不舍旦，日且入闈。余篋而置諸它所，則艴然曰：「余不卒業，是書中怦怦若有所亡，文於何有？」余笑而還之：「嘗言西法詳密，實勝《授時》諸曆。」又自爲書，以折衷其所未盡。而手製測晷，妙逾西器。其冥悟類夙授也。比多客遊，則又時時爲詩，大率意有所獨造，而旁暢於文詞，非塗澤以爲觀者，如畣金長真臯憲、寄青州薛儀甫、送章穎叔還山陰諸作，言之灑然。余固無與於象數之學者，讀其詩，亦時窺其仿佛其他，清真静遠，稱心爲言。施侍讀愚山嘗亟稱之，而嘉禾曹侍郎推爲有本之學。則以其神明内藴，詩固不足以盡之也。先太中用詩學起家，厥後名輩相承，蔭映江左。逮我先公懷文抱質，而盛業未究。余季文嘗欲裒爲家風集，澇自有，宋訖於明季，頃從祖瞿山，亦有事於梅氏詩，畧蒐採畧備，固以屬定九。及余助成之逡，巡謝未遑也。嗚呼！浮華競而實學衰，定九疇昔之言，固將刊華就實，以刷文人之恥。余寧不謂然。然而家風未扇，名德無聞，庸非吾黨之責乎？因敘而及之述媿也。同學姪庚拜撰。

清·曹溶《績學堂詩鈔序》 有本之學，其積也不易。專一以入之，博涉以辨之，持久以畜之，然後羣美畢匯，溢出而爲詩，則其氣厚志完，無體不備。上足追配昔賢，而下以度越餘子，非猝然之効也。淺夫執詩論詩，講求縱極工，曾不出聲律章句之外，殆類刻楮摶沙，用力多矣。歸於糜散無所成而止，不工者更何論焉？余持此相天下詩，誚其迂者，不啻戟手而起，余終不變其説。意宇宙大矣，必有足當之者，果見之梅子定九。定九深於律曆，著書至數十種，四方稱之，獨未有知其善詩者。夫萬物本於天，難測亦莫如天。以天爲之宗，則神明所相，理數舉萃於一源，他藝能均不勞而自致。定九不以自足，窮探廣索，晝緝夜思，恥古人一物不知以爲己責，將經術經世，靡不本躬修以驗諸行事，而況於詩乎？而癸亥之春，告余槖其槀入燕，燕多詩人，其引爲同調，連日夕倡和，尚未可知。《明史》脱槀有期矣！《天文》《五行》志，專家豈必能多。一聞定九至，有不薦之於朝，使參預其事成一代不刊盛典者乎？恐從此定九得行其學，不復能多作詩如在江南時矣！余於觀天之道，懵然無所窺，徒取其詩序之，以志推服之久。若世之知定九，不能先於余。然必有重其學、因重其詩者，則其不迂余之論也有目矣！檇李弟曹溶拜撰。

清·梅穀成《績學堂詩鈔識》　右《績學堂詩鈔》四卷，先大父微君公之所作也。先微君著述等身，雅不欲以詩名世，而生平所存，已不下二千餘首。沈光禄子大，以爲先生名德傾學，千古傳人。昔揚子雲猶以詞章爲雕蟲篆刻，晚年深悔其所爲。先生固不肯爲詩人，而讀先生之詩者，亦宜異於詩人之詩也。故《集》中所登，非關至極，而藻采雖工，槩從姑舍。夫然後讀斯《集》者，千百世可以想見其爲人也。其曰「績學堂」，蓋以我聖祖仁皇帝有「績學參微」賜額云。孫穀成敬識。

清梅以燕

傳記

清·阮元等《疇人傳》卷三九《梅以燕》　梅以燕字止謀，文鼎子也。康熙癸酉舉人，於算學頗有悟入，有法與加減同理，而取徑特殊，能於《恒星曆指》中摘出致問，文鼎所謂「能助余之思」也。惜早卒，未竟其學。亦以穀成貴，贈左都御史。

清梅文鼏

傳記

清·阮元等《疇人傳》卷三九《梅文鼏》　梅文鼏字和仲，文鼎仲弟也。初學曆時，未有《五星通軌》，無從入算，與兄取《元史》曆經，以三差法布爲五星盈縮立成，然後算之，共成《步五星式》六卷。惜早卒。

清梅文鼐

傳記

清·阮元等《疇人傳》卷三九《梅文鼐》　梅文鼐字爾素，文鼎季弟也。著《中西經星同異考》一卷，以三垣二十八宿星名，依《步天歌》次第臚列其目，而以中西有無多寡分注其下，載古歌、西歌於後。古歌即《步天歌》，西歌則利瑪竇所撰《經天該》也，一曰薄子鈺撰。其南極諸星，則據湯若望《算書》及南懷仁《儀象志》爲考證，補歌附之於末。其發凡略言：「[曆以]齊七政[也]，非先定恒星，則七政無從可齊。故曰『七政如乘傳，恒星其地志也；七政如行棊，恆星其楸局也』。曰恒者，謂其終古不易也；曰經者，謂其不同緯星南北行也。經亦有恒之義焉。是編專以中西兩家所傳之星數星名，攷其多寡同異，故曰《經星[同異考]》。星官之書，自黄帝始，重黎、羲和[之後]，志天文者，紛糅不一。漢張衡云：『中外之官，常明者百有二十四，可名者三百二十，爲星二千五百，微星之數蓋萬一千五百二十。』至三國時，太史令陳卓始列甘、石、巫咸三家所著星[圖]，總二百八十三官，一千四百八十四星。自唐以來，以儀[象]考測，而宋兩朝志始能言某星去極若干度，入某星若干度，爲説較詳。此中國之學(者)[也]。西儒星學，遠有端緒。據算書所譯，周赧王丙寅(古)地末[恰]一測，漢永和戊寅多禄某一測，明嘉靖乙酉尼谷老一測，萬曆乙酉第谷一測，崇禎戊辰湯若望一測，國朝康熙壬子南懷仁著《儀象志》，又依歲差改定黄經及赤經[緯]。今依南公志表，稽其大小，分爲六等。一等大星一十有六，二等星六十有八，三等星二百有八，四等星五百一十有二，五等星三百四十有二，六等星七百三十有二，總計一千八百七十八星。其微茫小星，則不能以數計。此泰西之學也。」

書成，文鼎爲之序曰：「《經星同異考》一卷，發凡九則，吾季弟爾素之所手輯也。歲在戊辰，余歸自武林，友人張慎碩忱能製西器，手録銅字，如書法之迅疾。余乃依歲差考定平(議)[儀]所用大星，屬碩忱施之渾蓋，而屬吾弟爲作《恒星黄赤二星圖》。因於星之經緯逐一詳校，乃知湯氏《算書》圖表與南氏《儀象志》互有得失。自其本法固多違異，不第與古傳殊也。因取其星名之同，而數有多寡異於古人者，別識之以成此書。至其所爲辯正經緯之度者，尚存別卷，不盡於是。而吾弟之爲此，則已勤矣。蓋其時方有稾本，次年(已)[己]巳，余去京師五載，至癸酉始歸山中，吾弟乃出其繕寫重校之本示余，視其年固(已)[己]巳也。甲戌中秋，余乃爲之序曰：自《堯典》有四仲之星，而斗、牽牛、織女、參、昴、龍尾、鳥帑、天駟、天黿之屬，雜見於《易》《(書)[詩]》《春秋》《左傳》《國語》，至《禮記・月令》《大戴》之《夏小正》，稍具諸星伏見之節。蓋星之有名，其來遠矣。古者觀天文以察時變，敬授人時，有(儀)[曆]有象，圖書儀器，宜莫不備。遭秦燔書，棄先王之典，羲和舊術，無復可稽，所僅遺者巫咸、甘德、石申之殘編，而三家之傳各別。司馬子長世爲史官，而《天官》《曆書》殊爲闕略。迄於後漢，有張衡《靈憲》，而器與書並亡。自唐以後，言觀象[者]率祖淳風。晉、隋兩志及《丹元子步天歌》，今攷其說，又與《天官書》不無參錯，不待西學之興而始多同異也。西法黄道十二象與中土異，而《回回(術)[曆]》與歐邏巴復自不同。故雙女或以爲室女，陰陽或以爲雙兄。至黄道[内]外之星，或以爲六十象，或以爲六十二象。而貫索一星，《回回(術)[曆]》以爲闕椀，歐邏巴以爲冕旒。其餘星名亦多互異。豈非以占測之家非一而所傳異辭，安得謂彼中曆學自上世以來永遵一術，而初無更變哉？今所傳《經天該》之圖與其歌，皆因西象所列而變，從中術之星座星名，即見界圖之分形，其出似在《算書》未成之前。圖星以圓空去中法猶近，然與《步天歌》仍有不同者。或以西星合古圖而有疑似，不敢輒定，遂並收之，而有增附之星。或以古星求西圖而弗得其處，不能強合，遂芟去之，而成古有今無之星。要之，皆徐、李諸公譯西星而酌爲之，非西傳之舊。余嘗見元趙緣督友欽石刻圖，閣道六星在河中作磬折層階之象，自《天官書》於營室言離宫、閣道，《步天歌》及晉、隋、宋三史並言六星，而今圖表割其半爲王良星，別取河中雜小星聯綴附益之。其星十餘，而形直，絶異舊圖，又去營室更遠，正抵奎婁，而西象固原無所謂閣道也。由是以推其意，爲更置者良已多矣。且西法言恒星有經度東行、歲差，而緯度終古不變，然又言二至距緯，古遠今近，是黄(道)[極]且有微移。既言恒星之形略無改易，然又言王良之側有萬曆癸酉年新出星，其說亦未能歸一也。竊嘗譬之地志，陵谷豈無小易，而嶽瀆之大致自如。然其名之所起，亦人則爲之而已矣。禹治水惟九州，舜受終時肇十有二州，『肇』之爲言『始』也。又況後世秦分爲三十六郡，唐分十道，宋分十五路，疆域代更，圖志因之而改。或者遂欲本桑欽之《水經》而駁《禹貢》，亦見其惑矣。然則宜何如？君子於其所可知，不厭求詳；其所不知，闕之而已。義所可求，當歸畫一；其所難斷，兩存之而已。無泥古以疑今，無執一而廢百，謹守舊聞，而無參意解。此爲學之方，即著撰之法，自古之學者莫不盡然，而況天之高、星辰之遠哉？是則吾弟爲攷之意也。蓋其義例已具發凡中矣，而余於是重有歎也。蓋自束髮受經於先君子，塾師羅王賓先生往往於課餘晚步時，指示以三垣列舍之狀，余小子自是知星之可識，而天爲動物。尋以從事制義，未遑精究，然心竊好之。不幸先君子見背，營求葬地，不暇以他爲。無何，余小子忽忽年近三十，始從倪觀湖先生受《臺官通軌》算交食法，稍稍推廣，求之《元史》《宋志》，溯唐及晉，至於兩漢。是時，余及仲弟和仲與季爾素三人而已。夜則披圖仰觀，晝則運籌推步，考訂前史，三人者未嘗不共也。如是者凡數年。及余得中西之書圖稍多，友朋之益漸廣，而仲弟不幸已前卒久矣。爾素於余所有之書，手鈔略備，多所撰定，然食指益衆，家日益貧。余兩人頻年授徒，歲時相見，不過數四，頃余且爲東西南北之人，經年累月，覊棲於數百里數千里外，欲如向者之相聚探討，何可得哉！何可得哉！而余又善病，且老矣，雖嘗輯有《古今曆法通攷》諸書，妄自以爲窺古人之意，集諸家之長，而性懶楷書，又好增改，稾與年積，迄尠定本。其在京師，感於李少司馬之言，努力作爲《曆論》六七十篇，頗舒獨見。其他算學新稾亦且盈尺，而未能出以問世。虚名之負累，謬爲四方學者所知，而欲傳之其人，復求之不可得也。竊不自揆，欲略倣蘇湖遺軌，設爲義塾，約鄉黨同學爲讀書之事。此志果就，即當息影卻埽於山村，庶幾收拾累年雜稾，次第成帙，稍存一得之愚，以待來學。則數十年癖嗜苦思，亦將有所歸著。而凡事有天焉主之，終不敢必其如何也。且夫星曆之學，非小道也。其事淩雜米鹽，近於卜祝之爲，而探厥原流，乃根於天人理數之極，雷同俚近之言，既不足以行遠，而義類稍深，索解人正復寥寥。天下之大，敢謂無人，然亦有同志數(年)[輩]，遠在天涯，合并匪易。助余成此者，不吾弟之望，更誰望乎？因弟此書，俯仰今昔，而兼有冀倖於將來，不覺其言之長也。」

文鼐又有累年算稾，文鼎爲録存，名曰《授時步交食式》一卷。又有《幾何類求》，《新法算書》中《比例規解》，本無算例，文鼎作《度算》，用文鼐所補，而參之以陳藎謨《尺算用法》。

雜録

清·梅文鼎《績學堂詩鈔》卷四 《爾素弟六十》三首

昆弟重人倫，計時獨能久。術業況同方，同内自爲友。下帷憶算年，家塾一經受。吾季稱早慧，科名擬唾手。春路琴溪魚，秋月秦淮柳。形影相追隨，閲歷靡不有。少壯曾幾何，蹉跎並成叟。季年及周紀，距算視余九。猶復涉黄淮，遠道舟車走。賴少流俗競，庶無先訓負。會面輒經歲，良書對清酒。以示意訢然，亦忘余老朽。駐顔豈有方，願同兹意守。

攬勝宜壯齡，息影逸衰年。顧余獨反此，吾季乃亦然。昏嫁幸粗畢，客行無内牽。惟兹著撰謀，矻矻徒相憐。咨詢不憚遥，引據動盈篇。千里溯雙魚，而無他務連。時多疑義新，探索一何專。每用慰離憂，曾不問山川。起子既非一，副墨猝難宣。終當圖却埽，逍遥斗室偏。相與極思辨，理數觀其全。書成良足娱，何計身後傳。

同生有四人，仲往垂三紀。爲謀寧不遠，齎志長已矣。叔也守舊廬，榮華脱如屣。門户付諸兒，優游安暮齒。佔畢尚吾汝，歲月驚流水。傷心母氏劬，遺言空在耳。吾衰既以甚，非敢托知止。興會爾猶佳，文成時自喜。壯哉魯陽戈，日馭爲之徙。外物雖難必，進脩宜足恃。如稼觀登場，如行將百里。何以收桑榆，無爲所生恥。

清方中通

傳記

清·阮元等《疇人傳》卷三六《方中通》 方中通字位伯，桐城人也。集諸家之説，著《數度衍》二十四卷，附録一卷。言九章皆出于句股，環矩以爲圓，合矩以爲方，方數爲典。以方出圓，句股之所生也；少廣，方圓所出也。方田、商功，皆少廣所出。一方一圓，其間不齊，始出差分。而均輸對差分之數，盈朒借差求均，又差分、均輸所出，而以方程濟其窮。度、量、衡原出黄鐘，粟布出焉，黄鐘出于方圓者也。又言古法用竹徑一(寸)[分]，長六分，二百七十一而成六觚，爲一握，後世有珠算而古法亡矣。泰西之筆算、籌算，皆出九九。尺算即比例規，出三角。乘莫善于籌，除莫善于筆，加減莫善于珠，比例莫善于尺。其珠算歸法，三一三十一、四一二十二之類，十字俱作餘字。其尺算以三尺交加，取數祇用平分一綫。時廣昌揭暄亦明算術，與中通論難日輪大小，得光肥影瘦之故，及古今歲差之不同，須測算消長以齊之。一晝夜入一萬三千五百息，每息宗動天行十萬里有奇。别録爲一書，曰《揭方問答》。

清·錢林《文獻徵存録》卷六 方中通字位伯，桐城人。父以智，明崇禎十五年進士，官檢討，晚爲僧，名宏智字無可，人稱藥地和尚。有《通雅》五十二卷，網羅載籍，疏證前訓譌濫，實罕明之中葉。雅才好博，首言楊慎，其次爲陳耀文、焦竑。然慎才覈而實疎，耀文辭蕪而寡要，竑習與李贄遊，多引佛書，彌傷總雜。以智著書於名物訓詁，皆有徵實，無三家之短矣。又有《易衲》《古今性説》，合觀《一貫問答》。中通少傳父業，稽古有機思，喜量圭黍，察儀漏。嘗以古《九章》法僅存條目，鮮能尋繹其義，乃據《御製數理精藴》推闡之，又列數原、律、衍、幾何約、珠算、筆算、籌算、尺算諸法，輯諸家説，剬取其長，製爲一書，名《數度衍》，凡二十四卷，附録一卷。廣昌揭暄著《寫天通語》，與相質難，爲《揭方問答》。又撰《物理小識》十二卷，及《浮山文集》。中通兄中德字田伯，隱居不仕，年八十猶讀書不輟，有《遂上居集》。又著《古事比》一百卷。弟中履字素伯，幼隨父於方外，晚築稻花齋於湖上，殫力著述，有《汗青閣集》及《古今釋疑》十八卷。

藝文

清·汪世清《方中通〈陪詩〉選鈔》

再至前馬去溧陽三十里。

一家分散日，甲申國變，老父因哭梓宫，被執拷掠。及竄歸，復避仇奸，遊台宕。老母携余兄弟南還，復携弟隨外祖赴任。伯兄亦隨岳家他去。初變姓名時。南都失守，先祖命改姓名，託王實之送予至溧陽前馬陳公以元家。陳公與先岳雁行也。不令知之。不識陳門婿，權爲吕氏兒。陳公夫人吕氏，金壇吕静銘年祖族女也。無子，遂育予爲子。雀蒲翻大索，時賊肆起，大索予爲奇貨，吕母携避金壇。邑宰復先施。溧陽令朱公，先叔至交也。遺書通問前馬，始知予爲方氏子，予因返桐。十有五年别，相逢吕淚垂。吕母之恩非言可悉，惟有淚落而已。己亥。

憶親壽昌

踏完南北死生場，留得空門謝彼蒼。姓字那能逃末世，袈裟今又隔他鄉。天知不孝無如我，自恨逢人分外狂。易水盱江魂夢遠，白雲停處九迴腸。己亥。

父執龔芝麓惠墨

埽門相見易，不似客燕京。特命閽者，予至即傳。猶念故人子，原非人世情。拖青憐鄙願，守黑盡餘生。萬杵輕烟墨，貽予書可成。時余將著《數度衍》。己亥。

以上卷二《遠遊草》。

庚子同四弟省親壽昌

吸盡西江水，東流不到家。階前如見佛，座上便拈花。顔色成枯木，愁心結亂麻。趨庭無别語，開示總南華。時老父著《藥地砲莊》。

贈揭子宣

世外逢高士，相依不問禪。叩鍾曾受業，一見老父，即拜爲弟子。班草竟忘年。子宣年長于予。好我同推步，後成《揭方問答》一書。知君獨寫天。子宣著有《寫天新語》。圖成經緯合，絶學與誰傳。又有《經天緯地圖》。

伯兄至自建昌

百里崎嶇道，蕭然徒步來。異鄉舅弟集，古刹老親開。竹暗溪邊水，花明月下台。嚴寒香不散，只待一枝梅。

辛丑《數度衍》成

秦餘易象本家傳，筆塚成堆研亦穿。自笑十年忘寢食，寧誇兩手畫方圓。收將今日東西學，編作前人内外篇。聊以娱親消歲月，行藏未卜且由天。

壬寅同三弟省親盱江相遇于許灣

扁舟一櫂夕陽波，沙寺逢親自嘯歌。記録盡歸門下去，時子宣鈔《通雅》。禪宗喚醒世間多。臨階竹影風摇月，隔岸鐘聲夜渡河。莫訝團蒲塵不染，萍踪隨處是行窩。

癸卯自章門省親樟樹

章門初買棹，我欲上蕭灘。親老不歸去，何時淚始乾。桃花空似錦，梅子但知酸。爲作無家賦，含悽下筆難。

熊見可、祝大詹、黄家卿諸君欲留老父，就此住錫

同是緇衣好，相依欲卜年。世間風俗古，不計歲時遷。入夢都無著，看雲亦偶然。春浮有書至，竚立首山前。蕭孟昉書至自首山。

揭子宣有募刊老父《通雅》之擧，王其人輸貲首倡，感而書此

稽古曾開萬卷餘，老父少時讀書處，名稽古堂。忽逢知己作璠璵。姓名共託千秋業，梨棗新成一代書。非遇輕財真爲俠，那能割愛不躊躇。今朝最感同人意，此籍終歸到敝廬。其人訂約，刊成版歸方氏。

甲辰省親汋林蕭孟昉請老父主法華菴，方丈新掛鐘版，改名汋林。

匡君修煉地，故蹟尚依稀。廟貌新鐘版，盤餐舊蕨薇。江高潮自返，春到雁猶歸。不解蒼天意，迎親願獨違。

隨侍入青原于慧男、司直先生嗣君也，時令廬陵，特請老父主青原法席。老父辭之不獲，遂將汋林付笑峯和上門人無倚。甲辰之冬，始入青原方丈。

故友相延入梵宫，現身原不礙知雄。民歌令我親劉竺，守廬陵。古蹟教人憶魯公。祖關二字顔魯公書。自此逢場還噴雪，老父題方丈曰噴雪軒。卻從别路漸移風。鐸聲幸有鐘聲和，祖關外有傳心堂，時施愚山先生講學于此。同在傳心一語中。

同方乘六編次老父《物理小識》受梓

著書因宿好，手自不停披。欲闢羲農秘，纔消天地疑。户庭皆紙筆，笥篋伴流離。此書播遷時著。今日重鈔纂，相傳與世知。郭太守餽予二十金，于明府餽予十金，予皆捐入刻貲。

又編次《浮山後集》

浮山前後集，子舍録千篇。伯兄、三弟，編次居多。體亦隨時變，才原在筆先。一生如隔世，分帙合編年。此日難莊語，新增樂府禪。老父新著《禪樂府》。

除夕大人賜詩曰：念汝隨余學，環中竟左旋。冬春看兩度，首尾算三年。風送新花雨，詩將舊夢圓。沖之傳曆意，誰與問青天。中通敬依原韻。

未能長削髮，扶杖敢言旋。暫忍承歡淚，同過出世年。門無春色到，夜有雪珠圓。身外都除盡，山中不問天。以上三首乙巳。

蕭孟昉捐貲爲老父刻《藥地砲莊》感賦

苦心思救濟，盡現漆園身。蠻觸征皆罷，逍遥足絶塵。父書還賴友，古道可娱親。三世交情重，應知賤子貧。丙午。

拜辭老父歸里

三載西江侍，親恩日夜深。欲辭先墮淚，無語但沾襟。不作還鄉夢，其如念母心。故園頻寄信，忍齒到而今。

戊申冬建報菴至己酉春落成浮山此藏軒，王父分授伯兄之別業也。遭亂傾頹，予兄弟于故址特建報親菴，將迎老父歸養。伯兄孝思非通所能及，敬記于此。

十年烏鳥願，白髮未還家。護竹期烹筍，鋤山預種茶。老父命自諦禪師老至種茶。親朋憐佛土，予鳩工菴中，吳顒若年伯、鄧田公皆過訪慰問。父老盼天涯。鄉里聞老父將歸，無不欣喜。桃李知人意，先開一樹花。以上卷三《省親集》。

辛亥三月二十三日三弟家郵至自吉州聞老父粵難作

日日破巢下，如今果不完。普天皆欲泣，舉室敢求安。子職捐身盡，天心隔世看。暫時猶慰母，腸斷是蒲團。

三月二十七日檄至繫獄

臨難安求免，一門視此身。不才堪下吏，無計可寧親。兄弟迢遙路，妻孥頃刻人。可憐慈母淚，先爲我盈巾。

四月二十六日再繫尊經閣

捐軀方瀝血，再繫復何辭。不畏投羅網，寧愁生別離。忘憂皆樂土，耐辱即榮時。千古藏經處，慚余始下帷。

聞老父廬陵自詣，飲血書此

歷遍刀鋒後，空門亦化城。老親不畏死，人子敢偷生。兩地同時繫，千秋此日情。佛恩如有在，拭卻淚縱橫。

大人將度嶺，遣兒正珠隨侍入粵

灑淚遣兒去，惟思白髮親。代余依大父，道我是羈人。魂夢同烟瘴，蓍龜訴苦辛。難中初侍側，莫負此風塵。

大人賜詩寄慰，詩曰：此日尊經閣，應如負荷薪。臂休慚九折，易不厭三陳。藏壁有深意，舉幡難脱身。閉門堪立地，毋只恨家貧。半生數度衍，不肯自言占。難學隱身葉，懶垂糊口簾。苦瓜偏結蔕，橄欖漫夸甜。閣上攤黄卷，殘燈也上炎。悲感之餘，敬次原韻：

圖書承五世，只愧舊傳薪。别是江山恨，情從刀斧陳。有家堪共死，無術可分身。析骨還親願，寧憂此日負。

學易占蓍艸，捐軀豈用拈。此間能破壁，何地復垂簾。身竟藏紅鞫，天惟付黑甜。燈傳藜火處，千載向空炎。

四弟西上

一拜送君去，丁寧至落暉。慈親雙握手，稚子盡牽衣。鞍馬同嗚咽，風塵引渴饑。艱辛見白髮，多恐不言歸。

癡辭太守姚公奉臬司佟公命，遣吏屬更前詞，增「久絶往來」語。蓋周公櫟園年伯意，欲爲小子謀脱也。癡願不改，遂痛哭以辭。

微稚非不惜，子職實難辭。親老忍言絶，交深望轉思。果然成志日，便是受恩時。守拙無如我，惟饒一字癡。老父青原上堂，中通問曰：一斧揮空無不删。如何是刀斧知恩處？老父曰：兩點淚下。通進曰：恁麽則得力不得力，兒孫總不知。老父曰：幸有靈山笑在。通進曰：月傳黑路千年白，秋染青山一葉紅。老父曰：且罰你世代作個癡人。

癡感佟公感予癡願，遂將余前詞申詳撫軍張公，請咨豫章粵中督撫取結，更於張公前極爲嘉歎。事由此稍寛矣。

暗下寛予令，翻稱違命心。憫勞俱意外，出入總恩深。車亦憐螳背，巢還恤鷇音。前途誰可恃，又恐不如今。

九日四弟歸里，余尚未釋。

五月西江去，淹留九日還。老親雖善病，見爾自開顏。跋涉竟忘苦，平安事亦艱。羈縻終不釋，爲我淚潸潸。

奔喪萬安十月二十九日聞大人于是月初七日舟次萬安，回首即日西上。時停柩水月山。

灰燼飛霜出世奇，舉幡擡我受羈縻。那知救父呼天日，翻作生離死别時。身後慘看歸僕字，病中寄通字，僕今携歸。病中先寄慰兒詩。深恩换得奔喪痛，罪負丘山欲訴誰。

水月山遺姪堪、瑞、兒珠、歸慰母。水月山在萬安城外。不是經憂患，能依大父旁？廿年方侍側，雙淚復還鄉。旅櫬遲歸日，慈幃久斷腸。汝曹須近報，莫更話淒涼。

三弟往泰和製喪服

此間無一有，帶曉赴西昌。制度觀家禮，衰麻市異鄉。上休重負版，下可便爲裳。今人喪服沿俗者毋論矣，即依家禮亦不盡合。不爲裳而多一襲，致負版重疊，殊非古式。今遵家禮，一爲改正。今式應從古，毋輕患難場。

伯兄自南海奔至萬安

弟從江北至，兄自嶺南回。不意相逢處，都含血淚來。家園何日問，心事已成灰。只有他鄉櫬。淒涼日舉哀。

同三弟水月山苦次成服

製舉麻衣日，原非家禮期。弟兄同哭奠，生死合艱危。久已穿芒屩，今纔服斬衰。難中千萬慮，心只候文移。

哀述

西泠姚有僕年伯序老父瞻旻詩，謂才人、孝子、忠臣，合爲一人者。嗚呼！知之深矣。然未覩老父二十年來之著作。向見其掰顬之行，甄蘇之節，稱之爲孝子、爲忠臣，又見其經史會通，詞章博雅，窮百家之書，工百家之藝，謂王地再生，稱之爲才人已矣。嗚呼！萬世而下，其所以景仰浮山先生者，豈特此哉！固有性命之學，有象數之學，有考究之學，有經濟之學，有三才物理之學，有五行醫卜之學，有聲音之學，有六書之學。老父窮盡一切，而一微之於河、洛。破千年之天荒，傳三聖之心法，準不亂而亨神無方，必有事而歸行無事。天然秩序，寂歷同時，以無我爲備我，以差等爲平等，午會全新，誠非虛語。倘姚公至今日披讀《時論》《砲莊》《易餘》《物理》《鼎新》《聲原》《醫集》《冬灰》諸書，僅謂之才人乎？雖然忠孝所以成其才，才所以濟其學，浮山先生之直繼緇帷，職是故哉。獨是生於憂患，別路藏身，甘人所不能堪之苦，忍人所不能忍之行，瓢笠天涯，晚遭風影。不孝孚號，被羈故里，嗚呼！痛哉！我父竟舍我而逝矣。破浪奔喪，終天絕地。罪負須彌，無以自解。五雲苦次，濡血寫哀，莫述萬一。用付紙灰而已。辛亥冬不孝孤子方中通百拜識。

騎箕萬里破蒼天，丙舍高吟送紙錢。闕下變騷今日讀，墓旁家易幾時編。變《離騷》而爲激楚，編《時論》以繼先人，俱詳後註。堪傷南北忘身後，欲令東西正學傳。北都矢死，南海重生，其所以鳥道孤行而不自已者，既開圓三宗一之全眼，欲救兩家拘放之病。有功末世，豈淺鮮哉！莫怪緇帷人不識，相看別路總茫然。異類中行，原非獲已。行者固難，知者亦不易。

家傳患難足啼痕，我父曾經大父寃。不重南宮誇姓字，但依北寺泣晨昏。舉幡只爲悲親老，撾鼓終能感帝恩。激楚如今當再擬，教人無奈賦招魂。老父通籍時，值先祖遭黨禍，被逮。左右圜扉，悲鳴飲泣，未及殿試，控疏請代。幸感聖恩，時著激楚，以見志。嗚呼！痛哉！我父罹憂，小子代訴。詎知事白而見背哉！天不憖遺，如彼蒼何？

圜中講易痛追隨，墓下重編有雪知。華表鶴歸當挂紙，欒廬免繞復生芝。看來憂患非無意，留得乾坤到此時。爲歎仲翔當五世，家山負土是何期。作易者其有憂患乎？自先明善而下，五世學易矣。先祖西庫，與石齋先生講易不輟。晚年著有《時論》。老父廬墓合山，重編梓行。嗚呼！痛哉！憂患未竟，旅櫬未歸，爲仲翔者，能不悲哉！

回憶滄桑五内焚，瞻旻詩卷不堪聞。甲申變後，老父詩集名《瞻旻》。請纓枉教書長策，召對空令謁聖君。老父三上請纓疏，蒙先帝召對德政殿，痛陳時弊。先帝稱善。久之，欲予齋斧，竟爲執政所阻。憤哭東華輕梏拲，聞梓宫在東華門，憤身往哭，遂爲賊所繫，遭其苦刑。不屈。早奔南國望氤氳。老父引決，爲人所救。聞南都新立，奔回最早。伏疏請罪，欲條賊狀，而仇奸阻之，不得上達。那知血濺刀鋒後，又避仇奸骨肉分。老父矢死全節，《中興輯録》《大變録》、吴廷策《國變録》、吴門張魁《血誓單》、葉藍玉《甲申紀事》、馮猶龍《伸志略》皆見褒白。而仇奸翻案，誣良蠛貞，欲得而甘心焉。魯公孺發大呼闕下，以死保家父之不屈。陳公卧子、鄭公潛菴皆有書明家父之節。曾公二雲與羅訒菴書，以家父爲趙忠簡、張忠獻。徐公虞求慷慨言家父當同甄孟成、蘇司業之表擢。嗟乎！公道猶在人心，虺蜴復何爲乎？先祖見幾，因命老父南遊云。

干戈頃刻尚追尋，病謝天興歎陸沉。唐潘改福州爲天興，詔復館職，以病未就。亂裏著書還策杖，《物理》《聲原》皆亂中所著。餓時變姓不投林。自越而閩、而粵，凡數易姓名，猺峝轉側，備嘗甘苦。八年轉徙黄頭浪，流離天末八年。十詔蒿萊白髮心。端州告柴十詔，不受宰相，爲白髮也。上五策之後，遂浮家西粵。一自法場歸世外，竟披鵄衲到如今。老父披緇於平樂之仙迴山，被鷙不屈，封刀自矢。時平樂將軍奉默德那教，尤惡頭陀，露刄環之。而老父終以死自守，將軍驚其不畏死，遂供養於梧州之雲蓋寺。老父因興冰舍。壬辰之冬，始得出嶺，由匡廬歸省白鹿。

掀翻滄澥倒崑崙，何幸天留不二門。杖許竹關埋白下，斧知藥地借青原。再生鬢髮都成雪，廿載袈裟只報恩。纔信榮枯分未得，荊條活處露槃根。兩逼煻火，託迹空門。甫得歸省白鹿，即圓具天界。破籃莖草，遂受囑于杖門。閉關建初寺之竹軒三年。先祖棄世，破關奔喪，結茅廬墓。終制後，復遊西江，扶起廩山東苑。吉州諸公請主青原法席，而藥地之斧始酬米價焉。歷住建武之資聖安福，西昌之首山汋林，何往而非藥地乎？固知思祖之倒插枯荊，冬日再榮，誠受命如嚮，不可思議。嗚呼！痛哉！今日遇藥樹、法蔭、歸雲、晚對、別峯諸處，觸目皆先人之創造遺筆在焉。至爲杖人翁刊全録，爲笑老人建衣鉢塔，成志書，免里役，凡百完備。而奉之同門，又其主青原之逸事也。

尼山心向別峯傳，黄葉藏身學可憐。符信圖書攜袖裏，輪將宇宙挂簾前。一雙眼出人間世，二六時歸天下篇。莫惜高堂虛正座，定知午會證千年。古航和上曰：河圖言回互，洛書言臨照。山谷曰：以宇觀人間，以宙觀世。然矣而未暢也。老父明兩端四破之用中，公因、反因、正知、偏知，證此五位綱宗，天然物則之大符。而又發爲宙輪宇矩之説，以宇爲素，以宙爲逝。統類會宜，而歸于法位中節。非過冬關、開全眼，孰能準天地而傳千聖不傳之心乎？世之讀《鼎薪會宜編》者，固知別峯之應午會，有功于尼山絶學，而歎其隨時之兼中妙叶也。

已知身向三門入，又見花拈五色開。信此街頭爲絶壁，踏完峯頂立平臺。塵埃滿目從今掃，寒暑驚心任自來。文字果然離不得，虚空粉碎只憐才。鷲嶺用毒藥爲尼山一助，而漆園旁擊之原于分別中無分別也障礙者不能穿徹崑崙。不能研幾，已可痛悼，而五宗之分門別户，不尤堪噴飯耶！且今者暗痴膠執之無記頑空，莽蕩滑疑之標幢鬥勝，徒以不立文字謂了涅槃之心，不以不離文字，用窮差別之智。究之護短强勝，妄執愈增。差別未別，涅槃亦未曉。佛祖冤乎哉！故老父爲之力掃窠臼，挽回人心，發明寂歷同時，晝繞晝夜，善統善惡之説，而以無我爲過關，以不自欺爲薪火，打殺向上，專提向下，嗚呼！婆心切矣！

多才絶世古今奇，十歲能文七歲詩。複壁五車猶未竟，鐵函一字亦堪悲。丹青別染神州色，黑白空傳故里棋。浮山爲遠公祖庭。數年來不孝兄弟建報親菴于山下，故鄉諸公復迎老父主華嚴法席。將歸而難作矣。嗚呼！痛哉！石上閒名鐫漢篆，印泥落處幾人知。老父三歲知平仄，七歲賦詩，十歲屬文，十五歲讀罷十三經、廿一史，舉之指掌。童角時即名播海内，生平著作百餘種，別有書目總名之曰浮山全書。至百家技藝，若書法、若畫、若奕、若圖章，弗克枚舉。無不窮變造極，非五再生，而能若是乎？

波濤忽變作蓮花，五夜天歸水一涯。辛亥十月七日舟次萬安，夜分波濤忽作，老父即逝，而風浪息云。不盡寒江流血淚，敢言□覺總雲霞。丁寧只望人傳語，斷絶惟餘骨到家。慚愧荷薪憂力薄，且憑燈火照衰麻。世出世間，窮盡一切，而仍還一切，此老父之以知全仁知也。歷諸患難，淬礪刀頭，此老父之以仁全仁知也。集大成而不厭不倦，其天之所以救世乎？惜辭世太廹，世鮮知者。小子復愧昏，不克負荷，哀何能已。彙編語録之暇，敬述十章，不勝嗚咽。

與三弟

除夕天涯弟與兄，相看嗚咽坐三更。燈殘野寺人無語，雨滴寒窗夜有聲。哭興罷亡親還憶母，强將慰爾惜餘生。團圞計盡惟圖夢，夢到今宵總不成。

壬子元旦

無端春欲曉，先到淚痕邊。患難衰門後，存亡古佛前。麻衣餘舊制，蔬菜薦新年。苦次大衆茹素。舉世天皆憫，應知不共天。

憶三弟首山

旅櫬荒郊日，寒燈夜雨時。以予愁不寐，知爾夢來遲。卻病非關藥，弟善病，好服藥。容身且下帷。遺編刊未竟，反慮有歸期。時在首山刊《浮山集》。

萬安胡明府爲詳移柩歸山，感泣書謝。

孤雲一任往來飛，峯頂原無家可歸。只爲世間存隻履，名山負土欲依依。

四月初十日自諦禪師同僕江天至，聞故鄉難，辭柩別歸里。

撒手懸崖月日長，可憐身後始還鄉。感君一紙凄涼話，寫盡羈人淚幾行。

去年故國捐軀日，今歲他鄉赴難時。但使兩番全骨肉，何妨獨子受羈縻。痛餘大哭翻成笑，冤是深恩總願痴。半載荒郊腸寸斷，不堪旅櫬更分離。

過首山別三弟

纔説波濤静，風聲忽又吹。此身同一拜，今日全生離。大笑看君哭，旁人爲我悲。豈無兒女淚，赴難不教垂。

兒琫特至首山相迎，因留守柩。四弟僕從容相隨。

業已爲男子，其如天地何？淚流危日少，禮廢難中多。書籍銷愁苦，鉗錘足嘯歌。此來能代我，表次莫蹉跎。

四月十六日歸里，即日自詣尊經閣。

惶恐灘頭衰絰裝，不堪忍淚別西昌。江湖千里三晨夕，曾夜渡鄱陽。患難重遭一血腸。猶是舊年風雨閣，更連今歲弟兄牀。伯兄自海陵歸，己羈閣中。衹餘夢繞天涯櫬，藉説他鄉似異鄉。

郡牌提訊，同伯兄赴皖。

閣中兩月羈，郡吏然忽至。云是舉上提，老母先垂淚。逼迫倉皇中，從容告郡吏。去年難作時，此身便捐棄。慚愧復生存，刀鋸何驚悸。但願暫還家，母子一相視。堂上哭無聲，兒前驚仆地。妻孥無一言，頓足横涕泗。舉身蹈湯火，本是男兒志。父在不惜軀，父死何所避。揮手便登程，竟不知勞悴。意外得生還，原非分内事。

日夜冒蒸炎，馳驅不得已。赤日照天心，白雲墮溪水。一片烈肝腸，今日云已矣。藥餌備刑傷，衣被藏片紙。音問恐不通，十生知九死。痛哭再陳情，恩沾從兹始。太守姚公、臬司佟公，皆破格相待，與同案者迥異矣。三度皖江行，凡提審三次。驚憂俱成喜。疾風雲不生，迅雷雨中止。至情感天地，何況皆人子。爲非福星臨，未必能如此。

遣姪瑤，兒珠往吉州，扶柩東歸。

旅櫬辭歸後，羈人是棘人。卻憐孫代子，翻痛佛爲親。送別猶波浪，扶還杖鬼神。淹留如不返，望汝任艱辛。如不得歸，命兒珠守柩，易三弟歸里。

月夜迎先大人柩，會三弟、姪瑾、兒珠于樅陽江口。

五雲苦凷別，不爭網羅身。意外還家櫬，途中隔世親。天高來夜月，霜白照離人。此際悲歡共，招魂到水濱。

扶柩至浮山，安厝報親菴中。

築室爲菴後，瞻雲只向西。杜鵑空有血，烏鳥不堪啼。未及孤笻返，惟餘一櫬棲。丹丘岩仍在，天鎖暮雲低。余兄弟建報親菴，後老父以西江苦留未歸。豈知今日扶櫬歸菴耶？嗚呼！痛哉！

先大人歸窆浮山，遵遺命也。

風波影裡路茫茫，薤露歌聲入夕陽。家在神州無故國，魂歸舊里亦他鄉。三千里外來烟瘴，二十年間總雪霜。今日彌天皆楚些，羈人負土更淒涼。

天池風起逼人寒，里老吞聲淚未乾。末世尚能留爪髮，名山猶許葬衣冠。首議定爪髮付法，肉身歸血子，此儒釋兩盡之道也。青原建衣鉢塔，邵村叔題爲留青二字。首山華嚴俱是爪髮塔。夢爲蝴蝶求仙易，歲在龍蛇問世難。遺命只依先壟畔，先君墓在先祖母吳太淑人墓之青龍。紙灰飛入碧雲端。

吳舫翁特至浮山，拜先文忠公墓。

丹岳岩下墓門成，攀栢年年寄哭聲。千里故人過一拜，生芻那似世間情。

除夕同伯兄三弟墓側寫哀。

兩經除夕總風波，旅櫬孤墳洒淚過。憂患日長衰絰短，團圞人少性情多。無才抱恨非貧賤，不孝空漸試網羅。今夜山寒天地凍，舊時鐘鼓聽如何。

癸丑元旦拜墓

墓門臨曉拜，痛定百愁生。霜草迎人淚，寒松帶哭聲。春投泉下夢，節換世間情。恨我羈縻日，欒廬志不成。後難未結，余係取保得完葬事。天地難容處，傷心爲托孤。杖人翁有爲天地托孤之説。生前應出世，身後合歸儒。禮樂供存没，干戈任有無。吾親依大母，泉淚可霑濡。

九月初三日後難題結文到省釋

熅火三年到華門，投羅身不計生存。只憐白髮歸黃壤，今日安知脱子孫。

報恩堂

司冠姚公諱文然、兩江麻公諱勒吉、兩廣金公諱儁、皖撫張公諱朝珍、江撫董公諱衛國、粵撫馮公諱甦、粵東提督嚴公諱自明、安徽臬司佟公諱國禎、江右臬司安公諱世鼎、江右署臬司賈公諱如蘭、江右臬司黃公諱龍、江右驛塩道薛公諱信辰、南昌道周公諱體觀、吉安太守郭公諱景昌、安慶太守姚公諱朗、建昌太守高公諱天爵、廬陵邑侯于公諱藻、桐城邑侯胡公諱必選、萬安邑侯胡公諱樞、新城邑侯周公諱天德，皆難中受恩之當事也。無以爲報，敬書牌位于報恩堂中，朝夕焚祝，聊盡此心而已。

傷心遭難是空門，三載惟餘血淚痕。何幸普天都遇佛，不教窮子獨鳴冤。金莖露積江湖澤，玉柄談成咳唾恩。稽首自知無報答，香煙爇處感晨昏。以上卷四惶恐集

雜録

清・梅文鼎《續學堂詩鈔》卷一　《復柬方位伯》

方子精西學，愚病西儒排古算數，著《方程論》，謂雖利氏無以難。故欲質之方子。

象數豈絶學，因人成古今。創始良獨難，踵事生其新。測量變西儒，已知無昔人。便欲廢籌策，三率歸同文。寧知九數理，灼灼二支分。句股測體綫，隱襍恃方程。安得以比例，盡遺古法精。勿庵有病夫，閒居發疑情。展轉重思維，忽似窺其根。和較有實用，正負非强名。始信學者過，沿古殊失真。辟彼車與騎，用之各有神。篆籀夫豈拙，弩喙日以親。援筆注所見，卷帙遂相仍。念子學有宗，何當細與論。

又

《寄方位白》五首

屈指相尋過曲巷，驚心別去又三秋。多君著撰棲南畝，媿我飄零但白頭。小阮遊還依幕府，阿戎才已慰箕裘。一尊何日重歡聚，悵望長江天際舟。戊午秋，與舍姪耦長，晤位白喬梓于爲府巷。是歲「耦」長遊燕。南畝，位白隱居名。

中丞廷尉有淵源，羣從于今家學傳。握手秦淮先後至，知名皖上弟兄賢。殷勤兩月書頻及，珍重千秋序一篇。相訊年來將北轍，可能聯轡帝城邊。田伯素北俱今夏得晤長子，余刻《中西算學通》，位白序之。

唐虞絶學是羲和，昧谷嵎夷測驗過。君繼浮山開午會，曆師尼閣擅歐羅。太陽五緯重輪抱，黃道春分差數多。我亦中西兼考訂，誰期與子共編摩。穆先生尼閣，位白帥其新西法，爲《崇禎曆書》所未及。

私淑青原虛此心，遺文一讀一沾襟。《砲莊》罕識通微眇，《物理》誰能質測深。遠索著書扶後進，坐乖良晤負知音。終當拜展先生墓，仰止高秋楓樹林。文忠公書來索觀小著，余目因循未往。

天經新語各爲工，今古諸家勘會通。此事能兼推宿學，伊人難老在山東。

數資圖譜乘除省，法授新西思議窮。幾欲遺書相討論，憑君爲我一參同。青州薛儀甫先生著《天學會通》，發中西兩家之覆。

清戴梓

傳記

清・黃鍾駿《疇人傳四編》卷七《戴梓》 戴梓字文開，浙江仁和人。少有機悟，自製火槍，能擊百步外。康親王南征時，梓以布衣從軍，獻連珠火礮法，克江山縣有功。王承制授以道員劄付。仁皇帝召見，以其能文，命直南書房，賞學士銜。梓善天文算法，與南懷仁詰論。懷仁爲之屈，心甚忮刻，因誣梓通東洋。上大怒，遣戍黑龍江。後赦歸，卒於旅邸，人共惜之。

清王德昌

傳記

清・黃鍾駿 黃伯瑛《疇人傳四編》卷七《王德昌》 王德昌字歷長號心逸，山東濟南府長山縣諸生。工書，精天文句股算法。

清孔貞瑄

傳記

清・黃鍾駿《疇人傳四編》卷七《孔貞瑄》 孔貞瑄字用六，山東曲阜縣人。究心經史，精算法、韻學。由舉人授泰安學正，升云南大姚知縣。所著有《操縵新説》《大成樂律全書》及《聊園文集》《[聊園]詩略》《(淇)[滇]記》《黔記》《泰山紀勝》《縮地歌》等書。年八十二卒。

清柴紹炳

傳記

清・黃鍾駿《疇人傳四編》卷七《柴紹炳》 柴紹炳字虎臣號省軒，浙江仁和人。與同里丁澎、陸圻諸人，稱西泠十子，而紹炳名尤著。持躬端謹，於象緯、律曆、輿地、禮制、農田、水利、戎兵，莫不研講。謂弟子曰：「毋使後世襲經生空言，徒誤人(家)國矣。」所著有《省軒集》。

清李光地

傳記

清・阮元等《疇人傳》卷四〇《李光地》 李光地字晉卿號厚菴，福建安溪人也。康熙庚戌進士，官至大學士，著《曆象本要》二卷，自序略云：「憶自束髮趨庭，先君子嘗慨六藝失傳，吚喔空文，人鮮實用。因授六書、九數，俾令考索。賦畀魯鈍，而性癖耽奇，輒以餘暇旁涉天官、樂律。凡人所不樂爲者，則伏讀沉思，至忘寢食，博訪宿學明師，久而有得。新知執友，鮮可與言，言亦不解，自用怡悦而已。」

光地嘗與梅文鼎講論曆術，故所著書皆歐邏巴之學。其言均輪、次輪之理，黃赤同升、日食三差諸解，旁引曲喻，推闡無遺，并圖五緯視行之軌跡，尤多前人所未發。康熙四十一年十一月，光地扈蹕行河，進呈梅文鼎書，文鼎由是知名，語見《文鼎傳》。所著又有《記四分(術)[曆]》《記太初(術)[曆]》《記渾儀》三篇。

其《記四分(術)[曆]》曰：「四分(術)[曆]即後漢章蔀紀元之法，蓋古曆所同也。四分者，析日以爲四分也。以九百四十爲日法，四而分之，得二百三十五分。故一歲之積，凡三百六十五日四分日之一。四年而氣在日端，十九年而氣朔分齊，七十六年而氣朔同在日端，一千五百二十年而復于甲子日，四千五百六十年而返于青龍歲。蓋日之月分有十二度十九之七，歲之月分有十二會十九之七，故必十九年七閏，而後氣朔之分齊；四年而景復初，故必四章爲蔀，而後朔日之分盡；八十年而甲子日冬至，故必二十蔀爲紀，而後日之六旬周；六十年而歲運一變，故必三紀爲元，而後歲之六甲窮。所謂歲月日辰皆甲子，而天與日月會于子，以爲曆元者，此之謂也。此與《三統》一元之年數雖近，而推步不同，日法異故也。然自太史公作曆書，紀漢《太初》法，而下所列者乃章蔀之數，意者褚少孫所補。少孫未學《太初》，故直取古法附之。然則古曆竝同四分，不自東漢始矣。」

其記《太初(術)[曆]》言：「《太初》章會統元之法，至朔同日謂之章，交會一周謂之會，至朔分盡同于日首謂之統，統首日名復于甲子謂之元。其日法八十一爲分，以一千五百三十九爲小分，以三百六十五又小分之三百八十五者爲日之周天，以二十九日又小分之八百一十七者爲月之會日，十二會不盡歲氣而閏餘生焉。十九年七閏，則冬至復在月初，而氣朔分齊，故謂之章也。然則月之周天與會日不同時，故每月雖合朔，而不在周道之交，則會而不食。《太初》之法，計五月二十三分月之二十而一近交，凡一百三十五月而一當交，當交則蝕既，日月數之終也。一章之日月，雖會于冬至，而不當交，積之二十七章，則朔日冬至，交會分窮，故謂之會也。又以日法計之，一歲全日之外，小分三百八十五，比之四分之法而少盈，蓋侵小分四之一也。章會至朔之分未盡于日首，積之三會，則分釐相補，復得全日，而冬至交會復起于月首，而無餘分矣，故爲一統也。然甲子者，日名之端，必氣朔肇于此日，乃得曆元之始。故初統而得甲子，次統而得甲辰，三統而得甲申。三統既盡，則復值甲子朔旦夜半冬至，交會分窮，而一元章矣。是以通而論之，夫冬至者，氣之始，凡推步以爲準焉。一章之日月雖會，然同經不同緯，同度不同道也。至于一會，則同經而同緯，同度而同道矣。統則以得夫時之首，元則履夫日之端，斯又以日辰干支與天月日星之紀而相合者也。於是推之，五星亦皆有會合之元焉，歲月亦必有幹枝之首焉。引伸觸類，原始反終。曆家立元之法，大抵若此。」

其《記渾儀》曰：「儀有三重：外一重不動者，爲六合儀，所以定上下四方之位；其中一重旋轉者，爲三辰儀，所以象天體圜動之行；其内一重周遊四徧者，爲四遊儀，所以絜玉衡而便觀察。蓋三辰一儀，尤爲要切。其儀有三環：一環以準赤道；一環横跨之，以準二極；一環側倚之，以準日道。三環交結相連，上刻南北東西縱横之宿度，以水激其機輪，使之日夜隨天東西運轉，必使在儀之度與在天之度相應而不忒，然後可以按候而仰窺也。即以木星言之。今夜經天之處，距極幾度，距赤道幾度，於何知之？以儀上所刻南北之度準之，則足以知之矣。又如木星行疾時今夜距昨夜幾度，行遲時今夜距昨夜幾度，於何知之？以儀所刻東西之度準之，則足以知之矣。以至日晷之南北平斜，太陰之纏絡委曲，五緯之遲留順逆，莫不皆然。然儀度雖與天相準，而人之轉瞬難定，故四遊儀絜衡管于中，可以隨處低昂，掛于儀之上而注視焉，則儀度與天度相直不爽，如盤針定于秒忽之中，而外薄乎四表，蓋無幾微之差也。古璇璣玉衡之説，雖不可考，然大要當不甚遠。」

五十七年五月卒于官，年七十七，謚文貞。

論曰：文貞一代偉人，立功名于當世。其學以子朱子爲宗，得道學正傳，而又多才多藝，旁及天文算數之事，尤能貫通古今，洞明根底。所著《本要》及論《太初》《四分》諸篇，非大覃思究極精奥，孰能與于斯乎？夫乃知大儒之學，無所不通，蓋天地靈秀之所鍾，非常人所能企及也。

雜録

清·梅文鼎《績學堂文鈔》卷一《寄李安溪先生書》 老先生本身取人，以教爲治。既空羣于冀野，遂敷澤于保釐，眷注由此加隆，實學自兹獲展，早晚大用，天下皆將爲吾道稱慶。矧下邑腐儒，受知如某者哉！貴省山水之奇，企慕已久。然自分年衰道遠，非復此生所能到。今以方伯張公雅愛，攜之偕行，由鄱湖溯流，取道鉛山、崇安，經武夷宫側，雖未得遂探九曲，而大王、幔亭諸峯，儼臨舟畔。一路靈巖異境，應接不暇。非惟目所未睹，亦過于意中所期矣。途經羅、李、朱、蔡諸先賢遺蹟，恨不能一一追尋。然高山在望，興起者固已多也。入閩已將兩月，閒暇無事，擬補作《曆論》寄正。又，去歲小兒書來，言拙著《方程》，令弟已爲授梓，心欲往晤，一觀其書。然復聞諸位俱在都門，容詢確耗，或于荔枝將熟之候，拏舟奉訪，以共商爲學之事，爲將來之圖，則生平大幸也。因寒族祠堂，有某經手諸務，冬十一月將復旋里，故擬于未歸之先，一圖良晤，面悉區區，未必非天作之緣也。某初學曆法，欲受教而無可問之人，亦有聞其人而思往見之者，褰裳稍緩，遂分今昔，常用爲恨。今茲稍有所闚，求一能聽之人，亦復寥寥。茲承許可，欲令金昆哲，似俯拾輕塵，以褢日覩，毋亦及是爲之，無貽恨于他日乎？凡某所謂稍窺一班，皆歷最迂曲之途，而後得簡捷。每檢舊帙，則當日危苦之思，歷歷楮上，未嘗不自憐。況瘁有廢寢忘食連朝，而忽得端倪，豁然天開，若重扃之四啓。有懷疑數年，偶觸他端，而涣然冰釋，沛然若江河之決，又未嘗不自詫其精思之能通。聊用自慰，不能持贈，故亟欲與同志者共之。而年益衰，則此心更切。亦惟大君子能信其然，而庶幾有以成就之耳！臨啓，曷勝翹切。

又《答李安溪先生書》 奉違忽復十年，每憶疇昔追隨之樂，始信古人藉師友之切磋，以成其德業，良非虚語。山居固陋，耳目狹隘，抑何怪學殖之荒落矣。承老先生以《曆論》災梨，目擬補作，以竟其緒。而迄今未就，他可知已。每于養疴之隙，勉自策勵，亦多稾本，然往往貪發胸中昔日難明之事，聊自遣適。山河阻脩，末由就正，瞻雲遐企者非一日也。茲承遣使數千里，寵命遥頒，勤勤懇懇。欲令偏端之學，垂諸永久，又恐稾本易譌，必親讎校。金昆哲似其相講求，此皆平日所深願而不能得者，私心感激，無以爲喻，有捧函感泣而已。乃復承賜多儀，賁然邱壑，且以鄙著進呈。草茆下士，姓名仰達宸聰，中心慙感，有踰倫等。但某年衰多病，不勝輿馬，且攜有書卷，利于舟行，擬于寒食後，檢拾雜帙，至三月間，始可束裝就道。惟恐遠違盼望，肅函申覆，諸容面謝，曷勝馳依。

清李鍾倫

傳記

清·阮元等《疇人傳》卷四〇《李鍾倫》 鍾倫字世德，光地子也。康熙癸酉舉人。敏而好學，事事必求其根本，梅文鼎所謂無膏肓之疾者也。甲數乙數，用法甚奇，本以赤道求黄道，鍾倫準其法以黄求赤，作爲圖論，又製器以象之。

清李鼎徵

傳記

清·阮元等《疇人傳》卷四〇《李鼎徵》 李鼎徵字安卿，光地次弟也。舉人，嘉魚令。爲梅氏刻《方程論》於泉州。《幾何補編》成，手爲謄寫。彼教人見鼎徵《方程論序》言「西法不知有方程」，憤然而争，不知西術有借衰互徵，而無盈縮方程。《同文算指》中未嘗自諱，鼎徵蓋有所本。

雜録

清·梅文鼎《績學堂文鈔》卷一《寄李安卿孝廉書》

辛年晤別，星躔九回。每憶春明邸第，道古析疑，依依如昨。自酉夏還山以後，承中丞公不棄，屢辱華翰。恨不能縮地相從，企想玄亭，真同蓬島。今以貴省藩臺柑欈(人)[入]閩，取道幔亭峰下，耀歌九曲，如將可聞，夢想不能到之境，而以白髮頹齡，翛然至止，事出意表，殊愜生平。蓋自理裝鼓楫，心已馳于君子之廬。而問途會城，猶有兼旬往返，又無從確知道駕在家與否，徒有神往。倘公務入省，萬乞相過，以慰惄饑。衰年遠道，天假良會，不則後約不知何日矣！拙著《曆論》已承中丞授梓。溝中之斷，而文之青黄，鏤感何極！尚有欲補之篇，因循未報。此間頗多閒暇，或得乘此續成，以請大教，則幸甚矣！又，去歲小兒家信，言門下業將《方程》付刊，爲之喜而不寐。倘剞劂已竟，望先賜十本。某初爲此學，苦問津之無從。自矢異時，或有所窺，必以公之同學，而真知篤好者，實尠其人。誠恐一旦身洗朝露，則數十年苦心，與之俱亡，故思我門下不置。此非徒感德之辭，離索之懷也。昔《授時》立法，經王、郭、楊、齊十餘人，合併而成，故承用四百年不改，非諸古曆所能方。今考諸賢，多係同研席之友，其講之素矣。北齊張子信，偕其學徒側候有年，所立盈縮躔差及交道表裏之法，遂爲後世所不能廢。今但使此理顯著，使古人遺緒，不致爲異學掩抑。後有達者，必將見采，豈必親見諸用，而身擅其名哉！某所爲垂老驅馳，皇皇然！若有所求者，不過欲得一同好之人，以所學付之而已。此固門下之所深悉，而有以信其非飾説也。今天下好古者不乏也，或非性之所近，輒以其無用掊之。惟門下學有淵源，一庭之内，自爲師友。昨聞君家羣季諸從，俱在京邸，即欲褰裳相從，屬以寒宗尚有小冗，擬于冬春間，努力北行。不意今兹來閩，仲冬始得告歸，則明年反不能出門。故亟思與門下相見，所欲面商者，非一端也。或公車度嶺，獲附偕行，途中亦可就正種種。或于荔枝之候，得間奉訪，亦未可定。外有啓者：藩臺風雅好古，知八閩爲文獻之邦，欲多鈔載籍，搜羅校正。謬以屬某，尊笥奇書，或令親藏本，或原無刻本，與雖刻而板亡者，統望借鈔。有某專司，決不至于污損，誠使古人奇書，得有副墨，以廣流通，固吾黨所樂爲也。臨啓，曷勝顒企。

又《再寄李安卿孝廉書》

自違誨益，一紀有餘。回首昔遊，依依如昨。己卯在貴省，過承雅愛，爲梓《方程》。一水過從，以爲至易，不意出嶺匆劇，良晤爲虚。辛巳首春，戒裝入閩，瀕行疾作，又不果行。兹者復當計偕小兒隨隊北來，肅泐數行，以候近履。所欲請益者甚多，然非面教，亦不能悉也。某生平讀書，不肯懷疑。故于曆算之學，嗜之畢生。非自負其偏長，亦以此中義類，耐人尋繹。如陟層峯，屐與目追。如入九嶷，境隨途啓。連類引伸，求以自信其心而止。故自闊別以來，未嘗不于塵事之隙，養痾之餘，輒有論列。其入益深，其用益簡。然但可爲知者道，故亟欲相見，但未審機緣合并，確在何時。愚向謂三角即句股，郭守敬渾天之法，與西法一理，今益了然。又《幾何》中如理分中末綫之類，共相詫爲神異者，求其根皆出句股，始知吾聖人九數，范圍天地九州，萬世所不能易。想高明聞此，亦爲撫掌一快也。自承中丞公之教，不復爲簡帙繁重之書，每多爲小本，以便省覽，合計所撰有數十種，其書各單行，而義亦相發，然皆草稾，容當努力陸續謄清，寄請斧正。其《曆學疑問》，尚有當補之篇，宜附之圖，而久未成者，惰廢之愆，真難自解。亦緣鄙性，惟欲自明所疑，故往往于所以然之故，不憚詳推，而當然處反略。又，此書欲人易曉，于淺深之間，甚費斟酌。今所論撰，皆三角幾何深處，不能附入其中。而業已爲之，又難中輟。遂令本書反閣，兹擬屏去一切。于正臘之間，專力續成，宜有以就正也。天下萬事，不能自主，不但友朋之聚散，著撰之存軼，非可預知。即筆墨所及，亦如山花開放，每于無意中得之。既忝深知，不以鄙言爲妄耳。

又梅文鼎《績學堂詩鈔》卷四　《李安卿孝廉刻余〈方程論〉於安溪古詩四章寄謝》

草《玄》期衆賞，當世幾桓譚！豈伊文奧蘳，抑亦性匪耽？君子紹家學，優游六籍酣。曾不讓土讓，而同癖嗜甘。淡泊味能咀，隱賾理深諳。重以雕版良，校讐勤再三。荆璞剖頑石，負之出煙嵐。千鏌拭華陰，光怪發蘊函。何以答明貺，耿耿意中含。千里寄遥思，霽月高秋涵。

《方程》備九數，而居算術終。亦如勾股義，絜矩道多通。末俗安俚近，臆解增其蒙。良書不可致，訂考將安從。寧知古《九章》，《河》《洛》爲根宗。變化生擬議，褀傳歸中庸。殘編聊復存，所恃心理同。積疑破精思，悠然古義逢。前聞豈盡湮，淹雅多羣公。賴君流布力，請益自斯洪。固陋或蒙矜，鑒兹求友衷。尚出奇秘藏，共證啓余聰。

休氏教德行，三物藝相輔。專科肄五年，爰同經義舉。制藝盛文藻，實學棄如土。君家伯子賢，山林視圭組。公餘但學《易》，曆律窮參伍。盛德不滿假，下問及迂腐。謬謂管蠡測，未墜羲和緒。導之作諸論，精刊期衆睹。惰廢轉自驚，慚感中心縷。君復版兹編，欲令垂區宇。何其好善同，偏長恒見取。風尚砥羣趨，虚受見前矩。謭陋竟何裨，高懷自千古。

古曆粹王郭，《庚午》實堂構。《庚午元曆》，耶律文正作也，雖未頒用，厥後《授時曆》，稱最精，實肇基于《庚午》。差法何與祖，子信勤測候。新術争皇極，厥用悉身後。何承天、祖沖之言歲差，至唐一行，始用北齊張子信積候二十年所立日躔盈朒及交道表裏諸法。後世遵用，而當時未顯，史傳並未言，至《大衍》議始著。隋劉焯作《皇極曆》，與曆官辨，皆甚畏焯，不敢争，然亦示行其曆。至焯死後，乃稍稍用之。但令此理顯，吾求亦何又？憶昔問靡從，積歲懷疑竇。及其稍有闚，欲語當誰授？稟本徒從衡，甘爲醬瓿覆。大賢君一門，翩翩異華胄。既擅文賦雄，名理重肩扣。萬里越閩山，奇緣兹輻輳。尚及衰顔存，從容相討究。愛至望彌殷，延跂遲良覯。

清李光坡

傳記

清・阮元《疇人傳》卷四〇　國朝七《李光坡》　李光坡字耜卿，一字茂夫，光地弟也。諸生。

論聖人作曆之原言：聖人作曆，大抵爲順天授時而已。天道之大，在寒暑四時，而寒暑四時運于無形，不可見也。於是即日月星辰之行度，以爲氣序之準則。是故察日之出没，而晝夜明焉；察日月之往來，而朔晦明焉；察日之發斂，而冬夏明焉。《書》所謂「曆象日月星辰，敬授人時」，《易》所謂「治曆明時，觀乎天文，以察時變」，皆謂是也。寒暑晝夜者，天道之綱，民用之本，其驗繫乎日星，故聖人定四方，候昏旦，參四時，考晷景以測日，數漏刻以推星，而分至啓閉，無所爽其候焉。至于朔晦望弦，雖非民事所關，而聖人亦欲參合而無間，故復立閏法以紀月，正次舍以定辰，使寒暑朔晦、日月星辰皆相成而不悖，蓋所以裁成其道、輔相其宜者如此。此《堯典》數章所以爲萬世治曆之祖也。至其所以治之之具曰曆象，解者曰：曆，紀數之書也；象，觀天之器也。有曆而無象焉，不可也。所謂象者，大端有四：一曰儀，璿璣是也。蓋天度渾淪，日月五星，經緯異道，遲速異勢，其間離合遠近，不可以目齊也。故爲儀以象渾天，刻南北東西相距之度數，與日月經天之行道，轉而望之，以知躔離進退之常、伏逆遲留之變，則雖尋徑之間，而天體無所遁其形矣。二曰管，玉衡是也。雖以儀窺天，而人之轉瞬難定，故復以管定之。横于璣之上而凝眸焉，則考宿度，望中星，皆可以不失其位矣。三曰表，土圭是也。所以致日景，而辨分至、定四方者也。以長短之極察之，則知二至；以長短之中裁之，則知二分；以二分出入之景揆之，則知東西；以午中之景正之，則知南北。故辨分至、定四方，皆由此也。四曰漏。分日爲百分，而節水爲漏，以數其刻，此又所以權衡乎儀管表晷之間，定其分限，以爲測候之準者也。四者互相參質，以求天驗之詳，則所謂施之于曆，頒之于天下者，其推步不至于或差矣。蓋唐虞三代之遺法，其可攷者如此。

又論推驗修改之實言：夫天道大矣，在天爲尋丈者，在人未有分秒之可名、毫末之可察也。法雖至密，毫末之下，豈所能分？差之毫釐，積久成著，理勢然也。是故治曆不免于修改，而修改莫先于推驗。推驗之要，曰測晷景以驗氣，考交食以驗朔，候合見以驗星，亘億萬年而不可易者。夫日躔之無常者東西，而有定者南北，以其晷而測其躔，積年累歲，以數相稽，則氣分宜可定矣。於是以月食之衝，檢其所在，而日躔宿度亦可明矣。交會之顯者爲交食，其微者爲朓朒，數漏以考其薄食之時刻分秒，窺儀以推其朓朒之東西早暮，積年累歲，會其變，執其中，則朔分宜可得矣。五星之遲速，雖無定勢，而合見則有常期，展管窺候，積年累歲，稽其有常之期，以律其無定之勢，因其合月之行，以步其周天之道，則星行其可正矣。其間節目雖多，而大端不外乎此。此司天之道，所以必本于實測，而不可以私術臆見斷焉者也。以此求天，不亦易且簡乎？而逞其意以紛紛也奚庸。

清董以甯

傳記

清・黄鍾駿《疇人傳四編》卷七《董以甯》　董以甯字文友，江蘇武進人。邑諸生。少與鄒訏士祇謨齊名，善詩文，於曆象、樂律、方輿之恉，多所發明。晚年專事窮經，尤深於《周易》《春秋》。著書滿家，所著曰《正誼堂集》。

清鮑祖述

傳記

清・黄鍾駿《疇人傳四編》卷七《鮑祖述》　鮑祖述字燕翼，亦錫山人。與定三皆深明曆算，各有著述。梅氏皆亟稱之，於所著各種曆算書內，附集其語，以相印證。

清王雲

傳記

清・黃鍾駿《疇人傳四編》卷七《王雲》　王雲字又龍號雅軒，明刑部侍郎元珠之季子。生有異禀，讀書一過即成誦，尤善詩、古文辭，旁及《周髀》渾天、醫理、書法、繪事，雖專家弗能過也。補博士弟子員，家(巳)[已]中落，以教授養其親。康熙丁亥就河南副使毛裕之聘，病卒於邳州舟次，年四十。著有《蘭雪堂稾》二卷。

清黃百家

傳記

清・阮元等《疇人傳》卷三六《黃百家》　百家字主一，傳其父學，又從梅文鼎問推步法。康熙中修《明史》，百家父子先後預校《曆志》。著《句股矩測解原》二卷，上卷曰解矩度，曰解表影，曰解矩度表景，曰解物景，曰解兩景消長。下卷曰以影測高，曰以目測高，曰重矩，曰變影，曰測深測廣，曰測遠。皆有圖説詳之。

清吳任臣

傳記

清・諸可寶《疇人傳三編》卷一《吳任臣》　吳任臣字志伊，一字爾器，初字征鳴，號託園，仁和人。諸生，康熙十八年，召試博學鴻詞，授翰林院檢討。譔有《十國春秋》一百十四卷，《欽定四庫全書》據浙江孫仰曾家藏本著録提要，謂其五表考訂尤精，可稱淹貫。又譔《山海經廣注》《字彙補》《周禮大義》《禮通》《春秋正朔考辨》《南北史合注》《託園詩文集》各如干卷。檢討志行端慤，博學而思深，兼精天官奇壬之術，射事多中，時人比之管郭。當《明史》開局，曆志爲檢討分修最初稾也。國初時崇尚算術，鄞縣全吉士祖望曾有言曰：「自古學廢絶，西人獨擅其長，中原反宗之。唐荆川、顧箬溪、邢雲路欲會通焉，而尚未能。姚江黃梨洲出，始言周公、商高之術中原失傳，而被篡於西人，試按其書以求之，汶陽之田可歸也。梨洲弟子半江南，絶學將昌。同時杭人吳志伊、蘇人王寅旭、宣人梅定九，鼎足而出。三先生者未嘗與姚江討論及此，而所見適合。然且姚江初出，正在異軍特起，時其説尚稍疏，至諸家而益密。」今案：吳江、宣城皆有傳書，雖檢討遺論亡佚大半，然由全説觀之，其學信不凡已。《欽定四庫全書總目提要》《今世説》《鶴徵前録》《疇人傳》梅文鼎傳、《道古堂文集》《鮚埼亭集》。

論曰：熙雍以來，絶學日昌，家和璧而人隋珠，儒者兼長，古之明算叵得而指數也。傳疇人者，阮太傅創之，羅明經賡之，美矣備矣。顧阮後羅前，宜拾補者不乏。今敘吳檢討以次若而人，斷自道光二十年已上，爲續補遺二篇。蓋諸君云往，當兩傳未成日也。後此都爲後續補四篇，附録一篇。首傳太傅，止於乙酉，略依輩行没世之先後第之，擇必精，語必詳，悉仍前例焉。夫以太傅之閎通，明經之淹博，網羅綜貫，幾歷年所，猶且有百一之遺，並雙韭 之文，大宗 之集，亦尚搜求未盡，而況佚聞墜典，不如全杭之顯者乎？然則名山盛業湮晦而弗彰者，往往非尠已。而鄙人愚妄，徒竭一心之知能，僅聚數十家之書，積二十有餘年之聞見，而欲抗蹤已往，柄笑方來，遂信無豪髮憾哉。夫亦曰飲於河者第鼓其腹焉斯已爾。然而當代聞人，麤具乎是，其所不知，道從蓋闕，他日踵我事者或有可財取歟。

清龔士燕

傳記

清・諸可寶《疇人傳三編》卷一《龔士燕》　龔士燕字武仕，武進人。少穎異能文，講求性理，發明蔡氏《律呂新書》，推衍黃(鍾)[鐘]、圜徑、開方、密率諸法，而於元太史郭守敬《授時術》尤得其秘。如求冬至時刻，上推百年加一算，下推百年減一算，以爲歲周三百六十五日二十四刻二十五分之內，滿百年消長一分，是爲萬分中之一，非萬分爲日之一日也。核之春秋日食三十七事，多與符合。又如推晦朔弦望，以太陽之盈與太陰之遲，以太陰之疾與太陽之縮，皆相併同名相從；以太陽之盈與太陰之疾，以太陰之遲與太陽之縮，皆相減爲異名相消；乃得盈縮遲疾，化爲加減時刻之差，以此加減朔望之大小餘分，得定朔弦望諸時刻。至盈縮遲疾，郭守敬創平、立、定三差，理隱數繁，審其機括，繪圖以明之。又如赤道變黄道之法，謂在二至後者，以度率一零八六五除赤道積度，變爲黄道宿度；在二分後者，以度率一零八六五乘赤道積度，變爲黄道宿度。凡此《授時》之緒，引伸益明。其餘月離五星等法，與《回回》、西洋諸曆，遇有疑難，無不洞悉。至日月體徑有大小，交食限數有淺深，具見其奥。且悟唐順之弧容直闊之法，以排求太陰出入黄道，在內在外，不離乎六度。自是一應七政氣朔交食諸端，按法而推，百不失一。

康熙六年，應詔募天下知曆之士，於是入都。其時欽天監用《大統曆》，七政多不合天。奉旨在觀象臺每日測驗，而金星比曆差至十度，因修改古法。乃據七年所測表影，推測太陽盈縮。又據日測五星行度，考其遲疾。彼此推求加減氣、閏、轉、交諸應，測驗皆與天合。蓋其法亦本郭守敬太陽爲氣應，推冬至與日躔用之；太陰周天爲轉應，朔望用之；又有交應，推日月食用之；合氣盈朔虚之奇零爲閏應，推閏月用之。此外有合應，推五星用之。修改諸應，取順治元年甲申爲元，以應世祖章皇帝撫有中夏之祥。欽天監名爲改應法，既改氣、閏、轉、交諸應，復改遲疾限及求差諸法，又改冬至黄道法，日出分依步中星內法，又盈縮遲疾無積度，月食無時差，一一訂定修改。用推以前日食，皆與天合。臺官交章保薦，八年曆書告成，奏對武英殿，授曆科博士。時有薦西洋南懷仁等於朝，攷其實測諸術，驗且捷，咸以爲便，遂定用西洋之法，而古曆卒不行。十年以疾歸。著有《象緯攷》一卷、《曆言大略》一卷。其《天體論》一卷，及閏虚、中星、交食、定朔、五星諸論，則佚矣。

論曰：龔博士明習《授時》舊術，而又綜貫乎《大統》《回回》諸法，凡所推演，得合天行，夫豈淺陋固執者流所可蹴致其詣哉？當中西觝角之秋，博士獨能古道自守，不皇皇焉以彼而易此，謂非有志之倫而克若是歟？惜乎世祚縣邈，名且闃然。亟甄録之，亦以張吾軍也云爾。

清楊文言

傳記

清・諸可寶《疇人傳三編》卷一《楊文言》 楊文言，亦通曆算，尤明習《幾何原本》。應靖南王耿精忠藩下人聘爲幕客。精忠叛亂時，文言被羈，大兵至，得出。聖祖嘗問其人於安溪相國，對曰：「杜門高蹈，李顒之流。」後《明史・曆志》初成，文言曾有增定也。

清馬負圖

傳記

清・諸可寶《疇人傳三編》卷一《馬負圖》 （又有）馬負圖，行事未詳。著有《開方密率法》一卷，圖一卷，今並存。

清陳厚耀

傳記

清・阮元《陳太史傳》 陳厚耀字泗源，泰州人。康熙丙戌進士。安溪李光地薦厚耀通曆法，引見。上命試以算法，繪三角形，令求中線，及問弧背尺寸，厚耀具劄進，稱旨。旋請省親歸里。戊子，特命來京。己丑五月，駕幸熱河，厚耀扈行至密雲，命寫筆算式進呈，少頃出，御筆書算，問：「知此法否？」厚耀對曰：「皇上此法精妙，極爲簡便，臣法臆撰不可用。」上諭云：「朕將教汝，汝其細心貫想，以待朕問。」又問曰：「汝能測北極出地高下否？」對曰：「若將儀器測景長短，用檢八線表可得高度，此在春、秋二分所測則然。若餘節氣，又有加減之異，然也不准。何也？臣聞地上有朦氣之差，以人目視至，有升卑爲高，映小爲大之異，故以渾儀測之多不合，但在天度數則不差也。」又問：「地周三百六十度，依周尺每度二百五十里，今尺二百里，地周幾何？地徑幾何？」奏云：「依周尺地周九萬里，今尺七萬二千里，以圍三徑一推之，地徑二萬四千。以密率推之，當得地徑二萬二千九百一十八里有奇。」上複問：「地圓出何書？」對以「《周髀算經》曾言之」。問：「何以見其圜也？」對曰：「《職方外紀》西人言：繞地過一周，四匝皆生齒所居。故知其爲圜，且東西測景有時差，南北測星有地差，皆與圓形相合，故益知其爲圓。」時厚耀以母年高，不忍離，乃就教職，得蘇州「府教授」。未逾年，召入南書房。上問：「測影是何法？」厚耀求指示。上曰：「此法甚精，不必用八線表。」即以西洋定位法、開方法、虛擬法寫示。又命至座旁，隨意作兩點於紙上，厚耀隨點之。上用規尺畫圖，即得兩點相去之法。上從容諭之曰：「《堯典》敬授人時，乃帝王之大事，奈何勿講。」自是，厚耀之學益進，嘗召入至淵鑒齋，問難反覆，並及天家、樂律、山川、形勢，得遍觀御前陳列儀器。召至西暖閣，詢問家世甚詳。從至熱河，命賦泉源石壁詩。授中書科中書，傳旨曰：「上道汝學問好，授汝京官，使汝老母喜也。」上諭厚耀曰：「汝嘗言梅瑴成學甚深，今命來京，與汝同修算法。」瑴成至，上問曰：「汝知陳厚耀否？他算法近日精進，向曾受教於汝祖，今汝祖若在，尚將就正於彼矣。」乃命厚耀、瑴成並修書於蒙養齋，賜《算法原本》《算法纂要》《同文算指》《嘉量算指》《幾何原本》《周易折中》，字典、西洋儀器、金扇、松花石硯及瓜果等克什甚多。癸巳修書成，特授翰林院編修。甲午，丁丙艱，命賜帑銀，着江南織造經紀其喪。喪畢，晉國子監司業，擢左諭德兼翰林院修撰。戊戌會試，充同考官。己亥告疾，以原官致仕。所著書有《孔子家語注》《左傳分類》《禮記分類》《戰國異辭》《十七史正訛》及天文術算諸書。又《春秋長(術)[曆]》十卷，乃《左傳分類》中一門，爲補杜預《長曆》而作，其凡有四：一曰「曆證」。備引漢、晉、隋、唐、宋、元諸史志及朱(戴)[載]堉《曆書》諸説，以證推步之異，又引《春秋屬辭》杜預論日月差謬一條，爲注疏所無；《大衍曆議》春秋曆考一條，亦唐志所未録，尤足以資考證。二曰「古曆」。古以十九年爲一章，一章之首，推合周曆正月朔旦冬至。前列算法，後以春秋十二公紀年。橫列爲四章，縱列十二公，積而成表，以求曆元。三曰「曆編」。舉春秋二百四十二年，一一推其朔閏及月之大小，而以經傳干支爲證佐，皆述杜預之説而考辨之。四曰「曆存」。以古術推隱[公](之)元年正月庚戌朔，杜預《長曆》則爲辛巳朔，乃古術所推之上年十二月朔，謂元年之前失一閏，以經傳干支排次知之。厚耀則謂：如預之説，元年至七年中書日者雖多不失，而與二年八月之庚辰、三年十二月之庚戌、四年二月之戊申又不能合。且隱公三年二月己巳朔日食，桓公三年七月壬辰朔日食，亦皆失之。蓋隱公元年以前，非失一閏，乃多一閏，因退一月就之，定隱公元年正月爲庚辰朔，較曆實退兩月。推至僖公五年止，以下朔閏一一與杜曆相符，故不復續載焉。蓋厚耀精於曆法，視預爲密，於考證之學尤爲有裨，治《春秋》者不可少此編矣。壬寅春卒，年七十五。子傳華，郡癢生。

清·江藩《漢學師承記》卷七《陳厚耀》 陳厚耀字泗源，泰州人，康熙四十五年丙戌進士。學問淹通，從梅征君[文]鼎受曆算，遂通中西之術。李相國光地薦厚耀通曆學，召見，試以三角形，令求中線，又問弧背尺寸，厚耀具劄進呈，稱旨。旋以省親乞歸里。戊子，特命來京。己丑五月，駕幸熱河，至密雲，命寫筆算式進呈。少頃，出御書筆算，問：「知此法否？」對曰：「皇上此法精妙簡便，臣法不可用。」上諭曰：「朕將教汝，汝其細心貫想，以待朕問。」次日，又問曰：「汝能測北極出地高下否？」對曰：「若將儀器測景長短，用檢八線表可得高度，此乃二分所測之法。若餘節氣，又有加減之法；然亦不準，以地上有朦氣差，以人目視之，有[升卑爲高](卑高)、映小爲大之異故也。」又問：「地周三百六十度，依周尺每度二百五十里，今尺二百里，地周幾何？地徑幾何？」奏云：「依周尺地周九萬里，今尺七萬二千里。以圍三徑一推之，地徑二萬四千；以密率推之，當得地徑二萬二千九百一十八里有奇。」上複問地圍出何書，對以[《周]髀算經[》]曾言之。問：「何以見其圍也？」對曰：「《職方外紀》：西人言繞地過一周，四匝皆生齒所居，故知其爲圜。且東西測景有時差，南北測星有地差，皆與圜形相合，故益知其爲圜。」

時厚耀以母年高，不忍離，乃就教職，得蘇州府教授。未踰年，召入南書房，上問測景是何法，厚耀求指示，上曰：「此法甚精，不必用八線表。」即以西洋定位法、開方法、虛擬法寫示。又命至座旁隨意作兩點於紙上，厚耀隨點之，上用規尺書圖，即得兩點相去幾何之法。上從容諭之曰：「《堯典》敬授人時，乃帝王大事，奈何勿講！」嘗召入至淵鑒齋，問難反復，並及天象、樂律、山川、形勢，得遍觀御前陳列儀器。召至西暖閣，詢問家世甚詳。從至熱河，命賦泉源石壁詩，授中書科中書，傳旨曰：「上道汝學問好，授汝京官，使汝老母喜也。」又論厚耀曰：「汝嘗言梅瑴成算學甚深，今命來京，與汝同修算法。」瑴成至，上問曰：「汝知陳厚耀否？他算法近日精進，向曾受教於汝祖，今汝祖若在，尚將就正於彼矣。」乃命厚耀、瑴成並修書於蒙養齋，賜《算法原本》《算法纂要》《同文算指》《嘉量算指》《幾何原本》《周易折中》，字典、西洋儀器、金扇、松花、石硯及瓜果等克什。癸巳，書成，特授翰林院編修。甲午，丁丙艱，命賜帑銀，着江[南](蘇)織造經紀其喪。服闋，晉國子監司業，擢左諭德兼翰林院修撰，充戊戌會試同考官。己亥，告病，以原官致仕。

所著書有《春秋戰國異辭》五十六卷、《孔子家語注》《左傳分類》《十七史正訛》及天文曆算諸書。又有《春秋長曆》十卷，乃《左傳分類》中一門，爲補杜預《長曆》而作。其凡有四：一曰曆證，備引漢、晉、隋、唐、宋、元諸史志及朱(戴)[載]堉曆書諸説，以證推步之異。又引《春秋屬辭》杜預論日月差謬一條，爲注疏所無，《大衍曆議》春秋曆考一條，亦《唐志》所未録，尤足以資考證。二曰古曆，古以十九年爲一章，一章之首，推合《周曆》正月朔旦冬至。前列算法，後以《春秋》十二公紀年横列爲四章，縱列十二公，積而成表，以求曆元。三曰曆編，舉《春秋》二百四十二年，一一推其朔閏及月之大小，而以經傳干支爲《證佐》，皆述杜預之説而考辨之。四曰曆存，以古術推隱公元年正月庚戌朔，杜預《長曆》則爲辛巳朔，乃古術所推之上年十二月朔，謂元年之前失一閏，以經傳干支排次知之。厚耀則謂如預之説，元年至七年中書日者雖多不失，而與二年八月之庚辰、三年十二月之庚戌、四年二月之戊申又不能合。且隱公三年二月己巳朔日食，桓公三年七月壬辰朔日食，亦皆失之。蓋隱公元年以前，非失一閏，乃多一閏。因退一月就之，定隱公元年正月爲庚辰朔，較《[曆](術)》實退兩月。推至僖公五年止，以下朔閏一一與杜[曆](術)相符，故不復續載焉。蓋厚耀精於曆法，視預爲密，於考證之學尤爲有裨，治《春秋》者不可少此編矣。又有《春秋世族譜》一卷，亦《左傳》分類之一門也。卒年七十有五。

四庫館館員《四庫總目》卷五〇《史部·别史類·春秋戰國異辭》是编采群书所載，与春秋然則九韶先世蓋魯人而家於蜀者也。《李梅亭集》有《回秦縣尉九韶謝差校正啓》云：「善繼人志，當爲黄素之校讎。肯從吾遊，小試丹鉛之點勘。」

清·阮元等《疇人傳》卷四一《陳厚耀》

陳厚耀字泗源，號曙峯，泰州人也。康熙丙戌進士。安溪李光地薦厚耀通曆法，引見，上命試以算法，繪三角形，令求中綫及問弧背尺寸。厚耀具劄進，稱旨，旋請省親歸里。戊子，特命來京。己丑五月，駕幸熱河，厚耀扈行，至密雲，命寫筆算式進呈。少頃，出御書筆算，問知此法否？厚耀對曰：「皇上此法精妙，極爲簡便，臣法臆撰，不可用。」上諭云：「朕將教汝，汝其細心貫想，以待朕問。」次日，又問曰：「汝能測北極出地高下否？」對曰：「若將儀器測景長短，用檢八線表，可得高度，此在春秋分所測則然。若其餘節氣，又有加減之異，然亦不準。何也？臣聞地上有朦氣之差，以人目視之，有升卑爲高、映小爲大之異，故以渾儀測之多不合，但在天度數則不差也。」又問：「地周三百六十度，依周尺每度二百五十里，今尺二百里，地周幾何？地徑幾何？」奏云：「依周尺地周九萬里，今尺七萬二千里，以圍三徑一推之，地徑二萬四千里，以密率推之，當得地徑二萬二千九百一十八里有奇。」上復問地圜出何書，對以「《周髀算經》曾言之」。問：「何以見其圜也？」對曰：「《職方外紀》，西人言繞地過一周，四帀皆生齒所居，故知其爲圜。且東西測景有時差，南北測星有地差，皆與圜形相合，故益知其爲圜。」時厚耀以母年高，不忍離，乃就教職，得蘇州。未踰年，召入南書房。上問：「測景是何法？」厚耀求指示。上曰：「此法甚精，不必用八線表。」即以西洋定位法、虚擬法寫示。又命至座旁，隨意作兩點于紙上。厚耀隨點之，上用規尺畫圖，即得兩點相去幾何之法。上從容諭之曰：「《堯典》敬授人時，乃帝王大事，奈何弗講？」自是厚耀之學益進。嘗召入至淵鑒齋，問難反覆，並及天象樂律、山川形勢，得遍觀御前陳列儀器，中有方寸器三十種。又召至西暖閣，詢問家世甚詳。從上至熱河，命賦泉源石壁詩，授中書科中書。傳旨曰：「上道汝學問好，授汝京官，使汝老母喜也。」厚耀請定步算諸書，以惠天下。上怡允，諭曰：「汝嘗言梅瑴成學甚深，今命來京，與汝同修算法。」瑴成至，上問曰：「汝知陳厚耀否？他算法近日精進，向曾受教于汝祖，今汝祖若在，尚將就正于彼矣。」乃命厚耀、瑴成並修書于蒙養齋，賜《算法原本》《算法纂要》《同文算指》《嘉量算指》《幾何原本》《周易折中》，字典、西洋儀器、金扇、松花石硯及瓜果等克什甚多。癸巳，修書成，特授翰林院編修。甲午丁内艱，命賜帑銀，着江南織造經紀其喪。喪畢，晉國子監司業，擢左論德兼翰林院修撰。戊戌會試，充同考官。己亥告疾，以原官致仕。

所著天文曆算書甚夥。有《春秋長曆》十卷，爲補杜預《長曆》而作。其凡有四：一曰曆證。備引漢、晉、隋、唐、宋、元諸史志，及朱載堉《曆書》諸説，以証推步之異。又引《春秋屬辭》杜預論日月差謬一條，爲注疏所無；《大衍曆議》春秋曆考一條，亦唐志所未録，尤足以資考證。二曰古術。古以十九年爲一章，一章之首，推合《周術》正月朔冬至。前列算數，後以春秋十二公紀年，横列爲四章，縱列十二公，積而成表，以求術元。三曰曆編。舉《春秋》二百四十二年，一一推其朔閏及月之大小，而以經傳干支爲証佐，皆述杜預之説而考辨之。四曰曆存。以古術推隱公元年正月庚戌朔，杜預《長曆》則爲辛巳朔，乃古術所推之上年十二月朔，謂元年之前失一閏，蓋以經傳干支排次知之。厚耀則謂如預之説，元年至七年中書日者雖多不失，而與二年八月之庚辰、三年十二月之庚戌、四年二月之戊申又不能合。且隱公三年二月己巳朔日食，桓公三年七月壬辰朔日食，亦皆失之。蓋隱公元年以前非失一閏，乃多一閏，因退一月就之，定隱公元年正月爲庚辰朔，較《長曆》實退兩月。推至僖公五年止。以下朔閏，因一一與杜術相符，故不復續載焉。蓋厚耀精于曆法，所推較杜預爲密，于考證之學尤爲有裨，治《春秋》者不可少此編矣。

又算術尖堆除率三十六，倚壁堆除率十八。厚耀論之曰：「尖堆得圓倉三之一，故圓率用十二。此用三十六，其比例爲三十六與十二，若三與一也。倚壁堆是尖堆之半，其除率宜倍三十六作七十二，而乃用十八者，以半圓周自乘，只得全圓自乘四分之一也，故以四除七十二爲十八。」又環田有内外周，併及田積問諸數者，舊術以田積爲實，内外周併數半之爲法，除實得徑，用徑自乘，以減折半數，餘爲内周，以内周減併數，餘爲外周。厚耀論之曰：「『用徑自乘』句有弊。當用六因徑得十八爲較，以減周總，折半而得内周，内周減總而得外周。」皆深于算學之言也。

壬寅春卒，年七十有五。

論曰：吾鄉通天文算法之學者，國初以來，以泗源先生爲第一。焦君里堂循曰：「曙峯以聖天子爲師，故其所得精奥異人。方其引見時，諄諄不倦，何其遇之隆也。世之談算法者，動推梅氏，敬觀聖祖諭梅瑴成數語，千秋定論，可不朽矣。郡志載曙峯所著《孔子家語注》《左傳分類》《禮記分類》《戰國異辭》、《十七史正譌》諸書，蓋已久亡，今存《春秋（世俗）[氏族]譜》一卷、《春秋長曆》十卷，乃《左傳分類》中之二種也。」焦君與余同里，湛深經術，而尤善爲算，會通中西，折衷至當，著有《里堂學算記》十六卷。泗源先生之學，可引而弗替矣。

藝文

清・陳厚耀《春秋戰國異辭》凡例　厚耀性顓魯，書卷之外，無他嗜好，幼而專心曆算，寢食俱廢。【略】教授吴門，吴中士大夫家多藏書，得借而讀之，樂甚。既蒙召，入直内庭，得讀中秘書，益自幸。【略】己亥，蒙天恩予告歸田里，雖目昏手戰，然一日不事鉛槧，輒惘惘如所失，還自笑也。

又陳厚耀《陳氏家乘》卷一〇《召對紀言》　康熙四十七年五月初二日，内侍李玉傳旨：諭内閣大學士陳廷敬等，着丙戌科進士陳厚耀作速來京。内閣行咨吏部，吏部移咨江撫，江撫檄行泰州，即日赴京。厚耀奉文就道，於七月十三日到京。值聖駕幸熱河，内閣奉命在京候旨。九月十五日聖駕回鑾，厚耀待詔暢春苑外。四十八年四月二十二日，大學士陳廷敬等複具折奏云：「臣等於去年奉諭旨，召丙戌科進士陳厚耀來京。查得陳厚耀系江南泰州人，今已來京，謹奏。」上召大學士張玉書、陳廷敬入問話。少刻，内監召厚耀入暢春苑内，引至南書房，兩中堂傳旨問云：「聞汝精通曆算之學，畢竟所學何算？可寫數語回奏。」臣厚耀對云：「臣幼讀性理，研思曆法，因未知算，故又學算法，漸通《九章》，複講三角，其理本於割圓，用之測量，精微奥衍，妙義無窮，臣僅得其大略，未識其全義。伏乞皇上指示，容臣再加學習。」中堂據此具折回奏。上特撤禦饌以賜，命内監齎至南書房，中堂及臣厚耀皆跪謝。午刻，内侍李玉傳旨問：「汝測量是用何法？」臣跪對云：「測量之法由近可以測遠，由卑可以測高，由淺可以測深。」又問：「能用儀器否？」臣對云：「臣家無儀器，只用丈尺亦能測量，與儀器同是一理。儀器以圓測方，須用八線表；丈尺以方測方，直用三率法。」又問云：「能測每日日景長短否？」臣對：「日景隨各地北極高下方可測。」内侍李玉回旨。少刻，又傳旨問云：「汝知得西洋算法否？」臣對云：「臣也知得。只看得書少，亦未能精。」又問：「能知筆算否？」臣對云：「筆算亦知，但盤算熟，筆算生。」李玉回旨，隨傳諭云：「著你今日在此伺候一日。明日再來，在此伺候。」兩中堂遂出。薄暮，同南書房諸詞臣俱出。二十三日，複進南書房，則勵廷儀、錢名世、汪灝、蔣廷錫、陳邦彥、查慎行、賈國維、趙熊詔諸詞臣皆在。早膳後，內侍李玉傳旨問云：「汝能開幾乘方？」臣對云：「開方諸法可開至三十餘乘方。古人但取其生率之妙，然究無實用處，臣僅能開三乘方。若四乘方、五乘方以後，則數繁易錯不能開。但古人開平，開立，皆有圖，而三乘方則無圖。臣曾撰三乘方圖，稍能發古人未備之意，然未知有當與否？」李玉云：「我亦不記得許多説話，但回道你知得便了。」又問：「能開立圓否？」臣對云：「能開。」又問：「是用何法？」臣對云：「古率用十六分之九，今率用二十一分之十一，似更精密。」又問：「能以大桶水算入小桶多少否？」臣對云：「也算得。」又問：「你是用徑一圍三否？」臣對云：「徑一圍三是古法，今用徑七圍二十二亦通。」李玉回旨。少刻，又傳旨問：「定位是何法？」臣對云：「有歌訣。」李玉云：「記不得，可寫與我去。」遂書一紙，云：「乘法歌：每數下一位便是法首數。除法歌：法首上一位便是。每數的平方，隔一位作點；立方隔二位作點。每點進一位，三乘方隔三位作點。」寫畢，捧呈御覽。少刻，又傳旨問：「你知得梅文鼎否？」臣對云：「知得。」他又問：「曾與他會談否？」臣對云：「臣曾到他家請教過，他現在宣城縣。」又問：「你的學問比他如何？」臣對云：「他學問很好，臣却不及。」少刻，又傳旨云：「朕定位一見便知，不用歌訣，梅文鼎算法也只曉得一半，朕教他許多妙法，他曾對你説麼？」臣對云：「他並不曾對臣説，想因臣不能領略，故此不肯説。臣只見他所著的書。」少刻，又傳旨問云：「你多少年紀了？」臣對云：「臣年五十歲。」遂向勵廷儀云：「教寫旨到撰敘，帶他隨駕口外去，還有話問他。」是晚，旨下撰敘，遂同諸詞臣出。二十四日。複至南書房，諸詞臣皆云：「今日不必進來，可速收拾出口去，我等亦同收拾行矣。」二十五(月)[日]，掌院撰敘着同束裝行，宿龍華寺。二十六日，出得勝門，隨駕北行，是晚次石曹。二十七日，車駕次密雲縣。日已晡，上命掌院撰敘傳至行宮門首，令寫一筆算式進呈。臣以《皇極經世》十二會乘一萬八百年，繪一筆算以待。少刻，內侍李玉傳旨云：「汝算法所看何書？」臣對云：「有四五部。」又問：「曾看《算法統宗》否？」臣對云：「也曾看過。」又問：「堆積丈量之法都知道否？」臣對云：「臣也知得。」又問：「開方用歸除？用商除？」臣對云：「用歸除。只首一位用商除。」李玉因攜所繪筆算以進。少刻，又傳旨問：「汝這法是如何定位？」臣對云：「臣此法不用鋪地錦，即以盤算爲筆算者，只看行末一個字便是定位。」少刻出禦書一紙，朱筆橫書，問：「朕此法汝知道否？」臣視之，有似西法，對云：「皇上此法最妙，極爲簡便，臣法系臆撰，不可用。」少刻，又傳旨云：「朕的算法近來也忘記許多，你勿怕，你是進士，朕將教你算法，你也要細細貫想，待朕問你。今日晚了，你且去罷。」掌院遂邀入帳房，令多寫筆算數條進呈。二十八日，車駕次腰亭，掌院飛馬傳至行宮門候旨。少刻，內侍李玉傳旨問云：「你能測北極出地高下否？」臣對云：「若將儀器測日景長短，檢表餘切線在幾度幾分，併入象限九十度，以減半周天一百八十度，餘爲北極出地高度。此在春秋二分所測則然，若其餘節氣所測，又自有加減不同。」李玉傳旨又來問：「你所説朕都知道，但此法不准。何也？」臣對云：「聖諭極是。臣聞昔人云：地上有朦影十八度。以人目視之，有升卑爲高、映小爲大之患，故以渾儀測之多不合，但在天度數則不差。」李玉回奏，少刻，又出禦書一紙，問：「地周三百六十度，依周尺每度二百十里，今尺二百里，地周幾何？地徑幾何？」並出御前紫檀算盤一面，命細細算明回奏。臣具折對云：「依周尺，地周九萬里。今尺七萬二千里。以圍三徑一推之，地徑二萬四千里。以密率推之，當得地徑二萬二千九百一十八里有奇。」李玉回奏，又傳旨問云：「地是圓？是方？」臣對云：「是圓地。」又問：「出在何書？」臣對云：「《尚書蔡傳》『璿璣玉衡』注原説天包地外，地在天中，猶卵之裹黄圓如彈丸，則地圓之説宋儒已有之。至西人，《職方外紀》又細詳其説，想必有據。」李玉回奏，又傳旨問云：「如何見得地圓？」臣複具折對云：「據《職方外紀》云，西人曾繞地走過一遭，四周皆生齒所居，故知其爲圓，且東、西測日影有時差，南、北測極星地差，皆與圓形相合，故益知其爲圓。」時隨駕諸公勵廷儀、蔣廷錫、陳邦彥、賈國維、趙熊詔諸詞臣皆在。上傳旨問：「汝等各人所見如何？可各據所見回奏。」諸臣云：「臣等只聞有天圓地方之説，不聞地圓。」皇上因出《性理大全》《經世大典》《貞觀政要》等書，令諸人細查，且諭：「此等書，朕時時看的，不離左右，汝等曾見否？」諸臣對云：「臣等做舉業，不過略觀大意，總不曾細看。」乃各檢諸書，查得朱子「天圓地方」之説以進。李玉又問：「密説是何法？」臣對云：「此劉宋時祖沖之的算圓法也，不用徑一圍三，以三百五十五爲圓周，一百一十三爲圓徑，最爲精密，臣所算地周即此法也。皇上自知之。」李玉遂捧書以入。五月初四日。車駕至熱河，厚耀等館於掌院撰敘宅。至七月二十九日，車駕出塞，哨鹿命臣等留哈喇和屯。九月十一日，聖駕回熱河，厚耀等複迎至獅子溝，上命隨駕人京。十七日起程，二十三日抵京師。

雜録

清・阮元《廣陵詩事》卷一　泰州陳曙[峯](峰)厚耀成進士，安溪相國特薦其通郭太史算法，召對稱旨，聖主指示筆算諸法，厚耀學益精進。上嘗語梅瑴成曰：「汝知陳厚耀否，他算法近日精進，向曾受教與汝祖？今汝祖若在，尚將就正於彼矣。」詳見元所撰《疇人傳》。厚耀以文學之臣，遭遇聖主數言論定，可不朽矣。所賜書籍、儀器、瓜果甚多。又賜熱河夜光木，供之(幾)[几]上，光姣如月，厚耀奉勅賦《夜亮木》詩。

又　卷三　揚州當康熙時，詩人最盛。通經著述之才，惟泰州陳曙峯太史厚耀。太史通術算，撰《春秋長曆》，以補杜征南之闕佚，而證其訛舛。又有《春秋氏族譜》一卷，《春秋戰國異辭》五十四卷，《通表》兩卷，《摭遺》兩卷，竝採入《四庫全書》。元嘗見其《家乘》所載，尚有《禮記分類》《訂正孔子家語》《十七史正訛》等編，惜其嗣已絶，不可得見矣。其算法可匹宣城梅氏，而考證精核，亦不在閻潛邱、顧亭林之下也。有算學書三十帙，今存泰州宫樂侯軒家。

清・《[同治]蘇州府志》卷五七職官六《蘇州府學教授》　陳厚耀，泰州人，進士，康熙四十九年任。

清閻若璩

傳記

清・阮元等《疇人傳》卷四〇《閻若璩》　閻若璩字百詩，淮安山陽人也。諸生。通《時憲》及《授時》法，嘗據算術以證《古文尚書》之僞。言：「余向謂僞作古文者，略知曆法。當仲康即位初，有九月日食之變，遂以瞽奏鼓等禮當之，而不顧其不合正陽之義。今余既通曆法矣，仲康在位十三年，始壬戌，終甲戌，以《授時》《時憲》二曆推算，仲康四年乙丑歲，距元至元辛巳，積三千四百三十六年。九月朔，交泛一十三日有奇，入日食限。九月定朔，壬辰日未正一刻合朔，日食在氐宿一十五度。仲康元年壬戌歲，距積三千四百三十九年。五月朔，入交泛二十七日有奇，入日食限。五月定朔，丁亥日巳正初刻合朔，日食在井宿二十八度。則仲康始即位之歲，乃五月丁亥朔日食，非季秋月朔也。食在東井，非房宿也。在位十三年中，惟四年九月壬辰朔日有食之，卻與經文『肇位四海』不合。且食在氐末度，亦非房宿也。夫曆法疏密，驗在交食，雖千百世以上，規程不爽，無不可以籌策窮之。仲康四年九月朔日食，而誤附於『肇位四海』之後，以元年五月朔日食，而謬作季秋集房，皆非也。」其它以步算攷證經義甚多。世宗皇帝在潛邸聞其名，延至京師，禮遇甚厚。康熙四十三年卒，年六十有九。世宗親製輓章四首，復爲文祭之。

論曰：上古積年，據《史記》則托始共和，據《漢書》則斷自武王伐紂，至於夏、殷以前，荒遠難稽，馬、班所弗道，攷古者存而不論可也。《詩》「十月之交，朔食辛卯」，在幽王六年，其積算班班可攷，故可以近法推之。若嗣征「辰弗集於房」一節，出于昭十七年，《左傳》引《夏書》，其積年不可審知，又安所求其日食與否耶？閻君經學名家，其於步算，蓋餘事耳。

清秦文淵

傳記

清・阮元等《疇人傳》卷四〇《秦文淵》　秦文淵，著《秦氏七政全書》八册。其《經天要略》，論天行地體經緯交錯之象，以及七政交食步算之端，皆本新法，亦稍附句股、開方、重測諸法。其《七政諸表説》，言歲差及各表用法。其《二百恒年表》，即《新法算書》中表也。

論曰：閻徵君百詩《尚書古文疏證》往往引秦雲九説，未審即一人否也。

清陳訏

傳記

清·阮元等《疇人傳》卷四一《陳訏》 陳訏字言揚，海寧人也。由貢生官淳安縣學教諭。著《句股引蒙》五卷。其凡例言：「六藝，數居其一。句股又《九章》之一。古《周髀》積冪，今三角八綫，皆句股法也。因不得其門，每多望洋。是編如蒙童初識之無，握管作文，或析其數，或明其理，爲入門之始，故名《句股引蒙》。」又有《句股述》二卷，自序略言：「余獲侍梨州黄先生門下，受籌算開方，因著《開方發明》。後因暇請卒業句股。先生曰：『句三股四弦五，此大較也。古來鉅公大儒從事於實學者，多究心焉，可弗講乎？』余退而讀荊川《句股論》，幾不可以句。伏而思之，知空中之理非數不顯，空中之數非理不明，忽若有悟，因述爲句股書。」

清張雍敬

傳記

清·阮元等《疇人傳》卷四〇《張雍敬》 張雍敬字簡庵，秀水人也。著《定曆玉衡》，博綜曆法五十六家，正曆術之謬四十有四，成書一十八卷，其説主中術爲多。裹糧走千里，往見梅文鼎，假館授餐。逾年，相辨論者數百條，去異就同，歸于不疑之地。惟西人地圓如球之説則不合，與梅氏兄弟及汪喬年輩往復辨難，不下三四萬言。著《宣城游學記》。

雜録

清·梅文鼎《續學堂文鈔》卷一《懷張簡菴新城》 短檠棐几追隨日，瞥眼違離遂十年。安得伊人設疑義，相將抵掌共談天。

清孔興泰

傳記

清·阮元等《疇人傳》卷四〇《孔興泰》 孔興泰字林宗，睢州人也。通西法，著《大測精義》，求半弧正弦法與梅文鼎所著《正弦簡法補》不謀而合。

清袁士龍

傳記

清·阮元等《疇人傳》卷四〇《袁士龍》 袁士龍一名士鵬，字惠子，號覺菴，杭州府仁和縣人也。受星學於黄(宏)[弘]憲。西域天文有三十雜星之占，未譯中土星名，士龍有考，與梅文鼎所攷不謀而合。又著《測量全義新書》二卷，凡二十六篇。上卷曰七政經天圖説，曰測天儀象，曰次輪定位，曰經天要旨，曰列宿距度，曰新定步天歌訣，曰太陽測，曰太陰[測]，附羅計孛炁，曰土木火金水星測，曰七政躔次位置測法不同，曰測景候氣，曰象限測法。下卷曰方程神算新法圖説，曰比例尺九式，曰測量用例查法，曰因乘用例查法，曰歸除用例查法，曰用乘捷法五式，曰用除捷法五式，曰句股開方捷法三式，曰指明圓周徑弦眞率，曰測高用法，曰測遠用法，曰高置人目測量高遠，曰移象换影測量高遠，曰望竿定測。

論曰：士龍謂内圓求外方，積三十二因、二十五歸，然則方周率四，圓周率三一二五也，與古率、徽率、密率俱不合。其所謂方程神算，亦以意爲之，非《九章》之方程也。《測量全義新書》，今德清許兵部宗彦藏有是書。

清毛乾乾

傳記

清·阮元等《疇人傳》卷四〇《毛乾乾》 毛乾乾字心易，與梅文鼎論周徑之理，因復推論及方圓相容、相變諸率。隱於匡山，號匡山隱者。

清謝廷逸

傳記

清·阮元等《疇人傳》卷四〇《謝廷逸》 謝廷逸字野臣，中州人也，一曰上元人。於數學甚有精思，偕隱陽羨，自相師友，著述甚富，多前人所未發。

清年希堯

傳記

清·阮元等《疇人傳》卷四〇《年希堯》 年希堯字允恭，廣寧人也。以西人測算之切要者摘録刊布，爲《測算刀圭》三卷：一曰三角法摘要，一曰八線真數表，一曰八線假數表。又有《面體比例便覽》一卷，《對數表》一卷，《對數廣運》一卷。

論曰：寧波教授丁君小雅杰，貽余年氏所刻算書數種，因據以立傳。又有《萬數平立方表》一種，《算法纂要總綱》一種，末附《雜算法》及《八線表根》數頁，又一種無名目，俱係寫本，字跡圖畫並極精美，而不著撰人姓氏，疑亦出希堯家也。

清沈超遠

傳記

清·阮元等《疇人傳》卷四〇《沈超遠》 沈超遠，不知其名，錢塘人也。讀《方程論》，作九問難梅文鼎。

雜録

清·梅文鼎《績學堂文鈔》卷一 《復沈超遠書》 舟中一別，彼此依依。豫翁至，得讀手教，殷殷垂注。又承于拙著《方程》，潛心紬繹，有所論撰，能核諸書之誤，此學爲不孤矣。某此書既成之後，能寓目者，已耶！此書尚有凡例數條，乃係續刻，或不妨于豫菴借鈔之。緣板尚在閩，不能有以復贈耳。向承作《九問》，擬將其中最要者，如矩算之製及尺算用法，一一疏明，以答尊意。別來兩年，鹿鹿未有以報。疎嬾成性，可勝歉仄。然兩年中，亦未嘗敢廢書卷，而所亟欲自明者，尚有《弧三角》，精微之理，往往積思所通。有數十年之疑，無復書卷可証，亦無友朋可問，而忽觸他端，涣然冰釋，亦且連類旁通。或乘夜秉燭，亟起書之，或一夕枕上之所得而累數日書之不盡，引伸不已。遂更時日，觀《方程論》可見矣。《方程》書似稍繁，然細求之，則每設一例，皆有一義。初無重複，具眼者自知之。某于此學，矢願以其一得，與天下人共知之，庶不致古人精意爲俗傳所掩。安得同志如足下者數輩，相聚一室，共暢斯懷耶！老病相尋，戀戀于幾卷殘書，不能復爲遠遊，惟是聖湖煙景，時繫夢思。倘稍稍强健，尚能復來，亦未可知。所居僻陋，亦時有佳客儼臨，但媿山中無以娱賓。或邀玉趾，翩然我來，則生平之幸矣！然不敢請也。某向有欲見數人，以不能鼓勇溯洄，而俄分今古。如蒙不棄，或亦及其未死圖之乎！幅短心長，可勝神往。

清劉湘烓

傳記

清・阮元等《疇人傳》卷四〇《劉湘烓》 劉湘烓字允恭，江夏人也。聞梅文鼎以曆算名當世，鬻産走千餘里，受業其門。湛思積悟，多所創獲。文鼎得之甚喜，曰：「劉生好學精進，啓予不逮。」其與人書曰：「金水二星，《曆指》所説未徹，得劉生説，而知二星之有歲輪，其理確不可易。」因以所著《曆學疑問》屬之討論。湘烓爲著《訂補》三卷。又謂：「曆法自漢唐以來，五星最疏，故其遲留伏逆，皆入於占。至元郭守敬出，而五星始有推步經度之法，而緯度則猶未備。至于西法，舊亦未有緯度，至地谷而後知有推步五星緯表，然亦在守敬後矣。《曆書》有法原、法數，並爲《曆法統宗》。法原者，七政與交食之曆指也；法數者，七政與交食經緯之表也，故曆指實爲造表之根。今曆所載金水曆指，如其法而造表，則與所步之表不合，如其表以推算測天，則又與天密合，是曆官雖有表數，而猶未知立表之根也。」乃作《五星法象編》五卷。文鼎深契其説，摘其要，自爲《五星紀要》。湘烓又欲爲渾蓋通憲天盤安星之用，以戊辰曆元加歲差，用弧三角法，作《恒星經緯表根》一卷，及《月離交均表根》《黄白距度表根》各一卷，皆補新法所未及也。所著又有《曆象之學儒者所宜深討》《論曆學古疏今密》《論日月食算稾》各一卷，《各省北極出地圖説》一卷，《答全椒吴荀淑曆算十問書》一卷。湘烓死，其遺書無一存者。

論曰：胡君雒君虔曰：「曆算之學，二百年來，江左爲盛。吾鄉方氏、宣城梅氏，作述相繼，其道大顯。方氏之弟子爲揭子宣，梅氏之弟子爲湘烓，皆有撰述。子宣之書著録《四庫》，而湘烓書無傳，且不聞楚有爲是學者，豈非知之者難，故其書不復寶貴邪？嗚乎！是可悲已。」

雜録

清・梅文鼎《績學堂詩鈔》卷四 《送劉生允恭歸江陵》

苦茗清尊羞埜蔬，片言珍重此須臾。難酬重趼過從意，無那衰顔病發餘。歸到故園歡菽水，時親良友善居諸。殘編綴拾天能假，刮目遲君更草廬。

清陳世仁

傳記

清・阮元等《疇人傳》卷四一《陳世仁》 陳世仁，海寧人也。康熙乙未進士。著《少廣補遺》一卷，專明垛積之法，凡十二類：一曰平尖，二曰立尖，三曰倍尖，四曰方尖，五曰再乘[尖]，六曰抽奇平尖，七曰抽偶平尖，八曰抽偶數立尖，九曰抽奇數立尖，十曰抽奇偶數方尖，十一曰抽偶再乘尖，十二曰抽奇再乘尖。

論曰：垛積之術，不見於《九章》。沈括《夢溪筆談》云：「算術求積尺之法，如芻萌、芻童、方池、冥谷、塹堵、鼈臑、圓錐、陽馬之類，物形備矣，獨未有（積隙）[隙積]一術。」所謂（積隙）[隙積]，即是垛積。蓋其法實始於括耳。芻萌、芻童之等並具《九章》商功篇。然則垛積之術乃商功之流，而以爲少廣者，近代算家之陋也。世仁詳人之所不詳，其用心有足尚已。

清陳萬策

傳記

清・阮元等《疇人傳》卷四〇《陳萬策》　陳萬策字對初又字謙季，晉江人也。康熙戊戌進士，官詹事府詹事。受算學於梅文鼎，作《中西算法異同論》，言：古今之爲算學者，自隸首、商高而後，若劉徽、祖沖之、趙友欽、郭守敬之徒，皆精詣其術。及西法至，而其説又出於中法之外者，其異同可得而論也。夫中法言異乘同除，而西法總之四率，可謂異矣，而爲比例之理則同也。《九章》之內，大要多同，借衰、疊借之法，蓋差分、盈朒之變其名爾。至中法謂之句股也，用邊；而西法謂之三角也，用角。三邊三角，可以互求。中法有不逮於西法者，則八線立成表是也。剖全圓而爲半周，又剖爲象限，立切、割、弦、矢之線，以成正方角，何嘗非句股與弦哉？其所以妙於中法者，用邊之術可以高深廣遠而已，用角之術則本於天度，所以在璿璣而齊七政，亦無不具乎此。蓋用邊者斜剖之方，而用角者剖心之圓。方者測地，而圓者并可以窺天也。方程之用，西法所無，而借根方之算，中法絕未有聞也。又比例數之表，不用乘除而用併減，於平方、立方、三乘方以上之算尤捷焉，皆中法之所未有也。

至於古法之爲祢子者，今不復有所用者，珠算而已。西法則有籌算、有筆算、有矩算、有比例規算，其雜見錯出，而均合於度數之自然，視中法爲備矣。蓋三代而後，六藝往往不逮於古，何止數學而已？專門之緒，鮮克尋究，而西士以爲六學之一焉。業於是者，終其身，竭精殫慮，以相尚也。觀《幾何原本》一書，自丁先生以來，若六經之尊貴，可以攷其用心，宜其爭衡於中法也。雖然，異者法也，而同者理也。若劉徽、祖沖之、趙友欽以四角起數，所算圓周之率與西法曾無毫釐之差，而西人以六宗率作剖圓八線者，其術亦不外乎此，可見理同而法不異。兼中西之法，神而明之，則藝也，而進乎道矣。

清楊作枚

傳記

清・阮元等《疇人傳》卷四〇《楊作枚》　楊作枚字學山，無錫人也。著《解割圓之根》一卷，言：「《割圓八線表》，久傳於世，而立法之根，未得專書剖晰。《大測》中如十邊、五邊形之理，皆缺焉弗講。反覆紬繹，漸得會通，遂著其圖衍。其算理之隱賾者明之，法之缺略者補之，以備好學者之采擇云爾。」又著《句股正義》一卷。

清方正珠

傳記

清・諸可寶《疇人傳三編》卷一《方正珠》　方正珠字浦選，桐城人。康熙中以歲貢生蒙召對，示以中和樂諸法，奏對稱旨，乃進其父中通所著《數度衍》，並自著《乘除新法》，一時學者奉爲準繩。

清胡宗緒

傳記

清・諸可寶《疇人傳三編》卷一《胡宗緒》　進士胡宗緒，所著《算書存目》，爲《書夜通》《儀象説》《象觀》《歲差新論》《測量大意》《九九淺説》《故簡平儀説》各一卷。康熙七年，用薦修《明史》，與宣城梅徵君善，譔《梅胡問答》一卷，以記相質難之説。

清王蘭生

傳記

清·諸可寶《疇人傳三編》卷一《王蘭生》 王蘭生字振聲別字坦齋，交河人。康熙初，安溪李文貞公督學畿輔，拔冠其曹，補縣學生，遂稟學焉。益自刻厲，自樂律音韻，旁及中西象數，莫不深造。十三年，聖祖問士於文貞，文貞首以公薦。召直內廷，晝日三接，遂得時受天語指示。五十有二年，命與舉人一體會試。九月，蒙養齋開局，與編修纂事。尋丁外艱歸持服，許以所纂書自隨。服闋復赴書局，日侍講殿，祇承顧問。六十年，試禮部不利，賜一體殿試，以二甲一名進士，改翰林院庶吉士，散館授編修。累官至刑部右侍郎，管禮部侍郎事。乾隆三年二月薨於位。公以布衣諸生應薦，出入禁闥二十餘年，深爲三朝所信遇。凡纂輯《律吕正義》《數理精藴》《音韻闡微》諸書皆與焉。公學不爲汎濫，其於樂律，如有神契。既得承受聖祖《御製律管風琴》諸解，乃本明道之説。以人之中聲，定黄(鍾)[鐘]之管，積黍以驗之，展轉生十二律，皆與古法相應。又至郊壇親驗樂器，而後知管音有長短巨細之差，故有黄(鍾)[鐘]積八倍者或四倍者，而匏笙之管反有黄(鍾)[鐘]積八分之一者。至塤篪之數，亦皆以黄(鍾)[鐘]積實加減而得其應聲。至弦音，則但争長短，或用倍，或用半，其聲已應。蓋立方者用體，平方者用面，線與線、體與體之比例異故也。其説稍變朱蔡，而與管子、淮南之説合。此外雜説不關算數者，兹不具詳焉。

論曰：王侍郎爲安溪高弟。安溪之學，留心律吕、曆算、音韻，有發前人所未及者，侍郎皆得其傳。從事書局之餘，嘗出而督學皖、浙、陝西三大省，凡奇才孤學、通知陰陽曆術者，必提掇獎成之。青衿組帶之士，彬彬郁郁，莫不願出門下。當是時，聖君賢相，君臣道合，默契於天人之際，而侍郎以一介儒素參其閒，親接謨訓，而承恩顧，固極人生難得之遭逢矣。雖私家無他譔纂，然以編書終其身。故凡披卻導窾，釐爲一代石渠大制作者，皆侍郎所心劬目瞀者也。尚胡事高談著述與曲藝自鳴者絜短長哉，豈不懿歟。

著作部

徐光啓《測量法義》

著録

清・四庫館臣《測量法義》《測量異同》《勾股義》提要　臣等謹案：《測量法義》一卷，《測量異同》一卷，《勾股義》一卷。明徐光啓撰。首卷演利瑪竇所譯，以明勾股測量之義。首造器，器即《周髀》所謂矩也。次論景，景有倒正，即《周髀》所謂仰矩、覆矩、卧矩也。次設問十五題，以明測望高深廣遠之法，即《周髀》所謂知高知遠知深也。次卷取古法《九章》勾股測量，與新法相較，證其異同，所以明古之測量，法雖具而義則隱也。然測量僅勾股之一端，故於三卷則專言勾股之義焉。序引周髀者，所以明立法之所自來，而西術之本於此者，亦隱然可見。其言李冶廣勾股法爲《測圓海鏡》，已不知作書之意。又謂欲説其義而未遑，則是未解立天元一法，而謬爲是飾説也。古立天元一法，即西洋借根方法，是時西人之來亦有年矣，而于冶之書，猶不得其解，以斷借根方法必出於其後也。三卷之次第大略如此，而其意則皆以明《幾何原本》之用也。蓋古法鮮有言其義者，即有之，皆隨題講解。歐邏巴之學，其先有歐几里得者，按三角方圓推明各類之理，作書十三卷，名曰《幾何原本》。按：後利瑪竇之師丁氏續爲二卷，共十五卷。自是之後，凡學算者必先熟習其書，如釋某法之義，遇有與《幾何原本》相同者，第註曰：「見《幾何原本》某卷、某節。」不復更舉其言。惟《幾何原本》所不能及者，始解之，此西學之條約也。光啓既與利瑪竇譯得《幾何原本》前六卷，竝欲用是書者，依其條約，故作此以設例焉。其《測量法義》序云，「法而系之義也，自歲丁未始也。曷待乎！于時《幾何原本》之六卷始卒業矣，至是而傳其義也」，可以知著書之意矣。乾隆四十六年十二月恭校上。

《測量法義》最目

先造器　次論景　本題十五首　附三數算法

序跋

明・徐光啓《題測量法義》　西泰子之譯測量諸法也，十年矣。法而系之義也，自歲丁未始也。曷待乎？於時《幾何原本》之六卷始卒業矣，至是而後能傳其義也。是法也，與《周髀》《九章》之句股測望，異乎？不異也。不異，何貴焉？亦貴其義也。劉徽、沈存中之流皆嘗言測望矣，能説一表不能説重表也。言大小句股能相求者，以小股大句，小句大股，兩容積等，不言何以必等能相求也。猶之乎丁未以前之西泰子也，曷故乎？無以爲之藉也。無以爲之藉，豈惟諸君子不能言之，即隸首、商高亦不得而言之也。《周髀》不言藉乎？非藉也，藉之中又有藉焉，不盡説《幾何原本》不止也。《原本》之能爲用如是乎？未盡也，是鼷之於河而蠡之於海也。曷取是焉？先之數易見也，小數易解也，廣其術而以之治水治田之爲利，鉅爲務急也，故先之。嗣而有述者焉、作者焉，用之乎百千萬端，夫猶是飲於河而勺於海也，未盡也。是《原本》之爲義也。吴淞徐光啓譔。

徐光啓《測量異同》

序跋

明・徐光啓《測量異同・緒言》　《九章算法》句股篇中故有用表、用矩尺測量數條，與今譯《測量法義》相較，其法略同。其義全闕，學者不能識其所繇。既具新論，以考舊文，如視掌矣。今悉存諸法，對題臚列，推求異同，以竢討論。其舊篇所有今譯所無者，仍補論一則，共爲《測量異同》六首，如左。

第一題　以景測高。

第二題　以表測高。

第三題　以表測深。
第四題　以重表兼測無遠之高，無高之遠。
第五題　以四表測遠。
第六題　以重矩兼測無廣之深、無深之廣。

徐光啓《句股義》

序跋

明·徐光啓《句股義·序》　《周髀算經》曰：「昔者周公問於商高曰：竊聞乎大夫善數也，請問古者庖犧立周天曆度。夫天不可階而升，地不可尺寸而度，請問數從安出？商高曰：數之法出於圓方，圓出於方，方出於矩，矩出於九九八十一。故折矩以爲句廣三，股修四，徑隅五。既方之外，半其一矩，環而共盤，得成三四五，兩矩共長二十有五，是謂積矩。故禹之所以治天下者，此數之所生也。」漢趙君卿注曰：「禹治洪水，決流江河，望山川之形，定高下之勢，除滔天之災，釋昏墊之厄，使東注於海，而無浸溺，乃句股之所由生也。」又曰：「觀其迭相規矩，共爲反覆，互與通分，各有所得。然則統叙羣倫，弘紀衆理，貫幽入微，鈎深致遠，故曰其裁制萬物，惟所爲之也。」徐光啓曰：《周髀》句股者，世傳黄帝所作，而經言庖犧，疑莫能明也。然二帝皆用造曆，而禹復藉之以平水土，蓋度數之用，無所不通者也。後世治曆之家，代不絶人，亦且增修遞進。至元郭守敬若思十得其六七矣，亡不資算術爲用者；獨水學久廢，即有耑門名家，代不一二人，亦絶不聞以句股從事。僅見《元史》載守敬受學於劉秉忠，精算數水利，巧思絶人。世祖召見，面陳水利六事，又陳水利十有一事。又嘗以海面較京師至汴梁，定其地形高下之差，又自孟門而東，循黄河故道，縱廣數百里間，各爲測量地平，或可以分殺河勢，或可以灌溉田土，具有圖志。如若思者，可謂博大精深，繼神禹之絶學者矣。勝國略信用之，若通惠、會通諸役，僅十之一二，後其書復不傳，實可惜也。至乃遡其爲法，不過句股測量，變而通之，故在人耳。又自古迄今，無有言二法之所以然者。自余從西泰子譯得《測量法義》，不揣復作《句股諸義》，即此法，底裏洞然。於以通變施用，如伐材於林，挹水於澤，若思而在，當爲之撫掌一快已。方今曆象之學，或歲月可緩，紛綸衆務，或非世道所急；至如西北治河，東南治水利，皆目前救時至計，然而欲尋禹績，恐此法終不可廢也。有紹明郭氏之業者，必能佐平成之功，周公豈欺我哉！句股遺言獨見於《九章》中，凡數十法，不出余所撰正法十五條。元李冶廣之，作《測圓海鏡》，近顧司寇應祥爲之分類釋術，余欲爲説其義，未遑也。其造端第一論，則此篇之七亦略具矣。《周髀》首章、《九章》句股之鼻祖，甄鸞、李淳風輩爲之重釋，頗明悉，實爲算術中古文第一。余故爲採摭要語，弁諸篇端，以俟用世之君子不廢芻蕘者。其圖註見他本爲節解。至於商高問答之後，所謂榮方問於陳子者，言日月天地之數，則千古大愚也。李淳風駁正之，殊爲未辨。若《周髀》果盡此，其學廢弗傳不足怪；而亦有近理者數十語，絶勝渾天家，余嘗爲雌黄之，別有論。

又《勾股義·緒言》　勾股即三邊直角形也。底線爲勾，底上之垂線爲股，對直角邊爲弦。勾股上兩直角方形并與弦上直角方形等，故勾三、股四，則弦必五，從此可以勾股求弦，勾弦求股，股弦求勾；可以求勾股中容方、容圓；可以各較求勾、求股、求弦；可以各和求勾、求股、求弦；可以大小兩勾股互相求；可以立表求高深廣遠，以通勾股之窮；可以二表四表，求高深，極廣遠，以通立表之窮。其大小相求及立表諸法，《測量法義》所論著略備矣；勾股自相求，以至容方容圓，各和各較相求者，舊《九章》中亦有之，第能言其法，不能言其義也。所立諸法，蕪陋不堪讀。門人孫初陽氏删爲正法十五條，稍簡明矣，余因各爲論譔其義，使夫精於數學者，攬圖誦説，庶或爲之解頤。

李之藻《同文算指》

著録

清·四庫館臣《同文算指提要》　臣等謹案：《同文算指》前編二卷，通編八卷，明李之藻演西人利瑪竇所譯之書也。前編上下二卷，言筆算定位加減乘除之式，及約分通分之法。通編八卷，以西術論《九章》，卷一曰三率準測，即古異乘同除；曰變測，即古同乘異除；曰重測，即古同乘同除。卷二、卷三曰合類差分，曰和較三率，曰借衰互徵，即古差分，又謂之衰分。卷四曰疊借互徵，即古盈朒。卷五曰雜和較乘，即古方程。卷六曰測量三率，即古勾股；曰開平方，曰奇零開平方，即古少廣。卷七曰積較和開平方，卷八曰帶縱諸變開平方，曰開立方，曰廣諸乘方，曰奇零諸乘方，皆即古少廣。按：《九章》乃周禮之遺法，其用各殊，爲後世言數者所不能易。西法惟開方，即古少廣。勾股各有專術，餘皆以三率御之。若方田、粟布、差分、商功、均輸五章，本可以三率御之。至於盈朒以御隱雜互見，方程以御錯糅正負，則三率不可御矣。蓋中法、西法固各有所長，莫能相掩也。是書欲以西法易《九章》，故較量長短俱有增補，其論三率比例，視中土所傳方田、粟布、差分諸術，實爲詳悉。至盈朒、方程二術，則皆仍舊法。少廣畧而未備，且法與數多出入之處。梅文鼎方程餘論曰：《幾何原本》言勾股、三角備矣。《同文算指》於盈朒、方程取古人之法，以傳之，非利氏之所傳也。又曰：諸書之謬誤皆沿之，而不能察其必非。知之而不用，能言之而不悉，亦可見矣。誠確論也。然中土算書自元以來散失尤甚，未有能起而蒐輯之者。利氏獨不憚其煩，積日累月，取諸法而合訂是編，亦可以爲算家考古之資矣。乾隆四十六年十月恭校上。

《同文算指》前編總目

卷上

定位第一　加法第二　減法第三　乘法第四　除法第五

卷下

奇零約法第六　奇零併母子法第七　奇零參析約法第八　化法第九　奇零加法第十　奇零減法第十一　奇零乘法第十二　奇零除法第十三　重零除盡法第十四　通問第十五

序跋

明・徐光啓《刻同文算指序》　數之原，其與生人俱來乎？始於一，終於十，十指象之，屈而計諸，不可勝用也。五方萬國風習千變，至於算數無弗同者，十指之賅存無弗同耳。我中夏自黄帝命隸首作算，以佐容成，至周大備。周公用之，列於學官以取士，賓興賢能而官使之。孔門弟子身通六藝者，謂之升堂入室，使數學可廢，則周孔之教踳矣。而或謂載籍燔於嬴氏，三代之學多不傳，則馬鄭諸儒先相授何物？《唐六典》所列十經，博士弟子五年而學成者，又何書也？由是言之，算數之學特廢於近世數百年間爾。廢之緣有二，其一爲名理之儒土苴天下之實事，其一爲妖妄之術謬言數有神理，能知來藏往，靡所不效，卒於神者無一效而實者亡一存。往昔聖人所以制世，利用之大法，曾不能得之士大夫間，而術業政事盡遜於古初遠矣。余友李水部振之，卓犖通人，生平相與慨歎此事，行求當世算術之書，大都古初之文十一，近代俗傳之言十八，其儒先所述作而不倍於古初者，亦復十一而已。俗傳者，余嘗戲目爲閉關之術，多謬妄弗論，即所謂古初之文與其弗倍於古初者，亦僅僅具有其法而不能言其立法之意。益復遠想，唐學十經必有原始通極微渺之義，若止如今世所傳，則浹月可盡，何事乃須五年也。既又相與從西國利先生游，論道之隙，時時及於理數。其言道言理，既皆返本蹠實，絕去一切虛玄幻妄之説。而象數之學，亦皆遡源承流，根附葉著，上窮九天，旁該萬事。在於西國膠庠之中，亦數年而學成者也。吾輩既不及覩唐之十經，觀利公與同事諸先生所言曆法諸事，即其數學精妙比於漢唐之世十百倍之。因而造席請益，惜余與振之出入相左。振之兩度居燕，譯得其算術如干卷。既脱稾，余始間請而共讀之、共講之。大率與舊術同者，舊所弗及也。與舊術異者，則舊所未之有也。旋取舊術而共讀之、共講之。大率與西術合者，靡弗與理合也。與西術謬者，靡弗與理謬也。振之因取舊術斟酌去取，用所譯西術駢附梓之，題曰《同文算指》。斯可謂網羅藝業之美，開廓著述之途。雖失十經，如棄敝屩矣。算術者，工人之斧斤尋尺，曆律兩家旁及萬事者，其所造宮室器用也。此事不能了徹，諸事未可易論。頃者交食議起，天官家、精識者欲依洪武故事，從西國諸先生備、譯所傳曆法，仍用京朝官屬筆如吴太史。而宗伯以振之請，余不敏，備員焉。值余有狗馬之疾，請急還南，而振之方服除赴闕，儻一日者復如庚戌之事，便當竣此大業，以啓方來，則是書其斧斤等尺哉。若乃山林畎畝有小人之事，余亦得挾此往也，握算言縱横矣。萬曆甲寅春月，友弟吴淞徐光啓撰。

明・李之藻《同文算指・序》　古者教士三物而藝居一，六藝而數居一。數于藝猶土于五行，無處不寓。耳目所接，已然之迹，非數莫紀。聞見所不及，六合而外千萬世。而前而後，必然之驗，非數莫推。已然必然，總歸自然，乘除損益，神智莫增，喬詭莫掩，顓蒙莫可誑也。惟是巧心濬發則悟出人先，功力研熟則習亦生巧，其道使人心心歸實，虛憍之氣潛消，亦使人躍躍含靈，通變之才漸啓。小則米鹽淩雜，大至晝野經天。神禹賴矩測平成，公旦從周髀窺驗。誰謂九九小數致遠恐泥，嘗試爲之當亦賢于博奕矣。乃自古學既邈，實用莫窺，安定蘇湖，猶存告餼。其在於今士，占一經，恥握從衡之訴。才高七步，不嫻律度之宗。無論河渠曆象，顯忒其方。尋思吏治民生，陰受其敝。吁！可慨已。往游金臺，遇西儒利瑪竇先生，精言天道，旁及算指，其術不假操觚，第資毛穎。喜其便于日用，退食譯之，久而成帙，加減乘除，總亦不殊中土。至於奇零分合，特自玄暢，多昔賢未發之旨。盈縮句股，開方測圜，舊法最艱，新譯彌捷。夫西方遠人，安所窺龍馬龜疇之秘、隸首商高之業，而十九符其用，書數共其宗，精之入委微，高之出意表，良亦心同理同，天地自然之數同歟。昔婆羅門有《九執曆》，寫字爲算。開元擯謂繁瑣，遂致失傳。視此異同，今亦無從參考。若乃聖明在宥，遐方文獻何嫌並蓄兼收，以昭九譯同文之盛，矧其裨實學、前民用如斯者，用以鼓吹休明，光闡地應，此夫獻琛輯瑞，儻亦前此希有者乎？僕性無他嗜，自揆寡昧，游心此道，庶補幼學灑掃應對之闕爾，復感存亡之永隔，幸心期之尚存，薈輯所聞，釐爲三種，前編舉要則思已過半，通編稍演其例以通俚俗，間取《九章》補綴而卒不出原書之範圍，別編則測圜諸術，存之以俟同志。今廟堂議興曆學，通算與明經並進，傳之其人，儻不與《九執》同湮。至于緣數尋理，載在《幾何》，本本元元，具存《實義》諸書，如第謂藝數云爾，則非利公九萬里來苦心也。萬曆癸丑日在天駟仁和李之藻振之書於龍泓精舍。

方中通《數度衍》

著録

清・四庫館臣《數度衍提要》 臣等謹案：《數度衍》二十四卷。國朝方中通撰。中通字位伯，桐城人，明檢討以智之子也。以智博極羣書，兼通算數，中通承其家學，著爲是書。有數原、律衍、幾何約、珠算、筆算、籌算、尺算諸法。復條列古九章名目，引《御製數理精蘊》法推闡其義。其《幾何約》篇，本前明徐光啓譯本，其珠算，倣程大位《算法統宗》，筆算、籌算、尺算，採《同文算指》及《新法算書》。惟數原、律衍未明所自，大抵裒緝諸家之長，而增減潤色，勒爲一編者也。其尺算之術，梅文鼎謂其三尺交加取數，故祇能用平分一綫。其比例規解之本法，惜僅見其弟中履，但稱中通得舊法於豫章，而不知其法何如，並未獲與中通深論。又稱見嘉興陳藎謨《尺算用法》一卷，亦祇平分一綫，豈中通所據之法與藎謨同出一源歟！蓋不可考矣。乾隆四十六年十月恭校上。

《數度衍》目録

卷首之一　數原　卷首之二　律衍　卷首之三　幾何約

一卷　珠算　二卷　筆算上　三卷　筆算下　附鋪地錦　洛書算　四卷　籌算　五卷　尺算　六卷　勾股勾股之一　有積勾股之二　有率勾股之三　容方勾股之四　容圓勾股之五　七卷　測量勾股之六　器測勾股之七　八卷　測圓勾股之七　九卷　方圓少廣之一　弧矢弦少廣之二　十卷　較容少廣之三　十一卷　遞加少廣之四　外包少廣之五　倍加少廣之六　十二卷　開平方少廣之七　開平圓少廣之八　十三卷　開立方少廣之九　開立圓少廣之十　十四卷　開三乘方少廣之十一　廣諸乘方少廣之十二　十五卷　丈量方田之一　田形方田之二　十六卷　開築商功之一　垛捆商功之二　十七卷　兩分差差分之一　遞差分差分之二　倍差分差分之三　子母差差分之四　合率差差分之五　十八卷　和較三率差分之六　借衰互徵差分之七　十九卷　均輸　二十卷　借推盈朒盈朒之一　原帶盈朒盈朒之二　二十一卷　方程　二十二卷　度粟布之一　量粟布之二　衡粟布之三　互求粟布之四　二十三卷　九章外法　乘除新法　揭方問答

序跋

吴雲《數度衍序》 數學，自三百六旬有六載于書，萬千五百二十載于易，尚矣。然而三代以下，未之或知也。不知者，因理而忘數，遂謂數無與于理，于是身通六藝者止於春秋。至戰國時，千歲日至五百餘歲五十七，十百之田制，一五之爵籍，八九五之農法。孟子何爲而悉數哉？數在則理在，曆天、井田，爵人之所係也，今未或知矣。至明神宗時，有西學曰利氏，從歐羅來，言天而知度，言地而知方，言物而知器，且可以人氣之多少而可以知壽之長短。不但物象然，也即爲物，可爲琴自鳴，爲燈自炤，爲更籌自報，爲爐火自燃，爲門以數百萬木屑合成，而岩無痕之壁，以尋常物象觀之，固亦足異。然豈知即以此爲常物象乎？知其數者即知道矣，舍數何所謂道？參天兩地而倚數，孰非數又孰非道。道既曰貞，夫一二云足矣，而何必曰萬一千五百。道出于天，天云足矣。而何必曰三百六十。道不亦勞乎？其勞正所謂道也，指南于周，辯壤于孔，列賦于禹，何爲也哉？今未之或知矣。六藝之後身通七二，誰復有聞。于是樂、律、曆、運、農田水利、治河繕城、濟荒治餉、建土擇方之要，俱一一而不講。數不定因事不定，遂多用民力民財而事竟不成。不惟事不益民而反累民，安問其知吾三百六萬一千五，如吾聖賢之所言耶宜，數學之不能知也。利西歐亦非知數者，又非能知吾中國之數者，遠人知數，則何必當周之時猶復賴吾周公之指南而後能歸，以此而知遠人之不能知數也。然則利西歐之數何爲而出乎？人不讀書、知古、論世耳，成王聖化，周公秉政，其國來朝得吾職方氏之六藝而歸。猶之郯子之知吾周官以爲郯子之學云爾，乃謂郯子知古官氏，而我不知，何也？歐羅之數得自吾周公而往也。此吾方小衍氏，近從西學穆氏而後歸焉，猶邵子之從穆氏而歸吾易也，賢矣哉。有志聖學者，幸一游其門而傳之，無若予之欲學而猶弗得者也。敬序。

方以智　方中德《數度衍序》　藥地老人示：漆園《天下篇》曰明於本數，係於末度。吾謂數自有度。《易》曰：制數度以議德行。神自無方，準不可亂，舍曰無歲、無內、無外，秩序變化，原同一時，因其條理，而付之中節之謂度。故曰一在二中，物自獻理，誰能惑我。然則數乃質耳，度也者，其大本之時幾乎。泥於數，則技；通於數，則神。汝既知數，即可以此通神明，類萬物矣。專精藏密，勉之，勉之。

此大人見《數度衍》而勉二弟之語也。弟之研極者十餘季矣，初，大人廬墓合山重編時論時，衍極數以示悳等，弟退即變數十圖。以進，大人喜甚，因命精數。弟遂發明勾股出於《河圖》，加減乘除出於《洛書》。既而玩泰西諸書，乃合筆籌珠之三法，而窮差別於九章已。三弟得尺算一法，即以貽弟，復數晝夜而盡其變，可謂精矣。方弟之著是書，獨處一室，廢寢食而寒暑不輟，故宜其搜賾索隱，鈎深致遠，莫不具也。三弟以爲三千年之一書，豈虚譽哉！余得盡讀之，喜而書數言於大人勉語之後。伯氏悳。

方中履《數度衍序》　《後漢志》曰隸首作數，《晉志》亦曰隸首作算數，《博物記》曰隸首，黄帝臣。按：《周髀》曰包犧曆度數安從出，則算不自隸首始矣。而九算之名始出《周禮》，注稱：《九章》則見於鄭康成傳，章懷曰《九章》，周公所作，凡九篇。《藝經》又云周公作捐悶，其書皆不傳，惟《周髀》積矩三圖而已。自鄭玄、嵩真、曹元理、卓茂、劉瑜、翟酺、何休、馬續、趙逵、顧越、劉焯、蘇焯，皆善算而未嘗著書。張衡、許商、杜忠、趙君卿、祖沖之、劉徽、王蕃、皮延宗、徐岳、甄鸞、李遵義、楊淑、趙䀢、夏侯陽、張丘建、張浚、劉炫、李淳風、謝察微、龍受益、劉孝孫、蔣舜元，皆著有書，而亡者又衆。近惟泰西諸書行於世，中國士大夫則不講也久矣。商高曰：「禹之所以治天下，此數之所生也。」《周官》保氏掌諫王惡，養國子以道，則教六藝，而數與焉。班固曰：「數者，所以順性命之理也。」由此觀之，數所以治天下，所以養國子，所以順性命，而士大夫不講，何哉？雖然，難言之矣。古法用竹，徑一分，長六寸，二百七十一枚而成六觚，爲一握。今則用珠算，泰西則用筆算，又有籌算、尺算，其法不一，其理則同。然算之難不在是也，天不可階而升至，日月之出入、交食，列星之伏逆遲留，皆能算而知之，豈不神哉。然而算之難不在是也，《書》曰先其算命本起於黄鐘，度量衡皆於是生，所以宣養六氣九德、順天地洽神明、類萬物之情，十二律旋相爲宮，並因算而得之。然而算之難不在是也，至張衡新率、沖之綴術，劉徽因木望山、趙彦和平地續狹斜，善矣。然一端耳，逮吾仲兄侍大人而學易，始明勾股出於《河圖》，加減乘除出於《洛書》。實前人所未發，此《數度衍》之所以作也。爲書二十六卷，合四法而論其長，則珠之加減、筆之除、籌之乘、尺之比例，叙《九章》則謂皆生於勾股，而歸於《周髀》。雖《幾何原本》《同文算指》《圓容較義》自云無出其右乎？而吾兄補其不足者多矣。方圓、縱横窮盡其變，詎非三千年之一書歟！則鄭玄輩不著書可矣，張衡諸人書不傳可矣。且吾兄之著是書，非有商大夫陳子之可問，非若鄭玄、馬續及見周公之書。譬猶宜僚弄丸、公孫舞劍、伯樂相馬、連成操琴，是何嘗待賢於已者教之哉！獨殫思研極十易寒暑而始成，可謂難矣！吾嘗學於兄而僅識其大略，不學不知其難，不學不知其微。大人曰：「泥於數則技，通於數則神。」是書也，技云乎哉？世有知者，必不以弟譽其兄也，明矣！康熙壬寅三月，三弟中履謹序。

雜録

《數度衍》凡例

此書明勾股出於《河圖》，加減乘除出於《洛書》，知一切不外河洛也。故首言其原，黄鐘爲數之始。故次律衍。線面體之理，盡於幾何，故約之，至於曆法，別有專書。

西學精矣，中土失傳耳。今以西學歸《九章》，以《九章》歸《周髀》。《周髀》獨言勾股，而《九章》皆勾股所生，故以勾股爲首，少廣次之，方田次之，商功次之，差分次之，均輸次之，盈朒次之，方程次之，粟布次之。

《九章》取用，無踰加減乘除四法。四法備於四算，故以珠筆籌尺之法，衍於《九章》之前。

數盡於《九章》矣，然有不可屬於某章之下者，故曰外法。於《九章》之後衍之，《九章》亦賴爲用也。

方田，少廣所出，其方圓諸法宜詳於少廣。他書以方圓法悉載方田下，是以無窮之理，但以方田一事視之，不可也。是編以方圓歸少廣，方田中用方圓法者，則曰用少廣某法。蓋《九章》中互相爲用者甚多，其重見者則均有所屬耳。至用某章法，或曰詳某章，或曰用某章某法，皆註明。

有法無圖者，人多不解，今有一法必增一圖，指圖言法，令人易曉。法易解者不作圖。

圖之界線不可指説，以十干命之，以十二支命之，以八卦命之，庶不混亂耳。《九章》中法有未備者，悉以愚意增之。合乎率者，始立法術，即入某章內，其偶合者不録。

數之用不一，如九重之大小，七政之行度，日月之交食，天地之互測，黄鐘之損益，太乙之卦運，其故莫不可求。又如制禮作樂、均丘賦、定職方，與夫度量衡，尤爲家國要務。及乎同身寸外，以徵穴道，内以察臟腑，三才萬象，用非一端，而其理則一也。夫九數有爲人所常用者，有不輕爲人所用者，其理甚微。是編悉載之，并加淺説，務使深幾奥旨見而知之，其有未盡變者，請以俟之好學君子。

通少遭難失學，偶以流寓西堂，泰西穆先生教以筆算，粗知一二。後得《周髀》《幾何》《同文》諸書，心甚好之。老父合山衍易時，通得侍左右，始知易備萬物之數，而河洛中，五爲陰陽之大符，人安可不學易乎，欲學易又安可不學數乎。世或鄙之，又或畏之，嗟乎！難其人耳。通最鈍騃，性復善忘，既苦無書，又苦有書不能盡記。雖曰研極所得，幾何安能竊天地古今之所未盡耶，或有所得，將以此存質高明，詎敢語半隱半云爾乎。辛丑余月，位白通識於隨衍室中。

薛鳳祚《曆學會通》

著録

清・四庫館臣《天學會通提要》 國朝薛鳳祚撰。是書本穆尼閣《天步真原》而作，所言皆推算交食之法。按：推算交食，凡有兩例。一用積月、積日以取應用諸行度數，由平三角、弧三角等法逐次比例，而得食分時刻方位者；一用立成表，按年月日時度數，逐次檢取角度加減，而得食分時刻方位者。鳳祚此書，蓋用表算之例，殊爲簡捷精密。梅文鼎訂注是書，亦稱其以西洋六十分通爲百分，從授時之法，實爲便用，惟仍以對數立算不如直用乘除爲正法。惜所訂注之處，未獲與之相質云。乾隆四十四年□月恭校上。

序跋

清・薛鳳祚《曆學會通》正弦部序 天文各線皆圈線也，而各種取用之線，以方代圓，所差甚微。作法者殆疑神授，非人力也。線雖爲八，而割切等法，實皆秉之正弦。今舊法割圓表，久鐫行世，而獨於取正弦之法闕畧不全。學者求其法而不得，將并所用之法而不敢信，非作與傳者之過歟？往年予與穆先生重訂於白下，且以對數代八線，覺省易倍之，已授梓矣，屬有會通之役，更用新例，改爲中法。夫昔之勾股作四線，爲去疎從密；今之四線作對數，爲去煩從簡，去晦就明。質之治曆諸君子，果能心折予言否！海岱薛鳳祚識。

又 《正弦瀘》原叙 天文各線皆圈線也，而各種取用之線，以方代圓，所差甚微。作瀍者殆疑神授，非人力也。線雖爲八，而割切等瀍，實皆秉之正弦。今西瀍割圓表久鐫行世，而獨遺取正弦之瀍，蓋秘之也。學者求其瀍而不得，將并所用之瀍，而不敢信，非作與傳者之過歟？往年予與穆先生重譯於白下，今天學且竣，遡流窮源，更授此學，弁諸瀍之首。夫新西瀍以對數代八線，取其便也；以正弦原瀍補八線，探其本也。於舊刻割圓表功真倍之矣。北海薛鳳祚識。

又《中法四線引》 曆數之原，本于算數。算法在予閱四變矣，癸酉之冬，予從玉山魏先生得開方之法，置從來上下廉隅縱益諸方不用，而別爲雙單奇偶等數，此因義和相傳之舊而特取其捷徑者。既而于長安復於皇清順治時憲曆。得八線，有正弦、餘弦、切線、餘切線、割線、餘割線、矢線，亦即中法開方諸術，而以其方法易爲圓法，亦加精加倍矣。然而苦其乘除之不易，壬辰春日，予來白下，去癸酉且二十年，復得與彌閣穆先生求三角法，又求對數及對數四線表。對數者，苦乘除之煩變爲加減，用之作曆省易無訛者也。此算經三變，可稱精詳簡易矣。今有較正會通之役，復患中法太脱畧，而舊法又以六成十不能相入，乃取而通之。自諸書以及八線，皆取其六數通以十數，然後義和舊新二法，時憲舊新二法，合而爲一，或可備此道階梯矣。在昔立法，聖人神悟超卓，雖各天一隅，而理無不同，創法立制皆劈空竪義，有令人積思殫慮不能作一解者。其玄奥慧巧，豈容後人復置一喙。後世代有更易，不過即其成法而爲之節裁，非能別有創議也。不然，算爲曆原，天下豈有二道哉，是誣聖賢誣曆法也。康熙改元，歲在壬寅十二月下浣，薛鳳祚書於毘陵客舍。

又《比例對數表·叙》 日月星辰，有生之類，莫不仰之，而人莫克詳其數，其故何也？良以理數繁微，作法太難，令人多望洋之嘆。即時有遠想者，不過取昔人立成諸法，循數步推，甚至靈臺世業亦止因仍舊簡，不知本原。夫不知其原，則不能通變諸法。此其要在勾股，柰三角勾股，病撿取不易。穆先生出而改爲對數。今有對數表，則省乘除，而況開方、立方、三四五方等法，皆比原法工力十省六七，且無舛錯之患，此實爲穆先生改曆立法第一功。予執筆以受，時而重譯，於戊辰曆元後廿五稔，歲在壽星，歷春暨夏而秋，方盛暑，則烈陽薰灼，揮汗浹背，勞誠苦矣，功於何有？北海薛鳳祚撰。

雜録

清·梅文鼎《天學會通訂注》 青州薛儀甫鳳祚本《天步真原》而作《會通》，以西法六十分通爲百分，從授時之法，實爲便用。然仍以對數立算，愚則以不如直用乘除爲正法也。以上二書，向從金陵老友劉文學于岐昭借鈔，續遇穎州劉行人子端淑因，慨然欲校刻青州遺書，約鼎爲之是正，以事不果。近承東藩梁先生世勳惠寄薛氏全書，則《氣化遷流》諸卷俱已續刊矣。穎州師弟之誼甚篤，若見刊本，必喜餘所訂注之處，惜未獲與之相質也。

王錫闡《圜解》

著録

《圜解》目録

平圜第一　平行線第二　弧弦矢第三　折線第四　勾股第五　兩弧三邊形第六　四邊形第七　弧弦矢互易第八　兩弦相因第九　損益第十　弧交弦第十一

序跋

清·梅文鼎《圜解序》 《圜解》十二章，吴江王寅旭先生錫闡作也。寅旭深於曆算之學，此其一斑耳。余得此本於檇李徐善敬可。敬可與寅旭友，嘗有所問，作此告之。仍有割圓，圖如扇面者，一紙行笥，偶逸惟存。此本及所作曆説六篇，余因歎古人著述，其胸中所有，必多於筆舌所發。其逸而不傳者，又必多於其所傳。在曆學爲尤甚，何也？習者既稀真知者，更曠世一見也。北齊張子信以渾儀測驗，居海島中二十年，其所積候而悟，如交道表裏、五星留逆諸説，多爲後世遵用。顧當其時不顯，《北史》又莫之能詳，非大衍曆議稍稍表章不没其實，則亦無復有知之者矣。夫步曆本於算數。算數者，治曆之綱要。西人以三角八綫言測算，其説備於《幾何原本》。然六卷以後，輒不傳意者。利氏既没，徐、李云亡，無復有能任翻譯之事者耶。乃今六卷之書，讀之者蓋已甚寡，縱令全譯，誰復有寓目者乎？今《曆書》中頗采用其後十餘卷之説。至若《測量全義》可謂精矣，而先後數相加減代乘除之法，亦但舉其用而不詳其理，熟復於寅旭此書，可以得其門户。惜其書尚有未竟，而其中章次頗爲鈔録者所亂，因稍爲更定，并訂補其論之所遺及字句之譌凡十餘處，以質之敬可。敬可爲子言寅旭有所撰曆法書，即今明志所載，其原本遠在姚江，未經郵到。然即六論以觀，已能深入西法之堂奥，而規其缺漏。如所論恒星定而歲實消，則歲差不宜爲定率，日食當用月次均諸説，皆直抉其微，以視徒守古率輒攻西説者大有逕庭。夫積思之所通，事出神解，自師説而入，理有持循，然二者有間矣。余嘗謂言，授時者惟何文定公瑭、鄭端清世子載堉爲精，在邢觀察雲路、魏處士文魁之上，何則？一由歷經精探而知，一藉通軌繩尺而守也。青州薛儀甫鳳祚得穆尼閣之傳，著新西法，於《曆書》可謂之新，於尼閣則西人舊耳。而寅旭之言，一本心悟。廣昌揭子宣暄去歲寄余圖論，亦本西人之法，而别有發明，爲一氣旋轉之説。然去數言理，似寅旭之言較實。余由是信九州以内，故自有人而又深惜其不能羣萃一堂，以相爲考訂，成一代千秋之業也。康熙庚午燕邸識。

雜録

清・梅文鼎《勿庵曆算書目・王寅旭書補注》 吴江王寅旭先生錫闡，深明曆術，著撰極富。初，太史潘稼堂先生爲鼎稱述之，己巳入都，始從嘉禾徐敬可善抄得其《圜解》一册，爲之訂其缺誤，已複因阮于嶽副憲寄訊稼堂，抄到《測食》諸稿，又因張簡庵雍敬寄到曆法書二卷，又于簡庵處見其所定大統法及三辰儀晷，竊亦稍有附論。然寅旭之書不止於是也，鼎嘗評近代曆學，以吴江爲最，識解在青州以上。惜乎，不能蚤知其人，與之極論此事。稼堂屢相期訂，欲盡致王書，屬余爲之圖注，以發其義類，而皆成虚約，生平之憾事也。

清・潘耒《遂初堂文集》卷五《與梅定九書》 寅旭《圜解》雖本《大測》，而兩弦相因，兩弧損益等，殊多心得，理深詞簡，知之者希。得大文二首，爲之表彰，兼有意補作圖注，俾成完書，何幸如之！

清・梅文鼎《書徐敬可〈圜解序〉後》 憶庚午人日，鈔得王寅旭先生《圜解》，中有錯簡而無今序。於是敬可方南歸，拉予同行，多方勸駕，其意欲爲寅旭《曆書》補作圖注，以發其深湛之思。且曰：此事非先生不能爲。蓋即今序所稱諸弧相推之故，皆舉捷法，初未明言其所以然，人驟讀之，不能解者也。時余入都未久，欲稍需之屬有他務，遂不果。逮明年，得黄俞邰太史書，則敬可亦溘然逝矣，傷哉！按序敬可自題建子月，又言其年遇潘稼堂京邸，復得此書，則作序應在是時，豈敬可所藏原稾反未入此序耶？

余嘗謂近代知中西曆法而自有特解者三家，南則王寅旭、揭子宣，北則薛儀甫，當特爲之表章。而稼堂尤拳拳欲余至吴江，共讐寅旭書，以壽棃棗。馳書相要約，而余適去閩。

比己卯冬，歸舟相造請，則稼堂遊屐，遠在羅浮。何相需之殷，相遇之疎也？長公文虎，出其家書目，有余所未見寅旭書數種。又知王有女弟甚賢淑，頗能收藏遺帙，倘天假之便，能及稼堂酬此夙諾，即敬可亦當愉快於九原。而余且老病，終未知後此何如耳。雖然作者之精神不没，珠光劒氣，出必有時，且安知後世遂無子云也？

敬可歸後，余既嘗序此書，閲十有二年，乃於嘉禾友人張簡菴處得今序，而今又數年矣！日月易邁，有感於友朋生死之誼，聊記其略。康熙甲申重陽後五日，勿菴老人書於天雄署齋之八柏軒，時年七十有二。

李子金《算法通義》

著録

《算法通義》目録

乘除論　勾股測望論　勾股容方圓論　弧矢論　分法論・序

序跋

清・李子金《算法通義・自序》　算法，《九章》本書載之詳矣。學者按法布算，亦既無所不合矣。然本書雖詳，止著其法而不言其義，遂使學算之士有終身由之而不知其道者。唐荆川先生著爲六論，以講求其當然之則與其所以然之故。其文約，其指遠，予猶恐中材以下未易通曉也。因本其意而發明之，或敷演爲圖，或推廣其説，無非示學者以易知易能而已。蓋天下之物，莫不各有一定之數，而數之所在，莫不各有一定之理。苟明其理，雖法有萬變，皆可即此以通之矣。孔子云：「述而不作。」予小子竊願附焉。康熙丙辰孟冬四日，隱山李子金書。

又《算法通義・跋》　盱眙馮氏曰：高皇帝初設科，尚試算數。其後也，世重文詞，士專帖括，握算不知縱横者有之。是搆無用以爲用，而厭薄九九也。周官保氏教國子尚矣。唐設算學博士，《孫子》《五曹》限一年業成，《九章》《海島》共三年，《張丘建》《夏侯陽》各一年，《周髀》《五經算》共一年，《綴術》四年。其督課試舉如三俗，博士之法猶爲近古。今算學荒而曆律訛矣。南雍大司成郭正域請試通曆律者入國學，疏下宗伯格不行，即有一二精此學者，目爲屠龍之技，無所用之，殊失高皇帝建學立教之意。嗟乎！參伍以變，錯綜其數，吾以致吾知耳。烏論世好哉！予於是説有取專，因書之篇末。康熙丁巳春三月，隱山李子金再書。

李子金《幾何易簡集》

序跋

清・李子金《幾何易簡集・自序》　《幾何原本》者，西洋所習之舉業也。其自利瑪竇先生西來，口譯其文，徐太史光啓秉筆以成之，而中國始有傳書。其自序中以爲百種道藝咸取資于是書，蓋亦云神而明之，存乎其人耳。而其爲功于世最近，而可驗者，則所以窮方圓平直之情，盡規矩準繩之用，如徐太史所言者是也。書成刻于萬曆丁未，其中解論詳明，了無可□，而西國之儒猶恐初學之士苦其浩繁，又有《幾何要法》一書，文約而法簡，蓋示人以易知易從之路也。越二十有五季，至崇禎辛未，有西先［生］艾儒畧者口述是書，陸安鄭洪猷先生爲之作序。而《要法》遂與《原本》並傳矣。予素亦不厭鄙事，于幾何一家，深有取焉。因思《要法》所載于法雖櫽括無遺，而其當肰之，則與其所以肰之故，則未曾明言也。若止讀《要法》而不讀《原本》，是徒知其法而不知其理，天下後世將有習矣，而不察者。夫《原本》一書，乃合上智下愚悉納于教誨之中，惟恐有一人之不能知不能行，故于至深之難解者解之，于至淺之不必解者亦解之。論説不厭其詳，圖畫不厭其多，遂致初學之士有望洋之嘆，而不得不以《要法》爲捷徑。是幾何之《要法》既行而幾何之《原本》或幾乎廢矣！予用是取《要法》刪而注之，于《要法》之外，復取《原本》中之不可不載者，亦刪而注之。或旁通其説，或發明其理，無非使讀《要注》者，知幾何之有《原本》而不［至］有學而不思之弊則已矣。或曰《幾何原本》在西國奉之爲(徑)［經］，固非淺見之士所可得而增減者。予喟肰曰：「是予之罪也。」夫予又何言哉！雖然［天］下之事固有不得已而後起者，《原本》所載其至淺者，或以爲不足道。而其至深者，或又以爲不能至。其不舍《原本》而趨《要法》者，幾希矣！予故于其至淺而以爲不足道者，盡去之。于其至深而以爲不能至者，從而旁通之發明之，使《原本》之微機妙義，燦若指掌。而《要法》所載，皆無一不可解者。如是則初學之士將相引益深，其進自不能已。尚有苦其浩繁而爲望洋之嘆者乎？因名之曰《幾何易簡集》。知我罪我，惟命是從。康熙己未春二月清明日，隱山李子金書。

李子金《天弧象限表》

序跋

清·李子金《天弧象限表·序》 《天弧象限表》者，乃本西洋之《割圓八線表》，而變通其數，省約其文者也。方圓漸次之較，不可以爲典要，故自古及今，無推算之良法。古人但以立差、平差、定差之三率，求日行盈縮、月行遲疾之差，其法與弧背求弦之數暗相符合，雖分毫之間，微有不同，而用以求定朔、定望，亦庶乎密而可用矣。西洋諸儒亦知方圓漸次之較，原無相通之比例，乘除加減一切布算之術，至此而窮。于是乎，準圓形之周，用多邊比量之法詳加考定。剖圓形爲四象，而《割圓八線表》作焉。內分弦、矢、切、割之四線，每線各有正餘，是爲八線。此八線者，皆于割圓之分，以其相當之直線與其曲線相求，而爲測量推算之本，其數至多，其用至廣，于測量百法中皆爲第一，故又名《大測表》焉。予讀之而知其所用之數可以變而通之，所著之文可以省而約之，故不揣庸陋，妄加筆削，非敢求異，亦本之愚見則然耳。按：天弧之大小不等，則弧弦之長短不一。其不可以算數求者，止在此正弦之一線耳。既有正弦，便有餘弦。既有正餘之兩弦，便有切割之兩線。而兩矢又即在兩弦之中，是一線得而八線即從而俱得。如是則于八線之中止表正弦之一線足矣！然正餘相求，必須用勾股開方之法，然後可得。今考前四十五度之正弦，即後四十五度之餘弦。後四十五度之正弦，即前四十五度之餘弦。與其用四十五度之一弦多一開方，又不若用四十五度之兩弦省一開方也。予用是于《八線表》中，止取正弦、餘弦之兩線，其他皆從推算而得，爲法甚捷，而爲用甚便，故不必將八線之數盡列之表中也。舊表九十餘葉，爲文十有餘萬，而不見其多。今表不過七葉有半，爲文不過數千，而不見其少。況西法以六十分爲度，不止難于布算，而其數亦疎。予變通其數，以百分爲度，不止易于布算，而其數更密，于文則與繁而寧儉，于用則與疎而寧密。雖冒更張襲取之譏，所不辭也。割圓雖云八線，舊表止載六線，予復于六線之中止載兩線，其不仍以割圓八線名表，而以天弧象限名表者，蓋因其與八線之實不相副，而變易其名耳。若云貪前人之功以爲己力，則吾豈敢。康熙癸亥夏五月，隱山李子金子金甫書。

杜知耕《數學鑰》

著録

清·四庫館臣《數學鑰提要》 國朝杜知耕撰。其書列古方田、粟米、衰分、少廣、商功、均輸、盈朒、方程、勾股九章，仍取今線、面、體三部之法隸之，載其圖解，並摘其要語以爲之注，與方中通所撰《數度衍》用今法以合《九章》者體例相同。而每章設例，必標其凡於章首。每問答有所旁通者，必附其術於條下。所引證之文，必著其所出，輯尤詳。梅文鼎《勿菴曆算書記》曰：近代作者如李長茂之《算海詳説》，亦有發明，然不能具《九章》。惟方位伯《數度衍》，於《九章》之外，羅甚富。杜端伯《數學鑰》、圖注《九章》，頗中肯綮，可爲算家程式。其説固不誣矣。世有二本，其一爲妄人竄亂，殊失本真。此本猶當日初刊。今據以校正，以複知耕之舊云。

序跋

清·李子金《數學鑰序》 黄帝命隸首作算法，而《九章》以備田疇疆域方田御之，交質變易粟布御之，貴賤廪税衰分御之，積冪方圓少廣御之，功程積實商功御之，遠近勞費均輸御之，隱雜互見盈朒御之，雜糅正負方程御之，高深廣遠勾股御之，此《九章》之法也。夫《九章》者，數也。而數之所以然，即道也。是道也，固愚不肖之所不能離，而賢智之所不能盡。數之爲學，蓋可忽乎哉？《周禮》以鄉三物教萬民，而數居六藝之一。是三代以來數學固在賓興之典，而未嘗以末技輕之也。唐設算學博士等，其法猶爲近古。明初設科，亦試算數。其後士重文詞，專事帖括，數學遂廢而不講。此馮氏所謂構無用以爲用，而厭薄九九者也。吾柘邑杜子端甫，幼而聰穎絶倫。初入小學時，即慨然有學聖賢之志。凡讀一書，必求實實有得。凡講一事，必求實實可行。反是則不好也。是以《四書》《五經》之外，如天文、地理、律吕、曆法、聲韻、算學之類，皆極深研幾，務期得其神理而見諸行事，固非淺見寡聞，出口入耳之輩，可得彷彿其萬一者。甫弱冠，以太學生遊京師，得西洋幾何家之書，而讀之。所謂幾何家者，不但窮方圓平直之情，盡規矩準繩之用，即百種道藝咸取資于是書。可謂簡而不遺，大而有本矣。京師諸君子即素所號爲通人者，無不望之反走，否則掩卷而不讀，或讀之亦茫然而不得其解。端甫則寓目輒通，莫不涣然冰釋而無所凝滯。一時皆翕然稱異，而不知其爲端甫等閒之事也。端甫因思《九章》諸術，西洋之法得之度數者爲多，中國之法得之算數者爲多。然則度也、算也，皆數也，二而一者也。用是因點之與線，線之與面，面之與體，借彼比量之法，通以三率之術，取古人所謂《九章》算法者，察其當然之則，與其所以然之故爲之訓詁而疏通之，圖畫而剖析之，以考驗之形，合布算之數，使古人用法之意，無微不出，誠前此未有之書也。因名之曰《數學鑰》，意謂學算之士，苟得是書而讀之，如鎖之得鑰，向之扃錮而不可解者，無不豁然而洞開矣。世所傳算家諸書，皆備載《九章》之法而不言其義，故使後之學者多習矣不察之弊。惟唐荆川先生著爲六論，欲講明《九章》之理，可謂有功此道。然考其所言，或止得其似，而未得其真者，有之。或止得其當然，而未得其所以然者，有之。終不若端甫之書臚列井井明白而易曉，使人由淺入深。因博得約合天下之賢，智愚不肖，無不能讀，可以行之天下後世而無弊也。嗚呼！數學至今日難言矣！學士大夫不自謂不能而鄙之，曰：「不足學九流之家。」但株守成法，雖終身由之而不知其道微。端甫之書，則聖人開物成務之苦心幾至危微而不傳，然則《數學鑰》者，實端甫學聖賢之一事也。端甫爲柘世家，祖雲槃先生以高科爲禁闥名臣，父無忮公，叔父無險公，俱以孝廉登賢書。季父無疵公，亦登賢書之副而皆未竟其志。端甫固天資殊異，亦家學之淵源有以啟之云。時康熙二十年歲次辛酉荷月，隱山同學弟李子金子金甫書。

杜知耕《幾何論約》

著録

清·四庫館臣《幾何論約提要》 國朝杜知耕撰。知耕，字(臨)[端]甫號伯瞿，柘城人。是書取利瑪竇與徐光啓所譯《幾何原本》複加删削，故名《論約》。光啓於《幾何原本》之首，冠「雜議」數條，有云此書有四不必：不必疑，不必揣，不必試，不必改。有四不可得：欲脱之不可得，欲駁之不可得，欲減之不可得，欲前後更置之不可得。知耕乃刊削其文，似乎蹈光啓之所戒。然讀古人書往往各有所會心，當其獨契，不必喻諸人人，並不必印諸著書之人。《幾何原本》十五卷，光啓取其六卷。歐幾里得以絶世之藝，傳其國，遞授之秘法，其果有九卷之冗贅，待光啓去取乎？各取其所欲取而已。知耕之取所欲取，不足異也。梅文鼎算數造微，而所著《幾何摘要》，亦有所去取於其間，且稱知耕是書足以相證，則是書之删繁舉要，必非漫然矣。乾隆四十□年恭校上。

序跋

清·杜知耕《幾何論約·自序》 《幾何原本》者，西洋歐吉裏斯之書。自利氏西來，始傳其學。元扈徐先生譯以華文，歷五載三易稿而後成。其書題題相因，由淺入深，似晦而實顯，似難而實易，爲人不可不讀之書，亦人人能讀之書。故徐公嘗言曰「百年之後必人人習之」，即又以爲習之晚也。書成于萬曆丁未，至今九十餘年，而習者尚寥寥無幾，其故何歟？蓋以每題必先標大綱，繼之以解，又繼之以論，多者千言，少者亦不下百餘言。一題必繪數圖，一圖必有數線。讀者須凝精聚神，手志目顧，方明其義。精神少懈，一題未竟，已不知所言爲何事。習者之寡，不盡由此，而未必不由此也。若使一題之藴，數語輒盡，簡而能明，約而能該，篇幅既短，精神易括，一目了然，如指諸掌，吾知人人習之恐晚矣。

或語余曰：「子盍約之？」余曰：「未易也。以一語當數語，聰穎者所難，而況魯鈍如余者乎？」「雖然，試爲之。」於是就其原文，因其次第論，可約者約之，別有可發者以己意附之。解已盡者，節；其論題自明者，並節。其解務簡省文句，期合題意而止。又推義比類，復綴數條於末，以廣其餘意。既畢事，爰授之梓，以就正四方。倘摘其謬，删其繁，補其遺漏，尤余所厚望焉。杜知耕序。

清・吳學顥《幾何論約序》 余友杜子端甫，束發好學，於天文律曆、軒岐諸家，無不該覽。極深湛之思，而歸於平實，非心之所安、事之所驗，雖古人成説，不敢從也。其於是書，尤沛然有得。以爲原書義例條貫已無可議，而簡論所繁，間有繁多，讀者難則知者少矣。於是爲之删其冗複，存其節要，解取詁題，論取發解，有甩未明，間以己意附之，多者取少，迂者取徑，使覽者如指掌列眉，庶人不苦難而學者益多。既成，徵序於予。杜子先有《數學鑰》六卷，已行於世，正與幾何家相爲表裏。合二書評之，皆潔凈精實，幾於不能損益一字。《語》不云乎「言之無文，行之不遠」。吾以爲言之不簡，不可爲文，簡而不該，不可爲簡。請以此語贊兩書，讀之者既得其簡，即得其該，其於是道也，庶幾哉？吳學顥序。

鮑燕詒　楊學山《錫山曆算書》

序跋

清・梅文鼎《績學堂文鈔》卷五《錫山友人曆算書跋》 《錫山曆算書》者，友人鮑燕詒、楊學山之所作，而學山之祖定三爲之裁定者也。其書有步日月五星之法，有説有圖，以推明步算之理。余嘗謂曆學至今日大著，而其能知西法，復自成家者，獨北海薛儀甫，嘉禾王寅旭二家爲盛。薛書受於西師穆尼閣，王書則於《曆書》悟入，得於精思，似爲勝之。錫山書多本嘉禾，然如月離表法，不與《曆指》相應。嘉禾與北海書深疑此事。而錫山諸子，能以再加小輪，與表密合，不啻青出於藍矣！寅旭與余同時在江以南，而不相聞知，不能相與極論，每用爲恨。潘稼堂太史，屢相期至其家，悉致王書，屬爲校注，以事未果。錫山乃先得我心，可見吾黨中故自有人也。庚寅之冬，偶有吳門之遊。學山同吾友秦二南，拏舟過訪於陳泗源學署，出示此書，余亦以《幾何補編》相質。約即往二南園亭下榻，爲十日快聚。乃又牽於事，一交臂失之，而鮑君適於其時病卒，尤可悼惜！余每思再過吳下，而忽忽遂餘二載。今行年八十，且多病，不知能復出與否？故以余鈔本，因廣文顧君歸之，而留其原本，并叙其因起如此。書凡五册，《溯源星海》二，王寅旭《野曆圖註》二，《三角法》一。火星論中，多采余説。其書係余客燕臺時，與錢塘袁惠子辨論而作。雖存稾本，未嘗多以示人，不知錫山從何得之，豈即袁君所授耶？然即此見袁君之虚懷，與錫山諸君子之好學矣！此學甚孤，有從事焉者，或株守舊聞，各持一得之長而不相下。同方合志之友，古所難也，而又弗獲羣萃州處，以相與盡其才。因序此書，重爲冀倖，庶有以使之合并而成就之乎！康熙壬辰臘月既望。

梅文鼎《勿庵曆算書記》

著録

清・四庫館臣《勿庵曆算書目提要》 臣等謹案：《勿庵曆算書記》一卷，國朝梅文鼎撰。文鼎有《曆算全書》已著録，此乃合其已刻未刻之書，各疏其論撰之意。凡推步測驗之書六十二種，算術之書二十六種，雖亦目録解題之類，而諸家之源流得失一一標其指要，使本末釐然，實數家之總滙也。如《古今曆法通考》一條曰：不讀耶律文正之《庚午元曆》，不知《授時》之五星；不讀《統天曆》，不知《授時》之歲實消長；不考王樸之《欽天曆》，不知斜正升降之理；不考《宣明曆》，不知氣刻時三差；非一行之《大衍曆》，不知歲自爲歲，天自爲天；非李淳風之《麟德曆》，不知用定朔；非何承天、祖沖之、劉焯諸曆，無以知歲差；非張子信，無以知交道表裏、日行盈縮；非姜岌，不知以月蝕檢日躔；非劉洪之《乾象曆》，不知月行遲疾。然非洛下閎、謝姓等肇啟其端，雖有善悟之人，亦無自而生其智。又謂：西法約有九家。一爲唐《九執曆》，二爲元紮瑪裡廸音《萬年曆》，三爲明馬沙亦黑《回回曆》，四爲陳壤、袁黄所述《曆法新書》，五爲唐順之、周述學所撰《曆宗通議》《曆宗中經》皆舊西法也，六曰利瑪竇《天學初函》、湯若望《崇禎曆書》、南懷仁《儀象志》《康熙永年曆》，七曰穆尼閣《天步真原》、薛鳳祚《天學會通》，八曰王錫闡《曉庵新法》，九曰揭暄《寫天新語》，方中通《揭方問答》，皆新西法也。非深讀其書，亦不能知其故。又《周髀補注》一條曰：觀其所言里差之法，是即西人之説所自出也。《回回曆補注》一條曰：回回曆即西法之舊率，泰西本回曆而加精。是皆于中西諸法融會貫通，一一得其要領，絶無爭競門户之見，故雖有論無法，仍録之《術數類》中，爲測算之綱領焉。乾隆四十六年九月恭校上。

序跋

清・梅文鼎《勿庵曆算書目・自序》 家世學易，亦頗旁及於諸家雜占及三式諸術，以爲皆太卜筮人遺意，而《易》之餘也。然百氏言休咎，往往依託象緯以尊其旨，故惟詳征之推步實理，其疑始斷。(餘)[余]之從事曆學也，餘四十年，性好苦思，時有所通於積疑之後，著撰遂複多種。將欲悉出其書，就正當世，而未之能也。稍爲臚列書名，各係數語，發揮撰述本旨，庶以質諸同好，共明茲事云爾。康熙四十有一年歲在玄[元]黓敦牂勿菴老人梅文鼎識於坐古山中，時年七十。

梅文鼎《中西算學通》

著録

清・梅文鼎《中西算學通・自序》 天下之不可不通，而又不易通者，算數之學是也。人之所通而亦通焉，未敢以爲通也。學至算數，則不可以强通。惟其不可以强通也，而通焉者，必自然之理。故道器可使爲一體，天人可使爲一貫，古今可使爲一日，中外可使爲一人。何也？通與礙對，理本無礙，何待于通？自學者執其所通，以强齊乎其所不可通，于是通在一人者，礙在天下。是謂

通其所通，非吾之所謂通。無他虚見累之也。數學者，徵之於實。實則不易，不易則庸。庸則中，中則放之四海九州而準。器即爲道，人即爲天，又何古今中外之不可一視乎？三代以上，未有以數學名家者。蓋夫人而能數學也，《内則》六歲，教數與方名。則既服習之童子之年，而周官大司徒以鄉三物教萬民，一曰九數，其屬保氏掌之，以教國子。《魯論》言游藝，在「志道、據德、依仁」後。孔子弟子身通六藝者七十二人。當其時，上以是爲治，下以是爲學，無往不資其用。算學之名，可以不立。嘗觀禹平水土，以八年底績，非有數以紀之，何以率作興事？屢省考成，而導河自積石龍門，數轉入海，經營萬里，以及河、濟之分，江、漢之合，高下迴曲，激湍渟泓，潴洩之勢，遠近之距，淺深之度，先後之宜，功之難易久暫，人夫之衆寡，器用財貨之規畫，畎澮溝洫川塗之疎密縱横，使無句股測量之法，以爲之程度，其能剋期授功而奏平成，萬世永賴乎？周公之制禮也，自天官以至萬民，王宫以逮郊垌，田野、服食、器用、百工技巧之事，規畫盡制，洪纖具舉，尤其較著者矣。燔書以後，上視儒術爲迂。而士亦自荒于詞章記誦，或虚談名理，無裨實用。略刑名，度數爲粗迹，而道德、事業，乃分爲二。其甚至于尸其官不習其事，優游嘯咏，謂持大體，賦式經用，一切付之胥吏之手，而叢脞益甚。然漢《藝文志》有杜忠、許商《算術》各數十卷。唐有算學博士，以《十經》爲學，期五年而學成。元郭若思用垛疊立招差圓容方直矢切句股諸術治曆。又推其法，治河有效。則其學固不絶于世。至于有明，承用《元曆》二三百年不變，無復講求。學士家務進取以章句帖括，語及數度，輒苦其繁難，又無與于式獲之利。身爲計臣，職司都水，授之握算不知横縱者，十人而九也。古數學諸書僅存者，皆不爲文人所習。好古博覽之士，或僅能舉其名。儒者之言，遠宗河洛，深推律吕。又或立論高遠，罔察民故。而世傳算法，率坊賈所爲，剽竊杜撰，聊取近用，不能求其本末。而古書漸亡，數學之衰，至此而極。萬曆中，利氏入中國，始倡幾何之學。以點綫面體爲測量之資，制器作圖，頗爲精密。然其書率資翻譯，篇目既多，而取徑紆迴，波瀾闊遠，枝葉扶疎，讀者每難卒業。又奉耶穌爲教，與士大夫聞見齟齬。學其學者，又張皇過甚，無暇深考乎中算之源流。輒以世傳淺術，謂古《九章》盡此。于是薄古法爲不足觀。而或者株守舊聞，遽斥西人爲異學。兩家之説，遂成隔礙，此亦學者之過也。余則以學問之道，求其通而已。吾之所不能通，而人則通之，又何間乎今古？何別乎中西？因彙集其書而爲之説，諸如用籌、用筆、用尺，稍稍變從我法，亦以見西人之學，初不遠人意。若三角比例等，原非中法可該，特爲表出。古

法若方程，亦非西法所有，則專爲著論，以明古人之精意，不可湮没。又具爲《九數存古》以著其概。書凡九種，總曰《中西算學通》。夫西國歐邏巴之去中國殆數萬里，語言文字之不同，蓋前此數千年未嘗通也。而數學之相通若此，豈非以其從出者，固一理乎？是故得乎其理，則天道人事，經緯萬端，而無所不宜。苟其不然，咫尺墻面，欲成一小事，亦不可得。此無異故，器一道也，人一天也。故可以一人一日之心，通乎數千載之前，與數萬里之外，是之謂通。《傳》曰：「思之思之，鬼神通之。」非鬼神也，精神之極也。余之寢食于斯者廿年矣！遇其所不能通，未嘗不思。或積疑至數年而後得其解，則未嘗不樂。故欲以其所通，與同志者共之。其所未通，亦望君子之幸教之也。

又《中西算學通·序例》 算數作於隸首，見於《周官》，吾聖門六藝之一也。自利氏以西算鳴，於是有中西兩家之法，派別枝分，各有本末，而理實同歸。或專己守殘，而廢兼收之義，或喜新立異，而缺稽古之功。算數之所以無全學也。夫理求其是，事求適用而已，中西何擇焉？雖然，不爲之各極其趣，亦無以觀其會通。因不揣固陋，著書九種，而爲之序例，爾後論撰稍多，因以此爲初編云爾。

梅文鼎《籌算》

著録

清·梅文鼎《勿庵曆算書目·勿庵籌算》 七卷。已(亥)[刻]。

籌算之法，蓋始于作曆書時。《曆引》言：算術，古用觚棱，近便珠算，西法第資毫穎。今複有籌算之創，其簡捷更倍于疇昔諸術。由是言之，則籌算乃爾時新創，非歐邏之舊術。其爲術也，本系直籌橫寫，鼎此書則易之以橫籌直寫，乃所以適中土筆墨之宜。友人蔡璣先見而悦之，爲雕版于金陵。憶歲己酉，桐城方位伯言籌算之善，然未見其書，無何。家淡如兄至自都門，有所攜算籌一握，而缺算例。(餘)[余]爲補之，淡如大喜，因問(餘)[余]曰：能易之以直寫，不更便乎？子彦侄亦以爲然，遂如言作之，凡三易稿而後成。文人才士，每病算書難讀，(餘)[余]此書頗覺詳明，是爲《初編》之第一書。向在京師，宮坊趙升符先生執信暹鼎，言籌算，寓處稍遠，余行步舒緩，趙不能待，自取其書翻閱，一時許則乘除之法盡了然矣。

序跋

清·梅文鼎《籌算·自序》 唐有《九執曆》，不用布算，唯以筆記。史謂其繁重，其法不傳。今西儒筆算或其遺意歟。筆算之法，詳見《同文算指》中，《曆書》出，乃有籌算，其法與舊傳鋪地錦相似，而加便捷。又昔但以乘者，今兼以除，且益之開方諸率，可謂盡變矣。但本法橫書，彷彿於珠算之位。至於除法，則實橫，而商數縱，頗難定位。愚謂既用筆書，宜一行直下爲便，輒以鄙意改用橫籌直寫，而於定位之法尤加詳焉。俾用者無復纖疑，即不敢謂兼中西兩家之長，而於籌算庶幾無憾矣。康熙戊午九月己亥朔日，躔在角，宛陵梅文鼎勿菴撰。

籌算有數便，奚囊遠涉便於佩帶，一也。所用乘除存諸片楮，久可覆核，二也。斗室匡坐，點筆徐觀，諸數歷然，人不能測，三也。布算未終，無妨泛應，前功可續，四也。乘除一理，不須歌括，五也。尤便學習，朝得暮能，六也。原法橫書，故用直籌，籌直則積數橫，彼中文字實用橫書也。今直書，故用橫籌，籌橫則積數直，其理一也。亦有數便，自上而下，乃中土筆墨之宜便寫，一也。兩半圓合一位，便查數，二也。商數與實平行，便定位，三也。

梅文鼎《筆算》

著録

清·梅文鼎《勿庵曆算書目·勿庵筆算》 五卷。已刻。

(餘)[余]筆算亦用直寫，以便文人之用，而定位一端，視舊法尤捷。有二稿，一作于金陵，有蔡璣先序，一作于天津。《初編》之第二書也。是書少參金鐵山先生刻于保定。

序跋

清・梅文鼎《筆算・自序》 或問：「筆算，西人之法耳，子何規規焉？」曰：「非也。自圖書啟而文字興，參兩倚數，畢天下之能事。六書九數，皆原於易，非二事也。古人算具以籌策，縱横布列，畧如筮法之掛扐，其字象形爲祘，是故其縱立者一而一，其上横者一而五，珠盤之位實此權輿。夫用蓍在立卦之後，則籌策之算必不在文字先矣。是故籌策之未立形聲點畫自足以用，而籌策之所得又將紀之簡策，以詔方來書與數之相須較然明也。近數百年間，再變而爲珠盤，踵事生新，以趨簡易。然觀《九章》中盈朒方程，必列副位，厥用仍資筆札，其源流不可想見與。故謂筆算爲西人獨智者，非也。」曰：「今所傳《同文算指》《西鏡録》等書，亦唐《九執曆》、元明間回回土盤之遺耳，與中算固各有本末矣。」曰：「是則然矣。然安知《九執》以前不更有始之始者乎？西人之言曆也，亦自多禄某以來二千年屢變而密，溯而上之，亦不能言其始於何人，其爲算也，亦若是已矣。夫古者聖人聲教洋溢，無所不通。南車記里之規，隨重譯而四達。我則失之，彼則存之。烏乎識其然，烏乎識其不然耶！且夫治理者，以理爲歸。治數者，以數爲斷。數與理協，中西非殊。是故禮可以求諸野，官可以問諸郯。必以其西也而擯之，取善之道，不如是隘也。況求之於古，抑實有相通之故乎？」曰：「然則子何以易(衡)[横]而直？」曰：「旁行者，西國之書也。天方國字自右而左，歐邏巴字自左而右，皆(衡)[横]列爲行，彼中文字盡然也。彼之文字既(衡)[横]，故筆算亦横，取其便於彼用耳，非求異於我也。吾之文字既直，故筆算宜直，亦取其便於用耳，非矜勝於彼也。又何惑焉？」問者以爲然，遂書其語爲序。康熙癸酉二月初吉，宣城梅文鼎撰。

梅文鼎《度算》

著録

清・梅文鼎《勿庵曆算書目・勿庵度算》 二卷。年允公刻。

西人尺算，即《比例規解》所述也。余初購曆書，佚此卷。歲戊午，黄俞邰太史爲借到皖江劉潛柱先生本，乃鈔得之。頗多訛缺，殊不易讀。蓋攜之行笈半年而通其旨趣。歲庚申，晤桐城方素伯中履，見鼎所作尺，驚問曰：「君何從得此？蓋家兄久欲爲此而未能，履游豫章，拾得遺本，寄之，乃明厥制耳。」續見位伯書，以三尺交加取數。故秪能用平分一線，且亦非《比例規解》本法也。夫用規取數，則兩鋭所到，毫釐可辨，而其數即征之本尺。執柯伐柯，其則不遠，所得無殊於横尺，而爲用加捷。不知位伯何故改法，又不知素伯所拾遺本，其立法何似，惜未獲與之深論也。書原本無算例，今所用者竝吾弟爾素所補，而參之以陳磻庵者也。嘉禾陳獻可先生藎謨有《尺算用法》一卷，然亦只平分一線，爾素書則諸線皆備，(餘)[余]亦時時涉筆，聊以窮其作法之根，通其用尺之變，而未暇爲例，今得二書，補塞遺缺，中邊備矣。又有矩算，則鼎所創也，西人用三角，故兩其尺，今用句股，故祇用一尺、一方版，其理無二。初晤位伯，極言尺算之奇，而未悉厥狀。思之屢日，爰成斯制，續從新安戴季默得磻庵書，内有歛規取數之用，然後疑前所悟之猶非也，最後得《比例規解》，其疑乃釋。蓋比例即異乘同除之理，故可以句股取之，而原法以規當横尺，本自靈妙，並存兩術，用相參校，則比例之理益著矣。尺算、矩算皆爲度算。則初編之第三書也。

梅文鼎《比例數解》

著録

清・梅文鼎《勿庵曆算書目・比例數解》　四卷。

《比例數表》者，西算之別傳也。其法：自一至萬竝設有他數相當，謂之對數。假令有所求數，或乘或除，但於本表(簡)[檢]兩對數相加減，即得所求。乘者，兩對數相加得總；除者，兩對數相減得較。總、較各以入表，取其所對本數，即各所求之乘得數、除得數。中土慣用珠盤，西法用筆、用籌、用尺，各有所長，垛積合總，莫速於珠盤；乘法位多，莫穩於筆算；開平方莫便於籌算；製器作圖，莫良於尺算。然並須布算而知。今則假對數以知本數，不用乘除，惟憑加減，加減者，對數也，求得者，本數也。所算在彼，所得在此，一對即知，無所庸其推索。術之奇也，前此無知者。本朝順治間，西士穆尼閣以授薛儀甫，始有譯本。對數之奇，尤在開方，古開方術至三乘方以上委曲繁重，積晷刻而後成，今用對數俄頃可得。如平方，但取對數折半，立方取對數三之一，三乘方則四之一，四乘方則五之一，五乘方以上竝然，竝取其所對本數，命爲所求方根。神速簡易，殆非擬議所及。

又有四線比例數，亦穆所授也。八線割圓，西曆舊法，今只用正弦、余弦、正切、餘切，故曰四線。舊八線表，以正矢、餘矢，即余弦、正弦之餘，故列表止六，而有八線之用。今比例數又省去兩割線，故表只四線。然亦實有六線之用矣。穆先生曰：表有十萬，西來不戒於途，僅存一萬。萬以上以法通之。四線本數逾百萬，而亦列對數，是即以法通之之數也。嘗見薛刻別本，數有二萬。儀甫又有四線新比例，用四線同，惟度析百分。從古率也。穆有《天步真原》，薛有《天學會通》，竝依此立算。不知此，則二書不可得而讀。故稍爲詮次，爲初編之第四書。

梅文鼎《平三角舉要》

著録

清・梅文鼎《三角法舉要》　五卷。已刻，進呈。

西法之用三角，猶古法之用句股也，而三角能通句股之窮，要其理不出於句股。故鋭角形分之，則二句股也，鈍角形以虚補實，亦句股也。鈍角形補其虚角，則成半虚半實之句股形，又即成一虚句股之形。而所設鈍角形，又即爲兩句股相較之餘形，皆句股法也。至於弧三角，則於無句股中尋出句股。其法最奇，其理最確。八線之用，於是而神。是故全部《曆書》皆三弧角之法也。不明三角，則《曆書》佳處必不能知，其有缺誤，亦不能正矣。故以是爲初編之第五書也。必先知平三角而後可以論弧三角，猶之必先知句股而後可以論三角也。《平三角》原止一卷，今廣之爲五卷。曰測算名義，曰算例，曰内容外切，曰或問，曰測量。是書安溪公刻於保定。乙酉南巡，蒙恩召對，進呈御覽。

《平三角舉要》目録

平三角舉要一　測算名義

平三角舉要二　算例

平三角舉要三　内容外切

一，三角求積　一，三角容圓　一，三角容方

平三角舉要四　或問

一，三角形用正弦爲比例之理　一，和較相求之理　一，用切線分外角之理　一，三較連乘之理

平三角舉要五　測量

序跋

清·梅文鼎《平三角舉要·序》　西法用三角，猶古法之用句股也。但三角有鈍角而句股無之，論者遂謂句股之術有所窮。殊不知鋭角形須分爲兩句股，鈍角形須補成句股，邊角比例莫非句股也。至于弧三角，以直線測渾圓，其理最奇，又於無句股中尋出句股也。然則句股雖不能備三角之形，而能兼三角之理。三角不能出句股之外，而能盡句股之用。一而二，二而一者也。《新曆》之妙，全在弧三角。然必先知平三角，而後可以論弧三角。猶之必先知句股，而後可以論平三角也。乃舉其要義，次爲五卷。

梅文鼎《方程論》

著録

《勿庵曆算書目·方程論》　六卷。已刻。

《九章》之第八曰方程，以槩錯糅正負。自明，算者稀，能舉其名者或已尠矣。今諸書所存數例，率多臆説，而厥旨益汶。李水部括《九章》於西術，至此一章亦仍其誤也。鼎疑之蓋將二十年，始得其解。然後知算法之有方程，猶量法之有句股，皆其最精之事，因作論明之。蓋必如是，而方程始爲有用，即古人之別立一章，不爲徒設。竊意天下之大，豈無宋元以前之善本留至今日者？庶幾足以訂(餘)[余]之説。所望留心學問者，相與博求，而共證之也。是爲初編之第六書。初穄堂賞(餘)[余]此書，阮副憲於岳爲付刻貲，而(餘)[余]未及爲。嘉魚明府李安卿鼎征，乃刻於泉州。彼教人或見李序言。西法不知有方程，憤然而争，不知西術有借衰互徵，而無盈朒方程。《同文算指》未嘗自諱。李序蓋有所本耳。

《方程論》目録

方程論一　正名

和數　較數　和較之雜　和較之變

方程論二　極數

帶分　疊脚　重審

方程論三　致用

省算　列位

方程論四　刊誤

立負之誤　加減之誤　法實之誤　併分母之誤　設問之誤

方程論五　以方程御雜法原係第六，今移置第五。

方程論六　測量原係第五，今移置第六。

按：測量原在雜法之前，但測量非方程事，雖略具所兼，而非其粹。先君固已言之矣。故移置於卷末。孫穀成敬識。

序跋

清·潘耒《方程論叙》　古之君子不爲無用之學，六藝次乎德行，皆實學，足以經世者也。數雖居藝之末，而爲用甚鉅。測天度地，非數不明。治賦理財，非數不核。屯營布陣，非數不審。程功董役，非數不練。古人少而學焉，壯而服習焉。措諸政事，工虞水火，無不如志。後世訓詁帖括之學興而六藝俱廢，數尤鄙爲不足學。一旦有民社之任，會計簿書頭岑目眩，與一握算，不知顛倒。自郡縣以至部寺之長，往往皆然。於是黠胥猾吏得起，而操官府之權，姦弊百出，而莫能詰，則亦不學數之過也。古算經諸書多不傳，《九章》諸術今人不能盡通。由於學士大夫莫肯究心，而賈人胥吏習其法而莫能言其意。近代惟西洋《幾何原本》一書，詳言立法之故，最爲精深。其所用籌算，亦最簡便。然惟曆家習之，世莫曉也。吾邑有隱君子曰王寅旭先生，深明曆理，兼通中西之學。余少嘗問曆焉，知學曆必先學算，於是粗通算術，惜未竟學罷去。今寅旭亡久矣。余徧行天下，求彷彿其人者而不可得。歲丙寅過宣城，始得梅子勿菴。勿庵儒者，學行純篤，覃精曆學若干年，洞見根底，多所著述，於數學尤鈎深索隱，發前人不傳之秘。蓋《九章》中最難明者，無過勾股、方程二事。西人論勾股割圓之法詳矣，方程則有所未盡。於是勿庵著論六卷，專明方程。其於正負減併之數，和較雜變之情，帶分疊脚之術，銖分縷析，創例立法，以盡天下無窮之變。數學至此神矣，妙矣，不可以復加矣！其見於文詞也，晦者使之明，煩者使之約，俗者使之雅。質而文雜而有倫，俾覽者因言以得數，因數以知法，因法以晤理，洞然明白而不苦於難習，庶幾數學復明，而人多綜理練達之材，其有裨於世豈淺尠哉！夫得浮華之士百，不如得實學之士一。得詞賦之書百，不如得傳世之書一。使寅旭、勿庵而見用於世，高可爲杜預、劉宴，下亦不失爲洛下閎、一行。乃勿庵尚沉淪一經，未知遭遇何如。而其書則既成矣，可以傳矣。吾獨悲寅旭遯世埋名，坎壈憔悴，以死著書，僅有存者。吾學不足以窺其深，而力不足以表章之也。其以勿庵爲地上之子云可乎？康熙庚午孟春，松陵潘耒撰。

清・梅文鼎《方程論・自叙》　方程于數九之一也，何獨于方程乎？論曰：方程猶句股也，數學之極致，故二以殿乎九。今之爲數學，往往覃思勾股而略方程，不寧惟略，抑多沿誤，佹于闕矣！數九而闕其一，可以無論乎？議者謂勾股測量用以知道里之修，城邑之廣，山之高，水之深，天地日月之行度。若方程筭術多取近用米鹽凌雜，非其精且大。是不然，精觕小大，人則分之，而自一至九之數，無分也。且數何兆歟？當其未始有物之初，混沌鴻濛，杳冥恍惚，無始無終，無聲無形，無理可名，無數可紀，乃數之根也，是謂真一。真一者，無一也。一且非一，而況其分及其自無之有。無一而忽然有一，有一則有萬。萬者，一之萬也。萬各其一，一各其萬，即萬即一，環應無端，又孰從而精粗之小大之乎？故果蓏之有理而星度齊觀，理實同源，數亦冥會，苟未達此，而侈言高遠，遺乎目睫，將日用之酬酢有外乎理數以自立者哉？而二之也。古者數學，大司徒以備鄉之三物，教萬民而賓興之。其屬保氏掌之，以教國子，具曰九數未嘗右勾股于方程也。雖然，古之人以其進乎數者，治數故用之簡易而言之約。今欲於古學既湮之日，出獨是以信衆疑，使方程之沿誤皆正，而九數闕而復全，則意取共明。固不敢謬託簡古，以自文其疎愚之論，乃不覺其複矣。凡六卷，論成於壬子之冬，寫而成帙，則甲寅之夏。勿菴梅文鼎自識。

又《餘論》　數學有九，要之則二支，一者筭術，一者量法。量法者，長短遠近以求其距，西法謂之測線。方圓、弧矢、冪積、周徑以相求，西法謂之測面。立方、渾圓、堆垛之形以求容積，西法之測體。在古《九章》，則爲方田、爲少廣、爲商功、爲句股。筭術者，消息盈虛、乘除進退，以差多寡，驗往以測來，西法謂之比例通分。子母整齊，畫一不盡者，以法命之，西法謂之畸零。若夫隱雜重複，參錯難稽，即顯驗幽探賾窮深，無例可比，故西法別立借衰互徵，以爲用，亦比例也。在古《九章》，則爲粟布、爲衰分、爲均輸、爲盈朒、爲方程。此二者相需，不可偏廢。雖然筭術可以濟量法之窮，而量法不可以盡筭術之變，何也？可量者，其可見也。天下之不可見者多矣，非筭術，何以御之？故量法有窮而筭術不窮也。夫既量之而得其率矣。所量者，一欲知者百，西法之用比例，亦以筭術佐量法也。然以例相比，非量法而有量法之理。吾友桐城方位伯謂《九章》出于句股，蓋以此也。然吾觀方程正負同異、減併之用，非句股所能御而能生比例，愚故以筭術必不可廢也。

言數學者，亦有二家，一古法，一泰西。泰西之説，詳明曉暢。古人之法，徑捷簡易。可互明也。然古書僅存筭術而略于測量，泰西詳于測量而或遺在筭術。吾觀泰西家言矩度三角、八線割圓，《幾何原本》備矣，謂其善用句股，能有新意出于古率之外，未爲過也。若所譯《同文筭指》者，大約用三率以變古法。至于盈朒方程，則其術不復而不能察，其必非知之而不用，能言之而不悉，亦可見矣。夫古人之略于量法者，非不能言也，言之略耳。言之詳者，別有專書，而人不能習，不傳于世耳。學士大夫既苦其難，竟又無與進取弋獲之利，遂一切棄置不道，淺獵焉者，率得少以自多，無所發明，遂使古人之精意若存若亡，不復可見。今諸書所載方程法，殘闕錯亂，視盈朒尤甚，其所僅存又多爲後之不得其説者參以臆解，而其旨益晦，非古人舊也，使古之方程僅僅如此，何必別可行。于是取古人之法以傳之，非利氏之所傳也。算術之妙，莫盈朒方程若，而泰西皆無之，是《九章》闕其二也，尚謂之賢于古法乎？且泰西家欲以其説易天下，故必宛轉箋疏，以達其意，以取信于學者。若盈朒方程，立法之意殊不能言也。不能言盈朒，故別立借衰之法，以代之，自謂超妙，可廢古法矣。而終不能廢盈朒。若方程一章，不但不能言之，亦不能用之，不過取古人之僅存者具數而已，不能別立術以代之也。諸書之謬誤皆沿之，立一章列于盈朒之後乎？然以好變古率如泰西，而不能變方程。勤于言筭如泰西，而不能言方程。不能盡其用，不能正其沿誤。可見古人立法之深遠，而決不可易。向使習古法者，盡見古人之書，又能如泰西家羣萃州處，窮年累月研精覃思，以爲之引伸而推廣，又豈止如斯而已乎！言之三歎。

雜録

清・梅文鼎《方程論》發凡

一，方程立法之始。

按：《周禮》九數，一曰方田，以御田疇界域。一曰粟米，一作粟布。以御交質變易。一曰差分，一名衰分。以御貴賤廩税。一曰少廣，以御羃積方圓。一曰商功，以御功程積實。一曰均輸，以御遠近勞費。一曰盈朒，一云贏不足。以御隱雜互見。一曰方程，以御錯糅正負。一曰勾股，一云旁要。以御高深廣遠。是則方程者九數之一，乃《九章》中之第八章也。《通雅》以九數爲周公之法，蓋自隸首作算數以來，有《九章》即有方程，淵源遠矣。

一，方程命名之義。

方者比方也，程者法程也，程課也。數有難知者，據現在之數以比方而程課之，則不可知而可知，即互乘減併之用。

一，方程殘闕之故。

按：七十子身通六藝，則九數在其中。自漢以後，史稱卓茂、劉歆、馬融、鄭玄、何休、張衡，皆明算術。唐宋取士有明算科，六典《算學十經》博士弟子，五年而學成。宋大儒若邵康節、司馬文正、朱文公、蔡西山，元則許文正、王文肅，莫不精算。然則算學之疎，乃近代耳。

夫數學一也，分之則有度有數，度者量法，數者筭術，是兩者皆由淺入深，是故量法最淺者方田，稍進爲少廣，爲商功，而極於勾股。筭術最淺者粟布，稍進爲衰分，爲均輸，爲盈朒，而極於方程。詳見五卷方程能御雜法。方程於筭術，猶勾股之於量法，皆其最精之事不易明也。而算學無關進取，皆視爲賈人胥吏之事而不屑從事。又其用近小，但於方田、粟布取之，亦無不足。故近代諸刻，多不具《九章》，其列《九章》者，不過寥寥備數。學者雖欲推明古法，孰從而求之，此方程殘闕之由也。

［一，］方程謬誤之故。

方程勾股皆不爲近用所需，然勾股測望，自昔恒有專書，近者西學驟興，其言勾股尤備，故《九章》所載雖簡而不至大謬，至若方程，別無專書可證，所存諸例，又爲俗本所亂，妄增歌訣，立爲膠固之法，印定後賢耳目，而方程不復可用，竟如贅疣，周官九數，幾闕其一。愚不自揆，輙以管窺之見，反覆推論以明之，務求其理衆曉，而不疑於用，庶不至謬種流傳以亂古法云爾。詳第四卷刊誤。

［一，］方程條件與舊不同之故。

舊傳方程分二色爲一法，三色爲一法，四色、五色以上爲一法，頭緒紛然，而和較之分欵未清，法無畫一，所立假如，僅可施之本例，不可移之他處。然如此，則爲無用之法，而方程一章爲徒設矣。竊以古人立法決不如此。今按方程有和有較，有兼用和較，有和較交變，約法四端，已盡方程之用，不論二色、三色以至多色，其法盡同，正不必每色立法反滋紛擾也。然惟如此則有定法，而方程爲有用，且其用甚多。竊以古人立法必當如此。夫古人往矣，愚生千載之下，蓬户山居，耳目局隘，不能盡見古人之書，亦何以斷其然哉？夫亦惟是反之心而無，疑措之事而可用，則此心此理之同，庶可共信。非敢好爲新奇以自炫也。天下大矣，鄴架藏書豈無足考？尚冀博雅好古君子，惠示古本，庶有以證明其説而廣其所未知，則所深望已。詳見第一卷及第四卷刊誤。

一，方程以論名篇之故。

算學書有例無論，則不知作法根源，一再傳而多誤，蓋由於此。本書欲明算理，故論多於例，每卷之首，皆有總論以爲之提綱，然後舉例以實其説。即假如也。而例中或有疑似之端，仍各有説以反覆申明之，令覽者徹底澄清，無纖毫之凝滯，凡爲論者十之七，而例居其三，以論名篇著其實也。

一，方程例有詳畧可以互明。

既欲推明其理，則無取夸多，故首卷和較雜變四端，不過數例，意在假此例以發吾論，但求大義曉暢，更不繁引多例以亂人思。其後數卷，舉例稍繁。然每設一例，即明一義，務求委曲盡變，庶令用者不疑。前詳者後必畧，前畧者後乃詳。更無重複，細觀自見。

一，方程著論校刻緣起。

鼎性耽苦思，書之難讀者，恒廢寢食以求之，必得其解乃已。有未能通，則耿耿胸中，雖歷歲時，未敢忘也。算數諸書尤性所嗜，雖隻字片言，亦不敢忽，必一一求其所以然，了然於心而後快。竊以方程算術，古人既特立一章於諸章之後，必有精理，而中西各書所載，皆未能慊然於懷，疑之殆將二紀。歲壬子拙荆見背，閉户養痾。子以燕偶有所問，忽觸胸中之意，連類旁通，若千門之乍啟，亟取楮墨，次第録之，得書六卷，於是二十年之疑，涣然冰釋。然後知古人立法之精深，必非後世所能易。書雖殘闕，全理具存，苟能精思，必將我告，管敬仲之言不予欺也。

論成後，冀得古書爲徵而不可得，不敢出以示人。惟亡友温陵黄俞邰太史、桐城方位伯廣文、豫章王若先明府、金陵蔡璣先上舍，曾鈔副墨，而崑山徐揚貢明府、攜李曹秋岳侍郎、姚江黄黎洲徵君，頗加鑒賞。厥後吴江潘稼堂太史尤深擊節。歲丁卯，薄遊錢塘，同里阮於岳鴻臚，付貲授梓，屬以理裝北上，未遂殺青。續遇無錫顧景范、北直劉紀莊二隱君、嘉禾徐敬可先輩、朱竹垞供奉、淮南閻百詩、寧波萬季野兩徵士於京師，並蒙印可。又得中州孔林宗學博，杜端甫孝廉，錢塘袁惠子文學，共相質正。乃重加繕録以爲定本。謬辱安溪李大中丞厚菴先生，下詢曆算，命之論撰，以質同人，獲與介弟安卿孝廉晨夕酬對。承其謬賞兹編録副以歸，手校剞劂，視余槀本倍覺清明，嚮使湖上匆劇雕板，反不能如是之精良矣。感書成之非偶，驚歲月之易流，而良朋好我之殷，受益弘多，更僕難數，爰兹畧記，以誌不忘。

梅文鼎《幾何摘要》

著録

清・梅文鼎《勿庵曆算書目・幾何摘要》　三卷。

《幾何原本》爲西算之根本。其法：以點、線、面、體疏三角測量之理，以比例大小分合，疏算法異乘同除之理，由淺入深，善於曉譬。但取徑縈紆，行文古奥而峭險，學者畏之，多不能終卷。方位伯《幾何約》又苦太略。今遵新譯之意，稍爲順其文句，芟繁補遺，而爲是書，於初編則爲第七。柘城杜端甫孝廉知耕有《幾何論約》，吾弟爾素有《幾何類求》，竝可與是書參證。

梅文鼎《句股測量》

著録

清・梅文鼎《勿庵曆算書目・句股測量》　二卷。

測量必用句股，即《戴記》所謂絜矩也。絜矩之道，立少以觀多，即近以見遠，故立矩可以測高，覆矩可以測深，偃矩可以測遠。然而方可測，圓不可測，於是而割圓之法立。平可測，險不可測，於是而重差之術生。古書雖不盡傳，然《周髀》開方之圖，《海島》量山之算，猶存什一於千百。乃若《測圓海鏡》，元欒城李冶著，明大司冠吴興顧箬溪先生應祥爲注釋者，實句股容圓之一術，而引而伸之，遂如五花八陣，故具録其要，以存古意焉。於初編爲第八也。

古測量家有叀術、綴術。叀術者，謂以器測之，而得其數，如累矩重表之類。曆家則有渾儀、窺管。綴術者，謂據所測之數，而繼之以算法，句股、旁要是也。言測量，至西術詳矣，然不能外句股以立算。故三角即句股之精理，八線乃句股之立成也。平三角、弧三角不離八線，則皆句股之術而已。

梅文鼎《九數存古》

著録

清・梅文鼎《勿庵曆算書目・九數存古》　十卷。

算數之學，初無古今也。自學者避難好徑，古籍日以散亡，或有踵事生新，自矜創獲，輒輕古率爲疏，將此僅存者，亦難終保矣。鼎生也晚，凡遇古人舊法，雖片紙如拱璧焉。家貧居僻，不能多致典墳，聊存此，以見(餘)[余]之志。惟冀好古博雅君子，不吝鄴架之藏，以公同志，庶前賢墜緒，不致終湮，可勝翹企。初編之序，以此爲第九書。

九數即九章也。一曰方田，以御田疇界域。二曰粟布，以御交質變易。一名粟米。三曰差分，以御貴賤稟稅。一名衰分。四曰少廣，以御冪積方圓。五曰商功，以御功程積實。六曰均輸，以御遠近勞費。七曰盈朒，以御隱雜互見。一名贏不足。八曰方程，以御錯糅正負。九曰句股，以御高深廣遠。一名旁要。隸首之法僅存者，九章之目耳。然後有作者，靡或出其範圍。可謂規矩方圓之至矣。

古算書，載程大位《算法統宗》者，惟劉徽《九章》，尚有宋版。鼎嘗于黄俞邰處見其「方田」一章，算書中此爲最古。其錢塘吴信民《九章比類》，西域伍爾章有其書，(餘)[余]從借讀焉。書可盈尺，在《統宗》之前，《統宗》不能及也。又山陰周述學著《曆宗算會》，於開方、弧矢頗詳，書亦在《統宗》前，而程氏未之見。然則古書之存者，宜尚有之。近代作者，如李長茂之《算海説詳》，亦有發明，然不能具九章。惟方位伯《數度衍》，於九章之外，搜羅甚富。杜端甫《數學鑰》，圖注九章，頗中肯綮，可爲算家程式。余於諸家，間有采擷，必直書其所自，不敢掠美。亡兒以燕，於此學頗有悟入，能助(餘)[余]之思辯。惜乎，見其進，未見其止。

梅文鼎《少廣拾遺》

著録

清·梅文鼎《勿庵曆算書目·少廣拾遺》 一卷。自此以後，(巳)[已]刻，並爲續編。

古有一乘方至九乘方相生之圖，而莫詳所用。《同文算指》演之，具七乘方，亦非了義。《西鏡録》增有廉積立成，然訛亂不可讀。歲壬申，(餘)[余]在都門，有三韓林□□寄訊楊時可及丁令調，屬問四乘方、十乘方法。諸乘方中，惟此二者不可以借用他法，摘此爲問，蓋亦留心學問人也。因稍爲推演，至十二乘方，亦有條而不紊。

序跋

清·梅文鼎《少廣拾遺·自序》 少廣爲九章之一，其開平方法爲薄海内外測量家所需，非隸首不能作也。平方而外有立方，以爲鑿築土方之用，課工作者猶能言之。若三乘方以上，知之者蓋已尠矣。嘗見《九章比類》《曆宗算會》《算法統宗》俱載有開方作法本原之圖，而僅及五乘，並無算例。《同文算指》稍變其圖，具七乘方，算法而不適于用，詮釋不無譌誤。《西鏡録》演其圖爲十乘方，而舉數僅詳平立三乘一式而已。餘皆未及。康熙壬申，余在都門，有友人傳遠問，屬詢四乘方、十乘方法。蓋諸乘方法，獨此二端不可以借用他法，而問者及之，竊喜朋儕中固自有留心學問之人，遂稍取古圖紬繹，發其指趣，爲作十二乘方算例，頗覺詳明。然後知今日所用開平方法，迺算數家徑捷之用，而不及古圖之簡括精深也。

梅文鼎《方田通法》

著録

清·梅文鼎《勿庵曆算書目·方田通法》 一卷。(巳)[已]刻。

算家有捷田二十三法，稍廣之爲百二十有四，聊存此，以見數法之無所不通。

梅文鼎《幾何補編》

著録

清・梅文鼎《勿庵曆算書目・幾何補編》　四卷。(巳)[已]刻。

(略)書系稾本，李安卿手爲謄清，將以付梓，而屬余病，李又赴任嘉魚，遂未獲相爲重校。

著録

《幾何補編》目録

幾何補編一　四等面體　八等面體

幾何補編二　二十等面體

幾何補編三　十二等面體

幾何補編四　諸體比例

序跋

清・梅文鼎《幾何補編・自序》　《天學初函》内有《幾何原本》六卷，止於測面。其七卷以後，未經譯出，蓋利氏既殁，徐李云亡，遂無有任此者耳。然《曆書》中往往有雜引之處，讀者或未之詳也。壬申春月，偶見館童屈篾爲燈，詫其爲有法之形，其製：以六圈成一燈，每圈匀爲六折，並周天六十度之通弦，故知其爲有法之形，可以求其比例。然測量諸書皆未言及。乃覆取《測量全義》量體諸率，實攷其作法根源，法皆自楞剖至心，即皆成錐體，以求其分積，則總積可知。以補原書之未備。而原書二十等面體之算嚮固疑其有誤者，今乃徵其實數。《測量全義》設二十等面體之邊一百，則其容積五十二萬三八〇九。今以法求之，得容積二百一十八萬一八二八，相差四倍。又《幾何原本》理分中末線亦得其用法。《幾何原本》理分中末綫但有求作之法而莫知所用。今依法求得十二等面及二十等面之體積，因得其各體中稜線及輳心對角諸線之比例，又兩體互相容及兩體與立方立圓諸體相容各比例，並以理分中末爲法，乃知此線原非徒設。則西人之術固了不異人意也。爰命之曰《幾何補編》。

梅文鼎《西鏡録訂注》

著録

清・梅文鼎《勿庵曆算書目・西鏡録訂注》　一卷。

《西鏡録》不知誰作，然其書當在《天學初函》之後。知者：《同文算指》未有定位之法，而是書則有之，其爲踵事加精，可見所立金法、雙法，亦即借衰互徵、迭借互徵之用，然較《同文算指》，尤覺簡明。但寫本殊多魯魚，因稍爲之訂。

梅文鼎《權度通幾》

著録

清・梅文鼎《勿庵曆算書目・權度通幾》　一卷。

重學爲西術一種，然載于《比例規解》者，訛誤尤甚，今以南勳卿《儀象志》互相訂補，其數稍真。

梅文鼎《正弦簡法補》

著録

清·梅文鼎《勿庵曆算書目·正弦簡法補》一卷。

《大測》諸書言作八線表之法，亦綦詳矣。續讀薛儀甫書，有用矢線求度法，爲之作圖，以發其意。因得兩法，在六宗率三要法之外，兩法者，一曰：正弦方冪，倍而退位，得倍弧之矢。一曰：正矢進位折半，得半弧正弦上方冪。而爲用加捷。不知作表何以不用也。薛書亦用六宗率三要法作表，與曆書同。近見孔林宗《大測精義》求半弧正法，與(餘)[余]説不謀而合，可謂所見略同矣。

梅文鼎《弧三角舉要》

著録

清·梅文鼎《勿庵曆算書目·弧三角舉要》五卷。(巳)[已]刻。

三角之用，莫妙於弧度。求弧度之法，亦莫良於三角。故《測量全義》第七、第八、第九卷端明此理，而舉例不全，且多錯謬。其散見諸曆指者，僅存用數，無從得其端倪。《天學會通》圈線三角法，作圖草率，往往不與法相應，缺誤處竟若殘碑斷碣。弧三角遂成祕密藏矣。今一以正弧三角爲綱，仍用渾儀解之，于曆書原圖稍爲增訂，而正弧三角之理盡歸句股，可指而數焉。於是而參伍其變，則斜弧三角之算亦歸句股矣。書凡五卷。其目：曰弧三角體勢，曰正弧句股，曰求餘角法，曰弧角比例，曰垂弧，曰次形，曰垂弧捷法，曰八線相當。蓋自是而算弧度者有端緒可循，讀曆書者亦有塗徑可入。

《弧三角舉要》目録

序跋

清·梅文鼎《弧三角舉要·自序》　曆家所憑全恃測驗。昔者蔡邕上書，願匍匐渾儀之下，按度考數，著於篇章，以成一代盛典。古人之用心，蓋可想見。然則儒者端居斗室，足不履觀臺，目不睹渾象，安所得測驗之事而親之？而安從學之？曰所恃者，有測驗之法之理在，則句股是也。遭秦之厄，天官書器散亡。漢洛下閎、鮮于妄人等，追尋墜緒，歷代相承，攷訂加詳，至於今日厥理大著，則句股之用於渾圓是也。今夫測量之法，方易而圓難。古用徑一圍三，聊舉成數，非有所不知也。自劉徽、祖沖之，各爲圓率。迨元趙友欽定爲徑一則圍三一四一五九二，與今西術略同，皆割圓以得之，非勾股奚藉焉？西法割圓比例以直角三邊形爲主，即句股也。但異其名，不異其實。然用勾股測平圓，猶易。用句股測渾圓，更難。曆家所測皆渾圓也，非平圓也。古有黄赤道相準之率，大約於渾器比量，僅得梗槩，未能彰諸算術。近代諸家以相減相乘，推變其差，損益有序，稍爲近之，而未親也。惟元郭太史守敬始以弧矢命算，有平視、側視諸圖，推步、立成諸數，黄赤相求，斯有定率，視古爲密。由今觀之，皆句股也。但其立法必先求矢，又用三乘方，取數不易，故但能列其一象限中度率，不復能求其細分之數。《曆書》之法，則先求角，既因弧以知角，復因角以知弧。而句股之形能預定其比例，又佐之八線，互用以通其窮。其法以三弧度相交，輒成三角，則此三弧度者，各有其相應之弦。弧與弧相割，即弦與弧相遇，而句股生焉。苟熟其法，則正反斜側八線犂然各相得而成句股。八線比例以半徑全數爲弦，正弦、餘弦爲句、爲股，又以割線爲弦，切線與半徑全數爲其句股，表中所列句股形，凡五千四百。於是乎，黄可變赤，赤可變黃。可以經度知緯，可以緯度知經。羅絡鈎連，旁通曲暢，分秒忽微，臚陳算位，求諸中心，可無纖芥之疑，告諸同學，亦如指掌之晰，即不必匍匐渾儀之下，可以不窺牖而見天道，賴有此具也。全部《曆書》皆弧三角之理，即皆句股之理。顧未嘗正言其爲句股，使人望洋無際。彼云直角三邊形，此云句股，乃西國方言，譯書時不知此理，遂生分別。又譯書者，識有偏全，筆有工拙，語有淺深，詳略所載，圖説不無滲漏之端，影似之談，與臆參之見，學者病之。兹稍爲摘其肯綮，從而疏剔訂補，以直截發明其所以然。竊爲一言以蔽之，曰：析渾圓尋句股而已。蓋於是而知古聖人立法之精，雖弧三角之巧，豈能出句股範圍。然句股之用，亦必至是，而庶無餘蘊爾。曆法之深微奥衍，不啻五花八門，其章句之詰曲離奇，不啻羊腸絙度。而由是以啓其扃鑰，庶將掉臂游行，若揭日月而騁康莊矣。文雖不多，實爲此道中開闢塗徑。蓋積數十年之探索，而後能會通簡易。故亟欲與同志者共之。余老矣，禹服九州之大，歷代聖人教澤所漸被，必有好學深思其人，所冀大爲闡發，俾古人之意晦而復昭，一綫之傳引而弗替，則生平之志願畢矣。豈必身擅其名，然後爲得哉！余拭目竢之。康熙二十三年上元甲子長至之吉，勿菴梅文鼎書於栢梘山中。

梅文鼎《環中黍尺》

著録

清·梅文鼎《勿庵曆算書目·環中黍尺》五卷。(巳)[已]刻。

《舉要》中弧度之法已詳，然更有簡妙之用，不可不知也。《測量全義》原有斜弧用兩矢較之例，但所立圖姑爲斜望之形，聊足以明其意象，而無實度可言。今一以平儀正形爲主，則凡可以算得者，即可以器量。渾儀真象，陳諸片楮，而經緯歷然，無絲毫隱伏假借，測算家一快事也。至於加減代乘除之用，曆書僅舉其名，不詳其説，意若有甚珍惜者。蓋嘗疑之，數十年而後，乃今得其條貫，即初數、次數、甲數、乙數諸法，並砉然以解。書凡五卷。其目：曰總論，曰先數、後數，曰平儀論，曰三極通幾，曰初數、次數，曰加減法，曰甲數、乙數，曰加減捷法，曰加減又法，曰加減通法。其又法，與加減同理，而取徑特殊，兒以燕於《恒星曆指》中摘出，千里致書相詢，爰附末簡，以不没其用心之勤。甲數、乙數用法甚奇，本以黄道求赤道，李世德孝廉准其法，以黄求赤，作爲圖論，又製器以象之。世德於此中有得其書，原可專行，故末附此。

《環中黍尺》目録

環中黍尺一　總論　先數後數法以平儀正形解渾球上用次度之根。

環中黍尺二　平儀論以量代算之理。　三極通幾以量代算之法。

環中黍尺三　初數次數法　加減法論加減代乘除之理。

環中黍尺四　甲數乙數法以加減代乘除。

環中黍尺五　加減捷法　加減捷法補遺　加減又法解《恒星曆指》第四題。　加減通法

序跋

清·梅文鼎《環中黍尺·小引》《環中黍尺》者，所以明平儀弧角正形，乃天外觀天之法，而渾天之畫影也。天圜而動，無晷刻停，而六合以内，經緯歷然，亘萬古而不變，此即常静之體也。人惟囿於其中，不惟常動者，不能得其端倪。即常静之體，所爲經緯歷然者，亦無能擬諸形容。惟置身天外，以平觀大圜之立體，則周天三百六十經緯之度，擘劃分明，皆能變渾體爲平面，而寫諸片楮，按度攷之。若以頗黎水晶通明之質，琢成渾象，而陳之(凡)[几]案也。又若有鏤空玲瓏之渾儀，取影於燭，而惟肖也。故可以算法證儀，亦可以量法代算。可以獨喻，可以衆曉。平儀弧角之用，斯其妙矣。庚辰中秋，鼎偶霑寒疾，諸務屏絶，展轉牀褥間，斗室虚明，心閒無寄，秋光入户，秋夜彌長，平時測算之緒來，我胸臆積思所通，引伸觸類，乃知《曆書》中斜弧三角、矢綫加減之圖，特以推明算理，故爲斜望之形。其弧綫與平面相離，聊足以彷彿意象，啟人疑悟，而不可以實度比量，固不如平儀之經緯，皆爲實度。弧角悉歸正形，可以算，即可以量，爲的確而簡易也。病間録枕上之所得，輒成小帙。然思之所引無方，而筆之所追未能什一，庶存大致，竢同志之講求耳。康熙三十有九年重九前七日，勿菴力疾書，時

年六十有八。

雜録

《環中黍尺》凡例

一，有垂弧及次形，而斜弧可算，乃若三邊求角，則未有以處也。《環中黍尺》之法，則可以三邊求角，如有黄赤兩緯度，可求其經。可以徑求對角之邊。如有黄道經緯，可徑求赤道之緯。而取徑遥深，非專書備論，難詣厥故矣。書成于康熙庚辰，非一時之筆，故與舉要，各自爲首尾。

一，測算必有圖，而圓弧角者，必以正形，厥理斯顯，于是以測渾圓，則衡縮欹衺，環應無窮，殆不翅纍黍定尺也。本書命名，蓋取諸此。

一，用八綫，至弧度而奇，然理本平實，以八綫量弧度，至用矢而簡，然義益多通，要亦惟平儀正形，與之相應，一卷之先數後數，所爲直探其根，以發其藏也。

一，平儀以視法，變渾爲平，而可算者亦可量，即視度皆實度矣。二卷之平儀論，所以博其趣，而三極通幾，其用法也。黍尺名書，于兹益著。

一，矢度之用，已詳首卷，而餘弦之用，亦可參觀，故又有三卷之初數次數也。初數次數，本用乘除，亦可以加減代之，故有加減法，以疏厥義。自三卷以後，亦非一時所撰，今以類相附，而仍各爲之卷。

一，四卷之甲乙數，即初數次數之變也，而彼以乘除，此以加減，則繁簡殊矣。

一，五卷之法，亦加減也，而特爲省徑，故稱捷焉。用初數，不用次數。用矢度，不用餘弦，以視甲乙數，又省其半。然不可不知其變，故又有補遺之術也。

一，《恒星曆指》之法，别成規式，而以加減法相提而論，固異名而同實，是以命之又法也。

以上《環中黍尺》之法，約之有六，用乘除者二，其一先數後數，其一初數次數也。用加減者四，初數次數也，甲乙數也，捷法也，又法也。本書中具此六術，然而加減捷法，其尤爲善之善者歟。

一，外有不係三邊求角之正用，並可通之以加減之法者，是爲加減通法。蓋術之約者其理必精，數之確者爲用斯博。兹附數則于五卷之末，以發其例。

梅文鼎《解八線割圓之根》

序跋

清・楊作枚《八線割圓説》 天體至圓，最中一點爲心，過心直線爲徑，圓面諸圈爲弧。弧與徑古用徑一圍三之比例，有密術、徽術，各家不同。然終非弧度之真。蓋圓爲曲線，徑爲直線，兩者爲異類，亘古無相通之率。夫日月星辰之道，皆弧線也。人目測視之線，皆直線也。苟非由直線以得曲線，縱推算極精，皆非確數，於推步測量諸用，所關甚鉅，其可畧歟？西儒《幾何》等書，别立數法，求得弧與徑相準之率，更以逐度之弧准逐度之線，内用弦矢，外用割切，于是始則因弧而求線，繼則因線而知弧。交互推求，雖分秒之弧度盡得。其准立法之善，即隸首、商高復生，無以易也。第《割圓八線表》雖久傳于世，而立法之根未得專書剖晰。《大測》中如十邊、五邊形之理，皆缺焉弗講。薛青州作《正弦》解，亦僅依式推衍，未能有所發明。予於曆算生平癖嗜，凡有奥義，必欲直窮其所以然而後快。竊思割圓八線乃曆算之本源，豈可習焉不察？因反覆抽繹耿耿於心者數年，積思之久，乃得漸次會通，遂著其圖，衍其算，理之隱賾者明之，法之闕畧者補之，會而成帙，以備好學者之採擇云爾。

梅文鼎《塹堵測量》

著録

清・梅文鼎《勿庵曆算書目・塹堵測量》 二卷。已刻。

【略】書凡二卷。其目：曰總論，曰立三角摘録，曰渾圓内容立三角，曰句股錐，曰句股方錐，曰方塹堵容圓塹堵，曰圓容方直儀簡法，曰郭太史本法，曰角即弧解。以上三書，《弧三角舉要》《環中黍尺》《塹堵測量》，並安溪相國刻於保定。世兄李世德孝廉鍾倫多所參訂，而其群從，世憲文學鑒，及宿遷徐壇長用錫、安溪陳對初萬策、景州魏君璧廷珍三孝廉，河間王仲穎之鋭、交河王振聲蘭生二文學，並有校訂之功。其中圖像則君璧及余孫瑴成手筆也。

《塹堵測量》目録

序跋

清・梅文鼎《塹堵測量・序目》　《塹堵測量》者，借土方之法，以量天度也。其術以平圓御渾圓，以方體測圓體，以虚形準實形，故托其名於塹堵也。古法斜剖立方成兩塹堵，塹堵又剖爲三，成立三角。立三角爲量體所必須，然此義中西皆未(癸)[發]。今以渾儀黄赤道之割切二綫，成立三角形，立三角本實形，今諸綫相遇成虚形，與實形等。而四面皆句股，即弧度可相求，不須用角，西法通於古法矣。又於餘弧取赤道及大距弧之割切諸綫，成句股方錐形，亦四面皆句股，即弧度可相求，亦不言角，古法通於西法矣。二者並可用堅楮爲儀，以寫其狀，則弧度中八綫相爲比例之理，瞭如掌紋，而郭大史圓容方直、矢接句股之法，亦不煩言説而解。書凡二卷。

梅文鼎《用句股解幾何原本之根》

著録

清・梅文鼎《勿庵曆算書目・用句股解幾何原本之根》　一卷。

幾何不言句股，然其理並句股也。此言句股，西謂之直角三邊形，譯書時未能會通，遂分途徑。故其難通者，以句股釋之則明。惟理分中末線似與句股異源，今爲游心於立法之初，而仍出於句股。信古九章之義，包舉無方。徐文定公譯大測表名之曰《割圓句股八線表》，其知之矣。

梅文鼎《幾何增解數則》

著録

清・梅文鼎《勿庵曆算書目・幾何增解數則》　本各自爲書，今附前條共卷。(己)[已]刻。

其目有四，曰以方斜較求斜方，曰切線角與圓内角交互相應，曰量無法四邊形捷法，曰取平行線簡法。並就幾何各題而增，故不入《補編》。《補編》專言體積，並幾何未有之題。

梅文鼎《仰規覆矩》

著録

清・梅文鼎《勿庵曆算書目・仰規覆矩》　一卷。

一查地平經度爲日出入方位，一查赤道經度爲日出入時刻。並依(裡)[里]差，用弧三角立算，與曆書法微别。秀水友人張簡庵雍敬熟觀余所製簡平儀。有所悟入。因作此相質。

梅文鼎《方圓冪積》

著録

清・梅文鼎《勿庵曆算書目・方圓冪積》一卷。

【略】歲癸未，匡山隱者毛心易乾乾惠訪山居，偶論周徑之理，因複推論及方圓相容相變諸率，益覺精明。蓋學問貴相長也。中州謝野臣廷逸，毛先生婿也，於數學甚有精思，偕隱陽羨，自相師友，著述甚富，多前人所未發。

序跋

清・梅文鼎《方圓冪積説》《曆書》周徑率至二十位，然其入算，仍用古率，十一與十四之比例，本祖沖之徑七周二十二之密率。豈非以乘除之際，難用多位，與今以表列之，取數殊易，乃爲之約法，則徑與周之比例，即方圓二冪之比例。徑一，則方周四，圓周三一四一五九二六五，而徑上方冪與圓冪，亦若四與三一四一五九二六五，尾數八位，並以表爲用。亦即爲立方立圓之比例。同徑之立方與圓柱，若四與三一四有奇，則同徑之立方與立圓，若六與三一四有奇。殊爲簡易直截。癸未歲匡山隱者毛心易乾乾偕其壻中州謝野臣惠訪山居，共論周徑之理，因反覆推論方圓相容相變諸率。庚寅在吴門，又得錫山友人楊崑生定三《方圓訂註圖説》，益覺精明甚矣。學問貴相長也。

梅文鼎《麗澤珠璣》

著録

清・梅文鼎《勿庵曆算書目・麗澤珠璣》一卷。

鼎生平得力於友朋之益，故雖一言之惠示，不敢忘也，必謹録之，久而成帙，取其關於算學者，別爲一卷。

梅文鼎《古算器考》

著録

清・梅文鼎《勿庵曆算書目・古算器考》一卷。

今有筆算，今之籌算亦是筆書。遂以珠盤爲古，不知古用籌策，故曰持籌。其用珠盤，蓋起元末明初，制度簡妙，天下慣用之，而遂忘古法，故爲之考。作珠盤者甚巧，惜逸其名氏。

梅文鼎《數學星槎》

著録

清・梅文鼎《勿庵曆算書目・數學星槎》一卷。

初學莫易於筆算，減併乘除三日可了。然除法定位轉易，乘法定位稍難。兹以本數、大數、小數三者別焉，雖童子可知矣。至於句股開方，非圖不解。《周髀算經》有古圖，簡質可玩，曆書本幾何立説，亦足引人思致。今稍廣之，爲圖者六，以示余兩孫瑴成、玕成，俾稍知其意。數學如海，非篤好精思，鮮不自涯而返。然而千里之行，始於足下，因命之曰《數學星槎》云爾。

梅文鼎《曆算全書》

序跋

清・魏荔彤《梅勿庵先生曆算全書小引》 勿庵先生，當代鴻儒，學醇品粹。年彌高而德彌邵，道益隆而量益虚，實得理學正傳，更精研於曆算。老逢聖祖知遇，以書生而隆，坐論天子前席，公卿侍教，蓋異數奇榮也。先生沖雅高潔，迄以儒素終身，大業藏山，不輕問世，而人爭傳之。(餘)[余]獲接見憾晚，適嬰塵務，不能執經請益。歲在戊戌，偶攝法司，因與諸同人設館白下，延致先生，訂正所著，欲共輸資刊行。先生既以甯淡爲志，不樂與俗吏久處。而世會遷變，雲散蓬飛，竟未卒事。閲二載，僻居海中，官齋闃寂，複馳函敬求存稾，得十餘種，雖屢爲雅慕高賢者録刻，然雜遝參錯，未成善本。笥中尚夥，又在耄年静攝，不能遽自校定，因嘉許殷懇，期爲檢發。不意哲人遂萎矣，嗚呼！歲月不待，時會難逢。歎凋謝乎典型，慨朋儔之聚散，即一事而百感紛投矣。但劍已許君，井容自棄。於是複向翰編玉汝昆季，構得未刻者將二十種，俱以付梓，工未得完，餘亦斥廢，更於憂患中竭蹶歲(余)[餘]方竣。所延考誤之客，則久已彈鋏他門矣。竊思曆所著者，天之象也，算所明者，物之數也。象數之學，天地造化之精微，人物理氣之終始也。烏容宣洩哉？故仙言丹成而魔來，史紀字作而鬼泣，彼幻異之術、文字之跡且然，況上通帝載，而下括萬類之書乎？宜其傳之不易易也。今雖粗竟心志，而點畫之間，縱横之際，動關精要，不容訛舛。(餘)[余]之固陋，茫如望洋，容更訪專家以就正焉。先叙輯刊之鄙意，蓋亦竊有不得已之思也。夫治曆明時，書肇唐虞，龍圖龜書，出於羲禹，皆中華古聖帝之垂教於天下萬世者也，術雖有詳略疏密，而理無可淆亂紛滋，況測天者原貴於隨時而稽，數者雖多方亦合一，安見法出於古人者必拙，物得於遠至者始貴乎？故當今日明曆算續絶學，自有勿庵先生此書具在，道不外於曆聖所傳，理自存於四海之内，法亦備此三十種中也，凡好新厭故，重遐輕邇者，亦可以由中以該西，尚目不尚耳，弗立異而志怪，將求奇於恒焉，庶不負先生九十餘年立言垂訓之意也夫。時雍正癸卯歲嘉平月，栢鄉魏荔彤念庭氏謹識。

清・梅汝培《曆算全書跋》 《曆算全書》三十種，共七十卷。宣城家曾叔祖勿庵先生所著，而正謀伯祖及玉汝、肩琳兩叔參訂成帙者也。蓋先生覃精曆數，洞見根底，會萃中西，發前人不傳之奥，固久爲海内崇仰。其《三角舉要》數種，安溪相國先梓行世。而先生晚年諸稾，尚秘篋中，雍正初柏鄉魏公念庭，重加編校，匯付剞劂。而世之欲睹先生全書者，始無遺憾。及魏公來吴，與先父竹峰府君交好，府君每心折魏公能成勿庵之志。未幾，魏公將北歸，以是爲家勿庵作也，欲以所鐫板歸府君。府君遂出貲購之，貯之莘莊書舍，迄今二十餘年矣。培生也晚，兼之川原迢隔，不及親宛陵族中諸先生之謦欬。然聞之家兄伯昌云：康熙年間，淵公高叔祖不次，曾叔祖爾止、耦長兩祖，宦游吴中，與先曾祖養拙公、先祖萃庵公、先本生祖愚哉公、先本生父曾谷公，數相過從，把酒留連，以敦族誼，情甚摯也，培輒感慕之。近則老成凋謝，音問闊疏，先府君亦去世十年餘，勿庵書板間有漫漶。今年春，培細爲檢點，命工補綴，複還舊觀，庶無負魏公刊行之心，及先府君購藏之意云爾。乾隆己巳秋日，松陵曾侄孫汝培又生拜手敬跋。

雜録

清・施彥恪《征刻曆算全書啓》 粤稽帝王禦世，道在承天，賢聖修身，學通知命。五行媾運，定甲子之斡旋，二氣冥孚，驗黄鐘之根本。奠鼇立極，想始行推步之年，規矩準繩，在既竭心思之後。幼教方名書數，乃遊藝複次於依仁。日觀弦朔晦明，信易理莫昭於懸象，故經緯天人之學，道重儒先，元會運世之交，理資河洛。然而道以人存，書闕有間，五百年當差一日，至開元始破其疑。廿四日多下一籌，匪隸首籌征其信。況葭灰卦筴，例逾紛而驗罕符，奇耦生成，理自明而言則晦。悠悠千古，代有通人，落落吾徒，甯無達者？乃剞心捷獲，既視以迂遠而弗爲，或有志參稽，又阻於畏難而中輟，律且嚴夫私習，算遂乏於專門。郭邢臺術妙割圓，鄭端清心覃古法，譏口群咻。西域官生，莫或自言根數。靈台漏刻，徒知各靳私傳。占測分科，不相通曉。矧伊新術，能無齟齬？利氏來賓，西書群詫。在天道幽遠，固屢析而逾精。論師授源流，亦本同而末異。不有高識，誰辯根宗？若夫蒐討網羅，綜群言而求至當，製器尚象，因成法而得精思，大有人焉，生斯世矣。

吾宣梅勿庵先生，江東世胄，宛水名家。幼是鄭玄[元]，卻紛華而弗事。長同幹寶，搜經史以爲糧。璿璣玉衡，讀《尚書》而遂通其制。方程句股，考《周官》而輒洞其微。北海榻穿，參盡天官之秘。中山穎禿，鈔殘宛委之書。求友探奇，燕、越無難遠涉。舊儀新器，異同不厭詳征。集其大成，衷諸獨見。謂馬沙亦黑七政經緯之度分，於泰西已爲藍本；而《授時曆草》圓容方直之巧算，較三角豈有懸殊；度里求差，亦守敬、一行之遺法。歸邪舉正，實唐虞三代之成模。術皆踵事而增，難忘創始。道在順天求合，何別中西？釋從前聚訟之紛，去諸家畛域之見。闡解還期共曉，立言總出虛公。曆述七十有餘家，由疏漸密，各具短長，一一能言其改憲之故。圓周三百有六十，以平禦渾，互相準測，了了能知其弧度之真。開萬古之心胸，羅星辰於几案。匪惟交食淩犯，不勞出户以前知。及至山海高深，悉可運籌而坐致。准今酌古，前賢如在一堂。俯察仰觀，天上從今不夜。假令見諸施用，懸知天驗爲多。無俟大衍之候清台，即其副在名山，共信千秋可俟，奚啻劉焯之傳《皇極》者矣？

然而，編摩既就，流布無期，草本益增，殺青有待。白雲怡悦，空懷持贈之心，寶劍深藏，誰辯鬥牛之氣？且行七十，斬輪深懼無傳，而著論詳明，發篋原堪衆賞。惟昔璣先蔡子，首録《籌算》於白門。亦有冰淑徵君，亟冠弁言於《通考》。《疑問》三卷，見燕山節度之新刊。《方程》一編，得泉郡孝廉而廣布。然而，分來片玉，定想昆岡，折得一枝，益思鄧圃。曆法書五十八種，算數法二十二書，卷輒萬言，帙惟八十。欲成全璧，必取資於衆擎，所望高賢，竭表揚之雅好。或任録小卷，欣賞可以孤行。或分任大編，輻輳斯呈衆妙。償書給值，光溢牙籤。展卷披圖，心通渾象。數十載精勤所獲，庶人人皆可與能。千百年史志存疑，亦一旦泮然冰釋。苟循途而序進，由淺能深。更即事以徵文，無微不顯。知九數不離日用，司徒之教非迂，信大圜無改東西，馮相之占可據。察二道之盈朒，圭景知天，悟萬國之環居，丸球測地。名刊遠布，見吾道之不孤。奥義宣昭，明儒術之有用。釋名小而取類大，用力少而見功多。減賓饌之一臠，奇文駐世，損倉庾之餘粒，絶學流通。公秘笈於良朋，竊深引領。成藝之嘉話，敬告同聲。康熙乙卯，嘉平上浣同里雙溪施彦恪拜撰。

黄百家《勾股矩測解原》

著録

清・四庫館臣《勾股矩測解原提要》　臣等謹案：《勾股矩測解原》二卷。國朝黄百家撰。百家有《體獨私抄》已著録是書，言勾股測望並詳繪矩度之形，與徐光啓《天學初函》《矩度表説》大槩相同，而此書專明一義，其説尤詳。考勾股測望，自古有之，其法或用方矩，或立矩表，或用重矩，引繩如表，以測高深廣遠所不能至者，總以近者、小者與遠者、大者相準，世傳劉徽《海島筭經》即此法也。本朝《御製割圜八線表》出，又儀器製作悉備，始有三角形測量。蓋測量用三角度低昂甚便，步筭檢表數密而功省，雖其理與勾股無殊，而徑捷簡易，則不可同日而論矣。然必儀與表兼備，而後其術可施。苟闕其一，即精於是術者，無從措手。故勾股之法亦不廢也。是書雖僅具古法，亦足備測量之資焉。乾隆四十六年三月恭校上。

《勾股矩測解原》目録

年希堯《視學》

序跋

清・年希堯《視學弁言》　余曩歲即留心視學，率嘗任智殫思，究未得其端緒。迨後獲與泰西郎學士數相晤對，即能以西法作中土繪事，始以定點引線之法。貽余能盡物類之變態，一得定位，則蟬聯而生，雖毫忽分秒不能互置，然後物之尖斜、平直、規圓、矩方，行筆不離乎紙，而其四周全體，一若空懸中央，面面可見。至於天光遥臨、日色傍射，以及燈燭之輝暎，遠近大小，隨形呈影，曲折隱顯，莫不如意。蓋一本乎物之自然，而以目力受之，犂然有當於人心。余然後知視之爲學如是也。今一室之中，而位置一物不得其所，則觸目之頃，即有不適之意生焉。矧筆墨之事，可以舍是哉！然古人之論繪事者有矣，曰仰畫飛檐，又曰深見溪谷中事，則其目力已上下無定所矣！烏足以語學耶，而其言之近似者，則曰透空，一望百斜都見，終未若此册之切要著明也。余故悉次爲圖，公諸同好，勤敏之士，得其理而通之，大而山川之高廣，細而蟲魚花鳥之動植飛潛，無一不可窮神盡秘而得其真者，毋徒漫語。人曰真而不妙，夫不真又安所得妙哉！己酉二月之朔，偶齋年希堯書。

又　視學之造詣無盡也，予曷敢遽言得其精蘊哉！雖然，予究心於此者三十年矣，嘗謂中土工繪事者，或千巖萬壑，或深林密箐，意匠經營，得心應手，固可縱横自如，淋漓盡致。而相賞於尺度風裁之外，至於樓閣器物之類，欲其出入規矩，毫髮無差，非取則於泰西之法，萬不能窮其理而造其極。先是，予粗理其端緒，刊圖問世，特豹之一斑，而鼎之一臠，雖已公諸同好，終不免於膚淺。近得數與郎先生諱石寧者往復再四，研究其源流。凡仰陽合覆，歪斜倒置，下觀高視等線，法莫不由一點而生。迨細究一點之理，又非泰西所有而中土所無者。凡目之視物，近者大，遠者小，理有固然，即如五嶽最大，自遠視之，愈遠愈小，然必小至一星之點而止。又如芥子最小，置之遠處，驀直視去，雖冥然無所見，而於目力極處，則一點之理，仍存也。由此推之，萬物能小如一點，一點亦能生萬物。因其從一點而生，故名曰頭點。從點而出者成線，從線而出者成物。雖物類有殊異，與點線有差，别名或不同，其理則一。再如物置面前，遠五尺者若干，大遠一丈者若干，大則用點割之，謂之曰離點，而遠近又有一定不易之理矣。試按此法或繪成一室，位置各物儼若所有，使觀之者如歷階級，如入門户，如升堂，奥而不知其爲畫。或繪成一物，若懸中央，高凹平斜，面面可見，借光臨物，隨形成影，拱凹顯然，觀者靡不指爲真物，豈非物假陰陽而拱凹，室從掩映而幽深，爲泰西畫法之精妙也哉。然亦難以枚舉，縷述而使之該備也。惟首知出乎點線而分遠近，次知審乎陰陽而明體用，更知取諸天光以臻其妙，則此法之若離若合，或同或異，神明變化，亦略備於斯三者也。予復苦思力索補縷五十餘圖並爲圖説，以附益之，亦可云克物類之變化而廣點線之推移，直探斯法之源流爲視學之梯航矣。倘於退食之暇，更得窮無盡之造詣精思，以闡其藴而質，諸高明君子藉所裨益焉，則又予之願也夫。雍正乙卯二月之朔，偶齋年希堯書。

年希堯《測算刀圭》

序跋

清·梅文鼎《測算刀圭序》　算數作於隸首。九數中，句股以御高深廣遠，本於周官大司徒。算測之學，其來已久，後世劉徽、祖沖之等，又加密測，謂之割圓密率，歷代講求，踵事加詳。至今西術而有三角八綫之用，殆已無可復加。然《周髀算經》所載北極之下，朝耕暮獲，與西測地圓之説，實相符契。由是觀之，算術本自中土，傳及遠西。而彼中學者，專心致志，羣萃州處而爲之。青出於藍而青於藍，冰出於水而寒於水，亦固其所。我國家同文之治，聲教訖於四表，西人慕義，來者益多。既兼采其法，以治曆明時，而《曆書》百卷，流通宇下。亦賴中國文人爲之發揮編纂，而其旨逾明，其精益出。是則古人測算之法，得西説而始全。而中西同異之疑，至今日而始定，可謂千載一時。然而猶或興望洋之嘆者，以未得其門户故也。閑嘗流覽曆算家言，擇其義類明晰，用之切要者，摘録刊布，使學者悠然會心，而日孳孳焉以進於其全，於此學或不無小補。其書三種：一曰《三角法摘要》，全部《曆書》皆三角法也，不明乎此，則《曆書》不可得而讀矣。內分二支，一曰弧三角。凡曆法所測，皆弧度也。弧綫與直綫不能爲比例，則推測理窮。弧三角者，剖析渾圓之體，而各於弧綫中得其相當直綫，即於無句股中尋出句股，此法之最奇最確，聖人復起，不能易也。弧三角之用法頗多，而其最著明者，爲黄赤交變一圖。反覆推論，瞭如列眉。熟此一端，則其餘不難漸及矣。至於弧角比例，亦其中要旨。而原書解未當，故特爲正之。一曰平三角。弧三角之法，生於平三角者也。然而測量諸法，平三角之用爲多，故言之特詳也。一曰《八綫真數表》，凡弧三角、平三角，並以八綫爲用，曰真數者，别於假數也。一曰《八綫假數表》，因假數以得真數，用加減省乘除，甚便初學，法之巧也。其法爲西人穆尼閣所譯，原止四綫，謂之對數。然既知切綫，可推割綫，則八綫在其中矣。而總名之曰《測算刀圭》，誠以此學奥衍隱賾，不翅瀛海神山。而刀圭入口，身生羽翰，即蓬萊方丈，惟所遊行，豈非大快？故亟欲與學者共之也。

年希堯《面體比例便覽》

序跋

清・年希堯《面體比例便覽・序》 數者，乃兩間之一巨物也。夫天自可爲天，地自可爲地，萬物自可爲萬物，不可使之相通，而猶不可使之相限。數則不然，以之參天，天不失其度，以之兩地，地因之而劃。萬物限於大小者，則量之；限於長短者，則度之；限於輕重者，則權之；限於聲音者，以律吕升降之；限於世代者，以歲月紀載之。無往而不有數也。此其有形之數也。至於陰陽五行，氣化遷流，屈伸交錯，此其無形之數也。其數也，所統者大，所該者切，不亦於兩間爲一巨物乎？聖人因物格理，因理辨形，因形設數，不期而承《河圖》《洛書》之用矣！所以黄帝命隸首作《九章》，别理所存，施之於法。而周公與商高尚論《周髀》，展縱横高下，以廣其用，而古經濟聖帝明王之所必需。今其學也，日趨於亡，學士大夫不精心以究其理，庶人即究心於理，而見聞不廣，因而斯道幾至於息，幸逢我聖祖仁皇帝道學本宗，深通物理，萬幾之暇，留心於數，如此四十餘年，緒前聖將絶之學，闡數理未宣之秘，構《幾何原本》，申明《九章》句股、少廣、方田之義，探《算法原本》，播揚差分、粟布、均輸之該。以借根方較方程、盈朒、衰分之微，辯假數，乃約差分之層級，以假形真之用，於是數學自今日復明之於天下後世矣！因而於大内開館，召天下知數之士，增廣其傳，註書百卷，極盡精微。我皇上善繼善述，將其書頒布中外，使天下後世士子身通六藝以弘其道。但初學者望之浩大，難窺其奥。今余謹將有形可見，有繩可循，及有通率之數者，每録一二條，特爲初學之一階云爾。雍正十三年歲在乙卯五月，廣寧年希堯序。

陳訏《句股述》

著録

《勾股述》目録

句股求弦等　較求股弦　和求句股弦　句股弦較求句股弦　句股弦和求句股　句股求容方等　句股求容圓　矢弦求圓徑　矢徑求弦　立表測高　重表測高等　重表測遠　矩度説　矩度測高　重矩測高　矩度測遠　矩度測深

序跋

清・黄宗羲《句股述序》 句股之學，其精爲容圓、測圓、割圓，皆周公、商高之遺術，六藝中之一也。自後學不講，方伎家遂私之，溪流逆上，古塚書傳，緣飾以爲神人授受，吾儒一切冒之以理，反爲所笑。近世韓苑洛作《志樂》，律管空圍，不明算法，割裂湊補，終成乖謬。其言志樂成而九鶴下舞於庭，不知律吕未諧，何以能感九鶴也？殊失深淵，罔象得之，於是西洋改容圓爲矩度，測圓爲八綫，割圓爲三角，吾中士人讓之爲獨絶，闢之爲違天，皆不知二五之爲十者也。數百年以來，精於其學者，元李冶之《測圓海鏡》，明顧箬溪之《弧矢算術》，周雲淵之《神道大編》，唐荆川之《六論》，不過數人而已。海昌陳言揚因余一言發藥，退而述爲句股書，空中之數，空中之理，一一顯出，真心細於髮，析秋毫而數虚塵者也。不意制舉人中，有此奇特。余昔屏窮壑，雙瀑當牕，夜半猿啼倀嘯，布算簌簌，自歎真爲痴絶。及至學成，屠龍之伎，不但無所用，且無可與語者，漫不加理。今因言揚遂當復完前書，盡以相授，言揚引而伸之，亦使西人歸我汶陽之田也。嗚呼！此特六藝中一事，先王之道其久假而不歸者，復何限哉？姚江黄宗羲撰。

清・陳訏《句股述・自序》 歲丙辰，余獲侍梨洲黄先生門下，與同學諸子受籌算開方法，因著《開方發明》。先生見之喜，謂其習於數而明於理也。後隨函丈因暇請卒業句股。先生曰：「句三股四弦五，此大較也。立表以測高遠，立重表以測不可身至之高遠，此成法也。其理可以窮造化，古來鉅公大儒之從事於實學者，多究心焉，可以爲數而弗之講乎？」余聞之憒甚，退而讀荆川《句股論》，幾不可以句。伏而思之，知空中之理，非數不顯。空中之數，非理不明。忽若有悟，因參他書句股諸法，附以己見，述爲句股書。先生見之益喜，謂其數益習，而理益明也。黄子主一，家學源流有自，顧其著《句股解原》，謬見採取。余壹不知余書之果可信，今而傳後否耶？或以免於傳而不習，則庶幾爾。雖然，先生之學，浩乎無津。余讀《南雷》《吾悔》《撰杖》三集，及他未刻書，竊以爲此天地間一大瀛海也。昌黎子曰：「沿河而下，苟不止，雖有遲疾，必至於海。」余竊有志焉！今懶惰失業，負笈未能，又何以得先生之船與檝而窺其涯涘乎哉？書以志吾疚也。海昌陳訏言揚書。康熙癸亥秋七月。

陳訏《勾股引蒙》

著録

清·四庫館臣《勾股引蒙提要》 臣等謹案：《勾股引蒙》五卷。國朝陳訏撰。訏字言揚，海寧人。由貢生官淳安縣教諭。是書成於康熙六十一年壬寅，首載加減乘除之法，雜引諸書。如加法則從《同文算指》，列位自左而右。減法則從梅文鼎《筆算》，列位自上而下，易横爲直。乘法則用程大位《算法統宗》鋪地錦法，畫格爲界。除法則用梅文鼎《籌算》，直書列位。至定位則又用西人横書之式。蓋兼採諸法，故例不畫一。至開帶縱平方，但列較數而不列和數。開帶縱立方，但列帶一縱而不列帶兩縱，相同及帶兩縱不同皆爲未備。所論勾股諸法，謂勾股和自乘方與弦積相減，所餘之積轉減弦積，爲股弦較，不知以勾股和自乘積與倍弦積相減所餘爲勾股較積，不得爲股弦較也。又謂勾股相乘以勾股較除之亦得容方，不知既用勾股容方，本法以勾股和除勾(積)股[積]相乘矣，則用此一勾股相乘之積而勾股和與勾股較除之，皆得容方，無是理也。又謂勾股相乘之積爲容方者四，斜弦内爲容方者兩，不知勾股形内以弦爲界，止容一方，試以勾三股四之容方積較尚不及勾股積四分之一，而股愈長則容方愈小者更無論矣。又謂勾股弦之長恒兩倍於容圓之周，不知平圓積以半周除之而得半徑，勾股相乘積以總和除而得半徑，根既不同，不得牽混爲一也。如斯之類，亦多未協。其三角法則全録梅文鼎《平三角舉要》，畧加詮釋。所用八線小表以餘線可以正弦、正切、正割三線加減得之，故不備列。其半徑止用十萬，亦《測量全義》所載泰西之舊表，無所發明。然算法精微，猝不易得其門徑。此書由淺入深，循途開示，於初學亦不爲無功。觀其名以引蒙，宗旨可見，録存其説，亦足爲發軔之津梁也。乾隆四十六年十二月恭校上。

陳訏《句股引蒙·凡例》

陳訏《句股引蒙·筆算》

陳訏《句股引蒙·籌算》

陳訏《句股引蒙·開方》

陳訏《句股引蒙·句股法》

陳訏《句股引蒙·測量法》

陳訏《句股引蒙·西法矩度測量》

陳訏《句股引蒙·三率算法》

陳訏《句股引蒙·唐順之勾股測望論勾股容方圓論跋》

陳世仁《少廣補遺》

著録

清·四庫館臣《少廣補遺提要》 臣等謹案：《少廣補遺》一卷。國朝陳世仁撰。世仁海寧人，康熙乙未進士。其書以一面尖堆，及方底、三角底、六角底、尖堆、各半堆等題，分爲十二法。後有抽奇、抽偶諸目，蓋堆垛之法也。按：堆垛乃少廣中之一術，與尖錐體相似而實不同。蓋堆體、臺體外平而中實，堆垛爲衆體所積，面有峻峭，中多空隙，故二法相較，煩簡頓殊。古少廣中僅具以邊數層數求積數法，亦未有解其故者。至以積求邊數層數之法，則未備焉。又其爲用甚少，故算家率畧而不詳。世仁有見於此，專取堆垜諸形，反覆相求，各立一法。雖圖説未具，不能使學者窺其立法之意，而於少廣之遺法，引伸觸類，實於數學有裨，不可以其一隅而少之也。乾隆四十六年五月恭校上。

清中期總部

主編　郭世榮

人物部

江永

傳記

清・錢大昕《江先生永傳》錢大昕《潛研堂文集》卷三九　江先生永字慎修，婺源人。少就外傅，與里中兒治世俗學。一日，見邱濬《大學衍義補》，書中多徵引《周禮》，奇之，求諸積書家，得寫《周禮》正文，晨夕諷誦。爲諸生數十年，楗户授徒，束修所入，盡以購書，遂博通古今，尤專心于《十三經注疏》，自壯至老，丹黄不去手。嘗一游京師，同郡程編修恂延主其邸，桐城方侍郎苞素以《三禮》自負，聞先生名，願一見。見則以所疑士冠禮、士昏禮中數事爲問，先生從容置答，乃大折服。荆溪吴編修紱，于《儀禮》功深，及交先生，質以《三禮》中疑義，往復辯難，歎曰：「先生非常人也。」休寧戴震，少不譽于鄉曲，先生獨重之，引爲忘年交。震之學，得諸先生爲多。乾隆壬午歲三月十三日卒，年八十有二。所著有《周禮疑義舉要》六卷，《禮記訓義擇言》六卷，《深衣考誤》一卷，《禮經綱目》八十八卷，《律吕闡微》十一卷，《春秋地理考實》四卷，《鄉黨圖考》十一卷，《讀書隨筆》十二卷，《古韻標準》六卷，《四聲切韻表》四卷，《音學辯微》一卷，《推步法解》五卷，《七政衍》《金水二星發微》《冬至權度》《恒氣注曆辨》《歲實消長辯》《曆學補論》《中西合法擬草》各一卷，《近思録集注》十四卷。讀書好深思，長于比勘，于步算、鍾律、聲韻尤明。其論歲實消長曰：「日平行于黄道，是爲恒氣、恒歲實。因有本輪、均輪高衝之差，而生盈縮，謂之視行。視行者，日之實體所至，而平行者，本輪之心也。以視行加減平行，故定氣時刻多寡不同。高衝爲縮末盈初之端，歲有推移，故定氣時刻之多寡，且歲歲不同，而恒氣、恒歲實終古無增損也。當以恒者爲率，隨其時之高衝以算定氣，而歲實消長可勿論。猶之步月行者，先有平朔、平望之策，以求定朔定策，而此月與彼月，多于朔策幾何，少于朔策幾何，不必計也。」其論黄鍾之宫曰：「《吕氏春秋》稱伶倫作律，先爲黄鍾之宫，次制十二筒，以别十二律。黄鍾之宫者，黄鍾半律，後世所謂黄鍾清聲也。唐時《風雅十二詩譜》以清黄起調畢曲，琴家正宫調，黄鍾不在大絃，而在第三絃，合于古者黄鍾宫爲律本之意。聲律自然，古今不異也。《國語》伶州鳩論七律，而及武王之四樂，夷則、無射曰上宫，黄鍾、太簇曰下宫，蓋律長者用其清聲，律短者用其濁聲。古樂用均之法雖亡，而因端可推。《韓子・外儲篇》曰：『瑟以小絃爲大聲，大絃爲小聲。』雖詭辭以諷，然因是知古者調瑟之法，黄鍾、大吕、太簇、夾鍾、姑洗、仲吕、蕤賓，用半而居小絃；林鍾、夷則、南吕、無射、應鍾，用全而居大絃也。《管子》書五聲徵、羽、宫、商、角之序亦如此。」其論古韻曰：「考古音者，昉于吴才老。昆山顧氏援證益精博，然顧氏考古之功多，審音之功淺。顧氏分古音爲十部，猶未密也。真、諄以下十四韻當析爲二部，而先韻半屬真、諄，半屬元、寒，考之《三百篇》，用韻盡然。侯之正音近幽，當别爲一部，虞、模部之隅、渝、驅、婁等字，蕭、豪部之蕭、寥、皃、好等字，皆侯、幽之類，與本部源流各别，《三百篇》亦盡然。侵、覃以下九韻，亦當以侈、斂分爲二部，而覃、鹽半屬侵，半屬嚴、添，蓋平、上、去三聲皆當爲十三部，入聲當爲八部，而三代以上之音，始有條不紊也。」論今韻曰：「平、上、去三聲，多者六十部，少亦五十餘部，惟入聲祗三十四部，或謂支至咍、蕭至麻、尤至幽無入聲，昆山顧氏《古音表》又反其説，于是舊有者無，舊無者有，皆拘于一偏。蓋入聲有二三韻而同一入者，如東、尤、侯同以屋爲入，真、脂同以質爲入，文、微同以物爲入，寒、桓、歌、戈同以曷、末爲入之類，按其呼等，察其偏旁，參以古音，乃無憾也。」其説《易》卦變曰：「卦變之義，言人人殊，當于反卦取之。否反爲泰，泰反爲否，故曰『小往大來』，曰『大往小來』，是其例也。《彖傳》言『來』、言『下』、言『反』者，自反卦之外卦來居内卦也。言『往』、言『上』、言『進』、言『升』者，自反卦之内卦往居外卦也。」其論春秋軍制云：「儒者多稱井田廢而兵農始分，考春秋之世，兵農固已分矣。管仲參國伍鄙之法，齊三軍出之士鄉十有五，公與國子、高子分率之，而鄙處之農不與也。爲農者治田供税，不以隸于師旅也。鄉田但有兵賦，無田税，似後世之軍田、屯田，此外更無養兵之費。晉之始惟一軍，既而作二軍、作三軍、作五軍，既舍二軍，旋作六軍，後爲四軍，以新軍無帥而復三軍。其既增又損也，蓋除其軍籍，使之歸農，若軍盡出于農，則農民固在，安用屢易軍制乎！隨武子曰：『楚國荆尸而舉，商農工賈，不敗其業。』此農不從軍之證也。魯之作三軍也，季氏取其乘之父兄子弟盡征之，孟氏取半焉，以其半歸公，叔孫氏臣其子弟，而以其父兄歸公。所謂子弟者，兵之壯者也；父兄，兵之老者也，皆其素在軍籍，隸之卒乘者，非通國之父兄子弟也。其後舍中軍，季氏擇二，二子各一，皆盡征之，而貢之于公。若民之爲農者，出田稅自仍然歸之君，故哀公曰：『二，吾猶不足。』三家雖專，亦惟食其采邑，豈嘗使通國之農，盡屬己哉！陽虎壬辰戒都車，令『癸巳至』，此近都之民爲兵之證，其野處之農，固不爲兵也。」其論深衣之制曰：「後儒爲《深衣圖考》者數十家，大率踵『裳交解十二幅』之訛，而續衽、鉤邊，致滋異說。考《玉藻篇》言『衽當旁』，則非前後之正幅矣。鄭氏注云『衽，謂裳幅所交裂也』，則在旁名衽者交裂，而餘幅不交裂也。續衽者，裳之左旁，連合其衽；鉤邊者，裳之右旁，則用布一幅斜裁之，綴于後衽之上，使鉤曲而前，以揜裳際，漢時謂之曲裾，故鄭注云：『鉤邊，若今曲裾也。』」其解《論語》「攝齊升堂」曰：「古者諸侯三朝，外朝、治朝皆有位而無堂。古之朝儀甚簡，日出視朝，君與卿大夫士相揖而朝，事畢，君反乎路寢，卿以下各就治事之所。君召與圖事，乃入內朝，內朝有堂有寢，孔子『攝齊升堂』，謂內朝，非治朝也。路門爲君乘車出入之地，故《考工記》云：『路門不容乘車之五个。』治朝在路門外，若治朝有堂，礙于車行矣。《禮記》言『雨霑服失容則廢朝』，此亦治朝無堂之證。」先生于經傳制度名物，考稽精審多類此。歿後一年，詔修《音韻述微》，尚書秦文恭公請于朝，令江南督臣檄取先生所著韻書三種進呈，貯館以備采擇。丙午，江南鄉試，以《鄉黨篇》命題，士子主先生說者皆得中式，由是海內益重其學。

清·阮元等《疇人傳》卷四二《江永》　江永字慎修，婺源人也。讀梅文鼎書，有所發明，作《數學》八卷。一曰數學補論。文鼎《疑問》已爲(術)〔曆〕法疏通源流，指示窔奧，永別有觸悟，隨筆識之，或說於本書之外，或譯於本書之中。二曰歲實消長辨。歲實消長，前人多論之者。文鼎大約主《授時》，而亦疑其百年消長一分，以乘距算，其數驟變，殊覺不倫。又謂：「今現行之歲實，稍大於《授時》，其爲復長，亦似有據。因爲『高衝近冬至，而歲餘漸消，過冬至而復漸長』之說，蓋存此以俟後學之深思。」永別爲之說，謂「平歲實本無消長，而消長之故，在高衝之行與小輪之改。兩歲節氣相距，近高衝者歲稍贏，近最高者稍朒，猶定朔、定望、定弦之不能均，惟逐節氣算其時刻分秒，而消長勿論也。」三曰恒氣註術辨。文鼎嘗舉康熙己未以後歷年高行以及四正相距時日，別爲一卷，而云「西法最高卑之點在兩至後數度，歲歲東移，故雖冬至亦有加減，不得以恒爲定」。而《疑問補》等書謂「當如舊法之恒氣註術」。永謂「冬至既不得以恒爲定，則諸節氣亦當用定，不可用恒」。四曰冬至權度。文鼎作《春秋以來冬至攷》，各以本法詳衍，算術雖明，而未有折衷。永因文鼎所攷定者，用實法推算，有不合者，斷其術誤、史誤。五曰七政衍。文鼎論七政小輪之動由本天之動，七政之動由小輪之動。永據《曆象考成》，五星有三小輪，而月更有次均輪，乃以七政各輪之左右旋，與其帶動、自動、不動之異，本文鼎說，一一衍之。六曰金水發微。文鼎《五星紀要》論金水左右旋，猶仍舊說。後因門人劉允恭悟得金水自有歲輪，而伏見輪乃其繞日圓象，因詳爲之說，發前人所未發。永再三思之，繪圖試之，謂即此一事，文鼎已大有功於天學，乃爲此卷，以發其覆。七曰中西合法擬草。徐光啓「鎔西人之精算，入《大統》之型模」，正朔閏月從中不從西，定氣整度從西不從中，然因用定氣，遂以交中氣時刻爲太陽過宮，舉中法十二次之名繫之，而西法十二星象亦時用之於表，此則既非中法，復非西法，實可疑之端。文鼎《疑問補》已言之。又整度一事，當參酌者亦其一端。永以此二事擬數表明，仍以文鼎之說冠於卷首。八曰算賸。永以文鼎論算極詳，觀玩之餘，有得輒筆之。又《續數學》一卷，曰正弧三角疏義，分支列目，以補算賸所未盡。是書初名《翼梅》，同郡戴震傳永之學，復爲訂定，改今名。所著又有《推步法解》五卷。乾隆二十七年卒，年八十二。後震攜永書入都，無錫秦尚書蕙田見而奇之，撰《五禮通考》，摭其說入觀象授時一類，而《推步法解》則載其全書焉。

紀事

清·王昶《江慎修先生墓誌銘》錢儀吉《碑傳集》卷一三三　余友休甯戴君東原，所謂通天地人之儒也，常自述其學術實本之江慎修先生。乾隆二十七年三月先生卒，是年東原舉於鄉，明年來京師，求所以志先生，卒卒不果。又十餘年，余自蜀還朝，而東原以薦授庶吉士，校理四庫館書，於是取所自爲狀及汪世重等年譜而屬余銘之。

先生，名永字慎修，安徽婺源縣人，居縣之江灣。曾祖國鼎、祖人英，皆不仕，父期諸生。先生生六歲，讀書日記數千言。嘗見明邱氏《大學衍義補》徵引《周禮》，愛之，求得其書，朝夕諷誦，自是遂研覃《十三經注疏》。凡古今制度及鐘律、聲韻、輿地，無不探頤索隱，測其本始，而於天文、地理之術尤深。年二十一，爲縣學生；三十四［歲］補廪膳生；四十一歲成《禮經綱目》八十卷；五十五歲偕鄉人立義倉，貧者賴之；六十歲成《七政衍》《金水二星發微》《冬至權度》《恒氣注（歷）［曆］辯》《歲實消長辨》《曆學補論》《中西合法擬草》七書，各一卷；六十二歲爲歲貢生，成《近思録集注》十四卷，十月，江西學政金公德瑛招爲諸生校閲文字；六十九歲，成《四書典林》四十卷，又成《推步法解》五卷；七十六歲，成《鄉黨圖考》十卷；七十七歲成《律吕闡微》十一卷；七十八歲成《春秋地理考實》四卷；七十九歲成《古韵標準》六卷、《四聲切韵表》四卷、《音學辯微》一卷；八十歲成《周禮疑義舉要》六卷、《禮記訓義擇言》六卷、《深衣考誤》一卷、《讀書隨筆》若干卷；又明年而卒，距生於康熙二十七年七月十七日，年八十有二。娶汪氏，子二：逢聖早卒，次逢辰。孫三人：朝賜、朝伸、錦波。曾孫二人：廷珍、廷福。

先生之著《禮經綱目》也，以朱子晚年考定《儀禮經傳通解》，其書未成，黄氏、楊氏續之，猶有闕漏，乃以大宗伯吉凶軍賓嘉五禮爲次，廣摭博考，使三代禮儀之盛，犁然可覩。其著《七政》諸書也，謂歲實爲曆中綱領，日平行於黄道，是爲恒氣，故定氣時刻多寡不同，而恒氣恒歲實終古無增損，當以恒者爲率。梅氏所言歲實消長、恒氣注曆，見岐未定也。其撰《律吕闡微》也，據《管子》五聲徵羽宫商角之序，《吕氏春秋》稱伶倫作律，先爲黄鐘之宫，次制十二篇，別十二律，以正《淮南天文訓》及《漢書·曆律志》之謬。撰《古韵標準》三書，謂古韵之論昉於吴棫，而精於顧氏絳。顧氏考古之功多，審音之功淺。由《三百篇》以正顧氏分十部之疏，且分平、上、去三聲皆十三部、入聲八部，爲用韵之準。謂欽定《推步法》七篇，凡日月之躔離交食，五星之遲疾伏見、及恒六躍之行皆具密法，而奥義難明，爲探立法之意，詳步算之方，並附《推步鈐》一卷於其後。又謂深衣之制諸儒論者凡數十家，大率踵交解十幅之譌，據《玉藻》言衽當旁則非前後之正幅也。舉鄭君之注，以正疏誤，因爲《深衣圖考》。晚年讀書有得，隨筆撰記，謂《周易》以反對爲序次，卦變當於反卦取之，「否」反爲「泰」，「泰」反爲「否」，故小往大來，大往小來，是其例也。凡曰來、曰下、曰反，自反卦之外卦，來居内卦也，曰往、曰上、曰進、曰升，自反卦之内卦，往居外卦也。又謂兵農之分，春秋時已然，不起於秦漢，證以《管子》《左傳》兵常近國都，野處之農固不隸於師旅也。其精心獨見，發古人所未發，如此。

先生年六十嘗偕友人入都，時開三禮館，總裁方閣學苞以經術自命，舉冠禮、昏禮數條爲難，先生從容詳對，方公折服。又吴編修紱亦深三禮，有疑相質，無不首肯也。乾隆二十八年，命秦文恭公蕙田修《音韵述微》，公奏先生精韵學，詔取《古韵標準》《四聲切韵表》進呈，以備採擇，公又自取《推步法解》入於《五禮通考》。至戴君總校四庫書，乃盡取先生二十種寫之，以藏秘府。

先生弟子著籍者甚衆，而戴君及金君榜尤得其傳。自朱子起婺源，其後如李蟠陳澔之輩，咸以道學通經名後世，越五百年而先生復出，雖終老跧伏，不見知於世，而其言深博無涯涘，昭晰群疑，發揮鉅典，探聖賢之秘，以參天地人之奥。厥後，戴君諸人繼之，其道益大以光。先生殁，大興朱學士筠督學安徽，以先生從祀朱子於紫陽書院，天下以爲公。先生以某年月日葬於婺源之某里。銘曰：

仰以觀天，俯以察地，中貫六經，聖言所萃，析之綜之，會而通之。上推發斂，圜則九重，或解其頤，或折其角，遂傾聞人。用啟來學，弗耀弗施，山頽木隕，筦道之樞，厥功不泯。肅肅嚴祀，配於紫陽，後有吊者，睎此崇岡。

清·戴震《江慎修先生事略狀》戴震《戴東原集》卷一二 先生姓江氏，名永字慎修，婺源之江灣人。少就外傅時，與里中童子治世俗學。一日見明丘氏《大學衍義補》之書内徵引《周禮》，奇之，求諸積書家，得寫《周禮》正文，朝夕諷誦，自是遂精心於前人所合集《十三經注疏》者，而於《三禮》尤功深。先生以朱子晚年治禮，爲《儀禮經傳通解》，書未就，雖黄氏、楊氏相繼纂續，猶多闕漏，其書非完，乃爲之廣摭博討，一從周官經大宗伯吉凶軍嘉賓五禮舊次，使三代禮儀之盛，大綱細目，井然可覩於今，題曰《禮經綱目》，凡數易藁而後定。值朝廷開館定《三禮義疏》，纂修諸臣聞先生是書，檄下郡縣録送，以備參訂，知者亦稍稍傳寫。

先生讀書好深思，長於比勘，步算、鍾律、聲韵尤明。處里黨，以孝弟仁讓躳先。其於宣城梅氏所言「歲實消長」，見岐未定也，則正之曰：「日平行於黄道，是爲恒氣、恒歲實，因有本輪、均輪高衝之差，而生盈縮，謂之視行。視行者日之實體所至，而平行者本輪之心也。以視行加減平行，故定氣時刻多寡不同。高衝爲縮末盈初之端，歲有推移，故定氣時刻之多寡，且歲歲不同，而恒氣、恒歲實終古無增損也。當以恒者爲率，隨其時之高衝以算定氣，而歲實消長可弗論。猶之月有平朔、平望之策，以求定朔、定望，而此月與彼月多於朔策幾何，少於朔策幾何，俱不計也。」於《管子》書五聲徵羽宫商角之序，《吕氏春秋》稱伶倫作律，先爲黄鍾之宫，次制十二筒，以別十二律，則據以正《淮南天文訓》及《漢書·律曆志》之謬。其説曰：【畧】《易・彖》言往來上下者，後儒謂之卦變，説人人殊，先生曰《周易》以反對爲序次，卦變當於反卦取之。否反爲泰，泰反爲否。故曰小往大來，曰大往小來，是其例也。凡曰來、曰下、曰反者，自反卦之外卦，來居内卦也。曰往、曰上、曰進、曰升者，自反卦之内卦，往居外卦也。後儒皆言古者寓兵於農，井田廢而兵農始分，先生曰：考之春秋時，兵農固已分矣。【畧】後儒爲《深衣圖考》者，至數十家，大體相踵《裳交解》十二幅之譌，而續衽鉤邊，致滋異説。先生以《玉藻篇》明言「衽當旁」，則非前後之正幅也，以鄭康成注曰「衽謂裳幅所交裂也」，則在旁名衽者交裂，而餘幅不交裂也。續衽者，裳之左旁，連合其衽鉤邊者，裳之右旁，别用布一幅斜裁之，綴於後衽之上，使鉤曲而前，以揜裳際，漢時謂之曲裾，故康成注曰「鉤邊若今曲裾也」。經傳中制度名物，先生必得其通證舉視，此蓋先生之學，自漢經師康成後，罕其儔匹，生平論著之梗槩，如上數事亦足以見矣。卒年八十有二。所著書《周禮疑義舉要》六卷、《禮記訓義擇言》六卷、《深衣考誤》一卷、《禮經綱目》八十八卷、《律吕闡微》十一卷、《春秋地理考實》四卷、《鄉黨圖考》十一卷、《讀書隨筆》十二卷、《古韻標準》六卷、《四聲切韻表》四卷、《音學辨微》一卷、《推步法解》五卷、《七政衍》《金水二星發微》《冬至權度》《恒氣注曆辨》《歲實消長辨》《曆學補論》《中西合法擬草》各一卷、《近思録集注》十四卷。

先生嘗一遊京師，以同郡程編修恂延之至也。三禮館總裁桐城方侍郎苞素負其學，及聞先生，願得見，見則以所疑士冠禮、士昏禮中數事爲問，先生從容置答，乃大折服。而荆溪吴編修紱，自其少於《儀禮》功深，及交於先生，質以《周禮》中疑義，先生是以有《周禮疑義舉要》一書，此乾隆庚申、辛酉閒也。後數年，程、吴諸君子已歿，先生家居寂然，值上方崇奬實學，命大臣舉經術之儒，時婺源縣知縣陳公有子在朝爲貴官，欲爲先生進其書，來起先生，先生自顧頹然就老，謂無復可用。又昔至京師，所與遊皆無在者，愈益感愴，乃辭謝。而與戴震書曰：「馳逐名場非素心。」卒不能强起。其後，戴震嘗入都，秦尚書蕙田客之，見書笥中有先生曆學數篇，奇其書，戴震因爲言先生。尚書撰《五禮通考》，摭先生説入「觀象授時」一類，而《推步法解》則取全書載入，憾不獲見先生《禮經綱目》也。

先生家貧，其居鄉，嘗援《春秋傳》豐年補敗之義，語鄉之人，於是相與共輸穀若田，設立義倉，行之且三十年，一鄉之民不知有飢。自古積粟之法，莫善於在民，莫不善於在官。使民自相補救，卒無胥吏之擾，此先生善於爲鄉之人謀者。乾隆二十七年五月，休寧戴震次先生《治經要略》，著書卷數。先生生於康熙辛酉年七月十七日，卒於乾隆壬午年三月十三日。遺書二十餘種，繕寫成袟，藏於其家，書未廣播。恐就逸墜，不得集太史氏，敢以狀私於執事。謹狀。

雜録

清・阮元等《疇人傳》卷四二《江永》 論曰：慎修專力西學，推崇甚至，故於西人作法本原，發揮殆無遺藴。然守一家言，以推崇之故，并護其所短。恒氣注術辨專申西説以難梅氏，蓋猶不足爲定論也。

梅瑴成

傳記

清・阮元等《疇人傳》卷三九《梅文鼎》附梅瑴成 瑴成字玉汝，號循齋又號柳下居士，文鼎孫也。文鼎疑日差既有二根，即宜列二表。瑴成以爲定朔時既有高卑盈縮之加減矣，兹復用於此，豈非複乎？文鼎因其説而覆思，然後知交食表之非缺，比之「童烏九歲，能與《太（元）［玄］》」。康熙乙未成進士，改編修，與修國史，累官左都御史。瑴成肄業蒙養齋，以故數學日進，《御製數理精藴》《曆象考成》諸書，皆與分纂。所著《增删算法統宗》十一卷、《赤水遺珍》一卷、《操縵卮言》一卷。

明代算家不解立天元術，瑴成謂天元一即西法之借根方，其説曰：「嘗讀《授時曆草》求弦矢之法，先立天元一爲矢，而元學士李冶所著《測圓海鏡》，亦用天元一立算，傳寫魯魚，算式訛舛，殊不易讀。前明唐荆川、顧箬溪兩公互相推重，自謂得此中三昧。荆川之説曰：『藝士著書，往往以祕其機爲奇，所謂立天元一云爾，如積求之云爾，漫不省其爲何語。』而箬溪則言：『細考《測圓海鏡》，如求城徑，即以二百四十爲天元，半徑即以一百二十爲天元，既知其數，何用算爲？似不必立可也。』二公之言如此。余於顧説頗不謂然，而無以解也。後供奉内廷，蒙聖祖仁皇帝授以借根方法，且諭曰：『西洋人名此書爲阿爾熱八達，譯言東來法也。』敬授而讀之，其法神妙，誠算法之指南，而竊疑天元一之術頗與相似。復取《授時曆草》觀之，乃涣如冰釋，殆名異而實同，非徒曰似之已也。夫元時學士著書，臺官治曆，莫非此物。不知何故，遂失其傳，猶幸遠人慕化，復得故物。東來之名，彼尚不能忘所自，而明人視爲贅疣，而欲棄之。噫！好學深思如唐、顧二公，猶不能知其意，而淺見寡聞者，又何足道哉，何足道哉！」

明史館開，瑴成與修《天文》《曆志》，呈總裁書曰：「一，《曆志》半係先祖之稟，但屢經改竄，非復原本，其中訛舛甚多，凡有增删改正之處，皆逐條籤出。一，《天文志》不宜併入《曆志》，擬仍另編，蓋曆以欽若授時，置閏成歲，其術委曲繁重，其理精微，爲説深長。且有明二百七十餘年，沿革非一事，造曆者非一家，皆須入志。雖盡力删削，卷帙猶繁。若加入天文之説，則恐冗雜，不合史法。自司馬氏分曆與天官爲二書，歷代因之，似不可易。一，《天文志》例載天體、星座、次舍、儀器、分野等事，《遼史》謂天象千古不易，歷代之志天文者近於衍，其説似是而非。蓋天象雖無古今之異，而古今之言天者，則有疏密之殊。況恒星去極，交宫中星，晨昏隱現，歲歲有差，安得謂千古不易？今擬取天文家論説之精妙，法象之創闢，躔度之真確，爲古人所未發者著於篇。至於星官分主及占驗之説，前史已詳，槩不復録。一，月犯恒星爲天行之常，無關休咎，不應登載。蓋太陰出入黄道南北各五度，約二十七日而周，則近黄道南北五度之星，爲當太陰必由之道，太陰固不能越恒星飛渡而避凌犯也。使果有休咎，如占家言，其徵應當無日無之，而今不然，亦可見其不足信。《春秋》書日食星變，而無月犯恒星之文，史家泥於星官之曲説，相沿而未攷也。一，五星犯月、入月爲必無之事，擬削之。蓋月在前而星追及之，謂之星犯月，是必星行疾於月而後有之。乃五星終古無疾於月之行，即終古無犯月之理。又月去人近，五星去人以次而遠，安得出月之下而入月中？彼靈臺候直之官，類多不諳天文，且日久生玩，未必身親，委托之人既難憑信，夜深倦極，瞥見流星飛射，適當太陰掩星之時，遂謂有星犯月、入月。候簿所書，或由於此。康熙某年，蘆溝橋演礮，欽天監誤以東南天鼓鳴入奏，致受處分，有案可徵。此因奏聞，故知其謬。若星變凌犯之類，彼自書而藏之，其是非有無，誰得而辨？惟斷之於理，庶不爲其所惑。一，老人星江以南三時盡見，《天官書》言『老人星見治安』乃無稽之談，疇人子弟因而貢諛，屢書候簿，不足信也，擬削之。」

又《時憲志用圖論》曰：「客問於梅子曰：『史以紀事，因而不創。聞子之志《時憲》也用圖，此固廿一史所無，而子創爲之，宜執事以爲非體而欲去之也。而子固執己見，復呶呶上言，獨不記昌黎之自訟乎？吾竊爲子危之。』梅子曰：『吾聞史之道貴信，而其職貴直。余不爲史官久矣。史館總裁謂《時憲》《天文》兩志，非專家不能辨，不以余爲固陋而委任之。余既不獲辭，不得不盡其職。今客謂舊史無圖，而疑余之創。竊謂史之紀事，亦視其信否耳，因創非所計也。夫後史之增於前者多矣，《漢書》十志已不侔於八書，而《後漢・皇后本紀》與《魏書》之志釋老，《唐書》之傳公主，《宋史》之傳道學，並皆前史所無，又何疑於國史用圖之爲創哉？且客未讀《明史》耶？《明史》於割圓弧矢、月道距差諸圖，備載《曆志》，何《明史》不嫌爲創，而顧疑余爲創乎？』客曰：『後史增於前者，必非無因，若《明史》之用圖，亦有説歟？』梅子曰：『疑以傳疑，信以傳信，《春秋》法也。作史者詎能易之？古之治曆者數十家，大率不過增損日法，益天周，減歲餘，以求合一時而已，即《太初》之起數(鍾)[鐘]律，《大衍》之造端蓍策，亦皆牽合，並未能深探天行之故，而發明其所以然之理，本未嘗有圖，史臣何從取圖而載之？至元郭太史之修《授時》，不用積年日法，全憑實測，用句股割圓以求弦矢，於是有割圓諸圖載於《曆草》。作《元史》時，不知採摭，則宋、王諸公之疎也。明之《大統》，實即《授時》。本朝纂修《明史》諸公，謂其義非圖不明，舊史雖無圖，而表亦圖之類也，遂採諸《曆草》而入於志，其識見實超凡俗。復經聖君賢相爲之鑒定，不以爲非體而去之，俾精義傳於無窮，洵足開萬古作史者之心胸矣。至於《時憲》之法，更不同於《授時》，其立法之奇妙，義藴之奥衍，悉具於圖，何可去之？如必以去圖爲合體，豈以《明史》爲非體，而本朝之制不足法歟？且客亦知《時憲》之圖所自來乎？我聖祖仁皇帝憫絶學之失傳，留心探索四十餘年，見極底藴，始親授儒臣，作圖立説，以闡明千古不傳之祕，所謂《御製曆象考成》者也。余固親承聖訓，實與彙編之列。彼前輩纂修《明史》，尚不忍没古人之善，不惜創例以傳之。而余以承學之臣，恭紀御製，顧恐失執事之意，而遷就迎合，以致聖學不彰，使後之學者不得普沾嘉惠，尚得謂之信史乎？不信之史，人可塞責，而何用余越俎而代之？余之呶呶，非沽直也，不得已也。然則韓子之自訟，亦謂其言之可已者耳。使韓子果務爲容悦以求倖免，則諍臣之論，佛骨之表，又何爲若是其侃侃哉？』客唯唯而退。」

又《儀象論》略曰：「齊政授時，儀象與算術並重。蓋非算術，無以預推其節候以前民用；非儀象，無以測現在之行度，以驗推步之疏密，而爲修改之端也。《虞書》『璿璣玉衡』爲儀象之權輿，其制不傳。漢人創造渾天儀，即璣衡遺制，唐、宋皆倣爲之。至元始有簡儀、仰儀、闚几、景符等器，視古加詳矣。明於齊化門南倚城築觀象臺，倣元制作渾儀、簡儀、天體三儀，置於臺上，臺下有晷影堂、圭表、壺漏。國初因之。康熙八年，命造新儀，十一年告成，安置臺上，其舊儀移置他室藏之。五十四年，西洋人紀理安欲炫其能，而滅棄古法，復奏製象限儀，遂將臺下所遺元明舊器作廢銅充用，僅存明倣元製渾儀、簡儀、天體三儀而已。所制象限儀成，亦置臺上。按《明史》云，嘉靖間，修相風杆及簡、渾二儀，立四丈表以測晷影，而立運儀、正方案、懸晷、偏晷，具備於觀象臺，一以元法爲斷。余於康熙五十二三年間充蒙養齋彙編官，屢赴觀象臺測驗。見臺下所遺舊器甚多，而元制簡儀、仰儀諸器，俱有王（珣）〔恂〕、郭守敬監造姓名，雖不無殘缺，然覩其遺制，想見其創造苦心，不覺肅然起敬也。乾隆年間，監臣受西洋人之愚，屢欲撿括臺下餘器，盡作廢銅，送製造局。廷臣好古者聞而奏請存留，禮部奉敕查檢，始知僅存三儀，殆紀理安之爐餘也。夫西人欲藉技術以行其教，故將盡滅古法，使後世無所考，彼益得以居奇，其心叵測。乃監臣無識，不思什一於千百，而反助其爲虐，何哉？乾隆九年冬，奉旨移置三儀於紫微殿前。古人法物，庶幾可以千古永存矣。」

又論句股曰：「句股和較相求，言算學者莫不留心，其法可謂詳且備矣，未有以句股積與句弦和較爲問者。元學士李冶著《測圓海鏡》，用餘句、餘股立算，神明變化，幾如五花八門，亦未及此，豈俱未計及於此耶，抑有其法而遺之耶？《統宗》少廣章内，雖有句股積及句弦較之兩題，乃偶合於句三股四之數，而非通法。昔侍罪蒙養齋，彙編《數理精蘊》，意欲立法以補缺遺。乃用平方轆轤推求，皆不能御，思之累日，而後得之，因立用帶縱立方求句股二法。」

卒年八十三，謚文穆。

鈖字敬名，瑴成長子也。能解句股八綫之理。年二十六卒。

鈁字導和，瑴成第四子也。心思静耑，手眼俱巧。瑴成纂《叢書輯要》六十餘卷，圖皆所繪，删訂《統宗》，圖十之七八皆出其手。亦年二十六卒。

紀事

清・梅瑴成《增删算法統宗》 聖祖仁皇帝耳提面命，遂充蒙養齋《律曆淵源》總裁，故于此道略知途徑，歷事三朝，洊登憲府，屢蒙聖天子殷殷垂訓，謂家學不可失墜，宜傳子孫。欽遵不敢忘。長子鈖，篤志正學，誠于向善，于曆算已可謂深造，能解句股八綫之理。四子鈁，心思静耑，手眼俱巧，數年纂《叢書輯要》六十餘卷，圖皆所繪，删訂《統宗》，圖十之七八皆出其手。諸子中獨此兩兒于家學頗有天得，不幸皆早世，皆二十六歲而卒。嗚呼！天豈不欲余家學之傳耶，抑事會之偶然適相值耶？鈁兒天性湻厚，與鈖無異，一意誦讀，不問外務，尤篤好書籍，不惜質當，以購覓之，而眉宇開展，聲音響亮，讀書之所整齊潔浄，筆硯簽軸安置皆得其所，故雖病劇之時，人皆謂其不死。嗚呼！乃竟死耶！因重校《統宗》，見其手筆，不覺心爲之碎，乃歷叙家學源流，以見絶學之難傳，傳人之不易焉，亦使吾子孫共知所勉也。

雜録

清・阮元等《疇人傳》卷三九《梅文鼎》附梅瑴成 論曰：文穆藉徵君章明步算之後，能不墜其家聲，又得親受聖天子之指示，故其學愈益精微。以借根方解立天元術，闡揚聖祖之言，使《洞淵》遺法，有明三百年來所不能知者，一旦復顯于世，其有功算學，爲甚鉅矣。

莊亨陽

傳記

清・阮元等《疇人傳》卷四一《莊亨陽》 莊亨陽字元仲，南靖人也。康熙戊戌進士，官至淮徐海道。亨陽自部曹出董河防，於高深測量之宜，隨事推究，因筆之於書，其後人取遺稿裒輯爲書八卷，名曰《莊氏算學》。其書首載梅勿菴開方法，次曰《幾何原本》舉要，次曰句股測量及堆積、差分諸雜法，次各體求積法，次曰中西筆算，次曰比例十法，次又雜載各體形及測望之法，末曰七政經緯，乃推步七政法也。

紀事

清・方苞《莊復齋墓誌銘》方苞《望溪集》文集卷一〇《墓誌銘》 余與安溪李文貞公久故，其門下士相從問學者，十識八九，而獨未見莊君復齋。叩之，則初授山東濰縣令，母就養，卒於塗，歸而廬墓三年，自是不忍一日離其父。父既没，隱居教授，若將終焉。

今上元年，楊文定公以大宗伯掌成均，薦授國子助教，始與余相見。西林鄂公、海甯陳公問士於余，余首言君，次某某，非禮先焉，不可得而見也。海甯偏往拜，西林使君同官達意，至再三，君曰：「吾往見，是慕勢也。相國何用見此等人？」將命者以告，西林瞿然曰：「吾非敢安坐而相招也，顧吾非公事未嘗一出內城，恐時人以爲疑。吾平生惡市交，莊君以老諸生視我，則不妨顧我矣。」君始入見，志相得，而自是未再至。君自助教遷吏部主事，每執稿與長官争是非，或齟齬侃侃言無懼色。君成進士，出少京兆余甸、御史謝濟世門，二君夙以抗違勢要著聲，由是凡良士皆望君行所志，而好權利者，則陰憚之。

六年夏，或薦君學行宜居言路，引見，上意甚相屬。越日命赴湖廣，以同知題補。十月授德安府同知，逾月擢知江南徐州府。徐仍歲水災，君以七年四月至，相川澤，諮耆民，具方略，請廣開上游水道，以洩異漲，且告石林可危，未及注措，而石林決。沛縣城將潰，民竄逃，君立起駕輕舠行，告父老：「太守來與爾民同難，爾民何往？」親率衆堵築七日夜，城完。在徐三年，兩遇大荒，勤賑事，飢不暇食，困不得眠。

九年，遷按察司副使，分巡淮安、徐州、海州道。至金陵，過余北山，曰：「吾再擢，俱聖天子特恩。而徐屬水災，乃數十年所未有，心殫力竭，終不能救斯民之饑溺，及爲監司，而淮海承屢祲凋敝，多不異於徐命也。夫吾聞古循吏，精誠能反風滅火，每對饑羸遺民，中心愧畏，夢寐中，時摽辟呼嗟。今與先生一握爲笑，以海州歲歲苦病得脱耳。」州有鹽河，蓄水通商運，故障塞海口，雖異漲，非徧告大府，監司不敢開洩，及文書畢下，而田苗沈没者，已不可救矣。陳於制府，已定議：遇水漲，守土吏先開洩，而後報聞，故數年來未有如今日之樂者。冬杪，得手書，言巡行視災核賑，十二月始回徐。舊疾復作，浹月而其孤使人告喪，以遺命徵銘矣云。卒之朝，猶强起視事。

嗚呼，以君之孝，而恨於母者終其身，以君之仁，而民之顛連與君之牧民相終始，不可謂非命之窮矣。然抱痛於母，而孝乃無虧於父；急民之病，勤事以死，而無負於君。凡君之生不怍於人，死不愧於天，實由於此。豈非《易》所謂「益之用凶事」者邪？

君學行爲賢士大夫所重，後進多宗之。將冠，鄉先輩戴麥村鑑識，妻以族姑。泰安趙公撫閩，請主鰲峰書院，以持父喪辭。其家居，來學者歲以百計。在太學，六堂之士少有祈嚮者，多願爲弟子。九年，京察，上命大僚各舉一人，自代內閣學士李清植舉君，公論大服。其卒也，士民啼號，聞者罔不痛惜。所著《秋水堂集》、《河防算法書》，藏於家。

君諱亨陽，世居漳州靖南縣之龜山。辛卯舉人，戊戌進士。卒以乾隆十一年正月十六日，年六十有一。父諱某，母某氏，妻戴氏，孝於舅姑與君之友，於弟亨德，並有聞。長子修，次撰，孫三人。以某年月日葬於某鄉某原。

銘曰：自大理熊君絶世，歲始四新，余方冀其有爲，而忽焉隕墜者五人，而今復銘君，實德之遺視，災黎之涕洟。

清・李元度《莊復齋副使事略》李元度《國朝先正事略》卷五一 復齋，莊君，爲安溪李文貞公門下士，舉康熙五十七年進士，授山東濰縣令，母就養，卒於塗，歸而廬墓三年，自是不忍一日離其父。父既卒，隱居教授，若將終焉。

乾隆元年，楊文定公以大宗伯掌成均，薦授國子助教。相國西林鄂公、海甯陳公，嘗問士於方望溪，望溪首言君，次某某，非禮先焉，不可得而見也。海甯偏往拜，西林使人達意，至再三，君曰：「吾往見，是慕勢也，相國何取焉？」將命者以告，西林瞿然曰：「吾非安坐而相招也，顧吾非公事，未嘗出內城，恐時人以爲疑。吾平生惡市交，莊君以老諸生視我，則不妨顧我矣。」君始入見，志相得，然卒未嘗再往。

君自助教遷吏部主事，每執槀與長官争是非，或齟齬侃侃直陳無懼色。其舉進士，出余府丞甸、謝御史濟世門，二君夙以抗直著聲，君能繼其武，權貴多陰憚之。六年，有薦君學行，宜居言路者，引見，上意甚相屬，越日命赴湖廣，以同知用補德安同知，逾月擢知徐州府。蘇松道汪某以危法中沛令，某督撫具白簡矣，命君補牒，公牒稱沛令不侮鰥寡，不畏疆禦，汪聞悛而止。果毅公訥親巡江南，勢烜赫，監司皆轉袴跪迎，君獨長揖，訥責問，曰：「非敢惜此膝於公，柰《會典》所無何？」訥默然。

徐仍歲水災，君至相川澤，諮耆民諸，廣開上游水道，以洩異漲，且告石林可危狀，未及措注，而石林決。沛縣城將隤，民逃竄，君立起駕輕舠行告父老：「太守來與爾民同難，爾民將安往？」親率衆者，築七日夜，城完。在徐三年，兩遇大荒，勤賑事，寢食皆廢。

九年，遷淮海道副使。嘗廵所屬邑，僕隸數人從，皆自飲其馬，邑令犒之，則跪辭曰：「公視奴輩如兒子，不告而受不安，告必命辭。」是仍虛君惠也，强之，皆指心誓。先是，大府廵屬，矜嚴若神，及去，庫爲之虧。公至平易近人，無角尖耗。淮海承屢祲後凋敝，不異於徐公嘗曰：吾聞古循吏精誠能反風滅火。每對遺民，中心愧畏，夢寐中猶摽辟呼嗟也。海州有鹽河，蓄水通商運，雖異漲，非偏告大府，監司不敢開洩，及得請，則田禾已不可救矣。君陳於制府，定議：遇水漲，守土吏先開洩，而後報聞。十年冬，巡視災賑，臘盡始回徐。十一年正月卒，年六十有一。君諱亨陽字復齋，福建靖南人。學行爲賢大夫所重，泰安趙公國麟撫閩，請主鼇峰書院，以持父喪辭。家居，來學者歲以百計。在太學，六堂之士多宗之，九年京察詔大僚各舉一人，自代李閣學清植舉召公，論大服。其卒也，士民罔不痛惜。著有《秋水堂集》《河防算法書》。妻戴氏，事舅姑，以孝聞。

清·陳康祺《郎潛紀聞》卷九《莊亨陽》 莊亨陽字元仲，康熙五十七年進士。初官山東濰縣，以楊文定公薦，始内召嗣，又補德安同知，最後擢淮徐海道。能文章，通算術。知徐州府時，上書當路，大略謂：淮徐水患，病在壅毛城舖而徐州壞，壅天然減水壩而鳳潁泗壞，壅車邏、昭關等壩而淮陽之上下河皆壞。方今急務，宜開毛城舖，以注洪澤湖，則徐州之患息。開天然壩以注高寶，則上江之患息。開三壩以注興鹽之澤，則高寶之患息。開范公隄以注之海，則興鹽泰諸州縣之患俱息。當路不能用，頗韙其言。高安朱文端公嘗謂獻瑶曰：吾老矣，斯道之託，是在吾子。高宗朝嘗命六部九卿京察自陳，各舉一人，自代閣學李清植舉亨陽，時論以爲允。康祺按：獻瑶官學正時，執業於漳浦蔡文勤、桐城方侍郎之門，亨陽則李安溪高足弟子。蓋真儒志業，命世經綸，薪盡火傳，淵源有自云。

清·錢林《文獻徵存録》卷三 莊亨陽字元仲，及李光地門下楊名時、徐用錫、何焯，皆高足弟子。亨陽執業最後，光地甚重之。康熙五十七年，成進士，知山東濰縣，以母憂去，講學於漳江。乾隆初元，禮尚楊名時薦舉經學，補助教，遷吏部主事，外補德安同知，擢知徐州府，再擢淮徐海道。

亨陽通算術，及董河防，推究高深測量之宜，上書當路，大略謂：淮徐水患已甚，其病在壅毛城舖而徐州壞，壅天然減水壩而鳳穎泗壞，壅車邏、昭關等壩而淮揚之上下河皆壞。方今急務，在開毛城舖以注洪澤湖，則徐州之患息。開天然壩以注高寶諸湖，則上江之患息。開三壩以注興鹽之澤，則高寶之患息。開范公堤以注之海，則興鹽泰諸州縣之患息矣。當路者未能用，頗韙其言。京察大臣當自陳，高宗命自陳者各舉一人，自代閣學李清植舉亨陽，時論以爲允。以勞卒於官。著《莊氏算學》八卷、《復齋遺集》若干卷，又有《莊元仲集》一卷，文僅十二篇，乃其官淮揚道時所上河防條議也。

顧長發

傳記

清·阮元《疇人傳》卷四一《顧長發》 顧長發字君源，江蘇人也。著《圜徑真旨》一書，論圜周、圜徑，古無定率，有高捷者翦紙爲積，補輳方圓，得窺梗概，而不得周數。又謂甄鸞、祖沖之、邢雲路、湯若望諸人所定周徑皆未密合。因創爲定率，徑一者周三一一五，謂之智術。

雜録

清·阮元《疇人傳》卷四一《顧長發》 論曰：長發所稱智術，與袁士龍所用之率正同。邢雲路以三一二六爲周率，已失之弱，而又減雲路率千分之一，則其弱彌甚矣。

余熙

傳記

清・阮元《疇人傳》卷四一《余熙》 余熙字晉齋，桐城人也。著《八線測表圖說》一卷，發明句股和較、割圓八線、六宗、三要諸法。

屠文漪

傳記

清・阮元《疇人傳》卷四一《屠文漪》 屠文漪字蒓洲，松江人也。著《九章録要》十二卷，言：「古《九章》其書不傳，特據所見近世之書，芟其繁謬，補其缺遺，以意隸之。」又言：「衰分、盈朒、方程之外，更有借徵之法。蓋借衰原于衰分，疊借原于盈朒，而觸類而通之，可以窮難知之數，此《九章》法外之巧也，故以次《九章》之後。」

雜録

清・阮元《疇人傳》卷四一《屠文漪》 論曰：文漪之于算術，蓋程大位之流，所著《九章要録》，亦與《統宗》相類。惟少廣篇中，有開方求命分密法一條，謂「命分還原，必朒于原實。若不復加隅，又必盈于原實。更有法開之，令盈于原實之數甚微，則其法爲密」。斯則可已不已，未達深旨者也。蓋開方命分，母數爲方面，西人所謂線也；子數爲冪積，西人所謂面也。二者如曲線、直線之終古不能相通。開方而有命分，止就其相近之數言之，本無還原不盈朒之理，且《九章》云不可開者，以面命之，然則古人開方并無命分法也。

明安圖 附明新

傳記

清・羅士琳《疇人傳續編》卷四八《明安圖》 明安圖字靜庵，蒙古正白旗生員，官欽天監監正。受數學於聖祖仁皇帝，故其所學精奧異人。曾預修《御定考成後編》《御定儀象考成》。因西士杜德美用連比例演周徑密率及求正弦正矢之法，知其深藏而不可不求甚解，積思三十餘年，著《割圓密率捷法》四卷。

一曰步法。於杜氏三法外，補創弧背求通弦求矢法，仍杜氏原法，但通加一四除耳。又弦矢求弧背並通弦矢求弧背六法，合杜氏法，共成九術。其弦求弧背者，以弦爲連比例二率，半徑爲一率，求得三、四、六、八、十諸率，以一、三、五、七、九之五數各自乘，爲屢次乘數；二、三、四、五、六、七、八、九相挨兩兩相乘，爲屢次除數；即用二率爲第一得數；復置四率，以第一乘數乘之，第一除數除之，爲第二得數；又置六率，以第一、第二乘數乘之，第一、第二除數除之，爲第三得數；又置八率，以第一、第二、第三乘數乘之，第一、第二、第三除數除之，爲第四得數。如是累求，至所得數秪一位而止，乃併之，即所求之弧背也。矢求弧背者，倍正矢爲連比例三率，亦以半徑爲一率，求得五、七、九、十一諸率，以一、二、三、四、五之五數各自乘，爲屢次乘數；三、四、五、六、七、八、九、十相挨兩兩相乘，爲屢次除數，即用三率爲第一得數；復置五率，以第一乘數乘之，第一除數除之，爲第二得數；又置七率，以第一、第二乘數乘之，第一、第二除數除之，爲第三得數；又置九率，以第一、第二、第三乘數乘之，第一、第二、第三除數除之，爲第四得數。如是累求，至所得數祇一位而止，乃併之，與半徑相乘爲實，開平方，即所求之弧背也。如通弦求弧背，亦各加一、四除。矢求弧背，則三率又多加一、四。因更別增，創餘弧求弦矢、餘弦矢求本弧及借弧與正、餘弦互求四術。

二曰用法。以角度求八線，及直線、弧線三角形邊角相求，共設七題。謂今之法所以密於古者，以其能用三角形也。然三角形非八線表不能相求，惟用此法以之立表則甚易，以之推三角形，則不用表而得數與用表者同。

三、四兩卷曰法解。皆闡明弦、矢與弧背相求之根。其法先以一分弧通弦求二分全弧通弦之數，次以一分、二分弧通弦求三分、四分全弧通弦之數，以一分、三分弧通弦求五分全弧通弦之數。又因二分、五分相乘得十分，十分自乘得百分，十分、百分相乘得千分，十分、千分相乘得萬分，遂以半徑爲一率，一分弧通弦爲二率，各如相乘之率數，求得十、百、千、萬諸分弧率數，比例得弧背。

求通弦，應減四率二十四分之一，加六率八十分之一，減八率一百六十八分之一，加十率二百八十八分之一，減十二率四百四十分之一，加十四率六百二十四分之一，減十六率八百四十分之一，各四歸之，則二十四得六，爲二、三相乘數，八十得二十，爲四、五相乘數，一百六十八得四十二，爲六、七相乘數，二百八十八得七十二，爲八、九相乘數，四百四十得一百一十，爲十與十一相乘數，六百二十四得一百五十六，爲十二與十三相乘數，八百四十得二百一十，爲十四與十五相乘數，故以二、三、四、五、六、七、八、九等數，兩兩相乘，爲屢次除數。又以通弦求得二率一分，多四率一分，六率九分，八率二百二十五分，十率一萬一千二十五分，十二率八十九萬三千二十五分，十四率一億八百五萬六千二十五分，得後率分數爲實，各遞降二等，使二率降爲四率，四率降爲六率，得前率分數爲法，以法除實，得四率一分爲一自乘數，六率九分爲三自乘數，八率二十五分爲五自乘數，十率四十九分爲七自乘數，十二率八十一分爲九自乘數，十四率一百二十一分爲十一自乘數，十六率一百六十九分爲十三自乘數，故以一、三、五、七、九等數各自乘爲屢次乘數。次如求通弦法，求得十、百、千、萬諸分弧正矢率數，比例得弧背。

求正矢，應減五率十二分之一，加七率三十分之一，減九率五十六分之一，加十一率九十分之一，減十三率一百三十二分之一，加十五率一百八十二分之一，減十七率二百四十分之一。而十二爲三、四相乘數，三十爲五、六相乘數，五十六爲七、八相乘數，九十爲九與十相乘數，一百三十二爲十一與十二相乘數，一百八十二爲十三與十四相乘數，二百四十爲十五與十六相乘數，故以三、四、五、六、七、八、九、十等數，兩兩相乘，爲屢次除數。又以正矢求得五率一分，多七率四分，九率三十六分，十一率五百七十六分，十三率一萬四千四百分，十五率五十一萬八千四百分，十七率二千五百四十萬一千六百分，爲後率分數，各遞降二等爲前率分數。如前通弦法，除得五率一分爲一自乘數，七率四分爲二自乘數，九率九分爲三自乘數，十一率十六分爲四自乘數，十三率二十五分爲五自乘數，十五率三十六分爲六自乘數，十七率四十九分爲七自乘數，故以一、二、三、四、五等數，各自乘爲屢次乘數。

書未成而卒。子新。

明新字景臻，安圖之季子。習父業，充食俸生。時安圖病且革，以所著《捷法》授之，新遵父命，與門下士共續成之。

雜録

清・羅士琳《疇人傳續編》卷四八《明安圖》 論曰：杜泰西三法，見於梅文穆公《赤水遺珍》。而其所以立法之原，乃無一語道及，且衹立乘除之數，但云截去末八位，藏匿根數，祕而不宣，致汪孝嬰廣文萊誤詆其數爲偶合。今觀靜庵之法與解，始知杜氏法原，蓋用連比例術。以半徑爲一率，設弧共分爲二率；二率自乘，一率除之，得三率；以二率與三率相乘，一率除之，得四率；由是推之，三率自乘，一率除之，得五率；二率、三率相乘，一率除之，得六率；三率、五率相乘，一率除之，得七率；循序而進，雖至億萬率，胥如是也。文穆之謂以設弧共分自乘爲屢乘數，即二率之自乘也；其截去末八位者，即一率半徑之省除法，因半徑爲一千萬，一歸不須歸，故截位以代除。設半徑爲一萬，則所截去者爲末五位，而非八位。或半徑不盡爲一之整數，則又非除不可，此布算者所宜辨明也。西法之妙，莫捷於對數，以其用加減代乘除。而對數之用，莫便於八線，以八線之積數過多，運算匪易，用對數則一加一減，即得弧度，不復更用乘除。考對數之由來，亦起於連比例，又安知當日立八線表時，不暗用此法推算邪？然則彼之所謂六宗、三要累求句股者，殆飾詞耳，特張大其說，故作繁難，以炫異欺愚，在好事者不覺墮其術中。靜庵之作是解也，其始本欲發其自得之義，相與抗衡，可謂能自樹立。其子又克繼父志，不墜家聲，方之古人，洵堪與北齊祖沖之父子媲美。昔祖氏以綴術求割圓密率，至今推爲最允，今静庵以連比例求密率捷法，綴術雖不傳，而連比例之屢乘屢除，繹其名義，似有近乎綴術之遺，即謂之爲明氏新法也可。

何夢瑤

傳記

《南海縣誌·何西池先生列傳》何夢瑤《皇極經世易知》 何夢瑤字報之，雲津堡人。穎悟絶倫，十歲能文，十三工詩，即應童子試，屢考輒落。二十七，充巡撫署掾屬三月，郁不樂，作《紫棉樓樂府》寄意，拂衣去。二十九，康熙辛丑歲試，惠公士奇藉於庠。壬寅試優食餼，命隨閲惠州試卷。雍正元年癸卯，考拔貢，而夢瑤不與選，僚屬問故，惠公曰：「何生必先鳴，不用此也。」甲辰惠公再督粤學，舉優行，特免考驗，且牓曰：「何生文行並優，吾所素悉。」三十七，選己酉拔貢，旋領鄉薦，庚戌聯捷進士，即用廣西，曆宰義寧、陽朔、岑溪、思恩，擢奉天遼陽州牧。尋引疾退。

夢瑤治獄明慎。義寧民梃傷所識奪其牛，夢瑤援新定例論戍，巡撫駁改大辟，不從。巡撫怒。臬府並諭夢瑤曲從，不然且黜，夢瑤執前議益力，三駁弗變。巡撫無如何，牒部請決，部檄如夢瑤議。上官自是服其能。大灘地距義寧治數百里，深箐疊嶂，攀磴援蘿，七月始達，官吏無敢至者，其獞民與懷遠縣鬥江中峝獞，仇殺數十年未已。夢瑤涖縣，親往開導，始解釋。相度金錢隘爲兩地通塗，請上官設弁兵防守，獞民械鬥迺絶。在思恩，城守朱某日亭午猝至廳事，屏左右，以獞民玉某密首，七里半聚賊千余，今日薄暮來攻城，耳語夢瑤：「請急爲牒，白郡守，發兵來援。」夢瑤應曰：「自此至府，往返三日，緩不及事，且諜未確而冒昧請，不可。」朱曰：「然則，公與吾宜先遣家口走避。召百姓入保。」曰：「城土垣高不可踰仞，人無固志，必鳥獸散，盜賊乘機竊發。且官眷屬苟出城，是先去以爲民望。不可。吾兩人與城爲存亡者也。果有此，同駡賊死耳。」是時家人竊聽皆哭，夢瑤叱止之。召玉至，問反賊狀。玉出一紙，列首賊姓名十餘。遽命户書入，以玉紙付之，曰：「此欠户，可速爲檄，遣役追呼。」户書目愕眙曰：「此皆殷户，開徵輒畢輸。」復詰曰：「果殷户，素行何若？」曰：「最守分。」夢瑤笑曰：「吾别有事問，姑速呼至。」役捧檄去，朱問：「何緩視之甚？」夢瑤謂：「若輩皆富人，玉有求弗獲，以此誣陷耳。有異謀必不敢來，若無明日當至。」朱曰：「若今夜何？」夢瑤笑謂曰：「若輩真反，已在半途矣。役往必遇，遇必疾馳報。吾將爲若再計。」次日，七里半民果至。夢瑤語之故，則皆曰：「玉夙有心疾，非時爲囈語。乞吾父母勿聽也。」其讞疑獄命案，摘發奸凶，出入意表，類如此。以故六任州縣，刁悍斂蹟，訟獄衰歇。

夢瑤博學多通，宰岑溪日，大吏以鴻博薦，不就。初至廣西未視事，充省志纂修。在岑溪自輯邑乘。岑溪有書院、義學、師生修脯、膏火田，自夢瑤始。思恩患疫，立方救療，多所全活策，制府楞下其方於各郡邑。五分校鄉闈，所得士多知名。比去縣，因歲歉，賠倉谷三百石，貸舟車費乃東歸。牧遼陽兩載，終不名一錢。歸而懸壺自給。當道式其學行，疊聘主粤中三大書院講席，因自稱「研農」。富於著述，已梓者：《匊芳園詩鈔》《莊子故》《賡和録》《制義焚除》《醫碥》《婦嬰痘三科輯要》《傷寒論近言》《胡金竹梅花四體詩箋》《大沙古跡詩》。未梓者：《匊芳園文鈔》《皇極經世易知録》《移橙餘話》《紫棉樓樂府》《紺山醫案》《針灸吹雲集》《算(法)迪》《三角輯要》《比例尺解》《秋訇金錢隘紀聞》《羅浮夢》《煖金盒》《匊芳園詩續鈔》。卒年七十二。

清·阮元等《何夢瑤傳》阮元修 陳昌齊纂《廣東通志》卷二八七《列傳二〇》 何夢瑤字報之，南海人。雍正庚戌進士，出宰廣西，治獄明慎，宿弊革除，有神君之稱。適奉天遼陽州牧。貧不能具舟車，富於著述，旁通百家，而尤以詩名，有《匊園詩鈔文鈔》《莊子故》《皇極經世易知録》《賡和録》《醫碥》《算(法)迪》《三角輯要》《移橙餘話》。宰岑溪時，大吏將以鴻博薦，辭不赴。

清·張維屏《何夢瑤傳》李桓《國朝耆獻類征初編》卷二三〇《守令一六》 何夢瑤字報之號西池，廣東南海人。雍正八年進士，官奉天遼陽州。夢瑤出宰廣西，治獄明慎，宿弊革除，有「神君」之稱。富於著述，旁通百家，而尤以詩名，有《匊芳園詩鈔文鈔》《莊子考》《皇極經世易知録》《賡和録》《醫碥》《紺山醫案》《算(法)迪》《三角輯要》《移橙餘話》。宰岑溪時，大吏將以鴻博薦，辭不赴。

清·諸可寶《疇人傳三編》卷一《何夢瑤》 廣州何報之夢瑤，曾删訂《算法統宗》，及輯梅定九、朱吟石兩家之書，共爲四卷，繼復鈔撮《數理精蘊》，得八卷，合爲一書，凡得十二卷，名曰《算迪》，今伍氏刻本祇八卷，蓋非其全稿也。

紀事

清・華世芳《近代疇人著述記》　廣州何報之夢瑤，曾刪訂《算法統宗》，及輯梅定九、朱吟石兩家之書，共爲四卷，繼復鈔撮《數理精蘊》，得八卷，合爲一書，凡得十二卷，名曰《算迪》，今伍氏刻本祇八卷，蓋非其全稿也。

雜録

清・羅元煥撰　陳仲鴻注《粤台徵雅録》　學士天牧惠公，于康熙辛丑初，以編修來粤視學，至雍正丙午凡六年。一以經古之學爲教，在廣州學任所取士賞譽者數十人。惟石湖與何西池、蘇古懷、陳時一、勞阮齋、陳龜山、吴南圃、吴竺來，每駐省暇，即啟閣招集，論文賦詩，因得訂交於九曜官署。間嘗隨往外郡，分校試卷。是時聲華藉甚，又投契最深，故有惠門八子之目。其後石湖序何西池詩及贈陳時一詩，亦互譽之。

附記：何西池，名夢瑤字贊調一字報之，晚又自稱研農，南海人。雍正己酉拔貢。是年即領鄉薦，庚戌連捷成進士，榜後分發廣西，歷署義寧、陽朔，授岑溪，調思恩各縣尹，遷盛京遼陽州牧，兩載引疾歸，簡從廣各大府聘，歷掌越秀、端溪、越華三者院教。富於著述，旁通百家，刊行者：《匊芳園詩鈔》《莊子故》《賡和録》《制義焚餘》《醫碥》《婦痘嬰三科輯要》《傷寒論近言箋注》《胡金竹梅花四體》《大沙古跡詩》各種。未授梓者：《匊芳園文鈔》《皇極經世易知》《移橙閒話》《紫棉樓樂府》《紺山醫案》《針灸吹雲集》《算(法)迪》《三角輯要》《比例尺辨》《匊芳園詩續鈔》，尚有《秋訇》《金錢隘紀聞》《羅浮夢》《煖金盒》四種。皆被人竊去，竟爲所没云。

馮經

傳記

清・謝蘭生《未廬先生傳》馮經《算略》　先生姓馮氏諱經字世則，南海人也。三歲病目，比長，左一目白瞷，右睛黑漆微露。側首讀書，强記過人，攻治殊力，而書字艱若初爲文。又專尚幽峭考，輒被斥。學使翁覃溪試古學，賞其經解，拔第一，食餼。乾隆庚寅，舉於鄉，再試禮部，薦不售，歸而講學，幾三十年。嘉慶庚申，選曲江教諭，癸亥，康茂園方伯葺羊石書院，以賓禮禮先生主講席，是日觀者塞路，來學之士，廨舍至不能容。

先生之學，覃精鄭、孔，而立身行己，輒欲規仿關、閩。初時拘謹，望之如木偶，後讀詩，至「衡門」之下一章，怡然有得，曰：此君子素位不願外之説也。孔顔樂處其在是乎？無適莫無意，必一生受用不盡矣。每歲春首入學，至臘盡，猶硜硜講説不休。曰：「一日輟講，而虚飽兩餐，是爲物蠹，得不慚乎？」諸生有問難者，輒色喜，曲爲開導，務使明達，或病乞假，則曰：「棄爾業，戕爾生矣。吾輩以書爲命，義理養心，此却病之良劑也。奚假爲？」故稟教者，咸務學而多所成立。卒年七十八歲。

所著有《四書學解》《周易略解》《詩經書經略解》《攷工記注》《羣經互解》《算略》等書，凡皆薈萃儒先，略參已見，而尤邃於易，其釋卦象，多以《十翼》爲據，釋爻詞以《象》詞爲本，河洛之數，以《周髀》經爲宗，而旁及於筆算、籌算，隨手指畫，不差杪忽。先生嘗曰：此雖九章之數，非心手絶敏，未易精熟。故自先生歿，而其傳遂隕云。嘉慶壬申六月，受業子壻，南海謝蘭生謹撰。

清・諸可寶《疇人傳三編》卷一《馮經》　又馮經字世則號來廬。乾隆三十五年舉人，官曲江縣學教諭。著《算略》一卷、《周髀經注》一卷。竝存於家。

紀事

清・周有經　黄待聘《算略跋》馮經《算略》　先生中年以後講學著書，不間寒暑，四子書及羣經諸子，莫不手自詮釋，以不良於目，書字又不擇紙筆，故所存多斷缺殘蝕，間或口授門人分誌簡端，先後互異，訖鮮成書。惟《周易略解》八卷出入攜以自隨，【略】末年復以繫辭解釋，稍略思加潤飾，而疾已亟矣。

丁維烈

傳記

清・阮元等《疇人傳》卷四一《丁維烈》　丁維烈，蘇州府長洲縣人也。受業梅文穆公之門。文穆以句股積及股弦和較或句弦和較求句股，向無其法，苦思力索，知其須用帶縱立方，因命維烈別立御之之法。維烈遂造減縱翻積開三乘方法以應。文穆稱其頗能深入，載入《赤水遺珍》。維烈又著《算法》一卷，述西人三率比例法。

雜録

清・阮元等《疇人傳》卷四一《丁維烈》　論曰：文穆創立句股二術，其以句股積及句弦較或股弦較爲問者，見于王孝通《(輯)[緝]古算經》，以爲向無其法，蓋偶未攷爾。文穆用立方，維烈之法乃至三乘，其實按以算理，當用立方，不得用三乘方也。歙縣汪君孝嬰萊謂「有句股積、有句弦和或股弦和求諸數，必有兩形和積相等而不同式」，可謂發前人所未發。然則梅氏之術，且未得爲通率矣。

沈大成

傳記

清・諸可寶《疇人傳三編》卷一《沈大成》　沈大成字學子號沃田，華亭人。己亥科試冠鄉校，爲名諸生，後循例貢太學。雍正中，家中落，屢應幕府徵，由粵而閩而浙而皖江。晚游維揚，客德州盧運使見曾官廨，旋館歙商江鶴亭氏春。生平游歷，於揚爲久，與陽湖潘敏惠公交最後，贊益最多。篤志經學，博聞强識。自經史外，旁通天文、地理、六書、九章、算學，覃精研思，粹然成一家之學。師同縣黄中允之雋，而友元和惠徵君棟、休寧戴吉士震、仁和杭編修世駿、青浦王侍郎昶。故其爲學原本六經，凡古今典章之沿革，政事之得失，與夫一名一物流傳，攷索研究，原委井然。其校定《梅氏歷算叢書》，尤爲一生精力所萃。著有《學福齋文集》二十卷、《詩集》三十八卷。惠徵君、戴吉士皆爲之序。著而未成者，《讀經隨筆》也。乾隆四十六年十月，卒於家，年七十有二。

嘗譔《周髀算經圖注》序曰：「客有問於余者，西法何自昉乎？曰：《周髀》。何以知其然也？曰：《周髀》者，蓋天也。蓋天之學始立句股。句股者，西法所謂三角也。衡之以爲句，縱之以爲股，衺而引之以爲弦，正而信之以爲開方，是故并之則爲矩，環之則爲規，圜内容方，方内容圜，則爲冪積弧矢。五寸之矩，可以盡天下之方；一圜之規，可以盡天下之圜。曆家以蓋天不同於渾天，即揚子雲猶疑之。然吾以爲蓋天者渾天之半，渾天者蓋天之全，蓋天者自内而觀之，渾天者自外而觀之。然觀天必先於察地，以太陽之晷景在地也。樹一表，而句股之數可得。句股之數得，而高深廣遠無遁形矣。是《周髀》之術也。蓋嘗稽諸《考工》，輪人之爲蓋，冶氏之爲戟，磬氏之爲磬也，匠人之置槷也，有一不出於是者哉？商高之言曰『智出於句，句出於矩』，其言可爲簡而要矣。趙爽、甄鸞之徒，從而疏解之，榮方、陳子又踵而述之，支離轇轕，如鼷鼠食郊牛之角，愈入愈深而愈不可出，是故通人無取焉。全椒吴榭亭舍人精於《九章》，以是經之難明也，寫之以筆竿，而繪以圖，皎若列眉，劃然若畫井，昭昭然若揭日月而行。舉數千載之難明者，一旦豁於目而洞於心，豈非愉快事哉？是學者必宜讀之書也。爲引於端以諗同志云。」後南匯吴侍郎省蘭舉《學福齋雜著》一卷，刻入《藝海珠塵》乙集中，今行於世。

雜録

清・諸可寶《疇人傳三編》卷一《沈大成》 論曰：惠徵君曰：「沈君邃於經史，又旁通九宫、納甲、天文、樂律、九章諸術，故搜擇融洽而無所不貫。古人有言『知今而不知古，謂之盲瞽；知古而不知今，謂之陸沈』，『温故知新，可以爲師』，吾於沈君見之矣。」徵君又謂：「彈見洽聞，同志相賞，四十年未覩一人。然則明經之學，非能推今説而通諸古，又惡能起徵君之喜而慰爲過望哉？信乎同志之不易求也。」又戴吉士曰：「沃田先生出其餘，足以信今而傳後。震既見先生，但樂於相親而已。有移我神而與我以各樂其天者歟？」夫松崖之言如彼，東原之言又如此，論世知人者可以得明經之概已。

陳際新

傳記

清・羅士琳《疇人傳續編》卷四八《明安图》附陳際新 陳際新字舜五，宛平生員，祖籍福建。官靈臺郎，爲監正明安圖高弟。安圖殁後，以《割圜密率捷法》未竟之稿命續。際新尋緒推究，質以平日所聞面授之言，越數年，至乾隆甲午始克成書。其序略曰：凡解有因法而得者，有不因法而得者。因法而得者，法如是解如是止也；不因法而得者，法如是解不止於如是也。不因法而得，何以有是解乎？蓋其初非爲法解也，亦欲自立一法，與前法並行，及深思而得之，乃與作者脗合，遂以爲是法之解，故法如是而解之，曲暢旁通，不止於如是也。先生初聞杜泰西圓徑求周、孤背求弦求矢之法，欲自立一法，以觀其同異。因思古法有二分弧法，西法又有三分弧法，則遞分之，亦必有法也。由是思之，遂得五分弧及七分弧，次列三分弧、五分弧、七分弧三數觀之，見其數可依次加減而得，遂加減至九十九分弧，然其分數皆奇數也。又思之，遂得二分弧，依前法遞推至四分弧、六分弧，加減至百分弧，則偶數亦備矣。然猶分而不能合也。又思之，奇偶可合矣。然逐層求之，數多則繁，若累至千萬分，猶未易也。又思之，其數可超位而得，則以二分弧、五分弧求得十分弧，以十分弧求得百分弧，以十分弧、百分弧求得千分弧，以十分弧、千分弧求得萬分弧，既得百分弧、千分弧、萬分弧三數，然後比例相較，而弧矢弦相求之密率捷法，於是乎成。及其成也，與杜泰西之法無異，遂以是爲解焉。豈非不因法而得者乎？今觀其解，初若與本法絶不相侔，及循序而進，而其法之必由乎此。又有確然無可疑者，至於設一術取一數，反覆求之，諸法皆立，而其用未盡，誠所謂法如是解不止於如是也。際新親承指授，且不敢違遺命，今輯其解，並述其意云。

張肱

傳記

清・羅士琳《疇人傳續編》卷四八《明安图》附張肱 張肱字良亭，寶應人。以諸生由博士陞夏官正，終后部主事。與陳際新齊名，同受業於監正明安圓。與際新同續《割圜密率捷法》，相與討論推步校録，際新極爲稱道推許。

雜録

清・羅士琳《疇人傳續編》卷四八《明安图》附張肱 論曰：自元大德時，朱松庭游廣陵，學者雲集，其時有趙元鎮者代刊其書。國朝又有陳泗源先生蒙聖祖仁皇帝指示算學，若良亭者則又從明監正，而監正亦得算法於聖祖仁皇帝者也。至今良亭後裔，世業疇人，引而勿替。外此如焦君里堂循、楊君竹廬大壯皆精九數。近來朱氏二書既復昌於廣陵，而《捷法》亦爲岑君紹周建功校刊。岑雖天長人，若援寓公之例，亦得附郡人之列。然則曆算之學，吾鄉可謂盛矣。

王元啟

傳記

清・錢林《文獻徵存録》卷三《王元啟》 王元啟字宋賢，嘉興人。乾隆十九年進士，銓福建將樂縣。專業曆算。以算法始於句股，撰爲《句股衍》一書，分甲、乙、丙三集。甲集論開平十法，爲句股因積求邊起義，次論立方以及平方法，再論和數開立方，以盡立方諸法之變，爲術原三卷。乙集兩卷，爲相求法百三十二則之綱要，故名曰「綱要」。丙集即相求法，逐則分之，以發明立法之意，凡四卷。叙之曰：「句股相求法，參以和較，凡得七十八則。求句股中函數，又有冪積之數容員、容方、容縱方，及依弦作底求容方，與句股求外方、外員之數，又有積數與句股和較相求容方與句股餘數相求之法，綜計之，又得二十九則。立表測量，得求高、求遠、求深三則，重表亦然。舊算書多略不備，詳者又苦錯出無緒，嘗意爲區別，使各以類從。先定相求法百三十則，一一盡通其故，運思布算時，比舊法爲直捷。而舊法亦不敢没，附見以致參考。至以中函積數與弦之所和所較，相求而得句股弦之正數，其法爲舊算書所不載，今亦竊擬一法，以附於後。又別創截弦分兩及補句求股之法，分爲六則。並載不成句股求中函積數二則，容方、容員四則，外切員徑一則，員内累求句股六則，凡又一十九則，以該西術三角之算，兼備割員之用，使學者知《周髀》一經於術無所不該，後人不能旁推交通，以盡其變，故使西術得出而争勝，而其術亦本《周髀》，總無出於折句爲股之外也。」其略例引言，曰：算家句股一門，非鑿指一數，以爲布算之準，難以虚領其義，然如「廣三、修四」，見於經者，特其正例。正例外，變例尤多。必欲正變兼陳，則彼此錯出，使閲者耳目數易，轉增煩憒。茲特標舉數端，以爲略例。並不成句股之形，亦附見焉，以盡句股之變也。并附答友人問句股書，曰：欲求句股，必先學開方法。方有正方、縱方之異。縱方則以修廣之和較數開之。其次則求四率比例。有三率求四率之法，有二率求三率之法，又有一率求三率之法，知此即可以求句、股、弦無零數之法。以三率之中率爲主，倍中率爲股，首、末二率相減爲句，相加爲弦。依此衍之，得句股略例十數則。然後以句、股、弦爲正數，兩數相加爲和數，相減爲較數。又有弦與句、股，三數加減之和較數；弦與和和、與較和，三數相加之和數也；弦與較較、弦與和較，三數相減之較數也。三數相加減，今名之爲「兼三和較」。凡正數和較之數，各三兼三和較數各二，共十三數。十三數中，隨舉兩數，即可求句股弦全數，凡得相求法九十四則。而其中容方、容員及截弦分兩；與夫立表測量，又有單表、重表之法，猶不與焉。其次則求截弦分兩之法，是爲一句股分兩句股之術，可以知不成句股，亦可以分兩句股，即西法三角算之所由名。今則總以句股概之。其法：取大小兩句股形，小股與大句同數者，爲一形，即爲不成句股之形，分之爲兩，則所謂中垂綫者，即小句之股、大矩之股、大矩之句，以此衍之，又得不成句股五十餘則，於此求之，又得合形分兩、削形求全二法。合形分兩，則有正合形截偶分兩、反合形截中分兩，偏合形截邊分兩之法；削形求全，則有削去正矩、削去偏矩之殊。偏矩中又有淺削、深削之分。知此則平句股之學盡此矣。雖本舊法，而分條析目，及入手前後之次，悉出新意，其標題名目及運思布算，多有不循其舊者。更有舊法不載，而以意補入者。其後，嘉定錢塘讀其書，味爲獨絶，題書後曰：開方句股之法，創始於《九章》《周髀》二經，自後算家遞相推衍，至乎梅勿庵之《少廣拾遺》《句股闡微》，幾無餘藴矣。惺齋尚以舊術爲繁也，更立簡法，著書若干卷。先以開方究其原，繼於句股窮其變，以開方爲句股所取資也。統名之曰《句股衍》。余聞著書數十種，皆卓然可傳，算其藝之一耳。猶神明變化若此。比者，考求律吕，若密率、方員周徑，未免乎比例之煩也。竊自創法，以十倍徑積爲周積，十分周積之一爲徑積，又以員積自乘而十六乘之，則十分一爲方積之自乘。方積自乘，而十六除之，復十倍之，爲員積之自乘。由是以得，周徑方員也，不過開方而已。其數視密率稍異，而驗之器物，似較密焉。惜乎，先生已歸道山，不獲面質其是非也。元啟有《史記正譌》，分律書、曆書、天官書爲三卷，《漢書正譌》，總爲律曆志二卷，合之名《惺齋雜著》，又有《曆法記疑》《角度衍》《九章雜論》若干卷，其草皆藏於家。

清・阮元等《疇人傳》卷四一《王元啟》 王元啟字宋賢，嘉興人。乾隆辛未進士，知將樂縣。究心律曆、句股之學，著書已刻者爲《惺齋雜著》，則《史記正謁》《漢書正謁》在焉。其正《史記》之謁者，爲律書一卷，曆書一卷，天官書一卷；正《漢書》之謁者，爲律曆志，分上下二卷。未刻者爲《曆法記疑》《句股衍》《角度衍》《九章雜論》。而《句股衍》一書，因繁求簡，最爲精晰。書分甲、乙、丙三集，甲集術原三卷，乙集綱要二卷，丙集析義四卷。甲集首卷通論術原，末及開平方法，爲句股因積求邊張本；二卷專論立方，因及平方法；三卷專論和數開立方，所以盡立方諸數之變。乙集兩卷，爲相求法百三十二則之綱要。丙集四卷，即相求法，逐則分析其義，專取發明立法之意。其總序曰：「句股弦相求法，參以和較，凡得七十八則。求句股中函數，又有冪積之數，容員、容方、容縱方及依弦作底求容方與句股求外方、外員之數，又有積數與句股和較相求容方與句股餘數相求之法，綜而計之，又得二十九則。立表測量，得求高、求遠、求深三則，重表亦然。其術繁矣。舊算書多簡略不備，詳者又苦錯出無緒，嘗試意爲區別，使各以類從，先定相求法百十三則。甲申秋仲，復理前緒，遂一一盡通其故，運思布算，時比舊法爲直捷，而舊法亦不敢没，附見以資參攷。至以中函積數，與弦之所和所較相求，而得句股弦之正數，其法爲舊算書所不載，今亦竊擬一法，以附於後。又別創截弦分兩及補句求股、補股求句之法，分爲六則，使不成句股之形，亦可化而爲句股。并載不成句股求中函積數二則，容方、容員四則，外切員徑一則，員內累求句股六則，凡又一十九則。以該西術三角之算，兼備割員之用，使學者知《周髀》一經於術無所不該，後人淺爲涉獵，不能旁推交通，以盡其變，故使西術得出而争勝。其實西術亦本《周髀》，總無出於折句爲股之外也。」

又略例引言曰：「算家句股一門爲術最繁，非鑿指一數以爲布算之準，難以虛領其義。然如廣三修四，見於經者，特其正例。正例外變例尤多，必欲正變兼陳，則一卷中彼此錯出，使閱者耳目數易，轉增煩憒。兹特標舉數端以爲略例。并不成句股之形，亦附見焉。以盡句股之變，以該西術三角之算。」

又附答友問句股書曰：「欲求句股，必先學開方法。方有正方、縱方之異。縱方則以修廣之和較數開之。其次則求四率比例，有三率求四率之法，有二率求三率之法，又有一率求三率之法，知此即可以求句股弦各無零數之法。以三率之中率爲主，倍中率爲股，首末二率相減爲句，相加爲弦，依此衍之，得句股略例十數則。然後以句股弦爲正數，兩數相加爲和數，相減爲較數。又有弦與句股三數加減之和較數，弦與和和、弦與較和三數相加之和數也，弦與較較、弦與和較三數相減之較數也，三數相加減，今名之爲兼三和較。凡正數和較之數各三，兼三和較數各二，共十三數。十三數中隨舉兩數，即可求句股弦全數，凡得相求法九十四則。而其中容方、容員及截弦分兩，與夫立表測量，又有單表、重表之法，猶不與焉。其次則求截弦分兩之法，是爲一句股分兩句股之術。一句股分兩句股，即可以知不成句股亦可以分兩句股。不成句股分兩句股，即西法三角算之所由名，今則總以句股槩之。其法取大小兩句股形，小股與大句同數者合爲一形，即爲不成句股之形，分之爲兩，則所謂中垂線者，即小矩之股，大矩之句，以此衍之，又得不成句股略例二十餘則。於此求之，又得合形分兩、削形求全二法。合形分兩，則有正合形截偶分兩、反合形截中分兩、偏合形截邊分兩之法。削形求全，則有削去正矩、削去偏矩之殊。偏矩中又有淺削、深削之分。知此則平句股之學盡此矣。凡此雖本舊法，而分條析目，及入手前後之次，悉出新意。其標題名目，及運思布算，多有不循其舊，自以臆定者，更有舊法所不載，而以意補入者。承下問諄諄，不敢自閟其愚，輒粗舉其大略如此。」

嘉定錢(唐)[塘]跋其書曰：「開方句股之法，刱始於《九章》《周髀》二經，自後算學家遞相推衍，至乎梅勿庵之《少廣拾遺》《句股闡微》，而幾無餘藴矣。惺齋先生尚以舊術爲繁也，更立簡法，著書若干卷，先以開方究其原，繼於句股窮其變，以開方爲句股所取資也，統名之曰《句股衍》。余聞先生論學，以程、朱爲宗，於文則法韓、歐諸大家，著書數十種，皆犖然可傳。算特其游藝之一耳，而猶神明變化若此。先生自言曰：『我無他長，惟好學深思，心知其意而已矣。』於乎！此豈今人之所及也哉？余比者考求律吕，若密率方圜周徑，未免乎比例之煩也。竊自刱法，以十倍徑積爲周積，十分周積之一爲徑積，又以圜積自乘而十六乘之，則十分一爲方積之自乘，方積自乘而十六除之，復十倍之，爲圜積之自乘，由是以得周徑方圜也，不過開方而已。其數視密率稍異，而驗之器物，則似較密焉。惜乎先生已歸道山，不獲面質其是非，因讀先生之數，附識於后。」

紀事

清·翁方綱《惺齋王先生墓志銘》王昶《湖海文傳》卷五六　墓誌

先生諱元啟字宋賢號惺齋，先世自杭遷嘉興。曾祖國泰、祖承榮、父昌業，世有隱德。先生幼即有志聖賢之學，不爲時俗文字。舉乾隆甲子浙江鄉試，辛未成進士，署福建將樂縣知縣，三月而罷。然其釐訟獄、禁賭博、設十家牌、平鹽價，立排糶之法，禁質庫之重利，濬溝渠，修橋梁道路諸實政，悉殫心力爲之，邑人以爲抵他令數十年之功。既以誣被吏議，復至其邑，民扶老攜幼，饋芻米，効汲爨，及鄰境之民，皆歡迎如慈母。

先生雖於經濟未竟其志，而教人之用尤著，前後歷主講席於延平道南書院者再，又於仙遊之金石、邵武之樵川、順昌之華陽，蓋在福建最久也。河南則衛輝之崇本，山東則濟南之濼陽、蒿菴、曹州之重華，於其鄉則鎮海之鯤池，三十年間十主書院之任，所成就之士，以學行文藝科目著顯者數千百人。

先生爲學，以宋五子爲宗，説經尤精於《易》，而爲文一本韓子，撰《讀韓記疑》十卷，《周易四書講義》《史記》《漢書》《韓非子》《孫可之[集]》《歐曾王文集》及錢文子《補漢兵志》諸書校正評註，凡若干卷。《惺齋論文》《勾股九章論》《衹平居士文集》《恭壽堂家訓》若干卷。凡嗜學多文之士，知考訂者輒多，厭薄宋儒以自喜，今日學者之通患也，先生博極群書，勤考證，工文詞，而篤守程朱之旨，終身勿貳，誨人勿懈，若先生者可謂真儒矣。既病革，猶補註《周易》下經，及易簀前一日，猶命子尚繩改定《順宗實録》記疑條中二字，蓋其貫天人古今之精力，畢世以之。先生生於康熙五十三年七月十一日，卒於乾隆五十一年七月一日，年七十有三。娶沈氏，例封孺人。子男三：天石早卒；尚珏附監生，《四庫全書》謄録，廣西候補縣丞；尚繩增廣生。孫男二：克生國子生；克新。孫女一。曾孫男一。

銘曰：孰能博綜漢唐而篤執程朱？淵哉！若人不見是圖。學則伯厚東發，教則鹿洞蘇湖，蓋超出乎籍、湜、紹述間，而獨爲韓之徒。

清・張士元《書王宋賢事》錢儀吉《碑傳集》卷一〇七　王宋賢名元啟，浙江嘉興人。以進士知福建將樂縣，乾隆某年十一月至，明年三月去。將樂山縣民俗浮險，競利而輕生。每歲終，民閒强索所負，及田主追贖遠年棄地，往往鬬毆至死傷成獄，又多好蒲博之戲，率常毀其家，而山深林密，盜賊時時竊發。宋賢視事已迫季冬，先出教風諭，然後於城内外數處各設壯丁二人，每夜巡邏，至一更時，必身自步行檢察，遇有小鬬，立加懲責。其盜竊私博蹤跡，驗問皆獲之，故涖任甫三月，民無一人犯禁者。宋賢聽訟，不禁人觀，雖燭下案，治觀者常數百人。及被誣將去，新令已有文符到，縣民有訟事未決者，争來就決曲直，謂得吾侯明斷，雖受笞辱嫁亦甘之。宋賢憐其意，剋日治之。三月二日，理事達夜，至旦而止，須臾新令至矣。罪小者譴，大者杖，人人輸服而去。

先是，將樂有平糶之法，歲夏秋閒米稍貴，即勸富民糶積粟，以平市賈，久而弊生，其上富次富聽里長條列，任意低昂，而限以糶米期日，米多者居積如故，米少者糶盡，反向大户糴之。又畫定方隅，某方富户止糶某方，其一方之户多富者，任分而糶易，户少富者任并而糶難，勢必攤及於僅充飼育饘粥之家，賤出貴入，怨聲盈耳。宋賢訪知其弊，盡召諸大户切諭之，使各户將有餘米穀互相揭報，不由里長條列，户有所餘，以糶盡爲度，米少者不强之糶，而四門内外通行糶糴，不限方隅，民從其令，各損賈發糶，其始米市一升二十四錢，尋減至十五錢，上官善之，下其法諸州縣，使皆行之，而惜鄰邑終格不行也。

將樂每年斂税必俟次年五月畢收，蓋鄉村遼還，山嶺閒之，入城既不便，而輸納之際，又苦管事吏胥詐索，轉鞭沮畏，歲遲其期。令無如之何，但遣役人催納而已。宋賢不遣一役，惟飭廉幹吏數人，持印信分往各鄉就徵，嚴其遷延滋擾之禁，吏洗手奉法，民便之，踴躍歡輸，币月而畢。

宋賢用法不苛，但持之以信，不肯二三其區處，公私精力能推行之。民無不感戴，而鹺客心害其法，有飛語聞於大府，遂黜去。去之日，民送者數千人，欷歔流涕。及宋賢拘囚行省，民負米擔薪數百里饋遺之。後以事重至其邑，民扶老攜幼，迎拜道旁，此亦可以觀宋賢之治矣。朱賢在縣所舉行之事，多可紀，以其爲世吏所能及，故不著。著其大者，以聞後世云。

褚寅亮

傳記

清・阮元等《疇人傳》卷四二《褚寅亮》　褚寅亮字搢升號鶴侶，蘇州府長洲縣人也。乾隆十六年，召試，欽賜舉人、内閣中書，官至刑部員外郎。長於算術，與少詹事嘉定錢辛楣大昕友善。少詹作《三統術衍》，校正刊本誤字甚多，其中「月相求六扐之數」句「六扐」當作「七扐」，「推閏餘所在加十得一」句「加十」當作

「加七」，皆取寅亮説也。所著有《句股廣問》三卷。

雜録

清・阮元等《疇人傳》卷四二《褚寅亮》　論曰：少詹言：乾隆辛未、壬申間，與鶴侶同寓京師，因共研究算義，往覆辨難者累年。鶴侶心思精鋭，遇史書魯魚，一見便能訂其誤謬，於句股和較相求諸法，尤極精審。惜遺書未經刊行，今不審其存乎否矣。

吴琅

傳記

清・阮元等《疇人傳》卷四二《吴琅》　吴琅字樕亭，全椒人也。官中書。通數學，著有《周髀算經圖注》。乾隆戊子，松江沈大成爲之序曰：「客有問於余者，西法何自昉乎？曰《周髀》。何以知其然也？曰《周髀》者，蓋天也。蓋天之學始立句股。句股者，西人所謂三角也。(衡)[横]之以爲句，縱之以爲股，衺而引之以爲弦，正而伸之以爲開方。是故并之則爲矩，環之則爲規，圜内容方，方内容圜，則爲冪積弧矢。五寸之矩，可以盡天下之方；一圜之規，可以盡天下之圜。曆家以蓋天不同於渾天，即揚子雲猶疑之。然吾以爲蓋天者渾天之半，渾天者蓋天之全，蓋天者自内而觀之，渾天者自外而觀之。然觀天必先於察地，以太陽之晷景在地也。樹一表而句股之數可得，句股之數得，而高深廣遠無遁形矣，是《周髀》之術也。蓋嘗稽之《考工》，輪人之爲蓋弓也，冶氏之爲戟也，磬氏之爲磬也，匠人之置槷也，有一不出於是者哉？商高之言曰『智出於句，句出於矩』，其言可謂簡而要矣。趙爽、甄鸞之徒從而疏解之，榮方、陳子又踵而述之，支離轇轕，如鼷鼠食郊牛之角，愈入愈深，而愈不可出，是故通人無取焉。樕亭精於《九章》，以是經之難明也，寫之以筆，算而繪以圖，皎若列眉，劃然若畫井，昭昭然若揭日月而行。舉千載之難明者，一旦豁於目而洞於心，豈非愉快事哉？」

清・陳作霖《金陵通傳》卷三三　吴琅字荀叔號杉亭，上元人，始祖轉自六合，遷全椒，祖雯延始居金陵。父敬梓字敏軒，以諸生舉博學鴻詞，病不克赴。琅應乾隆十六年召試舉人，以中書出爲山西同知。疏節闊目，眉宇軒然，工句股旁要之學，並善詞著，有《春華小草》。

屈曾發

傳記

清・阮元等《疇人傳》卷四二《屈曾發》　屈曾發字省園，蘇州府常熟人也。著《九數通考》十三卷。自序言：「己丑之春，得聖祖仁皇帝《御製數理精藴》，伏而讀之，訂古今之同異，集中西之大成。平日之格而不化者，一旦涣然冰釋。惜薄海内外窮儒寒畯，未獲悉覩全書。乃不揣固陋，與曩時所輯，重加增改，一折衷於《數理精藴》。學者取而習之，不特古者六藝教人之法，可得其旨趣，即我朝文軌大同，制作明備之休，亦藉以仰窺萬一矣。」其書初名《數學精詳》，休寧戴震爲改今名。

戴震

傳記

清・錢大昕《戴先生震傳》錢大昕《潛研堂文集》卷三九　戴先生震字東原，休寧人。少從婺源江慎修游，講貫禮經制度名物及推步天象，皆洞徹其原本。既乃研精漢儒傳注及《方言》《説文》諸書，由聲音文字以求訓詁，由訓詁以尋義理，實事求是，不偏主一家，亦不過騁其辯以排擊前賢。嘗謂：「今人讀書，尚未識字，輒薄訓詁之學。夫文字之未能通，妄謂通其語言；語言之未能通，妄謂通其心志。此惑之甚者也。論者又曰：『有漢儒之經學，有宋儒之經學，一主于訓詁，一主于義理。』此愚之大不解者。夫使義理可以舍經而求，將人人鑿空得之，奚取乎經學！惟空凭胸臆之無當于義理，然後求之古經，求之古經而遺文垂絶，今古縣隔，然後求之詁訓，訓詁明則古經明，而我心所同然之義理乃因之而明。古聖賢之義理非他，存乎典章制度者是也。昧者乃歧訓詁義理而二之，是訓詁非以明義理，而訓詁胡爲？義理不存乎典章制度，勢必流入于異端曲説而不自知矣。」又嘗與友人書云：「僕數十年來得于行事者，立身則曰不苟，待人則曰無憾。事事不苟，猶未能遠耻辱也；念念求無憾，猶未能免怨尤也。其得于學者，不以人蔽己，不以己自蔽，不爲一時之名，亦不期後世之名。凡求名之弊有二，非掊擊前人以自表襮，即依傍昔儒以附驥尾，二者不同，而鄙吝之心同，是以君子務在聞道也。今之博雅能文章、善考核者，徒株守先儒而篤信之，如唐人所譏『寧言周、孔誤，不道鄭、服非』，此非志乎聞道者也。其私智穿鑿者，即不自表襮，而學不師古，積非成是，惑以終身，無鄙吝之心，而失與之等，其于道亦遠矣。講明正道，修辭立誠，以俟後學，其或聽或否，或傳或墜，或尊信或非議，所不計也。」性介特多與物忤，落落不自得。年三十餘，策蹇至京師，因于逆旅，饘粥幾不繼，人皆目爲狂生。一日，携其所著書過予齋，談論竟日。既去，予目送之，歎曰：「天下奇才也。」時金匱秦文恭公蕙田兼理算學，求精于推步者，予輒舉先生名。秦公大喜，即日命駕訪之，延主其邸，與講觀象授時之旨，以爲聞所未聞。秦公撰《五禮通考》，往往采其説焉。高郵王文肅公安國亦延致先生家塾，令其子念孫師之。一時館閣通人，河間紀太史昀、嘉定王編修鳴盛、青浦王舍人昶、大興朱太史筠，先後與先生定交，于是海内皆知有戴先生矣。乾隆壬午，中江南鄉試。明年，試禮部不第。薄游汾、晉間。會汾州修郡志，朱方伯珪請先生任其事。乃博稽史籍，駁正舊志之訛。謂：「汾陽于漢爲兹氏縣，戰國時屬趙，不屬魏，漢時屬太原郡，不屬西河郡，後魏太和八年，改六壁鎮置西河郡，治兹氏城，而西河之名移于此。酈道元注《水經》，以武侯浮西河事繫之夏陽，子夏陵及廟室繫之郃陽，而于謁泉山及文水，絶不涉及子夏設教事。張守節、李吉甫輩始指爲魏之西河，子夏退老居此，皆非其實。吉甫又謂『黄初二年，于漢兹氏縣置西河郡，即今州理』，不知魏、晉之西河皆治離石，非兹氏。吉甫又謂『周宣帝于此置汾州』，『大業三年廢汾州』，不知周、隋之汾州皆非西河郡境。吉甫《元和郡縣志》叙述最有法，而猶有舛謬。甚矣，地理之不易言也。」癸巳歲，天子開四庫館，妙選校讎之職，總裁諸公疏薦先生，以鄉貢士入館，充纂修官，特命與會試中式者同赴廷對。乙未夏，授翰林院庶吉士。先生起自單寒，獨以文學爲天子所知，出入著作之庭，館中有奇文疑義，輒就咨訪，先生爲考究顛末，各得其意以去。先生亦思勤修其職，以稱塞明詔。經進圖籍，論次精審，晨夕披檢，靡間寒暑，竟以積勞致疾。丁酉夏，卒于官，年五十有五。平生無他嗜好，惟專于讀書，雖詞義鉤棘難曉者，一再讀之，輒已涣然冰解，旁觀皆驚爲宿悟，要由精誠所致。其學長于考辯，每立一義，初若創獲，及參互考之，果不可易。後儒多言《易》亂于費直，先生以《漢書》證之曰：「藝文志『《易經》十二篇，施、孟、梁丘三家』。十二篇者，經上下二篇，十翼十篇，此三家所同也。《儒林傳》云：『費直《易》無章句，徒以彖、象、繫辭十篇之言解説上、下經。』蓋費氏不自立章句，其解説經即用十篇之言，而十二篇之目未嘗改也。劉向以中古文《易》校施、孟、梁丘經，或脱去无咎、悔亡，惟費氏經與古文同，初不言篇題與諸家異。後人誤讀《儒林傳》，輒咎費氏改經，不察之甚也。」《周禮·大馭》「右祭兩軹，祭軓」，注云：「故書軹爲軒。杜子春云：『軒當爲軹，軹謂兩轊。或讀軒爲簪笄之笄。』」先生辨之曰：「軒當從或讀如笄，杜君改爲軹，與輢内之軹二名混淆，非也；以轊釋轂端之軒，亦非也。軹者車軨，軒者轂末，轊者軸末，後代字書并軒字無之矣。『祭軓』字刊本多訛爲『軌』，毛公釋『濟盈不濡軌』云：『自轊以上爲軌。』陸德明依《説文》別之，以軌从九，車轍也；軓从凡，車式前也，依傳意宜音犯。若音犯，則字當作軓，以韻考之，又不合。疑漢時軌、軓二字相溷，毛君始誤并二字爲一與？」其述明堂之制曰：「明堂五室十二堂，故曰明堂。《月令》中央曰太室，正室也。一室而四堂，東堂曰青陽太廟，南堂曰明堂太廟，西堂曰總章太廟，北堂曰玄堂太廟。四隅之室，夾室也。四室而八堂。東北隅之室，玄堂之右夾，青陽之左夾也，其北堂曰玄堂右个，東堂曰青陽左个。東南隅之室，青陽之右夾，明堂之左夾也，其東堂曰青陽右个，南堂曰明堂左个。西南隅之室，明堂之右夾，總章之左夾也，其南堂曰明堂右个，西堂曰總章左个。西北隅之室，總章之右夾，玄堂之左夾也，其西堂曰總章右个，北堂曰玄堂左个。凡夾室前堂，或謂之箱，或謂之个。《左氏傳》『置饋于个』，杜云『个，東西箱』是也。个者，兩旁之名也。古者宮室之制，前堂後室有夾，有个，有房。惟南鄉一面，明堂四面闓達，亦前堂後室，有夾，有个，而無房。《禮》『婦人在房』，明堂非婦人所得至也。四正之堂，皆曰太廟，四正之室，共一太室，故曰太廟太室。世之言明堂者，有室無堂，不分个夾，失其傳矣。」《春秋》昭二十二年十月，王子猛卒，而其夏秋已兩書王猛，説者莫得其解。先生曰：「王猛與鄭忽皆以國氏者也。王者，諸侯目五畿之辭，非天王之號。《春秋》凡書王，猶列國之書其國；書天王，猶列國之書爵。故王人與列國書人同爲微者。王猛與鄭忽同爲以國氏。忽未即位而出奔，歸不得書爵，書世子，正其復國也。王子猛未即位稱王，故卒稱王子，若先正其號曰王，不得復稱王子矣。」《周髀》言「北極璿璣四游」，又言「正北極樞，璿璣之中」，後人多疑其説。先生解之曰：「正北極者，《魯論》之北辰，今人所謂赤道極也。北極璿璣者，今人所謂黄道極也。正北極者，左旋之樞，北極璿璣，每晝夜環之而成規。冬至夜半，在正北極下，是爲北游所極；日加卯之時，在正北極左，是爲東游所極；日加午之時，在正北極上，是爲南游所極；日加酉之時，在正北極右，是爲西游所極。此璿璣之一日四游所極也。冬至夜半，起正北子位，晝夜左旋一周而又過一度，漸進至四分周之一則春分夜半，爲東游所極；又進至夏至夜半，爲南游所極；又進至秋分夜半，爲西游所極。此璿璣之一歲四游所極也。《虞》《夏書》『在璿璣玉衡，以齊七政』，蓋設璿璣以擬黄道極，後世失其傳也。」今人所用三角八線之法，本出于句股，而尊信西術者，輒云句股不能御三角。先生折之曰：「《周髀》云：『圜出于方，方出于矩，矩出于九九八十一。』三角中無直角，則不應乎矩，無例可比矣，必以法御之，使成句股而止。八線比例之術，皆句股法也。」嘗謂：「儒者治經，宜自《爾雅》始。世所傳郭《注》已删節不全，邢《疏》又多疏漏。如《釋言》：『桄，充也。』《六經》無桄字，鄭注樂記、《孔子閒居》，皆訓横爲充。横、桄古通用，《書》『光被四表』，《漢書》引作『横被』，今《孔傳》猶訓光爲充，文訛而義不殊也。《釋言》：『庥，廕也。』即《詩》『不可休思』之休；《釋木》：『桑、柳，醜條。』即《詩》『蠶月條桑』之條。《莊子》云：『已而爲之者，已而不知其然。』當從《釋詁》解已爲此。」其考證通悟多如此。《水經注》訛舛久矣。王伯厚引經文四事，其三事皆注之溷于經者，則經注之淆，南宋時已然。先生獨尋其義例，區而別之云：「經文每一水，云某水出某郡縣，此下不更舉水名；《注》則兼及所納群川，故須重舉。《經》云過某縣者，統一縣而言；《注》則詳言所逕委曲，故有一縣而再三見者。《經》據當時縣治，善長作《注》時，縣邑流移，是以多稱故城，經無言故城者也。《經》例云『過』，《注》例云『逕』。以是推之，《經》《注》之淆者可正也。」閻百詩、顧景范、胡朏明雖善讀古書，猶未悟斯失，先生始釐正之。同時頗有狂而不信者，予深贊成其説。今武英殿所刊，用先生校本，海内始復見此書之真面目焉。先生在書局，校定《五經算術》《海島算經》《孫子算經》等書，皆官爲板行。其所撰述，有《毛鄭詩考正》四卷、《考工記圖》二卷、《孟子字義説》三卷、《方言疏證》十三卷、《原善》三卷、《原象》一卷、《句股割圜記》三卷、《策算》一卷、《聲韻考》四卷、《聲類表》九卷、《屈原賦注》九卷、《文集》十卷，則曲阜孔户部繼涵爲刊行之。

清・阮元等《疇人傳》卷四二《戴震》　戴震字東原，休寧人也。乾隆壬午舉人。壬辰歲，詔開四庫館，震以薦入館，充校理。命與會試中式者同赴廷對，欽賜翰林院庶吉士。未及散館而卒，年五十有五。

西法三角八綫，即古之勾股弧矢。自西學盛行，而古法轉昧，取梅文鼎所著《三角法要舉》《塹堵測量》《環中黍尺》三書之法，易以新名，飾以古義，作《句股割圜記》三篇。言因《周髀》首章之言，衍而極之，以備步算之大全，補六載之逸簡。凡爲圖五十有五，爲術四十有九，記二千四百一十七字。【略】又著《原象》八篇、《迎日推策記》一篇，以明推步原象。【略】又著《續天文略》三卷，文多不載。載其目：曰星見伏昏旦中，曰列宿十二次，曰星象，曰黄道宿度，曰七衡六間，曰晷景短長，曰北極高下，曰日月五步規法，曰儀象，曰漏刻。或補《通志》所闕遺，或賡所未及，凡占變推步不與焉。

震在四庫館分校天文算法書甚夥，其《海島算經》《五經算術》二種，則震從《永樂大典》中掇拾殘賸集合而成者。曲阜孔公繼涵以震所校《周髀算經》《周髀音義》《九章算術》《九章音義》《海島算經》《孫子算經》《五曹算經》《夏侯陽算經》《張邱建算經》《五經算術》《緝古算經》《數術記遺》，并震所撰《九章算術補圖》《策算》《句股割圜記》合而刻之，即今世所傳《算經十書》也。

紀事

清・洪榜《戴先生行狀》錢儀吉《碑傳集》卷五〇　曾祖景良，故不仕，妣邵氏、王氏。祖甯仁，故不仕，妣程氏。父弁，封文林郎，妣朱氏，贈孺人。本貫徽州府休甯縣由山鄉忠義里。

先生姓戴諱震字慎修一字東原。戴氏自唐銀青光禄大夫檢校國子祭酒兼監察御史曰安，有子曰顔，由饒州樂平遷歙州，葬母於歙之黄墩小練源，廬於墓側，稱孝隱先生，卒葬休甯隆阜，因家焉，世爲休甯人，先生爲嫡長宗。先生以雍正元年十二月己巳生邑里之居第，乾隆十六年補縣學生，二十七年舉於鄉，三十八年奉召充《四庫全書》館纂修官，三十九年奉旨得與乙未貢士一體殿試，四十年賜同進士出身，授翰林院庶吉士，以四十二年五月辛卯卒於官，享年五十有五。

先生生而體貌厚重，性端嚴。生十歲，乃能言，就傅讀書，過目成誦，日數千言，不肯休，授《大學章句》右經一章以下，問其塾師曰：「此何以知其爲孔子之言而曾子述之？又何以知其爲曾子之意而門人記之也？」師應之曰：「此先儒子朱子所注云爾。」即問：「朱子何時人也？」曰：「南宋。」又問：「孔子、曾子何時人也？」曰：「東周。」又問：「周去宋幾何時矣？」曰：「幾二千年矣。」又問：「朱子何以知其然？」師無以應，大奇之。先生讀書，每一日必求其義，塾師舉傳注訓解之，先生意每不釋然。師不勝其煩，因取漢許叔重《説文解字》十五卷授之，先生大好其書，學之三年，盡得其節目。又取《爾雅》《方言》及漢儒箋注之存於今者，搜求考究，一字之義，必貫羣經，本六書以爲定詁，由是盡通前人所合集，凡《十三經注疏》舉其辭無遺，時先生年十六七矣，隨父文林公客江西南豐，就近課學童於邵武。又一年，於經學益進。

先生以爲：經之至者道也，所以明道者其辭也，所以成辭者字也。必繇字以通其辭，繇辭以通其道，乃可得之。又，經之難明，在一事必綜其全而核之，鉅細畢究，本末兼察，信而有徵，合諸至道，而不留餘議。誦《堯典》至「乃命羲和」，不知日月列星之所以運行，則掩卷不能卒業。誦《周南》《召南》自「關雎」而往，不知古音，徒强以協韻，則已齟齬失讀。誦古《禮》「先士冠禮」，不知古者宫室衣服等制，已迷於其言，莫辨其用。不知古今地方沿革，則《禹貢》職方山鎮川澤、《春秋》列國疆域、會盟攻戰之地，失其處所。不知古今推步之長，則知《夏書》之辰不集於房，魯太史引以爲正陽之月孟夏，東晉《古文尚書》繫之季秋，繫之仲康肇位四海。《小雅》十月之交，鄭康成以爲周正十月，劉原甫以爲夏正十月。《春秋》《傳》兩記日南至，歷代史志載步算家上考曲合其一，而卒違其一。儒者何以識古書之真僞，辨箋解之得失，決魯曆至朔之當否？不知少廣旁要，則考工之器不能因文而推其制。不知鳥獸蟲魚草木之名號狀類，則比興之意乖。六書之學，詁訓音聲，未始相離，聲與音又經緯衡從宜辨，魏有孫叔然創立翻語，厥後，考經論韻悉用之。晉人以譯西域釋氏之言，釋氏之徒羣習其法，因竊爲己有，謂來自西域儒者，數典不能記憶也。中土準望用句股，西法易名三角八綫，而正弦比例之根生於句股，則句股能御三角，三角不能御句股，雖深明西人之算者，咸昧其由來也。管吕言五聲十二律，宫位乎中，黄鍾之宫，四寸五分，爲起律之本，學者蔽於鍾律失傳之後，不追溯未失傳之先，宜乎其説之多鑿也。

凡經之難明有此數事，先生日夜孳孳蒐集比勘，凡天文曆算推步之法、測望之方、宫室衣服之制、鳥獸蟲魚草木之名狀、音和聲限古今之殊、山川疆域州鎮郡縣相沿改革之由、少廣旁要之率、鍾實管律之術，靡不悉心討索。知不可以雷同勦説，瞻涉皮傳，因悟聖人之道如繩之縣，如臬之樹，苟差之毫釐，則謬以千里，其學彌博而探指彌約，其資愈敏而持力愈堅，年二十餘，而五經立矣。先生病夫後之治經者，依於傳文以擬其是，擇於衆説以裁其優，出於空言以定其論，據於孤證以信其通。以此治經，失不知，爲不知之意，苟立一説，則徒增一惑，即起一辨，使後之學者不勝其勞。因取其説之易曉者，淺涉而堅信之，用自滿其量之能容受，不復求遠者、大者，治經益疏而去道益遠，故嘗以爲古今學問之途，其大致有三：或事於義理，或事於制數，或事於文章。自子長、孟堅、退之、子厚諸君子之爲文章，咸知文之爲末，而道之爲本，欲因文以求進，據乎道而被之於文，其於道也亦有得有不得，譬猶仰觀泰山知羣山之卑，臨視北海知衆流之小，然而未履其巔，未跨其涯，故其所得終於藝也，而非道也。聖人之道在六經，漢儒窮其制數，宋儒窮其義理，子長、孟堅、退之、子厚諸君子根柢之，以爲文章若分途而馳，異次而宿，不知其不可以闕一也。制數之不明於古人之文章，多有不省矣，文辭之不達，則所謂義理，固一己之義理，而非六經聖賢之義理。君子之道不可誣也。蓋先生之爲學，自其早歲，稽古綜核，博文强識，而尤長於論述，晚益竅於性與天道之傳，于老、莊、釋氏之説，入人心最深者，辭而闢之，使與六經孔孟之書截然不可以相亂。蓋其學之本末次第大畧如此。

先生之自邵武歸也，年甫二十，同縣程中允洵一見大愛重之，曰：「載道器也。吾見人多矣，如子者巍科碩輔，誠不足言。」先生家極貧，無以爲業，至是始爲科舉文，窮幽極眇，於有明以來尤愛西安四子、西江五家所傳遺藁，每有所作，意既奥曲，辭復超遠，淺學讀之茫如，或相與非笑之。同族戴長源先生瀚，以此名於時，家於江甯，文林公因往江甯，命先生步隨以從，就謁長源先生。至一見，叩其所學，曰：「當今無此人也。吾誠不能有所益。」因館子其家，令與諸子圍棋談說，不關以文事。既月餘，一日取案上《檀弓》，令先生口講其議，先生每講終一節，未嘗不稱善，因命題爲時義一通，先生援筆立成，大加嗟賞。翌日謂文林公曰：是子誠不能限其所至，今歸矣，所業甚精，可無以示人。先生自江甯歸，時湻安言槃如先生掌教紫陽書院，一見先生文，深折服，謂己所不及，繼而歎曰：「今之徐子卿也。」同學者請曰：若某某句其可通耶？方先生指而示之，曰：是出某經某史，顧若未讀耳。因言其命意之精。同學者駭嘆。由是稍稍知先生之能文。

時郡守何公常以月某日，延郡之名人宿學，講論經義於書院之懷古堂。婺源江先生永治經數十年，精於三禮及步算、鍾律、聲韻、地名沿革，博綜淹貫，巋然大師。先生一見傾心，因取平日所學就質正焉。江先生見其盛年博學，相得甚歡。一日舉曆算中數事問先生，曰：吾有所疑，十餘年未能決。先生請其書，諦觀之，因爲剖析比較，言其所以然。江先生驚喜，歎曰：累歲之疑，一日而釋，其敏不可及也。先生亦歎江先生之學周詳精整。時先生同志密友郡人鄭牧、汪肇龍、程瑶田、方矩、金榜，六七君日從江先生，方先生從容質疑問難，蓋先生曆律聲韻之學，亦江先生有以發之也。先生學日進，而遇日益窮，年近三十乃補縣學生，用是絶志舉子業，覃思著述，家屢空而勵志愈專，所爲《考工記圖》《屈原賦注》《句股割圜記》諸書，皆成於是時矣。

有傳其書至浙中者，天台少宗伯齊公召南見之，曰：「曠世才也。」嘉歎不絶於口，由是江以南北稍稍知先生名。東吳惠定宇先生棟，自其家三世傳經，其學信而好古，於漢經師以來賈、馬、服、鄭諸儒散失遺落幾不傳於今者，旁搜廣摭，裒集成書，謂之古義，從學之士甚衆。先生於乾隆乙亥歲北上京師，見惠於揚州，一見訂交。嘉定光禄王君鳴盛嘗言曰：「方今學者，斷推兩先生，惠君之治經求其古，戴君求其是。究之，舍古亦無以爲是。」王君，博雅君子，故言云然，其言先生之學期於求是，亦不易之論。先生之始至京師，當時館閣諸公，今光禄卿嘉定王君鳴盛、今學士嘉定錢君大昕、大興朱君筠、紀君昀、餘姚盧君文弨、今大理卿青浦王君昶，皆折節交先生。時大司寇秦文恭公方爲少宗伯編纂《五禮通考》之書，延先生邸舍，就與商搉，其所采摭先生各經之説甚多。先生因出其笥中所藏江先生《推步法解》一書，以示秦公。秦公取全書載入焉，先生因盡言江先生之學於秦公。乾隆二十七年，江先生以疾卒於家，先生爲之狀其行實及著書，數上之《續文獻通考》館、史館，以備采擇。其後，學士朱公督學安徽，檄盡取江先生之書上之於朝，亦由先生力爲表揚之也。以乾隆壬午科舉於鄉，會試屢黜於有司，往來教授燕晉間。

先生精博於輿地之學。嘗謂：今古遷移，不可究詰，治斯學者，因川原之派別知山勢之逶迤，由山鎮之陰陽、水行所逕過知州郡之沿革遷徙。大凡水之上流川出於兩山之閒，歷千百年如其故道，至其委流，地平衍而土疏斥，不數歲輒遷徙不常，是以滹沱、桑乾、漳水之流爲難考。先生屢應志局之聘，文書圖册，雜錯紛於前，先生披圖覽册，有謬誤即圖上批示，令再圖以進，户吏始不服，及親履其地，果如先生言，無不驚嘆以爲神。其治事精敏，類如此。後魏酈道元《水經注》一書，流傳至今，經注溷淆，前後錯簡，文章家以爲掇拾辭采之書而已。先生究心於是者八九年，尋其義例，按以準望，整之，還其舊，俾諸水經支川渠委納釐然就條貫，而是書遂爲考輿地家適用之書。先生治是書將卒業，會朝廷開《四庫全書》館，奉召與爲纂修，先生於《永樂大典》散篇内因得見酈氏自序，又獲增益數事，舘臣即以是屬校正，上其書，詔允刊行焉。

先生以算在六藝，古者以賓興賢能教習國子，治經之士所當知，故自其早歲以名家論多前人所未發。《周髀》之書雖傳於今，曆家不能通其用，有「正北極」及「北極旋機」之名，有「七衡六間」，冬至日當外衡，夏至當内衡，春秋分當中衡之規法，釋《周髀》者數家，未解北極旋機何指，而《虞》《夏》書之旋機注，徒以爲可旋轉曰機，不得其本象。先生以爲，所謂正北極者，今之赤道極也，所謂北極旋機者，今之黄道極也。赤道極爲左旋之樞，黄道極爲右旋之樞，自中土言之皆在北方，故通曰北極。赤道極不動，黄道極每晝夜左旋，環繞之而過一度，每一歲而周四游，故《周髀》謂赤道極曰正北極，而黄道極無其名，取諸測器之名命之，用是知唐虞時設旋機環轉於中，擬夫黄道極者也。先生此論，匪惟得《周髀》之解，並以見古旋機玉衡之遺制。其在舘也，屬校《周髀》書，先生悉心正其譌舛，補圖以進，亦得旨刊行。先生於《永樂大典》内得《九章》《五曹》算經凡七種，自通人王寅旭、謝野臣、梅定九諸子，皆以算名家未之獲見。先生校正是書，焚膏繼晷，正譌補脱，審知劉徽注内舊有圖而闕，補之，書既進，亦得旨刊行，皆有御製詩冠其卷首。而古書之晦者以顯，而周官九數之學益明。

先生嘗謂：漢經師康成鄭氏之學集衆家之大成，俾六藝散而復聚。魏晉而後雖王肅、虞翻之流時加駁難，而學者宗之，比於周孔。自唐義疏之行，鄭氏所注《周易》《尚書》乃亡，今所存者獨《三禮注》《毛詩箋》，而《三禮注》尤精博，謂當與《禮》經並行，如《春秋》之有三《傳》。先生留心於是書者數十年，校讎是正，用功尤深，適會編校唐人李如圭《儀禮集説》，其書全載鄭氏原注，因校李書，即考定鄭注，實可爲此經定本，而《禮記》周官經亦以次定正焉。又嘗以爲古者小學一家列於六藝之末，今所存者獨《爾雅》《方言》《説文解字》數家，《方言》之書迄無善本，先生受是書校之，正其舛譌漏畧，採摭羣書，以爲考證，幾及萬言。先生之校《方言》也，已得疾，足痿不能行，猶日夜勘定不倦，是書及《大戴記》校已畢，未及上進，而先生已卒矣。

先生所著書：《今文尚書經》二卷、《毛詩補注》一卷、《春秋即位改元考》一卷、《考工記圖》二卷、《大學補注》一卷、《中庸補注》一卷、《孟子字義疏證》三卷、《聲韻考》四卷、《聲類表》四卷、《句股割圜記》三卷、《曆問》四卷、《經説》四卷、《屈原賦注》一卷、《通説》一卷、《音義》一卷、《經史籌算》一卷、《氣穴記》一卷、《藏府象經論》四卷、《葬法贅言》四卷、《文集》四卷、《制義》一卷。

先生書爲《七經小記》之書，凡經中訓詁制度、象數、水地諸事，以及天人之道、經之道、經之大訓，皆比類合義，具其端委，論其指歸，俾學者因是以求六經，用力約而功多。書未竟，業成者《原象》一卷、《原善》一卷、《學禮篇》一卷、《水地記》三十卷。先生卒之前數月，手自整理所著書，命工寫録，亦未及竟。先生以爲，道釋自貴其神識，而儒者在善治事情，凡人之患二，曰私，曰蔽。私生於欲之失，而蔽生於知之失。異氏尚無欲，君子尚無蔽。異氏之學主静以爲治，君子强恕以去私，而問學以去蔽，主以忠信而止於明善。凡生於其心必發於其事，私者逞己以縱欲，無良而憯不畏明，無私矣，尚不能無蔽。蔽者不求諸事情，以其意見信爲義，理公而不能明，廉潔而流於刻。《記》曰：「夫民有血氣心知之性，而無喜怒哀樂之常。應感起物而動然後心術形焉。」凡有血氣心知，於是乎有欲，性之徵於欲，聲色臭味而愛惡分；既有欲矣，於是乎有情，性之徵於情，喜怒哀樂而慘舒分；既有欲有情矣，於是乎有巧與智，性之徵於巧智，美惡是非而好惡分。生養之道，存乎欲者也；感通之道，存乎情者也。二者，自然之符，天下之事舉矣。盡美惡之極致，存乎巧者也，宰御之方由斯而出；盡是非之極致，存乎智者也，賢聖之德由斯而備。二者，亦自然之符，精之以底於必然，天下之能舉矣。君子之治天下也，使人各得其情，各遂其欲，勿悖於道義。君子之自治也，情與欲使一於道義。夫遏欲之害，甚於防川，絶情去智，充塞仁義，人之飲食也養其血氣，而其問學也養其心知，是以貴乎自得。血氣得其養，雖弱必强，心知得其養，雖愚必明，是以貴乎擴充。君子獨居，思仁公言，言義動止應禮，竭所能之謂忠，履所明之謂信，平所施之謂恕，馴而致之仁且智，不私不蔽者也。君子之未應事也，敬而不肆，以虞其疏；事至而動，正而無邪，以虞其僞。必敬必正，而要於致中和以虞其偏與謬。戒疏在乎戒懼，去僞在乎慎獨，致中和在乎達禮精義，至仁盡倫。天下之人同，然而歸之善，可謂至善矣。夫以理爲學，以道爲統，以心爲宗，探之茫茫，索之冥冥，不若反求諸六經，此《原善》之書所以作也。

先生抱經世之才，其論治以富民爲本，故常稱《漢書》云：王成、黄霸、朱邑、龔遂、召信臣等，所居民富，所去民思，生有榮號，死見奉祠，廪廪庶幾德讓，君子之遺風。先生未嘗不三復斯言也。今巡撫陝西畢公沅，素與先生相知，因陛見入都，就見先生。先生所居巷，隘不容車馬，步入，坐定，因乞先生言，先生爲言大吏以知人爲難。夫鄉曲之氓問其令君之賢否。言未有不當者。自監司至督撫涖其上，或往往不察，豈智不逮哉？所蔽者多也。先生於《史記》，尤喜《張釋之、馮唐[列傳]》《汲黯、鄭當時列傳》，有味乎其言之。

先生事親至孝，夫婦躬操，井臼漿酒飲食親自進之。文林公性方嚴，先生怡怡孺慕，曲得其歡。先生之奉召入京師，文林公攜家至邸舍，居一年思歸，先生欲留不可，自是先生未嘗一日不願歸也。其疾累月不愈，亦冀纂修事將畢，當得請以行，凡書籍之類，皆已緘縢矣。先生治家，和而有法。嘗言：子弟有小過，當立加斥責，至有大過，當微示以意，苟顯揭之，令不可爲人，則自棄於惡矣，所謂中也棄不中也。先生行己嚴介，不苟然必絜以情理，不爲矯激之行。先生接物待人以誠，謀人之事如恐其不遂，揚人之善如恐其不聞。其教誨人，終日矻矻，不以爲倦也。先生之言平正通達，近而易知，博極羣書，而不事馳騁，有所請各如其量以答之，凡見先生者，未嘗不有所得也。先生之學雖未設施於時，既没，其言立，所謂不朽者與。

娶朱氏，封孺人。子一人，中立。女一人，許嫁户部主事曲阜孔君繼涵次子廣根先生。

郡人洪朴、洪榜兄弟得交先生，從燕遊久，凡先生之行事緒論，蓋得其大畧焉。先生之子中立將以七月某日扶柩歸葬於某鄉之某原，謹書家世行業及論著之大凡，以求誌於作者，辭繁而不敢殺，蓋有待於筆削云耳。

乾隆四十二年六月，歙後學洪榜謹狀。

清·王昶《戴東原先生墓志銘》錢儀吉《碑傳集》卷五〇 門人黟縣知縣張君善長，由黟走書來告曰：「戴先生東原與善長相識，夫子所稔也。今東原卒，柩歸於家，黟與休甯壤接，將謀所以葬東原者，洪舍人榜既爲之狀矣，敢以志墓之文爲請。」

嗚呼！余之獲交東原，蓋在乾隆甲戌之春，維時秦文恭公蕙田方纂《五禮通考》，延致於味經軒，偕余同輯，時亨一類，凡五閲月而別。及余爲中書舍人，東原始以鄉試中式，來於都。至余自蜀中歸，則東原已被薦擢翰林，同寓京師。而東原遽以病歿。蓋余兩人離合之跡如此。若東原之敦善行精經誼，余雖不護企其少分，而定交之久，與知東原之深，莫如余也。微余誰當志者。

按狀：東原諱震，曾祖景良，祖甯仁，父弁，皆不仕。東原以乾隆十六年補諸生，二十七年舉於鄉，三十八年奉召充《四庫全書》館纂修官，四十年賜同進士出身，授翰林院庶吉士，又二年卒於官。東原生而體貌厚重，性端嚴，十歲乃能言，就傳讀書，過輒成誦，日數千言，不肯休。【略】

東原讀書默而好深湛之思，塾師畧舉傳注講解，意每不釋，師苦其煩，因授以許慎《説文解字》，東原學之三年，盡得其節目，又取《爾雅》《方言》及漢儒箋注之存於今者，搜求研究，一字之訓，必貫羣經，本六書以爲定，由是盡通前人古義。凡《十三經注疏》，舉其辭無遺者。時年纔十六七爾。隨父客南豐一年，經學益進。東原謂：經之至者，道也；所以明道者，辭也；所以成辭者，字也。必繇字以通辭，繇辭以通道，乃可得之。又，經之難明，在一事必綜其全而覈之，鉅細畢究，信乃有徵。如誦詩而不知古音，强以協韵，則已齟齬失讀。誦禮而不知古宫室衣服之制，已述其方，莫辨其用。不知古今沿革，則《禹貢》職方山鎮川瀆、春秋列國疆域、會盟攻戰之地，失其處所。不知古今推步之法，則如《夏書》之辰不集於房，魯太史引以爲正陽之月孟夏，東晉《古文尚書》繫之季秋，《小雅》十月之交，鄭康成以爲周正十月，劉原甫以爲夏正十月。《春秋傳》兩記日南至，歷代史志載步算家上考曲合其一，而卒違其一。儒者何以識古書之真僞，辨箋解之得失，決魯曆至朔之當否？不知少廣旁要，則考工之器不能因文而推其制。不知鳥獸魚蟲草木之名號、狀類，則比興之意乖。六書之詁訓、音聲未始相離，聲與音又經緯衡從。魏孫炎剏翻語，後考經論韵悉用之。晉人以譯釋氏之言，其徒竊爲己有，謂來自西域。儒者數典不能記憶也。中土準望用句股，蓋肇於《周髀》，西法易名三角八綫，而正弦比例之根生於句股，則句股能御三角，三角不能御句股，雖深明西法者咸昧其由來也。於是日夜孳孳蒐集比勘，靡不悉以討索，雷同勦説，悉掃而除之。其學彌博，而探指彌約，其資愈敏，而持力愈堅。年二十餘，而五經通矣。

又謂古今學問之途大致有三，或事義理，或事制數，或事文章。漢儒窮其制數，宋儒窮其義理，馬、班、韓、柳諸君根柢之以爲文章。若分途而馳，異次而宿，不知其不可以闕一也。制數之不明，於古人之文多所不省矣。經義之不達，則所謂義理，固一已之義理，而非六經聖賢之義理矣。君子之道不可誣也。蓋東原之爲學，自其早歲，稽古好學，博聞强識，而允長於論述，晚窺性與天道之傳，於老、莊、釋氏之説辭而闢之，使與六經孔、孟之書截然不可以相亂。其見於《原善》、《原象》及《與彭進士紹升書》。蓋其學之本末次第大畧如此。

婺源江先生永治經數十年，精於三禮及步算、鍾律、聲韵、地理，東原取平日所學，質之江先生，爲之駭歎。年近三十，《考工記圖》《屈原賦注》《句股割圜記》諸書已成，傳至浙江，齊少宗伯召南嘉歎不已。元和惠先生棟，三世傳經，其學信而好古，於荀虞之易、鄭孔之禮、何休之春秋，旁搜廣摭，發明古義，東原見於揚州，交相推重也。東原家居，同郡鄭牧、汪肇龍、程瑶田、方矩、金榜皆從問業，至京師，光禄寺卿王君鳴盛、學士錢君大昕、朱君筠、紀君昀、盧君文弨，皆折節定交焉。其客文恭公所也，出江先生《推步法解》，公於《通考》中盡載其書，其後學士朱君任安徽學政，盡櫬江先生所著書，上於朝，入《四庫全書》館，東原表揚之力爲多。

酈道元《水經注》流傳錯簡，東原尋其義例，按以準望整之，還其舊，俾諸水經、支川、渠委納釐然就貫。旋於《永樂大典》内見酈氏自序，且獲增益數事，録之，始爲完書。嗣又得《九章》《五曹》算經凡七種，自王寅旭、謝野臣、梅定九諸子皆未之見，東原正譌補脱，如劉徽注内舊有圖而今闕者，補之，書進，得旨刊行，而古書之晦者以顯。其後得疾足痿不能行，猶日夜校讐《説文》《方言》《大戴禮記》，以次勘定，未及上進而疾已亟矣。

東原所著書：《毛鄭詩考》四卷、《詩補註》一卷、《尚書義考》二卷、《儀禮考正》一卷、《考工記圖》二卷、《爾雅文字考》十卷、《方言考證》十三卷、《聲韵考》四卷、《聲類表》十卷、《原善》三卷、《大學補注》一卷、《中庸補注》一卷、《孟子字義疏證》三卷、《原象》一卷、《迎日推策記》一卷、《曆問》一卷、《古歷考》兩卷、《句股割圜記》三卷、《屈原賦注》二卷、《文集》六卷，凡遺書二十種，曲阜孔君繼涵梓之以行。其未成之書：《水地記》七册、《直隸河渠書》六十四册，付子中立寫藏於家。

東原生雍正元年十二月某日，歿於乾隆四十二年五月某日，年五十有五。娶朱氏，封孺人。子一，中立。女一，許字曲阜孔廣根，蓋繼涵次子也。嗚呼，東原之學，苞羅旁魄，於漢魏唐宋諸家靡不統宗會元而歸於自得，名物象數靡不窮源知變而歸於理道。本朝之治經者衆矣，要其先之以古訓，折之以羣言，究極乎天地人之故，端以東原爲首。昔韓昌黎銘施士丐、柳子厚，表陸淯，皆稱先生，蓋以經師爲重，今竊取是例，以示張君，俾刻於幽竁，乃銘曰：

鄭孔既殁，大義寖湮。各以闚觀，莫溯其全。先生觥觥，搜元摘祕。貫弗三才，上窮六藝。公卿動色，天子嗟咨。媲古大師，誰曰非宜。龍蛇召災，遺言在笥。吾言匪誣，俟諸百世。

雜録

清·阮元等《疇人傳》卷四二《戴震》　論曰：九數爲六藝之一，古之小學也。自暴秦焚書，六經道湮，後世言數者，或雜以太一三式、占候卦氣之説，由是儒林之實學，下與方技同科，是可慨已。庶常以天文、輿地、聲音、訓詁數大端爲治經之本，故所爲步算諸書，類皆以經義潤色，縝密簡要，準古作者，而又罔羅算氏，綴緝遺經，以紹前哲，用遺來學。蓋自有戴氏，天下學者乃不敢輕言算數，而其道始尊。然則戴氏之功，又豈在宣城下哉？

程瑤田

傳記

清·錢林《文獻徵存録》卷九《程瑤田》　程瑤田字易田又字易疇，歙縣人。少入塾，先生謂：「孺子盍言爾志？」曰：「無志。窮達由天命。窮爲匹夫，不得曰非吾志，而卻之也。達爲卿相，不得曰吾志不及此，而逃之也。」坐者起曰：「是聖賢之志也。」瑤田曰：「讀書不當師聖賢耶？」」爲博士弟子員，鄭虎文掌紫陽書院，甚重之。有《論學小記》《述性》四篇。【略】瑤田又師淳安方粹然、婺源江永，學益雅博。有《井田溝洫名義記》，曰：「余考匠人爲溝洫之制，復取鄭氏註小司徒職所引司馬法之文，讀之，然後歎聖人立法之精也。」【略】

乾隆三十五年，領鄉薦大挑二等，選嘉定縣教諭，顔其室曰「讓堂」。乞病歸，邑人購忠烈名流手蹟贈之，瑤田曰：「鄉先生手蹟，宜藏於鄉也。」對曰：「先生不取吾邑一錢，豈破紙亦不受耶？」乃受之。王鳴盛詩曰：「官惟當湖陸，師則新安程。」其景慕之如此。歸後，讀書不輟，尤善言禮，有《儀禮喪服文足徵記》，儀徵阮元叙之。【略】

自少至老，篤志著述。以揚州三江只一江，班固《地理志》三見揚州川者，是志《職方》之其川三江非説《禹貢》，主鄭康成註，正酈道元《水經註》之謬，成《禹貢三江考》。鄭康成註《太宰》之「九穀」曰：黍、稷、稻、粱、麻、大豆、小豆、麥、苽。瑤田以稷、粱二者言人人殊，與農家者流商確，據許叔重《説文》釋之，謂粱爲粟，以稷爲秫，今高粱也。定《九穀考》。《周髀算經》言「數出於矩」，瑤田暢其説，以明用矩之道。又從休甯戴震受準望法，因推求準望重測用較爲法之理，爲圖三，曰測高圖，曰因遠知深之圖，曰高遠廣三者。三者皆不知用三測互求之圖，爲儀以驗之，其後又加初測、重測二圖，測深、測遠二圖，謂《周髀》無測廣之法，非逸也。舍卧矩弗能測廣，測廣包於測遠中也。然施於重測，則知廣與知遠，其用卧矩之法殊異，又加測廣之圖，交測之法由欒於三測互求，圖中演之爲偃測、覆測、卧測，三法加三圖，又演之，加交重測之法，亦三圖，凡爲圖十有四，附圖二，又一一詳説之，爲《周髀矩數圖註》《周髀用矩述》，著於《數度小記》。善鼓琴，有《聲律小記》。晚既失明，口授琴音記續編，使其孫寫之。又有《論學外篇》《宗法小記》《釋宮小記》《考工創物小記》《磬折古義》《水地小記》《解字小記》《釋草小記》《讀書求解》《九勢碎事》《釋蟲小記》《修辭餘鈔》，總爲《通藝録》。嘉慶十九年卒，年九十，性和緩，終身不解，詬詈隸書，師晉唐人，精妙無比。少時淳安方桼如見其詩極喜之，別有《讓堂詩鈔》十八卷，藁草藏於家。

清·汪啓淑《續印人傳》卷五《程瑤田》　程瑤田字亦田，生而有文在手，曰田，其尊甫故名之。五十以伯仲因字曰伯易，安徽歙縣人。世居縣城之荷花池，遂自號茸荷。性誠篤，齠齔歲凜然如成人。及就家塾，不待勉勵，卓然有志於學。讀書研求精蘊，爲文根於性道，不肯作膚末語。弱冠補博士弟子員，與胡太史珊、潘孝廉宗碩、家副車肇澪、吴上舍兆傑爲文字交。時朴山夫子掌教紫陽，於二胡三方之外，亦極稱其文筆高古。乾隆癸未春，過醉翁亭，時年三十有九，恰同歐公自號「醉翁」之年，且慕醉翁行誼文章，遂自稱「茸翁」。既而傷心怙恃繫念蓼莪間，亦署「茸郎」，蓋欲終其身於子道之意。研討經史餘暇，棲情篆刻，一以秦漢爲法。又留心音律，考辨琴聲，著有《琴音備考》《素工八法》，頗得晉人筆法。著書五篇，以概其指。其一曰虛運篇，次二曰中鋒篇，次三曰點畫篇，次四曰結體篇，次五曰頓折篇。庚寅秋，恩科舉於鄉，次年赴禮部試入都，桐城張總憲若淮聞其名，延課諸子，遂留修門，聲譽品望，一時翕然，雖屢困春闈，而恬淡自如，安素樂天，人多稱其長者。戊申年春大挑，選授江蘇嘉定縣教諭。

清・羅士琳《疇人傳續編》卷四九《程瑶田》 程瑶田字易田號易疇，歙人。嘉慶元年，詔開孝廉方正科，安徽撫臣以易疇應，賜六品頂戴，終嘉定縣教諭。少與休寧戴震相友善，故其經術最深。生平潛心實學，精於鑒別，尤肆力於《考工記》，旁涉六書九數，蓋以其治經、考古皆莫離乎書、數二事。如解磬股與鼓相函同積説謂「三分其鼓三，以其一爲股博一；三分其股二，以其一爲鼓博六，六六不盡；以股二與股博一相乘，得積二百；以鼓三與鼓博六六不盡相乘，亦得積二百；其積同，其兩體之輕重同也」之類是已。著有《數度小記》一卷，其目曰：周髀矩數圖注，周髀用矩述，言天疏節示潘二生，星盤命宫説，四卯時天圖規法記，日躔宫度出地説，七尺曰仞説。又有《磬折古義》一卷，目曰：磬折説并圖，造倨句式四六尺考。皆以算數證經，故述之。其他著述甚多，茲不詳載。

雜録

清・羅士琳《疇人傳續編》卷四九《程瑶田》 論曰：天算之學有數端。守其法而不能明其義者，術士之學也。明其義而不能窮其用者，經生之學也。若既明其義，又窮其用，而神明變化，舉措咸宜，要非專門名家不可。徵君之算，雖不甚精，然亦不失其爲經生之學耳。

錢大昕

傳記

清・羅士琳《疇人傳續編》卷四九《錢大昕》 錢大昕字曉徵號辛楣又號竹汀。先世自常熟徙居嘉定，遂爲嘉定人。年十五爲諸生，有神童之目。乾隆十六年，高宗純皇帝南巡，獻賦行在，召試舉人，以内閣中書補用。十九年成進士，授翰林院檢討。洊陞至詹事府少詹事。以丁外艱，慕邴曼容之爲人，遂引疾不出。官贊善時，適西洋人蔣友仁以所著之《地球圖説》進，奉旨繙繹，並詔大昕與閣學何國宗同潤色。國宗久領監事，精推步，由是大昕時與討論中西諸法。國宗遜謝，以爲不及。

時休寧戴震亦在朝列。戴故婺源江氏弟子，江精西法，恒曲護西人之短，戴亦不無墨守師説。故大昕致書議之。書略曰：「足下盛稱婺源江氏推步之學不在宣城下，僕惟足下之言是信，恨不即得其書讀之。頃下榻味經先生邸，始得盡觀所謂《翼梅》者。其論歲實、論定氣，大率祖歐羅巴之説，而引而伸之，其意頗不滿於宣城，而吾益以知宣城之識之高。何也？宣城能用西學，江氏則爲西人所用而已。及觀其冬至權度，益啞然失笑。夫歲實之古强而今弱也，漢以前四分而有餘，漢以後四分而不足，而自《乾象》以至《授時》，歲實大率由漸而減，此皆當時實測，非由臆斷。故以古法下推，則必後天，由於歲實强也；以今法上考，亦必後天，由於歲實弱也。楊光輔、郭守敬輩，知其然，故爲百年加減一分之率以消息之。雖過此以往，未之或知，而以之考古，則所失者鮮，是其術未始不善也。西人之術止實測於今，不復遠稽於古，然其所謂平歲實者，亦復累有更易，則固非以爲永遠可守之歲實也。江氏乃創爲本無消長之説，極詆楊、郭，以傅會西人。然史册所書景長之日，班班可考，難以一人手掩盡天下之目也。於是爲定冬至加減之説以加之，加之而仍後天也。於是又爲本輪、均輪半徑古大今小之説以加之，加之而仍後天也。詞遁而窮，則直斷以爲史誤，毋乃如公孫龍之言『臧三耳甚難而實非』乎？天道至大，非一時一人之術所能御。日月五星之行，皆有盈縮，古人早知之矣，各立密率以合天行。郭太史之埰積，新法之本輪、均輪、次輪，皆巧算，非真象也。約加減之數，而假象以爲立算之根。合則用之，小不合則增減之，大不合則棄之。本無輪也，何有於徑？本無徑也，何有於古大而今小？且夫兩輪半徑之數之減也，西人固疑其初測之未合而改之，非定以爲古多今少之率也。就如江説兩半徑古大而今小，則仍是楊、郭百年消長之法。以矛陷盾，其何説之辭？夫以兩春分考歲實，較之兩冬至爲近。然小餘二四二一八七五者，回回之舊率，而地谷所用也，崇禎時嘗改爲二四二一八八六四矣，今則又改爲二四二三三四四二矣。只此百年之中，西士已不能守其舊率，而江欲以地谷所用之數上考千載以前，謂必無消長也，有是理乎？本輪、均輪本是假象，今已置之不用，而別創一橢圜之率。橢圜亦假象也。但使躔離交食，推算與測驗相準，則言大小輪可，言橢圜亦可。然立法至今未及百年，而其根已不可用。近推如此，遠考可知。而江氏取其已棄之筌蹄，爲終古之權度，其迂闊亦甚矣。西士之術固有勝於中法者，習其術可也，習其術而爲所愚弄，不可也。有一定之丈尺，而後可以度物；有一定之衡石，而後可以權物。今江所持以衡量者，有一定乎，無一定乎？言平歲實，則其數可多可少也；言最卑行，則其行忽遲忽疾也；言輪徑差，則借象而非真象也。以槷爲日，而詆羲和；以錐指地，而嗤章亥。持江氏之權度以適市，必爲司市所撻矣。向聞循齋總憲不喜江説，疑其有意抑之。今讀其書，乃知循齋能承家學，識見非江所及。當今學貫天人者莫如足下，而獨推江無異辭，豈少習於江而特爲之延譽耶？抑更有説，以解僕之惑耶？」其議論持平，隨意抒寫，絶無詬囂之氣，鶻突之語，聱牙詰屈之文，類如此。

生平博極羣書，兼擅衆妙。不專治一經，而無經不通；不專攻一藝，而無藝不精。凡經史文義、音韻、訓詁、歷代典章制度、官制、氏族、里居、官爵、事實、年齒、古今地里沿革、金石、畫像、篆隸，以及古《九章算術》，迄今中西曆法，無不瞭如指掌。其是非疑似，人不能明斷當否者，皆確有定見。著述滿家，不勝枚舉。嘗取算術二十四條，演爲答問。其第一問《左傳》絳縣人甲子。二問《史記》太初元年年名焉逢攝提格，太初之元當是甲寅，而《漢志》以爲丙子。三問《續漢志》太史令虞恭等議以太初元年歲在丁丑。四問古人以歲星所在紀歲，不以干支紀歲。五問《淮南》以咸池爲太歲，與他書不同。六問一行亦號知曆，其言秦《顓頊》曆元起乙卯，漢《太初》曆元起丁丑，推而上之，皆不值甲寅。七問太陰太歲溷而爲一，始於東漢，亦有證乎？八問張晏注《漢書・楊雄傳》云太陰歲後二辰也，張守節注《史記・貨殖傳》亦同，今云歲陰在太歲前二辰，似不相合。九問鄭康成注《周官・馮相・保章氏》十有二歲，以歲爲太歲。十問堪輿八會之名。十一問《淮南》刑德七合，與太陰在甲子刑德合東方之説，如不相蒙。十二問《乾象》推卦用事日算例。十三問郎顗亦傳六日七分之術者。十四問五歲再閏與十九年七閏之率孰密。十五問《乾象》推月行術。十六問宋楊忠輔《統天術》，其求汎積也，必減氣差，何故？十七問氣差、氣積差之數，何以各別？十八問《統天術》積日既從上元冬至[後]甲子起算，其求天正經朔，何以又減閏差之數？十九問《統天》、《授時》之歲實既同，又均用百年消長[一分之]率，乃《統天》推上元天正冬至在戊子日戌正二刻，《授時》則己丑日寅正二刻，何故？二十問太陽盈縮分初末限，郭氏離爲六段。二十一問《授時術》象限有二，其推日躔，何以不用周天象限，而用周歲象限？二十二問西法有太陽每日平行之率，以歲周除天周得之。二十三問泰西推日躔有最高卑之行，其説有本乎？二十四問賈公彦不通算術，何以知之？以上諸問，悉皆考核精詳，各具神解。

又嘗辨歲星太歲及歲陰太陰，謂太歲與歲星皆有超辰之率。歲星自丑而子，右行於天；太歲自子而丑，左行於地；歲星在丑，則太歲在子；歲星在子，則太歲在丑。推之十二次皆然。故鄭康成《周禮注》云：「歲謂太歲，歲星與日同在丑斗所建之辰。」如歲星在丑十一月，與日同在丑斗建子。太歲在子之類是也。若《淮南》則言太陰，史公則言歲陰。太陰即歲陰也。歲陰亦超辰，而常在太歲後二位。徐廣注《史記》云「歲陰在寅左行，歲星在丑右行」，《天文訓》云「太陰在寅，歲名攝提格，太陰在卯，歲名單閼」之類，皆謂太陰非太歲也。歷舉《國語》伶州鳩「武王克商，歲在鶉火」，《呂氏春秋》「維秦八年，歲在涒灘」，《淮南・天文訓》「元年太乙在丙子」以證之。又謂《漢志》述太初改元事，既云復得閼逢攝提格之歲，又云太歲在子，則當時實以太陰紀年，而別有太歲昭然。乃自太初而後，以太陰紀年者，僅見於《天官書》甲子篇。而劉歆《三統術》無推太陰法，即翼奉封事，亦似以太陰當太歲。則自太初改憲，而閼逢十名，攝提格十二名，移於太歲，相承已久，稚讓魏人，安得不云爾乎？蓋《三統術》太歲與歲星恒相應，歲星起星紀，百四十四年而超一次，太歲起丙子，亦百四十四年而超一辰。凡千七百二十八年而周十二辰，是爲歲星歲數。

孔穎達《春秋正義》云：「《三統》以庚戌之歲爲太極上元，則已昧其根本，惟歲星超辰，不能不用服虔龍度天門之説者，以『昭十三年歲在大梁』與『三十二年越得歲』二文，非用超辰，便多齟齬耳。」因著《三統術衍》三卷。其自序略云：「古曆家言，傳於漢者六家，《黃帝》《顓頊》《夏》《殷》《周》《魯》是也。劉向作《五紀論》，論次六家是非。漢末，宋仲子以世所傳《夏》《周》二術，與《藝文志》所記不同，更定《真夏》《真周》曆。杜預據此數家，以考驗《春秋》。至唐一行《大衍議》，稱《春秋》經傳朔晦與《周曆》合者，多周、齊、晉事；與《殷曆》《魯曆》合者，多宋、魯事。宋崇文院檢討劉羲叟撰《長曆》，推漢初朔閏，兼存《顓頊》《殷》二術。則諸書唐、宋時猶存，而今並無之矣。漢《太初曆》，班《志》亦不著其術。《史記》所述甲子篇，乃張壽王所治之《殷曆》，非《太初》本法也。古術之可考者，當以《三統》爲首。《三統》之術，本之《太初》，又追前世一元五星會牽牛之初，以爲太極上元，參之《易》象，以窮其源，徵之《春秋》，以求其驗。班孟堅以爲推法密要，服子慎、韋(宏)〔弘〕嗣亦取其説，以解《春秋》内外傳。顧古今注《漢書》諸家，於曆術未有詮釋者。《隋書・經籍志》有亡名氏《推漢書律曆志術》一卷，《舊唐書・經籍志》有陰景倫《漢書律曆志音義》一卷，今俱亡傳。予少讀此志，病其難通。比歲粗習算術，乃爲疏通其大義，并著算例，釐爲三卷，名之曰《三統術衍》。蓋祇就本法論之，其法之密與疎，固不暇論及也。志文間有譌舛，相與商酌校正，則長洲褚君寅亮之助實多。」

凡所審定，悉標舉各注句下。如《易》「九戹」句，謂「九戹」當作「无妄」，蓋字形相涉而誤，劉淵林注《吴都賦》引作「无妄」，《谷永傳》「遭无妄之卦運，直百六之災阸」。又如「日至其初爲節至其中」句，謂蔡邕《月令章句》「日至其初爲節，至其中爲中氣」，此文蓋脱去「爲中」二字。又如「東九西七乘歲數，并九七爲法，得一，金水晨夕歲數」句，謂金水晨見在東方，夕見在西方，約其率，晨見十六分之九，夕見十六分之七。又如「推月食」句，謂古以日食爲災，所以重天變，警人君。《詩》云「彼月而食，則維其常」，《春秋》書日食，不書月食，術家有推月食之術，不及日食，皆是也。其實推日食即同月食。又如「四分上元，至伐桀十三萬二千一百一十三歲，其八十八紀，甲子府首，入伐桀後百二十七歲」句，謂此《四分》上元依東漢不用超辰之説，則元起丁巳歲，與《周曆》合。又依此歲數，推魯僖公五年入壬子蔀第四章，以辛亥日一分合朔冬至，亦與《周曆》合。又如「距建武七十六歲」句，謂此七字班氏所增。又如「王莽居攝至末即位三十三年」句，謂光武建武元年距上元十四萬三千二百五十五歲，以歲星歲數除之，歲餘一千一百五十九，以百四十五乘之，得二十二萬六千五十五盈，百四十四而一，得積次一千五百六十九，次餘百一十九，以十二除積次，餘數九，推歲星當在壽星，又以六十除積次，餘數亦九，知太歲在乙酉也。《志》云「歲在鶉尾之張度」，疑有誤。自王莽居攝以下，班固所增入，非劉歆本文之類，皆足以補正闕誤。更譔《二十二史考異》，詳論《四分》《三統》以來諸家術數，亦精確不刊。

其跋《數學九章》略云：「秦九韶《數學九章》十八卷，其目皆自出新意，不循古《九章》之舊，有淳祐七年九月自序。考《直齋書録》有《數術大略》九卷，魯郡秦九韶道古撰，前二卷大衍、天時二類，於治曆測天爲詳。《癸辛雜識》又作《數學大略》。蓋即此書而異其名耳。直齋所録《崇天》《紀元》二曆，云『近得之蜀人秦九韶道古。』然則九韶先世蓋魯人，而家於蜀者也。《李梅亭集》有『回秦縣尉九韶謝差校正啓』，云『善繼人志，當爲黄素之校讐，肯從吾游，小試丹鉛之點勘。秦少游元祐中嘗校對黄本書籍，九韶豈其苗裔耶？』李梅亭嘗爲成都漕，九韶差校正，當在其時。其在何縣尉，則無可考矣。嘉熙以後，蜀王陷没，寄居東南，故得與直齋往還也。予又考《景定建康志》得二事。其一通判題名有『秦九韶，淳祐四年八月，以通直郎到任，十一月丁母憂，解官離任。』其一制幕題名『寶祐間，九韶爲沿江制置司參議官。』又《癸辛雜識》稱『九韶，秦鳳間人，與吴履齋交尤稔，嘗知瓊州，數月罷歸，晚竄梅州，以卒。』合此數書觀之，九韶生平仕宦蹤跡，略可見矣。此書言淳祐丙午十一月丙辰朔初五日庚申冬至，初九日甲子，此九韶據當時曆日確乎可信者也。而元郝經《緯亢行》載丙午歲十一月十五日辛未星異，則是月當爲丁巳朔，相差一日。蓋元初承用金趙知微術，置朔與宋朔不盡合，而前人未有考及此者，予方葺《四史朔閏考》，喜而録之。」

所著《錢氏叢書》若干種，《潛研堂文集》《詩集》《二十二史考異》《通鑑注辨正》《元詩紀事補》《元史氏族表補》《元史藝文志》《潛研堂金石跋尾》元亨利貞四集，《十駕齋養新録》《養新餘録》《日記抄》《聲類》《疑年録》《庸言録》，其《四史朔閏表》未成書。以嘉慶九年十月二十日卒於紫陽書院，年七十有七。

紀事

清・王昶《詹事府少詹事錢君墓誌銘》王昶《春融堂集》卷五五　乾隆十三年夏，昶肄業於蘇州紫陽書院。時嘉定宗兄鳳喈先中乙科，在院同學。因知其妹壻錢君曉徵，幼慧，善讀書，歲十五補博士弟子，有神童之目。及院長常熟王次山侍御詢嘉定人材，鳳喈則以君對。侍御轉告巡撫雅公蔚文，檄召至院，試以《周禮》《文獻通考》兩論，君下筆千餘言，悉中典要。於是院長驚異，而院中諸名宿莫不斂手敬之。

後三年，高宗純皇帝南巡，君獻賦，召試，賜舉人，以内閣中書補用。明年入京，與同年褚搢升、吴荀叔講《九章算術》。時禮部尚書大興何公翰如，久領欽天監事，精於推步，時來内閣，君與論宣城梅氏及明季利瑪竇、湯若望諸家之學，洞若觀火，何公輒遜謝以爲不及。又以御制《數理精藴》兼綜中西法之妙，悉心探核，曲鬯旁通。由是用以觀史，則自《太初》《三統》《四分》，中至《大衍》，下迄《授時》，盡能得其測算之法。故於各史朔閏、薄蝕、淩犯、進退、强弱之殊，指掌立辨，悉爲抉摘而考定之。

君在書院時，吴江沈冠雲、元和惠定宇兩君，方以經術稱吴中。惠君三世傳經，其學必求之《十三經注疏》暨《方言》《釋名》《釋文》諸書，而一衷於許氏《説文》，以洗宋元來庸熟鄙陋。君推而廣之，錯綜貫串，更多前賢未到之處。謂古人屬辭，不外雙聲疊韻，而其秘實具於三百篇中；雙聲，即字母所由始，初不傳自西域，皆説經家所未嘗發者。尤嗜金石文字，舉生平所閲經史子集，證其異同得失，説諸心而研諸慮。海内同好，如畢纕蘅、翁振三、阮伯元、黄小松、武虚穀，咸有記撰。而君最熟於歷代官制損益、地里沿革，以暨遼金國語，蒙古世系，故其考據精密，多有出於數君之外。所著《經史答問》《廿二史考異》《通鑑注辨正補》《元史氏族表補》《元史藝文志》《三統術衍》《四史朔閏考》《金石文跋尾》《養新録》諸書，悉流傳於世。

君弱冠，與東南名士吴企晉、趙損之、曹來殷輩，精研風雅，兼有唐宋。官翰林十餘年，所進應奉文字，及御試詩賦，恒邀睿賞，故詩格在白太傅、劉賓客之間。文法歐陽文忠、曾文定、歸太僕，從容淵懿，質有其文。讀其全集，如見爲端人正士也。

君入中書後，十九年，成進士，改庶吉士，散館授編修。二十三年，大考，二等一名，擢右贊善，尋遷侍讀。二十八年，大考，一等三名，擢侍講學士，充日講起居注官。三十七年，改補侍讀學士。其年冬，擢詹事府少詹事。君以績學著聞京師，秦文恭公輯《五禮通考》，及奉敕修《音韻述微》，皆請相助。其時，朝廷修《熱河志》《續文獻通考》《續通志》《一統志》《天球圖》，君咸充纂修官。己卯、壬午、乙酉、甲午，充山東、湖南、浙江、河南主考官，庚辰、丙戌，充會試同考官。又充會試磨勘官者三，充鄉試磨勘官、殿試執事官者各一。京察一等者三。即於主考河南之歲，授廣東學政。明年夏，以丁父憂歸。

先是君以侍讀學士，特命入直上書房，授皇十二子書。每預内廷錫宴，賦詩稱旨，前後蒙賜福字、貂皮、緞疋，恩禮有加。蓋上深知其學行兼優，將不次簡畀。顧君淡於榮利，益以識分知足爲懷，嘗慕邴曼容之爲人，謂官至四品可休。故於奉諱歸里，即引疾不復出。嘉慶四年，今上親政，垂詢君在家形狀，朝臣寓書，勸令還朝，君皆婉言報謝。是以歸田三十年，歷主鍾山、婁東、紫陽三書院，而在紫陽至十六年之久。門下士積二千餘人，其爲台閣侍從，發名成業者，不勝計。蓋皆欽其學行，樂趨函丈，即當事亦均以師道尊禮之。而今巡撫汪君稼門，待君尤獨摯云。

君諱大昕號竹汀，曉徵其字。生雍正六年正月初七日，以嘉慶九年十月二十日卒於書院，年七十有七。君卒之日，尚與諸生相見，口講指畫，談笑不輟。及少疲，倚枕而卧，不逾時，家人趨視，則已與造化者遊矣。非其天懷淡定，涵養有素，能如此哉！

君先世自常熟徙居嘉定。曾祖岐，祖王炯，父桂發，皆邑諸生。兩世耆年篤學，鄉里稱善人，以君貴，贈祖奉政大夫、翰林院侍讀，父中憲大夫、詹事府少詹事。祖妣朱，贈宜人；妣沈，封太恭人。配王恭人，即鳳喈妹，善記誦，有婦德，先君三十七年卒。君事庭闈以孝聞，待鄉黨宗族以婣睦聞。而與弟大昭，尤以古學相切劘，厥後以孝廉方正徵，賜六品頂帶，亦稱儒者。其餘猶子，江寧府教授塘、乾州判坫、舉人東垣、諸生繹、侗等，率能具其一體，文學之盛，萃於一門，亦可以覘其流澤矣。子二：東壁，諸生；東塾，廩貢生，候補縣學訓導，咸克守家學。女二：一適同縣諸生瞿中溶，一適青浦諸生許蔭堂，皆側室浦氏出。孫三：師慎、師康、師光，尚幼。

東壁等自蘇州奉柩歸家，將以今年十二月初十日，合葬王恭人於城西外岡鎮李字之原，實來請銘。嗚呼！昶長君四歲，回憶與君及鳳喈同居學舍時，距今忽忽五十七年，逮同年通籍，同官同朝，亦幾二紀，中間昶以出使滇蜀，覊歷中外，與君别日較多，而書問往還，無時不以學問文章相質。蓋著作淵原，性情趨向，有非儕輩所得道其詳者。然則窀穸之文，非昶誰能盡也。鳳喈先以光禄卿告歸；後十二年，君繼之；又十三年，而昶以年届七十，蒙恩予告。三人者，所居百里而近，春秋佳日，常聚於吴中，諸弟子執經載酒，稱爲三老。曾幾何時，而鳳喈先逝，君歸道山又期年矣。獨昶龍鍾衰病，淹息床第，且念企晉、損之諸友，更無一人在者，執筆而書君行事，可勝悲夫！銘曰：

博文約禮道所基，下包河洛上璿璣。三才萬象森端倪，君也閎覽兼旁稽。海涵地負參精微，儒林藝苑資歸依。龍蛇妖夢未告期，文昌華蓋沈光輝。丸丸松柏臨湖湄，三尺堂斧千秋思。

清・江藩《錢詹事大昕記》錢儀吉《碑傳集》卷四九　錢大昕字曉徵，一字辛楣，又號竹汀。先世自常熟徙居嘉定，遂爲嘉定人。生而穎悟，讀書十行俱下。年十五，爲諸生，有神童之目。時紫陽書院長王侍御峻詢嘉定人材於王光禄西沚，以先生對。先生西沚之妹壻也。侍御告之巡撫雅蔚文，檄召至院中，試以《周禮》《文獻通考》兩論，下筆千言，悉中典要，侍御歎爲奇才。

乾隆十六年，高宗純皇帝南巡，獻賦行在，召試，賜舉人，以内閣中書補用。在京師與同年長洲褚寅亮、全椒吴朗講明《九章算學》及歐羅巴測量弧三角諸法。時禮部尚書大興何翰如久領欽天監事，精於推步，時來内閣與先生論李氏、薛氏、梅氏及西人利瑪竇、湯若望、南懷仁諸家之術，翰如遜謝，以爲不及也。先是，在吴門時，與元和惠定宇、吴江沈冠雲兩徵君游，乃精研古經義、聲音訓詁之學，旁及壬遁、太乙、星命，靡不博綜而深究焉。乾隆十九年，莊培因榜成進士，散館，授編修。二十三年，大考翰詹，以二等一名，擢右贊善，尋遷侍讀。二十八年，又以大考一等三名，擢侍講學士，充日講起居注官。三十七年，改補侍讀學士，其年冬擢詹事府少詹事。純皇帝深知爲績學之士，官侍讀學士時，即命入直上書房，授皇十二子書。又奉敕修《熱河志》《續文獻通考》《續通志》《一統志》《天毬圖》，皆預纂修之列。已卯、壬午、乙酉、甲午，充山東、湖南、浙江、河南主考官，庚辰、丙戌充會試同考官，主考河南之年，授廣東學政。明年夏，以丁外艱歸。

先生淡於矜利，慕邴曼容之爲人，嘗謂官至四品可以歸田，故牽謝家居之後，即引疾不出矣。嘉慶四年，今上親政，垂詢大昕家居狀，朝貴寓書，敦勸還朝，婉言謝之。嘉慶九年十月二十日卒於紫陽書院，年七十有七。

先生深於經史之學。【略】至於辨文字之詁訓考古，今之音韻以及天文、輿地、草木蟲魚，散見於《文集》、《十駕齋養新録》者不下數萬言，文多不載。嘗謂自惠、戴之學盛行於世，天下學者但治古經，略涉三史，三史以下茫然不知，得謂之通儒乎。所著《二十二史考異》，蓋有爲而作也。又謂史之蕪陋，未有甚于《元史》者。顧甯人謂：食貨、選舉二《志》皆案牘之文。朱錫鬯謂：《列傳》既有速不台矣，而又有雪不台；既有完者都矣，而又有完者拔都；既有石抹也先矣，而又有石抹阿辛、阿塔赤忽刺出兩人，既附書於杭忽思直脱兒之傳矣，而又別爲立傳，皆乖謬之甚者。金華、烏傷二公本非史才，所選史官又皆草澤迂生，不諳掌故，於蒙古語言文字素所未習，所以動筆即謬，即假以時日，猶不免穢史之譏，况成書之期又不及一歲乎？如太祖功臣，首推四傑，而赤老温之傳獨缺。世尚公主者，魯、昌、趙、鄆最著，而鄆國之傳亦缺。塔察兒、和禮霍孫，至元之良臣，旭邁傑，倒刺沙，泰、定之元輔，而史皆失其傳。禮、樂、兵、刑諸《志》皆缺順帝一朝之事，《地里志》載順帝事僅二條，餘亦缺漏。列傳之重複者，如昂吉兒已附於也蒲甘卜傳，而又別有昂吉兒傳；重喜已附於塔不已兒傳，而又別有重喜傳；阿术魯已附於懷都傳，而又別有阿术魯傳；譚澄已附其父資榮傳，而又別有譚澄傳，此又朱氏所未及糾者也。其他事跡舛誤，如仁宗莊懿皇后卒於仁宗朝，未嘗尊爲皇太后。吾也而圍益都，從木華黎之弟帶孫，非從木華黎。張子良來歸元帥察罕非因阿术。段直爲深州長，官在太祖朝非世祖朝。此皆謬戾之顯然。因搜羅元人詩文集、小説、筆記、金石、碑版，重修《元史》，後恐有違功令，改爲《元詩紀事》。

生平著述傳於世者：《潛研堂文集》五十卷，《詩集》十卷，《二十二史攷異》一百卷，《潛研堂金石文跋尾》元集六卷、亨集七卷、利集六卷、貞集六卷，《十駕齋養新録》二十卷，《養新餘録》三卷，《日記抄》三卷，《補元史氏族表》三卷，《元詩紀事》《補元史藝文志》四卷。先生不專治一經而無經不通，不專攻一藝而無藝不精，經史之外，如唐宋元明詩文集、小説、筆記，自秦漢及宋元金石文字，皇朝典章制度，滿洲蒙古氏族，皆研精究理，不習盡功。古人云：經目而諷於口，過耳而闇於心。先生有焉。戴編修震嘗謂人曰：「當代學者，吾以曉徵爲第二人。」蓋東原毅然以第一人自居。然東原之學以肄經爲宗，不讀漢以後書，若先生學究天人，博綜羣籍，自開國以來，蔚然一代儒宗也。以漢儒擬之在高密之下，即賈逵、服虔亦瞠乎後矣，况不及賈、服者哉？

雜録

清・羅士琳《疇人傳續編》卷四九《錢大昕》 論曰：自來儒林能以一藝成名者罕。合衆藝而精之，殆未之有也。若詹事於儒者應有之藝，無不習，無不精，又無一不軌於正，其學可謂博而大矣。即如律算一道，古法至明全佚。自梅宣城倡之於始，江、戴諸君又踵而振之，於是古法漸顯。特宣城處剥極初復之時，諸古算書尚多未出，江、戴則囿於西法，其見究失之偏。惟詹事實事求是，集其大成，視江、戴二君尤精。昔詹事嘗謂宣城爲國朝算學第一，余竊謂宣城猶遜詹事一籌焉。

汪廷榜附張裕葉　余煌　程尚志

傳記

清・諸可寶《疇人傳三編》卷一《汪廷榜》 汪廷榜字自占，黟縣人。乾隆三十六年舉人，官旌德縣學訓導。初讀書鍾山，從宣城梅鈖得句股法，由是精通算學。著有《仰山文集》如干卷。

竝世有張裕葉字侍喬，桐城人。副貢生，官歙縣學教諭，遷滁州學學正。深經術，旁及天文、算術。嘗譔《開方捷法》一書，凡算中積求邊者，不過一乘一加而得邊，與古法等。又嘗以己意創爲燥濕表，能預知晴雨，學者稱爲華嚴先生。

又余煌字漢卿，婺源人。嘉慶三年舉人。精天文、算術，所著書皆能援證古今，有《春秋求故》《夏小正星候考》《二十八宿距度推步考要》《句陳晷度》《日星測時新表》《歲實星名異同録》《天官攷異》《衍談録》《讀書度圜記》《弧角簡法》《句股三角八線纂要》，各如干卷，竝見存目。

其同縣又有程尚志字心之。諸生。世有隱德，兼通算術，能推八綫三角，以闡梅氏之學。著有《古經義史鏡》《算學卮言》各如干卷。卒年僅二十有三，亦乾嘉間人。

博啟

傳記

清・羅士琳《疇人傳續編》卷四八《博啟》 博啟字繪亭，滿洲正白旗人。乾隆中官欽天監監副。嘗因句股和較之術，前人論之詳且晐矣，獨句股形中所容之方邊、圓徑、垂線三事，尚缺而未備，爰以三事分配和較，創法六十。惜其書未刊，寖没無聞。今所傳者，唯有方邊及垂線求句股弦一題。法用平行線剖容方羃爲四小句股形，借垂線爲小句股和，借方邊爲小弦，求小句小股。以小股與垂線比，若方邊與句比。以小句與垂線比，若方邊與股比。以小股與股比，若方邊與弦比。道光初，方履亨官監正時，每拈此題課士。

雜録

清・羅士琳《疇人傳續編》卷四八《博啟》 論曰：曩者聞方慎菴監正履亨言：繪亭監副有是法，失傳，因仿監副遺法，用平行線剖半圓徑羃，爲四小句股形，以半圓徑減垂線，餘借爲小句股和，借半圓徑爲小弦，求得小句小股。以小股比垂線，若半圓徑比句；以小句比垂線，若半圓徑比股；以小股比股，若半圓徑比弦。又以半圓徑減方邊得較，用平行線剖較羃，爲四小句股形，借半圓徑爲小句股和，借較爲小弦，求得小句小股。以小股比半圓徑，若方邊比句。以小句比半圓徑，若方邊比股。以小股比股，若較比弦。用補監副之佚。復立天元一術爲演得三事和較六十題，兼增立天地兩元爲廣例二十五術，撰《句股容三事拾遺》四卷，更試變通其法，御以八線。取方邊用方斜率，求得容方中之斜線。以垂線爲一率，半徑爲二率，斜線爲三率，求得四率爲正割，檢八線表得度，用與四十五度相加減，得垂線所分之大小兩弧。副以半徑爲一率，垂線爲二率，小弧正割爲三率，求得四率爲句。如以大弧正割爲三率，求得四率爲股。又如以大小兩弧之兩正切爲三率，求得四率，爲大小兩弧之兩分弦，相并得弦。餘二題仿此。其得數雖同，而尾數究有奇零。以八線表所列之數至單位止，單位以下棄其餘分，故不能如句股與天元所得之數密合。或有妄詆天元術不能馭三角和較者，此徒泥西法，不知天元之妙者也。抑知天元創於宋元之間，其時安能逆知西法之有三角形而預爲立法乎？要在學者善爲會通耳。試設平三角形，有一角而角在兩邊之中，有大邊與對邊和，有小邊與對邊和，求三邊及垂線。此西人常法所不能御者。若立天元一術，則任求何邊，或和數，或較數，皆一平方即得。然則天元之與西法，其優劣可由此見矣。

許如蘭

傳記

清·羅士琳《疇人傳續編》卷四八《許如蘭》 許如蘭字芳谷，全椒人。乾隆三十年舉人，四十六年大挑知縣，分發福建，親老，改江西，歷任浮梁、上猶、新建縣事。丁憂服闋，赴福建題補侯官，未履任。會瘴氣發，病卒。如蘭性敏，於書無所不讀，皆究心精妙。於曆算始習西法，通薛鳳祚所譯《天步真原》《天學會通》。時同縣山西寧武同知吴烺，受梅文鼎學于劉湘煃，如蘭因並習《梅氏曆算全書》。又于乾隆四十年夏，謁戴震于京都，受《句股割圓記》。四十四年秋，謁董化星於常州。戴輯古算經十書，而董則專業薛氏者也。于是兼通中西之學。嘗謂其弟子胡早春曰：「古人以句股方程列于小學，童而習之，人人能曉。今則老宿不能通其義，一則時尚帖括，句股視爲不急之務，再則習爲風雅，不屑持籌握算，效疇人子弟之所爲。噫！過矣。」又爲「士大夫不精弧矢之術，雖識天文之秘，無益也。疇人算工，不明象數之理，雖擅步算之能，仍無益也。」著有《乾象拾遺》《春暉樓集》諸書，今多散佚。其存者有書梅氏「月建非專言斗柄論」後，曰：「竊以太陽右旋一度，隨天左旋一周，故謂之日。歷二十九日奇，日與月會，故謂之月。歷三百六十五日奇，日與天會，故謂之歲。但日與月會，月有晦朔弦望，人所易曉；日與天會，天體渾淪，無可識認。古人不得已，即以恒星爲天，以誌日躔。恒星積久而差，冬至日躔，不在原宿，始立歲差。歲差之法，古謂恒星不動，而黄道西移，今測普天星座皆動，其經緯之度不隨赤道運轉，而順黄道東移，故謂黄道不動，而恒星東行，與七政同一法。然則黄道與歲並無差也。歲與黄道既無差，冬至子正，太陽躔箕一度，次日子正躔箕二度，自黄道言則謂太陽右旋進一度，自赤道言則謂天左旋一周又過一度，蓋時刻定於太陽之加臨。今日子正，太陽加臨于正北，明日子正，太陽復加于正北方，謂之一日。若以赤道爲主，赤道箕一加于正北，明日赤道箕一雖到正北，而太陽仍在其西一度餘，俟太陽行到正北，而赤道又東過一度矣。東過一度，謂之一日。東過三十度，謂之一月。天道左旋，自子而丑，以至于亥，復至于子。太陽右旋，自子而亥，以至于丑，日與天會，方成一歲。由是觀之，太歲月建，皆法天道之左旋者也。故自子至丑，以周十二辰，二十八宿皆隨黄道之右旋者也。故由角而亢，以周十二次。且古人以中數爲歲，朔數爲年。上古氣朔同日，故月建起于節氣，而不起于中氣；日躔過宫起于中氣，而不起于節氣。起于節氣，故曰冬至子之半；起于中氣，故曰冬至日躔星紀之次也。然則一歲十二建，乃天道左旋，經歷十二辰，故謂之月建，此萬古不易者也。斗柄所指分位不真，且恒星東移，積久有差，辨之誠是也。但古人云：『斗爲帝車，斟酌元氣而布之四方。』又曰：『招摇東指，天下皆春。』不過言天道左旋，無跡可見，順時布化，斗柄有象可徵爾。拘泥其詞則惑矣。」

其歲差説曰：「宗動挈諸天而行者，左旋之天也，每日一周，循赤道西行。七政恒星，莫不齊同。恒星七政東行者，右旋之天也，或一月、一歲而一周，或數年、數十年、數百千年而一周，循黄道東行，參差不一。然赤道左旋，黄道右旋，同出一時，並非兩候。但赤道之左旋甚速，每日能周三百六十度，黄道之右旋甚遲，每日七政，或行數分，或行數十分，或行一度，或行數度，至多如月不過十三四度而止，至少如恒星，一年方行五十餘秒。又黄赤二道斜交，並非平行，是于左旋至速之中，微斜牽向右耳。日之于天，猶經緯星之于日也。日行至黄道分至節氣之限，則春秋寒暑皆隨之而應。七政躔于各宫，遇各宫燥濕寒温風雨，則隨恒星之性而應。然則冬、夏二至，乃黄道上子、午之位也；春、秋二分，乃黄道上卯、酉之位也。惟唐虞時，冬至日躔虛中，恒星之子中，正逢黄道之子中。嗣是漸差。而東周在女，漢在斗，今在箕。黄道之子，非恒星之子也。以丑宫初度爲冬至者，因周時冬至恒星已差至丑，古人即以恒星爲黄道之十二次，故命丑爲星紀，言諸星從此紀也。其實丑乃周時冬至恒星之宿度，並非恒星之子中。今並不在丑，又移至寅十餘度矣。由今箕一上溯古虚五子中，共差五十八度，爲年四千餘。此恒星東行之明驗也。」

其他著論，無關曆算者不録。

李惇

傳記

清·焦循《李孝臣先生傳》焦循《雕菰集》卷二一　先生諱惇字成裕號孝臣，世居高郵。祖兼五太學生，父佩玉邑增廣生，皆有篤行，邑中稱曰善人。惇生而穎異，五六歲善屬對，工巧出人意外。同學者以果餌賄之，托其代輒應，無雷同，師知而奇之。九歲入義學，讀經史，一目即記。知州某公歎以爲神童。先生氣質聰穎，而性情純粹。年十三而孤，事母以孝聞，及居母喪，哀毁瘠墨，痛不欲生。伯兄卒，以長子繼之，事孀嫂如母，孝弟之行出於天性者然也。先世遺田百畝，僅足饘粥，鄰里宗族宜任卹資助者，必竭力行之，不計家之空乏。與朋友交，和易謙退，無争詰，無嫉妒，故人樂與之親近，而無謗聲。爲諸生時，學既成，六經之外，尤不憚探頤索隱，故通天文、術算、象數之學。每歲科試，學使者輒置高等，於是博洽之名傳於同學。丁酉，拔貢歲，學使者謝公墉注意於惇，時亦以高郵無過惇者。賈君稻孫，先生友也，試前一日卒於泰州之旅舍，賈故貧，先生爲之經營殯事，遂不復與選拔。南昌彭尚書元瑞，時督學兩浙，聞其事，以先生古人聘諸幕中，且使課其子。己亥鄉試中式，庚子成進士，爲暨陽書院院長，以經學教諸生徒，從者甚衆，其高弟章世繩、王蘇皆以先生學取高科名於世。乾隆四十九年八月卒，年五十有一。所著書有《卜筮論》《尚書古文説》《金縢大誥康誥三篇論》《毛詩三條辨》大功章爛簡文、《明堂考辨》《攷工車制考》《歷代官制考》《左傳通釋》《杜氏長歷補》《史記説文引書字異考》《渾天圖説》《羣經識小》《讀史碎金》《詩集》《文集》，共若干卷。子四：培青出嗣伯兄，次培紫、次培碧二人，皆庠生，次培黄。孫一，之華。

後學焦循曰：吾郡自漢以來，鮮以治經顯者，國朝康熙、雍正間，泰州陳厚耀泗源天文歷算奪席宣城，寶應王懋竑予中以經學醇儒爲天下重，於是詞章浮縟之風漸化於實。乾隆六十年間，古學日起，高郵王黄門念孫、賈文學稻孫、李進士惇實倡其始，寶應劉教諭台拱、江都汪明經中、興化任御史大椿、顧進士九苞起而應之，相繼而起者未有已也。循訪先生遺書於沈文學鈁，鈁訪諸培紫，培紫以先生《詩集》及行述示循，循次其梗概，著於篇，而附記吾郡治經之盛云。

清·阮元等《疇人傳》卷四二《李惇》　李惇字成裕號孝臣，高郵人也。乾隆己亥舉鄉試，庚子成進士。通天文、術算、象數之學，所著有《杜氏長曆補》《渾天圖説》若干卷。卒年五十一。

雜録

清·阮元等《疇人傳》卷四二《李惇》　論曰：孝臣先生與嘉定錢溉亭齊名，於算學深造自得，識者争推之。乃殁未二十年，其遺書散佚不可復得。昔人云「藏之名山，傳之其人」，豈未遇其人耶？著作之傳與不傳，亦有幸有不幸也。

錢塘

傳記

清·錢大昕《溉亭别傳》錢大昕《潛研堂集》文集卷三九　溉亭姓錢氏名塘字學淵，一字禹美，世居嘉定之望仙橋。曾大父惟亮，廩膳生，與先奉政公爲從祖昆弟，生太學生衡臣，有三子，彦昭早卒，彦輝、永輝皆太學生。溉亭爲永輝長子，甫在抱而彦輝撫以爲後。

始就傳習舉業，出語便不凡。既補博士弟子，與諸瀫綸、汪翊青、王鶴谿、王耿仲唱和，爲古今體詩，即爲王西莊光禄、王蘭泉侍郎激賞。然溉亭意慊然猶未足，不欲以詞人自命。及選拔入成均，試闕下，歸益肆力于經史之學。乾隆四十五年，舉江南鄉試，對策爲通場第一。明年成進士，需次當得縣宰，而溉亭自以不習吏事，呈吏部願就教職，選授江寧府學教授。公務多暇，益刻苦撰述，于聲音、文字、律呂、推步之學尤有神解。體素羸弱，夏月常畏寒擁絮，而考辯精到，議論風生，不假公明三斗酒也。春秋五十有六，終于江寧官廨。

溉亭著《律呂古義》六卷，自序云：「古之律傳而尺不傳，律法待尺以爲用，尺不傳則律不傳矣。自荀勗以劉歆銅斛尺爲周尺，載于史志，莫有知其非者。予得慮傂尺，知勗所謂周尺之即漢尺，復得周尺，知漢尺之非周尺。因周尺以求律尺，得今車工尺之八寸一分。蓋周本八寸尺，不可以制律，律必用十寸尺，即昔人所云夏尺者。然則周不能自用其尺制律，後人顧必曰周尺哉！古律當無異度，周必因乎夏、商，夏、商必因唐、虞，十寸尺之爲二帝、三王時律尺明矣。周尺傳而律尺傳，律尺傳而古律已無不傳，其愈于用漢尺也，不遠乎！然予之爲此書，非徒傳古尺而已，兼以明律法焉。夫累黍尺之千二百，不能實八百十分之管也，考律之不必千二百黍也。徑三分之積，不盈八百十分也，周鬴之非兼用八寸十寸尺也。後周玉律至隋而失其本數也，雅樂、燕樂之調法不同也，中管調器之非律呂元聲也，校律之用尺積也，今權之用何度也，皆律家所當知者也。不知實管之宜異黍，則容受必不符，不知考律之用方龠，則黄鍾必非八百十分，不知徑三分之積六百四十分，則必以方徑爲員徑，不知周鬴止用十寸尺，則聲不能中黄鍾之宫，不知玉律之積數增多，則《隋志》錯誤之故不明，不知雅樂、燕樂異調，則郊廟與房中無别，不知中管之非元聲，則八音俱乖本律，不知校律用尺再乘方，則得數必舛，不知今權所應之度，則不能審古物之應律與否，如是而律不可通矣。夫言律必求其實，用律之數，寓于度量權衡，而其聲應乎金石絲竹。律本無不通，故以是數物爲其用，通則有法焉，即黄鍾之律是也。故曰爲萬事根本。」其《明算篇》曰：「算莫難于算圜。圜周者，圜冪之本也。以方容圜，徑同而周異，圜周之有圜冪，若方周之有方冪，故周異則冪亦異，倍其徑者四其冪，則初以爲周者，繼以爲冪矣。以方周除圜周而十之，亦即圜之冪也。由是定爲方圜之率，任所得之爲方爲圜，無不可以推知其所未得。而術有古今疏密之不同，古術方周四則圜周三，是冪亦方四而圜三也。至劉徽注《九章》，推得圜周三一四有奇，而去其餘數，故徽術算冪亦方四而圜三一四也。後人知古術之疏，以徽術爲密，依而用之，雖間有修改，要不離此率。自予觀之，亦未見其密也。試度取一物之徑，命之爲一，則周且至三一六以上矣。夫古術泥于陽奇陰偶之説，其疏固宜。徽術則本之割圜，割圜之術有觚有弧矢，其算之也，有半徑與弦，半徑常爲大弦，而迭爲句股以求其小弦，半徑爲小弦所截成弧矢，有弧矢則半徑不盡，半徑不盡則小弦不盡，而割圜之以爲弧者，即小弦也。弦直而弧曲，合之以爲周，非其類矣。周之爲物，如環無端，割而爲觚，必且無盡，而割圜不能無盡也，斯則名爲周而實非周也。而又不能無所棄。始之開方以求大股也，可開而至于無盡也，既以其不能盡而棄之；後之開方以求小弦也，亦可開而至于無盡也，復以其不能盡而棄之。有所棄則非全數矣。徽之割圜也，止于九十六觚，其于股、于矢、于小弦，固皆曰餘分棄之，是以二尺爲方之圜周，尚以六分半有奇爲小弦。夫以如環之圜，而以六分以上之小弦九十六之以爲周，謂其與圜合體也，其孰能信之？是故求圜周者，可無割圜也，度之亦略近矣。度法絲豪以下常無象而不可以名，則有一術焉，更密于度周而可以相代者，曰十倍其徑冪以爲周冪而已。我蓋得之于方，方之徑冪即圜之徑冪也，方之周冪猶圜之周冪也，唯以十六爲十是已。數皆以十成，而權衡獨以十六，即其理也。是故徑冪一，則方周冪十六，而圜周冪十，徑冪十，則方周冪百六十，而圜周冪百，是爲周徑之冪，異位而同名。夫如是則圜冪至十倍，即周爲徑，而十倍其徑以爲周矣。是反覆不衰之術也。舊術周冪不足徑冪之十倍，故反覆之則必衰。衰不衰何足深論，顧如方之容圜有舒促何！容圜無舒促，則無如此術矣。是術也，可不用比例而得周徑與方圜，不出乎乘除進退以開方而已矣。求周徑者，徑自乘而十乘之，即周之自乘，周自乘而十除之，即徑之自乘。求方圜者，方自乘而十六除之，復十乘之，即圜之自乘，圜自乘而十六乘之，復十除之，即方之自乘，所得皆平方開之也。舊唯周徑有冪，今則方圜之冪又有冪，然皆因數以立術，非爲術以設數也。然則其數幾何？曰：術在數，可不言也。以徑一爲例，則徑冪百，周冪千，而方冪之冪十萬，圜冪之冪六千二百五十，是爲徑一則周三一六有奇，而方百者，圜七九零也。立圜立方何如？曰：亦不過三一六爲圜，則六爲方而已矣。」其《較度篇》曰：「《晉志》列十五等尺，以晉前尺爲主，謂之周尺。《玉海》列六等尺，以司馬公所摹高若訥漢泉尺爲主，謂之周尺。其時漢尺之外，實未見周尺也。今曲阜孔氏所藏漢慮傂銅尺，建初六年八月造，當今工匠尺七寸四分，與《晉志》云『晉前尺』即劉歆鐘律尺、建武銅尺者正同，即司馬公家周尺亦無不同也。周尺今藏曲阜顏氏，以今匠尺校之，長六寸四分八厘。昔人以漢尺爲周尺者，非也。周有八寸、十寸尺，以顏氏尺四分加一得今匠尺之八寸一分，是爲古十寸尺，昔人謂之夏尺，別于周也。商尺，蔡邕言長九寸，鄭樵言長一尺二寸半。按《考工記》『夏后氏世室』度以步，『殷人重屋』度以尋。步長六尺，十寸尺也；尋長八尺，八寸尺也。殷制用尋明，別無殷尺矣，蓋二尺三代同用也。蔡説出自臆撰，鄭樵則據三司尺言之。三司尺，范景仁謂之黄帝時尺，雖未可信，要非宋始有之。以漢尺推算，當長一尺三寸五分，即今匠尺也。三司尺之八寸一分，即古十寸尺，十寸尺制律，三代當同，愈于用漢尺遠矣。」又著《史記三書釋疑》，于律曆、天官家言皆究其原本，而以它書疏通證明之。《律書》「上九，商八，羽七，角六，宫五，徵九」數語，注家皆不能曉，小司馬疑其數錯；溉亭據《淮南子》《太玄經》證之，始信其確不可易。又以《淮南天文訓》一篇多《周官》「馮相」「保章」遺法，高氏《注》頗闕略，罕所證明，作《補注》三卷以闡其旨。晚年讀《春秋左氏經傳》，精心有得，作《古義》若干卷，以補杜氏之闕，且糾其謬。其所作古文曰《述古編》四卷，詩曰《□□齋吟稿》，皆刊刻行世。溉亭少時執經于先君子，予長于溉亭七歲，相與共學。予入都以後，溉亭與其弟坫及予弟大昭相切磋，爲實事求是之學，蘄至于古文而止。比予歸田，而溉亭學已大成，每相見，輒互證其所得。吾邑言好學者稱錢氏，而溉亭尤群從之白眉也。惜其未及中壽，而撰述或不盡傳，因仿魏、晉人別傳之例，述其事目如右。

清・阮元等《疇人傳》卷四二《錢塘》 錢塘字學淵一字禹美號溉亭，太倉州嘉定縣人也。乾隆四十五年，舉江南鄉試，明年成進士，官江寧府學教授。論方圜周徑，言：算莫難于算圜，圜周者圜冪之本也。以方容圜，徑同而周異。圜周之有圜冪，若方周之有方冪，故周異而冪亦異。倍其徑者四其冪，則初以爲周者繼以爲冪矣。以方周除圜周而十之，亦即圜之冪也。由是定爲方圜之率，任所得之爲方爲圜，無不可以推知其所未得。而術有古今疏密之不同。古術方周四則圜周三，是冪亦必方四而圜三也。至劉徽注《九章》，推得圜周三一四有奇，而去其餘數，故徽術算冪亦方四而圜三一四也。後人知古術之疏，以徽術爲密，依而用之，雖間有修改，要不離此率。自予觀之，亦未見其密也。試度取一物之徑，命之爲一，則周且至三一六以上矣。夫古術泥于陽奇陰偶之説，其疏固宜。徽術則本之割圜。割圜之術，有觚有弧矢以算之也，有半徑與弦半徑，常爲大弦，而迭爲句股以求其小弦，半徑爲小弦所截成弧矢，有弧矢則半徑不盡，半徑不盡，則小弦不盡，而割圜之以爲弧者即小弦也。弦直而弧曲，合之以爲周，非其類矣。周之爲物，如環無端，割而爲觚，必且無盡，而割圜不能無盡也，斯則名爲周而實非周也。而又不能無所棄，始之開方以求大股也，可開而至于無盡也。既以其不能盡而棄之，後之開方以求小弦也，亦可開而至于無盡，復以其不能盡而棄之。有所棄則非全數矣。徽之割圜也，止於九十六觚，其於股於矢於小弦，固皆曰餘分棄之。是以二尺爲方之圜周，尚以六分半有奇爲小弦。夫以如環之圜，而以六分以上之小弦，九十六之以爲周，謂其與圜合體也，其孰能信之？是故求圜周者可無割圜也，度之亦略近矣。度法絲毫以下，常無象而不可以名，則有一術焉，更密于度周而可以相代者，曰十倍其徑冪以爲周冪而已。我蓋得之於方，方之徑冪即圜之徑冪也，方之周冪猶圜之周冪也，唯以十六爲十是已。數皆以十成，而權衡獨以十六，既其理也。是故徑冪一，則方周冪十六，而圜周冪十。徑冪十，則方周冪百六十，而圜周冪百。是爲周徑之冪，異位而同名。夫如是，則圜冪至十倍即周爲徑，而十倍其徑以爲周矣，是反覆不衰之術也。舊術周冪不足徑冪之十倍，故反覆之則必衰。衰不衰何足深論？顧如方之容圜有舒促何？容圜無舒促，則無如此術矣。是術也，可不用比例而得周徑與方圜，不出乎乘除進退以開方而已矣。求周徑者，徑自乘而十乘之，即周之自乘；周自乘而十除之，即徑之自乘。求方圜者，方自乘而十六除之，復十乘之，即圜之自乘；圜自乘而十六乘之，復十除之，即方之自乘。所得皆平方開之也。舊唯周徑有冪，今則方圜之冪又有冪，然皆因數以立術，非爲術以設數也。然則其數幾何？曰：術在數可不言也。以徑一爲例，則徑冪百、圜冪千，而方冪之冪十萬，圜冪之冪六千二百五十，是爲徑一則周三一六有奇，而方百者圜七九零也。立圜立方何如？曰：亦不過三一六爲圜，則六爲方而已矣。

年五十六，卒于江寧官廨。所著有《淮南天文訓補注》三卷。

雜録

清・阮元等《疇人傳》卷四二《錢塘》 論曰：圓周徑率，自劉徽、祖沖之以來，雖小有同異，大要皆徑一周三一四而已。溉亭獨剏爲三一六之率，與諸家之説迥殊。余攷秦九韶《數學九章》環田三積術，其求周以徑冪進位爲實，開方爲圓周，求積以徑冪乘周冪，十六約之爲實，開方爲圓積，是九韶亦以三一六爲圓率，與溉亭所枅率正同。蓋精思所到，闇合古人也。江寧談教諭泰，今之算學名家，曾作一丈徑木板，以蔑尺量其周，正得三丈一尺六寸奇，以爲溉亭之説，至當不可易也。

孔繼涵

傳記

清・諸可寶《疇人傳三編》卷一《孔繼涵》 孔繼涵字體生，一字誦孟，號葒谷，曲阜人。孔子六十九世孫，衍聖恭慤公之孫也。乾隆二十五年舉於鄉，三十六年成進士，官户部河南清吏司主事。四十有八年卒，年四十有五。篤於内行，雅志稽古，於天文、地志、經學、字誼、算數之書，靡不博綜。爲人體弱，有醖藉。生平無疾言遽色，而精心强力，期於致用。遇藏書家罕傳之本，必校勘付録，以廣其傳。自譔有《攷工車度記》《補林氏攷工記》《解句股粟米法》各一卷，《釋數》《同度記》各一卷，其餘題跋雜著名《紅櫚書屋集》者又若干卷，《詞》四卷。所刻有《五經文字》《九經字樣》《算經十書》、杜預《春秋長歷》《春秋土地名》、趙汸《春秋金鎖匙》、宋庠《國語補音》、趙岐《孟子注》、孫奭《孟子音義》、休寧《戴氏遺書》諸種，爲《微波榭叢書》行於世，人共珍貴之。

其刻《算經十書》，自爲序曰：「禮、樂、射、御、書、數，《周官》董以司徒，掌以保氏。厥後政典不修，禮樂射御，微絶淪喪，六書九數，爲民生日用所不能廢。唐以明算科取士，限以年，《九章》《海島》共三歲，《周髀》《五經算》共一歲，《孫子》《五曹》共一歲，《張邱建》《夏侯陽》各一歲，《綴術》四歲，《緝古》三歲，《記遺》《三等數》皆兼習之。試之日，《九章》三條，《海島》等七部各一條，十通六；《記遺》《三等數》帖讀十得九，爲第。《綴術》七條《志》云七條，《六典》云六條，《緝古》三條《六典》云四條，十通六；《記遺》《三等數》帖讀十得九，爲第。落經者雖通六不第。是唐人爲經者八，《綴術》《緝古》不謂之經。《算經十書》之名，所由起也。五季仳離，其科既廢，迨宋而祖沖之《綴術》、徐岳《記遺》、董泉《三等數》皆亡。嘉定壬申，鮑澣之復録得《記遺》於汀州七寶山三茅寧壽觀道藏中，而唐李(淳)[淳]風所注於《夏侯陽算》取甄鸞注本，今宋元豐所刊，爲韓延所傳，無注本。則是十書中經亡其一，注亡其二，而《三等數》不數焉。《齊書》云：『祖沖之注《九章》，造《綴術》數十篇。』《南史》云：『其子暅之，更修其父所改何承天歷，於是始行。』《隋志》云：『宋末，南徐州從事史祖沖之，更開圓率密法，圓徑一億爲一丈，圓周盈數(二)[三]丈一尺四寸一分五釐九毫二秒七忽，肭數三丈一尺四寸一分五釐九毫二秒六忽，正數在盈肭二限之閒。密率圓徑一百一十三，圓周三百五十五。約率圓徑七，圓周二十二。又設開差冪、開差立，兼以正圓參之，指要精密，算氏之最者也。所著之書，名爲《綴術》。』宋沈括云：『審方面勢覆，量高深遠近，算家謂之軎術。軎文象形如繩木所用墨㪷也。求星辰之行，步氣朔消長，謂之綴術。謂不可以形察，但以算數綴之而已。(北)[南]齊祖暅之有《綴術》二卷。』唐王孝通云：『祖暅之《綴術》，曾不覺方邑進行之術全錯不通，芻甍方亭之問於理未盡。』由是五説言之，則《綴術》亦推衍重差之意耳。至《記遺》所載上、中、下數，且云下數短淺，計事不盡；上數宏廓不可用。此假爲博大之言，不得事實。夫所謂萬萬變之者，其由萬至億，亦必歷一萬、二萬以至十萬爲一位，其歷一十萬復然，其一百萬及一千萬亦復然，極之億億兆兆無不復然，苟舍是無以成算，然則不過繁更位數名稱，巧炫耳目。《詩・伐檀》疏《毛傳》『萬萬曰億』，今數也；鄭箋『十萬曰億』，古數也。乃以今數爲中數，古數爲下數，夸誕背謬，不足指摘，董氏《三等數》應不爾也。意是一乘除諸分，二開平冪，三開立積歟？今得毛氏汲古閣所藏宋元豐京監本七種，又假戴東原先生所輯《永樂大典》中《海島算》《五經算》，而十書備其九。舊附一，今附三，而併梓之，曰《周髀》《周髀音義》《九章算術》《九章算術補圖》《九章音義》《策算》《九章重差》《孫子算經》《五曹算經》《夏侯陽算經》《張邱建算經》《五經算術》《緝古算經》《數術記遺》《句股割圜記》，皆羽翼《周髀》《九章》者也。《孫子》握簡易之道，九九乘除分減，繼示開通之端。《海島》爲劉徽演啚句股測量之術，《張邱建》因之，以方程之術會通諸法；祖沖之因之，爲測量天度及方圓冪立之差；王孝通因之，爲祖氏之辨正。而《五曹》則分隸以官，《夏侯陽》則分隸以事，《五經算》則分隸以經史，而胥不能稍出《九章》之範圍焉。嗚呼！九數之作，非聖人孰能爲之哉。」

紀事

清·翁方綱《朝議大夫户部河南司主事孔君墓誌銘》翁方綱《復初齋文集》卷一四

君諱繼涵字體生，一字誦孟，號葒谷，曲阜人，至聖六十九世孫。祖衍聖恭愨公毓圻，父一品廕生傳鉦。君以乾隆庚辰舉於鄉，辛卯成進士，官户部河南司主事，兼理軍需局事，充《日下舊聞》纂修官，誥授朝議大夫。

君篤於內行，天性過人。歲丙戌，當與計吏偕，有術者言，君此行必獲雋顧，母氏恐有意外虞耳，君夙不信術士，聞此則色變不欲行，諸父兄弟趣之行，行二百里心怦怦，策車而返。其在户部駸駸嚮用矣。一旦以母氏心疾，遽移告歸養，三年而母氏殁，又三年而君没，年四十五。

君雅志稽古，於天文、地志、經學、字義、算數之書，無不博綜，官京師七年，退食之暇，則與友朋講析疑義，考證異同，凡所抄校者數千百帙，集漢唐以來金石刻千餘種，與經義史志相比附，又以編纂官書，徧觀京城內外寺院古跡碑記，歷西山沿昌平，罔弗槧録。君爲人體弱，有醞藉，生平無疾言遽色，而精心彊力，期於致用。與人交，緩急補助，無矜色。遇藏書家罕傳之本，必校勘付録，以廣其傳。所刻有《五經文字》《九經字樣》《算經十書》，杜預《春秋長歷》、《春秋土地名》、趙汸《春秋金鎖匙》、宋庠《國語補音》、趙岐《孟子注》、休甯《戴震文集》未刻者，君所自撰《考工車度記》《補林氏考工記》《解勾股粟米法釋數》《同度記》各一卷，《紅櫚書屋集》二卷，《詞》四卷。君生於乾隆四年正月二日，卒於四十八年十二月十八日。娶孫氏，子男五：廣栻，舉人；廣根，附學生；廣休、廣閑、廣權。孫男五。銘曰：雲乎，奚以壽君也，奚以因其數之倚，其經之神，其握黍能，其篆隸分，氣塞岱東，鬱乎大文，以昌其身，以利其後人。

雜録

清·諸可寶《疇人傳三編》卷一《孔繼涵》 論曰：孔户部爲顨軒檢討從父行，而與戴吉士最友善，斆學相長，良多資益。故言所成就，其器量雖遜乎猶子，固亦一時之雋也。自東原氏表章古籍而后，唐典帖算之書，復顯於世。苟無户部刻以傳，亦安必其流行至今乎？嘗謂無朱刻、祁刻，而二徐説亡；無孔刻而十經之書終熄。然則六書九數之孑存也，户部之功又豈出學士、相國右哉？

龔淪

傳記

清·阮元等《疇人傳》卷四二《龔淪》 龔淪字長蘅，號易槩，蘇州府長洲縣人也。乾隆丙午舉人。嘉定錢少詹大昕主講蘇州紫陽書院，淪因從受數學。時年已五十餘矣，發憤力學，無間寒暑。家貧，書籍不具，從友人家借讀，手自抄撮，密行細字，每歲恒積二尺許。於步算諸法，必究其所以然而後已。讀《海島算經》，謂「清淵白石術，其又術於率不通。《海島》九問，惟此有又術，當是後人竄入，非劉徽本文。李淳風依數推衍，蓋未嘗深思其故也」。嘉慶四年五月卒，年六十一。所著《述古適》三卷，乃句股弧矢之法，多以立天元術入算，有前人所未及者，余爲序之。

雜録

清·阮元等《疇人傳》卷四二《龔淪》 論曰：龔君，余丙午同年友也。以垂暮之年，究心絶業，是可尚已。耄而好學，昔人所難，況今人乎？余輯《疇人傳》甫竟，聞其下世，乃亟録之，以厲世之爲學者。

厲之鍔

傳記

清・阮元等《疇人傳》卷四二《厲之鍔》 厲之鍔字寶青，錢唐人。乾隆間嘗游京師，考授天文生。著有《毖緯瑣言》一卷。其書於三角八綫、小輪橢圓之説，俱能洞見本原，異於捫燭扣槃以爲智者。又嘗自出巧思，製刻漏壺，鎔錫爲之，運轉自然，晷刻相應，不爽毫髮，觀者莫不歎絶。

梅沖

傳記

清・羅士琳《疇人傳續編》卷五〇《梅沖》 梅沖字抱村，總憲文穆公之孫，宣城諸生。著有《句股淺述》。其自序云：【略】

雜録

清・羅士琳《疇人傳續編》卷五〇《梅沖》 論曰：抱村稟承家學，於詩古文詞皆高出時輩，尤肆力於制藝，曾撰《離騷經解》一書行世。其所著之《句股淺述》，蓋即本先徵君《句股舉隅》而詳明之，并雜取《算法統宗》難題數則，附列於後，期便初學，無大精義，但於句股中聊見一端耳。

紀大奎附傅九淵　史大壯　胡文翰　歐陽敬　黄俊

傳記

清・諸可寶《疇人傳三編》卷二《紀大奎》 紀大奎字慎齋，臨川人。嘉慶六年舉人，官博平縣知縣。績學善古文詞，窮經專於《易》，旁及度數、律吕之微。所著《雙桂堂稿》及《易問》《觀易外編》《周易參同契集韵》《老子約説》《仕學備餘》《地理末學》與《古律經傳附考》《筆算便覽》諸種，都爲《紀慎齋全集》若干卷。其《筆算便覽》一卷，兼及籌算，述宣城梅氏之義，簡明易能，良稗初學。案：同治九年，南昌梅侍郎啓照重刻《算經十書》，取附書後，蓋仿微波榭本附戴氏《策算》之例也。

又傅九淵字深甫號拙齋，上高人。著有《有不爲齋算學》四卷。外如鄱陽史大壯字止公，有《弧矢算法》。胡文翰字初白，有《周髀算經注》。分宜歐陽敬字心蘭，有《句股發明》。贛縣黄俊字昆美，有《古今開方考》二卷。竝見存目，行事未詳。

紀事

清・華世芳《近代疇人著述記》 臨川紀慎齋大奎，著《筆算便覽》。其書以筆算爲名，而兼及籌算，述宣城梅氏之義，具見簡明。同治庚午，南昌梅氏重梓《算經十書》，曾取其書，附刻於後。

孔廣森

傳記

清・阮元《孔廣森傳》阮元《揅經室集》續二集卷二　孔廣森字衆仲又字顨軒，孔子六十八代孫。襲封衍聖公傳鐸之孫，户部主事繼汾之子，《孔氏大宗支譜》。乾隆三十六年進士，官翰林院檢討。年少入官，翩翩華冑，一時争與之交，然性恬淡，躭著述，裹足不與要人通謁。告養歸，不復出。及居大母與父喪，竟以哀卒。《儀鄭堂文序》。時乾隆五十一年，年三十有五。《孔氏大宗支譜》。

廣森聰穎特達，經史小學，沈覽妙解，所學在《公羊春秋》。《儀鄭堂文敍録》唐陸德明云：魏晉以來，《公羊》久成絶學，廣森沈深解剥，著《春秋公羊傳通義》十一卷，於胡母子都、董仲舒、何劭公條例，師法不隊。《公羊通義》條記。其自序曰：【略】廣森又著《大戴禮記補注》十四卷、《詩聲類》十三卷、《禮記巵言》六卷、《經學巵言》六卷、《少廣正負術内外篇》六卷，又喜屬文，著《儀鄭堂駢儷文》三卷，江都汪中讀之，歎爲絶手。

清・羅士琳《疇人傳續編》卷四八《孔廣森》　孔廣森字衆仲號撝約又號顨軒，曲阜人，故衍聖公傳鐸之孫也。生而穎異，年十七，舉於鄉，乾隆三十六年成進士，官檢討。丁内艱，陳情歸養，築儀鄭堂，讀書其間，蓋心儀鄭氏學云。旋遭家難，以父所著書爲族人所訟，將西戍塞外，扶病走江淮河洛間，稱貸四方，納贖鍰，父因之獲宥。未幾，居大母與父憂，竟以毁卒，年三十有五。少曾師事休寧戴震，因得盡傳其學。及官翰林，與窺中秘，得見王孝通《緝古算法》、秦九韶《數學九章》、李冶《益古演段》《測圓海鏡》諸書，由是精研九數，學益大進。因梅宣城《少廣拾遺》但有平方立方廉隅圖，至三乘方以上則云不能爲圖，反覆搜索，獨抒新意，取冪積變爲方根，使諸乘皆可作平方觀，假圖明數，構諸乘方廉隅圖，俾學者知方廉稠疊之所由生。又因舊法割圜弧矢，用徑一周三古率，立天元一以三乘方求矢，蓋古率本朒，故背弦之差，雖非真差，借而取矢，適得真矢。若依密周八分之一設半弧背，七八五三九有奇，所得之矢轉大矣。於是別立新法，分爲四例：其一曰弧冪自之，以徑一有半除之，開立方得矢，凡爲大弧冪在圜冪五分之一以上者，通此例。其二曰三因弧冪自之，以半徑之二十七倍除之，開立方得矢，凡爲弧冪在圜冪十五分之一以上者，通此例。其三曰五因弧冪自之，以半徑之八十一倍除之，開立方得矢，凡爲弧冪在圜冪三十分之一以上者，通此例。其四曰七因弧冪自之，以全徑之八十一倍除之，開立方得矢，凡爲諸小弧冪不及圜冪三十分之一者，通此例。又因秦氏方斜求圜術，及算經商功章求方亭術，引申推演，廣秦氏得四術，補斛方得二十五問，著《少廣正負術内外篇》六卷。内篇以平立三乘方諸開法，分上、中、下三卷。外篇卷上，曰割圜弧矢，曰新設三角法，曰方田雜法，曰推秦氏方斜求圓算草，曰堆垜；卷中句股和較難題，曰句股冪難題，曰句股邊冪相求難題，曰句股容方難題，曰句股中長難題，曰句股不同式難題；卷下曰斛方補問。末附《訂正〈算法統宗〉求築隄法》一則，要皆發前人所未發。其餘所著書尚多。

雜録

清・羅士琳《疇人傳續編》卷四八《孔廣森》　論曰：顨軒生自聖裔，兼有師承，宜乎學貫天人矣。所學《戴禮》《春秋》，兼精通六書九數，駢體尤似六朝。其所創割圜四例，在明氏《捷法》未顯之先，亦不爲無補。其年甫逾三十，而所學無所不通，一藝之分，他人白首不能到，有聞一知十之詣矣。

徐朝俊

傳記

清・羅士琳《疇人傳續編》卷五〇《徐朝俊》　徐朝俊字恕堂，華亭諸生。謂天爲高，地爲厚，吾人戴高履厚，曾滄海一粟之不如。《典》《謨》爲政事之書，命官先咨曆象，官禮垂治平之法，職方臚列土風。因遵《御製數理精蘊》全函，旁據

《職方外紀》及《坤輿格致》《臺郡雜志》諸書，著《高厚蒙求》五卷，曰天學入門，曰海域大觀，曰定時儀器上、下集，曰高弧合表。其定時儀器上集目曰日晷測時圖法，曰星月測時圖表，曰自鳴鐘表圖說。下集目曰天地圖儀，曰揆日正方圖表。又有《中星表》及《儀器圖說》二書。嘗自製鐘表、儀晷諸器，爲巧匠所不及。

紀事

清・徐朝俊《天學入門・自序》 先世愛研數理，手造泰西儀器，五代於兹矣。俊於制舉業暇，嘗從先君子側聞緒論，愧不能有所發明。稍長而所與居遊，第以自鳴鐘表相詫異。夫鐘錶誠兼巧力，而數理則別孕精微。郎遇對策，行文亦盡。可籍題以覿根底，獨惜吾嘗不乏好古嗜奇之士類，多諉諸例禁置，不敢言不知。【略】嘉慶丁卯，吾鄉吴稷堂先生致仕家居，將余所撰《中星表》及《儀器圖說》刊入《藝海珠塵》。梓客因知余稿尚多，再三來請，爰擇其說之遠近者如幹條，或本管見或本鈔摘，録以付刊，爲窺天者開從天之門，即爲拙稿中略涉精深者，導以先路。嘉慶丁卯正陽上瀚，華亭徐朝俊書於雲間書院。

又《天地圖儀》日晷圖法自序 昔先君子在時，嘗撫徽人所制之晷，愛其藻繢之極工，輒惜其師承之無本，爰口授余作種種日晷法。一曰平晷，是作線於平面，立表以測時；一曰豎晷，是作線於正南北牆壁之上，亦立表以測時；一曰百遊公晷，用度柱以測時，蓋作晷正軌，已盡於是。他如百遊空晷，百遊柱晷，百遊十字晷，四正晷，四偏晷，輪晷，盤晷，柱晷，東西晷，偏東偏西晷，偏上偏下晷，圜中晷，要皆以線法馭天互較焉，而毫髮不爽。余既得種種線法，灑覆闊大，學書中作晷之法，翻嫌論說，不明此無他，著撰此種書人，其心極靈，而其筆恒不足以達之，所由闡發少，而其文晦，講論多而其義晦，領會難而其義益晦，蓋斯道之獨少傳人有自矣。

余私幸自幼得窺堂奥，讀其書而能得其意，所欲言脱，秘而不宣，恐非一先君子囊年口講指畫之遺意矣。爰輯所見刊本抄本，剔其冗繁，補其意義，聊舉線法之一隅，以念當世之制此器者，勿徒事丹漆雕鏤之巧，並念當世之用此器者，且略識弧矢三角之緒云。嘉慶戊辰長至後四日，華亭徐朝俊書於雲間書院。

清・祝德麟《星月測時圖說序》徐朝俊《星月測時圖說》 恕堂徐子以制舉業遊我門，兼精鐘錶儀晷測量之技。蓋其紹述有源，殆亦性之近於是耳。近者學益進，講藝餘間，偶示我以手纂《中星表》一册。【略】余喜其既致力於詩古文詞，更能爲此傳世之學，其行遠，不待言矣。爲之叙其略云。嘉慶二年秋九月，海甯祝德麟撰。

清・徐朝俊《鐘錶圖說・自序》 余自幼喜作自鳴鐘表，舉業餘暇，輒借此以自娱。近者精力漸頽，爰舉平日所知，能受徒而悉告之，並舉一切機關轉捩，弊揭其要，而圖以明之。俾用鐘錶者，如醫人遇疾洞見臟腑，知其受病在何處，去病宜何方，保其無病宜何法。【略】嘉慶己巳春正月，徐朝俊書。

雜録

清・羅士琳《疇人傳續編》卷五〇《徐朝俊》 論曰：恕堂但工製器，其於曆算之學，則僅能依數推演而已。故所著論皆攟摭成説，隨人步趨。尤論五大洲及附載海族、海狀、海舶、海道、海産諸說，亦悉本利氏《乾坤體義》，荒遠無憑，不足取也。

張敦仁

傳記

清・羅士琳《疇人傳續編》卷五二《張敦仁》 張敦仁字古餘，陽城人也。由乾隆四十年進士丁憂，四十三年補行殿試，奉旨以知縣歸班銓選，歷官直隸南宮、江西高安、廬陵等縣知縣，銅鼓、川沙等廳同知，江寧、揚州、南昌、吉安等府知府，洊升雲南鹽法道，得末疾，乞老歸，僑寓金陵。生平實事求是，居官勤於公事，暇即力求古籍，研究羣書，雖老病家居亦不廢學。尤嗜曆算，以在江南之日最久，與元和李秀才鋭相友善。

因讀《(輯)[緝]古算經》，凡高臺、羨道、築隄、穿河等二十術，皆以[帶]從立方開之，苦其有術無草，且詞隱理奥，無能通之者。其第十六術以下，原本注文術文爛脱甚多，乃與李秀才商榷，各以天元入之，共著細草，並將其爛脱字據術補足，使商功之平地役功廣袤之術，較若列眉，手寫定本刊刻，名曰《(輯)[緝]古算經細草》。長塘鮑氏見而愛之，縮爲袖珍本，刻入《知不足齋叢書》中，自是《(輯)[緝]古》始有善本矣。

又因讀秦氏《數學九章》，知大衍求一術與立天元一術皆爲曆算家至精之詣。天元一幸得宣城梅氏辨明，又有《測(圜)[圓]海鏡》《益古演段》諸刻本行世，獨大衍求一術載在秦書，而秦書又無刊本，鮮有知者，于是復撰《求一算術》上、中、下三卷。自序云：【略】。

又因讀《測(圜)[圓]海鏡》有翻法在記之注，疑李氏别有《開方記》一書，佚而不傳。爰取秦書所載正負開方法，自平方以迄三乘方，凡六十四問，各設超進商除、正負和較之式，副以之分二十五問，負商二十三問，無數五問，代開十二問，盡變二十二問，通論一十二問，而以釋例二十一條冠諸首，用補李氏佚書，名曰《開方補記》。自序云：【略】。

稿成未刊，迨道光十四年，始親爲校刻，僅成六卷，遂以病殁，年八十有一。

清・佚名《張敦仁傳》繆荃孫《續碑傳集》卷四〇　張敦仁字仲篔一字古餘，山西陽城人。乾隆四十年進士，任高安知縣，公正廉明，精於吏事，治盜嚴宵，小爲之斂跡。在官四年，無笙歌燕飲之事。知廬陵，升銅鼓營同知，歷攝九江撫州、南安、饒州府事。嘉慶五年，改官江蘇，數年後復補江西吉安知府，再署南昌府事。所屬武甯縣有婦與二人私而殺其夫，前守以夫死途中，非由婦姦報，敦仁復鞫之，詞無異。死者之子年十三矣，獨哭而不言。敦仁疑之，請留前守會鞫，遂得婦與二人謀殺，移尸他所狀，案乃定。龍泉縣天地會匪滋事，巡撫檄往勘，未至鎮，道已集兵，擒二百餘人，民大懼，敦仁察知，匪衆與温姓者有隙相仇殺，與叛逆殊，堅持輕比，坐爲首者二人，餘盡得釋。十八年，回吉安府任，沿江多盜，擇能捕吏巡緝，諭强宗擒首，毋匿捕逃，河道以靖。二十一年，調補南昌知府，運花廳民尹氏妾與僕通，主母死，疑妾與僕謀殺，鹽商鄒姓與賈販争利而鬨，羣不逞，因毁鄒氏室，時議右鄒將坐羣賈以聚衆罪，敦仁皆平反申理之。二十五年，護督糧道篆。道光元年，擢雲南鹽法道。以病致仕。

雜録

清・羅士琳《疇人傳續編》卷五二《張敦仁》　論曰：天元一術，雖肇自宋元時，究其原實古《九章》少廣借一步之遺。以天元釋《(輯)[緝]古》，亦猶夫雲門侍郎之以《九章》釋《(輯)[緝]古》，皆專志求古者也。較之妄以西法疏釋古書者，真有霄壤之判。至於宋金諸史不爲秦九韶立傳，而所爲大衍求一演紀上元，幾使前賢精詣，湮没無聞。得觀察表而章之，又復闡而明之，不獨使曆志之殘缺譌舛者，可以據術推補，且可以備將來考驗氣朔交轉、諸策諸應歷久而差之由來。厥功偉矣。觀察著述甚富，已刊者《(輯)[緝]古算經細草》《求一算術》二種外，尚有《鹽鐵論考證》《通鑑補識誤》《通鑑補略》諸書。惜《開方補記》刊而未竣，此又與吾鄉焦里堂孝廉之《開方通釋》未經刊布，同一憾事也。

淩廷堪

傳記

清・阮元《次仲淩君傳》阮元《揅經室集》二集卷四　淩君諱廷堪字次仲，安徽歙縣人。遠祖安，唐顯慶中任歙州州判，遂家于歙。父文焆，業賈于海州。君生海州，六歲而孤，困苦窮巷中，母王氏鬻簪珥，就塾師，麤記姓名而已，去學賈，不成。年二十餘，始復讀書嚮學。能屬文，懼時過難成也，著《辨志賦》以見志。乾隆四十六年遊揚州，慕其鄉江慎修、戴東原兩先生之學，四十八年至京師，始多交游。大興翁覃溪先生見君所撰述，大嗟異，始導之爲四書文。應順天鄉試，不中。明年，復遊揚州，見元以學問相益，君乃擬「李白大鵬見希有鳥賦」以見意。五十一年，復入都應試不中。明年，從翁先生于江西。又明年，客河南，秋，三應順天鄉試，始中副榜，南歸。五十四年，應江南鄉試中式。明年，成進士，出朱文正、王文端二公之門，蓋與洪君亮吉等皆以宏博見拔者也。殿試三甲，例授知縣，君投牒吏部，自改教授。曰：「必如此，吾乃可養母治經。」文端曰：「吾不强子改冷官，子願之，甚善。」文正題其《校禮圖》曰「君才富江、戴」，又曰「遠利就冷官」。蓋甚重之。既選寧國府學教授，乃奉母暨兄嫂之官。孝弟安貧，謹身節用，畢力著述。君之學，博覽强記，識力精卓，貫通群經，而尤深于《禮》經，著《禮經釋例》十三卷。君謂：「禮儀委曲繁重，不得其經緯塗徑，雖上哲亦苦其難，苟得之中材，可勉赴焉。經緯塗徑之謂何？例而已矣。【略】不會通其例，一以貫之，祇厭其膠葛，重複而已耳，烏覩所謂經緯塗徑者哉。於是區爲八類，曰通例上下二卷，曰飲食之例上中下三卷，曰賓客之例一卷，曰射例一卷，曰變例一卷，曰祭例上下二卷，曰器服之例上下二卷，曰雜例一卷，共爲卷十三。至于弟十一篇，自漢以來説者雖多，由不明尊尊之旨，故罕得經意，乃爲《封建尊尊服制考》一篇，附於《變例》之後。不別立宫室之例者，宋李氏如圭等已詳故也。」

君又著《燕樂考原》《元遺山年譜》《校禮堂集》。又著《魏書音義》，未成。君雄于文，「九慰七戒」「兩晉辨亡論」「十六國名臣序贊」諸篇，上擬《騷》《選》。「鄉射五物考」「九拜解」「九祭解」「釋牲」「詩楚茨考」「旅酬下爲上解」諸篇，皆説經之文，發古人所未發，其尤卓然可傳者，則有《復禮》三篇，唐宋以來儒者所未有也。【略】

《燕樂考原》以隋沛公鄭譯五旦七調之説爲燕樂之本，又參以段安節《琵琶録》、張叔夏《詞原》《遼史樂志》諸書考之。琴與琵琶之弦音，從《遼史》四旦定四均二十八調。四旦者，華言四均。琵琶四弦，故有四均，七弦七調，故有二十八調。燕樂比雅樂高二律，不用黄鍾濁聲，用夾鍾清聲。蔡元定所謂「燕樂用夾鍾爲律本也」。琵琶之七調，即三弦與笛之七調，是即今之伶工字譜之合、四、乙、上、尺、工、凡、六、五、亿、仕、伬、仜也。宋燕樂本十五字，今秪用此十三字矣。二十八調之中，今秪用七商，而七角、七羽亦不用矣。江君鄭堂謂：其由燕樂通古樂，思通鬼神矣。

嘉慶十一年，君以母喪去官，兄嫂相繼殁，哀且病。十三年，元復任浙江巡撫，君免喪來游杭州，出所著各書相示。元命子常生從君學。明年，歸歙，病卒。年五十有五。

清・羅士琳《疇人傳續編》卷四九《凌廷堪》 凌先生諱廷堪字次仲號仲子，歙人，而家於海州之板浦場。家貧，少孤，學賈未成，年二十餘始讀書鄉學。天性極敏，過目輒不忘。久客揚州，爲華氏贅壻。慕其鄉江、戴二君之學，遂遊京師，受業於大興翁覃溪學士。三應京兆試，始中副榜南歸。乾隆五十四年舉於鄉，明年成進士，例授知縣，投牒吏部，自改教授，曰必如此，乃可養母治經。以故朱文正題其《校禮圖》有云「君才富江、戴」，又云「遠利就冷官」，蓋嘉其志云。選授寧國府教授。畢力著述，貫通羣經，旁及聲音、訓詁、律吕，以及《九章》、句股、三角八綫、中西曆算之學，而尤邃於禮經。

嘗作《氣盈朔虚辨》，曰：「歲實者，日躔黄道一周，歷春夏秋冬四時代序而成歲。一歲共三百六十五日有奇。此一事也。合朔者，月離白道一周，歷朔弦望晦復追及日而成朔。十二合朔共三百五十四日有奇。此又一事也。故十二合朔，與歲實一周，而分四時者，各不相蒙。以恒氣而論，必日躔自立春至立夏，歷九十一日有奇，方謂之春。自夏至秋，自秋至冬，莫不皆然。非三合朔爲一時也。古聖人因節氣過宫，民不易曉，姑借合朔一周爲一月，合朔十二周爲一年，良以生明生魄，舉頭即見，取其便於授時，非謂合朔十二周爲即歲實也。合朔十二周共三百五十四日有奇，較歲實三百六十五日有奇，所差者十一日弱而已。故一年四時不甚參差也，二年則多二十一日有奇，而冬至將第十二月，故三年必置一閏月也。此月非無端增出，蓋歲實滿三周，則已歷三十七合朔有奇，故多一合朔也。夫歲實自爲歲實，合朔自爲合朔，在天各自運行，本非一軌。今既借合朔以紀歲實，兩數不齊，三年之中，非以此所多之一合朔爲閏，則四時必參差難一。故《書》曰『以閏月定四時成歲』也。宋沈存中欲用二十四節氣爲一年，立春之日爲孟春之一日，驚蟄之日爲仲春之一日，則歲歲齊盡，永無閏餘，月之盈虧不預歲時寒暑，寓之歷間可也。其論最爲明晰。近西法正如此，唯用中氣過宫，小有不同，故亦無閏月也。夫歲實共三百六十五日有奇，較十二合朔多十一日弱。氣盈者，此十一日弱也。十二合朔共三百五十四日有奇，較歲實少十一日弱。朔虚者，亦此十一日弱也。非如蔡九峯《書傳》所云三百六十日爲一歲之常數，多五日有奇謂之氣盈，少五日有奇謂之朔虚也。術家以一月三十日爲常數，兩節氣三十日有餘也，其有餘者爲氣盈；一合朔三十日不足也，其不足者爲朔虚。此便於步算則爾。儒者説經，當直指其所以然，苟僅襲術家之説，貿貿焉書諸簡册，則氣盈、朔虚幾爲神奇不可測之事，學者何由而明閏月之所以然乎？」

又作《〈正蒙〉七政隨天左旋辨》，曰：「蔡氏《書集傳》，天繞地左旋，常一日一周而過一度；日麗天而少遲，故日行一日，亦繞地一周，而在天爲不及一度；月麗天而尤遲一日，常不及天十三度十九分度之七。蓋本於張横渠《正蒙》。《正蒙》之言曰

『天左旋，處其中者順之，少遲則反右矣。』朱子極取此說。《書集傳》二典三謨，本朱子所定，故其說如此。其實不然也。往時讀之，以爲前儒所論，必有至理。而寒暑發斂之故，由其說而推之，百思不得其解，遂疑天道果難明也。後讀步算家之書，乃知天左旋，日月五星與恒星皆右旋。左旋之天，以赤道爲中圍，以南北二極爲樞紐，一日左旋一周。黄道斜絡於赤道，半出赤道南，半出赤道北，以黄極爲樞紐。日在其上右旋，一日平行一度弱。冬至日在赤道南二十三度有奇，去北極最遠，過此則循黄道右旋而北，歷九十度，至黄赤二道交點，而爲春分。又右旋而北，歷九十度而爲夏至。日在赤道北二十三度有奇，去北極最近，過此又循黄道右旋而南，歷九十度，至黄赤二道交點，而爲秋分。又右旋而南，歷九十度，仍至赤道之南，而爲冬至矣。此一歲寒暑發斂之故，其理本不難明。月、五星與恒星，其右旋也亦然。月、五星之右旋，朔望合伏之故也。恒星之右旋，歲差之故也。然後知左旋之說，横渠之臆說耳。如使天左旋，而日月亦左旋，不識所謂日左旋者，循黄道而行乎，抑循赤道而行乎？使其循赤道而行，則右旋而東者，亦可言左旋而西，如是則終古如春秋分，無寒暑進退，晝夜永短。使其循黄道而行，則日一日左旋一周，必至朝爲冬至，左旋至午，退而爲秋分，又左旋至暮，退而爲夏至。參差晷景，顛倒四序，不可依據矣。夫日行天上，列宿爲日所揜，不可得見，而月則其最著者也。月有交道之出入，有兩交左旋之退度，有黄道内外之陰陽律，則月之行，不但不循赤道，并不循黄道，而别有一道交於黄道矣。月既不循赤道，而别有一道，使其果左旋，一日一周，而不及天十三度有奇也，則一夜之中，月必循其本道，偏歷半周天之列宿。而何以祇此右旋十三度之宿爲月所離也？夫右旋之度，本由黄道；左旋之度，則由赤道。斜直之勢不同，經緯之行亦異。中宵静觀，歷歷可按。少識縣象者無不知之，不謂横渠乃爾鹵莽也。」

又作《羅睺計都說》，曰：「羅睺、計都，即月道之中交、正交也。其名始見於沈存中《筆談》，謂之『西天法』。案《新唐書·藝文志》有(《都聿列斯經》)[《都利聿斯經》]二卷，注云：貞元中，都利術士李彌乾傳自西天竺，有璩公者譯其文。然則彼時西法已入中國，但其書不傳，未審與今法何如耳。今之術家不察，動以爲羅睺計都某日在某宫某度，爲人決窮通得失，不亦謬乎？」

又議戴氏《句股割圜記》，謂：「中唯斜弧兩邊夾一角及三邊求角，用矢較不用餘弦，爲補梅氏所未及。餘皆成法。其最異者，誤據《大戴禮》『凡地東西爲緯南北爲經』之語，遂易經爲緯，易緯爲經。殊不知地平上高弧，緯綫也。此線自北極至南極，而緯度在其上。地平規，經線也。此線自卯東至酉西，而經度在其上。其剖緯線爲緯度，則距等圈，圈與地平平行，爲東西線。剖經線爲經度，則高弧線交於地平圈，爲南北線。《大戴禮》之所指者，圈與弧線也，與此相成無相反。至於《記》中所立新名，懼讀之者不解，凂吴思孝注之。如『距分』今曰『正切』云云，夫古有是名，而云今曰某某可也。戴氏所立之名，後於西法，而反以西法爲今，竊有所未喻也。」

又謂西法之最難者爲弧三角，難中尤難者爲斜弧三角。梅氏書論多於法，而法取其備，往往各書互見，不嫌於複。江氏、戴氏雖各有變通更并之術，初學究苦望洋。其實不論角之鈍鋭，邊之大小，約而言之，六類可盡。一曰兩邊夾一角，一曰兩角夾一邊，一曰邊角相對，有對所求之邊角，一曰邊角相對，無對所求之邊角，一曰三邊求角，一曰三角求邊。若邊角相易，兩角夾一邊，即兩邊夾一角；三角求邊，即三邊求角；而兩邊夾一角，又即三邊求角之反其率者。四類可以互通。所謂六類者，只三法而已。因擬撮其旨要，撰《弧三角指南》，俾初學易得門徑。以其時方有事於《禮經》，故未屬稿。

嗣以母喪去官，哀毁致眚一目，妻及兄嫂復相繼殂謝，孑然一身，居恒不樂，服闋出游，得末疾歸歙，卒年五十有五。所著書，已刻者，《禮經釋例》十三卷、《燕樂考原》六卷、《校禮堂文集》三十六卷；未刻者，《詩集》十四卷、《元遺山年譜》二卷、《充渠新書》二卷、《梅邊吹笛譜》二卷；其未成者尚有《魏書音義》一種。

雜録

清·羅士琳《疇人傳續編》卷四九《凌廷堪》 論曰：凌先生長於阮相國九歲，初識相國，甫弱冠。凌先生擬李白《大鵬見希有鳥賦》以見意，由是遂以學問相益。迨服闋出游，相國復任浙撫，命子常生從學，并爲校刊《禮經釋例》。明年歸歙，卒。無子，應繼兄子嘉錦。嘉錦先先生卒。嘉錦之兄嘉錫聞先生歿，以次子名德後嘉錦，爲先生之承重孫，不克肖，癡騃幾不辨菽麥。雖死故鄉，實同旅殯，如先生者，亦生人之極哀也已。其弟子宣城張其錦，徒步至歙，復北走東眴，訪其遺稿，輯録以歸。先生積有刻書之資，寄於茶客，茶客負之。其錦又走京師，告之阮相國，相國函致安徽錢中丞楷，拘茶客歸其資，於是始刻《校禮堂集》

及《燕樂考原》諸書。士琳先亦歙人，與先生同里而兼葭莩戚，少又問字於先生，故知之甚詳。

徐養原

傳記

清・諸可寶《疇人傳三編》卷二《許宗彥》附徐養原　［許宗彥］同縣友人徐養原字新田又字飴庵。爲詁經精舍高材生，亦出文達公門下。嘉慶六年，充浙江副貢，四年母卒，遂無意應舉，耽精算術。著有《周髀解》《九章重差補圖》《劉徽割圜表》《長廣方説》《帶縱諸乘方記》《乘方補記》《三角割圜》《對數比例》《對數新論》。欲中西之法各明其真，無相雜糅，謂古義明可以知西法之莫能外也。又欲悉取太衍、天元、借根、對數諸法，次於古《九章》，以會數度之。全書未成已卒，時道光五年，年六十有八矣。

李潢

傳記

清・羅士琳《疇人傳續編》卷四九《李潢》　李潢字雲門，鍾祥人。乾隆三十六年進士，由翰林官至工部左侍郎。博綜羣書，尤精算學，推步律吕，俱臻微妙。與開化戴大司寇簡恪公共究中西之奥。兩人皆宗中法，道同志合，交稱莫逆。著《九章算術細草圖説》九卷，附《海島算經》一卷，共十卷。簡恪序其書謂：「潢嘗言：陳其數者，下學之言也；知其義者，上達之功也。有數先有象，有象皆可繪。舊注所云解此要當以棊者，一一顯之於圖，於東原氏所謂舛錯不可通者，一一疏而通之。探賾索隱，鉤深致遠，臚名標目，咸式古訓，亦猶劉徽析理以辭解體用圖之意也。」其自序重差圖云：「圖九望海島，舊有圖解，餘八圖今所補也。同式形兩兩相比，所作四率，二、三率相乘，與一、四率相乘同積。如欲作圖明之，第取一、三率聯爲一邊，又取二、四率聯爲一邊，作相乘長方圖之，自然分爲四幂。又以斜弦界爲同式句股形各二，則形勢驗矣。舊圖於形外別作同積二方，至兩形相去遼遠者，又必宛轉通之，皆可不必也。圖中以四邊形、五邊形立説，似與句股不類，然於本形外補作句股形，則亦句股也。四率比例法，在《九章・粟米》謂之今有，一爲所有率，二爲所求率，三爲所有數，四爲所求數；在句股則統目之爲率。劉氏注云句率股率見句見股者，是也。今衹云同式相比者，取省易耳。異乘同除，則一也。」書甫寫定，潢即一病不起，遺囑務俟吴門沈欽裴算校，方可付梓。越八年，嘉慶庚辰歲，其甥儀部程矞采不敢違垂死言，延沈至家，爲之校刊，以成其志。

《九章》初經東原戴氏從《永樂大典》中録出，一刻於曲阜孔氏，再刻於常熟屈氏，悉依戴氏原校本刊刻。其時古籍甫顯，校訂較難，不無間有扞格。自是天下之習《九章》者，莫不家弆一編，奉爲圭臬。而劉徽《九章》亦從此有善本矣。潢又嘗因古《算經十書》中，《九章》之外最著者，莫如王孝通之《〔輯〕〔緝〕古》。唐制開科取士，獨《〔輯〕〔緝〕古》四條，限以三年，誠以是書隱奥難通。世所傳之長塘鮑氏、曲阜孔氏、羅江李氏各刻本，又悉依汲古閣毛影宋本，衹有原術文，而未詳其法，且復傳寫脱誤。雖經陽城張氏以天元一術推演細草，但天元一術創自宋元時人，究在王氏後，似非此書本旨。爰本《九章》古義，爲之校正，凡其誤者糾之，闕者補之，著《考注》二卷，以明斜袤、廣狹、割截、附帶、分并、虚實之原，務如其術乃止。稿未成，潢殁。後爲南豐劉衡授其同鄉揭某，以西士開方法增補算草，并附圖解，刻於江西省中，喧賓奪主，殊亂其真。嗣儀部任粤東藩時，取江西刻本，削去圖草，仍以原考注刊布。武進李兆洛爲之序曰：「《〔輯〕〔緝〕古》何爲而作也？蓋闡少廣、商功之藴而加精焉者也。商功之法，廣袤相乘，又以高若深乘之，爲立積。今轉以積與差求廣袤高深，所求之數，最小數也。曷爲以最小數爲所求數？曰求大數，則實方廉隅，正負雜糅；求小數，則實常爲負，方廉隅常爲正也。觀臺羨道，築隄穿河，方倉圓囤，芻甍輪粟，其形不一，概以從開立方除之。何也？曰一以貫之之理也。物生而後有象，象而後有滋，滋而後有數。斜解立方，得兩壍堵，斜解壍堵，一爲陽馬，一爲鼈臑，陽馬居二，鼈臑居一，不易之率也。今於平地之餘，續狹斜之法，無論爲壍堵，爲陽馬，爲鼈臑，皆作立積，觀其立積内不以所求數乘者爲減積，以所求數一乘者爲方法，再乘者爲廉法，所求數再自乘爲立方，即隅法也。從開立方除之，得所求數。若繪圖於紙，令廣袤相乘，以所求數從横截之，剖平冪爲若干段，又以截高與所求數乘之，分立積爲若干段，若者爲減積，若者爲方，若者爲廉，若者爲隅，條段分明，歷歷可指。作者之意，不煩言而解矣。其云廉母自乘爲方母，廉母乘方母爲實母者之分，開方之要術也。道光四年正月八日，薛玉堂畫水來澄江講院，以李雲門先生所注《緝古算經》見示，於是書立法之根，如鋸解木，如錐畫地。又復補正脱誤，條理秩然，信王氏之功臣矣。爰述大旨，以告世之習是書者，無復苦其難讀云。」

雜録

清・羅士琳《疇人傳續編》卷四九《李潢》 論曰：算自明季寖疎，古籍散佚，前賢精義，百無一存。西士因得逞其技，明人驟見西法，詫爲神奇，趨之若鶩，遂漫以爲古法不逮。噫！是何辭之偵歟。即有一二知算之士，狃於衆習，昧於絶詣，雖欲崇中黜西，而是非曲直先已糢糊，又安能澈底窮源，直揭其短？侍郎信古能篤，實事求是，其於中西之學孰優孰劣，早經了了於胸中。故所著《九章細草》《(輯)[緝]古考注》二書，能發古人之真解，與古人息息相通，可謂力挽迴瀾，初非西學者所能窺其厓岸，倒置黑白也。《考注》第三問築隄下第四術，原稿奪注，劉君依例補之可也。惜其第三術羼列西法開方兩算草，與侍郎通體義例不協，不解何意。因思此蓋揭某妄增之草，方伯芰之未盡耳。余恐世之讀侍郎書者，以此議侍郎，故特表白之。

安清翹

傳記

清・諸可寶《疇人傳三編》卷二《安清翹》 安清翹字□□，□□人，或曰爲山西人。里貫未詳。嘉道間，有《數學五書》如干卷，刻本行世。一《推步惟是》，二《一線表用》，三《學算存略》，四《筆算衍略》，五《樂律新得》也。

案：南皮師列其姓名於許宗彦之次，姑采附於此，以待蒐考。丙戌夏，嘉興沈吉士曾桐爲余言，昔年曾見其書，爲陽曲人，他未詳。

焦循 附焦廷琥

傳記

清・阮元《通儒揚州焦君傳》錢儀吉《碑傳集》卷一三五 焦君名循字里堂，世居江都北湖黄珏橋，分縣爲甘泉人。曾祖源，江都縣學生，爲《周易》之學，祖鏡，父蔥，皆方正有隱德，傳《易》學。

君生三四歲，即穎異，八歲，至公道橋阮氏家，與賓客辨壁上馮夷字，曰：「此當如《楚辭》，讀皮冰切，不當讀如縫。」阮公賡堯大奇之，遂以女字之。年十七，劉文清公取補學生員。年二十，補廩膳生。次年，丁父及嫡母謝艱，自殮及葬，八閲月未櫛沐食卧，不離喪次，甚哀毁。弟徵讀書自教之。興化顧超宗傳其父文子之經學，超宗與君幼同學，君始用力於經。超宗殁，君理其喪，作「招亡友賦」，哭之。歲乙卯，元督學山東，招君往遊，遂自東昌至登州，有《山左詩鈔》一卷。嘉慶歲丙辰，元督學於浙，復招君遊浙東，有《浙江詩鈔》一卷。歲庚申，元撫浙，招君復遊浙，辛酉春歸揚州。秋應鄉試，中式舉人，入都謁座師英煦齋先生。先生曰：「吾知子之字曰里堂，江南老名士，屈久矣。」歲壬戌，復招君遊浙，冬歸揚州。歲乙丑，有勸君應禮部試且資之者，君以書辭之，曰：「生母殷病，雖愈而神未健，此不北行之苦心，非樂安佚輕仕進也。」殷竟以夏病冬卒，君毁如初，克盡其孝。除喪後，小有足疾，遂託疾居黄珏橋村舍，閉户著書，葺其老屋，曰「半九書塾」，復構一樓，曰「雕菰樓」，有湖光山色之勝，讀書著書恒在樓，足不入城市者十餘年矣。歲庚辰夏，足疾甚且病瘧，以七月二十七日卒，距生於乾隆癸未二月三日，得年五十有八。妻阮氏。子琥，廪生。孫三：授易、授書、授詩。

君善讀書，博聞强記，識力精卓，於學無所不通，著書數百卷，尤邃於經。於經無所不治，而於《周易》《孟子》專勒成書。君於《易》，本有家學。嘗疑：一「號咷」也，何以既見於「旅」，又見於「同人」？一「拯馬壯」也，何以既見於「復」，又見於「明夷」？「密雲不雨」之象，何以「小畜」與「小過」同辭？「甲庚三日」之占，何以「蠱」象與「巽」象相例？丁父憂後，乃徧求説《易》之書閲之，撰述成帙。甲子後，復精研舊稿，悟得「洞淵九容」之術實通於《易》，乃以數之比例求《易》之比例，於是擬撰《通釋》一書。丁卯，病危，以易未成爲憾。病瘳，誓於先聖先師，盡屏他務，專治此經，遂成《易通釋》二十卷。自謂：所悟得者，一曰旁通，二曰相錯，三曰時行。旁通者，在本卦，初與四易，二與五易，三與上易，本卦無可易，則旁通於他卦。亦初通於四，二通於五，三通於上。先二、五，後初、四，三、上爲當位。不俟二、五，而初、四、三、上先行，爲失道。易之道，惟在變通。二、五先行，而上下應之，此變通不窮者也。或初、四先行，三、上先行，則上下不能應。然能變而通之，仍大中而上下應。如乾四之坤，而成小畜，復失道矣。變通之：小畜二之豫，五姤二之復。五復初不能應，姤初則能應；小畜四不能應，豫四則能應。坎四之離上，成井豐，失道矣。變通之：井二之噬嗑五，豐五之渙二，豐上不能應，渙上則能應；井三不能應，噬嗑三則能應。此所謂「時行」也。比例之義，出於相錯。如睽二之五爲无妄，井二之噬嗑五亦爲无妄，故睽之噬膚，即噬嗑之噬膚。坎三之離上成豐，噬嗑上之三亦成豐，故豐之日昃即離之日昃，豐之日中即噬嗑之日中。漸上之歸妹三，歸妹成大壯，漸成蹇，蹇、大壯相錯成需，故歸妹以須之即需也。歸妹四之漸初，漸成家人，歸妹成臨，臨通遯相錯爲謙履，故眇能視，跛能履。臨二之五，即履二之謙五之比例也。《易通釋》既成，復提其要，爲《圖略》八卷，凡圖五篇，原八篇，發明旁通相錯時行之義。論十篇，破舊説之非。復成《章句》十二卷，總稱《雕菰樓易學》三書，共四十卷。

君易學既成，數年中有隨筆記録之書，編次之，得二十卷，曰《易餘籥録》。凡友朋門弟子所問答，及於易者，取入三書外，多有所餘，復録而存之，得二卷，曰《易話》。自癸酉立一簿，自稽所業，得三卷，曰《注易日記》。又有《易廣記》三卷。君之易學，不拘守漢魏各師法，惟以卦爻經文比例爲主，「號咷」「密雲」蹤跡甚顯，「蒺藜」「樽酒」假借可據，如郭守敬之以實測得天行也。

既又著《孟子正義》三十卷，疏趙岐之注，兼採近儒數十之家説，而多下己意，合孔孟相傳之正指。君又著《六經補疏》。説曰：説漢易者每屏王弼之説，然弼之解箕子乃用趙賓説，孔穎達不能申明之。他如讀「彭」爲「旁」，借「雍」爲「甕」，通「孚」爲「浮」，而訓爲「務躁」，解「斯」爲「廝」，而釋爲「賤役」，蓋以六書通借解經之法，尚未遠於馬、鄭諸儒，惟貌爲高簡，故疏者視爲空論耳。因作《周易王氏注補疏》二卷。説《尚書》者，多以孔傳爲僞，然《堯典》以下至《(秦)[泰]誓》，其篇固不僞也。即魏晉人作傳，亦何不可存？因舉其説之善者，如《金縢》「我之不辟」，訓「辟」爲「法」，「居東」即「東征」，「罪人」即「管蔡」。《大誥》周公不自稱王，而稱成王之命，皆非馬、鄭所能及。作《尚書孔氏傳補疏》二卷。《毛》《鄭》義有異同，然《正義》往往雜鄭於毛，比毛於鄭，而聲音訓詁疏略亦多，因撰《毛詩鄭氏箋補疏》五卷。《春秋》成而亂臣賊子懼，左氏《傳》云：稱君君無道，稱臣臣之罪。杜預且揚其詞而暢衍之，與孟子之説大悖。預爲司馬懿女婿，目見成濟之事，將有以爲昭飾，且有以爲懿師飾，即用以爲己飾，此《左氏春秋集解》所以作也。萬氏充宗斥左氏之頗，惠氏半農、顧氏棟高糾杜氏之失，然未有摘其姦而發其覆者，撰《左氏春秋傳杜氏集解補疏》五卷。謂：禮以時爲大，蔽千萬世制禮之法，而訓詁名物亦所宜究，撰《禮記鄭氏注補疏》三卷。《論語》一書，所以發明伏羲文王周公之恉，其文簡奥，惟孟子闡發最詳最鬯。《論語》一書之中，參伍錯綜，引申觸類，其互相發明者，亦與《易》例同，撰《論語何氏集解補疏》二卷。合之爲《六經補疏》二十卷。

君游浙，因元考浙江原委，以證《禹貢》三江，歸揚州，撰《禹貢鄭注釋》一卷，專明班氏、鄭氏之學。君謂王伯厚《詩地理考》繁雜無所融貫，作《毛詩地理釋》四卷。君又仿東原戴氏《孟子字義疏證》撰《論語通釋》一卷，凡十二篇，曰聖、曰大、曰仁、曰一貫忠恕、曰學、曰知、曰能、曰權、曰義、曰禮、曰仕、曰君子小人。君又撰《群經宫室圖》二卷，爲圖五十篇，《毛詩鳥獸草木蟲魚釋》十一卷，《陸璣疏考證》一卷。君録當世通儒説《尚書》者四十一家書五十七部，仿衛湜《禮記》之例，以時之先後爲序，得四十卷，曰《書義叢鈔》。

君思深悟鋭，尤精於天學、算術。謂梅徵君《弧三角舉要》《環中黍尺》撰非一時，緐複無次，戴庶常《勾股割圜記》務爲簡奥，變易舊名，撰《釋弧》三卷。錢辛楣先生稱是書於正弧、斜弧、次形、矢較之用，理無不包，法無不備。君上書於錢辛楣先生，論七政諸輪，辛楣先生復書云：「推闡入微，以實測之數假立法象，以求其合，尤爲洞徹根原。」君以弧線之生緣於諸輪，輪徑相交乃成三角，輪之弗明，法無從附也，撰《釋輪》二卷。君又謂康熙甲子律書用諸輪法，雍正癸卯律書用橢圓法，實測隨時而差，則立法亦隨時而改，撰《釋橢》一卷。君又謂劉徽之注《九章算術》猶許氏慎之撰《説文解字》，講六書者不能舍許氏之書，講《九章》者亦不能舍劉氏之書。《九章》不能盡加減乘除之用，而加減乘除可以通《九章》之窮，作《加減乘除釋》八卷。君與吳縣李君尚之、歙汪君孝嬰商論算學。是時李仁卿、秦道古之書兩君未之見也，乙卯，君在元署中得《益古演段》《測圓海鏡》二書，急寄尚之，尚之爲之疏通證明。君又得秦氏所爲《數學大略》，因撰《天元一釋》二卷、《開方通釋》一卷，以述兩家之學。尚之敍云：「此書於帶分寄母、同數相消之故，條分縷析，發揮無餘藴。自李欒城、郭邢臺之後，爲此學者未如此妙也。」又教子琥曰：「李欒城之學，余既撰《天元一釋》，以闡明之，而《測圓海鏡》《益古演段》兩書不詳開方之法，以常法推之不合，讀者依然溟涬黯黮。余得秦道古《數學九章》，有正負開方法，因作《開方通釋》詳述其義，汝可列《益古演段》六十四問，用正負開方法推算之。」因以同名相加、異名相消，用超用變之法，詳示琥。琥乃知以秦氏之法讀李氏之書，布策推算，一一符合，六十四問，每問皆詳畫其式。君喜曰：「得此而《演段》可以讀矣。」即命名曰《益古演段開方補》，且曰可附《里堂學算記》之末。

君又善屬文，最愛柳州文，習之不倦，謂唐宋以來一人而已。後人多斥柳州爲王叔文黨，君爲雪之，且曰田山薑《古歡[堂]集》，馮山公、王西莊兩先生於叔文事皆立論平允，足洗不讀書者隨聲附和之陋習。君於治經之外，如詩詞、醫學、形家九流之書，無不通貫，又力彰家鄉先哲，勤求故友遺書，孜孜不倦。黄珏橋有老屋一區，爲前明忠臣梁公于涘之故宅，君買修之，扁曰「北湖耆舊祠」，設木主三十位，祀嘗居北湖、忠孝行誼、載于史志、足爲鄉人表率者，復揭三十人事實于壁，里人頗觀感焉。復理採舊聞，搜訪遺籍，成《北湖小志》六卷。又因分撰《揚州府志》，收拾雜文舊事，次第爲目録一卷，名曰《揚州足徵録》。又以隨筆考録揚事者，成《邗記》六卷。君每得一書，必識其顛末，或朋友之書，無慮經、史、子、集，即小説、詞曲，亦必讀之至再，心有所契，則手録之，如是者三十年，命子琥編寫成《里堂道聽録》五十卷。又舉國朝人著述三十二家，作讀書三十二贊，又著「貞女論」二篇、「愚孝論」一篇，皆有補於世教。君之文集，手自訂者，曰《雕菰集》二十四卷、《詞》三卷、《詩話》一卷。《種痘醫説》等書不具録。君性誠篤直樸，孝友最著，恬淡寡欲，不干仕禄，居恒布衣蔬食，不入城市，惟以著書爲事，湖山爲娱。壯年即名重海内先輩中，如錢辛楣、王西莊、程易田諸先生，皆推敬之。煦齋冢宰見君易學，敍之，以爲發千古未發之藴，且集蘇文忠句，書贈之曰：「手植數松今偃蓋，夢吞三畫舊通靈。」子琥，能讀書，傳父學，端士也。

清・羅士琳《疇人傳續編》卷五一《焦循》 焦循字理堂號里堂，江都人。生而穎異，年十七，應童子試。時諸城劉文清公督學江蘇，因見詩中有䵍𪎊字，詢以何本，循舉《文藪・桃花賦》對，兼述其音義。因取入邑庠，并勗之云：「不學經，何以足用？盍以學賦者學經？」時興化顧九苞以經學名世，循遂往就問難，始用力於經。又因九苞子超宗貽以《梅氏叢書》，復用力於算。性既專，兼善苦思，以故經史、曆算、聲音、訓詁諸學，無所不精。嘉慶六年舉於鄉。先是乾隆戊申科鄉試二場，夢一卒持刺來，視之字徑半寸許，曰「年愚弟章世純」，竊謂其科必售。逮登賢書，始悟章柳州亦辛酉舉人，因柳州未得成進士，遂淡於仕進，壹志著書。嗣患足疾，隱於北湖，築雕菰樓以終焉。二十五年夏，足疾甚，兼病瘧，遂致不起，年五十有八。

生平博聞强記，識力精卓，每遇一書，無論優劣難易，隱奥平衍，必悉心研究，務窮其源。嘗以梅徵君《弧三角舉要》《環中黍尺》，撰非一時，繁複無次，戴庶常《句股割圜記》，務爲簡奥，變易舊名，因撰《釋弧》三卷。上篇釋六觚八線之義，中篇釋正弧弦切及内外垂弧之用，下篇釋次形及矢較之術。錢詹事大昕稱是書於正弧、斜弧、次形、矢較之用，理無不包，法無不備。循復上書詹事，論七政諸輪。其略云：「梅徵君論次輪上之實體，嘗向太陽，推之五星，誠有然者。若太陰之次輪行倍離，所云向日者，其止謂爲太陽所攝恒行離日之倍度，非謂其體之向太陽耶？且五星之歲輪，與日天同大，其歲輪繞日軌迹爲伏見輪，與本天同大。今月之次輪視均輪尤小，既行倍離，則其軌迹不能成圈，與本天同大。意者五星與日有定距，太陰次輪與星有不同者與？又火星之歲輪半徑，忽大忽小，有本天高卑及太陽高卑之差。星與太陽同在最高，與同在最卑，其相距甚異。梅徵君《火星本法》云，火星兼論太陽之高卑，要不能改其徑線之大致。今以求法考之，以均輪所當之矢，爲兩差之比例以相加，則其徑線隨本輪矢之高下爲高下，有不能不改其大致者矣。江氏慎修言諸星歲輪應日之本輪，火星獨應日之體，故有太陽高卑。按高卑之差，惟有不同心之異，其輪則同心。今推求火星次輪之法，在最卑時，其半徑爲最小。稍離乎最卑之左右，增損一分一秒，則本輪之矢隨之而長，即半徑之度隨之以增。規此成圓必大於本圈，而不同於不同心圈與伏見輪之狀。或者火星之次輪，本割入太陽天内，高卑之差，緣是以起，然又無從得其貫通。竊思弟谷以來，諸輪之設，或左行，或右行，或倍行，或三倍行，或自遠，或自近，或自平遠，或以本輪爲心，大率皆以實測所得之數，假爲法象，以曲求其合，故不能比而同之也。」

又謂弧線之生，緣於諸輪，輪徑相交，乃成三角之象，輪之弗明，法無從附，因又撰《釋輪》二卷。上篇言諸輪之異同，下篇言弧角之變化，以明立法之意。更謂康熙甲子元用諸輪法，雍正癸卯元用橢圜法，蓋實測隨時而差，則立法亦隨時而改。顧其義藴深密，未易尋究，謹擇其精要，析而明之，庶幾便於初學，爲譔《釋橢》一卷。

又謂劉氏徽注《九章算術》，猶許氏慎撰《説文解字》。講六書者，不能舍許氏之書；講《九章》者，不能舍劉氏之書。《九章》之目雖多，而其綱總不外乎加減乘除四者而已。四者之雜於《九章》，又不啻六書之聲雜於各部。故同一今有之術用於衰分，復用於粟米；同一齊同之術用於方田，復用於均輪；同一弦矢之術用於句股，復用於少廣。而立方之上，不詳三乘以上之方，四表之測，未盡三率相求之例。踵其後者，又截粟米爲貴賤差分，移均輪爲疊借互徵，名目既繁，本原益晦。蓋《九章》不能盡加減乘除之用，而加減乘除可以通《九章》之窮。孫子、張邱建兩書，似得此意，乃説之不詳。因本劉氏書以加減乘除爲綱，以《九章》分注而辨明之，撰《加減乘除釋》八卷。

循又嘗與吴中李尚之鋭、歙汪孝嬰萊討論宋秦九韶《數學九章》及元李冶《測圓海鏡》《益古演段》諸書，因知立天元一爲算家至精之術。秦書雖亦有立天元一名，而術與李殊。尚之所校《海鏡》《演段》二書，專主辯天元借根之殊，故但指其大概之所近，其於盈朒和較之理，究未析其微芒之所分。乃復貫通其理，舉而明之，撰《天元一釋》二卷、《開方通釋》一卷，以述兩家之學。

謂常法亦謂之隅法，益隅亦謂之虚隅，益從亦謂之益方。益方者，別於從方也；益廉者，別於從廉也；常法者，別於益隅也。如積相消，則同減而異加；開方相生，則同加而異減。其同減異加，則盈不足之義也；其有和有較，則方程之體也；其借算，則少廣之遺也；其貫方於從，則商功之流也；其如積相比，則均輪之趨也；其寄分取率，則衰分、粟米之變也；其就分，則方田之餘也；其測圓，則勾股之精也。

又謂梅勿庵以《少廣拾遺》發明諸乘方，於正負加減之際，闕而未備，故其廉隅繁鎖，步算既艱，亦且莫適於用。近讀秦書，其中有開方法，既精且簡，不特與《測圓海鏡》相表裏，究其原，實古《九章》之遺。竊以乘除之法，負販皆知，至開正負帶從諸乘方，儒者竭精敝神，或有未能了了者。使知道古此法，則自一乘以至百乘、千乘，庶幾一以貫之。爰列爲十二式，設問以明之。又致書與李尚之，謂天元未消之前，有和而較不備，有較而和不備，及既相消合而爲一，其和較始備。和在冪，則天元爲益從；和在天元，則冪爲益隅。以正負別之，正與正、負與負爲同名，正與負爲異名。從與積同名相加，有益積，秦道古謂之投胎；從與積異名相消，有翻積，秦道古謂之换骨。推而核之，和在隅乃有益積，益從大於初商則益積，初商大於益從則不益，和在從乃有翻積，較數小於初商則翻，積初商小於較數則不翻。是爲少廣之變境，又非方程所能盡也。至於寄分之以乘代除，《九章》算中已有之。一爲七人賣馬，一爲太倉之返。或豫乘以省後之除，或彼乘以代此之除，其義一也。故尚之敍其《天元一釋》略曰：「爲算之道，皆據所已知之數，求所未知之數。然而所謂數者，自一而累之，而十、百、千、萬；自一而析之，而分、釐、秒、忽等數也。所(不)[未]知之數，[雖]未知幾何，而必爲一數則可知。此天元一之所由立也。已知之數、見數也。未知之數、借知其必爲一數，究借算也。見數與借算不同類，故必別太極於天元外也。以不同類者相加減，則生正負。何也？減所不可減，非負不能通其變也。以天元乘，則層累而上；以天元除，則層遞而下。層累而上者，譬天元爲方面，以乘方面爲平冪，以乘平冪爲立積也。層遞而下者，譬以方面除立積，則得平冪，除平冪，則得方面也。設一術於此以求其積數，又設一術於彼以求其積數。此之積數與彼之積數，其天元太極之等不同，而其爲積數則同，故曰如積也。彼此之積數同，則以彼消此，或以此消彼，相消之後，必減盡而空，更無積數矣。然而猶有天元太極之等(在)[者]，以有正負故也。計正之積與負之積適等，正之盈以負之不足消之而盡，負之不足以正之盈消之而亦盡。正負相消，則無正亦無負。無正無負，是無積數也。惟無積數，故除之，開方之，而得所立天元一幾何之實數，假尚有數不得爾也。此立天元術之大略也。是書於帶分寄母、同數相消之故，條分縷析，發揮無復餘藴。蓋自李欒城、郭邢臺而後，未有如此[之]妙也。」

初循以太陰次輪及火星歲輪，皆與本天不合，謂有其當然，自必有其所以然。及覆數四，不得其故，商之元和李鋭。鋭謂古法自三統以來，見存者四十家，其於日月之盈縮遲疾，五星之順留逆伏，皆言其當然，而不言其所以然。本朝《時憲書》甲子元用諸輪法，癸卯元用橢圓法，以及穆尼閣新西法用不同心天，蔣友仁所説地動儀，設太陽不動，而地球如七曜之流轉，此皆言其當然，而又設言其所以然。然其當然者悉憑實測，其所以然者止就一家之説，衍而極之，以明算理而已。是故月五星初均、次均之加減，其故由於有本輪、次輪，而其實月五星之所以有本輪、次輪，其故仍由於實測之時，當有加減也。以是推之，則月體一周，不能成大圈，與本天等，其故由於有次輪。而所以有次輪之故，則由於朔望以外當有加減也。火星軌迹不能等於本天，其故由於歲輪徑有大小。而所以輪徑有大小之故，則由於以無消長之輪徑算火星，猶有不合，而更宜有加減也。循踵其説，故自敍《釋輪》云：「七政諸輪，生於實測，若高卑遲疾之故，則未敢以臆度焉。」其虚衷服善有如此。

所著書不下數百卷，其最著者，有《孟子正義》《羣經宮室考》《雕菰樓易學》三種。餘甚多，不具録。子，廷琥。

子廷琥，字虎玉。優廩生。性醇篤，善承家學，於算學亦精進。陽湖孫觀察星衍撰《釋方》，不信地圓，謂西人誤會《大戴禮》四角不揜之言而創地圓之説，以楊光先之斥地圓比孟子之距楊朱。廷琥讀其書，謂古之言天者三家，曰宣夜，曰周髀，曰渾天。宣夜無師承，渾、蓋之説皆謂地圓。泰州陳氏、宣城梅氏悉以東西測景有時差，南北測星有地差，與圓形合爲説。且《大戴》有曾子之言，《内經》有岐伯之言，宋則有邵子、程子之言。其説非西人所自創，并非西人誤會古人之言也。因博搜古籍，合諸家言而臚列之，爲《地圓説》二卷。又庭訓謂李欒城、秦道古之學，既撰有《天元一釋》《開方通釋》以闡明之，而《測圓海鏡》《益古演段》兩書，未詳開方之法，讀者依然溟涬。因以同名相加、異名相消、用超用變諸法示廷琥，廷琥乃知以秦氏之法讀李氏之書。布策推算，一一符合，遂取《益古演段》六十四問，每問皆詳畫其式。書成，其父見而喜曰：「得此可讀《演段》矣。」即命名爲《益古演段開方補》，且云可附於《學算記》之末。

雜録

清・阮元《通儒揚州焦君傳》錢儀吉《碑傳集》卷一三五　評曰：焦君與元年相若，且元族姊夫也。弱冠與元齊名，自元服官後，君學乃精深博大，遠邁於元矣。今君雖殂而學不朽。元哀之切，知之深，綜其學之大指而爲之傳，且名之爲「通儒」，諗之史館之傳儒林者，曰：「斯大家，曷可遺也？」

清・羅士琳《疇人傳續編》卷五一《焦循》　論曰：天本無形，古人之所謂横帶天腰者爲赤道，斜交赤道者爲黄道，殆如棋枰劃界，以便測算耳，非天確有黄、赤道也。然則西人所謂本輪、均輪、次輪，亦虚象耳，非確有諸輪如連環相套於無形之天也。乃西人言之鑿鑿，甚且謂天有九重，層層相包，如裹葱頭，日月五星列宿，在其體内，如木節在板，一定不移。其所以能衒惑愚人者，正在此等新奇無據之説。乃不謂梅、江諸君，竟受其欺，遂以爲天真有質，真有若是諸輪。果使天真有質，真有若是諸輪，何以未幾而變爲橢圓之天？不識向之諸輪，究竟棄置何所。里堂輪、橢二釋意主實用，故詳於法而略於理，旨哉洵儒者之學也。至於天元之妙，妙在寄母。尚之謂減所不可減，非負不能通其變。余竊以爲除所不受除，非寄母不能通其變。寄母者，通分之謂也。不除此而乘彼，在常法多一除，立天元恒多一乘。故凡兩次除者，天元則變爲平方；三次除者，天元則變爲立方。是欲究天元之術，必先明正負開方之理。而天元之爲用甚廣，昔郭太史《授時術》尚用之以求弧矢，是不獨可賅《九章》，尤治曆者之所必不可少也。里堂天元、開方二釋，闡明其法，使人人通曉，較梅文穆之僅辨天元爲借根方所本，其功不更鉅哉？且里堂以通儒而兼精天學，其喆嗣虎玉又能克紹門業，可謂不媿古人，有光梓里矣。

理堂隱居北湖，與同里楊參戎相友善。參戎名大壯字貞吉號竹廬又號耕雲。昭武將軍裔，以世襲輕車都尉，官徽州營參將。病廢回籍。精於曆算，武官中洵爲罕覯。事蹟載《揚州畫舫録》，亦足以見吾鄉之篤好斯學之盛也。

又烏程張秋水選拔鑑《冬青館甲集》，有讀里堂天元一釋跋，謂：「卷末攷欒城與邢臺世次之先後，尤具隻眼。然謂欒城作《測圓海鏡》時，即本傳所云『晚家元氏，買田封龍山下，學徒益衆者』，此似有别。蓋仁卿作書時所言『老大以來』，其實亦祇中歲。欒城至至元改元以後始卒。故《河朔訪古記》載：『元氏縣封龍山龍首山下，有宋丞相李昉讀書臺，其吟臺在東北隅，逮國朝至元三年李文正公冶，自翰林學士辭歸山中，因其故基，以築大成殿講堂齋舍，招延學者。』據此當不止八十八歲。所謂甲辰如對後，即歸元氏山中，亦未必盡然。」秋水又有《大統曆法啓蒙》跋，謂：「此《曉庵遺書》，震澤沈退甫舉以見示。曆至《太初》以後，雖遞有改憲，不過增損於積年日法之間。至元郭守敬去積年，誠超前絶後之詣。由是西人不用日而用度，其實紀法用六十萬與日周用一萬，皆取準數，以其便於入算而已。殊不知置閏則須兼論距緯，斷非平氣之可統攝。此先生所爲斷斷於換度換宿者也。然則融西人材質，歸《大統》型範，其苦心至矣。豈第金、水二星行度有不同心，爲足以抉高卑盈縮之理哉？此書出，而先生之《遺書》約略盡顯矣。」士琳案：《曉庵遺書》世所傳者，惟新法六卷而已，多係鈔本，尚未刊布，不聞有《大統曆法啓蒙》一書，姑附記以俟搜訪。

阮元

傳記

清・劉毓崧《阮文達公傳》繆荃孫《續碑傳集》卷三　阮元字伯元，一字雲臺，乾隆丙午舉人，己酉進士，由翰林院編修大考一等第一名擢少詹事，歷官詹事、内閣學士，户禮兵工等部侍郎，山東、浙江學政，浙江、河南、江西巡撫，漕運總督，兩湖、兩廣、雲貴總督，太子少保，體仁閣大學士，嘉慶己未、道光癸巳，兩充會試總裁。戊戌秋予告回籍，晉加太子太保，支食半俸，丙午科重宴鹿鳴，晉加太傅，支食全俸，二十九年十月十三日卒，年八十六歲。予謚文達。

國史有傳，生平持躬清慎，屬吏不敢干以私，爲政崇大體，所至必以興學教士爲急，在浙江則立詁經精舍，在廣東則立學海堂，選諸生知務實學者肄業其中，士習蒸蒸日上，至今官兩省者皆奉爲矩矱。其撫浙時，安南艇匪肆掠，親督水軍禦諸台州，會神風助順，賊船盡碎，溺海者無算，僞總兵倫貴利等皆伏誅，僉謂誠感神祐所致。海盜蔡牽屢擾閩浙，奏請以提督李忠毅公總統兩省舟師，不分畛域，立專注首逆隔斷餘船之法，循環攻擊。識者謂牽之淹斃於温州黑水洋，全得力於此策。其撫江西時，嚴查保甲，破獲朱毛俚謀反鉅案，未嘗控弦發矢，銷叛逆於未起事之先，保全民命甚多，遂膺宫保花翎之賞。

其在雲貴時，留鹽課溢額之半協濟邊防，騰越廳邊外之野人出没無常，甚爲民患，惟保山縣境有猓猓熟夷，弩箭最精，爲野人所憚，因籌款招募，以資捍衛，野人聞風斂迹，相率獻木刻乞降。是時提督曾勤勇公會勦廣東叛猺，力戰先登，功居第一，出諸將上，中外咸以爲知人。而其碩畫遠謀，尤以督兩廣時爲著。履任之初，即籌備緝捕經費，俾州縣無畏累諱飾之心，廣西富賀、懷集，廣東連山、陽山，多盜，以接界之姑婆山爲逋逃淵藪，因調集兩省重兵，三路合圍，掃其巢穴，先後獲會匪劫盜數千，内地一律肅清。又創建大虎山礮臺，以防夷患。奏禁鴉片煙，不許帶煙之洋船入口，並將保結之洋商某三品頂戴參摘。見廣東省城布政使街酒館用木板畫夷館式，怒斥之，曰：此被髮祭野也。立諭府縣毁之。暎咭唎護貨之兵船殺二民人於伶仃山，遂封閉其艙，不容貿易，數月後夷目稟請查獻凶犯，始令照舊通商。蓋久料暎夷桀驁，遇事必加裁抑，故終其任兵船不敢再犯粤洋。及致任後，因夷氛甚惡，致書伊公里布，代奏請駕馭咪唎嚁，以制暎咭唎，爲以夷攻夷之策。粤東當事者寢而不行，迨暎爲鄰國所侵，和議始成，方共服爲老成謀國之遠慮，然後知其三十年綏靖封疆功德之被於人者遠矣。

歸田後，怡志林泉，不與郡縣相接，而於地方義舉，無不倡捐以率之。待族黨故舊咸有恩誼，樂於汲引後進，休休有容。

至其論學之宗旨，在於實事求是，自經史、小學以及金石、詩文，鉅細無所不包，而尤以發明大義爲主，所著性命古訓，論語、孟子，論仁、論曾子十篇注，推闡古聖賢訓世之意，務在切於日用，使人人可以身體力行。初在史館，采諸書爲儒林傳，合師儒異派而持其平，未嘗稍存門户之見。其餘説各經之精義，如周易文言、堯典朔閏、雅頌文王、清廟禮記、孝經明堂，載於《揅經室集》者，不可枚舉，所編《經籍纂詁》《十三經校勘記》，傳布海内，爲學者所取資。《疇人傳》《淮海英靈集》《鐘鼎款識》《山左兩浙金石志》並爲考古者所重，即隨筆記録，如《廣陵詩事》《小滄浪筆談》等書，亦皆有關於掌故。所刻之書甚多，最著者爲《十三經注疏》《皇清經解》，嘉惠後學甚溥。督學時，士有一藝之長，無不奬厲。能解經義及古今體詩者，必擢置於前。總裁會試，合校二三場文策，績學之士多從此出，論者謂，得士之盛不減於鴻博科主持，風會五十餘年，士林尊爲山斗。蓋生平以座師大興朱文正公爲模楷，故其經術政事與文正相類云。

清・李元度《阮文達公事略》繆荃孫《續碑傳集》卷三　一代之興，必有耆龐魁壘之臣，若唐之燕許及崔文貞、權文公、李衛公，以經術文章主持風會，而其人又必聰明早達，敭歷中外，兼享大年，其名位著述足以弁冕羣材，其力尤足提唱後學，若儀徵相國真其人哉。相國名元，姓阮氏，字伯元，號雲臺。祖玉堂，官湖南參將，始占籍儀徵，嘗從大帥征苗，有降苗數千，大帥將戮之以死，請得免，及公貴人以爲陰德所致云。

乾隆五十一年，公年二十三，舉鄉試入都，與邵二雲、王懷祖、任子田三先生友，作《考工記車制圖解》，有江戴諸家所未及者。五十四年成進士，選庶常，散館第一，授編修，逾年大考翰詹。高宗親擢第一，超授少詹事，命直南書房，修《石渠寶笈》。召對稱旨，上諭樞臣曰：不意朕八旬外又得一人，晉詹事，充石經校勘官。五十八年，督山東學政，撰《山左金石志》，得搨本千三百有奇，修鄭司農祠墓。明年，調浙江學政，擢内閣學士。嘉慶元年，禪授禮成，進文册，諭奬其典雅。徵刻《淮海英靈集》。二年，修《經籍籑詁》百十有六卷，選《兩浙輶軒録》，得詩三千餘家，注曾子十篇，稾凡三易。三年，擢兵部侍郎，轉禮部，仍直南書房。四年，調户部侍郎，充經筵講官，副朱文正公總裁會試，得士最盛，江都史致儼，歙鮑桂星，全椒吴鼒，武進張惠言，閩陳壽祺，高郵王引之，蕭山湯金釗，德清許宗彦，涿州盧坤，歙程祖，洛興康紹鏞，元和陳鍾麟，歸安姚文田，上元朱桂楨，嘉應宋湘，其尤著也。明年，授浙江巡撫，時海盜蔡牽擾閩越，疏請捐造大船巨礮，并籌捕土盜，翦艇匪之羽翼。璽書嘉奬，勉以顯親揚名。爲國宣力，成一代偉人。尋遣總兵岳璽等敗賊於太平，又奏獲杭紹等屬積盜數十。先是，錢塘江有水舟曰烏鴉船，昏暮劫掠，公廉得姓名，捕寘諸法，立緝匪章程七則，檄沿海州縣力行保甲。會艇匪竄浙，奏請以總兵李公長庚總統三鎮舟師，乃親駐台州督勦，獲安南僞侯倫貴利，磔之。是年，金處紹三郡灾，疏請振卹有差。蔡牽旋寇平陽定海，檄水陸鎮將擊走之。增設育嬰堂經費銀歲四千兩。六年，立詁經精舍，祀許叔重、鄭康成兩先生，延王述庵、孫淵如主講席，選高材生讀書其中，課以經史疑義及小學、天文、地理、算法，許各搜討書傳，條對不用扁試糊名法，刻其文尤雅者，曰《詁經精舍集》，不十年，上舍士致身通顯及撰述成一家言者，不可殫數，東南人才稱極盛焉。又以浙東多古帝王、名臣、先賢陵墓，繕册疏報，得旨勤加防護修葺，撰《兩浙防護録》。七年，浙西饑，疏請蠲豁平糶，立普濟堂於省會，每年冬振粥四十日，就食者日數千人。八年，立海甯安瀾書院，建玉環廳學宫，奏設學額，復奏立杭嘉等郡昭忠祠，請以歷年勦海寇傷溺弁兵三百人入祀，均從之。六月，入覲召對者八，賜宴者三。垂問封公年齒甚悉，賞賚有加，回任修《海塘志》。九年，疏請以李公長庚總統閩浙各鎮，專勦蔡牽，遂敗牽於定海。會浙東水灾，疏請蠲緩平糶，并率屬捐賑。建白文公祠於西湖，撰《經郛》及《海運考》《兩浙金石志》《積古齋鍾鼎款識》。十年，賑杭、嘉、湖三郡饑，檄所屬多設粥廠，分男女爲二，出入進退皆有法。病者，藥之；老疾者，别爲廠；婦女有厠篷，全活數十萬人。六月，父憂，歸里居，成《十三經校勘記》二百四十三卷，撰《皇清碑版録》，編《瀛舟書記》，重刻《石鼓文》，置揚州府學。十二年，入都，進四庫未收書六十種，作《提要》上之。得旨奬覽。補兵部侍郎，命赴河南勘獄，再撫浙江。先是，公撫浙五年，凡安南、鳳尾、水澳等幫海盜，勦撫散除幾盡，所餘者土盜張阿第等十餘艘耳。自蔡牽得志於閩，大掠臺灣，李公長庚死事。至是牽從安南回棹，聚至五十艘，而張阿第亦有船三十餘艘，勢張甚，乃親赴甯波督勦，申嚴接濟賊糧之禁，先後敗賊於沙鑊洋、黑水洋、落伽洋等處，賊勢始漸蹙。公復薦邱公良功爲浙江提督，又立專注蔡牽分船隔攻之法，於是邱公及福建提督王公得禄遂以十四年秋殲牽於温州之外洋矣。坐失察學政劉鳳誥代辦監臨舞弊事，奪官，命以編修在文穎館行走。十五年，遷侍講兼國史館總纂。創立儒林傳，得百四十六人，但述學行而不區分門逕。又擬創文苑傳，未就。又集本朝天文律算諸家，作《疇人傳》。累晉少詹事、内閣學士。十七年，往山西、河南勘事，遷工部侍郎。八月，授漕運總督，立糧艘盤糧尺算法，頒行各省。十九年，調撫江西，時豫東邪教初平，餘黨煽亂，餘干匪目朱毛俚等假託明裔謀逆，公率臬司馳往擒獲胡秉耀等十七名，寘諸法，得旨嘉奬，加太子少保，賞戴孔雀翎。尋獲崇義縣天地會匪鍾體剛、進賢縣擔匪曾文彩、龍南縣會匪鍾錦龍、長甯縣會匪郭秀峰、瀘溪縣會匪陶省三等，各論如律，民情乃安。公在江西，改建貢院號舍拓基，修省城章江水閘，校刻《十三經注疏》。以惠士林二十一年調撫河南，十一月遷湖廣總督，奏建江陵范家隄、沔陽龍王廟石閘，以蘇水患。明年，調兩廣總督，奏建大黄窖、大虎山、肇慶府各礮臺，又奏建南海縣屬桑園圍石隄，修《廣東通志》。二十四年秋入京祝嘏，召對十一次，賜克食四十七次，恩賚有加，仁宗皇帝手酌玉杯賜公，同受賜者惟江督孫公玉庭、川督蔣公攸銛而已。二十五年，立學海堂，以經古學課士，如在浙江時。改建貢院號舍，如在江西時。道光元年，奏設卹嫠局，修廣州城及城北鎮海樓，建三水行臺書院，刻《江蘇詩徵》百八十三卷，作者五千四百三十餘人，尋刻《皇清經解》，爲書百八十餘種，爲卷千四百。公在粤十年，兼署廣東巡撫者六。粤中水陸向多盜，公飭屬嚴拏，前後數千計。其賀連交界姑婆山，素稱盜藪，公調兵擣其巢，患乃息。西洋貿易，惟暎咭唎國貨最多，性尤狡黠，嘉慶二十一年，嘗遣使入貢，未許，成禮而回。逾年，公涖粤，疏請嚴禁鴉片，首以嚴馭洋商夷商爲務，遇事裁抑之。夷船在黄浦殺人，公嚴飭洋商必得兇犯乃已，商不能庇犯乃自刎死。有擊死民婦者，亦予絞決抵罪。道光二年冬，暎夷護貨兵船，殺死民人二，公飭洋商及管事大班縛犯以獻，大班委其責於兵頭，即恤傅諭兵頭獻犯，詭稱夷民互有殺傷，冀相抵賴，公持之力，夷目等聲言將揚帆歸國，停貿易。公給印諭言：「願歸即歸，天朝并不重爾等貨稅。」於是各船皆出海口，然非其志也，仍潛泊外洋，以待日久折閱，多其兵船，又先遁，大班等乃稟求回岸貿易，俟下次貨船抵粵時縛犯來獻。公復給印諭：「兵船不許復來，其見在貨船暫許貿易，續到者如不能縛犯，仍嚴拒不許入。」方事之殷，商民官吏皆惶惶，或言關稅將自此大絀，且慮激變，爲朝廷憂。公曰：「國體爲大，稅數爲輕。且索兇理長，不可爲所欺。」脅力持二三月，夷目始有乞回貿易之稟。自是兵船亦不敢復來。公調任兵船即踵至，海疆乃自此多故矣。六年夏，調雲貴滇省鹽政，久抗弊，歲絀課十餘萬，公首劾蠹吏，力杜井竈走私弊。七年，奏銷溢額萬六千兩。明年，又數倍之，乃疏請酌留溢額銀兩，備邊費，從之。騰越極邊有野人一種，茹毛穴處，時入內地劫掠，爲邊患。而保山等處別一種邊夷，曰猓猓，本土司所轄也，以墾田射獵爲生，精於桑弩毒矢，野人畏之。公乃籌邊費萬金，招猓猓三百餘户，駐騰越邊界，給地屯種，以禦野人，會訛言總督將帥兵親討，於是南甸隴川等土司帶領二十餘寨野人來乞降，並獻木刻，設誓。八年十二月入覲，召對十次，賜紫禁城騎馬及御書春帖子。尋召入乾清宮，面賜福壽字，賞賚無數。十二年，遷協辦大學士，仍留總督任。十三年二月，陛見，時年七十矣。賜御書福壽字，亮功錫祜扁額及尚方珍物，爲公壽。尋命充會試副總裁，四月回任。公督滇黔十載，值車里土司刀繩武與其叔刀太康鬩鬭，因而脅官求助，其時漢夷流言皆謂當助姪滅叔，公不爲動，檄鎮道等擊敗繩武，另擇人承襲，亦不追殺要功。其後越南保樂州土官農文雲謀叛其國，聚衆戕官，經交兵捕追，公飭沿邊嚴防，毋令一夷竄入，亦不得生事貪功妄殺。手詔嘉之。其鎮靜得大體多類此。十五年，拜體仁閣大學士，管兵部事，充經筵講官教習庶吉士兼署左都御史。宣宗兩次謁陵，均命留京辦事。十八年，以足疾請告，疏再上，優詔許致仕，仍食半俸，瀕行，加太子太保。

公歸里後，築別墅於湖莊，曰南萬柳堂，蓋以別於馮文毅之都城別業也。二十三年，公壽八十，復拜御書扁額、楹聯、福壽字及尚方珍幣之賜。二十六年丙午，以重赴鹿鳴宴，加太傅銜，食全俸，公疏謝，手敕報曰：「願卿福壽日增，以待三赴鹿鳴之盛事也。」考本朝人臣生前加太傅者，自金文通、洪文襄、范文肅、鄂文端、曹文正、長文襄外，得公，而七公以後，惟潘文恭世恩而已，餘皆贈自身後者也。二十九年十月薨，年八十有六。優旨悼卹，賜祭葬，予謚文達。所著書曰《揅經室集》，先後刊行。海內名宿著述，如錢辛楣《三統術衍》《地球圖說》，謝東墅《食物百詠》，張皋文《虞氏易儀禮圖》，汪容甫《述學》，錢溉亭《述古録》，劉端臨《遺書》，凌仲子《禮經釋例》，焦里堂《雕菰樓集》，鍾菣崖《考古録》，孔顨軒《儀鄭堂集》，胡西棽《詩集》，張解元《貴吏部詩集》僧誦苕《蔗查集》、李四香《算書》，凡數十家。子：常生，官清河道，前卒。福，平涼府知府。祜，舉人，官知府。繼配孔氏，工詩，著有《唐宋舊經樓稾》。

清・諸可寶《疇人傳三編》卷三《阮元》　阮文達公元字伯元號雲臺亦號芸臺，晚自號頤性老人，儀徵人。所生月日與唐白少傅同。既冠舉於鄉，乾隆五十四年成進士，改翰林院庶吉士，散館第一，授編修。五十六年大考翰詹，題爲《擬張衡〈天象賦〉》。公賦曰：「惟圓象之昭回，建北極以環拱。擬磨旋以西行，儼笠冒而中擁。陽乘健以爲剛，氣斡機而非重。分五宮以各正，圍列宿而高聳。既承天以時行，亦後天而時奉。昔虞廷之治象，命羲和以互參。仰璇璣以分測，廓四儀而內涵。惟周髀與宣夜，合渾天而爲三。溯洛下之善製，亦鮮于之極諳。地平準而天樞倚，黃道中而赤道南。惟中陸之相距，廿四度以相含。割渾圓爲象限，分弧角於輿堪。歸隸首之實算，斥鄒衍之虛談。原夫日周天步，月麗天衢，日一度而若退，月十三度而愈紓，分十二以合朔，乃會躔以同符。冬起牽牛之次，夏極東井之區，秋遇壽星之位，春在降婁之隅。惟九行之出入，亦四道之殊途。攷日至之圭景，尺五寸而不逾。分高卑於遠邇，測里差之各殊。月令遲于小正，夏時合于唐虞。驗中星之遞徙，又知歲差之不可無。至若別五星於五天，錯經緯於日晷。金一年而周天，丑未終而寅戌始。水周天以同金，井絡終而降婁起。歲周年以十二，爲衆星之綱紀。四仲則三宿已遷，孟季則二宿非邇。火二年而一周，入太微而分紫。土周歲以廿八，將彌月而度乃徙。旋七政以同天，能左右之。曰以列宿廿八，正自重黎，指以招搖，正以攝提。惟角亢之七宿，升蒼龍而上躋。正天門與衡柱，有角首之杓攜。虛女殷乎北位，爲子丑之端倪。鶉火殷乎南紀，當三台而光齊。胃昴畢之七宿，合首尾於參奎。占伐旗與溝瀆，象白虎於其西。分野占星，斗耀惟七。機青樞冀分其區，魁雍衡荆異其術。四輔連乎理樞，陰德近乎太乙。內階映文昌之宮，衛尉對丞弼之秩。帝座御而華蓋高，閣道啓而句陳出。王良卻而造父馳，柱史明而開陽吉。斜漢絡乎天半，夏案户而光實。其隸垣外而居南極者，亦縷數之不能悉。事天以敬，治象以正。三光宣精，四時爲柄。圓而動者施其德，高且明者布其令。奉三無私者惟君，建五有極者惟聖。屏《靈曜》於《緯書》，撰《靈憲》以互證。是以黃帝制岦以推策，有虞撫衡而齊政。惟有道者萬年，協清寧而衍慶。」卷呈御覽，改擢第一，超授少詹事，南書房行走。夏至前二日，於乾清宮西暖閣召見，問及書畫、天文、算學等事。旋升詹事。五十八年，提督山東學政。六十年調任浙江，遷内閣學士。嘉慶二年在浙，始與元和李茂才鋭商纂《疇人傳》，至庚午歲，乃寫定。三年補侍郎，任滿還朝，歷兵、禮、户三部，命管理國子監算學。五年，授浙江巡撫。最後累官至體仁閣大學士，管理兵部。道光十八年，老病乞休，予告致仕。晉加太子太保銜，在籍食大學士半俸。二十三年，八十生辰，拜恩賞御書「頤性延齡」扁額，及楹聯諸珍物，共十事。二十六年丙午科，重赴鹿鳴筵宴，恩旨晉加太傅銜，支食全俸。疏謝。手敕報曰：「願卿福壽日增，以待三赴鹿鳴之盛事也。」考國朝滿漢大臣生前加太傅者，如金文通、洪文襄、范文肅、鄂文端、曹文正、長文襄，與公而七，後乎公者則僅潘文恭一人而已。二十九年十月，無疾而薨，年八十有六。遺疏上，恩卹如典禮，予謚文達。

迹公生平，蓋於學無所不窺，亦無所不善，博聞好問，耄而彌篤。方二十四五歲時，會試初罷，留館京師，與餘姚邵學士晉涵、高郵王給事念孫、興化任御史大椿友。即以著述名家，譔《〈考工記〉車制圖解》，辨正車耳反出軌前十尺等事，多前賢所未及。自敍云：「作車以行陸，聖人之事也。至周人上與一器而工聚者車爲多。《攷工記》注解釋尚疏，唐以後學者，又專守傳注，罕貫經文。元以考工之事，今之二三君子既宣之矣，於車工之事猶闕焉。因玩辭步算，率馮陋識，訂證牙圍、梢藪、輪綆、車耳、陰軌、輈深、任木、衡軶等十餘事，作輪解第一，與解第二，輈解第三，革解第四，金解第五，推求車度次第解第六。解所未明，圖以顯之，作輪圖第一，與圖第二，輈圖第三。都爲二卷。」後於嘉慶八年任浙撫日，又自識云：「《車制圖解》元寓京師時所撰，撰成即刊之。其間重較軌前十尺，後軫諸義，實可辨正鄭注，爲江慎修、戴東原諸家所未發耳。以此立法，實可閉門而造，駕而行之。此後金輔之、程易田兩先生，亦言車制，書出元後，其于任木、梢藪等義，頗與鄙説不同。其説亦有是者。元之説亦姑與江、戴諸説並存之，以待學者精益求精焉。」

嘗因推步日食，攷定《十月之交》四篇屬幽王時詩，作《詩補箋説略》。謂：「交食至梁、隋而漸密，至元而愈精。梁虞劆、隋張胄(元)[玄]、唐傅仁均、一行、元郭守敬竝推定此日食在周幽王六年十月建酉辛卯朔日入食限，載在史志。今以《後編》法上推正合。若厲王在位有十月辛卯朔日食，何自古術家無一人言及者？《補箋》云：「雍正癸卯上距周幽王六年，積二千四百九十八年。依今推日食法，推得建酉月辛卯朔太陰交周初宫一十二度八分三十五秒二十九微入食限，朔月月朔也。」箋下附列細草。中積分九十一萬二千三百七十五日三五一三八一一六，通積分九十一萬二千三百四十三日二二八八四一一六，天正冬至一十六日七七一一五八八四，紀日一十七，積日九十一萬二千三百七十六，日通朔九十一萬二千三百九十一日一二六二三三，積朔三萬〇八百九十六，首朔一十四日〇〇一三一五一二，積朔太陰交周二宫一十六度五十分八杪四十微，首朔太陰交周四宫六度四十六分四十四杪九微，十月朔太陰交周宫度见前爲入交有食，十月平朔辛卯日卯初三刻九分。蓋國朝《時憲書》密合天行，爲往古所無。今遵《考成後編》法推，正得入交，謂厲王時者斷難執以爭矣。其它據時地人事雜爲辨證者，玆不具詳。」

又任漕運總督日，立糧艘盤糧尺算捷法。舊以尺量艙之寬長深，而三乘四因之法甚繁。今以部頒鐵斛較準一石米，立爲六面相同之立方形，命一面之寬長爲一尺，定爲立方一石之尺。舊尺約當此尺七寸六分弱。用此尺量艙，得其寬長二數，初乘之得丈尺寸分數，再以初乘之數與深者之數乘之，得又丈尺寸分數。是再乘所得之丈尺寸分，即米之石斗升合。故較舊法捷省一半，簡便易曉也。頒行各省，竝刻石嵌漕院壁間。

其創立《疇人傳》也，甄録自黃帝以來得二百八十人，匯萃羣籍，篇帙浩繁。自起凡例，擇友人弟子分任之，而親加朱墨，改訂甚多。溯古今沿革之原，究中西異同之故，綜算氏之大名，紀步天之正軌，至今游藝之士，奉爲南鍼焉。又海内名宿著述，多賴表章而刊布之。如錢辛楣氏《三統術衍》《地球圖説》，溉亭氏《述古録》，孔顨軒氏《少廣正負術内外篇》，焦氏里堂《遺書》，李氏四香《算書》，尤彰彰者。此外不關步算諸書，又不下數十家。公所自著總曰《揅經室集》如干卷。

雜録

清・諸可寶《疇人傳三編》卷三《阮元》 論曰：竊嘗聞之，一代之興，必有耆龐魁壘之臣。若唐之燕、許，及崔文貞、權文公、李衞公，以經術文章主持風會，而其人又必聰明蚤達兼享大年，其名位著述足以弁冕羣材，其力尤足以提唱後學，若儀徵太傅眞其人哉。夫太傅敭歷中外五十餘年，頤養里第又十一年，身爲名臣通儒，猶孜孜於天文算學不倦。良因術數之眇，窮幽極微，可以綱紀羣倫，經緯天地，乃儒流實事求是之學，非方技苟且干祿之具。用是上下二千年來，網羅將三百家，勒成一編，傳諸永久。是故勿庵興，而算學之術顯；東原起，而算學之道尊；儀徵太傅出，而算學之源流傳習始得專書。昔河間文達公淹通經籍，人疑其不自著書，則但曰畢生詣力，備見於《四庫書目提要》已。吾謂儀徵公於算學亦然，非必它有所譔纂而后成一家言也。言不朽之盛業，孰有大於《疇人傳》者乎？又豈屑屑焉與曲藝自矜者，斠尺寸之憲率，絜短長於迹象乎？然則儀徵之有功藝苑，與河間將毋同。若夫著作貫九流，事功垂十世，名在史宬，語在典册，後之誦《揅經室》四集、讀《文選樓叢書》者，自能窺其全而識其眞。今之記載，類取明算諸説著於篇，庶幾備尚論之一助，以斯爲别傳也可。即以是當學術外紀也，亦無不可者。小道可觀，蓋弗第引未竟之緒，抑亦公創傳之前志也歟。

清・張敬《頤性老人像識語》　道光癸卯四月，先父隨從祖叔未解元謁文達公於文選樓下。公是年壽八十，宣宗成皇帝恩賜頤性延齡額，遂號頤性老人。從祖壽七十六，眉長寸餘，先父爲摹勒二老真容於石，曰眉壽圖。其時據文選樓刻《疇人傳》後四十四年，迄今又後三十九年。求單行本不可得，敬於友人處假得《叢書》本校讐重刊，訖，從家藏舊榻，謹摹頤性老人像，以弁卷首，俾讀是書者識公之容，知公爲名臣大儒猶孜孜於天文算學，以汲引後人如此。又假得羅氏《續傳》，坿刻以足之。於是古今中西曆算源流，粲然具在，而甘泉振起絶學之功，至是而益章已。近代諸家，或借法切綫以馭天，或用代微積以立式，精微簡捷，超軼前人，然欲溯四千五百年來推步沿改之原，惟此書爲大備。蓋算固以簡捷爲宜，而理必以博通爲本。數典忘祖，儒者所羞。敬嘗廣購算書，於筆畊餘閒，篝燈推究，輒苦代數爲難通，繼而得羅先生《玉鑑細草》，深思十餘夕，盡悟其理，由是以習代微積諸書，如觀掌紋，至於相消後開正負立方以上，代數必繞道借開，四元則超步即解，優絀之故，參攷自明。爰勸諸同學，以誦讀餘功，兼課數學，務在明中西之法，無相雜糅，通古今之變，各期心得，庶可仰副老人作傳深心於萬一云。光緒八年壬午夏五，海鹽後學張敬識。

吴蘭修

傳記

清・羅士琳《疇人傳續編》卷五一《吴蘭修》　吴蘭修字石華，嘉(應)[慶]舉人。官信宜訓導，工詩文，尤精考據，兼擅算數之學。曾序李雲門侍郎《(輯)[緝]古算經考注》，其略云：【略】「立言無多，要能直揭王氏之旨，非深於古法者不能道。」又撰有《方程考》，謂方程之法，沿誤久矣。梅氏定爲和數、較數、和較兼用、和較交變四類，可謂力闢荆榛。但其圖仍用直行，正負交變，耳目紛繁，學者猶難之。因以諸書方程，經梅氏考正者，悉著録，遵《御製數理精蘊》法算之，庶幾一目瞭然。

雜録

清・羅士琳《疇人傳續編》卷五一《吴蘭修》　論曰：石華爲廣東知名士。阮相國總制兩廣時，於廣州城北粤秀山越王臺故址，建立學海堂以課士，首選石華爲學長，其品學已可概見。所著《方程考》，末載通御、附辨二門。如《算法統宗》有狐鵰不知數一條，用頭尾相減爲共數，固誤。梅文穆公《赤水遺珍》改定爲兩尾相減餘爲法，亦非通法。因悟得用方程法御之，始無窒礙。其他不勝枚舉，要皆有功于九數者也。

張鑑

傳記

清·諸可寶《疇人傳三編》卷三《張鑑》 張鑑字春治號秋水，烏程人。嘉慶六年選拔貢生，九年鄉試中副榜，後銓授武義縣學教諭。道光二十六年卒於官所。博通經史，四十後即棄舉子業。因出儀徵太傅門下，識江都焦孝廉循輩。甘泉羅明經士琳《續傳》中，已采其《冬青館甲集》算書題跋二首。教諭著述甚富，自步算、樂律、音韻、六書、金石，暨地理、水利，莫不周曉，發爲文章，引據典墳，所著書凡三百卷。中如《中西星歌合鈔》二卷、《歷統歲實消長表》三卷、《天元借根得一》二卷、《立天元一捷法》一卷，皆有心得。他不關算數者，不具録。

紀事

清·潘衍桐《兩浙輶軒續録》卷二二 張鑑字春治號秋水晚號貞疾居士，烏程人。嘉慶甲子副貢，官武義教諭，箸《冬青館甲乙集》。

縣志：鑑館劉氏眠琴山館，徧讀所藏書，學益博發，爲文章引據典確，阮元設詁經精舍，鑑與焉，佐修《鹽法志》《經籍籑詁》等書。嘉慶辛酉，拔貢，甲子中副榜。元督師往甯波，挾鑑同行。復以水灾蠲振，皆資其贊畫，卒年八十三。箸書三百餘卷。其《海運芻言》，侍郎英和稱爲可用。道光甲申，奏行海運大畧，與鑑説合，而稍加變通焉。

《緝雅堂詩語》：秋水箸述有《古文尚書脞説》一册、《詩本事》一卷、《韓詩考逸》一册、《左傳規過比辭》六卷、《喪服古注輯存》二卷、《夏小正集説》一卷、《論語考逸》一册、《孝經證墜簡》一卷、《十三經叢説》五十卷、《七緯補輯》七卷、《説文補注》一卷、《六書寤言》四卷、《假借表通釋》一卷、《西夏紀事本末》三十六卷、《東南半壁紀事》三十卷、《隋朝行宫録》一卷、《蕃釐觀志》一卷、《洞書》六卷、《海運芻言》四卷、《孔子徒人圖法》一卷、《稽氏聖賢高士傳存真》一卷、《兩浙賑災記》三卷、《附録》一卷、《雷塘广主弟子記》二卷、《墨妙亭碑目考》三卷、《傅子廣輯》三卷、《神农本艸存真》三卷、《眉山詩案廣證》六卷、《兩宋畫院志》四卷、《中西星歌合鈔》二卷、《歷統歲實消長表》三卷、《天元借根得一》二卷、《立天元一捷法》一册、《釋菜》一卷、《釋鳥》一卷、《夢史》一卷、《破蝨録》一卷、《冬青館隨筆》一卷、《破睡録》一卷、《忼瀫録》一册、《楚詞釋文》十七卷、《上林子虚賦郭注輯存》二卷、《蠅鬢館詩語》五十卷、《秋水文叢》五十卷、《文叢再編》一册、《文叢三編》一册、《文叢四編》一册、《詹詹集》四卷、《古宫詞》三卷、《畫縢詩》三卷、《冬青館甲集》六卷、《乙集》八卷、《秋水詞》二卷、《賞兩茅屋詞》二卷，凡目五十有二，卷三百有奇，可云宏富，潘文勤公爲刻數種，然散佚不傳者多矣。

汪萊

傳記

清·焦循《石隸儒學教諭汪君萊别傳》汪萊《衡齋遺書》書首 吾友汪君孝嬰，嘉慶丁卯以優貢生赴朝考京師，戊辰入國史館纂修《天文》《時憲志》，既成，天子嘉其通曉數學，選授石隸儒學訓導。癸酉冬十一月卒於官。明年甲戌冬十二月，弟子績溪縣舉人胡君培翬移書於循曰：「國史館修儒林傳，館内諸公徵先師事蹟。竊思先師六經子史罔不通貫，而天文算術是其專門。非得精通九數者不能道，且先師所學與自來各家異同出入，未易悉其塗徑。伏唯先生于數學著有成書，先師寓揚時，惟與先生往來商搉。倘不恪惠施，俯從所請，爲撰别傳一篇，將先師心得詳悉揭出，以便上之史館，感且不朽。」嗚呼！孝嬰信没矣。

自丁卯與孝嬰别去，秋省試後，孝嬰與舍弟同舟至揚，信宿遽去。循村居，以足疾未獲一晤，近者傳聞其没，猶未敢信。得胡君書，而孝嬰信没矣。

孝嬰少余五歲，自訂交于秦淮旅舍，至今二十餘年，雖遠隔數千里，有所得必郵寄相與論訂。歲丙寅，余館城中，與孝嬰館相去數武，尤朝夕聚。然孝嬰之學深妙入微，恐不足以盡其藴，姑述所知，質之胡君，惟大人先生採摘焉。

孝嬰，姓汪氏諱萊號衡齋，徽州歙縣人也。徽州之學自江文學永倡其先，戴庶常震、金殿撰榜、程孝廉方正瑶田踵而興焉。江氏精西人法，戴氏飾以古九章割圓，故天文算學與宣城梅氏相伯仲，錢少詹事大昕、教授塘遥相應和。

然孝嬰生於歙，其學實自得，不由師授。弱冠後讀書于吴葑門外，數年苦心冥索，得中西之秘，亦未嘗與吴中師友相接。天資敏絶，性能攻堅。極繁賾幽秘，他人翻覆再三，未能理其緒，而孝嬰目一二過，默識静會，已洞悉其本原，而貫達其條目，是非間隙，毫髮莫遁。人所言不復言，所言皆人所未言與人所不能言。故其著述無多卷，而簡奥似周秦古書。

八線之制終於三分取一，用益實歸除法求之。孝嬰以一表之真數僅得十之二，因悟得五分之一通弦與五分之三通弦交錯爲三角形比例立法，以取五分之一通弦，而弦切之數益密。梅氏《環中黍尺》有「以量代算」之術，惟求倚平儀外周之兩角，而縮于内半周之角未詳。孝嬰以爲易，更立新法量取不倚外周之角度，而三角之量法乃全。堆垛有求平三角、立三角、尖堆積法，不及三乘方以上。孝嬰推而補之，自三乘、四乘以上之尖堆，皆可由根知積。因及諸物遞兼之法，以補古九章所未備。凡此引伸觸類，無不探幽索隱，條疏層解。所尤獨得者，爲梅文穆公句股知積之術，及指識天元正負開方之可知不可知。文穆《赤水遺珍》稱：「有句股積及股弦和、較，求句股，向無其法，苦思力索，立法四條。」其門生丁維烈又造「減縱翻積開三乘方法」。文穆許之。孝嬰曰：句股形等積、等句弦和；帶縱立方形等積、等高闊和；皆有兩形互易。如句二十、股二十一、弦二十九，句弦和四十九，句股積二百一十；句十二、股三十五、弦三十七，句弦和亦四十九，句股積亦二百一十。若問者暗執一形，則對者交盲兩數。梅、丁諸公法成而不可用，遂創立「有兩積相等，兩句弦和相等，求兩句股形之法」。其法：「四倍句股積，自乘，句股和除之，爲帶縱長立方積，以句股和爲縱，開得數爲兩句弦之中率。自乘爲帶縱平方積，又以中率與句弦和相減，爲長闊和，求得長闊兩根，爲兩句弦較。用句弦較與句股和求得兩形各數。」蓋悟得：兩句弦較、及兩句弦較減一句弦和之餘，必爲連比例之三率。兩句弦較必爲首末二率，兩較減一和之餘，必爲中率，句弦和必爲三率併，故求得首末兩率，即得兩句弦較之數。又悟得：同積之邊彼此可互三次之乘，先後可通，故四倍句股積自乘，即兩形之倍句相乘爲底、兩形之股相乘爲高，又以股自乘同於句弦和乘句弦較，則以句弦和除股自乘，原可得句弦較。今之兩倍句不同數，相乘之兩股亦不同數，則句弦和乘之不得句弦較，而得兩句弦較之中率。蓋句弦和既爲三率併，則此一句弦較爲首率者，用減此一句弦和所餘倍句，即中末二率。彼一句弦較爲末率者，用減彼一句弦和，所餘倍句，即首中二率。故兩倍句相乘，即猶以中末乘首中，而兩倍句相乘爲底，兩股相乘爲高者，化爲中率再乘爲立方三率併爲帶縱，故以句弦和爲縱，開立方即得中率，又以中率自乘與首末二率相乘等，故以中率自乘爲平方積，以首末二率爲長闊和，得長闊即得首末，得首末即得兩句弦較之數。是術也，窮消息之原，鑿旁通之徑，所謂成變化而行鬼神者矣。

元李治傳洞淵九容之術，撰《測圓海鏡》《益古演段》，以明天元一如積相消，其究必用正負開方，互詳于宋秦九韶《數書九章》。本朝梅文穆公雖指天元一爲西人借根方所由，而正負開方則未有闡明者。元和李鋭尚之特爲讎校，謂少廣一章，得此始貫於一，好古之士，翕然相從。孝嬰獨推其有可知與不可知，如《測圓海鏡》邊股第五問，圓城求徑二百四十步與五百七十六步共數，而李仁卿專以二百四十爲答數。《數書九章》田域第二題，尖田求積二百四十步與八百四十步共數，而秦道古專以八百四十爲答。乃自二乘以下縷析之，得九十五條。凡幾根數爲帶縱長闊較則可知，爲帶縱長闊和則不可知。又推得幾真數少幾根數又多幾平方與一立方積等，多少雜糅，和較莫定，立法以審之，以幾平方數用幾立方數除之，得數乘幾根數，以較幾真數，若少於真數，則以幾平方爲高闊較，是爲可知。若多於真數，則或幾平方數爲通分法三母總數，幾真數爲三母維乘之共數，幾根數爲通分之共子。如二、如六、如十二，設真數一百四十四，少二百零八根積，多二十平方積，與一立方積相等，則三數皆同，是爲不可知也。

孝嬰於六經，務在熟習本文，博通注疏，原始要終，以一知半解爲陋。儀禮士虞，《禮記》「虞，沐浴不櫛」。注云：「今文曰沐浴。」歷來校者不言其所謂，或以「今文曰沐浴」則「古文不曰沐浴」，「今本作沐浴」宜有訛。孝嬰曰，否。注謂古文作「沐浴不櫛」，今文作「沐浴」，無「不櫛」二字，所異在「不櫛」之有無，不在「沐浴」之增減也。

《史記》太初元年年名焉逢攝提格是爲甲寅，《漢書》述《三統》，推太初元年歲名丙子，説者不能決。孝嬰曰，《三統》，劉歆所作，王莽以火德消盡土德，當代太初元年甲寅，數至建國元年，則爲丙午，莽急欲即真，萬不能待戊己之年，故更元年之己巳，則冠土與火之上，遂改太初甲寅爲丙子，又僞爲超次之法，遠托諸十四萬三千二百三十九年之前，以爲太極上元，起於丙子，超若干法，至建國元年恰爲己巳，此與即位之日用戊辰，令天下以戊子代甲子意同。歆以之欺莽，莽以之欺天下。凡説經史不可苟同於人，類此。熟于許氏《説文》，工篆，餘事亦爲詩歌，性淵穆和易，與人接，無厓岸。有以所著撰相質，必首尾研究再三，否者直乙之，是者爲之疏通證明。程氏瑶田撰《磬折古義》，以明一矩有半之句倨，謂設縣於股，在鼓上稍右。股横於上，所以壓之使正。泥成説者或疑之。孝嬰核以重心比例之法，而磬鼓直縣之制以定。或得舊井闌石，有字靡滅，衆傳會爲蜀延熙時物。孝嬰細審，力闢其誤誣。或勸其周旋世故，終崛强不少假借。其官石埭也，公事依例，獨行不爲利疚威惕，故倉貧茹苦，無異諸生。時嘗雨中步游黄山，作《遊記》一卷。石埭東南郭柳家梁，有嫗劚田得銅器二融相附有古篆文。孝嬰量得大者口徑今尺八寸十分寸之九，邊侈一寸十分寸之一，腹寬底殺，容積寸二百三十六，辨其當下篆爲「蜀郡成都楊旦造傳子孫」十字。小者容積一百一十寸，形與大者同，辨其當下篆爲「陵陽子明受王孫釜作鬷用沸」十二字。劉向《列仙傳》紀子明上黄山，采五色石，脂沸水而服。此其沸石之器，旦爲楊傳王孫之名。可補班氏《漢書》，急分俸錢購得之，日手摩挲，以爲娱樂，而甑中生塵不爲計也。春秋四十有六，所著《衡齋算學》七卷，行於世。

清・羅士琳《疇人傳續編》卷五〇《汪萊》 汪萊字孝嬰號衡齋，歙縣人。年十五，補博士弟子。弱冠後，讀書於吴葑門外，慕其鄉江文學永、戴庶常震、金殿撰榜、程徵君易疇學，力通經史百家，及推步曆算之術。嘉慶十二年，以優貢生入都，考取八旗官學教習。會御史徐國楠奏請續修《天文》《時憲》二志，經大學士首舉萊與徐準宜、許澐入館纂修。十四年書成，議敍以本班教職用，選授石埭縣訓導。十八年應省試，得疾歸，卒於官，年四十有六。

先是十一年夏，黄河啓放王營減壩，正溜直注張家河，會六塘河歸海。兩江督臣奉上命，查量雲梯關外舊海口與六塘河新海口地勢高下，延萊測算，蓋其精算之名，久爲官卿所知。曾製渾天、簡平、一方各儀器觀測。

與郡人巴樹穀最友善，客江淮間，又與焦孝廉循、江上舍藩、李秀才鋭辯論宋秦九韶、元李冶立天元一及正負開方諸法。天性敏絶，極能攻堅，不肯苟於著述。凡所言，皆人所未言，與夫人所不能言。

嘗以古書八線之制，終於三分取一，用益實歸除法求之，其一表之真敬，僅得十之二。因悟得五分之一通弦與五分之三通弦，交錯爲三角形，比例立法，以取五分之一之通弦，而弦切之數益密。梅氏《環中黍尺》有以量代算之術，惟求倚平儀外周之兩角，而縮於内半周之角未詳，其法較易，因立新術量，取不倚外周之角度，而三角之量法乃全。堆垛有求平三角、立三角、尖堆積法，不及三乘方以上，又復推而廣之，自三乘、四乘以上之尖堆，皆可由根知積。并及諸物遞兼之法，以補古《九章》所未備。

又糾正梅文穆公句股知積術，及指識天元一正負開方之可知不可知。其糾正句股知積術也，文穆《赤水遺珍》稱有句股積及股弦和較求句股，向無其術，苦思力索，立法四條。其門人丁維烈又造減縱翻積開三乘方法，文穆許之。萊謂勾股形等積、等弦和，帶縱立方形等積、等高闊和，皆有兩形互易。如句二十，股二十一，弦二十九，句弦和四十九，句股積二百一十。若句十二，股三十五，弦三十七，句弦積亦四十九，句股積亦二百一十。設問者暗執一形，則對者交盲兩數。梅、丁諸公法成而不可用，蓋兩句弦較與一句弦和，恒爲連比例之三率。其兩句弦較，即首末二率；兩較減一和之餘，即中率；而句弦和必爲三率。併遂創立有兩積相等、兩句弦和相等求兩句股形之法。以四倍句股積自乘，句弦和除之，爲帶縱長立方積，以句弦和爲縱，開得數爲兩句弦較之中率，自乘爲帶縱平方積，又以中率與句弦和相減爲長闊和，求得長闊兩根爲兩句股較，用求兩句股形各數。又同積之邊，彼此可互。三次之乘，先後可通，故四倍句股積自乘即兩形之倍句相乘爲底，兩形之股相乘爲高，即猶以中末乘首中，化爲中率，再乘爲立方三率，併爲帶縱。由是推得立方形兩高數恒爲首末二率，高闊和恒爲三率併數，與等積、等弦和之兩弦較及弦和絲毫無異。如高九，闊十，高闊和十九，立方積九百。若高四，闊十五，高闊和亦十九，立方積亦九百。其數莫不由兩形相引而出。故其法即命積爲帶縱長立方積，以高闊和爲所帶之縱，用帶縱長立方法，開得本方根爲兩形高數之中率，與高闊和相減，餘爲帶縱之平方長闊和中率，自乘爲帶縱平方積，用帶縱平方長闊和法開之，得長闊一根爲兩形之兩高數，兩高與和相減爲兩闊數。

其指識正負開方也，元李冶傳洞淵九容術，撰《測圓海鏡》《益古演段》，以明天元如積相消，其究必用正負開方，互詳於宋秦九韶《數學九章》。梅文穆公雖指天元一爲西人借根方所由來，而正負開方則未有闡明者。元和李秀才鋭，特爲譬校，謂少廣一章，得此始貫於一。好古之士，翕然相從。萊獨推其有可知有不可知。如《測圓海鏡》邊股第五問，圜田求徑，二百四十步與五百七十六步共數，而李仁卿專以二百四十爲答。《數學九章》田域第二題，尖田求積，二百四十步與八百四十步共數，而秦道古專以八百四十爲答。乃自二乘方以下，縷析推之，得九十五條。凡幾根數爲帶縱長闊較，則可知；爲帶縱長闊和，則不可知。又推得幾真數少幾根數又多幾平方與一立方積等，多少雜糅，和較莫定。立法以審之。以幾平方數，用幾立方數除之，得數乘幾根數，以較幾真數，若少於真數，則以幾平方爲高闊較，是爲可知。若多於真數，則或幾平方爲通分法三母總數，幾真數爲三母維乘之共數，幾根數爲通分之共子。如二、如六、如十二。設真數一百四十四，少二百八根數，多二十平方積，與一立方積，相等，則三數皆同，是爲不可知。蓋以一答爲可知，不止一答爲不可知。故李秀才鋭跋其書，括爲三例以證明之，謂：隅實同名者，不可知；隅實異名而從廉正負不雜者，可知；隅實異名而從廉正負相雜，其從翻而與隅同名者，可知，否則不可知。隅實異名，即帶縱之長闊較也，較僅一答；隅實同名，即帶縱之長闊和也，和則不止一答。鋭以隅實同名、異名，明一答與不止一答；萊以長闊、和較，明可知、不可知，其義一也。

萊於六經務在釐正舊説，自出新解。與人接無厓岸，有以所著術相質，必研究再三，爲之疏通證明。如解司馬法二條「一甲士三人，步卒七十二人」、「一士十人，徒二十人」，謂：「疏家每生轇轕。蓋甲士三人，步卒七十二人，凡家出一人，七十五家出車一乘，此鄉遂之軍法也。士十人，徒二十人，凡十家出一人，三百家出車一乘。據實受田者而言，三百家即成也。除旁加之一里治溝洫者，即甸也。」故又曰：「甸出長轂一乘，此都鄙之軍法也。鄭氏於《禮注》毫不相混，而服虔注《左傳》竟合而一之，其誤始此。」又以其説解《論語》「千乘之國」曰：「出車之法，侯國亦異。外内鄉遂七十五家出車一乘，都鄙一成百井出車一乘，載於《司馬法》者昭然。千乘之國，蓋合境而出之，乃方二百里之小國，攝乎大國之間，而生畏耳。試取司徒司馬載師匠人之文，約而計之，方二百里，其地四同。同，萬井，九萬夫。城郭宫室塗巷，三分去一，上地、中地、下地，通率二而當一，實受田者三萬家。置一同於中，去二萬五千家爲一鄉一遂，凡三百三十三乘三分乘之一，餘五千家，廛里場圃之等九者各去五百家，餘五百家。從後計外周四面，合三同造都鄙。卿三，致仕卿三，宜殺於王卿，約方四十里。親公子弟地從卿數，又宜減於王親，約二，凡一百二十八乘。大夫五，致仕大夫五，約方二十里，疏公子弟地從大夫數，約三，凡五十二乘。餘一同二終爲十萬八千夫，三而當一，實受田者三萬六千家。通前五百家，分處公邑出車從鄉遂，凡四百八十六乘三分乘之二，合千乘云。」《周禮》女巫掌歲時祓除釁浴，鄭注「如今三月上巳，如水上之類」，陸德明《釋文》音「巳」爲「祀」，後人多讀「祀」音，萊謂「巳」當音「紀」。以太初術推之，第三蔀第三章第三年三月三日，恰是巳日，其支爲丑而非巳，足見音祀之譌。且古人以上稱日者，皆屬干，不屬支。據賈疏云一月三巳音紀無疑。《史記》太初元年，年名焉逢攝提格，是爲甲寅。《漢書》述《三統》，推太初元年歲名丙子，説者不能決。萊謂：「《三統》劉歆所作，王莽以火德消盡，土德當代。太初元年甲寅，數至建國元年，則爲丙午。莽急欲即真，萬不能待戊巳之年，故更元年爲己巳，則冠土於火之上，遂改太初甲寅爲丙子。又僞爲超次之法，遠托諸十四萬三千二百三十九年之前，以爲太極上元起於丙子，超若干法，至建國元年恰爲己巳。此與即位之日用戊辰，令天下以戊子代甲子意同。歆以之欺莽，莽以之欺天下。」

又程徵君易疇撰《磬折古義》，以明一矩有半之句倨，謂設縣於股，在鼓上稍右，股横於上，所以壓之使正。萊謂宜核其重心，用比例之法，令鼓旁線中縣，而縣居線右，庶使磬鼓直縣，之制乃定。

著有《衡齋算學》七册、《考定通藝録磬氏倨句解》一册。又有未刻者，《參兩算經》《十三經注疏正誤》《説文聲類聲諷》。今有《衡齊詩文集》及《續修歙縣志》纂修《天文》《時憲》二志諸書。

紀事

清・焦循《記得一首哭汪孝嬰》焦循《雕菰集》卷三

記得秦淮上，與君初結交。君思入淵窱，余性非勦鈔。邂逅臭味合，情誼因投膠。

記得歲丁巳，與君各家居。探賾析疑滯，千里憑尺書。記得長江頭，阻風維客舟。

君從蘆中來，月上方如鉤。記得余在京，君向六安去。有客賚書來，超超見元箸。

知君學力深，孤詣絶攸助。君身清且羸，歐心爲君慮。記得癸亥秋，課農納禾稼。

君騎匹馬來，訪我田間舍。記得丙寅春，初月二日吉，君來十日留，縱言集一室。

放船風雪中，清興邁古逸。是年余在城，與君隔數武。記得余注易，得即貢君覩。

君爲施丹黄，直諒判去取。是年夏秋間，君往測海水。記得與君別，送君東門市。

明年君入都，信宿揚州城。晤君一夕譚，明日君長行。君主大金吾，進君修國史。

書成授校官，吾聞爲君喜。記得君書來，示我黄山記。云得王孫鍋，辨識古篆字。

明年又書來，追溯昔年事。漉酒烹鱻鱗，嘉貺念亡弟。亡弟墓草生，没世已五歲。

記得開君書，芄蘭横泗涕。癸酉秋試後，余季偕君來。余以腳下痛，相見遂遲回。

孰知返棹去，未幾歸泉臺。泉臺歸一載，余尚未聞知。聞知有凶信，傳言余尚疑。

績溪胡孝廉，竹邨君高足。狀君上史館，移書向余屬。開讀胡君書，悲君真不禄。

親老兒幼孤，何以繼饘粥。官冷况清高，瓶中久無粟。脉脉爲君思，淒淒爲君哭。

從此秦淮水，思君不忍游。從此豆花下，蟲語聲啾啾。思君對飲此，不忍獨持甌。

思君風雪中，不忍泛輕舟。不忍開舊笥，愁見君手跡。不忍上小亭，上有君書額。

記得前年書，問我注周易。周易稿未成，稿成用請益。今年稿寫成，何處續君魄。

君魄果續乎，燈花夜幽碧。

雜録

清·焦循《石隸儒學教諭汪君萊別傳》汪萊《衡齋遺書》書首　論曰：今世精九數之學者，推孝嬰及李尚之鋭。尚之善言古人所已言，而闡發得其真。孝嬰善言古人所未言，而引申得其間。尚之精實，如詩之有少陵也。孝嬰超異，如詩之有太白也。秦、李之學爲郭太史授時草開其先。有明三百年，莫有能知者，唐順之、顧應祥自謂知算，而於《測圓海鏡》、授時術，不知立天元爲何如事，竟删細草去之。本朝重實學，盡收兩家之書於《四庫全書》中，而天下好學深思之士，乃得從而彰顯焉。正負開方發明于尚之，俾古學微而復著，而可知不可知，則自孝嬰啟其端。尚之亦深歎爲窮幽極微，爲算氏之最，撰開方三例，以證明之。所云一答，即可知者也，所云不止一答，即不可知者也。所爲三例，以隅實同名者不可知。隅實異名而從廉正負不雜者可知，隅實異名而從廉正負相雜，其從翻而與隅同名者，可知，否則不可知。隅實異名，即帶從之長闊較也。隅實同名，即帶從之長闊和也。尚之以隅實同名、異名明一答與不止一答，孝嬰以長闊和較明可知與不可知，其義一也。至孝嬰謂幾真數、少幾根積、多幾平方，與一立方等，即尚之所謂實負、從正、廉負、隅正，爲隅實異名而正負相雜者。以商數乘隅，與廉相減，隅數多於廉，則減去廉之負而存隅之正，隅從兩正，當一實負，仍從爲隅實之較。隅數少於廉，則減去隅之正而存廉之負，廉實兩負，當一從正，仍從爲隅實之和。以立方除平方，猶以隅廉相減，以根數乘減餘而少於真數，則真數爲和，即從爲較矣。以根數乘減餘而多於真數，則真數爲較，即從爲和矣。尚之言多少在廉隅，孝嬰言多少在從實。隅多於廉，其從少於實，故尚之以多爲一答，孝嬰以少爲可知，廉多於隅，斯實少於從，故尚之以少爲不止一答，孝嬰以多爲不可知。尚之究乎既商之後，孝嬰審于未商之先。言若殊趣，義實互證。親此者或斥彼，邇彼者或詆此，故相傳其齮齕焉。然而絶學之顯，端由兩君，實關乎盛朝文治之盛。謹備述之，而他從略云。江都焦循撰。

清·羅士琳《疇人傳續編》卷五〇《汪萊》　論曰：孝嬰超異絶倫，凡他人所未能理其緒者，孝嬰目一二過，即默識静會，洞悉其本原，而貫達其條目。諸所著論，皆不欲苟同於人，是誠算家之最。特矯枉過正，未免有時失之於偏。尤於西學太深，雖極加駁斥，究未能出其範圍。觀其用真數、根數，以多少課和較，而泥於可知、不可知，尚是墨守西法。其於正負開方之妙，終不逮李尚之秀才鋭之能通變也。即如所悟得之等積、等弦和，謂有兩形倚伏於其中，固亦善於入深，然用帶縱兩次開方，不無委曲繁重。若以正負開方古法御之，四倍積自乘爲實，和自乘爲益廉，倍和爲隅，開立方得兩正數爲兩句，和再自乘與四倍積自乘相併爲實，四倍和再乘爲益方，五倍和自乘爲從廉，倍和爲益隅，開立方得兩大數爲兩弦，尤覺簡捷。蓋凡和數形皆有兩答，不僅等積已也。如句三十三，股五十六，弦六十五，句弦和九十八，黄方二十四；又句四十，股四十二，弦五十八，句弦和亦九十八，黄方亦二十四之屬，不勝枚舉。所爭者，不過有奇零無奇零而已。如句股積六，句弦和八，既爲句三股四弦五之句股形矣。又有一句股形，爲句二又四之一，股五又五之一，弦五又四之三，是已。《四元玉鑑》明積演段一門前九題，悉以直積十二步與句弦和八步爲問，原答之外，尚有奇零之一答。而果垜疊藏一門，則又於堆垜之法，推演無遺矣。向者孝嬰創求五分之一之通弦，初甚詆杜德美求弧矢法爲偶合，及見監正明安圖《割圜密率捷法》，以一、二、三、四、五洎十、百、千、萬諸分弧通弦比例，得弧矢通法，始翻然改悔。惜孝嬰未見朱氏《四元玉鑑》一書，致句股知積及諸乘尖堆新術，有積薪之嘆。要之，精思妙悟，研幾入神，其真自不可沒。

李鋭

傳記

清・阮元《李君尚之傳》李鋭《李氏遺書》書首 李鋭字尚之一字四香，元和縣學生員。幼開敏有過人之資，從書塾中檢得《算法統宗》，心通其義，遂爲九章八綫之學。古算術至唐以後幾於亡，明泰西利瑪竇入中國，有《幾何原本》一書，徐光啟、李之藻之徒從而演繹之。《周官・保氏》九章之遺法，不能燭照數計也。李之藻《同文算指》以西術易《九章》盈朒、方程之説，梅宣城定九謂非利氏本意，蓋

中西術其理則同，而立法則異。三率比例較古法方田、粟米、差分爲密，而少廣爲西法所無，是略而不備矣。宣城梅氏近世推絶學，以梅氏智計，豈有不知古法與西法不同者？第囿於西術，而《九章算經》諸書皆未之見，所見者惟《周髀》勾股之法，雖欲深求古術，然苦無古藉，出於意測耳。

李君起而振之，力求古學。王孝通《緝古算經》詞隱理奧，無能通之者，君與陽城張君古餘共著《細草》，評論二十術，而商功之平地役功廣袤之術，較若列眉矣。又於同邑顧君千里處得秦九韶《[数学]九章(算經)》，乃窮究天元一術，論其法與借根方不同，於是郭守敬、李冶之説始明，如唐順之、顧應祥之書甚無謂也。

君嘗謂：「四時成歲，首載《虞書》，五紀明曆見於《洪範》，曆學乃致治之要，爲政之本。《通典》《通考》置而不録，不亦傎乎。」因著《曆法通考》。其書體例，大略以顓頊、夏殷六曆久矣隕亡，記載咸缺，太初術本之殷曆，立法疏濶，三統術雖推法較密，然亦用太初四年增一日之術，是四分術無異於太初也。故斷自三統術始，至國朝之橢圜法止，唐瞿曇悉達《九執曆》、宋荆執禮《會天曆》，史志佚其法，乃於《開元占經》、寶祐四年《會天曆》中求其術，而爲之説焉。惜未成書，惟《三統術注》《四分術注》《乾象術注》《奉元術注》《占天術注》《日法朔餘强弱攷》六科而已。又有《召誥日名攷》《方程新術草》《勾股算術細草》《弧矢算術細草》《開方説》皆藏於家。君天稟高明，潛心經史，以唐宋人詩文爲雕蟲小技，不足觀也，然工四書文。

家居教學，從游者多登第，君則屢不得中，且蘭草未徵，臼炊頻夢，行自傷，得咯血疾，戚戚少歡悰，猶復力疾著書，卒以此歿矣。元昔在浙，延君至西湖校《禮記正義》，予所輯《疇人傳》，亦與君共商榷，君之力爲多。嘉慶二十三年夏江君子屏來嶺表，謂予曰：尚之歿矣，并述陽城張君之言云，元朱世傑《四元玉鑑》雖用天元一術，然茭草形正負之法猝讀難通，因寄尚之，俾爲推究，二十一年演成數段寄至豫章，尋根推密，極爲精審，越兩月而凶問至，良可哀也。《四元玉鑑》乃予藏本，録以贈張君者，惜乎，李君細草未成，遂無能讀是書者矣。君之子可久，以書來求作傳，書中于君之世系行事及生卒年月不具，但云終於六月而已，今與江君共論之，姑舉所知者而爲之傳。君中年無子，以兄之子可久爲子，及三娶某氏始生一子，今尚在襁褓中也，悲夫。

清・羅士琳《疇人傳續編》卷五〇《李鋭》 李鋭字尚之號四香，元和縣學生

員。幼開敏，有過人之資。從書塾中檢得《算法統宗》，心通其義，遂爲九章八線之舉。因受經於少詹事錢大昕，得中西異同之奥，於古曆尤深，自《三統》以迄《授時》，悉能洞澈本原。嘗謂《三統世經》稱殷術以元帝初元二年爲紀首，是年歲在甲戌，推而上之一千五百二十歲，而歲值甲寅爲元首，又上四千五百六十年，而歲復甲寅爲上元。以此積年，用《四分》上推太初元年，得至朔同日，而中餘四分日之三，朔餘九百四十分之七百五，故《太初術》虧四分日之三，去小餘七百五分也。《漢書》載《三統》而不著《太初》，其實一月之日二十九日八十一分日之四十三，是日法、月法與《三統》同。賈逵稱《太初術》斗二十六度三百八十五分，是統法周天，又與《三統》同。蓋《四分》無異於《太初》，而《太初》亦得謂之《三統》。鄭注《召誥》，周公居攝五年，二月、三月當爲一月、二月，不云正月者，蓋待治定制禮，乃正言正月故也。江徵君聲、王光禄鳴盛以爲據《洛誥》十二月戊辰逆推之，其説未核。今案鄭君精於步算，此破二月、三月爲一月、二月，以緯候入蔀數推知，上(推)[考]下驗，一一符合，不僅檢勘一二年間事也。因據《詩・大明》疏、鄭注《尚書》，文王受命、武王伐紂時日皆用《殷曆》甲寅元，遂從文王得赤雀受命年起，以《乾鑿度》所載之積年，推算是年入戊午蔀，二十九年歲在戊午，與劉歆所説《殷曆》周公六年始入戊午蔀不同。歆謂文王受命九年而崩，崩後四年，武王克殷，後七年而崩，明年周公攝政元年，(校)[較]鄭少一年。又(載)[以]《召誥》《洛誥》，俱攝政七年事。其年二月乙亥朔，三月甲辰朔，十二月戊辰(朔)[晦]，併與鄭不合。乃以推算各年及一月、二月，排比干支，分次上下，著《召誥日名考》，此融會古曆，以發明經術者也。

當是時，大昕爲當代通儒第一，生平未嘗輕許人，獨於鋭則以爲勝己，故其時有「南李北李」之稱。北李者，謂雲門侍郎，以侍郎爲楚北人。南李則鋭是也。嘉慶九年甲子科，江南主司耳鋭名，欲羅致之。未出京，詢之雲門侍郎，謂如何而後可得李某。侍郎曰：「是不難，吾有策題一，能對者即李某。」主司如其言，猶慮有失，并益以「天之高也」一節《四書》題文。闈中大索不可得，竊疑之，及榜發，果無鋭名，訪知鋭是年因病未與試。主司嘆曰：「噫！是有命也。」其當時見重有如此。

大昕晚年，主講紫陽書院，日以繙閲羣書校讐爲事，遇有疑義，輒與鋭商榷。由是四方學者，莫不争相接納。凡有詰者，鋭悉詳告無隱。如大昕嘗以《太乙統宗寶鑑》求積年術，日法一萬五百，歲實三百八十三萬五千四百八十八分二十五秒爲疑。鋭據宋同州王湜《易學》，謂每年於三百六十五日二千四百四十分之外，有終於五分者，有終於六分者，有終於五、六分之間者。終於五分者，五代王朴《欽天曆》是也，以七千二百爲日法。終於六分者，近年《萬分曆》是也，以一萬分爲日法。終於五、六分之間者，《景祐曆法》載於《太乙遁甲》中是也，以一萬五百分爲日法，此暗用《授時》法也。試以日法爲一率，歲實爲二率，《授時》日法一萬爲三率，推四率，得三百六十五萬二千四百二十五分，即《授時》之歲實也。探本窮源，一言破的，疑團頓解。

其與程易疇教諭論磬股直縣也，謂應於左右之中爲孔縣之，當其重心，不差毫秒，自然兩體分垂，無復參差，方是鄭氏之法。蓋一矩爲句，故股爲二，一矩有半觸弦，故股爲三，一之與二，一有半之與三，其相與之率皆倍。試以三角法算之，先求乙丙丁鈍角三角形之丁角。此形有乙丙邊一矩，有乙丁邊一矩有半，有甲丙乙角爲乙丙丁之外角，四十五度，以乙丁邊一矩有半爲一率，丙角四十五度正弦爲二率，乙丙邊一爲矩三率，推四率，得丁角正弦，檢表得度。次求甲乙丁鈍角三角形之乙角。此形有甲角四十五度，有所求之丁角二十八度七分三十二秒，并二角以減半周，餘乙角一百六度五十二分二十八秒，即磬之倨句也。深得要領，可佐鄭注所未備。

近世曆算之學，首推吴江王氏錫闡、宣城梅氏文鼎，嗣則休寧戴氏震亦號名家。王氏謂《土盤曆》元在唐武德年間，非開皇己未。梅氏謂《回回曆》實用洪武甲子爲元，而托之於開皇己未。其算宫分，雖以開皇己未爲元，其查立成之根，則在己未元後二十四年，二説并同。戴氏謂《回回曆》百二十八年閏三十一日，是每歲三百六十五日之外，又餘百二十八分日之三十一也。以萬萬乘三十一，滿百二十八而一，得二千四百二十一萬八千七百五十。地谷所定歲實三百六十五日二十三刻三分四十五秒，通分内子以萬萬乘之，滿日法而一，亦得二千四百二十一萬八千七百五十，與梅氏《疑問》所云合。是三家所論，未嘗不確知灼見，然均未得其詳。鋭據《明史・曆志》回回本術，參以近年瞻禮單，精加考核，謂《回回曆》有太陽年，彼中謂爲宫分；有太陰年，彼中謂爲月分。宫分有宫分之元，則開皇己未是也。月分有月分之元，則唐武德壬午是也。自開皇己未至洪武甲子，積宫分年七百八十六；自武德壬午至洪武甲子，積月分年亦七百八十六。其惑人者，即此兩積年相等耳。因著《回回曆元考》，有求宫分白羊一日入月分截元後積年月日法，以爲不明乎此，雖有立成，不能入算也。稿佚未刊。

梅氏未見古《九章》，其所著《方程論》，率皆以臆創補，然又囿於西學，致悖直除之旨。銳尋究古義，探索本根，變通簡捷，以舊術列於前，別立新術附於後，著《方程新術草》，以期古法共明於世。古無天元一術，其始見於元李冶《測圓海鏡》《益古演段》二書。元郭守敬用之以造《授時曆草》，而明學士顧應祥不解其旨，妄删細草，遂致是法失傳。自梅文穆悟其即西法之借根方，於是李書乃得鄭重於世。長塘鮑廷博因欲刻於《知不足齋叢書》，囑銳校注。銳詳細釐定，凡傳寫舛誤，及祕奧難知者，計加案百餘條。其有原術不通，別設新術數則。更於梅説外，辨得天元之相消，有減無加，與借根方之兩邊加減法少有不同。

且不滿顧氏所著之句股弧矢兩算術，謂弧矢肇於《九章》方田，北宋沈括以兩矢冪求弧背，元李冶用三乘方取矢度，引伸觸類，厥法綦詳。顧氏如積未明，開方徒衍，不亦慎乎。爰取弧矢十三術，入以天元，著《弧矢算術細草》。并倣《演段》例，括句股和較六十餘術，著《勾股算術細草》，以導習天元者之先路。

又從同里顧千里處得秦九韶《數學九章》，見其亦有天元一之名，而其術則置奇於右上，定於右下，立天元一於左上。先以右上除右下，所得商數與左上相生，入於左下，依次上下相生，至右上末後奇一而止，乃驗左上所得以爲乘率。與李書立天元一於太極上，如積求之，得寄左數，與同數相消之法不同。因知秦書乃大衍求一中之又一天元。秦與李雖同時，而宋與元則南北隔絶，兩家之術，無緣流通，蓋各有所授也。

銳勤於探討，每得一書，其有關於曆數者，必廣搜博采，窮幽極微，取其精華，以資會通輔益，從不肯輕易放過。因見秦書大衍求一術，爲演紀上元而設，實爲治曆之根，爰取歷來殘闕諸術，依相近之元法斗分，推求歲周，即以秦氏演撰法，考積歲以驗歲朔確數。并據何承天調日法，立彊弱率，求朔實以補氣朔發斂，推得宋衛朴之《奉(天)[元]術》歲實爲八百六十五萬六千二百七十三，朔實爲六十九萬九千八百七十五；姚舜輔之《占天術》歲實爲一千二十五萬六千四十，朔實爲八十二萬九千二百一十九；李德卿之《淳祐術》歲實爲一百二十八萬九千三百七，朔實爲一十萬四千二百四十三；譚玉之《會天術》歲實爲三百五十五萬七千四百六十六，朔實爲二十八萬七千六百二十八；金楊級之《大明術》歲實爲一百九十一萬二百二十四，朔實爲一十五萬四千四百四十五；耶律履之《乙未術》歲實爲七百五十五萬六千八百八十，朔實爲六十一萬九百八十八。謂唐宋來算造家積年，例不得過一億已上，《大明術》積年在三億上，不合術格，故趙知微重修《大明》改爲八千餘萬，其歲實、朔實則仍用大明。又《授時曆議》載《會天術》日法九千七百四十，與《玉海》所載尤焴撰序云「日法止用五百五十八」不合，依例推之，日法五百五十八，則朔餘當爲二百九十六，未免太弱，似《玉海》有脱誤。至於《應天》《乾元》歲實，乃五分歲實之一，《儀天》則十分之一，故《儀天》歲周進一位，以宗法除之，爲一歲之日及斗分。此戴東原之《歲實考》所以無《應天術》數也。其歲盈二十六萬九千三百六十五，於術當作歲總七十三萬六百三十五，以五因之，如元法而一，得三百六十五，不盡二千四百四十五，再以萬萬平之，得歲餘二千四百四十四萬五千一百一十。《乾元術》亦五因朔實一萬七千三百六十四，以元率收之，得二十九日餘一千五百六十。其日法朔餘即何承天之彊率六十倍，朔餘太彊，無惑乎其術之疏舛也。因取《開元占經》《授時曆議》所載五十一家日法朔餘，課其彊弱，著《日法朔餘彊弱考》。凡合者三十五家，不合者十六家，反覆推驗，謂不合之故有三。其一，朔餘彊於彊率。如楊忠輔《統天術》，朔餘六千三百六十八，約餘五千三百六萬六千六百六十六。鮑澣之譏其無復彊弱之法，是也。其一，朔餘之下增立秒數。如劉孝榮《乾道術》，朔餘一萬五千九百一十七秒七十六。裴伯壽詆爲不入(術)[曆]格，是也。其一，日法積分太多，朔餘雖在彊弱之間，亦爲於率不合。如劉智《正術》，日法三萬五千二百五十，命爲七百一彊五十三弱，則朔餘正得一萬八千七百三。若命爲七百一十八彊四弱，則朔餘爲一萬八千七百四，較多一分。《玉海》載至道元年王睿獻新術言「於二萬以下修撰日法」，是也。自《日法朔餘彊弱考》成，而殘缺諸術，得銳修補者十有七八矣。

嘉慶初，內閣阮學士元提學浙江，常延銳至杭，問以天算。因欲撰《疇人傳》，開列古今中西人數，及應采史傳天算各書，屬銳編纂，商加論定。及撫浙，又令門生天台周治平相助，編寫諸書及西法諸書，成《疇人傳》四十六卷，久刊行世。其時阮撫部尚未得元朱氏《四元玉鑑》，故《疇人傳》無朱世傑之名。

先是銳嘗謂：「四時成歲，首載《虞書》；五紀明曆，見於《洪範》。曆學誠致治之要，爲政之本。乃《通典》《通考》置而不録，邢雲路雖撰《古今律曆考》，然徒援經史，以侈卷帙之多。梅氏祇有欲撰《曆法通考》之議，卒未成書。因更網羅諸史，由《黄帝》《顓頊》《夏》《殷》《周》《魯》六曆，下逮元明數十餘家，一一闡明義蘊，存者表而章之，缺者考而訂之，著爲《司天通志》，俾讀史者啓其扃，治曆者益其智。」惜僅成《四分》《三統》《乾象》《奉(天)[元]》《占天》五術注而已，餘與《開方説》，皆屬稿未全。《開方説》三卷，鋭讀秦氏書，見其於超步退商、正負加減、借一爲隅諸法頗得古《九章》少廣之遺，較梅氏《少廣拾遺》之無方廉者，不可以道里計。蓋梅氏本於《同文算指》《西鏡録》二書，究出自西法，初不知立方以上無不帶從之方。鋭因秦法推廣詳明，以著其説，甫及上、中二卷而卒，年四十有五。其下卷則弟子黎應南續成之。

雜録

清·羅士琳《疇人傳續編》卷五〇《李鋭》 論曰：尚之在嘉慶間，與汪君孝嬰、焦君里堂齊名，時人目爲「談天三友」。然汪期於引申古人所未言，故所論多創。創則或失於執。焦期於闡發古人所已言，故所論多因，因則或失於平。惟尚之兼二子之長，不執不平，於實事中匪特求是，尤復求精，此所以較勝於二子也。慨自利氏西來，羣相趨附，古法不彰久矣。王、梅、江、戴諸君，非不力爭復古，其時書籍未見，文獻無徵，所謂挽回絶詣者，則純是臆測耳。猶幸戴氏於殘叢中掇拾得《算經十書》，而後諸古曆算書，始次第復顯。尚之爲錢少詹事高弟，成藍謝青，又能專志求古，不遺餘力，繼往開來，續殘補缺，遂使二千年來淪替之緒，得大昌於世。是王、梅、江、戴諸君，不過開其先，猶不能踐其實，而啓籥窮源，則端自尚之始，厥功不誠偉哉！以尚之之才智抱負，何難致通顯？乃家居教讀，從遊弟子多得第，而身未獲登賢書，卒以攻苦著書，心血耗盡，致得咯血疾以終。且蘭草未徵，臼炊頻夢，初以兄子繼淑爲嗣，及三娶薛氏，始生子可久，而尚之殁矣。殁時可久尚在襁褓中，可悲也。可久能守父書，道光中補學生員。其所遺算書，阮相國刻於廣東，曰《李氏遺書》十七卷。《召誥日名考》刻入《皇清經解》中。傳中所述，悉舉其大者要者言之。若夫與汪、焦二君辨論開方商法、天元消法，暨與張古餘觀察共著《(輯)[緝]古細草》，則雜詳於汪、焦、張三傳中，玆不贅述。又見山亦著作才也。其於經史坤輿之學，無不貫通，尤於天元精熟，故有求句股率之捷法，蓋亦由天元通分所致。曾擬倣《水道提綱》例，譔《地里沿革提綱》，乃因簿書鞅掌，不遑撰述。且貧困一官，身罹六極，更可哀已。

李兆洛

傳記

清·包世臣《李鳳臺傳》包世臣《藝舟雙楫》卷七下　附録一下

君諱兆洛字申耆姓李氏，江蘇陽湖人也。本無錫夾山王氏，明神宗時有本成者育於武進三河口李氏，遂冒李姓。武進分陽湖，三河口屬之，故爲陽湖人。祖衍曾，國子生，貤贈奉直大夫。父徵蘭，陽湖學生，封奉直大夫。妣奚，贈宜人。娶宜興路氏，封宜人。子二：顒，前殁；願，國學生。女一，邊同邑陸佑麟。孫六，曾孫二。

君短身碩腹，豹顱剛目，面麻黑。望之峻聳若不可近，而就之和易。終日手口無停輟，而未常有疾言遽色。幼聰慧，好讀書，日能熟百餘行。

予以嘉慶庚申識於白門，壬戌過訪，主其家七閱月，徧檢其所藏書，卷逾五萬，皆手加丹鉛，校羨脱，正錯牾。矢口舉十三經辭無遺失。上自漢唐，下及近世，諸儒説條別得失，不檢本。尤嗜輿地學，備購各省通志，較互千餘年來水地之書，證以正史，刊定顧祖范《讀史方輿紀要》之與原史不符者。並世先達，唯開化戴簡恪公，友生中，唯吴沈欽韓文起，記問差足相上下，餘無能爲儗似矣。而慮以下人，見一材一技，殊么小，而君盛推掖奬，借自以爲不及。予稚於君六歲，所學至淺陋，而君見《説儲》稿本，謂其慮周。亭林詞娩敬輿，以塗改勾剔，甚蕪累，手爲繕清，至十餘萬言，楷法一本，勃海十日而畢。予逢人誦説，曰：「以能問於不能，以多問於寡，有若無，實若虛，吾申耆其幾近之。」聞者駭然，久之，則皆以爲知言也。

成童應縣試，陽湖令陳君見君年最少，而投卷太速，疑之，君應答如流，陳君欵詢家世，曰：「汝可即歸，吾不招覆汝矣。」通場雖皆未投卷，然知必無及汝者，招覆非第一不可，汝童年初試，即蓋一邑，非吾之所以期汝也。」即在斤事書聯爲贈曰：「他日定成名進士，乃翁真有好兒郎。」一時傳爲佳話。旋丁奚宜人憂。服闋，赴試，督學使爲仁和胡文恪公，奇君文，既首擢，及發落，文恪已將君原場及覆試卷刻成，九學諸生各給一本，曰：「歸家熟讀之，若毋薄，李生新進，老夫衡文半天下，未見有如李生者矣。」嘉慶甲子，應江南鄉試，領解，乙丑成進士，改翰林院庶吉士，戊辰散館一等，授知縣，選四川，親老告近，改安徽鳳臺。

鳳臺爲壽州分縣，民悍同壽而地特瘠。君莅任，知漢芍陂在邑境，勘之，今名焦岡湖，濱淮而山崗環繞，易爲旱潦，君增隄防，設溝閘，督耕耘，民以有歲。邑多豪猾，爲逋盜藪者相望，君常騎率健勇循行閭里，每出不意，得其魁，又察其中有重氣節、矜然諾者，撫用之，盜以歛戢。辛未秋，百文敏公任兩江督。先是，儀徵有刦殺巨案，戕一家三命。文敏偵得兇盜爲蒙城人，而匿鳳臺，嚴檄兩邑，限一月捕送。君偵知容隱兇盜之巨猾，不受捕，乃召撫用者，至内室賜之酒饌，曰：「吾當解組歸里門，故與若作一劇飲。」受撫者怪，語不倫，請其故，君示以督檄，受撫者曰：「役故知其人匿巨猾家，然力不能取。」君曰：「若力能取者，吾早以捕事責若矣。吾即去，此若亦不能，終做好人，故與若作別耳。」受撫者嗚咽良久，曰：「有一計或可試，收役家屬於獄，而發硃籤諭役往，然三日不回，則役死猾家，已，役之妻若子可終身伺應夫人、公子，供灑埽，幸得延宗祀。」君諾之。猾家距城廿五里，受撫者即日至猾家，猾欵之曰：「雲泥路隔已三載，何幸臨此？得毋爲儀徵案耶。」示以硃籤，猾曰：「信在此，可召出共飲而商之。」兇盜出則曰：「我公之新友，而彼則舊友，且我一身而彼一家，顧爲新友之一身陷舊友一家乎？我即從入城耳。」次早猾遣長矛二十，护送至城門而返。蓋兇盜至趫勁，猾恐受撫者非其敵也。君初遣受撫者下鄉，即於署内製堅檻並集舁者、护者百餘人以需，受撫者引兇盜至，君適在厅事讞他獄，一訊名姓，立檻解蒙城，而身督护送。鳳臺去蒙城七十里，中道有鎮爲分界，所檻車入飯店，君降輿當門坐，環觀者如堵，君曰：「此巨盜，斷不能捕，而我竟捕得，若等知吾樂否？」取巨觥痛飲，又命侍者酌飲其父老，與話嘈杂不可休，醉甚，乃升輿前行，猾已遣數十健者來刼，見君攔店門轟飲，遂出鎮外候，良久，君輿過，猾黨問檻犯何尚不來，荅以隨後，猾黨返至店，則早已毀店後墻，舁檻車前去，計且抵蒙矣。猾黨既返，君即改乘快馬疾馳至蒙，會蒙令受兇盜詞，即聯銜會印通詳聲明鳳邑捕得，遵檄交蒙邑，轉解儀歸案。君返鳳之次日，兇盜越蒙獄，蒙令先以虧缺，奉督院嚴詰，事未竟，又失兇盜，遂縊。君嘗語予曰：「鳳、潁、泗三府州揀集五千人，可以方行天下，然唯其豪能用之官用之，必帥至千里外，或客兵勢盛，足相鈐制，乃可，否則驕蹇難爲降伏已。」然則，君真體察北方强者之性情，至熟易，故機一發而必達，非徒恃智若鏃矢已也。甲戌，君奉奉直君諱去官，以交案羈滯歲餘。服闋，例還原省，君無意出山，而鳳臺猶有官項，就館數年，以脩脯補虧缺，官事竣，遂旋里，江陰延主暨陽書院，居之二十年而卒於家，年七十有三歲。君爲諸生，每試必冠曹，士論謂君文利小，試遣子弟從君遊，求弋获技，故前後從者數十，無能受君之學者。及主講暨陽，江陰人士頗能信，受毘陵之雋，亦從而假館，四方艤舟問字者無虚日，君乃得各就性情所近，分途講授，就染既久，多有能得其一體者。古今文辭行世者，君無不披覽，時論盛推歸方崇散行，而薄駢偶，君則謂唐宋傳作皆導源秦漢，秦漢之駢偶實唐宋散行之祖。與予持論若笙磬，而予以辭達爲宗，君則規橅體勢。朋儕中能文者，偶過君，君輒仿其章句，至本人不能辨，亦以此少所自得。唯官鳳臺時，譔《邑志》十卷，晚年校刻《輿圖》，督造天球，爲精心之作。君名日益重，求文者接踵，君自信其文非行遠，遂亦不甚珍惜，點竄來狀，率如人意，付去即棄稿。門弟子各私録副，或有檢得於故紙者，咸寶守之。

君既卒，首選弟子蔣彤爲《年譜》一卷，又述平日所聞，仿宋人語録，爲《暨陽問答》二卷，郵致乞志墓，其明年薛子衡又爲行狀，而高承鈺哀輯同門所藏君文，以聚珍板排印，爲廿六卷，猶以君文多散軼爲憾，欲隨訪隨續，俟備，更付梓氏。郵排印本來，乞傳。道光甲午春，予過常州，以張館陶墓表郵書質君，覆云衰頽已極，不數年即當以此事相煩，是君固早命之矣。予無以辭，故編次所習，略不取材譜、狀，以傳君之真焉。道光乙巳八月望，包世臣書。

清・諸可寶《疇人傳三編》卷三《李兆洛》 李兆洛字申耆，武進人。嘉慶九年，舉鄉試第一，次年聯捷成進士，改翰林院庶吉士，散館授知縣。官安徽鳳臺久，奉諱去，服闋，無意出山。江陰延主暨陽書院，居之二十年。卒於家，年七十有三歲。幼聰慧，好讀書，日能熟百餘行。藏書卷逾五萬，皆手加校正。晚年校刻輿圖，督造天球，爲精心之作。

嘗刻《恒星赤道經緯圖》，謂：「明代禁習天文，古圖失傳。國朝康熙十三年，監官南懷仁修《儀象志》，用西法考測所得星座，較隋丹元子《步天歌》少有名者二十四座，三百三十五星，而增多無名者五百九十七星，又多近南極二十三座，一百五十星。乾隆初，監官戴進賢等累加測驗，推度觀象，至九年較《儀象志》增多有名者十八座，一百九十星，而增多無名者一千六百一十四星。《欽定儀象攷成》恒星經緯度表，總計恒星三百座，三千八十三星，別以六等，附注歲差加減，以便推步。又《欽定大清會典》天文圖，以視法變赤道爲直線，分十二宫爲十二圖，别繪近南北極星爲圓圖，列於前後。較之南北赤道，分圖尤便觀覽。第原圖俱無增星，今推準圖分合而繪之。限於方幅，仍就赤道各分爲二。至恒星隨黄道東移，歲差五十一秒，率七十歲五十一分歲之三十，而差一度。今自道光十四年甲午，上溯乾隆九年甲子，中距九十一算，所差一度有餘。謹遵《考成》加減表，隨星加減，各如本年冬至交宫度數。庶幾此後七十年中，可以用行總圖外，仍繪赤道南北分圖二，總凡二十九圖云。」

其刻《皇朝一統輿地全圖》例言後曰：「兆洛始得《欽定圖書集成》中所刊輿地圖，苦其不著天度。繼得康熙内府輿地圖，大於《集成》所繪而有天度，亦分省，有外藩。《東華録》言，康熙五十年五月駐蹕熱河行宫，諭大學士等曰：『天上度數，俱與地方寬大脗合。以周尺算之，天上一度，即地下二百五十里。以今尺算之，天上一度，即地下二百里。古來繪輿圖者，俱不依照天上度數以推地里遠近，故多差誤。朕前特遣能算善畫之人，將東北一帶山川地理，俱照天上度數推算，詳加繪圖。』五十八年二月，諭内閣學士蔣廷錫：『《皇輿全覽圖》，朕費三十餘年心力，始得告成。九卿等如求頒賜，允之。』即此是也。尋又於廣東巡撫庫，見乾隆間所賜各省督撫内府輿圖，東西爲横幅長卷，而南北以次排之。繼得董方立精心仿繪者，於改革創制，以嘉慶年爲斷，乃合其總圖而刊之。繼又見沈廣文欽裴所藏，别有乾隆内府圖，亦總繪而截爲正方以刻之，方逾二尺，直省與兆洛所刊略同，而西與北外藩之境拓幾倍，乃以所刊本於外藩外補足焉。」

輯有《皇朝文典》七十卷、《鳳臺縣志》十二卷、《地理韻編》二十一卷、《駢體文鈔》七十一卷。自著《養一齋文集》二十卷。

門人六嚴字承如又字德只，江陰人。又遵道光二十四年《欽定儀象考成續編》所載恒星經緯表，一等十七星，二等六十二星，三等二百二星，四等四百八十九星，五等八百十四星，六等一千六百四十六星，星氣等九星共三千二百三十九星，自無而之有者一百六十三星，自有而之無者七星，以新定歲差五十二秒，逐年算其東行，改訂舊圖，繪成赤道南北兩圖，共四十七帙。咸豐初元，刊行於世。

雜録

清·諸可寶《疇人傳三編》卷三《李兆洛》 論曰：李鳳臺昌明前修，陶成後進，經術文辭，照耀一世。宜已。其所鑄造，有天球銅儀一，日月行度銅儀一，類皆施機布輪，動應法象，制器之巧，莫與京也。自有恒星輿地圖之傳，海内承學之士，迺知寫笠覆槃，必基步算。至今日而測繪愈精，盡洗粗陋之習者，非鳳臺之功有以開之歟？若六德只者，又可謂不墜師門家法者矣。

朱鴻

傳記

清·諸可寶《疇人傳三編》卷二《朱鴻》 朱鴻字雲陸亦字筠麓號小梁，秀水人。乾隆五十四年舉於鄉，嘉慶七年成進士，改翰林院庶吉士，散館授編修，擢御史，歷給事中，出官督理湖南糧儲道。研精算學，同郡錢給事儀吉譔《三國會要》，集《乾象》《景初》二術成，嘗爲作注。烏程陳助教杰時爲臺官博士，陽湖董孝廉祐誠亦客京師，皆日從講數學，各出所得相可否。橢圜求周，舊無其術，爲孝廉言圜柱斜剖則成橢圜，是可以句股形求之。孝廉即爲發明其説，系以圖釋。初得杜德美氏割圜九術寫本，無圖説，以示孝廉。孝廉創《圖解》三卷，既成，復得《密率捷法》於鍾祥李侍郎潢家，則蒙古監正明安圖師弟續釋之書，與傳寫本亘異者也。觀察曾依杜法步算。徑一者，周三一四一五九二六五三五八九七九三二三八四六二六四三一八六三六七四七二二七九五一四。周十者，徑三一八三〇九八八六一八三七九〇六七一五三七七六七五四六六九六三八九〇五六六六一。烏程徐莊愍公采入《務民義齋算學》中。道光十年後辭官，仍居京師，嘗譔《攷工記車制參解》。又評程易疇氏瑶田《攷工創物小記》，多所糾正。錢給事有詩紀之。每相倡和，他無傳書云。

雜録

清·諸可寶《疇人傳三編》卷二《朱鴻》 論曰：朱觀察居乾嘉之際，杜術明書，初顯於世，習者蓋寡矣。而新譯西説，固無所謂圓錐曲線也。夫錐與柱之體積，互爲内外，可以相函相比，其數理不自相通乎？觀察以句股形求之者，正是不易之論。使西人者舍所設縱横二軸，彼將以何法馭諸曲綫耶？至觀察所求周徑四十位密率，以今攷之，自二十五位以後，其小數縱不盡得真，而輪輅疏樸，用心則勤，又未足爲觀察疚者已。

清·潘衍桐《兩浙輶軒續録》卷二二　朱鴻字雲陸號筠麓，秀水人。嘉慶壬戌進士，官湖南糧儲道。

府志：鴻入翰林，纂《樂志》《天文志》《時憲志》，又撰《會典圖説》《欽天典例》於句股、圜弧、三角推步諸法，融貫中西。擢給事中，請修《大清通禮》，定史館章程，奏展選員赴任程限，皆關政體之大者。授湖南糧道，以忤巡撫求退，掌教長沙城南書院，造就生徒，講求根柢，箸有《考工記車制參解圖説》《聲音譜》《聲字萫録》，並算學各書行世。

張豸冠

傳記

清·諸可寶《疇人傳三編》卷二《朱鴻》附張豸冠　［朱鴻］其友，張豸冠字神羊號芝岡，海寧人。乾隆五十三年副榜貢生。久客京師，同精算學。初傳之杜氏九術本，即所手寫。卒後，長樂梁氏章鉅、桐鄉程氏同文爲刻《神羊遺著》。一曰《景獻初編》。二曰《算術隨録》，前列商除等法二十餘則，并附《晉志摘録》《疇人盛衰攷》《割圜記摘録》《珠算入門》各一卷。三曰《讀書偶識》。都如干卷，傳於世。自序《晉書律曆志》云：「壬申夏，錢藹人民部以朱筠麓太史所註《乾象》《景初》二曆，委余讎校，案所訂譌闕及詳註，皆不能贊一辭，因撮録用數與表。民部又使余補註《三紀曆》用數，遂并攷正數處，共録之。且附《疇人盛衰攷》於後。雖晉曆尚疏，無益於推步，而刊本之訛字頗多，得攷正本亦便閲者。」

又序《珠算入門》，略謂：「數爲六藝之一，古之學者罔弗能。自詞章之學興，而此道遂棄如土。余數十年來，閲人多矣。見有擁前人之厚資者，任人持籌，不數年而轉多逋負。見有司國家之府庫者，任人握算，不數年而竟入爰書。其身家之傾覆，固不盡由於不知數，而不知數其大端也。最甚者，若邇年王麗南一案，以直藩書吏蝕帑至數十萬，而歷任方伯不一會計，非不知數而然哉？若讀書人而不知數，勢必受人之委，而又轉委於不讀書人，而輾轉貽誤。即不讀書人亦有廉潔者，而讀書人不能稍加攷核，將涇渭不分。一二廉潔者，亦白沙在泥，與之俱黑耳。」其言多激切，類如是云。

談泰

傳記

清·羅士琳《疇人傳續編》卷五〇《談泰》　談泰字階平，上元人。由乾隆五十一年舉人大挑選授山陽縣學教諭。淹通經史，專志撰述，不爲世俗之學。凡音律算數，無不精通，尤善援引考覈，務求其是。嘗與江都焦孝廉循、歙汪教諭萊相友善。孝廉著《開方通釋》，泰曾與之互相證訂。并敘其所撰之《天元一釋》。【略】泰嘗從學於嘉定錢少詹事大昕，故序中稱李秀才鋭爲同門。又詹事曾贈泰序，其略云：「歐羅巴之巧，非能勝於中土，特以父子師弟，世世相授，故久而轉精。而中土之善於數者，儒家輒訾爲小技，舍《九章》而演先天，支離傅會，無益實用。疇人子弟，世其官不世其巧，問以立法之原，漫不能置對，烏得不爲所勝乎？宣尼有言『推十合一爲士』，自古未有不知數而爲儒者。中法之絀於歐羅巴也，由於儒者之不知數也。昔齊桓公之時，士有以九九見者，設庭燎之禮以待之。九九者，黄帝所傳，商高所授，周公大聖，不憚下問，桓公禮以庭燎，良不爲過，而梅福且小之。西漢之世已有此論，何況後儒？予少與海内士大夫游，所見習於數者，無如戴東原氏。東原殁，其學無傳。比來金陵，得談子階平。其於斯學，殆幾於深造自得者，乃不自足而暱就予。予未老而衰，昏眊健忘，無能益於階平。然有願焉，則以爲歐羅巴之俗能尊其古學，而中土之儒往往輕議古人也。蓋天之説，當時以爲疏，今轉覺其密。七曜盈縮損益之率，古法與歐羅巴原不相遠也。其爲彼之所創者，不過數端，而其説亦已屢易。吾烏知他日不又有一説以易之乎？其不可易者，可知者也；其可易者，不可知者也。知其所可知，而不逆億其所不可知，庶幾儒者知數之學。予未之逮也，願階平勉之而已。」

先是詹事從子江寧教授塘創周徑率，謂徑一則周三一六有奇，而方百者圜七九零。泰因作一丈徑木板，以蔑尺量其圓周，正得三丈一尺六寸有奇，因反覆引申，廣援博證，著有《周徑説》一卷，以爲溉亭之説，至當而不可易。又撰有《王制里畝算法解》一卷，其自序略云：「五經中罕言算術，惟《王制》論里畝及之。然孔與鄭異，陳又與鄭、孔異，欲折中綦難矣。總憲梅循齋先生著《赤水遺珍》，中有方田度里一篇，正《王制》注疏之誤。其法以原數立算，與鄭康成注互合，但所列諸率，不明言乘除之數，恐觀者無從稽核，而經義難明。爰引先生本文，逐句疏解，並同三率互視法，詳推如左，而記文譌誤，及孔疏、陳注之粗疏，亦不辨而自明焉。」更復推廣之，撰《王制井里算法解》一卷，附列里數表，自方一里計積一里爲田九百畝，至方三千里計積九百萬里爲田八十一萬萬畝止，逐一詳悉，臚列成表。又謂古經質直，凡書開方之數，皆言方邊而不言方積，取其文句整齊，數目簡易。若以積實推步，鋪敍連篇，則是算博士之筆轉滋昧者之疑矣。又謂里數畝數，十百千萬，以次遞升，位數參差，易於目眩，即算氏名家，少一粗疏，便失其序。今依數列表，庶初學一覽即明。故復以一億爲田十萬畝演億小數表，以一億爲田一萬萬畝演億大數表，併一里方積、十里方積、五十里方積、七十里方積、百里方積、千里方積諸表，洵足發明經義。

又因《太平廣記》二百十五引别傳，謂鄭康成以永建二年七月戊寅生。泰據范史章帝紀元和二年二月甲寅始用《四分術》，終漢之世，未聞改法，算康成生年月日宜以《四分》爲准。今依本法細推，更以史證之，謂：《順帝紀》書「春正月戊申」，疑脱一「朔」字。丁卯爲月之二十日，二月甲辰爲月之二十八日，夏六月乙酉爲月之十一日，秋七月甲戌朔，正合《紀》與《五行志》載並同。壬午爲月之九日，庚子爲月之二十八日，辛丑爲二十九日，《天文志》二月癸未爲月之七日。閏月乙酉，恐有舛誤。《紀》書「六月乙酉」，則閏六月必無乙酉，當作「六月」爲近，或「乙」爲「己」之譌。是年閏六月五日己酉，乙己字形相近也。八月乙巳爲月之二日，劉注引《古今注》云「丁巳未詳何月，三月十一日，五月十二日，閏六月十三日，皆丁巳也」，又云「七月丁酉爲月之二十四日」，又云「九月戊寅爲月之八日」。合觀《紀》《志》所書，與《四分術》多同。若《通鑑》目録載二月丁丑朔、四月丙子朔、七月甲戌朔、九月癸酉朔、十一月壬申朔，並同《四分》。唯稱五月乙亥朔，則是年五月丙午朔，六月乙亥朔，殆誤先一月。又稱閏五月，則是年閏六月，亦誤先一月也。果閏五月，則乙亥爲閏五月朔，不當又稱五月乙亥朔，未免自相矛盾。此蓋因《天文志》閏月乙酉，遷就求合，而不知先與《本紀》六月乙酉不合。況推是年六月二十九日癸卯大暑，中氣近晦，七月初一日甲戌處暑，中氣在朔，而中間一月十五日己未立秋，只一節氣，其爲閏六月最確。倘閏五月則有節有中，於閏法未協。又月内有乙酉，而六月反無乙酉矣。劉氏既載七月一日處暑，則置閏必在六月，而不在五月，此淺而易見者，不知何以誤推也。至袁宏《後漢紀》作七月丙戌朔，則月内無壬午，與《紀》不符。且《紀》《志》均書甲戌朔，袁又何所據而頓改之？或係傳寫之失，亦未可知。要之，甲戌朔合於《四分》，則七月五日戊寅爲鄭公生日無疑。其所推算是年月朔及中節兩氣干支並大小餘甚詳。

雜録

清・羅士琳《疇人傳續編》卷五〇《談泰》 論曰：階平績學一生，惜無著述。其所校溉亭教授周徑率，雖與秦道古環田三積術謂「徑冪進位爲實，開方爲圜周率」相同，蓋亦本於《九章》少廣注所載漢張衡率圜周冪五方周冪八，究非密率。然階平自是嘉慶間算學名家羽翼中學者也。

清・阮元《揅經室集》續二集卷二 談泰字階平，江寧舉人。官南匯縣訓導。泰博覽勤學，精於天算，得梅氏算學之。所著考證經史之書，曰《觀書雜識》二十卷。其算術之書有：《測量周徑正誤》《周髀經算》四極南北游法增補》《武城朔閏譜》《召誥月日譜》《歲次月建異同辨》《春秋歲次考》。《三統術》推一歲食限數交食、一月終數，推漢高九年六月晦、孝文十一月晦、孝文元年至七年大小餘、孝文二年五年天正冬至、靈帝光和元年大小餘。《四分術譜》劉宋武帝五年天正冬至。又著《三統術譜》《冬至權度紀略》《大官書節次斗分辨》《分野辨》《操縵巵言正誤》《圓壺周徑積實祖沖之融法辨》《鬴内方非十尺辨》《喪服傳溢説》《五服經帶數》等書。又著《古算書細草》十餘事。

黎應南

傳記

清・羅士琳《疇人傳續編》卷五〇《李鋭》附黎應南　應南字見山號斗一，廣東順德人。嘉慶戊寅順天經魁，以書館議敍，選浙江麗水縣知縣，調平陽縣知縣。海疆俸滿，加六品銜。卒於官，年四十有八。其父曾爲太倉州牧，因僑寓蘇州。從鋭受學，深得師承，生平著述，祕不示人，亦不編緝。殁後，其子无咎年甫七齡，更不知其稿之散佚與否。所傳者，惟《開方説》後跋。【略】

雜録

又有求句股率捷法，任設奇偶兩數，各自乘，相併爲弦，相減爲句或爲股，副以兩數相乘，倍之爲股或爲句。若任設大小兩奇數，或大小兩偶數，各自乘，則相併半之爲弦，相減半之爲句或爲股，其兩數相乘即爲股或即爲句，所得之句股弦，皆無零數。

清・陳璞《尺岡草堂遺集》卷四　又見山亦著作才也。其於經史坤輿之學無不貫通，尤於天元精熟，故有求句股率之捷法，蓋亦由天元通分所致，曾擬倣《水道提綱》例，譔《地理沿革提綱》，乃因簿書鞅掌，不遑撰述，且貧困一官，身罹六極，更可哀已。

顧廣圻

傳記

清・諸可寶《疇人傳三編》卷二《顧廣圻》　顧廣圻字千里號澗蘋，元和人。少孤多病，枕上未嘗廢書。不事科舉業，年三十始補博士弟子員，縣府試皆冠其曹。繼從江艮亭游，得惠氏遺學，因盡通經學、小學之義。家故貧，常以爲人校刻博糈以食。雖往來皆名公卿，未嘗有以自潤。精於校讐，每一書刻竟，綜其所正定者，爲考異，或爲校勘記於後，學者讀之，益欽嚮。

其代夏方米序《數書九章》曰：「敦夫太史，校其家道古《數書》開雕，屬文燾爲之覆算。其題問與術草不相應，或術與草乖甚，且算數有誤，則當日書成後，未經親自覆勘耳。至綴術推星題，推五星逐度用遞加遞減之法。揆日究微題，於節氣影差，逐日不同，皆以平派求之。此則法有古今，弗可概論也。大衍求一術，向以爲即郭守敬《曆源》、李冶《測圓海鏡》之天元一法，及歐羅巴借根方法。今案借根方之兩邊加減，雖與天元一相消不同，而其術即天元一法，無待論矣。若大衍術實非天元一法，未可以其有立天元一之語，遂以郭守敬及李冶所謂天元一者當之。《潛研堂集》亦言大衍術與李敬齋自言得自《洞淵》者有異，不信然乎。聞李尚之嘗謂《孫子算經》中三三數之五五數之七七數之一題，爲大衍求一術所自出。予謂道古自序實已自言之。何也？是書大旨爲《九章》廣其用，如賦役章首題，答數至一百七十五條，每條步算之數至十餘位，而得數皆無不合。均貨推本題，方程而兼衰分。劉徽云『世人多以方程爲難』，道古此題其難更何如矣。開方衍變，圖式備詳，足資後人參攷。凡此皆大有功於九章者。」

自序乃云：「獨大衍術不載《九章》」，其意以爲以各分數之奇零，求各分數之總數，《九章》無此法，而《孫子》有之，此《九章》後可以立法者，故隱以語人使自得之也。試爲衍之。甲三、乙五、丙七爲元數，連環求等，皆得一不約，便以元數爲定母。以定母相乘得一百五爲衍母，以各定母約衍母，得甲三十五、乙二十一、丙一十五，各爲衍數。滿定去衍，得奇，甲二、乙一、丙一，以奇與定用大衍求乘率，仍得甲二、乙一、丙一。對乘衍數，得甲七十、乙二十一、丙一十五，爲各用數。次置三三數之賸二，以二乘七十，得一百四十；五五數之賸三，以三乘二十一，得六十三；七七數之賸二，以二乘一十五，得三十。乃併所得爲二百三十三，是爲總數。滿衍母倍數去之，餘二十三，即所求數。凡所求數，在衍母限内者，其數最小爲第一數，若大於此數者，遞加一衍，母數無不合者。或列各定爲母於右行，各立天元一，爲子於左行，以母互乘子亦得衍數。是反覆推之，而其術乃憭然也。作者之謂聖，述者之謂明，道古此術，其述而進於作乎？他如推求本息題各差，有反錐、方錐、蒺藜之名，少廣投胎術即益積之異名，是必古有其名，而算數之書，爲世所不經見者猶多也。」

又自譔陽城張太守敦仁《開方補記》後序曰：「蓋聞開方元始載於少廣，其在句股，用以爲法。嗣是相承，踵事推衍。稍變能精，《緝古》有焉。逮於李宋之世，入諸天元之術，爰因平立以增諸乘，乃洎正負，而兼帶從。誠非其法有異，良由所御不同，作述之旨如是焉耳。入明以後，厥術寖微，疇人子弟，罕洞前故，根柢云昧，枝葉競興。箬溪分測圓之類，宣城拾西鏡之遺，轉轉遷移，重重隔礙，以致沿流愈遠，趨路彌歧。臨初商而回泬，值幾數而眩眃，持小學之一端，等天高而難上，其可閔也，不已甚乎！先生文囿學林，罔蓄疑義，六書九數，尤耐覃思。初治《海鏡》，默契《洞淵》，翻法在記，潛啓會心。以爲錯綜之致，畫一之規，猥入答中，煩而不究。遺諸言外，蘊而曷宣，損益斟酌，周詳要練。惜竟遭佚，末從證明，續勤網羅，取雋道古。商實從隅，別名定位，夙昔鴻蒙，幾將鑿破。猶以易題下算，未能應機無滯，仍累年月，且恒諮訪，數四覃尋，委曲曉𠁮，指蹤魯郡，合轍欒城。於是發凡舉例，創造各條，經之緯之，茂矣美矣。其於先超後折，異減同加，視上下而相生，循次第以置變，翻積益實之理，適盡命分之數，皆以墨守自古，起廢方今。至於議開即決其可否，審得懸識其小大，極反覆於商負，示易簡於取較，則又闕未傳之妙，標獨悟之宗者也。體製宏深，苞孕糅雜。慮夫學者或鮮遽憭，遂乃逐式設問，每步加圖，有奧必搜，靡變弗備，詳哉言之，無隱乎爾。更於最後，特探原本，圓城尖田，旁涉弧矢，揆以所施，中其攸當。譬彼詁字，依文匪異，義之可奪，協句準韵，豈他音所能棼？著茲確論，允爲大通，屬稾己未，勒成乙丑，區域九卷，薈萃一編。隻語莫排，千秋共信，繼往開來，温故知新。近禩九九一家而已。從此游藝之士，弄竹之倫，藏於箱篋，置向帳中，不啻司南倚衡，秘鑰繫肘者矣。是故秦書具在，拓過半之思，李記雖亡，釋俄空之憾。敢贊盛業，附諗知者。」

晚得類中（證）[症]，卧牀笫者五年。道光十九年卒，年七十矣。有《思適齋集》十八卷，二十九年，上海徐紫珊氏渭仁校，刊入《春暉堂叢書》。

清・馮桂芬《同治蘇州府志》卷九〇《顧廣圻》 顧廣圻字千里後以字行更字澗薲。弱冠，稱萬卷書生，不爲科舉業，年三十始補諸生，從江徵君聲遊，得惠氏之傳，盡通經學、小學。論經學云：漢人治經，最重師法，古文、今文，其說各異，混而一之，轇轕不勝矣。論小學云：《說文》一書，爲六書發凡，非字義盡於此。欲取漢人經注，作假借長編，未果。從兄之逵，字抱沖，亦寖於學，多藏宋元舊本書。廣圻一一爲之訂正，校刻《列女傳》以行。爲孫觀察星衍校刻宋本《說文》《古文苑》《唐律疏義》，爲黄孝廉丕烈校刻《國語》《戰國策》，爲張太守敦仁校刻撫州本《禮記》、單疏本《儀禮》，爲胡中丞克家校刻宋本《文選》、元本《通鑑》，爲秦太史恩復校刻《鹽鐵論》《揚子法言》《駱賓王集》《吕衡州集》，爲吴侍讀鼒校刻《晏子》《韓非子》，每一書成，綜所校爲考異，或爲校勘記。又摘宋儒語録，爲《遯翁苦口》，以教學者。其所居號「思適齋」，取北齊邢子才「誤書思之，更是一適」之語，自爲之記。卒年七十。孫瑞清，字河之，咸豐壬子舉人，能世其學。

雜録

清・諸可寶《疇人傳三編》卷二《顧廣圻》 論曰：道光朝近承乾嘉樸學之習，知名輩起，項背相望。顧茂才資稟過人，無書不讀，經史、小學、天文、曆算、輿地之術，靡弗貫通，爲寰宇所推重。終其身雖未著一書，而精誼特識，時見於所爲文。如秦、張二書序，不明算者惡足語此？蓋非尋常經生家言也。

駱騰鳳

傳記

清・丁晏《安徽舒城縣學訓導駱先生傳》 先生諱騰鳳字鳴岡號春池，淮安山陽人。父興縣庠生，贈修職郎。君幼穎悟能屬文，受業於同鄉汪文端公。年甫冠，學使胡文恪公按試補縣學附生，旋食既廩，歲科試皆優等。庚申，學使錢黼堂先生試古學隗囂宫盌賦，君爲淮屬第一。是時與君齊名者，爲李總憲宗昉，錢公皆器重之。李與君俱試拔貢，年幼於君。學使出後生可畏章題，君文慷慨激昂，有寓意語，錢公奇其才，遂以君充辛酉科選拔正貢，而以李副之。是秋君舉於鄉，主試爲陳侍郎萬全、何檢討學林。辛酉，李中鄉榜，壬戌，聯捷大魁，而君累上春官，七薦不售，考授覺羅官學教習。丙戌，大挑一等，引見以知縣用，君以母老不願仕，改授舒城縣學訓導，未一年以告養歸。己亥，母崔太孺人年百歲，請於朝，得旨建坊舍南之安樂里。君自歸養後，不復出遊，晨夕侍膳，頤壽康娱，則君之孝可知矣。

君性豪宕，不規規小節，每遇儒冠而猥鄙者，必醜詆之，頗爲俗流所嫉。然性坦直，無阿曲。教授里中，學徒甚衆，而孜孜善誨，人亦以是附之。敏鋭好讀書，尤精疇人之術，在都中，從鍾祥李侍郎潢受算學，研精覃思，寒暑靡間。言步算者，推梅氏爲大宗，君自謂開勿菴未發之祕，箸《開方釋例》四卷，其畧曰：開方作法本原圖，梅勿菴謂其相生之序，皆加一算法是矣，然作法之原，究未詳晳，則以勿菴固未知天元一術也。是圖首列本積，次列商除，次列平方，次列立方，次列三乘方，天元一術以積、方、上廉、下廉、隅，作五層列之，正與此圖同，四乘方以往，皆如此解，是圖專爲天元一而設也。又謂：平方、立方、三乘方之用甚多，勿菴《少廣拾遺》推至十二乘，乃其十二乘中有正無從。近世顨軒孔氏算書有三乘、四乘、五乘方圖説，後有簡法，則諸方帶從並可開矣。然三乘方中右定左定之外，有左泛之目，四乘方中又別爲三泛，五乘方中又別爲隅泛，是多一乘即易一術，設推至六乘以上，當必別爲名目，蓋其術本非通率，故其名亦意爲增置而已。固未見其簡也。今用天元一法，自平方以至多乘方，悉用一術，推至九乘而止，其帶從次開以下所取廉法，立方則兼有平方廉，四乘方則兼有三乘方、立方、平方廉，五乘以往，遞增如之，實爲少廣術中另闢一徑，由是以推，雖百乘以上，無不可得。惜不令勿菴見之也。又謂：開方中惟平方最易，立方則諸乘方之關鍵，其中條例頗繁，必了然於立方，而後諸乘方可得而論也。平方一乘，立方再乘，其元數不必皆等，而平方必四邊兩兩相等，立方必六面兩兩相等，無所謂或缺其旁，或虚其裏者。若缺旁虚裏，則平方非兩數相乘之冪，立方非三數遞乘之積，此借根方之異於古法者也。蓋諸乘方無不自平方、立方起者，以平方乘平方爲三乘方，以平方乘立方爲四乘方，以立方乘立方爲五乘方，以平方乘四乘方爲六乘方，以立方乘四乘方爲七乘方，以平方乘六乘方爲八乘方，以立方乘六乘方爲九乘方，皆由平立方遞乘而得，豈缺旁虚裏之方所得乘乎？固知缺旁虚裏之體，非古法也。嘗取古今算書之未核者，溯原正譌，爲《藝游録》，辨《赤水遺珍》之説，曰：天元一與借根方相似而不同，梅氏循齋以借根方解之，宜其格乎不入也。天元一之妙，首在立正負。其又數於左數相消，本有二式，以又數消左數，則變又數爲負，《玉鑑》求潤求和皆是也。以左數消又數，則變左數爲負，《玉鑑》求長求較皆是也。《玉鑑》各存一式，蓋以見正負可以互易也。所云益實、益隅、益上廉者，益謂負也，猶《測圓海鏡》之益方、益廉、益隅也。祗緣天元一法久失其傳，明代如唐荆川、顧箬溪且妄加訾議，又何怪循齋之茫然於《四元玉鑑》耶？又謂：勿菴論方程之用，其減並之法用，同減異並，不用異減同並，蓋未見正負無人之術也。至釋負爲負欠之意，亦未得古人立正負之妙。又「縆長」一術，亦見《方程論》中，勿菴且加刊正，而不知其出於《九章》也。凡方程乘減之後，必得一法一實，而茲即以法爲井深，實爲縆長，設數之巧，莫可擬議，惜乎勿菴未之思也。君嘗謂：「五雀六燕」，自宋以來俱作平衡之説，援引多誤。按：《九章算術》原文甚明，因以方程、衰分之數解之。論汪氏《衡齋算學》：設術既迂，圖解又晦，而於立方取廉之故，尤多轇轕，作《數學砭愚》，以正其失。君遺稿凡十餘萬言，俱手自繕寫，病亟以授其壻何錦，屬寄京師同年李總憲及門全學士慶刊之。生於乾隆庚寅年六月初六日，卒於道光辛丑年八月初七日，年七十二。維時壽母在堂，百有二歲，君自恨不得終養，又無子息，立繼孫德芳爲嗣。君與先君子同歲入學，於晏爲父執。晏自幼時甚爲君所獎許，易簀前一夕，親授遺命，並屬晏經紀其喪，晏痛君之積學而不遇也。爰采綴事文，而爲之傳。

賜内閣中書銜、揀選知縣、同邑丁晏拜譔。

清・諸可寶《疇人傳三編》卷三《駱騰鳳》 駱騰鳳字鳴岡，號春池，山陽人。嘉慶六年選拔廩膳生，是秋舉鄉試，七上春官不售，考充覺羅官學教習。道光六年，大挑一等，例用知縣，以母老不願仕，改授舒城縣學訓導。未一年，告養歸，教授里中，學徒甚衆。二十一年八月卒於家，年七十有二。賦性敏鋭，好讀書，尤精疇人之術，在都中從鍾祥李侍郎潢受算學，研精覃思，寒暑靡間。

著《開方釋例》四卷。自序略謂：【略】。又著《藝游録》二卷。自識云：【略】。

遺稿凡十餘萬言，手自繕寫。病亟，授其壻何錦。錦屬同縣丁内翰晏助之校刊，二十三年冬工竣，即今傳本也。

南匯張明經文虎嘗與青浦熊户部其光書，論之曰：「承示駱司訓算書二種，讀竟奉繳。李四香《開方説》，詳於超步、商除、翻積、益積諸例，而不言立法之根，令初學者芒不知其所謂。駱氏於諸乘方方廉和較、大小加減之理，皆質言之。而推求各元進退、定商諸術，尤足補李書之未備，誠學開方者之金鎖匙。汪孝嬰創設兩句股同積同句弦和一問，以兩句弦較中率，轉求兩句弦較，立術迂迴。駱氏以正負開方法徑求，得兩句頗爲簡易，衡齋亦當首肯也。立方以上，古法頗略，孔巽軒《少廣正負内篇》列帶縱立方變體十三種，以補古人所闕，有裨於算術甚鉅。三乘以上，不過算家借喻其稠疊之數，本無其形，學者往往守其法而莫明其理，孔氏始化積爲邊，俾方廉皆顯。駱氏諸圖皆襲之，而不言所自，轉於他處諱其姓氏，反脣相稽，得毋褊乎？天元如積之術，至明失傳，梅文穆始以借根方發其覆。爾時推闡未至，容有之。李四香校《測圓海鏡》而大明其説，不可謂無功。借根方之多少即天元之正負，其兩邊加減即天元正負相消之理。論其法，借根方固不如天元之簡，然天元實方廉隅稠疊之位，皆賴借根方之幾真數、幾根、幾平方、幾乘方而益著。駱氏必欲翻梅、李之案，而直詆爲不知天元。噫！過矣。且其言曰，正負者加減之謂，多少則盈朒有迹，試問加減何自而生乎？以此減彼而有餘，則謂之正；以彼減此而不足，則謂之負。有餘非多乎，不足非少乎？以此之正，消彼之負而見盈正數多，則變彼之負而爲正，謂正非盈可乎？以彼之負，消此之正而見朒負數多，則變此之正而爲負，謂負非朒可乎？天元左右數正負可互易，此與兩邊加減，法異而理同。李氏以爲異，異其法也。駱氏謂異在正負，不在兩邊加減，此公孫龍之論白馬非馬也。李氏《弧矢算術》弦與殘周求矢、圜徑截積求矢二術，元草竝以天元除太極，得太下一層。少一天元通分，故開方式元在下廉之位。然以元除太，則太下一層，已爲元分。而太下一層自乘，得太下二層，合天元自之爲五層，即三乘方式矣。於是以太下二層爲積，太下一層爲元，太爲方，元爲廉，元自乘爲隅，蓋以降二位爲升二位，不啻以天元通分也。且天元術相消之後，但問得式幾層，爲幾乘方實方廉隅之位，不復論爲元爲太。駱氏以天元通分，故元在本位，然五層之式，與李無異。苟明其指，不必別擬細草矣。方程五家共井一術，梅勿庵識其不言井深，故所得但爲虛率，而不能斷其丈尺。又七百二十一，亦非定率，凡可以七百二十一除之而盡者，皆可以五等之繩相借而及泉。此條雖出《九章》，然立法之疏，不必爲古人諱。李雲門據劉徽注，謂明以七百二十一爲井深，率七十六爲戊綆長，不知但言虛率，則分寸尺丈，何不可以七百二十一命之？即分寸尺丈，又何不可以七十六命之？駱氏顧沾沾焉稱述其以法爲率之巧，而惜勿庵之未見，則似猶未達勿庵之指也。夫人心思智巧，日用日出，算數之學，往往今勝於古，然亦賴有古法以爲之質耳。彼古人者，則亦甚賴後人爲之推求，而精益求精也。駱氏之論正負開方，塙能發揮隱伏，而於近世諸家，詆諆已甚，將獨尊其師法歟，抑主持古法而過之者歟？文虎於此學無所得，亦未敢有所偏主，聊以管見質諸足下，幸惠教之。」

紀事

清・華世芳《近代疇人著述記》　山陽駱春池騰鳳，著《開方釋例》四卷，於諸乘方方廉和較、大小加減之理，皆質言之，而推求各元進退定商諸術，足補李四香《開方説》所未備。又嘗取衰分、方程、句股等法，以及《九章》所未載，與夫古今算書之未能賅洽者，溯源正譌，爲《藝游録》二卷。

雜録

清・丁晏《安徽舒城縣學訓導駱先生傳》　論曰：余曩得吴非木遺書，非木名玉楫，山陽諸生，精天官家言，謂分野不足以定疆域，惟里差爲可據，作《淮安里差考》，又爲《太陽出入里數通軌説》，余据其書以作傳，問之吾鄉人，無有知其姓字者，士之潛心篤學而舉世莫知者，可勝道哉，可勝道哉！今君積算之學，突過梅氏，當世無有傳其學者，更數十年而君之聲稱闃如矣。故爲之傳，以竢後之太史氏。

清・諸可寶《疇人傳三編》卷三《駱騰鳳》　論曰：駱訓導有功古學，而語多過當。傳謂豪宕不規規小節，每遇儒冠猥鄙者必醜詆之，殆天性固然也。嘯山明經從而平議之，爲諍臣，爲畏友，備舉其説，以竢後賢。

陳懋齡

傳記

清・羅士琳《疇人傳續編》卷四八《陳懋齡》　陳懋齡，上元舉人。著《經書算學天文考》。其自序云：「唐人試士，有明算科，《五經算術》限以年。今考其書，亦頗易究耳。夫算法至今日，始愈密而愈精，然不外《堯典》中星、《周禮》致日等項爲測算之根。漢儒掇拾於煨燼之餘，營造渾天，只因孔子有『北辰居其所』之一句。至孟子言『千歲日至，可坐而致』，其自羲和俶擾，周幽薄蝕，可考而知。《五經算術》於此等處略不識及，何耶？就中惟《職方》封國、《王制》開方、《魯論》乘馬，詳哉言之。然《職方》鄭注迂誕，《王制》步畝乖違，《魯論》千乘畸零難合，讀其書卒難了然於心口。今依恒星東行，詳考歲差，以弧三角視法，圖寫渾儀，依郭守敬《授時》法通考《詩》《書》，及於魯隱，著爲史表，使學者可依法推步，雖不敢謂求詳於古，於西算亦萬分之一也。時嘉慶二年歲在丁巳十月望日。」細目曰《尚書・堯典》曆象日月星辰考，《尚書・堯典》中星説攷、《大戴禮記・夏小正》星象考、歲差恒星行圖考、冬夏致日考、渾儀考、閏月定時考、《周禮》地中考、《周禮・職方》封國考、《禮記・王制》開方考、《魯論》千乘開方考、《魯論》北辰北極考，史表推步定法夏仲康五載季秋月朔日蝕考、商太甲元祀十二月乙丑距三祀十月二月朔日考、《周書・武成》年月考、《詩・十月之交》辛卯朔日蝕考、《春秋》魯隱公三年辛酉二月己巳日食考。洵足爲考古治經者之一助。

范景福

傳記

清・羅士琳《疇人傳續編》卷四八《范景福》　范景福字介兹，錢塘人。以優貢終。嘗遵《欽定考成》前編法，推算春秋朔閏日食，取上律天時義，阮相國名其書曰《春秋上律表》。焦里堂孝廉代阮相國爲之序曰：「余巡撫兩浙，於西湖建詁經精舍，祀許叔重、鄭康成兩先生，選諸生肄業其中。諸生能習推步之學者不乏人，范生景福其一也。歲癸亥，生以所步《春秋朔閏日食表》及説，請正於余，而乞爲之名。竊謂孔子作《春秋》，備天、地、人三統之學，故子思子贊其事曰：『上律天時，下襲水土。』本欽若以紀四時，即祖述之旨也。尊建子書春王，則憲章之義也。或記司術之過，或明伐鼓之非，左氏引而申之，躍如也。其後劉歆、姜岌之徒，造訂諸術，必上驗於《春秋》。杜征南爲左氏學，亦因宋仲子十家之法，考訂《春秋》朔閏。故不通《春秋》，不足以知術；不知術，亦不足以通《春秋》；不知術、不通《春秋》，不足以紹聖人祖述憲章之志。用是命之曰《春秋上律表》，所以嘉范生之能治《春秋》也。且范生之書，其善有四焉。天文術算之學，至本朝而大備。天下學者，或疑其深微奥祕，不敢學習，范生習之，不十年而能發明如是，學者庶觀而效焉，而知是學之本易明，善之一也。治經者患拘執而不能通，劉氏規過，孔穎達辭而闢之。規者不必俱非，闢者亦難悉當。杜氏於襄二十七年頓置兩閏，生直言其非，而莊二十五年六月辛未爲七月之朔，則稱杜氏爲不可易。揆之於義，是非不詭，庶幾不泥古、不違古，爲説經之通，善之二也。疇人子弟，諳其技不能知其義，依法布算，不愆於數，其中進退離合之故，莫之或知，故不能變化以推古經。生之言曰『置閏可移，食限不能移』，又謂『欲定閏，必推中氣』，又謂『斟酌置閏，以合干支，尤當斟酌置閏，以合食限』，於是用平朔不用定朔，用恒氣不用定氣，用食限不用均數，本諸《時憲》，參之《長曆》，可謂好學深思，心知其意，善之三也。奉《時憲》上考之法，以明《春秋》司曆之得失，以決三傳之異同，以辨杜氏之是非，以課《三統》《大衍》《授時》以來上推之疎密，俾學者知聖人作《春秋》，爲本朝《時憲》之嚆矢，而本朝之制《時憲》，實爲聖人《春秋》之脈絡，善之四也。具此諸善，可知生用力之勤，研究之細。其治經也，無學究拘執之習；其治曆也，非星翁術數之求。由此而進焉，固未可量其所税矣。余樂道其書之槩，而爲之序。」

又景福曾撰有《春秋比月頻食説》。其略云：比月頻食，必無之理。經書日食，襄二十一年九月庚戌、十月庚辰，二十四年七月庚子、八月癸巳，皆比月連書。先儒求其義而不得，因謂當時史官失書，事後追憶，疑在前月，又疑後月，不能明確，遂兩存之。又謂當時術者豫推，以驗立法疎密，未能準定，先兩書之，及事過而忘削其一月，並誌焉。此一前一後，皆懸擬之辭，不足據也。今以《時憲》上推，定爲二十一年九月庚戌，二十四年七月甲子，以交周入食限斷之。而究其書十月庚辰、八月癸巳之由，閻氏百詩嘗謂「必有某公某年日食，脱簡錯置於此」，其説最當。因詳推二百四十餘年食限，得襄公二十六年十一月庚辰日食，或當時置閏之殊，先後一月，文十一年八月癸巳日食，二者干支食限皆合。引伸閻氏之意而實指之，當見許可，較懸擬者則有左證矣。或謂二百餘年食限多矣，豈無偶合？然徧檢諸年，衹得其一，不得其二，差堪爲據。不然，疑事無質，直而勿有，亦何敢無端置辯也？

先是景福因見杜氏德美割圓密率九術，乃取二簡法中相加相減術，變而通之，創借弧求弦、借弦求弧二法。其時明氏之書未刊，而竟能與之闇合，其精思妙悟有如此。

雜録

清・羅士琳《疇人傳續編》卷四八《范景福》 論曰：陳副貢《天文考》，阮相國于道光中刊入《學海堂經解》中，並云其周禮地中考原圖，設九圓以解地圓，似反支離，且外大圈黄赤道既爲大規，而小圓上黄赤道又爲直線，亦似矛盾，因以爲地圓之理本屬易曉，不若倣《乾坤體義》圖爲之較便。副貢韙其言，爰復更定一圖，附於原圖之次。士琳案：副貢歿年無考，今據其自序年月，在前傳告成之先，故編次於補遺末。又隱公三年日食考後云，別有《春秋朔閏交食考》，兹不具載。其考今不傳，因與范氏所著之《上律表》初名略同，疑即指范書而言。唯副貢用《授時》術推算，與范氏用今法小異，究未知是一是二。范氏白首窮經，究心絶業，所著書生前無力刊刻，崇明施樸齋明府彦士僅舉其所推隱公元、二、三年及桓三年四表，附梓於施《推春秋日食法》之後，猶得見其一斑云。

張作楠

傳記

清・羅士琳《疇人傳續編》卷五二《張作楠》 張作楠字丹邨，金華人。由處州府教授，歷官陽湖縣、太倉州，洊升至徐州府，以不得於大府，將改簡，遂乞假終養歸，優游林下者十餘稔。生平酷嗜西人曆算之學，與婺源齊彦槐、全椒江臨泰相友善，以兩人皆同治西算也。居官不事酬應，嘗曰：「與其浪費無益之酬應，不若將薄俸養活工匠，製儀器，刻算書，俾絶學大昌。」故凡履任，悉以銅木石工及剞劂氏相隨。所著書若干種，名《翠薇山房算學叢書》，大率皆西人成法，推而演之。嘗謂僧一行曾以指南鍼較北極，鍼指虚危之間，極在虚六度初，鍼實偏于極右二度九十五分，北極偏右，則知南極偏左。沈存中《筆談》亦稱微偏東，不全南。徐文定《曆議》稱鍼所得子午非真，隨地不同，在京師則偏東五度四十分，冬至正午先天一刻四十四分有奇。梅勿庵《揆日紀要》稱天上正南，非羅鍼所指之正南，須於正午之西，稍偏取之。故楊光先有《鍼路論》，陸朗夫《切問齋集》有指南鍼辨。因量取《坤輿全圖》各直省府廳州縣及諸部落經緯線，推演列爲全表，附造平面、立面及面東西諸日晷法，撰《揣籥小録》。又仿梅氏《諸方日軌》例，自北極出地十八度起，至五十四度止，推算各節氣，自卯正以至酉正止，太陽距地平高弧，列表於前，更取直表、横表各一尺，表景亦如前，算高弧法，逐一推演，列表於後，撰《揣籥續録》。又取正弧及斜弧三角，括以二十八例，撰《弧三角舉隅》《弧角設如》二種。又推測道光三年癸未天正冬至星度七十二候各中星列表，而冠以四十五大星圖，並附各星赤道經度歲差表、中星時刻日差表、太陽黄赤升度表、二十八宿黄赤積度表，可以逐年逐日，依法加減，使中星與時刻互求，撰《新測中星圖表》《金華晷景表》《金華更漏中星表》三種。又推算道光癸未年各恒星并近南極諸星，及天漢起没，黄赤經緯度列表，撰《恒星圖表》。又因八線及八線對數表，每十秒爲率，卷帙繁重，爰取簡便，以每度六十分列表，析弦切割三線，各爲一帙，撰《八線類編》《八線對數類編》二種。又推算北極出地二十八度至三十四度及四十度各節氣，逐時逐刻，太陽高弧度分秒，並直表、横表日景尺寸分釐列表，撰《高弧細草》。又彙采諸書量倉量田各法，撰《倉田通法》十四卷：第一册曰量倉通法一之三；第二册曰量倉通法四之五，附以借根方法；第三册曰方田通法補例一之三；第四册曰方田通法補例四之六；第五册曰倉田通法續編一之三，附立天元一法。

紀事

清・張星鑑《書張丹村太守》繆荃孫《續碑傳集》卷四〇 張丹村太守名作楠，浙江金華人。嘉慶十六年進士，由教授爲江蘇陽湖縣知縣，太倉州知州，後官徐州府知府，以病歸。道光三年夏大水，太守在太倉任，辦災有善政，民感其德。通西人算術，著《翠微山房數學》，當世疇人宗之。歸田後，鄉居不入城市。太倉陸模，太守舊部民也，宰金華，訪之，叩其居，去郭外四十里，竹籬茅舍，宛然農家也。通姓名，知爲縣令，遂以疾辭。既而陸有甥王姓者，係太守在太倉所取士，在幕中，一日造其門，欣然出見，與之飯，述家事。呼三子出見，問其所業，長務農，次務工，三則木工也。王君曰：何絕無業儒者？笑曰：是俗讀書科名是尚，一入仕途中，此心遂不可問，古人以縣令爲畜生道。誠有慨乎言之也。止王君宿，明日送之，云：老夫僻處荒江，不與搢紳交久矣。寄語陸侯，勿以老夫爲念。陸侯知其意，卒不往。

雜記

清・羅士琳《疇人傳續編》卷五二《張作楠》 論曰：丹邨之學，謹守西法，依數推演，隨人步趨，無有心得，殆如屈曾發、徐朝俊之亞耳。其所著之書雖多，要皆採襲於《欽定數理精蘊》《欽定曆象考成》《欽定儀象考成》，旁及秦、李諸書，亦如屈氏之《九數通考》而已。且屈書務在致用，而卷帙以簡便爲貴，故初學者至今寶之。張書則大率爲晷景中星而設，又復務在全備，故卷帙雖多，半皆抄撮，世有目丹邨爲算胥者，韙矣。

江臨泰

傳記

清・諸可寶《疇人傳三編》卷二《齊彥槐》附江臨泰 〔齊彥槐〕其友，江臨泰號雲樵，全椒人。諸生。善用對數總較法，與同邑金大令望欣爲忘年交，亦與太守善。所著《弧三角舉隅》二卷，太守刻入《翠薇山房算學叢書》，今行於世。又著《渾蓋通銓》二卷，則爲江寧甘户部熙曾經補訂者也。

紀事

清・华世芳《近代疇人著述記》 全椒江雲樵臨泰，善用對數，所著《弧三角舉隅》（《續傳》誤爲張作楠作），簡明直捷，附刻於張丹村《翠薇山房叢書》中。

戴敦元

傳記

清・潘諮《戴司寇別傳》繆荃孫《續碑傳集》卷八 金溪司寇，姓戴氏諱敦元，浙江金華人也。乾隆癸卯，年十五，舉於鄉，庚戌成進士，由刑部主事歷官中外至刑部尚書，以甲午十月卒，年六十有七。贈太子太保，予謚簡恪。凡其行業宦蹟當掌於史氏，獨平生志趣有足述者，非久與交處不能悉也。君性一如謚，內甚慧，然簡而寡營。凡人事居處，若時當適來而適應之，皆非所必爲者，然居不廢職行，無異趨，蓋其恪也。平生惟喜見書，姿稟殊絕，每日成誦書可高七八寸。彭文勤公視學浙江，君年十歲，郡縣以神童舉試，公呼至案前，問讀書幾何，書一字引音義旁通者問之，君乞筆註，所出書多在所引外，驗書皆實，故名早稱於大人長者。其一生綽得自行其志趣者，亦名有以先之也。言動樸訥，對人無容儀，交人無問訊，共坐無談論，終日冥默，類窮山方外遺形去識之士，至寒暑飢渴亦似未嘗切膚，然不如方外屏絕感際，初履曹職，未嘗識上官，及出任觀察，至爲藩撫，亦不知其身在羣吏上，治官事亦如身事，默默寡可否，遇案牘如讀書，一日所見必盡而後已。每至一官，取積牘覽一過，他日吏誤摘，語之，故吏亦無敢欺者。復居京師，同僚非公不得見，部事畢，歸坐一室，家人爲之設食飲，暮則置燭對書，坐倦而寢，否則坐暗中，倦亦寢，雖飢甚不言也。窺其室，積塵漠漠，坐卧處皆亂書無完軸者，行巷塗嘗無車馬，假歸武林，時大憲某公宴之，雨著屐往，終飲，羣官擁送鼓吹，門啟，呼戴大人轎馬，君笑索繖自執之揚揚出門去。其一生行動自由，每如此，然亦非傲兀視旁無人也。目短視，看書以紙磨鼻，一磨則終一紙面，時黟然。晚自言善忘，嘗試之，猶不遺一字，然寡爲詩文，終歲或不舉管。晚好天文算學，亦無所論説，蓋善照者光著物而不必凝浹於物。君於讀書，亦適然目之，適然不忘，非必欲有事焉耳。其一生類動以天未嘗近邊際，其遭遇亦適如生質時至而自合，自少至老，不計得失，亦竟無得失，以内實勤恪之故，遇人脱略無訾謗，人以其簡樸信之。不謀食，終身得食，爲士大夫處顯位，則天厚之也。卒之日，笥無餘衣，困無餘粟，庀其産不及百金。其廉潔亦性成者，非意於廉也。不知有無之切於身也。

潘諮曰：唐史於李泌奇不能測，司寇爲人洵奇矣哉。凡人知覺寓於運動，聖人明粹純一，故百事中矩老氏之流則落漠其外，而鍵閉其内，然皆有窮日不足之力，以自固若司寇皆無事也。天地生材，固有不落規矩而自成一規矩者，使遇聖人不知其所裁就終何若也。

清·羅士琳《疇人傳續編》卷五二《戴敦元》 戴先生諱敦元字金溪，開化人。幼有神童之目，讀書以尺計，過目輒終身不忘。年十五，舉於鄉，乾隆五十五年成進士，以病，後一科始補殿試，授清書翰林，散館改主事，籤分刑部，久充秋審處總辦，由廣東高廉道洊升刑部尚書。道光十四年，卒於官，年六十有一，謚簡恪。生平無所嗜，篤好曆算之學，與鍾祥侍郎李潢交最善。著述雖多，悉未成書。今所傳者，惟劉徽所注之《九章算術》方程新術一，文多脱誤，簡恪曾校其一。謂先置第四行，以減第三行，反減第四行，去其頭位；次置第二行，以第三行減第二行，去其頭位；次置右行及左行，去其頭位；次以第二行減右行頭位；次以右行去左行及第二行頭位，又去第四行頭位，餘可半；次以第四行減左行頭位；次以左行去第四行及第二行頭位；次以第二行去第四行頭位，餘約之爲法；實如法而一，得六，即黍價。以法減第二行得荅價，左行得菽價，右行得麥價，第三行麻價。凡改八字，添二十六字，移二十九字。

紀事

清·陳奐《戴簡恪公紀略》繆荃孫《續碑傳集》卷八 刑部尚書戴公諱敦元謚簡恪，浙江開化人也。公少有神童之目，年始冠舉於鄉，二十四成進士，宦京師者三十年。奐識公於嘉慶戊寅年，閒寓居京師外城，公頻來，曰：子無來，吾念子，可日月至焉也。於後移館内城，公亦頻來坐，久之，或入坐即便去，由是得知交於公。公初任刑部史官，力辨某太史得罪事，從末減，與明臣王公之麟争，臨江守持法緩死，先後同轍。有聲於曹，旋入總辦，秋審處援案審情，無縱無濫，直省庶獄胥賴清平。每届良辰佳節，他史官皆歸私宅，公乃信宿本衙門，辦事如平日，其勤敏如此也。庚辰京察一等，出巡廣東高廉兵備道。奐之室在山東東平州，不得歸。公曰：子姑將小車先反東平，我妻孥至，偕南行，可乎？公出都從旱路，公眷從水路，水路遲數月。竊謂公行粤久矣，比至蘇州猶訝，及見之又遲之數月，迺獨至廉州，迎官者皆不知公所在。新官赴任，憑限路程，廣東九十日，踰限處分，著爲例。人有以此誚公，公笑曰：功名有定數，得失無介意，是何急急爲？蓋公以在部之日久，而地方情形未能躬自經歷。蘇州南濠一大都會，粤人作賈來去如梭，殆無虚日，故賃屋而居，雜處於廣稠之中，風俗之醖惡，輿情之凋敝，早已知之詳，聞之熟，履斷決治，不啻燭照而數計焉。粤人咸歎服公之神。道光壬午，由江西臬升山西藩，來都之一日，奐適過其館，公短褐出，奐亦不具冠，相見，三更乃罷。公歎曰：吾自江西來，今晚始得食大米飯，途次日以麪餅六枚作爲三餐，不解衣，不下車，五更呼夫驅而行而已。凡上官自臬藩，過境州縣，設公館，給供應，盡送迎禮，公獨行數千里，而車子館人初莫知其爲新任藩司者，到京始喚僕使令客至，屏僕户外，烹茶漉酒，皆躬爲之。踰年，護理湖南巡撫，旋入内爲刑部尚書。乙酉，奐從子兆熊典試閩闈，告假歸里，猶道公存問意氣，懃懃懇懇。明年，兆熊不禄，奐再至都門，公猶步送長春寺，從此則不復見公矣。甲午冬十一月，公遂薨於位。公之在豫章也，幕無賓客，延熟悉刑名之屬吏，襄助共理，不數月，清全省積卷陳案四千餘件。有縣令某素與公善，獲盜多名，在例獲鄰境斬梟犯自三名以上者，送部，不及三名者，不送部。公定斯讞，分案申詳，議止加級，其人佁然。公乃婉喻之曰：吾與汝固友善，必積陰德於子孫。戕人命升己官，君子哀矜，不善是也。於以知公之仁。公離豫章之日，告家人某日啟行，至是，不果行，又告家人某日必啟行，至是復不果行，家人曉其意爲治裝先發軔。公素不預問家事，誠慮家人門子自本官去後需索擾地方官耳。山西藩署向有陋規，上自本官，下至僕御，分得贏餘，謂之鼇頭銀兩。公至則曰：本官有養廉者也，僕御皆豢養於本官者也。何贏餘之與有？於以知公之清。山西《汾州府志》，爲休甯戴東原先生經修，天下志斯稱第一。奐偶言及之，公曰：

欲此書當寄子。客有知公者，謂公生平無浮語，雖不意之言，要必踐其實。既而，書果至。於以知公之信。公每物色人材，置行篋中，片長薄技，無有棄遺。公治經不尚專，家人或有揶揄焉者，必正色立辨之。嘗自言：弱歲習制舉文，僅八月功耳。惟專好雜學，無少倦。曾贅外家時，堂中有書八架，一月盡讀之。最喜觀天文歷算，與歸安陳静安杰、甘泉羅茗香、杜衡往復討論，究未嘗立一説以爲昔人之言備矣。公素性簡易，凡酬酢讌飲之盛，一概屏絶弗與，親戚亦罕見其面，面之，又藹藹然若平常。乙未，公之喪回浙，遺言擇兆在浙垣之西湖，兆穴未卜，停靈於西湖之德生庵。奂僑杭州，往與弔焉。其孤子樹琴屬奂爲公作傳，奂未有以應。嗚呼！公歷歷懋績，中外所共知，其立朝之梗概，自有史臣載筆。直省之名宦，郡城之鄉賢，宜乎廟貌烝嘗，紀功載德，揄揚謳頌，稱道弗衰。奂不足爲公傳，又曷足以傳公？今幸見公門人吴姓舫侍郎爲刻遺集，郡人胡琅圃主政、次瑶孝廉昆季董其校役，走詢公之佚事，奂遂類叙公與下交之始末，耳濡目染，申紙播毫，筆雖不文，辭得其實，亦聊以答孤子之前請云耳。公春秋六十有七，配方夫人，子某某，孫、曾孫某某。樹琴奉母淹留於京邸，貧不得歸葬其父。奂每當春草之發生，秋螢之流火，留連河壖，俯仰澤畔，過拜公靈，追懷公德，徒令陳人長物，顧此低徊而不忍去，不禁悲愴興悼而增嘅也已。

雜録

清·羅士琳《疇人傳續編》卷五二《戴敦元》　論曰：簡恪一生，沈默鮮言，清廉寡慾，實心改事，熟於刑名。退食即閉户讀書，不事交接。凡有撰述，隨手散置，以故佚者居多。未歿之前三日，其時實無疾病，忽親爲檢束殘稿，分類編輯，次日即已瘁中，不能言語，若預知其將亡。然士琳數不識三，技惟窮五，獨蒙眷愛，没齒難忘，屢索遺稿恭校，卒不可得。曾記曩演朱氏《四元玉鑑細草》時，其末一問，原本爛脱十五字，簡恪據術代爲訂補，云「各自自乘」下當爲「併之爲正」四字，「上廉」下當爲「一爲從」三字，「開之」下當爲「與其數相」四字，「直積」下當爲「加三」二字，「弦冪」下當爲「減」一字，「股」下當爲「相」一字。又士琳所撰《句股容三事拾遺》及《演元九式》二書，簡恪亦皆審定賜序。今序文具在，而全豹未窺，痛哉！

時銘

傳記

清·李兆洛《齊東縣知縣時君傳》李兆洛《養一齋集·文集補遺》　君諱銘，字佩西，號香雪，世爲嘉定人。以行義稱鄉里，考西岡，善醫，多活人，妣王孺人。君敏於讀，年十八補弟子員，二十三而中乾隆己酉科江南鄉試。性通侻簡伉，輩中皆下之。試禮部嘉慶乙丑科，始成進士，引見用知縣。親老，乞還近省，發山東候補，而西岡公卒，奔喪還，服闋赴補。嘉慶十三年補昌樂縣，在任六年，以官引滯銷解其任，銷額實已及數，而商輸逾期，事得旋白。時教匪林清滋事，昌樂爲東鎮孔道，君方調度軍需，乃留君協新任事者領之，事竣，代理安邱。十九年，補齊東縣。二十四年，大清河決泛濫，縣境漂民田廬萬數，君撫之，賑之，吏無侵牟，民不失所。道光元年，以催科不力劾罷。君居官廉苦，不爲刻急，慎重刑獄，牘無淹留，常曰不能得情，勿矜果斷，尤愛重士類，有犯往往曲意保全之。捐俸修東皋書院，親督課。齊東已數十年缺貢士，其後科目甲旁邑。其去，官民挽留之，數月不得行，爲設祠於城南樓，歲時祀之。蓋君既落落少可，又不肯爲上官唯阿，故藉事斥去。既去官，不名一錢，晨炊每斷，又以負官錢訟繫之不得歸，其冬太夫人歿於家，聞訃益悲鬱，遂得末疾，七年三月卒於濟南寓邸，年六十一。配吴氏。子曰淳，側室翁出。君家故貧，身後以官逋盡没其田廬。予與君同舉禮部而未嘗識面，君歿後六年，曰淳以行狀并所爲詩詣予。詩曰《掃落葉齋稿》，以年歲序次，如日曆。生平遊處，大略可考別。有《文稿》二卷、《外集》一卷、《隨筆》二卷、《六壬録要》十卷、《筆筭籌算圖》一卷、《唐宋詩選》十卷，藏於家。

清·諸可寶《疇人傳三編》卷二《時銘》　時銘字佩西，號香雪，嘉定人。乾隆五十四年中省試，嘉慶十年成進士，改知縣，親老乞還近，分發山東候補，歷官至齊東縣知縣。道光元年，以催科劾罷。實不名一錢，訟繫之不得歸。七年三月卒於濟南寓邸，年六十有一。身後以官逋盡没其田廬。所著《筆算籌算圖》一卷，別有《掃落葉齋詩稿》《文稿》《外集》《隨筆》若干卷，《六壬録要》十卷，《唐宋詩選》十卷，藏於家。子曰醇，亦通算術，自有傳，别見後卷。

雜録

清・李兆洛《齊東縣知縣時君傳》李兆洛《養一齋集・文集補遺》 論曰：余嘗讀君詩，寬裕肉好，無焦殺音，處困頓不改其致，尤樂道節義，事沉摯悱惻，仁容義概，宛轉流露，未嘗不想見其爲人。以拙於催科，不當上官意，而遺愛所及，民烝嘗之，是亦無藉叔敖寢邱矣。曰淳秀出有節，食貧志學，可不墜其世。故爲之傳，以待後之人。

劉衡

傳記

清・吳嘉賓《循吏劉簾舫觀察傳》繆荃孫《續碑傳集》卷三四 吾邑自國朝起家守令者以百數，今劉公簾舫先生爲著。其前有江公名天泰者令全椒，未五旬被劾，民訟直之不能得，乃留奉養，終其世，惜未盡其治能也。李恭毅公自爲令至開府皆廉能有績望，然居令守時其賢未足以盡，公故述之者亦鮮。吾曾祖官秦晉，所至民懷之，秦人有江西四君子之目，邑人經公舊治，知其民有廟祀公至今者，顧仕連蹇終於州牧，其治績文字存者，子孫謹藏之而已。劉公名衡字蘊聲，簾舫其號也。榜名榕，以副榜貢生教習官學，秩滿爲令，初任廣東之四會、博羅、新興等縣事，丁艱服闋，銓四川墊江縣，調梁山，再調巴縣，由巴縣擢緜州，進知保甯府，遷成都府，一年，授河南開歸，陳許兵備河務道，數月以疾歸。自公擢緜州至引疾前後不二年，故公生平獨盡心於爲令，以爲令尤異，故達官以聞於天子，將峻用之而公得疾矣。然公疾偏廢且十年，神明知慮至老不衰，蓋爲令未足盡公之才，而天使之止於斯也。公生平有異稟，智能兼人而堪任勞苦之最下者，故於事靡所畏避。其爲令嘗語人曰：官須自作而已，凡有巡察必自行，有聽納必自決，有所循法，奉職必自以意神明而變化之。自初爲令，即不用司閽，以杜壅塞，久之，益與民吏習，盡知其疾苦情僞事，乃益簡。有所興作，擇吏民之能者賢者任使之，皆樂於從事，莫敢有所欺。官巴縣時，巴號首劇，訟者日恒十百至庭，白役七千餘人，公初至，不敢盡出，然籍者猶千餘人，公至遣散之，留經制十餘人，曰：此固足用矣。署前茶肆，爲訟者所集，一夕遽自撤去。公以其暇，行保甲，備荒政，請廣學額，復其舊置義田義塚，必贍衆經久。蓋公莅多事之區如無事者，俾人皆奔走以奉公令爲事，嘗懸鉦衙前，民欲有所聞，自擊鉦以達，即出爲之聽理，堂列長几案牘，出入分左右，置几上使主者自取之，有事於鄉計所歷，有民訟者，就近爲之取決，其緝盜，許民自捕，賦役以期日，召民自納，凡公所治邑皆如此。始受知尚書陳公若霖，撫廣東，及尚書總督四川，聞公至，喜曰：此古循吏也。繼侍郎戴公三錫爲總督，遂以名聞於上，公年甫五十，見上意將大用公。時公以疾請，猶命賞假調理，爲外臣四品下異數。嗚呼！公之治行信於民而又獲君如此，其視吾曾祖之遇幸不幸何如也。顧卒不獲如恭毅之顯，豈非命歟。然公雖擢至方面以爲令自喜，在官時摘律例若干條，明國家所以使吏畏法與使民畏吏嘗並行不悖者，使吏人知所執，名曰《讀律心得》，及自述《爲治問答》成帙，家居每以示故人子弟爲語，作《外吏治文書》，所以事上接下，舉善黜惡，能行其意而不違乎法，又道己居官時事，其年月、地理、姓名，不遺纖悉，與用意隱微，曲折不自諱，欲人得師而行之，其所篤者若此。故其爲政之善異，殆不可勝紀也。公子弟皆貴顯。余既生同邑，又與公子良駒令官給諫者爲姻戚，故尤深知公之爲人。古之君子求盡其道，道不可偏盡也，盡其位而已。位之所當爲者亦不可畢盡，盡其心而已。若公之於令則所謂盡心者。嗟乎！使世之爲令者皆盡其心如公，天下其有一夫之不獲也歟。公歿數年，蜀人粵人各請以公祀名宦，予故謹次公治行爲之傳。

清・羅士琳《疇人傳續編》卷五二《劉衡》 劉衡字蘊聲一字訒堂，簾舫其號也。榜名瑢，以副榜貢生教習官學，秩滿爲令。初任廣東四會、博羅、新興等縣事，丁艱服闋，銓選四川墊江縣，調梁山，再調巴縣，擢綿州，進知保寧府，遷成都府，授河南開歸陳許道，以疾歸。生平伉直誠愨，無他腸，與人迕，旋悔且謝，未嘗宿留於中。遇人豁然，不爲畦畛，與言無不盡。勤學强記，至老不衰。自經史百氏，以迄六書、星經、地理、醫方、藥性，下及雜家小説，靡不通覽。於吏治以廉能著聲。有《庸吏庸言》《蜀僚問答》《讀律心得》三書刊行。歿後不數年，蜀人、粵人各以名宦請入祠崇祀，其政績詳載兩省事實册。尤嗜九章、句股、八線、測量中西諸算法。曾受學於李雲門侍郎，爲補《(輯)[緝]古算經》佚注二則。嗣與奉新趙竹岡、同里揭韻餘，朝夕討論益精。進譔《六九軒算書》五種，目曰：《尺算日晷新義》上下卷，《句股尺測量新法》《籌表開諸乘方捷法》上下卷，《借根方法淺説》《四率淺説》。趙序云：「僕於世事略無所通曉，惟頗好算法，能言後即惝能之。家有梅、方二氏書，時時披閱，苦未盡解。長大後益無旹省，又乏同志講貫，玆事遂廢。今年遇簾舫明府於端州，辱示舊所著書凡五種，大要申明古義，特出新意於測量、四率、日晷、乘方、借根方法，旁通曲鬯，務欲以艱深歸諸顯易，使人人皆得其門而入。夫算學之重久矣，於吏事尤切要，財賦、農田、水利、土方、工築，下逮日用米鹽淩雜，皆奸欺出没之藪，非通曉何以馭之？簾舫爲人勤敏，耐辛苦，爲吏卓然有聲，用餘暇益精研於學。江右談此事者，寧都邱氏未有書，德化毛氏、廣昌揭氏有書而未顯，簾舫此五種及小學書，鄙見以爲必傳無疑。」

其自序《尺算日晷新義》，略云：【略】。又序《句股尺測量新法》，略云：【略】。又序《籌表開諸乘方捷法》，略云：【略】。又因梅文穆公祇解借根方即天元一，原名阿爾熱八達，譯言東來(表)[法]，於體例多未備，爰舉加減乘除及相等諸例，譔《借根方[法]淺説》。而四率爲古之今有術，又名異乘同除，算家最要之法，小而日用交易，大而躔離交食，皆所必需，乃合重測法，譔《四率淺説》。卒年六十有七。

雜録

清・羅士琳《疇人傳續編》卷五二《劉衡》　論曰：《語》云：「工欲善其事，必先利其器。」觀察之學，能出新意以製器，御煩於簡，俾至賾者一歸至便。如日晷之算尺，測量之句股尺，開諸乘方之籌與表，皆器也，皆新意之獨造也。若其借根方與四率，則又詳明術例，使初學易於入門。是書久藏家塾，鄉僅於《(輯)[緝]古算經考注》中見所補之二注。今其嗣星方都轉良駒刊刻遺書，始獲見之。亟爲補傳於此。抑人之傳不傳，與夫書之存不存，殆有數焉。觀都轉記中所云「家鈍生叔祖斯增，洎趙竹岡吏部敬襄，皆明算而無書。至於揭韻餘茂才廷鏘，竊聞其中年目眚，稿悉散佚。」噫！此豈非斯人之不幸也歟？

許桂林

傳記

清・羅士琳《疇人傳續編》卷五一《許桂林》　許先生諱桂林字同叔號月南又號月嵐，海州人。由拔貢生中式嘉慶二十一年舉人，旋丁内艱，以哀毁終。卒之時，實無疾病，自知其死，集家中人至前，囑以後事，囑畢，瞑目而逝，年四十有三。生平好學深思，至性醇粹，躬行踐履，博綜羣書。體素弱，不耐勞，勞則易病，然又不能無所用心，若静攝一二日，輒又病，惟讀書始精神焕發，故日以詁經爲事，樂此不疲。人以疑義就質，有問必答，藹然示人以可親，談他事未數語，便覺氣餒，獨講學終日不倦。以餘力兼治六書九數，嘗謂：「岐伯言：『地，大氣舉之。』氣外無殼，其氣將散。氣外有殼，此殼何依？思得一説以補所未及。蓋天實一氣，而其根在北，北極是也。北極不當爲天樞，而當爲氣母，萬物之祖皆在北，故十一月爲羣生之始。天時既然矣，天象獨不當以北極爲一氣之元乎？元氣發於北極，浩浩蕩蕩，久而不息。經星七政，皆運於元氣之中。經星以上，遠之又遠，無論氣之至與不至，固可不必有殼以函氣也。以北極爲氣母，其氣應向左而運，古稱天道尚左。天根在北，自南望之，以西爲左。近氣母者左行疾，故恒星東行之差遲；遠氣母者左行漸緩，故月東行之差最疾。日月之出自北升，而入亦向北，向其母也。」又謂：「氣有有形、有無形。有形者雲，無形者風。承地而運七曜者，無形之剛風也。有形之氣無力，無形之氣有力。風者，大氣之餘，時被地上。北極爲氣母，氣起於北，至西下轉於西南，此日入於西，所以向北。而地上之風，誠如聖祖《幾暇格物編》言：『風無正方，而常起於西南也。』」因采集宣夜遺文，以西法通之，著《宣西通》三卷。

又恭讀欽定《數理精藴》，撮其簡要切於日用者，著《算牖》四卷，蓋取啓牖以示初學之意。其自序云：【略】。別有《易確》二十卷行世。其未刊者，《毛詩後箋》八卷、《春秋三傳地名考證》六卷、《穀梁傳時月日釋例》六卷、《漢世別本禮記長義》四卷、《大學中庸講義》二卷、《四書因論》二卷、《許氏説音》十二卷、《説文後解》十卷、《太元後知》六卷、《參同契金隄大義》二卷、《步緯簡明法》一卷、《立天元一導竅》四卷、《擢對》八卷、《半古叢鈔》八卷、《味無味齋文集》八卷、《外集》四卷、《詩集》二十六卷、《外集》八卷、《駢體文》四卷、《壹籟詞》二卷。

雜録

清・羅士琳《疇人傳續編》卷五一《許桂林》 論曰：許先生精于格致之理，言不妄發。行端表正，讀書之外無他好。與人接終日默默，不善作酬酢語，洵爲古之通儒。歿後，州人三請崇祀鄉賢，非虛也。天性孝友，曾撰《北堂永慕記》，門弟子附刊於《易確》後。又以家貧身病，篤學多愁，致乏子嗣，以兄之次子徵容爲子。徵容好學，有父風，將見家學淵源，引而弗替。

陳傑附丁兆慶 張福僖

傳記

清・諸可寶《疇人傳三編》卷三《陳傑》 陳傑字静菴，烏程人。諸生。山陽汪文端公督浙學時，亟賞之。嘉慶之季，客京師，考取天文生，任欽天監博士，供職時憲科，兼天文科，司測量，爲上官所倚重。後官國子監算學，助教最久。道光十九年，有足疾，解組歸田，樓居，譔《補湖州府天文志》七卷。時游於杭，與仁和項學正名達、甘泉羅明經士琳、全椒金大令望欣、同里徐莊愍公相友契。年未及七十，卒於家。生平邃於算術，尤神明乎比例之用。初著《(輯)[緝]古算經細草》一卷，後十餘年，又爲之指畫形象，録成《圖解》三卷，又爲之證引經傳，博採訓詁，是正其傳寫之舛譌，稽合其各本之同異，別成《音義》一卷。表章絶業，牖啓後賢，蓋與陽城張太守同功也。【略】

又自道光以來，嘗親在觀象臺督率值班天文生多人，頻年實測黄赤大距所得之數，爲二十三度二十七分。未經奏明，故當時未敢用。迨甲辰歲修《儀象攷成續編》成書，監臣即取此數上，而欽定頒行焉。晚年所譔爲《算法大成》上編十卷，首加減乘除，次開方句股，次比例八線，次對數，次平三角、弧三角。門分類別，皆先列舊法，而以所擬新法附之。圖説理解，不憚反覆詳明，專爲引誘初學設也。下編十卷，則有目無書。其言曰「算法之用多端，第一至要曰治歷」，故下編言在官之事。首先治曆，次出師，次工程錢糧，次户口鹽引，次堆積丈量。其儒者所爲，則考據經傳，下及商賈庶民，則貲本營運，市廛交易，持家日用，凡事無鉅細，各設題爲問答，以明算法之用，蓋如此之廣云。上編刻於癸卯，爲已日乃孚之齋原本。下編似未寫定，今益不可求矣。

高足弟子丁兆慶字寶書，歸安人。沈潛好學，與同門南坪茂才，各爲項學正兩邊夾角逕求對角新法圖説，洋洋數千言。助教謂其講解明晰，戛戛獨造，均録附《算法大成》上編中。

張福僖字南坪，烏程人。諸生。助教稱爲英敏過人。研習算學，精究小輪之理，著有《彗星攷略》如干卷。咸豐初，與海寧李京卿善蘭友，因同識英吉利士人艾約瑟。又於京卿處，見錢塘戴處士煦著述，因訪之，小住數日，抄副本去。後與京卿同客徐莊愍公撫幕，公方刻項學正《象數原始》諸書，又同任讐校之役。刻垂成，未有印本，而粵匪陷蘇州。同治元年春，攻湖州且急，茂才以母在圍城中，將謀入省之，倉卒爲賊執，以爲我偵也，遂烙死於城下云。

紀事

清・華世芳《近代疇人著述記》 烏程(程)[陳]静菴傑，著《算法大成》上編，凡十卷，門分類別，意在引誘初學。其中平、弧三角數卷頗能洞見本原，句股求三整數法尤爲新得之理，惟以天元正負諸乘方爲算家故設難題，不適於用，未免爲識者所噓。下編十卷，則由法而致用，顧無刻本，蓋未定之書也。又有《緝古算經細草》一卷，《圖解》三卷，《音義》一卷，刊行於世。又有《彗星譜》二册。其弟子有烏程張南坪福禧，歸安丁寶書兆慶，皆明算而未成著述，《算法大成》中録其兩邊夾一角徑求對邊術解，頗爲明晰。

雜録

清・諸可寶《疇人傳三編》卷三《陳傑》 論曰：南豐吴編修嘉善曰：「凡平三角大小弦冪相減，與大小句冪相減相等，故句較與弦較之比，同於弦和與句和之比，爲互視比例。今以天元入之，不必知此識別，而與知識别者等。平三角者，陳静菴氏所謂有用者也。天元四元者，陳氏所斥爲無用者也。然遇此題，不以元術入之，當如何殫精竭慮，乃得其法。則無用者果爲無用矣乎？」夫陳助教於天元四元數理，未嘗究其體用，乃至失言，編修之詘宜已。且獨不攷夫陽城太守之以天元演《緝古》乎？固殊塗而同歸者也。然觀助教之書，苦心孤詣，自足名家。若定句股弦三數，皆整法表列股弦較，自一至九萬九千四百五十八遞加數，自二至八百九十二，設爲姑求十萬以内諸不同式形，而皆爲度盡之數，誠自然之妙，未洩之奇。餘如倍弧求通弦，及諸三角邊角互求、易弧爲平，所創新法，亦頗洞見本源。專精比例，當時奉爲大師，豈倖致哉？至謂西人竊取乘除而爲比例，竊取句股而爲八線，良非虚語。愚又謂西人竊取四元而爲代數，竊取招差堆垜而爲微分積分，則其書後出，惜乎助教之不及平議矣。

周濟

傳記

清・諸可寶《疇人傳三編》卷二《周濟》 周濟字保緒，一字介存，荆溪人。嘉慶九年舉於鄉，十年成進士，例銓知縣，改就淮安府學教授，歲餘移病去官。道光二十年七月客武昌，卒，年五十有九。生而敏悟絶人，少與同郡李鳳臺兆洛、張館陶琦、涇縣包新喻世臣以經世學相切劘。兼習兵家言，習擊刺騎射，以豪俠名。四十後悔之，因自號止安，復理故業。先成《説文字系》四卷，《韻原》四卷，輯平日詩詞雜文各二卷，最後乃成《晉略》十冊，以寓平生經世之學，借史事發揮之。且於地志下考其沿革，悉以今測之赤道經緯度分詳註之，遐識渺慮，非徒攷訂也。頗精於步算，而不著爲書。嘗過京口，仁和屠太守倬方爲丹徒令，患居民訟洲田，莫得其實，久不決。教授曰：「明日可具鞍馬夫役，爲君行視之。」晨起至洲，先丈量一處，計其步數，乃令役前行，凡若干步即止。馬至止所，又令一役前行。自晨至日晡，縱横環繞皆如之，凡八十餘里。還至署，令吏取所記，用開方法各乘除之，謂屠君曰：「此特以測遠法用之方田耳。」諸幕友如言覆覈之，盡得其實，遂申報定案。其學有實用如是。

雜録

清・諸可寶《疇人傳三編》卷二《周濟》 論曰：周教授之用算也，蓋神明乎句股和較之術矣。先丈計步者，所以立一爲率也。役行馬止者，所以知對角之垂綫也。縱横環繞如之者，所以偏度其邊也。於是可不煩儀矩，而邊線悉得矣。邊線既得，乃綜錯所記，而如法入之，面冪實積將焉遁哉？夫九數之學，貴明體而達用，然後可見諸施行而無所閡。教授小試其端，而易視其爲法方田一言，若謂夫人而能之耳？抑思道古測望之篇，敬齋《演段》之草，苟深通而熟悉之，有資乎兵農者，其利甚廣，而其效且大。今欲得如教授之才，海内誠不多覯，有之而遂得盡其用又什弗二三焉。亦獨何歟？

錢儀吉

傳記

清・諸可寶《疇人傳三編》卷三《錢儀吉》 錢儀吉字衎石號心壺又號新梧，嘉興人。文端公之曾孫也。嘉慶十三年進士，改翰林院庶吉士，散館授户部主事，擢御史，遷給事中。博通羣籍，蚤有高名。久處京師，道光中棄客游嶺汴，主學海堂及大梁書院講席。居恒與從弟警石訓導泰吉書問叢沓，咨詢學術，動逾數千言。自周秦諸子，馬班羣史，許鄭詁訓，杜馬典章，洛閩之淵源，唐宋名賢之詩古文詞，以及目録、校讐、金石、書畫、方志雜説，一孔半枝，無所不詢，蓋亦無所不辨。故二石家書，蔚然天下之至文也。

兼長曆算，嘗譔《黄初朝日辨》。云：「《魏書·文帝紀》黄初二年正月郊祀天地明堂，乙亥朝日於東郊。裴松之曰：『《禮》天子以春分朝日，秋分夕月。尋此年正月郊祀有月無日，乙亥朝日有日無月，蓋文之脱也。案明帝朝日夕月，皆如《禮》文，故知此紀爲誤者也。』蒙案魏明帝太和元年二月丁亥朝日於東郊，八月己丑夕月於西郊。裴氏因之，謂魏制朝日、夕月用二分，遂疑此『乙亥朝日』上當有『二月』字也。然證以此紀之文，黄初元年十一月有癸酉，十二月有戊午。《獻帝傳》述魏文之禪，許芝擇以十月十七日己未，而王以二十九日辛未登壇受禪。劉羲叟推黄初二年正月壬申朔，校測前後，悉與史合。是乙亥爲正月四日，非二月也。更以《四分術》推之，自黄初元年庚子入己卯蔀，至辛丑二年算外日餘乘之，得大餘五，小餘八，十一月十二日甲申冬至。遞推至春分爲二月十五日乙卯，非乙亥也。《晉書·禮志》稱『黄初正月朝日，違《禮》二分之義』。《隋志》亦言『魏文正月朝日，前史以爲非時。及明帝太和元年二月朝日、八月夕月，始合於古』。是文帝雖有采周春分之詔，其實未嘗施行。是歲祭日，實以正月，至太和乃用二分。後先殊制，不可强同。裴氏不考當代禮制，遂謂史有闕文，疏已。《尚書(太)[大]傳》云『古者帝王以正月朝迎日於東郊』，辭曰『維某年某月上日，明光於上下，勤施於四方，旁作穆穆，維予一人某敬拜迎日東郊』。又焉知魏初之制，非有取於伏氏之義歟？然不可得詳矣。」

又嘗譔《三國會要》，體裁悉本徐仲祥《兩漢會要》而有所變通。如改術數爲天運推步術算，及史文奧賾者，通其所可知，閒爲之注釋。於《開元占經》，得王蕃《渾天象説》。其《歷考》集《乾象》《景初》二術成書。同郡朱筠麓氏鴻爲注，海寧張神羊氏豸冠更審定之，見自爲序例中。與烏程陳助教傑、陽湖董孝廉祐誠並友善，日相從講數學。助教時爲欽天監時憲、天文二科博士，演《緝古細草》。又著《音義》，給事亦爲之序。晚年搜刻經説，刊正譌謬。道光三十年四月卒。所著已刊行者，《衎石齋記事稿》十卷、《記事續稿》十卷、《刻楮集》四卷、《旅逸小稿》二卷。燬於兵火，今有公子彝甫新校刻本行世。

臧壽恭

傳記

清·諸可寶《疇人傳三編》卷二《臧壽恭》 臧壽恭原名耀字眉卿號梅溪，長興人。嘉慶十二年舉人。好讀書，尤精小學，旁通天文句股之術。生平無志進取，以閉户著書爲事。譔有《春秋古誼》六卷、《春秋朔閏表》《天步證驗》《句股六術衍》又各如干卷。

羅士琳附沈齡 田普實

傳記

清·諸可寶《疇人傳三編》卷四《羅士琳》 羅士琳字次璆號茗香，甘泉人。上舍生，循例貢太學。遊京師，嘗考取天文生。以出儀徵太傅文達公門下，故相從最久。太傅再撫浙，西湖詁經精舍初開，名材畢集，因得徧交通人，當代明算君子尤多相識。咸豐元年，恩詔徵舉孝廉方正之士，郡縣交薦，以老病辭，未應廷試。三年春，粵匪陷揚州，死之，年垂七十矣。

少治經，從其舅江都秦太史恩復受舉子業，已乃盡棄去，專力步算，博覽疇人之書，日夕孳求數年。初精習西法，自譔言曆法者曰《憲法一隅》。又思句股、少廣相表裏，而方田與商功無異，差分與均輸不殊。按類相從，摘《九章》中之切於日用所必需者若干條，悉以比例馭之，匯爲比例十二種，以各定率冠首，以借根方載後，以諸乘方開法附末，凡四卷，曰《比例匯通》，刻於嘉慶之季。後雖悔其少作，實便初學問塗也。

道光二年，試京兆，始獲見《四元玉鑑》原書。三年春，假得順德黎平陽應南舊鈔本。又得錢塘何夢華氏元錫新刻大德本，爲元和李茂才鋭欲補草而未果者。於是服膺歎絶，遂壹意專精於天元、四元之術。生平詣力孟晉，無過是書矣。明經博文彊識，兼綜百家，於古今法算尤具神解。以朱氏此書實集算學大成，思通發明，乃殫精一紀，步爲全草，併有原書於率不通及步算傳寫之譌，悉爲標出，補漏正誤，疑義則反覆設例以申明之，推演訂證，就原書三卷二十有四門，廣爲二十四卷，門各補草。嘗爲提要鉤元之論，謂：「是書通體弗出《九章》範圍，不獨商功修築、句股測望、方程正負已也。如端匹互隱、廩粟廻求二門寓粟布，如意混和寓借衰，茭草形段、果垜疊藏、如像招數三門寓商功中之差分，直段求源、混積問元、明積演段、撥换截田、鎖套吞容五門寓方田、少廣諸法。他若和分索隱者，約分命分也。方圓交錯、三率究圓、箭積交叁三門，乃定率而兼交互。至於或問歌象、雜範類會二門，以其各自爲法，不能比類，故一則寄諸歌詞，一則編成雜法，均有似乎補遺。大旨有淺有深，要皆以加、減、乘、除、開方、帶分六例爲問，而每門必備此六例。凡法之簡易者略之，其繁難者詳之。尤於自來算書所無者，必設二問以明之。如混積問元中既設種金田及句三股四八角田爲問，撥換截田中復設半種金田，鎖套吞容中復設方五斜七八角田爲問；又果垜疊藏兩設圓錐垜；雜範類會一設徽率割圓，一設密率割圓是已。更有一門而專明一義者，如和分索隱之之分開方，三率究圓、兩儀合轍之反覆互求是已。是書但云如積求之。如積者以積爲問，有用定率爲同數相消者，有如問加減乘除得積爲同數相消者。祖序謂：『平水劉汝諧撰《如積釋鎖》一書，惜今不傳。』意者其釋此例歟？」

儀徵太傅爲之序，略云：「向序《測圜海鏡》，謂『少廣著開方之法，方程别正負之用。立天元一者，融會少廣、方程而加精焉者也』。若四元者，是又寓方程於天元一術焉者也。其理較天元一則無殊，其法視天元一尤精進。蓋天元一之所假借惟一求數耳，非據今有數蔑由盡其妙。四元則元各一數，其所假借者不塵爲所求之數。惟其不塵爲所求之數，故無論有無見數，悉可探賾窮微。凡天元一所能御者，四元固能御之，即天元一所不能御者，四元亦能御之。其神明變化，初非自來算家所可跂及。祖序謂『用假象真，以虚問實』，又謂『不用而用以之通，非數而數以之成』，亶其然乎？顧隱奥艱深，通之者鮮。以梅文穆公之淹雅，能悟西人所譯借根方即古天元一術，尚不能於朱書無疑詞。甚矣，解人之難也。」

自道光中葉以來，最後得朱氏《算學啓蒙》原書於京師廠肆，爲朝鮮人依元大德時趙氏原槧重刊本，明經覆加斠詮刊布之。十九年九月，太傅又爲序之。【略】又嘗著《春秋朔閏異同攷》，偏列《黄帝》《顓頊》《夏》《殷》《周》《魯》、漢七曆，條其同異，以補宋中子之書之亡。【略】又嘗以乾隆間明氏捷法，校得《八線對數表》一度十三分二十秒正切第五字「〇」誤「一」，又六度四十一分十秒正切第五字「〇」誤「六」，又十二度五十分正弦第六字「七」誤「五」，又十六度三十二分十秒正切第七字「九」誤「〇」，又四十二度三十二分四十秒正切第九字「五」誤「四」。可見西人所能，今人亦能之。

又因讀《四元玉鑑》，於如像招數一門，有所會通。更取明氏捷法，御以天元，知密率亦可招差。其弧與弦矢互求之法，與《授時曆》之垜積招差，一一符合。且以祖氏之《綴術》失傳已久，其法廑見於秦書。即大衍之連環求等遞減遞加，亦與明氏捷法相近。爰融會諸家法意，爲撰《綴術輯補》二卷。

又甄録古今疇人，仍依太傅體例，各爲列傳，用補前傳所未收者，得補遺十二人，附見五人，續補二十人，附見七人，大凡四十有四人，離爲六卷，次於前傳四十六卷之後，統成五十有二卷。

二十年後，集所校著，都爲《觀我生室彙稾》十有二種。如《四元玉鑑細草》二十四卷、《釋例》二卷、校正《算學啓蒙》三卷、校正《割圜密率捷法》四卷、《續疇人傳》六卷皆别有單行本外，已刻者尚得七種：曰《句股容三事拾遺》三卷、《附例》一卷，本繪亭監副博啓法補其佚，取内容方邊圓徑垂線交互相求，一以天元馭之；曰《三角和較算例》一卷，取斜平三角中兩邊夾一角術，鎔入立天元法，用和較推演成式；曰《演元九式》一卷，括《玉鑑》中進退升降消長諸例，借無數之數，以正負開方式入之；曰《臺錐積演》一卷，以《玉鑑》茭草、果垜二門足補少廣之闕，爰取臺錐形段引而申之；曰《周無專鼎銘考》一卷，以《四分》周術爲主，佐以《三統》漢術，推得宣王十有六年九月既望甲戌，與銘辭正合；曰《弧矢算術補》一卷，以元和李氏四香《遺書》原術未備，爲之增補者二十有七，合成四十術；曰《推算日食增廣新術》一卷，推廣正升、斜升、横升之算法，以求太陰隨地隨時之明魄方向分秒，復以其術通之，求交食限内之方向及所經歷之諸邊分焉。自餘若《春秋朔閏異同》《綴術輯補》《交食圖説舉隅》《句股截積和較算例》《淮南天文訓存疑》《博能叢話》，又如干卷，則未有刻本也。

又 同郡又有沈齡字與九。田普實字季華。並江都人，同治《四元》者。

清·《揚州府志》羅士琳傳閔爾昌《碑傳集補》卷三一　羅士琳字茗香，早歲精天算之學。以天文生入欽天監，推算道光出元日月合璧，五星連珠，受知于肅邸，爲同輩所嫉，不得官，去之。嘗東出山海關，客汴梁、楚中，所至爲通人名德所寶。接而阮文達公元尤推重之。事母孝，性耿介。咸豐元年，舉孝廉方正，未赴試。三年粵匪陷城被害。

士琳以天算之書，得《周髀》之精意者，莫過秦道古之「正負開方法」與李冶之「天元一術」，而朱松庭集其成。皆通貫其術，殫精竭思、窮極窈渺，著書至富。其言秦氏之學有《句股截積和較算例》，其言李氏之學有《句股容三事拾遺》《三角和較算例》《弧矢算術補》；其言朱氏之學有《四元玉鑒細草》《四元釋例》《演元九式》《台錐積演》《算學啟蒙疏釋》。又以在欽天監時推算日食坤輿圖法，益以新術，著《增廣新術》，又補宋仲子七曆，著《春秋朔閏異同》，補祖沖之之《綴術》著《綴術輯補》，又因讀書而旁及算術，著《淮南天文訓存疑》《周無專鼎[銘]考(録)》。講貫天算之人，以續阮文達公之書，著《續疇人傳》《博能叢話》，總爲《觀我生室匯稿》。所作駢儷之文，以唐人爲法，尤工集句，爲談藝之餘，名其集曰《觀我生室勝稿》。

紀事

清·華世芳《近代疇人著述記》　甘泉羅茗香士琳，少時所著，有《比例匯通》四卷，摘《九章》中切於日用者，匯爲比例十二種，意主發明西法。後益專精於天元、四元之術，著《觀我生室彙稿》，已刻者凡九種：曰《句股容三事拾遺》，本博繪亭之法，取句股中舊有之容方邊、容圓徑，益以西法之容中垂線交互相求，一以天元御之；曰《三角和較算例》，取斜平三角中兩邊夾一角術，鎔入立天元一法，用和較推演成式；曰《四元玉鑑細草》，以朱松庭原書秘奧難讀，殫精一紀，步爲全草，補漏訂訛，申明疑義；曰《演元九式》，括《玉鑑》中進退、升降、消長諸例，借無數之數，入以正負開方式；曰《臺錐積演》，以《玉鑑》中有茭草形段、果積叠藏二門，足補少廣之缺，爰取臺錐形引而伸之；曰《周無專鼎銘攷》，以《四分》周術爲主，佐以《三統》漢術，推得宣王十六年九月既望甲戌，與銘詞合；曰《續疇人傳》，以阮傳歷年已久，有應續增入者，因復增補得六卷；曰《弧矢算術補》，以李四香《弧矢算術》其術未備，爰增二十七術，合成四十術；曰《增廣新術》，推廣正升、斜升、横升之算法，以求太陰隨地隨時之明魄方向分秒，復以其術通之，以求交食限内之方向邊分，及所經歷之邊分。其未刻者有六種，曰《交食圖説舉隅》，遵現行之橢圓法，於各求下綴以法解；曰《春秋朔閏考》，集黄帝以來六術及漢《三統術》，以考《春秋》自隱迄哀凡二百五十五年，總《經》《傳》七百九十九日名，推演成書；曰《綴術輯補》，以祖沖之之《綴術》久佚，爰搜括各書，參以本法，演得二卷；曰《句股截積和較算例》，以孔㢲軒《少廣正負術》所載未備，推而廣之，得八十四術；曰《淮南天文訓存疑》；曰《博能叢話》。

雜録

清·諸可寶《疇人傳三編》卷四《羅士琳》　論曰：羅明經之學，卓然名家。其始也顧習西法，幾以比例、借根爲止境矣。既而周遊京國，連獲佚書，遂爾幡然改轍，盡廢其少壯所業，殫精乎天元、四元之術，著作等身，墨守終老，惟以興復古學、昌明中法爲宗旨，可謂博而能專者歟。以明經之才之學，猶且初信彼術，況它人乎？是故《匯通》一刻，不必爲明經諱也。慨自咸同來，西書愈出，風氣日開。夫厭故而喜新，畏難而趨易，人情也。吾見世俗講習，類崇彼法，而忘其源自東來，而弗究其未能軼我範圍，而昧夫相得益彰之道，争巧誇捷，惑溺者衆，羣往焉而不知其所返，有甚於明季徐、李諸人者，豈非明經《續傳》所逆料乎？豈獨在人心學術之可憂乎？吾之繼明經而論列者，實有大懼於此。此所爲汲汲而弗自揣者也。又明經當粵匪之亂，身未嘗有食禄守土之責，而乃不惜傷勇之死，從容就義，首完大節。厥後鄒同守漢勳死廬州，馬内翰釗死丹陽，戴先生煦、淩茂才堃、張茂才福僖皆殉於鄉里。視倉皇四走，邂逅或一覩賊，遂同邀不次之典，其相去奚若哉！舒藝室之詩有云「疇人例殉節，羅戴先後亡。」嗚呼！可哀也已！

易之瀚

傳記

清・諸可寶《疇人傳三編》卷四《羅士琳》附易之瀚　同縣學友易之瀚字浩川號蓉湖。篤嗜算學。曾訪求鍾祥李侍郎潢所譔《緝古算經》之考注，細加較算，更屬南豐揭茂才廷鏘補圖草刊布。歸自南昌，知明經有《四元玉鑑補草》，因從問難，爲譔《四元釋例》一卷，凡開方例二十九則，天元例十一則，四元例十三則。【略】

後，明經因其書詳於天元、四元，而略於開方，乃從《玉鑑》原書外尋繹變例，又爲之逐一增補，得《增例》一卷。大共補開方例凡十有五，天元、四元例各四。【略】

紀事

清・華世芳《近代疇人著述記》　甘泉易蓉湖之瀚，以羅茗香《玉鑑細草》格於體裁，凡四元之條段羼糅，開方之頭緒紛如，悉未能指出義例，因撮取開方以及天元、四元諸算例，爲《四元釋例》一書，附於羅草之後。

項名達附王大有

傳記

清・諸可寶《疇人傳三編》卷三《項名達》　項年丈名達，原名萬準字步莱號梅侶，仁和人。嘉慶二十一年舉人，考授國子監學正。道光六年成進士，改官知縣，不就職，退而專攻算學。三十年卒於家，年六十有二。著述甚富，今傳世者，但有《下學庵句股六術》及《圖解》，後附句股形邊角相求法三十二題，合爲一卷。以句股相求和較諸題，術稍繁雜，初學恒未了然，爰取舊術稍爲變通，分術爲六，使題之相同者通爲一術，釐然悉有以御之，繁雜可無復慮。第一、二、三術，及第四術之前二題，悉本舊解，餘爲更定新術，皆別注捷法，各爲圖解明其意。第四、五、六術，其原皆出於第三術，可釋之以比例。第三術以句弦較比股，若股與句弦和，以股弦較比句，若句與股弦和，是爲三率連比例。凡有比例加減之，其和較亦可互相比例，故第四、五、六術諸題皆可由第三術之題加減而得，即可因第三術之比例而另生比例。因比例以成同積，而諸術開方之所以然遂於是得。順德黎平陽應南爲之序。【略】

竝時明算諸君子，年丈皆相友善，而與烏程陳助教傑、錢塘戴處士煦契最深。晚年詣益精進，謂古法爲無所用，不甚涉獵，而專意於平弧三角，與助教意不謀而適合。癸卯初夏，助教以事至杭州，冒雨訪之，縱言至於三角。年丈曰：「平三角二邊夾一角逕求夾角對邊，向無其法，竊嘗擬而得之。君聞之乎？」曰：「未也。」録其法以歸。法蓋以甲乙邊自乘，與甲丙邊自乘相加，得數寄左；乃以半徑爲一率，甲角餘弦爲二率，甲乙、甲丙兩邊相乘倍之爲三率，求得四率；與寄左相減，鈍角則相加；平方開之，得數即乙丙邊也。又嘗謂：「泰西杜德美氏割圜九術，理精法妙，其原本於三角堆，董君方立定四術以明其原，洵爲卓見。惟求倍分弧有奇無偶，徐君君青補之，庶幾詳備。名達嘗玩三角堆，嘆其數祇一遞加，絶無奇異，而理法象數，包蘊無窮。夫方圓之率不相通，通方圓者必以尖。句股，尖象也；三角堆，尖數也。古法半徑屢求句股得圜周，猶不勝其難。杜氏則以三角堆御連比例諸率，而弧弦可以互通，割圜術蔑以加矣。然以此製八綫全表，每求一數，必兩次乘除，所用弧綫，位多而乘不便。董、徐二君大小弧相求法亦然。向思別立簡易法，因從三角堆整數中推出零數，但用一半徑，即可任求幾度分秒之正餘弦，不煩取資於弧綫及他弧弦矢，且每一乘除便得一數，似可爲製表之一助云。」

年丈又著《象數原始》一書，未竟。疾革時，遺書囑戴處士續成之。咸豐八年，從子運判晉蕃謀刻之，致書處士申舊約。乃索稿於年丈伯子茂才錦標，校算增訂六閲月而稿始定，都爲七卷。原書之四僅六紙，竝第七卷，皆處士所補纂。

卷一曰整分起度弦矢率論，卷二曰半分起度弦矢率論，卷三、卷四曰零分起度弦矢率論，皆以兩等邊三角形明其象，遞加法定其數，末乃申論其算法。卷五曰諸術通詮，取新立此弧弦矢求他弧弦矢二術，半徑求弦矢二術，及杜氏、董氏諸術，按術詮解之。卷六曰諸術明變，雜列所定弦矢求八綫術，開諸乘方捷術，算律管新術，橢圜求周術，皆從遞加數轉變而得者。卷七曰橢圓求周圖解。原術以袤爲徑，求大圓周及周較，相減而得周。處士增術，則以廣爲徑，求小圓周及周較，相加而亦得周，系以圖解終焉。烏程徐莊愍公巡撫江蘇，郵書索處士寫定本付梓。十年閏月刻垂成，未及印行，而莊愍殉難，書與板皆不可問矣。

又王大有字吉甫，仁和人。諸生。輸餉敘官，爲翰林院待詔。窮究天算之學，嘗介戴氏甥王學録朝榮亦問業於處士。凡處士所著述，皆録副去。年丈見之，因訪處士訂交，時道光二十有五年之夏也。又嘗校刻《割圜捷術合編》。粵匪陷杭州，守義死。未聞有他傳書云。

紀事

清・華世芳《近代疇人著述記》 錢唐項梅侶名達，其算學之書，已刻者曰《下學菴算書》，凡三種：曰《句股六術圖解》，變通舊術，分術爲六，使題之相同者通爲一術，圖解明晰，比例精簡；曰《平三角和較術》；曰《弧三角和較術》，極數究理，於無可比例中尋得比例，婉轉妙合，古所未有，惜其圖解尚無成書。未刻者曰《象數一原》，項氏原書衹六卷，而卷四僅六紙，爲未完之書，歿後其友人鄭鄂士校補之，始成全帙，凡七卷：卷一曰整分起度弦矢率論，卷二曰半分起度弦矢率論，卷三、卷四曰零分起度弦矢率論，皆以兩等邊三角明其象，遞加法定其數，末乃申論其算法；卷五曰諸術通詮，取新立此弧弦矢求他弧弦矢二術，半徑求弦矢二術，及杜氏、董氏諸術，按術詮解之；卷六曰諸術明變，雜列所定弦矢求八線術，開諸乘方捷術，算律管新術，橢圜求周術，皆從遞加數轉變而得者也；卷七曰橢圓求周圖解，則鄂士所補纂也。其弟子錢唐王吉甫大有，篤嗜算術，偏涉中西兩家言，嘗校刻《割圜捷術合編》，不知有他著述否。

雜録

清・諸可寶《疇人傳三編》卷三《項名達》 論曰：項年丈與先大夫同舉省試。可寶習聞年丈之學，以「推見本原，融會中西成法，以通其變，竟未竟之緒，發未發之藏」爲歸。旨哉言乎，可爲後生法也。若論割圜術率從三角堆整數中推出零數，但用半徑，即可任求度。若分秒諸弦，不資弧線及他弦矢，每一乘除便得一數，可謂簡易而捷矣。惜成法專書，今無傳本。而心得緒餘，猶賴有靜庵助教《算法大成》所采，羼存什一，實已爲紫笙宫簿、秋紉京卿諸家開其先。發覆探微，尖堆之時義大矣哉！亟加甄録，用諗來學。又年丈孫女壻同里張吉士同年預爲余言，亂離之後，項氏式微，故書盡亡。孫曾零落，不世其學，不亦重可悲矣乎！

沈欽裴

傳記

清・諸可寶《疇人傳三編》卷三《沈欽裴》 沈欽裴字俠侯號狎鷗，元和人。嘉慶十二年舉人，試禮部屢見擯，大挑二等，選授荆溪縣學訓導。不節於飲，病偏枯者累年，藉扶掖以行，神明如常，課講不輟。後布政使檄之入會城驗視，自以不能拜不敢往，則檄他人攝其官。趣之行，學中士相率具狀留之，主者不可，遂劾去。老病，旋卒於家。生平篤於學，而邃於思，天文、地形無不通曉，尤洞精算術。宋秦九韶之《數書九章》、元朱松亭之《四元玉鑑》、李冶之《測圓海鏡》，世所謂絶學，皆能通之。鍾祥李侍郎潢譔《九章算術細草》，甫寫定，病不起，遺囑務俟訓導算校，方可付梓。越庚辰歲，侍郎甥程尚書矞采方官儀曹，延訓導至家，爲之校勘《算草圖說》。均輸一章，增訂尤多。又爲補演《海島算經細草》一卷，以成侍郎之志。

其校訂《數書九章》也，於古曆會積，則用《四分術》《開禧術》推之，以正其誤，法最詳盡。又因治曆推閏問演紀草與推氣治曆所求氣骨分秒俱不合，改推證之。又謂治曆演紀所求入閏閏縮元閏朔因數朔積年，皆因入元歲而誤。求入元歲當以歲餘爲奇，紀率爲定，用大衍術求之，得蔀率。此蔀率者，是甲子子正初刻與冬至一會之年數也。若如元術，以斗分與日法用大衍術求得蔀率，則是子正初刻與冬至一會之年數五周，而後爲甲子子正初刻冬至也。一會戊子、再會壬子、三會丙子、四會庚子、五會甲子。每歲氣骨分爲歲餘所積滿紀率去之之數，非斗分所積滿日法去之之數。有氣骨分求入元歲，而以斗分與日法用大衍入之，與率不相通，此其所由誤也。又虛設氣元率乘元限數以强合之，而積年之不可知已多矣。爲别立術草，并設問於後，以課元術、新術之疏密。乃改正答數設問六則。以元術推之，可知者二，不可知者四。以新術推之，則歲歲皆可知。又於均分梯田條，校改至百餘字，極爲精確。漂田推積條，辨正其命名、布算、立術三誤。餘如測望類求深求遠法草，並以天元一顯之，本諸《海鏡》，别爲圖説，於是術意之精深可豁然矣。

又嘗補《玉鑑細草》四册，與羅茗香氏大同小異，而詳實不如。然四象朝元第三、第五兩問，羅草方廉隅諸數，皆背原術，無説處之。相傳訓導所演，獨爲吻合，此其勝者。惟左右逢源第一問宜開四乘方，而術開三乘方；第二問宜開三乘方，而術開無隅平方；第二十問宜開七乘方，而術開九乘方；第二十一問依術推演十乘方，得數雖同，而方廉諸數，並異羅草，疑爲術誤。訓導於此四條，皆無細草，而云草「見廣」異。當時已佚，無「廣異」卷。其細草原稿在同郡馬内翰釗家，謀刻未果。道咸之際，南匯張明經文虎猶及見而論訂之。後内翰死綏，遂不可問已。

初，訓導之居京師也，富陽相國文恭公知之，將薦修《天文時憲志》，辭之。復書曰：「國史中秘書，翰林司之。今乃索之局外，是暴翰林短也。閣下縱出大公，窺伺者保無借此爲榮利計乎。此又非進禮退義之正也。」卒不往。其所守有如此者。

紀事

清・華世芳《近代疇人著述記》　元和沈狎鷗欽裴，嘗爲李雲門校《九章算術細草圖説》，均輸一章，多所增訂。又補《海島算經細草》。晚得秦道古《數書九章》鈔本於張古愚家，訂譌補脱，歷有年，所著有《秦書刊誤》，以老病未卒業。殁後，其弟子宋勉之搜得殘稿數卷，採其説入《札記》。居京師時，嘗手録徐氏所步《玉鑑細草》數段，因欲補撰全草。遺稿四册，爲長洲馬遠林釗所藏，余師張嘯山先生曾見之。其草與羅氏大同小異，實不如羅之詳，然四象朝元第三、第五兩問，羅草方廉隅諸數皆不符原術，竟無説以處此，沈氏所演獨與術脗合，此則勝於羅草者也。馬君謀刻之而未果，後馬君殉難，遺稿遂不可踪跡矣。

雜録

清・諸可寶《疇人傳三編》卷三《沈欽裴》　論曰：宋元人算書之僅存也，蓋不絶如綫矣。古算命名，若重差、夕桀、旁要諸術，皆統於句股。賴道古、謙光之書，得具厓略。然非有沈心渺慮、冥搜力索之士，則不能熟精而表章之。一誤於術草之謬，再誤於傳寫之譌，其不遂終於舛亂也幾希爾。嘉道以來，算學大昌，通材輩出。李氏(冶)[演]《海鏡》，順德黎氏傳之。羅氏演《玉鑑》，甘泉易氏佐之。沈訓導秦書刊誤，雖未卒業，乃得宋茂才起而成之，拾遺補闕，匡謬正譌，使摇摇將墜之緒復還舊觀。若訓導之有功前賢，固不在四香、茗香下。而冕之之獨承絶學，師弟相資，亦足與見山、浩川同千古矣。《語》曰：「德不孤，必有鄰。」信哉盛已！

宋景昌

傳記

清・諸可寶《疇人傳三編》卷三《沈欽裴》附宋景昌　［沈欽裴］門人宋景昌字冕之亦字勉之，江陰人。諸生。又爲武進李鳳臺兆洛講學弟子，曾助輯《地理韻編》。好學明算，有聲於時。著《數書九章札記》四卷。上海郁泰峯氏松年爲之序曰：「余既刻《清容剡源》二集，益思得宋元人秘笈。毛君生甫爲余言，秦道古《數書九章》思精學博，其中若大衍求一、正負開方兩術，尤爲闡自古不傳之秘。第其書轉相鈔録，譌脱滋多。元和沈廣文曾得明人趙琦美鈔本於陽城張太守家，訂譌補脱，歷有年所，以老病未卒業。其弟子江陰宋君景昌，能傳其學。余因屬毛君索其原本，會廣文病甚，不可得。得其副於武進李太史家。毛君又出其家藏元和李茂才所校四庫館本。并屬宋君爲之讐校。嗣廣文没，宋君又於其家搜得秦書刊誤殘稿數卷，於是以趙本爲主，參以各本，其文字互異、義得兩通者存其舊，其傳寫錯落、無乖算術者隨條改正，其術草紕繆或誤後學者採衆説而折衷之，别爲《札記》，以資考證。書成，將署余名，余以未經究心，仍歸之宋君，而爲之敍其原起，以付諸梓。」

又譔《詳解九章算法札記》一卷、《楊輝算法札記》一卷。

紀事

清·華世芳《近代疇人著述記》 江陰宋勉之景昌，著《數書九章札記》，以狎鷗所校明鈔本爲主，而參以李四香所校四庫館本，搜衆説而折衷之，足資後學考證。又嘗校《楊輝算法》六種，皆刻入《宜稼堂叢書》中。其未刻者有《開方之分還原術》一種。

董祐誠

傳記

清·李兆洛《董方立傳》董祐誠《董方立遺書》 不才而長年不如才而短命，然乎哉？生固無可貪也，才亦何所利也？造物者重此而輕彼邪？才而年長者地上何不乏也？曰：造物烏知才自毒耳。是必甘爲不才而後可邪？董子方立，予從母之子。從母嫁未踰年而寡，無子，方立以猶子嗣焉。幼穎異殊于常兒，未弱冠已與兄子詵騰踔士林，爲儕輩冠冕。嘉慶辛未歲，予宰鳳臺，方立與其師陸聘君劭文赴陝西，途出鳳臺，止之宿，因留旬餘。是歲予始識方立。纔二十有一年耳，進止凝然，不强笑語，頗狷急而訥於言辭。予素通侻，加以肺腑傾倒，發言或偏宕，方立意似不懌。予戲解之曰：「弟毋然老，兄無似霍霍失所據，不意眼中英物乃在，中表他時提挈骷髏，當屬吾弟。此時坐足下三浴三熏之，不徒恃一日之長，忘其謬陋，亦冀他時下筆易於爲渾沌施面目耳。」斯言如昨，偏其反而奈何乎哉！

方立負經世之才，衣食奔走，足跡半天下。凡夫山川形勢，政治利弊，采覽所及，歷歷識之不忘。少時喜爲沈博絶麗之文，稍長更肆力於律曆數理、輿地名物之學，涉獵益廣，譔述亦益富。平居於世，俗事絶無所嗜，特善深沈之思。書之號鉤棘難讀者，一覽無不通曉，復爲出新意，闡隱曲，補罅漏。專門名家殫數十年之力而探索之者，方立晨夕閒已突過之。然其志意欲有所施於世，特以偏曲一節亦儒者所不遺，隨所見而了之，未嘗以自矜異也。董故世胄，值中否，又自念才可用世，思以功名，見而屢蹶，僅得一解，三試禮部，輒見擯意，不能無怫鬱。又所治書，皆隱賾深微之書，讀之疲神，而方立樂之不厭。雖精慧倍人，然用之無節，耗竭不覺，以明自銷，以香自燒。此尤父老所爲痛哭于龔生者也。

所著曰《割圜連比例術圖解》三卷、《橢圓求周術》一卷、《斜弧三邊求角補術》一卷、《堆垛求積術》一卷、《三統術衍補》一卷、《水經注圖説殘稿》四卷、《文甲集》二卷、《文乙集》二卷、《蘭石詞》一卷。《文乙集》二卷，方君彦聞序而刻之矣。今子詵復盡裒其遺書刊之。

吾鄉自荆川唐先生以來，世有通經致用之士，迄今而少衰。方立之生，謂造物者當有意。於是方立之歿也，鄉邦耆舊無識與不識，無不怛焉如有所失者。嗚呼！造物者果無意乎？

方立諱祐誠，陽湖縣人，嘉慶戊寅恩科順天鄉試舉人，初名曾臣，鄉舉後乃更今名。生於乾隆五十六年五月二十日，卒于道光三年七月二十八日，年三十三。娶楊氏，子二，長曰念貽，方立卒時甫五歲，季曰孝貽，方立卒乃生。子詵，名基誠，嘉慶丁丑科進士，今官户部郎，視方立至友愛，學相亞也，綜敏百之，方立所欲施於用者，將在子詵，則方立不死也。

清·羅士琳《疇人傳續編》卷五一《董祐誠》 董祐誠字方立，陽湖人。嘉慶二十三年，應順天鄉試，中式經魁。初名曾臣，鄉試後更今名。幼穎異，進止凝然，不强笑語，頗狷急而訥於言辭。於書之外無所嗜，於世之書無不讀。尤有過人才，凡他人所不能探索者，祐誠一二過目，輒通其指。始工爲漢魏六朝文，繼通律曆、數理、輿地、名物之學，根究大道，而以用世自期。衣食奔走，足跡半天下，涉獵益廣，譔述亦富。三試禮部皆未第，意恒鬱鬱，遂肆力治經。又不樂爲世俗學，專治鉤棘隱奥之書，務出新義，闡秘曲，補罅漏。以是精力耗竭，於道光三年歿于京寓，年三十有三。

撰有《割圜連比例術圖解》三卷。自序云：【略】。又撰《橢圓求周術》一卷。自序云：【略】。又撰《堆垛求積術》一卷。自序云：【略】。又撰《斜弧三邊求角補術》一卷。自序云：【略】。又撰《三統術衍補》一卷。自序云：【略】。

先是祐誠研究諸史曆志，因撰《三統術衍補》，復取《三統》以次，迄明《大統》《萬年》《回回》各術，計五十三家，擬撰《五十三家曆術》。北凉趙𢾺之《(元)[玄]始術》，唐南宫説之《神龍術》，及瞿曇悉達之《九執術》，志不著録用數。更據《開元占經》所引補。屬稿未成，但有序目，載《文集》中。敍略云：「自昔上皇之世，孟幼未分，草木互易，迺定神策轉調。歷大庭軒轅，逮于殷周，三五之法，《詩》《書》所稱，略可指説，靡得而詳焉。周室陵遲，憲章版蕩，亡告朔之禮，廢疇人之職，重遭秦楚，五紀崩隧。漢氏初定，日不暇給，至於武皇，始正三微，改歲首，於是方士輻凑，曲藝雲集，追星距以定度，酌月法以積閏，而晦朔分至、躔離弦望之術，差以周備。自是以後，代自爲憲，家自爲學。下暨唐宋，經數十易，皆考驗當代，斟奭斗舊傳。有元承之，作《授時曆》，差平立以調進退，求弧矢以正黄赤，棄積年之法，立諸應之準，測算之術，綦以密矣。明代《大統》，因乎《授時》，暨於末年，門户别出，紛争辨訟，遂屬國亡。大清龍興，晷緯昭應，西徹殊俗，厥角獻技，内設五官、天文之科，外測四海經緯之變，日月效期，寒暑通軌。蓋自太初以來，千七百四十餘年，始集成於我朝，然猶申命臺官，朝夕格署。蓋天地之數，若此其微也。夫術士之學，厥有三蔽。墨守師承，毁所不見，昧因造之理，違澤火之義，舉一遺三，得五忘十，其蔽一也。榮今陋古，拔本塞源，斥射姓之司星，嗤鄧平之運算，是猶指三江而狭峪流，觀九河而淺積石，其蔽二也。中夏失官，學流荒裔，鳩匿補象徵之制，音紐祖形聲之遺，而議者必嚴内外之防，屏梵回之曆，其蔽三也。祐誠旅食餘閒，願言纂輯，乃取史志所載，自《三統》以下可撰述者五十三家，凡歲實、朔實之分，定氣、定朔之差，皆敬授之大原，先朝之遺憲，爲比其名義，課其盈虛，補其散佚，信其亡闕，都爲十卷。鉤核考互，有移歲時，以存先士之學，誒有道之正焉爾。」

祐誠歿後，其兄基誠時官户曹，取其已成之曆算稿五種，計七卷，附以《水經注圖説》殘稿四卷，《文甲集》二卷，《[文]乙集》二卷，《蘭石詞》一卷，共九種，凡一十六卷，名曰《方立遺書》，囑同里張成孫校而刻之。張成孫者字彦惟，陽湖張皋文編修惠言子也。名父之後，經學傳家，兼精天學。

雜録

清・羅士琳《疇人傳續編》卷五一《董祐誠》 論曰：方立沈默精敏，所著書洵足以超邁古人。尤所撰之曆術序，探本窮源，不獨指摘其三蔽所在，且可使後學知因造之端。書雖未成，而其志實與元和李尚之秀才鋭擬撰《司天通志》，大略相同，皆有功于象緯者也。惟刱橢圓求周，誤據《九章》句股葛生纏木術，以橢圓大徑爲弦，小徑爲句，求得股，副以小徑求得圜半周爲句，與所求之股，復求得弦爲橢圓半周，於術不通。蓋葛生纏木，若使兩面對纏，其相交處必有角，故可借爲句股形求之。而橢圓之形則爲斜剖之圓柱，與葛纏者迥異，其受剖處無痕跡可尋，故能有合於長圓，而不能有合於句股，以其相交處無角也。夫其相交處無角，則其形不同，其數必恒小於橢周，信非通法。曩曾以此論告之其兄玉椒農部基誠，乃農部既不知算，兼以友愛其弟，不忍湮没其所著之書，堅不節去此術，致方立有遺憾，惜哉。

陳潮

傳記

清・羅士琳《疇人傳續編》卷五二《陳潮》 陳潮字東之，泰興諸生。援例納粟，道光十一年應京兆試，舉於鄉。生平實事求是，肆力經學，工小篆，精於六書音韻。以漢儒説經者六書尚矣，尤不能廢九數，於是鋭志算學，晝夜不輟，未數月而立天元一術及朱氏四元術，皆能採其原，以是耗精太過，勞瘁成疾，卒于京寓。

先是潮館於大興徐禮部松家，嘗與禮部言：「戴庶常震于《永樂大典》中檢得《算經十書》，因《綴術》佚亡，遂取西人《籌算》一册代之，究屬未善。」更謂：「唐以明算科取士，獨《綴術》限以四歲。試之日，《綴術》七條，十通六爲第。《六典》云六條。《齊書》云：『祖沖之注《九章》，造《綴術》數十篇。』《隋志》云：『宋末，南徐州從事祖沖之，更開圓率密法。又設開差冪、開差立，兼以正圓參之，指要精密，算氏之最者也。所著之書名《綴術》。』劉徽《九章算術》方田章王莽銅斛嘉量下，李淳風注云：『祖沖之以其不精，就中更推其數，沖之爲密。』又少廣章開立圓術下，李淳風注云：『祖暅之謂劉徽、張衡二人皆以圓囷爲方率，丸爲圓率，乃設新法。』唐王孝通《緝古算表》『祖暅之《綴術》，時人稱之精妙，曾不覺方邑進行之術全錯不通，芻甍方亭之問於理未盡。』宋秦九韶《數學九章》序云：『七精迴穹，人事之紀，追綴而求，宵星晝晷。』又天時章第四問有綴術推星一題。《夢溪筆談》云：『求星辰之行，步氣朔消長，謂之綴術，不可以形察，但以算數綴之而已。』(北)[南]齊祖暅之有《綴術》二卷。」合此諸説，則《綴術》亦推演重差之意。因擬采諸家緒論，參以朱氏招數、秦氏大衍、明氏諸差，撰《綴術輯補》二卷，雖不敢希合原術，或庶幾存古人之萬一焉。」惜甫經建議，未得成書，齎志而歿。

雜録

清・羅士琳《疇人傳續編》卷五二《陳潮》 論曰：東之與余爲車笠交。道光辛卯秋，余將出都有日矣，東之甫學算於余。其志專，故其用力也鋭，雖其學未必能登巔造極，而其苦心孤詣，良足哀已。嗣奉徐星伯禮部松來書云：「東之死矣。」且東之死，而一無撰述，幾與草木同腐，不愈哀哉！爰據禮部所述東之生前談藝諸言，代撰是書，并列傳附識於此。

謝家禾

傳記

清・羅士琳《疇人傳續編》卷五二《謝家禾》 謝家禾字和甫一字穀堂，錢塘舉人。與同學戴氏兄弟熙、煦相友善。少嗜西學，點、線、面、體四部，靡不淹貫。已復取元初諸家算書，幽探冥索，悉其祕奥。乃輯平時所得，析通分加減，定方程正負，以標舉立元大要，撰《演元要義》一卷。【略】。又以劉徽、祖沖之之率求弧田，求其密於古率者，撰《弧田問率》一卷。同里戴煦爲之序【略】。又以直積與句股弦和較，轉輾相求，撰《直積回求》一卷。【略】。家禾歿後，其友人戴熙搜遺稿，囑其弟煦校讎，而授諸梓。

雜録

清・羅士琳《疇人傳續編》卷五二《謝家禾》 論曰：弧矢截積之術，諸算嘗皆用古率。向校朱氏《四元玉鑑》一書，竊見有以徽、密率截弧矢積二法，積思三晝夜，始獲其解，蓋即本舊法而加一倍差耳。穀堂《弧田問率》副并三積，其立法之根，實與余暗合。嗣余校秦書田域第六題蕉田求積，覺秦率固錯，朱書徽、密率亦於率不通，曾撰訂誤一則，附刊於《四元釋例》之末。近又校明氏《密率捷法》，悟得連比例屢乘屢除之所得加減諸衰，似有類於郭邢臺《授時草》之平、立、定三差，而其原要莫外乎朱書之如像招數。自來圜率之密，莫密於祖氏，惜所著之《綴術》佚傳已久。繹其名義，綴者連也，相連不絶，爲交絡互綴之象，荀子所謂綴綴然是已。意其法殆亦如秦氏之大衍求一。爰融會諸家法意，寓明氏之諸衰，於朱氏之招差中，用成《綴術輯補》，而弧矢截積，亦可由此生焉。因知天元之後，益以四元，而凡艱深之術，如李欒城所謂「溟涬黯黮」者，皆可如積推演。《綴術》之外，佐以大衍，而凡賾繁之數，如《易》所謂「參伍錯綜」

者，又皆可追綴而求之。數家者，皆宋元來至精之詣，近始復彰者也。戴醇士學士熙序穀堂遺書，謂算學自隸首以來，詳於周官，述於漢晉，盛于唐而精於元。又謂積歲積人，積人積智，旨哉言乎。夫算數之學，至步天極矣。天亦一大圜也，其歲實、日法、氣朔、交轉，日月五星之躔離朓朒，何莫非割圜之遺？然天則高矣遠矣，積歲積行，積行積差，要在隨時測驗修改。彼歐羅巴自詡其法之精且密，妄謂勝于中法，究其所恃者不過三角八線、六宗、三要與夫借根方、連比例諸法而已。其實所恃之諸法，又安能軼乎吾中土之天元、四元、綴術、大衍與夫正負開方、垛積招差諸法之上哉？吾願世有實事求是之儒，甄明象數，誠能循是以求，進臻至理，將見斯文未墜，古法大興，是又吾之厚望焉，亦續補《疇人傳》之素志也夫。

周治平

傳記

清・羅士琳《疇人傳續編》卷五一《許桂林》附周治平　同時又有周治平者，浙之臨海諸生，事蹟不得其詳。嘗因《曾子問天員篇》偏則風一節，爲之釋曰：「萬物各有本所，故得其所則安，不得其所則强。及其强力已盡，自復居于本所焉。本所者何？如土最重，重愛卑，性居下。火最輕，輕愛高，性居上。水輕於土，在土之上；氣重于火，在火之下。然水比土爲輕，較火氣爲重，氣比火爲重，較水土爲輕，以是知水必下而不上，氣必上而不下矣。蓋水之情爲冷溼，火之情爲燥熱，土之情爲燥冷，氣之情爲溼熱，其情皆爲偏勝，各隨其勝所。火氣偶入水土之中，必不得其安，而欲上行。水土因氣騰入氣火之域，亦必被强而欲下墮，各居本所矣。日光照地，與氣上升，偏於燥則發爲風，火與土俱挾氣上升，阻於陰雲，難歸本所。火土之勢，上下不得，亦無就滅之理，則奮迅決發，激爲雷霆，與氣交合，迸爲火光，居於本所，故云交則雹。日氣入地，鬱隆騰起，結而成雲，上至冷際，爲冷情所化，因而成雨。正如蒸水，因熱上升，騰騰作氣，上及於蓋，蓋是冷際，即化爲水，下居本所。故兩者冷熱二氣相和而成也。若溼氣既清且微，是陽勝也，升至冷際，乃凝爲露。三冬之月，冷際甚冷，是陰勝也，雲至其處，既受冷侵，一一凝沍，皆是散圓，即成雪矣。露之爲霜，其理略同。蓋氣有三際，中際爲冷，上近火熱，下近地温，冷際正中，乃爲極冷，夏月之氣，鬱積濃厚，決絶上騰，力專勢鋭，逕至極冷之深際，驟凝爲雹，入冷愈深，變合愈驟，結體愈大矣。故雹體之大小，又因入冷之淺深爲差等，非如冬月雲氣，徐徐上升，漸至冷之初際，而結體甚微也。故夏月雲足促狹，隔塍分壟，而晴雨頓異焉。冬時氣升冷際，化而成雨，因在氣中摩盪，故一一皆圓，初圓甚微，以漸歸并，成爲點滴，未至本所，又爲嚴寒所迫，即下成霰矣。故雹霰者，皆陰陽專一之氣所結而成者也。」

周君亦深於天算，兼習西法。阮相國曩撰《曾子注釋》，謂其能融會中西之説，曾采其言。又《疇人前傳》亦獲其校録之助，因所論與許先生説大略相近，故附及之。

黃汝成

傳記

清・李兆洛《黃潛夫家傳》李兆洛《養一齋集・文集續編》卷五　黃潛夫名汝成字庸玉，太倉嘉定人。其先居今寶山江東鎮，忠節公族裔也，後遷嘉定者四世，潛德弗耀，曾祖曰國楷，嘗刲股以療其親疾。祖曰通理，考曰鐘，皆恢然長者。鐘無子，以母弟鋐之子爲後，即潛夫也。鋐字子仁，亦縣學附生，議叙主簿銜，有文行。

潛夫器局瓌偉而才識敏達，善讀書，自年十四五時已博涉能文，逾冠爲縣學廩膳生，益有名。嘉定氣節文學，自南宋來，亮碩鴻奥，重於海内。潛夫少承家業，習聞鄉先生端緒，宗貫浩博，達於精邃。又善爲文章，論議閎整，叙事繁簡廉而率中體要，學不泥章句而務合體用。自古昔禮樂德刑，以及賦税、田畝、職官、選舉、錢幣、權量、水利、河渠、漕運、鹽鐵諸事，參校理勢，損益遷嬗而折衷，於顧氏《日知録》條比義類，及所以施設者居間。復以聲音、訓詁、名物、度數之學纂述爲《春秋外傳疏補》《諸經正義》，名實益高，尤爲今宫保兩江總督安化陶公、今江西巡撫江夏陳公所知重。乃殫竭心力，以體過肥，猝疾作弗治，殞，年止三十九。悲夫，黃氏世有穆行，其祖考好施，與凡邑祲，輒先出巨資佐賑。潛夫性益豪達輕財，喜蓄古書畫、碑刻、鼎彝、錢鑒，而族姻交友，鄉里婚喪急難，凡求者，無弗應，幾耗其資之半。余頗以不節過之。然自少至壯，衣服飲食無改於舊，又猝以千金周人困，終無悔心與德色。比歿，郡邑識與不識都悼惜而來，哭者輒慟，抑亦賢已。始余聞潛夫名，而材之，而余友寶山毛君生甫數歎美其學行，生甫不妄譽者。後潛夫嘗詣余於暨陽書院，留信宿聽，其論識明瑋，達理道，益信生甫爲知人，而決潛夫學可深造大成，雖頗憂其弗壽而不虞其遽止斯也。嗚呼，人世利禄貴顯，不過數十寒暑，人之死生其間者何限？自古鴻材碩儒，間亦弗克永年，奚足致憾，矧潛夫有可自傳述於後世耶。余獨惜其志業未竟，子仁以年老遽喪賢子且辱厚。余而僅一見已也。潛夫前已入粟，議叙通判銜，後入貲爲縣學官，選安徽泗州、直隸州訓導，以憂未赴。所著書，惟成《日知録集釋》三十二卷、《刊誤》二卷、《袖海樓文稿》若干首。子三：宗魯、宗文、宗英。余既重其人，又哀其志，生甫書來乞爲傳，乃次序行事，使附於家乘後云。

清・諸可寶《疇人傳三編》卷二《黃汝成》　黃汝成字庸玉號潛夫，嘉定人。用縣學廩膳生，入貲爲校官，銓授泗州、直隸州學訓導，以憂未之官也。因其友寶山毛文學嶽生交於武進李大令兆洛訓導。器局瓌偉，而才識敏達。善讀書，學不泥章句，而務合體用。自古昔禮樂德刑，以及賦税田畝、職官選舉、錢幣權量、水利河渠、漕運鹽鐵諸事，參校理勢，損益遷嬗。而折衷於顧氏《日知録》，條比義類，及所以施設者。居閒復以聲音、訓詁、名物、度數之學，纂述爲《春秋外傳疏補》《諸經正義》，名實益高，尤爲安化陶文毅公、江夏陳侍郎鑾所知重。以體過肥，猝疾作弗治，殞年止三十有九。所著惟成《日知録集釋》三十二卷、《刊誤》二卷。又《袖海樓文稿》若干首，藏於家。

雜録

清・桂文燦《經學博采録》卷一一　黃潛夫訓導汝成字庸玉，嘉定人也。少爲縣學廩膳生，歲饑勸賑，議叙得通判銜，選安徽泗州訓導，以憂未赴。道光十七年二月十二日卒於家，年三十有九。訓導爲人仁厚豪達，狀貌瓌偉，善辨説戲謔，饒有産業，樂任人艱，鉅無親疏厚薄，苟當其意，告以緩急，卒累出千金不悔。內行誠謹，自奉儉約，其爲學自天文、輿地、曆律、訓詁以及水利、河渠、漕運、賦税、鹽鐵、錢幣，莫不洞其奧賾，參諸世會，詳其利病，而爲文則又明慎知要，所著書已成者《日知録集釋》《刊誤》《古今歲朔考校補文》，訓導之卒也，武進李申耆庶常既爲之立傳，寶山毛生甫騎尉復誌其墓云。

著作部

江永《翼梅》又名《數學》

著録

清・《清文獻通考》卷二二九《經籍考》 《算學》八卷，《續》一卷。江永撰。

清・永瑢《四庫全書總目》卷一〇六《子部一六》 《算學》八卷，《續》一卷。安徽巡撫采進本。國朝江永撰。永有《周禮疑義舉要》，已著録。是編因梅文鼎《曆算全書》，爲之發明訂正，而一準欽定《曆象考成》，折衷其異同。一卷曰「曆學補論」，皆因文鼎之説，而推闡所未言。二卷曰「歲實消長」，文鼎論歲實消長以爲：高沖近冬至而歲餘漸消，過冬至而複漸長。永則以爲：歲實本無消長，消長之故在高沖之行與小輪之改，兩歲節氣相距，近高沖者歲實稍贏，近最高者稍朒。又小輪半徑古大今小，則加減差亦異。三卷曰「恒氣注曆」，文鼎論冬至加減謂：當如西法用定氣，不用恒氣，而所作《疑問補》等書，又謂當如舊法用恒氣注曆。永則以爲：冬至既不用恒氣，則諸節亦皆當用定氣，不用恒氣，故此二卷皆條列文鼎之説，而以所見辨於下。四卷曰「冬至權度」，《元史》六曆冬至，載晉獻公以來四十九事，文鼎因作《春秋冬至考》，删去晉獻公一事，各以其本法推求其故。永則以爲：算術雖明，而未有折衷，更因文鼎之法，考證曆法史志之誤。五卷曰「七政衍」，文鼎論七政小輪之動由本天之動，七政之動由小輪之動。永則以恭按欽定《曆象考成》五星有三小輪，而月更有次均輪，且更有負圈。文鼎説雖精當，而各輪之左旋、右旋與帶動、自動、不動之異，尚未能詳剖，因各爲圖説以明之。六曰「金水發微」，文鼎初仍舊法，以金、水二星伏見輪同於歲輪，後因門人劉允恭悟得金、水二星自有歲輪，而伏見輪乃其繞日圓象，因詳爲之説，後楊學山乃頗以爲疑。永謂：文鼎説是，學山疑非。因爲圖説以明之。七曰「中西合法擬草」，明徐光啟酌定新法，凡正朔閏之類，從中不從西，定氣整度之類，從西不從中，然因用定氣，遂以每月中氣時刻爲太陽過宮時刻，系以中法十二宮之名，而西法十二宮之名又用之於表。永病其錯互，又整度一事，永亦病其言之未盡。故著此論以辨之，亦多推文鼎之説。八曰「算賸」，則推衍三角諸法，求其捷要。《續曆學》一卷，曰正弧三角疏義，以補算賸所未盡。故八卷各有小序，此卷獨無也。文鼎曆算推爲絶技，此更因所已具得所未詳，踵事而增，愈推愈密，其於測驗亦可謂深有發明矣。

清・張之洞《書目答問・子部》 天文算法第七

《江慎修數學》八卷，《續》一卷。江永。守山閣本。海山仙館本用原名，題曰《翼梅》。目列後：《曆學補論》《歲實消長辨》《恒氣注曆辨》《冬至權度》《七政衍》《金水發微》《中西合法擬草》《算賸》《正弧三角疏義》。

清・劉鐸《若水齋古今算學書録》 象数第三

《方圓冪積比例補》，江永。自箸《翼梅》本。

又 《正弧三角疏義》一卷。江永。江氏《翼梅》本。《正弧三角會通》，江永。《翼梅・算賸》本。

清・丁仁《八千卷樓書目》卷一一《子部・天文算法類》 推步之屬

《算學八卷》，《續》一卷。國朝江永撰。守山閣本。

又 《翼梅》八卷。國朝江永撰。海山仙館本，抄三卷本。

《翼梅》目録

序跋

清・江永《翼梅・序》 少好天官家言，始讀《尚書》閏月、璿璣兩註，即學布算，弱冠後，見黄石齋答袁坤儀書，始知地圓，又得遊子六《天經或問》，已詫爲奇書。三十，在金陵，有佴氏者，家有《崇禎曆書》，乞假一觀，永之曆學是年驟進。既而，聞宣城有梅勿菴先生，曆算第一名家，年已耄，欲得人傳其學，且有爲永介紹者，因牽於俗累，不能往。一日，遊書肆，見殘紙二幅，或云是梅書，試閲之，皆授時、大統之説，永始疑先生之學，蓋主中而黜西，果爾，則邢士登《律曆考》家有抄本，不煩褰裳問津矣。自是遂絶意於梅。又廿餘年，先生久捐館，有太平崔君嘗游先生之門，攜《勿菴書目》《曆學疑問》《疑問補》三書，假觀，永始歎服，亟録之。又二年，始賺得兼濟堂《曆算全書》，乃望洋驚怖，追憶前二紙，則《曆學駢枝》中語，此先生蚤年從《通軌》入手之書，後來研精西法，所詣大不爾也。因悔恨曩者既不獲及先生之門中，間又爲二殘紙所誤，且不肯求先生之書，及晚歲得之，則精神瞀昏，心力鈍敝，不敢望嚌胾於堂，矧能燭照於室乎。潛玩既久，漸啓扃鑰，三角塹堵昭若發矇，曆理復多所創獲，如七政左旋，日食定交角，金水有歲輪，思之皆不可易。若余向論太陽中氣過宫不當用古次名，則一得之愚與先生暗契，一若親承指示者。惟是寡昧之識，膠守已見，如歲實消長、恒氣註曆之類，不能强同。爰就先生之書衍繹之，或補所未言，或發所未竟，信者闡明，疑者辨難，約得八卷，名曰《翼梅》。蓋先生嘗言，禹服九州之大，必有同好，所冀共爲闡發，俾古人之意晦而復昭，一綫之傳引而弗替，則生平之志願已畢。其虚懷公善，跂望來學者如此。永與先生有同癖，雖不獲摳衣其門，猶幸讀其書，固當爲之補苴而張皇也。此學甚孤，無可告語，欲是正於專家而未能，姑弆藏之，並序永之私淑先生始暌而終合之故。

乾隆庚申閏六月甲寅望，日在巳宫，江永書於海陽山門。

又《翼梅·又序》　是書脱槁已久，無從質正。庚申歲，程慄也太史强拉余入都，性頗畏風塵勞攘，足跡不出户。勿菴先生文孫循齋先生時官光禄，永亦未破例通一刺。是歲除夕，慄也與光禄會於待漏處，道及永之私淑勿菴，不惟日夕鑽研其書，且别有會心，堪爲羽翼者凡數卷。光禄甚喜。辛酉元旦後三日輒枉顧，次日答禮，先録序目送閲，光禄亟問：「序言欲爲介紹者何人？」曰：「江右梁質人先生。」光禄曰：「是先徵君故交也。」又問：「書目第二卷歲實消長辨，果長乎，消乎？抑别有高見乎？」曰：「本書詳之，是非數言可罄。」又問：「太陽行於本輪，或謂其圓如雞卵，信乎？」曰：「本輪固正圓也，太陽在均輪上，聯其行跡即成雞卵之圓。」自是，每録一卷即往質，聞所未聞者頗多。先生謂：「此學近日漸稀，昔時吴江、無錫、青州諸名家，與先徵君同輩者，今皆不可得，甚願有志者傳此一燈。」因求示對數表，光禄令永再殫思。閲數日又往，曰：思已塞矣，願示十數，以啓其端。乃出表，録十數歸，以差率上下比次，因推得萬數。是歲八月，永即南旋，光禄以多儀來贐行，意甚殷，且曰：「《翼梅》書再録一本矣，俟稍暇，親校畢，以原本奉歸。」儀物中有扇一柄，録勿菴先生詠歷代天文曆志一首，結句云：「能忘創始勞？萬事有權輿。」又親書一聯云：「殫精已入歐邏室，用夏還思亞聖言。」此循齋先生微意，恐永於曆家知後來居上，而忘昔人之勞，又恐永主張西學太過，欲以中夏羲和之道爲主也。先生之誨我者，深矣。顧嘗閲歷代史志，深知此事之艱，四千年積智無踰郭若思，至今日而此學昌明，如日中天，重關誰爲闢，鳥道誰爲開？則遠西諸家，其創始之勞，尤有不可忘者，或亦平心之論也。因書以爲後序。乾隆昭陽作噩之陽月，永再書於古歙西溪書屋，旹年七十有三。

清·花兩樓主人《重棸江氏數學翼梅弁言》　慎修氏讀勿庵書别啓心觧，著《翼梅》八卷，闡其所信，辨其所終，言每詳覈，後又晤徵君孫光禄君，親爲質問，而學益精。論者謂，其書於西人作法本原發揮殆無遺藴，此足知先生所得矣。是書光禄君曾爲手校，同郡戴君東原傳其學，復訂定之，易名《數學》，梓行既久，板皆漫漶，因重爲校讐，付諸剞劂，復稍縮其板本，俾便流傳，署曰《江氏數學翼梅》，統前後所名而名之，易於别識也。抑先生又有《推步法觧》五卷，擬叜訪其書續梓之，庶先生所以翼梅者，學者將資其所翼，由梅書而進之，聞見愈擴，研思愈深，所造庸可量乎哉。辛巳夏五，花兩樓主人議。

清·顧觀光《數學跋》顧觀光《算賸初編》　江氏數學繼梅氏曆書而作者也，其於七政運行之故，歲實消長之原，曲暢旁通，實足補梅氏之未備。自錢竹汀謂宣城能用西學，江氏則爲西人所用，且極詆其《冬至權度》，如「公孫龍之言臧三耳甚難」，而實非無，識者往往惑之。平心而論，江氏之囿於西法固矣，錢氏之説則又囿於中法，而非求事實是之學也。

七政盈縮遲疾之原，或曰小輪，或曰不同心天，世無陵雲御風之人，誰爲正之？然使小輪所用止在盈縮遲疾之閒，則謂其巧算而非真象，無不可也。無如日月在小輪之上半周，則距地遠，而視之亦小；在小輪之下半周，則距地近，而視之亦大。視徑有大小，即地半徑差有損益，而影徑分之多寡，亦由之而殊。是七政之有高卑，不待盈縮遲疾而後信也。有高卑則舍小輪與不同心天固更無他法矣，兩心差之有大小西人早已言之。《日躔曆指》偁，意罷閣於漢景帝時測兩心差爲十萬分之四千一百五十一。《九執曆》推定日法，分一象限爲六段，計其積差凡二度十四分，以正切求兩心差，得十萬分之三千九百。江氏推劉宋大明時兩心差四〇三五，與意罷閣所測正相近。唐開元時冬至減時大於今四刻有奇，則較《九執曆》爲稍贏耳。錢氏謂兩心差古大今小，仍是楊郭百年消長之法，不知消長以定冬至爲根，而兩心差之加減則以平冬至爲根，根既不同，算何由合？元明以來，歲實由消而漸長，議者紛紛，江氏妙解算理，因《授時曆議》所述，丁丑至庚辰四年冬至，自相乖違而知其刻下小餘有三十分，斷爲長極而消之大界，證佐甚明，恐善辨者亦難爲郭氏解也。西法行之已久，不能無差，江氏之書誠有主持太過之弊，然元嘉十三年甲戌冬至諸曆皆得癸酉，大明五年乙酉冬至諸曆皆得甲申，而江氏所推獨與古人吻合。元嘉十八年己亥冬至，則據隋志以正宋志之譌，光大二年乙巳冬至，則據太建四年丁卯冬至而疑其測驗之非真，此皆由古籍中參稽而得，非徒立異同。錢氏考之不審，乃以爲辭窮而遁，是算術不足信，而史文必無一字之譌舛也，有是理乎？兩心差古大今小，江氏未有定率，而改最卑每歲東行爲一分三秒，則精思所到，遂與噶西尼之新法不約而同。可見考諸古而無疑者，質諸今而自合，若合於古而不合於今，則其合也亦幸而已矣。《易》不云乎天地之道貞觀者也。天有常行，不以古今而異。謂西人之術必不可以考古，是古之天行異於今也，謂古之天行異於今，是古與今當各有一天也，而豈其然哉？江氏書世無善本，七政小輪諸綫，紛如亂絲，恐其久而失傳，無以爲治曆者先路之導，今特詳爲校正，書中精確不磨之處，讀者當自知之，惟無以是古非今之見先横於中，此則余所旦暮遇之也。

夫歲實消長，其故有二。一由兩心差有大小，一由黄赤距有遠近。吴江王氏、青州薛氏竝嘗言之。今薛氏《天學會通》未見足本，《曉庵新法》又脱去補遺，不知其説云何。江氏之説，得其一而失其一，蓋考之未審矣。夫黄極環繞赤極二萬五千八百六十八年而一周，即歲差也，黄道既退行於赤道，則歲實必漸消。惟是西人舊説，皆以歲差爲恒星東行，遂與最高行兩數混淆，無從分析。中法知歲差爲歲不及天矣，而又不知最高之有行分。宜乎歲實消長，歷千餘年而未有定論也。近日西人新測春秋分點每歲西行五十一秒，最高每歲東行十一秒八，兩心差古大今小，約百年差二萬五千分之一。黄赤道古遠今近，約百年差四十八秒。咸豐庚申最卑過冬至十度二十八分五十三秒三〇，黄赤大距二十三度二十七分二十七秒三八。

清・江永《翼梅・曆學補論・序》江永《翼梅》卷一　勿菴先生《曆學疑問》三卷五十二章，又《補》二卷二十四章，已爲曆法疏通源流，指示窔奥。永熟味其書，别有觸悟，隨筆識之，或贅説於本書之外，或衍繹於本書之中。泰山河海，無俟一卷一勺，聊自道其管蠡窺測云爾。

又《翼梅・歲實消長辨・序》江永《翼梅》卷二　歲實消長，前人多論之者，勿菴先生大約主《授時》，而亦疑其百年消長一分，以乘距算，其數驟變，殊覺不倫。又謂今現行之歲實稍大於授時，其爲復長，亦似有據，因爲高衝近冬至而歲餘漸消，過冬至而復漸長之説，蓋存此以俟後學之深思。永别爲之説，謂平歲實本無消長，而消長之故在高衝之行與小輪之改，兩歲節氣相距近高衝者歲實稍赢，近最高者稍朒，猶定朔、定望、定弦之不能均，惟逐節氣算其時刻分秒，而消長可勿論也。管見如斯，遂不能强同，爰引先生之言，逐節疏論於下。

又《翼梅・恒氣註曆辨・序》江永《翼梅》卷三　改憲以來，用定氣註曆久矣。勿菴先生嘗舉康熙己未以後歷年高行及四正相距時日，别爲一卷，而云治曆首務太陽，太陽重在盈縮。又云西法最高卑之點在兩至後數度，歲歲東移，故雖冬至亦有加減，不得以恒爲定。此是西法中一大節目，則先生亦甚重定氣矣。而《疑問補》等書謂，當如舊法之恒氣註曆，持論甚堅。永深思之，謂恒氣與平氣不同，冬至既不得以恒爲定，則諸節氣亦當用定不可用恒。爰引先生之説，疏論其下，惜不獲依門牆而質正之也。

又《翼梅・冬至權度・序》江永《翼梅》卷四　履端於始序則不愆，曆家詳求冬至，且求於歲以上冬至證之史傳，或離或合，其故難言。《元史》有六曆冬至，開載魯獻公戊寅至元庚辰四十九事，紀大衍、宣明、紀元、統天、重修大明、授時時刻之異同。勿菴先生因之作《春秋以來冬至攷》，删去獻公一事，各以其曆本法詳衍算，術雖明，永因先生所攷定者，用實法推算有不合者，斷其爲曆誤、史誤，名曰《冬至權度》，俟知曆者攷焉。

又《翼梅・七政衍・序》江永《翼梅》卷五　勿菴先生論七政小輪之動由本天之動，七政之動由小輪之動，其説極當。七政中月尤紛錯，按《曆象考成》，五星有三小輪，而月更有次均輪，不惟次均輪而已，且更有負圈，是月之小輪獨有五也。今以七政各輪之左右旋，與其帶動、自動、不動之異，本勿菴先生之説，一一衍之，且爲繪圖，諸行度亦可知其梗概矣。

又《翼梅・金水發微・序》江永《翼梅》卷六　勿菴先生《五星紀要》前數章論金水左旋右旋，猶仍曆書之説，以伏見輪同歲輪，後因門人劉允恭悟得金水自有歲輪，而伏見輪乃其繞日圓象，因詳爲之説，發前人所未發。永初見此説，頗疑之，即楊學山記卷末一條，亦疑而不敢質，再三思之，繪圖試之，果見伏見輪之繞日實由歲輪上星行軌跡所成，而二星本天皆在日天之下，曆家(乙)[以]太陽天爲金水天，以伏見輪當次輪，皆見其末而未及其本也。此説悟於劉，而勿菴先生發明之，使五星高下遲速之原歸於一貫，即此一事已大有功於天學，然非多作圖象，詳爲之説，觀者終難瞭然，是以特爲此卷，以發先生之覆，並可釋學山之疑。

又《翼梅·中西合法擬草·序》江永《翼梅》卷七　明季之改憲也，徐文定公嘗言鎔西人之精算，入大統之型模，固欲參合中西，舍短取長，以爲不刊之典。正朔閏月之類從中不從西，定氣整度之類從西不從中，然因用定氣，遂以每月交中氣時刻爲太陽過宮時刻，舉中法十二次之名繫之，而西法十二星象之宮，亦時用之於表。此則既非中法，復非西法，雖相沿至今，實可疑之端也。余于辛亥年著《曆法管見》，嘗論及此，後讀勿菴先生《(學曆)[曆學]疑問補》，已暢言之，固非余之私言。又嘗疑整度一事似未盡善，中西當參酌者，此亦其一端。爰以此二事擬數表，名曰《中西合法擬草》，仍以梅先生之説冠於卷首，且附愚之鄙見焉。

又《翼梅·算賸·序》江永《翼梅》卷八　勿菴先生論算極詳，觀玩之餘，有得輒筆之，此爲賸義云爾。

弧三角以正者爲宗，《舉要》第二卷論正弧，其法散出，有見於求餘角法者，有見於第四卷次形法者，又有見於《塹堵測量》《環中黍尺》二書者，今爲薈萃，總計求角求邊，凡若干正法，别法附之，臚列分明，學者庶易會通焉。

又《方圓冪積比例補·序》江永《翼梅》卷八　勿菴先生有《方圓冪積》一卷，凡方圓周徑、面體比例詳矣。愚思之，尚有方分、圓分比例一法。從來算家只言冪積，不言圓分，而範蜀公論律云，古者以竹爲律。竹形本圓，今以方分置算，此律非是算法。圓分謂之徑圍，方分謂之方斜。今圓分而以方法算之，此算數非是圓分始見於此圓體。用圓分置算，亦有至理。平圓有平圓分，立圓有立圓分。得其方分圓分之比例，則有大小不等之渾圓，欲得倍數之差，但借立方算之，其得數甚真，亦甚捷。故爲補此一法。

雜録

清·梅瑴成《五星管見·後識》梅文鼎《梅氏叢書輯要·五星管見》　憶自庚申辛酉間，慎修抵都門，以所著《翼梅》八卷請正，並求序言。爲展讀一過，未嘗不歎其學力之深遠出楊學山之上，其傾倒于先人者至矣，而意見不合，抵牾辨駁之處亦往往而有，如用「恒氣注曆」「天自爲天，歲自爲歲」之類。終不爲然。蓋泥於西説，固執而不能變，其弊猶小。至其於西説之不善者，必委曲爲之辭，以伸其説。于古人創法之功，則盡忘之。而且吹毛索瘢，盡心力以肆其詆毀，誠不知其何用心？！夫西人不過借術以行其教。今其術已用矣，其學已行矣，慎修雖欲諂而附之，不已後乎？彼西人方謂古人全不知曆，以自誇其功。而吾徒幸生古人之後，不能爲之表揚，而且入室操戈，複授敵人以柄而助之攻，何其悖也！其用力雖勤，揆之則古稱先，閑聖距邪之旨，則大戾矣。吾故不爲作序，而附記其説於此。循齋識。

清·錢大昕《與戴東原書》錢大昕《潛研堂文集》卷三三　前遇足下于曉嵐所，足下盛稱婺源江氏推步之學，不在宣城下，僕惟足下之言是信，恨不即得其書讀之。頃下榻味經先生邸，始得盡觀所謂《翼梅》者。其論歲實、論定氣，大率祖歐羅巴之説而引伸之。其意頗不滿於宣城，吾益知宣城之識之高。何也？宣城能用西學，江氏則爲西人所用而已！

及觀其《冬至權度》，益啞然失笑。夫歲實之古强而今弱也，漢以前四分而有餘，漢以後四分而不足，則自乾象以至授時，歲實大率由漸而減，此皆當時實測，非由臆斷。故以古法下推則必後天，由於歲實强也；以今法上考必後天，由於歲實弱也。楊光輔、郭守敬輩知其然，故爲百年加減一分之率，以消息之。雖過此以往未之或知，而以之考古，則所失者鮮。是其術未始不善也。西人之術止實測於今，不復遠稽于古，然其所謂平歲實者，亦復累有更易，固非以爲永遠可守之歲實也。江氏乃創爲本無消長之説，極詆楊、郭，以傳會西人。然史册所書晝景長之日，班班可考，難以一人手掩盡天下之目也。於是爲定冬至加減之説以加之。加之而仍後天也，於是又爲本輪、均輪半徑古大今小之説以加之。加之而仍後天也，詞循而窮，則直斷以爲史誤。毋乃如公孫龍之言「臧三耳」，甚難而實非乎！

天道至大，非一時一人之術所能御。日月五星之行，皆有盈縮，古人早知之矣，各立密率，以合天行。郭太史之垜積，新法之本輪、均輪、次輪，皆巧算，非真象也。約加減之數而假像，以爲立算之根。合則用之，小不合則增減之，大不合則棄之。本無輪也，何有於徑？本無徑也，何有于古大而今小？且夫兩輪半徑之數之減也，西人固疑其初測之未合而改之，非定以爲古多今小之率也。就如江説，兩半徑古大而今小，則仍是楊、郭百年消長之法。以矛陷盾，其何説之辭！夫以春分考歲實，較之兩冬至爲近，然小餘二四二一八七五者，回回之舊率，而地穀所用也。崇禎時嘗改爲二四二一八八六四矣，今則又改爲二四二三三四四二矣，只此百年之中西士已不能守其舊率，而江欲以地穀所用之數上考千載以前，謂必無消長也，有是理乎？本輪、均輪本是假像，今已置之不用，而别創橢圓之率，橢圓亦假像也，但使躔離交食推算與測驗相準，則言大小輪可，言橢圓亦可。然立法至今，未及百年，而其根已不可用，推陳出新如此，遠考可知，而江氏取其已棄之筌蹄爲終古之權度，其迂闊亦甚矣。

西士之術固有勝於中法者，習其術可也，習其術而爲所愚弄不可也。有一定之丈尺而後可以度物，有一定之衡石而後可以權物，今江所持以衡量者有一定乎？無一定乎？言平歲實則其數可多可少也，言最卑行則其行或遲或疾也，言輪徑差則假像而非真象也，以檠爲日而詆羲和，以錐指地而嗤章亥。持江氏之權度以適市必爲司市所撻矣。

向聞梅總憲不喜江説，疑其有意抑之。今讀其書，乃知循齋能承家學，識見非江所及。當今學貫天人者莫如足下，而獨推江無異辭，豈少習于江而特爲之延譽耶？抑更有術而解僕之惑耶？請再質之足下。

戴震《句股割圜記》

著録

清・周中孚《鄭堂讀書記》卷四五《子部六之下》 《句股割圜記》三卷。《算經十書》附刊本。國朝戴震撰。西法三角八線，即古之句股弧矢，自西學盛行，而古法轉昧。東原乃取梅勿庵所著《平三角舉要》《環中黍尺》三書之法，易以新名，飾以古義，作此三篇。篇各一卷，凡爲圖五十有五，爲術四十有九，記二千四百一十七字。因《周髀》首章之言，衍而極之，以備步算之大全，補六藝之逸簡。又慮習今者未能驟通乎古，乃附注今之平三角、弧三角法於下，以引申其義，較之《戴氏遺書》中《原象》僅存其記文者，此實爲定本矣。治經之士，能就斯記卒業，則凡疇人子弟所守，以及西國測量之長，胥可貫徹靡遺焉。前有歙縣吴思孝序。

清・劉鐸《若水齋古今算學書録》 象数第三

《句股割圓記》上中下卷。戴震。微波榭本、南昌梅氏重刊本、上海重刊本。

序跋

清・吴思孝《句股割圜記序》 句股割圜之書三卷，余友戴君東原所撰。戴君之於治經，分數大端，各究洞源委，步算其一也。余嘗謂：儒者仰不知天道，不可以通經，如命羲和爲堯典之端，首一啟卷，蓋已茫然。《詩・大雅》十月之交，鄭氏箋爲周正，虞劆推之在周幽王六年建酉之月，劉原甫乃云宜用夏正。春秋襄公二十一年二十四年，比月連書日食，推步家姜岌、一行皆言無比月頻食之理，楊士勛《穀粱傳疏》以爲疑古有之，而漢初高帝、文帝二十八年之閒比月日食者再，此經史不決之大疑，他端未易剖析者，遽數之不能終其物也。前六載余抄得《八綫表》者，稍稍究之，今夏初，戴君以所爲《句股割圜記》示余，讀其文辭，殆非秦漢已後書其於古今步算之大全，約以二千言，而盡可謂奇矣。戴君自識於終篇曰：因《周髀》首章之言衍而極之，然則《記》中立法稱名，一用古義，蓋若劉原甫之禮補亡欲踵古人傳記之後，體固不得不爾也。余獨慮習今者未能驟通古，乃附注今之平三角、弧三角法於下，又以治經之士能就斯記卒業，則凡疇人子弟所守以及西國測量之長，胥貫徹靡遺焉。是以併著之。乾隆二十三年，著雝攝提格壯月，歙吴思孝書於存存書屋。

清・戴震《句股割圜記・自識》 總三篇凡爲圖五十有五，爲術四十有九，記二千四百一十七字。因《周髀》首章之言，衍而極之，以備步算之大全，補六藝之逸簡。書成，實著雝攝提格之歲日在營室也。

清・孔繼涵《句股割圜記》卷上跋　此篇乃東原手書於蘂登洪二哥本上，其本乃乾隆二十三年吴氏所刻，與《五禮通考》所載同，蓋初脱藁本也。皆以第二圖爲第一圖，故須補此段，今既補第一圖則此爲羨矣。乾隆戊戌中狀日，飲以玉□□待月至三鼓，□□競天，□流月影，歸而記此。孔繼涵。

戴震《割圜弧矢補論》

序跋

清・戴震《割圜弧矢補論・自序》　古九數方田算弧矢形，有矢弦求徑之術：弦(拆)[折]半自乘矢除之，加矢爲圜徑。學者莫明其義出於句股。又弧矢求積，古今未有密灋可推，蓋圜之於方有一定之比例，弧矢於長方無一定之比例。余思之竟日，遂得其理。凡弧矢形，平截圜之半徑，體勢不齊，猶夫三角形之無直角，體勢不齊也。必求分圜之積，乃知弧矢積，猶三角必截之成句股也。就矢弦求其圜徑，猶夫就三角形求其截句股之懸綫也。形之有三角有弧矢者，以不齊齊天下之不齊，三角則有句股御之，弧矢則割圜御之，而句股割圜道通爲一，又以齊齊其不齊是用，著於篇。

戴震《方圜比例數表》

序跋

清・戴震《方圜比例數表・自序》　漢鄭康成注禮，凡計圜之周徑，用週三徑一，約其大致。此六觚之率，非圜率也。今算家圜率定於劉宋祖沖之，《隋書・律曆志》曰：「古之九數，圓周率三，圓徑率一。其術疎舛，宋末南徐州從事史祖沖之更開密灋，以圓徑一億爲一丈，圓周贏數三丈一尺四寸一分五釐九豪二秒七忽，朒數三丈一尺四寸一分五釐九豪二秒六忽，正數在贏朒二門之間。」今考古方田章，圜形以半徑乘半周得積，求積之術獨此最密，則祖氏所開密灋推得方圓之周徑積三者比例正數，列之爲表，檢表取數，可免操算之勞。聊以斯自便也。

戴震《策算》

著録

清・周中孚《鄭堂讀書記》卷四五《子部六之下》　《策算》一卷。戴氏遺書本。國朝戴震撰。東原稱以九九書於策，則盡乘除之用，是爲策算，因略取經史中資於算者，次成一卷，專爲乘除開方舉其例，俾治《九章算術》者首從事焉。蓋是書本爲《九章算術》而作，猶王輔嗣之作《易略例》，故孔體生刊《算經十書》，取以附《九章音義》之後，講《九章》者，必先從事於此而可哉。

清・劉鐸《若水齋古今算學書録》　象數第三

《策算》一卷。戴震。微波榭《算經十書》本，常熟屈氏重刊本。

序跋

清・戴震《策算・序》　《戴東原集》卷七。四部叢刊，景經韻樓本。

《漢書・律曆志》算灋用竹：「徑一分，長六寸，二百七十一枚而成六觚，爲一握。」古算之大略可考如是。其一枝謂之一算，亦謂之籌。梅福傳福上書曰：「臣聞齊桓之時，有目九九見者，所謂九九，蓋始一至九，因而九之，終於八十一。」《周髀算經》「商高曰：數之灋出於圓方，圓出於方，方出於矩，矩出於九九八十一」是也。以九九書於策，則盡乘除之用，是爲策算，策取可書，不曰籌而曰策，以別於古籌算，不使名稱相亂也。策列九位，位有上下，凡策或木，或竹，皆兩面，一與九、二與八、三與七、四與六共策，五之一面空之，爲空策，合五策而九九備，如是者十，各得十策，別用策一列，始一至九，各自乘，得方冪之數，爲開平方。策算法雖多，乘除盡之矣，開方亦除也，平方用廣，立方罕用，故策算專爲乘除開平方舉其例，略取經史中資於算者，次成一卷，俾治《九章算術》者首從事焉。乾隆甲子長至日，東原氏戴震序。

莊亨陽《莊氏算學》

著録

清・《清文獻通考》卷二二九《經籍考》 《莊氏算學》八卷。莊亨陽撰。亨陽字元仲，南靖人。康熙戊戌進士，官至淮徐海道。

清・永瑢《四庫全書總目》卷一〇七《子部一七》 《莊氏算學》八卷。福建巡撫採進本。國朝莊亨陽撰。亨陽字元仲，南靖人。康熙戊戌進士，官至淮徐海道。是編乃其自部曹由董河防於高深測量之宜，隨事推究，設問荅以窮其變，因筆之於書。其後人取其殘藁，裒輯成帙，中間大旨皆遵御製《數理精蘊》，而參以《幾何原本》《梅氏全書》，分條採摘，各加剖析，頗稱明顯。末爲七政步法，亦本之《新法算書》，而節取其要。其於推步之法，條目賅廣，縷列星羅，無不各有端緒。恭案：御製《數理精蘊》線、面、體三部，凡三十餘卷，《幾何原本》五卷、《梅氏全書》卷帙亦爲浩博，學算者非出自專門，不能驟窺蹊徑。今亨陽撮舉精要，別加薈萃，簡而不漏，括而不支，可爲入門之津筏。雖未能大有所發明，而以爲初學者啟蒙之資，則殊有裨益矣。

清・劉鐸《若水齋古今算學書録》 象數第三

《莊氏算學》八卷。莊亨陽。

又 《幾何原本舉要》一卷。莊亨陽。《莊氏算學》本。

顧長發《圍徑真旨》

著録

清・《清文獻通考》卷二二九《經籍考》 《圍徑真旨》，無卷數。顧長發撰。長發字君源，江蘇人。

清・永瑢《四庫全書總目》卷一〇八《子部一八》 《圍徑真旨》，無卷數。安徽巡撫採進本。國朝顧長發撰。長發字君源，江蘇人。是編因圜周、圜徑古無定率，有高捷者，翦紙爲積，補湊方圓，得窺梗概，而不得周數。長發因以爲徑一者週三一二五謂之智術，又謂甄鸞、劉徽、祖沖之、邢雲路、湯若望諸人所定周徑皆未密合。殊不知「圓出於方，方出於矩」傳自《周髀》，古人徑一圍三之術固疎，至劉、祖之輩，所推已近密。而湯若望之周徑定率，乃用內弦外切屢求句股之法，漸近圓周合成一線，與《周髀》所傳「圓出於方」之義暗合，所定徑一週三一四一五九六二五，自「六」以上又皆與劉、祖之密率合，是以御製《數理精蘊》採用之。今長發以爲猶疎，未免強生異議，不足據也。

清・劉鐸《若水齋古今算學書録》 象数第三

《圓徑真旨》一卷。顧長發。

屠文漪《九章録要》

著録

清・《清文獻通考》卷二二九《經籍考》 《九章録要》，十二卷。屠文漪撰。文漪字純洲，松江人。

清・永瑢《四庫全書總目》卷一〇六《子部一七》 《九章録要》，十二卷。浙江巡撫採進本。國朝屠文漪撰。文漪字蒓洲，松江人。其書因古《九章》之術，參以今法，與杜知耕所著《數學鑰》體例相似，而互有詳略疎密。知耕詳於方田，文漪則詳於句股；知耕論少廣備及形體，文漪推少廣則研及廉隅之辨；知耕參以西法，每於設問之下附著其理，文漪則採録梅文鼎諸書，推闡以盡其用。大致皆綴集今古之法以成書，而取捨各異。合而觀之，亦可以互相發明也。是書有借徵一條，專明借衰疊徵之術，爲知耕之所未及。考其所載，雖未極精密，然於借數之巧，固已得其大端矣。

清・劉鐸《若水齋古今算學書録》　象數第三

《九章録要》，十二卷。屠文漪。

清・丁仁《八千卷樓書目》卷一一《子部・天文算法類》　算書之屬

《九章録要》，十二卷。國朝屠文漪撰。抄本。

余熙《八線測表圖説》

著録

清・《清文獻通考》卷二二九《經籍考》　《八線測表圖説》，一卷。余熙撰。熙字晉齋，桐城人。

清・永瑢《四庫全書總目》卷一〇七《子部一七》　《八線測表圖説》，一卷。兩江總督採進本。國朝余熙撰。熙字晉齋，桐城人。是編欽遵御製《數理精蘊》，由句股和較、割圜八線、六宗、三要諸法，括爲圖説，以便初學之研究，大旨主於明淺易入，非别有新解也。

清・劉鐸《若水齋古今算學書録》　象数第三

《八線測表圖説》，一卷。余熙。

梅瑴成《赤水遺珍》《操縵卮言》

著録

清・丁仁《八千卷樓書目》卷一一《子部・天文算法類》　算書之屬

《赤水珍珠》，一卷。國朝梅瑴成撰。《曆算叢書》本。

又　《操縵卮言》，一卷。國朝梅瑴成撰。《曆算叢書》本。

《赤水遺珍》目録

梅瑴成《兼濟堂曆算書刊謬》

序跋

清・梅瑴成《兼濟堂曆算書刊謬引》　《兼濟堂曆算書》者，魏公荔彤所刻先大父之書也。

先大父著撰甚多，安溪相國李公撫畿時爲刻《三角舉要》等書計九種，校刻甚精，然其書板攜歸安溪，不得流通。厥後，方伯年公希堯約監司王公希舜、魏公荔彤同任剞劂之役，纔刻完《筆算》《方程論》數種，而年公被議以去，其事遂寢，而書板亦不知所在。然魏公雅好表彰絶學，曾許先人盡鐫所著，因從余弟玕成索取已刻諸稿數十種，付之梨棗，乃工未及竣而遭罷廢，尤患擾攘，雖勉强卒事，而訛舛所不免矣。裒計所刻幾二千篇，名之曰《兼濟堂纂刻梅先生曆算全書》，各卷之首並列魏某輯，「後學楊作枚學山訂補」。蓋楊君素好曆算之學，嘗往來余家，予曾屬魏公任以校對書名，凡例殆皆楊君所定也。惟是先大父嘗謂義理無窮，未有止境，隨時撰述，卷帙日增，名曰「叢書」，今曰「全書」，非先人本指也。且著作未刻尚多，兹刻未嘗全，此名之不可正者。又此書重刻者居其半，新刻者居其半，並無訂補處，而謬舛盈紙，蓋楊君未終局而去，故魏公序言校誤之客彈鋏他門，思訪專家就正，其不能無憾，情見(手)[乎]辭矣。今魏楊俱作古人，而書板又質他姓，不可得而修改，則傳訛沿誤，後學何賴焉？因彙集所辨別改正者，爲刊謬一書，另帙單行，俾觀覽原書者得以考，而魏公表彰絶學之盛心亦可以無憾矣。是爲引。乾隆四年歲次己未，宛陵梅瑴成撰。

梅瑴成《增删算法統宗》

著録

清·張之洞《書目答問·子部》 天文算法第七

《增删算法統宗》，十一卷。梅瑴成。

清·丁福保《算學書目提要》卷上 《增删算法統宗》，十一卷。明新安程大位原編，國朝梅瑴成增删。案：往古算籍，至勝朝散佚略盡，惟程氏《統宗》，捜輯舊術，頗爲詳備，然語多支離，不便初學。宣城梅氏以爲河圖洛書，無關算術，衍數推孕，尤爲遊戲，概從删汰，洵爲卓識。其書仍以九章分類，殿以難題，其差譌，增其缺略，一經斧削，遂成完璧。

《增删算法統宗》目録

序跋

清·梅瑴成《增删算法統宗·叙》 算學書籍散佚略盡，今所有者，惟程大位汝思所集《統宗》一書，學者猶可得知九章名目。先徵君公曾著《九數存古》十卷，專爲發明九章，其書被友人借看，將稿本遺失。考《統宗》一書刻自明萬曆癸巳，歲久板多漶漫，若不加修整，將不可讀，而九章幾乎息矣。丁丑夏五，林泉多暇，因取其書重加校勘，删其繁蕪，補其缺遺，正其訛謬，增其註解，蓋汰去砂礫，精金乃見，名之曰《增删統宗》，録副選材，以付剞劂氏，庶以廣其傳焉。宣城柳下居士梅瑴成循齋甫識。

雜録

清・梅瑴成《增删算法統宗》凡例

一，原書首揭「河圖洛書」，以見數有本原似也，然圖書之大用在畫卦叙疇，凡陰陽術數之書，莫不援以爲重。今發明九章，毋庸效尤，故去之。

一，原書末載「算經源流」一篇，備載古今算學書目，雖書多不存，俾後學知古今從事於斯者不少，庶知所興起，其裨於算學甚鉅。今移置卷首，質名之曰「古今算學書目」，而以國朝算書目續焉。

一，上法退法，珠算之初基也，原書名上法曰九九八十一，而退法闕焉。今爲正上法之名，補退法，併增四柱法上退合用。

一，原書所載諸物輕重數，數皆不確，亦無用法。今存其原數，以見本來面目，而備載確數於後，並補用法，庶其數不爲徒設。

一，異乘同除，爲九章樞要，宜次乘除後，《統宗》殊簡略，故採《筆算》書語，以發其藴，西人三率法可以互相發明，亦並論之。

一，方田、少廣二章，方圓弧矢相求，皆徑一圍三、方五斜七之術，論者多病其疎，殊不知古人立法疎而不漏，傳之千古，不能出其範圍，如徽率、密率，亦不過從徑一圍三而推求使精，必不能别開生面，況徑一則圍三有餘，圍三則徑一不足，方五則斜七有餘，斜七則方五不足，書中亦屢言之，則程氏非不知而作者，要之，用法各有所宜，必欲用密率以御方田，竭數刻之力而成一算，所争不過跬步之間，力倍而功半，不亦迂闊而遠於事情哉，吾於此益歎前人之述作不可輕議也。

一，方田章算錢田之法，本之吴信民《九章比類》，本自不悞，乃孤峯馬傑自逞私智，用方束法以算方周，反以吴法爲非，並作詩詞極其詆毁，已爲可嗤，程氏既知其悞，乃備録其僞法鄙詞，連篇累牘，以資辨駁，復效尤作歌。殊覺繁冗可厭，故並削之。

一，開方定初商實，最關緊要，若實應用一位而悞用兩位，則商數既差。實一位者，初商可一、二、三，實二位者，初商可四至九，而通盤俱悞矣。故增設初商表，又爲分段之法，於每條下詳之。

一，商功章後載量木捆法，設例三條，末皆缺略，今悉爲補正。

一，均輸章載狐鵬法，係偶合不可通用，今爲改正。

一，方程一章，分款未清，法無畫一，沿訛襲誤，竟不可用，九章幾缺其一矣。先徵君作《論》六卷，立法詳備，約其法不過四端，曰和，曰較，曰和較兼用，曰和較交變，已盡方程之用，不問二色、三色，以至多色，其法盡同。今依先人之論。

明安圖《割圜密率捷法》

著録

清・張之洞《書目答問・子部》 天文算法第七

《割圜密率捷法》，四卷。明安圖。羅士琳校。天長岑氏刻本，觀我生室本。

清・劉鐸《若水齋古今算學書録》 象数第三

《割圜密率捷法》，四卷。明安圖撰。陳際新續成。《觀我生室彙稿》天長岑氏校刊本，今版存淮南書局。

清・丁仁《八千卷樓書目》卷一一《子部・天文算法類》 算書之屬

《割圜密率捷法》四卷。國朝明安圖撰。刊本。

《割圜密率捷法》目録

卷一　步法

圜徑求周　弧背求正弦　弧背求正矢　弧背求通弦　弧背求矢

通弦求弧背　正弦求弧背　正矢求弧背　矢求弧背　餘弧求正弦正矢　餘矢餘弦求本弧　借弧背求正弦餘弦　借正弦餘弦求弧背

卷二　用法

角度求八線二題　直線三角形邊角相求二題　弧線三角形邊角相求三題

卷三　法解上

分弧通弦率數求全弧通弦率數法解共八題　弧背求通弦法解　通弦求

弧背法解　弧背正弦相求法解
卷四　法解下
分弧正矢率數求全弧正矢率數法解共八題　弧背求正矢法解　正矢求弧背法解　弧矢相求法解　弧矢弦正餘互用法解　借弧背求正弦餘弦法解　借正弦餘弦求弧背法解

序跋

清·陳際新《割圜密率捷法序》　欽天監監正明静庵先生，自童年親受數學於聖祖仁皇帝，至老不倦。病革時，以遺稿一帙囑其季子景臻，命際新續而成之。曰：「此《割圜密率捷法》也，内圜徑求周、弧背求弦、求矢三法，本泰西杜氏德美所著，實古今所未有也。亟欲公諸同志，惜僅有其法而未詳其義，恐人有金針不度之疑。予積解有年，未能卒業，汝與同學者務續而成之，則予志也。」先生没，際新尋緒推究，質以平日所聞面授之言，遇有疑義，則與先生之季子景臻及門人張良亭相與討論，而良亭、景臻亦時同推步、校録，越數年，甲午始克成書。嗚呼！先生往矣，弟子所繼續者，既以未得正於先生爲歉，而又以先生未得親見是書之成爲痛也。先生之爲是解也，殆發其自得之義，不期而與作者相遇耳，非因其法而得其義者所可比也。故即謂爲先生之遺法也可。然先生之心，惟期千古之疑，釋於天下後世而已矣。至於法之立於人，立於己，皆所弗計也。乾隆甲午孟夏，受業陳際新謹序。

清·阮元《割圜密率捷法序》　昔元家藏鈔本《割圜捷法》一帙，不知爲何人之書，故《疇人傳》未載。今致仕，歸揚州，讀天長岑氏紹周所校刻《割圜密率捷法》四卷及甘泉羅氏茗香跋，始知是書爲滿洲明静庵先生撰于乾隆之時。蓋自八綫表成，推算有成數，而未發其理，墨守者誰復推其所以然？此書則以己意悟明其法，任求何邊之數，不過幾次乘除，一二時即可得之，真步天捷法也。羅氏又欲補撰《疇人傳》，叙述宋元以來精心求大圜而實事求是之人，於秦、李、朱、趙及本朝明、陳諸公，接補爲傳，使四元諸法學者得而習之，不其偉歟？夫大西洋人來於明末，乘諸古法失傳之時，所以有功於天學。迨及末流，多習天主邪教，惑誘爲害，所以命其回國，若使今之人益明古法，不但有所接續，且使西法不得擅爲秘術，庶幾中土之書，明明布列，步天之士，藹藹周行，是所望也。道光二十年正月，節性齋老人阮元序。

清·岑建功《割圜密率捷法》緣起　割圜，古法也。圜不割，則無由知圜之周。自魏劉徽注《九章算術》，以勾股術用圜内六邊形起算，從其六觚之環，即爲徑一周三之古率，由是而弧矢之術生焉。元趙友欽《革象新書》用圜内四邊形起算，由是而西人之六宗、三要、二簡法生焉。元郭邢臺《授時草》立天元一求弧矢，猶仍古率徑一周三，不知周三者舉成數，約而言之也。《九章》少廣注載漢張衡率，圜周冪五方周冪八，此與宋秦九韶《數學九章》環田三積術謂以徑冪進位爲實開方爲圜周率同。又《九章》方田注載劉歆率：徑一千二百五十，周三千九百二十七。注載王莽銅斛云云，未詳誰氏之率，兹據《隋志》定此爲歆率。劉徽率：徑五十，周一百五十七。吴王蕃率：徑四十五，周一百四十二。迨劉宋南徐州從事祖沖之，更開密率，以圜徑一億爲一丈，圜周盈數三丈一尺四寸一分五釐九毫二秒七忽，朒數三丈一尺四寸一分五釐九毫二秒六忽，正數在盈朒之間。於是定徑一百一十三周，三百五十五，爲密率。又定徑七，周二十二，爲約率。後世因之。斯爲最密。外此，如明陳藎謨太極率：徑一，周三一五二五。邢雲路率：徑一，周三一二六。又三才奇率：徑一，周三一二一三二〇三四。邢氏二率，前率見《疇人傳》，後三才奇率見《古今律曆考》。方以智《通雅》載，徑十七，周五十二。康熙朝袁士龍智術與顧長發率同，爲徑一，周三一二五。或失之少，或失之多，皆不逮祖氏率。厥後，西士亞奇默德作圜書三題，其第二題，定周三倍徑又七十之十則朒，周三倍徑又七十一之十則盈。以數考之，朒率即祖氏之約率，約率本大於密率，而盈率更小於密率八千二十三分之六。唯利瑪竇等用内容外切諸術，屢求勾股，割之又割，内外相課，定爲徑一，周三一四一五九二六五三五八九七九三二三八四，以之立表，求八線，理密數繁，然入算必資乎表。曩讀梅文穆公《赤水遺珍》載杜氏德美有不須開方秖立乘除之數求周徑密率，及正弦、正矢捷法，特未詳立法之根，學者恒苦莫抉其旨。監正明静庵先生既其弟子陳舜五先生，因杜氏圜徑求周，及弧求弦矢三術，推廣引伸，更補成弦矢求弧六術，使環轉相生，術無賸義，詳加圖解，著爲是書。聞爲某氏所秘，未經刊布。汪孝嬰廣文初甚詆斥杜術爲巧合，繼見是書，始翻然改悔，見《衡齋算學》第三册洎第六册中。陽湖董孝廉亦因未見是書，用垛積釋連比例，爲《割圜圖解》，載在《方立遺書》。建功竊以爲，方今算學昌明，凡天元、四元、以及大衍求一諸術，皆次第復彰於世，何可使是書復湮？閒與吾友羅子茗香述及此事，茗香以舊鈔本見示，據云係從戴大寇簡恪公家藏原本影鈔，因亟假録其副，算校付梓，以公同好。伏思是書于割圜之理推闡無遺，尤可舍表徑求八線，朱小梁觀察曾據術求得四十位周徑率，爲徑一周三一四一五九二六五三五八九七九三二三八四六二六四三一八六三六七四七二二七九五一四小餘七一五一九，與割圜本法所求者合。蓋推其原，先設十百千萬諸分弧，如本法乘除之，以求合於弦之二十四分、八十分、百六十八分、矢之十二分、三十分、五十六分諸數，俾弧矢奇耦率可互通。向之莫抉其旨者，一旦豁然。是誠術之至精，且捷者也。其謄寫魯魚，算式舛錯，悉爲校正，閒有隱晦，難於布算，亦各加案詳釋。刻既竣，爲述其緣起如此。時道光己亥孟秋既望，天長岑建功紹周氏識。

清・羅士琳《割圜密率捷法跋》 《割圜密率捷法》四卷，首卷步法，次卷用法，其第三、第四兩卷則法解，分上下也。是書乃乾隆中監正明静庵先生所著，未竟緒，其門人陳舜五先生續成之。陳序謂：静庵先生病革時，以遺稿見授，又謂「遇有疑義，則與先生之季子景臻及門人張良亭相與討論。而良亭、景臻亦時同推步、校録，越數年，甲午始克成書。」案：静庵先生，名明安圖，奉天正白旗生員。其季子景臻，名明新。門人張良亭，名肱，吾郡寶應人，後官農部主政。陳則宛平生員，祖貫八閩，後官靈臺郎，舜五其號也。甲午爲乾隆三十九年，陳又謂，計其次第相求，以至成書，約三十餘年。見本書卷三弧矢弦相求法解。然則是書刱始于乾隆之初。當乾隆壬午癸未間，距甲午之前僅十年耳。先生猶官監正，張甫博士，陳與景臻均食俸生。其時老成具在，山東新城齊東野先生克昌，以員外郎留監副任，外夷三進士，如熱爾瑪尼亞國劉喬年先生松齡，以監正食三品俸，同國鮑義人先生友管，官左副，波爾都噶俚亞國傅清臣先生作霖，以右副食三品俸。外此，四方俊傑，通籍在監者，更復不少，誠極一時之盛。宜乎下位之賢，得以紹承師盇，其著述幼冥有如此。士琳鄉讀《衡齋算學》，兼聞亡友董方立言知，有是書久矣。道光初元，忝厠靈臺，徧訪同人，迄無知者。嗣從吾師戴簡恪公家影鈔原本，因得盡發其蒙。竊惟割圜肇自《九章》，《大測》生于八線。舊傳弧背求矢，濫觴已久，然非密率。自西士入中土，設「六宗」、「三要」諸術，爲割圜八線起算，法始大備。「六宗」者，圜內容三邊、四邊、五邊、六邊、十邊、十五邊是已；「三要」者，以正弦求餘弦，以本弧正餘弦求倍弧、半弧正餘弦是已。復又推廣之，用益實歸除及益實兼減實歸除，增求圜內容十四邊、十八邊與夫三分之一通弦。于是最小者爲五分之弦，其自一分至四分之弦，則中比例求之，特取數紆回，不能隨度以求弦、矢，故非表無以濟算。杜氏原法雖捷，但僅傳其術，未闡厥旨，且秖能以弧求弦、矢。是書既補成弦、矢求弧諸術，更爲圖說、法解，以明立術之原。亡友董子初得九術，因其乘除諸母數有合于垛積招差，譔《割圜連比例術圖解》上、中、下三卷，以垛積解其術之當然，而于術之所以然則闕如焉。孰若是書，三隅悉反，一貫胥通，數不必符乎「六宗」，法不必依乎「三要」，而弧與弦矢彼此互求，得之頃刻，可謂愈精、愈簡矣。說者謂「西法遠遜中法」，此蓋本吾鄉阮太保相國《疇人傳》利瑪竇「論」：「吾中土之法之精微深妙，有非西人所能及者」一語。誠以中法由理得數，「形上」之謂也；西法由器得數，「形下」之謂也。算自明季寖疏，禮失求野，采及遠人。近年中法盛行，唐宋以來諸算書悉皆佚而復顯。由是得證，彼之中比例，即古今有術；彼之益實歸除及益實兼減實歸除，即古正負開方術；彼之借根方，即古立天元一術。名異實同，初非西人所獨刱。且彼之割圜，仍不外屢求句股，究亦本諸中法。以故中學興而西人退。然西法亦有不可没者，如弧矢八線以密率圜周爲用，列表既便，測圜較確。復因八線積數太多，乘除匪易，設連比例求對數，以加減代乘除，爲用尤捷。斯二者，術之最善者也，故至今並重于世。是書屏卻屢求句股舊法，亦設連比例術，弦取耦率，矢取奇率，別刱乘除諸母，寓中法之理于西法之中。士琳曾據術推演，其得數與表無異，因之互校八線對數，得表中列數刊錯者凡五條：其一度十三分二十秒正切，當爲八三二九〇九三四二四九，原表八三二九一九三四二四九。六度四十一分十秒正弦，當爲九〇六六〇六四八三二二，原表九〇六六六四八三二二。十二度五十分正弦，當爲九三四六五七九四一一七，原表前頁不錯，後頁九三四六五五九四一一七。十六度三十二分十秒正切，當爲九四七二六〇九〇〇〇〇，原表九四七二六〇〇〇〇〇〇。四十二度三十二分四十秒正切，當爲九九六二七二八七五六〇，原表九九六二七二八七四六〇。是此書不獨可舍表以求八線，且可據八線以覈表中刊刻之誤，交相成而迭爲用，輔益是資，洵割圜不易之金鍼。其視八線表也，宜益加珍重，又安得目爲西法而忽之邪？石梁岑君請以刊布，原鈔本算式謄寫錯亂，因與排比整齊，並囑岑君算校加案，及其刻成，而爲詳考，志之，以補《疇人傳》之闕云。道光己亥秋中，甘泉羅士琳茗香氏跋。

屈曾發《九數通考》

著録

清・劉錦藻《清續文獻通考》卷二七四《經籍考十八》 《九數通考》，十三卷。屈曾發撰。曾發字省園，江蘇常熟人。乾隆庚申舉人。

清・周中孚《鄭堂讀書記》卷四五《子部六之下》 《九數通考》，十三卷。豫簪堂刊本。國朝屈曾發撰。曾發字省園，常熟人。謹案：御制《數理精蘊》，以線、面、體分部，《九章》之義包括無遺，精深浩博，非初學所能驟窺，且薄海内外，窮儒寒畯，又未獲悉覩全書。省園乃撰是編，一折衷於《數理精蘊》，因專爲學算而設，故仍以《九章》分卷，俾學者知九數之名義。其書卷首乃「圖書爲數學之原説」、「黄鐘爲萬事根本説」、「《周髀》經解」、「《幾何原本》節録」，卷一爲詳訣説法，卷二至卷十爲九章，卷十一爲三角形法，卷末爲比例規解。凡圖則細列，説則詳著，條理分明，本末昭晰。用算之法，迎刃而解，學者果能精思熟玩，觸類引伸，即以窮天下之變不難矣。是以戴東原震序稱：是編之古算法，猶《説文》之後不可無《玉篇》《廣韻》。以今之詳廣古之略，以今之逐事加密盡抉古之奥云。前又有乾隆壬辰自序、例言。

清・張之洞《書目答問・子部》 天文算法第七

《九數通考》，十三卷。屈曾發。乾隆癸巳刻本，同治十年廣州學海堂重刻本。原名《數學精詳》。

清・丁福保《算學書目提要》卷下 《九數通考》，十三卷。常熟屈曾發撰。

案：是書卷首即《數理精蘊》上編節本，卷二至卷十皆九章，卷十一三角八綫，卷末比例規解，俱從《數理精蘊》録出，鈔襲舊法，無甚心得，然卷帙不多，立説頗簡，較諸徐朝俊之《高厚蒙求》、張作楠之《翠微山房［算學］》，夐乎遠矣，故學者咸寶之。商功章築隄題，術謬，答數當作二萬三千一百三十六。

清・丁仁《八千卷樓書目》卷一一《子部・天文算法類》 算書之屬

《九數通考》，十二卷。國朝屈曾發撰。刊本。

清・劉鐸《若水齋古今算學書録》 象數第三

《九數通考》，十二卷。屈曾發。乾隆年刊本，學海堂重刊本，廣州重刊本，上海重刊本，石印縮本。原名《數學精詳》，戴震改名《九數通考》。

《九數通考》目録

卷首　圖書爲數學之原　總説　洛書加減四法　洛書乘除十六法　洛書積方圖説五　洛書句股圖　圖書合一諸圖説一十三　黄鐘爲萬事根本　總説　黄鐘生度　黄鐘生量黄鐘生衡　諸物輕重率　各面體比例定率　周髀經解　幾何原本節録　計七十五條

卷一　九章名義　算學提要　九九合數　九歸歌　分法實訣　定位訣　加減乘除總説　加減因歸各訣　乘法説　乘法訣　除法説　歸除訣　撞歸法　起一還原法　命分説　約分説　約分訣二題　通分説二條　互乘説　帶分加法四條　帶分減法五條　帶分乘法五條　帶分除法八條三題　通分訣　異乘同除説　異乘同除訣二題　同乘異除訣二題　異乘同乘法一題　異除同除法一題　同乘同除法三題

卷二　方田章第一

各面形總論　方求斜斜求方法一題　圓徑求周周求徑法二題　圓内容圓外切各等邊形求邊及積法十七題　丈量田地訣二十題　各體形總論　各體形求積法二十四題　球内容球外切各等面體求邊及積法十題　盤量倉窖訣十題　束法訣三題　堆垛法三題　堆垛訣四題　半堆訣一題　量木捆訣三題

卷三　粟布章第二

粟布訣五題　衡法訣　截兩爲斤訣十三題　煉礦成金銀法三題　傾煎論成色法四題　量算鹽堆訣一題　度法訣三題　官糧帶耗訣一題　就物抽分訣三題　衡法補遺二題

卷四　差分章第三

差分訣　四六差分法二題　二八差分法一題　三七差分法一題　遞折差分三題　加倍減半差分法三題　遞加遞減差分法五題　超位加減差分法三題　互和折半差分法四題　首尾互準差分法六題　合率差分十二題　匿價差分訣四題　貴賤差分訣五題　貴賤相和八題　借差互徵説九題　疊借互徵説五題

卷五　少廣章第四
平方説　平方認商訣八題　帶縱平方説　帶縱平方訣　長濶相差訣六題
減縱平方訣　長濶相和訣四題　各面形求邊周法二十四題　直田截積訣四題
圭田截積訣三題　梯田截積訣六題　圓形截弧矢法五題　環田截積訣一題　各
面形平分面積法五題　立方説　立方訣八題　帶縱較數立方説八題　帶縱和數
立方説六題　各體形求邊周法十四題　米求倉窖法三題　束法求邊周訣三題
一面堆求邊法三題　堆垛求廣縱法六題
卷六　商功章第五
穿地求堅壤訣一題　挑土計方訣一題　商功訣三題　築堤訣一題　築臺訣二題　築牆截高求今上廣訣二題　築牆截下廣求今高訣二題　方錐改方臺求截高訣一題　方臺改方錐求接高訣一題　行道遲速四題　商功分合比例二題
卷七　均輸章第六
均輸訣十八題
卷八　盈朒章第七
盈朒説　一盈一朒訣三題　兩盈兩朒訣二題　一盈一適足一朒一適足訣二題　通分一盈一朒訣一題　通分兩盈兩朒訣二題　通分盈適足朒適足訣二題
雙套一盈一朒法一題　雙套兩盈兩朒法一題　雙套盈適足朒適足法二題　雙套盈朒帶分法一題
卷九　方程章第八
方程説二條　方程設例四條　和數類　二色方程訣一題　三色方程訣一題
四色方程法一題　較數類二題　和較兼用類一題　和較交變類四題　帶分方程法七題　瓔珞方程法二題　重審方程法一題　斷續方程法一題　附法一題
卷十　句股章第九
句股説　句股名義　句股弦相求訣四題　句股形求中垂線法一題　句股形求内容方圓訣四題　較求句股弦總訣五題　和求句股弦總訣三題　句弦股較句弦股和總訣六題　較和求句股弦法二十八題　句股積與和較相求法十二題　正句股比例二題　句股測量　遥望木竿訣　窺望海島訣共八題　日影度高法二題
驗路程遠近法一題
卷十一　三角説七題　割圓説　割圓八線一題　六宗三要二簡法説　六宗八題　理分中末線法　按分作連比例四率法二條　三要四題　二簡法二題　八線相求法一題　求象限内各線總法　八線表　邊線角度相求説十三題　三角測量説十題
卷末　比例規解　平分線八題　分面線七題　更面線四題　分體線九題
更體線四題　五金線五題　分圓線五題　正弦線三題　正切線四題　正割線三題

序跋

清・屈曾發《九數通考・自序》　古者，九數列於六藝，掌於保氏，以教國子，故七十子之徒身通其術。秦漢而後，代不乏人，如洛下閎、張衡、劉焯、祖沖之輩，各有著述，號爲專家。唐宋設明經算學科，其書頒在學宫，令博士弟子肄習。誠以算雖小學，實格物致知之要務也。夫九章之術，用以齊七政，正五音，敬天授民，格神和人，以至同量衡、通食貨、便營作，莫不賴之以爲統紀。其爲道豈淺鮮哉！近世以來，學士文人以其無關進取，遂視爲賈人胥史之事，棄置，不復留心。而里塾教授，又僅抄因乘歸除歌訣及方田粟布數法，轉相傳習，問以九章名目，茫然不能舉對。良可慨已。曾自早歲遊心算學，間嘗采輯傳本，手自抄録，以備遺忘，然於按題立法之故，究未能通曉原委，洞悉其所以然。心嘗格而不化。己丑之春，因事入都，得聖祖仁皇帝《御製數理精藴》，伏而讀之，訂古今之同異，集中西之大成，蒐羅美備，剔抉奥微。平日之格而不化者，一旦涣然冰釋。且得開拓其心胸，增廣其聞見。因歎大聖人之製作，超出百代之上，而又惜薄海内外，窮儒寒畯，未獲悉覩全書。乃不揣固陋，舉曩時所輯，重加增改，一折衷於《數理精藴》，書凡十有三卷，名曰《九數通考》。學者誠取而習之，不特古者六藝教人之法可以得其旨趣，即我朝文軌大同，製作明備之休，亦藉以仰窺萬一矣。是爲序。乾隆壬辰季冬之月，虞山屈曾發識。

清・戴震《九數通考序》　余少時，讀《周官》經六書九數之目，因尋求漢永元中南閣祭酒許慎《説文解字》，以爲古小學賴是以存。而前此北平侯張蒼傳古《九章算術》，魏劉徽爲之註者，卒不可得，近有宣城梅氏撰《中西算學通》，獨《九數存古》有録無書。蓋唐宋立之學官，所謂《算經十書》，厪厪《周髀》有全文，梅氏所論述，《周髀》而外，絶不見徵引。是以意欲存古而未能歟。常熟屈君省園嗜古，好深湛之思，於書靡不披覽，尤加意實學，俾足以致用。既撰萬言《肆雅》爲識字津涉，其治算數也，妙盡其能，亦兼中西而會通之，乃舉而分隸九章，則又梅氏所志焉，未逮也。古者，九數司徒掌之，以教萬民，保氏掌之，以教國子，與五禮、六樂、五射、五馭、六書之倫，合而謂之道藝。夫德行以爲體，道藝以爲之用。是故，司諫巡問民間，則以時書其德行道藝，辨其能，而可任於國事者，由是言之，士有國事之責，期在體用賅備有如是。今屈君將出，爲國家分理斯民，凡用之於官，施之爲教，淵乎其有本也。君以是編屬余撰序。余曰：昔鄭康成氏遊於馬季長之門，三年不得親相質問，季長集諸生考論圖緯，因疑於算，聞其能，乃召見之樓上。漢晉間達人學士，若張衡、王粲、闞康之高允，咸稱明算，且於此學各有論著。今屈君所爲書，信足以補道藝中一事矣。適朝廷開館，纂《四庫全書》，《九章算經》於是逸而復出，而以是編者方之古算經，猶《説文》之後不可無《玉篇》《廣韻》，以今之詳，廣古之略，以今之逐事加密，盡抉古之奥，其在是歟，其在是歟。乾隆癸巳，日在箕初，休寧戴震謹序。

清・潘欲仁《重刊九數通考引》 數學之書已簡則患疏，已繁則苦眩。吾邑屈君省園《九數通考》一書，卷帙不繁，諸法畧備，洵善本也。粤匪之亂，版亡，賊既平，大憲力圖善後。凡規畫輿圖，清理田賦，營造城郭，開浚河渠，修治廟宇衙署，度基址，程土物，量工計日，一一需九數，於是大崇數學。學者皆愛是書之簡易而詳備也，求者日衆，而印本罕存。其從元孫承榦，訪諸窮鄉僻壤，得其版十五六，而補刊其所闕，以存手澤，以應求者。時同治壬申仲夏，後進潘欲仁謹識序。

清・伍仲贊《數學精詳跋》 常熟屈省園所著算書，原名《數學精詳》，戴東原氏爲之序，且改名《九數通考》。此書大有功於學算者，流布海内久矣。自兵燹之後，粤中書肆遂無其書。仲贊所藏舊本，乃未改爲《九數通考》者，且未有戴氏序，此屈氏初印之書也。竊欲更爲流布，乃送學海堂覆刻之，並録《九數通考》載氏序，刻於卷首。任校讐者，南海孔君繼潘、鄒君仲庸、鏡淵三君，皆精算學，算得其誤數條，雖仍而不改，然不可不記也。卷二，圓徑一尺二寸，外切七等邊形，每一邊「五寸二分六毫六絲」，當作「五寸七分七釐八毫八絲」。又圓田徑八步，税「二分九毫四絲三忽九微五纖七沙又三分沙之二」，「七沙」當作「一沙」，「三分之二」當作「〇二一」。卷五，「三角田三面各一十四步，平分作三段」，其小注云「二步二釐一毫一絲」，當作「二步二釐六絲五忽」，且所用鈍角三角形求中垂線法，亦誤，此乃直角三角形，當用勾股求中垂線法。卷十，有勾八尺，股十五尺，弦十七尺，求各容圓全徑，當作半徑。此皆偶誤。卷二「環田外週一百八十步，内周九十步，徑十五步」，卷五「環田外周七十二步，内週二十四步，徑八步」，此皆用古率，當改作用密率。至卷四「狐一頭九尾，鵬一尾九頭」，以頭尾相減餘爲二物共數，此本於《算法統宗》，乃偶合之數，梅文穆公《赤水遺珍》已辨之，可不疊述。原著之圖亦稍有誤者，此當日刻工之誤，今已改正矣。自今以往，學算者皆得讀此書，於算學豈曰小補哉。同治十年七月，順德伍仲贊跋。

雜録

清・屈曾發《九數通考》例言 謹按：《御製數理精蘊》，以線、面、體分部，九章之義，包括無遺，精深浩博，非初學所能驟窺，茲編專爲學算而輯，故仍以九章分卷，俾學者知九數之名義。

近代算書流傳者少，坊間所刻程氏《統宗》，號爲善本，而平方、立方定位未經指明，平圓、立圓比例未能密合。又或僅傳其法，而弗申其解，習者未能了然於心手間也。伏讀《數理精蘊》，條理分明，本末昭晰，始若發蒙。茲編分類輯録，中西一貫，迥非向來傳本所及。

《數理精蘊》所載設如各題，大約舊傳者十之五，新增者十之四，舊題而用新法者十之一。茲編限於卷帙，未能悉登，每種僅列一題，間有一題而備數法者，所以明算法殊塗同歸之趣也。

算學理數，非圖不顯，非説不明。茲編圖則細列，説則詳著，庶幾理數既明，而所以用算之法，亦迎刃而解。學者果能精思熟玩，觸類引伸，即以窮天下之變不難矣。

舊本各種歌訣，便於學者記習。茲編仍舊俱載，間有隱晦舛誤之處，重加删潤改正，俾讀者一覽了然。

九章設如，坊本混淆雜出。茲編畛分條貫，皆有理義，細玩自見，非好爲更張也。

難題昉於劉氏《通明算法》，嗣後，吴氏《比類》、程氏《統宗》，遞相纂集。然其法皆不離乎《九章》。明其法，而善用之題，雖難無難也。故分輯於各條之中，不另標出。

數理本原，肇於圖書，度量權衡，根於黄鐘。《周髀》爲算書之祖，《幾何》乃西法之宗，學算而不講求，非先河後海之旨也。故弁於卷首。竊比《數理精蘊》之上編，所以立綱明體云爾。

方五斜七、週三徑一、正六面七諸說，皆舉大概以立言，非可定率以立算。向來刻本皆據此爲問答，鶻突了事。安所得真數而求之乎？

《數理精蘊》所載諸物輕重、面體比例，皆有定率，求之不爽毫釐。今彙輯卷首，以便檢閱。

坊本開卷，多載因乘歸除自一至九之設如，以爲初學入門。茲編不載，非畧也，諸法業已散見各條，細玩自可得其端緒。若初學者無從入手，只消以自一至九之數，挨列於盤，另以自一至九之數各爲法，以漸習之可耳。

各面形求積爲丈量田地之原，各體形求積爲盤量倉窖之原，各面形求邊周爲分田截積之原，各體形求邊周爲米求倉窖之原。坊本於「方田」章僅載量田盤倉諸法，「少廣」章僅載截田求倉諸法，是求末而遺本也。茲編於此二章輯録獨詳，亦欲共探其本耳。

割圓之法，屢求句股，相傳已久。西法又有八線六宗三要等說，而圓度内外諸線相求之法始備。坊本皆闕而不載，非通儒之見也。茲編另爲一卷，附於九章之後，庶明於三角之法，乃得爲算學之全云。若夫弧三角算，係造曆者專家之業，故未編入。

《數理精蘊》後載借根借方之法，以假數求真數，有對數比例之法，以加減代乘除，皆西人用算之捷徑。因卷帙浩繁，未能悉載。惟比例規一法，既可以尺代算，而於畫圖製器，尤所必需，故另輯末卷，以備參考。至於外間所傳籌算、筆算等法，雖不學可也。

《數理精蘊》命位，皆以筆記，故有作〇作之號。茲編從俗所便，概用珠盤，中間立說，不無小異，然說雖殊而理與法則仍一也。

是編所輯，大要本於《數理精蘊》，其間歌訣雜法，兼採舊本。他如河洛圖說，則本《周易》折衷。方程設例，則參《梅氏全書》。不敢忘其所自也。

博啟《勾股形内容三事和較》

著録

《勾股形内容三事和較》目録

總論

總圖

方邊中垂線合圖說　圓徑中垂線合圖說　方邊圓徑合圖說　三事和較全圖說　解略篇四則

等積形說八圖

六十題總目

前法十

中法三十八

後法十二

繪圖分數

序跋

清·博啟《勾股形内容三事和較·序》 《周髀》經云：「折矩以爲勾廣三，股修四，徑隅五」。解曰：此乃天地自然生成正分。故《易》云：三天兩地而倚數，天數一，三之則爲三；地數二，兩之則爲四；三二合之則爲五，乃天地人之定數，爲勾股弦之正義也。是以《數理精蘊》立勾股相求之法三：一爲勾、股、弦互相求；一爲勾、股、弦和較相求；一爲勾股形内容中垂線、方、圓等形。夫互相求者，乃勾、股求弦，或股、弦求勾，或勾、弦求股，是用勾、股、弦之整數，知其二以求其一也。而和、較相求者，乃勾、股、弦三線互相和、較以求之，但知和較之二數以求勾、股、弦也。至内容中垂線、方、圓等形，止以勾股形求其三線而已，似於中垂線、圓徑、方邊之義有未盡焉耳。故近有以此三線亦作互相求而得勾、股、弦者。因思圓以法天，方以法地，中以法人，是圓徑、方邊、中垂線實天、地、人之象形也，何異于勾、股、弦哉？今既可以此三線作互相求而得勾、股、弦，又豈不可以作和、較相求而得勾、股、弦乎？啟幼入算學，酷好勾股，歷經三十餘年粗通其意，故不揣冒昧，謹依勾股弦和、較相求之式，擬成內容方邊、圓徑、中垂線和、較相求六十題。即名曰《勾股形內容三事和較》，以奉高明者校證焉。乾隆四十八年歲次癸卯仲伙，繪亭博啟撰。

孔繼涵《同度記》

著録

劉鐸《若水齋古今算學書録》　象數第三

《同度記》一卷。孔繼涵。自箸《紅櫚書屋集》本、《文選樓叢書》本、《積學齋叢書》本。

序跋

清・孔繼涵《同度記・叙》

《虞書》曰：「同律度量衡。」夫律，何以能同度量衡也？蓋物生而後有象，象而後有數。律也者，其象也。律也者，陰吕陽律也。數也者，九九八十一也。九九八十一出於圓方，圓方出於陰陽。陽象圜而數奇，陰象方而數偶。圜數多奇，方數多偶。故律者，起數之事，而非所以成數。乃樂尺九寸，夫九寸非尺，而何以謂之尺？推律者假以便度，後人遂假以名律耳。故起數者，律之事也；成數者，度量衡之事也。故律之數以九，而度量衡之數以十。《易》云：「天一生水，而地六成之。」「生」其起數之謂（與）[歟]？「成」其成數之謂（與）[歟]？所以算法一握而成六觚，一握立圜周之率，六觚立圜徑之率。有周、有徑、有觚，而圜方奇衺之數畢舉矣。然則何以同度名所記不及於樂？而尺斛秤爲民生所日需。《論》云：「謹權量，審法度。」蓋亦審度以修權量，三者修而四方之政行。以日用飲食民生不越是也。政以宜民，何他求哉。爲《經準》四篇。上篇以經之釜、經之溢、漢之粟米法興鎰之重，起尺、斛、秤之端。中篇準量，下篇準權，而以表終焉。曰總篇。不敢辭璅冘，俾治經之際因是以求，庶省步算之勞，而有志漢學者，或有餘規焉。其細草則則秀才齊復斌重推，惜其日力，遂坿於下。乾隆辛丑庚寅閏五，闕里孔繼涵。

王元啟《句股衍》

著録

清・張之洞《書目答問・子部》　天文算法第七

王元啟《句股衍甲集》三卷、《乙集》二卷、《丙集》四卷。未刊。

清・劉鐸《若水齋古今算學書録》　象數第三

《句股衍》甲集三卷、乙集一卷、丙集四卷。王元啟。未刊。

序跋

清・王元啟《句股衍・總序》王元啓《祇平居士集》卷八

句股弦相求之法，參以和較，得七十八則。立表測量，又得求高、求深、求遠三則，重表亦然。求句股中函之數，則又有冪積之數，容員、容方及容縱方之數，彼此相求，又得二十三則，由句股推之，以至不成句股之形，亦可化而爲句股，此中裁截之法，猶不與焉。其術亦繁矣哉。舊算書簡略不備者，無論詳者，復錯雜無緒，而於疑難諸法，往往取逕太迂，運思太拙，閱之反亂人意。嘗試意爲區別，使各以類從，定爲相求法百有八則，録諸別紙，擬於暇時依次研求，創爲新法，以曉學者。多事卒卒未能。甲申秋仲，病卧重華書院，一切筆墨之緣都絶，思理前緒，遂得一一盡通其故。其中運思佈算時，比舊法爲直捷，而舊法亦不敢没，則附見焉，以資參考。至以中函積數與弦之所和、所較相求同，而得勾股弦之正數，其法爲舊算書所不載，今亦竊擬一法，以附於後。又別創截弦分兩及補句求股、補股求句二法，以該西術三角之算，使學者知《周髀》一經於術無所不該，後人淺爲涉獵，不能旁推交通，以盡其變，故使西術得出而争勝，其實西術亦本《周髀》，不能越其範圍之外也。書成，總凡百十四則，名之曰《句股衍》，使從遊之士録而傳之，雖無關窮理之大要，以之啟誘童蒙，亦未必非小學之一助云。

又《句股衍・後序》王元啓《祇平居士集》卷八　莊子言：朱萍漫學屠龍於支離益，殫千金之家，三年技成，而無所用其巧。余向讀《周髀》經，得悟《大學》絜矩之義，而絜矩之方，不外於比例相求，因欲撰《周髀矩例》一書，人事紛擾，卒卒未遑。後於重華書院病中，撰得句股相求法百十有四則。自來算術諸書，竊謂莫有備於是者。兹晨檢理舊篋，得序稿一篇。念昔嘗瘁心於是，不忍遽棄，因爲録諸別紙，將以質諸斯世覃思之士，雖然，技成矣，亦復何所用之。當與萍漫屠龍共貽笑於莊叟耳。

藝文

清・王元啟《與沈鷗江論勾股書》王元啓《祇平居士集》卷一五　來諭索弟新著算術。既乏抄，胥又稿本塗乙處多，非明於此術者，傳寫必多舛戾，故不能奉寄，恐虛來意。輒就勾股一門撮其大要，略爲足下陳之。

欲求勾股，必先學開方法。方有正方、縱方之異。縱方則以修廣之和較數開之。其次則求四率比例。有三率求四率之法，有二率求三率之法，又有一率求三率之法，知此即可以求勾、股、弦各無零數之法。以三率之中率爲主，倍中率爲股，首、末二率相減爲勾，相加爲弦。依此衍之，得勾股略例十數則。然後以勾、股、弦爲正數，兩數相加爲和數，相減爲較數。又有弦與勾股三數加減之和較數；三數相加減，弟名之爲「兼三和較」。凡正數、和數、較數各三兼三和較數各二，共十三數。十三數中，隨舉兩數，即可求勾股全數。凡得相求法七十八則，與中函積數相求，又得一十六則，統凡九十四則。而其中容方、容員、及截弦分兩；與夫立表測量，又有單表、重表之法，猶不與焉。蓋其法亦繁矣哉。

今取相求法九十四則，分十二目，今又增衍至百三十二則，臚叙別紙，呈覽，庶幾所謂智者觀其彖詞，則思過半矣。其次則求截弦分兩之法，是爲一勾股分兩勾股之術。一勾股分兩勾股，即可以知不成勾股，亦可以分兩勾股不成勾股，分兩勾股即西法三角算之所由名。弟則總以勾股該之。其法：取大小兩勾股形，小股與勾同數者，合爲一形，即爲不成勾股之形，分之爲兩，則所謂中垂線者，即小矩之股，大矩之勾，以此衍之，又得不成勾股略例二十餘則，於此求之，又得合形分兩、削形求全二法。合形分兩，則有正合形截隅分兩、反合形截中分兩、偏合形截邊分兩之法；削形求全，則有削去正矩、削去偏矩之殊。偏矩中又有淺削、深削之分。知此則平勾股之學盡此矣。平勾股外，尚有弧勾股法，更非一時筆舌所能盡，姑俟異日奉白可耳。凡此雖本舊法，而分條析目，及入手前後之次，悉出弟之新意，其標題名目及運思佈算，多有不循其舊，自以臆定者，更有舊法所不設，而以意補入者，惜無暇編次成書，用開後學。承下問諄諄，數千里手書遠及，不敢不獻其愚，其他非相見不能盡。

又王元啓《與陸朗夫書》王元啓《祇平居士集》卷二〇　首正無事，偶撿篋中舊著《勾股衍》一書，念嘗覃思於此，而兒輩皆不通數學，無能代爲繕録，恐遂成廢棄，因覆加研覈，手自排纂，幾及十之六七。初亦不以爲煩，忽念諸條所論運思布算之由，須各繫圖説，乃能使覽者瞭如。因爲補繪數圖，既明衰視昏，又乏器具，心目交瘁，如是數日，而病矣。兒遂力加勸阻，將諸稿悉扃諸篋内，不復省顧。會得蒿庵弟子《職註解》一書，此書二十年前亦嘗手爲之註，特向幼孫取出，復有增補，雖無關於畜德之大，庶幾猶賢博弈云耳。敬録副本，呈教，幸不吝加攻錯之勞。再者，寒家舊藏管子書，已爲六丁取去，《朱子儀禮》《經傳通解》中載此，與之別三十年餘矣。倘蒙矜其闇陋，就《通解》中專撿此一帙，賜覽，俾得豁其迷蒙，或冀別有解悟，重加訂正，庶不至自誤、誤人，則仰受教誨之益更無窮矣。

何夢瑤《算迪》

著録

清・劉鐸《若水齋古今算學書録》　象數第三

《算迪》，十二卷。何夢瑤，《嶺南遺書》本，只八卷。

清・丁仁《八千卷樓書目》卷一一《子部・天文算法類》　算書之屬

《算迪》，八卷，國朝何夢瑶撰。《嶺南遺書》本。

《算迪》目録

序跋

清・何夢瑶《算迪・自序》　算學至國朝御製《數理精蘊》一書，至矣，極矣。蓋由我聖祖仁皇帝以天縱之聖，集中西之成，故能超千古，而獨隆亘萬世以垂法，非草茅愚陋所能仰窺萬一也。顧卷帙浩繁，難於購與讀，謹撮録要領，併舊纂《算迪》一册，合爲十二卷，以授學者，使便講習，擬名《精蘊輯略》，以參雜成書，非盡《精蘊》原文。不敢沿襲其名，以蹈不敬之愆，故仍名《算迪》，又恐見罪冒竊。爰叙簡首，以明鄙意焉。

清・江藩《算迪叙》　數學與推步之術，我朝咸推宣城梅氏。然所著之書，叢脞淩雜，始末不能明備。聖祖仁皇帝欽定《數理精蘊》及欽定《曆象考成》，窮方圓之微眇，薈中西之異同，伊古以來，未有此鴻寶钜典也。元和惠半農先生，仰鑽聖學，兼通樂律，督學粵東時，何君西池爲入室弟子，親受業焉。如松崖徵君，雖淹貫經史，博綜羣書，然於算數、測量，則略知大概而已。此乃余古農師之言也。何君之書，由梅氏之書而通之典學，筆算、籌算、表算、方程、句股、開方帶縱、幾何、借根方諸法，皆述梅氏之學，至於割圓之八線，六宗、三要、二簡及難題諸術，本之梅氏，而又闡《精蘊》《考成》之旨矣。近日爲此學者，知法之已然，不知立法之所以然，若何君可謂知立法之所以然者。豈人云亦云哉。藩昔年即知此書，嘉慶二十五年來粵東，訪求不可得。道光元年六月，曾文學勉士于友人處得之，吴孝廉石華將付剞劂，謂藩曰：「何君衍梅氏之義，似不及梅書之詳贍也。」答之曰：「是爲孤學，一知半解尚難，其人況中西之法無所不通耶。且寒士有志于九章八線之術者，力不能購欽定諸書，熟讀《算迪》亦可以思過半矣。」孝廉以爲然。江藩作。

清・伍崇曜《算迪・跋》 (右)《算迪》八卷，國朝何夢瑶報之撰。按先生事蹟，具見阮《通志》及《粤臺徵雅録》等書。其所著已刻者，有《匊芳園詩鈔》《莊子故》《賡和録》《制義焚餘》《醫碥》《婦痘嬰三科輯要》《傷寒論近言》《胡金竹梅花四體詩箋》《大沙古蹟詩》各種，未刻者有《匊芳園文鈔詩續鈔》《皇極經世易知》《紺山醫案》《針灸吹雲集》《方程論纂》《移橙閒話》《秋訇》《金錢隘紀聞》《羅浮夢》《煖金盒》《紫棉樓樂府》各種。國朝二百年來，粤人論撰之富，博極羣書，兼通藝術，無踰先生者。

《算迪》自序，亦見《匊芳園文集》，故阮《通志》《南海新志》藝文畧載焉。而與是書詳畧稍異，先生曾删訂《算法統宗》及輯梅定九、朱吟石兩家之書，共爲四卷，繼復鈔撮《數理精藴》得八卷，合爲一書，故共得十二卷。今是書祇八卷，而第一卷因、乘、併、減，祇録筆算、籌算數條，於珠算之乘除口訣、及定位諸法缺如，則必以舊纂四卷已詳言之。故不復贅。是此八卷爲續纂之本無疑。而序稱合爲十二卷，是復有舊纂四卷，方足原書卷數。殆未完之帙也。又卷二目録「方程」下註云「詳《方程論纂》卷三」，「測量」下註云「詳《三角舉要纂》」，是測量法亦原本所無，今既補入，亦應求《方程論纂》補入，而固不可得。特删去「詳《三角舉要纂》」六字，勿致兩歧。又「測量」下亦當有「句股測量」、「三角測量」兩子目，以原書如是，姑仍之。

是書爲曾勉士廣文影鈔藏本。廿年前與吴石華、廣文欲醵金付梓，囑江鄭堂上舍序焉，而終不果。舊借鈔存，爰囑鄒特夫茂才、譚玉生廣文校畢，壽之梨棗。聞先生遺書業多散失，舊纂四卷，殆不可問，俟購求之。

丙午長至後三日，後學伍崇曜謹跋。

梅沖《勾股淺述》

著録

清・劉鐸《若水齋古今算學書録》 象数第三

《句股淺述》一卷。梅沖。《青照樓叢書》本。

序跋

清・梅沖《勾股淺述・自序》 六藝以九數竝稱，而學者好言勾股，豈不以揆天度地爲用至神，而所以窮象數之變，其精解奥義原定，引察壬之思，而供尋味哉？先徵君著曆算書八十八種，於西法之秘爲神異者，皆通以勾股，而盡發其覆。故專言勾股者反畧，特《舉隅》一卷，少示數端而已。子少承庭訓，粗聞先人緒論，未能竟學。歲癸丑，從李雲門先生遊。先生詳加指示，稍得其門徑。因敬奉《御製數理精藴》言勾股者，反覆探索，依題集解，間參取他書，竝約其精要，輯爲一編，自備省覽。後陳明經勉甫問數學於(子)[予]，出以相示，既而精通三角八綫，於曆算學直深入閫奥。顧以此編爲佳，謂明淺易入，語簡而説備，慫恿付梓。(子)[予]曰：算書之弊有二，其一艱深其詞，李治所謂故爲溟涬黯黮，惟恐學者得窺彷彿，其心私也。其一不肯遵守(城)[成]法，自矜創獲，以别立新解，而反失其故步。兹編似倖免於此，然特集録舊説，爲之宣導竅會，以變從淺易，要僅屬鈔胥而已。且凡言算者，必前廣以九章，後深以三角，於欽若授時事有所發明，庶足見數學之大。予亦曾究觀六宗三要，於《御製曆象考成》上下二編及《後編》並採集圖説，以爲約本。而饑驅四方，未遑卒業。家學固未能稟承，要不敢以區區者自限也，而(子)[予]將使吾以此自見耶？陳子曰：此書少單行善本，吾但爲習勾股者計耳。因重加訂正，爲家塾引蒙之一助。題曰「淺述」，以惟淺乃可入深，用誌學步先人之意云爾。嘉慶二年，歲在丁巳，三月上旬，宣城梅沖自識，時寓於新安竹溪之石鼓硯齋。

清・曹自鋈《勾股淺述序》 數之名尊於圖書，數之實大於律曆。夫高托卦爻，推原河洛，奇偶積而運五行，著策備而當萬物。然而六九以紀陰陽，何與生成之德？五六以標中合，何資交泰之功？是雖三變七者圖而神，四變八者方以智，理别有在，數豈居名。至於鐘律之説，實因算數而彰。然而上生下生悉由天籟，損一益一務審母音。紀律以數，而黍尺莫定於羊頭，守數求音，而竹管難諧於鳳吹。是故孟堅多舛，元定仍疎，要在達聰，功非布算。況細雖極於空積忽微，明不過於乘除加減。有籍握觚之技，無關運策之精。斯知托理爲高，乃鯫生之陋，見倚律爲重，亦小學之卮言。聿惟羲和之曆象實爲隸首之正宗，致探賾索隱之能，極察紀揆天之術，殿九章，而獨貴開三角以居先，道有在焉。厥惟勾股，原夫商高有傳，甄鸞是述，注推趙爽，釋本淳風。通規矩之神明，詳併差之分合，朱與青既分冪積，黄與赤少辨端倪，皆言《周髀算經》。測量乃此中一事。《海島》初著於劉徽，重表累矩，運用斯神，三望四望，參稽必審，法益宣乎半矩，書本號曰《重差》。晉劉徽序《九章算術》云：凡望極高，測絶深，而兼知其遠者，必用重差。輒造《重差》，並爲注解，以究古人之意。綴於勾股之下。度高者重表，測深者累矩，孤離者三望，離而又旁求者四望。是其書本名重差，至唐初改題曰《海島算經》。張邱建之四問綦詳，《張邱建算經》三卷，有北周甄鸞註，其書皆設爲問答，十二問爲勾股測望，十三問爲勾股和較，十四問爲重勾股顛倒測望，十五問爲卧勾股。左右進退測望。王孝通之六術惟備，唐王孝通《緝古算經》一卷，有推勾股邊積互求者六術。至（鏡）［敬］齋之《海鏡》因圓象爲測圓，大衍術益申秦氏，借根方遠啟西人，斯與蘊之畢宣，實靈奇之獨擅。元李冶字（鏡）［敬］齋，撰《測圓海鏡》，以勾股容圓爲題，而多言立天元一。按：立天元一法，見於宋秦九韶《九章》大（術數）［衍術］中，厥後《授時草》及《四元玉鑑》等書，皆屢見之，而此書言之獨詳。明一代無解之者，至本朝西人進借根方法，梅文穆公始悟爲即立天元一。蓋流入西域，而彼人異其名也。於以見中法西法本互相發明，此書之關於數學也，大矣。若割圜之有製，尤大法所由昭，矢弧肇於郭公，元郭大史守敬有弧矢割圜法。割切傳於西土，西法有弦矢割切四綫，互爲正餘，名割圜八綫。要之，劉祖則六弧爲用，劉徽、祖沖之背以圜內六邊起數。友欽則四角是先，元趙友欽以圜內四邊起數。與夫求等邊而表六宗，割圜八綫表始目圜內容六邊、四邊、十邊、三邊、五邊、十五邊名曰六宗，蓋用圜徑求各等邊之一邊爲相當弧之通弦，以爲立法之原，故謂之宗。因本弧而爲三要，既得六種形之一邊，各半之，即得六種弧之各正弦。爰命此六種弧爲本弧，按法可求本弧之餘弦，可求倍本弧之正弦餘弦，亦可求半本弧之正弦餘弦，是爲三要。起數雖異，收效無殊。割圜之術，皆作勾股於圜內，其法不外是數者，所得數皆相合。惟成集古，今學兼中外，表既立於八綫，功乃大於九絃。西人以割圜八綫爲表，推步者用之最便。蓋西法不言勾股，因勾股而盡發其藏，古法足統幾何，得幾何而益昭其變，《幾何原本》乃西法之宗。觀夫鋭角鈍角之必歸直角，綫皆取於中長，大分小分之明，判兩分面則同於一股。至理分中末之神，爲圜內十邊之一，廣求立方之等面，並得諸體之相容，要惟連比例之相生，益彰正方角之至用，故立成於二千七百即象限而畧備其形，説皆見本書附論中。索解於十有二重，極斜弧而始窮其妙，算之深奥至弧三角而極，斜弧又其至奥也。然要皆在析渾圓尋勾股，蓋七政之升降出没，經緯之縱横交加，莫不成勾股於十二重天之中，而可用邊角互求之法。勾股之能事畢矣。數家之大用昭矣。余少耽小學，長慕方聞，觀象靈臺，喜藩籬之偶涉，探源星宿，識旨趣之攸，歸迨返卧乎山中，久歛心於海外，乃有專家之舊裔，互欽文藝之兼通。萬樹春風横，彩牋而醉月，一鐙夜雨傾，炙輠而談天。高溯夫七衡六間之規，近究夫外切內容之準，將一編之彙輯，作衆法之統宗，顧以指海道於寸針，以約爲貴，寫天光於尺水，惟淺斯明，不取鶩以望洋，聊以資夫記里，軌特闡於《周髀》，説且後夫歐羅爲約，古籍之精成，法其在少，著兩家之合，大指躍如，快覩新編，頓攖舊緒，用指陳其途徑，即詳析其源流。嗟乎，問道已希誰辨？夫假借攀援之習，因端而發，且逞夫窮高極遠之設，立中道而可從，作前驅而已足。一生二，二生三，物莫能紀極，可執此以濟莊叟之窮，圓出方，方出矩，天亦受範圍，曷因此以溯周公之學。新安曹自鋆。

清·曹恩沛《勾股淺述跋》

夫三幕九，據道足擬於卦爻，一握六觚，志特詳於律曆。《皇極》著堯夫之異，儒理彌精。《靈憲》傳平子之儀，詞章最富。古來藝術，多出文人，從見經生，不遺曲學。抱村先生，家比天官之舊，生慕龍門，技兼算策之精，步親馬帳。然而三載相依，高詠每多逸藻，一燈寂守，放觀樂及羣書。談大易之微言，非但揲蓍之參兩，考禮經之鉅制，豈從頒土之方田。不好學書，風遺叙股，偶然觀象，星辨鼎勾。喜爲駢四儷六之文，時見鬬角鈎心之製。從中而周四角，巧答回文，舉一而反三隅，端從兩叩，間或攷疏箋於漢學，何嘗思選舉於唐家。乃者論天地之高空，忽謂乘除可得，攬溪山之清曠，又謂丈尺可稽。人或斥爲奇談，乃特徵其實學，爰出舊稿，重訂新編，教本隸商，書成勾股。沛也少習五經，未得甄鸞之解，殫思六藝，願爲高鳳之專，以緒論之時，聞作一詞之小贊。蓋數之功大於曆象，而勾股實總其成，數之學變於歐羅，而勾股實操其要。偃矩覆矩卧矩之用，傳遠周文，朱實青實黄實之分，註明趙爽。溯端倪之始，法早著於土圭，極變化之神機，最深於《海鏡》。元李冶《測圓海鏡》詳言立天元一法，乃中西算學之秘鑰。至宋而法源始著，九章別立於九韶。宋秦九韶撰《數學九章》，雖以九章爲名，而與古九章迥別。蓋古法設其術，此則別其用也。算自秦漢以來，成法相沿，未有言立法之意者。此書則畢其原以盡其變。立天元一法實始於此。至明而異義畢宣，三角益明於三拔。西法之勝古者，以三角實即勾股之變也。明萬曆時西人熊三拔著有《表度説》等書。并差和較之名初無殊致，古曰并差，今曰和較，一也。比例異同之用別具精裁。西法皆言比例，即異乘同除、同乘異除之理。表古法於量竿，應嘉淺顯，闢新途於垂綫，大啟紛紜，奧衍於理分中末之神，立成於互作正餘之表。並見本書。此並數家之典要，實爲勾股之源流。先生探割圜之秘，上究六宗，盡絜矩之能，《勿庵曆算書目》謂勾股測量即所謂絜矩。久明三率，即比例法。備曉乎割切矢弦之用，兼綜乎點綫面體之全，西人以點綫面體四部盡數理之全。固將共勒一編，不辭多算，然以五曹簡約，莫爲銅斛之徵，八綫微茫，誰與金針之度用，但立夫中道，已特表以正宗。得斯自足，無慚保氏之傳。由此進求，便是西人之奥，早指途於海島，不致驚於望洋，畧示機於矢弧，庶以資夫省度。是知心遊萬仞，必神明於方圓規矩之中，身卧半間，恒統御乎廣遠高深之極。雖小張其籌畫，已甚耐於研尋。即近知遠，儼開大道之端，補短截長，具見變通之利。沛將子焉學步，藉以知方會計可付於一勾，攷證亦資於八股章兼少廣，即開方也，勾股每算必用之。用籍田賦之常經，説備倨勾，更識考工之古器，或相倍蓰，或相什伯，或相千萬，道誠足破許行不失黍絫，不失圭撮，不失毫氂，言已無慚班固太元，參摹四分之作，應知不等覆瓿徵君八十八種之書，於此復觀繩武。世愚姪曹恩沛跋。

雜録

清・梅沖《勾股淺述》例言

一，勾股之術以勾股弦三者相併相減以生和較，其目共二十有一，參伍錯綜，不可方物，要不外數者之一分一合而已。學者必知其所以分，乃知其所以合。始知綫之分合，再知面之分合，勾股能事盡之矣。茲特加析綫析面之目，庶排列易明，兼得由淺入深之序。

一，學勾股者，先明立法之理，勿遽及其數。以理御法者，數不能外，以數湊數者，法不可通。甄鸞之注《周髀》，爲李淳風所譏，《四庫全書總目》舉近代算書之失病，皆在此。茲編於析綫全不用數，析面每標一法，即以圖明，立法之原數，則或設或不設，庶幾荆川先生所云詳形上之義，弗詳形下之數。

一，勾股圖多以甲乙丙丁爲誌，而著其説於下，今意取簡約，即將名數詳註圖上，庶顯而易見，其圖中不能盡者，間仍舊例。

一，勾股一題每有數法，專取直捷簡當者録之，期致用之便，有不甚簡捷而曲暢旁通，足使義蘊益顯者，兼録一二，以盡其變。

一，勾股中，股弦較、勾弦較之用最多，其他和較相求，似有具其法而無所用者，算書或不備，及今皆爲纂録，雖未必盡和較之變，已庶資五花八門之觀。

一，西人連比例三率及中垂綫大分、小分，與理分中末綫諸説，理不異勾股，而又别成一解，若兼采之，自足暢此中奥蘊，而爲語甚繁，是書期便初學，祇明古法，餘俟續編。

一，《算法統宗》詳勾股之用，爲他書所少，而於立法之意鮮所發明，又排次雜亂，殊難尋繹。茲於一法，先明其理，乃以用依次附後，較爲明白。

一，《算法統宗》於九章後各列難題，勾股難題凡九，然有與前重出而絶不難者，又編爲歌訣，轉費研尋，今采列數條，而變其韵語，認題用法，或有取焉。

一，勾股以御高深廣遠，爲用至神，而所以測高測遠術亦無多，爲列數條，理不外是。

一，先徵君《勾股舉隅》内，弦與勾股和求勾股，用量法，圖説乃勾股與三角八綫相通之精藴，録載卷終，見西法所由出。

一，勾股兼有諸算術，加減乘除人所盡曉，茲不具論，平方及帶縱方并一二帶用他術者，附載其法，庶使本數可稽。

阮元《疇人傳》附羅士琳《疇人傳續編》

著録

清・周中孚《鄭堂讀書記》卷四四《子部六之上》

《疇人傳》，四十六卷。琅嬛仙館刊本。國朝阮元撰。元仕履見經類。吾師蚤歲研經，兼涉算學，於中西異同今古沿改，三統四分之術，小輪橢圓之法，嘗旁稽載籍，博聞通人，而深明其義。謂自二千年來，經術七十，改作者非一人，其建率改憲，雖疏密殊途，而各有特識。法數具存，皆足以爲將來典要，因掇拾史文，薈萃羣籍，甄而録之，以爲列傳。自黄帝以至於今，凡二百四十三人，附西洋三十七人，名曰《疇人傳》。案：《史記・曆書》疇人子弟分散，《漢書・律曆志》亦載其語，韋昭曰：疇，類也。李奇曰：同類之人。俱明曆者也。故取以名其傳云。是編所録專取步算一家，其以妖星、暈珥、雲氣、虹霓、占驗吉凶，及太一、壬遁、卦氣、風角之流，涉於内學者，一概不收。凡所敘録姓名、爵里、生卒年月而外，其議論行事，但采其有關步算者，自餘事實俱不冗贅。又算術者，推步之綱維也，句股量天，方程演紀，三差垜積法，本商功，八綫相當率，通粟米，蓋數爲六藝之一，極乎數之用，則步天爲最大，故凡通九九術者，俱得列於是編。其書綜算氏之大名，紀步天之正軌，俾後學者知術數之妙，窮幽極微，足以綱紀羣倫，經緯天地，乃儒者實事求是之學，非方技苟且幹禄之具焉。書成於嘉慶己未，自爲之序及凡例，並附以談階平泰《疇人解》。

清・張之洞《書目答問・子部》 天文算法第七

《疇人傳》，四十六卷。阮元。《續疇人傳》，六卷。羅士琳。阮氏合刻本。阮傳入《文選樓叢書》，《續傳》亦入《觀我生室匯稿》。學海堂阮《傳》摘本，九卷。

清・丁福保《算學書目提要》卷下 《疇人傳》四十六卷。儀徵阮元撰。案：是書從黄帝時起，以迄乾隆之末，凡知算者人立爲傳，融貫古今，包羅繁富，曆算源流，粲然俱在，洵算家必讀之書。

又 《續疇人傳》六卷，甘泉羅士琳撰。案：是書即補前傳所闕，從宋元起，至道光初年止。次於前傳之後，共成五十二卷。其議論較前傳更爲精核。統觀阮羅二氏之言，皆偏袒古術，掊擊西法，蓋當時天元四元之術，推闡靡遺，西人借根，相形見絀，主中奴西，良有以也。

清・阮元《疇人傳》目録【略】

清・羅士琳《疇人傳續編》目録【略】

序跋

清・阮元《疇人傳・序》 經筵講官南書房行走户部左侍郎兼國子監算學揚州阮元撰。

昔者黄帝迎日推策而步術興焉。自時厥後，堯命羲和，舜在璿璣，三代迭王，正朔遞改，蓋效法乾象，布宣庶績，帝王之要道也。是故周公製禮，設馮相之官，孔子作《春秋》，譏司(術)[曆]之過，先古聖人咸重其事，兩漢通才大儒若劉向父子、張衡、鄭(元)[玄]之徒，纂續微言，鉤稽典籍，類皆甄明象數，洞曉天官，或作法以敘三光，或立論以明五紀，數術窮天地，製作侔造化。儒者之學，斯爲大矣。世風遞降，末學支離，九九之術，俗儒鄙不之講，而履觀臺領司天者，皆株守舊聞，罔知法意，演撰算造之家，徒换易子母，弗憑圭表爲合驗天，失之彌遠。步算之道，由是日衰，臺官之選，因而愈輕，六藝道湮，良可嗟歎。甚或高言内學，妄占星氣，執圖緯之小言，測淵微之懸象。老人之星江南常見，而太史以多壽貢諛；發斂之節終古不差，而倖臣以日長獻瑞，若此之等，率多錯謬。又或稱意空談，流爲虚誕，河圖洛書之數，傳者非真，元會運世之篇，言之無據，此皆數學之異端，藝術之楊墨也。元蚤歲研經，略涉算事，中西異同，今古沿改，《三統》《四分》之術，小輪橢圓之法，雖嘗旁稽載藉，博問通人，心鈍事棼，義終昧焉。竊思二千年來(術)[曆]經七十改，作者非一人，其建率改憲，雖疏密殊途，而各有特識，法數具存，皆足以爲將來典要。爰掇拾史書，薈萃羣籍，甄而録之，以爲列傳，自黄帝以至於今，凡二百四十三人，附西洋三十七人，大凡二百八十人，(離)[釐]爲四十六卷，名曰《疇人傳》。綜算氏之大名，紀步天之正軌。質之藝林，以諗來學，俾知(術)[曆]數之妙，窮幽極微，足以綱紀羣倫，經緯天地，乃儒流實事求是之學，非方技苟且幹禄之具。有志乎通天地人者，幸詳而覽焉。嘉慶四年十月。

清・談泰《疇人傳序》阮亨《瀛舟筆談》卷七 古今算氏代不(之)[乏]人，推策則愈久而愈精，制器則愈新而愈巧，此非先民之識有所弗逮也。從來有因而成易，無因而成難，循已然之跡，發未盡之奥，前人心思之所竭，正後人智慧之所生，積薪之歎有自來矣。上古容成、隸首，中天羲和、叔仲爲術家鼻祖，而推步細草紀載無徵，三代以來亦無可攷。漢始有《太初》法，而班《志》不詳，惟《三統》號稱密要，與古多允合，爲中法之權輿。《四分》以後，《大統》以前，皆因之而修明耳。

自泰西入中國，始立新法新名，於是畛域攸分，搆争頓起，終明之世，莫能是正。不知西土默冬當周考王十四年所述章歲、歲周與《四分》等，是古初西法未嘗不踈。《九執》《萬年》以次加詳。至利瑪竇而始盛，亦如中土之積漸而精。湯若望謂多禄某在漢時，法已詳備，真妄言也。

泰嘗謂，算學無分於今古，亦無分於中西，惟求其順時合天而已。大抵古之爲法也簡，今之爲法也煩，古之所無，今之所有，古之所取，今之所棄，中法凡七十餘改，西法亦屢經更定，蓋天道遠，非一手足所能御，天行健，非一朝夕所能窺，必遲之，又久而其差始見，雖有神解，烏能逆睹將來乎？是以列代疇人僂指難盡，載在簡籍，未易鉤稽。方其造法之初，或各守所傳，或獨出新意，或得諸當時實測，人自爲説，家自爲書，互有短長，勢不能(疆)［彊］之使一，此非一人一傳難以究其顛(未)［末］也。攷之于史，惟精算之士，專門之裔，始得刮入方技、藝術等傳，而他皆不與。至正史以外，尚有散見稗史暨説部諸書者，脱漏良多，從未有彙輯專書以臻美富者。

少司農阮雲臺先生汲古功深，潛心象緯，公餘之暇，作《疇人傳》若干卷，上至邃古，下迄勝國，而昭代龍興，以算學著名者益衆，與夫遠人慕化，重譯來歸者，各爲一傳，惟録步法淵源，兼及爵里生卒，而事實不具，所以符體例也。有專肄九章者，有工於象數者，有長於儀器者，有其人久經顯著而亦能運算者，有其人無足觀而數學可觀者，有本傳僅載善算一語而無實蹟可紀者，人可不知天而取其談天之詞者，有僅存算書名目而原書久佚者。一藝之名，千慮之得，兼收並蓄，善算從長。已傳者，力加表揚，以盡其藴，未傳者，力爲搜補，以闡其幽，而術數之志槩不等選。傳中採古書成文，及近人譔著之語，分注書名於下，傳後附以論斷，(問)［間］寓褒譏，是是非非，胥歸平允，或旁推餘意，或唱歎終篇，蓋至此而疇人之心庶幾無憾矣。

崑山顧氏引《毛詩》《春秋傳》知三代以上農夫、婦人、(戊)［戍］卒、(而)［兒］童無不諳星象者，愚謂漢史猶有疇官之稱，世習其業，自後代設天文厲禁，不使人知，遂致陰陽家譏詳小數，紛然雜出，得以惑世誣民，推步不明，流弊必至於此。昔明仁宗語楊士奇等曰：「律爲(明)［民］間設耳，(鄉)［卿］等安得有禁？」明末範謙亦曰：「曆爲國家大事，士夫所當講求，非術士之所得私，律例有禁，乃妄言妖祥耳。」孫穀《古微書》曰：「昰第之學，聖門所首務，後世不第棄置之，而且曰：知星宿，衣不覆，率用爲戒矣。夫士子出户，舉目見天，顧不解列宿爲何物，亦足羞也。」由是以觀，天文之不必禁，前人早見及之。

國朝康熙二十三年，特除私習天文之禁，我聖祖揆天察紀，正度明時，定著《曆象攷成》《數理精藴》上下二編，集千祀之大成，建兩儀而不悖。雍正三年，准令中外臣工重行刊刻。乾隆元年，頒發直省書院所屬各學，以爲士子觀覽學習之用。又募坊賈印賣，俾廣流傳。一時人文蔚起，天學盛行，治經之儒亦皆治數，如宣城梅氏、婺源江氏尤爲卓然成家。梅主《授時》，江主西法，縱横博辯，各有所見。然《授時》之歲餘消長乘距算而數驟多，推古冬至不(今)［令］，竟以爲日度失行，測至元丁丑、戊寅、己卯、庚辰四歲冬至，至辛巳忽多半刻。辛巳造法，越大德三年八月當食不食，六年六月食而失推，是時郭太史方知院事，則不得云《授時》無弊也。

西人推太陽有本輪、均輪，太陰更有次均輪，五星有三小輪，既又改小輪爲橢員，專主不同心天，是皆假設形象，隨意便添，以求合於天行者，非七政之輪忽多忽少，忽平忽橢也。利瑪竇與徐、李諸公同譯西書，而不明《測員海鏡》。光啟謂，欲説其義而未遑。是借根方必在天元一之後，東來之名，彼亦不能忘本，且借根方頗爲紆曲，遠遜仁卿之簡捷。再攷康熙三年十二月戊午朔，湯若望推日食與天象全不合，爲楊光先所劾。又若望述歌白尼，謂天動以員，太陽有最遠點，有躔度，是天與日俱動矣。而蔣友仁述歌白尼，復謂太陽静，地球動，恒星天不動，支離穿鑿，駭人聽聞。安有一人立論而乖異若此者乎？則不得謂西法無弊也。

夫欲正其術之是非，則必窮其術之緣起，欲窮其術之緣起，當先考造術之人與造術之時，洞澈本法之所以然，然後可加以論定。《傳》曰：「讀其書，不知其人，可乎？」泰於學無所獲，而檮昧之質篤好推步之書，曩從辛楣先生游，於諸術麤有究心，而底滯横生，未能得其要領。今閲司農此編，絲牽繩貫，粲若列星，遵《時憲》之型模，鎔歐邏之巧算，萃羣言而撰傳，按百代以類從，於以溯七十餘家沿革之源流，於以驗二千餘年躔離之進退，於以校經緯諸儀之體制，於以息中西兩造之(頌)［訟］争，括而不支，簡而不滿，後之欲從事於斯者，以是書爲金科玉律可矣。

清・阮元《續疇人傳序》 向疑《八線表》及《八線對數表》字數在一二百萬已上，且盡數目之字，非有文義可尋，而字體微芒，細碎叢密，保無寫刻之譌，緣從屢求句股所成，無由讐校。近見羅氏茗香以乾隆間明氏捷法校得《八線對數表》一度十三分二十秒正切第五字〇誤作一，又六度四十一分十秒正切第五字〇誤作六，又十二度五十分正弦第六字七誤作五，又十六度三十二分十秒正切第七字九誤作〇，又四十二度三十二分四十秒正切第九字誤作四，可見西人之所能者，今人亦能之也。羅氏又因讀《四元玉鑑》於如像招數一門有所會通，更取明氏捷法，御以天元，知密率亦可招差，其弧與弦矢互求之法，與《授時曆草》之垛積招差一一符合，且以祖氏之《綴術》失傳已久，其法厪見於秦書，即大衍之連環求等，遞減遞加，亦與明氏捷法相近，爰融會諸家法意，爲撰《綴術輯補》二卷，纂續微言，興復絶學，古人之名亦從兹不朽，爲功匪淺。明氏爲乾隆初滿洲人，其《割圓密率捷法》，海内無刊本，與元朱松庭《四元玉鑑》等書皆出在嘉慶初，《疇人傳》成之後。兩家之書，又皆大有裨於曆數。

在昔聖人治易畫象，獨於革卦，一則曰「治曆明時」，取諸革，再則曰「天地革而四時成」。夫日三月成時，月三日成霸。霸之義，從月，亦從革。《説文》，革，更也。故術家因之，隨時修改，以求合於天行。自古以來，所以有七十餘家之術，而《授時》歲實之上考用長，下推用消，黄赤大距之古大今小，歲差之古今不同，皆其明證。非古人之心思才力不逮今人，亦非古法之疏，不若今法之密，蓋迫於積漸生差，術以是見疏耳。漢落下閎謂《太初(術)[曆]》「八百歲當差一日」，亦本取革之義。自西人尚巧算，屢經實測修改，精務求精，又值中法湮替之時，遂使乘間居奇，世人好異喜新，同聲附和，不知九重本諸《天問》，借根昉自天元，西人亦未始不暗襲我中土之成説成法，而改易其名色耳。如諸輪變爲橢圓，不同心天變爲地球動是已。元且思張平子有地動儀，其器不傳，舊説以爲能知地震，非也，元竊以爲此地動天不動之儀也，然則蔣友仁之謂地動或本於此，或爲暗合，未可知也。西法之最善者，無過八線，然舍表無以布算，苟如羅氏以密率招差，是其法亦無異乎元朝《授時曆草》，更安知八線表不亦由於此乎？世之學者，卑無高論，且因八線對數以加減代乘除，競趨簡便，日習其術，罔識其故，致古人精詣盡晦矣。夫爲數之道，首在《虞書》，辨氣之盈虚，課日月五星之遲疾，因時制宜，即孟子所謂「苟求其故」，此亦實事求是最大最難者也。枚乘《七發》曰「孟子持籌而算之，萬不失一」，此漢人亦必有所本。前傳未列孟子，應否補列，請思酌之。

方今聖世，六藝昌明，佚書大顯，後有疇人思欲復古，將見大衍爲考古之根，天元爲開來之具，綴術爲五星之用，招差爲八線之資，合大衍約分、天元寄(毋)[母]、綴術求等、招差疊積，又爲後學之權衡，斯又宋元來復見之各書所亟宜甄録而表章也。

元少壯昧於天算，惟聞李氏尚之、焦氏里堂言天算。尚之往來杭署，搜列各書，與元商撰成《疇人傳》。今老病，告歸田里，更爲昏耄，又喜得羅氏茗香論古天算有如此。羅氏補續疇人，各爲列傳，用補前傳所未收者，得補遺十二人，附見五人，續補二十人，附見七人，大凡四十四人，離爲六卷，次於前編四十六卷之後，統前傳共成五十二卷。容有掛漏，俟再續焉。

又宋元間算法所指，太極、天元、四元、大衍等名，皆用假判真，借虚課實，以爲先後彼此地位之分別耳，非如道學家言確有太極、天地之道貫乎其中，至術數、占候及太乙、壬遁、符讖之流，則尤明曆明算者所不屑言也。前傳凡例已詳析之，兹更不及之。道光二十年夏四月，予告體仁閣大學士經筵講官太子太保在家食俸揚州阮元序，時年七十有七。

清·徐用儀《重刻〈疇人傳〉正續序》 數爲六藝之一，精之可以齊七政、定四時，豈小道哉！算學之書以《周髀算經》《九章算經》爲最古，後世推步之術視古益精密，中法西法相輔而行，至國朝而法乃燦然大備。自泰西諸國通市以來，風氣日開，留心時務者，以算學有裨實用，莫不潛心參究焉。顧各家著述流傳極繁，學者未易窺其津涯。同里張君子簡家居課徒，從遊之士甚衆，得其指授，視采芹如拾芥，先後幾及百人。近復擇弟子之聰穎者，兼課以算學，爰取阮文達《疇人傳》四十六卷及羅氏茗香《續傳》六卷，仿古香齋袖珍本重刻，以廣其傳，俾得家置一編，識其源流，由此以博求載籍，推闡淵微，其有裨於學者豈淺鮮哉！刻既竣，郵寄都門。爲誌緣起於簡端。時在光緒八年五月既望，海鹽徐用儀序。

清·朱福詵《重刻〈疇人傳〉正續序》 昔者地員立説肇於曾子之書，天體孰營昉自靈均之問，坐卧渾儀之下，中郎致其精思，甄明緯度之中，鄭君推爲絶學，儒者所稱，於斯爲盛。自顓家之學以息，六藝之道寖微，號一公以聖人，謂郭氏爲絶藝，末學加之頽廢，俗儒黜以鄙夷。禮失求野，良可慨已。歐邏巴人承列朝放失之餘，綜彼中傳習之術，法以日密，用以日繁，流入中華，遞相傳授，人立一法，家箸一書。遭逢聖祖仁皇帝聰明由於天縱，製作侔於造化，究其精蘊，勒爲成書，於是樸學承流，通人接踵。至嘉慶之初，儀徵阮文達公甄録古今中西推步各家爲《疇人傳》四十六卷，集筭氏之大成，爲藝林之至珤。同邑張先生子簡夙精斯事，以公此書世尠他本，爰仿褎珍，付諸剞氏，復得茗香羅氏《續傳》，書凡六卷，合爲一編，紹述前脩，津逮來哲，以言盡善，厥有數端。夫掘地爲臼，踵而增華，閉門造車，出則合轍，必謂西人筭學盡取中瀍爲之，則竺乾之旨或通於洙泗，莊列之言每同於宗乘，詞非相襲，義可借觀，蓋法惟一。乘叚名字，以道衆生，數始太極，改率憲以爲新法，徒取彼而遺此，猶識二五而不知十也。新田徐氏有言，古義既明，知西法莫外。又云，欲中西之法各明，其真無相襍糅，由斯兩説乃爲持平。觀公所傳，西人亦復志在嘉善，是則宣聖可作不陋。夫東夷范史所譏，無疑於西域，其善一也。聖人有作興神物，以前民用，大道不器，懷餘巧而爲世宗，然自炎漢製地動之儀，金行記里之鼓，靈明愈啟，伎巧斯增，必欲拾抱甕之陳言，薄機舂爲小智，人生今而反古器，求舊而匪新，其於乃心，豈能饜足？夫制器在於觀象，窮理乃能致用，今將取彼良法爲我長技，運量户牖之内，規畫掌握之間，實有裨於大計，亮無嫌於小道，其善二也。唐帝諮羲和而授時，公旦問商高而立式，麟史之譏，司(術)[曆]必明交食之理，鄒國之推日至，實詳歲差之法要，皆理析豪芒，學窮度數，即譯西人瑪底之文，亦猶大學格致之義，是則論理不能遺數，由顯可以入微，其善三也。近者宣城祖孫竝擅參微之學，東原師弟咸垂繼絶之功，即以公之丹青元化冠冕九流，猶復提要鉤元，作範垂訓，是知持籌之子多在握槧之流，況今國家廣厲學官，特增祘法。九章可習，遠仿於周官，六科竝重，近追夫唐代，益當爲實事求是之學，博儒生稽古之榮不誣，方將庶有達者，其善四也。先生幼習五子之書，長通三乘之旨，以其心得，徵及瞽言。福詵管中見天，曷通條貫，門前流水，未接淵源，叨友多聞，獲窺辜較用，敢諗諸同志，期無負此盛心云爾。光緒八年歲在(元)[玄]黓敦牂涂且月漵朱福詵謹撰。

清・查燕緒《重刻〈疇人傳〉後跋》 海鹽張子簡布衣敬爲受之先生之子，今世志學士也。近復潛心曆算，以爲彙古今推步之全者，無如儀徵阮文達公《疇人傳》一書，而板刻久燬，海内不多有。一日客硤石蔣氏，從溉根貳尹學培、肖鮨茂才望曾，訪求琅嬛僊館原刻。二君出所藏本，勸其重梓，張君然之。遂介以寄余蘇州，屬爲勘對，鏤諸版。余謂羅氏《續傳》所以補是書之遺者也，曩見元和管氏有此本，爲書六卷，即次前傳之後，爰叚之申季廣文禮耕，仍以坿焉。工始於光緒壬午正月，越五月告成。亟督印行，俾世之震驚西學者，讀阮氏、羅氏之書，而知地體之圓辨自曾子，九重之度昉自《天問》，三角八綫之設本自《周髀》，蒙氣之差得自後秦薑岌，盈朒二限之分肇自齊祖沖之，渾蓋合一之理發自梁崔靈恩，《九執》之術譯自唐瞿曇悉達，借根方之法出自宋秦九韶、元李冶天元一術。西法雖微，究其原，皆我中土開之。則二蔣君之力爲慫恿，與張君之決然刊佈，其意洵足多矣，又豈僅爲善尊先民者哉！海寧查燕緒檵亭謹識於木漸齋。

清・潘應祺《跋疇人傳》潘應祺《經算雜説》 《疇人傳》，四十六卷。阮文達公撰。《續傳》六卷。羅茗香先生撰。其凡例云：極乎數之用，則步天爲最大。故傳中輯録於推步之源流，術法之改變，積年日法、歲實、朔實等數，言之獨詳，而古人之稍通算術者，亦載於篇，蓋表章絶學，意至善也。

西人算法自明季入中國，我朝觀象授時，以西法巧捷，頗採用之，而承學之士，以爲西法精妙，遠駕古人以上，遂以中法爲不足道，如江慎修、張丹邨之流，墨守西法，罔知通變，甚至傅會西法，以詆中法。夫西法誠巧，習其法而用之，可也，習其法而囿於法，不可也。彼世之囿於西法者，要未知西算之原於中土耳。文達於暨亥傳論謂：西人以地球經緯求里差，即暨亥步地之術。於郤萌傳論謂：西人言日月五星各居一天，即宣夜七曜不綴附天體之謂。於虞喜傳論謂：西法之恒星東行，不外歲差之説。於崔靈恩傳論謂：渾蓋合一之理，發於西人未入中土以前。於薑岌傳論謂：清蒙氣差即岌所稱地有遊氣。於瞿曇悉達傳論謂：發明九執術爲今西法所自出。於沈括傳論謂：煙氣塵氛出濁入濁之節日日不同，即西人蒙氣差之説。至於借根方即天元一術，宣城梅氏已發其覆，文達亦往往稱之。此皆獨具卓識，用告來學，使不徒矜西法而薄古人，固足見文達攷古之精，亦足見文達箸書之意也。

夫天算之學，言理則中西若一，言術則西人研究或有過於中國者。蓋其萃畢生之精力以求通一藝，而天算之法愈悟愈巧，此西人亦未嘗無一得也。甄録西洋諸人，蓋亦如徐文定所謂鎔西洋之巧算入大統之型模，梅徵君所謂以西法補中法之缺陷也。羅氏續傳，師仿其意，搜羅宏富，有足多焉，洵不愧爲阮氏功臣矣。

然竊讀二傳，更自有説。案劉歆傳論云：以等數二百三十五約統月一萬九千三十五，原作一千九百三十五，誤。得八十一，曰日法，約周天五十六萬二千一百二十，得二千三百九十二，曰月法。歆乃云：黄鐘初九自乘爲日法，推大衍象得月法，則昧其本原矣。竊謂：劉歆傅會鐘律易象，誠是昧其本原。然如文達之論，似仍未足以斥其惑也。何則？若謂以章月即等數二百三十五。約統月而得日法，即可謂以日法棄章月而得統月，若謂以章月約周天而得月法，即可謂以章月棄月法而得周天，且三統術明云：以章月棄月法得周天。今不過即其數而易棄爲約，無乃仍昧其原乎。蓋凡兩數相棄得數，以此數約得數必得彼數，以彼數約得數必得此數，如三棄八得二十四，以三約二十四得八，以八約二十四得三。本數理之自然，未可謂其原即在是也。嘗攷造術之法，以歲實與月行爲斷，以求日月合朔爲宗，歲實月行之强弱，必由隨時測驗而得。三統術之歲實爲三百六十五日一千五百三十九分日之三百八十五，即統法約周天之數。略强於四分術，錢竹汀宫詹謂：當時實測非由臆斷，是也。求合朔之法：先知月行爲十三度十九分度之七，爰以歲實數通分納子得五十六萬二千一百二十，以十九乘之，得一千六十八萬二百八十，爲實。副以月行數通分納子得二百五十四，以一千五百三十九棄之，得三十九萬九百六。又以十九乘一千五百三十九，得二萬九千二百四十一，與之相減，餘三十六萬一千六百六十五爲法。實如法而一，得二十九日，餘一十九萬一千九百九十五，用約分法約爲八十一分日之四十三，是合朔爲二十九日八十一分日之四十三。以天元術或代數式推之，其理立見。視合朔零分之母數爲八十一，因即以八十一爲日法，亦猶四分術合朔零分之母數爲九百四十，即以九百四十爲日法，欲其母數相齊，易於核算也。既得合朔日數，即以其數通分納子，得二千三百九十二，爲月法。此三統立術之原也。夫日法、月法均由歲實、月行推算而得，而歆以鐘律易象傅會之，斯真昧其原矣。如章月之數，明是十九年七閏之率，以十九乘每年十二月，得二百二十八，加七月，得二百三十五。歆乃云：五位乘會數得章月，亦是傅會。文達以原術成數求之，未免無當於術法，然此不過千慮之一失耳。

又案《續傳》序云：容有掛漏，俟再續焉。近人華氏世芳撰「再續疇人傳擬目」，見《江左校士録》。古今西洋網羅聿備，諸氏可寶《疇人傳三編》皆續録國朝人，未有補前代之遺者。閒嘗攷之載籍，復得二人焉。一(日)[曰]周之慎到，慎子有天形如彈丸，其勢斜倚之説。今西人謂地球斜倚繞日，其兩極與渾天之兩極相當，然則地球斜倚，天勢亦當斜倚。慎子之言，不足爲西人言天之祖哉。此又不獨地員辨自曾子，九重昉於天問，墨子有中西算法，莊子有地球説已也。華氏擬目，以岐伯傳天地動静之言，首爲補入，若慎子者，尤不可不急爲表出耳。一曰唐之殷盈孫，《新唐書・禮樂志》云：昭宗即位，將謁郊廟，有司不知樂縣制度。太常博士殷盈孫按周法，以算數除鎛鐘輕重高卬，黄鐘九寸五分，倍應鐘三寸三分，是其明於算術可知也。阮傳於乘馬延年亦分一席，此或不可從闕者歟。坿識於此，以待作者。

雜録

清・談泰《疇人解》

《史記・(秝)[曆]書》「疇人子弟分散」，《漢書・律曆志》亦載其語。注家説「疇」字有四。韋昭曰：「疇，類也。」如淳曰：「家業世世相傳爲疇。律，年二十三傳之疇官，各從其父學。」此據裴駰《集解》所引，若《漢書》注無「律年」以下十四字，蓋師古徵引未備。李奇曰：「同類之人俱明曆者也。」《索隱》引此作孟康語，無「俱」字。樂彦曰：「疇，昔知星人也。」韋、李二説相近，如、樂二説迥殊。顔監以如爲是，淳所引律當即漢律。淳，魏人，去漢未遠，故引漢律。攷《漢書・高祖紀》蕭何發關中老弱未傅者悉詣軍。服虔曰：「傅，音附。」孟康曰：「古者，二十而(傳)[傅]，三年耕，有一年之儲，故二十三而後役之。」《景帝紀》：二年，令天下男子年二十始傅。師古曰：舊法二十三，今此二十，更爲異制也。然則二十三者，漢初之法，景帝又改制矣。如淳曰：「律，年二十三傅之疇官。」此引作「傅」，與彼注作「傳」不同。《紀》《志》兩注皆出如淳，所引皆律文，何以不同？攷古「傅」、「傳」二字互通。《周禮・夏官》訓方氏「誦四方之傳道」，鄭注「故書傳爲傅，杜子春云：傅當作傳，書亦或爲傳」；《儀禮・覲禮》「四傳擯」，鄭注「古文傳作傅」；《禮記・檀弓》注「何傳乎」，釋文「傳一本作傅」；《莊子・天運篇》「魚傅沫」，又《山本篇》「隨其曲傅」，釋文竝云「傅本作傳」。是「傅」、「傳」互通也。各從其父疇前明南監本此下有「内」字，疑衍文。學之。此與《律曆志》注文小異。高不滿六尺二寸以下爲罷癃，《漢儀》注云「民年二十三爲正，一歲爲衛士，一歲爲材官、騎士，習射御、騎馳、戰陳」，又云「年五十六衰老，乃得免，爲庶民，就田里，今老弱未嘗傅者皆發之，未二十三爲弱，過五十六爲老。」《史記・項羽紀》《集解》引如淳注，此下更引《食貨志》曰「月爲更卒，(巳)[已]復爲正，一歲屯戍，一歲力役，三十倍於古」，又《索隱》引姚氏云「古者，更卒不過一月，踐更五月而休」，文穎云「五當爲三。言一歲之中，三月居更，三日戍邊，總九十三日。古者役人歲不過三日，此所謂『一歲力役三十倍於古』也」。斯説得之。師古曰：「傅，著也，言著名籍，給公家徭役也。」詳玩律義，指力役之征言，如淳藉以解疇字，凡世世相傳之事，皆得謂之疇，不但力役一端，《史記・龜策傳》「孝文孝景因襲掌故，未遑講試，雖父子疇官，世世相傳，其精微深妙多所遺失」。然則太蔔亦用世掌，故曰疇官。而天官之學，尤崇世冑。古顓頊命南正重司天，北正黎司地。唐虞羲、和二氏紹重、黎後，代序天地。《周官・馮相氏》注「世登高臺，以視天文之次序」，疏謂「官有世功，則以官名氏」，又《保章氏》注「世守天文之變」，疏謂「以其稱氏，故云世守」。《王子年拾遺記》曰：「宋景公史子韋世司天部，妙觀星緯，景公待之若神，號司星氏」。《漢志》有宋司星子韋三篇。漢置太史公，置位在丞相上，以司馬談爲之，其子遷嗣。自昔掌天官者，大抵師承家學，即所謂專門之裔也。再考《漢書・宣帝紀》地節二年春三月，大司馬大將軍霍光薨，詔曰：「功德茂盛，朕甚嘉之。復其後世，疇其爵邑，世世毋有所與。」《霍光傳》同。《音義》云：「疇，等也。」《霍光傳》應劭注同。使其後常與先人等也。此條師古未引，見《後漢書・荀彧傳》注，蓋臣瓚《音義》唐代尚存，故章懷引之。張晏云：「律，非始封十減二。疇者，等也，不復減也。」晏不審何代人，所引之律，亦當爲漢律。玩詔書及注文，則疇爲世世相傳明矣。《王莽傳》元始元年，群臣奏言：「霍光有功，蓋封三萬户，疇其爵邑，比蕭相國。莽宜如光故事。」又云：「宜賜號曰安漢公，益户疇爵邑。」又云：「太后下詔，以孔光爲太師，王舜爲太保，甄豐爲少傅，皆授四輔之職，疇其爵邑。」又云：「太后下詔，以召陵、新息二縣户二萬八千益封莽，復其後嗣，疇其爵邑。莽讓還益封疇爵邑事。」又云：「陳崇奏，孝宣皇帝顯著霍光，增户命疇，封者三人。」《莽傳》數條與《宣帝紀》所稱可以互證。《後漢書・祭遵傳》範升上疏，追稱曰：「昔高祖班爵割地與下，分功著録，勳臣頌其德美。生則寵以殊禮，死則疇其爵邑，世無絶嗣，丹書鐵券，傳於無窮。」章懷注：「疇，等也。言功臣死後，子孫襲封，世世與先人等。」章懷此注即本前書《音義》。是世世相傳爲疇，古有明文。又《荀彧傳》曹操上書，表彧曰：「原其績効，足享高爵，而海内未喻其狀，所受不侔其功，臣誠惜之，乞重平議，增疇户邑。」《魏志・荀彧傳》注引《彧别傳》，太祖表曰：「前所賞録，未副彧巍巍之勳，乞重平議，疇其户邑。」與范史文小異。左思《魏都賦》「疏爵普疇」，劉注「疇其爵邑者」，吕向注「有功者，分其爵邑疇度，使當其功」。

夫以疇爲等，(巳)[已]見《史記・宋微子世家》，《書》「洪範九疇」，《世家》作「鴻範九等」。於文義固協，愚則謂疇爲耕治之田《説文》。古者農不去疇，《吕覽・慎大》。農之子恒爲農，本有世世相傳之義，後代封賞臣下，亦必有土田，故詔疏多用「疇其爵邑」，即暗指田疇言。古人屬文皆有旨趣，故訓詁旁通無所不合。《史記・秦始皇紀》「男樂其疇，女修其業」，與「家業世世相傳爲疇」之語隱隱相合。如淳本漢律，確然有據，且疇官之稱爲疇人顯證。《史記・曆書》「黄帝考定星(歷)[曆]，建立五行，起消息，正閏餘，於是有天地神祇物類之官，是謂五官，各司其序，不相亂也」。物類之官，即所謂疇官也。律云「各從其父學」，尤與史文闇會，師古從之，當矣。若夫訓「疇」爲「類」，古固有之。《易・否卦》九家注、《書・洪範》孔傳鄭注皆云「疇，類也」。孔疏以「疇」爲「輩」、「類」之名。《禮記・樂記》注云：「儕，猶輩、類。」《説文》云：「儕，等、輩也。」《玉篇》云：「儕，等也，輩也，類也。」此《正義》所本。《戰國策》淳於髡曰：「夫物各有(鑄)[疇]，今髡，賢者之疇也。」鮑彪注：「耕治之田，禾所聚也，故爲類。」此本《説文》而推衍其旨。《荀子・勸學》云：「草木疇生，禽獸羣焉。」《大戴禮》作居。物各從其類也。」楊注：「疇，與儔同，類也。」《齊語注》、《楚詞・疾世》注、《易・否卦》疏訓「疇」爲「匹」。匹，猶類也。匹字，古訓偶，訓配，訓合，訓二，皆與類相近。然則「疇」字可以指物，《文選》嵇康《贈秀才入軍》詩「咬咬黄鳥，顧疇弄音」，吕向注：「疇，匹也。」此「疇」字指黄鳥。亦可以指人。星翁曆生，羣分類聚，故謂之疇，而象緯推測，往往世官而習其業，所謂「父兄之教，不肅而成，子弟之率，不勞而能」者。李、如二説，固竝存不廢矣。又《史記・淮陰侯傳》「其輩十三人」，《漢書》作「其疇十三人」，「疇」即「輩」也。《齊語》「人與人相疇」，是爲疇人根據。而「疇」、「儔」古通故，王逸謂「二人爲匹，四人爲儔」，皆與李注通貫。樂彥以疇爲疇昔之疇，人爲知星之人，則近于傅會，於文義爲不類。至程大昌謂古字假借疇人即籌人，以算數得名，攷《荀子・正論》「至賢疇四海」注謂，「疇」與「籌」同，則古字本通，而以漢律疇官證之，終不甚合。王西莊《十七史商榷》以爲樂官亦曰疇人，不必定屬治算數，正《演繁露》之非。夫樂官稱疇人，此語不知何所本。按：王粲《七釋》云：「七盤陳於廣庭，疇人儼其齊俟」。束皙《補亡詩》序云：「皙與同業疇人肄修鄉飲之禮，然所詠之詩或有義無辭，音樂取節，闕而不備，」據此則習禮、習詩、習樂皆可謂之疇人，又不專指治曆者也。錢竹汀先生曰：「如氏家業世世相傳之解，最爲精當。疇人之言，傳也。《西都賦》『農服先疇之畎畝』，疇之義本於農，而凡世世相傳之業皆可當疇人之目矣。」

清・阮元《疇人傳》凡例

一，推步之法，由疏漸密，至國朝而大備。我聖祖仁皇帝聖學生知，聰明天縱，御制《數理精藴》契合道原，範圍乾象，以故天下勤學之士蒸然向化。若宣城梅文鼎、梅瑴成，大興何國宗，泰州陳厚耀，休寧戴震等，先後林立，亦皆闡揚推衍，各有撰述。元少治六經，涉及九數，服官以後，未能究心，徒以象數之學，儒者所當務，爰肇自黄帝，迄於昭代，凡爲此學者，人爲立傳，俾後來彦俊，知古今名公大儒從事於此者不少，庶幾起其向慕之心，且緣是攷求修改原流、沿革條目，然後進而恭讀聖製，或得有所領解，仰窺萬一，此則輯録是編之大旨也。

一，學問之道，惟一故精。至步算一途，深微廣大，尤非專家不能辨。太史公書「疇人子弟分散」，如淳注曰：「家業世世相傳爲疇。律，年二十三傳之疇官，各從其父學。」所謂專門之裔也。是編以疇人傳爲名，義取諸此。

一，步算、占候，自古别爲兩家。《周禮》馮相、保章所司各異，《漢書・藝文志》天文二十一家，四百四十五卷，(術)[曆]譜十八家，六百六卷，亦判然爲二。宋大觀算學以商高、隸首與梓慎、裨竈，同列五等，合而一之，非也。是編著録，專取步算一家，其以妖星暈珥、雲氣虹霓、占驗吉凶及太一壬遁、卦氣風角之流，涉於内學者，一概不收。

一，言天者，古有周髀、宣夜、渾天三家。宣夜絶無師説，渾、蓋互相駁難，至崔靈恩而始合爲一。魏晉間又有昕天、穹天、安天之論，所執雖殊，而各有旨趣。學者泛觀博覽，於日月列宿、天體運行之故，先了然於胸中，而後可入步算之門而究其奧室，故六天之説皆詳録焉。

一，儀象者，測驗之先資也。琁璣之製，見於《虞書》，尚(巳)[已]厥後，若漢之張衡，宋之錢樂之，唐之李淳風、梁令瓚，宋之沈括、蘇頌，元之郭守敬，代有增修，因而愈善。至西洋南懷仁、紀利安輩，而其製更密。前史凡渾儀、圭表、壺漏之等，竝載于《天文志》，與推步區分爲二，然事實一貫，不容歧視。是編於儀器製度，摭録特詳，欲使學者知算造根本當憑實測，實測所資，首重儀表，不務乎此，而附合於律於易，皆無當也。

一，算術者，推步之綱維也。句股量天、方程演紀、三差垛積，法本商功；八綫相當，率通粟米。蓋數爲六藝之一，極乎數之用，則步天爲最大。故凡通九九術者，俱得列於是編。

一，采録諸書，二十四史而外，出於文瀾閣所儲欽定《四庫全書》子部天文算法類爲多，其(余)[餘]見聞所及，時有纂修，涉獵愈深，搜羅漸廣，凡所用書目，皆注於每篇之末，以便檢閱。

一，是編以推步爲主，凡所叙録姓名爵里、生卒年月而外，其議論行事，但采其有關步算者，自餘事實俱不冗贅。經學如鄭康成，功名如杜元凱，史家自有專傳，兹特舉其一端而已。

一，立言爲三不朽之一，故論撰之目，史傳例得備書。是編亦竊取此義，凡其人箸作發明數學者，無論存佚未見，一一詳載，惟與天文算法無涉者，亦從省録。專書之例，不得不爾也。

一，《新唐書》載李淳風逆知武氏之亂，《宋史》載劉羲叟預知遼主之亡，此類當是傳者之過，即或有之，亦是别爲一術，竝非九數所能推測，若因其步術之精而牽連及之，適足起無識者無窮之惑。是編一律刪除，庶體例更爲純一。

一，古今爲(術)[曆]者，《三統》以來，不下七十餘家，其間如劉洪《乾象(術)[曆]》之月行遲疾、月行三道，趙(歐)[敺]《(元)[玄]始(術)[曆]》、祖沖之(術)[曆]之破章法、立歲差，張胄(元)[玄]《大業(術)[曆]》、劉焯《皇極(術)[曆]》之日行盈縮、交道表裏、五星遲疾，李淳風《麟德術》之廢章蔀紀元而用總法，楊忠輔《統天(術)[曆]》、郭守敬《授時(術)[曆]》之立歲實消長而不用積年日法，當其建議之初，或不免俗流訾論，後世相沿遵用，又幾忘其刱造之功。凡此之類，是編攟摭尤備，以見古人變率改憲，其精神實有不可磨滅之處，讀者因流溯原，知後世造(術)[曆]密於前代者，蓋集合古人之長而爲之，非後人之知能出古人上也。

一，諸家用數，子母互殊，課其彊弱，則先天、後天之故灼然可見。是編於造(術)[曆]諸人傳中，略載積年日法、歲實朔實等數，善籌策者，即是可攷知其術之大凡矣。

一，《開元占經》所載古今積年章率，《授時(術)[曆]議》所列各術積年日法，俱足以補史志之缺，但《占經》算至開元甲寅，《(術)[曆]議》下距至元辛巳，故與諸史所稱不合。《金史》謂楊級(術)[曆]以三億八千三百七十六萬八千六百五十七爲上元，乃是誤寫《(術)[曆]議》之文，天臺齊次風先生於此亦嘗致疑，皆未明厥故也。是編所采，如《黄初》《(元)[玄]始》《奉元》《占天》等(術)[曆]，皆以距算減之，乃爲其(術)[曆]上元，距其造(曆)術時之積年，蓋欲合於當時之舊，非輕改古書也。

一，歐邏巴人自明末入中國，嗣後源源而來，相繼不絶。利瑪竇、湯若望、南懷仁等，於推步一事頗能深究，亦當爲之作傳，惟新法書所載未入中國之西洋人，有在秦漢以前者，而驗其時代，又往往前後矛盾，不可檢校，其人之有無蓋未可知，即果有其人，所謂默冬、亞里大各之類，亦斷不可與商高、榮方竝列。是編依放諸史傳外國之例，凡古今西人，别爲卷第，附於國朝人物之後。

一，西洋新法累經改易，派别支分，師傳各異。湯若望專主小輪，穆尼閣則用不同心天，戴進賢所譯設本天爲橢圓，蔣友仁所説又以爲太陽静而地球動，議論紛如，難可合一，兹竝彙而録之，用資博攷。

一，西法實竊取於中國，前人論之已詳。地圓之説，本乎曾子；九重之論，見於《楚辭》。凡彼所謂至精極妙者，皆如借根方之本爲東來法，特譒譯算書時不肎質言之耳。近來工算之士，每據今人之密而追咎古人，見西術之精而薄視中法，不亦異乎！是編罔羅今古，善善從長，融會中西，歸於一是。凡改一率、立一法者，輒因管見所及，於篇末著論，以發其趣。是非互見，謬妄不經者，亦皆竊寓褒貶，評其得失。天學淵微，折衷匪易，所願與海内學人共審定之者也。

一，是編刱始於乾隆乙卯，畢業於嘉慶(巳)[已]未，中間供職内外，公事殷緐，助元校録者，元和學生李鋭暨台州學生周治平力居多。又復博訪通人，就正有道，嘉定錢少詹大昕、歙縣淩教授廷堪、上元談教諭泰、江都焦明經循，竝爲印正，乃得勒爲定本，集益孔多，附書以志不忘。

一，《四庫》諸書浩如煙海，翻閱所到，難免漏遺。又國家聲教覃敷，不遺遐邇，山陬海隅，甄明度數之士没世而後，未經表章者，亦必尚有其人，廣爲搜輯，當俟續編。阮元手訂。

李潢《九章算術細草圖説》

著録

清・劉錦藻《清續文獻通考》卷二七四《經籍考一八》 《九章算術細草圖説》，九卷。李潢撰。潢字雲門，湖北鍾祥人。乾隆壬辰進士，官至工部左侍郎。

清・張之洞《書目答問・子部》 天文算法第七

《九章算術細草圖説》，九卷。李潢。沈欽裴校。嘉慶庚辰家刻本。

清・丁福保《算學書目提要》卷上 《九章算術細草圖説》，九卷。鍾祥李潢撰。案：是書首方田，次粟米，次衰分，次少廣，次商功，次均輸，次盈不足，次方程，次句股，晉劉徽、唐李（湻）[淳]風皆有注，《周髀》以外，此爲最古。原本久佚，經戴氏東原從《永樂大典》輯出，其時古籍甫顯，校訂頗難。潢謂有數皆有象，有象皆可繪，乃逐題演草，一一顯之於圖，其舛誤者均疏而通之，誠九章之善本也。惟盈不足門有蒲莞竝生、兩鼠穿垣、兩馬至齊三題，均非原術所能馭，吾師若汀先生所著《筆談》，言之詳矣。夫蒲鼠二題，非但盈朒不能馭，即元代亦難下手，惟用連比例級數公式，及借徑於對數，最爲簡當。

清・劉鐸《若水齋古今算學書録》 象數第三

《九章算術細草圖説》，九卷。李潢。嘉慶庚辰沈欽裴校。程矞采刊本，今版歸廠肆肆雅堂書坊。

序跋

清・戴敦元《九章算術細草圖説序》 莫若作《四元玉鑑》序謂河洛圖書泄其秘，黄帝九章著之書，其章有九，其術則二百四十有六，始方田，終句股，包括三才，旁通萬有，凡言數者莫得而逃焉。唐立明算科，《九章》《海島》共限習三年，試《九章》三條，《海島》一條，不特陳其數，且欲明其義也。自時厥後，算科既廢，書亦不彰，近時以算名者，如王寅旭、梅定九諸君子，咸未之見。迨吾宗東原氏與修《四庫全書》，從《永樂大典》中録出，一刻於曲阜孔氏，再刻於常熟屈氏，而古學復興，然未及盡求其解也。鍾祥李雲門先生博綜羣書，尤精算學，推步律吕俱臻微妙，於古人立天元一、大衍求一、正負開方諸術，多所發明，《九章》《海島》更多心得，嘗言陳其數者下學之言也，知其義者上達之功也。有數先有象，有象皆可繪，舊注所云解此要當以棊者，一一顯之於圖，於東原氏所謂舛誤不可通者，一一疏而通之。探賾索隱，鈎深致遠，臚名標目，咸式古訓，撰《九章海島細草圖説》共十卷，亦猶劉徽析理以辭，解體用圖之意也。惜未寫定，哲人其萎，其甥程儀部晴峯謹守遺藁，延吴門沈孝廉俠侯至其家算校編輯，鳩工付梓，以敦元粗聞撰述緣起，屬爲識其綱要，於時距先生之殁已八年矣。敦元既幸見是書之成，復感先生之不及親覯，而尤望他種之陸續綴集也。爰不獲辭而系以言。開化後學戴敦元謹撰。

李潢《海島算經細草圖説》

著録

清・劉錦藻《清續文獻通考》卷二七四《經籍考一八》 《海島算經細草圖説》，一卷。李潢撰。

清・張之洞《書目答問・子部》 天文算法第七

《海島算經細草圖説》一卷。李潢。附前刻後。

清・丁福保《算學書目提要》卷上 《海島算經細草圖説》一卷。坿前書後。鍾祥李潢撰。案：是書本名《重差》，唐代乃改稱《海島算經》，因第一題以海島立表設問，故以卷首之字名之。原書爲劉徽所撰並注，舊本重差圖凡九，今惟海島一題有圖解，餘八圖佚，爲李潢所補。其細草則元和沈欽裴所演也。是書爲中易算測量之鼻祖，得二人圖解，益爲明顯，最便初學。

清・劉鐸《若水齋古今算學書録》 象數第三

《海島算經細草圖説》一卷。李潢。附《九章算經細草圖説》後。

序跋

清・李潢《重差圖・序》 圖九望海島舊有圖解，餘八圖今所補也。同式形兩兩相比，所作四率，二三率相乘，與一四率相乘同積，如欲作圖明之，弟取一三率聯爲一邊，又取二四率聯爲一邊，作相乘長方圖之自然分爲四冪。又以斜弦界爲同式句股形各二，則形勢驗矣。舊圖於形外别作同積二方，至兩形相去遼遠者，又必宛轉通之，皆可不必也。圖中以四邊形、五邊形立説，似與句股不類，然於本形外補作句股形，則亦句股也。四率比例法在《九章》粟米謂之今有，一爲所有率，二爲所求率，三爲所有數，四爲所求數，在句股則統目之爲率。劉氏注云：句率、股率、見句、見股者是也，今祇云同式相比者，取省易耳。異乘同除則一也。鍾祥李潢。

李潢《緝古算經考注》

著録

清・劉錦藻《清續文獻通考》卷二七四《經籍考一八》 《緝古算經考注》二卷。李潢撰。

清・張之洞《書目答問・子部》 天文算法第七

《緝古算經考注》二卷。李潢。程矞采廣州刻本，又南昌刻《補草附圖》本，非原書。

序跋

清・李兆洛《緝古算經考注序》 《緝古》何爲而作也？蓋闡少廣、商功之藴，而加精焉者也。商功之法，廣袤相乘，又以高若深乘之，爲立積。今轉以積與差求廣袤高深，所求之數最小數也。曷爲以最小數爲所求數？曰：求大數則實、方、廉、隅正負雜糅，求小數則實常爲負，方、廉、隅常爲正也。觀臺羡道，築隄穿河，方倉圓囷，芻甍輪粟，其形不一，概以從開立方除之，何也？曰：一以貫之之理也。物生而後有象，象而後有滋，滋而後有數。邪解立方得兩塹堵，邪解塹堵一爲陽馬，一爲鼈臑，陽馬居二，鼈臑居一，不易之率也。今於平地之餘，續狹斜之法，無論爲塹堵，爲陽馬，爲鼈臑，皆作立積。觀其立積内不以所求數乘者爲減積，以所求數一乘者爲方法，再乘者爲廉法，所求數再自乘爲立方，即隅法也，從開立方除之得所求數。若繪圖於紙，令廣袤相乘，以所求數從横截之，剖平冪爲若干段，又以截高與所求數乘之，分立積爲若干段，若者爲減積，若者爲方，若者爲廉，若者爲隅，條段分明，歷歷可指，作者之意不煩言而解矣。其云廉母自乘爲方母，廉母乘方母爲實母者，之分開方之要術也。道光四年正月八日，薛玉堂畫水來澄江講院，以李雲門先生所注《緝古算經》見示，於是書立法之根，如鋸解木，如錐劃土，又復補正脱誤，條理秩然，信王氏之功臣矣。爰述大旨，以告世之習是書者，無復苦其難讀云。武進李兆洛。

清・吴蘭修《緝古算經考注序》 《緝古算經》一卷，唐太史丞王孝通撰并注，其上表稱：「伏尋《九章》商功篇有平地役功受袤之術，至於上寬下狹，前高後卑，正經之内，闕而不論，遂於平地之餘續狹邪之法。」云云。凡高臺、羡道、築隄、穿河等二十術，皆以從立方開之。西法詳句股開方而無帶從，《同文算指》有帶從平方而無立方，梅定九補帶從立方三術，稱爲至密，實未見此書也。且梅氏所舉皆正體立方，猶易布算，此則斜袤廣狹，割截附帶，以法御之，無不曲中，可謂思極豪芒，妙入無間者矣。今以其術考之，立法之要在求小數，以各差加小數，而得大數，蓋以各差減大數，則乘除加減正負交變，以小數與各差相加，與他數相乘，用加而不用減，法尤簡易也。顧其詞旨深奥，卒不易曉，宋元以降，幾至廢絶，惟汲古閣有影鈔宋本，收於四庫，知不足齋、微波榭、函海並刻之，傳寫脱誤。李雲門先生嘗校正之，釐爲二卷，刊誤補闕，凡七百餘字，每術附以算草，及割截分并、虚實比例之旨，是書之藴畢宣，王氏之真盡出，無庸以天元一術推算矣。道光壬辰，程晴峯方伯命蘭覆算刻於廣州，距先生之没垂二十年，方伯爲先生婿，受學最久，嘗刻先生《九章算術細草圖説》九卷，《海島算經細草圖説》一卷，行於世云。嘉應後學吴蘭修。

揭廷鏘《緝古算經考注圖草》

序跋

清·揭廷鏘《緝古算經考注圖草·序》 唐王孝通撰《緝古算經》並自注大旨，以《九章》商功有平地役功受袤之術，其於上寬下狹、前高後卑闕而不論，因設二十術以明之。顧其文詞隱奥，猝不易通，聞閣學李雲門先生著有《緝古算經攷注》，惜其書未刊布，每以未由借讀爲恨。歲已夘，余宰新興，適本道肇羅觀察慕名鼇公固先生門下士也，晉郡謁見，考課之餘，旁及藝事，出是書草本示余，且屬代爲校正鏤板，始淂而細讀焉，乃未及兩月，觀察遽引疾歸，剞劂之役遂不果行。時表叔揭韻餘茂才録其底本，細加校訂，每術各繪以圖，詳列諸積，名曰《圖草》，另備卷後，使讀者由象得數，由數得理，即劉徽所謂「晰理以辭，解體以圖」之意也。稿成，藏之有年，辛夘冬，余假歸里門，山居多暇，復取原稿點定，竊謂雲門閣學考注於前，韻餘茂才補圖於後，抉古人之閫奥，通後學之津梁，均不可以無傳也。因慫慂付梓，並誌其巔末如此。誥授中憲大夫、前河南開歸陳許兵備道兼河務事，愚表姪劉衡拜撰。

雜録

清·揭廷鏘《緝古算經考注圖草》凡例

一，是書原題術文、自注皆頂格，李氏考注低一格，間有微意，尚須發明者，鏘竊攄管見以補之，則低二格。

一，原題術文頂格，自注内雙行小注，有原注及考注，其原注下有考注者則加一圈，圈下標「考注」二字，無考注者標「自注」二字，其餘不標者皆考注也。

一，塹堵爲立方之半，陽馬爲三之一，鼈腝爲六之一。術文求本數於塹堵，則半之，陽馬冪三而一，鼈腝冪六而一，各以實數爲法，若求均給，於塹堵則倍其實，於陽馬則三之，於鼈腝則六之，又以三率求之，其所以如此立法者，皆變陽馬、鼈腝爲正立方，而後可以入算也。王氏設術之巧，李氏注釋之精，俱在於此，觀後圖草自明。

一，是書所用多縱立方法，而本術所求皆立方小數，若求大數、中數，則考注云非天元一法御之不可，因附擬二則於後，以備一格。

一，是書勾股末二術本應用帶縱三乘方，今作帶縱平方兩次開之者，乃算家徑捷之用，而帶縱三乘方要不可不知，亦附擬二法於後。

一，古書開方，每商方法只列一數，今算草於次商以後常列二方者，其上爲原術本數方法，其下乃廉二面、隅三面之方法，按數分列，庶易於核實，非炫異也。

許桂林《算牖》

著録

清·劉錦藻《清續文獻通考》卷二七四《經籍考一八》 《算牖》，四卷。許桂林撰。

清·張之洞《書目答問·子部》 天文算法第七

《宣西通》，三卷。許桂林。刻本。《算牖》，四卷。同上，刻本。

清·丁福保《算學書目提要》卷上 《算牖》，四卷。海州許桂林撰。案：是書首總綱，次筆算籌筆，次九章，次雜綴，無甚新義，惟所述陳法，尚簡捷。

清·丁仁《八千卷樓書目》卷一一《子部·天文算法類》 算書之屬

《算牖》，四卷。國朝許桂林撰。刊本。

清·劉鐸《若水齋古今算學書録》 象數第三

《立天元一導窾》，四卷。許桂林。未刊。

又 《算牖》，四卷。許桂林。道光庚寅刊本。重刊本。

《算牖》目録

卷一　總綱

大小數目　乘法　除法　留斤法　散兩收法　正比例　合率比例　轉比例　截乘截除　定率表

卷二　筆算　籌算

併法　減法　筆算乘法省乘法　籌算乘法　籌算除法　籌算開平方法開方不盡命分式　開帶縱平方捷法　籌算開立方法　立方表用表法

卷三　九章

粟布　均輸　方田減畝法　商功堆垜　差分倍減差分立衰捷法表　盈朒　少廣　方程和數方程　較數方程　和較雜方程　和較變方程　方程御雜法　句股句股和較句股四言便蒙　句股要説　句股用法

卷四　雜綴

珠算定位法　鋪地錦　金蟬蛻殼　酌定梅氏歸除捷法　命分法　約分法　通分法　釋少太半義　放鎗聞雷算知遠近法　雉兎同籠　九狐七鵰附三頭六尾三百十八臂等法　三器注酒　百錢百子　韓信點兵　尺算　珠盤考

序跋

清·白鎔《算牖序》 自虙戲作九九之數，以合天道，九章於是乎權輿算術，與易卦並起，引鍰量用，不待隸首也。《漢志》言：古算法用竹，徑一分，長六寸，二百七十一枚而成六觚，爲一握。是爲籌算。第古籌如今之珠，橫籌當五，直籌當一，用籌多而取數繁。今之籌算，傳自羅雅谷、梅定九，用籌少而取數便耳。筆算，唐世譯《九執(術)[曆]》已用之，與今正同。鋪地錦亦筆算之類，與珠算各有所長。大約乘莫便於鋪地錦，除莫便於籌，加減莫便於珠，皆不越乎保氏舊法。古者，士必兼通六藝，以濟實用，數理尤精，其用亦博。故王恂曰：算數六藝之一，定國家，安人民，乃大事也。周官司會中大夫大府下大夫，專司會計，孔子亦自以會計，當爲稱職。惟陳平不能對孝文錢穀之問，云：當問治粟内史。世以爲名言，然魏鄭公算勝傳之子孫，猶以進御，則夫賢宰相綜核名實，多材多藝，而不尚虛誣，斷可知矣。後世學者，以均輸、粟布爲小技，一旦授政服官，不知算珠幾子，凡賦役之書，交代之册，一付之幕賓，司書入出之數，莫由周知，宰夫辟名之誅，非所能察，然後歎張蒼非俗吏，服沈括爲通才，不已晚乎。許石華大令以其弟月南孝廉所爲《算牖》徵序於余。月南砥名立節，邃於經學，遺書逾百卷，粹然儒者也。此書兼論珠、籌、筆三法，擇簡而用，以「牖」名書，意取明捷，納約自牖，宗旨斯存。夫御事貴簡，不宜徒敝精神，以就繁賾，治文書者不作大篆，未爲蔑古也。徐幹中論云：數以理煩，不知數則煩，以數理之，煩者自簡。沈存中之言算也，曰：見繁則變，見簡即用。是爲允當之論。《算牖》一書，洵行簡而達變者，士欲通經致用，其亦有取於此也夫。道光辛卯歲夏六月中澣，潞河白鎔拜譔。

清·許桂林《算牖·序》 算家以簡爲貴，取其濟用，兼亦省心。桂林述《算牖》，亦此志也。而其大端有二：一曰籌算，一曰四率比例。籌算省乘爲加，省除爲減，乘則不必偏乘，歸則無須撞歸。四率比例往往多算者能以少算算之，累算者能以一算算之，且三率既定，即法實已分，斷不致法實顛倒之誤。四率本古法，而習乘除者多不之知，故特表之。即用珠算者習焉，其爲益於乘除不少也。籌算又最易曉，梅先生云：朝得暮能，學之甚易，而用之甚簡，謂非捷徑乎。算書人或不樂觀，觀者又或未即見其綱要。因於篇首著此二端，俾有志明算之士留意覽焉。嘉慶辛未十月，日躔析木初度，應星在東井，法星在婺女，月在營室東南，海州許桂林識。

清·許喬林《算牖序》 予弟月南，遺書踰百卷，詁經者爲多。《易確》及《讀易記》，門人將爲雕版以行。《詩集》二十六卷，余選入《朐海詩存》者百一耳。月南兼通疇人家言，精析四算，嘗著《立天元一導竅》三卷，孫淵如先生亟稱之，此《算牖》四卷，意主簡捷，思爲學算者通其郵。先師黎襄勤公、吾友鄧樵香刺史，曾録副本，欲爲刊行，卒未遑也。今孫雲槎德坦、範廉泉仕義兩明府鐲俸付剞劂氏。雲槎與月南爲文字交，難其於官清似水，不名一錢之時，經營梨棗，久要不忘。廉泉先生本無平生歡，能贊成雲槎之高義。士林且猶感之，況其兄乎？雖工甫蕆，余歸自建康，道出袁浦同年友吴心筠别駕廣德以手校樣本見示，欣與感俱，汍瀾不能自已。因叙其緣起如此。道光庚寅仲冬，海州許喬林書於袁浦浣月榭。

清・吴廣德《算牖跋》 右《算牖》四卷，亡友許月南著也。月南邃於經學，詩古文詞亦力追古作者，所著甚富，此特其緒餘耳。然治經多非算不明者，而數爲藝之一，亦博文者所不可廢也。曩與月南遊，獲觀是書，喜其條理分明，一歸簡，實易學而便用。因節録籌算比例諸法，以備省覽，見者競相傳鈔。辛巳春，余擬屬有力者爲梓行，曾寄書索其槀，月南復書云：近著《讀易記》，於易得數之精，舊編未可爲定本。遂弗果。而月南竟於是秋歸道山矣，今閲十年。孫雲槎、範廉泉兩明府乃醵金爲付剞劂，屬(餘)〔余〕校勘，不勝宿草之感。月南雖以是編爲未定之書，然其意原主於簡而濟用，則固不必求精，且月南之學之精，亦何必以算法見哉。道光庚寅冬十月，宿州吴廣德跋。

駱騰鳳《開方釋例》

著録

清・劉錦藻《清續文獻通考》卷二七四《經籍考一八》 《開方釋例》，四卷。駱騰鳳撰。騰鳳字鳴岡號春池，江蘇山陽人。嘉慶庚申舉人，安徽舒城縣教諭。

清・張之洞《書目答問・子部》 天文算法第七

《開方釋例》，四卷。駱騰鳳。刻本。

清・丁福保《算學書目提要》卷上 《開方釋例》，四卷。山陽駱騰鳳撰。

案：是書在嘉慶時固稱深邃，今則爲不必讀之書矣。蓋駱氏論古開方圖，其説囿於一隅，至若汀師《開方古義》，始盡發其精藴。其所繪諸乘方圖，又非公理，蓋駱氏當日未知諸乘方有多種體形也。餘以排列之法，推得立方有三種體形，三乘方有十二種體形，四乘方有六十種體形，五乘方有三百六十種體形，駱氏欲以一圖該之，其能之乎？即如孔㢲軒之諸乘方圖，亦屬勉强。又李壬叔謂三乘方變而爲綫，四乘方變而爲面，以備新説則可，以爲碻論則不可也。蓋自立方以上皆爲體矣。

清・劉鐸《若水齋古今算學書録》 象數第三

《開方釋例》，四卷。駱騰鳳。嘉慶乙亥刻本。石印縮本。

《開方釋例》目録

序跋

清·李宗昉《開方釋例序》　算數之學，後人多精於前人，非必其智力勝也，前事可師，則由疏而入密，借觀可悟，則觸類以旁通。然非有精思大力者，不能出其心思以與古人相增長。是以九章而後，劉徽之《重差》、祖沖之之《綴術》、王孝通之《緝古》以及秦九韶之大衍、李冶之天元一、朱世傑之四元、最後西人之《幾何原本》，皆能自出其心思智力，與古人相增長，故卓然不磨，成一家言。然究其源，則重差者勾股也，緝古者商功也，大衍者方田之約分也，天元一者少廣之借一算也，四元者方程之正負諸色也，幾何之比例即九章之今有，面即方田，體即商功，三角即勾股，皆不出古人範圍之外。《綴術》雖不傳，大旨亦不出此。然必謂後人之學，皆古人所本有，則又不然。慎子曰：治水者，茨防決塞，雖在異域，相似如一，學之於水，不學之於禹也。夫言算術者，亦求之數而已，豈真囿於隸首、商高哉？世人謂：羲和之後，流入西域，故西法獨精。不知人之心思智力，愈用愈出，故愈入愈深，西人能用其心思耳。吾鄉駱春池孝廉，余同年友也。向與余同硯席，見其治算數甚專，嘗因開四乘方有所疑，積思數晝夜，寢食俱廢，忽一日方餼沐，恍若有悟，從此迎刃而解，無不合者。蓋其學得之精思，故能深入古人之奥，而闢其所未至。今孝廉没矣，其遺書具存，大旨取古人之法，而疏通證明之，補其未備，糾其失誤，蓋合少廣、商功、差分、方程、勾股、弧矢、大衍、天元，而分釋之，而又自有悟入者也。世有精於算術者，當自知之，且徵余言之不妄也。賜進士及第、都察院左都御史、年愚弟李宗昉序。

清·駱騰鳳《開方釋例·序》　天元一術見宋秦氏九韶《九章》大衍（數）[術]中，初不言創於何人。元李冶《測圓海鏡》《益古演段》二書亦用此術。冶稱其術出於洞淵九容，今不可詳所自矣。是術也，自平方、立方以至多乘方，悉用一術，即芻童、羨除諸形，亦無不可握觚而得，洵算術之秘鑰也。西法借根方實原於此，乃以多少代正負，徒欲掩其襲取之跡，不知正負以別異同，多少以分盈朒，豪釐千里，必有能辨之者。歲辛未，問算術於李雲門夫子，獲聞緒論，而尤諄諄於天元一術。蓋見近日之言開方者，創爲可知不可知之例，而於秦李之書且多詆議，其説本不足辨，第恐斯術之不彰也。嘗商訂正負開方之法，屬稿未成，而先生已歸道山矣。甲戌，計偕入都，瞻拜影堂，檢求遺稿，惟《九章算經注》《緝古算經注》二書已成，其餘叢殘，故紙中尚多，有發前人所未發者。嗣君年甫數齡，其家人又謬加珍惜，秘不示人，行見老人心血化爲灰燼，良可慨已。鳳不揣固陋，爰取先生手授舊稿數紙，反覆尋繹，衍爲四卷，名曰《開方釋例》，雖未抉夫精深，庶畧存其彷彿。回憶曩者，辨難析疑，夜深不倦，謦欬如昨，而就正無從，能無人琴之嗟西州之慟也。悲夫！嘉慶乙亥六月，山陽駱騰鳳識。

清·何錦《開方釋例後識》　先外舅精研疇人之術，盛暑嚴寒，布算簌簌，未嘗一日輟學也。屬纊前一日，以手寫算書授錦，曰：此余一生心血所寄，子其爲我成之。外舅既没，屬親家丁儉卿中翰致書於同鄉李芝齡先生暨全小汀先生，兩先生皆有厚賻，又得程晴峯中丞、趙蘭友觀察倡率惠贈，皆外舅同年至交也。猶憶外舅病革之夕，以親老未送，繼嗣未立爲念，又痛老嫠孤幼，煢煢無依，今墓草已封，外祖姑窀穸奉安，嗣孫承祧，錦爲黽勉，續諧醵金孳息，贍養其家，饔飧無缺，而遺書又壽棗梨，皆賴丁中翰篤念故交，終始其事，而錦區區之苦心亦可以告慰於九京矣。刊既成，爰識數言於後，以志山頹之痛云。道光二十有三年，歲在癸卯，冬十一月既望，壻何錦謹識。

駱騰鳳《藝游録》

著録

清·劉鐸《若水齋古今算學書録》　象數第三《藝游録》，二卷。駱騰鳳。嘉慶乙亥刊本。

《藝游録》目録

卷一

筆算定位　今有　立方各形求積　重訂緝古算經仰觀台求乙高術注　論緝古算經仰觀台求甲亥之術　求圓周積法　大衍求一法　大衍奇定相求法　孫子算經解　論測圓海鏡之法　論借根方法　辨赤水遺珍之説　算學砭愚　以天元一求連比例三率　以天元一求連比例四率　方需圓城求徑法

卷二

通分　衰分補遺　方程正誤　句股釋例　割圓密率圖解弧矢

序跋

清・駱騰鳳《藝游録・序》 余於正負開方之術，既爲釋例，以明其法矣。至於衰分、方程、句股等法，以及九章所未載，與夫古今算書之未能該洽者，輒爲溯其原，正其誤，不敢掠前哲之美以爲名，亦不爲黯黮之詞以欺世也。隨所見而識之，彙爲一編，名曰《藝游録》。淮陰駱騰鳳。

張敦仁《緝古筭經細草》

著録

清・劉錦藻《清續文獻通考》卷二七四《經籍考一八》 《緝古算經細草》，三卷。張敦仁撰。敦仁見經部禮類禮記。

清・張之洞《書目答問・子部》 天文算法第七 《緝古算經細草》，三卷。張敦仁。岱南閣本。

清・劉鐸《若水齋古今算學書録》 象數第三 《緝古算經細草》，上中下卷。張敦仁、焦循、汪萊、李鋭同撰。嘉慶癸亥年刊本，《白芙堂叢書》本。

序跋

清・張敦仁《緝古筭經細草・序》 古筭書多有細草，《緝古筭經》闕焉。辛酉仲夏，余有事於崇明海門間，蚤晏候潮汐，暇時無以自遣，適篋中攜是編，因爲步筭補草，計往返旬有四日而畢，録而存之，或亦言古學者所不廢也。嘉慶六年六月初四日，陽城張敦仁識於崇明之步鎮海壖。

清・李鋭《緝古筭經細草》後記 右《緝古筭經細草》，陽城張古餘先生撰。壬戌季秋，先生奉省檄權知吾郡，自公之暇，以是書命鋭覆校，既卒業，而爲之跋其尾。案：立天元術始見元李冶《測圓海鏡》《益古演段》二書，冶稱其術出於洞淵九容。今洞淵之書已亡，莫能詳所自矣。緝古二十術，其十九術皆以從立方除，問數奇賸，術意隱祕，學者未易通曉。惟以立天元術解之，其中條理乃涣若冰釋。蓋金元如積之法濫觴於斯已。今世爲九九學者，不乏其人，而通古誼達深理者卒鮮。先生此書洵足以發煇古人，箴砭俗學，非若劉孝孫之於張邱建，聊依術而衍其數也。是歲十二月戊戌朔二十日丁巳，元和李鋭記。

清・汪萊《張古愚輯古算經細草叙》汪萊《衡齋遺書》 算家推見至隱，莫善於借根方。本隱之顯，實始於天元一。近時言借根者十得八九，習天元者十無二三。數典忘祖，兹其一端。因流溯源，不應若此。夫天元一，相消之後，其數已無。以其無數，求其有數，非初學所易會。借根方相等之後，其數相對，以其對數，尋厥真數。豈淺人所難解。太羹之味，不争甘於八珍。椎輪之安，不方華於五路。古學之亡，深可懼焉。攝廣陵太守，陽城張君，人懷太質，學窮邃初。公府餘閒遊於數藝，取王孝通《(輯)[緝]古算經》，補其細草，并以立天元一術爲之證明，自然而然，無可不可，探賾鈎深，今爲妙手，分肌擘理，古賴傳人。辱蒙指示，快讀一過，謹叙其顛末，並以勸天下之有志於古者云。

張敦仁《求一算術》

著録

清・劉錦藻《清續文獻通考》卷二七四《經籍考一八》 《求一算術》，三卷。張敦仁撰。

清・張之洞《書目答問・子部》 天文算法第七

《緝古算經細草》，三卷。張敦仁。岱南閣本。 《求一算術》，三卷。同上。

清・劉鐸《若水齋古今算學書録》 象數第三

《求一算術》，上中下卷。張敦仁。道光辛卯自刻本，岱南閣刊本。

序跋

清・張敦仁《求一算術・序》 筭數之學，自九章而後述作滋多。其最善者則有二術，一曰立天元一，一曰求一。盡方圓之變，莫善於立天元一。窮奇偶之情，莫善於求一。求一之術出於《孫子筭經》「物不知數」之問，《宋史・藝文志》有龍受益《求一筭術化零歌》，當即此術。而其書不傳。推步家謂之方程。周琮《明天術義略》所謂以方程約而齊之，鮑澣之論《統天術》所謂虚廢方程之筭者，是也。然其布筭行列迥與方程不同，則名之爲方程者，非也。其法：以各數及不滿各數之殘，求未以各數除去之數，必先求以各數去之餘一之數，而後諸數可求，故曰「求一」也。筭之用無所不包，至於步天而極。求一術之於步天，其用尤爲切要。何者？氣朔交轉之策，即各數也，氣朔交轉之應，即不滿各數之殘也。上元以來距所求年之積分，即未以各數除去之數也。是故由唐麟德術以下迄於宋元諸家演撰，皆依賴是術而成。五代曹士蔿始變古法，不復推上古爲元。然世謂之小術，祇行於民閒。元郭守敬造授時術，斷取近距，不用積年日法。而李謙議仍有附演積數三法以釋或者之疑，蓋臺官師説相傳，罔敢失墜。求一術之見重當時如此。明用大統，一切皆仍授時之舊。鄭世子載堉所進萬年術，亦依郭法截筭，不立積年。上元之法，久不行用，於是古人所以推求七曜齊同之故，五百年來無有知其説者矣。國朝數學昌明，邁越千古，潛心九九之士，後先相望。立天元術見於元李敬齋冶《益古演段》《測圓海鏡》者，唐荆川、顧箬溪諸君已不解爲何物。及宣城梅文穆公以西洋借根方釋之，其術復大顯。獨求一術廑見於宋秦九韶道古《數學九章》中，學者罕見其書，知之者鮮。余宦遊江右，上交學使李雲門先生，借録所藏秦李諸書，乃得窺尋立天元一求一之妙。及來吴門，有元和諸生李尚之鋭，篤好斯言，因共日夕討論，研窮祕奥。官曹多暇，輒依秦氏所説略加修飾，推而衍之，得書一卷，名曰《求一筭術》，以篇帙稍繁，分爲上中下。上以究其原，中、下以明其法。中爲雜法，下則演紀也。竊謂：隨時測驗以明合天，則演撰之法不可復用。上攷往古，求其已然，則筭造之原不可不知。况乎術體精微，未易窺側，秦氏自言窮年致志，感於夢寐，幸而得知神明變化存乎其人。又安知無用之用其用不有更大者在乎？此則區區之心所以自矜一得之愚，亟思有以章明之也。嘉慶八年歲，在癸亥，三月十六日立夏節，陽城張敦仁叙於蘇州廨館之藝學軒。

張敦仁《開方補記》

著録

清・劉錦藻《清續文獻通考》卷二七四《經籍考一八》 《開方補記》，六卷。張敦仁撰。

清・張之洞《書目答問・子部》 天文算法第七

《開方補記》，六卷。張敦仁。道光十四年自刻本。原書九卷，未刻畢。

清・劉鐸《若水齋古今算學書録》 象數第三

《開方補記》，八卷。附《通論》，一卷。張敦仁。道光十四年刊本，只六卷。文選樓刊本。

劉衡《六九軒筭書》

著録

清·張之洞《書目答問·子部》 天文算法第七

《六九軒算書》，劉衡。家刻本。六種，目列後：《尺算日晷新義》《句股尺測量新法》《籌表開諸乘方捷法》《借根方法淺説》《四率淺説》《緝古算經補注》。

《六九軒筭書》目録

序跋

清·趙敬襄《筭學五種序》 僕於世事略無所通曉，惟頗好筭法，能言後即觕能之。家有梅、方二氏書，時時披閱，苦未盡解。長大後益無貲省，又乏同志講貫，兹事遂廢。去年至南豐遇劉公鈍生，相得甚，無所不譚，顧未及筭法。今年遇簾舫明府於端州，於鈍生爲從昆之子，始知其與鈍生皆好此事，辱示舊所箸書凡五種，鈍生叙之大要，申明古義，特出新意於測量四率、日晷、乘方、借根方法，旁通曲鬯，務欲以艱深歸諸顯易，使人人皆得其門而入。夫筭學之重久矣，於吏事尤切要，財賦、農田、水利、土方、工築，下逮日用，米鹽淩雜，皆奸欺出没之藪，非通曉，何以馭之？簾舫爲人勤敏，耐辛苦，爲吏卓然有聲，用餘暇益精研於學。國朝江右譚此事者，甯都邱氏未有書，德化毛氏、廣昌揭氏有書而未顯。簾舫此五種及小學書，鄙見以爲必傳無疑。輒綴數語於後。嘉慶丙子長夏，竹岡趙敬襄拜書。

清·楊丕復《筭學五種序》 歲丙子七月，予弟松塢由翁源來宰四會。先是，攝篆者爲南豐劉明府簾舫。簾舫之履任也，承極敝後，民不樂輸，而以好訟聞。每歲入不逮出，爲宰者日焦勞於錢穀，猶或以匱乏幹嚴議。簾舫爲治，約己以廉，恤民以寬，鋤强梗以法，日坐廳事，自掌宅門鑰，謹出入，雖素習骫法者，無所售其奸。有訟，則約訟者，以就質期，無愆期者。或受牒時，兩造具，則立剖之，訟由是日簡。役輩無以自存輒散去，遂至隸籍者不及五十人，若有事鄉村則盡去，僕隸惟輿夫三人，與俱二人，肩一人代僕事，民乃不困於擾也，事畢即返，有欲饋食者，不惟拒之，亦猝不及辦。民欣然，悦願輸賦，以助公署，無内屬，日給之錢不踰捌百，乃始不憂用絀，而頌聲且作矣。緊豈無學而臻此。予與相晤數日，出曩所箸《筭法五種》示予，予謂周官制用之法，治天下，治一邑，一而已矣。況九數居六藝之一，志道據德依仁，後猶以遊藝資應，物養身心。故測量審可以知彼己，句股熟可以馭欹斜，開方明可以綜地利，晷度正可以協天時，乘除析可以制財貨。簾舫筭學，即簾舫經學，宜其制用者神也。予因謂松塢是前事之師也。簾舫異日以是書付雕，則請以予言弁簡，又何不爲循良之一助。時嘉慶丙子處暑後二日，武陵愚齋楊丕復撰。

清·梅曾亮《六九軒筭書序》 劉簾舫先生年丈所箸《六九軒筭書》，星房都轉同年屬曾亮爲之序。先生自縣令至監司，所在以循吏著聲，其行狀所載，嘗書後，以發明其守法而不爲法獘之用心，與教人爲吏之意，及所刊他書益於吏治者，亦皆得而讀之矣。至筭學則雖有家書，而未嘗通曉，於是書之精微，不能窺測而揚搉之。然先生此書，皆推廣梅氏之學，而又受業于李雲門侍郎。昔侍郎視學浙江，先君子時在幕中，從之游，侍郎曰：筭書雖子家學，然習其書不若受於人之爲捷也。先君子由是習之，歸以語同邑陳君懋齡，亦能通其學，箸《筭學天文考》，阮文達公嘗叙而刊之。然則先生與先君子非獨鄉舉之年同也，又有同學於師門之誼，雖先後不相接，其淵源一也。曾亮又與星房同年，同爲户部官，襟期相得以兩世之義分。而先生之高行淳意，卓爲吏師，雖自愧荒墜家學，不足以知是書之精微，而得掛名其間，非徒義不可辭，亦其所樂而深幸者矣。咸豐元年三月，年家子梅曾亮撰。

清・劉良駒《六九軒筭書識》 昔先君學筭于李雲門侍郎。侍郎以筭法名當時，顧獨許先君爲可與語，先君亦好之不倦。良駒幼時，隨侍先君，讀書城西之石鐘山房。見先君日居所爲六九軒者，授經之暇，時時布籌，爲乘除開方諸法。自製銅尺測量，隨地立表，或制器及搆室開户牖，悉寓句股形數，其篤嗜也如此。良駒魯鈍，雖經先君口講指畫，卒不得要領。洎先君服官粤蜀，所箸筭書數種，恒攜以自隨。晚歲歸里養屙，檢昔時手稾，則已佚去《借根方淺説》一種，其手校侍郎《(輯)[緝]古考注》，又以常受之侍郎，不欲以自名也。良駒既校刊先君治譜傳諸世，至於筭術，孤學知之者少，慮鈔傳舛誤，非深明其學者不能讎校，故久未刊刻。會奉命轉運維揚，乃得羅徵君茗香精於筭學，遂委之勘定。羅君亦以先君書爲必可傳，悉心力以訂其譌缺，竝本原書義例，補《借根方法淺説》，以符原目，又以先君所補《(輯)[緝]古考注》附於自箸五種後。適定遠淩蓧南孝廉亦至，實襄其事，閱數月而畢。曩先君在時，惟奉新趙竹岡前輩主講吾邑，深契先君筭學，爲序其書。繼宰粤東四會縣，武陵楊君愚齋先生亦序之，今又得諸君子共卒斯業，意者先君之道當不遺於後世，天固使同術者爲之羽翼，以先後之歟？良駒既以自慰，追思昔侍色笑時，益泫然不能止，於其刻之成，謹附志先君之勤，使子孫勿有忘。咸豐元年辛亥季春之月，男良駒謹識。

清・羅士琳《六九軒筭書跋》 右《六九軒筭書》，南豐劉韞聲觀察箸也。憶自己亥、庚子間，阮文達師屬續《疇人傳》，因讀李雲門侍郎《(輯)[緝]古筭經考注》，有觀察校補弟三問弟四術築隄求積，弟五問弟二術求隄漘上廣逸注二，當時即知觀察精於筭，顧未見所箸書，末由援據立傳，厪于李傳中署名，俟續補。今夏，喆嗣星方少鴻臚奉命都轉兩淮，甫下車，即辱見訪，重以是書屬士琳任斠事，設謝不敏。書凡五種，一曰《尺筭日晷新義》，上卷艁尺法，下卷製晷法，晷判爲六，取正衺等面定向；二曰《句股尺測量新法》，尺有横置、直置、倒置之别，法有測高、測遠之分；三曰《籌表開諸乘方捷法》，上卷釋籌表，譜備具十六乘方，得若干例，下卷開方總法，後載開三乘、四乘、五乘方各式；五曰《四率淺説》，列假如答問者五。特弟四種《借根方法淺説》，有目無書，蓋觀察宦游於邁楯橐往來致稾遺佚，爰放其義例補足之。至都轉敬謹藏弆之，原稾歲久，間有漫漶，手澤所在，未容率加塗乙，覵工録副，代爲排比，定其踳敓，更取觀察所補《(輯)[緝]古》二注坿梓。斠既蕆，用綴緣起於簡末。
道光庚戌冬中，甘泉後學羅士琳跋，且系之曰：

莫高匪天，不可形狀。粤古義和，璿璣首剏。置槷以縣，職司馮相。厥後渾儀，功資巧匠。易晷定時，里差是尚。赤緯黄經，旁行衺上。天頂地平，羅鍼安放。南北東西，各以所向。述《尺筭日晷新義》上下卷弟一。

登高自卑，行遠自邇。《海島》測量，法宗《周髀》。聯以版竿，度以尺咫。平衍山原，毋迷所指，句廣股修，不爽黍絫。引矩正繩，端詳仰止。如管窺天，如鼓記里。小大同形，初無二理。述《句股尺測量新法》弟二。

伊古開方，少廣始肇。羃積錯綜，廉隅大小，借一步之，進退紛擾，演段商除，未易卒曉。檢譜運籌，濟之以表，億兆京垓，豪釐分秒，得數標填，從横了了。法簡而明，窮極幼眇。述《籌表開諸乘方捷法》上下卷弟三。

東來有表，厥名借根，雖泰西法，本自天元。假虚象實，執簡馭繁，鉤樀河洛，消息乾坤，上升下降，變化更番，乘除加減，探賾窮原，多少定位，無待絮言。發凡起例，佚稾乃存。述《補借根方法淺説》弟四。

九章粟米，取策奇餘，均爲四率，求盈課虚。度支出納，丁户倉儲，剔釐奸弊，稽核吏胥。重差今有，異乘同除，互相比例，權輿假如。撮其梗概，識之楬櫫，説取淺顯，瞀惑是袪。述《四率淺説》弟五。

有唐選舉，明筭限年。筭經凡十，(輯)[緝]古爲先。蘳深祕奥，學苦鑽研。嗣有好者，考注成編。維兹隄積，脱略未詮。洎漘上廣，罣漏非全。拾遺補缺，賴此薪傳。韓陵片石，洵足珍焉。述《(輯)[緝]古筭經補注》殜後。

清・淩焕《六九軒筭書跋》 簾舫觀察公與先大父故車笠交也。同客京華，以文章性情相契合。自焕童時，即聞先大父稱公學術、政術有本原，比長，讀公《庸吏庸言》《讀律心得》諸書，且知公精九數。顧僅于《(輯)[緝]古筭經補注》窺一斑，惜未見全箸。庚戌，公車報罷，訪茗香徵君於揚州，諏秦、李、朱立元之奥，徵君適承星房都轉世丈屬爲公校筭書。焕以通家子，得入幕襄其事。竊尋公諸書大旨，自序明且晳矣。而焕以爲公親炙于雲門侍郎，薪傳有自，于王(通直)[孝通]、李欒城隱奥難讀之書，皆能攻其堅，引其緒，而於《御定律歷淵源》全書鑽研尤深，未嘗有中西畛域之見，故《籌表開方》則能補羅雅谷、梅宣城之缺，《四率淺説》則本《九章》今有之術，通諸借衰互徵，且謂天元之妙，一借字盡之，則已引其耑倪，以竢學者之徐悟。至於剏六晷以求景，製句股尺以測量，則執于《周髀》《海島》變成法出新意，固非沾沾泰西一家言矣。夫治學之道，六書九數不能偏廢，公之以六九名軒，此物此志也。本朝公卿通疇人言者，後先相望，即公同時，如曉徵宮詹、雲門侍郎、姚文僖公、戴簡恪公、古愚觀察、丹村大守，近日君青方伯，皆致身通顯，精研隸首。蓋儒者實事求是之學，輔相三才，綱紀萬事，於是乎在。而芸芸者，流病其非，應時急務，或以爲巧筭致窮，觀此數公者，亦可以間執其口而動其興起之思矣。茗香徵君於此道三折肱，阮文達公比之松庭之居廣陵，《六九軒筭書》於四十年後得付其人而校之，非偶然也。煥以菲才，辱三世交，得親見成書之顛末，儻亦釋氏所謂前因者歟。義不可以無辭，故推公自序未盡之旨，以諗徠者。上章淹茂，世再姪、定遠淩煥跋。

清・劉良駟《六九軒筭書後識》 先君所箸《六九軒筭書》，凡五種。良駟兄弟久欲付梓，屢以校讎有待，未遂厥志。歲庚戌，叔兄良駒始刻於維揚運署，距先君成書時已四十餘年矣。憶昔先君在日，以是藁授良駟曰：「余是書較他人所箸淺近易曉，異日梓行，當有益於後學，然校讎之役，非深明其學者不能任爾，其珍藏以俟知者。」良駟謹識之不敢忘。乙未春，奉先祖慈就養二叔父京邸時，叔兄方官農曹，良駟攜藁至京，奉之叔兄，商請刊版。竊意京師爲人文藪，必有精是學者，爲任校事。顧交遊寡，無可請質。逮庚戌春，叔兄奉命都轉兩淮，乃得羅徵君茗香精通九數，叔兄延之入幕，以斠事任之。徵君不遺餘力，悉心校訂，並爲補《借根方淺説》一種，以符原目。又以先君所補《(輯)[緝]古考注》附於自箸五種後。校竟，始授棗氏。噫！校者之難如此，而箸可知矣。使當日者，叔兄無都轉兩淮之命，亦未必遇徵君，先君是書何由以傳？然則，鹺符之使，未必非冥冥者有意以成就之也。是版刻後，叔兄命姪輩攜歸家塾。良駟遠宦秦中，郵書印寄不易，爰就邦城刻本，重付剞劂，以廣其傳。工竣，因識其緣起如右。徵君諱士琳，茗香其字也，甘泉諸生，阮文達公門下士，箸《[續]疇人傳》行世。元年薦舉孝廉方正，三年揚城破死難。奇人奇節，如徵君者，可謂不負聖朝徵辟之典矣。徵君撰《[續]疇人傳》，于李雲門侍郎傳中，曾附署先君名，似豫有夙緣者，例得備書。咸豐五年乙卯季夏月，男良駟謹識于長安縣官舍之集思軒。

劉衡《尺筭日晷新義》

著録

清・劉鐸《若水齋古今算學書録》 象數第三

《尺算日晷新義》上下卷，《句股尺測量新法》，劉衡。《六九軒算書》本。

序跋

清・劉衡《尺筭日晷新義・自序》 衡少讀《周官》經「土圭測日」、《攷工記》「置槷以懸，眂以景」，懵然不得其解。既於家藏故紙中得泰西《比例規解》一編，年來走京師，遊觀象臺，獲睹儀象諸巨製，伏讀《御製歷象考成》上下二編，乃始窺太陽經緯躔度。夫北極者，距赤道九十度者也，此亘古不易者也。惟天體渾圜，而非平圜，北極出地隨方不同，有表，見下二卷。故日度所躔與日景所到，亦遂有因地高下之異，而晝夜之長短因之。極與平地齊之處，每晝夜必平分，雖冬至亦同。春秋兩分日，日出入在卯酉正初刻；若極出十度，則冬至日出入較兩分日約加減一刻半，知日出入於卯正酉初一二刻半也；極出二十度，則冬至日出入較兩分日約加減二刻半，知日出入於卯正二酉初一刻半也；極出三十度，則冬至日出入較兩分日約加減四刻，知日出入于辰酉初初刻也；極出四十度，則冬至日出入較兩分日約加減六刻，知日出入于辰初申正二刻也；極出五十度，則冬至日出入較兩分日約加減十刻，知日出入于辰正申初二刻也；極出六十度，則冬至日出入較兩分日約加減十六刻，知日出入於巳未正初刻也。俗所用晷，不求極出度，隨處通用，嘻，謬矣！夫在天一度，在地南北約二百里，此緯度也，若經度則天一度地東西約四百里矣。《考成》云：在天一度，在地二百里，歷家稱南行二百里，則極低一度言緯度也。方今地域廣輪，從古無匹，竊見疇人子弟推極出表，自十餘度至六十餘度，其差五十餘度，顧執一成之器而概之，薄海內外，曰此其晷也，豈但差毫釐而失千里已乎？衡不敏，以鄙意造筭尺一具，專爲製晷設也。乃製晷得六則，一曰斜立向正南之日晷，二曰斜立向正東之日晷，三曰斜立向正西之日晷，四曰平面向正北之日晷，五曰立面向正南之日晷，六曰斜立向正北之日晷。晷式不雷同，然其用北極以定赤道之高下，以求景，則區區主見所在六者，毋或歧也。具圖各附説其下，説不文，然不敢作晦澀語，録之成帙，帙分上下卷，上卷造尺法，下卷則治晷法也。南豐劉衡。

劉衡《句股尺測量新灋》

序跋

清・劉衡《句股尺測量新灋・自序》 測量，舊法用表，用重表，用三表、四表，西法用鏡，用盂水，用矩尺，用套竿，用覆笠，用矩度，用象限儀，罔弗貫幽入微，備臻美善。然皆有待於筭，未有不煩布筭，一量即得者。衡少喜泰西家學，熟測量諸法，年來走京師，遊觀象臺，獲睹儀象諸巨製，伏讀《御製數理精蘊》《御製歷象考成》上下二編及《後編》《御定儀象考成》，究心六宗、三要，反復探索，茅塞頓開。輒以鄙意，創爲句股尺。其制長方，即句股相乘之積，面畫横縱諸線，凡山嶽樓臺、城郭之高川、穀之深、土田道里之遠，一測而得，不煩布筭，但數尺面縱横各格，即得真距，無分秒差，亦奇器也。輒繪圖立説，得十二法，集爲一編。間以示李雲門先生，先生曰：測量，筭法之極功也，以尺則擯筭法，而不馭測量，智者所難能也，以尺則下愚優爲之。子曩作開方表，百乘方如指諸掌，猶此志也。皆不朽業也。亟慫恿付梓。衡不自信，命兒輩鈔存之，自備省覽，且爲家塾啟蒙之一助云。六九軒主人劉衡，時嘉慶十二年四月朔。

劉衡《籌表開諸乘方捷法》

著録

清・劉鐸《若水齋古今算學書録》 象數第三

《籌表開諸乘方捷法》上下卷，劉衡。《六九軒算書》本。

序跋

清・劉衡《籌表開諸乘方捷法・自序》 宣城梅勿菴先生本泰西羅雅谷《籌筭》開方廉隅共法之法，撰《開方捷法》一卷，衹及平方、立方，而不及三乘以上諸乘方。蓋隅者，小方形也，借方籌爲隅法，在平方則以之合廉法籌，在立方則以之合平廉法籌。夫平方之廉法、立方之平廉法，古謂之方法，與諸乘方之第一廉等，但以次商之根乘之，即得廉積，故列籌九格，其數皆可取商，雖百乘方可用籌者也。獨其開立方所用之長廉，亦列各籌，羅氏列之立方籌右，梅氏列之立方籌下，則甚無謂。蓋長廉即諸乘方之第二廉以下諸廉也，必以次商之平冪乘之乃得廉積，不能徑以次商之根乘之而得廉積也。故以長廉法列籌，惟籌首行數可徑用，蓋次商一，其自乘平冪亦一，與次商根同數也。余格之數皆於籌無取。梅氏襲泰西法，於此處未及變通之，固宜其法之僅强施之立方，而三乘以上諸方，廉法漸增者之格，礙難行也。至所撰《少廣拾遺》，乃並廉隅共法之用籌者而概置之，又未免因噎廢食矣。衡少讀泰西家書，熟籌筭，既更得梅氏諸種，喜其立論顯豁，於泰西氏之學多發明，然獨格格于此，輒欲以鄙意完其缺，以舉子業累未遑也。今年秋，京兆試，報罷，旅館無聊，同人有以廉隅字索解者，忽觸舊志，乃創立開諸乘方表，以濟籌之窮，定爲初商用籌，次、三等商第一廉廉隅共法者，用籌兼用表，二廉以下則專用表。平方無需此，至三乘以上諸方廉數，因方遞增，其間錯綜雜糅，動至混淆，以籌並表御之。用籌則易於尋其源，用表則可以理其紛，順逆次第，展表釐然，循是法也，開百乘方如指掌也，亦筭學家一快事也夫。嘉慶十二年，歲次丁卯，冬十二月既望，南豐劉衡。

又《籌表開諸乘方捷法・小引》 開方之法，古書所載，僅及五乘，多不著筭例。《同文筭指》具七乘，立論苟簡，語不達理。《少廣拾遺》增爲十二乘，所列開方大法，稍明括矣。然筭例不立標題，學者多致眯目。是編籌表兼用，例必標目，繹例展表，縷析條分，百乘方盡於此矣。以幅隘表，不畢具，具十六乘方，得若干例如左。如欲更開多乘方，則但於表之上層增横格，多一横格即多開一乘方，如開二十乘方，則於表上加四横格即得。開二十五乘方，於表上加九横格即得。開方之法至是乃大備云。平方、立方詳見別卷，不贅立説，期於易曉，故不文且雅，不喜艱深者之自文也。

劉衡《借根方法淺説》

著録

清・劉鐸《若水齋古今算學書録》 象數第三

《借根方[法]淺(釋)[説]》，一卷。劉衡。《六九軒算書》本。

序跋

清・劉衡《借根方法淺説・自序》 宣城梅文穆公悟借根方即天元一法，原名東來表，泰西謂之爲阿爾熱八達，今名乃譯書者質言之也。伏讀《御製數理精蘊》，反復探索，乃知借根方者，蓋假借根數、方數，以求所求之數之法。根者，線也，面之界也。借根而兼言方者，根爲方之邊，方爲根之積，若根乘根則成平方根，乘平方則成立方，以至屢乘及多乘方，俱所必用，故名之曰借根方。其大致與衰分之立衰相似。特衰分之立衰，僅御本數，此法則一切筭法無不可御，是誠筭家之極妙者也。凡布筭者，先借一根爲所求之數，因之以加減乘除，務令與未知之數比例齊等，而所求之數乃出。惟是加減乘除，必須視多少之號以定同異，而借數又有一定之位，爲進爲降，不容或紊，未易猝曉，稍一混淆，毫釐千里。衡少喜泰西學，因梅氏第解此法與天元一名異實同，究未嘗疏其例，輒以鄙意，取加減乘除四端，冠以用號，綴以定位表，縷析條分，各撮其要，歸於淺顯，説取易明，庶學者不致眯目，或亦啟蒙之一助也夫。南豐劉衡。

劉衡《四率淺説》

著録

清・劉鐸《若水齋古今算學書録》 象數第三

《四率淺説》一卷，劉衡。自著《六九軒算學》本。

序跋

清・劉衡《四率淺説・自序》 元李學士冶撰《測圜海鏡》，載立天元一法，窮極神妙。明唐荊川先生博通筭法，至詫爲難解。泰西借根法亦從此出。曩在京師書肆中，見鈔本一部，埋頭半月，其大旨不離比例，借彼徵此，借虛徵實，一借字盡之。特其用意奧折，立法元渺，未易猝曉耳。本多譌脱，無從校證，賈人又昂其值，遂置之。今悔無及矣。閒通其意，以御衰分諸法，無不立破，雖然，以是言立天元一法，抑又淺矣。其奧旨則不敢强不知以爲知，爲具數如左。南豐劉衡。

劉衡《緝古算經補注》

著録

清・劉鐸《若水齋古今算學書録》 象數第三

《緝古算經補注》，劉衡。《六九軒算書》本。 劉氏補注《六九軒算書》，係從李潢《考注》中録出，只二條，今按李書中不只此。

焦循《里堂學算記》

著録

清・劉錦藻《清續文獻通考》卷二七四《經籍考一八》 《里堂學算記》十六卷，焦循撰。

清・張之洞《書目答問・子部》 天文算法第七

《里堂學算記》十六卷，焦循。《焦氏叢書》本。

《里堂學算記》目録

《加減乘除釋》八卷　《天元一釋》二卷　《釋弧》三卷　《釋輪》二卷

《釋橢》一卷

序跋

清・阮元《里堂學算記序》 數爲六藝之一，而廣其用則天地之綱紀，羣倫之統系也。天與星辰之高遠，非數無以效其靈，地域之廣輪，非數無以步其極，世事之糾紛繁賾，非數無以提其要。通天地人之道曰儒，孰謂儒者而可以不知數乎？自漢以來，如許商、劉歆、鄭康成、賈逵、何休、韋昭、杜預、虞喜、劉焯、劉炫之徒，或步天路而有驗於時，或箸算術而傳之於後，凡在儒林，類能爲算。後之學者，喜空談而不務實學，薄藝事而不爲，其學始衰。降及明代，寖以益微，閒有一二士大夫留心此事，而言測圓者不知天元，習回回法者不知最高，謬誤相仍，莫能是正。步算之道，或幾乎息矣。

欽惟我國家稽古右文，昌明數學，聖祖仁皇帝御製《數理精蘊》，高宗純皇帝欽定《儀象考成》諸編，研極理數，綜貫天人，鴻文寶典，日月昭，垂固度，越乎軒轅隷首而上之。以故海内爲學之士，甄明度數，洞曉幾何者，後先輩出，專門名家則有若吴江王曉闇錫闡、淄川薛儀甫鳳祚、宣城梅徵君文鼎，儒者兼長則有若吴縣惠學士士奇、婺源江愼修永、休寧戴庶常震，莫不各有譔述，流布人閒。蓋我朝算學之盛，實往古所未有也。

江都焦君里堂，與元同居北湖之濱，少同遊，長同學。里堂湛深經學，長於三禮，而於推步數術尤獨有心得。比輯其所箸《加減乘除釋》八卷、《天元一釋》二卷、《釋弧》三卷、《釋輪》二卷、《釋橢》一卷，總而録之名曰《里堂學算記》。書成，而屬元序之。

元思天文算法至今日而大備，而談西學者輒詆古法爲觕疏不足道，於是中西兩家遂多異同之論。然元嘗稽攷算氏之遺文，泛覽歐邏之述作，而知夫中之與西枝條雖分而本榦則一也。如西法三率比例即古之今有術，重測即古之重今有，借衰即衰分之列衰，疊借即盈不足之假令，今之三角即句股，借根方即立天元一。至於地爲圓體，則《曾子》十八篇已言之，七政各有本天，與郤萌日月不附天體之説相合，月食入於地景，與張衡蔽於地之説不別。熊三拔《簡平儀説》寓渾於平，而崔靈恩已立義以渾蓋爲一矣。的谷四方行測，朦蒙氣反光之差，而安岌已云地有遊氣蒙蒙四合矣。其它若天週三百六十度，則邵康節亦嘗言之，日周九十六刻，則梁天監中嘗行之。以此證彼，若符節之合。然則，中之與西，不同者其名，而同者其實。乃彊生畛域，安所習而毁所不見，何其陋歟。

里堂會通兩家之長，不主一偏之見，於古法穿穴十經，研求三數，而折中乎劉氏徽之注《九章》。西法隨事立説，闡其隱祕，而日月五星之果有小輪與？夫日月五星本天之果爲橢圓與？不則，存而不論。昔蔡中郎撰十意，未竟上言，欲思惟精意，扶以文義，潤以道術，著成篇章。今里堂之説算，不屑屑舉夫數，而數之精意無不包，簡而不遺，典而有則。所謂扶以文義，潤以道術者，非邪？然則，里堂是記，固將以爲儒流之典要，備六藝之篇籍者矣。元少畧涉斯學，心鈍不能入深，且以供職中外，斯事遂廢。今見里堂成此書，敬且樂焉。吾鄉通天文算學者，國朝以來惟泰州陳編修厚耀最精，今里堂之學似有過之無不及也。嘉慶四年冬，經筵講官、户部左侍郎、兼管國子監算學事務，阮元譔序。

焦循《加減乘除釋》

著録

清・劉鐸《若水齋古今算學書録》 象數第三

《加減乘除釋》八卷，焦循。《里堂學算記》本。分類釋九章，與楊輝《纂類》相發明。

清・丁仁《八千卷樓書目》卷一一《子部・天文算法類》 算書之屬

《加減乘除釋》八卷，國朝焦循撰。刊本、雕菰樓本。

序跋

清・黃承吉《加減乘除釋序》 算之爲術，可隨事以立名，而皆不外於乘除加減。加減者，乘除之所自出，然非乘除不足以盡加減之用。故有四者，而算法備矣。古今算家多列其目，句股旁要量測既同，開方少廣層累則一，差分之外申之以均輸，方程之後繼之以盈朒。因其小別，遂爲區分。揆厥指歸，豈有岐義？夫不明其旨，則易地致惑，深究其理，則後起可推。竊以此義求之古先，蓋論法者居多，言理者絶少。即閒有之，亦與法相淆，而於舉綱挈領之要未盡合也。今之爲是學者，吳縣李尚之鋭、歙縣汪孝嬰萊、吾邑焦里堂循，三子者善相資疑相析。孝嬰之學主於約，在發古人之所未發，而正其誤，其得也精。尚之之學，主於博，在窮諸法之所由立，而求其故，其得也貫。理堂則以精貫之旨推之於平易，以爲理本自然。取劉徽注《九章算術》之意，著《加減乘除釋》八卷，凡弧矢之相求，正負之相得，方員凸凹之異形，齊同比例之殊制，靡不先列其綱，次疏其目，俾學者可窮源以知流，揣本而齊末。其於二子之學，蓋相輔而實相成矣。夫由疎之密，今古非有殊途，因難而易，中西本無二轍，雖稱名舉類，優絀互形，正其權輿，一言可解。古人好學深思，必曰心知其意。里堂之書，殆《周髀》以來諸書之統紀，不獨劉氏之功臣也已。三年夏五月，江都黃承吉序。

清・汪萊《焦里堂加減乘除釋敘》汪萊《衡齋文集》卷三 書之言曰：號物之數謂之萬，物成生理謂之形，無形者道通爲一。莫知端倪，數之不能分也。逍遥於天地之間，巧曆不能得，吾惡乎求之。衆有形者，形名已明，則差數覩矣，其數一二三四是也。大小、長短、修遠，何貴、何賤、何少、何多，或不足於數，或有餘於數，消息盈虚，謋然已解。執而圓機，面觀四方，託於同體，以差觀之，假於異物，以不同形相嬗。察同異之際，反覆始終，不主故常。天地雖大，明於本數，齊於法而不中不亂。善哉。且吾聞之，天下之治方術者多矣，吾求之於度數。舊法世傳之史，時或稱而道之。以名爲表，以約爲紀，六通四闢，形物自著，以爲法式，古之人其備乎？今世之人，識其一，不知其二。左手攫之，莫得其倫，右手攫之，莫知其處。以規法度，不該不徧，猶之可也。而愚者不擇是非，而言多辭繆，説因以曼衍，且爲聲爲名，瞋目而語，難不同於己，不免於非，而容岸然曰：天有曆數，吾自以爲至達已。嘻！惡乎可有人於此。世之才士也，而多方乎聰明之用也，吾與之友矣。其所言者，一曰兩者交通成和，二與一爲三是已。二曰損之又損之，「一尺棰，日取其半」是已。三曰合異以爲同道通分也。四曰散同爲異其分也。以備此四者，始終相反乎無端，千轉萬變而不窮，整之齊之，斯而析之，言而當法，其理不竭。是乃所謂冰解凍釋者，是相于藝也。謀乎，我察而審，而所言之韙，足以自樂也，所以行於世也。

清・焦循《加減乘除釋・序》焦循《加減乘除釋》卷一 劉氏徽之注《九章算術》，猶許氏慎之撰《説文解字》。士生千百年後，欲知古人仰觀俯察之旨，舍許氏之書不可，欲知古人參天兩地之原，舍劉氏之書亦不可。嘉定錢溉亭先生塘，謂《説文》一部之中，聲無統紀，因取許氏書，離析合併，重立部首，系之以聲，其書雖未成，迄今講《説文》者，頗宗其意以著書。循謂古人之學，期於實用，以乂百工，察萬品，作書契，分別其事物之所在，俾學者案形而得聲。若夫聲音之閒，義藴精微，未可人人使悟其旨趣，此所以主形而不主聲也。惟算亦然。既有少廣，句股，又必指而別之曰方田、曰商功，既有衰分、盈不足、方程，又必明以示之曰粟米、曰均輸，亦指其事物之所在，而使學者人人可以案名以知術也。然名起於立法之後，理存於立法之先。理者何？加減乘除四者之錯綜變化也。而四者之雜於《九章》，則不啻六書之聲雜於各部。故同一今有之術，用於衰分，復用於粟米；同一齊同之術，用於方田，復用於均輸；同一弦矢之術，用於句股，復用於少廣。而立方之上，不詳三乘以上之方，四表之測，未盡三率相求之例。踵其後者，又截粟米爲貴賤衰分，移均輸爲疊借互徵，名目既緐，本原益晦。蓋《九章》不能盡加減乘除之用，而加減乘除可以通《九章》之窮。《孫子》《張邱建》兩書，似得此意，乃說之不詳，亦無由得其會通。不揆淺陋，本劉氏之書，以加減乘除爲綱，以《九章》分注而辨明之。草創於乾隆甲寅之秋，明年爲齊魯遊，遂中輟。嘉慶二年丁巳，授徒村中，無酬應之煩，取舊稾細爲增損，得(七)[八]卷。竊比於溉亭之於說文，庶幾與劉氏相表裏焉。倘有缺誤，願識者補而正之，幸甚！時十二月大寒日。

焦循《天元一釋》

著録

清・劉鐸《若水齋古今算學書録》 象數第三

《天元一釋》上下卷，焦循。《里堂學算記》本。

清・丁仁《八千卷樓書目》卷一一《子部・天文算法類》 算書之屬

《天元一釋》二卷，國朝焦循撰。活字板本。

序跋

清・談泰《天元一釋序》 治經之士多不治算數，治算數者又不甚讀古書，以謂西法密於中法，後人勝於前人，此大惑也。天元一術顯於元代，終明之世無人能知。本朝梅文穆公知爲借根方法之所自出，可謂卓識冠時，而篇中步算仍用西人號式，於李學士遺書未能爲之闡明。古籍雖存，不絶若綫矣。焦子里堂治經之暇著《天元一釋》二卷，使人知古法之簡妙，其於正負相消、盈朒和較之理，實能抉其所以然。復辨別秦氏之立天元一與李氏迥殊，且細攷生卒時代，知(鏡)[敬]齋不後於道古，分綱列目，剖析微塵，可與同門李尚之所校《測(員)[圓]海鏡》《益古演段》二書相輔而行。此真古學之絶而復續，幽而復明者。泰於天元算例亦從西人入手，近始知其立法之不善，遠遜古人。讀焦君此編，益涣然冰釋矣。夫西人存心叵測，恨不盡滅古籍，俾得獨行其教，以自衒所長，吾儕托生中土，不能表章中土之書，使之淹没而不著，而數百年來但知西人之借根方，不知古法之天元一，此豈善尊先民者哉？泰聞焦君名久矣，比來武林，始得識其人，讀其書，並綴數言於簡末。昔文穆自言荆川復生，定當擊碎唾壺，愚謂文穆尚在，亦有積薪之歎矣。嘉慶庚申冬十有二月上澣，秣陵同學教弟，談泰階平氏拜撰。

清・李鋭《天元一釋序》 立天元者，算氏至精之術也。爲算之道，皆據所已知之數求所未知之數。然而，所謂數者，自一而累之而十百千萬，自一而析之而分釐秒忽等數也。所未知之數，雖未知幾何而必爲一數，則可知此天元一之所由立也。已知之數，見數也，未知之數，雖知其必爲一數，究借算也。見數與借算不同類，故必別太極於天元外也，以不同類者相加減則生正負，何也？減所不可減，非負不能通其變也。以天元乘則層累而上，以天元除則層遞而下。層累而上者，譬天元爲方面，以乘方面爲平冪，以乘平冪爲立積也。層遞而下者，譬以方面除立積則得平冪，除平冪則得方面也。設一術於此以求其積數，又設一術於彼以求其積數，此之積數與彼之積數，其天元太極之等不同，而其爲積數則同，故曰如積也。彼此之積數同，則以彼消此，或以此消彼，相消之後必減盡而空，更無積數矣。然而猶有天元太極之等者，以有正負故也。計正之積與負之積適等，正之盈以負之不足消之而盡，負之不足以正之盈消之而亦盡。正負相消，則無正亦無負。無正無負，是無積數也。惟無積數，故除之、開方之，而得所立天元一幾何之實數。假尚有數不得爾也，此立天元術之大略也。江都焦君里堂，今之善言立天元術者也，所著《天元一釋》二卷，於帶分寄母同數相消之故，條分縷析，發揮無復餘藴。蓋自李欒城、郭邢臺而後，爲此學者皆未如里堂如此之妙也。鋭於算學未有深得，而篤好立天元術，亟欲章而明之，則頗與里堂相似，里堂亦謬以鋭爲可語於斯，而屬序焉。因撮舉綱要，以告天下後世之讀里堂書者，辭之不文，所不暇計也。嘉慶五年冬十月二十日，元和李鋭書於浙江撫署之誠本堂。

清・焦循《天元一釋・序》焦循《天元一釋》上　天元一之名，不著於古籍，金元之間，李仁卿學士作《測圓海鏡》《益古演段》兩書，以暢發其旨趣。宋末秦道古《數學九章》，亦有立天元一法，而術與李異，蓋各有所授也。元世祖並宋之後，郭邢臺用李氏之法造授時術，其學頗顯著於世。明顧箬溪不知所謂，毅然刪去細草，終明之世，此學遂微。國朝梅文穆公悟其爲歐邏巴借根法之所本，於是世始知天元一之説。然李氏書雖嘗板刻，而海内不多有，故學者習學借根方法，而於天元一之藴，或有未窺者也。吾友元和李尚之鋭，精思妙悟，究核李氏全書，復辨别天元之相消異乎借根之加減，重爲校注，奥秘益彰，信足以紹仁卿之傳，而補文穆所不逮也。循習是術，因以教授子弟。或謂仁卿之書端緒叢繁，鮮能知要，因會通其理，舉而明之，而所論相消相減，閒與尚之之説差者，蓋尚之主辨天元借根之殊，故指其大槩之所近，循主述盈朒和較之理，故析其微芒之所分。閲者勿疑有異義也。嘉慶四年冬十二月除日。

焦循《釋弧》

著録

清・劉鐸《若水齋古今算學書録》　天文第七

《釋弧》三卷、《釋輪》二卷、《釋橢》二卷，焦循。《里堂學算記》本。

清・丁仁《八千卷樓書目》卷一一《子部・天文算法類》　算書之屬

《釋弧》三卷，國朝焦循撰。刊本、雕菰樓本。

序跋

清・焦循《釋弧・序》焦循《釋弧》卷一　曲線謂之弧，直線謂之弦。以弧爲弦，復以弦爲弧，則弧得。合弧限謂之正弧，差弧限謂之斜弧。以斜爲正，復以正爲斜，則斜得。不變者謂之本形，旁通者謂之次形。以本形爲次形，復以次形爲本形，則本形得。此三者，弧角之樞也。其術之目，曰：以角求弧，以弧求角，以弧角求弧，以弧角求角。舉其三以測其三，比例之精，轉移之巧，非覃思冥索，未易言得。梅徵君文鼎著《弧三角舉要》及《環中黍尺》，以啟發其旨趣。戴庶常震又爲《句股割圜記》，以衍極《周髀》之旨。乃梅書撰非一時，緐複無次敘。戴書務爲簡奥，變易舊名，恒不易了。乾隆乙卯秋八月，取二書參之，爲《釋弧》三篇。上篇釋正弧弦切之用，中篇釋内外垂弧之義，下篇釋次形及矢較之術。今三年矣，或以立表之理不明，則裁弧爲弦之法不備，宜補之。嘉慶戊午秋九月，省試被落後，温習舊業，因取昔年所論六觚八綫未成之帙，删益爲此書上卷，而删合原上中二卷，以爲中卷，微必求彰，期於簡要。讀梅戴兩家之書者，庶得其輗軏焉。

雜録

清・錢大昕致焦循信焦循《釋弧》　接讀手教，如親謦欬。前于黄宗易處已領得大製《宫室圖》，兹復見惠，已分一部致李生尚之，並將尊劄付其閲看。伊亦深佩服，以不得握手爲恨。所論月五星諸論，推闡入微，以實測之數，假立法象，以求其合，尤爲洞澈根原。弟衰病，不能進於此道，當賴英絶領袖之耳。舍弟在幕，想時親高論，兹託蔣生於野，附致寸函，並候起居不戩！弟大昕頓首。

清・李鋭致焦循信焦循《釋弧》　本月十二日謁見竹汀師，接到寄惠大作《羣經宫室圖》一部，拜領之下，感謝無已。讀足下與竹汀師書，知足下于推步之學甚精，議論俱極允當，不可移易。蓋月體之於次輪既行倍離之度，則其體勢自與七政之在本輪不同，而月體既周行次輪，則圍繞一周自不能成大圈與本天等。火星歲輪徑既有大小，則其軌跡自不能等於本天。反復數四，覺前人所説，第舉其大分，而足下更能推極其精密。曷勝承教，佩服之至。足下又云：有其當然，亦必有其所以然。鋭愚以爲，其所以然不外乎所當然也。何者？古法，自三統以來見存者約四十家，其於日月之盈縮遲疾、五星之順留伏逆，皆言其當然，而不言其所以然。本朝《時憲書》，甲子元用諸輪法，癸卯元用橢圓法，以及穆尼閣新西法用不同心天。蔣友仁所説地動儀，設太陽不動而地球如七曜之流轉，此皆言其當然，而又設言其所以然。然其當然者，悉憑實測，其所以然者，止就一家之説，衍而極之，以明算理而已。是故，月、五星初均、次均之加減，其故由於有本輪、次輪，而其實月、五星之所以有本輪、次輪，其故仍由於實測之時當有加減也。以是推之，則月體一周不能成大圈與本天等，其故由於有次輪，而所以有次輪之故，則由於朔望以外當有加減也。火星軌跡不能等於本天，其故由於歲輪徑有大小，而所以輪徑有大小之故，則由於以無消長之輪徑算火星，猶有不合，而更宜有加減也。若不此之求，而或於諸曜之性情冷熱，别究其交關之故，則轉屬支離矣。狂瞽之見，以質高明，是否有當？統祈裁正。李鋭再拜。

焦循《釋輪》

序跋

清・焦循《釋輪・序》焦循《釋輪》卷一　循既述《釋弧》三篇，所以明步天之用也。然弧線之生，緣於諸輪，輪徑相交，乃成三角之象。輪之弗明，法無從附也。擬爲《釋輪》二篇，上篇言諸輪之異同，下篇言弧角之變化，以明立法之意由於實測，若高卑遲疾之故，則未敢以臆度焉。嘉慶元年春二月記，時寓寧波校士館中。

焦循《釋橢》

序跋

清・江藩《釋橢序》　江都焦君里堂，厲節讀書，綜經研傳，鈎深致遠。復精推步，稽古法之九章，考西術之八綫，窮弧矢之微，盡方圓之變，與淩君仲子、李君尚之齊名。嘉慶三年秋，里堂出所製《釋橢》一篇示予，考西法自多禄畝以至苐穀皆以日月五星之本天爲平圓，其後西人有刻白爾、噶西尼等以爲橢圓，兩端徑長，兩(要)[腰]徑短。雍正八年六月朔日食，舊法推得九分二十二秒，今法推得八分十秒，驗諸實測，今法爲合，於是詔用今法。橢圓起於不同心天之兩心差，引而倍之爲倍心差，用面積求平行、實行之差，於是有大小徑中率與平圓之比例及差角之加減，與舊法不同矣。其法以面積之度與角度相較亦可得平行實行之差。然，平行，面積也；實行，角度也。以積求角難，以角求積易。故先設以角求積，次設以積求角，次設借積求積，次設借角求角，四法最爲簡捷，與舊法迥殊。其言日躔之理，亦即盈縮高卑之説也。如橢圓以地心爲心規橢圓之形，中晝爲午，從地心作綫分爲三百六十度，每分之積，皆爲一度，每一分積爲六十分。太陽每日右旋，當每一度積之五十九分有奇，所謂平行也，則太陽在午綫之下，是爲最卑，而地心至橢圓界之綫短，角度必寬，是爲行盈。太陽在午綫之上，是爲最高，而地心至橢圓界之綫長，角度必狹。是爲行縮盈縮高卑之理，雖與地穀同，而橢圜之法則密於苐穀諸輪之法。若以諸輪法測今日日月五星之天，有不謬以千里者哉。昔秦大司寇蕙田輯《五禮通考》，觀象授時一門，戴編修震分纂，詳述諸輪之法，而不及大陽地半徑差、清蒙氣差，橢圜之説不亦傎乎。是篇仿張淵《觀象賦》之例，自爲圖註，反復參稽，抉蘊闡奥，爲實測推步之學者，所不可無之書也。學者從事於斯，以求日躔月離交食諸輪，無晦不明，無隱不顯矣。里堂不以藩爲譾劣，屬序是篇，乃書橢圜緣起，爲讀是篇者之先導云。嘉慶三年季冬月，友人甘泉江藩作。

清・焦循《釋橢・序》焦循《釋橢》卷一　康熙甲子律書用諸輪法，雍正癸卯律書用橢圓法，蓋實測隨時而差，則立法亦隨時而改。循學習此術，以義蘊深密，未易尋究，謹擇其精要，析而明之，庶幾便於初學云爾。嘉慶元年九月朔，録於吳興舟次。

雜録

清・李鋭致焦循信焦循《釋橢》　十月初九日李鋭啟：比來連接手書，共三通，並大作《釋橢》一本。悉心展讀，見所述圖説，俱極簡當明白，真不朽之盛業也。偶有一二獻疑處，已别簽出，今一併奉上，即希照入。其簽語有未當，還望教正。過吴時，務示一音，阮閣學命校《測員海鏡》，大約正月間可校畢，得讀秘書，惠由足下，感謝，感謝！

清・王引之致焦循信焦循《釋橢》　王引之頓首：去歲奉書一函，託鄭星兄轉致，想已入覽。茲從沈四丈處得見大著《釋橢》及所和詩。《釋橢》爲沈丈鈔録未畢，尚未攜歸細讀。生平不喜略觀大槩，於足下所作，尤不敢草草讀之，恐不能盡沈欝之思，澹雅之才也。正月二十日，引之頓首。

清・沈鈁致焦循信焦循《釋橢》　去冬除月二十六日，接讀手翰，兼賜瑶章及大著《釋橢》一書，鈁再三伏讀，覺視勿菴先生書尤朗若列眉。但鈁明圖説之理，用法尚祈提命耳。沈鈁頓首。

清・楊大壯致焦循信焦循《釋橢》　山莊别後，即渡江，由吴至越，留西湖上，與錢塘諸詩人遊，詠數日，邑甚。抵東山，一路俱無恙，晤金輔之殿撰，以尊作《釋橢》《釋弧》與參之。程易田先生，尚未晤也。楊大壯頓首。

焦循《開方通釋》

著録

清・劉鐸《若水齋古今算學書録》　象數第三

《開方通釋》一册，焦循。木犀軒叢書本。

序跋

清・汪萊《開方通釋叙》　平方求積之法，見於《王制》，「方十里者，爲方一里者百」是也。開平方之法見於《逸周書》制郊甸，「方六百里因西土爲方千里」是也。立方求積之法，見於《考工記》㮚人爲量，「深尺，内方尺，其實一鬴」是也。開立方之法亦見於《考工記》，「旅人爲簋，其實一觳，崇尺」是也。算學之書，汗牛充棟，莫不以開方爲大法。故九數之中，方田、粟米、商功、勾股四者之精義，反覆相究，統於少廣一章。有明算學中衰，三乘之方，無能排解。自宣城梅徵君文鼎發明廉率立成之圖，三乘以上之形體，始如門山掌果。至於帶縱之方，有舉多少而分正負者，則不外乎同名相加、異名相減二術，而自宋秦道古九韶、元李欒城冶而後，至今罕有能綜其條理者。吾友元和李尚之鋭、江都焦里堂循各立天元一術，於古開方法皆有所發明。近晤陽城張司馬敦仁，請其《緝古算經細草》，與尚之、里堂相頡頏。三君子之用力於古也，深矣。里堂既爲諸乘方圖，及《天元一釋》，茲復本秦道古《數學九章》爲《開方通釋》，以秦氏之旨闡古開方之術，可謂無遺矣。獲請於邗江之上，爲之序而歸之。若夫借根益實，後人損之又損之道，萊有成書，不必與此術衡高下也。嘉慶六年九月朔，歙縣汪萊叙。

清・焦循《開方通釋・序》　梅勿庵《少廣拾遺》，發明諸乘方，於正負加減之際闕而未備，故其廉隅繁賾，步算既艱，亦且莫適於用。循向爲《加減乘除釋》，於此欲貫而之，反覆再三，猶未得立法之要。近來因講明天元一術，於金山文淙閣借得秦道古《數學九章》。原名《數學大畧》。其中用開方法，既精且簡，不特與《測圓海鏡》相表裏，究其原，實古《九章》之遺焉。嘉慶庚申冬十一月，與元和李尚之同客武林節署，共論及此，尚之耑志求古，於是法尤深好而獨信，相約廣爲傳播，俾古學大著於海内。時江甯談階平教諭亦客督學劉侍郎幕中，時過余寓舍，互相證訂，甚獲朋友講習之益。竊謂乘除之法，負販皆知，至開方正負，帶從諸乘方，儒者竭精敝神，或有未能了了者，使知道古此法，則自一乘以至百乘、千乘，庶幾一以貫通，人從可以布筴而求也。列爲十二式，設問以明之。欲便於初學，故不厭詳爾。

汪萊《衡齋算學》

著録

清・劉錦藻《清續文獻通考》卷二七四《經籍考一八》　《衡齋算學》七卷，汪萊撰。萊字孝嬰，安徽歙縣人。嘉慶丁卯優貢。

《衡斋算学》七卷，汪萊。嘉庆间刻本。

清・丁仁《八千卷樓書目》卷一一《子部・天文算法類》 算書之屬

《衡齋算學》七卷、《遺書》六卷，國朝汪萊撰。刊本。

清・劉鐸《若水齋古今算學書録》 象数第三

《衡齋算學》第一册，汪萊。嘉慶年六九書榭刊本。

又 《衡齋算學》第二册，汪萊。嘉慶年六九書榭刊本。

又 《衡齋算學》第三册、第六册，汪萊。嘉慶年嘉樹堂刊本。

又 《弧角條目》，汪萊。《衡齋算學》第四册。

又 《遞兼數理》，汪萊。《衡齋算學》第四册。

又 《衡齋算學》七册，汪萊。嘉慶年刊本。

序跋

清・汪萊《衡齋算學・第一册序》 丙辰仲冬，吾友巴孟嘉屬擬推五星伏見通法，遂求黄赤之交變，尋弧角之比例。除總較法不便用對數外，試以邊角相求之法，按其鋭鈍大小則窮。又試以垂弧法推次形、又次形，紛紛葛藤，不可收拾，至按其鋭鈍大小亦窮。乃屏棄成言，渺慮静觀，始覺象數俱顯。因録爲條目，並通法定例各種，取曩在吴門所論次形數紙，合爲一册。孟嘉一見爲之鼓掌。余嘗攷垂弧法，有梅氏所引舊説，謂底邊之旁兩角同類，則垂弧在形内，異類則垂弧在形外。由今按之，確不可易。攷次形法，有梅氏所引《曆學會通》之説，謂别算一三角，其邊爲此角一百八十度之餘，由今按之，無不可通。梅氏皆斥之。甚矣，索解人之難也。若此册得孟嘉可無憾已。雖然，持械者言仰觀星宿，推步盈虛，曆數算計，皆所不應，孟嘉之何以解我。歙汪萊。

又 **《衡齋算學・第二册序》** 憶始晤吾友江蒹浦時，蒹浦課以句弦和與中容求諸數一題。余攷自來算書，有梅君循齋及丁君維烈二法，認題既誤，布算自乖。因思别立正術，思緒不來，大爲蒹浦所窘。戊午春，夜與孟嘉雨窗破寂，覆拈此題，略言其趣，越日蒹浦自山中讀書來，既見斯編，相視而咲，想見初相見時。歙汪萊。

又 **《衡齋算學・第三册序》** 戊午秋季，歸自白門，抱璞而泣。孟嘉適翻算表，顧謂予曰：且談藝，可乎？予曰：唯唯。孟嘉曰：八線之制其法，終於三分取一，表之真數僅得十分之二，誠能立五分取一之法，則全表皆確數矣。子盍思之。予諾之，而未暇也。轉瞬又届秋初，孟嘉殤厥中男，移居别館，不淚而傷。予無文不能制東野失子之篇，思以瑣故移其情，遂構此術，稍演得三千言，强使遊目，以破一須臾之感。歙汪萊。

又 **《衡齋算學・第四册序》** 算師思精，算弟子之詣舍，多設題以難之，無由也。弧三角之算，窮形固難，設形亦難，稍不經意，動乖其方，但值握籌茫然，先虞發策窘矣。己未之夏，吾宗岫雲出遊，欲構難題數端，往詰算博士。因爲制此條目，舊著《遞兼數理》，亦設問之奇者也。合爲一册，以廣贈算師。歙汪萊。

又 **《衡齋算學・第五册序》** 以不知爲知，不可也，而猶可也。以不可知爲知，大不可也。何可乎以不知爲知？何不可乎以不可知爲知？物予我以知，我暫不知，會心焉，有待也。物不任我以知，我謬附以知，見魔焉，迷不反也。嗟乎！使物有知，不且笑知已乎。故曰知其不可知，知也。辛酉仲秋，吾友江鄭堂、畢子廉相將爲邗水之遊，湖上盃間發我知者何限。未幾，巾車遊南嶽，臨别之頃，與鄭堂察秦九韶開方術及李冶天元一術，多以不可知爲知者，遂就二乘方以下簡且易者畧爲條目，以正之。首録一册，寄吾友焦理堂，理堂其樂道予之知歟未？不亦樂乎？予之不知也。歙汪萊。

清・李鋭《衡齋算學・第五册算書跋》汪萊《衡齋算學》第六册 是卷窮幽極微，真算氏之最也。愚更以正負開方爲説，括爲三例：其一，凡隅實異名，正在上負在下，或負在上正在下，中間正負不相間者，可知。其二，凡隅實異名，中間正負相間，開方時其與隅異名之從廉皆翻，而與隅同名者，可知。不者，不可知。其三，凡隅實同名者，不可知。質諸孝嬰，未審以爲何如？計余與孝嬰别已二載，今孝嬰假館六安，余又旅寓杭州，相去千餘里，安得同共一堂，相與極論也。念之，念之。壬戌八月初九日，元和李鋭跋。

清・焦循《衡齋算學・第五册算書記》汪萊《衡齋算學》第六册 予幼好九九之學，雖求之古書，而不能得其指歸。自交吴中李尚之鋭、歙縣汪孝嬰萊，得兩君切磋之益，於此藝少有進，而兩君亦時時以所得見示，令商論其可否。是時，李仁卿、秦道古之書，兩君均未之見也。歲乙卯，余在浙，始得見《益古演段》《測圓海鏡》兩書，急寄尚之。尚之喜甚，爲之疏通證明，復推其術，於弧矢著書，以明郭太史《授時草》所用天元一術。已而，予又得秦氏所爲《數學大略》，亦撰爲《天元一釋》《開方通釋》，以述兩家之學。庚申冬，與尚之同客武林節署中，互相證訂，喜古人絶學復續於今日。明年孝嬰來揚州，因以語之。壬戌春，予在京師，孝嬰自六安寄一書來，甚言秦李兩家之非，而剖析其可知不可知，《衡齋算學》中第五册是也。是秋，予復在浙，尚之寓於孤山，買舟訪之。以孝嬰之書，與相參核。尚之深嘆爲精善，復以兩日之力，作開方三例，以明孝嬰之書之所以然。於是秦李兩家之學，至此益明。今年，村居教徒，稀入城市，出入於農圃、醫蔔之術。秋八月，有走馬來者，叩門甚迫，童子驚相告予，視之，則孝嬰也。延入塾中，對飲於豆花蕃語間。孝嬰謂予曰：或謂尚之誚吾所著書，有之乎？予因出尚之所爲《衡齋算學》跋與之。孝嬰怡然曰：尚之固不我非也。因謂予曰：子亦爲我一言。予諾之。孝嬰復走馬去，門人請曰：秦李之書，李君疏之，汪君難之，不已異乎。予曰：此兩君所以是也。兩漢經生守一家之言，華藻鞶帨通人鄙其固焉。鄭康成爲《禮經》作注，雖子夏之言，猶駮之秦越人、宗岐伯之言，而作八十一難，蓋非深入其室者，不能疏，亦非深入其室者，不能難。得李君之疏，而秦、李之書明，得汪君之難，而秦、李之書益明。古人立言，固樂夫人之深入而難，我不樂人之略觀大意，而諂附我也。門人退録之，以寄孝嬰，即以爲之言。嘉慶癸亥中秋前一日，江都焦循記。

清・汪萊《衡齋算學・第六册序》 南嶽之遊，塗次白酒岡，雨三晝夜，不得道。茅簷聽滴，如在書窗共話時，感遥情無盡之端，理幽談未竟之緒，更爲此册筭書。時同行者家石潭使人張明及其子、柴車夫二人、車一座、馬一匹。同寓者説因果一人，弄幻術三人，女媒一人，車夫二人，車一座，或歌或歎，如夢如癡。我孟嘉此際望雲長嘯，亦念秋風蓬葉飄泊何所耶。歙汪萊。

又《衡齋算學・第七册序》 昔在揚州，爲秦太史客，太守張古愚先生枉顧趨答之，居兩月，論經談藝，遊必偕焉，飲食教誨，誼至篤也。予匆匆去六安，太守亦回治川沙。予以《第五册算書》郤寄就正，太守疑之，謂其過苦。越三年，聞太守作《開方補記》，樂得其甘。時太守與予均復在揚，然不以示予。太守之客，則吾友沈君狎鷗、李君尚之，聚散離合，於斯感焉。予授徒多暇，亦謀其甘，續爲此册。太守移任江西，無可就正，付庋閣。又越五六年，庚午春，來官石埭。諸生有嗜算者，出以示之，縣尉濟寧劉君景堂、國子張君未山、茂才唐子步青、蘇子珮，偕愛之，遂付之梓。太守倘見之，還告其過，則幸已。歙汪萊。

清・夏燮《衡齋算學遺書合刻叙》 吾師衡齋汪先生，歿於嘉慶癸酉。越八年，先名宦公再補新安，燮自京師歸，侍養葹舍。始詣先生聞梅舊塾，檢敝簏得《遺稾》《文集》數種，編次粗定，以屬伯兄弢甫。弢甫又以屬胡先生培翬，更取所藏《校正九章算術》增入之。道光甲午，伯兄館於歙，西溪汪氏時程梓廷制府奉諱里居，索先生書，謀付剞劂，不果。既又展轉於巴小孟明經及胡先生家。胡先生歿，燮訪求數年，始得之。懼久而散佚，乃於攝篆鄱陽簿書之暇，并先生所自刻《衡齋算學》七册之漫漶者，合而梓之。先生推步之學，詳江都焦先生循所譔《別傳》中。其與先名宦公締交之始末，詳伯兄所跋先生《遺書》中。惟念燮執經相從，甫踰毁齒，先生期以遠到，許字愛女，未笄而殤。先生之二子小衡、吉菴，皆先名宦公再至新安周恤淬厲以世。先生之學者，詎幽光潛德，厄於報施。小衡以諸生終，吉菴舉孝廉，甫授甯國司訓，客死邗上。斵斤喪質，鑄冶遺裘，惸惸無告之孤，茫茫欲墜之緒，悲夫。燮老而無聞，五十以後，備員江右遭。粤西紅巾之變，倥傯軍務中，自愧於先生之學無能爲役，猶幸《遺書》未湮，經門下往復商定，而燮實始終之。小衡之二孤，挈以入署，其長者亦粗通經義，相與讎校魚豕，克潰於成。是則燮以俗吏迂儒，負四十餘年前相攸之識，姑以是區區者，抱殘守缺，傳之其人，其亦庶幾少慰先生於地下也已。咸豐甲寅中春月，門人夏燮謹叙。

清・夏炘《衡齋算學遺書合刻跋》 此《覆載通幾》一卷、《參兩算經》一卷、《樂律逢源》一卷、《磬鼓旁線解》一卷、《校正九章算術》一卷、《今有録》一卷、《衡齋文集》三卷，吉光片羽，吾師孝嬰汪先生之所遺也。憶嘉慶乙丑之春，先君子司訓新安，先生實爲學中博士弟子員，夏四月謁先君子於正心誠意之室，一見稱莫逆，與語終日。先生退，先君子目送之，曰：此天下奇才也。是時周濂堂學使按試徽郡，先君子薦之，遂以第一食廩餼。又明年，戴紫垣學使來，先君子又薦之，遂以優行貢成均。蓋先生自成童遊泮至此，已四十歲。前後二十餘年，文宗儒師，磊落相望，未有知先生者也。先生長身玉立，鬚眉秀發，讀書過目輒記憶。《十三經注疏》幾於能口舉其辭，而尤精於天文曆算之學，不由師傳，深造自得。幼孤，家貧，無以具炊爨，至掘草根以佐食。終日守一編不置也。與同里巴先生孟嘉、江先生蒹浦、羅先生子信善。晚受知於先君子，每至城即下榻黌舍，漏四十下猶相與縱談不倦。性喜飲，酒酣耳熱，平生硊礧不平之氣，往往慷慨悲歌，聲音激越。先君子恒譬解之，既而又相視而笑。先生既以貢入京師，用薦入史局，纂修天文時憲志。書成，授石埭訓導。而先君子亦於是年乞養歸當塗。癸酉夏，過先君子青山草堂，顔色憔悴，悄然不樂。先君子强之著書，則曰：今世考據家陳陳相因，不過勦襲前言耳，非能發古人所未發也。去數月，而先生訃音至矣。兩孤在抱，遺書半皆散佚。數年前，舍弟燮曾稍稍輯之而未備，今年炘假館歙之西溪，績溪胡君竹村又出其《校正九章算術》及遺文十餘首，因相與往復，商榷定爲此編。嗚呼！炘年十九歲，執經於先生之門，侍皋比者三閱月耳。於先生之學，未能窺見藴奥。而先君子與先生相知之深，相交之篤，迄今溯之，依依如昨日事。展玩遺編，潸然淚下矣。道光甲午十一月，門人夏炘謹跋。

清·汪廷棟《重刊跋》 右重刊《算學》七卷、《遺書》九卷，乃先大父石埭司訓衡齋公所著。大父生而穎異，七歲能詩，生平著作均苦思冥索而得，不由師傳。不幸遭家業中落，享年又僅四十有六。其時先大夫小衡公尚幼，仲父孝廉甯國司訓吉庵公又在襁褓，所存藁本半皆散軼，經當塗夏嗛甫姑丈掇拾緒餘，集成遺書，並算學，合刊於鄱陽縣署。行世日久，板漸漫漶。棟與弟柱又以家貧遭亂，無力再刊。回憶從戎閩浙，以及隴右，備員瀋陽，籌糈則已，歲月盈積，每懼弗克纘承家學，而傳書之念乃愈堅。光緒乙酉，始從夏氏獲先大夫所撰《箕説》二册刊行，而《算學遺書》板留江右，遺失無存，於是由瀋陽營次請山左卞君調元、姑蘇劉君秉鈞，以楷法繕成底本，又延秦中副郎黄君紫珊悉心勘定。今年秋乞假省墓，始刊於里門。其繪圖覆校，則同族廪生鳴珂實助之。既竣事，因復於棟曰：算學至今大顯。然在曩時，鄉僻罕傳習，開徑創獲，艱苦百倍矣。其一册，弧平三角量法，則推廣梅氏《環中黍尺》之用，取内角於外弧，其立算通法，固已包舉近今徐吴兩家所著。其二册，等積等句弦和求句股之數，創藁時尚未見秦李二書，實獨出苦心。其三册，圓内若干度通弦求其度五分之一之通弦，以連比例遞推，後有董氏闡發割圓，而此卷已先括其要。其四册，弧角有無定限及《遞兼數理》。弧角之限，近譯西法《三角數理》顯其圖象。《遞兼數理》，李氏《垛積》一卷盡厥淵微。其五册，根方多少、糅雜每根之數、知不知條，羅茗香《開方釋例》、近華若汀《行素軒藁》專論開方，豈知是卷先已肇端。其六册，見諸自記，近明静庵之書已出，足備參稽。其七册，方數根數真數糅雜諸題，尤造微之作。至《遺書》中妙悟澄觀，旁通博考，多未竟之緒，他人得一，立可名家。棟心韙其言，詳書以備稽考。竊念先大父專心嗜學，著撰宏富，當其以優貢客都中，用大臣薦入國史館，纂脩天文時憲志，書成，授石埭訓導，未及三載，遽爾棄養，以致他所著，如《禹貢山川今名攷》及《説文聲類》等書，多未刊行，即焦先生理堂刊其《算學五種》本，今亦罕傳，足見學之至者，天亦珍祕，而斯册之重廣流傳，不可謂非厚幸也。既與弟柱再三校讀，因備記刻書本末於後云。光緒壬辰冬，孫男廷棟謹跋，廷柱敬書。

雜録

清·汪萊《衡齋算學·第五册》 又論曰：西人杜德美有隨度求弦矢捷法。梅氏《赤水遺珍》載之未備。戊辰冬，效力史館，協修朱君雲路出示所藏，乃觀德美全法。竭旬日思得其立法之原，歎爲至妙。姑舉一隅於此。【略】此册推演舊術遜其妙已。

又 記曰：舊刻此册，誤詆德美之失，古愚張太守非之。蓋得明君[安]圖所解者，太守秘其書不相示予。至中都求之司博士廷棟，博士購之經歲不能得，聞之人云：明君所傳者陳君季新。季新早卒無傳。然張太守已得之，惜予不獲見爾。因朱君出其全法，思悟及此，急改刊舊論，並記之以志吾過。

又 《第五册自記》汪萊《衡齋算學》 記曰：右一篇吾友李尚之爲余第五册算書作也。余書以辛酉之冬，寄里堂。里堂閒二載，北燕南越，不得以書劄報余。今年夏，余始復至揚城。里堂隱居北湖，炎暑歊蒸，四閱月未獲一面。八月七日，暑氣稍平，乃策馬徑至里堂之門。秋禾登場，百步外馬不容足，侯彊侯以肅客將命，須臾導我入門而右，里堂自闈門出迎，造於館。書屋三間，屋前爲圃，圃外爲湖，波光雲影，鳥語花香，令人作世外想。余所攜僮僕圉人息於左廡，余與里堂止於榭皆坐，叙别叙思，戒炊命酤。里堂乃出尚之此篇，計去作日期一載矣。讀之，同聲相應，吾友之與人爲善一至於此。爲之大快。里堂則又曰：尚之作此篇時，客於西子湖頭蘇小墓之側，悼亡未朞，加以失子，酸楚不可言。追訊往事，又不得不爲尚之悲已。袖而歸學舍，以授學者延麟。延麟謂前册頁已過多，續刻諸此册之末，因記其略如此。

論曰：尚之此例，足爲余書之凡。而余書所謂不可知之數，有二數相淆者，有三數相淆者，推之三乘方以上，則有恒河沙、不可思議、無量數相淆者。必辨其爲二、爲三、爲恒河沙、不可思議、無量數，皆著其求之之法，以示後人，使不生疑惑，則又非例所能括者。故余於二乘方以下，已煞費苦心，而尚之亦不得例也。且尚之之第二例，亦稍有未當處。蓋所謂隅實異名，而中間從廉正負相間者，即余書之第五十一條也。此條有可知，有不可知，若非先以余法審别之，而驟以正負法開方，設遇不可知之數，如一與一千與一十萬三數相淆，而題爲：一萬萬真數，少一萬一十萬一千根積，又多一十萬一千一一乘方積，與一二乘方積相等者，自一至一十萬相去遠矣，茫無進退之限，初商何以下算？初商不能下算，何以開方而知其翻爲同名與否？又況雖翻而不同名，亦有可知者，如八百真數，少一百根積，又多一十二乘方積，與一二乘方積相等，則每根之數惟十，斷無相淆，以余補法按之，可以得其故矣。想尚之作例時，愁緒紛挐，故未克竟其奧。年來殆更進一解已。

李鋭《李氏遺書》

著録

清・張之洞《書目答問・子部》 天文算法第七

《李氏遺書》十七卷，李鋭。道光癸未阮氏廣州刻本。《算書》十一種。

《李氏遺書・目》

《召誥日名攷》　《三統術注》　《四分術注》

《乾象術注》　《奉元術注》　《占天術注》

《日法朔餘强弱攷》　《方程新術草》

《勾股算術細草》嘉慶丁卯年刻板，在吳門。

《弧矢算術細草》　《開方説》上中下三卷，下卷廣東順德黎應南補。

雜録

清・阮仲嘉《李氏遺書紀略》 儀徵阮雲臺宫保元《定香亭筆談》云：元和李尚之，錢辛楣宫詹高弟，深於天文算術，江以南第一人也。居西園，爲予校李治《測圜海鏡》，推算立天元一細草。儀徵阮仲嘉明經亨《珠湖草堂筆記》云：李四香與予訂交於浙撫署中，爲人樸厚篤學，邃於經義，尤精於天文步算，與焦里堂、淩次仲兩先生爲談天三友。秦道古、李樂城之書，久無習者，四香特講明天元一、大衍求一之術，餘事爲詩文，亦皆精湛，及門傳其學多掇巍科以去，與予倡和之作俱刊入《瀛舟筆譚》。

李鋭《日法朔餘彊弱攷》

著録

清・周中孚《鄭堂讀書記》卷四一四《子部六之上》 《日法朔餘彊弱攷》一卷，《李氏遺書》本。國朝李鋭撰。何承天調日法，以四十九分之二十六爲彊率，十七分之九爲弱率，彊弱之數，得中平之率，以爲日法朔餘。唐宋演撰家皆墨守其法，無敢失墜。元明以來，疇人子弟罔識古義，竟無有知其説者。四(鄉)[香]因列《開元占經》《授時術議》所載五十一家日法朔餘之數，一一攷其彊弱，凡合者三十五家，不合者十六家，反復推駁，抉盡闖與，亦步天者求故之一助云。前有嘉慶己未自序，末附李雲門潢答書。

清・劉錦藻《清續文獻通考》卷二七四《經籍考一八》 《日法朔餘强弱攷》一卷，李鋭撰。臣謹案：鋭據《開元占經》及《授時曆議》所載五十一家日法朔餘，課其强弱，凡合者三十五家，不合者十六家。反覆推驗，謂不合之故有三，其一，朔餘强於强率；其一，朔餘之下增立秒數；其一，日法積分太多。朔餘雖在强弱之間，亦於率不合。蓋本於何承天調日法立强弱率求朔實，由此證明，而曆術之殘缺者，均可修明矣。

清・劉鐸《若水齋古今算學書録》 史第二

《日法朔餘彊弱考》，李鋭。《李氏遺書》本。

序跋

清・李鋭《日法朔餘彊弱攷・序》 何承天調日法以四十九分之二十六爲彊率，十七分之九爲弱率，累彊弱之數，得中平之率，以爲日法朔餘。唐宋演撰家皆墨守其法，無敢失墜。元明以來，疇人子弟罔識古義，竟無知其説者。今年春，讀《宋史・[曆]志》，忽有啟悟。爰列《開元占經》《授時術議》所載五十一家日法朔餘之數，一一攷其彊弱。凡合者三十五家，不合者十六家，反復推驗，知不合之故，蓋有三端：其一，朔餘彊於彊率，如統天術朔餘六千三百六十八，約餘五千三百六萬六千六百六十六，鮑澣之譏其無復彊弱之法者是也。其一，朔餘之下增立秒數，如乾道術朔餘一萬五千九百一十七秒七十六，裴伯壽詆爲不入術格者是也。其一，日法積分太多，朔餘雖在彊弱之間，亦爲於率不合，如劉智正術日法三萬五千二百五十，命爲七百一彊、五十三弱，則朔餘正得一萬八千七百三，若命爲七百一十八彊、四弱，則朔餘爲一萬八千七百四，較多一分。《玉海》載至道元年王睿獻新術，言於二萬以下修撰日法者是也。次爲一卷，以質當世明算君子，或亦步天者求故之一助也。嘉慶四年五月十八日。

雜録

清・李潢致李鋭信李鋭《日法朔餘强弱考》 辱承手書，奬飾備至，弟自惟譾劣無似，不知何以得此於先生，且悚且幸。大著補宋金六術，能使古法之已湮没者，粲然復明，鑿鑿可據，實有功古人不淺。《日法朔餘强弱考》並自序一首，尤爲抉盡閫奥，皆必傳之作。不但與秦氏書爲羽翼也。古愚先生言：先生將以各朝曆算依本術疏其法意，作爲一書，聞之不勝欣幸。尚懇勉力成此鴻鉅之業，俾先覩爲快。弟性好此學，而迷惑頗多，未能貫通，惟冀先生高捷入都時得以賞奇析疑，一抒積悃耳。眠食佳否，想念殊勞，統惟鑒照，不宣。尚之先生宗弟潢頓首。

李鋭《句股算術細草》

著録

清・劉錦藻《清續文獻通考》卷二七四《經籍考一八》 《句股算術細草》一卷，李鋭撰。

清・劉鐸《若水齋古今算學書録》 象數第三

《天元句股細草》一卷，李鋭。嘉慶丁卯吴下刊單行本、重刊《李氏遺書》本、《白芙堂叢書》本。

清・丁仁《八千卷樓書目》卷一一《子部・天文算法類》 算書之屬

《句股算術細草》一卷，國朝李鋭撰。刊本、白芙堂本。

《句股算術細草・目》

句股　求弦
句弦　求股
股弦　求句
句、句股和　以句減和餘即股，依句股術入之
句、句股較　以句加較即股，依句股術入之
句、句弦和　以句減和餘即弦，依句弦術入之
句、句弦較　以句加較即弦，依句弦術入之
句、股弦和　求股弦
句、股弦較　求股弦
股、句股和　以股減和餘即句，依句股術入之
股、句股較　以較減股即句，依句股術入之
股、句弦和　求句弦
股、句弦較　求句弦
股、股弦和　以股減和餘即弦，依股弦術入之

股、股弦較　以股加較即弦，依股弦術入之
弦、句股和　求句股
弦、句股較　求句股
弦、句弦和　以弦減和餘即句，依句弦術入之
弦、句弦較　以較減弦餘即句，依句弦術入之
弦、股弦和　以弦減和餘即股，依股弦術入之
弦、股弦較　以較減弦餘即股，依股弦術入之
句股和、句股較　和較相加半之即股，相減餘半之即句，依句股術入之
句股和、句弦和　求句股弦
句股和、句弦較　求句股弦
句股和、股弦和　二和相減餘即句弦較，依句股和、句弦較術入之
句股和、股弦較　和較相加即句弦和，依句股和、句弦和術入之
句股較、句弦和　求句股弦
句股較、句弦較　求句股弦
句股較、股弦和　和較相減餘即句弦和，依句股較、句弦和術入之
句股較、股弦較　二較相加即句弦較，依句股較、句弦較術入之
句弦和、句弦較　和較相加半之即弦，相減餘半之即句，依句弦術入之
句弦和、股弦和　二和相減餘即句股較，依句股較、句弦和術入之
句弦和、股弦較　和較相減餘即句股和，依句股和、句弦和術入之
句弦較、股弦和　和較相減餘即句股和，依句股和、句弦較術入之
句弦較、股弦較　二較相減餘即句股較，依句股較、句弦較術入之
股弦和、股弦較　和較相加半之即弦，相減餘半之即股，依股弦術入之
句、句和和凡股和和、弦和和，皆與句和和同，不別出。　以句減和餘即股弦和，依句股弦和術入之
句、句和較凡股較和、弦較和，皆與句和較同，不別出。　以句加較即股弦和，依句、股弦和術入之
句、句較和凡股和較、弦較較，皆與句較和同，不別出。　以句減和餘即股弦較，依句、股弦較術入之
句、句較較凡股較較、弦和較，皆與句較較同，不別出。　以較減句餘即股弦較，依句、股弦較術入之

股、句和和　以股減和餘即句弦和，依股、句弦和術入之
股、句和較　以股減較餘即句弦較，依股、句弦較術入之
股、句較和　以股加和即句弦和，依股、句弦和術入之
股、句較較　以較減股餘即句弦較，依股、句弦較術入之
弦、句和和　以弦減和餘即句股和，依弦、句股和術入之
弦、句和較　以弦減較餘即句股較，依弦、句股較術入之
弦、句較和　以和減弦餘即句股較，依弦、句股較術入之
弦、句較較　以弦加較即句股和，依弦、句股和術入之
句股和、句和和　二和相減餘即弦，依弦、句股和術入之
句股和、句和較　求句股弦二問
句股和、句較和　求句股弦
句股和、句較較　和較相減餘即弦，依弦、句股和術入之
句股較、句和和　求句股弦
句股較、句和較　二較相減餘即弦，依弦、句股較術入之
句股較、句較和　和較相加即弦，依弦、句股較術入之
句股較、句較較　求句股弦四問
句弦和、句和和　二和相減餘即股，依股、句弦和術入之
句弦和、句和較　求句股弦二問
句弦和、句較和　二和相減餘即股，依股、句弦和術入之
句弦和、句較較　求句股弦二問
句弦較、句和和　求句股弦
句弦較、句和較　二較相減餘即股，依股、句弦較術入之
句弦較、句較和　求句股弦四問
句弦較、句較較　二較相加即股，依股、句弦較術入之
股弦和、句和和　二和相減餘即句，依句、股弦和術入之
股弦和、句和較　和較相減餘即句，依句、股弦和術入之
股弦和、句較和　求句股弦
股弦和、句較較　求句股弦
股弦較、句和和　求句股弦
股弦較、句和較　求句股弦

股弦較、句較和　和較相減餘即句，依句、股弦較術入之
股弦較、句較較　二較相加即句，依句、股弦較術入之
句和和、句和較　和較相加半之即股弦和，相減餘半之即句，依句、股弦和術入之
句和和、句較和　二和相加半之即句弦和，相減餘半之即股，依股、句弦和術入之
句和和、句較較　和較相加半之即句股和，相減餘半之即弦，依弦、句股和術入之
句和較、句較和　和較相加半之即弦，相減餘半之即句股較，依弦、句股較術入之
句和較、句較較　二較相加半之即股，相減餘半之即句弦較，依股、句弦較術入之
句較和、句較較　和較相加半之即句，相減餘半之即股弦較，依句、股弦較術入之

序跋

清・李銳《句股算術細草・自序》　爲筭之道，要須會通大義，枝枝節節而求之，雖合其數不足爲法也。歲丙寅，仁和許子雲庵乃蕃、南昌萬子小廉啟昀從余遊，兼及句股筭事，講論之暇，作此卷示之，俾知隨問立術，有一以貫之者耳。七夕前一日，李鋭記。

清・張敦仁《句股筭術細草序》　吾友李尚之，精法算，所著《句股筭術細草》一卷，舉和較相求七十餘事，以廿五術御之，斯亦簡矣。至其圖極幼眇，使廣袤相形虛法盡成實義，非藏心於密，運術於神者，孰能言之若是，其明且盡乎？蓋李敬齋《益古演段》，一洗術家溟涬之陋矣，而猶不免於疎略，好學深思之士得尚之之書而讀之，古學之興庶有冀也。因亟爲梓之，廣其傳焉。嘉慶丁卯四月十三日，陽城張敦仁識於無錫舟中。

李鋭《弧矢算術細草》

著録

清・周中孚《鄭堂讀書記》卷四五《子部六之下》　《弧矢算術細草》一卷。《李氏遺書》本。國朝李鋭撰。明顧箬溪應祥作《弧矢算術》一卷，以備弧背求矢、截積求矢諸法。尚之以其未明如積，徒衍開方，不免務末遺本，爰集弧矢之問，入以天元之法，凡二十術，都爲是編，以供遊藝者之需。其書雖以「細草」名，而實不爲顧氏書作注釋，故不附諸其後云。前有自序，《知不足齋叢書》亦收入之。

清・劉錦藻《清續文獻通考》卷二七四《經籍考一八》　《弧矢算術細草》一卷，李鋭撰。

序跋

清・李鋭《弧矢算術細草・自序》　説弧矢者，肇於《九章》方田。自是以後，北宋沈括以兩矢冪求弧背，元代李冶用三乘方取矢度，引信觸類，厥法綦詳矣。明顧箬溪應祥作《弧矢算術》，既如積之未明，徒開方之是衍，務未遺本，不亦傎乎。鋭受學師門，泛觀古籍，研九數者十年，冀千慮之一得。爰集弧矢之問，入以天元之法，凡十三術，都爲一卷，願與海内遊藝之士共審正焉。元和李鋭。

李鋭《開方説》

著録

清・周中孚《鄭堂讀書記》卷四五《子部六之下》 《開方(法)〔説〕》三卷，《李氏遺書》本，國朝李鋭撰。下卷，其門人黎應南補。應南，順德人。開方者，除法也，超步定位肇於少廣，梅勿庵著《少廣補遺》，立開一乘方以至開十二乘方法，四香以其枝枝節節，窒礙難通，未免舍本而遂末，爰集是書，以救正之。上卷起例發凡，臚列算式。中卷正負互易，平立代開，得數可言，其大小命分，則齊以並差。下卷反復推求，有義必搜，無法弗備。可謂盡開方之變矣。上、中兩卷早有成書，惟下卷止有條例，未立設問。四香將卒時，屬應南爲補成之。然皆遵其師遺命，依法推衍，非參以己見者也。後有嘉慶己卯應南跋。

清・劉錦藻《清續文獻通考》卷二七四《經籍考一八》 《開方説》三卷，李鋭撰。黎應南補。應南字見山，廣東順德人。

清・劉鐸《若水齋古今算學書録》 象數第三

《開方説》上中下卷，李鋭。下卷黎應南補。《李氏遺書》本，《白芙堂叢書》本。

清・丁仁《八千卷樓書目》卷一一《子部・天文算法類》 算書之屬

《開方説》三卷，國朝李鋭撰。白芙堂本。

序跋

清・黎應南《開方説跋》 右《開方説》三卷，吾師李四香先生所撰也。憶自庚午之冬，應南始從先生受算學，由九章兼及西法。甲戌之秋，以開方説見授，曰：開方者，除法也。超步定位，肇於少廣，宋元諸家，入以天元之術。有天元斯有正負，因有帶從諸乘方，其式如階級重重，迤邐遞進，或以正步負，或以負步正，有翻積，有益實，皆一定之理。李氏《測圓海鏡》、秦氏《數學九章》，均通其法，誠算家絶詣也。宣城梅氏著《少廣拾遺》，立開一乘方以至開十二乘方法，枝枝節節，窒礙難通，未免舍本而逐末。爰著《開方説》三卷，上卷起例發凡，臚列算式。中卷正負互易，平立代開，得數可定其大小，命分則齊以并差。下卷反覆推求，有義必搜，無法弗備。可謂盡開方之變矣。上中兩卷，早有成書，惟下卷止有條例，未立設問。丁丑之夏，先生病且革，因應南鑽仰有日，特於易簀之際，再三屬爲補成。故下卷諸數，皆謹遵先生遺命，依法推衍，非敢參以己見。并將先生平日論開方之語識於簡末，與海内明算者，共深究焉。嘉慶己卯秋九月三日，順德弟子黎應南謹跋。

李鋭《方程新術草》

著録

清・周中孚《鄭堂讀書記》卷四五《子部六之下》 《方程新術草》一卷，《李氏遺書本》，國朝李鋭撰。方程爲九章之一，衍其法者皆散見於算書中，未有專書，唯梅勿庵作《論》六卷，以供人之博求而共證之。四香複創爲草，先之以舊術十一法，次之以新術二十八法，雖較梅氏書太簡，而爲初學者導夫先路，正不貴多言也。

清・劉錦藻《清續文獻通考》卷二七四《經籍考一八》 《方程新術草》一卷，李鋭撰。鋭見經部易類。

清・劉鐸《若水齋古今算學書録》 象數第三

《方程新術草》一卷，李鋭。《李氏遺書》本、《白芙堂叢書》本。

雜録

清・李潢致李鋭信李鋭《方程新術草》前 春間接奉手教，並詢悉興居清適，湥以爲慰。讀大著《方程新術草》一卷，正負相當各率，一出自然，正從前傳刻之誤，闡古人未發之覆。愉快彌日。《句股細草》，前歲古愚太守見惠一本，條段各圖，細入毫芒，真精思大力之作也。閱鄉試名録，先生又復見遺，頗爲惋惜。邇來主試諸公，多以不得先生爲憾。竊聞先生文高品峻，塵外之契，談何容易。此可爲知者道也。歷代史志，能於一二年内就緒否？此學甚孤，名山不朽之業，務祈勉力爲之，俾先覩爲快耳。謹此奉覆，並候文安，不宣。弟潢頓首。

馮經《算畧》

著録

清・丁仁《八千卷樓書目》卷一一《子部・天文算法類》 算書之屬

《算略》一卷，國朝馮經撰。《嶺南遺書》本。

序跋

清・周有經　黄待聘《算略跋》 先生中年以後，講學著書，不間寒暑，四子書(反)[及]羣經諸子，莫不手自詮釋，以不良於目，書字又不擇紙筆，故所存多斷缺殘蝕，間或口授門人，分誌簡端，先後互異，訖鮮成書。惟《周易畧解》八卷，出入攜以自隨，有以疑義質者，應時改訂，一義未安，或思之通夕不寐，務求允當而後已。本意專尚明簡，以便初學，稿凡十數易，而後卦詞始定。末年復以《繫辭》解釋，稍略思加潤飾，而疾已亟矣。先生之研精而不自滿假如，是其《羣經互解》及《算略》則因及門有所疑問，撮其大要書之，亦非一時所作，因與《周易略解》義相發明，附刊於後。蓋先生志也。他所著述，俟於同門鈔本互相比勘，擇其尤完善者，續鐫焉。俾讀者知先生之淵博，不可以涯涘測也。嘉慶癸酉二月，受業順德周有經、黄待聘謹跋。

張作楠《翠薇山房數學》

著録

清・劉錦藻《清續文獻通考》卷二七四《經籍考一八》 《翠微山房數學》，十五種三十八卷。張作楠撰。作楠字丹村，浙江金華人。嘉慶戊辰進士，官至江蘇徐州府知府。

清・張之洞《書目答問・子部》 天文算法第七

《翠微山房數學》三十八卷，張作楠。原刻本。十五種，目列後：《量倉通法》五卷、《方田通法補例》六卷、《倉田通法續編》三卷、《八線類編》三卷、《八線對數類編》二卷、《弧角設如》三卷、《弧三角舉隅》一卷、《揣籥小録》一卷、《揣籥續録》三卷、《高弧細草》一卷、《新測恒星圖表》一卷、《新測中星圖表》一卷、《新測更漏中星表》三卷、《金華晷漏中星表》二卷、《交食細草》三卷。

《翠薇山房數學》總目

《量倉通法》五卷，二册
《方田通法補例》六卷，二册
《倉田通法續編》三卷，一册
《八線類編》三卷，一册
《八線對數類編》二卷，一册
《弧角設如》三卷，一册
《弧三角舉隅》一卷，一册
《揣籥小録》一卷，一册
《揣籥續録》三卷，一册
《高弧細草》一卷，一册
《新測恒星圖表》一卷，一册
《新測中星圖表》一卷，一册
《新測更漏中星表》三卷，一册
《金華晷漏中星表》二卷，一册
《交食細草》三卷，一册

張作楠《倉田通法》

著録

《倉田通法》總目

序跋

清·江臨泰《倉田通法序》　右《倉田通法》十四卷，金華張丹邨先生教授栝蒼時所撰也。初，阮雲臺少保撫浙時，製量倉尺，頒行各屬。不用斛率，即知穀數法，甚捷。丹邨因華亭徐華西延緒之問，推其立法之根，又以量倉量田向無專書，而現行丈量各訣立法未密，反覆推算，成《量倉通法》五卷，《方田通法補例》六卷，合爲一編，名曰《倉田通法》。寫定後，復因俞愛山俊問立天元一法，即取倉田諸題入以天元之術，成《續編》三卷。其書借量田以求各面形，借量倉以求各體形，故測面則自平方、平圓、梯、眉、弧矢，而並及各等邊、各不等邊諸面，測體則自立方、立圓、尖圓、撱圓，而並及方亭、方錐、塹堵、鱉臑、陽馬、四面、八面、十二面、二十面諸體，設例則自求積、求邊、分積、截積，而並及更面、更體、內容外切、權度比例，立術則自平方、立方、乘方、帶縱諸乘方、約分、通分，而並及三角八線、立天元、借根方。客夏以稿本寄錢塘范介兹景福校勘，未竟而範君疾作，乃屬余竟其事，並屬補諸圖，付梓。夫理之至者，中西一轍，法之精者，先後同揆。自談西學者詆古法爲粗疏，而伸中法者又或執古率以難新術，不知三角即句股也，借根方即立天元也，三率比例即今有術，重測即重今有術也，借衰即衰分之列衰，疊借即盈朒之假令也。他若天週三百六十度則邵子嘗言之，日周九十六刻則梁天監中嘗行之，三一四一五九二之率則祖沖之、趙友欽已先用之。丹邨是書，融會中西，通貫爲一，而於各法之殊塗同歸及隱奧難曉，如立天元、借根方者，尤推闡曲暢，轉鳥道而引之康莊，俾人人可由淺入深，因端竟委，厥功偉矣。丹邨博學好古，著作等身，不欲以曆算名家，今即是編求之，其體例之詳，立法之密，用心之細，引據之博，有專家所不能及者。其生平之實事求是，即此見其概矣。嘉慶二十五年歲次庚辰，日在東井，雲樵江臨泰識。

雜録

清·范景福《范介兹景福答周葵伯向榮書》張作楠《方田通法補例》附　接讀來教，知拙作《春秋上律表》已蒙丹邨先生許爲訂正，並寄到《倉田通法》，屬弟校算。弟于天算之學所得甚淺，丹邨不以門外棄之，任以斯役，俾得引繩執墨，獻技於大匠之門。幸甚！快甚！三月來悉心校讎。正編已校完，有獻疑處皆籤出就正。方擬校完續編，買舟赴毘陵面承雅教，不圖用心過鋭，一時不檢，竟成膈症，恐弗克痊，有負知己，謹將原稿封寄，祈轉致丹邨，幸弗以草草塞責見罪也。至弟窮愁潦倒，瓠落無成，既不能榮世，復無可壽世。所著《上律表》，雖蒙阮雲臺師許可，然以杜氏頓置二閏爲非，擬於僖、文、宣之世，各增移閏月，究未免武斷，祈質之丹邨，隨文駁正。勖公之説，或藉箴膏肓，起廢疾，發墨守而傳，斯弟之幸矣。不宣。景福頓首。

清·周向榮《識》張作楠《方田通法補例》附　丹邨先生閲介兹校本，甚愜，欲仍托以校刊，旋聞遽歸道山，深爲惋惜。屬將此劄附卷末，以志切磋之益，並將《上律表》校正付刊。介兹可無憾矣。吾獨惜介兹究心絶學，得遇丹邨，不獲聚首，數年以卒其業，而竟止於斯也。錢塘周向榮識。

張作楠《量倉通法》

著録

清·周中孚《鄭堂讀書記》卷四五《子部六之下》 《量倉通法》五卷，《翠薇山房數學》本，國朝張作楠撰。初，阮雲臺師撫浙時，仿天文家用一萬分爲日法之法，制量倉尺，頒行各屬，不用斛率，即知谷數，立法甚捷。丹邨因華亭徐華西延，緒以量倉訣相質，爰取曩所肄習者，爲之逐句詮釋，復設求積、求邊諸例，以暢其義，而隱伏雜糅者，閒以借根方法馭之，並附測體各術，合爲是編。前四卷於各體形邊積相求法略備，後一卷自各體求積、求邊及更體互容權度比例、堆垛諸法，各具算例，與前法相輔而行。觀此益知《夏侯陽》「方倉」，張邱建以爲未得其妙也。此篇與《量田通法補例》統名《倉田通法》。錢塘范介茲景福爲之校訂，全椒江雲樵臨泰爲之補圖，前有自序，及雲樵《倉田通法》總目，後跋。

清·丁仁《八千卷樓書目》卷一一《子部·天文算法類》 算書之屬

《量倉通法》五卷，國朝張作楠撰。翠微山房本。

《量倉通法》目録

卷一　嘉量圓制　嘉量方制　部頒斛式　量之名　量之數　量之法有邊求積　有積求米　量邊　量面　量體　石法　還原　量倉歌訣解　附圓周求徑法　徑求圓周法　圓周求面積法　圓徑求面積法　量圓倉圓堆法　量長方窖法　徑數量圓窖法　量橢圓窖法　量倉新法阮芸臺撫軍頒行浙屬

卷二　較積法四問十二法　方倉二問二法　附方求斜法　斜求方法　周徑定率　方斜定率　圓面積與周　方積定率　邊線相等面積不同定率　面積相等邊線不同定率　邊線相等體積不同定率　體積相等邊線不同定率　長方倉三問三法　附句股弦相求法　斜方倉一問一法　附三角形求中垂線法　三角倉一問一法　不等邊形倉一問一法　曲尺形倉一問二法　圓倉二問六法　撱圓桶一問一法　六角桶一問三法　八角桶一問三法　平地尖堆二問三法　倚壁半堆一問二法　内角堆一問二法　外角堆一問二法　方窖一問二法　長方窖一問四法　圓窖二問五法　上下不等撱圓窖二問五法　量船一問一法　量席囤一問一法　除倉内梁柱法二問二法

卷三　米求倉窖法共二十七問三十六法　附開平方立方法　平方立方圖解　帶縱平方立方圖解　帶兩縱相同較數立方法　帶兩縱相同和數立方法　帶縱較數平方法三　帶縱和數平方法三　帶一縱較數立方法　帶一縱和數立方法　帶兩縱不同較數立方法　帶兩縱不同和數立方法　同積較徑法　同積較周法　同徑較積較周法　同周較積較徑法　開諸乘方簡法

卷四　借根方法共三十一例　附借根方加減乘除法　除法列位式　定多號少號相等號式　定位法　立方法二　三乘方法三　四乘方法二　五乘方法三　六乘方法二　七乘方法三　八乘方法三　九乘方法三　諸乘方表　借根方帶縱較數平方法二　借根方帶縱和數平方法二　借根方帶縱立方法四　借根方帶縱三乘方法四　借根方帶縱四乘方法二　借根方帶縱五乘方法四

卷五　附録　各體形求積十五問二十八法　各體形求邊八問十三法　更體法六問八法　互容法十問五十一法　附球内各形一邊定率　球内各形體積定率　球與球内各形體積定率　球外各形一邊定率　球外各形體積定率　球與球外各形體積定率　權度比例法十六問十八法　附諸物同根異重定率　諸物同重異根定率　堆垛法十三問三十八法

序跋

清·張作楠《量倉通法·序》 量倉與量田，在九章最淺近，然不明立法之根，而深悉乎線面體比例之理，不特守死法而不能通變，即依術布算，亦多歧誤。《夏侯陽》方倉、《張邱建》以爲未得其妙。王制東田畝數，鄭注及甄鸞《五經算術》俱未密合。專家且然，況坊本小數乎。梅勿菴因桐陵捷田歌，括演爲《方田通法》，不用畝法而知畝數。近阮芸臺少保又仿天文家萬分爲日法之法，製尺量倉，不用斛率而知米數。立術之巧，得數之捷，人咸詑之，而究極數理根源，實皆出於自然，非强設也。夫體成於面，面成於線，線成於點，點無長短、濶狹、厚薄可論，然自一點引而長之，至又一點止，則成線。凡弧線、直線，皆有長短，無濶狹，而皆以點爲界，以線縱橫乘之，則成面。凡平方、長方、斜方、平圓、撱圓及各等邊、各不等邊諸面，皆有長短，有濶狹，無厚薄，而皆以線爲界，復以線再乘之，則成體。凡正方、長方、斜方、方亭、方錐、芻童、塹堵、鼈臑、陽馬及渾圓、長圓、撱圓、尖圓、半圓諸體，皆有長短，有淵狹，復有厚薄，而皆以面爲界。形雖不一，苟深明其故，以方圓各率之比例御之，固無不可測之面與體也，何論倉田。今使量田者仰測承塵，量倉者俯測池水，而輒謝不能者，習其數不明其理，故移步即迷耳。華亭徐華西延緒以量倉訣相質，寒齋多暇，因取曩所肄習者爲之逐句詮釋，復設求積求邊諸例，以暢其義，而隱伏雜糅者，間以借根方法馭之，並附測體各術，得書五卷，名曰《量倉通法》。雖不敢妄擬梅氏，然或附《方田通法》後，使量倉量田者均有所參考焉。亦初學之一助也。謹按：度量衡受法於律，黄鐘絫黍，《漢志》僅存其說，我聖祖仁皇帝考古法以制度，而量與權衡準焉。高宗純皇帝參古今尺度，制爲嘉量，圓方各一，皆上斛下鬥，左耳爲升，右耳爲合、龠，其重二鈞，聲中黄鐘之宫，掌以工部，陳之殿廷，垂憲於億萬斯年。今遵《大清會典》録弁卷端。

張作楠《方田通法補例》

著録

清・周中孚《鄭堂讀書記》卷四五《子部六之下》 《方田通法補例》六卷，《翠薇山房數學》本，國朝張作楠撰。徐華西既屬丹邨撰《量倉通法》五卷，復以梅勿庵《方田通法》立術簡奥，未設算例，又環、斜、弧、矢、眉、梯、錢、錠諸法形，難以徑得，爰屬丹邨仿《量倉法》補成完帙，因采各法折衷於御制《數理精藴》。先明其理，次詳其數，終窮其變，分類排纂。卷一爲畝法、步法、丈量法及丈田歌訣，解捷田歌訣，解方田通法表，卷二至卷四爲算例，卷五爲雜法，卷六爲附録。前有自序，稱雖以方田設問，而反復推求，務使可以測方田，即可以測他形，以求合於九章之旨云。或以三角八線比例，或以借根方立算，豈止爲量田設法而已哉。卷末附范介兹景福答周葵伯向榮書，並葵伯跋。是編亦錢塘範介兹校訂，江雲樵補圖，與《量倉通法》統名《倉田通法》。雲樵爲之總序，卷末附介兹跋。

清・劉鐸《若水齋古今算學書録》 象數第三

《方田通法補例》一卷，張作楠。《翠薇山房數學》本。

清・丁仁《八千卷樓書目》卷一一《子部・天文算法類》 算書之屬

《方田通法補例》六卷、《續編》三卷，國朝張作楠撰。翠微山房本。

《方田通法補例》目録

卷一　畝法　步法　丈量法（步求尺　尺求步　邊求積　積求邊　畝求步　步求畝附求畝截飛減留四法　列位　命分　約分　通分附帶分加減乘除四法　互乘代除法　還原　分田　截積附四率比例法）　丈田歌訣　捷田歌訣　方田通法表

卷二　算例上以（絲）[線]測面求各形積數

較步畝三問三法　方田二問五法　長方田七問七法　句股田一問三法　圭形田一問四法　三角田三問八法　梭形田一問一法　梯形田二問三法　三廣田一問一法　方環田一問二法　斜方田一問一法　不等邊形田二問二法　各等邊形田六問十八法　圓田二問十三法　撱圓田一問一法　環田一問五法　弧矢田二問二法　眉形田一問一法　錢形田二問二法　錠形田一問一法　牛角田一問一法　欖形田一問

卷三　算例中以面測線求各形邊數

各形田求邊共三十八問九十一法　附各定率互求法

卷四　算例下以線分面因各分積數求各分邊數

序跋

清・張作楠《方田通法補例・序》 徐華西既屬楠撰《量倉通法》，復以梅氏《方田通法》立術簡奥，未設算例，又環、斜、弧、矢、眉、梯、錢錠諸形，難以徑得，屬仿量倉法補成完帙，使田曹倉曹各有專書。攷方田法，自《九章》以下，若《孫子》、《五曹》、夏侯陽、張邱建、程賓渠諸家，踵而加詳，然圓方相求，僅據舊率，故未密合。惟《數理精藴》於各面形之邊線相等、面積不同，面積相等、邊線不同者，各立定率比例，而後方、斜、周、徑始無遁形。如以線測面，則以邊線長短求面積多寡，用以丈量田地，即古方田法也。以面測線，則以面積多寡求邊線長短，用以分田截積，即古少廣法也。由線而面，由面而體，苟明乎立法之根，比例之理，則測面測體一以貫之。況《九章》第一章雖以「方田」命名，其實有邊求積胥統之方田，有積求邊胥統之少廣。倉田特其中一類，未有能量各形而不能量倉與田者，亦未有不能量各形而獨能量倉與田者，且未有能量倉而反不能量田者。然《五曹算經》分倉田爲二，蓋爲初學説法，不得不爾。爰採各法，折衷於《數理精藴》先明其理，次詳其數，終窮其變，分類排纂，復得書六卷，名曰《方田通法補例》。雖以方田設問，而反覆推求，務使可以測方田即可以測他形，以求合於九章之旨，故或以三角八線比例，或以借根、借方立算。是爲量田設法，未免太深，而揆諸重句測海，寸木量天，則又自媿淺甚也。

張作楠《倉田通法續編》

著録

清・周中孚《鄭堂讀書記》卷四五《子部六之下》 《倉田通法續編》三卷，《翠薇山房數學》本。國朝張作楠撰。丹邨撰《倉田通法》時，麗水俞愛山俊以數學來質，因其雖曾習借根方法，而未解立天元一爲借根方所本，爰取倉田諸題拈草示之，遂通其術，並輯課草暨纍法之涉于倉田者，爲是編，以續《倉田通法》後。卷一爲設例上，以量田冠，以立天元一法算例，附以開帶縱諸乘方簡法。卷二爲設例中，以量田。卷三爲設例下，以量倉。學者得此書，爲初桄，庶幾隱伏糅雜諸題，可迎刃而解矣。書中諸圖亦江雲樵畫補。前有嘉慶丙子自序。

清・劉鐸《若水齋古今算學書録》 象数第三

《量倉通法》五卷，《倉田通法續編》三卷，張作楠。《翠薇山房數學》本。

序跋

清・張作楠《倉田通法續編・序》 余撰《倉田通法》時，麗水俞愛山俊以數學來質，因其曾習借根方法，屬之校訂算草。愛山未解立天元爲借根方所本，隨授以秦道古大衍數、李欒城《測圓海鏡》《益古演段》、郭邢臺《授時歷草》及近時張古餘《緝古算經細草》、李尚之《弧矢算術細草》，並取倉田諸題拈草示之，遂通其術。兹輯課艸暨纍法之涉於倉田者，爲一編，請續《倉田通法》後，以備一家。夫因倉田而旁及更面、更體、內容外切，因算倉田而旁及三角八綫、多乘方、借根方，贅矣。續以是編，不益贅乎？然洞淵遺法肄習者鮮，得是編爲初桄，諒不至讀欒城之書而刪其細草也。因補訂算例，釐爲三卷。時嘉慶丙子，中元前七日。

張作楠《八線類編》

著録

清・周中孚《鄭堂讀書記》卷四五《子部六之下》 《八線類編》三卷，《翠薇山房數學》本。國朝張作楠撰。版心作《八線表》。西人舊表之弧三角法，初設半徑爲十萬，用之推步，秒微或不合。後又設半徑爲一千萬，取數較精，然未列秒數，唯御製《數理精藴》每度、每分、每十秒逐層遞析，愈推愈密，允爲推步津梁。丹邨以其卷帙繁重，草野無由悉睹，乃作是編，分弦、切、割三線，各爲一卷，每度六十分列之，其切、割線六十度外，遞增之數不均，以中比例取秒數，未能密合，則以所得正、餘弧杪數，用八線相求法求之，即得正切、餘切、正割、余割，其不列矢線者，蓋以余弦減半徑即得正矢，正弦減半徑即得餘矢也。學者於《數理精藴》既未能偏觀而盡識，試即是編神而明之，亦可深造於道矣。

清・劉鐸《若水齋古今算學書録》 象數第三

《八線類編》三卷，張作楠校。《翠薇山房叢書》本。

清・丁仁《八千卷樓書目》卷一一《子部・天文算法類》 算書之屬

《八線類編》三卷，國朝張作楠撰。翠微山房本。

序跋

清・張作楠《八線類編・序》 弧三角法全憑八線，《數理精藴》本西人舊表，而益精之（西人舊表初設半徑爲十萬，用之推步，秒微或不合，後又設半徑爲一千萬，取數較精，然未列秒數。）每度、每分、每十秒，逐層遞析，愈推愈密，允爲推步津梁。第卷帙繁重，草野無由悉睹。兹分弦、切、割三線，各爲一帙，八線表不列矢線，蓋以餘弦減半徑即得正矢，正弦減半徑即得餘矢也。每度六十分列之，其切割線六十度外遞增之數，不均以中比例取秒數，未能密合，則以所得正餘弦秒數用八線相求法求之。正弦進位餘弦除之得正切餘弦進位。

張作楠《八線對數類編》

著録

清・周中孚《鄭堂讀書記》卷四五《子部六之下》 《八線對數類編》二卷，《翠薇山房數學》本。國朝張作楠撰。版心作《對數八線表》。丹邨謂西人對數以加減代乘除，然乘除開方數在十萬外，須别立法御之，反不若常法之易。惟用於弧三角則四率皆八線，以二率三率相加，一率減之，即得弧度。因撰是編，分弦切類，類爲一卷，大抵求正割對數，倍半徑減余弦即得；求正矢對數，倍半弧正弦，減半徑，加二之對數即得。既得正割、正矢，求余割、餘矢，則減象限，求得餘弧正割、正矢，即本孤余割、餘矢，餘法與正數同。其法最簡便，而用甚捷，阮雲臺師所以謂對數爲八線設也。

清・劉鐸《若水齋古今算學書録》 象數第三

《八線對數類編》二卷，張作楠校。《翠薇山房叢書》本。

清・丁仁《八千卷樓書目》卷一一《子部・天文算法類》 算書之屬

《八線對數類編》二卷，國朝張作楠撰。翠微山房本。

序跋

清・張作楠《八線對數類編・序》 西人對數，以加減代乘除，最簡妙。然乘除開方，數在十萬外，須别立法御之，且除與開方，或遇奇零不盡，運算繇難，反不若常法之易。惟用於弧三角，則四率皆八線，以二率三率相加，一率減之，即得弧度，既知弧度，更不復求其真數，用甚捷。阮雲臺少保所以謂對數爲八線設也。舊表不列割線，《數理精藴》用比例法增補，尤爲完備。兹求簡便，分弦、切爲二類，而列求割線、矢線法如左。

張作楠 江臨泰《弧角設如》

著録

清・周中孚《鄭堂讀書記》卷四五《子部六之下》 《弧角設如》三卷。《翠薇山房數學》本。國朝張作楠撰。婺源齊梅麓彦槐，以弧三角比例錯綜變换，不可端倪，而梅勿庵《弧三角舉要》諸書，或闡理精深，或立術簡奥，或舉例而未征諸數，讀者目眩心迷，無從入手。爰屬丹邨仿算經設如之例，各撰細草，以便初學。因取曩所衍正弧、斜弧諸算草，分門排纂，作釋例，以明其理。次列設如，以備其法，質諸江雲樵，複補對數細草於各例後，以妙其用。其步算之目，曰以角求弧，曰以弧求角，曰以弧角求弧，曰以弧角求角。其術則曰弧角相求，曰次形，曰垂弧，曰總較。明乎其術，以八線比例各相當四率馭之，周天經緯，如指諸掌矣。前有自序，及梅麓、雲樵二序。

清・劉鐸《若水齋古今算學書録》 象數第三

《弧角設如》三卷，張作楠。自箸《翠薇山房數學》本。

清・丁仁《八千卷樓書目》卷一一《子部・天文算法類》 算書之屬

《弧角設如》三卷、《弧三角舉隅》一卷，國朝張作楠撰。翠微山房本。

序跋

清・江臨泰《弧角設如・序》 曩游梁溪，齊梅麓屬仿算經設如之例，撰《弧三角細草》，以課各術疎密，成《簡明算法》一卷。梅麓以爲太略，擬增補圖説，久而未就。知張丹邨有《弧角設如》之作，亟索觀之，則多予舊稿所未及者。夫測算之學，至本朝而極盛，《御定曆象考成》揆天察紀，明時正度，洩千古不傳之秘，一時講明而切究者，若梅勿菴、王曉菴、薛儀甫、李安溪及家慎修、錢竹汀、李尚之輩，於中法西法各有心得，卓然成家。第草野既未由履觀臺，窺中秘，而諸家撰述持論不同，詳略互異，讀者每望洋而返。間有留心斯事者，又或鄙演撰爲疇人末技，而務鉤棘字句，以示秘奥，吹毛索瘢，以矜創獲，甚且於中西之辨，齗齗不休，如講學家之攻，良知爭無極，不知推步躔離，取其驗於天者從之，不必問其爲中與西也。立術布算，取其密且捷者從之，亦不必問其爲古與今也。羅雅穀云，算數比例，步步蹠實，非若談空説(元)[玄]可欺人以口舌；明明布列，非若握槊奪標可欺人以强力；層層積累，非若由旬刹那可欺人以荒誕。西儒之術，驗之懸象，既有合於天，課以算數，復較密於古。使必舍八線而用三乘方取矢，舍三角測量而尋重差綴術之遺緒，舍易就難，已無異改今時筆劄，皆從篆體，强今人脣吻盡復古音，况陰竊其實而陽避其名，改三邊求角爲三距求觚，改三鋭角爲三觚句，於句股改一鈍二鋭爲三觚一倨，於句股改同式形比例爲同限互權，而曰此我法，非西法篠驂卉犬，是亦不可以已乎。丹邨是編，融會諸家，括以二十八例，條分縷晰，綱舉目張，並因予言，於垂弧總較法外，補切綫分外角及開平方得半形正弦二法，其於弧角比例，可謂擇之精而語之詳，而豪髮無遺憾矣。輒不揣固陋，增衍對數於各例後，第恐談曆理者將笑丹邨爲疇人末技耳。雲樵江臨泰書。

清·齊彦槐《弧角設如序》 予曩官梁溪，暇輒與江君雲樵演弧角之算，而歎西儒對數之妙爲不可思議，頗疑汪衡齋總較法不便用對數之説，質之雲樵。雲樵曰：總較法非不可用對數，衡齋不解用耳。因檢梅文穆《赤水遺珍》所載三弧求角，開平方得半形正弦二術，示予。予渙然冰釋，益信雲樵於此事真能貫通。雖以文穆之高明，猶議西人不當置簡法於前，繁法於後，爲刺繡而藏其金針，詎知此二法西人特爲對數設，其至繁者，乃其至捷者也。惜衡齋已亡，不及聞雲樵之言而改正其説。予既罷官，薦雲樵於丹邨。丹邨之才，十倍於予，得雲樵朝夕講求，而測算之學益進。茲所撰《弧角設如》一書，即予數年前與雲樵謀欲成之而未果者。丹邨可謂好學矣。然丹邨著書非爲名也，爲嘉惠來學也。夫著作之家，有名有實，觀其書可以知其人。予嘗謂戴東原爲人不如梅勿菴。勿菴之書惟恐人不知，東原則惟恐人知。勿菴用西法，則曰「此西法也」，用其法必闡其理，東原則用西法，而避其名，且務爲簡奥，令人猝不易了此。非由心術之不同乎？且夫乾以易知，坤以簡能，大樂必易，大禮必簡，天下事未有不簡且易而得爲精者。以八線馭弧角實簡於三乘方求矢，以對數馭八線又實易於八線之用乘除。乃詆之者，至比於異端邪説，若不可一日存於天壤間者，噫！亦惑矣！善乎，丹村之言，曰：法取其密，何分今古？算取其捷，何問中西？通人之論，亦君子之論也。是編厚不盈寸，而弧三角形參伍錯綜及諸家同異之説，悉具其中。既作釋例以推作法之原，復列對數以便布算之用。卷帙不繁，雖貧者易購，文字無障，雖鈍者能通，使學者皆得是書讀之，則皆可以知黄赤經緯之度，舉東原所秘爲絶學者，一旦而公之人人，非大快事哉？故觀丹邨之書，而知丹邨之爲人也已。道光元年十二月十三日，婺源齊彦槐序。

清·張作楠《弧角設如·序》 婺源齊梅麓彦槐以弧三角比例錯綜變换，不可端倪，《御製曆象考成》草野既末由仰窺，而梅徵君《弧三角舉要》《環中黍尺》《塹堵測量》及梅循齋、江慎修、戴東原、焦里堂諸家書，或闡理精深，或立術簡奥，或舉例而未徵諸數，讀者目眩心迷，無從入手，屬仿算經設如之例，各撰細草以便初學。因檢曩所衍正弧斜弧諸算草，分門排纂，質之江雲樵。雲樵曰：對數表爲八線設，談弧三角而不及對數，是舍易就難，非所以引誘來學也。且汪衡齋謂總較法不便用對數，非對數不可用，彼自不能用耳。遂次第補之。夫法取其密，何分今古？算取其捷，何問中西？薛氏《天學會通》專用對數，固非正法，若以八線測球體，雖隸首復生，當無以易，况又有對數以省乘除，一加一減即得弧度，何捷如之？《衡齋算學》因總較法餘弦矢較用加減，疑對數法窮，雲樵於兩弧夾一角以切綫分外角法通之，則仍不窮。梅文穆《赤水遺珍》於三弧求角，列開方得半形正弦二術，以乘除課其繁簡，雲樵以對數衍之，迎刄而觧，竟似西人創此二術爲對數設者。然非於弧角比例之理反覆貫通，即使手八線對數一編，亦不過如臺官演撰，課其數則不誤，叩以理則全(乘)[乖]，不將移步即迷乎。故以對數妙八線之用，則可；因有對數遂不復探本原，則不可。爰作釋例，以明其理，次列設如，以備其法，殿以雲樵對數細草，以妙其用。梅麓閲之，如以爲可作步算初桄，幸爲我語來學，曰：江雲樵善用對數，非别有秘法，不過肯向本法上多費苦心耳。作楠識。

江臨泰《弧三角舉隅》

著録

清・周中孚《鄭堂讀書記》卷四五《子部六之下》 《弧三角舉隅》一卷，《翠薇山房數學》本。國朝江臨泰撰。張丹邨撰《弧角設如》三卷，所列對數爲雲樵所增衍，亦既合爲一書矣。先是雲樵與齊梅麓談弧三角術，輒成是帙。前爲正弧三角形錯綜比例，凡三十則，括以十題，各設例，並附對數。次爲斜弧三角形，約以三法，一曰邊角比例，二曰垂弧，三曰總較。總較法，不便用對數，另立對數總較法通之。然其書第列用法，而未詳立法之根，而丹邨以爲曆算之書，難得如此簡明直捷，乃複增補正弧三角形圖一，斜弧三角形圖十一，題曰「舉隅」。丹邨取以付梓。考張氏書中，左弧、右弧諸目，初學未易領略，不如此書之按題得其比例矣。前有道光壬午自序。

清・劉鐸《若水齋古今算學書録》 象數第三

《弧三角舉隅》一卷，江臨泰。《翠薇山房數學》本、《西學大成》本。

清・丁仁《八千卷樓書目》卷一一《子部・天文算法類》 算書之屬

《弧三角舉隅》一卷，國朝江臨泰撰。刊本。

序跋

清・江臨泰《弧三角舉隅・序》 曩與齊梅麓談弧三角術，輒成小帙，意在求簡。第列用法，而未詳立法之根。梅麓屬補圖說，久而未就。近得張丹邨《弧角設如》，此帙直可覆瓿矣。顧丹邨獨愛之，以爲曆算之書難得，如此簡明直捷，且以《弧角設如》中左弧右弧諸目，淺學或移步即迷，不如余書可按題得其比例，强索付梓。余重違其意，乃增補正弧三角形圖一，斜弧三角形圖十一，付之。道光壬午，浴佛日，臨泰識。

張作楠《揣籥小録》

著録

清・周中孚《鄭堂讀書記》卷四四《子部六之上》 《揣籥小録》一卷，《翠薇山房數學》本。國朝張作楠撰。作楠字讓之號丹邨，金華人。嘉慶戊辰進士，官至徐州府知府。婺源齊梅麓彦槐以新製面東西日晷並所衍《北極高度表》贈丹邨，以之案極度低昂可隨處測驗，因探其立法之根，即其法而變通之，易斜規爲平圓，從晷腰出弧綫，以準北極，鐫之牙版，承以銅座，底置螺柱，以取地平，並因齊表增入經度及各州縣度分，衍成北極經緯度分全表。其製晷、晝晷及用晷之法，各爲圖說，附于表後，凡十五篇。取蘇文忠日喻篇中語，命之曰《揣籥小録》。趙懷玉序之，稱其能不囿中西之見，將割切二綫探討略盡。其北極經緯一表，尤從古書鎔入西法，洵可謂方罫寰宇，網盡六合，萬國之大，直可指諸掌矣。俾用者可挨節氣以知南北，亦可因時刻以知節氣云。書成于嘉慶庚辰，自爲之序，又有趙味辛藺玉序及附味辛書。

清・丁仁《八千卷樓書目》卷一一《子部・天文算法類》 推步之屬

《揣籥小録》一卷、《續録》二卷，國朝張作楠撰。翠微山房本。

《揣籥小録》目録

北極經緯度分全表　作平面日晷法　作時日尺法　平面日晷分節氣線法　作向南立面日晷法　作面東西立面日晷法　面東西日晷作節氣線法　作分釐尺法　象限弧分九十度捷法　各時刻正切線表　各時刻影弦正割線表　各節氣距緯正切線表　作立面日晷各時刻節氣正切線表　黄赤距緯表　斜晷圖説　圓晷圖説

序跋

清·張作楠《揣籥小録·序》 觀象授時，首重儀器，而度景知時，以前民用日晷，其一也。顧指南鍼所指非子午真線，謹按：《曆象考成》云：指南針有所偏向，其所偏向又隨地不同，不可爲準。又按：僧一行嘗以針較北極，針指虛危之間，極在虛六度初，針實偏於極右二度九十五分。北極偏右，則知南極偏左矣。又沈存中《筆談》亦稱：微偏東，不全南。又徐文定《曆議》云：指南鍼所得子午非真。今以法考之，實各處不同，在京師則偏東五度四十分，若凭以造晷，則冬至正午先天一刻四十四分有奇。又梅勿菴《揆日紀要》云：取正午之影，須在正南，然天上正南非羅針所指之正南也，須於羅針正午之西稍偏取之，或云丙午之間，縫針與臬影合，非也。又云：針所指在不同，金陵則偏東三度。又楊光先有《針路論》，又陸朗夫《切問齋集》有指南針辨。惟《數理精蘊》載作立面、平面日晷諸法，測驗精確，超絶前人，近時多有仿製者。然俱按京師極高四十度爲之，南北高度既異，東西偏度又各不同，不按里差爲準，是猶膠柱而調瑟矣。若平面晷雖按里差起算，苐一方一晷，亦不能率土皆通也。巳卯秋，婺源齊梅麓彥槐以新製面東西日晷並所衍《北極高度表》見贈，按極度低昂，可隨處測驗，歎爲先得我心。今春，與全椒江雲樵臨泰探其立法之根，即其法而變通之，易斜規爲平圓，從晷腰出弧線，以準北極，鐫之牙版，承以銅座，底置螺柱，以取地平，並因齊表增入經度及各州縣度分，衍成北極經緯度分全表，其製晷晝晷及用晷之法，各爲圖說，附於表後，輒成小帙，命之曰《揣籥小録》，俾用者可查節氣以知南北，亦可因時刻以知節氣。質之梅麓，未知有當否？丹邨張作楠識，時嘉慶庚辰夏至前二日。

清·趙懷玉《揣籥小録序》 自西學興，治曆者往往各存異見，互發違論。其實得數不符，固不足爲理之合。苟理既合，亦何害爲道之同。是所譯諸書適能與古法相濟，而非所以相病也。邑侯張君來莅陽湖，朞年而政成，事之繁者日益簡，訟之猾者日益斂。夏則民多染疾，療之必勤，冬則民多被火，捄之必力。公餘之暇，發舒所積，作爲《揣籥小録》一書，使余外孫莊敏持以見示。敏固受知於君者也。余雖不鮮算法，受而讀之，敬其能不囿中西之見，將割切二綫探討畧盡。其「北極經緯」一表，尤從古書鎔入西法，洵可謂方罫寰宇，網盡六合，萬國之大，直可指諸掌矣。夫測驗之用在八綫，八綫之始由割圜，圜之體具渾象之全，而割切者八綫之四也。八綫雖闡自西人，遡其所由，實《九章》之句股。考郭太史弧矢割員法，先變渾爲平，任割平之一分，皆有弧有矢有弦，乃以弧矢弦與員半徑互爲句股。今也，弦矢皆仍其名，割即半徑之割出員外者，切則切弧之外綫，而皆以附用弧者爲正，附棄弧者爲餘，於是綫凡得八，順逆犁然。縱横句股，中西之理豈有間哉？雖然，天地大矣，古今遠矣，以八綫度之，遠者可歲月計，大者可道里計。今讀君書，乃知且可時刻分寸計也。北極之下，經緯三百六十，統計得方百里者積二十五萬九千二百，幅員所届，東西六十三度，南北三十七度，計得方百里者四千六百六十二。陽湖爲四千六百六十二之一，一者全之始，全者一之成。今君既不以中西之學爲異，又豈以天下之民爲異哉？陽湖之民，既邀君惠矣，行將見登君於宰輔，使四千六百六十二方百里之民，咸受君惠也。昔當湖陸清獻與先尚書爲康熙庚戌同年，清獻過常州，以年家子謁先兵部於里居，兵部語清獻曰，士人初入官，不能知錢穀之數，勢不能不需人，故平時算法不可不學，熟則人不敢欺，事載吴光酉所輯《稼書先生年譜》。故先尚書先侍讀皆精句股之學，至於懷玉則不識方圓奇耦爲何物，又何足以讀君之書哉？追念祖德，重滋媿矣。嘉慶庚辰嘉平月，治下弟趙懷玉力疾拜譔，時年七十有四。

雜録

清·趙懷玉致張作楠書張作楠《揣籥小録》 趙味辛先生書：治下弟趙懷玉力疾頓首丹邨先生：父臺執事，屢思虔叩琴堂，面奉大教，無如自嬰末疾，跬步千里，但能肩輿踵門，不能進謁，用是時深歉悵。承示《揣籥小録》一書。弟不知算法，前令兒子煚賫呈拙序，原商之友人鄒君澍而成者，乃荷不棄，又贈新製晷儀。始則漫不知其何用，因命兒子敬檢《御製數理精蘊》及尊作《揣籥小録》，參閱方知，舊時面東西晷止能準本地北極出地，輸數二百里外，即已難用。今改製圓儀，則用以圓而神，準北極高度推之，自十五度至四十五度，均可施用，則是珠崖、蒙古，攸往咸宜，非具經天之學、過人之智，孰能與於此哉？又讀所著《倉田通法》，專以少廣、句股御粟布、方田，較之古法，亦益精密，大盡天地之變，細入日用之常。原始要終，真善讀易者也。傾倒，傾倒！國初胡東樵、閻百詩、梅勿庵諸君，皆深通經學，而以一藝成名。其時李文貞當軸，能兼數子之長，數子並蒙拔擢，雖未通仕籍，而已用無遺材。如《律吕正義》之每卷賚往宣城，命勿庵校誤，此誠我朝盛事也。治下後起，除鄒君外，如董孝廉(佑)[祐]誠、張上舍成孫，皆能深明弧矢曆算，而於九章反疎，惜刻下皆餬口四方。餘雖尚有治此者，而未密合，倘經指授，必有可觀，則匠成翹秀，咸萃於大賢之門，豈不盛哉。衰病目昏，握筆潦草，伏希亮恕，敬問安祺，不莊不備。懷玉再頓首！

張作楠　江臨泰《揣籥續録》

著録

清·周中孚《鄭堂讀書記》卷四四《子部六之上》　《揣籥續録》三卷，《翠薇山房數學》本。上卷國朝張作楠撰，中下二卷江臨泰撰。臨泰字棣旃號雲樵，全椒人。丹邨既撰《揣籥小録》以備測時之用，復謹依欽定《曆象攷成後編》實測黄赤大距二十三度二十九分推算自極高十八度至五十五度逐節氣加時、太陽距地高度，以列表。冠以自序及算例，並屬雲樵推得横直二表日景長短，爲表影立成二卷，以補前録所未備，凡直表用餘切以太陽半徑加高度而取直景，横表用正切以太陽半徑減高度而取倒景，俾隨地植表測景，檢表即得時刻，較日晷諸法更密且簡矣。前卷附直表日晷圖式二，及對表取景圖説，卷後附横表日晷圖式，及丹邨跋，又附丹邨與張遠春興鏞論徐氏《高厚蒙求》書。

序跋

清·張作楠《揣籥續録·序》　余既撰《揣籥小録》，以備測時之用，復因梅氏《諸方日軌》以弧三角法逐節氣求太陽距地平高度，係用新法黄赤距緯二十三度三十一分推算，又列表自北極高二十度至四十二度止，而二十度以前，如廣東之瓊海，五十度以外，如黑龍江烏喇等處，現隸版圖者，皆未之及。謹依欽定《曆象考成後編》實測黄赤大距二十三度二十九分推算，按：古法推日在赤道内外最大之數約二十四度，而《新法算書》載：亞里大各於周顯王二十五年測得黄赤大距二十三度五十一分二十秒。變從中法度分，得二十四度三十五分竒，較古法爲强。自後屢測屢改，漸有減分，除依巴谷於漢景帝中元元年所測與亞里大各同外，如亞爾罷德於唐僖宗廣明元年庚子測定黄赤大距二十三度三十五分，《授時曆》則減爲二十三度三十三分三十二秒，《新法算書》又減爲二十三度三十一分三十秒，至我朝《考成》上編始測定爲二十三度二十九分三十秒，《後編》又減三十秒，西人言黄赤大距古大今小，此其證與。自極高十八度至五十五度，逐節氣加時太陽距地高度，以列表，並屬江雲樵推得横直二表日景長短，爲表影立成，以補前録所未備云。丹邨張作楠。

雜録

清·張作楠與張遠春興鏞論徐氏《高厚蒙求》書 張作楠《揣籥續録》　遠春閣下：曩在京師，吴稷堂師命校徐朝俊《中星表》，刊入《藝海珠塵》。楠以其用三百六十有五度四分度之一歸除十二時，不遵本朝曆法三百六十度之率。參前觜後，不遵乾隆甲子奏定宿次，顯與《時憲書》相悖。又各宿俱列占驗，亦涉術家詭説，不鮮步算。占候原屬兩家，《周禮》保章、馮相所司各異，《漢書·藝文志》天文二十一家，術譜十八家，亦分爲二。遂未卒讀。近友人中有疑楠所撰《揣籥小録》取徐氏《高厚蒙求》者，楠媿未寓目，故訪之閣下。兹得坊本，反覆校勘，始知其書由抄撮而成，於步算本原，未能洞徹，牴牾甚多。除《鐘表圖説》係徐氏專門，無關曆學。《海域大觀》係摭拾艾儒略、南懷仁、陸次雲諸家之書，取盈卷帙。又經星主占，疑係坊賈羼入，以眩俗眼，無須置辨外，謹將舛謬之處摘出如左，幸閣下正之。【略】大抵學無原本，一經考証，便罅漏百出。況象數之學，象則有實測可徵，數則有度分可考，尤非若星命理氣可以騁臆而談，豪無左驗者比。楠獨惜徐君留心絶學不及與王曉菴、梅勿菴、江慎修、戴東原，暨近時李尚之、焦里堂諸人，游而所學，僅止此也。然亦可謂勤矣。雨夜漏沉，挑鐙兀坐，命紙草此，質諸同志，書生結習未忘，諒彼此同之，不以文人相輕見責。幸甚！

張作楠　江臨泰《高弧細草》

著録

清・周中孚《鄭堂讀書記》卷四四《子部六之上》　《高弧細草》一卷，《翠薇山房數學》本。國朝張作楠、江臨泰同撰。是書用垂弧本法，逐節氣時刻求太陽距地高度，並用正切餘切比例加減太陽半徑，求横直表景長短，作四十度以迄二十八度細草十三篇。内惟四十度二十九度二十八度三篇爲丹邨在京師、金華處州時所遞撰，其餘十篇皆雲樵因丹邨條例而補成之也。爰列垂弧總較法于前，以遡其源，次以天較正弦及對數總較諸法，以通其變，再列雲樵所創新術及各表于後，以妙其用，而附以所衍各草，彙爲一帙。自此書出，人人可算，處處可推，舉凡郭邢臺行測四書，熊有綱《表度説》、馬德稱《四省表景立成》諸書，皆可置之不論矣。前有道光辛巳丹邨序。

清・丁仁《八千卷樓書目》卷一一《子部・天文算法類》　推步之屬

《高弧細草》一卷，國朝張作楠撰。翠微山房本。

序跋

清・張作楠《高弧細草・序》　曩在京師，力不能置鐘表，因用垂弧本法，逐節氣時刻求太陽距地高度，並用正切餘切比例加減太陽半徑求横直表景長短，作四十度《高弧細草》，京師北極出地四十度稍弱。歸里後復成二十九度細草，金華府北極出地二十九度十分。補官括蒼又續二十八度細草，處州府北極出地二十八度二十五分。以備檢查。然依法推步每度，動經旬月，及更歷一地，又須另衍，存之行篋，幾等黄金擲虚牝矣。今春周葵伯回武林，屬衍三十度細草，杭州府北極出地三十度十七分。而毘陵諸好事者，又以不及江南各度晷景爲憾，江南蘇州府北極出地三十一度二十二分，太倉州三十一度二十九分，松江府三十一度整，常州府三十一度五十一分，江寧府三十二度零四分，鎮江府三十二度十四分，揚州府三十二度二十七分，通州三十二度二十八分，淮安府三十三度三十二分，徐州府三十四度十五分，海州三十四度三十二分。簿書鮮暇，屬江雲樵補之，不旬而就，詫而叩其術，則所創對數簡法也。夫古人以高弧測景，求天於渾圓，以表臬測景，求天於平面，其用最鉅，其法甚繁，彼立表求地中，經生家紛紛聚訟，無論已。即郭邢臺行測四出，所得無幾。熊三拔《表度説》用十二爲率，創製各晷，視古法較捷。然以三角八線推之，猶多未確。馬德稱《四省表景立成》，僅及午正，已爲梅勿菴所稱。非以此法未易操觚歟？自有西人八線對數，可以省乘除。然勿菴氏尚謂，薛儀甫專用對數，不如直用乘除爲正法。近時名家，如汪衡齋，亦有總較法，不便用對數之説。余撰《揣籥續録》時，雖亦採用雲樵對數總較法，而不能省加減折半之繁，又不能不檢正餘弦表數，故仍依梅氏例，有時無刻，誠苦其繁也。雲樵乃以定緯、距緯餘弧相加減折半之正弦、餘弦一率二率較數立表，徑與三率加減，即得四率，既不須加減折半，又不須檢正餘弦表，可謂善用對數矣。得此法，而補成各省細草，計日可成，豈非快事。然得此法，而人人可算，處處可推，即今所衍各草，尚可不存，又何須再補哉？爰列垂弧總較法於前，以溯其源，次以矢較正弦及對數總較諸法，以通其變，再列雲樵所創新術及各表於後，以妙其用，而附以所衍各草，彙爲一帙，以貽葵伯，且以質諸好事者。道光辛巳日在東壁，張作楠識。

張作楠《新測恒星圖表》

著録

清・周中孚《鄭堂讀書記》卷四四《子部六之上》　《新測恒星圖表》一卷，《翠薇山房數學》本。國朝張作楠撰。恭惟御定《儀象攷成》以測定之星推其度數，觀其形象，序其次第，著之于圖，允爲觀象之津梁。第行之七十餘年，歲既漸差而東，經緯即隨之移動，學者往往執舊圖以驗今測，而疑與垂象不符，丹邨據江雪樵臨泰所製新測徑尺星球，因其宫次度分，分三垣二十八舍，爲天漢經緯，列以爲表，並屬雲樵分黄赤道南北繪總星圖各二，又依赤道十二宫南北各爲小圖，並紫微垣一圖，近南極星一圖。分之得圖二十有六，合之則成一球，冠諸卷端，與表相輔。從此推中星，求里差，步躔離，驗淩犯，及繪圖製器者，有所資焉。又自道光癸未以後，欲得各年恒星經緯度，則依表加減之，惟黄道除緯度不加耳，其曰《新測恒星圖表》者，以《新法曆書》本有《恒星圖表》，故加新測，以別之。前有自序。

清・丁仁《八千卷樓書目》卷一一《子部・天文算法類》 推步之屬

《恒星圖表》一卷，國朝張作楠撰。翠微山房本。

序跋

清・張作楠《新測恒星圖表・序》 仰測之術，畫圖與製器相資。舊傳星圖，依步天歌爲之，合南北爲一圖，北既太狹，南復太寬，仰觀難合。新法星圖，雖分爲二，但用西測星數與《儀象志》未符。按：星官名數，古今不同，自《史記・天官書》以下，《漢志》載經星常宿中外宫凡百一十八，名積數七百八十三星。而張衡則云中外之宫常明者百有二十四，可名者三百二十，爲星二千五百，然其書不傳。《晉志》載吴太史令陳卓始列甘、石、巫咸三家所著《星圖》，凡二百八十三官一千四百六十四星。隋丹元子《步天歌》叙三垣二十八宿共一千四百六十七星，然尚未有經緯度數。唐宋以來，累加考測，始有各星入宿去極度數。《新法曆書・恒星圖》表共星一千二百六十六，分爲六等，外無名不入等者四百五十九。國朝康熙壬子監臣南懷仁修《儀象志》，星名與古同者，總二百五十九座一千一百二十九星，又於有名常數外增五百九十七星，又多近南極星二十三座一百五十星，其數又與《新法曆書》不同。惟《欽定儀象考成》以測定之星推其度數，觀其形象，序其次第，著之於圖，星名與古同者，總二百七十七座一千三百一十九星，比《儀象志》多十八座一百九十星，與《步天歌》爲近，又於有名常數外增一千六百一十四星，近某星者即名某座增星，依次分註經緯，以備稽考，其近南極星二十三座一百五十星，中國所不見，仍依西測之舊，共計恒星三百座三千八十三星。允爲觀象津梁。第行之七十餘年，歲既漸差而東，經緯即隨之移動，在臺臣謹遵成法，隨時消息，自能密合天行。而草野之士，足未履觀象臺，目未睹中秘書，往往執舊圖以驗今測，而疑與垂象不符者有之。雲樵江君依乾隆甲子新測，按歲差加減推衍至道光癸未，得其真度，製徑尺星球，見贈。楠因其宫次度分，分三垣二十八舍及天漢經緯，列以爲表，自癸未後欲得各年恒星經緯度，則依表加減之，黄道除緯度，不加外經度，每歲加五十一秒。赤道則經緯皆有歲差。並屬雲樵分黄赤道南北繪總星圖各二，又依赤道十二宫南北各爲小圖，並紫微垣一圖，近南極星一圖，分之得圖二十有六，合之則成一球，冠諸卷端，與表相輔，俾推中星、求里差、步躔離、驗淩犯、及繪圖製器者有所資焉。金華張作楠學。

張作楠《新測中星圖表》

著録

清・周中孚《鄭堂讀書記》卷四四《子部六之上》 《新刻中星圖表》一卷，《翠薇山房數學》本。國朝張作楠撰。丹邨以湯道未之《中星表》、胡勵齋之《中星譜》作于康熙初年，各星經度依《新法曆書》與御定《儀象攷成》，星度多不同，且不列加減歲差，今恒星已東行二度餘，難憑測驗，因推得七十二候各中星時刻，以立表而冠以四十五大星圖，附以中星時刻日差表，太陽黄赤升度表，各星赤道經度歲差表，并附中星求時刻又法，時求中星又法，及二十八宿赤道積道黄度二表，大都以道光癸未冬至天正星度爲定，推得逐年歲差以列表，癸未以後，案年加減，雖所差甚微，然積秒成分，積分成度，相距遠者，或易而近，近者或易而遠，故詳哉其言之也。

清・丁仁《八千卷樓書目》卷一一《子部・天文算法類》 推步之屬

《中星表》一卷，國朝張作楠撰。翠微山房本。

序跋

清・張作楠《新測中星圖表・序》 量晷景，測中星，爲驗時之要。而中星則有歲差，故湯若望之《中星表》、胡亶之《中星譜》，驗以今測時刻，已差十分矣。二書作於康熙初，各星經度依《新法曆書》，與《御定儀象考成》，星度多不同，且不列加減歲差。今恒星已東行二度餘，難憑測驗。兹以道光癸未冬至天正星度爲定，推得七十二候各中星時刻，以立表而冠以四十五大星圖，並附各星赤道經度歲差表，中星時刻日差表，太陽黄赤升度表，二十八宿黄赤積度表，俾仰測者，逐年逐日依法加減，可以中星求時刻，可以時刻驗中星，亦初學一助也。

張作楠《更漏中星表》

著録

清·周中孚《鄭堂讀書記》卷四四《子部六之上》《更漏中星表》三卷。《翠薇山房數學》本。國朝張作楠撰。丹邨以中星更録據乾隆甲子宿度以合今測，是不知有歲差矣，以京師漏刻移之江南，是不知有里差矣。因依其法衍爲是表，以日入後八刻起更，日出前九刻攢點。計起更至攢點，共若干時刻，五分之以爲五更，日出前減朦景刻分爲旦刻，日入後加朦景刻分爲昏刻。首京師一卷，附以江南浙江各一卷，前有自序，稱閱者即數十年中星不同而悟歲差，即三省漏刻不同而悟里差，則於此事思過半矣。

清·丁仁《八千卷樓書目》卷一一《子部·天文算法類》 推步之屬

《金華晷漏中星表》二卷，國朝張作楠撰。翠微山房本。

又《更漏中星表》三卷，國朝張作楠撰。翠微山房本。

序跋

清·張作楠《更漏中星表·序》 勵齋胡氏《中星譜》，以列宿爲主，所紀爲星座正中時刻。現行《中星更録》，則以更漏時刻爲主，故所紀中星有偏東偏西之度。彼此互求，不爽分秒。以星分夜，兩端可概矣。《中星更録》，秦文恭採入《五禮通考》，坊間亦有單行者，然據乾隆甲子宿度以合今測，是不知有歲差矣。乾隆甲子冬至日躔箕二度十九分，子正初刻，井宿一偏東一度五十一分四十七秒，至道光癸未冬至，日躔箕一度十一分，子正初刻，井宿一已偏東三度五分二十四秒。以京師漏刻移之江南，是不知有里差矣。京師冬至夜長五十九刻五分三十秒，每更得八刻七分六秒，江南冬至夜長五十六刻六分，每更僅七刻十三分十二秒。京師夏至夜長三十六刻九分三十秒，每更得三刻十三分四十八秒，江南夏至夜長三十九刻九分，每更則得四刻七分四十八秒。

是江南漏刻冬至每更比京師少八分五十四秒，夏至每更比京師多九分，他節氣倣此。楠既撰《中星圖表》，復依《中星更録》法衍爲《更漏中星表》，法以日入後八刻起更，日出前九刻攢點，計起更至攢點，其若干時刻，五分之，以爲五更。日出前減朦景刻分爲旦刻，日入後加朦景刻分爲昏刻。按太陽未出之先、已入之後，距地平十八度皆有光，故以十八度爲朦景限。然十八度同，而時刻則隨時隨地不同。蓋十八度爲大圈度，赤道亦爲大圈，其度濶，自赤道南北皆距等圈，其度狹。近二分時，以濶度當濶度，故刻分少，近二至時，以狹度當濶度，故刻分多。又地南赤道距天頂近，太陽正升正降其度徑，地北赤道距天頂遠，太陽斜升斜降其度紆，故愈北則朦景刻分愈多，愈南則朦景刻分愈少。首京師，附以江南、浙江，閱者即數十年中星不同而悟歲差，即三省漏刻不同而悟里差，則於此事思過半矣。丹邨識。

張作楠《交食細草》

著録

清·周中孚《鄭堂讀書記》卷四四《子部六之上》《交食細草》三卷。《翠薇山房數學》本。國朝張作楠撰。道光癸未季春之望，丹邨在蘇州，適同官在白日之下齊集護月，丹邨以救護日月當以見食爲斷，因依欽天監交食法推其帶食分杪時刻及甲申六月朔日食，各得細草一卷，而于御定《曆象攷成》上下編、後編，謹録其要，爲首卷。學者讀《攷成》全帙，每以義蕴精深，無從入手爲憾，則是編誠可爲先路之導矣。前有自序。

清·丁仁《八千卷樓書目》卷一一《子部·天文算法類》 推步之屬

《交食細草》三卷，國朝張作楠撰。翠微山房本。

序跋

清·張作楠《交食細草·序》 道光癸未季冬之望，於役蘇松泊舟，胥門適同官齊集，行護月禮。楠以救護日月當以見食爲斷。如月食在晝，日食在夜，向不推算不見食也。又如日食各方視差不同，不見食者即不救護。又如本日月食，京師復圓在酉正初刻七分；四川雅州府偏西十三度二十一分，則復圓當在酉初初刻十四分，其地日入酉初初刻八分，僅見復圓；若打箭爐偏西十四度三十五分，則復圓即在酉初初刻八分。不見食即不救護。蘇州小寒後日入酉初初刻五分，今食甚在申正三刻八分，是爲食甚後帶出地平。若初虧距日入前六刻六分，太陽高弧十七度餘，則太陰尚在地平下十七度餘。入交時日月對宮同度，太陽高度即太陰未出地平之度。在白日之下護月，竊所未安。舟中多暇，因依欽天監求交食法推其帶食分秒時刻，質之俞陶泉大令德淵，又與范約齋司馬博文談西人對數之妙，即用其術推甲申六月朔日食，各得細草一帙。雖疇人末技，然曆算莫難於交食，前代各曆皆以上推春秋日食，驗其疎密，古法犆疎，有當食不食者，有食而失推者，有食不在朔者，自漢至隋日食二百九十三，食於晦者七十七，晦前一日者三，初二日者三。唐至五代日食一百十，食於晦者一，初二者一。宋日食一百四十八，推而不食者三，元日食四十五，推而不食者一，食而失推者一。明承授時舊法，中葉以後交食往往不合，故徐光啟、李之藻等議改用西法。惟我朝曆法遠超前代，《御定曆象考成》上下編、《後編》屢測加精，以推交食，上考下求，不爽毫髮。如閻徵君百詩推季秋月朔辰弗集於房，阮雲臺少保推詩十月之交在幽王六年，並用時憲法得之。草野之士每以不得讀中秘書爲憾，而得其書者，又每以義蘊精，深無從入手。謹録其要，附以二草，用寄范、俞二君，未知可爲學曆者導之先路否？金華張作楠學。

安清翹《數學五書》

著録

清・張之洞《書目答問・子部》 天文算法第七

《數學五書》，安清翹。刻本。目列後：《推步惟是》《一線表用》《學算存略》《筆算衍略》《樂律新得》。

序跋

清・安清翹《數學五書・敘》 形而上者謂之道，形而下者謂之器，道之與器爲一耶，爲二耶？儒者之學務窮理，然言理必兼言數，非理則數近於藝，非數則理涉於虚，理之與數爲一耶，爲二耶？《論語》一書，無一言及於數，亦無一言及於理。夫謂聖人不言數可也，謂聖人不言理可乎？曰夫子言之矣，但不專言理，不專言數耳。一言而理數備焉，則所謂矩者是也。《爾雅》云：矩，常也，法也。常者，道也，以理言也。法者，器也，以數言也。夫子十五志於學，即志於矩也，所謂下學也，至七十而從心所欲，不踰矩，所謂上達也。《中庸》言天命之謂性。天者，矩之大原。性者，心之矩也。《大學》言至善。矩即至善也。自格物致知，誠意正心修身，以至齊家治國，皆矩之爲，至平天下則舉而絜之耳。顔子其心三月不違仁。不違仁即不踰矩也。高堅前後，博文約禮，以至如有所立卓爾，則幾於夫子之從心所欲，而未達一間者也。曾子得一貫之傳，矩即一也。夫子之道，忠恕而已矣。忠即矩也，恕即絜矩也。孟子曰：萬物皆備於我。備於心之矩也。又曰：惟聖人然後可以踐形。不踰矩即所謂踐形也。《詩》《書》六藝之文，有理存焉，有數存焉，在物之矩與在心之矩，非有二也，聖人所爲遊於藝也。程朱性理諸書始專言理，然言理而數在其中。程子曰：天地萬物之理無獨必有對。朱子曰：數者理之界限。皆理數合一之説也。聖賢傳授心法，其在於斯乎。清翹性遲鈍，承父兄遺訓，究心道學，約六經之旨，竊取程朱之意而爲理數合一之説，又念經書中曆象樂律爲數學之大者，因偏条諸家之書，融會貫通而爲之説曰：算數之要天元一是也，測量之要句股是也，天象之要高卑東西南北是也，樂律之要連比例是也，然止蔽以一言亦曰矩而已矣。折衷同異，正其譌誤，成書五類，其四言曆象，其一言樂律，抑余此書蓋欲爲學者格物窮理之一助，使知在物之矩即在心之矩，庶幾言理不至鑿空而涉於虚，言數不至玩物而近於藝，由下學以期上達，一以貫之，少補性理諸書所未備，非敢自附於聞道之列也。其或自號通儒，談元妙而鄙此爲器數之末，又或假新奇之説攻擊道學，自外於儒家，則世自有其人，余亦不敢與之辨也。垣曲安清翹翼聖氏題。

此文當與韓昌黎《原道》，李習之《復性書》，程子《定性書》，張子《西銘》，朱子《大學》《中庸》序並讀，所謂世無孔子，不當在弟子之列者。姪孫安懋謹識。

安清翹《矩線原本》

著録

清・劉鐸《若水齋古今算學書録》 象數第三

《矩線原本》四卷，安清翹。《數學五書》本。

《矩線原本目》

一卷 比例篇 二卷 測量篇上 三卷 測量篇下 四卷 割圓一線表

序跋

清・安清翹《矩線原本・叙》 古者九數爲小學之事，自童時習之矣，蓋凡六藝之文皆所以涵養性情，擴充知識，非徒文藝之末也。而習數學者其心必細，其氣必静，於《洪範》所謂思曰睿，睿作聖者，此其始基也。後世六藝既廢，而數學尤爲儒家所不講，一則忽爲淺近而以爲不足學，一則憚其深遠而以爲不能學，此數學所以廢而專門名家遂目爲絶學，非復小學之事矣。余以爲儒者之學務在窮經，然未有不習數學而能通經者，所以然者，以心不細、氣不静故也。窮經所以致用，然未有不習數學而能適於用者，所以然者，以心不細、氣不静故也。朱子《小學》一書爲作聖之基，六藝在所畧，然晚年輯《儀禮經傳通解》，欲取《説文解字》序説與《九章算經》爲書數篇，列入學禮，蓋以備古人小學之遺，特其書未就耳。今體朱子之意，綜括數學樞要，爲《矩線原本》兩篇，首言九九、比例，乃人視爲淺近不足學者，次言句股測量，又人視爲深遠不能學者。不知深遠即在淺近中。古者，小學與大學原非兩事也，凡有志實學者，誠能日讀朱子小學，而以餘力叅觀是書，以細其心，以静其氣而所謂涵養性情、擴充知識者，其必有實效焉。嘉慶二十三年戊寅孟冬，垣曲安清翹翼聖氏題。

安清翹《一線表用》

著録

清・劉鐸《若水齋古今算學書録》 天文第七

《一線表用》六卷、《推步惟是》四卷，安清翹。《數學五書》本。

《一線表用目》

一卷 一線表 句股筭略 二卷 步日躔 三卷 步月離 四卷 步月食 五卷 步日食 六卷 步五星

序跋

清・安清翹《一線表用・叙》 鎔西洋之巧筭入中法之型模，此治曆者之定説也，然自徐文定修《新法筭書》已有偏重西法之意，雖中法勝西法者亦棄而不用，梅勿菴欲會合中西而不得其要領，至今兩家言天數者猶齗齗未已也。余以爲測量須精，而布筭貴簡，西洋之測量精矣，至布筭則當用中法者亦有二事。古人割圓之術止用弦矢，西法則兼用割切，失於繁碎，此當用中法者一也。中法度爲百分，分爲百抄，日爲百刻，刻爲百分，皆取整數，不用通分，西洋則度法、日法俱用通分，畸零不齊，此當用中法者二也。今於二事俱用中法，而測量則取西法之精者，爲書六卷，名曰《一線表用》，雖不敢謂兼綜中西之長，而於兩家之異同庶幾歸於一是，且於儒者格物致知之學不無少裨益云。嘉慶二十二年丁丑仲秋，垣曲安清翹翼聖氏題。

安清翹《學算存略》

著録

清・劉鐸《若水齋古今算學書録》 象數第三

《學算存略》四卷，安清翹。《數學五書》本。

又 《筆算衍略》一卷，安清翹。《數學五書》本，在《學算存略》内。

《學算存略目》

序跋

清・安清翹《學算存略・叙》 程子作字甚敬，曰即此是學，朱子與蔡季通論樂律，謂季通不能琴，便是無下學工夫。蓋程朱講學切近乎實，不爲虛遠(元)[玄]妙之談，故其言云爾。六藝之中，惟算術最爲淺近，一與一爲二，二與一爲三，兩言已盡算術之要，雖天文曆數不出乎此。學者於算術誠能如程子之於字、朱子之於琴，則可以通經，可以養心，是爲切實有用之學，如鈎深索隱而實隣於小巧，如難題之類或過求簡捷，而反失於繁碎，如西法量算與對數表之類，此則藝士之所爲，非儒者所貴也。垣曲安清翹翼聖氏題。

安清翹《推步惟是》

著録

《推步惟是目》

序跋

清·安清翹《推步惟是·叙》　推步之學，測量難而論説易，以測量須實算，而論説多空談也，然亦有辨，如逐聲掠影，無得於心，謂之空談則可。若就實象，究明實理，據已然之跡而探所以然之故，則論説之難與測量等。西法測量勝古法，而論説亦有得有失。韓子曰：文無難易，惟其是爾。余謂：數無中西，惟其是爾。乃即兩家之書，折衷取是，不存中西之見，其中西同誤者，則一揆諸理，著論七十六篇，雖然天象高遠，學問無涯，不敢自是也。尚賴同志君子取而正焉。嘉慶十六年季夏，垣曲安清翹翼聖氏題。

安清翹《樂律心得》

著録

《樂律心得目》

序跋

清·安清翹《樂律心得·序》　律之與曆，各自一事，古今言曆而及於律，言律而及於曆者，皆附會之説，不足爲據。顧律曆之理有相同者，則筭數是也。自周末更秦漢，筭數僅存，子史諸書大半附會之説，其言曆而筭數精者，莫如元之郭太史，言律而筭數精者，莫如明之鄭世子。然郭太史言曆而於附會之説掃除殆盡，鄭世子言律而於附會之説不能盡去，其故何也？曆象之學有實測可憑，雖泥古而巧於言者，不能以口舌争也，聲音之道涉於虛，或是或非，孰從辨之？則泥古而巧於言者，得以口舌争勝矣。此樂律之學二千餘年迄無定論也，然從來泥古之失半在儒者，蓋儒者每眩於名實之辨，而樂家附會之説，自《周官》《禮記》已開其端，儒者以其經也，必附會以求其通，所争者皆樂律之名，而樂律之實則未之知也。余以爲樂律之實即在筭數，凡言律而出乎筭數之外，皆附會之説也，皆眩於名而不得其實者也。雖然，筭數之於樂律亦有名有實，筭數之實必心得之，如無得於心而徒博筭數之名，則亦無異於附會之説、眩於名而不得其實者矣。嘉慶二十四年已卯季春，垣曲安清翹翼聖氏題。

陳傑《緝古算經細草》《緝古算經圖解》《緝古算經音義》

著録

清·張之洞《書目答問·子部》　天文算法第七

《校緝古算經》一卷，《圖解》一卷，《細草》一卷，《音義》一卷。陳傑。成都龍氏刻本。

清・劉鐸《若水齋古今算學書録》 象數第三

《算法大成》上編十卷，下編十卷，卷末表。陳傑。道光癸未己日乃孚之齋刊本，只上編，餘未刊。

序跋

清・陳傑《自序》 《緝古算經》，唐王孝通撰，凡一卷，二十術。其後三術，頗有缺字，全者十七術耳。其書詞義奥祕，不可卒讀。其瀌以積與差相求，前無往古，後絶來今。似於理有所扡格，然予考唐制取士有明算一科，凡算學録大義本條爲問答，明數造術，詳明術理，然後爲通。試《緝古》四條，限三歲。則是書甫出，即經當代頒列學宫，以之取士，固人人信而好之，童而習之者也，豈真有所扞格哉？顧自五季佤離，其科既廢，其學遂微，宋元而降，迨及有明，知此者益鮮，其書亦幾湮没失傳。國朝人材輩出，能算之士，如梅定九、王寅旭、徐圃臣、薛儀甫、楊學山、江慎修，皆於此書未之見，戴東原見之，而莫贊一辭，近世更有妄加駁斥者。予心何安？然每晝夜研思，通讀而審諦之，卒無所獲，蓋置之而復審之，至日久而忽如入山得逕，掘井逢源，豁然意解矣。因思是書傳千餘年，始而顯，繼而晦，顯而晦已易，晦而顯將難。予幸能習九數之學，似於是書麤識其厓畧，惴惴焉惟恐後人讀此書者，亦如予前此之疑而棄之也，遂因暇景，爲之按以珠盤，録成一卷，曰《細草》。又爲之指畫形象，録成三卷，曰《圖解》。又爲之証引經傳，博採訓詁，是正其傳寫之舛譌，稽合其各本之同與異，别爲一卷，曰《音義》。體例皆有所規仿，示不敢作也。世有疇人君子，倘不以誕妄見棄，而有以匡所不逮焉，是實予之厚幸也夫。烏程陳傑。

清・錢儀吉《錢序》 以理與數之不可勝窮也，專門之智乃有以極其詣，而一家之説又無以觀其通，執焉而後至，至焉而弗之執，善用其心者能之。自乾隆間詔開《四庫全書》館，而算經諸書晦而復出。有王氏之《緝古》焉，其義蘊精微，鮮能通者。烏程陳子静菴讀之數月，而作細草，其後十餘年始爲之圖解，直指瀌原，兼述音義，總爲六卷。蓋一時求《緝古》之書者，或繩之以古《九章》，或測之以元人之立天元一，皆見外而遺内，静菴則以爲其瀌積與差相求而神於比例，蓋獨得其真，斯其用之之善而詣之極者。與静菴客京師三年，每以所著書示人，吾里朱雲陸侍御、陽湖董方立孝廉皆驚歎以爲絶學。於時侍御爲予注《乾象》《景初》二術成，孝廉則以垛積釋割圜，皆日從静菴講數學，相可否，夫以爲之者之少則其自封也，將益固洵乎三子者之相遇非偶然也。辱與静菴善，聊書其卷端云爾。旹嘉慶二十五年春正月，嘉興錢儀吉定廬甫叙。

清・汪廷珍《汪序》 數之爲學，至賾而不可惡，至動而不可亂者也。非氣之静者不足以入之，非志之專者不足以窮之，涉藩而止，治絲而棼，反嘖嘖焉議前人之疏，不亦過乎。有唐明算立學，有王氏孝通《緝古算經》一書，世已失傳，我高宗純皇帝在位之四十年，採訪遺書，始爲韓城王相國所得以獻，詞旨幽祕，讀者難以驟通。蓋先儒未有所發明焉，濩澤張古愚太守精於元李氏冶立天元一術，曾以其術爲之細草，甚快事也。今吴興陳生傑通九數之學，惜是書爲古取士之書而今人罕通其術，且有摘其失者，究心有年，盡得其旨，爲著《細草》一卷、《圖解》三卷、《音義》一卷，平近易習，精蘊畢宣，俾承學之士一覽輒悟，而王氏之書不復苦其難讀。其表章絶業，牖啟後賢之心，與太守同，而功益鉅矣。昔吾鄉閻潛邱徵君推宣城梅定九之算數與吴興胡朏明之地理爲當代絶學，生固吴興産而精於數理若此，以此見苕霅之間究心實學之士不乏也。嘉慶二十年歲次乙亥十有一月朔，兩浙督學使者山陽汪廷珍序。

清・徐松《序》 算術書大氐奥祕不易讀，《緝古》爲尤甚。古算不外開方，《九章》由開方而精之，《緝古》更由《九章》而精之。《緝古》之法止於較數開方，後於《緝古》者有元李氏《測圜海鏡》《益古演段》，秦氏《數學九章》諸書，立法兼以和數開方，似較精矣。然其中有一問可以兩答者，有一問可以三答者，且如其法以推，雖一問而千萬答可也，而秦李不知也。由此言之，《緝古》之止於較而不及和者，豈其智有不逮哉。蓋早知一數之外尚有他數相淆，法非法也，故法之至奇而至確者，斷推《緝古》。《緝古》之傳於今千餘年，前人未有通其術而釋之者，蓋其創法之精從古未經人道。又如論塹堵、論陽馬、論鼈臑竟可分合，任意求均給，求圜囷、求方囷，實能比例盡神，猝然觀之，茫乎莫測其旨，自非沉潛之學、奥衍之思、精鋭之筆，未易發其扃而啟其祕也。吴興陳静菴先生篤志嗜古，沈酣經史，凡儒先箋注以及歷代典章，悉能博觀約取，著有成書，更精研於天文算法，廣博靡遺。夫自漢太初四分至現行時憲，推步之改亦云屢矣，自《周髀》《九章》迄昭代諸家算經之存亦云富矣，靜莽莫不洞悉源委，著書以暢其旨，精心所到，奧窔獨開，一時名賢，無與抗手。

《緝古》三種，其所著之一也。予取而讀之，見如迅雷疾電，霍霍虢虢，又如大海迴瀾，魚龍出没，奇怪不可名狀，又如鳥道羊腸，屈曲如意，千巖萬壑，應接不暇，每出一義，想入非非，豁目快心，得未曾有，雖坐古人於堂，而自宣其祕，昭晰不過爾爾。倘所謂以沈潛之學運奥衍之思，而又出以精鋭之筆者耶。前乎此《緝古》之書傳，而《緝古》之學不傳，雖謂無《緝古》可也，後乎此《緝古》之學傳，學《緝古》之學者又將各傳其所傳，而《緝古》之學實由此三種而傳，雖謂今日始有《緝古》可也。竊慨古來著書家何限，其學或傳，或不傳，或遲之久而後傳。設不幸不遇好學深思者，讀其書而通其意，則雖傳亦等於不傳。矧精奇創闢，如《緝古》幽深微渺，如《緝古》佶屈不易句讀，如《緝古》既已世歷千年，絶無通其術而釋之者，過此以往，保無鹵莽滅裂，詢其書之無用而終至蕩焉，泯焉，浸以微焉者，則靜莽書出，不獨王氏賴以不泯，實亦千百世絶學復昌之會也，豈一人一家之私學也哉。然靜莽不以問世，藏之恒固，故世得讀之者罕，予方惜之，適予友龍燮堂觀察來，必欲得靜莽之書付之梓，以公同好，商於予，以固請僅得此釋《緝古》之三種，因爲引其端，以告世之讀《緝古》者。道光三年青龍癸未中和節，大興徐松序。

清·毛晉《跋》 按《唐書選舉志》制科之目明算居一，其定制云：凡算與《孫子》《五曹》共限一歲，《九章》《海島》共三歲，《張邱建》《夏侯陽》各一歲，《周髀》《五經算》各一歲，《綴術》四歲，《緝古》三歲，《記遺》《三等數》皆兼習之。竊惟數學爲六藝之一，唐以取士，共十經，《周髀》家塾曾刊行之，餘則世有不能舉其名者，戾半生求之，從太倉王氏得《孫子》《五曹》《張邱建》《夏侯陽》四種，從章印李氏得《周髀》《緝古》二種，後從黄俞邵又得《九章》，皆元豐七年祕書省刊板，字畫端楷，雕鏤精工，真希世之寶也。每卷後有祕書省官銜姓名一幅，又一幅宰輔大臣，自司馬相公而下俱列名於後，用見當時鄭重若此。因求善書者，刻畫影摹，不爽毫末，什襲而藏之，但焉得《海島》《五經算》《綴術》共三種，竟成完璧，并得好事者刊刻流布，俾數學不絶于世，所深願也。康熙甲子仲秋，汲古後人毛扆謹識。

雜録

清·陳傑《例言》

一，朱子作《周易本義》，復孔氏之舊。不以傳附經，□經也。茲編謹録經文爲一篇，而以拙著《細草》《圖解》《音義》各爲一篇列於後。蓋仿其式。

一，是書現行刻本，惟羅江李雨村調元所刻《函海》、長塘鮑以文廷博所刻《知不足齋叢書》、闕里孔體生繼涵所刻微波榭《算經十書》内有之。《函海》予未獲見，知不足齋及微波榭皆依汲古閣毛氏影宋刊本重雕，然亦互有異同，茲悉依微波榭本鈔録。其異同處於《音義》内注明「一作某」以俟考。又《四庫全書》亦影鈔毛本，而有當時名公巨卿所加圖説，予惜未之見也。謹就同里沈達夫所刻《四庫全書總目》中録其「提要」一則列諸首簡，以誌向慕。

一，王氏自稱凡二十術，今按其書，凡設問答二十，其一問一答，或一術，或二術或三四術不等，故命二十術爲二十問，并爲注明凡幾術。其有二術或多術者，又摘取經文數字，標題於左。

一，從開立方灋，王氏獨立一織，特爲草出，以便觀覽。其開平方灋，概不贅述。

一，凡除灋有不盡者，以子母灋通之，此固人人所曉。若既得子母數，又須與他數相爲加減乘除，恐非深明於此者不能無誤，偶爲舉其大要得數條附細草後。

一，細草昉於劉孝孫《張邱建算經細草》，今仿其體例，故别爲圖解，以盡其藴。

一，王氏用灋，每不言灋原，令人莫名其妙，如築隄穿河各術，有求斜袤灋，乃句股求弦也，各均給及首術皆比例也，茲爲一一抉出，庶讀者得所依據。

一，比例之灋，昉自《九章》，傳由西域，在古灋曰異乘同除，在西灋曰比例等。假如甲有錢四百，易米二斗，問乙有錢六百，易米幾何，答曰三斗。灋以乙錢爲實，甲米乘之，得數甲錢除之，即得。錢與米異名相乘，錢與錢同名相除，故謂之異乘同除，此古灋也。以甲錢比甲米若乙錢與乙米，凡言以者一率，言比者二率，言若者三率，言與者四率，二三率相乘，一率除之，即得，此西灋也。古灋在元明時中土幾已失傳，不知何時流入西域，明神宗時西人利瑪竇來中國，出其所著之書，中土人皆矜爲創見，其實所用皆古灋，但易其名色耳。茲以西人名色解王氏，固取其平近，亦以明中西之合轍也。

一，細草不言萬千百十等字，則每數之下必應加圈以明單位所在。如數止於萬者加四圈，止於千者加三圈，固定灋也。然立方之數以千進，丈爲千尺，尺爲千寸，寸爲千分，若以寸爲單位，則丈下應加六圈，以分爲單位，應加九圈矣。篇内有同爲一術，其廉線數止於丈，而均給高廣或至寸分，使於丈下不加九圈，則均給之單位不明。實則廉線之丈仍止十尺，斷不能加九圈也，故一概删卻，以免滋惑，且圖中明言尺寸，會心者可自得其超步之方也。惟句股各圖準句三股四弦五之數以繪，與經文原數不合，故圖中不言尺寸，而於細草明言萬千百十等字，以顯其數。

一，圖中標識，向用甲乙丙丁字樣，十干不足，繼以十二支，十二支不足，繼以二十八宿，茲改用千字文，庶幾取之不竭耳。

一，經内有亭、倉、芻甍等術，有塹堵、陽馬、鼈臑等名，有冪積等辨，如未詳其義，而欲讀是經，是猶航絶流斷港而欲至於海也，故作音義。

一，音義之作，昉自陸德明《經典釋文》，後人各取其所好讀之，書相繼規仿，而有作者不可枚舉，然陸氏訓□簡當，不矜淹博，後則未免繁冗疎漏，兩失之矣。茲以傑之譾陋，豈敢頡頏古人，然引證務與本意印合，凡各經史及諸子百家有與本意相同者，間亦多採數語，其旨趣各别者，概從闕畧。

一，音義於引證外間有鄙見所及，且義屬疑似，必須薈萃羣説，相與發明者，俱加「按」字以别之。

一，是書傳千餘年，傳寫多訛，茲爲訂正，附入音義，而於經文僅加《 》以爲識别，未敢妄爲竄易也。

陳傑《算法大成》上編

著録

清・丁福保《算學書目提要》卷下　《算法大成》上編十卷，烏程陳傑撰。

案：是書首論加減乘除開方，二論句股，三論比例割圓八綫，四論對數三角形，五六論平三角，七八九十論弧三角。由淺入深，最爲明晰，而於弧三角法尤爲詳備。蓋陳氏爲天算專家，故獨詳於推步之學，惟謂李冶、秦九韶、朱世傑輩更爲天元四元，法愈難而理愈晦，愈無所用，反被西人竊取乘除而爲比例，竊取句股而爲八綫，此等孟浪之言，初學慎勿誤信。

清・丁仁《八千卷樓書目》卷一一《子部・天文算法類》　算書之屬

《算法大成》[上編]十卷，國朝陳傑撰。刊本。

《算法大成》總目

上編

卷首　序文　凡例　總目

卷一　加　減　乘　除　開方

卷二　句股

卷三　比例　割圓八綫

卷四　對數　三邊形

卷五　平三角上

卷六　平三角下

卷七　弧三角一　綱領　正弧形

卷八　弧三角二　斜弧形一

卷九　弧三角三　斜弧形二

卷十　弧三角四　斜弧形三

下編未刻
卷一　治曆一　提要
卷二　治曆二　測量
卷三　治曆三　歷理
卷四　治曆四　推步用數　推步今法
卷五　治曆五　推步設問　論著　辨訛
卷六　出師　河工　海塘
卷七　錢糧　鹽務
卷八　查倉　量田
卷九　考據經傳
卷十　貲本營運　市廛交易　寒素居家
卷末刻工未竣
表

序跋

清・金望欣《算法大成上编序》 洙泗之門身通六藝者七十二賢，算學六藝之一也。秦火以後，文獻無徵，惟遺老張蒼，以故秦博士爲漢文計相，曆數之傳有託。孝武時，洛下閎始創太初，東京大儒鄭康成、張平子、蔡伯諧之徒，無不精通《九章》，深明五紀。三國六朝，師承不絶。唐尚辭章，實學漸廢，然明算設科，十書立有程式，故李淳風、僧一行輩作述相繼超邁等倫。宋重理學，儒者皆明算理，不精算數，致太史推步法十八變，而不能合天。元儒許衡、郭守敬理數兼通，所造授時書可謂集中法之大成。明代臺官株守舊法，鮮克變通，於是西人始入而售其技矣。蓋其時士尚制義，竊理學蹈空言，以推步爲疇人之職，以乘除爲商賈之事，而不屑言，其實不能言也。惟我聖祖仁皇帝聖明天縱，御製《律（書）〔曆〕淵源》全書，頒行天下。其時草野之士有梅徵君勿庵先生應運而興，子孫承其家學，至今言算者源流半出其門。顧《梅氏叢書》不脛走海内，而《律（書）〔曆〕淵源》卷帙浩繁，寒儒難購，藏書之家珍祕之，不能通曉。惟屈氏《九數通考》能發明旨趣，簡約成編，學者便之。但

其法至句股而止，不及步躔離交食諸法，有《精藴》無《考成》不得謂算之大成也。吾邑言算學者，始中翰吴杉亭烺大令、許芳谷如蘭兩先生，吴學受之江夏劉氏，許學受之休寧戴氏，劉戴之學皆薪傳於梅氏。余生也晚，同邑通梅氏學者僅江雲樵臨泰茂材一人，長余將三十年，相與爲忘年交。嗣遊京師，獲交徐鈞卿有壬户部，游廣陵獲交羅茗香士琳明經，最後游吴興始識國子助教静葊先生。時先生有足疾，樓居，余至必下樓劇談，無時不言算學。去年余客錢塘官署，先生每過杭，必過訪，談不及他事。始余習《梅氏叢書》通授時法，習《考成前編》通時憲法，因以兩法推春秋三十六日食，就正雲樵，雲樵謂推日食用日月兩心視相距最精妙，復習《考成後編》通時憲現行之法，後鈞卿示余用表推日食三差法，茗香示余用古法七曆推春秋朔閏法，今法之上通春秋無不脗合，惟推春秋兩南至皆後三日，授時有古今消長法，而《後編》歲實復大於《前編》，前人已有消極復長之説，即梅氏不能定其是非，曾以質之静葊先生，先生謂歲實有消無長，《後編》以《前編》消數太過，故稍益之，然行之久遠，則《後編》之差必甚於《前編》，以歲實漸消也。余因細繹其數，《後編》歲實雖大於《前編》而朔策仍小於《前編》，因偏校古法朔策，無不漸消，因欲歲實朔策皆古大今小，有消無長，次第消長之數以考春秋僖公五年辛亥朔日南至氣朔，皆符，但郭氏百年消長一分之數尚未確耳。先生供職史院多年，故考驗之精如此。今先生廢居里巷，恐絶學之無傳，有負聖祖仁皇帝憲章百代之著作，因取《律（書）〔曆〕淵源》之精義，由淺入深，先法後用，上自靈臺軍國之大，下及民生日用之細，使學者循序漸進，由小成以至大成，名曰《算法大成》，紀其實也，以余昔曾讎校稿本，命爲之序，飢驅奔走，久未踐言，甲辰計偕吏部以試吏，分發隴上道，過邗江見先生之書上編，先已梓行，攜諸行篋，秋閒由楚之隴，舟中取而閲之，始爲之序，郵寄吴興，世之讀是書而慕絶學者，即視先生爲梅勿庵徵君可也。道光二十有四年秋九月下弦日，全椒金望欣草於荆門沙洋舟中。

雜録

清・陳傑《算法大成》上編凡例

一，算法廣大精微，幽深奥博，然實不外加減乘除而已。由除法生開方，由

乘除生比例，生對數，由乘法及開方又生句股，生八綫，由八綫比例又生平三角、弧三角，而算法之能事畢矣。茲以言加減乘除、開方、句股、平三角、弧三角爲上編，凡十卷，皆法也，然有用也。見大法之用小法也，又以天下事無論巨細，或在官，或在民，凡有須用算者，皆詳言之，爲下編，凡十卷，皆用也。然有法也，見大小法之各得所用也，删繁就簡，斟酌咸宜。

一，八綫表爲平三角、弧三角所必用之數，具詳《數理精藴》，然板在欽天監，刷印甚難，且卷帙繁多，是以外間罕有。茲仿其式，力加簡省，於上下二編之外，别爲一卷，庶盡人可得所用云。

一，古人設題多託於事，爲問答之辭，糾纏俚鄙，閲之未易驟了其實，爲天地間所必無之事，近今人頗覺其無謂，而漸去之，間亦設有問答，空言數矣。走謂空言數即是法，託於事即是用，今古算書不啻汗牛充棟，總未於立法用法分辨明晰，或竟忘其用而專事艱其法，遂令閲者徒眩心目矣。茲以上編言法，下編言用，悉爲問答，以清眉目，或空言數，或託於事，各因其宜。

一，自古以來，能算之人各有著述，不下千餘家，詳阮儀徵《疇人傳》。皆不免一偏之見，或僅止一知半解，獨成一家言，甚至有故祕其詞以文，其淺陋者頗無足觀，惟有我朝梅勿庵徵君著述繁富或稿未脱手，或卷帙浩繁不刻者甚多，有八十餘種，詳杭堇浦《道古堂文集》。其已刻二十九種，廣博該洽，平近易讀，實爲至善，惟加減乘除附見於籌算、筆算，開方附見於句股，比例附見於平三角，皆無專門一種，尚非引誘初學之道。茲編門分類别，首先加減乘除，次開方、句股，次比例，皆爲專卷，蓋一片婆心，專爲初學，由淺入深設也。其餘則梅氏所詳者略之，略者詳之，是者從之，非者改之，實可與梅氏互相表裏，能者領之。

一，算法必由淺入深，前人著作或自成一家言，非爲引誘初學者無論矣，間有言淺法者，頗不以淺深爲次，無怪人之難學也。茲編開卷首言加減乘除，不憚反覆詳明，蓋先淺後深，務欲學者循序漸進，由小成以至大成。爰取學記七年小成，九年大成之義，名之曰《算法大成》。

一，算法之用多端，第一至要曰治曆，故《下編》言在官之事，首先治曆，次出師，次工程、錢糧，次户口鹽引，次堆積丈量，其儒者所爲，則考據經傳，下及商賈，庶民則貲本營運，市廛交易，持家日用，凡事無鉅細，各設題爲問答，以明算法之用，蓋如此之廣云。

一，世以堆積丈量爲最難，似不可過略，竊見張丹邨《量倉通法》五卷、《方田通法》六卷，又《續編》二卷，《倉田》一卷，凡言倉堆積也，言田丈量也，可謂詳矣。然必非盡人所能通曉。茲編悉取人所易知者，設爲數題，須知在官爲州縣交盤，在士庶爲召佃庸租，爲弟兄分晰，胥不外此矣。

一，算書最古者曰《周髀》，曰《九章》，皆漢初人所作，《唐書·選舉志》有明算一科，以十種算經分十二年考試，走嘗遍讀之，知《周髀》始言天地形體，佳在不雜占驗一語耳，謬誤特甚，算法佳在創言句股之始耳，麤略亦甚，頗不足觀，自《九章》以下皆止言算法，淺深不一，皆無所用，且九種皆已有人爲之發明，惟《緝古》一種莫有贊一辭者，竊嘗不揣檮昧，作《細草》一卷，《圖解》三卷，《音義》一卷，久已刊行，茲惟取世所常用者，其十種書概不具論。

一，算法當思廣其用，不必艱其法，句股步天實不足，然則漢人既因乘除而爲句股矣，有心者當如何必使句股足以步天行，乃徒事艱深以取勝，王氏《緝古》已極甚矣，李冶、秦九韶、朱世傑輩，更爲天元四元，法愈難而理愈晦，愈無所用，反被西人竊取乘除而爲比例，竊取句股而爲八綫，於是有平三角弧三角，於是而推步日月星辰之行度極易而極密，方駕乎中國之上矣，此實唐宋元明人之深咎也。何幸我聖祖仁皇帝學貫天人，精通象緯，不以人廢言，取其法以入於《御製數理精藴》，遂使一朝時憲洵足以邁往古垂萬世，學士大夫當如何講求三角，不愧爲盛世良臣，乃猶有沾沾於天元四元，細繹無已者，不可解也。茲編謹於平三角弧三角多發前人所未發者，而於天元四元則不一字道及。

一，乘除有截、飛、減、留四法，乃由熟生巧之事，人苟於乘除二法熟習深透，自能觸發，不自知其已得也，若乘除不熟而先學此，則反難於乘除，大可不必，蓋乘除乃萬事通用之法，截飛減留則斤兩不能通之畝步，張丹邨太守專言畝步，既自作歌，又引桐陵歌，又載梅表，約萬餘言，茲編有畝步，有斤兩，有度變時，有時變度焉，能一一言之，累牘連篇，不若人心之一觸，孟子曰不能使人巧，蓋此之謂。

一，除法不盡，有命分、通分、約分之法，固儒者所當知之事，然非所急，茲不具論。

一，乘除俱有定位之法，不可不知，茲以數語簡括言之。

一，算法必藉器具，最便莫如珠盤，次籌，次筆，或謂加減便於珠盤，乘法便於筆，除法便於籌，非也。乘之便於筆者鋪地錦耳，非筆算也，除則筆算、籌算皆無其法，惟籌尚可除耳，珠盤并開方亦甚便，何況乘除實無不便也。兹於乘法附見鋪地錦，而於除法略具籌式，俱言其法，設有萬不能用珠盤者用之可也，又有鈐法，乃會通籌與筆，由熟生巧之事，最便於乘除，亦可用他，如一掌金、金蛇退殼等法，皆有時而窮，不足爲法，詳程汝思《算法統宗》。可不必觀。

一，圖上綴字，專取筆畫稀少，竝無意義。

董祐誠《董方立遺書》

著録

清・張之洞《書目答問》卷三　天文算法第七

《董方立遺書・算術》七卷，董祐誠。家刻本、成都重刻本。《遺書》共十四卷，餘七卷爲他著述。

又　《割圓連比例術圖解》三卷，《橢圓求周術》一卷，《堆垜求積術》一卷，《斜弧三邊求角補術》一卷，《三統術衍補》一卷。

清・劉錦藻《清續文獻通考》卷二七四《經籍考一八》　《董方立遺書・算術》七卷，董祐誠撰。

清・丁福保《算學書目提要》卷上　《董方立遺書》：《割圓連比例術圖解》三卷、《橢圓求周術》一卷、《斜弧三邊求角補衍》一卷、《堆積求積術》一卷、《三統術衍補》一卷。陽湖董祐誠撰。案：是書之最著名者，惟《割圜連比例術圖解》一書，因泰西杜氏割圜九術語焉不詳，乃究其立法之原。用連比例從三分弧起算，推之若干分弧，覺其諸率數皆成三角堆，遂易乘除而爲遞加法。後又悟得各率根數皆由弧分而生，始知任何分弧率數，俱可徑求。説本蔣士棟《圓率釋董》。洵空前絶後之作也，較諸左氏之《綴術釋明》，簡易多矣。其《橢圜求周術》，非通法，羅氏《續傳》論之甚詳。

《董方立遺書》總目

《割圓連比例圖解》三卷

《橢圓求周術》一卷

《斜弧三邊求角補術》一卷

《堆垜求積術》一卷

《三統術衍補》一卷

《水經注圖説殘稾》四卷

《文甲集》二卷

《文乙集》二卷

《蘭石詞》一卷

右九種，凡一十六卷。

序跋

清・張琦《董方立遺書序》董祐誠《董方立遺書》　嘉慶十有四年，余游河南，方立與其兄子詵自陝西而南，塗出陝州，余始與相識。既余游京師，方立、子詵官户曹亦至焉，余與過從始密。子詵、方立皆以文行稱于時，方立尤精研經史志，卓越不可遏抑。道光三年三月，余出山東，越數月而方立訃至。嗚呼！天之困厄有才何其甚也。既欲厄之，而又才之，其又何也？將困之、厄之，非天所知，而才不才固任其自爲之耶？然而才者胡勿多覯覯之而卒厄之，抑又何也？方立未弱冠即好學，年三十三而卒，始工爲漢魏六朝之文，繼複肆力於曆數、輿地、名物之學，既乃精求典章、禮儀、政治利弊之要，思有所表見於世，而乃不永其年，徒盛以没。嗚呼！果孰才之而孰厄之耶？今子詵哀其所遺書十六卷，校而刻之，屬序于余，余反復是編，幸方立之得有所傳而方立之不克竟所學尤足傷矣。道光十年六月夏，張琦序。

清・張成孫《董方立遺書序》董祐誠《董方立遺書》　吾友董方立既死之七年，其兄子詵痛其志之盛，而年之嗇也。編其遺書《割圓連比例圖解》三卷、《橢圓求周術》一卷、《斜弧三邊求角補術》一卷、《堆垜求積術》一卷、《三統術衍補》一卷、《水經注圖説殘稾》四卷、《文甲集》二卷、《文乙集》二卷、《蘭石詞》一卷，屬余校而刻之。

方立性沈毅好學，精敏過人，於書之外無所嗜，於世之書無不讀，一二過輒得其恉，始工爲漢魏六朝，繼通數理輿地之學，既乃討論經國治世之原。今古變遷之跡，根究大道而以用世自期，齎志宏遠，不永其年，所可傳者僅止於是，爲可悲也。

余年十四，始識子詵、方立。年二十，共幾席治經史，交相得也。既二年，各以衣食奔走四方。歲甲戌，三人者同遊青浦，方立學已成。一歲復別去。戊寅，余遊京師，方立以子詵官户曹，先在京師，其學益進。越五年，而余南歸，又一歲，而方立死矣。余小於子詵二歲，而長方立二年，學不逮其十之一，然以所志同、所趨同，每與晤聚，未嘗不以道相期，未嘗不以所學互相質。凡余之交，未有如子詵、方立之最先，而最相知也。憶客京師時，所居隔遠，旬日始得見。方立始解割圜、圖水經，考輿地，治典禮，每謂余曰：史自班固以後，蕪穢甚矣，綱領不得，何以挈其要，繁雜不祛，何以信其事，各志之紕繆舛錯，爲尤甚。吾欲通例以穿貫之，竊以諸志自任，吾子能爲其他乎？余大其志而謝不敏。嗚呼！忽忽又數年矣，余茫乎無所成，方冀方立書成而得觀焉，乃竟促其年，而徒使余得序是編也。

嗚呼！可哀也。雖然，世之彊毅敏達者豈少哉？或誘於勢利而志不專，或競爲淹博而術不正。及其既老始悔，欲有所爲，精力已竭。則吾又幸方立之得有是編，世之人猶可見其一二也。年，天也；學，人也。有其志，有其學，其於人也，盡矣。其於天，雖聖何敢必？然則方立之死，吾何憂焉？方立僅以是編傳，吾何憂焉？刻竟，序之，歸子詵。子詵其無傷也。道光九年夏四月，張成孫序。

董祐誠《割圜連比例術圖解》

著録

清・劉鐸《若水齋古今算學書録》　象數第三

《割圜連比例術圖解》三卷，董祐誠。《董方立遺書》本。

清・丁仁《八千卷樓書目》卷一一《子部・天文算法類》　算書之屬

《割圜連比例術圖解》三卷，國朝董祐誠撰。《方立遺書》本。

序跋

清・董祐誠《割圜連比例術圖解・序》　元郭守敬《授時草》用天元術求弧矢，徑一圍三，猶仍舊率。西人以六宗、三要、二簡術求八線，理密數繁，凡遇布算皆資於表。梅文穆公《赤水遺珍》載西士杜德美圜徑求周諸術，語焉不詳，罕通其故。嘗欲更創通法，使弦矢與孤可以徑求，覃精累年，迄無所得。己卯春，秀水朱先生鴻以《杜氏九術》全本相示，蓋海甯張先生豸冠所寫者。九術以外，別無圖説，聞陳氏際新嘗爲之注，爲某氏所祕，書已不傳，迺反覆尋繹，究其立法之原，蓋即圜容十八觚之術，引伸類長，求其絫積，實兼差分之列衰，商功之堆垛，而會通以盡句股之變。《周髀》經曰：圜出於方，方出於矩，矩出於九九八十一。圜，弧也；方，弦矢也；九九八十一，遞加遞減遞乘遞除之差也。方圜者，天地之大體，奇耦相生，出於自然。今得此術，而方圜之率通。爰分圖著解，冠以九術原文，並立弦矢互求四術，都爲三卷。辭取易明，有傷蕪冗，其所未寤，俟有道正焉。嘉慶二十四年夏四月，陽湖董祐誠。

又《割圜連比例術圖解・跋》　割圜解既成之二年，朱先生復得《割圜密率捷法》四卷於鍾祥李氏，蓋乾隆初欽天監監正明［安］圖所解，而門人陳際新所續成者。其書釋連比例諸率，分弦、矢爲二術，皆先設百分、千分、萬分諸弧，如本法乘除之，棄其畸零，以求合於矢之十二、三十、五十六，弦之二十四、八十、百六十八諸數，遂謂遞加一數以爲除法者，特取其易知而便於記憶。則其於立法之原，似未盡也，然反覆推衍，使弧矢奇耦率可互通，鉤隱探賾，雜而不越。蓋師弟相承，積三十餘年之久推，其用心可謂勤且深矣。

陳氏序言：圜徑求周及弧求弦矢三術，爲杜德美氏所作，餘六術則明［安］圖氏補之，與張先生所傳互異。又借弧借弦二術，並見陳氏書中，範氏所作，其闇合歟？余以垛積釋比例，而三角及方錐堆三乘以下，舊無其術，近讀元朱世傑《四元玉鑑》「茭草形段」「果垛疊藏」諸問，乃知遞乘遞除之術，近古所有，而遠西之士尚能守其遺法，有足珍者。爰並記之。道光建元六月朔日，董祐誠。

又《割圜連比例術圖解・序》　《割圜連比例術圖解》三卷，爲《方立遺書》

之一。方立生五歲，曉九九數，年十八，與同里張彥惟共治算學，盡通諸家法，又十年，居京師，識秀水朱筠麓，時出所得相質，學益進，逾年，迺成是書，又二年復成《橢圜求周術》一卷、《斜弧三邊求角補術》一卷、《堆垛求積術》一卷。余故不通算術，而筠麓、彥惟二君皆專門學也。二君於是書推許甚至。爰以冠羣書之首，其後成三術，亦並以次附焉。道光三年冬十月三日，基誠序。

董祐誠《橢圜求周術》

著録

清・劉鐸《若水齋古今算學書録》 象數第三

《橢圜求周術》一卷，董祐誠。《董方立遺書》本、《西學大成》本。

清・丁仁《八千卷樓書目》卷一一《子部・天文算法類》 算書之屬

《橢圜求周術》一卷，國朝董祐誠撰。《方立遺書》本。

序跋

清・董祐誠《橢圜求周術・序》 橢圜求周，舊無其術。秀水朱先生鴻爲發言：圜柱斜剖，則成橢圜，是可以句股形求之。秋涼無事，即先生之説，稍爲發明，系以圖釋，大氏平圜如平方，橢圜如縱方。橢圜有大徑、有小徑、有周、有積，必知其二，然後可求其餘。猶縱方之句股形也。如以兩徑與周之和較及面積隱雜求之，則其術亦有不可盡者矣。道光元年七月七日。

董祐誠《斜弧三邊求角補術》

著録

清・劉鐸《若水齋古今算學書録》 象數第三

《斜弧三邊求角補衍》一卷，董祐誠。《董方立遺書》本、《西學大成》本。

清・丁仁《八千卷樓書目》卷一一《子部・天文算法類》 算書之屬

《斜弧三邊求角補術》一卷，國朝董祐誠撰。《方立遺書》本。

序跋

清・董祐誠《斜弧三邊求角補術・序》 梅文穆公《赤水遺珍》有弧三角形三邊求角，開平方得半形正弦法解，與薛儀甫《天學會通》三邊求角用對數術略同。其術視總較術稍繁，然用於對數，則此爲簡省矣。薛氏有法無解，梅氏以平行線作同式三角形釋之，義亦未顯。暇日尋繹，迺知：角旁大弧之弦線與對弧之弦線相交成平三角形，以邊角比例術求之，可得所求角正矢之半，爲末數。故倍末數即得角之矢，而術必求半形正弦者，《八線對數表》無矢線，知此術之專爲對數立也。別爲圖解，並補求又一角術。推步之士或有取焉。道光元年八月三日。

董祐誠《堆垛求積術》

著録

清・劉鐸《若水齋古今算學書録》 象數第三

《堆垛求積術》一卷，董祐誠。《董方立遺書》本。

清・丁仁《八千卷樓書目》卷一一《子部・天文算法類》 算書之屬

《堆垛求積術》一卷，國朝董祐誠撰。《方立遺書》本。

序跋

清・董祐誠《堆垛求積術・序》 堆垛求積，三乘以上舊無其術。汪氏《衡齋算學》始創諸乘方三角堆求積術，以爲古所未發。予釋割圜捷法，更得求諸乘方所成之方錐堆術。繼復以縱方堆推之，而得諸乘方所成之縱方堆術。亦謂此兩術，又汪氏所未發也。近讀《四元玉鑑》茭草形段、果垛疊藏諸問，求其天元如積之原，則與諸術皆一一符合。學然後知不足，旨哉言乎。爰取舊撰兩術，比而録之，爲讀《四元玉鑑》者助焉。道光元年八月十日。

沈欽裴《重差圖説》

序跋

清・沈欽裴《重差圖説・序》 劉徽「九章算術序」云：「徽尋九數有重差之名，輒造重差綴於勾股之下。」是徽之書本名重差，後人因第一問望海島，遂以「海島」名之。夫曰差者，勾差、股差也。曰重差者，以小勾股差爲大勾股差之率也。故其序又云：凡望極高、測絶深而兼知其遠者，必以重差爲率。今試繪勾股於紙上，從其端結角處作一斜畫，引至勾方，同股者必不同勾，爰有勾差。又從所分結角處作一斜畫引至股方，同勾者必不同股，爰有股差。乃於勾股形内或從或横截作小勾股，令相與之勢不失本率，斯可輾轉相求，則是勾股中原自具測量之體，特因測量而後顯勾股之用耳。癸未孟冬，始來荆溪，遇黄梅石小山景熙喜算術，與言勾股測量，别有會心，撰《重差圖説》一卷，授之。不曰海島，而曰重差，從其朔也。道光四年，歲在甲申，三月清明後三日，沈欽裴自序。

沈欽裴《四元玉鑑細草》

著録

清・劉鐸《若水齋古今算學書録》 象數第三

《四元玉鑑細草》四册，沈欽裴。未刊。

序跋

清・沈欽裴《四元玉鑑細草・序》 梅氏《少廣拾遺》開至十二乘方，而止先作點分段，次查表以定初商，次求廉隅以定續商，術已繁矣，且施諸帶縱則窮，施諸之分則又窮，是枝枝節節爲之，而未明廉隅進退之理也。余讀《四元玉鑑》載古今開方會要之圖，試取而衍之，多一乘即多一廉，即多一進退。平方有實、方、隅，方一進者，隅二進。立方有實、方、廉、隅，方一進者，廉二進，隅三進。三乘方有實、有方、有上廉、有下廉、有隅，方一進者，上廉二進，下廉三進，隅四進。其退亦然。自平方至七乘方，成細草一卷，八乘以上可以類推。即以御帶縱開方、之分開方，亦無不可，乃知古法簡易，一以貫之也已。道光九年，歲次己丑，長四後四日塗月辛酉朔，沈欽裴自序。

羅士琳《比例匯通》

著録

清・劉鐸《若水齋古今算學書録》 象數第三

《比例匯通》四卷，羅士琳。嘉慶戊寅刊本、廣州重刊本。

清・丁仁《八千卷樓書目》卷一一《子部・天文算法類》　算書之屬

《比例匯通》四卷，國朝羅士琳撰。刊本。

《比例滙通》目録

卷之一

九章解　九九合數圖　珠盤九歸歌附法四則　西洋總訣附法四則

兩求斤留法附法三則　乘除法實定位訣　各定率比例　借定率以求真數法

權衡輕重法　正比例　轉比例　合率比例

卷之二

設色比例　雙套比例　和數比例　較數比例　和較比例

二色比例　三色比例　四色比例　三角比例

卷之三

借根方發凡　借根方加法　借根方減法　借根方乘法　借根方除法

借根方御諸比例法上

卷之四

借根方御諸比例法下　開諸乘方法十乘方止　附捷法　借根方開方法三乘方帶縱止

序跋

清・秦恩復《比例滙通序》　韓子曰：業精於勤，行成於思。惟其勤也，故精也。惟其思也，故成也。《易》稱：精義入神以致用。用莫大於日月星辰之度，田畝溝洫之界，朝廷官府之衡量，里巷市井之升斗，而乘除加減諸法實彙其成。顧非精義亦安能致此乎。羅甥茗香，從余執經，受舉子業，已，乃盡棄其所爲俗學，周遊江淮間，因得博覽疇人之書，日夕研求，心疲目倦，數年而著之書成。一曰《憲法一隅》，言曆法也。一則是書，而言演祘法者，曰《比例滙通》，就質於余。余往與孝嬰諸君子游，嘗有事於鈎較，因官京師，未遑卒業。嗣以移病里居，主講真州書院。追憶曩時心蓄之疑義，而故交零落，罕有存者。茗香乃能先我而尋絶學，後生可畏，何至如何休所云操吾矛入吾室乎？抑有會於精義入神之説，以蘄至於韓子所謂精思也，斯已矣。江都秦恩復序。

清・范淩《比例滙通序》　保氏言九數，鄭氏謂方田、粟米、差分、少廣、商功、均輸、方程、贏不足、旁要。旁要，勾股也。其見於經者，塚宰以三十年之通制國用，大司徒以土圭之法測土深，正日景，以求地中，小司徒經土地，井牧其田野，遂人以土地之圖經田野，匠人建國眡以景爲規，識日出之景與日入之景，而門堂溝洫廣深高下之制，釐然大備。國家經世之務多矣，由大農度支水衡錢幣以迄於民間日用，豆區釜鍾銖兩之細，莫不有其程式，而無毫髮分寸之謬。虞舜之巡方也，首以同律度量衡，先聖王所以使民敬讓而不争者，恃此道也。羅子茗香，少治經，四子六經之書，靡不貫究，亡何去其鉛槧積習，日與疇人畸士聚首講肄，遂殫精於算學。夫算有九章也，從乎朔而言也。今羅子之言曰，與其分爲九章而法轉淆，不如統歸比例而用畫一也。夫事各有其要領在焉。讀《春秋》者，舍例無以釋《春秋》；讀律者舍例無以造律。然則，言算者舍比例之法安能通諸朝廷官府、放之天下而皆準哉？羅子之成是書也，有解、有圖、有歌、有訣，申之以比例諸術，大暢西人之旨。如網之在綱，如葉之附枝，如馬援之聚米，歷歷可覩，如管輅之捫星，落落可識。非探賾索隱者，惡乎能之。孔子曰：遊於藝。羅子將遊觀乎算之中，以得其左右逢原之樂也已。戊寅季秋，下浣同里愚弟范淩雨村氏拜序。

清・羅士琳《比例滙通・序》　數之所恃者，加減乘除耳。奇偶對待，則加減之而巨細立成，奇偶縱横，則乘除之而綱目不紊。推其原不過以小比大，以寡比多，以虚比實，以假比真，以彼比此，以舊比新而已。此西人比例法之所以爲最上乘也。苟能明乎比例之率，無論一十百千萬以至無量數，紛紜錯亂，皆可不旋踵而徹底澄清。又何尚乎《九章》哉？惟是九章之名最古，後人不解九章，乃備數而設，遂譁九章爲牢不可破之格。膠柱鼓瑟，其謬甚矣。殊不知九章即度與數之二端。分而言之：度，量法也，最淺者爲方田，稍進而爲少廣，爲商功，以極於勾股。數，算術也，最淺者爲粟布，稍進而爲衰分，爲均輸，爲盈朒，以極於方程。合而言之：其名雖九章，其實則比例也。歲乙亥，讀禮家門，日以課子爲事，舉業之外，旁及六藝，因亨輻每有所問，輒觸於心。竊思勾股少廣相表裏，而方田與商功無異，差分與均輸何殊？自九章之名立，而滋人之惑甚夥。與其因比例之不同分作九章，而其法轉淆，不若判九章之各別，統歸比例，而致用畫一。爰不揣譾陋，按類相從，謹摘九章中之切於日用所必須者若干條，滙爲比例十二種，以各定率比例冠首，以借根方比例載後，以諸乘方開方法附末，共成四卷，帙曰《比例滙通》，庶學士大夫以及賈人胥吏當權衡度量時，可恍然數之一道無非比例以生，蓋亦聖人所謂一以貫之云爾。論成於乙亥之冬，謀食謀衣，終朝弗輟，遂致束之高閣。今檢敝笥，偶得是編，用加推演，録而成卷。追憶草稿之初，不覺忽忽兩載矣。時丁丑十月既望，日躔于房初度三十九分，月在緯北横升於昴，是日丑正三刻七分入申宫，填星夕見在虚，歲星在析木之津，熒惑次於觜，金水二星同躔壽星之次，甘泉羅士琳茗香氏自識於肄九書屋之南窗。

羅士琳《觀我生室彙稿》

著録

清・劉錦藻《清續文獻通考》卷二七四《經籍考一八》 《觀我生室彙稿》十一種四十八卷，羅士琳撰。

清・張之洞《書目答問・子部》 天文算法第七

《觀我生室彙稿》二十四卷，羅士琳。阮刻本。十一種，目列後：《句股容三事拾遺》三卷《附例》一卷、《三角和較算例》一卷、《四元玉鑑細草》二十四卷又單行、《四元釋例》二卷、《演元九式》一卷、《台錐積演》一卷、《校正算學啟蒙》三卷又單行、《校正割圜密率捷法》四卷又單行、《續疇人傳》六卷、《周無專鼎銘考》一卷、《弧矢算術補》一卷。此外有《交食圖説舉隅》《推算日食增廣新術》《春秋朔閏異同》《綴術輯補》《句股截積和較算例》《淮南天文訓存疑》《博能叢話》，未刊。

《觀我生室彙稿》目録

《句股容三事拾遺》　《三角和較算例》　《演元九式》　《台錐積演》

《弧矢算術補》　《無專鼎銘攷》　《割圜密率捷法》校刊　《四元玉鑑細草》

《四元釋例》　《算學啟蒙》　《疇人傳》正續

序跋

清・阮元《觀我生室彙稿序》 天算之學傳之自古，自西法入中國而古學遂微。夫算書之古，莫如《周髀》，而實爲泰西之法所由出。宋元天算之書，得《周髀》之精意者，莫過秦氏之正負開方法，與李仁卿之立天元一術，而朱松庭集其成。彼泰西之借根方，即李氏之天元一，而較遜於天元一，學者每言西法勝于古法，豈其然乎？吾鄉羅君茗香深通古學，愈闡愈精，其所箸書余大半爲之序。今復裒其所已刻者十種，自述其大凡。其因乾隆時滿洲博繪亭監副曾取句股中舊有之容方邊容圜徑，益以西法之容中垂線，交互相求，剏爲新法，其書未傳，爰立天元一補得四卷，名曰《句股容三事拾遺》。又因習西法者致疑天元，爰取其弧三角中有一角及有角旁兩邊術，鎔入立天元一法，用和較推衍成式，名曰《三角和較算例》。又因元大德時朱松庭《四元玉鑑》一書深潛秘奥，讀者苦之，爰演細草，竝爲釋例，名曰《四元玉鑑細草》二十四卷，附《四元釋例》二卷。又因《玉鑑》于四元一門寥寥數問，例式未備，爰詳其各式，名曰《演元九式》。又因《玉鑑》有茭草形段、果垛疊藏二門，足補少廣之缺，爰取臺錐形引而申之，名曰《臺錐積演》。又因《玉鑑》而復訪得《算學啟蒙》一書，凡三卷，亦朱氏所撰，最便初學，爰爲之疏釋校正，而并付諸梓。又因乾隆時滿洲明静菴先生暨其弟子陳舜五靈臺郎曾撰有《割圜密率捷法》，凡四卷，蓋補泰西杜德美所不足，而發明八線立成之所由來也，向惟鈔本譌踳甚多，爰爲排比圖式，校正算數，同里岑君紹周加案，刊刻以廣之。又因余所撰《疇人傳》四十六卷，歷年已久，有應續增入者，爰復增補得六卷，名曰《續疇人傳》。又因焦山古鼎銘所稱南仲不知何時人，爰取周術證以漢三統術，推得宣王十六年九月既望甲戌，與銘詞合，名曰《周無專鼎銘考》。以上十種，名曰《觀我生室匯稿》。觀我生室者，取易觀卦六三爻義，以明道不可失，謙不敢以叢書自居，故曰「匯稿」也。然茗香箸述等身，其現經刊刻而未竣者一種，曰《弧矢算術補》，蓋因《李氏遺書》有《弧矢算術細草》，其術未備，爰增二十七術，合成四十術。其業經成書，而未刊者七種，以向在靈臺時奉總理敬公命，派推十年交食，爰遵現行之橢圜法，于各求下綴以法解，名曰《交食圖説舉隅》。又因讀《書經》有生明生魄之語，後世雖有推算，正升、横升、斜升之法于隨地隨時太陰之明邊分秒方位則未之計也，爰構新術。復以監中舊有《推算日食坤輿圖法》未經刊行，乃合而成書，名曰《增廣新術》。又因讀《晉書・曆志》知漢末宋仲子曾集七曆以考春秋，其書久佚，爰取黄帝以來六術，益之以三統術，自隱迄哀，凡二百五十五年總經傳七百七十九日名，推演成書，名曰《春秋朔閏異同》。又因讀《算經十書》知祖沖之《綴術》久佚，爰搜括各書所載，參以本法，演得二卷，名曰《綴術輯補》。又因讀孔顨軒先生《少廣正負開方術》嫌其于句股截積和較僅載數題，似未全備，爰推而廣之，演得八十四術，名曰《句股截積和較算例》。又因王石臞先生屬其代校《淮南子》，爰籤出其中之可疑者，名曰《淮南天文訓存疑》。又因浪跡四方，凡游藝之士堪資他山之助者良多，爰仿詩話詞話之例，筆而誌之，名曰《博能叢話》。凡所箸述，貫徹古今，窮極幼渺。余向作《疇人傳》論謂：世有郭守敬其人，誠能徧通古今推步之法，親驗七政運行之故，精益求精，期于至當，則其造詣當必有出于西人之上者。茗香即其人也。倘有好事者，舉茗香未刻之書，盡爲付之梨棗，名曰《羅氏天算叢書》，以與梅氏勿菴《曆算全書》竝行，其精密處且突過前賢矣。深于此者自能鑒之。大清道光二十三年九月既望，揚州頤性老人阮元識于怡志林泉之館。

羅士琳《句股容三事拾遺》

著録

清・劉鐸《若水齋古今算學書録》　象數第三

《句股容三事拾遺》三卷，《附例》一卷，羅士琳。《觀我生室彙稿》本。

《句股容三事拾遺》目録

卷首　圖式　名義　設率　識别　假令三問

卷中　正率六題　雜糅十二題　副率十二題

卷末　盡變三十題

坿存　備例二十五術凡六十五則　廣例二十五術凡四十七則

序跋

清・戴敦元《句股容三事拾遺序》　算書之祖無過《周髀》，説者謂出身周公，受之商高，所言句廣股修，其傳最古，究莫知誰作。唯《周禮・地官》保氏教國子以六藝九數，鄭氏注有旁要、今有、重差、夕桀、句股諸目，句股之見于經實肇于此。迨劉徽倍圓徑有和較相求之灋，嗣是言句股者繇顯之微，其名義遂層出而不已。羅生茗香，治經之餘，尤肆力于算。凡古九章、以次大衍求一、正負開方、四元和會及西人之三角八綫，一切術悉臻幼眇。近欲窮句股之變，取所容三事觸類引信，箸書三卷，坿術一卷，以補其缺。王君北堂惠然傳倡，代壽諸版，皆盛舉也。將蕆事，請序于予。予以爲，是書洵足與《測員海鏡》同功。生具此才，宜世有知者。乃奔走靈臺七年，卒以不得志而退。噫！何豐于學蹇于遇若是？斯又足慨已。戊子春正月，開化友生戴敦元序。

清・黎應南《句股容三事拾遺序》　李欒城自言其學得諸洞淵九容。夫九容之名不可考矣，然《九章》句股章有容員容方諸問，李氏《海鏡》一書即以句股容員立算，意洞淵之學其神明于句股者乎。夫朱青出入并差互見，淳風注言之最爲簡當。元和李尚之夫子箸《句股算術細艸》，既立圖解，復御以立天元一，蓋取《益古演段》之例，習句股者可以渙若冰釋矣。特句股邊數也邊積相求由來已久，而方員交錯則未之前聞。吾友甘泉羅君茗香，精心篤志，且閔俗學不得其原也，融會諸家，參以己見，爰箸《句股容三事拾遺》一書，于容方容員之外增容垂綫一門。或云容垂綫之名古所無也，然用之演天元，反覆皆成妙理，又何論于中西乎。故卷首舉其綱，卷中明其用，卷末窮其變。體例大略本諸欒城，俾學者知所入門。言之雖緐，無非闡發古人求是之意。斯亦欒城後所不可少之書也夫。道光七年歲次丁亥正月，順德黎應南拜書。

清・鄭復光《句股容三事拾遺跋》　算數推步之學元代大備矣。歐邏晚出，益加精密，顧其説好非古而自是，習尚然也。如不同心天之心差變而爲小輪，小輪之軌跡變而爲橢員，因數有微差，遂形求惟肖，誠足以發難顯之情。學者和之，亦從而是今非昔，弁髦古灋，不亦陋乎。李欒城立天元一未詳所始，其自序云：「老大以來得洞淵九容之術」，蓋亦有所受之矣。顧箬溪删去細艸，幾于失傳，至梅文穆公因借根方識其所本，元和李氏註釋推演，于是其學漸箸。茗香先生博學好古，于中西推步靡不畢貫，以天元一灋知之者鮮，借句股容三事爲一編，闡發李氏之學。三事者，方邊、員徑、垂綫也。垂綫之名仿于幾何，王公元啟《句股演》則謂截弦分兩，小矩之股，即大矩之句，是亦不始自西人，特異其名耳。此一編也，以爲發古人之覆可也，以爲通西灋之窮亦可也，其體例精嚴方駕，欒城亦無多讓，又其餘事矣。古歙鄭復光拜跋。

清・徐有壬《句股容三事拾遺序》 歲在著雍困敦，月在畢陬，我友羅茗香以所箸書付之梓，而使有壬讀之，且告之曰：博繪亭氏書今不傳，是書以補其闕。前二十五術仍其舊題，故有術有艸，後二十五術因而推廣之，故不復立艸。予讀其書而知其用意勤矣。昔者平陽蔣周撰《益古》，欒城李冶爲《演段》，李書傳而蔣書不傳，則蔣氏之名湮没而復彰李書之爲功大矣。今繪亭之名無有知者，是書出而復彰茗香之功不在李氏下，況體例一本仁卿，而奥衍過之，則句股三容洵洞淵九容之續也。是爲序徐有壬。

清・王萱鈴《句股容三事拾遺跋》 《句股容三事拾遺》三卷、《坿例》一卷，甘泉羅君茗香所作，以發煇立天元術也。立天元術以敬齋先生《益古演段》《測員海鏡》二書爲最精，元和李尚之先生仿《益古》例箸《句股算術細艸》，蓋以移補昇積有似演段，而其説愈明。至《海鏡》一書，則以容員爲問數，既隱互雜糅，有非識别不可者，敬齋先生每自重其書，謂可布廣垂永，今信然矣。茗香廣之爲句股形中三容，分配和較，立天元一反復推闡，視《海鏡》之廑一容員更爲精進。特以其時方窮究四元，遂置此不復顧。予以爲業必有基，天元者四元之基也，爰索稾代梓，費不足而張海山太史、徐星伯、龔定盦兩舍人、白德煇學博咸樂於成美，率資爲助。茗香重予意，復備例二十五術，並增立地元，得廣例二十五術，爲《坿存》一卷，俾學者由淺入深，斯即四元之嚆矢也。工既竣，爲書緣起。時道光戊子二月初吉，昌平王萱鈴敬跋。

清・羅士琳《句股容三事拾遺・序》 數莫窮于句股，然極和較之變，大都六十題盡之矣。若括其通例，則又不外二十五術而已。至句股中函數爲昇積，所得不入此例。其容方邊、容員徑在《九章算術》通謂之黄方，其容垂綫在《句股演》則謂之截弦分兩，又謂之中長，李氏《測員海鏡》一書全以句股容員爲題，設問一百七十，孔氏《少廣正負術》之外篇亦間以方邊爲題，設問二十四，以中長爲題，設問十，要皆于極變之外别尋新義。嗣繪亭先生名博啟，滿洲正白旗人，乾隆年官監副。更取句股形中所容之方邊、員徑、垂綫三事分配和較，搿灋六十，惜其書未刊，久經寖没，今所傳者唯有方邊及垂綫求句股弦一題，灋用平行綫剖容方昇爲四小句股形，借垂綫爲小句股和，借方邊爲小弦，求小句、小股。以小股比垂綫若方邊比句，以小句比垂綫若方邊比股，以小股比股若方邊比弦。吉光片羽，廑此獨存。不揣譾陋，竊沿五和五較諸目，仿《測員海鏡》例逐一立天元一以補之，質名曰《句股容三事拾遺》，以題非自我設也。回憶曩從吾師許月南先生遊，粗涉算事，過蒙吾師期許。繼而躡屩入都，吾師頻寓手書，諄諄以追蹤梅氏爲勗，聞吾師易簀時猶自輓云，賴後起有人。尚冀吾徒傳。幽學，未始非屬意鄙人也。吾師箸有《天元一道窾》，走未獲見，今演是編，實欲紹承師鉢，初不設掠前人之美，設其中有暗合原灋，則原書失傳末繇攷證，稾成用是識其顛末云。道光丙戌冬中，甘泉羅士琳識。

又《句股容三事拾遺・識》 鄉箸《句股容三事拾遺》三卷，成棄擲敝笥中，歷一稘有奇矣。會北堂王君偶見及之，遂爲醵金代梓，感良朋之見愛，重加校定。因思有艸無術究非完本，爰復備例二十五術，又廣例二十五術，凡百有十二則，都爲一卷，坿存于尾。昔李仁卿云耆好酸鹹，平生每痛自戒敕，竟莫能已類有物凴之者，又云覽吾之編，察吾苦心，其閔我者當百數，其笑我者當千數，甚矣，偣父之難也。丁亥除夕，士琳再識。

羅士琳《三角和較算例》

著録

清・劉鐸《若水齋古今算學書録》 象數第三

《三角和較算例》一卷，羅士琳。《觀我生室彙稿》本。

序跋

清・阮元《三角和較算例序》 西法之所自詡者，用八線推三角角度暨借根方而已，不知借根方即天元一，而較遜于天元一。以不善寄母，兼不善古開方法，故三乘方已上與夫正負雜糅之方，皆借根之所窮，而三角八線未見于天元一，習西法者遂疑天元亦于此有窮。茗香羅君則謂元人之書所以不馭此者，彼時三角法未入中土也。而《玉鑑》歌象弟一題，求葭蒲池深，即隱寓三角形之理。予謂郭邢臺授時艸已有立天元一開三乘方求矢度，是天元之能馭角度已牖于此。是宋元時無三角八線之事，而已見馭三角角度之理。羅君由此演爲《三角和較算例》一卷，凡九十六術，以通西法三乘方已上之窮。梅文穆公當日反謂以借根方攻之，其堅立破，亦可謂倒用矛盾矣。道光二十年處暑日，阮元序。

清・羅士琳《三角和較算例・序》 句股之名肇自《周禮》鄭注，其法則詳于劉徽《九章》，所謂「并句股二冪爲斜長之弦冪」是已。自茲厥後，推廣引申，雖極和較錯綜，胥莫逈乎冪積移補之外。迨西士刱用三角形，以邊角爲比例，秖須八線乘除，無事開方，世人日趨簡便，遂以爲三角可以盡句股之變，而句股不能賅三角之用，不亦傎乎。

夫三角之異于句股者，以用角也，其實亦合兩句股所成，以兩形之弦一爲對邊，一爲大腰，并兩形之句或股爲小腰，是曰鋭角，若析兩形之句或股爲小腰，是曰鈍角。元朱世傑《四元玉鑑》或問歌象弟一題，葭蒲兩稍相接，以弦較句和爲問，立天元一求池深，爲兩形之股。雖無角度，實隱寓一三角形也。

士琳少習天元一術，嘗取句股形中之容方邊、容圜徑、容垂線分配和較，演得《句股容三事拾遺》四卷。又緣亡友黎斗一大令應南，戲拈難題見質，復演得《句股截積和較》一卷，私計于句股和較之術可謂發揮殆盡。近烏程陳静盦助教傑罷官南歸，小住邗上，舊雨重逢，朝夕過從，相與譚蓺，甚樂。静盦篤信西法，因見《玉鑑》一書諸法悉備，唯三角形用角度者獨缺，輒疑天元亦有時而窮，損書下詢云：有道光七年考取之算學生張某，曾設有一角及大小腰各與底邊和一題，未知何自而來，特無常法可馭。士琳以爲立天元一術超越羣法，爲自來算家至精之絶詣，豈區區三角形之所能限？而從未有以角度馭之者，其説有二。天元一術顯于宋元以前，其時西法未入中土，尚不知有三角之名，安能豫設角度算例？此一説也。大凡天元，多不受除，故當布算時，悉取通分寄母，或豫乘以省後之除，或此乘以代彼之除，及其相消後也，自不得不合累乘之數而并除之，故得數較密，若三角既資八線比例，其表所列弦矢諸數，恒棄餘分，則尾位下究有微差。此又天元所不屑算之一説也。或曰算由形出，形以圖明，凡可算者爲有法之形，不可算者爲無法之形，此殆爲西法進一解耳。蓋西士精于製器，器必有形，凡形之長短廣狹厚薄，悉皆用比例規，別作度算，以量取而得，故非圖則蔑由算焉。天元純以理勝，不以形求，凡冪積之層見迭出，悉皆以虚實定正負別加減，因有正負，斯有帶從，以其式有類于開方，即以開方法入之。舊説三乘已上無形狀可圖，誠以三乘已上無不從之方，故算不繫乎圖，惟理明而算亦通焉。黄梅雨作，閒居無憀，因思角度所恃爲用者半徑與正餘弦三者而已，爰以三者互相差并，括爲三例，分隸斜平三角，和較得例，各八題，題各四術，凡從開平方者六十四術，空從者四術，無隅者十六術，同者十二術，大都九十六術，彙爲一卷，訓曰《三角和較算例》，用補西法之所窮，質諸静盦，當亦爽然于天元之一以貫之，神妙莫測矣。甘泉羅士琳識。

羅士琳《演元九式》

著録

清・劉鐸《若水齋古今算學書録》象數第三 《演元九式》一卷，羅士琳。《觀我生室彙稿》本。

序跋

清・阮元《演元九式序》 嘉慶間，元得元大德朱世傑《四元玉鑑》三卷，進呈聖鑒，蒙賜收入秘書。予以副鈔本屬何君夢華付之李君尚之，略演其法，李君遽卒，吾鄉羅君茗香乃取此書各段演全細草，又於四草外演爲九式一卷，以盡發朱氏四元之實，精思神解，貫徹古今矣。羅君不但九數精通，抑且六書明徹，文章雅麗絶侶，初唐絣駢體，清才鋭識，愧我相知之晚也。昔元朱松庭嘗遊廣陵，學算者云集，若松庭見此所演相説何如肰，則羅君在廣陵即今之松庭矣。道光八季，儀征阮元書于滇南節性齋。

清·戴敦元《演元九式序》 茗香羅生，幼即明算，近治朱氏《四元玉鑑》，孰於正負相消之術，且慮其書之㴱奥難讀，故爲之(沿)[演]其式，廣其例，中所未詳，補所未隸，反復變通，演成此冊。目予有同耆，遂目示予，且謂予白：數學至秦李朱三家觀止矣。秦氏正負開方、李氏天元如積，互相表裏，而朱書尤集其大成，顧全書既言四元，則立一元者似可從簡，乃計全書二百八十八問，天元已十居其八，其言二元、三元、四元亦復層見疊出，於例多未畫一，殆尚非松庭先生定本乎？至於或平方或立方開之即得，而故用多乘方，或一元、或二元，求之即得，而故立多元者在朱氏不過欲目窮四元之變，而義例不爲指出，後之讀者轉疑有意囍㴱，纍怪梅文穆公不議其當議，而議其不當議也。予㴱韙其繇簡合灋，可謂善讀古人之書，至九式中如三元則有剔左、剔右之別，四元則有直截、横截、衺截之分，雖大率爲術中一定之例，而冓此厥旨未彰，洵非神而朙之者，不能語於斯，宜亟付梓，目公同學㚘，即目其言爲之序。開化友生戴敦元序。

清·徐有壬《演元九式跋》 天元何仿乎？少廣之偺一算也。四元何仿乎？方程之二色目上也。二元者二式，三元者三式，四元者四式，方程之行數也，互通則齊同，相當則直除，是爲方程通灋。其究也，實、從、廉、隅爲一行，猶方程之灋實一行也。四元者，元人書冣綶，今皆不傳，略見《四元玉鑑》序。徃歲壬午，獲讀是書，穳恖三晝夜，目意步爲細艸，狎鷗沈先生見而奇之，手録目去，厥後戴金溪少寇、朱筠麓觀察曁董君方大、項君梅侶、王君北堂、黎君見山、羅君茗香爭相傳鈔，而羅君玫之尤篤，又推演盡其變，箸書一卷，備載條例，𢌿付之梓人，而屬予記其後。予目爲四元之妙扗相消，而消灋不一，有自左而右者，有自右而左者，有自上下自下上者，叓或攲仄消之，參錯消之，唯變所適，纍不如志。蓋一式兩如積，其正負本相等，剔分爲二，雖從横衺羼，多寡縣殊，正與負仍相等，凡艸中互乘自乘諸灋，其齊同皆由此，至所消或先或後，則擇省便者先之，先天後地可也，先人後天亦可也，皆方程之精義，肰方程止有本數，四元則自幎目下轉益增乘，多方隱互，尤神妙不可方物。羅君是書，備矣，讀者當自知之。丁亥烌日，徐有壬跋。

清·黎應南《演元九式跋》 朱松庭《四元玉鑑》泄冓古未有之祕，此嗣秦李之書而加精者也。卷首「假令四艸」中，兩儀、三才、四爲各題目加減乘除所得設問，未剡真數，至其互隱剔消、人物易位諸灋，大名甚拗，不知者目爲類於術士家言，故通之者絶鮮。予竊謂其旨不外正負相消，其左右行對剡，即方程直除是也。曩者，秦李之書幾湮，㚘得吾師李尚之先生箸有《開方説》及句股、弧矢兩《算術細艸》，繇是大昌，惜朱書晚出，吾師雖及見之，時已疾作，僅演天元如幹段，其地元目次尚未疋通，遽歸衢山。吾友徐君鈞卿甄而朙之，讀者有下手処，洵朱氏功臣矣。

茗香羅子目朱書人元僅十一問，物元僅六問，例既有缺，細艸又復不傳，特於四艸外演爲九式。所剡冓後上下左右之位，悉本松庭，而升降消息之中，變化不測，令人不可思議，如同一剔消，或從左右，或從上下，不拘一格，恒不出九式范圍之外，蓋亦即吾師之發煇秦李諸書意也。羅子耆古㴱思，予所㴱畏。脱稾後，適子𢌿之官淛東，亟屬鄭君瀚香手寫付梓，俾朱氏之學亦與秦李㚘行，因就予所心折者言之。衢尧丁亥季烌，順德黎應南書於京師之孱守室。

清·王萱鈴《演元九式跋》 錢竹汀先生《補元史·藝文志》有《四元玉鑑》二卷，朱世傑譔，今實三卷。又滹訥心齋祖頤序偁：有蔣周《益古》、李文一《照膽》、石信道《鈐經》、鐂汝諧《如積釋鎖》、元裕之《細艸》、李惪載《兩儀羣英彙臻》、鐂大鑑《乾坤括囊》諸書，今皆不傳，《補志》亦未收入，是竹汀先生未見朱氏書也。己丣烌，見順德勠君見山手鈔本，有李尚之先生讎校數段，肰亦止及天元，是尚之先生未解朱氏書也。時沈狎鷗先生寓孫公園，爲李雲門侍郎校栞所譔算書，屬譔細艸，癸未憂止及中卷，而先生巳補荆溪校官，六月南旋，此事遂閣，是狎鷗先生亦未盡解朱氏書也。近錢唐何瘳琴先生栞爲巾箱本，譌脱一仍黎鈔，是瘳琴先生亦未算校朱氏書也。丙戌十月，羅君茗香出示二百八十八問全艸，渙肰冰釋，怡肰理順，如獲異珍，亟録副本，臧之篋笥。叓譔《演元九式》一卷，爲治此書者發凡起例，可謂得墜緒之茫茫，獨旁蒐而遠紹矣。其升降消息，錯綜變化，不可端倪，而大灋之本原巳見戴金溪先生之序、黎君見山、徐君鈞卿之跋，固皆心知其意，相説目解，而鈴媿不能窺見萬一，謹書獲見是書顛末，目識欣㚘。道光丁亥，王萱鈴敬跋。

清・羅士琳《演元九式・序》 《記》言：不陵節而施之謂孫。予於大天元一益信之。夫不明正負開方者，不足與言天元，不明天元如積者，不足與言四元。昔梅文穆公知辯借根方即天元一，而于古開方術究未了了，故《赤水遺珍》中有疑正負之辭，矧其目《四元玉鑑》爲祕其機緘矣，抑知數目術顯，凡術鮮有逃乎數外者，唯四元獨能御無數。無數則無術，古人初不屑自爲細艸，後人又靳於入滨少不得解，輒等諸藝士衒奇，不亦踳乎。予既補《四元玉鑑細艸》畢，復慮其頭緒雜遝，讀者卒難下手，爰捂進復升降消長諸例，借無數之數，入目正負開方，略具觚棞，設爲問荅，得九術，名曰《演元九式》。元之變化至無盡，奚囿於九九之爲言，究也繇九目究之，雖極之恒河沙，直謂爲毋同也可，請目質諸讀四元者。時道光丁亥先大烋三日。

清・鄭復光《演元九式跋》 昝張邱建有言：「學算家不患乘除之爲難，而患通分之爲難」。若四元者，是又極通分之變，目推廣天元所不能御也。四元之學獨見于朱氏《四元玉鑑》一書，肰朱書每問但云如積求之，或云味會求之，此下則僅載實、從、廉、隅之數，於術究未少詳，唯莫若序中略言「目元氣居中，大天元一於下，地元一于左，人元一於右，物元一於上」，亦未申論其所目布算之濾。揆其理不外於天元，特天元所偕者爲一數，四元所偕者各爲一數，而統系於一太極。凡各元之自乘、再乘，皆分隸於四正之次，其櫛比相乘，則置於四隅，對待相乘，則綴於夾間，循序遞及，悉目中央元氣爲主，升降進復，動有牽制，必別出今、云及三元、物元諸式，齊等相消。所謂齊等者，實一大通分而已。故曰：四元者極通分之變，目推廣天元所不能御也。是冊乃茗香先生邕發四元條目而作，會見山黎君除還梧蒼，牸出都，因代鋟版，目復光少涉唐陳，任之校録，既蕆事，爰識數語於尾云。丁亥冬孟朔，鄭復光跋後。

羅士琳《臺錐積演》

著録

清・劉鐸《若水齋古今算學書録》 象數第三

《臺錐演積》一卷，羅士琳。《觀我生室彙稿》本。

序跋

清・羅士琳《臺錐積演・序》 鄭氏注《周禮》「教國子以九數」，四曰少廣，以御積冪方圜。惟其御積冪也，故堆垜埘焉，而無專書。向讀元朱世傑《四元玉鑑》茭艸形段、果垜疊藏諸問，有求諸乘方所成之諸形堆積，嘆其美備精深，發所未發，足補前人之罅。亡友董方立孝廉因是譔《堆垜求積術》一卷闡明之，竊謂垜積之形狀甚夥，爲用較廣，疇人務高遠，恒以其近市儈輕棄之，朱書大旨在立四元，故各舉一二端見例，孝廉則僅僅方錐堆，洎從方堆而已，他形未詳。曾儗羅致諸形積，分類釋例，爲少廣集成，饑驅未果。

昨歸里門，適易子蓉湖方輯少廣，以圜錐垜舊無求底周及截積法，下詢。喜良友之道合，怵他人之我先。會重赴鄂垣，春江水長，舟行滯澁，待風岑寂，間取朱氏「果垜迭藏」第七、第九兩問，引伸類長，得圓錐垜求底週二術，截積求層數、周數各一術，法雖不多，然於臺錐截積或庶幾苟備。爰録成帙，並系細草，名曰《臺錐積演》，將以質之易子，竢其採擇，抑亦賢于博奕者歟？時丁酉夏中，茗香甫識于楚藩廨中。

又《臺錐積演埘存・又識》 《九章・商功》舊有圜錐、圜亭求積二術，蓋本古率徑一圍三爲用，劉徽注及李淳風釋增以徽率徑五十、週一百五十七，密率徑七周二十二，各一條，似加密矣。然三位而降，較今率徑一、週三一四一五九二六五三五八九七九三二三八四三一五四一五五三三七七五〇一五一一六八，則徽率既失之少，密率復失之多，且秖有高與周求積法，而於徑則又缺如。因思祖沖之所定徑率一百一十三、周率三百五十五最爲至精，七位而降始有小盈，大都在豪氂之下，初可不計，故算家於今尚奉爲圭臬。爰變通之，得周徑求積各二術，俾可入以天元如積，並據塹堵、芻童舊法，借廣爲小徑，袤爲大徑，推廣之得橢圜錐、橢臺錐有徑求積二術，義取類從，綴曰《埘存》，庶幾求圜臺錐積無少罅漏云。茗香氏又識。

羅士琳《弧矢筭術補》

著録

清・劉鐸《若水齋古今算學書録》象數第三

《弧矢算術補》一卷，羅士琳。《觀我生室彙稿》本。

《弧矢筭術補》目次

有矢有弦求圓徑舊有
　求弧背舊有
　求截積舊有　案：舊術無草今補。
　求殘周新補
有矢有圓徑求弦舊有
　求弧背新補
　求截積新補
　求殘周新補
有矢有弧背求弦舊有
　求圓徑新補
　求截積新補
　求殘周新補
有矢有截積求弦舊有
　求圓徑新補
　求弧背新補
　求殘周新補
有矢有殘周求弦舊求半弦今改爲求弦。
　求圓徑新補
　求弧背新補
　求截積新補
有弦有圓徑求矢舊有
　求弧背新補
　求截積新補
　求殘周新補
有弦有弧背求矢舊有
　求圓徑新補
　求截積新補
　求殘周新補
有弦有截積求矢舊有
　求圓徑新補
　求弧背新補
　求殘周新補
有弦有殘周求矢舊有　案：舊草紆遠今改從簡易。
　求圓徑新補
　求弧背新補
　求截積新補
有圓徑有弧背求矢舊有
　求弦新補　此題無庸求殘周惟缺求截積。
有圓徑有截積求矢舊有
　求弦新補　此題缺求弧背殘周。

以上舊有十三術，新補二十七術，又除有圓徑有弧背無庸求殘周一術並缺求三術，適合四十四術之數。

序跋

清・羅士琳《弧矢筭術補・序》　道光癸卯秋，余病新起，易子蓉湖過訪，談次偶及筭數。易子曰：前明顧箬溪學士譔《弧矢筭術》，取弦、矢、圓徑、弧背、殘周、截積六事，交互錯綜，舉二事爲題，而求其餘，凡十一題，計十三術，較之北宋沈存中用兩矢冪求弧背、元代李仁卿用三乘方求矢度，可謂備矣。然以每題應得四術計之，當得四十四術，似其中闕漏者甚夥。元和李尚之秀才依術演草，未經增補，豈當時計不及此，抑畏難作輟邪？余曰：是不然。蓋六事互求，實資弦矢，消息於其間，故十一題中或有矢求弦，或有弦求矢者，各四題，題各一術，有徑求矢者二題，題亦各一術，獨有弦有矢一題，得三術，此顯然易見者也。至有弦無矢及弦矢皆無，則向無如積可求，故顧氏、李氏之術與草皆未詳此，又顯然易見者也。養屙無事，静坐冥思，復得識别三條，足供有弦無矢之用，因補成二十七術，合原術共四十術，都爲一帙。其有徑與弧背求截積一術，三因徑減弧背，即殘周，故止云一術。徑與截積求弧背、殘周二術，非立地元不可，且數在三乘方以上，姑闕之，以符原術之例。稿成，用誌顛末。甘泉羅士琳茗香氏述。

羅士琳《周無專鼎銘攷》

序跋

清・阮元《周無專鼎銘攷序》 焦山周無專鼎，雖不學者亦知爲真古鼎也，然不能定爲何代鼎。鼎銘之考釋者，世亦無微不搜矣，獨於「惟九月既望甲戌」七字，明明有隙可尋，而人莫能知之久矣。余與朱氏椒堂雖以爲非周文王即宣王，終莫能定之。甘泉羅氏茗香久精推步，於此茫茫天筭一隙中，獨深求之以四分周術，又證以漢三統術，參覈異同，進退推勘，得文王自受命元年丙寅迄九年甲戌，皆不得甲戌既望之九月，獨宣王十六年己丑既望，得甲戌爲九月之十七日。豪無所差，令人拍案稱快。是周無專南仲渺渺隔數千年而顯，然識者於我大清道光二十二年間，亦甚奇矣。元于積古款識成又三十年，今年八十而忽得知之，亦甚幸矣。羅氏或恐不確，箸書一篇，質之世之明天筭之學者。世間如茗香者，曾有幾人？吾爲此懼。涉數十年後，蝕望或有參差，欲求如茗香者，能得幾人哉？癸卯正月望後三日癸亥，阮元謹記，時年政八十。

清・羅士琳《周無專鼎銘攷・序》 焦山舊藏周無專鼎，或云「無惠」，或又云「無」當作「鄦」。銘凡十行，行九字，其弟三行及後三行，行十字，大共九十四字。其文曰：「惟九月既望甲戌，王格于周廟，燔於圖室，司徒南中」。「中」「仲」，古通假字。吾鄉儀徵相國纂刊《積古齋鐘鼎款識》謂：南仲有二，《詩・出車篇》之南仲，《毛傳》以爲文王之屬，《常武篇》之南仲，《毛傳》以爲王命，南仲于太祖，是宣王之臣也。然則，鼎之或爲文王時器，或爲宣王時器，未可知也。案：《詩》大明疏鄭注《尚書》文王受命武王伐紂時，日皆用殷術，殷術尠周術，恒後天。今攷周世年日似用周術爲較切。據四分周術，上元丁巳至文王受命之元年二百七十五萬九千二百八十九筭外，李淳風《五經筭術》注云：周術上元丁巳至魯僖公五年丙寅，積二百七十五萬九千七百六十九筭。依劉歆説，伐紂至魯釐公五年積四百六十七歲。又《世經》謂：文王受命九年而崩，崩後四年而武王克殷，是文王受命至伐紂克殷凡十三歲，二共四百八十歲，以減僖公距積得此數，與《開元古經》合。盈元法四千五百六十去之，餘四百八十九，爲入紀年，以六十去之，餘九，命起丁巳筭外，得是年歲在丙寅。乃置入紀年，如蔀法七十六而一，得積蔀六，命甲子一、癸卯二、壬午三、辛酉四、庚子五、己卯六，筭外，得戊午蔀，其不盡之三十三，即爲入蔀年，是文王受命元年丙寅，入周術戊午蔀三十三年。又三統漢術：上元庚戌至文王受命之元年十四萬二千九十六筭外，《漢志》三統上元至伐紂之歲十四萬二千一百九歲，元起庚戌，以文王受命至伐紂十三歲減之，得此數，與《開元占經》合。盈元法四千六百一十七去之，餘三千五百八十六，如統法一千五百三十九而一，得二，命甲子一，甲辰二，筭外，爲入孟統甲申，其不盡之五百八，即爲入統年，是文王受命元年丙寅入漢術甲申統五百八年。爰以四分周術爲主，佐以三統漢術，參覈同異，進退推勘，得文王受命以來始丙寅終甲戌計九年，凡日辰甲戌皆不值九月既望。更案自文王元年丙寅迄厲王五十一年癸酉，凡十一王，共三百八歲，如蔀法而一，得積蔀四，不盡四，用加文王元年周術之入蔀年，命自戊午七、丁酉八、丙子九、乙卯十，筭外，得甲午蔀，是宣王元年甲戌入周術甲午蔀三十七年，又以三百八歲，用加文王元年漢術之入統年，是宣王元年甲戌入漢術甲申統八百一十六年。復據二術推勘，得宣王之世始甲戌終己未計四十六年。惟十六年己丑，是歲入甲午蔀五十二年，以章月二百三十五乘之，得一萬二千二百二十，如章法一十九而一，得六百四十三，爲積月，不盡三，爲閏餘，是歲無閏。以蔀日二萬七千七百五十九乘積月，得一千七百八十四萬九千三十七，如蔀月九百四十而一，得一萬八千九百八十八爲積日，不盡三百一十七，爲小餘。以六十去積日，餘二十八，爲大餘，命起甲午筭外，得周正建子月朔壬戌，置正月大小餘累加大餘二十九、小餘四百九十九，小餘滿蔀月得一，從大餘，大餘盈六十去之，得逐月朔大小餘，加至八次，得大餘五十六，小餘二百三十二，即爲周正建申月朔大餘二十四、小餘五百四十九，又加大餘一十四、小餘七百一十九半，爲建申月望大餘三十九、小餘三百二十八半，命如前，得九月朔戊午、望癸酉。又是歲入甲申統八百三十一年，以章月二百三十五乘之，得一十九萬五千二百八十五，如章歲一十九而一，得一萬二百七十八爲積月，不盡三，爲閏餘，是歲無閏。以月法二千三百九十二乘積月，得二千四百五十八萬四千九百七十六，如日法八十一而一，得三十萬三千五百一十八爲積日，不盡一十八，爲小餘，以六十去積日，餘三十八爲大餘，命起甲申筭外，得周正建子月朔壬戌，置正月大小餘，累加大餘二十九、小餘四十三，如周術加至八次，得大餘五十六、小餘二十，即爲周正建申月朔大餘三十四、小餘三十八，又加大餘一十四、小餘六十二，爲建申月望大餘四十九、小餘一十九，命如前，亦得九月朔戊午、望癸酉。其既望甲戌爲月之十七日，與鼎銘合。相國曾疑此銘不類商器，當是宣王時臣得，此洵爲顯證，足見相國鑒別有真。因一一覼列於次，俾資嗜古金文字者之徵信焉爾。甘泉羅士琳茗香氏識。

又《周無專鼎銘攷·又識》　予既推勘得九月既望甲戌在宣王十六年己丑，定此鼎爲宣王時器，魏默深舍人源云：《毛傳》於出車篇以王爲殷王，謂南仲文王之屬，似未可專推文王受命改元後之年，倘有人謂在未改元以前者，終未足以息其喙。因復據《世經》文王四十二年後八歲而武王伐紂計之，是文王受命元年爲未改元之三十八年，應於二術中各減三十七筭，得文王即位元年己丑，入周術己卯蔀七十二年，又入漢術甲申統四百七十一年，更案文王未受命之先其時尚服事殷，應用商正以建酉月爲九月，如法推勘，自文王即位以來迄受命元年之前一歲，凡三十七年，覼列九月朔望，綴坿於末，以明文王受命先後四十六年，加伐紂克殷四年，共得五十歲。皆無是日也。士琳又識。

羅士琳《四元玉鑒細草》

著録

清·劉鐸《若水齋古今算學書録》　象數第三

《四元玉鑑細草》二十四卷，元朱世傑，羅士琳細草。《觀我生室彙稿》本，今版存淮南書局，并《附》一卷，《附增》一卷。《白芙堂叢書》羅士琳校本，無細草及附卷、附增卷。

清·張之洞《書目答問·子部》　天文算法第七

《四元玉鑒細草》二十四卷，元朱世傑，羅士琳草。《觀我生室匯稿》本，抽印單行本。

清·丁仁《八千卷樓書目》卷一一《子部·天文算法類》　算書之屬

《四元玉鑑細草》三卷、《補例》三卷、《釋例》三卷。國朝羅士琳撰，易之瀚釋例。刊本。

清·丁福保《算學書目提要》卷上　《四元玉鑑細草》十八卷，甘泉羅士琳撰。案：是書原本僅三卷，元朱世傑撰。其演草頗簡略，初學閱之，不能遽曉。蓋朱氏當日，如積之學，久已盛行，故原草但云「如積求之」而已、「開方」而已。至於所以求如積之法、開方之法，則毋煩贅述也。降及後世，元學已微，苟非羅氏覃精覃思，詳爲補草，恐朱氏之書將不能復行於天下。

秦氏獨詳於正負開方，李氏獨詳於天元一術，朱氏生秦李之後，集兩家之大成，而更推尋所未至，故四元之術，義尤精邃，所得甚深，與秦李二家堪稱鼎足而三矣。雖原草開方式往往有多幾乘者，或縱廉隅全行不合者，此乃偶然疏忽，不足爲朱氏病。

羅氏於此書研究一紀，敝精耗神，致疽發於背者兩次，以成全草，其用心亦良苦矣。近人因其演草甚難，最易混淆，故喜演代數，而畏習四元。然四元爲中算最精之術，既已習算，亦宜略知一二。余謂習代數者，苟費旬日之力以習四元，其効必倍速於前人。因述其習四元之捷法如下：是書卷首特設四題，各演一草，以發其凡，以下諸題，終不能出此範圍，是習此已可概全書矣。其第一題，立天元，曰「一氣混元」，即代數之立獨元也。第二題立天、地二元，曰「兩儀化元」，即代數之立二元也。第三題立天、地、人三元，曰「三才運元」，即代數之立三元也。第四題立天、地、人、物四元，曰「四象會元」，即代數之立四元也。如以此四題，先以代數演爲詳草，與羅草互勘，其相消剔分之理，無不迎刃而解，豈非愉快事哉？此四題，代數草已見《算學啟蒙通釋》所坿之中西通術。惟開正負諸乘方，代數不如天元之便。然李氏雖有《開方説》，易氏雖有《開方釋例》，其定商均無公法，蓋超步之例，遇益積翻積而已窮也。吾師若汀先生因創爲數根開方，又用倒開之法，以變通舊術，洵爲空前絶後之作。學者既通數根開方，則一切講開方之書，皆可廢矣。求數根之法，如實數在十萬以内，可檢《對數闡微表》，在《數理精蘊》内。最爲便捷，實數在十萬以外，其求法亦無捷術。

自演代數細草與四元互勘，及學習數根開方，旬日之閒，已可了然。較之古人，事半功倍。斯亦繼起者之易爲功耳，非前人拙而後人巧也。「混積問元」第八題，羅氏補草非通法，吾鄉蔣君留春因演一草以正之，已刻入《思柬室算稾》。

序跋

清・阮元《四元玉鑒細草序》 向序《測圜海鏡》，謂：少廣著開方之法，方程別正負之用，立天元一者融會少廣、方程而加精焉者也。若四元者，是又寓方程於天元一術焉者也。其理較天元一則無殊，其法視天元一尤精進。蓋天元一之所假借惟一求數耳，非據今有數，蔑由盡其妙。四元則元各一數，其所假借者不厪爲所求之數。惟其不厪爲所求之數，故無論有無見數，悉可探賾窮微。凡天元一所能御者，四元固能御之，即天元一所不能御者，四元亦能御之，其神明變化，初非自來算家所可跂及。祖序謂：用假象真，以虚問實。又謂：不用而用以之通，非數而數以之成。亶其然乎。顧隱奧艱深，通之者鮮，以梅文穆公之淹雅，能悟西人所譯借根方即古天元一術，尚不能於朱書無疑詞。甚矣，解人之難也。

元知天元一術外更有四元，世罕其書，撫浙時，訪獲朱氏原本，擬演細艸，未果。吾鄉羅君茗香，績學之士也。精思神解，先得我心。研究一紀，補成全艸。間有原術於率不通，及布算傳寫之譌，亦悉爲標出。同里易君蓉湖，更爲坿增釋例一卷，詮次明晰，使學者易於入手。並録元《揅經室外集・四元玉鑑提要》弁諸首，洵足嘉惠藝林，發皇絶業矣。朝鮮人在京師書肆買得《揅經室集》，讀至《四元玉鑑提要》，知中華未見朱氏《算學啟蒙》一書，而朝鮮有之，遂刻之，亦足見遠人嚮學之殷，而全書顯晦有時歟。阮元序。

清・張岳崧《四元玉鑑細草敍》 道統於天，殺於地，森布於人，散播於物，四者理之權輿，而數之綱紐也。宋元間算學特顯，據原序所云，《益古》《照膽》《鈐經》之言天元，《兩儀羣英集臻》之言地元，《乾坤括囊》之言人元，遺書闕軼，弗著於後。其推廣三元以及於物元者，則有元朱松庭之《四元玉鑑》一書，實可以涵羅萬象，樞紐衆變。蓋自《九章》以降，天元爲數學之宗，而此編又爲天元引而伸之，而立法以盡變。升降進退，縱横參伍，函蓋衆形，端倪萬有，有隸首所未傳，商高所未洩者，誠古今算學之巨觀也。顧疑此書爲松庭先生未竟之業，羼雜挂漏，時復不免，且互相傳寫，輾轉舛譌。昔國朝梅文穆公《赤水遺珍》嘗議其或問歌象二則，爲術士自秘機緘，與有明唐荊川之訾李氏《測圜海鏡》同意。蓋學者苟非冥心默契，深求乎作者之法與其意，雖以荊川、文穆之淹通博洽，猶未易言。甚矣，算學之難也。

吾友甘泉羅子茗香，沈潛穎悟，博涉羣編，幼擅此業，研極奥旨，冥洞天機，尤服膺此書。歎爲絶學，於是闡揭精藴，審訂譌失，演細艸廣爲二十四卷，窮原探委，指事類情。其於先生若瞻揖晤對，口陳而指畫也。其於此書，若權設衡縣，朗然昭著，而莫或爽也。信乎此書之功臣，而緜代算學之津筏也。

崧於此道未遑肄業，昔年官京師，因故友昌平王北堂獲交茗香，又數與同里黎見山晤。二君皆研究算學，每晦明寒暑，與茗香集，劇談此編，咸以未經表章，恐就湮没爲惜。嗣後，茗香取鈔本與何刻本互相參證，覃思殫精，閱十餘紀，乃成此艸。蓋此書五百年後闇而復章，而邇年北堂、見山相繼奄逝，未覩厥成，余與茗香既爲此書幸，又悵然於耆學同志之友未獲一覽爲惘惘也。因本茗香意，而敍其緣起，著於篇。道光戊戌九秋，定安張岳崧敍。

清・羅士琳《四元玉鑑細草・記》 右《四元玉鑑》三卷，元大德時，朱氏松庭所著。是書久佚，故錢竹汀少詹補《元史・藝文志》誤作二卷。世所傳者，惟梅文穆公《赤水遺珍》有釋「或問歌象」二則，然又疑爲術士秘其機緘。吾鄉阮芸臺節相撫浙時，訪購是書進呈，遂得續入《四庫》，復以副鈔本屬元和李四香演艸，未果而四香遽卒。錢塘何夢華因即據副鈔本刊布焉。

歲壬午京兆試後，從葉雲素給諫處獲見是書，願學未能。癸未春，假得黎斗一大令所藏鈔本，又辱龔定盦主事見贈何刻本，互相研究，少涉唐陳。因思宋元之際言天元有《益古》《照膽》《鈐經》及《如積釋瑣》諸書，言地元又有《兩儀羣英集臻》，言人元復有《乾坤括囊》，今皆不傳。天元之學，幸李仁卿《測圓海鏡》《益古演段》二書併行於世，其不絶者如綫。四元則惟此厪存，吉光片羽，烏可使其復湮，是宜亟爲補艸。

特是書似非朱氏定本：

「假令」四問，本發明四元之旨，列艸弁首，固已。「直段求源」以降至「雜範類會」，凡二十門，計共二百三十四問，悉以天元爲術，乃於「或問歌彖」第九、第十兩問，突羼以天地兩元，其第十二問復羼以天地人三元，是體例未能畫一，此其一焉。

且其第九、第十兩問，即秖立天元，亦可得所求之數，較之「撥換截田」第十九問、「果垜疊藏」第二十問，似非立兩元不可，而原術轉秖立一元，此可謂當省而不省，不當省而省，是體例未能畫一，又其一焉。

不但此也，「端匹互隱」第九問，求綾羅尺數、尺價之平方各二式；「方程正負」第六問，求長闊之平方二式；「兩儀合轍」第三、第八兩問，求弦和和、弦和較，第十、第十一兩問，求句股二冪之平方，各二式；第四、第九兩問，求弦較和、弦較較之三乘方二式；第一、第二及第六、第七四問，求句弦、股弦兩和，及句弦、股弦兩較之三乘方，正負各一式，悉皆可以合求，於術較省。又「直段求源」第四問、「左右逢元」第十一問，皆應用平方，而原術立方；「左右逢元」第十四問，應用無隅平方，而原術立方；第十五問，應用立方，而原術三乘方；其第十三、十六兩問，及「三才變通」第四問，皆應用無隅平方，而原術平方；「四象朝元」第四問，應用四乘方，而原術五乘方，斯皆當省而不省。「左右逢元」第一問，應用四乘方，而原術三乘方；第二問，應用三乘方，而原術無隅平方，斯又不當省而省。是體例未能畫一，又其一焉。

至於「方圓交錯」第五、第六兩問，「三率究圓」第一、第五、第九三問，「明積演段」第十六、十九兩問，「撥換截田」第一、第二兩問，悉皆可用隅約；「和分索隱」第一問，可用六百二十五約；第三、第九兩問，皆可用四約；第四問，可用十三約；第八問，可用六約；其第七、第十、第十一三問，及「箭積交參」第四問，「如像招數」第三問，悉皆可用三約，斯又當約分而不約。「撥換截田」第八、第十二、十三三問，原術不以隅約，而轉約隅爲二分，斯又不當約分而約。是體例未能畫一，又其一焉。

是書既言四元，宜於天元從簡，四元加詳。乃三卷通計二百八十八問，天元一門，凡二百三十二問，已居全書十分之八，其地元凡三十六問，人元凡十三問，逮及物元，厪厪七問而已，致體例複缺參半，術義之艱深與率易亦復參半。凡此之故，要皆甫經脱稾，未加釐定，初非有意衒奇也。

昔人云：校書難，校算書尤難。校算書之難於校他書者，其故有三。一則傳寫之誤，一則布算之誤，一則立法之誤。傳寫之誤，有文可考，布算之誤，有數可稽，唯立法之誤，非冥搜苦索，終莫辨其致誤之繇。之三者，是書兼而有之。

大凡句股形，有兩數即可求其餘。三角形必須有三數，乃可求其餘。譬猶立方有長闊兩數，決不能求高與積。是書「撥換截田」第一問，半種金田本三角形，原術誤以長袤兩數爲問。其第十七問，求甲乙兩截矢，不應兩歧。乃原術有平方、五乘方之異。使從前例，則平方似爲偶合，使從後例，則題有脱文，而五乘方，似又紓遠。此立法之誤也。

大凡兩元以上，求得左右二式，必須以内外二行所乘得之數相消，乃可爲開方式。是書「左右逢元」第十七問，求平原術，誤以内二行乘數未經相消，遂遽爲開方式，數雖偶合，於術不通。其第二十問，應用七乘方，原術又誤以今式、左行多通一分，致誤作九乘方。第二十一問，艸與原術同爲十乘方，實隅數合，正負小異，其方廉諸數，則大不同。「四象朝元」第三問，艸與原術同爲五乘方，原術開數與荅不協。第五問，艸與原術同爲立方，術厪空廉，艸則方廉皆空，數亦大異。「如意混和」第一問，據數三毬共重一秤一十觔一十一兩十八銖一萬三千八百一十六分銖之一萬三千六百一十一，原術誤多分子二千五百，致誤作「十九銖一萬三千八百一十六分銖之二千二百九十五」。此布算之誤也。

「三才變通」，自第五問以訖第十問，六題併同，乃第七問題中誤羨十四字，又復誤落十四字，幾至不可卒讀。又「直段求源」第十二問，落「步」字。「混積問元」第六問落「長二十四步」五字，第八問羨「也」字，第十四問羨「以」字、「四」「步」字、「前」字，第十六問落「實徑及内外周」六字，第十八問羨「一十五步」四字。「端匹互隱」第二問落「匹長尺價」四字，第三問落「端長尺價」四字，第八問落「匹」字，其第一問及「三率究圓」第二問、「雜範類會」第六問，併落「合問」二字。「和分索隱」第六問落「問」字。「如意混和」第二問羨「即」字，又落「得茭艸底子」五字。「三率究圓」第十二問落「而一合問」四字。「明積演段」第一、第二兩問併落「一」字，其第一問「益方」、「從廉」、「從隅」上又併落「爲」字，第八問羨「得九步」三字。「或問歌象」第五問落「得果價」三字，第六問落「得索長」三字，第七問落「得株價」三字。「箭積交參」第七問，第二層「周數」下落「加二隻」三字。「撥換截田」第二問落「得平」二字，第三問落「及圭」二字。「如像招數」第一問，「茭艸」下落「底子」二字。「果垜疊藏」第七問「圓錐垜」上落「奇層」二字，第十二問，「甲下」、「丙下」併落「奇層」二字，「乙下」又落「偶層」二字，第十六、二十兩問，併落「二底面」三字。「鎖套吞容」第四問落「得池徑」三字，第六問落「得池方」三字，第十四、十七兩問併落「得圓徑」三字，第十五問落「得池周」三字，第十六問落「得容方面」四字，第十八問落「得容圓徑三之即池周」九字。「方程正負」第二問落「四十六文」四字，第三問落「八步」二字。「兩儀合轍」第五問羨「得七步」三字。「左右逢元」第二問「比弦」下落「冪」字，第十七問羨「得」字。此又傳寫之誤也。

他若「混積問元」第十一問缺圖，「鎖套吞容」第十一問缺「池」字，「四象朝元」第五問缺「四十一爲益方立」七字，第六問六共缺十五字，原本爛脱故也。又若「混積問元」第八問「面闊」誤作「面開」。「端匹互隱」第六問「匹長」誤作「匹法」。「商功修築」第七問「自之」誤作「倍之」。「如意混和」第一問「立天元一」誤作「立天圓一」。「方圓交錯」第九問「少半」誤作「少平」。「明積演段」第五問「句弦較」誤作「句股較」，第二十問「三千」誤作「三十」。「句股測望」第二問「半圓徑」前後兩「半」字，前誤作「平」，後誤作「率」，「方六萬六千」誤作「六萬六十」，第四問「橥表間」誤作「求表間」，第五問「齊高」誤作「齋高」，「參合」誤作「參同」。「或問歌象」第八問「銖」誤作「株」，又求甎數「里法」誤作「畝法」，第十一問「毬」誤作「求」。「撥換截田」第八問「爲益實」誤作「步益實」，第十六問「得共截矢」誤作「得與截矢」，第十八問「以減小圓徑冪」誤作「以截小圓徑冪」，其第十九問及「左右逢元」第十九問、「三才變通」第四問，併「如」誤作「以」。「如像招數」第一問「米求日術曰」誤作「米求日者」，第三問「依圓箭束」誤作「依圓箭求」。「果垜疊藏」第十三問「立天元一爲乙丙共層數」誤作「立天元一爲乙分層數」。「方程正負」第一問「如方程，正負術入之」誤作「立方程，正負術入之」，第三問「一爲從隅」誤作「一爲從方」，又第三、第五、第六、第八四問併「得」誤作「求」，第四問「兩價取少半」誤作「丙價取少半」，第八問「平圓積取九分之一」誤作「平圓積求九分之一」。「雜範類會」第三問「即珠數」誤作「即珍數」，第四問「開方」誤作「方開」，第七問「寸之四」誤作「十之四」，第九問「正隅」誤作「正偶」。「三才變通」第九問「橥三相和」誤作「橥之相和」，又「實三十」誤作「實三才」。「四象朝元」第四問「句股弦和較五事」誤作「句股弦和五事事」。據義而知文誤。「方程正負」第二問「豆强半」誤作「豆弱半」，「米强半」誤作「米大半」，據圖而知問誤。又，「豆爲二碩四斗」誤作「豆爲一碩四斗」，據數而知荅誤。「撥換截田」第五問「梯田二段」誤作「梯田一枝」，第十二問「乙截積一千八百五步」誤於「步」上羨「十」字。「雜範類會」第一問「徑十寸」誤作「一寸」，又「截周八寸」下誤落「四分」二字。「四象朝元」第五問「多弦和較」誤作「少弦和較」。據黎鈔本而知何刻本之誤。

再若「商功修築」第一問「深一萬二百七十五分寸之七十四」，誤於「寸」上羨「三」字；第三問「二小弧徒一百人」，誤作「徒一千二百人」；第七問「三日錢六十八貫六百九十九文七分文之三」，誤作「七分文之二」，上廉「三千六百一十」誤以「一十」作「二十」。「如像招數」第三問「已招四千九百五人」，誤於「人」上羨「十」字。「如意混和」第一問求銀「圓周方二萬二百五十三」，誤以「二百」作「三百」；又第二問求方箭外周，「從廉一十五萬七千一百二十四」，誤以「一十五萬」作「二十五萬」。又，「方圓交錯」第四問「方一千一百二十八」，誤以「一百」作「二百」。又，「三率究圓」第九問「實三十二萬六千五百九十二」，誤以「三十二萬」作「三十一萬」。又「或問歌象」第五問求果價「方四十一」，誤落「一」字。又，「撥換截田」第十八問「方四千二百四十三萬八百」，誤以「二百」作「一百」。又，「果垜疊藏」第五問「積四百五十八箇」，誤以「五十」作「四十」；第十五問「廉十五」，誤於「十」上羨「二」字。又，「方程正負」第三問「實三萬二千七百六十八」，誤以「二千」作「三千」；又第八問求平方面，方「三十三」，誤作「三十二」。又，「雜範類會」第四問「實三千二百三十六萬六千二百五十」，誤以「六萬」作「一萬」；第十二問「方五百八十八」，誤以「五百」作「四百」。又，「兩儀合轍」第四問方「四百三十六」，誤作「二百四十」。又，「三才變通」第五問實「一萬五千一百八十」，誤作「一萬千一百八十五」；又第十一問「六廉二百三十三」，誤以「二百」作「一百」。

以上諸端，半由刊誤，覈算便知，無待置喙。

《提要》謂「其茭艸形段、如像招數、果垜疊藏各問，爲自來算書所未及」。今各補演段圖，綴以釋之。然律以「雜範類會」第六問用布韉漆木圓毬術，暨弟

十一、十二兩問用徽密率求割圜術，尤爲發前人所未發。又，向來以句與股弦較之較爲句較較，亦即弦和較。是書通例，言和言較，乃句股和較之省文，故「明積演段」弟六問之「句較較」，爲句與句股較之較，與弟四問之「弦和較」，信非重出。觀其弟一問之所立天元，及「兩儀合轍」弟四、弟九兩問，「左右逢元」弟一問之所立地元，則其例自明。至若「如像招數」之「招差還原」、「和分索隱」、「三率究圓」之「之分開方」、「混積問元」弟八問之「句三股四八角田」、「鎖套吞容」弟九問之「方五斜七八角田」，悉具精義，不勝枚舉。

「滹納心齋祖頤季賢父序」謂，明算君子，據余言試爲細艸，然後知誠而不妄。蒙不敏，曷敢以君子自居。竊以朱氏曾游廣陵，學者雲集，今是書又因遇節相，遂乃湮没而復彰，是朱氏合與廣陵有緣。蒙廣陵人也，恨生也晚，不克從事先哲，然而五百年來私淑之心，未能少已，勉竭精力，用效區區，凡有疑義，輒即標出，竢考。不敢以私臆繆參，妄爲改竄。唯原書以二十四門分三卷，今補艸，則篇幅較多，故門各一卷，仍以上中下三卷統系之。艸成，爲述緣起若是。道光甲午冬十有二月醉司命日，甘泉茗香羅士琳次璆父記。

清・李棠《四元玉鑑細草跋》 自黄帝《九章》而降，算書之存於世者，厪十一耳。而要莫備於宋元之世，觀祖序所載，及「如意混和」弟一問注中所引可知矣。意其時去唐未遠，猶興明算之科，故是學大昌，人皆争趣，而書亦聚。逮明之季，是科不設，人皆輟學，而書亦佚。表兄蓉湖篤嗜此學，曾訪求雲門侍郎所譔《緝古算經考注》，細加校算，更屬韻餘揭君補圖艸刊布。近歸自洪都，知茗香有是艸，復往假焉，屬棠寫樣。棠愧不知算，間亦從茗香問難。又苦質鈍，於正負開方術，少有領悟，於天元一術，已覺望洋，更何論於四元。聞茗香云：「窮治是書，一星終矣，敝精秏神，致兩抱茫增之疾。然則四元之隱奥難通，於此槩見。前人有言，「鴛鴦繡出從君看，不把金鍼度與人」，此説非也。鴛鴦既繡，金鍼自宜度人，庶免秘其機緘之譏。昔趙元鎮代朱氏前後鋟版，祖氏偁好事之德，成始成終。今表兄既刊《緝古考注》於前，頃復欲梓是艸，其德又奚下元鎮哉。爰樂爲寫樣，俾早付剞劂，以廣其學云。道光乙未春莫，配郇李棠跋。

羅士琳《句股截積和較算術》

著録

清・劉錦藻《清續文獻通考》卷二七四《經籍考一八》 《句股截積算術》二卷，羅士琳撰。

清・劉鐸《若水齋古今算學書録》 象數第三

《句股截積算術》二卷，羅士琳。《連筠簃叢書》本。

清・丁仁《八千卷樓書目》卷一一《子部・天文算法類》 算書之屬

《句股截積算術》二卷，國朝羅士琳撰。連筠簃本。

序跋

清・羅士琳《句股截積和較算術・序》 壬辰秋閏，予客東甌，與門一大令重話舊，雨窗翦燭之餘，大令謂予曰：向與子同寓京師邸，以句股截積容方圓積諸題，授鄭子瀚香，似難實易，蓋句股形中所容之方邊、廣袤皆相等，故於句股和内減去四段容方邊，餘與句股和相乘，則成一句股較冪。尚屬有法之形。孰若句股截長之積，則所截之長之形，爲高爲扁，不可知，縱横既有升降，長闊亦因之有進退，庶爲無法之形。使不用兩元，更屏去今有或重今有等法，斯誠謂難矣。予因大令言，枯索竟日，始略獲其移補冪積之理，覺和較相羼入，錯綜交互，洵不翅五花八門，藉非以正負術馭之，幾乎無下手處。演成此册，都爲通術，雖有類乎算胥者流，然予又行將北上，蓬飄易感，萍聚難常，求後如今日之促膝談藝，未知何時。爰録之，以質大令，聊證後會云爾。甘泉羅士琳茗香甫述。

清・黎應南《句股截積和較算術序》 立天元一至今日發揮殆盡矣。吾友羅君茗香復有句股截積和較之術，習天元一者得毋以爲贅呼！吾謂著書須有體裁，前賢所不言者言之，與前賢所已言者而言之，均可傳也。九章句股術有容方一問，大小句股同形者三，皆可以圖明之。因與茗香夜語論算，偶戲作句股容長方爲題，長闊互求，變化不可思議。吾勤其録成一册，勿致磨滅。茗香獨愧近於算胥也。然通卷中無一問重複，具有精理，在明算者固歎其謹嚴，在入門者仍以爲隱秘，安得淺近目之呼？茗香將作曆下行，特以原稿見贈，而請人副録，置諸行篋，他日讀之，如見良友。至於傳與主傳，因不暇計，惟好有同癖，不計旁人之笑而已。道光壬辰地正朔，順德黎應南識。

易之瀚《四元釋例》

著録

清・劉鐸《若水齋古今算學書録》 象數第三

《四元釋例》一卷，羅士琳。《四元玉鑑細草》後附增卷。

又 《開方釋例》一卷，易之瀚。附《四元玉鑑細草》後。

又 《天元釋例》一卷，羅士琳。《四元玉鑑》後附增卷。

序跋

清・羅士琳《四元釋例序》 士琳既補《四元玉鑑細艸》畢，藏敝笥久矣。嗣獲交易子蓉湖，諗其於此學最精，爰復加釐定，畀以校刊。易子以術體精微，未易窺測，有艸無例，卒難造端，不無蹈秘機之譏，因放征南釋左氏例，增譔《釋例》一卷，坿刊於後，洵有功於朱氏者也。惟限於朱氏原書，故諸例未全。蓋算莫外乎乘除，天元一術，既不受除，自不得不合累乘之數而併除之，所以極通分之妙，故不除此而乘彼。若四元，則又爲天元之乘法，故其法悉同於天元，而齊同以相消，所以盡句股之用，開方賅天元四元之除法，故多一乘，即多一乘方。其正負之錯糅，層數之重疊，即借爲實從廉隅之多寡，以別商除之異同。之三者，迭爲表裏，其間變化無方，靡可紀極。例或少缺，術意愈晦。士琳敢矜一得之愚，竊願公諸同好，補增各例，俾學者豁然理解，亦所以廣易子之不足云。是爲序。

又羅士琳《四元玉鑒補增諸例・後記》 以上大共補開方例凡十有五，天元四元例各四。計《玉鑑》一書，專因發明立元而作，由立元而得諸乘方，是天元、四元爲是書之本旨，而開諸乘方法則非所計及。易子爲讀《細艸》者釋其例，故詳於天元、四元，而略於開方，非故爲詳略也。緣原書於諸例未經全備，無由釋耳。茲從原書外，尋繹變例，逐一增補，資其排演。道光戊戌歲除日補例訖，時適抱省騎之戚，中心是悼，忩遽從事，容有挂漏，甚冀他山之有助焉。甘泉羅士琳茗香識。

清・易之瀚《四元釋例・序》 算學自宋元而大備，秦氏《數學九章》言正負開方，李氏《測圓海鏡》言天元如積，與是書之言四元和會，洵自古算家之絶詣也。自明顧箬溪謂《海鏡》無下手處，删去細艸，别著《分類釋術》等書，天元已寖失其傳，矧四元乎？梅文穆公《赤水遺珍》「天元一即借根方解」，發三百年來算家之蒙，可謂有功矣。獨其釋「或問歌彖」二則，疑爲術士秘其機緘。四元之奥邃難通，於此概見。《海鏡》一書，得元和李尚之秀才校勘加案，申明例義，由是立天元一術晦而復顯。是書但云「如積求之」，秖具開方諸數，而不載細艸，以是讀者愈無下手處。曩見茗香先生《演元九式》，知其爲是書發明四元而作，併稔其演有全艸。因緣獲交，始得而玩繹之，遂盡抉四元之秘。顧余魯鈍，慮人人未必盡曉。惜朱氏編集《算學啟蒙》，佚而不傳。祖序謂與是書相爲表裏，或其體例備載其中，未可知耳。不揣譾陋，爰補凡例，爲之疏釋，俾同志者用代司南。

惟是四元之學，根於天元。天元者，融會少廣、方程而加精。四元者，是又寓方程於天元，亦即天元之齊同通分也。有通分而乘除不窮，有方程而通分益便。是欲釋四元必不能離郤天元。天元條例，莫詳於李氏案中，茲取其原文，少加點竄，録載於四元凡例之前，俾由淺入深，用作四元之嚆矢。又，天元借一其兆實肇於劉徽《九章》少廣篇，所謂「借一」「步之」是已。蓋開方之用隅，即天元之借一。故無論天元、四元，莫不以開方爲用。其始也，因所求之數不可知，假立元而得其冪積諸數。其竟也，因冪積諸數不易知，又假開方而得其所求之數。二者相須不可偏廢。元和李氏曾譔《開方説》三卷，特秖詳超步商除之法，其於實、從、廉、隅何以致數之由，尚缺而未備。茍昧乎此，卒無以悟立元之旨。茲復推廣李説，撮要删繁，併補其所不足，另備凡例，弁於天元凡例之首，俾因流溯源，用啟天元、四元之門徑。凡三則，彙而名之曰《釋例》，例下各取艸中諸式釋之，故云。

謝家禾《謝穀堂算學》

著録

清・劉鐸《若水齋古今算學書録》 象數第三

《弧田問率》一卷，謝家禾。《謝穀堂算學》三種本。

又 《解啟蒙貴賤反率一門》、《演元要義》一卷，《直積回求》一卷。謝家禾。《謝穀堂算學》三種本。

序跋

清・戴熙《謝穀堂算學》三種序 《謝穀堂算學》三種，孝廉謝家禾著，曰《衍元要義》，曰《弧田問率》，曰《直積回求》，凡三卷。穀堂死，其友人戴熙於破簏中搜得之，寫而授諸梓，校讎者熙弟煦也。雕既竣，爲志其端曰：籌人之書，益久而益深者也，其傳也益深而益難久。禮之文，樂之節，射御之法，箭諒之用，作者聖也，述者明也，相襲也卒不相掩。獨數不然，前人所能者，後人所不屑道，後人所道者，又後人所不屑能。故其著書，必著前人之不及著，其後之著書者，又將著前人之不及著，如是積歲積人，積人積智，欲不益久而益深不得也。顧其益深而傳益難久，何也？余觀算學自隸首以來，詳於周官，述於漢晉，盛於唐而精於元。然而《周髀》之所傳，張蒼之所述，徐嶽、劉徽、夏侯陽、甄鸞、王孝通、秦九韶、李冶之所撰，今尚有存者，至祖頤序朱世傑《四元玉鑑》，稱蔣周之《益古》、李文一之《照膽》、石通道之《鈐經》、劉汝諧之《如積釋鎖》、元裕之《如積釋鎖細草》、李德載之《兩儀羣英集臻》、劉大鑑之《乾坤括囊》，大都皆宋以後人，而泯没殆盡。攻數學者，或至不能舉其名，此其故蓋有二。其一，讀其書不通其説而難之。其一，讀其書通其説而易之。難之者加訾議，易之者又不爲發明，此算學之所以益深，而傳益難久也。余既知算學益久益深，又見算學之書益深，傳益難久，是以並餘世有能發明絶學者，予嘗欲編輯其書而盛傳之。穀堂與余兄弟爲同學，同癖於數事，淺嘗而棄焉，穀堂與予弟，則孳孳不已。其於中西術法，殆無所不通曉，既而兩人將爲小品叢書，未竟功而穀堂中道夭，故所存止三卷，其一析通分加減定方程正負，以標舉立元大要，故曰《衍元要義》。其二以劉徽、祖沖之之率求弧田，求其密於古率者，故曰《弧田問率》。其三則以直積與句股弦和較轉輾相求，故曰《直積回求》。大旨皆出於《四元玉鑑》，而實能發明前人不傳之術。嗚呼，可謂深矣。世之讀是書者，不通其説而難之乎，抑通其説而易之乎，不可知也。若夫編輯而盛傳之，則固余之素志也。道光十七年十一月朔日，戴熙謹叙並書序。

謝家禾《衍元要義》

序跋

清・謝家禾《衍元要義・序》 元學至精且邃，而求其要領，無過通分加減。凡四元之分正負及相消法、互隱通分法，大致原於方程。方程者，即通分之義，方程不明，由於正負無定例，加減無定行，以譌傳譌，如梅宣城精研數理，未暇深究，它書可知矣。《九章算經》正負術甚明，而釋者反以意度，古誼之不明，可勝道哉。唯以衍元之法，正方程之義，由是方程明而元學亦明。著《衍元要義》，綜通分方程而論列之，附以連枝同體之分等法，通乎此，則四元庶可窺其涯涘耳。謝家禾自序。

馮桂芬《弧矢算術細草圖解》

著録

清·劉鐸《若水齋古今算學書録》 象數第三

《弧矢算術細草圖解》一卷，馮桂芬。自刻本。

清·丁仁《八千卷樓書目》卷一一《子部·天文算法類》 算書之屬

《弧矢算術細草圖解》一卷，《圖解》一卷。國朝馮桂芬撰。昭代叢書本。

《弧矢算術細草圖解問目》

矢弦求徑一 附圖二
矢徑求弦二 附開平方式
弦徑求矢三 附開平方式
矢弦求弧四 附圖一
矢弧求弦五 附開立方式
弦弧求矢六 附開立方式
徑弧求矢七 附開三乘方式
矢殘周求弦八 附開三乘方式 又圖一
弦殘周求矢九 附開三乘方式
矢弦求積十 附圖一
矢積求弦十一
弦積求矢十二 附開平方式
徑積求矢十三 附開三乘方式

序跋

清·馮桂芬《弧矢算術細草圖解·序》 蒙幼學祘，稍涉獵於中西兩家言。歲癸巳，假館江陰縣廨，校閱暨陽書院官課卷，以時藝識宋君晃之。君精是術，時就君相質。既又交同年徐鈞卿農部，君於都門皆友也，而師之。顧頻歲偕計吏，復衣食於奔走舟車，無少息。稍閒，則經史詩文，徒輩制舉業，雜然前陳，肄業，久不及此。比者，代人作記，室所居無一書，篋中偶攜同郡李尚之先生《弧矢算術細草》一卷，會有及門以此見質者，輒爲圖解，用代口語，凡一十有九日而竟，薄植如蒙，又率爾成之，知無當於大雅。惟意淺語詳，或亦有裨初學。爲之猶賢乎，已其不爲聖人所深斥乎？時道光十有九年秋七月既望，吳縣馮桂芬自識。

雜録

清·馮桂芬《弧矢算術細草圖解》凡例

一，是書所據爲先生門人抄本，録竟後，始得《李氏遺書》刊本，校之，算式既上下不同，當是付刊時，依授時草式改之。相消亦左右偶異，第二、第四、第十一、三問。而取數皆同。算惟重數，今數既不殊，故不之改，且先生手書《句股算術細草》式正如，是固可並存。

一，加減乘除及開方各式，皆本先生《測圓海鏡》校本、《開方説》諸書之例演之，至圖式，略取諸宣城梅氏，間附管見。

一，注末別綴一草，以見數可互通，術同故不著術。

一，是編十三題，蓋仍明箸溪顧氏之舊，於法未備。初擬補之，已就數條，以有須兼立地元者，與本書例不合，異日成之，當別爲一編云。

一，先生原文，皆頂格，圖解或夾注，或低一格。

汪光恒《筱衡算説》

序跋

清·吳廷芬《筱衡算説序》 曩余官都門，汪雲浦太守應京兆試，樽酒論文，始相識，甚相得也。歲乙酉，余以修墓居里，太守先自隴右河州歸，走相訪，話舊事，蓋不相見者忽忽十餘年矣。譚次手一編見示，曰：此《算説》兩册先君子述先大父之書而作也，刼燼之餘，失而復得，將付剞劂，請一言以識之。余維數爲六藝之一，古之學者多通之，自後世以科目取人，才士大夫終其身於排比聲律，而能以數學名家者，遂寥寥不多覯。方今歐羅巴各國挾其船礮之堅利，以環伺中土，奇巧萬變，洞心駭目，而皆本始於數學。朝廷思有以防之，爰於京師剏立同文館，並分設於粤、滬，至天津則有武備學堂，閩省則有總理船政，其餘各省又有機器製造等局，汲汲以講求西法爲重，於是數學之才日見，而數學之書亦日出，其最精者，駸駸乎駕西人而上之矣。今讀《小衡箕説》一書，自述爲發明《衡齋算學》之義藴，而觸類引伸，因端竟委，前書所未備者皆櫽括而無遺焉。大凡物之負殊尤者，冥冥中常有鬼神呵護，雖千磨百折，久而彌顯，況是書卓然成家，有不傳諸久遠者哉。太守曰：兩世家學，余有後弗能傳，奈何？余解之曰：傳諸一家，何如傳諸天下萬世乎？傳諸一家，僅世其業，何如傳諸天下，萬世盡師其法乎？太守釋然而退。太守將赴閩參戎幕，閩有船廠，造兵商輪多年，洎法蘭西敗盟，馬江失機，臺澎被擾，大吏懲前毖後，修礮臺，製槍彈，勾弧弦率，精益求精，誠得是書以爲楷模，更推而行之江海各防，將見金湯鞏固，洲島帖服，則是書之功用以彰，而太守所以顯揚是書之志願亦遂矣。太守勉乎哉！光緒十有一年歲次乙酉季秋月，賜進士出身、誥授光禄大夫、前署工部左侍郎、宗人府府丞、加四級，海陽吴廷芬拜序。

清・汪光恒《筱衡箕説・記》 曩以不能讀先君書爲憾，爰取古今算術，極意學之，自方田以至句股，無不畢究，乃敢讀先君書。今爲依形作圖，如瀍設問，不遺一事，計去始學日，時已四閱寒暑矣。道光己亥除夕，汪光恒記。

清・汪廷棟《筱衡箕説跋》 此《箕説》兩册，先君子讀先大父《衡齋算學》而作者。先大父早見背，先君子未及躬承教誨，是編之著，自得力於《數理精藴》一書，閲四寒暑而成，未幾遂棄世。棟年幼穉，謹守弗敢失。咸豐癸丑，姑丈夏嗛甫先生自安仁任所以書來招，命攜遺稿待訂，故此稿久存夏氏。庚申、辛酉，兵疫相繼，妻、子病歿，孑然一身，飢驅轉徙。越同治癸亥，前浙江按督使劉公典統師來剿賊，獲參戎幄，自是而浙、而閩、而陝甘，奔走幾二十年，于夏氏音問隔絶。光緒己卯，攝篆河州，閲抄始悉夏氏姑丈已歸道山，深慮先君子存稿遺佚，馳書江右索之，三年不得報，嗣又浼親，屬之在章門者，物色其家，均未得蹤跡，恚甚，將辭官往覓，不獲許，如是者又三年。癸未冬，蘭州假歸，道出漢臯，晤海陽胡君贊臣，自豫章來談次，知與夏氏相識，匄其代訪。更一載，胡君返里，從夏氏取得《箕説》底本，走伻書告，喜極，馳往奉之而歸。嗚呼！棟幼而失學，長而從戎，倥傯軍務，四十以後，備負隴右，今五十有六矣，自愧于先人之學無能爲役，而續出兩子率皆不肖，無一克紹箕裘者。覩此遺編，不禁潸然淚下，敬謹校對，付諸手民，匪敢謂能讀父書，竊幸先君子手澤留貽，不致遽厄灰燼，則夏氏之藏弆與胡君之取求，皆足誌感焉。光緒乙酉仲秋，男廷棟百拜謹跋。

項名達《下學葊算書》

著録

《下學葊算書目》

《句股六術》　句股六術圖解

《平三角和較術》　句股形　三角形

《弧三角和較術》　正弧三角　斜弧三角

項名達《句股六術》

著録

清・丁福保《算學書目提要》卷上 《句股六術》，錢塘項名達撰。案：是書爲句股中最簡最精之書。項氏因句股和較諸題甚爲繁雜，初學閲之，望洋興歎，遂分術爲六，使題之相通者編爲一類，尋其首尾，如貫珠然。熟此，則一切句股之書皆可省讀。

清・劉錦藻《清續文獻通考》卷二七四《經籍考一八》 《句股六術》一卷，項名達撰。名達號梅侶，浙江錢塘人。道光丙戌進士，國子監學正。

清・劉鐸《若水齋古今算學書録》 象數第三

《句股六術》，項名達。自箸《下學庵算學》，羊城書院刊本。江南製造局刊本，賈步緯補表。《觀象廬叢書》本、長沙刊本。

又 《弧三角和較算例》，項名達。附《句股六術》後。

清・丁仁《八千卷樓書目》卷一一《子部・天文算法類》 算書之屬

《句股六術》一卷，國朝項名達撰。刊本、重刊本。

序跋

清・黎應南《下學葊勾股六術序》 余在都，獲與項君梅侶交，輒以數學相過從。梅侶耽精思當，窮極要眇，時雖寒暑，饑渴不暇顧，苟有得則欣然意適，若無可喻於人。嘗語余曰：守中西成法，搬衍較量，疇人子弟優爲之所貴。學數者，謂能推見本原，融會以通其變，竟古人未竟之緒，而發古人未發之藏耳。余是其言。顧以碌碌走塵俗，未遑卒業，迨余筮仕浙，梅侶亦主講苕南，見所著《勾股六術》，擊節稱善，曰：是足爲數學導矣。勾股乃學數初步，恒苦和較諸術之紛糅，未入門先作門前之繞，往往阻於難而莫敢入。得是術導之，簡而明，條焉而不紊，一展卷瞭然矣。且以見數有和較，故變生變故，參伍錯綜，不可爲典要，其爲物也雜，而其爲途也繁。設非洞徹乎其原，焉能齊雜以整，御繁以約，極其變而仍適得其常哉？梅侶嘗立有弧三角總較術，求橢圓弧線術，術雖定，未有詮釋，余促成之，而義奧趣幽，非旦夕可竟事。是六術也，獨先成，雖未足見梅侶之深，而所謂變通成法，爲古人竟其緒而發其藏者，於是可見一班云。道光壬辰秋七月下浣三日，順德黎應南序。

清・項名達《勾股六術・序》 勾股相求，舊術詳且備矣。惟和較諸題，術稍繁雜，初學恒未了然。乙酉夏，偶與邵君魚竹、陳君辛伯，縱論及此。爰取舊術稍爲變通，分術爲六，使題之相同者，通爲一術。苟得其意，釐然悉有以御之，繁雜可無復慮，亦足爲入門之一助云。

項名達《平三角和較術》

著録

清・劉鐸《若水齋古今算學書録》 象數第三

《平三角和較術》，項名達。附《句股六術》後。

序跋

清・項名達《平三角和較術・序》 三角法無所用其和較也。往歲，朱筠麓給諫以黃赤大距升度差爲題，囑余求黃赤道。思累日，始於無可比例中尋得比例線，立正弧三角和較，凡六術，著圖說以呈給諫。給諫謬賞焉。復曰：由正弧而斜弧，其和較當亦可求，至平三角之和較愈無不可求，曷足成之？累年來，役役塵網，鮮從事於籌筴，雖其術漸次粗定，而未有成書。癸卯夏，王子琴逸究三角理數，愛是術，堅欲付梓。余維勾股和較且有以無用置之者，何況三角？顧三角以八線爲用。八線，割圜法也。至精妙而不可窮者，莫如圜理，用八線於三角，而圜理呈，用八線於三角之和較，而圜理愈呈。是術雖無所用，或亦極數究理者所不廢歟？因勿之阻，而弁其緣起於簡端。道光癸卯長至後八日，錢塘項名達識。

項名達《橢圜術》

著録

清・劉錦藻《清續文獻通考》卷二七四《經籍考一八》 《橢圜術》一卷，項名達撰。

清・劉鐸《若水齋古今算學書録》 象數第三

《橢圓術》一卷，圖解一卷，項名達。戴煦補圖解。《象數一原》本。《連筠簃叢書》本，無圖解。

清・丁仁《八千卷樓書目》卷一一《子部・天文算法類》 算書之屬

《橢圓術》一卷，國朝項名達撰。連筠簃本。

序跋

清・項名達《橢圜術・跋》 以上四術，求橢圜周爲本術，後三術爲求橢圜所由來，故備載之。有抵周線術而各橢弦可求，有橢弦術而各橢弦和可求。橢弦和既可求，橢圜周即無不可求，其用全在逐分倍外矢。各三率不齊，須以倍外矢齊之。倍外矢不齊，又須以半徑齊之。所以能齊其不齊者，則恃有遞加數一圖，與之婉轉而符會。夫求平圜弧線，非遞加數，而其率不通。今求橢圜弧線，亦復如是。然則圜理無窮，一遞加數，有以括之矣，誠妙矣哉。道光辛卯，梅侶項名達校定於都城槐蔭館。

項名達《象數一原》

著録

清・劉鐸《若水齋古今算學書録》 象數第三

《象數一原》六卷，項名達。新陽趙氏高齋叢刻光緒年刊本。

《象數一原》目録

卷一　整分起度弦矢率論　　卷二　半分起度弦矢率論

卷三　零分起度弦矢率論　　卷四　零分起度弦矢率論原本不全，今補。

卷五　諸術通詮　　卷六　諸術明變原本無求加減差表，今補。

序跋

清・項名達《象數一原・序》 方圜率，古不相通也。徑求周，以勾股衍算不易，割圜弧矢率又甚疏。西人八線妙矣，求八線必資六宗、三要、二簡法，非可徑求。所以然者，方有盡，圜無窮，勢難强合也。自杜氏術出，而方圜之率始通。其術用連比例，一率半徑，二率通弦，三率倍矢，由是遞求諸率，有徑即得周，有弦矢即得弧，有弧亦即得弦矢。其算捷，其數亦最真。顧是術也，梅氏《赤水遺珍》載焉，而未釋，明静庵先生《捷法》解釋焉，而未抉其原。當自爲一書，非正釋也。自董氏術出，而方圜率相通之理始顯。術凡四，曰：求倍分弦、矢，求析分弦、矢。審定乘除法以明率數，倍分率，圜所以通方也，析分率，方所以通圜也。其釋倍分率以方錐堆，而方錐堆實出於三角堆，弦之二率即兩堆根相並數，四率即兩立積相並數，矢之三率即兩平積相並數，五率即兩三乘積相並數，四五率以下多乘積以還，莫不如是。故遞次乘除，皆求堆積法也，而即以之求弦矢，弦之分有奇無偶，矢之分奇偶俱全。至析分率，則三角堆無其數，即假倍分之率較量而反釋之，可爲獨具隻眼矣。所疑者，堆積既與率數合，何以有倍分無析分？倍分中弦率又何以有奇分無偶分？且弦矢綫聯於圜中，於三角堆何與？蓄是疑有年。丁酉歸自苕南，舟中偶念此，恍然曰：三角堆數起於一，遞加一得堆根，遞加根得平積，遞加平積得立積，蓋遞加數也。弦矢率由圜中兩等邊三角挨次比例而生，亦起於半徑之一。半徑即一率，遞加一率得二率，遞加二率得三率，遞加三率得四率，亦遞加數也。數有整必有零，起整分者，曰整數遞加，祇一式，即三角堆相連兩根積相並，與倍分矢率倍分中奇分弦率等數。起零分者，曰零數遞加，有無量式，不可以三角堆名，依式推衍，倍分中偶分弦率及析分弦矢率，實參列其閒。不惟若是，倍分者一分弧之幾，常以一爲分母，析分者幾分弧之一，常以一爲分子。今得零分，則分子母不必定一，任設幾分弧之幾，無不可求。因立此弧求他弧兩術，以補所未備。又不惟若是，分子母既可任設，則六十度通弦倍矢與半徑等，諸率齊同，取爲分母，任設某度爲分子，並諸率本數可省去不求，但求遞加差數，即得逐度分秒之通弦倍矢，亦即得逐度分秒之正弦正矢，因更立半徑求弦矢兩術，以備製表之用，似便於用弧。約言之，弦矢諸率，其比例生於兩等邊三角，其數本於遞加兩等邊三角尖象也。遞加數尖數也，通方圓必以尖，故自來割圓術不離勾股，而得其象，未得其數，取數不無繁重。自有零整分遞加，而後象與數會，分於是定，率亦於是通。分即遞加數之根，率即遞加數之積。分以子母管乎外，圜涵方也；率以奇偶應乎內，方就圜也。割圜術至此始無餘蘊。爰乘數月暇，著爲圖説二卷。友人王子箓逸嗜算術，遍涉中西，見是術愛之，欲與杜、董術合刊爲一册，囑余序其大意。余因詳術所由，不嫌辭費者，亦以此通貫方圜之率，非董氏理無自彰，非杜氏法無自立。非勾股割圜等法以爲導，亦無自察象稽數以底於至精，然則古人創始之難，其可忽哉。道光二十三年癸卯立秋後一日，武林項名達識於水心雲意。

又《象數一原・序》　向玩弦矢諸率，會得遞加數，復析圜得兩等邊三角，其象適與數會，因草成圖解一册，聊自達意，而疎脱甚多。丙午冬，謝去紫陽講席筆墨，就閑漸編定整分半分起度兩種弦矢率，而梁楚香中丞復以紫陽大小課藝囑選，辭不獲，遂又見阻。楊緗芸農部在京見舊刻《割圜捷術》序中言及圖解，亟思一見。丁未冬來杭見訪，因示以所編。緗芸謂書未半而君年垂邁，是書斷不可不成，且不可緩成，剋期以一載，臨別尚諄切致囑。余感其意，爲之定書名曰《象數一原》。卷一曰「整分起度弦矢率論」，卷二曰「半分起度弦矢率論」，卷三、卷四曰「零分起度弦矢率論」，卷五曰「諸術通詮」，卷六曰「諸術明變」。隨將卷三編定。選課畢，復阻於病，今夏始將卷四著有六紙，不料病軀重感濕熱，兼肝乘脾，幾不可救，醫治兩月，無起色，乃又重感燥火，致臟腑無不病者，遍體血脈不行，醫盡束手，自知殘燈微焰斷難久延，而是書從此擱筆矣，缺而不完。世間事大都如是，何必戀戀，所歉者負緗芸諄囑之心耳。然書雖未完，而零分各腰率、零分遞加數，卷三中已衍成其式，惟義賾緒繁，擬分條詳論於卷四。業論至易率法之相當率寄分，畢則論用率寄分，論定率寄分，皆宜分別奇偶論之。而易率法畢，次論衍遞加數法，亦論寄分，論子母，論正負，論奇行偶行積子母互異，論直行併行積子母互異，而遞加數畢。次論遞加數即各形腰率，而正負不同，論心角形腰與腰較率正負相反，論併積即弦矢率易正負有定法，論矢率弦率子母全半之不同，而弦矢率畢。末乃依半分起度式分六術以明其算，特彼論全半，此論子母異同處，略一分別可也。至卷五卷六，皆有舊稿，且經編定，只須照式録之，今將各卷總爲一束，設有本鄙意而續成者，惟條論稍難，六術則易於從事，無續成者，卷四作未完之書，亦無不可。道光己酉年十月二十七日，梅侶項名達絶筆序。

清・戴煦《象數一原跋》　予束髮聞先生精於筭，而閉門養屙，未便輕謁。丙戌秋，予補《四元玉鑑細草》成，假録于吉甫王君，先生高足也。先生因是獲覩予書，即命駕見，過引爲忘年交。顧先生十年以長，且夙成名德，未敢安也。然自是常相過從，遂共定《開方捷術》，而予《對數簡法》亦過蒙賞鑒譽。戊申冬，先生來書，懇到詳勉，無所不盡，末言弦矢互求、橢圓求週二種爲愜意之作，恐病軀不及蕆事，乞代整理。彼時方謂殆謙讓語，未以爲意，逾年而先生竟逝矣。去歲，哲嗣建霞大兄以遺書《象數一原》囑校補，詳加研誦，則四卷零分諸論果僅六紙，而六卷橢圓求周亦圖解未立，校勘未半，頓觸前緒，愴然久之。夫以予賦質譾陋，何足窺見藩籬，特感平生諄屬之言，不能不畢力竭情，冀籑明於萬一，緣本序中條目，補完零分諸論，兼補求周圖解，附卷末，余鄙見所及亦間綴案語，既成，因叙其顛末，並録先生來書於後，以見予之不避僭越嫌，蓋自有故而讀先生書者，當有以諒予之心矣。咸豐丁巳二月，錢唐戴煦跋。

又　附録先生來書　曆學於中西術須一體視之，不可有門户之見。又算術古疎今密，習此道者往往以闢古自矜，不知無古之疎安得有今之密？不但無密，恐並疎亦不可得。究一理，立一術，以垂於後，殊不容易。我幸知之，而乃肆口相詆乎？品學醇美如閣下，將來大著成時，固無慮是。然此病犯之極易，願涉筆時加意爲禱。弟於此道不過稍涉藩籬，其稍可示人者，祇弦矢互求及求橢圓弧綫二種。只因困於病魔，亦已置之。自去歲緗芸來，力言此二種斷不可不成書，且催促之，兼爲謀措刻資。感其厚意，故去夏及秋，將弦矢術釋有三册：一整分起度，一半分起度，一零分起度，皆以兩等邊三角明其象，遞加法定其數，末乃申論其算法。整分半分者均已告成，零分者算法未釋。尚擬將拙定四術及董氏、杜氏諸術別爲一册，詳解之，但現在病體頗頓，精力日衰，弦矢術或勉力成之，橢圓則不能著解矣。此道無人能助，可爲將伯之呼者，惟有閣下，將來稍有頭緒，謹當呈政，尚乞代爲整理之，是所感禱！

清・華蘅芳《象數一原跋》　右《象數一原》七卷，爲項梅侶先生未竟之稿，戴鄂士先生補成之，其原委詳見原書序跋中。烏程徐莊湣公曾囑張君南坪刻之蘇州，未及印行，忽遇庚申之亂，莊湣殉難，南坪入湖州省母，亦被賊害，不特刊成書板巳付刦灰，即底本亦不知流落誰何之手，後爲南滙張嘯山先生所得，藏諸篋中幾二十年。先生晚年爲黃漱蘭學使延主南菁講席，余弟若谿侍函丈，先生語之曰：吾有項氏遺書一種，將以贈汝兄無何？先生辭講席歸老於松江之錢園，以是書寄余。其手劄云：此《象數一原》，係前得之白下者，蓋是南坪所藏，吾年老，嗣孫尚稺久留無所用，即以寄贈，項氏此書未見刻本，能謀剞劂，亦不朽盛業也。余受書，作函謝之。不數月間，先生已歸道山矣。噫！余在金陵時，與先生朝夕聚處，及來滬上，亦數數相見，並不知其藏有是書，及至垂邁之年，始肯啟篋出之，則其鄭重也可知。余既心儀項、戴之學，又感先生臨歿授書之意，深恐珍惜秘匿，或翻至湮没也。適静涵表弟有高齋彙刻之舉，遂慫恿付諸手民，而仁和高白叔孝廉重其爲鄉先輩遺著，又舉百金以助。閲一歲而書甫刊成，先生有知，其亦可無憾也已。光緒十四年六月十一日，金匱華蘅芳跋於滬上之格致書院。

宋景昌《數書九章札記》

著録

清・劉鐸《若水齋古今算學書録》　象數第三

《數書九章》十八卷，附《札記》四卷，宋秦九韶，附卷宋景昌。《宜稼堂叢書》本、道光二十一年刊本。鄒安鬯校本，未刊。《直齋書録解題》作《數術大略》九卷。

清・張之洞《書目答問・子部》　天文算法第七

《數書九章》十八卷，宋秦九韶。附《札記》，宋景昌。《宜稼堂叢書》本。

序跋

清・郁松年《數書九章札記序》　余既刻《清容》《剡源》二集，益思得宋元人祕笈，毛君生甫爲予言秦道古《數書九章》，思精學博，其中若大衍求一、正負開方兩術，尤爲闡自古不傳之祕。第其書轉相鈔録，譌脱滋多。元和沈廣文曾得明人趙琦美鈔本於陽城張太守家，訂譌補脱，歷有年，所以老病未卒業。其弟子江陰宋君景昌能傳其學。余因屬毛君索其原本，會廣文病甚，不可得。得其副本於武進李太史家，毛君又出其家藏元和李茂才所校四庫館本，並屬宋君爲之讐校。嗣廣文没，宋君又於其家搜得秦書刊誤殘稿數卷，於是以趙本爲主，參以各本，其文字互異，義得兩通者，存其舊；其傳寫錯落，無乖算術者，隨條改正；其術草紕繆，或誤後學者，採衆説而折衷之。別爲《劄記》，以資考證，書成將署余名，余以未經究心，仍歸之宋君，而爲之叙其原起，以付諸梓。太守名敦仁，茂才名鋭，太史名兆洛，廣文名欽裴，皆當世有道之士也。秦道古，《宋史》無傳，其出處始末僅載於《癸辛雜志》，而詞多詆毁，或失其平。近者，江都焦孝廉循力辨其誣，洵足爲覆盆之照，故兼録於卷末，以俟知人論世之君子。道光二十有二年壬寅二月既望，上海郁松年泰峰氏譔。

宋景昌《楊輝算法札記》

著録

清・劉鐸《若水齋古今算學書録》　象數第三

《乘除捷法》上下卷，《算法變通本末》上卷，《乘除通變算寶》中卷，《算法取用本末》下卷，《續古摘奇算法》一卷，附《札記》一卷。宋揚輝，附卷宋景昌。郁松年《宜稼堂叢書》道光年刊本。《知不足齋叢書・續古摘奇算法》一卷。

清・張之洞《書目答問・子部》　天文算法第七

《楊輝算法》六種七卷，宋楊輝。宋景昌校。《宜稼堂叢書》本。

序跋

清・郁松年《楊輝算法札記序》　《楊輝算法》凡六卷：《田畝比類乘除捷法》分上、下二卷，《算法通變本末》《乘除通變算寶》《法算取用本末》合爲上、中、下三卷，《續古摘奇算法》別爲一卷。舊無總名，儀徵阮相國、元和李茂才俱目爲《楊輝算法》，今亦仍之。輝於算術，雖未可謂精湙，而市肆間超徑等接之術，幾於採摭略盡，且其中開方演段之法，又足與秦道古書相發明，故續刊於其所箸《詳解九章》之後。特寫本多殘闕脱譌，屬江陰宋君勉之爲之校覈。可補者補之，譌者改之，并作《劄記》，雖非有所匡正，以誌校訂之不苟云爾。聞朝鮮國尚有傳本，見重刊《算學啓蒙》序。序係順治十七年朝鮮通奉大夫、守全南道觀察使、兼兵馬水軍節度使、巡察使、全州府尹金始振譔。海内君子儻能訪求校正，使闕者復完，則余且不憚重爲鳩工也。道光二十二年壬寅孟夏既望，上海郁松年識。

清·宋景昌《楊輝算法札記·自識》 是書誤文頗少，而闕文脱文甚多。《續古摘奇算法》句股之下、直田之前，竟脱去一葉，其餘板口上方多闕一角，蓋原書由散葉排比而成，破損在所不免，影鈔者依樣謄寫，故也。今據算術逐條校算，可補者補之，疑者闕之，以俟君子。道光庚子中元後兩日，江陰宋景昌識。

宋景昌《詳解九章算法札記》

著録

清·劉鐸《若水齋古今算學書録》 象數第三

《詳解九章算法》、《九章算法纂類》附《札記》一卷。宋楊輝，附卷宋景昌。《宜稼堂叢書》本。

序跋

清·郁松年《詳解九章算法札記序》 《詳解九章算法》者，宋錢塘楊謙光取古《九章》商功以下五章録經、注、原文於前，而以其所譔題解、釋注、比類、圖説分附各條之後者也，末附以《九章·纂類》，則以當時俗傳算法爲綱，而分析《九章》題問，以類相從焉。據自序，詳解八十題，今乃九十七題，總十二卷，今不分卷，蓋非原書，故其中鈔録經、注，亦多不循舊次，而世無傳本，無從校核。儀徵阮相國收藏算書最富，而正續《疇人傳》俱云未見，餘可知矣。(餘)[余]案：《九章》爲算經之首，諸家立術，皆自此出，而世傳《永樂大典》及孔氏微波榭二本，均不免脱誤。鍾祥李尚書《細草圖説》多所改正，方可卒讀。而往往與此書暗合，則此書誠可貴也。且其「纂類」中所列名目，亦足與宋人算書互資考證。因屬宋君勉之，取孔、李二本，校其譌脱，別爲《劄記》，而此書之長於孔刻者，亦附見焉。是書爲毛君生甫家藏本，每葉俱有「石研齋鈔本」五字，卷末有「石研齋秦氏印」，未知秦氏爲何許人也。道光壬寅孟夏之月，上海郁松年泰峰氏譔。

宋景昌《開方之分還原術》

著録

清·劉鐸《若水齋古今算學書録》 象數第三

《開方之分還原術》，宋景昌。原稿本。

序跋

清·鄒安鬯《開方之分還原術識》 開方之分還原，見於《四元玉鑑》，余友江陰宋冕之爲補細草，寫以見貽，因爲補二圖，並系以説，附於草後。辛丑十二月大寒日，無錫鄒安鬯敬甫識。

葉棠《天元一術圖説》

著録

清·劉鐸《若水齋古今算學書録》 象數第三

《天元一術圖説》一卷，葉棠。《益雅堂叢書》本。

序跋

清・管嗣復《天元一術圖説序》 自聖祖仁皇帝覃精天算，承學之士專門名家者接踵，或昌明中法，或綜貫西學，宣城梅氏集中西之大成，有發明而無掊擊，識者韙焉。夫中法以一理包萬術，布算或病迂滯，而所操甚約，西法則隨題立術，術繁而得數較捷。康雍之際，西學甚盛，有志復古者亦第合中西以觀會通，未能舍西法別立一幟也。乾隆中，朝庭開四庫館，中土古書盡出，自是天元、四元、大衍求一諸術盛行，而西學浸微，是雖人情厭故喜新，抑亦時會使然歟。蓋西法神明於句股，而於少廣、方程等章罕所發揮，天元一術則融會少廣、方程、衰分諸法，以濟算術之窮，實唐宋以後中土最精之法，非西學所能企及。嗣始讀張公古愚《開方補記》，尋繹無所得，繼聞羅君茗香近世天元最著家也，求所演《四元玉鑑細草》讀之，益茫無畔岸。鄭君元輔、陳君子進各取開方釋鎖一條，爲演細草，見餉。歲癸卯，汪君梅村與嗣同遊宋魯，又爲數道其源流，始獲略識梗概，然仍明昧參半。甲辰春，客桐城，以語葉君翰池，知翰池亦頗與嗣同病。今年翰池來金陵，謂嗣曰：余覃思十年之久，一旦豁然有悟，成《天元一術圖説》一卷，不可秘不示子也。嗣急攜歸，卒讀其書，首列帶縱負隅開方諸圖，次列借衰互徵、方程正負諸法，以探天元之原，次取天元數題詳細推衍，於正負相減、相加、相乘諸法多列算式，復繪圖以明和較相求之理，口講手畫，不詳於此。嗣讀未俄，亦遂渙然冰釋，因思曩於張公既嘗修謁，羅君、鄭君亦獲數接談論，汪君、陳君尤締交，久經數君指授，卒未了徹，翰池兀坐一室，無師友之助，而能成此絶學，其精力之專可知矣。夫翰池所演，乃《算學啟蒙》中數題，視張、羅所述似爲淺矣。顧嗣始讀秦、李書，莫抉其旨，求諸張、羅，益不能明，遂望洋而返。海内鈍根如嗣者當不乏人，今讀翰池此卷，俄頃遂已了然，進而讀秦、李諸書，會心當亦不遠，是淺者至精之所寓也。陳靜庵謂：異棄同除之理村豎皆知精之，至於神明莫測，余於翰池此書亦云然矣。道光二十九年歲在屠維作噩壯月，江甯管嗣復序。

清後期總部

主編　馮立昇　鄧　亮

人物部

朱駿聲

傳記

清・諸可寶《疇人傳三編》卷四《朱駿聲》 朱駿聲字豐芑號允倩，吴縣人。年十三，受許氏《説文解字》，一讀即通曉。戲爲《孔方傳》，文似遷史，時目爲神童。十五歲冠郡試，補府學生，時嘉定錢詹事大昕主紫陽書院講席。詹事亦十五爲諸生，是年重游泮宫，一見奇其才，遂受業門下。專力古學，以著述爲事。嘉慶二十三年舉鄉試，道光六年大挑二等，銓授黟縣學訓導。會瑞安孫學政鏘鳴奏請許海内文學之士獻所著書，得詔通諭天下。咸豐元年，訓導繕寫自譔《説文通訓定聲》等四十卷，呈禮部奏進之。文宗幾餘披覽，嘉其賅洽，賞國子監博士銜，爲留心經訓者勸。旋陞揚州府學教授。引疾未之官，寓居於黟。八年十月卒，年七十有一。著書甚富，諸經皆有成稿如干卷，不具録。嘗論《爾雅》太歲在寅，推錢詹事説，謂：其時自以實測之歲星在亥，定太歲在寅，命之曰攝提格以紀年。歲星所合之辰，即爲太歲。然歲星閲百四十四年而超一辰。至秦漢，而甲寅之年歲星在丑，太歲應在子。漢詔書以太初元年爲攝提格者，因六十紀年之名，歷年以次排敘，不能頓超一辰，故仍命以攝提格也。於是後人以寅、卯等爲太歲，强以攝提格等爲歲陰。其實《爾雅》所云歲陽、歲陰，非如後人説也。又讀《周語》，帝嚳能序三辰，知十二次，名義當爲所定。然今時實測與古不同。星紀以牛得名，今牛在子宫不在丑；析木以箕斗得名，今箕斗在丑宫不在寅；大火以心得名，今心在寅宫不在卯；降婁以婁得名，今婁在酉宫不在戌。計今時距周初歲差，已四十二度，是名實不相副。古宫之稱，不必施於今。因參用舊名，著《歲星表》一卷、《天算瑣記》四卷。又有《數度衍》四卷，則已佚於兵火，僅存歌一首，附詩集中。

紀事

清・王先謙《東華續録［咸豐］》 咸豐一二

甲辰諭内閣，前據禮部奏江蘇舉人安徽黟縣訓導朱駿聲呈遞《説文通訓定聲》一書，當交南書房翰林詳加閲看進呈，朕幾餘披覽，引證尚爲賅洽，頗於小學有裨。朱駿聲著賞加國子監博士銜，以爲留心經訓者勸。

雜録

清・諸可寶《疇人傳三編》卷四《朱駿聲》 論曰：朱博士於學無不窺。七百八十三座之星能指而名之，《九章》之術能推而衍之，十經之誼則淹而通之，三史、十子、《騷》《選》皆熟而誦之。發爲譔著，博大而精。顧世之稱博士者，第知有《通訓定聲》一書已爾，而未知其兼長推步明通象數也。蓋博士蚤歲得名，而又深自韜晦，不求知於世，世遂無以知博士。非猶夫人之一得自封朝詡焉。表襮之不遑者，可以觀博士矣。

鄒安鬯

紀事

清・華世芳《近代疇人著述記》 鄒安鬯字敬甫，江蘇無錫人。精究琴理，著《琴律細草》一卷。篤好天元一術，校讀算書，每有所得，輒題於眉上。嘗以郁刻秦道古《數書九［章］》謬訛錯出，演算不易，故用力尤勤，而辨正爲多。有沈、李、毛、宋諸家所未及者。竊擬編次其説爲《數（學）［書］九章校議》一册，庶幾鄒先哲之學術可不没云。

徐有壬

傳記

清・馮桂芬《[同治]蘇州府志》卷六八《名宦一》 徐有壬字君青，烏程人，道光己丑進士，由户部主事累官至江蘇巡撫。時布政使工有齡與總督何桂清善事權皆屬焉。有壬至，務持大體，不爭赫赫名。咸豐十年二月徽寧賊入杭州，陷其城，蘇省震動，比廣西提督張玉良克復杭城，東壩又陷，大營潰時，總督何桂清率師駐常州，棄城遁，賊由丹陽、宜興分道下，四月十二日賊薄蘇城，十三日城陷，有壬死之。事聞，䘏贈如例，謚壯愍。

清・潘衍桐《兩浙輶軒續録》卷三三 徐有壬字鈞卿，一字君青，烏程人。道光己丑進士，官至江蘇巡撫，在任殉難，謚莊愍。

戴望撰《行狀》：公生而敦敏，八歲解句股術，初就傅攬族譜，得宋太學生贈修撰應鑣闔門死節事，歎曰：吾他日當如此。聞者駴之。父蚤卒，依叔父儀部京師，籍宛平，成進士，由部曹授御史外任成緜龍茂兵備道，署川臬，嘗匹馬入嘓匪巢，諭降之。由兩廣鹽運使署廣東臬使，開釋頂凶數十百人，授川臬，應詔密上封事。擢滇藩，會京銅罷運，請就廠鑄錢蘇民困。咸豐五年，以五世同堂，御書「篤慶延齡」匾額，竝拜銀緞之賜，調湖南布政使，禦賊圍，至四旬母憂歸，奉命理湖州防務，皆有功，服闋，奉命理江南饟，就授蘇撫，慮都中糧匱，請撥藩庫銀買米三十萬石，航海達京師，以次年新漕扣抵。又奏飭地方官遵定例，勿苛索加成完納。十年三月江南大營潰，以常州兵多且團練足恃，議并力守禦，圖再振，而總督何桂清先棄城走，張玉良兵潰至無錫，請助守蘇州，公以人言内之。四月十二日客軍開門降賊，公集民兵巷戰，刃出于背死之。子震翼、妾施氏、女婝姑殉焉。奉旨照巡撫例賜䘏。方事之亟也，公弟至蘇州請攜子女出，抗聲曰：吾終繼武修撰公矣，遂及于難。公爲學宗程朱，然不尚空譚，宦遊所至，必訪求風土民情，山川險要，繪爲巨册，以便觀覽。于算術最精，任郎中時，蒙成皇帝垂詢諸法，一一具答，諭旨嘉奬。高麗使臣及英吉利人慕而求教，悉爲刊正其謬，皆

悦服而去。所著有《弧矢細草》《割圓密率》《堆垛求積》《冬至權度考》《日食九服里差校正》《四畢術》等書，于文字必求有用，不輕作也。

《緝雅堂詩話》：徐莊愍公著《務民義齋算學》七種，兼用中西法，所詣至精。咸豐十年蘇州不守，遂以身殉，子震翼同死。賊未破城之先，人或謂公曰，奚不令公子出城。公曰：渠不顧臣死君子死父，忠孝盡矣。今聞其言而悲之。視幸生畏死之徒，猶糞土也。余課詁經諸生，以國朝疇人學行考命題，竊謂疇人之術近加精密，習兼西法取備時用，然致思過工，或偏于情性，執藝近巧，易戾于志趣。先民矩矱有可考求，如王寅旭先生之高潔，徐莊愍公之忠節，真可師也。今編公詩，低徊往事，可勝嗟歎。

清・諸可寶《疇人傳三編》卷四《徐有壬》 徐莊愍公有壬字君青亦字鈞卿，烏程人。用宛平寓籍舉京兆試，道光九年成進士，改主事，官户部，久出守揚州，遷四川成綿龍茂道，歷滇臬湘藩，以至江蘇巡撫。咸豐十年閏夏，江南大營不守，總督宵遁，潰兵肆掠而下，粤匪尾其後，蘇州守卒不盈四千，倉猝賊已至，公整衣冠方出督戰，賊遽前刺其額，冠將墜，手自正之，遂遇害。舉家殉焉。事聞，賜謚䘏蔭如典禮。

公精於推步，在郎署日，宣廟嘗召詢圓明園水高於京城若干丈，西洋貢器其用如何。公敷陳稱旨。臺官往往就決所疑焉。始治算，嘗得元人《四元玉鑑》，積思三晝夜，以意步爲《細草》，人見而奇之。金谿戴簡恪公、陽湖董孝廉祐誠、元和沈訓導欽裴輩，爭相傳鈔以去。尤精於割圜堆垛之術。算術以測圜爲甚難。嘉定錢氏塘本宋人沈存中説，創爲進位開方法，得周三一六有奇，一時信之。公以内容外切，反覆課之，其説遂破。又對數表傳自西人，云以屢次開方而得其數。公以屢乘屢除法御之，得數巧合，而省力百倍。蓋精心探索，思入幼眇，故深造自得如此。所著《務民義齋算學》，今傳世者七種。以屢乘屢除法遞求正負諸差，而加減相併，得所求，爲《測圓密率》三卷。首諸圜求周積十七術；次弧弦互求，本杜德美氏，及推於圜内外諸形邊積截體相求二十一術；三大小弧相求，本董方立氏而暢演之，成十八術也。又因《考成後編》新法盈縮遲疾皆以橢圜立算，而取徑紆回，布算繁重，且皆係借算，非正術，乃創實引平引、角積互求二術，法歸簡易，得數較密，於用對數爲尤便，爲《橢圜正術》，附躔離用對數法及諸用數，合一卷。又以斜弧舊術繁重，乃變立三術，不用垂弧矢較次形而皆用對數，以所有所求之對數較加減今有之對數，即求得之對數，比之舊術簡易數倍，爲

《弧三角拾遺》一卷。又從《續編》法，自道光甲辰起算，爲《朔食九服里差》三卷，計分二十有二條。又以新法補爲《用表推日食三差捷法》一卷。又述《截球解義》一卷。又爲《造各表簡法》一卷。其見於目録而未刻者，尚有《堆垜測圜》三卷、《垛積招差》一卷、《圜率通攷》一卷、《四元算式》一卷、《校正〈開元占經〉〈九執術〉》一卷、《古今積年解源》二卷、《强弱率通攷》一卷，亦七種，稾弗可得。此外有《割圜八線綴術》三卷，則南豐吴編修嘉善衍述之，而湘陰左上舍潛爲補細草者也。祖杜宗明，旁參董法，八線相求，各立一式，因式立法，因法入算。嚮之不可立算者，今皆能馭之以法。即有不能立法布算者，其式仍存。則式能濟法之窮，而度圜諸線，一貫無遺矣。公所著書，初自刻於揚州者，無《截球》《造表》二種，後爲南海鄒徵君伯奇併《橢圜》爲三，刻於廣州。同治十二年，長沙丁處士取忠復合刊八種，列《白芙堂叢書》之一。光緒初元，歸安姚布政覲元集《咫進齋叢書》，就七種本，又重刊焉。今並行於世。

紀事

清・杜文瀾《平定粵匪紀略》卷九 ［咸豐十年四月］蘇州省城失守，巡撫徐有壬死之。

徐莊愍公祠在中由吉巷，祀國朝江蘇巡撫徐有壬，同治十三年巡撫張樹聲奏建。俞樾記。

清・李鴻章《李文忠公奏稿》卷六《前撫徐有壬請建專祠片》 同治三年二月二十日。再據運同銜候選同知徐震燿稟稱：職父前任江蘇巡撫徐有壬，於咸豐十年四月當賊偪蘇城，力籌守禦，嗣因逆衆麕至，省垣失陷，正在督隊迎剿，賊已直撲内署，力不能禦，被刀刺，帽將墮，尚手自整冠，抗聲大罵，立時遇害。族叔工部主事徐曾庚、幕友候選理問鮑鄂銜、家人楊安同時被戕，次弟候選郎中徐震翼投池水死，庶母施氏、妹淀姑均自縊，僕婦劉氏、裴氏亦俱焚死。當經前兩江總督何桂清、前浙江巡撫王有齡以合署殉難情形具奏。咸豐十年五月初八日奉上諭，江蘇巡撫徐有壬著加恩照巡撫例，賜卹其妾施氏及子女僕婦等並同時被戕之候選理問鮑鄂銜、工部主事徐曾庚均著交部，分别旌卹等因，欽此。經部議奏，請照二品官陣亡例議卹，並奉硃批著予謚，欽此。各在案。今幸於本年十月二十五日蘇州克復，職遂即匍匐赴蘇，尋求遺骨，於十一月二十四日尋至撫署前陶然亭側埋有棺木六具，内有黑漆一具，開認頭顱骨角，的係職父，並於胸際檢得當年辦公圖記一方，胸膛開有鎗火傷痕，右天平骨血痕隱現，反覆辨認無誤，謹備衣冠擇日重殮等情，臣當飭令蘇州府縣前往照料，隨即率同文武僚屬祭奠如禮，仍暫厝蘇城，俟該原籍湖州克復，旋里安葬。並據徐震燿開具履歷事蹟清册，請奏前來。

查徐有壬道光九年進士，由户部郎中簡授四川成緜龍茂道，歷升廣東運司、四川臬司、雲南藩司，咸豐三年調任湖南藩司，五年丁母憂回籍，督辦湖州團防，八年服闋奉旨督辦江南糧臺事務，旋升授江蘇巡撫。時督臣爲何桂清、藩司爲王有齡，有壬處其閒，不苟爲同異，外若粥粥無能，内嚴厲自守，意將有所設施。一旦江南軍潰，丹陽繼陷，常州棄逃，人力無可挽回，獨有一死，自靖於封疆守土之義，合署從殉，忠孝節烈，正氣猶存，異乎臨難苟免者矣。有壬敦尚實學，尤精天算，貫通中西術，居京師日，臺官往往就決所疑，闡明四元絶學，發有明以來數百年不傳之祕，著有《務民義齋算學》行於世，服官數省，所至皆有政蹟，其在湖南藩司任内及回籍團防籌餉募軍，屢卻大敵，晚受文宗顯皇帝特達之知，遂以死報國，孤忠亮節，歷久益繁，人思除將履歷事蹟清册咨送軍機處備查外，應懇天恩准於蘇州建立專祠，其同時殉難之家屬幕友人等一併附祀，以彰忠藎，並宣付史館立傳，出自皇太后皇上逾格鴻慈。

再有壬僅二子，次子震翼從死撫署，長子正三品廕生候選同知徐震燿，當時留籍辦理團防，未及於難，今得爲有壬收骨，孤露餘生，亦堪憫惻，謹並附片陳明，伏乞聖鑒訓示。謹奏。

清・華世芳《近代疇人著述記》 烏程徐莊愍公有壬，著《務民義齋算學》，已刻者凡七種：曰《測圓密率》，本杜德美、董方立輩屢乘屢除之法，而廣爲互求之術；曰《造表簡法》，以垛積招差之法，求西人立表之根；曰《橢圓正術》，因新法盈縮遲疾皆以橢圓立算，而取徑迂回，布算緐重，爰撰是術，法簡而密，尤便對數；曰《截球解義》，直抉球與等徑等高之圓囷，其外面皮積亦等之理，爲幾何所未發；曰《弧角拾遺》，括舊法垂弧、次形矢較諸目，而統歸於和較，施之對數尤便；曰《表算日食三差》，以西法步算多資於表，獨日食未立步法，故用新法補之；曰《朔食九服里差》，增廣疇人舊術，爲見食各州郡隨時測驗之準。其未刻者，尚有《堆垜測圓》三卷、《圜率通攷》一卷、《四元算式》一卷、《校正九執術》一卷，《古今積年解源》二卷，《强弱率通攷》一卷，燬於兵燹，不可得見矣。

雜録

清・丁寶楨《四川鹽法志》卷一一《轉運六・濟楚上》【略】再查湖南藩司徐有壬，精於籌算，相應請將楚岸抽收章程責成該藩司相度機宜，悉心籌辦。

清・諸可寶《疇人傳三編》卷四《徐有壬》 論曰：道咸朝，吾浙以算學自鳴者夥矣。顧能於古今諸名大家外，因法立法，獨樹一幟者，斷推莊愍公焉。公蓋於堆垜招差之法，最爲究心，故所譔述，類皆課虚責有，鑿險縋幽。及立爲術也，又若天造地設，不假推尋而得者。子登編修嘗謂公於術甚精，而其立法之原，不以示人，得不爲後世之汪衡齋計乎？公亦以爲然，而因循不果。今僅《橢圜正術》一編，秋紉京卿居撫幕時，謂其駕過西人遠甚，曾爲圖解。餘則術意深邃，其不終至於湮晦也幾希。方公之旬宣也，綜覈名實，不爲苟且補苴計，於大錢鈔票力格未行，又持身儉約，有逾寒素，遭憂去官，悉鬻服物，攜書十餘簏以行。夫公之清風亮節，將與日月争光。初不恃曲藝爲輕重，第即此九數一道，固已度越尋常矣。區區之業，亦遂不朽。其爲薄海欽遲諸家刊布也，豈不宜哉？

馬釗

傳記

清・諸可寶《疇人傳三編》卷四《馬釗》 馬釗字遠林號燕郊，長洲人。幼慧，讀書倍常童，九歲識星象，問經於同縣陳徵君奂，爲高足弟子。道光二十四年秋試，以孟藝用訓詁，爲主司所賞，登賢書。丁未考取宗學教習，出湘鄉太傅文正公門。公後督師，招往，封君難道遠辭焉。咸豐三年，幫辦江南軍務，錢塘許侍郎乃釗奏留金陵行營。會自營假歸，建議捐資募川楚兵餘丁爲一軍，進可助剿，退可回援。時馮編修桂芬、程副憲庭桂韙之，請於侍郎募千餘人，以榮縣劉剛愍公存厚領之，號撫勇。甫集而粤匪劉麗川反，連陷上海、青浦等六縣，向忠武公檄與剛愍卷甲趨之，克青浦。敍功得官内閣漢票籤中書舍人。逾年，上海亦復，遂駐焉。八年夏，侍郎復招赴金陵。十年春，浙江告急，偕壽春鎮總兵熊勤勇公天喜赴援，復四安鎮廣德州。奉調馳回，遇賊丹陽，戰於寶塔灣，中彈死，年四十有八。事聞，賜恤如功令。居恒好談兵，於武事頗土苴儕輩，高自標置，雖向忠武、張忠武亦多所不滿，卒皆如其言。博覽書籍，先嘗爲疇人之術，三年演弧三角三邊求角一術，心動得怔忡疾，顧性所喜不能廢也。手輯《經義叢鈔》三十卷，於《一切經音義》《法苑珠林》，並有校本，皆於軍幕失之。惟《集韻校勘記》十卷，以友人録副得存，其弟芝生大令銘至今藏之。

雜録

清・諸可寶《疇人傳三編》卷四《馬釗》 論曰：馬内翰明算博學，師法有自。觀其出處，大略與新化鄒君將毋同。粤匪之亂，以經生號知兵能辦賊者，求諸吴中，一人而已。顧方少時，朝野驩虞，江表清晏，已獨喜閲兵書，講武備，傀然懷積薪厝火之憂，又何識之微而蚤也！軍興，乃稍稍聞於諸帥，迨相羅致，亦未嘗不與委蛇俛仰。先後十年，而終不得統一旅，售一策，徒以身殉之。遺書散佚，名且冥焉。嗟夫！

熊其光

傳記

清・諸可寶《疇人傳三編》卷四《熊其光》 熊其光字韜之別自號蘇林，青浦人。道光二十六年，舉鄉試，明年成進士，改户部主事。後用防剿上海會匪功，加員外郎銜。咸豐五年，積勞病卒，年三十有九。户部爲學，喜深思博辨，體究其源流得失。嘗與其友南匯張明經文虎言，音韻之學有古今傳變，有方域漸差，欲作縱橫二表，以著其同異之故。其餘若天文、地理、禮樂、兵農，皆欲倣顧氏《春秋大事表》例，旁行衺上，畫一爲表，與《通典》《通考》相輔而行。曰：學問之道，乃天下公事，何必皆出自己。予創此例，後人踵而行之，猶在我也。有《雜著》一卷，大都攷證之文，附有《弧三角算草》，蓋以意設形求其通變。稿藏於家，粤匪亂後，皆不可問已。

鄒漢勳

傳記

清·諸可寶《疇人傳三編》卷四《鄒漢勳》　鄒漢勳字叔勣，新化人。咸豐元年舉人。明年禮部試報罷，東之淮上，訪邵陽魏州守源於高郵。越歲，粤匪陷江寧，間道歸長沙。時弟漢章已隨江忠烈公援江南，湘鄉太傅文正公在籍，新募楚勇千人，令江君忠淑偕率以往。圍解，敍勞以知縣用。未幾，忠烈擢撫安徽，約相從。累功得花翎同知直隸州知州用。廬州陷，遂同及於難，年四十有九。死事聞，吏議卹廕如典禮。少溺苦於學，兄弟互相師友。鄉居苦書少，輒詣郡學借觀，手録口誦，於天文推步、方輿沿革、六書九數之屬，靡不研究。與長沙丁處士取忠友善。生平著述甚富，有《顓頊憲攷》二卷，藏於家。他不關算學者，未悉録。已刊行者，貴陽、大定、興義、安順四府志，各如干卷。

清·王闓運《湘綺樓全集》文集卷五《鄒漢勳傳》【略】鄒漢勳者字叔績，博學名湖南，以附生中辛亥鄉試舉人，越二年寇大起，郡人江忠源奉詔禦賊，屯南昌，漢勳故與善往見之，即留同守城，有功奏用知縣，賊復下犯江漢，督撫守田家鎮，至者十餘壁，漢勳從忠源至即敗。忠源馳走，漢勳強騎墮馬臂折幾死。又從守廬州有功，遷同知直隸州。廬州援絶圍急，軍多逃亡，或怵勸同走，漢勳不應。俄報城陷，從卒不待漢勳言，急負而趨，漢勳欲奮下，手固不開，即從背上齕卒捥，卒痛釋手，則躍地取刀轉叱卒曰：吾今死此，若敢强我斫死矣。【略】漢勳著書三十年，言數十萬，所考治《易》《詩》經訓、史家地理、音韻小學、金石字畫，靡所不究，其志未嘗滿方鄉於學耳，天之與人也。

紀事

清·何紹基《〔光緒〕重修安徽通志》卷一〇二　舒城之陷也。【略】賊至即隧大西門，湖南舉人鄒漢勳等迎掘破之，自甲寅至戊午，賊連攻七門俱擊敗，獲雲梯五十六具。【略】五壘大西門地雷發，城圮十丈餘，鄒漢勳等擊退築完，賊夜偪水西門，築二壘。庚午馬良勳等出擊破之。十二月辛未朔大西門地雷發，鄒漢勳既搶護，又於壬申癸酉連破兩隧道。

又　卷一四〇　鄒漢勳字叔績，湖南新化舉人。帶勇援江西，以同知候選。咸豐三年從江忠源剿賊，堅守廬州府城三十七日，援絶城陷，漢勳在城樓飲酒斗許，手刃十數賊死之。嚴正基憫忠草。先是漢勳守西平門，賊夜梯城上，我兵擊殪其魁，上首級，漢勳爲最。

清·華世芳《近代疇人著述記》　新化鄒叔勣漢勳，與丁果臣同治算學，尤研究天文推步之書，著有《顓頊憲考》。

雜録

清·諸可寶《疇人傳三編》卷四　論曰：瀟湘衡岳之間，文武才挺生輩出，至今日而盛極一代矣。顧求如鄒同守者，訂遺經，紹絶學，伏則著書，出而就義，志節懔然，能爲人所不爲，蓋亦不數數覯也。嗚呼！豈非豪傑士也哉！

清·劉錦藻《清續文獻通考》卷二五七《經籍考一》　《雜卦圖説》一卷。鄒漢勳撰。

漢勳字叔勣，湖南新化人。咸豐辛亥舉人，分省直隸州知州，贈道銜。

鄒漢池

傳記

清・曾國荃《〔光緒〕湖南通志》卷一八九《人物志三〇》 鄒漢池字季深，縣學生。性敏好學，幼承父文蘇庭訓，考据精詳，每與諸兄聯牀辨晰，達旦不寐。經史之外，尤精輿圖算法，嘗增推六合得七千餘局，成圖説四卷，當時精算如李善蘭、曾紀鴻皆重其書。其他箸作尚多。恬淡樂施，每竭匱以濟友人之急，至家無儋石晏如也。伯兄子世琦字伯韓，沈毅有智，略嘗用其算法鑄省垣大礮，人咸稱其製器之精，後從曾國藩帶水師，敗賊湘潭，以私財散給族戚，捐社穀一千石，鄉里賴之。《縣志》。

紀事

清・華世芳《近代疇人著述記》 新化鄒叔勣漢勳【略】其弟季深漢池，亦通算學，丁氏之《度里表》多出其手。

清・諸可寶《疇人傳三編》卷四《鄒漢勳》附 季弟漢池字季深。咸豐初元，果臣之爲《輿地經緯度里表》也，季深爲之布算，按度推里，取西人所紀福島、英國之偏度，皆折以京師中線，閱八月而蕆事云。

雜録

清・曾國荃《〔光緒〕湖南通志》卷二四六《藝文志二》 《後鄒氏春秋》，十二卷。新化鄒漢池撰。《寶慶府志》。

又 卷二五二《藝文志八》 《格六譜》，新化鄒漢池撰。《縣志》

又 卷二五七《藝文志一〇》 《黄竹山房詩草》，二卷。新化鄒漢池撰。《縣志》。

施勤

傳記

清・諸可寶《疇人傳三編》卷四《施勤》 施勤字梧垣，崇明人。樸齋太令彦士之從子也。爲名諸生，稟承家學，孳精曆算。嘗取經傳注疏，暨諸儒著書中，凡推步所列之數誤者，各就古法今術，悉爲訂正，以明治經者不容不習算，習算又不容稍形率爾，乃不受古人之欺，譔《步算筌蹏》五卷。首卷節録《三統》《四分》《授時》《時憲》四術步法用數。中三卷，詳列所訂諸篇説解，及諸細草。末卷附録《星野論》《星野訂誤》。因乎步算所關而連及之，終以輿圖論，繪輿圖説，並載諸圖，則又因乎星野而連及者也。書成於道光末年。咸豐紀元四月，甘泉羅明經士琳題簡端。六年，其家人刻以行世，今傳《竹義山房》本是也。

戴煦

傳記

清・諸可寶《疇人傳三編》卷四《戴煦》 戴先生煦，初名邦棣字鄂士號鶴墅又號仲乙，錢塘人。以商籍第一入杭州府學，旋補增廣生員，後絶意進取，循例爲貢生。伯兄文節公督學廣東，曾佐校年餘而歸。文節以英吉利人戰艦用火輪，寄言謂：吾弟精思，必得其制。乃由水、火、土、氣四元行入手，著《船機圖説》，未成。旋命受業甥王學録朝榮成之，凡三卷。里居，初與謝孝廉家禾同讀書。孝廉没，爲校刊其遺書三種，序見羅氏《續傳》中。後與項學正名達交最摯。

學正疾革，遺書謂：拙作《象數原始》一書未竟，足下爲我續成，感且不朽。嗣索稿於學正子茂才錦標，六閱月而稿始定，踐死友約也。並世明算，若甘泉羅明經士琳、烏程張茂才福僖、徐莊愍公、海寧李京卿善蘭皆來訂交，或互質得失。咸豐十年二月，粵匪圍攻杭州，二十七日城陷，文節投園池殉難。家人走報，笑曰：吾兄得死所矣。丙夜自投於井，亦殉焉。年五十有六。事上，卹蔭如例，勅建三忠祠，得附祀。三忠者，文節與俞文節焜、馮文介培元也。

先生平生沖澹静默，避俗如不及，世事一弗與。研精曆算，十齡後即好疇人學，晝讀夜布算，覃思有得，則起秉燭以記。嘗以劉徽《九章》重差一卷，李（湻）[淳]風注但詳其數，未詳其理，爲補譔《重差圖説》。又著《句股和較集成》一卷、《四元玉鑑細草》如干卷，略同羅書，而圖解明暢過之。皆少作。中年益精進，著《對數簡法》二卷。又《續對數簡法》一卷、《外切密率》四卷。又《假數測圓》二卷。後又總合四書，名《求表捷術》。對數二種，先爲金山錢夢華氏培因刻入《小萬卷樓叢書》，《求表捷術》副本，南海鄒徵君伯奇得於夏宮簿，因與其邑伍紫垣氏崇曜刻入《粤雅堂叢書》。英吉利士人艾約瑟初見先生書，甚推服。偉烈亞力譔《代微積拾級・序》，亦相引重。歲甲寅，艾曾至杭州，呈所刻《拾級》諸書，踵門求一識顔色。先生以故辭。艾後轉譯先生書入彼國算學公會中，可徵其傾倒也。先生五十後，又著《音分古義》二卷，因泠州鳩對周景王語，知七律七同，名義確鑿。自漢以後，劉安、房京之徒用弦定律，韋昭亦遂以四律三同解七律，以致七律之義晦，而七同不得其解。歷魏晉以至元明，未有起而正之者。緣追尋古義，以連比例立算，與古律分吻合。鄒徵君亦嘗踵而演之。原稿於庚申正月爲金匱華孝廉翼綸假去。寇難起，孝廉匿書復壁得全。同治初元，孝廉辟地上海，遇先生長子以恒，歸之。其他尚有《莊子内篇順文》一卷，《陶淵明集集註》十卷，又《元空秘旨》一卷，則言堪輿術也，並藏於家。

清・潘衍桐《兩浙輶軒續録》卷三四《戴煦》　戴煦字鄂士，錢塘人，增貢生，候選訓導，著《修汲齋賸稿》、《浙江忠義録》。煦，精疇人學，西人艾約瑟識工算，見所著《求表捷術》，心折之，踵門求見，引東坡事以卻焉。工六法山水，神似迂倪，評者謂出文節上。著有《莊子順文》、《陶靖節集註》、《四元玉鑑細草》、《音分古義》、《求表捷術》，又《對數簡法》。庚申之難，與文節同時殉節。事聞，奉旨附祀文節祠，鄉人重其學行，復請大吏祀詁經精舍先覺祠。

清・曹籀《戴鶴墅傳》民國・閔爾昌《碑傳集補》卷三二　余僻處江皐，閉户誦讀，累月不入城市，城中故多積學之士，皆不與往來。道光丙戌，寳應朱文定公視浙江學，按試杭屬，與戴君鶴墅同日受知，各以其籍冠軍，是時已知有戴君矣，然未相識也。及其伯兄文節公通籍後，給假歸里，猝然遇於文酒閒，談論竟日，如平生歡，自是彼往此來，蹤跡益密，始與其昆季訂交。余賦質愚魯，持籌握算，性非所宜，而君方從事於疇人之學，雖嚴寒酷暑，未嘗廢業，凡西人所述三角八綫之術皆能通其精藴，與余同一孳孳於學而所服習各異，然其吐棄庸近之言，求最上乘其旨趣，要亦無不同也。今距戴君没已八九年矣，其嗣子以恒弟次其行事，丐余爲之傳，以余爲知君者。余媿不能文，曷足以傳盛德於不朽，以其嗣子殷勤啟請不獲辭，謹條舉其大凡約畧述之，以備史家采擇焉。

案狀君姓戴氏諱煦字鄂士一字鶴墅，浙江錢塘人也，其先出自宋。戴公世居徽州之休寧，明季有諱一美者官浙江都指揮，值鼎革後，棄宫賃居藥肆樓上，足不履地，遂家於杭，爲遷杭始祖。曾祖承徵，祖佳璸，父道峻，郡庠生，潛德弗曜，竝以伯兄文節公貴，封贈各如其官。道峻公生三子，長文節公，季諱燾，君其次子也。性狷介拔俗，然平易近人，無忤於物，亦不隨物變遷，由夷澹雅，翛然塵壒之外，清譚有晉人風，落落寡交游，成童時以學行相砥礪者，惟伯兄及謝君穀堂而已。久之，名譽達四方，其踵門求見者，則有徐忠愍公、項君梅侣、李君壬叔、張君南坪，皆志合道同之士。王君朝榮，君甥也，王君大有，君中表從子也，以及執友夏君松如之子鸞翔，咸受業於門。他如西士艾約瑟，遠隔重洋數萬里之外，亦欲介李君來訪，君以中外殊俗異禮託故辭之，不果見。年甫冠，出應童子試，受知於學使朱公，補博士弟子員，居無何，復受順德羅公知取列高等補增廣生，援例入成均。遂絶意進取，課子姪，勤箸述，遨游湖山以自樂。嘗置一編，朱墨竝下，手握三寸管，矻矻窮年不少休，淋漓滿紙，參互錯綜，顛倒重疊，乍疏乍密，若斷若續，大書如弈棊，細書如累黍，不知成何等書，點畫未易辨也。生平不喜佞佛跡，其從事於九數之學，與佛所説諸經殊途而同歸，蓋佛説統萬殊於一本，則循流以溯源者也。算書散一本爲萬殊，則自源以至流者也。一以養心爲主，一以用心爲主，而推其格物致知之功，同底於豁然貫通而後止。方君鋭志算學，刻苦研求，至忘寢食。厥父恐其思慮耗心切戒之，夜則滅燭先就寢，伏枕搆思，俟厥父熟寐復起，火屬草稾，至雞鳴猶點竄塗改不去手也。君於詩畫篆刻，無不各臻其妙，綜其生平學術，畢萃於算，世皆以藝事重君，是不知君者也。丁父母憂，哀毁成疾，口默默終日無一言，若不勝其思，慕之悲者。咸豐十年二月，寇犯杭州，城陷，聞伯兄文節公殉節，笑曰吾兄得其死矣。屢起視漏箭，家中人不知其意，至夜半忽不見，明日於井中求得之，而目如生。寇退成殮。大吏以兄弟殉難奏聞，奉旨爲文節建專祠，而君得從祀焉。君生於嘉慶十年五月十四日，卒於咸豐十年三月初一日，年五十有六。娶張氏，後君四月卒。子四人，長以恒，次之恒，三維恒，四其恒，均能世其學者。箸有《九章重差圖説》一卷，《和較集成》一卷，《四元玉鑑細艸》若干卷，《割圜捷法》一卷，《外切密率述解》若干卷，《假數測員》二卷，《對數簡法》若干卷，《續簡法》若干卷，以上四種統名曰《求表捷術》，刻入廣東伍氏《粤雅堂叢書》。其簡法二種又刻入《金山萬卷樓叢書》。又箸《船機圖説》，未成，其甥王朝榮補成之，凡三卷，此專爲算學作也。又箸《莊子内篇順文》若干卷，又《戴氏泉譜》六卷，皆就其家所藏者，一一考證之。又《陶淵明集集注》若干卷，又《鶴墅詩文艸》若干卷，或梓或未梓，皆藏其稾於家。

紀事

清・華世芳《近代疇人著述記》 錢唐戴鄂士煦，《粤雅堂叢書》中刻其所著《求表捷術》三種，共九卷。其一曰《對數簡法》，《續對數簡法》，始以開方表諸對數，繼因假設對數即訥白爾對數。以求定準對數，即十進對數。續悟開無量數乘方法，用連比例求諸對數，而得數益捷，此求對數捷術也。曰《外切密率》，用連比例互相比例，借杜德美求弦矢諸術變通之，以求切、割二線，割圓之法乃大備，此求八線表捷術也。曰《假數測圓》，創爲負算對數，可舍八線而徑用弧背入算，以求八線對數，此求八線對數表捷術也。又有《四元玉鑑細草》，與羅茗香所著略同，而圖解明暢過之。《音分古義》二卷，以連比例立算，與古律分胳合。皆未刻。

雜録

清・諸可寶《疇人傳三編》卷四《戴煦》 論曰：先編修兄可炘，戴族壻也。

文節季子訓導穗孫與可寶視同歲生。辛壬癸甲之間，可寶從先都事兄可繼同習算，又與公子以恒同客上海，嘗相縱論西人連比例諸術，因得讀先生遺書與《行狀》，心竊嚮往之。夫言對數於今日，理明法備，蔑以加已。其初訥白爾造表，以真數開九乘方極多次，所得方根零數，名自然對數。其底二人七一八二八一八二八四五九有奇者，即先生所謂假設對數，今曰訥對是也。後有佛拉哥以訥表十之對數，爲二人三〇二五八五〇九二九九有奇，不便於進位，乃改爲十進對數。其根〇元四三四二九四四八一九〇三二五有奇者，即先生所謂定準對數，今曰常對是也。常表底爲一，訥表根亦爲一，故以常對根乘訥表則得常表對數，以常對根除常表則得訥表對數，可互爲比例，而得數悉符者也。顧當先生著書時，中朝但有《數理精蘊》所采之常對全表，如訥表、如《代數》諸書尚未譯行，獨能發其覆而啓其藏，創爲捷法，便巧密合，可不謂之神勇乎？同時李京卿作《探源》，則以諸乘方平立尖錐布算而得較。徐莊愍立簡法，則以大小長方和遞除而得根。皆不相謀而道無弗合，異曲而同工者矣。於是顧尚之氏爲逕求六術、還原四術、和較相求八術，鄒特夫氏爲求較、求根四術及純雜表降位法，夏紫笙氏亦有求訥對四術。諸家雖抽秘騁研，窮極變化，而充類至義之盡，要皆有先生之書導其先路耳。最後長沙丁處士取忠、湘鄉曾孝廉紀鴻合譔《對數詳解》五卷，則以代數顯其理，而訥對常對之藴，纖屑無遺焉。愚嘗謂對數表者，西人能造之，能用之，而其理不能自明之。時閲數百年，地限三萬里，必待中朝智能之士，而後無美弗臻。觀先生與諸家之書，均創新法，其簡易精當，實有什(伯)[佰]於彼舊法者。世顧曰，吾人心力不能高出泰西萬萬哉，曷察其傾倒於先生者何如乎？是故今日言對數，固莫得而加已。而開山之功，吾尤爲先生首屈一指云。

清・曹籀《戴鶴墅傳》 壹笠子曰：余少時習詩古文辭，嘗謂吾於龔定盦則師之矣，吾於陳作甫則友之矣，其餘諸子則事我者也。今於戴君非必於其文也，特其行有卓然可觀者，余讀其書余益重其人矣。

楊寶臣

傳記

清·諸可寶《疇人傳三編》卷四《戴煦》附楊寶臣 聞楊寶臣字湘雲。篤嗜數學。道光二十五年夏，介項學正見先生有「願天生聖人以正天算」之語。他行事未詳。

紀事

清·黃彭年《陶樓文鈔》卷九 楊寶臣字湘筠，福建邵武人。前官山西河東道。

諸可繼

傳記

清·諸可寶《疇人傳三編》卷四《戴煦》附 謹案：先仲兄字述齋號小塍自號潛安。未冠補博士弟子員，坿錢塘縣學第一。秋試頻躓，以輸餉議敍，初得江蘇試用知縣，後改官都察院額外都事。庚申間，避地崇明縣，鄉居授徒，以訓詁曆算爲之創，又爲人卜筮相地，有酬錢若米者，受之自給。伏處四年，海上學者稱潛安先生。嘗博覽時賢算書，欲匯其大成，著《割圜新術》及《求勾股最捷法》，屬稿過半，有江漢之游。同治三年六月，就選人，且應京兆試，坿輪船行，中道感時疾，海舶乏醫，倉猝而卒，年僅二十有九。聞者多傷之。今坿記於此，蓋不勝痛定之思矣。

諸可興

傳記

清·諸可寶《疇人傳三編》卷四《戴煦》附 先十兄原名可興字起齋號又塍。曾從仲兄習算。仲兄屬衍開方盡數表，列邊積相比，起單一，盡十萬，以便檢用焉。仲兄之没，時十兄偕行，泰西法舟中客死，必舉屍投之海，十兄苦持之得免。同治十三年成進士，改翰林院庶吉士，散館授編修，充史館纂修官。光緒八年秋，方分修《河渠志》，稿未定病卒，年三十有八。

顧觀光

傳記

清·龔寶琦修 黃厚本纂《金山縣志》卷二一 顧觀光字賓王，錢家圩人。貢生，生而穎悟，博極群書，其於輿地、訓詁、六書、音韻、宋儒、性理，以至二氏術數之學，靡不洞徹本源，而于算學爲尤精，嘗舉中西天文曆算之術，抉其所以然，而摘其不儘然，蹈瑕抵隙，搜補未備。卒年六十四，平生著述甚夥，遭亂未盡付梓，已刊者惟《九數外録》等數卷而已。

清·張文虎《顧尚之別傳》顧觀光《武陵山人遺書》 國朝曆算之學，陵越百代，蓋自宣城梅氏始，而同時吴江王氏亦能研究中西，深涉窔奥。其後學者，各以心得著書自見，然大都主于發明西法。惟元和李氏解釋《三統》《四分》《統天》諸術，用數之原及正負開方、方程、天元、如積之術，甘泉羅氏發揮四元，演爲細草，古法大昌。而咸豐以來，西人新術益入中國。錢唐戴君煦、海甯李君善蘭，別以其術，精求對數，超出西人本法之上，於是不特古法爲土苴，即西人舊術亦筌蹄矣。吾友顧尚之氏曰：積世、積測、積人、積智，曆算之學，後勝於前，微特中國，西人亦猶是也。舊法者，新法之所從出，而要不離舊法之範圍，且安知不紬繹焉而別有一新法在乎？故凡以爲已得新法而舊法可唾棄者，非也。中西之法可互相證而不可互相廢，故凡安其所習而黨同伐異者，亦非也。烏乎！真通人之論哉！

君名觀光字賓王，尚之其別自號也，世居金山，以醫學行於鄉里，爲善人。君生未能言即識字，或呼壁間字，輒手指之，百不爽。每號哭，輒以此餌之能立。後常持箸，醮水畫之，若作字者。父教以讀書，日夜輒數十行。九歲畢五經、四書，學爲制舉文，十三補學官弟子。旋食餼，三試鄉闈不售，而祖、父相繼没，遂無志科第，承世業爲醫。鄉錢氏多藏書，恒往假恣讀之，遂博通經、傳、史、子、百家，尤究極古今中西天文、曆算之術，靡不因端竟委，能抉其所以然，而摘其不儘然。時復蹈瑕抵隙，而搜補其未備。如據《周髀算經》「笠以寫天」「青黄丹黑」之文，及後文「凡爲此圖」云云，而悟篇中周徑里數皆爲繪圖而設。天本渾圓，以視法變爲平圓，則不得不以北極爲心，而内中外衡，以次環之，皆爲借象，而非真以平遠測天也。《開元占經》《魯曆》積年於算不合，君用演紀術推其上元庚子至開元二年歲積，知《占經》少三千六十年。又以《占經》《顓頊曆》歲積考之《史記・秦本紀》《始皇本紀》，知其術雖起立春，而以小雪距朔之日爲斷，蓋秦以十月爲歲首，閏在歲終，故小雪必在十月，昔人未之言也。李尚之用何承天調日法，考古曆日法朔餘，强弱不合者十六家，君以爲未盡强弱之微，別立術，以日法朔餘輾轉相減，以得强弱數，但使日法在百萬以上皆可求，惟朔余過於强率者不可算。再《授時術》以平、立、定三差求太陽盈縮，梅氏詳説敷衍未明，君讀《明志》，乃知即三色方程之法，謂凡兩數升降有差，彼此遞減，必得一齊同之數。引而伸之，即諸乘差，則八線、對數、小輪、橢圓諸術皆可共貫。讀《占經》所載瞿曇悉達《九執曆》，而知回回、泰西曆法皆淵源於此。其所謂高月者即月孛，月藏者即月引數，日藏者即日引數，特稱名不同，亦猶回曆之稱歲實爲宮分，日數、朔策爲月分，日數之類是也。

其論婺源江氏《冬至權度》推劉宋大明五年十一月乙酉冬至，前以壬戌、丁未二景求太陽實經度，而後求兩心差，乃專用壬戌。今求得丁未兩心差，適與江氏古大今小之説相反，蓋偏取一端以伸己見，其根誤在高沖行太疾也。西法用實朔距緯求食甚兩心實相距，術繁而得數未碻，君以前後兩設時求食甚，實引徑得兩心實相距，不必更資實朔，較本法爲簡而密矣。

西人割圓，止知内容各等邊之半爲正弦，而不知外切各等邊之爲正切，君依六宗、三要、二簡諸術，別立外切各等邊正切線法，以補其闕。杜德美求圓周術，用圓内六邊形起算，雖巧，而降位尚遲，君謂内容十等邊之一邊，即理分中末線之大分，距周較近，且十邊形之周與邊，同數不過遞進一位，而大分與全分相減，即得小分，則連比例各率可以較數取之，入算尤簡易，因演爲諸乘差表，可用弧度入算，而不用弧背真數，然猶慮其難記，且仍不能無籍表，因又合兩法而用之，則術愈簡，而弧線、直線相求之理始盡。錢唐項氏割圓捷術，止有弦矢求餘線術，君以爲亦可通之切、割二線，因補立其術。

西人求對數，以正數屢次開方，對數屢次折半，立術繁重。李氏《探源》以尖堆發其覆捷矣，而布算猶繁，且所得者皆前後兩數之較，可以造表而不可徑求。戴氏簡法及西人《算學啟蒙》，並有新術而未盡其理。群別爲變通，以求二至九之八對數，因任意設數，立六術以御之，得數皆合，復立還原四術，又推而衍之，爲和較相求八術，自來言對數者未之聞也。君又謂對數之用，莫便於施之八線，而西人未言其立表之根，因冥思力索得之，仍用諸乘差法，迎刃而解，尤晚歲造微之詣也。

其它凡近時新譯西術，如代數、微分、積分、諸重學，皆有所糾正。類此，君於輿地、訓詁、六書、音韻、宋儒、性理，以至二氏術數之學，皆能洞徹本末。尤喜校訂古書，綴緝其散佚。嘗以馬氏《繹史》尚多漏略，寫補眉上字，如蠶子無空隙。錢通判熙祚輯《守山閣叢書》及《指海》，以屬君，君以治病不能專，力舉文虎自代，仍常在校讎中多所商定，别校刊《素問》《靈樞》，用功尤深。錢教諭熙輔輯《藝海珠塵》壬、癸二集，及刊《重學》，錢縣丞培名輯《小萬卷樓叢書》，婁韓中書應陛刊《幾何原本》後九卷，君皆與參訂。君視疾不以饋有無爲意，性坦率，貌黑而肥，衣服樸陋，不知者以爲村野人。嘗有富人招君，君徒步數里，遇雨，因跣足至門，僕豎詰姓名，告曰：醫者也，入則主人相視錯愕，再語，以爲冒顧先生來者。診已定方，伸紙疾書脈及病狀，引據《内經》、仲景，洋洋千百言，曰：向所治皆誤，今當如是。主人乃改容爲禮，具肩輿以送，君大笑不受，仍跣足歸。本善飲酒，然三四行即稱醉，固强之數十觴，縱談忘告起矣。咸豐間，粵寇日逼，人心惶然，强以算理自遣。十年，遭母喪，明年，賊入鄉，避亂東走奉賢、南匯，間既而暫歸，藏書多毀壞零落，而次子澐爲賊虜，驚憂不復出，明年，婦唐及季子源先後死，慘悼成疾，將終，以所著書屬長子深曰：「求爾師爲我傳，及李壬叔序之。」遂無它言，卒年六十四。深嘗從文虎游。壬叔者，李善蘭也。深、澐皆諸生，當賊至時，深獨挈君書，逃浦江東得以免。

君所著曰《算賸初續編》凡二卷：曰《九數存古》，依《九章》爲九卷，而以堆垛、大衍、四元、旁要、重差、夕桀、割圓、弧矢諸術附焉，皆采自古書，而分門隸之；曰《九數外録》，則隱括西術爲對數、割圓、八線、平三角、弧三角、各等面體、圓錐、三曲線、静重學、動重學、流質重學、天重學，凡記十篇；曰《六曆通考》，則據《古經》所紀黄帝、顓頊、夏、殷、周、魯積年，而爲之考證；曰《九執曆解》，曰《回回曆解》，皆就其法而疏通證明之；曰《推步簡法》，曰《新曆推步簡法》，曰《五星簡法》，則就疇人所用術，改度爲百分，趨其簡易而省其迂曲；曰《古韻》，則本休甯戴氏陰陽同入之説，兼取顧、江、段、孔諸家，分爲二十二部，雜以詩騷，證其用韻之例。上皆種别爲卷，曰《七國地理考》，以七國爲綱，隸諸小國於下，而采輯古書，實以今地名，凡十卷；曰《國策編年考》，求策文年次先後以篇目，四散隸之，始周貞定元年，訖秦始皇二十六年爲一卷；曰《周髀算經》《列女傳》《吴越春秋》《華陽國志》諸校勘記，皆其異文脱誤，或采補逸文；曰《神農本草經》曰《七緯拾遺》曰《帝王世紀》，皆所輯古人已佚之書，其曰古書逸文者，即所以補馬氏《繹史》者也。餘凡所校輯，已刊入《守山閣叢書》及《指海》者，不復及以上，皆君所手訂。其後深所搜括而文虎爲之别編者，曰《算賸餘稿》，曰《雜著》，凡若干篇。君又據林億校注《傷寒》《金匱》，謂今次非是别各編宋本目次，於《傷寒論》審訂僞舛，略采舊説，間下己意爲注，未成書，僅成辨脈、平脈、太陽、上中，凡四篇，法以學者讀禹貢不得其條理，因爲之釋。遠近争傳寫之爲讀本，然往往牽於俗見，以意改竄，失君本恉。别見文虎序中，蓋君於學實事求是，無門户異同之見，不特算術爲然，而算術爲最精。夫後有作者君所未知，不敢言。若其既見，則可謂集大成也已。

清・諸可寶《疇人傳三編》卷五《顧觀光》 顧觀光字賓王號尚之，金山人。上舍生，三試不售，遂無志科第，承世業爲醫。【略】咸豐間，粤匪日逼，人心惶然，强以算理自遣。十一年，賊入鄉，避亂東走奉賢、南匯間，既而暫歸，藏書多毁，而次子澐爲賊擄，驚憂不復出。同治元年卒，年六十有四。

雜録

清・張文虎《顧尚之别傳》顧觀光《武陵山人遺書》 論曰：觀顧君之幼慧，殆所謂生有自來者邪？或者乃謂以君之學，籍不出諸生，壽不及古稀，宜若天靳之者。烏乎！孔子曰：「求仁而得仁，又何怨。」君所志者，博大宏達，綜貫天人，亦既得之矣，雖貴爲王侯，壽如彭鏗，何以易此？彼委巷拘墟得失長短之見，小人哉！小人哉！

清・諸可寶《疇人傳三編》卷五《顧觀光》 論曰：顧上舍有言曰：「積世積測，積人積智，曆算之學，後勝於前，微特中國，西人亦猶是也。舊法者，新法之所從出，而要不離舊法之範圍。且安知不紬繹焉而别有一新法在乎？故凡以爲已得新法而舊法可唾棄者，非也。中西之法可互相證，而不可互相廢。故凡安其所習而黨同伐異者，亦非也。」嗚呼！真通人之論哉。上舍之於古今中西諸算術，無所祖，而皆有所發明，可謂能澈中邊者已。而對數逕求十有八術，獨於竝時戴、李而外，拔幟立幟，唯變所適，每唱愈高。夫豈褊陋自畫與夫逞臆武斷、信口詆諆者，所可同年而語歟？上舍遠矣。

清・李慈銘《越縵堂讀書記》 閲《武陵山人遺書》，金山顧觀光尚之著，光緒癸未獨山莫祥芝所刻，前有張嘯山所作别傳。所著述甚多，兹刻共十二種，其學精於曆算，李壬叔極推之，所刻七種皆算學也。又精醫學，所輯《神農本草經》，較問經堂輯本，條理尤密。

韓應陛

傳記

清・諸可寶《疇人傳三編》卷五《顧觀光》附韓應陛 友人韓應陛字對虞號緑卿，婁縣人。道光二十四年舉鄉試，官内閣漢票籤中書舍人。少好讀周秦諸子，爲文古質簡奥，非時俗所尚。既而從同里老儒姚處士椿游，得望溪、惜抱相傳古文義法。尤究心世事，遂志劬學不倦也。西人點線面積之學，莫善於《幾何原本》，凡十五卷。明萬曆間，利譯止前六卷。咸豐初，英吉利士人偉烈亞力續譯後九卷，海寧李壬叔氏寫而傳之，舍人反覆審訂，授之剞劂。亞力以爲泰西舊本弗及也。外若新譯諸重學、氣學、光學、聲學諸書，每自校録，復爲之推極其致，往往出西人所論外，故發於文益奇。十年夏，粤匪陷蘇，犯松江，倉皇走避，道途觸暑，鬱鬱發病死。所遺稿多散失。其友南匯張明經文虎爲之編定，爲《讀有用書齋雜箸》二卷，藏於家。

夏鸞翔

傳記

清・諸可寶《疇人傳三編》卷五《夏鸞翔》　夏鸞翔字紫笙，錢塘人。道光十九年，年十七補博士弟子員，後以輸餉議敍，得詹事府主簿。精於算學，爲項學正名達入室弟子。又於戴處士煦爲世好。年少聰穎，講究曲線諸術，洞析圓出於方之理，匯通各法，更推演以窮其變。譔《洞方術圖解》二卷。又譔《致曲術》一卷，曰平圓，曰橢圓，曰拋物線，曰雙曲線，曰擺線，曰對數曲線，曰螺線，凡七類。類皆於杜德美氏、項梅侶氏、戴鄂士氏、徐君青氏、羅密士氏即譔《代微積拾級》者。諸術外，自定新術，參互竝列，法密理精。惟雙曲線內，有笠體以小徑爲軸，鐘體以大徑爲軸，各求截蓋殼積術未定。復著《致曲[術]圖解》一卷。又嘗專立捷術，以開各類乘方，通爲一術，可徑求平方根數十位，不論益積翻積，俱爲坦途，成《少廣縋鑿》一卷。同治二年，始遊廣東，與鄒徵君暨南豐吴編修嘉善相友善。三年五月，卒於廣州旅舍。編修録其算書遺稿，屬徵君彙刻之，今行於世。尚有《萬象一原》若干卷，未見傳本。

清・丁申　丁丙《國朝杭郡詩三輯》卷八三　夏鸞翔字紫笙，之盛子，錢塘諸生，官光禄寺署正。有《春暉山房詩集》《嶺南集》。紫笙，年十七補弟子員，性穎悟，善詩文，旁及音韻、天文、卜筮、星命、繢事、篆刻皆究其奥。從項梅侶學正習疇人術，盡通其義。屢躓省闈，入爲京職。遭母喪歸，旋丁寇亂，避地嶺南。時方設同文館，大府敦延教習，甫應聘而卒。所著算學書曰：《少廣縋鑿》一卷，《洞方術圖解》二卷，《致曲術》一卷，《致曲[術]圖解》一卷，粤人爲附刊鄒征君伯奇遺書八種之後。

紀事

清・華世芳《近代疇人著述記》　杭州夏紫笙鸞翔，遺書凡四種：曰《萬象一原》，曰《致曲術圖解》，推究縱横線之條理，研求微積分之奥竅；曰《洞方術》，探索夫遞加數尖堆底之原，可以加減代乘除，爲求弦矢之捷徑；曰《少廣縋鑿》，專立捷術以開各類乘方，通爲一術，可徑求數十位方根，無論益積、翻積，俱視爲坦途矣。

清・夏鸞翔《萬象一原・序》　余邇年避亂於吴門，於平湖，於南匯，於鐵河。

清・鄒伯奇《鄒征君遺書》　今晨往吴子登處借夏紫笙遺書底本，忽又搜出一本，名曰《少廣縋鑿》。

雜録

清・諸可寶《疇人傳三編》卷五《夏鸞翔》　論曰：鄒徵君曰：昔沈存中以隙積、會圓二術，古書所無，自言深思而得之。今按：會圓即弧田面線相求，爲郭若思三乘方求矢之啓端，然所得非密周。孔巽軒又推至七乘方，略近之，仍不及杜德美法之脗合。隙積即堆垜，其術僅明立體，亦未及《四元玉鑑》之推至多乘也。蓋人心之靈，有開必先，欲窮其極，在人之善變而已。又《授時術》以垜積招差求日行盈縮，其意蓋引伸於《綴術》，是曲線與堆垜相通，已露端倪。及西法出，專以諸輪三角相求，遂無有理會之者。今則以微分、積分馭曲線，無所不通，然後知隙積之有裨於會圓者，固甚要也。紫笙諸書成非一時，故其術有互見者，亦有具題而缺術者，今竝仍之，不加芟削，後有同好熟讀而精思之，當更有無限觸發也。徵君之學有聲中外，觀所以推崇夏宮簿者，可謂至矣。宮簿爲松如先生之盛子，而同里汪内翰年丈遠孫之壻也。家世好學，其才力又足以副之，使天假之年，孜孜孟晉，神解妙悟，啓迪方來，可傳當不止是。是不第爲吾鄉之絶詣惜也。嗚呼！

清・郭嵩燾《郭嵩燾日記》［同治四年十一月］二十五日，夏紫笙算學傳之項梅侶，其交遊則徐君青、戴鄂士兩君，算學四種内並傳有徐君青一種。

馮桂芬

傳記

清・諸可寶《疇人傳三編》卷五《馮桂芬》 馮年丈桂芬字林一號景亭，吴縣人。道光二十年一甲第二名進士及第，授職翰林院編修。嘗充順天鄉試同考官，廣西鄉試正考官，教習庶吉士。咸豐六年，補詹事府右春坊右中允，九年告歸。同治初元，合肥相國肅毅伯密疏薦，得旨宣召，病不克赴，遂無意出山。六年，敍團練善後功，賞加四品卿銜，旋晉三品。十三年，卒於家，年六十有六。生有異稟，幼擅文譽，中年以後，益肆力於古文辭，説經宗漢儒，精研小學，嘗手摹宋本《楚金韻譜》敍而刊之。尤喜習疇人家言，師事尚之、申耆兩李先生。曾手製定向尺及反羅經，用以步田繪圖。有《繪地圖議》。又嘗校正李氏《恒星圖》，測定咸豐紀元恒星表。自著有《弧矢算術細草圖解》一卷，本李尚之氏十三題詳演天元諸式，有裨初學。又譔《咸豐元年中星表》一卷、《丈田繪地章程》一卷。與江寧門人陳暘同著者，爲《西算新法直解》十八卷，湘陰郭侍郎嵩燾刊之廣東。新法者，米利堅人羅密士譔《代微積拾級》一書也，以初譯奥澀不可讀，商榷凡例，各日課二三條，咸豐十一年全書成，遂用名之。外此所著《顯志堂詩文集》《説文解字段註攷正》《使粤行紀》《校邠廬抗議》《家譜》《兩淮鹽法志》《蘇州府志》，各如干卷。每一書成，遠近學者争快覩焉。

紀事

清・華世芳《近代疇人著述記》 吴縣馮景亭桂芬，著《弧矢算術細草圖解》一卷，本李四香十三題而詳演天元加減乘除開方各式，意淺語詳，有裨初學，刻入《昭代叢書》中。咸豐之季，西人新術初入中土，通其法者尠，而李壬叔所譯《代微積拾級》一書尤爲難讀，因取其書逐節疏解。與上元陳子儁瑒同撰《西算新法直解》一書，惟輕改其所記之號，所代之字，此正如戴東原之變易舊名，轉足以疑誤後學也。又有《中星表》，按咸豐辛亥天正冬至星度立算。

雜録

清・諸可寶《疇人傳三編》卷五《馮桂芬》 論曰：公子太守芳植與可寶爲同歲生。又讀《文集》十二卷，得備諗年丈之學之精且博。夫繪地用算，良法不刊。年丈既創於前，南海鄒氏擅長於後，道不相謀，理皆闇合。第窺曲藝之能，足徵神智之用已。晚歲徜徉泉石，蕭然自怡。而生平當事勇爲，尤以乞師辦賊、均賦甦民，有功東南者最偉。又久主諸書院講席，引掖成就者藉甚當時。然則康濟之術，非託空言，六九之工，莫與儔匹。今號耆儒碩望，繼往而開來若年丈者，庶幾無愧色歟？

陳暘

傳記

清・馮桂芬《陳君傳》 陳君諱瑒字子瑨，江寧人。【略】而尤精於算學。

清・諸可寶《疇人傳三編》卷五《馮桂芬》附陳暘 陳暘馮稿作瑒。字子瑨，江寧人。祖國楨，父昌緒，仍世名諸生。家小康，藏書甚富，能會通而貫穿之。經學、史學、小學、天文、輿地、詩古文辭，旁及詞曲、武備、方術，靡所不習，而尤精於算學。用馮年丈薦，入上海廣方言館，課算學，與溧水姚拔貢必成同館。姚病痢驟卒，猶爲屏當其喪，有頃亦痢，夕旋歿，時同治二年秋也。年五十有八。生平著述甚多，有《算學發明》二十四卷、《算學一得》十六卷、《算學啓蒙》十二卷、《算學重差》十二卷、《尺書》一卷，皆燬無稿。家刻者僅《礮規圖説》《九章補餘》及《屈子生卒年月考》三種。他惟與馮年丈同著者有存本爾。

管嗣復

傳記

清·諸可寶《疇人傳三編》卷五《馮桂芬》附管嗣復 同郡又有管嗣復字小異，上元人。異之孝廉同子，揚州汪户部喜孫未取婿也。博雅好經術，一時耆彦方聞之士，多折行輩與之交。又研算術，窺代微積之略。遭亂死吴中。

尹錫瓚

傳記

清·諸可寶《疇人傳三編》卷五《尹錫瓚》 尹錫瓚號菊圃，元和人。諸生，積學士也。尤長於算術，著有《天元算術》十卷。

賈步緯

雜録

清·賈步緯《翻譯弦切對數表説》 八線表，亦西術步天之一，其爲用之巧也。在平三角既可以方例圓，在弧三角又能以平測渾，究其實，皆無數勾股之立成也。然尤以課平弧各術，猶苦積數多而乘除費，故必於對數表中，逐一各求其相應之假數，立爲表，則凡比例之應用乘除者，只須一加一減，即得所求其角度，既得角度，竟可不必問其真數是矣。是以古人有對數專爲八線而設之説，誠步天捷徑也，其每秒爲率之表，僅見外洋，購求不易，故以活字翻行。南匯賈步緯譯述，同婿火榮業校對。

又賈步緯《翻譯外洋弦切對數用表之法》 中國天算家從未見過此表，同治季年請傅蘭雅先生函致外洋，購覓來華，向只自便二十餘年矣，久欲譯印華字，今書已將敗，及我尚存，故將原樣略改列式，用活字印行，以公於世，創此樣本，付諸石印，不患不傳，誠一大快事也。光緒已亥秋，南匯賈步緯心九譯述於江南製造局天文館中，時年七十有三，同婿火榮業迪生校對。

又賈步緯《對數表·序》 對數創自那白爾，後布裡格斯改爲十進，即今表也。以加減代乘除爲用，最便。造法見《代數術》及三角數理局本，真數一萬，假數去首位凡十位，萬以外用中比例求之。

又賈步緯《八線簡表·序》 割圜一術，中西自古算學家皆以勾股屢次開方，費極大功夫始得圓周密率，而八線一表實剏自西人，從三角比例衍級數而立表，始易其法，見《代數術》及三角數理，此册列正余弦切割各數至分而止，故曰簡表，除首位，小數七位，平常測算已足敷用，其正餘矢爲正余弦與半徑相較之數，故不列表。

又賈步緯《八線對數簡表·序》 八線真數簡者七八位，用之乘除殊嫌繁重，故設爲對數而以加減馭之，爲甚便。此册亦至分而止，去首位，假數九位。

清·陳洙《江南製造局譯書提要》 《增删算法統宗》十一卷。明新安程大位編輯，國朝宣城梅瑴成增删，南匯賈步緯校。案：往古算書至勝朝散佚殆盡，惟程氏《統宗》搜集舊術頗爲詳備，宣城梅氏復從而删汰其附會，蒐達其詞旨，增益其缺略，校正其差僞，遂成完璧，無復遺憾。

又《九數外録》，一卷。金山顧觀光撰。案：是書包羅古今詳法而略理，然帙簡而賅，欲知梗概者可資流覽。《開方表》《八線簡表》《對數表》《恒星圖表》《弦切對數》《躔離引蒙表》《交食引蒙表》，以上七種，南匯賈步緯精校，並于簡端詳述用法及推算之術，天算家利用之。

清・諸可寶《疇人傳三編》卷四《戴煦》附　近人南匯賈處士步緯創開方表，則用對數折半法列之，推求尤便云。

鄒伯奇

傳記

清・諸可寶《疇人傳三編》卷五《鄒伯奇》　鄒伯奇字一鶚又字特夫，南海人。諸生。聰敏絶世，於諸經義疏，無不犟究，覃思於聲音、文字、度數之源，而尤精於天文、曆算，能萃會中西之説而貫通之。生平寡所耆好，執業甚篤，静極生明，多有神解。嘗作《春秋經傳日月攷》，於天象著《甲寅恒星表》《赤道星圖》《黄道星圖》各一卷。又謂：向來注經者，於算學不盡精通，故解三禮制度，多所疏失。因作《深衣攷》以訂江永之謬，作《戈戟攷》以指程瑶田之疏。以《文選・景福殿賦》陽馬承阿證古宫室阿棟之制，以體積論桌氏爲量，以重心論懸磬之形，皆繪圖注説，援引詳明。又嘗謂：羣經注疏，於算術未能簡要，甄鸞《五經算術》既多疏略，王伯厚《六經天文篇》博引傳注家言，亦無辨證。因即經義中有關於天文算術，或先儒所未發，或闡發而未明者，隨時録出之，成《學計一得》二卷。又嘗謂：繪地難於算天。天文可坐而推求，地理必須親歷。近人不知古法，故疏舛異常。因攷求地理沿革，爲歷代地圖，以補史書地志之缺。又手摹《皇與全圖》。又變西人之舊，作《地球正背兩面全圖》。因推演其法，著《測量備要》四卷，分備物致用、按度考數二題。備物致用，其目四：一丈量之器，曰插標，曰線架，曰指南尺，曰曲尺，曰丈竹，曰竹籌，曰皮活尺，曰蕃紙簿，曰鉛筆；二測望之儀，曰指南分率尺，曰立望表，曰三脚架，曰矩度，日地平經儀，曰平水準，曰紀限儀，曰迴光環，曰折照玻璃屋，曰千里鏡，曰象限儀，曰秒分時辰標，曰行海時辰標，曰析分大日晷，曰風雨針，曰寒暑針；三檢數之書，曰志書，曰地圖，曰星表，曰星圖，曰度算版，曰對數尺，曰八線表，曰八線對數表，曰十進對數表，曰現年行海通書，曰清蒙氣差表，曰太陽緯度表，曰日晷時差表，曰句陳四游表，曰大星經緯表，曰對數較表，曰對數較差表；四畫圖之具，曰大小幅紙，曰硯，曰墨，曰硃，曰顔色料，曰筆，曰五色鉛筆，曰筆殼，曰指南分率矩尺，曰長短界尺，曰平行尺，曰分微尺，曰機翦，曰交連比例規，曰玻璃片，曰橡皮。按度考數，其目四：一明數，曰尺度考，曰畝法，曰里法，曰方向法，曰經緯里數；二步量，曰量田計積，曰步地遠近，約記方向曲折，曰認山形，曰準望所見；三測算，曰測量方向遠近法，曰測地緯度法，曰論平陽大海地平界角，曰測地經度法，曰經緯方向里數互求法；四布圖，曰正紙幅，曰定分率，曰縮展，曰識别。設色終焉。又因修改對數表之根源，求析小術是開極多乘方法，可逕求自然對數，即訥表根。以十進對數根乘之，即得十進對數。又創對數尺，蓋因西人對數表而變通之，爲算器增新製，爲算術開捷徑，畫數於兩尺相併而伸縮之，使原有兩數相對，而今有數即對所求數。一曰形製，二曰界畫，三曰致用，四曰諸善，五曰圖式，爲記一卷。又嘗譔《格術補》一卷。同治初，南豐吴編修嘉善、錢塘夏宫簿鸞翔游粤，皆與訂交甚篤。宫簿客死，爲之痛傷，刻其遺書以傳之。三年，湘陰郭侍郎嵩燾特疏薦之，請居同文館以資討論。五年、七年，兩奉優詔，令督撫咨送。徵君澹於利禄，堅以疾辭，俱未赴。湘鄉太傅文正公督兩江日，欲於上海機器局旁設書院，延徵君以數學教授生徒，屬興化劉學政熙載致書，亦未就也。八年五月，無疾而卒，年五十有一。

紀事

清・華世芳《近代疇人著述記》　南海鄒特夫伯奇，遺書曰《學計一得》，以算術解經義，爲治經者之助；曰《補小爾雅釋度量衡》三篇，博引傳注，考證詳明；曰《格術補》，述《夢溪》之遺緒，爲算學之支流；曰《對數尺記》，因西人對數表而變通之，以尺代表，製簡用廣，曰《乘方捷術》，首立開方四術，以明其理，又立求對數較四術，以探其賾，末設對數開方計息諸草，以著其術之切於日用；曰《存稿》，則雜文也。嘗繪輿地全圖，其經度無盈縮，而緯度漸狹，相視皆爲半徑與餘弦之比，橫九幅，縱十一幅，合之則成地球滂沱四隤之形，以圜繪圜，其形維肖。又準咸豐甲寅歲前恒星經緯，繪赤道南北恒星圖二幅。其未定之書尚有《測量備要》二册。其弟子伊善卿德齡有《求弦矢通術》一卷，刻入《傳習録》中。

雜録

清・諸可寶《疇人傳三編》卷五《鄒伯奇》 論曰：鄒徵君天姿過人，力學甚摯。聞其讀書，遇名物制度，必窮晝夜探索，務得其確，或按其度數，繪爲圖，造其器而驗之，涣然冰釋而後已。故其解識，多前人所未發，又能正舛誤，別是非，皆以算術權衡之。晚年論算家新法曰：自董方立以後，諸家極思生巧，出於前人之外，如華嚴樓閣，彈指即見，實抉算理之窔奥。然恐後之學者，不復循途守轍，而遽趨捷法，將久而忘其所自，是可憂矣。人於是益服所慮之遠。夫曆算必善測量，測量必資儀器，而製器精巧，與西人所稱重學、光學、化學相連。徵君獨深明其理，證之古籍，皆由冥搜而得。測地繪圖，尤多創解。今《南海縣志》諸圖，爲徵君手定義例，跬步實測，密合無憾。雖以西人爲之，微妙不是過也。使九服州郡，焉得盡人盡地而仿之，合成鉅觀，豈非千秋之業乎？若夫尚志高蹈，任天而行，又豈好爵所能縻哉？於虖！難已！

劉熙載

傳記

清・諸可寶《疇人傳三編》卷五《鄒伯奇》附劉熙載 劉熙載字融齋，興化人。道光二十四年進士，改翰林院庶吉士，散館授編修，後遷詹事府右春坊右中允。同治季年，寓居上海，主龍門書院講席。久深於音韻之書，自譔《説文雙聲》《四聲切韻》二種，以欽意烏于攝一切音，分析條理，曲盡其致。兼長算學，著有《天元正負歌》四則，簡捷易明，最便初學，見《昨非集》。

清・《興化縣志》卷一三之一《劉熙載傳》 劉熙載字融齋。道光甲辰進士，選庶起士，散館授編修。少孤貧，篤行力學。嘗以「志士不忘在溝壑」「避世不見知而不悔」二語自勵。通籍後，不改初度。直上書房，與諸王進講，論議悉規于正中。涓歲時索犒獨憚熙載方嚴不敢幹。文宗召對數次，重其品，御書「性靜情逸」四字額以賜。庚申都中有警，官吏多避，熙載獨留，和議成，鄂撫胡文忠以「貞介絶俗，學冠時人」疏薦。同治初元，特詔爲國子司業，歷遷左春坊中允，賜「龍」字、「福」字，命督學廣東。黜浮華，崇禮教，作「懲忿」「窒欲」「遷善」「改過」四箴訓，謂士子力學，當先從事於此四者。每按試畢，行部供張一無所取，粤人益敬仰之。未幾，乞病歸，襆被篋書而已。旋主上海龍門書院講席，與學子辨析，輒至夜分，雖大寒(署)[暑]，衣冠沖整無惰容，歷十餘年如一日。熙載治經，無漢宋門户見，不好考據，熟于周秦諸子書，他如天象、地輿、六書、九數、鐘律、方術，皆研通其意。所著有《劉氏六種》《古桐書屋續刻》三種。卒年六十九，諸生千里赴弔，誦其遺言不衰。光緒壬午，奉旨入國史儒林傳，有「品學純粹，以身爲教」之褒。龍門諸弟子建祠于松江郡城，郡守陳遹聲就祠旁建融齋書院，以志不忘。子三：長彝程，另有傳；次展程，光緒乙亥舉人；三遵程，庠生，有古俠士風。

藝文

清・劉熙載《昨非集》卷二《天元正負歌・序》 算有正負，肇於方程，而一切算術以之，學算者不知正負，則無以貫通一切之算，正負之所係何如哉。劉子《天元正負歌》，雖借名於天元，其意實重明正負也。正負，古法也，非創法也，亦足以歌乎？曰：前此之言正負者，皆不若劉子之歌之約而易操也。歌何以作？助友也。劉子之友以天元教其弟，至於累月，正負尚多出入，劉子閔焉，乃撰爲加減乘除相消開方數歌，因友示之，一日間遂如迎刃而解。劉子之喜可知也。爰序其事，并附諸歌於左。其或有疑歌中多重韻，及參用中州韻，以爲不似歌者，則答曰，荒年之穀，必似玉乎。

加法

同名加爲加，正負仍如故。異名減爲加，正負從大數。數若加空位，還從原正負。

減法

同名減爲減，先定本減數。減數減本數，正負仍如故。本數減減數，須要變正負。異名加爲減，正負從本數。若但有本數，正負仍如故。若但有減數，須要變正負。何以爲本數，乃受減之數。何以爲減數，以此往減數。

乘法除法

同名乘爲正，異名乘爲負。同名除爲正，異名除爲負。有時不便除，即寄法爲母。

消法開方法

相消用減法，任命本減數。開方用加法，遞乘遞加去。

伊德齡

傳記

清・諸可寶《疇人傳三編》卷五《鄒伯奇》附伊德齡　又徵君同縣弟子伊德齡字善卿。著有《求弦矢通術》一卷，刻入《傳習録》中。

時曰醇

傳記

清・諸可寶《疇人傳三編》卷五《時曰淳》　時曰淳，今改曰〔醕〕〔醇〕字清甫，嘉定人。齊東君銘之子也。道光七年，齊東身後，官逋籍産，清甫食貧志學，不墜其世。其父執友武進李鳳臺兆洛亟稱之。亦精算術，所著書發明古人術意，無不入微。咸豐末，與長沙丁處士取忠同客益陽胡文忠公幕府，每商榷數理。見處士《數學拾遺》之刻，略及百雞術，謂與二色方程暗合，因爲廣衍，立二十八題，以「舊學商量加邃密新知培養轉深沈」十四字，識其上下，爲十四耦諸題，皆借方程爲本術，隨題並述大衍求一術，以博其趣。作《百雞術衍》二卷。

紀事

清・華世芳《近代疇人著述記》　嘉定時，清夫曰〔醕〕〔醇〕熟於求一之術，嘗以大衍一術求等約分，頭緒不一，撰《求一術指》一書。晚年目已雙瞽，猶能手按珠盤，口授其子。著有《百雞術衍》二卷，以張邱建百雞一題，衍爲大中小三色，皆有分子之題，以盡通分之妙。每題分立兩法，一馭以方程，一馭以求一，以示術理相通。每問各列三答，以存其概，然疏略甚多，若以代數求之，則合問之答數尚不止此也。

雜録

清・諸可寶《疇人傳三編》卷五《時曰淳》　論曰：時齊東通倪簡伉，不當上官意，抑鬱以終，何遇之窮乎？清甫能世其學，設數明理，業以益精，舊法賴茲勿替，可謂善讀古書者已。顧或者猶以僅識當然短之，則甚矣言著作之難也。嗟夫！

丁取忠

傳記

清・諸可寶《疇人傳三編》卷六《丁取忠》　丁取忠字果臣號雲梧，長沙人。爲湖南老宿，整躬飭己，望重時髦，而象數一途，尤所研究，撰著自娛，不求聞達。咸豐改元，幕游昭陵十年，校書於鄂省，應益陽胡文忠公聘也。因得觀乾隆《輿圖》，又購魏氏《海國圖志》，作爲密尺定分推算，著《輿地經緯度里表》一卷，於《海國》雖未盡精覈，然足備參證焉。嘗自謂少喜步算，而苦無師承，又地僻不能得書，每每持籌凝思，寢食俱廢，垂四十年，然後古今言算之書，稍稍捊集，而心力亦已衰矣。晚年盡移文忠所贈買書之貲，廣刻諸算術，凡二十有一種，以公同好，爲《白芙堂叢書》，板藏於古荷池精舍。光緒初考終於家，年逾七十，不名一錢也。所自譔者，爲《數學拾遺》一卷。又譔《粟布演草》二卷，後又譔《演草補》一篇。

清・王闓運《三丁先生傳》　三丁先生，長沙人也。父諱宏會，有四子：長子曰叙忠字秩臣；弟敏忠遜卿；弟取忠果臣。當道光時，天下學術稱盛，而湖南猶習科舉詞章之末。唐鑒、賀長齡頗倡宋儒性理之説，魏源言經世，何紹基宗許、鄭，皆官於外。而曾國藩、左宗棠遊獵其間。【略】取忠善交遊，篤好算數，讀書蹇澀不能上口，及其既熟，誦萬言琅琅流，强記者不能敵也。家赤貧，節衣縮食以購算書，人饋遺者亦以算書。及其晚歲，中外算術無不備，乃自刻算學叢書，費累千金，而兄弟貧益甚，皆爲名諸生，以終其生。【略】取忠博交海内通人，嘗一出左胡林翼，抗直敢言，林翼妻買婢至江夏，取忠言當以贈閻敬銘，敬銘謝不可，而當時盛稱林翼有名帥之風。曾國藩娶妻，取忠書責其驕滿，兩兄皆笑其憨。

咸豐初元，當舉孝廉方正，衆望歸叙忠，他日人有言湘陰舉左宗棠者，叙忠顰蹙曰：「左季高爲傀儡耶！」衆議遂止。【略】取忠又嘗送友至龍泉，經歷兵寇間，幾瀕於危，到喪家不飯而去。

紀事

清・華世芳《近代疇人著述記》　長沙丁果臣取忠，爲楚南絶學之倡，嘗校刻《白芙堂算學叢書》。其所撰述者，曰《數學拾遺》，多發明古今算家未盡之旨；曰《輿地經緯度里表》，據魏氏《海國圖志》以補張氏《揣籥小録》，爲之析旗部、增海國、推距里，惟魏圖轉輾鈎摹，所紀經緯不足爲據，而據以推算，不無毫釐千里之謬，即如今實測英國倫頓爲中國京師中線偏西一百十六度二十八分，而此表乃云一百二十七度十分，差至一千二百餘里。其他各國誤率類是；曰《粟布演草》，其書以發商生息爲題，彙輯各家術草，以明開方之術，而鄒特夫截算、續商二法，亦藉以附見焉；曰《對數詳解》，一本乎代數之法，而闡明對數之理，與用算式緐重，演算不易，則曾栗誠之力也。

清・《長沙丁氏宗譜》　四子取忠字肅存號果臣一號雲梧，清嘉慶十四年己巳十二月初五日午時生，光緒三年丁丑三月十四日巳時卒，葬亨菴公支祠門首西岸山内坤山艮向碑記。

雜録

清・李元度《天岳山館文鈔》　咸豐十一年，長沙丁取忠得見乾隆《輿圖》，參以邵陽魏源《海國圖志》定本，作《輿地經緯度里表》，盡大地所訖，上系周天度數，纖悉合符。

清・王闓運《[光緒]湘潭縣志》卷一〇　右天文五家六部，分野占星，百里之國有可據依。同治初議修縣書，長沙丁取忠舉容閎能測歲星以定緯度，制儀器當得千金，衆論驚怪而不復問。其後費至萬金，度里仍舊圖，未加攷也。黄遠堉以算學補諸生，亦爲丁所推重。

清・諸可寶《疇人傳三編》卷六《丁取忠》　論曰：丁處士獨詣孤往，冥搜力索，用心於衆所不屑之地，既乏師授，又困寒門，未見之書不可致，欲見之書弗能置，必盡歷艱苦而后得輪軺之制，或且闇符先哲。宜其後謂曾襲侯紀澤兄弟云：「諸君博聞富藏，師資友益，視吾疇曩，其勞逸有相什伯倍蓰者。」然則處士之劬學，豈材質之不如人哉？亦其時其地限之耳。及其傳食諸侯，廣交徧覽，思欲載記所得，以補勿足，則已衰耄不耐矣。夫三湘七澤間，士生咸同之際，又當府主如益陽文忠、湘鄉文正諸公，天下多故，即不事攀麟附鳳，使少得假手尺寸，而以片長薄技，自致乎青雲之上，身泰名立，豈不易易？胡乃甘于澹泊，槁于户牖乎？吾知處士之志，初未嘗以彼而易此也。至於今南人言絶學之倡者，舍處士將誰與歸？晚歲移買書之貲，惟以校刻古今算書自適，裒然成藝圃之鉅觀，風行海内，遂爲疇人家必讀之本，厥功不甚偉歟？昔巴陵杜孝廉貴墀爲余言，處士在武昌幕府日，文忠方督師東征，而會城有警，同人多走。或謂處士可去矣，則曰：「吾安能諾府主之託而委其眷屬乎？」獨不走。卒亦無他，其誠篤如此。嗚呼！可以風已。

李錫蕃

傳記

清·諸可寶《疇人傳三編》卷六《丁取忠》附李錫蕃 同縣中表兄弟李錫蕃字晉夫亦字靖夫，道光三十年早卒。著有《借根方句股細草》一卷，衍爲二十有五術。同治二年五月，處士刻之，初以聚珍板印行，後入《叢書》，又覆刻焉。

紀事

清·華世芳《近代疇人著述記》 長沙李晉夫錫蕃，著《借根句股細草》一卷，括七十八題，爲二十五術，大旨與李四香《天元句股細草》相仿。而西法之借根，即中法之天元也，固可相附而行。

吴嘉善

傳記

清·諸可寶《疇人傳三編》卷六《吴嘉善》 吴嘉善字子登，南豐人。咸豐二年進士，改翰林院庶吉士，散館授編修。居京師，獲交烏程徐莊愍公，同治算學。其後演述《割圜八線綴術》敍中，有「感恩知己」之語，可徵其交誼篤也。同治改元，避粵匪之亂，游長沙，識丁處士取忠。逾年，客廣州，因鄒徵君伯奇又識錢塘夏宫簿鸞翔。三人者，志同道合，蓋相契非恒情所測已。光緒五年，奉使法蘭西國即舊名富郎濟亞者。駐巴黎斯城。後受代還，旋卒。所譔《算書》：首述《筆算》；次《九章翼》，曰《今有術》、曰《分瀘》、曰《開方術》、曰《平方［各形術］》《平圓各形術》；推演方田者，曰《立方立圓術》；推衍商功者，曰《句股術》、曰《衰分術》、曰《盈不足術》、曰《方程術》。於《句股術》後，次附《平三角［邊角互求術］》《弧三角》《測量高遠》三術。又次則專述天元、四元之書，爲《天元一術釋例》，爲《名式釋例》，爲《天元一草》，爲《天元問答》，爲《方程天元合釋》，爲《四元名式釋例立草》，爲《四元淺釋》。處士取其書，初用活字印行十七種，後乃徧刻之入《白芙堂叢書》。例略云：子登先生原書，術多而例少，故初學讀之，猶有苦其難通者。久欲稍爲增益，而其書已如成器，無少罅漏，不能羼入。今取術稍難通者，於各種後依術各補一草，仍於各種後題「補例」二字，以示區別，庶讀者易於領解焉。

雜録

清·吴嘉善《行素軒算稿序》華蘅芳《行素軒算稿》 而烏程徐莊愍公有壬尤其卓絶者也，善於毘陵獲交於公之，每稱道海寗李壬叔。因事至滬上，遂得晤壬叔，并識華君若汀三人，相与談算，輒竟日不休。當其時壬叔學已大成，又得译西書，見聞益廣，余与華君則僅通成法，未能出新意也。嗣游湖南，与二君别，而湖南有老儒丁果臣，酷好算術，每羨江浙算學之盛，欲爲楚士提倡，因集資鳩刻算書，先强余著作。余重違其意，因述古書及近譯之有裨于初學者務爲簡括，成書十七種，隨增至廿餘種，要皆陳言舊義，不足當識者一噱。今兹復游滬上，復晤華君，【略】光緒八年五月，南豐吴嘉善拜叙。

清·諸可寶《疇人傳三編》卷六《吴嘉善》 論曰：吴編修以文學侍從之班，精孯數理，博通中西，然後假持節淩絶域，美哉使乎，不愧皇華之選矣。今讀其譔述，芟闢榛蕪，引人入勝，所以嘉惠初學者，法備而意良，惓惓乎不啻金鍼之盡度焉。彼明儒《統宗》諸書，惡能企其什一哉？

汪曰楨

傳記

清・諸可寶《疇人傳三編》卷六《汪曰楨》 汪曰楨字剛木號謝城又號薪甫，烏程人。咸豐二年舉人，後官會稽縣學教諭。精史學，又精算學，尤習古今推步諸術。與海寧李京卿善蘭友善，時移書問難焉。初譔《二十四史月日攷》，上起共和，下與欽天監頒行《萬年書》相接，各就當時行用本法推算，每年詳列朔閏月建大小，并二十四氣，略加《萬年書》之式。同治元年夏，始寫定爲五十卷，附以《古今推步諸術攷》二卷，自《黃帝術》訖歐邏巴噶西尼術，著録凡一百四十六家。又《甲子紀元表》一卷，總五十三卷。五年夏，獨山莫中書友芝見之，謂此書爲人之所不爲，可以專門名家，而惜其卷帙過緐，宜別爲簡要之本，庶便於謄寫刊刻。因删緐就簡，仿《通鑑目録》例，專載朔閏，又取羣書所見朔閏不合者，綴於每年之末，編爲《歷代長術輯要》十卷。其《諸術攷》二卷，乃推步之凡例，仍附於後，蓋距初布算時已逾三十年矣。教諭又通音韻之學，好填詞，善醫，所校正諸書都爲《荔牆叢刻》，茲不具詳。光緒七年，卒於官，年六十有九。所撰《南潯志》《烏程志》甚博。其《推策小識》、《超辰表》三卷，又《如積引蒙》八卷，未刻，副稿今藏山陰門人許孝廉在衡家。

清・顧廷龍編《清代朱卷集成》 咸豐二年壬子科

汪曰楨字仲維一字剛木號薪甫又號謝城，行二，嘉慶壬申年四月十三日申時生，湖州府烏程縣監生民籍。【略】父諱延澤字潤之號西山又號讓庭，國學生，候選批驗所大使，勅授儒林郎，著有《耕煙詩鈔》，始遷居南潯鎮。【略】母【略】氏趙名棻字儀姞，上海乾隆甲寅欽賜舉人、户部侍郎管錢法堂事務南書房行走諱秉沖女，嘉慶戊辰舉人、丁丑進士、翰林院庶起士、内閣中書協辦侍讀、軍機處行走諱桊胞妹，雲南廣通縣知縣諱林胞姐，勅封安人，著有《濾月軒詩文集》。

紀事

清・汪曰楨《如積引蒙・序》 ［咸豐己未］二月布算至四月抄而畢。

又汪曰楨《歷代長術輯要・序》 余自道光丙申夏推算《歷代長術》【略】丙寅夏，吾友獨山莫君子偲見之，謂此書爲人之所不爲，可以專門名家，而惜其卷帙過繁，宜別爲簡要之本，庶便於謄寫刊刻，因以匝歲之功，删繁就簡，仿《通鑑目録》，專載朔閏，又取群書所見朔閏不合者，綴於每年之末，編爲《輯要》十卷，其《諸術考》二卷，乃推步之凡例，仍附于後，蓋距初布算時已逾三十年矣。

清・平步青《霞外捃屑》上 次年辛巳闰七月二日，先生遂以微疾卒。

藝文

清・汪曰楨《玉鑒堂詩集》卷三 《以詩代書介心如與李秋紉善蘭結交二首》之一

絶學天元一，知君探索精。廉隅通少廣，正負借方程。展卷疑思問，懸鐘叩則鳴。不須傾蓋語，魚雁證斯盟。

雜録

清・諸可寶《疇人傳三編》卷六《汪曰楨》 論曰：李尚之以《乾鑿度》術推定《召誥日名攷》，羅茗香以七曆徧攷春秋朔閏異同，鄒特夫以《考成後編》《時憲》法上推《春秋經傳月日考》，竝爲一書而作，已足以補苴罅漏，有功方册。若宋劉羲叟推漢至五季月日爲《劉氏輯術》，國朝錢同人著《四史朔閏攷》，則皆精深博大。又董方立擬譔三統以來五十三家曆術，但傳序目，屬稿不成。從未有互證旁通，殫精畢慮，貫穿全史爲一編，如汪教諭之作者。案：其搜采羅書逾數百部，致力幾三十年，可謂博且勞矣。使讀史者舉二千五百餘年之月日，瞭然具見，治曆者合百四十六家之用數，悉有鉤稽，其津逮後學爲何如耶。昔梅勿庵氏有言，一生勤苦皆爲人用者，教論之謂歟？

左潛

傳記

清・諸可寶《疇人傳三編》卷六《左潛》 左潛字壬叟，湘陰人。侯相文襄公從子也。補縣學上舍生。英年績學，於詩、賦、古文辭無不深純，每應試必冠其曹。尤明習算術，長沙丁處士取忠引爲忘年交。同治十三年秋夭死，士林多惜之。所學自大衍、天元以及借根、比例諸新法，無不通貫，且能出己意，變其式，勘其誤，作爲圖解，往往突過先民。嘗增訂烏程徐莊愍公《割圜綴術》，既成，忽悟通分捷法，析分母分子爲極小數根，而同者去之，凡多項通分，頃刻立就，因演數草爲《通分捷法》一帙。譔《綴術補草》四卷，又譔《綴術釋戴》一卷，又譔《綴術釋明》二卷。

紀事

清・華世芳《近代疇人著述記》 湘陰左壬叟潛，所著有《割圜八線》《綴術補草》《綴術釋明》《綴術釋戴》等書，一貫以天元寄分之法，用以立式，巧變莫測。又有《通分捷法》一帙，將分母、分子析爲極小數根，而同者去之，任以多項通分，頃刻可得。

雜録

清・諸可寶《疇人傳三編》卷六《左潛》 論曰：今天下言相業之盛，鮮不震驚乎湘鄉、湘陰者。語其道德文章，與夫事功赫濯，固晚近數十年來士大夫所莫得而比數者已。而羣從昆季，類能充其材力，不爲地望習俗所囿，咸奮於學問以自見，不又難之難乎？左上舍心智過人，深造自得，所謂中西家新舊諸法，皆循其當然，而抉其所以然，斐然有作，足以信今而傳後。迺與栗誠孝廉，英年飆謝，同遺不禄之悲。吾於是益歎天之生才不易，生之而又若故吝之，弗盡其才之用，抑獨何哉？噫嘻！

曾紀鴻

傳記

清・諸可寶《疇人傳三編》卷六《曾紀鴻》 曾紀鴻字栗誠，湘鄉人。文正公少子也。同治十一年，文正薨於位，恩旨優卹，紀鴻得賞給舉人，一體會試。光緒三年，一就試而歿。少年好學，與伯兄襲侯紀澤竝精算術。孝廉尤神明乎西人所謂代數術，鋭於思而勇於進，創立新法，同輩多心折焉。嘗謂大衍求一術，亦可以代數推求，依題演之，理正相通。同治十三年仲春，所譔《對數詳解》成。其秋又成《圜率攷真圖解》一卷，列圜周率數至百位，爲從古所未有。蓋據西士尤拉見《代數術》之法，變爲捷術，以求大小弧較弧諸切線。乃依徐莊愍公術，分求小弧較弧兩弧背真數，相併四因之，得半周率，倍之即全周率矣。

紀事

清・華世芳《近代疇人著述記》 湘鄉曾栗誠紀鴻，文正公之次子也，著有《圜率通攷》，據西士尤拉之法見《代數術》二十五卷。而立新術，推得圜率百位，爲從古所未有。其他算稿尚未成書，卒以用心過度，嘔血而卒。

雜録

清・諸可寶《疇人傳三編》卷六《曾紀鴻》　論曰：曾孝廉英才盛年，從官江表，雖居金粉煙水之區，然守文正公家灋，一切聲色狗馬、紈綺肥甘之惑無因至前。是時方奏開機局，廣譯西書，又得幕下賓客，若李京卿、張明經、丁處士諸君子，當代號爲明算，足與賞奇析疑，樂數晨夕。孝廉講習其間，折中一是，術必盡通，而理必盡貫，故其譔著窮極窅眇，多發人所未發，豈非後來居上者耶？顧獨惜天不假年，未克從哲兄之後，出使絶域，歷覽俄、英、法、德諸國，以其心得，證之於目。吾知採録諏詢，增長神智，推步之學，將有日進而無疆者，而孰謂孝廉之可傳者止於此乎？是則可傷也已。

張文虎

傳記

清・諸可寶《疇人傳三編》卷六《張文虎》　張文虎字孟彪號嘯山，南匯人。貢生。道光中葉，曾一遊京師。嗜古博覽，不求聞達，深於校勘之學。初主金山錢通守熙祚，乙未冬同僑寓西湖之楊柳灣，日假文瀾閣書，居兩月，校八十餘種，抄四百三十二卷而返。己亥庚子秋，續校閣書，又兩寓十三間樓，比壬寅而《守山閣叢書》竣。同治改元，與海寧李京卿善蘭同客湘鄉文正公軍幕最久。五年，金陵書局初開，主校席。十三年，辭歸鄉里。光緒三年，齒逾七十，猶董郡縣志事數載。所譔《舒藝室雜著》甲、乙編各二卷，《賸稾》一卷，《詩存》七卷，《詞》二卷，《隨筆》六卷，《續筆》一卷，《餘筆》三卷，今行於世。其《春秋朔閏考》《古今樂律攷》二稿，燬於兵矣。明經之學，於名物、訓詁、六書、音韻、樂律、中西算術，靡不洞澈源流。

見諸《隨筆》者，有旁要、夕桀解，曰：《周禮・地官》保氏九數，鄭注云方田、粟米、差分、少廣、商功、均輸、方程、盈不足、旁要、今有、重差、夕桀、句股也。賈疏云：今有、重差、句股也者，此漢法增之。又引馬注作今有、重差、夕桀。《釋文》亦云，夕桀二字非鄭注。是鄭注無夕桀，馬注無句股。今本並有者，後人依馬注增入鄭注耳。今《永樂大典》本《九章算術》缺旁要，惟楊輝《九章算法詳解》句股容方第一問引句股、旁要法，夕桀則惟秦九韶《數書九章》第四篇望敵圓營術有其名，云：以句股求之，夕桀入之，亦即句股容圓術也。重差者，重疊測望而知其差也。劉徽《海島算經》序云：度高者重表，測深者累矩，孤離者三望，離而又旁求者四望，此即所謂重差也。旁要、夕桀，蓋皆測望中之一事。旁要測方，夕桀測圓。孔顨軒氏以爲旁要即西人三角法。案《釋名》云：在邊曰旁。《史記・扁鵲倉公傳》索隱云：方，猶邊也，要即古要女字。孔説殆近之矣。夕桀云者，《廣雅・釋詁》云：夕，衺也。王氏《疏證》引《吕氏春秋・明理論》「是正坐於夕室也」。注云：言其室邪夕不正。桀者，揭也。《文選》謝靈運擬劉楨詩注：桀，與揭音義同。又《東京賦》薛注：揭，猶表也，蓋樹表而邪望之，即劉徽所云孤離者也。疑重差、夕桀，古人本以旁要該之，其實此三者皆不離於句股，後人强爲之分析耳。錢氏《十駕齋養新録》疑夕桀爲互乘之譌。儀徵阮文達公又以今有爲即《九章算術》中今有術。案互乘今有，皆算家通法，不能另列爲一章，且不得雜出於旁要、重差下也。

其代文正公作《幾何原本序》，略謂：中國算書以九章分目，皆因事立名，各爲一法。學者泥其迹而求之，往往畢生習算，知其然而不知其所以然。遂有苦其繁而視爲絶學者，無它，徒眩其法而不知求其理也。《傳》曰：物生而后有象，有象而后有滋，滋而后有數。然則數出於象，觀其象而通其理，然後立法以求其數，則雖未覩前人已成之法，刱而設之，若合符契。至於探賾索隱，推廣古法之所未備，則益遠而無窮也。《幾何原本》不言法而言理，括一切有形而概之曰點、線、面、體。點、線、面、體者，象也。點相引而成線，線相遇而成面，面相沓而成體。而線與線，面與面，體與體，其形有相兼有相似，其數有和，有較，有有等，有無等，有有比例，有無比例。洞悉乎點、線、面、體，而御之以加、減、乘、除，譬諸閉門造車，出門而合轍也。奚敝敝然逐物而求哉。然則《九章》可廢乎？非也。學者通乎聲音、訓詁之端，而後古書之奧衍者可讀也；明乎點、線、面、體之理，而後數之繁難者可通也。《九章》之法，各適其用。《幾何原本》，則徹乎《九章》立法之源，而凡《九章》所未及者，無不賅也。致其知於此，而驗其用於彼，其如肆力小學而收效於羣籍者歟？

此外言算諸篇，雜見集中，不具録。

雜録

清・諸可寶《疇人傳三編》卷六《張文虎》 論曰：張明經兼精律曆，力求實是，綜論古今中西諸家得失，頗持其平。讀其書可謂中立而不倚者已。旁要、夕桀之解，精妙獨到，非淺學薄涉之夫可語此也。可寶未見明經説，先蓋嘗私議之：重差，徽序已詳，不煩辭費。愚以爲旁要、今有、重差、夕桀之四者，總在句股篇中，猶方田有諸分，少廣有平立方圓，商功有隄壍亭錐及芻曲盤冥爾。《音義》云：以篇言之，故曰九章。《周官》鄭注本意，若曰盈不足以上章凡八，旁要以下皆句股章而九也。《隋書・律曆志》敍次最明：九曰，句股以御高深廣遠。使無諸術，胡以御之？今案：今有即比例所本，錯見粟米章。李注明云此都術也。蓋今有又所以統御諸術者爾。試質言之。旁要也者，求之四旁也，即内容外切之方圜邊徑也。夕桀也者，斜破之也，即剖分焉而以和較同式相比，又即中垂線也。西人以弦爲底，句若股爲兩腰，則視垂線在中。古人以横句縱股視之，垂線自斜矣。《書・太甲上》旁求俊彦，孔傳旁非一方。《漢書・地理志上》顔注：要，求之也。夕有衺訓，「見於高注、張《雅》」。《説文解字・舛部》：桀，磔也。《爾雅・釋天》李巡注：祭風以牲頭、蹄及皮，破之以祭，故曰磔。古訓車裂爲磔，是桀有破裂訓也。桀、磔本通假字，形聲正同，無可疑者。然則邊徑容切垂線剖分，古人未嘗無其術，特書缺有間耳。句讀之不明，辭志之相害，後人之咎也。夫八線三角，泰西長技，罔弗以比例統馭之。由前之論，又焉能離句股而别有祖述哉？臆説如是，差足補明經所未言。斷著于篇，用諗來學。

黄宗憲

紀事

清・黄宗憲《憫笑不計・敘》 余生命蹇，遭遇窮甚，自髫齡至强艾，無日不在悲憤愁悒中。【略】壬午秋，自泰西返國，適朝廷開算學課式之例，遠近請業者踵相接，余樂爲指授。

清・黄宗憲《容圓七術・序》 余幼嗜算，苦乏師承。同治辛未，親炙丁果臣先生于星垣古荷池精舍。先生富藏古今算書，或就觀，學始進。時與左君壬叟、曾君栗誠朝夕聚談，彼此相質，遇有疑義，必窮源而後已，誠一時快意事也。歲丙子，客游滬上，假館江南製造局者七閲月，乃盡交中西算友，興化劉君省庵、英國傅君蘭雅，造詣較深。

雜録

清・左潛《求一通解術序》黄宗憲《求一通解術》 黄君玉屏與余同習算，時吾湘言算者丁果臣先生爲之倡。先生年幾七十，嗜算之心老而彌篤，凡近日之善言算者，先生皆訂交焉。余學雖淺，先生不棄，亦引爲忘年交。余與黄君皆師事之。黄君健於思而鋭於進，凡古算之繁者，深者，變幻而莫測者，必一一究其源。嘗言數莫簡於較，西算之經善於求較耳，余心折焉。自是君所立算法，所言算理與余多暗合。先是余增訂徐君青先生《割圜綴術》既成，忽悟通分捷法，析分母分子爲極小數根，而同者去之。凡多項通分頃刻立就，因演數草，手録成帙，君方校訂。

清・吴嘉善《算學廿一種》 算書無文義可考，讎校頗難，取忠心力衰耗，幸得新化黄宗憲玉屏爲助。

清・左潛《綴術釋明》 宗憲任讎校之役，訂正精審，毫髮無憾。

清・郭嵩燾《郭嵩燾日記》 同治十二年三十日除夕。邀瞿翰池、羅小垣、陳熙堂、黄玉屏、彭博山來此[家]吃年飯。

清・張德彝《隨使日記》 中國既與海外諸國通商，於是各濬使臣來華，駐紮修和好保商民以期辦事確切通信迅速耳，光緒元年，皇上克詔【略】前往各國以通和好【略】旨派花翎兵部右侍郎郭嵩燾爲正使花翎三品監侯【略】監印官中書黄宗憲，湖南寶慶府新化縣人，武弁藍翎。

又張德彝《隨使英俄日記》光緒二年九月至十二月 經欽差大臣奏派隨帶人員中有監印官，中書科中書黄宗憲玉屏。光緒二年，十二月初八戊初一刻抵英國倫敦。

又《隨使英俄日記》光緒四年四月至六月　光緒四年四月二十九日戊申，晴，在格林泥芝村水師學堂中學習之中國武生嚴又陵等，請星使往遊。巳正，彝同馬清臣、李湘浦、張聽帆、羅緝臣、姚彦嘉、黄玉屏隨星使與李觀察乘車前往。至彼，先入方益堂、葉桐侯等十二位寓所。少坐，步入對户學堂，見所用測量度數里數各具，皆與行船所用者同。

又　五月二十一日亥正，同姚彦嘉、黄玉屏乘車，行六里許，至錫蠟胡同第十八號，赴寶星康貝夫人家茶會，聽樂男女有數百人頗覺鬧熱。二十四日癸酉，晴，熱似初伏。申正，同姚彦嘉、黄玉屏乘車行七八里，至海岱囿南門第二十一號，赴貝立夫人家聽樂會。酉初辭歸，順赴本街世爵皮持爾夫人家茶會，戌初回寓。二十五日甲戌，同李湘浦、黄玉屏乘車入老城，至美爾公署，赴美爾夫人所設之跳舞會。男女有千餘人，更番跳舞，鬧熱非常。子正，夜餐。款待頗爲周至。二十六日乙亥，晴，酉初，同姚彦嘉、黄玉屏乘車，行十數里，至柴拉細營房，赴魁偉護軍營衛步兵聯隊營房。營總博那壁之茶會。二十七日丙子，晴熱，子初，復同李湘浦、黄玉屏乘車行六七里，至上布魯克巷第四十一號，赴柯歐朴夫人家聽樂。男女有數百人，琴笛悠揚，令人忘倦。二十八日丁丑，晴，子初，同李湘浦、黄玉屏乘車行五六里，至格物吶坊第三十號，赴布魯克斯夫人家聽樂會。樓雖宏敞，而男女極多，幾無一隙之地。六月初二日庚辰，晴，巳初，送李觀察、羅緝臣、李湘浦登火車赴巴里。亥正，同姚彦嘉、黄玉屏乘車，至布連斯屯坊第三號，赴世爵博克樂夫人家跳舞會。初三日辛巳，陰，冷似中秋。申正，同姚彦嘉、黄玉屏乘車，至益敦坊第一百零九號，赴吴瓦普夫人家跳舞會，及本街第四十七號世爵賀拉斯夫人家茶會。初四日壬午，早陰，巳正晴，酉初同姚彦嘉、黄玉屏赴本街第二十三號巴那爾夫人家茶會。旋接電信，即往柴令克洛斯火車客廳，接黎蓴齋、鳳夔九由巴里來。亥正，又同姚、黄二君赴鄰人懷達夫人家茶會。初九日丁亥，晴，亥正，同姚彦嘉、黄玉屏乘車至海岱囿坤以門第四十三號，赴包艾夫人家茶會。繼至佩乃文路第三號赴尤樂夫人家茶會，男女無多，在彼遇威公使。初十日戊子，早晴，申刻陰，亥正，同姚彦嘉、黄玉屏赴鄰人懷達夫人家跳舞會。

清·曾紀澤《曾紀澤遺集》　請獎出洋人員疏

辛巳正月二十一日。奏爲出洋翻譯等員遵照部議分别查明請獎，恭折復陳，仰祈聖鑒事。竊臣於光緒五年十二月十九日奏請將出洋三年期滿之參贊、翻譯等員，援案籲懇恩施。【略】該供事黄宗憲，本系加有京職虛銜之監生，國子監典籍系九品京職，以之擬獎，於例未爲不符。可否仰懇天恩，俯念該二員遠涉重洋，當差勤苦，請將户部無論滿蒙遇缺即補員外郎鳳儀，仍以本部郎中無論滿蒙遇缺即補，並加道銜；中書科中書銜監生黄宗憲，仍以國子監典籍，不論雙單月歸部即選，並加六品頂戴，以昭激勸。

李善蘭

傳記

清·諸可寶《疇人傳三編》卷六《李善蘭》　李善蘭字壬叔號秋紉，海寧人。諸生。曾從長洲老儒陳徵君奂受經，於辭章訓詁之學，雖皆涉獵，然好之終不及算學。故算學用心極深，其精到處，自謂不讓西人，抑且近代罕匹。方年十齡，讀書家塾，架上有古《九章》，竊取閱之，以爲可不學而能，從此遂好算。應試杭州，得《測圓海鏡》《句股割圜記》以歸，其學始進。三十後，所造漸深，因思割圜法非自然，深思得其理，時有心得，輒復著書。與同郡戴處士煦、南匯張明經文虎，烏程徐莊愍公、汪教諭曰楨，歸安張茂才福僖，及並世明算之士，皆相善，時有問難。咸豐初，客上海，識英吉利文士偉烈亞力、艾約瑟、韋廉臣三人，從譯諸書。十年，在莊愍幕府。粵匪弄兵，吴越淪陷。同治改元，乃從湘鄉文正公安慶軍中，相依數歲。七年，用湘陰郭侍郎嵩燾薦舉徵入同文館，文正資送之應詔至都，奏派算學總教習。敍勞積階至三品卿銜，户部郎中，總理各國事務衙門漢章京。光緒十年卒於官，年垂七十矣。

京卿之學，會通中西。自譔諸書，惟《羣經算學考》未卒業而燬於兵，餘皆刻于金陵，都爲《則古昔齋算學》，凡十三種，二十有四卷。曰《方圓闡幽》一卷，專言理而不言數，凡十條。曰《弧矢啓祕》三卷，則以尖錐立術，而弧背八線皆可求。曰《對數探源》二卷，亦以尖錐截積起算，先明其理，次詳其法。曰《垜積比類》四卷，以立天元一詳演細草。曰《四元解》二卷。曰《麟德術解》三卷。曰《橢圓正術解》二卷，《新術》一卷，《拾遺》四卷。曰《火器真訣》一卷。曰《對數尖錐變法釋》一卷。曰《級數回求》一卷，則明代數者。曰《天算或問》一卷，則記友人門弟子答問之語，擇其理之精者，録存于卷。其後又附《考數根法》一卷。數根者，惟一可度而他數不能度之數也。立法凡四，則可補《幾何》之未備云。

至於所譯泰西算書，《幾何原本》後九卷，又《重學》二十卷，附《曲線説》三卷，又《代微積拾級》十八卷，又《談天》十八卷。又京卿所譯西書，尚有《植物學》一種，凡八卷，無關算術，不具詳焉。

清・崔敬昌《李壬叔徵君傳》李善蘭《聽雪軒詩存》　海寧李壬叔徵君諱善蘭，余胞舅氏也。生有異秉，十歲能演古《九章》法。及長，好爲詩古文辭，不屑屑於舉子業。既補弟子員，決意進取，撰究經世之學，尤潛心於算術。國朝天算名家，自梅定九先生後，無殊絶者，先舅氏於數學絶續之交，能奮然爲之，遂造精微。咸豐朝，甘泉羅茗香徵君，及歸安徐莊愍公，并以數學著，二公者與先舅氏交最摯，郵遞問難，常朝復而夕又至，先舅氏爲之條分縷析，曲暢交通，如所問以報，恒累數千言，必使洞曉而後已。四方談算學者，必首數舅氏名，蓋未嘗不由二公始也。迨莊愍撫吴，相約入佐戎幕，以疾未果。嗣金陵大營震撼，莊愍喟然曰：測量推步，精其術可以通兵法，壬叔在此，豈遂作退守計乎。一日，具幣遣使，敦促就道，辭不獲已，力疾行，至省，而大營已潰，粤逆直逼蘇垣，舅氏條陳數大事，莊愍皆歎服，顧時事已不可爲。計借泰西兵以破敵，自蘇至滬，風聲鶴唳，草木皆兵，獨慨然往。甫得請，而省城已不及援矣。西望嗚咽，設莊愍位，祭以文。自是益決意時事，留滬與西士譯《重學》《談天》《代數學》《代微積拾級》《幾何原本》各種數學。惜平生纂述，半遭兵燹，惟則古昔齋一書，爲曾沅圃師贈資刊行江寧。時方崇尚算術，名公鉅卿，争欲延致之，而湘鄉相國曾文正公，尤以名學相契，重聘入戎幄，兼主書局，遇計謀要害，謀慮審決，言言中棨，蓋其得於算學者至精也。而恂恂謙謹，從不以賢智先人，以是讚畫多年，文正益深依賴，屢欲列之薦牘，皆力辭。後總理衙門設天文算學館，議舉主教者，郭筠仙侍郎以舅氏應。同治八年，奉召入都，欽賜中書科中書，薦保四品銜户部廣東司郎中。在館教習諸生，先後約百餘人，口講指畫，十餘年如一日，諸生以學有成效，或官外省，或使重洋，固朝廷培養之深，亦先舅氏教習之勤有以振起之也。光緒八年冬十月，偶示微疾，越日逝。是年之夏，猶手著《級數勾股》二卷，老而勤學如此。然殁後，周小棠侍郎囑開具事實，奏請宣付史館立傳，嗣周侍郎薨於位，未果。然先舅氏爲一代傳人，他日必有繼周侍郎而請於朝者。海鹽崔敬昌吟梅氏撰。

紀事

清・華世芳《近代疇人著述記》　海寧李壬叔善蘭，與西士偉烈亞力續譯《幾何原本》之後九卷，以竟徐文定公未完之業。又譯《代數學》十三卷，《代微積拾級》十八卷，《重學》二十卷，《曲線説》三卷，《談天》十八卷，刊行於世。代數者，猶中法之天元、四元也，惟天元、四元之所重者在行列位次，而代數則不論行列位次，一切皆以記號明之，故其理雖同，而爲用尤廣。微分、積分者，凡線、面、體，皆設爲由小漸大，一刹那中所增之積即微分也，其全積即積分也。一切曲線及曲線所函面，曲面及曲面所函體，八線、弧背互求，真數、對數互求，昔之所謂無法而難求者，今皆有法求之而甚易矣。重學者，其學分動、静兩支。静重學所推者，力相定。動重學所推者，力生速，速有平速、漸加速之分。而其理之大要有二，曰分力、並力，曰重心，則静、動兩學所共也。又有流質重學，其力有二，曰互攝力，曰互推力。曲線者，圓錐三曲線也，一爲橢圓線，二爲雙曲線，三爲拋物線。置圓錐形截之，其截面、錐底交角小於錐腰、錐底交角者，爲橢圓線；大於錐腰、錐底交角者，爲雙曲線；等於錐腰、錐底交角者，爲拋物線。《談天》者，西士侯失勒所著天文之書也。其言日與恒星不動，而地與五星俱繞日而行，地與五星之繞日，與月之繞地，其軌道俱係橢圓，而歷時等，則所過面積亦等。此真順天以求合，而非爲合以驗天也。凡此數者，皆西人至精之詣，中土未有之奇，以視明季所譯，殆遠過之矣。

清・許仁沐《硤川詩續鈔》　秋塍承思亭先生家學，于夕桀、重差之術尤精。同里李壬叔善蘭師事之。

清・張文虎《張文虎日記》　同治三年九月十五日，同李壬叔由安慶小南門碼頭上船。【略】二十一日，未刻，抵金陵水西門。【略】四年正月十七日，接節相飭知，去歲十一月十八日匯奏克復金陵案内，以予與壬叔保舉訓導，二十七日奉上諭，准以訓導，不論單雙月，遇缺即選。【略】同治五年十月五日，鐵皮輪船至，送到姚衡堂先生回信，知叔文已入學，其《對數探源》已抄就，由子慎交壬叔矣。【略】同治五年十月二十日，又接壬叔信，知以廣撫郭瀛仙保舉精通西人算法，兵部火票諮浙撫，諮送入京。同治六年四月十日，緵老來，言節相派定書局六人：

汪梅岑、唐端甫、劉伯山、叔俯、壬叔及予，仍以緩老爲提調。【略】十二月朔日，書局凡七人：汪梅岑、唐端甫、劉叔俛、戴子高、周孟（餘）［與］、恭甫、壬叔與予也。【略】同治七年正月十一日，壬叔贈夷人重刊《重學》，即據錢升卿學博原刊本，冠升卿原跡於首，板式寬大，頗雅飭。【略】八年七月二十五日，馬制軍新飭准總理衙門諮印《幾何原本》《重學》、則喜齋《兵學》各六十部。【略】七年十月十三日，又抄《談天》三册，未全；又抄《代微積拾級》二册，不全，【略】除《談天》《［代微積］拾級》外，餘皆未見刊本。【略】同治七年十月二十七日，張魯生來拜，言壬叔以月初至滬，天津輪船已停止，入都之行猶未定也。

清·曾國藩《曾文正公手書日記》 同治四年七月二日，紀澤寄到《幾何原本序》，似明算理，文亦清矯。

清·李善蘭《致曾國藩函》曾國藩《曾國藩未刊往來函稿》 同治四年八月初六日。善蘭以九九小數，偶得微名，公不以末技輕之，既適館授餐，又以拙著猥登梨棗，使星星爝火，得附日月而常明，感激之深，莫可名狀。今《幾何原本》十五卷俱以刻畢，專俟弁首大序。所謂一經品題，聲價十倍，幸始終成全之。

清·李善蘭《致方駿謨函》陶湘編《昭代名人尺牘小傳續集》卷一九 《幾何原本》《重學》俱已刷印。惟《則古昔齋算學》僅刻一半，大約七、八月間方能了事了。

藝文

清·李善蘭《和張偉甫》李善蘭《聽雪軒詩存》 張鴻卓偉甫原詩題爲《李秋紉以所著四元解暨詩稿見示賦此卻贈》。收合漢唐宋，自成千載吟。半生彈古調，今始得知音。寶鑒懸雙目，春冰鏤一心。妙言聽不盡，巷柝報宵深。

清·吴兆圻《讀疇人書有感示李壬叔》 衆流匯一壑，雅志説算術。中西有派別，圓徑窮密率。三統探漢法，餘者難具悉。余方好茲學，心志窮專一。

雜録

清·諸可寶《疇人傳三編》卷六《李善蘭》 論曰：李京卿邃于數理，專門名家，用算學爲郎，王公交辟，居譯署者幾二十年，勳階比秩卿寺，遭遇之隆，近代未之有也。夫其聰彊絶人，蓋有天授。讀所譔譯諸書，剖析入微，奥窔盡闢，體大而思精，言簡而義賅，其爲薄海内外所傾倒也宜已。嘗聞治算之要，理與數也云爾。加、減、乘、除、開方也者，法也有理焉。堆垛、招差、天元、四元，與夫對數、代數、微分、積分也者，所以用法之法也，是術也而數起矣。數有萬變，理惟一元。術無論古今中西新舊也，其皆能舍加、減、乘、除、開方，而他有所用法乎？是故異者其名耳，而其實正同也。同者何，理而已矣。執理之至簡，馭數之至繁，衍之無不可通之數，抉之即無不可窮之理，人胡爲相畛域哉？昔者借根方法進呈，聖祖仁皇帝諭蒙養齋諸臣曰：「西洋人名此書爲阿爾熱巴拉案原本作八達，謹据西法改正，譯言東來灋也。」於是悟借根之出天元。梅氏發之於前。今知變四元爲代數，京卿證之於後。如于《重學》卷中附天元數草，課同文館生，演《海鏡》以代數，非欲學者因此識彼究其一致乎？自得京卿，而梅氏之説弗湮。亦有梅氏，而京卿之説益信。立言不朽，此類是也。吾知天下後世之讀京卿書者，謂其心爲梅氏所共見之心，而其義爲梅氏所未及之義，論其世可想見其爲人，必曰梅氏以後，一人而已。阿好云乎哉，豈弗盛歟？

清·王韜《王韜日記》 ［李善蘭］當今天算名家，非余而誰？近與偉烈君譯成數書，現將竣事，海内談天者必將奉爲宗師，李尚之、梅定九恐將瞠乎後矣！【略】（予）少於算學若有天授，精而通之，神而明之，可以探天地造化之秘，是最大學問。

清·《海寧州志稿·藝文志》卷一五 西法莫長於勾股，八線皆勾股也。中法莫長於方程，四元皆方程也。八線以一定之數，馭無定之數；四元以虚無之數，求真實之數，其精深奥妙，皆非三代上聖人不能作也。數爲六藝之一，古者大司徒掌之，以教萬民，當是時，所謂八線四元者，當必有其書，遭秦火而失傳也。而八線則幸流傳於海外，至今日而復昭。

清·張文虎《張文虎日記》 同治四年四月十五日，孫潤之來。潤之深服西人格物之精，圖繪山川之巧，而極詆耶穌之荒謬，又痛惡佛、道兩教，與予意合。壬叔則口應，而心不然也。

清·劉錦藻《清續文獻通考》卷八九《選舉考六》 又學部奏絶學專家，懇恩宣付史館略稱。【略】伏考國朝儒臣精通算學者，如梅文鼎、王寅旭諸人，均得列傳儒林。近世如浙江海甯州已故三品卿銜李善蘭，亦以精疇人之業，經館臣採訪事實，爲之立傳。

華蘅芳

傳記

清・錢基博《華蘅芳傳》民國・閔爾昌《碑傳集補》卷四三　華蘅芳字若汀，南延鄉蕩口人也。父翼綸號篷秋，道光二十三年中順天鄉試副榜，次年恩科中正榜舉人，選江西永新縣知縣，精察吏事，宿獄一掃刮絶。【略】子二，長即蘅芳也。年十四，得程大位《算法統宗》殘帙，讀而好之。中列飛歸等題，皆世俗所謂難能者，不數日而通其術。父翼綸喜其早慧，因購求《數理精藴》及《九章算術》等書相授，由是所學益進。嗣從同縣歲貢生鄒安鬯游，得讀秦九韶、李冶、朱世傑諸家之書，豁然通天元、四元之術，校補《數書九章》，凡數百字，皆宋景昌校勘記所未詳者。咸豐初，西人開墨海書館於上海，代數、幾何、微積、重學、博物之書次第譯出。是時西學初入中國，士大夫故見自封，率鄙不措音，獨蘅芳與徐壽能以是相砥厲，目驗手營，然無所得器械實試，偶有疑難，兩人斷斷日夜不休，必求涣然冰釋而後已。知三稜玻琉之分光七色也，求之不可得，乃用水晶印章磨成三角以驗之。知槍彈之行拋物線，而徐壽疑仰攻與俯擊之矛盾也，乃設立遠近多鵠射擊以測視之。蓋好學深思有如此者。既徐壽以同治元年應兩江總督曾國藩辟召，蘅芳則偕往。而壽之造黄鵠輪船也，一切繪圖測算、推求動力，蓋蘅芳之力居多。曾國藩遂以奇才異能奏保焉。已而國藩奏設江南機器製造局於上海，遂委蘅芳佐徐壽經始其事，及國藩用徐壽議，於製造局附設繙譯館繙譯西書，而蘅芳乃與徐壽分門認任，徐壽任化學、汽機，而蘅芳則任算學、地質，其後遂各以專門名家，而蘅芳譯水文辭朗暢，論者謂足兼信達雅三者之長。西士傅蘭雅曾著《譯書事略》，備詳其事。居上海幾四十年，覃心譯述，成書十二種，百六十卷。嘗以其閒，兩至天津，一至湖北。其在天津東局也，駐德使署購歸新出試彈速率電機一具，見者莫知其用，蘅芳以微分之理解之，理明而用亦明。其在天津武備學堂也，德教習購得法越戰時所用行軍瞭望輕氣廢球一具，主者欲新之以授學生演放，而教習居奇，久之而軾不就，蘅芳乃督工別製徑五尺小球，用强水發輕氣以實其中，演放飛升，觀者贊歎，德教習內慚廑，乃竣事。其教授上海格致書院、湖北自强學堂、兩湖書院及無錫竢實學堂也，一時承學之士聞風興起，而蘅芳誘掖獎勸，口講指畫，務以淺顯易明之語達精奥之思，教授幼生有時演算黑板故錯舛，幼生或笑曰先生誤矣，則從容詢誤在何處，或以對笑謂曰我今老矣，算學竟不及汝曹諸生，忻然彌鼓舞向學矣。惟蘅芳嘗謂講學之功不如著書之功爲尤大，蓋講學之啟發者僅在一時一堂，而著書則可以垂之後世，傳之海內而無窮。其著作之尤精者，如《開方別術》，併諸商爲一商，海寧李善蘭推爲空前絶後之作。《積較術》三卷，與後來日本推差新法軌轍相同，而積較之成書遠在推差法十數年前，則其於算學爲先知先覺可知也。與世接務崇謙抑而每出一語輒諧諧傾座人，同縣楊模稱其爲人歛退似老詭奇似莊，而論物理尚實驗似英之培根，講算術發明新理新例似英之奈端，至著書惟恐人不解則又似宣城之梅文鼎，與世之作者好爲艱深以蘄名高者用心殊焉。

清・王韜《王韜日記》　若汀名蘅芳，錫山諸生，亦具巧思，能曆算，國翩翩佳公子也。丁巳年曾來滬上，與西人韋廉臣遊，適館而去。

《華氏家傳》　光緒廿八年卒於家，年七十，無子，以弟之子爲嗣。

紀事

清・華蘅芳《行素軒詩存》　余從安慶回家兩日，仍束裝至上海，即得俊兒兇信。

又華蘅芳《學算筆談》卷五　余七歲讀《大學》章句，日不過四行，非百遍不能背誦。十四歲從師習時文，竟日僅作一講，師閱之，塗抹殆盡。【略】於故書中檢得坊本算法，心竊喜之，日夕展玩，盡通其義。

又　一時承學之士，聞風興起，誘掖獎勵，孜孜不倦，因材施教，造就尤多，及門私淑弟子，今充各省高等學堂教員者指不勝曲。

又華蘅芳《行素軒詩文存・序》　案頭所置者，惟百廿名家制義及古今算學之書，日夕流覽，舍此取彼，舍彼則取此。

清・楊模《錫金四哲事實匯存》　平生受各大吏知遇，幣聘争先，未嘗一涉宦途。【略】暮年歸隱，惟以陶育後進爲事。【略】澹忘榮利，務崇歛抑。【略】敝衣粗食，窮約終身。

雜録

清·劉錦藻《清續文獻通考》卷八九《選舉考六》　又學部奏絶學專家，懇恩宣付史館略稱，據候補五品京堂軍機處行走楊壽樞等呈稱，江蘇金匱縣已故運同銜直隸州知州華蘅芳及其弟已故直隸州州判華世芳，研精算術，深明格致。同治初元江南創設機器製造局，築廠置機，華蘅芳多所贊畫繙譯館，開任算學地質諸門，成書十二種，都百六十餘卷，風行海内，先後主講上海格致書院、湖北自强學堂、兩湖書院、無錫竢實學堂，成就學生甚衆。【略】該二紳學邃行優，導學界之先河，爲師儒所尊仰，謹開具事實清册及所譯著書目，呈請代奏。正在核辦間，復據呈稱，江蘇無錫縣已故二品封職徐壽，於數學、律吕、幾何、重學、鑛産、汽機、醫學、光學、電學均能窮源竟委，索隱鉤深，經前大學士曾國藩後先委辦安慶機器局、江南製造局，在安慶機器局與華蘅芳等造成木質輪船一艘，爲中國自製輪船之始，在江南製造局發明製造强水棉花藥汞爆藥諸法，又繙譯西書，成聲光化電、營陣軍械各種書籍，凡數百種爲中國講求西歐藝術之濫觴。同治十三年在上海設立格致書院，肄習西學西藝，爲今日開辦學堂之先聲。他如山東四川機器局、大北煤鐵、開平徐州煤礦、漠河金鑛亦多賴故紳訂定章程，擘畫規制，奇材異能，當代罕覯，呈請併案奏明，伏考國朝儒臣精通算學者，如梅文鼎、王寅旭諸人，均得列傳儒林。近世如浙江海甯州已故三品卿銜李善蘭，亦以精疇人之業，經館臣採訪事實，爲之立傳。又已故道員徐建寅，即徐壽之次子，長於製造化學，均奏請立傳。查華蘅芳、世芳較李善蘭稍晚出，而與之齊名，徐建寅之學即受之於其父徐壽，擬援成案，懇將華蘅芳、華世芳、徐壽三人事實，著述宣付國史館立傳，以振學風而昭來許。

清·李鴻章《朋僚函稿》卷一九　十一月二日復榮侍郎。【略】查津局得力人員無多，現有久在滬局之升用知府華蘅芳，精通機器製造，堪以委任，届時酌量咨調亦可。

華世芳

傳記

清·錢基博《華蘅芳傳》民國·閔爾昌《碑傳集補》卷四三　（弟）［華］世芳字若溪，拔貢生，得乃兄家學，著有《恒河沙館算草》。宣統元年十年學部奏曰，自揆學就衰，士方致力，帖括多以爲詬病，華蘅芳、世芳及徐壽等獨能於舉世不爲之日，昌明絶學，餉遺後賢，厥功甚大，懇將三人事實宣付國史館列傳。奉旨依議。

紀事

清·華蘅芳《恒河沙館算草序》華世芳《恒河沙館算草》　余年二十二歲，余弟若溪始生。【略】迨余著積較術，弟始與余論算。【略】是時上海求志書院每季以經史等題分六齋以課士，其算學之題有艱深奥賾猝不易解者，弟悉能洞曉其理，故每課必得前列，由是而善算之名偏播於士林矣。黄漱蘭學使聞之，特調考算學，令入南菁書院肄業，而科試遂拔萃於鄉，論者艷之。

雜録

清·張之洞《張文襄公奏議》卷五八《奏議五八》　保薦經濟特科人才摺并清單，光緒二十八年十二月十五日。拔貢華世芳，江蘇無錫縣人，文行兼修，精於算學。

清·劉錦藻《清續文獻通考》卷八九《選舉考六》　又學部奏絶學專家，懇恩宣付史館略稱，據候補五品京堂軍機處行走楊壽樞等呈稱，江蘇金匱縣已故運同銜直隸州知州華蘅芳及其弟已故直隸州州判華世芳，研精算術，深明格致。

【略】華世芳歷充學堂算學教習，教授精勤，士論翕服。該二紳學邃行優，導學界之先河，爲師儒所尊仰，謹開具事實清册及所譯著書目，呈請代奏。【略】查華蘅芳、世芳較李善蘭稍晚出，而與之齊名，徐建寅之學即受之於其父徐壽，擬援成案，擊將華蘅芳、華世芳、徐壽三人事實，著述宣付國史館立傳，以振學風而昭來許。

梅啟照

紀事

清・梅啟照《學彊恕齋筆算・序》 予謬不自揣，曩官江南，曾栞所箸《學彊恕齋筆筭》。辛巳之冬，奉命治河。

清・潘祖蔭《學彊恕齋筆算序》梅啟照《學彊恕齋筆算》 梅小巖方伯，蔭同年也。以禁近之臣出司大藩，使車所至，既有聲矣。

清・吴嘉善《學彊恕齋筆算序》梅啟照《學彊恕齋筆算》 余同年梅筱巖方伯，爲徵君族裔，於家學極有心得。

清・黄叔璥《國朝御史題名》 同治元年，梅啟照號小巖，江西南昌縣人，壬子科進士，由吏部郎中補授浙江道御史，官至東河河道總督。

强汝詢

紀事

清・馮煦《垜積衍術序》强汝詢《垜積衍術》 同治己巳，旅建康，問天元一術於强賡廷丈。【略】刻既竟，乃舉昔之與丈談諧者署之簡首，俯仰五十年，丈宰木既共，予亦頽然老矣。

清・劉承幹《垜積衍術序》强汝詢《垜積衍術》 金壇馮蒿盦丈一日出溧陽，强賡廷先生汝詢所爲《垜積衍術》四卷示予，蓋鍼砭海寧李壬叔徵君《垜積比類》作也。

清・强汝詢《垜積衍術・序》 同治八年夏，余暫寓大梁，與劉子恕觀察論算事，偶及垜積之難。旅居多暇，遂取古開方圖爲諸乘垜之根，紬繹推衍，【略】草稿既竣，余將南歸，適子恕購得《垜積比類》，出以相示，蓋海寧李氏所著新刊行者也。

又 余爲《垜積演術》，草稿甫就，子恕觀察以海寧李君《垜積比類》見示。

清・劉錦藻《清續文獻通考》卷二五九《經籍考三》 《春秋測義》三十五卷，强汝詢撰。汝詢字堯叔號賡廷，江蘇溧陽人，咸豐己未舉人，贛榆縣教諭。

劉彝程

傳記

清・《續修興化縣志》卷一三之六 劉彝程字省庵，熙載長子。性沈静善思，因得洞明借根天元諸法。力求深造，而苦無參考書。後適粤，過長沙，遇丁果臣，縱觀董、務以實學致用於世。熙載因其材，弱冠示以正負加減乘除歌（歌見熙載所著《昨非集》中）。項、戴、徐諸算家書，篤爲得未曾有。又訪鄒特夫於粤東，識李壬叔於滬濱，由是悉心弧矢級數等學。不數年，自著《割圓闡率》《開方闡率》《對數問答》數種。同治癸酉，英國算家傅蘭雅譯成《代數術》一書，是書爲西算代數甫入中國，無敢任校訂者。彝程一見瞭然，傅由此引爲至交。南海馮竹儒觀察綜江南製造局務，耳[聞]彝程名，聘爲廣言方館算學主教。光緒乙亥兼掌求志書院。大江南北如胡惟德、徐謙、支寶椿、陳維騏等，均精數學而出其門下。晚年乃集求志書院二十餘年算稿，都爲四卷，名曰《簡易庵算稿》，刊印行世。

紀事

清・劉彝程《九章實義・敘》 余甚憾之，嘗欲自著一書，引申淺近算理，藉示初學津梁，而中年以來，忽忽少暇。光緒初，父執湘陰郭筠仙侍郎奉命使英，過滬謂余曰，是行攜有出洋學生，將使學算，宜以何書入門。余對以向乏善本，無已，惟有自著。郭公慫恿速成，并任剞劂。踰年公歸國，予無以應，惟謝以異日而已。未幾余主上海求志書院算席，仍兼課廣方言館算學生，講授日益繁重。求志課士歲四舉，命題之始，余恒擬稿一篇，宣示奧窔，積二十餘年心目所注，悉在於此，無暇旁及。前年編以爲《簡易庵算稿》時，定興鹿芝軒尚書撫三吴，見而稱善，又謂是蓋未易問津，勸別撰簡要門徑之書，啟牖來學，説見公所撰序中。余始常耿耿負郭公厚意，至是又懼無以報鹿公，遂乃屏絶塵事，盡半年之暇，撰爲是編，分比例、面體積、方程、句股四卷。

雜録

清・葉耀元《中西算學大成跋》陳維祺《中西算學大成》 劉師因割圓、開方、海鏡、堆垛而創諸新法。

清・崔朝慶《垛積通術叙》 吾師興化劉省庵先生主講上海求志書院，常常以垛積題課士。

清・華蘅芳《代數術序》 余既與西士傅蘭雅譯畢《代數術》二十五卷，更思求其進境，故又與傅君譯此書焉。先是咸豐年間，曾有海甯李壬叔與西士偉烈亞力譯出《代微積拾級》一書，流播海内。余素與壬叔相友，得讀其書，粗明微積二術之梗概，所以又譯此書者，蓋欲補其所略也。書中代數之式甚緐，校算不易，則劉君省庵之力居多。

清・陳維祺《中西算學大成序》 草創事例，就正于劉師省庵先生，輒蒙許可，並囑同門友人葉君子成，朱君吉臣鶴汀，李君煌廷分任校繪之事。

趙元益

傳記

清・華世芳《表兄趙静涵小傳》 表兄姓趙氏諱元益字静涵，世居新陽縣之信義鎮。考諱之驥，道光甲午科舉人，東河即用知縣。東河君有二子，長元臨，元配陶宜人出。次即兄，繼配余姑華宜人出也。信義距余家蕩口僅一日程，余姑時歸寧而痁忽作，以是兄即娩於余家，實道光二十年六月二十八日也。時東河君方會試不第，留京師，旋大挑一等，以知縣分發東河，故余姑恒依余王父母以居，而兄朝夕侍側得余王父母歡。未幾東河君歿於工次，兄纔八齡耳。喪歸葬畢，仍來余家，從喬先生讀書。余王父母暨余父母以兄之早失怙也，愛之尤摯，故教之益勤。年二十，補博士弟子員，無何粵匪東下，蘇常淪陷，蕩口以團練獨完。凡蘇城故家珍異之物，咸集市上。兄獨好書籍，如黄蕘圃、汪圓源諸家所藏宋元祕本，購藏尤多。歲辛酉秋，余姑病卒，兄年已二十二矣。時余父至安慶乞師，以兵事將興，徙家滬上，逾年始歸，一切料檢行李、束載書籍得兄之力爲多。余王父粹於醫家，藏靈素以來醫書百十種，手自校録，兄自幼習見余王父之療治人疾，而又有鑒余姑之卒爲庸醫所誤也，乃發篋治醫方尤篤信張仲景之法，爲人治疾有奇效，名噪一時，遠近争求之。又以其暇，兼治算術。時余伯兄在滬譯館繙譯西書，因邀兄同往從事校譯，先後譯成《行軍指要》《測繪海圖》《數學理》《儒門醫學》《西藥大成》《内科理法》《法律醫學》等書，凡若干卷。未成者有《小學校新律》《測繪算器圖説》《英民史畧》若干種。癸未築室滬濱，始挈眷去。余父有詩送之，存集中。蓋同居四十年，甥舅之情依依難舍也。辛巳壬午間，皇太后有疾，詔令督撫保舉知醫之士，李文忠謀以兄應詔，行至天津，嗣聞報痊遂止。戊子中江南鄉試第二十六名舉人，明年會試報罷。時無錫薛福成奉命使英法義比四國，以醫官招兄隨行，常以暇日譯成西國地志若干種。英倫三年，水土飲食迴異中原，兄以是得腹疾，比歸而時作時止，然仍從事譯館不輟。壬寅冬，復以譯事力疾之京師，十一月二十五日卒以腹瀉之疾歿於前孫公園錫金會館居易齋之東房，余次兒藺適在京館，因爲之經紀其喪，明年歸葬於新陽縣之某鄉。兄娶無錫提舉銜候選鹽經歷孫壽雲女，子二，長詒琛，嗣元臨爲後，次詒璹，皆能世其學。而詒璹嘗游法蘭西，肄業三年而歸，今隨出使大臣許玨至義大利游學云。

清・丁福保《趙静涵先生家傳》 歲丁酉，余任邑中竢實學堂算學教習，時著《算學書目提要》，謂先生所譯之《數學理》其深處已寓微分之理，先生頗以余爲知言，遂引福保爲文字交。已亥春季先生馳書詢福保曰，余於粵匪亂後在蘇城得烈婦丁安人事畧，曾擕之而歷英法義比各國，擬請薛叔耘先生傳之而未果，藏之已四十餘年，安人豈吾子之同族耶。福保得書喜甚，蓋安人爲吾叔祖杏舲先生之妹，名瑶真，善詩詞，嫁犢山周氏，爲懷西先生之孫媳，而死於粵匪之難者。書辭往復凡十餘通，先生鄭重烈婦事畧，不敢輕於郵寄，至庚子歲福保來上海，先生始以安人事畧及蕭敬甫先生所作之丁安人傳交福保收藏勿失。

福保性喜習醫，著《衛生學問答》，是時已刊行數年，而苦於無良師，屢見先生爲人治病輒奏奇效，於是造先生之廬而受業焉。先生容貌粹然，笑語怡然，而又虚懷若谷，謂福保曰：「余有何所長而來君之問乎？夫醫之爲道，自古以來知之者少，精之者又少。孫思邈也，王燾也，龐安時也，錢仲陽也，許叔微也，陳自明也，陳無擇也，嚴用和也，唐宋閒僅八人耳。劉完素也，李杲也，羅天益也，陳聊攝也，朱震亨也，吴有性也，徐靈胎也，葉天士也，陳修園也，尤在京也，自金元而至國朝，亦僅有十人。而秦漢閒有扁鵲、倉公、張仲景、華元化，號稱良醫，綜計其數不過二十有二人而已，無惑乎其道。若存若亡，陵夷至今，有江河日下之勢也。余因是蠹焉傷之，乃搏採自漢以來之醫方一一施諸實行，其驗其否疑信參半，而爲庸醫師顛倒雜亂以致不可究詰者蓋已久矣。同治初年，西士傅蘭雅等相繼來游吾國，傅君工於算，旁通醫籍，余見彼等之長於醫也，恒與之作竟夕談，始知西國之醫固秩然有序，請傅君等日述之，余筆載之，歷二十有餘年，成書凡九種，曰《行軍指南》《測繪海圖》《數學理》屬於算學者也，曰《儒門醫學》《西藥大成》《内科理法》《法律醫學》《濟急法》《保全生命論》屬於醫學者也。余於有用之書，雖無所不喜，而於醫學則好之尤篤，用以施之於病則靡不效，設天假之年，他日者使得盡搜彼國醫書之良者，與君朝夕肆力於此，簡其精者要者博而大者，譯而刊刻之，以壽吾國民，則吾國民之抱病無方者庶其有賴。而又不止此，吾國醫方得西國之醫理而益可證明之，溝通中西之學説，醫道庶幾其中興也。雖然死生何常之有，回憶總角時隨余母華太宜人左右不秒離，忽忽已成往事，即推之余先父棄養時，余母慟，余兄哭至哀，余號咷，忽忽又成往事。余生於道光二十年六月二十八日，至今已六十矣，而欲與君竟其初心能乎否乎？」嗚乎！先生之所以詔福保者如此，而先生之去世亦已八年，迴憶篝燈函丈醰醰縱談西醫時，先生猶精神强健，暇則每道及戊子年登科事，庚寅、辛卯閒隨無錫薛公福成爲隨員事，翻刻李文貞公得朱熹門人張洽所校舊書事，與平生用藥療人事，縷縷不絶。福保追憶往事，感歎知音，一涉筆一聲淚矣，爰撫略梗概，以誌勿諼。先生名元益字静涵，姓趙氏，配孫氏，有懿範。子二詒琛、詒璹，俱能繼父之志。先生尚有未脱稿數種，曰《英民史畧》《西國地理志》《測繪算器圖説》《小學校新律》。

雜録

清・華世芳《表兄趙静涵小傳》 表弟華世芳曰：兄之中式也，距余父之歿已一歲矣。余伯兄在滬北先得耗，衣冠往賀，兄乃號涕而泣，既詢其故則泫然曰，吾痛舅父之不及見也。嗚呼，兄之至性過人，觀於此而知之矣。

清・丁福保《趙静涵先生家傳》 丁福保曰：晚近以來號稱新醫學家者鮮衣肥馬，日囂事淩，論先輩則横加訾語，治疾病則草率滋甚，昔時勤樸謹厚、朝夕從事刀圭而不計值如先生者不槩見。吾鄉浮薄少年尤好媒孽下石，人之云亡，邦國殄瘁。爲先生傳，竊有慨於中也。

葉棠

傳記

黄鐘駿《疇人傳四編》卷八《葉棠》 葉棠字瀚池號松亭，安徽桐城人。著有《天元一[術]圖説》一卷，又撰有《籌算針度》一卷。

紀事

清・管嗣復《天元一術圖説序》葉棠《天元一術圖説》 甲辰春客桐城，以語葉君翰池，知翰池亦頗與嗣同病。今年翰池來金陵。【略】道光二十九年歲在屠維作噩壯月江甯管嗣復序。

陳澧

傳記

黄鐘駿《疇人傳四編》卷八《陳澧》 陳澧字蘭浦廣東番禺人。年十七，常熟翁文端公督學廣東，考取縣學生。明年科試第一，同世諸名士，皆出其下。年二十二，舉優行貢生。二十三，中式舉人。六應會試不第，大挑二等，選河源縣學訓導，兩月告病歸。揀選以知縣用，到班不就。請京官職銜，得國子監學録。爲學海堂學長數十年，至老爲菊坡精舍山長。英偉之士，多出其門。光緒七年，兩廣總督南皮張制軍之洞、廣東巡撫長白中丞裕禄，會銜保薦，奏請量加褒異。其年七月奏。上諭：陳澧着賞加五品卿銜。八年正月卒。所著有《聲律通攷》《切韻攷》《漢書地理志水道圖説》《漢儒通義》《説文聲（讀表）[統]》《水經注提綱》《東塾讀書記》《琴律説》《文集》諸書。

雜録

清・郭嵩燾《郭侍郎奏疏》卷一〇 臣在粵兩年，所見績學之士，踐履篤實，堅持一節者二人。一曰番禺舉人陳澧，行誼淵茂，經術湛深，近年廣東人才由該員陶成造就者爲多。臣愚以爲宜置之國子監，使承學之士稍知學行本末，光益聖化。

黄鐘駿《疇人傳四編》卷八《陳澧》 論曰：《顓頊》《夏》《殷》六曆，秦一炬後，莫可深攷。而術之見於史志，最古者厥惟《三統》，然又率多傅會，易策顛倒次序。陳京卿爲之詳説，洵足補錢、李、董諸人所未及。其《弧三角平視》一書，尤便初學，功亦鉅矣。

清・朱壽朋《東華續録》 光緒四二 國子監學録銜陳澧，番禺縣舉人，持躬謹嚴，識量宏遠，通經學道，粹然儒者，所著《聲律通考》《漢書地理志水道圖説》。原任大學士曾國藩服其精博，其餘著述尚多，亦皆能發明義理，篤實純正，士人出其門下者率知束身修行，成就最衆。

殷家儁

傳記

清・王闓運《湘綺樓全集》詩卷一〇《送殷安還洞庭并序》 湘陰殷家儁字竹伍，本姓音氏，蓋元之舊族也。明初以軍功世屯官居於營田，故饒於貲。至竹伍，生有巧思，覽《九章》《周髀》之書能求捷術，尤喜製器，凡徐光啟所傳其師法，輒召匠試爲之，日夜工作不休，成不可用，即又更作，作成復棄不用，以此蠹其家。當是時海禁猶張，儒者耻言太西，亦不視筭草，唯予友丁取忠頗奇竹伍之術名，稍稍聞諸生中。洪寇起，湘軍興，始務造礮，立長沙官私二廠，各以其所謂能者主之，竹伍不在選中。余時游曾侍郎軍幙，亦不知其能如何，未由薦也。武漢復，軍聲勢盛，湖北藩使夏廷樾主轉餉居武昌，請余俱行，因長沙黄冕知竹伍名，欲倚以造留防軍械，遂得相見。同舟東下，既至江夏司庫，糧臺恒不能辦萬金，人心摇摇，百廢不興。余時新昏，思歸甚，假度歲辭去。竹伍猶留，欲有所營。未旬日督府之師潰於黄州，曾之水師船燔於九江，寇復大上，武漢三陷，各踉蹌奔免。自後黄翁居長沙，通湘軍諸將，總湖南餉事，名勢重於巡撫，而形勢已定，無所用。竹伍委以榷税外縣衣食之而已。洪寇平，夷議偏重，朝廷乃始留意船礮。大臣承風争言機器之利，關税七百萬悉輸之，福建上海船政機器用之，而天下干進者争自託於西學，督撫以製器爲能事。湖南雖居腹裏，亦設局省城，月給千金遺亡賴者主製辦。余始言且可用竹伍，當事者辭以饔飱費不給，竟不用也。川督丁尚書謀西防患，火器不精，奏開局成都，大作鑪廠，營建費巨萬，廣求奇藝異能，手書致竹伍，厚其聘幣。竹伍喜謂，可竟其所學，開農田水利織作之利。余以爲七十老翁，雖得知己，猶患晚遇不自覩其效也。及竹伍至，而御史已言成都製器不可用，故隨作隨毁，詔使案之當罷。竹伍復失職遣歸，無資以自還，按察方君倡助之，倉卒附舟去，則己卯歲四月朔日也。余感其技成而無用，逢時而不見求，有知遇而無時，使其懷奇略藴治道則賈生之流也。於其行賦四詩贈之。

紀事

黃鍾駿《疇人傳四編》卷八《殷家儁》 殷家儁字竹伍，湖南湘陰人。南海鄒特夫徵君伯奇著《格術補》一書，長沙丁杲臣明經取忠重刊於《白芙堂算書》中，而家儁爲之箋，並爲之補算與圖。又著有《自鳴鐘説補正》一篇，亦足補鄒氏所未備。其他著述尚多。

清·王闓運《[光緒]湘潭縣志》 湘陰殷家儁父子補地圖、衡陽夏時濟説山川，光緒十有五年五月，書成。

清·王定安《兩淮鹽法志》卷七六 督銷門

又光緒二三年間，該岸改行尖鹽有劉致泰、張恒茂二户，倒欠課本三千一百餘兩，經前辦員紳封提房屋招售價約相抵，尚屬有著，惟查核該局於前道任内已報未解銀兩有一萬六七千兩，職道接事後，即將該局委紳殷家儁先行撤换。

黃炳垕

傳記

黃鍾駿《疇人傳四編》卷八《黃炳垕》 黃炳垕字蔚亭，浙江余姚人，梨洲先生七世孫也。同治庚午科父子同榜舉人。年十三時，塾師論天象，謂六合之内，大地居中，日、月、五星皆繞地而行，月與星俱借日光，故日爲君象。炳垕起而問曰：日既爲君象，星與月皆借日光，是六合之内莫尊於日矣。奈何與月同繞地行也？塾師愕然，曰：小子未可以語此也。既而曰：此子當以絶學鳴世。弱冠後，鋭志家學，得先世遺書讀之，遂盡通曆算之術。同治甲子，湘陰左文襄侯相奉命飭各屬訪求通曉句股三角、開方度算之士，測造沿海府縣輿地圖。餘姚令陶雲升以炳垕名通禀，各大憲邀請測算。未及半載，而圖説俱成，申詳梓行。又融會諸法，參以心得，别爲一書，名曰《測地志要》。凡測經緯廣遠高深，暨推算雜法，悉以試於一邑者爲例。戊辰己巳，徐壽蘅侍郎樹銘視學兩浙，推崇絶學，召試句股術，拔置第一。食餼，延至署中，訪問天學。庚午，以優行貢太學，是年遂與其子維翰同舉於鄉。辛未計，偕入都，聯交於海甯李壬叔京卿善蘭，朝夕過從，講論絶藝，而其學益進。下第南歸，會李芍巖侍讀文田督學江右，梅小巖中丞啓照巡撫兩浙，朱肯夫詹事逌然視學川中，長白都轉惠年轉運兩浙，皆以書來招致，悉以老病辭不赴。惟嘗一主辨志文會天算講席，兩浙髦士，多出其門。又嘗爲祁子禾學使世長所邀，暫閲甯郡算學試卷。以其所著書行文撫院，咨送國史館。其《測地志要》一書，又爲總理各國事務衙門所取，分致各營。生平所著書曰：《誦芬詩略》《忠端年譜》《文孝年譜》《曆學南鍼》《方平儀象》《交食捷算》《麟史曆準》《五緯捷算》《燹餘存稿》，暨《測地志要》，凡十種。方平儀象一幅，易平圓天圖爲平方，皆本當時實測，是爲適用。

其撰《交食捷算》《五緯捷算》也，謂《欽定攷成》一書，詳述步算之術，而卷帙浩繁，數理精邃，匪特寒素之家無力購其書，即中智之士未易窺其奥，故殫思有年，悟得捷徑，證之實測而悉合，以爲初學從入之途。

紀事

清·劉錦藻《清續文獻通考》卷二六四《經籍考八》 《黃梨洲年譜》一卷，黃炳垕撰。炳垕號蔚亭，浙江餘姚人，同治庚午舉人。

清·朱壽朋《東華續録》 光緒一一五　戊子。

崧駿奏準會典館咨輿地一門，今昔情形稍異，關繫至切，爲用尤宏，會典原圖未標經緯綫及開方，有省府各圖而無州縣圖，擬就圖式並辦理章程，請旨飭下，各省遴派留心地理、精於測繪之官紳士子，照所頒格式測繪送館奏奉。諭旨。依議，欽此。並準咨明不得以舊圖及志書所有之圖搪塞了事等因。咨會到浙，當經分別轉行。一面派委候補道宗源瀚會商藩司設局辦理，先延紳士，保舉內閣中書黃炳垕商訂，又遴選即用知縣準補龍泉縣知縣胡文淵總核一切。

藝文

清・黃炳垕《測地志要・矩度銘》 聖經重絜矩，齊治平相因。以理爲矩矩無形，絜千萬人之心。以器爲矩矩有形，絜遠邇與高深。化而裁之通乎變，神而明之存乎人。

又《測地志要・儀器銘》 三百六十，經緯昭然。午割爲象限，中分成半圓。仰窺九天俯測九淵，旁推九野極九邊。非聖不作，非哲不傳。繄聖哲之遺制，歷億萬有千年。

又《測地志要・七律二首》 拙著《測地志要》成，蒙邑侯陶公暨諸同志授諸梓人，爰述梗概，并誌知己之感七律二首。

行年五十媿無聞，一藝何奇薦牘紛。兩表測窮三角度，雙鞵踏徧萬峰雲。矢弦切割勞推算，廣遠高深細剖分。搏兔也憑全力赴，偏隅原可例垓垠。

數卷編成兩鬢絲，茫茫塵世更誰知。南雷自昔貽弓冶，西法於今奉鼎彝。苦志不隨滄海變，精心未受古人欺。名山石室存奢願，何幸良朋付棗梨。

雜録

清・黃鍾駿《疇人傳四編》卷八《黃炳垕》 論曰：黃孝廉世守家學，知名當時，晚乃鍵關著書，謝絶世務，屢辭名公鉅卿之聘，其品詣卓然不侔矣。及讀其書，而法極其簡，旨極其明，雖中下之材亦不繁言而解。李壬叔京卿稱其以梅氏之心爲心，豈虚譽哉！

胡秉成

傳記

黃鍾駿《疇人傳四編》卷八《黃炳垕》附胡秉成 秉成原名士培，後改炳遠，字在茲，居近射的山。好劍術，有古任俠風。從炳垕受天文曆術，登光緒壬午賢書。癸未赴春官，人皆以聯捷期之。乃毷氉南歸，遽卒於甲申人日，年逾不惑。

董毓琦

傳記

清・黃鍾駿《疇人傳四編》卷八《董毓琦》 董毓琦字子珊，浙江臨海人。歷官廣東海陽縣、梁安縣知縣。著有《星算補遺》八種：曰《笠寫壺金》，曰《髀矩測營》，曰《視徑舉隅》，曰《籌筆初梯》，曰《交食南車》，曰《倉田辨正》，[曰]《九環西解》，曰《珠算探驪》，行於世。

紀事

清・董毓琦《交食南車・序》 乙巳秋，琦攝梁安縣事。【略】丙寅初春，子珊董毓琦自識於海陽官舍之髀算山房。

又董毓琦《星算補遺・九環西解・跋》 丙寅秋，琦留吴方伯署中，委製渾儀球體，方圓曲折，剖晰豪芒。

又董毓琦《梅心續集・試造氣行輪船始末》 光緒二年奉兩江督憲沈、江甯簿憲梅委辦金陵算學局具稟。敬稟者，竊卑職忝持星算，非徒咕嗶窮年，要必製器尚象，法備中西，爲千古不磨之業。西船以火馭輪，美猶有憾。竊以天地自然之氣，七政隨宗動天左旋，每日繞地球九萬，孰令致之？氣使然也。卑職揣摩奧諦，擬倣天輪之氣一百二十九萬六千杪，日輪之氣三千六百杪，月輪之氣四萬七千六百杪，五星諸輪遞有加減，則一氣洪鈞，鼓九重而摩盪。氣何以鼓？七政諸輪交搭偏重之力鼓之，如天平法碼左右均一千斤，五雀六燕適平，若左加一兩則左降而右升，右加一兩則左升而右降。以一兩偏重之物升降千觔之輪易如反掌，其他不待言矣。輪不用火，局變，揖讓征誅，使西國島夷望塵讋慄，否則西用桓桓覇術，中用王道平平，秉禮之無所施其技。有志者急宜用夏變夷也。果若此，則無火之輪不用烟囱，風渾形如渾沌，四週俱包鐵甲，似蛋殼，中空，旁開炮眼，子落圓穹船背滑墮水中，近於敵船即洞其腹，不脛而走，任意指揮。若不早爲圖，維恐西術愈張，誅求無厭越，所以十年生聚十年教誨爲綢繆未雨之機，此則私心所耿耿耳。再卑職皖者服官，兼辦皖省穀米局，應稟安撫憲外，伏乞憲鑒施行。【略】

籌防局洪道密札：機器局提調王斌，上海縣莫祥芝，查驗機器稟覆敬稟者。竊卑職接奉鈞諭，以算學局委員董丞毓琦試造氣船，時歷一年之久，領欵至二千兩之多，究竟工程現有幾成，將来能否必其有用，飭即會同上海縣莫令，逐一確查，縷細稟覆，毋稍瞻循迴護等因。卑職斌遵即馳赴滬城，卑職祥亦奉札同前奉此。卑職祥會同商酌，所有董丞之造機器之鉄廠，均在租界，若會同彰明往查，事屬張皇，恐難得其實在，是以密邀妥友，隨同卑職斌前往查察外，查得发昌廠内製就車光大小齒盤及抽水桶、天平架坯、抽壓板坯大小夹頭坯共二十八件，計重四千四百七十九磅，又查得順昌廠内製就大小齒盘、皮條盘、天平脚等大小共五十八件，計重六千七百零四磅，兩廠合付規銀一千零六十兩〇一錢二分。又製造模様等項銀七百兩零，製造船壳銀一千四百兩，業用去銀三千一百六十兩零，與董丞領過二千欵項尚不懸殊。據稱升降桶應用二十四箇，尚短二十二箇，齒輪八十餘箇，尚短二十餘箇。其中應配機軸、水輪、天平、總軸等件，合計已就之工約有三分之一，添配齊全約須添欵八千金等語。至將来能否必其有用一層，在董丞十年苦心，未必毫無把握，惟事属創始，不比仿照現成機器確有准則可循，所製輪桶尚未裝配齊全，卑職等學識淺短，無從懸揣。合將奉札確切查詢，并兩廠所用已製機器已收價目照録清摺，仰祈鑒核施行。

稟兩江總督沈。敬稟者，竊卑職現奉憲札，以籌防局洪道委員查驗稟覆氣船未成尚須添欵，該道不以爲然，蒙大人格外恩優，爲卑職捐廉二千，前領局欵二千，業將此項賠繳釋羣疑【略】。既蒙恩憲捐廉，此船造成，與籌防局無涉，卑職自行設法墊欵，不領一錢，指日告成，爲國家争色，爲恩憲争光，工成之日，呈送憲轅以報感恩知己，而江南諸君欲於此時得現成者，請麾而去之。現蒙浙中丞梅允助千金，而張道景渠已爲滙到，業做一丈船様，月初在護城河小試如飛，俟六丈大船告成，使中外憑軾，以觀公論自在人心，無待鄙言再贅也。

四年八月初十《申報》，客有於初七日傍晚在四明公所之護城河中，見有华客新製之機器小船一艘，長丈餘，可不燒煤而自能行走。後聞此船係沈制軍委員試造，【略】尚有大船在虹口試製，經費不敷云。

五年夏隨兩江總督沈入都，由都察院條陳，爲富國强兵條陳要略事。【略】

五年四月廿三日。本日軍機大臣面奉諭旨，董毓琦着隨同兩江總督沈葆楨前赴江南。欽此。

軍機大臣字寄大學士直隷總督一等肅毅伯李、兩江總督沈、總督銜前福建巡撫丁，光緒五年四月廿四日奉上諭，都察院奏安徽補用同知董毓琦以製造輪船等詞，赴該衙門呈遞，據稱該員擬製氣行輪船，無須用火，即能行駛，較火船尤能制勝，現在製造將次完工，尚短銀三千兩，繪具圖說呈覽等語。該員創製輪船，如果行駛合用，自尚可取，所短工料銀三千兩，着沈葆楨籌欵發給，並與李鴻章、丁日昌按照圖説詳加　酌造成後，即由沈葆楨試驗，究竟是否合用，據實具奏。本日已諭知都察院，令董毓琦隨同沈葆楨前赴江南矣。圖説二件發交沈葆楨閲看，將此各諭令知之。欽此。【略】

北洋大臣爵閣督部堂李十二月初二日排单奉批，該員試造機船，據稟支搭已有九分，尚須裏配零件，計月即可告竣，仰候明春開河後，即航海駛赴天洋，聽候驗試繳。

署天津道盛印宣懷附函承示機船已告厥成，具見苦心孤詣，足以壓倒各國奇技，欽佩萬分，惟船成行駛遲速未知比火輪如何，此間羅觀察亦有氣輪之製，伯相意欲彼此比較，以期精益求精，鄙意此等創舉，當不惜糜費，不計年月，必期成而後已，未可淺嘗輒止也。

八年五月初七日《申報》，董紫珊太守試造氣船，墊欵萬金，今夏告成，在滬試駛，快捷迭登前報。盖太守以沈文肅前有破格保奨一語，感恩知己，力圖報稱。客冬文肅歸道山，太守索然意盡，兩江之局面改觀，諸事每多掣肘，幸巧媳爲無米之炊，墊欵勉告厥成，在滬試駛月餘，中西争先覩之爲快。五月初三日，由滬展輪，計試海出口，先赴金陵，後赴北洋驗駛，初四早辰到福山海面，猝遇颶風擱淺，風浪鼓盪，震壞機器，淹死五品軍功林四等，何造物之忌才若是耶？當時福山鎮派船救起淺船，先到江陰縣驗屍，一切被風毁船情形，太守與江陰縣會禀督憲云。奉批飭匠趕修，駕駛来甯試驗。

禀江督劉。敬禀者，竊卑職氣船被風損壞，奉給一月口粮遣散水手，遵於八月廿四日將氣船暫交江甯縣并籌防局員收管，惟該局洪道以此船難犯風濤，不適於用，請憲台奏明停止。又以卑職賠欵一萬三千，據實報銷。憲案而洪道擬佑除銷六千金外，當無賠累。所謂能走者，不過藉人力而行，所謂要修者，不過再請領費等因奉此。卑職下情不能上達，敢於恩憲父母前詳明而縷晰之。卑職此舉，原爲鉄甲火輪皆拾西人唾餘，學射於羿，豈能勝羿？必新創一法以懾外洋，故試造三年，煞費苦心，萬金賠累，幸於本年夏間告竣，在滬江試駛。十八國奇觀萬邦駭汗，是衆目共覩，非一己之私言也。竊喜國氣已争，可慰憲恩高厚，故於五月初三日由吴淞開輪試洋，計先金陵，後駛北洋，初四到福山海面，颶風擱淺，震壞機器，淹死五品軍功林四等，當與江陰縣會禀情形，但中途無處修理，且所費不貲，幸地軸天輪尚能行動，不得已緩行駛至金陵。盖機器未壞之先，吴淞到福山日行四百里，已壞之後江陰到金陵日行百餘里。五月十六日憲台帶同司道前來驗駛，在卑職以爲機器已壞，請驗修理而行駛，在既壞之後不待言矣。尚能由漢西門之勞勞亭上駛接官亭下，回徃四里，表上一刻，是一點鐘能行十六里，若修好如吴淞到福山一樣日行四百里，業已行来，有明徵矣。倘能精益求精，日行七八百里不等。此驗駛在既壞之後，快慢是非無定論，乃全豹祇窺一斑。而洪道誤爲觀止，故請憲台奏止，且引機以人力爲嫌，不知此機已壞，飛廉善走，有病亦須人扶，凡物無自動之理，自動則爲怪異不祥。火輪以人動火，火動其機，此輪以人動鐵，鐵動其機。愚者呆用千觔力動千觔物，智考巧用一觔力動千觔物，俗所謂四兩撥千觔，中外求此巧力而不可得。琦揣摩半世得之，然輪齒之多寡、輕重之搭配，失之毫厘，謬以千里。皮相者以爲平淡無奇，入彀者仔細推敲，此中甚有妙諦。【略】

江南籌防局洪道行知光緒六年十月十六日奉兩江督部堂劉札，開照得本部堂於光緒六年九月十二日會同北洋通商大臣李、前福建廵撫丁，專差附奏安徽補用同知董毓琦試造氣船不適於用，所領銀兩因公起見，免其賠繳一片，兹於光緒六年寸月十四日差弁賫回，原片内開軍機大臣奉旨知道了。所領用銀三千兩，着免其賠繳。欽此。

北洋天津道盛来函，試辦氣船一節，閣下煞費苦心，冀欲别開生面，壓倒各國奇技，刻因遇風擱淺，損壞機器，若就此中止，勢必貽笑外洋。閣下顧全大局，自行修理，未審何日可以告成，想所費尚不甚鉅殊爲系。念此間羅觀察爲伯相所造之船，已於前日下水，尚未試行，將来如能彼此集益，以底大成，實非常之勛業。弟愧不能裨助絲毫，而寸衷實萬分，欽佩也。【略】

七年十一月十一日《申報》，董子珊太守於氣船歷盡險阻艱辛，兹復墊欵再造一船，泊在本埠十六舖，經文武各官看驗，均已列報，現每日在岸聚觀者實繁有徒，而下艙詳看者亦絡繹不絶，雖機艙關鎖，閑人不得擅入，而好友惠臨太守仍循情開看，有時令人以一指撥其龍頭，即輪轉如飛，故近有一指船之稱。夫此船非三千斤力不能動輪，今一指不及半斤而可展輪如飛，殆所謂四兩撥千斤，借力取巧之法乎。

八年二月廿三日兩江爵閣督部堂左札，開知府銜安徽補同知董毓琦知悉，照得該員前在上海試造氣行輪船，機器遇風損壞，不適於用，經前大臣劉咨回皖省當差在案。嗣據該丞在滬自備資斧，復造此項氣船一隻，業已告成，又經劉前大臣批飭，駕駛来寧試驗，迄今未據禀到，札到該丞即便遵照，將前項氣船駕駛赴甯聽候試驗，毋稍遲延。切切。

金陵軍需總局爲札行事。本年十月十四日奉爵閣督部堂左札，開據安徽儘光補用同知董毓琦氣船修理小竣，試駛尚爲快捷，約計數日，恭請驗駛。此修乃照原来舊樣，加重僅得十分之七，因曠日持久，先行呈驗，尚有盡善，規模精益求精，駕火輪而上之，容俟續製。所有此船墊欵報銷共四千六百九十八兩二錢九分二厘，以三千兩報効國家，此外乙千六百九十八兩二錢九分二厘，俟驗駛後，候本局籌欵撥給。札到即便遵照。

禀爵閣督部堂左。敬禀者，竊以宇宙漸啓，洪荒則必生制作之才。周公之作指南，孔明之興流馬是也。説者謂造物忌才，如孔子之厄，陳蔡困於沮溺接輿，而亞聖以降大任必先苦志勞筋餓膚困乏，此語得之矣。卑職初試氣船，沈文肅創之，籌防局掣肘，文肅乃捐廉二千，琦自墊一萬三千，船成行至福山，失事，又爲洪道阻毁不修，卑職再賣家田，又爲漢陽輪船沉没，而千方百計，巧媳爲無米之炊，且忌才孔多，慚毁交集，卧薪嘗胆，始底於成，現蒙侯中堂爲國求賢，菲才得伸屈蠖，故馬逢伯樂而鳴，士得知己可以不憾。客冬十月廿六日中堂親来驗駛，該局以火輪比試。由局河到洋藥局河邊三里之遥，表上七分半，是一點鐘能行廿四里，當時上水逆流，火輪炸其氣表，氣船折碎齒輪，不能終試。臘月，碎輪修好，憲派李道前来驗駛，由局河上溯，逆水逆風，勉上五里，表針十三分，每點鐘可行廿五里，乃未及通濟門，而水涸底擱於沙，又未終試。兩次遭逢不偶，市虎重来。【略】正月廿四日隨伺侯中堂出閲江海諸防，時由旱西門展輪，憲駕廿四槳砲划，與氣船同時開駛，氣船上前三里，砲划不能追及，嗣以火輪拖帶砲划追至三汊河始上氣船之前。又出江上下水試行，一齊並到。蒙中堂掀髯一笑，卑職浹髓淪肌。次日又隨憲駕開輪氣船上前，及至瓜州火輪上前，到鎮江氣船遲一刻，計水程一百八十里，亦步亦趋，尚克追隨杖履。雖不及火輪之速，夸父猶能逐日於鄧林，而同行者總以不及火輪爲憾。次日氣輪以慢先行，廿八日已抵上海。不料憲節閲看江陰福山砲台，於二月初三始抵海上，氣船妄自超前，致干罪戾。及回金陵，意者有一字之褒，無何一傅衆咻。製造局禀請停修，而憲恩高厚，札潘守總辦上海製造局，命卑職同赴該局修船，卑職檮昧無知，妄以官階藐少，恐入局如贅疣一籌莫展爲辭，而憲意誤爲藤薛争長，勃然震怒，船交機器局停修，咨回皖省。【略】

福建船政大臣何札，開照得船政摹畫各項圖式爲製造之權輿，布筭分寸無累黍之差，非精於洋法者不足以資督率。查有安徽候補同知董毓琦能洋法，精於繪算，以之調充閩廠繪事委員，督率生徒認真講究，有裨要工，除咨吏部安撫外，合行札飭。

十年五年初二日船政大臣何爲札飭事。據該員前奉兩江督部堂委製氣行輪船，皃創規模尚未及火輪之速，兹擬精益求精，再將輪機小試，如果快駛得宜，自可擴充以成大用，惟該員有自備資斧機器在皖城，理宜運至福州，湊成完璧。札到該員，即便遵照等因。

六月，運機器到工。七月初三，馬江失利。何大臣被議中止。【略】

清・朱壽朋《東華續録》　光緒一一三

［光緒十九年三月壬子］諭軍機大臣等，福建邵武府知府董毓琦、福寧府知府嚴良勳，著譚鍾麟悉心察看，如竟不能勝任，即行據實參奏，毋稍遷就，將此諭令知之。

清・董毓琦《衍元海鑑序》李鏐《衍元海鑑》　余歷年宦遊，近在福州船政繪事院，督諸生機器製造各圖，全廠提綱，日不暇晷，裴星使擬以中法簡易，通西法之隱糅，命草《參苓》《天代》各種以授諸生，而工匠三千，學徒三百，忙中走馬看花錦，綳慚已倒，幸有千里琅卿一一校對，如穿九曲之珠，其惠我多矣。

雜録

清・陳澹然《權制》卷四　軍材述

光緒初，董毓琦刱造兵輪，家貲罄竭，江督乃以微憾抑而罷之。

清・薛福成《出使日記續刻》卷二　［光緒十七年十月］初二日記。本年八月朔日申刻日月合璧，五星聯珠，惟木星稍遠。【略】福建邵武府知府董毓琦謂，會合在八月朔，且在張宿文昌之宫，爲數百年罕覯之事，應在今科鄉試，可得經天緯地之才。因上條議於閩浙總督，請變通考試章程，第一場先考古學兼及機器算法船礮，如已入選，即出榜示有名者始准入考第二場，再考文章，兩美兼收，始能中的，第三場策論，半出天算、機器、船械、礮法、礦雹各題，武試於弓刀石之外，另試後膛槍礮，默武經時亦詢以船械、礮法、沙綫、風雲，庶異日可爲輪船管駕。

廖家綬

傳記

清・黄鍾駿《疇人傳四編》卷八《廖家綬》　廖家綬，一名家壽號子忠，湖南長沙人。少聰敏，有雋才，見知於南昌梅小巖中丞啟照，薦入江甯算學書院。光緒八年，應邊防大臣吉林將軍希元之聘，爲吉林表正書院算學教習。一世英鋭之士，多出其門。光緒十二年，吴清卿中丞大澂奉旨勘界吉林，以測繪地圖任之。圖成，議叙五品銜歸部，銓選縣丞。光緒十六年，卒於吉林總邊電報總局，年三十有一。所著有《句股邊角釋術》一卷；《續句股六術》一卷；《以中垂線立爲六術礮法》四卷，其目曰釋術、曰泝源、曰致用；《測圜海鏡翼》二十卷，倣《海鏡》例以三角容員設題；《對數較表》一卷；《修竹齋雜著》若干卷。藏於家。

雜録

清・黄鐘駿《疇人傳四編》卷八《廖家綬》 論曰：廖贊府算術，爲近日湘南翹楚。精於測量，而以礮法爲最。雖釋術與泝源相爲表裏，算例多而分門別類，設題務盡其變，定術不涉於繁，如舊設諸題，悉變爲一次比例，惟增設諸題有用數次比例者。釋術以發明其術之所以然，泝源則又推闡抛物線，所以能馭平圓之理。至於臨敵施放昂度，固因遠而推遠，更須憑測望而後得，遞經步算不無稽遲，非準製器，不足以致用也。因更刱製器術，顔曰致用，以礮昂度寓於表尺之間，而重測横表，步算諸繁胥可省焉。法至簡，則練習不難；用至捷，則倉猝無失。其有益於行陳，豈淺鮮哉？

李鏐

紀事

清・李鏐《算學奇題削筆》與英國傅蘭雅書 今歲秋，應試浙垣。【略】憶弟自扶床從先君子學算，廿七讀毅皇帝設算學科詔，遍學天元諸術，閲十三年矣，近主龍山書院。

又李鏐《龍山書院元草・序》 龍山書院，【略】鏐嘗學於藹齋王夫子十年於兹。【略】歲甲戌，予忝主講席，乙亥受山主之，丙子、丁丑余又主焉。

清・葉慶增《衍元海鑑序》李鏐《衍元海鑑》 余今年承乏伊郡講席，在院延見諸生，訪求宿學，雖與李子未謀一面，然耳其名久矣。夏間旋里，及門金子燦霞出其所著元草上下兩卷、小識二種見示，並以弁言相屬。

清・顧有光《衍元海鑑序》李鏐《衍元海鑑》 同治丁卯，春宵雨後，途拾一帙，爲湖州試草，中有三元算學一道，草盈千有餘字，茫然不解。【略】後晤李君於試邸，興言及此，李君即出《玉鑑》以示，如獲珍寶，遂爲借抄，窮究月餘，始知中法之妙。【略】聞李君之課徒也，詩文之外，兼及算學，其門下半多族子弟，則李氏之興，正未可量。

清・李鏐《衍元海鑑・序》 平生經史子集四學，積稿過二百種。

又李鏐《海鏡法筆・序》 壬申首夏，避客添香吟館，無意間手衍弦和求句一草，若有憑焉，而適合心，未之信也。復衍三邊求底一草而亦合，始知精積日久之豁然一旦乎。復致力於正負者匝月，不惟得其致數之法，而且得其致法之理，學者當有以諒我知者，當有以教我矣。李鏐謹識於石鯨堂。

清・楊孚甲《鍾秀龕算學序》李鏐《鍾秀龕子學算學十一種》 算學自西法尚矣，予友琅卿李君自鯉庭受學以來，帖括之餘始專心於古學，余故以此爲總角交。【略】予與琅卿家隔百餘里，每多契闊，幸近數年來，忝主旦華藝林諸講席，與琅卿尤親炙，故有以知其心得之由。

清・李鏐《王制準經算解・識》 己丑寓朱詠裳蜀軺，命四川尊經書院季課題，閲全蜀七十餘卷。

梁漢鵬

傳記

清・史澄《〔光緒〕廣州府志》卷一三九《列傳二八》 梁漢鵬字南溟，番禺明經鄉人，明算學，與羅邊羅星鐸以算教授市廛中。時嘉應吴蘭修、南海曾釗皆老師宿儒，蘭修學算於漢鵬，曾釗亦爲延譽，遂知名士大夫間。道光十二年鄉試主考程恩澤以算學發策無能對者，邑人侯康素號淹博歎曰，讀書雖多而不學算，今爲程公考倒矣。乃邀親友數人延鵬共學。漢鵬於九章、天元皆精熟，而開方尤敏捷，其講算雖深奥，皆以俚淺語聽者解頤，凡方圓斜角體迹削象牙爲數十事，分合移補，不假繪圖，見者瞭然。浙江徐有壬精算，爲雨廣鹽運使，謂人曰，廣東無知算者。或以告漢鵬。漢鵬發問難之，徐置之不答也。漢鵬又善製火藥，以所製藥發鳥鎗，較嘆咭唎藥所及加遠，於是靖逆將軍奕山、總督祁土貢皆延請製藥，以示洋人，咸驚服。所著算書數十篇，歿後其子秘不以示人。同時有陳寶興，煤坑人，亦知算，著書二卷。采訪册，陳澧撰傳。

清・陳澧《梁南溟傳》 梁南溟名漢鵬，番禺明經鄉人，明算學，與其友數人講習廛市中，時南海曾勉士、嘉應吴石華皆老師宿儒，石華學算於南溟，勉士亦爲延譽，遂知名士大夫間。道光十二年鄉試，主考程春海先生策問算學，無能對者。番禺侯君模歎曰：讀書雖多而不學算，今爲程春海考倒矣。乃邀其友數人共延南溟學之。南溟善講，算雖深奥，皆以俚淺語聽者解頤。凡方圓、斜鋭、體積，削象牙爲數十事，分合移補，不假繪圖而見者瞭然。浙江徐鈞卿精算，爲兩廣鹽運使，謂人曰：廣東無知算者。或以告南溟，南溟爲難題難之，徐不答。南溟又好言物性，金木百工之事莫不窮究，尤善製火藥，以所製者發鳥槍鉛丸，較英詰利火藥所及加遠，於是靖逆將軍奕山、總督祁恭恪公、番禺潘德輿運使皆延請製之。德輿以示夷人，夷人驚服焉。南溟殁後，所著算書數十篇，其子藏之不以示人。

陳澧曰，君模所邀同學算者，余其一也。余性不近，不能通，能通者君模之弟子琴也。南溟同鄉陳寶興，亦知算，著書二卷，今已殁矣。

侯度

傳記

清・史澄《〔光緒〕廣州府志》卷一三九《列傳二〇》 侯度字子琴，樸誠謹厚，耽研經學，尤精算術。道光十五年舉人，與兄康同榜，時稱二侯。二十四年大挑一等，分發廣西，以知縣用。署河池州知州，州居萬山中，無城郭，經寇躪，甫收復。度履任，即分遣紳耆相度地勢，擬因險築柵以代之，爲河池百年之利。又河池土匪多，從賊劫掠，度立保甲團練章程十餘條，復仿趙廣漢缿筩法，使民相告訐，侯發十家牌，後按名擒治，惟甲長是問，不使差役賄縱。經畫甫定，有南丹土目莫遺忠者，交結胥役爲民害，民控於府州，皆不爲理，度立逮之。遺忠急遣人詣省，稱自備經費，募勇報效，誣度翻已結舊案，押勒銀兩，控於大吏及知府。知府某銜度素無饋遺，遂據遺忠誣詞請撤度任。大吏不察，亦檄度詣省質問，於是匪黨乃張筵宴客，并及衙役，蓋自料其名在筩中，喜度去而莫之發也。度詣省問，官某廉其枉，力白於院司，事乃解，然河池規畫莫與爲繼，民皆以爲恨矣。既而賊犯桂林，度奉委防堵，露處城上，晝夜不懈者數月，賊退將叙勞列薦牘，而當路者以事削職寢不行。度素悃愊年過强仕，始得一官，方思展布，而猝遭横逆，不無介介，奉檄署修仁不赴，遽告病歸，抵里僅半月，鬱鬱竟卒，知者莫不傷之。生平著撰，僅散見《學海堂》前後集中。其《述古堂家訓》二卷，亦存子目而已。據番禺志修。

鄒代鈞

傳記

清・鄒永修《鄒徵君傳》 鄒徵君者，新化羅洪里人也，名代鈞字甄伯。未生時其叔祖父漢章督師廣西，春日假寐，夢畢秋帆沅入羅洪里第，他日得家書，適徵君生日也，故又字沅帆。祖父漢勲博學名湖南，尤習州域沿革形勢。徵君傳其學，篤嗜史家，嘗自言切於經世之用者，莫史家地理，若要以今地爲主而鉤通古來疆域戰争漕運及水道遷徙等事，至於測天定度、測地定位、準率成圖，亦與政治兵事實業有最切之關鍵，故徵君於測地繪圖之事肆力研窮，惟制舉業不循繩尺，年踰弱冠猶困童子試。德宗五年，湖南督學使者朱逌然考古以槐葉冷淘賦命題，通場無知者，得徵君卷大奇之，補縣學博士弟子員。時左文襄督大軍西伐，徵君負祖遺書徑往酒泉軍次，求其校正。文襄爲序行之，以參謀軍事保縣丞。十一年秋，德宗修好鄰邦，命太常寺卿貴池劉公瑞芬出使英吉利、俄羅斯兩國，時曾忠襄公督兩江，夙器重徵君，以書抵劉曰，通家子鄒沅帆者國士也，備位參隨，必有裨益。參隨定例二十人，劉公欣然許則十九人之末。亞歐全勢得以縱觀，遂計畫東三省、蒙古、新疆鐵路擬修之線，以抵制俄羅斯由中亞細亞、西伯利亞南下，包舉我北東西三邊鐵路。又慮高麗之難久存也，擬聯東西友邦公保其國爲兵革不到之區，同於西方之瑞士、比利時、盧森不爾厄。説當事據以入告，十九人者多目笑而徵君獨憂之。劉公駐節倫敦，徵君於交涉事件時貢密謀，暇則研究地學。一日閉户潛推度里相差之理，驟悟以尺量地，尺有差，地亦隨之而差，以地定尺，地有準，尺亦隨之而準。以地定尺是爲邁特。邁特者，法蘭西之尺度名也。一邁特爲四千萬分地周子午圈之一，以吾華一尺與邁特比爲一萬二千九百六十萬分與四千萬分之比，華之一尺適等於百萬分邁特之三十萬又八千六百四十二，徵君遂以此率命西匠製中國輿地尺，彼都之深通測算者悉服其精審。期滿回華，叙勞保知縣。當是時朝廷開館續修《會典》，徵君上書五千言，言測繪地圖之事，其要旨分三大端，一曰測天度，二曰測地面，三曰依率成圖，説理精湛，立説詳塙，用之測繪而皆準，英人傅蘭雅讀之心折。然測地繪圖，世多通曉，不具載。載測天度以其原本經術鎔冶歐法，發前人未發之蘊也。其辭曰，善言地者必合於天，地體渾圓，其南北二點正當天空之南北兩極，其中腰大圈亦與天空赤道相當，如人在北極下則以北極爲天頂，人漸向南行見北極漸低，至赤道則北極與地平合。南極亦然。是地之南北不同，則北極出地之高低必異也。東地之日出入早於西地之日出入，地周三百六十度，與天周相應，每度六十分，都爲二萬一千六百四十分，日歷周天爲晝夜分二十四小時，時六十分，都爲一千四百四十分，故時之一分等於度之十五分，四分等於一度，此地在彼地之東一度，則此地之日出入早於彼地之日出入四分時，是地之東西不同，則日出入之遲早必異也。而測天度者必先定午線，如京師之有中線，英吉利之格林回次，法蘭西之巴黎，昔年西圖所用之福島皆是。《考工記》曰，匠人建國，水地以縣，置槷以縣，眂以景爲規，識日出之景與日入之景，書參諸日中之景，夜考之極星。按：此言匠人建國，而於夏至日定其國之午線也。水地言以水平地，如西人之用瓶水準縣垂線也，言地平者必使地與垂線成直角。槷，表臬也，植表臬使正如垂線而視其景也。日出之景與日入之景必等長，慮所識景端或不確，乃任以一景之長爲半徑，臬底爲中心，展規爲平圓，兩景端均交圓邊則爲密合，是爲規，識日出入之景也。復中折兩景端閒圓邊爲點，向臬底作直線，即爲午線之向，鄭注云度兩交之閒中屈之以指臬則南北正是也。又日中之景爲最短，必與所作午線合，故既畫午線，復以日中之景，參之極近北極之句陳星、即《堯典》之璇璣。旋璇假借。機，極也。言句陳爲旋繞北極最近之星也。其説詳見《尚書大傳》《周髀算經》等書，星即《堯典》之玉衡星，《經》之斗六星，《莊子》之維斗，《爾雅》之斗極，晉以後天文志所名黃道極者是也。夜觀句陳與玉衡爲直垂線，則赤極與黃極相當，又與所畫午線合，則午線準是夜考之極星也。大司徒以土圭之法測土深、正日景。土深指南北，日景指東西。夏至晝漏中日南景短，是地在南近日，故土圭之景短也，日北景長，是地在北遠日，故土圭之景長也，此定南北緯度之理也。日東景夕，是地在東，日過其國之午線時東地之景已夕，日西景朝，是地在西，日過其國之午線時西地之景方朝，此定東西經度之理也。西人定其國之午線，亦用匠人之法，而參以指南鍼，除電氣差安子午儀使極稳，以窺日星之過午，其隨處測經緯度，則自日晷將午至日晷過午用紀限儀或經緯儀屢測太陽高弧，取其最高度爲本處太陽過午線距地平高度，亦即本處天頂度，以與本日太陽赤緯南北加減，即得本處北極出地之度，於是行先極準時表，如太陽過其午線之午正開準，行至本處即測得午正，以與時表較遲早，差若干時分化度即知本處在其國之東西若干度分。但一測午正而地之東西南北皆定，古今中外若合符節，其理至當，其用至弘，是作圖者所宜先務也。當軸納焉。奏充《會典》館纂修官。南皮張文襄公是時督兩湖，具百金爲徵君壽，電調至鄂，屬主修湖北全省地圖，以兼會興館差。奏得旨俞允。圖成輔之以説，其論全省形勢有曰：武昌、荆州、襄陽同爲湖北重鎮，然荆扼江而不能扼漢，襄扼漢而不能扼江，武昌江漢之會，可以制東西之命，可以交南北之衝，非特吴楚所憑陵，實爲四方之輻輳，觀此則知所輕重矣。文襄韙之，以爲卓識偉略殆過顧宛溪，云徵君有才而俠好談軍計，故於東南海岸西北邊地考索尤詳。十九年中日戰事起，陳説當道，分全國爲五鎮，徵各道兵集於京津閒，用新法訓練，移以防遼陽、牛莊、海蓋金，復與日人爲久戰計。又議合南北洋閩廣師船哨海，斷日人運船接濟。書累數萬，方會當道和戰意見不齊，卒敗不振，爲馬關之約，割棄臺澎，飲憾而已。二十年，文襄聚天下英才，開譯書局，仍留徵君總海國地理編輯事，明年夏湖北巡撫譚公繼洵委充管務處。而義寧陳公寶箴由鄂藩擢湘撫，以徵君悉三湘利害，召之師咨詢方略。徵君建言曰，湖南得公大可爲。所患者貧瘠耳，然貧於人而不貧於地，五金百寶所在有之，欲求富强，非開鑛不可，於是常寧水口山、平江黃金洞兩鑛並舉，立法極詳且備。二十八年，長沙張文達公招徵君入都，奏充編書局總纂兼學務處提調官，其明年充《欽定書經圖説》纂修兼校對官，書成擢分省補用直隸州知州。當是時，政府設擬學部，徵君言當此新舊交接之際，深恐新學未得，舊學先亡，斯爲學界之大害，學部之設當以干涉各省學務爲主義。一鄉一邨無學堂，學部之責也。一男一女不知學，學部之責也。所謂干涉者，非徒文書往來之謂也，各省皆設學務處，務由學部派員往主之，大旨以舊學爲體，新學爲用，庶無奇衺偏宕之弊云云。學部成立，補員外郎，遷參事廳行走，均以病未就。及擬命提學山東，而徵君已遘偏枯疾，卒於武昌學會，時光緒三十四年三月六日人定時也，年五十五。朝野咸悼之。初徵君自英倫歸，所藏精本地圖甲海内，義寧陳吏部三立、錢塘汪進士康年、逵縣吴縣令德潚，一時名德也，好實用學。徵君嘗與言曰，英吉利兵部海部之輿圖局，自開辦至今二百餘年，未嘗或輟，他國亦略相仿，是知彼之雄長五洲，於地理固研求有素也，吾政府弗克爲，草莽臣且爲之。三君子從而慫恿，遂創輿地學會，雖往來瀟湘江漢之閒，常以圖局自隨，譯繪西方地圖，原本比例有用英法俄尺者，悉據中國輿地尺改歸一律，無論何國何地，按圖可得。中國里數分率之準，五千年以來未有也。嘗主講兩湖書院、京師大學堂，以其學傳授弟子，蓋自是偏中國之談輿地者，乃其緒餘。復篤於故舊，德津之子樵，年少才優，力薦於陳公寳箴，方進用，以温病客死武昌，經紀其喪，哭之甚慟。他如黄忠浩、陳毅、陳崇祖、曾鯤化、王達、曾繼儀及從弟代鐸、族子永修，皆所識拔。咸同以來，吏道益雜而多端，遨遊公卿閒，大有大兒文舉小兒德祖以概，故所在羣小側目，貧而好義，恒分薪俸培創學校，節衣食以活飢民，利濟之懷，未嘗一刻忘諸世。自甲午議和後，遂絶仕進之念，德宗念内治外交之需才也，詔開經濟特科，相國張文襄公、兩江繼督劉忠誠公、廣東學政張文達公、湖南巡撫陳公寳箴、禮部侍郎曾公廣鑾皆以徵君應詔，乃託病辭。生平或擢一職、晉一階，不知其光寵也。余前撰徵君事略，清檢仕履，於故紙中出歷次行知皆封識如初，無啟視者。其高尚如此。徵君纂著自輿圖外，有《西征紀程》四卷，《光緒湖北地記》二十四卷，《直隸水道記》二卷，《中國海岸記》四卷，《會城道里記》二卷，《中俄界記》三卷，《蒙古地記》二卷，《日本地記》四卷，《朝鮮地記》二卷，《安南緬甸暹羅印度阿富汗俾路支六國地記》八卷，《五洲城鎮表》二卷，《五洲疆域彙編》三十二卷，《西圖譯畧》十二卷，《英國大地志》若干卷，《文存》四卷，《詩存》一卷。徵君嘗言著有《西域沿革考》，自信精審，而余未之見也。子安圖、安衆，並能世其家。

雜録

清·鄒永修《鄒徵君傳》 論曰：大九州之勢，先君鄒子發明於戰國時，秦火百家之書，其學遂絶。有識如司馬子長輩猶誚其語，閎大不經，況俗士乎。徵君嗣其大父，傳鄒子谈天之學，游英俄歸，總繪中外輿圖七百餘幅，蔚爲鉅觀，偉矣。測算本官禮之精，以求泰西新法，無不脗合，時人以裴秀、賈耽方之殆，各得具體，未獲其全也，乃獨學孤行，席華膴者擁富實而不知援，志功名者務標榜而不求實，手創地學會，身死而學會隨解，悲夫，悲夫。若夫談湖北形勢，徑闢恒蹊，慮高麗危亡，其患中於數十年後，當時之在位食禄者固計不及此也。其屢辭徵辟，墨守談天也，豈得已哉，豈得已哉。

方克猷

傳記

清·《碑傳集補》卷四三《疇人二》 方克猷傳，杭州府志。

方克猷字子壯，於潛人。性奇慧，讀書目十行下。年十六，選光緒十一年拔貢，十五年舉於鄉闈，藝用天算家言，典試者順德李文田激賞之。十六年成進士，官刑部主事，保送熱河理刑司，以勞擢員外郎，尋卒。生平於幾何學確有心得，赴計偕即盡出所著書質文田，文田謂其氣鋭心精，能名其家。克猷既篤嗜測算，曾躬歷阡陌測繪其先世田畝爲實驗，而三角八綫之術益邃。先是海寧李善蘭以幾何家於無法諸直綫、無法諸曲綫，形面必析爲諸平三角體，必析爲諸立三角，因首以諸乘方合尖錐解方圜積較之理，用之割圜，學者猶病各尖錐之積數可知，而此各尖錐上所成之曲綫之性情不可知。克猷悟其理，所著《曲綫考》，其論割圜法亦分爲四象限，而用諸乘拋物綫與諸乘尖錐相合成一直積，以證明其閒曲綫性情不啻爲西人所謂諸乘拋物綫，其形狀可知，即其性情亦可知。不獨形爲有法之形，即綫亦爲有法之綫。進一解也。青浦席淦歎爲幾何大宗。西士歐理斐亦心折之。已刻書凡四篇，都二卷，曰《尖錐曲綫考》，曰《八綫法衍》，曰《四元術贅》，曰《諸乘差對數説》，自謂前人亦由之而不能知之布算演草，真足使學者了無疑義。又謂於至繁中得至簡之用，错綜參互，比於璇璣回文，巧之至也。他著未刻者，尚有《圜錐曲綫説》《尖錐術解》《尖錐術衍》《對數術衍》《三角公式》

《句股公式》《火器真訣衍》，皆立法精密，兼中西之長，蓋自項、戴、夏、李後，能承遺緒者，舍克猷莫屬矣。

陳志堅

傳記

清・陳志堅《自述事略》 陳志堅字思九，新陽縣［昆山分縣，今仍聯並］人，由廩生中式，光緒五年己卯科舉人，己丑大挑二等，選授青浦縣教諭，丙申秋到任。志堅少年時篤志進取，專攻舉業，既五上公車不第，壯志漸滅，静觀世界趨勢，舉業將廢，乃一變舊習，務爲有用之學。竊謂算術一門，精之觀象授時，粗之量多較寡，爲用至廣，中年以往，遂一意精研數理。衙齋多暇，乃日與諸生講肄，見有各書院深奧之題，務解析其藴而後已，自是所詣遂深。數年之間，積帙漸夥，甲辰冬乃有《算書七種》之刻，内無定式第三一卷，静海崔聘臣君歎爲精詣，曾擬刊入《算粹》系崔君撰書名。乙巳又有《微積闡詳》之刻，是歲春受唐春卿學院檄爲南菁學堂算學正教員。戊申受陳伯平中丞聘爲蘇省存古學堂算學總教，仍兼教諭職。辛亥，民國成立，教職被裁，解職歸田，不與外事。現年七十四歲，算書除已刻二種外，尚有《史記曆書算術補》三卷、《光緒戊戌首朔日食細草》一卷、《平面幾何學形學别證》四卷待梓。

雜録

清・汪坤等纂《［光緒］崑新兩縣續補合志》卷九 光緒朝

陳頤，小酉，以子志堅青浦縣教諭内閣中書銜加三級贈奉政大夫。陳豐，雪峰，以兼祧子志堅青浦縣教諭内閣中書銜加三級贈奉政大夫。宣統朝。陳詩，璞庭，以孫志堅青浦縣教諭内閣中書銜加三級貤贈奉政大夫。

又 學校下

勸學所。勸學所在訓導署，光緒三十三年遵學部奏頒章程，以學務公所改設。光緒三十一年詔廢科舉、停書院，於是四鄉小學接踵興辦。邑人潘承恩等詳請蘇提學使籌設學務公所，翌年成立。【略】設匭投票，選舉職員。教諭陳志堅爲總理。

又 卷一 光緒五年己卯科，陳志堅號紫簡，經魁，新陽。

又 卷一九 陳志堅，《微積闡詳》二本，《李氏勾股術補》三本。

又 《青浦縣續志》卷八 ［光緒］二十二年，儒學教諭陳志堅、訓導汪兆曾以此款。

又 光緒三十三年，大成殿后簷又壞，教諭陳志堅重修，兼修明倫堂東西牌坊。髹整禮器共用銀一百一十一圓有奇。

又 卷一二 光緒二十二年始至宣統三年，陳志堅，思九，新陽人，光緒己卯舉人。

崔朝慶

紀事

清・金鉽《算學課藝序》崔朝慶《集賢講舍課藝》 門下生徒數十人。其年秋，諸生幾有成就，而徵君奉部檄爲甘泉司訓以去。

清・崔朝慶《集賢講舍課藝・序》 丙申之春，余客遊兹縣，從余習算者日益多，殆亞當日朱氏之門。

又崔朝慶《江南高等學堂課藝・序》 甯垣鐘山講舍改爲江南高等學堂，吾師繆藝風先生總持教務，朝慶與東台楊冷仙丹、徒文樹屏靖、江范簡甫同掌數學一科，自癸至丙，計已四年應寒暑。

江蘇教育總會諮呈都督請予補助《數學雜誌》印刷費文 爲呈請事，准南通縣教育會函，開據通海五屬中學校數學教員崔朝慶函稱：「朝慶昔年肄業南菁書院，專治數學。其後歷充各學校數學教員，于數學略具常識。竊以爲吾國數學之不發達，原因殊多，尤以數千年來絶未有數學雜誌發行爲最大之缺點。本年夏間，中學諸同仁集資立社，議每兩月出雜誌一册，以爲數學界之先導。公推朝慶任編輯之役，職員一概不支薪水，現已印成首册，共費工本銀一百數十圓。輾轉寄出，銷售不能隨時結算收款，約計非六期之資本不敷周轉。同人多半寒士，何能籌此鉅款，則接續進行殊非易易。數千年未有之創舉，甫能成立旋即消滅，似屬可惜。查北京《地學雜誌》本年第三期載，教育部允月助銀二百圓，直隸張都督贈銀五百圓，遂得繼續出版。敝社資本不足，竭蹶堪虞。可否轉請省教育會諮商都督，量予維持之處，敬祈察核！」等語。

查東西各國學術之發達，雜誌之功用爲多，我國科學甫興，各種雜誌尚不多覯，值兹教育革新，允宜竭力提倡，該雜誌類多闡明之真理創具之法，則固可促數學之進化，並有裨教育之前途。既據稱「經費不敷，擬懇貴會轉請都督賜予補助，俾得繼續辦理」等語，並附到雜誌二册。敝會謹按：崔君編行雜誌，以期數學之發達，用意可敬，其請願補助，但因創始時不敷周轉，冀得扶掖進行，語尤篤實用。特據情轉請，可否准如所請？敬乞鈞裁！附呈雜誌一册。伏希鑒察施行。

都督指令　來牘閱悉。本省財源支絀，羅掘已窮。凡有刊行書報呈請補助者，均因限於財力，從未准行。所請補助《數學雜誌》印刷費，本難照準，惟察閱該雜誌精心結撰，確能闡明新理，爲數學進化之助，且已編輯印行，與空談奢願者有别，應從教育預備費項下勉助二百圓，以策進行。其不敷之款，能否由省教育會設立補助，俾成其美，希該會察酌辦理。並即轉知。此復。

清·李達《數學雜誌》序　崔君聘臣，餘卅年前老友也。余弱冠時即與君訂莫逆交，先後往江陰就學南菁。余治三禮之學，君則以數學名家。所業雖不同，而意氣深相得。既别余去，秉鐸揚州，後又北之京師。會庚子拳匪事起，避難回南，僑寓江寧。旋充江楚譯書局數學編輯員，暨高等學堂數學教習。自是而君之學業日益進，君之名譽亦日益隆。己酉通州中學校成立，同里張季直、孫敬民兩先生商請君主任數學一席，余亦在中學任修身、講經、國文諸課。夫以二十年前朝夕相見之至友，而隔别至十數年之久，卒又得聚首一堂，從容道舊，爲忻忭寧有既耶？吾鄉治數學者首推馬勿庵先生，繼起者惟君。君之專力於是前後凡三十年，雖寒暑不稍輟，故大江南北莫不知君名。今君又懼中國數學之不能發達，遂發起爲刊刻雜誌之舉。欲以其平日之所得出而公之於世，期與海內專家互相發明，意未有善於此者。且中國科學之不發達由於雜誌之不多見，東西各國無論何學皆有雜誌。即如數學一科，尚有數十種之多，其他可知矣。今我國所見者惟《教育雜誌》《法政雜誌》數種而已，此外無聞焉。不幾爲海外學者所竊笑乎？余不知算，深悔前此治經之日何不分其力以從事於此，而又有良師益友爲之指導，余雖駑鈍，當亦略有所得也。今老矣，無能爲矣，昔戴東原爲經學專家，不諳地球面之經度緯度如數機上經絲緯絲之法，誤解《大戴禮》「凡地東西爲緯，南北爲經」之語，妄事改易，致爲識者所訴病。今余承君之命，委作《雜誌》緒言，餘不敢妄贅一辭，以蹈東原之覆轍，僅即余兩人之相處及君三十年之所得述其大略，以期海內君子讀是書者俾得知其梗概云。

清·崔朝慶《徵集古今疇人著述啟》《數學雜誌》　疇人分散，僅留一線之傳；古籍淪亡，不足十書之數。溯西法入華之始，正前清代明之初，《律曆淵源》纂專門之巨帙，《幾何原本》爲譯籍之濫觴。通商以來，斯學屢變，製造局之善本，美華館之新書，流布中原，津逮後學中。東西同條共幹，會通當有其人。理法式，契領提綱，編輯姑懸其目。抱殘守闕，經秦燔楚炬而猶留；博采兼收，補孔榭鮑齋所未備。或精呼泉吸，啟三茅七寶之函，惜任重力微，有一髮千鈞之歎也已。敝社同志，粗通吏術，僻處偏隅，類杞人之憂天，效誇父之逐日，自忘譾陋，亟用蒐羅，循雜録之條流，哀專家之著述，倣《不得已》之作，成未曾有之書。竊以鄭玄絶學由探頣於《九章》，趙爽宗師當流聞於百世。冀算界鉅子、民國偉人，共樂贊成，群相貺畀，煌煌大集，饋等兼金，瑣瑣零制，同碎錦願。假擿洛鈎河之手，備圖書之鋪陳。或託計飛射伏之辭，助文章之遊戲。寺前客至，西流之水可期，席上箸横，東壁之釀如見。凡以商量舊學，互換新知，俾集腋以成裘，庶立竿而見影。朵雲乍下，慣愛書來，披露偶遲，惜由集隘。圓窮小數，求固靈周率之碑，卷署大名，息奈端微分之訟。並希綺注毋吝珠投。謹啟。

《數學雜誌》的廣告　《數學雜誌》，此書系静海崔朝慶君所編輯。蓋有慨夫中華古崇算術，迄於近世，名家崛起，並駕西儒，中國算史於焉稱盛。乃學校林立，人人研算十餘年，反見退化，滔滔皆是，疇挽狂瀾，心焉憂之。爰創雜誌，研求新理，針膏起廢，將於數學中放一奇彩，誠算家所宜爭先快睹者也。雜誌已於陽曆八月出版，全年六册，售費一元五角，郵費外加。

清·胡思敬《戊戌履霜録》卷四　保薦經濟特科表。直隸編修嚴修；江蘇知縣狄保賢，助教崔朝慶，舉人宋夢槐；安徽舉人程先甲；湖南庶起士熊希齡、唐才常，附生戴修鯉；廣東主事曾習經，附生徐勤，監生羅普，附生歐榘甲，監生韓文舉；浙江知縣夏曾佑、湯壽潛；滿洲庶起士壽富。

清·劉彝程《簡易庵算稿·序》　歷年課藝，佳作基多，其尤可推許而素識者，如支雯甫、沈粒民、陳仲周、崔聘臣、華若溪、繆秋澄。

《國聞報》七月十四日　倉場總督李制軍保送十五人：助教崔朝慶、舉人程先甲江蘇，舉人宋夢槐，餘十二人已録前報。

清・徐珂《清稗類鈔・狷介類》　崔聘臣精疇人家言。光緒時，嘗于京師大學堂、南京高等學堂教授算學，負時名。溥玉岑以江蘇學政任滿回京，特疏保薦。崔至都，由總署命題試之，閱卷者爲席某。席謂：「崔造詣精深。」時張樵野方爲總署堂官，雅重崔名，遣人示意，欲羅而致之門下。崔大忿曰：「何物傖荒，乃欲我師事之耶！」張怒，遂黜之。崔名朝慶，静海人。溥名良，滿洲人。張見前。

又　顧某夢崔聘臣書挽聯　光緒時，開經濟特科，征碩學通儒。静海崔聘臣徵君朝慶以精疇人術，爲宗室溥玉岑尚書所薦。崔之婦顧氏有叔某方官部曹，聞崔將入都，預除館舍，然久而未至。一日午倦，假寐寢室，隱約覺己之軀殼在床上，未幾而又似在書舍，一人方據案坐，伸紙疾書「天上有長生之藥，人間無不散之筵」十四字。審其上款，知爲挽己者。寫訖，擲筆起，其人蓋聘臣也。與之語，不答，至是，始悟己已死矣，遂大哭。家人奔視呼救始醒，乃自知爲夢，而心之惡之，因誡閽者以崔至毋納。久之，崔至都，往謁，果爲閽者所拒。再三往，不得入，遂絶跡。試畢即出都。越兩載，崔以有事神機營，重至春明，蓋溥之弟所招也。一日，驅車過顧宅，顧方負手門外。崔見之，亟下車趨語。翌日，顧置酒邸中，招崔飲。酒半，顧以欠伸欲寐，遂入内。俄而哭聲自内作，崔大駭，詢其僕，則顧假寐未久而氣絶矣。後崔贈以挽聯，其文即前十四字也。

《光緒實録》　又諭國子監奏進呈助教崔朝慶所著《一得齋算書》《浙江嘉興府水道圖》一摺。著將原書原圖交總理各國事務王大臣閱看具奏。現月。

周達

傳記

清・周達《福慧雙修館算稿・自叙》　（餘）［余］束髮受書即喜撢求曆數之學，治之甚勤且篤。家藏古算書盡發而讀之。凡《九章》《緝古》《天元》《大衍》《海鏡》《玉鑑》諸書靡不徧觀。國朝梅、王、薛、項、戴、徐、李之書洞觀而知其要，湛思眇慮，自樹異於作者子表已，又得墨海書館、製造局所譯西算讀之，通代數、微積，取與古書印證，得其會通之旨。成法既嫻，乃時時出新義。庚辛之際海内鼎沸，（餘）［余］獨蟄處邗上閉户草元，成書十餘種。垛積、循環小數即成於其際也。同時治斯學者，有江都張劍虹、儀征佘雨東、慈溪葉遴孫、丹徒包墨棻、江甯徐嘯崖，皆砥行篤學之士，創知新算社於邗上，嚶鳴和聲，商榷得失，相期於千載之上，不以世俗之謗譽爲愉戚也。壬寅、甲辰兩渡日本，與彼國疇人長澤、上野諸氏上下議論，益搜求和算舊籍點竄、圓理諸術，暨彼中所譯泰西新著《代形》《微積》《四原》諸書，輂載而歸，窮日夕讀之，於其間成《巴氏累圓奇題解》《圓理奇侅》二書。長澤氏讀而善之，轉譯而去，附刻於法儒《卡氏幾何》之後。其時吾國學子方競譯和文膚淺之書，遞相塗附，而詎知洞淵穾微，發明奥旨，則彼都人士方且重譯而求，又何爲日汲汲以拾人牙慧爲事哉！癸、甲之間，勤治旁行斜上之學，通其詞性文體，購求西儒近世桀作讀之，金玉淵海，駭目醉心，始知曩者中東所譯陳編，半皆彼中所棄爲糟粕者也。戊申之春，復不戒於火，舊著十余種胥成灰燼，厘《垛積》《小數》《累圓》數書以朋好録有副本，得以倖存。

又周達《圓理奇侅・後序》　十六歲時讀書家塾，架上有古算書數種，讀而好之。維時先大夫督習舉業甚嚴，禁治雜家之學，僅於課餘之暇，乘間偷閲而已。家藏本富，又時時假之友朋，購之坊肆，一書既畢，更易他書，每一過目，罔不了澈，更旁推曲證，窮其變化。如是者積七八年之久，上自《周髀》《九章》《海鏡》《玉鑑》，下迄梅、江、羅、董、項、戴、徐、李之書，旁及墨海書館、製造局所譯西籍，凡中國有字之算書，靡不徧觀而盡識。

［日］長澤龜之助《新幾何學教科書》序　吾友周君達字美權，安徽建德人，天性嗜數學，造詣高深。十八歲時曾著《三角和較術解》一書公世，其解精緻詳密。

紀事

清・周達《圓理奇侅・前敍》　長澤氏極以爲然，而屬（餘）［余］試研求之。是歲倦遊歸國，歲晚務閒，得以從容研索，豁然貫通，不獨巴氏題得以證明，且更擴充至諸般容法，而得普通之範式。

又周達《日本調查算學記》 余以壬寅仲冬東渡日本，其目的專調查算學之事。蓋我國自光緒初年，上海製造局譯出西算數種後，廿餘年來，無繼起者。其有一二私家譯述，率皆淺易不足觀。日本自明治初年，已將西國最高等算書譯出，其程度實出我製造局譯籍之上，厥後年年增譯，歐美新著，搜羅殆遍。而我國學人，乃抱一二陳苦譯籍以自豪。【略】余於二年前　在友人處見日本近譯西算數種，乞歸讀之，深爲艷羨，猶以一鱗一爪未盡大觀爲憾，時有東渡調查之志。今年因受揚州知新算社囑託，束裝東來，此實中日算學界上交通之大關鍵也。余調查之事約分爲三種：（一）關係於算學之書籍、雜誌；（二）關係於算學之學校社會官立、私立、直接、間接；（三）關係於算學之人物。

余偶在舊書肆中，購得數學報知，共一百五十册，系共益商社發行者。自明治廿三年起，至明治三十年報館停歇爲止，完全無缺，最爲難得。此七年中，彼國算學界之現象，如學理之發明、新書之出現等等，無不詳載，實大觀也。

余之東游，迫於時日，投稿袂者，僅十餘人。其所談論，都不復記憶。所與深談者，僅上野清、長澤龜之助二君。二君者，彼邦疇人中之泰斗，譯書等身。彼邦算學界中，著述之富，舍二君外，殆無第三人矣。（餘）［余］與二君交，不足十日，而傾蓋如故，若夙契然。終日談算，娓娓不倦。（餘）［余］以日語不甚嫺熟，而二君又不通漢語，故以筆談代之。問答之語，頗有與學理有關係者，故録二君問答之語最多。其餘諸人問答之語，就所記憶，亦撮録一二。天涯芳草，回首如夢，側身東望，不勝憶舊之感。

《揚州知新算社改良章程》 本社與日本各算學社會、學校俱經聯約，有所發明互相報告，有所疑難互相質問，故彼國算學界上苟有新理本社無不具知，每至會期，由社長擇其新奇者演述大略，以供同人研究之資料。

清・周達《巴氏累圓奇題解・敘》 初原稿僅以第一、第二兩款補題解巴氏之題，甫脱稿以示東友長澤氏。時長澤方譯法人卡塔蘭氏 Cataran 大幾何學，更思博采幾何奇題以附於卡氏之書。見是稿遂録入之。顧原稿簡則簡矣，然未能推衍盡致，故茲復增入第三款補題爲公用之理，而巴氏題特別之形自包括其中，可不煩言而解矣。末復附新題數條，皆幾何中之精義妙理，足補巴氏所不及者。全書無以名，仍名之曰《巴氏奇題解》，名則猶是，義則不僅囿於巴氏矣。

又周達《圓理奇侅》第二十八款 上題余於乙巳年發見，告之東友上野清氏，嗣見東京某數學雜誌登載，稱曰支那之問題，研證者頗不乏人，蓋由上野清氏傳述而出者也。

雜録

清・丁福保《算學書目提要》卷中 《項氏三角和較術解》四卷，建德周達撰。案：項氏原書，於無可比例之中尋得比例，立術頗爲簡奥，有法無解，閲之不能驟悟。是書以三角數理詳解其立法之原，則項氏之術，雖初學亦易明矣。

馮澂

紀事

清・唐運漢《强自力齋叢書》識語 南通馮君澂字涵初號清渠，績學多才，長於格致考證，著有《强自力齋叢書》若干種，精深博雅，無忝名山，以家計非裕，故僅由人代印，續出者則當無力付梓，存稿而已。先伯視學江蘇時，馮君攜續著稿本四種來謁，述及前任龍公曾允刊入《南菁叢書》，因故未果，擬懇踵成此舉，俾免就湮。先伯披閲歎賞，慨然允之，乃未幾科舉罷，學政裁，匆促解職返都，致負此諾，原稿亦未檢還，藏（餘）［余］家者已廿七載矣。安得有力爲之刊行，了此一重公案耶？庚午冬竹莊識。

清・馮澂《强自力齋叢書・序》 予自束髮受書後，篤嗜曆算格致之學，雖涉獵經史，而所好終不及算。父執輩咸以攻異端讓之，予頷之而已。【略】至戊子科試，王益吾師擢時務爲一屬冠，旋肄業於浙省辨志精舍及松郡格致、求志二精舍，屢列優等，而群議始息。

又《西學脞録・序》 乙未歲，朝亂已平。【略】南菁亦於丙申歲加課西學，予於格致之學一知半解，辱蒙龍宗師派充課長。

又《代數啟蒙・序》 予校陳先生《算法正宗》甫脱稿，適同門友崔君養春名銘槼，如皋人。過訪，見予書曰：此爲初學入門之書，子胡爲康瓠寶貴耶？揣子之意，闡潛德，發幽光，急欲付梓也者。無如世所傳本，上有《御製數理精蘊》，下有《九數通考》、梅校《算法統宗》、何氏《算迪》等不下十數種，皆初學入門之書也，子欲使疇人子弟户置一編，不亦難乎？鄙人之見，曷若於原書題下證以代數，俾初學得以融貫中西，庶亦疇人之盛業與？予曰：子之梓《正宗》之意，前序中已申明之，若證以代數，淆亂本書，固屬不可，且代數至今日入門之書亦比比矣，如狄君《代數備旨》，方氏《代數通藝録》，予師傅蘭雅先生《代數須知》《算式輯要》以及《代數術》《代數難題》久已風行海内，又何必作東施之效顰耶？崔曰：不然，代數之書雖層見疊出，而講解式法居多，惟勾股盈朒演代外未有以九章演代者也，子何不將九章諸題證以代數，附於卷末，使世之讀陳書者得以兼讀代數之學。庶幾陳先生之書得行於世，予曰：代數之難，難在條款，條款一通，諸法自迎刃而解，又何事沾沾演數爲耶？九章諸題，疇人不以之演代者，非不能也，不屑爲耳。予雖有《代數詳解》一書，將代數術内各式條舉注釋，猶未告成，若徒將成法演之，其貽譏粗淺當不僅算胥而已。崔曰：何迂之甚也。老氏不云乎，合抱之木生於毫末，九層之臺起於纍土，千里之行始於足下，蓋天下事業文章學問術藝未有不積小以至高大，由淺近而臻深遠者，予之使子演代也，爲啟蒙也，不然，豈陳先生之書遂獨爲高明所不廢與？昔人謂戴東原之書唯恐人知，梅勿庵之書唯恐人不知，至今評者猶以之定二公心術，初不聞謂戴深而斥梅淺也，子奚慮爲？予韙其言，退而思《代數詳解》既非旦夕成，而陳書又尅日排印，因檢羅茗香氏《比例匯通》演之，俾獨羅書者得以知借根方一術匪獨，即古之天元一亦即今之代數也。昔羅君作《比例匯通》後究悔其少作，予獨毋後悔乎？然而予今日之心猶昔日羅君之初心也。書既成，援筆而記問答於篇。

楊兆鋆

紀事

清・席淦《須曼精廬算學・序》楊兆鋆《須曼精廬算學》　同治初元，馮林一中易允設廣方言館於上海，楊誠之觀察之長兄文臺先生主中文講席，余與觀察同肄業焉。觀察年方舞勺，受英文於美國林樂知先生，月試輒冠其曹，半年升班，復冠之。嗣余與觀察先後蒙前督曾文正公以學有成效，咨送總理衙門考驗，均奏留同文館學習。觀察留館之年，適值大考名列全館第二，時天算總教習爲海寧李壬叔先生，從游者六七十子，觀察年最少而資稟獨異，遇有算學疑難問題，他人百思而不獲者，觀察則以數言解決之。每一稿出，皆相顧駭服。壬師時加批奬，有遊心藕絲孔中之喻。觀察後隨許竹篔星使出洋，遨遊柏林、巴黎間，與彼都人士交，學業愈進，歷保以道員，發江蘇補用，屢膺要差，兼隨辦南洋洋務。張孝達制軍奏設江南儲材學堂，檄觀察辦校事。【略】惟與觀察同學十餘年，相知最深，故不辭而述其崖略。

清・江衡《須曼精廬算學序》楊兆鋆《須曼精廬算學》　憶庚午、辛未閒，先生與余均以弱冠執算，從金匱華若汀師游，而先生蚤顯達，累功擢監司，嗣持節比利時，丰裁益峻。

清・楊兆鋆《須曼精廬算學・序》　同治辛未秋，余年十八，始貢同文館，凡六年，受於李壬叔先生者，釐訂若干卷，同學亦有斯問，而演算釋義不相謀也，不相襲也。研求實學，而占星分野之譚、卦氣風角之技不相涉也。昔督江南儲材學堂時，學生願習算者，爰上諸劉忠誠公留覽，旬餘遺材官賫還命授梓，尋調鹺關不果。

清・劉承幹《須曼精廬算學跋》楊兆鋆《須曼精廬算學》　楊誠之星使，余妻姑壻也，爲海寧李壬叔善蘭閣讀入室弟子。

清・李鴻章《李文忠公奏稿》卷五五　駕船回華人員請奬片

光緒十一年十月十八日。分發補用同知楊兆鋆，擬請免補本班，以知府分發省分補用。

又　卷六三　海防用款立案摺

光緒十四年八月二十日。一出使德國隨員同知楊兆鋆回德川資銀六百五十五兩。

清・朱壽朋《東華續録》　光緒一七三

［光緒二十八年夏四月］命許玨充出使義國欽差大臣，楊兆鋆充出使比國欽差大臣，吴德章充出使奥國欽差大臣。

清・許景澄《許文肅公遺稿》卷一《奏疏一》

遵旨勘驗定遠鎮遠兩船工料並接管情形摺

【略】九月二十七日，率同參贊朱宗祥、繙譯官賡音泰、隨員楊兆鋆，附火車行抵德國溪耳海口，爲定遠、鎮遠兩船停泊之所。臣即在船住宿，傳同原監工陳兆翱等連日閱視，將兩船工料查勘大概。旋奉李鴻章電傳諭旨【略】。

又　辦理定遠等三艦回華事宜摺

【略】四月二十九日奉旨，中法詳約已定，定遠、鎮遠兩鐵艦、濟遠鋼艦即著駕駛來華，應如何選派員弁妥爲管駕，著李鴻章、許景澄會商辦理，欽此。【略】復飭隨員江蘇試用同知楊兆鋆及李鴻章原派協駕定遠之遊擊劉步蟾分駐定鎮兩艦，沿途照料。

清・顔世清《約章成案匯覽》乙篇卷四二下　成案

外務部奏請派赴比國黎業斯城賽會人員摺

光緒三十年三月初十日奉硃批，著派楊兆鋆屆期前往，欽此。

清・劉錦藻《清續文獻通考》卷一一四《學校考二一》　又駐比使臣楊兆鋆奏請遣生游學比國，略稱歐洲各國學校如林，立國雖分大小，爲學之道則一，即以比利時論其路礦製造諸學見重列邦，自設使臣以來，華生就學者日衆，旅學二費亦較他國爲廉，比廷相待與本國學生無異，比外部文部兩大臣悉心會議，擬再多派學生分入各學堂。【略】

又　卷二七四《經籍考一八》　《須曼精廬算學》二十四卷，楊兆鋆撰。兆鋆字誠之，浙江烏程人。諸生，江蘇候補道，出使比國大臣。

勞乃宣

傳記

清・勞乃宣《韌庵老人自订年谱》【略】

清・徐世昌《晚晴簃詩匯》卷一六五　勞乃宣字季瑄一字玉初號矩齋又號韌叟，桐鄉人，同治辛未進士，歷官京師大學堂監督，署學部副大臣。《詩話》：玉初樸學篤行，承其鄉楊園三魚之緒，宰畿南有惠政，知吴橋，義和拳方起，玉初廣採舊聞，證爲邪教，其時紅巾白刃遍於輔郡，而縣境獨不敢肆，以是知名，洊膺内擢。辛亥後去位，初居淶水，旋移曲阜，又至青島，爲德人尉禮賢講經，遯迹韜聲，堅苦卓絶，詩惓懷禾黍而不爲，促數噍殺之音稱其雅操。

紀事

清・劉樹堂《古籌算考釋序》勞乃宣《古籌算考釋》　勞君玉初，讀《九章》《孫子》諸書而悟古人籌算之法。

清・勞乃宣《古籌算考釋・序》　曩讀梅徵君《古算器考》，略識古籌之制，又《讀孫子算經》諸書，見有乘除開方用籌諸法，因依漢志九章之説，製赤黑籌各一握，用以布算，至爲簡易。

清・潘誦汾《古籌算考釋跋》勞乃宣《古籌算考釋》　歲壬午，客天津，獲識矩齋勞子，聞其精算，心又好之，顧猶震驚不敢問。一日偶及童時之言，矩齋曰開方至易耳，頃刻可解，何難之有。汾不之信。矩齋乃出赤黑籌二握，爲布一平方術，縱横進退，一見了然。

清・崔琳《古籌算考釋續編序》勞乃宣《古籌算考釋續編》　然光緒已亥夏，先生復取四元綴術、求一術及前編之目已具而其法未備者數種，籌衍以爲續編。當是時，琳適館先生吴橋官廨，先生每脱稿輒屬琳校閲，琳於算學向未問津，自獲識先生始略知其徑途。【略】去未數月，先生以書來告曰，《古籌算考釋續編》將付刊矣。

清・孔慶霱《古籌算考釋續編跋》勞乃宣《古籌算考釋續編》　顧先生案牘勞形，忽忽十餘年，未暇録以示人。前歲由清苑返任吴橋，事稍簡，霱因促成之。

清・勞乃宣《籌算蒙課・序》　余宰吴橋，勸設里塾於各鄉，於講讀《弟子規》、小學諸書外，兼課以淺近算學。

清・劉錦藻《清續文獻通考》卷一一四《學校考二一》　宣統元年，候補四品京堂勞乃宣奏請，於簡易識字學塾内附設簡字一科，並變通地方自治選民資格。

清・徐宗亮《[光緒]重修天津府志》卷一四《考五職官五》　[南皮縣知縣]勞乃宣字玉初，浙江桐鄉進士，七年任。

孔慶霄

紀事

清・吴建勳《衍元小草序》孔慶霄　孔慶霱　勞絅章《衍元小草》　自從玉初弟游，始知籌算爲古人六藝之遺，天元尤極九章之妙，晴甫、和甫兩弟闇文世講，朝夕以籌算相討論，深得心傳，余雖不敏，固不因粗俗而棄我也。

清・孔慶霄《衍元小草・識》　余童時習珠算，於加減乘除諸法不假思索而得，謂學算爲極易之事。及長往來於蘇滬江淮之間，見聞漸廣，知數學一藝糾紛隱賾，雖苦思力索，亦不能得其竅要，又以學算爲極難之事。嗣游畿輔，姊夫勞玉初先生授以古籌布算之法，凡九章、天元諸術嚮所苦思力索而不得者，一以不假思索而得之，與童時習加減乘除無異也，於是知學算果爲極易之事。籌之便於初學爲何如哉。歲丁酉，客保定，適傅君學淵亦習籌算，每以天元用籌無淺近之書爲憾。

曹汝英

紀事

清・吴道鎔《直方大齋數學上編序》曹汝英《直方大齋數學上編》　今上御極之二十七年，庶政聿新，首崇興學，詔書所至，諸行省大吏奉行惟謹，薦紳承風，接踵鼓舞，於是我廣州有教忠學堂之設，以逾年初秋開堂，延吾邑曹君粲三綜西文、圖算、物理諸科教事。曹君邃於算且能讀西籍，甄采新術以大其學，所著《算學雜識》尤精闢奥賾，通人推服，曩教習吾粤西學堂四年，穎異之士多所成就。【略】曹君此編既啟其緘，授之鑰矣，而適有武昌之行，學子悵惘失此導師。

清・廖廷相《經算雜説序》潘應祺《經算雜説》　粤東昔開實學館，大府延余掌其事，選清白子弟課以中西各學，時曹生汝英、潘生應祺年最少，聰敏絶人，凡教習所授，聞言輒解，余恒顧而樂之。逮余回京供職，曹生調赴北洋學堂，隨派師船練習，每考輒冠其曹。【略】前年粤中清丈沙田，兩生皆應調測量，暇即商量舊學，日者奉其所箸來請序余。

清・楊樞《經算雜説序》潘應祺《經算雜説》　余教習實學館時，曹生汝英、潘生應祺從余游，英才卓犖，穎悟絶倫，余深器之。所授洋文、西算不過略示梯階，兩生心摹力追，不數年洞窺堂奥，遂爲館中翹楚。厥後余出使東瀛，兩生學益精，每念及之，輒低徊不能置。及返粤，曹生已調往北洋，練習師船，講求槍礮之法，不遺餘力，屢爲大府識拔。【略】前歲粤中清丈沙田，大府以兩生董其事，每當風瀟雨晦，砥礪切磋，舊學商量，益加邃密。

清・曹汝英《經算雜説序》潘應祺《經算雜説》　光緒八年歲壬午，粤東大府奏設實學館，英與潘君漱笙同時應選入館肄業，研究中西算法，昕夕切磋，各有相見恨晚之意。其後潘君補弟子員入廣雅讀書，英奉派赴北洋練習水師，學滿期，適中東事起，英又奉調赴金陵，以是不能常與潘君談算。前年春自金陵歸，以爲家居多暇，可得聯舊雨之歡矣，而又爲南海黄君苦邀課其子姪輩，祇可於館政之餘過訪潘君，每談不過數刻而已。然久經闊别之人，得此數刻，已覺厚幸。不圖是歲之暮，粤省設清佃局，英與潘君同司測繪事，夜分餘閒竟得互相討論，如在實學館之日。

雜録

清・張之洞《張文襄公奏議》卷七〇《奏議七〇》　請奬紀鉅維等片

光緒三十三年七月二十八日。【略】度支部郎中曹汝英，精通西算，啓誘有方，所撰算學教科書爲學堂中最善之本，擬請加四品銜。

劉澤楨

紀事

清・黄天慶《中西數學通解序》劉澤楨《中西數學通解》 劉君本沉静之天資，加以精鋭之學力，【略】慶與劉君友徐子清同學法政，課餘得閲其書，且聆其人之志趣之高且大，爰欽佩其學，敬服其品。

清・徐子清《中西數學通解序》劉澤楨《中西數學通解》 癸巳歲，肄業于嘉之九峰院，同學適有談算者，心嚮往之，然方治公羊，淺嘗而未暇深究也，退而告諸劉君，劉君窃心喜而潛脩焉。【略】余因是決然舍去，而劉君仍潛脩不輟焉。【略】劉君雅不欲僅以算鳴也，遲疑未果，適攷優命下，因促繕夙草，呈政提學方公，深蒙獎勵，準予刊發。

清・劉澤楨《中西數學通解・序》 楨也神回隸首，夢晤商高，博稽算術，寢饋与俱，歷有年所，深知常法天元、四元、借根、代數，名式雖異，理法實同，因與硯友徐君子清、馬君星垣商確體例，著《中西數學通解》。

清・彭竹陽《彭氏啓蒙數學談理》啟 並蒙樂山縣劉君澤楨來函復較出若干條，其中有本館漏遺未改者。

彭竹陽

紀事

清・彭竹陽《彭氏啓蒙數學談理・序》 陽之少也，不識時事，【略】於是乎又搜讀算學之書，然余性魯，終日莫得其門，以爲難也。乃質諸家君，家君習此有年，乃一一授陽，由是畧識其門徑。

又《彭氏啓蒙數學談理》告示 二十九年七月據巴縣在籍中書科中書彭紳致君以所著《代數備旨補草》全部並伊子彭竹陽所演《啓蒙數學談理》十卷，呈由本道前在重慶府任内轉詳立案。

又《彭氏啓蒙數學談理》啓 但初印之書，趁科塲行銷，其中錯誤較對稍疏，科塲後復行較對，又得若干處，己逐一改正。

石仁鏡

紀事

清・邵瑨《數學心得序》石仁鏡《數學心得》 歲辛未，予師竹莊吴公開藩於皖，季春來遊，留避溽暑，出示宿松石君仁鏡所編《數學心得》一書，云石君曾佐余幕，今物故，其嗣奉遺命抱書至，意欲余傳之也。

蔣德鋐

紀事

清・蔣德鋐《乘方圖説・叙》 同治甲戌春，番禺徐子遠太守自粵西回東。太守素精算學者也，一日向穗垣算學會中問諸乘方廉法何以三乘方廉率爲一四六四一，鋐嚮疑乘方廉法自三乘方以下諸算書並無圖解。【略】爰繪圖至五乘方以對。

童葉庚

紀事

清·童葉庚《益智圖·誌》 睫巢主人辭柯山，泛瀛海，出戎馬，歸鄉園。

又 余舊製《益智圖》，凡二百一十有六，分爲上下兩卷，藏諸行篋者十餘年，屢經友人借觀，南自閩嶠，北至幽燕。

清·《杭州府志》卷一百四《職官六》 富陽縣【略】縣丞【略】童叶庚，崇明人，同治四年任。

潘逢禧

紀事

清·潘逢禧《算學發蒙·序》 庚辰下第南旋。

周毓英

紀事

清·朱熙《中西算學集要序》周毓英《中西算學集要》 余因鄉邦爲濱海之區，此學在所急講，於奉差之暇周歷各郡，聚友切磋。【略】至寧來者亦夥，周君蘭如與焉。蘭如明悟渾厚，工制舉業又有心經世之學。余心器之，盡舉所知天元、代數諸術及曆算、重學語焉。歲暮，即館其家。

孔廣牧

紀事

清·吴昆田《禮記天算釋序》孔廣牧《禮記天算釋》 孔生昭宋以其尊人力堂所著《禮記天算釋》稿本見示，【略】力堂爲宥函太僕之仲子，生而慧有至性，五齡就傅即知向學，宥函既盡難，力堂事母哀慟，極其孝養，猶力學鑽研六經。天算二者，研經之所作也。咸豐己未，余自京師歸，次年寇至清江浦，灰燼得於瓦礫場中相見，【略】廕入監讀書，應京兆試，適盜賊塞路，與官軍同行，從破一砦見斬殺如草芥，頓觸悲懷感寒而殞。【略】時昭宋方七齡。

黃方慶

傳記

清·喻長霖《火器新術序》黃方慶《火器新術》 余與穀臣諸友讀書九子峯下也。【略】穀臣志尤鋭，擬盡讀羣書而後出，閒以餘力旁涉算術、西學，以爲今日當務之急，約長霖輩爲此。時諸友方治訓詁，或習詞章，未遑兼騖，而穀臣攻其術益專，强力而不倦，每當空山月上，把卷暢譚，或相與散步至桃花潭米篩井，縱論古今時務，中西算法，津津乎言之瘉久而情瘉摯。既而長霖患嘔吐，劇甚，引疾歸里，諸友半奔走衣食，或稍稍散去，唯穀臣居九峯最久，讀書亦最專。長霖領鄉薦後餬口四方，或不免牽於俗學，穀臣時作書戒之，以爲學之貴及時年歲之不可玩愒。長霖等離索日久，心未嘗不時在九峯，暇輒枉道相過從，見穀臣抱絜閣上，富啖書史，聞故人足音則益喜，每至晤譚，窮日夜切礲讀書行己之故，其志鄉所趨窮天下之美，無以易九峯讀書之樂者也。先是九峯書禁頗苛，典守者謹藏筦鑰祕靳逾甚，轂臣董其役，始革積弊，性嚴毅而極愛才，游惰者峻拒之，遇有聰穎子弟輒多方汲引，最以爲學之要，予之書使究治焉，取攜如家藏物，同學者感其誼多化而讀書，少年英俊由九峯起者泰半。縣中每歲調省高才亦惟九峯爲多，往往試輒冠其曹，由是九峯之名大起，父老督訓子弟承學者率以爲非九峯莫屬，雖子弟亦樂附九峯爲雅名。近歲以來，九峯之稱譟於遐邇，則惟轂臣提挈之力爲尤多也。生平律己尤嚴，每有過失，痛自懲治，必改之而後止。其日記記録心得，大旨於心身言行閒致爲兢惕。論者謂此君學識之宏進，德之猛實，儕輩中所罕見，使天獲假之年得畢盡力於通今學古之事，大器晚成，當未可量。迺遽齎志殘歿以終。嗚呼！學之成否豈不以命乎哉。君卒於光緒庚寅正月，時(辰)[長]霖方客京師，江君數峯諸友捜其遺稾，有《火器新術》一卷，《句股邊角相求術》二卷，《羣經算學攷》一册，《算問》一册無卷數，《測圓海鏡識別圖解》六卷，《算學緝》十餘卷，《日記》二卷，詩文集詞集若干卷。

清・王舟瑶《黄方慶傳》《碑傳集補》卷三八　黄方慶字轂(成)[臣]，原名灝，黄巖人。年十八爲諸生，工韻語，喜詩詞，後讀陳文恭《五種遺規》，憬然有感，甚悔所學之誤，遂治史漢，爲古文辭，尋又治訓詁家言，發許君説文及諸經疏並近儒説經書徧讀之，最後讀宋五子書而善之，遂潛心義理之學。作五箴以自訟，曰立志，曰持敬，曰謹言，曰力行，曰改過，自言爲學工夫敬字爲最要，敬字工夫時時提醒此心爲最要。又曰人心須如一點長明之鐙，故君終日無惰容戲言。讀書有心得，言行有過失，俱記於日册。性嚴毅，不輕與人接，友朋有過失，輒面斥無少假借，然好引人爲學，有來問者無不窮源竟委，娓娓以告，故初見者每憚之，既而輒樂與親。生平淡於榮進，於科名得失不甚措意。善化瞿學士鴻機視學兩浙，聞其名，調入杭之詁經精舍肄業，同舍諸人或爭奇獵艷，馳逐詞場，君獨鍵户治禮經，不與時流交，學士好以經術取士，命肄業諸生進所作説經文字，君獨不肯呈録，故同舍者或得科名以去，而君獨落寞。後余與學士相見京師，道及君學行，學士深惜之，以爲知君之淺也。君嘗曰，透得名利一關，方有可以自立處，又曰安命亦是淺説，學者須是識得義，其所自守如此。於藝術中獨好天算之學，以爲切於實用，嘗竭三年之力屏棄它務，盡合中西諸法而通之，多刱獲心得，於舊術每有補正，然君不自足也。其言曰，唐荆川、顧箬溪議《測圓海鏡》，梅文穆議《四元玉鑑》，皆未通其術故也，是以文穆議唐、顧，而後人又議文穆，甚矣，古人不可輕議也。又曰程瑶田輩所著書，時有精到處，然穿鑿附會亦時有之，其辭氣張皇，每令人厭。又曰書生鑽研故紙，偶有所得，不過名物訓詁之微，輒矜爲數千年刱解，戔戔然小儒哉。其論文則曰，凡作文最要是真僞二字，無論工拙，須是寫自己胸中議論，胸中無所見，而作文則優俳盜竊之所爲，真可愧怍者也。君之學大旨以義理爲根，以經濟爲幹，以訓詁詞章爲枝葉，由根達幹而茂其枝葉。光緒己丑，福建學使烏拉布聘君校文，遇病而歸，次年遂卒，年三十有三，無子。所箸有《羣經算學攷》一册，未定卷，《測圓海鏡識別圖解》六卷，《火器新術》一卷，《算學緝數》十卷，《日記》二卷，詩文集詞集等。

清・潘衍桐《兩浙輶軒續録》卷四九　黄方慶，初名灝字(穀)[轂]臣，黄巖廩生。王舟瑶傳略，(穀)[轂]臣幼工韻語，喜填詞，弱冠後致力三史，遂不復作賦，性嚴正，不苟言笑，人有過失，面折不少忍，人多憚之，有問學者則究源竟委，娓娓以告，惜不永年，未竟其學。著有《測圓海鏡術解》七卷，《句股邊角相求術解》二卷，《算問》二卷，《火器新術》一卷。

陳崧

紀事

清・張其䎖《弧角平儀簡法序》陳崧《弧角平儀簡法》　余自陝右致仕歸，同治辛未主講潮郡城南書院，吾鄉茂才陳生夢石者知余通疇人學，特負笈執摯來游門下。【略】越明年壬申，國家遂以此學編令甲，定於歲科經古場兼試。甲戌學使章采南殿撰來粤按試，吾州陳生遂以此學受知，儁於黌而食既稟學使評其算卷云，曲折精奥，非虚語也。生本終窶有北門詠以故舌耕於惠潮各郡，離索者十有餘年，光緒丙戌生歸，授徒於州之城北，距余家僅二里許。生以所箸算學數種請質。

清・陳崧《橢圓盈縮簡法・跋》　光緒辛巳，惠州歸邑，鄧允卿孝廉聘余課其孫館於蔬香圃中。【略】講貫之暇，握算揮毫，爲之立此簡法。越孟夏，而余忽得心熱之疾，荏苒終年，遂不能釋其理矣。迨至沈疴既起，而此稿遂束之高閣，不寓目者數年。歲丙戌，授徒於梅城北，與張京卿師家相近，爰檢出以質於師。【略】自時厥後，爲衣食所驅，南北萍浮，忽忽數秋，迄無暇晷。今年歸，課兒姪於家塾，而圖説乃成，惜吾師既歸道山，不能復以此請質也。

又《引綴録・序》 柳門夫子視學粵東，丙戌九月來試嘉應，余以算學受知，既蒙録置一等。旋試優生，兩學師以余名送及。【略】夫子回省，即以余優行咨部，不意試畢回里，余即丁慈艱。丁亥夫子復來按試，知余丁艱不與試。

清・程鵬《玉鑑垛題闡幽跋》陳崧《玉鑑垛題闡幽》 光緒癸卯，【略】其時惠敬亭太守涖任吾郡，仰體朝廷造士之心，即變金山書院爲中學堂。【略】而算學一科則專聘明經陳夢石夫子爲教習。夫子學問淵博，根柢槃深，生平所著《東溪叢書》至二十九種，述作可謂富矣。【略】自去年四月，夫子來此，即以九數講授，循循善誘，誨人不倦，迨至去臘，同學者既皆通於九數矣。今年春始授西人代數法，夫子謂代數書易於入門者頗少善本，因檢其所著《借根代數會通》《玉鑑垛題闡幽》二書之稿，以爲講授。

陶保廉

紀事

清・柯逢時《測地膚言序》陶保廉《測地膚言》 茂才以盛年隨侍官舍，已留心政術若此，其賢爲何如耶。

清・孫萬春《測地膚言序》陶保廉《測地膚言》 方今朝廷重修會典，令各直省輿图，從事測量，大邑通考積學明算之士咸得展其所長，将来图成必爲宇内大觀。陝省設輿图館，大府檄余司其事，日與同事諸君講習討論，思将古今準望各法彙爲簡編，因循未果。秀水陶拙存先得我心，集中外各書擇善而從，名曰《測地膚言》。

清・陶保廉《測地膚言・跋》 隨侍陝右之二年，署中奉會典館行文飭辨全省輿圖，綜其事者清苑孫介眉先生，並延宏道、味經兩書院明算者多人分任測繪，咸能以所學見諸實事。余得與諸君子交，獲益良多。

清・陸桂星《測地膚言跋》陶保廉《測地膚言》 庚寅秋，【略】晤秀水陶拙存示近作數種，中有《測地膚言》一册。

王季同

紀事

清・蒯光典《泛倍數衍序》王季同《泛倍數衍》 小徐爲吾友王芾卿前輩之仲子，以余粗習筭術，時共商榷。

吳錫釗

紀事

清・趙爾巽《矩象測繪・序》吳錫釗《矩象測繪》 庚寅冬，吳庚岑大令入黔，需次既稔所學，又值《會典》館牒取黔省輿圖，尤重測量，遂請以吳君董其役，復請立算學館，購置中西數理各書，招士之有志欲學者俾從吳君遊，月試而廩，曾未逾歲能窺崖略者且數十人矣。吳君嘉士之能，從而務有以迪之也。乃出其友人餘姚黄蔚亭舍人所著《測地志要》並圖算諸法校刊而變通之，名曰《矩象測繪》，謀付梓以公同人，索余弁言。

清・吳錫釗《矩象測繪・跋》 釗少壯時，志在從軍，頗習地輿，旁及算數，而測望之學猝難精熟。同治庚午，與餘姚黄蔚亭舍人炳垕同舉於鄉，辛未赴禮闈試，舍人以所著《測地志要》及《方平儀象》見惠，受而讀之。【略】前曾忠襄暨張孝達制軍撫晉時，徵釗分纂《通志》，成《山西度里譜》，又撰《方田簡明算例》，多主《測地志要》之法，兹需次來黔，奉檄測繪輿圖，以應《會典》館之徵。

蕭履安

紀事

清・孫萬春《游藝課草初集序》蕭履安《游藝課草初集》 履安先生久以算學著名寰内。甲午之役，都中友人寄其所上條陳稿，深服其能以算學見諸實用，非徒託空言也。去歲當道聘主滸藝學塾講席，扵彭小皋同年處得讀其《求實濟齋書目》及《測繪坤輿新説》，知其扵常法之外，又立三角簡法，與膠柱鼓瑟者迥殊。

清・蕭履安《游藝課草初集・序》 僕以淺陋，謬來關中承乏滸藝講席，深懼弗克勝任。初到時，試諸生以天元、代数，無一能知其爲何物者，因勉竭誘導，除三八堂課外，又設日課，數月來，僕既不敢或懈，諸生亦率能自勉，似扵元代頗有進功。

王澤沛

紀事

清・王澤沛《測圓海鏡細草通釋・序》 沛嚮受學同文館時，嘗聞席翰伯師述，【略】今年夏，劉舍人振愚世丈，偶復與沛論及，意暗與壬叔先生合。沛因述先生未竟之志，以其缺而憾之。

蔡綬綵

紀事

清・張伯熙《七政弧角圖算序》蔡綬綵《七政弧角圖算》 余視學嶺南，【略】試將竣，順德訓導某具言，蔡生綬綵家無擔石，肆力九章，不事薪傳，持起甈曲之中，與學堂諸君後先煇暎。復以其所箸書六種呈閲，【略】爰召蔡生來院告之曰。

清・蔡綬綵《七政弧角圖算・叙》 甲午脊，客有即此二事問者，余回舉弧三角筭瀍以對，客極苦其難，復舉渾儀代筭示之，客則喜其易，及示以造儀之瀍，又以爲求工不易，恐不貲費，且其噐重大不便巾箱，欲更求簡易之瀍。余回憶專學海堂課滿訔，有書所習，書後一題註曰，諸君三年學成，諒多心得，宜書於所習書後，以徵所學。訔余回《三極通機》《仰規覆矩》二書而悟，著有七政、四餘、黄道經緯求到地平以圖代筭以進，遂蒙學長過許。

何壽章

紀事

清・王修植《圓錐曲綫論心叙》何壽章《圓錐曲綫論心》 乙未春，於役津門獲交於山陰何子豫才，以所著《曲綫論心》示余。

黃豪伯

紀事

清・江召棠《得一齋算學序》黃豪伯《得一齋算學》 黃君豪伯夙工算學，爲時所重。往余銓次京師即耳其名，然猶未知其所詣之何若也，及余選上高，恒相過訪，始得叩其所學爲欽服者。久之相約渡海後，再取其書而讀焉，既抵章江，而黃君已扵海上歿矣。下車之後，輒就其家访得遺書，爲其《得一齋巵言》凡四卷，皆闡明數術，補前人所未逮。【略】黃君不假師傳，扵斯道具有夙慧，見中土算術久廢，別出心裁，發揮精藴，歷歷如數家珍。

清・文廷式《文道希先生遺詩・弔黃豪伯》 豪伯名林材，上高人，精算術，又言輿地之學，曾爲丁文誠探印度事，官彌勒縣知縣，與岑襄勤不合，乞歸，會典館開，奏調入都，居一年，乞假歸省，卒於上海。余與交十六年矣，於其卒也，詩以弔之。

豪伯嶔奇人，亦復非近翫。商高有遺術，往往能淹貫。中年忽別我，萬里遊汗漫。蓮葉大如船，野人黑如炭。可證釋迦説，兼補郭璞讚。尤恨緬甸事，每述必三嘆。當時貳師罪，甘受迦葉謾。豪伯在緬甸聞乾隆間傳文忠賄和事與國史異，存之以參異聞。終爲白里滅，信符智士算。吏事非所宜，焦桐乍入爨。仍繪呂温圖，惜哉功未半。我嘗戲君言，神鋒百回鍛。精如隱山豹，貌似垂頭鸖。猶期著作成，胡爲去恒幹。新知殊未得，舊侶忽星散。穨然自歎息，欲作無生觀。

龔傑

紀事

清・沈善蒸《立方奇法敘》龔傑《立方奇法》 龔子好學深思，致力於算有年矣，不拾唾餘，獨求心得，頃復從九減七減中神明變化，創獲一法，甚新奇，而出之簡易，以御整數正立方，迎刃而解，直捷逾常法倍徙，雖專家之衆，吾烏知創爲通法，不更有捷於是者。

鄧建章

紀事

清・鄧建章《中西算學入門匯通・序》 余少時觕明珠算，欲求他術，苦無逕途，因見《時憲書》，以《御製數理精藴》標於面，知此書定爲推步法程。赴試時，於官局得梅刻原本，恭讀之下，稍有會心。并蒐訪坊間他祘部，而卒不多得，僅獲一二。每於讀書、經商之暇，偶爾涉獵，始知諸術之加減乘除，靡不與珠祘同理，雖其中奥義未克周知，而賴有成法以導先路，守轍循塗，心目遂爲之一静。

蔣士棟

紀事

清・華世芳《思棗室筭學新編四種附筭稾序》蔣士棟《思棗室筭學新編四種附筭稾》 君之治算，不假師傳，惟偕其從弟仲懷互相師友，日陳古今算書，閉户靜觀，深造自得，時有新理，輒筆記而梓傳之。余曩在鄂渚友人案頭得讀君所編《筭學餘談》，以爲吾鄉黨中善觀書善用心者，莫蔣氏昆仲若矣。今歲邂逅，始獲訂交，與談算理，所詣益深。昨復郵示近著數種，曰《對數旁通》，曰《弧矢釋李》，曰《圜率釋董》，曰《微積釋馬》，曰《筭稾》，卷帙無多，要皆能洞見古人立術根源，而有功來學不淺。

顧儒基

紀事

清・崔朝慶《算理紬奇・序》 聘耆與余之輯是編，闡奇題之奇也。【略】相與討論，數月之功以成此書。

潘應祺

紀事

清・廖廷相《經算雜説序》潘應祺《經算雜説》 粵東昔開實學館，大府延余掌其事，選清白子弟課以中西各學，時曹生汝英、潘生應祺年最少，聰敏絶人，凡教習所授，聞言輒解，余恒顧而樂之。逮余回京供職。【略】潘生留粵，別理舉業，旋補弟子員，肄業廣雅書院，益復究心經史。前年粵中清丈沙田，兩生皆應調測量，暇即商量舊學，日者奉其所箸來請序余。

清・楊樞《經算雜説序》潘應祺《經算雜説》 余教習實學館時，曹生汝英、潘生應祺從余游，英才卓犖，穎悟絶倫，余深器之。所授洋文、西算不過略示梯階，兩生心摹力追，不數年洞窺堂奧，遂爲館中翹楚。厥後余出使東瀛，兩生學益精，每念及之，輒低徊不能置。及返粵。【略】潘生旋補弟子員，肄業廣雅，以經算名家，稱通人焉。前歲粵中清丈沙田，大府以兩生董其事，每當風瀟雨晦，砥礪切磋，舊學商量，益加邃密。

清・曹汝英《經算雜説序》潘應祺《經算雜説》 光緒八年歲壬午，粵東大府奏設實學館，英與潘君漱笙同時應選入館肄業，研究中西算法，昕夕切磋，各有相見恨晚之意。其後潘君補弟子員入廣雅讀書。【略】前年春自金陵歸，【略】不圖是歲之暮，粵省設清佃局，英與潘君同司測繪事，夜分餘閒竟得互相討論，如在實學館之日。

清・吴道鎔《幾何贅説序》潘應祺《幾何贅説》 光緒癸卯冬，道鎔忝督高等學堂，爲諸生謀各科學豫備，以算學一門當補習幾何，延潘漱笙孝廉任其事。潘君以代數釋幾何，依原書卷第采本文引申之，文所難明代之以式，以課諸生，凡再閲寒暑，而平面立體皆畢業。

翟寶書

紀事

清・翟寶書《抛物淺釋》緣起 蒙既編《測量圖説》，俾隊勇易知易能，朝夕從事於兹。【略】蒙不揣檮昧，師壬叔先生之意，而演其式。【略】顔之曰《抛物淺釋》。【略】光緒二十四年季秋朔日，東臺增貢生選用訓導改江西補用巡檢翟寶書謹識於南昌客舍之右軒。

吴誠

紀事

清・吴誠《代數一隅・序》 《代數術》爲學算之要書，譯刊以來幾三十載，【略】爰搜輯故稿，旁採諸家，取其能發明是書者，合成一册。

陳棠

傳記

清・杜桂墀《四元消法易簡艸敘》陳棠《四元消法易簡草》 漵浦陳生棠字葦舟別號餓農，生平志有用之學，其經義根柢小學，史論兼綜輿地，嘗言士必有氣節而後有功名，今出身先已不貲，異日烏能擔當天下乎。然屢困塲屋，已乃發憤爲文，自言吾文若要不中，除非不薦，若要不薦，除非不閲。丁酉科，見生文力厚思沈透，過人十數層，決其當獨步一時，榜發依然不售。蓋是時士風日靡，非賈薦拜門簾官，實未嘗過目也。生乃杜門著書，無復上進之志，見外交乖方，時局日蹙，則慷慨起舞，恨不執中國之樞要，以挽陸沈。聞海疆多事，生民塗炭，則痛哭流涕，又恨入山不深，未免局外之傷心，時歌時哭，如醉如癡，若是者有年。已乃有《四元消法易簡草》之獻，予取而讀之，見其苦心孤詣，與時文之嘔盡心血差足相當，因謂之曰，子懷才不遇，乃欲藉此區區者以成名乎。生應之曰，囚中演易，刑餘作史，窮愁著書，聊以自娱，古人豈嘗有所爲而爲之乎。

紀事

清・陳棠《四元消法易簡草》學部奏摺 宣統二年十一月三十日，軍機處抄交四川總督趙爾巽附奏訓導陳棠所著《四元消法易簡草》交學部審閲一片。【略】查原奏内稱該訓導陳棠伏處湘沅，冥心孤造，其演段設式具有發明，所闡學理與代數互相印證，法極簡當委，非嚮壁虚造者所能强襲。【略】擬即仰懇天恩賞給該訓導陳棠臣部國子丞屬典簿銜，以示優異。

又《四元消法易簡草》四川總督趙奏片 茲查有湖南漵浦縣人候選訓導陳棠，攻苦績學，尤精算術，著有《四元消法易簡草》一書，前由湖廣督臣陳夔龍咨送學部審定，作爲高等學堂參攷書。

清・劉若曾《四元消法易簡艸敘》陳棠《四元消法易簡草》 漵浦陳君葦舟校經餘閒紬繹祘理，刱立新例，補正古術。余受而讀之，始知朱氏原術本自易簡，即所謂精而不雜、自然而然也。

劉嶽雲

雜録

清・劉錦藻《清續文獻通考》卷二六五《經籍考九》 《光緒會計表》四卷，劉嶽雲撰。嶽雲字佛卿，江蘇寶應人，光緒丙戌進士，官至浙江紹興府知府。

清・王仁俊《格致古微》卷五 劉嶽雲答李善蘭書曰，西人以天算爲最精，初入中國即挾此自重，而光化電等學則近世尤密，然如天圜見《周髀》《大戴》，地動見《考靈耀》《乾鑿度》《元命苞》《括地象》，六等星差見徐整《長歷》，天河經天一周見《抱朴子》，天河爲小星所聚見《物理論》，五星日月各一天見《郄萌傳》，朦氣見《姜岌傳》，雷爲地氣見《周易》《論衡》，則中國言天文未嘗讓西人也。《墨子》經上，圜一中同長也，此謂圜體自中心出徑綫至周等長也，又云方柱隅四讙也，誤此謂方體四維皆有隅等面等邊等角也。莊子一尺之棰，日取其半，萬世不絶，此幾何妙理。他如借根即天元一術，代數術中求無定數即大衍求一術，累乘累除即堆垛招差，則中算未嘗讓西人也。

解崇輝

紀事

清・解崇輝《代數術補式・序》 戊戌秋歸自海上，山居岑寂，乃取傳譯舊式，簡者詳之，逐卷逐題補得若干式，間或系以詮説，期年脱槁，排比成帙，犆有端緒。

林傳甲

傳記

清·張伯英《黑龍江志稿》卷五七《人物志》　林傳甲號奎騰，福建閩縣人。幼孤，母劉璑課讀，穎異有神童稱。及長，就學西湖書院，博覽群書，旁通輿地數學，專門家多勿及。其爲文磅礴有奇氣，滔滔萬言，倚馬可待，湖廣總督張之洞特器之，宿儒柯紹忞、吴樹梅督學湖南，先後幣聘襄校，三湖後學多爲奬進，相交皆當時名流，然好高論。戊戌政變被黨嫌，幾就逮，其母教以自抑得免。壬寅舉鄉試第一，兩赴禮闈不第，管學大臣張百熙聘爲大學文科教授，著中《國文學史》海内傳誦，滬上書坊翻印者甚多，揀選廣西知縣，將軍程德全奏調黑龍江辦學，歷充提調科長各職。江省地處邊陲，尚騎射而輕文學，風氣錮塞，輸導頗難，傳甲多方勸諭，光緒末年男女生不滿百，多有因貧退學者，傳甲給資供食毋乏。嘗賃城北茅屋數椽辦女學，僅三名，雨雪載途，往來教授，未嘗輟。宣統之季，男女生至三萬人，傳甲力也規畫進行，具載《黑龍江教育日記》。並著《鄉土志》《舊聞録》《進化録》《龍江史論》，刊行於世民國四年。去江居京邸，游西陵，留易縣講學，著《易水交源》《易縣地志》，嗣游長江各省，著有《京師京兆蘇浙皖贛晉魯鄂豫奉吉諸地志》。民國十年十二月甲午卒於吉林教育官署，年四十有四。

紀事

清·吴樹梅《微積集證序》林傳甲《微積集證》　侯官林君魁雲，英年好學算，習中西兩家，尤喜博覽群籍，曲證旁通，取足以發明其理者，輯爲《微積集證》四卷，真能除门户之習，得宣城之旨。刻既竣，持以餉余曰，非敢问世，以竟吾父未竟之志，且誌吾母朝夕所教，不敢忘韙哉。

清·劉瑗《微積集證敘》林傳甲《微積集證》　《微積集證》四卷，侯官林傳甲撰。傳甲父諱文釗，博通典籍，箸有《算學紀聞》，主持中法。傳甲童嬉時，輒拈香燼爲籌，別以朱墨，縱横布祘，父驚曰此三代以前絶學也。【略】傳甲六齡失怙，其母督之學益力，年十七以算術鳴於江漢，門下生多掇芹。前年衡州延主西湖精舍，客歲常甯延主求是書院，今春學使吴司農延入署中授讀，因集頻年講席精粹，囑其弟傳臺編次，請序於母。

雜録

清·張伯英《黑龍江志稿》卷六〇《藝文志》　《黑龍江鄉土志》一卷，近人林傳甲撰。傳甲，閩侯人。是書分歷史、地理、格致三種，每種二十八課，每課附圖，記黑龍江事由，淺顯文出之，頗裨發蒙。

《龍江舊聞録卷》，近人林傳甲撰。傳甲字奎騰，福建閩侯人，精研輿地之學，著《大中華地誌》，本録列爲五篇。

《黑龍江教育日記》，近人林傳甲著。

《龍江進化録》，近人林傳甲撰。

劉其偉

紀事

清·劉其偉《代數句股草·敘》　猶憶庚午春，長兄眉孫先生肄業滬上龍門書院，時掌教者興化劉融齋先生，素講道學，兼通天元。其算學舊友，嘉定時清甫先生有《求一術》，刻於《白芙堂叢書》中。偉方童年，隨兄讀書滬上，即從清甫先生游，應格致堂算課，南海馮卓儒觀察嘗取列優等，得識雪村徐君壽、若汀華君蘅芳，皆一時算學名家，并得徐君親授筆算開方，然算學如海，偉不過惝知門徑。厥後就試京師，聽鼓歷下，遂棄置十餘年矣。

徐異

紀事

清・華世芳《沿沂亭算稿序》徐異《沿沂亭算稿》　徐生點撰年少思鋭，近以所著《沿沂亭算稿》四卷見示。【略】時在光緒辛丑冬十月，金匱華世芳叙拎龍城講舍之取斯堂。

張毓瑗

紀事

清・周達《三角和較術圖解序》張毓瑗《三角和較術圖解》　江都張子斂虹英才趠犖，不可一世，於疇人之術致功尤深。

清・包榮爵《三角和較術圖解序》張毓瑗《三角和較術圖解》　余擬補其説而未有暇，會張君斂虹來，與有同志因相與討論研究者。再張君鋭於思而勇於進，不旬日間已盡詮釋完善，余展讀一過，歎其入深出顯，得未曾有，洵足發前人之精微而啟後來之思晤已。

清・張毓瑗《三角和較術圖解・序》　余然其説，因商之包君墨芬，雨窗無事，輒相與斟酌損益，務使簡而不病其略，詳而不厭其繁。

黄泰生

紀事

清・馮澂《測圓海鏡贅解序》黄泰生《測圓海鏡贅解》　黄君知算，余耳熟已久，適光緒丁酉，夏督學龍師命余游南洋公學，重命余校黄君《中星表》《平時表》及是書之訛，復札飭南菁監院統余輯《春秋日食集證》一書增入《南菁叢書》之尾，旋因師解任而輟。余録副以歸，擬廣其傳，而又澀於貲。閲二年，與吾友陳君鳴軒縱譚及此，陳君即索閲之，謂余曰《海鏡》爲欒城未竟之書，故識別襍識中恒多悶晦紛歧之弊，得黄氏《贅解》，則向之荆棘蘩襍者今則康莊坦易矣，請任剞劂以竟子未竟之志。余曰，昔張南皮尚書謂有力好事之人，若自揣其德業學問不足過人，而欲求不朽者，莫如刊布古書一法，今君之毅肰自任，豈有力好事之人比哉。如君所箸《化學滙原》以及曆算、光電各有札記若干卷，類能發前人所未發，亦終古不泯之作，猶得日君之德業學問不足過人，與君之意不過傳先哲之精蘊，啟逡學之困蒙，將謂存利濟積善之見猶淺乎，測之獨是余得藉君之力，俾黄氏遺書終傳於世，庶幾龍師委余之盛心，余幸得告无負云。鐫既竣，爰書其緣起於簡端。時在庚子九月九日，馮澂誌於强自力齋。

清・陳鏞《測圓海鏡贅解序》黄泰生《測圓海鏡贅解》　予與馮徵君清渠交最久，後徵君游學四方，遂疏蹤跡。歲巳亥，徵君杜門養親，予暇輒過訪譚藝事，因得獲是書而付之梓。向使戊戌無黨禍之變，徵君方應經濟科，游天子都，而是書猶庋之徵君篋中，不知歷幾何時而始出。今覺予之得梓是書，與是書之得傳於世，其顯晦若有時也，抑潛德幽光終不湮没與？然必由龍侍郎而歷徵君始得假手於予，夫豈偶哉。刻既竣，聊誌數語，以眎凡天下事皆有前定數存焉，毋待人之僕僕云。陳鏞序於味三廬時光緒庚子仲秋之月。

支寶枬

紀事

清·汪一麟《上虞算學堂課藝敘》支寶枬《上虞算學堂課藝》 一麟戊戌秋攝篆上虞。【略】邑有王孝廉寄廎、徐孝廉焕庭者，創算學館於經正書院，選生徒數十人，延剡溪支先生爲教習。

清·蔡元培《上虞算學堂課藝叙》支寶枬《上虞算學堂課藝》 吾鄉支雯甫先生，以專門算學名。歲戊戌，同歲生王君寄廎，設算學館於上虞，集生徒數十人，延先生而教授焉。【略】既三年，高材生卒業者若而人。

清·支寶枬《上虞算學堂課藝·序》 余習算廿餘年，素不喜落書中窠臼，今以課徒，尤持此見。【略】丁酉歲莽辭兩湖書院講席歸來，戊戌冬閒由蒯禮卿觀察娉主江南高等學堂，甫經數月，多所造就，旋即裁去，重主是席，忽忽又二年矣。

又《上虞算學堂課藝·識》 己亥暮春有金陵之行，夏秋二季延趙望寅秉良、錢晦齋建中兩茂才代主是席。

盧靖

紀事

清·盧靖《萬象一原演式·序》 靖承乏上都，塞外事簡，蒙漢語言不通，游牧習俗難改，前欲鼓勵工藝、牧礦諸切近之端，懸賞經年，無一應者，又安可與言深微之學理。

王錫恩

紀事

清·丁毓龠《勾股演代序》王錫恩《勾股演代》 澤普王君，爰即累年所素習者，編爲一篇，加以己所創多題，名曰《勾股演代》。

清·王錫恩《勾股演代·序》 余不揣譾陋，乃取中西勾股諸書，採其精粹，揭其體要，加以累年所學習者，集腋成裘，彙爲一編。【略】數年前余己輯成此書，因恐遺笑大雅，未敢付諸手民。光緒二十八年歲次壬寅新秋，濟南大學堂分教習王錫恩自識。

清·劉玉峯《勾股演代跋》王錫恩《勾股演代》 王君錫恩博學士也，格致、物理靡所不通，而天文、算學尤其所精。每於督課之餘，心切著作，閒嘗以所著《勾股演代》一書示余，披閱之下，竊有快於心焉。【略】歷兩寒暑稿成，讀者共相許可，奉爲津梁，嗣蒙高君鳳池稱善，故王君慨然將全稿相讓，日後刷印發售，均由高君主權，王君概不過問。

鄧端黻

紀事

清·鄧端黻《中西度量權衡備考·序》 黻雖粗通數藝，而於西學實非所知。庚寅春，奉南皮宫保檄飭備員鐵政，派司稽核，在事十餘年。初於泰西權量制度名異數隔，未能闡合貫通，深以爲苦，蒙龍溪閣學毅若蔡公隨時指導，幸得免於隕越，摘有中西備攷手記，不過借資鏡攷而已。

葉耀元

雜録

清・葛士濬《清經世文續編》卷八《學術八》《中西曆學源流異同論》，葉耀元。竊謂兩間中有萬古不易之理，無百世不變之法，萬事皆然，於曆爲最。【略】而中西歲月之大不同者，至於最卑最高之根源，及最卑之運行弗替，則其故甚微，一時不可思議，雖歐洲楚精天文家亦莫明其妙，惟大約其故必在恒星焉。

清・劉錦藻《清續文獻通考》卷二七四《經籍考一八》《陸軍新書》六卷，葉耀元撰。

張松溪

紀事

清・周書訓《勾股題鏡序》張松溪《勾股題鏡》 前二十年，余肄業登州文會館，與張君松溪同學。【略】後各畢業，離羣他方，不得張君觀摩者數年。乙巳復同事於青島禮賢書院，得張君所著勾股書四卷。【略】光緒三十一年八月，安邱銘九周書訓序於禮賢書院之藏拙山房。

徐虎臣

紀事

清・王鏞《溥通新代數叙》徐虎臣《溥通新代數》 徐君嘯崖曩嘗選譯《數學佩觿》二卷，邇也卑也，兹復選譯《溥通新代數》六卷，邇與遠所歷之徑塗，卑與高所循之階級也。

清・徐鳳誥《筭學啓蒙通釋》《中西通術》，甘泉徐鳳誥香谷學，門生徐虎臣、解崇輝校筭。

鄒尊顯

紀事

清・鄒尊顯《分類演代・序》 余之以算學課弟子也有年矣，其於初學中法爲主，西法副之。

黄啓明

紀事

清・陳平瑛《微積通詮序》黄啓明《微積通詮》 歲甲辰，余課算於廣州府中學堂，花縣黄君佩星惠然造訪，談論數理，彼此甚歡。時佩星著有《微積通詮》一書，將付剞劂，余聞而未之覩也。今年春，佩星始將大作節次寄示，夏間書成，命序於余。【略】任校字繪圖之事者爲譚生璣、淩生鴻銘，兩生方肄業廣州府中學堂，佩星亦應潯州府中學堂之聘。

清·張成桂《微積通詮序》黄啓明《微積通詮》 花縣黄君佩星，工算術者也，篝燈之暇，括舉西士要旨，成《微積通詮》十六卷，以成桂犆知厓畧，俾爲之序。

雜録

清·端方《清光緒新法令》 學部奏請欽派大臣會同覈定游學專門各員摺 併單

竊臣部上年五月議覆升任直隸總督袁世凱奏請將道員詹天佑等給以各科進士出身一摺內，稱【略】兹據各省督撫先後保送游學專門各員，並詳具履歷咨送前來臣等詳加察覈，內除屈永秋、林紹清、梁和、崔朝慶、薛光錡、黄啟明等六員未經出洋游學，與上次奏章不合，應無庸置議外。

陳修齡

紀事

清·盧雄飛朋《公式演算序》陳修齡《公式演算》 余總角與君同塾，以學問相切劘，且共喜習算，晨夕過從，以故結爲昆弟之好。君魄力沈毅，文章淵懿，弱冠有聲庠序，一門之內，父子兄弟孜孜爲學，而于幾何天算之藝治之尤專。君用心最爲縝密，遇數理之紛繁而奥賾者，無不苦思窮索而得之，造詣精深，不易窺其涯涘。去歲應吾邑師範學堂之聘，而書適脱稿，本其下學上達之階級，扶學子而共登之意甚盛也。君弟仲容，手著《中西算學題鏡》，一時明算者莫不謂爲至精之作。光緒乙巳十月既望，同譜新會盧雄飛朋著序於廣州中學堂。

石振埏

紀事

清·石振埏《勾股形邊角相求術圖解·叙》 稿成，置之篋中二十年，不復理。今夏檢閲，尚可成帙，爰付梓人，以質當世。振埏年二十六，發憤學算，初不解九九，傍無師友，自閲算書，未習常法，破空從天元術入始，亦覺其神妙如意，既而漸苦理多，未諳法即難推，乃翻然揅究常法及形學各種，遍閲有圖解之書。遇近代諸名家立術不言其故，輒發憤探索，必得其根，所讀算書雜評於書之上下方及行間殆遍，皆理解也。當時未綴萃成編，今眼花，難遍寫録，《測圜海鏡識别圖解》造意最早，亦零碎未編就，獨此稿係另紙草就，完整易付禮堂，遂先問世。心思老洫，此道久置不講，無復進境，感算理之日微，顧一得之難舍，乃忽取二十年前之著述，付之梓人，倘亦足爲疇人子弟揅理之資，而爲明算理之達人所不弃乎。光緒丙午季秋，黄梅石振埏叙於安徽節署。

劉鷗華

紀事

清·曹履貞《生數表序》劉鷗華《生數表》 劉生鷗華劬學士也，歲壬寅正月肄業師範學堂，明年畢業即試之於附属小學。劉生未到學堂之先，已究心數理，確有心得，迨在堂年餘，遂深明教授之法，從事教小學殆無不如火然如泉達者。丙午之春，出所著《生數表》見示，此盖從經驗之暇時究心之所得也。

著作部

徐有壬《務民義齋算學》

著録

清・張之洞《書目答問・子部》　天文算法第七

《務民義齋算學七種》，徐有壬。姚氏咫進齋刻本，有七種未刻。徐別有《造各表簡法》《截球解義》《橢圓求周術》各一卷，附刻《鄒徵君遺書》内。《堆垛測圓》三卷，《圓率通考》一卷，《四元算式》一卷，《校正開元占經九執術》一卷，《古今積年解源》二卷，《强弱率通考》一卷，此六種未刻。

清・張之洞著　范希曾補正《書目答問補正》卷三　天文算法第七

［補］《書目答問》原刻後印本增印「長沙荷池精舍刻本」八字。目列後：《測圓密率》三卷，《垛積招差》一卷即《造各簡表法》，《橢圓正術》一卷即《橢圓求周術》，《截球解義》一卷，《弧三角拾遺》一卷，《表算日食三差》一卷，《朔食九服里差》三卷。又自刻本無《截球》《造表》二種。上列「徐別有」三字當删。

清・劉錦藻《清續文獻通考》卷二七四《經籍考一八》　《務民義齋算學七種》十一卷，徐有壬撰。有壬字鈞卿別字君青，浙江烏程人。道光己丑進士，官至江蘇巡撫，謚莊愍。

清・丁仁《八千卷樓書目》卷一一《子部》　《務民義齋算學》十一卷，國朝徐有壬撰，白芙堂本。

《務民義齋算學》目録《白芙堂算學叢書》

《測圓密率》三卷　《堆垛測圓》三卷未刻　《垛積招差》一卷即《造各表簡法》

《橢圓正術》一卷　《截球解義》一卷　《圓率通攷》一卷未刻

《弧三角拾遺》一卷　《四元算式》一卷未刻　《校正開元占經九執術》一卷未刻

《古今積年解源》二卷未刻　《表算日食三差》一卷　《朔食九服里差》三卷

《强弱率通攷》一卷未刻

序跋

清・羅汝懷《重刻徐莊愍公算書序》丁取忠《白芙堂算學叢書》　烏程徐莊愍公字曰君青，人亦稱鈞卿。精通天算。宣廟嘗召詢圓明園水高京城若干丈、西洋貢器其用如何，公敷陳稱旨。台官往往就決所疑焉。

公始治算，嘗得元人《四元玉鑑》，積思三晝夜，以意步爲細草，人見而奇之。金谿戴尚書、方立董孝廉輩争相傳鈔以去，尤精於割圓堆垛之術。算術以測圓爲甚難，錢氏本宋人沈存中説拗爲進位開方法，得周三一六有奇，一時信之。公以内容外切反覆課之，其説遂破。對數表傳自西人，云以屢次開方而得其數，公以屢乘屢除法御之，得數巧合，而省力百倍。蓋其精心探索，思入幼眇，故深造自得如此。然不以自鳴也。昔公開藩楚南，時汝懷曾與賓席課公子震翌，談讌之餘，未嘗稍涉此術。長沙丁取忠果臣以所纂《數學拾遺》質公，屬私敏其得失，公曰是矣，而見書未多。吾向在維揚刻書甚夥，今悉毁於寇矣，他日貽所自箸《務民義齋算學》一編，余未嘗從事於此，弗知所云也，櫝藏而已。是時公自滇南入楚，攜副室子女各一人，入居危城，或尼其來，或勸寄孥鄉僻，皆不爲動。辦公籌饟，綜覈名實，不爲苟且補苴之計，於大錢鈔票力格不行，方興即止，故受累尚少，持身儉約，有逾寒素。及遭憂歸里，悉鬻服物，攜書十餘簏以行。其後撫蘇，守卒不盈四千，倉猝賊至，公整衣冠出督戰士，賊遽前，刺其額，冠將墮，手自正之。烏虖，此可以想其生平矣。近纂《湘南褒忠録》於坿紀中爲公立傳，頗具本末，尚未梓行。

而果臣以昔年親炙之故，又與南豐吴編修嘉善商搉算學，書問往復，謀梓公書。編修固嘗受學於公，而深入奥窔者也。今所重刊即務民義齋原本之五種，增入《垛積招差》一卷、《截球解義》一卷，其見於目録而未刻者尚有《堆垛測圓》

三卷、《圓率通攷》一卷、《四元算式》一卷、《校正開元占經九執術》一卷、《古今積年解源》二卷、《强弱率通攷》一卷，凡六種，求稾弗得，以俟他日。

當公延余授公子讀，長男萱時試於提學，得優等，公一見器之，命與公子共讀。明年秋，萱赴節帥曾公之招，公啓重門送之，曰：萬里之程基於此矣。庸詎知越五年而公父子併副室施、幼女淀姑、及給役書室之僕楊安，皆殉蘇城。又九年，而萱殉黔苗之難。往時一室相從，主賓僕從遂靡孑遺，故自公去至今，汝懷□蹟未嘗復入藩垣，蓋西州之痛、西河之戚，其情與事實視昔賢爲倍蓰也。於虖，公往矣，浩氣太空，下視人閒願望，種種皆如腐鼠，曾何足一繫其念慮？惟結習所存，表章絶學，固公之素志，今藉手果臣老，使遺書復傳於世，以嘉惠來學，在公宜謂當然。然豈期冰霜摧剥之餘，湖湘閒猶有兩故人，白首相對，重語公清風壯節，盡然於是編之幸存也乎。同治十一年歲次壬申長至前三日，湘潭羅汝懷謹序於長沙荷花池館。

徐有壬《截球解義》

序跋

清・徐有壬《截球解義・序》 《幾何原本》謂球與同徑同高之圓囷，其外面皮積等。截球與截圓囷同高，則其外面皮積亦等，而不直抉其所以然。徧檢《梅氏諸書》，亦未能明釋之也。蓄疑於心久矣。近讀李(湻)[淳]風《九章注》，乃得其解，因釋之以告同志。雖然以戴東原之善讀古書，而猶謂(湻)[淳]風此注當有脱誤，甚矣索解人之難也。今釋《幾何原本》，而(湻)[淳]風之注，因是以明。蓋(湻)[淳]風用方，今用圓，其理則無二也。後附《橢圜求周術》，曰：橢圜求周，無法可馭。借平圜周求之，則有三術。以衺爲徑求大圜周，及周較相減，此項梅侣氏之術也。以廣爲徑，求小圜周，及周較相加，此戴鄂士氏之術也。余亦悟得一術，以橢周爲圜周，求其徑以求周，即爲橢圜之周。術更直捷，兼可貫三術爲一術云。

徐有壬《造各表簡法》

序跋

清・徐有壬《造各表簡法・序》 圜不可量，綴之以方；弧不可比，綴之弦矢；乘除不可省，綴之對數。皆不可無立成。昔人名之曰鈐、曰表，皆立成之別名。西法有八線表，有對數表，萬算皆從此出。表之用大矣哉！惜其創造之初，取徑紆徊，布算繁賾，不示人簡易之方，令學者望洋興歎。如八線對數一表，至今無人知其立表之根者，不可謂非缺事也。余讀《四元玉鑑》，究心於垛積招差之法，推之割圜諸術，無所不通。蓋垛積者，遞加數也；招差者，連比例也。合二術以施之割圜，六通四闢，而簡易之法生焉。導源於杜德美氏，發揮於董方立氏，旁推交通於項梅侣氏、戴鄂士氏、李秋紉氏，幾無遺藴矣。是書集諸家成説，參以管見，簡益求簡，凡五術，以就正有道君子。

徐有壬《橢圓求周術》

著録

清・丁福保《算學書目提要》卷中 《橢圓求周術》一卷，烏程徐有壬撰。案：是書變通項、戴之法而刱此術，更爲便捷。

徐有壬撰　吳嘉善述草　左潛補草《割圜八綫綴術》

著録

清·丁仁《八千卷樓書目》卷一一《子部》　《割圜八綫綴述》四卷，國朝吳嘉善撰，白芙堂本。

序跋

清·左潛《綴術補草·序》　自泰西杜德美創立割圜九術，以屢乘屢除通方圜之率，我朝明氏、董氏各立一家言以爲之説，而杜氏之義，推闡靡遺。顧八線互求，尚無通術，未足以盡一圜之變。夫非明、董之智力，不能因法立法以盡其變也。其能窮杜氏之義也，資於借根方；其不能廣杜氏之法也，亦限於借根方。蓋借根方即天元一之變術，而借根方之不能立式，究不如天元一之巧變莫測也。是書祖杜氏而宗明氏，又旁參以董氏之法，八線相求，各立一式。因式立法，不煩審顧之勞；因法入算，不費尋求之苦。嚮之不可立算者，今皆能馭之以法。即有不能立法布算者，而其式終存。則式能濟法之窮，而度圜諸線，一以貫之，無遺法矣。推其立式之由，所謂比例術，即明氏定半徑爲一率，所有爲二率或三率之法也。所謂還原術，即明氏弧背求正矢，又以正矢求弧背之法也。所謂借徑術，即明氏借十分全弧通弦率數求百分全弧通弦率數，借百分全弧通弦率數求千分全弧通弦率數諸法也。所謂商除法，又即還原術之變法也。是故《綴術》之生，因於明氏，而又足以盡明氏之變。明氏之未能立式也，借根方法取兩等數，其分母分子雜糅繁重而不可通也，其多號少號展轉互變而不可約也。試取明氏書馭之以《綴術》，其遞降各率，頃刻可求。則是書也，其真能因法立法，而更能樹幟於明、董之後者歟？書爲徐君青先生所作，吳君子登述而成之，顧詳於式而略於草。惟弦求矢、矢求弦、弦求切、切求弦、弧求割、小切求大切、小切求大弦、小割求大矢八式有草，餘皆有式無草。欲考其立式之原，不可遽得，學者難焉。潛因於暇日一一盡爲補草，合爲四卷。書既成，丁果臣先生以嘗習算於徐先生，將以此書付諸梓，因綴數語於簡端云。同治癸酉仲春月，湘陰左潛謹識。

清·吳嘉善《割圜八綫綴術·叙》　善於算術，蓋嘗麤涉其藩，至於所謂割圜術者，則讀董氏、明氏之書而不能解也。及獲交於徐君青先生，乃稍解之。先生於堆垛招差之原最爲究心，故其《務民義齋算學》中大小八綫相求諸法，課虚責有，極爲鑿險縋幽，及其立爲術也，又若天造地設，不假推求而得者。善嘗謂先生於術甚精，而其立法之原不以示人，得不爲後世之汪衡齋訐乎。先生亦以爲然，而因循未果者，蓋先生存稿尚多，將次第而謀諸梓也。今先生往矣，其遺稿之得存與否，尚未可知。而善也稍得聞緒論於先生，又嘗與先生語及於此，其不可使術意之終於湮没也。審矣，因即其見之所及，衍爲三卷，以爲讀先生書者導焉。嗟乎！以先生之與日月争光，初不恃一藝以爲輕重，而善獨區區於是者，蓋感恩知己於先生，兼而有之，則今日作此以羽翼先生，抑亦情之所不能自禁者也。同治元年三月，吳嘉善録畢自識。

顧觀光《算賸初編》

序跋

清·吳嘉善《算賸初編叙》　昔在滬上與李君壬叔論當世算家，李君極推顧君，并出其算稾以示，愛其能即舊法而自出新意，恨未見其人。適吳中亂，與李君倉卒别，不及歸顧君書，然常珍護之。遊粤中，有友人撰集《三禮會通》，見顧君有釋大侯説，請采入之，遂假之去，久而未歸，急索之，則已分裂篇目，入所刻書中，收集未全，亡者大半，意甚恨之。友人曰，已爲顧君傳之，當無恨也。既已無可柰何，遂收殘本存篋笥。及再遊滬，見李君，知顧君已死矣。惜哉！惜哉！意其撰述當不止此。近來金陵晤張君嘯山，出顧君所爲《算賸》初續編，請爲之序，乃歎前所見者果不足以盡君也。算學至今日殆極盛矣，顧好古者或未通西法，通西法者又率棄置古書。顧君於西法未譯之初，即能創法而與之暗合，如割圜對數之類。而其新譯出者又能推演其説，以爲了不異吾中法也。其於中法亦往往神明變通，如日法朔餘强弱攷實超出李尚之上，豈非深造而自得者歟。今朝廷開天文算學館，徵聘李君爲教習，使顧君尚存，得共出其學，爲國家造就材藝之士，豈非當務之急，乃不幸而抱其絶學以終，獨使李君踽踽無和，則亦李君之所傷也。久負張君諾，去年君歸南滙，再以書來促，乃檢昔存殘稾，屬還顧君後人，而叙之如此。同治十三年陽月，南豐吴嘉善叙。

顧觀光《九數外録》

著録

清・丁福保《算學書目提要》卷中　《九數外録》一卷，金山顧觀光撰。

案：是書對數割圜諸篇，俱從《武陵山人遺書》中摘出，言法不言理，初學閲之，仍覺茫然，惟静動重學及流質重學、天重學諸篇，學者偶一瀏覽，亦可略知梗概。

序跋

清・朱記榮《九數外録跋》　尚之先生籍不出諸生，足不越里閈，名亦未聞於當世。今先生没二十餘年，遺書稍傳佈，讀者每舌撟而不能贊一辭，於是先生之名乃大顯。語曰：君子疾没世而名不偁。先生雖及身未顯，而身後之名萬户侯不能易，然則先生亦人傑也哉。先生於學既無所不通，而於中西算學研究尤深，此《九數外録》一卷則就西人新法而益推（極其）[其極]，致如西人求對數用正數屢次開方，對數屢次折半，布算緐重，先生獨抒心得，别立六術以御之，復立還原四術，得數皆合，於是對數之理無遺藴。他如論割圜八線以下諸篇，罔不别開生面，超軼西人本法之上。烏乎，不可幾哉。先生著作甚富，然觀於此亦可以見矣。光緒丙戌夏五，吴縣朱記榮識於槐廬家塾。

顧觀光《九數存古》

著録

《九數存古》總目

卷一　方田章三十四問　卷二　粟米章十五問　附天元算例
卷三　衰分章二十二問　卷四　少廣章八十一問　附開方算例
卷五　商功章五十八問　附垛積術三十六問
卷六　均輸章三十八問　卷七　盈縮章十七問
卷八　方程章十二問　附大衍術七問
卷九　句股章三十六問　附四元術十八問　旁要術十三問　重差術八問
夕桀術一百六問　割圜弧矢術七問

序跋

清・吴履剛《九數存古跋》　尚之顧先生，邑通儒也。平生箸述，具張丈歗山譔《别傳》中，錢塘諸明府同年可寶采入《疇人傳三編》。同治中，里人錢氏、高氏首爲刻《雜箸》《七國地理考》《國策編年考》數種，獨山莫氏又彙刻算學諸書及校古《札記》，都十二種，爲《武陵山人遺書》，以板贈其後人，皆張丈手校本也。至《九數存古》一書，先生自謂嚴華裔之辨，大中外之防，爲一生得意之作。張丈嘗攜呈湘鄉文正公，請刻於金陵書局，未果。丈臨終以不及手校爲憾。己丑春，履剛方權蘇州府教授，護理巡撫貴筑黄公命充學古堂監院，時諸明府以書局提調兼理學古堂事，昕夕過從，詢知書稾尚存，請諸貴筑公，屬爲刊行。履剛迺介高君桂、朱君同福謀諸顧氏，復許刻成贈書五十部，稾始至，然傳寫不精，譌奪甚夥。繪圖校式，初授算學諸生任之，刻既竣，明府又與溧陽强年丈汝詢覆爲勘訂，始付印焉。夫金陵局未果刻，而蘇州局刻之，張丈不及校而仍賴當代明算者校之，然則書之顯晦遲速，不亦有數存其間乎。先生之孫柟與棪感明府表章之力，語履剛誌其緣起如右。而惜乎貴筑公騎箕已久，終不得見此書之成也。嗟夫！光緒十有八年，歲次壬辰上巳日，邑後學吴履剛謹識。

雜録

清・顧觀光《九數存古》例言　是書專輯古法，故以九數爲綱，而諸算書分隸於下，自周髀以至宋元，有美必收，仍於條下注明某書，以便覆核，更有算書不載而散見於子史雜書者，亦皆甄録，以免遺珠之憾。自明以後，例概不收。

算書非出一手，體例多歧，有先術後草者，有有術無草者，有術在問前者，有草後演段者，今悉依原文，不敢妄爲改易。慎之至也。

有原書無草，而術意幽深，非草不顯者，前人已有補草，今以術文居前，而補草次之，惟《四元玉鑑》術中僅云如積求之，而不著其立法之根，故轉用羅茗香之補草，而不録術文，此變例也。

算書諸題往往彼此複疊，若一例鈔入，反令閲者望而生厭，今一法祗載一問，餘皆删去。其有立問過爲迂回，而不切於用者，雖有巧思，亦從割愛，不使後人敝精神於無用也。

古書傳寫已久，脱誤甚多，賴近時戴、李諸君詳加校改，始可卒讀。今於諸家校本，擇善而從，不復別識，以免繁瑣，惟諸本俱誤而以意竄改者，必於句下注明。

古法簡奥，非注不明，此書所輯正文，雖止於元，而注則自漢魏以至國朝，悉爲收録。注例本用雙行，注中有不易明者，則升注爲正文，而復加小注，欲令閲者一目了然，雖體例歧出，不顧也。

所録諸注，悉標姓氏，間有諸家無注，或注而未詳者，稍附管見，以申明之，雙行則首加一圈，單行則字低二格，恐以臆説，累古人也。

算理淵微，古法不能無舛，近惟沈欽裴之於《數學九章》，羅茗香之於《四元玉鑑》，是是非非，不少假借，實爲古人功臣，今於古法之舛誤者，概置不録，爲古人藏拙也。若大醇小疵，則易以沈、羅二君之新術，仍於術下注明。

古術有甚疏而不可廢者，如徑一周三，方五斜七之類，雖不合於密率，而施

之方田，已爲足用，且不知前之疏，無以知後之密也。故並存之。

西人三角八綫諸法，未始不善，然非表即不能算，實於古法外別成一家，此書隻字不登，不特體例畫一，亦以嚴華裔之辨，大中外之防，有心世道者，當不以余言爲迂闊。西法與古機杼不同，別有論述，不入此集。

金山顧觀光識。

又《九數存古引用書目》

周髀算經　九章算術一百六問　海島算經六問　孫子算經八問
五曹算經二問　夏侯陽算經二問　張邱建算經三十一問　五經算術一問
緝古算經十六問　漢書律曆志　隋書律曆志　夢溪筆談
數學九章二十八問　測圓海鏡一百問　益古衍段二十四問　詳解九章算法五問
乘除通變本末　田畝算法二十二問　續古摘奇算法二問　授時曆草七問
革象新書　算學啓蒙四十一問　四元玉鑑一百三問　河防通議四問

夏鸞翔《夏氏算書遺稿四種》

著録

清・張之洞《書目答問》卷三　天文算法第七

《夏氏算書遺稿四種》，夏鸞翔。附《鄒徵君遺書》，刻本，目列後。《少廣縋鑿》一卷，白芙堂亦刻。《洞方術圖解》二卷，《致曲術》一卷，《致曲圖解》一卷。

清・劉錦藻《清續文獻通考》卷二七四《經籍考一八》　《夏氏算書遺稿》五卷，夏鸞翔撰。鸞翔字紫笙，浙江錢塘人。諸生，詹事府主簿。

夏鸞翔《少廣縋鑿》

著録

清・丁仁《八千卷樓書目》卷一一《子部》 《少廣縋鑿》一卷，國朝夏鸞翔撰，白芙堂本。

序跋

清・鄒伯奇《少廣縋鑿序》 算學自戴東原表章古書，同其志者爲錢辛楣，而學識俱不逮。逐其塵者則李尚之、焦里堂輩，皆墨守古法而不通融。每算一數，用紙數十篇，需時數百刻，廢人廢日，所得仍復粗疏，而不足施之於用。在彼則以用盡精神，不肯割愛付之梨棗，有讀之祇令多一重障礙而已，何如紫笙書而明白已曉乎？

夏鸞翔《致曲術》

著録

清・丁福保《算學書目提要》卷中 《致曲術》一卷，杭州夏鸞翔撰。

案：是書首平圓，次橢圓，次拋物綫，次雙曲綫，次擺綫，次對數曲綫，次螺綫。每列一術，必以舊術冠於前，而以新定之術列於後。其舊術皆本於泰西杜氏、錢塘戴氏、項氏、烏程徐氏及《代微積拾級》。羅列諸説，優劣自見。學曲綫者，此爲最便。其致曲圖解，亦極明晰。

笠體雙曲綫與鐘體雙曲綫求截蓋殼積，夏氏以爲無公法，故闕此二術。《溯源》第七卷有求任何種曲綫皮積公式，笠體、鐘體兩種，若已有縱横綫，求其截蓋殼積，似亦不難，惜夏氏當時未及見也。

《致曲術》目録

平圓　橢圓　拋物綫　雙曲綫　擺綫　對數曲綫　螺綫

雜録

清・夏鸞翔《致曲術・雙曲線》 笠體雙曲綫以小徑爲軸。求截蓋殼積術、未定。鐘體雙曲綫以大徑爲軸。求截蓋殼積術。未定。

右二術刻意求之，殊不可得。因雙曲線求殼，立法必繁，不能不分級數。而求級之招差，須以半心差冪乘、半徑冪除，又餘弦冪乘、半徑冪除，以降其位。今雙曲線之半心差與餘弦俱大於半徑，若用爲乘除法，則位數不惟不降而反升矣。且以橢圓例之，凡求殼必先求餘弦上殼，用減半球殼爲蓋殼，而雙線之正、餘兩弧，無理可通，何能易餘爲正乎？若用正弧、正矢以逕求蓋殼，則乘除之例，尤多轇轕。因闕此二題，以俟明算君子之補綴焉。

夏鸞翔《致曲圖解》

著録

《致曲圖解》目録

總論

論諸曲綫始於一點終於一點第一　論諸曲綫式之心第二

論諸曲綫式皆有準綫第三　論諸曲綫式皆有規綫第四

論諸曲綫式之横直二徑第五　論諸曲綫式之兑徑第六

雜録

清・夏鸞翔《致曲圖解・總論》　天爲大圓。天之賦物，莫不以圓。顧圓雖一名，類乃萬族。循圓一帀，而曲綫生焉。西人以綫所由生之次數，分爲諸類，一次式爲直綫，二次式有平圓、橢圓、拋物綫、雙曲綫四式，三次式有八十種，四次式有五千餘種，五次以上蓋不可攷矣。今但就二次式四種，溯其本源，并附解諸乘方拋物綫，形雖萬殊，理實一貫。諸曲綫式備具於圓錐體上，故圓錐者，二次曲綫之母也。橢圓利用聚，拋物綫利用遠，雙曲綫利用散，而其理皆出平圓。苟會其通，則制器尚象，俛仰觀察，爲用無窮矣。今爲一一解之。其目爲：諸曲綫始於一點終於一點第一；諸式之心第二；準綫第三；規綫第四；横直二徑第五；兑徑，亦名相屬二徑第六；兩心差第七；法綫切綫第八；斜規綫，又名曲率徑第九；縱横綫式第十；諸式互爲比例第十一；八綫第十二云。

夏鸞翔《洞方術圖解》

序跋

清・夏鸞翔《洞方術圖解・序》　自杜氏術出，而求弦矢得捷徑焉。顧以之求弦矢，猶煩乘除，演算終不易。向思一可省乘除之法，而迄未得也。丁巳夏，客都門，舟次宿遷，爲舲唇傷足，不能步履者屢月。晝長無事，因細思連比例術者，尖堆底也。尖堆底之比例與諸乘方之比例等，以之求連比例術，必合諸乘方積而并求之。設不得諸乘方積遞差之故，方積何能并求乎？且并求方積而欲以加減代之，又必得諸較自然之數而後可，誠難之難矣。既而悟之曰，方積之遞加，加以較也；較之遞生，生於三角堆也。較加較而成積，亦較加較而成較。且諸乘方積之數，與諸乘尖堆之數，數異而理正同。三角堆起於三角形，故累次增乘，皆增以三角；方積起於正方形，故累次增乘，皆增以正方。三角之較數，增一根則增一較；方積之較數，增一乘則增一較。理正同也。累次相較，較必有盡，惟其有盡，乃可入算。相連諸弦矢，所以愈相較而較愈均者，正此理矣。諸較之理，皆起於天元一，而生於根差遞加。根一，諸乘方根差皆一。一乘之數不變，故可以省乘。若增其根差，則非復單一乘，不能省弦矢表弧背之差。或差一秒，或差十秒，即以一秒或十秒弧線當根差，按根遞求，即可盡得諸乘方之較。即以較加較，而盡得求弦矢各數矣。豈不捷哉？爰乘數月暇，演爲求弦矢術，俾求表者得以加減代乘除，并細釋立術之義，編爲兩卷，以俟精於術數者採擇焉。

夏鸞翔《萬象一原》

著録

清・張之洞著　范希曾補正《書目答問補正》卷三　天文算法第七　［補］夏鸞翔别有《萬象一原》九卷，宣統間排印入《振綺堂叢書》，蘇州局亦刻。

清・趙惟熙《西學書目答問》　藝術第二　算學

《萬象一原》十卷，計一册，夏鸞翔撰，《振綺堂叢書》本。鸞翔尚有《少廣縋鑿》等四種，已見《答問》。是書本奈端、來本之二家微積法演爲一百餘術，顯豁易解。

清・丁仁《八千卷樓書目》卷一一《子部》　《萬象一原》一卷，國朝夏鸞翔撰，振綺堂本。

清・丁福保《算學書目提要》卷中　《萬象一原》九卷，杭州夏鸞翔撰。

案：是書卷一微分，卷二以下皆積分，羅列各家求曲綫術，編爲一類，宜與前書互相參證。

序跋

清·夏鸞翔《萬象一原·序》　圓出於方而圓形不一，曲線之名因而萬殊焉。昔人所謂有法者，祇一平圓。至橢圓曲線，古已遺之。吾師項梅侶先生澄思渺慮，立術以求橢周。繼之者鄂士戴氏、君青徐氏，各立一術，而橢周乃爲有法之形。然止能求橢周，不能求截橢弧，且不能求諸曲線之弧與曲面與面積與體積，亦憾事也。自奈端、來本之二家作横直二綫以馭曲綫，剏名曰微分、積分，於是昔所謂無法者，今皆有法。形雖萬，法則一，誠祘學之功臣也，亦人生之快事也。余邇年避亂於吴門，於平湖，於南匯，於鐵河，暇則細尋微積分奥竅，疏而演之，凡一百餘術法，乃寖備幾何之學，至是而無纖芥之憾矣。惜吾師墓木巋然，戴、徐二先生復以孤城抗節，奄爲國殤，餘同志數人或南或北，睒睒如曙後之星，俱不得手此一編導竅而裁正之。長吁視天，鬱鬱何極，書此不禁死生契闊之感焉。同治紀元壬戌初春紫笙夏鸞翔識於交州寓廬。

戴煦《求表捷術》

著録

清·趙惟熙《西學書目答問》藝術第二　算學　《求表捷術三種》，曰《對數簡法》，曰《外切密率》，曰《假數測圓》二卷，凡九卷，訂四册，戴煦撰，自刻本。

《求表捷術》總目

《對數簡法》二卷　《續對數簡法》一卷　《外切密率》四卷　《假數測圓》二卷

序跋

清·戴煦《求表捷術·序》　表者何？對數表、八線表、八線對數表是也。三表爲新法推步所必須。惟用之甚便，而求之甚難。非集數十人之力，積數十年之功，未易蕆事。往歲得連比例開平方法，用以求開方表，且即開方表求諸對數，立術較簡，而未出舊法範圍。復變通天元一術，先求假設對數，因以求定準對數，而求對數者遂可不復開方。後又悟連比例平方法，即開諸乘方通法，因用連比例求諸對數，而得數益捷。此求對數表捷術也。至割圓八線，必資《大測》，無能舍六宗、三要者。自循齋梅氏譯泰西杜氏德美以連比例求弦矢諸術，而八線乃可徑求。特其術但有求弦矢之法，而無求切割二線之法。緣復補爲推演弧背與切割二線互求諸術，于是割圓之法乃大備。此求八線表捷術也。若八線對數，則必由弧背求得八線，然後再由八線真數求其對數。縱有捷法，亦須兩次推求。兹復會合對數捷法與割圓捷法，以盡其變，而知四十五度〔以内，割線及四十五度〕以外，正弦諸對數均可由弧背徑求。既得半象限割線或正弦對數，而一象限内諸線對數，皆可加減而得。此又求八線對數捷術也。自道光乙巳至今歲，凡八易寒暑，演録始竣，以爲推步之助云。咸豐壬子歲杪錢唐戴煦鄂士識于友某書屋。

清·伍崇曜《求表捷術跋》　右《求表捷術》三種共九卷，國朝戴煦撰。按：煦字鄂士，錢唐人。諸生，贈尚書文節公介弟也。博極羣書，尤精曆算之學，是書而外，註有《莊子内篇》及《陶靖節集》，性沖澹静默，避俗如不及。咸豐庚申二月，賊陷杭州，文節公投池水殉焉，鄂士聞而歎曰，吾兄得死所矣，亦投井死，年五十六。考是書，其一曰《對數簡法》二卷，《續對數簡法》一卷，求對數表捷術也。西人若往訥白爾作對數比例，後有巴理知、佛拉哥復增修，其立表之真數自一至十萬，行之數十年始入中國。舊雖傳立表之法，而數重緒多，窮年莫殫。鄂士詳加探索，立簡法。上卷論開方，下卷因假設對數以求定準對數。續悟開無量數乘方法得方根零數以乘對數根，則任設真數徑得對數，蓋抉開方之閫奥而探對數之真源矣。其二曰《外切密率》四卷，求切綫割綫表捷術也。西人杜德美著求弦矢捷法，梅文穆公載入《赤水遺珍》，乾嘉間明静庵、董方立各爲圖解，可謂詳盡，至求切割二綫仍須弦矢比例而得。徐鈞卿《務民義齋算學》有切綫弧背互求二術，而割綫尚未全，且但立術而無圖解，初學恒未易悟。鄂士深思累年，補其闕畧，諸君書均流布海内，故於弦矢不復詳。其三曰《假數測圓》二卷，求對數八綫表捷術也。阮文達《疇人傳》論對數專爲八綫表而設，蓋弧三角術用八綫對數，一加一減即得弧度，不必復求其真數，而八綫對數表之所由立，本先得八綫真數，再由真數求其對數。鄂士以爲縱有捷法，亦屬多一轉輾，乃精思所到，捷徑忽開，而逕用弧背可得八綫對數，尤爲創獲，前人所未曾有也。夫表數繁多，傳刻不無譌誤，承用者無從覺察，欲以舊法校算，則經旬累月不能竟一數，有此三種，則表雖殘佚隨手可補，無慮寖久失真之弊，可謂易知簡能大有功於新法者矣。湖州張南屏嘗攜此書至夷館，西人見之甚爲欽服，以爲理近微分，曾用活字版刻入算學叢書，而流傳不廣。同治壬戌文節喆嗣保卿來粤，以示南海鄒特夫，則鄂士手定而文節題封者也。特夫寶玩不置，急爲影寫全部，囑壽之梓。聞其所爲算書尚有《四元玉鑑細草》，與羅茗香所著畧同，而圖解明暢過之，以未及録出，姑俟異日並刊焉。癸亥冬十月朔，南海伍崇曜謹跋。

戴煦《對數簡法》

著録

清·丁仁《八千卷樓書目》卷一一《子部》　《對數簡法》二卷，續一卷，國朝戴煦撰，續粤雅堂本，小萬卷樓本。

《對數簡法》總目

卷之上　開方七術　求開方表　有開方表徑求諸對數

卷之下　求七十二假設對數　求七十二定準對數　有七十二對數求諸對數

序跋

清·項名達《對數簡法序》　求對數，舊法言之綦詳，而數重緒多，初學恒未易了。鄂士先生揭其精要而變通之，著爲《對數簡法》。首論開方，自淺入深，而約以七術。繼復立累除法，省數十次開方用表，已備極能事。尤妙者，捨開方而求假設數。夫對數折半，真數開方，開至單一下多空位之零數，於是真數、對數遂得其會通。此開方所由首重也。顧必累開不已，始得會通。何如逕就會通處，假一數以通之？迨展轉相通，而七十二對數之等差已備具於假設諸數，一比例而定準之數出矣。以是知數之爲用，帶零求整難，設整御零易。憑所知，課所求，順推而入難；借所求，通所知，逆轉而出易。苟悟此，可以得馭數之方，豈惟是對數一門有裨後學耶？道光乙巳長至後五日，梅侶項名達題於印蓮小閣。

清·戴煦《對數簡法·序》　對數以加減代乘除，用之甚便，而求之甚難。舊法求諸對數皆先求自一至九，遞至單一下九空位零一至九之九十九數而求之。之法大畧有三，先定十百千萬之對數，而其間之零數則用中比例累求而得，以首率末率兩真數相乘開方得中率之真數，以首率末率兩假數相加折半得中率之假數，漸求漸近，以至適合。如舊法求九之假數，用中比例求至二十六次而得八位之對數，此一法也。凡假數之首位因真數之位數而遞加，以真數自乘至多位，而其位數即假數首位以前之數，然後以自乘弟幾率除之，即得真數弟一率之假數，如舊法求二之對數，自乘至一千三百餘億率除自乘之位數四百餘億位，而得十二位之假數又一法也。既定十之對數爲一，乃以真數十，開方五十四次，三十三位以假數折半五十四次爲逐數之假數，列爲開方表，乃以弟五十四次真假兩數比例，得單一下十五空位零一之假數爲率，于是以應求對數之真數，開方四五十次求得十五空位與爲比例，然後以開方弟幾次之率數乘之而得二十二位之假數或真數，開方二十餘次求得九空位與表内九空位開方數爲比例，亦以率數乘之而得十三四位假數，如舊法求二與六之對數，又一法也。顧此數法，布算極繁，甚至經旬累月而不能竟求一數，故言算者鮮不望之而生畏。夫立法太繁則較算不易，深慮寖久而失其真也。因復詳加探索，始悟求十一二位之對數開方表，祇須二十一次，一十四位，已屬敷用，而既有開方表，則求諸對數可不必更開方，較之舊法，省算數倍。且不特此也，凡諸對數皆定于十之對數，而實生于單一下五六空位零一之對數，今欲以十之對數求單一下五六空位零一之對數，勢不得不屢次開方，若借一筭爲單一下五六空位零一對數轉求十之借數，即可得其比例之率，知累除之法可代開方，而開方表亦可省求也。爰爲揭出，俾求對數者有取焉。乙己秋日，鄂士識。

戴煦《續對數簡法》

著録

《續對數簡法》總目

以本數爲積求折小各率四術　以本數爲根求倍大各率四術　求對數根　求用數　求借數之對數　有借數求諸對數　坿　求借用本數之對數　求備減表　求借用率數　有對數求真數

序跋

清・項名達《續對數簡法序》　數之用，乘除加減而已。乘與除對，加與減對，而乘除之與加減，則兩不相通。對數欲以加減代乘除，故求之殊不易。鄂士戴先生著爲《簡法》，別立開方製表，得表後以累除代開，後復捨開方，而用假設數求定準數，較舊已簡。顧其開平方用遞乘遞除。竊謂此乃開諸乘方通法，不獨平方，以語鄂士。翼日各以所立術互質，允若合符，説詳自序。鄂士既得此通法，乃續行推衍。分倍大折小率，以示其綱；求對數根，以總其要；參之用數借數，以濟其窮。於是法愈簡，得數亦愈密。書成，屬序于余。余維加減不通於乘除，而妙能通之者，惟遞加數。數中遞加一，得諸根；遞加根，得平積；遞加平積，得立積，乃至多乘積。加既由根而得積，減亦由積而得根。蓋加即乘，減即除矣。且逐層皆屬方廉隅，遞以次層乘之，首層除之，得自上而下逐層，而其數皆倍；遞以首層乘之，次層除之，得自下而上逐層，而其數皆半。是則諸乘方連比例，與夫假數折半、真數開方之藴，悉錯綜參伍，默而寓之於一圖。開方通法，即從此數轉變而出者，故能抉乘除加減之根，而操乎其所不得遁。遞加之爲數，誠妙矣哉！此數舊稱廉率，亦曰三角堆，惜未有表章而推闡之者。今鄂士以此闡對數逐次乘除法遞加根也，二數、三數至多數遞加積也，根定而積從，于此探對數之真源，即于此顯遞加之神應。讀是書者，果因端竟委而觀其通，會心當自不遠也。道光丁未巧夕前一日，梅侣弟項名達題于印蓮小室。

清・戴煦《續對數簡法・序》　前歲之秋，予以《對數簡法》呈梅侣項先生。翼日謂予曰，連比例遞求法可開平方，亦可開諸乘方，會得二術，屬稿未定。予歸而思之，亦得二術以呈先生，而先生亦以定稿見示。其逐數皆正一術與予正負相間者不同，其第一數正而以下皆負一術則若合符節焉。於是開諸乘方遂有三術。予思既有三術，必更有一術，因補衍之，將呈先生，而先生適以補衍一術見示，又若合符節焉。惟先生以乘數加一爲廉率，而予以連比例率推之，復一脗合。因以其法用代累乘求積亦無不可通，乃知廉率本通於連比例率也。夫對數開平方多次，以開方舊法至十二乘已屬繁重，斷難開至億兆乘，故以平方代開耳。今開諸乘方既通爲一法，可不必代開，由是因繁得簡，復推得開極多位九乘方之法，而對數之簡法出矣。蓋前術用假設對數乃立天元一術，即西人之借根方，但天元一可乘而不受除，常寄除法爲母，今須累除數百次，則寄母極繁不可算，不得不徑用除法，既用除法，則數百次之畸零累積，其差甚大，故難求至多位，不如連比例遞求法之所差極微也。至對數還原即代累乘求積之法而變通之，因亦類坿焉。丙午秋八月，鄂士戴煦識於倚汲齋。

清・徐有壬《續對數簡法跋》　西法有對數表，以加減代乘除，用之極便，而造之極難。非難也，未得其簡易之法也。夫對數者，無中生有之數也。無數之中，忽焉有數，則必有起算之端，又必有總持之訣，又必有扼要之大綱，三者不可缺一焉。起算之端，莫先於一，亦莫備於一。古人天元、四元，皆假一以立算，一與一爲乘除，一與一爲加減，萬算皆從此起，此假設對數所自昉也。總訣者何？對數較是也。真數比例同對數較必等。扼要者何？對數根是也。全表之對數較，皆以此根爲乘除，三者其大關竅也。由是堆垜以經之，招差以緯之，而對數全表、八線對數，皆從此出矣。余嘗仿《四元》識別法，撰《細草》以明之。真數旁註太字，對數旁注元字，假設對數旁註人字，借以識別單位，不用其算式。其略曰：數始於一，成於十，一太與十之對數較一元，十與百、百與千、千與萬，其對數較同爲一元。就此對數較之一元衰分析之，爲九較自二至十，逐一析之，爲對數較，以二太爲首較一加一爲二，再析爲九十較自十一至百，逐一析之，爲對數較，以一太一爲首較降位一加十分之一，更析爲九百較自百一至千，逐一析之，爲對數較，以一太〇一爲首較降位一，加百分之一，推之九千九萬，以至無窮，皆以一加一爲首較一無對數，增之絲髮，即有對數，而爲對數較之首。首較者，一加絲髮之一也。中間空位，則視析較之多寡。乃設首較之假數一人，如法求十之假數，以爲所有率，原設十之對數一元爲所求率。今設首較之假數一人爲今有數，比例得首較之對數。如設二太之假數一人，四太之假數二人，八太之假數三人，求得十之假數三人三二一九二八，比例得二太之對數。又設一太一之假數一人，求得十之假數二四人一五八八五，比例得一太一之對數。又設一太〇一之假數一人，求得十之假數二三一人四〇七九，比例得一太〇一之對數。如是遞求至極多較之首較一加微塵一，亦設假數一人，求得十之假數二人三〇二五八五，比例得首較之對數，以爲對數根。如法求逐數之對數較，即得全表之對數。夫首較者，起算之端也；求十之假數者，求對數較之如積也；求首較之對數者，求扼要之對數根也。備斯三節，而全表指顧可成，斯真可謂簡易之法矣。此戴君鄂士《對數簡法》所由作也。余近見李君壬叔《對數探原》一書，深明對數較之理。而戴君此書，專明假設對數之理，其《續編》專明對數根之理。二君皆學有心得，互相發明，洵足爲後學津梁。而戴君書尤爲明快。余於乙卯秋奉諱旋里，始識戴君，讀其書。今年又得讀李君書。以方守古禮言不文之訓，不敢贊一辭。而戴君書來索序，詞甚切摯，且請俟祥禫之後，蓋知禮之君子也。咸豐七年秋杪，余既服闋，而是書亦適刻成，乃踐前約，而疏其大旨如此，用以發明戴君之雅志。至是書之精當不刊，讀是書者當自知之，不待余之贅説也。是爲跋。徐有壬撰。

戴煦《外切密率》

著録

清・劉錦藻《清續文獻通考》卷二七四《經籍考一八》　《外切密率》四卷，戴煦撰。

清・丁仁《八千卷樓書目》卷一一《子部》　《外切密率》四卷，國朝戴煦撰，續粵雅堂本，小萬卷樓本。

《外切密率》目録

卷之一　本弧求切線術解　餘弧求切線術解　弧背求切線算式

卷之二　本弧求割線術解　餘弧求割線術解　弧背求割線算式

卷之三　切線求本弧術解　切線求佷弧術解　切線求距弧術解

卷之四　割線求本弧術解　割線求餘弧術解　割線求半弧術解

割線求倍弧術解　割線求弧背算式

序跋

清・夏鸞翔《外切密率序》　方圓率不相通，通之以極細分通弦。杜氏創爲簡術，方立董氏申其意，吾師梅侶項先生匯其全，秋紉李君又著《弧矢啓秘》，而術乃大備。杜術先以本數比例，後以用數入之；李術先定率數乘除，後以本數入之。究其指歸，實出一理。所惜者，杜氏有弦矢術，無切割術。李氏有其術，而分母、分子之源，未經解釋，欲依杜氏例釋之，罕有得其通者。顧弦矢與切割，本可互爲比例，弦矢二綫之實數，本弦矢率數而生，是弦矢率可當弦矢綫也。綫可比例，率豈不可比例？惟用率内諸率，各自爲率，必須累次乘除，且必令切割率分母同於弦矢率分母，乃驗所得分子爲切割率分子。每得一分子，即爲一次乘法。乘法可變，而除法不可變。於是以比例所得之率數乘除法，乘除弧背，其求得之數，必仍爲比例所得之切割矣。尤妙者，爲餘弧求切割二術。父執戴鄂士先生，本此意以立術，可謂渺慮凝思，無幽不燭。蓋弧矢線聯于圓中，任極大不能至弧背三之二，切割綫出于圓外，若將近九十度切割之，大殆有無量數，求至數十數後，諸數之差甚微萬不能降至單位。以此二術濟其窮，則三率餘弧之小，可至纖微。除二率半徑得一率爲第一數，亦可大至無量數。而難者反易矣。析理之精，固如是乎。昔吾師嘗以弧分不通切割爲憾，若見此術解，必且狂喜鼓舞不能已已。惜哲人云萎，先生之孤詣苦心，不及欣賞。展讀是編，不禁師門之痛也。丙辰初冬，愚姪夏鸞翔拜題。

清・戴煦《外切密率・序》 新法推步必資八線，求八線必資六宗、三要、二簡法，而布算綦繁，且無徑求之術。自泰西杜氏德美以連比例九術入中國，而割圓之法始簡，顧其術但能求弦矢，而不能求切割二線。鈞卿徐氏有切線弧背互求二術，而于割線尚未全也。間嘗與梅侶項先生議及，欲補全之，深思累年，始悟連比例率既可互相乘除，自可互相比例，則借求弦矢諸術變通之，而求切割二線諸術靡不在是矣。因推衍數術，以呈先生，而先生以未有術解爲嫌，于是更爲術解，以取徑迂回，深慮言難達意。又復累年始竟録，未及半而先生遽歸道山，無可印證。用是嗒焉神喪，輒棄置不復道。至去歲獲交海昌壬叔李君，以所著《對數探源》《弧矢啟祕》見示，其《對數探源》與予《對數簡法》後一術殊途同歸，而《弧矢啟祕》則用尖堆立算，別開生面，兼有割線諸術特未及餘弧耳，緣出予未竟殘稾請正，而壬叔頗賞予餘弧與切割二線互求之術，再四促成，今歲又寄札詢及，遂謝絶繁冗扃户，鈔録閱月乃竟。嗟乎！及朋之助曷可少哉。記曩演《四元玉鑑細草》十餘載，或作或輟，迄未成書，得吉甫王君屢次迫促，始克告竣，兹非壬叔之勸成，則以予之懶散，必至廢擱，以終其身，雖立術猥瑣不足道，而一時精神所寄，亦可惜也。特他日止能質之壬叔，而無復能質之梅侶先生，不無遺憾耳。咸豐壬子中秋，錢唐戴煦鄂士識于友某書屋。

雜録

清・戴煦《外切密率》例言

一，兹編推纂杜氏九術而補其未備，以弦矢二綫容于圓内，切割二綫出于圓外，故名曰《外切密率》。至杜氏術解則已闡發于明静庵氏、董方立氏，不復重贅。

一，算理最爲深晦，解釋頗難曉暢。國初定九梅氏著述各種，每拈一義，抉一旨，靡不委曲詳盡，務令閲者豁然，極可奉爲準則。竊嘗慕效之，故縷晰條分，演説重複，亦欲窮其義藴而後已，不以辭費爲嫌也。

一，割圓用連比例率，本屬無窮無盡，兹但截演數率，以明遞推之例。蓋推得數率，而知此數率中之正負若何，以及分母之遞加若何，分子之乘除若何，皆有一定之例，而不可紊。既得一定之例，則舉而推之千百率，而此千百率之正負母子，莫不可見矣。故術中或推至十率，或十一率，非謂連比例盡于此也，特截演以起例耳。

一，凡連比例各率相乘，其率數可變通。假如有相連比例，自一率至五率：其二率自乘，一率除之，得三率，故二率乘二率，亦可云一率乘三率，或云三率乘一率；其二、三率相乘，一率除之，得四率，故二率乘三率，亦可云一率乘四率；其三率自乘，一率除之，得五率，或二率除之，得四率，故三率乘三率，亦可云一率兼五率，或云二率乘四率。兹于各率相乘之後，視除法之首位起幾率，即命爲幾率所乘。如除法首位起一率，則本二率乘二率者，命爲一率乘三率，本二率乘四率者，命爲一率乘五率，餘可類推，所以便除也。

一，割圓用連比例率，均屬零分，其分母漸加漸多，似一并爲一母，而實不可并。如云二分、又三分之一，并之，可云六分之一，以二三相乘得六也。如云二分、又三分、又四分、又五分之一，并之，亦可云一百二十分之一，以二、三、四、五疊乘得一百二十也。然并之，則挨次遞求之例反隱而不顯矣。故不得云六分之一，而必曰二、三分之一；不得云一百二十分之一，而必曰二、三、四、五、六之一。

一，割圓各率之分母、分子大者，似可約之而小，而實不可約。如云二分、又三分之二，約之，可云三分之一，然遞求之分母必挨次遞加，方可推至多率，此率可約，彼率不可約，則分母紊亂，而無能自數率而推至千百率矣。故不得云三分之一，而必曰二、三分之二。

一，凡求分子之乘除，似有可省者，而實不可省。如云一乘，或云兩次一乘，或既用三除，復用三乘，用四乘，復用四除，似均可省矣。然遞求非此不明，若悉從省，則挨次之例反晦矣。故入算時可省，而立術時不可省。

一，凡各率，既屬零分，則分母、分子最易雜糅，兹于分母用一、二、三、四、五等字，於分子用天元算式，庶母子釐然而不混矣。天元算式者，其自一至九則作𝍠𝍡𝍢𝍣𝍤𝍥𝍦𝍧𝍨凡自百、而萬、而百萬，皆同此式。其自一十至九十，則作𝍩〇𝍪〇𝍫〇𝍬〇𝍭〇𝍮〇𝍯〇𝍰〇𝍱〇凡自千、而十萬、而千萬，並同此式。若係負算，于式之末位加乀。

一，凡言算者，或但明其術，而不及于數，故有其術而不適於用者有之。茲每立一術，必坿算式于後，非敢謂必適于用也，特欲藉以驗其數之合與否而已。

一，凡坿算式，必取其極繁重者。如弧背求切線，其三十度以内，用本弧求切線術，則求三十度之切線爲最繁重；其三十度以外，用餘弧求切線術，亦求三十度之切線爲最繁重。故算式俱係求三十度切線。其弧背求割線，以及切、割二線求弧背諸術，並同此例。

一，借線求弧，凡諸線皆可借。茲于切線惟借距弧切線，于割線惟借半弧切線，三率及倍弧割線者，以此數線均可比例而得，若借他線，或須開方，布算較煩，故置不用，且借此數線已足敷求弧之用矣。

戴煦《假數測圓》

著録

清・劉錦藻《清續文獻通考》卷二七四《經籍考一八》 《假數測圓》二卷，戴煦撰。煦字諤士，浙江錢塘人。

清・丁仁《八千卷樓書目》卷一一《子部》 《假數測圓》二卷，國朝戴煦撰。續粵雅堂本。

《假數測圓》總目

卷上

求負算對數二術　以本弧弧分求四十五度以内割線對數　有四十五度以内割線對數求四十五度以外　割線對數　有割線對數求諸線對數

卷下

以餘弧弧分求四十五度以外正弦對數　有四十五度以外正弦對數求四十五度以内　正弦對數　有正弦對數求諸線對數

序跋

清・夏鸞翔《假數測圓序》 數未有有正而無負者，對數何獨不然？單一以上爲正對數，其用數爲一帶畸零，四十五度内正割類之；單一以下爲負對數，其用數爲微小於一，四十五度外餘弦類之。此出于象數之自然，初不容有假借者。父執戴鄂士先生，發前人未發之藴，創爲負算對數，正負全，而對數乃無遺憾。爰本正負二義，以徑求八線對數。精思所到，捷徑忽開矣。余惟對數以減代除，實内減法爲正減，減餘仍爲正。法内減實爲反減，減餘易爲負。負算之由，已肇于此。凡有連比例三率，其中率爲一者，其首末二率之對數，爲數必同，爲正負必異。而以兩真數互相除，其除得之數，亦必一正一負。而以單一爲中率，正割半徑餘弦正連比例三率也。若降半徑爲單一，正割、餘弦亦從之而降。降位半徑冪之對數，爲無數。降位正割餘弦之對數，相加仍得降位半徑冪之對數，亦必爲無數。綫如是，率亦如是，故演得之正割對數率及餘弦對數率，必同母子而異正負。惟正負異，故以減爲加；惟母子同，故相減適盡。適得一之對數也。八線之中，惟正割必正，餘弦必負，而又以半徑爲中率，至他線皆與正負用數不相似，故徑求無其術耳。嗟乎！文章之道，每踵事而增華。學問之途，必因端而竟委。然非先生之沈思卓識，亦不能融真假二數以得其會通。然則象數之精微，豈有窮盡哉？咸豐丙辰十月，愚姪夏鸞翔題于聽墨軒。

清・戴煦《假數測圓・識》 新法推步用八線表則較繁，而用八線對數表則較易。竊嘗思必待求得八線，而後由八線一一求其對數，縱有捷法亦屬多一轉輾，若能舍八線而徑用弧背求其八線對數，不更直捷乎？顧雖有此意，而禦之之法殊不可得也。至去歲獲見壬叔李君，甫接談未數語，壬叔即首議此事，頓驚喜其意見之同，然詢以禦之之法，亦未得其梗概，何則？蓋以真數求假數，本非逐數可求，故恒借他數爲用數，今既但知弧背，又烏知此八線之真數或可徑求假數乎？抑尚須求用數乎？如須求用數則即不可求矣，此徑求八線假數之所以難也。今秋録《外切密率》既竟，忽悟四十五度以内割線頗可徑求假數，不必借用數，依法衍之，果得徑求割線對數之術。復思割線既可徑求，當不僅可求一線，因又悟連比例開方法，其用初商實較大者二術可求負算對數，而因以得弧背求四十五度以外正弦對數之術。夫八線内既得二線對數，則諸線對數可加減而得，遂乘數旬暇衍爲術解，並坿算式，以爲求表之助。至他線對數亦可徑求，特須借用弧背對數，而求弧背對數仍籍對數表，殊失徑求之意，故置不取焉。他日質之壬叔，未識定以爲何如也。咸豐壬子仲冬，鄂士戴煦識。

馮桂芬《西算新法直解》

著録

清・趙惟熙《西學書目答問》 藝術第二　算學

[《西算新法直解》]二册，馮桂芬撰。上海本。是書因李譯《代微積拾級》奥衍難讀，遂取其書，逐節疏解，以便後學，然增解之處多未盡善。

清・劉錦藻《清續文獻通考》卷二七四《經籍考一八》 《西算新法直解》八卷，馮桂芬撰。

清・丁仁《八千卷樓書目》卷一一《子部》 《西算新法直解》八卷，國朝馮桂芬撰，刊本。

清・丁福保《算學書目提要》卷中 《西算新法直解》八卷，吴縣馮桂芬、上元陳暘同撰。案：是書因李氏初譯《代微積拾級》時，能通其術者甚尠，故爲逐節疏解，惟臆改其記號與所代之字，甚屬無謂，譏彈羣集，良由於此。如作持平之論，此書甚便初學，可與《拾級》互相參證，取其所長，棄其所短，未爲不可。

序跋

清・馮桂芬《西算新法直解・序》 歲己未，予引病歸，同年徐鈞卿方撫吴，曩在都门同演算學者也。先是予以大小户均賦事□□□□□中蜚语甫白，絶口不挂时事，至即與鈞卿約，非數學不談。遂見李壬叔所譯《代微積拾級》一書，以疑義相質。鈞卿曰，是法壬叔外尠能通晓，書中文義語氣，多仍西人之舊，奥澀不可讀，惟圖式皆可據，宜以意紬繹圖式，其理自見。予公既未遑卒業，君頗閒，其有意乎？予如鈞卿言，讀之漸有所得。偶以示陈子瑨，則隨讀隨通如夙習，因與之商榷凡例，條分缕析，疏通而證明之，成第一卷。鈞卿来，見之則大喜曰，此吾志也，願速成之，吾任剞劂事。其明年春和春軍潰蘇常，戒嚴團练，城守諸役，不吾以也，遂不复与相見。既蘇州陷，鈞卿死之，予避地衝山，邀子瑨與偕，凡朝夕從事是書者四閲月，轉至第四卷諸曲綫未竟，而賊氛又偪，予自此轉徙無定蹤，不能携書。子瑨留衝山獨任其事。踰年遇子瑨於滬上，而書成矣。夫代數勝於四元，中人不能讳也，亦猶四元勝於借根，西人不能讳也。學问之道，擇其善者而從之，中西其别乎。是書大指，意取暢達，詞取淺顯，庶幾代數、微分、積分三術，人人可知，人人可學，不負壬叔初譯之盛心，与西人羅密士氏、偉烈亞力氏流傳不吝之意云尔。惜鈞卿之不及見也。而是書之成，固鈞卿之志云。同治初元冬十月，吴縣馮桂分識於滬城北郊寓館。

馮桂芬《繪地圖議》

序跋

清・馮桂芬《繪地圖議・序》 大抵不審乎偏東西經度，北極高下緯度，不可以繪千里、萬里之大圖。不審乎羅經三百六十度方位，及弓步丈尺，不可以繪百里、十里之小圖。而繪小圖視繪大圖更難，以無顯然之天度可據，全在辨方正位，量度丈尺。今定一簡易之法。任取本州縣一城門左旁立一石柱爲主柱，即爲起數之根；依此作子、午、卯、酉縱横線，以一里三百六十步爲度，各立一柱；令四柱之内爲一圖，容田五百四十畝；各圖中乾、坤、艮、巽四隅皆有一柱，而以艮隅之柱爲本柱，以千字文爲號，勒於其上，柱徑一尺，高一丈，埋露各半，其露者尺寸有識，適當山水市舍則省之；或向西，或向南，退行若干步補之；繪圖則用約方二尺之紙，十步爲一格，縱横各三十六格，則一里内阡陌廬舍，纖悉可畢具。如是而地之廣袤著矣。更用水平測量高下，即以主柱所傍城門之石檻爲地平起數之根，以絜各圖石柱，而得各圖立柱之地高下於城檻之數；又偏測本柱前後左右四里之高下，而得四里内高下於本圖之數；又徧測東西南北毗連州縣城檻之高下，而得各城檻高下於本城檻之數；以之入圖，則著色爲識別；凡高下於城檻在一尺内者不著色，其餘分數色；以一尺爲一色，至若干尺以上，則概爲一色；高山土阜又别爲一色，仍識若干尺於上。如是而地之高下亦明矣。

尹錫瓚《天元算術》

序跋

清·馮桂芬《天元算術序》 余惟算學四元之術，始於宋，盛於元，絶於明，而復大昌於我朝。是術在元時爲承學之士所共曉，不嫌徑省其文，曰立天元一云爾，如積求之云爾，而文義已足，無何忽失其傳。有明一代，知算如唐荆川、顧箬溪，直不知爲何語。至於國朝宣城梅文穆公，始知爲西法借根方所本，而於正負開方之理未詳。蓋始創者難爲功。且其時古書多未出，雖神悟無所施，不得爲文穆咎。戴氏東原，小學專家，所校《測圓海鏡》，肊删負畫，不知妄作，識者病焉。後得吾鄉李尚之先生起而疏通證明之，而是書始大顯。菊圃尊人鐵香孝廉，爲先生高弟，家法師承，其來有自。是書舉衰分、均輸、方程、倉田以及割圜八線諸法，無不入以天元，左右逢原，旁通曲鬯。凡以見他術不能馭者，天元能馭之，他術不能一以貫之者，天元能一以貫之，用心可謂勤矣。今世名此學者，以余所知，不過數人。即吾鄉自尚之先生後，亦寥寥無幾。余早歲頗事涉獵，而不專爲病，無由造微，未嘗不退自慚惋，私冀同人中庶有達者理而董之。頗聞君與錢君子文同治是學甚深。子文書未之見，今讀君書，果精詣若是。其能相與昌明絶學，追蹤鄉喆無疑也。

賈步緯《躔離引蒙》

序跋

清·華蘅芳《躔離引蒙序》 南匯賈先生精于推步之學，故以步緯自名。同治中，余在江南製造局與先生共事多年，然未遑以學業相質也，逮余至格致書院，始以所刻《行素軒算稿》就正于先生，先生喜謂余曰，今古開方之術當以筆談中寫法爲最善。蓋先生于天元、代數未嘗不精，特以其無裨於日用，好之不篤耳。光緒壬辰，余在兩湖書院，先生以所著《躔離引蒙》寄贈，並囑余序其端。余承先生之命，其奚敢辭然。余于天文素未之習，烏足以序先生之書，既而恍然曰，余之不習天文，先生所素知也，知其不習而索序焉。先生之心，蓋以爲苟讀此書，雖不習亦無異乎素習也。乃取先生之書閲之，開卷十餘頁，從緣起例言至日躔月離二法，而演算檢表之法備焉，其後百餘頁，皆先生手推之表也，嘻以先生之善算，乃欲使天下之人均可無需多算，是一人獨任其勞，而人皆得昌其逸也。有先生之書，雖粗通比例者，亦可依法而得躔離之次，則余之不習天文者，從此亦可以步天矣。先生引蒙之力其偉矣哉。光緒十有八年七月既望，金匱華蘅芳序。

清·賈步緯《躔離引蒙·表説》 《曆象考成後編》之新西法改爲橢圓，高卑徑長，兩腰徑短，俱設平引度爲橢圓之面積，以推地心之角度爲實引，新奇精巧與舊術迥殊，雖推步較難，其損益舊術以合天行，驗之交食秒微皆能密合，前此所未有也，然用後編表以推月離，學者已畏難不前，況交食乎？爰仿金山顧氏新術推步簡法之例，將日躔月離諸用數悉改百分爲度，百秒爲分，度下分秒統如常算，滿十進一，既免收化之繁，得數更爲細密，又按月離表内用數深奥之處再爲化繁就簡，增列對數較合，令其得數不二，用以引誘來學，直捷倍蓰，久欲公諸同好，其表共有百餘版，稟奉局台，批准排印成書，先行出售，容將交食等表續之，俾講求推步者籍此爲入門之捷徑云爾。

賈步緯《交食引蒙》

序跋

清・賈步緯《躔離引蒙・表説》 《曆象考成》取北極高十六度起至四十六度止，定食限。【略】遵《考成後編》法日月距地心比例數推得月在本天最高時。【略】光緒二十年春江南製造局，南匯賈步緯算述，男文浩婿火榮業同校。【略】緯按西人對數及八線對數二表，實爲萬世不易之準繩，推交食非此不辦，學者熟此可實收對數之功，尤貴明比例之理，不可舉末而遺本，推步以交食爲止境，能通交食弧三角正斜，諸法盡知，實繪圖立説莫詳于《考成後編》。近年硤石許君俊卿有翻刻單行本亦宜仿購，備覽算理全在其中，惟黄赤大距，道光甲辰年實測只二十三度二十七分，後編諸表有關大距者於今不合，特爲另算也。此帙不過導人趨捷，容易入門，俾得絶而復續，晦而復彰者耳。

鄒伯奇《鄒徵君遺書》

著録

清・張之洞《書目答問・子部》 天文算法第七

《鄒徵君遺書》八種，鄒伯奇。廣州家刻本，目列後。《學計一得》二卷，《補小爾雅釋度量衡》一卷，《格術補》一卷，《對數尺記》一卷，《乘方捷術》三卷，《存稿》一卷，《輿地圖》一册，《恒星圖赤道南北》二幅。附《夏氏算學》《徐氏算學》。

清・張之洞著　范希曾補正《書目答問補正》卷三　天文算法第七

［補］《補小爾雅釋度量衡》一卷，《格術補》一卷。長沙荷他精舍亦刻。

清・劉錦藻《清續文獻通考》卷二七四《經籍考一八》 《學計一得》二卷，鄒伯奇撰。伯奇見上天文。

《補小爾雅釋度量衡》一卷，鄒伯奇撰。

《格術補》一卷，鄒伯奇撰。

《乘方捷術》三卷，鄒伯奇撰。

《對數尺記》一卷，鄒伯奇撰。

《鄒徵君遺書》總目

《學計一得》二卷　《補小爾雅釋度量衡》一卷　《格術補》一卷

《對數尺記》一卷　《乘方捷術》三卷　《存稿》一卷

《恒星圖》二幀　《赤道南北與地圖》二幅一册。

附刻

《夏氏算學四種》《少廣縋鑿》一卷、《洞方術圖解》二卷、《致曲術》一卷、《致曲圖解》一卷

《徐氏算學三種》《造各表簡法》一卷、《截球解義》一卷、《橢圓求周術》一卷

序跋

清・陳璞《鄒徵君遺書序》 近日海内算學日精，吾粤則以鄒特夫徵君爲稱首。余與徵君少相善，每見徵君讀書，遇名物制度必窮晝夜探索，務得其確，或按其度數繪爲圖，造其器而驗之，涣然冰釋而後已。故其解識多前人所未發，又能正舛誤別是非，以算術權衡之。其晚年論算家新法曰：自董方立後，諸家極思生巧，出於前人之外，如華嚴樓閣彈指即見，實抉算理之窔奥，然恐後之學者不復循途守轍而遽趨捷法，將久而忘其所自，是可憂矣。余於是益服徵君所慮之遠也。徵君既殁，粤中明算之士莫不以徵君爲宗，海内聞其名者，咸慕之。徵君所著書有：《學計一得》二卷、《補小爾雅釋度量衡》一卷、《格術補》一卷、《對數尺記》一卷、《乘方捷術》三卷、《存稿》一卷、《恒星圖》二幀、《與地圖》一册。今皆刻成，陳蘭甫語余曰：是當有序。我病不能作，子宜作之。余於徵君之學未能究其涯涘，何以序其書？無已，即余所羨慕及徵君所論者書之，以爲嚆引焉可矣。同治十三年三月，陳璞序。

清・鄒達泉《鄒徵君遺書序》　同治八年，先徵君見背，生平撰述有已定者，有未定者，達泉隨益鴻叔父謹守之。明年，丁果臣先生自湖南來訪，求先徵君遺書，捐資倡議付梓。孫省齋方伯、葆芝岑方伯、鍾雲卿廉訪、蔣雲樵觀察、方柳橋太守、曾衡甫司馬、易林墅分司皆惠刻資。謝麐伯太史以典試至粵，亦加惠焉。馮竹儒觀察，先徵君高弟子也，官於江蘇，惠寄刻資回粵。敝族叔侄兄弟亦共出資以成之。其任校勘之勞者，孔君惠疇、湯君警盤、湯君馨顏、馬君覺渠、關君星華，家侄麗疇，而叔父率達泉校而讀之，鄆寄丁先生復加校正，而陳蘭甫先生爲之編定焉。其《赤道南北恒星圖》則先徵君在時伍襄卿、吕拔湖、陳古樵、吕雲甫諸先生所刊，今亦併入遺書中。伏念先徵君躬負絶學，以諸生而名達九重，乃未得中壽而没，蒙大人先生與諸君子校梓所著圖書，以傳千古，達泉感何可言，敬書於目録後，志不忘也。復有未定之書《測量備要》二册、《玉篇類音》五册、《考異》一册，以俟異日。同治十二年十二月，男達泉謹識。

南豐吴子登先生、錢塘夏紫笙先生，皆精算學，來遊嶺南，與先徵君訂交甚篤。夏先生卒，先徵君爲之痛傷，屬吴先生求其遺書及徐莊愍公書，謀刻以傳，郭筠仙中丞聞之，爲之付梓，未畢而中丞去官。今刻先徵君遺書，并刻徐氏夏氏書，成先徵君之志也。達泉又識。

清・鄒仲庸《鄒徵君存稿序》　先兄徵君讀書好覃思而懶著述，其成書者《學計一得》《乘方捷術》《格術補》三種而已。先兄既没，諸公聞名相慕，捐資刻其遺書。仲庸復取其篋中手蹟，質之陳蘭甫先生，寫爲一卷，題曰《鄒徵君存稿》，以付梓人。其不必存者，則以其稿付舍姪達泉什襲藏之，以寳其手澤不必盡問世也。所存者雖篇葉不多，然往往有關於實事求是與夫鉤深索隱甚費苦心者，覽者當有取焉。同治十二年十二月，弟仲庸謹序。

鄒伯奇《乘方捷術》

序跋

清・招培中《乘方捷術序》　吾甥鄒特夫所著算書，曰《乘方捷術》。是書隱括董君方立割圜連比例、戴君鄂士開方捷法之説，而立開方四術，演圖詳解，以明其理，右通左達，以同其條，俾學者開卷瞭然，布算不紛。其於訥白爾表，以連比例乘除法，逕開一無量數乘方以求之。又立求對數較四術以求之，亦用連比例乘除法一以貫之，立術最爲簡易。近者徐莊愍公造各表簡法，及李君壬叔《則古昔齋算學》，俱有求對數較法，而操算各殊。惟夏君紫笙《萬象一原》有求真數之訥氏對數四術，其布算與特夫略同，但倍借對數以起數爲異。特夫謂，此四條次置第一數倍之一句，當改作次置對數根倍之，則通矣。此夏君偶失檢，而此是求對數較法。凡本真數與借真數比例等者，其對數較必同，故不得從借對數起數也。特夫之精審可見。至對數開方計息諸草，所以著其術之切於日用。末附十億對數表，及純雜表，則手此一編，即可取數以省他檢也。舅氏招培中序。

鄒伯奇《格術補》

著録

清・丁仁《八千卷樓書目》卷一一《子部》　《格術補》一卷，國朝鄒伯奇撰。白芙堂本。

序跋

清・陳澧《格術補序》　《格術補》者，古之算家有所謂格術，後世亡之，而吾友鄒特夫徵君補之也。格術之名見《夢溪筆談》，其説云：陽燧照物，迫之則正，漸遠則無所見，過此則倒，中間有礙故也。如人摇艣，臬爲之礙，本末相格，算家謂之格術。又云：陽燧面窪，向日照之則光聚，向内離鏡一二寸，聚爲一點，著物火發。《筆談》之説如此，皆格術之根源也。若其推衍爲算術，宋時蓋有其書，後世失傳，遂無知此術者。徵君得《筆談》之説，觀日月之光影，推求數理，窮極微眇，而知西洋製鏡之法，皆出於此，乃爲書一卷，以補古算家之術。夫古所謂陽燧者，鑄金以爲鏡也。西洋鐵鏡即陽燧也，其玻璃爲鏡，亦與陽燧同一理。故推極陽燧之理，可以貫而通之。有此書，而古算家失傳之法復明於世，又可知西洋製器之法實古算家所有。此今世算家之奇書也。若夫宋時算術後世失傳，如此者當復不少。吾又因此書而感慨係之矣。同治十二年閏六月，陳澧序。

清·殷家儁《格術補箋叙》 格術之補奚爲者？鄒君特夫覽沈氏《筆談》，慨格術之失傳而補也。篇首以漏光之孔擬凸鏡之限，繼將限影倒順反復推詮，爲格義一隅之舉，以俟通變者之觸類而擴充之也。苟能充之，則撬之支、衡之繫者，亦格也。桔槔之俯仰也，舳艫之左右也，墜與輪之往復而周旋也，胥格之爲也。凡若此者，皆在物之格，人所易知也。推而至於八線之正餘，距緯之南北，日月之交食，舉凡天道陰陽剥復，以及人道之進退消長，與萬類之相悖相反者，莫不中有一格之主持，使其勢不兩立而竝行也。格之時義大矣哉。補斯術者，其有愛禮之遺意乎？何憂之遠也。鄒君躬通絕學，名動公卿，海內習算名家，咸推重之，予心慕焉。惜遊跡未歷羊城，末由與之交也。鄒君既卒，其友人刊其遺稿。而丁果臣先生尤喜此《格術補》一卷，欲重刊於其算學叢書之中，謬謂余明算理，屬爲校之。余間以所見，正其訛誤。先生甚喜，寓書廣州友人，以爲宜并鄒氏遺書中本改正之。廣州友人以鄒君既往，雖有誤，他人不能代正之也。必欲正之，宜別行。於是更屬余爲之箋，而左君壬叟、黄君玉屏皆謂算例所宜補，故又爲之補算與圖。相輔而行者也。今之言算者，喜新法。而余之言算樂推千古。景鑒者，墨子之遺術也。故又多引墨子經説傳會箋之，蓋所箋已非鄒君原作之式，而要爲補鄒君之所未備，亦猶之鄒君所補，已非《筆談》格術之意，而要爲格術所宜闡者也。因題數語，以志緣起。丙子九月，湘陰殷家儁叙。

清·王闓運《格術補書後》 言算者好言理，此推器而之道也。善言理，則凡事凡物皆可引以入算，而無道之非器矣。近代言算者多設難題，不切實用，故唯以製器者爲能用算。鄒君特夫偏精九數，以餘意推沈氏之格術而補爲書。殷君竹伍，自少時已以巧思冠絶儕輩，丁君果臣則海內嗜算術者，未之或先也。既以鄒君書示殷君，又得殷君所論而欲補鄒君，於是議刊此編。以闓運兼識殷、鄒，委以校讎，未幾而丁君物化。闓運本其遺志，出資畢工。然素不習算，茫於其術，僅從殷君究其所以然，知其書盛於太西。太西工藝出於墨子，今有光學、重學，皆在《經説》四篇中。是編所論，光學類也。其言格者，以杆格爲義，堯典稱光被四表，格於上下。經師釋光爲横格，爲假若，以四表測景言之，則光格云者正光術之微妙也。凡九流之學，皆出六藝，推器以之道，未若本道以形器，此則殷君發明此術之意，而丁君之終身嗜算，非宋儒之所謂玩物者已。闓運題。

鄒伯奇《皇輿全圖》

序跋

清·鄒伯奇《皇輿全圖·序》 地圖以天度畫方，至當不易。然地球經緯相交，皆成正角，而世傳輿圖至邊地竟成斜方形，既非數理，又失地勢，其蔽在以緯度爲直線也。昔嘗爲小總圖，依渾蓋儀，用半度切線以顯迹象。然州縣不備，且內密外疏，容與實數不符，故復爲此。其格緯度無盈縮，而經度漸狹，相視皆爲半徑與餘弦之比例。横九幅，縱十一幅，合之則成地球滂沱四積之形。欲使以圓繪圖，其圖乃肖也。

鄒伯奇《地球正背兩面全圖》

序跋

清·鄒伯奇《地球正背兩面全圖·序》 地形渾圓，上應天度，經緯皆爲圓線。作圖者繪渾於平，須用法調劑，方不大失形似。然視法有三，皆爲畫圖之用。其一在圓外視圓。法用正弦，則經圈爲橢圓，緯圈爲直線，其形中廣而旁狹，作簡平儀用之。其一在圓心視圓。法用正切，則經圈爲直線，緯圈爲弧線，中曲而旁殺，其形內密而外疏，作日晷用之。斯二者，線無定式，量算綦難，且經緯相交，不成正角。又其邊際，或太促而褊淺，或太展而狹長，以畫地球，既昧方邪之本形，復失修廣之實數，所不取也。其一在圓周視圓。法用半切線，經緯圈皆爲平圓，雖亦內密外疏，而各能自相比例。西人以此作渾蓋儀，最爲理精法密。今本之，爲地球圖，分正背兩面。正面以京師爲中，其背面之中即爲京師對衝之處，尊本朝也。旁爲廿四向，審中土與各國彼此之勢，定準望也。經緯俱以十度爲一格，設分率也。

丁取忠《白芙堂算學叢書》

著録

清・張之洞著　范希曾補正《書目答問補正》卷三　天文算法第七

［補］南豐吴嘉善、長沙丁取忠同撰。

［補］又同治十二年刻本二十一種，視前刻多四種如下：《弧三角術》《差分術》《盈朒術》《方程天元合釋》，皆吴嘉善撰。又光緒間刻本，合他算學廿一種，經學二種，共四十四種，名曰《白芙堂算學叢書》。餘二十三種目列後：《八線對數表》，張作楠；《天元句股細草》，李鋭；《開方説》，李鋭；《少廣縋鑿》，夏鸞翔；《務民義齋算學》，徐有壬；《百雞術衍》，嘉定時曰醇；《輿地經緯度里表》，丁取忠；《求一術通解》，新化黄宗憲；《割圓八線綴術》，吴嘉善；《數學拾遺》，丁取忠；《測圓海鏡》，元李冶；《益古演段》，李冶；《圓率考真圖解》，湘鄉曾紀鴻；《圓理括囊》，日本國人加悦傳一郎俊興；《粟布演草》，丁取忠；《緝古算經細草》，張敦仁；《對數詳解》，丁取忠；《綴術釋明》，湘陰左潛；《綴術釋戴》，左潛；《四元玉鑒》，元朱世傑；《格術補》，鄒伯奇；《儀禮喪服輯略》，長沙張華理；《喪服今製録》，張華理。通行石印本，無末經學二種。

《白芙堂算學叢書》總目

《算書廿一種》南豐吴嘉善著　附《八線對數表》金華張作楠丹邨原輯
《天元句股細草》長沙李錫蕃著　《開方説》元和李鋭著
《少廣縋鑿》杭州夏鸞翔著　《務民義齋算學》烏程徐有壬著
《百雞術衍》嘉定時曰醇著　《輿地經緯度里表》長沙丁取忠述
《求一術通解》新化黄宗憲述　《割圓八線綴術》南豐吴嘉善述
《數學拾遺》長沙丁取忠述　《測圓海鏡》欒城李冶著
《益古演段》欒城李冶著　《圓率攷真圖解》湘鄉曾紀鴻述
《圓理括囊》長琦　加悦傳一郎俊興著　《粟布演草》長沙丁取忠輯
《緝古算經細草》陽城張敦仁演　《對數詳解》長沙丁取忠述
《綴術釋明》湘陰左潛述　《綴術釋戴》湘陰左潛述
《四元玉鑑》寓燕朱世傑著　《格術補》南海鄒伯奇著

吴嘉善《白芙堂算學廿一種》

著録

清・張之洞《書目答問・子部》　天文算法第七

《吴氏丁氏算書》十七種。今人吴氏、丁氏同撰。同治元年長沙白芙堂刻本，目列後。《筆算》《今有術》《分法》《開方術》《平方術》《平圓術》《立方立圓術》《句股術》《平三角術》《測量術》《方程術》《天元一術》《天元名式釋例》《天元一草》《天元問答》《四元名式釋例》《四元草》。附《借根方句股細草》一卷，李錫蕃。

清・劉錦藻《清續文獻通考》卷二七四《經籍考一八》　《算書》二十二卷，吴嘉善撰。嘉善字子登，江西南豐人。咸豐壬子進士，翰林院編修。

清・丁仁《八千卷樓書目》卷一一《子部》　《算書》二十二卷，國朝吴嘉善撰，白芙堂本。

《白芙堂算書廿一種》目録

筆算	分灋	今有術	開方術	平方術
平圓術	立方立圓術	句股術	平三角術	弧三角術
測量術	差分術	盈朒術	方程術	天元一術
天元名式釋例	天元一草	天元問答	方程天元合釋	
四元名式釋例	四元草	四元淺釋		

序跋

清・吴嘉善《白芙堂算學廿一種・序》 算學之至今日，可謂盛矣。古義既彰，新法日出，前此所未嘗有也。余與長沙丁君果臣，皆無他嗜好，而甚癖於此。既忘其癖，更欲以癖導人。嘗相與語，以爲近時津逮初學之書，苦無善本。梅文穆公所增删之《算法統宗》，今亦不傳。因商榷述此，取其淺近易曉者，以爲升高行遠之助云。同治二年孟夏月望日，南豐吴嘉善子登氏識。

清・丁取忠《白芙堂算學廿一種・序》 予少喜步算，而苦無師承。又地僻不能得書，每持籌凝思，寢食俱廢。垂四十年，然後古今言算之書，稍稍捋集，而予心力亦已衰矣。咸豐季年，與南豐吴子登太史相往來，舉生平疑義，往返研究。先生不以予不敏，隨筆剖示，久之成帙。予既習聞其論緒，又欲廣之，以公同好，乃請編次大略，得廿餘種，往歲癸亥，曾以活字印行十數種，今已俵散殆盡，數年來又於舊稾中得數種，共爲廿有一種，登諸梨棗。後之有志於此者，由淺入深，爲功較易，當不至如予之老而無成也。同治十一年壬申歲冬月，丁取忠識。

雜録

清・丁取忠《白芙堂算學廿一種》凡例

一，是書初用活字印行，十七種，皆子登先生因問隨書以示取忠者。先生不欲没取忠微勞，别時囑印行必署名「同述」，彼時重違其意，竝列二名，今既付梓，仍改歸先生專名，以示不敢掠美。

一，先生原書廿餘種，其中如《綴術補》等書，其理較深，未易猝得要領，不敢鹵莽付梓，兹於十七種外，增《差分》《盈朒》《弧三角》三種，竝先生《方程天元合釋》，共爲廿一種，其餘容俟續刊。

一，先生原書，術多而例少，故初學讀之猶有苦其難通者，久欲稍爲增益，而其書已如成器，無少罅漏，不能羼入，今取術稍難通者，於各種後依術各補一草，仍於各種後題「補例」二字，以示區别，庶讀者易於領解。

一，原書以單數定位，不用「十」「百」「千」「萬」等字，以從簡約，而補例仍用「十」「百」「千」「萬」等字，以醒眉目，亦以便初學也。

一，原書印後，博求四方通算士互相考正，海寧李壬叔先生善蘭校正居多，南海鄒特夫先生伯奇亦閒有參定。

一，算書無文義可考，讎校頗難，取忠心力衰耗，幸得新化黄宗憲玉屏爲助，其刻費則昔年胡文忠公所贈買書之資也。

取忠又識。

李錫蕃《借根方句股細草》

著録

《借根方句股細草》目録

有句、有股，求弦一

有句、有句股和，求股弦者，以句減和得股

有句、有句股較，求股弦者，以較加句得股

有股、有句股和，求句弦者，以股減和得句

有股、有句股較，求句弦者，以較減股得句

以上四題均與上同術。

有句、有弦，求股二

有句、有句弦和，求股弦者，以句減句弦和得弦

有句、有句弦較，求股弦者，以句弦較加句得弦

有弦、有句弦和，求句股者，以弦減句弦和得句

有弦、有句弦較，求句股者，以句弦較減弦得句

以上四題均與上同術。

有句、有股弦和，求股弦三

有句、有弦與句股和之和，求股弦者，以句減弦和和得股弦和

有句、有弦與句股較之和，求股弦者，以句加弦較和得股弦和

有股弦和、有弦與句股和之和，求股弦者，以股弦和減弦和和得句

有股弦和、有弦與句股較之和，求股弦者，以弦較和減股弦和得句

以上四題均與上同術。

有句、有股弦較，求股弦四

有句、有弦與句股和之較，求股弦者，以弦和較減句得股弦較

有句、有弦與句股較之較，求股弦者，以句減弦較較得股弦較

有股弦較、有弦與句股和之較，求股弦者，以股弦較加弦和較得句

有股弦較、有弦與句股較之較，求股弦者，以股弦較減弦較較得句

以上四題均與上同術。

有股、有弦，求句五

有股、有股弦和，求句弦者，以股減股弦和得弦

有股、有股弦較，求句弦者，以股加股弦較得弦

有弦、有股弦和，求句股者，以弦減股弦和得股

有弦、有股弦較，求句股者，以股弦較減弦得股

以上四題均與上同術。

有股、有句弦和，求句弦六

有股、有弦與句股和之和，求句弦者，以股減弦和和得句弦和

有股、有弦與句股較之較，求句弦者，以弦較較加股得句弦和

有句弦和、有弦與句股和之，和求句股弦者，以句弦和減弦和和得股

有句弦和、有弦與句股較之較，求句股弦者，以弦較較減句弦和得股

以上四題均與上同術。

有股、有句弦較，求句弦七

有股、有弦與句股較之和，求句股者，以股減弦較和得句弦較

有股、有弦與句股和之較，求句弦者，以弦和較減股得句弦較

有句弦較、有弦與句股較之和，求句股弦者，以句弦較減弦較和得股

有句弦較、有弦與句股和之較，求句股弦者，以句弦較減弦和較得股

以上四題均與上同術。

有弦、有句股和，求句股八

有弦、有弦與句股和之和，求句股者，以弦減弦和和得句股和

有弦、有弦與句股和之較，求句股者，以弦和較加弦得句股和

有句股和、有弦與句股和之和，求句股弦者，以句股和減弦和和得弦

有句股和、有弦與句股和之較，求句股弦者，以弦和較減句股和得弦

以上四題均與上同術。

有弦、有句股較，求句股九

有弦、有弦與句股較之和，求句股者，以弦減弦較和得句股較

有弦、有弦與句股較之較，求句股者，以弦較較減弦得句股較

有句股較、有弦與句股較之和，求句股弦者，以句股較減弦較和得弦

有句股較、有弦與句股較之較，求句股弦者，以句股較加弦較較得弦

以上四題均與上同術。

有句股和、有股弦和，求句股弦十

有句股和、有句弦較，求句股弦者，以句弦較加句股和得股弦和

有股弦和、有句弦較，求句股弦者，以句弦較減股弦和得句股和

以上二題均與上同術。

有句股和、有股弦較，求句股弦十一

有句股和、有句弦和，求句股弦者，以句股和減句弦和得股弦較

有股弦較、有句弦和，求句股弦者，以股弦較減句弦和得句股和

以上二題均與上同術。

有句股和、有弦與句股較之較，求句股弦十二

有句股和、有弦與句股較之和，求句股弦十三

有句股較、有股弦和，求句股弦十四

有句股較、有句弦和，求句股弦者，以句股較加句弦和得股弦和

有股弦和、有句弦和，求句股弦者，以句弦和減股弦和得句股較

以上二題均與上同術。

有句弦較、有股弦較，求句股弦十五

有句股較、有句弦較，求句股弦者，以句股較減句弦較得股弦較

有股弦較、有句弦較，求句股弦者，以股弦較減句弦較得句股較

以上二題均與上同術。

有句股較、有弦與句股和之較，求句股弦十六

有句股較、有弦與句股和之和，求句股弦十七

有股弦和、有弦與句股較之較，求句股弦十八
有股弦和、有弦與句股和之較，求句股弦十九
有股弦較、有弦與句股較之和，求句股弦二十
有股弦較、有弦與句股和之和，求句股弦二十一
有句弦和、有弦與句股較之和，求句股弦二十二
有句弦和、有弦與句股和之較，求句股弦二十三
有句弦較、有弦與句股較之較，求句股弦二十四
有句弦較、有弦與句股和之和，求句股弦二十五

序跋

清・丁取忠《借根方句股細草記》 晉夫幼穎悟，工詩文，有神童之目。七八歲時，家人算魚直銖兩參差，移晷莫決，晉夫至立剖其數，長老皆大驚。予與晉夫中表交最密。道光季年，湘南大飢，大府發倉穀，令各都甲赴領，巨室皆畏累不敢前。晉夫曰：若人人計利害，衆焉得活？於是獨詣縣請穀若干石徧賑之。後果責還倉。晉夫奔走斂集，悉數償補，卒免於累。當是時，舉家非之，而晉夫無幾微愁恨，可謂難矣。嘗與予學算，思力尤絶，古人之立天元一，西人之借根方，一見輒通曉。予嘗病句股和較相求諸術，一術馭一題，鮮有簡法。晉夫謂借根方一術足以了之，乃發例得數十題，皆用借根法。予亟促之卒業，顧屢困童子試，未脱稾而歿。春秋二十有八。惜哉！予既傷其賫志，又自念衰疾，大懼其書之不克就也。屬南豐吴子登太史避亂來楚，因定交，請爲是正數十字，而此書遂成。嗚呼！自晉夫之歿，於今十有四年矣，然後得南豐以畢予願，不可謂非晉夫之幸也。同治二年夏五望日，丁取忠雲梧氏記。

又《借根方句股細草跋》 壬戌歲，曾以活字印行，今歲復爲友人刻廿一種算書，因取是編，一竝付梓，其加減乘除及正負開方則二十一種中已及之，故不贅。壬申春，丁取忠又記。

清・吴嘉善《借根方句股細草記識》 余好算術，因得盡交今時之習算君子。於長沙，得丁君果臣，其好乃過於余，所藏算書至廣且備，多余平生所未見者。時從假觀，因與上下其議論，一日出李君靖夫所演句股和較相求諸術示余，曰：此余表弟之所留遺也。表弟於此事，天資絶人，不獨遠過頑鈍，然不幸早世，故所業僅此，懼其湮没失傳，將梓而存之。余讀之，知其於借根方已能毫無滯礙。夫西法之借根方，即中法之天元一也。以之馭算，可謂得一而萬事畢矣。李君能此，豈不卓然一算家哉。余既重李君之學，又感丁君之拳拳絶業，且篤於親舊也，故樂爲校勘以歸之。同治元年秋月，南豐吴嘉善識。

清・李壽蓉《借根方句股細草記後序》 於呼！此吾晉夫仲兄遺草也。兄之歿，既十有三年矣。方道光二十四五年閒，隨兄讀書長沙城南。是時海宇號爲晏清，學宫之中絃誦邕邕，兄則與丁雲梧中表兄講求句股開方諸法，矻矻不倦，持牙籌珠盤相推較，聲丁丁然。當時習見習聞不以爲意。迄兄歿後，檢行篋，得其算具成束，未嘗不睹之而淒然泣下也。兄性絶穎異，而沈㴱好學，爲文章，心揣手摹，往來蹀躞廊廡閒，或至百數十步，或據案瞪視，踰數十頃，而後就一藝文之成也。其音如寒泉，如夜鐘，然用此就試，連不得意。年二十七，危得之，卒用人數溢額被遺，越明年庚戌二月，竟以疾卒於家。於呼，重可悲矣。

兄性亦耆琴，風月之夕，輒抱琴坐水亭子上，彈平沙良宵諸操，悽清幽怨，使聞者爲之不歡。噫嘻，此即其促命之徵乎？

雲梧表兄傷兄命之不延，而惜其算業之未卒也。收拾零楮，緝綴爲帙，復與南豐吴子登太史重加考訂成書。書成，馳書壽蓉，使有所言。夫壽蓉之痛，結於心，欲言而不忍言，亦既久矣。今兹和淚濡墨，略述梗槩，因又廢然而歎也。曰：壽蓉兄弟本六人，第五弟既幼殤，第四弟壽華裁成博士弟子，而又夭，兄弟存者三人耳。壽蓉僥幸博科第，而湛冥曹司，中嬰患難，且三二年，俯仰身世，不忍自廢，此《榆圀讀史草》一編所由作也。嗟夫，天下多故，迺不能出建功業，垂聲將來，徒抱守殘缺，形諸無聊之空辭於世，曷有裨益？數十年後，人之見者，未知以爲何如，且未必人之盡見之也。揚雄謂：以吾文覆醬瓿，亮傷心之言哉。仲兄誠不幸蚤終，然留兹一書，其術可以推天文，測地理，而覈人事，於物理無所不賅。天下不乏留意絶學之人，必將取而觀焉。觀之而善，必將取而傳焉。於戲，死而不死，其在斯乎，其在斯乎！興言及斯，益爲泣下霑襟，唏噓不能自已也。壬戌三月，同懷弟壽蓉撰於京師寓邸。

時曰醇《百雞術衍》

著録

清·丁仁《八千卷樓書目》卷一一《子部》 《百雞術衍》二卷，國朝時曰醇撰。白芙堂本。

序跋

清·丁取忠《百雞術衍敍》 昔張邱建序《算經》云：學算不患乘除之爲難，而患通分之爲難。所云通分，百雞術即其一也。甄、李去古未遠，莫溯心源。輓近辯説所及，徒滋聚訟，甚矣，作者難述者，更不易也。

取忠舊有《數學拾遺》之刻，略及此術。嘉定時君清甫見之，謂與二色方程暗合，因爲廣衍，得若干題。於是此術乃燦然大著矣。如探源星宿，《拾遺》其濫觴，此則挾百川而循故道。如初闢蠶叢，《拾遺》不方軌，此則駕驊騮而逞康莊。如營建都邑，郊圻内外，分母同者，四通八達，殊塗同歸，母不同者，委巷曲徑，紛歧悉辨，鍼綫之迹密矣，良工之心苦矣。而要非好學深思，心知其意者，不能索解人而共明斯義也。

是書肇自咸豐辛酉，時同客鄂城，往復商搉，别後遂已成書，迄今十有二年矣。取忠近集資彙刻算書，乃得索其稾，授之梨棗，以報故人，由其問世之難，以卜傳世之永。世謂古今人不相及，吾謂古人實有藉於今人，彼四七三增減之數，不得此以闡其藴，而通其變，世烏知古術之足貴哉。使向有此術，則《拾遺》可不作，清甫則謂，向無《拾遺》，則此術何由作？此清甫不没人善之盛心也，而予實滋愧矣。同治癸酉夏日，長沙丁取忠謹序。

清·時曰醇《百雞術衍·自序》 《張邱建算經》雞翁雞母題問，甄、李兩註及劉孝孫草皆未達術意，不可通。近日《理堂學算》中所釋尤誤。讀吾友丁君果臣《算學拾遺》，設術與二色方程暗合，乃通法也。駱氏《藝游録》用大衍求一術，以大小較求中數，取徑頗巧。然於較除共較實適盡者，不可求方程術，則遇法除實得中數不盡者，以分母與減率相求而齊同之，無不可得。駱氏蓋不知有方程本術也，夫題祇本經一術耳。算理之微妙，不如《孫子》物不知數一問，而術文各隱祕，彼則但舉用數，此亦僅著加減三率，其於前半段取數之法，並皆闕如，豈古人不傳之奧，必待學者深思而自得乎？《孫子》求一術，至宋秦道古發之。獨是題襲謬傳訛，莫有借方程以問途者。曰醇蓄疑既久，今年春與果臣連榻鄂城，復一商搉，别後數月，乃得通之，怡然涣然，了無滯礙，亦窮愁中一快事也。因衍方程術，爲《數學拾遺》補求負數法及加減率求答數法梅氏《方程論》所謂他術不能御者，方程能御之。附述求一術，爲《藝游録》補以中小較求大數一法，及大中較、大小較互求得中數、小數二法，引伸鉤索，温故知新，庶足以暢厥旨乎。易翁、母、雛爲大、中、小，設數不必以百，而統以百雞命之，識斯術所自昉。咸豐辛酉重九日，時曰醇。

清·黄宗憲《百雞術衍後記》 右《百雞術衍》二卷，時清甫先生所撰。嘗聞丁果臣先生云：先生深於九章，治算甚精，所著書，發明古人術意，無不入微。同治癸酉夏，果臣先生將以此書付剞劂，屬爲校讎。受而讀之，其每題分立兩法，一馭以方程，一馭以求一，以示術理之通。又另設大中小各色，皆有分子之題，以盡通分之妙。嘻！百雞術至此無餘藴矣。唯讀例言第十則，有減較加較未得捷法之語，心甚疑之。刻既竣，果臣先生以二題見示，今有總數三十三萬三千二百一十七，以一百七十四除之，不盡七。乃滿五百八十一去之，問去幾何滿，而以一百七十四除之適盡。○今有數七，以一百七十四除之，不足法，乃滿五百八十一加之，問加幾何滿，而以一百七十四除之適盡。云係先生所函詢者，觀其題意，即減較加較題也。因思索累日，得一通法，不敢言捷，坿之於後，或可爲讀先生書者之一助云。新化後學黄宗憲小谷記。

雜録

清·時曰醇《百雞術衍》例言二十二則 製題以耦，物直大小，交變其數，有對待之義，參伍錯綜，合數題爲總題，亦合諸題而爲一題。一題者何？算經百雞是也。法以迭見，理則同歸。

序題以類從。立二十八題，以「舊、學、商、量、加、邃、密、新、知、培、養、轉、深、沈」十四字識其上下爲十四耦，諸上題物率同，「量上」、「加上」爲二上題，「邃上」、「密上」、「新上」爲三上題。自「知上」至「沈上」爲六上題。諸下題仿此。同其母也。以題從法，譬之異水而同源，故較數加減不異。諸下題直率同，同其子也。以法從題，不啻同牀而各夢，故較數加減皆殊。分各耦求之，上題法繁，下題法簡。合全題求之，後諸耦法繁，前諸耦法簡。初學次第以觀，自易了然。

凡一題，必先於所問三物，求其等數約之，爲物率。物率兩兩相乘，求其等數，約之爲直乘率。所問三直，求其等數約之，爲直率。三總等數，亦副置之爲用。直率唯求一術約其較實用及。由三率求得較數，大小較爲中減率，中小較爲大加率，中大較爲小加率。大小較爲中大、中小兩較相并之數，故減中以分加大小，亦可減大小以并加中。題雖蕃變，以率加減，求之各得。舍此無以馭題也。其求一術兼用大小較加中、中小較減大、中大較減小之法。

《［張邱建］算經》原問數，雞翁母及所直皆無等，故無物率、直率、直乘率，因無通率。而法除實即盡，先得二色。今廣之，既有除實雖盡，依率加減，乃得答數者；又有除實不盡，依率加減而得答數者；又有用約率加減得初答，乃用通率加減而得又答者，依《算經》三答爲限。各立題以述其概，精擇詳語，非曰能之。

方程本術，法除實不盡者，所得命分。百雞術雖借徑二色方程法，除實或盡或不盡，各依率加減而得三物。雖借徑兩數求一，既得二物，依率加減而得三物。

如方程求者，先得中物必大，以減總物，而得大、小物。求一術用大小較求者，則得中物必小，以減總物而得大、小物。用中小較或中大較求者，各得大、小物必小，以減總物，餘爲中物必大。并中大或中小兩物，以減共物，而不足減者，爲負小、負大物，依率加減而去其負數。

法除實不盡者，有中數減較法雖盡，而所得物數，或與某物分母不相應。中分母大者，求中分子，減較法。中分母小者，求大、小分子，加較法。如三上題，新下題。中母雖大，與約率大小較求等約之小，亦於大小分子求加較，如六上題。而加減之，各得求一，所得三物必正數。無通分數，其不應分母者，以率加減之。

《算經》原題答數下註，如計得二十六雛，是滿雛分母三者二十六也。餘題言大、中、小各若干，亦以滿分母爲一。《算經》序云：「不患乘除之爲難，而患通分之爲難。」百雞術，通分題也。原其設數之理，詳於六上題之草後。

《算經》劉孝孫草：置雞雛八十一，以分母三除之，得共雛錢數，其分子爲三分錢之一也。擬題分子，既不至一，當仿劉註，用大、中、小分母各除，所得三等共物數。得數，各以乘其分子數，而得某等共直數。今草不備述，省繁冗也。

減較法：各置大、小較，去其不應法、不應中分母之數仍不應，則遞加其較，滿法滿分母去之，至相應而止。計初置及遞加凡若干較即應減較數。加較法：大小分子或不應分母，各遞加其較，至應分母而止。求其巧捷之法而不可得。間有捷得者乃偶合，非通法也。姑用其拙。

術雖借方程爲之，而以中數爲主，列次位。或用大數、或用小數，與之相求，各列首位。物直各爲左右行，借和數方程求之。此以下專言方程。

法與中分母求等，約中母爲乘率，亦約法爲除率。除實不盡者，求通分中數減較法。置大小較，先減其不盡數，遞加其較，滿法去之，至除之適盡而後止。計所加若干較，即爲應減若干較。

法除實不盡，以率加減，既去其負數，復以法除，仍不盡者，分母子雖有等，不再約，即用不盡數求中數減較法。如「深下」。

百雞借方程爲本術，而求一之用，亦學者所當知也。隨題並述，以博其趣，求一左右定母，減共較實，而無賸者，爲不可求。此以下專言求一。

列大小較，或與中大較、或與中小較，各爲左右定母互爲衍數。奇定相求，而得乘率。兩母相乘爲衍母。

定母疊減衍數，餘爲奇數。其奇一者，如二上題。不求乘率。其衍數一者，如舊下、量下、加下。即以所賸爲中物，即爲中實。而以減共較實，餘或大實，或小實。

通分總物與通分之大物、小物相減爲共較實。三直乘率之等、三直之等、三較之等，連約之得定實。左定、右定各疊減之或有賸、或無賸。

術滿衍母去之爲定實，是累減法。算理固如是。若求者以除代減、衍母爲法，其不盡數爲定實，取數較捷，亦得。

大中小分母皆同者，即以分母本數約之。爲一而三直自相減爲較數。其簡法，祇用一分母通共直爲通分總物。其總物乘大直小直，各爲通分大小物。與通分總物相減，餘即爲共較實。乘率乘衍數，又以賸數乘，雖滿衍母，不去，即各爲實。如商上。

求一：本以乘率乘衍數，又以所賸乘，而滿衍母去之，爲實。本不滿衍母即爲實。如舊上二上題，加下，三上題遼下。今擬又法：大小較爲定母，遇乘率與右定中大較相同者，即以所賸爲中物，衍數乘之爲中實，以減共較實求之。如密下。知下、轉下。又乘率衍數相同，徑以所賸乘衍數，反減衍母，餘爲中實，以減共較實求之。如舊下、量下、加下、密下、知下、轉下。可各相題而商其法也。學者或取數不熟，則姑用常法。

求一術：以三物本數兩兩相乘爲直乘率，與三物率兩兩相乘爲乘率者不同，其求等數，亦祇爲約共較實之用。

求乘率法：各詳草後，爲初學演，故不避煩瑣。乘除之數舊以左、右、上、下分別，今祇各記其乘除次數，省立位，眉目亦清。

清・丁取忠《百雞術衍附記》時曰醇《百雞術衍》例言第七則「中母雖大，各有等數，可約者約之，則小」十五字，增改爲「中母雖大，與減率求等，而有等者，約之，則小」十七字。

六上題草中註一段八十字，增改爲「中分母六十三，即以減率二十一爲等，約得三。大分母二十八，以加率八之等四約得七。小分母二十一，與加率一十三無等不約。是爲小二十一大於大七中三也。今驗大物二十八，適合分母。中物一千四百二十八雖不應分母六十，用中率二十一兩減之即應，而用大率八兩加大物二十八，得四十四。小率一十三兩加小物七得三十三，各不應其分母矣。故必用小分子七於小物求加，而不用中分子於中物求減」。一百六十二字。刻既竣，復得清甫書有所增改如右。取忠記。

丁取忠《數學拾遺》

著録

清・趙惟熙《西學書目答問》藝術第二　算學

《數學拾遺》一册，丁取忠撰。長沙本。《對數詳解》一册，丁取忠撰。長沙本。

清・丁仁《八千卷樓書目》卷一一《子部》《數學拾遺》一卷，國朝丁取忠撰。白芙堂本。

序跋

清・鄒漢勳《數學拾遺序》余與果臣交十又五年矣。果臣之爲人篤誠而學博精，於道多所窺，於藝亦未嘗遺。《傳》曰：下學而上達。又曰：形而上者謂之道，形而下者謂之器。又曰：德成而上，藝成而下。下學即學藝也，上達即達道也。《數術記遺》曰：世人言三不能比兩，乃云捐悶與四維。《藝經》曰：捐悶，周公作；三不能比兩，孔子所造；四維，東萊子所造。三者皆六藝中之數也。東萊子，雖不知爲何人，要古之賢人也。而周公之元聖，夫子之至聖，尚不能不游於數。蓋數之爲用，小足以會計，中則以理繁頤、課工程，大則以推步起憲，藝也，而能達於道，非淺尟之學也。果臣潛心於斯學有年，道光丁酉，余與果臣同事蔗農師於城南，往來最密。先是余家居，聚九數之書而學之。限於荒僻，所得書僅《算經十書》《梅氏叢書》《數理精蘊》三種而已。所與研求者，季弟季深而已。及至城南，始得果臣及黄朗軒與相證明，益有所通解。予向不解立天元一之術，而《句股割圜記》僅通其二十九術。果臣、朗軒爲余求筭書，以互相磨究，始克於是學畧涉藩籬，故予資於二人者深。朗軒舉於鄉而旋卒，惟果臣與余矻矻爲此耳。

俄而別去，別後第應舉，時一再面於沙鄉而已。果臣之爲是學也，猛勇而精進，珠筆籌弗離於手，細草圖説弗離於案，今有之分弗離於心。別後於是者殆又十年，且得其中表李晉夫錫蕃爲助，而聚書愈廣，如宋之秦九韶道古《數學九章》，元之李敬齋冶《益古演段》《測圓海鏡》，及朝鮮之重槧元刻《筭學啟蒙》，近世鐘祥李雲門潢之《緝古筭經攷注》，陽城張古餘敦仁之《求一筭術》，與夫江都焦里堂循，元和李尚之鋭、金華張丹邨作楠之書，罔不搜獲而賅究之，寢饋弗忘，以視予之淺嘗而復輟者，奚啻萬倍。昔梅文穆公病割圓舊術屢求勾股，開數十位之方，非旬日不能辨，於是譯西士杜德美之法，而爲捷術。然僅有弧度求弦矢，無弦矢求弧度，果臣又病之。一日，於友人家得一鈔本筭書，首尾殘缺，不知何人撰，細紬其法，則弧度求弦矢，弦矢求弧度之全法，蓋杜德美之原術。第其文隱奥難解，而又無筭例，果臣乃發憤爲筭例凡若干言，書成名之曰《數學拾遺》，謂梅文穆譯杜術而有未盡，今而後得拾之也，並録文穆《赤水遺珍》於後，以見遺珍之復有遺珍也。

吁，學問果何極哉？非果臣之果孰能於遺外而求遺？予深媿十年於此學豪無寸進，而季弟亦同中輟，惟有望崖，而羨果臣之心，尚栩栩然動，它日或又可庶幾於果臣乎。往歲，蔗農師謂漢勳曰：予欲知筭法，而惡其賾，欲常得簡捷者而用之。漢勳對曰：筭法有二術皆可通，自應求其簡者，若一術則雖繁重亦必委曲以通之。果臣今所譯之術，其求八線之簡而要者歟？又爲求八線之奇零無往而不可通者歟同？師今即世數年矣，憾不得以果臣之書進也。咸豐改元閏月二十又七日日中，弟鄒漢勳叔勣序。

清・丁取忠《數學拾遺・跋》 鄉有《數學拾遺》之刻，時初不知有明氏、董氏書也，繼以所演算草較詳，可便初學。又爲亡友鄒叔績氏所序，不忍棄。以故邇年讀書之所觸悟，友朋之所譚論，往來書信之所傳述，凡於古今人算書有所發明者，悉録之以附於後，意在推廣拾遺，故亦未暇詳某義之出自某人也，後有所得猶將增入之。同治十三年甲戌岁夏四月，丁取忠识於长沙之荷池精舍。

丁取忠　曾紀鴻《對數詳解》

著録

清・趙惟熙《西學書目答問》 藝術第二　算學

《對數詳解》一册，丁取忠撰。長沙本。

清・丁仁《八千卷樓書目》卷一一《子部》 《對數詳解》五卷，國朝丁取忠撰。白芙堂本。

序跋

清・丁取忠《對數詳解・序》 言算至今日可謂無法不備，無美不臻矣。即對數一術，乃西士所稱爲至精至簡者，而近日海寧李壬叔善蘭、南海鄒特夫伯奇，皆創立新法，較西人舊法簡易數倍，而與西人近日所推之新法，不謀而隱隱合符。後人之心力，不可突過先民耶？然常對之外又有訥對，頭緒紛繁每令學者望洋生歎，即有鋭意此道者，亦病其語焉不詳，詳焉不顯，窮極鑽研，亦廢然思返。余幼嗜數學，閲舊書對數比例，喜其演數之詳，復病其抉理之不顯，則雖詳如未詳也。近年與曾君栗誠交，講求天元借根之理，而尤孜孜於《代數術》一書，偶思對數之繁賾，唯代數可顯其理。因謂栗誠曰：子穎悟絶倫，心精力果，何弗用代數式詳解對數乎？栗誠曰：此夙志也。遂以數月之力，譔《對數詳解》五卷，始明代數之理，爲不知代數者開其先路也。中言對數之理，末言對數之用，作書之本意爲對數設也，其於常對訥對，辨晰分明，常對以十爲底，訥對以二七一八二八二八爲底，常對以〇四三四二九四五爲根，先求得各真數之訥對，復以對數根乘之，即爲常對數級數，朗然有條不紊，雖初學讀之苟能循序漸進，無不可相説以解者。而曾君復不欲以作述自居，每卷首皆署余名，而署名於卷後，爲讐校之首，又分署友朋同志者名於各卷之後，其與人爲善之心近世罕覯。易繫所謂智崇而禮卑者，非與余重違其意。付梓之日，一切皆仍其舊，特誌數語於簡端，以示不没其實云。至於增輯補綴，則黄君玉屏，亦與有勞焉。同治甲戌春仲，長沙丁取忠謹識。

丁取忠《粟布演草》

著録

清・丁仁《八千卷樓書目》卷一一《子部》 《粟布演草》二卷，補一卷，國朝丁取忠撰。白芙堂本。

序跋

清・丁取忠《粟布演草・序》 道光壬辰，余始習算。友人羅寅交學博洪賓以難題見詢，久無以應。同治改元，始獲交南豐吴君子登太史嘉善。君馭以開屢乘方法，余始通其術，然未悉其立法之根也。後君遊嶺表，余推之他題，及展轉相求，仍多窒礙。又函詢海寧李君壬叔善蘭，君示以廉法表及求總率二術，而其理始顯。厥後吴君又示以指數表及開方式表，李君復爲之圖解以闡其義，由是三事互求，理歸一貫。余因取數題詳爲演草，并捷法、圖解，都爲一卷，質之南海鄒君特夫伯奇。君復爲增訂開屢乘方法，并另設題演草，以補所未備，即圜内容各等邊形，爲算家至精之理，皆可作發商生息以明之，誠快事也。歲庚午，余遊嶺表，鄒君已歸道山。余取其生平遺稿，醵金囑番禺陳君蘭甫澧爲之付梓。兹復以所補《粟布》數草，及吴、李兩君所示各術草，彙梓之，用以誌生平友朋之益云。同治十年孟秋月，丁取忠識。

壬申歲，曾君粟諴見而愛之，因以借根演代數草，左君壬叟又稍爲變易，以從簡約，兼補一真數草。即此一術，已覺五花八門，變化莫測，因并梓之。同治十二年冬十一月朔，取忠又識。

清·曾紀鴻《粟布演草序》 壬申歲，獲覯丁雲梧先生。先生爲湖南老宿，整躬飭己，望重時髦，而象數一途尤所研究。紀鴻好博不專，八線九章之理亦曾涉覽，先生不以爲不肖，幾若引爲忘年交，竊私自慙恧，然亦彌見前輩之謙光也。

一日，先生詢考本利同清一題，歸而用代數推之，塗乙更數十紙，始知此題必開五乘方迺能得數，當時雖得方廉隅實諸級，未敢自信，尚未商除真數，遂閣置之。癸酉莫復謁先生，先生取《粟布演草》一本見示。蓋吴先生子登、李先生壬叔、鄒先生特夫推解此題之理也，竟舍開五乘方別無簡法。古人謂，人心不同如其面，何以數學一道雖以鄙見之淺薄，竟克與三君子相脗合耶？取式之徑，李君用廉法表，善矣。然此數何以與廉法表相通之理，初學未能遽明也。檢視去冬廢稿，雖傷煩冗，而因題取式，歷歷可指，頗有合於立廉法表之原，不揣檮昧，輒録之以諗來者。同治十三年仲春月，湘鄉曾紀鴻識。

清·鄒伯奇《粟布演草跋》丁取忠《粟布演草》卷一 招毅生自湖南歸，攜丁果臣先生所著《粟布演覃》見示。其書以發商生息爲題，明開方之術，於古九章應附少廣，而名以粟布者，蓋引人以易知，而欲其不蔽於近也。蓋初學開方，先明廉隅，自平方演段起，以及立方至於三乘方以上，爲圖漸難，猝不易瞭。昔余太老師馮來廬先生先生諱經，南海人，乾隆庚寅舉人，任曲江教諭，所著有《周易略解》八卷、《互解》一卷、《算略》一卷、《周髀算經解》一卷，余外祖招香浦先生存其稿本，余十歲時親見手澤也。所著《算略》謂，如一篇之書，縱横字數皆同是平方也，篇數如其行數是立方也，卷篇行數皆同是三乘方也。卷篇行互有多寡，是帶縱減縱也，准此以推，形跡顯露，令我心豁然。今先生所爲算草，則以生息明各廉隅之率，皆可謂能近取譬矣。開讀有得。竊增附數題，令毅生演草寄呈，其所未備，望訂僞補缺爲幸。嘗謂今算學之衰非不精深之患，而不熟習之患。其高明者，窮深極遠，務爲隱奥，以相矜異。而其下者，不能循途漸進，望而生畏，廢然意阻，遂使所著書流布寰宇，雖有識者賞其佳妙，而習之不給於世用。今觀先生所著，則誠足以啟蒙發嘳，而爲淺學之先導者矣。同治七年八月，愚弟南海鄒伯奇識。

丁取忠《粟布演草補》

序跋

清·丁取忠《粟布演草補·序》 余前年與左君壬叟，共輯《粟布演草》，原爲商賈之習算者設也。故即發商生息爲題，或一例而演數題，或一題而更數式，或用真數，或用代數，其式或横列，或直下，雜然並陳，無非欲學者比類參觀易於領悟也。乃初學習之，猶謂茫無入門處。蓋商賈所習算書，大都詳於文而略於式，況代數尤爲古算書所無，宜其卒然覽之無從入手也。兹更擬一題附之於後，特倣《數理精藴》借根方體例，專詳於文，庶初學讀之，可因文而知其義。苟算理既明，則全書各式亦無不可涣然冰釋，或兼可爲習代數者導之先路乎。

清·黄宗憲《粟布演草補序》 甲戌秋杪，讀果臣師所輯《粟布演草》二卷，上卷於原本利率收回數三事互求，了無窒礙，圖解明晰，足補古法所未備。下卷則設付出收回各數互有多少求利率，又足補上卷之所遺。唯其開方各草立法閒有舛錯，果臣師屬爲較正，而重梓之，工甫畢，得都中同文館寄來課士題紙，亦有此類題，有利率有收回數求原本。而卷中之法卒不可御，緣各次收回數多少不均故也。可不謂之缺事耶？爰倣下卷之例，稍爲變通，別立一法以御之，似又能補是編遺外之遺也。不避譾陋，輒録之並就正有道。光緒元年乙亥清和月，新化門人黄宗憲謹識。

汪曰楨《歷代長術輯要》

著録

清·丁仁《八千卷樓書目》卷一一《子部》《歷代長歷輯要》十卷，國朝汪曰楨撰。刊本。

序跋

清·趙棻《歷代長術輯要序》　讀史而攷及於月日干支，小事也，然亦難事也。欲知月日，必求朔閏；欲求朔閏，必明推步。宋劉仲更羲叟徧通前代步法，譔《劉氏輯術》，自漢初迄五季，千餘年朔閏燦然，足資考索。惜乎《輯術》全書久佚，僅存於《通鑑目録》，而《通鑑目録》又僅存明人刊本，脱譌不少。且自宋迨明，又六百餘年，未有續撰長術繼仲更而起者。蓋其事甚小，爲之則難，不知推步者欲爲之而不能爲，知推步者能爲之而不屑爲也。兒子曰楨，性好學史，尤喜習算，嘗有志於此。偏攷當時行用之本術，如法推步，得其朔閏。凡仲更所推悉爲算校，正其譌，補其缺，并續推宋以後之長術。又取二十四史所載月日，一一稽其合否，證以羣書，略加攷辯。其布算檢閲，始於丙申之夏，期以二十載之功，畢成全史。曰楨之言曰：史學所以資治，其本在深察夫興衰治忽之大端。徒攷覈於典章名物，已爲末務，月日干支，抑末之末也。雖然，月日淆亂，則事蹟之先後不明，而興衰治忽之故，將欲察而無由矣。且下學上達，初非二致，欲求其精，必先求其粗。譬諸飲食，先以烹飪，先以種藝，及其既飽，則種藝、烹飪皆爲筌蹏，而要不能不先從事於此。若徒知種藝、烹飪，而不求飽食，則將終身爲田父爲膳夫，惟孜孜於隴畝之畔、爨竈之間，而絶無饜飫之一日，是又非吾所願也。吾之爲此，固種藝、烹飪之事，乃正所以爲飽食之資，特將使人人得以專求飽食之逸，而不必先事乎種藝、烹飪之勞焉耳。是則吾識其小，而人得識其大；吾任其難，而人將任其易。雖不足稱史學，而於學史之人則似不無小補矣。余頗韙其言。是時余方從事古文辭，曰楨因前請曰：頃創此書，持籌握管，挑燈揮汗，不勝其勞，吾母所親見也。他日書成，弁以序文可乎？余笑而頷之。迄今忽忽已閱二十年，而其書惟《史記》至新、舊《唐書》屬草粗定，爲書已一百餘卷，自新、舊《五代史》至《明史》尚未暇及，僅全書三分之一。約計全書之成，至速亦更需數年。余亟欲睹其成，時加督促，而舉業間之，人事又擾之，有萬萬不能速成之勢。余衰年久病，恐不及待其成，故預爲此序，俾俟他時寫定，冠諸簡端。若夫是書體大文繁，曰楨雖努力爲之，究不免力少任重，且以一人精力，别無佽助，未及詳加覆覈，舛譌缺漏必多。此後或曰楨學識稍進，自能補改，或得良友如劉仲更之流，匡其不逮，使得附於著作之林，亦云厚幸。是益非余所及知矣。時咸豐五年九月也。

左潛《綴術釋戴》

序跋

清·左潛《綴術釋戴·序》　余既補訂徐莊愍公《割圜綴術》，丁果臣先生復以戴氏鄂士《求表捷術》見示。圖解詳晰，立法巧變，於天地間自然之形數，曲盡精微，其中各式，有足補徐氏之未備者、如餘弦求各綫式。有式同於徐術而立法不同者，徐術先求差根，此術先求乘法，更爲直捷，法異而理不異也。要皆祖杜宗明，使割圜之理一以貫之。雖各有創術，而因法立法，互相發明，益足見明氏書之爲通術，而其理固無所不賅也。原書算式緐重，通分化分諸法，學者驟難通曉。余因思《綴術》乃天元一之變法，用以立式，巧變莫測，遂依法改演各草，不一日而諸式立就，且與書中細審諸草一一密合。爰並取全書删緐就簡，手録成帙。至求式各法，已詳《綴術草》中，茲不再述。同治癸酉冬十一月，湘陰左潛謹識。

左潛《綴術釋明》

著録

清・丁仁《八千卷樓書目》卷一一《子部》《綴術釋明》二卷、《釋戴》一卷，國朝左潛撰。白芙堂本。

序跋

清・曾紀鴻《綴術釋明序》《易・繫》曰：極其數，遂定天下之象。則綜天下難定之象，以歸於有定，莫數若矣。在昔聖神制器尚象，利物前民，其於數理，必有究極精微、範圍後世者。代久年湮，其數學漸至失傳。近三百年，泰西猶能推闡古法，翻陳出新，而中國之才人智士，或反蹈其成轍，而率由之。孔子曰：天子失官，學在四夷。正今日數學之謂也。中國舊有弧矢算術，而未標角度、八線之名，未立八線鈐表，則雖有用其理以入算者，而無表可藉，則每求一數，必百倍其功而始得，且得而仍非密率。明代譯出泰西《八線表》及《八線對數表》，覈其立法之源，得數之初，甚屬繁難，而成表之後，一勞永逸。大至於無外，細至於無微，莫不可以此表測之，則其用之廣大可想。然得表之後，雖無事於再求，而任舉一數，何能較其訛誤。若仍用舊術，則非帀月經旬，不得一數。此明靜菴、董方立推演杜德美弧矢捷術之可貴也。向來求八線者，例用六宗、三要、二簡各法，若任言一弧度，必不能攷其弦矢諸數。至杜氏創立屢乘屢除之法，則但有弧徑，而八線均可求。董方立解杜術，先取直線之極微者，令與弧線合，而後用連比例，以推至極大。又考諸率數，與尖錐理相合，故用尖錐以釋弧矢，而弧矢之理以顯，而數亦顯。明靜菴解杜術，先取四分弧通弦、十分弧通弦直線之極大者，用連比例，以推至千分萬分弧通弦之極微者。攷其乘除之率數，與杜氏原術乘除之理相合，故用綴術以釋弧矢，而弧矢之數以出，而理亦出。董、明二君，均爲弧矢不祧之宗，無庸軒輊其間。邇百年中，繼起者如戴氏、徐氏、李氏所著各書，雖自出新裁，要皆奉董、明爲師資也。吾友左君壬叟，於數學一道，尤孜孜不倦，遇有疑難之題，必窮力追索，務洞澈其奧窔而後止。嘗謂方圓之理乃天地自然之數，吾之宗中、宗西，不必分其畛域，直以爲自得新法也可。曾釋徐君青氏《綴術》，又釋戴鄂士《求表捷術》，茲又釋明靜菴弧矢捷術，而一貫以天元寄分之式，於圜率一道，三致意焉，可謂勇矣。余癸酉從丁果臣先生遊，始識壬叟，繼與共述《粟布演草》《圜率考真》二書，相得甚歡，不啻古所謂同方合志者。孰意天厄良才，壬叟竟於甲戌秋不永年而逝。凡在同學諸人，無不歎息不置，况余與壬叟兩世神交，安能無愴切耶？果臣先生爲湖南數學之領袖，所刊二十一種算書，嘉惠士林，良非淺尠。茲又集壬叟遺書而彙刊之，倩新化黄君玉屏宗憲任讐校之役，訂正精審，毫髮無憾，壬叟得此不朽矣。若夫詩古文詞，古人之門徑，業已搜括殆盡，即附爲壬叟之緒餘，剞劂尚需諸異日也。光緒乙亥孟冬月，湘鄉曾紀鴻謹識。

曾紀鴻《圜率攷真圖解》

著録

清・劉錦藻《清續文獻通考》卷二七四《經籍考一八》《圜率考真圖解》一卷，曾紀鴻撰。紀鴻字栗諴，湖南湘鄉人。欽賜舉人。

清・丁仁《八千卷樓書目》卷一一《子部》《圜率考真圖解》一卷，國朝曾紀鴻撰。白芙堂本。

序跋

清・丁取忠《圜率攷真圖解序》《圜率攷真圖解》一卷，吾友曾君栗諴所作也。蓋自古人以圓容六邊、圓容四邊割圓，以求密率，由是内弦外切，屢求句股，使內限外限合而爲一，而圓周以出。法至善矣，而求之甚難。西士固靈會竭畢生之精力，祇得圓率三十六位，至没時，猶令其子刻之墓碑。誠以其得之難而失之易爲可惜也。厥後，西士杜德美以屢乘屢除之法代開方，得數較捷。然以之求十餘位則甚易，如求至多位，則乘除之數甚繁，而降位尤易譌誤。故秀水朱小梁氏，曾以其法推得四十位，徐君青氏採入《務民義齋筭學》中。今攷其率，自二十五位以後悉與真數不合，亦足以見求圓率之難矣。曾君鋭於思而勇於進，創立新法，以月餘之力推得圓率百位，並周求徑率，亦以除法補至百位。而黄君玉屏，又析圜率爲半周爲象限，及度分秒微纖忽芒塵，皆列爲表，以備求八線之用。又與左君壬叟共爲圖解，使學者循序可知其立法之源，洵可謂難能而可貴矣。適余彙刻算書，因急梓之，以公同好。乃書成而壬叟遽下世，苦雨淒其英姿歘謝，此余與曾、黄兩君俯仰愴懷，不禁潸然出涕也。同治十三年冬十月望，丁取忠謹識。

清・曾紀鴻《圜率攷真圖解・跋》 曩讀古今人數學書，莫不言割圜之難。《數理精藴》中所載圜率，與西人固靈所求三十六位之數相同，皆用內容外切屢次開方之法。欲求此三十六位之率，不下數十年工夫，亦綦難矣。後有泰西杜德美特立屢乘屢除之法，省去開方，較舊法爲稍捷。然秀水朱君小梁用其術以求四十位圜率，止有二十五位不誤，其後十五位概行譌誤，足見紛賾繁難，易於淆亂。果臣先生屬紀鴻等凝心搆思，幸得創兹巧法，斂級甚速，按等推求，瞭如指掌。邇日深於算者，窮理之功多，演數之功少，反覺不切於日用。今用此術，推得各弧背真數，至百位之多，庶幾息諸家之聚訟，而爲古之困於圜率者置一左券也。同治甲戌秋初，曾紀鴻謹跋。

清・黄宗憲《圜率攷真圖解識》黄宗憲《容圓七術》后附 光緒丙子冬十月，郭筠仙侍郎奉命出使泰西英吉利國，宗憲從事幕中，歷游彼都名勝，於博物院天學書中，覓得圓率真數一百五十八位，即翻行篋，檢昔日與曾、左兩君所推得百位者校之，一一脗合，何快如之？不但能證舊刻無布筭之譌，且從此確知圓率真數已成鐵案矣。謹録一帋，寄歸中華，想果師與栗兄見之，當亦忻喜。惜壬叟謝世已久，不獲與之縱觀爲慊。丁丑春莫，黄宗憲識於英國倫敦大清使署幕。

黄宗憲《古琴古研齋算率》

著録

《古琴古研齋算率》目録

《求一術通解》二卷 《容圓七術》三卷 《曲面容方》一卷

《憫笑不計》一卷 《練礮宜知》一卷

黄宗憲《求一術通解》

著録

清・劉錦藻《清續文獻通考》卷二七四《經籍考一八》 《求一術通解》二卷，黄宗憲撰。宗憲字玉屏，湖南新化人。

清・丁仁《八千卷樓書目》卷一一《子部》 《求一術通解》二卷，國朝黄忠憲撰。白芙堂本。

序跋

清・黄宗憲《求一術通解・敘》 自《孫子算經》物不知數一題有術無草，後人罕通其妙，遂無有論及者。宋秦氏道古以大衍釋之，其法始顯。國朝駱氏春池、張氏古愚各有專書，然求等約分頭緒不一，初學茫然。近日，時君清甫《求一術指》，立法稍簡，亦僅識其當然，而於所以然終闕如也。同治癸酉，左君壬叟衍通分捷法一帙，將分子分母析爲各數根，任以多項通分，頃刻可得，可謂善於求較者矣。余因悟大衍術，析各泛分母以求定母形跡顯露，術理朗然，較之舊術，簡而愈詳，夫立天元一始見於秦氏《數書九章》，繼見於李氏《測圓海鏡》。李氏之天元，得梅文穆以借根方釋之而彰，而秦氏之天元，焦氏理堂、李氏秋紉各執一説，究之皆未暢其旨。竊謂秦氏以記衍術一次爲天元，别無深理，以此釋之，令閲者瞭如指掌，於是思索三日，復商榷左君，乃盡爲注釋，竝就正吾師丁果臣先生。先生精算理，爲楚南絶學之倡，而於時君《術指》尤所推許。余故就時君諸題，更别爲演草，然則算術之理，其果爲無盡者耶。使時君見之，未知更以爲何如也。甲戌仲春月，新化黄宗憲自記。

清・左潛《求一術通解序》 黄君玉屏與余同習算時，吾湘言算者丁果臣先生爲之倡。先生年幾七十，嗜算之心老而彌篤，凡近日之善言算者，先生皆訂交焉。余學雖淺，先生不棄，亦引爲忘年交。余與黄君皆師事之。

黄君健於思而鋭於進，凡古算之繁者、深者，變幻而莫測者，必一一究其源。嘗言數莫簡於較，西算之精善於求較耳。余心折焉。自是君所立算法，所言算理，與余多暗合。先是，余增訂徐君青先生《割圜綴術》既成，忽悟通分捷法，析分母分子爲極小數根，而同者去之，凡多項通分頃刻立就，因演數草，手録成帙，君方校訂時君清甫《求一術指》，閲余法，遂悟泛母求定母捷法，繼又悟求乘率捷法，又月餘，遂成《通解》二卷，示余。余惟近日精算諸家後先接踵，精思妙理，鑿險通幽，其因仍舊術而絶無增變者，惟大衍一術已耳。夫《孫子算經》物不知數一題，以三、五、七立算，在大衍題尚爲淺顯，經中有術無草，殆未深求至理，原非有意故秘機緘。至宋秦氏始立約分求等求乘率諸法，數雖煩瑣，理實精深，後之攻是術者，皆未能洞悉其源，是以於所以然之理，俱未能切近言之也。今黄君是書，極力推闡，簡捷精詳，於秦術之外，别樹一幟，而理亦殊塗同歸。且大衍諸題算式不一，古法每次約分衹得一式，遺漏良多，今變爲數根，端倪畢露，可謂簡而彌賅，而以記數解秦氏天元，尤爲千古卓見，較之前人，洵所謂後來居上者矣。書成，余慫恿付梓，因書此以道黄君之意，竝質之果臣先生，以爲何如也。同治甲戌夏月，湘陰左潛序。

雜録

清・黄宗憲《求一術通解》例言

一，求定母，舊術極繁，至《求一術指》稍歸簡捷，而約分之理仍不易明。今析各泛母爲極小數根，瞭如指掌，遇題有多式者，一索無遺。

一，求衍母，以各定母連乘，與舊術同。

一，求衍數，舊術以定母除衍母得其衍數，今以餘位定母連乘，亦得本位衍數。布算時取便用之。

一，舊術有求奇數之例，今不用。

一，求乘率，舊術先以奇定相求，得奇一，再立天元，累乘累加，亦覺眩目。今以定母、衍數對列，輾轉相減，遞求寄數，即爲乘率，不立天元。

一，定母累減衍數即餘一者，無乘率，即以衍數爲用數。有乘率者，以乘率乘衍數，所得爲用數，與舊術同。

一，舊術有借用數之法，贅設，删之。

一，大衍題荅數無窮，古人皆設所求數少於衍母，故併各總數，滿衍母去之，不滿即所求。若遇所求數多於衍母者，則不然也，此論原書未及，今特詳之。

一，是編所定新法，意在明數理之相通，非敢與古人辨得失，謹述數題，申明術意而止。

一，是編分上下二卷，上卷發明古人立公式之理，下卷則隨題立法，故另設數題，以明用捷法之理。

一，求乘率恒以衍數餘一而止，兹增補求反乘率法，卻以定母餘一而止。卷末亦另設新題，以明其用。

一，大衍術有可以代數求者，乃近日曾君栗誠所述，附録於後，理亦與本術相通。

一，是編釋案，辭取淺顯，以便初學，雖傷煩冗，亦所不計。倘有不盡術意者，更俟高明增補之。

黃宗憲《容圓七術》附《曲面容方》

著録

《容圓七術》目録

卷上凡五十號

第一術一題　第二術二題　第三術九題　第四術一題　第五術二題

第六術一題坿真數二問坿量法　第七術四題

卷中凡十號

交角設題九題，有法無草

卷下凡八號，又坿卷尾一號

作拋物綫法　作橢圓法　作雙曲綫法　容圓用規繪捷法凡十一條

圓率密數坿

坿曲面容方一卷凡九號

第一術平圓二題　第二術橢圓四題　第三術雙曲綫一題　第四術拋物綫一題

序跋

清・黃宗憲《容圓七術・序》　余幼嗜算，苦乏師承。同治辛未，親炙丁果臣先生於星垣古荷池精舍。先生富藏古今算書，獲就觀，學始進。旹與左君壬叟、曾君栗誠朝夕聚談，彼此相質，遇有疑義，必窮源而後已。誠一時快意事也。歲丙子，客游滬上，假館江南製造局者七閱月，迺盡交中西算友。興化劉君省庵、英國傅君蘭雅，造詣較深。蓋局爲我國家廣招中外奇才異能，以引導後進而設也。是年冬，隨郭侍郎筠仙出使泰西英吉利、法蘭西、日斯巴尼亞等國，細督彼邦，種種學術皆以算學爲根柢功夫。如航海、步天、行軍、製器諸門，尤崇測算，事事講求實學，取精用宏。竊嘆彼邦之富强，誠非可倖而致也。駐洋六載，壬午東還，而果師暨曾、左兩君早相繼歸道山矣。撫今追昔，爲之黯然。嘗憶栗誠有云：邇來海内譚算諸家，窮理之功多，演數之功少，反覺不切於實用。山居日暇，檢舊稿，有關製造測繪之用而爲古法所未備者，摘録聚類而編之，顔曰《容圓七術》，坿以《曲面容方》，一得之愚，未忍遽棄。雖未敢自詡精到，然心思所及，亦不肯多讓古人。昔李欒城得洞淵九容之説，反覆推求，唯窮偏句股容圓之理，其所撰述，後世珤之。今天下不尠好學深思之人，試即各術而推廣之，則壹是曲面容方容圓，必不出此範圍矣。不特能竟古人未竟之緒，洵可施諸實用者也。回憶昔年師友聚首快譚，惜此編之不復能質正也。噫！光緒乙未季秋，新化黃宗憲小谷自識。

清・黃宗憲《容圓七術卷下・規繪捷法・序》　數學之於推算步量，猶事物之有體用也。然則以算法爲其體，以量法爲之用，算可濟量之窮，量能省算之捷，二者相輔而行，不容偏廢也。曩讀《數理精蘊》及梅氏《比例規解》、鄒氏《對數尺記》諸書，皆能於各種算術不假乘除更以量法馭之，巧捷極矣。余所演容圓各題，於算術已具厓略。兹又思得一法，取數亦不煩乘除，惟採用圓錐曲綫之理，任何三角容圓，均能馭以量法，得數不殊，亦鄙人一快意事也。謹分條列左，俾後之同好者，知曲面三角形容圓，原有量算相輔，自然之玅也。

又《容圓七術卷下・規繪捷法・後記》　已上所述畫曲線法三條，本《代微積拾級》，而詳述之，其規繪捷法十一條乃宗憲所創，論系二次式曲線致用之術也。其中條理井然，能闡古人不傳之秘。閲者細心求之，未有不盡通其術者。一有此術，則無論何樣三角形，其邊不論直綫、弧綫，其角不論切點、交點。内欲容圓，任指其形之兩角，一角作一曲線，自角點起引長之，兩曲線相交之點，即所求容圓之心。既得圓心所在，則圓半徑可藉而知矣。豈非天造地設，不假推求之捷術哉？是容圓術中必不可少之法也。庚寅重陽前三日，古琴古硯齋主人小谷氏又自記。

又《曲面容方・跋》　右四術，於圓錐截曲面容正方形之理，已具厓略，苟盡通其術，設欲更容長短有定率之長方形，皆能用本題之草變通推之，不患其無法也。然則曲面容方之術，不論正方長方，其法無所不賅，神而明之，存乎其人矣。

黄宗憲《憫笑不計》

著録

《憫笑不計》目録

序跋

清・黄宗憲《憫笑不計・叙》 數之爲藝，末矣哉。然非窮年累月，思通鬼神，不能深入其中而覘有所得也。余生命蹇，遭遇窮甚，自髫齡至强艾，無日不在悲憤愁悒中，其間藉以陶寫性情者，唯嗜畫癖琴，尤究心算學，而用功極深，每當百感交心，無可奈何之際，獨演算可卻之。卅餘年來，結習所存，不能已已，或有以難題質疑者，必窮源反覆推類，以盡其餘，其艱苦曲折之故不知何爲而然，既自憫復自笑耳。惟不甚存藁，其於法之常理之淺及不切實用，非心得創造之術，皆隨演隨棄，所存者，或因題之奇，或爲法之捷，或其術足補古書之遺，或其理能正前賢之誤，辭取淺顯，不求文飾，無關進取，聊以自娱。

壬午秋，自泰西返國銷差，適朝廷開算學課士之例，遠近請業者踵相接，余樂爲指授，不解秘惜，嘗以簡捷之理導人，就令習者蹊徑歷然，無眩繞迂迴之苦，致有攻之未久，即挾其術以售儁者。客有謂余曰：子之術，及門得其餘緒輒獲益，誠快事也。曷若以子存藁付諸剞劂，公之天下士，不更快乎？余應之曰：昔人纂述，必矜錬歲年，首尾完善，始敢問世，若余雖千慮一得，而其藁零星散亂，慵事修補，恐天下不垂憫而姍笑也。客又曰：子不見李氏自叙《測員海鏡》云：覽吾之編，詧吾苦心，其憫我者當百數，其笑我者當千數，乃若吾之所得，則自得焉耳。甯復爲人憫笑計哉？況子之所得，實有發前人之秘者，何慮爲？客去，余深服其言，重違其意，檢存藁，覆加沙汰，得十種，即目之曰《憫笑不計》，以授手民，卷末坿《三角圖解》一篇，屬已删之藁，勉從及門請，亦過存之。光緒丙申清和月，味空居士黄宗憲自識。

清・陳壽《憫笑不計跋》 右圖解，爲小谷師二十年前示壽藁也。壽昔時究心平三角理，於三邊求角題圖解，見李氏《則古昔齋算書》邊角相求題邊角有對者，圖解見《數理精蘊》，此兩邊夾一角題邊角無對者，先求角，圖解見梅氏《赤水遺珍》，若逕求對夾角之邊，有術無解，蓄疑既久，因叩問焉。先生以壽習算必窮源委，謬嘉許之，即手書此稾以示，則平三角中邊角相求諸理，得此了無疑義矣。今先生既有《憫笑不計》之刻，壽幸任校讎，因請坿載卷末，未必於言三角理者無少裨益云。光緒二十二年冬月，門人陳壽謹識。

李善蘭《則古昔齋算學》

著録

清・張之洞《書目答問・子部》 天文算法第七

《則古昔齋算學》二十四卷，李善蘭。江寧刻本，十三種，目列後。《方圓闡幽》一卷，《弧矢啓秘》二卷，《對數探源》二卷，《垛積比類》四卷，《四元解》二卷，《麟德術解》三卷，《橢圓正術解》二卷，《橢圓新術》一卷，《橢圓拾遺》三卷，《火器真訣》一卷，《尖錐變法解》一卷，《級數回求》一卷，《天算或問》一卷。

清・張之洞著　范希曾補正《書目答問補正》卷三 天文算法第七

[補]江寧局刻，家刻本。

[補]李善蘭別有《測圓海鏡解》一卷，《考數根法》三卷，《造整句股級數法》二卷，未刊。

清・劉錦藻《清續文獻通考》卷二七四《經籍考一八》 《則古昔齋算學十三種》二十四卷，李善蘭撰。

清・丁仁《八千卷樓書目》卷一一《子部》 《則古昔齋算學》二十四卷，國朝李善蘭。撰刊本。

清・丁福保《算學書目提要》卷下 《則古昔齋算學》【略】海甯李善蘭撰。

案：是書之方圓、弧矢、對數三種，皆以尖錐立算，最爲深邃。其四元解之算式，與羅草迥異，雖仍覺繁重，而可免夾縫中寄數之弊，亦屬快事。餘亦精卓。近世算家，無有出其右者。

余同歲生蔣君留春，最服膺李氏。嘗謂余曰：道咸閒算學風行，疇人林列，然或墨守數學而不解天元，或酷嗜天元而略於數學，故所造俱未淵博。獨李氏既精審於幾何之理，復神明乎如積之學，宜其目空一切，名盛當時。假令壬叔而在，余雖爲之執鞭，所欣慕焉。

《則古昔齋算學》目録

《方圓闡幽》一卷　《弧矢啟秘》二卷　《對數探源》二卷
《垛積比類》四卷　《四元解》二卷　《麟德術解》三卷
《橢圓正術解》二卷　《橢圓新術》一卷　《橢圓拾遺》三卷
《火器真訣》一卷　《尖錐變法解》一卷　《級數回求》一卷
《天算或問》一卷

序跋

清・李善蘭《則古昔齋算學・序》 善蘭年十齡，讀書家塾，架上有古《九章》，竊取閲之，以爲可不學而能，從此遂好算。應試武林，得《測圓海鏡》《句股割圜記》以歸，其學始進。因思割圜法非自然，深思得其理，從此時有心得，輒復著書，久之得若干種。咸豐庚申在蘇州節署，遭亂盡失之。中方圓、弧矢、對數三種，金山錢氏已刻入叢書，餘諸種友人轉相傳録副本，收羅數年，盡得故物，惟《羣經算學考》一種，因未卒業，未以示人，不可復得。繼又續著若干種，并前所得，緘固一篋，恐再失也。歲甲子，來金陵，晤曾沅浦中丞，許代付手民。閲二年郵致三百金，於是取篋中諸書盡刻之，凡十三種。《方圓闡幽》一卷，《弧矢啟祕》二卷，《對數探源》二卷，《垛積比類》四卷，《四元解》二卷，《麟德術解》三卷，《橢圓正術解》二卷，《橢圓新術》一卷，《橢圓拾遺》三卷，《火器真訣》一卷，《尖錐變法解》一卷，《級數回求》一卷，《天算或問》一卷，共二十四卷。善蘭于辭章訓詁之學雖皆涉獵，然好之終不及算學，故於算學用心極深，其精到處自謂不讓西人。今得中丞力，盡災梨棗，或遂可不朽也。同治丁卯九月，李善蘭自序。

清・劉世仲《則古昔齋算學序》 自王孝通《緝古祘經》、李敬齋《測員海鏡》、朱仁卿《四元玉鑑》書出，中法之巧不可思議。然揆天協紀，厥用未宏，蓋歷術祘章兩不相合，而邢臺授旹之數差，至明季剌謬叢生，其不可用也亦已久矣。利氏來賓始傳輪法，南熊高足踵事增華，疇人弟子積闡其微，逮刻白爾、葛西尼改用橢員，按諸實測，先天弗違，屢變加精，洵振古之奇作也。承學之士惑於天員之説，而不知叚借以求密合之理，置諸不論。嘉道閒纂述家僅江都焦氏有《釋橢》一卷，雖明比例而宗恉未[illegible]，觀者歉如。今讀大箸三集角積互求，以及求實引角兩心差，員錐六種，線界諸法，莫不綱舉目張，言簡義晰，至是而橢員無餘藴矣。我朝以律祘名者，勿菴而外，首推東原，顧勿菴之書唯恐人不解，東原之書唯恐人能解，公私之判遐哉邈矣，是故觀其書即可想見其爲人。吾知天下後世之讀《則古昔齋算學》者，謂其心爲梅氏所共見之心，而其義爲梅氏所未及之義，其珍此書而位置此人也，又豈但伯仲於梅戴之間而已哉。同治三年上元甲子二月，漢陽後學劉世仲識於皖城。

雜録

清・李善蘭《麟德術解・序》 元郭太史《授時術》，中法號最密。其平立定三差，學曆者皆推爲刱獲，不知《麟德術》盈朒、遲速二法，已暗寓平定二差於其中，郭氏特踵事加密耳。竊謂僅加立差，猶未也，必欲合天，當再加三乘、四乘諸差。後世有好學深思之士，試取我説而演之，其密合當不在西人本輪均輪、橢圓諸術下。而李氏實開其端，刱始之功，又何可没也？暇日取史志盈朒、遲速二法詳論之，以質世之治中法者。道光戊申仲秋善蘭識。

又李善蘭《火器真訣・序》 凡鎗礮鉛子，皆行抛物線，推算甚繁，見余所譯

《重學》中。欲求簡便之術，久未能得。冬夜少睡，復于枕上反覆思維，忽悟可以平圓通之，因演爲若干欵，依欵量算，命中不難矣。戊午臘盡日自識。

又李善蘭《幾何原本》續譯序　泰西歐几里得譔《幾何原本》十三卷，後人續增二卷，共十五卷。明徐、利二公所譯，其前六卷也，未譯者九卷。卷七至卷九論有比例無比例之理，卷十論無比例、十三線，卷十一至十三論體，十四、十五二卷亦論體，則後人所續也。無七、八、九三卷，則十卷不能讀；無十卷，則後三卷中論五體之邊不能盡解。是七卷以後，皆爲論體而作，即皆論體也。自明萬歷迄今，中國天算家願見全書久矣。道光壬寅，國家許息兵與泰西各國定約。此後，西士願習中國經史，中士願習西國天文算法者，聽聞之心竊喜。歲壬子，來上海，與西士偉烈君亞力約續徐、利二公未完之業。偉烈君無書不覽，尤精天算，且熟習華言。遂以六月朔爲始，日譯一題，中間因應試、避兵諸役，屢作屢輟，凡四歷寒暑，始卒業。是書泰西各國皆有譯本，顧第十卷闡理幽元，非深思力索不能驟解，西士通之者亦尠，故各國俗本掣去七、八、九、十四卷，六卷後即繼以十一卷。又有前六卷單行本，俱與足本並行。各國言語文字不同，傳録譯述，既難免參錯，又以讀全書者少，翻刻譌奪，是正無人，故夏五三豕，層見疊出。當筆受時，輒以意匡補。偉烈君言異日西士欲求是書善本，當反訪諸中國矣。甫脱藁，韓君緑卿寓書請損資上板，以廣流傳，即以全藁寄之。顧君尚之、張君嘯山任校覈。閲二年功竣，韓君復乞序之。憶善蘭年十五時，讀舊譯六卷，通其義，竊思後九卷必更深微，欲見不可得。輒恨徐、利二公之不盡譯全書也，又妄冀好事者或航海譯歸，庶幾異日得見之。不意昔所冀者今自爲之，其欣喜當何如耶！雖然非國家推恩中外，一視同仁，則懼干禁網不敢譯；非偉烈君深通算理，且能以華言詳明剖析，則雖欲譯無從下手；非韓君力任剞劂，嘉惠來學，張、顧二君同心襄力，詳加讐勘，則雖譯有成書，後或失傳。凡此諸端，不謀廱集，實千載一時難得之會。後之讀者，勿以是書全本入中國爲等閒事也。

又李善蘭《重學・序》　歲壬子，余遊滬上，將繼徐文定公之業，續譯《幾何原本》。西士艾君約瑟語余曰：君知重學乎？余曰：何謂重學？曰：幾何者，度量之學也。重學者，權衡之學也。昔我西國以權衡之學制器，以度量之學考天，今則制器考天，皆用重學矣。故重學不可不知也。我西國言重學者，其書充棟，而以胡君威立所著者爲最善，約而該也。先生亦有意譯之乎？余曰：諾。于是朝譯《幾何》，暮譯《重學》，閲二年同卒業。韓君緑卿既任刻《幾何》，錢君鼎卿亦請以《重學》付手民，同時上板，皆印行，無幾同燬于兵。今湘鄉相國爲重刊《幾何》，而制軍肅毅伯亦爲重刊《重學》，又同時得復行于世。自明萬歷迄今，疇人子弟皆能通幾何矣，顧未知重學。重學分二科：一曰静重學。凡以小重測大重，如衡之類，静重學也。凡以小力引大重，如盤車轆轤之類，静重學也。一曰動重學。推其暫，如飛礮擊敵，動重學也。推其久，如五星繞太陽，月繞地，動重學也。静重學之器凡七：桿也，輪軸也，齒輪也，滑車也，斜面也，螺旋也，劈也。而其理維二：輪軸、齒輪、滑車，皆桿理也；螺旋、劈，皆斜面理也。動重學之率凡三：曰力，曰質，曰速。力同，則質小者速大，質大者速小；質同，則力小者速小，力大者速大。静重學所推者，力相定。或二力方向同定于一線，或二力方向異定于一點。動重學所推者，力生速。凡物不能自動，力加之而動；若動後不復加力，則以平速動；若動後恒加力，則以漸加速動。而其理之最要者有二：曰分力、并力，曰重心，則静、動二學之所共者也。凡二力加于一體，令之静，必定于并力線；令之動，必行于并力線。且物之定，必定于重心；物之動，必行于重心線，并力線必經過重心也。又凡物旋動，必環重心，地動是也。二物相連而相繞，必環公重心，月地相攝而動是也。故分力、并力及重心，爲重學最要之理也。胡氏所著凡十七卷，益以《流質重學》三卷，都爲二十卷。制器考天之理，皆寓于其中矣。嗚呼！今歐羅巴各國日益强盛，爲中國邊患，推原其故，制器精也。推原制器之精，算學明也。曾、李二公有見于此，亟以此付梓。上好之，下必有甚焉者。異日人人習算，制器日精，以威海外各國，令震攝奉朝貢，則是書之刻，其功豈淺尠哉？

又李善蘭《代微積拾級・序》　中法之四元，即西法之代數也。諸元、諸乘方、諸互乘積，四元别以位次，代數别以記號，法雖殊，理無異也。我朝康熙時，西國來本之、奈端二家，又創立微分、積分二術，其法亦借徑於代數，其理實發千古未有之奇祕。代數以甲、乙、丙、丁諸元代已知數，以天、地、人、物諸元代未知數。微分、積分以甲、乙、丙、丁諸元代常數，以天、地、人、物諸元代變數。其理之大要，凡線、面、體皆設爲由小漸大，一剎那中所增之積，即微分也。其全積，即積分也。故積分逐層分之爲無數微分，合無數微分仍爲積分。其法之大要，恒設縱、横二線，以天代横線，以地代縱線，以𢓍代横線之微分，以𢓭代縱線之微分。凡代數式，皆以法求其微係數，係於𢓍或𢓭之左，爲一切線、面、體之微分。故一切線、面、體之微分，與縱、横線之微分，皆有比例，而疊求微係數，可得線、面、體之級數。曲線之諸異點，是謂微分術。既有線、面、體之微分，可反求其積分。而最神妙者，凡同類諸題，皆有一公式，而每題又各有一本式，公式中恒兼有天地，或兼有伕、彵，但求得本式中天與伕之同數，或地與彵之同數以代之，乃求其積分，即得本題之全積，是謂積分術。由是一切曲線，曲線所函面曲面，曲面所函體，昔之所謂無法者，今皆有法。一切八線求弧背，弧背求八線，真數求對數，對數求真數，昔之視爲至難者，今皆至易。嗚呼！算術至此，觀止矣，蔑以加矣。羅君密士，合衆之天算名家也，取代數、微分、積分三術，合爲一書，分款設題，較若列眉，嘉惠後學之功甚大。偉烈君亞力聞而善之，亟購求其書，請余共事譯行中國。偉烈君之功，豈在羅君下哉？是書先代數，次微分，次積分，由易而難，若階級之漸升。譯既竣，即名之曰《代微積拾級》，時《幾何原本》刊行之後一年也。

又李善蘭《談天・序》 西士言天者曰：恒星與日不動，地與五星俱繞日而行。故一歲者，地球繞日一周也。一晝夜者，地球自轉一周也。議者曰：以天爲静，以地爲動，動静倒置，違經畔道，不可信也。西士又曰：地與五星及月之道俱係橢圜，而歷時等，則所過面積亦等。議者曰：此假象也。以本輪、均輪推之而合，則設其象爲本輪、均輪；以橢圜面積推之而合，則設其象爲橢圜面積。其實不過假以推步，非真有此象也。竊謂議者未嘗精心攷察，而拘牽經義，妄生議論，甚無謂也。古今談天者，莫善於子輿氏「苟求其故」之一語，西士蓋善求其故者也。舊法火、木、土皆有歲輪，而金、水二星則有伏見輪。同爲行星，何以行法不同？歌白尼求其故，則知地球與五星皆繞日，火、木、土之歲輪因地繞日而生，金、水之伏見輪則其本道也，由是五星之行皆歸一例。然其繞日非平行，古人加一本輪推之不合，則又加一均輪推之。其推月且加至三輪、四輪，然猶不能盡合。刻白爾求其故，則知五星與月之道皆爲橢圜，其行法面積與時恒有比例也。然俱僅知其當然，而未知其所以然。奈端求其故，則以爲皆重學之理也。凡二球環行空中，則必共繞其重心。而日之質積甚大，五星與地俱甚微，其重心與日心甚近，故繞重心即繞日也。凡物直行空中，有他力旁加之，則物即繞力之心而行。而物直行之遲速與旁力之大小，適合平圜率，則繞行之道爲平圜。稍不合，則恒爲橢圜。惟歷時等，所過面積亦等，與平圜同也。今地與五星本直行空中，日之攝力加之，其行與力不能適合平圜，故皆行橢圜也。由是定論如山，不可移矣。又證以距日立方與周時平方之比例，及恒星之光行差、地道半徑視差，而地之繞日益信。證以煤坑之墜石，而地之自轉益信。證以彗星之軌道，雙星之相繞，多合橢圜，而地與五星及日之行橢圜益信。余與偉烈君所譯《談天》一書，皆主地動及橢圜立説。此二者之故不明，則此書不能讀，故先詳論之。

又李善蘭《測圜海鏡序》李冶《測圓海鏡》 《魯論》記孔子之言曰：參乎，吾道一以貫之。又曰：賜也，女以予爲多學而識之者歟？非也，予一以貫之。此聖人傳道之要旨，自曾子、子貢而外，莫得而聞焉。顧聖學始于志道，終于遊藝，故不獨道有一貫，藝亦有焉。元李敬齋先生著《測圜海鏡》，每題皆有法有草。法者，本題之法也。草者，用立天元一曲折以求本題之法，乃造法之法，法之源也。且算術大至躔離交食，細至米鹽瑣屑，法甚繁已。以立天元一演之，莫不能得其法，故立天元一者，算學中之一貫也。明顧應祥《海鏡釋術》，但演諸開方法，而去其細草，重櫝輕珠，殊可笑焉。善蘭少習《九章》，以爲淺近無味，及得讀此書，然後知算學之精深，遂好之至今。後譯西國代數、微分、積分諸書，信筆直書，了無疑義者，此書之力焉。蓋諸西法之理，即立天元一之理也。今來同文館，即以此書課諸生，令以代數演之，則合中西爲一法矣。丁君冠西欲以聚珍板印古算學，問余何書最佳。余曰：莫如《測圓海鏡》。丁君曰：君之學得力此書最多，將以報私淑之師耶？余曰：然。然中華算書，實無有勝于此者。請讀阮文達公之序，始知非余阿私所好也。

李善蘭《對數探源》

著録

清・張之洞著　范希曾補正《書目答問補正》卷三　天文算法第七

［補］《弧矢啟秘》二卷，《對數探源》二卷，《指海》亦刻。

清・丁福保《算學書目提要》卷中　《對數探源》二卷，海甯李善蘭撰。案：是書以尖錐定積表求對數較，真數愈多，所用之尖錐愈少，較諸折半開方諸舊法簡易萬倍，誠爲算家絶詣。烏程徐莊愍公造對數法，以和較求較，須知較兩數比例相等，推算尚易，倘數逾鉅萬，兩數比例不等，以較除和，必有畸零不盡之弊，且推算時易於錯誤。南海鄒特夫先生求較法，亦有謬處，均不若李氏之精簡。

序跋

清・李善蘭《對數探源・序》　正數以乘除爲比例，對數以加減爲比例。正數連比例之率，以前率與後率遞減之，則所餘者仍爲連比例之率，且仍如原率之比例。對數連比例之率，以前率與後率遞減之，則所餘者必爲齊同之數。是故有對數萬，求其逐一相對之正數，則爲連比例萬率，其理夫人而知之也。有正數萬，求其逐一相對之對數，則雖歐羅巴造表之人，僅能得其數，未能知其理也。間嘗深思得之，歎其精微玄妙，且用以造表，較西人簡易萬倍，然後知言數者之不可不先得夫理也。今一一詳其説於左。

清・顧觀光《對數探原序》　《對數探原》者，海甯李君秋紉所著也。西人對數之表以加減代乘除，用之甚易而造之甚難，李君巧借諸乘尖堆以定其數，又化諸乘尖堆爲同高同底之平尖堆，以圖其形，由是遞加遞除，而諸對數指顧可得，精思所到，生面獨開矣。究其立法之原，不越乎天元以虛求實之理，是故尖堆之底即天元也，尖堆之高即正數也，平分其高爲若干分，依分各作横綫以截其積，而對數之法由之以生，何也？對數之首位自一至九止矣，一之對數爲〇，而百億之對數亦爲〇，故尖堆下段之積不可求，而總積亦不可求，非無積也，正以其大之極，而一至九之數不足以名，故反命爲〇，此盈虛消息如環無端之妙也。二至十之共積爲一，十一至一百之共積爲一，一百一至一千之共積亦爲一，推之至於萬億無不如是，此尖堆漸上漸狹、漸下漸濶之理也。以加倍代自乘，則二段之積不得不同於三四兩段之積，以三因代再乘，則二段之積不得不又同於五六七八四段之積，此尖堆二段以上積數相等之理也。尖堆之底無盡，積亦與爲無盡，而求兩對數較，則所得皆爲最上一段之積，故二十尖堆已足當億萬尖堆之用。西人不達乎此，乃用正數屢次開方、對數屢次折半以求之，亦識流而昧其原矣。《易》不云乎，易則易知，簡則易從。李君渺慮凝思，無幽不啟，蓋實有以通易簡之原而體神明之撰者。西人見之，應亦自悔其徒勞也。是爲序。

李善蘭《垛積比類》

序跋

清・李善蘭《垛積比類・序》　垛積爲少廣一支。而元郭太史以步躔離，近汪氏孝嬰以釋遞兼，董氏方立以推割圜，西人代數微分中所有級數，大半皆是。其用亦廣矣哉。顧歷來算書中不恒見，惟元朱氏《玉鑑》茭草形段、如象招數、果垛叠藏諸門，爲垛積術，然其意在發明天元一，故言之不詳，亦無條理。汪氏、董氏之書，有條理矣，然一但言三角垛，一但言四角垛，餘皆不及，則亦不備。今所述有表、有圖、有法，分條別派，詳細言之，欲令習算家知垛積之術，於九章外別立一幟，其説自善蘭始。

李善蘭《四元解》

序跋

清・李善蘭《四元解・序》　汪君謝城以手抄元朱世傑《四元玉鑑》三卷見示。天元之外，又有地元、人元、物元，書中每題僅列實方廉隅諸數，無細草，讀之茫然。深思七晝夜，盡通其法，乃解明之。先釋列位及加減乘除相消諸法，復以天物相乘、人地相乘諸數，無可位置，爲改定算格。取首四問，各布一細草，且明開方之法。恐初學仍不能通，復取細草逐節繪圖詳釋之。術雖深，讀此可豁然矣。

清・顧觀光《四元解序》　四元之術至明而失其傳，近得徐鈞卿、羅茗香諸公相繼闡發，始有蹊徑可尋。然按法求之，恆苦其難而不適於用，約其大端蓋有三焉。天物相乘與地人相乘竝用寄位，則冪與冪乘推而上之幾有無可位置之處，一也。剔消之法以一式截分爲二，左右斜正，初無一定之規，非熟於法者安能無誤，二也。次式、副式、通式及上中下諸式之名任意作記，易滋學者之疑，三也。繙閱之暇，每欲改易算式，而其道無由。乙巳冬，海甯李君秋紉以所著《四元解》示余，余受而讀之，見其以綫面體釋四元，以綫面體之自乘再乘定算式，而相消所得直命爲初消、次消、三消，則向所難之三事均已無之。作而歎曰：心之神明固若是之，日出而不窮乎？非四元無以盡天元之變，非天元無以盡少廣之變，而非少廣之綫面體則亦無以定四元之位，而直截發明其所以然，竊爲一言以蔽之曰，析堆垛成廣隅而已。古法置太極於中心，而環之以八，又環之以十六，其遞增也，皆以八堆垛之式也。新法置太極於一隅，而附之以三，又附之以五，其遞增也，皆以二廉隅之象也，置太極於中心則上下左右動有牽制，置太極於一隅則升降進退無往不宜，由是四元相乘皆有位無寄位也，四元爲法皆可除無剔消也，且其定位之圖既化諸乘方爲平方，相乘相消之圖又化諸乘方爲立方，反覆辨論，均能假象以達難顯之情，何李君之心曲而善入如此。李君又有《弧矢啟祕》、《對數探原》諸書，皆本天元之術而引而伸之，實發前人所未發，余冀其悉合而傳之，以爲言算者一大快也。

李善蘭《橢圓正術解》

序跋

清・李善蘭《橢圓正術解・序》 新法盈縮遲疾，皆以橢圜立算。徐君青中丞謂其取徑迂回，布算繁重，且皆係借算，非正術也。因撰是卷，法簡而密，尤便對數，駕過西人遠矣。但各術之理，俱極精深，恐學者驟難悟入。客窗多暇，輒逐術爲補圖詳解之。

李善蘭《橢圓拾遺》

序跋

清・李善蘭《橢圓拾遺・序》 舊譯《圜錐曲綫説》遺義尚多，而橢圜爲天算家所恒用，故亟爲補之。雙曲、拋物二綫可例推也。

李善蘭《對數尖錐變法釋》

序跋

清・李善蘭《對數尖錐變法釋・序》 善蘭昔年作《對數探源》二卷，明對數之積，爲諸乘方合尖錐，金山錢氏刊入《指海》中。後與西士遊，譯泰西天算諸種。其言雙曲線與漸近線，中間之積即對數積，核其數與善蘭所定諸乘方尖錐合，而其求對數諸較，則法又不同。蓋善蘭所用正法也，西人所用變法也。不明其故，幾疑二法所用之根不同，故特釋之以解後世學者之惑。

李善蘭《級數回求》

序跋

清・李善蘭《級數回求・序》 凡算術用級數推者，有以此推彼之級數，即可求以彼推此之級數。設數題，如法演之，爲一切級數互求之準繩。

李善蘭《天算或問》

序跋

清・李善蘭《天算或問・序》 善蘭自束髮學算，三十後所造漸深，友人及門弟子時有問難，必詳細答之，擇其理之尤精者録存于卷。

李善蘭《考數根法》

序跋

清・李善蘭《考數根法・序》 凡數，他數度之不能盡，惟一可度盡者，謂之數根，見《幾何原本》。然任舉一數，欲辨其是數根否，古無法焉。精思既久，得攷之之法四，以補《幾何》之未備。

華蘅芳《行素軒算稿》

著録

清・張之洞著 范希曾補正《書目答問補正》卷三 天文算法第七

[補]李善蘭後，華蘅芳最著，有自刻《行素軒算稿》六種，又譯撰數種，亦能融通中西，自名一家。

清・劉錦藻《清續文獻通考》卷二七四《經籍考一八》 《行素軒算稿十三卷》，華蘅芳撰。

清・趙惟熙《西學書目答問》 藝術第二 算學

《行素軒算學五種》。《開方別術》一卷，《數根術解》一卷，《開方古意》二卷，《積較術》二卷，《筆談》十二卷，訂十册，華蘅芳撰。自刻本。

清・丁仁《八千卷樓書目》卷一一《子部》 《行素軒算稿》十三卷，國朝華蘅芳撰。刊本。

清・丁福保《算學書目提要》卷下 《行素軒算稾》，金匱華蘅芳撰。

案：是書之第一種爲數根開方，實能發古人未發之祕。蓋多次雜方，以天元開之，則翻積益積，定商不易。以代數開之，則枝枝節節，繁而且拙。今以數根倒開，簡易多矣。李壬叔先生稱其空前絶後，洵不誣也。其《筆談》最便初學，已另録於前。《叢存》中《算齋瑣語》一卷，論一切學算門徑，均宜孰讀。又因李氏攷數根法以著《數根術解》，因《火器真訣》以著《抛物綫説》，此二種皆極精簡，雖李氏見之，亦當心折。

序跋

清・吴嘉善《行素軒算稿序》 筭學之盛莫盛於我朝，當康熙時有梅、王、薛諸家，而安溪李相國且以通筭致身通顯，親承聖祖仁皇帝指授，盖聖祖以天縱聖而又多能，故棫樸之化，積而至今日也。以善所闻知，有揚州羅茗香，錢塘項梅侶、戴鶚士及梅侶之弟子夏紫笙，湖州陳静庵与其弟子張南屏，金山顾尚之，湖南有鄒季深，廣東有鄒特夫，皆深明其學，与善或相知，或未及見。而烏程徐莭憫公有壬尤其卓絶者也。善於毘陵獲交，於公之每稱道海甯李壬叔。因事至滬上，遂得晤壬叔，并識華君若汀三人，相与談筭，輒竟日不休。當其時壬叔學已大成，又得译西書，見闻益廣，余与華君則僅通成法，未能出新意也。嗣游湖南，与二君別。而湖南有老儒丁果臣，酷好筭術，每羡江浙筭學之盛，欲爲楚士提倡，因集資鳩刻筭書，先强余著作。余重違其意，因述古書及近譯之有裨于初學者務爲簡括，成書十七種，隨增至廿餘種，要皆陳言舊義，不足當識者一噱。今兹復游滬上，復晤華君，得讀其所著《数根術》《積較術》《開方古義》及《筆談》等，皆力通奧竅，以一意相承，反復搜求，至涣然泮然而後已，不等於善之所爲枝枝節節，因欲其用意之厚与其造詣之深，非復昔日阿蒙，用能自樹一幟，卓然成家如此也。竊謂算雖絕學，而今人本宜勝於古人，何者？今之法有古人所未知未見者，若古之法刻成書具在，今人皆得而读之，其劳逸必有辨矣。然若顾箸溪輩寗免還珠之誚，華君此著謂其有功于古人也可，謂能獨抒其心得也可。余不敏，知解既陋，又復多好無成，對此編不禁旁徨而增愧也。光緒八年五月，南豐吴嘉善拜叙。

華蘅芳《華氏中西算學全書》

著録

清・趙惟熙《西學書目答問》 藝術第二 算學

《算法須知》一册本，華蘅芳撰。自刻本。算法極淺，爲初學之課本。

《華氏中西算學全書》總目

初集

《開方別術》 《數根術解》 《開方古義》 《積較術》

《學算筆談》 《答數界限》 《連分數學》 《算學須知》

二集

《微積溯源》 《三角數理》

三集

《代數術》 《算草叢存》 《測量法》 《拋物線説》

《垛積演較》 《盈朒廣義》 《積較客難》 《諸乘方變式》

《臺積術解》 《青朱出入圖説》

四集

《代數難題解法》 《測候叢談》

雜録

清・華蘅芳《微積溯源・序》 《微積溯源》八卷，前四卷爲微分術，後四卷爲積分術，乃算學中最深之事也。余既與西士傅蘭雅譯畢《代數術》二十五卷，更思求其進境，故又與傅君譯此書焉。先是，咸豐年間，曾有海寗李壬叔與西士偉烈亞力譯出《代微積拾級》一書，流播海内。余素與壬叔相友，得讀其書，粗明微積二術之梗概，所以又譯此書者，蓋欲補其所略也。書中代數之式甚繁，校算不易，則劉君省菴之力居多。今刻工已竣矣，故序之曰：吾以爲古時之算法惟有加減而已，其乘與除乃因加減之不勝其繁，故更立二術以使之簡易也。開方之法，又所以濟除法之窮者也。蓋算學中自有加減乘除開方五法，而一切淺近易明之數，無不可通矣。惟人之心思智慮日出不窮，往往以能人之所不能者爲快，遇有窒礙難通之處，輒思立法以濟其窮，故有減其所不可減，而正負之名不得不立矣。除其所不受除，而寄母通分之法又不得不立矣，代數中種種記號之法，皆出於不得已而立者也。惟每立一法，必能使繁者爲簡，難者爲易，遲者爲速，而算學之境界藉此得更進一層。如是屢進不已，而所立之法於是乎日多矣。微分、積分者，蓋又因乘除開方之不勝其繁且有窒礙難通之處，故更立此二術以濟其窮，又使簡易而速者也。試觀圓徑求周、真數求對數等事，雖無微分、積分之時，亦未嘗不可求，惟須乘除開方數十百次，其難有不可言喻者，不如用微積之法理明而數捷也，然則謂加減乘除、開方代數之外更有二術焉，一曰微分，一曰積分可也。其積分術爲微分之還原，猶之開平方爲自乘之還原，除法爲乘之還原，減法爲加之還原也。然加與乘其原無不可還，而微分之原有可還有不可還，是猶算式中有不可開之方耳，又何怪焉。如必曰加減乘除開方已足供吾之用矣，何必更究其精，是舍舟車之便利而必欲負重遠行也，其用力多而成功少，蓋不待智者而辨矣。同治十三年九月十八日，金匱華蘅芳序。

又華蘅芳《代數術・序》 《代數術》二十五卷，余與西士傅蘭雅所譯也。傅君本精於此學，余亦粗明算法，故傅君口述之，余筆記之，一日數千言，不厭其艱苦，凡兩月而脱稿，繕寫付梓，經年告成。爰展閲一過，而序之曰：數之名始於一而終於九，故至十則進其位，而仍以自一至九之數名之，至百則又進其位，而仍以自一至九之數名之，如是以至千萬億兆，其例一也。夫古人造數之時，所以必以十紀之者，誠以數之多可至無窮，若每數各與一名，則吾之名必有窮時，且紛而無序，將不可記憶，不如極之於九，而以十進其位，則舉手而示屈指而記，雖愚魯者皆能之，故可便於民生日用，傳之數千百年至今不變也。觀夫市廛貿易之區，百貨羅列，精粗美惡貴賤之不同，則其數殊焉，多寡長短大小之不同，則其數又殊焉，凡欲以其所有易其所無者，必握算而計之，其所斤斤計較者，莫非數也。設有人言吾可用他法以代其數，夫誰能信之。良以其乘除加減不過舉手之勞，頃刻而得，無有奥邃難明之理在其間，本無藉乎代也。惟是數理幽深，最耐探索，疇人演算，務闡精微，於是乎設題愈難，布算愈繁，甚至經旬累月不能畢一數，且其所求之數往往雜糅隱匿於各數之内，而其理亦紆遠而不易明，若每事必設一題每題必立一術，枝枝節節而爲之，術之多將不可勝紀，而仍不足以窮數理之變，則不如任數理之萬變而我立一通法以馭之。此中法之天元、西法之代數所由作也。代數之術，其已知未知之數皆代之以字，而乘除加減各有記號以爲區别，可如題之曲折以相赴，迨夫層累已明，階級已見，乃以所代之數入之，而所求之數出焉，故可以省算學之工，而心亦較逸，以其可不藉思索而得也。雖然代數之術誠簡矣，誠便矣，試問工此術者遂能不病其繁乎？則又不能也。夫人之用心日進而不已，苟不至昏眊迷亂，必不肯中輟，故始則因繁而求簡，及其既簡也，必更進焉，而復遇其繁，雖迭代數十次，其能免哉？由是知代數之意，乃爲數學中鈎深索隱之用，非爲淺近之算法而設也。若米鹽零雜之事，而概欲以代數施之，未有不爲市儈所笑者也。至於代數天元之異同優劣，讀此書者自能知之，無待余言也。同治十二年十月二十日，金匱華蘅芳序。

華蘅芳《開方古義》

序跋

清・李善蘭《開方古義序》 算術莫難於開方。開平、立方不難，開三乘已上諸方爲難。開三乘以上諸方尚不難，開實從廉隅、正負雜糅諸方爲難。自元和李氏取宋秦道古法演爲《開方説》，則開正負雜糅諸方亦不難矣。然有益積、有翻積開之雖不難，而定商甚難，定商難則開之仍不易矣。金匱華君若汀創立數根開方法。數根者，他數不能度惟一可度之數也。凡開方之實必爲諸數根連乘之積，而開得之元數必即實中一數根，或即實中若干數根相乘之數。其法先求元之尾數及元之位數，乃視實中之數根及若干數根相乘之數，其尾數位數與所求合者爲商數。有若干商數，一一開之。其開法亦如秦氏，但無次商。其式可開若干次者，即有若干商法，開之恰盡。此法併諸商爲一商，故無翻積、益積，不特生面獨開，且較舊法簡易什倍。余又告以倒開法，蓋順開法以商數乘隅自下而上逐層加減而乘之，必至減實不能恰盡，始知商數非元數。倒開法以商數除實自上而下逐層加減而除之，不必至隅，但除之不盡，即知商數非元數，則簡易之中又簡易焉。華君即取而用之，可謂從善如流矣。余所譯所著各種算書，自謂俱遠勝古人，當今之世能讀而盡解之者，惟吴太史子登及華君耳。太史著《九章翼》，力求簡易，而華君所著獨務精深，此爲爲《行素軒算稿》第一種，已自空前絶後，他日盡出其藴以問世，余又烏能量其所至耶？余近著攷數根四法，華君倘能一一詳解之，亦可與此卷相輔而行也。同治十一年龍在壬申二月，既望海寧李善蘭序。

清・華蘅芳《開方古義・序》 朱松庭《四元玉鑑》首列今古開方會要之圖，内分爲二，一爲梯法七乘方圖，一爲古法七乘方圖，其如何用以開方，則朱書未明言，讀朱書者亦弗知也。余謂是圖必能爲開正負諸乘方之用，其開卷而首列是圖者，必爲是書中所不可少者也，惟是心力懦鈍，未能遽通其義。攷之梅氏、駱氏、夏氏之説，亦覺未得要領，蓄疑於胸中者久之。邇年來因演算積較之術，始知圖中各數乃專爲遞開一數而設，是古時開方所用之乘數也。其梯法之圖，乃專明步法進退之例，與秦氏《數書九章》之法大略相同，蓋其所謂今法也。集今古之法而會其要，則朱氏之意也。數百年久晦之義，今得一旦復明，此亦數理之自然，非余之力也。爰著《開方古義》二卷，卷一專演古題，卷二論余求得各術之故。庚辰十一月，若汀氏識。

華蘅芳《學算筆談》

著録

清・丁福保《算學書目提要》卷下 《學算筆談》十二卷，【略】金匱華蘅芳撰。

案：是書首論加減乘除，二論公度公倍等數各分法，三論十分數及小數，四五論開方及看題、駁題、觀書、學算諸法，坿以比例，六論天元，七論四元，八九論代數，十論微分，十一論積分，十二論各種算理，通體以平易之語，解極深之法，借問答之言，達至奥之理，可爲學者寶筏。其第五卷及第十二卷，暢論一切算理，爲算書中别開生面，學者閲之，已能識各家之門徑矣。是書所有誤字，若汀師已於丁酉春季，自作訂正一篇，謹録於左。【略】

序跋

清・華蘅芳《學算筆談・序》 孟子言仁義禮知有四端，吾謂算亦有端。算之端者何？計較之心也。兒童分果必争其大，農夫行路必趨捷徑，計較之顯然者無論矣。他若衣服之工補短截長，奇衺合度，則有面積之意焉。烹飪之工味鹹而和以水，味淡而劑以鹽，則有比例之意焉。此皆能算之端具於生初者也。是故有是端而不知擴充之，則囿於一藝一能之末，有是端而知所以擴充之，則統乎萬事萬物之綱。故凡天文之高遠、地域之廣輪，居家而布帛粟菽，在官而兵河鹽漕，以至儒者讀書考證經史，商賈持籌權衡子母，莫不待治於算，此又算之切於日用，斯須在可離者也。夫以算之切於日用者，既如此具於生初者，又如彼宜乎夫人而知之。夫人而能之矣，而世之學者輒詫爲絶業，而苦其難明者何哉。竊嘗論之，上古之算本簡捷而易明也，自後世事物日變，人心智慮日出，於是設題愈難，布算愈繁，而精其業者各以心得著書，又好爲隱互雜糅，窮極微奥，不屑以淺近示人，甚或秘匿其根源，以炫異變，易其名目以託古，此蓋今古疇人之積習，作者之恒情，算學之境因是而益深，而學算之人宜其望洋而興歎也。咸同以來，風氣稍開，四方嚮學者漸衆，津逮初學之書亦漸出，顧或力求簡易，語焉不詳，或稗販成書，無足觀覽，或硜硜然隨問演草，因題立術，亦云曲盡能事矣。然無論説以疏達之，貫澈之，學者病其煩瑣，讀不終篇，輒倦而思卧耳。余有鑒於此，而重惜人人具有擴充之力，而未得其用力之途也，思有以誘掖而引進之，因舉學算次第之大旨，并胸中所欲言者，一一達之筆而著於篇，演爲算式，以習其數設爲問答，以窮其趣法，由淺而入深，語雖繁而易曉，聊以擴充其能算之端云爾。至於辭句之俚俗，體例之參差，見哂高明，所不計也。刻既成，因書其緣起於簡端，以質海内游藝之君子。光緒壬午日躔降婁之次，華蘅芳自序。

又《學算筆談・跋》 余作《學算筆談》至第六卷，客有索觀稿本者，余因其後各卷尚未告成，故靳不與觀。客曰算學之緒引之愈長，正如春蠶吐絲，到死方盡耳，如必待輟筆罷談，然後流傳于世，是使從前之稿久束高閣，而學算之人不得先覩爲快也。其已成者何妨先以示人，其未成者可以隨時續出，則嘉惠後學多矣。余曰，善。因先以六卷付梓，而識其語于此，以爲他日續刻張本。光緒壬午五月，既望若汀自跋。

華蘅芳《算法須知》

著録

《算法須知》目録

第一章　記數之法　加法　減法　乘法　除法　公度數　公倍數

第二章　命分法　約分法　通分法　分數加法　分數減法　分數乘法　分數除法

第三章　記小數法　小數加法　小數減法　小數乘法　小數除

序跋

清・華蘅芳《算法須知・總引》　算法之事，不獨日用飲食、米鹽零雜、有無相易，子母互權，必藉算法爲用也，即如度土田而推積步，計道里而定均輸，因高廣而立商工，凡可尺量寸計而得者，皆有算法存焉。若夫樓臺山嶽之高，濠塹坑谷之深，河梁海口之遥且濶，雖不能身履其地，苟可望而測之者，亦可算得其數。至于仰觀天文，俯察地理，尤以算法爲大用焉。故深于算法者，可以析至紛之數，窮至賾之理，造至精至奇之器，奪造化之權輿，洩天人之祕奥，國家因此以富强，天下俱得其便利，其功豈淺鮮哉。或以數理淵深，每致望之而卻步，殊不知算法之事，由淺入深，節節可以致用，習其淺而未習其深，則其淺者已有淺者之用，且淺者之用處比深者更多，必不至學成而無用也。此書專爲初學算法之人而作，但取極淺之算法，設題演數，務使人易于通曉，惟因限于卷帙，故于稍深之法，稍繁之題，概弗及焉。書中共分爲四章。第一章論整數之加減乘除及求公度數、公倍數之法，第二章論命分、約分、通分、加分、減分、乘分、除分之法，第三章論小數加減乘除之法，第四章論開方之法，而以比例終焉。此皆爲算學中最淺而最要之事，習之易成，思之易明，而其用則無窮焉，是猶文人之紙筆、武士之戈矛、農夫之耒耜、漁者之網罟，不能一日無之者也。學者苟能于此書之各法，習之純熟，則心中必目有領悟，再取他種詳備之算學書觀之，如幾何、代數、微分、積分等術，必能漸通其義，蓋其術雖極精深，仍不外乎加減乘除、開方等法所積累變化而成，故可漸得其解也。若于加減乘除開方之法，習之未熟，或其理未能了然于心，而遽欲觀各種深算術以冀捷獲，是猶未能步履于平地，而欲登山也，能乎不能乎？光緒八年歲次壬午，金匱華蘅芳自叙。

[英]傅蘭雅《算法須知識》　是書爲華君若汀所輯，於尋常算法，已幾賅備，設題演數，尤甚簡明，余讀之喜，爰付剞劂，以便廣其傳焉。傅蘭雅識。

華世芳《恒河沙館算草》

著録

清・丁福保《算學書目提要》卷下　《恒河沙館算草》，【略】金匱華世芳撰。

案：筆算數學有四色，均中比例，除本法之外，欲以代數求之，初學每無下手處。蓋百雞術自三色以上，亦略而不詳。自吾師若溪先生作《答數界限》，其法始爲詳備。

《代數術》求連分數，學者每苦其繁，因不知可以求公度數法求之也。迨是書一出，而連分數學，便如坦途。

序跋

清・華蘅芳《恒河沙館算草序》　余年二十二歲，余弟若溪始生。弟七八歲時，余即出門，迄今二十餘年，未遑有數月家居也。余素喜習算，凡古今疇人之書見輒購之，計家中所藏及行篋中時有攜歸者不下數百卷，性之所好，不厭其多，以爲有此亦足自娱耳。乃余弟於舉業之暇，輒發余所藏之書而披覽之，因得盡窺其奥，而余未之知也。故余自外歸，或十餘日即出，或數十日始出，家庭晤對，未嘗以算學一語於弟，而弟亦未嘗以其中之委曲一詢於余。迨余著積較術，弟始與余論算，余自此始知弟之已精於算，每有算稿必囑弟校之，其謬誤之處弟爲余改正者居多。是時上海求志書院每季以經史等題分六齋以課士，其算學之題有艱深奥賾猝不易解者，弟悉能洞曉其理，故每課必得前列，由是而善算之名偏播於士林矣。黄漱蘭學使聞之，特調考算學，令入南菁書院肄業，而科試遂拔萃於鄉，論者艷之。余謂此何足爲余弟喜，惟觀弟之所著，實能闡中西之祕，而發前人所未有之奇，是可喜也。然其所以致此者，豈有他故哉，不過能多觀算書耳。而自人視之，則以爲余教之也。噫！學算而必待於教，則其所能者必有限矣。弟之算學乃不可限量者也，亦何待余之教也哉。茲刻其算草數種，使世之嗜算者得以嘗鼎一臠焉。光緒十一年正月朔日，兄蘅芳序。

華世芳《答數界限》

序跋

清・華世芳《答數界限・序》華世芳《恒河沙館算草》一　古時算題，一問祇有一答，自《張邱建算經》創立百雞之術，始陳繁變，悉本自然。近山陽駱氏又推廣之於四色差分，立法善矣，計數則非。長沙丁氏從而訂正之，未及標明界限，不免心計之勞。考之西籍，凡三色如百雞之類者，以代數求之，其限立顯矣。至於四色，亦略而不詳，而均中比例之法，遺漏尚多，且未必盡題可馭。爰取四色各題，推其答數界限於左。

華世芳《連分數學》

序跋

清・華世芳《連分數學・序》華世芳《恒河沙館算草》二　連分數者，中土向無其法，自西法有代數而後有連分數，自西士拉果蘭諸變通奈端疊代之法，而後諸乘方根皆有連分數，自西士棣麼甘不用疊代別立簡法，而後平方根之循環連分數求之始易。此皆算學之新義，開方之別派，然其布算之式甚簡，而其立法之理頗紆折而不易明，因爲彙集各法，逐節疏證，綴以算式，庶一覽而可得其概焉。光緒壬午春日，自識。

梅啟照《學彊恕齋筆算》

著録

《學彊恕齋筆算》目録

卷一　圖籌原本　加減乘除常法　命分　約分　通分加減乘除法

卷二　正比例　轉比例　合率比例　按分比例遞折　加倍　減半　五等　按數比例遞加遞減　超位加減　互和折半　首尾互準　和較比例　盈朒　借衰互徵

卷三　方程　平方　帶縱平方　立方　帶縱立方

卷四　句股句股弦互求　句股容方　句股容圓　方圓定率　異色輕重定率表　割圓圓球　圓囷　橢圓　尖圓　上下不等圓　各等體壍堵　芻甍　陽馬　鼈臑　堆垛

卷五　平三角八線　三角求邊　三邊求角　三角測量

卷六　平三角直鋭鈍角容圓　容方　切圓界　定圓心　對邊與正弦比例　和較比例爲互視法

卷七　平三角三邊和較　三較連乘　三正弦與三邊比例

卷八　正弧三角

卷九　斜弧三角

卷十　借根方加　減　乘　除法

序跋

清・梅啟照《重刊學彊恕齋筆算・序》　古之稱治水者神禹，尚已，而金吉甫据筭經以謂句股之法自禹刱之，以測遠近高深，周文公受筭法於大夫商高，故《周禮》溝洫澮川之制，尺寸皆有矩度。由漢以來，治河之功首推王景，顧范史於景方略絕不致詳，獨傳首叙景少學《易》，又好天文術數，沈深多技藝。彼二聖一賢爲天下創非常之原，神功盛烈，宜若非人思議所及，乃古載籍所紀僅出於是。蓋治水之必先明筭若是其彰彰也。夫筭法者，古人所視爲日用飲食、心身性命之學，而非方伎者流專門名家之事也。三代盛時，九數列於六藝，學者童而習之，而《史記》傳仲尼弟子亦稱身通六藝者七十有二人，則非惟童而習之，即聖道亦於是寓矣。自聖道隱而六藝廢，士大夫心思材力羣馳騖於虛無之域，而疇人子弟抱器西游，彼士桀黠之徒積世窮年，專精一藝，亦遂以成千古之奇。吾聞西國格致會十五家，其最先者爲天文筭學，爲重學，爲測量家學，究其原，則皆蓋天、宣夜、《周髀》《九章》之遺，即彼士談幾何者，亦謂借根方爲東來法。歷三千年復歸於東，庸可數典而忘其祖邪？《十翼》云，數往者順，知來者逆，是故易逆數也。歐羅巴筭法皆以逆數，而説卦已先言之，其他周秦以下諸子之書，漢儒毖緯之説，足與西學相發明者，更復不勝枚舉。夫以筭法爲絕域侏儒，俶詭怪幻之談，足以生心而害政，固宜賢人君子去之惟恐不遠也。若知其本爲中國之學，先聖先師之所創造，名臣鉅儒之所禮授而習傳，則凡讀書窮理之士，出其餘力，取中西諸法閎覽而精思之，或亦籌戰、守利、器用、治河渠者之所不廢歟。欽惟我仁廟親定《律書淵源》，集數學之大成，而勿菴梅氏、曉菴王氏、慎修江氏、東原戴氏諸家亦能崇闡微言爲絕學於舉世不爲之日，況今中外一家，島夷獻技。（薩）［歐］几里得筭書，前明徐光啟所筆受諸利瑪竇者，僅六卷，今亦續譯以成完書，曾文正師鐫版於滬上。他如時賢所纂述，更日新而靡窮。予謬不自揣，曩官江南，曾棸所箸《學彊恕齋筆筭》。辛巳之冬，奉命治河，深維宣防之要必先明高下、弦直、方斜之數，審全勢以權其緩急，其次則料物之鉤稽，鑲稭之酌劑，非明句股乘除之法，雖欲綜核名實，其道無由。爰將原稾十卷並兄子文堉所繪《海島圖》爲續編一卷，重付手民，非獨以備遺忘，亦蘄與在工僚吏共證其得失焉。抑又有進者，古兵家者言，神乎神乎至於無形，微乎微乎至於無聲，而戚元敬氏《紀效》《練兵》二書，則自束伍號令洪纖畢舉，後人轉樂其切近易曉，數學亦然。自《孫子筭經》物不知數一題有術無草，雖非故祕機緘，顧由宋秦氏以下多方闡釋，約分求等，頭緒紛繁，學者病之。予之爲是書也，上采古今筭術要略，旁及泰西所爲三角四率八綫，悉爲之疏通證明，間附臆造捷法，務期於切近易曉，世苟不訾其爲西學，而知爲吾道之所有事，則區區者或亦行遠登高之一助乎。若謂切近易曉，可與戚氏之書並傳，而治河之功遂欲髣髴王景於萬一，則非予之所敢任也已。光緒八年三月，南昌梅啟照識於東河節署。

清・潘祖蔭《學彊恕齋筆算序》　梅小巖方伯，蔭同年也。以禁近之臣出司大藩，使車所至，既有聲矣。以其餘閒輯《筆算》一書，教其子弟，屬蔭序之。蔭讀其書，既樂其原本經訓復洞見中西法分合之由，且慨慕聖祖教澤之長海內人才奮興之衆，其用心可謂勤且篤矣。今世教子弟以速化之術者無論已，自實事求是之説不伸於天下，而風尚遂日蹈於空虛，一二豪傑之士起而矯其弊，遂以識小目之而不知自墮於枯槁而無實用。公爲此書，可謂實事求是者矣。蓋大者小之積也，不可以驟幾，而虛者實之害也，不可以或蹈。公之教子弟如此，然蔭嘗奉使過齊魯秦晉之郊，又以事至瀋陽，出臨渝關，歷觀高山大川崔巍而盤結，龍虎鮫鰐，變化不可測之氣，日彌漫於兩閒，慨然知天地之所以不朽，國家之所以長治而永安，而又幸備官侍從恭聞列聖創守經營之艱，高文大册炳如日星，益恍然於萬事萬物之原固自有在，以此知公於東南凋敝之後，使車所至，瘡痍滿地，絃歌無聞，而江山蕭瑟，觸目興懷，必將有浩然而自得惻然而不自已者。惜未得即侍公側一聞所欲言，是編之出，公固不特爲子弟設，猶未必盡公懷抱也。同治十二年二月，吳縣潘祖蔭。

清・吳嘉善《學彊恕齋筆算序》　士當爲有用之學。有用者何？不托諸空言而必見諸實效者。是數爲六藝之一，古之士無不通者，今或以爲小道而忽之，誤矣。聖祖仁皇帝御定《數理精蘊》一書，妙契天元，超邁前古，淺識者不能窺高深於萬一。時宣城梅定九徵君篤志嗜古，尤精曆算，箸書闡明各法，意境洞然，乾嘉以來言算學者宗之，蓋有深得乎《數理精蘊》之旨而相爲發明者。惟是書卷帙繁重，開卷者輒望洋卻步，而淺顯簡易如《算法統宗》者又多承訛踵謬之處，故定九之孫文穆公欲删改以爲善本，惜其本不傳。近如《算法大成》一書，多有可採，惟以正負開方爲算家故設難題，不適於用，不免爲識者所噱。余同年梅筱巖方伯，爲徵君族裔，於家學極有心得，公餘輯《筆算》一書，務擇其切近者備列其法，以示初機，豈非以此爲世用所必需，而欲人人通曉，不畏其難，其用心亦如定九徵君之公而溥歟。書成以示予。予不敏，尚能略言其意，而以告世之有志於此者，於是編神而明之，將登徵君之堂，以上窺《數理精蘊》之旨，此書之志於是乎在。而製造之學，西人所矜爲獨得者，更不難發其扃而闢其奧，而所謂一事不知，儒者之恥，其少可免夫。同治十二年正月，年愚弟吳嘉善拜撰。

清・梅啟照《學彊恕齋筆算・序》 周官保氏教國子以六藝，五曰六書，六曰九數。鄭注九數，方田、粟米、差分、少廣、商功、均輸、方程、贏不足、旁要，今有重差、夕桀、句股。隋書志九數，一曰方田以御田疇界域，二曰粟米以御交質變易，三曰衰分以御貴賤稟稅，四曰少廣以御積冪方圓，五曰商功以御功程積實，六曰均輸以御遠近勞費，七曰盈朒以御隱雜互見，八曰方程以御錯糅正負，九曰句股以御高深廣遠。夫數爲六藝之一，弟子童而習之，似無難事。然唐時以明算科取士，限以年，《九章》《海島》共三歲，《周髀》《五經算》共一歲，《孫子》《五曹》共一歲，《張邱建》《夏侯陽算經》各一歲，《綴術》四歲，《緝古》三歲，又非可日月計者。蓋淺而言之，民生日用，米鹽鎖碎之類，盡人能知。深而言之，則天地萬物，幽深元遠，靡所不賅。欲得精通奧義之人，窮纖入微，探測無方，以究包犧氏立周天度數，始作九九之術，以合六爻之變，而類萬物之情，雖好學深思，心知其意，而窮年莫殫，累世莫究，遐哉未易言也。邇歲泰西人以通曉算數，創造火輪、機器及電氣線、來福礮、開花礮、風鎗、輕氣球等類，巧思妙製，轉相炫燿，詫爲奇異，其實無足奇異，特製器必精，兼不惜費而已。夫泰西之學，得中國渾天之遺，在彼謂之東來法，今中國稱之曰西法，其實一而已矣。虞書在璿璣玉衡以齊七政，蓋以混天儀考七曜之盈縮，周末此器淪亡，漢武時洛下閎復造渾天儀，著數學，沿及唐代，靈臺仍魏遺制，實多疎舛，魏劉徽以五十乘周一百五十七而一即逕，以一百五十七乘逕五十而一即周，謂之徽術。其後祖沖之以其不精，更推其數，設圓逕一億爲一丈，圓周盈數三丈一尺四寸一分五釐九毫二杪七忽，朒數三丈一尺四寸一分五釐九毫二杪六忽，正數在盈朒二限之間。唐李氏改造渾儀，取以爲割圓密率，言其密於徽率也。五季紛亂，典籍散逸，及宋推步多舛，法十八變，不能合天。元郭守敬輶軒四出，乃更釐訂之，攷其法用弧矢術，以三乘方取數尚已。明代臺官復失其職，利瑪竇入中國，始用八線表、平三角、弧三角諸術，雖別立名目，究與古之句股、弧矢不異。本朝宣城梅勿菴徵君博極羣書，精通理數，獨得數千年不傳之絕學。叢書一出，而算法大明，御製《數理精蘊》多採擇之。乾嘉而後，通幾何之義者日衆，其師傳有由來也。今年秋，英祥崖制軍、沈幼丹中丞自閩上書，請詔設算學一科，廷臣以算學本附國子監，寢其議。封篆後，偶有餘閒，爰采輯古今成法，得筆《算書》十卷，非敢曰遂精其術，亦述平日所嘗習者，以爲家塾弟子學數之階梯云耳。同治九年十二月，南昌梅啟照識於江甯藩署之瞻園。

諸可寶《疇人傳三編》

著録

清・丁福保《算學書目提要》卷下 《疇人傳三編》七卷，錢塘諸可寶撰。

案：是書從康熙時起至道光二十五年止爲續補遺，從道光末年起至光緒初年止爲後續補，撰輯頗富，於近代算家，所述尤詳，誠譚算者之所必需，其文筆亦頗雅馴。

惟諸氏太重中算，殊非公論。蓋今之代數微積，日闢新理，天元四元，墨守故轍，相形之下，判若天淵，如仍執阮、羅之陳言，得毋爲通人所笑。

諸氏謂西人竊取四元而爲代數，竊取招差垛積而爲微分積分，語見陳杰傳。不知一切算理，無不相通，無所謂竊取也。孰優孰劣，亦無容諱。借根不如天元，西人不能諱也。四元不如代數，華人不能諱也。代數開多次方，不如數根開方，亦不必爲代數諱也。從長棄短而已。惟近人最喜言各種西學皆出中土，謂電學出於《周易》，化學出於《洪範》，竊取《禹貢》之精而爲礦學，竊取黄鐘之義而爲聲學，竊取《周官》之火射枉矢而爲火學，竊取《墨子》之臨鑑立景而爲光學，竊取冉求之藝而爲幾何之學，竊取《管子》之精而爲商務之學，此種坿會，等諸瞽説可也。

《疇人傳三編》目録

【略】

序跋

清・諸可寶《疇人傳三編・序目》 序曰：明經明算，竝重唐典。元精明替，爰逮鼎建。聖祖首出，斯學大顯。盛世無外，古籍盡獻。瀍曰東來，實源大衍。阮先羅後，疇人列傳。迄今甲申，垂五十年。聰明才智，我有人焉。茗香四元，梅侣句股。莊愍橢圓，戴顧對數。宫簿神解，致曲洞方。徵君妙用，繪畫測量。秋紉集成，必則古昔。駕乎泰西，我書彼譯。語見戴先生傳。凡兹君子，度越前朝。蒙之纂續，庸備芻蕘。旁及名媛，女也三氏。附録西洋，太傅舊例。嗟嗟束髮，願學耽翫。六九齒逾，見惡廼積。如後所聞所見，筆之于書，庶有達者，理而董諸。光緒十有二年正月乙未朔立春日，錢塘諸可寶。

强汝詢《垜積衍術》

著録

清・劉錦藻《清續文獻通考》卷二七四《經籍考一八》 《垜積衍術》五卷，强汝詢撰。汝詢見經部春秋類。

序跋

清・馮煦《垜積衍術序》 同治己巳，旅建康，問天元一術於强賡廷丈，丈示以《天元舉隅》一編，如指諸掌。時南豐吴子登前輩嘉善亦旅建康，號海内天算家，與海寧李壬叔徵君善蘭齊名。予閒有所疑以質前輩，前輩繪圖演草，連數紙不絶，而其辭曼衍不可卒通，如墮五里霧中，予之疑滋甚，復叩之丈則冰釋理解，無一閒隔閡。予乃以疑於前輩者爲丈述之。丈曰：子無疑於子登，僕年二十許時方究心四元之學，遇羅茗香徵君士琳於廣陵，閒以疑義質之，茗香亦其辭曼衍不可卒通，如子之遇子登，僕之疑亦滋甚，乃反而求之《玉鑑》中，潛探冥索者數月，始豁然而貫通，頗懟茗香之相罔。既而思之，凡爲疇人之學，其始不能卒通，必潛探冥索，緜亙歲月而後得之，以得之如是之難而易言之，則其術不尊，其勞不售，且不欲我勞人逸，茗香之於僕、子登之於子一也。僕懲於是，幸於疇人之説粗窺其樊，不敢效茗香所爲，必導之以章顯易曙之塗，不令局於曲説，子方與僕相往復，亦可無懟於子登矣。其後丈去建甯，予亦宦學四方，不克竟所學，孤丈之望。是編亦丈當時所授，藏之篋衍，比以眎翰怡京卿，京卿雅重之，以授梓人。是編之論垜積，以古開方圖爲權輿，縱横相生，執一御萬，不必曲爲牽合，而自達於天地自然之數，視壬叔所作《比類》，殆猶二曜之於爝火，蒲昌海之於横汙行潦邪。刻既竟，乃舉昔之與丈談諧者署之簡首，俯仰五十年，丈宰木既共，予亦頽然老矣，曾樓枯坐，一鐙青熒，手是編復校一過，猶想見冶山講肆握觚布算時也。戊午嘉平，金壇馮煦。

清・劉承幹《垜積衍術序》 垜積一術，古無專書。《九章》少廣及商功中有芻甍、芻童諸題，爲垜積之權輿，於求積尺之法，物形備矣。然如累棊、層壇之屬，用芻童法求之，其數恒不足。沈存中求積隙法寔導先河，而體仍不具。陳世仁《少廣補遺》有尖錐方底三角六角等名，分爲十二法，皆若爲垜積發矣，而亦不能昭晰無遺，以其於垜積縱横相生之理，尚未一以貫之也。唯朱松庭《四元玉鑑》中諸題既具垜積之形，復闡垜積之奥，垜積一術始有轍迹可尋。然嵐峰落一等名，不明根源，無從探索，故羅茗香徵君爲之補草，而像招數諸題，開方所得必加若干方符所荅，豈天元不可徑求邪？蓋舊術誤認天元一爲三角各形之底子，徵君未將所求上中下之理昭若發蒙，故多深隱不曙，宜學者之猝難索解也。金壇馮蒿盦丈一日出溧陽强賡廷先生汝詢所爲《垜積衍術》四卷示予，蓋鍼砭海寧李壬叔徵君《垜積比類》作也，以古開方圖爲立法之根，縱横相生，無不密合，不必如李氏之展轉牽引，而自得於天地自然之數，反復研求，其於三角平立各垜體之較數、層數洞悉其原，無豪髮差忒，問題雖淺而理甚顯，設數雖簡而説甚詳，幾幾上窺松庭、俯揖茗香，又匪獨爲李氏諍友已也。予流覽三復，歎爲絶業，授之劂氏，將與海内嗜九數者共參之。聞先生所著言算之書尚有《天元舉隅》《開方釋例》，蒿盦丈幸更徵之其家，予且以卒讀爲快也。戊午孟冬，吴興劉承幹。

清・强汝詢《垜積衍術・序》 宋以前算書罕言垜積，元朱氏《四元玉鑑》始列九題，稱爲精妙，然數明而理未顯，始學者多難之。同治八年夏，余暫寓大梁，與劉子恕觀察論算事，偶及垜積之難。旅居多暇，遂取古開方圖爲諸乘垜之根，紬繹推衍，至五乘垜止，列表以著各垜之變，立説以顯得數之由，設術以明求積之法，又取茭草、三角、方圓各正垜高積互求諸術著爲算例，弁之於首，循是以求垜積庶幾難者皆易矣。草稿既竣，余將南歸，適子恕購得《垜積比類》，出以相示，蓋海寧李氏所著新刊行者也。覽其條理，與余書頗不同，又聞汪孝嬰、董方立兩先生各有論垜積書，余均未之見，不知其説云何。姑存此稿，以質世之知算者。溧陽强汝詢識。

又强汝詢《垜積衍術・序》 余爲《垜積演術》，草稿甫就，子恕觀察以海寧李君《垜積比類》見示。觀其運思甚深，其立術亦可謂詳矣，然鄙意猶有所疑者。案古開方圖，從列者爲諸乘方相生之序，横列者爲諸乘方實方廉隅之式，而斜視之又可爲諸乘垜之根，此見古圖之神妙，而亦天地自然之數也。李君既用爲第一表，又倣其式以造諸表，則亦當從可相生横可開方而斜爲垜積，乃可與古圖相埒。今觀三角諸表尚可開方，至乘方以下諸表，從既不能相生，横又不可開方，僅取其斜者爲垜積，則何不從之横之以便於用，而必用此斜者爲哉。一疑也。三角諸支表逐層首行既用二用三用四，則首層數亦當用二用三用四矣，乃首層皆仍用一，故三層以下雖可空從開方，而次層皆不可商除，且從列逐層皆不能相生，則亦非自然之數。二疑也。古圖設一爲本數，逐層首行皆用一，既爲諸乘方之實，又爲諸乘垜之根，固非虚設者也，李君三角支垜逐層首位用二用三用四以次遞增，尚有説，亦尚有用也，至乘方垜表三角自乘垜表逐層首位之一，則竟同虚設，其餘各支表以方廉隅相加爲逐層首行之數，則近於造作支離，更非自然之數矣。三疑也。三角正垜次層積三，故不可以爲四角，若次層積在四以上者，則可以爲三角，亦可以爲四角，今李君於諸乘垜概指爲三角，於理似有未安，且四角正垜亦不能不列其中，則其他更可知矣。四疑也。諸乘方垜雖成方積，然實在諸乘垜之中，李君别立乘方垜，與諸乘垜判然爲二，理不可曉，若竟以諸乘垜爲三角，諸乘方垜爲四角，則更不然矣。五疑也。李君既以乘方垜别於諸乘垜，而乘方支垜所列仍是諸乘垜之變，蓋二者本不可分，雖欲强分畛域，而終不免混淆無别，似於垜積之理尚未能徹上徹下、本末分明，故意在分條析理，而不知分析愈多，牴牾愈甚。六疑也。一乘垜者以高來積一乘而得數也，二乘垜者二乘而得數者也，三乘以上倣此，李君三角支垜諸表既名之曰一乘二乘三乘，則當各從其類矣，乃一乘支垜中並列二乘以上諸垜，二乘支垜中並列一乘及三乘以上諸垜，名實不幾於紊乎？七疑也。垜積之變有定數而無定體，有是垜即有是數，有是數即有是垜，李君表中所謂方垜甲垜者，固實有是數即實有是垜矣，而以爲垜之萌芽尚未成垜，未曉其義。八疑也。垜積之變無窮，當以次第推之，理明法立，則所未及者，後人可遞推而得，李君諸表次第不甚分明，舍近及遠，於諸垜遞生之數多所闕略，且於得數之由似不甚晰，數雖不誤，近於牽合，未見自然之理。九疑也。變垜雖煩，然以次第推之，條理秩然固無重復之患，李君諸表于茭草四角等正垜皆三四見，其他重復者尚多，此亦由條理之未清。十疑也。余於算學僅蠡涉獵，不及李君之專門深造，且荒廢已十餘年，不復能爲深沈之思，凡余所疑者，李君或皆有説而余不之識，未可知也。且余觀李君之書而疑之，則余所自爲者更何敢自信耶？惟既費日力，於此不忍遽棄，姑存之而附記所疑於後，俟識李君當以質之。强汝詢識。

劉彝程《簡易庵算稿》

著録

《簡易庵算稿》目録

【略】

序跋

清・潘學祖《簡易庵算稿序》 余忝司江南機器製造局，舊有廣言館兼課算學，聘劉君省庵主講是席有年矣。君承融齋先生家學，博極群書，著述甚夥，惜未刊行。惟前曾主講求志書院，課士命題，推陳出新，義主碻實，題成必自撰稿，以爲先路之道。其中索隱鉤深，戛戛獨造，多有方西書所不能言，詳西法所不及詳者。越廿餘年，積成卷帙。爰付手民，方今外侮迭乘智力相角，豪傑之士類皆崇實黜華，究心經世之略，而算學實爲萬事之基礎，故風行海内，親炙君門者，多負時望，就聘四方，則知君之嘉惠後學，不獨數理昌明，繼往開來，西人固無所炫其異，見行薪傳彌廣，家喻户曉，即數之理，以極數之用，舉凡宏通紅練達之材，智創述之彦，皆將於此出焉，其有關風會，而爲振敝起衰之助者，豈鮮哉，是爲序。光緒二十六年歲次上章困敦仲冬月，二品頂戴軍機處存記江蘇候補道安吴潘學祖拜撰。

清・鹿傳霖《簡易庵算稿序》 吾師興化劉公，世所稱融齋先生者也，趨步程朱，粹然爲東南大儒，晚年尤精天算之學。喆嗣省庵君盡得其傳而益加研進，遂成絶學。光緒初元，馮竹儒觀察筦榷滬關，延主求志書院算學科，去歲乃以老病辭，蓋居此席二十餘年矣。其學融貫中西，而別有神悟，其課士命題，以新穎確實爲主，每題必先自演稿，開示後學，導難以易，見深于淺，積久成帙，友人力任剞劂，而屬余爲序。

余每服膺師訓，於數理實瞢無所得，然亦有不容已於詞者。方咸豐丁戊間，先生謝史館，離上齋，應徐太守聘而假館於定興也。定興之人，喜先生之來，從遊者甚衆。時余方遭先壯節公都匀之難，奉柩由黔歸里，經營祠葬，無暇制舉之業，群從中有以余文質先生者，獨蒙贊許。余之獲識先生自此始。當是時，余與君皆少壯耳。越明年己未，先生改館京師，余因從學爲文，又以病不獲日月請業，是科領鄉薦，以貧故，筆畊四方，雖函劄問難無虚日，而余與君之蹤跡，恒在倏離倏合間。其後先生因中外大臣論薦，特詔起用，官春坊，視學粤東，以不樂仕宦，引疾歸，主講龍門書院。余自壬戌通籍，由庶常改官，仕嶺南十餘年，臬擢閩臬，往返滬上，謁先生于講舍。君又適以省墓，別離之久而晤聚之艱如是。迨余奉命撫粤過滬，則先生已不可得見。訪君廣言方館，縱談疇昔，悵然久之。今秋移節吴中，君復挐舟見過，出是編相示。追念數十年來先生講學東南，而余宦跡多在西北，親炙之日恒少。余既被先生之教，忝竊高位，疏拙無補于時。君能傳其家學，以發古人所未發，其視余之所得孰多也？

夫天算之學，晚出愈精，而非覃思於專門，則亦未易窺其奥秘。往者，宣城梅勿庵徵士遊京師，安溪李文貞公勸作天法簡要之書，俾人人得其門户，因成《(天)[曆]學疑問》三卷，遂以此受知聖祖，至其孫文穆公學業名位益以大顯。今君之學，精邃過於梅氏，此編特其緒餘耳。余嘗語君更爲算學簡要門徑之書，以嘉惠來學，君亦韙余言，他日編成，當不僅與勿庵所著竝傳，況吾師明德，其後必有達者，從此淵源授受，斐然著作之林，豈獨梅氏得耑美於前也乎？是爲序。

光緒二十有五年，歲在屠維大淵獻葭月朔旦，撫吴使者范陽鹿傳霖拜撰。

清・劉彝程《簡易庵算稿・序》 同治癸酉，南海馮竹儒觀察綜江南製造局事務，延余教習廣言方館算學。閲二載，光緒乙亥，觀察榷滬關，創設求志書院，分六齋課士，復以余兼主算學講席。越歲丙子，春開課，至今且二十餘年矣。去歲戊戌冬，余以老病力辭求志講席，既薦沈君粒民以自代。復裒集歷年課題，與所自演之稿，録而存之。

余之命題，無論深淺，惟以新穎確實爲主。凡一物一理，驟觀之，了無佳趣，及觸類旁通，引伸不已，盡有當前易知之境，而古今人從來未道及之者。故算學之理，一經推闡，則機緘漸啟，見解不與從同。以此命題，自能推陳出新，且課卷優劣不齊，題意稍陳，則雷同之卷立至。故余題一以新穎爲上。再算經門徑固多，而似是而非之理亦復不少。設題中字句一不確實，則課卷百出其歧，評閲即難折衷壹是。故余命題，必使讞者絶無別解，猶恐一時疏忽貽誤，乃于題成之後，必先演稿證之，藉以自信。但期題理確實，不在章句求工。蓋原非欲留此稿以冀問世也。

憶自弱冠，先大夫中允授以正負加減乘除法，法見先大夫所著《昨非集》中。由是縱觀天元四元諸書，後隨侍先大夫之粤，過長沙遇丁果臣先生，藉觀董、項、戴、徐、諸家算書，又訪鄒君特夫於粤東，識李君任叔于滬瀆。由是悉心於弧矢級數之學。不數年自著《割圓闡率》《開方闡率》《對數問答》數種，逾年果臣先生貽書索稿，欲選刻于《白芙堂叢書》，乃郵稿至楚，而先生旋以資罄見還。維時自念拙著不幸，不與其選。今思之亦何幸而不與其選哉。蓋拙著數種，雖闡發明徹，究恐不出前人範圍。且中年著書，難免自好之習，于新穎確實之義，恐均無當也。邇年友人間以求志書院算題相詢，余輒以己稿示之，見者咸謂難題導之以易，深題顯之以淺，蹊徑與人迥異。盍刊以問世，用裨後學。自維前著數種既已悔而棄之，此二十餘年來精神所注，悉聚於求志算題稿中。余每闡課卷，見夫泥於中法者，恒糾纏文字，論説輒不簡明；泥于代數者，恒展卷即演算式，絶不窮其原委。余力矯此弊，務溯源於撰題本旨，揭以示人。往往先抒公理，然後以題合之。遂覺如石投水，簡易明顯。誠有如友所云者：及今不輯使成帙，惟恐就湮没。爰就舊稿詳加校核，爲增補缺佚，惟題意較淺及一時無暇補稿者，乃姑置之，或存其題以備考。仍按年排比，蟬聯魚貫，而不紊其序。修繕既竣，都爲四卷。余維闡發算理，以簡易爲上，曩嘗顔所居曰簡易庵，今即以名所著。吁！余之輯是編也，非恐没世無稱，果使有裨後學，則敝帚自珍之誚，亦庸敢避耶。

光緒二十五年己亥孟冬，序於上海廣言方館。

清・徐謙《簡易庵算稿跋》 人情苟有所得，患不在自矜，即在自秘。自矜則幸人之不得，自秘則不欲人之能得。嘻！此學問之途所以絶無師承而幾乎息也。夫學之得於己，而不可語諸人者，惟道爲然，得於己而可語諸人者，則莫如數。不語諸人，雖巧者不知，語諸人，則拙者可學。然世乏其人，并乏其書，斯道之師果誰屬乎？且夫豪桀之士，前無古人，後無來者，洩天地之奇，發千載之秘，如此者，宜爲人師。不以艱深自文，不以蘊蓄自閟，誨人惟恐不知，語人不厭其詳，如此者，宜爲人師。師道之任果誰屬乎？

吾嘗學於數，而樂得省庵先生而北面焉。先生堅苦力學，無師而成，殆有天授，非人力也。主講海上，再終星紀，萃其心得，集爲算題，開風氣之先，發人心之蒙，啟數理之途，牖能者之智，蓋自先生提倡於前，而後好學深思之士，始悟夫道如此其廣也，術如此其多也。由古之法，則杭於斷港絶河，莫自通也；由先生之道，則泉源發自深山，而必達於河海也。雖人心具有靈敏，然非先生之力不至此。

自元代朱李二家，始言天元四元法，但算草未備，故自有明以至國朝梅氏父子，卒未能徹，其學幾絶。厥後，李尚之始明天元，徐忠愍始通四元，而羅茗香復補《玉鑑細草》，於是天元四元法始暢明。於道咸年間，代數初入中國，譒者不解，訛謬不勝指數。先生爲之一一校正，其書始可讀。學者習其法，乃置天元四元爲不足道，此又先生之功過於李尚之、徐忠愍輩也。夫學者讀書，每囿於成法，不能變通，僅求能解而止耳。故代數雖妙逾古法，而學者仍無以自得，於是先生綜括衆理，獨運精思，批隙導窾，發而躍如。自先生以題誨人，而後代數雖屬西法，而人乃視爲已有矣。先生復以屬草者不過僅能闡釋題術而止，未能究其源委，乃於暇日自爲細草，蓋題與草交相發也。今兹屬稿將就，不佞承先生委繕清本，得先覩爲快。竊觀先生諸題，乃知從來算題皆相與爲隱耳。作者得其答數，則謂無復遺義，豈若先生之題皆以理誨人，循循善誘，以志於彀，所發皆古人未宣之奇，而爲斯道獨開生面。及讀先生之草，則剖析微妙，推闡靡遺，題得草而愈明，草解題而益約，於是題題相續，草草相發，蓋雖若一題一文，而實則如周秦諸子之書，不得支支節節以觀之也。至若讀先生推垛之法，則李紉叔之書可廢，讀開虚實根諸方之法，則皆代數術所不能言，而於對數則見西法之不詳，於三角則補西法所未備。其他精旨妙義，不可殫述，莫不縋險鑿幽，而悉出之以易簡。讀者無不解之患，學者有駿發之益。至矣，盡矣，蔑以加矣。非有先生之學，而有公諸天下之心，曷克臻此？方今海内能算之士，半出先生門下，今先生復出此書授之梓人，其爲嘉惠豈淺鮮哉。此書既出，學者宜家置一編，熟讀而深思之，即使不讀諸家算書，而已日進無疆矣。謙頗承緒論，粗識先生用心，謹告學者如此，庶幾後有作者，其亦將本先生之意，復以待後人也。光緒己亥孟冬，受業古歙徐謙謹跋。

雜録

清・劉彝程《簡易庵算稿》凡例

一，定章，每年四課，每課齋各四題。自丙子至戊戌，積二十三年。其間唯戊寅夏秋冬停課三次，越歲乃復舉，故綜計得八十九課，原係三百五十六題，兹删去題理過淺及頭緒繁多者，僅存二百四十五題，成稿二百六篇，其未成者，目下注「存題」二字。

一，是編比例式依中國體例，自右而左，等數式依西國體例，自左而右，其勢不得不然，閲者毋致淆混。

一，是編宜依次閲去。其間每以前理施於後題，若任意抽閲，恐未悉其原委。

一，歷年課藝，佳作綦多，其尤可推許而素識者，如支雯甫寶枏、沈粒民善蒸、陳仲周維祺、崔聘臣朝慶、華若溪世芳、繆秋澄朝銓，其未識面而知名者，如湯子壽金鑄，其素識而已逝者，如廖子忠嘉綬，其餘佳士尚多，不及備述。是編未成時，原擬兼選課藝，後因天各一方，郵函索稿，往返不易，且相隔已久，忘其何題以何藝爲優，遂不便選。前年崔君聘臣將入都，曾言曰後録稿寄來，兹因是編將成不及遥待，惟於行篋中檢得鈔存課藝六篇，乃支、沈、陳、華四君之作，爰依題叙選附編中，目録下有「選某藝」三字可稽。

劉彝程《九章實義》

著録

《簡易庵九章實義》總目

卷一上　論比例　卷一下　以比例運九章

序跋

清・劉彝程《九章實義・叙》　方今算書汗牛充棟，求其淺近易學可以入門而無弊者，則罕見之。若古之《九章算術》《孫子》《張邱建》《夏侯陽》諸算經，文奥詞簡，僅傳其法，未有發明。元朱漢卿《算學啓蒙》庶幾近之，然亦言法而不言理。至明程大位《算法統宗》，則錯謬不可枚舉。近人《九數通考》，言新法頗詳密，言九章間有理法扞格未臻融化者，承學之士，非有師承，驟難領悟。余甚憾之，嘗欲自著一書，引申淺近算理，藉示初學津梁，而中年以來，忽忽少暇。光緒初，父執湘陰郭筠仙侍郎奉命使英，過滬謂余曰，是行攜有出洋學生，將使學算，宜以何書入門。余對以向乏善本，無已，惟有自著。郭公慫恿速成，并任剞劂。踰年公歸國，予無以應，惟謝以異日而已。未幾，余主上海求志書院算席，仍兼課廣方言館算學生，講授日益繁重。求志課士歲四舉，命題之始，余恒擬稿一篇，宣示奥窔，積二十餘年心目所注，悉在於此，無暇旁及。前年編以爲《簡易庵算稿》，時定興鹿芝軒尚書撫三吴，見而稱善，又謂是蓋未易問津，勸別撰簡要門徑之書，啟牖來學，説見公所撰序中。余始常耿耿負郭公厚意，至是又懼無以報鹿公，遂乃屏絶塵事，盡半年之暇，撰爲是編，分比例、面體積、方程、句股四卷。夫九章之名，於古爲尚，顧必以此分類，則重複多而名實亦不甚相稱，惟能運其理而不泥其名，斯可以言九章矣。嘗思比例爲算法大宗，最靈最簡，以運九章，固可囊括無遺。面體積之理，不若比例之用廣，但相乘開方諸法，舍之即無由成算，以運九章，可得十之八九。若夫方程正負術，人皆目爲專門，以爲非遇其題，即無其式，不知正負之理，無往不宜，況立多元，則同數易覓，相消便可成式，蓋方程法雖不便於面體積之題，然自開方題外無不易舉，故以方程運九章，可得十之七八。至句股術，原不外乎比例面體積之理，亦可運九章之大半，惟題境繁多，非分類闡釋，不能觀其大全，故句股可自爲一種，不必沾沾焉運九章也。是編前三卷，太抵皆《九章》舊題，而悉以本卷之法御之，復以句股法另爲一卷。余維以此分類，視九章分類，較得實義，爰名曰《九章實義》。書成，以授梓人，他日刻竣，郵呈鹿公，未知以爲何如，而余更愴然於郭公之不及見也。光緒二十七年辛丑仲夏，序於上海廣方言館。

劉彝程《割圓闡率》

序跋

清·劉彝程《割圓闡率·序》 割圓密率，舊法用内容外切方邊，屢求句股以測圓周，西法用六宗三要二簡法以求八線，一則開平方至極多次，事固繁苦，一則益實歸除商除進退，亦大不易，皆非法之盡善者也。至西士杜德美氏以連比例遞求術御弧度弦矢，而割圓之法乃歸簡捷。顧是法也，梅文穆公《赤水遺珍》述焉而未詳其解。明静庵氏設千百萬分弧以合其乘除之數，尚非立法本意，蓋解焉而未得其要也。迨董氏方立以弦求弦矢求矢喻其意，以垛積求增乘之積明其用，而杜術遂昭然若揭矣，然其書以垛積互求，弦矢互求，弧度與弦矢互求，三者合爲一釋，似無先後階級。竊恐讀者猝難暢然滿志，爰本其意，重加發明，以通弧求通弦通矢二術，爲率數之本，先以垛積遞求術釋之，次以一分弦求幾分弦矢術釋之，都爲一卷，庶幾有條不紊，而二術立法之原以顯，二術既顯，則一切弧度八線相求之術，可證前人所已有，即可創前人所本無。蓋二術之率數既定，則以率數遞推遞創，而一切之術，可指顧而得，故取舊術并新定術共十餘則，次爲一卷，各以率數演之，以闡發立術之故，因以《割圓闡率》名焉。至末卷借弧求線借線求弧諸術，乃爲角度極大之弧線而設，有前二卷以明其理，尤不可無此卷以盡其用，理與用俱得，而割圓之能事畢矣。嗟乎！汪氏孝嬰不信杜術而漫加詆斥，陳氏静庵不解董書而妄置譏評，二人者往矣。然即此可見天下之扞格於是術者，正不少也，是以是編不計辭之冗費與否，惟以發明理蘊爲主，學者按次讀之，或可當入門之一助云。己巳首夏，醒庵劉彝程識於澄心書屋。

葉棠《天元一術圖説》

序跋

清·管嗣復《天元一術圖説序》葉棠《天元一術圖説》 自聖祖仁皇帝覃精天算，承學之士專門名家者接踵，或昌明中法，或綜貫西學。宣城梅氏集中西之大成，有發明而無掊擊，識者韙焉。夫中法以一理包萬術，布算或病迂滯而所操甚約，西法則隨題立術，術繁而得數較捷。康雍之際，西學甚盛，有志復古者亦第合中西以觀會通，未能舍西法别立一幟也。乾隆中朝庭開四庫館，中土古書盡出，自是天元、四元、大衍求一諸術盛行，而西學浸微，是雖人情厭故喜新，抑亦時會使然歟。蓋西法神明於句股，而於少廣、方程等章罕所發揮，天元一術則融會少廣、方程、衰分諸法，以濟算術之窮，實唐宋以後中土最精之法，非西學所能企及。嗣始讀張公古愚《開方補記》，尋繹無所得。繼聞羅君茗香近世天元最著家也，求所演《四元玉鑑細草》讀之，益茫無畔岸。鄭君元輔、陳君子進各取開方釋鎖一條，爲演細草，見餉。歲癸卯，汪君梅村與嗣同遊宋魯，又爲數道其源流，始獲略識梗概，然仍明昧參半。甲辰春客桐城，以語葉君翰池，知翰池亦頗與嗣同病。今年翰池來金陵，謂嗣曰，余覃思十年之久，一旦豁然有悟，成《天元一術圖説》一卷，不可秘不示子也。嗣急攜歸，卒讀其書。首列帶縱負隅開方諸圖，次列借衰互徵方程正負諸法，以探天元之原，次取天元數題詳細推衍，於正負相減相加相乘諸法多列算式，復繪圖以明和較相求之理，口講手畫，不詳於此。嗣讀未俄傾亦遂涣然冰釋，因思曩於張公既嘗修謁，羅君、鄭君亦獲數接談論，汪君陳君尤締交，久經數君指授，卒未了徹，翰池兀坐一室，無師友之助而能成此絶學，其精力之專可知矣。夫翰池所演，乃《算學啟蒙》中數題，視張、羅所述似爲淺矣。顧嗣始讀秦、李書莫抉其旨，求諸張、羅益不能明，遂望洋而返。海内鈍根如嗣者當不乏人，今讀翰池此卷，俄頃遂已了然，進而讀秦、李諸書，會心當亦不遠，是淺者至精之所寓也。陳静庵謂異乘同除之理，村豎皆知，精之至於神明莫測。余於翰池此書亦云然矣。道光二十九年歲在屠維作噩壯月，江甯管嗣復序。

陳澧《弧三角平視法》

序跋

清・陳澧《弧三角平視法・序》 弧三角圖，以斜視繪之，則諸綫皆見，然初學者每苦其繁密。《欽定曆象攷成》有一圖，以平視繪之，使一角對圓心，角旁兩弧變爲直綫，兩弧之正弦、正切皆與其弧合爲一綫。竊取此法，以繪正弧三角諸圖，則簡而明矣。凡十六法，綜而該之爲四法，則更簡明矣。斜弧三角作内外垂弧，仍以正弧三角算之，故不復作圖也。此余二十年前舊藁，今録而存之，以授初學者。

黄炳垕《測地志要》

著録

清・劉錦藻《清續文獻通考》卷二七四《經籍考一八》 《測地志要》四卷，黄炳垕撰。炳垕見史部傳記類名人。

清・丁仁《八千卷樓書目》卷一一《子部》 《測地志要》四卷，國朝黄炳垕撰刊本。

序跋

清・陶雲升《測地志要序》 《周官》保氏以六藝教國子，六曰九數，旁要與焉，勾股之學由來舊矣。昔賢謂居官不可不知數，蓋知測廣測遠之法，則胥吏不能舞弊於丈量而田無漏賦，知測高測深等法，則凡瀦水築防攻城禦敵均得其準繩，於以勝天人之變而無難。誠哉，爲足國衛民之要，不第係於曆算已也。姚邑精此術者，前有黄梨洲先生，著《勾股圖説》《開方命算》《測圜要義》及《授時》《回回》《西秝假如》等書，厥後嗣子主一暨邵氏麗寰並有著述，嘉惠後學。黄子蔚亭，梨洲先生七世宗子也，鋭志家學，發篋得遺書，讀之研精覃思，幾忘寢食，且秉性恬澹，不徇時好，家無儋石而取與嚴一介，不以貧窶移其志，故於秝算一道卒能造其閫奥，而非同影響之談。甲子春，左宫保制軍奉命飭各屬訪求通曉勾股三角、開方度算之士，測造沿海府縣輿圖并説，時余承乏姚邑，即以蔚亭通禀，各大憲邀請測算，未及半載，而圖説俱成，業已申詳上憲且梓而行之矣。蔚亭懼其術之鮮傳人也，又融會諸法，參以心得，别爲一書，名曰《測地志要》。凡測經測緯、測遠測廣、測高測深暨推算雜法，悉以試於一邑者爲之例，蓋謂理寓於器，巧生於法，用之一邑一郡，施之天下，後世理不變、法無二也。書既成，問序於余。余慨夫帖括之學盛行，儒者習爲空談而茫無實用，即有材質過人者，轉入於異端小道，以惝恍無憑之説游揚於當路，繇是絶詣失傳，士氣亦因以日靡。今蔚亭屈抑一衿，慨然以絶學爲己任，與余交五年，未嘗一語及於請託，余造其廬不數數見，有近於澹臺泄柳之遺風者，訪以天象變遷，常推測未來。如響斯應，詢及人生星命，則曰術士欺人之具，生平所恥。言郭氏、梅氏專精厤算，曷嘗有星命之説耶。見示七古一章備言三才運動之權，諄諄以造命相勖，蓋其學以切實爲真宰，無取乎杳渺之浮譚，故箸述成書，獨具過人之識。雖或爲流俗所疑駭，而施諸實用，固有補於國計裨於民生者。余故樂爲序之，且捐廉以授諸梓人。邑中同志朱君弢夫、劉君子枏、史君伍農暨胡君杞垞昆季，咸出貲集其事云。時同治六年歲在丁卯二月既望，賜進士出身補用同知知餘姚縣事天津陶雲升撰。

雜録

清・黄炳垕《測地志要》詩《測地志要》卷四末 拙著《測地志要》成，蒙邑侯陶公暨諸同志授諸梓人，爰述梗概，并誌知己之感，七律二首：

行年五十媿無聞，一蓺何奇薦牘紛。兩表測窮三角度，雙鞵踏徧萬峰雲。矢弦切割勞推算，廣遠高深細剖分。搏兔也憑全力赴，偏隅原可例垓垠。

數卷編成兩鬢絲，茫茫塵世更誰知？南雷自昔貽弓冶，西法於今奉鼎彝。

苦志不隨滄海變，精心未受古人欺。名山石室存奢願，何幸良朋付棗梨。

黄炳垕《五緯捷算》

著録

清・劉錦藻《清續文獻通考》卷二七四《經籍考一八》 《五緯捷算》四卷，黄炳垕撰。炳垕見史部傳記類名人。臣謹案：五緯推步舊法用諸輪，新法用橢圓，《御製曆象攷成前編》詳載諸輪布算之術，而《後編》未備橢圓算法。臺頒《七政萬年曆書》僅載過去宿度，學者無由推算。炳垕創爲上元甲子後五緯行度表滿一大周天爲式，並注明留退留順之日，並載上應下應之年，推之再周三周度之增損皆有定率。是書與《交食捷算》皆創所未有，曆學於是有坦途矣。

又 《交食捷算》四卷，黄炳垕撰。臣謹案：曆法以推步交食爲最繁，炳垕取時憲術之交食算例立法變通，創爲三元積閏表立測食六術，用以上推下推，凡交食淺深躔離次舍可以簡算得之，實有功曆學之作。

又 《測地志要》四卷，黄炳垕撰。炳垕，見史部傳記類名人。

清・趙惟熙《西學書目答問》 藝術第二 算學

《五緯交食捷算》。《五緯》四卷，《交食》四卷，訂六册，黄炳垕撰。自刻本。

清・丁仁《八千卷樓書目》卷一一《子部》 《五緯捷算》四卷，國朝黄炳垕撰。刊本。

序跋

清・黄炳垕《五緯捷算・敘》 人必視吾身與千萬人爲一體，而後可語儒者公恕中正之道，彼斤斤焉自私其身者，不能也。人必知大地與衆行星爲一類，而後可語五緯遲疾退留之理，彼沾沾焉自域於地者，無當也。余性儜愚，見事極鈍，而於曆算一道，若别有會心。舞勺時，從里中朱霞林先生學舉業，先生講論天象，謂：「地球居六合之中，日月星隨天左旋，每日繞地一周，月星無光，借日光以爲明，故日爲君象。」余即起而問曰：「日既象君，星月皆借其光，是六合中莫尊於日矣。奈何與月星同繞地球行耶？」先生愕然曰：「小子未可以語此也。」既而謂人曰：「此子異日當以絶學鳴世。」弱冠後，得御製《曆象考成》暨先梨洲公《西曆假如》諸書，潛心推步之法，積日累月，通曉其術，并悟本、次、均輪之設，皆爲虚象，而星之本行不如是也。厥後，涉獵於《譚天》《博物》等編，紬繹其法，用以驗五星遲留順逆及大小伏見之故，悉出於自然，而皆有一公理，迥殊私智穿鑿之説，乃恍然於日之象君者，固端居六合之中也，星月與地借日之光者，固環行於日之旁也。昔之憑虚而悟者，今果稽之載籍，徵諸實測，而不謬也。由是參詳新法，旁通舊術，晝推夜測，殫心數載，成《五緯捷算》一書，聊自記所得耳，非敢出而問世也。粤匪擾後，稿多散失，寇氛既滅，整理殘稿，增删補葺，益臻簡便。會稽胡生在兹士培，今改秉成。見而悦之，謂此書一出千百年五星之經緯，瞭如指掌矣。願任剞劂，公諸同好，刻既成，用志數言於簡端。光緒四年歲在戊寅端午前一日，蔚亭黄炳垕自敘。

清・李善蘭《五緯捷算敘》 揚子有言，通天地人曰儒。然則步躔次而推交會，固儒者分内事哉。自明以來八股取士，近時又益以白摺，士之希榮慕利者咸殫精疲神於點畫文字之中，及一旦得志而所學非所用，欲改絃而求壽世濟時之具，則已氣衰而力憊矣，故雖人物會萃首推三江，而叩以曆算絶學有不知三角八綫爲何物者，墜緒茫茫，良可慨已。余供職京華，以算學忝主同文館席，歷有年所，辛未春始得交姚江黄蔚亭孝廉，蔚亭爲梨洲先生七世宗子，世守家學，尤精曆術，維時計偕入都，昕夕過從，聆厥緒論，開拓心胸。嘗謂《左傳》辰在申爲當時曆官之冤獄，襄二十七年實係戌月入交限。其年疊置兩閏爲杜氏之擾天紀。又言前人不知地爲行星之一，故推五星遲疾退順之理皆穿鑿附會，而非出於自然，蓋於此道極深研幾，確有心得，彼墨守成説者詎能窺其肩背耶。自是以後，鍵關著書，謝絶世務，屢辭名公鉅卿之聘，而惟一主辨志天算之席，兩浙髦士得所宗師，數理大闡，其即繼梨洲之志也夫。今春郵寄所著《兩太交食捷算》《五緯捷算》問叙於余，余試用之，則上下千百年交食淺深、躔離次舍舉可得諸反手，不爽銖黍焉，蓋創前人未有之法，爲初學從入之門獨開捷徑，迥絶恒蹊，非神乎技者孰能與於斯。竊惟曆法之變愈出愈新，我朝時憲之術迄今二百餘年矣，證之天行略有未合，而地轉之説早入中土，是書闢崎嶇爲坦途，不誠爲疇人家之津梁哉。抑又聞之勿菴之箸書也惟恐人之不知，故闡幽抉微而不厭其詳，東原之箸書也惟恐人之知，故藏頭露尾而不覺其略，非學術之有異，迺心術之不同耳。觀於是編，法極其簡，旨極其明，有使中下之材一覽而知其梗概者，剖兩大之機緘而盡發其藏蓄，洵乎以梅氏之心爲心者矣。爰不揣譾陋而爲之叙。光緒壬午夏五，海甯李善蘭書於京邸。

清·胡秉成《兩太交食捷算》《五緯捷算》後敍 天文家步算之書夥矣，然或立法未簡，或推數不精，無有挈領提綱，周而復始，應於無窮，一覽而千百年前後之天象昭然者，此吾師黄蔚亭先生《兩太交食捷算》《五緯捷算》二書，洵觀象家之津梁也。先生爲梨洲先生七世宗子，自幼即有志家學，弱冠後酷嗜天文曆算之術。家貧無力購書，欲辨恒星經緯度，蔑以考也。乃繫繩於南北兩牆，爲子午經線，加垂線以測經度畫度於板，加窺表以測緯度，曆半載而周天經緯瞭如指掌矣。是時，先生不以生計之匱乏爲憂，而惟憂學術之不能超衆而拔萃，以自見於世也。聞北鄉張氏藏曆學書，即下榻其家，夕測晨推，忘食廢寢，三易星霜，盡通星曆之學，取垂線度板所測星度證之，悉合。既又得西人新出之書，湛思默會，而曆學益進。

同治三年甲子，粤逆肅清，有旨測造沿海經緯輿圖，浙撫恪勤伯左公宗棠飭各屬訪延通曉句股三角之士，姚令陶公雲升以先生薦。越數月，而姚邑經緯輿圖成，並刊行《測地志要》《方平儀象》二種。後數年，秉成從書肆得其書，持以質先君子。先君子曰：「余半生究心象緯，以未精曆算爲憾，今得人矣，汝師事之。」會少宗伯徐公樹銘視學兩浙，推崇絶學，得先生所箸書，大歎賞，面試曆算、句股諸術於院内，秉成以古學覆試，遭先生於風檐中，翼日執贄請受業。先君子亦聯縞紵歡焉，因歎數十年來，人海茫茫，無可與語，不謂邂逅之間，賞奇析疑，各抒心得，懽若平生，相見憾晚，有如此者。徐宗伯旋延先生入署中，訪問天學。歲庚午，以優行貢於廷，即於是科與嗣子同登賢書。然先生性耽澹泊，不慕榮利，一上公車，杜門箸述，屏絶外事。建留書種閣於宅左，中懸梨洲先生遺像，昕夕相對如嚴師，然郡邑長慕名而造廬者踵相接，未嘗有豬肝之累焉。

光緒三年丁丑，大中丞梅公巡撫兩浙，擬設算學局於省城，請先生主其事，聘書三至，先生以老病固辭，不願以宦海聲華妨其撰述之光陰也。秉成嘗謁先生於閣中觀象處，寂寂春宵，薄寒逼人，一鐙如豆，俄大風起西北，電雷交作，急雨跳珠，四壁摇動，窗户有聲，先生披圖布算子，聲丁丁晏如也。嘗題楹聯曰：「境苦祇因安分樂，身閒偏爲箸書忙。」蓋紀實云。平居慎重寡言，誨人則諄諄忘倦，惟恐不詳。論學根柢，經史作文，宗古大家，不屑爲時藝，詩追唐宋，尤長樂府，不事雕績，自然中節，皆梨洲先生家學也。而心力所注，尤在《捷算》二書。書既成，秉成請付諸剞劂，與校讐焉。先生以梨洲先生《授時》《回回》《西曆假如》見示，謂是即捷算之鼻祖。秉成讀竟，問先生曰：「《假如》一書，凡日躔、月離、交食、五緯，各設算例一條，而無每歲根數、每節躔度，第使學者粗知其術耳！兹書於交食則用圖算，而每歲、每月之度分悉備，五緯俱有捷表，而各節、各氣之實行胥詳，法取其簡，數極其精，誠足補《假如》所未備乎！」先生謂：「《假如》猶《易》之太極，萬理渾括而無窮；《捷算》猶《易》之三百八十四爻，萬象顯呈而無隱。」因命秉成敍其旨。噫！先生之學，秉成何能窺涯涘，第即先君子所以知先生，與先生所以見知於世者，謹志之。若是書之爲步算家開一捷徑，驗之將來，若合符節，天下後世必有奉爲圭臬者，又何待秉成之覼縷哉。光緒戊寅日躔鶉首之次，受業胡秉成原名士培在兹百拜謹敍。

董毓琦《星算補遺》

著録

《星算補遺》總目

初集　笠寫壺金　二集　髀矩測營　三集　視徑舉隅　四集　籌筆初梯　五集　交食南車　六集　倉田辨正未刻　七集　九環西解　八集　諸算探驪未刻

序跋

清·董毓琦《星算補遺·自序》 昔媧煉石以補天，非真有漏天可補也，亦言補天道之不足耳。夫天地之大，古今聖賢之衆尚可待補於後人，然無可補之，古今不無可補之學問，蒼蒼漭漭，尚多遺憾於兩間，此《星算補遺》所由作也。琦幼讀書好攬典墳邱索，間涉獵乎甘石巫咸。舞勺而入泮宫，呫嗶呻唔，窮八磚而乂手，輒謂天壤間學問伎倆無難也。此昔年坐井觀天，未觀九重毫髮，井蛙語海，何知渤澥，離奇哉。辛亥元朔，日有食之，客詢以弧筭入交，琦茫然罔覺，因念一物不知儒者之耻，由是守廣文頭銜，三吴秉鐸，與都人士講求十餘年，遠紹旁搜，凡渾蓋髀經，漸漸遠窺其堂奧，若曰入室，吾未能也。夫星算等書，求之非伊朝夕，古今來著書立説充棟汗牛，即間有圖註説明，未易誕登於彼岸，恐初學悲歧無路，必致掩卷而廢書，故將鄙意八集臚呈縷晰，蓋以發古今未發之覆，以補其遺，凡有先得我心者吾不贅焉。第爲古人罅漏補苴，鑿空翻案。知我罪我，聽其自然。竊以苦心擘太華之障，窮星宿之源，當亦有功於天學，而斯世經淵學海，誰抵掌談，鄒衍之風無補空言，雕蟲小技有功而無功，兹先刊淺近易曉者，爲初學入門，大雅得無胡盧而笑我。丙寅四月既望，子珊董毓琦識於海陽官舍。

董毓琦《髀矩測營》

序跋

清・董毓琦《髀矩測營・序》 蓋以弧角之法馭天，知日月五星之高下，【略】琦學技屠龍，蟲雕自笑，際此擾攘中原，當何術驅螻蟻，不妨更以勾角之法，變而通之，以馭軍機，則知敵卡逆樓之遠近，城壕山郭之高深，庶于敵營之實實虛虛，指掌而得，未始非運籌聚米之一助云。癸亥仲春，宿胸館主人自識。

董毓琦《籌筆初梯》

序跋

清・董毓琦《籌筆初梯・序》 凡士商錢谷以珠算爲宗，而星曆一家以筆算爲首。蓋曆家積算，多至京垓億兆，小至微忽纖塵，雖兩疊珠盤，猶不敷算，且宮度分杪，加減懸殊，三率八線，乘除繁瑣，珠算每致差池，而筆算明書紙上，重可覆核。故言星曆者，以筆算爲初學階梯。浴佛節子珊自識。

董毓琦《交食南車》

序跋

清・董毓琦《交食南車・序》 天學惟推交食最難，非精於星曆者，無自窺其藩籬。自來論交食者充棟汗牛，究未探立筭之源，初學無從下手，以致吾儒推步寥寥，而西術侈爲專家之技。乙巳秋，琦攝梁安縣事，花落訟庭，聊爲《曆象考成》交食之雄關，一一開其鎖鑰，然火敦路遠，固難窮星宿而探源，而閫閾有門，何惜引斯人於先路。兹將《考成》篇中，畧疏一二，爲初學明入交之理，爲每年推交周之根，庶幾指南有車，以破蚩尤之大霧。若曰致廣大而盡精微，月食五限之依違，日食三差之分秒，非數十年星曆之功，未易鄒衍談天，非非想入也。因將鄙意所述同治三年甲子起，至同治一百廿三年癸亥止，預爲推就歲首朔交周，諸根臚列，倘依此以推每年之食限，雖不能稱爲無縫天衣，而初學悲歧，自有南車以指路，則由此入德之門，止於至善不難也。謹述如左。丙寅初春，子珊董毓琦自識於海陽官舍之髀算山房。

董毓琦《九環西解》

序跋

清・董毓琦《九環西解・序》 西法算術近時有《代微積拾級》一書，系西人羅密士原本，偉烈亞力所譯，我浙海甯李壬叔筆爲述之，理頗高深，即精於算術者，一時亦難穎悟。蓋西人每創其術以居奇，如三角即勾股之遺，借根方即立天元之術，今之代術即四元也。學者每詫爲難解，無難解也，以立天元之術解之，其堅立破。而四元即四色方程也，然必由淺入深。琦以立天元、借根方，層層晰之，如九連之環，以九轉解之，無庸奇視，即西人亦不得立異以鳴高。既知代術，而微積兩術亦迎刃而解矣。故必先明代術之理，解之如左。丙寅仲秋，董毓琦謹識於皖城藩署。

董毓琦《胡氏宕田算藁》

序跋

清·董毓琦《胡氏宕田算藁·序》　休甯胡汪兩姓各争田界，因國初所丈舊册田圖存在縣署户科。【略】如此模樣，僅有中長弦二十八步八，及短縱十三步九等數，而無四邊步數，故册書即以中長弦之二十八步八作田之長邊，以短縱之十三步九作田之短邊，兩造各争田邊，彼長我短。琦因將其中弦與縱數算出田邊真數，以杜争端如左。

凡立算，有邊求積易，有積求邊難。此册圖田積内，僅立縱横步數。【略】俗手原難明其邊數，故册書以縱之十三步九比短邊，弦之二十八步八比長邊，邊之界無真，難平燕雀。吴述夫大令移請丈量，余遵其理而算之。謹將算稿梓行，爲量田求邊者指迷。凡遇争界案件，册圖内有積數，有縱横步數，而無邊界者，可依此以破羣疑，即健訟亦不得肆覬覦之技，吾輩牛刀小試，理繁治劇之下，即以此爲照膽之臺可耳。同治五年重午，臨海董毓琦謹識于海陽官舍。

董毓琦《天代蒙泉》

序跋

清·董毓琦《天代蒙泉·自序》　代即天元，西稱阿爾達巴拉，譯言東來法，載於《赤水遺珍》，又稱愛夸斯翁，譯言方程，載于《法華字典》。考秦九韶九章大衍、正負開方、各色方程和較，皆天代之權輿，郭太史《授時》《弧矢》，朱松庭《四元玉鑑》，李敬齋《測圓海鏡》，天元愈出愈奇，泰西得此變爲借根方，梅穀成以天元破之，一戰而北，乃又變代數以鳴高，否則中法無美不該，無庸置喙。我浙李壬叔爲嗜癡之癖，爲京師同文館總教，棄中法以授徒，於今其法盛行，而中法原原本本，皆遁荒野矣。自元明八股取士以來，天算淹而不講，我聖祖仁皇帝天縱亶聰，集中西之大成，製《數理精蘊》《曆象考成》諸編，爲千古不磨之業，通之則智珠在握，擴之得砲械輪機，近如立方馭氣缸馬力，勾股馭砲法高低，定率馭輪銅機鐵，三角馭遠近高深，弧度馭九重星目。而代數僅馭雜糅和較，紙上空談，無補實用；而微積各級馭無窮小、無窮多，咄咄書空，癡人説夢。平心而論，西人之術非爲不精，蓋其闡畢生精力，中西各法業已薈萃胸中，故作此遊刃有餘、別開生面。而不察者，全豹一斑，刻舟求劍，而於中法若罔聞，知無怪其術不精，學一題只馭一題，不能博覽窮通，誠恐數百年後華人愈學愈矇，不知中法爲何物。琦實憫之。譬之五穀養生，習焉不察而嗜好洋煙，必致鳩形鵠面，禦馬者氊鞍嫺歷，六轡如絲，方學罄控縱送，若轡鞍未習，輒作縱送之觀，未有不傾馬下者。究之中西各法，一律相通，學者必先勾股而後和較，先開方而後帶縱，先三角而後弧度，學弧算者，先正弧而後斜弧而後次形，各算皆通，再習天元爲偏鋒之技，後通代數爲酒後耳熱之歌。第今學中法者，天元之技尚屬寥寥，推其故，前人立法秘其機械，著書者不搜抉本根，方寸岑樓，難窺底蘊，以致明唐荆川、顧箬溪習算諸公，無可入手，謂天元不省何語，矧代數更屬離奇，加減紛如，不清眉目，且紆迴隱奥，習記維艱，以致學堂生徒習一題不能變化，皆由算根未得爲厲之階。余故作《天代蒙泉》爲啟蒙之捷徑，立一公法，以簡禦繁，便知當然者，能知所以然，否則勾股和較諸題七十餘一題，各有一法，若條條記憶，更僕難言。此法無論若何和較，勾股弦三數俱無。如求勾股者，以天元假股弦冪相減；求弦者，以天元假勾股冪相加，即勾冪減弦冪以求股勾冪，加股冪以求弦。舊法以和較無勾股數可加，不得已立各法以馭各題，此則以公法假冪乘而加之，一法可通，遇題即了，不若《代微積拾級》中眉目不清，令人費解。願質高明。光緒丙戌三月望，子珊董毓琦謹叙于福州船政繪事院。

清・李善蘭《天代蒙泉跋》 同治二年，余在曾文正幕府，適子珊遊宦皖城，講求中法，余以《代微積拾級》示之，不旋踵而青藍過勝，既明西法，諱言西法。七年秋，子珊赴部引見，乏于川資，文中堂擬派同文館會教，而伊不屑小就，返棹皖江，蓋天學彼勝於余，代學余勝於彼，倘得同聚一堂，彼此切磋，統地球當推第一。但其聰明過人，別三日刮目相待，且胸中杜庫曹倉，融會中西，故能高視一切，於今中外算家見子珊當避三舍焉。近見其論説，雖詆余，實愛余也。余不敏，癖於西而略於中。以誌吾過，今雖有志挽回，而老將就木，子珊寖寖有爲，其續吾志參以中法也可。海甯友生壬叔李善蘭謹跋于京師同文館，丁丑佛生日。

清・李鏐《天代蒙泉跋》 天元之學集算法之大成，西人借根方得天元如積之法，而未得其式，蓋不知天元法中有式也。故曰借根方僅學天元之半。近出代數則又學天元之式，而故爲變易名色，多爲標識，反亂天元之式。蓋未知天元之式中有法也。故又曰代數僅學天元步法之一。法精于元，學者一見洞然，如沸湯沃雪，自不爲代數所惑。惟學無根底、語好新奇輩，不免矜爲一得，不得不亟爲正之。子珊與余生既並地，學有同道。《易》曰二人同心，《孟子》曰用夏變夷，其在斯乎。其在斯也。丙戌十一月六日，李鏐跋。

雜録

清・董毓琦《算學闢邪崇正説》董毓琦《天代蒙泉》 算學有中西二法，今古懸殊，學者鎔衆説而折衷之，去邪歸正，去僞存真，斯爲得之中法。自勾股開方以至弧角爲諸法之正宗，如四子之書，不偏不倚，一貫之旨，已足爲吾道範圍，何必更求他説。楊墨異端之説，亞聖何辟之深，蓋惡莠恐其亂苗也。自八股興而古學替，天算竟無專家，西人因肆其術以居奇，於是變天元爲借根方，變四元爲《代微積拾級》。代數已爲無用，微積各級所謂歧路又有歧焉。考《拾級》代數第一題「今有勾有股弦和，求股」。【略】代數如此繁衍，何不依中法「勾自乘，股弦和自乘，兩數相減，倍和爲法，除之得股」，豈不簡捷，何必用許多正負乘除加減，駕無益之唇樓哉！【略】如下文微積等級以無窮小之小點推至無窮多，費多少心思作無益之論。夫子曰索隱行怪，後世有述，吾不爲之。古法已集大成，即間有杜德美之捷法，刻白爾之對數，非不可博覽參觀，法有可取則取之，讀書者當放開眼界，析衷衆説，棄取維精。入夫子門牆，戴吾道儒冠者，不能背聖而馳。若曰西之《拾級》較勝中法，是謂子貢賢于仲尼，多見其不知量。代數之興，李壬叔爲倡，好奇者踵而和之，其欲立異鳴高，固結而不可解，推其意，豈故爲楊墨操入室之戈哉？其誤信已深，莫能爲當頭喝棒耳。大抵溺愛者不明，癡女子好聽佛法，僧尼之唾罵皆經，即琦昔日好奇而於《拾級》一書朝夕揣摩，到融會貫通，知爲嚼蠟。古法中法無美不該，如四子之書，堂堂正正，爲吾學之正宗，功愈深而味愈厚，乃無故爲無益之求攻乎異端，曷故即欲兼通西算，用夏變夷，未聞變於夷者也。機器肇于公輸木鳶、孔明流馬。有宋鄱陽之戰，以水激輪，名千里船，西國擴爲輪舶。故西人借根之算名曰東來法，而中人反以爲西法炫奇，如星命家榜曰，西法五星不知星命，雖宗《天步真原》，實法回回中曆，皆隸亞細亞，而歐羅巴無五星之説，惟言衆行星五十有四，而左緯與天王、海王等，且該國無旺相支干、五行生尅，則休咎何自而推？倘曰中法五星尚有把握，竊以學算光明，中法勾股開方弧角八線，如五經四書，斯爲正道，既明，或遊藝於四元、拾級，既明其術，知其爲算學中之八股，技成無用，不可爲初學津梁，有明歌白尼、第穀、利瑪竇、熊三拔、羅雅谷、湯若望、穆尼閣等，其曆法皆正正之旗。徐光啟所譯《新法曆書》藉資考證，聖祖仁皇帝心實嘉之，所製《曆象考成》兼用第谷、刻白爾、葛西尼之法，故法有可採則採之，如六宗二簡以馭弧，均數橢圓以步象，其立法未始不精，不可盡掩西之美。若《代微積拾級》，直斥之爲異端。琦何辟之甚深，蓋惡是而非，恐初學入其迷途，中法與古法日淹，不明於後世也。昌黎原道，君子反經，拭目俟之。董毓琦戊辰舊説，丙戌夏日補刊之。

董毓琦《盛世參苓算稿》

序跋

清・董毓琦《盛世參苓算稿・序》 船政爲人才淵藪，制器尚象業已媲美西人，爲中國自强之計，學堂諸生蒸蒸日上，但所習泰西代數不以中法參之，美哉猶有憾。自《堯典》令命羲仲宅西曰昧穀，其法已流于歐羅巴。自秦政焚坑，魯壁僅留蝌蚪，而草野尚有遺賢，漢洛下閎獨抱卞和之璞，北平張蒼能治顓頊歷，張壽王尚奉黄帝調曆。漢中葉，西人多禄畝襲取中法，盛行泰西，至元明八股取士，疇人子弟寥落晨星，幸有國朝之王寅旭、薛儀甫、揭子宣、梅勿庵、江慎修、戴東原、屈省園、焦里堂、項梅侶，及近時之李四香、李壬叔、丁雲悟、吴子登、黄蔚亭，不求利達，抱負自殊，星算能留一線。若無後起者接墜緒於茫茫，恐禹跡岣嶁漸消風日，縱後進有卧求，碧落而碑皆没字，奈之何？南北各學堂開創十有餘年，究無一人能踵梅江絶學。縱琦能守遺法，而一傳衆咻，無補空言。甲申秋，張學士暫攝船政，琦課生徒，擬呈題目，乃多醫診病。後醫評其前醫，誤認淺近爲難題，庋諸高閣。題附于後。何則？船政皆習啊哨嘜嗹，不求者也之乎，且學惟機器之用，只求方圓面積，不必天算高深，所以勾股不知和較，開方不知帶縱，平角不知弧算，豈西人俱不知此，但所詣者僅機器之一端，知方圓冪積了，如鄉村之請製衣算布，請一裁縫即了，不知尚有梅江諸人。若梅文穆與裁縫同至鄉間，詢以衣褲方圓，人皆以裁縫爲絶技，而梅文穆瞠乎在後矣。前沈文肅奏請另開算學一科，部議附在國子監，蓋以算科不但考者鮮人，即識算文宗亦難膺選。國家既開學堂，何不兼通中學，留前人一線之遺運，際唐虞書同文而珙球萬國，琦作俑，恐請入甕，不敢自荐毛鉗，蓋邁年已踰艾政，倘用心過甚，嘔盡心肝，不旋踵而墓木拱矣。雖脩脯萬金，何益哉？故僅筆之爲書，作《參岑》《天代》各種，爲學堂後進階梯，不必由琦教習，以此稿刊與諸生，按圖索驥可耳。此皆淺近入門，新創簡捷之法，惟北伐俄羅斯，試洋遇霧等題，要必中西融會貫通，先由御製《曆象考成》《數理精蘊》《梅氏叢書》《算書廿一種》，天元各術，簡練以爲揣摩，始能遊刃有餘，拭目以俟來者。丙戌端陽，臨海董毓琦叙於船政菖蒲拜竹山房。

又 昔黄帝命隸首作算，始有規矩準繩，唐堯之命羲和，始有璇璣七政，周公之問商高，始有周髀測矩。方今聖天子勵精圖治，賢王相整頓海軍，各直省機厰宏開，扼要以圖，當局者胸有成竹，譬之良醫，補珍參燕，消用苓豨，並蓄兼收，按穴而施鍼砭。故不揣檮昧，聊擬一二，應時急需，爲我朝富國强兵之計，何如？丙戌初夏，毓琦謹識於船政官廨。

李鏐《衍元海鑑》又名《鍾秀盦子學算學》

著録

《衍元海鑑》總目

第一種 《測圓海鏡法箋》一卷　第二種 《四元玉鑑省筆》二卷 坿勘筆未縮

第三種 《海島算經緯筆》一卷　第四種 《量倉通法校筆》一卷

第五種 《算學奇題削筆》一卷　第六種 《龍山書院元草》二卷

第七種 《石鯨書院元草》三卷　第八種 《鎖闈元草》一卷

第九種 《句股捷訣》一卷　第十種 《如積正軌》一卷

十一種 《對數定率》一卷　十二種 《元學釋例》三卷、未縮

坿經算二種 《王制準經算解》一卷　《經算詁算》一卷

序跋

清・葉慶增《衍元海鑑序》 天元一術顯於元代，微於明時，國朝梅文穆公以爲即歐邏巴借根法之所從來，於是習借根方者兼亦演習天元，而其學復顯於世。近儒如元和李尚之鋭、江都焦理堂循皆各有著述，流傳至今。臨海李子琅卿好古博雅士也，余今年承乏伊郡講席，在院延見諸生，訪求宿學，雖與李子未

謀一面，然耳其名久矣。夏間旋里，及門金子燦霞出其所著元草上下兩卷、小識二種見示，並以弁言相屬。余諾之，而行色匆匆未能讀其書而即爲之序也。抵家以後，筆墨填委，亦復日無暇晷。秋間，重以痁疾，因爲珍藏篋笥者數月。近始取其書而細閱之，見其於原術中正負相消、盈朒和較之理發揮殆無遺藴，乃知李子真能學求實用，而不爲時風衆勢所轉移者也。自貼括盛行，士皆窮老盡氣於八股時藝中，欲求一二有志之士稍能軼出其外，兼習詩古文辭者已屬不可多得，至於算術尤以爲所學非所用而契置之。李子獨能於治經餘暇，旁通及此，設人人盡如李子，彼泰西諸國之擅是技者，何敢挾所長而傲我中土以所不知哉。余抑余更有進於李子者，算學雖精深廣博，運用無窮，稽諸古人，究祇小學中六藝之一，好古博雅如李子，誠取往昔聖賢理學經濟諸書而熟復之，詳味之，他日出其所藴，以宣力國家，當必更有卓犖大者可以表見。李子儻亦有意焉否耶。余於算學平時雖亦嘗究心，曾取古人成法，凡爲余所通曉者，輯成《學算階梯》一書，苦年來奔馳南北，角逐名場，一時殊難於卒業，以視李子實屬無能爲役。今李子不以余爲不可語，方且出其所學而介金子以轉相質證，是其虚心集益之意，尤堪嘉尚。余何敢以媕陋固辭，爰書數語於簡端，以爲之序。若其測算之妙，推衍之精，則原書具在，自爲有目者所共賞，無俟余爲贅説云。光緒三年歲在丁丑孟冬月上澣，慈溪葉慶增序於映薇書屋内之留香深處。

清·王棻《衍元海鑑序》 古今之學術衆矣，源遠流分，毛舉縷析，隸首不能窮其數，向歆不能究其全，然其大要不過義理、詞章、考據三者而已矣。義理之學莫盛於宋，詞章之學莫古於唐，考據之學必宗夫漢，近世所謂漢學者是已。而漢學又自分爲三，曰三禮，曰六書，曰九數，皆古六藝之遺，而王天下者之所重也。蓋三禮爲經學，以鄭康成爲宗。六書爲小學，以許叔重爲宗。九數爲天文算法之學，漢儒雖尟專門其事，與考據爲近，故言漢學者或兼治焉。吾台山水奇麗，雄視東南，生斯土者類多好學深思之士，其自視不肯後於時流，自聖清受命，多士雲興，考據之學軼唐超宋，而吾台之士若弗聞焉者。乾嘉以來，稍稍振起，維時經學則有天台侍郎齊召南次風，臨海優貢金鶚風薦，司馬洪頤煊筠軒，拔貢洪震煊櫆堂，知縣宋世犖确山，黄巖知縣李誠静軒。其小學則有太平知縣戚學標翰芳，黄巖諸生施彬拙之。其算學則有天台教諭施際清穆亭，黄巖歲貢金鷹揚西溪，而齊侍郎、戚知縣、施教諭皆兼善詞章其尤盛者歟。厥後黄巖歲貢、姜文衡亦農攻詞章，諸生黄鏃雲海兼求義理，姜丹書册言明易，張淦麗皀明詩，朱煦葵苑明算術，亦其次也。至於今日，黄巖經學小學則有庶常楊晨定夫，舉人王詠霓子裳，拔貢王士駿吉人，諸生張□子遠，夏建寅子香，王特達泉。其嘗從余遊者，諸生陳尚彬焕南，鄭瑞蘭子沅，喻鯨華子韶，而林元鼎、李銘、朱謙孚五皆從子遠遊者也。其算學則有諸生顧有光，肖岩許仁疇幼幾，臨海舉人周郇雨叔昀，宋貞德春谷，諸生李鏐琅卿，葛華春野，李承宣仁山。而從琅卿遊者尤衆。琅卿乃取元李冶仁卿之《測圓海鏡》、朱世傑漢卿之《四元玉鑑》，晉劉徽、唐李(湻)[淳]風之《海島算經》，近世金華張作楠丹村之《量倉通法》，及西人之《算學奇題》，爲之測算推衍，并課試諸草，名曰《衍元海鑑》，蓋以天元一術爲主，合《海鏡》《玉鑑》而爲名也。光緒己卯以活字板印行，而問序於余。余嘗稟學於亦農先生，而好從册、言麗皀二君遊，且乎訂《雲海遺集》，獨於九數之學未嘗究心，其何以測琅卿之所至哉。然而仁卿之言曰，自然之數，自然之理也。琅卿亦嘗自言曰，天元由理得法，寓至理於算式，固法式兼全，理數兩得者也。然後知詞章考據之學無不本於義理，斷斷然矣。琅卿負才自憙，志趣不凡，誠能由數學之自然以求義理之本，然與及門諸子抗心希古作聖齊賢，將使後世考吾台義理之學自今日始，豈不甚盛也哉。棻也軨才諷説，白首無聞，儻以炳燭之光，得從諸君子後，以求聖賢爲己之學，何其幸歟。故謹述吾台學術之概，以塞琅卿之求，且爲好學深思之士進一解焉。是歲十一月朔日，黄巖王棻書於東嘉志館之清暇軒。

清·王蚬《衍元海鑑叙》 臨海李子琅卿，好子云深湛之思，通商高積微之算，既撰《衍元海鑑》，凡八種，問叙于余。余未達厥詣，末由應也。園居多暇，展轉紬燖，驗天運之日新，體述作之微恉，迺爲叙曰：在昔庖犧仰觀俯察，握樞陳紀，衍極之用，繫諸乾元，秦始造耑，函三爲一，兩儀既判，四象孳生，乃爲十言之教以贊神明，制九九之數以合天道，於時中黄啓宇，隸首創算周髀，垂句股之經，保氏揭重差之教，張衡靈憲之説，指員動爲天元，徐整三五之紀，推攝提爲肇始，漢氏以還，代有傳習，名於世者七十餘家，要其精能卓絶，神變無方，靡大不綜，無幽不顯者，其惟立天元一之術乎。天元一者，數之至精而至微者也。欒城《海鏡》之測探賾於容員，邢臺《授時》之歷犂幾於弧矢方員羃積和較相求，推總數以奇零，盡加消之超變，錯綜參伍，演段是階，洵鉤鉅之宗師，引綴之先覺也，然而至理精深端倪莫測，淺人下學株守立成，是以荆川疑之於前，篛溪删之於后。熊利爲泰西之彦難索解人，徐李著《同文》之指未遑辨訂，鴛枕雖存，金鍼罕度，吁可慨已。聖朝右文稽古，累洽重熙，律度昌明，師儒輩出，於是《赤水遺珍》首悟巴拉之語，燕山《玉鑑》旋觀九式之成。其專門名家者，有若江都之焦循、元和之李鋭、吴縣之沈欽裴、甘泉之羅士琳、江陰之宋景昌，咸甄明元理，覃思箸述，布策之妙貫徹古今矣。然而疇人子弟尚習幾何，歐羅累譯，侈談對數，校翠微之學祇詳八線之方，讀海島之經未衍互乘之矩，太虚積率遺藴待申，格致立題詭名求異，習其術而不通其故，竊其法而轉易其名，此猶制氏之樂僅記鏗鏘，而欲其同天地之和致鬼神之格得乎。今琅卿之爲是書也，一以天元爲本，而補敬齋之草，則負畫不損，改松庭之煩，則物元可省。龍山授業兼詮測望之編，鯨院傳經共訂量倉之帙，苦心精力，幾倍古人，蓋諸法或窮，一元能御，羣倫統係，百變不離，是雖假借殊途，尋求異數，而少廣之於開方，方程之於正負，固融會而益神，亦燭照而可計。琅卿有言，法本一理，演以四元而不必有餘，約以一元而亦無不足，惟執簡以馭繁，匪因難而見巧，知西法借根方僅學其半，未是其全也。斯可謂好學深思，心知其意者歟。且夫有形者，無形之積也，太始者，元始之萌也，混芒之初，眹兆未見，幽清寥寂，不可爲象，厥中惟靈，實道之根，是故《易》謂之太極，《春秋》謂之元，《禮》謂之太一。變一言，元者，氣之始也，有一而有氣，有氣而有圖，有圖而有名，有名而有事，故曰一之所成，萬紀以生，一之所綱，萬有以藏，理施於四海，解際於六合矣。後世身通六藝之儒，惟魯郡秦氏《數書九章》首明大衍之理，極乎奇耦之變，天元一術大路椎輪，即假以判真，借虚以課實，自然之數，莫之式先也。琅卿精思神解，於帶分寄母、同數相消之故，亦既囊括而靡遺，條分而縷折，若更由秦氏之書以索大易之隱，探符河雒，潛潭皇極，扶之以文義，潤之以道真，可以通幽明，順性命，經緯宇宙，裁成品彙千聖之道，一以貫之矣。甯與洛下潛虚，西山演範，同僭聖而擬經哉。風雨鷄鳴，德音不已，言言君子，跂予望之。黄巖王蜺。

清·顧有光《衍元海鑑序》 嗚呼！算學至有天元之術，其微妙爲已極，非惟擅中法之精奇，抑亦西人所仰慕，得其似而莫窺其奥者也。乃時而明滅顯晦，何幸迭逢李氏，何不幸致厄於顧氏。今李君琅卿以《衍元海鑑》一書乞序於予，得毋羨李氏之功，而益慚乎顧氏，僕更何以爲言乎。夫天元本始於宋秦九韶，而當時之衍其法者殊覺寥寥，迨元有李氏冶著《測圓海鏡》，天元之術乃顯於世，即治歷者多從而宗之。至於前明家篛溪與唐荆川兩先生，自謂得算學三昧，均莫之解，而篛溪爲作《測圓海鏡分類釋術》十卷，《弧矢術》一卷，盡削天元細草，改衍算法，紕繆已極，自是而天元之法遂絶。幸篛溪之學自有根柢，即今猶傳其書。國朝有梅勿菴者，近世推爲絶學，所著曆算諸書至數十種，而於天元終不能道隻字。洎孫玉汝，供奉内廷，蒙聖祖仁皇帝授以借根方法，始得悟及天元，西人名其術爲阿爾熱八達，譯言東來法也，蓋中土失傳，猶傳外域，東來之名，彼殆不忘所自耳。然借根之法，雖本於天元，天元之妙未罄於借根，則是西人之於天元猶有所未精焉。玉汝則知乎其法，猶未得其式以極其妙者也。嘉慶間有李氏名鋭，得阮閣學抄藏文瀾閣本，窮探研索，其術始明。吾友琅卿又衍其術爲八種，信乎李氏多材，其爲天元之傳者。仁卿而外有玉卿，今又有琅卿，以爲鼎足，不洵爲羽翼漢卿，以翺翔千載乎哉。李氏之譜初成，予未及窺其，曰鋭曰鏐者，杲昆季之行與否。然其於天元也，有以決其無削草之虞，失傳之慮矣。予以壬申獲交李君，知其氣質有卓絶羣倫者，故於陰陽星學無不淹通，尤可怪者其於算學，即以天元爲入門初步，宜其窮年而罔獲也。不謂習之既久，遂有一旦貫通之妙，苟非天資卓絶，安得有臻兹化境者乎？然其學力之精積，要不可以尺寸計矣。余自幼喜習乘除，偶讀程氏算法一書，趣味横生，漸識九章，數十年來聞戚友家有歷算諸書，雖殘缺，輒無不借閲，始得於中法之十書，梅氏之叢書，不假成法，皆能了了，竊自謂已窮其旨無他巧矣。同治丁卯，春宵雨後，途拾一帙，爲湖州試草，中有三元算學一道，草盈千有餘字，茫然不解，竊訝有如此以命題，如此以布算，而其書不列乎四庫，爲之驚歎者久之。後晤李君於試邸，興言及此，李君即出《玉鑑》以示，如獲珍寶，遂爲借抄，窮究月餘，始知中法之妙，當以《海鏡》《玉鑑》爲極致，而其法仍本一天元也。竊欲取《海鏡》之法，參《玉鑑》之意，命數十題遞衍乎四元諸草爲成一書，至今僅成數則，欲終此而未能也。及得李君衍元八種，連夕翻閲，欣羡奚如人以爲李君之有得於天元者深，予以爲李君之有助於天元者爲甚大邇。聞李君之課徒也，詩文之外，兼及算學，其門下半多族子弟，則李氏之興，正未可量。而拙著未知何日得以成書。成書之後，不知與家篛溪之《釋術》同誚歟，又不知如篛溪之見誚，而仍不可没，得傳其書於後歟。且將質之於李君，是爲序。光緒歲庚辰春三月，肖淵弟顧有光拜撰。

清·董毓琦《鍾秀盦天元全集叙》 自隸首作(蒜)[祘]，黄帝始有九章，其方程正負互乘爲天元之鼻祖，《周禮》保氏註九章外有重差夕桀，傳至《海島算經》蓋以雙表互乘、四率比例，以已知一率與未知四率互乘，以今知二三率乘數齊而消之，即河圖一三七九奇數以首率一九相加爲十，與中率三七相加之數等，以首率一減之得末率九，以九減之得一，以中率三減之得七，以七減之得三，其偶數二四六八亦如之，即一率二比二率四，若三率四比四率八，以一四率相乘，與二三率相乘之數等。河洛初開，已寓天元互乘齊消之理，秦九韶大衍、郭太史授時始明其法，迨《四元玉鑑》《測圓海鏡》兩書出，一時紙貴洛陽，天元之理昭然若揭。無何箬溪諸公删其細草，流爲泰卤借根，僅得其半，代數得其肢爪，未探驪珠。今幸琅卿李氏，三折天元之肱，爲《海鏡》正法，補其細草，《玉鑑》(逄)[降]元簡爲一元，爲千古巨靈，擘太華而開障道，而且補未備之島經，課龍鯨之試草，奇題搜削，倉較求精，吾台天姥高峯巾山雙幘，應有出類拔萃之人。今於琅卿見之，余歷年宦遊，近在福州船政繪事院，督諸生機器製造各圖，全廠提綱，日不暇晷，裴星使擬以中法簡易，通西法之隱粿，命草《參苓》《天代》各種以授諸生，而工匠三千，學徒三百，忙中走馬看花錦，綳慚已倒，幸有千里琅卿一一校對，如穿九曲之珠，其惠我多矣。今觀琅卿《鍾秀盦全集》，爲近時天元首屈一指，使西人借根代數望而却行，庶幾用夏變夷，同鄉有同志焉。是爲序。光緒丁亥日在降婁，髀算山房主人子珊氏同邑董毓琦謹識於船政繪事院。

清・李鏐《衍元海鑑・自序》 學問功夫，與時俱進。學於古並學於今，學於中並學於西。平生經史子集四學，積稿過二百種。算爲藝事，算爲時務，列子學一門，然備該經史子集之學，經學書稿十五餘種，夫周正注曆，畝里合經，如《春秋紀日曆》《春秋授時曆》《王制準經算解》《經算詁筆》各種，則屬經學之算學。史學書稿二十餘種，抑測算天文、測繪地圖，如《台屬輿圖彙稿》《[光緒]臨海縣志輿地志》各種，則屬史學之算學。子學書稿八十餘種，如《星學指南》全以推測天星，《乾坤指掌圖》之天盤協吉圖，又推太陽衆星之躔宿度，類爲子學。鏐則學元李冶《測圓海鏡》中法天元一元之學，著《法筆》，天元之學憑虛馭實，法式中理爲古算家之秘術，中土數學之寶書。又學朱世傑《四元玉鑑》中法天地人物四元之學，著《省筆》，省其四元，而以天元一元馭之，精益求精也。四元之學，神奇奧妙，誠中法算學中最上乘也。西人譯而代之爲代數。又閱米利堅羅密士譔《代微積拾級》，西法代數之學，著《歸元正筆》，原術代數、微分、積分三級，均衍代數，今則歸於中法元學之正，而以天元一元馭之，馭代數以天元學也。代數仍以天地人物命元，證其祖述中法四元之學。代數横書，證其推衍四元人元之式，四元列式，代數代識號，故四元除式，代數不能代，天元步法，而代數借根，均未能學步，西法借根方學中法天元之半。嘉道間，天元盛，借根廢，近出代數，勝於借根而遜於天元，故精天元者，能馭四元，即能馭代數，且能以天元馭微分積分也。若夫化學、汽學、電學等學，均可天元比例，著《時務西學元草》，馭西學以中法也。西國氣毬，如懸膽形，其重心在中點，氣直上升，聚於重心之點，故止上行，不能横行。鏐乃改其圓毬形爲中國襪形，底橢長，頂斜上，上横迤前，名氣襪，移重心於旁點，氣自斜升，過於重心之點，氣復横行迤前，故可行空而横行，升用煤火力，氣度足則斜上横過前，著《中國氣襪製圖説》三書，並所以主中西之絶學也。且《海島算經》，古用籌算，衍以天元，著《緯筆》。《量倉通法》原用借根，改衍天元，著《校筆》。《算學奇題》，今用珠算，衍以天元，著《削筆》。且華蘅芳《筆談》十題用四元，吴子登算書二題用二元，均衍以一元，著《勘筆》及《識筆》《隨筆》《精筆》。方主講龍山，則著《龍山元草》《數理衍元草》，并著《句股捷訣》《如積正軌》《對數定率》及《等邊秘術》《分弧公法》。迨主家塾，則著《石鯨元草》《鎖闈元草》，并著《三邊内容率》《邊角割圜》《橢圓捷術》及《曆鈐》《曆草重學》。迨幕游蜀軺，則著《蜀軺衍元校記》，并校咨送總理洪雅縣監生蕭開泰《秒微儀説》六卷，《元學釋例》，并著《截臺積元草》、方城海鏡迨會辦台府輿圖，則著《三邊測望》《曆學指原》及《試筆》。迨分纂《臨海縣志》，則著《臨海日出入表》及《算筆》。迨掌教靈石，則著《法實除乘方捷法》，統名《衍元海鑑》五十餘種，則屬子學之算學。集學書稿一百一十餘種，然儀器識銘，藝書序跋，如《石鯨堂古文》《駢文》各種，則又有屬集學之算學。先君子所築之堂曰習琴，因以名總集凡十七種，而鏐不忍斥言，乃諧習琴之聲有古義者代用，又文言曰習琴書堂。堂後有先人之敝廬在，曰愛吾廬。鏐則牓爲鍾秀盦，蓋曰鍾毓秀靈之覆蓋也，因以名彙稿，凡二百二十餘種。光緒戊戌夏四月，李鏐琅卿自序於食芩草堂。

清・楊孚甲《鍾秀盦算學序》李鏐《鍾秀盦子學算學十一種》 今夫天地山川秀靈之氣，必於數百載而一鍾其人，以大發其不傳之秘。算學自西法尚矣，予友琅卿李君自鯉庭受學以來，帖括之餘始專心於古學，余故以此爲總角交，繼而思月露風雲，縱極精工，無裨實用，若不出奇不足以制勝，況古人六藝不遺九數，而台之失其傳爲尤甚，由是鉤深致遠，積十餘年之寒暑，一旦於天元之道，觸類旁通，神明不測，舉古人之九容八線、六宗三要，至精至密者，不啻一覽而無遺，故不憚於及門諸子口講指畫，凡西法中失之毫釐者，輒爲之正以天元開方之法，以廣其傳，豈非天地山川秀靈之氣偶鍾其人歟。若予者，片長薄技，碌碌無能，雖於帖括而外，兼參六法，亦不過以山川草木爲腕底之文章而已，初非得不傳之秘如琅卿者之可以前無古人後無來者也。予與琅卿家隔百餘里，每多契闊，幸近數年來，忝主旦華藝林諸講席，與琅卿尤親炙，故有以知其心得之由。至於是編之參互考訂，予未得門，閲之如没字之碑，故不敢贅一語，知琅卿當有以諒我也。光緒乙卯夏五月，知小弟楊孚甲柳河序於三鱣草堂。

雜録

清・李鏐《衍元海鑑》例言

一，藝學書爲時急務，積稿五十餘種，無力授梓，原印《海鏡法筆》等八種傳行，隨印《句股捷訣》三種，今乃加增加潤，又集印《釋例》種，合十二種。他若《試筆》《精筆》《隨筆》《再筆》《三筆》《識筆》《算筆》《棄筆》《算式》《正率雜糅測圓》《三邊測望》《八線割圜》《邊角橢圓》《如積》《重學》《曆鈐》《曆草》《衍算小識》《蜀軺衍元校記》各一種，待梓。

一，首《法筆》，次《省筆》《緯筆》，學於古人也。次《校筆》《削筆》，自學所學於今人也。次《書院元草》，與人同學也。次《鎖闈元草》，以所學就正於人也。今次《句股訣》《如積定率》《元學例》，已印成始學也。次《衍元草》，成終學也。次截積、内容，測地之學也。次等邊、分弧，測天之學也。次曆學，天算學精也。次《代微積歸元正筆》，次時務《西學元草》殿焉，所以主中西之學也。嗣出。二十種。

一，是編俱以天元一術衍算，曰海鑑者，竊取乎李仁卿之海鏡，朱漢卿之玉鑑也。

一，寫様由諸友，雖嚴加校正，尚有僞，願隨正之。

鏐重識。

李鏐《海鏡法筆》

序跋

清・李鏐《海鏡法筆・序》

壬申首夏，避客添香吟館，無意間手衍弦和求句一草，若有憑焉，而適合心，未之信也。復衍三邊求底一草而亦合，始知精積日久之豁然一旦乎。復致力於正負者匝月，不惟得其致數之法，而且得其致法之理，學者當有以諒我知者，當有以教我矣。李鏐謹識於石鯨堂。

雜録

清・李鏐《海鏡法筆》例言

一，《測圓海鏡細草》原書十二卷，元翰林學士欒城李冶仁卿撰，阮閣學元序曰：立天元者，自古算家之秘術，而《海鏡》者，中土數學之寶書也。大哉言乎。有明一代無傳人，傳諸西人，曰東來法，西人又傳中國，曰借根方。然法中之式未傳也，是書既厄於顧箬溪删去細草，再厄於借根方校案者削去負畫，并贅直寫數碼，割裂甚矣。本朝梅文穆《赤水遺珍》云即借根方法，亦第知有法未知有式也。嘉慶間，元和秀才李尚之鋭得閣學鈔藏文瀾閣本，按草覆校，依術布算，而其學始傳。歙縣鮑以文廷博爲刊入《知不足齋叢書》第二十集，而其書始傳。

一，總圖，總率圖於大句股上中容圓城，又分十五同式小句股，設「總率名號」以誌之。

一，正數於今問十三句股各設十三率，今列爲表，增爲識別正變表，又增李尚之新設第二率爲較數表。

一，識别雜紀，原書隨得隨記，今乃逐率編注，補遺省複有例可推。凡大注者，即見此率，旁注者詳見他率，又如此率之變爲他率，與他率之變爲此率，從某率出入者，下注變字，間出者曰雜率。又設和率較率，而以釋名附焉。如積載後。

一，如積，原書間見雜紀，今則分門推衍，以明圓徑自乘相乘之積冪，爲相消設也。

一，補草，原書一百七十問有法無草者二十四問，逐爲補衍，計細草二十有六。

一，立天元一法，即立天元爲所求數，以虚數爲天元居上層，真數爲太極居下層，天元之由理得法，更寓至理於算式，固法式兼全，理數兩得，不第如由法得數之無式，由數比數之更無法也。

一，算式，筆算也，不用籌算珠盤，惟以算式記數。

一，定位，逐行者定末行爲單位，逆數得十百大數，順數得分釐小數。逐層者定末層真數爲太，上層爲元，太以上者皆元乘數，太以下者皆元除數，惟太乘太、太除太數定之爲太，猶以一乘一、以一除一之定爲一也。原書元太雜注，今惟注太字爲誌，上下可由是推。

一，正負，無斜畫者爲正，有斜畫者爲負。負者少之誌也，減之誌也。此爲式中之最要者，舊案以斜畫爲混人目删之。吁，誤矣。

一，加法，二行對列，各齊層數，以元加元，以太加太，正負同名相加，異名相減。相加者正負如故，相減者正負從未盡數，無對者正負如故。

一，減法，有「減」、「減於」二例，減者以大爲本數減去小者，減於者以小爲本數減於大者，二行對列，各齊層數，認大者爲本數，以元減元，以太減太，正負同名相減，異名相加。相減者本數未盡，正負從本數，本數減盡，以彼數入者，正變爲負，負變爲正。相加者正負從本數，無對者，在本數正負如故，以彼數入者，正負亘變。

一，乘法，左右對列，各齊元太層數，逐層以單層法乘之。有若干層，即乘若干次，每次遞降一層。同名相乘爲正，異名相乘爲負。乘訖，按層同名相加，異名相減。相加者正負如故，相減者正負從未盡數。逐層結之，有若干層，即結作若干層，爲乘得數。至乘後之爲元爲太，按定位法，以太乘太之爲太定之。

一，除法，有「受除」、「不除」、「不受除」、「帶除」、「代除」五例。爲求如積設也。受除者，以太爲法，即平分幾分，而層數如故；以天元爲法者，既平分幾分，得數每降一層；以太下爲法者，既平分幾分，得數每升一層。同名相除者爲正，異名相除者爲負。不除者，有可除而不除，便寄除法爲分母也。不受除者，或除實而奇零不盡，或命除之法，層數多於實數，爲無可除也。帶除者，如以元爲法，而帶太除之，也以乘代除者。不除此數，而以除法乘彼數，使之相等，猶受除也。蓋除不足馭，不受除不除，無不可以馭除也，故有除法而不除。《天元除法引》，載李炳章、周毓英《中西算學集要》。

一，相消，即方程直除，亦即減法，蓋兩數既等，無減，於例故曰相消。正負亘變，悉同於減。

一，開方，凡相消後不論元太，得兩層者，爲上法下實，以無隅平方開之即除法。得三層者爲隅從實，以平方開之。開之爲言除也，除只一法一實，而平方以從、隅爲法，是一實二法也。其術先超步，次約商，次以商乘隅，加減於從，復以商乘之，減實，得初商。次以商乘隅，加減於從，爲次商從。變之，隅退次從，從退次實，各一位，以活法約次商，如初商。相乘加減，同名相乘者爲正，異名相乘者爲負，同名相加，異名相減，實盡而止。有零位者則超商之，有小餘者則退商之，有之分者則借商之，是仍通平方之法於除法也。然除惟商一數，而平方可開二數，有正有負，或大或小，故初商又有除從，益實，翻積三法，避兹三法者，又設爲和盤商、倒頭商二術，通兹二術者，又設爲如意商一術，無非變巧以濟約商耳。至開又一數者，則又有負商、代開二術。得四層者，爲隅、廉、從、實，以立方開之。每多一層，爲多一廉，即多一乘方，如前法開之。今又創爲法實除諸乘方法，較捷。

一，求兩如積法，一寄左數，如併句冪、股冪爲弦冪之類。姑寄其數於左也。一又數，又求一積，如乎寄左之數也。如弦自乘爲弦冪之類。故曰兩如積。

一，曰法筆，法乎古人可傳之法也。鏐困學是書者九年，僅知加減，壬申首夏避客添香吟館，無意間手衍弦和求句一草，若有憑焉，而適合心未之信也，復衍三邊求底一草，而亦合，始知精積日久之豁然一旦乎。復致力於正負者匝月，不惟得其致數之法，而且得其致法之理。學者當有以諒我知者，當有以教我矣。

李鏐謹識於石鯨堂。

李鏐《四元玉鑑省筆》

著録

《四元玉鑑省筆》目録

序跋

清・李鏐《四元玉鑑省筆・自序》 天元一元之學，傳於元李仁卿冶《測圓海鏡》李鋭校本、《益古演段》兩書，天地人物四元之學傳於元朱漢卿世傑《四元玉鑑》羅士琳補草。《算學啟蒙》兩書，然李氏一元之學，實有精於勝於朱氏四元之學。《四元玉鑑》三卷，凡二百八十八問，原術以天元一元衍草者二百三十二問，不復省。原術以天地二元衍者三十六問，天地人三元衍者一十三問，天地人物四元衍者七問合五十六問。今鏐省作天元一元衍草，蓋有舍難從易，理繁就簡，精益求精之勝，曰《省筆》上下二卷，使非心静機靈，烏克長此學識。夫固有索一解僧同入定得一解將獨成功之一境焉，當其拔去朱家四元幟，徧立李家一元幟，勝負決定，譬籌時務，彼則需軍幾萬萬需餉幾萬萬，我則用其四分之一，省矣。譬如選將彼用四將而不足，我則馭以一帥而有餘，譬如任重道遠，彼駕四馬而紛馳，我則馭一火車而獨速，蓋惟鏐能以一元馭四元，然人尚不能以四元馭四元，況有以四元馭一元，淺深繁簡，相去萬倍。近出西法代數，祖述中法四元，可四元馭亦可一元馭。微分積分兩條，可四元馭亦可一元馭。余所以有《代微積歸元正筆》之著也。華蘅芳《行素軒算學筆談》卷七末條云，近人有取《玉鑑》中三元四元諸題，但立天元地元以求之者，雖布算較省，然須多一識別，且非朱氏著書之意也，蓋指鏐《省筆》云。然《省筆》實以一元馭二元三元四元諸題，非以二元馭三元四元諸題，欠有區別朱氏馭四元。鏐能馭一元更上出著書之本意也。識別爲天元之常，非贅。《筆談》四元論十題，原以二元三元四元衍八題有句三股四，立天元一爲句，地元一爲股，皆已知數誤極，七題十題亦立已知數並誤。華自謂平生未嘗致力四元，僅能畧知四元大意，職是致誤畏難，極言四元之難，代數之便。然使熟學四元，則四元亦巧生便易，鏐則以一元馭之以示天元之易，曰《勘筆》。吴子登算書二題，原以二元馭，鏐則以一元馭之，亦曰《勘筆》。並坿《省筆》二種後，以見學識云。光緒二十四年中春日，臨海李鏐自序於石擎堂。

雜録

清・李鏐《四元玉鑑省筆》例言

一，原書設問首行低一格，次行又低五格。今俱頂格寫。原書答低四格，術低二格，羅草及前案低三格，後案低四格，今俱低一格寫。鏐省草低二格，以別之。

一，原書先術後草，鏐則先草後法，蓋以法從草出也。

一，原術及羅草，俱太上元下，鏐草從《海鏡》例，元上太下。閱者勿嘔以一書兩式。

一，原術以益爲負，以縱爲正，鏐法俱作正負。原術及羅草，隨消而誌正負，今概消作正實，故開有合式而正、負不合。

一，原書有脱文、羨字、誤字，今從羅案。

一，草尾縷贅時地，自以課功，非衒異也。

己卯初夏，鏐識於石鯨堂。

李鏐《海島緯筆》

著録

《海島緯筆》目録

第一題　重表測高遠八法　第二題　重表三望測高差三法

第三題　連索測方遠二法　第四題　重矩測深一法

第五題　重矩一表三望測高一法　第六題　連索三望測廣一法

第七題　重矩四望測深一法　第八題　重矩兩地三望測廣二法

第九題　重矩一表四望測廣長二法、校二法　第十題　重矩一管測高遠

斜高日徑四法

比例二十六欵

增題　兩儀四望測廣三法　重管測廣遠二法　三矩測方遠高三法　重矩船間測高一法　重矩船間測圓遠斜四法　索筒重較測深一法

備録　兩如積七條　步法　里法

序跋

清・李鏐《海島緯筆・序》　測望之法出於《周髀算經》。商高曰，平矩以正繩，偃矩以望高，覆矩以測深，卧矩以知遠，環矩以爲圓，合矩以爲方。用矩之道知所自矣。傳於《海島算經》，劉徽曰度高者重表，測深者累矩，孤離者三望，離而又旁求者四望。用矩之道盡乎變矣。而《周禮》保氏注，九章之外綴有重差、夕桀。夕桀者，互乘之訛，即此術也。術以單表望者，即同式大小句股形，非重無差。以重表望者，即同高共底形，因重生差而致數之法即於其差立焉，曰重差。若三望、四望則又重重生差，可一理貫也。夫然，重差之形，其即三角乎，蓋摺其形爲重差，展其形爲三角，重差之表高即三角小垂線也，前表景即小式小分底，後表景即小式大分底，相減爲景差，即小式底較也，景差加表間即大式鈍角底，亦即鋭角底較，前景去測遠即大式小分底，後景去測遠即大式大分底，所測之高即同式次形大垂線也，故以小底較大底較，與已知小線比同式之未知大線，各得所求，爲互乘本法。然原術只用表間，不用底較，題之理法俱隱而不露，讀是書者猶疑術家之秘也。而今盡發之矣，或表，或矩，或索，或度版，或儀器，或管，或桿，於高深廣遠間，構兩小句股形，而以表間爲大較，合成大三角，即爲有法之形，且有有形之法。嗟乎！秘監窺天，司空度地，縮繪計廣輪之距，出奇料險遠之軍，必將取法於本經焉。是爲序。光緒五年己卯元旦，琅琊李鏐書於石鯨堂。

雜録

清・李鏐《海島緯筆》凡例

一，原書古名重差，唐名《海島算經》，殿本仍之，計存九題，凡十三術，今從《六藝綱目》補第十題，計十題，又補十四法，凡二十七法，附增六題。

一，殿本原題頂格寫，答連題寫，術另行頂格寫，注低一格，校案分注。今惟原題仍頂格寫，答、術、注另行低一格，校案從省。俱從原文對正，並無竄易。宜删者用大字方圈，宜增者用小字方圈識之。鏐草及法俱低二格寫，新案分注。

一，原書以術馭題，（湻）［淳］風注以數釋術，多用先除後乘，今以天元一術校衍，由草得法，爆落舊例，故合問而不盡合術。

一，原書無圖無標目，今就及門葛超稿增圖，并依次標曰第幾題，庶便校覽。除夜自識。

李鏐《量倉校筆凡例》

雜録

清・李鏐《量倉校筆》凡例

一，張丹村《翠微山房數學・量倉通法》卷四凡有三十一問，鏐嘗校衍五十五草，今節印一十七問二十二草。

一，原術用借根方衍算，今以天元一術重校，精粗悉見，即《倉田通法續編》原術亦以天元立算，而淺深繁簡，識者自能辨之。

一，立方設問祇須三率，原題有至五六率者，此命題之誤也。今以元法步之，自然脱漏。

一，古斛法二五，爲面方一尺，體高二尺五寸，當一斛也。

李鏐《算學奇題削筆》

序跋

清・李鏐《算學奇題削筆・序》　蓋聞耶穌之教，西國漢末耶穌有神術，以手撫愈病，叱海中風浪立止，行海水如履平陸，以數魚數餅飽幾千人，常有男女幾千隨之，祭司長以其惑衆，謀執釘十字架上而死。見《新約全書》二十一篇。與中國漢末趙炳有道術，以禁氣術除病，禁溪水不流，臨水張蓋，呼風亂流而濟，以海水爲酌，削桑葉爲脯，百姓神服從之，章安令惡其惑衆，收殺之。見《後漢書》徐登傳。二術士同爲身受國法之人，祭司長、章安令同一識見，且耶穌被門人猶大受賄賣其師密，導人往執訂死，更屬名教罪人，不可以爲教迹，耶穌之心術，惟以死復代人贖罪約則盡於信。而中國之教則有仁義禮智五常以出信上焉。加之教以智則有公輸子削木鳶、諸葛武侯木牛流馬以從戎，教以禮則有郭令公单騎以見虜，教以義則有傅介子、張騫立功異域，教以仁則有齊管仲一匡天下無被髮左衽於夷狄俗，何必設耶穌教務於中國民也。西人之學則盡於格致，而中國之學則有誠意、正心、脩身、齊家、治國、平天下八條目，以出格物致知上焉。且格物致知功夫爲中國之初學進之，以學誠意正心，則主上之敬天圖也；以學脩身，脩自强之君身也；以學齊家，齊密邇之宮庭也；以學治國，治秉禮積弱之中國也；以學平天下，平東西南朔四裔來王之天下也。何必設格致書院於英租地也。光緒二年正月西歷耶穌降生一千八百七十六年二月。英國於上海設格致書院，掌學堂者爲英儒傅蘭雅，重譯著書，輯有《格致彙編》一種，月出一卷，其大要則天文、地理、算數而外及製器、汽機、力藝、化學、電學、礦務、武備諸端，盡泰西格致之學，輯爲成書，術尚富强而於誠正脩齊治平之王道須更受教於中國之學，方能口譯筆述。編有《算學奇題》一類，鏐則以中法天元學馭之，曰《削筆》，削其有數無法，有法無理諸條也。又第二、第七、第十六三題，題誤答誤，均以元草校正，函致傅君，未蒙复答。今因重校重印，并弁之於右。光緒二十四年春三月，浙江臨海李鏐琅卿自序於石擊堂舊隱處。

雜録

清・李鏐《算學奇題削筆・與英國傅蘭雅書》　傅蘭雅先生閣下，弟鏐再拜。比年來聞英國於上海設格致書院，主教者爲吾浙李壬叔先生。今歲秋，應試浙垣，從貴國商購得《格致彙編》六卷，始知有閣下名也。閣下不以中西歧視，開館設教，重譯著書，仰見一道同風之盛，亦以見閣下所志所學之大矣哉。然格致者，聖功王道之始事，非可以智取而術馭也。貴館設有器具，殆中夏士夫聞所未聞者歟。編有《算學奇題》一門，凡十九題，逺徵明算家推求法數，蓋以會通中西之絶藝。展閱之下，不禁眉舞，凡在燈窗風雨之時，以及行李舟輿之次，精校衍草，於拙稿增《削筆》一卷，誠快事也。按第二題，駁者謂無此三角形，説者謂平弧三角形，信乎。然題無徑數，又無角度，如草校之，則仍無法平弧三角形也，不若以面爲面冪展之即爲有法之形，而且有有理之法。按第七題爲最深之算學，仍命球徑爲八寸，校得鑽徑爲四寸八分六釐强，比原答爲大一倍。按第十六題原積二百八十尺，原答誤爲一百八十尺，臺高爲九尺一三有奇不盡，殊失命題雅意，責在校刊第六卷者。之久精核也，校得臺高爲十尺，上下長闊俱係整數。餘不縷述。謹録三題細草，附呈左右，爲可爲否當必有以惠教我矣。憶弟自扶床從先君子學算，廿七讀毅皇帝設算學科詔，遍學天元諸術，閲十三年矣，近主龍山書院，與二三友弟講授之餘，積稿二十餘種，籤曰《衍元海鑑》，皆未就正之書。閣下如不以獨學無術而許爲同志可商，容俟繕寫奉閲，使必盡弟之所志所學，又相期在修齊平治，豈僅區區一藝爲耶。海天遼闊，延企徒勞，不勝臨楮瞻依之至。浙江臨海李鏐再拜。

丙子十二月十三書於鍾秀龕。

李鏐《龍山書院元草》

著録

《龍山書院元草》目録

卷上

十一題　句股內容　李春莩、李　鏐　十二題　方圓容積　李　昀翰香
十三題　矢求各線　李　鏐　十四題　句股積冪　李　昀、李　鏐
十五題　挨次衰分　李　範錫九　十六題　句股積冪　李繼曾魯生
十七題　句股比例　葛　華　十八題　句股之分　李　鏐
十九題　平立三角　李春莩　二十題　三等圭積　葛　華
二十一題　句股積冪　李　昀　二十二題　合積開方　李承宣
二十三題　開平圓法　宋貞德春谷
二十四題　句股積冪　李　鏐、李春莩
二十五題　句股正法　李　範　二十六題　鈍角垂線　李賡詩
二十七題　圓七等邊　李　鏐　二十八題　不足適足　項丙臣靜軽
二十九題　相連比例　李　昀　第三十題　畿州閒田　李作梅北垣
三十一題　句股盈朒　李烈謨錦堂
三十二題　句股夕桀　李　昀、李　鏐
三十三題　鋭三角度　李　鏐　三十四題　總較三邊　葛　超卓夫

卷下

三十五題　句股積冪　葛　華　三十六題　合積開方　葛　華
三十七題　句股之分　李繼曾　三十八題　量衡比例　李春莩
三十九題　重差測望　李賡詩　第四十題　方圓虛隅　李春莩
四十一題　雙套衰分　李　範　四十二題　鋭角三邊　葛　華、李春莩
四十三題　齊分商功　李承瀛鳴山、李鏐
四十四題　句股積冪　葛　華
四十五題　句股之分　洪福梅菉薇　四十六題　分弧通弦　李　鏐
四十七題　句股正法　葛　超　四十八題　圜容立方　李　昀
四十九題　合率衰分　李　鏐　第五十題　雙較三邊　李春莩
五十一題　句股正法　李繼曾　五十二題　開三等邊　葛　華
五十三題　渾圜穹積　李　鏐　五十四題　句股積冪　葛　華
五十五題　方臺商功　李烈謨　五十六題　句股正法　李賡詩
五十七題　黄赤距緯　李　鏐　五十八題　句股雜糅　李　鏐
五十九題　句股比例　葛超、李春莩、李昀
第六十題　砲弹試遠　李春莩
六十一題　句股正法　周　瑪廉臣　六十二題　相連比例　李春莩
六十三題　抹角求方　俞鶴書冊崖、金迪元壽荃
六十四題　句股測圓　李斐章子裁
六十五題　倉積求線　李錫章習齋　六十六題　帶分歸除　李作梅
六十七題　重學方向　俞鶴書、葛　超　六十八題　圓球比例　金迪元

序跋

清・李鏐《龍山書院元草・序》　龍山書院，李氏讀書處也，山舊名展誥，土人目之曰石馬，在古章安郡東隅十五里。書院創於國朝乾隆間，顔曰賓賢，稱龍山者，以地名也。鏐嘗學於藹齋王夫子十年於兹。壬戌之亂，髮逆內訌，偕同學念農疇、受山承謙諸人於談經帳下，創義誓兵，同聲殺賊，即其地也。歲甲戌，予忝主講席，乙亥受山主之，丙子、丁丑余又主焉，從者半族姓，相與論忠孝故實，經濟文章，時復於文琴旦夢之餘，試以藝事，而善學者又無不可以共學也。迺若故友葛春野華則先予學算，予曾學開方法於春野，而春野則又學天元術於予者也。若仁山承宣則與予同學梧岡、翰香輩，後於予學者也。梧岡春莩純任學力，翰香昀專恃性靈，而雅堂賡詩獨趨正大，其餘奇法相當，各有心得，而不甚相下也。顧數年來，春野、梧岡先予作古人矣。回念龍山風雨，瀟晦如聞，寒氊禿筆之旁，曷禁有欷歔相對，落漠難逢之憾，而惟此故篋一編尚無恙也。因有是役，然是宜梧岡輩之爲余役也，不圖余爲梧岡役之。夫亦平生之酸鹹嗜好，有不能自已者，又奚見梧岡後，遂無其人以昌其學乎，此則余之惓惓所不能自已者耳。故質言之曰龍山書院元草。光緒己卯夏五月，李鏐琅卿序於石鯨堂。

雜録

清・李鏐《龍山書院元草》例言

一，是編裒輯同人元草，係甲戌至丁丑會課，鏐爲設問，并爲步法，程式一遵試卷。

一，上下兩卷，凡六十八題，一百三十一草。李賡詩案：今刪四題。

李鏐《石鯨書院元草》

著録

《石鯨書院元草》目録

八十七題	二冪和較	項壽鵬	八十八題	日卑距心	郎詰煌芾廷
八十九題	日高距心	郎詰湛晞廷	第九十題	檣高測遠	張作嚴雲生
九十一題	七次減衰	金毓賢酉生	九十二題	積開平立	李賡南召甫
九十三題	四乘微分	張衛恒肖模	九十四題	二圓交弧	陳爾文
九十五題	兩形句股	鄭蓉照	九十六題	餘測方城	李一德
九十七題	熱度聲學	鄭英錫	九十八題	時鐘較墜	葛成江
九十九題	礮軸前重	李瑞蘭子香	一百題	礮軸後重	李　瑛子瑛
百〇一題	四色天元	李森甲	百〇二題	變大微分	李　仁宅安
百〇三題	變小微分	李夢杏子川	百〇四題	平方微分	翁　鐸
百〇五題	正體微分	葛崇恩伯常	百〇六題	正方積分	葛鳳逸靜齋

雜録

清·李鏐《石鯨書院元草》例言

一，是編係戊寅、已卯家塾會課，嗣後，家塾會課悉彙是編。程式一遵試卷，題首行低二格，次行又低一格，草低二格。

一，是編皆鏐設問，裒輯同人元草，題下各注姓字，每草加步一法。

一，每題標曰第幾，以便翻檢，並無優劣之分。

一，是編三卷，凡百〇[六]題，一百□十□草。

李鏐《鎖闈元草》

雜録

清·李鏐《鎖闈元草》例言

一，是編裒輯試卷，程式一遵功令。

一，是編凡一十七題，爲草十有八，法十有五，圖三，説一，今增三十四題，四十四草，二十圖。

李鏐《如積正軌》

著録

《如積正軌》法目

求平面積法　截積法　求皮積法即穹面積，螺線求長坿　求立體積法

求極大極小積捷法　束法　堆垛法

李鏐《王制準經算解》

著録

《王制準經算解》目録

《王制》州畿封國閒田制合經圖解

《王制》里田億萬億準經定位式

《王制》畝里法準經算解

求古里法古畝法　求今東田畝法二草

求今里法即今里邊線長　求今里田即井田

今畝法里法還原　古今畝法里法里田答數

古今畝法里法里田較數　今畝里法求古畝里法

周制漢制國朝制比類題三題　古畝法求今畝法四率

今畝法求今東田畝步　古里法求今里法

今里法求今里數帶步尺寸分　東田畝步無誤釋　附録　朱麗生

《王制》閒田圖論見《鎖闈元草》第四道。

織州閒田元草見《龍山書院元草》卷上。
東田求今畝法元草見《石鯨書院元草》卷二。
《王制》畝里法補鄭注合經見《石鯨書院元草》卷三。

雜録

清・李鏐《王制準經算解・東田畝步無誤釋》 己丑，寓朱詠裳蜀，昭命四川尊經書院季課題閲全蜀七十餘卷，得此朱生一卷，選刻校士録，因并附録以誌同道同志云。庚寅正月廿二，李鏐琅卿識於夔府行幕。

李鏐《經算詁筆》

著録

《經算詁筆》目録

《易》重一斤求等説　　《尚書》一歲定閏見《鎖闈元草》第十道。
《周髀》北極璿璣四游解見《鎖闈元草》第九道。
小雅辛卯日食元草見《石鯨元草》卷二。
全絃三分損益定十二律見《石鯨元草》卷二。　　三侯見鵠圖解
三等圭積元草見《龍山元草》卷上。　　《王制》閒田圖論見《鎖闈元草》第四道。
織州閒田元草見《龍山元草》卷上。　　東田求今畝法元草見《石鯨元草》卷二。
《王制》畝里法補鄭注合經見《石鯨元草》卷三。
投壺鄭注舉正
《春秋》日食推食限元草見《鎖闈元草》第五道。
襄公二十一年十月庚辰日食説謂二十六年十一月日食錯簡二十四年八月
癸巳日食説謂文十一年八月日食錯簡試推其密合

廖廷相《三統術詳説》

序跋

清・陳澧《三統術詳説跋》 術之見於史志者，以《三統》爲最古，然其中黄鍾易策，與夫乘加參合等數，多傅會假託之辭，而又顛倒其次第，繁亂其名目，讀者每以艱深苦之。錢辛楣、李尚之、董方立諸家，雖嘗爲發明，而未覺其立言之病，閲者仍不易解。先生少讀班《志》，爲之鈎摘剖演，而隱者以顯，頤者以明，成《詳説》四卷，藏之篋中，未及寫定。壬午先生歸道山，檢刻遺書，卷内九章歲差一條，有録無説。竊據《續漢志》元和二年太史令候日行冬至在斗二十一度四分之一，以歲差密率推之，劉歆作《三統》時，當在斗二十二度四分度之一弱，知其所謂牽牛前四度五分者，蓋據當時實測而言。因倣全書體例，以己意補之，未知有當於先生之意否也。

陳志堅《求一得齋算學》

著録

《求一得齋算學》目録

《連分數開方》一卷　　《演無定方程》三卷
《李氏勾股術補》一卷
《三角新理》三卷　　《整勾股釋術》一卷
《雜題類存》一卷　　《粟布術廣》一卷

序跋

清・陳志堅《求一得齋算學・序》 堅往讀《史記・曆書》《漢書・曆律志》等篇，往往不得其解，則不禁掩卷歎曰：士人固不可不習算哉！因于《九章算術》等書稍稍措意。惟其時方角逐名場，賓士南北，未皇深究其術也。自庚寅公車報罷，遂絶意進取，乃得萃中法之天元、西法之借根代數。博覽而深探之，漸漸得窺厓略。又數年，由大挑秉鐸青溪衙齋，多暇時與諸生討究舊術、紬繹新理，演草相示，積帙遂夥。今國家敦尚實學，秉軸諸鉅公方欲取法泰西，講求格致，以立富强之基，海内有志之士聞風回應。我知數年之後必將家習幾何、人知元代，區區所得，知不值識者一噱。第十餘年精力所寄，竟遂蠲之敗簏，亦殊可惜。爲不揣固陋，擇其稍有意致者得七種，曰《李氏勾股術補》一卷、曰《連分數開方》一卷、曰《演無定方程》三卷、曰《三角新理》三卷、曰《整勾股釋術》一卷、曰《粟布術廣》一卷、曰《雜題類存》一卷，都十一卷，付諸剞劂。其間不無繆盭，惟方家是正焉。光緒三十年甲辰三月，新陽陳志堅自序。

陳志堅《李氏勾股術補》

序跋

清・陳志堅《李氏勾股術補・序》 元和李氏尚之撰《天元勾股術》，有術有草有圖解，可謂至詳且晰矣。然其間題式俱備者僅三之一，有式無題者轉居三之二。往往先用加減得他式，即用他術入之。雖得數亦同，然究非正術。爰各就本法、依術演草，計五十三條，都爲一卷，以貺初習天元者。圖解從略，節篇幅也。作《李氏勾股術補》。

陳志堅《連分數開方》

序跋

清・陳志堅《連分數開方・序》 開本非平方數之根，廉隅相湊、層層割補、布算頗繁，每苦無整齊之法。而以連分數馭之，則列式井然，得數由疏而密，雖逐行乘並亦費推求，然以法約實究爲便易。且于常法外有此一境，亦習開方者所宜知，故爲述其術如左。至連分數之用，固不盡於此也。

陳志堅《演無定式》

序跋

清・陳志堅《演無定式一・序》 算術之妙無過於代數，而代數馭題之妙無過於無定方程。《孫子算經》「物不知數」一題，後人罕通其妙，宋秦道古以大衍術釋之，而其法始顯。《張邱建算經》「雞翁雞母」題問，甄李注釋于前，丁時推衍於後，其術意之深可知。而以無定方程馭之，則兩術不難貫爲一條。爰即物不知總與百雞術及求一術別題之類各演數則，都爲一卷，如後方。

又《演無定式二・序》 無定方程之妙，上卷言之詳矣，今究其理。凡方程式少未知數多，如方程式一而未知數有二、方程式二而未知數有三之類，爲界限不完全之題，故一問往往有多答。然既有無定式，即題之解法有若干數或有無窮數，均可由之而審，是即無界限之界限也。顧演其術者，每三色方程而止，其實有未知數四方程式二亦未嘗不可馭也。惟未知數愈多方程式愈少則界限愈寬，而答數必更多耳。爰即《筆算數學》中「均中比例」數題如法推演，別爲一卷，以見立法之所賅甚廣耳。

又《演無定式三・序》 代數無定式，其遞減遞代與大衍求一術隱相吻合。而兼可用以馭二次方，則更爲秦氏書所未及。因即《代數術》中「兩平方和等於一平方」三題之類廣爲推演，得二十八題。每題著一公式，任取何數代入公式而皆可得每一題之同數，豈非快事？別爲一卷，爲二次正方之無定式。然此特舉例而已，非謂可求之題只有此數也。

陳志堅《三角新理》

序跋

清・陳志堅《三角新理・序》 邊角相求之術，凡推步星躔、測量區宇，爲用至廣。然僅僅恃有常法，未免移步輒窘。兹不拘舊術，別辟新機，割切兼資，和較互用，頗具三五錯綜之妙。其間亦有一二爲前人已發之藴，而理有相需，非關蹈襲，且題著圖解，務使循法者洞知立法之由，則區區此心固足爲同志告焉。

陳志堅《整勾股釋術》

序跋

清・陳志堅《整勾股釋術・序》 數理相生之妙，如迴圈之無端始焉。本理以立法繼焉，因法以生理。整數勾股肇端于勾三股四弦五，層累而上，萬億京垓不可究極。而要惟「勾方股方並與弦方等」爲立法之宗，由斯而變化之，錯綜之，且旁推而交通之，則無量數之整勾股可求。且凡同弦或同勾或同股、或同任和與任較，或同積同弦和，其整勾股無不可求，且無不可立式以求。蓋數理無盡，藏本取之不竭爾。作《整勾股釋術》。

陳志堅《粟布術廣》

序跋

清・陳志堅《粟布術廣・序》 《粟布演草》列發商生息諸題。李君壬叔作廉法表及求總率二術，吳君子登復著捷術，列指數開方二表，而爲術益趨簡易。由此，三事互求理歸一貫，誠快事也。顧知原本及收回、反求利率，必開多乘方始能得數，演算繁難，非初學驟能學步。爰即有原銀利率求收回數、及有利率收回數求原本各題，用代數及對數解之，並證捷術即由求總而得。並附撰題數則，各出新意，以顯連比例之妙用，藉博奇趣。作《粟布術廣》。

陳志堅《雜題類存》

著録

清・陳志堅《雜題類存・序》 自西算譯行，弧弦八線精藴畢宣，成法具存，勿庸辭費。兹就題之稍深奥者，隨類偶存一二，藉資隅舉云爾。

陳志堅《微積闡詳》

著録

《微積闡詳》目録

卷一　微分一十八款

序跋

清·張爔《微積闡詳序》　新陽陳思九先生學問淵博，于經史性理外兼精天算之學。司鐸青邑時，我松融齋精舍曾聘爲算學山長，繼又主南菁高等學堂講席。爔雖欽慕其名而未愜識荆之願，於心久已歉然。前蒙以《求一得齋算學》見贈，方知先生著作誠足爲後學津梁。茲又著書五卷，皆微積要理，顔曰《微積闡詳》。書既成，其高足周君志伊郵致陳君子鶚，乞序於爔。爔自愧譾陋，何足序先生之書。惟思微積之學至精且深，若何而任何函數可禦，若何而各種面體可求。譯本《代微積拾級》《微積溯源》二書，未嘗不分列各款，舉示一隅，然讀者如墮五里霧中，懵懵焉而無所得。及讀先生之書，明白易曉，能使人一目了然。有忘其術之精深者，無他，繪圖精而演草詳也。方今科舉既停、學校愈盛，算學一門，若幾何、若代數、若八線，教科皆有成書，而微積二術高等學尚無善本。茲得是書以爲教授，庶幾學者易於會通，進而益上。先生之有功于後學豈淺鮮哉！時光緒三十一年歲次乙巳冬月，雲間張爔謹序。

清·薛光錡《微積闡詳序》　科學之類，百而什九基本乎象數。未象數是研究，遽從事科學者，盲之徒也。象數至微積，登峰矣。自奈端發明於前，西國科學程度隨之日高，民日進幸福於無量也。夫豈偶然哉？中土聞道較遲，所資以研究者，又皆因人之舊譯，其不足與歐米競爭，宜矣。友人陳新陽先生耻之，乃以教科爲目的，勇進而有《微積闡詳》之著。凡五卷，門分類別，闡發靡遺，誠哉其詳也。而理想深入、纖微必析，則又精之至也。誰得而議之哉。夫詳者利於溥博，精者利於悠久，則先生此書豈徒應用于一時？教育之云，脱令世界遞新，前者已非，猶將視爲標準，必也。先生舊著有《求一得齋算學》，早受歡迎於學界。今復梓行此書，其嘉惠學者殊非淺鮮。學者得所憑籍能加意精進，以張大各科學之基本，無負著者之苦衷焉，斯得矣。光緒丙午春日，無錫薛光錡謹序于京師譯學館。

清·陳志堅《微積闡詳·序》　人之心思愈用而愈靈，理之精微亦愈研而愈出。西法之代數與中法之天元殊途同歸，於數理亦云精矣。而西士之精益求精者，康熙間英之奈端、德之來本之相繼創微分積分之術，遂於深算學界中別辟一程，謂非名理日出不窮之證乎？自咸同間《代微積拾級》《微積溯源》二書先後譯行，其術乃傳中土。顧《溯源》理窟深奧，讀者猝難領解；《拾級》則淺深有序、門徑易窺。惟是列款雖詳、詮題務簡，尚非按時授課之書。方今朝廷鋭意興學、廣辟校舍，高等學以上微分積分編爲程課，其不可無完備教科書必也。堅于斯術究心有年，輒窺厓略，爲不揣冒昧，取二書中尤關要理者得如干款，厘爲五卷，名《微積闡詳》。題之缺者補之，式之簡者詳之，務使教者便於指授，學者易於會心而後已。尤措意者於第五卷，將圓錐諸曲線及擺線之線、之面、之曲面、之體分爲四大款，每款析五六支，每支設數題並一一繪圖列草，以著其立術所由，遂使多種面體爲二書所未具者，今皆可循法以得其積，豈非快事？惟是演式既繁、布算匪易，兩易寒暑而後成書，疏舛之虞知所不免，惟海内同志糾正是幸。時光緒乙巳冬月，新陽陳志堅識於澄江南菁高等省學堂之西齋。

又《微積闡詳一·序》　微積爲算學中最深之事，固已然。竊謂其立術雖深，要不外理與法與數三者。理即法而具，法因數而存，則欲究其法，宜先演數。李海寧譯《拾級》一書，由代而微而積，等級井然，且每類設題，時時舉數以證之。其誘進學者，深心如揭矣。茲本其意，詳加闡述，俾讀此者即數知法、因法悟理，是亦沿波討源之機矣。作《微積闡詳》。

雜録

江蘇學院唐諮學部文　爲諮送事，照得高等學堂算學一科必須研究微分積分，始符高等程度。查微積之術，海内所傳習者，只《代微積拾級》《微積溯源》兩書，精深奥衍，於教科未能合宜。日本亦有微積教科簡本，間有譯出者，亦嫌簡略不適於用。兹有青浦縣教諭陳志堅，夙精數學，於微積苦志鑽研，著有《最新詳闡微積教科書》一種，呈閱本部院。查得是書於微積確有心得，實能闡述《拾級》《溯源》兩書，沿波討源，條分縷晰，五卷精密顯豁，以之備高等學堂課本，似尚屬繁簡得宜。特行諮送。貴部鑒定是否可用，請煩酌核施行，須至諮者。

告示　欽命二品銜、賞戴花翎江南分巡蘇松太兵備道瑞，爲出示諭禁事。據内閣中書銜青浦縣教諭陳志堅稟稱：「卑職究心算學有年，近復從事微積，稍有心得，不揣固陋，編成是書，計五卷，簽題《最新詳闡微積教科書》，曾於二月中旬稟求學憲唐代呈學部。兹奉批回：該學於微積苦志鑽研，寔能闡述《拾級》《溯源》二書。五卷精密顯豁，以之備高等學堂課本，甚屬繁簡得宜，業已諮送學部鑒定。如屬可用，再由學部頒發學堂可也等情。下學奉此。卑職擬將此書即寄申市行銷，誠恐書賈横侵板權，翻印圖利，爲特敬呈誨正並俯准立案禁止翻印等情。附呈算書一部到道。」據此，除批示外，合行給示諭禁，爲此示仰書賈諸色人等知悉，該教諭所著《微積教科書》平時考究、獨有心得，不准翻印漁利。如敢故違，定即提究不貸。切切遵示。光緒三十二年三月廿七日示。

崔朝慶《集賢講舍課藝》

序跋

清・金鉽《算學課藝序》　乙丙之際，東事敉定，朝廷叟詔選舉賢才，於是吾鄉人士稍稍改習有用之學。會静海崔聘臣徵君新自京師假歸吾邑，周君清齋、蔡君楚卿以書迎之來舍館於城南集賢祠，以算學教授邑中之儁，門下生徒數十人。其年秋，諸生幾有成就，而徵君奉部檄爲甘泉司訓以去。去之日，畜集平時課程文字，都爲兩卷，爲《集賢講舍算學課藝》，用譯署所刻《同文課藝》例也。吾鄉自道咸以來，文會不昌，學殖荒落，邑子有以風水傳會盛衰之指者。竊謂風水非他，鄉先生主之而已。吾鄉僻在江堧溝猶濩落，子弟束髮受書，比星誦吴蘭陔路閏生之文，奉若律令，不敢跨越一步，有能解爲五七言詩及外間所行律賦者，已爲翹材。戊申己酉之間，祥符張太守來宰吾邑，臨川李廷尉來主講，頗以提倡風雅爲事，厥後，因循十年，悉送與陳伯之作大諾，其稍能自立者，又其名藉不得出瀛王之門，糟荸曠沈有自來矣。聘臣司訓，前在京師，南海張樵埜侍郎延爲同文館諸生長。長白溥玉岑侍郎留主其家，與少岑前輩昆弟相切磋，司訓以母老辭不就而歸。以其學教授鄉之後進子弟，吾鄉風氣一開，數年以來，鄉之人必有以文章經濟應朝廷賢才之詔者。然則吾鄉風水之枋司此者，其惟崔先生乎？鉽與訂交有年，又朝夕相過從。暇時出此編，屬鉽爲序。謹録數語，以爲他日徵信之券，若乃九章、三角之理，天元、代數之法，即媿生平未嘗學問，謹從不知蓋闕之宜，不敢贊一辭也。金鉽謹序。

清・崔朝慶《集賢講舍課藝・序》　昔燕山松庭朱先生游廣陵，學者雲集，因成《四元玉鑒》一書。今之泰興，於昔亦廣陵所治也。丙申之春，余客遊兹縣，從余習算者日益多，殆亞當日朱氏之門。余自慚譾陋，不足以張大朱先生之教。而竊以爲，泰興之於廣陵，風教相嬗，數百年來耆名譔作，能緒疇人之業者，不可二三覯，乃至放失廢隊。至今日而蕲爲一線之傳，則以余之抗顔爲師，遂欲希武朱先生之後，豈不深可太息深悼者歟？余觀《玉鑒》之作，區類發問，甄綜條貫，足開後來録課藝之門徑。國朝算學大明，海甯李秋紉京卿遂有《同文館課藝》之録，可謂善學朱先生者矣。余數月于此，諸生中不乏穎鋭之材，異時必有能自著書，成一家言者。兹裒録課作，擇(尤)[優]刻之，以省寫官。雖然余之用心求，欲稍似朱先生之萬一，而是書之精粗淺深，則維後來君子覽觀而論定之矣。光緒丙申夏六月，静海崔朝慶序。

崔朝慶　楊冰《算表合璧》

著録

《算表合璧》算表目録

中國度量衡表
米突法度量衡表
英度量衡表
日本度量衡表
各國度量衡與米突法比較表
各國貨幣表
數根表　數根表附表
加減求根表
各根倍數表
因數表　加減求根表附表　因數表附表
倒數表
平方積表　立方積表
平方根表　立方根表
訥對數表　常對數表
整數句股弦表
句股和較加減表　句股和較比例表
三角垛積表　四角垛積表　圓錐垛積表
弧線表
弦切割表　弦切割輔表
弦切割對數表　弦切割對數輔表
諸等邊形表　諸等面體表
平圓截積表　球體截積表

序跋

清・崔朝慶《算表合璧・序》　曩在京師，嘗校録算書中簡表，匯爲一卷。友人見之，曰：「此數學記事珠也，宜付梓，公諸世。」余以闕漏尚多，未決，蓄之於心者數年。今繆藝風師留主江南師範學堂算席，而以東台楊泠仙茂才輔之。泠仙昔從余習算，闊別數年，其學大進。余語之，曰：「演算必藉表爲用，今各行省遍設學堂，其算學大昌之時乎！余擬輯成適用之算表，使凡從事於此者，臨時略省檢閲之勞。余有稿本，未完備，盍合力足成之。」適泠仙篋中出自撰表數種，亦皆適用。因共竭兩月之力，益成此編。惟意在速成，去取之間，或多遺憾。然海内同志，當不乏人，倘有改善校訂者，余與泠仙所深願也。

光緒壬寅季冬，静海崔朝慶識。

雜録

清・崔朝慶《算表合璧》例言

「中國度量衡表」，遵御製《數理精藴》及欽定《大清會典》二書，度數自忽起，量數自抄起，係從梅文穆公之議。梅氏議論明通，由親承聖祖指授也。衡器之權以黄銅爲之，《會典》載權制：十兩以上，遞增十兩，迄五十兩。百兩以上，遞增百兩，迄五百兩。余按：以一分迄五分，及一錢迄五錢，各權之徑、高、積升一位，即得立表，可至十兩權止。惟六兩至九兩之權，非開立方不能得其徑、高、積，故表中一一補入。《會典》據器記録，余表據數推求，各有所宜，似不必同。

「米突法度量衡表」，從日本長澤龜之助之《算術教科書》輯出。基本單位者，命名起數之根也，補助單位者，別立名目代十進與十析之數也。西曆一千七百九十年，法國因量得地球面子午線之長，取其四千萬分之一爲一米突，取百萬分立方米突之一之蒸溜水爲一瓦蘭謨。其後八十年，集二十九國會議於巴黎，米突法遂通行於歐洲焉。

「英度量衡表」，從日本駒野政和之《英和數學字彙》譯出，以黄麻民大令所譯英國巴犂斯密《數學》校正，并附和文通用之字。英制不如法制之善，然商務最盛，五洲各國通商之埠，無不知英度量衡者。

「日本度量衡表」，從日本藤澤利喜太郎之《算術教科書》輯出。其地近在東鄰，交通日廣，新譯之書日有所聞，其度量衡之制，吾國士夫尤當注意者也。

「各國度量衡與米突法比較表」，從日本木村駿吉之《物理學原論》譯出，重爲編定，略有增損。歐洲雖通用米突法，然各國自有本國之制。有與米突法之比較，任何二國之比較，可推而知也。

「各國貨幣表」，從日本宮本藤吉之《英和數學新字典》譯出，因重編定，故附英文之第一字，以便互證。原書係明治三十五年一月發行，自云比較精密，東邦最新之書也。吾國金銀漲落無定，今載壬寅十二月朔日上海之市價，留爲數十百年後之攷據而已。俄國貨幣與英美之比較，原表顯有舛誤，余依算理訂正，恐未能與交易恰合也。列國歲計政要中之貨幣表，及無錫楊氏之各國三品貨幣表，均有法國犂破崙金幣，有值百佛郎克者，亦有值二十佛郎克者。宮本氏僅載通行之幣，豈所謂犂破崙者猶未通行耶？

「數根表」，係冷仙所撰，余與季笙庠簠各校一遍，不用二與五可度盡之數，凡二與五可度盡之數，可視尾數而知。故一萬以內祇有四千數，分作十葉，每葉列四百數。數之前二位横列於上，數之後二位順列於左，其縱横相當格中所列之數，爲最小之因數，無因數者爲數根。

「數根表附表」，載大於一萬、小於十萬之數根，書眉左之第一字即根之首位，每葉分十行，行分十格。視行數可知根之第二位，視格數可知根之第三位。設根之第二位、第三位俱爲〇，則在第一行之第一格，根之第二位第三位俱爲九，則在第十行之第十格。他數可類推。格中所列算馬，係根之尾數。此表依據御製《數理精蘊》中之《對數闡微》表，而力求簡易，省字殊多。余自校畢，付季笙覆校。原表前後兩歧者，均已審定。

「加減求根表」，余草創，而冷仙修飾之。以加減代除，五桁之數，可遞化爲一桁或二桁之數。其數中有無某數爲因數，可一望而知也。上横列之數爲數之首位，遞去首位，依表中加減之數加減之，則因數自見。徐仁美有《增成玄一法》，見《宋史・藝文志》及《夢溪筆談》。用加代除，與此略同。求根以用減爲便，茲表加減並列，爲數之次位，或有不足減之時耳。

「各根倍數表」，爲輔助「加減求根表」而設，其用不廣。原數化爲二桁或三桁之數，如與此表中同列之數恰合，可省一次化法。

「因數表」，亦爲輔助「加減求根表」而設，體例與「數根表附表」同。右旁有代最小因數之字，檢「因數表附表」即知最小之因數。因用加減多次，仍覺不便，故以此表爲輔。

「加減求根表附表」，余與叔清推得，十萬以內之數根有九千五百九十三數，窮數日之力，始能核定，積稿各數十紙，棄之可惜，留此表爲推求數根總數之根。

「因數表附表」，以字代因數，一字可抵三字，十萬以內之數，祇二千二百六十三數須檢此表。

「倒數表」，僅列百數循環不盡之數，字外加圈爲誌。觀此知法除實之數爲奇零者，無非循環不盡之數。

「平方積表」，余與雲垂同撰，九如與季笙分校。用珠算蟬聯加法，置一之積一於左隅，一於右。以廉二加於右得三，以三加於左得四，爲二之積。又以廉之加數二加於右得五，以五加於左得九，爲三之積。遞加二於右，以加於左，即得各數之積。

「立方積表」，亦余與雲垂同撰，九如與季笙分校。用珠算蟬聯加法，置一之積一於左隅，一於中，廉六於右。以六加於中得七，以七加於左得八，爲二之積。又以廉之加數六加於右得十二，以十二加於中得十九，以十九加於左得二十七，爲三之積。遞加六於右，以右加於中，再加於左，即得各數之積。

「平方根表」，兩湖書院算學課程中有六百二十五數，季笙續補三百七十五數，叔清一一校算，九如又助余覆校。用珠算歸除開平方法開之，積之首位列於自左而右之第三桁，左空二桁。餘依次列之，積數一萬，初商一百，積不滿百，初商爲基數，積不滿百萬，初商仍爲百。以初商自乘之數必略小於積。減積，有餘則求次商。置初商於自左而右之第二桁，倍之爲法，除餘積，得次商。以次商自乘之數，減餘積之餘，除餘積之時宜豫計及。有餘則求三商。倍次商，并入前法，爲法，除餘積，得三商。以三商自乘之數，減餘積之餘，除餘積之時宜豫計及。再有餘則求四商。如是遞求，即得諸商相并數之倍，半之得所求。

「立方根表」，兩湖書院算學課程中亦有六百二十五數，冷仙囑季笙用對數代開法續補三百七十五數，其算式爲 對(甲丄一)丁對甲：(甲丄一)丁甲∷$\frac{三}{對積}$丁對甲∶根丅甲　甲爲對數表中略小於 $\frac{三}{對積}$ 所對之真數。求得四率，與甲相加，即得根數。余恐對數表或有譌誤，則求得之根因之而誤，又囑叔清用級數式 $(甲丄天)^{\frac{三}{一}} = 甲^{\frac{三}{一}} 丄 \frac{三}{一} \times 第一級 \times \frac{甲}{天} 丅 \frac{六}{二} \times 第二級 \times \frac{甲}{天} 丄 \frac{九}{五} \times 第三級 \times \frac{甲}{天} 丅 \frac{一二}{八} \times 第四級 \times \frac{甲}{天} 丄 \cdots$ 逐數校算。用此級數式令 天＝一 自第二級起，正負相閒則爲 甲丄一 之根，全負則爲 甲丅一 之根。又自第二級起，以二、四、八等數乘之，又可得 甲丄二與甲丅二 之根。造表當以此法爲善。既校定之後，余語冷仙曰：造平立方積表可用加差求積，造平立方根表亦可用加差求根。冷仙以級數式演之，果得加差算式，其式爲

$甲^{\frac{卯}{寅}} ≒ 五(甲丅一)^{\frac{卯}{寅}} 丅 一〇(甲丅二)^{\frac{卯}{寅}} 丄 一〇(甲丅三)^{\frac{卯}{寅}} 丅 五(甲丅四)^{\frac{卯}{寅}} 丄 (甲丅五)^{\frac{卯}{寅}}$ 此式不獨可求平立方根也，≒爲殆可相等之號。

「訥對數表」，叔清、季笙同撰。用《三角數理》附卷第三十三款之算式

$對_{戊}(天丄一) = 二對_{戊}天 丅 對_{戊}(天丅一) 丅 二\left[\frac{二天^{二}丅一}{一} 丄 \frac{三}{一}\left(\frac{二天^{二}丅一}{一}\right)^{三} 丄 \cdots\right]$

求得十八位之數，截用十一位。

「常對數表」，遵御製《數理精蘊》之對數表，以對數根乘訥對數即常對數也。

「整數句股弦表」，冷仙所撰。【略】

「句股和較加減表」，從《算學初集》第八種録出，句股弦及五和五較再經加減欲知所得爲何數，每難立辨。如弦和較與弦較和，相加爲倍股，相減爲倍句弦較之類。有表則便於識别矣。

「句股和較比例表」，亦從《算學初集》第八種録出。表中横直相遇之四數，皆成比例，去其重複，可得二十一式。以四率交互演之，則成八十四式。如以倍句比弦較和，若弦較較與股，又若弦和較與句弦較，又若倍股弦較與弦和較也。又如以倍句比弦和和，若弦較較與句弦和，又若弦和較與股，又若倍股弦較與弦較較也。又如以倍句比倍股弦和，若弦較較與弦和和，又若弦和較與弦較和，又若倍股弦較與倍句也。餘可類推。

「三角垛積表」，冷仙用遞加法依次第推。【略】

「四角垛積表」，亦冷仙所撰其，造表之法與三角垛積表同。【略】

「圓錐垛積表」，爲冷仙初習算時之稿，三角垛與四角垛之閒應有此垛，亦可由遞加而得積。【略】

「弧線表」，從陽湖董方立《遺書》録出。英國哇克斯福德大書院有一書，記一百五十位周率，法國提拉尼推得一百二十八位周率，均未得見。湘鄉曾君栗諴著《圜率攷真》，載百位周率，未刊全草，疑不盡準確。《代數術》中易尤拉推得之數，爲三一四一五九二六五三五八九七九三二三八四六二六四三三八三二七九五〇二八八，曾數前三十六位與此合。若用多位入算，可據此數，因尋常推算無庸多位，故仍董氏之舊。

「弦切割表」，遵御製《數理精蘊》之八線表，因江南機器製造總局有單行本《八線表》，《中西算學大成》中有縮印《八線表》，上海又有鉛版阿（剌）［剌］比亞數字《八線表》，故茲表自十分起，遞增十分，每度祇列六數，用中比例之法求之，亦可得逐分弦切割之略數。余見英國英滿駛船表中之弦切割表，其尾數多與此不合。八十五度以後合者尤少，未暇校算，英滿之表未知何如。惟有存疑而已。

「弦切割輔表」，爲輔助「弦切割表」而設。近於九十度之正切、正割與近於〇度之餘切餘割同。長數不匀，近於九十度之正弦與近於〇度之餘弦同。長數甚小，皆不能用中比例以求表中所無之數。

「弦切割對數表」，遵御製《數理精蘊》之《八線對數表》《弦切割對數》。惟弧三角比例用之不及弦切割之用之廣，故亦自十分起，遞增十分，每度各列六數。因　對正弦＝對$\frac{一}{二}$徑丅對餘割　對餘弦＝對$\frac{一}{二}$徑丅對正割　對正切＝對$\frac{一}{二}$徑丅對餘切　對餘切＝對$\frac{一}{二}$徑丅對正切　對正割＝對$\frac{一}{二}$徑丅對餘弦　對餘割＝對$\frac{一}{二}$徑丅對正弦　故四十五度至九十度之正弦、正切、正割對數，可從四十五度至九十度之餘割、餘切、餘弦對數得之。〇度至四十五度之餘弦、餘切、餘割對數，可從〇度至四十五度之正割、正切、正弦對數得之，較「弦切割表」省其半弦切割對數輔表與弦切割輔表同意，近於九十度之正切、正割、餘弦、餘切對數與近於〇度之餘切、餘割、正弦、正切對數同。及近於九十度之正弦、餘割對數與近於〇度之餘弦、正割對數同。亦不能用中比例以求表中所無之數。

「諸等邊形表」，遵御製《數理精蘊》之諸等邊形定率，冷仙用代數法化得公式，以驗其率。【略】

「諸等面體表」，遵御製《數理精蘊》之諸等面體定率，冷仙亦用代數法驗其率。【略】

「平圓截積表」，從英國哈司韋之《算式集要》録出，冷仙攷得推算截積宜用二式。【略】

「球體截積表」，冷仙所撰。【略】

「八星根數表」，從日本山上萬次郎之《大地文學》録出。原表自轉各數，其尾位有與他書不合者，無從攷訂。公轉或以日計，或以年計，不若通用日數，此二格改從文會館之《天文揭要》，牽蘿補屋，知不免爲山上氏所呵斥也。

「正弧形弧角比例表」，從《算學初集》第九種録出。己知之件與所求之件，審其縱横相遇於四隅之上者，即爲四率比例。

「中西年表」，依據《欽定歷代紀事年表》及近人所著之東西年表。兹表載中國歷代帝王即位改元之年，附西曆之年數於右，欲求簡明，未免率略，祇可以爲讀西書者之一助，未可以史例繩之也。

「各國首府經緯度表」，石埭徐君書卿精通英文，現爲江甯府學堂教員。從英國蔣司棟之書譯出，常熟宗受于孝廉有《西洋精圖》，以紙尺量之，録爲一表，與此表微有不同。長沙丁氏之《度里表》，係據數十年前之西圖量得者，似不足據。日本算書中每以各國首府之經緯度設題，分數秒數各書不同。麻民大令云：英國算書亦復如是，因緯線一分在地面約三里耳，經線一分以三里爲最多矣。測經度甚難，分秒之差，非有極精之器不能定也。

「中國江海商埠經緯度表」，從日本山上萬次郎之《大地誌》輯出。山上氏爲地學專家，其所著之書已出版者十有八種矣。

「地面經緯闊狹表」，從英滿之《駛船表》録出。自赤道至極點，逐度列海里、陸里二數。赤道處最闊，愈近極愈狹。原表雖係新出之書，仍依圓球推算。

「海面高遠表」，亦從《駛船表》録出。其造表所用之算式爲　遠²＝高(徑丅高)，得數復加蒙氣差百分之八。

「三種寒暑表比例表」，亦從《駛船表》録出。法倫海寒暑表，即華氏寒暑表，沸騰點至冰點分爲一百八十度，專行於英美二國。百度寒暑表，即攝氏寒暑表，沸騰點至冰點分爲百度，此歐亞各國所通行者。六麻寒暑表，即列氏寒暑表，沸騰點至冰點分爲八十度。惟德國用之華攝列三表换算之式。【略】

「英法風雨表比例表」，從英國富路瑪之《測地繪圖》録出。升則晴，降則雨，驟降則有烈風，此據器測驗之大概也，然地面之風雨有因地因時而異者，必屢驗而後知。兹表爲校正器差而設，水銀柱之升降每在二十九英寸與三十一英寸之間，有此表已足用矣。

「風力表」，從江南製造局刻之《藝器記珠》録出，冷仙據　己＝〇.三八八亥²　校改。原表數處亥爲一秒時間風行呎數，己爲一平方呎風力之磅數。

「溼度表」，從日本酒井佐保之《物理學教科書》録出。其器合於衛生之用，〇.六五迄〇.七五之溼度爲最良。

「墜速表」，據日本菊池熊太郎之《物理學教科書》推算。物之墜落由於地心之吸力，地爲扁球，地面距地心赤道遠，而兩極近，吸力漸增，則墜時加速，日本東京初秒之末速爲九.七九八四米突，英國倫敦初秒之末速爲九.八一一七米突。菊池定通常之計算爲九.八米突，就彼國而言也，吾國北京之緯度在東京之北，倫敦之南，其略數亦爲九.八米突焉。

「抛距表」，據海甯李善蘭之《火器真訣》，用倍角之正弦餘割數。抛力使物前行，吸力使物下行，故成一種曲線，名之曰抛物線。槍子礮彈之道，皆循此線者也。【略】

「物質比重表」，從酒井《物理學教科書》輯出，係歐美諸國格致家以精器測驗而得，諸書所載比重之數未見有詳於此者。

「氣體比重表」，亦從酒井《物理學教科書》輯出。空氣之中有酸素，即養氣。窒素，即淡氣，又名硝氣。及少許水蒸發氣。水爲水素即輕氣酸素化合而成，水比空氣約重七百七十倍，一立方珊知米突之空氣重〇.〇〇一二九三瓦蘭謨，以與表中各數相乘，可知各種氣體一立方珊知米突之重。

「速度表」，從日本飯盛挺造之《物理學》録出。速度者，以經歷時間約經過距離之數也，表中各數悉一秒時間之數。

「音響之速度表」，亦從酒井《物理學教科書》輯出。原表不若英國田大里《聲學》之詳。《聲學》係通行之書，故輯酒井氏之表以備參攷焉。

「運算常用諸數」，因《餘紙擇要》録之，末載地球兩半徑數，係西曆一千八百七十八年攷定之數，以米突計，赤道半徑爲六百三十七萬八千一百九十米突，兩極半徑爲六百三十五萬六千四百五十五米突，與地球同體積之球之半徑爲六百三十七萬零九百四十五米突。當法國定米突法之時，其量得之數猶未能若是之精密也。

觀日本書目，其國中新舊算書多於吾國之算書奚翅十倍，但所載算表未有合數十表爲一表者。攷求數根爲今日算學中最要之事，余與冷仙尤注意於此，自刱新格爲表，而能代《對數闡微》表三百五十一葉之用。以區區綿力，且倉猝成書，曷敢自詡爲若何美善？設爲他人之書，余見之，必以可也簡三字許之。

顧儒基　崔朝慶《算理紬奇》

序跋

清・崔朝慶《算理紬奇・序》 此書乃因《格致彙編》之算學奇題而作也。彙編之算題有奇者，有無奇者。輯彙編者奇之，斯爲奇題矣。聘耆與余之輯是編，闡奇題之奇也。臨海李君琅卿亦奇奇題者，著有《奇題削筆》一種。其時《彙編》初出六卷，奇題僅十九耳。今《彙編》輯有七帙，奇題之數數倍于此，而聘耆與余之奇奇題則與李君之奇奇題異，彼備收而斧之，茲擇尤而繹之。《彙編》之奇題不足，乃雜取古今中外算書以益之，相與討論，數月之功以成此書。閱是書者視爲果奇耶，抑無奇耶。此聘耆與余所不可得而知也。然借鏡于《彙編》之奇題，知無異於聘耆與余之閱《彙編》也。光緒丁酉季冬月，崔朝慶序。

崔朝慶《垛積一得》

序跋

清・崔朝慶《垛積一得・序》 《玉鑑》中茭草形段、如像招數、果垛疊藏三門，推演垛積，可謂曲盡變化之妙。《則古昔齋算學》中《垛積比類》圖表法三者俱備，條分派別，詳細言之，朱氏以後當首屈一指。余研究二書已非一日，依法推演，觸處皆通，惟詢其立法之理則漫無以應。歷來算書中亦無之，近忽有所悟，因取三角、平垛、立垛、三乘垛演成代數細草，質之朋好，僉謂足傳，蓋各種變垛皆出於三角諸垛之理，即足以明各種變垛之理，神而明之，存乎其人，此不過發凡起例而已。

崔朝慶《江南高等學堂課藝》

序跋

清・崔朝慶《江南高等學堂課藝・序》 科舉時代省之書院，以制藝、詞章校士，主講者常有課藝之刻。自奉明詔永停科舉，令講求科學，此事遂衰歇。甯垣鍾山講舍改爲江南高等學堂，吾師繆藝風先生總持教務，朝慶與東台楊冷仙、丹徒文樹屏靖、江范簡甫同掌數學一科，自癸至丙，計已四年應寒暑，講授之暇，酏月試工之卷，擇尤匯存，裒然成帙，請于藝風師，付之棗梨，並附擬稿一二，爲算學課藝，蓋即算學試驗之作也。昔金匱華中書若汀所譯之《代數難題》，其末附載英國岡布理智書院算學考題，逐題皆具解式，亦有教員自作之篇，近時日本之教科書中往往有各學校之算學問題。【略】

方克猷《方子壯數學》

序跋

清・李文田《方子壯數學序》 幾何之學尚已，其源蓋出於周官保氏之教。大而治曆明時，小而公私期會，莫不資乎數以爲用。今泰西人獨用是學而精之，充其極，遂以富國强兵。所謂禮失而求諸野者，非耶。彼借根方一術自稱爲東來法，是其明證也。予少時嘗留心於此術，用以治經，通其故而已，未有新得，蓋此事實有性成焉，莫能强也。門下士方子壯少年氣鋭，獨能精心辨此，以各其家。初予于闈中得其所爲日月星辰繫焉題文，固心儀其爲幾何家學，今盡出其所著書來質，驟觀之，訝其年之少而所造之深也。遂不辭而爲之序，其恉如此。子壯勉乎哉。庚寅四月，順德李文田。

清・席淦《方子壯數學序》 凡幾何家於無法諸直綫形，而必析爲諸平三角，體必析爲諸立三角，而後其積可求。無法諸曲綫形亦然。方内容圓，方圓之較積無法曲綫形也，然平方爲有法形，平圓亦有法形，兩有法形之積較不得遂謂之無法也。先師海甯李壬叔先生首以諸乘方合尖錐解方圓積較之理，用之割圓，象數符會，天造地設，碻乎其無疑矣。惟是各尖錐之積數可知，而此各尖錐上所成之曲綫之性情猶不可知。甲午春，得讀方子壯比部大著《曲綫考》一卷，其論割圜法亦分爲四象限，而用諸乘拋物綫與諸乘尖錐相合成一直積，以證明其間之曲綫，即西書之所謂諸乘拋物綫，其形狀可知，即其性情亦可知，不獨形爲有法之形，即綫亦有法之綫矣。生平之疑，至此豁然。以質西教習，歐君亦爲心折久之。淦親炙有年，未能於師説有所發明，讀此恧何如也。比部官署多暇，輒杜門著書，已成者算學有《尖錐曲綫考》《圓錐曲綫説》《尖錐術解》《尖錐術衍》《對數術衍》《三角公式》《句股公式》《八綫比例圖》《火器真訣衍》，凡九種，皆立法精碻，兼中西兩家之長，今幾何家之大宗也。願與明祘君子共寶之。光緒二十年歲在甲午冬至前五日，青浦席淦翰伯氏謹跋於同文舘西齋。

周達《知新祘社課藝初集》

序跋

周達《知新祘社課藝初集・叙》 知新算社創始於庚子，改良於壬寅。吾國專門算社蓋以是爲權輿矣。自壬寅始有會課之舉，月課一次，藉以甄采海内疇人名作。年餘以來，課卷鱗萃，將裒集殺青，以公諸世，是爲初集。續有積累，將陸續刊行。課題分中初兩級，選以中等爲主，初等有巧思者亦附録一二，特加註明，以免淩亂。本社有廣徵來稿之例，累承同志惠寄算草，積累已多，擇其新顯者附刊於後，并註明來稿，以別於本社之課題。西文旁行，故式皆横列中文直下，而算式仍用横行，則侵佔篇幅必太。日本近譯之西算，文與式皆横行，而其十餘年前所譯之書則文與式皆竪列，從未有文直而式横如吾國之算書者。今不欲過事更張，惟將式之冗長者改爲竪列，而短小者則仍横列，以省紙幅。日本譯西算，譯其文而不易其式，吾國則并其式而亦易之。各國皆同，一國獨異，是最不便事也。本社固以變用西式爲目的者，然舊式習慣已久，藐兹課藝詎能挽此風潮，徒取戾耳。故此編仍用舊式，惟有一二新記號，能令演算便利，故不得不用，然亦詳加註釋，以期共明，庶不致少見多怪。本社所分高等、中等、初等之程度，皆以東西各國專門學校算學科之階級爲準，故雖爲中等程度，而與吾國舊有之各種算學課藝實不可以同日而語，即其初等者猶足與同文、方言、求志諸課藝相頡頏也。通人自能鑒之，鄙人學淺，承乏選政，凡課藝及來稿有未盡善者，不揣譾陋，輒畧加增改，洗垢得瘢，知不免遺通人誚也。編者識。

雜録

《揚州知新算社改良章程》周達《知新祘社課藝初集》

一、定名

本社係同志創辦，定名「知新算社」。

二、宗旨

研究學理，聯絡聲氣，切磋討論，以輔斯學之進化。

三、約法

本社學友中，成材初學，程度不齊，務宜謙衷和藹，互相砥礪，一切驕吝傲岸，攻擊標榜之習，俱當屏除盡净。

四、職任

社長二人，經理全社之學務。總理一人，經理全社之事務。書記二人，管理書報及來往書札。

五、社所

本社現設揚州北圈門財神廟西首巷内，外埠書函可以逕寄，如有遷徙，當隨時登報告知。

六、會期

每月例會三次，除正月上旬、臘月下旬外，其餘均以逢八之日爲聚會之期，自午後一點鐘起至六點鐘止，或演説學理，或討論問題，賞奇析疑，互相研究。其外埠學友，會期不能親到者，可將算稿函寄本社，至期宣示同人。

本社與日本各算學社會學校均經聯約，有所發明，互相報告，有所疑難，互相質問，故彼國算學界上苟有新理，本社無不具知，每至會期，由社長擇其新奇者演述大畧，以供同人研究之資。

社中備有各種算學書報，至會期之日，任人觀覽，平時亦可來社調查，惟不得損壞遺失，亦不得携出。

例會之外，有臨時徵集會，有特別大會。凡本社有學務事務，須會議者，或有外來通人調查本社者，則開臨時徵集會，於先一日發傳單告知本城學友，以便屆期齊集。特別大會無定期，約一二年舉行一次。於先一月將開會日期刊發傳單，分寄外埠學友，以便週知。大會以五日爲期，或有展限，臨時酌定。遠客惠臨，人地生疎者，本社當派人照料一切。

特別大會，應講何學，應議何事，若何之組織，臨時酌定，隨傳單告知。大會後，將同人所討論辨難，有關學理者，刊爲報告一卷，分贈臨會諸學友。

七、入社

本社爲開通風氣，普及文明起見，故凡入社者，皆不取資，亦不須介紹，祇須將姓名、籍貫、年齡、居趾詳細開明，隨算稿送入本社，登録社友題名記，即爲本社學友，遇事通知，如僅有履歷，而無算稿者不録。算稿不論多寡，不論淺深，但以爲介紹之具而已。凡學友之居趾有遷移者，望隨時函告，以免書札遺失。

八、研究

本社研究之學理，分爲四科。

普通研究科：數學、代數、幾何、三角。

高等研究科：近世幾何、高等代數、弧三角及圓函數、圓錐曲線、平面及立體解析幾何、微分、積分、微分方程式。

特別研究科：整數論、決疑數、變分法 Calculus of Variations 定紀法 Daterminate 最小二乘法 Least Square 有限較數法 Finite Differences 動量法 Grassmann

應用研究科：測量學、星學、動静力學、物理計算。

九、社課

每月社課一次，就普通科之程度分爲中等、初等兩級。每課問題約二三條，本城限一月繳卷，外埠限兩月繳卷。由社員公評甲乙，擇尤付刊。如所作實能戛戛獨造，翻陳出新者，更擬贈以本社同人著述一二種，以誌欽佩。外埠學友，願應課者，其課題可由本社按期郵寄，惟須來函訂明，並先惠郵票，方可照寄。本社課題，務求簇簇生新，不落陳腐，而又實能發明學理，益人神智者。所選課藝，皆取之中等級中，其初等級之有巧思者，間亦附録一二，惟必註明初等，以免紊亂。現已將第一集課藝刊行，以後擬每年刊行一集。其高等學理不入課題，將來或刊布雜誌，或印行專書，以揭載之。

十、質問

無論是否本社學友，苟有疑難之理垂詢本社者，本社有知必答，惟每函止限問兩條，且必須將疑難之處確實指明，不得泛濫無歸，使人無從著手。

十一、著述

凡我學友有著述者，無論淺深，祈將稿本或刊本寄至本社，録副備考，原稿尅期寄還。如學友中有無力刊刻，而其書實能發明新理，有裨學界者，本社當醵資代爲刊行。

除應社課外，有能惠寄算稿者，無論淺深，本社無不樂覩。其新穎者，當刊入課藝中，以揚作者名譽。

十二、推廣

本社係同志數人綿力創舉，經費不充，機關未備，將來逐漸推廣之事尚多，略揭於左，以爲前途之希望：

普通算學教科書，我國無一善本，而茲事最要，亦最難。擬依中學程度編譯數學、代數、幾何、三角各教科書，務求盡善，便於學校教授及獨修者之用。

近世發明之高等學理，我國未輸入者尚多，如特別研究科中所列之各目皆是也，擬采擇東西高等算藉，編譯刊行，使我算學界上放一異彩。

交通聲氣，莫雜誌若。擬每月刊行《雜誌》一册，揭載高等算理，務使趣味濃深，名理絡繹，以益學者之神智。

應用算學，不徵之實驗，則如冥行擿埴。擬購辦測量天文力學各種儀器，以備演習之用。

如右種種，雖暫爲經費所阻，然同人等發大願力，終必達其目的而後已。尤望海内同志補助贊成，或慨助廉泉，或捐贈書器報章，無論多寡，俱將台銜榜示社中，以矢弗忘，更酬以本社同人著述數種，以答高誼。

馮澂《强自力齋叢書》

著録

《强自力齋叢書》總目

已刻書目

《代數啟蒙》四卷江蘇書局本石印本。

《光學述墨》一卷南菁書局本、《古今算學叢書》石印本。

《礦學述管》一卷石印本、《古今算學叢書》石印本。

《嵇氏服食補注》一卷石印本。

《西學脞録》一卷石印本。

《讀談天》一卷石印本。

《曆學襍識》一卷石印本。

《數學脞録》一卷石印本。

《三角拾遺》一卷石印本。

《句股九容證術》一卷陳氏家刻本。

《增删同里陳氏算法正宗》四卷石印本。

《校正崇明黄氏海鏡識别贅解》二卷陳氏家刻本。

未刻書目

《春秋日食集證》十卷龍大宗師命補刊入《南菁書院叢書》，後未果。

《算學攷初編》二十卷

《化學通攷》二十卷

《農學通釋》八十卷

《算課初續編》二卷

《代數詳解》六卷

《高等地理教科書》二卷

《史譚》一卷

《治説》四卷

《瞻雲樓外史》五卷板權售文明書局。

《强自力齋文集》二卷

《養蠶學》三卷以下皆中易華科學研究會板。

《畜牧學》二卷

《種菰書》一卷

《土壤學》五卷

序跋

清・馮澂《强自力齋叢書・序》 予自束髮受書後，篤嗜曆算格致之學，雖涉獵經史，而所好終不及算。父執輩咸以攻異端讓之，予頷之而已。良由吾通，僻處海濱，人性古樸，舉業而外，叩以曆算，懵如也，其目格致之學爲異端也宜矣。並有勸先君焚予書者，先君曰：父子不責，善能講求實學，固大佳事，唯恐學業不成，徒虛歲月耳。予聞之益肆志於格致曆算之學，顔其讀書處曰强自力齋，取墨子勵門弟子之語以自勵。至戊子科試，王益吾師擢時務爲一屬冠，旋肄業於浙省辨志精舍及松郡格致、求志二精舍，屢列優等，而群議始息。不意至今日西學日興，通人士亦群然嚮風向之，歧視予者今無不購《格致廿二種》作枕中秘矣。且有謂予曰：子遊學四方，習算已久，當有心得之學，何不出以問世，爲後學之津梁耶？嗟乎！以予之學，敢出以示人乎？繼而檢點舊稿，覺心思所寄，不忍割棄，用災棗梨，亦未始非窮愁中之樂事也。貽譏大雅，不遑恤矣。時在光緒第一丙申歲七月朔日未正三刻一分，涵初記于南菁講舍藝字齋。

馮澂《代數啟蒙》

序跋

清·華世芳《代數啟蒙序》 癸巳、甲午之間橐筆游武昌時，與閔中辜君鴻銘從事自强學堂，縱談及算，嘗爲余言西國算書約分三家，一爲專門家著書，創術闡發新理，二爲輯録家彙集成編，足資考證，三爲教授家階級層升，便於講解，今中國設立學堂，宜多譯教授之書，則事半而功倍。余聞其説而韙之，嘗以所聞證諸所見西書。如棣麽甘之《數學理代》，數學專家之書也。華里斯之《代數術》《微積溯源》，海麻士之《三角數理》皆輯録家之書也。其中非無奇妙之理、精深之詣，而欲令學者憑此以通諸術，則苦其難而中輟者多矣，惟狄考文、潘慎文、赫士、求德生輩所譯各書綱舉目張，有條不紊，列法問以爲之程式，設習題以練其工夫，洵爲教授之善本矣，然讀其書者每以法實倒置、縱横易位爲病。余謂上實下法，西書通例然也。李氏秋紉改爲上法下實，便於讀也。然其譯《重學》也，則仍沿西書之例，此猶李敬齋《海鏡》《益古》二書，一則法上而實下，一則實上而法下，讀《海鏡》者不以《益古》爲病，讀《益古》者不以《海鏡》爲病。至於横行縱行之異，亦猶天元地元之别，横行即地元式也，縱行即天元式也，改横爲縱，是猶天地之易位也，通天元者未有不知地元，豈習地元者反不能明天元乎？若其習之熟與不熟，要視入手何如耳。數年來恒舉此説以語學者，妄思有所譔述以補方氏之未備，顧深入者易爲力，淺顯者難見工，而復性懶善病，旋作旋輟，迄無成就。南通州馮涵初文學讀代數有得，嘗輯其淺近易明者成書四卷，慈溪林晉霞大令時方理書局事，見其書而善之，毅然爲付剞劂，從此習代數者又多一入門之助。大令序之簡而明矣，而涵初必欲得余一言以爲快，余維涵初輯述之苦心，與大令嘉惠來學之盛意，皆余所有志未逮者，爰爲備述算學之流别，揭諸簡端，俾世之讀是書者共知算以教授初學爲最要，亦惟教授初學爲最難，慎毋以其淺近而忽諸。光緒戊戌三月，金匱華世芳序于龍城講舍。

清·林頤山《代數啟蒙序》 古算歷唐至金元，而天元、四元之術以成，泰西踵而增之，始焉變天元爲借根方，名曰東來法，正負多少消法從同，繼又變四元爲代數，乃於消法外别有化法，以神其用，蓋化法爲天元四元所未有，而代數遂獨擅其長也。有化法而代數擅其長，亦有化法而代數不能盡其變。世之好古者慣用天元、四元術，恒苦於化法之難演，然童而習之，優遊而厭飫之，則因熟生巧，在專家固易爲力矣。通州馮涵初茂材篤好曆算，撰述宏通，推演代數夙有穎悟，其所箸《啟蒙》一書，舍深邃以就淺近，特爲初事代數者設耳，果使取法乎上，欲求化法之層出不窮，並可借《啟蒙》以得門徑，彼《代數術》《代數備旨》等書不皆家喻户曉乎？兹故亟爲梓之，以爲習代數者入門之助云。光緒戊戌仲春，慈溪林頤山謹序。

清·馮澂《代數啟蒙·序》 予校陳先生《算法正宗》甫脱稿，適同門友崔君養春名銘槩，如皋人。過訪，見予書曰：此爲初學入門之書，子胡爲康瓠寶貴耶？揣子之意，闡潛德，發幽光，急欲付梓也者。無如世所傳本，上有《御製數理精蘊》，下有《九數通考》、梅校《算法統宗》、何氏《算迪》等不下十數種，皆初學入門之書也，子欲使疇人子弟户置一編，不亦難乎？鄙人之見，曷若于原書題下證以代數，俾初學得以融貫中西，庶亦疇人之盛業與？予曰：子之梓《正宗》之意，前序中已申明之，若證以代數，淆亂本書，固屬不可。且代數至今日入門之書亦比比矣，如狄君《代數備旨》，方氏《代數通藝録》，予師傅蘭雅先生《代數須知》《算式輯要》以及《代數術》《代數難題》久已風行海内，又何必作東施之效顰耶？崔曰：不然，代數之書雖層見疊出，而講解式法居多，惟勾股盈朒演代外未有以九章演代者也，子何不將九章諸題證以代數，附於卷末，使世之讀陳書者得以兼讀代數之學，庶幾陳先生之書得行於世。予曰：代數之難，難在條款，條款一通，諸法自迎刃而解，又何事沾沾演數爲耶？九章諸題，疇人不以之演代者，非不能也，不屑爲耳。予雖有《代數詳解》一書，將《代數術》内各式條舉注釋，猶未告成，若徒將成法演之，其貽譏粗淺當不僅算胥而已。崔曰：何迂之甚也。老氏不云乎，合抱之木生於毫末，九層之台起於絫土，千里之行始於足下，蓋天下事業文章學問術藝未有不積小以至高大，由淺近而臻深遠者，予之使子演代也，爲啟蒙也，不然，豈陳先生之書遂獨爲高明所不廢與？昔人謂戴東原之書唯恐人知，梅勿庵之書唯恐人不知，至今評者猶以之定二公心術，初不聞謂戴深而斥梅淺也，子奚慮爲？予韙其言，退而思《代數詳解》既非旦夕成，而陳書又尅日排印，因檢羅茗香氏《比例匯通》演之，俾獨羅書者得以知借根方一術匪獨，即古之天元一亦即今之代數也。昔羅君作《比例匯通》後究悔其少作，予獨毋後悔乎？然而予今日之心猶昔日羅君之初心也。書既成，援筆而記問答於篇。

雜録

清・馮澂《代數啟蒙》卷一　代數源流述

代數一術其肇初則無從稽考，衹知當中國六朝時希臘有丟番都斯者著《代數》一種，多以形學之理證之，惟用數不用記號。艾約瑟氏謂丟氏之書原本十三卷，歷久失傳，明時西人所得者僅存六卷，其算法中時有用號代數之處，加減乘除亦間有記號，但流於渾含，不若後起者精妙。偉烈亞力氏言斯時天竺亦有其法，且精於丟氏，能推一次二次式，其代未知數用五色名，更有求一之法，幾與秦九韶之大衍術相印，或疑大衍迺原出於天竺，後隨佛教始傳入中國，雖代遠年湮，已無從確據。又波斯與亞拉伯皆傳其法，其代未知數各用方言之物字代之，而精不逮焉。至南宋紹興時天方有便麼西者著《代數學考》，及元時以大利溥那洗學自亞拉伯譯之以傳于其國，曆至明嘉靖萬曆間鐵法利傳于日爾曼，白勒得利傳於法國，西立可傳于英吉利，其未知數皆以物字代之，遂名爲物術云。是時惟未知數用字代，其已知數未有用字代者，至肥乙大始將已知之數亦兼用字代之，而成代數之權輿。厥後迦但作三次式，佛拉利作四次式，代加德作指數，其學益盛，猶未用號以明之，迨牛頓出始加以諸號，並作諸簡法，奈端造合名法而用益便，沿及咸豐朝偉烈亞力氏譯《代數學》、同治朝傅蘭雅先生譯《代數術》二書，均分門別類，闡發靡遺，可謂集代數之大成矣。由是觀之，代數之學迺濫觴於丟氏明甚，茲溯其源，俾世之習代數者庶不泥阿爾熱巴拉一語，遂謂借根方出於天元一，而代數又出於借根方云爾。

馮澂《西學脞録》

序跋

清・馮澂《西學脞録・序》　乙未歲，朝亂已平，士大夫咸洗割地償款之耻，以爲補牢之計，莫要于振興西學，於是海内諸講舍半易西學課士，即南菁亦于丙中歲加課西學，予於格致之學一知半解，辱蒙龍宗師派充課長，撫躬自問，惶汗莫名，茲因匯刻拙作，因遴選月課稿數篇附於卷末，非敢問世，聊質所見云爾，尚希精於格致之學者匡我不逮，則幸甚。時九月九日，記于南菁講舍藝字齋。

雜録

清・馮澂《數學脞録》　學天元宜從借根方起説

辨志精舍季課。借根方者，古代數也。康熙朝天主教始傳入中國，名之曰阿爾熱巴拉。按阿爾熱巴拉系天方國方言，言其多少二數等而相消，即今之方程式也，多號爲＋，今改作⊥，爲正，少號爲－，今改作丅，爲負。後人譯爲東來法，非是。宣城梅文穆公讀之謂即古之天元一者。見《赤水遺珍》。因借根方系借假數以求實數，與天元術同一借虛課實，天元之立天元一爲某即借根方之借一根爲某根者，方之邊以根乘根得平方，以根自乘再乘得立方，與天元自乘得平方、再乘得立方同，而借根方之多少相等式亦即天元之正負，其兩邊加減雖與天元正負相消不同，而理則無殊，宜梅君謂天元一術迺謂借根方之所從出也。及讀《中西史鑒》，則稱借根方當前於天元四百年，是非雖不敢決，但六朝時希臘有丟番都者，能演其法，多以形學之理證之，惟用數不用記號。是時天竺亦有其術，且精於丟氏，能推一次二次式，其代未知數用五色名，更有一法，幾與秦九韶之大衍術相印，或疑大衍迺原出於天竺，後隨佛教始傳入中國，雖代遠年湮，莫可考訂，但大衍一術實非天元一法，未可以其有立天元一之語，遂以郭若思《曆源》及李敬齋

《海鏡》所謂天元一者當之。《潛研堂集》亦言大衍術與李敬齋自言得自洞淵者有異，不信然乎？天元一術文義徑省，但云天元一云爾，如積求之云爾，而文義已足，其間借假像真，不用而用，以之通非數，而數以之成，初學猝通，良非易易，故欲習天元，宜從借根方而起者，職是故耳。雖借根方必求等數，猶天元必求同數，天元之布算分列上下，即借根方之布算分列左右，但天元得同數後即用左右相消，併入爲正負，不若借根方得等數後復用兩邊加減，使歸於簡約，且天元實方廉隅稠疊之位皆賴借根方之幾真數幾根數平方幾乘方而益著。試設一題以覘其理。【略】由是以觀借根方中之⊥爲多號，丅爲少號，＝爲相等號，與天元術中作記認者不同，其實不同者迺其面貌，而立法之理則未嘗有異焉。總之，天元借根所恃以立術者，以其有相當式也。相當者，謂式中虛實各數雖相雜糅，而以原數考之必相當而適足，然後用法相消，消去糅雜，而所求之數自端倪悉露。天元如是，借根亦如是，即代數、微積、對數亦莫不如是，不過天元須輾轉相求，其布列之法迺在上下左右分乘方數，其式雖簡，而理甚委屈，不若借根之直截，故不先習借根而逕學天元，恐入者未深輒迷眩矣。此羅茗香所以演《比例匯通》也。自澂論之，今之學者九章既明，不若逕習代數，代數之立法無論已知數、未知數皆以字代，較天元四元之列位記真數以演式頗省，其相消之理與天元四元同，所謂如積相消、齊同相消者，殊途而同歸，且諸自乘方之指數開諸乘方之根數，惟代數有之，至其布式，則以乘方指數別之，復加諸號以顯之，式雖繁，而理甚明晰，易於推求，由代數而天元四元，當無不迎刃而解矣。而況學習代數其實仍習借根。何也？蓋借根方即古之代數也。

馮澂《增删算法正宗》

序跋

清・馮澂《增删算法正宗・序》 予與先生同里，向不知有《正宗》一書，近始由令裔孫鑣（字均南）持以見示，予始知先生尤耽經史，著有《十三經字辨》及《五經疊注》《救荒全編》三種，則是《正宗》一書猶其緒餘耳。

楊兆鋆《須曼精廬算學》

著録

清・劉錦藻《清續文獻通考》卷二七四《經籍考一八》 《須曼精廬算學》二十四卷，楊兆鋆撰。兆鋆字誠之，浙江烏程人。諸生，江蘇候補道，出使比國大臣。

序跋

清・席淦《須曼精廬算學原序》 同治初元，馮林一中易允設廣方言館於上海，楊誠之觀察之長兄文臺先生主中文講席，余與觀察同肄業焉。觀察年方舞勺，受英文於美國林樂知先生，月試輒冠其曹，半年升班，復冠之。嗣余與觀察先後蒙前督曾文正公以學有成效，咨送總理衙門考驗，均奏留同文館學習。觀察留館之年，適值大考名列全館第二，時天算總教習爲海寧李壬叔先生，從游者六七十子，觀察年最少而資稟獨異，遇有算學疑難問題，他人百思而不獲者，觀察則以數言解決之。每一稿出，皆相顧駭服。壬師時加批奬，有遊心藕絲孔中之喻。觀察後隨許竹篔星使出洋，遨遊柏林、巴黎間，與彼都人士交，學業愈進，歷保以道員，發江蘇補用，屢膺要差，兼隨辦南洋洋務。張孝達制軍奏設江南儲材學堂，檄觀察辦校事，間以算草示學生，同僚見之，慫恿付梓，因輯録排比，分二十四種，上於劉峴莊制軍命刊行，寓書問序於余。余不敏，師門絶學傳授未能窺見萬一，惟與觀察同學十餘年，相知最深，故不辭而述其崖略。至算術之説理詳明，演式簡潔，世有疇人自能知之，故不贅。光緒二十有四年四月，同學治愚弟席淦。

清・江衡《須曼精廬算學序》 緊惟耆英，碩輔閎達，魁傑之士，磊磊軒天地，其於學必綜賅百氏，若安谿李文貞、儀徵阮文達，峃勿黄扉，輒以餘暇，旁涉天官樂律，饌集疇人，邃窐數理，熙雍以來，就徵鴻博諸名儒，類能罔羅算氏，綴輯遺經，孔葒谷、惠紅豆輩且取徑髀術，發攄經學，而烏程徐莊愍大節凜然，於垛積招差諸門直窮奧賾，良以九數之學體實用緐，乃周官保氏之遺，亦儒雅多能之選，然必智勇過人乃能於經濟文章而外兼綜及之。今觀於楊星使須圃先生而益信焉。先生負經世才，壯游歐洲，識鑑閎遠，李文忠、劉忠誠深器之，平日肆力於古今中外政書，兼精訓詁辭章，餘力及天算，積稿垂三十年，及茲釐定授梓，二十四種。其於宋元以來佚存之古籍，與夫咸同兩朝譯行之新書，淹貫融通，富有心得。蓋自海寗李氏集算家之大成，舉而授諸先生，從游京館，親炙日深，宜其所造精邃，近惟習算者壹以西法，而古義久湮，源流未晰，如甄鸞五曹、欒城九容之屬，幾不能舉其目。得是編，以津逮學子，庶於先河後海之義，稍有悟乎。抑余重有感者，憶庚午、辛未閒，先生與余均以弱冠執算，從金匱華若汀師游，而先生蚤顯達，累功擢監司，嗣持節比利時，丰裁益峻。余通籍既晚，無用世才，不足數如先生之爲時枋用，用而未竟疇昔抱負，思有以表襮世宙者詎，惟茲九九一藝，則俛仰今昔之感，先生雖不以攖諸懷而知先生者，又烏能已耶。余於先生夙同學，繼嘗爲先生督理學務，時屬僚，乃先生不欲以此易舊誼，且諄命序是編，爰貢其辭如此。甲寅季春，同學弟謹序。

清·楊兆鋆《須曼精盧算學·自序》　《須曼精盧算學》刊成，余受之倣賈浪仙歲除祭詩故事，烹羊酌酒以祭，自勞疇昔之耗精敝神。既而曰：嗟乎！余竟以是區區者見乎。顧數之爲用也，廣之際天地，深之入幽渺，古來經師大儒於焉致力，在漢若司馬遷、劉向父子、揚雄、何休、蔡邕爲尤著，鄭康成游馬扶風之門三年不得見，聞其善算，乃召見樓上，因以質疑即其證也。魏晉以降，代有專家。阮文達公作《疇人傳》，自羲和至謝家禾，網羅具備。余髫年學計，自得師而孟晉，嘗憶肄業京館之槐院，乙夜治算，至不可通者深思冥索，假寐匡牀，忽化摩睺羅狀，自窗隙飛出，見畜貓踞槐顛捕雀，雀啄之，既周游各院，某舍夜讀，某舍息燈，俄而返，一燭熒然，紙筆在几，蘧然與我合一，亟走視諸舍，皆驗貓歸而目傷，已是魂也，非夢也。夫搆思而至於離舍，治經史無是也，治辭章無是也，治政事亦無是也。異哉。同治辛未秋，余年十八始貢同文館，凡六年，受於李壬叔先生者，釐訂若干卷，同學亦有斯問，而演算釋義不相謀也，不相襲也。研求實學，而占星分野之譚、卦氣風角之技不相涉也。昔督江南儲材學堂時，學生願習算者，爰上諸劉忠誠公留覽，旬餘遺材官賫還命授梓，尋調鹺關不果。今同邑劉翰怡部郎有《吴興叢書》之刻，因請於余。余曰：嘻！世無齊桓，誰復設庭燎以禮九九哉。無已其折衷博雅君子，正其徧陋翰怡，以付梓人，並倩無錫邊砥齋摹圖，揚子劉謙甫校版，起乙卯春，訖丙辰冬而工竣。余重加校訂，有所增損，約十之三云。乃自序其篇旨。序曰：諸星行軌，循乎橢圓，或遵雙曲，鈎以測天，撰《橢曲同詮》。抛彈擺錘，動循厥線，礮轟球擊，轂馳鐘旋，撰《抛擺致用》。容在圓內，切在圓外，各求圓心，形分小大，撰《平圓容切》。積面成體，體形不一，勤推所求，均是密率，撰《體積各求》。存中積隙，孝嬰遞兼，吾師比類，斯爲外篇，撰《堆垛演算》。物動生力，力判分合，速與路時，公法以立，撰《力學探原》。鈎金片楮，各有重心，心或體外，研理推尋，撰《重心釋理》。升降鎮壓，一動一靜，窮理致知，物無遯影，撰《動定格物》。鏡力所及，星辰非遠，視實兩差，窺象關鍵，撰《天象管窺》。行星繞日，不昆不離，弗由常度，流孛斯奇，撰《健行衍義》。物不知數，道古始通，諸母法繁，三元理同，撰《求一通術》。弧矢切割，生於正弦，六宗三要，二簡齊詮，撰《割圓舉綱》。假借句股，輾轉方程，有如射覆，匿數終明，撰《句股索隱》。悟徹九容，九容者，句上容圓，股上容圓，弦上容圓，句股上容圓，句外容圓，股外容圓，弦外容圓，句外容半圓，股外容半圓。《海鏡》斯著，舍天元一，代數是御，撰《九容演代》。句股推闡，洞淵引伸，繪圖訓解，奥藴畢陳，撰《句股圖解》。髀經有言，方出於矩，絜度相求，不差絫黍，撰《句股容方》。句股與弦，五和五較，百七十題，演代全稿，撰《句股全草》。縱横相乘，是爲直積，五事和較，不難弋獲，撰《直積各問》。句股形内，有線中垂，求十三事，攸往咸宜，撰《垂線諸求》。形内三線，宛轉互求，監正稿亡，補佚持籌，撰《邊徑線釋》。蔣氏益古，欒城演段，剖發方圓，田形畢見，撰《方田推步》。土圭正景，立表所祖，求深求遠，引繩中矩，撰《立表測量》。比例問目，二十有六，古算遺珍，工商可讀，撰《比例設問》。須曼算經，各以類聚，槐院課餘，一鱗一羽，撰《雜題偶檢》。歲在柔兆執徐日躔星紀之次，須圃楊兆鋆。

清·劉承幹《須曼精盧算學跋》　治曆明算之學，古疏今密，時代使然。積人積智，以獲新法，皆由舊法融會而生，是故借根濫觴於天元，代數冥合於四元，而天元一術固發軔於宋金者，後世之精微深妙，實已早闢其機緘矣。明代士夫弇陋，至莫曉立天元爲何語，西法乘其弊而來，好奇者操觚駭服，駸駸乎數典而忘其祖。有清仁廟宏奬實學，宣城梅勿菴徵君以布衣蒙召對，御筆批點稿本，命其孫文穆公瑴成學習内廷，親授數理，榮寵逾恒，四方承學，聯袂踵興。休寗戴東原太史震尤爲縝密，顧梅氏所著書理深詞淺，惟恐人不解，戴氏《割圜記》等力求簡古，惟恐人之或知，後之人推論心術與取資圭臬者，咸樂以梅氏爲宗，津逮之功，不其偉歟。吾郡通算理者，在嘉道間，則有姚文僖公文田、許積卿駕部宗彦、徐飴菴明經養原、臧眉卿孝廉壽恭、張秋水學博鑑、陳靜蓀博士杰，在咸豐時，則有淩厚堂茂才堃、張南坪茂才福僖、徐莊愍公有壬、汪剛木教諭曰楨，諸公造詣不齊，各有著述傳於世，專門精詣，繼起寥寥。楊誠之星使，余妻姑壻也，爲海寧李壬叔閣讀善蘭入室弟子，著有《須曼精廬算學》二十四種，術備數題，題演各法，溝通新舊，且有勝於古術者。余近刊《吴興叢書》，以算法爲絶學，仿張文襄《書目答問》載生存人海寧李氏之例，以示博雅君子，謂斯編非第頡頏鄉先達，兼可補梅氏、戴氏所遺，而爲後學之南鍼，庶不讓西人以獨智乎。丙辰，天貺節吴興劉承幹跋。

勞乃宣《矩齋籌算叢刊》

著録

《矩齋籌算叢刊》目録

《古籌算考釋》　《古籌算考釋續編》　《籌算淺釋》　《籌算分瀘淺釋》　《籌算蒙課》　《垛積籌法》　《衍元小草》附

勞乃宣《古籌算考釋》

著録

清·劉錦藻《清續文獻通考》卷二七四《經籍考一八》　《古籌算考釋》六卷，《續編》八卷，勞乃宣撰。乃宣見經部小學類韻書。

《古籌算考釋》目録

卷一　籌制　筭位　乘除　開方
卷二　今有　諸分
卷三　衰分　盈不足
卷四　方程
卷五　天元
卷六　正負開方

序跋

清·劉樹堂《古籌算考釋序》　六書九數，小學也。古之人童而習之，後世老師宿儒白首而不能通其説，何哉？古以篆文爲通行之書，求六書之義於篆文易易耳，故識字即可通六書。迨篆變而隸，隸變而爲今之真書，去古漸遠，六書之義漸微，識字者不盡識篆文，而六書遂爲專家之學，其勢然也。古以籌算爲日用之具，十年學計，所學者即籌也。而《九章》所載莫非籌法，故學計即可通《九章》。迨珠算出而中法日趨於苟簡，筆算出而西法别闢其畛畦，籌算之法因失其傳，學計者不見古人籌算之妙用，開方以上視爲畏途，而九數遂爲莫傳之秘，亦其勢然也。無其器而求其道，固戛戛乎難哉。雖然篆文誠不通行於世矣，而《説文》之書具在，好學者潛心求之，六書之塗徑尚歷歷可尋也。若夫籌之器與法其亡也久矣，宋元以前籌法具存，故其時算學極盛，至明而籌法亡，算學亦衰。今日算學復大盛矣，然高深奇妙之術雖日出而不窮，而入門之始非珠算即筆算也。由珠算、筆算而造高深奇妙之域，其爲塗也，迂其階級之相懸也，遠與古籌算之本末一源、精粗一貫者不可同年而語。是故非聰明絶特之姿，不能深造而有得，欲如古者以九數爲童子之學，人人得而習之，不可得已。勞君玉初，讀《九章》《孫子》諸書而悟古人籌算之法，考而釋之，著書六卷，自加減乘除以至天元正負一，御以籌，其理顯而易明，其法簡而易學，而高深奇妙之門徑亦不待於他求。讀其書者，無論學之淺深與質之高下，莫不怡然涣然，不煩言而解。余於算學未涉藩籬，而究心篆法有年，因而略窺六書之恉，知道之果不離乎器也。讀是書有會於余心，因爲之序而刻之，以廣其傳。古小學之遺法，庶幾復明於今乎。光緒十二年六月，保山劉樹堂景韓序。

清·勞乃宣《古籌算考釋·序》　古算皆籌也。珠盤興而籌之用漸廢，西法盛而籌之傳遂絶。嘉道以來，諸先生表章中法不遺餘力，籌爲中法根本，失傳已久，而無人爲之疏通證明之，真闕典也。曩讀梅徵君《古算器考》，略識古籌之制，又讀《孫子算經》諸書，見有乘除開方用籌諸法，因依漢志九章之説，製赤黑籌各一握，用以布算，至爲簡易。久之始悟九章諸術皆籌也，又久之復悟天元正負開方亦籌也。偶以教人雖諸乘方之繁賾，正負數之糾紛，算家累牘所難明者，初學頃刻可解。夫乃歎古人制器立法之妙，精粗本末一以貫之，非後世私智小術所能及已。乃徵考諸書，加以訓釋，綴以圖草，輯爲此編，以明古籌算之法。凡術之涉乎籌者備詳之，其餘則略焉。專釋籌義，非談算理也。千古良法湮没數百年，一旦復明，快何如乎，惜未能起李雲門、焦里堂、李尚之、羅茗香諸先生而一質之也。光緒九年歲次癸未七月，桐鄉勞乃宣自序。

清・潘誦汾《古籌算考釋跋》　童時避兵崇明，聞談算者，心好之，時已粗通乘除，欲學其進乎乘除者。僉曰進乎乘除爲開方，其術至難，進乎開方則尤難，此絶學非可輕言也。遂震驚不敢復問。間質諸交遊，其言亦然。偶閱坊本算書，艱深隱奥，都不知作何語，益信童時所聞非妄。歲壬午，客天津，獲識矩齋勞子，聞其精算，心又好之，顧猶震驚不敢問。一日偶及童時之言，矩齋曰開方至易耳，頃刻可解，何難之有。汾不之信。矩齋乃出赤黑籌二握，爲布一平方術，縱横進退，一見了然。爲之狂喜，遂從之學算。時著此書，首卷甫就，因促之速成，若今有，若諸分，若衰分、盈不足、方程以迄天元正負、諸乘方諸卷，皆旋著旋學，及全書脱稿，而汾已盡曉其術矣。然後知算果爲易事，而童時所聞未盡然也。雖然童時之言，亦非人之相誑也。古籌法失傳，而珠盤筆算之相尚其難也，固宜此書之易，非矩齋之能古人之能也，而其復古之功亦大矣。書成以，汾獲益於此，書之顛末，識諸卷尾，爲讀矩齋書者告。光緒癸未八月，元和潘誦汾謹跋。

清・趙實君《古籌算考釋跋》　算學中西兩家相表裏者也。西法之比例、幾何即中法之九章，西法之借根方即中法之天元一，西法之代數即中法之四元，而習者每覺西法便、中法不便，何也？西法皆筆算。明季李、徐諸公譯西法自筆算始，後之學者亦俱自筆算始，故易於貫通。中法皆籌算，而籌法失傳已久，近今講天元、四元諸家率以筆算爲之，故每多扞格，非中法之不便，以筆算爲中法之不便也。矩齋此書，於籌法久湮之後，考而釋之，以爲中法之階梯，其功不在李、徐譯筆算下。爰助之付梓，俾習中法者有所憑藉，如駕騏驥而騁康莊，當不使西法專美於宇内矣。光緒丙戌夏，陽湖趙實君堅跋。

勞乃宣《古籌算考釋續編》

著録

《古籌算考釋續編》目録

序跋

清・崔琳《古籌算考釋續編序》　勞矩齋先生《古籌算考釋》表章籌法，以詔後學，世之知有古籌算自先生書始也。顧其書訖天元正負開方，過此則猶闕。然光緒己亥夏，先生復取四元、綴術、求一術及前編之目已具而其法未備者數種，籌衍以爲續編。當是時，琳適館先生吴橋官廨，先生每脱稿輒屬琳校閲，琳於算學向未問津，自獲識先生始略知其徑途，間取他算書讀之，嘗若糾紛隱賾，遽難索解，讀先生稿則心目爲之豁然，於是歎先生誘人之甚善，而表章古籌之功爲其大也。居頃之，琳以司鐸盧龍迫於赴任，遂别先生以去。去未數月，先生以書來告曰，《古籌算考釋續編》將付刊矣。子獲睹是書大凡，尚其爲我序之。琳惟算之用籌，中法也。中法莫精於四元，而世人多難之，非四元之難，以筆算爲四元則難耳。先生衍四元既純用籌，以復古人之舊，而綴術亦變通筆算舊式，壹以四元乘除之式，用籌衍之。其他若大衍求一，既闡明秦氏舊法，復益以新法三色差分，則合舊法之歧而二者而一之。理分中末線，則壹馭以天元。正負開方難於定商者，則有屢次商一、商二及商五之法，此皆先生殫精極思，出古人範圍之外者，而簡易易從勝於舊法遠甚。又所設各題先其易者後其難者，有引人之勝，無躐等之弊。四元求一術綱領所在，皆條分縷晰，各置於前，使讀者開卷先洞明竅要，然後取題如法布算，自不至茫乎其若迷。且四元之後繼以綴術，求一之後繼以三色差分，立法取徑一貫，而下學者果循序以求，譬如舊路重經，谿徑曲折，皆胷中所素識，則意之所嚮，自可信步而行，固不獨天元開方前編已具，而此所補者爲可不思而得也。其易知易能如此，雖以琳之不敏，讀之猶不至苦其難通，況聰穎之士才力且十倍者乎。方今算學功令所重，世之攻此者日益多，苟得先生是編讀之，吾知其收效之速，必有倍蓰於讀他算書者。然則是編既出，不誠習中法者之一大快哉。光緒二十六年歲次庚子春二月，清苑崔琳謹序於盧龍學舍。

清・勞乃宣《古籌算考釋續編・序》 九數之學，肇自古初三代之隆，列於六藝。自漢唐以迄宋元，算學家莫不兢兢以法古爲重。迨西法入中國，而有算學今勝於古之論，學者乃有蔑古之心矣。閒嘗論之中國之學皆古勝於今，西國之學皆今勝於古，何也？文明之運以漸而開，必有極盛之會，過此則漸衰。中國文明開於先，以唐虞三代爲極盛，故古勝於今。西國文明開於後，今方漸臻於盛，故今勝於古。凡學皆然，算學亦何獨不然？而獨謂算學今勝於古，非篤論也。試觀古人籌算之法，囊括萬有，無所不晐，雖後世積人積智，新理日出，而加減乘除之體，縱橫正負之用，百變而莫出其範圍，如憲法數十變而益精，而氣朔閏餘之規模終不能易羲和之舊，是則古先聖哲之所留遺，固百世所莫能外也。余作《古籌算考釋》考明籌算古制，幸爲當代大雅所不棄，承學之士由吾說以造精深之域者，頗不乏人。古法之沾溉於今者，良不鮮矣。顧籌算之用，義藴無窮，前編僅及天元正負開方而止，四元以下猶闕。今復續撰是編，以補所未備。夫編中諸術多有近代所創設，及己意所推闡者，非盡商高、隸首之傳也，而必謂古勝於今，何哉？蓋諸術皆本於籌，籌之爲用，變動不居而神化不測其究也，易知而簡能非有古制之存，何由鑽仰而窮其妙乎？明算君子試取一握之籌，演而繹之，當知余言之不謬，而古法誠不可輕量也已。已光緒二十五年歲次己亥八月，桐鄉勞乃宣自序。

清・孔慶霽《古籌算考釋續編跋》 近世習算之士，大抵以筆算入手，專尚西法，非西法之果易於中法也，良以籌算失傳，無由窺中法之門徑耳。矩齋先生好學深思，考得古籌算法，釋而明之，著《古籌算考釋》一書，海内風行，於是中法復明於世，厥功甚偉。先生復殫精竭慮，以思擴充其術，嘗謂霽曰：古籌運用尚不止此，會當輯爲續編，以盡其妙。偶論及四元、綴術、大衍求一、方程求一、三色衰分諸法，試演以籌，無不覺其便。顧先生案牘勞形，忽忽十餘年，未暇録以示人。前歲由清苑返任吴橋，事稍簡，霽因促成之。未幾脱稿，自籌制補以迄正負開方補，都爲八卷，脈絡分明，籌式井然，較之筆算省力而易解。其間綴術求級數，實與微積之理相通，而正負開方易得商數，則更駕乎西法而上之。是編雖云復古，而先生推闡精微，立說詳盡，或亦有古人未到處也。嗚呼！中法至此，亦可謂登峯造極矣。霽素不敏，且憚於用心，然校閱是編，但覺妙緒環生，絶無探索之苦，淺近顯明，竟忘其爲高深之術，何籌算之易乃如是耶。敢識數語於卷末，願有志習算者合前編而讀之，豈徒有門徑之可尋，即深造夫堂奧也又何難哉。光緒二十六年夏五月曲，阜孔慶霽謹跋。

勞乃宣《垜積籌法》

著録

《垜積籌法》目録

卷上　三角垜有層求積　方垜有層求積　縱方垜有層求積　六角垜有層求積

卷下　三角垜有積求層　方垜有積求層　縱方垜有積求層　六角垜有積求層

序跋

清・勞乃宣《垜積籌法・序》 垜積之法不見《九章》，元朱漢卿《四元玉鑑》有之而不詳。嘉道閒汪孝嬰造三角諸乘垜法，董方立造方與縱方諸乘垜法，皆足補古人之未備。近李壬叔作《垜積比類》，又推類以盡其餘，益闡發盡致，顧其端緒猶頗紛繁。余偶取三角、方、縱方三種垜積，本汪氏、董氏之法而小變通之，布以籌算，使其行列衰次各有定位，秩然有迹象之可尋，以視諸書之説似爲顯而易明，簡而易記。復思垛積之形三角與方之外，尚有六角一種，諸家皆所未言，因推得六角諸乘垛求積、求層各兩法。法既成，核其數與李氏《垛積比類》中二乘方支垛之數正同，始知此二種垛積形異而數同，其算法則李氏亦兩法，而吾兩法與之一同而一異。甚矣，算理之無窮也。昔汪氏爲三角垛術以爲古所未發，董氏爲方與縱方垛術，又謂爲汪氏所未發。及讀朱氏《四元玉鑑》茭草形段、果垛疊藏諸問，求其天元如積之原，乃適與符合，余之於李氏亦猶是也。學然後知不足，信然哉。今録其法，命兒子絅章各演細草，都爲一編，非能出四家之範圍，以爲讀四家書之階梯可耳。光緒甲午秋九月，勞乃宣識。

勞乃宣《籌算淺釋》

序跋

清・勞乃宣《籌算淺釋・序》 籌算爲學算最易之具，故古之人童而習之。自籌算失傳，而算法遂爲難事矣。余既考古制製籌，作《古籌算考釋》以解之，而籌法復明於今。家中小兒女略能識數，輒教之籌算以爲戲玩，諸兒以戲爲學，無苦其難者。及稍長雖極鈍之資，亦知乘除開方。語以開方爲算家難事，率詫以爲奇，亦可見籌算之易知而易能矣。顧《考釋》之書，於入門淺近之法尚略，暇日取教兒輩初學加減乘除開方諸法，筆之於書，命兒絅章及諸女設題演草，名之曰《籌算淺釋》，語取其明不厭其俚，解取其易不厭其煩，俾不知算數之人，一覽可曉，藏之以爲家塾課本，非敢出而問世也。光緒癸巳八月，矩齋識。

勞乃宣《籌算分瀘淺釋》

序跋

清・勞乃宣《籌算分瀘淺釋・序》 余作《籌算淺釋》，明加減乘除開方淺近之法，以補《古籌算考釋》之未備，爲家塾課本，同人以其便於初學，慫恿付梓。梓既成，見者咸樂其便，獨惜分法亦爲入門之要，尚無淺近之書，《古籌算考釋》於諸分一門，非不詳盡，然因考古，多引古術、古語，端緒稍紛，不易尋繹，因復參合古今，以加減乘除爲之經，命分、約分、齊分、通分爲之緯，釐爲一定之筭式，一律之算例，命兒女輩設題演草，述爲是編，俾習分法者，視與加減乘除同一易曉。《張邱建算經》序曰：學算者不患乘除之爲難，而患通分之爲難。得此可不患其難矣。光緒戊戌八月，矩齋識。

勞乃宣《籌算蒙課》

序跋

清・勞乃宣《籌算蒙課・序》 西人課童蒙以諸學淺近之理，依次編爲功課書，頒諸學校，按書程課師以是教弟子，以是學不勞而功易，成洵善法也。余宰吴橋，勸設里塾於各鄉，於講讀《弟子規》、小學諸書外，兼課以淺近算學，既各予以算籌及《籌算淺釋》矣，繼思《淺釋》雖淺，尚無依次課程爲教者法，因略仿西人功課書之意爲此編，於筭式列位加減乘除，皆以極淺者爲始，由漸而進，定爲逐節演習之式，以授塾師。爲師者第按此定本循序講授，量其資質以爲遲速，雖童蒙極鈍之資亦必能相説以解。此書既畢，乃及《淺釋》，自沛然無扞格之虞矣。古者子生六年教之數與方名，十年學書計，童蒙之年無不習算者，其必有簡易之教法可知，惜乎今不傳矣。此編雖仿西人，或猶有古人小學之遺意也乎。光緒戊戌九月，矩齋識。

孔慶霽　孔慶霭　勞絅章《衍元小草》

著録

《衍元小草》目録

卷上　方田一題　粟布二題　差分二十八題　少廣十題　商功三題　均輸四題

卷下　盈朒十七題序跋　方程六題　句股三十二題

序跋

清・吴建勳《衍元小草序》　余秉性剛愎，好擊劍，不樂讀書，即讀亦不求甚解，於六藝之文一無所識。自從玉初弟游，始知籌算爲古人六藝之遺，天元尤極九章之妙。晴甫、和甫兩弟闇文世講，朝夕以籌算相討論，深得心傳，余雖不敏，固不因粗俗而棄我也。玉初既箸《古籌算考釋》以傳古法，復箸《籌算淺釋》以開門徑，今三子者又作《衍元小草》專明天元，以易題明難法，以淺言明深理，通萬法爲一，而無鉅無細靡不纖悉曲折，各如其題，以得其數，必使愚者畢通、蒙者畢達而後已。余聞之既熟，雖不解其法，而頗有會於心，當此羣雄並爭，國家多事之秋，欲圖自強，必以數學爲根柢，非數無以富國，非數無以强兵，非數無以安百姓，致太平。是編雖曰小草，而諸君子之用心也大矣。諸君子以爲然耶否耶？光緒二十四年清明後三日，清苑吴建勳甸侯序。

清・勞乃宣《衍元小草序》　天元爲中法精詣，衍之以籌，至簡至妙，而今人多以爲難者，以未知籌法也。余箸《古籌算考釋》於古人天元用籌之法一一考明，依法運算可不煩言而解，第衍草尚少，所引諸題又多邃曲，初學猶苦其難，每思取尋常算書中淺易之題衍草以示學者，顧卒卒未有暇也。而晴甫昆季乃與絅章共爲是編，余嘉其用心之勤，而牖人之易也，爲之付刊。夫天元通衆術爲一術，本無淺深難易之可分，而古人之書傳於今者，惟《測圓海鏡》《益古演段》《四元玉鑑》數種，其設題立法類皆曲折幽渺，非深入單微不易窺其閫奥，故世輒謂天元爲極難之法，不知非天元之難，以難題言天元之難也。今得是編，深者淺言之，難者易言之，既得其淺者易者，而深者難者自循循然不蘄至而至矣，不誠習天元之階梯哉。光緒二十四年歲次戊戌三月，桐鄉勞乃宣序。

清・孔慶霽《衍元小草・識》　余童時習珠算，於加減乘除諸法不假思索而得，謂學算爲極易之事。及長，往來於蘇滬江淮之間，見聞漸廣，知數學一藝糾紛隱賾，雖苦思力索亦不能得其竅要，又以學算爲極難之事。嗣游畿輔，姊夫勞玉初先生授以古籌布算之法，凡九章天元諸術，嚮所苦思力索而不得者，一以不假思索而得之，與童時習加減乘除無異也。於是知學算果爲極易之事，籌之便於初學，爲何如哉。歲丁酉，客保定，適傅君學淵亦習籌算，每以天元用籌無淺近之書爲憾，余爰與家弟和甫、外甥闇文於屈氏《九數通考》中每門擇數題，依天元籌法衍草，彙爲二卷，命曰《衍元小草》，各述所學，非箸作也，雖然題至淺易，理至明顯，籌算運用天元之妙已可概見，於初習天元者或不無小補乎。光緒戊戌季春，曲阜孔慶霽識。

清・吴汝舟《衍元小草跋》　右《衍元小草》二卷，爲孔晴甫先生昆季及勞生闇文所述，書成，屬汝舟跋其後。汝舟素不知算，幼時惟解珠算加減與九九生數成誦而已。歲己丑，館於勞子矩齋先生蠡縣官廨，授闇文讀，獲識孔氏昆季。矩齋精算數，孔氏昆季之學皆得自矩齋。公退譚語，汝舟從容詢其術，矩齋因以所箸《古籌算考釋》見贈，猝猝少暇未學也。會矩齋量移吴橋，乙未春，闇文南旋，課讀稍簡，遂請業於晴甫先生。先生持籌布算，先之以乘除開方，繼之以比例諸分，數月之間，九章畢解，乃又進以天元之術。天元者，本於方程正負，少廣借算，而神明變化之者也。矩齋書中衍之以籌，誠足振古人之墜緒，而帶分寄母之法尤足括李欒城演《益古集》數十百段如積之繁。算數之學，今勝於古，信哉。顧矩齋之書主於考證古義以發明其理，於依題衍算尚略，初習天元，每難索解，兹編即《九數通考》之題而衍之，簡明淺近，易知易能，初學得此，快何如乎。晴甫先生善教人，批郤導窾，迎刃謋然，是書聊示天元之門徑耳，然已略見一斑矣。而矩齋先生沾溉之功，又何其至耶。光緒戊戌暮春，清苑吴汝舟謹識。

清・陶保廉《衍元小草跋》 古九章皆用籌算，而天元正負術爲古籌布列之式。《孫子算經》所論，縱横立僵，皆有定法。前明通人莫解天元，海壖僑夷，挾技傲我，於是競學西法有字之籌，罕知古人無字之籌。近世所作天元算草，既誤以爲筆算所寫算馬，復任意錯雜，應横者縱，應僵者立，而古籌蹤跡益晦冥不可尋繹。歲癸未，外舅勞玉初先生篹《古籌算考釋》六卷，而六觚一握之制，卧筭立筭之理，復明於世。凡天元諸乘方隱奥繁賾之處，馭以古籌，反手可得，無屬草易藁之煩宂。顧《考釋》重在稽古，略於論數，初學猶苦未備。余妻之母舅，曲阜孔晴甫和甫兩先生，及妻弟闇文，摘取《九數通考》中一百有三題，運以古籌，爲《衍元小草》二卷，以與《考釋》相補備天元，得此書益顯其原爲籌算而非筆算，且辭達理明，童穉習之，亦自豁然。余妻嘗從晴甫先生受天元，籌算赤黑盈案，視同彈碁，未嘗以爲難也。每慨島族長技大半出於數理。中國西北諸行省覩聞狹隘，訾爲西法，棄之如遺，往往連數州郡莫知五曹六汯爲何事。東南人情浮囂，揣逐時趨，矜言西學，忘厥本原。二者蓋胥失之。夫遊藝立訓會計，必當宣聖，固嘗嫺保氏九數之教矣。闕里聖裔，能世其學，若葒谷、若顨軒、力堂諸先生，後先相望，今晴甫先生又究心中外古今算術，將本多能之家風，尋洙泗之墜緒，豈徒以區區一編輔勞氏《考釋》而已哉。光緒二十四年秋八月，秀水陶保廉謹跋於蘭州節廨之見山樓。

雜録

清・孔慶霄　孔慶靄　勞絅章《衍元小草》凡例

一，是編專以用籌之法，衍草所繪之式，俱按《古籌算考釋》程式，與古書稍異。

一，凡負數均用斜畫記於末位，以別正數，布算時仍須用赤黑籌，無斜畫者用赤籌，有斜畫者用黑籌。

一，天元名目位次及正負加減乘除相消寄母諸法，已詳《古籌算考釋》。此專衍草，故不再及，閲是編者當先於彼書求之。

一，天元衍草，古書皆至相消得式而止，其除法開方皆不言，是編亦然。除法與開方法亦詳《古籌算考釋》中。

一，編設題均採自《九數通考》一書，凡九章運用天元之法，大致略備，其不待天元而明，及天元不能馭者不載，故各門列題多寡不一不强同也。

著録

曹汝英《算學襍識》

《算學襍識》目録

卷一筆算

數之性情　單位除法　棄九法解　循環小數　求任若干數之最小公倍數法　四率比例奇題

卷二代數

解題捷徑二則　襍題五則　求證之式五則　算學幾何聲學三種級數　因變數　對數襍題四則　排列數

卷三句股

定句股無零法　句股和較　句股襍題

卷四平弧三角

用真弧度解三角法　正弧三角十式六法內坿訥氏法解　算正弧三角法　用訥氏法解象限弧三角　算象限弧三角法

卷五測繪

測斷底線法　變底線爲海面平綫法　知地面上弧三角形面積若干英尺求餘弧數若干秒　改正測望諸角法　畫準角度法　畫七十五度或十五度法　測地繪圖訂誤二則　太陽清蒙氣地半徑合差表

卷六弧矢形　割圓術　曲面體

有通弦有矢求積　有通弦有矢求弧背度數　有徑有矢求弧背度數　有徑有弧背度數求積　有矢有徑求積　推平圓截積表法　變通杜德美割圓四術　拋物線錐體求曲面積及體積法　橢圓環體求皮積及體積法　截球體求曲面積及體積法　分球體求皮積及體積法

卷七圓錐曲線

釋名　公式表　撱圓有大小徑求周法

卷八格致　候氣學　聲學　光學

各種寒暑表度數互求法　用風雨表寒暑表測山高法　用兩地風雨表

占風法　聲行速率　用聲量地法　比校光量法　凹凸鏡諸算式

卷九重學

各形重心　求地心引力　求離心力公式　視速率　有諸能力在

一箇面上加於一點求并力　華夏輪軸

卷十火器　鐵路

求彈子初速　巴士復斯積漲藥力表　用巴士復斯礮表法　鐵路軌

知火車壓重及速率求配軌重法　鐵路零件數目表

序跋

清·潘應祺《算學襍識跋》　方今言西算者，往往等中法於弁髦。如阿爾熱八達，譯言東來法，明見聖祖仁皇帝之諭，而其法與古天元術若合符節，故先儒恒謂西法借根方原本於中土天元術。雖流傳碻證，叵得詳稽，而當時翻譯之名，豈盡無據？乃世之好奇者徒執近時西士疑似之言，狄考文《代數備旨》序云，或疑大衍術原出天竺，後隨佛教傳入中國，然無確據。不信東來之義，而必溯源於希臘之刁番都，蓋以刁氏爲六朝時人，先於秦、李數百年，欲證其法之非出自中國也。抑知天元、大衍在中國亦不知始自何時，則秦、李之前庯詎知中國非先有其術？是不能執刁氏與秦、李爲斷明矣。且西人釋阿爾熱八達云天方國字也，此法未入歐西以前，久已流行於天方國，或疑天方受之於波斯，波斯受之於印度，至八百年希臘人刁番都始作《代數學》十三卷，説詳英人《租臣字典》。據此則阿爾熱八達之爲東來已可概見。蓋歐西視天方爲東，天方視波斯爲東，波斯又視印度爲東，而印度之東即爲中國，是譯言東來。以今西説覈之，碻有非臆測杜撰而爲言者，雖所云東來，未必實謂中國。然溯厥流傳，固是自東徂西，而印度之能傳此法，又或者先受於中國。如重學中參差輪軸一物，西書直標其名曰華夏輪軸，此可爲中法西行之證。天元之輾轉西行，當亦類是耳。知乎此，則代數不能祖刁氏，而東來之義，亦瞭然矣。夫算學爲天下公理，放之東海而準，放之西海而亦準。代數之術或東刱西因，或西刱東因，或東西各刱而適同，皆無足異者。學人居今，稽古既通其法，惟當精益求精，本無庸斷斷於中西之辨。然世俗好奇竟有崇西抑中，甚至以東來之譯言爲非者，涓涓不塞，流爲江河，不可謂非人心世道之憂也。嘗與曹君粲三論此，未嘗不爲之惄焉。故曹君《襍識》於華夏輪軸一物，再三致意，并合刻拙稿，冀以經義樹之先聲，然後合中西爲一致，俾專言西算者或因此而不至爲忘本之學焉。斯曹君之用意至深遠矣。刻既竣，曹君趣爲跋尾，澂思累日，羌無一言，謹書與曹君之所常談以質諸當世之治中法、治西法者。光緒二十四年秋中，番禺潘應祺跋。

曹汝英《直方大齋數學上編》

著録

清·《教育雜誌》第一年第一期　《學部審定中學教科書提要》【略】《直方大齋數學》上編，四册附卷二册，番禺曹汝英著。首列位，次加減乘除法，次公約公倍數，次零分及比例，次面積開平方、體積開立方。附卷首連分數，次小分數、循環小數及多項數，次百分、差分攙合法。書中謂西國算書，每先論一項之物數，後論多項之物數，此書同時並論，因我國平常日用之數多從十進。今考其所言之借，近譯東邦算書與之正合。又謂若俟零分數習畢始習小數，則學算連月仍未能推算日用之數，甚屬不便，持論具見名通。又謂今有術中只有兩數稱率，餘兩數則不以率稱之，今於比例四數統名曰率，是失古人之本意，立説亦有根據。惟成書時有先後，教授條目尚未盡善。如小分數應置除法之後，多項數當在公約公倍前，百分法當在面積開平方前，差分攙合法宜列於比例後，連分數、循環小數宜附録零分數後，方有次第，此乃與之相左，演習殊覺不便。他若外國度量衡法，有貸應用，而米突法時爲一切科學所必需，自宜列人多等數中。調和級數可俟習代數時授及，而等差、等比則習算術時即宜知其崖略，今概從闕，殊不可解。求積法未將圓形錐體等類列入，亦欠完備。又立論間有偏處，如謂近年來西國所出數書於四率比例更新立一記號，以之推算分比例及合率比例則甚便。今考歐美普通算書沿用箭族記號者甚爲寥寥，亦可知未甚適用矣。惟是書大體甄采西籍，遣詞不厭卑近，立法必尚顯明，不似譯自東文，佶屈敖牙，令閱者莫能猝解，是其所擅長處，但必重加釐訂，乃合教科書體例。現充作中學參考之資可也。

序跋

清・吴道鎔《直方大齋數學上編序》 今上御極之二十七年，庶政聿新，首崇興學，詔書所至，諸行省大吏奉行惟謹，薦紳承風，接踵鼓舞，於是我廣州有教忠學堂之設，以逾年初秋開堂，延吾邑曹君粲三綜西文、圖算、物理諸科教事。曹君邃於算且能讀西籍，甄采新術以大其學，所著《算學雜識》尤精闢奧賾，通人推服，曩教習吾粵西學堂四年，頴異之士多所成就，惟教忠學堂剙設伊始，事資循序，乃别編課程，每一紙出，遠近傳鈔，逾秋越冬，積以成帙。范伯言明經時董堂事，慫恿付諸梓人，曹君覆加釐定，先取數學淺理别爲上編，命及門分任校讐，逾月畢事，而屬道鎔序其端。曹君之言曰：西人重學，其求數雖資於算，然如分力、并力及重心爲重學要理，皆須實驗，實與物理學相出入。此外算學約分三支，曰形，曰代，曰三角而已。形學則有幾何、曲綫以逮剖解諸術，代數則有諸元、乘方以及對數諸術，三角曰平、曰弧，皆根八綫，則有測量推步諸術，綜其條流，皆以微積爲歸墟，而導源必自加、減、乘、除、開方五者之數學始。余之爲數學也，分上、中、下三編。上編術必淺近，説取簡易，期學者之易明也。中編貫通中西，務袪畛域，欲學者明而漸融也。至於下編，皆採西人新術，蓋既明且融，可語變化，而數學之能事畢。學者惟先習熟上編，而後中編、下編，可與代形諸術漸次互求。荀子曰：以淺持博，博固非淺不爲基也。吾於此編，竊取斯義，是在學者循序致精，毋躐等以希速化而已。余謂凡學患躐等而算爲尤，亦惟算爲易，疇人家言撰者充棟，大率喜語精深，耻言淺近，其言者又或踈畧而乏條理，學者每習一法，粗明梗概，無習問以窮其委折，無辯釋以發其心靈，傍徨蓄疑，不得已而進求一法，循此輾轉，所學愈多，蓄疑愈富，其積日累月而無實得者勢也。今讀此編，於學者所易疑易誤如發覆、如解結、如提其耳而與之語，雖屬初階，而以推算尋常之數皆適，實用由此，而更造精深有基勿壞猶拾級也，雖然曹君之用心至矣。然今有異寶於此，攝緘縢固扃鑰人安於無所見將望望焉去之，若稍有見焉，必將盡窺其藏而後快，此人情也。曹君此編既啟其緘，授之鑰矣，而適有武昌之行，學子悵惘失此導師，是所目營心注之瓌寶異器，幾獲之而忽爲大力者負之而趨也。學者不能已於曹君，曹君其能已於學者哉。繼此有作而發其藏，以餉學者，固道鎔所深望於曹君者也。光緒二十九年歲在昭陽單閼孟陬之月，番禺吴道鎔序於越麓之十三本梅花書屋。

清・曹汝英《直方大齋數學上編・序》 習算最忌涉獵，每見初讀算書者於入門粗淺之理不必苦思輒明，其法惟既明之後，每不肯多取題目以演習之，蓋以爲粗淺之理，人所共知，無庸斤斤演習，不如將演習之光陰推究其稍深者，於是此法僅明旋習他法，循是爲之必覺其難進矣，不惟難進即向之所僅明者至是亦若明若晦矣，凡此之病皆由演習不多所致也。西國學堂所用算書，每立一法必多設題目，使人得藉以爲演習之資，用意至爲深遠。今倣其體，作數學三編以饟學子，非敢謂不由是不可以有成也，惟由是而不通數學者蓋亦鮮矣。上編不惟法取淺近，設數亦不尚繁難，蓋必熟習簡約之數而繁難者始不易錯誤也。中編次序與西國普通學堂所習者略同，惟遇有與中國古算書相通者，則隨在印證之，若有於中國不甚切用而爲西國所常用者，亦必節録之，蓋欲學者不存中西畛域之見也。下編所録皆西國高材生所習之法，讀之可知彼都人士其於數學一門成就何若也。凡此三編，遣詞不厭卑近，惟立法必尚顯明，學者苟能循序漸進，則代數以上諸種算術亦不難習矣。上編亦爲已通文理者而設，若蒙館數學，須俟他日有暇再輯録之。

江衡《縱方備證》

序跋

清・江衡《縱方備證・序》 遞加數之蘊莫備於廉法表實，即三角堆也，遞加差得堆根，遞加根得堆積，遞加積得堆之諸乘積，皆整數也。近世項氏梅侶又衍爲半分遞加、零分遞加，其用益廣。同時若戴、徐、夏、李諸公用求割圜八綫、常對數、訥對數、八綫對數及一切曲綫、曲綫所函面、曲面所函體，靡所不通，誠神妙莫測矣。歲庚寅，余在江甯水師學堂課諸生文藝，兼及數術，思以簡易之法發明緐賾之理，以導初學，昕夕研思，得稿三種，曰《縱方備證》，曰《對數淺釋》，曰《垜積解義》，皆以遞加數立説，蓋欲牖之以淺顯，引之以入深，俾讀項、戴諸書不至茫無門徑也。光緒壬辰中春，衡自序。

江衡《對數淺釋》

序跋

清・江衡《對數淺釋・序》 對數一術，至精且奇，攷其緣起，則至淺顯焉。數何以有對，以假對真也，數何以有假，假者借也，借數求數，求得者謂之真，借用者謂之假，假數生於遞加數，真數生於連比例，遞加與連乘相對，假數即與真數相對，故謂之對數。間嘗逐節疏明，名曰淺釋，聊以津逮初學云爾。衡識。

江衡《垜積解義》

序跋

清・江衡《垜積解義》卷一識 沈存中之隙積，汪孝嬰之遞兼，自謂古所未發，皆堆垜術也。李氏秋紉充類至盡，成《比類》四卷，自謂於九章外別立一幟，垜積之術至是始備。間嘗綜其各類探其原始，知生於遞加數，爰衍爲説，發明斯旨，與李氏之書可參觀也。衡識。

又 卷二識 華氏若汀先生《積較術》兼及垜積。按積較之通於垜術者，因其立術之根起於遞加數。惟其爲遞加數，故或以各數遞次自乘成諸乘方積，或列同方之諸積逐層遞併，累次求其和，或逐層相減，累次求其較，總以遞加之理著爲用。此積較術之所由立，而垜術與之同原者也。今以遞加數證積較術，與垜積相發明焉。衡自識。

江衡《學計韻言》

著録

清・丁福保《算學書目提要》卷下 《學計韻言》一卷，元和江衡撰。

案：是書始列位，終天元，薈中西之精蘊，節象數之緊要，製以七言，章凡八十，語簡而韻，最便諷誦，用以啟蒙，洵稱善本。

劉澤楨《中西數學通解》

著録

《中西數學通解》目録

卷一 數學通例 天元畧例 四元畧例 代數畧例

卷二 命位 加減乘除 命分 約分 通分 齊分 分數加減乘除 代數互乘去分 求公倍數 求公倍數簡法

卷三 線部 正比例 轉比例 合率比例

卷四 線部 按數遞折比例二八差分 三七差分 四六差分遞折差分 加倍減半差分

卷五 線部 按數加減比例遞加遞減差分 超位加減差分 互和折半差分 首尾互準差分

卷六 線部 和數比例 較數比例 和較比例

卷七 線部 盈朒兩盈 兩朒 一盈一朒 一盈一適足 一朒一適足

卷八　線部　借衰互徵　疊借互徵

卷九　線部　方程

卷十　面部　平方　平方帶縱

卷十一　面部　勾股勾股弦相求　勾股形内求中垂線及内容方圓等形　勾股弦和較相求　勾股積與勾股弦和較相求

卷十二　面部　三角形面線相求

卷十三　面部　三角形邊角相求

卷十四　面部　測量勾股測量　三角測量

卷十五　面部　各面形直線面　曲線面　圜形内容外切各等邊形各等邊形　更面形

卷十六　體部　立方　帶縱較數立方　帶縱和數立方

卷十七　體部　各體形直線體　曲線體　各等面體　球内容各等面體　球外切各等面體　各等面體互容　更體形

卷十八　體部　各體權度比例　堆垛

卷十九　借根方比例

卷二十　坿弧三角

縣丞楊勤柱玉峯助貲刊印。

序跋

清・劉澤楨《中西數學通解・序》　乙已秋，朝廷詔罷科舉，以普通學號召天下。越明年，復檄州縣設學，列算數爲專科，聘四方精其業者爲教師。嗚呼，崇尚可謂至矣。然吾竊不能無恨者。算學一道本平常，自通市以来，西人挾其長以傲我，而世之竊其餘緒者，以淺陋文艱深，增多符號，改变方程，而常法天元、四元、借根、代数之理轉晦，問津者每却步焉。劉克生茂才獨窺其隐，思出而補救之，乃彙集諸書，加以己裁，每遇一題，列常法式一，天元式一，代数式一，而借根四元亦融會貫通，以餉後學，可見理本無奇，實則一也。積一年，書成，質之提學方公大加。

清・黃天慶《中西數學通解序》　劉克生茂才所撰《中西数学通解》一書，合常法天元、代数爲一貫，使業此者由淺入深，循序漸進，不若無門徑，易窺其奧窔，洵後学津梁，算書翘楚者也。然非绩学有年，貫通融會，何能發前人所未發，爲習九九者别開一捷徑乎？獨是算学一道，通中法不易，通西法尤難，故近世習算者，非淺嘗輒止，即一淂自封，即有一二好学士，博览旁通，而又未必滙中西之理，一一解釋，以証明其殊途同逼之旨，岂獨近世然哉。溯自周髀著算，代有傳書，如劉嶶之《海島算經》，王孝通之《緝古算經》，朱世傑之《四元玉鑑》，顧应祥之《弧矢算術》，此皆純用中法，而於西法則未之及。至於《測量異同》《比例滙通》《幾何原本》《割圜綴術》等，此又純用西法，而於中法亦未之及。求其法兼中西，如董方立之算數《遺書》，梅文鼎之《曆算全書》，鄒徵君之《遺書》八種，雖不無互證叅觀之妙，而又不過捜中西各式彙輯成編，非融通其理，逐題剖析。吾知是書一出，習算者必事半而功倍矣。且夫维新以来，朝廷以實学望之下士，一時留心算術、登峰造極者固不乏人，而半觧一知，挾此以压奇者亦所在皆是。劉君本沉静之天資，加以精鋭之学力，復能就平日苦心孤詣，了解於心者，筆之於書，以公諸世，其人其志，豈沽名弋利者可並論耶？慶與劉君友徐子清同学法政课餘，淂閲其書，且聆其人之志趣之高且大，爰欽佩其学，敬服其品，而爲之叙。愚弟黃天慶撰書。

清・徐子清《中西數學通解序》　九九，小数也。然性情不與相近，學之恒苦其鶫入。余自束髮受書，凡經史微言，百家古義，艱深奥僻，亦不憚悉心研究，會厥指歸，惟天算一门，求之深而反淺，求之淺而又深，惝怳迷疑，幾有莫識所從之慨。癸巳歳，肄業于嘉之九峰院，同學適有談算者，心嚮往之，然方治公羊，淺嘗而未暇深究也，退而告諸劉君，劉君窃心喜而潛脩焉。無何中東釁起，策論制更，慨念時艱，情殷補救，爰集同人延師習算，乃古書之傳记既繁简失宜，舛误迭見，而世之自命通人者，又僅舉一知半解之學居奇，而諱莫如深，到處招摇，逢人睥睨，挾不貲之身，大言不怍，幾若肩國家偉重事業即在此區區算博士者，究之筆尺珠籌，徒襲其迹，元代微積，莫會其通，金玉其外，敗絮其中，问道于盲，不貽顛仆害者鮮矣。余因是決然舍去，而劉君仍潛脩不輟焉。夫玉之焕其彩，彫琢之功也，鏡之耀其光，磨拭之力也，學之萃其精，砥礪之效也。劉君以聰明特達之資，竭渺慮澄思之力，舉常法天元、四元、借根、代数诸術，一一探頣索隐，觸類旁通，且谓元代諸術與常法實同一理，惜無人比例解之，故學者易常法而鶩天代。余深韙其言，勸作通解，惠我同人。劉君雅不欲僅以算鳴也，遲疑未果，適攷優命下，因促繕夙草，呈政提學方公，深蒙奬勵，準予刊發。夫借根一術，即彼土天文家亦称爲東来法，可知中西数學實殊塗同歸，自疇人失傳，習算者率抑中揚西，莫衷壹是，豈知常法天元、四元、借根、代数诸術，特異其名，異其式，而理與法固胳合無閒也。今取其全稿讀之，覺所謂常法之某数，即天元某数，亦即代数某数，與其间異同之故，辨晰之精，诚有如編中所云讀一算書而羣書如晤，習一算術而諸術皆通者，有心人當自領之，無煩余之强聒也。且六藝教人，数居其末，二童分果，数取其多，計較之私，有生俱備，九九小数，何言性情不相近，學之鶉入哉？盖經師不可淂，人師夐鶉求，数學一途，遂若有阻人向往之势，淂劉君書以爲指針，則天下無不可習算之人，習算者亦無淂粗忘精，知此昧彼之慮，中西歸一貫，言最新、言改良者無能逸其範圍矣。故是書之作，余既幸余之積久未達者豁然貫通于一旦，余尤幸世之習算者無虚耗之日力，合天代諸術轉瞬而洞澈一心，别殫精于富强實業，促文明之進步，駕歐西而上之，是則余私心所厚望，亦劉君作是書之微旨也夫。光緒丁未，硯愚弟徐子清叙于四川通省法政學堂。

清・劉澤楨《中西數學通解・序》 數学一途，古人之作可謂備矣。以中法論，《九章》最古，天元、四元次之，我朝自聖祖仁皇帝御製《數理精蘊》，親授蒙养斎諸臣肄習，千古绝学焕然復興，時疇人輩出，李雲门作《九章细草圖説》，李尚之校《測圓海鏡细草》，羅茗香演《四元玉鑑》全草，至易氏有《四元释例》，李氏有《四元解》，吴氏有《四元草》《四元名式释例》《四元浅释》，他如梅、項、徐、戴諸公，闡發讐校，各有著作，則中法備矣。以西法論，南懷仁、湯若望輩顕名於開國之初者無論矣，近數十年間，偉烈亞力譯《代數學》《代微積拾級》，傅蘭雅譯《代數術》《微積溯源》《三角數理》《代數难題解法》，狄攷文譯《筆算數學》《代數備旨》，趙静涵譯《數學理》《算式輯要》，推之《幾何原本》《形學備旨》《圓錐曲線圖説》《運規約旨》等書，無不探微提要，助我文明，則西法備矣。至坊间刻本，言最新，言改良，言再版者，尤汗牛充棟，指不勝屈。習算者並蓄兼收，亦或有一淂之效，故居今日而言算術，譬若遊五都之市，萬貨雜陳，任人取攜，無不飽所欲而去，何必抒軸予懷，更别有所撰述耶？且著作亦难言矣。非國語，非非國語，起廢疾，起起廢疾，三傳異文，五經異義，古今異派，漢宋異解，一不淂當，改錯刊誤者，羣起而攻，治經猶然，况算学當發達時代，尤不必拾古人陳作外，輕弄筆墨，癡符自詅也。然著書者如此，其衆習算者反覚其难，豈盡天資之劣耶？中法一法，西法一法，各有入门，各有極境，欲諸術兼通，非皓首窮年，莫窺底蕴。夫当世之責在孔殷，藐躬之仔肩綦重，英雄造時勢，竟以有用精力消磨於六藝之末乎？顧欲使習算者之捷其途，必先使著書者之鋤其梗，欲使習算者不移步輒迷，必先使著書者能旁通無间。南條北條水異流也，必同朝宗于海，寒带热带地異候也，同怙冒于天。五色異彩而同美，八音異響而同聲。筆尺珠筹異形，同一算器，常法元代異式，同一数理。舍其名以徵其實。所謂中法西法者，形式上之覌念，無当於数理之精微者也。楨也神回隷首，夢晤商高，博稽算術，寢饋与俱，歴有年所，深知常法天元、四元、借根、代数，名式雖異，理法實同，因与硯友徐君子清、馬君星垣商確体例，著《中西数学通解》，書共二十卷，首常法，次天元，次代数，每算一題皆以三法比例釋之，而借根、四元亦觸類互徵，以窮其变，後坿弧三角術，借資推步，凡以補古書之缺點損習算者之費時也。雖辨異统同，小有出入，要無南轅北轍之势，讀一算書而羣書如晤，攻一算術而諸術皆通，亦習算者之樂事也。惟是燕石自蔽，未敢出以示人，鼠璞猶慚，詎堪起而问世，藏如敝帚，誚免覆瓿，素願足矣。乃朝廷開献書之路，多士抒著作之才，命逢攷優，書呈学署，猥蒙提学方先生面加奬勵，準予刊發，而經濟困难，犹豫未果，益友楊君玉峯雅懷樂善，助竟傾囊，爰付手民，以公同好，博雅君子匡其不逮有厚幸焉。旹光緒丁未年中秋节，克生刘澤楨自序於叢桂山房。

雜録

清・劉澤楨《中西數學通解》例言

一，中西算術，各有所長，即各自成編，故常法、天元、四元、借根、代數、微積諸術，一術有一術入門，即有一術極境，學者每苦移步輒迷，必欲諸術兼通，皆須從入門下手，始能臻於極境，皓首窮年，只作一算博士，何與國家實用。今舉常法元代諸術，列爲通解，俾學者讀一算書而羣書如晤，習一算術而諸術皆通，既可省日力以讀經世書，即可儲訏謨以濟當途用。

一，中西算術，殊途同歸，古人亦曾有言之者，如梅循齋因借根而悟天元，羅茗香因天元方程而精四元，李壬叔、華若汀、又因四元借根而譯代微積重諸術。然所著各書，皆爲明算者道，非爲學步者言也，即方君子可撰《通藝録》一書，以代數解常法，後列天元借根代數合解，最便初學，亦只列數題，初非完璧，兹故觸類通解，上補先民缺，下啟後學聰，一得之愚，竊自獻焉。

一，中西算書，不下數百種，然或説理過深，或立法太簡，甚或鄙俚繁雜，顛倒掛漏，皆非善本，惟御製《數理精藴》，由線而面而體，層次井然，盡美盡善，兹故欽遵《精藴》體例，每類隨録數草，以概其餘。

一，《精藴》之割圜難題，是編獨逸而不録者，因屢求勾股、割圜八線、六宗、三要、二簡法、八線相求諸術，皆爲弧角八線而設，而八線既立爲表，且其法繁而非捷，故從略焉，至難題各問，雖爲前法所未及，要不外點線面體之理，學者如法推之，自然合問，故不贅。

一，對數法甚簡便，是編不詳作法，因表已立成，載在《精藴》，查檢可知，故畧舉條例，俾學者知其用法可也。

一，是編惟方程則用四元，借根只列數題，蓋方程以外之題，天元可以馭之，自可不用四元，借根爲西法之初基，至今習者已罕，故特取數題，以備一格。

一，今之言算者，競重代數而棄天元，謂天元不及代數捷也。夫代數所能馭之題，固有爲天元所不能馭者，然尋常問題，以天元馭之，簡便亦不下於代數，且代數至開立方帶縱以上，一題一法，繁而無紀，若天元開方，自平方以至若干乘方，皆可以一例開之，此又代數之不如天元也。故二法並列，爲學者中西一貫之助。

一，天元古法有以元居上太居下者，今命爲太上元下，其便有二，一與四元太下爲天元之例相符，一相消後開方，可省移位之繁，故有二層者，則爲上實下法。

一，天元四元，實依《測圓海鏡》《算學啟蒙》《四元玉鑑》等書，變通演草，而開方則直用華氏之法，以華法較二李鄒夏尤爲明捷也。

一，代數除式從《代數術》上法下實，分數式亦從《代數術》上爲分母、下爲分子。

一，代數之法實依《代數術》《代數備旨》《算式輯要》《代數通藝録》等書，以意採擇，如法演草，而開方至三次雜方以上，則專用《代數術》求實根之法及求畧近之根法，蓋代數開方惟此二法可爲通法，餘皆隨題立法，茫無歸宿，故不備詳。又華氏《開方古義》，因古法七乘方圖式，創設代數開方表亦爲通法，尤屬簡明，故附録之，以示學者。

一，代數算草，皆用中文，不用西文，意在使捷法普及，未習西文者，亦觸目心解，無所迷混，至坊間刊本，有從卷末反向卷首，自左之右者，非中文體例，竊所不取。

一，數學以步天爲極功，弧三角者天算之要術也，故附列編末，爲學者推步之助。

一，言弧三角者，中西不下數十家，而江雲樵《弧三角舉隅》，西人訥氏法，較爲賅簡，故特比而列之。然此特演數之書，學者欲明其理，則應讀《三角數理》，欲廣其用，宜讀御製《曆象攷成》前後編，御製《儀象攷成》等書。

一，常法借根全録《精藴》原草，未敢增删，至弧三角，則於《舉隅》原草，畧爲變通，取其與訥氏法相符。

一，中西算術，式不同而法合者，悉於草後作解明之，實不相合者，不敢牽就强同，仍於草後解其所以不同之故，至每題僅作一解，理法猶未詳明，則別加案語論説以申其義。

一，天元、四元、代數諸草，及解説案語，皆以己意，隨筆直書，只期理法詳明，使人易曉，其字句則不暇雕琢。

一，是編宗旨，專爲明中西一貫之理，故天元、四元、代數各法，或有此書未能備及者，然編中所列，已金鍼盡度矣，如欲習一家術者，則取本法書博觀焉可。

一，是書體例實與硯友徐君子清、馬君星垣互相商定，且二君不時鼓勵，其書乃成，是作是書者愚，所以成是書者實徐馬二君之力也。

一，是書刊印經費，概由楊君玉峰擔任，蓋樂善素殷，而又熱心學界，故不惜傾囊相助，增進文明其，惠我同人者大也。

彭竹陽《彭氏啓蒙數學談理》

著録

《彭氏啟蒙數學談理》目録

卷二　諸等化法　歸法　加減乘除法
卷三　命分約小變大理　求等數法　加減乘除法
卷四　正比例　轉比例　合率比例
卷五　差分　級數
卷六　和數比例　較數比例　和較比例
卷七　借衰比例
卷八　盈朒　方程
卷九　開平方　開帶縱平方
卷十　勾股

序跋

清・彭竹陽《彭氏啓蒙數學談理・序》　陽之少也，不識時事，以爲人類也一也，天下也一家也，何族類畛域云。及壯也，畧得與識時務諸君子遊，始知地球渾圓兩剖畛域之辨甚嚴，人類亦因之而分黄白兩種，我黄種人也，所謂白種者即現以其膨脹之魄力壓我之人也。因憤退而取白種人經營世界之籍觀焉，見其經畫實勝我，然究其發達之前程實軍財兩大政之爲而已，於是乎窮搜西籍而讀之，乃知其軍政之强恃礮彈，財政之善在工藝。礮彈之達遠及近測量力也，而算學爲之施用焉。工藝之翻陳出新格致分化理也，而算學爲之起點焉。於是乎又搜讀算學之書，然余性魯，終日莫得其門，以爲難也。乃質諸家君，家君習此有年，乃一一授陽，由是畧識其門徑，因而轉嘆我三萬萬之同仇父兄子弟，凡欲經營我國家至最强有力之世界者，則此學不能不講焉，然家不能各有師，豈不難乎？因發憤誓爲我同仇三萬萬人道其所以然，必人人盡悉而後已，於是日將其所習畧有心得者，累年得十卷刊行，以爲我黄種人有志斯道者告，目曰談理。理即是書各法之所以然，談理即爲我有志斯道者談其各法之所以然，以爲無師自通之資助云耳。時光緒二十九年季夏，彭竹陽自識。

雜録

清・彭竹陽《彭氏啓蒙數學談理》告示　欽命二品銜賞戴花翎四川分巡川東兵備道監督重慶關兼辦通商事宜張爲再行出示曉諭事案。查光緒二十四年五月奉上諭各省士民著有新書准其頒給執照，酌定年限，專利售賣等因，欽奉在案。二十九年七月據巴縣在籍中書科中書彭紳致君以所著《代數備旨補草》全部並伊子彭竹陽所演《啓蒙數學談理》十卷，呈由本道前在重慶府任内轉詳立案，是年八月奉前督學部院吴批以所著《代數備旨補草》一種，於獨學無師冥索而不得者，偶一檢閱，大可開悟，洵爲有便初學之書，亟宜刊行。彭竹陽所著《啓蒙數學談理》亦頗明晰等因奉。此查彭紳父子所著之《代數備旨補草》《啓蒙數學談理》二種，自係新書，核與專售之例相符，前經本道在重慶府任内出示曉諭，現據彭紳面稱，本年有人翻刻，經呈由巴縣查辦各在案，懇請再出示曉諭等由，准此合再示諭爲此示仰書坊人等知悉，前項書籍應由彭紳父子專售，不准違章翻刻，致干查究，其各凛遵，毋違特示。右諭通知，光緒三十一年十月二十八日。告示。實貼，曉諭勿損。

又《彭氏啓蒙數學談理》啓　啓者。本館所作之《代數備旨補草》與《啓蒙數學談理》，於癸卯五月出版，謬蒙同道諸公許可，咸以爲合於教科之用，但初印之書，趁科場行銷，其中錯誤較對稍疏，科場後復行較對，又得若干處，己逐一改正，並蒙樂山縣劉君澤楨來函復較出若干條，其中有本館漏遺未改者，隨即更正，書此道勞。如尚有漏遺之處，尤望諸公來函指示爲幸。今初印之書己售盡無存，故再版刷印，紙張改用貢川，並不加價，特此申明。第此二書曾經立案，翻刊必究，本年有人在渝翻刊，己送官究辦，並將書版追繳。倘有射利之徒再行翻刊漁利，有人拿獲版者謝銀二十兩，決不食言。如有冒致君之名著書欺人，明眼人自能看出，切勿受其欺騙。此二書向由成都志古堂、重慶正蒙社、中西書屋專售，此外各書坊均有寄售，其價皆劃一不二。華國算學館主人彭致君謹白。

又《彭氏啓蒙數學談理》例言

一，是書之主義。算學於世界文明之關係有二，小之爲一家一國之會計學，大之爲水陸軍礮準之測量學，格致分化諸工藝之前程學。泰西人由蒙養學校以至高等學校皆設算學一科，列爲常課，無論士農工賈均肄業焉。故其國日進文明，軍財兩大政至今號稱極點。現國家更改學堂。有鑒於此，于各學堂均列算學日課，爲組織我國文明之進步。凡我人士有欲入學堂卒業，圖將來之出身，以經營我國家至最强有力之世界者，則此學在所必講明矣。但將來學堂開設，學生額數，多者每堂數百，少亦百餘，而教員僅一。以一教員之精力，淘鎔數百之學生，求其於此學明且達亦難矣。矧學堂衆多，教員又乏，而各州縣之蒙養師範之缺人尤甚。著者鑒此，乃撰是書。是書之主義即欲我中國三萬萬人皆無師自通算學之主義云云。

一，是書之講義。算學之難，難於談理，不難於談法也。蓋法由理出，理明則法生。明一理則可以通無限之法，亦可以創無限之法。語云：「與君一夜話，勝讀十年書。」以此語序此書也可。

一，是書之速率。算學啓蒙，現通行最善之本，以《筆算數學》爲最。然以西人而操中語，未免言之格格不入，且題多解少，讀其書者仍難師授。以現頒行學堂章程功課時刻而論，非兩年不能卒業。即使卒業，其於全部諸法未必均能一一釋然無疑。讀是書者，若每日二點鐘之恒課，只須二月便能讀全部，且於各法無不洞悉了然，其遲速之比例何如矣。

一，是書之宗旨。算學除立元求題之外，皆爲常法。常法之書以御製《數理精蘊》爲完備，故狄君之著《筆算數學》亦本之。此書即以此册爲宗旨，自命分以後正比例起，至盈朒章止。所有諸題均因之，而解説則全行更易。原書之法誤者甚多，皆一一駁正之。每解一法必窮究其所以然，務期學者了然而後已。

一，是書之特色。邊線相乘成面積理，求之古算書，能解其所以然者則無焉。非古人不明也，蓋算學談理非難，知其理而能談出之爲更難也。今是書道之甚詳，其所以然之理莫不畢露紙上。命分一章，自古演説有解無圖，爲初學者言，甚爲難事。今是書皆逐一設圖，以狀其齊分之理，於是其加減乘除之法，莫不迎刃而解。且《數理精蘊》於此章尚有大謬之處，如以數乘丈尺，或除丈尺，而仍得丈尺；以丈尺乘丈尺，或除丈尺，而仍得丈尺。諸類之誤甚多，讀是書者便知其謬。級數一章，古法無圖，且無通法，稍亂其級數之次序則不能算。今特創一通法，而以圖狀之，任何雜亂，莫不一律解之。勾股一章，爲形學之要理，西人則不明此學，惟我中國有之。中算家皆目爲難事，以其十三事之名目，與各事相乘之積，任設兩事，皆可成題。其法甚繁故也。今著者於是特創句股之加減號，則古書之加減表可以删，並推擴古比例表之用法，則一切言勾股著作者可以緘口不言，且令學者只竭數日之精力。便於此類理思過半矣。

一，是書之前程。讀是書者，數形兩類之理已足於胸中，以後讀他種算書，便能直行無礙。其前程豈可量哉。

一，是書之缺率。是書於開立方開諸乘方諸法則無焉。蓋算學之難，莫難於此事。擬緩之，當竭力以求解此類之善法，著爲體積專書，以爲是書之續集云。

一，是書之誤處。是書之諸等法，係仿《筆算數學》之例，并其此章之題被選者甚多。故仍用其金、銀、銅、鐵、鉛、玉六定率，雖不似《數理精蘊》之確，然亦仍其誤也。外若書中字句間有錯落處。尚望閲者鑒之。

石仁鏡《數學心得》

序跋

清・邵璿《數學心得序》 竊觀今世儒生討論古訓，察其造詣輒遜古人，惟天文家言則於古爲勝，其故何哉？蓋天象高遠，其理至微，有非一時智力所能盡者，合古今人心思才辨，兼收博擇，斯愈推愈密，愈闡愈明，理固然也。溯自黄帝迄宋，凡改曆五十有七。元郭守敬作《授時法》，不取積年日法，用句股割圓以求弦矢，順天推合，視古術爲精。有明《大統曆》因之，而成化後則交食往往不驗。逮我聖祖天縱神聖，典學惟精，亶明仰觀，探悉幽奥，御製《數理精蘊》《曆象考成》兩書，發明千古秘文，嘉惠萬世，學者時則隱淪之士，若宣城梅文鼎、關中李禺、河南張沐、吴江王錫闡、山東薛鳳祚、江寗談泰，均博覽勤學，湛深推步，其立説著書亦資啟悟，而梅氏尤爲精詳。其孫文穆公瑴成與左諭德泰州陳厚耀入直内廷，親承天授，並臻微妙。迨乾嘉之際，士尚辭章，其學幾絶，惟嘉定錢大昕、屈曾發能通其義。近二十年泰西諸國於海口互市，士有治聞者與衍幾何、重學、代術、談天等書，其義益細，然觀其撱圜設象之宜，動静分并之説，不出《周髀》用矩遺意，又如三角即句股、借根方即天元一，雖爲道屢遷而其法不易。善乎錢辛楣之論曰，梅氏能用西學，婺源江氏永則爲西人用。予因以服嘉定識高而益重宣城學正也。歲辛未，予師竹莊吴公開藩於皖，季春來遊，留避溽暑，出示宿松石君仁鏡所編《數學心得》一書，云石君曾佐余幕，今物故，其嗣奉遺命抱書至，意欲余傳之也。子其校定，以付手民也可。予受而讀之，歎其博學詳説，折衷貴當，其立八綫細表尤爲測算妙用，尊中以綜西法，駸駸乎有度越前人之意，洵足傳焉。惟予質性魯鈍，學術疏淺，間有增删，未必悉協，後有博雅君子重與修明而訂正之，則是書當與梅氏並垂不朽矣。同治十年孟秋，常熟邵增莘卿氏序。

蔣德鋐《乘方圖説》

著録

《乘方圖説》目録

序跋

清・蔣德鋐《乘方圖説・叙》 同治甲戌春，番禺徐子遠太守自粤西回東。太守素精算學者也，一日向穗垣算學會中問諸乘方廉法何以三乘方廉率爲一四六四一，鋐嚮疑乘方廉法自三乘方以下諸算書並無圖解，惟焦氏《里堂學算記》載有三乘方之圖，然猶欠親切，蓋前人未明諸乘方有同數異形之廉，故有數不能圖形也，爰繪圖至五乘方以對。而太守詫異，謂三乘方已屬有數無形，奚能圖形至五乘方耶？乃囑同會王君子展命木工削木以證之，始涣然欣然焉，於是復作廉法十級表，并立升降定位之法，以窮其變，則按表開諸乘方，頭緒整齊，實爲登高自卑之一助。苟明圖説，則六乘方以次皆可類推，故不復繪作表圖也。同治十三年清和之月，浙東鎮海蔣德鋐識。

童葉庚《益智圖》

著録

《益智圖》目録

序跋

清・沁庵氏《益智圖序》 中之書起於數，一生二，二生三，三生萬物。一者太極也，二者兩儀也，三者三才也，由是而分四象，由是而成八卦，有陰陽曰有奇耦，有奇耦曰有分合，有奇耦分合而勾股之數出焉。故河圖以圓布，洛書以方畫，升樞以曲形，而萬物之象生焉。後之人引伸觸類，即一名一物皆可窮意象而着神奇，數之時用大矣哉。曩見《七巧圖》一書，以大小奇耦者七片，勿虧勿剩，布置成形，思固巧矣。吾友睫巢童君，博雅多能，工書善畫，又嗜古金石器，公餘覽是書而會心焉，以爲天下之物皆有象以罨摹也，皆可肖天下之物，皆生于數，以勾股弦角析而分之，綜而合之，皆可運規矩以成形，於是剖方爲圓，依負成曲，衍爲十有五片，即本一畫兩儀四象八卦之數而成也，有奇有耦，可合可分，變動不居，物象畢著，神乎技矣。又条以畫意，模山範水，雕繪人物，靡不變化從心，非精思慧性寓勾股之學、羲畫之理於其間，烏克臻此。同人慫恿付梓，以公同好，其益心神智豈淺鮮哉。時戊寅夏四月，廣陵沁庵氏題。

清・九畹君《益智圖序》 古来巧者尚矣，而用各不同。削水鳶而使飛，飾傀伎而解舞，機之靈也。草書取法于擔夫，畫稾借摹于敗壁，悟之捷也。皆善用其巧者也。宋人刻玉作楮葉，三年而成，雖毫芒莫別，何不取真楮葉玩之，此不善用其巧者也。不善用乃同乎無巧，惟善用則其巧，斯傳溟濛渾噩之中有至巧焉。在静觀者偶得而觸發之耳。睫巢具敏妙之才，有沉静之性，奇恒獨造思必異人。兹圖雖游戲神通，亦可以見一斑矣。觀其相題立局，凑扣天然，若秦臺跨鳳、馬上榴裠諸圖，尤稱合作。試令他人即是題而別創一圖，我知其必弗肖矣焉。得不嘆服睫巢之巧，亦機亦悟直可追步般旭而嗤薄宋人也。當夫花陰晝静、繡榻夜闌、茶熟香温、擁爐翦燭，展斯圖而尋繹之，覺千變萬化皆由此出，技何神也，豈究於河洛之理者獨深耶。同治紀元天孫渡河日，九畹君題。

清・汪芑《益智圖序》 巧與天孫共算，先生靈根慧業是前生種，花鳥蟲魚隨手拾意，恆都關飛動叟，博古鼎彝典重，燕几圖中翻新樣，宋黄伯思有燕几图。訝天衣裁處真無縫，堪益智有如糉。古来才大難爲用，湧贏得圓卿方皁，官場市閧長柄葫蘆，垂问罷一例，昏昏如梦，濾顛倒，天吴紫鳳末路，功名多張角，嘆牽絲傀儡，凴搬弄消遣法，足清供金縷曲。睫巢先生大雅正捁。茶磨山人汪芑。

清・童葉庚《益智圖・誌》 睫巢主人辭柯山，泛瀛海，出戎馬，歸鄉園，家人婦子久離忽聚，恰恰如也。時當長夏，閉門却俗，因病足居小樓，卧榻外無隙地，倚牕危坐，膝促於几，背貼於牀，思弄翰墨，苦難展施，舊藏卷帙已遭祖龍之厄，此間又無荆州可借，覺胸次塵俗漸萌是擾極喜静，復苦寂矣。日欲從岑寂中生消遣法，偶見兒輩嬉戲，折方寸純肖冠履猿鳥之形，又以線縷繞指挑作花綳錦帕諸式，思致層出不窮，頋而樂之，既而谓曰是可以意會而不能跡傳者，乃用心於無用之地也，曷勿運巧思于有迹處，以自娛者娛人耶。于焉摹七巧圖故智而加益之，法太極兩儀四象八卦之目爲十有五事，合之成一方，散則備尖斜曲直圓缺諸體。初圖百器，似落舊製窠臼，棄而不録，改作山水人物，摘討句及故事題之，繪爲一册，此自娛而兼可娛人者也，名之曰《益智圖》，亦足開菐心思，因記其緣起如此。同治元年歲次壬戌秋月朔，巢睫山人誌。

又《益智圖・序》 余舊製《益智圖》，凡二百一十有六，分爲上下两卷，藏諸行篋者十餘年，屢経友人借觀，南自閩嶠，北至幽燕，傳抄雖多，向無刻本，自慚游戲之作，未敢灾及梨棗。兹聞滬上有饋貧糧之説，同人慫恿付梓，集貲成之，以供六雅清玩。倘海内諸君子不以雕蟲見弃，乃斯圖之幸也。戊寅秋九月，睫巢録竣附誌。

清・萬緑山民《益智圖序》 是圖乃睫巢山人以世俗所行七巧圖而廣之，用九宫河圖法變爲十五數衍成百餘圖，句心門角，巧奪天工，誠藝林之祕玩，適情之睢製也。致多慧心人當不少共忻賞者也。辛巳又七夕，萬緑山民謹識。

清・瑶華仙史《益智圖跋》 凡物不難于形似，而難于神似。神似之説，求之丹青家，尚不易得，況周規折矩之物乎？睫巢主人《益智圖》一書，以規矩作丹青，若王輞川之詩中有畫，畫中有詩，固已異想天開矣。迺不徒形肖，獨以神传真，頰上添毫手也。至於鈎心鬥角，妙合自然，此其餘事耳。有奇共賞，不煩贅言。瑶華仙史跋。

清・童葉庚《益智圖・弁言》 是集也，蓋余初仿七巧之製，图成百器，復嫌其落前人窠臼，棄而不録者也。既已棄矣，則當雜諸故紙堆中，以一炬了之，何爲更煩不律耶？緣兒輩不忍棄去，謂是雖不離乎舊譜，而生動則有過於舊譜者，存之亦可以備一格，故棄而復録，附于图後，倘視爲爨下之桐，則非録此之意也。同治壬戌闰八月上浣，粲道人書。

雜録

清・童葉庚《益智圖・圖説》 渾然全體法太極也，分而爲二象两儀也，揲之以四生四象也，位序爲八卦相錯也，始爲一畫，歸奇于扐，以象閏也。參天爲三，三三而九奇也，陽數也。兩地爲二，三二而六耦也，陰數也。令陽九陰六而淂十五之數也，一闔一闢變也，往來不窮通也，見象形器制而用之，法也，陽九包乎外，陰六居於内，天地定位所以化生萬物也。

又《益智圖・圖贊》 神圓知方規天矩地，通變成文象事知器。彰往察来先難後易，體縱萬殊理歸一致。詩雜仙心畫通禅意，就範寫形引伸觸類。巧思不窮閒情可寄，博弈猶賢況乎益智。

潘逢禧《算學發蒙》

著録

《算學發蒙》五種目録

總括一卷

第一種《古算》三卷　第二種《珠算》五卷　第三種《筆算》二卷　第四種《籌算》一卷　第五種《尺算》一卷　右算學五種共一十三卷

序跋

清・潘逢禧《算學發蒙・序》 數爲六藝之一，古者童子勝衣則教之，至唐宋且以設科，故前古大儒未有不精通算術者。自有明帖括盛行，聰明特達之士胥束縛於有司繩尺，而此學遂廢。吾閩近俗尤陋，坊閒刻本如《統宗》《指明》等書，駁襍粗淺，且多訛錯至不可讀，禧竊憫焉。庚辰下第南旋，生徒零散，無所事事，爰搜破簏得舊藏算書數種，閒爲紬繹推演消遣，歲時日月既更楮墨遂積凡一週星，計得書十三卷，釐爲五種，名之曰《算學發蒙》。嗟乎！老而無述，敝帚自享千金，是戔戔者何足問世，顧不龜手之藥一也，而或以裂地或不免於洴澼絖，神而明之，存乎其人，是書特其筌蹄耳。光緒壬午六月朔，閩縣潘逢禧識。

又潘逢禧《算學發蒙・古算・古算説畧》 古者數學既興，必有布算之具。自珠盤盛，而古器寖以式微。嘗攷《漢書》云：「用竹徑一分，長六寸，二百七十一，而成六觚，爲一握。」度長短者不失毫釐，量多少者不失圭撮，權輕重者不失黍絫。」又《世説》云：「王衍持牙籌會計。」則知古人，皆用籌也。大易揲蓍，按策計數。張良語漢高，借前箸而籌。則知古人以一籌當一數也。浦江吴氏《中饋録》，有算條巴子，「切肉長三寸，各如算子樣」，則又可知籌式之長短矣。國初宣城梅徵君定九，著《古算衍畧》，引《乾鑿度》「卧算爲年，立算爲日」。謂立算即縱，卧算即横。位數多者，恐其相混，故算位皆一縱一横以别之」。又謂：五以下，既可易縱而横，則六以上，横一當五者，亦可易之而縱。又引《朱子語類》：潛虚之數用五，只似如今算位一般，其直一畫，則五也，下横一畫，則爲六，横二畫，則爲七。蔡九峯《皇極數》：以横畫當五，下竪一畫爲六，竪二畫爲七，謂二説相反，而理則相通。《授時歷草》則兼用之。徵君之説，似猶未盡。愚近得《算學啓蒙》一書，爲元大德時朱松庭先生所著。其中有「明縱横訣」，又布算閒有列圖。乃知单位則縱，十位則横，百千以下，縱横相閒，皆有一定，無雜亂者。此書久佚朝鮮五百餘載，道光中維揚羅君茗香始得朝鮮本重刊。蓋徵君不及見，故攷證未免稍疏也。兹將古算首立一種，並於加減乘除各法，均衍數條，皆經史中算法，以古器算古書，庶非褻視古物，亦冀絶學得以不墜。俾後之學者，知算術權輿云。光緒庚辰長至日，澹如氏記。

又《算學發蒙・珠算・珠算説畧》 珠盤之製，蓋即濫觴於古算者也。古算歌訣中，如「五在上方，六不積聚，言十自過，不滿自當」等句，珠算皆因之。特易籌而珠，列盤運指，器靈而用捷耳。其創始何時，書闕有閒。梅定九徵君謂：歸除歌括，始於錢塘吴信民，珠盤所恃以行者，疑即是時所創。然証以楊氏《算寶》、朱氏《啓蒙》所載歌括，字句大畧相同。詳見古算。楊爲宋德祐時人，朱爲元大德時人，吴爲明時人，則歌括非始於吴矣。且朱氏《啓蒙》嘗謂：古法多用商除，後人以歸除法代之，即非正術。玩其語意，似歌括行世已久，或尚在楊氏以前，亦未可知。徵君又謂欽天監所傳《通軌》，凡乘除皆有定子之法，惟珠盤則可用。又謂明太祖時修改歷法，聞郭伯玉精明九數之學，徵令推算。伯玉爲郭太史之裔，珠算或即所製。按此二説，可爲用盤之證，而不可爲製盤之證。今考珠盤樑上所列二珠，以御商除則有餘，以御歸除則不足，每遇大數，輒多費手。若珠盤因歸除而製，豈有創始之時，即自爲窒碍之理。竊謂當起於宋世，其時耑御商除，故樑上二珠，即已足用。迨後日趨巧便，轉爲歸除，而舊製尚沿而不改耳。大抵一物之興，必有其漸，古算縱横几案，初無分格，及流變三叠圖出，遂已明列位次，儼於珠盤具體而微，至後來推闡通變，製而爲盤，亦理所必至者。然則珠盤之起，必在歸除以前，至元明而盛行，非明初而始創也。光緒辛巳四月二十四日，澹如氏記。

又《算學發蒙·筆算·筆算説畧》 筆算之法，始於《同文算指》，乃西儒舊式，利西泰所授，前明李水部之藻所刻也。考唐有《九執曆》，不用布算，唯以筆紀。史謂其繁重，其法不傳。今之筆算，或其遺意歟。其列位皆係衡行，乘法則法數與實數相叠，除法則得數與實數相離，殊混人目。後如《西鏡録》等書，乃稍稍講明，然亦酌取中法爲之，未盡精審。宣城梅徵君始爲詳加更定，易横而直，乘法則縱衡相遇，除法則法實相對，算理井然，有條不紊。蓋旁行者，西法之書也，天方國字自右而左，歐羅巴字自左而右，皆衡列爲行。彼中文字既衡，故筆算亦衡。中土文字既直，故筆算亦宜直。庶便於用，非矜勝也。至如布算之法，定位爲先。西儒創始之時，容有未善。徵君於乘除兩法，仍以每下得術，法上得零定之，可謂卓見矣。或者以算兼用筆爲煩，不知近人日用，不過乘除小數，若如方程勾股諸法，則必各列副位，是未嘗不資筆札也。獨念古人創立九章，意美法良，自經祖龍之燄，淵源莫攷。不知何時，此學流入西國。西國之人，家傳户習，遂能獨出新意，分道揚鑣，曲暢其理。而我中國至元明後，廢絶不講，儒者幾不能舉，似是亦重可慨也。語曰：「禮失則求諸野」，信哉。光緒辛巳七月初十日，澹如氏記。

又《算學發蒙·籌算·籌算説畧》 筆算創始西儒，曆書出，乃有籌算，實即筆算之變體也。筆算須臨時紀數，籌算則列數於籌，無論乘除開方諸率，無不畢具。列籌几案，瞭若列眉，較之舊傳鋪地錦，尤爲巧妙。但西人文字，皆衡列爲行，故籌算本法，因仍筆算，均係横書，彷彿珠盤之位。至除法則實横而商數縱，頗難定位。梅徵君定九謂：既用筆書，在中土宜以直下爲便。爰改横籌直書，於定位尤加詳審，可謂折衷至當，獨惜於鈔録籌積之法，尚未盡明晰。南海何夢瑶《算廸》所載乘除歌訣，録積截實，爲例最精，惟乘法以法首與實位對列，不特與筆乘原法迥有不同，且於法實互用時，又不能一律認根，閲者不免眩瞀。又籌製舊茲酌改原訣數字，詳見卷中。定以法尾對實位，庶與各法通行無礙。又籌製舊式，但列九因積數，至籌之行數，均須臨時點算。茲於各籌上下兩半圈之中，均列古算位，某積某行，可一望而知，似亦握算者之一快也。抑余於此有感焉。古算沿用數千百年，未有變製，自元明間易爲珠盤，由是而筆算、而籌算、而尺算，輾轉相生，紛然雜出。豈今人心思，果勝於古哉，蓋寧拙毋巧，古製所以久存，後世精華盡洩，是渾沌而鑿七竅也。嗚呼，可觀世變矣。光緒辛巳重九日，澹如氏記。

又《算學發蒙·尺算·尺算説畧》 中土算器，古用籌策，元明間易爲珠盤。西算舊以筆録，繼乃用籌。雖器有不同，皆輾轉相承爲用。至尺算則别出新意，以量代算，法與古殊，而用特簡妙。其書爲西儒羅雅谷所譯。尺分十線：一平分、二分面、三變面、四分體、五變體、六割圓、七節氣、八時刻、九表心、十五金。凡此十線，或分作數尺，或合作一尺，而總名曰比例規。以兩尺可開可合，有似作圓之器也。按羅序云：「此尺百種技藝無不賴之，功倍用捷，爲造瑪得瑪第嘉之津梁。」蓋西人藉此製器，十線並資，固缺一不可者。惜其中圖説參差，簡而不詳，閲者憾焉。國初梅定九徵君，偕其季[弟]爾素，爲之校注折衷，直窮底藴，改分面線爲平方，變面線爲更面，分體線爲立方，變體線爲更體，節氣線爲正弦，時刻線爲正切，表心線爲正割。皆直正其名，庶免悮用。又著爲《度算釋例》一書。於是條貫井然，可施諸用。第十線尺式，分點疏密不同，各隨所用。平方更面者，以御面冪也；立方更體者，以御體積也；五金者，以御輕重也；割圓、正弦、正切、正割諸線者，以御測量併製儀晷之用也。用法微妙，均非核數所資。惟平分線尺式，按尺匀點，耑御乘除，最爲巧捷。茲特取爲一種，並於三率比例各法，較梅氏原書，增以設例，加以理解，附之四種之後。庶握算者有以尋其緒而究其根，由是進求各線之變化，諸法之精微，悟量算同歸之理。是亦算學家别調也。願以質之同好者。光緒辛巳臘八日，澹如氏記。

雜録

及門參訂姓氏

盧而康壽丞，侯官
林廷新彬如，閩縣
張朝錫丕功，三韓
唐芬薌石，閩縣
黃運恒懷開，三韓
黃運昭子融，三韓
陳毅楚皋，閩縣
賈隆禧鳳岡，三韓
黃運亨子英，三韓

張朝法丕謨，三韓
張朝録丕采，三韓
賴豐烋湛臣，三韓
松　青純圃，長白
賴子偉春臣，連江
慶　桂秋龕，長白
內姪梁延年坦如，閩縣
梁錫年閩縣

張朝傑丕犖，三韓
張朝弼丕欽，三韓
黄曾詒石孫，三韓
魏起鍪謙如，閩縣
魏起榮廉如，閩縣
松　焕春圃，長白
梁鋆年伯冶，閩縣
婿黄孝杞篛軒，閩縣

王有年耕畬，福州
謝鴻昌明叔，閩縣
黄宗鐸斗淵，閩縣
劉啓華耀南，侯官
陳振榮戟臣，閩縣
陳高華祝三，連江
梁浚年閩縣
男孝恭少如

清·潘逢禧《算學發蒙》凡例

一，算術自元明以後，厥製繁多，然如寫算即鋪地錦。一筆錦、河圖縱横圖、一掌金各類，或委曲繁重，或勉强配合，或便加減而不便乘除，徒取餙觀，無裨實用，概從删削，故兹集所取僅止五種。

一，算術雖有九章，實不外乘除加減四法。四法既熟，即九章之階梯。是書於五種算器惟古算不能一例。均就加減乘除四法，推闡求詳，以後由淺入深，均俟續刻。

一，古算久已失傳，兹從各書中參悟而出。因係古器，不欲以俗説參之。故所設答問，皆採用經史律歷等書。其偶有附及圖説者，以引書非此不明，其偶有溢及九章者，以引書非此不備。究竟釋算非釋經，故經書中所有應算者，是集不能悉舉。

一，珠算近日盛行，其實於加減最便，至乘除九章，或不及諸種算器。兹從時尚，將加減乘除中所有各法，統載其中，俾學者易於尋求，然後旁涉他種。

一，筆算本出西國，初學似難。久久自熟，施之加減，微嫌鈍滯，至乘除諸用，則立法較精。吾取其精，中西何論焉。

一，籌算亦西人繼起，即筆算所生，而加巧捷，無論智愚，一習即會。其用與筆算同功，有悮易知，久可覆核，晴窗默坐，點筆分籌，萬數紛陳，瞭然心目。此二種於文人學士爲尤便。

一，尺算本西人製器之用，以量代算，黍絫不差。且三率比例各法，亦以一律行之，巧妙絶倫。洵爲算家别調。舊製尺分十線，各有用法。因是書僅及乘除，故但取平分線一種，餘姑從緩。

一，古算附列古書，後四種亦間採時事，庶幾一律，聊以自備遺忘，並非有心褒貶。至所引書目，緣係隨手鈔摘，遂忘原本，故姓氏不及標明，非掠美也，閲者諒之。

一，五種算器，各有所便。古算、珠算便於加減，筆算、籌算便於乘除，籌算尤便於筆算。尺算則便於比例。兼收並蓄，因數而施。是在善學者，神明其用。

一，學算須明算理。理明則法不能拘，不難别出新意。兹集於各法條下，皆旁徵曲喻，反覆求詳，俾有門徑可尋，庶臨機自能隅反。

一，是書五種，悉本《曆算全書》書爲國初宣城梅徵君定九所著。而參以各家之説。大概畧其所短，録其所長。時亦以己意推闡立法，其有古法本疏，趨難舍易者，概不敢收，免學者他歧之惑。

一，近時算學，久廢不講，文人之習此者，益復無多，遂使居官而吏胥得肆其欺，行賈而夥伴得售其詐，是書於倉庫錢糧、貨錢注記各法，皆分門别類，一覽了然，非曰老馬知途，庶便按圖索驥。

一，是書經始一年，稿經五易。古算、尺算二種，尤多更改。神游手寫，殊費苦心，惟是學識迂疏，寡聞尠見，尚冀游藝君子，匡所未逮。

大口吞戈，旦日去一。半語片詞，得三失七。昏昏不知，長晝若漆。性之所近，素心可畢。無以寫憂，寄諸藝術。

澹如氏謹識。

周毓英《中西算學集要》

序跋

清·朱熙《中西算學集要序》 防海首重製器，算學又爲製器之根。算學蓋爲今時之急務，而算學至今日亦爲極盛，然著書者皆思極高深，不屑作淺近語也，是以覽書者多而通算者鮮。余因鄉邦爲濱海之區，此學在所急講，於奉差之暇周歷各郡，聚友切磋。杭郡至百餘人，蓋余學淺，以淺導人，易扵有功，行遠登高，皆樂就也。至甯來者亦夥，周君蘭如與焉。蘭如明悟渾厚，工制舉業又有心經世之學。余心器之，盡舉所知天元、代數諸術及曆算、重學語焉。歲暮，即館其家，乃翁怡情先生亦時從談讌，喜學中諸子之勤，而憫其抄撮之勞，余曰：嘗有意刻一書以便學者而苦無費。他日者翁謂余曰：籌之得矣，是可貸而成也。貸而刻書，貸之微，收其值以償，從此廣布天下人，以微值而易鉅勞，其便人爲何如。貸雖不易，吾以力任之。余躍然曰：翁，仁人也。余初聞翁力慕重建雅渡橋，猶以爲自便鄉里耳，今乃知翁有利濟天下心也。余學淺，余識更淺，淺之乎，識翁余愧深矣。因囑蘭如首述七政步法，並令徐、李二子同述各術入手，各法益以鄧玉函重學、傅九淵垛積，而蘭如周幽魯隱日食課草附焉，刻成名曰《中西算學集要》，語述淺顯，爲行遠登高者助也，高明弗哂焉。乃誌數語，俾覽者知所緣起。周氏世有陰德，立義學，邺孀黨。怡情先生人既精，能爲一業祭酒，尤擴諸善舉而弗令人知，而余終不能以已也。是爲序。時在光緒辛巳仲春，會稽朱熙小樵甫書於雅渡橋西滸藝書塾。

孔廣牧《禮記天算釋》

著録

清・丁仁《八千卷樓書目》卷一一《子部》　《禮記天算釋》一卷，國朝孔廣牧撰。續經解本、廣雅書局本、袖珍刊本。

序跋

清・吴昆田《禮記天算釋序》　孔生昭宷以其尊人力堂所著《禮記天算釋》稿本見示，余一再讀之，凡《禮記》之有關於天文算學者具詳焉。力堂爲宥函太僕之仲子，生而慧有至性，五齡就傅即知向學，宥函既盡難，力堂事母哀慟，極其孝養，猶力學鑽研六經。天算二者，研經之所作也。咸豐己未，余自京師歸，次年寇至清江浦，灰燼得於瓦礫場中相見，承眎所作詩詞，詩沈至而氣骨聲韻宛然太僕也，詞幽折悲涼，余憂其鬱抑頽壯志，勸令罕作促就難。廕入監讀書，應京兆試，適盜賊塞路，與官軍同行，從破一砦見斬殺如草芥，頓觸悲懷感寒而殞。死忠死孝，父子相承，彌可悲也。余時聞之，痛不可忍，時昭宷方七齡，能讀父書，收拾殘稿，前有欲刻其《孔子生卒年月日考》者以示余，余服其精確，茲復以此編相示，余悲力堂之篤學短命，而又深幸昭宷之能述力堂爲不死也。爰書數語而歸之。時光緒七年夏五月，南清河吴昆田識。

清・劉恭冕《禮記天算釋序》　亡友孔君力堂邃於經學，兼通中西算術，所著《孔子生卒年月日考》已刊行，今歲其孤印川同年復舉《禮記天算釋》見示。其書雖衹一卷，而稱引詳善，推測精密。陽湖惲菘耘觀察讀而善之，亟刊入所輯叢書中。初力堂欲爲《禮記》作疏，因記文浩博，難以兼舉，遂區分數類將次第纂成，合爲一疏，不幸力堂早逝，所著書多未卒業，茲卷乃其所先成者。印川兢兢慎守，并寫定，得以流傳於世，可不謂難與。方今羣經義疏，自《尚書》江氏、孫氏，《毛詩》陳氏，《儀禮》胡氏，《孝經》阮氏，《論語》先君子，《孟子》焦氏，《爾雅》邵氏、郝氏，並已刊行，《左傳》朱氏右曾，《公羊》陳氏立，已成書未刊。至若瑞安孫仲容孝廉之於《周官》，儀徵劉恭甫明經之於《左傳》，江都梅延祖孝廉之於《穀梁》，皆成書大半，惟《周易》雖有惠張姚氏諸書，尚未有疏，而大小《戴記》則海内諸儒少肄業及之。績谿胡子繼教授治《大戴》已具稿，而以病中輟，應山左笏卿庶常治《小戴》甚力，年甫三十餘，又官京師多讀未見書，積至二十稔，當亦有成，然則《禮記》之疏不得於力堂者，必終得於笏卿。我朝儒術之盛，不誠超軼六朝及唐宋諸儒萬萬哉。光緒七年辛巳秋七月，寶應劉恭冕。

清・孔昭宷《禮記天算釋後識》　右《禮記天算釋》一卷，先君子所手編也。曩蒙同邑成心巢、閻高伯平兩先生鑒定。昭宷幼孤失學，未能窺先箸之萬一，常懼湮没不彰，思付手民，有志未逮。今父執同邑劉叔俛先生來函，擬謀諸惲菘雲觀察授梓，俾先人遺書得早行於世，亟繕藁郵寄，感泗交并。辛巳夏五月，孤昭宷謹識。

黄鐘駿《疇人傳四編》

序跋

清・黄鐘駿《疇人傳四編・序》 儀徵阮文達公撰《疇人傳》四十六卷，起自黄帝之世迄我國朝，得二百四十三人，各爲列傳，附西洋三十七人。甘泉羅明經士琳撰《續疇人傳》六卷，以補前傳所未收者，補遺十三人，附見五人，續補二十人，附見七人，俾推步者不至數典忘祖，論者稱爲算學功臣。近今錢塘諸大令可寶又從而續之，爲《疇人傳三編》七卷，續補二十九人，附見二十二人，後續補三十一人，附見二十五人，附記又二人，後附録名媛三人，西洋十一人，附見四人，附記東洋一人。但諸大令《三編》所續，止列國朝，未及前代。鍾駿督兒子伯瑛、仲瑛、叔瑛、季瑛習算之餘，不揣蒙昧，輯所聞見，筆之於書，其間作綴無常，六閲寒暑，纂録僅得藏事，命伯瑛助輯成編，而仲瑛等與校讐焉。倣阮、羅、諸三書體例，共爲書十一卷，附一卷，得後續補遺二百四十七人，附見二十八人，西洋九十九人，附見五十四人，後附録歷代名媛三人，附見一人，西洋名媛一人，附見三人，亦名曰《疇人傳四編》。其中採輯論斷，未盡允協者有之，管蠡之見，雖不敢爲文達諸公續，而薈萃簡編，網絡散失，亦妄備一時稽攷云爾。旹光緒戊戌仲夏，澧州黄鍾駿述。

黄方慶《火器新術》

序跋

清・何壽章《火器新術序》 余自辛壬以來橐筆津榆間，始治疇人家言，竿牘多暇，孳孳樂此。甲午之役，羽檄交馳，風雀時警，而余之治祘不輟也。歲丁酉返里，越郡剏設中西學堂，余既董厥事，兼授是科，斆學相長，旨趣方永。嗣是厥後，奔走四方，人事倥偬，此事遂廢。昨歲再董校事，今年復擴規制，改爲中學堂，謬總其成，益不遑暇，偶與教習徐君伯蓀、仲蓀相證論，舊學既荒，新知蓋寡，十餘年來四方良友所贈貽，平日研究所心得，零篇斷稿，慮其散佚，薈爲一編，付之剞劂。黄蔣所箸，卓然名家，不佞之作，何敢問世，聯類並存，聊識往迹云爾。光緒壬寅大冬，何壽章識於越郡興龍山府學堂之啜茗軒。

清・喻長霖《火器新術序》 吾鄉近數十年師友所幾前後略分三輩行。咸同之際，母舅王子莊芬暨蔡竹孫鯱、袁心葩建犖、王小林維翰先生，實始有聲於時，而竹孫年最少。繼之者爲王子裳詠霓、機定夫晨、王弢夫彦威、周叔貿郇雨、張子遠濬等又爲一輩，而叔貿年最少。最後，長霖諸友，如黄轂臣方慶、王星舟瑶、同年朱益夫謙、陳錫九瑞疇等又爲一輩，而轂臣年最少。三君者，皆天才亮特度越輩流，然皆不幸蚤世。蔡之卒未及四十，周(王)[黄]二君年僅三十有三，中道夭殂，學問不克竟其志。君子悼焉。

竹孫之學長於詞章攷據，下筆數千言立就。叔貿聰穎過人，精算學，洋務機器，一見通曉其術。轂臣兼有二君之長，而器識尤爲宏遠，慨然有志於道德經濟之要，詞章訓詁雖嘗肄業及之，而其志初不在是此，其尤爲可敬而可惜者也。方余與轂臣諸友讀書九子峯下也，院齋東偏有名山閣，頗富圖史，藏書數萬卷，諸友相率鍵户治經。轂臣志尤鋭，擬盡讀羣書而後出，閒以餘力旁涉算術、西學，以爲今日當務之急，約長霖輩爲此。時諸友方治訓詁，或習詞章，未遑兼騖，而轂臣攻其術益專，强力而不倦，每當空山月上，把卷暢譚，或相與散步至桃花潭米篩井，縱論古今時務，中西算法，津津乎言之瘉久而情瘉摯。既而長霖患嘔吐，劇甚，引疾歸里，諸友半奔走衣食，或稍稍散去，唯轂臣居九峯最久，讀書亦最專。長霖領鄉薦後餬口四方，或不免牽於俗學，轂臣時作書戒之，以爲學之貴及時年歲之不可玩愒。長霖等離索日久，心未嘗不時在九峯，暇輒枉道相過從，見轂臣抱厀閣上，富啖書史，聞故人足音則益喜，每至晤譚，窮日夜切磋讀書行已之故，其志嚮所趨窮天下之美，無以易九峯讀書之樂者也。先是九峯書禁頗苛，典守者謹藏筦鑰祕靳逾甚，轂臣董其役，始革積弊，性嚴毅而極愛才，游惰者峻拒之，遇有聰穎子弟輒多方汲引，朂以爲學之要，予之書使究治焉，取攜如家藏物，同學者感其誼多化，而讀書少年英俊由九峯起者泰半，縣中每歲調省高才亦惟九峯爲多，往往試輒冠其曹，由是九峯之名大起，父老督訓子弟承學者率以爲非九峯莫屬，雖子弟亦樂附九峯爲雅名。近歲以來，九峯之稱譟於遐邇，則惟穀臣提挈之力爲尤多也。生平律己尤嚴，每有過失，痛自懲治，必改之而後止。其日記記録心得，大旨於心身言行閒致爲兢惕。論者謂此君學識之宏進，德之猛實，儕輩中所罕見，使天獲假之年得畢盡力於通今學古之事，大器晚成，當未可量。迺遽齎志殘歿以終。嗚呼！學之成否豈不以命乎哉。君卒於光緒庚寅正月，時辰霖方客京師，江君數峯諸友捜其遺稾，有《火器新術》一卷，《句股邊角相求術》二卷，《羣經算學攷》一册，《算問》一册無卷數，《測圓海鏡識別圖解》六卷，《算學緝》十餘卷，《日記》二卷，詩文集詞集若干卷。余稍綴其遺詩，附刊於先君了詩草之後，今歲忝主天台文明講席，時縣令長洲吳君慶餘新設經算課士，適於余案頭獲睹穀臣所箸算術，稱善久之，謀盡災諸棃棗，未及匈工而吳卒於任，不果刻，余因先梓斯編，以箸不忍遽死其友之義，并見斯人不竟其志，非僅長霖之私慟也。光緒辛卯孟冬，同縣喻長霖。

清・黄方慶《火器新術・序》 李壬叔《火器真訣》以平員馭抛物綫，立術誠簡矣，然皆以量代算，而無遠近界互求之術，則不能施之於用，暇日輒爲補之。甲申秋日，方慶記。

陳崧《東溪算學八種》

著録

《東溪算學八種》目録

《弧角平儀簡法》三卷
《橢圓盈縮簡法》二卷
《截垛發微》三卷
《引綴録》三卷
《垛積比類後記》一卷
《數學九章後記》一卷
《借根代數會通》五卷以下二書是潮州府金山中學堂課本，爲習代數者最善之本。
《玉鑑垛題闡幽》三卷

雜録

清・陳崧《東溪算學八種》告示 欽加知府銜賞戴花翎特授嘉應直隸州正堂加十級紀録十次鄭爲出示嚴禁事，現奉署廣東提學使司沈札開據嘉應州錦洲堡東溪公立小學堂校長候補訓導歲貢生陳崧禀稱：竊崧少本庸才，性甦駑鈍，長鑽故紙，情比蠅癡效蛾，術而時勤，伏鷄窗以終老，百家博嗜，愧窺管於一斑，六藝旁搜，尤究心於九數，好張蒼之律歷，引綴終年似虞卿之窮愁，著書盈篋。前者潮郡惠敬亭大守奉玉詔之初頒，辦金山之中學，謬以崧稍通數術，聘任算料，乃查欽定之章程，應授中學以代數，時則初開風氣，書少教科，雖有坊間俗書，實乏代數善本，爰以崧平日所著《借根代數會通》五卷、《玉鑑垛題闡幽》三卷付諸手民，以資口講。竊以數家巧法別出天元，由天元變爲借根，由借根變爲代數，愈變愈巧，愈出愈奇，法雖各殊，理原共貫。此書以代數之式，闡元借之理，即以古人之題演代數之法，式明説淺，縷晰條分，聰穎者固觸目而能，愚魯者亦得門而入。老夫灌灌任講授者三年，髦士莪莪精代數者百輩，皆此書爲之導引，故諸生得以貫通也。茲謹將此書呈乞大人誨正，如或可定爲中學課本，懇即批示，禁其翻印，以保版權。並另呈拙著算學數種，詩集一册，等情奉批。禀及書均悉查中學堂課本，未經學部審定，現呈《算書八種》應候呈請學部審定，詩集一本非關學堂用書，准其留存備覽。仰嘉應州轉飭遵照一面示諭州屬禁止翻刻，并飭其補具算書一部呈司存案可也。禀抄發，算書存送，詩集存等因到州，奉此合行，出示禁止，爲此示諭州屬各書坊人等遵照，毋許翻刻陳崧所著《算書八種》，以重版權，如敢故違定，即嚴拘究懲，決不姑寬。各宜凛遵毋違，特示。光緒三十四年十一月十九日示。

又《東溪算學八種》廣東出品展覽會奬憑 欽命二品銜賞戴花翎特用道署理廣東提學使司提學使沈爲給奬憑事，案照宣統元年十月奉學部劄飭徵集教育出品前赴南洋第一次勸業會陳賽等因，本署司遵照辦理在案，查各屬教育品先經徵送到司，開會展覽，多有可觀，經派員分別審查，評定甲乙，分爲三等，列一等者給予金牌，列二等者給予銀牌，三等只給奬憑，茲查有展覽會陳列之《東谿算學》，係陳崧之出品，應給予金牌，以昭奬勸，合行填給奬憑爲據，須至奬憑者。右給嘉應州陳崧准此。宣統二年四月初十日。

又　南洋勸業會贊助奬憑　欽差南洋勸業會審查總長農工商部右堂楊爲發給贊助奬憑事，案照南洋勸業會陳列各項物品業經分類審查評定等次，給予褒奬在案，惟各種物品於製造採運有贊助之勞者，亦應分别給予奬憑，以示勸勵。茲查有陳崧所著之《東溪算學》八種，於教育深資贊助，爲此填給奬憑，仰即祗領可也。須至贊助奬憑者。右給廣東嘉應州陳崧收執。宣統二年拾月十四日。

陳崧《弧角平儀簡法》

著録

《弧角平儀簡法》目録

第一卷

總論　平儀　視綫圖　變渾爲平表

正弧弟一術圖説六題

丙角、甲角、甲乙弧，求乙丙弧　丙角、甲角、乙丙弧，求甲乙弧

丙角、甲乙弧、乙丙弧，求甲角　丙角、甲角、甲丙弧，求乙丙弧

丙角、甲角、乙丙弧，求甲丙弧　丙角、甲丙弧、乙丙弧，求甲角

正弧弟二術圖説六題

丙角、乙角、甲乙弧，求甲丙弧　丙角、乙角、甲丙弧，求甲乙弧

丙角、甲乙弧、甲丙弧，求乙角　丙角、乙角、乙丙弧，求甲丙弧

丙角、乙角、甲丙弧，求乙丙弧　丙角、乙丙弧、甲丙弧，求乙角

正弧弟三術圖説六題

丙角、甲乙弧、甲丙弧，求乙丙弧　丙角、甲乙弧、乙丙弧，求甲丙弧

丙角、乙丙弧、甲丙弧，求甲乙弧　丙角、甲角、甲丙弧，求甲乙弧

丙角、甲角、甲乙弧，求甲丙弧　丙角、甲乙弧、甲丙弧，求甲角

正弧弟四術圖説三題

丙角、乙角、乙丙弧，求甲乙弧　丙角、乙角、甲乙弧，求乙丙弧

丙角、甲乙弧、乙丙弧，求乙角

正弧弟五術圖説三題

丙角、甲角、乙丙弧，求乙角　丙角、乙角、乙丙弧，求甲角

丙角、甲角、乙角，求乙丙弧

正弧弟六術圖説三題

丙角、乙角、甲丙弧，求甲角　丙角、甲角、甲丙弧，求乙角

丙角、甲角、乙角，求甲丙弧

正弧弟七術圖説三題

丙角、甲角、甲乙弧，求乙角　丙角、乙角、甲乙弧，求甲角

甲角、乙角、丙角，求甲乙弧

第二卷

斜弧弟一術圖説四題

丙角、甲角、甲乙弧，求乙丙弧　丙角、甲角、乙丙弧，求甲乙弧

甲乙弧、乙丙弧、丙角，求甲角　甲乙弧、乙丙弧、甲角，求丙角

斜弧弟二術圖説四題

乙角、甲角、甲丙弧，求乙丙弧　乙角、甲角、乙丙弧，求甲丙弧

甲丙弧、乙丙弧、乙角，求甲角　甲丙弧、乙丙弧、甲角，求乙角

斜弧弟三術圖説四題

乙角、丙角、甲丙弧，求甲乙弧　乙角、丙角、甲乙弧，求甲丙弧

甲丙弧、甲乙弧、乙角，求丙角　甲丙弧、甲乙弧、丙角，求乙角

斜弧弟四術圖説六題

乙角、甲乙弧、乙丙弧，求丙角　丙角、乙丙弧、甲丙弧，求乙角

乙角、丙角、甲乙弧，求乙丙弧　乙角、丙角、甲乙弧，求甲角

乙角、丙角、甲丙弧，求乙丙弧　乙角、丙角、甲丙弧，求甲角

斜弧弟五術圖説六題

乙角、甲乙弧、乙丙弧，求甲丙弧　丙角、甲丙弧、乙丙弧，求甲乙弧

乙角、甲乙弧、甲丙弧，求乙丙弧　乙角、甲乙弧、甲丙弧，求甲角

丙角、甲丙弧、甲乙弧，求乙丙弧　丙角、甲丙弧、甲乙弧，求甲角

斜弧弟六術圖説六題

甲角、甲乙弧、甲丙弧，求丙角
丙角、乙丙弧、甲丙弧，求甲角
甲角、丙角、甲乙弧，求甲丙弧
甲角、丙角、甲乙弧，求乙角
甲角、丙角、乙丙弧，求甲丙弧
甲角、丙角、乙丙弧，求乙角

斜弧弟七術圖說五題

甲角、甲乙弧、甲丙弧，求乙丙弧
甲角、甲乙弧、乙丙弧，求甲丙弧
甲角、甲乙弧、乙丙弧，求乙角
丙角、甲乙弧、乙丙弧，求甲丙弧
丙角、甲乙弧、乙丙弧，求乙角

弟三卷

斜弧弟八術圖說六題

甲角、甲丙弧、甲乙弧，求乙角
甲角、乙角、甲丙弧，求甲乙弧
甲角、乙角、甲丙弧，求丙角
乙角、甲乙弧、乙丙弧，求甲角
甲角、乙角、乙丙弧，求甲乙弧
甲角、乙角、乙丙弧，求丙角

斜弧弟九術圖說四題

甲角、甲丙弧、乙丙弧，求甲乙弧
甲角、甲丙弧、乙丙弧，求丙角
乙角、甲丙弧、乙丙弧，求甲乙弧
乙角、甲丙弧、乙丙弧，求丙角

斜弧弟十術圖說二題

甲乙弧、乙丙弧、甲丙弧，求甲角
甲乙弧、乙丙弧、甲丙弧，求丙角

斜弧弟十一術圖說一題

甲乙弧、乙丙弧、甲丙弧，求乙角

斜弧弟十二術圖說十二題

甲角、乙角、丙角，求甲丙弧
甲角、乙角、丙角，求甲乙弧
甲角、乙角、丙角，求乙丙弧
甲角、丙角、甲丙弧，求乙丙弧
乙角、丙角、乙丙弧，求甲丙弧
甲角、丙角、甲丙弧，求甲乙弧
甲角、乙角、甲乙弧，求甲丙弧
甲角、乙角、甲乙弧，求乙丙弧
乙角、丙角、乙丙弧，求甲乙弧
甲角、乙角、甲乙弧，求丙角
甲角、丙角、甲丙弧，求乙角
乙角、丙角、乙丙弧，求甲角

序跋

清·温仲和《弧角平儀簡法序》 吾友陳子夢石好學而有深沈之思，爲算學於舉世所不爲之日，嘗以爲治歷者以弧角爲宗，諸家弧角之書往往言其法不言其理，梅氏言理矣，顧涂徑紆回，未能簡易，於是覃思十餘年，將正弧斜弧諸術變渾爲平，一一繪圖以明其理，名其書曰《弧角平儀簡法》，屬仲和序之。仲和於疇人之術涉獵之日淺，曷足以窺弧角之奥？然嘗取梅氏《弧三角舉要》《環中黍尺》《塹堵測量》諸書閲之，於其平儀論所謂外周之度與之相應者，深悟寓渾於平之妙，但惜其全書之不能統歸一例也。今夢石之書概以平儀言之，誠有功於弧角矣。昔梅氏自言積數十年之探索而後能會通簡易，是梅氏之書固自以爲簡易矣，後人讀其書又苦其不簡易，何哉？誠以象數之理不難於自喻，而難於使人人共喻，欲使人人共喻，則其説自有不免繁重者，且理以遞闡而愈精，決非一人之所能盡。夢石之書固梅氏所冀，必有好學深思其人大爲闡發，俾古人之意晦而復昭，一綫之傳引而弗替者也。夢石無他嗜好，惟嗜讀書，於經史皆有撰述，顧歉然不自足，以爲用功不若算學之深，所箸算學尚有數種，他日次第刊成，仲和尤願先覩爲快也。於時光緒二十五年己亥歲春分日，愚弟温仲和謹序。

清·張其翻《弧角平儀簡法序》 余自陜右致仕歸，同治辛未主講潮郡城南書院，吾鄉茂才陳生夢石者知余通疇人學，特負笈執摯來游門下。余思數爲六藝之一，經天緯地，何一不資夫數，弟國家未以試士，此學遂微，譚者殊尠，今陳生乃毅然受學，余甚偉之，遂與之朝夕講求，而陳生力甚鋭，尤善深思，每譚一術，必究其理，故古書中言法不言理者，皆能悟其所以然，余嘉許久矣。越明季壬申，國家遂以此學編令甲定於歲科，經古場兼試。甲戌學使章采南殿撰來粵按試，吾州陳生遂以此學受知，僞於黌而食既稟，學使評其算卷云，曲折精奥，非虚語也。生本終窶，有北門詠，以故舌耕於惠潮各郡，離索者十有餘年。光緒丙戌生歸，授徒於州之城北，距余家僅二里許。生以所箸算學數種請質，曰《弧角平儀簡法》，曰《橢圓盈縮簡法》，曰《借根代數會通》，曰《天元代數會通》，曰《引綴録》，余閲之，見其淵奥非常，爲之驚歎，因勸生次弟授梓，以公同好。生辭以窶，余曉之曰，譚算者以曆學爲極言，曆者以弧角爲要，弧角者爲治曆必用之術也。憶昔與吴子登太史、鄒特夫徵君縱譚弧角，皆以爲術多轇轕，難以分析，徑極紆軫，難爲簡捷，故子登太史所箸《弧三角術》但言其法而不能言其理，余嘗憾之私，竊有志欲別箸弧角一書，專言其理之所以然，使人可案圖而索明而且簡者，因尚簊《春秋朔閏表》，未遑精思也。今觀子之書以平儀視綫發其理，至明至簡，不啻如吾意之所欲爲，令人拍案快絶，此不朽之書也。子即無資以梨，全稾盍先以此種問世乎？生唯唯而去。生性聰穎，無他耆，惟耆讀書，於書無所不讀，精攷据，箸有《窺豹録》，且工詩賦，善駢體，亦既成集其文，亦抒軸清英，播蕤發條，惜數奇屢薦不售，生淡如也。夫生固未易才也，徒以算學稱，生固淺之乎。視生矣然。即以算學論，竟能蠶叢獨闢沾匄後人，亦《疇人傳》中所不多覯耳。吁！生亦吾州之奇士也哉。光緒十有二年涂月之望，辮貞亮室老人張其翻序。

清·陳崧《弧角平儀簡法·序》 古之格物以致知者探微闡幽，窮其理之所難窮，必至於無所不窮而後已，若有一理之未窮，如壘塊之窒於胸中，鬱鬱然不可以終日，此聖賢之所以至於道也。即蓺術亦何莫不然？數學中有弧角，固司天家所以治曆者也，勝國以前其學尚微，靡得而論已。逮我朝而此學大顯，如忠愍徐公、丹邨張氏、子登吴氏譚弧角而箸書者，比比矣，然皆言其法而蔑言其理者，其知之而不肯言耶，抑無以知之而不能言耶？知其理而故不言則吝，不知其理而無以言則拙，二者必居一，殆不能爲前賢諱也。由是而言之，疇人子弟習其術而終身不解，使由之而不使知之，如瞽者之隨人牽引，而實不知其涂之爲東西南朔也，是可悲矣。或者謂弧角爲曲綫，必變爲句股直綫，然後可以比例，而句股直綫皆在渾圓内外，故其理言之甚難，圖之亦不易，前賢之所以獨喻而不使人共喻者，殆以此歟。果爾則不言其理似亦無足異者，若宣城梅徵君其弧角之書欲言理矣，而乃連篇累牘，涂徑迂回，茫乎其無畔岸也，浩乎其無津涯也，探索者載離寒暑，猶難得其條貫，又往往望洋興歎。而竊議其弗簡焉，則環顧薄海内外求一弧角之書，理明而法簡者，果可得乎哉？余發憤欲自爲者久矣，近年來處若忘，行若遺，精思不已，汩汩然來，乃以正弧斜弧相求諸法一一攷其所以然，又以渾圓内外句股比例不便於繪圖，乃變爲仰視之法，將所見天之半渾圓化爲平儀，皆以視綫明其理，其舊法之迂曲而繁難者改之，即舊法之可用而昔人所不言其理者，皆不憚繪圖而詳説之，使自來幽隱沈奥之術一旦昭然若發矇，視昔賢之所箸較爲盡善，亦疇業中一大快事也。雖然於此而果盡善焉，而不可變矣乎？是亦余所不敢知也。後之君子倘又有深思，而得其術更善於此者，則是編亦何不可以覆醬瓿也耶。光緒辛卯孟夏，陳崧簊於東溪之茹古閣。

陳崧《橢圓盈縮簡法》

序跋

清·陳崧《橢圓盈縮簡法·自叙》 日躔之求盈縮差，固爲司天家算交食時必用之術也，自西人刻白爾設日行爲橢圓立術以求之，其數巧合，遂爲成法。然疇人步算交食，每以平引積求實引角，昔人云以角求積也易，以積求角也難，故舊術以引數用三角法求得對倍兩心差角，倍之爲橢圓界角，又用大小徑比例得橢圓正切，與引數相減爲橢圓差角，最卑前後與橢圓界角相加，最高前後與橢圓界角相減，而後得均數，既得均數，又與平引加減，而乃得實引，求之誠爲不易。徐忠愍公謂其術取徑迂回，布算繁重，因別立橢圓正術。夫算家以簡捷爲貴，忠愍謂舊術迂回繁重，誠不誣矣。及觀忠愍正術，平引求實引之法，初求借角，次求借積，三求積較，四求借邊，五求角較，然後加減借角而乃得實引。噫嘻！此獨非迂回繁重乎？如此疊求，比西人舊術更覺其難，誰肯趨其途而由之。乃李壬叔作《正術解》，更爲之極口相推，以爲遠過西人，此未免爲阿好之言，恐不可以服歐州疇輩也。厥後壬叔又作《橢圓新術》，其平引求實引也，初求借積度，次求橢圓正弦，三求橢圓餘弦，四求實引，又入以級數之繁，較忠愍正術亦不見更簡，楚則失矣，而齊亦未爲得也。余於諸家橢圓之書，耽玩已久，乃融會其理而變通之，別立一術，無論以平引求實引、實引求平引，只二次比例即可得數，又不必用加減，可謂簡易之極，豈非於橢圓術中獨得求盈縮之捷徑哉。有此術則操之甚約，庶幾爲後來推步者之一快也乎。光緒辛巳四月朔日，嘉應陳崧自叙。

又《橢圓盈縮簡法·跋》 光緒辛巳，惠州歸邑，鄧允卿孝廉聘余課其孫，館於蔬香圃中。蔬香圃者，孝廉之別業也，中闢數畝，廣植羣芳，齋閣清幽，奇香萬種，況值花朝纔度，寒食初逢，積翠浮壁，堆紅透窗，羣鶯亂飛，粉蝶狂舞，撫景玩物，胸次開朗，講貫之暇，握算揮毫，爲之立此簡法。越孟夏，而余忽得心熱之疾，荏苒終年，遂不能釋其理矣。迨至沈疴既起，而此稿遂束之高閣，不寓目者數年。歲丙戌，授徒於梅城北，與張京卿師家相近，爰檢出以質於師。師擊節贊賞，謂余曰：昔日研究歷法，每苦求均數之難，即徐、李二家橢圓術，其得數亦殊不易，今子所立術抑何其簡易若是耶，可謂遠勝前人矣。夫算家避難而趨易，吾知此術一出，凡疇人子弟有不捐棄故技，更受子之要道者哉。但昔徐文定公作《測量法義》云，法何貴，貴其義耳。子既立是術，奚不作爲圖説，以明其義乎。余曰諾。自時厥後，爲衣食所驅，南北萍浮，忽忽數秋，迄無暇晷。今年歸，課兒姪於家塾，而圖説乃成，惜吾師既歸道山，不能復以此請質也，爲之泫然者久之。光緒二十年閼逢敦牂之歲相月望後三日，嘉應陳崧自識於卷後。

陳崧《截垛發微》

序跋

清・陳崧《截垛發微・叙》 數家之學必窮其形、攷其數，而後知所以立術之理，即古人未有算術者，亦能據其理以立術，凡算皆然也，奚獨於垛積。夫垛積，不過算之一端耳，然而言曆者討論三差，割圜者推求八綫，莫不合於垛積之數，則垛積之爲用甚大，誠不可不深求也。在昔《九章》不言垛法，隋唐以前疇人子弟罕究厥旨，越宋元來算家三角四角諸堆始啟草昧，迨松庭《玉鑑》創芟草形段、果垛疊藏、如像招數諸門，鉤深致遠，究極元奥，垛家三昧於是乎在。我朝言垛者，汪氏三角，董氏方堆，各據一隅，畧而未詳。李氏欲於垛家別豎一幟，比類而推，自謂賅備，然執其書以勘《玉鑑》垛題，尚多格而不入之處，文繁理晦，學者憾焉。余每欲作一書，以闡明垛積諸術之所以然，荏苒歲月，匆匆不果。今年秋雨盈旬，蕭齋暑退，荷亭夜坐，忽思方田句股皆有截法，獨堆垛未有言截法者，爰創立各垛截術，兼發《玉鑑》垛題之奥，凡垛之形狀理數並爲疏通證明，瞭如指掌，録而存之，或於習算者不無小補云爾。光緒己亥中秋日嘉應陳崧自叙。

又《截垛發微・跋》 近日見嘉善家仲周所輯《中西算學大成》，其論垛積謂，《玉鑑》中如像招數爲垛積最精奥之理，因原術有嵐峰落一等，名義不明，根源無從探索，惟原術開方得數之後，尚須外加若干方符招兵日數，與天元術可以逕求諸未知數之理不合。閒嘗深思而得其理，另撰通術云云。按此論與余平日所見畧同，故余所作《玉鑑垛題闡幽》，其如像招數篇細草皆別立術以算之，即得招兵日數不必開方後加之也。又觀其所撰通術亦與余一貫術同理，斯人可謂有同心者，惜其術大簡，又不言其立術之理，後學亦必不能效法耳。然觀其有嵐峰落一不明根源之語，則知其於垛術尚未能洞見垣一方者。其不能明所以然似無足怪，但如此善悟之人最可愛敬，苟得與之促膝相談，亦一快也，奈山河遠隔，終不能旦暮遇之也。未嘗不爲之悵然已。

雜録

清・陳崧《截垛發微》凡例

一，古書中垛題，皆問底子，蓋以三角、四角之垛，每面之底子，皆與高之層數等，故知底子即可以知高。今此書有疊奇、疊偶諸垛，其底子並與高異。又箭束等垛無底子可言，所以皆言高也。即三角、四角等垛亦一例言高矣。

一，《四元玉鑑》中所有之垛，此書欲發明其奥，故備載之，即垛名亦仍其舊，不似壬叔之盡變其名也。惟圓錐垛有奇層、偶層之分，立法不能一定，故雖《玉鑑》所有，亦爲删之。

一，所謂垛者，以其層層疊之，自然成堆者也。此書所載，皆自然之垛，若壬叔所言諸變垛，並非自然，故一概不載，識者當共鑒之。

一，是書求各垛全積術，余用代數式彙爲一表，以便攷核，其舊法之簡便者因之，其舊法之迂曲者改之，其疊奇、疊偶、遞進諸垛，昔人本無法者，則創立之，統歸簡易，朗若列眉，識者自知其妙焉。

一，堆垛之截積，舊無算法，今此書求各垛截積術，皆自余創之，且立各垛截積公式表，以省布算，尤便於用，而又處處釋其理之所以然，此古今所未有也，故名之爲《截垛發微》云。

陳崧《引鐖録》

序跋

清·汪鳴鑾《引鐖録序》 算爲儒家最先之事，周官六藝其一曰數，仲尼之門端木與冉並造其微，枚乘《七發》曰孟子持籌而算之萬不失一，是則三代之間儒先聖喆未有不承隸首周公之遺法、講明而切究者也。自先王六書之教失，秦漢以後，其術遂專隸司天家。幼學受書，罕有肄習於是，泰西之士得乘中國之敝而戛然懱以所不知。噫夫！豈一朝一夕之故哉。嘉應陳生夢石篤耆古學，好爲深沈之思，嘗屏居東溪，覃究算術，成《引鐖録》一卷，推闡詳明，尤能從舊法以悟新意，如礮臺遠近之測量，環田截積之捷法，皆其精思而得之者。又謂明算者或不善文辭，創術者多故示幽奥，因爲顯詳其義，竝坿辨古算書中違失者數事，皆釐然有當者也。近歲算法家，嶺南首特夫鄒氏，芳躅未遥，遺徽斯在。生其益擴新知，勉紹前軌，毋域於所已能而矜其淺獲，則管子所謂引鐖以得其數者學焉而愈邃愈微，使散在四夷者仍還之於中國，又豈區區一卷之書之所能盡乎哉。光緒丙戌九月，廣東督學使者錢唐汪鳴鑾序。

清·陳崧《引鐖録·序》 柳門夫子視學粵東，丙戌九月來試嘉應，余以算學受知，既蒙録置一等。旋試優生，兩學師以余名送。及試優生日，適夫子得吾州張彦高師所箸《南樓讀書記》，見其書中多校勘語，皆署余名，因呼余至案前，詢曰近得彦高先生《南樓讀書記》，其書果爲子所校勘乎？余曰然，昔日從彦高師游時，師箸此書，脱稿後即命崧校勘者也。夫子因起立曰，校語甚佳，非讀書多而精審者不能爲此，真是難得，觀子有此學識，平日有箸述否？余曰有。因命余曰出場後宜將稿本送來一閲，余曰諾。伊時拙箸稿本多存於家，在試寓篋中者只有《窺豹録》八卷，及未成之《引鐖録》草稿一卷，即以呈閲。越數日校射，余保武童，應試夫子即以拙箸二種畀還，俱賜以弁言矣。且謂余曰，所箸俱好，算學尤精妙，本院按試粵東各府州，所得通算學者亦有數人，然皆不如子用心之深也，將來必爲此道名家，試再研之。余諾而退。夫子回省，即以余優行咨部，不意試畢回里，余即丁慈艱。丁亥夫子復來按試，知余丁艱不與試，因於宣講時對諸生曰，此番科試，陳崧不來，場中少一好手矣。噫嘻！夫子真余之知己也。自夫子回京供職祠部，迄今十餘寒暑，此録日以益多，今特編爲三卷，付諸手民，憶前數年聞夫子因言事罷職歸田，近亦不知何似，山河隔絶，竟不獲執此録以再質。回思夫子知我之深猶，不禁爲之感泣也。光緒癸卯端午後六日，陳崧自識。

陳崧《垛積比類後記》

序跋

清·陳崧《垛積比類後記·序》 余讀《垛積比類》四卷，既終篇，而嘆壬叔徒誇多術而不能明垛積之理也。夫古人未嘗不言垛積也，如《丁巨算法》有算垛之歌，《透簾細草》亦有茭草、三角、四角諸垛之算，至朱漢卿《四元玉鑑》中茭草形段、果垛叠藏、如像招數諸門，皆垛積之奥者。余嘗謂古人中惟漢卿於垛積之理最爲深入，雖以羅茗香精心演草，尚多未知其故者，此可知漢卿之深於垛理也。乃壬叔欲争勝古人，遂不憚於各垛推演廣博，其用心可謂勤矣，獨惜於古人書中諸垛之名不能證明其形，疏通其義，而《玉鑑》中一切垛名，概從删削，而徒以一乘二乘以至多乘爲名，一垛二垛以至多垛爲號，或謂之甲乙丙丁諸垛，或謂之子丑寅卯諸垛，歧路有歧，故示幽奥，使讀者目迷五色，不能一見豁然，此則不能無遺議者也。況垛積皆自然者也，如三角四角諸垛，層層之數不能增損，即一變而爲落一，再變而爲撒星，亦皆自然而然，不假强爲，若任意乘而變之，而謂能成自然之垛乎？今壬叔之書有以一四七隔二爲垛根者，有以一五九隔三爲垛根者，有以三角層層屢乘爲垛者，有以四角層層屢乘爲垛者，又有以三角一變再變三變而爲垛者，轉變愈多，障礙愈深，故其三四卷以下諸圖參差淩雜，多不成形，亦由多乘者有數無形，本無可圖者也，此則不免爲蛇足者也。觀其自序，有欲令算家知别立一幟，其説自善蘭始之語，無怪乎名心固結，遂愈推愈遠，而不悟其無此垛形，即立術以算之亦無益於學者也。設有好事者依壬叔法再爲變之，不將於壬叔書外，仍可得恒河沙數之垜乎。試起壬叔而質之，當亦啞然自笑矣。抑又有異者，《玉鑑》中有四角嵐峯垜題，如像招數中初日方面四尺次日轉多二尺，此爲叠偶自乘之方垜，又有芻甍芻童等垜，細核壬叔書中並無此垜，亦無其術，此非所謂目窮萬里而反失於眉睫之間也耶。雖然，壬叔實深於算學，此書之疵固無損於壬叔也。特以既讀其書而有爲鄙意，所不愜者誠不能默爾而已也。爰誌數語於卷末云。光緒二十五年三月望日陳崧記。

陳崧《借根代數會通》

序跋

清・陳崧《借根代數會通・敍》 借根方者，蓋聖祖仁皇帝得之歐羅巴人，以授梅文穆公者也，其術本爲中國天元一法，當宋末元初時歐羅巴人傳之而去，故名之爲東來法，迨其習之已久，乃變天元一之名爲借根方，又變寄左相消之式爲兩邊加減，第其名可變、式可變，而其理終不可變也。近數十年來西人又變借根方爲代數，其式迥別，其理不異，李壬叔譯之於前，華若汀譯之於後，傳之中土，習者漸多，然人但知借根之本於天元，而不知代數又本於借根也。暇日因取御製《數理精蘊》中借根方全題，以代數法演爲細草，俾學者知代數與借根式雖不同，而理則一貫，彼此互勘，庶可知其若合符節也。草既成，因名之爲《借根代數會通》云。光緒癸卯長至日，嘉應陳崧自敍。

雜録

清・陳崧《借根代數會通》凡例

一，此書原欲將借根之理以代數法會而通之，故其題俱遵依御製《數理精蘊》中借根方之題，立代數式以算之焉。

一，每題俱以代數法布算，其不載原草者，亦以御製《數理精蘊》具在，從省也。學者以此書與原書相比而觀之，便可息息相通矣。

一，每題俱以原書所借之根命爲天，依其原術以作代數。其原書有二術者，亦以代數算之，名曰又術。其有別法爲余所立，與原術不同者，則附載于原術之後，名曰新術。或新術不止一者，名曰又新術。亦備載之，以啟發學者之心思焉。

一，原術有十分迂曲繁難不必從者，余則以簡法易之。

一，題中有幾分之幾者，原術皆先通分，而後借幾根算之。其借根數少者，則依原術算之。若其借根數多者，得數後又須再乘，頗爲繁難，故余惟依代數法，只命一天算之，雖與原術畧異，其實一理也。何也？借根先通而後借，代數先代而後通也。

夢石又識

陳崧《玉鑑垜題闡幽》

序跋

清・陳崧《玉鑑垜題闡幽・叙》 《玉鑑》一書，自元迄明無有知其門徑者。我朝文穆啟其扃，茗香尋其途，此書遂顯于世。獨惜茗香於垜積一術尚未深究各垜之形及層層併積之數，故於茭草形段、如像招數、果垜叠藏三門，衹依原術方廉之數演草，不特無所發明而且多爲臆斷，每取各題中垜積，强指爲抛差錐差梯田與某數相乘之積，層層列之爲表，併之即爲原積云云，不知原積雖合，而核之原垜，層層之數則不合，此則其大誤者也。近日嘉善陳氏輯《中西算學》、金山顧氏輯《九數通攷》續集，皆未識垜形，並以茗香之表爲碻，盡輯録之，此豈不貽誤天下後世之學者乎。故余獨取《玉鑑》中所有垜題，用代數法演草，爲之確指其形，明言其理，并改正其表，依原書三門分爲三卷，名曰《玉鑑垜題闡幽》，庶幾習算者曉然於《玉鑑》之垜術矣，豈不快哉。光緒乙未二十有一年上元日，嘉應陳崧自叙於東溪之茹古閣。

清・程鵬《玉鑑垜題闡幽跋》 光緒癸卯，國家奮然振興學校，培植人材，特詔天下郡縣設立大中小學堂，專務實學，凡昔時所設書院有名無實者一律改革，其時惠敬亭太守涖任吾郡，仰體朝廷造士之心，即變金山書院爲中學堂，聘太史温慕柳夫子爲總教習，選九邑英俊之士八十人在此肄業，更廣延名宿分科講授，法至良也，意至美也，而算學一科則專聘明經陳夢石夫子爲教習。夫子學問淵博，根柢粲深，生平所著《東溪叢書》至二十九種，述作可謂富矣。統其所學論之算術固其餘事，然觀叢書中有算學十二種，皆精於幾何，多發前人所未發之新理，即較之專門名家殆有過之無不及焉。其書具在，尚可讀而知之，是豈鵬阿好之言哉。自去年四月，夫子來此，即以九數講授，循循善誘，誨人不倦，迨至去臘，同學者既皆通於九數矣。今年春始授西人代數法，夫子謂代數書易於入門者頗少善本，因檢其所著《借根代數會通》《玉鑑垜題闡幽》二書之稿，以爲講授。此二書深入顯出，益人神智不少，誠習代數者之捷徑也。第其書卷帙頗多，學中數十人傳寫維艱，乃商諸同學集資鏤板，以省抄録。是役也始於季春，終於仲秋，閲六月而工竣。鵬忝董其役，爰述其緣起而書之於卷末云。光緒甲辰中秋後三日，中學堂受業海邑程鵬翼雲謹識。

鄧建章《中西算學入門匯通》

著録

《中西算學入門匯通》目録

序跋

清・鄧建章《中西算學入門匯通・序》　嘗見宏聞劬學之材，其經術文章均臻美備，至算則目爲疇人末技，不足登大雅之堂。設偶閲是書，幾乎不能句讀，於是讀不終行，即掩卷而(東)[束]之高閣。無他，未得其門，而不知其用之廣且大也。同文館者聘西人爲教習，以授天文句股、造船製器諸法也。張盛藻疏謂文儒近臣不當崇尚技能，師法夷裔。倭文端派充館大臣，莅任適墮馬，以足疾請急，而部院庶僚俱自以下喬遷谷爲耻，是以有用而視爲無用者。梅文穆疏請學臣以《曆象考成》天文命題試士，而莊親王允福等以此術廣大精微，恐士子未能貫通登答置無庸議，是知其有用而置諸無用者。余少時觕明珠算，欲求他術，苦無逕途，因見《時憲書》以御製《數理精藴》標於面，知此書定爲推步法程。赴試時，於官局得梅刻原本，恭讀之下，稍有會心。并蒐訪坊間他祘部，而卒不多得，僅獲一二。每於讀書、經商之暇，偶爾涉獵，始知諸術之加減乘除，靡不與珠祘同理，雖其中奥義未克周知，而賴有成法以導先路，由斯門而拾級以登，循序以進，其左右逢原之妙，定有不可勝言者，而步天之極功製器之實用，均基於此，在慧心人自領之而自造之。余則未能也。惟於各術撮其要而隨時記之，又恐一知半解，移步即迷，間立一解，以杜遺忘，而借根方、天元、代數，理本相通，兼列一式，以附於下。積數旬得若干頁，彙爲一帙，分上下卷，爰付梓，以爲家塾中學習祘法初基，俾學者於三餘之暇，間一研究，聊當游藝之助，余所厚望焉。如欲出而問世，不足供有識者之一噱，余則何敢。光緒戊子夏五月既望，如皋鄧建章自序。

又《中西算學入門匯通・附記》　盛朝聖祖仁皇帝諭云：論者嘗謂今法古法不同，殊不知原自中國，流傳西土，西人守之不失，歲歲增修，以致精密，毋庸歧視。又有云鎔西洋之巧算，入中法之型模。梅文穆公贈江慎修先生扇，録勿菴先生《咏歷代天文曆志詩》一首，結句云：能忘創始勞，萬事有權輿。又親書一聯云：殫精已入歐邏室，用夏還思亞聖言。併恭録之，以見聖君賢相皆有中西合轍之意焉。鄙意所謂歐室者，蓋本於此。

陶保廉《測地膚言》

著録

清・丁仁《八千卷樓書目》卷一一《子部》 《測地膚言》一卷，國朝陶保廉撰。刊本。

《測地膚言》目録

矩度矩分表　測底綫法　測量册式　象限儀求八綫法　比例弧　勾股釋三角求邊法　求邊簡法　紀限儀　經緯儀　簡法測量羅經　平面桌　丈量　附繪圖七則　古法測量矩尺　表竿　平鏡

序跋

清・柯逢時《測地膚言序》 筭術至今日可謂盛矣，然以之測天地而不能無差者，習其數不能明其理，明其理不能求其實也，測地之法難於測天，測平衍之地難於測高山大河，非好學深思、躬歷其境者烏能知之。今世刊行諸書器数略備，詞義亦較明晰，學者仍苦其難通，則以著述之家用心有厚薄，詣力有浅深，文藝有工拙故也。然通其術者顧不乏人，試以之測地往往不能密合，蓋點綫之相距易知也，而角度之贏絀異焉，高深之重測易能也，而矩度之疏密又異焉。平衍之區，四無衿帶，非有山林之可指，經緯之可辨也。疊圍錯襍，道路紛歧，視力偶淆，動輒逾里，測法之不精而求配於方形，繪事之不工而强施于平面，其不鑿枘者幾希矣。陶茂才保廉明於筭理，寔事求是，箸《測地膚言》既成書，逢時讀而善之，爲述其義例於此。學者苟即数以窮理，要之以實天地雖大亦豈能外哉。於時陝中方有繪圖之舉，官吏及諸生皆從事是役也，可以觀政焉。茂才以盛年隨侍官舍，已留心政術若此，其賢爲何如耶。光緒十六年冬至日，武昌柯逢時。

清・孫萬春《測地膚言序》 世之談經濟者必先輿地，如無錫顧氏、德清胡氏、武進李氏，均積十餘年之力始克成書，究竟考之載籍者多，得之親歷者少，於測量一術尚未暇及，尝謂繪图非憑實測，雖論説繁多，於夷險所在終未能瞭然心目，苟能合攷據測量爲一家，則圖皆徵實，有合於裴秀六體及賈耽所云百闻不如一見、十説不如一图者矣。方今朝廷重修會典，令各直省輿图，從事測量，大邑通耆積學明算之士咸得展其所長，將来图成必爲宇内大觀。陝省設輿图館，大府檄余司其事，日與同事諸君講習討論，思将古今準望各法彙爲簡編，因循未果。秀水陶拙存先得我心，集中外各書擇善而從，名曰《測地膚言》，俾略解算法者皆能知所從事，不致目迷五色，将見窮鄉僻壤，各據一編，大地河山，高深廣遠，人人能得其真際，攷據家既藉以徵實，守土者亦足資經野之助，豈僅有裨於關輔輿图哉。古樊輿孫萬春并書。

清・陶保廉《測地膚言・跋》 測量爲筭學一事，余質鈍體弱，嚴親戒勿攻筭，故於數理至今茫然。隨侍陝右之二年，署中奉會典館行文飭辦全省輿圖，綜其事者清苑孫介眉先生，並延宏道、味經兩書院明筭者多人分任測繪，咸能以所學見諸實事。余得與諸君子交，獲益良多，竊惟準望之術古疏今密，近人所輯《測地志要》等書美矣備矣，然在作者力求明顯，以授初學，仍未易解，蓋深人不能作浅語，而於各種儀器亦未暇一一詳論。因不揣固陋，抄撮陳言，參以臆見，將各儀器用法彙成一卷，名曰《測地膚言》，聊爲讀測地各書之階梯，以云數理，則固鼷之於河、蠡之於海也。光緒庚寅秋，秀水陶保廉。

清・陸桂星《測地膚言跋》 庚寅秋，余与海塩陳子康應陝甘制府楊石泉宫保之招，道出關中，慕豐鎬之盛，停驂匝月，晤秀水陶拙存，示近作数種，中有《測地膚言》一册，以象限切綫之法用矩度，以矩度勾股之義釋象限，中西各術頗具梗概，所言切綫分外角等法，亦足与梅氏相印謬。余以斯編有裨时政，慫恿付梓。竊雖測量爲算家一術，算雖小道，關係非輕，自和仲之學流傳西土，蕞尔島國輒挾所专以傲中夏，彼所謂重學、化學諸端，無非由算學推衍。謀國是者欲与並駕齊驅，急需明算之士以治軍，實海内學人所当遵。周官師氏保氏之教於三德三行五禮六儀而外，兼肆九數，庶幾宏材蔚起，共濟時艱，學算者亦不必斤斤于中法西法之別矣。富陽陸桂星跋。

王季鍇《泛倍數衍》

序跋

清・席淦《泛倍數衍序》 西人以微積分推各級數，凡常法所能御與常法所不能御者，皆可由微積級數以求之。言西學者亦翕然稱焉。然烏程徐氏以垜積招差之法，求割圜八綫及球殼、球積、橢圜周、八綫對數，無所不通，知徐氏未嘗用微積也。海甯李氏以諸尖錐積求弧背八綫及對數，知李氏亦未嘗用微積也。是術亦不借徑微積，先設一泛函數，命爲本式之級數，是猶求未知數立天元一之意也。以泛函數代入本題相關之式，聚其項而消其函數，是猶天元代數相消開方之意也。用是術，以求常法所能御與常法所不能御之題，一以貫之矣。使徐、李二老見之，亦當呼爲畏友。彼之以微積自詡爲奇術者，不亦爽然若失乎。青浦席淦。

清・蒯光典《泛倍數衍序》 中國之天元猶西人之代數，盡人而知之矣。用以立式，其深者，在中國則爲綴術之類，在西人則二項例之外曰泛倍數。泛倍數者，未定之二項例也。綴術固天元之義，泛倍數之倍數亦藉天元而定，仍天元之義也。長洲王子小徐用泛倍數立一術，八綫弧背互求，真數對數互求，旁及屢代之法，皆較新譯《代數術》簡易倍徙，而與用微分所推得者無異。小徐以此發西人未言之蘊，固與綴術相得益章者也，抑小徐之意將以明微分也。余謂微分之所以不明者，以人泥於變幾何之説，而未深究立元之義也。其所謂變者，乃從題式變化而出，天下豈真有無法之形而可算者，其天微分初無數可言也，及求得其變比例之限而成相與比例，則天微分可以任大任小，仍立元之意也。蓋天元一謂之爲泛倍數也可，謂之爲變數亦無不可。苟明乎此，則小徐此術雖未足以抉微積之藩籬，信足爲學微積者之先導矣。世動言代、微、積三術爲古所未有，余竊不以爲然。古之籌算非今之籌算也，以紅黑等爲識別耳，亦必俟變化既訖而後，以數入之。前人證攷工割圜非屢求句股所能御，又地動之説見於《尚書》，緯地爲扁圜之説見於張平子《靈憲》，平子且有候地動儀以及古曆章蔀之説，凡久視爲陳言者，今乃爲最新之義，爲微積致用之大端，特書闕有間，所傳者僅九章耳。案《漢書・藝文志》有《許商算術》等數十卷，竝無《九章算術》之名，則《九章》爲殘缺不完之書無疑，而其盈朒章（网）［兩］鼠穿垣、蒲莞共生（网）［兩］題，尚足爲古有對數之證，何得言古無代數、微分、積分三術耶？論秦漢以後學術尚不能以今所傳習者爲據，況尚論三代疇人子弟未分散之時乎？戴東原氏有言補六藝之逸簡，吾於小徐望之，筭術特一端而已。小徐爲吾友王芾卿前輩之仲子，曰余粗習筭術，時共商榷，余雖拙忙，而每見未嘗不移數晷也，輒曰索序其書，連類言之，曰廣小徐之意焉。合肥蒯光典。

清・朱正元《泛倍數衍序》 大凡算學之道，有盡之數求之多易，無盡之數御之較難。是故乘易也，而除難，開方尤難。方易也，而圜難曲綫尤難。惟無盡也。顧理不可盡，而欲以力强盡之，則數不必遂盡。而於盡不盡之間，能使小至盡目力而不可察、盡心力而不可思議者，級數也，而微分之理寓焉矣。蓋微分者，乃算學中必至之程途，並非別開之蹊徑也。曩年某西人讀戴、徐諸公所著書，謂與微分有甚近者，自今攷之，信然。然或讀諸公書則不疑，讀微分則疑之，何也？殆驚於變數耳。不知變數者，乃未定之式、未知之數也。夫未定之式、未知之數，又何害於變乎？且古人亦嘗用之矣。借積以御乘方開方，析一數而二之，不宛然微分乎？逐項而遞求之，不宛然叠求微係數乎？蓋其所求微分，皆按廉法之理，是以綫之微分近點也，面之微分近綫也，立方之微分近面也，層累而上，其微分皆比本積少一方耳。旨哉王君之言，曰微分中之平變者無難，即其不變以求其變也。王君之用泛倍數，雖立法本代數術，而引人入勝，殊足補其所缺，與用微分術有殊途同歸之致，即如二項例，或用泛倍，或用微分，得式同也。或曰數，實事也，烏可泛哉。曰此邊泛彼邊實也。御實以泛，立天理也。因泛得實，相消法也。元自爲元，不相淆也。項自爲項，各爲主也。蟬聯遞代，故相生而無相窮也。若夫某級數應無元之偶方，或應無奇方，依法相消，本項自然相滅，則又法之奇而正者也。充是術之量，雖未足以遽窺微分術之奧，或可以袪習微分者之疑。其疑既袪，斯可進窺其奧。將見微分一術盡人能之，一如算家之於乘除也。豈不快哉！豈不快哉！山陰朱正元。

清・王季鍇《泛倍數衍・序》 泛倍數求級數之法，見於《代數術》。依法求之，甚爲便捷，然第能化方程式爲級數，而不能徑得級數，則必用級數之式，仍不能求也。其不能徑得級數之故，蓋因《代數術》中皆用級數與方程式相消而得其倍數，無方程式則無由相消，故不能求。茲變通其法，用其已知之性情代入級數，使兩邊皆級數之函數亦可相消而得倍數矣。

王季鍇《積較補解》

序跋

清・王季鍇《積較補解・序》 天元開方，定商甚難，西人有化爲正椉方者，亦甚瑣碎，未有通灋。華氏若汀創爲積較開方之術，又立積較還原減層諸表，目椉與并入之即得方根，誠爲開方捷灋。第華氏所創減層表於立灋之理語焉不詳，還原表造灋太緐，閱者驟難明瞭，闚鑽所及，輒爲補解三篇，馬昭申鄭或無譏焉，劉規杜則吾豈敢。光緒龍集辛卯上天中月，季鍇自識。

王季同《九容公式》

序跋

清・王季同《九容公式・序》 曩年蒯禮卿世叔嘗語余曰：洞淵九容，爲句股十三。句股各十三事，任舉二事，無不可求城徑，盍仿句股六術之例，依題立術，以類相從，撰成一書乎？余退而思之，十三句股，凡一百六十九事，去其相同者與等於城徑者，尚有六七十事，任舉其二，爲題二千餘，其中能加減而易爲他題者，十無一二，然則爲題將百倍於句股六術矣。一人爲之，恐畢生不能竟也，不果撰。昨與人談算，偶及近人所箸《九容表》，以平句、高股、極句、極股、半徑五事，加減之，能盡得十三句股之十三事，因思五事既可盡九容之變，若以代數入之，當能求得公式也。爰試演之，果得公式，雖不能如句股六術之條段分明，然二千餘題，能以一式馭之，於習九容者不無小補乎。長洲王季同。

吳錫釗《矩象測繪》

序跋

清・黃槐森《矩象測繪序》 人每以不習見者爲奇，以不易能者爲巧，而不知習見易能者，其奇巧爲獨至。夫古今之至奇至巧者，孰有如天地者乎。人日在天地間，試问天何爲上覆，地何爲中懸，日月五星何爲旋轉，南北極何爲寂然而不動，則莫不以爲奇甚。又試问天何爲運行，地何爲鞏固，日月五星何爲有次舍，南北極何爲有隱見高下，則莫不以爲巧甚。要其所謂奇且巧者，猶是人所習見而易能者也。孟子曰離婁之明，公輸子之巧不以規矩不能成方圓，又曰規矩方圓之至也，又曰大匠誨人以規矩，學者亦必以規矩，蓋規以爲圓，矩以爲方，圓即象也，方即矩也，測望所必需也。古人云天圓而地方，地非方也，割圓以使之方，而又非方無以割圓也。象者，割圓之器也，割之而方，即寓乎其中矣。矩者亦即化圓爲方之器也，測之而無圓之非方矣，故天地皆圓象也，而欲測地者不淂不法象乎天，以北極測緯度，以月食測經度，以晝夜之永短測南北，以諸曜之出没測東西，其相距稍近者又以矩度象限爲測量遞推之法，而測地繪圖之事已盡於此。學者反覆而紬繹之，則至奇至巧之端，不越乎規矩方圓，而天地之大亦即在其中，是仍以天測地，且以地測地也，豈非奇且巧者，猶是人所習見而易能者哉。吳庚岑大令以其所見所能而成是書，名曰《矩象測繪》，同人慫恿付梓，問序於予，因舉其大略，率題數語於簡端，亦以勵同志云尔。旹光緒辛卯中秋朔日，嶺南香山黃槐森書於貴陽春及草堂。

清・趙爾巽《矩象測繪序》 善乎！儀徵阮文達公之言曰，數居六藝之一，始於九九，極乎步天。三差垛積，法本商功，八線相當，率通米粟，淺深鉅細，各隨所用以爲量，誠儒流實事求是之學，非方伎苟且干禄之具也。乃者疇人輟業，學尠專門，九章之原，或且中觖詰，以智出於句，句出於矩，懵然罔對，俗學之陋，識者病焉矣。海禁既弛，番舶來集，製造巧捷，算則居宗，是以新頒功令，歲科甄録算學生員進之，總署附鄉闈另額取申以備任使，於是英俊之侶發篋陳策，競相劘究，號爲時務，亶其然歟。若乃萬端之始，必依於理，懸理待應，曷若積算著形。千歲日至可坐而致，子輿氏之訓，豈專爲挈壺氏言哉。耽談虛理，罕究實數，宜非樸學所安。黔士文學蒸蒸，不域於遠。余自丁亥典郡貴陽，每值月課輒以掖翼自任，汲汲然慮無以益吾士也。庚寅冬，吴庚岑大令入黔，需次既稔所學，又值會典館牒取黔省輿圖，尤重測量，遂請以吴君董其役，復請立算學館，購置中西數理各書，招士之有志欲學者俾從吴君遊，月試而廪，曾未逾歲能窺崖略者且數十人矣。吴君嘉士之能，從而務有以迪之也。乃出其友人餘姚黄蔚亭舍人所著《測地志要》並圖算諸法校刊而變通之，名曰《矩象測繪》，謀付梓以公同人，索余弁言。余惟隸首肇造，代有茂規，謂能綱紀羣倫，經緯天地，通儒所稱豈有侈義，所願承學之士極深研幾，恢張前緒，次亦立表布算，略通其義，以裨日用，是皆學人之事也。如或誇奇鬬捷，沾沾自喜，以爲能承時尚，是即儀徵所謂苟且干禄之具者，鄙人不佞，非所敢知。津逮在前，帆檝具備，慎勿指斷港潢汙而謂吾將向若朝宗也。斯吴君啟迪之盛心，爲不負矣，學者擇焉。光緒辛卯七月既望，知貴陽府事襄平趙爾巽拜序。

清・吴錫釗《矩象測繪・書後》 釗少壯時，志在從軍，頗習地輿，旁及算數，而測望之學猝難精熟。同治庚午與餘姚黄蔚亭舍人炳垕同舉於鄉，辛未赴禮闈試，舍人以所著《測地志要》及《方平儀象》見惠，受而讀之，乃知舍人爲梨洲先生七世宗子，淵源家學，時左文襄撫浙，聘繪浙江沿海州縣輿圖，因成是書。去歲舍人會議浙江測繪章程，特詳圖算。前曾忠襄暨張孝達制軍撫晉時，徵釗分纂《通志》，成《山西度里譜》，又撰《方田簡明算例》，多主《測地志要》之法，茲需次來黔，奉檄測繪輿圖，以應會典館之徵。既成《貴州通省經緯度分距里細草》，復取舍人《測地志要》中之《矩象測繪》併圖算諸法，稍爲變通，坿諸卷末，因名曰《矩象測繪》，友人取以付梓，用公同好，刻成爰誌其緣起於後，不敢獵爲己有，忘所自也。光緒辛卯秋七月既望，盂吴錫釗。

鄒祖蔭《四元玉鑒四象細草詳解》

序跋

清・鄒祖蔭《四元玉鑒四象細草詳解・叙》 昔元李敬齋著《海鏡》以發天元，朱松庭著《玉鑑》以闡四元，我朝梅文穆公云西人所譯借根方即古立天元一之術，於是學者崇尚天元矣，而四元之學幽深艱遠，疇人以爲無補實用，置而不習，遂使千古秘传不絕如綫，自羅茗香竭十年才智心力，補艸详註，洵有功於朱氏矣，然其加減乘除別分相消，以及天物相乘、人地相乘闕焉未明，學者每有所憾，爰就首问四題詳爲布示，聊當習四元者之嚆矢，惟鄙陋之作，恐大疋見之，不免嗤其續貂尔。光绪癸巳清龢月，丹徒鄒祖蔭自識於武林官廨。

蕭履安《游藝課草初集》

序跋

清・孫萬春《游藝課草初集序》 天下事皆古勝於今，惟算學則今精於古。今人震驚西法，而不知借根之術仍得自中華，故借根明而天元之術明，四元明而代數之術亦明，誠禮失而求諸野也。學者不由中法，而條段不清，難精代數，不習代數，而微積各術有非四元所能馭者。至於動静重學各比例，乃一切機器及聲光化電之權輿，尤爲當務之急，不可不講求也。聞泰西重學諸書，有淺者，有中等者，有深者。李壬叔僅譯有中等者，且於西語不敢移易一字，法實往往倒置，學者病之。雖鄧玉函《奇器圖説》、顧尚之《九數外録》於淺重學略露端倪，而寥寥数幅，終難令人盡悟也。履安先生久以算學著名寰內。甲午之役，都中友人寄其所上條陳稿，深服其能以算學見諸實用，非徒託空言也。去歲當道聘主游藝學塾講席，於彭小臯同年處得讀其《求實濟齋書目》及《測繪坤輿新説》，知其於常法之外，又立三角簡法，與膠柱鼓瑟者迥殊。荪又以其年来諸生課艸付之攻木之工，其大要在命題，力避陳腐，立法必求簡捷，且於重學三致意焉，蓋幾幾乎與泰西相伯仲矣。攷泰西所以能精者，以其於常法之外另求簡法也，故《代數難題》所録諸術，均試士時，於得數不誤之中，黜最繁而取最簡。先生三角測量已於舊法外獨樹一幟，此刻去迂途求捷徑，猶是《坤輿新説》意也。昔吾友劉煥唐主講味經書院，有課稿叢鈔之刻，合天元、四元、借根、代數而一之，然言勾股者極多，意在補西人之缺，他術未遑及也。茲得此刻，而算式於焉大備，將見不數年關中算學昌明，人爭捷獲，不特中法爲圭臬，即西人舊法亦筌蹏矣，其造詣烏能壹哉。故樂爲之序。光緒戊戌立冬前一日，古樊輿孫萬春介眉甫識並書。

清·蕭履安《游藝課草·自序》 僕以淺陋，謬來關中承乏游藝講席，深懼弗克勝任。初到時，試諸生以天元、代數，無一能知其爲何物者，因勉竭誘導，除三八堂課外，又設日課，數月來，僕既不敢或懈，諸生亦率能自勉，似於元代頗有進功。因念李敬齋之《測圓海鏡》、李四香之《句股細草》不過僅爲初學示門徑，既未免失之淺，而李壬叔所譯之《代微積》與《重學》曲綫，半多黝黶譎詭，又未免失之晦。爰漸批卻導窾，由淺入深，舉凡測圜題如有明股與叀股弦較之類，句股題如有句較較加減若干除股又加減若干開某乘方等某之類，重學題如以重過滑車求方向、重加三足架求抵力之類，微積題如以函數求疊次微繫數之類，此外又泛及各門，如八綫相求、正弧斜弧、測地測天與《代數難題解法》之類，類不一種，總之題必求新，法必求簡，理必求明，頗有爲古人所未發者。夫一物不知，儒者之耻，況數原爲六藝之一，今又重以洋務繁興時，則有若天學、地學、兵學、化學、重學、電學、光學、聲學、水學、汽學，與一切駕駛、測繪、格致有用之學，均舍算無以入門，倘得人人共相講求，蔚成樸學，用以强我國家，誠快事也。顧以一人口講指畫，其能開拓風氣者，尚屬有限，故特不揣淺陋，謹將改草課藝，略爲選輯，捐資以付手民。若夫測算礟準，遠近速率，平日頗與諸生極力講求，因另有《礟法顯微》專書，隨當續出，茲故不録。光緒著雍閹茂重九後九日，蜀南聽自然江逸叟自識。

王澤沛《測圓海鏡細草通釋》

序跋

清·王澤沛《測圓海鏡細草通釋·序》 譚數者動偁中西學，中西學有以異乎？中法妙於天元，西法妙於代數，創法之初，彼此絶不相知也。謂借根方即天元一流入彼中者，臆斷之詞，不足據，亦不具辨。其因故究新，靈境日闢，以定爲今之式者，又非一人一時一地之所成就也。源流散見各書中，茲不具述。中西學而果異也？如派之別，此二術必爲江與河矣。如途之歧，此二術必爲燕與越矣。乃今觀二術之用，如撥蒙密行欹斜，水複山環，轉而彌曲，曲而彌爽，尺荆咫棘中皆有從容翔步之樂，蓋途殊而歸同者歟。然且言中法者右天元，言西法者右代數，斷斷然、呶呶然歷數十百年而未有已，何哉？沛嚮受學同文館時，嘗聞席翰伯師述，曩者李壬叔先生之言曰：學者之言天代，其强爲抑揚者，畛域之見，即門户之見也。其不忘乎彼此之私者，其未融乎異同之迹也。蓋見爲異，則加減乘除之用，天元別以方位，代數別以記號，立法判然兩歧。即見爲同，亦但窺其相等相消之理，借虚問實之意，而徑途曲折間，終覺參差牴牾，不能涣然釋、怡然解。是宜同設一題兩草竝演之，方程同數，代數求方程，天元求同數。取徑毋歧，則兩術之同而異、異而同者，可節節按，可一一合。後學之士，庶以觀其通而散其結乎。因擬取欒城《海鏡》諸題，演以代數，名之《天代合草》，顧以著述精博，又牽於訓課，弗遑也。今年夏，劉舍人振愚世丈，偶復與沛論及，意暗與壬叔先生合。沛因述先生未竟之志，以其缺而憾之。舍人曰：子盍卒成之乎，勉之哉，吾爲子顔其名曰《通釋》，因其通也，而取以釋之，倘亦無戾壬叔先生初旨乎。沛案：九容圖共十三勾股形，原圖號十五形實十一耳，當以壬叔先生所定十三形爲正説，詳凡例。形各十三事，任舉其二爲問可得題二千餘，原書一百七十題，猶非問之最深曲者，況舊草具在，而以相通之術釋之，殆事半而功倍焉。學課餘閒，輒遂從事。舍人方輯《古今算學叢書》，將採而登之，沛惟九九賤技，能無當於學人之業，欒城氏已重嘆之矣，況是術在昔日爲絶學，在今日則非其至者也，奚徒供人憪笑資爲。舍人曰：然。然以是爲習天代者導，不既抉其藩而窺其窔乎。且俾學者知中西閉户之車，出門而合轍也，闢自封之畺，進而逢深造之源，庶幾棟梁宋桷，舉爲國家効其尺寸焉，詎不偉歟。釋既竣，以稿質諸舍人，乃述其意於簡耑。光緒二十有三年歲在彊圉作噩辜月既望，識於太學修道堂之西軒。

雜録

清·王澤沛《測圓海鏡細草通釋》例言八則

《海鏡》一書，發揮天元一術，茲以代數演之，見二術之無異理。故所用方程，悉踵舊轍，其有舍直從紆，避簡就煩者，元和李氏論之備矣。閲者諒諸。

舊圖句股容圓，自圓心圓外縱横取之，得大小十五形，實則上下高同，上下平同，黄廣倍高，黄長倍平，號爲十五，特十一耳。近李壬叔先生所傳九容圖表，共十三形，適符十三事之數，亦備協十三事之率。式同例通，一覽了然。且原書雖無圓心斜綫，固有弦上容圓一題；雖無合斷兩句股形，固有角差、即合差。旁差即斷差。等名，以知近傳圖表，非增新，乃復舊也。兹所演草，悉用今名，通形曰大，皇極曰太，黄廣曰倍高，黄長曰倍平。按之原書，無嫌歧出。

舊草先有寄左數，後得同數，不詳著所以同之故，其一事而兩求者，易知者也，其他或由一形得等積，或由兩形得比例，雖非隱奧，亦迷初覩。兹竝揭出，以便覽觀。

舊草凡由識别而得者，豫詳右方。兹悉入草中，尤較眉列，抑亦代數便於天元之一端也。其邊、底等形，對乎小者而言，或泛稱大句、大股，明、叀等形，對乎大者而言，或泛稱小句、小股。兹草悉標本稱，勿虞眩混。

十三形共一百六十九事，往往兩形互通，而彼此異名。如大弦即太和和，合較即斷和之類。不煩竝稱，稱其要者，隨所用爲要。或由此形求得，而用入彼形。則竝稱之，或互通之，理較曲如邊小差即叀大和，又爲平句之類。則亦竝稱之。其大和較、大差較較等事之同爲城徑，則常以徑稱之，高句、平股等事之同爲半徑，常以半徑稱之。

原書設問，皆以求城徑，其有舍城徑求他事者，大率他事既得，城徑即易知也。故題末概曰「問荅同前」，兹悉仍之。其有既得他事，而城徑尚需宛轉費力者，閒爲補演徑求城徑草數則，以見隨舉二事皆可得城徑，竝不必借徑於他事也。

原書題語，故爲繁紆，蓋以導學者於孰諳也，兹悉照録。閒有芟易三數字處，必存舊觀。初學欲參天代異同者，檢循維便，非煩也。其設問過於淺直，可不思得者，或芟去數題，非漏也。

明顧箬溪《分類釋術》，備詳乘除開方等法，今可從略。故於第一題荅以城徑若干，餘惟詳著所求之式，以存其法，抑見問荅同前一語，非贅彔也。其式悉符舊法，顧或倍之，或四倍之者，亦往往而有，雖非歧異，肰較繁矣。此則天元剔消之法爲代數所差遜者耳。

光緒二十有四年歲在著雍閹茂壯月晦日，王澤沛補識。

王澤沛《形學演》

序跋

清・王澤沛《形學演・序》 學算之書，古而今，中而外，必以西士歐幾里得爲最，昔人論之詳矣。顧其書以形學爲至要，而渾其名曰幾何者，以所論，不專形學也。近日美人狄考文，因端繹緒，續成《形學備旨》一書，專發方圓面體之理，書分十卷，卷列數十題，各以圖解闡明其理，每卷之末，則設爲習題各數十，圖解缺焉，誠慮閱是書者，手披目覽，過而不留，則必不能推闡於書之所無，抑並不能熟諳乎書之所有。書雖善，於人奚裨焉，是故習題者，設以待學者之習之也。習之不已，形學之理，熟復於心而不能去。下學庵所云，竟古人未竟之緒，發古人未發之藏者，將於是書乎得之，詎非習算一大快事乎。沛不敏，竊有志焉，迺取書中習題，逐一圖而説之，釐爲八卷，其甚淺直易曉者，或節其一二，其題語繁而不甚爽者，閒爲芟易三數字，其委曲繁重不易達者，或解以代數，仍原書例也，幾何之援前證後，其習見易明者，概曰準理或渾焉，其稍隱者，則注明某卷某題，所援即本所習者，則曰準上論，擬其名曰《形學演》。演之云者，習乎迹象之粗，不敢遂謂窺乎神明之奥也，不知其有當焉否也。光緒二十有一年乙未閏五月望後三日，歸州王澤沛識於太學之修道堂。

蔡綬綵《七政弧角圖算》

序跋

清・張伯煛《七政弧角圖算序》 余視學嶺南，未及下車，客有告余曰：嶺表山川葱欝奇秀，代有偉人，乾嘉間阮文達公莅粤，提唱宗風，倡建學海堂，力學之士兼精筭曆，咸同間鄒徵君特夫起焉，北方學者未能或之先也，近國風尚星學、光學、電學、化學，各有專致之一途，要皆以筭學爲起點。昔康成鄭氏游於馬季長之門，三年不得親相質問，聞其能，召見之樓上，脱令此扡人士有鄭氏其人者，慎毋稽以三年也。余聞而識之，及下車，歲試廣州，其間專門之學頗不乏人，而精通筭理者尤夥，洵乎文達公之教澤不衰，而徵君特夫之流風未泯也。試將竣，順德訓導某具言，蔡生綬綵家無擔石，肆力九章，不事薪傳，特起鶢曲之中，與學堂諸君後先煇暎。復以其所箸書六種呈閱，其於中西異同之故，測筭淺深之理，皆能言之確鑿，具見心得。叢稿中禮記旹炑諸作，考究詳晐，尤爲有功經術，七政經緯月孛一条推出寔行，足補臺官闕畧，蔡士之學可以傳世而行遠矣。爰召蔡生来院告之曰，汝速鐫此書，余使事畢行矣，俾余特此以告同志，余夏爲尔立案，毋令飜刻，酧尔稽古之力，蔡生勉乎哉。光緒己亥，内閣學士兼禮部侍郎銜、廣東全省督學部院張伯熈埜炑識。

清·蔡綬綵《七政弧角圖算·敘》 方今諸術家競言太陽立命、七政到方矣，及問以立命到方之故，多或懵如。夫立命以所用旹刻黄道東方出地之度爲立命初度，到方則所謂地平經緯者，皆當以弧三角取之，非可溕然也。甲午春，客有即此二事問者，余因舉弧三角筭瀍以對，客極苦其難，復舉渾儀代筭示之，客則喜其易，及示以造儀之瀍，又以爲求工不易，恐不貲費，且其器重大不便巾箱，欲更求簡易之瀍。余因憶專學海堂課滿旹，有書所習，書後一題註曰，諸君三季學成，諒多心得，宜書於所習書後，以徵所學。旹余回《三極通機》《仰規覆矩》二書而悟，著有七政四餘黄道經緯求到地平以圖代筭以進，遂蒙學長過許。檢出原藁示客，客見而悦之，猷以爲未詳也。曰，君瀍誠巧，但惜畧示其端，素習此者猷必深思而後得，以示庯众益茫如矣，君盍更爲加詳，并設求立命十二宫之瀍，使天下人人皆知此道乎。余感客言，因舉二事詳加解釋，并推原其所以起，得書一帙，釐爲六夸，首説理，次説用、説筭，次製渾儀代筭，次画圖，次求瀍，次圖説，顔曰《七政弧角圖筭》。書成，客至而喜曰，嘗見坊刻有粤省求立命一表，頗稱善本，然止求立命，未及七政四餘到地平，且可用於一方，移步即不能合，今君此書不論旹地皆能適用，且深入顯出，深者既極奥妙，淺者又復瞭然，今而後遍天下欲求立命十二宫七政到地平不難矣。因勸附剞劂，以公同好。余自思從事天文筭學有年，向曾箸《七政經緯選擇通書》一夸，讀之者必兼有此書而後七政可以善其用，二書宜相輔而行，於是勉從客勸，非敢自多於世也，亦聊以見筭學中猷有此捷瀍云尔。旹光緒二十一季乙未歲秋月，學海堂筭學附生蔡綬綵最白氏書於順德縣龍江鶢之眒讀軒。

何壽章《圓錐曲綫論心》

序跋

清·王修植《圓錐曲綫論心叙》 向嘗謂中土證袮之書，多詳於演艸而略於説理，承學之士往往知其然而不知其所以然。自勿菴氏以言理爲諸老倡，於是海内掾觚家乃稍稍通綫何矣。乙未春，于役津門，獲交於山陰何子豫才，以所著《曲綫論心》示余。余曰此曲綫言理之書也。夫平圓、擶圓、抛物、雙曲四式，其體皆備於圓錐，是圓錐者四曲綫之母也。四曲綫既以圓錐之體爲體，即各以圓錐之心爲心。圓錐者，無數大小平圓之積也，則圓錐之心即平圓之心，而平圓者又諸曲綫之母也。夫萬物之形始於點，變於綫，成於面，拓點而成面，則爲平圓，引面而成綫，則爲擶圓，成無盡界之綫則爲抛物，剖綫而成對待之面則爲雙曲，由是言之，擶圓者，平圓之極式，而雙曲者又抛物互視之式，即擶圓反視之式也。惟其理皆出於平圓，故諸家求曲綫者，其弦矢弧徑靡不以平圓術通之。泉唐夏氏《致曲圖解》於諸綫條段言之綦詳，其論擶圓兩心也，謂擶弧上任一點距兩心之和必如大徑，此兩綫仍爲一綫，猶之兩心仍爲一心，其言足與此書相發明，惜未能逕以平圓通之，故於抛物雙曲之心猶未有不易之論也。得豫才書，其於諸曲之理蓋大備夫。光緒乙未地球在擶圓最高點，定海王修植書。

清·何壽章《圓錐曲綫論心·序》 圓錐三曲綫，中土於古無聞也，亦不見於歐几里得之書。然西人之説，當戰國赧王時，彼土已有阿桔彌提斯者證明條段，是曲綫學在西土由來尚矣。其傳入中土者則艾約瑟所譯之《曲綫説》其嚆矢焉，嗣是而《代微積拾級》《微積溯源》諸書皆嘗闡發三曲之理，中土諸儒如李秋紉氏、夏紫笙氏、華若汀氏所著袮稿，亦多論是學。顧擶圓無定式而必有兩心，抛物雙曲無盡界而各有一心，其求心之法諸書多有，而所以爲心之故則從未言及者，然美利堅求德生譯《曲綫學目》習題第一即心點，法蘭西汕答佃礦務學堂課程代數拾級第十三課曰各心點，則知彼土爲是學者必有詳論所以爲心之書，惜未有翻譯者耳。閒以暇日，深思其故，蓋三曲綫皆本於圓錐，而圓錐者叠大小諸平圓而成，圓錐軸即諸平圓之心，三曲綫既本於圓錐，其心必本於平圓，爰以幾何之理明其條段，復以代數逐欵證之，或亦爲是學者所不廢與。

又《圓錐曲綫論心・識》 本題設數失當，猶未明言也，請更論之。凡同長異袤異高或同高之隄形，其上下四廣雖不等，而其兩旁之斜面必平，故設此種題數，必須令兩頭之上下廣較彼此適相等，始可無背於題情。今本題西上廣數過大，兩旁之斜面必成曲冪，是知當時命題者任意爲之，絕未體會此層道理也。若易西上廣爲八尺，則西中廣便可求得十六尺，而兩旁之斜面亦平矣。坿誌於末，以諗來學。

黃豪伯《得一齋算學》

序跋

清・江召棠《得一齋算學序》 黃君豪伯夙工算學，爲時所重。往余銓次京師即耳其名，然猶未知其所詣之何若也，及余選上高，恒相過访，始得叩其所學，爲欽服者久之，相約渡海後，再取其書而讀焉。既抵章江，而黃君已於海上歿矣。下車之後，輒就其家访得遺書，爲其《得一齋卮言》凡四卷，皆闡明數術，補前人所未逮。余讀竟，乃喟然歎曰，算學之爲用鉅矣，歷代相承，其法不敝，自後之儒者空疏弇陋，不知所謂洞淵九容之術，而算學寖至失傳，於是荒徼海外之士皆傲之以其所不知，而西學之入中國無不從而震之，以爲彼何巧我何拙也，詎知人無巧拙，學無中西，特視乎爲不爲耳。苟毅然爲之引伸其緒，曲暢旁通，則大之固可察乎天地，小之亦可明乎象數，即如西人所谓光學、化學、氣學、電學、重學、熱學、聲學、色學與夫機器、格致诸學，均可由算學推之。黃君不假師傳，於斯道具有夙慧，見中土算術久廢，別出心裁，發揮精蘊，歷歷如數家珍，使天假之年得以竟其所學，安知不可駕乎南懷仁、利瑪竇諸西儒上耶？爰欲刊而布之，將以公諸世，因原板脱佚，致有疑義，並代爲補訂以成完璧。余雖失學，弗精於算，而殫精竭慮冀爲黃君廣其傳，黃君之心既慰地下，而後之學者亦有所取法焉。是爲序。光緒二十二年歲次丙申仲春月，桐城江召棠識。

又 按是書前三卷皆研究天文曆律之學，不至度量权衡皆算學也，惟末坿字母韻譜及海防鎗礮等説有與數學無關者，前序祇就其所長及所重者言之，故於原書標題算學之處亦始仍其舊云。召棠再識。

清・豹窺主人《得一齋算學跋》 異彩奇文自古爲烈，立論端詳有典有則。質之世途當行出色，畧記數言以銘心悦。

龔傑《立方奇法》

序跋

清・沈善蒸《立方奇法序》 開方無捷法，然算學至今日，積人積智，蹊徑益開，海内專家安知無變法捷之者。獨憾湮陬散處，聲欬不通，著作之成而未傳，傳而未顯者，不獲數數覯，雖有新理，吾烏從而知之。龔子好學深思，致力於算有年矣，不拾唾餘，獨求心得，頃復從九減七減中神明變化，創獲一法，甚新奇，而出之簡易，以御整數正立方，迎刃而解，直捷逾常法倍蓰，雖專家之衆，吾烏知創爲通法，不更有捷於是者。然是已爲開方中別闢一途，世不乏同好，博搜兼討，日冀有新理之餉，遺得是良足其欣賞，當何如也。其亟播之別有心得之術，補前人所未備者，亦應次第質諸世，以饜快覩之心，無使如余之以不知爲憾也。丁酉九秋，桐鄉沈善蒸叙。

龔傑《求一捷術》

序跋

清・龔傑《求一捷術・識》 《孫子》物不知數之題，古人用大衍術推算，理甚隱晦，不若代數衍式顯而易見。然代數無定式，用公約數輾轉相約，雖可必得其最小數，惟約數愈多，求法愈難，是以此等題自古迄今苦無捷術以御之。僕竊憾焉。兹思得一法，即由約數之最大者求之，雖約數極多，而最小數頃刻可得。立法極淺，御題極易，質諸專家，以爲何如。丁酉八月，元和龔傑子英氏自識。

又《求一捷術・古歌解序》 《孫子》歌曰：三人同行七十稀，五樹梅花廿一枝。七子團圓正半月，除百零五便得知。此歌嘗於梅瑴成《增删算法統宗》中見之，不知是否孫子所作。嘗攷《孫子算經》，並無是歌，而物不知數題算法又與歌相合，則爲孫子作亦未可知。古來言算者，每以此歌爲不足法。山陽駱騰鳳《藝游録》中亦言此術未易得解。余既作《求一捷術》，後偶檢此歌，忽悟可爲求一題通法，雖得數並非最小數，較大衍術似覺明顯。特未經人道破此理，遂無由表見耳。爰爲詳解並推廣其理，俾古人立法之原復明於當世。元和龔傑。

蔣士棟《思棗室筭學新編四種附筭稾》

著録

清・丁福保《算學書目提要》卷下 《思棗室算學新編》四種，《對數旁通》《弧矢釋李》《圓率釋董》《微積釋馬》，無錫蔣士棟撰。

案：是書篇幅簡括，釋義精微，若溪師稱其洞見古人立術根源，洵爲篤論。然非於代微積稍有門徑，不能讀也。

序跋

清・華世芳《思棗室筭學新編四種附筭稾序》 九數爲六藝之一，固士夫所應習者，顧世之鄙夷不屑者，恒以小道目之，而張大其説者則又侈口。西國製造端本於格致，導源於算學，於是振興絶業，提倡宗風，督撫有保舉之奏，學政有考試之條，薄海内外，翕然興起。嗟乎！是豈真知算之切於實用而爲是哉，抑騖乎其名而以是爲階梯哉？然士之講求有用之學者，未嘗不藉是留心象數以邀時譽而逐浮名，余嘗見世之治算者矣。籌筆、珠算靡不嫻熟，元代、幾何略得綱領，習其術而罕明其理，演其法而不知其然，遂使句三股四之術無異八股五言之用，若是者，謂之干禄。其或廣購圖籍，執卷以娱，未讀凡例，先觀卒章，偶閲數行，何曾終幅，躐等淺嘗，無異嚼蠟，若是者，謂之浮慕。更有涉獵徑塗，略知目録，乘除未熟，遽議開方，代數不諳，侈談微積，依坿疇人，争思不朽，耳食者驚爲淹通，有識者嗤其謬妄，若是者，謂之剽竊。祛此三者之蔽，求有能篤好深思，心知其意，如吾友蔣君留春者，實未易數數覯也。君之治算，不假師傳，惟偕其從弟仲懷互相師友，日陳古今算書，閉户静觀，深造自得，時有新理，輒筆記而梓傳之。余曩在鄂渚友人案頭得讀君所編《算學餘談》，以爲吾鄉黨中善觀書善用心者，莫蔣氏昆仲若矣。今歲邂逅，始獲訂交，與談算理，所詣益深。昨復郵示近著數種，曰《對數旁通》，曰《弧矢釋李》，曰《圓率釋董》，曰《微積釋馬》，曰《算稾》，卷帙無多，要皆能洞見古人立術根源，而有功來學不淺。然竊揣君之意，則豈不曰吾何足以知實用哉。吾以習吾應窮之理焉耳。君既以序言見屬，余故爲君揭出之。夫乃歎世之鄙夷者、張大者皆非真知算學者也，至於格致製造之説，亦余與蔣君所有志亟求者，顧其類紛其事賾，未嘗不有算理寓其中，而要非能以算學竟其事。因序君書而并及之，願以告世之併爲一談者。光緒丁酉夏六月，同里華世芳叙於龍城講舍。

丁福保《算學書目提要》

著録

清・華蘅芳《算學書目提要序》 丁子仲祜，喜譚算，嘗請業於余。後又肄業江陰南菁書院，從學於余弟若溪。余兄弟所致書函，凡有關於算術者，丁子寶之如拱璧，豈將爲後日著書地步歟？去年吾邑楊君範甫捌設竢實學堂，余薦丁子爲算學教習。邑中來學算者甚衆，丁子因諸生未識象數門徑，撰《算書提要》三卷，以授學者，余爲校閲一過，見其擇言簡要，持論平允，坿記刊誤，尤爲切實，知非鈔撮序跋之語，以泛論空言爲提要也。余近日屢病頭暈心跳，似已中風，或因用心太過，以致有此腦病乎。丁子近日亦以習算太勤，身體漸瘠，幾似余之衰頹。余語丁子：蓋以演算之暇，兼及體操衛生之學，習勞以健身體，使少用心而多用力，或者可不至於病。余閲歷既久，每見績學之士，有以腦筋費血太多而喪厥生者，故余序丁子之書，惜其布算之太繁賾也。爰舉藥石之言以爲丁子勖。然余之所以勖丁子者，余自已亦不得免焉。豈不可笑也歟。光緒二十五年十一月，同里華蘅芳序。

序跋

清・丁福保《算學書目提要・跋》 右所列叢書若干卷，包羅繁富，有關實學，誠算氏之精義，藝苑之寶筏也。他若江慎修之《數學》、焦里堂之《算記》、羅茗香之《觀我生室》、張丹邨之《翠微山房》，以及李氏尚之、汪氏衡齋、謝氏穀堂、顧氏賓王，所有譔述，竝爲叢編。惟卷帙雖夥。其義已舊，此等著作，概不多贅。食肉不食馬肝，未爲不知味也。又如烏程徐氏、南海鄒氏、錢塘夏氏，所著精湛，未落陳言，因其子目已見於邵氏之叢書，故不覆述。

雜録

清・丁福保《算學書目提要》例言 象數之學，肇自軒帝。降及近古，作者飆興。自遠西通涉譯籍尤夥，驟闚其藩茫無涯涘。今括取大端，次爲提要，由淺入深，引繁就簡，以示來者，容有當焉。

疇人箸述，門逕各異，演數説理，實分兩途。矧明理之書，不無誤會，求數之作，類多偶合。良由學力未邃，以致輕重失倫。余故辨厥妍媸，嚴爲去取，其有流傳已久，漫無精義者，雖甄録數種，不爲曲諱。至刊刻傳寫之異同，價值增損之始末，無關閎恉，概不贅述。

自子政校書，勘讎之學，踵事日增。矧古今算籍，尤少精槧，其有別風淮雨，雜出簡端者，特爲標出，以便後學。

趙宋以降，權輿評點，諸家刻集，閒有師者，既醒眉目，尤便句讀。茲刻點句一從其例。

典籍分目，肇於《七略》，降及《四庫》，變通益善。然歸部之異同，分類之次第，聚訟紛賦，莫衷一是。今是書所輯，釐爲三類，曰中算類，曰西算類，曰中西算總類，以便學者之檢尋。

不爲攷據之瑣碎，如云某類宜先，某書宜後，目録家數，僕謝不敏。

算氏叢書，最便初學，一部之中，可該羣籍。蒐殘存佚，厥功尤偉。故別爲一類，殿之後勁。凡叢書中之最緊切者，另有提要，分次各類。

古人論纂，不録生存，杜標榜也。然著述優劣，自有公論，一家私議，胡能殽亂？豈況近人述作，輘駕先民，心之所賞，詎能割愛？茲就所心折，著録於編。

劉勰有言，意翻空而易奇，詞徵實而難巧。算氏持論，其理亦然。是書所陳，悉以明確爲主，不以好奇爲尚，庶可謝彼虚談，徵茲實學。惟算數之理，皓首難窮，譬如吸波溟渤，而海水無涯，籌量恒河，而積沙無限。茲之所述若太倉之一粟，昆侖之拳石耳。

是編刱始於丁酉，畢業於己亥。華若溪師見之，斧落徽引，裨益宏多。蔣君留春、仲懷昆季，匡諍啟發，亦復不少。坿書於此，以志勿諼。

光緒二十五年八月二十日，無錫丁福保識於竢實學堂。

清・丁福保《學算提要》 余作算學書目提要畢，恐初學閲之，仍無門徑，因作是篇，爲提要中之提要云。

算學家術例雖繁，撮其大要，不外兩途。商功積尺，三角測量，其用止於加減乘除、開方、八綫，淺近易能，挾其術足以大得名利，有益家國。此經濟家之算學，人人所能者也。博通舊説，刱造新法，苦心孤詣，索隱鉤深，成則後學蒙其福，不成則空費心血，擲於無何有之鄉。此著作家之算學，非人人所能者也。

經濟家之算學，即普通學也。宜先閲華氏《筆談》，或《算法須知》。通其前四卷，再閲《數理精藴》之開平方、立方、句股、三角，或《九數通攷》。則尋常日用之算法，不外乎此矣。再閲《代數術》之第一卷，及第六卷至第九卷，《算式集要》《運規約指》《代數幾何》，亦已通其大略。乃閲《近代疇人著述記》坿《筆談》後《算齋瑣語》即華氏《算草叢存》第八卷。則一切算理，亦已略知門徑。所謂普通學也，以上所述，最爲簡便。學者如有人指點，不過七八月閒，已能卒業，故經濟家之算學，爲人人所能。

著作家之算學，即專門學也。宜從《筆算數學》入手，或先通普通學亦可。演草既熟，數理又明，再閲《代數備旨》《代數術》《代數學》《代數難題》《三角數理》或《八綫備旨》。《幾何原本》或《形學備旨》。《微積溯源》《代微積拾級》《格物測算》《疇人傳》，以及朱氏之《四元》、李氏之《海鏡》、戴氏之《對數》、項氏之《句股》、董氏之《割圜》、徐氏之《橢圜》、李氏之《則古昔齋》、華氏之《行素軒》，攷古則《算經十書》，博涉則《白芙堂叢書》。如是十年，必能博通舊説。然欲刱造新法，開古人未開之境，殊未敢必。故著作家之算學，非人人所能。

習算者，無論普通學與專門學，均須閲一題即演一草，否則閲書雖多，布算不熟，袞手畏難，必不能成。余見中年以上習算者，多蹈此弊。欲矯其弊，惟有逐題演草而已。此余閲歷之言，幸勿以淺近忽之。

或謂《筆算數學》，最有實用，普通學中，何以遺之？不知此書最繁，推算一年，尚難演畢。如以此書冠首，恐學者望而生畏，半途輟業，一切三角、測量、幾何、代數諸術，終不知其門矣。

或又謂，入手之書甚多，即如提要所云《數理精藴》《數學啟蒙》《算法統宗》《筆算便覽》諸書，不一而足，何必從《學算筆談》《算法須知》入手？不知入手之書，本無一定，即余曩時學算，亦不盡如今之所述，然回首思之，覺惟此最爲簡便，學者如不憚煩，即多歷迂曲之途，亦無妨也。

潘應祺《經算襍説》

著録

《經算襍説》目録

以閏月定四時成歲解　朔南暨解　歸餘於終解　王制周尺解

投壺壺徑解　夕桀名義攷　半矩謂之宣解　讀大戴記天圓篇中蓋天義

七政隨天左旋説　跋疇人傳

序跋

清・廖廷相《經算襍説序》　粵東昔開實學館，大府延余掌其事，選清白子弟課以中西各學，時曹生汝英、潘生應祺年最少，聰敏絶人，凡教習所授，聞言輒解，余恒顧而樂之。逮余回京供職，曹生調赴北洋學堂，隨派師船練習，每考輒冠其曹。潘生留粵，別理舉業，旋補弟子員，肄業廣雅書院，益復究心經史。前年粵中清丈沙田，兩生皆應調測量，暇即商量舊學，日者奉其所箸來請序。余循覽一過，潘生《經算》皆院中課作，具有心得，能補前人所未逮。曹生《雜識》自筆算、代數、句股、測量、弧矢、圓曲各術，以及氣聲光重諸學，與夫火器鐵路，類多闡發，時出新譯諸書之外。二書一攷古、一訂今，雖託體不同，其有裨算學一也。天不事爲之，必有其效。學館初開不過數十人耳，其成才者兩生外，亦大不乏人，獨惜東事裂後，散歸田里，或寄食四方，獲用者曾無一二，此志士所由灰心也。國家費無限金錢，以造就人才，其成者又未必用，用者或非其才，一旦有事，仍復借才異地，豈不重可慨哉。夫人才之興，貴有以作育之，尤貴有以鼓舞之。古人有言爵禄束帛者，所以厲世磨鈍也，今各行省刱建學堂，需才孔亟，兩生其毋變而度，毋易而素，益勵所學，以俟當世今求焉。則此一編，其猶驥之一毛，豹之一斑耳。光緒戊戌七月七日，南海廖廷相序於廣雅書院之對山閣。

清・楊樞《經算襍説序》　余教習實學館時，曹生汝英、潘生應祺從余游，英才卓犖，穎悟絶倫，余深器之。所授洋文、西算不過略示梯階，兩生心摹力追，不數年洞窺堂奥，遂爲館中翹楚。厥後余出使東瀛，兩生學益精，每念及之，輒低徊不能置。及返粵，曹生已調往北洋，練習師船，講求槍礮之法，不遺餘力，屢爲大府識拔。潘生旋補弟子員，肄業廣雅，以經算名家，稱通人焉。前歲粵中清丈沙田，大府以兩生董其事，每當風瀟雨晦，砥礪切磋，舊學商量，益加邃密。潘生因出所著《經算》與曹生《襍識》合刊之，問序於余。余統觀二書，酌古準今，中西通貫，裨益算學，實非淺鮮，不意兩生之學竟深造自得若是。方今我皇上甄録藝林，勤求治理，懷抱利器之士類如錐處囊中，其末立見當世，必有知兩生之才而爲之推轂者，拔茅連茹，余於兩生有厚望焉。光緒戊戌七月，瀋陽楊樞序。

清・曹汝英《經算襍説序》　光緒八年歲壬午，粵東大府奏設實學館，英與潘君漱笙同時應選入館肄業，研究中西算法，昕夕切磋，各有相見恨晚之意。其後潘君補弟子員入廣雅讀書，英奉派赴北洋練習水師，學滿期，適中東事起，英又奉調赴金陵，以是不能常與潘君談算。前年春自金陵歸，以爲家居多暇，可得聯舊雨之歡矣，而又爲南海黄君苦邀課其子姪輩，衹可於館政之餘過訪潘君，每談不過數刻而已。然久經闊別之人，得此數刻，已覺厚幸。不圖是歲之暮，粤省設清佃局，英與潘君同司測繪事，夜分餘閒竟得互相討論，如在實學館之日，以視曩之常不相見，固自懸絶，即視數刻之談，亦有逕庭人生聚散之端，不禁感慨係之故，每談至千慮一得者，算式之簡者，及新譯算書所未言或言之而未詳者。潘君輒囑記之，蓋欲以爲他日聚散之談助也。於是隨談隨筆，久漸成帙，潘君因慫慂付梓。英應之曰：君於算學多所撰述，而解經之作尤精，倘肯洩中郎之秘，英當坿驥以行，否則終不敢出此。潘君詢其故。英曰：晚近翻譯算學之書盛行，寰宇嚮風之士，不患其不醉心西法，而患其蔑古荒經，英之欲先刊經算者，欲使其中西通貫，不至於沈溺而不知返耳。潘君以英言不謬，欣然從之。爰相與參定，并録諸木，以就正當世有道焉。光緒二十四年季夏，番禺曹汝英序。

潘應祺《幾何贅說》

序跋

清·吴道鎔《幾何贅說序》 光緒癸卯冬，道鎔忝督高等學堂，爲諸生謀各科學豫備，以算學一門當補習幾何，延潘漱笙孝廉任其事。潘君以代數釋幾何，依原書卷第采本文引申之，文所難明代之以式，以課諸生，凡再閲寒暑，而平面立體皆畢業，爰先以平面六卷刊作課本，名曰《幾何贅說》，又挈書中綱領及研究要旨，爲例言十四則，習題瑣言七則，弁之卷端。贅說云者，以徐文定公言，此書自首迄末，文悉顯明，兹之附益，猶贅疣也。愚竊謂《幾何》一書，絲聯繩貫，一義不通，前後斷絶，而每證一義，繁複隱奥，象窮於形容，詞窮於擬議，觀西儒偉烈亞力述埃及王語，欲更求捷徑，則此學之難治久矣。文定嘗言，能精幾何者無一書不可精，好學幾何者無一事不可學，其筆受利氏，譯爲此書，自謂推敲顯明，譬山行者四望無路至則蹊徑歷然，然見蹊徑待於既至若當未至時。雖以善辯如文定，無術解其意中蘊，結設四顧，傍徨廢然思返，將終其身無見蹊徑之一日，安所望讀而好好而精哉。然則所謂顯明者，亦顯明於讀者已顯明之心，其未明者不在此例也。西人以代數推形學之書，其有譯本者如美儒羅密士之《代形合參》，英儒艾約瑟之《圜錐曲綫說》，初治形學者驟難問津，此外若《代數術》《代微積拾級》皆有代數幾何一類，亦止粗具厓略。惟英儒韓伯連形學書依原本，篇第多用記號等式以代論說，其詮釋自一卷至六卷及十一卷之前半卷而止，意在專發明平面立面之理。其自序云，立體之理已詳李察純尖錐形學書，故不贅及。李氏書吾國絶尟見，獨此書孤行，未爲完備，且流布十餘年來，尚無譯本，故吾國講授幾何者仍用利氏、偉烈氏前後譯本，或參以狄氏《形學備旨》，教者學者疲精殫力，事倍而功半。潘君此書平面立體次第發明，釋疑導滯，如錐解結，匪惟工於術適於講授已也。推其用心勤摯，方欲學者讀此書無不好，好之無不精。手此一編，作獨行山中之導師，而毋或倀倀焉卻步，倘起埃及王於今日所謂捷徑，殆無逾此矣。贅云乎哉。光緒丙午春二月，吴道鎔序於高等學堂之經正無邪堂。

雜録

清·潘應祺《贅說例言》 徐文定公《雜議》云：諸篇自首迄尾，悉皆顯明文句。是原書文義皆明，無待詮釋，獨是爲初學計，似不妨顯益求顯，明益求明，使閲之不耗心思，不費時日，諒亦不無小補。題曰贅說，不過爲原書之贅疣而已。大雅宏達，無須此附縣之說者，則別有《幾何原本》之原書在。

幾何雖爲算學之宗，然原書體例，止言理而不言數，故凡鋭志窮理之士，皆能讀之，初非曾習算者而後能讀之也。惟是同讀幾何，而以未習算者與曾習算者較，則曾習算者之領悟，必易數倍。方今算學一門，幾如布帛菽粟，明算之士，所在多有，故不揣固陋，輒於各題論證之中，多用算術代數之式，以代文詞，按式指陳，剖解較易。蓋專爲曾習算者計，而不復爲未習算者計也。學者但曾習算術及代數一次式，則取是篇而循序觀之，自不難盡通其蘊矣。惟二卷十一題之坿法，係用解代數二次雜方式法，此不過恐學者疑本題設數之故，故特爲解之。學者閲至此，如未明其法，姑置之可也。

凡各題之解論，或用原文，或參已見，或增益，或删節，總期詞意顯明，義理透闢爲主。至原文與鄙説，業已混合爲一，勢難分别注明。蓋是篇原屬講義，隨文申解，但欲令學者爽心豁目，不爲理障所蔽耳。實事惟求其是，不暇計孰爲原文，孰爲鄙説。非有意竄改也，太史公之於《尚書》、班孟堅之於《史記》，點竄剿襲，亦所不辭。如有罪我，請以解嘲。

凡式中所用各號，俱同代數，惟平行號作∥如　甲∥乙　謂甲與乙平行也。此號見英儒韓伯連形學書。

凡式中用甲乙丙丁等記號字，若直書兩字，如「甲乙」者，謂甲乙線也。直書三字，如「甲乙丙」者，謂甲乙丙角也。若非此例，則必加字以申明之。如甲乙丙形，則作丙形甲乙，或「甲乙丙形」。如甲乙圜分，則作圜分甲乙，或「甲乙圜分」之類是也。

凡讀算式，俱宜自左而右，因任書一數讀之，亦是自左而右也。故式中之文，或字數較多，不便直書者，則書作兩行或三行，【略】亦是自左而右。雖自右而左亦無不可，惟依式讀之，則自左而右，其勢較順耳。

凡分數之式，俱依西國算法原例，作上子下母，如甲分之乙，則作$\frac{\text{乙}}{\text{甲}}$，餘類推。

凡卷數次序及界説題文，俱依《幾何原本》。

凡引本卷之各界各題，止云第幾界第幾題，引他卷之各界各題，則云某卷第幾界第幾題。

每卷後各坿本卷習題，學者既閲一卷，宜將此卷之習題，倣書中解論之法自習之。或先閲一卷之前列各題，理解既明，即可取習題之前列者試習之，嗣後隨閲隨習，亦一法也。初習似難，追細心玩索，而得其確證。自有手舞足蹈之樂。切不可視作閒題，或畏難，苟安，而不一爲研究也。若不作習題，則雖將全書記誦無遺，亦等於食而不化，學猶未學，甚無謂也。

習題中閒有算術代數之題，大率皆就幾何理之範圍者，作者宜引幾何以發明其理，然後按算術代數之法推之，即可得其所求矣。幾何理之關於算學問題者，其範圍甚廣，此不過稍露端倪而已。

算術代數非本書所言，習題似不宜兼及，然一卷四十七題之四增題，亦言開平方，是前人已破其例矣。且贅説實事爲曾習算術代數者而言，故特兼及之，俾知幾何與算術代數之互相爲用，當亦學者所樂爲研究者歟。

凡閲是書，必須循序漸進，使各題所以然之理，瞭徹胸中，且細察其立論之層次，引證之方法，又須時時温習，勿令遺忘，方能觸類引伸，獲其益而廣其用。若涉獵而不求甚解，或躐等而妄企速成，或徒恃記誦而不知變化，皆不足與言幾何之學者也。

幾何凡十五卷，前十三卷爲歐几里得撰，後二卷爲後人續增。前六卷譯於利、徐二公，七卷至十五卷譯於英儒偉烈亞力及海甯李壬叔先生善蘭。前六卷論平面及比例之理，七卷至十卷論數及有無比例之理，十一卷至十五卷論立體之理。今爲贅説，先成前六卷，先以付梓，其十一卷至十五卷，擬即續刊，其七卷至十卷，以非急用，姑暫從闕。

翟寶書《抛物淺釋》

著録

《抛物淺釋》編目

序跋

清·翟寶書《拋物淺釋·緣起》　蒙既編《測量圖説》，俾隊勇易知易能，朝夕從事於兹，凡演放槍礮即取四十五度爲準，某槍及某處，某礮及某處，日久演熟，得其遠界，敵至遠界内，一擊而中，固不待謀諸拋物線矣。然必欲定準頭彈子所落不爽丈尺，則空中拋物虚線可得言焉。原夫物之拋也，自起點以至高弧復下墜，以及地面其所行之線本直而無曲，爲地心力所吸，故彈子所行非圓非橢，名曰拋物，亦曲線中之一端也。攷西法求曲線，恒以代數衍之，豈隊勇所能解。國朝海陵李氏精求算術，自謂心力不讓西人，撰《則古昔齋》一書，内有《火器真訣》，計十二款，詳言拋物線之形式，惜有圖無術，不適於用。又於曲線第三以代數演拋物線，凡十六款，空靈精確，但只可爲工算者説法上乘，舉以教隊勇則茫乎其若迷也。他如董祖脩之《礮法撮要》，影響約畧，僅存虚式。丁友雲之《礮法舉隅》拘墟淺陋，未闡精微。又如金楷理之《礮準心法》，於圖表之算法未詳，且若故秘機緘。之三者，均爲時流所譏，良有以也。蒙不揣檮昧，師壬叔先生之意，而演其式，凡所憑依皆以最遠界底線爲主，通弦心頂皆置之不講，誠以底線爲人所共見，丈尺明劃，便於起算，不鑿空虚，演法以四率爲宗，一乘一除不嫌冗曲，别爲平擊仰擊俯擊三種，逐式條例，各具分支，並附以捷法，逐度求之，莫不脗合，似可濟行軍之用，而饜隊勇之心，且一見而知瞭如指掌，茍稍識之無必不苦其艱深，稍具靈明必不病其晦澀，顔之曰《拋物淺釋》，固不俟元代之始能馭也。隊勇訓練餘閒授以測算，未爲不可所痛者，繩甕寒儒，風塵末吏，杞憂徒切，安所得槍礮列隊而演習之，以覘吾術之能準與否，但揆之於理，固自不謬。爰誌其緣起焉。光緒二十四年季秋朔日，東臺增貢生選用訓導、改江西補用廵檢翟寶書謹識於南昌客舍之右軒。

清·戈銘猷《拋物淺釋跋》　右《拋物指掌》一册，淺而易見，自理寓焉，而隊勇命中之技即寓於此，亦一助也，惟平時宜熟演之。聞西人精於槍礮者，每置一槍一礮，終身不易，習而察焉，非倉卒召募所能得其奧窔，且風力順逆不一，但能於風之大小順逆一一試之，則所定遠界當不至十分謬戾，而逐度推求，操之在握，先生以淺釋命之，明乎習此者之無忘深造云爾。東臺優附生受業甥戈銘猷謹註。

吳誠《算學一隅》

著録

清·丁福保《算學書目提要》卷下　《算學一隅》《代數一隅》《海鏡一隅》，江陰吳誠撰。

案：《代數一隅》，爲發明《代數術》之隱晦及較正其錯誤而作，拜採華氏、崔氏之説，以合成是編。其《海鏡一隅》發揮李書所載九容之題，錯綜變化，曲暢旁通，足與李書相輔而行。其《微積一隅》，尚未告竣。

序跋

清·吳誠《代數一隅·序》　泰西學問之書，歲歲必有增易。《代數術》爲學算之要書，譯刊以來幾三十載，而書中隱晦謬誤之處尚仍其舊，斯亦學算者所不能無遺憾也。爰搜輯故稿，旁採諸家，取其能發明是書者，合成一册，後之讀《代數術》者，或亦以此爲一隅之助與。

又吳誠《海鏡一隅·序》　李欒城得九容之術於洞淵老人，因成《測圜海鏡》，是《海鏡》全書宜出於九容術矣。乃書中所載九容之題僅以一二法了之，疑當日授受之妙不盡於此，爰舉其錯綜比例之法序列於左，未識洞淵老人之所授亦如是否也。

陳棠《四元消法易簡草》

著録

《四元消法易簡草》編目

卷首　一元至四元凡五問　四象假令四問　坿四元補題一問

卷一　一元凡五十九問　直段求源十八問　和分索隱十三問　明積演段二十問

卷二　兩元凡二十三問　兩儀合轍十二問　左右逢元二十一問　移一問入四元今存二十問

卷三　三元　三才變通十一問

卷四　四元凡八問　四象朝元六問　坿入兩元一問　補入一問

卷末　補正艸

坿消法新例答問一卷

共計七卷凡一百十五問

序跋

清・劉若曾《四元消法易簡艸叙》　古算經存於世者不及二十種，秦皇焚書一刼，《九章》其幸存者乎？明儒帖括一刼，《四元》其幸存者乎？康乾鼎盛之世，疇人雲起，然以宣城祖孫之好古而勿庵則未見《九章》之原書，循齋則讀四元而不解甚哉，絶學之不易續也。自戴東原掇拾《永樂大典》，《九章》始復舊觀，羅茗香繼起廣陵，《四元》亦有細艸。嘉道之間，西人《代微積》未譯，持借根之術以與天元較，則借根繁難而天元簡易，人孰不畏繁難而樂簡易乎？故一時中學盛而西學衰。阮芸臺、李尚之、焦里堂鼓吹於前，項梅侶、戴鄂士、徐君青崛起於後，雖西人不能不爲之低首焉。《代微積》既譯，近日習算之士往往憚四元之繁難，樂代數之簡易，學校課程遂棄四元而用代數，以致古祘書有積薪之歎，亦志士之所悲也。溆浦陳君葦舟校經餘閒紬繹祘理，刱立新例，補正古術。余受而讀之，始知朱氏原術本自易簡，即所謂精而不雜，自然而然也。羅氏演艸時尚未得《祘學啟蒙》傳本，以致失於繁難，習四元者不能不藉羅氏細艸爲入門，是更多一重障礙也。陳氏力矯羅氏之弊，不厭演算之繁難，務欲闢一易簡之法，以惠初學。他日學校如用四元教科書，必以是編爲善本矣。陳君既演草以補羅氏缺憾，又演句股弦黄一題以補朱氏缺憾，其用心可謂勤矣。夫易簡之道，本自天然，妙於祘者偶得之耳，既得之，然後知矯揉造作之術恒枝枝節節爲之而不足以明公理立通法也。朱氏《玉鑑》包舉無方，近日讀之而有得於古者，不過海甯、金匱兩大家。李秋紉先生《垛積比類》藉如像招數、果垛疊藏，以解尖錐之象，西人治微積、演級數者，其條理不如是之明備也。華若汀先生《開方古義》藉今古開方會要圖，以明遞開一數之法，西人代數三次式以上，其開方不如是之直捷也。陳氏是編不言垛積、開方，而專力於剔消借代變化之法，不規規求合於朱氏原術，故能推陳出新，非尋常泥古初持門户者可比。朱氏有知，亦當引爲益友。昔咸同間丁果臣先生崎嶇湘上，力倡實學，名宦如徐莊愍、流寓如吴子登，少年好學，如曾栗誠、左壬叟並萃於長沙之荷池精舍，所刊《白芙堂叢書》極一時之盛，而沅上疇人尚未顯也。陳君倡學沅濱，視湘水之丁果臣誼無多讓，近日桃源聶玕湖著《游蓺麓祘術》，沅陵李玉如著《代數易知録》，皆已出版，若萃爲叢書，當與荷池一刻並行於世也。余忝守是邦，有志興學，適陳君書成，徵序於余，爰就管見所及，書以質之陳君，並以質沅士之善算者。光緒三十年正月，知辰州府事前翰林院編修渤海劉若曾叙。

清・杜桂墀《四元消法易簡艸叙》　溆浦陳生棠字葦舟別號餓農，生平志有用之學，其經義根柢小學史論兼綜輿地，嘗言士必有氣節而後有功名。今出身先已不貲，異日烏能擔當天下乎？然屢困場屋，已乃發憤爲文，自言吾文若要不中除非不薦，若要不薦除非不閱。丁酉科，見生文力厚思沈透過人十數層，決其當獨步一時，榜發依然不售。蓋是時士風日靡，非買薦拜門簾官實未嘗過目也。生乃杜門著書，無復上進之志。見外交乖方，時局日蹙，則慷慨起舞，恨不執中國之樞要以挽陸沈，聞海疆多事，生民塗炭，則痛哭流涕，又恨入山不深，未免局外之傷心，時歌時哭，如醉如癡，若是者有年。已乃有《四元消法易簡草》之獻，予取而讀之，見其苦心孤詣，與時文之嘔盡心血差足相當，因謂之曰：子懷才不遇，乃欲藉此區區者以成名乎？生應之曰：囚中演易，刑餘作史，窮愁著書，聊以自娱，古人豈嘗有所爲而爲之乎？予哀其志，嘉其勤，爰爲之叙曰，勾股見采于夏禹，員方見訪於周公，九九見禮于齊桓，庸詎知生之自謂無用者，非即爲有用乎。生一攷陪拔，三攷陪優，四調校經，卒困諸生中，乃能登中算之堂而造其極，與朱、羅二先生並驅争先於古今之間，以此見生之亨於學而窮於遇也，志之以勵樸學之士。光緒二十六年孟冬月，主校經堂講事巴陵杜桂墀譔。

清·陳棠《四元消法易簡草·自叙》 中法以《四元玉鑑》爲詣極之書，惜自元迄明絶少通其術者，迨國朝數學昌盛，明跡之士接踵而起，於是羅茗香、李壬叔、戴仲乙三先生始各以己意步爲細艸，戴氏細艸尚未刊出。朱術乃復明於世。顧四元不難於求如積，而難於相消。三先生所演之艸，皆求密合原術，雖有簡易之法，概置弗用。學者憚於煩難，以故能用其法者仍覺寥寥。棠有鑑於此，爰取其法之煩難者，悉改歸簡易，不惟與羅、李、戴三先生所演艸異，即與朱術亦不同，但借朱氏所編之題設法演艸而已，至於朱所不能設題者，今併補之，朱必用數艸得數者，今或以一艸馭之，則所謂思之思之鬼神通之，非棠所敢矜創獲矣。歲光緒己亥莫春望日，溆浦陳棠自叙於湘水校經堂之治事齋。

清·勞乃宣《四元消法易簡草跋》 《九章》之法，莫妙於方程之直除。直除者，籌法也。雖以四色、五色方程之繁重，以直除御之，皆化爲簡易，西法所莫能及也。四元即方程之推廣，自當與方程相貫通。朱氏書本皆籌法，羅氏不知其爲籌，故演草不能盡合朱氏本意。余以籌法釋朱氏書，自謂頗有簡於羅氏之處，而剔消仍用各自乘法，猶不免於繁重。今讀陳君是編，其剔代法及約法用剔、開方用剔諸法，鎔代數之巧算入四元之型模，與方程直除之理若合符節，可謂深得古人之意矣。若再以籌法入之，朱氏有知，當亦相視而笑也。謹書數語於簡末以誌景仰。宣統紀元十一月，桐鄉勞乃宣謹跋。

雜録

清·陳棠《四元消法易簡草》學部奏摺 奏爲遵旨閲看湖南訓導陳棠所著《四元消法易簡草》懇恩賞給京銜以勵儒修恭摺覆陳仰祈聖鑒事。宣統二年十一月三十日，軍機處抄交四川總督趙爾巽附奏訓導陳棠所著《四元消法易簡草》交學部審閲一片，奉硃批「原書發交學部閲看，欽此。」欽遵。鈔出，并由軍機處將原書發交到部，查原奏内稱「該訓導陳棠伏處湘沅，冥心孤造，其演段設式具有發明，所闡學理與代數互相印證，法極簡當，委非嚮壁虚造者所能强襲，合無籲懇天恩，將所著《四元消法易簡草》一書發交學部審閲，并請酌予奬勵」等語，查該訓導所著《四元消法易簡草》前由湖廣督臣陳夔龍咨送臣部審定，業經批准作爲高等學堂參考書，咨覆查照在案。此次奉旨閲看，臣等復督飭精於算術各員詳加覆覈，該書布式簡當，説理明通，於四元消法碻有心得，雖代數法興，改用號式，較之四元尤爲簡易，然四元之術自羅士琳、李善蘭諸人而後專家日尟，漸成絶學，該訓導於舉世不爲之日，獨能殫精覃思，攻苦成書，以保存舊學而發明新理，其專研深鍥之功，實亦有未可任其湮没者。擬即仰懇天恩賞給該訓導陳棠臣部國子丞屬典簿銜，以示優異，如蒙俞允，即由臣等欽遵咨行辦理，所有閲看書籍，請賞京銜緣由謹恭摺覆陳，伏乞皇上聖鑒，謹奏。宣統三年八月十二日奉旨依議，欽此。

又 《四元消法易簡草》四川總督趙奏片 再著述貴資實用，讀書尤在專精。恭值朝廷興學育才之日，其有著書裨世採訪進呈者，皆蒙俯垂乙覽，或逾格寵奬清銜，以資激勸稽古之榮，海内企羨。兹查有湖南溆浦縣人候選訓導陳棠，攻苦績學，尤精算術，著有《四元消法易簡草》一書，前由湖廣督臣陳夔龍咨送學部審定，作爲高等學堂參攷書。伏思四元爲疇人專門之業，該訓導伏處湘沅，冥心孤造，其演段設式具有發明，所闡學理與代數互相印證，法極簡當，委非嚮壁虚造者所能强襲，合無籲懇天恩，將所著《四元消法易簡草》一書發交學部審閲，呈候宸衷覈定，酌予奬勵，以勵潛修，而昭勸勉之處出自高厚鴻施，除將所著《四元消法易簡草》一函咨請軍機處進呈外，謹附片具陳，伏乞聖鑒，謹奏。宣統二年十一月三十日奉硃批：「原書發交學部閲看。欽此。」

又 《四元消法易簡草》學部審定批 宣統元年十月，統觀全書，布式力求其簡，説理力求其新，非熟於天元消法不能如是之錯綜變化也。審定作爲高等學堂參攷之書。

又 《四元消法易簡草》四川總督趙校覈識語 案天元一術爲中國極詣之書，算學最精之境，而四元則又較天元更進一境，定安張氏謂其涵羅萬象，樞紐衆變，洵篤論也。元朱世傑《四元玉鑑》一書，明時已失其傳。國朝康熙時歐羅巴人獻借根方，聖祖仁皇帝命蒙養齋諸臣習之，乃得因借根方而悟天元之法。

由是述者輩出，相得益彰。而集各家之大成，發四元之隱奥者，則以甘泉羅茗香《四元玉鑑細草》爲最，顧理愈精則法愈難。羅氏紹前人絶學之傳，其布算演草或不免周折紆徐之病，故演元之士往往讀其書而畏其繁。蓋天元之難，難在如積以前，而四元之難，難在如積以後。天元如積後，一消即可開方。四元如積後，則須輾轉相消，多方加減，然後可得開方式，甚有費紙十數頁，費時一二日，乃消得一開方式者，此四元之所以令人生畏也。是書之作，即致力於消法。其所以能令消法簡易之故，則一由精窺朱術而超脱羅氏之恒蹊，一由採用代數而別開天元之生面。例如朱氏互隱通分，羅氏演以齊同消法，經是書一一推出，與羅氏繁簡遂分。補正羅術各題，皆以朱草校朱草，以朱術釋朱術，惟所得於朱者深，所以邁乎衆者遠。代數移項即四元之剔法，羅氏所用剔法各自乘而兩相消，是書所用剔法則取與任一式相等之數皆可相消，其理與代數同，其法與羅氏異。代數等式有兩邊開方之理，是書遇可開者即剔元數開方，爲消法中最簡捷之坦途，爲四元書未道及之妙理。《代數難題》有借代一法，是書於三才四象等題亦用借他元之法，寔能戛戛生新，奇極妙極。餘如借真數以相消、約元式以相消種種消法，不勝枚舉，皆抉代數等式之奥妙，而闢四元未有之神奇。所謂於題界内多得一等式即能於常例外別出一簡法者，此也由是而多乘方可省爲少乘方，或竟可省開方爲除式，妙法層出，職此之由而是書特色尤在含代數之精神，存四元之面目。近今以代數解四元者多矣，大抵改用代數形式，好古者譏爲喧賓奪主，是書獨能謹守家法，不亂師承，所謂步式力求其簡，説理力求其新者，皆四元之本可簡，四元之本可新，初非有牽强附會於其間也，洵四元之寶筏，而演元者必讀之書矣。惟其間或用小數以開方，則演算非便，或畫横綫爲分式，則體例稍乖，就本書精美例之似屬不當。如是者，要之中國之有四元，猶西國之有代數，各樹其幟，兩不相謀，而所以用元用代之理由，則外貌似覺萬殊而中藏要歸一本。學者無精造之思想，遂不能窺數理之奥，而別開簡易之途。是書研精幾深，闢其肯綮，於止境中增一進境，於古法後開一法門，是可爲菲薄中算者勸矣。近今習算之士，往往棄中國算書如敝屣，謂有代數與微積，何必天元與四元？夫微代之與四元，其比較自有前人之評論，固不敢曲言中勝於西，然亦不敢妄言中無足法。學者欲以算學專家要貴羅中西各有之書而兼資研究，舍微代而專攻四元，是昧温故知新之義，薄四元而專求微代，亦貽數典忘祖之譏。得是書而讀之，或因讀是書而更進之，將有融貫中西而不可限量者矣。是所望於業算學者。

清・陳棠《四元消法易簡草》凡例十四則

一，朱氏所立四元，天句、地股、人弦、物黄方也，故卷首即冠以「四元自乘演段之圖」，全書中亦僅「或問歌象」中雜兩元二題非句股，餘自兩元以上，無非就四事爲問，是書意在發明四元，於句股專門外，概不贅及。

一，朱氏立天句、地股、人弦、物黄方四元，全書中轉無此題，今特爲補出，坿諸卷首。

一，朱書「左右逢元」第十六問，用四艸得四箇元數，今用四元一艸得數，仍移坿「四象朝元」後，以免卷次羼亂。

一，羅、李、戴三家之書，意在申明朱術，故皆前列朱艸，而以已艸坿諸其後，是書惟尚簡易，與朱術異，故列朱題，不録朱術。

一，朱書「假令四艸」即爲演艸者示祘法也，今質言之曰法，仍倣其例，列諸艸前，以清眉目。

一，朱書僅假令四問有艸，餘術止列實、方、廉、隅諸數者，以四艸足括全書之例也。是書惟簡易是趨，非首四問之法所能拘，故每題艸前必冠以法。

一，是書本爲變朱術歸簡易而作，故不株守朱術，惟羅、李、戴三家所見《玉鑑》本，其字有譌脱者，未免誤會朱意，因而所演之艸頭緒紛如，轉不及原術之簡易，故就《玉鑑》首四問詳加補正，列於卷末，俾還舊觀。

一，是書「假令四艸」及補正艸，推其法皆可步爲《玉鑑》全艸，故一列卷首，一列卷末，俾不與諸卷混。

一，是書有原術消至十數次，今簡爲數次及一次者。原術開多乘方，今簡爲少乘及無隅平方者，本逐題坿誌艸後，今併删去，以是艸之簡易者在法，不僅在數也。

一，是書本因消法而作，不詳如積之草，嗣因請業新化鄒伯宗先生，得見戴氏《玉鑑細艸》鈔本，采用代數除式，可省旁注寄母之煩，乃亟用其法補如積艸，庶演元之士得以先覩爲快。

一，戴氏除式，上法下實，中用古篆「㞢」間之，尚易迷學者之目，今改用横畫，與代數通爲一例，庶閲者一目了然。

一，四元如積題中皆具有天然節次，諸艸每多淩亂，故學者未易循途，是艸如積皆務求與題中節次相合。

一，四元約之可得整數者，本有可約之理，諸艸皆不約，遂至輾轉寄母，愈寄而數愈繁，今於可約者皆約之，以歸簡易。

一，習四元者，以明理爲要，故作四元消法新例，坿卷末，後兼設問答，以明其理。

劉嶽雲《五經算術疏義》

序跋

清・劉嶽雲《五經算術疏義・序》 余好聚算書，瀏覽有得，輒寫於上方，積久遂成《算學叢話》若干卷。客冬我山姪欲爲謀刻，因先將《叢話》中論《五經算術》付諸聚珍板，先師成心巢先生舊有補注，既而失去，曾命予重作，爲之未盡，先生以爲不合補注例，遂置之。然李(涫)[淳]風案乃校勘之辭，本非注例，前藁尚存，亦擇要增入，易其名曰《疏義》，擺印時皆唐君畏之、劉君誠甫之功，余書何足道，二三良友推愛敦厚爲可感也。己亥二月印畢自記，寶應劉嶽雲。

解崇輝《代數術補式》

著録

《代數術補式》編目

卷首　論代數之各種記號　卷一　論代數之加減乘除
卷二　論代數諸分法　卷三　論代數之乘方開方
卷四　論指數根號之式　卷五　論代數之比例
卷六　論五法十二式　卷七　論多元一次方程式
卷八　論一次式各題解法　卷九　論二次式各題解法
卷十　論各次式之總理　卷十一　論三次式之解法
卷十二　論四次式之解法　卷十三　論等職各次式之解法
卷十四　論等根各次式之解法　卷十五　論求各次式之實根
卷十六　論求各次式之略近之根　卷十七　論無窮之級數
卷十八　論對數　卷十九　論生息計利
卷二十　論連分數　卷二十一　論無定式
卷二十二　論用代數解幾何　卷二十三　論方程式之界線
卷二十四　論八線數理　卷二十五上　論八線數理
卷二十五下　論八線數理　卷二十六　論八線演題

序跋

清・解崇輝《代數術補式・自序》 近人代數書以傅譯《代數術》爲易讀，第其中猶多簡式。戊戌秋歸自海上，山居岑寂，乃取傅譯舊式，簡者詳之，逐卷逐題補得若干式，間或系以詮説，朞年脱稿，排比成帙，犆有端緒，世之覽者或視原本爲易讀耳。光緒二十五年冬十月朔，儀徵解崇輝。

雜録

清・解崇輝《代數術補式》告示 欽命二品頂戴江南分巡蘇松太兵備道余爲給示諭禁事。據儀徵縣附生解崇輝稟，早年讀《代數術》一書，係英國華里司所輯，英國傅蘭雅、金匱華蘅芳筆譯，爲習算者另闢一徑，海内風行，久爲定本，然其間簡略未該之處亦復不少，因爲之補式增題，演設真數，竭數年心力，今始告成，題其名曰《代數術補式》，現託上海順成書局以西法石印，期與海内通儒相質證，誠恐遠返市儈之徒翻印漠利，或改易名目染造紙張，更换裝潢式樣，稟請立案示諭等情到道，除批示外，合就給示諭禁爲此示，仰書賈坊舖人等一體知悉，嗣後解崇輝所譯《代數術補式》一書，爾等不得私行翻印，朦混漁利，如敢故違定行究罰不貸，切切特示。光緒貳拾陸年貳月廿三日示。

又《代數術補式》例言

一,中土著述類有凡例。「凡例」二字,見杜征南《春秋左氏傳》叙中,蓋發凡起例,乃所以括全書之大旨,約以數言,冠於篇首,最爲豁目。西書無之,蓋中西文字體裁不同耳。《代數術》一書其第某某欵,即《幾何原本》之第某某題,其書雖無凡例,而就中淺深先後次第,即具於本書之中,自非熟讀數過,無由心知其意。蒙補式既畢,贅以例言,誠欲明所以補式之意,更欲使讀原書者先悉其用心之所在耳。

一,傳譯《代數術》,舊只有華氏若汀一序,但言代數立法之妙,不詳其目,亦猶徐文定序《幾何原本》之意,非若近出李壬叔之《談天》、華氏之《化學淺識》,觀其目録,可當凡例也。第李氏續譯《幾何原本》偉烈亞力序云:前四卷論線與面,五卷論比例,六卷論面與比例相合。李序云:卷七至卷九論有比例、無比例之理,云云。是《幾何原本》一書大旨已有李氏、偉烈氏揭出,而《代數術》一書大旨,華氏《行素軒筆談》中亦語焉不詳。余故臚其次第,著於篇首,俾讀者豁目。

一,算術一道,極耗心血,時清夫之失明,左壬叟、曾栗誠之不禄,詎非因酷嗜九九,用心過度耶?昔梅勿菴先生之書,唯恐人不解其錫福,於後生良非淺鮮。蒙讀《代數術》既嘗自耗其心血,故聊復貢一得之愚,俾同志稍省心力,非欲厚自表襮也。

一,學算之要,自初學以至登峰造極,不外加、減、乘、除、開方五事而已,凡學代數,必先明變式。變式者,不過移加作減,移減作加,移乘作除,移除作乘,既變之後,或成一次式,或成各次式,然後或除、或開各乘方,以得真數,無他謬巧。

一,讀代數有兩字訣:曰比,曰思。凡一題,有一定若項之方程式,此式即謂之原式。由原式變之,則爲變式,其所變之式,較原式中所有之各項並無增損,不過移其加減乘除之各號而已。於是則以變式之各項與原式之各項相比,其同者勿論,其不同者當思其何以不同之故。若思得其故,而未敢決其是否,則依樣另設一題,或公式,或真數,如法證之,果無差謬,則所思者是,若不然,則所思者非,返復思之,求其確當。此余讀代數之一拙法也。

一,讀他書,用眼光思力外,不盡煩手録也,而讀算書則不能,讀代數尤不能。讀之之時,必備楮墨,遇有細草未能一目了然者,當自行細演,式之簡略者,尤當詳演,不可憚煩,不可臆度,若以爲通此必能通彼,則誤矣。吾師甘泉徐香谷先生云:天分過低者不可學算,過高者亦不可學算。蓋天分太低,則失之過泥,物而不化,不能淩空著想,故不可學。過高者,則失之自恃,解則棄之,不復力探其奥,故亦不可學。若中才之人,性不沾滯,亦不輕脱,殫循序漸近之功,有虚實兼到之妙,用力既久,必能一旦豁然貫通也。

一,《代數》二十五卷,其最不可忽者,首卷之釋號,一卷之減乘二法,二卷之諸分中加減乘除,三卷之四指數,六卷之五法十二式,七卷之各種方程,八卷之解一次各題細草,九卷之解二次各題細草,十五卷之求實根,十六卷之求略近之根,十七卷之無窮級數,十八卷之論對數,二十一卷之無定式,二十二卷之代數幾何,二十四、五兩卷之八線數理。其餘他卷亦不可不知,不過以備一格而已。

一,代數術者,實能括九章之藴,窮四元之變,鎔各家之法,兼綜衆妙,向爲疇人家一大都術也。若比例一卷,可以馭粟布、差分、商功;多元一次一卷,可以馭各種方程,可以明四元相消;解一次式一卷,可以馭差分之匿價借衰,可以馭商功之行道遲速;解二次式一卷,可以馭句股,可以解截積,可以開帶縱之平方;求各次之根四卷,可以窮少廣之各乘方;無窮級數一卷,可以求廉法表之底,可以明諸朶積之合用;無定式一卷,可以馭不完之題,可以省大衍之繁;代數幾何一卷,可以明句股三角之條段;方程界線一卷,可以攷各次式之情狀,可以開各曲線之先路;八線數理二卷,可以窮三角之變,可以明割圜之術,可以求弦、切、割、矢諸表,可以求内容外切,可以解二次三次式之方根。

一,定題之後,方程之式已成,依法變化之,易事也,其所難者,在定題之初。如一題雖有數箇未知之數,而立二元則可解,或一題只有一箇未知之數,而立一元竟不可解,此重在審題之心,不可草率。讀書之時,不可疎忽,自能見題目明所以,解一次式、解二次式兩卷計二十四題,其定題之法已包括其間,讀者當深思自得。

一,題爲公式,不以真數演之,不能軒豁呈露;題有真數,不以公式證之,難保其非偶合。今代數一書,大半公式,故必須仿其意設真數演之,以堅學者之信。

一,冶人之爐不鎔金,焉知其妙?木工斧斤不斷木,焉知其利?空設若干算式,不究其用,焉知此術馭題之妙?余故於算式下依類設題,發明此等式所由來,此等式之作用,以顯書無間式。

一,代數條段,即具於算草之中,淺者不須圖解,若理本幽微,非圖曷顯?蒙於原圖之外,間有所增,區區之心,欲使理之幽邃者,因之益顯而已。

一,原書有算式舛處,有演説誤處,有字跡顛倒處,有辭氣未醒處,如第十二卷一百二十六欵之根四—四甲、四—四乙、四—四丙誤作四—甲、四—乙、四—丙，此算式之誤也。如第二十四卷二百四十五欵「相乘而得」，誤作「相加減而得」，此演説之誤也。如第二十卷一百九十一欵中「見一百五十六欵」，誤作「見一百六十五欵」，此字跡之顛倒也。如第九卷買呢一題、第十卷之幾番異名、第十八卷一百八十五、六兩欵之二題、第二十一卷第一百九十九欵之四例等，類此辭氣之未醒者也。蒙於各卷各條，僭爲標出，或加註，或更正，誠以原本校勘容有未審處也。

一，算數一道，理極淵微，蒙所造甚淺，良多駁蹐，第心血所有，未忍拋棄，爰付手民。以代繕録，尚乞海内有道厚賜評彈，馳書見規，俾得及時刊正，感且不朽。儀徵解崇輝小雲氏並識。

保其壽《增補筭法渾圓圖》

序跋

清·保其壽《增補筭法渾圓圖·序》 《心齋雜俎》有筭法二十五圖，張山來自云係《筭法統宗》十有四圖之外者推而演之，當不盡於此云云。《統宗》余未經見，惟山來所演皆平圖，不知立方與渾圓，尤爲可喜，其源雖權輿洛書，其巧實不可思議，當是天地間合有此一種理數，特假手山來與余耳。南通州保其壽似仙。

林傳甲《微積集證》

序跋

清·吴樹梅《微積集證序》 微積，西算最精之詣也，其理則先秦諸子多已言之。爲盈尺之捶，日折其半，非微分乎？端體之無序而最前者，非積分乎？推而廣之，零言隻義散見諸書者，不知凡幾，安見非中土所固有，久而散失，爲借根之自東而西乎？顧世人明算者多一叩以微分積分，往往瞠目哆口不能荅，何也？非有所鄙夷而不屑，則以爲高遠而難能门户之見錮之也。夫不闻梅宣城言乎，吾算無分中西，惟求其是而已。侯官林君魁雲，英年好學算，習中西兩家，尤喜博覽群籍，曲證旁通，取足以發明其理者，輯爲《微積集證》四卷，真能除门户之習，涥宣城之旨。刻既竣，持以餉余曰，非敢问世，以竟吾父未竟之志，且誌吾母朝夕所教，不敢忘踶哉。吾闻古孝子之事父母矣，善則歸親，過則歸己，區區一編之刻。魁雲之言如此，則其平日孝養兢兢以光紹光緒爲心其造就又烏可量耶，而賢母之教思無窮益足令人欽佩也已。光緒庚子夏五月，歷城吴樹梅識於湘學使署。

清·劉瑗《微積集證叙》 《微積集證》四卷，侯官林傳甲撰。傳甲父諱文釗，博通典籍，箸有《算學紀聞》，主持中法。傳甲童嬉時，輒拈香爐爲籌，別以朱墨，縱横布示，父驚曰此三代以前絶學也。昔梅定九、戴東原諸大儒，猶搬弄羅雅谷之籌而昧於攷古，可慨已。傳甲一秉古法而有勝於西人者四。其製甚簡，折枝即得，無寫字畫格之緐，一也。可加減，可別正負，二也。無論若干乘方，如何帶縱，通爲一法，三也。演成後，將示式書於册，便於縮刻，四也。松庭道古各書皆爲此法，但傳甲以前無人明言耳。傳甲六齡失怙，其母督之學益力，年十七以算術鳴於江漢，門下生多掇芹。前年衡州延主西湖精舍，客歲常甯延主求是書院，今春學使吴司農延入署中授讀，因集頻年講席精粹，囑其弟傳臺編次，請序於母。母於文藝甚疏，算術甚淺，特文人讀其母之《林下集》者僉曰，傳甲之學由母授，庸詎知傳甲自繼父志耶。傳甲嘗刊《代微積淺釋》未竣，撰《代數難題補解》未刊，擬《羣經算學考》未成，其母喜是編之簡要精深也。故序其學算之由，以告疇人。光緒庚子三月三日，巴陵劉瑗書于長沙客舍之續孟軒。

清·王良弼《微積集證跋》 文似史公自叙其好學教子，是古今有數人。常甯王良弼捧讀。

清·許兆魁《微積集證跋》 汪謝城歷代長歷其母序之，斯篇無愧於嗣音。黄陂許兆魁跋。

劉其偉《代數句股草》

序跋

清・劉其偉《代數句股草・叙》 算學之有代數，其原出於《數理精蘊》之借根方，其理通於宋秦九韶之天元一，惜泥古者不知新，得新者輒厭古，未見有會通其旨，以代數衍句股者。夫句股之法始於《九章》，自幾何之學興，而三角八線之理日新月異，以量地制器爲實用，以步天測海爲極功，算學至今日，似已超於古矣。然而句股之理，實寓於三角之中，代數之法即合乎四元之旨，惟能以代數釋句股，而進求乎三角八線，深探乎微分積分，庶幾由淺及深，同條共貫也。猶憶庚午春，長兄眉孫先生肄業滬上龍門書院，時掌教者興化劉融齋先生，素講道學，兼通天元。其算學舊友，嘉定時清甫先生有求一術，刻於《白芙堂叢書》中。偉方童年，隨兄讀書滬上，即從清甫先生游，應格致堂算課，南海馮卓儒觀察嘗取列優等，得識雪村徐君壽、若汀華君蘅芳，皆一時算學名家，并得徐君親授筆算開方，然算學如海，偉不過觕知門徑。厥後就試京師，聽鼓歷下，遂棄置十餘年矣。今含章姪請學句股，苦無簡易之本，因思《九數通考》備載句股諸法，一題一術，尚病紛繁，特於《算學叢書》中檢得李四香《天元句股草》、李晉夫《借根方句股草》，皆能執簡馭繁，與代數相表裏，然究不若用代數之爲明且易也，遂將近刻華君代數諸書，參用其法，以衍句股，並與趙荆山茂才相切磋，祇期便於初學，非敢問世也。世有游藝君子，匡偉以不逮焉，則幸甚。光緒二十六年春，吳淞劉其偉自叙於山左絜矩齋。

徐異《沿沂亭算稿》

著録

《沿沂亭算稿》目次

《粟布捷徑》　《萬象一原校勘記》　《曲率回求》　《積分難題》

序跋

清・華世芳《沿沂亭算稿序》 普通之算學盡人所能者也，專门之算學則非盡人所能者也，何也？普通之算學必有形象可狀，言語可形容，條段可質證，數目可攷驗，故雖中下之姿習之，三四年亦能步躔離、測經緯，以其有規矩之成法在也。若專门之算學，則形象、言語、條段、數目四者之俱窮，獨憑一心之靈批卻導窾出無入有，不囿於法而并可造法，此非天姿絶高者不能。徐生點撰年少思鋭，近以所著《沿沂亭算稿》四卷見示。一爲《粟布捷徑》，吳氏子登《粟布演草》多一次收回則多開一乘方，若在數十次以上開方，已不勝其緐，生以速斂之級數立爲公式，如數代入，頃刻可得。曩嘗以二百次收回命題，他人需紙數十番而不能竟者，生以尺幅馭之，而得數密合，其簡捷爲何如哉。一爲《萬象一原校勘記》，夏氏紫笙歿於廣州，遺稿歸吳氏子登，余伯兄嘗録副謀刻，以脱譌頗多，尚待覆校，藏諸篋中者有年，近汪氏穰卿見之，重其爲鄉先輩箸述，刻入《振倚堂叢書》，一仍原本而未校也，再刻於蘇州書局，則并有汪刻不譌而譌者矣，生以微積術一一校正，洵爲紫笙之諍友矣。一爲《曲率回求》，凡求曲率半徑以本曲線之式二次求微分，得彸彵之諸同數代入公式中即得，而有曲率半徑反求其原式，僅略見於《溯源》百八十三款，生乃推之拋線、橢負、雙線無不可通，亦積分中精詣也。一爲《積分難題》，凡微分式求積分之法，以雙变數之理爲最深，且往往有不可求之式，生特設雙变數諸題而各求其積分，昔之所謂難者從此或稍易焉。凡此四種，皆戛戛獨造，卓然成家，其能不囿於法而并可造法者哉。方今海內習普通代數者如雲，而起求能如生之專门精進，實不多覯。世之覽此書者，苟不察著書之苦心，漫謂是亦尽人所能者也，抑亦淺之乎，測徐生矣。時在光緒辛丑冬十月，金匱華世芳叙於龍城講舍之取斯堂。

徐異《粟布捷徑》

序跋

清・徐異《粟布捷徑・序》 异嘗觀《粟布演草》所載求利率法，多一次收回則多開一乘方，故或四五次或六七次尚堪推演，至數十次收清則必開數十乘方，甚非易事，況其在百次以上者乎？則其術未爲通法，但欲求一簡捷之法又迄不可得。邇日偶焉省悟，知求此利率之法可以級數馭之，惟其級數或用有窮，或用無窮，不下六七種類，皆遲斂之式，能使收回之次數愈多而級數之斂愈速者，僅有一種，爰用此級數演成一公式，遂無論二三次收清以至千萬次收清，俱堪一例推求，全無窒礙，誠爲粟布算法闢一捷徑矣。光緒庚子莫春，識於致用精舍。

徐異《萬象一原校勘記》

序跋

清・徐異《萬象一原校勘記・序》 錢塘夏氏著《萬象一原》，共列一百餘術，悉從微積推出，誠算學中傑出之書，南海鄒氏所稱詞簡而意賅，理精而法密者也。特是書係身後遺稿，付梓時校核未詳，故或脱落數行，或自注可删而未删，豕亥疊見，貽誤來學，實非淺尠。兹就江蘇書局刻本作成此卷，萬不獲已之事也。

徐異《積分難題》

序跋

清・徐異《積分難題・序》 凡微分式求積分之法，以雙變數之理爲最深，故其法亦最難，且往往有不可求之式。是卷略設雙變數數題，而各求其積分，則昔之所謂難者從此其稍中焉。辛丑上已自識。

張毓瑗《三角和較術圖解》

序跋

清・周達《三角和較術圖解序》 大易六十四卦繫之以象，孔門六藝殿之以數，象與數固百學之祖哉。雖然常數有元代、變數，有微積，數學之都術立矣。象學則自古無都術焉，非無都術也。數學言數，數者一成而不可以易，象學言理，理者百變而不離其宗。夫以百變之物而欲以一都術盧牟而檻制之難乎。其難矣。周子仰而思，俯而索，求之冥冥，歷有年所，一旦灑然曰，得之矣，三角之術，其象學之都術哉。凡世界之上一切形形色色可以圖求象測者，無慮其若何繁賾沓複，幽邃阻深，苟剖之以三角，條分而緒解之，罔不導款中窾，迎刃砉然，故象學之有三角猶數學之有元代、微積焉。雖然猶有辨元代、微積之術，苟得其意，皆可如題曲折以赴之，而三角之於象學則不然，如此則通如彼則窒，如此則巧如彼則拙。其通窒巧拙之故，恒眎乎所以用之者何如，故必洞澈於三角之中，乃能神明於三角之外，不然徒執三角一卷，貿貿然以號於人曰是即象學之都術也，其不爲算胥所笑哉。江都張子劔虹英才趠犖，不可一世，於疇人之術致功尤深，斐然思有所作述。日者，取項氏三角和較若干術，精思詳審，發明其義藴，成《圖解》一卷，問序於不佞。不佞曰，子之所長不止此，然讀此亦可見龍一鱗、窺豹一斑矣。爰舉夙昔所論三角之語，拉雜書之以代序焉，且爲讀是書者告曰，其以是書爲象學之先路，而益擴充會通之，以施之於幾何、形學、曲綫諸學中，吾知其觸處洞然矣，世有解人或不河漢吾言。光緒二十七年孟夏，建德周達序於留一綫齋。

清・包榮爵《三角和較術圖解序》 三角之術，古未有以和較相求者。有之，自錢塘項氏始，推陳出新，釐訂比例，幾何中之傑作也。顧原書有法無解，溯厥根源，未易窺測。余擬補其説而未有暇，會張君劔虹來，與有同志因相與討論研究者。再張君鋭於思而勇於進，不旬日間已盡詮釋完善，余展讀一過，歎其入深出顯，得未曾有，洵足發前人之精微而啟後來之思晤已。夫居今之時疇人之學已臻大備，使惟是搬演較量拉雜成書，匪特無謂抑足羞焉。是編也余贊其成，且喜其足以藥搬演較量者之病也。故樂得而序之。光緒辛丑秋九月，丹徒包榮爵序。

清・張毓瑗《三角和較術圖解・自序》 錢塘項梅侶先生《下學盦祘草》内有三角和較術一種，首平三角，次弧三角，立法頗簡，惟有法無解，學者苦之。吾友周君美權曾著有《三角和較術解》兩卷，本《三角數理》公式逐題詮釋，業已風行海内矣。一日嘗謂余曰，三角和較解以式究不若解以圖，前第以弧角之圖未易猝辨，恐致兩歧，故未爲耳，子固精幾何之學者，曷不取平角各術，一一以圖證之。余然其説，因商之包君墨芬，雨窗無事，輒相與斟酌損益，務使簡而不病其略，詳而不厭其繁。其首四題各圖半出之包君，反覆辨詰，凡三易稿而後成。稿甫脱，適海陵費氏以借角相求一圖見示，即書中第五題附解之第一圖也。余讀其説，喜其與余説有互相發明者，因推廣其義而增損其説，附解於各題之後。是書也，自首至末，合諸圖而同歸一理，合諸説而同歸一義，私心自謂頗覺井然，但未知有當於梅侶先生之心否也。至句股和較各術，元和龔氏已有圖説刊行，故未贅云。光緒辛丑陽月朔，蕪城張毓瑗序於姑蘇滄浪亭側之雙梧軒。

黃泰生《測圓海鏡贅解》

序跋

清・馮澂《測圓海鏡贅解序》 欒城《海鏡》立術微眇，第其文隱奧難解，雖得識別數百條，初學猶憾眩目。崇城黃君蓮池撰有《識別贅解》二卷，逐條闡發，語淺而明，足與泰和張君石瓠《識別詳解》《求是齋算學》四種之一相頡頏。黃君知算，余耳熟已久，適光緒丁酉，夏督學龍師命余游南洋公學，重命余校黃君《中星表》《平時表》及是書之訛，復札飭南菁監院統余輯《春秋日食集證》一書增入《南菁叢書》之尾，旋因師解任而輟。余録副以歸，擬廣其傳，而又澀於貲。閲二年，與吾友陳君鳴軒縱譚及此，陳君即索閲之，謂余曰：《海鏡》爲欒城未竟之書，故識別襍識中恒多悶晦紛歧之弊，得黃氏《贅解》，則向之荆棘蘩襍者，今則康莊坦易矣。請任剞劂，以竟子未竟之志。余曰：昔張南皮尚書謂，有力好事之人，若自揣其德業學問不足過人，而欲求不朽者，莫如刊布古書一法。今君之毅肰自任，豈有力好事之人比哉？如君所箸《化學滙原》以及曆算光電各有札記若干卷，類能發前人所未發，亦終古不泯之作，猶得曰君之德業學問不足過人，與君之意，不過傳先哲之精藴，啟後學之困蒙，將謂存利濟積善之見，猶淺乎測之。獨是余得藉君之力，俾黃氏遺書終傳於世，庶幾龍師委余之盛心，余幸得告无負云。鐫既竣，爰書其緣起於簡端。時在庚子九月九日，馮澂誌於强自力齋。

陳鏕《測圓海鏡贅解序》 予與馮徵君清渠交最久，後徵君游學四方，遂疏蹤跡。歲已亥，徵君杜門養親，予暇輒過訪譚藝事，因得獲是書，而付之梓。向使戊戌無黨禍之變，徵君方應經濟科游天子都，而是書猶庋之徵君篋中，不知歷幾何時而始出。今覺予之得梓是書，與是書之得傳於世，其顯晦若有時也，抑潛德幽光終不湮没與。然必由龍侍郎而歷徵君始得假手於予，夫豈偶哉？刻既竣，聊誌數語，以覘凡天下事皆有前定數存焉，毋待人之僕僕云。陳鏕序於味三廬，時光緒庚子仲秋之月。

支寶枏《上虞算學堂課藝》

序跋

清・汪一麟《上虞算學堂課藝叙》 班生有言，安其所習，毀所不見，終以自蔽，此學者之大患也。而講求術藝，培養人材，以儲國家之用，則亦爲有司者之責。一麟戊戌秋攝篆上虞，適當八月政變，士皆諱言新學，復敝精神於無用之文，顧念時局艱危，需材孔亟，不於此儲材興學，豫待時需，而使士皆閉塞，民智未開，心竊不安。邑有王孝廉寄廎、徐孝廉焕庭者，創算學館於經正書院，選生徒數十人，延剡溪支先生爲教習，用以精求數理，蔚成有用之才，與一麟私心深相契合，遂捐廉首創，從臾其成。自己亥解任，與彼都人士，别三年矣，比得二孝廉書，索序所刻諸生課藝文。竊念數雖六藝之一，而有益實用，勝於八股詩賦多多，小之治生理財，足以自殖身家，大之步天測地制器治兵，足以力圖富强，一麟於此道素未究心，惜不能論定諸生學力，所造何如，藉以見支先生善誘苦心，而既出以問世，其運思之新顯，用法之巧捷，想知算者必能辨之，無俟予之贅辭也夫。光緒二十七年十二月，賜進士出身知安吉縣事前署上虞縣知縣汪一麟叙。

清・蔡元培《上虞算學堂課藝叙》 凡學術有普通，有專門，所志不同，而教科即隨之以異。以算學言之，普通者抽理以鍊心，演法以應用，爲人人所當習，而無取乎博深，教者務以一定之理，至新至捷之法授之而已。專門者，學説無新舊，術式無煩簡，苟有所長，咸不得而抹之，而又不得以論定之理，新譯之法爲已足，務進而益上，理無窮，法無窮，而學即與之爲無窮，非教者所能究竟，無亦導門徑，決然否，以激衝其内動力而已。吾鄉支雯甫先生，以專門算學名。歲戊戌，同歲生王君寄廎，設算學館於上虞，集生徒數十人，延先生而教授焉。先生於初學者外，不屑屑日授課本書，惟使博覽成説，質問新義，間四日則出問題試之，而爲之評定其得失，務以養其自助之精神，引其獨闢之思想，洵乎得專門教授法者。既三年，高材生卒業者若而人，先生爰選其答問之作，繕寫付刻以行世，當世算學家觀其問答間標新領異之趣，而先生之循循善誘，亦足以窺見一斑矣。光緒二十七年十二月，山陰蔡元培叙。

清・支寶枏《上虞算學堂課藝・序》 學算之道無他，演數、闡理、用法三者盡之矣。數不外加減乘除開方，理不外幾何動静諸學，法不外元代微積諸術。顧法綜萬變，非明理無以會其通。理尚懸虚，非設數無以證諸實。數至繁雜，非立法無以挈其綱。神明乎數理法之用，而後可執簡以馭繁，因難以見巧，推陳以出新。余習算廿餘年，素不喜落書中窠臼，今以課徒，尤持此見，每撰一題，必使之因題審理，由理定法，題既增新，法難泥舊，而演數之簡捷，則又在隨機應變，非指示所能偏及者。噫！丁酉歲莫辭兩湖書院講席歸來，戊戌冬閒由蒯禮卿觀察娉主江南高等學堂，甫經數月，多所造就，旋即裁去，重主是席，忽忽又二年矣。幸諸生日新月異，相與有成，余亦舉生平所得者，略發諸題以問世。適王君寄廎、徐君焕庭請刻課藝，爰取歷課算稾，擇其自出心裁，足以發人巧思者，依次編列百餘題，付諸手民，以爲學算者他山之助。時光緒辛丑孟冬，嵊縣支寶枏序於經正書院之北窗下。

又 《上虞算學堂課藝・識》 己亥暮春有金陵之行，夏秋二季延趙望寅秉良、錢晦齋建中兩茂才代主是席，代數、形學賴引導入門，始基之立，以誌不忘。寶枏又識。

清・王佐《上虞算學堂課藝跋》 戊戌春，偕徐君焕庭赴禮部試，直俄人要索旅大，海内諸君子之集都門者，争言國弱至此，非廣興各種學堂，講求切實有用之學，以圖自强不可。予與徐君心韙之。

已而春官報罷，先後航海南還。比抵里門，廢八股改學堂之詔下。塵裝甫卸，思都門言，方議興辦此事，忽遭八月新政之變，志士灰心，蟄居無吪。予與徐君意終以開智爲當今第一要義，迺先創興算學一館，以爲基礎。復得陳觀察春瀾慨墊經費，稟請邑侯汪公開辦，并荷捐廉首倡，事遂大定。嗣是，吴公張公，賡續舉行。

剡溪支先生，熟精數理者也，與新昌童君亦韓有舊，適童君過我，請爲之介，以禮聘而來。自己亥至今，凡閲三載。其誨人宗旨，一以濬發巧思爲主。除初學準教科書限時刻講授外，其餘不拘拘墨守陳編，兼脱去各學堂版定章程，月命課題試者六。每日自昕至宵，苟有蓄疑，隨時可問。問必窮源竟委，曲喻旁徵，務使心知其理乃止。所惜吾虞地偏才少，從學諸生，半皆年幼質魯，聰穎子弟，不數數覯。然一經指示，速化者多。是以造就成材，亦復不少見。

又詔改書院爲學堂，自當大加擴充，不專設算學一門，予與徐君遂稟請停辦，惟是攻苦三年，一無表見，曷以慰諸生嚮學之心？爰請支先生選刻課藝兩卷，藉徵所學淺深。又蒙陳觀察捐助刻資，俾予與徐君亦可藉手告成。徐君新選嘉興校官，將赴任去，尤願與彼都人士大興學堂，不負平時開智初心。至此館一切支銷經費，另刻有徵信録，不贅。其課藝中兼采外籍附學生之作，亦示吾黨樂羣之意云爾。王佐跋。

清・徐智光《上虞算學堂課藝跋》 刻算學課藝竣，王君寄賡跋其後。上虞之有算學，與算學之所以停辦，均載王君一跋，予又何言。獨惜教習支先生之去，爲失明師，而又慨王君任事之艱，歷三年如一日，提倡後進，不殊子弟，乃反遭俗人白眼，爲可痛也。

先是，予與王君計偕入都，適温州陳君志三創興浙學，予與王君爭韙其議，已不免動人非笑。迨八月政變，同鄉經太守蓮珊，復以電奏獲嚴譴。非笑者益自負先見，且沾沾以黨禍爲予與王君慮。而王君堅持初心，同興算學，忌之者亦遂益多。及今上重頒新政，予爲王君曰：「明詔既下，何患無識時俊傑？予與君可息肩矣。」王君以爲然。又慮諸生攻苦久，一無表見，迺請支先生選成課藝，復丐姻丈陳觀察春瀾爲之捐刻。嗚呼，是舉也，創之者前邑侯汪公，成之者陳觀察，而始終其事不避嫌怨者，實王君一人是賴。予顧以一日之勞，忝與其列。書此自歉，亦聊以誌愧也。辛丑涂月，上陂居士徐智光跋。

雜録

清・支寶枏《上虞算學堂課藝》例言

一，製造局各書通行已久，代數記號悉遵其例，不復詳述。

一，題取其新，間録舊題，必擇變化靈巧，別有見解者，免致襲舊。

一，代數雜題，每類僅録一藝，要皆算式簡明，變化便捷。

一，大衍求一，爲古歷演元之本，今則爲用甚稀，然遇演奇諸題，代數所難馭者，從大衍本術，即迎刃而解，毫不費事。玆登二題，聊以存古，惟算式仍用代數，以從簡易。

一，開帶縱方，用代數變化可降四次爲二次式，降六次爲三次，與二次式至爲簡捷，然遇不能化者，不如用天元定商得數較易。蓋開方闡理，天元不及代數之精。超步約商，代數不若天元之便。用法各從所宜，不拘一格。

一，開不盡之正方根，用二項例變化，易從級數得密數，略登數題，以爲則。

一，繁利息求利率，每至開多乘方根，或先由略近數遞求密數，或用截位倒開，逕得密數，何法爲捷，要在審題，不能拘守一偏。

一，國債四百五十兆，姑擬三等還法，與時事不甚相遠，然還法不同，布算亦不一，術在審題者，不囿成規。

一，蒲莞共生等題，斷不能用盈朒術，遞撰四題，曲盡此等題能事。

一，級數與垛積，交相爲用，分列數題，以足上卷。

一，句股和較諸題，舊有專書，概不選入，另撰十餘題，推類以盡其致。

一，《海鏡》九容，曲盡句股形變態，施諸鋭鈍三角，理亦無異，不過易直積爲倍三角積、易弦股句三事爲大中小三邊耳。惟叀、明、斷三形，當改爲句股弦引長綫上容圓，三角則爲三邊引長綫上容圓，（明叀二形，舊云句股外容半圓，未見愜當。）合計當有十二容，（三角容圓係古法，不在内。）不僅九也，玆由句股以及三角歷證數題，以爲例，至此等題設問層出不窮，俟另輯專書。

一，三角爲萬象之宗，錯綜變化，題類無窮，多選此種以爲根底，惟三角邊角相求題，僅四類，已詳載各書，不復選入。

一，各圓相切，變化無窮，多選數題，以極三角八綫之用，而圓錐曲綫已發其凡，至曲綫各題，限於篇幅，不得不略。

一，《幾何》十卷無比例綫，以代數根，幾何證之，理自明顯，録數題，以引來學。

一，弧三角弧角相求題，僅六類，舊法綦詳，亦不選入。玆推類以窮弧角之變，撰數題，以爲測地步天之先路。

一，格物測算諸理，俱可驗諸實用，惜門類繁，多集隘，不及多録，僅選水重學二題，以足下卷。

一，已亥冬起，辛丑冬止，計百餘課，共撰五百餘題，僅選百餘題，不無遺珠之憾。

弟子録：（以年之長幼爲次，凡不入選者不録，外籍附後。）

劉承祖，（字荷塘。）陳元鼎，（字心耕。）劉川，（字楫選。）劉繼向，（字晉藜。）戚孔懷，（字怡軒。）沈祖緜，（字瓞民。祖籍錢塘。）趙崇義，（字鐵生。）王璐，（字孟嶼。）陳景陶，（字子磚。）

柴文爛，字伯蕃。蔣嘉麟，字峻祚。王　瓚，字仲珍。石承宣，字積夫，新昌人。郭允恭，字書傳，會稽人。張之梁，字月樓，山陰人。

盧靖《萬象一原演式》

序跋

清·盧靖《萬象一原演式·序》 近世算術以微積分爲最深而最難，又爲格物科學所不可少。吾國五十年來僅有譯成之《代微積拾級》與《微積溯源》二書。《拾級》簡奧詰屈，海内疇人咸以難讀爲苦，强作解人，如某公之《直解》，擅易其所譯之號，顛倒訛誤，豈徒無益於後生。《溯源》較爲詳備，然不立題，不設數，愈講微分爲何物，愈令人迷惑恍惚而不可捉摸，疇人探索經年而不得其方者，比比然也。項、戴、徐、李之書，其理本多近微積，然鮮用代數式，故言之甚煩，推之甚難，且多言法而不言理與用。後生小子讀西書既難，如彼讀諸家之書又不易。如此，究烏從而闚微積之門徑耶？更何遑乎格物製器而致用也。杭州夏紫笙先生爲項氏梅侶之高弟，最究心於曲綫之術，讀《拾級》後，所造益深。南海鄒徵君刻其《遺書》稱爲後來居上，洵不誣也。其所著之書，如《致曲術》《少廣縋鑿》《洞方術解》，皆精闢獨到，凌駕古人，而《萬象一原》九卷尤能匯萃中西，執其一本，以御萬象，吾國疇人家所僅有也。惟其書之缺點與項、戴、徐、李諸公之書同。靖承乏上都，塞外事簡，蒙漢語言不通，游牧習俗難改，前欲鼓勵工藝、牧礦諸切近之端，懸賞經年，無一應者，又安可與言深微之學理。夏日如年，爰取《萬象一原》，逐術以代數式演之，彌月而成，爲級數百三十有四，其術爲《萬象一原》所未有者，剌取《拾級》《溯源》以及項、徐之書以補之，不佞類推而得者亦坿入焉，都百六十有八式，庶略通代數者，讀此書即可求一切曲線、曲線所函面、曲面所函體，一切八線求弧背、弧背求八線、真數求對數、對數求真數，如網在綱，更不勞思索而得矣。術增於舊十之二，而文字反簡五之三，或爲讀夏氏書與講微積者少解其繁難也與。光緒壬寅，木齋盧靖識。

王錫恩《勾股演代》

序跋

清·丁毓翕《勾股演代序》 勾股之由來已久，《周髀算經》其鼻祖也。他如《九章》《勾股六術》《算法統宗》《數理精蘊》及他書中，各有論説，誠以其用爲至廣也。諸書行世，業已有年，取而觀之，盡人可通，而通者卒鮮，其故何歟？誠以習算之道，貴先明理，理明則法自通。以上諸書，類多以圖證理，繁雜難記，初學睹此，直不知法從何出，即令能記其法，一遇諸書未有之勾股，即無從下手，總由明理未深也。澤普王君，爰即累年所素習者，編爲一篇，加以己所創多題，名曰《勾股演代》。此書共分五卷。首卷論作勾股形法，乃本形學之理，以連比例求任兩數所成之勾股，苟熟其法，即欲任出若干勾股題問，無煩難矣。次卷論勾股和較相求法，闡奧發微，千變萬化，其法可謂詳且備矣。三卷論勾股形面積與勾股弦和較相求法，其面積與勾弦和較，或股弦和較互求諸問，向來疇人皆未有法算，而王君以代數摸索法算之，遂以補中國算書之闕。四卷論正勾股三種，即按勾三股四弦五之比例而出者，首種他書已有，後兩種爲王君自撰，附此以申勾股之義，變幻無窮。五卷論勾股内容方邊圓徑，及勾股測量法，而求容圓徑第二法，係王君按形學之理推出，法術較首法爲甚捷便。至於勾股形，已知一邊與餘兩邊之比例互相求法，向來算書皆未言及，而王君又增補於五卷之末，誠發古人未發之奇也。以上各種，證以形學，揭勾股奧妙之理，算以代數，省乘方開方之繁，庶使世之學勾股者，觀此爲一助云。從此可見，理溯淵源，必由乎舊，事求敏捷，必賴以新，而各種實學之有用，已略露一斑矣。光緒二十八年四月，丁毓翕序於困勉齋。

清·王錫恩《勾股演代·序》 勾股算學，由來尚矣。周時商高已開其端，後世疇人，切心考究，各有著述。第其論勾股諸書，多用圖證，記憶繁難，更有不言算理，不加習問，俾學者視之，幾難若登天，望塵卻步，所以習之者雖多，而精通者卒鮮，此皆因無簡易完本之所致也。余不揣譾陋，乃取中西勾股諸書，採其精粹，揭其體要，加以累年所學習者，集腋成裘，彙爲一編，專以代數之理，推演勾股諸題，故算草列式，悉照代數成規，已習代數者，自能一目了然。若夫作勾股形法，新奇精巧，乃補向來所未有。正勾股形，新增兩種，亦所以申明其義。至於勾股形内容方邊圓徑及測量等法，俱加詳證，淺顯易明。學者果能閱算草以明其理，演習問以熟其法，則凡勾股之問，遇題推算，應手而出，自無煩難矣。數年前余已輯成此書，因恐遺笑大雅，未敢付諸手民。今思私之於己，不若公之於人，又蒙吾友張君豐年、樂君實琛，詳爲校勘，潤色詞句，或可望無大謬，然大純不無小疵，仍望讀書諸公匡余不逮。光緒二十八年歲次壬寅新秋，濟南大學堂分教習王錫恩自識。

清・劉玉峯《勾股演代跋》　算學、格致，不判兩途。算學寓格致中，而格致由算學始，是以算學藉格致而獲實用，格致賴算學而創新理。算學、格致有相生相依之功焉。王君錫恩博學士也，格致、物理靡所不通，而天文、算學尤其所精，每於督課之餘，心切著作，閒嘗以所著《勾股演代》一書示余，披閱之下，竊有快於心焉。或曰：坊間已有《勾股六術》《勾股舉隅》及各類算書，中所提明者堪資後學已復不少，惟坊本勾股諸書類皆缺畧不詳，紊亂不清，以致學者朝夕揣摩，鮮克有功。余久已惋惜之。幸王君不惜心力，嚴加參酌，芟其重複，增其缺畧，補闕拾遺，融會貫通，後又獨出心裁，用簡妙之法增深奧之理，創設新題以補他書之所未備，使勾股一學無缺畧不詳之憂。是編分爲五卷，會其旨趣，歸類爲三，言作法以推勾股之原因，借合較以明勾股之妙理，算測量以彰勾股之實用。條析縷分，綱舉目張，亦無紊亂不清之慮。念夫肆内宿刊類多借用法術，不專闡發奧義，或則不列算式，致使勾股實理虚而難憑，使學者廢事失時，實難有益於後進。而是書多列算式，即專借代數諸理推演勾股諸題，演此借彼，知新温故，較徒頌維法術者又等而上之矣。歷兩寒暑稿成，讀者共相許可，奉爲津梁，嗣蒙高君鳳池稱善，故王君慨然將全稿相讓，日後刷印發售，均由高君主權，王君概不過問。余知其巔末，用綴數語刊之簡端，是爲跋。旹光緒二十九年歲次癸卯孟冬月上浣之吉，高密劉玉峯蓬山氏於登郡文會館謹跋。

鄧端黻《中西度量權衡備考》

序跋

清・鄧端黻《中西度量權衡備考・序》　嘗攷中國度量衡三者之制皆出於律，而起於黄鐘。古以候氣律管擇子穀秬黍中者，以一黍之廣度之爲一分，十分爲寸，十寸爲尺，十尺爲丈，十丈爲引。量起於黄鐘之龠，以子穀秬黍中者千二百實爲一龠，十龠爲合，十合爲升，十升爲斗，十斗爲斛。有以五斗爲斛者。衡起於黄鐘之龠，一龠容千二百黍，黍重十二銖，二十四銖爲兩，十六兩爲觔，三十觔爲鈞，四鈞爲石。此古制也。三千年來官民共遵，世守勿失。自海禁大開而後，商埠日闢，輪船交通，互市之盛，亘古未有，度量權衡各國不同，在今日而言，經商則互易之數宜通，以言工藝則成本之原宜知，以言軍火則槍礮之口徑葯彈之輕重宜明，以言公牘則物類之尺寸價值之攷核宜究，凡此皆士大夫所宜盡以周知者也。黻雖粗通數藝，而於西學實非所知。庚寅春，奉南皮宫保檄飭備員鐵政，派司稽核，在事十餘年，初於泰西權量制度名異數隔未能闡合貫通，深以爲苦，蒙龍溪閻學毅若蔡公隨時指導，幸得免於隕越，摘有中西備攷手記，不過借資鏡攷而已，非敢以自詡也。博考增輯，是所望於同志。爰爲序。壬寅仲夏，梁溪鄧端黻謹識。

張松溪《勾股題鏡》

著録

《勾股題鏡》目録

第一卷勾股容形

容正長方　求方城徑　容圓　求圓城徑　容球徑　容鐵路弧

序跋

清·周書訓《勾股題鏡序》　蓋聞温故而知新，引伸以觸類，學問之道，所以貴得顯悟才也。而數算之法，繁雜深邃，尤非顯悟者，無能會通焉。前二十年，余肄業登州文會舘，與張君松溪同學，而舘中課藝有算學一門，其代數形學，師授者指爲要領，此張君與余所同聞者也。後各畢業，離羣他方，不得張君觀摩者數年。乙巳復同事於青島禮賢書院，得張君所著勾股書四卷，觀覽再三，見其理証圖畫，形學之體裁也，法術式樣，代數之規則也，而發明推究者，乃容形焉，測量焉，演代焉，積較焉，皆中國九章難明費解之題，然此書提綱揭要，融會貫通，難者以易，隱者以顯，悉知鏡之燭照無遺，名之曰《勾股題鏡》，豈虚語哉。夫代數形學，泰西所傳習也，勾股算章，中國之古法也。張君者，援西術以明中法，酌古傳以著此書，其有功於古人者，固不待言，其裨益於後學者，尤非淺鮮。嗚呼！後之習此書者，亦能如張君之會心也哉。光緒三十一年八月，安邱銘九周書訓序於禮賢書院之藏拙山房。

清·劉光照《勾股題鏡序》　算學之有勾股也，由來久矣，其法備載於《勾股六術》《九數通攷》《測圓海鏡》諸書，然名目紛繁，寔難就緒，因題立術，無所適從，即令學者苦心鋭志，亦不過知其當然，而不知其所以然也。終未見有援題引證，以晰其理，融會貫通，以探其奥者，豈智不逮歟，毋亦平日演算未得善本與？張君子清特於叢書中，去其無益之繁題，增以切用之要問，著此書以便學者，爲功豈淺鮮哉。此書雖較少於勾股叢書，然勾股大要綱目無一不載，惟証算之法與他書不同，蓋勾股難題悉以天元推算，所列算草多用中土號碼，是書則按形學以解其理，本代數以佈其式，而號碼則概用泰西通行者，式既簡明，証復淺顯。嗚呼！張君之用心，可謂至矣。光緒壬寅秋，山東大學堂西學教習劉光照序。

雜録

清·張松溪《勾股題鏡》凡例

一、本書悉用亞拉伯數目字，其加減乘除等號，概用泰西通行者。

二、書中圖証佈算，仿照形學代數，欲看此書，可與形學代數參閱。

三、學此書者，必用心習繪圖之法，使其正斜不差，遠近畢肖，蓋圖對而理自顯，圖誤理亦隨之晦矣。

四、書中法問之理，學者必須温習精熟，以備用時易於援引，庶不致旋得旋失，而涉於渺茫矣。

五、各法問下，皆設題問，以便學者藉已明之理，以解所未明者，愈覺其所得，確鑿而無疑焉。

六、此書所設之法問，未全立法術，因學者于佈算之式，温習精熟，不難自立法術也。

七、此書各題問之答，所以列之於後者，乃欲學者按書中之理，自出心裁而算之，後不過將答撿出，對証之而已。

光緒三十一年八月，山東臨朐張松溪自識於青島禮賢書院。安邱銘九周書訓、仁堂陸之安參閲。

徐虎臣《溥通新代數》

著録

《溥通新代數》總目

序跋

清·王鏞《溥通新代數叙》　行遠自邇，登高自卑，理所必然，不容陵躐。古者之於士也，六年教之數與方名，九年教之數日，十年學書計就易知易能之事，優游饜飫於勝衣就傅之時，迨少長，而易知者果知矣，易能者果能矣，然後更進以較難者焉。故其始也，人無有因其易而忽視之，其卒也，人無有因其難而震驚之。後世教士之法一切大異於古，里塾黨庠之内不聞有以數計爲教者。方今風氣漸開，各學堂之課程罔不以祘爲基礎，於是平昔精帖括工辭章之儒者，始思降心俛首而習之，獨是帖括已精矣，辭章已工矣，其穎異者大都在弱冠以後，語以祘之易者，彼將輕心掉之曰此孩提之事也，奚待學。若語以祘之難者，彼又讀之弗克知，思之弗克解，瞠目結舌，不崇朝而頹然沮矣。噫嘻！天下有跬步未移而可以適蠻貊，培塿未陟而可以登泰岱者哉。徐君嘯崖曩嘗選譯《數學佩觿》二卷，邇也卑也，茲復選譯《溥通新代數》六卷，邇與遠所歷之徑塗，卑與高所循之階級也，其析理也極之至精，其列式也要諸至簡，其設問也反復引申，旁推曲盡，無罣漏，無支離，蓋欲使過時而後學者不以始之易而輕之，不以終之難而畏之，循是以往，愈引愈深，以馴至於遠也高也夫何難。光緒癸卯仲春，上元王鏞識。

清·徐虎臣《溥通新代數·叙》 《皇極經世》云：天下之數出於理，違於理則入於術，世人以數入於術，故失於理。偉哉其言也。嗚呼！天下之數，無一非出於理，天下之理皆憑於數而始顯，苟無理則數不生，苟無數則理不顯。理者，天下之公道也，亘萬世而不變，通萬國而不異，彌萬物無不存，若夫日月之麗於蒼天，星辰之運於太虛，皆有自然之理爲之主宰，欲證明自然之理，唯數而已，苟無理，則天地混沌，日月失明，星辰飛散，人類死滅，草木枯朽，萬物無噍類矣，則數何以起。由此觀之，天下之數出於理者不誣，違於理則入於術矣。術者，一人之私意，非天下之公道也，亘萬世不能無變更，通萬國不能使相同，欲定萬世不易、萬國普通之公理，非數而何？我聖祖仁皇帝御製《數理精蘊》云：數者，理之證也。實千古之卓見。夫欲明自然之理，不可不知一切之數學，欲知一切之數學不能不先窮代數之理。代數爲一切數學之基礎，欲明一切之數學，固不能不藉徑於代數。代數學者，西名阿爾熱巴拉，譯亞(刺)[剌]伯語，謂補足相消之意，始從方程式而得，厥後屢屢更變，愈改愈精，故今之代數學異於往古之術也。當我朝康熙年間，西人始傳阿爾熱巴拉之法於我國，譯名曰借根方。其法與中國之天元不謀而合，且不若天元之簡捷易明。自嘉道以來，天元之學日精，江都焦氏、甘泉羅氏、海甯李氏相繼發明天元、四元之奧理。此時西人之代數亦日進於精深，故咸豐年間李海甯與偉烈亞力合譯《代數學》，同治年間華金匱與傅蘭雅合譯《代數術》《代數難題》等，而所譯之書皆改十一爲⊥丅，又易其分數之母子。考其更改之意，西書之加減號因與數字之十與一相混，倒其分數之母子者，因既命爲分母分子，則母不能不居於子上之意。考代數之源流，創自何國何人，雖不能詳，然當埃及國最盛時代有丟都番氏，著書十三卷，爲最古之代數書，今所存者纔六卷耳。其書載算術之題，唯知用數，而未詳用號之理，但當時天竺已有此法且精，於丟氏，波斯、亞(刺)[剌]伯皆傳其法，而不精當。晉隆安四年，西歷四百年時。有亞力山太之女士配把爵其人者，博學多能，著作頗富，後回民燒亞力山太之圖書館，其書大概歸於烏有。今所傳者有丟氏算法之解釋，明萬歷年間，西歷一千六百年間。於羅馬之撥根圖書館見丟氏之著作，而爲希臘之文，於是代數學者初從天竺而傳於亞(刺)[剌]伯。唐元和八年，西曆八百十三年。亞(刺)[剌]伯之數學家便麼西著代數學之書，今猶在於英國阿克斯福德之麥獵養圖書館。至道光十一年時，西曆一千八百三十一年。英國之羅先始譯英文，然意大利之薄那洗已從天竺傳於本國，當薄氏之壯年在巴巴利用九數字已作算數之善法，自薄氏從天竺傳代數學之後，凡三百年間學者尚稀。至明弘治七年，西曆一千四百九十四年。而意大利之羅卡司代保兒始印代數書而發行，此爲西國印代數書之始，而其書題以算術、幾何、比例之合篇，故歐洲之代數學以意大利爲最早，厥後弗里耶斯、大太里耶、迦但、佛拉利等之諸士接踵而起，故此學大進。明弘治十八年，西曆一千五百五年間。弗里耶斯造三次方程式之解法，後大太里耶更訂正其法。嘉靖二十四年，西曆一千五百四十五年。迦但印三次方程式之解法，佛拉利者出於迦但之門，於萬曆七年西曆一千五百七十九年。創四次方程式之解法。隆慶六年，西曆一千五百七十二年。磨倍留著代數論，由是此學稱意大利爲最盛。然嘉靖二十三年，西曆一千五百四十四年。日耳曼之思鐵法利曾著整數四術，創十一√之諸號，二十九年，西曆一千五百五十年。英國之立可、法國之白勤得利各傳其學於本國，此時立可又創＝號爲適等，然未知數雖悉用號，而已知數則仍用數也。至肥乙太始創已知數之諸號，爲今之代數學之濫觴。肥乙太者，法國人，善數學，於方程式之性情發明處頗多。崇禎四年，西曆一千六百三十一年。英國之奉利屋德、荷蘭之紀若爾獨皆修肥乙太之法而更進，由是此學盛於歐洲。然天竺初創此法時用五色之名，至波斯、亞(刺)[剌]伯亦各用方言之物名，其傳入歐洲、意大利、英國時，而仍用物名，故有物術之稱。萬曆二十一年，西曆一千五百九十三年。蘇格蘭之納白爾始造對數，四十二年，西曆一千六百十四年。著録對數用法，凡西土之曆算家無不心服。雖然此書猶有三項之缺，一對數之正負不明，二真數增加時對數反減少，三對數底以無窮級數立數不易，同時有英國之巴理知氏明數學理，訂正納白爾之法，以十爲底，而創新對數，此種之對數皆爲正數，其真數增加時對數亦偕之增加，最適於用，造自一至二萬及自九萬至十萬之十四位之對數。至崇禎元年，西曆一千六百二十八年。荷蘭之巴拉哥亦著對數書，從一至十萬之對數，各載十位，爲今之通行者。但至萬曆二十八年以後，西曆一千六百年後。新法之發明尤多，愛倫之布郎開爾造連分數，法國之代加德造指數，英國之奈端造合名法，忽拏造求方程式實商略近數之法，瑞西之斯士莫造方程式實商界限之法，其他蘇格蘭之馬格老臨、戴老，英人之棣麼甘、鮑國可，法人之本丁封留爾，瑞西之尤拉，日耳曼之戈士，那威之阿拜爾等之諸大家興起，此學益進。憶溥氏從天竺傳此學時能至今日之程度，亦思想所不及所以得如此之精者，賴先輩好學之效，惟希後之學者懷先輩之功勞，益求精密而更進此學於高深之域，庶不負前人之心力也。光緒癸卯仲春，江甯徐虎臣識。

雜録

清・徐虎臣《溥通新代數》凡例

一，本書之規則，倣日本諸家所譯英國突兑翰多爾之《代數學》、史密司之《大代數》、美國駱賓生之《代數教科書》等，參酌而損益之，以期副《溥通新代數》之名。

一，本書自代數加減乘分，迄多次式之解法，雖悉搜羅，然西人之著述汗牛充棟，發明新理處，不遑屈指，若奈端、葛西尼等其巨擘也，著作頗富，惜有文字不通之憾，僅藉東人轉譯之書，以管窺之見而參考之，難免無缺陷之處，當如何增損之，不得不質諸世之疇人家。

一，本書於每款之内悉解例題，並附問題數則，皆由淺而及深，讀是書者，能逐題演習，循序漸進，亦無深邃難明之處，然所設之題，間有從古書中摘來者，以示古今如一，中西合轍之意。

一，本書於解釋例題處，總以文辭簡易、旨意明晰爲宗旨，以期合教科書之體裁，非若專門著述家説理精深、考據詳明者可比，雖然，未免蹈文字麤略之弊，讀者諒之。

一，本書之鍊習問題，不附答於卷末者，使合教科書之性質，恐染避難就易之弊。考東西各國，凡教科書有教員用與生徒用之區別，其生徒用者，概無附答之例，容另刊解題之單行本，以副獨修者之期望。

鄒尊顯《分類演代》

著録

《分類演代》總目

序跋

清・鄒尊顯《分類演代・序》　算數者，技藝之末流，而亦聖教之所莫能外也。《論語》云：行有餘力則以學文，可見爲弟子者，宜以孝弟謹信親愛葆其天真，亦必以餘力學文，擴其才智也。攷朱子註云：文謂詩書六藝之文。夫六藝者，禮樂射御書數也。數，即今之算數，雖居六藝之末，而亦弟子所不容不學者耳。獨念中西算書日出不窮，浩如淵海，烏能畢學，而況於弟子乎？余之以算學課弟子也有年矣，其於初學中法爲主，西法副之，先加減乘除，次分數、比例、借衰、盈朒、方程、開方、句股、三角，次各面各體測量弧角等法，而後及天元、代數，亦謂循序漸進，有條不紊。無何近日風氣趨重西法，童冠負笈者略通文理，往往急於應試，勢不能不爲速成之計。顧欲其速成也，豈易言哉。將先西法而後中法乎，則其層累曲折如故。抑弁髦中法而專事西法乎，則又於中法之理茫然莫窺其蘊，方寸中有法無理，亦終不免有滯礙難通之慮。烏乎！可於是取《數理精蘊》及《數學啟蒙》之題，揀其與代數題相近者，先示以本法，隨演代數式，以誘掖之，積久成帙，分門別類，其不合類者删之，至若方程算法，儼然開代數之先路，無庸更爲演算。其所演凡九類，一曰互換加減，即《數理精蘊》之疊借互徵題也。二曰按分遞折。三曰遞加遞減，皆《數學啟蒙》兩種比例原題也。四曰超位加減，前俱《數學啟蒙》比例題末一題，則疊借互徵第一題也。五曰和較互徵。六曰無定方程，則《數學啟蒙》之和較比例題，所區而別之者也。七曰盈朒。八曰句股。九曰三角。則全係《數理精蘊》原題也。初學誠取此以與原書互勘之，引伸之，推測而知，因此識彼，或於代數之入門，亦不無小補焉。用是不揣固陋，願以公諸天下之爲弟子者，以爲觸類旁通之一助云。光緒甲辰日躔星紀之次，鄒尊顯自序。

雜録

清・鄒尊顯《分類演代》凡例

一，是書内有一題詳演數法者，皆隨其題情而爲之，故不敢憚煩，以冀開拓學者之心思，至於孰爲簡捷，則在學者自擇之焉。

一，是書所演代數算草，皆係《數理精蘊》及《數學啟蒙》原題，理法圖解，詳見原書，學者可自參攷，故不復贅。

一，是書爲欲令學者與原書互勘起見，故於代數入門諸法，不復鈔襲，學者自取觀之可也。

一，是書分類之題，凡其係《數理精蘊》之題，而已有算草者，俱爲全演代數式，凡其係《數學啟蒙》之題，而未有算草者，亦俱爲全演代數式，故不復另列習問。

鄒尊顯《元代開方通義》

著録

《元代開方通義》目録

設如大小兩立方共積一百五十二尺，祇云兩方根之較二尺，問大小兩方根各幾何。

設如大小兩立方共積一百五十二尺，祇云兩方根之和八尺，問大小兩方根各幾何。

設如大小兩三乘方共積四千七百二十一尺，祇云兩方根之較三尺，問大小兩方根各幾何。

設如大小兩三乘方共積四千七百二十一尺，祇云兩方根之和十三尺，問大小兩方根各幾何。

設如大小兩四乘方共積八千八百尺，祇云兩方根之較二尺，問大小兩方根各幾何。

設如大小兩四乘方共積八千八百尺，祇云兩方根之和十尺，問大小兩方根各幾何。

設如大小兩五乘方共積一萬五千六百八十九尺，祇云兩方根之較三尺，問大小兩方根各幾何。

設如大小兩五乘方共積一萬五千六百八十九尺，祇云兩方根之和七尺，問大小兩方根各幾何。

序跋

清・鄒尊顯《元代開方通義・序》 大易有言曰：「窮則變，變則通。」通之爲用大矣哉。中國算術之有天元固已巧不可階矣，其後又有《四元玉鑑》之書出，而天元之推廣愈宏。逮至泰西算學家創代數，流傳中土，中人譯之，以天、地、人、物等元代未知之數，以甲、乙、丙、丁等元代已知之數，蓋即中國之《四元玉鑑》也。惟其式俱横列，眉目清楚，較《四元玉鑑》之上下左右分列、易至混淆者，尤爲盡美盡善，獨於開方一術，則自二次雜方外，其三次雜方已覺不勝繁難，雖立有撿表，開方一法亦不甚簡易，至於四次以上更多滯礙難通，從無名家能創一通術以御之，此其術亦窮矣。而何不思變計耶？夫代數雜方以天代未知之數，奚啻天元雜方以一代未知之數也，其立法之初意本同。立法之初意同，則其佈算宜無不可通之理。間嘗取代數三次雜方式，以天元之義通之，按式推演，其得數若合符節，從可知代數四次以上之雜方，無不可以天元之義通之也。用是設立方、三乘方、四乘方、五乘方方根和較等題，先演天元如積相消之式，而開其方，而後演代數之三次方、四次方、五次方、六次方諸式，各聚其已知之數於左，變通開法，與天元得數毫釐不爽。則即七次以上雜方各式，其變通開法，亦何以異？是算學家之習代數開方者，其亦三復太易窮則變變則通之言可也。光緒乙巳日躔大火之次，鄒尊顯自序。

黃啓明《微積通詮》

著録

《微積通詮》目録

序跋

清・陳平瑛《微積通詮序》　歲甲辰，余課算於廣州府中學堂，花縣黃君佩星惠然造訪，談論數理，彼此甚歡。時佩星著有《微積通詮》一書，將付剞劂，余聞而未之覩也。今年春，佩星始將大作節次寄示，夏間書成，命序於余。余惟微積之書，中國僅有《代微積拾級》及《微積溯源》二譯本，《拾級》條分而縷析，《溯源》抉隱而鉤深，皆最精最奇之作也。昔吴縣馮氏病《拾級》中文義語氣晦澀難讀，因著《西算新法直解》以行於世，今佩星此書則務在闡明《溯源》之奥藴，使人易曉其作書之意與馮氏同，而其每演新題，輒抒心得，割圓八線級數及八線對數級數二卷，擘肌分理剖析無遺，尤能脱窠臼於前人，示準繩於後學，較之馮氏《西算新法直解》殆無過之無不及焉，非經數十年苦心弧詣者，其疇克與於斯。是書凡十六卷，都八册，任校字繪圖之事者爲譚生璣、淩生鴻銘，兩生方肄業廣州府中學堂，佩星亦應潯州府中學堂之聘，余既重佩星嘉惠來學之厚意，又喜兩生之樂從事於算學，得是書而研究之，其進方未有艾也。於是乎書。光緒乙巳七月，侯官陳平瑛。

清・張成桂《微積通詮序》《春秋傳》曰：物生而後有象，象而後有滋，滋而後有數，是故形體初具渾侖而運諸無窮，其鬱化精而幽贊之者，探賾索隱，剖割太真，於是迎日推筴之事興焉。蓋隸首以還，闢徑開畦，遞推遞轉，演臺錐者得懸解，擅叀術者偁通材，延至彳號禾號之別爲二營，而壼奥畢顯。花縣黄君佩星，工算術者也，篝燈之暇，括舉西士要旨，成《微積通詮》十六卷，以成桂犄知厓畧，俾爲之序。竊謂代數之後，繼以微積，椎輪大輅，先後攸分。來本之之學，鏤肝鉥腎，枅以秋毫，蜚聲歐洲，及於震旦。嗣是如馬格老林、戴勞諸子，咸以其藝鳴，鑽笮靡遺，兹業不墜。夫代數僅馭直綫，惟微積可以馭曲綫，代數僅求常數，惟微積可以求變數，故夫函數大小谿合而離，谿進而退，其中層累曲折，如苞符之洩，其蘊如以指喻指、以非馬喻馬之莫可端倪，覃而究焉，加以縋鑿，理固備矣，用亦廣矣。顧曩者金匱華若汀謂：有探討經年而未得其從入之塗者。黄君是書署者詳之，隱者宣之，疑者闕之，開決宧突，豁然共覩，爲談微積者所莫能外，因糾集同志，鋟版以廣其傳，後之君子欲明曲綫變數之理，以追蹤於來君，其必藉是書爲嚆矢也夫。光緒三十一年乙巳秋七月，番禺張成桂序。

雜録

清・黄啓明《微積通詮》例言

一，微積之術，仍藉代數式爲用，故其加、減、乘、除、開方，並各種變項之法，均與代數常法同，其求各種曲線之長、或面、或體，必先依本曲線之理求其縱横二線之同數，故欲學微積者，須先通幾何之學、各種曲線之理、代數布算之法，方可從此問津。

一，微積之術，專言變數，與代數求等之法迥不相同，故學微積者，須先化去其胸中之常見，而存其變易無方之見，然後於此術，乃得頭緒。

一，微積術中各種變化之法，實超出乎代數之外，而不可以代數之常法解之，故甫學微積之人，每有閲歷經年，而莫得其從入之門者。

一，微分立法之旨，最難會意，倘會意有差，則失之毫釐，謬之千里，故學微分者，貴有師承，否則必於全書展閲數次，先知梗概，然後以細意會之，其旨乃出。

一，微分求法，視之雖淺，而其理實深，故華氏《筆談》謂其「説理之處幾如囈語，演算之法竟如兒戲」，殊不知微分者乃將極深之理變爲極淺，遂使極難之法變爲極易耳。

一，積分爲微分之還原，既知微分所由來，便知積分之法所由立，故學積分者，不必論其理，只可論其法耳。

一，積分求法，又爲微分再進一步功夫，因平常數學之原皆可還，而微分之原有可還有不可還者也，其可還者既無定理，又無成法，其大要不外乎變化之法，其變之之法，總不外乎助變虚代二法，故學積分者，非深通代數變化之故，不能爲之。

一，是編所輯，其大畧本《代微積拾級》《微積溯源》諸書，而參以管見，因二書詞旨隱奥，每類之中，僅露端倪，初學讀之不無臨卷茫然之歎。今則標其旨，明其法，究其用，務使術意發明而止，故雖詞句之俚儷，體例之失當，皆所不計也。

一，是編所輯，原爲初學起見，法必求其顯，解必求其暢，使初學讀之一覽焉而知其立法之理，爲用之精，故解説之詳，有傷煩冗，兼文句中間有重複之處，亦所不計，通者諒之。

一，是編共十六卷，第一卷至第三卷言微分求法，第四卷至第八卷言微分實用，第九卷至第十二卷言積分求法，第十三卷至第十六卷言積分實用，倘有不盡術意者，海内君子尚期補之。

啓明自記。

陳修齡《公式演算》

序跋

清・盧朋《公式演算序》 陳君伯達《公式演算》書既成，余受而讀之，自比例以至弧角，凡有公式莫不演算，其向無公式者則補式演之，又其所演者皆注重實用，絶弗遁入幽深，信乎教育大家之言其益能普及學界也。余總角與君同塾，以學問相切劘，且共喜習算，晨夕過從，以故結爲昆弟之好。君魄力沈毅，文章淵懿，弱冠有聲庠序，一門之内，父子兄弟孜孜爲學，而于幾何天算之藝治之尤專，君用心最爲縝密，遇數理之紛繁而奧賾者，無不苦思窮索而得之，造詣精深，不易窺其涯涘。去歲應吾邑師範學堂之聘，而書適脱稿，本其下學上達之階級，扶學子而共登之意甚盛也。君弟仲容，手著《中西算學題鏡》，一時明算者莫不謂爲至精之作。余嘗讀而序之，當時以爲愧，愧已學之不如人，今得此作而讀之又以爲懼，懼已之告人未必能如君之切實而簡當也。光緒乙巳十月既望，同譜新會盧雄飛朋著序於廣州中學堂。

石振埏《勾股形邊角相求術圖解》

序跋

清・石振埏《勾股形邊角相求術圖解・叙》　叙曰：自代數專行，而習算者於條段層折及奧衍曲達之理多不能心知其故。其深造者，動如斯賓塞爾所云溺於代而不見其所代，將以求益反得其蔽。淺學家則依傍成式，搬演定法，叩以根源，茫乎莫解。深者困代而得難，淺者恃代而忽易。捷徑開而進步轉阻形學荒也。形學自爲一事，而不能以代，代也久矣。形非圖不明，圖非説不暢，亦固然矣。句股者諸形，測算之通用而莫能外者也。古人於此門，搜剔備至，自和較互求，求容方容圓中垂綫，及積與和較相求，以至《測圓海鏡》求圓城内外諸同式直綫，亦既無隱不搜，獨未有爲邊角和較相求者。邊角相求之理，在三角爲顯，在句股爲隱。和較，緐也。古人舊術偶未及此，項氏名達本其所爲句股和較六術，推闡蹊逕，刱爲邊角相求三十二術，循其次弟，共貫同條，僻徑深蹊，悉成康莊，術簡而明，布算良便，然比例之理，俱極精深，既未自爲圖説，轉令讀者茫乎莫得其源。法立而理不明，其於學者奚裨耶。振埏於丁亥歲閲項書，喜其術之新，而病其理之隱，憤懣沈思，誎然已解其爲術皆自其所爲六術而來，因爲之圖解，旬日而就，專明術理，不設問題，圖可共者不重繪，説可通者不複演，理之至奥者，如第十七題以下投發必盡不留餘藴，欲使學者相説以解也。稿成，置之篋中二十年，不復理。今夏檢閲，尚可成帙，爰付梓人，以質當世。振埏年二十六，發憤學算，初不解九九，傍無師友，自閲算書，未習常法，破空從天元術入始，亦覺其神妙如意，既而漸苦理多，未諳法即難推，乃翻然孯究常法及形學各種遍閲有圖解之書，遇近代諸名家立術不言其故，輒發憤探索，必得其根，所讀算書雜評於書之上下方及行間殆遍，皆理解也。當時未綴萃成編，今眼花，難遍寫録，《測圜海鏡識别圖解》造意最早，亦零碎未編就，獨此稿係另紙草就，完整易付禮堂，遂先問世。心思老洫，此道久置不講，無復進境，感算理之日微，顧一得之難舍，乃忽取二十年前之著述，付之梓人，倘亦足爲疇人子弟孯理之資，而爲明算理之達人所不弃乎？光緒丙午季秋，黄梅石振埏叙於安徽節署。

劉鷗華《生數表》

序跋

清・曹履貞《生數表序》　劉生鷗華劬學士也，歲壬寅正月肄業師範學堂，明年畢業即試之於附屬小學。劉生未到學堂之先，已究心數理，確有心得，迨在堂年餘，遂深明教授之法，從事教小學殆無不如火然如泉達者。丙午之春，出所著《生數表》見示，此盖從經驗之暇時時究心之所得也。讀其凡例，所以爲一切數學用者至便，按算數之術以簡爲貴，西人科學之發達乃有對數表及八綫表及一切表之作，今日用之誠簡極便極，又省學者無數心力矣，而烏知作者之用心苦乎。天下事有功德及人而人不覺者，皆此類耳。《生數表》出知爲功於學界者不少，劉生之苦心天下之快事也，以劉生所學之多，其可出以問世者何可限量，兹編其一斑也。願世之讀此表者拭目俟之。

光緒三十二年夏五月，友生曹履貞序於兩湖師範學堂教務室。

雜録

清·劉鷗華《生數表》凡例

一，此編將一至一萬數中之有生數者，逐一録出，定名《生數表》，其他純數無生數者，亦悉載之，以備參攷。

一，是表檢法：視欲檢之數爲若干而定，一頁一百數，幾百以内之數即在幾頁内，幾千以内之數即在幾十頁内，如有數一千，即在第十頁，如一千零一即在十一頁，如一千一百零一，即在十二頁内矣。餘類推。

一，是表小註中之點，仿若代數中之乘號，如數十二小註中之 2.6 言二乘六即爲十二也。3.4 言三乘四亦爲十二也。

一，是表可爲整數除法之用。譬如有數十二，用二可除。設有數十三，而欲以二除之，必不能盡。此數少，尚易明，如有數稍多者，恐難一望而知。若一檢此表，自能瞭然，不至多費心力矣。舉簡而繁者可知。

一，是表可爲約法之用。如數十二，小註中之二、三、四、六諸數，皆可爲十二之約數，且二與六相對，三與四相對。以二約即得六，以六約即得二，以三約即得四，以四約即得三也。分數之乘分、除分用之最多。

一，是表可爲求大公度之用。如取十二及十六兩數，求大公度。檢此表，見兩數相同之最大者爲四，即知四爲此數之大公度矣。他可隅反。

一，是表可爲比例之用。如有題云：設有一工程，三人作之，四日而畢，若用十二人作之，問幾日可畢。定率 一率 二率 三率 四率 12∶3∷4∶1 以一率除二三率，檢表，見十二小註中有「三」與「四」，即以二率之三與三率之四，同一率之十二對銷得一，即知四率爲整數一。是化繁爲簡矣。

一，是表可爲開平方及帶縱平方之用。如有題云：設有正方面積十六尺，問開之每邊若干尺。檢此表「十六」得「4.4」，可知其每邊四尺矣。又如有題云：設有長方面積十二尺，縱多一尺，問長闊幾何。檢此表「十二」得「3.4」，其較爲一，可知其長四尺、闊三尺矣。凡萬以内之積數皆可用。

一，是表可爲代數用劈生開方之用。如有式 天^2＋7天＋12＝0 觀末項之數爲十二，檢表得「3.4」，已知爲三與四之積數，又觀中項之係數爲七，亦知爲三與四之和數，可劈爲 (天＋4)(天＋3)＝0 又化爲 天＝−3 天＝−4 是爲得數。

一，是表雖止一萬數，即在一萬以外者，亦可輾轉檢之。如有數爲一萬七千九百八十六，此數單位爲偶數，可用二約，得八千九百九十三，再檢表得：17.529、23.391，諸數皆可約矣。即數更大者，約之，再約之，亦依表可檢。

一，是表本擬編至十萬數，因未易急就，而尋常有用者，尤以萬以内之數爲要，故先成一萬付梓，餘容續出。

一，是表付印倉猝，脱誤遺漏，諒所難免。大雅君子，幸匡不逮。

編者識。

引用書目

第一部分　數學典籍

周髀筭經		漢	中國科學技術典籍通彙本；宋刻本、武英殿聚珍版叢書本
九章筭術		漢	中國科學技術典籍通彙本；宋刻本、武英殿聚珍版叢書本
數術記遺	徐岳	漢	中國科學技術典籍通彙本；文津閣四庫全書本
海島算經	劉徽	三國	中國科學技術典籍通彙本；宋刻本、武英殿聚珍版叢書本
孫子筭經		晉	中國科學技術典籍通彙本；宋刻本、武英殿聚珍版叢書本
張丘建筭經	張丘建	北魏	中國科學技術典籍通彙本；文津閣四庫全書本
五曹算經		北周	中國科學技術典籍通彙本；宋刻本、清武英殿聚珍版叢書本
五經算術		北周	中國科學技術典籍通彙本；武英殿聚珍版叢書本、微波榭本、文津閣四庫全書本
緝古算經	王孝通	唐	中國科學技術典籍通彙本；宋刻本、武英殿聚珍版叢書本
夏侯陽筭經		唐	中國科學技術典籍通彙本；武英殿聚珍版叢書本、微波榭本、文津閣四庫全書本
九章筭術音義	李籍	唐	中國科學技術典籍通彙本；宋刻本、武英殿聚珍版叢書本
周髀筭經音義	李籍	唐	武英殿聚珍版叢書本
謝察微筭經	謝察微	宋	中國科學技術典籍通彙本
數書九章	秦九韶	宋	中國科學技術典籍通彙本；明趙琦美藏本、文淵閣四庫全書本、宜稼堂叢書本
詳解九章筭法	楊輝	宋	宜稼堂叢書本
日用筭法	楊輝	宋	中國科學技術典籍通彙本；日本關孝和抄本
乘除通變本末	楊輝	宋	中國科學技術典籍通彙本；日本關孝和抄本
田畝比類乘除捷法	楊輝	宋	中國科學技術典籍通彙本
續古摘奇筭法	楊輝	宋	中國科學技術典籍通彙本；日本關孝和抄本
楊輝筭法	楊輝	宋	日本關孝和鈔本；宜稼堂叢書本
益古演段	李冶	元	知不足齋叢書本
筭學啟蒙	朱世傑	元	清順治十七年朝鮮金始振刊本；清道光十九年揚州刊本
四元玉鑒	朱世傑	元	中國科學技術典籍通彙本；白芙堂算學叢本
革象新書	趙友欽	元	文淵閣四庫全書本
河防通議	沙克什	元	文淵閣四庫全書本
丁巨筭法	丁巨	元	中國科學技術典籍通彙本；知不足齋叢書本

筭法全能集	賈亨	元	中國科學技術典籍通彙本
透簾細草		元	知不足齋叢書本
通原筭法	嚴恭	明	中國科學技術典籍通彙本
永樂大典·筭		明	中國科學技術典籍通彙本
九龍易訣筭法		明	中國科學技術典籍通彙本
諸家算法及序記		明	中國科學技術典籍通彙本
九章比類算法大全	吴敬	明	明景泰元年刻弘治元年吴訥補修本
算學寶鑒	王文素	明	中國科學技術典籍通彙本
勾股筭術	顧應祥	明	明嘉靖三十二年刻本
測圓海鏡分類釋術	顧應祥	明	中國科學技術典籍通彙本
弧矢筭術	顧應祥	明	中國科學技術典籍通彙本
測圓筭術	顧應祥	明	中國科學技術典籍通彙本
曆宗算會	周述學	明	續修四庫全書本
數學通軌	柯尚遷	明	中國科學技術典籍通彙本
九章正明算法	張爵	明	明万历十年重刊本
一鴻算法	余楷	明	明萬曆十三年刊本
筭法統宗	程大位	明	清康熙五十五年海陽率濱維新堂刊本
樂律全書	朱載堉	明	萬有文庫本
筭學新説	朱載堉	明	萬有文庫本
算法纂要	程大位	明	明萬曆二十六年賓渠旅舍刊本
筭法指南	黄龍吟	明	中國科學技術典籍通彙本
嘉量筭經	朱載堉	明	明萬曆三十八年刊本
同文算指	利瑪竇 明李之藻	意	中國科學技術典籍通彙本
測量法義	徐光啟	明	文淵閣四庫全書本
測量異同	徐光啟	明	文淵閣四庫全書本
勾股義	徐光啟	明	文淵閣四庫全書本
崇禎曆書	徐光啟 李天經	明	上海古籍出版社二〇〇九年影印本
徐光啟集	徐光啟	明	中華書局二〇一四年輯校本
天學會通	薛鳳祚	清	文淵閣四庫全書本

曆學會通	薛鳳祚	清	山東文獻集成影印本
曆學會通比例對數表	薛鳳祚	清	曆學會通本
曆學會通正弦部	薛鳳祚	清	曆學會通本
曆學會通中法四線	薛鳳祚	清	曆學會通本
天弧象限表	李子金	清	自然科學史研究所藏抄本
隱山鄙事	李子金	清	文淵閣四庫全書本；北京圖書館古籍珍本叢刊本
算法通義	李子金	清	自然科學史研究所藏抄本
數度衍	方中通	明	清乾隆十二年桐城方氏刊本，四庫全書本
數學鑰	杜知耕	清	文淵閣四庫全書本；民國五年開封榮興齋石印本
幾何論約	杜知耕	清	文淵閣四庫全書本
勾股引蒙	陳訏	清	文淵閣四庫全書本
句股述	陳訏	清	清康熙二十二年刊本
曆算全書	梅文鼎	清	清雍正元年魏荔彤兼濟堂刻本
筆算	梅文鼎	清	曆算全書本；梅氏叢書輯要本
籌算	梅文鼎	清	曆算全書本；梅氏叢書輯要本
平三角舉要	梅文鼎	清	梅氏叢書輯要本
弧三角舉要	梅文鼎	清	梅氏叢書輯要本
塹堵測量	梅文鼎	清	梅氏叢書輯要本
環中黍尺	梅文鼎	清	梅氏叢書輯要本
方程論	梅文鼎	清	曆算全書本；梅氏叢書輯要本
幾何補編	梅文鼎	清	梅氏叢書輯要本
方圓冪積	梅文鼎	清	梅氏叢書輯要本
少廣補遺	梅文鼎	清	梅氏叢書輯要本
五星管見	梅文鼎	清	梅氏叢書輯要本
勿庵曆算書目	梅文鼎	清	文淵閣四庫全書本；知不足齋叢書本
九章雜論	王元啟	清	疇人傳引惺齋雜著本
句股衍	王元啟	清	疇人傳引惺齋雜著本
勾股矩測解原	黄百家	清	文淵閣四庫全書本
中西算法異同論	陳萬策	清	清乾隆八年近道齋文集本

莊氏算學	莊亨陽	清	文淵閣四庫全書本
面體比例便覽	年希堯	清	古今算學叢書本
視學	年希堯	清	中國科學技術典籍通彙本
同度記	孔繼涵	清	清乾隆刻微波榭叢書本
兼濟堂曆算書刊謬	梅瑴成	清	日本淺草文庫藏抄本
操縵卮言	梅瑴成	清	梅氏叢書輯要本
赤水遺珍	梅瑴成	清	梅氏叢書輯要本
割圜密率捷法	明安圖	清	清道光十九年岑氏刊本
增刪算法統宗	梅瑴成	清	清光緒三年江南製造局刊本
梅氏叢書輯要	梅文鼎　梅瑴成	清	清乾隆二十六年梅瑴成承學堂刊本
翼梅	江永	清	清光緒七年羣玉山房校刊本；光緒七年花雨樓刊本、守山閣叢書本
策筭	戴震	清	續修四庫全書本
方圜比例數表	戴震	清	續修四庫全書本
割圜弧矢補論	戴震	清	續修四庫全書本
句股割圜記	戴震	清	續修四庫全書本
九章錄要	屠文漪	清	文淵閣四庫全書本
數學精詳	屈曾發	清	清乾隆三十七年常熟屈氏豫簪堂刊本
九數通考	屈曾發	清	清乾隆三十七年常熟屈氏豫簪堂刊本；同治十年學海堂重刊本、光緒十四年上海點石齋石印本
勾股形內容三事和較	伯啟	清	清道光元年姚元之抄本
六九軒筭書	劉衡	清	清咸豐五年劉良駒陝西長安縣署重刊本
尺筭日晷新義	劉衡	清	六九軒筭書本
籌表開諸乘方捷法	劉衡	清	六九軒筭書本
緝古算經補注	劉衡	清	六九軒筭書本
借根方法淺說	劉衡	清	六九軒筭書本
句股尺測量新灋	劉衡	清	六九軒筭書本
四率淺說	劉衡	清	六九軒筭書本
疇人傳	阮元	清	清咸豐八年有嘉樹軒刻本；中州古籍出版社二〇一二年疇人傳合編校注本
里堂學算記	焦循	清	清嘉慶四年焦循雕菰樓刻本

加減乘除釋　焦循　清　里堂學算記本
釋弧　焦循　清　里堂學算記本
釋輪　焦循　清　里堂學算記本
釋橢　焦循　清　里堂學算記本
天元一釋　焦循　清　里堂學算記本
開方通釋　焦循　清　清嘉慶六年德化李氏刊本
勾股淺述　梅沖　清　青照樓叢書本
緝古筭經細草　張敦仁　清　清嘉慶六年藝學軒刊本
求一算術　張敦仁　清　清嘉慶八年原刊本
衡齋算學　汪萊　清　清嘉慶三年刊本
衡齋算學遺書合刻　汪萊　清　清咸豐四年夏燮鄱陽縣署刊本；光緒十八年汪廷棟聞梅齋重刊本
李氏遺書　李鋭　清　清道光三年阮氏刻本
方程新術草　李鋭　清　李氏遺書本
弧矢算術細草　李鋭　清　李氏遺書本
句股筭術細草　李鋭　清　李氏遺書本
開方說　李鋭　清　李氏遺書本
日法朔餘強弱考　李鋭　清　李氏遺書本
數學五書　安清翹　清　清嘉慶六年樹人堂刊本
矩線原本　安清翹　清　數學五書本
樂律心得　安清翹　清　數學五書本
推步惟是　安清翹　清　數學五書本
學算存略　安清翹　清　數學五書本
一線表用　安清翹　清　數學五書本
天地圖儀　徐朝俊　清　清嘉慶十四年松江知府刊高厚蒙求本
天學入門　徐朝俊　清　清嘉慶十四年松江知府刊高厚蒙求本
星月測時圖說　徐朝俊　清　清嘉慶十四年松江知府刊高厚蒙求本
鐘錶圖說　徐朝俊　清　清嘉慶十四年松江知府刊高厚蒙求本
海島算經細草圖說　李潢　清　清嘉慶二十五年語鴻堂刊本
九章算術細草圖說　李潢　清　清嘉慶二十五年語鴻堂刊本

緝古算經考注	李潢	清	清道光十二年吳蘭修復校廣州刊本
開方釋例	駱騰鳳	清	清道光二十三年何錦校刊本；光緒二十二年石印本。
藝遊録	駱騰鳳	清	清道光二十三年何錦校刊本
比例匯通	羅士琳	清	清嘉慶二十三年羅氏自刻本
翠薇山房數學	張作楠	清	清嘉慶二十五年金華張氏翠薇山房刊本
倉田通法	張作楠	清	翠薇山房數學本
倉田通法續編	張作楠	清	翠薇山房數學本
量倉通法	張作楠	清	翠薇山房數學本
方田通法補例	張作楠	清	翠薇山房數學本
八線類編	張作楠	清	翠薇山房數學本
八線對數類編	張作楠	清	翠薇山房數學本
揣籥小録	張作楠	清	翠薇山房數學本
揣籥續録	張作楠	清	翠薇山房數學本
高弧細草	張作楠	清	翠薇山房數學本
更漏中星表	張作楠	清	翠薇山房數學本
交食細草	張作楠	清	翠薇山房數學本
新測恒星圖表	張作楠	清	翠薇山房數學本
新測中星圖表	張作楠	清	翠薇山房數學本
弧角設如	張作楠 江臨泰	清	翠薇山房數學本
弧三角舉隅	江臨泰	清	翠薇山房數學本
四元玉鑑細草	沈欽裴	清	中國科學技術典籍通彙本
緝古算經考注圖草	揭廷鏘	清	清道光十二年三史堂刊本
重差圖說	沈欽裴	清	中國科學技術典籍通彙本
董方立遺書	董祐誠	清	清道光十年京都琉璃廠文德齋刊本；清同治八年成都書局刊本
堆垛求積術	董祐誠	清	董方立遺書本
割圜連比例術圖解	董祐誠	清	董方立遺書本
橢圜求周術	董祐誠	清	董方立遺書本
斜弧三邊求角補術	董祐誠	清	董方立遺書本
算牖	許桂林	清	清道光十年玉田孫德坦等刊本

開方補記	張敦仁	清	清道光十四年刊本
緝古算經圖解	陳傑	清	清道光二十年斐文堂刊本
緝古算經音義	陳傑	清	清道光二十年斐文堂刊本
算法大成上編	陳傑	清	清光緒二十四年浙江官書局重刊本
謝穀堂算學	謝家禾	清	清道光十七年戴煦校刊本
衍元要義	謝家禾	清	謝穀堂算學本
觀我生室彙稿	羅士琳	清	清道光年間羅氏自刊本
弧矢筭術補	羅士琳	清	觀我生室彙稿本
句股容三事拾遺	羅士琳	清	觀我生室彙稿本
三角和較算例	羅士琳	清	觀我生室彙稿本
四元玉鑒細草	羅士琳	清	觀我生室彙稿本
台錐積演	羅士琳	清	觀我生室彙稿本
演元九式	羅士琳	清	觀我生室彙稿本
周無專鼎銘考	羅士琳	清	觀我生室彙稿本
四元釋例	易之瀚 羅士琳	清	觀我生室彙稿本
句股截積和較算術	羅士琳	清	清道光二十八年靈石楊氏刊本
疇人傳續編	羅士琳	清	清咸豐八年有嘉樹軒刻本；中州古籍出版社二〇一二年疇人傳合編校注本
數書九章劄記	宋景昌	清	清道光壬寅刊宜稼堂叢書本
詳解九章算法劄記	宋景昌	清	清道光壬寅刊宜稼堂叢書本
楊輝算法劄記	宋景昌	清	清道光壬寅刊宜稼堂叢書本
開方之分還原術	宋景昌	清	聚學軒叢書本
對數簡法	戴煦	清	粵雅堂叢書本
續對數簡法	戴煦	清	粵雅堂叢書本
下學庵算術	項名達	清	清光緒十三年項氏家刊本
平三角和較術	項名達	清	下學庵算術本
句股六術	項名達	清	下學庵算術本
算迪	何夢瑤	清	嶺南遺書本
算罟	馮經	清	嶺南遺書本
九章補餘	陳暘	清	清陳氏刊本

天元一術圖說	葉棠	清	清光緒十四年慎自愛軒刊本
假數測圓	戴煦	清	粵雅堂叢書本
求表捷術	戴煦	清	粵雅堂叢書本
外切密率	戴煦	清	粵雅堂叢書本
如積引蒙	汪曰楨	清	續修四庫全書本
歷代長術輯要	汪曰楨	清	荔牆叢刻本
弧矢算術細草圖解	馮桂芬	清	聚學軒叢書本
繪地圖議	馮桂芬	清	清光緒十年豫章刻校邠廬抗議本
西算新法直解	馮桂芬	清	清光緒二年吳縣馮氏校邠廬刊本
象數一原	項名達	清	高齋叢刻本
橢圓求周術	項名達	清	高齋叢刻本
萬象一原	夏鸞翔	清	振綺堂叢書本；清光緒二十四年江蘇書局刊本
對數尖錐變法釋	李善蘭	清	則古昔齋算學本
對數探源	李善蘭	清	則古昔齋算學本
垛積比類	李善蘭	清	則古昔齋算學本
火器真訣	李善蘭	清	則古昔齋算學本
級數回求	李善蘭	清	則古昔齋算學本
幾何原本	李善蘭	清	則古昔齋算學本
考數根法	李善蘭	清	則古昔齋算學本
麟德術解	李善蘭	清	則古昔齋算學本
四元解	李善蘭	清	則古昔齋算學本
天算或問	李善蘭	清	則古昔齋算學本
橢圓拾遺	李善蘭	清	則古昔齋算學本
橢圓正術解	李善蘭	清	則古昔齋算學本
則古昔齋算學	李善蘭	清	清同治六年獨山莫友芝檢校本
代數學	偉烈亞力　李善蘭譯	英	清咸豐九年上海墨海書館刻本
代微積拾級	偉烈亞力　李善蘭譯	英	清咸豐九年上海墨海書館刻本
談天	偉烈亞力　李善蘭譯	英	清同治十三年江南製造局重刊本
測地志要	黃炳垕	清	清同治六年留書種閣刊本

星算補遺	董毓琦	清	清同治五年髀算山房藏板刻本
髀矩測營	董毓琦	清	星算補遺本
籌筆初梯	董毓琦	清	星算補遺本
胡氏宕田算稿	董毓琦	清	星算補遺本
交食南車	董毓琦	清	星算補遺本
九環西解	董毓琦	清	星算補遺本
重學	李善蘭	清	清同治六年美華書館刊印刻本
三統術詳說	廖廷相	清	續修四庫全書本
垛積衍術	強汝詢	清	民國七年南林劉氏求恕齋刊
格致古微	王仁俊	清	清光緒二十三年武昌質學會刻本
數學心得	石仁鏡	清	清同治十年半畝園刊本
天元算術	尹錫瓚	清	抄本
白芙堂算學叢書	丁取忠	清	清同治十三年長沙古荷池精舍刊本
數學拾遺	丁取忠	清	白芙堂算學叢書本
對數詳解	丁取忠　曾紀鴻	清	白芙堂算學叢書本；古今算學叢書本
粟布演草	丁取忠等	清	白芙堂算學叢本
粟布演草補	丁取忠等	清	白芙堂算學叢書本
借根方句股細草	李錫銘	清	白芙堂算學叢書本
白芙堂算學	吴嘉善	清	白芙堂算學叢書本；清光緒二十一年味經刊書處刊本
夏氏算書遺稿	夏鸞翔	清	鄒征君遺書本；清光緒二十五年成都算書局刊本
洞方術圖解	夏鸞翔	清	夏氏算書遺稿本
少廣縋鑿	夏鸞翔	清	夏氏算書遺稿本
致曲術	夏鸞翔	清	夏氏算書遺稿本
致曲圖解	夏鸞翔	清	夏氏算書遺稿本
務民義齋算學	徐有壬	清	清光緒九年汪清姚氏咫進齋刻本；白芙堂算學叢書本
截球解義	徐有壬	清	務民義齋算學本
造各表簡法	徐有壬	清	務民義齋算學本
割圜八線綴術	徐有壬	清	白芙堂算學叢書本
綴術補草	左潛	清	白芙堂算學叢書本

綴術釋戴	左潛	清	白芙堂算學叢書本；古今算學叢書本
綴術釋明	左潛	清	白芙堂算學叢書本；古今算學叢書本
求一通解術	黄宗憲	清	清同治十三年長沙河池精舍刊本
學強恕齋筆算	梅啟照	清	清光緒八年東河節署刻本
百雞術衍	時曰淳	清	中國科學技術典籍通彙本；白芙堂算學叢書本
鄒征君遺書	鄒伯奇	清	清同治十二年廣州拾芥園刊本
乘方捷術	鄒伯奇	清	鄒征君遺書本；古今算學叢書本
地球正背兩面全圖	鄒伯奇	清	鄒征君遺書本
格術補	鄒伯奇	清	鄒征君遺書本
皇輿全圖	鄒伯奇	清	鄒征君遺書本
弧三角平視法	陳澧	清	清咸豐七年自序刊本
古籌算考釋	勞乃宣	清	清光緒十二年完縣官舍刊本
五緯捷算	黄炳垕	清	清光緒四年留書種閣刊本
益智圖	童葉庚	清	清光緒四年琉墩廠文寶堂書店本
八線對數簡表	賈步緯	清	清光緒二十八年江南製造局刊本
八線簡表	賈步緯	清	清光緒二十九年江南製造局刊本
算學十書	賈步緯	清	清光緒十一年江南製造局刊印
對數表	賈步緯	清	算學十書本
翻譯外洋弦切對數用表之法	賈步緯	清	算學十書本
衍元海鑒	李鏐	清	清光緒二十四年習琴書堂石印本
海島緯筆	李鏐	清	衍元海鑒本
海鏡法筆	李鏐	清	衍元海鑒本
經算詁筆	李鏐	清	衍元海鑒本
量倉校筆	李鏐	清	衍元海鑒本
龍山書院元草	李鏐	清	衍元海鑒本
如積正軌	李鏐	清	衍元海鑒本
石鯨書院元草	李鏐	清	衍元海鑒本
四元玉鑒省筆	李鏐	清	衍元海鑒本
算學奇題削筆	李鏐	清	衍元海鑒本

鎖闡元草	李鏐	清	衍元海鑒本
王制准經算解	李鏐	清	衍元海鑒本
增補筭法渾圓圖	保其壽	清	自刊袖珍本碧奈山房集本
乘方圖說	蔣德鋐	清	清光緒十六年儲萬卷樓抄本
算學發蒙	潘逢禧	清	清光緒八年逸白齋刊本
立方奇法	龔傑	清	清光緒年間元和胡氏石印漸學盧叢書本
求一捷術	龔傑	清	清光緒年間元和胡氏石印漸學盧叢書本
行素軒算稿	華蘅芳	清	清光緒八年梁溪華氏刻本
華氏中西算學全書	華蘅芳	清	清光緒二十三年慎記書莊石印；新學會校正賜書堂藏本
恒河沙館算草	華世芳	清	清光緒十一年金匱華氏刊本
連分數學	華世芳	清	恒河沙館算草本；華氏中西算學全書本
開方古義	華蘅芳	清	行素軒算稿本；古今算學叢書本
演算法須知	華蘅芳	清	華氏中西算學全書本
微積溯源	華蘅芳	清	華氏中西算學全書本
學算筆談	華蘅芳	清	行素軒算稿本
答數界限	華世芳	清	恒河沙館算草本；華氏中西算學全書本
近代疇人著述記	華世芳	清	學算筆談本
天元正負歌序	劉熙載	清	清光緒八年自刊昨非集本
割圓闡率	劉彝程	清	古今算學叢書本
九數外錄	顧觀光	清	清光緒九年武陵山人遺書本；光緒十二年朱記榮槐廬校刊本
算剩初編	顧觀光	清	清光緒九年武陵山人遺書本
筭學啟蒙述義	王鑒	清	清光緒十年湖北崇文書局刊本；光緒十年江蘇王氏刊本
中西算學集要	周毓英	清	光緒七年聚文堂刊本
筱衡筭說	汪光恒	清	清光緒十一年汪氏聞梅齋刊本
盛世參苓算稿	董毓琦	清	清光緒十二年福州刊本
天代蒙泉	董毓琦	清	盛世參苓算稿本
疇人傳三編	諸可寶	清	中州古籍出版社二〇一二年疇人傳合編校注本
筭學啟蒙通釋	徐鳳誥	清	清光緒十三年求是齋刻本；光緒二十三年復古齋石印本
中西算學入門彙通	鄧建章	清	清光緒十四年自序刻本

中西算學大成	陳維祺	清	清光緒十五年同文書局石印
算學書目提要	丁福保	清	清光緒二十五年無錫竢實學堂刊本
禮記天算釋	孔廣牧	清	清光緒十五年廣雅書局刊
測地膚言	陶保廉	清	清光緒二六年拙守軒刊本
泛倍數衍	王季鍇	清	清光緒十七年自刊本
積較補解	王季鍇	清	清光緒十七年自刊本
矩象測繪	吴錫釗	清	清光緒十七年杏雨山房校刊本
九數存古	顧觀光	清	清光緒十八年江蘇書局校刊本
三角和較術圖解	張毓瑗	清	清光緒二十八年蘇州毛上珍刊本
四元玉鑑四象細草詳解	鄒祖蔭	清	清光緒十九年杭州官廨刊本
交食引蒙	賈步緯	清	清光緒二十年江南製造局本
海鏡窺豹	王鑒	清	清光緒二十年刊本
七政弧角圖算	蔡綬彩	清	清光緒二十一年順邑龍江真步堂刊本
須曼精廬算學	楊兆鋆	清	清光緒二十一年吴興劉氏嘉業堂刋本
得一齋算學	黄豪伯	清	清光緒二十二年刻本
古琴古硯齋算率	黄宗憲	清	清光緒二十二年梅城知足堂刊本
曲面容方	黄宗憲	清	古琴古硯齋算率本
憫笑不計	黄宗憲	清	古琴古硯齋算率本
容圓七術	黄宗憲	清	古琴古硯齋算率本
測圓海鏡通釋	劉嶽雲	清	清光緒二十二年成都尊經書局刊本
強自力齋西算叢書	馮澄	清	清光緒二十三年著易堂石印本
代數啟蒙	馮澄	清	強自力齋西算叢書本
數學脞錄	馮澄	清	強自力齋西算叢書本
思柬室筭學新編四種	蔣士棟	清	清光緒二十三年家刻本
籌算淺釋	勞乃宣	清	清光緒二十三年精苑官廨刊本
經算雜説	曹汝英	清	清光緒二十四年廣州成文堂刊本
算學雜識	曹汝英	清	清光緒二十四年廣州成文堂刊刊本
圜率考眞圖解	曾紀鴻	清	白芙堂算學叢書本
垛積一得	崔朝慶	清	古今算學叢書本

算理紬奇	顧儒基，崔朝慶	清	清光緒二十四年南通本
測圓海鏡釋義	胡文淵	清	稿本
疇人傳四編	黃鐘駿	清	《疇人傳合編校注》本
溉齋算學	江衡	清	清光緒二十至二十六年間自刊本
對數淺釋	江衡	清	溉齋算學本
垛積解義	江衡	清	溉齋算學本
學計韻言	江衡	清	清光緒二十四年成都志古堂刻本
縱方備證	江衡	清	溉齋算學本
矩齋籌算叢刻	勞乃宣	清	清光緒二十四年吳橋官廨刊本
衍元小草	孔慶霽　孔慶霱　勞絅章	清	矩齋籌算叢刻本
籌算分灋淺釋	勞乃宣	清	矩齋籌算叢刻本
籌算蒙課	勞乃宣	清	矩齋籌算叢刻本
垛積籌法	勞乃宣	清	矩齋籌算叢刻本
古籌算考釋續編	勞乃宣	清	矩齋籌算叢刻本
古今算學叢書	劉鐸	清	清光緒二十四年上海算學書局石印本
古今算學書錄	劉鐸	清	清光緒二十四年算學書局印
代數句股草	劉其偉	清	稿本
九容公式	王季同	清	古今算學叢書本
測圓海鏡細草通釋	王澤沛	清	古今算學叢書本
形學演	王澤沛	清	古今算學叢書本
算學一隅	吴誠	清	清光緒二十四年寧波儲材學堂刊本
遊藝課草初集	蕭履安	清	清光緒二十四年刊求實濟齋叢書本
測圓海鏡圖解	葉耀元	清	劉鐸編古今算學叢書本
五經算術疏義	劉嶽雲	清	清光緒二十五年聚珍版食舊德齋算書本
代數術補式	解崇輝	清	清光緒二十六年上海順成書局石印
微積集證	林傳甲	清	清光緒二十六年長沙督學使署刻本
簡易庵算稿	劉彝程	清	清光緒二十六年製造局鋟板
測圓海鏡贅解	黃泰生	清	清光緒二十七年崇川陳氏校刊本
九章實義	劉彝程	清	清光緒二十七年劉氏簡易菴石印本

拋物淺釋	翟寶書	清	清光緒二十七年椽竹書屋主人校刊本
上虞算學堂課藝	支寶枏	清	清光緒二十七年經正書院自刊本
躔離引蒙	賈步緯	清	清光緒二十八年南彙賈氏刻本
算表合璧	崔朝慶　楊冰	清	清光緒十八年江楚書局刊本
中西度量權衡備考	鄧端黻	清	清光緒二十八年湖北鐵政洋務局刻本
沿沂亭算稿	徐巽	清	清光緒二十八年上海經世文社石印本
積分難題	徐巽	清	沿沂亭算稿本
粟布快捷方式	徐巽	清	沿沂亭算稿本
萬象一原校勘記	徐巽	清	沿沂亭算稿本
萬象一原演式	盧靖	清	清光緒二十八年石印本
直方大齋數學上編	曹汝英	清	清光緒二十九年羊城刊本
圓錐曲線論心	何壽章	清	清光緒二十九年刊蘇甘石算學叢書本
火器新術	黃方慶	清	清光緒二十九年刊蘇甘石算學叢書本
彭氏啟蒙數學談理	彭竹陽	清	清光緒二十九年重慶廣益書局鉛印本
勾股演代	王錫恩	清	清光緒二十九年上海美華書館鉛印本
溥通新代數	徐虎臣	清	清光緒二十九年江楚書局刊本
日本調查算學記	周達	清	清光緒二十九年揚州知新算社石印本
知新祘社課蓺初集	周達	清	清光緒二十九年揚州知新算社本
巴氏累圓奇題解	周達	清	清光緒三十年揚州知新算社石印本
圓理奇侅	周達	清	民國三十一年印
新幾何學教科書	長澤龜之助	日	日本書籍株式會社一九〇四年本
東溪算學	陳崧	清	清光緒二十四年至三十年東溪茹古閣刊本；清宣統二年刻本
垛積比類後記	陳崧	清	東溪算學本
弧角平儀簡法	陳崧	清	東溪算學本
截垛發微	陳崧	清	東溪算學本
借根代數會通	陳崧	清	東溪算學本
橢圓盈縮簡法	陳崧	清	東溪算學本
引錣錄	陳崧	清	東溪算學本
玉鑒垛題闡幽	陳崧	清	東溪算學本

求一得齋算學	陳志堅	清	清光緒三十年松江稽文墨齋刻本
李氏勾股術補	陳志堅	清	求一得齋算學本
連分數開方	陳志堅	清	求一得齋算學本
三角新理	陳志堅	清	求一得齋算學本
粟布術廣	陳志堅	清	求一得齋算學本
演無定式	陳志堅	清	求一得齋算學本
雜題類存	陳志堅	清	求一得齋算學本
整勾股釋術	陳志堅	清	求一得齋算學本
分類演代	鄒尊顯	清	清光緒三十年自序刊本
元代開方通義	鄒尊顯	清	清光緒三十一年自序刊本
公式演算	陳修齡	清	清光緒三十一年廣州刊本
微積闡詳	陳志堅	清	清光緒三十二年松江稽文墨齋刻本
江南高等學堂課藝	崔朝慶	清	清光緒三十二江南高等學堂刊本
方子壯數學	方克猷	清	清光緒三十二年吳氏家刊本
微積通詮	黃啟明	清	清光緒三十二年廣叶菁華閣刻本
生數表	劉鷗華	清	清光緒三十二年博羅印書館本
幾何贅說	潘應祺	清	清光緒三十二年番陽潘氏扈離館刊本
勾股形邊角相求術圖解	石振埏	清	清光緒三十二年皖垣節署刊本
集賢講舍課藝	崔朝慶	清	清光緒二十二至三十二年泰興刊本
中西數學通解	劉澤楨	清	清光緒三十三年欒山叢桂書屋刊本
勾股題鏡	張松溪	清	清光緒三十三年上海美華書館鉛印本
福慧雙修館算稿	周達	清	清宣統元年維揚刊本
四元消法易簡草	陳棠	清	清宣統二年京師刊本

第二部分　一般著作

史記	司馬遷	漢	中華書局一九五九年點校本
漢書	班固	漢	中華書局一九六二年點校本
周禮注	鄭玄	漢	清嘉慶二十年南昌府學重刊宋本十三經注疏本

蔡中郎集	蔡邕	漢	文津閣四庫全書本
中論	徐幹	漢	四部叢刊本
後漢書志	司馬彪	漢	中華書局一九六五年點校本
三國志	陳壽	晉	中華書局一九五九年點校本
後漢書	范曄	南朝宋	中華書局一九六五年點校本
世説新語	劉義慶	南朝梁	四部叢刊景明袁氏嘉趣堂本
宋書	沈約	南朝梁	中華書局一九七四年點校本
魏書	魏收	北齊	中華書局一九七四年點校本
顔氏家訓	顔之推	唐	四部叢刊本
藝文類聚	歐陽詢	唐	文淵閣四庫全書本
梁書	姚思廉	唐	中華書局一九七三年點校本
隋書	魏徵	唐	中華書局一九七三年點校本
禮記疏	孔穎達	唐	清嘉慶二十年南昌府學重刊宋本十三經注疏本
晉書	房玄齡	唐	中華書局一九七四年點校本
周禮疏	賈公彦	唐	清嘉慶二十年南昌府學重刊宋本十三經注疏本
北史	李延壽	唐	中華書局一九八四年點校本
南史	李延壽	唐	中華書局一九八四年點校本
初學記	徐堅	唐	清光緒間孔氏三十三萬卷堂本
一切經音義	慧琳	唐	日本元文三年至延亨三年獅穀蓮社刻本
舊唐書	劉昫	五代	中華書局一九七五年點校本
唐會要	王溥	宋	武英殿聚珍版叢書本
太平御覽	李昉	宋	中華書局一九六〇平影印本
冊府元龜	王欽若	宋	中華書局一九六〇平影印本
廣韻	陳彭年	宋	四部叢刊本
崇文總目輯釋	王堯臣著　清錢侗輯釋	宋、清	廣文書局一九六八年影印本
王氏談録	王洙	宋	寶顔堂秘笈本
新唐書	歐陽修	宋	中華書一九七五年點校本
元豐九域志	王存	宋	中華書局一九八四年點校本
新儀象法要	蘇頌	宋	守山閣叢書本

通志	鄭樵	宋	中華書局一九八七年影印本
南宋館閣續錄	陳騤	宋	文淵閣四庫全書本
滹南遺老王先生文集	王若虛	金	四部叢刊本
景定建康志	周應合	宋	文淵閣四庫全書本
直齋書錄解題	陳振孫	宋	武英殿聚珍版叢書本
沿江制置司題名	王埜	宋	文淵閣四庫全書本
可齋續稿後卷	李曾伯	宋	文淵閣四庫全書本
遺山集	元好問	金	四部叢刊本
元遺山集	元好問	金	明弘治間李瀚刊本
後村集	劉克莊	宋	四部叢刊本
玉海	王應麟	宋	江蘇古籍出版社一九八七年影印本
敬齋古今黈	李冶	元	清海山仙館叢書本；中華書局一九九五年點校本
泛說	李冶	元	中華書局一九九五年點校本
癸辛雜識·續集	周密	宋	文淵閣四庫全書本
秋澗先生大全文集	王惲	元	四部叢刊本
中堂事記	王惲	元	秋澗先生大全文集本
清容居士集	袁桷	元	四部叢刊本
元朝名臣事畧	蘇天爵	元	文淵閣四庫全書本
元文類	蘇天爵	元	四部叢刊本
宋史	脱脱	元	中華書局一九七七年點校本
金史	脱脱	元	中華書局一九七五年點校本
金丹大要	陳致虛	元	明正統道藏本
元史	宋濂	明	中華書局一九七六年點校本
文淵閣書目	楊士奇	明	文淵閣四庫全書本
嵩渚文集	李濂	明	明嘉靖間刻本
百川書志	高儒	明	清光緒至民國間觀古堂書目叢刊本
[嘉靖]鄞縣誌		明	明嘉靖二十九年本
荊川先生文集	唐順之	明	四部叢刊景明本
雲淵先生文集	周述學	明	抄本

吴中人物志	張昶	明	明隆慶間張鳳翼張燕翼刻本
弇州山人四部稿	王世貞	明	文淵閣四庫全書本
國朝獻徵録	焦竑	明	明萬曆四十四年徐象橒曼山館刻本
脈望館書目	趙琦美	明	涵芬樓秘笈本
皇明應謚名臣考録	林之盛	明	明代傳記叢刊本
澹生堂藏書目	祁承爜	明	清宋氏漫堂鈔本
寓林集	黄汝亨	明	明天啓四年刻本
西園聞見録	張萱	明	明代傳記叢刊本
石倉歷代詩選	曹學佺	明	文淵閣四庫全書補配文津閣四庫全書本
本朝分省人物考	過庭訓	明	明天啟間刻本
三易集	唐時升	明	明崇禎刻清康熙補修嘉定四先生集本
絳雲樓書目	錢謙益	清	清嘉慶間鈔本
明史紀事本末	谷應泰	清	中華書局一九七七年點校本
樵史	陸應陽	明	清書三味樓刻本
錢遵王述古堂藏書目録	錢曾	清	清錢氏述古堂鈔本
顧亭林詩文集	顧炎武	清	中華書局一九八三年點校本
明越人三不朽圖贊	張岱	明	明代傳記叢刊本
千頃堂書目	黄虞稷	清	文淵閣四庫全書本
南雷文定前集	黄宗羲	清	清間康熙刊本
黄宗羲年譜	黄炳垕	清	中華書局一九九三年點校本
遂初堂集	潘耒	清	清康熙四十九年刻本
人海記	查慎行	清	清光緒間正覺樓叢刻本
池北偶談	王士禛	清	中華書局一九八二年點校本
績學堂詩鈔	梅文鼎	清	續修四庫全書本
績學堂文鈔	梅文鼎	清	續修四庫全書本
[雍正]河南通志	王士俊	清	文淵閣四庫全書本
明史	張廷玉	清	中華書局一九七四年點校本
望溪集	方苞	清	清咸豐元年戴鈞衡刻本
天祿琳琅書目		清	文淵閣四庫全書本

續印人傳	汪啟淑	清	清道光二十年海虞顧氏刻本
粵臺徵雅錄	羅元煥	清	叢書集成初編本
四庫全書總目	永瑢	清	清乾隆武英殿刻本
續通志	嵇璜	清	文淵閣四庫全書本
清文獻通考		清	文淵閣四庫全書本
戴東原集	戴震	清	四部叢刊本
天一閣書目	范邦甸	清	清嘉慶間文選樓刻本
十駕齋養新錄	錢大昕	清	江蘇古籍出版社一九九七年嘉定錢大昕全集本
潛研堂集	錢大昕	清	清嘉慶十一年刻本
潛研堂文集	錢大昕	清	清嘉慶十一年刻本；江蘇古籍出版社一九九七年嘉定錢大昕全集本
春融堂集	王昶	清	清嘉慶十二年塾南書舍刻本
祗平居士集	王元啟	清	清嘉慶十七年刻本
校禮堂文集	淩廷堪	清	清嘉慶十八年刻本
[道光] 廣東通志	阮元	清	續修四庫全書本
瀛舟筆談	阮亨	清	清嘉慶二十五年本
四庫未收書提要	阮元	清	清嘉慶道光間刻揅經室外集本
揅經室集	阮元	清	四部叢刊本
揅經室集續二集	阮元	清	四部叢刊本
雕菰集	焦循	清	清道光四年阮福嶺南節署刻本
鄭堂讀書記	周中孚	清	吳興叢書本
藝舟雙楫	包世臣	清	清道光間安吳四種本
皇極經世易知	何夢瑤	清	清道光十三年孔繼驤滾雪樓刻本
湖海文傳	王昶	清	清道光十七年經訓堂刻本
[光緒] 柘城縣誌	元淮	清	清光緒二十二年刊本
養一齋集	李兆洛	清	清道光二十三年活字印二十四年增修本
[道光] 震澤鎮志	紀磊	清	道光二十四年刊本
禮耕堂叢說	施國祁	清	清道光二十五年刻本
王韜日記	王韜	清	中華書局一九八七年整理本
文選樓藏書記	阮元	清	清越縵堂鈔本

[光緒] 湖南通志	曾國荃	清	上海古籍出版社一九九〇年影印本
文獻徵存録	錢林	清	清咸豐八年有嘉樹軒刻本
小腆紀傳	徐鼒	清	中華書局一九五八年整理本
經學博采録	桂文燦	清	刻敬躋堂叢書本
國朝先正事略	李元度	清	同治間刻本
平定粵匪紀略	杜文瀾	清	清同治間群玉齋活字印本
隨使日記	張德彝	清	嶽麓書社一九八六走向世界叢書本
曾文正公手書日記	曾國藩	清	鳳凰出版社二〇一〇年影印本
曾國藩未刊往來函稿	曾國藩	清	嶽麓書社一九八六年本
[同治] 南海縣誌	鄭夢玉	清	中國方志叢書本
張文虎日記	張文虎	清	上海書店二〇〇一年整理本
書目答問	張之洞	清	國學基本叢書本
書目答問補正	張之洞著　范希曾補正	清	中華書局一九六三年影印本
[同治] 蘇州府志	李銘皖	清	清光緒八年江蘇書局刻本
昨非集	劉熙載	清	清刻古桐書屋六種本
[光緒] 金山縣誌	龔寶琦	清	中國方志叢書本
[光緒] 重修安徽通志	何紹基	清	清光緒四年刻本
霞外攟屑	平步青	清	上海古籍出版社一九八二年整理本
隨使英俄日記	張德彝	清	嶽麓書社一九八六年，走向世界叢書本
[光緒] 廣州府志	史澄	清	清光緒五年刊本
復初齋文集	翁方綱	清	清道光十六年李彥章校刻本
天岳山館文鈔	李元度	清	清光緒六年刻本
[光緒] 崑新兩縣續修合志	吴金瀾	清	清光緒六年敦善堂刻本
四川鹽法志	丁寶楨	清	清光緒間刻本
聽雪軒詩存	李善蘭		清末徐氏汲修齋抄本
皕宋樓藏書志	陸心源	清	清光緒八年陸氏萬卷樓刻本
武陵山人遺書	顧觀光	清	清光緒九年獨山莫祥艺上海刊本
武陵山人雜著	顧觀光	清	叢書集成初編本
國朝耆獻類徵初編	李桓	清	清代傳記叢刊本

綠漪草堂集　羅汝懷　清　清光緒九年羅式常刻本
郎潛紀聞　陳康祺　清　清光緒間刻本
國朝御史題名　黄叔璥　清　清光緒間刻本
兩淮鹽法志　王定安　清　清光緒三十一年刻本
陶樓文鈔　黄彭年　清　民國十二年刻本
尺岡草堂遺集　陳璞　清　光緒十五年刻本
[光緒]湘潭縣志　王闓運　清　清光緒十五年刻本
儀顧堂題跋　陸心源　清　清刻潛園總集本
梅心續集　董毓琦　清　清光緒十二年刻本
郭嵩燾日記　郭嵩燾　清　湖南人民出版社一九八一年校點
郭侍郎奏疏　郭嵩燾　清　清光緒十八年刻本
硤川詩續鈔　許祥　清　清光緒十八年至二十一年雙山講舍刻本
兩浙輶軒續録　潘衍桐　清　清光緒間刻本
曾紀澤遺集　曾紀澤　清　嶽麓書社
國朝杭郡詩三集　丁申　丁丙　清　清光緒十九年刊本
碑傳集　錢儀吉　清　上海書店一九八八年清碑傳合集本
東華續録[咸豐朝]　王先謙　清　清光緒間刻本
越縵堂讀書記　李慈銘　清　中華書局二〇〇六年整理本
權制　陳澹然　清　清光緒二十六年徐崇立刻本
鐵琴銅劍樓藏書目録　瞿鏞　清　清光緒間常熟瞿氏家塾刻本
出使日記續刻　薛福成　清　清光緒二十四年刻本
善本書室藏書志　丁丙　清　清光緒間刻本
[光緒]重修天津府志　徐宗亮　清　清光緒二十五年刻本
八千卷樓書目　丁仁　清　廣文書局一九七〇年本
李文忠公奏稿　李鴻章　清　民國景金陵原刊本
西學書目答問　趙惟熙　清　清光緒二十七年貴陽學署刻本
行素軒詩文存　華蘅芳　清　清代詩文彙編本
金陵通傳　陳作霖　清　清光緒三十年瑞華館刊本
李文忠朋僚函稿　李鴻章　清　清光緒二十八年保定蓮池書社鉛印本本

文道希先生遺詩	文廷式	清	民國十八年葉恭綽鉛印本
約章成案彙覽	顏世清	清	清光緒間上海點石齋石印本
自述事畧	陳志堅	清	稿本
江南製造局譯書提要	陳洙	清	清宣統元年江南製造局刻本
昭代名人尺牘續集小傳	陶湘	清	清代傳記叢刊本
張文襄公奏議	張之洞	清	民國間刻張文襄公全集本
東華續録［光緒朝］	朱壽朋	清	清宣統元年上海集成圖書公司本
續碑傳集	繆荃孫	清	上海書店一九八八年清碑傳合集本
湘綺樓全集	王闓運	清	清光緒間刻本
三丁先生傳	王闓運	清	船山學刊一九三八年第一期
錫金四哲事實彙存	楊模	清	清宣統二年刻本
長沙丁氏宗譜	丁傳湜	清	清宣統三年雍睦堂本活字本；民國三十三年雍睦堂本活字本
清續文獻通考	劉錦藻	清	民國二年景十通本
戊戌履霜録	胡思敬	清	續修四庫全書本
清稗類鈔	徐珂	清	中華書局一九八四年整理本
許文肅公遺稿	許景澄	清	續修四庫全書
韌庵老人自訂年譜	勞乃宣	清	文海出版社一九七三年近代中國史料叢刊本
玉鑒堂詩集	汪曰楨	清	吳興叢書本
海寧州志稿	李圭	民國	中國方志叢書本
［民國］杭州府志	李榕	民國	中國地方志集成本
［民國］崑新兩縣續補合志	連德英	民國	民國十二年刻本
碑傳集補	閔爾昌	民國	上海書店一九八八年清碑傳合集本
清史列傳			中華書局
晚晴簃詩彙	徐世昌	民國	民國退耕堂刻本
碑傳集三編	汪兆鏞		上海書店一九八八年清碑傳合集本
［民國］黑龍江志稿	張伯英	民國	黑龍江人民出版社九九二年整理本
元八百遺民詩詠	張其淦	民國	明代傳記叢刊本
［民國］青浦縣續志	於定	民國	民國二十三年蘇州刻本
清賢録·德宗實録		民國	中華書局一九八七年影印本

〔民國〕續修興化縣志　李恭簡　民國　中國地方志集成本
馬相伯集　朱維錚　復旦大學出版社一九九六年本
方以智晚節考　余英時　三聯書店二〇一二年本
清代硃卷集成　顧廷龍　成文出版社一九九二年影印本
漢學師承記箋釋　漆永祥　上海古籍出版社二〇一三年本

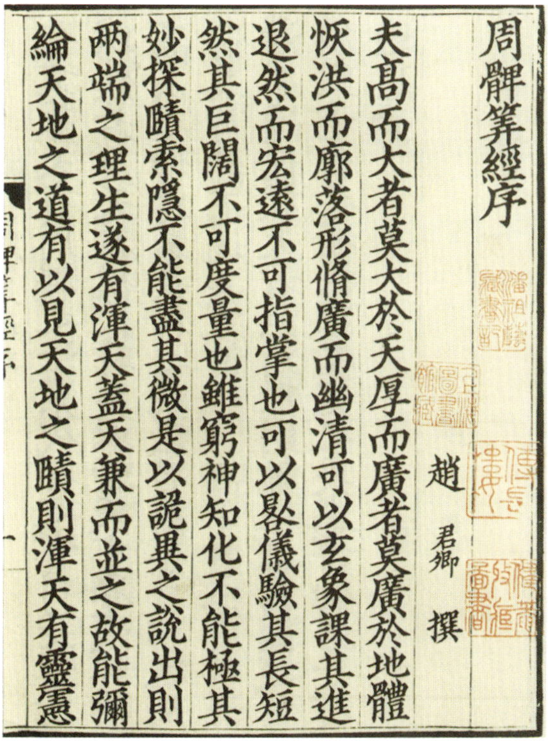

周髀筭經序

趙君卿撰

夫高而大者莫大於天厚而廣者莫廣於地體恢洪而廓落形脩廣而幽清可以玄象課其進退然而宏遠不可指掌也可以晷儀驗其長短然其巨闊不可度量也雖窮神知化不能極其妙探賾索隱不能盡其微是以詭異之說出則兩端之理生遂有渾天蓋天兼而並之故能彌綸天地之道有以見天地之賾則渾天有靈憲

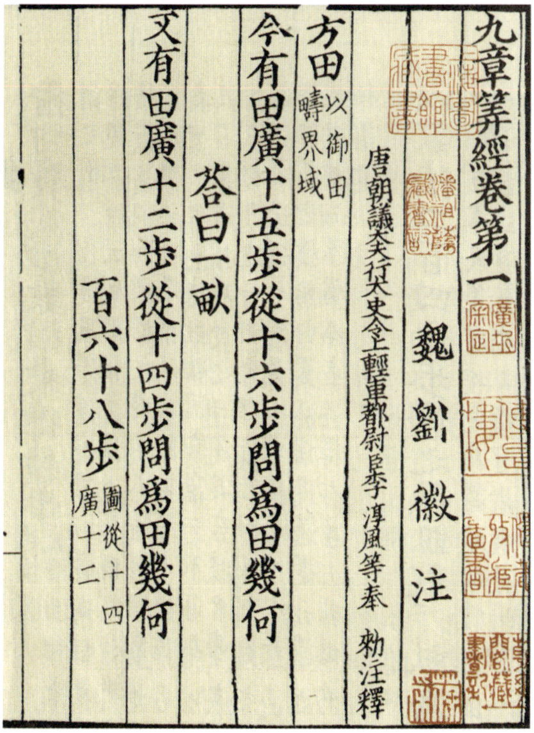

九章筭經卷第一

魏劉徽注

唐朝議大夫行太史令上輕車都尉臣李淳風等奉勑注釋

方田以御田疇界域

今有田廣十五步從十六步問爲田幾何

荅曰一畝

又有田廣十二步從十四步問爲田幾何

百六十八步圖從十四廣十二

上海圖書館藏宋刻本數學著作書影

據文物出版社一九八一年版《宋刻算經六種 附一種》

數術記遺

徐岳 撰

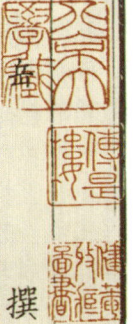

漢中郡守前司隸臣甄鸞注

余以天門金虎呼吸精泉按星經云昴者西方白虎之宿太白者金之精也太白入昴金虎相薄法有兵亂周宣王時有人採薪於郊聞歌曰金虎入門呼長精吸玄泉時人莫能知之唯老君曰太白入昴兵其亂徐氏名岳東萊人蓋以漢室板蕩又譎詭見於天將訪名山自求多福也羽檄星馳郊多走馬按漢徵天下兵必露檄挿羽也老君曰天下有道却走馬以糞天下無道戎馬生於郊也遂負帙游山躕跡志道躕跡者兩足共躡一足跡也漢文時河上公躕跡爲士備歷丘

張丘建算經序

夫學算者不患乘除之爲難而患通分之爲難是以序列諸分之本元宣明約通之要法上實有餘爲分子下法從而爲分母可約者約以命之不可約者因以名之凡約法高者下之耦者半之奇者商之副置其子及其母以少減多求等數而用之乃若其通分之法先以其母乘其全然後內子母不同者母互乘子母亦相乘爲一母諸子共之約之通分而母入者出之則定

孫子算經序

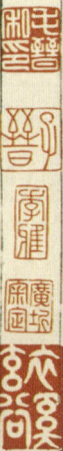

孫子曰夫算者天地之經緯羣生之元首五常之本末陰陽之父母星辰之建號三光之表裏五行之準平四時之終始萬物之祖宗六藝之綱紀稽羣倫之聚散考二氣之降升推寒暑之迭運步遠近之殊同觀天道精微之兆基察地理從橫之長短采神祇之所在極成敗之符驗窮道德之理究性命之情立規矩準方圓謹法度約尺丈立權衡平重輕剖毫釐析黍絫歷億

五曹算經卷第一

唐朝議大夫行太史令上輕車都尉臣李淳風等奉勅注釋

田曹生人之本上用天道下分地利故田曹爲首

今有方田廣從各五十六步問爲田幾何

荅曰一十三畝奇十六步

術曰列田五十六步自相乘得三千一百三十六步以畝法除之即得

今有方田廣從各六十八步問爲田幾何

荅曰一十九畝奇六十四步

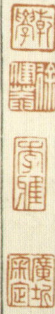